PRISMA
WOORDENBOEK

Frans
Nederlands

Bewerking: dr. Francine Melka, André Abeling
en redactie Prisma

prisma

Prisma woordenboek Frans-Nederlands

Bewerking: dr. Francine Melka, André Abeling en redactie Prisma
Oorspronkelijke auteur: dr. P.M. Maas en drs. A.M. Maas

Typografie: Underware, Den Haag
Lettertypes: Zeitung & Dolly
Omslagontwerp: Raak Grafisch Ontwerp, Utrecht

ISBN 978 90 003 5859 5
51 19
ISBN 978 90 003 6313 1 FLUO-editie
7 18

NUR 627

www.prisma.nl
www.prismawoordenboeken.be
www.unieboekspectrum.nl

Prisma maakt deel uit van Uitgeverij Unieboek | Het Spectrum bv
Postbus 23202
1100 DS Amsterdam

Welkom bij Prisma!

Met deze Prisma heb je een heel goed woordenboek in handen, met tienduizenden trefwoorden en voorbeeldzinnen.

Maar Prisma kan je nog verder helpen, met uitdagend en leuk leermateriaal. Handig als je op vakantie gaat naar Oostenrijk, als je skypet met je neefje in Australië of als je voor je tentamen Frans nog wat extra wilt leren.

Met de Prisma woordenboeken en taalcursussen ga je gericht aan de gang. Leer wat je nodig hebt, waar en wanneer het jou het beste uitkomt, op het niveau dat bij jou past.

Wil je je taalkennis breed ontwikkelen?

Met onze reeks *Zelfstudies* leg je een stevig fundament. Volg het leerplan in het boek, maak de oefeningen en beluister de audio. Beschikbare talen: onder meer Duits, Engels, Frans, Spaans en Latijn.

Wil je een specifieke vaardigheid leren?

Wil je beter leren spreken en luisteren, oefen dan met de Prisma luistercursussen op audio-cd. Train breed met de eenvoudige *Luistercursus*, of leer zakelijke gesprekken voeren met de *Businesscursus*.

Prisma heeft *Basisgrammatica's* met oefeningen en uitleg voor beginners en voor gevorderden uitgebreide *Grammatica's* die je ook kunt gebruiken als naslagwerk.

Prisma woordenboeken online en als app

Gebruik de pockets digitaal, als je huiswerk maakt, internet, chat of gamet: handig en razendsnel, altijd een betrouwbare taalhulp onder je vingers.

Met een abonnement op de *online*-versie heb je altijd de meest actuele informatie, rechtstreeks uit de Prisma database.

De *apps* download je op je device (iOS® en Android®). Bij de vertaalwoordenboeken krijg je beide vertaalrichtingen. Klik door vanaf elk woord dat je op het scherm ziet. Je krijgt altijd alle vindplaatsen van een woord in beide delen te zien: supercompleet.

Kijk voor alle Prisma producten op **www.prisma.nl**.

Over Prisma woordenboeken

De Prisma's zijn al jaren **de meest gekochte en gebruikte woordenboeken** op scholen en daarbuiten. Ze hebben een uitstekende reputatie onder docenten, die deze woordenboeken al ruim een halve eeuw aanbevelen.

In geen ander pocketwoordenboek vind je zo veel **betrouwbare informatie**. De inhoud is samengesteld en gecontroleerd door ervaren lexicografen en vertalers. In alle Prisma's wordt de **officiële spelling** toegepast, volgens de regels van de Nederlandse Taalunie.

Dit Prisma woordenboek biedt **meer informatie** dan welk ander pocket-woordenboek ook: het bevat tienduizenden trefwoorden en duizenden voorbeeldzinnen: alles wat je als leerling op de middelbare school nodig hebt. De Prisma pockets worden voortdurend bijgewerkt en elke nieuwe druk bevat de meest **actuele updates**.

Deze pocket is erg **helder en gebruiksvriendelijk** door de overzichtelijke indeling van betekenissen, voorbeeldzinnen en idiomen. De extra kleur en de letterliniaal zijn belangrijke hulpmiddelen waarmee je snel vindt wat je zoekt.

Heb je vragen of opmerkingen? Mail deze dan naar info@prisma.nl. Alvast hartelijke dank!

de Prisma redactie

Inhoud

Extra informatie

Labels, zoals FIG. of MUZ.* geven aan dat een betekenis bv. figuurlijk is, of een muziekterm. Ook tussen geknikte haken vertellen we kort wat meer over een betekenis of een vertaling, bv. of de term alleen gebruikt wordt in de <wielersport>.

Kijk op de Voorbeeldpagina (p. 11) hoe dit alles er in het boek uitziet.

Extra tips

★ Zoek je naar de vertaling van een uitdrukking of vaste woordcombinatie, kijk dan bij het eerste zelfstandig naamwoord dat daarin voorkomt. 'battre des mains' vind je bij *main*, niet bij *battre*. Staan er meerdere zelfstandige naamwoorden in de zin, kijk dan eerst bij het eerste: 'pile ou face' vind je bij het trefwoord *pile*. Als je de gezochte vertaling niet bij het eerste zelfstandig naamwoord vindt, kijk dan bij het tweede, enzovoort.

★ Veel combinaties met voorzetsels (à, *chez*, *dans*, *sous*, *vers*) vind je bij de (werk)woorden waar ze vaak bij voorkomen: 'rentrer dans' vind je bij *rentrer*, niet bij *dans*; 'se classer parmi' vind je bij *classer*, niet bij *parmi*.

Bekijk ook de **Bijzondere tekens** en **Afkortingen** hierna en de grammaticale informatie achter in het boek. Wil je meer weten, mail ons dan: info@prisma.nl.

* Zie de lijst Afkortingen op p. 10.

Bijzondere tekens

Kijk op pagina 11 om te zien hoe we onderstaande tekens gebruiken.

1, **2** enz.	Als een trefwoord meerdere woordsoorten heeft (bv. werkwoord en zelfstandig naamwoord) nummeren we deze met vette, blauwe cijfers.
1, **2** enz.	Als een trefwoord meerdere betekenissen heeft, nummeren we deze met vette, zwarte cijfers.
●	Na een bolletje volgt een voorbeeldzin.
▶	Na een driehoekje volgt een spreekwoord of vaste uitdrukking.
ZN (mv: ...)	Grammaticale informatie geven we in blauwe tekst.
⟨...⟩	Tussen geknikte haken staat extra uitleg over de betekenis of de vertaling daarvan.
"..."	Tussen aanhalingstekens geven we aan hoe een woord (of een deel daarvan) klinkt.
~	Een tilde vervangt vaak het trefwoord in voorbeeldzinnen en uitdrukkingen.
/	Een schuine streep scheidt woorden die onderling verwisselbaar zijn.
≈	Een equivalentieteken geeft aan dat de vertaling een benadering of omschrijving is.
→	Een pijl verwijst voor meer informatie naar het erop volgende trefwoord.
h	Als een h geen liaison of élision toelaat, wordt deze onderstreept, bv. in *le hollandais*, *la harpe*. Hier is geen verbinding mogelijk met het lidwoord: de *e* of *a* van het lidwoord blijft. In *les Hollandais* spreek je de *s* van *les* niet uit.

Afkortingen

AANW	aanwijzend
AARDK.	aardrijkskunde
ACHTERV	achtervoegsel
ADMIN.	administratie
AFK	afkorting
AGRAR.	agrarisch
ANAT.	anatomie
ARCH.	architectuur
A-V	audiovisueel
BELG.	Belgisch-Nederlands
BELGFR.	Belgisch Frans
BELG. OOK	Belgisch-Nederlands, ook NL
BETR	betrekkelijk
BEZ	bezittelijk
BIOL.	biologie
BN	bijvoeglijk naamwoord
BOUW	bouw
BW	bijwoord
CAN.	Canadees Frans
COMM.	communicatie
COMP.	computer
CUL.	culinair
DANS	dans
DICHT.	dichterlijk
DIERK.	dierkunde
DRUKK.	drukkerij
ECON.	economie
ELEK.	elektronica
EUF.	eufemistisch
EV	enkelvoud
FIG.	figuurlijk
FILOS.	filosofie
FIN.	financiën
FORM.	formeel
FR.	Frans
GESCH.	geschiedenis
GMV	geen mv
HUMOR.	humoristisch
HWW	hulpwerkwoord
ID.	(verbuiging) identiek
iem.	iemand
ind.	indicatif
INDUS.	industrie
INFORM.	informeel
IRON.	ironisch
JEUGDT.	jeugdtaal
JUR.	juridisch
KUNST	kunst
KWW	koppelwerkwoord
LETT.	letterlijk
LETTERK.	letterkunde
LIDW	lidwoord
LIT.	literatuur
LUCHTV.	luchtvaart
MED.	medisch
MEDIA	media
MIL.	militair
MIN.	minachtend
MUZ.	muziek
MV	meervoud
MYTH.	mythologie
NATK.	natuurkunde
NL	Nederlands
O&W	onderwijs
o.t.t.	onvoltooid tegenwoordige tijd
o.v.t.	onvoltooid verleden tijd
OMSCHR.	omschrijvend
ONB	onbepaald
ONOV	onovergankelijk (zonder object)
ONP	onpersoonlijk
ONR.	onregelmatig
ONV	onvervoegbaar
OOK FIG.	ook figuurlijk
OUD.	ouderwets
OV	overgankelijk (met object)
P.	persoon
PERS	persoonlijk
PLANTK.	plantkunde
PLAT	plat
POL.	politiek
PSYCH.	psychologie
qc	quelque chose
qn	quelqu'un
RECR.	recreatie
REG.	regionaal
REL.	religie
SAMENTR	samentrekking
SCHEEPV.	scheepvaart
SCHEIK.	scheikunde
SOC.	sociologie
SPORT	sport
STERRENK.	sterrenkunde
STRAATT.	straattaal
SUBJ.	subjonctif (aanvoegende wijs)
TAALK.	taalkunde
TECHN.	techniek
TELW	telwoord
TON.	toneel
TRANSP.	transport
TUSSENW	tussenwerpsel
UITR	uitroepend
V.	van
v.d.	van de
v.e.	van een
v.h.	van het
VISS.	visserij
VNW	voornaamwoord
VOEGW	voegwoord
VOETB.	voetbal
VOORV	voorvoegsel
VR	vragend
VULG.	vulgair
VZ	voorzetsel
WISK.	wiskunde
WKD	wederkerend
WKG	wederkerig
WW	werkwoord
WWW	internet
ZN	zelfstandig naamwoord
ZWIT.	Zwitsers

Voorbeeldpagina

linguistique **1** BN taalkundig, taal-, linguïstisch • *une communauté ~* taalgemeenschap **2** ZN V taalkunde, taalwetenschap, linguïstiek • *la ~ appliquée* toegepaste taalkunde

lino INFORM. ZN M linoléum linoleum

linoléum "-eeom" ZN M linoleum

liquéfaction ZN V (het) vloeibaar maken, (het) vloeibaar worden, verdichting <van gas>

liquéfiable BN vloeibaar te maken, verdichtbaar <van gas>

liquéfier **1** OV WW vloeibaar maken • *du gaz liquéfié* vloeibaar gas **2** WKD WW **(se ~)** **1** vloeibaar worden **2** INFORM. alle moed verliezen, verslappen

liquette INFORM. ZN V hemd(je)

liqueur ZN V likeur, drankje

liquide **1** BN **1** vloeibaar • *une sauce trop ~* te vloeibare saus **2** ECON. vlottend, liquide • *de l'argent ~* contant geld **2** ZN M **1** vloeistof, vocht **2** contant geld • *payer en ~* contant betalen • *il n'a que du ~* hij heeft alleen maar contant geld

liquider OV WW **1** vereffenen, liquideren • *~ ses actions en Bourse* zijn aandelen op de beurs verkopen / te gelde maken **2** uitverkopen • *~ de vieux stocks* oude voorraden uitverkopen **3** INFORM. afdoen, een einde maken aan, wegwerken, oplossen <v. conflict>, uit de weg ruimen <v. personen> • *ils ont liquidé la bouteille* ze hebben de hele fles leeggedronken • *~ un témoin gênant* een hinderlijke getuige uit de weg ruimen

liquidité ZN V **1** vloeibaarheid **2** ECON. liquiditeit

lire **1** OV WW onregelmatig **1** lezen, doorlezen, voorlezen • *~ le journal* de krant lezen • *lu et approuvé* gezien en akkoord • *j'espère vous ~ très bientôt* ik hoop spoedig iets van u te vernemen • *savoir ~ et écrire* kunnen lezen en schrijven • *à vous ~, je crois que vous allez mieux* uit uw schrijven meen ik op te kunnen maken dat het beter met u gaat • *à ~* ter lezing **2** COMP. inlezen **3** aflezen • *~ l'avenir dans les cartes* aan de hand van kaarten de toekomst voorspellen • *~ la peur sur le visage de qn* de angst op iemands gezicht aflezen **2** ONOV WW lezen • *~ dans le jeu de qn* iemand doorhebben **3** WKD WW **(se ~)** gelezen worden, te lezen zijn • *l'arabe se lit de droite à gauche* het Arabisch wordt van rechts naar links gelezen • *ce livre se lit facilement* dit boek is gemakkelijk te lezen • *la peur se lisait sur son visage* angst stond op zijn gezicht te lezen

lis[1] "lie" WW → **lire**

lis[2] "lies" ZN M **lelie** • *le ~ des vallées* lelietje-van-dalen • *la fleur de ~* Franse lelie, wapen der Bourbons <eigenlijk: witte lis>

Trefwoorden en varianten daarvan zijn vet gedrukt; voorzetsels die de betekenis van een trefwoord veranderen ook.

Meerdere woordsoorten binnen een trefwoord geven we aan met vette, blauwe cijfers; woordsoorten geven we in blauwe letters, in kleinkapitaal.

Uitspraak geven we aan tussen aanhalingstekens ("...").

Tussen geknikte haken geven we extra gebruiksinformatie.

Labels geven extra informatie over stijl, herkomst of vakgebied; ze staan in zwarte letters, in kleinkapitaal.

Meerdere betekenissen binnen een trefwoord geven we aan met vette, zwarte cijfers.

Andere grammaticale informatie geven we in blauwe letters.

Voorbeeldzinnen geven we schuingedrukt, na een zwart bolletje, met in romeinse letters de vertaling.

Tildes (~) vervangen het trefwoord in voorbeeldzinnen, spreekwoorden en vaste uitdrukkingen.

Een pijl verwijst naar een ander trefwoord.

0-9

3D 3D • *regarder un film en 3D* een film in 3D bekijken

A

a **1** ZN M letter **a** • *prouver / démontrer par ~ plus b* duidelijk bewijzen • *le ~ commercial* het at-teken (@) **2** WW présent → **avoir**

à VZ **1** plaats, richting **bij, in, op, naar, tot, voor** • *aux Pays-Bas* in Nederland • *je vais ~ Paris* ik ga naar Parijs • *il habite ~ Rouen* hij woont in Rouen • *elle était assise ~ la fenêtre* zij zat bij het raam • *il habite ~ deux pas d'ici* hij woont hier vlak bij • *il loge au deuxième étage* hij woont op de tweede verdieping • *être ~ son bureau* achter het bureau zitten • *pendre au mur* aan de muur hangen • *aller ~ la plage* naar het strand gaan • *être au lit* in bed liggen • *être ~ la maison* thuis zijn • *la maison se trouve ~ trois kilomètres* het huis staat op drie kilometer afstand **2** tijdsbepaling • *à Pâques* met Pasen • *à ce soir!* tot vanavond! • *à 14 heures* om 2 uur 's middags • *à midi* om twaalf uur • *au petit déjeuner* bij het ontbijt • *à deux heures de Paris en voiture* twee uur autorijden van Parijs • *à deux jours de mon départ* twee dagen voor ik vertrek • *à l'arrivée* bij aankomst **3** instrument, middel, manier • *à la nage* al zwemmend • *à bicyclette / en vélo* op de fiets • *à la française* op zijn Frans • *un moulin ~ vent* een windmolen • *au piano: Lucas et Arthur Jussen* aan de piano: Lucas en Arthur Jussen • *dessiner ~ la plume* met de pen tekenen • *écrire au stylo* schrijven met een pen • *se chauffer au gaz* zijn huis met gas verwarmen • *pêcher ~ la ligne* hengelen • *déjeuner ~ vingt euros* voor 20 euro lunchen • *être payé ~ l'heure* per uur betaald worden • *aller ~ pied / ~ vélo / ~ cheval* lopend / met de fiets / te paard gaan **4** met • *du café au lait* koffie met melk **5** eigendom, doel • *un verre ~ vin* een wijnglas • *une chambre ~ coucher* een slaapkamer • *la chasse au lion* de leeuwenjacht • *ce livre est ~ moi* dit boek is van mij • *à qui appartient ce vélo?* van wie is die fiets? • *il écrit ~ sa femme* hij schrijft (aan) zijn vrouw • *il a une canne ~ la main* hij heeft een wandelstok in de hand • *inviter qn ~ dîner* iemand te eten vragen • *apprendre ~ lire* leren lezen • *difficile ~ traduire* moeilijk te vertalen • *il cherche ~ s'échapper* hij probeert te ontsnappen • *une maison ~ vendre* een huis te koop • *au feu!* brand! • *au secours!* help! • *au voleur!* houdt de dief!

A AFK autoroute V **A, autoweg**

abaissement ZN M **(het) laten zakken, verlaging** • *l'~ du niveau de vie* daling van de levensstandaard • *l'~ de l'âge de la retraite* verlaging van de pensioengerechtigde leeftijd

abaisser **1** OV WW **1 verlagen, laten zakken, neerlaten** • *~ une vitre* een raampje omlaag draaien **2 vernederen, kleineren** **2** WKD WW **(s'~)** **1 dalen, zakken** • *le terrain s'abaisse* het terrein loopt af **2 zich verlagen, zich vernederen (à tot, om)** • *s'~ à demander qc* op zijn knieën om hulp vragen

abandon ZN M **1 (het) verlaten, (het) in de steek laten** • *l'~ du domicile conjugal* het verlaten van de echtelijke woning **2 overgave, (het) afstand doen** • *un terrain à l'~* braakliggend terrein • *une maison à l'~* verwaarloosd huis • SPORT *il y a eu beaucoup d'abandons dans cette étape* in die etappe gaven er veel op **3 ongedwongenheid**

abandonner 1 OV WW **verlaten, in de steek laten** • *~ qn* iemand in de steek laten, iemand afschrijven • *on a abandonné le projet* het plan is van de baan • *~ une tradition* een traditie loslaten • *~ le pouvoir* de macht overdragen 2 ONOV WW **het opgeven** • *j'abandonne!* ik geef het op! 3 WKD WW **(s'~) zich overgeven, zich laten gaan** • *il s'abandonne à sa douleur* hij gaat helemaal op in zijn verdriet

abat-jour ZN M (MV abat-jour(s)), **lampenkap**

abattage ZN M **1 (het) vellen** <van bomen>, **(het) hakken** <van bomen> **2 (het) slachten** <van dieren> **3** FIG. • *avoir de l'~* levendig zijn, boeien

abattement ZN M **1 uitputting, moedeloosheid 2 aftrekpost, aftrek, vermindering** • *l'~ fiscal* belastingaftrek

abattoir ZN M **slachthuis**

abattre 1 OV WW **1 neerslaan, vellen, omhakken** • *~ des arbres* bomen kappen • FIG. *~ de la besogne* keihard werken • FIG. *~ son jeu* zijn kaarten op tafel leggen, kleur bekennen **2 doden, neerschieten** • *~ un avion* een vliegtuig neerhalen • *c'est l'homme à ~* dat is de te kloppen man **3 verzwakken, verdrieten, vermoeien** • *la maladie l'a abattu* de ziekte heeft hem verzwakt 2 WKD WW **(s'~) 1 (neer)vallen 2 zich werpen (op), zich storten (op)** • *une énorme pluie s'est abattue sur la ville* er is een enorme regenbui boven de stad losgebarsten

abattu 1 BN **1 verzwakt, verdrietig, ontmoedigd 2 neergelaten, neergehaald** 2 WW volt. deelw. → **abattre**

abbaye "abeejie" ZN V **abdij**

abbé ZN M **1 algemene titel voor geestelijke, eerwaarde 2 abt**

abbesse ZN V **abdis**

abc ZN M **alfabet** • FIG. *l'abc du métier* grondbeginselen van een vak

abcès ZN M **abces** • *un ~ dentaire* tandabces • FIG. *crever / vider l'abcès* een eind maken aan de misstand

abdication ZN V **1 (het) neerleggen** <van ambt>, **troonsafstand 2 (het) afstand doen, (het) opgeven**

abdiquer OV + ONOV WW **afzien van, (het) opgeven, afstand van de troon doen**

abdomen "-mèn" ZN M **onderbuik, achterlijf** <van insecten>

abdominal BN (M MV abdominaux), **v.d. onderbuik, buik-** • *des douleurs ~es* buikpijn

abdominaux ZN M MV **1 buikspieren 2 buikspieroefeningen**

abdos INFORM. ZN M MV abdominaux • *faire des ~* buikspieroefeningen doen

abeille ZN V **bij** • *une ~ ouvrière* werkbij • *une piqûre d'~* bijensteek

aberrant BN **afwijkend, abnormaal, absurd** • *cette idée est ~e!* dat idee is waanzinnig!

aberration ZN V **verdwazing, dwaasheid** • *une ~ mentale* verstandsverbijstering

abêtir 1 OV WW **dom maken, afstompen** • *la publicité abêtit le public* reclame stompt de mensen af 2 WKD WW **(s'~) dom worden**

abêtissement ZN M **afstomping**

abîme ZN M **afgrond, (peilloze) diepte,** OOK FIG. **kloof** • *un ~ de science* iemand die zeer veel weet • *l'abîme se creuse entre eux* de kloof tussen hen wordt dieper, er treedt een verwijdering tussen hen op • *un ~ les sépare* er gaapt een kloof tussen hen • OOK FIG. *être au bord de l'abîme* aan de rand van de afgrond staan

abîmer 1 OV WW **bederven, vernietigen, kapotmaken** 2 WKD WW **(s'~) 1 bederven** • *la peau s'abîme au soleil* zonlicht is slecht voor de huid **2** FORM. **wegduiken (in), verzinken (in)** • *l'avion s'est abîmé en mer* het vliegtuig is in zee gestort

abject BN **gemeen, laag**

abjection ZN V **laagheid, gemeenheid**

ablutions ZN V MV REL. **rituele afwassing**

abnégation ZN V **zelfverloochening, zelfopoffering**

aboiement ZN M **geblaf**

abois FIG. ZN M MV • *être aux ~* ten einde raad zijn

abolir OV WW **opheffen, afschaffen** • *~ la peine de mort* de doodstraf afschaffen

abolition ZN V **opheffing, afschaffing** • *l'~ de la peine de mort* de afschaffing van de doodstraf

abominable BN **afschuwelijk** • *le temps est ~* het is bar en boos weer

abomination ZN V **1 afschuw 2 afschuwelijke daad** • *avoir qn en ~* een hekel hebben aan iemand • *dire des ~s* afschuwelijke dingen zeggen

abondamment BW **overvloedig**

abondance ZN V **overvloed, weelde** • *les années d'~* de vette jaren • *une société d'~* welvaartsstaat • *en ~* in overvloed

abondant BN **1 overvloedig** • *une chevelure ~e* weelderige haardos **2** FORM. **rijk (en aan)** • *une région ~e en gibier* een wildrijke streek

abonder ONOV WW **1 overvloedig voorkomen, talrijk zijn** • *il abonde dans mon sens* hij is het volstrekt met me eens, hij gaat helemaal met me mee **2 ~ en in overvloed hebben** • *ce texte abonde en citations* deze tekst wemelt van de citaten

abonné ZN M (V abonnée), **abonnee**

abonnement ZN M **abonnement (à op)**

abonner 1 OV WW **abonneren** • *on m'a abonné à l'Express* ik heb een abonnement op l'Express gekregen 2 WKD WW **(s'~) zich abonneren (à op)** • *s'~ à un journal* een abonnement op een krant nemen

abord ZN M **(be)nadering, toegang** • *une personne d'un ~ facile* gemakkelijk te benaderen persoon • *d'~ / tout d'~* eerst, ten eerste, aanvankelijk • *au premier ~* allereerst, op het eerste gezicht • *de prime ~* allereerst

abordable BN **1 toegankelijk** • *ce chef de service est très ~* dat afdelingshoofd is heel toegankelijk **2 redelijk, niet duur** • *un prix ~* schappelijke prijs

abordage ZN M aanvaring, (het) enteren
aborder 1 ONOV WW landen **2** OV WW **1** bereiken, naderen • ~ *une personne dans la rue* iemand op straat aanspreken / aanklampen • ~ *un virage* een bocht aansnijden **2** FIG. beginnen met • ~ *une question* een kwestie aanroeren
abords ZN M MV naaste omgeving • *aux ~ de la mairie* in de buurt van het stadhuis
abortif BN (V abortive), abortus opwekkend • *la pilule abortive* abortuspil
aboutir ONOV WW **1** uitkomen bij, uitlopen op • *le chemin aboutit à la mer* de weg komt uit bij de zee • ~ *dans un village* uitkomen in een dorp • *les recherches n'ont abouti à rien* het onderzoek is op niets uitgelopen • *cela n'aboutit à rien* daar komt niets van terecht, dat leidt tot niets **2** succes hebben • *cette tentative n'a pas abouti* die poging is niet geslaagd
aboutissement ZN M uitkomst, resultaat
aboyer ONOV WW **1** blaffen **2** FIG. schreeuwen, uitvaren
abracadabrant BN doldwaas
abrasif 1 ZN M schuurmiddel **2** BN (V abrasive), schuur-
abrégé ZN M uittreksel
abrègement, **abrégement** ZN M verkorting
abréger OV WW verkorten, afkorten • ~ *la vie de qn* iemands leven bekorten • *pour ~* om kort te gaan
abreuver 1 WKD WW **(s'~)** zijn dorst lessen, overvloedig drinken **2** OV WW FIG. overstelpen, (door)drenken **(de** met) • ~ *qn d'injures* iemand de huid vol schelden
abréviation ZN V afkorting
abri ZN M **1** beschutting • *un ~ contre la pluie / le vent* beschutting tegen de regen / wind • *il est à l'~* hij is binnen, zijn kostje is gekocht • *avoir un ~* onder dak zijn • *se mettre à l'~* dekking zoeken • FIG. *être à l'~ du besoin* zonder geldzorgen zijn • FIG. *être à l'~ de tout soupçon* boven alle verdenking verheven zijn • *à l'~ de* beschut tegen, veilig voor **2** abri, bushokje **3** schuilplaats, onderkomen, schuilkelder • *être sans ~* dakloos zijn
abribus "-buus" ZN M bushokje, overdekte bushalte
abricot ZN M abrikoos
abriter 1 OV WW beschutten, beschermen, herbergen • ~ *qn sous son parapluie* iemand onder zijn paraplu laten schuilen **2** WKD WW **(s'~)** schuilen • *s'~ du vent* beschutting zoeken tegen de wind • FIG. *s'~ derrière la loi* zich achter de wet verschuilen
abroger OV WW intrekken, afschaffen <van wet, enz.>
abrupt "-ruupt" BN **1** steil **2** abrupt, bruusk
abruti 1 BN (V abrutie), suf, stompzinnig, idioot **2** ZN M (V abrutie), idioot
abrutir WKD WW **(s'~)** afstompen • *s'~ au travail* zich wezenloos werken
abrutissant BN geestdodend
abrutissement ZN M afstomping
absence ZN V **1** afwezigheid, gemis • *une ~ pour cause de maladie* ziekteverzuim • *briller par son ~* schitteren door afwezigheid • *en cas d'~, appelez ce numéro* bij geen gehoor dit nummer bellen • *en l'~ du médecin* bij afwezigheid van de dokter **2** MED. absence
absent 1 BN afwezig • *j'étais ~, quand il est venu* ik was er niet toen hij kwam • *avoir l'air ~* verstrooid lijken **2** ZN M afwezige • <spreekwoord> *les ~s ont toujours tort* de afwezigen hebben altijd ongelijk
absentéisme ZN M absenteïsme, verzuim
absenter WKD WW **(s'~)** zich verwijderen, afwezig zijn • *il s'est absenté pour une minute* hij is even weg
absolu 1 BN volstrekt, absoluut • *l'amour ~* onvoorwaardelijke liefde • *une monarchie ~e* absolute monarchie **2** ZN M (het) absolute • *dans l'~* los van de realiteit
absolument BW absoluut, volstrekt • *c'est bien vrai? ~!* is het heus waar? beslist! • *vous avez ~ raison* u heeft volkomen gelijk • *il ne veut ~ rien* hij wil helemaal / hoegenaamd niets
absorbant BN **1** absorberend • *du papier ~* keukenpapier **2** aandacht vergend • *un travail ~* werk dat iemand volledig in beslag neemt
absorber 1 OV WW **1** absorberen, inzuigen, opslorpen, FIG. verslinden, tot zich nemen • ~ *une grande quantité d'alcool* veel drank achteroverslaan • *elle n'a rien absorbé depuis 24 heures* ze heeft al twee dagen niets genuttigd **2** in beslag nemen, bezighouden • *il est absorbé par ses affaires* zijn zaken nemen hem helemaal in beslag • *être absorbé dans ses pensées* in gedachten verzonken zijn **2** WKD WW **(s'~) dans** zich verdiepen in • *s'~ dans son travail* helemaal in zijn werk opgaan
absorption ZN V **1** absorptie, opslorping, opname <in het bloed> • *l'~ d'un poison* de opname van vergif **2** (het) opgaan in <groep> • *l'~ d'une entreprise par une autre* het opgaan van het ene bedrijf in het andere
abstenir WKD WW **(s'~)** onregelmatig **1** zich onthouden **(de** van) • *s'~ de commentaires* geen commentaar geven **2** niet stemmen • *trente pour cent des électeurs se sont abstenus* 30% van de kiezers heeft geen stem uitgebracht
abstention ZN V onthouding <van stemmen> • *vingt pour cent d'abstentions* twintig procent niet-stemmers / blancostemmers
abstentionniste ZN M/V niet-stemmer
abstinence ZN V onthouding
abstraction ZN V abstractie • *~ faite de son âge* afgezien van zijn / haar leeftijd • *faire ~ de qc* iets buiten beschouwing laten
abstraire 1 OV WW onregelmatig abstraheren **2** WKD WW **(s'~)** zich geestelijk afzonderen, zich losmaken **(de** van)
abstrait BN **1** abstract • *une peinture ~e* een abstract schilderij **2** moeilijk te begrijpen, vaag • *un texte très ~* een erg duistere tekst
absurde 1 BN absurd, onzinnig **2** ZN M (het) ongerijmde, (het) onzinnige • *une démonstration par l'~* bewijs uit het ongerijmde

absurdité ZN V onzin, ongerijmdheid

abus ZN M **1** misbruik, overmatig gebruik • *l'~ d'alcool* overmatig drankgebruik • *un ~ de confiance* misbruik van vertrouwen • *les ~ de biens sociaux* verduistering van bedrijfsvermogen • *tout ~ sera puni* misbruik wordt gestraft **2** misstand, verkeerde gewoonte • *c'est de l'abus!* dat gaat te ver!, het is te gek! • *condamné pour ~ de faiblesse* veroordeling wegens misbruik van (iemands psychische) zwakte

abuser **1** ONOV WW misbruik maken (**de** van), te veel vergen • *ne pas ~ de l'alcool!* drink alcohol met mate! • INFORM. *vraiment vous abusez!* u gaat echt te ver! **2** OV WW bedriegen, misleiden **3** WKD WW (**s'~**) zich vergissen • *si je ne m'abuse* als ik het goed heb

abusif BN (V abusive), verkeerd, overmatig • *une mère abusive* een zeer dominerende moeder • *l'usage ~ d'un médicament* overmatig gebruik van een medicijn

abysse ZN M **1** AARDK. (onderzeese) diepte **2** FIG. kloof

académicien ZN M (V académicienne), lid van een academie <vooral v.d. Académie française>

académie ZN V **1** academie <geleerd genootschap; opleidingsschool> • *l'Académie française* genootschap van letterkundigen • *l'académie des beaux-arts* academie voor schone kunsten **2** onderwijsinspectie <district>

académique BN **1** van een academie, academisch **2** schools, stijf <van stijl>

acariâtre BN kribbig, bits, chagrijnig

accablant BN drukkend, overstelpend • *une chaleur ~e* drukkende hitte • FIG. *un témoignage ~* belastende getuigenverklaring

accablement ZN M uitputting, verslagenheid, neerslachtigheid

accabler OV WW overladen, verpletteren, overstelpen (**de** met), FIG. zeer belastend zijn voor • *accablé de fatigue* door vermoeidheid overmand • *être accablé de travail* tot over zijn oren in het werk zitten • *~ qn d'injures* iemand de huid vol schelden • *être accablé de dettes* diep in de schulden zitten

accalmie ZN V (het) bedaren, (tijdelijke) rust, windstilte

accaparer OV WW inpalmen, beslag leggen op • *~ le pouvoir* de macht naar zich toe trekken • *~ l'attention* de aandacht vragen, de aandacht op zich vestigen

accéder ONOV WW **1 ~ à** toegang hebben tot, bereiken • *~ au pouvoir* aan de macht komen • *~ au trône* de troon bestijgen **2** inwilligen

accélérateur **1** ZN M gaspedaal • *donner un coup d'accélérateur* gas geven, FIG. de zaak bespoedigen **2** BN (V accélératrice), versnellend

accélération ZN V versnelling, bespoediging, acceleratie

accélérer **1** OV WW versnellen, verhaasten • *un cours accéléré* stoomcursus **2** ONOV WW gas geven, optrekken **3** WKD WW (**s'~**) sneller worden

accent ZN M **1** accent, tongval • *un ~ parisien* een Parijs accent **2** accent, klemtoon, uitspraakteken • *un ~ aigu* accent aigu <zoals in été> • *un ~ circonflexe* accent circonflexe <zoals in fête> • *un ~ grave* accent grave <zoals in mère> • *un ~ tonique* klemtoon • *l'~ porte sur la deuxième syllabe* het accent ligt op de tweede lettergreep **3** toon • *un ~ de douleur* verdrietige toon **4** nadruk • *mettre l'~ sur les problèmes actuels* de nadruk leggen op de actuele problemen

accentuation ZN V **1** (het) leggen v.d. klemtoon **2** (het) doen uitkomen, versterking

accentuer **1** OV WW **1** de klemtoon leggen op, benadrukken, accentueren **2** scherper doen uitkomen • *des traits accentués* scherpe trekken • *un geste qui accentue la parole* een gebaar dat de woorden kracht bijzet **2** WKD WW (**s'~**) duidelijker worden, erger / groter worden

acceptable BN aannemelijk, behoorlijk • *des notes scolaires ~s* redelijke cijfers op school

acceptation ZN V aanneming, aanvaarding, toestemming

accepter OV WW aannemen, accepteren • *~ un risque* een risico aanvaarden • *~ de faire qc pour qn* (wel) iets voor iemand willen doen • *acceptez-vous de prendre Jean Dupont pour époux?* wilt u Jean Dupont tot echtgenoot nemen?

acception ZN V betekenis <van woord>

accès ZN M **1** toegang (**à** tot) • *~ interdit* verboden toegang, geen toegang • *l'accès à l'internet* internetaansluiting • *un fournisseur d'accès à Internet* internetprovider • *avoir libre ~ à l'information* vrije toegang tot informatie hebben • *d'un ~ difficile* moeilijk benaderbaar, moeilijk te begrijpen **2** aanval <van ziekte>, vlaag • *un ~ de toux* hoestbui • *un ~ de colère* uitbarsting van woede • *un ~ de fièvre* een aanval van koorts • *dans un ~ de rage* in een opwelling van woede

accessibilité ZN V toegankelijkheid • *faciliter l'accessibilité à un lieu* een plaats beter bereikbaar maken • *l'accessibilité de tous à l'emploi* de mogelijkheid voor iedereen om werk te vinden

accessible BN toegankelijk (**à** voor), begrijpelijk • *non ~ aux voitures* niet bereikbaar met de auto

accession ZN V (het) komen (**à** tot), toetreding • *l'~ au pouvoir* het aan het bewind komen • *l'~ au trône* troonsbestijging

accessoire ZN M bijzaak • *les accessoires* accessoires, hulpstukken, toebehoren • *des ~ de théâtre* toneelrekwisieten

accessoirement BW als iets bijkomends, daarnaast

accessoires ZN M MV toebehoren, hulpstukken, accessoires • *des ~ de théâtre* toneelrekwisieten

accident ZN M **1** ongeluk • *un ~ mortel / fatal* ongeluk met dodelijke afloop • *un ~ de voiture* auto-ongeluk • *un ~ du travail* bedrijfsongeval • *un ~ de la circulation* verkeersongeval • *avoir un ~* een ongeluk krijgen • *être tué dans un ~* dodelijk verongelukken **2** toeval • *par ~* toevallig

accidenté 1 BN verongelukt 2 ZN M (V accidentée), slachtoffer van een ongeluk • *les accidentés de la route* verkeersslachtoffers

accidentel BN (V accidentelle) 1 noodlottig • *une mort ~le* dood door een ongeval, dodelijk ongeval 2 toevallig

acclamation ZN V toejuiching • *par ~* bij acclamatie

acclamer OV WW toejuichen

acclimatation ZN V acclimatisatie, (het) (doen) wennen aan klimaat / omgeving

acclimater 1 WKD WW (s'~) acclimatiseren, wennen aan een nieuwe omgeving, inburgeren 2 OV WW 1 acclimatiseren, aan een omgeving / klimaat doen wennen 2 FIG. invoeren

accolade ZN V 1 omhelzing • *donner l'~ à qn* iemand (plechtig) omarmen 2 DRUKK. accolade

accoler OV WW tegen elkaar plaatsen

accommodant BN inschikkelijk, coulant • *une attitude ~e* een coulante houding

accommodation ZN V aanpassing, accommodatie

accommodement ZN M vergelijk, compromis

accommoder 1 OV WW bereiden • *~ des restes* kliekjes klaarmaken / verwerken 2 WKD WW (s'~) 1 ~ de zich tevredenstellen met • *s'~ d'une situation* in een situatie berusten • *s'~ de tout* alles voor lief nemen 2 LIT. ~ à zich aanpassen aan • *s'~ à sa nouvelle vie* zich aanpassen aan zijn nieuwe leven

accompagnateur ZN M (V accompagnatrice), begeleider

accompagnement ZN M 1 toebehoren, garnituur <groente e.d.> 2 begeleiding • *l'~ scolaire* leerlingenbegeleiding • *l'~ de fin de vie* terminale zorg 3 MUZ. begeleiding

accompagner 1 OV WW 1 vergezellen • *il voudrait nous ~* hij wil met ons mee • *elle est arrivée accompagnée de sa fille* zij is samen met haar dochter aangekomen 2 begeleiden <ook muzikaal> • *~ qn au piano* iemand op de piano begeleiden • *~ une viande de légumes* een vleesgerecht met groente garneren • *~ un mourant* iemand stervensbegeleiding geven 2 WKD WW (s'~) 1 zichzelf begeleiden • *s'~ au piano* zichzelf op de piano begeleiden 2 gepaard gaan met • *cette viande s'accompagne d'un vin rouge* bij dat vlees past een rode wijn

accompli BN 1 volmaakt, uitstekend • *une sportive ~e* een allround sportvrouw 2 voorbij, afgelopen • *un fait ~* voldongen feit • *mission ~e!* taak volbracht!

accomplir 1 OV WW voltooien, vervullen, verwezenlijken, uitvoeren • *mission accomplie!* opdracht volbracht! • *~ une mission* een opdracht uitvoeren 2 WKD WW (s'~) in vervulling gaan

accomplissement ZN M vervulling, voltooiing, verwezenlijking

accord ZN M 1 overeenkomst, akkoord, overeenstemming • *un ~ à l'amiable* minnelijke schikking • *être d'~ avec qn* het eens zijn met iemand • *ils nous ont donné leur ~* ze hebben met ons ingestemd • *passer / conclure un ~* een akkoord sluiten • *mettre deux parties d'~* twee partijen tot overeenstemming brengen • *se mettre d'~ avec qn sur qc* het met iemand eens worden over iets • *tomber d'~ sur qc* het eens worden over iets • *d'accord!* goed!, afgesproken! • *d'un commun ~* met algemene instemming, unaniem • *en ~ avec...* in harmonie / overeenstemming met... 2 TAALK. (grammaticale) overeenstemming • *l'~ du participe passé* de overeenstemming van het voltooid deelwoord (met onderwerp of lijdend voorwerp) • *l'~ de l'adjectif et du nom* de overeenstemming tussen bijvoeglijk en zelfstandig naamwoord 3 MUZ. akkoord, harmonie • *plaquer un ~* een akkoord aanslaan

accordéon ZN M accordeon • *une porte en ~* een vouwdeur • *des chaussettes en ~* afgezakte sokken

accorder 1 OV WW 1 tot overeenstemming brengen (avec met) • *~ des couleurs* kleuren op elkaar afstemmen • *~ l'adjectif avec le substantif* het bijvoeglijk naamwoord met het zelfstandig naamwoord doen overeenstemmen 2 toegeven • *je vous accorde qu'il ne fait aucun effort* ik geef toe dat hij geen enkele moeite doet • *il n'est pas venu, je vous l'accorde* hij is niet gekomen, dat moet ik toegeven 3 toestaan, verlenen, toekennen (à aan) • *~ un délai à qn* iemand uitstel verlenen 4 MUZ. stemmen 2 WKD WW (s'~) 1 het met elkaar kunnen vinden, het eens worden, tot overeenstemming komen • *on s'accorde à dire que...* we zijn het erover eens dat ... 2 zichzelf gunnen • *s'~ un moment de répit* zichzelf een moment rust gunnen 3 passen bij, zich richten (avec naar) • *l'adjectif s'accorde avec le substantif* het bijvoeglijk naamwoord richt zich naar het zelfstandig naamwoord

accoster 1 ONOV WW SCHEEPV. aanleggen • *le navire a accosté* het schip heeft aangelegd 2 OV WW INFORM. aanklampen, aanspreken • *se faire ~* aangeklampt worden

accotement ZN M berm • *~ non stabilisé* zachte berm

accouchement ZN M bevalling • *un ~ prématuré / avant terme* voortijdige bevalling • *un ~ par césarienne* bevalling door keizersnede • OOK FIG. *un ~ laborieux* zware bevalling • *déclencher un ~* een bevalling opwekken

accoucher ONOV WW bevallen, een kind krijgen • *~ d'un garçon / d'une fille* een jongen / meisje ter wereld brengen • *~ sous péridurale* bevallen met een ruggenprik • INFORM., FIG. *alors, tu accouches?* komt er nog wat van?

accoucheur ZN M (V accoucheuse), verloskundige

accouder WKD WW (s'~) leunen op de elleboog

accoudoir ZN M armleuning

accouplement ZN M 1 BIOL. paring 2 TECHN. koppeling

accoupler WKD WW (s'~) paren

accourir ONOV WW onregelmatig **toesnellen** • *il est accouru pour nous aider* hij is ons te hulp gesneld

accoutrer WKD WW **(s'~) zich opdirken**

accoutumance ZN V **gewenning (à aan)** • *l'~ à la drogue* drugsverslaving • *ces comprimés n'ont pas d'effet d'~* die pillen zijn niet verslavend

accoutumé BN **gebruikelijk** • *comme à l'accoutumée* zoals gewoonlijk

accoutumer **1** WKD WW **(s'~) wennen (à aan, om), gewend raken (aan)** **2** OV WW **gewennen, gewoon maken (à aan, om)**

accréditer OV WW **accrediteren, van geloofsbrieven voorzien, geloofwaardig maken**

accro INFORM. **1** BN accroché **verslaafd (à aan)** • *être ~ au jeu* aan het spel verslaafd zijn **2** ZN M/V accroché **fervent liefhebber (de van)** • *c'est un ~ de la musique pop* hij is dol op popmuziek

accroc "akroo" ZN M **1 winkelhaak, scheur 2 moeilijkheid** • *sans ~* probleemloos

accrochage ZN M **1 (het) aanhaken** • *l'~ d'un tableau* het ophangen van een schilderij **2 aanrijding** • *ils ont eu un ~ sur l'autoroute* ze hebben een aanrijding gehad op de autoweg **3** INFORM. **schermutseling, ruzie**

accroche ZN V **blikvanger** <publiciteit>

accroche-cœur ZN M (MV accroche-cœur(s)), **spuuglok**

accrocher **1** OV WW **1 aanhaken, ophangen (à aan)** • *~ son manteau au portemanteau* zijn jas aan de kapstok hangen • *~ un tableau au mur* een schilderij aan de muur hangen • *rester accroché à qc* aan iets blijven haken • FIG. *avoir le cœur bien accroché* hart voor de zaak hebben **2 aanrijden** • *~ une voiture* een lichte aanrijding met een auto hebben **3 aanklampen** • *c'est un film qui accroche* het is een pakkende film • *une pub qui accroche* indringende reclame **2** ONOV WW **blijven steken, haperen** • *ça n'accroche pas entre eux* het klikt niet tussen hen **3** WKD WW **(s'~) 1 zich vastklampen,** FIG. **doorzetten** • *s'~ à la rampe* zich stevig vasthouden aan de trapleuning • INFORM. *s'~ à qn* iemand niet loslaten **2 blijven haken (à aan)**

accrocheur BN (V accrocheuse), **aandacht trekkend, pakkend** • *une publicité accrocheuse* indringende / wervende reclame

accroissement ZN M **groei, vermeerdering**

accroître **1** OV WW onregelmatig **doen toenemen, vergroten** **2** WKD WW **(s'~) toenemen** • *la population s'accroît très rapidement* de bevolking groeit heel snel • *le chômage s'accroît* de werkloosheid neemt toe

accroupir WKD WW **(s'~) hurken**

accru WW → **accroître**

accueil ZN M **1 ontvangst** • *un ~ chaleureux / glacial* een warm / kil onthaal • *un pays d'~* opvangland • *un comité d'~* ontvangstcomité • *un centre d'~* opvangcentrum • COMP. *une page d'~* startpagina • *trouver un bon ~* een gunstig onthaal vinden • *faire bon ~ à qn* iemand goed ontvangen **2 receptie, balie**

accueillant BN **vriendelijk, hartelijk, gastvrij** • *une maison ~e* een gezellig huis

accueillir OV WW onregelmatig **1 ontvangen, onthalen, aanvaarden** • *la salle ne peut ~ que cent personnes* in de zaal is maar plaats voor honderd mensen • FIG. *être accueilli par une rafale de mitrailleuse* verwelkomd worden met een kogelregen **2 opnemen** <iets goed of slecht opnemen> • *ma proposition a été mal accueillie* mijn voorstel viel slecht • *la loi a été accueillie favorablement* de wet kreeg een gunstig onthaal

acculer OV WW **1 duwen, dwingen** • *être acculé à la faillite* het faillissement in gedreven worden **2** FIG. **in het nauw drijven, drijven (tot)**

accumulateur ZN M **accumulator, accu**

accumulation ZN V **opeenhoping, opeenstapeling**

accus ZN M MV accumulateurs • FIG. *recharger ses ~* de accu weer opladen, bijtanken

accusateur BN (V accusatrice), **beschuldigend** • *un regard ~* verwijtende blik

accusation ZN V **beschuldiging, aanklacht** • *la mise en ~* inbeschuldigingstelling • *la Chambre d'~* ≈ Openbaar Ministerie • *mettre qn en ~* iemand in staat van beschuldiging stellen • *porter une ~ contre qn* een beschuldiging inbrengen / uiten tegen iemand

accusé ZN M **1 beschuldigde, beklaagde** • *être sur le banc des accusés* in de beklaagdenbank zitten **2** • *un ~ de réception* ontvangstbevestiging

accuser OV WW **1 beschuldigen, aanklagen, de schuld geven (de van)** • *~ qn d'un crime* iemand van een misdrijf beschuldigen **2 doen uitkomen, te zien geven** • *des traits accusés* scherpe trekken • *~ réception d'un colis* de goede ontvangst van een pakje berichten • INFORM. *~ le coup* een klap incasseren, zich aangeslagen tonen

acerbe BN **wrang, bitter**

acéré BN OOK FIG. **scherp**

achalander OV WW **bevoorraden, van goederen voorzien** • *un magasin bien achalandé* ruim gesorteerde winkel

acharné BN **hardnekkig, verwoed, verbeten** • *des combats acharnés* verwoede gevechten

acharnement ZN M **hardnekkigheid, verbetenheid** • *l'~ thérapeutique* eindeloos doorbehandelen <om het leven te rekken> • *travailler avec ~* stug doorwerken

acharner WKD WW **(s'~) 1 hardnekkig volhouden, zich hartstochtelijk overgeven (aan) 2 ~ contre hardnekkig achtervolgen, op de huid zitten** • *le sort / le malheur s'acharne contre lui* het noodlot / het ongeluk achtervolgt hem

achat ZN M **inkoop, koop, aankoop, het gekochte voorwerp** • *le prix d'~* (in)koopprijs • *le pouvoir d'~* koopkracht • *faire des ~s* boodschappen / inkopen doen • *pour l'~ de deux produits, le troisième est en prime* bij aankoop van twee artikelen het derde cadeau

acheminement ZN M **verzending**

acheminer **1** OV WW **verzenden, leiden** **2** WKD

ww (s'~) zich begeven (naar) • *on s'achemine vers la paix* de vrede komt in zicht

acheter ov ww **1** kopen • *~ qc à qn* iets van iemand kopen • *~ à crédit* op krediet kopen • *~ une maison pour cent mille euros* een huis kopen voor honderdduizend euro **2** omkopen • FIG. *~ la complicité de qn* iemand inhuren als medeplichtige

acheteur zn m (v acheteuse), (in)koper

achevé bn volmaakt, onberispelijk

achèvement zn m **1** voltooiing **2** FORM. perfectie

achever 1 ov ww **1** voltooien, beëindigen • *il achève de déjeuner* hij is bijna klaar met zijn lunch • *~ un livre* een boek uitlezen • *il a achevé la bouteille* hij heeft de fles leeggedronken **2** afmaken, doden, de genadeslag geven • INFORM. *cette nouvelle l'a achevé* dat nieuws was te veel voor hem **2** wkd ww (s'~) ten einde lopen, eindigen (par met)

achoppement zn m hinderpaal • *la pierre d'~* steen des aanstoots, struikelblok

acide 1 bn zuur, wrang, FIG. bitter • *avoir un goût ~* zuur smaken **2** zn m SCHEIK. zuur • *un ~ gras* vetzuur

acidifier 1 ov ww zuur maken **2** wkd ww (s'~) zuur worden

acidité zn v zuurheid, zuurgraad

acidulé bn enigszins zuur • *des bonbons acidulés* zuurtjes

acier zn m staal • *de l'~ trempé* gehard staal • *une couleur bleu ~* staalblauw • FIG. *des muscles d'~* spieren als koorden • FIG. *un regard d'~* onvermurwbare blik

aciérie zn v staalfabriek

acné zn v acne • *avoir de l'acné (juvénile)* jeugdpuistjes hebben

acompte zn m **1** aanbetaling • *un ~ provisionnel* voorlopige (belasting)aanslag • *recevoir un ~ sur son salaire* een voorschot op zijn loon krijgen • *verser un ~ à qn* iemand een voorschot betalen **2** INFORM, FIG voorproefje

Açores zn v mv Azoren • *aux ~* op de Azoren

à-côté zn m **1** bijkomstigheid **2** bijverdienste • *se faire des à-côtés* bijklussen

à-coup zn m schok, ruk, stoot • *par à-coups* bij vlagen

acoustique 1 bn akoestisch, geluids-, gehoor- **2** zn v akoestiek

acquéreur zn m koper

acquérir ov ww onregelmatig verkrijgen, verwerven, kopen • *un fait acquis* een vaststaand feit • *c'est un fait acquis* dit is een uitgemaakte zaak • *être acquis à une cause* een zaak toegedaan zijn • *~ des connaissances* kennis opdoen • *~ de la valeur* in waarde stijgen

acquiescement "akjes-" zn m instemming, toestemming • *signe d'~* teken van instemming

acquiescer "akjeesee" onov ww instemmen, toestemmen • *elle acquiesce de la tête / d'un signe de tête* zij knikt instemmend

acquis 1 zn m verworven kennis, ervaring, verworvenheid • *les ~ sociaux* de sociale verworvenheden **2** ww passé simple/ volt.deelw. → **acquérir**

acquisition zn v aankoop, aanwinst, verwerving • *l'~ du langage* taalverwerving • *faire l'~ de qc* iets (aan)kopen, iets aanschaffen

acquittement zn m **1** betaling, vereffening **2** vrijspraak • *le verdict d'~ a été prononcé* het vonnis luidde: vrijspraak

acquitter 1 ov ww **1** betalen, kwijten **2** vrijspreken • *on l'a acquitté au bénéfice du doute* hij is vrijgesproken bij gebrek aan bewijs **2** wkd ww (s'~) de zich kwijten van, vervullen • *s'~ d'une mission* een missie vervullen • *s'~ de sa dette envers qn* zijn schuld aan iemand aflossen

âcre bn wrang, bitter, scherp <ook v. wijn>, FIG. vinnig

acrimonie zn v bitsheid, FIG. bitterheid

acrobate zn m/v **1** acrobaat **2** MIN. handige jongen

acrobatie "-sie" zn v **1** acrobatiek **2** MIN. staaltje van behendigheid

acrobatique bn acrobatisch

acrylique 1 zn m acryl **2** bn acryl-, van acryl

acte zn m **1** daad, handeling • *un ~ désespéré* wanhoopsdaad • *un ~ de malveillance* boos opzet • *un ~ médical* medische verrichting • *l'~ sexuel* de geslachtsdaad • *passer à l'~* handelen, tot actie overgaan • *faire ~ de présence* acte de présence geven, zich een ogenblik ergens vertonen • *prendre ~ de qc* nota nemen van iets, iets voor kennisgeving aannemen • *assez parlé, des ~s!* geen woorden maar daden! **2** JUR. akte • *un ~ notarié* notariële akte • *un ~ de décès* overlijdensakte • *un ~ de vente* koopakte • *dresser / passer un ~* een akte passeren **3** TON. bedrijf, akte • *une pièce en trois ~s* een stuk in drie bedrijven **4** REL. akte, oefening • *un ~ de foi* geloofsgetuigenis **5** mv verslag • *les ~s d'un congrès* de handelingen van een congres

acteur zn m (v actrice) **1** acteur, toneelspeler **2** dader **3** handelend persoon, medespeler

actif 1 bn (v active) **1** werkzaam, actief **2** druk, ijverig **3** snelwerkend • *un remède ~* een snelwerkend middel **4** TAALK. • *la voix active* bedrijvende vorm **2** zn m **1** bezit • *avoir qc à son ~* iets verricht hebben, iets op zijn naam hebben staan **2** • *les ~s* de beroepsbevolking

action zn v **1** handeling, daad, actie • *un homme d'~* een man van de daad • *une ~ militaire* militaire actie, gevechtshandeling • *mener une ~ contre / pour qc* actie voeren tegen / voor iets • *passer à l'~* in actie komen, optreden, tot handelen overgaan • *faire une bonne ~* een goede daad verrichten **2** werking, inwerking, uitwerking • *l'~ d'un remède* uitwerking van een middel • *le rayon d'~* actieradius • *sous l'~ de qc* onder invloed van iets, als gevolg van iets • *en ~* in actie, in werking **3** ECON. aandeel • *une ~ au porteur* aandeel aan toonder • *une ~ nominative* aandeel op naam • *une ~ cotée en Bourse* beursgenoteerd aandeel • *avoir des ~s dans une société* aandelen in een bedrijf hebben • *ses ~s montent* zijn papieren stijgen **4**

gerechtelijke vervolging • *intenter une ~ contre qn* een actie / rechtsvordering tegen iemand instellen
actionnaire ZN M/V aandeelhouder
actionnariat ZN M (de) aandeelhouders, aandeelhouderschap
actionner OV WW in beweging brengen, drijven
activation ZN V activering
activer **1** OV WW versnellen, activeren, aanwakkeren **2** WKD WW **(s'~)** druk bezig zijn
activisme ZN M activisme
activiste ZN M/V activist
activité ZN V **1** werkzaamheid, activiteit, bedrijvigheid • *une ~ fébrile* koortsachtige bedrijvigheid • *une ~ secondaire* nevenactiviteit • *pratiquer une ~ sportive* een sport beoefenen • *en pleine ~* in volle gang **2** werking • *un volcan en ~* een actieve vulkaan **3** actieve dienst
actrice ZN V → **acteur**
actualisation ZN V actualisering, verwezenlijking
actualiser OV WW actueel maken, updaten • *~ une méthode de travail* een werkwijze moderniseren
actualité ZN V actualiteit • *les actualités* het nieuws, het journaal • *les actualités télévisées* tv-journaal • *un sujet d'une ~ brûlante* een hot issue / item • *tu veux regarder les actualités?* wil je het nieuws nog zien? • *être d'actualité* actueel zijn
actuel BN (V actuelle), actueel, tegenwoordig • *l'~ président de la République* de huidige Franse president • *à l'heure ~le* tegenwoordig, momenteel
actuellement BW thans, nu, tegenwoordig
actus INFORM. "aktu" ZN V MV actualités **nieuws**
acuité ZN V scherpte, hevigheid • *l'acuité d'un son* scherpte van een geluid • FIG. *l'acuité de la crise économique* de hevigheid van de economische crisis
acupuncteur, **acuponcteur** ZN M (V acupunctrice), acupuncturist
acupuncture, **acuponcture** "-po(n)k-" ZN V acupunctuur
adage ZN M spreuk, zegswijze
adaptable BN aanpasbaar, flexibel
adaptateur **1** ZN M (V adaptatrice) TON. bewerker **2** ZN M TECHN. adapter
adaptation ZN V **1** bewerking • *l'~ d'un roman au cinéma* filmbewerking van een roman **2** aanpassing • *les facultés d'~ de l'individu* het aanpassingsvermogen van de mens
adapter **1** OV WW **1** bewerken <van literair werk of muziekstuk> **2** aanpassen **(à** aan) • *adapté aux enfants* kindvriendelijk • *~ ses dépenses à sa situation* zijn uitgaven afstemmen op zijn (financiële) situatie **2** WKD WW **(s'~)** zich aanpassen **(à** aan), passen **(à** bij, op) • *on doit savoir s'~* je moet flexibel zijn • *s'~ aux circonstances* zich aan de omstandigheden aanpassen
addictif BN (V addictive), verslavend, verslavings-
addiction ZN V verslaving
additif ZN M additief, (kunstmatige) toevoeging • *un ~ alimentaire* additief in voedingsmiddelen • *sans ~s* zonder kunstmatige toevoegingen
addition ZN V **1** optelling, toevoeging • *faire une ~* optellen **2** rekening <in restaurant> • *régler l'~* afrekenen • *l'~, s'il vous plaît!* mag ik even afrekenen?
additionnel BN (V additionnelle), bijgevoegd, toegevoegd, extra
additionner OV WW optellen **(à** bij), bijvoegen
adepte ZN M/V adept, aanhanger • *faire des ~s* navolging vinden • *c'est un grand ~ des jeux vidéo* hij is een verwoed gamer
adéquat "-kwa" BN passend, adequaat • *une réponse adéquate* een gepast antwoord
adhérence ZN V (het) aankleven, aanhechting, wegligging <van auto> • *l'adhérence des pneus à la route* de grip van de banden op de weg
adhérent **1** BN vastgegroeid, verkleefd **(à** met) **2** ZN M (V adhérente), aanhanger, lid, volgeling • *une carte d'adhérent* lidmaatschapskaart
adhérer ONOV WW **~ à** vergroeid zijn met, vastzitten aan, aanhangen, instemmen met, zich aansluiten bij • *~ à un parti* lid worden van een partij
adhésif BN (V adhésive), klevend • *un pansement ~* hechtpleister • *un ruban ~* plakband
adhésion ZN V **1** instemming, adhesie **(à** met) **2** aansluiting, toetreding **(à** tot) • *un bulletin d'adhésion* aanmeldingsformulier • *l'adhésion à l'Union européenne* de toetreding tot de Europese Unie
adieu **1** ZN M vaarwel, afscheid • *dire ~ à qn / faire ses ~x à qn* afscheid nemen van iemand, iemand vaarwel zeggen **2** TUSSENW vaarwel, adieu • *~ l'été!* het is afgelopen met de zomer!
adjacent BN belendend, aangrenzend **(à** aan) • *une rue ~e* aangrenzende weg • WISK. *un angle ~* aanliggende hoek
adjectif **1** ZN M bijvoeglijk naamwoord, adjectief • *un ~ indéfini* onbepaald telwoord **2** BN (V adjective), bijvoeglijk
adjoindre OV WW onregelmatig toevoegen (aan)
adjoint **1** BN adjunct- • *un directeur ~* adjunct-directeur **2** ZN M helper, medewerker • *le maire et ses ~s* burgemeester en wethouders
adjudication ZN V veiling, aanbesteding • *une vente par ~* (verkoop door) openbare veiling • *une ~ judiciaire* gerechtelijke verkoop
adjuger **1** OV WW gunnen, toewijzen, toekennen **(à** aan) • *adjugé!* verkocht! • *~ un prix* een prijs toekennen **2** WKD WW **(s'~)** zich toe-eigenen • *s'~ la plus grosse part* zich het leeuwendeel toe-eigenen
adjuration ZN V smeekbede
adjuvant MED. ZN M ondersteunend (hulp) middel
admettre OV WW **1** toelaten **(à** tot), toestaan • *être admis à un examen* voor een examen geslaagd zijn • *une règle qui n'admet aucune exception* een regel die geen enkele uitzondering kent **2** erkennen, (als waar) aannemen • *admettons que vous ne puissiez pas venir* laten we aannemen dat u niet kunt komen • *en admettant qu'il vienne* stel dat hij komt

administrateur ZN M (V administratrice), beheerder, bestuurder, administrateur • *un administrateur de site* websitebeheerder, administrator
administratif BN (V administrative), bestuurlijk, bestuurs- • *le droit ~* bestuursrecht
administration ZN V **1** beheer, bestuur • *le conseil d'~* bestuur, raad van bestuur, raad van beheer **2** overheid(sapparaat) • *entrer dans l'Administration* in overheidsdienst gaan, ambtenaar worden **3** administratie **4** toediening
administrativement BW langs administratieve weg
administré ZN M (V administrée), burger, ingezetene
administrer OV WW **1** besturen, beheren **2** toedienen • *~ un remède à qn* iemand een medicijn laten innemen • INFORM. *~ une correction à qn* iemand een afstraffing geven • REL. *~ les sacrements* de sacramenten toedienen
admirable BN bewonderenswaardig, prachtig
admirateur ZN M (V admiratrice), bewonderaar
admiratif BN (V admirative), bewonderend
admiration ZN V bewondering • *être en ~ devant qc / qn* vol bewondering voor iets / iemand zijn
admirer OV WW bewonderen
admissibilité ZN V toelaatbaarheid
admissible BN toelaatbaar, aanvaardbaar • O&W *un candidat ~* kandidaat die mondeling toelatingsexamen mag doen
admission ZN V **1** toelating, (het) aannemen **2** inlaat <van motor>
ADN AFK acide désoxyribonucléique m DNA
ado INFORM. ZN M/V adolescent, adolescente tiener, jongere, puber
adolescence ZN V adolescentie, puberteit, groei naar volwassenheid • *un amour d'~* kalverliefde, jeugdliefde
adolescent **1** ZN M (V adolescente), adolescent, jongere, tiener, puber **2** BN tiener-
adonner WKD WW **(s'~) à** zich geheel overgeven aan, verslaafd raken aan • *s'~ à la boisson* aan de drank raken
adopter OV WW **1** aannemen, adopteren **2** overnemen, aannemen • *~ une loi* een wet goedkeuren, een wet aannemen • *~ une opinion* een mening overnemen
adoptif BN (V adoptive) **1** aangenomen • *un fils ~* aangenomen zoon • *sa patrie adoptive* zijn / haar tweede vaderland **2** die aanneemt • *des parents ~s* adoptiefouders, pleegouders
adoption ZN V **1** adoptie • *une patrie d'~* tweede vaderland **2** overname, het invoeren • *l'~ d'une loi* het aannemen van een wet
adorable BN aanbiddelijk, verrukkelijk, heel lief
adorateur ZN M (V adoratrice), aanbidder, vereerder
adoration ZN V **1** aanbidding, grote verering **2** vurige liefde • *être en ~ devant qn* iemand aanbidden
adorer OV WW aanbidden, dol zijn op, zielsveel houden van • *~ la musique* dol zijn op muziek
adosser **1** OV WW **~ à** met de rug (achterkant) zetten tegen, bouwen tegen **2** WKD WW **(s'~)** met de rug leunen (tegen)
adoucir OV WW verzachten, FIG. lenigen
adoucissant **1** ZN M wasverzachter **2** BN verzachtend
adoucissement ZN M verzachting, ontharding
adrénaline ZN V adrenaline
adresse ZN V **1** adres • *une ~ électronique* e-mailadres • FIG. *c'est la bonne ~* daar kun je terecht • OOK FIG. *se tromper d'~* aan het verkeerde adres zijn **2** behendigheid, handigheid • *un jeu d'~* behendigheidsspel
adresser **1** OV WW **1** adresseren, zenden • *~ ses vœux à qn* iemand zijn beste wensen sturen • *~ une demande à qn* iemand met een verzoek benaderen **2** richten • *~ la parole à qn* het woord tot iemand richten • *~ des insultes à qn* iemand beledigen **3** verwijzen **2** WKD WW **(s'~) à** zich wenden tot, zich richten tot • *adressez-vous à la concierge!* te bevragen bij de conciërge • *ce roman s'adresse aux jeunes* deze roman is bestemd voor de jeugd • *il s'est adressé à la foule* hij sprak tot de menigte
Adriatique ZN V Adriatische Zee
adroit BN geslepen, handig, slim
aduler OV WW op lage wijze vleien, ophemelen
adulte **1** ZN M/V volwassene **2** BN volwassen
adultère **1** ZN M overspel, echtbreuk • *commettre un ~* overspel plegen **2** BN overspelig • *une relation ~* buitenechtelijke relatie
advenir ONOV WW onregelmatig (toevallig) gebeuren • *advienne que pourra* wat er ook gebeuren mag • *quoi qu'il advienne, ils seront là* hoe het ook zij, ze zullen er zijn
adverbe ZN M bijwoord • *un ~ de lieu / de manière* bijwoord van plaats / van wijze
adverbial BN (M MV adverbiaux), bijwoordelijk
adversaire ZN M/V tegenstander • *un ~ redoutable; un rude ~* een geduchte tegenstander
adverse BN tegen-, vijandig • *la partie ~* de tegenpartij
adversité ZN V ongeluk, tegenspoed
aération ZN V ventilatie, luchtverversing • *un conduit d'aération* luchtkoker
aéré BN geventileerd, luchtig, met ruimte, met gaten • *un local bien / mal ~* goed / slecht geluchte ruimte • FIG. *un centre ~* jeugdhonk <voor openluchtactiviteiten>
aérer **1** OV WW luchten, ventileren • *~ la literie* beddengoed uithangen **2** WKD WW **(s'~)** een luchtje scheppen
aérien BN (V aérienne), lucht-, luchtvaart-, bovengronds • *le métro ~* bovengrondse metro • *une compagnie aérienne* luchtvaartmaatschappij • *la défense aérienne* luchtafweer • *une attaque aérienne* luchtaanval
aérobic ZN M aerobics
aérodrome ZN M (klein) vliegveld
aérodynamique **1** BN aerodynamisch,

gestroomlijnd • *un profil ~* aerodynamische vormgeving, stroomlijn **2** ZN V **aerodynamica**
aérogare ZN V stationsgebouw bij luchthaven, terminal
aéroglisseur ZN M hovercraft
aéronaute ZN M/V ballonvaarder, luchtreiziger
aéronautique **1** ZN V luchtvaartkunde **2** BN luchtvaartkundig
aéronaval BN (M MV aéronavals), marineluchtvaart-
aéronavale ZN V marineluchtvaartdienst
aéroport ZN M vliegveld, luchthaven
aéroporté BN MIL. luchtlandings- • *des troupes aéroportées* luchtlandingstroepen
aérosol **1** ZN M **1** spray **2** spuitbus **2** BN • *des bombes ~* spuitbussen
aérospatial BN (M MV aérospatiaux), lucht- en ruimtevaart-
aérospatiale ZN V luchtvaart, ruimtevaart
affabilité ZN V vriendelijkheid, voorkomendheid, minzaamheid
affable BN vriendelijk, voorkomend, minzaam
affabulation ZN V **1** intrige **2** verzinsel
affadir OV WW flauw maken, smakeloos maken
affaiblir **1** OV WW verzwakken **2** WKD WW **(s'~)** verzwakken
affaiblissement ZN M verzwakking
affaire ZN V **1** zaak, aangelegenheid, affaire • *une ~ d'État* staatszaak, IRON. hoogst gewichtige zaak • *une ~ d'honneur* erezaak • *une ~ réglée / classée* een afgedane zaak • *la belle ~!* is dat nou alles? • *les ~s étrangères* buitenlandse zaken • *c'est l'~ d'une seconde* het is in een ommezien klaar • *c'est une ~ de goût* het is een kwestie van smaak • *c'est une ~ épineuse* er zitten haken en ogen aan • *ce n'est pas ton ~* daar heb je niks mee te maken • *c'est son ~* dat is zijn zaak • *occupe-toi de tes ~s!* bemoei je met je eigen zaken! • *c'est toute une ~* het is niet gemakkelijk, het is een heel karwei / gedoe • *tirer qn d'~* iemand uit moeilijkheden helpen • *se tirer d'~* zich ergens uit redden • *cela fait mon ~* dat staat me aan, dat komt me goed van pas • *avoir ~ à quelqu'un* met iemand te maken hebben / krijgen • *faire ~ avec quelqu'un* in zee gaan met iemand • *j'en fais mon ~* ik belast mij ermee • *étouffer une ~* een zaak in de doofpot stoppen **2** rechtszaak, proces • *l'~ a été jugée* er is uitspraak gedaan in die zaak **3** voordelige transactie, koopje • *c'est une (bonne) ~* dat is een goede koop • *courir après les bonnes ~s* koopjes jagen **4** meestal MV **zaken** • *un homme d'affaires* zakenman • *une femme d'affaires* zakenvrouw • *une réunion d'affaires* een zakelijke bijeenkomst • *le chiffre d'affaires* omzet • *monter une ~* een zaak opzetten • *faire un voyage d'affaires* voor zaken op reis gaan, een zakenreis maken • *faire des ~s avec qn* zaken doen met iemand • *être dans les ~s* in het zakenleven zitten • *avoir le sens des ~s* een goed zakelijk inzicht hebben • *se retirer des ~s* zich uit de zaken terugtrekken **5** MV **spullen** • *range tes ~s!* ruim je spullen op!
affairé BN druk (bezig)
affairement ZN M drukte
affairer WKD WW **(s'~)** druk (in de weer) zijn • *s'affairer dans la cuisine* druk bezig zijn in de keuken
affaissement ZN M verzakking, OOK FIG. inzinking
affaisser WKD WW **(s'~)** OOK FIG. in elkaar zakken
affaler WKD WW **(s'~)** zich laten vallen, neerzijgen • *s'~ sur une chaise* op een stoel neerploffen
affamé BN uitgehongerd, hongerig
affamer OV WW uithongeren
affectation ZN V **1** bestemming <voor bepaalde doeleinden> **2** aanstelling, benoeming • *il a rejoint sa nouvelle ~* hij is op zijn nieuwe standplaats aangekomen **3** aanstellerigheid, gemaaktheid
affecté BN gemaakt, gekunsteld • *parler d'un ton ~* geaffecteerd spreken
affecter OV WW **1** benoemen, aanstellen, indelen, bestemmen voor • *il a été affecté à notre bureau* hij is bij onze afdeling geplaatst **2** voorwenden, doen alsof • *~ une certaine attitude* een bepaalde houding aannemen • *~ d'ignorer qc* doen alsof men iets niet weet **3** ontroeren, treffen • *son état m'a affecté* ik ben getroffen door zijn toestand
affectif BN (V affective), affectief, gevoels- • *la vie affective* gevoelsleven
affection ZN V **1** genegenheid • *prendre qn en ~* genegenheid opvatten voor iemand **2** MED. aandoening • *une ~ rénale* nieraandoening
affectionner OV WW een voorliefde hebben voor, houden van
affectivité ZN V gevoelsleven, gevoeligheid • *il a des problèmes d'affectivité* hij krijgt niet voldoende genegenheid
affectueux BN (V affectueuse), toegenegen, liefdevol, aanhankelijk
affermir OV WW versterken, steviger maken • *~ son autorité* zijn gezag verstevigen
affichage ZN M **1** (het) aanplakken, aankondiging **2** display, weergave op beeldscherm • *un tableau / panneau d'~* mededelingenbord, scorebord
affiche ZN V **1** aanplakbiljet, poster, affiche • *une ~ publicitaire* reclamebiljet • *une ~ lumineuse* lichtreclame **2** bezetting, cast • *une tête d'~* hoofdrolspeler • *être à l'~* vertoond worden, op het programma staan • *la pièce a tenu l'~ pendant deux mois* het stuk is twee maanden lang gespeeld
afficher **1** OV WW **1** aanplakken, aankondigen • *défense d'~* aanplakverbod • *~ les horaires d'ouverture* de openingstijden vermelden **2** FIG. te koop lopen met, openlijk tonen • *~ son mépris pour qc* zijn minachting voor iets duidelijk laten blijken **2** WKD WW **(s'~)** zich openlijk / opzichtig vertonen **(avec** met)
affichette ZN V klein aanplakbiljet
afficheur ZN M **1** aanplakker **2** (klein) beeldscherm
affilée • *d'affilée* aan een stuk door, onafgebroken, achter elkaar

affiler OV WW scherpen, slijpen, wetten
affiliation ZN V lidmaatschap, toetreding (**à** tot)
affilié ZN M lid • *être ~ à un club* lid van een club zijn
affilier **1** OV WW lid maken • *être affilié au régime de la Sécurité sociale* verplicht verzekerd zijn **2** WKD WW (**s'~**) **à** lid worden van, zich aansluiten bij
affiner **1** OV WW zuiveren, verfijnen **2** WKD WW (**s'~**) zich verfijnen, fijner worden • *sa taille s'est affinée* ze is slanker geworden
affinité ZN V overeenkomst, verwantschap, affiniteit
affirmatif **1** BN (V affirmative), bevestigend • *il a été ~* hij beaamde / bevestigde het **2** TUSSENW • *~!* jawel!, zeker!
affirmation ZN V bevestiging, verzekering, bewering • *l'~ de soi* zelfbevestiging
affirmative ZN V • *dans l'~* zo ja • *répondre par l'~* bevestigend antwoorden
affirmer **1** OV WW **1** verzekeren, bevestigen, beweren • *il a affirmé qu'elle a menti* hij beweerde dat zij gelogen heeft • *j'affirme l'avoir vu* ik heb hem echt / inderdaad gezien **2** duidelijk doen blijken • *~ sa personnalité* zijn persoonlijkheid bevestigen **2** WKD WW (**s'~**) bevestigd worden, duidelijk blijken, zich doen gelden
affixe **1** ZN M TAALK. affix **2** ZN V WISK. coördinaat
affliction FORM. grote droefheid
affligeant BN bedroevend
affliger **1** OV WW **1** bedroeven • *la nouvelle l'a profondément affligé* hij was diepbedroefd over dat nieuws **2** FORM. kwellen, teisteren (**de** met) **2** WKD WW (**s'~**) bedroefd zijn (**de** over)
affluence ZN V toeloop, toevloed • *un record d'~* een recordaantal bezoekers • *aux heures d'~* in het spitsuur
affluent ZN M zijrivier • *l'~ d'un fleuve* een tak van een rivier
affluer ONOV WW stromen naar, toestromen
afflux "afluu" ZN M **1** (het) toestromen • *l'~ de visiteurs* de toestroom van bezoekers **2** stroom • *un ~ de sang* bloedaandrang
affolant INFORM. BN verbijsterend, verschrikkelijk, radeloos makend
affolé BN radeloos, in de war
affolement ZN M radeloosheid, paniek
affoler **1** OV WW radeloos maken • *tout ce bruit l'affole* hij wordt gek van al dat lawaai **2** WKD WW (**s'~**) radeloos worden, doorslaan • *ne vous affolez pas!* rustig maar!, geen paniek!
affranchi **1** ZN M (V affranchie) **1** vrijgelatene **2** vrijgevochten persoon **2** BN **1** vrijgelaten **2** vrijgevochten, geëmancipeerd
affranchir OV WW **1** vrijlaten, bevrijden, vrijmaken, vrijstellen (**de** van) • *~ un esclave* een slaaf vrijlaten **2** frankeren • *une lettre insuffisamment affranchie* onvoldoende gefrankeerde brief **3** INFORM. inlichten
affranchissement ZN M **1** vrijlating, bevrijding, (het) vrijmaken van lasten **2** frankering
affres FORM. ZN V MV grote angst • *être dans les ~ de l'indécision* een knagende onzekerheid voelen, wanhopig besluiteloos zijn
affréter OV WW huren <van schip, vliegtuig>, charteren
affreux BN (V affreuse), afschuwelijk, afstotelijk • *un temps ~* vreselijk slecht weer • *il est ~ dans ce costume* hij ziet er niet uit in dat pak
affront ZN M publieke belediging • *faire un ~ à qn* iemand te schande maken, iemand beledigen • *essuyer un ~* vernederd worden
affrontement ZN M confrontatie
affronter **1** OV WW trotseren, tegemoet treden • *~ un adversaire* een tegenstander het hoofd bieden **2** WKD WW (**s'~**) in confrontatie met elkaar komen, botsen, SPORT tegen elkaar uitkomen
affubler MIN. **1** OV WW toetakelen, dwaas aankleden (**de** met, in) **2** WKD WW (**s'~**) zich raar uitdossen
affût ZN M • *être à l'affût* loeren (**de** op), op de loer liggen • FIG. *être à l'affût d'une affaire intéressante* op een interessant zaakje uit zijn
afghan **1** ZN M (het) Afghaans **2** BN Afghaans
Afghan ZN M (V Afghane), Afghaan
afin • *~ d'arriver à l'heure* om op tijd te komen • *afin que* + subj. zodat, opdat • *laisse la porte ouverte afin que l'air passe* laat de deur open zodat er frisse lucht binnen kan komen
afin que VOEGW + subj. opdat • *laisse la porte ouverte ~ l'air passe* laat de deur open zodat er frisse lucht binnen kan komen
AFP AFK Agence France-Presse V AFP <Frans persbureau>
africain **1** ZN M (het) Afrikaans **2** BN (V africaine), Afrikaans
Africain ZN M (V Africaine), Afrikaan
Afrique ZN V Afrika • *l'Afrique du Sud* Zuid-Afrika
afro BN afro- • *une coiffure ~* afrokapsel
after ZN M afterparty
agaçant BN ergerlijk, irritant
agacement ZN M ergernis, irritatie • *un geste d'~* een geïrriteerd gebaar
agacer OV WW irriteren, tergen, treiteren • *être agacé* zich doodergeren • *vous m'agacez avec vos remarques* hou nou eens op met die opmerkingen van jullie
agacerie ZN V meestal mv (uitdagende) koketterie
âge ZN M **1** leeftijd, ouderdom • *l'âge ingrat* puberteit • *l'âge mûr* de rijpere leeftijd • *un ~ avancé* hoge leeftijd • *le troisième ~* 65-plussers, gepensioneerden • *l'âge de raison* de jaren des onderscheids • *un enfant en bas ~* een klein kind • *quel ~ avez-vous?* hoe oud bent u? • *être entre deux âges* van middelbare leeftijd zijn • *être d'un certain ~* niet meer de jongste zijn • *être vieux avant l'âge* vroeg oud zijn • *j'ai passé l'âge des minijupes* ik ben te oud om nog minirokjes te dragen • *il ne fait / paraît pas son ~* hij lijkt jonger dan hij is • *prendre de l'âge* oud(er) worden • *être en ~ de...* oud genoeg zijn

om... • *avoir passé l'âge de...* te oud zijn om... • *d'un certain ~* niet zo jong meer • *dès son plus jeune ~* van zijn vroegste jeugd af **2 tijdperk, eeuw** • *le Moyen Age* de middeleeuwen • *l'âge de la pierre* het stenen tijdperk • *l'âge d'or* de gouden eeuw • *à travers les âges* in de loop der tijden

âgé BN **oud** • *il est ~ de 20 ans* hij is 20 jaar (oud)

agence ZN V **1 agentschap, agentuur 2 kantoor** • *une ~ de voyages* reisbureau • *une ~ immobilière* makelaarskantoor, BELG. immobiliënkantoor • *l'Agence nationale pour l'emploi (ANPE)* arbeidsbureau • *une ~ matrimoniale* huwelijksbureau

agencement ZN M **rangschikking, groepering, inrichting, opbouw**

agencer 1 OV WW **rangschikken, ordenen, indelen 2** WKD WW **(s'~) bij elkaar passen, in elkaar gezet worden**

agenda "azjè(n)da" ZN M **agenda, aantekenboekje** • *un ~ électronique* notebook • *un ~ caché* verborgen agenda

agenouiller WKD WW **(s'~) 1 knielen, op zijn knieën vallen** • *s'~ devant qn* een knieval doen voor iemand **2** FIG. **(zich) buigen (devant voor)**

agent ZN M **1 agent, beambte** • *un ~ immobilier* makelaar • *un ~ de police* politieagent • *un ~ secret* geheim agent • *un ~ provocateur* agent-provocateur • *un ~ de change* makelaar in effecten **2** TAALK. • *un complément d'~ du verbe passif* bepaling van de handelende persoon in lijdende vorm

agglomération ZN V **agglomeratie, bebouwde kom, grote stad met voorsteden** • *l'agglomération lilloise* Lille en zijn voorsteden

aggloméré ZN M **spaanplaat**

agglutinant 1 ZN M **kleefmiddel, hechtmiddel 2** BN BIOL. **klevend**

agglutiner WKD WW **(s'~) samendrommen**

aggravant BN **verergerend** • *des circonstances ~es* verzwarende omstandigheden

aggravation ZN V **verergering, verzwaring**

aggraver 1 WKD WW **(s'~) erger worden** • *l'état du malade s'aggrave* het gaat slechter met de patiënt • *la situation s'est aggravée* de situatie is aangescherpt **2** OV WW **verergeren, verzwaren** • *il aggrave son cas* hij maakt het er nog erger op

agile BN **behendig, vlug, lenig**

agilité ZN V **behendigheid, vlugheid, lenigheid**

agir 1 ONOV WW **1 handelen, (handelend) optreden, te werk gaan** • *~ en ami* zich als vriend gedragen • *mal ~ envers qn* iemand slecht bejegenen **2 (in)werken, uitwerking hebben, invloed uitoefenen (sur op)** • *le remède n'agit plus* het middel werkt niet meer • *laisser le temps ~* het laten betijen **2** ONP WW • *il s'agit de...* het gaat om..., er is sprake van... • *il s'agit d'un roman historique* het betreft een historische roman • *voilà de quoi / ce dont il s'agit* daar gaat het over, daar komt het op aan • *il s'agit d'être un peu sérieux* we moeten een beetje serieus zijn • *il s'agit de savoir si vous venez* het is de vraag of u komt

âgisme ZN M **leeftijdsdiscriminatie**

agissant BN **werkzaam, effectief**

agissements ZN M MV **manipulaties, kwalijke praktijken**

agitateur 1 ZN M (V agitatrice), **opruier 2** ZN M **mengtrommel**

agitation ZN V **1 onstuimigheid 2 onrust, zenuwachtigheid, gejaagdheid, agitatie** • *l'~ des rues marchandes* de drukte van winkelstraten • *septembre est une période d'~ sociale* september is een periode van sociale onrust • *la nomination a provoqué beaucoup d'~* die benoeming gaf veel commotie

agité BN **gejaagd, onrustig, zenuwachtig** • *dormir d'un sommeil ~* onrustig slapen • *la mer est agitée ce soir* de zee is vanavond onstuimig • *mener une vie agitée* een jachtig leven leiden

agiter 1 OV WW **1 roeren, bewegen, schudden** • *~ avant l'usage* schudden voor het gebruik • *le chien agite la queue* de hond kwispelstaart **2 verontrusten, zenuwachtig maken, opzwepen 2** WKD WW **(s'~) 1 heen en weer schuiven, roerig worden** • *s'~ sur son siège* op zijn stoel zitten te draaien **2 zich druk maken, druk in de weer zijn** • FIG. *s'~ comme un (beau) diable* hevig tekeergaan

agneau ZN M (MV agneaux) **1 lam** • *l'Agneau de Dieu* het lam Gods • *être doux comme un ~* zo mak als een lammetje zijn **2 lamsvlees**

agnelet ZN M **lammetje**

agnelle ZN V **(jonge) ooi**

agonie ZN V OOK FIG. **doodsstrijd** • *être à l'~* op sterven liggen, zieltogen

agonir OV WW • *~ qn d'injures* iemand de huid vol schelden

agonisant 1 BN **zieltogend, stervend 2** ZN M **stervende**

agoniser ONOV WW **1 in verval raken 2 op sterven liggen**

agrafe ZN V **1 haak die in een oog grijpt** <sluiting v. kleren>, **gesp 2 nietje**

agrafer OV WW **1 vasthaken, dichthaken, (vast) nieten, hechten 2** INFORM. **vastpakken**

agrafeuse ZN V **nietmachine**

agraire BN **agrarisch, landbouw-** • *une réforme ~* landhervorming

agrandir 1 OV WW **vergroten** • FIG. *la couleur agrandit la pièce* die kleur maakt de kamer groter • FIG. *~ son horizon* zijn horizon verbreden **2** WKD WW **(s'~) groter worden, (zich) uitbreiden** • *cette entreprise va s'~* dat bedrijf gaat uitbreiden

agrandissement ZN M **vergroting, uitbreiding**

agrandisseur ZN M A-V **vergrotingstoestel**

agréable BN **1 vriendelijk, innemend** • *une femme ~* een gezellige vrouw **2 aangenaam, fijn** • *un livre ~ (à lire)* een fijn boek

agréé BN **officieel erkend**

agréer FORM. **1** OV WW **aanvaarden, goedkeuren, aannemen** • *veuillez agréer, Monsieur, mes sentiments dévoués* hoogachtend <in brief> **2** ONOV WW **bevallen, behagen (à aan)**

agréger WKD WW **(s'~) zich samenvoegen**

agrément ZN M **1 vermaak, aardigheid,**

genoegen • *un jardin d'agrément* siertuin • *un voyage d'agrément* plezierreis **2 toestemming**
agrémenter OV WW **versieren, verfraaien**
agrès "aGrè" ZN M MV **gymnastiektoestellen**
agresser OV WW **aanvallen, agressief lastigvallen** • *se sentir agressé* zich bedreigd voelen
agresseur ZN M **aanvaller, aanrander**
agressif BN (V agressive), **agressief, aanvallend, hatelijk** • *une couleur agressive* harde kleur • *un discours ~* felle toespraak
agression ZN V **aanval, agressie, aanranding, aantasting** • *être victime d'une ~* overvallen worden
agressivité ZN V **agressiviteit**
agricole BN **landbouw-, agrarisch** • *un ingénieur ~* landbouwingenieur • *un produit ~* landbouwproduct
agriculteur ZN M (V agricultrice), **landbouwer, agrariër, boer**
agriculture ZN V **landbouw**
agripper 1 OV WW **(gretig) grijpen 2** WKD WW **(s'~) à zich vastgrijpen aan**
agroalimentaire 1 BN **voedingsmiddelen- 2** ZN M **levensmiddelentechnologie, voedingsmiddelensector**
agronome ZN M **landbouwkundige** • *un ingénieur ~* landbouwingenieur
agronomie ZN V **landbouwkunde**
agronomique BN **landbouwkundig**
agrumes ZN M MV **citrusvruchten**
aguerrir 1 WKD WW **(s'~) zich harden** • *s'~ contre le froid / au froid* zich tegen de kou harden **2** OV WW **scholen voor de krijgsdienst,** FIG. **harden (tegen)**
aguets "aGè" ZN M MV • *être aux ~* op de loer liggen, op de uitkijk staan • *se mettre aux ~* op de loer gaan liggen
aguichant BN **uitdagend, verleidelijk**
aguicher OV WW **prikkelen, uitdagen, lokken**
aguicheur 1 BN (V aguicheuse), **uitdagend, verleidelijk 2** ZN M (V aguicheuse), **verleider**
ah TUSSENW **ha!, ach!, o!** • *~ bon? je ne savais pas!* o ja? dat wist ik niet! • *ah! ah! tu me fais bien rire!* haha, je maakt me aan het lachen! • *ah! mais c'est très ennuyeux!* ach, wat vervelend nou! • *ah! tu t'arrêtes de te plaindre* o, hou nou eens op met dat geklaag
ahuri BN **verbluft, verbijsterd**
ahurissant BN **verbijsterend, verbluffend**
ahurissement ZN M **stomme verbazing, verbijstering**
ai WW présent → **avoir**
aïd ZN M <uit het Arabisch> **islamitische feestdag**
aide 1 ZN V **hulp** • *l'~ aux victimes* slachtofferhulp • COMP. *~ en ligne* helpdesk • *l'Aide sociale* Bijstand <uitkeringsinstantie> • *venir en ~ à qn* iemand te hulp komen • *demander de l'~* om hulp vragen • *appeler qn à l'~* iemand te hulp roepen • *offrir son ~ à qn* iemand hulp aanbieden • *à l'~ de* met behulp van • *à l'aide!* help! **2** ZN M/V **helper** • *une ~ familiale* gezinshulp • *une ~ ménagère* hulp in de huishouding • *une ~ soignante* verpleeghulp • MIL. *un ~ de camp* adjudant
aide-cuisinier ZN M (MV aides-cuisiniers), **hulpkok**
aide-mémoire ZN M (MV aide-mémoire(s)), **beknopt overzicht, uittreksel**
aider 1 OV WW **helpen (à om)** • *~ qn à faire qc* iemand bij iets helpen • *~ qn à descendre de voiture* iemand uit de auto helpen • *~ qn financièrement* iemand financieel bijstaan • *la fatigue aidant, il s'est endormi* mede door vermoeidheid is hij in slaap gevallen **2** ONOV WW **~ à bijdragen tot** • *~ au rétablissement économique* bijdragen tot het economisch herstel **3** WKD WW **(s'~) 1 zich bedienen (van)** • *s'~ de dictionnaires pour traduire* vertalen met behulp van woordenboeken **2 elkaar helpen**
aide-soignant ZN M (V aide-soignante, MV aides-soignants), **verpleeghulp**
aie WW geb. wijs → **avoir**
aïe "aj" TUSSENW **au!, oei!**
aient WW subj. présent → **avoir**
aies WW subj. présent → **avoir**
aïeul "ajeul" ZN M (V aïeule), **grootvader, grootmoeder** • *les aïeux* de voorouders, de voorvaderen
aigle ZN M **1 arend** • *un ~ royal* steenarend **2** INFORM. **hoogvlieger, geniaal mens, kei** • *ce n'est pas un ~* dat is geen licht
aigre 1 BN **1 zuur 2 schel, bits** • *un vent ~* gure wind **2** ZN M • FIG. *tourner à l'~* vinnig worden
aigre-doux BN (V aigre-douce), **zuurzoet**
aigreur ZN V **1 zuurheid** • *avoir des ~s d'estomac* last van maagzuur hebben **2 bitsheid** • *répondre avec ~* bits antwoorden
aigrir 1 WKD WW **(s'~) 1 zuur worden 2** FIG. **verbitterd worden 2** OV WW **verbitteren** • *les malheurs l'ont aigri* hij is verbitterd door zijn tegenslagen
aigu BN (V aiguë) **1 scherp** • *des sons ~s* hoge tonen • WISK. *un angle ~* scherpe hoek **2 hevig** • *une douleur ~ë* hevige pijn **3** → **accent**
aiguillage "eGw-" ZN M **1 (het) verzetten v. wissels 2 wissel 3** FIG. **oriëntatie, leiding in een richting** • *une erreur d'~* misleiding, vergissing
aiguille "eGw-" ZN V **1 naald** <ook v. naaldboom> • *une ~ à tricoter* breinaald • *une ~ aimantée* kompasnaald • *enfiler une ~* de draad in de naald steken • FIG. *chercher une ~ dans une botte de foin* een speld in een hooiberg zoeken **2 wijzer** • *une ~ de montre* wijzer van een horloge **3 spits** <van toren, berg>
aiguiller "eGw-" OV WW **1 op een ander spoor brengen** <van trein> **2** FIG. **richten, leiden**
aiguilleur "eGw-" ZN M • *~ du ciel* luchtverkeersleider
aiguillon "eGw-" ZN M **angel,** OOK FIG. **prikkel**
aiguiser OV WW **1 slijpen** • *~ un couteau* een mes slijpen **2** OOK FIG. **scherpen** • *~ l'appétit* de eetlust opwekken
ail "aj" ZN M (MV ails / aulx), **knoflook** • *une gousse d'ail* teentje knoflook • *une tête d'ail* bolletje

knoflook

aile ZN V **1 vleugel** • *battre des ~s* klapwieken • *battre de l'~* vleugellam zijn, in verlegenheid zitten • FIG. *voler de ses propres ~s* op eigen wieken drijven • FIG. *se sentir pousser des ~s* het gevoel hebben vleugels te krijgen • FIG. *avoir du plomb dans l'~* in de penarie zitten **2 wat op een vleugel lijkt, molenwiek, spatbord** <van auto> • *l'~ gauche du château* de linkervleugel van het kasteel

aileron ZN M **1 vleugeltip 2 vin van sommige vissen 3** LUCHTV. **rolroer**

ailette ZN V **vleugeltje, vinnetje**

ailier SPORT ZN M **vleugelspeler**

aille WW subj. présent → **aller**

aillent WW subj. présent → **aller**

ailles WW subj. présent → **aller**

ailleurs BW **elders, ergens anders** • *d'~* overigens, bovendien, trouwens • *par ~* overigens, anderzijds • *nulle part ~* nergens anders • *avoir la tête ~* er met zijn gedachten niet bij zijn

ailloli ZN M **knoflookmayonaise**

aimable BN **beminnelijk, vriendelijk** • *c'est très ~ à vous* dat is erg vriendelijk van u

aimant 1 ZN M OOK FIG. **magneet 2** BN **liefhebbend**

aimanter OV WW **magnetisch maken** • *une aiguille aimantée* magneetnaald, kompasnaald

aimer 1 OV WW **1 houden van, beminnen, lekker / prettig vinden** • *je t'aime* ik hou van je • *il l'aime à la folie* hij houdt hartstochtelijk veel van haar • *elle l'aime beaucoup* zij houdt veel van haar / hem • *elle l'aime bien* zij mag hem graag • *cette femme, je ne l'aime pas trop* ik mag die vrouw niet zo • *ton fils qui t'aime* <in brief> je liefhebbende zoon • *~ jouer* graag spelen • *~ mieux* prefereren, liever willen • *j'aime mieux jouer qu'étudier* ik speel liever dan dat ik studeer • *j'aimerais bien habiter ici* hier zou ik wel willen wonen • *tu aimes le poisson?* vind jij vis lekker?, lust jij vis? **2** WWW **liken** • *j'aime* like, vind ik leuk **2** WKD WW **(s'~) van zichzelf houden, van elkaar houden** • *elle ne s'aime pas dans cette robe* zij vindt dat die jurk haar niet staat

aine ZN V **lies**

aîné 1 BN **oudste, ouder** • *mon frère ~* mijn oudste broer **2** ZN M (V aînée), **oudste** • *je suis son ~ (de trois ans)* ik ben (drie jaar) ouder dan hij

ainsi BW **zo, aldus, zodoende** • *~, rien n'a changé ici* er is hier dus niets veranderd • *~ soit-il!* amen!, zo zij het! • *s'il en est ~* als het er zo mee staat • *pour ~ dire* om zo te zeggen, zogezegd, in zekere zin • *et ~ de suite* en wat dies meer zij, enzovoort • *ainsi que* evenals • *les adultes ainsi que les enfants* volwassenen evenals kinderen

ainsi que VOEGW **evenals** • *les adultes ~ les enfants* volwassenen evenals kinderen

aïoli ZN M → **ailloli**

air ZN M **1 lucht** • *de l'air comprimé* perslucht • *l'air conditionné* airconditioning • *en plein ~ / au grand ~* in de buitenlucht • *les poules sont ici élevées en plein ~* hier worden scharrelkippen gehouden • *prendre l'air* een luchtje scheppen • *changer d'air* er (even) tussenuit gaan • *lancer qc en l'air* iets in de lucht gooien • *c'est dans l'air (du temps)* dat hangt in de lucht • *il y a de l'orage dans l'air* er is onweer op til • *tirer en l'air* in de lucht schieten • *être libre comme l'air* zo vrij zijn als een vogeltje in de lucht • INFORM. *tout foutre en l'air* alles wegsmijten, alles verpesten • FIG. *parler en l'air* leuteren • FIG. *vivre de l'air du temps* van de wind leven **2 uiterlijk, voorkomen** • *avoir l'air de...* schijnen, eruitzien • *il a l'air content* hij ziet er tevreden uit • *malheureux, il n'en a pas l'air!* ongelukkig ziet hij er bepaald niet uit! • *prendre un ~ menaçant* een dreigende houding aannemen • *prendre un ~ grave / sérieux* een ernstig gezicht zetten • *ça n'a pas l'air d'aller* het lijkt niet zo goed te gaan, er lijkt iets mis te zijn • *ils ont un ~ de famille* zij lijken op elkaar • *la maison a un ~ de fête* het huis heeft een feestelijk tintje • *ce travail, ça n'a l'air de rien, mais quel boulot!* het lijkt alsof het niets om het lijf heeft, maar wat een karwei! **3 houding, manieren** • *prendre des airs / de grands airs* voornaam doen, deftig doen • *prendre des airs de vedette de cinéma* de allures aannemen van een filmster • INFORM. *il ne manque pas d'air* hij heeft wel lef, hij is hondsbrutaal **4 lied, wijs** • *ce petit ~ me trotte dans la tête* dat deuntje speelt steeds door m'n hoofd

airbag ZN M **airbag**

aire ZN V **streek, gebied, terrein** • *une ~ (de repos)* parkeerplaats <langs snelweg> • *une ~ d'atterrissage* landingsterrein • *une ~ de hautes pressions* gebied met hoge luchtdruk

airelle ZN V **bosbes**

aisance ZN V **1 gemak** • *s'exprimer avec ~* vlot (kunnen) spreken **2 welstand** • *vivre dans l'~* welgesteld zijn

aise ZN V **1 gemak** • *se mettre à l'~* het zich gemakkelijk maken • *aimer ses ~s* van een gemakkelijk leventje houden • *prendre ses ~s* het er goed van nemen, zich niet generen • *en prendre à son ~ (avec)* zich niet druk maken (om) • *vous en parlez à votre ~!* u hebt mooi praten! • *être mal à l'~* niet op zijn gemak zijn • *mettre qn à son ~* iemand op zijn gemak stellen • INFORM., FIG. *être à l'~ dans ses baskets* zich lekker voelen • *à l'~* op zijn gemak, vlotweg, makkelijk **2** FORM. **vreugde, tevredenheid**

aisé BN **1 gemakkelijk, vlot 2 bemiddeld, welgesteld** • *les classes aisées* de bezittende klasse, de beter gesitueerden

aisselle ZN V **oksel**

ait WW subj. présent → **avoir**

Aix-la-Chapelle ZN V **Aken**

ajournement ZN M **1 dagvaarding 2 uitstel**

ajourner OV WW **1 uitstellen, verdagen (à tot)** • *~ d'une semaine* een week uitstellen **2** JUR. **dagvaarden**

ajout ZN M **toevoegsel**

ajouter 1 OV WW **toevoegen (aan)** • *~ de la crème à la sauce* room in de saus doen • *ajoutons à cela que...* daar komt nog bij dat... **2** ONOV WW **vergroten, vermeerderen, iets toevoegen aan** • *cela ajoute* *à nos ennuis* dat maakt onze problemen nog groter **3** WKD WW **(s'~) er nog bij komen (à bij)** • *une nouvelle victime s'ajoute à la liste* er is nog een slachtoffer bij gekomen

ajustement ZN M **aanpassing, instelling, (het) pasklaar maken**

ajuster **1** OV WW **1 passend maken, aanpassen (à aan)** • *~ ses lunettes* zijn bril rechtzetten • *~ les prix* de prijzen aanpassen **2 vastmaken, aanbrengen** • *un tricot ajusté* nauwsluitende trui **2** WKD WW **(s'~) (erbij) passen** • *savoir s'~ aux nouvelles situations* zich aan de (nieuwe) omstandigheden weten aan te passen

ajusteur ZN M **bankwerker, monteur**

alambiqué BN **gecompliceerd, gekunsteld**

alarmant BN **verontrustend**

alarme ZN V **1 alarm, alarminstallatie** • *un signal d'~* alarmsysteem, noodrem <van trein> • *donner l'~* alarm slaan • FIG. *sonner l'~* de noodklok luiden • *l'~ s'est déclenchée* het alarm is afgegaan **2 schrik**

alarmer **1** WKD WW **(s'~) zich ongerust maken** • *s'~ pour un rien* bang zijn om niets **2** OV WW **verontrusten, alarmeren**

alarmiste **1** ZN M/V **onruststoker** **2** BN **onrust zaaiend, paniekerig**

albanais **1** ZN M **(het) Albanees** **2** BN (V albanaise), **Albanees**

Albanais ZN M (V Albanaise), **Albanees**

Albanie ZN V **Albanië**

albatros "-tros" ZN M **albatros**

albinos "-nos" **1** ZN M/V **albino** **2** BN **albino**

album "-bom" ZN M **album** • *un ~ de photos* fotoalbum • *un ~ de bandes dessinées* stripboek

albumine ZN V **albumine, eiwitstof**

alchimie ZN V **alchemie**

alchimique BN **alchemistisch**

alcool "alkol" ZN M **alcohol, spiritus** • *les ~s forts* sterkedrank • *une bière sans ~* een alcoholvrij bier • *la dépendance à l'~* alcoholverslaving • *de l'~ à brûler* brandspiritus

alcoolémie ZN V **alcoholgehalte** <in het bloed>, **promillage**

alcoolique **1** BN **1 alcoholisch** **2 drankzuchtig** **2** ZN M/V **alcoholist**

alcoolisé BN **alcoholhoudend, alcoholisch** • *une boisson non alcoolisée* een alcoholvrije drank

alcoolisme ZN M **alcoholisme, drankzucht**

alcoolo INFORM. **1** ZN M/V alcoolique **dronkenlap** **2** BN alcoolique **drankzuchtig**

alcootest, alcotest ZN M **ademtest, blaaspijpje**

alcôve ZN V **alkoof** • *les secrets d'alcôve* slaapkamergeheimen

aléa FORM. ZN M **toeval, risico**

aléatoire BN **wisselvallig, onzeker**

alentours ZN M MV **omstreken, omgeving** • *aux ~s de...* in de omtrek van..., OOK FIG. omstreeks • *aux ~s de la maison* in de omgeving van het huis

alerte **1** BN **kwiek, bijdehand** • *un esprit ~* levendige geest **2** ZN V **1 alarm** • *une ~ à la bombe* bommelding • *une fausse ~* loos / vals alarm • *~ enlèvement* AMBER Alert • *un donneur / lanceur d'~* klokkenluider • *donner l'~* alarm slaan **2 onrustbarende toestand** • *la cote d'~* kritieke waterstand, kritieke situatie • *l'état d'~* noodtoestand • *~ météo orange* waarschuwing voor extreem weer, code oranje

alerter OV WW **alarmeren, waarschuwen voor gevaar**

algèbre ZN V **algebra** • *c'est de l'algèbre pour lui* daar weet / begrijpt hij niets van

algébrique BN **algebraïsch**

Alger ZN M **Algiers**

Algérie ZN V **Algerije**

algérien BN (V algérienne), **Algerijns**

Algérien ZN M (V Algérienne), **Algerijn**

Algérois ZN M (V Algéroise), **bewoner van de stad Algiers**

algue ZN V **alg, wier**

alias "aljas" BW **alias, bijgenaamd**

alibi ZN M **1 alibi** • *un ~ (en) béton* waterdicht alibi • *fournir un ~* een alibi opgeven **2 voorwendsel**

alicament MED. ZN M **voedingsmiddel met gezondheidsclaim**

aliénation ZN V **1 vervreemding** • *l'aliénation de la liberté* verlies van de vrijheid **2 krankzinnigheid**

aliéné ZN M (V aliénée), **krankzinnige**

aliéner **1** OV WW **afkerig maken, vervreemden** **2** WKD WW **(s'~) van zich vervreemden** • *s'aliéner l'amitié de qn* iemands vriendschap verspelen

alignement ZN M **1 (het) plaatsen op een rij, rij** • *se mettre à l'~* in het gelid gaan staan **2 rooilijn** **3** POL. **gebondenheid** **4 aanpassing**

aligner **1** OV WW **1 in een rechte lijn plaatsen, richten, opstellen** • *des maisons alignées* huizen op een rij, huizenrij **2 aanpassen** **2** WKD WW **(s'~) 1 in een rij gaan staan** • *alignez-vous!* in het gelid!, in de rij! • *s'~ sur deux rangs* zich in twee rijen opstellen **2 zich aanpassen, zich conformeren (sur aan)** • FIG. *s'~ sur qn / qc* iemand / iets als voorbeeld nemen

aliment ZN M **voedsel, voedingsmiddel** • *des ~s pour chiens* hondenvoer • *des ~s solides* vast voedsel

alimentaire BN **1 voedings-** • *des pâtes ~s* deegwaren, pasta • *une ration ~* dagelijkse voedselportie • *un régime ~* dieet • *une intoxication ~* voedselvergiftiging **2 voor levensonderhoud, alimentatie-** • *une pension ~* alimentatie

alimentation ZN V **1 voeding** • *l'~ générale* levensmiddelen(winkel) **2 toevoer, voorziening** • *l'~ d'une ville en électricité* elektriciteitsvoorziening van een stad

alimenter **1** OV WW OOK FIG. **voeden, van voedsel voorzien, voorzien (van)** • *~ légèrement un malade* een zieke wat te eten geven • FIG. *~ la conversation* het gesprek gaande houden **2** WKD WW **(s'~) zich voeden** • *ne plus s'~* niet meer eten

alité BN **bedlegerig**

alizé ZN M **passaat(wind)** • *les (vents) alizés* passaatwinden

allaitement ZN M **(het) zogen** • *l'~ au sein / au biberon* borst- / flesvoeding

allaiter OV WW **zogen, de borst geven**

al

allant ZN M voortvarendheid, fut • *il est plein d'~* hij is heel ondernemend
alléchant BN aantrekkelijk, verleidelijk
allécher OV WW aanlokken, verleiden
allée ZN V **1** laan, pad • *une ~ de jardin* een tuinpad **2** FIG. • *faire des allées et venues* komen en gaan, heen en weer lopen • *suivre les allées et venues de quelqu'un* iemands gangen nagaan
allégation ZN V bewering, aanvoering
allégé BN caloriearm, light
allégeance ZN V loyaliteit
allégement, **allègement** ZN M vermindering, verlichting • *l'allégement fiscal* belastingverlichting • *l'allégement de la dette des pays pauvres* de vermindering van de schuldenlast van de arme landen
alléger OV WW lichter maken, verzachten, verlichten • *~ la douleur* de pijn verzachten • *~ les impôts* de belastingdruk verminderen
allégorie ZN V allegorie
allégorique BN allegorisch, zinnebeeldig
allègre BN opgeruimd, opgewekt • *marcher d'un pas ~* kwiek lopen
allégresse ZN V vreugde
alléguer OV WW aanvoeren, ter staving aanhalen • *~ une excuse* iets als excuus aanvoeren
Allemagne ZN V Duitsland
allemand **1** ZN M (het) Duits **2** BN Duits
Allemand ZN M (V Allemande), Duitser
aller **1** ONOV WW onregelmatig **1** gaan, lopen • *~ de Lille à Nice* van Lille naar Nice gaan • *~ à pied* te voet gaan • *~ en vélo / à bicyclette* de fiets nemen, fietsen • *~ à Londres en avion* vliegen naar Londen • *~ à cheval* paardrijden • *~ et venir* heen en weer lopen • *~ de Lille à Bordeaux en passant par Paris* van Lille naar Bordeaux gaan via Parijs • *il faut que je m'en aille* ik moet weg • INFORM. *~ se balader* op stap gaan • *allez! on y va!* vooruit! we gaan! • *vas-y! / allez-y!* ga je gang! • *allons-y!* vooruit!, laten we gaan! • *~ chercher qn à la gare* iemand op het station afhalen • *~ voir un médecin; ~ chez le médecin* naar de dokter gaan • *~ voir qn* iemand opzoeken • *~ à la rencontre de qn* iemand tegemoet gaan • *il en va de même pour moi* hetzelfde geldt voor mij • *laissez-vous ~!* laat je gaan!, geef je (eraan) over! • FIG. *il ira loin!* hij zal het ver brengen! • FIG. *vous allez trop loin!* u gaat te ver! • INFORM. *va te faire voir ailleurs!* je kan me wat! **2** goed gaan, lopen, functioneren • *comment allez-vous? ça va!* hoe maakt u het? goed! • *comment ça va?* hoe staat het ermee?, hoe gaat het? • *ça va?* hoe gaat het? • *comment va le malade?* hoe is het met de patiënt? • *il y a quelque chose qui ne va pas?* wat scheelt je? • *ça va mal!* het loopt verkeerd! • *plus rien ne va (pour lui)* alles loopt in het honderd (bij hem) • *ça va tout seul* dat gaat vanzelf • *ça va / ça ne va pas mal!* het gaat! • *ça va bien!* het gaat goed! • *qu'est-ce qui ne va pas?* wat is er mis?, wat hapert eraan? • *ça ira / tout ira bien* dat komt wel goed • *il va bien / mal* hij maakt het goed / slecht • *ça va ~? vous n'avez besoin de rien?* lukt het? heeft u nog iets nodig? • *comme vous y allez! vous exagérez!* wat loop je hard van stapel!, wat draaf je door! • *ça peut ~* het kan ermee door • *il va sans dire que... / il va de soi que...* het spreekt vanzelf dat... • *les affaires vont bien* de zaken gaan goed • *rien ne va plus* er wordt niet meer ingezet <in casino> • INFORM. *ça (ne) va pas, la tête?* ben je niet wijs?, ben je mal? **3** passen, schikken • *ça va comme ça?* is het zo goed? • *ce travail ne me va pas* dat werk ligt me niet • *ça me va!* dat is goed!, oké!, best! • *ce manteau vous va bien* deze jas staat / past u goed • *ils vont bien ensemble* ze passen goed bij elkaar **2** WKD WW **(s'~)** • *s'en ~* weggaan, heengaan, sterven • *allez, va-t'en!* ga weg!, maak dat je wegkomt! • *s'en ~ en courant* wegrennen • *il s'en va à la pêche* hij gaat vissen • *la tache de graisse ne s'en va pas* de vetvlek gaat er niet uit **3** HWW v. toekomende tijd **(dadelijk) zullen, (dadelijk) gaan** • *le train va partir* de trein zal dadelijk vertrekken, de trein staat op het punt te vertrekken • *bon, je vais y ~* goed, ik ga maar eens • *le mal va en empirant* de kwaal wordt steeds erger • *il allait partir lorsque Paul est arrivé* hij zou juist vertrekken toen Paul kwam **4** ZN M **1** (het) gaan, heenreis, heenweg • *à l'~* op de heenreis, op de heenweg **2** enkele reis • *un ~ (simple)* een enkele reis • *un ~ (et) retour* een retourtje • *un match ~* heenwedstrijd <eerste wedstrijd van thuis- en uitwedstrijd>
allergie ZN V allergie • *allergie au gluten* glutenallergie
allergique BN allergisch • *je suis ~ aux fraises* ik ben allergisch voor aardbeien
alliage ZN M alliage, vermenging
alliance ZN V **1** verbond, liga, alliantie • *conclure une ~* een verbond sluiten • *faire ~ avec un pays* een bondgenootschap sluiten met een land **2** vereniging, verbintenis, huwelijk • *une ~ de couleurs* kleurencombinatie • *par ~* aangetrouwd **3** trouwring
allié **1** BN verbonden, verwant, aangetrouwd **2** ZN M (V alliée) **1** bondgenoot • *les Alliés* de geallieerden **2** verwant
allier **1** WKD WW **(s'~)** **1** een verbond sluiten **(à** met) **2** bij elkaar passen, combineren, samengaan **(avec** met) **2** OV WW verbinden, vermengen, doen samengaan **(à, avec** met)
alligator ZN M alligator
allô, **allo** TUSSENW hallo <als je de telefoon opneemt>
allocataire ZN M/V uitkeringsgerechtigde
allocation ZN V toelage, uitkering • *une ~ (de) chômage* werkloosheidsuitkering • *les ~s familiales* kinderbijslag, BELG. kindergeld
allocution ZN V (korte) toespraak
allongé BN **1** liggend • *il est ~ sur son lit* hij ligt op bed • FIG. *avoir une mine allongée* een lang gezicht zetten **2** lang, verlengd • *un café ~* (met water) aangelengde kop koffie
allongement ZN M verlenging
allonger **1** OV WW verlengen, uitstrekken, rekken • *~ le bras* een arm uitstrekken • *~ une sauce* een saus aanlengen • INFORM. *~ une gifle à qn* iemand

een klap toedienen • INFORM., FIG. ~ *la sauce* een eind wegkletsen **2** WKD WW **(s'~)** **1** gaan liggen **2** langer worden

allopathie ZN V allopathie

allouer OV WW toekennen • ~ *un crédit à qn* iemand krediet verlenen

allumage ZN M **1** (het) aansteken **2** ontsteking <van motor>

allumé BN brandend, aan(gestoken) • INFORM. *la salle de séjour est allumée* het licht is aan in de huiskamer

allume-feu ZN M (MV allume-feu(x)), aanmaakblokje

allume-gaz ZN M (MV id.), gasaansteker

allumer **1** OV WW **1** doen ontbranden, aansteken, aanzetten • ~ *le feu* het vuur ontsteken • ~ *une cigarette* een sigaret opsteken • ~ *la radio* de radio aanzetten • ~ *l'électricité* het licht aandoen **2** opwekken, prikkelen **2** WKD WW **(s'~)** (ver)licht worden

allumette ZN V lucifer • CULIN *des pommes ~s* Franse frietjes • *gratter une ~* een lucifer afstrijken • *avoir les jambes comme des ~s* spillebenen hebben

allumeuse INFORM. ZN V verleidster, flirt, stoeipoes

allure ZN V **1** gang, vaart, snelheid • *à une ~ de 100 km par heure* met een snelheid van 100 km per uur • *à toute ~* in sneltreinvaart, in volle vaart **2** houding, manier van doen, allure, voorkomen • *ça a de l'~* dat heeft klasse • *il a une drôle d' ~* hij ziet er raar uit

allusif BN (V allusive), met een toespeling

allusion ZN V toespeling **(à** op) • *faire ~ à qc* zinspelen op iets

almanach "-na" ZN M almanak, jaarboekje

alors **1** BW **1** toen, dan • ~, *on l'a attrapé* toen hebben ze hem gepakt • *les gens d'~ étaient...* de mensen van toen waren... • *jusqu'~ ce n'était pas possible* tot dan toe was het onmogelijk **2** in dat geval, dan ook, dus • *il n'y a pas de métro, ~ j'ai fait du stop* de metro rijdt niet, dus heb ik maar gelift • *et ~? qu'est-ce qu'on fait?* en? wat gaan we doen? **3** nou • *~? tu viens ou pas?* en? kom je of niet? • *~, elle vient?* komt ze nou? • *et ~?* en wat dan nog? • *ça ~!* nee maar!, BELG. amai • INFORM. *chouette ~!* ha, fijn!, hartstikke leuk! **2** VOEGW **~ que** toen, terwijl, wanneer, zelfs wanneer • *et cela alors qu'il n'a jamais étudié!* en dat terwijl hij nooit heeft gestudeerd!

alors que VOEGW toen, terwijl, wanneer, zelfs wanneer • *et cela alors qu'il n'a jamais étudié!* en dat terwijl hij nooit heeft gestudeerd!

alouette ZN V leeuwerik

alourdir OV WW verzwaren

alpage ZN M alpenweide

alpe ZN V alm, bergweide • *les Alpes* de Alpen

alpestre BN Alpen-, alpien

alpha ZN M alfa • *l'~ et l'oméga* het begin en het einde

alphabet "-bè" ZN M alfabet • *l'~ braille* brailleschrift

alphabétique BN alfabetisch

alphabétisation ZN V alfabetisering

alphabétiser OV WW alfabetiseren, leren lezen en schrijven

alpin BN Alpen-, alpien • *le ski ~* alpineskiën • *un club ~* alpinistenclub

alpinisme ZN M alpinisme, bergsport

alpiniste ZN M/V alpinist, bergbeklimmer

Alsace "alzas" ZN V Elzas

alsacien "alzasjè(n)" BN (V alsacienne), uit de Elzas

Alsacien "alzasjè(n)" ZN M (V Alsacienne), Elzasser

altérable BN veranderlijk, bederfelijk

altération ZN V verandering <vaak ten kwade>, verslechtering

altercation ZN V twist, woordenwisseling • *une légère / vive ~* een kleine / felle woordenwisseling

alter ego ZN M (MV id.), alter ego, tweede ik

altérer **1** OV WW veranderen <vaak ten kwade> • ~ *un texte* een tekst verdraaien **2** WKD WW **(s'~)** veranderen, slechter worden • *la couleur s'est altérée* de kleur is verschoten • FORM. *leur amitié s'est altérée* hun vriendschap is bekoeld

altermondialiste ZN M/V ≈ antiglobalist

alternance ZN V afwisseling • *une formation en ~* beroepsopleiding met stages • *l'~ du pouvoir* wisseling van de macht • *une ~ de joie et de tristesse* nu eens vreugde, dan weer verdriet

alternant BN afwisselend

alternatif BN (V alternative) **1** alternatief • *la médecine alternative* alternatieve geneeskunde **2** afwisselend • *le courant ~* wisselstroom • *la culture alternative* wisselbouw

alternative ZN V alternatief, keuzemogelijkheid • *il n'y a pas d'~* er is geen keus

alternativement BW om beurten, beurtelings

alterner ONOV WW (regelmatig) afwisselen • *les deux spectacles alternent* de twee vertoningen wisselen elkaar af

altesse ZN V hoogheid <titel> • *Son Altesse Royale* Zijne / Hare Koninklijke Hoogheid

altiste ZN M/V altviolist

altitude ZN V hoogte <boven de zeespiegel> • *prendre de l'~* hoogte winnen • *à basse / faible ~* op geringe hoogte • *en ~* op grote hoogte

alto MUZ. ZN M **1** altviool **2** altstem

altruisme ZN M altruïsme, onbaatzuchtigheid

alu INFORM. ZN M aluminium **aluminium** • *du papier ~* aluminiumfolie

aluminium "-njom" ZN M aluminium

alunir ONOV WW op de maan landen

alunissage ZN M maanlanding

alvéole ZN M/V holte, bijencel

amabilité ZN V beminnelijkheid • *veuillez avoir l'amabilité de...* wilt u zo vriendelijk zijn om...

amadouer OV WW overhalen door vleierij, paaien • *se laisser ~* zich laten inpalmen

amaigrissant BN vermagerend • *un régime amaigrissant* vermageringskuur

amaigrissement ZN M vermagering • *faire une cure d'~* een vermageringskuur volgen

amalgame ZN M mengelmoes, zonderling mengsel • *faire l'~ entre deux choses* twee dingen met elkaar verwarren
amalgamer **1** OV WW OOK FIG. vermengen **2** WKD WW **(s'~)** versmelten, samengaan
amande ZN V amandel • *des ~s effilées* amandelsnippers • *de la pâte d'amandes* amandelspijs • FIG. *avoir des yeux en ~* amandelvormige ogen hebben
amandier ZN M amandelboom
amant ZN M (V amante), minnaar
amarre ZN V kabel om mee aan te meren • OOK FIG *larguer les ~s* de trossen losgooien, afvaren
amarrer OV WW vastsjorren, vastmeren <van schip>
amas ZN M hoop, stapel • *un ~ de neige* een hoop sneeuw • *un ~ d'étoiles* sterrenhoop
amasser **1** OV WW opstapelen, opeenhopen • *~ de l'argent* geld (op)potten • *~ des richesses* rijkdom vergaren, schatten verdienen • *~ des preuves* bewijs verzamelen **2** WKD WW **(s'~)** zich ophopen • *la foule s'amasse devant le théâtre* de mensen drommen samen voor het theater
amateur ZN M (V amatrice) **1** liefhebber • *un ~ de musique* muziekliefhebber • *avis aux ~s!* voor de liefhebber! • *faire du piano en ~* uit liefhebberij pianospelen • *en (simple) ~* uit liefhebberij **2** amateur, dilettant • MIN. *un travail d'~* beginnerswerk
amateurisme ZN M amateurisme, hobbyisme
ambages ZN V MV • *parler sans ~* ronduit spreken • *sans ~* zonder eromheen te draaien
ambassade ZN V **1** ambassade **2** missie, zending
ambassadeur ZN M ambassadeur, (af)gezant • *l'~ de France aux Pays-Bas* de Franse ambassadeur in Nederland
ambassadrice ZN V **1** ambassadrice **2** vrouwelijke boodschapper of gezant **3** ambassadeursvrouw
ambiance ZN V stemming, omgeving, gezelligheid, sfeer • *une ~ bon enfant* een gemoedelijke sfeer • *une ~ sensuelle / torride* een broeierige / zwoele sfeer • *une musique d'~* achtergrondmuziek • *une lumière d'~* sfeerverlichting • *mettre de l'~* de stemming erin brengen • *il y avait beaucoup d'~ à la soirée chez Paul* het was heel gezellig op het feestje bij Paul
ambiant BN omringend • *la température ~e* kamertemperatuur
ambidextre BN zowel links- als rechtshandig
ambigu BN (V ambiguë), halfslachtig, dubbelzinnig, dubieus • *un mot ~* meerduidig woord • *une remarque ~ë* onduidelijke opmerking • *un personnage ~* duister / verdacht figuur
ambiguïté ZN V halfslachtigheid, dubbelzinnigheid • *sans ~* ondubbelzinnig, duidelijk
ambitieux BN (V ambitieuse), eerzuchtig, ambitieus
ambition ZN V eerzucht, ambitie, streven (om) • *il a l'~ de devenir chirurgien* hij wil chirurg worden • *avoir de grandes ~s* hoge aspiraties hebben
ambitionner OV WW najagen, sterk begeren, ambiëren (om) • *~ un poste* op een baan / functie uit zijn
ambivalence ZN V ambivalentie, tweeslachtigheid
ambivalent BN ambivalent, tweeslachtig
ambre ZN M amber • *un collier en / d'~ jaune* barnstenen halsketting
ambulance ZN V ambulance
ambulancier ZN M (V ambulancière), bestuurder v. ambulance
ambulant BN reizend, rondtrekkend • *un marchand ~* marskramer • *un cadavre ~* levend lijk
ambulatoire MED. BN ambulant • *la médecine ~* poliklinische geneeskunde
âme ZN V **1** OOK FIG. ziel, geest • *une ~ sœur* zielsverwant • *une bonne ~* goede ziel, goedwillend mens • *un état d'âme* gemoedstoestand, (nukkige) stemming • *la mort dans l'âme* diepbedroefd, met bloedend hart • *rendre l'âme* de geest geven • *être comme une ~ en peine* met zijn ziel onder de arm lopen • FIG. *vendre son ~ au diable* zijn ziel aan de duivel verkopen • FIG. *se donner corps et ~* zich met hart en ziel geven • *en son ~ et conscience* naar eer en geweten • *sans ~* zielloos, gevoelloos **2** persoon • *il n'y a ~ qui vive* er is geen levende ziel / sterveling • *ce village compte dix mille âmes* dat dorp telt 10.000 zielen
amélioration ZN V verbetering • *faire / apporter des améliorations dans une maison* verbeteringen aanbrengen in een huis, een huis opknappen
améliorer **1** OV WW verbeteren • SPORT *~ son temps (de course)* een betere tijd neerzetten **2** WKD WW **(s'~)** beter worden • *ce vin s'améliore avec l'âge* die wijn rijpt met de tijd • INFORM. *ce type ne s'améliore pas (avec les années)* die vent gaat er ook niet op vooruit • *ça va en s'améliorant* er zit een stijgende lijn in
amen "amèn" TUSSENW amen • *dire ~ à tout* op alles ja en amen zeggen
aménagement ZN M **1** aanpassing, inrichting, aanleg <van tuin> **2** exploitatie <bosbouw> **3** planologie • *l'aménagement du territoire* ruimtelijke ordening • FIG. *l'aménagement des horaires de travail* aanpassing van de werktijden, nieuwe werkplanning
aménager OV WW inrichten, aanbrengen, aanpassen • *des horaires aménagés* aangepaste werktijden • *~ le grenier en bureau* de zolder als werkkamer inrichten • *~ son emploi du temps* zijn tijd / werkschema indelen
amende ZN V boete • *condamner qn à une ~* iemand tot een geldboete veroordelen • *infliger une ~ à qn* iemand een boete opleggen • INFORM. *écoper (d') une ~* een boete aan je broek krijgen • FIG. *faire ~ honorable* (openlijk) zijn ongelijk bekennen • *sous peine d'~* op straffe van een boete
amendement ZN M verbetering, POL. amendement • *adopter / voter un ~* een

amendement aannemen • *déposer / rejeter un ~* een amendement indienen / verwerpen

amender 1 OV WW verbeteren, amenderen <van wetsvoorstel> 2 WKD WW (s'~) zich beteren, beter worden

amener 1 OV WW 1 (mee)brengen, aanvoeren • *le taxi nous a amenés à la gare* de taxi bracht ons naar het station • *quel bon vent vous amène?* wat brengt u hier(heen)? • *~ qn à faire qc* iemand ergens toe krijgen • *il a été amené à changer d'avis* hij is ertoe gebracht van mening te veranderen 2 voorgeleiden 2 WKD WW (s'~) INFORM. komen, komen aanzetten • *amène-toi un peu!* kom eens hier!

amenuiser FIG. WKD WW (s'~) dunner worden, slinken

amer BN (V amère), OOK FIG. bitter, wrang

américain 1 ZN M (het) Amerikaans 2 BN (V américaine), Amerikaans

Américain ZN M (V Américaine), Amerikaan

américaniser OV WW Amerikaans maken

Amérique ZN V Amerika • *l'Amérique du Nord* Noord-Amerika • *l'Amérique du Sud* Zuid-Amerika

Amerloque INFORM. ZN M/V yank

amerrir ONOV WW een landing maken op water

amerrissage ZN M landing op water

amertume ZN V 1 bitterheid 2 verbittering, leed

ameublement ZN M ameublement

ameuter OV WW opruien (tegen) • *~ la foule* de menigte ophitsen

ami 1 ZN M (V amie), vriend • *(ma) chère amie* lieve vriendin • *un ~ de la famille* huisvriend • *un ~ d'enfance* jeugdvriend • *une chambre d'amis* logeerkamer • *avoir un petit ~ / une petite amie* verkering hebben • *ce sont de grands amis* ze zijn dikke vrienden • *être amis pour la vie* gezworen kameraden zijn • *faire un prix d'ami* een vriendenprijsje vragen • TAALK. *les faux amis* valkuilen <in vreemde taal>, instinkers 2 BN (V amie), vriendschappelijk, bevriend • *les pays amis* bevriende landen • *ils sont très amis* zij zijn goed bevriend

amiable BN minnelijk • *s'arranger à l'~* het in der minne schikken

amiante ZN M asbest

amibe ZN V amoebe

amical BN (M MV amicaux), vriendschappelijk • *salutations ~es* met vriendelijke groeten <in brief> • *un match ~* vriendschappelijke wedstrijd

amicale ZN V vereniging, vriendenclub

amidon ZN M 1 zetmeel 2 stijfsel

amincir OV WW dunner maken, slanker maken, afslanken • *un régime amincissant* vermageringsdieet

amincissement ZN M (het) dunner worden, (het) dunner maken, (het) afslanken

amiral ZN M (MV amiraux, V amirale), admiraal

amitié ZN V vriendschap • *se lier d'amitié avec qn* vriendschap met iemand sluiten • *faites-moi l'amitié de venir me voir* doe mij het genoegen en kom eens langs • *faites-lui mes amitiés* doe hem / haar de groeten van me • <spreekwoord> *les petits présents entretiennent l'amitié* kleine geschenken onderhouden de vriendschap

ammoniac, **ammoniaque** ZN M ammoniak

amnésie ZN V amnesie, geheugenverlies

amnésique BN lijdend aan geheugenverlies

amnistie ZN V amnestie • *une ~ générale* generaal pardon

amnistier OV WW amnestie verlenen aan

amocher INFORM. OV WW toetakelen • *on l'a salement amoché* ze hebben hem lelijk toegetakeld • *sa voiture a été rudement amochée* zijn / haar auto is flink beschadigd

amoindrir 1 OV WW verminderen 2 WKD WW (s'~) minder worden

amoindrissement ZN M vermindering

amollir 1 OV WW week maken, zacht maken 2 WKD WW (s'~) verslappen, verwekelijken

amonceler 1 OV WW ophopen, opstapelen 2 WKD WW (s'~) zich ophopen • *de gros nuages s'amoncellent* zware wolken pakken zich samen

amoncellement ZN M (het) ophopen, opeenhoping

amont ZN M stroomopwaarts gelegen deel van rivier, bergopwaarts gelegen deel van helling <m.b.t. skiën> • *un travail en ~ doit être fait* voorbereidend werk is noodzakelijk • *en ~* stroomopwaarts, in een eerdere (productie)fase, toeleverings-

amoral BN (M MV amoraux), amoreel

amorce ZN V 1 begin, aanzet • *l'~ d'un rapprochement* het begin van een toenadering 2 lokaas, aas 3 slaghoedje

amorcer 1 OV WW 1 inzetten, beginnen, aanpakken • *~ des négociations* onderhandelingen beginnen • *~ un virage* een bocht inzetten 2 van aas voorzien 3 van een slaghoedje voorzien 2 WKD WW (s'~) beginnen • *la détente s'amorce* er zijn tekenen van ontspanning • *le dialogue s'est amorcé* er is een dialoog op gang gekomen

amorphe BN slap, duf, futloos

amorti SPORT ZN M (het) stoppen / doodmaken <v.d. bal>, dropshot

amortir OV WW 1 verzwakken, temperen • *des bruits amortis* gedempte geluiden 2 aflossen, delgen, afschrijven • *~ sa voiture en cinq ans* zijn auto in vijf jaar afschrijven 3 breken <v. schok, val> 4 SPORT stoppen, doodmaken <van bal>

amortissable BN aflosbaar

amortisseur ZN M schokbreker <van auto>

amour ZN M 1 liefde (voor) • *un chagrin d'~* liefdesverdriet • *l'~ maternel* moederliefde • *l'~ filial* kinderliefde <jegens ouders> • *l'~ de la patrie* vaderlandsliefde • *l'~ de Dieu* de liefde van God, de liefde tot God • *un ~ malheureux* onbeantwoorde liefde • *faire l'~* de liefde bedrijven, vrijen • *l'~ est aveugle* liefde maakt blind • *filer le parfait ~* volmaakt gelukkig (met elkaar) zijn • *comment vont les ~s?* hoe gaat het met de liefde? • *on revient toujours à ses premières ~s* oude liefde roest niet • *l'~*

est dans le pré boer zoekt vrouw • *faire qc avec ~* iets met liefde doen • <spreekwoord> *on ne vit pas d'~ et d'eau fraîche* van liefde rookt de schoorsteen niet • *pour l'~ de Dieu* in vredesnaam, pro Deo **2** lieveling, schatje • *un ~ d'enfant* een schat van een kind • *un ~ de petit chapeau* een dot / beeld van een hoedje

amouracher WKD WW **(s'~)** dolverliefd worden **(de** op)

amourette ZN V (voorbijgaande) verliefdheid, flirt

amoureux **1** BN **1** verliefd, verzot, dol **(de** op) • *tomber ~ de qn* verliefd worden op iemand **2** liefde(s)- • *la vie amoureuse* liefdesleven **2** ZN M (V amoureuse), minnaar, geliefde • *un ~ secret* een stille aanbidder • *un ~ de la nature* natuurliefhebber

amour-propre ZN M (MV amours-propres), (gevoel van) eigenwaarde • *une blessure d'amour-propre* gekwetste eigenliefde • *ménager l'amour-propre de qn* iemand in zijn waarde laten • *flatter l'amour-propre de qn* iemands ego strelen

amovible BN verplaatsbaar, afneembaar, los

amphétamine ZN V amfetamine

amphibie BN in het water en op het land levend • *un véhicule ~* amfibievoertuig

amphithéâtre ZN M **1** amfitheater **2** collegezaal <in de vorm van een amfitheater>

ample BN ruim, wijd, overvloedig • *demander de plus ~s détails* nadere bijzonderheden vragen

ampleur ZN V breedte, ruimte, omvang, uitgestrektheid • *constater l'~ des dégâts* de omvang van de schade vaststellen • *prendre de l'~* in omvang toenemen • *les manifestations prennent de l'~* de betogingen breiden zich uit

ampli INFORM. ZN M amplificateur versterker

amplificateur ZN M **1** geluidsversterker **2** fotografisch vergrotingstoestel

amplification ZN V **1** vergroting, versterking • *l'~ médiatique des faits divers* het opblazen van nieuwtjes door de media **2** overdrijving, uitweiding

amplifier **1** OV WW **1** uitbreiden, vergroten **2** overdrijven **2** WKD WW **(s'~)** groter / belangrijker worden, uitbreiden • *le mouvement de grève s'amplifie* de staking breidt zich uit

amplitude ZN V amplitude, slingerwijdte

ampli-tuner ZN M (MV amplis-tuners), tuner-versterker

ampoule ZN V **1** gloeilamp • *une ~ à économie d'énergie* spaarlamp • *l'~ est grillée* de lamp is doorgebrand **2** ampul • *une ~ buvable* ampul voor oraal gebruik **3** blaar • *avoir des ~s aux pieds* blaren op je voeten hebben

ampoulé BN gezwollen <van stijl>

amputation MED. ZN V amputatie

amputer OV WW **1** amputeren, afzetten • *~ qn d'une jambe* bij iemand een been afzetten **2** inkorten <van tekst> **3** FIG. beroven, ontdoen

amusant BN vermakelijk, leuk

amuse-gueule ZN M (MV amuse-gueule(s)), borrelhapje, voorafje

amusement ZN M vermaak, tijdverdrijf • *faire qc par ~* iets voor zijn plezier doen

amuser **1** OV WW **1** vermaken • *si ça t'amuse...* als je dat leuk vindt... **2** afleiden, bezighouden **2** WKD WW **(s'~)** zich vermaken, plezier hebben • *s'~ de qn* de spot drijven met iemand, zich vrolijk maken om iemand • *nous nous sommes bien amusés* we hebben ons flink vermaakt • *amuse-toi bien!* veel plezier! • *il s'amuse à mentir à tout le monde* hij liegt er vrolijk op los

amuseur ZN M (V amuseuse), entertainer

amygdale MED. "amiedal" ZN V amandel • *se faire enlever les ~s* zijn amandelen laten knippen

an ZN M jaar • *un ~ et demi* anderhalf jaar • *le jour de l'an* nieuwjaarsdag • *le nouvel ~* Nieuwjaar • *un contrat de cinq ans* een contract voor vijf jaar • *il a douze ans* hij is twaalf jaar (oud) • *il est âgé de cinquante ans* hij is vijftig jaar • *il fête ses trente ans* hij viert zijn dertigste verjaardag • *il y a cent ans* (het is) honderd jaar geleden • INFORM. *je m'en moque comme de l'an quarante* het laat me volkomen koud • *à dix-huit ans* op zijn achttiende (jaar) • *par ~* jaarlijks • *tous les ans* elk jaar • *dans un ~* over een jaar • *trois fois l'an / par ~* driemaal per jaar • *bon ~, mal ~* door de bank genomen, gemiddeld (per jaar) • *depuis un ~* sinds een jaar

anabolisant MED. **1** ZN M anabole stof **2** BN anabool • *des stéroïdes ~s* anabole steroïden

anachronique "-kro-" BN anachronistisch, uit de tijd

anachronisme "-kro-" ZN M anachronisme

anal BN (M MV anaux), anaal

analgésique MED. **1** ZN M pijnstillend middel **2** BN pijnstillend

analogie ZN V overeenkomst, gelijkenis, analogie • *par ~ (avec)* naar analogie (van), net zo (als)

analogique BN analoog, overeenkomstig

analogue BN overeenkomstig, analoog **(à** met), dergelijk

analphabète ZN M/V analfabeet

analphabétisme ZN M analfabetisme

analysable BN ontleedbaar

analyse ZN V **1** analyse, onderzoek • *une ~ de sang* bloedonderzoek • *en dernière ~* alles wel beschouwd, ten slotte **2** TAALK. woordontleding, zinsontleding **3** PSYCH. psychoanalyse • *être en ~* in analyse zijn

analyser OV WW analyseren, ontleden, ontbinden

analyste ZN M/V analist

analytique BN analytisch

ananas ZN M ananas

anarchie ZN V anarchie, ordeloosheid

anarchique BN anarchistisch, wanordelijk

anarchiste ZN M/V anarchist

anathème ZN M **1** kerkelijke ban **2** vervloeking, veroordeling • FORM. *jeter l'anathème sur qn* iemand scherp hekelen

anatomie ZN V **1** anatomie, ontleedkunde **2** lichaamsbouw • HUMOR. *dévoiler son ~* uit de kleren gaan

anatomique BN anatomisch
anatomiste ZN M/V anatoom
ancestral BN (M MV ancestraux), voorouderlijk
ancêtre ZN M voorouder, FIG. voorloper
anchois ZN M ansjovis
ancien **1** BN (V ancienne) **1** oud • *les langues ~nes* oude talen • *il est plus ~ que toi dans cette maison* hij woont / werkt al langer dan jij in dit huis • INFORM. *c'est de l'histoire ~ne* dat is een achterhaalde kwestie **2** vorig, vroeger, ex- • *un ~ directeur* ex-directeur • *un ~ élève* oud-leerling • *l'Ancien Régime* het Franse regeringsstelsel van vóór de Revolutie **2** ZN M (V ancienne), oude(re), ouderling • *les ~s* de oudgedienden, de oude Grieken of Romeinen
anciennement BW vroeger, voorheen, eertijds
ancienneté ZN V **1** oudheid, ouderdom **2** anciënniteit • *l'avancement à l'ancienneté* bevordering naar anciënniteit / dienstjaren
ancrage ZN M (het) ankeren, verankering • *un point d'~* vast punt, houvast
ancre ZN V anker • *jeter l'~* het anker uitwerpen • OOK FIG. *lever l'~* het anker lichten
ancrer OV WW ankeren, verankeren • FIG. *des préjugés bien ancrés* ingewortelde vooroordelen
Andorre ZN V Andorra
andouille ZN V **1** CULIN worst **2** INFORM. sukkel • *cesse de faire l'andouille!* hou op met dat stomme gedoe!
androgyne **1** ZN M/V androgyn **2** BN androgyn
âne ZN M OOK FIG. ezel • *un toit en dos d'âne* zadeldak • *un dos d'âne* bult <in de weg>, verkeersdrempel • *être têtu comme un ~* zo koppig als een ezel zijn • *il y a plus d'un ~ à la foire qui s'appelle Martin* er zijn meer honden die Fikkie heten
anéantir **1** OV WW **1** vernietigen • *ses espoirs ont été anéantis* zijn hoop werd de bodem ingeslagen **2** uitputten, hevig ontstellen **2** WKD WW **(s'~)** tenietgaan
anéantissement ZN M **1** vernietiging **2** verslagenheid
anecdote ZN V anekdote
anecdotique BN anekdotisch
anémie ZN V bloedarmoede, anemie
anémier OV WW bloedarm maken, verzwakken
anémique BN bloedarm, anemisch
anémone ZN V anemoon
ânerie ZN V stommiteit • *dire des âneries* onzin uitkramen
anesthésie ZN V anesthesie, verdoving • *une ~ locale / totale* plaatselijke / algehele verdoving
anesthésier OV WW verdoven, onder narcose brengen, gevoelloos maken
anesthésique **1** ZN M verdovingsmiddel **2** BN verdovend
anesthésiste ZN M/V anesthesist
aneth ZN M dille
anévrisme ZN M aneurysma
ange ZN M OOK FIG. engel • *un ~ gardien* engelbewaarder, beschermengel • *un ~ déchu* gevallen engel • *il est beau comme un ~* hij is beeldschoon • *il est gentil comme un ~* hij is heel lief • *avoir une patience d'~* een engelengeduld hebben • *être le bon / mauvais ~ de qn* iemands goede / kwade genius zijn • FIG. *être aux ~s* in de wolken zijn • FIG. *un ~ passe* er komt een dominee voorbij
angélique BN engelachtig
angine ZN V keelontsteking, angina • *une ~ de poitrine* angina pectoris
anglais **1** ZN M (het) Engels **2** BN (V anglaise), Engels • *une capote ~e* kapotje, condoom • *filer à l'anglaise* stilletjes weggaan
Anglais ZN M (V Anglaise), Engelsman
anglaises ZN V MV pijpenkrullen
angle ZN M hoek • *un ~ aigu* scherpe hoek • *un ~ droit* rechte hoek • *un ~ obtus* stompe hoek • *notre maison fait ~* ons huis staat op de hoek • *considérer une affaire sous tous ses ~s* een kwestie van alle kanten bekijken • FIG. *arrondir les ~s* de scherpe kantjes eraf halen • *vu sous cet ~...* vanuit dat gezichtspunt..., zo bezien...
Angleterre ZN V Engeland
angliciser WKD WW **(s'~)** verengelsen
anglicisme ZN M Engelse uitdrukking, anglicisme
anglo-américain BN (MV anglo-américains), Engels-Amerikaans
anglomanie ZN V anglomanie
anglophile **1** ZN M/V anglofiel **2** BN anglofiel
anglophobe **1** ZN M/V iemand die anti-Engels is **2** BN anti-Engels
anglophone **1** ZN M/V Engelstalige **2** BN Engels sprekend
anglo-saxon BN (V anglo-saxonne), Angelsaksisch
angoissant BN benauwend, beangstigend
angoisse ZN V angst, benauwdheid • *être dans l'~* in angst zitten, angsten uitstaan • *vivre des heures d'~* bange uren doormaken • INFORM. *c'est l'angoisse!* je krijgt het er benauwd van!
angoissé BN angstig • *un cri ~* angstkreet
angoisser **1** ONOV WW INFORM. in de rats zitten **2** OV WW angstig maken, benauwen **3** WKD WW **(s'~)** benauwd zijn, bang worden
Angola ZN M Angola
angolais BN Angolees
angora **1** ZN M **1** angora(wol) **2** angorakat, angorageit, angorakonijn **2** BN angora-
anguille ZN V paling, aal • *une ~ de mer* zeeaal • *glisser comme une ~* zo glad als een aal zijn • FIG. *il y a ~ sous roche* er schuilt een addertje onder het gras
angulaire BN hoek- • OOK FIG. *pierre ~* hoeksteen
anguleux BN (V anguleuse), hoekig • *un visage ~* scherp getekend gezicht
anicroche ZN V moeilijkheid(je)
animal **1** ZN M (MV animaux), dier • *les animaux domestiques* huisdieren • *un ~ de compagnie* gezelschapsdier • *les animaux de boucherie* slachtdieren • *la société protectrice des animaux (la SPA)* Dierenbescherming • *quel ~!* wat een lomperd! **2** BN (M MV animaux), dierlijk • *le règne ~* het dierenrijk
animalcule ZN M microscopisch diertje

animalier 1 BN (V animalière) • *un parc ~* dierenpark 2 ZN M (V animalière), dierenschilder / -beeldhouwer

animalité ZN V dierlijkheid

animateur ZN M (V animatrice) 1 presentator <van programma>, gespreksleider 2 bezieler, gangmaker, (groeps)leider

animation ZN V 1 drukte, levendigheid • *mettre de l'~* sfeer brengen • *parler avec ~* druk (met elkaar) praten 2 entertainment 3 bezieling / leiding van een groep, groepswerk 4 animatie • *un film d'~* animatie- / tekenfilm

animaux ZN M MV → **animal**

animé BN 1 bezield, levend • *les êtres animés* levende wezens 2 levendig, druk • *un quartier peu ~* een stille buurt • *une rue animée* een woelige straat • *une discussion animée* een geanimeerd gesprek 3 • *un dessin ~* tekenfilm

animer 1 OV WW 1 leven geven aan, bezielen, verlevendigen 2 aanvuren, aanmoedigen, aanzetten 3 leiden <van groep, bezigheid>, presenteren <v. programma> • *~ un débat* een gesprek leiden 2 WKD WW **(s'~)** tot leven komen, levendiger worden, zich opwinden • *ce quartier s'anime la nuit* die wijk komt 's nachts tot leven

animosité ZN V animositeit, vijandigheid, wrok • *avoir de l'animosité contre qn* een wrok tegen iemand hebben

anis ZN M anijs

ankylosé BN stijf

annales ZN V MV annalen, kronieken • *c'est à marquer dans les ~!* dat mag wel in de annalen worden bijgeschreven!

anneau ZN M (MV anneaux), ring • *les ~x de rideau* gordijnringen • *les ~x d'une chaîne* de schakels van een ketting • *porter un ~* een trouwring dragen

année ZN V jaar • *une ~ scolaire* schooljaar • *une ~ civile* kalenderjaar • *bonne année!* gelukkig Nieuwjaar! • *les années de vaches maigres / grasses* de magere / vette jaren • *elle est en deuxième ~ de médecine* zij is tweedejaars geneeskunde • *souhaiter la bonne ~ à qn* iemand gelukkig Nieuwjaar wensen • *l'année dernière / passée* verleden jaar • *l'année prochaine / qui vient* volgend jaar • *toute l'année* het hele jaar door • *d'année en ~* jaar in, jaar uit • *au fil des années* in de loop der jaren • *dans les années quatre-vingts* in de tachtiger jaren • *les années passant...* met het klimmen der jaren...

année-lumière ZN V (MV années-lumière), lichtjaar

annexe 1 ZN V 1 bijlage 2 bijgebouw 2 BN bijgevoegd, bijgebouwd • *des pièces ~s* bijlagen

annexer 1 OV WW inlijven, bijvoegen (**à** bij) 2 WKD WW **(s'~)** INFORM. zich toe-eigenen

annexion ZN V inlijving, annexatie

annihilation ZN V vernietiging

annihiler OV WW 1 vernietigen 2 krachteloos maken

anniversaire ZN M 1 (ver)jaardag • *bon ~!* gefeliciteerd met je verjaardag! 2 gedenkdag

annonce ZN V aankondiging, advertentie, annonce • *les petites ~s* advertentierubriek <in krant> • *mettre / insérer une ~ dans le journal* een advertentie in de krant plaatsen • *répondre à une ~* op een advertentie reageren / schrijven • *faire une ~* een mededeling doen

annoncer 1 OV WW aankondigen, afkondigen, verkondigen, duiden op, voorspellen • *on vient d'~ que...* zojuist is bekend geworden dat... 2 WKD WW **(s'~)** zich laten aanzien • *l'affaire ne s'annonce pas bien* de zaak begint slecht • *l'hiver s'annonce rigoureux* de winter belooft streng te worden

annonceur ZN M (V annonceuse), adverteerder

annonciateur BN (V annonciatrice), aankondigend • *un signe ~* voorbode, voorteken

annotation ZN V verklarende aantekening, annotatie, noot

annoter OV WW verklarende aantekeningen maken bij, annoteren

annuaire ZN M jaarboek, almanak • *un ~ téléphonique* telefoonboek

annuel BN (V annuelle) 1 jaarlijks • *un abonnement ~* jaarabonnement • *un événement ~* een jaarlijks terugkerend evenement 2 een jaar durend • *des plantes ~les* eenjarige planten

annuellement BW jaarlijks

annulaire ZN M ringvinger

annulation ZN V nietigverklaring, vernietiging, annulering

annuler OV WW 1 annuleren, afzeggen 2 JUR. nietig verklaren, vernietigen

anoblir OV WW in de adelstand verheffen

anodin BN goedaardig, onschuldig, gematigd, onbeduidend • *une blessure ~e* een onschuldig wondje • *un personnage ~* onbeduidende figuur

anomalie ZN V 1 afwijking 2 onregelmatigheid

ânonner ONOV WW hakkelen

anonymat ZN M anonimiteit • *garder l'~* anoniem blijven

anonyme BN onbekend, anoniem • *une société ~* naamloze vennootschap • *une lettre ~* anonieme brief

anorak ZN M windjak

anorexie ZN V anorexie, anorexia

anorexique BN anorectisch

anormal BN (M MV anormaux), abnormaal

anse ZN V 1 hengsel, handvat, oor 2 kleine baai

antagonisme ZN M 1 tegengestelde werking 2 vijandschap, wedijver, tegenstelling • *l'~ entre deux partis* rivaliteit tussen twee partijen

antagoniste 1 ZN M/V tegenstander, tegenstrever 2 BN 1 tegenstrijdig 2 tegenwerkend

antalgique 1 ZN M pijnstiller 2 BN pijnstillend

antarctique "-tarktiek" BN Zuidpool- • *l'Océan ~* Zuidelijke IJszee

Antarctique ZN M Antarctica, het zuidpoolgebied

antécédent 1 BN voorafgaand 2 ZN M antecedent • *des antécédents* antecedenten, voorgeschiedenis, ziektegeschiedenis • *des*

antécédents professionnels arbeidsverleden
antenne ZN V **1** voelhoorn, spriet • FIG. *avoir des ~s* dingen goed aanvoelen, een zesde zintuig hebben **2** antenne • *une ~ collective* centrale antenne • *une ~(-)relais* antennemast, gsm-mast • *une ~ parabolique* schotelantenne, schotel **3** station / uitzending <van tv of radio>, net • *le temps d'~* zendtijd • *passer / rendre l'~* de microfoon doorgeven, uit de uitzending gaan • *passer à l'~* in de uitzending komen • *être à / sur l'~* in de uitzending zijn
antérieur BN vroeger, ouder (**à** dan), voorafgaand (**à** aan) • *la vie antérieure* een vroeger leven • *les membres antérieurs d'un animal* de voorste ledematen / de voorpoten van een dier
antérieurement BW eerder, vroeger • *~ à* eerder / vroeger dan
antériorité ZN V (het) voorafgaan, (het) eerder zijn
anthologie ZN V bloemlezing • *un morceau d'~* fraaie passage, knap staaltje
anthracite ZN M antraciet
anthropologie ZN V antropologie • *l'~ culturelle* culturele antropologie
anthropologue ZN M/V (V anthropologiste), antropoloog
anthropophage ZN M menseneter
anthropophagie ZN V kannibalisme
antiadhésif BN (V antiadhésive), antiaanbak-
anti-âge BN • *une crème de soins ~* antirimpelcrème
antialcoolique BN drankbestrijdings-, geheelonthouders-
antibiotique **1** ZN M antibioticum **2** BN antibiotisch
antibrouillard BN • *des phares ~s* mistlampen
antibruit BN geluidwerend • *un mur ~* geluidswal, geluidsscherm
anticancéreux BN (V anticancéreuse), kankerbestrijdend
antichambre ZN V wachtkamer
antichar BN • *un missile ~* antitankraket
antichoc BN onver. schokbestendig
anticipation ZN V **1** (het) vooruitlopen op iets, anticipatie • *remercier par ~* bij voorbaat danken **2** (het) vooruitzien • *la littérature d'~* sciencefiction
anticipé BN voortijdig, vervroegd • *des élections anticipées* vervroegde verkiezingen • *avec mes remerciements anticipés* bij voorbaat dank
anticiper **1** OV WW vervroegen **2** ONOV WW anticiperen, vooruitlopen (op) • *n'anticipons pas!* laten we niet op de zaak vooruitlopen!
anticlérical **1** ZN M (MV anticléricaux), antiklerikaal **2** BN antiklerikaal
anticonceptionnel BN (V anticonceptionnelle), anticonceptie-, voorbehoed- • *la pilule ~le* de (anticonceptie)pil
anticonstitutionnel BN (V anticonstitutionnelle), ongrondwettelijk
anticorps ZN M antistof
anticyclone ZN M hogedrukgebied
antidater OV WW antidateren
antidépresseur ZN M antidepressivum
antidérapant BN antislip-
antidopage BN antidoping- • *un contrôle ~* dopingcontrole
antidoping BN → **antidopage**
antidote ZN M tegengif, middel (**contre** tegen)
antidouleur BN onver. pijnstillend
antidrogue BN • *la lutte ~* drugsbestrijding
antigang BN • *la brigade ~* misdaadbestrijdingsteam
antigel ZN M antivries(middel)
antigène ZN M antistof
antigrippe BN • *le vaccin ~* griepprik
antihéros "-roo" ZN M antiheld
anti-inflammatoire BN ontstekingsremmend
antijeu SPORT ZN M spelbederf
antillais BN Antilliaans
Antillais ZN M (V Antillaise), Antilliaan
Antilles ZN V MV Antillen
antilope ZN V antilope
antimilitariste **1** ZN M/V antimilitarist **2** BN antimilitaristisch
antimondialisme ZN M antiglobalisme
antimondialiste ZN M/V antiglobalist
antinomie ZN V tegenstrijdigheid
antipathie ZN V afkeer, antipathie (**pour** jegens)
antipathique BN onsympathiek, antipathiek
antipode ZN M tegengestelde, tegenpool • *être aux ~s de qc* lijnrecht in tegenstelling zijn met iets • *aux ~s* aan het andere eind van de wereld, ver weg
antipollution BN onver. milieubeschermend
antiquaire ZN M/V antiquair
antique BN **1** antiek, zeer oud, ouderwets **2** uit de oudheid • *un bel objet ~* een fraai stuk antiek
antiquité ZN V oudheid
antiquités ZN V MV oude voorwerpen, antiquiteiten
antireligieux BN (V antireligieuse), antigodsdienstig
antiride, antirides BN • *une crème ~* antirimpelcrème
antirouille BN onver. roestwerend
antisèche ZN V spiekbriefje
antisémite **1** BN antisemitisch **2** ZN M/V antisemiet
antisémitique BN antisemitisch
antisémitisme ZN M antisemitisme
antisepsie ZN V bestrijding van besmetting
antiseptique BN antiseptisch, bederfwerend
antisida BN onver. aidsbestrijdend • *un vaccin ~* een aidsvaccin
antislash ZN M backslash
antisocial BN (M MV antisociaux), onmaatschappelijk
antisolaire BN zonwerend • *une crème ~* zonnebrandcrème
antispam COMP. BN • *filtre ~* spamfilter
antivirus WWW BN antivirus- • *logiciel ~* antivirusprogramma
antivol ZN M mechaniek om diefstal te

voorkomen, fiets- / stuurslot
anus "anuus" ZN M anus
Anvers "a(n)vèr; BELGFR. a(n)vèrs" ZN M Antwerpen
anxiété ZN V ongerustheid, angst
anxieux BN (V anxieuse), ongerust, angstig • *il est ~ du résultat* hij wacht gespannen op de uitslag • *il est ~ de réussir* hij wil per se slagen
anxiogène BN angstwekkend, beangstigend • *un climat social ~* een angstwekkend sociaal klimaat
AOC AFK appellation d'origine contrôlée V ≈ gecontroleerde herkomstaanduiding <van wijn e.d.>
août "oe(t)" ZN M augustus • *le mois d'août* (de maand) augustus • *le premier ~* (op) 1 augustus • *en ~ / au mois d'août* in augustus
aoûtien "aoesje(n)" ZN M (V aoûtienne) **1** iemand die in augustus op vakantie gaat **2** iemand die in augustus in de grote stad (Parijs) blijft
apaisement ZN M (het) bedaren, (het) stillen
apaiser **1** OV WW kalmeren, sussen, stillen • *~ les esprits* de gemoederen bedaren • *cette crème apaise la douleur* die zalf verzacht de pijn **2** WKD WW **(s'~)** afnemen, bedaren, tot rust komen • *la douleur s'apaise* de pijn wordt minder
apanage ZN M eigendom, privilege
aparté ZN M **1** TON. terzijde **2** onderonsje • *en ~* onder vier ogen
apathie ZN V apathie, lusteloosheid • *sombrer dans l'~* in apathie wegzinken
apathique BN apathisch, sloom, lusteloos
apatride **1** BN stateloos **2** ZN M/V stateloos iemand
apercevoir **1** OV WW bemerken, waarnemen, ontdekken, ontwaren **2** WKD WW **(s'~)** gewaarworden • *s'~ de qc* iets bemerken, iets inzien • *je m'aperçois que je suis en retard* ik merk dat ik te laat ben
aperçu **1** ZN M kort overzicht, korte typering, eerste indruk • *donner un ~ de la situation* een overzicht van de situatie geven **2** WW volt. deelw. → **apercevoir**
apéritif ZN M aperitief, drankje voor het eten
apéro INFORM. ZN M aperitief
apesanteur ZN V gewichtloosheid
à-peu-près ZN M (MV id.), benadering, vaag gegeven • *c'est de l'à-peu-près!* dat is half werk!
apeuré BN beangstigd, geschrokken
aphone BN hees, zonder stem
aphrodisiaque **1** ZN M afrodisiacum **2** BN de geslachtsdrift prikkelend
aphte ZN M mondzweertje, aft
à-pic ZN M steile wand
apiculteur ZN M (V apicultrice), imker
apiculture ZN V bijenteelt
apitoyer **1** WKD WW **(s'~) sur** medelijden krijgen / hebben met • *s'~ sur son propre sort* zelfmedelijden hebben **2** OV WW medelijden opwekken bij, vertederen
aplanir **1** OV WW **1** vlak maken, gelijk maken • *~ un terrain* een terrein egaliseren **2** beslechten, uit de weg ruimen • FIG. *~ une difficulté* een geschil beslechten **2** WKD WW **(s'~)** vlak worden, uit de weg geruimd worden • *tous les obstacles se sont aplanis* alle obstakels zijn uit de weg geruimd
aplanissement ZN M (het) platmaken, (het) effenen
aplatir **1** OV WW platmaken, afplatten, pletten **2** WKD WW **(s'~)** zich platmaken, plat gaan liggen • INFORM. *s'~ comme une galette* zo plat als een dubbeltje worden • FIG. *s'~ devant qn* voor iemand kruipen
aplomb ZN M **1** lef, zelfvertrouwen • *retrouver son ~* weer moed vatten • *il ne manque pas d'~ !* hij heeft wel lef! **2** loodrechte stand, evenwicht • *d'~* in evenwicht, loodrecht
à plus INFORM. TUSSENW tot ziens, doei
apnée ZN V ademstilstand, apneu, ingehouden adem • *plonger en ~* zonder zuurstofapparaat duiken
apocalypse ZN V **1** REL. Apocalyps **2** FIG. apocalyps, grote ramp
apocalyptique BN apocalyptisch
apogée ZN M hoogtepunt, toppunt • *le soleil atteint son ~* de zon staat op z'n hoogst • *être à l'apogée de sa gloire* op het hoogtepunt van zijn roem zijn
apolitique BN niet-politiek, wars van politiek
apologie ZN V verdediging, apologie, lofrede • *faire l'~ de qn* iemand verdedigen / ophemelen
apoplexie MED. ZN V beroerte • *être frappé d'~* door een beroerte getroffen worden
a posteriori BW achteraf (beschouwd)
apostrophe ZN V **1** apostrof **2** boze uitval
apostropher OV WW uitfoeteren, uitvaren tegen
apothéose ZN V **1** apotheose, schitterend sloteffect **2** verheerlijking
apôtre ZN M OOK FIG. apostel • FIG. *se faire l'apôtre d'une cause* een zaak propageren, voorvechter van iets zijn
app ZN V COMP. application app
apparaître ONOV WW onregelmatig **1** verschijnen, tevoorschijn komen • *il est apparu devant nous* hij is voor ons verschenen • *la vérité apparaîtra de toutes façons* de waarheid zal hoe dan ook aan het licht komen • *ce détail fait ~ sa culpabilité* dat detail brengt zijn schuld aan het licht **2** toeschijnen, lijken **(à** aan; **comme** als) **3** blijken • *il apparaît que vous n'avez pas encore payé* het blijkt dat u nog niet betaald hebt
apparat "-rà" ZN M praal, pronk • *un costume d'~* galakostuum
appareil ZN M **1** apparaat, toestel • *les ~s (électro) ménagers* huishoudelijke apparaten • *un ~ de télévision* televisietoestel • *un ~ photo numérique* digitaal fototoestel • *un appareil mobile* een mobiel apparaat • *l'~ va décoller* het toestel gaat opstijgen • *faire des exercices aux appareils* toesteloefeningen doen **2** telefoontoestel • *allo, Paul Martin à l'appareil!* u spreekt met Paul Martin! • *qui est à l'appareil?* met wie spreek ik? **3** beugel <tanden>, prothese **4** systeem, FIG. apparaat • *l'~ digestif*

spijsverteringsorganen • *l'~ policier* politieapparaat

appareillage ZN M **1** (het) zeilklaar maken, afvaart **2** apparatuur

appareiller 1 ONOV WW zich zeilklaar maken, afvaren **2** OV WW samenvoegen, bij elkaar zetten

apparemment BW blijkbaar, schijnbaar, kennelijk

apparence ZN V **1** uiterlijk, schijn • *sauver les ~s* de schijn ophouden • *juger selon / sur les ~s* op het uiterlijk afgaan • *les ~s sont trompeuses* schijn bedriegt • *il ne faut pas se fier aux ~s* schijn bedriegt • *les ~s sont contre lui* hij heeft de schijn tegen zich • *en ~* schijnbaar **2** waarschijnlijkheid • *selon toute ~* naar alle waarschijnlijkheid

apparent BN **1** zichtbaar, duidelijk • *des défauts ~s* zichtbare gebreken • *sans cause ~e* zonder aanwijsbare oorzaak **2** schijnbaar • *des contradictions ~es* schijnbare tegenstellingen

apparenter WKD WW **(s'~) à** familie worden van, lijken op, POL. een lijstverbinding aangaan met • *ils sont apparentés aux Janssen* zij zijn familie van de Janssens

apparition ZN V **1** (onverwachte) verschijning • *l'~ de petits boutons sur tout le corps* het opkomen van pukkeltjes over het hele lichaam • *faire une ~* verschijnen, voor het eerst voorkomen • *faire son ~* zijn intrede doen, ten tonele verschijnen • *il n'a fait qu'une courte ~* hij is maar kort gebleven **2** geestverschijning, spook

appart INFORM. ZN M appartement appartement

appartement ZN M appartement, flat • *un ~ de fonction* dienstwoning • *des plantes d'~* kamerplanten

appartenance ZN V (het) behoren (**à** bij, tot), (het) element / lid zijn (**à** van) • *une ~ politique* politieke signatuur • *l'~ à un parti* het lidmaatschap van een partij

appartenir 1 ONOV WW onregelmatig toebehoren (**à** aan), eigen zijn (**à** aan) **2** ONP WW • *il ne vous appartient pas de décider* het is niet aan u om te beslissen

appâter OV WW lokken

appauvrir OV WW verarmen, arm maken, uitmergelen

appauvrissement ZN M verarming

appel ZN M **1** roep, geroep, oproep, telefoontje • *un ~ téléphonique* telefoontje • *un ~ local* lokaal gesprek • *un double ~* wisselgesprek • *un transfert d'~* doorschakeling <van telefoongesprek> • *un centre d'appel(s)* callcenter • *un ~ d'offres* aanbesteding bij inschrijving • *un ~ de fonds* verzoek om de verschuldigde bijdrage te storten • *un ~ au secours* hulpgeroep • *un ~ à l'insurrection* oproep tot opstand • *lancer un ~* een oproep richten (tot) • *faire ~ à qn* een beroep doen op iemand, iemands hulp inroepen **2** appel • *faire l'~* het appel afnemen, de namen aflezen / afroepen • *manquer à l'~* op het appel ontbreken **3** signaal • *un produit d'~* reclameaanbieding • *un prix d'~* reclameprijs, weggeefprijs • *un ~ de phares* knippersignaal <met koplampen> • OOK FIG. *faire un ~ du pied* voetjevrijen, verkapt om iets vragen, een hint geven **4** JUR. hoger beroep, appel • *une décision sans ~* onherroepelijk besluit • *faire ~ d'un jugement* in beroep gaan van een vonnis **5** SPORT • *une planche d'~* afzetbalk **6** • *un ~ d'air* trek, trekgat <v. schoorsteen>

appeler 1 OV WW **1** roepen • *~ quelqu'un* naar iemand roepen • *~ au secours / à l'aide* om hulp roepen **2** noemen • *~ qn par son nom* iemand bij de naam noemen • *~ un chat un chat* de dingen bij hun naam noemen **3** (op)bellen • *~ qn au téléphone* iemand opbellen • *~ les pompiers* de brandweer bellen • *~ un médecin / le SAMU* een dokter / een ambulance laten komen **4** oproepen • *être appelé à témoigner* opgeroepen worden om te getuigen • *~ qn en justice* iemand voor het gerecht dagen **2** ONOV WW in beroep gaan • *j'en appelle à votre bon cœur* ik doe een beroep op uw goedheid **3** WKD WW **(s'~)** heten • *comment t'appelles-tu?* hoe heet je? • *il s'appelle Jean* hij heet Jan • *comment ça s'appelle?* hoe heet dat?, hoe noem je dat? • *voilà qui s'appelle travailler!* dat noem ik nog eens werken!

appellation ZN V benaming • *une ~ (d'origine) contrôlée* gecontroleerde herkomstaanduiding <van wijn e.d.>

appendice "apè(n)dies" ZN M **1** aanhangsel • *mettre une liste en ~* een lijst als aanhangsel opnemen **2** MED. appendix, wormvormig aanhangsel v.d. blinde darm

appendicite MED. "apè(n)diesiet" ZN V blindedarmontsteking • *avoir une crise (aiguë) d'~* een (acute) blindedarmontsteking hebben

appentis "-tie" ZN M afdak, schuur

appesantir 1 OV WW verzwaren, zwaar maken, log maken **2** WKD WW **(s'~)** zwaar(der) worden, log(ger) worden • *s'~ sur un sujet* lang bij een onderwerp blijven stilstaan, erop blijven hameren

appétissant BN lekker, aanlokkelijk, appetijtelijk

appétit ZN M **1** eetlust • *bon appétit!* smakelijk eten! • *manger avec ~* met smaak eten • *éveiller l'appétit* de eetlust opwekken • *avoir un ~ d'oiseau* weinig trek hebben • *avoir un bon / solide ~* een gezonde eetlust hebben • *cette histoire m'a coupé l'appétit* dat verhaal heeft me de eetlust benomen • *l'appétit vient en mangeant* al etende krijgt men trek, hoe meer men bezit, hoe meer men verlangt • *mettre qn en ~* iemand lekker maken **2** begeerte (naar) • *l'appétit de savoir* weetgierigheid

applaudir 1 OV WW **1** toejuichen **2** prijzen, instemmen met • *être applaudi* aanslaan **2** ONOV WW applaudisseren **3** WKD WW **(s'~) de** zichzelf gelukwensen met, zich verheugen over

applaudissement ZN M vaak mv applaus, bijval • *un tonnerre d'applaudissements a éclaté* er was een daverend applaus

appli ZN V COMP. application app

applicable BN **1** toepasselijk (**à** op) • *cette loi n'est pas ~ aux étrangers* die wet geldt niet voor buitenlanders 2 aan te brengen, aan te wenden

application ZN V 1 (het) aanbrengen, (het) toedienen, applicatie • *l'~ d'une couche de peinture sur un mur* het aanbrengen van een verflaag op een muur 2 toepassing, gebruik, praktijk • *mettre une théorie en ~* een theorie in praktijk brengen 3 ijver, toewijding (à om) • *travailler avec ~* ijverig werken

applique ZN V wandlamp

appliqué BN 1 ijverig 2 toegepast • *les sciences appliquées* toegepaste wetenschap

appliquer 1 OV WW 1 aanbrengen • *~ une couche de peinture sur un mur* een verflaag op een muur aanbrengen 2 toedienen (à aan) 3 toepassen (à op) • *~ le règlement* de regels toepassen 4 aanwenden (à voor) • *~ un traitement à un malade* een bepaalde behandeling aanwenden bij een patiënt 2 WKD WW (s'~) 1 zich beijveren, zijn best doen (à om) 2 ~ à van toepassing zijn op • *cette règle s'applique à tous les verbes* die regel geldt voor alle werkwoorden

appoint ZN M 1 aanvulling • *un salaire d'~* bijverdienste • *un chauffage d'~* extra verwarming • *un lit d'~* extra bed, logeerbed 2 kleingeld, pasgeld • *faire l'~* bijpassen, met gepast geld betalen

appointements ZN M MV bezoldiging, salaris

apport ZN M aanbreng, inbreng (in) <van echtgenoot of compagnon>, bijdrage (à tot)

apporter OV WW 1 brengen, meebrengen • *~ qc à qn* iets voor iemand meebrengen • *~ sa pierre à l'édifice* zijn steentje bijdragen 2 inbrengen <in huwelijk of zaak> • *~ des capitaux dans une affaire* kapitaal in een zaak stoppen 3 verschaffen (à aan, om) • *le travail apporte des satisfactions* het werk geeft voldoening • *~ des preuves* bewijzen aanvoeren

apposer OV WW aanbrengen • *~ sa signature sur un contrat* een contract ondertekenen

apposition TAALK. ZN V bijstelling • *en ~* als bijstelling

appréciable BN 1 te waarderen, te schatten 2 aanzienlijk, interessant • *un avantage ~* een aanmerkelijk voordeel

appréciation ZN V 1 schatting • *une erreur d'appréciation* inschattingsfout 2 waardering 3 beoordeling, oordeel • *le pourboire est laissé à l'appréciation de la clientèle* fooien worden aan (het oordeel van) de klant overgelaten

apprécier OV WW 1 schatten, beoordelen • *~ une distance / la vitesse* een afstand / de snelheid (in) schatten 2 waarderen • *~ le confort d'une maison* het wooncomfort van een huis op prijs stellen • *savoir ~ qc* iets weten te appreciëren • *c'est une chose que je n'apprécie guère* daar ben ik niet zo op gesteld

appréhender OV WW 1 vrezen, bang zijn voor, duchten (de om) • *j'appréhende de la voir* ik zie ertegen op om haar te zien 2 vatten, aanhouden • *~ un suspect* een verdachte arresteren

appréhension ZN V vrees, bezorgdheid, beduchtheid

apprendre OV WW onregelmatig 1 leren, studeren • *~ la natation / à nager à qn* iemand leren zwemmen • *~ qc par cœur* iets van buiten leren • *on apprend à tout âge* je bent nooit te oud om te leren 2 vernemen (van), te weten komen • *j'ai appris la nouvelle par la télévision* ik heb dat nieuws op de televisie gehoord 3 mededelen, berichten (à aan) • *vous ne m'apprenez rien!* u vertelt me niets nieuws! • *~ une nouvelle à qn* iemand een nieuwtje vertellen 4 leren, onderwijzen, bijbrengen (à aan, om) • *il leur apprend le français* hij leert hun Frans • <dreigend> *je lui apprendrai, moi!* ik zal hem (mores) leren!

apprenti ZN M (V apprentie) 1 leerjongen, leerling • *un ~ cuisinier* koksmaat • *un ~ menuisier* aankomend timmerman, timmermansjongen 2 beginneling

apprentissage ZN M 1 opleiding, (het) leren • *apprentissage en ligne* e-learning • *être en ~* in de leer zijn • *faire son ~ chez qn* bij iemand in de leer gaan / zijn • *mettre qn en ~ chez qn* iemand bij iemand in de leer doen 2 leertijd

apprêt ZN M (het) prepareren <van stoffen> • *sans ~* zonder opsmuk

apprêter 1 WKD WW (s'~) zich voorbereiden, zich klaarmaken, aanstalten maken (à voor, om) • *je m'apprêtais justement à aller vous rejoindre* ik wilde net naar jullie toe gaan 2 OV WW klaarmaken, prepareren <van stoffen>

apprivoiser 1 OV WW temmen, handelbaar maken 2 WKD WW (s'~) tam worden, handelbaar worden

approbateur BN (V approbatrice), goedkeurend • *un geste ~* goedkeurend gebaar

approbatif BN (V approbative), goedkeurend

approbation ZN V 1 goedkeuring • *manifester son ~* instemming betuigen 2 toestemming

approchant BW ongeveer • *qc d'~* iets dergelijks

approche ZN V (be)nadering • *il est d'une ~ facile* hij is gemakkelijk te benaderen • *à l'~ de la cinquantaine* bij het naderen van de vijftig

approcher 1 OV WW 1 dichterbij brengen (bij) • *~ une chaise de la table* een stoel bijschuiven aan tafel 2 benaderen, in aanraking komen met 2 ONOV WW 1 naderen • *Noël approche* het is bijna Kerstmis 2 ~ de naderen, benaderen • *il approche de la perfection* hij is bijna volmaakt • *il approche de la quarantaine* hij nadert de veertig, hij is tegen de veertig 3 WKD WW (s'~) (be)naderen • *approche-toi!* kom dichterbij! • *approchez-vous de moi!* kom eens dichterbij!

approfondir 1 OV WW 1 uitdiepen, dieper maken 2 diep ingaan op • *une enquête approfondie* een grondig onderzoek • *des connaissances approfondies* diepgaande kennis • *~ ses connaissances sur un sujet* zijn kennis over een onderwerp uitbreiden 2 WKD WW (s'~) dieper worden

approfondissement ZN M 1 (het) uitdiepen, verdieping 2 grondige bestudering

appropriation ZN V toe-eigening

approprié BN geschikt, geëigend (**à** voor) • *un langage ~* passend taalgebruik

approprier 1 WKD WW **(s'~)** zich toe-eigenen • *s'~ le bien d'autrui* zich andermans goed toe-eigenen **2** OV WW aanpassen aan, afstemmen op

approuver OV WW **1** goedkeuren, instemmen met • *lu et approuvé* gezien en akkoord bevonden **2** prijzen, bijvallen

approvisionnement ZN M **1** proviandering, voorziening **2** vaak mv proviand, voorraad

approvisionner 1 OV WW bevoorraden (met) • *~ son compte bancaire* geld (bij)storten op zijn bankrekening **2** WKD WW **(s'~)** voorraad inslaan, zich voorzien (**en** van)

approximatif BN (V approximative), benaderend, vaag, niet-precies

approximation ZN V benadering, raming • *par ~* ruw geschat

approximativement BW bij benadering, ruw geschat

appui ZN M **1** steun, stut • *l'~ d'une fenêtre* vensterbank • *un point d'~* steunpunt **2** hulp • *avoir l'~ de qn* iemands steun hebben • *avoir de puissants ~s* steun van invloedrijke mensen hebben **3** staving, ondersteuning • *avec preuves à l'~* met bewijzen gestaafd / onderbouwd

appui-tête, appuie-tête ZN M (MV appuis-tête, appuie-tête(s)), hoofdsteun

appuyer 1 OV WW **1** plaatsen (tegen), drukken (tegen, op) • *~ une échelle contre un mur* een ladder tegen een muur zetten • *~ les coudes sur la table* met zijn ellebogen op de tafel leunen **2** steunen, stutten, ondersteunen • *~ un candidat* een kandidaat steunen • *~ une proposition* een voorstel ondersteunen **2** ONOV WW **1** drukken, leunen (**sur** op) • *~ sur l'accélérateur* gas geven **2 ~ sur** benadrukken, beklemtonen **3** WKD WW **(s'~) 1** steunen / leunen • *s'~ contre le mur* tegen de muur gaan staan • *appuyez-vous sur / contre moi* leun maar op mij **2 ~ sur** steunen op, zich baseren / verlaten op

âpre BN OOK FIG. wrang, FIG. scherp, schril, ruw • *un fruit au goût ~* een wrang smakende vrucht • *un froid ~* vinnige koude, guur weer • *~ au gain* tuk op winst

après 1 VZ **1** na <tijd> • *~ cela* daarna • *~ la fête* na het feest • <spreekwoord> *~ la pluie, le beau temps* na regen komt zonneschijn • *~ tout, ça m'est égal* alles wel beschouwd kan het me niets schelen • *~ mon départ* nadat ik vertrokken was • *~ coup* achteraf • *jour ~ jour* dag in dag uit • *après que* nadat, als eenmaal • *il est arrivé après que tout était fini* hij kwam toen alles al voorbij was **2** na, achter(na) <plaats> • *~ vous!* gaat u voor! • *~ la mairie, tournez à gauche* na het stadhuis gaat u linksaf • *courir ~ quelqu'un* iemand narennen • *crier ~ qn* iemand naschreeuwen • *~ le carrefour* voorbij het kruispunt • *l'un ~ l'autre* de een na de ander **3** volgens • *d'après lui* volgens hem • *d'après les journaux* volgens de kranten **2** BW daarna, vervolgens, later • *la semaine d'après* de week daarop • *peu ~* kort daarna • *et puis après?* en wat dan nog? • *dix ans ~* tien jaar later

après-demain BW overmorgen

après-guerre ZN M (MV après-guerres), naoorlogse periode • *d'après-guerre* naoorlogs

après-midi ZN M/V (MV après-midi(s)), (na)middag • *l'après-midi* 's middags • *lundi ~* maandagmiddag • *dans l'après-midi / cet ~* vanmiddag • *à quatre heures de l'après-midi* om 4 uur 's middags

après que VOEGW nadat, als eenmaal • *il est arrivé ~ tout était fini* hij kwam toen alles al voorbij was

après-rasage ZN M (MV après-rasages), aftershave

après-ski ZN M (MV après-ski(s)) **1** après-ski **2** snowboot

après-vente BN onver. • *le service ~* (klanten) service

âpreté ZN V OOK FIG. wrangheid, scherpheid, vinnigheid

a priori BW in principe

à-propos ZN M **1** (het) geschikte moment, (het) ter zake zijn **2** gevatheid • *un esprit d'à-propos* gevatheid, tegenwoordigheid van geest

apte BN **1** bekwaam **2 ~ à** geschikt voor / om

aptitude ZN V geschiktheid, bekwaamheid (**à** tot, voor; **pour** voor) • *avoir des ~s à communiquer / de communication* communicatieve vaardigheden hebben

aquaplaning, aquaplanage "akwa-" ZN M aquaplaning

aquarelle "akwa-" ZN V aquarel

aquarium "akwa-" ZN M aquarium

aquatique "akwa-" BN in / bij het water levend, water- • *une plante ~* waterplant

aqueduc "akduuk" ZN M aquaduct

arabe 1 ZN M (het) Arabisch **2** BN Arabisch

Arabe ZN M/V Arabier

arabesque ZN V arabesk

arabique BN van / uit Arabië

arabisant ZN M arabist

arachide ZN V aardnoot, pinda

araignée ZN V spin • *une toile d'araignée* spinnenweb • INFORM. *avoir une ~ au plafond* niet goed snik zijn

arbitrage ZN M arbitrage

arbitraire 1 BN willekeurig, eigenmachtig, arbitrair **2** ZN M willekeur

arbitre 1 ZN M/V scheidsrechter, arbiter • *arbitre (assistant) vidéo* videoscheidsrechter • *prendre qn pour ~* iemand als scheidsrechter aanwijzen **2** ZN M FILOS. • *le libre ~* de vrije wil

arbitrer OV WW arbitreren

arborer OV WW **1** oprichten, verheffen **2** OOK FIG. opzichtig dragen, tentoonspreiden

arboriculteur ZN M (V arboricultrice), boomkweker

arboriculture ZN V boomteelt

arbre ZN M **1** boom • *un ~ fruitier* vruchtboom • *un ~ de Noël* kerstboom • *un ~ en fleurs* in bloei staande boom • FIG. *un ~ généalogique* stamboom • FIG. *les ~s cachent la forêt* je ziet door de bomen het bos niet meer **2** **as** <van machine> • *un ~ de transmission* cardanas

arbrisseau ZN M (MV arbrisseaux), struik

arbuste ZN M heester

arc "ark" ZN M boog • *un ~ de triomphe* triomfboog • *le tir à l'arc* het boogschieten • FIG. *avoir plusieurs cordes à son ~* meerdere pijlen op zijn boog hebben

arcade ZN V boog, arcade

arc-bouter, **arcbouter** WKD WW **(s'~)** zich schrap zetten

arc-en-ciel ZN M (MV arcs-en-ciel), regenboog

archaïque BN archaïsch, verouderd

archaïsme ZN M archaïsme, verouderd woord, verouderde uitdrukking of toestand

arche ZN V **1** boog <van brug> **2** ark • *l'~ de Noé* de ark van Noach • *l'~ d'Alliance* verbondsark

archéologie "arkee-" ZN V archeologie

archéologique "arkee-" BN archeologisch

archéologue "arkee-" ZN M/V archeoloog

archer ZN M boogschutter

archet MUZ. ZN M strijkstok

archétype ZN M archetype, oervorm

archevêque ZN M aartsbisschop

archiduc ZN M (V archiduchesse), aartshertog

archipel ZN M archipel

architecte ZN M/V architect

architectonique **1** BN architectonisch **2** ZN V bouwkunde, opbouw

architectural BN (M MV architecturaux), bouwkundig

architecture ZN V **1** bouwkunst, architectuur **2** structuur

archives ZN V MV archief, archieven

archiviste ZN M/V archivaris

arçon ZN M zadelboog • *un cheval d'arçon* paard <turntoestel>

arctique "arktiek" BN arctisch, Noordpool- • *le cercle polaire ~* Noordpoolcirkel • *l'océan Arctique* Noordelijke IJszee

ardemment BW vurig, hevig

Ardennes ZN V MV Ardennen

ardent BN **1** FORM. brandend, gloeiend **2** vurig, hevig

ardeur ZN V **1** FORM. hitte, brandende warmte • *l'~ du soleil* de gloed van de zon **2** vuur, geestdrift, ijver

ardoise ZN V **1** lei, leisteen **2** INFORM. achterstallige schuld

ardu BN moeilijk

arène ZN V OOK FIG. arena, strijdperk • FIG. *descendre dans l'arène* in het strijdperk treden

arête ZN V **1** visgraat **2** uitstekende hoek, scherpe rand, kam <v. berg>, rib <v. kubus>

argent ZN M **1** geld • *de l'~ liquide* contant geld • *une somme d'~* geldbedrag • FIG. *de l'~ sale* zwart geld • *prêter de l'~ à qn* iemand geld lenen • *elle a de l'~* ze heeft geld, zij is rijk • *mettre de l'~ de côté* geld opzijleggen • *emprunter de l'~ à qn* geld van iemand lenen • *placer son ~* zijn geld beleggen • *mettre de l'~ dans une entreprise* geld in een bedrijf steken • *toucher de l'~* geld uitbetaald krijgen • *j'en suis pour mon ~* dat geld ben ik kwijt • *l'~ n'a pas d'odeur* geld stinkt niet • FIG. *jeter l'~ par les fenêtres* geld over de balk smijten • FIG. *l'~ lui file entre les doigts* hij heeft een gat in z'n hand • FIG. *accepter / prendre qc pour ~ comptant* iets voor goede munt aannemen • *l'~ ne fait pas le bonheur* geld maakt niet gelukkig • *on ne peut pas avoir le beurre et l'~ du beurre* je kunt niet alles hebben • *ne pas tout prendre pour ~ comptant* niet alles klakkeloos geloven, iets met een korreltje zout nemen **2** zilver • *des couverts en ~* zilveren bestek

argenté BN **1** verzilverd **2** zilverkleurig **3** INFORM. rijk

argenterie ZN V zilverwerk, tafelzilver

argentier ZN M schatbewaarder, INFORM. minister van financiën

argentin BN (V argentine), Argentijns

Argentin ZN M (V Argentine), Argentijn

Argentine ZN V Argentinië

argile ZN V klei, leem

argot ZN M **1** dieventaal, Bargoens, argot • *parler ~* plat praten **2** jargon, groepstaal

argotique BN Bargoens, argot-

arguer **1** ONOV WW **~ de** aanvoeren, zich beroepen op **2** OV WW concluderen

argument ZN M **1** argument, bewijs(grond) • *un ~ massue* een dodelijk argument • *un ~ gratuit* een goedkoop argument • *être à court d'arguments* geen argumenten meer hebben • *il a apporté / invoqué des ~s à l'appui de sa thèse* hij heeft zijn bewering met argumenten onderbouwd • *tirer ~ de qc* iets als argument gebruiken **2** korte inhoud

argumentation ZN V argumentatie, betoog

argumenter **1** OV WW beargumenteren **2** ONOV WW redeneren, betogen, argumenteren

aria ZN V aria

aride BN OOK FIG. dor, droog, onvruchtbaar

aristocrate ZN M/V aristocraat

aristocratie "-sie" ZN V aristocratie

aristocratique BN aristocratisch

arithmétique **1** ZN V rekenkunde **2** BN rekenkundig

arlequin ZN M harlekijn

armature ZN V **1** geraamte <van een constructie>, armatuur **2** FIG. grondslag

arme **1** ZN V **1** wapen • *une ~ à feu* vuurwapen • *une ~ blanche* steekwapen • *les ~s nucléaires* kernwapens • *les ~s chimiques / bactériologiques* chemische / bacteriologische wapens • *prendre les ~s* de wapens opnemen • *recourir aux ~s* naar de wapens grijpen • FORM. *passer qn par les ~s* iemand fusilleren • OOK FIG. *déposer / rendre les ~s* de wapens neerleggen, zich overgeven, zwichten • FIG. *partir avec ~s et bagages* met z'n hele hebben en houden vertrekken **2** argument, middel • *une ~ à double tranchant* tweesnijdend zwaard • *faire ~ de tout* alle mogelijke middelen aanwenden • *fournir des ~s contre qn* wapens in de hand geven tegen iemand **2** ZN V MV **1** wapen(schild) **2** schermsport • *une* *salle d'armes* schermzaal

armé BN **1** OOK FIG. **gewapend, bewapend** • *les forces armées* de krijgsmacht • *un vol à main armée* een gewapende overval, roofoverval • *être ~ d'un couteau / d'un balai* een mes / een bezem bij zich hebben **2 gewapend, versterkt** • *du béton ~* gewapend beton

armée ZN V **leger** • *l'armée de l'air* luchtmacht • *l'armée de terre* landmacht • *l'armée permanente / régulière* het staande leger • *les armées alliées* de geallieerde strijdkrachten • FIG. *l'Armée du Salut* Leger des Heils • FIG. *une ~ de balayeurs a nettoyé le train* een legertje vegers heeft de trein schoongemaakt

armement ZN M **bewapening** • *la course aux ~s* bewapeningswedloop

armer 1 OV WW **1 wapenen, bewapenen, uitrusten (de met)** • *armé jusqu'aux dents* tot de tanden gewapend • FIG. *~ qn contre qn* iemand tegen een ander opzetten **2 laden, schietklaar maken** <van vuurwapens> **2** WKD WW **(s'~) zich wapenen, zich uitrusten (de met)** • *s'~ d'un fusil* zich wapenen met een geweer • *s'~ d'un appareil photo* een fototoestel meenemen • FIG. *s'~ de patience* geduld betrachten

armistice ZN M **wapenstilstand**

armoire ZN V **kast** • *une ~ à pharmacie* medicijnkastje • *une ~ frigorifique* vrieskast • *une ~ à glace* spiegelkast, INFORM. kleerkast <stevig, gespierd persoon>

armure ZN V **harnas, wapenrusting**

armurerie ZN V **wapensmederij, wapenwinkel, wapenfabriek**

armurier ZN M **wapensmid, wapenhandelaar, wapenfabrikant**

arnaque INFORM. ZN V **zwendel**

arnaquer INFORM. OV WW **1 oplichten, bedonderen 2 in de kraag grijpen, snappen** • *se faire ~* opgepakt worden

arobase "-bas" ZN V DRUKK. **at-teken, apenstaart, @**

aromate ZN M **aromatische stof, kruiderij**

aromatique BN **aromatisch, geurig**

aromatiser OV WW **geurig maken, kruiden**

arôme, arome ZN M **aroma**

arpenter OV WW **1 landmeten 2 met grote stappen lopen door**

arpenteur ZN M **landmeter**

arqué BN **gebogen** • *avoir les jambes arquées* O-benen hebben

arrachage ZN M **(het) uittrekken, (het) rooien**

arraché ZN M • *à l'arraché* met veel moeite, moeizaam • *un vol à l'arraché* tasjesroof

arrache-pied • *travailler d'arrache-pied* aan één stuk door werken

arracher 1 OV WW **1 uittrekken, losrukken, afscheuren, rooien** • *~ les mauvaises herbes* onkruid wieden **2 ontrukken, loskrijgen (à aan, uit, van)** • *~ un enfant à ses parents* een kind bij zijn ouders weghalen • *~ qc des mains de qn* iemand iets uit de hand grissen • *~ un aveu à qn* iemand een bekentenis afdwingen • *je ne peux lui ~ une parole* ik kan geen woord uit hem krijgen • *~ qn au sommeil* iemand uit zijn slaap rukken • *~ la victoire* de overwinning bevechten **2** WKD WW **(s'~) 1 vechten om 2 zich losrukken** • *s'~ des bras de qn* zich uit iemands armen losrukken • *s'~ les cheveux* zich de haren uit het hoofd trekken **3** INFORM. **afnokken, wegwezen**

arracheur ZN M (V arracheuse), **rooier** • *mentir comme un ~ de dents* liegen alsof het gedrukt staat

arraisonner OV WW **praaien** <v. schip>, **visiteren, inspecteren**

arrangeant BN **coulant, inschikkelijk, geschikt**

arrangement ZN M **1 regeling, rangschikking, inrichting, indeling 2 vergelijk** • *un ~ à l'amiable* minnelijke schikking **3** MUZ. **arrangement**

arranger 1 OV WW **1 rangschikken, inrichten, in orde brengen, regelen** • *~ un voyage* een reis organiseren • *faire ~ sa voiture* zijn auto laten maken **2 in der minne schikken** • *on va ~ tout ça* we zullen het wel bijleggen **3 gelegen komen** • *cela m'arrange* dat komt me goed uit, dat staat me aan **4** MUZ. **arrangeren, bewerken 5** INFORM. **(iemand) toetakelen, aftuigen** • *on lui a arrangé le portrait* ze hebben hem flink toegetakeld **2** WKD WW **(s'~) 1 zich opknappen, in orde komen** • *s'~ les cheveux* zijn haar opmaken • INFORM. *il ne s'arrange pas, il est de plus en plus laid!* hij gaat er niet op vooruit, hij wordt steeds lelijker! • *ça peut s'~* daar is wel een mouw aan te passen • *tout finit par s'~* alles komt op zijn pootjes terecht **2 het eens worden, tot een vergelijk komen** • *arrangez-vous entre vous!* maak dat samen maar uit! **3 ~ pour ervoor zorgen dat** • *il s'est arrangé pour venir* hij zorgde ervoor dat hij kon komen • *on s'arrangera pour que vous ayez une bourse* we zorgen er wel voor dat u een beurs krijgt

arrangeur ZN M (V arrangeuse), **bewerker,** MUZ. **arrangeur**

arrestation ZN V **arrestatie, hechtenis**

arrêt ZN M **1 stilstand, onderbreking, stop** • *un ~ du cœur / cardiaque* hartstilstand • *un ~ de travail de deux semaines* twee weken ziekteverlof • *un ~ du travail* werkonderbreking • *un ~ maladie* ziekteverzuim • *un temps d'arrêt* rustpauze • INFORM. *un ~ pipi* plaspauze • *une bande d'arrêt d'urgence* vluchtstrook • *un ~ sur image* stilstaand beeld • *un cran d'arrêt* veiligheidspal • *un couteau à cran d'arrêt* stiletto • SPORT *les arrêts de jeu* spelonderbrekingen, blessuretijd • *sans ~* zonder ophouden • FIG. *tomber en ~ devant qc* (verbaasd) blijven staan bij iets **2 halte** • *un ~ d'autobus* bushalte • *un ~ obligatoire* vaste halte • *un ~ facultatif* halte op verzoek **3 arrestatie, arrest** • *être aux arrêts* (kamer- / kwartier)arrest hebben • *une maison d'arrêt* huis van bewaring • *un mandat d'arrêt* bevel tot inhechtenisneming **4** JUR. **arrest, vonnis, uitspraak** • *un ~ de mort* doodvonnis • *rendre un ~* arrest wijzen

arrêté ZN M **(officieel) besluit** • *un ~ ministériel* ministerieel besluit • *un ~ municipal* gemeenteverordening • *par ~ royal* bij Koninklijk Besluit

arrêter **1** OV WW **1** tegenhouden, doen stoppen, stuiten • *~ sa voiture* zijn auto tot stilstand brengen, stoppen • *~ un saignement* het bloed stelpen • *~ un compte* een rekening afsluiten • *le médecin l'a arrêté pour une semaine* de dokter heeft hem voor een week met ziekteverlof gestuurd • *on n'arrête pas la technique* de techniek staat voor niets **2** arresteren, in hechtenis nemen **3** vaststellen, bepalen, afspreken **4** in de rede vallen **2** ONOV WW stoppen, ophouden • *~ de parler* ophouden met praten • *arrête, ça suffit!* hou eens op, nu is het genoeg! **3** WKD WW **(s'~)** (stil) blijven staan, tot stilstand komen, ophouden • *ma montre s'est arrêtée* mijn horloge staat stil • *la machine s'arrête* de machine slaat af • *s'arrêter sur un sujet* stilstaan bij een onderwerp

arrhes ZN V MV borg, aanbetaling • *donner/verser des ~* een borgsom storten, een aanbetaling doen

arriéré **1** BN achterhaald, achtergebleven (in ontwikkeling), achterlijk **2** ZN M **1** achterlijk iemand **2** (het) achterstallige, achterstallige schuld, achterstand

arrière **1** BW achter, achteruit • *des cheveux tirés en ~* naar achteren gekamde haren • *rester en ~* achterblijven • *regarder en ~* achteromkijken • FIG. *on ne peut pas revenir en ~* de terugweg is afgesneden • *revenir en ~* FIG. de klok achteruit zetten • *en ~* naar achteren, achter(uit), terug **2** ZN M **1** achterste gedeelte • *il est assis à l'arrière* hij zit achterop • *descendre par l'arrière* achteraan uitstappen • FIG. *assurer ses arrières* zich indekken • *à l'arrière de la voiture* achter in de auto **2** SPORT achterspeler **3** BN onver. achter- • SPORT *la ligne ~* achterhoede • *les roues ~* achterwielen

arrière-boutique ZN V (MV arrière-boutiques), kamer achter de winkel

arrière-cuisine ZN V (MV arrière-cuisines), bijkeuken

arrière-garde ZN V (MV arrière-gardes), OOK FIG. achterhoede • *mener un combat d'arrière-garde* een achterhoedegevecht leveren

arrière-goût ZN M (MV arrière-goûts), nasmaak • FIG. *ce souvenir me laisse un ~ amer* die herinnering geeft me een nare nasmaak

arrière-grand-mère ZN V (MV arrière-grands-mères), overgrootmoeder

arrière-grand-père ZN M (MV arrière-grands-pères), overgrootvader

arrière-pays ZN M achterland

arrière-pensée ZN V (MV arrière-pensées), bijgedachte, bijbedoeling

arrière-petits-enfants ZN M MV achterkleinkinderen

arrière-plan ZN M (MV arrière-plans), OOK FIG. achtergrond

arrière-saison ZN V (MV arrière-saisons), naseizoen

arrière-train ZN M (MV arrière-trains) **1** achterstel, achterlijf <van dier> **2** INFORM. achterste

arrimer OV WW stuwen <van lading>, vastsjorren, vastmaken

arrivage ZN M aankomst <van goederen>

arrivant ZN M (V arrivante), aankomende • *les nouveaux ~s* de nieuwkomers

arrivée ZN V **1** (aan)komst • *à l'arrivée* bij aankomst **2** plaats van aankomst, finish • *la ligne d'arrivée* eindstreep • *franchir la ligne d'arrivée* door de finish gaan **3** TECHN. aanvoer • *une ~ d'eau* watertoevoer

arriver **1** ONOV WW **1** (aan)komen • *~ de Londres* uit Londen (aan)komen • *j'arrive!* ik kom er aan! • *est-ce que le numéro huit est déjà arrivé?* is nummer 8 al binnen? • *les voilà qui arrivent!* daar komen ze!, daar heb je ze! • *il est arrivé à l'improviste* hij is onverwachts verschenen • *venir / ~ à pied* komen lopen • FIG. *comment en sont-ils arrivés là?* hoe is het zo ver met hen gekomen? • FIG. *ça arrive après la bataille* dat is mosterd na de maaltijd **2** vooruitkomen in de wereld **3** gebeuren • *ces choses arrivent souvent* die dingen gebeuren vaak • *ce sont des choses qui arrivent* dat kan nu eenmaal wel eens voorkomen • FIG. *qu'est-ce qui vous arrive?* wat scheelt eraan? **4** **~ à** slagen in, erin slagen om, bereiken • *~ à ses fins* zijn doel bereiken • *~ à terminer le mois* het einde van de maand halen • *je suis arrivé à le faire parler* het is me gelukt hem aan het praten te krijgen • *comment ~ à interpréter ça?* wat moet ik hiervan maken? • *finalement, j'y arrive!* het lukt me dan toch! **2** ONP WW gebeuren, overkomen • *il est arrivé un malheur* er is een ongeluk gebeurd • *il lui arrive de venir passer le week-end* hij komt het weekend weleens langs • *quoi qu'il arrive...* wat er ook gebeurt...

arriviste **1** ZN M/V streber, carrièremaker **2** BN streberig

arrobase ZN V → **arobase**

arrogance ZN V arrogantie

arrogant BN arrogant

arroger WKD WW **(s'~)** zich aanmatigen • *s'arroger tous les droits* zich alle rechten aanmatigen, doen alsof je alles mag

arrondir **1** OV WW rond maken, afronden • *~ une somme vers le bas / vers le haut* een bedrag naar beneden / naar boven afronden • FIG. *~ ses fins de mois* de eindjes aan elkaar knopen, wat bijverdienen **2** WKD WW **(s'~)** rond(er) worden

arrondissement ZN M arrondissement <Parijs, Lyon, Marseille> • *dans le douzième ~* in het twaalfde arrondissement

arrosage ZN M begieting, besproeiing, bevloeiing • *un tuyau d'~* tuinslang • FIG. *l'~ publicitaire par les médias* bestoking van doelgroep door de media

arroser **1** OV WW **1** bevloeien, begieten, besproeien • *le Rhin arrose cette province* de Rijn stroomt door deze provincie **2** CULIN overgieten, bedruipen • *~ son repas* een glaasje drinken bij het eten **3** bestoken **2** WKD WW **(s'~)** • INFORM. *ça s'arrose!* daar moet op gedronken worden!

arroseur ZN M (tuin)sproeier • FIG. *l'~ arrosé* de bedrieger bedrogen
arrosoir ZN M gieter
arsenal ZN M (MV arsenaux) **1** OOK FIG. arsenaal **2** marinewerf
arsenic ZN M arsenicum
art ZN M **1** kunst • *les beaux-arts* de schone kunsten • *les arts décoratifs / appliqués* kunstnijverheid • *les arts plastiques* de beeldende kunsten • *l'École des Beaux-arts* Academie voor Beeldende Kunsten • *l'Art nouveau* jugendstil • *un objet d'art* kunstvoorwerp • *le septième ~* de zevende kunst, de filmkunst • *les arts martiaux* vechtsporten • *collectionner des objets d'art* kunst verzamelen **2** kunde, bedrevenheid • *l'art de vivre* levenskunst • *les arts ménagers* huishoudkunde • *c'est du grand art!; c'est de l'art!* dat is uit de kunst! • IRON. *l'art de ne rien faire* de kunst van het nietsdoen • *avoir l'art (et la manière) de faire qc* de kunst verstaan om iets te doen
artère ZN V **1** slagader **2** verkeersader
artériel BN (V artérielle), slagaderlijk • *la pression artérielle* bloeddruk
arthrite ZN V artritis, gewrichtsontsteking
arthrose ZN V artrose
artichaut ZN M artisjok
article ZN M **1** artikel, bepaling <van wet, contract> • *un ~ de loi* wetsartikel • FIG. *être à l'~ de la mort* op sterven liggen **2** (handels)artikel • *les ~s de bureau* kantoorbehoeften • *faire l'~* zijn waar aanprijzen **3** tijdschriftartikel, krantenartikel **4** TAALK. lidwoord • *un ~ défini* bepaald lidwoord • *un ~ indéfini* onbepaald lidwoord
articulaire BN gewrichts- • *la douleur articulaire* gewrichtspijn
articulation ZN V **1** gewricht, geleding, koppeling **2** TAALK. uitspraak, articulatie
articulé BN **1** gearticuleerd **2** geleed • *un bus ~* een harmonicabus
articuler 1 OV WW (duidelijk) uitspreken, articuleren • *bien ~* duidelijk (uit)spreken **2** WKD WW **(s'~)** TECHN. beweegbaar verbonden zijn, scharnieren • FIG. *le livre s'articule autour de trois thèmes* het boek concentreert zich op drie thema's
artifice ZN M list, truc, kunstgreep • *un feu d'~* vuurwerk • *sans ~* onomwonden
artificiel BN (V artificielle), kunstmatig, kunst- • *des fleurs ~les* kunstbloemen • *un lac ~* kunstmatig meer, stuwmeer • *faire la respiration ~le* kunstmatige ademhaling toepassen
artificier ZN M vuurwerkmaker
artillerie MIL. ZN V artillerie • *l'~ lourde* zware artillerie • *une pièce d'~* een stuk geschut • FIG. INFORM. *faire donner l'~* het geschut in stelling brengen
artilleur ZN M artillerist
artisan ZN M **1** ambachtsman, handwerksman • *un ~ boulanger* meester-bakker, warme bakker **2** FIG. bewerker • *il a été l'~ de mon malheur* hij is de oorzaak van al mijn ellende
artisanal BN (M MV artisanaux), ambachtelijk, handwerk-
artisanat ZN M (het) ambacht, (de) ambachtslieden
artiste ZN M/V kunstenaar, artiest • *un ~ peintre* kunstschilder • *mener une vie d'~* een artistiek leven leiden
artistique BN artistiek, kunstzinnig, kunst- • *le patinage ~* het kunstrijden
artothèque ZN V artotheek, kunstuitleen
as "as" ZN M **1** aas <kaartspel> • *l'as de pique* schoppenaas **2** INFORM. kei, uitblinker • *un ~ du volant* prima coureur • *être plein aux ~* stinkend rijk zijn • *passer à l'as* wegmoffelen, weggemoffeld worden • *être ficelé / fichu comme l'as de pique* er onmogelijk uitzien
A.S. AFK Association Sportive V SV, sportvereniging
ascendance ZN V **1** voorgeslacht **2** (het) opklimmen, stijging
ascendant 1 BN opklimmend, stijgend **2** ZN M **1** overwicht, invloed • *subir l'~ de qn* onder iemands invloed staan **2** STERRENK. ascendant
ascenseur ZN M lift • FIG. *renvoyer l'~* een wederdienst bewijzen, de bal terugkaatsen
ascension ZN V **1** opstijging, bestijging, beklimming • *faire l'~ du Mont-Blanc* de Mont-Blanc beklimmen **2** succesvolle ontwikkeling • *l'~ sociale* FIG. het opklimmen (op de maatschappelijke ladder)
Ascension ZN V Hemelvaart, Hemelvaartsdag
ascensionnel BN (V ascensionnelle), opwaarts, opstijgend • *une force ~le* stijgkracht
ascétique BN ascetisch
ascorbique BN • *l'acide ~* ascorbinezuur, vitamine C
aseptiser OV WW ontsmetten, steriliseren
asexué BN aseksueel, ongeslachtelijk
asiatique BN Aziatisch
Asiatique ZN M/V Aziaat
Asie ZN V Azië
asile ZN M **1** wijkplaats, toevluchtsoord, asiel • *le droit d'~* asielrecht • *les demandeurs d'~* asielzoekers • *demander l'~ politique* politiek asiel vragen • *accorder le droit d'~* politiek asiel verlenen **2** tehuis, gesticht • *un ~ de nuit* nachtasiel, onderdak
asocial BN (M MV asociaux), asociaal
aspect "aspè" ZN M aanblik, gezicht, uiterlijk • *changer d'~* een ander aanzien krijgen • *avoir l'~ de...* eruitzien als... • *examiner qc sous tous ses ~s* iets van alle kanten bekijken • *vu sous cet ~...* zo bezien...
asperge ZN V **1** asperge **2** INFORM. mager persoon, bonenstaak
asperger OV WW besprenkelen, natspatten **(de** met)
aspérité ZN V **1** ruwheid, oneffenheid **2** stuursheid, stugheid
asphalte ZN M asfalt
asphalter OV WW asfalteren
asphyxiant BN OOK FIG. verstikkend
asphyxie ZN V OOK FIG. verstikking • *mourir par ~* stikken
asphyxier OV WW doen stikken, FIG. verstikken

aspirant BN inzuigend • *une hotte ~e* afzuigkap • *une pompe ~e* zuigpomp
aspirateur ZN M stofzuiger • *passer l'~* stofzuigen
aspiration ZN V **1** (het) inzuigen, (het) opzuigen **2** inademing **3** aspiratie, verlangen, (het) streven (**à** naar) • *l'~ au bonheur* het streven naar geluk
aspirer **1** OV WW **1** inzuigen, opzuigen, afzuigen **2** inademen **2** ONOV WW **~ à** verlangen naar, streven naar • *aspirer à la paix* naar vrede verlangen
aspirine ZN V aspirine • *un comprimé d'~* aspirientje • *être blanc comme un cachet d'~* doodsbleek zijn
assagir **1** WKD WW **(s'~)** bezadigder worden, wijzer worden, zijn wilde haren verliezen • *des passions assagies* getemperde hartstochten **2** OV WW wijzer maken
assaillant **1** ZN M (V assaillante), aanvaller **2** BN aanvallend
assaillir OV WW onregelmatig aanvallen, bestoken, lastigvallen met • *être assailli par les journalistes* door journalisten bestormd worden • FIG. *~ qn de questions* iemand met vragen bestoken
assainir OV WW **1** gezond maken, saneren, zuiveren **2** draineren
assainissement ZN M **1** sanering, gezondmaking • *des travaux d'assainissement* saneringswerkzaamheden **2** drainering
assaisonnement ZN M **1** (het) kruiden, het aanmaken <van sla> **2** kruiderij
assaisonner OV WW OOK FIG. kruiden • *~ la salade* de sla aanmaken
assassin **1** ZN M moordenaar • *à l'assassin!* moord! **2** BN provocerend, moordend, dodend • *une remarque ~e* een dodelijke opmerking
assassinat ZN M moord • *commettre un ~* een moord begaan • *l'~ du roi* de moord op de koning
assassiner OV WW vermoorden, FIG. om zeep helpen • *elle est morte assassinée* zij is vermoord
assaut ZN M **1** stormloop, bestorming, aanval • *un char d'~* tank • *des troupes d'~* stormtroepen • *donner l'~ à l'ennemi* stormlopen op de vijand, in de aanval gaan • *prendre d'~ un lieu* een plaats stormenderhand innemen • *les places ont été prises d'~* er was een stormloop op de kaartjes **2** SPORT schermpartij, bokspartij
assèchement ZN M drooglegging
assécher **1** OV WW droogleggen, leegmaken **2** WKD WW **(s'~)** droogvallen
assemblage ZN M **1** samenstel, verzameling **2** assemblage, montage **3** las, voeg, samenvoeging
assemblée ZN V **1** vergadering • *une ~ générale / une A.G.* algemene vergadering • *l'Assemblée nationale* volksvertegenwoordiging, (Franse) Tweede Kamer • *convoquer une ~* een vergadering uitschrijven **2** gezelschap • *une joyeuse ~* een vrolijk gezelschap
assembler **1** OV WW **1** samenbrengen, verzamelen **2** samenvoegen, verbinden • *~ une armoire* een kast in elkaar zetten **2** WKD WW **(s'~)** samenkomen
assener, asséner OV WW toebrengen • *~ un coup à qn* iemand een klap toedienen
assentiment ZN M toestemming, goedkeuring
asseoir **1** WKD WW **(s'~)** gaan zitten • *s'~ par terre* op de grond gaan zitten • *asseyez-vous!* gaat u zitten!, allemaal gaan zitten! **2** OV WW onregelmatig neerzetten, doen zitten • *je l'ai assis par terre* ik heb hem op de grond gezet • *faites-le ~!* laat hem plaatsnemen!
assermenté BN beëdigd
assertion ZN V bewering, verzekering, stelling
asservir OV WW **1** tot slaaf maken **2** onderwerpen (**à** aan), domineren, beheersen
asservissement ZN M onderwerping • *l'~ à la mode* het slaaf zijn van de mode
asseye WW subj. présent → **asseoir**
asseyent WW subj. présent → **asseoir**
asseyes WW subj. présent → **asseoir**
asseyez WW subj. présent → **asseoir**
asseyons WW subj. présent → **asseoir**
assez BW **1** genoeg • *j'en ai ~ (de cette histoire)!* ik heb er genoeg van! • *avoir ~ d'argent* geld genoeg hebben • *~ de paroles, des actes!* geen woorden maar daden! **2** tamelijk, vrij • *c'est ~ invraisemblable* het is nogal onwaarschijnlijk • *elle est ~ sympathique* ze is best aardig • *~ souvent* nogal eens
assidu BN nauwgezet, ijverig, trouw, toegewijd (**auprès de** jegens) • *être ~ au cours* trouw naar college gaan
assiduité ZN V stiptheid, ijver, volharding • *avec ~* volhardend, ijverig, stipt
assidûment BW toegewijd, trouw
assied, assieds WW présent → **asseoir**
assiéger OV WW OOK FIG. belegeren, belagen • *être assiégé par des créanciers* door schuldeisers achtervolgd worden
assiette ZN V **1** (etens)bord • *une ~ plate / creuse* plat / diep bord • CULIN *une ~ anglaise* vleeswarenschotel • *manger dans une ~* van een bord eten • *finis ton ~!* eet je bord leeg! • FIG. *ne pas être dans son ~* niet in zijn gewone doen zijn, zich niet prettig voelen **2** ligging, stabiliteit
assiettée ZN V bordvol
assignation JUR. ZN V **1** toewijzing **2** dagvaarding
assigner OV WW **1** toewijzen • *être assigné à résidence* onder huisarrest staan **2** afspreken, bepalen **3** JUR. dagvaarden
assimilable BN **1** vergelijkbaar **2** opneembaar, verteerbaar
assimilation ZN V **1** gelijkmaking, gelijkstelling **2** assimilatie, opneming, integratie
assimiler **1** OV WW **1** opnemen, assimileren, verwerken, zich eigen maken • *~ des connaissances nouvelles* nieuwe kennis in zich opnemen • *des étrangers bien assimilés* goed geïntegreerde buitenlanders **2** gelijkstellen, vergelijken (**à** met) **2** WKD WW **(s'~)** zich assimileren, zich aanpassen (**à** aan), opgaan

in, zich gelijkstellen met, zich vergelijken met • *certains s'assimilent mieux que d'autres* de een past zich beter aan dan de ander

assis 1 BN 1 gezeten, zittend • *une place ~e* zitplaats • *être ~* zitten 2 gevestigd, degelijk • *une réputation bien ~e* gevestigde reputatie 2 WW passé simple → **asseoir**

assise 1 ZN V 1 laag stenen 2 onderbouw, fundament 2 ZN V MV 1 assisenhof <juryrechtbank> 2 congres <v. partij, vakvereniging> • *tenir ses ~s* zitting houden, vergaderen

assistanat ZN M 1 assistentschap 2 het uitkeringstrekker zijn • *vivre dans l'~* van een uitkering leven

assistance ZN V 1 hulp, bijstand • *l'~ juridique* rechtskundige bijstand • *l'~ médicale gratuite* gratis medische hulp / zorg • *l'~ téléphonique* helpdesk • *prêter ~ à qn* iemand assistentie verlenen 2 (de) aanwezigen, publiek

assistant 1 ZN M (V assistante) 1 • *les ~s* de aanwezigen 2 assistent, helper • *une ~e sociale* maatschappelijk werkster • *une ~e maternelle* (gediplomeerde) kinderoppas • *un maître ~* ≈ wetenschappelijk hoofdmedewerker • COMP. *~ personnel / numérique* palmtop, organizer 2 BN hulp-

assisté 1 BN ondersteund • *des freins assistés* rembekrachtiging • *l'enseignement ~ par ordinateur* computerondersteund onderwijs 2 ZN M (V assistée), bijstandtrekker

assister ~ **à** bijwonen, meemaken • *~ à une réunion* een vergadering bijwonen • *on assiste à une reprise de l'économie* we zien een opleving van de economie OV WW helpen, bijstaan

associatif BN (V associative) 1 associatief 2 verenigings- • *la vie associative* verenigingsleven

association ZN V 1 vereniging, bond, club • *une ~ de parents d'élèves* oudervereniging • *une association reconnue d'utilité publique* instelling tot nut van het algemeen 2 associatie • *une ~ d'idées* gedachteassociatie

associé ZN M (V associée), compagnon, vennoot, partner

associer 1 OV WW 1 verenigen, verbinden (**à** met) • *~ un mot à un autre* een woord met een ander woord associëren 2 ~ **à** betrekken bij, deelgenoot maken van • *~ les ouvriers aux bénéfices* de arbeiders in de winst laten delen 2 WKD WW (**s'~**) 1 compagnonschap aangaan, samengaan (**à**, **avec** met) 2 ~ **à** zich aansluiten bij, delen in • *s'~ à la joie de qn* in iemands vreugde delen

assoiffé BN ~ **de** OOK FIG. dorstig naar • *~ de sang* dorstend naar bloed, bloeddorstig

assombrir 1 OV WW verduisteren, FIG.. versomberen 2 WKD WW (**s'~**) donker worden, FIG. somber worden

assommant BN (dood)vermoeiend, stomvervelend • *un sermon ~* een doodsaaie preek

assommer OV WW 1 neerslaan, vellen, FIG. murw maken 2 INFORM. dodelijk vervelen • *il m'assomme avec ses questions* hij werkt op mijn zenuwen met zijn vragen

Assomption ZN V Maria-Hemelvaart

assorti BN bij elkaar passend

assortiment ZN M collectie, stel, assortiment • *un bel ~ de couleurs* een fraaie kleurschikking

assortir 1 OV WW sorteren, op elkaar afstemmen (**à** op) 2 WKD WW (**s'~**) bij elkaar passen

assoupir 1 WKD WW (**s'~**) insluimeren 2 OV WW 1 gedeeltelijk verdoven, doen insluimeren 2 doen bedaren, verlichten • *~ la douleur* de pijn verlichten

assoupissement ZN M OOK FIG. (in)sluimering

assouplir OV WW 1 zacht maken, lenig maken, versoepelen 2 handelbaar maken

assouplissant, **assouplisseur** ZN M wasverzachter

assouplissement ZN M versoepeling • *des exercices d'~* lenigheidsoefeningen

assourdissant BN oorverdovend

assourdissement ZN M 1 doofheid 2 demping

assouvir FORM. OV WW bevredigen, botvieren • *~ sa faim* zijn honger stillen • *~ sa colère* zijn woede koelen

assujettir OV WW dwingen, onderwerpen • *~ qn à des règles* iemand aan regels onderwerpen

assumer 1 OV WW op zich nemen, aanvaarden • *~ une responsabilité* een verantwoordelijkheid aanvaarden • *il faut ~!* je moet de consequenties aanvaarden!, je moet het nemen zoals het is! 2 WKD WW (**s'~**) zelfredzaam zijn, zichzelf accepteren • *s'assumer comme père/ homosexuel* jezelf als vader / homoseksueel accepteren, accepteren dat je vader / homoseksueel bent

assurance ZN V 1 zelfvertrouwen, zelfverzekerdheid • *avoir de l'~* zelfverzekerd zijn 2 verzekering • *une ~ maladie* ziektekostenverzekering • *une ~ vie* levensverzekering • *les ~s sociales* sociale verzekeringen • *une ~ au tiers* aansprakelijkheidsverzekering • *une ~ contre le vol* diefstal- / inbraakverzekering • *la loi sur l'~ soins de santé* zorgverzekeringswet / ZVW 3 zekerheid, garantie

assuré 1 BN 1 zeker • *un succès ~* geheid succes 2 vast, ferm • *d'une voix assurée* met vaste stem • *des pas mal assurés* onvaste / wankele schreden 2 ZN M verzekerde • *les assurés sociaux* de sociaal verzekerden

assurément BW zeker

assurer 1 OV WW 1 de verzekering geven • *je t'assure qu'elle le fera* ik verzeker je dat ze het zal doen • *je t'assure!* echt waar! • *~ qn de qc* iemand van iets verzekeren 2 verzekeren, assureren (**contre** tegen) • *~ qc contre le vol* iets tegen diefstal verzekeren • *faire ~ sa maison* zijn huis verzekeren • *être assuré tous risques* allrisk verzekerd zijn 3 vastzetten, bevestigen 4 verzorgen, voorzien in, waarborgen, borgen • *~ la présidence de...* het voorzitterschap van... waarnemen • *~ une* *permanence* dienst hebben • *l'autocar assure la liaison entre les deux villages* de bus onderhoudt de verbinding tussen de twee dorpen **2** ONOV WW INFORM. het klaren, van wanten weten • *point de vue travail, elle assure!* werken, dat kan ze! **3** WKD WW **(s'~) 1** zich verzekeren **(contre** tegen) • *s'~ contre le vol* zich tegen diefstal verzekeren **2** zich zekerheid verschaffen, zich vergewissen **(de** van)

assureur ZN M verzekeraar, assuradeur

astérisque ZN M asterisk (*), sterretje

astéroïde ZN M asteroïde

asthmatique 1 BN astmatisch **2** ZN M/V astmalijder

asthme ZN M astma

asticot ZN M **1** made <als aas> **2** INFORM. snuiter, kwast

asticoter INFORM. OV WW treiteren

astigmate BN astigmatisch

astiquer OV WW oppoetsen

astre ZN M ster, hemellichaam • FORM. *l'~ du jour* de zon • *beau comme un ~* beeldschoon

astreignant BN dwingend, waardoor men gebonden is

astreindre 1 OV WW onregelmatig dwingen tot, nopen tot **2** WKD WW **(s'~) à** zich verplichten tot, zich binden tot • *s'~ à des travaux* zichzelf werk opleggen

astreinte ZN V dwangsom, dwang

astrologie ZN V astrologie

astrologique BN astrologisch

astronaute ZN M/V ruimtevaarder, astronaut

astronautique ZN V ruimtevaart

astronome ZN M/V sterrenkundige, astronoom

astronomie ZN V sterrenkunde, astronomie

astronomique BN OOK FIG. astronomisch • *une somme astronomique* een astronomisch bedrag

astuce ZN V **1** slimmigheid, foefje • *les ~s du métier* de kneepjes van het vak **2** INFORM. grapje

astucieux BN (V astucieuse), handig, slim

asymétrie ZN V ongelijkvormigheid

asymétrique BN asymmetrisch

atavique BN atavistisch, erfelijk

atavisme ZN M atavisme, erfelijkheid

atchoum TUSSENW hatsjie

atelier ZN M **1** werkplaats, atelier, afdeling van fabriek • *un ~ de fabrication* productieafdeling **2** werkgroep, workshop • *un ~-débat* discussiegroep

atermoiement ZN M gedraal (met uitvluchten), (het) tijdrekken

atermoyer ONOV WW tijdrekken, uitvluchten zoeken

athée 1 BN atheïstisch, ongelovig **2** ZN M/V atheïst, ongelovige

athénée ZN M BELGFR. atheneum

Athènes ZN V Athene

athlète ZN M/V atleet

athlétique BN atletisch

athlétisme ZN M atletiek

atlantique BN Atlantisch

Atlantique • *l'(océan) ~* de Atlantische Oceaan

atlas ZN M **1** atlas **2** ANAT. atlas

Atlas ZN M Atlasgebergte

atmosphère ZN V **1** sfeer • *une ~ tendue* een gespannen atmosfeer • *une ~ confinée* een bedompte atmosfeer • *une ~ de vacances* vakantiestemming **2** atmosfeer, dampkring

atmosphérique BN atmosferisch

atoll ZN M atol

atome ZN M atoom • INFORM. *ils ont des ~s crochus* het klikt tussen hen

atomique BN atomisch, atoom- • *la bombe ~* atoombom

atomiser OV WW verstuiven, versnipperen

atomiseur ZN M verstuiver

atone BN **1** FORM. dof, uitdrukkingsloos <van blik>, futloos **2** TAALK. onbeklemtoond

atours HUMOR. ZN M MV opsmuk, kleding en sieraden • *parée de ses plus beaux ~* opgedirkt, in vol ornaat

atout "atoe" ZN M OOK FIG. troef • *c'est un ~* dit strekt tot aanbeveling • *elle est un nouvel ~ pour l'entreprise* zij is een aanwinst voor de zaak • *avoir de bons ~s* sterke troeven in handen hebben • *mettre tous les ~s de son côté* alle troeven in handen hebben

atroce BN ontzettend, gruwelijk

atrocité ZN V gruwelijkheid, gruweldaad • *commettre des atrocités* wreedheden begaan

atrophie ZN V atrofie, verschrompeling, uittering

atrophié BN verschrompeld, weggekwijnd, verzwakt

attabler WKD WW **(s'~)** aan tafel gaan • *s'attabler autour d'un bon dîner*

attachant BN innemend, boeiend

attache 1 ZN V verbindingsstuk, band, riem, klemmetje • *un point d'~* aanhechtingspunt • FIG. *un port d'~* thuishaven **2** ZN V MV **1** gewrichtsverbinding • *avoir des ~s fines* fijne gewrichten hebben **2** FIG. bindingen, banden, gehechtheid • *conserver des ~s avec son pays d'origine* nog bindingen met zijn land van herkomst hebben

attaché ZN M attaché • *un ~ commercial* handelsattaché • *un ~ de presse* persattaché

attachement ZN M genegenheid, gehechtheid • *son ~ au passé* zijn / haar gehechtheid aan het verleden • *avoir de l'~ pour qn* aan iemand gehecht zijn

attacher 1 OV WW vastmaken, (vast)hechten, verbinden **(à** aan) • *~ avec une agrafe* vasthaken • *~ ses lacets* zijn veters dichtknopen • *le paquet est attaché avec une ficelle* er zit een touw om het pakje • *je suis très attaché à lui* ik ben erg op hem gesteld • *il est attaché à sa maison* hij is gehecht aan zijn huis • FIG. *~ son regard sur qn* zijn blik op iemand vestigen • FIG. *~ de l'importance à qc* belang aan iets hechten **2** ONOV WW aanbranden, aanbakken • *les pommes de terre attachent* de aardappelen zijn aangebakken **3** WKD WW **(s'~)** vastkleven, vast blijven zitten **(à** aan) • *cette chemise s'attache* *par derrière* dat hemd gaat van achteren dicht • *attachez-vous!* veiligheidsriemen om! • *s'~ à qc* iets op zich nemen, zich op iets toeleggen • *s'~ à qn* zich aan iemand hechten

attaquant ZN M (V attaquante), **aanvaller**

attaque ZN V **1 aanval** • *passer à l'~* in de aanval gaan, tot de aanval overgaan • *repousser une ~* een aanval afslaan • *l'~ est la meilleure défense* aanval is de beste verdediging • INFORM. *être d'~* fit zijn, in vorm zijn **2** MED. **attaque, beroerte** • *mourir d'une ~ (d'apoplexie)* aan een beroerte overlijden **3** MUZ. **inzet**

attaquer 1 OV WW **1 aanvallen, aanranden** • *il s'est fait ~ dans la rue* hij is op straat overvallen • *les insectes attaquent le bois* insecten tasten het hout aan • *~ qn en justice* iemand voor het gerecht dagen **2 beginnen met, aanpakken,** MUZ. **inzetten** • *~ un travail* een klus aanpakken **2** WKD WW **(s'~) à aanvallen, aanpakken, zich meten (met)** • *s'~ à qn* het op iemand gemunt hebben • *s'~ à un problème* een probleem aanpakken, een probleem te lijf gaan

attardé BN **1 (ver)laat 2 achterlijk, achtergebleven**

attarder WKD WW **(s'~) te laat komen, zich verlaten, treuzelen** • *s'~ à table* natafelen • *il s'est attardé au café* hij is in het café blijven hangen • *s'~ sur un sujet* lang bij een onderwerp stilstaan

atteindre OV WW onregelmatig **1 bereiken** • *on atteindra la ville dans une heure* over een uur zijn we in de stad • *~ son but* een doel bereiken **2 treffen, raken** • *la cible a été atteinte* het doel is getroffen • *la balle l'a atteint au bras* de kogel trof hem in de arm • *être atteint d'une maladie incurable* getroffen door een ongeneeslijke ziekte zijn • *être mortellement atteint* dodelijk getroffen zijn

atteint BN **aangetast, getroffen (de door)** • INFORM. *il est vraiment atteint!* hij is niet goed wijs!

atteinte ZN V **1 aantasting, inbreuk (à op)** • *porter ~ à qc* iets aantasten, iets benadelen **2 bereik** • *hors d'~* buiten bereik

atteler 1 OV WW **aanspannen** <v. dieren>, **koppelen** <van wagons> **2** WKD WW **(s'~) à zich inspannen voor** • *s'~ à un travail* een werk ter hand nemen

attelles ZN V MV **spalken**

attenant BN **belendend (à aan)** • *~ à la maison* (pal) naast het huis

attendant • *en ~* intussen, in de tussentijd, in afwachting, in ieder geval • *en ~ la réponse* in afwachting van het antwoord • *en ~ que tu viennes* (in afwachting) totdat je komt • *en ~ voilà cent euros* hier heb je alvast honderd euro

attendre 1 OV WW **wachten op, verwachten (de van), opwachten, afwachten** • *~ qn à la gare* iemand van de trein afhalen • *~ qc avec impatience* verlangend uitzien naar iets • *se faire ~* op zich laten wachten, uitblijven • *attends que je vienne!* wacht tot ik kom! • *~ un enfant* een kind verwachten • *qu'est-ce qu'on attend de moi?* wat wordt er van mij verwacht? • *ce qui nous attend, c'est une année difficile!* ons staat een moeilijk jaar te wachten! • *attends un peu!* wacht even!, <dreigend> wacht maar! **2** WKD WW **(s'~) à verwachten, rekenen op** • *je ne m'attends pas à ce qu'il vienne* ik verwacht niet dat hij komt • *je m'y attendais!* ik dacht het al!, dacht ik het niet?

attendrir 1 OV WW **ontroeren, vertederen** • *se laisser ~* zich laten vermurwen **2** WKD WW **(s'~) ontroerd worden, medelijden hebben (sur met)**

attendrissant BN **roerend, vertederend, aandoenlijk**

attendrissement ZN M **ontroering, vertedering**

attendu BN **verwacht**

attentat ZN M **1 aanslag** • *un ~ à la bombe* bomaanslag • *un ~ à la voiture piégée* aanslag met een autobom • *commettre un ~* een aanslag plegen **2 schending, vergrijp (à tegen)** • JUR. *un ~ à la pudeur* aanranding van de eerbaarheid

attente ZN V **1 (het) wachten** • *une salle d'~* wachtkamer • *une file d'~* rij wachtenden • *deux heures d'~* twee uur wachttijd • FIG. *un dossier en ~* nog niet behandeld dossier • *je vous mets en ~* ik zet u in de wacht <aan de telefoon> • *être dans l'~ de qc* in afwachting zijn van iets • *tromper son ~* de tijd korten **2 verwachting** • *contre toute ~* onverwachts • *répondre à l'~ de qn* aan iemands verwachtingen beantwoorden • *dans l'~ de votre réponse...* <in brief> in afwachting van uw antwoord

attenter ONOV WW **~ à een aanslag doen op, zich vergrijpen aan** • *~ à ses jours* de hand aan zichzelf slaan • *~ à la vie de qn* een aanslag op iemand plegen

attentif BN (V attentive), **oplettend, attent** • *des soins ~s* goede zorgen • *attentif aux besoins des enfants* kindvriendelijk • *être ~ à qc* bedacht zijn op iets

attention ZN V **1 aandacht, oplettendheid (à voor)** • *votre ~ s'il vous plaît!* attentie alstublieft! • *à l'~ de M. Lapin* ter attentie van dhr. Lapin • *faire ~ à qc* op iets letten • *prêter ~ à qc* aandacht schenken aan iets • *fixer son ~ sur qc* de aandacht op iets richten • *retenir l'~ de qn* iemands aandacht vasthouden • *attirer l'~ de qn sur qc* iemands aandacht op iets vestigen • *détourner l'~* de aandacht afleiden • *fais ~ qu'il ne tombe pas* pas op dat hij niet valt • *~!* opgelet!, pas op! **2 attentie, voorkomendheid** • *être plein d'~ pour qn* vol toewijding zijn voor iemand

attentionné BN **voorkomend, attent**

attentivement BW **aandachtig**

atténuant BN **verzachtend** • *des circonstances atténuantes* verzachtende omstandigheden

atténuation ZN V **verzachting, verzwakking, afzwakking**

atténuer 1 OV WW **verzachten, verzwakken, afzwakken** • *~ la douleur* de pijn verlichten **2** WKD WW **(s'~) verzacht worden**

atterré BN **verbijsterd** • *on était atterré par la nouvelle* we waren helemaal van streek door dat bericht

at

atterrir ONOV WW landen, INFORM. belanden • *on a atterri dans un petit café* we zijn in een cafeetje verzeild geraakt
atterrissage ZN M landing • *un train d'~* landingsgestel • *un ~ forcé* noodlanding
attestation ZN V bewijs, getuigenis, verklaring • *une ~ médicale* medisch attest
attester OV WW getuigen, verklaren • *un fait attesté par tous* een door iedereen bevestigd feit • *~ que qn est innocent* verklaren dat iemand onschuldig is
attifer MIN. INFORM. OV WW opdirken, uitdossen • *elle est toujours mal attifée* ze is altijd raar uitgedost
attirail ZN M (MV attirails), benodigdheden, uitrusting, INFORM. santenkraam
attirance ZN V aantrekkingskracht • *éprouver de l'~ pour qn* zich tot iemand aangetrokken voelen
attirant BN aantrekkelijk
attirer 1 OV WW aantrekken, tot zich trekken, berokkenen • *~ qn dans un coin* iemand in een hoek trekken, iemand even apart nemen • *~ les regards* blikken trekken, veel bekijks hebben • *~ l'attention* de aandacht trekken, in de kijker lopen • *~ l'attention de qn sur qc* iemands aandacht op iets vestigen • *cela lui attire la colère de tous* daarmee jaagt hij iedereen tegen zich in het harnas 2 WKD WW **(s'~)** zich op de hals halen • *s'~ des ennuis* zich moeilijkheden op de hals halen
attiser OV WW oppoken, FIG. aanwakkeren • *~ les haines* haat aanwakkeren
attitré BN officieel • *le fournisseur ~ de la cour* hofleverancier
attitude ZN V houding, gedrag • *avoir / prendre une ~ décidée* zich vastberaden opstellen • *se donner une ~* poses aannemen, zich aanstellen • *ne pas savoir quelle ~ adopter* zich geen houding weten te geven
attouchement ZN M aanraking, streling • *être victime d'attouchements (sexuels)* slachtoffer zijn van ongewenste intimiteiten
attractif BN (V attractive) 1 wat aantrekt • *une force attractive* aantrekkingskracht 2 aanlokkelijk • *des prix ~s* aantrekkelijke prijzen
attraction ZN V 1 aantrekkingskracht, aantrekking 2 attractie • *un parc d'attractions* pretpark
attrait ZN M 1 aantrekkelijkheid, bekoring • *l'~ de l'aventure* de kick / charme van het avontuur 2 neiging, smaak
attrape-nigaud ZN M (MV attrape-nigauds), boerenbedrog
attraper 1 OV WW 1 vangen, pakken, (in)halen • *~ le train* de trein halen • *on a attrapé le voleur* de dief is gepakt / ingerekend 2 krijgen, oplopen • *~ une maladie* een ziekte oplopen • *~ un rhume* kou vatten 3 betrappen • *on l'attrapé en train de voler* hij / zij is betrapt bij het stelen 4 bedriegen, beetnemen • *Il m'a bien attrapé!* hij heeft me mooi te pakken gehad! 5 INFORM. berispen • *il s'est fait drôlement attrapé par son père* hij heeft een flinke uitbrander van zijn vader gehad 2 WKD WW **(s'~)** • *cette maladie s'attrape facilement* die ziekte loop je gemakkelijk op
attrapes ZN V MV • *une boutique de farces et attrapes* winkel in fopartikelen
attrayant BN aantrekkelijk
attribuer 1 OV WW toekennen (**à** aan), toeschrijven (**à** aan) • *~ une faute à qn* iemand een fout aanrekenen • *un tableau attribué à Picasso* een aan Picasso toegeschreven schilderij 2 WKD WW **(s'~)** zich aanmatigen, opeisen • *s'~ le mérite de qc* zich iets als verdienste aanrekenen • FIG. *s'~ la plus grosse part du gâteau* zich het leeuwendeel toe-eigenen
attribut ZN M 1 eigenschap, kenmerk, attribuut 2 TAALK. naamwoordelijk deel van gezegde • *l'~ de l'objet* bepaling van gesteldheid
attribution ZN V toekenning
attrister WKD WW **(s'~) de** bedroefd worden
attroupement ZN M samenscholing
attrouper WKD WW **(s'~)** samenscholen, te hoop lopen
au SAMENTR à + le → **à**
aubaine ZN V buitenkansje
aube ZN V 1 OOK FIG. dageraad • *se lever à l'~* 's morgens vroeg opstaan • *à l'~* in de ochtendschemering 2 SCHEEPV. schoep
auberge ZN V herberg • *une ~ de (la) jeunesse* jeugdherberg • HUMOR. *on n'est pas sorti de l'auberge!* we zijn nog niet uit de problemen!, maak je borst maar nat!
aubergine 1 ZN V aubergine 2 BN auberginekleurig, donkerpaars
aubergiste ZN M/V herbergier
auburn BN bruinrood <v. haar>
aucun 1 BN met 'ne' voor het ww geen enkel • *on a reçu une lettre de lui? ~e!* is er een brief van hem gekomen? niets! • *~e décision n'a été prise* er is geen enkele beslissing genomen • *je n'ai ~e idée de ce qu'il veut dire* ik heb geen flauw idee wat hij bedoelt • *sans ~e hésitation* zonder enige aarzeling 2 VNW met ontkenning geen enkele, niemand • *ses amis, on n'en connaît ~* we kennen geen van zijn vrienden
aucunement BW geenszins, helemaal niet • *il n'a ~ l'intention de démissionner* hij is absoluut niet van plan om af te treden
audace ZN V 1 stoutmoedigheid, durf • *les ~s de la mode* de gewaagde modeontwerpen 2 MIN. lef, brutaliteit • *il ne manque pas d'audace!* hij heeft wel lef!
audacieux BN (V audacieuse), dapper, stoutmoedig, gedurfd • *la fortune sourit aux ~* de brutalen hebben de halve wereld
au-dedans 1 BW binnenin, van binnen • *~ on étouffe* binnen is het stikheet 2 VZ **~ de** binnen
au-dehors 1 BW (van) buiten 2 VZ **~ de** buiten
au-delà 1 VZ **~ de** aan de andere kant van, naar de andere kant van, meer dan • *~ de mes espérances* boven (mijn) verwachting 2 ZN M het hiernamaals
au-dessous 1 BW eronder • *votre chambre se trouve ~* uw (slaap)kamer is beneden 2 VZ **~ de**

onder • ~ *du niveau de la mer* beneden de zeespiegel • ~ *de quatre ans, c'est gratuit* onder de vier (jaar) is het gratis • *c'est ~ de tout!* dat is beneden alle peil! • INFORM. *tu es ~ de tout!* je kan er helemaal niks van!

au-dessus **1** BW erboven • *sa chambre se trouve ~* zijn / haar (slaap)kamer is boven • *prenez une taille ~* neem een maat groter **2** VZ **~ de** boven • *les personnes ~ de soixante-cinq ans...* personen boven de 65 (jaar)... • *dix degrés ~ de zéro* tien graden boven nul

au-devant VZ **~ de** tegemoet • *aller ~ de qn* iemand tegemoet gaan

audible BN hoorbaar

audience ZN V **1** aandacht, gehoor • *le record d'~ d'une émission* grootste kijk- / luisterdichtheid ooit van een programma **2** rechtszitting • *une ~ à huis clos* zitting met gesloten deuren **3** audiëntie • *être reçu en ~* in audiëntie ontvangen worden • *demander une ~* audiëntie aanvragen

audimat ZN M kijkdichtheid(smeetsysteem), kijkcijfers

audio BN geluids-, audio-

audioguide ZN M audiogids

audiolivre ZN M luisterboek

audioprothésiste ZN M/V audicien

audiovisuel **1** BN (V audiovisuelle), audiovisueel **2** ZN M (het gebruik van) audiovisuele middelen, omroepbestel

auditeur ZN M (V auditrice), toehoorder

auditif BN (V auditive), gehoor- • *une prothèse auditive* gehoorapparaat • *des troubles ~s* gehoorstoornissen

audition ZN V **1** (het) horen, gehoor • *les troubles de l'~* gehoorstoornissen **2** (het) verhoren • *procéder à l'~ des témoins* getuigen horen **3** auditie, proefspel <van kunstenaar>, muziekuitvoering • *passer une ~* auditie doen • *faire passer une ~* auditie laten doen

auditionner **1** ONOV WW voorspelen, voorzingen **2** OV WW beluisteren <bij auditie>, auditie laten doen, laten voorspelen • *auditionner un prévenu* een verdachte horen

auditoire ZN M **1** toehoorders, publiek **2** BELGFR. gehoorzaal, collegezaal

auge ZN V drinkbak voor vee, trog

augmentation ZN V **1** vergroting, verhoging, vermeerdering • *l'~ du coût de la vie* stijging van de kosten van levensonderhoud • *le nombre des délits est en ~* het aantal misdrijven stijgt, de criminaliteit neemt toe **2** loonsverhoging • *demander une ~* loonsverhoging vragen

augmenter **1** OV WW vergroten, verhogen, vermeerderen • *~ sa vitesse* zijn snelheid verhogen • *~ le chauffage* de verwarming hoger zetten • INFORM. *on m'a augmenté* ik heb loonsverhoging gekregen • *édition revue et augmentée* herziene en uitgebreide druk **2** ONOV WW vermeerderen, toenemen, stijgen • *la vie augmente* het leven wordt duurder • *la population augmente* de bevolking groeit • *la panique allait en augmentant* de paniek werd steeds groter

augure ZN M voorspelling, voorteken • *de bon / mauvais ~* veel / niet veel goeds voorspellend • *c'est de bon / mauvais ~* dat is een goed / veeg teken

augurer OV WW voorspellen, voorzien • INFORM. *ça n'augure rien de bon* dat voorspelt niet veel goeds

aujourd'hui BW vandaag, tegenwoordig • *~ en huit* vandaag over een week • *~ même* vandaag nog • *les jeunes d'aujourd'hui* de jeugd van tegenwoordig • INFORM. *c'est pour ~ ou pour demain?* komt er nog wat van?

aumône ZN V aalmoes • *faire l'aumône* een aalmoes geven

auparavant BW vroeger, van tevoren, eerst • *un mois ~* een maand tevoren

auprès VZ **~ de** (dicht) bij • *rester ~ d'un malade* bij een zieke blijven

auquel SAMENTR à + lequel → **lequel**

aura **1** ZN V aura, uitstraling **2** WW toek. tijd. → **avoir**

aurai WW toek. tijd. → **avoir**

auréole ZN V aureool, stralenkrans • *il y a des auréoles sur la nappe* er zitten kringen / vlekken op het tafelkleed

aurore ZN V **1** dageraad, morgenrood • INFORM. *se lever aux ~s* bij het krieken van de dag opstaan • *dès l'~* voor dag en dauw, bij het ochtendgloren **2** poollicht • *l'~ boréale* noorderlicht

auscultation ZN V auscultatie

ausculter OV WW MED. ausculteren, FIG. onderzoeken

auspices ZN M MV **1** toezicht, auspiciën • *sous les ~ de...* onder toezicht / auspiciën van... **2** voortekenen • *sous d'heureux ~* onder gunstige voortekenen

aussi **1** BW **1** ook, eveneens • *tu viens? et lui ~?* kom je? en hij ook? • *moi ~* ik ook **2** even, zo • *il est ~ grand que moi* hij is even groot als ik • *~ longtemps qu'il aura de l'argent, il voyagera* zo lang hij geld heeft, zal hij blijven reizen • *~ idiot que cela puisse paraître ...* hoe idioot het misschien ook lijkt ... • *je n'ai jamais rien vu d'~ beau* ik heb nog nooit zoiets moois gezien • *~ bien que* evenals • *(tout) ~ peu que* evenmin als • FIG. *(tout) ~ bien* evengoed, voor hetzelfde geld **2** VOEGW voor aan de zin **dan ook, daarom** • *il n'était pas d'accord, ~ n'a-t-il pas réagi* hij is het er niet mee eens, hij heeft dan ook niet gereageerd

aussitôt BW meteen, dadelijk • *~ après, il m'a appelé* meteen daarna heeft hij me gebeld • *il a ~ compris* hij begreep het meteen • *~ dit, ~ fait* zo gezegd, zo gedaan • *aussitôt que* zodra • *aussitôt qu'il arrive, on part* zodra hij er is vertrekken we

aussitôt que VOEGW zodra • *aussitôt qu'il arrive, on part* zodra hij er is vertrekken we

austère BN streng, ernstig • *un style ~* sobere stijl

austérité ZN V strengheid, soberheid • *une période d'austérité* zware tijden • *l'austérité d'un bâtiment* de strenge, sobere lijnen van een gebouw • *pratiquer une politique d'austérité* een bezuinigingspolitiek voeren

austral BN (M MV austraux), zuidelijk • *les terres*

~es het zuidpoolgebied • *l'Afrique ~e* zuidelijk Afrika
Australie ZN V Australië • *en ~* in Australië
australien BN (V australienne), Australisch
Australien ZN M (V Australienne), Australiër
autant BW evenveel, zo veel, evenzeer, evengoed (**que** als) • *il y avait ~ de garçons que de filles* er waren evenveel jongens als meisjes • *en faire ~* hetzelfde doen • *~ dire qu'elle ne viendra pas* je kunt evengoed zeggen dat zij niet komt • *c'est ~ de gagné* dat hebben we alvast • *je ne peux pas en dire ~!* dat kan ik niet zeggen!, dat geldt niet voor mij! • *on connaît d'~ mieux ses problèmes que ...* we kennen zijn problemen des te beter, omdat... • *il travaille beaucoup, mais ne réussit pas pour ~* hij werkt wel hard, maar heeft desondanks geen succes • *j'ai d'~ plus besoin de le faire que...* ik moet het des te nodiger doen, omdat... • *~ il est agréable avec nous, ~ il est cruel avec elle* zo aardig als hij tegen ons is, zo hard is hij tegen haar • *autant que possible* zo veel mogelijk, zo goed mogelijk • *autant que* voor zover, zover als, gezien het feit dat, (omdat) immers • *tous, ~ que vous êtes!* jullie allemaal, zoals jullie zijn • *pour ~ je sache* voor zover ik weet • *pour autant qu'on puisse dire* voor zover we kunnen nagaan
autant que VOEGW voor zover, zover als • *pour ~ je sache* voor zover ik weet • *pour autant qu'on puisse dire* voor zover we kunnen nagaan
autarcie "otarsie" ZN V autarkie • *vivre en ~* zelfvoorzienend zijn, zichzelf kunnen bedruipen
autel ZN M altaar • *le trône et l'~* Kerk en Staat • REL. *s'approcher de l'~* ter communie gaan
auteur ZN M (V auteure, V autrice) **1** maker, schrijver • *l'~ d'un film* de maker van een film • *l'~ d'un livre* de schrijver van een boek • *les droits d'~* de royalty's **2** bedrijver, dader • *l'~ du crime* de dader
authenticité ZN V echtheid • *l'authenticité d'un sentiment* de oprechtheid van een gevoel • *contester l'authenticité d'un acte* de echtheid van een akte in twijfel trekken
authentifier OV WW authenticeren, waarmerken, legaliseren
authentique BN echt, oorspronkelijk, authentiek • *un Van Gogh ~* een echte Van Gogh • *une histoire ~* een waargebeurd verhaal
autiste **1** BN autistisch **2** ZN M/V autist
auto ZN V auto • *le Salon de l'~* autotentoonstelling • *les ~s tamponneuses* botsautootjes • *on a fait le voyage en ~* we hebben de reis met de auto gemaakt
autoadhésif BN (V autoadhésive), zelfklevend • *un crochet ~* plakhaakje
autoagrippant ZN M klittenband
autobiographie ZN V autobiografie
autobronzant BN • *une crème ~e* zelfbruinende crème
autobus "-buus" ZN M bus, stadsbus • *une ligne d'~* buslijn • *l'~ de ramassage scolaire* schoolbus
autocar ZN M (interlokale) bus, touringcar • *un service d'~* busdienst • *une excursion en ~* busreisje
autocaravane ZN V stacaravan, camper
autocensurer WKD WW (**s'~**) zelfcensuur toepassen
autochtone **1** BN autochtoon, inheems **2** ZN M/V autochtoon
autocorrection ZN V • *autocorrection (en ligne)* autocorrectie
auto-couchette BN (MV autos-couchettes) • *un train autos-couchettes* autoslaaptrein
autocratie "-sie" ZN V alleenheerschappij
autocritique ZN V zelfkritiek • *faire son ~* de hand in eigen boezem steken, de schuld bij zichzelf zoeken
autodéfense ZN V zelfverdediging
autodérision ZN V zelfspot
autodestruction ZN V zelfvernietiging
autodétermination ZN V zelfbeschikking
autodidacte ZN M/V autodidact
autodiscipline ZN V zelfdiscipline
auto-école, **autoécole** ZN V (MV auto(-)écoles), autorijschool • *un moniteur d'auto-école* rijinstructeur
autoentrepreneur ZN M (V autoentrepreneuse), ≈ zzp'er, zelfstandige zonder personeel
autogéré BN • *une entreprise autogérée* onderneming met arbeiderszelfbestuur
autogestion ZN V zelfbestuur
autographe ZN M autograaf, eigenhandig geschreven document / handtekening van een beroemdheid
autoguidé BN met automatische geleiding / besturing
auto-immun BN auto-immuun
automate OOK FIG. ZN M automaat • *agir en ~* werktuiglijk handelen
automaticien ZN M (V automaticienne), automatiseringsdeskundige
automatique BN automatisch, werktuiglijk • *un distributeur ~* (geld)automaat • *paiement par prélèvement ~* betaling per automatische afschrijving / incasso
automatisation ZN V automatisering
automatiser OV WW automatiseren
automatisme ZN M **1** automatisme **2** regelmaat
automitrailleuse ZN V pantserauto (met mitrailleurs)
automnal BN (M MV automnaux), herfst-, herfstig • *un temps ~* herfstweer
automne ZN M herfst • *en ~* in de herfst, in het najaar • FIG. *à l'~ de la vie* in de herfst van het leven
automobile **1** ZN V auto(mobiel) **2** BN auto- • *une course ~* autorace • *la circulation ~* autoverkeer • *le parc ~* wagenpark • *l'industrie ~* auto-industrie
automobiliste ZN M/V automobilist
automutilation ZN V zelfverminking
automutiler WKD WW (**s'~**) zichzelf verminken
autonome BN autonoom, zelfstandig
autonomie ZN V **1** autonomie, zelfstandigheid **2** bereik, actieradius
autoportrait ZN M zelfportret
autopsie ZN V lijkschouwing, autopsie
autopsier OV WW lijkschouwing verrichten op
autoradio ZN M autoradio

autorisation ZN V toestemming, vergunning, machtiging • *demander une ~ à qn* iemand toestemming vragen
autorisé BN **1** gezaghebbend, toonaangevend, bevoegd • *les milieux autorisés n'ont pas démenti la nouvelle* gezaghebbende / welingelichte kringen hebben het bericht niet tegengesproken **2** toegestaan • *stationnement ~* parkeren toegestaan
autoriser 1 OV WW vergunning verlenen voor, toestaan, machtigen • *je l'autorise à y aller* ik geef hem toestemming erheen te gaan **2** WKD WW **(s'~)** zich gunnen • *je m'autorise des vacances* ik gun mezelf een vakantie
autoritaire BN autoritair, heerszuchtig
autorité ZN V **1** autoriteit, gezag • *l'autorité parentale* ouderlijk gezag • *les autorités locales* de plaatselijke autoriteiten • *faire ~* gezag hebben • *cet écrivain fait ~* dat is een gezaghebbend schrijver • *avoir de l'autorité sur qn* overwicht over iemand hebben • *manquer d'autorité* geen gezag hebben • *avec ~* zelfverzekerd **2** gezaghebbend persoon • *c'est une ~ dans le domaine de l'informatique* hij is een autoriteit op het gebied van de informatica
autoroute ZN V autoweg • *l'~ de l'information* elektronische snelweg
autoroutier BN (V autoroutière), autoweg- • *un réseau ~* snelwegennet
auto-stop, autostop ZN M (het) liften • *faire de l'auto-stop* liften • *prendre quelqu'un en (auto-)stop* iemand een lift geven
auto-stoppeur, autostoppeur ZN M (MV auto(s)-stoppeurs, autostoppeurs, V auto-stoppeuse, autostoppeuse), lifter
autosuffisant BN zelfvoorzienend
autosuggestion ZN V autosuggestie, zelfsuggestie
autotour ZN M autotoer <verzorgde rondreis inclusief autohuur>
autour 1 BW rondom, eromheen • *tout ~, il y a la montagne* eromheen liggen bergen **2** VZ **1 ~ de** rondom • *s'asseoir ~ d'une table* om de tafel gaan zitten • *regarder ~ de soi* om zich heen kijken • *se rencontrer ~ d'un bon dîner* bij elkaar komen bij een goed diner • *~ de Noël* zo rond de kerst **2 ~ de** ongeveer • *elle a ~ de quarante ans* ze is rond de veertig **3** ZN M DIERK. havik
autre 1 BN ander, anders **(que** dan) • *~ chose* iets anders • *nous ~s, Français* wij, Fransen • *l'~ jour / l'~ fois* onlangs • *l'~ dimanche* afgelopen zondag • *d'un côté ... de l'~* enerzijds ... anderzijds • *~ part* elders • *d'~ part* anderzijds, aan de andere kant • *c'est tout ~ chose!* dat is heel wat anders! • *servez-moi un ~ café, s'il vous plaît!* geef me nog een kop koffie, alstublieft! **2** VNW ander, anders • *quelqu'un d'~* iemand anders • *qc d'~* iets anders • *rien d'~* niets anders • *nul ~* geen ander • *entre ~s* onder andere(n) • *tout ~* elk ander • *pas comme les ~s* anders dan anderen • *de temps à ~* van tijd tot tijd • *à d'autres!* maak dat anderen wijs! • *l'un l'~* elkaar • *l'un et l'~* beiden • *l'un sur l'~* op elkaar • *les uns les ~s* elkaar • *personne d'~* niemand anders • *un jour ou l'~* op een dag, eerdaags • FIG. *l'un dans l'~* alles bij elkaar, per slot van rekening • *séparés l'un de l'~* gescheiden van elkaar • *il peut venir d'un moment à l'~* hij kan elk ogenblik komen • *comme dit l'~* zoals men zegt • *parler de choses et d'autres* over koetjes en kalfjes praten • *j'en ai vu bien d'autres!* ik heb heel wat erger dingen meegemaakt! • *il n'en fait pas d'autres* dat is weer echt iets voor hem • *ni l'un ni l'~ ne sont venus* geen van beiden is gekomen • *ils vivent l'un pour l'~* ze leven voor elkaar • *aimez-vous les uns les ~s* hebt elkaar lief
autrefois BW vroeger, eertijds • *comme ~* net als vroeger
autrement BW **1** anders • *~ dit* anders gezegd, met andere woorden • *tu pourrais me parler ~!* sla eens een andere toon tegen me aan! **2** in ontkenning niet erg, niet zeer • *je n'en suis pas ~ surpris* ik ben er niet zo verbaasd over **3** in een vergelijking meer, veel • *elle a ~ plus de talent que moi* zij heeft veel meer talent dan ik
Autriche ZN V Oostenrijk
autrichien BN (V autrichienne), Oostenrijks
Autrichien ZN M (V Autrichienne), Oostenrijker
autruche ZN V struisvogel • *la politique de l'~* struisvogelpolitiek
autrui PERS VNW anderen, een ander
auvent ZN M afdak, luifel
Auvergnat ZN M (V Auvergnate), iemand uit Auvergne
aux SAMENTR à+les • *aller ~ Pays-Bas* naar Nederland gaan • *assister ~ Jeux Olympiques* de Olympische Spelen bijwonen → **à**
auxiliaire 1 BN hulp- • *le personnel ~* hulppersoneel • *un verbe ~* hulpwerkwoord **2** ZN M/V hulpkracht, helper
auxquelles SAMENTR à + lesquelles → **lequel**
auxquels SAMENTR à + lesquels → **lequel**
Av. AFK Avenue V avenue, laan
avachi BN **1** vormloos, slap **2** futloos
avachir WKD WW **(s'~) 1** uit de vorm raken, slap worden **2** INFORM. zich laten gaan, futloos worden
aval ZN M **1** benedenloop, lager gelegen deel <van rivier, helling> • *en ~ de la ville* stroomafwaarts van de stad **2** goedkeuring • *donner son ~ à une politique* instemmen met een beleid
avalanche ZN V OOK FIG. lawine • *une ~ de coups* een regen van slagen
avaler OV WW inslikken, opeten, OOK FIG. verslinden • *~ une bouchée/gorgée* een hap / slok nemen • *~ la fumée* inhaleren • *~ de travers* zich verslikken • *~ qc de travers* zich verslikken in iets • INFORM. *j'ai avalé par le trou du dimanche* het is me in het verkeerde keelgat geschoten • FIG. *~ un roman* een roman verslinden • INFORM. *~ sa langue* zwijgen • FIG. *c'est une pilule dure à ~* het is een bittere pil om te slikken
avance ZN V **1** voorsprong **(sur** op) • *avoir trente minutes d'~* een halfuur voorsprong hebben, een halfuur te vroeg zijn • *arriver une heure à l'~* een uur van te voren aankomen • *perdre / garder son ~* zijn

voorsprong verliezen / behouden • *être en ~ sur son temps* zijn tijd vooruit zijn • FIG. *avoir une longueur d'~ sur qn* een voorsprong hebben op iemand • *à l'~* tevoren • *d'~* van tevoren • *par ~* bij voorbaat **2 voorschot** • *faire / donner une ~ à un employé* een werknemer een voorschot geven **3** MIL. **opmars 4** MV **avances** <toenaderingspogingen> • *faire des avances à quelqu'un* avances maken naar iemand

avancé BN **1 uitgestoken, vooruitgeschoven** • MIL. *des postes avancés* vooruitgeschoven posten **2 vergevorderd** • *des idées avancées* vooruitstrevende ideeën • *un travail ~* een vergevorderd werk • IRON. *vous voilà bien avancé!* daar schiet je mooi mee op! • *il est arrivé à une heure avancée de la nuit* hij is op een vergevorderd uur aangekomen **3 voorlijk** • *un élève ~* een snelle leerling **4 overrijp** • *un fromage ~* kaas die loopt

avancée ZN V **1 vooruitstekend deel 2** OOK FIG. **stap vooruit, vooruitgang**

avancement ZN M **1 vooruitgang 2 bevordering** • *obtenir de l'~* promotie maken

avancer 1 OV WW **1 vooruitsteken, naar voren doen 2 verhaasten, vervroegen** • *~ sa montre d'une heure* zijn horloge een uur vooruitzetten • *cela ne m'avance pas / guère* daar schiet ik niets mee op **3 voorschieten** <van geld> **4 beweren, naar voren brengen** • *~ une idée* een idee opperen, iets voorstellen **2** ONOV WW **1 voorlopen** <van klok> **2 voorwaarts gaan, vorderen** • *ne pas ~ d'un pouce* geen stap verder komen **3 opschieten, vorderingen maken** • *le travail n'avance pas* het werk vlot niet • FIG. *faire ~ qc* vaart achter iets zetten **3** WKD WW **(s'~) naar voren komen, naderen** • *il s'avance vers moi pour me saluer* hij komt op mij toe om me te begroeten • *tu t'avances un peu trop!* je gaat een beetje te ver!

avant 1 VZ **1 vóór** <tijd> • *un peu ~ dix heures* even voor tienen • *~ 2012* voor 2012 • *~ peu* binnenkort • *~ tout* voor alles, vooral • *~ de partir* alvorens te vertrekken • *avant que* + subj. voordat • *reviens avant qu'il ne soit trop tard* kom terug voordat het te laat is **2 voor** <plaats> • *tournez à droite ~ la poste* ga voor de post rechtsaf • *à l'~ de la salle* voor in de zaal **2** BW **1 vóór, tevoren, vooruit** <tijd> • *un peu ~* kort daarvoor • *~ et après* ervoor en erna • *le jour d'~* de dag daarvoor • *juste ~; peu (de temps) ~* kort daarvoor • *que faisais-tu ~?* wat deed je hiervoor? **2 voor, diep, ver** <plaats> • *la roue ~* het voorwiel • *se mettre en ~* zich opdringen • *en ~* voorwaarts • *d'~ en arrière* van voren naar achteren **3** ZN M **1 voorkant, voorste gedeelte** • *être assis à l'~* voorin zitten • *aller de l'~* doorpakken, aanpakken **2** MIL. **voorhoede,** SPORT **aanvaller**

avantage ZN M **1 voordeel, voorrecht** • *un ~ pécuniaire* financieel voordeel • *un ~ fiscal* belastingvoordeel • *les ~s et les inconvénients* de lusten en de lasten, de voor- en de nadelen • *à l'~ de qn* ten gunste van iemand, flatterend voor iemand **2 overhand, voorsprong (sur op)** • *avoir l'~ sur son adversaire* sterker zijn dan zijn tegenstander • <tennis> *~ Federer* voordeel Federer

avantager OV WW **bevoordelen, begunstigen** • *cette coiffure l'avantage* dat kapsel staat haar goed • *être avantagé par rapport à qn* in het voordeel zijn ten opzichte van iemand • *être avantagé par sa taille* zijn lengte mee hebben

avantageux BN (V avantageuse) **1 voordelig 2 flatteus** • *prendre une pose avantageuse* een flatteuze pose aannemen

avant-bras ZN M (MV id.), **onderarm**

avant-centre SPORT ZN M (MV avants-centres), **midvoor, spits**

avant-coureur BN • *un signe ~* voorteken

avant-dernier BN (V avant-dernière), **voorlaatst, een-na-laatst**

avant-garde ZN V (MV avant-gardes), **avant-garde, voorhoede** • *le cinéma d'avant-garde* avant-gardefilm • *être à l'avant-garde du progrès* vooroplopen in de vooruitgang

avant-goût ZN M (MV avant-goûts), **voorproefje, voorsmaak**

avant-guerre ZN M/V (MV avant-guerres), **tijd voor de oorlog** • *d'avant-guerre* vooroorlogs

avant-hier BW **eergisteren**

avant-poste ZN M (MV avant-postes), **voorpost, vooruitgeschoven positie**

avant-propos ZN M (MV id.), **voorwoord**

avant que VOEGW **voordat** • *reviens avant qu'il ne soit trop tard* kom terug voor het te laat is

avant-scène ZN V (MV avant-scènes), **voorgrond van toneel**

avant-veille ZN V (MV avant-veilles), **twee dagen tevoren**

avare 1 BN **gierig, zuinig** • *être ~ de compliments* karig / niet scheutig met complimenten zijn • *être ~ de son temps* zuinig met zijn tijd omspringen **2** ZN M/V **vrek**

avarice ZN V **gierigheid**

avarié BN **beschadigd, bedorven** • *de la viande avariée* bedorven vlees

avatar ZN M **1 gedaanteverwisseling 2 wederwaardigheid, tegenslag** • *subir des ~s* heel wat doormaken **3** WWW **avatar**

A.V.C. AFK accident vasculaire cérébral M **beroerte, attaque**

avec 1 VZ **met, bij** • *une maison ~ jardin* een huis met een tuin • *il veut venir ~ nous* hij wil met ons mee • *il est toujours très gentil ~ moi* hij doet altijd erg aardig tegen mij • *son père est ~ lui* hij heeft zijn vader bij zich • *emporte ton imper ~ toi!* neem je regenjas mee! • *il est sorti ~ son chapeau sur la tête* hij is naar buiten gegaan met zijn hoed op • INFORM. *et ~ ça, Madame?* anders nog iets, mevrouw? **2** BW INFORM. . **erbij, ermee** • *on doit faire ~!* we moeten het ermee doen! • *ça va ~* dat hoort erbij • *il a pris mes affaires, il est parti ~!* hij heeft mijn spullen gepakt en is ermee weggegaan!

avenant 1 BN **vriendelijk, innemend 2** • *à l'~* in overeenstemming, overeenkomstig

avenir ZN M **toekomst** • *une jeune avocate d'~* een veelbelovend jong advocaat • *prédire / prévoir l'~* de toekomst voorspellen • *son ~ est assuré* zijn bedje is gespreid • *à l'~* voortaan • *dans un ~ proche/un proche ~* in de nabije toekomst, binnen afzienbare tijd • *sans ~* zonder vooruitzichten

aventure ZN V **avontuur** • *un roman d'aventures* avonturenroman • *un voyage plein d'aventures* een avontuurlijke reis • *aller à l'~; chercher l'~* op avontuur uitgaan • *partir à l'~* op de bonnefooi vertrekken • *avoir l'esprit d'~* avontuurlijk aangelegd zijn • *tenter l'~* zijn geluk beproeven • *avoir de nombreuses ~s* veel avontuurtjes hebben • *dire la bonne ~* de toekomst voorspellen • FORM. *d'~* bij toeval

aventurer WKD WW **(s'~) zich wagen** • OOK FIG. *s'~ sur un terrain glissant* zich op glad ijs begeven

aventureux BN (V aventureuse), **avontuurlijk, onzeker**

aventurier ZN M (V aventurière), **avonturier**

avenue ZN V **laan, brede, met bomen beplante straat**

avéré BN **bewaarheid** • *c'est un fait ~* het is een bewezen feit

avérer WKD WW **(s'~) blijken (te zijn)** • *il s'avère que le traitement est efficace* het blijkt dat de behandeling goed werkt, de behandeling blijkt goed te werken

averse ZN V **stortbui** • FIG. *une ~ de coups* een regen van slagen • INFORM. *de la dernière ~* van heel onlangs, heel recent

aversion ZN V **afkeer, walging (van)** • *prendre qn en ~* een afkeer hebben van iemand

averti BN **1 gewaarschuwd** • <spreekwoord> *un homme ~ en vaut deux* een gewaarschuwd man telt voor twee **2 ingelicht, goed op de hoogte (de van)** • *réservé à un public averti* alleen voor een ter zake kundig publiek, alleen voor volwassenen

avertir OV WW **1 waarschuwen (de voor)** • *~ qn de qc* iemand waarschuwen voor iets • *tenez-vous pour averti!* laat dat u gezegd zijn! **2 verwittigen, berichten (de van)**

avertissement ZN M **1 waarschuwing** • *après deux ~s, il est exclu de l'école* na twee waarschuwingen is hij van school gestuurd • *~ légal* disclaimer **2 bericht** • *~ au lecteur* voorbericht, woord vooraf

avertisseur 1 ZN M **toestel om te waarschuwen** • *~ d'incendie* brandmelder **2** BN (V avertisseuse), **waarschuwend** • *un panneau ~* waarschuwingsbord

aveu ZN M (MV aveux), **bekentenis** • *je dois vous faire un ~* ik moet u iets bekennen • *faire des ~x complets* een volledige bekentenis afleggen • *arracher un ~ à qn* iemand een bekentenis ontlokken • *passer aux ~x* een bekentenis afleggen • *de l'~ de tout le monde* zoals ieder erkent, volgens iedereen

aveuglant BN **1 verblindend 2 zonneklaar, overduidelijk** • *une vérité ~e* een waarheid als een koe

aveugle 1 BN OOK FIG. **blind** • *une obéissance ~* blinde gehoorzaamheid • *une fenêtre ~* blind venster • IRON. *tu es ~ ou quoi?* kijk uit je doppen! • *avoir une confiance ~ en qn* blindvaren op iemand **2** ZN M/V **blinde** • *un chien d'~* blindengeleidehond • <spreekwoord> *au royaume des ~s, les borgnes sont rois* in het land der blinden is eenoog koning • *en ~* blindelings

aveuglement ZN M **verblinding, blindheid**

aveuglément BW **blindelings**

aveugler 1 OV WW OOK FIG. **verblinden** • *la passion l'aveugle* de liefde maakt hem blind **2** WKD WW **(s'~) blind zijn voor**

aveuglette • *à l'~* blindelings, op de tast

aviaire BN • *la grippe ~* vogelgriep

aviateur ZN M (V aviatrice), **vliegenier**

aviation ZN V **luchtvaart, luchtmacht** • *l'~ de tourisme* sportvliegen

avicole BN **pluimvee-, vogel-**

avide BN **begerig, gretig (de naar)** • *~ de gloire* begerig naar roem, roemzuchtig • *être ~ d'apprendre* leergierig zijn

avidité ZN V **gulzigheid, gretigheid** • *écouter avec ~* gretig luisteren

avili BN **verachtelijk**

avilir 1 OV WW **verlagen, vernederen 2** WKD WW **(s'~) zich verlagen**

avilissant BN **verlagend, vernederend**

avion ZN M **vliegtuig** • *un ~ de chasse* jachtvliegtuig • *un ~ à réaction* straalvliegtuig • *un ~ de tourisme* sportvliegtuig • *un ~ de transport* verkeersvliegtuig • *il voyage toujours en ~* hij neemt altijd het vliegtuig • *par ~* met het vliegtuig, per luchtpost

avion-cargo ZN M (MV avions-cargos), **vrachtvliegtuig**

avion-école ZN M (MV avions-école), **lesvliegtuig**

aviron ZN M **1 roeiriem 2 roeisport** • *une course d'~* roeiwedstrijd • *faire de l'~* aan roeien doen

avis ZN M **1 mening, oordeel** • *je suis de ton ~ / je partage ton ~* ik ben het met je eens • *je suis d'~ qu'on le fasse venir* ik vind dat we hem moeten laten komen • *donner un ~* een mening geven • *demander à qn son ~* iemand om advies vragen • *se ranger à l'~ de qn* zich bij iemands oordeel aansluiten • *deux ~ valent mieux qu'un* twee weten meer dan één • *il change d'~ comme de chemise* hij verandert telkens van mening • *à mon ~* naar mijn mening, mijns inziens, als je het mij vraagt • *à mon humble ~* naar mijn bescheiden mening • *sur l'~ de* op advies van • *sur ~ médical* op medische indicatie • *de l'~ de Paul...* naar de mening van Paul, volgens Paul **2 raad** • *un ~ d'expert* deskundig advies **3 bericht, waarschuwing** • *~ au lecteur* voorbericht • *un ~ de décès* overlijdensbericht • *sauf ~ contraire* zonder tegenbericht

avisé BN **bedachtzaam** • *être bien ~ de faire qc* zo verstandig zijn om iets te doen

aviser 1 ONOV WW **zich beraden, (erover) nadenken** • *on ~a le moment venu* we zien wel als het zover is **2** WKD WW **(s'~) de bemerken, denken om, het lef hebben om** • *ne t'avise pas de refuser* probeer niet te weigeren

aviver OV WW **verlevendigen, verhelderen, verscherpen**

avocat **1** ZN M (V avocate) JUR. **advocaat, pleitbezorger** • *un ~-conseil* juridisch adviseur • *un ~ commis d'office* toegewezen advocaat • *se faire l'~ du diable* advocaat van de duivel spelen **2** ZN M PLANTK. **avocado**

avoine ZN V **haver** • *des flocons d'~* havervlokken, havermout

avoir **1** OV WW onregelmatig **1 hebben, bezitten** • *il a une maison en Provence* hij heeft een huis in de Provence • *il a cent euros en poche* hij heeft honderd euro op zak • *en ~ pour 10 euros* in totaal 10 euro moeten betalen • *vous avez l'heure?* weet u hoe laat het is? • *~ faim / soif* honger / dorst hebben • *~ chaud / froid* het warm / koud hebben • *~ peur* bang zijn • *n'aie pas peur* wees niet bang • *demain il aura dix ans* hij wordt morgen tien jaar • *il a douze ans* hij is twaalf (jaar oud) • *cette maison a 19 mètres de hauteur* dit huis is 19 meter hoog • *j'en ai pour une heure* het kost me een uur • *j'en ai pour deux secondes / deux minutes* ik ben zo klaar • *~ de la lecture* belezen zijn • *qu'avez-vous? / qu'est-ce que vous avez?* wat mankeert u? • *il a beau dire…* hij heeft mooi praten…, al praat hij nog zo… **2 krijgen** • *il a eu une amende* hij heeft een boete gekregen **3 dragen** • *elle a un chapeau sur la tête* ze draagt een hoed **4** INFORM. **te pakken nemen, beetnemen** • *on l'aura!* we krijgen hem wel! • *ne te laisse pas ~* laat je niet opnaaien! • *se faire ~ (par qn)* beetgenomen / afgezet worden (door iemand) **2** ONP WW • *il y a du monde* er is volk, er zijn mensen • *il n'y a personne* er is niemand • *il y en a qui disent que…* er zijn mensen die beweren dat… • *qu'y a-t-il?* wat scheelt eraan? • *qu'y a-t-il pour votre service?* wat is er van uw dienst? • *il y a eu un accident* er is een ongeluk gebeurd • *il n'y a pas de soucis!* dat zit wel goed! • *il y a plein de neige par terre* er ligt veel sneeuw • *il y aura de la pluie* er komt regen • *il n'y a rien à dire* er valt niets tegen in te brengen • *il y a un an* een jaar geleden • *il y a longtemps* lang geleden • *il y a bien cinquante kilomètres jusque chez lui* het is wel vijftig kilometer van zijn huis **3** HWW **1 hebben, zijn** • *nous y avons été* wij zijn er geweest • *il a fui* hij is gevlucht **2 ~ à moeten** • *j'ai à te parler* ik moet je spreken • *il n'a qu'à répondre* hij hoeft maar te antwoorden **4** ZN M **1 bezit, vermogen** **2 credit, tegoed**

avoisinant BN **naburig, aangrenzend**

avoisiner OV WW **grenzen aan**

avortement ZN M **1 abortus, miskraam** • *un ~ thérapeutique* abortus op medische gronden • *un ~ volontaire* abortus provocatus • *pratiquer un ~* een abortus uitvoeren • *provoquer un ~* een abortus opwekken **2 mislukking**

avorter **1** ONOV WW **1 aborteren, een miskraam hebben** **2** FIG. **mislukken** • *un projet avorté* een mislukte onderneming **2** OV WW • *se faire ~* een abortus ondergaan

avorteur ZN M (V avorteuse), **iemand die (onbevoegd) een abortus uitvoert**

avouable BN **waarvoor men zich niet hoeft te schamen**

avouer **1** OV WW **bekennen, toegeven** • *~ un crime* een misdaad bekennen • *~ son amour à qn* iemand zijn liefde verklaren **2** WKD WW **(s'~)** + adjectif **bekennen (het genoemde) te zijn** • *s'~ vaincu* zich gewonnen geven

avril ZN M **april** • *le mois d'~* (de maand) april • *le premier ~* 1 april • *un poisson d'~* 1 aprilmop • *au mois d'~* in april • *en ~* in april • *à la mi-~* midden april

axe ZN M **1 as, spil** • *l'axe des x* x-as • *l'axe de la terre* aardas **2 hoofdweg** • *les grands axes routiers* de grote verkeersaders

axer OV WW **richten, concentreren (sur op)** • *la nouvelle politique axée sur le sport…* het nieuwe sportgerichte beleid…

ayant droit ZN M (MV ayants droit), **rechthebbende**

ayatollah ZN M **ayatollah** • FIG. *les ~s du show-business* de bovenbazen van de showbusiness

ayez WW geb. wijs → **avoir**

ayons WW geb. wijs → **avoir**

azalée ZN V **azalea**

azimut "-muut" ZN M **azimut** • INFORM. *dans tous les ~s* in alle richtingen • INFORM. *tous ~s* grootscheeps, alom(vattend)

azote ZN M **stikstof**

azur ZN M **(het) blauw** <v.d. hemel> • *la Côte d'Azur* de Rivièra

azuré BN **hemelsblauw**

B

b ZN M letter **b** • *prouver qc par a plus ~* iets duidelijk bewijzen

B.A. AFK bonne action V **goede daad** • *faire une B.A.* een goede daad verrichten

baba 1 ZN M • *un ~ au rhum* cakeje met rum **2** BN INFORM. • *j'en suis resté ~!* ik stond er paf van!

b.a.-ba, **b a ba** ZN M **eerste beginselen, abc**

babillage ZN M **gebrabbel**

babiller ONOV WW **brabbelen**

babiole ZN V **1 snuisterij 2 kleinigheid**

bâbord ZN M **bakboord** • *à ~* aan bakboord

babouche ZN V **(oosterse) slof, muil**

babouin ZN M **baviaan**

baby-boom ZN M (MV baby-booms), **geboortegolf**

baby-foot, **babyfoot** ZN M (MV id.), **tafelvoetbal** • *jouer au ~* tafelvoetballen

baby-sitter ZN M/V (MV baby-sitters), **babysitter, oppas**

baby-sitting, **babysitting** ZN M (MV baby-sittings, babysittings), **(het) babysitten** • *faire du ~* babysitten

bac 1 ZN M **1 bak(je), kuip** • *un ~ à fleurs* bloembak • *un ~ à sable* zandbak • *un ~ à légumes* groentela <in koelkast> **2 (veer)pont** • *le passeur de ~* veerman **2** ZN M INFORM. baccalauréat **eindexamen, baccalauréat** <academische graad> • *passer le ~* eindexamen doen • *le ~ L / littéraire* 'bac' in de letteren • *le ~ S / scientifique* 'bac' in de wis- en natuurkunde • *le ~ pro / professionnel* ≈ vmbo-diploma • *~ + 2* 'bac' plus 2 jaar hoger onderwijs • *une boîte à ~* particuliere middelbare school

baccalauréat ZN M **1 eindexamen middelbare school 2 baccalaureaat, eerste universitaire graad in Canada**

bâche ZN V **dekzeil, huif**

bachelier O&W ZN M (V bachelière), **iemand die eindexamen vwo heeft afgelegd**

bâcher OV WW **(met een dekzeil) overdekken**

bachoter ONOV WW **blokken** <voor een examen>, **stampen**

bacille ZN M **bacil**

bâcler INFORM. OV WW **afraffelen** • *un travail bâclé* broddelwerk

bacon ZN M **bacon, mager spek**

bactérie ZN V **bacterie**

bactérien BN (V bactérienne), **bacterieel**

badaud ZN M **nieuwsgierige slenteraar, kijklustige** • *l'incendie a attiré de nombreux ~s* de brand trok veel bekijks

badge ZN M **badge, naamkaartje, pasje**

badigeon ZN M **muurkalk, saus**

badigeonner OV WW **1 witten, sausen 2** MED. **aanstippen, insmeren**

badin BN **schalks, vrolijk** • *être d'une humeur ~e* in een vrolijke bui zijn • *d'un ton ~* op luchtige toon

badiner ONOV WW **grappen maken, schertsen** • *il ne faut pas ~ avec la discipline* met de discipline valt niet te spotten

badminton "badmientòn" ZN M **badminton**

baffe INFORM. ZN V **klap, lel, oorvijg** • *donner une ~ à qn* iemand een draai om zijn oren geven • *filer une ~ à qn* iemand een hengst verkopen

baffle ZN M **(luidspreker)box**

bafouer OV WW **belachelijk maken, honen, spotten met**

bafouillage ZN M **gehakkel, onsamenhangende kletspraat**

bafouille INFORM. ZN V **kattebelletje**

bafouiller OV WW **hakkelen** • *~ d'émotion* van ontroering niet uit zijn woorden kunnen komen

bâfrer INFORM. ONOV WW **schransen, schrokken**

bagage ZN M **1 bagage** • *des ~s à main* handbagage • *faire / défaire ses ~s* z'n koffers pakken / uitpakken • OOK FIG. *plier ~* z'n biezen pakken, ertussenuit gaan **2** FIG. **(geestelijke) bagage, kennis**

bagagiste ZN M **kruier**

bagarre ZN V **1 relletje, opstootje, vechtpartij 2 ruzie, herrie,** JEUGDT. **fittie** • *chercher la ~* ruzie zoeken, bonje maken

bagarrer 1 WKD WW **(se ~) ruziemaken, knokken (voor)** • *se ~ avec qn* bonje hebben met iemand • *il se bagarre toujours avec son frère* hij ligt altijd overhoop met zijn broer • *se ~ contre la concurrence* vechten tegen de concurrentie **2** ONOV WW INFORM. **knokken (voor)** • *il faut ~ pour obtenir ce qu'on veut* je moet ervoor knokken

bagarreur INFORM. **1** ZN M (V bagarreuse), **ruziezoeker, vechtersbaas 2** BN (V bagarreuse), **ruzieachtig**

bagatelle ZN V **1 kleinigheid, bagatel** • *cela m'a coûté la ~ de deux cents euros!* dat heeft me een slordige 200 euro gekost! • *se disputer pour une ~* ruziemaken om niets **2** IRON. **liefdesdaad** • *il est porté sur la ~* hij is niet vies van een nummertje

bagnole INFORM. ZN V **auto, karretje**

bagou, **bagout** ZN M **vlotte babbel** • *avoir du ~* goed gebekt zijn

bague ZN V **ring** • *une ~ de fiançailles* verlovingsring

baguenauder WKD WW **(se ~) wandelen, flaneren**

baguette ZN V **1 stokbrood 2 stokje, dirigeerstokje** • *une ~ magique* toverstokje • *une ~ de tambour* trommelstok • *d'un coup de ~ (magique)* als bij toverslag • *mener qn à la ~* iemand hard aanpakken • *elle le mène à la ~* hij loopt bij haar aan de leiband

bah TUSSENW **och kom!, kom nou!**

bahut ZN M INFORM. **middelbare school**

baie ZN V **1 baai 2 deuropening, vensteropening** • *une ~ vitrée* schuifpui **3 bes** <vrucht> • *baie de goji* gojibes

baignade ZN V **1 (het) zwemmen, (het) baden** • *~ interdite!* verboden te zwemmen! **2 zwemplaats** <in rivier enz.>

baigner 1 WKD WW **(se ~) een bad nemen, zwemmen 2** OV WW **1 in bad doen** • *~ l'enfant* het kind in bad doen **2 begieten, bespoelen,** OOK FIG.

dompelen (**de** in) • *une pièce baignée de lumière* een kamer die baadt in het licht • FORM. *un visage baigné de larmes* een gezicht dat nat is van de tranen **3** ONOV WW gedompeld zijn, baden (**dans** in) • INFORM. *ça baigne / tout baigne!* het loopt gesmeerd, alles kits?

baigneur ZN M (V baigneuse), zwemmer, bader

baignoire ZN V **1** badkuip • *une ~ sabot* zitbad **2** parterreloge <in schouwburg>

bail "baj" ZN M (MV baux), huur(contract), pacht(contract) • *résilier un ~* de huur opzeggen • INFORM. *ça fait un ~ qu'on ne s'est vu!* we hebben elkaar sinds tijden niet meer gezien

bâillement ZN M gegaap, geeuw

bâiller ONOV WW **1** gapen, geeuwen • FIG. *~ à s'en décrocher la mâchoire* gapen als een oester **2** op een kier staan, half openstaan

bâillon ZN M prop in de mond, knevel

bâillonner OV WW knevelen, OOK FIG. de mond snoeren • *~ l'opposition politique* de oppositie monddood maken

bain 1 ZN M bad, badkuip • *le petit ~* kinderbad • *le grand ~* het diepe (bad) • *une salle de ~s* badkamer • *un maillot / slip de ~* badpak / zwembroek • *un ~ de bouche* mondspoeling • *un ~ de soleil* zonnebad • *un ~ de mer* zeebad • *un ~ de vapeur* stoombad • *un ~ turc* Turks bad • FIG. *un ~ de sang* bloedbad • *prendre un ~* een bad nemen • *prendre un ~ de foule* zich in het publiek begeven <door vooraanstaande personen> • INFORM. *être dans le même ~* in hetzelfde schuitje zitten • INFORM. *être dans le ~* er lelijk in zitten, erbij betrokken zijn **2** ZN M MV badplaats, badinrichting

baise INFORM. ZN V (het) neuken

baisemain ZN M handkus

baiser 1 ZN M kus, zoen • *envoyer des ~s* kushandjes geven **2** OV WW **1** FORM. kussen • *~ la main d'une femme* een vrouw de hand kussen **2** INFORM. neuken, een nummertje maken **3** INFORM. verneuken • *se faire ~* betrapt worden, verneukt worden • *se sentir baisé* zich genaaid voelen

baisse ZN V daling, vermindering, ECON. dip • *la ~ des cours* koersdaling • *être en ~* dalen • *la température est en ~* de temperatuur loopt terug • *jouer à la ~* speculeren op het dalen v.d. aandelenkoersen • *corriger / revoir à la ~* (cijfers) naar beneden bijstellen • FIG. *sa popularité est en ~* zijn populariteit neemt af

baisser 1 OV WW **1** neerlaten, laten zakken, lager zetten • *~ les yeux* de ogen neerslaan • *~ son col* zijn kraag omslaan • *~ un store* een rolluik neerlaten • *~ la tête* het hoofd buigen, het hoofd laten hangen • *~ le ton* inbinden, een toontje lager zingen • *~ la voix* zachter spreken • *~ la radio* de radio zacht(er) zetten • FIG. *~ les bras* zich overgeven, de moed laten zakken • *~ pavillon* toegeven, FIG. de vlag strijken **2** verlagen, temperen **2** ONOV WW zakken, dalen, verminderen • *le jour baisse* de avond valt • *sa vue baisse* zijn ogen gaan achteruit • *le vent baisse* de wind gaat liggen • *la fièvre baisse* de koorts neemt af • *le malade baisse* de zieke gaat achteruit • FIG. *il baisse dans mon estime* hij daalt in mijn achting • FIG. *ses actions baissent* zijn papieren dalen **3** WKD WW (**se ~**) (zich) bukken

bakchich INFORM. ZN M smeergeld, fooi

bal ZN M (MV bals) **1** bal, dansfeest • *une robe de ~* baljurk • *un ~ masqué / costumé* gemaskerd / gekostumeerd bal • *le ~ des pompiers* feest van de brandweer <op 14 juli> • OOK FIG. *ouvrir le ~* het bal openen • FIG. *mener le ~* de touwtjes in handen hebben **2** danszaal

balade INFORM. ZN V uitstapje, wandeling

balader 1 WKD WW (**se ~**) wandelen, flaneren, slenteren **2** OV WW **1** mee uit wandelen nemen, meenemen **2** FIG. • *~ quelqu'un* iemand aan het lijntje houden • *envoyer qn ~* iemand afpoeieren

balai ZN M **1** bezem • *un manche à ~* bezemsteel, FIG. mager persoon • *un ~ mécanique* rolveger • INFORM. *du ~!* oprotten! • *passer le ~* LETT. (de boel) aanvegen, FIG. de bezem erdoorheen halen • *donner un coup de ~* even snel vegen, FIG. de bezem erdoor halen • INFORM. *être con comme un ~* oerstom zijn **2** INFORM. jaar <v. leeftijd> • *il a vingt ~s* hij is twintig

balaise INFORM. BN → **balèze**

balance ZN V **1** weegschaal **2** evenwicht, balans • *la ~ commerciale* handelsbalans • *ça pèse dans la ~* dat legt gewicht in de schaal • *mettre en ~* (tegen elkaar) afwegen, vergelijken • *faire pencher la ~* de balans / schaal doen doorslaan, de doorslag geven **3** verklikker, verlinker

balancé BN evenwichtig • INFORM. *être bien ~* goedgebouwd zijn

balancement ZN M (het) heen en weer gaan, (het) schommelen

balancer 1 OV WW **1** heen en weer bewegen, schommelen **2** INFORM. ontslaan, eruit gooien **3** INFORM. smijten, slingeren • *balancez-moi tous ces vieux papiers!* gooi al die oude papieren toch weg! **4** INFORM. verlinken **2** ONOV WW FIG., LIT. aarzelen, weifelen • *entre les deux mon cœur balance* ik kan geen keus maken **3** WKD WW (**se ~**) **1** schommelen, heen en weer gaan • *se ~ sur sa chaise* op zijn stoel wippen **2** tegen elkaar opwegen • INFORM. *je m'en balance!* ik heb er maling aan!

balançoire ZN V schommel, wip • *faire de la ~* schommelen, wippen

balayage ZN M **1** (het) vegen **2** coupe soleil

balayer OV WW **1** vegen, schoonvegen • FIG. *~ devant sa porte* de hand in eigen boezem steken **2** verjagen, wegvagen • *le vent balaye les nuages* de wind verjaagt de wolken **3** voor zich uit drijven • *~ des objections* bezwaren wegwuiven

balayette ZN V veger, stoffer • *une ~ (de) W.-C.* wc-borstel

balayeur ZN M (V balayeuse), straatveger

balbutiement "-sie-" ZN M (het) stamelen, gestotter • *en être à ses premiers ~s* in de kinderschoenen staan, in de beginfase zijn

balbutier "-sjee" **1** OV WW stamelend uitspreken

• ~ *des excuses* excuses stamelen **2** ONOV WW stamelen, stotteren

balcon ZN M balkon

Bâle ZN V Bazel

baleine ZN V **1** walvis • *la ~ bleue* blauwe vinvis • *la pêche à la ~* walvisvangst • INFORM. *rire comme une ~* zich slap lachen • FIG. INFORM. *elle est grosse comme une ~* ze is tonrond **2** balein

baleinier ZN M walvisvaarder

balèze INFORM. BN **1** potig, fors **2** knap (**en** in) • *c'est un ~ en maths* hij is een kei in wiskunde

balisage ZN M bebakening, wegmarkering

balise ZN V **1** (radio)baken, boei, verkeerskegel **2** COMP. tag

baliser OV WW **1** afbakenen, de weg markeren • *une piste balisée* aangegeven (bewegwijzerde) route **2** COMP. van tags voorzien

balistique **1** ZN V ballistiek **2** BN ballistisch

baliverne ZN V kletspraat • *débiter des ~s* kletskoek verkopen

balkanique BN Balkan-

Balkans ZN M MV Balkan(landen)

ballade ZN V ballade

balle ZN V **1** bal • *une ~ de tennis / de ping-pong* tennis- / pingpongbal • <tennis> *une ~ de set / de match* set- / matchpoint • *jouer à la ~* met een bal spelen • *lancer la ~* de bal gooien • OOK FIG. *à toi la ~! / la ~ est dans ton camp!* nu is het jouw beurt! • FIG. *attraper la ~ au vol* de gelegenheid aangrijpen • FIG. *renvoyer la ~ à qn* de bal terugkaatsen naar iemand **2** kogel • *une ~ perdue* verdwaalde kogel • *un corps criblé de ~s* een met kogels doorzeefd lichaam • *tirer à ~s (réelles)* met scherp schieten • *se loger une ~ dans la tête* zich een kogel door het hoofd jagen **3** INFORM. euro, piek • *t'as pas dix ~s?* heb je een tientje voor me? • *un film à deux ~s* een film van niks **4** baal • *une ~ de coton* baal katoen

ballerine ZN V ballerina, balletdanseres

ballet ZN M ballet • *le corps de ~* de gezamenlijke dansers <van een opera>

ballon ZN M **1** (grote) bal, voetbal • *jouer au ~* met de bal spelen **2** (lucht)ballon • *un ~ dirigeable* luchtschip, zeppelin • *gonfler un ~* een ballon opblazen • *monter en ~* een ballonvaart (gaan) maken • FIG. *lancer un ~ d'essai* een proefballonnetje oplaten **3** bol glas, bolle fles, kolf • *un ~ de rouge* een glas rode wijn • MED. *un ~ d'oxygène* zuurstofballon • *souffler dans le ~* (in het pijpje) blazen <bij alcoholcontrole> **4** tekstballon, wolkje <bij strips>

ballot ZN M **1** kleine baal **2** INFORM. imbeciel

ballottage ZN M onbesliste uitslag <na verkiezingsronde> • *il y a ~* er komt een tweede verkiezingsronde

ballotter OV + ONOV WW OOK FIG. heen en weer slingeren, schudden

ball-trap ZN M (MV ball-traps), (het) kleiduivenschieten

balnéaire BN bad- • *une station ~* badplaats

balourd **1** BN lomp, bot **2** ZN M (V balourde), lomperd

balsamique BN balsemachtig, welriekend • *du vinaigre balsamique* balsamicoazijn

balte BN Baltisch • *les pays ~s* de Baltische staten

baltique BN Baltisch • *la (mer) Baltique* Oostzee

balustrade ZN V balustrade, hek

bambin INFORM. ZN M (V bambine), kleuter, hummel

bambou ZN M bamboe • *c'est le coup de ~* dat is een dure grap

ban ZN M openbare kennisgeving • *la publication des bans* huwelijksafkondiging, ondertrouw • *le ban et l'arrière-ban* iedereen, het hele stel

banal BN (M MV banals/banaux), banaal, gewoon, alledaags • *des propos ~s* clichés • INFORM. *ça n'est pas ~!* da's niet mis!

banaliser OV WW alledaags maken, banaal maken • *une voiture de police banalisée* burgerauto van de politie <zonder politiekentekenen>

banalité ZN V banaliteit, gemeenplaats

banane ZN V **1** banaan • *un régime de ~s* een tros bananen **2** INFORM. vetkuif

bananier **1** ZN M **1** bananenboom **2** bananenboot **2** BN (V bananière), bananen- • *une république bananière* bananenrepubliek

banc "ba(n)" ZN M **1** (zit)bank • *un banc de jardin* tuinbank • FIG. *sur les bancs de l'école* tijdens de schooltijd • *les ~s de l'Assemblée Nationale* de zetels in het parlement • OOK FIG. *mettre qn au ~ des accusés* iemand in de beklaagdenbank zetten **2** TECHN. bank • *un ~ de menuisier* werkbank • OOK FIG. *un ~ d'essai* proefbank **3** ondiepte, bank • *un ~ de poissons* school vissen • *un ~ de sable* zandbank

bancaire BN bank- • *une carte ~* bankpasje • *des opérations ~s* banktransacties

bancal BN (M MV bancals), wankel • *une chaise ~e* wiebelende stoel • *un raisonnement ~* een kromme redenering • *cette phrase est ~e* deze zin loopt niet

bandage ZN M verband, windsel • *un ~ herniaire* breukband

bandant INFORM. BN opwindend

bande ZN V **1** reep <van stof, leer, papier, metaal>, strook, baan, band • *une ~ Velpeau ®* rekverband, zwachtel • *une ~ d'arrêt d'urgence* vluchtstrook • *la ~ de Gaza* Gazastrook • *une ~ dessinée* strip(verhaal) **2** geluidsband, filmband, videoband • *une ~ magnétique* magneetband • *une ~ sonore / son* geluidsband, soundtrack • *la ~-annonce d'un film* trailer van een film **3** bende, stel, groep • *une ~ de copains* stel vrienden • *~ de cinglés!* stelletje gekken! • *une ~ de voleurs* dievenbende • *être de la ~* erbij horen • *faire ~ à part* zich gezamenlijk afzonderen, zich afzijdig houden

bande-annonce ZN V (MV bandes-annonces), trailer <filmflitsen>

bandeau ZN M (MV bandeaux) **1** hoofdband • *un ~ de skieur* haarband van een skiër **2** blinddoek • *avoir un ~ sur les yeux* blind voor iets zijn **3** wikkel <om boek> **4** COMP. banner **5** ARCH. kordonband, gevellijst

bandelette ZN V bandje, strookje, lintje

bander **1** OV WW **1** verbinden, zwachtelen • *je*

ba

lui ai bandé les yeux ik heb hem geblinddoekt **2** spannen <van boog> • *~ les muscles* de spieren spannen **2** ONOV WW INFORM. een stijve hebben, geil zijn • *cette fille me fait ~* ik ben geil op die meid

banderole ZN V wimpel, banderol, spandoek • *brandir une ~* met een spandoek zwaaien

bande-son ZN V (MV bandes-son), geluidsband, soundtrack

banditisme ZN M banditisme • *des actes de ~* gewelddaden • *lutter contre le grand ~* de georganiseerde misdaad bestrijden

bandoulière ZN V bandelier, draagriem • *porter son sac en ~* zijn tas schuin over de rug dragen

bang **1** ZN M knal **2** TUSSENW pang!

banjo "ba(n)(d)zjoo" ZN M banjo

banlieue ZN V voorsteden, randgemeenten, buitenwijken • *la ~ ouvrière* de arbeiderswijken <in randgemeenten> • *une ~ résidentielle* randgemeente met laagbouw, duurdere wijken <in randgemeente> • *un train de ~* trein naar de voorsteden • *habiter en ~* in een voorstad wonen

banlieusard ZN M (V banlieusarde), voorstadbewoner, ≈ forens

banni **1** BN verbannen **2** ZN M (V bannie), balling

bannière ZN V **1** banier, scheepsvlag • FIG. *c'est la croix et la ~!* het heeft heel wat voeten in de aarde • FIG. *se ranger sous la ~ de qn* zich onder iemands vaandel scharen **2** • *une ~ publicitaire* banner

bannir OV WW **1** FORM. verbannen (**de** uit) • *~ qn d'un pays* iemand uit een land verbannen **2** (uit) bannen (**de** uit), afschaffen • *~ les gros mots de son vocabulaire* grove woorden uit zijn vocabulaire schrappen

banque ZN V **1** ECON. bank • *un employé de ~* bankemployé • *un billet de ~* bankbiljet • *des opérations de ~* banktransacties • *~ en ligne / à distance* thuisbank • *la Banque centrale européenne (BCE)* Europese Centrale Bank (ECB) • *avoir un compte en ~* een bankrekening hebben **2** <spel> bank • *tenir la ~* de bank houden • *faire sauter la ~* de bank laten springen **3** bank <depot> • *une ~ de données* databank • *la ~ du sang* bloedbank • *une ~ alimentaire* voedselbank

banqueroute ZN V failliet, bankroet • *faire ~* bankroet gaan

banquet ZN M feestmaal, banket • *donner un ~ en l'honneur de qn* een diner geven ter ere van iemand

banquette ZN V bank(je) <in auto, trein, tram> • *la ~ avant (dans une voiture)* voorbank

banquier ZN M (V banquière), bankier, bankhouder

banquise ZN V pakijs, ijsbank

baptême "batèm" ZN M doop, doopsel • *le ~ du feu* vuurdoop • *le ~ de l'air* luchtdoop

baptiser "batie-" OV WW **1** dopen • *se faire ~* gedoopt worden **2** (ver)noemen • *on l'a baptisé Hugo* ze hebben hem Hugo genoemd

bar ZN M **1** bar, café • *un ~ à vins* wijnbar • *un bar-tabac* café waar ook rookwaren gekocht kunnen worden • *un bar-tabac-journaux* tabakszaak annex tijdschriftenverkoop • *tenir un ~* achter de tap staan **2** zeebaars

baragouin INFORM. ZN M koeterwaals

baragouiner INFORM. OV WW een taal verhaspelen, koeterwalen • *~ le français* gebroken Frans spreken

baraka INFORM. ZN V geluk • *avoir la ~* mazzel hebben

baraque ZN V **1** houten barak, keet, kraam • *une ~ de chantier* bouwkeet **2** INFORM. tent, krot, (armoedig) huis • FIG. *casser la ~* een doorslaand succes zijn • FIG., MIN. *une grosse ~* een kast van een huis

baraqué BN (goed) gebouwd <van persoon>, forsgebouwd

baraquement ZN M barakkenkamp

baratin INFORM. ZN M smoesjes, (mooie) praatjes • *arrête ton ~!* hou die smoesjes maar voor je! • *c'est du ~!* allemaal klets!

baratiner INFORM. **1** OV WW (iemand) trachten te bepraten • *baratiner une fille* proberen een meisje te versieren **2** ONOV WW praatjes verkopen

baratineur INFORM. ZN M (V baratineuse), praatjesmaker, mooiprater

barbant INFORM. BN stomvervelend

barbare **1** BN barbaars **2** ZN M/V barbaar

barbarie ZN V barbaarsheid • *commettre des actes de ~* barbaarse wreedheden begaan

barbe ZN V baard <ook v. dieren, planten> • INFORM. *une vieille ~* ouwe sok • INFORM. *quelle ~!* wat vervelend!, wat rot! • INFORM. *la ~!* hou op!, nu is het genoeg! • *de la ~ à papa* suikerspin • *porter la ~* een baard hebben • *porter une ~ de huit jours* een baard van een week hebben • *se laisser pousser la ~* zijn baard laten staan • *se faire faire la ~* zich laten scheren • *avoir de la ~ au menton* (al) een baard hebben • FIG. *agir à la ~ de qn* iets in iemands bijzijn doen • FIG. *rire dans sa ~* in zijn vuistje lachen

Barbe-bleue ZN M Blauwbaard

barbecue "-kjoe/-kuu" ZN M barbecue

barbelé BN met weerhaken • *du fil de fer ~* prikkeldraad • *être derrière les barbelés* achter prikkeldraad zijn

barber INFORM. **1** OV WW stierlijk vervelen **2** WKD WW (**se ~**) zich stierlijk vervelen

barbiche ZN V sikje

barboter **1** ONOV WW ploeteren, plassen, door het slijk waden **2** OV WW INFORM. gappen, pikken

barbouillage ZN M **1** kladschilderij **2** gekladder, onleesbaar schrift

barbouiller OV WW **1** bekladden, bevuilen • *avoir la figure barbouillée de chocolat* zijn / haar gezicht onder de chocola hebben **2** kladschilderen **3** INFORM. van streek brengen • *j'ai l'estomac barbouillé / je suis barbouillé* ik ben misselijk

barbouilleur ZN M (V barbouilleuse), kladderaar, kladschilder

barbouze INFORM. ZN V geheim agent

barbu **1** BN met een baard **2** ZN M baardman

Barcelone ZN V Barcelona

barda INFORM. ZN M spullen, boeltje

barder 1 OV WW pantseren, bedekken • *être bardé de décorations* behangen zijn met onderscheidingen 2 ONOV WW INFORM. • *ça va ~!* het zal er wild toegaan!, dat wordt hommeles!

barème ZN M tabel, (loon)schaal • *le ~ des salaires* salarisschaal

barge BN → barjo

baril ZN M vaatje, ton • *le coût du baril de pétrole* de prijs van een vat aardolie

bariolé BN (kakel)bont

barjo INFORM. BN gestoord, niet goed snik

barmaid ZN V barjuffrouw

barman ZN M (MV barmans/barmen), barkeeper

baromètre ZN M barometer • *un ~ à mercure* kwikbarometer • *le ~ est au beau fixe* de barometer staat op mooi weer • *le ~ monte* het kwik stijgt

baron ZN M (V baronne) OOK FIG. baron

baroque 1 BN barok, vreemd gevormd, grillig • *une idée ~* een bizar idee • *la musique ~* barokmuziek 2 ZN M barok

baroud "-roed" MIL. ZN M gevecht • OOK FIG. *un ~ d'honneur* laatste gevecht, alleen om de eer te redden

baroudeur INFORM. ZN M (V baroudeuse), vechtjas

barouf INFORM. BN herrie • *faire du ~* luid protesteren

barque ZN V boot(je) • *une ~ de pêcheur* vissersboot • *une ~* roeiboot • FIG. *bien mener sa ~* zijn zaken goed voor elkaar hebben

barquette ZN V 1 bakje <waarin vlees enz. wordt verkocht> 2 soort taartje

barrage ZN M 1 stuwdam 2 versperring, (weg) afsluiting • *un ~ de police* politiekordon • *un tir de ~* spervuur • *établir un ~* een versperring oprichten • *faire ~ aux manifestants* de betogers tegenhouden 3 SPORT barrage • *un match de ~* beslissingswedstrijd

barre ZN V 1 staaf, stang, balk, barre <in balletstudio> • *une ~ de fer* ijzeren staaf • *une ~ de chocolat* chocoladereep • *une ~ d'appui* onderdorpel <van raam> • *une ~ fixe* rekstok • *la ~ transversale* lat <bij voetbal> • SPORT *les ~s parallèles* brug met gelijke leggers • INFORM. *c'est le coup de ~!* dat is (peper) duur! • INFORM. *avoir un coup de ~* opeens doodmoe zijn, erdoorheen zitten • FIG. *c'est de l'or en ~* dat is goud waard • FIG. *placer la ~ trop haut* de lat te hoog leggen • FIG. *le dollar n'a pas franchi la ~ de l'euro* de dollar heeft de grens van 1 euro niet overschreden 2 SCHEEPV. roer(pen) • *la ~ du gouvernail* helmstok • FIG. *redresser la ~* de koers bijstellen • OOK FIG. *être à la ~ / tenir la ~* aan het roer staan 3 balie, rechtbank • *la ~ des témoins* getuigenbank • *comparaître à la ~* voor de rechter verschijnen • *un code à ~s* streepjescode • *la ~ de fraction* breukstreep • MUZ. *la ~ de mesure* maatstreep 4 COMP. balk • *la ~ de menus* menubalk • COMP. *~ latérale* sidebar

barreau ZN M (MV barreaux) 1 stang, tralie, spijl • *des ~x d'échelle* sporten van een ladder • INFORM. *un ~ de chaise* grote, dikke sigaar • FIG. *il est derrière les ~x* hij zit achter de tralies 2 balie, advocatuur • *être inscrit au ~* advocaat zijn

barrer 1 OV WW 1 afsluiten, versperren • *une rue barrée* afgesloten rijweg 2 doorstrepen, doorhalen • *un chèque barré* gekruiste cheque 3 SCHEEPV. sturen • INFORM. *être mal barré* er slecht voor staan 2 WKD WW (se ~) INFORM. ervandoor gaan

barrette ZN V 1 speldje 2 staafje, stift • COMP. *une ~ de mémoire* geheugenstick

barreur ZN M (V barreuse), stuurman <van roeiboot>

barricade ZN V barricade • *être de l'autre côté de la ~* in het andere kamp zitten • OOK FIG. *monter sur les ~s* op de barricaden gaan

barricader 1 WKD WW (se ~) OOK FIG. zich verschansen, zich opsluiten 2 OV WW barricaderen, versperren

barrière ZN V 1 afsluiting, hek, slagboom • *une ~ métallique* dranghek • *les barrières d'un passage à niveau* spoorbomen 2 hinderpaal, barrière, scheidsmuur, grens • *les barrières douanières* tolmuren • *la ~ linguistique* taalbarrière • *la barrière de corail* koraalrif

barrique ZN V wijnvat <200 à 250 liter>, fust • INFORM. *être plein comme une ~* volgevreten zijn, straalbezopen zijn

barrir ONOV WW trompetteren <van olifant>

baryton ZN M bariton

bas 1 BW laag, omlaag • *~ les pattes!* handen thuis! • *à ~ les flics!* weg met de smerissen! • *parler ~* zachtjes spreken • *voler ~* laag vliegen • *il habite en ~* hij woont beneden • *le malade est bien ~* de zieke is er slecht aan toe • *mettre ~* jongen <van dieren> • FIG. *il est tombé bien ~* hij is diep gezonken • *en ~* beneden, naar beneden • *en ~ de la montagne* aan de voet van de berg • *là-bas* daarginds • *ici-bas* hier op aarde 2 BN (V basse) 1 laag <van plaats> • *un mur ~* lage muur • *la marée basse* eb, laagtij • *la ville haute et la ville basse* de boven- en de benedenstad • *voler à basse altitude* laag vliegen • *les nuages sont ~* de wolken hangen laag • *être ~ sur pattes* korte pootjes hebben • *avoir la vue basse* FIG. bijziend zijn • FIG. *faire main basse sur qc* iets inpikken 2 laag, gering • *un enfant en ~ âge* klein kind • *une personne de basse condition* iemand van eenvoudige afkomst • *au ~ mot* minstens • *à ~ prix* goedkoop 3 laag <van toon>, zacht • *une note basse* lage noot • *parler à voix basse* zachtjes praten, fluisteren 4 laag, gemeen • *une basse vengeance* laaghartige wraak • *un coup ~* een lage / minne streek 3 ZN M (MV id), (het) onderste gedeelte • *aller de haut en ~* van hoog naar laag gaan • *il a des hauts et des ~* hij heeft ups en downs • *le ~ de la page* de onderkant van de bladzijde • *être au plus ~* het dieptepunt bereiken • *vers le ~* naar onderen • *(d') en ~* van onderen 4 ZN M kous • *des ~ de contention* steunkousen • *un ~ de laine* wollen kous, FIG. spaarcenten • *porter / mettre des ~* kousen aandoen / dragen

basal BN (M MV basaux), van de basis, basaal

basalte ZN M basalt

bas-côté ZN M (MV bas-côtés), **berm**
bascule ZN V **wip** • *une chaise / un fauteuil à ~* schommelstoel • *un cheval à ~* hobbelpaard • INFORM. *politique de ~* halfslachtige politiek
basculer 1 ONOV WW 1 **kantelen, tuimelen** 2 **omslaan (dans in), opeens overgaan / vervallen (dans in, tot)** • *~ dans l'opposition* naar de oppositie overstappen • *faire ~ qn* iemand omturnen 2 OV WW **doen kantelen, omverduwen**
base ZN V 1 **basis, voet, grondslag** • *la ~ d'une colonne* het voetstuk van een zuil • *un salaire de ~* basisloon • *avoir des connaissances de ~* elementaire kennis bezitten • *jeter les ~s de qc* de grondslag van iets leggen • *être à la ~ de qc* ten grondslag liggen aan iets • *un cocktail à ~ de rhum* cocktail op basis van rum • *à ~ de / sur la ~ de ...* op basis van... 2 **achterban, steunpunt, basis** • *les militants de (la) ~* de gewone leden <van partij, vakbond> • *une ~ aérienne* vliegbasis • *une ~ navale* vlootbasis • *une ~ de lancement* lanceerbasis • COMP. *une ~ de données* database • *consulter la ~* de achterban raadplegen
base-ball, baseball "bezbol" ZN M **honkbal**
baser 1 OV WW 1 **gronden, baseren (sur op)** • *~ son argumentation sur des faits* zijn redenering op feiten baseren 2 **stationeren** • *il est basé à Marseille* hij heeft Marseille als standplaats 2 WKD WW **(se ~) sur zich baseren op, berusten op** • *sur quoi vous basez-vous pour dire cela?* waarop baseert u wat u zegt?
bas-fond 1 ZN M (MV bas-fonds), **ondiepte** <in rivier of zee> 2 ZN M MV • *les bas-fonds* de achterbuurt, de onderste lagen van de maatschappij
basilic ZN M **basilicum**
basilique ZN V **basiliek**
basique BN 1 **basis-** • *le français ~* elementair Frans 2 SCHEIK. **basisch**
basket 1 ZN M **basketbal** 2 ZN V **basketbalschoen, sportschoen** • INFORM. *être bien dans ses ~s* zich lekker voelen • INFORM. *lâche-moi les ~s!* laat me met rust!
basketteur ZN M (V basketteuse), **basketbalspeler**
basque 1 ZN M **(het) Baskisch** 2 ZN V **pand, slip** • *être toujours pendu aux ~s de qn* aan iemand klitten 3 BN **Baskisch**
Basque ZN M/V **Bask**
basse 1 ZN V 1 **basstem, baszanger** 2 **bas** <instrument> 2 BN → **bas**
basse-cour ZN V (MV basses-cours) 1 **pluimvee** 2 **erf** <met pluimvee>
bassesse ZN V **laagheid, gemeenheid**
bassin ZN M 1 **bad** <van een zwembad>, **vijver** • *le petit ~* het ondiepe, pierenbad • *le grand ~* het diepe 2 **bekken, kom** 3 **dok** 4 ANAT. **bekken** • *une fracture du ~* bekkenbreuk
bassiner INFORM. OV WW **vervelen, aan de kop zeuren**
bassiste ZN M/V **bassist**
basson ZN M **fagot, fagottist**
Bastille ZN V **Bastille** <staatsgevangenis in Parijs (tot 1789)> • *la prise de la ~* de bestorming van de Bastille
bastion MIL. ZN M **bastion**
Bastogne ZN V **Bastenaken**
bastonnade ZN V **stokslagen, pak slaag**
bastringue INFORM. ZN M 1 **volksbal** 2 **lawaaiig orkest, herrie** 3 **spullen, troep** • *enlève ton ~!* ruim je rommel op!
bas-ventre ZN M (MV bas-ventres), **onderbuik**
bataclan INFORM. ZN M **rommel** • *tout le ~* de hele mikmak • *et tout le ~* en de hele santenkraam
bataille ZN V 1 **strijd, gevecht** • *une ~ de rue* straatgevecht • *une ~ de polochons* kussengevecht • FIG. *une ~ électorale* verkiezingsstrijd • FIG. *avoir les cheveux en ~* een verwarde haardos hebben 2 **veldslag** • *un champ de ~* slagveld • *la ~ de Waterloo* de slag bij Waterloo • *une ~ navale* zeeslag • *livrer ~* slag leveren 3 **een kaartspel**
batailler ONOV WW **slag leveren, vechten, (ervoor) knokken** • INFORM. *~ pour se faire entendre* ervoor knokken om gehoor te vinden
batailleur 1 ZN M (V batailleuse), **ruziezoeker, vechtjas** 2 BN (V batailleuse), **vechtlustig**
bataillon ZN M **bataljon** • *un ~ d'enfants* een sliert kinderen
bâtard 1 ZN M (V bâtarde), **onecht kind, bastaard** 2 BN 1 **bastaard-, onecht** 2 **halfslachtig** • *une solution bâtarde* halfslachtige oplossing, compromisoplossing
batave BN **Bataafs** • *les Bataves* de Bataven, de Hollanders
batavia ZN V **ijsbergsla**
bateau 1 ZN M (MV bateaux) 1 **boot, schip** • *un bateau ~* piratenschip • *un ~ de plaisance* plezierjacht • *un ~ de pêche* vissersboot • *un ~ à voiles* zeilschip • *un ~ à vapeur* stoomschip • *un ~ de sauvetage* reddingboot • *un ~ pneumatique* opblaasboot, rubberboot • *prendre le ~* met de boot gaan • *voyager en ~* met de boot reizen • INFORM. *mener qn en ~* iemand beetnemen 2 **verlaagd trottoir** <als uitrit> 2 BN onver. INFORM. FIG. **afgezaagd** • *des sujets ~* afgezaagde onderwerpen
bateau-mouche ZN M (MV bateaux-mouches), **rondvaartboot**
bâti 1 BN **gebouwd** • *une personne mal bâtie* iemand met een slecht figuur 2 ZN M **rijgdraden**
batifoler INFORM. ONOV WW **ravotten, dollen**
bâtiment ZN M 1 **gebouw** • *le corps d'un ~* hoofdgebouw 2 **bouwvak** • *un ouvrier du ~* bouwvakker • INFORM. *être / travailler dans le ~* in de bouw werken 3 **(groot) schip** • *un ~ de guerre* oorlogsschip
bâtir 1 OV WW 1 **(op)bouwen** • *terrain à ~* bouwgrond • *se faire ~ une maison* een huis laten bouwen • *une pièce de théâtre mal bâtie* slecht geconstrueerd toneelstuk 2 **vestigen** 2 WKD WW **(se ~) gebouwd worden** • *ce quartier s'est vite bâti* die wijk is snel gebouwd
bâtisse ZN V **plomp gebouw, bouwsel**
bâtisseur ZN M (V bâtisseuse), **bouwer, stichter**

• *un ~ de villes* stedenbouwer

bâton ZN M **stok, staf, sport** <van stoel> • *un coup de ~* stokslag • *un ~ de ski* skistok • *un ~ de craie* krijtje • *un ~ de rouge à lèvres* lippenstift • *un ~ de réglisse* pijpje drop / zoethout • FIG. *~ de vieillesse* steun in de oude dag • *un ~ de maréchal* maarschalksstaf, FIG. bekroning van een carrière • FIG. *la politique du ~* harde politiek, harde lijn • FIG. *mettre les bâtons dans les roues à qn* (iemand) een spaak in het wiel steken, iemand dwarszitten • FIG. *parler à bâtons rompus* van de hak op de tak springen • FIG. *mener une vie de ~ de chaise* een onregelmatig leven leiden

bâtonnet ZN M **stokje, staafje** • *un ~ de poisson* visstick • *un ~ glacé* ijslolly

battage ZN M **1 (het) slaan, (het) dorsen 2** INFORM. **schreeuwerige reclame, poeha** • *le ~ médiatique* mediagekte, hype • *faire du ~ autour d'un film* met veel tamtam een film promoten

battant 1 BN **slaande** • *une pluie ~e* slagregen • *une porte ~e* klapdeur • *le cœur ~* met bonzend hart • *une affaire menée tambour ~* een zaak die voortvarend afgehandeld wordt **2** ZN M **1 klepel** <v. klok>, **vleugel** <v. deur> • OOK FIG. *ouvrir la porte à deux ~s* de deur wagenwijd openzetten **2** SPORT **vechter,** FIG. **doorzetter**

batte SPORT ZN V **slaghout, bat**

battement ZN M **1 (het) slaan, geklap, geklapper, geklop** • *le ~ de la pluie contre la vitre* gekletter van de regen tegen de ruit • *les ~s de tambour* tromgeroffel • *les ~s de paupières* het knipperen met de ogen • *le ~ des jambes* beenslag <bij crawl> • *les ~s de cœur* hartkloppingen • *le ~ du pouls* polsslag **2 speling** <van tijd>, **tussenpoos** • *avoir une heure de ~* één uur speling hebben

batterie ZN V **1** MUZ. **de slaginstrumenten** • *être à la ~* slagwerker zijn **2 accu** • *une batterie externe / portable* powerbank • *la ~ est à plat* de accu is leeg • FIG. *recharger ses ~s* de accu weer opladen, op verhaal komen **3** MIL. **batterij** • *une ~ de canons* een batterij kanonnen • *dévoiler ses ~s* zijn tactiek prijsgeven **4 rij, serie, set** • *une ~ de cuisine* keukengerei, pannenset • *une ~ de tests* serie toetsen • *l'élevage en ~* het fokken in een legbatterij, bio-industrie

batteur ZN M **1 mixer, klopper 2** MUZ. **drummer, slagwerker 3** SPORT **slagman**

battre 1 OV WW **1 slaan** • *~ des tapis* tapijten kloppen • *~ des œufs en neige* eiwit stijfkloppen • *~ les cartes* de kaarten schudden • *~ qn avec un bâton* iemand met een stok slaan • *~ qn à mort* iemand doodslaan • FIG. *il me bat froid* hij bejegent me koel • FIG. *la fête bat son plein* het feest is in volle gang **2 ritmisch slaan** • *~ la mesure* de maat slaan • *~ la grosse caisse* de grote trom roeren **3 doorzoeken, afzoeken** • *~ la campagne* het terrein uitkammen **4 overwinnen, verslaan** • *~ un record* een record breken • *~ l'ennemi* de vijand verslaan • *se faire ~* verslagen worden, een nederlaag lijden, verliezen • FIG. *~ qn à plate couture* iemand verpletteren **5** SCHEEPV. • *~ pavillon grec* onder Griekse vlag varen **2** ONOV WW **1 slaan, kloppen** • *la pluie bat contre les vitres* de regen klettert tegen de ruiten • *les volets battent* de luiken klapperen • FIG. *~ en retraite* zich terugtrekken **2 klappen** • *~ des cils / des paupières* met de ogen knipperen • *~ des ailes* klapwieken • *~ des mains* in de handen klappen **3** WKD WW **(se ~) vechten, strijden** • *se ~ au couteau contre qn* iemand met een mes te lijf gaan • *se ~ contre l'ennemi* tegen de vijand vechten • *se ~ en duel* duelleren • *se ~ comme des chiffonniers* elkaar aftuigen • INFORM. *je m'en bats l'œil* ik lach er om, ik heb er maling aan • INFORM. *s'en ~ les flancs* vergeefse moeite doen, zich afsloven

battu BN **geslagen** • *une armée ~e* verslagen leger • *du lait ~* karnemelk • SPORT *la terre ~e* gravel • *des yeux ~s* ogen met blauwe kringen • FIG. *suivre les sentiers ~s* gebaande wegen volgen • *je ne me tiens pas pour ~* ik geef me niet gewonnen

battue ZN V **drijfjacht**

baume ZN M **1 balsem** • *un ~ pour les lèvres* lippenbalsem **2 troost** • *mettre du ~ dans le cœur / au cœur* troosten

baux ZN M MV → **bail**

bavard 1 BN **praatziek, spraakzaam, loslippig** • *être ~ comme une pie* onophoudelijk kletsen **2** ZN M (V bavarde), **kletskous**

bavardage ZN M **gebabbel, geklets** • *arrêtez vos ~s!* nu is het uit met dat geklets! <in de klas>

bavarder ONOV WW **babbelen, kletsen, z'n mond voorbij praten**

bavarois 1 BN (V bavaroise), **Beiers 2** ZN M **bavarois, roompudding**

Bavarois ZN M (V Bavaroise), **Beier**

bave ZN V **kwijl, slijm**

baver ONOV WW **1 kwijlen-,** FIG. **uitlopen** <van pen, inkt e.d.>, **vlekken 2** INFORM. **versteld staan van** • *il en bave d'admiration* hij staat in stomme bewondering • *en ~* het hard te verduren hebben • *il lui en fait ~* hij peigert hem af

bavette ZN V **1 slabbetje** • INFORM. *tailler une ~* een praatje / babbeltje maken **2** CULIN **klapstuk**

baveux BN (V baveuse) **1 kwijlerig 2** CULIN **halfgaar** • *une omelette baveuse* halfgare omelet

Bavière ZN V **Beieren**

bavoir ZN M **slabbetje**

bavure ZN V **1 smet, vlekje** • *travail propre et sans ~s* vlekkeloos werk **2** FIG. **vergissing, miskleun** • *une ~ policière* uitglijder van de politie • *sans ~(s)* onberispelijk

bazar ZN M **1 bazaar 2** INFORM. **rommel, troep, zootje, zwik** • *tout le ~* de hele zwik, de hele bups • *elle a tout emporté, ses livres, ses vêtements et tout le ~!* ze heeft alles meegenomen, haar boeken, haar kleren, de hele santenkraam

bazarder INFORM. OV WW **verpatsen**

Bd AFK boulevard M **boulevard**

B.D. AFK bande dessinée V **strip(verhaal)**

béant BN **wijd open, gapend** • *une blessure béante* gapende wond

béarnais BN **uit de Béarn** • *une sauce béarnaise* bearnaisesaus

béat BN **1 gelukzalig, beaat 2** REL. **zalig**

beau **1** BN, **bel** <voor klinker of stomme h> (V belle, MV beaux) **1 mooi, schoon** • *un bel homme / une belle femme* knappe man / vrouw • *le ~ monde* de uitgaande wereld • *~ comme le jour / comme un dieu* beeldschoon • *il fait ~* het is mooi weer • *se faire ~* zich optutten **2 goed, verheven** • *un ~ jour* op zekere dag • *un ~ talent* groot talent • *un ~ geste* mooi gebaar • *un ~ parleur* praatjesmaker, mooiprater • *un ~ joueur* sportief verliezer • *le bel âge* de jeugd • *mourir de sa belle mort* een natuurlijke dood sterven • *c'est trop ~ pour être vrai* het is te mooi om waar te zijn • *au ~ milieu de...* precies in het midden van... **3 groot, aanzienlijk** • *une belle tranche de viande* een flink stuk vlees • *un ~ mangeur* groot eter • *un ~ rhume* zware verkoudheid • *une belle fortune* groot fortuin • *une belle somme d'argent* aardig bedrag • *il y a ~ temps qu'on ne la voit plus* het is lang geleden dat we haar hebben gezien • *de plus belle* opnieuw, met hernieuwde kracht **4** IRON. **fraai, slecht** • *c'est du ~!* het is me wat moois! • *c'est un ~ salaud* het is een echte rotzak • *une belle menteuse* een rasechte leugenaarster • *il m'a fait une belle peur* hij heeft me flink bang gemaakt • *la belle affaire!* is dat nou alles? • FIG. *être dans de ~x draps* in een moeilijke situatie zijn • FIG. *en faire de belles* streken uithalen • FIG. *l'échapper belle* er goed afkomen, de dans ontspringen **2** BW, **bel** <voor klinker of stomme h> • *bel et bien* wel degelijk, kort en goed • *tout ~!* kalm wat!, koest! • *il a ~ crier, on ne l'entend pas* hij kan nog zo hard roepen, men hoort hem niet **3** ZN M **1 (het) schone, schoonheid** • *le temps se met / se remet au ~* het wordt (weer) mooi weer • *le plus ~ de l'histoire c'est que...* het mooiste (van de zaak) is dat... **2 fat, modegek** • *faire le ~* pronken, opzitten <van hond>

beaucoup **1** BW **veel, erg** • *~ de monde* veel mensen • *en savoir ~ au sujet de qc* veel van iets afweten • *se tromper de ~* zich sterk vergissen • *je vous remercie ~* hartelijk bedankt • *le film m'a ~ plu* ik vond het een heel goede film • *c'est ~ dire* dat is overdreven • *il s'en faut de ~* het scheelt veel • *y être pour ~ dans qc* een grote rol spelen bij iets **2** PERS VNW **veel, velen**

beauf INFORM. ZN M **1** beau-frère **zwager 2 horkerige, bekrompen vent**

beau-fils ZN M (MV beaux-fils) **1 schoonzoon 2 stiefzoon**

beau-frère ZN M (MV beaux-frères), **zwager**

beau-père ZN M (MV beaux-pères) **1 schoonvader 2 stiefvader**

beauté ZN V **1 schoonheid** • *un institut de ~* schoonheidssalon • *un grain de ~* moedervlekje • *se faire / se refaire une ~* zich (even) optutten • *être en ~* er knapper dan gewoonlijk uitzien • *terminer une épreuve en ~* een examen glansrijk afsluiten • *c'est de toute ~* het is prachtig, het is een plaatje • *pour la ~ du geste* vanwege het mooie gebaar **2 mooie vrouw**

beaux BN → **beau**

beaux-arts ZN M MV **schone kunsten, beeldende kunsten** • *l'École des beaux-arts / les Beaux-Arts* kunstacademie

beaux-parents ZN M MV **1 schoonouders 2 stiefouders**

bébé ZN M **baby** • *un ~ éprouvette* reageerbuisbaby • *attendre un ~* een kind verwachten • INFORM. *refiler le ~ à quelqu'un* het probleem op iemand afschuiven • FIG. *jeter le ~ avec l'eau du bain* het kind met het badwater weggooien

bébête INFORM. BN **onnozel**

bec ZN M **1 snavel** • *un nez en ~ d'aigle* haviksneus • *donner un coup de ~* een snauw geven **2** INFORM. **mond, bek** • *un ~ fin* lekkerbek • FIG. *se retrouver le ~ dans l'eau* met de mond vol tanden staan • *avoir une prise de ~ avec qn* een woordenwisseling met iemand hebben • *clouer le ~ à qn* iemand de mond snoeren • *il n'a pas ouvert le ~* hij deed geen mond open • *se défendre ~ et ongles* zich met hand en tand verdedigen **3 punt** <van pen>, **pit** <van lamp>, **tuit** <van kan>, **mondstuk** <van muziekinstrument> • *une théière à ~ verseur* theepot met schenktuit • *une flûte à ~* blokfluit • *tomber sur un ~ (de gaz)* op een onverwacht probleem stuiten

bécane INFORM. ZN V **(brom-, motor)fiets, machine**

bécasse ZN V **snip** <vogel>

bec-de-lièvre ZN M (MV becs-de-lièvre), **hazenlip**

béchamel ZN V **bechamelsaus**

bêche ZN V **spade, schop**

bêcher OV WW **(om)spitten**

becqueter OV WW **1 (op)pikken 2** INFORM. **vreten, bikken**

becter WW → **becqueter**

bedaine INFORM. ZN V **dikke buik, buikje**

bédé ZN V bande dessinée **strip(verhaal)**

bedon INFORM. ZN M **dikke buik, buikje**

bedonner ONOV WW **een buikje krijgen**

bédouin BN **bedoeïenen-**

Bédouin ZN M **bedoeïen**

bée BN **wijd open** • *être / rester bouche ~ (devant qc)* met open mond staan kijken (naar iets)

bégaiement ZN M **(het) stotteren, gestamel**

bégayer **1** OV WW **stamelen** **2** ONOV WW **stotteren, stamelen**

bégonia ZN M **begonia**

bègue **1** BN **stotterend** **2** ZN M/V **stotteraar**

bégueule **1** BN **preuts** **2** ZN V **preutse vrouw**

béguinage ZN M **begijnhof**

beige BN **beige**

beigne INFORM. ZN V **oorvijg, opduvel** • *donner / foutre une ~ à qn* iemand een optater verkopen

beignet ZN M **beignet** • *un ~ aux pommes* appelbeignet

bel BN → **beau**

bêlement ZN M **geblaat, gemekker**

bêler ONOV WW **1 blaten, mekkeren 2 jammeren**

belette ZN V **wezel**

belge BN **Belgisch**

Belge ZN M/V **Belg**

belgicisme ZN M **belgicisme**

Belgique ZN V **België**

Belgrade ZN V **Belgrado**

bélier ZN M ram

Bélier ZN M Ram <dierenriem>

belle **1** BN → **beau** **2** ZN V **1** schone • *la Belle au bois dormant* Doornroosje, de Schone Slaapster in het bos **2** geliefde, liefje, schatje **3** SPORT beslissende partij, belle • *jouer la ~* een beslissingswedstrijd spelen **4** vrijheid <door ontsnapping> • INFORM. *se faire la ~* ontsnappen

belle-famille ZN V (MV belles-familles), schoonfamilie

belle-fille ZN V (MV belles-filles) **1** schoondochter **2** stiefdochter

belle-maman ZN V (MV belles-mamans), schoonmama

belle-mère ZN V (MV belles-mères) **1** schoonmoeder **2** stiefmoeder

belle-sœur ZN V (MV belles-sœurs), schoonzuster

belligérant **1** ZN M oorlogvoerende **2** BN oorlogvoerend

belliqueux BN (V belliqueuse), oorlogszuchtig, strijdlustig • *être d'une humeur belliqueuse* strijdlustig zijn

belote ZN V ≈ (het) klaverjassen • *jouer à la ~* ≈ klaverjassen

belvédère ZN M belvedère, uitkijktoren

bémol ZN M MUZ. mol • INFORM. *mettre un ~* een toontje lager zingen, de zaak nuanceren

ben INFORM. TUSSENW wel, nou

bénédiction ZN V zegen, zegening • *la ~ nuptiale* huwelijksinzegening • *donner sa ~ à qn* iemand zijn zegen geven • IRON. *tu as ma bénédiction!* mijn zegen heb je!

bénef INFORM. ZN M → **bénéfice**

bénéfice ZN M **1** winst • *un ~ brut* brutowinst • *un ~ net* nettowinst • *l'impôt sur les bénéfices* winstbelasting • *c'est tout ~* dat is pure winst • *faire / réaliser des bénéfices* winst maken **2** voordeel, voorrecht • *une représentation au ~ de...* benefietvoorstelling voor ... • *tirer ~ de qc* voordeel uit iets trekken • *laissez-lui le ~ du doute* gun hem het voordeel van de twijfel • *au ~ de ...* ten voordele van ..., ten bate van ...

bénéficiaire **1** ZN M/V begunstigde • *être le ~ d'une allocation* een uitkering ontvangen **2** BN winst-, winstgevend • *la marge ~* winstmarge

bénéficier ONOV WW **1** **~ de** genieten (van), voordeel trekken uit • *~ d'un non-lieu* ontslagen worden van rechtsvervolging • *~ d'un traitement de faveur* een voorkeursbehandeling krijgen **2** ten goede komen aan • *la croissance n'a pas bénéficié aux petits commerçants* de kleine middenstanders hebben niet geprofiteerd van de (economische) groei

bénéfique BN gunstig, heilzaam • *ce séjour lui a été ~* dat verblijf heeft hem goed gedaan, hij heeft baat gevonden bij dat verblijf

benêt **1** ZN M uilskuiken, sul **2** BN onnozel, sullig

bénévolat ZN M vrijwilligerswerk

bénévole **1** ZN M/V vrijwilliger <sociaal werk> **2** BN welwillend, vrijwillig, onbetaald, pro Deo • *des travailleurs bénévoles* vrijwilligers • *un service ~* gratis dienst / hulp

bénin BN (V bénigne), goedaardig • *une tumeur bénigne* goedaardig gezwel • *une critique bénigne* milde kritiek

béni-oui-oui INFORM. ZN M (MV id.), jaknikker

bénir OV WW **1** inzegenen, wijden, zegenen • *béni soit le ciel* de hemel zij dank • *(que) Dieu vous bénisse* God zegene u • INFORM. *Dieu vous bénisse!* gezondheid! <als iemand niest> **2** loven, blij zijn met

bénit BN gewijd • *de l'eau bénite* wijwater • FIG. *c'est du pain bénit!* dat is een buitenkansje

bénitier ZN M wijwatervat

benjamin ZN M (V benjamine), jongste, benjamin

benji ZN M (het) elastiekspringen

benne ZN V laadbak, kiepwagen, mijnwagen • *une ~ à ordures* vuilniswagen

benzine ZN V wasbenzine

béquille ZN V **1** kruk <van invalide> • *marcher avec des béquilles* op krukken lopen **2** steun, standaard <van (brom)fiets, motor>

berbère **1** ZN M berbertaal **2** BN Berber- • *les Berbères* de Berbers

bercail FIG. ZN M thuis • HUMOR. *rentrer au ~* naar huis en haard terugkeren

berceau ZN M (MV berceaux), wieg, FIG. bakermat • *du ~ à la tombe* van de wieg tot het graf • *dès le ~* van kindsbeen af

bercement ZN M gewieg, deining • *le ~ des vagues* deining van de golven

bercer **1** OV WW **1** wiegen **2** verzachten, sussen **2** WKD WW **(se ~) de** zich vleien met, koesteren • *se ~ de faux espoirs* valse hoop koesteren • *se ~ d'illusions* illusies koesteren

berceuse ZN V **1** wiegeliedje **2** schommelstoel

Bercy ZN M Bercy <het Franse ministerie v. financiën>

béret ZN M muts, baret • *un ~ basque* alpinopet

bérézina INFORM. ZN V ramp • *c'était la ~* het was een compleet fiasco

berge ZN V **1** oever, berm **2** INFORM. jaar <van leeftijd>

berger ZN M **1** herder **2** herdershond

bergère ZN V **1** herderin **2** ruime fauteuil, bergère

bergerie ZN V schaapskooi

berk, beurk TUSSENW bah!, gadsie!

Berlin ZN M Berlijn

berline ZN V vierdeursauto

berlingot ZN M **1** pakje <voor melk, vruchtensap enz.> **2** kussentje <soort snoepje>

berlinois BN Berlijns • *un Berlinois* Berlijner

berlue ZN V schemering voor de ogen • *avoir la ~* hallucineren

berme ZN V paadje <langs een talud>

bermuda ZN M vaak mv bermuda

berne ZN V • *le drapeau en ~* de vlag halfstok

berner OV WW beetnemen, voor de gek houden

besogne ZN V arbeid, werk, bezigheid • *une rude ~* een hele klus • *aller vite en ~* voortvarend te werk gaan, hard van stapel lopen • *abattre de la ~* veel werk verzetten

besogneux BN (V besogneuse), **behoeftig**

besoin ZN M **1 behoefte (de aan)** • *avoir ~ de +* INF. behoefte hebben om, moeten, hoeven • *avoir ~ de qc* iets nodig hebben • *il a ~ qu'on l'aide* hij heeft hulp nodig • *elle a ~ de distraction* zij heeft afleiding nodig • *avoir un ~ pressant* nodig naar het toilet moeten, hoge nood hebben • *avoir un ~ urgent / pressant de qc* iets dringend nodig hebben • *faire ses (petits) ~s* zijn behoeften doen • *subvenir aux ~s de qn* in iemands onderhoud voorzien • *au ~ / en cas de ~* zo nodig, desnoods • *pour les ~s de la cause* om bestwil **2 nood, armoede, gebrek** • *être à l'abri du ~* zonder geldzorgen zijn • *être dans le ~* gebrek lijden

bestiaire ZN M **bestiarium** <middeleeuws dierenboek>

bestial BN (M MV bestiaux), **beestachtig, bestiaal** • *un instinct ~* dierlijk instinct

bestiaux **1** ZN M MV **vee, (de) beesten** **2** BN → **bestial**

bestiole ZN V **beestje, diertje**

best-seller "-leur" ZN M (MV best-sellers), **bestseller**

bêta **1** ZN M **bèta** **2** ZN M (V bêtasse), **domkop** **3** BN INFORM. **dom, weinig snugger**

bétail ZN M **vee** • *le petit ~* kleinvee • *être traité comme du ~* als oud vuil behandeld worden

bête **1** ZN V **1 dier, beest** • *les bêtes à cornes* hoornvee • *les bêtes fauves / féroces* wilde dieren • *cent bêtes* 100 stuks vee • *une ~ à bon Dieu* lieveheersbeestje • *la ~ humaine* het dierlijke in de mens • FIG. *une bonne ~* goede sukkel • FIG. *une sale ~* rotmens • FIG. *une ~ de scène* theaterdier, podiumbeest <iemand die de zaal weet te bespelen> • FIG. *une ~ à concours* werkezel, bolleboos • FIG. *chercher la petite ~* muggenziften, vitten, op alle slakken zout leggen • FIG. *c'est ma ~ noire* ik kan hem niet luchten of zien • FIG. *reprendre du poil de la ~* er weer bovenop komen **2 domoor, uilskuiken** • *pauvre bête!* arme sukkel! • *faire la ~* zich van de domme houden **2** BN **dom, onnozel, suf** • *c'est ~ comme chou* dat is kinderspel • *c'est ~ à pleurer* het is oliedom • *être ~ comme un âne / comme ses pieds* oliedom zijn • *c'est tout bête!* het is doodsimpel!

bêtement BW **dom, domweg, simpelweg**

bêtifier ONOV WW **dom doen**

bêtise ZN V **1 domheid, stommiteit, domme streek** • *faire des bêtises* iets doms doen, kattenkwaad uithalen • *dire des bêtises* onzin uitkramen **2 kleinigheid**

bêtisier ZN M **verzameling domheden, blunderboek**

béton ZN M **beton** • *du ~ armé* gewapend beton • FIG. *c'est (du) ~* dat zit wel goed • FIG. *avoir un alibi en ~* een waterdicht alibi hebben • STRAATT. *laisse béton!* laat maar!, kap ermee!

betterave ZN V **beetwortel, biet** • *le sucre de ~* bietsuiker • *la ~ sucrière / à sucre* suikerbiet

beuglement ZN M **geloei, geblèr**

beugler ONOV WW **1 loeien** <van rund> **2 brullen, blèren**

beuh TUSSENW **bah**

beur ZN M (V beur(e), V beurette) STRAATT. **(tweedegeneratie-)Arabier** <in Frankrijk geboren>

beurk TUSSENW → **berk**

beurre ZN M **boter** • *du ~ de cacao* cacaoboter • *du ~ de cacahouète* pindakaas • *un petit-~* petit-beurre, droog biscuitje • INFORM., FIG. *avoir un œil au ~ noir* een blauw oog hebben • FIG. *compter pour du ~* voor spek en bonen meedoen, niet meetellen • FIG. *faire son ~* goed geld verdienen • INFORM., FIG. *mettre du ~ dans les épinards* extra verdienen, z'n kas spekken, voor het zout in de pap zorgen • INFORM., FIG. *on ne peut pas avoir le ~, l'argent du ~ et le sourire de la crémière* je kunt niet alles hebben, het is het een of het ander

beurré BN **1 beboterd** • *une tartine beurrée* boterham met boter **2** INFORM. **teut, zat**

beurrer **1** OV WW **met boter besmeren** **2** WKD WW **(se ~)** INFORM. **zich bezatten**

beurrier **1** ZN M **botervlootje** **2** BN (V beurrière), **boter-**

beuverie ZN V **drinkgelag, zuippartij**

bévue ZN V **flater** • *commettre une ~* een flater slaan

bi INFORM. **1** ZN M/V bisexuel, bisexuelle **biseksueel** **2** BN bisexuel(le) **biseksueel**

biais **1** BN **schuin, scheef** **2** ZN M **1 schuinte, schuine strook** • *de / en ~* schuin(s), scheef • *regarder qn de ~* iemand van opzij aankijken **2 kunstgreep,** FIG. **omweg** • *trouver un ~* een uitvlucht vinden • *il a trouvé du travail par le ~ de ses connaissances* via zijn kennissen heeft hij werk gevonden **3 kant (van de zaak), aspect** • *sous ce ~* zo bezien

biaiser ONOV WW FIG. **omwegen gebruiken, schipperen**

bibelot ZN M **snuisterij, prulletje**

biberon ZN M **zuigfles** • *donner le ~* de fles geven

biberonner INFORM. ONOV WW **zuipen**

bibi INFORM. **1** ZN M **vrouwenhoedje, dopje** **2** PERS VNW **ik** • *c'est pour ~!* dat is voor mijn persoontje!

bibiche INFORM. ZN V **schatje, liefje**

bibine INFORM. ZN V **bocht** <slecht bier, slechte wijn>

bible ZN V **Bijbel** • *du papier ~* dundrukpapier

bibli INFORM. ZN V bibliothèque **bibliotheek, bieb**

bibliobus ZN M **bibliotheekbus**

bibliographie ZN V **bibliografie**

bibliothécaire ZN M/V **bibliothecaris**

bibliothèque ZN V **1 boekenkast** **2 bibliotheek** • *la ~ municipale* openbare bibliotheek • *une ~ ambulante* bibliobus **3 verzameling boeken**

biblique BN **Bijbels**

bicentenaire **1** ZN M **tweehonderdjarig jubileum** **2** BN **tweehonderdjarig**

biceps "bieseps" ZN M **biceps** • *avoir des ~* spierballen hebben

biche ZN V **hinde** • INFORM. *ma ~* m'n schatje

bichon INFORM. ZN M (V bichonne), **liefje, schattebout**

bichonner OV WW **1 optutten** **2 vertroetelen**

bicolore BN tweekleurig
bicoque INFORM. ZN V krot
bicorne ZN M steek <hoofddeksel>
bic® ZN M balpen
bicross ZN M **1** crossfiets **2** (het) terreinfietsen
bicyclette ZN V fiets • *une ~ d'homme / de femme* heren- / damesfiets • *aller / monter à ~* fietsen
bide INFORM. ZN M **1** buik • *avoir du ~* een buikje hebben **2** flop <van toneelstuk, film> • *faire un ~* floppen
bidet ZN M bidet
bidoche INFORM. ZN V vlees
bidon 1 ZN M **1** (melk)bus, (benzine)blik, kan • *un ~ d'huile d'olive* blik olijfolie **2** INFORM. buik, pens • *se remplir le ~* z'n buik rond eten **3** INFORM. nep, bluf, leugens • *ce n'est pas du ~!* dat is echt waar! • *tout ça, c'est du ~* het is allemaal nep **2** BN onver. zogenaamd, nep- • *un attentat ~* nepaanslag • *des élections ~* schijnverkiezingen
bidonnant INFORM. BN lollig, geinig
bidonner INFORM. WKD WW **(se ~)** zich dood lachen, uit zijn dak gaan
bidonville ZN M krottenwijk
bidouiller INFORM. OV WW in elkaar prutsen, opknappen
bidule INFORM. ZN M ding(etje), dinges
biélorusse BN Wit-Russisch
Biélorusse ZN M/V Wit-Rus
Biélorussie ZN V Wit-Rusland
bien 1 BW **1** goed, wel • *(très) ~!* goed zo! • *elle se sent ~* ze voelt zich goed • *il se porte ~* hij maakt het goed • *ça va ~ chez vous?* alles goed thuis? • *ils vont ~* ze maken het goed • *ce pantalon te va ~* die broek staat je goed • *si tout va ~...* als alles goed gaat... • *dors ~!* slaap lekker! • *~ se conduire* zich goed gedragen • *je l'aime ~* ik mag hem wel • *il a l'air très ~* hij maakt een heel goede indruk • *tout est ~ qui finit ~* eind goed, al goed • *ah ça, c'est ~ lui!* dat is net iets voor hem! • *vous feriez ~ d'arriver à l'heure* u kunt maar beter op tijd komen • *je voudrais ~ savoir...* ik zou wel eens willen weten... • *tu serais ~ avisé / inspiré de...* je zou er goed aan doen om... • *il y en a ~ une centaine* het zijn er wel honderd • *il est ~ vu* hij wordt geacht • *je veux ~!* graag!, goed! • *eh ~, on y va!* goed, we gaan! • *eh ~? qu'en dis-tu?* en? wat zeg je ervan? • IRON. *nous voilà ~!* daar zitten we mooi mee • *ou ~* ofwel • *assez ~* redelijk, ruim voldoende, 7 <als schoolcijfer> • *tant ~ que mal* zo goed en kwaad als het gaat • *bien que* + subj. hoewel • *bien qu'il ait beaucoup d'argent, il est radin* hoewel hij veel geld heeft, is hij krenterig **2** erg, zeer, veel • *il y a ~ trois jours que...* het is al zeker drie dagen geleden dat... • *~ mieux* veel beter • *~ sûr* natuurlijk • *~ d'autres* heel wat anderen **2** BN goed, fijn • *un monsieur très ~* een keurige meneer • *un type ~* een prima vent • *être ~ avec qn* goed met iemand kunnen opschieten • *je suis ~ ici* ik heb het hier naar mijn zin **3** ZN M **1** (het) goede, welzijn, geluk • *le ~ et le mal* goed en kwaad • *faire le ~* weldoen • *ça te fera du ~* dat zal je goeddoen • *c'est pour son ~* het is voor zijn bestwil • *vouloir du ~ à qn* iemand goedgezind zijn • *mener une entreprise à ~* een onderneming tot een goed einde brengen • INFORM. *en tout ~ tout honneur* in alle eer en deugd **2** bezitting, vermogen, goed • *les ~s de consommation* consumptiegoederen • *les ~s meubles et immeubles* roerende en onroerende zaken • *avoir du ~* bemiddeld zijn • *périr corps et ~s* met man en muis vergaan
bien-aimé ZN M (V bien-aimée), geliefde
bien-être ZN M (MV id.), welzijn, gevoel van welbehagen • *un centre de ~* wellnesscentrum
bienfaisance "-fu-" ZN V liefdadigheid • *une association de ~* liefdadigheidsinstelling
bienfaisant "-fu-" BN weldadig, heilzaam
bienfait ZN M weldaad, heilzaamheid • *les bienfaits de la science* de weldaden van de wetenschap, de nuttige effecten van de wetenschap
bienfaiteur ZN M (V bienfaitrice), weldoener, begunstiger
bienheureux BN (V bienheureuse), gelukkig, (geluk)zalig
biennal BN (M MV biennaux), tweejarig, tweejaarlijks
biennale ZN V biënnale
bien-pensant BN (MV bien-pensants), conformistisch, weldenkend
bien que VOEGW + subj. hoewel, ofschoon, ook al • *bien qu'il ait beaucoup d'argent, il est radin* hoewel hij veel geld heeft, is hij krenterig
bienséance ZN V wellevendheid, fatsoen
bientôt BW spoedig, weldra • *à bientôt!* tot gauw!, tot ziens! • *c'est pour bientôt?* komt er nog wat van? • *le bébé, c'est pour bientôt?* en de baby, is het binnenkort zover? • *j'ai ~ fini* ik ben zo klaar
bienveillance ZN V welwillendheid, vriendelijkheid • *ayez la ~ de vous présenter demain* wees zo vriendelijk om u morgen te melden • *parler de qn avec ~* positief over iemand spreken
bienveillant BN welwillend, vriendelijk • *une critique ~e* milde kritiek
bienvenu 1 BN welkom • *tout commentaire sera ~* wij houden ons aanbevolen voor commentaar **2** ZN M/V • *être le ~ / la ~e* welkom zijn
bienvenue ZN V (het) welkom • *un cadeau de ~* welkomstgeschenk • *souhaiter la ~ à qn* iemand welkom heten
bière ZN V **1** bier • *la ~ blonde* licht bier • *la ~ brune* donker bier • *une ~ pression* tapbier • *une ~ sans alcool* alcoholvrij bier • *une canette de ~* bierflesje, bierblikje • *deux bières!* twee biertjes! • FIG. *ce n'est pas de la petite ~* dat is geen kleinigheid! **2** doodkist • *la mise en ~* het kisten
biffer OV WW doorhalen, schrappen
bifocal BN (M MV bifocaux), bifocaal, dubbelfocus-
bifteck ZN M biefstuk • *un ~ saignant* niet-doorbakken biefstuk • *un ~ à point* tamelijk doorbakken biefstuk • *un ~ bien cuit* goed doorbakken biefstuk • INFORM. *gagner son ~* z'n brood verdienen
bifurcation ZN V tweesprong, OOK FIG. splitsing

bifurquer ONOV WW (zich) splitsen, van richting veranderen, afslaan (**vers** naar) • FIG. *il a bifurqué vers des études de lettres* hij is overgestapt naar een letterenstudie
bigame **1** BN bigamisch **2** ZN M/V bigamist
bigamie ZN V bigamie
bigarré BN bont, gemengd
bigler INFORM. ONOV WW scheel kijken, loensen
bigleux INFORM. BN (V bigleuse), kippig, scheel
bigophone INFORM. ZN M telefoon
bigot **1** ZN M (V bigote), kwezel **2** BN kwezelachtig
bijou ZN M (MV bijoux) **1** juweel, kleinood, sieraad • *des ~x fantaisie* prullerige (namaak) sieraden • *les ~x de famille* familiejuwelen, HUMOR. de edele delen **2** snoesje
bijouterie ZN V **1** juwelierszaak **2** juwelen
bijoutier ZN M (V bijoutière), juwelier
bikini ZN M bikini
bilan ZN M **1** balans • *un dépôt de bilan* faillissementsaanvraag • *déposer son ~* zijn faillissement aanvragen • *dresser / établir le ~* de balans opmaken **2** evaluatie, eindresultaat • MED. *un ~ de santé* check-up • *le lourd ~ des incendies de forêt* de treurige gevolgen van de bosbranden • *faire le ~ de qc* de balans van iets opmaken, iets evalueren
bilatéral BN (M MV bilatéraux), tweezijdig, bilateraal
bile ZN V **1** gal **2** toorn, verbittering • *se faire de la ~* zich ongerust maken, tobben
bilingue BN tweetalig
billard ZN M **1** biljart(tafel, -zaal) • *le ~ américain* poolbiljart • FIG. *une boule de ~* een kale knikker **2** INFORM. operatietafel, snijtafel • *passer sur le ~* onder het mes gaan
bille "biej" ZN V knikker, balletje, kogeltje • *un stylo à ~* balpen • *un roulement à ~s* kogellager • *jouer aux ~s* knikkeren
billet ZN M **1** kaartje, plaatsbewijs • *un ~ de concert* entreebewijs voor een concert • *un ~ de train* treinkaartje • *un ~ aller (et) retour* retourkaartje • *le contrôle des ~s* kaartjescontrole • *un ~ de loterie* lot • *prendre un ~* een kaartje kopen • *composter son ~* zijn kaartje afstempelen **2** briefje • *un ~ doux* liefdesbriefje • *un ~ de faire-part* kennisgeving **3** biljet • *un ~ de banque* bankbiljet • INFORM. *le ~ vert* Amerikaans dollarbiljet • *payer en ~s de cinquante euros* betalen met briefjes van 50 euro
billetterie ZN V kaartverkoop(bureau, -automaat), geldautomaat • *~-spectacles* uitbureau
billion ZN M biljoen
bimensuel BN (V bimensuelle), halfmaandelijks
bimestriel BN (V bimestrielle), tweemaandelijks
bimoteur **1** BN tweemotorig **2** ZN M tweemotorig vliegtuig
binaire BN tweevoudig, tweetallig, binair
biner OV WW schoffelen
binette ZN V **1** schoffel **2** INFORM. kop, bakkes
bingo **1** ZN M (M MV), bingo, kienspel **2** TUSSENW raak!, kassa!
bio BN biologique bio-, biologisch geteeld • *manger ~* biologische voeding eten
biocarburant ZN M biobrandstof
biochimie ZN V biochemie
biodéchet ZN M gft-afval
biodégradable BN biologisch afbreekbaar
biodiésel ZN M biodiesel
biodiversité ZN V biodiversiteit
biodynamique BN biologisch-dynamisch
bioénergie ZN V bio-energie
bioéthique ZN V bio-ethiek
biogazole ZN M biodiesel
biographe ZN M/V biograaf
biographie ZN V biografie
bio-industrie ZN V bio-industrie
biologie ZN V biologie • *la ~ animale* dierkunde • *la ~ végétale* plantkunde
biologique BN biologisch
biologiste ZN M/V bioloog
biométhane ZN M biogas
biophysique ZN V biofysica
biorythme ZN M bioritme
biotope ZN M biotoop
bip INFORM. ZN M **1** bliep • *laissez un message après le ~ sonore* spreek uw boodschap in na de pieptoon **2** pieper <oproepapparaatje> • *vêtements munis de bips antivol* kleding met elektronische diefstalbeveiliging
bipartite BN tweedelig, tweepartijen- • *un gouvernement ~* tweepartijenregering
bipartition ZN V tweedeling
bipède **1** ZN M tweevoeter **2** BN tweevoetig, tweepotig
biper[1] "-pee" OV WW oproepen <met pieper>
biper[2] "bipeur" ZN M → **bipeur**
bipeur, **biper** ZN M pieper <oproepapparaat>
bipolaire BN tweepolig, bipolair • *des troubles bipolaires* bipolaire stoornis, manisch-depressieve stoornis
bipolarisation POL. ZN V polarisatie
bique ZN V **1** INFORM. geit **2** MIN. vrouw, meid • *une vieille ~* oud wijf • *une grande ~* lange lijs
biquet ZN M bokje
biquette INFORM. ZN V **1** geitje **2** liefje
Birmanie ZN V Birma
bis[1] "bies" **1** TUSSENW nog eens!, bis **2** BW bis • *ils habitent dans la rue au 20bis* ze wonen op nummer 20 bis
bis[2] "bi" BN grijsbruin • *du pain ~* (grijs)bruin brood
bisannuel BN (V bisannuelle), tweejaarlijks, tweejarig
biscornu BN grillig, zonderling, excentriek
biscotte ZN V beschuit, toastje
biscuit ZN M biscuitje, koekje • *des ~s salés* zoutjes • *des ~s à la cuiller* lange vingers • *des ~s de chiens* hondenkoekjes
bise ZN V **1** INFORM. kus • *une grosse ~* dikke kus, pakkerd • *faire la ~* een zoen geven • *se faire la ~* elkaar zoenen / kussen **2** noordenwind

bisexualité ZN V biseksualiteit
bisexué BIOL. BN tweeslachtig
bisexuel BN (V bisexuelle), biseksueel
bison ZN M bizon • *~ futé* dienst voor verkeersinformatie en -geleiding
bisou, bizou INFORM. ZN M kusje
bisque ZN V kreeftensoep
bisser OV WW (laten) herhalen, bisseren • *le public a bissé le morceau* het publiek riep 'bis'
bissextile BN • *une année ~* schrikkeljaar
bistouri ZN M operatiemes, scalpel
bistro, bistrot INFORM. ZN M kroeg, café • *aller au ~t* naar het café gaan
bit "biet" COMP. ZN M bit
bite INFORM. ZN V pik, lul
bitume ZN M **1** asfalt **2** INFORM. de straat • *arpenter le ~* doelloos buiten rondlopen
bivouac ZN M bivak
bivouaquer ONOV WW bivakkeren
bizarre BN zonderling, vreemd, grillig • *ça me fait ~* dat doet me vreemd aan • *je me sens tout bizarre* ik voel me zo raar, ik ben een beetje van streek
bizarrerie ZN V zonderlingheid, eigenaardigheid, vreemdheid, grilligheid
bizut, bizuth INFORM. ZN M eerstejaars <v.h. hoger onderwijs>, groentje
bizutage ZN M ontgroening
blabla, blablabla INFORM. ZN M blabla, geklets
blablater INFORM. ONOV WW leuteren
blackbouler OV WW **1** wegstemmen, afstemmen **2** INFORM. afwijzen op een examen • *être blackboulé* zakken
black-out "blakaut" ZN M (MV id.) **1** MIL. verduistering **2** stilzwijgen • *faire le ~ sur une information* informatie achterhouden
blafard BN bleek, vaal • *une lueur ~e* vaal schijnsel
blague ZN V **1** grap, mop, gekheid • *~ à part* alle gekheid op een stokje • *sans ~!* zonder gekheid!, echt waar! • *pas de ~s!* even serieus!, geen geintjes! • *raconter des ~s* moppen tappen • *ne raconter que des ~s* onzin verkopen, bluffen **2** tabakszak
blaguer ONOV WW grappen maken, onzin verkopen
blagueur 1 ZN M (V blagueuse), grappenmaker **2** BN (V blagueuse), plagerig, schertsend
blaireau ZN M (MV blaireaux), das <dier>
blairer INFORM. OV WW • *je ne peux pas le ~* ik kan hem niet uitstaan
blâme ZN M afkeuring, berisping
blâmer OV WW afkeuren, berispen, hard vallen (de over) • *il n'est pas à ~* hem treft geen blaam
blanc 1 BN (V blanche) **1** wit, blank, blanco • *des cheveux ~s* grijze haren • *un bulletin (de vote) ~* blanco stembiljet • *du papier ~* onbeschreven papier • *un cheval ~* schimmel • *la gelée ~he* rijp • *une sauce ~he* botersaus • *du vin ~* witte wijn • *du fromage ~* kwark • *les armes ~hes* blanke wapenen • *~ comme (la) neige* sneeuwwit, FIG. onschuldig • *être ~ (de peur)* bleek zijn van angst • INFORM. *être ~ comme un cachet d'aspirine* spierwit zijn, helemaal niet gebruind zijn • FIG. *donner carte ~he à qn* iemand de vrije hand laten **2** loos, schijn- • *un mariage ~* schijnhuwelijk • *un examen ~* proefexamen • *passer une nuit ~he* een slapeloze / doorwaakte nacht doorbrengen **2** ZN M **1** (het) wit, witte kleur • *un Blanc / une Blanche* een blanke • *le ~ de l'œil* oogwit • *du ~ d'œuf* eiwit • *du ~ de poulet* kipfilet • *le ~ de volaille* wit vlees van gevogelte • *un chèque en ~* blanco cheque • *des ~s entre les mots* het wit, de ruimten tussen de woorden • *habillé en / de ~* in het wit gekleed • *regarder qn dans le ~ des yeux* iemand strak in de ogen kijken • *chauffer à ~* witgloeiend maken • FIG. *saigner à ~* het vel over de oren halen • *en ~* blanco, in het wit **2** doelwit, roos • *une cartouche à ~* losse flodder / patroon • *tirer à ~* met losse flodders schieten • *de but en ~* op de man af, zonder omwegen **3** witgoed **4** witte wijn • *du ~ de ~s* witte wijn van witte druiven **5** korte stilte
blanchâtre BN witachtig
blanche 1 ZN V **1** blanke (vrouw) • *la traite des ~s* handel in blanke slavinnen • *Blanche-Neige* Sneeuwwitje **2** MUZ. halve noot **3** INFORM. heroïne **2** BN → **blanc**
blancheur ZN V witheid, blankheid
blanchiment ZN M **1** (het) bleken, (het) witten **2** (het) witwassen • *le ~ de l'argent de la drogue* het witwassen van drugsgeld
blanchir 1 OV WW **1** wit maken, witten, bleken, wassen • *nourri, logé et blanchi* met kost, inwoning en bewassing **2** FIG. schoonwassen • *il a été blanchi à son procès* op het proces is zijn naam gezuiverd **3** witwassen <v. geld> • *de l'argent blanchi* witgewassen geld **4** CULIN blancheren **2** ONOV WW wit worden, grijs worden <v. haar> **3** WKD WW (se ~) zich rechtvaardigen, zich schoonwassen
blanchissage ZN M (het) wassen • *le ~ des dents* het bleken van tanden
blanchisserie ZN V wasserij
blanquette ZN V ragout v. wit vlees • *de la ~ de veau* kalfsvleesgerecht
blasé BN blasé
blason ZN M wapenschild, blazoen • FIG. *redorer son ~* zijn prestige weer opvijzelen • FIG. *ternir son ~* zijn naam bezoedelen
blasphème ZN M godslastering, vloek
blasphémer OV + ONOV WW godslasteringen uitslaan, vloeken, blasfemeren
blazer "blazèr, blazeur" ZN M blazer <jasje>
blé ZN M **1** tarwe, koren • *un champ de ~* korenveld • *blond comme les blés* goudblond • FIG. *manger son ~ en herbe* zijn verdiensten van tevoren opmaken **2** INFORM. poen • *se faire du ~* geld verdienen • *être fauché comme les blés* op zwart zaad zitten
bled INFORM. ZN M afgelegen plaatsje, gat, dorp
blême BN doodsbleek • *elle a le teint ~* zij is lijkbleek • FIG. *un petit matin ~* een grauw ochtendgloren
blêmir ONOV WW lijkbleek worden, gloren • *~ de rage* wit worden van woede

blessant BN kwetsend, krenkend
blessé ZN M (V blessée), **gewonde** • *un ~ de guerre* oorlogsgewonde • *un grand ~* zwaargewonde • *un ~ léger* lichtgewonde
blesser 1 OV WW **1 (ver)wonden** • *blessé mortellement* dodelijk verwond • *il a été blessé par balle* hij heeft een kogelwond • *elle a été blessée au bras* ze is aan haar arm verwond **2 pijn doen, onaangenaam aandoen, krenken** • *des paroles qui blessent / blessantes* kwetsende woorden • *un petit rien le blesse* hij is gauw op zijn teentjes getrapt • *~ qn dans son orgueil* iemand in zijn trots krenken 2 WKD WW **(se ~) zich verwonden** • *se ~ dans un accident* gewond raken bij een ongeluk
blessure ZN V **wond, kwetsing, krenking** • FIG. *une ~ d'amour-propre* gekwetste eigenliefde • *être condamné pour coups et ~s* veroordeeld worden wegens het toebrengen van lichamelijk letsel • FIG. *raviver une ancienne ~* een oude wond openrijten
blet BN (V blette), **beurs** <van fruit>
bleu 1 BN **blauw** • *des yeux ~s* blauwe ogen • *des yeux gris-~* blauwgrijze ogen • *la grande ~e* de Middellandse Zee • FIG. *en rester ~* er versteld van staan 2 ZN M **1 (het) blauw, blauwe kleur, blauwsel** • *le ~ marine* donkerblauw • *le ~ ciel* hemelsblauw • *le ~ clair* lichtblauw • *le ~ de Delft* Delfts blauw • *le ~ de Prusse* Pruisisch blauw • *du ~ (de Bresse / d'Auvergne)* blauwe schimmelkaas • FIG. *les ~s* de Franse nationale sportploeg • *teindre en ~* blauw verven • FIG. *n'y voir que du ~* er niets van snappen, niets doorhebben **2 blauwe plek** • *être couvert de ~s* onder de blauwe plekken zitten **3 rekruut, groentje 4 overall** • *un ~ de travail* overall
bleuâtre BN **blauwachtig**
bleuet ZN M **korenbloem**
bleuir 1 OV WW **blauw maken** 2 ONOV WW **blauw worden**
bleuté BN **blauwachtig**
blindé 1 BN **1 gepantserd** • *une division blindée* pantserdivisie • *un véhicule ~* pantserwagen • *une porte blindée* geblindeerde deur **2** INFORM. **ongevoelig, gehard** • *être ~* FIG. een dikke huid hebben 2 ZN M **pantserwagen**
blinder OV WW **1 pantseren, blinderen 2** INFORM., FIG. **immuun maken, harden** • *tous ses malheurs l'ont blindé* hij is gehard door al zijn tegenspoed
blinis ZN M **boekweitpoffertje**
bloc ZN M **1 blok** • *un ~ de marbre / de glace* blok marmer / ijs • SPORT *~ de départ* startblok **2 samengesteld geheel, blok** • *un ~ de maisons* huizenblok • *un ~ de cuisine* keukenblok • *un ~ opératoire* operatiekamer(s) • *le ~ communiste* het communistische blok • FIG. *faire ~ contre qn* zich gezamenlijk opstellen tegen iemand, een blok vormen tegen iemand • *serrer (les freins) à ~* hard remmen • INFORM. *être gonflé à ~* barsten van het zelfvertrouwen, veel lef hebben • *à ~* muurvast, geheel • *en ~* in zijn geheel, alles bij elkaar genomen • *tout d'un ~* helemaal, in één geheel **3** INFORM. **gevangenis** • *on l'a fourré au ~* hij is in de nor gestopt
blocage ZN M **(het) blokkeren, (het) bevriezen** <van lonen, prijzen> • FIG. *le ~ des prix* prijsstop • *faire un ~ en maths* niet kunnen meekomen met wiskunde
bloc-cuisine ZN M (MV blocs-cuisines), **keukenblok**
bloc-notes ZN M (MV blocs-notes), **blocnote**
blocus "-kuus" ZN M **blokkade** • *forcer / lever le ~* de blokkade opheffen
blog COMP. ZN M **blog, weblog**
bloguer COMP. WW **bloggen**
blogueur COMP. ZN M (V blogueuse), **blogger**
blond 1 BN **blond** • *de la bière ~e* licht bier • *du tabac ~* lichte tabak • *des cheveux ~s filasse* vlasblond haar 2 ZN M (V blonde) **1 blond persoon** • *une fausse ~e* vrouw met geblondeerd haar **2 blonde kleur** • *un ~ doré* goudblond • *un ~ cendré* asblond
blondasse MIN. BN **vlasblond**
blonde ZN V **1 lichte sigaret 2 licht bier, pilsje**
blondin 1 BN **blond** 2 ZN M (V blondine), **blond kind**
blondinet 1 BN (V blondinette), **blond** 2 ZN M/V (V blondinette), **blond kind**
blondir 1 ONOV WW **blond worden, geel worden** • *faire blondir des oignons dans de l'huile* uien fruiten in de olie 2 OV WW **blond maken** • *elle s'est blondi les cheveux* ze heeft haar eigen haren geblondeerd
bloquer OV WW **1 blokkeren** • *être bloqué dans un embouteillage* in een file staan • *être bloqué dans un ascenseur* vastzitten in een lift • *un navire bloqué par les glaces* schip dat in het ijs vastzit • FIG. *~ un compte en banque* een bankrekening blokkeren • FIG. *les salaires sont bloqués* de lonen zijn bevroren **2 samenvoegen, groeperen**
blottir WKD WW **(se ~) zich oprollen, zich nestelen, neerhurken, ineenduiken** • *se ~ contre qn* zich tegen iemand aanvlijen
blouse ZN V **1 bloes, kiel 2 werkschort** • *une ~ blanche* doktersjas, verpleegstersjas • *les ~s blanches* het medisch personeel
blouser 1 OV WW INFORM. FIG. **erin laten lopen** 2 ONOV WW **(over)bloezen**
blouson ZN M **jack**
blue-jean, blue-jeans ZN M (MV blue-jeans), **spijkerbroek**
blues ZN M **1** MUZ. **blues 2** INFORM. **neerslachtigheid** • *avoir le ~ / un coup de ~* depri zijn
bluff "bluf" ZN M **opschepperij, bluf** • *il l'a eue au ~* hij heeft haar afgebluft
bluffer 1 ONOV WW **bluffen** 2 OV WW **overbluffen, intimideren, misleiden**
bluffeur ZN M (V bluffeuse), **bluffer, opschepper**
BNF AFK Bibliothèque Nationale de France V **nationale bibliotheek van Frankrijk**
boa ZN M **boa** <dier, kledingstuk> • *un boa ~* boa constrictor
bob ZN M **1 katoenen mutsje 2 bobslee**
bobard INFORM. ZN M **praatje, leugentje** • *raconter des ~s* iets op de mouw spelden

bobeur ZN M **bobsleeër**
bobine ZN V **1** spoel, (garen)klos • *une ~ de fil* een klosje garen **2** INFORM. **tronie, smoel**
bobo 1 ZN M JEUGDT. **pijn, wondje,** FIG. **(lichte) schade 2** ZN M/V bourgeois bohème **linksige yup 3** BN • *un quartier bobo* yuppenwijk
bobsleigh ZN M **bobslee**
bocal ZN M (MV bocaux) **1 goudviskom 2 bokaal, glazen pot, stopfles**
boche INFORM., MIN. ZN M/V **mof** <Duitser>
bock ZN M **bierglas** <van 1/4 liter>, **glas bier**
bodybuilding ZN M **bodybuilding** • *faire du ~* aan bodybuilding doen
bœuf "buf, mv: beu" ZN M **rund, os, rundvlees** • CULIN *du ~ à la mode* rundvleesragout • *fort comme un ~* sterk als een paard • *souffler comme un ~* hijgen als een paard • *travailler comme un ~* als een paard werken • INFORM. *faire un effet ~* een daverend effect hebben
bof TUSSENW **nou en!, och (wat)!**
bogue COMP. ZN M **bug**
bohème 1 ZN V **kunstenaarswereld 2** ZN M/V **iemand die een ongeregeld leven leidt, bohémien**
bohémien 1 ZN M (V bohémienne), **zigeuner, zwerver 2** BN **Boheems**
boire 1 OV WW onregelmatig **(op)drinken** • INFORM. *~ un verre* wat drinken, een borrel pakken • FIG. *~ les paroles de qn* aan iemands lippen hangen **2** ONOV WW onregelmatig **drinken** • *servir à ~ à qn* iemand iets inschenken • *~ dans un verre* uit een glas drinken • *~ à la bouteille* uit de fles drinken • *~ à petites gorgées* kleine slokjes nemen • *offrir à ~* iets te drinken aanbieden • *~ à la santé de qn* op iemands gezondheid drinken • FIG. *il y a à ~ et à manger* er zitten voor- en nadelen aan • FIG. *ce n'est pas la mer à ~* zo moeilijk is het niet • INFORM. *~ comme un trou* stevig drinken, zuipen • *ce papier boit* dat papier vloeit **3** WKD WW **(se ~) gedronken worden** • *un vin qui se boit bien* een heel drinkbare wijn **4** ZN M **drank, (het) drinken** • *le ~ et le manger* zijn natje en zijn droogje • *en perdre le ~ et le manger* er helemaal in opgaan
bois 1 ZN M **1 hout, houten voorwerp** • *un meuble en ~ naturel* blankhouten meubel • *du ~ de construction* timmerhout • *une gravure sur ~* houtsnede • FIG. *la langue de ~* wollig gepraat, holle kreten • *couper du ~* hout hakken • *se chauffer au ~* hout stoken • *ramasser du ~ mort* hout sprokkelen • *faire un feu de ~* een houtvuur maken • FIG. *faire un chèque en ~* een ongedekte cheque uitschrijven • FIG. *trouver porte de ~* voor een gesloten deur komen • FIG. *toucher du ~* afkloppen • FIG. *avoir la gueule de ~* een houten kop hebben, een kater hebben • *en / de ~* van hout, houten **2 bos** • *aller se promener au ~* in het bos gaan wandelen **2** ZN M MV **1 gewei 2 houten blaasinstrumenten 3** WW présent → **boire**
boisé BN **bebost**
boiserie 1 ZN V **houtwerk, betimmering 2** ZN V MV **lambrisering**

Bois-le-duc ZN M **'s-Hertogenbosch**
boisson ZN V **drank** • *une ~ fraîche* frisdrank • *une ~ forte* sterkedrank • *une ~ gazeuse* koolzuurhoudende drank, priklimonade • *des ~s alcoolisées* alcoholhoudende drank(en) • *être pris de ~* dronken zijn • *être porté sur la ~* wel van een glaasje houden, een stevige drinker zijn
boîte ZN V **1 kist(je), doos, blik** • *une ~ d'allumettes* luciferdoosje • *une ~ à outils* gereedschapskist • *une ~ de conserve* conservenblikje • *une ~ à gants* dashboardkastje • *une ~ aux / à lettres* brievenbus • *une ~ à bijoux* juwelenkistje • *une ~ à ordures* vuilnisbak • *une ~ à musique* speeldoos • *la ~ noire* zwarte doos • *la ~ de vitesses* versnellingsbak • *la ~ crânienne* hersenpan • *une ~ postale* postbus • *une ~ vocale* voicemail • COMP. *~ de dialogues* dialoogvenster • *mettre en ~* inblikken, FIG. in de maling nemen **2** INFORM. **zaak, bedrijf, tent, school** • *une ~ à bachot* privéschool, leerfabriek • *une ~ de nuit* discotheek, nachtclub • *aller / sortir en ~* naar de disco gaan, uit dansen gaan, uitgaan • *travailler dans une ~ d'informatique* in een computershop werken, ICT'er zijn
boiter ONOV WW **1 hinken,** OOK FIG. **mank gaan 2 wankel zijn**
boiteux 1 BN (V boiteuse) **1 kreupel,** OOK FIG. **mank 2 wankel** • *une chaise boiteuse* wankele stoel • *une phrase boiteuse* kromme zin • *un projet ~* ongefundeerd plan **2** ZN M (V boiteuse), **manke, kreupele**
boitiller ONOV WW **licht hinken**
boive WW subj. présent → **boire**
boivent WW présent, subj. présent → **boire**
boives WW subj. présent → **boire**
bol ZN M **1 kom** • *un ~ de riz* een kom rijst • BIOL. *~ alimentaire* spijsbal • FIG. *prendre un ~ d'air* een luchtje scheppen, een frisse neus halen • INFORM., FIG *en avoir ras le ~* ervan balen **2** INFORM. **geluk** • *avoir du ~ / un coup de ~* mazzel hebben
bolet PLANTK. ZN M **boleet**
bolide ZN M **bolide** <vuurbol; racewagen> • *filer comme un ~* razendsnel voorbijflitsen
Bolivie ZN V **Bolivia**
bolivien BN (V bolivienne), **Boliviaans**
Bolivien ZN M (V Bolivienne), **Boliviaan**
bombance ZN V **smulpartij, braspartij** • *faire ~* smullen, brassen
bombardement ZN M **bombardement, beschieting** • *un ~ aérien* luchtbombardement
bombarder OV WW **1 bombarderen, beschieten,** OOK FIG. **bestoken (de met)** • FIG. *~ qn de questions* vragen op iemand afvuren **2** INFORM. **onverwacht bevorderen tot** • *on l'a bombardé chef de bureau* hij is tot afdelingschef gebombardeerd
bombardier ZN M **bommenwerper, bombardeur**
bombe ZN V **1 bom** • *la ~ A / atomique* atoombom • *la ~ H / à hydrogène* waterstofbom • *une ~ artisanale* bermbom • *une ~ à fragmentation* fragmentatiebom • *une ~ à retardement* tijdbom • *une ~ lacrymogène* traangasgranaat • *lâcher une ~* een bom afwerpen • FIG. *une ~ sexuelle* seksbom • FIG. *faire l'effet d'une*

~ inslaan als een bom • INFORM. *arriver comme une ~* als een slag bij heldere hemel komen, onverwachts komen **2 spuitbus** • *une ~ de peinture* verfspuitbus • *une ~ d'insecticide* anti-insectenspray **3** INFORM. **zuippartij** • *faire la ~* fuiven

bombé BN **bol** • *un front ~* gewelfd voorhoofd

bomber OV WW **bol maken, bomberen** • *~ la poitrine* zijn borst opzetten

bon 1 BN (V bonne) **1 goed, geschikt, gunstig, juist, lekker, fijn** • *un ~ ami / une bonne amie* geliefde • *une femme bonne* een goede vrouw • INFORM. *une bonne femme* vrouw(tje) • *bonnes vacances!* prettige vakantie! • *c'est ~* het smaakt lekker • *il a une bonne vue* hij heeft goede ogen • *c'est la bonne réponse* dat is het goede / juiste antwoord • *tu as emporté le ~ livre?* heb je het juiste boek meegenomen? • *arriver ~ premier* goede eerste zijn • *avoir du ~ sens* gezond verstand hebben • *c'est un ~ à rien* hij deugt nergens voor • *ce n'est pas ~ à manger* dat is niet eetbaar • *c'est ~ pour / contre les maux de tête* dat helpt tegen hoofdpijn • *souhaiter une bonne année à qn* iemand een gelukkig Nieuwjaar wensen • *dire la bonne aventure* de toekomst voorspellen • *avoir bonne mine* er goed uitzien • *prendre la vie du ~ côté* het leven van de vrolijke kant bekijken • INFORM. *elle est (bien) bonne!* da's een goeie (grap)! • FIG. *frapper à la bonne porte* aan het juiste adres zijn • *à quoi bon?* waar dient dat voor? • *pour de ~* voorgoed, werkelijk • *à ~ compte* goedkoop • *à la bonne heure!* goed zo! • *de bonne heure* vroeg • *(à) ~ marché* goedkoop • *de ~ matin* 's morgens vroeg **2 goed, vol, ruim** • *une bonne gifle* een flinke klap • *il y a une bonne semaine* ruim een week geleden • *il y a une bonne année de cela ...* een dik jaar geleden... • *une bonne partie de la population* een flink deel van de bevolking • *une bonne couche de peinture* een dikke laag verf **2** BW **goed, lekker** • *il fait ~ ici* het is hier lekker • *tenir ~* zich goed houden, volhouden • *ça sent ~* dat ruikt lekker **3** ZN M **1 (het / de) goede** • *il y a du ~ dans cet ouvrage* er zit wat goeds in dat werk • *il y a du ~ chez lui* hij heeft zijn goede kanten • *le ~ de l'histoire, c'est que...* het aardige van de zaak is dat... **2 bon** • *un ~ d'achat* waardebon **4** TUSSENW **nou, welnu** • *bon!* okay!, afgesproken! • *ah bon?* goh!, oh ja? • *allons bon! elle remet ça!* ja hoor, daar begint ze weer!

bonbon ZN M **snoepje** • *des ~s anglais* Engelse drop

bonbonne ZN V **buikfles**

bond ZN M **sprong** • *faire un ~* plotselinge vooruitgang boeken • *attraper la balle au ~* de gelegenheid aangrijpen • FIG. *faire faux ~ à qn* zijn beloften niet nakomen jegens iemand • *par ~s* sprongsgewijs • *d'un ~* met een sprong, ineens

bondé BN **propvol** • *un bus ~* stampvolle bus

bondieuserie ZN V **kwezelarij**

bondir ONOV WW **1 huppelen, (op)springen** • *~ d'impatience* trappelen van ongeduld • *~ de joie* (op)springen van vreugde • *faire ~ qn* iemand razend maken **2 zich reppen, rennen** • *~ sur qn* op iemand afvliegen

bonheur ZN M **geluk** • *faire le ~ de qn* iemand gelukkig maken • *porter ~ à qn* iemand geluk brengen • <spreekwoord> *l'argent ne fait pas le ~* geld maakt niet gelukkig • *par ~* gelukkig • *avec ~* succesvol • *au petit ~ (la chance)* op goed geluk, hapsnap

bonhomie, bonhommie ZN V **goedmoedigheid**

bonhomme INFORM. ZN M (MV bonshommes) **1** INFORM. **man, kerel, sukkel** • *un drôle de ~* rare snuiter **2 poppetje** • *un ~ de neige* sneeuwpop • *dessiner des petits bonshommes* poppetjes tekenen • *il a fait son petit ~ de chemin* hij is zijn gangetje gegaan **3 ventje, jongetje, mannetje, baasje** • *ce petit ~ peut déjà marcher!* die kleine kan al lopen!

bonification ZN V **1 verbetering 2 bonus, vergoeding, bonificatie**

boniment ZN M **1 verkooppraatje 2** INFORM. **leugentaal** • *raconter des ~s* leugentjes opdissen

bonjour ZN M **goedendag, goedemorgen** • *dire ~* groeten • *donne le ~ à ton père de ma part* groet je vader van mij • *c'est simple comme ~* het is doodeenvoudig, het is zo gemakkelijk als wat • INFORM., IRON. *~ les dégâts!* dan zit je met de brokken!, dan is het mis! • INFORM., IRON. *~ l'ambiance!* dan is het gedaan met de goede stemming

bonne 1 ZN V **dienstmeisje** • *une chambre de ~* dienstbodekamer <op zolderverdieping> • *une ~ d'enfants* kindermeisje • *je ne suis pas ta ~!* ik ben je slaafje niet **2** BN → **bon**

bonne-maman ZN V (MV bonnes-mamans), **oma**

bonnement BW • *tout ~* eenvoudig, gewoon(weg)

bonnet ZN M **1 muts, kap** • *un ~ de ski* ijsmuts • *un ~ de bain* badmuts • *les gros ~s* de hoge heren / omes • *c'est ~ blanc et blanc ~* dat is lood om oud ijzer **2 cup van bh**

bon-papa ZN M (MV bons-papas), **opa**

bonsoir ZN M **goedenavond**

bonté ZN V **goedheid, welwillendheid** • *~ divine!* grote goedheid!, grote goden!

bonus "bonuus" ZN M **bonus, premie** • *perdre son ~ à cause d'un accident* zijn no-claim kwijtraken vanwege een ongeluk

bonze ZN M **1** REL. **bonze** <boeddhistische priester> **2** INFORM. **hoge ome, bobo**

book "boek" ZN M **knipselboek, fotomap van fotomodel, portfolio van artiest**

boom "boem" ZN M **1 explosieve groei, boom** • *le ~ démographique* bevolkingsexplosie • *il y a eu un vrai ~ des prix* er was een ware prijsexplosie **2** • *être en plein ~* gonzen van activiteit, op volle toeren draaien

boomerang ZN M **boemerang** • FIG. *faire ~* als een boemerang werken

booster OV WW **1 oppeppen 2** FIG. **opkrikken**

boots "boets" ZN M MV **laarsjes**

bord ZN M **1 rand, kant, zoom, oever** • *le ~ de la route* de kant van de weg, de berm • *un verre plein à ras ~ / jusqu'au ~* tot de rand gevuld glas • *un chapeau à large ~* hoed met brede rand • *être au ~*

des larmes bijna gaan huilen • INFORM. *il est un peu fou sur les ~s* hij is min of meer geschift • FIG. *être au ~ de* op de rand staan van • *au ~ de la mer* aan zee, aan de kust **2 boord** <van schip> • *le journal / livre de ~* scheepsjournaal • *monter à ~* aan boord gaan • *jeter qn par-dessus ~* iemand overboord gooien • OOK FIG. *virer de ~* het over een andere boeg gooien • FIG. *faire avec les moyens du ~* roeien met de riemen die je hebt, zich behelpen • FIG. *être du même ~* het ermee eens zijn, (iemands) partij kiezen • *à ~ (de)* aan boord (van) <v. boot, vliegtuig> • *de tout ~ / de tous ~s* van diverse pluimage, allerlei

bordeaux 1 ZN M **bordeaux** <wijn> **2** BN onver. **bordeauxrood**

bordée ZN V OOK FIG. **volle laag, salvo** • *une ~ d'injures* scheldkanonnade

bordel INFORM. **1** ZN M **1 bordeel 2** INFORM. **grote rotzooi, herrie, gedonder** • *mettre / foutre le ~* er een puinhoop van maken, alles in de war schoppen • *ça va être le ~ à la réunion, demain* dat wordt een hele hijs, morgen op de vergadering **2** TUSSENW **shit, verrek**

bordelais BN **van / uit Bordeaux**

bordélique INFORM. BN **rommelig, wanordelijk**

border OV WW **1 zich bevinden / zich begeven langs** • *les arbres bordent la route* de bomen staan langs de weg **2 omboorden, omzomen** • *un capuchon bordé de fourrure* capuchon met bontrand • *une plate-bande bordée de buis* een met buksen afgezette border **3 instoppen, goed toedekken** <van iemand in bed>

bordure ZN V **rand, zoom** • *une maison en ~ de mer* een huis aan zee • *en ~ de...* aangrenzend aan..., langs...

boréal BN (M MV boréals/boréaux), **noordelijk** • *l'aurore boréale* noorderlicht

borgne 1 BN **1 eenogig 2 verdacht, obscuur** • *un hôtel ~* louche hotel **2** ZN M/V **eenoog** • <spreekwoord> *au pays des aveugles les ~s sont rois* in het land der blinden is eenoog koning

borne ZN V **1 grens(paal), grenssteen, paaltje, steen langs een weg** • *une ~ kilométrique* kilometerpaal • *une ~ d'appel* praatpaal • *une ~ d'incendie* brandkraan • COMP. *une ~ wifi* wifi-hotspot • COMP. *une ~ interactive* internetzuil • FIG. *dépasser les ~s* de perken te buiten gaan, te ver gaan • FIG. *avoir une patience sans ~s* een eindeloos geduld hebben • FIG. *reculer les ~s de la connaissance* grensverleggend onderzoek doen • *sans ~s* grenzeloos **2** INFORM. **kilometer 3** TECHN. **(accu) klem, aansluiting**

borné BN **bekrompen, geborneerd**

borner 1 OV WW **beperken, begrenzen 2** WKD WW **(se ~) à zich beperken tot**

bosniaque BN **Bosnisch**

Bosniaque 1 ZN M **Bosniër 2** ZN V **Bosnische**

bosquet ZN M **bosje, bosschage**

bosse ZN V **1 bult, bochel** • INFORM. *rouler sa ~* rondtrekken **2 verheffing in een terrein, hobbel 3 deuk 4 buil, knobbel** • INFORM. *avoir la ~ des langues* een talenknobbel hebben

bosseler OV WW **deuken, drijven** <van metaal> • *une portière bosselée* een gedeukt portier

bosser INFORM. ONOV WW **werken, blokken**

bosseur INFORM. ZN M **zwoeger, harde werker**

bossu 1 BN **gebocheld 2** ZN M (V bossue), **gebochelde** • *rire comme un ~* zich een bult lachen

botanique 1 BN **plantkundig, botanisch** • *un jardin ~* plantentuin, hortus **2** ZN V **plantkunde, botanie**

botaniste ZN M/V **plantkundige, botanicus**

botte ZN V **1 laars** • *des ~s d'équitation* rijlaarzen • FIG. *être à la ~ de qn* zich door iemand laten commanderen • INFORM. *en avoir plein les ~s* geen poot meer kunnen verzetten, het zat zijn • INFORM. *cirer / lécher les ~s de qn* iemands hielen likken **2 bos, pak** • *une ~ de carottes* bos wortelen • *une ~ d'asperges* een bosje asperges • *une ~ de paille* strobaal, strobos

botter OV WW **1 laarzen aantrekken** • *le chat botté* de gelaarsde kat **2 trappen tegen** • SPORT *~ un but* scoren • INFORM. *~ les fesses à qn* iemand een schop onder zijn gat geven **3** INFORM. **bevallen, aanstaan** • *ça te botte de partir en vacances?* heb je zin om op vakantie te gaan?

bottine ZN V **laarsje, bottine**

bouc ZN M **1 bok** • *un ~ émissaire* zondebok • INFORM. *un vieux ~* ouwe zak **2 sikje**

boucan INFORM. ZN M **herrie, kabaal** • *faire du ~* herrie schoppen

bouche ZN V **1 mond, bek** • *la ~ en cœur* aanstellerig-lief • INFORM. *la ~ en cul de poule* pruimenmondje • *ne parle pas la ~ pleine!* niet met een volle mond praten! • *j'en ai l'eau à la ~* ik watertand ervan • *ça fond dans la ~* het smelt op de tong • *avoir la ~ sèche / pâteuse* een droge mond hebben • *rester ~ bée* met open mond staan kijken, versteld staan • *garder qc pour la bonne ~* (het lekkerste) voor het laatst bewaren • *faire du ~ à oreille* van mond tot mond rondvertellen • FIG. *faire la fine ~* kieskeurig zijn • FIG. *fermer la ~ à qn* iemand de mond snoeren • FIG. *on n'a que ça à la ~* ieder heeft er de mond vol van • *(motus et) ~ cousue!* mondje dicht! **2 opening, monding, ingang** • *une ~ de métro* metro-ingang • *une ~ d'aération* ventilatierooster, luchtkoker • *une ~ d'égout* rioolkolk, rioolput • *une ~ d'incendie* brandkraan

bouché BN **1 dichtgestopt, verstopt, met files, bewolkt, betrokken** • *j'ai le nez ~* mijn neus is verstopt **2** INFORM. **bekrompen, dommig, traag van begrip**

bouche-à-bouche ZN M (MV id.), **mond-op-mondbeademing**

bouche-à-oreille ZN M (MV id.) • *publicité par ~* mond-tot-mondreclame

bouchée ZN V **1 hap, mondvol** • *une ~ à la reine* pasteitje • FIG. *ne faire qu'une ~ de qc* iets afraffelen • FIG. *ne faire qu'une ~ de qn* gehakt van iemand maken • FIG. *mettre les bouchées doubles* er vaart achter zetten, iets tweemaal zo vlug doen • *pour une ~ de pain* voor een appel en een ei, voor een habbekrats **2 bonbon**

boucher **1** ZN M (V bouchère) **1** slager, slachter **2** FIG. beul, slecht chirurg **2** OV WW dichtstoppen, afsluiten, versperren, kurken, verstopt raken **3** WKD WW **(se ~)** • *se ~ les oreilles* zijn oren dichtstoppen • *se ~ les yeux* zijn ogen dichtdoen • *se ~ le nez* zijn neus dichtknijpen
boucherie ZN V **1** slagerij **2** FIG. slachting, bloedbad
bouche-trou ZN M (MV bouche-trous), invaller, noodhulp
bouchon **1** ZN M kurk, stop, plug, dop • *un vin qui sent le ~* wijn die naar de kurk smaakt • FIG. *pousser le ~ un peu loin* te ver gaan, overdrijven **2** ZN M MV file, opstopping
bouchonner ONOV WW samendrommen, verstopt raken <door files> • *ça bouchonne sur l'autoroute* er is een file op de autoweg
bouclage ZN M **1** afsluiting, afgrendeling **2** INFORM. opsluiting
boucle ZN V **1** gesp **2** ring • *des ~s d'oreilles* oorbellen **3** haarkrul, lok **4** lus, bocht • *la Grande Boucle* de Tour de France • *l'avion a décrit une ~* het vliegtuig beschreef een lus • *la ~ est bouclée* de cirkel is rond, we zijn weer terug bij af • *un programme diffusé en ~* permanent uitgezonden programma • *en ~* repeterend
bouclé BN gekruld, krullend
boucler **1** OV WW **1** vastgespen, sluiten • *~ sa ceinture* zijn riem vastmaken • FIG. *~ ses valises* zijn koffers pakken **2** opsluiten, afsluiten • *~ un quartier* een wijk afsluiten • INFORM. *boucle-la!* hou je mond! **3** FIG. rond maken, afmaken • *l'affaire est bouclée* de zaak is rond • *~ son budget* de touwtjes aan elkaar knopen • *la boucle est bouclée* de cirkel is rond, we zijn weer terug bij af **2** ONOV WW **1** krullen **2** COMP. een lus / loop maken
bouclette ZN V krulletje
bouclier ZN M **1** schild **2** bescherming, verdediging • *le ~ fiscal* belastingplafond <maximumtarief inkomstenbelasting> • *une levée de ~s* een storm van protesten, algemeen verzet
bouddha ZN M Boeddha, Boeddhabeeld
bouddhisme ZN M boeddhisme
bouddhiste **1** BN boeddhistisch **2** ZN M/V boeddhist
bouder **1** ONOV WW mokken, pruilen • *l'enfant boude* het kind zit te mokken **2** OV WW links laten liggen, boos zijn op • *le public boude ce film* die film trekt geen publiek • *~ un nouveau produit* een nieuw product niet willen kopen • *~ son plaisir* moeilijk doen
boudeur BN (V boudeuse), pruilerig
boudin ZN M **1** bloedworst • *du ~ noir* bloedworst • INFORM. *s'en aller en eau de ~* op niets uitlopen, als een nachtkaars uitgaan • JEUGDT. *caca ~!* bah vies! **2** dikke rol, INFORM. worstvinger **3** INFORM. dikke meid, propje
boudiner OV WW strak aanhalen, persen, proppen • *cette robe te boudine* die jurk zit je te strak
boue ZN V modder, slijk • *un bain de ~* modderbad • *patauger dans la ~* door de modder baggeren • FIG. *traîner qn dans la ~* iemand door het slijk halen
bouée ZN V boei, baken • *une ~ de sauvetage* reddingboei • *une ~ d'enfant en forme de canard* een kinderzwemband in de vorm van een eend • *une ~ lumineuse* lichtboei • *une ~ sonore* geluidsboei, brulboei
boueux **1** BN (V boueuse), modderig **2** ZN M vuilnisman
bouffant BN pof- • *des manches ~es* pofmouwen
bouffe **1** ZN V INFORM. (het) eten, (het) vreten • *se faire une petite ~* een hapje eten klaarmaken • *qui fait la ~, ce soir?* wie kookt er vanavond? • *à la ~!* aan tafel!, aanvallen maar! **2** BN komisch, kluchtig • *des opéras ~s* komische opera's
bouffée ZN V **1** uitademing • FIG. *une ~ d'oxygène* verademing, lucht **2** trekje <aan sigaret e.d.> **3** vlaag, FIG. opwelling • *une bouffée d'air frais* een hap frisse lucht • *une ~ de parfum* vleugje parfum • *une ~ d'air froid* stroom koude lucht • *une ~ de colère* woede-uitbarsting • *avoir des bouffées de chaleur* opvliegers hebben • *par bouffées* bij vlagen
bouffer **1** OV WW INFORM. eten, bikken • *cette voiture bouffe trop d'essence* die auto zuipt benzine • *~ des kilomètres* kilometers vreten • FIG. *se ~ le nez* elkaar in de haren vliegen **2** ONOV WW **1** INFORM. eten, bikken **2** opzwellen, opbollen • *des cheveux qui bouffent* opbollend haar • *une robe bouffante* bolstaande jurk
bouffi BN bol, opgeblazen, OOK FIG. gezwollen, pafferig
bouffon **1** ZN M nar, potsenmaker **2** BN (V bouffonne), koddig, kluchtig
bouffonnerie ZN V zotte streek, grappigheid
bougeoir ZN M blaker, (lage) kandelaar
bougeotte INFORM. ZN V • *avoir la ~* niet stil kunnen zitten, geen zitvlees hebben
bouger **1** ONOV WW zich bewegen, in actie komen, van zijn plaats komen • *ne pas ~* niet veranderen, niet weggaan • *je ne bouge pas d'ici!* ik verzet geen stap! • *ça bouge dans les banlieues!* het is roerig in de voorsteden! • *que personne ne bouge!* allemaal stilzitten!, verroer je niet! • *faire ~ les choses* de zaak in beweging brengen • INFORM. *les prix ne bougent pas* de prijzen blijven onveranderd **2** WKD WW **(se ~)** INFORM. wat gaan doen • *bouge-toi un peu / bouge-toi le cul!* doe eens wat! **3** OV WW INFORM. verplaatsen • FIG. *il n'a pas bougé le petit doigt pour nous aider* hij heeft geen vinger uitgestoken om ons te helpen
bougie ZN V **1** kaars • *des ~s d'anniversaire* verjaardagskaarsjes • *une ~ chauffe-plat* theelichtje, waxinelichtje • *souffler une ~* een kaars uitblazen • *s'éclairer à la ~* zich bijlichten met een kaars • *à la ~* bij kaarslicht **2** bougie <van motor>
bougon BN (V bougonne), knorrig
bougonner INFORM. ONOV WW brommen, mopperen, pruttelen
bougre INFORM. **1** ZN M (V bougresse), vent, wijf • *un bon ~* beste vent • MIN. *~ d'idiot!* stomme idioot! **2** TUSSENW verdraaid!

bouillabaisse ZN V bouillabaisse <Provençaalse vissoep>
bouillant BN kokend, kokendheet
bouille INFORM. ZN V smoel • *avoir une bonne ~* een leuk snoetje / snuitje hebben
bouillie ZN V pap • *en ~* tot pap, OOK FIG. tot moes • INFORM. *mettre qn en ~* iemand tot moes slaan, gehakt van iemand maken
bouillir ONOV WW onregelmatig **1** koken • *faire ~ de l'eau* water koken, water aan de kook brengen • FIG., INFORM. *faire ~ la marmite* broodwinner zijn **2** boos worden • *ça me fait ~* daar word ik razend van • *~ d'impatience* trappelen van ongeduld
bouilloire ZN V waterkoker, (fluit)ketel
bouillon ZN M **1** bouillon • *des tablettes / cubes de ~* bouillonblokjes • *un ~ de légumes* groentenat • *faire un ~* bouillon trekken **2** luchtbel • *cuire à gros ~s* hard koken **3** • *un ~ de culture* kweekbodem, voedingsbodem
bouillonnant BN OOK FIG. bruisend, onstuimig
bouillonnement ZN M **1** OOK FIG. (het) opborrelen **2** opwinding
bouillonner ONOV WW **1** opborrelen **2** LIT. bruisen • *~ de rage* koken van woede
bouillotte ZN V waterkruik, keteltje
boulanger ZN M (V boulangère), bakker
boulangerie ZN V bakkerswinkel, bakkerij
boulangerie-pâtisserie ZN V brood- en banketbakkerij
boule ZN V **1** bol, bal • *une ~ de neige* sneeuwbal • *une ~ à thé* thee-ei • *des ~s Quies®* oordopjes • *le jeu de ~s* jeu de boules • *une ~ de billard* biljartbal • *une ~ de cristal* kristallen bol • *l'effet ~ de neige* het sneeuwbaleffect • FIG. *avoir une ~ dans la gorge* een brok in de keel hebben • INFORM. *avoir les ~s* in de piepzak zitten • FIG. *faire ~ de neige* aangroeien, een sneeuwbaleffect hebben • INFORM. *se mettre en ~* kregelig / nijdig worden • *en ~* opgerold, kogelrond **2** INFORM. kop, knars • *perdre la ~* de kluts kwijtraken
bouleau ZN M (MV bouleaux), berk
bouledogue ZN M buldog
bouler INFORM. ONOV WW over de grond rollen • *je l'ai envoyé ~* ik heb hem afgescheept
boulet ZN M (kanons)kogel, kogel <aan been v. gevangene> • FIG. *c'est un ~ à traîner* het is een blok aan het been
boulette ZN V **1** balletje, propje • *une ~ de viande* gehaktballetje • *une ~ de pain* broodballetje **2** INFORM. blunder • *faire une ~* een flater slaan
boulevard ZN M boulevard • *le théâtre de ~* boulevardtoneel <komisch, niet hoogstaand> • *les ~s extérieurs / périphériques* ringweg
bouleversant BN aangrijpend, ontstellend
bouleversement ZN M omverwerping, ingrijpende verandering, beroering, ontsteltenis
bouleverser OV WW **1** omverwerpen, overhoophalen, ingrijpend veranderen **2** in beroering brengen, in verwarring brengen • *un visage bouleversé* een ontsteld gezicht • *être bouleversé* van streek / ontsteld zijn
boulimie ZN V boulimie, ziekelijke eetzucht • FIG. *une ~ de lecture* leeshonger
boulimique BN behept met boulimie
bouliste ZN M/V jeu-de-boulesspeler
boulon ZN M (schroef)bout • FIG. *resserrer les ~s* orde op zaken stellen
boulonner **1** OV WW met een bout bevestigen **2** ONOV WW INFORM. hard werken, pezen
boulot **1** ZN M INFORM. werk, BELG. job • *avoir un petit ~ merdique* een snertbaantje hebben • *trouver un petit ~* een baantje vinden • *ça, c'est du bon ~!* dat is goed werk! • *il est ~, ~* hij is een echte werkezel • *c'est un sacré ~!* het is een hele kluif! • *au ~!* aan het werk! **2** BN (V boulotte), kort en dik, mollig
boum **1** ZN M **1** knal, OOK FIG. knaller • *ça a fait (un grand) ~* het gaf een grote knal **2** • *être en plein ~* gonzen van activiteit, op volle toeren draaien **2** ZN V fuif **3** TUSSENW boem!
boumer INFORM. ONOV WW lekker gaan • *ça boume?* alles kits?
bouquet ZN M **1** boeket, ruiker, bosje <van bloemen, kruiden, bomen> • *un ~ de fleurs* een bos bloemen • *un ~ garni* bosje laurier, tijm en peterselie **2** A-V bundel • *~ de programmes* keuzepakket <van tv-kanalen> **3** geur v. wijn, bouquet **4** slotstuk <van vuurwerk>, slot, bekroning van een zaak • IRON. *c'est le ~!* dat slaat alles!, dat is de klap op de vuurpijl!
bouquetin ZN M steenbok
bouquin INFORM. ZN M boek
bouquiner INFORM. ONOV WW lezen
bouquiniste ZN M/V handelaar in tweedehands boeken <aan de Seine in Parijs>
bourbeux BN (V bourbeuse), modderig
bourbier ZN M modderpoel • FIG. *s'enfoncer dans un ~* zich in een wespennest steken
bourde ZN V blunder
bourdon ZN M hommel • *un faux ~* dar • FIG. *avoir le ~* in de put zitten
bourdonnement ZN M **1** gegons, gemompel, gebrom **2** oorsuizing
bourdonner ONOV WW gonzen, brommen, mompelen • *avoir les oreilles qui bourdonnent* oorsuizingen hebben
bourg ZN M groot dorp <met markt>, stadje
bourgade ZN V dorpje
bourge INFORM. **1** ZN M/V bourgeois, bourgeoise burgerman **2** BN bourgeois burgerlijk
bourgeois **1** ZN M (V bourgeoise) **1** gezeten burger, iemand uit de middenklasse **2** MIN. burger, bourgeois • *un petit ~* kleine burgerman **2** BN burgerlijk • *la cuisine ~e* eenvoudige, goede kost, burgerpot • *une éducation ~e* keurige opvoeding • *un quartier ~* nette buurt
bourgeoisie ZN V burgerij, burgerstand, bourgeoisie • *la grande ~* de gegoede burgerij
bourgeon ZN M (boom)knop
bourgeonner ONOV WW **1** uitbotten, knoppen krijgen **2** FIG., IRON. puisten hebben
bourgmestre ZN M burgemeester <in België>

bourgogne ZN M bourgogne <wijn>
Bourgogne ZN V Bourgondië
bourguignon BN (V bourguignonne), Bourgondisch • *du bœuf ~* in wijn gestoofd rundvlees
Bourguignon ZN M (V Bourguignonne), Bourgondiër
bourlinguer ONOV WW **1** SCHEEPV. tegen wind en stroming in varen **2** INFORM. veel reizen, rondzwalken
bourlingueur **1** ZN M (V bourlingueuse), avonturier **2** BN (V bourlingueuse), avontuurlijk, reislustig
bourrade ZN V por, stomp
bourrage ZN M (het) volstoppen, vulling • INFORM., FIG. *le ~ de crâne* indoctrinatie
bourrasque ZN V rukwind • *une ~ de neige* sneeuwvlaag • *souffler en ~s* met hevige vlagen waaien
bourratif INFORM. BN (V bourrative), zwaar, machtig <van voedsel>
bourre INFORM. ZN V • *être à la ~* zich moeten haasten, te laat zijn
bourré BN **1** propvol, wemelend (**de** van) • *un sac ~ de vêtements* een tas propvol kleren • FIG. *il est ~ de fric* hij is stinkend rijk • FIG. *une lettre bourrée de fautes* brief die bol staat van de fouten **2** INFORM. zat, teut
bourreau ZN M (MV bourreaux), OOK FIG. beul • *un ~ de travail* noeste werker • HUMOR. *un ~ des cœurs* hartenbreker
bourrelet ZN M **1** tochtlat, (tocht)strip **2** vetrol
bourrer **1** OV WW **1** (op)vullen, volstoppen (**de** met) • *~ sa pipe* zijn pijp stoppen • INFORM. *~ le crâne à / de qn* iemand zijn mening opdringen, iemand hersenspoelen **2** stompen • *~ qn de coups* iemand afrossen **2** ONOV WW • INFORM. *ça bourre!* dat ligt zwaar op de maag! **3** WKD WW (**se ~**) INFORM. zich volproppen, zich bezatten (**de** met) • *se ~ la gueule* zich bezatten
bourrichon INFORM. ZN M kop, hoofd • *se monter le ~* zich dingen in z'n kop halen
bourrique ZN V **1** ezel(in) **2** INFORM. stommeling • *têtu comme une ~* koppig als een ezel • *plein comme une ~* ladderzat • *faire tourner qn en ~* iemand hoorndol maken, iemand bij de neus nemen
bourru BN **1** ruw, onbewerkt **2** nors
bourse ZN V **1** beurs, portemonnee • *la ~ ou la vie!* je geld of je leven! • *une ~ bien garnie* goedgevulde beurs • *avoir la ~ plate* platzak zijn • *c'est elle qui tient les cordons de la ~* zij heeft de broek aan **2** (handels)beurs • *jouer à la ~* speculeren • *la ~ de l'emploi* arbeidsbeurs **3** (studie)beurs • *demander / obtenir une ~ (d'études)* een studiebeurs aanvragen / krijgen
bourses ZN V MV balzak
boursicoter ONOV WW (in het klein) speculeren
boursicoteur ZN M (kleine) speculant
boursier **1** ZN M (V boursière) **1** beursagent **2** beursstudent **2** BN (V boursière), beurs- • *une opération boursière* beursoperatie, beurstransactie
boursouflé, boursoufflé BN OOK FIG. gezwollen
boursouflure, boursoufflure ZN V OOK FIG. gezwollenheid, zwelling
bousculade ZN V gedrang, gehaast, drukte
bousculer **1** OV WW **1** omvergooien, verdringen, opzijduwen, oplopen tegen, overhoophalen • *se faire ~ par qn* door iemand opzijgeduwd worden • *~ les idées reçues* heilige huisjes omvergooien, illusies doorprikken **2** tot haast aanzetten, FIG. opjagen • *j'ai été bousculé ces jours-ci* het hoofd liep me de laatste tijd om <v.h. werk, etc.> **2** WKD WW (**se ~**) **1** zich haasten **2** elkaar opzijduwen, elkaar verdringen • INFORM., FIG. *ça se bouscule au portillon* hij struikelt over zijn woorden
bouse ZN V koemest, koeienvla
bousiller OV WW **1** mollen, verknoeien **2** INFORM. koud maken, om zeep helpen
boussole ZN V kompas • INFORM. *perdre la ~* de kluts kwijtraken
bout ZN M **1** einde <plaats>, punt, top • *le ~ du doigt* vingertop • *le ~ du sein* tepel • *le ~ du nez* puntje van de neus • *le ~ de la langue* het puntje van de tong • *au ~ de la rue* aan het eind van de straat • *au ~ du monde* aan het andere eind van de wereld • *marcher jusqu'au ~ de la rue* de straat uitlopen • *aller au ~ du monde* heel ver weg gaan • *tirer sur qn à ~ portant* van dichtbij op iemand schieten • FIG. *montrer le ~ de son nez* z'n neus laten zien • FIG. *mener qn par le ~ du nez* iemand naar z'n pijpen laten dansen • FIG. *avoir un mot sur le ~ de la langue* een woord voor op de tong hebben liggen • FIG. *on ne sait pas par quel ~ le prendre* hij heeft een moeilijk karakter, er is geen land met hem te bezeilen • FIG., INFORM. *mettre les ~s* ervandoor gaan • FIG. *tenir le bon ~* op de goede weg zijn • FIG. *aller jusqu'au ~ de ses idées* consequent zijn • FIG. *manger du ~ des dents* met lange tanden eten, kieskauwen • FIG. *savoir qc sur le ~ du doigt* iets op zijn duimpje kennen • FIG. *ne pas pouvoir joindre les deux ~s* de eindjes niet aan elkaar kunnen knopen • INFORM. *être au ~ du rouleau* aan het eind van zijn Latijn zijn • *jusqu'au ~ des ongles* in hart en nieren, door en door • *d'un ~ à l'autre / de ~ en ~* van het begin tot het eind, volslagen **2** einde <tijd>, afloop • *aller jusqu'au ~* tot het eind volhouden, tot het uiterste gaan • *être à ~* ten einde raad zijn • *regarder un film jusqu'au ~* een film afkijken • *je suis à ~ de patience* mijn geduld is op, mijn geduld is ten einde • *être à ~ de forces* aan het einde van zijn krachten zijn, helemaal op zijn • *être à ~ de nerfs* over zijn toeren zijn, overstuur zijn • *venir à ~ de qc* iets klaarspelen, zich door iets heen slaan • *pousser qn à ~* iemand tot het uiterste drijven • *au ~ d'une heure* na een uur • *au ~ du compte* per slot van rekening • *à tout ~ de champ* om de haverklap • *à ~ de souffle* buiten adem • *un bon ~ de temps* een hele tijd • *au ~ de* aan het eind van, na verloop van • *jusqu'au ~* tot het einde (toe) **3** eindje, stukje • *un ~ de papier* stukje papier • *un ~ de ficelle* een eind touw • *un (petit) ~ de femme* een klein vrouwtje • *un petit ~ de chou* een leuk hummeltje • *un ~ de chemin* een flink eindje, een

eind weg • *un bon ~ de temps* een hele poos • *faire un ~ de chemin avec qn* een eind met iemand meelopen, met iemand oplopen • INFORM. *en connaître un ~ sur la question* er heel wat van af weten
boutade ZN V **geestige uitval, grapje**
boute-en-train ZN M (MV id.), **gangmaker** <in gezelschap>
bouteille ZN V **fles** • *une ~ de vin* een fles wijn • *boire à la ~* uit de fles drinken • *mettre en ~s* bottelen • INFORM. *prendre de la ~* ouder (en wijzer) worden
boutique ZN V **winkel(tje)** • *une ~ de mode* kledingwinkel • *une ~ éphémère* pop-up shop • *une ~ hors taxes / une ~ franche* taxfreeshop • *ouvrir une ~* een zaak openen • *fermer ~* ermee stoppen, de tent sluiten • *parler ~* over het werk praten • INFORM. *toute la ~* de hele santenkraam
boutiquier 1 ZN M (V boutiquière) SOMS, MIN. **winkelier** <met kruideniersmentaliteit> 2 BN (V boutiquière) • *un esprit ~* kruideniersmentaliteit
bouton ZN M 1 PLANTK. **knop** • *un ~ de rose* rozenknop, rozenbottel • *des roses en ~s* rozen in de knop 2 **puist, pukkel** • *des ~s de fièvre* koortsuitslag • *des ~s d'acné* vetpuistjes, jeugdpuistjes • *être couvert de ~s* pukkelig zijn • INFORM. *ça me donne des ~s!* dat werkt op m'n zenuwen! 3 **knop** • *un ~ marche-arrêt* aan-uitknop • *un ~ de porte* deurknop • *appuyer sur le ~* op de knop / bel drukken 4 **knoop** • *recoudre un ~* een knoop aanzetten
bouton-d'or ZN M (MV boutons-d'or), **boterbloem**
boutonner 1 OV WW **dichtknopen** 2 WKD WW **(se ~) zijn knopen vastmaken** • *une blouse qui se boutonne par derrière* een bloes met knoopjes achter
boutonneux BN (V boutonneuse), **vol puistjes** • *un adolescent ~* puisterige puber
boutonnière ZN V **knoopsgat**
bouton-poussoir ZN M (MV boutons-poussoirs), **drukknop**
bouton-pression ZN M (MV boutons-pression), **drukknoop**
bouture ZN V **stek, loot**
bovidés ZN M MV **runderachtigen**
bovin BN **runder-** • *les ~s* runderen • INFORM. *avoir un regard ~* dom kijken
bowling ZN M 1 **(het) bowlen** 2 **bowlingbaan**
bow-window ZN M (MV bow-windows), **erker**
box ZN M **paardenbox, autobox** • *le ~ des accusés* beklaagdenbank
boxe ZN V **(het) boksen** • *faire de la ~* boksen
boxer[1] "boksèr" ZN M 1 **boxer** <hond> 2 **boxershort**
boxer[2] "boksee" ONOV WW **boksen**
boxeur ZN M (V boxeuse), **bokser**
boyau ZN M (MV boyaux) 1 **darm** • *rendre tripes et ~x* hevig braken 2 **lange, smalle gang** 3 **binnenband** <van racefiets>, **tube**
boycott ZN M **boycot** • *appeler au ~* tot een boycot oproepen
boycottage ZN M **boycot**
boycotter OV WW **boycotten**
boy-scout ZN M (MV boy-scouts), **padvinder**
BP AFK boîte postale V **postbus**
BPCO AFK broncho-pneumopathie chronique obstructive V **COPD, chronic obstructive pulmonary disease**
brabançon BN (V brabançonne), **Brabants**
Brabançon ZN M (V Brabançonne), **Brabander**
bracelet ZN M **armband, polsbandje** • *un ~ de montre* horlogebandje
bracelet-montre ZN M (MV bracelets-montres), **polshorloge**
braconnage ZN M **stroperij**
braconner ONOV WW **stropen** <van jagers, vissers> • FIG. *~ sur les terres d'autrui* onder iemands duiven schieten
braconnier ZN M **stroper**
brader OV WW **verkwanselen, tegen een spotprijs verkopen, uitverkopen**
braderie ZN V **braderie**, FIG. **uitverkoop**
braguette ZN V **gulp** <van broek>
braillard BN **schreeuwerig**
braille ZN M **braille, blindenschrift**
brailler INFORM. OV + ONOV WW **brullen, schreeuwen**
braire ONOV WW **balken**
braise ZN V **gloeiende (houts)kool** • *des yeux de ~* fonkelende ogen
braiser OV WW **smoren** <van vlees>, **braiseren** • *du bœuf braisé* gestoofd rundvlees
brancard ZN M **brancard** • INFORM., FIG. *ruer dans les ~s* zich fel verzetten, de kont tegen de krib gooien
brancardier ZN M **ziekendrager**
branchage ZN M **(de) takken**
branche ZN V 1 OOK FIG. **tak, aftakking** • *des épinards en ~s* bladspinazie • *du céleri en ~s* bleekselderij • *une ~ de la famille* een tak van de familie • FIG. *être comme l'oiseau sur la ~* in een onzekere positie zijn 2 **arm** <van kandelaar, rivier>, **poot** <van bril>, **been** <van passer>, **rib** <van gewelf> • *un chandelier à sept ~s* zevenarmige kandelaar 3 **afdeling, branche, beroepsgroep** • *la ~ commerciale* de commerciële sector • *une ~ de l'industrie* bedrijfstak • *dans quelle ~ travaillez-vous?* in wat voor sector werkt u? 4 INFORM. • *alors, vieille ~!* vooruit, ouwe jongen!
branché INFORM. BN **in (de mode), trendy** • *une boîte branchée* populaire disco • *être ~ films / jazz* een film- / jazzfanaat zijn
branchement ZN M **aansluiting** <op een leiding, net>, **aftakking** • *le ~ du téléphone* telefoonaansluiting
brancher 1 OV WW 1 **aansluiten** <op leiding, net>, **inschakelen, aanzetten** • *~ une prise* een stekker in het stopcontact steken • *l'ordinateur n'est pas branché* de computer is niet aangesloten 2 FIG. **~ sur oriënteren op** • *~ la conversation sur un autre sujet* het gesprek op een ander onderwerp brengen 3 INFORM. **interesseren, bevallen** • *ça te branche?* voel je daar iets voor? 2 WKD WW **(se ~) zich aansluiten, aangesloten worden**

branchie ZN V kieuw

brandir OV WW (bruusk, dreigend) zwaaien met

branlant BN wankel, waggelend, loszittend

branle ZN M (het) schommelen, heen en weer gaande beweging, slingering <van klok> • *se mettre en ~* in beweging komen

branle-bas ZN M (MV id.), opschudding, opwinding • *le ~ de combat* voorbereiding tot de strijd

branlée INFORM. ZN V pak slaag

branlement ZN M (het) knikkebollen, heen en weer gaande beweging

branler 1 ONOV WW loszitten, wankelen • *une chaise qui branle* wankele stoel 2 OV WW 1 schudden <van hoofd>, knikkebollen 2 INFORM. uitspoken • *j'en ai rien à ~!* ik heb er schijt aan! 3 WKD WW (**se ~**) INFORM. zich aftrekken, zich afrukken • *s'en ~* er schijt aan hebben

branleur INFORM. ZN M (V branleuse), rukker, luie flikker

braquage ZN M 1 (het) draaien <van auto> 2 INFORM. roofoverval

braque INFORM. BN getikt

braquer 1 OV WW 1 richten (**sur** op) <van wapen, blik e.d.> • *tous les regards sont braqués sur lui* hij staat in het middelpunt van de belangstelling 2 INFORM. overvallen 2 ONOV WW draaien <van auto, door de bestuurder> 3 WKD WW (**se ~**) zich verzetten, zich boos maken

braquet ZN M fietsversnelling, verzet

bras ZN M 1 OOK FIG. arm • *des mouvements de ~* armbewegingen • FIG. *un gros ~* een stoere bink • FIG. *un ~ de fer* krachtmeting • *offrir / donner le ~ / son ~ à qn* iemand een arm geven • *serrer qn dans ses ~* iemand in de armen drukken • *saisir qn à ~ le corps* iemand stevig omklemmen • *saisir qn par le ~* iemand bij de arm grijpen • *rester les ~ croisés* werkeloos toezien • *il est assis, les ~ croisés* hij zit met de armen over elkaar • INFORM. *faire le ~ d'honneur à qn* ≈ zijn middelvinger naar iemand opsteken, FIG. iemand voor lul uitmaken • FIG. *avoir qn / qc sur les ~* in de maag zitten met iemand / iets • FIG. *j'en ai les ~ qui m'en tombent* ik sta er versteld van • FIG. *recevoir qn à ~ ouverts* iemand met open armen ontvangen • FIG. *se jeter sur qn à ~ raccourcis* zich op iemand werpen • FIG. *baisser les ~* de moed opgeven • FIG. *avoir le ~ long* veel invloed hebben • FIG. *jouer les gros ~* de bink uithangen • *~ dessus ~ dessous* arm in arm • *en ~ de chemise* in hemdsmouwen • OOK FIG. *à bout de ~* op eigen kracht 2 arm(leuning), handvat • *un ~ de mer* zeearm 3 werkkracht, arbeider • *être le ~ droit de qn* iemands rechterhand zijn • *il nous faut / il nous manque des ~* we hebben mankracht nodig

brasier ZN M OOK FIG. vuurgloed

bras-le-corps • *saisir qn à ~* iemand om het middel grijpen

brassage ZN M 1 (het) brouwen 2 (het) (ver)mengen • *le ~ des cultures* vermenging van culturen

brasse ZN V schoolslag • *la ~ papillon* vlinderslag

brassée ZN V armvol

brasser OV WW 1 brouwen 2 omroeren • *~ les cartes* de kaarten wassen • FIG. *~ des millions* met miljoenen werken

brasserie ZN V 1 café-restaurant 2 brouwerij

brasseur ZN M (V brasseuse), bierbrouwer

brassière ZN V babytruitje

bravade ZN V opschepperij, flinkdoenerij, provocatie • *par ~* uit overmoed

brave 1 BN 1 achter zn dapper • *un soldat ~* een dappere soldaat 2 vóór zn braaf, fatsoenlijk • *un ~ garçon* een beste jongen • *ce sont de ~s gens!* het zijn beste mensen 2 ZN M dappere • *faire le ~* de held uithangen

braver OV WW uitdagen, tarten, trotseren • *~ le danger* het gevaar trotseren • *~ les intempéries* weer en wind trotseren

bravo 1 TUSSENW bravo!, goed zo! 2 ZN M • *les ~s* bravogeroep, ovatie

bravoure ZN V dapperheid, moed • *un morceau de ~* bravourestuk

break "breek" ZN M 1 pauze 2 SPORT break 3 stationcar

brebis ZN V ooi, OOK FIG. schaap • FIG. *la ~ galeuse* het zwarte schaap • FIG. *ramener la ~ égarée* het verloren schaap terugbrengen

brèche ZN V bres, gat • OOK FIG. *colmater une ~* een gat dichten • FIG. *battre en ~* hevig aanvallen, bestrijden • FIG. *être toujours sur la ~* altijd op de bres staan, altijd in de weer zijn • FIG. *s'engouffrer dans la ~* van de gelegenheid profiteren

bredouille BN platzak • *rentrer ~* onverrichter zake terugkeren / thuiskomen

bredouillement ZN M gebrabbel, gestamel

bredouiller OV + ONOV WW brabbelen, stamelen

bref 1 BN (V brève), kort • *d'un ton ~* kortaf • *dans les plus ~s délais* zo spoedig mogelijk 2 BW kortom • *en ~* kortom, in het kort, met weinig woorden • *soyez ~* houd / maak het kort

breloque ZN V hangertje aan een horlogeketting, bedeltje

brème ZN V brasem

Brésil ZN M Brazilië

brésilien BN (V brésilienne), Braziliaans

Brésilien ZN M (V Brésilienne), Braziliaan

bretelle ZN V draagband, bretel, schouderbandje • *bretelle spaghetti* spaghettibandje • INFORM. *remonter les ~s à qn* iemand op z'n kop geven • FIG. *une ~ d'accès / de sortie* <v. autoweg> oprit / afrit

breton BN (V bretonne), Bretons

Breton ZN M (V Bretonne), inwoner van Bretagne, Breton

breuvage ZN M brouwsel, drank(je)

brève BN → **bref**

brevet ZN M 1 brevet • *un ~ d'invention* octrooi, patent • *déposer un ~* octrooi aanvragen 2 akte, diploma • *il a son ~ de secouriste* hij heeft een EHBO-diploma • *un ~ de technicien supérieur (BTS)* diploma na twee jaar hbo • *le ~ des collèges* diploma na vier jaar voortgezet onderwijs <in Frankrijk>

breveté BN gediplomeerd, geoctrooieerd
Brexit ZN M brexit
bribe ZN V brokstuk, flard • *des ~s de conversation* flarden van een gesprek • *les ~s de sa fortune* de laatste restjes van zijn vermogen • *par ~s* bij stukjes en beetjes
bric "brik" • *de bric et de broc* bij elkaar geraapt, te hooi en te gras • *se meubler de bric et de broc* een allegaartje van meubels hebben
bric-à-brac ZN M (MV id.), tweedehands spullen • *une maison encombrée de ~* een huis vol ouwe meuk
brick ZN M SCHEEPV. brik
bricolage ZN M (het) doe-het-zelven, geknutsel, MIN. prutswerk
bricole ZN V kleinigheidje, onbeduidend iets • *s'occuper de ~s* zich met futiliteiten bezighouden • *acheter quelques ~s pour le dîner* wat dingetjes voor het eten kopen
bricoler 1 OV WW in elkaar prutsen, opknappen • *~ un moteur* aan een motor sleutelen **2** ONOV WW klusjes uitvoeren • *il se fait un peu d'argent en bricolant* hij klust wat bij
bricoleur ZN M (V bricoleuse), knutselaar, doe-het-zelver, klusjesman, MIN. prutser
bride ZN V **1** teugel, toom • FIG. *tourner ~* rechtsomkeert maken • FIG. *lâcher la ~* de teugels vieren • FIG. *lâcher la ~ à qn* iemand (meer) de vrije teugel laten • *à ~ abattue* spoorslags **2** bandje
bridé BN • *des yeux bridés* spleetogen • *un moteur ~* afgestelde motor
bridge ZN M **1** brug <tussen tanden> **2** SPORT bridge • *jouer au ~* bridgen
bridger ONOV WW bridgen
bridgeur ZN M (V bridgeuse), bridgespeler
brie ZN M brie
briefer OV WW briefen, kort inlichten
brièvement BW kort, in weinig woorden
brièveté ZN V kortstondigheid, kortheid, beknoptheid
brigade ZN V brigade • *une ~ antigang* misdaadbestrijdingsteam • *la ~ des mœurs* zedenpolitie • *la ~ des mineurs* kinderpolitie • *la ~ des stupéfiants* narcoticabrigade • FIG. *une ~ de balayeurs* ploeg straatvegers
brigadier ZN M brigadier <bij politie>
brigandage ZN M roverij, geldafpersing
briguer FORM. OV WW najagen, ambiëren, dingen naar • *~ un poste* (naar een betrekking) solliciteren • *~ des suffrages* stemmen proberen te trekken
brillamment BW schitterend, briljant • *il a été ~ reçu* hij is glansrijk geslaagd
brillant 1 BN **1** schitterend, glanzend • *de la peinture ~e* glansverf • *des yeux ~s de fièvre* ogen die gloeien van de koorts **2** luisterrijk, sprankelend, briljant • *un style ~* levendige stijl • *une pensée ~e* scherpzinnige gedachte • *une carrière ~e* glansrijke carrière • *un élève ~* knappe leerling **2** ZN M **1** glans **2** briljant • *une bague sertie de quatre ~s* ring met vier briljanten
briller ONOV WW **1** schitteren, blinken, glanzen • *des chaussures qui brillent* glimmende schoenen • *ses yeux brillaient* zijn ogen glansden **2** uitblinken • IRON. *~ par son absence* schitteren door afwezigheid
brimade ZN V getreiter, ontgroening
brimer OV WW treiteren, ontgroenen
brin ZN M **1** draadje, sprietje, loot • *un ~ d'herbe* grassprietje • *un ~ de paille* strootje • *un ~ de muguet* takje lelietjes-van-dalen • INFORM. *un beau ~ de fille* een mooie meid **2** stukje, klein deeltje, beetje • *elle n'a pas un ~ de tendresse pour son ami* ze heeft geen greintje tederheid voor haar vriend • *il ne fait pas un ~ de vent* er is geen zuchtje wind • *faire un ~ de causette* een praatje maken • *faire un ~ de toilette* zich wat opknappen
brindille ZN V takje, sprietje
bringue INFORM. ZN V **1** aangeklede bezemsteel, tante Sidonia • *une grande ~* lange lijs **2** wild feest, uitspatting • *faire la ~* er op los leven, doorzakken
bringuebaler, **brinquebaler** ONOV WW schommelen, slingeren
brio ZN M brio, levendigheid • *répondre avec ~* briljant antwoorden
brioche ZN V **1** brioche <luxe broodje> **2** INFORM. buikje • *il prend de la ~!* hij krijgt een buikje!
brique ZN V **1** baksteen • *la couleur ~* steenrood • INFORM., FIG. *ça (ne) casse pas des ~s!* dat stelt niks voor! **2** blok, pak • *une ~ de lait* een pak melk **3** INFORM. 10.000 Franse frank
briquer OV WW poetsen tot het blinkt
briquet ZN M aansteker
briquette ZN V (kartonnen) pak • *une ~ de jus de pomme* een pak appelsap
brise ZN V bries • *la ~ de mer* zeewind
brisé BN gebroken • CULIN *pâte brisée* kruimeldeeg
brise-glace, **brise-glaces** ZN M (MV brise-glace(s), brise-glaces), ijsbreker
brise-lames ZN M (MV id.), golfbreker
briser 1 OV WW OOK FIG. breken, afbreken, verbreken • *être brisé de fatigue* doodop zijn • *ce long voyage l'a brisée* na de lange reis was zij geradbraakt • FIG. *~ le silence* het stilzwijgen verbreken • FIG. *~ le cœur de qn* iemands hart breken • FIG. *~ la carrière de qn* iemands carrière fnuiken • FIG. *~ qn* iemand klein krijgen • FIG. *~ une grève* een staking breken **2** WKD WW **(se ~)** stukslaan <van golven>, breken • *tous ses espoirs se sont brisés* al zijn hoop is vervlogen
briseur ZN M (V briseuse), breker • *un ~ de grève* stakingsbreker
brise-vent ZN M (MV brise-vent(s)), windscherm
britannique BN Brits
Britannique ZN M/V Brit, Britse
broc "brok" → **bric**
brocante ZN V handel in tweedehands spullen en curiosa, oude spullen • *la (foire à la) ~* rommelmarkt
brocanteur ZN M (V brocanteuse), handelaar in tweedehands spullen en curiosa
broche ZN V **1** broche <sieraad> **2** braadspit, spies • *un poulet à la ~* kip aan het spit **3** MED.,

br

br

CHIRURG pen
brochet ZN M snoek
brochette ZN V **1** spiesje, stukjes vlees <aan spies> **2** INFORM., IRON. groepje, stelletje **3** • *il avait une ~ de décorations sur la poitrine* hij had een rits decoraties op zijn borst
brochure ZN V brochure • *une ~ publicitaire* reclamefolder
brocoli ZN M broccoli
broder 1 OV + ONOV WW borduren **2** ONOV WW verfraaien, overdrijven, doorborduren • *~ sur un sujet* een onderwerp uitspinnen
broderie ZN V borduurwerk, borduursel • *faire de la ~* borduren
broncher ONOV WW reageren, zich verzetten, morren • *sans ~* met een stalen gezicht, zonder blikken of blozen
bronches ZN V MV bronchiën
bronchite ZN V bronchitis
bronchopneumonie MED. ZN V bronchopneumonie, bronchiale longontsteking
bronzage ZN M (het) zonnen, (het) bruin worden <van de huid> • *~ artificiel* bruin worden onder de zonnebank • *avoir un beau ~* een mooi gebruinde huid hebben • *avoir un ~ intégral* over het hele lichaam bruin zijn
bronzant BN • *une crème ~e* zonnebrandcrème
bronze ZN M brons, bronzen beeld • *de / en ~* bronzen • FIG. *un cœur de ~* hart van steen
bronzé 1 BN getaand, gebruind **2** ZN M INFORM., MIN. donkere zuiderling, kleurling
bronzer 1 ONOV WW bruin worden, zonnen • *il bronze facilement* hij wordt snel bruin **2** WKD WW **(se ~)** bruin worden, zonnen **3** OV WW bronzen, bruinen • *se faire ~* zonnen
bronzette INFORM. ZN V • *faire ~* zonnen, bruin bakken
brossage ZN M (het) borstelen
brosse ZN V borstel • *une ~ à dents* tandenborstel • *une ~ à cheveux* haarborstel • *une ~ (à) W.-C.* wc-borstel • *avoir les cheveux en ~* stekeltjeshaar hebben • *donner / passer un coup de ~ sur une veste* een jasje even afborstelen • INFORM., FIG. *manier la ~ à reluire* strooplikken, kruiperig vleien
brosser 1 OV WW **1** borstelen, (af)wrijven **2** FIG. schilderen, schetsen • *~ un tableau de qc* een globaal overzicht geven van iets • *~ un tableau idyllique de la situation* een idyllisch beeld van de situatie geven **2** WKD WW **(se ~)** • *se ~ les dents* zijn tanden poetsen • *se ~ les cheveux* zijn haar borstelen • INFORM. *tu peux (toujours) te ~!* daar kun je naar fluiten!
brouette ZN V kruiwagen
brouhaha ZN M geroezemoes, herrie
brouillage ZN M (het) verstoren <van radio, tv>, storing
brouillard ZN M nevel, mist • *des nappes de ~* mistbanken • *un ~ épais* dichte mist • *un ~ à couper au couteau* potdichte mist • *il fait du ~* het mist, het is mistig • *le ~ tombe* het wordt mistig • *le ~ se dissipe* de mist trekt op • FIG. *être dans le ~* in het duister tasten • FIG. *foncer dans le ~* stug doorgaan
brouille ZN V onmin, onenigheid • *une ~ entre voisins* burenruzie
brouiller 1 OV WW **1** door elkaar halen, vertroebelen • *des œufs brouillés* roereieren • *~ les pistes* de sporen uitwissen • FIG. *~ les cartes* verwarring stichten **2** verwarren, verstoren, onmin brengen, tweedracht zaaien tussen • *être brouillé avec qn* ruzie hebben met iemand • *être brouillé avec les chiffres* slecht kunnen rekenen • *être brouillé avec l'orthographe* slecht kunnen spellen **2** WKD WW **(se ~) 1** verward raken, troebel worden, betrekken <van weer> • *ma vue se brouille* het schemert me voor de ogen **2** ruzie krijgen (met), gebrouilleerd raken
brouillon 1 BN (V brouillonne), verward, warrig • *un esprit ~* warhoofd **2** ZN M klad • *du papier (de) ~* kladpapier • *au ~* in het klad • *faire le ~ d'une lettre* een brief in het klad schrijven
broussailles ZN V MV kreupelhout, struikgewas • *des cheveux en broussailles* borstelig / ongekamd haar
broussailleux BN (V broussailleuse) **1** vol struikgewas **2** borstelig <van haar>
brousse ZN V rimboe
brouter 1 OV WW **1** afgrazen **2** INFORM. beffen **2** ONOV WW **1** grazen **2** TECHN. horten, haperen
broutille ZN V kleinigheid, prul
broyage ZN M verbrijzeling
broyer OV WW verbrijzelen, fijnstampen, verpulveren • FIG. *~ du noir* zwaarmoedig zijn, depri zijn
Bruges ZN V Brugge
brugnon ZN M bloedperzik, soort nectarine
bruine ZN V motregen
bruiner ONP WW motregenen
bruire ONOV WW onregelmatig ruisen, ritselen, suizen
bruissement FORM. ZN M geruis, geritsel, gesuis
bruit ZN M **1** geluid, lawaai, leven • *le ~ de la mer* het geruis van de zee • *le ~ des feuilles* het geritsel van bladeren • *un ~ de ferraille* gerammel, gekletter • *des ~s de voix* geroezemoes • *les ~s de la rue* straatgeluiden • *un ~ de fond* achtergrondgeluid, ruis • *faire du ~* lawaai maken • *marcher sans ~* geruisloos lopen • *faire beaucoup de ~ pour rien* veel ophef maken om niets **2** gerucht, tijding, ophef • *des ~s de couloir* wat er in de wandelgangen gefluisterd wordt • *un faux ~* vals gerucht • *le ~ court que...* het gerucht gaat dat..., men fluistert dat... • *l'affaire a fait beaucoup de ~* die zaak heeft veel stof doen opwaaien • *faire courir de faux ~s* geruchten verspreiden • *à grand ~* met veel ophef
bruitage ZN M geluidsdecor, geluidseffecten
bruiter OV + ONOV WW geluid maken <voor film, toneel>
bruiteur ZN M geluidstechnicus <m.b.t. film, toneel>
brûlant BN **1** gloeiend, gloeiend heet, brandend • *être ~ de fièvre* gloeien van de koorts **2** vurig • *une*

question brûlante brandende kwestie • *un regard* ~ vurige blik
brûlé 1 BN **1** verbrand, aangebrand • FIG. *un cerveau* ~ / *une tête brûlée* heethoofd • *la politique de la terre brûlée* tactiek van de verschroeide aarde **2** ontmaskerd, afgedaan hebbend • *un homme politique* ~ een uitgerangeerd politicus **2** ZN M **1** brandlucht • *ça sent le* ~ het ruikt hier branderig, FIG. dat gaat mis **2** patiënt met brandwonden • *un grand* ~ iemand met zeer ernstige brandwonden
brûle-pourpoint • *à* ~ op de man af
brûler 1 OV WW **1** branden, verbranden • ~ *du bois* hout verstoken • *le soleil brûle la peau* de zon brandt op de huid • FIG. ~ *des calories* calorieën verbranden • FIG. ~ *les planches* met vuur toneelspelen • FIG. *l'argent lui brûle les doigts* hij heeft een gat in zijn hand **2** voorbijgaan, overslaan, verzuimen • FIG. ~ *un feu rouge* door een stoplicht rijden • FIG. ~ *les étapes* (te) hard van stapel lopen, doorhollen **2** ONOV WW branden, in brand staan, aanbranden, gloeien • *le bâtiment a complètement brulé* het gebouw is uitgebrand • ~ *de fièvre* gloeien van de koorts • *les yeux me brûlent* ik heb branderige ogen • FIG. ~ *d'impatience* popelen van ongeduld • FIG. *tu brûles!* je bent warm! <bij spel> • FIG. *je brûle d'être à Paris* ik wou dat ik al in Parijs was • FIG. ~ *de désir* branden van verlangen **3** WKD WW **(se ~)** zich (ver)branden • *se* ~ *la main* / *à la main* zijn hand verbranden • *se* ~ *la langue* zijn tong branden • INFORM. *se* ~ *la cervelle* zich voor de kop schieten
brûlure ZN V **1** brandwond • *une* ~ *du premier degré* eerstegraadsverbranding • *se faire une* ~ *à la main* zijn hand branden **2** brandvlek, schroeiplek **3** branderig gevoel, zuur <in maag> • *avoir des brûlures d'estomac* brandend maagzuur hebben
brume ZN V mist, nevel • FIG. *les* ~*s de l'alcool* beneveling, roes van alcohol
brumeux BN (V brumeuse), mistig, OOK FIG. nevelachtig • *des idées brumeuses* vage ideeën
brumisateur ZN M verstuiver
brun 1 BN bruin • *elle est* ~*e* zij is een brunette, zij heeft een gebruinde / donkere huid • *une bière* ~*e* donker bier **2** ZN M (V brune), bruin, bruine kleur • *fumer des* ~*es* zware sigaretten roken • INFORM. *courtiser la* ~*e et la blonde* alle vrouwen het hof maken
brunâtre BN bruinachtig
brunette ZN V brunette
brunir 1 OV WW bruinen, bruin maken, bruineren **2** ONOV WW bruin worden, donker worden
brushing ZN M (het) föhnen
brusque BN **1** plotseling • *un arrêt* ~ het plotseling stoppen **2** nors, ruw, onbeschaafd • *un ton* ~ norse toon • *être* ~ *avec qn* kortaf tegen iemand zijn • *d'une manière* ~ op een ruwe manier
brusquement BW plotseling
brusquer OV WW **1** overhaasten, forceren • ~ *une affaire* een zaak doordrijven • *ne rien* ~ niets overhaasten **2** ruw bejegenen, bruuskeren • ~ *un enfant* bars zijn tegen een kind
brusquerie ZN V bruuskheid, norsheid
brut "bruut" BN **1** ruw, onbewerkt • *du (pétrole)* ~ ruwe aardolie • *un diamant* ~ ruwe diamant • *du (champagne)* ~ droge champagne • *à l'état* ~ in onbewerkte toestand **2** bruto • *le salaire* ~ brutoloon • *le produit national* ~ / *le PNB* bruto nationaal product
brutal BN (M MV brutaux) **1** bruut, hardhandig • *le choc a été* ~ het was een hevige schok / botsing • *être* ~ *envers qn* iemand hard behandelen **2** plotseling • *une rupture* ~*e* plotselinge breuk
brutaliser OV WW ruw behandelen, mishandelen
brutalité ZN V **1** bruutheid, ruwheid • *les brutalités policières* hardhandig optreden van de politie **2** FIG. hardheid • *il a été étourdi par la* ~ *du choc* hij was versuft van de harde botsing
brute ZN V ruw, onbeschaafd mens, stompzinnig mens, bruut • INFORM. *une* ~ *épaisse* pummel • INFORM. *sale* ~*!* schoft!
Bruxelles "bruu(k)sel" ZN M Brussel
Bruxellois ZN M (V Bruxelloise), Brusselaar
bruyamment BW luidruchtig
bruyant BN luidruchtig, lawaaierig
bruyère ZN V heide
BTS AFK brevet de technicien supérieur M diploma na twee jaar hbo
bu WW volt. deelw. → **boire**
BU AFK bibliothèque universitaire V universiteitsbieb
buanderie ZN V washok, CAN. wasserij
buccal BN (M MV buccaux), mond- • *médicament à prendre par voie* ~*e* oraal in te nemen geneesmiddel
bûche ZN V **1** houtblok • *une* ~ *de Noël* boomstam <gebak> • *dormir comme une* ~ slapen als een blok **2** INFORM. domoor **3** INFORM. val • *ramasser une* ~ op zijn bek vallen
bûcher 1 ZN M houtstapel, brandstapel **2** OV WW INFORM. blokken op • ~ *ses maths* wiskunde erin stampen **3** ONOV WW INFORM. blokken, vossen
bûcheron ZN M houthakker
bûcheur ZN M (V bûcheuse), blokker, noeste werker
bucolique DICHT. BN landelijk, herderlijk
budget ZN M budget, begroting • *le* ~ *de l'État* rijksbegroting • *établir un* ~ een begroting (op) maken • *équilibrer un* ~ een begroting sluitend maken • *boucler son* ~ rondkomen • *inscrire au* ~ in de begroting opnemen • *pour les petits* ~*s* voor de kleine beurs
budgétaire BN begrotings-, budgettair • *des mesures budgétaires* bezuinigingsmaatregelen
budgétiser OV WW in de begroting opnemen, budgetteren
buée ZN V wasem, damp • *se couvrir de* ~ beslaan • *la* ~ *sortait de sa bouche tellement il faisait froid* de damp kwam uit zijn mond van de kou
buffet ZN M **1** buffet, dressoir • *un* ~ *de cuisine* keukenkast **2** restauratie • *un* ~ *de gare* stationsrestauratie • *un* ~ *roulant* serveerwagentje • *un* ~ *froid* koud buffet • *un* ~ *dînatoire* lopend

buffet • *un ~ campagnard* lopend buffet met worst en wijn **3** INFORM. **buik, maag**

bu

buffle ZN M **buffel**

bug COMP. ZN M → **bogue**

building "bieldieng" ZN M **hoog modern gebouw**

buis ZN M **buksboom, buxus**

buisson ZN M **struik, struikgewas, kreupelbos**

buissonnier BN (V buissonnière) • *faire l'école buissonnière* spijbelen

bulbe ZN M **(bloem)bol** • *des ~s de tulipes* tulpenbollen

bulgare **1** ZN M **(het) Bulgaars** **2** BN **Bulgaars**

Bulgare ZN M/V **Bulgaar**

Bulgarie ZN V **Bulgarije**

bulldozer "buuldozèr/-zeur" ZN M **bulldozer**

bulle ZN V **1** **(lucht)bel, blaasje** • *une ~ de savon* zeepbel • *des ~s de champagne* belletjes in champagne • *du plastique à ~s* bubbeltjesplastic • *faire des ~s* bellenblazen • FIG. *vivre dans sa ~* in zijn eigen wereldje leven • INFORM., FIG. *(se) coincer la ~* uitrusten, niksen, maffen **2** **wolkje** <in strips> **3** **hype, bubbel** • *une ~ financière* financiële zeepbel • *une ~ médiatique* een hype in de media

bulletin ZN M **1** **verslag, rapport, (officieel) bericht** • *un ~ météorologique* weerbericht • *un ~ d'information* nieuwsbericht • O&W *un ~ scolaire* rapport • *un ~ de santé* medisch rapport **2** **bewijs, biljet** • *un ~ de salaire / de paye* salarisstrookje • POL. *un ~ de vote* stembiljet • POL. *un ~ blanc* blanco stembiljet, blanco stem • *~ d'état civil* uittreksel uit het bevolkingsregister • INFORM. *avaler son ~ de naissance* het hoekje omgaan, de pijp uitgaan

bulletin-réponse ZN M (MV bulletins-réponse(s)), **invulcoupon, antwoordformulier**

bungalow "be(n)Galoo" ZN M **bungalow**

buraliste ZN M/V **houder van een sigarenwinkel / postagentschap**

bureau ZN M (MV bureaux) **1** **schrijfbureau** **2** **kantoor(gebouw), bureau** • *des employés de ~* kantoorpersoneel • *un ~ de vote* stemlokaal • *un ~ de poste* postkantoor • *un ~ de tabac* tabakswinkel • *un ~ d'étude* technisch adviesbureau • *un ~ de change* wisselkantoor • *le ~ d'accueil* ontvangstruimte • *aller au ~* naar kantoor gaan • *elle travaille dans un ~* zij werkt op een kantoor • *avoir ses ~x au centre de la ville* kantoor houden in het centrum • *aux heures de ~* onder kantoortijd **3** **afdeling, bestuur, commissie** • *le ~ politique du PC (parti communiste)* het partijbestuur van de PC (communistische partij) • *élire / renouveler le ~* een nieuw bestuur kiezen **4** COMP. **bureaublad**

bureaucrate ZN M/V **bureaucraat**

bureaucratie ZN V **bureaucratie**

bureaucratique BN **bureaucratisch**

bureautique ZN V **kantoorautomatisering**

burette **1** ZN V **oliespuitje, flesje** **2** ZN V MV INFORM. **kloten**

burin ZN M **1** **graveernaald** **2** **beitel**

buriner OV WW **afbeitelen** <van metaal>, **graveren** • *un visage buriné* scherp getekend, gegroefd gezicht

burlesque **1** BN **koddig, boertig, burlesk** **2** ZN M **(het) komische, boertige genre**

burqa, burka ZN V **boerka**

bus "bus" ZN M **autobus**

buse ZN V **1** **buizerd** **2** INFORM. **stommerd, uilskuiken**

business INFORM. ZN M **1** **business, zaken** **2** **verwarde boel, bedoening**

busqué BN **gekromd** • *un nez ~* haviksneus

buste ZN M **1** **buste, bovenlijf** **2** **buste, borstbeeld**

but ZN M "buu(t)" **1** **doel, doelstelling, doelwit, mikpunt** • *avoir pour ~ de...* ten doel hebben om... • *poursuivre un ~* een doel nastreven • *toucher au ~* zijn doel bijna bereikt hebben • *manquer son ~* zijn doel missen • *aller droit au ~* recht op z'n doel afgaan • *il a fait cela dans le seul ~ de...* hij deed het enkel en alleen om... • *ce n'était pas le ~ (de l'opération)* dat was niet de bedoeling • *à ~ lucratif* met winstoogmerk • *sans ~* doelloos • *de ~ en blanc* onverwachts, ruwweg, zomaar • *dans le ~ de satisfaire ses besoins* om in zijn behoeften te voorzien **2** SPORT **doel, doelpunt** • *un gardien de ~* keeper • *la ligne de ~* doellijn • *marquer un ~* scoren • *(c'est un) but!* die zit! • *ils ont gagné par deux buts à zéro* ze hebben met 2-0 gewonnen • *marquer le ~ décisif* de beslissende goal maken

butane ZN M **butaan** • *du gaz ~* butagas

buté BN **koppig**

buter **1** ONOV WW **1** **stoten (tegen)** • *il a buté contre un mur* hij is op een muur gestuit **2** FIG. **~ sur** **stuiten op, struikelen over** • *~ sur un mot* over een woord struikelen • *~ sur une difficulté* op een moeilijkheid stuiten **2** OV WW INFORM. **doden, koud maken** **3** WKD WW **(se ~) koppig zijn**

buteur SPORT ZN M **goalgetter, schutter, doelpuntmaker**

butin ZN M **buit, winst** • *le ~ de guerre* oorlogsbuit

butiner ONOV WW **honing inzamelen** <van bijen>

butoir ZN M **stootblok** • FIG. *une date ~* deadline

butte ZN V **heuveltje** • *la Butte Montmartre (à Paris)* Montmartre <wijk in Noord-Parijs> • FIG. *être en ~ à des vexations* blootstaan aan beledigingen

buvable BN **1** **drinkbaar** **2** INFORM. **genietbaar**

buvais WW imparf. → **boire**

buvette ZN V **(stations)restauratie, koffiekamer, bar**

buveur ZN M (V buveuse) **1** **drinker** • *un ~ de bière* bierdrinker **2** **drinkebroer**

buvez WW geb. wijs, présent → **boire**

buvons WW geb. wijs, présent → **boire**

buzz INFORM. ZN M **mond-tot-mondreclame** • *créer du ~* aan de weg timmeren

byte COMP. ZN M **byte**

C

c **1** ZN M letter **c** **2** AFK centime m **c, cent**
c' AANW VNW • *c'est comme ça et pas autrement!* zo is het en niet anders! → **ce**
ç' AANW VNW • *ç'aurait pu être pire!* het had erger kunnen zijn! → **ce**
ça AANW VNW **dit, dat, het** • *et avec ça?* anders nog iets (gewenst)? • *c'est ça, c'est bien!* goed zo!, juist! • *c'est comme ça!* zo is het! • *il n'est pas si idiot que ~* hij is zo stom nog niet • *c'est toujours comme ~ avec elle!* zo gaat het altijd bij haar! • *~ y est, c'est fait!* klaar is Kees!, het is zover! • *~ ira comme ça?* goed zo? • *où ça?* waar (dan)? • *alors, comme ça, vous déménagez?* zo, jullie gaan dus verhuizen? • *ça, c'est chanter!* dat is nog eens zingen! • INFORM. *~ grandit bien, les enfants?* alles gezond met de kinderen? • *ah non, pas ça!* niet dat!
çà BW • *çà et là* hier en daar
cabane ZN V **1 hut, hok, schuurtje** • *une ~ à lapins* konijnenhok **2** INFORM. **bajes**
cabanon ZN M **hutje, strandhuisje, landhuisje** <in de Provence>
cabaret ZN M **nachtclub, café chantant**
cabillaud ZN M **kabeljauw**
cabine ZN V **1 cabine, hokje, cel** • *une ~ de pilotage* cockpit • *une ~ téléphonique* telefooncel • *une ~ spatiale* ruimtecapsule • *une ~ d'ascenseur* liftkooi • *une ~ d'essayage* pashokje **2 hut** <op schip>, **kajuit**
cabinet ZN M **1 zijkamertje** • *un ~ de toilette* badkamer(tje), toiletruimte • *een ~ des estampes* prentenkabinet **2 kantoor, praktijk(ruimte)** • *un ~ d'avocat(s)* advocatenkantoor • *un ~ médical* huisartsenpraktijk, huisartsenpost • *un ~ médical de groupe* een huisartsengroepspraktijk • *un ~ dentaire* tandartsenpraktijk **3 kabinet, secretariaat** • *le chef de ~* kabinetschef **4** MV **wc** • *aller aux ~s* naar de wc gaan
câble ZN M **kabel, koord** • *la télévision par câble(s)* kabeltelevisie
câbler OV WW **1 bekabelen, bedraden** • *un réseau câblé* kabelnet • *être cablé* op het kabelnet aangesloten zijn **2 tot een kabel verstrengelen**
câblo-opérateur ZN M (MV câblo-opérateurs), **kabelexploitant, kabelaar**
cabochard BN **koppig**
caboche INFORM. ZN V **kop, harses**
cabosser OV WW **deuken** • *l'aile de sa voiture est cabossée* er zit een deuk in het spatbord van zijn auto
cabotin **1** BN **onecht, aanstellerig** **2** ZN M (V cabotine) **1 slecht toneelspeler** **2 komediant, aansteller**
cabrer WKD WW **(se ~)** **1 steigeren** **2 zich verzetten, in opstand komen**
cabri ZN M **geitje, bokje** • *sauter comme un ~* rondhuppelen
cabriole ZN V **luchtsprong, bokkensprong, capriool**
cabrioler ONOV WW **bokkensprongen / capriolen maken**
cabriolet ZN M **cabriolet**
CAC 40 AFK cotation assistée en continu m **CAC 40** <Parijse beursindex>
caca INFORM., JEUGDT. ZN M **poep** • *faire ~* bah doen <poepen> • *la couleur ~ d'oie* groengeel
cacahuète, cacahouète ZN V **pinda**
cacao ZN M **1 cacaoboon** • *du beurre de ~* cacaoboter **2 cacaopoeder** • *une tasse de ~* een kop warme chocolademelk
cacatoès "-toès" ZN M **kaketoe**
cachalot ZN M **potvis**
cache **1** ZN V **bergplaats, schuilhoek** • *une ~ d'armes* geheime wapenopslag **2** ZN M **1 afdekplaatje** • *un ~ sur l'œil* ooglapje **2** COMP. **cache** <geheugen>
caché BN **verborgen, geheim** • *la misère cachée* stille armoede • *(filmer) en caméra cachée* (filmen) met een verborgen camera
cache-cache ZN M (MV id.), **verstoppertje** • OOK FIG. *jouer à ~* verstoppertje spelen
cachemire ZN M **kasjmier**
cache-nez ZN M (MV id.), **dikke sjaal**
cache-pot ZN M (MV cache-pots), **sierpot**
cacher **1** OV WW **verbergen, verstoppen, aan het oog onttrekken, verhullen** • *cette maison nous cache la vue* dat huis beneemt ons het uitzicht • *~ ses sentiments* zijn gevoelens niet laten merken • *~ des informations* informatie achterhouden • *~ son jeu* zich niet in de kaart laten kijken **2** WKD WW **(se ~) zich verbergen, zich verstoppen, schuilgaan** • *le soleil se cache* de zon gaat schuil (achter de wolken) • *il est de droite et ne s'en cache pas* hij is rechts en daar maakt hij geen geheim van • *se ~ de qn* iemand ontwijken, buiten iemands medeweten iets doen
cache-sexe ZN M (MV cache-sexes), **schaamlapje**
cachet ZN M **1** MED. **cachet, tablet** • *un ~ d'aspirine* aspirientje **2 acteursgage, honorarium** **3 zegel, stempel** • *le ~ de la poste* poststempel **4 kenmerk, bijzonder karakter, eigenheid, cachet** • *une maison qui a du ~* een huis met cachet
cacheter OV WW **(ver)zegelen, dichtplakken** <van brief>
cachette ZN V **bergplaats, schuilhoek** • *en ~* in het geheim, stilletjes, stiekem • *en ~ de qn* buiten iemand om
cachot ZN M **kerker, cel, cachot** • *mettre / jeter qn au ~* iemand in het gevang opsluiten
cachotterie ZN V **geheimzinnigdoenerij**
cachottier **1** BN (V cachottière), **stiekem** **2** ZN M (V cachottière), **stiekemerd**
cacophonie ZN V **wanklank, kakofonie, kabaal**
cacophonique BN **lawaaierig, onwelluidend**
cactus "kaktuus" ZN M **1 cactus** **2** INFORM. **neteligheid, probleem**
c.-à-d. AFK c'est-à-dire **d.w.z., dat wil zeggen**
cadastre ZN M **kadaster**
cadavérique BN **lijk-** • *un teint ~* lijkkleur

cadavre ZN M **1** kadaver, lijk • *un ~ ambulant* wandelend lijk • FIG. *un ~ dans le placard* een lijk in de kast **2** INFORM. lege fles
caddie ZN M **1** winkelwagentje **2** <golf> caddie
cadeau ZN M (MV cadeaux), geschenk • *recevoir qc en ~* iets cadeau krijgen • *faire ~ de qc à qn* iemand iets cadeau doen • INFORM., FIG. *ne pas faire de ~ à qn* het iemand niet gemakkelijk maken • <spreekwoord> *les petits ~x entretiennent l'amitié* kleine geschenken onderhouden de vriendschap
cadenas "-nà" ZN M hangslot • *un ~ à chiffres* cijferslot
cadenasser OV WW met een hangslot sluiten
cadence ZN V **1** ritme, maat, cadans • *en ~* in de maat, ritmisch • *marquer la ~* de maat aangeven / slaan **2** tempo • *ralentir la ~* het tempo drukken
cadencé BN in cadans, ritmisch
cadencer OV WW maat / ritme brengen in
cadet 1 BN (V cadette), jonger, tweede / jongste <v. kinderen> • *mon frère ~ / ma sœur ~te* mijn jongere broer / zuster **2** ZN M (V cadette) **1** tweede kind, jongste kind • *il est mon ~ de deux ans* hij is twee jaar jonger dan ik • INFORM. *c'est le ~ de mes soucis* dat zal mij een zorg zijn **2** jong lid, SPORT jonge speler <aspirant, junior>
cadrage ZN M (beeld)instelling <van foto, film>
cadran ZN M wijzerplaat, (aflees)schaal • *un ~ solaire* zonnewijzer • FIG. *faire le tour du ~* de klok rond slapen
cadre ZN M **1** lijst, omlijsting, raamwerk • *le ~ d'une fenêtre* raamkozijn • *un ~ de bicyclette* fietsframe **2** omgeving, FIG. kader • *le ~ de vie* leefklimaat • *dans le ~ de...* in het kader van..., binnen het bestek van... • *dans un ~ plus large* in breder verband **3** kader(lid) <bij het leger, v. bedrijf>, leidinggevend functionaris, staflid • *les ~s supérieurs* het management <v. bedrijf> • *un jeune ~ dynamique* ≈ yup
cadrer 1 ONOV WW overeenkomen (met), (bij elkaar) passen • *leurs deux versions de l'histoire ne cadrent pas* hun twee versies van het verhaal kloppen niet met elkaar **2** OV WW in beeld brengen, kadreren <film, foto> • *une image mal cadrée* niet goed gecentreerd beeld
cadreur ZN M (V cadreuse), cameraman
caduc BN (V caduque) **1** afvallend <van bladeren> • *un arbre à feuilles caduques* boom met afvallend blad **2** LIT. verouderd, afgedaan, afgeleefd, oud **3** JUR. nietig, ongeldig, vervallen • *une loi caduque* in onbruik geraakte wet • *le projet est ~* het plan is van de baan
cafard ZN M **1** kakkerlak **2** neerslachtigheid • *avoir le ~* depri zijn, down zijn
cafarder INFORM. **1** OV WW verklikken **2** ONOV WW neerslachtig zijn
café 1 ZN M **1** koffie • *un ~ au lait* koffie verkeerd • *un ~ crème* koffie met melk • *un ~ noir* zwarte koffie • *un ~ noisette* koffie met een wolkje melk, koffie met weinig melk • *un (café) express* espresso • *un ~ serré* sterke koffie • *du ~ léger* slappe koffie • *un ~ glacé* ijskoffie • *du ~ en grains* (ongemalen) koffiebonen • *une tasse à ~* koffiekopje • *du ~ soluble* oploskoffie • *une machine à ~* (groot) koffiezetapparaat • *faire du ~* koffie zetten • *prendre le ~* koffie drinken • *inviter qn à venir prendre le ~* iemand op de koffie uitnodigen • INFORM. *c'est un peu fort de café!* dat is te bar! **2** café • *un café-internet* internetcafé, cybercafé **2** BN koffie-, koffiebruin
café-filtre ZN M (MV cafés-filtre), filterkoffie
caféine ZN V cafeïne
cafèt INFORM. ZN V cafétéria cafetaria
café-tabac ZN M (MV cafés-tabac(s)), café annex tabakswinkel
cafétéria ZN V cafetaria
cafetière ZN V koffiepot, koffiezetapparaat
cafouillage INFORM. ZN M verwarring, warboel
cafouiller INFORM. ONOV WW slecht werken, haperen, knoeien, schutteren
cafouillis INFORM. ZN M rommeltje
cafter INFORM. OV + ONOV WW (ver)klikken
cage ZN V **1** kooi, hok • *une ~ à lapins* konijnenhok, FIG. armzalige flat, kot • *en ~* in het hok, FIG. in de nor **2** schacht, koker • *une ~ d'ascenseur* liftkoker • *une ~ d'escalier* trappenhuis • *la ~ thoracique* borstkas **3** INFORM. (voetbal)doel
cageot ZN M kistje, (fruit)kratje
cagibi ZN M berghok, rommelhok
cagne INFORM. ZN V voorbereidende klas voor de École normale supérieure
cagnotte ZN V speelgeld, pot <bij het spel>
cagoule ZN V bivakmuts, masker <van overvaller>
cahier ZN M schrift, cahier • *un ~ de textes* huiswerkschrift • *le ~ des charges* aanbestedingsvoorwaarden, bestek
cahin-caha INFORM. BW zozo, met horten en stoten • *reprendre ~ une vie normale* moeizaam het gewone leven weer opvatten
cahot ZN M schok, stoot • *les ~s de la voiture* het hobbelen van de auto
cahotant BN hobbelig, hotsend
cahoter ONOV WW hobbelen, schokken, hotsen
caïd INFORM. ZN M bendeleider, bolleboos, baas • *jouer au ~* de baas willen spelen, stoer doen
caillasser OV WW stenen gooien naar • *les policiers ont été caillassés* naar de politiemensen is met stenen gegooid
caille ZN V kwartel
cailler 1 ONOV WW INFORM. vernikkelen <v.d. kou> • *ça caille ici* je vernikkelt hier **2** OV WW stremmen, doen stollen
caillot ZN M (bloed)stolsel, bloedprop
caillou ZN M (MV cailloux) **1** kei(steen), kiezelsteen **2** INFORM. edelsteen, diamant **3** INFORM. (kale) knikker
caillouteux BN (V caillouteuse), bedekt met grind, kiezelachtig
caïman ZN M kaaiman
Caire ZN M Caïro • *il est né au ~* hij is in Caïro geboren
caisse ZN V **1** kassa, kas, fonds • *un ticket de ~* kassabon • *une ~ enregistreuse* kasregister,

winkelkassa • *la ~ automatique (d'un parking)* de betaalautomaat (van een parking) • *la ~ d'épargne* spaarbank • *une ~ de retraite* pensioenfonds • *la ~ noire* geheim fonds, zwarte kas • *faire la ~* de kas opmaken • *partir avec la ~* er met de kas vandoor gaan, de lade lichten • INFORM. *passer à la ~* ontslagen worden **2** kist, krat, kas(t) <van uurwerk, orgel> • *une ~ à claire-voie* krat • *une ~ de bière* een krat bier **3** INFORM. kar, auto • *descendre une rue à fond la ~* loeihard door een straat rijden **4** INFORM. holte • *il s'en va de la ~* hij heeft de vliegende tering **5** MUZ. (klank)kast **6** MUZ. trom • *la grosse ~* grote / Turkse trom • FIG. *battre la ~* de trom roeren

caissette ZN V kistje, cassette

caissier ZN M (V caissière), kassier, caissière, BELG. kassierster

cajoler OV WW lief doen tegen, aanhalig zijn tegen

cajolerie ZN V aanhaligheid, knuffel

cajou ZN M • *la noix de ~* cashewnoot

cake "keek" ZN M cake

cal ZN M (MV cals), eelt(knobbel)

calamar, calmar ZN M pijlinktvis, calamaris

calamité ZN V ramp • INFORM. *cette femme est une ~* die vrouw is een ramp

calamiteux LIT. BN (V calamiteuse), rampzalig, noodlottig

calanque ZN V kreek <in Middellandse Zee>

calcaire **1** ZN M kalksteen **2** BN kalkachtig, kalk- • *de l'eau ~* hard water • *une roche ~* kalkrots

calcification ZN V verkalking

calciner OV WW verschroeien, verkolen • *des murs calcinés* zwartgeblakerde muren

calcul ZN M **1** (het) rekenen, OOK FIG. berekening • *un faux ~* verkeerde berekening • *une erreur de ~* rekenfout • *le ~ mental* het hoofdrekenen • *le ~ des probabilités* kansberekening • *faire un mauvais ~* een misrekening maken • *agir par ~* uit berekening handelen • FIG. *déjouer les ~s de qn* iemands plannen in de war sturen **2** MED. steen • *un ~ biliaire* galsteen • *un ~ rénal* niersteen

calculable BN berekenbaar

calculateur BN (V calculatrice), berekenend

calculatrice ZN V rekenmachine • *une ~ de poche* zakrekenmachine

calculer OV WW **1** (uit)rekenen, berekenen, incalculeren (in) • *une machine à ~* rekenmachine • *une règle à ~* rekenliniaal • *~ de tête* hoofdrekenen **2** FIG. afwegen, (in)schatten • *bien ~ son coup* welbewust te werk gaan

calculette ZN V zakrekenmachine

calé INFORM. BN **1** knap, geleerd **(en** in) **2** moeilijk, ingewikkeld • *tout ça, c'est bien trop ~ pour moi!* dat is me allemaal veel te moeilijk!

calebasse PLANTK. ZN V kalebas

caleçon ZN M **1** onderbroek <voor mannen>, boxershort **2** legging <voor vrouwen>

calembour ZN M woordspeling

calendes ZN V MV • *renvoyer qc aux ~ grecques* iets op de lange baan schuiven

calendrier ZN M **1** kalender **2** werkschema • *le ~ des congés* vakantierooster • *avoir un ~ chargé* een druk bezette agenda hebben

cale-pied ZN M (MV cale-pieds), pedaalriem, toeclip <van fiets>

calepin ZN M notitieboekje

caler **1** OV WW vastzetten • *~ un pied de table* een tafelpoot stutten **2** ONOV WW **1** afslaan <van motor> **2** INFORM. (het) opgeven, afhaken • *je cale!* ik kan niet meer (eten)! **3** WKD WW **(se ~)** er lekker bij gaan zitten • *se ~ dans un fauteuil* zich in een fauteuil nestelen • INFORM. *se les ~ / se ~ les joues* lekker schransen

calfeutrage ZN M (het) dichtstoppen

calfeutrer **1** OV WW dichtstoppen <van kieren> **2** WKD WW **(se ~)** zich opsluiten

calibre ZN M **1** diameter, afmeting **2** FIG. kaliber, klasse, soort, slag **3** kaliber <van vuurwapen>

calibrer OV WW naar maat sorteren

califat ZN M kalifaat

califourchon • *à ~* schrijlings

câlin **1** ZN M streling, knuffel • *faire un gros ~ à qn* iemand lekker knuffelen, met iemand vrijen **2** BN liefkozend, aanhalig • *une voix câline* verleidend-lieve stem

câliner OV WW aanhalen, liefkozen

câlinerie ZN V liefkozing, aanhaligheid

calligraphie ZN V kalligrafie, schoonschrift

calmant **1** BN kalmerend **2** ZN M pijnstiller, kalmerend middel

calmar ZN M → **calamar**

calme **1** BN kalm, rustig • *rester ~* kalm blijven, zich kalm houden • *les affaires sont ~s* de handel is slap **2** ZN M kalmte, rust • *le ~ plat* volkomen (wind)stilte, FIG. kalme tijd, komkommertijd • *du ~!* wind je niet op!, kalm een beetje! • *tout s'est déroulé dans le ~* alles is rustig verlopen • *garder / conserver son ~* kalm blijven

calmer **1** OV WW **1** kalmeren, geruststellen, tot bedaren brengen **2** verlichten <van pijn, honger, dorst>, stillen **2** WKD WW **(se ~)** kalm worden, rustig worden, bedaren • *on se calme, maintenant!* rustig aan een beetje!

calomnie ZN V laster

calomnier OV WW belasteren

calomnieux BN (V calomnieuse), lasterlijk

calorie ZN V calorie

calorifique BN warmte-, calorisch

calorique BN warmte-, calorisch, calorieën-

calotte ZN V **1** kalotje, priestermutsje **2** kap, gewelf • *la ~ crânienne* schedeldak • *la ~ glaciaire* ijskap **3** INFORM. oorvijg

calque ZN M **1** gecalqueerde tekening, overtrekpapier **2** TAALK. leenvertaling

calquer OV WW **1** calqueren **2** slaafs navolgen

calva INFORM. ZN M calvados **calvados**

calvados "-dos" ZN M ciderbrandewijn, calvados

calvaire ZN M **1** kruisweg, kruisbeeld **2** FIG. lijdensweg

calvinisme ZN M calvinisme

calvitie "-sie" ZN V kaalhoofdigheid

camarade ZN M/V makker, kameraad • *un ~ de classe* klasgenoot • *un ~ de jeux* speelkameraad
camaraderie ZN V kameraadschap
Cambodge ZN M Cambodja
cambodgien BN (V cambodgienne), Cambodjaans
Cambodgien ZN M (V Cambodgienne), Cambodjaan
cambouis ZN M vuil en dik geworden smeerolie
cambré BN gewelfd • *avoir la taille cambrée* een holle rug hebben
cambrer **1** OV WW strekken <van lichaam> **2** WKD WW **(se ~)** een hoge borst opzetten
cambriolage ZN M inbraak
cambrioler OV WW inbreken • *ils ont été cambriolés* er is bij hen ingebroken
cambrioleur ZN M (V cambrioleuse), inbreker
cambrousse INFORM. ZN V platteland
came ZN V **1** nok, tand, kam <van kamrad> **2** INFORM. camelote stuff, drugs • *se procurer de la ~* aan drugs komen, dope scoren
camé INFORM. **1** ZN M (V camée), junk **2** BN verslaafd aan drugs
caméléon ZN M OOK FIG. kameleon
camélia ZN M camelia
camelot ZN M straatventer
camelote INFORM. ZN V slechte waar, rommel, spul • *c'est de la ~!* dat is rotzooi!
camembert ZN M **1** camembert **2** FIG. taartdiagram, cirkeldiagram
camer INFORM. WKD WW **(se ~)** dope gebruiken
caméra ZN V camera • *une ~ vidéo* videocamera • *une ~ de surveillance* bewakingscamera
Cameroun ZN M Kameroen
camerounais BN Kameroens
Camerounais ZN M (V Camerounaise), inwoner van Kameroen
caméscope ZN M camcorder, videocamera
camion ZN M vrachtwagen, vrachtauto • *un ~-remorque* truck met oplegger
camion-citerne ZN M (MV camions-citernes), tankwagen
camion-grue ZN M (MV camions-grues), kraanwagen
camionnage ZN M **1** vrachtwagenvervoer **2** vrachtkosten
camionnette ZN V kleine vrachtauto, bestelauto
camionneur ZN M (V camionneuse), vrachtrijder
camomille ZN V kamille
camouflage ZN M vermomming, camouflage
camoufler OV WW vermommen, camoufleren, verhullen
camouflet LIT. ZN M slag in het gezicht, vernedering
camp ZN M **1** (leger)kamp • *un ~ retranché* versterkt kamp • *un aide de ~* adjudant • *un ~ de concentration* concentratiekamp • *un lit de ~* veldbed • *dresser un ~* een kamp opslaan • *lever le ~* het kamp opbreken, FIG. zijn biezen pakken • INFORM. *fichez-moi le ~ d'ici!* maak dat je wegkomt! **2** kampeerplaats • *des feux de ~* kampvuren **3** kamp, partij • *le ~ adverse* de tegenpartij • INFORM. *le ~ des Verts* het kamp van de Groenen • *changer de ~* de andere partij kiezen, overlopen • SPORT *marquer contre son ~* in eigen doel schieten • OOK FIG. *la balle est dans ton ~* de bal ligt nu bij jou, nu jij weer
campagnard **1** BN landelijk, boers • *un buffet ~* lopend buffet met worst en wijn **2** ZN M (V campagnarde), plattelander, boer
campagne ZN V **1** platteland • *une maison de ~* landhuis • *l'air de la ~* buitenlucht • *vivre à la ~* op het platteland wonen, buiten wonen • *battre la ~* het terrein uitkammen, FIG. bazelen • *en rase ~* in het open veld **2** veldtocht • *une armée de ~* veldleger • *un plan de ~* krijgsplan **3** campagne, propaganda-actie • *une ~ de presse* publiciteitscampagne • *une ~ antidiscriminatoire* een kruistocht tegen discriminatie • *mener une ~ pour / contre...* een campagne voeren voor / tegen...
campanile ZN M klokkentorentje, campanile
campement ZN M **1** (het) kamperen **2** kamp, legerplaats
camper **1** ONOV WW **1** kamperen, bivakkeren **2** zich legeren • *~ sur ses positions* geen duimbreed toegeven **2** WKD WW **(se ~)** provocerend gaan staan, zich planten • *se ~ devant qn* pal voor iemand gaan staan
campeur ZN M (V campeuse), kampeerder
camphré BN kamfer- • *de l'alcool ~* kamferspiritus
Campine ZN V Kempen
camping ZN M **1** (het) kamperen • *faire du ~* kamperen • *le ~ sauvage* wildkamperen **2** camping, kampeerterrein
camping-car ZN M (MV camping-cars), kampeerwagen, camper
canadair ZN M blusvliegtuig
canadien BN (V canadienne), Canadees
Canadien ZN M (V Canadienne), Canadees
canadienne ZN V winterjack
canaille **1** ZN V schoft, ploert • *quelle petite ~, cet enfant!* wat een boefje, dat kind! **2** BN gemeen, laag
canal ZN M (MV canaux) **1** kanaal, gracht • *le ~ de Suez* Suezkanaal **2** buis, leiding, pijp • FIG. *par le ~ de...* door tussenkomst van..., via
canalisation ZN V **1** kanalisering **2** kanalennet, buizennet, dradennet • *une ~ de gaz* gasnet
canaliser OV WW **1** kanaliseren **2** (in een bepaalde richting) sturen, in goede banen leiden, bundelen • *~ les manifestants* de betogers in toom houden
canapé ZN M **1** bank, canapé • *un canapé-lit* slaapbank **2** CULIN belegd sneetje geroosterd brood, toastje • *un ~ au saumon* een toastje met zalm
canard ZN M **1** eend • *du ~ laqué* pekingeend • FIG. *un ~ boiteux* sukkelaar, aangeschoten wild, noodlijdend bedrijf • *il fait un froid de ~* het is ijzig koud • *marcher comme un ~* waggelen als een eend • *mon petit ~!* mijn schatje! **2** INFORM. krant

canari ZN M kanarie • *un jaune ~* kanariegeel
canasson INFORM. ZN M slecht paard, knol
canaux ZN M MV → **canal**
cancan ZN M **1** kletspraatje, laster **2** cancan <dans>
cancaner ONOV WW roddelen
cancanier ZN M (V cancanière), kletser, roddelaar
cancer ZN M kanker • *un cancer de la gorge* keelkanker • *un cancer de la prostate* prostaatkanker • *avoir un ~ au sein* borstkanker hebben • *mourir d'un ~* aan kanker overlijden
Cancer ZN M Kreeft <dierenriem>
cancéreux **1** BN (V cancéreuse), kanker-, kankerachtig • *des cellules cancéreuses* kankercellen **2** ZN M (V cancéreuse), kankerpatiënt
cancérigène, **cancérogène** BN kankerverwekkend
cancérologie ZN V oncologie, kankerstudie
cancérologue ZN M/V oncoloog, kankerspecialist
cancre INFORM. ZN M luie / slechte leerling, kruk
candélabre ZN M kandelaber, armkandelaar, kroonluchter
candeur ZN V argeloosheid, onschuld, onbevangenheid
candi BN • *du sucre ~* kandijsuiker
candidat ZN M (V candidate), kandidaat, examinandus, gegadigde • *se porter ~ à un poste* zich kandidaat stellen voor een functie, in zijn voor een functie • *présenter / proposer qn comme ~* iemand kandidaat stellen
candidater ONOV WW solliciteren, zich opgeven (voor) • *candidater à / pour un poste* solliciteren naar een baan
candidature ZN V kandidatuur • *une ~ spontanée* open sollicitatie • *poser sa ~ à un poste* solliciteren, zich kandidaat stellen
candide BN argeloos, onschuldig, onbevangen
cane ZN V wijfjeseend
caneton ZN M eendje <woerd>
canette, **cannette** ZN V **1** (bier)flesje, (bier) blikje **2** spoeltje
canevas ZN M **1** stramien **2** ontwerp, schets
caniche ZN M poedel
caniculaire BN snikheet, v.d. hondsdagen • *une chaleur ~* verschrikkelijke hitte
canicule ZN V hondsdagen, periode van grote hitte, hittegolf
canif ZN M zakmes • FIG. *donner un coup de ~ dans un contrat* zijn woord niet houden, een slippertje maken
canin BN honden- • *une race ~e* hondenras
canine ZN V hoektand
caniveau ZN M (MV caniveaux), geul, gootje, straatgoot • *du journalisme de ~x* riooljournalistiek
cannabis "-bies" ZN M cannabis
canne ZN V **1** riet • *la ~ à sucre* suikerriet • *du sucre de ~* rietsuiker **2** (wandel)stok • *une ~ à pêche* hengel **3** INFORM. been
canné BN van riet • *une chaise cannée* rieten stoel
canneberge ZN V cranberry
canneler OV WW groeven, kartelen, ribbelen
cannelle ZN V kaneel • *de la ~ en bâtonnets* pijpkaneel
cannelure ZN V **1** groef, gleuf, kartel **2** ARCH. cannelure
cannette ZN V → **canette**
cannibale ZN M/V kannibaal
cannibalisme ZN M kannibalisme
canoë ZN M kano
canoéiste ZN M/V kanovaarder
canon **1** ZN M **1** kanon, loop <van vuurwapens> • *un coup de ~* kanonschot • INFORM. *la chair à ~* kanonnenvlees • *un ~ à eau* waterkanon **2** canon <norm, regel> • *le ~ de la beauté* schoonheidscanon **3** MUZ. canon • *chanter en ~* een canon zingen **4** INFORM. glas wijn **2** BN onver. INFORM. geweldig, gaaf • *une fille ~* een spetter, een lekker mokkel
canonisation ZN V heiligverklaring, canonisatie
canoniser OV WW heilig verklaren, canoniseren
canot ZN M boot(je) • *un ~ à moteur* motorbootje • *un ~ de sauvetage* reddingsboot • *un ~ pneumatique* opblaasbare boot
canotage ZN M (het) roeien
canoter ONOV WW roeien
cantaloup ZN M kanteloep, wratmeloen
cantate ZN V cantate, zangstuk
cantatrice ZN V (concert)zangeres
cantine ZN V **1** kantine **2** reiskoffer
cantique ZN M geestelijk lied • *le ~ des ~s* Hooglied
canton ZN M kanton <deel v. departement>
cantonade ZN V • *parler à la ~* tegen niemand in het bijzonder spreken
cantonal BN (M MV cantonaux), kanton-
cantonner **1** OV WW **1** legeren, inkwartieren **2** (tot een bepaalde positie) beperken • *~ qn dans des tâches subalternes* iemand ondergeschikt werk laten doen **2** ONOV WW MIL. gelegerd zijn **3** WKD WW **(se ~)** zich opsluiten, zich afzonderen, zich (tot iets) beperken
cantonnier ZN M wegwerker
canular ZN M grap, beetnemerij • *faire un ~ à qn* iemand voor de gek houden
canule MED. ZN V holle (injectie)naald, buisje
CAO AFK conception assistée par ordinateur V **CAD**, computergestuurd ontwerpen
caoutchouc "kaoetsjoe" ZN M **1** rubber • *des bottes en ~* rubberlaarzen **2** PLANTK. **ficus**
caoutchouter OV WW met rubber bekleden
caoutchouteux BN (V caoutchouteuse), rubberachtig
cap ZN M **1** kaap • *le Cap de Bonne-Espérance* Kaap de Goede Hoop • *les îles du Cap-Vert* Kaapverdische Eilanden • OOK FIG. *changer de ~* van koers veranderen • *mettre le ~ sur Brest* de steven wenden naar Brest, op Brest afstevenen • FIG. *avoir franchi / dépassé le ~ de la cinquantaine* de vijftig gepasseerd zijn, over de vijftig zijn **2** hoofd • *de pied en ~* van

ca

top tot teen

C.A.P. AFK certificat d'aptitude professionnelle m vakdiploma

capable BN **1** bekwaam, bevoegd **2 ~ de** in staat om / tot, geschikt om • *être ~ de tout* tot alles in staat zijn • *voyons de quoi il est ~!* laten we eens zien wat hij kan! • *je ne l'en croyais pas ~* dat had ik niet achter hem gezocht

capacité ZN V **1** inhoud, vermogen, capaciteit • COMP. *la ~ de mémoire* geheugencapaciteit **2** bekwaamheid, geschiktheid • *avoir une grande ~ de travail* veel werk kunnen verzetten • *les capacités intellectuelles de qn* iemands verstandelijke vermogens

cape ZN V cape, kapmantel • *sous ~* heimelijk • *rire sous ~* in zijn vuistje lachen • *un roman de ~ et d'épée* 17e-eeuwse avonturenroman

C.A.P.E.S AFK O&W certificat d'aptitude au professorat de l'enseignement secondaire m eerstegraads onderwijsbevoegdheid

capharnaüm "-naòm" INFORM. ZN M warboel, rommel

capillaire BN haar-, capillair • *les vaisseaux ~s* haarvaten

capitaine ZN M/V **1** kapitein • *un ~ au long cours* kapitein op de grote vaart • *le ~ de soirée* de bob <bestuurder die niet drinkt> **2** SPORT aanvoerder, captain

capital 1 BN (M MV capitaux), hoogst belangrijk, voornaamst, hoofd- • *la peine ~e* doodstraf • *un péché ~* hoofdzonde, doodzonde • *jouer un rôle ~ dans une affaire* een hoofdrol in een zaak spelen **2** ZN M (MV capitaux), kapitaal, hoofdsom • *la circulation des capitaux* kapitaalverkeer • *la fuite des capitaux* kapitaalvlucht • INFORM. *manger son ~* op zijn kapitaal interen

capitale ZN V **1** hoofdstad, voornaamste stad, centrum <van activiteiten> **2** hoofdletter

capitaliser 1 OV WW kapitaliseren **2** ONOV WW sparen, oppotten

capitalisme ZN M kapitalisme

capitaliste 1 BN kapitalistisch **2** ZN M/V kapitalist

capitaux ZN M MV → **capital**

capiteux BN (V capiteuse), koppig <van drank>, OOK FIG. bedwelmend

capitonner OV WW capitonneren, watteren

capitulation ZN V capitulatie, overgave

capituler ONOV WW zich overgeven, capituleren, zwichten

caporal ZN M (MV caporaux) MIL. korporaal

capot ZN M motorkap

capote ZN V **1** kap <van open voertuig> **2** • INFORM. *une ~ (anglaise)* kapotje, condoom

capoter ONOV WW **1** omslaan, over de kop slaan <van auto's, vliegtuigen> **2** FIG. schipbreuk lijden • *les négociations ont capoté* de onderhandelingen zijn stukgelopen

cappuccino ZN M cappuccino

câpre ZN V kappertje

caprice ZN M gril, bevlieging • *les ~s de la mode* modegril(len) • *les ~s du hasard* de spelingen van het lot • *faire des ~s* kuren hebben

capricieux BN (V capricieuse), grillig, wispelturig • *être d'une humeur capricieuse* humeurig zijn

capricorne ZN M boktor

capsule ZN V **1** kroonkurk, dop • *une ~ de café* koffiepad **2** capsule • *une ~ spatiale* ruimtecapsule

capsuler OV WW van een dop voorzien

captage ZN M (het) opvangen • *le ~ des eaux d'une source* het opvangen en geleiden van bronwater

capter OV WW **1** opvangen (en geleiden) <van bronwater, stroom, signalen, zenders, enz.> • *~ une émission de radio* een radio-uitzending (kunnen) ontvangen **2** door list verkrijgen • *~ l'attention de qn* iemands aandacht boeien

capteur ZN M collector, sensor • *un ~ solaire* zonnepaneel

captif LIT. BN (V captive) **1** gevangen, opgesloten **2** FIG. gebonden • *être ~ de ses passions* een slaaf van zijn passies zijn

captivant BN boeiend, fascinerend

captiver OV WW boeien, fascineren

captivité ZN V (krijgs)gevangenschap

capture ZN V **1** gevangenneming, vangst • *une belle ~* een goede vangst **2** (het) buitmaken <van schip>, buit

capturer OV WW gevangennemen, vangen, buitmaken • *~ un animal* een dier vangen • *~ un bateau* een boot in beslag nemen

capuche ZN V kap(je), capuchon

capuchon ZN M **1** capuchon **2** dop <van pen, tube>

caquet ZN M **1** gekakel <van kip> **2** geklets • *rabattre / rabaisser le ~ à qn* iemand de mond snoeren

caquetage ZN M gekakel

caqueter ONOV WW **1** kakelen **2** kletsen

car 1 ZN M (interlokale) bus, touringcar **2** VOEGW want

carabine ZN V karabijn, buks • *une ~ à air comprimé* windbuks

carabiné INFORM. BN geweldig, hevig • *j'ai un rhume ~* ik ben snipverkouden

caracoler ONOV WW **1** zwenken <van paard, ruiter> **2** rondspringen, huppelen • *~ en tête des sondages* in de peilingen ruim aan kop liggen

caractère ZN M **1** letter(teken) • *des caracrères d'imprimerie* drukletters, blokletters • *écrire en gros caractères* in hoofdletters schrijven • *imprimer un texte en caractères gras* een tekst vet drukken **2** karakter, aard, hoedanigheid, kenmerk • *un ~ égal / serein* een gelijkmatig karakter • *un ~ réservé* een gesloten karakter • *être d'un ~ optimiste* een zonnig karakter hebben • *montrer du ~* karakter / moed tonen • INFORM. *avoir un ~ de cochon* een rotkarakter hebben • *sans ~* karakterloos, onpersoonlijk

caractériel 1 BN (V caractérielle) **1** karakter- • *des troubles caractériels* karakterstoornissen **2** met een moeilijk karakter • *elle est un peu caractérielle* ze is wat lastig in de omgang **2** ZN

M (V caractérielle), moeilijk mens, moeilijk opvoedbaar kind

caractériser 1 OV WW kenschetsen, kenmerken 2 WKD WW (**se ~**) gekenmerkt worden

caractéristique 1 BN kenmerkend, karakteristiek (**de** voor) 2 ZN V kenmerk, karakteristiek

carafe ZN V karaf

carambolage ZN M kettingbotsing

caramboler 1 OV WW botsen tegen 2 WKD WW (**se ~**) met elkaar in botsing komen

caramel ZN M 1 karamel • *une crème (au) ~* karamelpudding 2 toffee

caraméliser OV WW karamel doen in / bij

carapace ZN V BIOL. schild, schaal, OOK FIG. pantser • *la ~ de l'indifférence* het pantser van onverschilligheid

carat ZN M karaat • *de l'or à dix-huit ~s* 18 karaats goud

caravane ZN V 1 caravan • *une ~ pliante* vouwcaravan • *une ~ résidentielle* stacaravan 2 karavaan

caravaning ZN M (het) trekken met een caravan • *faire du camping ~* met een caravan op de camping staan

carbonate ZN M carbonaat

carbone ZN M koolstof • *oxyde de ~* koolmonoxide • *la taxe ~* koolstofbelasting <ecotaks op gebruik van fossiele brandstoffen>

carbonique BN kool(zuur)- • *de l'acide ~* koolzuur • *la neige ~* koolzuursneeuw • *du gaz ~* kooldioxide, koolzuurgas

carbonisation ZN V verkoling

carboniser OV WW verkolen, verbranden

carbonnade ZN V geroosterd vlees • *des ~s flamandes* Vlaamse karbonade, runderstoofschotel, hachee

carburant ZN M brandstof <voor motoren>

carburateur ZN M carburator, vergasser

carbure ZN M carbid

carburer ONOV WW INFORM. lopen, functioneren • *~ au café* veel koffie drinken, een koffieleut zijn

carcan FIG. ZN M keurslijf • *sortir du ~ habituel* uit het keurslijf losbreken

carcasse ZN V 1 karkas, skelet 2 INFORM. lijf • *traîner sa vieille ~* rondhangen, rondhobbelen 3 karkas / romp <v. schip>, geraamte <v. voorwerp>, frame

carcéral BN (M MV carcéraux), gevangenis- • *l'univers ~* gevangenis(wereld)

carcinome MED. ZN M kanker(gezwel), carcinoom

cardiaque 1 BN hart- • *un arrêt ~* hartstilstand • *une crise / un malaise ~* hartaanval 2 ZN M/V hartpatiënt

cardigan ZN M (dames)vest

cardinal 1 BN (M MV cardinaux), voornaamste, kardinaal • *un nombre ~* hoofdtelwoord • *les quatre points cardinaux* de vier windstreken 2 ZN M (MV cardinaux) 1 kardinaal 2 kardinaalvogel

cardio ZN V cardiologie cardiologie

cardiogramme MED. ZN M cardiogram

cardiologie ZN V cardiologie • *le service de ~* afdeling cardiologie

cardiologue ZN M/V cardioloog, hartspecialist

cardiovasculaire BN • *des maladies ~s* hart- en vaatziekten

carême ZN M vasten • *une face de ~* bleek en vermagerd gezicht • *faire ~* vasten

carence ZN V 1 (het) falen, (het) tekortschieten 2 MED. tekort, gebrek, deficiëntie • *une ~ en vitamines* vitaminegebrek • PSYCH. *une ~ affective* affectieve verwaarlozing

caressant BN liefkozend • *une voix ~e* zachte stem

caresse ZN V liefkozing, streling • *faire des ~s* liefkozen, aaien

caresser OV WW 1 liefkozen, strelen, aaien 2 koesteren • *~ un espoir* hoop koesteren

cargaison ZN V 1 (scheeps)lading 2 INFORM. (hele) verzameling

cargo ZN M vrachtschip • *un ~ pétrolier* olietanker

caricatural BN (M MV caricaturaux), karikaturaal

caricature ZN V karikatuur

caricaturer OV WW een karikatuur maken van

caricaturiste ZN M/V karikaturist

carie ZN V cariës • *une ~ dentaire* gaatje <in kies>

carié BN door cariës aangetast, rot <van kies>

carillon ZN M 1 carillon, klokkenspel 2 klokgelui

carillonner 1 ONOV WW beieren 2 OV WW FIG. rondbazuinen

carillonneur ZN M beiaardier, klokkenluider

caritatif BN (V caritative), charitatief • *une organisation caritative* liefdadigheidsinstelling

carlingue ZN V cabine <van vliegtuig>

carmin ZN M karmijn

carnage ZN M bloedbad, slachting • FIG. *les enfants ont fait un ~ dans le jardin* de kinderen hebben een puinhoop van de tuin gemaakt

carnassier BN (V carnassière), vleesetend, verscheurend • *les ~s* de roofdieren

carnaval ZN M (MV carnavals), carnaval

carnavalesque BN carnavalesk

carne INFORM. ZN V slecht vlees

carnet ZN M 1 zakboekje, boekje, blok • *un ~ d'adresses* adresboekje • *un ~ de bord* dagboek(je) • *un ~ de chèques* chequeboekje • *un ~ de commandes* orderboek, orderportefeuille • *un ~ de métro* bundeltje metrokaartjes 2 rubriek • *le ~ mondain* familieberichten <in krant>, societynieuws • *il a un ~ d'adresses bien fourni* hij heeft een flink sociaal netwerk

carnivore 1 BN vleesetend 2 ZN M/V vleesetend dier, carnivoor

carotide ZN V halsslagader

carotte ZN V wortel, peen • *la couleur ~* oranjerood • *poil de ~* peenhaar • *la ~ ou le bâton* lokken of dreigen • INFORM. *les ~s sont cuites* het spel is uit

carotter INFORM. OV WW afzetten, aftroggelen, afhandig maken

carpe 1 ZN V karper • *rester muet comme une ~* geen stom woord zeggen 2 ZN M ANAT. handwortel

carpette ZN V **1** **karpet, kleedje** **2** INFORM. **vleier, kruiper**

carré **1** BN **vierkant** • *vingt mètres carrés* twintig vierkante meter • *la racine carrée* vierkantswortel • *des épaules carrées* brede schouders • *une réponse carrée* beslist antwoord • *être ~ en affaires* eerlijk zijn in zaken • *avoir une tête carrée* koppig zijn **2** ZN M **1** **vierkant** **2** **vierkant stuk** • CULIN *un ~ d'agneau* ribstuk van het lam • *un ~ de chocolat* blok chocola • SPORT *un ~ d'as* vier azen • *cultiver son ~ de terre* zijn lapje grond bewerken **3** **kwadraat** • *élever au ~* in het kwadraat verheffen **4** **vierkante sjaal**

carreau ZN M (MV carreaux) **1** **vierkantje, ruitje** • *un tissu à ~x* geruite stof **2** **glasruit** • *un laveur de ~x* glazenwasser • *faire les ~x* de ramen lappen **3** **(vloer)tegel, stenen vloer** • *poser des ~x* tegels zetten • FIG. *resté sur le ~* geëlimineerd, gedood • FIG. *se tenir à ~* zich rustig houden, op z'n hoede zijn **4** **ruiten** <kaartspel>

carrefour ZN M OOK FIG. **kruispunt, ontmoetingspunt** • *un ~ giratoire* rotonde • FIG. *se trouver à un ~* voor een moeilijke beslissing staan

carrelage ZN M **betegeling** • *poser un ~* een tegelvloer leggen, tegels zetten

carreler OV WW **betegelen**

carrelet ZN M **1** **schol** <vis> **2** **kruisnet**

carreleur ZN M (V carreleuse), **tegelzetter**

carrément BW **ronduit, onomwonden** • INFORM. *il est ~ arrivé trois heures en retard* hij kwam waarachtig drie uur te laat

carrière ZN V **1** **loopbaan, carrière** • *un militaire de ~* beroepsmilitair • *une brillante ~* een schitterende carrière • *faire ~* carrière maken • *faire une ~ fulgurante* als een komeet omhoogschieten • *rater sa ~* zijn carrière mislopen **2** **steengroeve**

carriérisme ZN M **carrièrejacht**

carriériste ZN M/V **carrièrejager, streber**

carrossable BN **begaanbaar, berijdbaar** • *une route ~* rijweg

carrosse ZN M **koets** • FIG. *être la cinquième roue du ~* het vijfde wiel aan de wagen zijn • FIG. *rouler ~* er warmpjes bij zitten

carrosserie ZN V **carrosserie**

carrousel ZN M **1** **draaimolen** **2** FIG. **mallemolen, (het) komen en gaan, duiventil**

carrure ZN V **1** **schouderbreedte, krachtige lichaamsbouw** **2** FIG. **kaliber, formaat** • *elle n'a pas la ~ pour cette fonction* zij is niet geschikt voor die functie

cartable ZN M **schooltas**

carte ZN V **1** **kaart** • *une ~ postale* briefkaart, ansichtkaart, BELG. postkaart • *une ~ à puce(s)* chipkaart • *une ~ SIM* simkaart • *~ (à) mémoire* geheugenkaart <in computer>, flitskaart <leermiddel> • *la ~ des vins* wijnkaart • *dîner à la ~* à la carte eten • FIG. *donner ~ blanche à qn* iemand de vrije hand laten **2** **landkaart** • *une ~ de France* kaart van Frankrijk • *une ~ marine* zeekaart • *une ~ routière* wegenkaart **3** **kaart** <pasje, document>, **card** • *une ~ d'identité* identiteitskaart • *une ~ de séjour* verblijfsvergunning • *une ~ d'étudiant* collegekaart • *une ~ de visite* visitekaartje • *une ~ de fidélité* klantenkaart • *une ~ de crédit* creditcard • *une ~ bancaire / bleue* bankpasje, creditcard • *une ~ d'adhérent / de membre* bewijs van lidmaatschap • *une ~ d'embarquement* instapkaart • *la ~ grise* kentekenbewijs, BELG. inschrijvingsbewijs • *la ~ vitale* digitale zorgpas • *la ~ verte* groene kaart <autoverzekering> **4** **speelkaart** • *des ~s à jouer* speelkaarten • FIG. *une ~ maîtresse* troefkaart • *jouer aux ~s* kaarten • *faire une partie de ~s* een kaartje leggen • *battre les ~s* de kaarten schudden • *jouer sa dernière ~* zijn laatste troef uitspelen • FIG. *jouer ~s sur table* open kaart spelen • FIG. *voir le dessous des ~s* achter de schermen kijken • FIG. *brouiller les ~s* verwarring stichten • FIG. *jouer la ~ de la transparence* voor transparantie kiezen

cartel ZN M **1** **kartel** • *le ~ de la drogue* drugskartel **2** POL. **blok, coalitie**

carte-réponse ZN V (MV cartes-réponse(s)), **antwoordkaart**

cartilage ZN M **kraakbeen**

cartilagineux BN (V cartilagineuse), **kraakbeenachtig**

cartographie ZN V **cartografie**

cartomancie ZN V **waarzeggerij uit speelkaarten**

carton ZN M **1** **karton, kartonnen doos** • *du ~ ondulé* golfkarton • *un emballage en ~* kartonnen verpakking • *un ~ à chaussures* schoenendoos • *dormir dans des ~s* in kartonnen dozen slapen, dakloos zijn **2** **(kartonnen) portefeuille** **3** **(kartonnen) schietschijf** • *faire un ~* (schijf) schieten, FIG. veel succes hebben, een klapper zijn **4** SPORT **kaart** • *donner le ~ jaune / rouge* de gele / rode kaart geven

cartonner **1** ONOV WW INFORM. **succes hebben** • *ça cartonne!* dat loopt gesmeerd! **2** OV WW **kartonneren**

carton-pâte ZN M (MV cartons-pâtes), **papier-maché** • *un décor en ~* nepdecor

cartoon "kartoen" ZN M **1** **cartoon, striptekening** **2** **tekenfilm**

cartouche ZN V **1** **patroon** <huls>, **cartridge** • *une ~ d'encre* inktpatroon, inktcartridge • *une ~ à blanc* losse flodder • FIG. *brûler ses dernières ~s* zijn laatste kruit verschieten **2** **slof** <sigaretten>

cas ZN M **1** **geval** • *un ~ de force majeure* (geval van) overmacht • *un ~ de conscience* gewetensvraag • *un ~ fortuit* onvoorzien geval, toeval • *un ~ isolé* een alleenstaand geval • *un ~ social* sociaal probleemgeval • *une décision au ~ par ~* beslissing van geval tot geval • *faire grand ~ de qc* veel waarde hechten aan iets • *faire peu de ~ de qc/ ne faire aucun ~ de qc* geen acht slaan op iets • *c'est le ~ de le dire!* dat kun je wel zeggen!, me dunkt! • INFORM. *lui, c'est un cas!* dat is me er eentje! • *au ~ où vous arriviez de bonne heure...* voor het geval dat u vroeg komt... • *au ~ où il refuserait...* mocht hij eventueel weigeren... • *dans le meilleur des ~* in het beste / gunstigste geval • *dans ce cas-là* in dat geval • *en tout ~* in elk geval • *en aucun ~* in geen geval, onder geen beding • *en ~*

de besoin zo nodig • *en ~ d'urgence* in geval van nood • *le ~ échéant* als het geval zich voordoet, eventueel **2** JUR. zaak, delict **3** TAALK. naamval

casanier **1** BN (V casanière), huiselijk **2** ZN M (V casanière) FIG. huismus

casaque ZN V jockeyjasje • INFORM. *tourner ~* (zomaar) van mening / partij veranderen

casbah ZN V kashba

cascade ZN V **1** OOK FIG. waterval • *en ~* trapsgewijs, cascade- **2** stuntwerk <in films enz.>

cascadeur ZN M (V cascadeuse), stuntman

cascher, **kasher** BN koosjer

case ZN V **1** hokje, vakje, ruit <van schaakbord, dambord> • *cocher une ~* een hokje aankruisen • *cochez une ~ en rouge* kleur een hokje rood • FIG. *revenir à la ~ départ* terug bij af zijn • INFORM. *il a une ~ en moins / il lui manque une ~* hij is niet goed wijs, er zit bij hem een draadje los **2** hut

caser OV WW **1** wegbergen, (weg)stoppen **2** INFORM. onderbrengen, plaatsen, een baan bezorgen, uithuwelijken • *il a casé son fils dans l'administration* hij heeft zijn zoon aan een overheidsbetrekking geholpen • *il a encore deux filles à ~* hij moet nog twee dochters aan de man brengen

caserne ZN V kazerne

cash "kasj" INFORM. BN contant, cash • *payer ~* contant betalen

casher BN → **cascher**

casier ZN M **1** (post)vakje • *casier automatique* locker **2** kast met vakjes, doos met vakken, rek • *un ~ à bouteilles* flessenrek **3** (straf)register • *un ~ judiciaire vierge / chargé* blanco / groot strafblad

casino ZN M casino

casque ZN M **1** (val)helm • *les ~s bleus* blauwhelmen **2** koptelefoon

casqué BN gehelmd

casquer INFORM. ONOV WW dokken, betalen

casquette ZN V pet • FIG. *avoir une double ~* twee petten op hebben • FIG. *avoir plusieurs ~s* verschillende petten op hebben • INFORM. *en avoir ras la ~* het spuugzat zijn

cassable BN breekbaar

cassant BN **1** breekbaar **2** bits, kortaf

cassation JUR. ZN V cassatie • *la Cour de ~* hof van cassatie, Hoge Raad • *se pourvoir en ~* in cassatie gaan

casse **1** ZN V **1** (het) breken, gebroken voorwerp(en), schade • INFORM. *il va y avoir de la ~* daar komen brokken van, daar komt hommeles van • *payer la ~* de schade vergoeden **2** schroot(handel), sloop • *mettre une voiture à la ~* een auto naar de sloop brengen **2** ZN M INFORM. inbraak • *faire un ~* een kraak zetten

cassé BN OOK FIG. gebroken, stuk • *une voix cassée* zwakke, schorre stem • *blanc ~* gebroken wit

casse-cou **1** ZN M (MV casse-cou(s)) **1** levensgevaarlijke plaats **2** INFORM. waaghals • *jouer les ~* halsbrekende toeren uithalen **2** BN onver. INFORM. roekeloos, zeer gevaarlijk

casse-couilles INFORM. ZN M/V onver. lastpost, zeikerd

casse-croûte ZN M (MV casse-croûte(s)), boterhammetje, twaalfuurtje

casse-gueule INFORM. BN onver. bloedlink • *cet escalier est un vrai casse-gueule!* die trap is bloedlink!

casse-noisettes, **casse-noisette** ZN M (MV casse-noisettes), notenkraker

casse-pieds, **casse-pied** INFORM. **1** BN onver. vervelend, drammerig **2** ZN M/V (MV casse-pieds), zeurpiet, drammer

casse-pipe INFORM. ZN M oorlog • *aller au ~* naar het slagveld gaan, als kanonnenvoer moeten dienen

casser **1** OV WW **1** stukmaken, OOK FIG. breken, stukslaan • *casser qc en ~* iets in tweeën breken • INFORM. *~ la croûte* een stukje eten • INFORM. *~ les pieds / la tête à qn* iemand aan z'n kop zaniken, iemand vervelen • INFORM. *~ sa pipe* de pijp uitgaan • INFORM. *~ la figure / la gueule à qn* iemand op zijn bek slaan • INFORM. *tu me les casses!* zeik niet zo! • *ça fera cent euros à tout ~* dat kost hooguit 100 euro **2** JUR. nietig verklaren • *~ un arrêt* een vonnis vernietigen **3** degraderen • FIG. *~ un officier* een officier degraderen **2** WKD WW **(se ~)** **1** breken, stukgaan • *se ~ le bras* zijn arm breken • *se ~ le cou* zijn nek breken • OOK FIG., INFORM. *se ~ la figure / la gueule* op z'n gezicht / bek gaan • FIG. *se ~ le nez (à la porte de qn)* bot vangen (bij iemand), zijn neus stoten **2** INFORM. zich vermoeien **3** INFORM. ervandoor gaan • *casse-toi, pauvre con!* rot op, klootzak!

casserole ZN V (steel)pan • *passer à la ~* de klos zijn, INFORM. een flinke beurt krijgen <seks>

casse-tête ZN M (MV casse-tête(s)) **1** lastig probleem, hersenbreker **2** herrie **3** • CAN. *~ chinois* puzzel waarbij gebogen staafjes in of uit elkaar geschoven moeten worden

cassette ZN V cassette • *une ~ vidéo* videocassette • *un lecteur de ~s* cassettespeler

casseur ZN M (V casseuse) **1** relschopper <bij evenementen>, vandaal, amokmaker **2** INFORM. inbreker

cassis ZN M **1** zwarte bes **2** bessenlikeur

cassonade ZN V bruine suiker

cassoulet ZN M cassoulet <ragout v. vlees en witte bonen>

cassure ZN V OOK FIG. breuk

caste ZN V kaste • *l'esprit de ~* groepsgeest

castor ZN M bever

castrat ZN M castraat

castration ZN V castratie

castrer OV WW castreren

cata ZN V catastrophe ramp

cataclysme ZN M **1** grote (natuur)ramp **2** INFORM. enorme ommekeer

catacombes ZN V MV catacomben

catalogue ZN M catalogus

cataloguer OV WW catalogiseren, classificeren

catalyseur ZN M OOK FIG. katalysator

catamaran ZN M catamaran

catapulte ZN V lanceerinrichting <voor

vliegtuigen, raketten>

catapulter OV WW **1** lanceren (met een katapult) **2** wegslingeren **3** onverwachts ergens heen sturen, (weg)promoveren

cataracte ZN V **1** MED. grijze staar **2** hoge waterval

catastrophe ZN V ramp • *un scénario ~* rampscenario • *atterrir en ~* een noodlanding maken • *en ~* halsoverkop, overhaast

catastrophé INFORM. BN FIG. kapot, ontdaan

catastrophique BN rampzalig, catastrofaal

catcheur ZN M SPORT catcher <bij worstelen>

catéchisme ZN M **1** godsdienstonderwijs **2** catechismus

catégorie ZN V **1** categorie, klasse, soort **2** WISK. (deel)verzameling

catégorique BN categorisch, onvoorwaardelijk, stellig, afdoend, duidelijk

catégoriser OV WW in categorieën indelen

caténaire ZN V bovenleiding

cathédrale ZN V kathedraal

cathéter ZN M katheter

catho INFORM. **1** ZN M/V catholique katholiek **2** BN catholique katholiek

cathodique BN beeldbuis-, televisie-

catholicisme ZN M katholicisme

catholique **1** BN katholiek • INFORM. *c'est pas très ~!* dat is niet in de haak, dat is niet pluis **2** ZN M/V katholiek

catimini • *en ~* stiekem, stilletjes

cauchemar ZN M nachtmerrie

cauchemardesque BN als een nachtmerrie • *une vision ~* schrikbeeld

causal BN (M MV causaux), oorzakelijk, causaal

causalité ZN V oorzakelijkheid

causant INFORM. BN spraakzaam, praatgraag • *il est peu ~* hij is spaarzaam met woorden, hij is geen prater

cause ZN V **1** oorzaak, reden • *la ~ première* grondoorzaak • *il y a un rapport de ~ à effet (entre les deux choses)* er is een causaal verband tussen de twee zaken • *à ~ de* door, wegens • *pour ~ de* wegens, om • *et pour ~* en terecht **2** zaak, aangelegenheid, rechtszaak • *une ~ célèbre* opzienbarend proces • *la ~ publique* het algemeen belang • *en désespoir de ~* ten einde raad • *c'est pour la bonne ~* het is voor de goede zaak • *gagner une ~* een zaak winnen • *plaider une ~* een zaak verdedigen • *être (mis) en ~* in het geding zijn, ter discussie staan, op het spel staan, erbij betrokken zijn, JUR. als verdachte / aansprakelijke genoemd worden • *être hors de ~* niet in het geding, buiten kijf zijn • *avoir / obtenir gain de ~* het pleit winnen, gelijk krijgen • *mettre qc en ~* iets ter discussie stellen • *faire ~ commune avec qn* gemene zaak met iemand maken • *parler en connaissance de ~* met kennis van zaken spreken

causer **1** OV WW veroorzaken • *~ du chagrin à qn* iemand verdriet bezorgen **2** ONOV WW praten, babbelen, kletsen • *~ de la pluie et du beau temps* over koetjes en kalfjes praten • INFORM. *cause toujours (mon lapin)!* klets maar raak!

causerie ZN V **1** praatje, genoeglijk gesprek **2** causerie, lezing

causette ZN V praatje, babbeltje • INFORM. *faire la ~ avec qn* een praatje met iemand maken

causeur ZN M (V causeuse), prater, babbelaar

caustique BN OOK FIG. bijtend

caution ZN V **1** borgtocht, waarborg • *verser une ~* een borgsom storten • *sous ~* op borgtocht **2** JUR. borg • *se porter ~ pour qn* borg staan voor iemand **3** • *être sujet à ~* onbetrouwbaar zijn

cautionnement ZN M waarborging, waarborgsom

cautionner OV WW steunen, goedkeuren • *ne pas ~ une politique* niet achter een beleid staan

cavalcade INFORM. ZN V luidruchtige bende • *une ~ dans les couloirs de l'école* drukte in de schoolgangen

cavale ZN V INFORM. vlucht • *en ~* voortvluchtig, aan de haal

cavaler INFORM. **1** ONOV WW hollen, ervandoor gaan, erop los leven • *~ après qn* achter iemand aan zitten • *j'ai cavalé toute la journée* ik heb me de hele dag uitgesloofd **2** WKD WW **(se ~)** ervandoor gaan

cavalerie ZN V cavalerie • FIG. *c'est de la grosse ~!* het is een zootje ongeregeld!

cavaleur INFORM. ZN M (V cavaleuse), versierder, rokkenjager, flirt

cavalier **1** ZN M **1** cavalerist **2** heer die dame begeleidt **3** paard <schaakspel> **2** ZN M (V cavalière) **1** ruiter **2** danspartner • *faire ~ seul* als eenling optreden, zijn eigen gang gaan **3** BN (V cavalière), vrijpostig • *une réponse cavalière* onbeschaamd antwoord

cave ZN V kelder, wijnkelder • *une ~ à vins* wijnkelder • *de la ~ au grenier* van onder tot boven, helemaal

caveau ZN M (MV caveaux), keldertje, keldertheater, grafkelder • *un ~ de famille* familiegraf

caverne ZN V grot, hol, holte • *l'homme des ~s* holenmens

caverneux BN (V caverneuse) **1** ANAT. vol holen, vol holten **2** hol (klinkend) • *une voix caverneuse* grafstem, holle stem

caviar ZN M kaviaar

cavité ZN V holte • *la ~ buccale* mondholte

CB AFK carte bancaire, carte bleue V creditcard, bankpas

cc AFK copie conforme V CC • *envoyer un mail en ~* een mailtje cc'en

CCP AFK compte chèque postal M girorekening • *régler une facture par CCP* een rekening per giro betalen

CD AFK compact M disc cd, compact disc • *un cd audio* audio-cd

CDD AFK contrat M à durée déterminée tijdelijk arbeidscontract

CDI AFK contrat M à durée indéterminée vast arbeidscontract

CD-ROM ZN M **cd-rom**
ce, cet <voor klinker of stomme h> **1** AANW VNW (V cette, MV ces) bijvoeg. gebruikt **deze, die, dit, dat** • *~ matin* vanmorgen • *~ matin-là* die morgen • *ces jours-ci* dezer dagen • *cet été* deze zomer, van de zomer • *cette année* dit jaar • *cette question!* wat een vraag! **2** AANW VNW, **ça, c', ç'** <voor klinker> zelfst. gebruikt **het, dit, dat** • *~ sont mes parents* dat zijn mijn ouders • *c'est votre sœur?* is dat uw zus? • *~ sont de braves gens* het zijn beste mensen • *~ / ça doit être ici qu'il habite* hier moet hij wonen • *c'est bon* het is goed • INFORM. *~ que tu es bête!* wat ben je dom! • *ça va bien comme ça!* zo gaat het goed • *sur ~, je m'en vais* en nu ga ik weg • *qu'est-ce que c'est que ça / cela?* wat is dat? • *tu ne sais pas ~ qui t'attend* je weet niet wat je te wachten staat • *elle ne sait pas ~ qu'elle veut* zij weet niet wat ze wil • *à ~ que l'on dit* naar men zegt • *les choses étant ~ qu'elles sont* nu de zaken zo staan • *voilà ~ dont il m'a parlé* daar heeft hij me over gesproken • *voilà ~ qui s'appelle chanter!* dat is nog eens zingen!
CE AFK O&W cours élémentaire m • *le CE1 / CE2* ≈ groep 4 en 5 v.d. basisschool
ceci AANW VNW **dit** • INFORM. *~ et cela* het een en ander, zus en zo • *~ dit...* na dit gezegd te hebben... • *à ~ près que...* behalve dat...
cécité ZN V OOK FIG. **blindheid** • *être frappé de ~* met blindheid geslagen zijn
céder **1** OV WW **1 afstaan, afstand doen van** • *~ sa place à qn dans le métro* voor iemand opstaan in de metro • FIG. *~ du terrain* terrein prijsgeven **2 verkopen, overdoen** • *à ~* ter overname • *bail à ~* te huur aangeboden **2** ONOV WW **toegeven (à aan), zwichten (à voor), bezwijken (sous onder)** • *la digue a cédé* de dijk is doorgebroken • *~ à la fatigue* door vermoeidheid overmand worden • *~ à la tentation* de verleiding niet kunnen weerstaan • *~ sous la pression* onder de druk bezwijken
cédérom ZN M **cd-rom**
cedex ZN M courrier d'entreprise à distribution exceptionnelle **(dienst voor) snelle postbestelling voor grootverbruikers**
cédille ZN V **cedille**
cèdre ZN M **ceder**
CEE AFK Communauté économique européenne v **EEG**
cégétiste **1** ZN M/V **lid van de C(onfédération) G(énérale) du T(ravail)** <vakbond> **2** BN **CGT-**
ceindre LIT. OV WW onregelmatig **omdoen**
ceinture ZN V **1 ceintuur, gordel, riem** • *une ~ de sécurité* veiligheidsgordel • *attachez vos ~s!* riemen vast! • INFORM. *se serrer la ~* de buikriem aanhalen • *la ~ noire* zwarte band <judo> **2 middel** <van lichaam> • *l'eau m'arrive à la ~* het water komt tot mijn middel • *une plaisanterie au-dessous de la ~* schunnige grap **3 ceintuurbaan, ring** • *une ~ verte* groengordel, groenstrook
cela AANW VNW **dat** • *c'est ce qu'il a dit? ~ même!* heeft hij dat gezegd? precies! • *il y a des années de ~* (dat is) jaren geleden • *avec ~* bovendien • *et avec ~?* anders nog iets? • *c'est ~* zo is het, juist • *~ dit, je n'irai pas le voir* alles goed en wel, maar ik ga hem niet opzoeken
célébration ZN V **1 viering, inzegening** <van huwelijk> **2 (het) opdragen v.d. mis**
célèbre BN **beroemd (om)** • *des paroles célèbres* gevleugelde woorden • *une date tristement ~* een beruchte datum • *se rendre ~* beroemd worden
célébrer OV WW **1 vieren, plechtig herdenken** • *~ la messe* de mis opdragen • *~ la mémoire de qn* iemand herdenken **2 voltrekken** <huwelijk> **3** FORM. **prijzen, verheerlijken, roemen**
célébrité ZN V **beroemdheid** <ook persoon>
celer FORM. OV WW **verzwijgen, verhullen**
céleri, cèleri ZN M **selderie** • *du ~ à côtes* bleekselderij
céleri-rave, cèleri-rave ZN M (MV céleris-raves), **knolselderie**
célérité ZN V **snelheid, rapheid**
céleste BN **hemels, hemel-** • *une beauté ~* goddelijke schoonheid • *un corps ~* hemellichaam • *les espaces célestes* hemelruim
célibat ZN M **celibaat, ongehuwde staat**
célibataire **1** ZN M/V **vrijgezel** • *un ~ endurci* verstokte vrijgezel • *sortir avec ses copines en ~* met vriendinnen uitgaan zonder partner erbij **2** BN **ongehuwd** • *une mère ~* ongehuwde moeder
celle AANW VNW (MV celles) → **celui**
celle-ci AANW VNW (MV celles-ci) → **celui-ci**
celle-là AANW VNW (MV celles-là) → **celui-là**
cellier ZN M **provisiekamer, wijnkelder**
cellophane ZN V **cellofaan**
cellulaire BN **1 uit cellen gevormd, cellulair, cel-** • *la biologie ~* celbiologie **2** JUR. **cel(straf)-** • *un fourgon ~* gevangenwagen
cellule ZN V **1 cel, hokje** • *écoper d'une semaine de ~* een week gevangenisstraf krijgen **2** BIOL., NATK. **cel** • *les ~s nerveuses* zenuwcellen • *une ~ souche* stamcel • *une ~ photoélectrique* foto-elektrische cel **3 cel, groep** • *la ~ familiale* het gezin • *une ~ de crise* crisiscentrum
cellulite MED. ZN V **cellulitis**
celtique **1** ZN M **de Keltische taal** **2** BN **Keltisch**
celui AANW VNW (V celle, M MV ceux) **1 deze, die** **2 degene (die), dat (wat)** • *ceux qui sont morts pour rien* zij die voor niets gestorven zijn • *c'est à ~ qui criera le plus fort* (kijken) wie het hardst schreeuwt
celui-ci AANW VNW (V celle-ci, M MV ceux-ci), **deze (hier)** • *pas celui-ci, mais celui-là* niet deze maar die
celui-là AANW VNW (V celle-là, M MV ceux-là), **die (daar)**
cendre ZN V **as** • *des ~s volcaniques* vulkaanas • *réduire en ~s* in de as leggen • *les ~s de qn* iemands stoffelijk overschot • REL. *le mercredi des Cendres* Aswoensdag
cendré BN **askleurig** • *blond ~* asblond • *un héron ~* blauwe reiger
cendrier ZN M **asbak, aslade**
Cendrillon **Assepoester**
Cène ZN V **Laatste Avondmaal**
censé BN + inf. **geacht** • *on est ~ être en vacances!* we

worden geacht op vakantie te zijn!, we zijn toch op vakantie! • *nul n'est ~ ignorer la loi* eenieder wordt geacht de wet te kennen
censeur ZN M **censor**
censure ZN V **censuur, afkeuring** • *un film interdit par la ~* door de filmkeuring verboden film • *soumettre à la ~* onder censuur stellen • POL. *(faire) voter une motion de ~* een motie van wantrouwen aannemen
censurer OV WW **censureren, afkeurend oordelen over, verbieden** <van geschrift, film>
cent "san" **1** TELW **honderd** • *cent-un; cent un* honderdeen • *trois ~s personnes* driehonderd mensen • *la guerre de Cent Ans* de Honderdjarige Oorlog • INFORM. *piquer un ~ mètres* een sprintje trekken • *il vit à ~ à l'heure* hij leidt een jachtig leven • *faire les ~ pas* ijsberen • FIG. *faire les quatre ~s coups* allerlei dolle streken uithalen, er op los leven **2** ZN M **honderdtal** • *un intérêt de cinq pour ~* vijf procent rente • *trente pour ~ des gens* dertig procent van de mensen • *gagner des mille et des ~s* geld als water verdienen
centaine ZN V **honderdtal, honderdjarige leeftijd** • *des ~s de mille* honderdduizenden • *des ~s de gens* honderden mensen • *par ~s* bij honderden
centenaire **1** BN **honderdjarig** **2** ZN M/V **honderdjarige** **3** ZN M **eeuwfeest** • *célébrer le ~ de la naissance d'un compositeur* de honderdste geboortedag van een componist vieren
centésimal BN (M MV **centésimaux**), **honderddelig** • *une échelle centésimale* honderddelige schaal
centième **1** BN **honderdste** → **quatrième** **2** ZN M **honderdste, honderdste deel** • *trois centièmes de seconde* drie honderdste seconde
centigrade BN **in honderd graden verdeeld** • *un degré ~* graad Celsius
centigramme ZN M **centigram**
centilitre ZN M **centiliter**
centime ZN M **centime, cent** • *dix ~s d'euro* 10 eurocent • *il n'a pas un ~ en poche* hij heeft geen cent op zak
centimètre ZN M **centimeter** • *un ~ carré* vierkante centimeter • *un ~ cube* kubieke centimeter
centrage TECHN. ZN M **centrering**
central **1** BN (M MV **centraux**), **centraal, voornaamste** • *le chauffage ~* centrale verwarming • *le personnage ~* hoofdpersoon **2** ZN M (MV **centraux**) **1 telefooncentrale 2** <tennis> **centercourt**
centrale ZN V **centrale** • *une ~ électrique* elektrische centrale • *une ~ nucléaire* kerncentrale • *centrale au charbon* kolencentrale • *la ~ syndicale* vakcentrale
centralisateur BN (V **centralisatrice**), **centralistisch, centraliserend**
centralisation ZN V **centralisatie**
centraliser OV WW **centraliseren**
centre ZN M **1 middelpunt, midden, centrum** <ook pol.> • *le ~ de gravité* zwaartepunt • *il a beaucoup de ~s d'intérêt* hij heeft een veelzijdige belangstelling • *il se prend pour le ~ du monde!* hij denkt dat alles om hem draait! • *cette affaire est au ~ de nos préoccupations* die zaak heeft onze volle aandacht • *être au ~ de l'intérêt / de l'attention* in het middelpunt van de belangstelling staan **2 centrum** <gebouw(en)> • *un ~ commercial* winkelcentrum • *un ~ hospitalier* medisch centrum, ziekenhuis • *un ~ culturel* cultureel centrum • *un ~ aéré* jeugdhonk <voor openluchtactiviteiten> • *un ~ d'aide par le travail / CAT* sociale werkplaats • *le ~ des affaires* zakenwijk **3** SPORT **voorzet** **4** SPORT **middenspeler** • *un ~ droit* rechtshalf
centrer **1** OV WW **1 centreren, het middelpunt bepalen van** **2 ~ sur richten op, concentreren op** • *être centré sur soi-même* op zichzelf gericht zijn **2** ONOV WW SPORT **voorzetten**
centre-ville ZN M (MV **centres-villes**), **stadscentrum**
centrifuge BN **centrifugaal** • *la force ~* middelpuntvliedende kracht
centrifuger OV WW **centrifugeren**
centrifugeuse ZN V **1 (vruchten)pers** **2** TECHN. **centrifuge**
centriste POL. BN **centrum-, van een middenpartij**
centuple **1** ZN M **honderdvoud** • *au ~* honderdvoudig **2** BN **honderdvoudig**
centupler OV + ONOV WW **verhonderdvoudigen**
cépage ZN M **soort wijnstok** • *un ~ blanc / noir* wit / blauw druivenras
cèpe ZN M **eekhoorntjesbrood**
cependant BW **echter, toch, evenwel** • *on ne l'avait pas invité, il est ~ venu* hij was niet uitgenodigd, maar is toch gekomen • *je suppose ~ que...* ik veronderstel echter dat...
céramique **1** BN **keramisch** **2** ZN V **pottenbakkerskunst, keramiek** • *des carreaux de ~* aardewerken tegels • *la ~ dentaire* tandtechnisch porseleinwerk
céramiste ZN M/V **pottenbakker**
cerceau ZN M (MV **cerceaux**), **hoepel** • *jouer au ~* hoepelen
cercle ZN M **1 cirkel** • *le ~ polaire* poolcirkel • *un ~ vicieux* vicieuze cirkel • *faire un ~* in een kring (gaan) zitten • *en ~* in een kring, rondom • *en demi-~* in een halve cirkel **2** FIG. **kring, vergadering, club, sociëteit** • *le ~ de famille* huiselijke kring, familiekring • *un ~ privé* een besloten gezelschap • *étendre le ~ de ses relations* zijn relatienetwerk uitbreiden
cercler OV WW **van hoepels voorzien, omringen, omranden (de met)** • *des lunettes cerclées d'or* bril met gouden montuur
cercueil ZN M **lijkkist**
céréale ZN V **graangewas** • *pain aux céréales* meergranenbrood
céréalier BN (V **céréalière**), **graan-** • *la culture céréalière* graanbouw
cérébral **1** BN (M MV **cérébraux**), **cerebraal, verstandelijk, hersen-** • *une hémorragie*

cérébrale hersenbloeding **2** ZN M (MV cérébraux), **verstandsmens**
cérémonial ZN M (MV cérémonials), **ceremonieel**
cérémonie ZN V **ceremonie, plechtigheid, plichtpleging** • *une ~ religieuse* kerkelijke plechtigheid • *les cérémonies du 14 juillet* de plechtigheden van 14 juli • *un maître de ~* ceremoniemeester • *un dîner sans ~* informeel etentje • *ne fais pas tant de cérémonies!* hou op met die plichtplegingen!, doe maar gewoon! • *sans cérémonies* zonder omslag
cérémonieux BN (V cérémonieuse), **plechtig, overdreven beleefd** • *un ton ~* plechtige toon
cerf "ser" ZN M **hert**
cerfeuil ZN M **kervel**
cerf-volant ZN M (MV cerfs-volants), **vlieger** • *lancer un ~* een vlieger oplaten
cerisaie ZN V **kersenboomgaard**
cerise **1** ZN V **kers** • *un noyau de ~* kersenpit • *une tarte aux ~s* een kersentaart • *des tomates ~s* kerstomaten • FIG. *c'est la ~ sur le gâteau* dat is de kroon op het werk / de finishing touch **2** BN onver. **kersrood**
cerisier ZN M **1 kersenboom 2 kersenhout**
cerne ZN M **1 kring, contourlijn** <om wond, ogen> • *avoir des ~s sous les yeux* kringen onder de ogen hebben **2 jaarring**
cerné BN • *avoir les yeux cernés* kringen onder de ogen hebben
cerner OV WW **omcirkelen, omsingelen, omringen, omlijnen** • FIG. *~ une difficulté* een probleem afbakenen
certain **1** BN **1 zeker, vast, waar** • *j'en suis sûr et ~* ik weet het heel zeker • *sûr et ~* zo zeker als wat • *sûr et ~* zeker en vast • *ça va mal tourner, c'est sûr et ~* dat gaat geheid fout **2 zeker, bepaald, niet nader genoemd** • *il est d'un ~ âge* hij is niet zo jong meer • *il est d'un âge ~* hij is van gevorderde leeftijd • *il logera chez nous un ~ temps* hij blijft een tijdje bij ons logeren • *chez ~es personnes...* bij sommige mensen... • *dans ~s cas* in bepaalde gevallen • *un ~ Dupont* een zekere Dupont **2** VNW MV **sommigen** • *~s pensent que...* sommigen denken dat...
certainement BW **(vast en) zeker, stellig, ongetwijfeld**
certes FORM. BW **zeker, weliswaar**
certificat ZN M **certificaat, getuigschrift, schriftelijke verklaring, diploma** • *un ~ de naissance* geboortebewijs • *un ~ de vaccination* inentingsbewijs • *un ~ médical* doktersattest • *un ~ de garantie* garantiebewijs • *un ~ d'origine* certificaat van oorsprong • *un ~ d'aptitude professionnelle / CAP* vakdiploma • *un ~ d'aptitude* akte van bekwaamheid • *un ~ de bonne vie et mœurs* bewijs van goed gedrag
certifier OV WW **1 (voor waar) verklaren, verzekeren** • *~ qc à qn* iemand iets verzekeren **2 waarmerken, waarborgen** • *des professeurs certifiés* bevoegde leerkrachten
certitude ZN V **1 zekerheid 2 overtuiging** • *je le dis en toute ~* ik zeg het met volle overtuiging
cérumen "-mèn" ZN M **oorsmeer**
cerveau ZN M (MV cerveaux), **hersenen, brein** • *une tumeur au ~* hersentumor • *un rhume de ~* neusverkoudheid • *un ~ électronique* elektronisch brein • FIG. *la fuite des ~x* braindrain • *subir un lavage de ~* een hersenspoeling krijgen • *faire travailler son ~* zich suf denken • FIG. *il est le ~ de l'organisation* hij is het brein achter de organisatie • INFORM. *avoir le ~ dérangé / fêlé* getikt zijn • FIG., INFORM. *c'est un ~!* het is een knappe kop!
cervelle ZN V **hersenen** • *une tête sans ~* leeghoofd • *avoir une ~ d'oiseau / de moineau* een leeghoofd zijn • *se brûler / se faire sauter la ~* zich voor de kop schieten • *se creuser la ~* zich suf denken
cervical BN (M MV cervicaux), **hals-, nek-** • *une vertèbre ~e* halswervel • *le syndrome ~ traumatique* whiplash
ces AANW VNW m mv → **ce**
césarienne MED. ZN V **keizersnede**
cessation ZN V **(het) ophouden, stopzetting** • *la ~ des hostilités* staking van de vijandelijkheden • *la ~ des paiements* staking van betalingen <bij faillissement>
cesse ZN V **rust** <in uitdrukkingen> • *sans ~* onophoudelijk
cesser **1** OV WW **ophouden met, staken** • *ils vont ~ le travail* ze gaan het werk neerleggen, ze gaan staken **2** ONOV WW **ophouden** • *il faut faire ~ ce scandale* er moet een einde komen aan dat schandaal • *la pluie a cessé* het regent niet meer • *elle ne cesse de pleurer* ze huilt steeds maar
cessez-le-feu ZN M (MV id.), **staakt-het-vuren**
cession ZN V **overdracht, afstand, cessie** • *un acte de ~* overdrachtsakte
c'est-à-dire BW **dat wil zeggen**
cet AANW VNW • *~ enfant est insupportable!* dat kind is ongenietbaar → **ce**
cétacé ZN M **walvisachtige**
cette AANW VNW V → **ce**
ceux AANW VNW m mv → **celui**
ceux-ci AANW VNW m mv → **celui-ci**
ceux-là AANW VNW m mv → **celui-là**
cf. AFK confer **vgl.** • *~ p. 8* vgl. blz. 8, zie ook blz. 8
CFDT AFK Confédération française démocratique du travail V ≈ **FNV**
CFTC AFK Confédération française des travailleurs chrétiens V ≈ **CNV**
CGT AFK Confédération générale du travail V OMSCHR. **communistische vakbond**
chacal ZN M (MV chacals), **jakhals**
chacun ONB VNW (V chacune), **ieder, elk, iedereen** • *~ pour soi* ieder voor zich • *~ d'eux / d'entre eux* ieder van hen
chafouin BN **geslepen, sluw**
chagrin **1** ZN M **verdriet** • *un ~ d'amour* liefdesverdriet • *avoir / éprouver du ~* verdrietig zijn • *causer du ~ à qn* iemand verdriet doen • *noyer son ~ dans l'alcool* zijn verdriet verdrinken **2** BN FORM. **chagrijnig, droefgeestig, triest** • *être d'une humeur ~e* slechtgehumeurd zijn
chagriner OV WW **bedroeven, verdriet aandoen**

chahut "sja-uu" ZN M **lawaai, herrie, keet** • *faire du ~* keet schoppen

chahuter OV WW **in de war schoppen, lawaai schoppen bij** <spreker, leraar> • *un professeur chahuté* leraar bij wie in de les gekeet wordt

chahuteur ZN M (V chahuteuse), **lawaaischopper**

chaîne ZN V **1 ketting, keten** • *une ~ de vélo* fietsketting • *les chaînes de pneus* sneeuwkettingen • FORM. *briser ses chaînes* zijn ketenen verbreken, de vrijheid veroveren **2 keten, reeks,** COMP. **string** • *une ~ d'hôtels* hotelketen • *une ~ de montagne* bergketen • *la ~ alimentaire* voedselketen • *une réaction en ~* kettingreactie • *faire la ~* een levende ketting vormen, elkaar iets aanreiken • *travailler à la ~* aan de lopende band werken **3 installatie** <van verschillende elementen>, **(televisie)net, zender** • *une ~ haute fidélité* hifi-installatie • *une ~ stéréo* stereo-installatie • *une ~ publique / privée* publieke / commerciële zender • *sur la deuxième ~ / sur France 2* op het tweede net

chaînette ZN V **kettinkje** • *le point de ~* kettingsteek

chaînon ZN M **schakel** • *le ~ manquant* de ontbrekende schakel, de missing link

chair ZN V **1 vlees** <lichaamsweefsel> • *couleur ~* vleeskleurig • *de la ~ à canon* kanonnenvlees • FIG. *de la ~ fraîche* een frisse huid • *être bien en ~* goed in het vlees zitten • *en ~ et en os* in levende lijve, in hoogsteigen persoon **2 vel, huid** • *avoir la ~ de poule* kippenvel hebben • *c'est à vous donner la ~ de poule* je krijgt er kippenvel van, het is om van te griezelen **3 menselijke natuur, lichaam** • *les plaisirs de la ~* vleselijke geneugten **4 (eetbaar) vlees** <vooral van vis, gevogelte>, **vruchtvlees** • *ni ~ ni poisson* vlees noch vis

chaire ZN V **1 spreekgestoelte, preekstoel** • *monter en ~* de kansel bestijgen **2** O&W **leerstoel** • *une ~ extraordinaire* bijzondere leerstoel • *occuper la ~ de linguistique* de leerstoel taalwetenschap bekleden • *être titulaire d'une ~* een leerstoel bekleden

chaise ZN V **stoel** • *une ~ de jardin* tuinstoel • *une ~ de camping* campingstoel • *une ~ longue* ligstoel, sofa • *une ~ roulante* rolstoel • *une ~ pliante* vouwstoel • *une ~ haute* kinderstoel • *la ~ électrique* elektrische stoel • *les ~s musicales* stoelendans • *être assis entre deux ~s* in een lastig parket zitten

chaland ZN M **aak**

châle ZN M **sjaal, omslagdoek** • *se mettre un ~* een sjaal omdoen

chalet ZN M **chalet, (houten) landhuisje**

chaleur ZN V **1 warmte, hitte** • *une vague de ~* hittegolf • *les fortes ~s* periode van tropische warmte • *une bouche de ~* verwarmingsrooster • *il fait une ~ étouffante / accablante / suffocante* het is snikheet • *avoir des bouffées de ~* opvliegers hebben • *mourir de ~* / INFORM. *crever de ~* sterven van de hitte **2 vuur, ijver, opwinding** • *défendre qn avec ~* iemand vurig verdedigen **3 hartelijkheid** • *accueillir qn avec ~* iemand hartelijk ontvangen **4** loopsheid • *une chatte en ~* krolse kat • *l'époque des ~s* bronsttijd

chaleureux BN (V chaleureuse), **hartelijk, warm** • *des paroles chaleureuses* hartelijke woorden • *elle a une personnalité chaleureuse* zij heeft een warme uitstraling

challenge "sjala(n)zj/tsjalendzj" ZN M **uitdaging**

challengeur, challenger ZN M **uitdager**

chaloupe ZN V **sloep** • *mettre les ~s à la mer* de sloepen strijken

chalutier ZN M **trawler**

chamailler WKD WW **(se ~) kibbelen**

chamaillerie INFORM. ZN V **gekibbel, geruzie**

chamailleur BN (V chamailleuse), **vaak ruziemakend**

chamarrer OV WW **met versierselen overladen, opsmukken**

chambardement INFORM. ZN M **(het) overhoopgooien** • *le grand ~* de grote omwenteling

chambarder INFORM. OV WW **overhoopgooien** • *~ la société* de samenleving radicaal veranderen

chambouler INFORM. OV WW **overhoopgooien**

chambranle ZN M **lijst** <van deur, venster>, **kozijn**

chambre ZN V **1 kamer** <vooral: slaapkamer> • *une ~ à coucher* slaapkamer • *une ~ d'amis* logeerkamer • *une ~ d'hôtel* hotelkamer • *une ~ d'hôte* ≈ bed and breakfast • *une robe de ~* kamerjas • *garder la ~* op z'n kamer blijven • *faire ~ à part* gescheiden slapen **2 kamer** <college> • OUD. *la Chambre des députés* de Tweede Kamer <in Frankrijk> • *la Chambre basse / Chambre des communes* Lagerhuis • *la Chambre de commerce* Kamer van Koophandel **3 holte, ruimte, cel** <v. honingraat> • *une ~ à air* binnenband • *les ~s à gaz* gaskamers • *une ~ noire* donkere kamer • *une ~ sourde* geluiddicht opnamevertrek • *la ~ forte* kluis <v. bank> • *une ~ froide* koelcel, koelkamer

chambrée ZN V **slaapzaal,** MIL. **(de) kamergenoten**

chambrer OV WW **1 op kamertemperatuur brengen** <van wijn>, **chambreren 2** INFORM. **op de kast jagen, stangen**

chambrette ZN V **kamertje**

chameau ZN M (MV chameaux) **1 kameel** • *un manteau en poils de ~* kameelharen jas **2** INFORM. **kreng, rotwijf**

chamelier ZN M **kameeldrijver**

chamelle ZN V **wijfjeskameel**

chamois ZN M **gems, gemzenleer** • *une peau de ~* zeem(lap)

champ "sja(n)" ZN M **1 akker, veld,** OOK FIG. **terrein** • *un ~ de blé* korenveld • *la vie des ~s* landleven • *un ~ d'aviation* klein vliegveld • *un ~ de bataille* slagveld • *un ~ de courses* renbaan • *un ~ de mines* mijnenveld • *cultiver son ~* zijn grond bewerken • *courir les ~s* in de vrije natuur rondzwerven • *partir sur-le-~* dadelijk vertrekken • *mort au ~ d'honneur* gevallen op het veld van eer, gesneuveld • *en plein ~* in het vrije veld • *à travers ~s* dwars door het veld **2** FIG. **veld** • *le ~ d'action* actieradius • *un ~ magnétique* magnetisch veld • *le ~ visuel* gezichtsveld • *une voix*

hors ~ stem buiten beeld • *entrer dans le ~* in beeld komen • *laisser le ~ libre à qn* iemand vrij spel laten
champagne ZN M **champagne** • *du ~ frappé* in ijs gekoelde champagne • *une flûte à ~* champagneglas
Champenois ZN M (V Champenoise), **inwoner van de Champagnestreek**
champêtre LIT. BN **landelijk, openlucht-** • *un repas ~* picknick • *un bal ~* openluchtbal • *un garde ~* veldwachter
champignon ZN M **1 paddenstoel, zwam** • *des ~s de Paris* champignons • *des ~s hallucinogènes* paddo's • *un ~ atomique* paddenstoelwolk • *une ville ~* uit de grond geschoten stad • *ramasser des ~s / aller aux ~s* paddenstoelen plukken • *pousser comme des ~s* groeien als kool, als paddenstoelen uit de grond schieten **2** INFORM. **gaspedaal** • *appuyer sur le ~* gas geven **3 schimmel**
champignonnière ZN V **champignonkwekerij**
champion 1 ZN M (V championne), **kampioen, uitblinker, voorvechter** • *la ~ne du monde* de wereldkampioene • *être ~ en titre* titelverdediger zijn **2** BN • INFORM. *c'est ~!* het is geweldig! • *pour embêter le monde, il est ~!* vervelend zijn kan hij als de beste
championnat ZN M **kampioenschap, competitie** • *le ~ du monde de patinage artistique* het wereldkampioenschap kunstrijden
chançard INFORM. **1** BN **die mazzel heeft 2** ZN M (V chançarde), **bofkont, mazzelaar**
chance ZN V **1 kans, waarschijnlijkheid** • *il y a de fortes ~s qu'il gagne* het is hoogstwaarschijnlijk dat hij wint, de kans is groot dat hij wint • *il y a peu de ~s que cela arrive* er is niet veel kans dat dat gebeurt • *une ~ sur mille pour qu'il réussisse* de kans dat hij slaagt is een op duizend • *donner sa ~ à quelqu'un* iemand de kans geven • *tenter sa ~* een kans wagen, zijn geluk beproeven • *la ~ tourne* de kansen keren • *calculer ses ~s de succès* zijn kans van slagen berekenen **2 geluk, bof** • *bonne ~!* (veel) succes! • *un coup de ~* meevaller • *il a de la ~* hij boft, hij heeft geluk • *souhaiter bonne ~ à qn* iemand succes wensen • IRON. *c'est bien ma ~, va!* het zit me niet mee! • *porter ~ à qn* iemand geluk brengen • *ne pas avoir de ~* pech hebben • *c'était un coup de ~* het was stom geluk • *par ~* gelukkig(erwijs) • *pas de ~!* pech gehad! • *au petit bonheur la ~* op goed geluk, hapsnap
chancelant BN **wankelend,** OOK FIG. **wankel**
chanceler ONOV WW OOK FIG. **wankelen** • *~ de fatigue* omvallen van vermoeidheid
chancelier ZN M (V chancelière), **kanselier**
chancellerie ZN V **1 kanselarij 2 ministerie van Justitie** <in Frankrijk>
chanceux BN (V chanceuse), **fortuinlijk, die boft**
chandail ZN M **trui**
Chandeleur ZN V **Maria-Lichtmis**
chandelier ZN M **kandelaar** • *un ~ à sept branches* zevenarmige kandelaar
chandelle ZN V **1 (vet)kaars** • *dîner aux ~s* bij kaarslicht eten • *faire des économies de bouts de ~* op kleinigheden beknibbelen, krenterig bezuinigen • *le jeu n'en vaut pas la ~* het sop is de kool niet waard • *devoir une fière ~ à qn* iemand wel dankbaar mogen zijn • *voir trente-six ~s* sterretjes zien **2 loodrechte stijging,** SPORT **lob,** VOETB. **vuurpijl** • *monter en ~* loodrecht stijgen
change ZN M **1 verschoning** <set schone kleren> **2 ruil, (het) wisselen, wisselhandel** • *le cours / la cote des ~s* wisselkoers • *un agent de ~* effectenmakelaar, beursagent • *un bureau de ~* wisselkantoor • *une lettre de ~* wissel • *le taux de ~* ruilvoet, wisselkoers • *le marché des ~s* valutamarkt • *gagner au ~* er beter van worden, een goede ruil doen • *perdre au ~* erop achteruitgaan • *donner le ~ à qn* iemand op een dwaalspoor brengen
changeable BN **veranderbaar, te veranderen**
changeant BN **veranderlijk** • *des reflets ~s* wisselende weerschijn
changement ZN M **verandering, (ver)wisseling** • *trois ~s de train* driemaal overstappen <met de trein> • *un ~ de décor* decorwisseling • *un ~ d'adresse* adreswijziging • *un ~ de vitesse* versnelling <van auto, fiets> • *un ~ en mieux* een verandering ten goede, een verbetering
changer 1 OV WW **1 veranderen, ruilen, wisselen** • *~ ses projets* van plan veranderen • *~ qc de place* iets verplaatsen • *~ qn de poste* iemand overplaatsen • *ne rien ~ à ses habitudes* niets aan zijn gewoonten veranderen • *~ les idées à qn* iemand afleiding bezorgen • *~ de l'argent* geld wisselen • *~ des euros en dollars* euro's in dollars omwisselen • *~ sa vieille voiture pour une neuve* zijn oude auto inruilen • *on ne peut rien y ~* daar valt niet aan te tornen **2 verschonen** • *~ la literie* het bed verschonen • *~ le bébé* de baby verschonen **2** ONOV WW **1 veranderen** • *le temps change* het weer slaat om • *~ de vitesse* schakelen • *~ (de train)* overstappen • *~ de trottoir* de straat oversteken • *plus ça change, plus c'est la même chose* er is niets nieuws onder de zon • INFORM. *il change d'avis comme de chemise* hij verandert telkens van mening • *ça change!* dat is eens wat anders • *~ de visage* verbleken, blozen • *~ d'air* er (even) tussenuit gaan • *la maison a changé de mains* het huis is in andere handen overgegaan • *pour ~* voor de afwisseling, voor de verandering **2 ruilen (avec met), (ver)wisselen** • *~ de place avec qn* met iemand van plaats wisselen **3** WKD WW **(se ~) 1 zich verkleden, zich omkleden 2** • *se ~ les idées* de zinnen verzetten, wat afleiding zoeken
chanson ZN V **1 lied** • *des ~s de Noël* kerstliedjes • *des ~s d'amour* liefdesliedjes • *une ~ à boire* drinklied • *chanter une ~* een lied zingen • INFORM. *c'est toujours la même ~* het is altijd hetzelfde liedje • INFORM. *on connaît la ~!* dat liedje kennen we! • *l'air ne fait pas la ~* schijn bedriegt **2** LIT. • *une ~ de geste* middeleeuws heldendicht
chansonnette ZN V **liedje** • INFORM. *pousser la ~* weer met zijn verhaal komen aanzetten
chansonnier ZN M (V chansonnière), **cabaretier**
chant ZN M **zang, gezang, lied** • *le ~ des cigales* het gesjirp van de krekels • *le ~ des sirènes* het loeien van de sirenes • FIG. *le ~ du cygne* zwanenzang •

ch

ch

des exercices de ~ zangoefeningen • *des ~s sacrés* geestelijke liederen • *prendre des cours de ~* zangles nemen
chantage ZN M **chantage, (geld)afpersing** • *faire du ~* chantage plegen
chanter **1** ONOV WW **zingen** <ook v. vogels> • *le coq chante* de haan kraait • INFORM. *si ça vous chante!* als u dat aanstaat!, zo u wilt! • INFORM. *je lui parle, c'est comme si je chantais!* ik praat met hem, maar het helpt niks • FIG. *faire ~ qn* iemand chanteren **2** OV WW **zingen, bezingen** • *une messe chantée* gezongen mis • INFORM. *qu'est-ce que tu me chantes là?* wat vertel je me nou?
chanteur ZN M (V chanteuse), **zanger** • *un ~ d'opéra* operazanger • *un ~ de charme* crooner • *une chanteuse de jazz* jazzzangeres • *un (maître) ~* chanteur, afperser
chantier ZN M **1 werkplaats in de openlucht, bouwterrein, scheepshelling** • *un chef de ~* opzichter • *un ~ de démolition* sloperij, sloopwerken, BELG. afbraakwerken • *un ~ naval* scheepswerf • *(mis) en ~* in aanbouw • *avoir un ouvrage en ~* een werk onder handen hebben • FIG. *mettre qc en ~ / sur le ~* iets op stapel zetten, iets beginnen • FIG. *être en ~* in de steigers staan **2 groot project** **3** INFORM. **wanorde** • *cette chambre est un vrai ~!* die kamer is een puinhoop!
chantilly ZN V **slagroom** • *de la crème ~* slagroom
chantonner OV + ONOV WW **neuriën**
chanvre ZN M **hennep**
chaos "ka-oo" ZN M **chaos, wanorde**
chaotique "kaotiek" BN **chaotisch**
chap. AFK chapitre m **h., hoofdstuk**
chapardage INFORM. ZN M **gapperij**
chaparder INFORM. OV WW **gappen, jatten**
chapardeur INFORM. **1** ZN M (V chapardeuse), **kruimeldief** **2** BN (V chapardeuse), **diefachtig**
chapeau ZN M (MV chapeaux) **1 hoed** • *un ~ de paille* strohoed • *un ~ melon* bolhoed • *mettre / enlever son ~* zijn hoed opzetten / afnemen • *je te tire mon ~!* ik neem mijn petje voor je af! • INFORM. *travailler du ~* getikt zijn • INFORM. *faire porter le ~ à qn* iemand de schuld in de schoenen schuiven • *~!* petje af!, bravo! **2 beschermkap, dop, hoed** <van paddenstoel> • *le ~ de roue* wieldop • *prendre un virage sur les ~x de roue* door de bocht scheuren <v. auto> **3 inleidende paragraaf** <v. artikel>
chapeauter OV WW **1 een hoed opzetten** • *chapeauté* met een hoed op **2** FIG. **de leiding hebben van**
chapelet ZN M **1 rozenkrans** • *dire / réciter son ~* een rozenkrans bidden **2 snoer, rist, streng** **3 reeks** • *un ~ d'injures* scheldkanonnade
chapelle ZN V **1 kapel, kerkje, kerkkoor** • *une ~ ardente* rouwkapel • *la Chapelle Sixtine* de Sixtijnse Kapel **2 coterie, clan** • *un esprit de ~* kliekgeest
chapelure ZN V **paneermeel**
chaperon ZN M **begeleider van jongedame, chaperonne** • *le petit Chaperon rouge* Roodkapje • *servir de ~ à qn* iemand chaperonneren
chaperonner OV WW **chaperonneren**
chapiteau ZN M (MV chapiteaux) **1 circustent, grote tent** **2** ARCH. **kroonwerk, kapiteel**
chapitre ZN M **1 hoofdstuk** **2 onderwerp** • *sur ce ~...* wat dat betreft..., daarover...
chaque ONB VNW **ieder, elk** • *~ chose en son temps* alles op zijn tijd
char ZN M **1 tank** • *un ~ de combat* gevechtswagen • *un ~ d'assaut* tank **2 praalwagen, kar, wagen** • *un ~ à bancs* janplezier • *un ~ à voile* zeilwagen • *un ~ fleuri / de carnaval* corso- / carnavalswagen **3** INFORM. **bluf** • *arrête ton ~!* hou op (met die onzin)!
charabia INFORM. ZN M **wartaal, koeterwaals**
charade ZN V **lettergreepraadsel, charade**
charbon ZN M **(steen)kool, houtskool** • *du ~ de bois* houtskool • *une mine de ~* kolenmijn • FIG. *être sur des ~s ardents* op hete kolen zitten • INFORM. *aller au ~* het lastige werk doen, de handen uit de mouwen moeten steken
charbonnier BN (V charbonnière), **kolen-** • *l'industrie charbonnière* steenkoolindustrie
charcuter INFORM. OV WW **onhandig opereren, toetakelen, verminken**
charcutier ZN M (V charcutière), **varkensslager**
charentaises ZN V MV **sloffen**
charge ZN V **1 last, lading, vracht** • *la ~ d'un camion* de lading van een vrachtauto **2 lading** <van vuurwapen> • *la ~ d'explosifs* explosieve lading **3 elektrische lading** **4** FIG. **last, verplichting, belasting** • *les ~s sociales* sociale lasten • *les ~s locatives* servicekosten <van huurflat> • *loyer ~s incluses* huur inclusief vaste lasten • *frais à la ~ de l'acheteur* kosten koper • *avoir des ~s élevées; avoir de lourdes ~s* op hoge kosten / lasten zitten • *la visite du généraliste est prise en ~ par l'assurance maladie* doktersvisites worden door de ziektekostenverzekering vergoed • *avoir deux enfants à ~* de zorg voor twee kinderen hebben • *avoir ~ d'âmes* met de zielzorg belast zijn • *être à ~* tot last zijn • *prendre en ~* zich belasten met, zorgen voor • *se prendre en ~* op eigen benen staan • *à ~ de revanche!* tot wederdienst bereid! **5 ambt, waardigheid, opdracht, taak** • *une ~ de notaire* notarisambt • *le ministre en ~ du dossier* de ter zake verantwoordelijke minister • *confier à qn la ~ de qc* iemand met iets belasten • *ici c'est elle qui est en ~* zij heeft hier de leiding **6 aanklacht, bewijs van schuld** • *un témoin à ~* getuige à charge • *réunir des ~s contre qn* bezwarende feiten tegen iemand verzamelen **7 aanval, bestorming, charge** • *à la ~!* ten aanval! • *battre la ~* het aanvalssein geven • FIG. *revenir à la ~* het opnieuw proberen
chargé ZN M • *un ~ d'affaires* zaakgelastigde • *un ~ de cours* universitair docent • *un ~ de mission* afgezant, lasthebber
chargement ZN M **1 (het) laden** **2 lading**
charger **1** OV WW **1 (be)laden, bevrachten (de met), inladen, opladen, vullen** • *un taxi qui charge un client* taxi die een klant meeneemt • *un ciel chargé de nuages* een bewolkte lucht • *il arrive les bras chargés de paquets* hij heeft zijn armen vol pakjes • *~ une batterie* een accu laden • *~ et dé~*

laden en lossen • ~ *un fusil* een geweer laden • ~ *le lave-vaisselle* de afwasmachine vullen • FIG. *avoir la langue chargée* een beslagen tong hebben **2** FIG. **bezwaren, overladen, overstelpen (de met)** • *avoir une semaine chargée* een drukke week hebben • *avoir un casier judiciaire chargé* een flink strafblad hebben **3** ~ **de** **belasten met, opdragen** • *on est chargé de les surveiller* wij moeten hen bewaken • *être chargé de faire qc* iets als taak hebben **4** **getuigen tegen, beschuldigingen inbrengen tegen, ten laste leggen** **5** **overdrijven, chargeren** **6** **aanvallen, te lijf gaan** • ~ *les manifestants* een charge uitvoeren op de betogers **2** WKD WW **(se ~)** **de** **zich belasten met, op zich nemen, zorgen voor** • *cette affaire, je m'en charge!* laat dat maar aan mij over! • *se ~ de régler un problème* een probleem voor zijn rekening nemen • IRON. *je me charge de lui!* ik ontferm me wel over hem!, ik reken wel met hem af!

chargeur ZN M **lader** • *un ~ de batteries* acculader • *un chargeur portable* powerbank

chariot, **charriot** ZN M **wagen, boodschappenwagentje** • *un ~ à bagages* bagagewagentje • *un ~ élévateur* heftruck

charismatique "ka-" BN **charismatisch**

charisme "ka-" ZN M **charisma**

charitable BN **liefdadig, menslievend, vriendelijk**

charité ZN V **1** **naastenliefde, liefdadigheid** • *une vente de ~* liefdadigheidsbazaar, fancy fair **2** **aalmoes** • *faire la ~ à qn* iemand een aalmoes geven

charivari ZN M **tumult, herrie, lawaai, wanorde**

charlatan ZN M **oplichter, kwakzalver, charlatan**

Charlemagne ZN M **Karel de Grote**

Charlot ZN M **Kareltje, Charlie Chaplin**

charmant BN **charmant, bekoorlijk, innemend, leuk** • *le prince ~* sprookjesprins, ware jakob

charme ZN M **1** **bekoring, aantrekkelijkheid, charme** • *un chanteur de ~* crooner • *faire du ~ à qn* iemand proberen te charmeren, innemend tegen iemand zijn • *il ne manque pas de ~* hij is best aantrekkelijk • *un magazine de ~* softpornoblad **2** **betovering** • *être sous le ~ de qn* gecharmeerd zijn van iemand, in iemands ban zijn • *le ~ est rompu* de betovering is verbroken • INFORM. *se porter comme un ~* het uitstekend maken, zo gezond zijn als een vis **3** **hagenbeuk**

charmer OV WW **bekoren, betoveren** • *charmé de faire votre connaissance!* aangenaam kennis met u te maken!

charmeur **1** ZN M (V charmeuse), **charmeur** • *un ~ de serpents* slangenbezweerder **2** BN (V charmeuse), **innemend, verleidelijk**

charnel BN (V charnelle), **vleselijk, lichamelijk, zinnelijk** • *des appétits ~s* vleselijke lusten • *des biens ~s* aardse goederen

charnier ZN M **knekelhuis, massagraf**

charnière **1** ZN V **1** **scharnier** **2** FIG. **overgang, keerpunt** **2** BN **een keerpunt vormend, doorslaggevend** • *une date ~* keerpunt • *une période ~* tijdsgewricht

charnu BN **vlezig** <ook v. vruchten>

charognard ZN M OOK FIG. **aasgier**

charogne ZN V OOK FIG. **kreng, kadaver**

charpente ZN V **1** **geraamte** <van bouwwerk> • *du bois de ~* timmerhout **2** **beendergestel, lichaamsbouw** • *avoir une solide ~* stevig gebouwd zijn **3** **bouw, opzet** <van literair werk>

charpenter OV WW **bewerken** <van timmerwerk>, OOK FIG. **in elkaar zetten** • *un roman bien charpenté* hecht doortimmerde roman

charpentier ZN M **timmerman**

charpie ZN V • *en ~* in stukjes, in mootjes

charretier ZN M (V charretière), **voerman** • *jurer comme un ~* vloeken als een ketter

charrette ZN V **kar (met twee wielen)**

charrier **1** OV WW **1** **meesleuren, meevoeren** • *la rivière charrie des pierres* de rivier voert stenen mee **2** INFORM. **voor de gek houden** **2** ONOV WW INFORM. **overdrijven**

charrue ZN V **ploeg** • *mettre la ~ avant les bœufs* het paard achter de wagen spannen

charte ZN V **handvest**

charter "-tèr" ZN M **charter, chartervlucht** • *une compagnie de ~s* chartermaatschappij

chasse ZN V **1** **jacht, jachtterrein** • *la ~ au lion* leeuwenjacht • *un permis de ~* jachtakte • *une ~ gardée* besloten jacht • *aller à la ~* op jacht gaan • FIG. *c'est ~ gardée!* dat is mijn terrein!, hou je daarbuiten! **2** FIG. **jacht, vervolging** • *la ~ à l'homme* mensenjacht, klopjacht • *la ~ aux images* het schieten van foto's • *la ~ aux sorcières* heksenjacht • *la ~ à l'emploi* banenjacht **3** TECHN. **waterspoeling** • *tirer / actionner la ~ (d'eau)* doortrekken <v. wc>

chassé-croisé ZN M (MV chassés-croisés), **(het) stuivertje-wisselen** • *le ~ des vacanciers* het drukke verkeer van vertrekkende en terugkomende vakantiegangers

chasse-neige ZN M (MV chasse-neige(s)) **1** **sneeuwruimer** **2** **sneeuwploeg** <remmende stand v. ski's>

chasser OV WW **verjagen, wegjagen (de uit), jagen op** • ~ *le lapin* op konijnen jagen • ~ *les mauvaises odeurs* de stank verdrijven • *le vent a chassé tous les nuages* de wind heeft de hemel schoongewaaid

chasseur ZN M **1** **jager** • *un ~ de fourrures* pelsjager • FIG. *un ~ de primes* premiejager • FIG. *un ~ de têtes* koppensneller, headhunter • FIG. *un ~ d'images* fanatiek fotograaf / filmer **2** **piccolo, loopjongen** **3** **jager** <vliegtuig> • *un ~ bombardier* jachtbommenwerper **4** MIL. **jager**

châssis ZN M **1** **lijst(werk)** <van deur, venster>, **raam** **2** **chassis** • INFORM. *un beau ~* een mooi lijf <van vrouw>

chaste BN **kuis, zedig, rein**

chasteté ZN V **kuisheid, zedigheid** • *vivre dans la ~* in kuisheid leven

chat[1] ZN M (V chatte), **kat, poes** • *un ~ tigré*

gestreepte / cyperse kat • *un ~ de gouttière* straatkat, dakhaas • *un ~ angora* een angorakat • *le Chat botté* de gelaarsde kat • *jouer à / au ~* krijgertje / tikkertje spelen • *être comme chien et ~* als kat en hond leven • *faire une toilette de ~* een kattenwasje doen • *j'ai d'autres ~s à fouetter* ik heb wel wat anders te doen • *il n'y a pas de quoi fouetter un ~* het sop is de kool niet waard, het is niet van belang • *appeler un ~ un ~* het beestje bij de naam noemen • *donner sa langue au ~* het opgeven <bij het raden> • *avoir un ~ dans la gorge* een kikker in de keel hebben, hees zijn • INFORM. *il n'y a pas un ~* er is geen sterveling • <spreekwoord> *quand le ~ n'est pas là, les souris dansent* als de kat van huis is, dansen de muizen (op tafel) • *il ne faut pas réveiller le ~ qui dort* je moet geen slapende honden wakker maken

chat[2] "tsjat" COMP. ZN M chat, het chatten

châtaigne ZN V **1** (tamme) kastanje **2** INFORM. optater

châtaignier ZN M (tamme) kastanjeboom

châtain BN kastanjebruin

château ZN M (MV châteaux) **1** kasteel, slot, groot landhuis • *un ~ fort* vesting • *un ~ de sable* zandkasteel • *un ~ de cartes* kaartenhuis • *mener la vie de ~* een prinsenleven leiden • FIG. *bâtir des châteaux en Espagne* luchtkastelen bouwen • *un ~ d'eau* watertoren, waterreservoir **2** benaming van bordeauxwijnen

châtelain ZN M kasteelheer

châtelaine ZN V kasteelvrouwe

châtier OV WW **1** tuchtigen, kastijden • *~ le coupable* de schuldige straffen **2** kuisen <van stijl, taal>, bijschaven

chatière ZN V **1** kattenluikje **2** luchtgat <in een dak>

châtiment ZN M straf, kastijding, tuchtiging • *un ~ corporel* lijfstraf

chatoiement ZN M weerschijn, glinstering

chaton ZN M **1** katje **2** kas <van edelsteen>

chatouille INFORM. ZN V gekietel • *faire des ~s* kietelen • *craindre les ~s* niet tegen kietelen kunnen

chatouiller OV WW **1** kietelen **2** FIG. strelen, prikkelen • *cette odeur chatouille les narines* die geur streelt de neus

chatouilleux BN (V chatouilleuse) **1** gevoelig voor kietelen **2** lichtgeraakt, gevoelig

chatoyant BN OOK FIG. kleurrijk, met weerschijn, glanzend

chatoyer ONOV WW weerschijn hebben, fonkelen

châtrer OV WW **1** castreren **2** FIG. verminken

chatte ZN V **1** poes **2** INFORM. poesje, kutje

chatter COMP. ONOV WW chatten

chaud 1 BN **1** heet, warm • *de l'eau à peine ~e* lauwwarm water • *tout ~* vers, heet van de naald **2** hevig, fel, roerig, vurig, enthousiast • *un point ~* knelpunt, brandhaard • *le quartier ~* rosse buurt • *des tons ~s* warme tinten • *pleurer à ~es larmes* hete tranen schreien • *avoir le sang ~* warmbloedig zijn • *je ne suis pas très ~ pour cela* ik voel daar niet veel voor **2** BW warm, heet • *servir ~* warm opdienen • *manger ~* warm eten • *un reportage à ~* livereportage • FIG. *à ~* prompt, acuut **3** ZN M hitte, warmte • *j'ai très ~* / INFORM. *je crève de ~* ik heb het erg warm • *il fait ~* het is warm (weer) • *garder un plat au ~* een schotel warm houden • *attraper un ~ et un froid* kouvatten • *ça ne me fait ni ~ ni froid* dat laat me koud • FIG. *souffler le ~ et le froid* de dienst uitmaken, eigendunkelijk optreden • FIG. *alors, là! j'ai eu ~!* ik had het wel even benauwd!, ik zat ik de rats!, het was kantje boord!

chaudière ZN V verwarmingsketel, stoomketel

chauffage ZN M (het) stoken, verwarming • *le ~ central* centrale verwarming • *un ~ de terrasse* terrasverwarmer • *le ~ urbain* stadsverwarming • *du bois de ~* brandhout • *baisser / arrêter le ~* de verwarming lager zetten / uitzetten

chauffagiste ZN M verwarmingsmonteur

chauffant BN dat verwarmt • *une couverture ~e* elektrische deken • *une plaque ~e* kookplaat

chauffard ZN M woeste chauffeur, zondagsrijder, wegpiraat

chauffe ZN V verwarming, (het) stoken

chauffe-bain ZN M (MV chauffe-bains), badgeiser

chauffe-biberon ZN M (MV chauffe-biberons), flessenwarmer

chauffe-eau ZN M (MV id.), heetwatertoestel, geiser, boiler

chauffe-oreilles ZN M oorwarmer

chauffe-plat ZN M (MV chauffe-plats), komfoor, rechaud

chauffer 1 OV WW **1** verwarmen, stoken • *un métal chauffé à blanc* witgloeiend metaal **2** INFORM. stimuleren, aanzetten • *~ qn à blanc* iemand laaiend enthousiast maken **2** ONOV WW warm worden, warmte (af)geven • *faire ~ de l'eau* water opzetten • INFORM. *ça chauffe!* de poppen zijn aan het dansen • INFORM. *ça va ~!* het wordt menens • INFORM. *ça a chauffé* het ging er heet aan toe **3** WKD WW **(se ~)** zich warmen, zich opwarmen • *se ~ au gaz* gas stoken, gasverwarming hebben • *se ~ au soleil* zich koesteren in de zon

chauffeur ZN M chauffeur • *un ~ du dimanche* zondagsrijder

chaume ZN M stro <van dak>, strodak, stoppel(s) • *une maison à toit de ~* huis met rieten dak

chaumière ZN V (met riet bedekte) hut, stulpje

chaussée ZN V **1** rijweg • *~ déformée!* slecht wegdek! • *~ glissante!* slipgevaar! **2** dam(weg), talud

chausse-pied ZN M (MV chausse-pieds), schoenlepel

chausser 1 OV WW aantrekken <van schoenen e.d.> • *~ ses skis* zijn ski's onderbinden • *du combien est-ce que tu chausses? / tu chausses du combien?* welke schoenmaat heb je? **2** WKD WW **(se ~)** zijn schoenen aantrekken

chaussette ZN V sok • INFORM. *jus de ~* slootwater <slappe koffie> • INFORM. *laisser tomber qn comme une vieille ~* iemand als een baksteen laten vallen • INFORM. *avoir le moral dans les ~s* in de put zitten, het niet meer zien zitten

chausseur ZN M schoenenfabrikant, schoenhandelaar

chausson ZN M **1** slof, lichte, soepele schoen <ballet, schermen> **2** (appel)flap • *un ~ aux pommes* appelflap

chaussure ZN V **1** schoen • *des ~s montantes* hoge schoenen • *des ~s de montagne* bergschoenen • *des ~s de marche* wandelschoenen • *des ~s de sport* sportschoenen • *des ~s à talons hauts* schoenen met hoge hakken • *mettre ses ~s* zijn schoenen aandoen • FIG. *trouver ~ à son pied* iets / iemand van zijn gading vinden **2** schoenindustrie

chauve BN kaal, onbehaard

chauve-souris ZN V (MV chauves-souris), vleermuis

chauvin **1** BN chauvinistisch **2** ZN M (V chauvine), chauvinist

chauvinisme ZN M chauvinisme

chaux ZN V kalk

chavirer **1** ONOV WW **1** (om)draaien, omslaan <van schip>, kapseizen **2** FIG. ten onder gaan **2** OV WW omgooien, ondersteboven keren • FIG. *j'en suis tout chaviré* ik ben er ondersteboven van

cheeseburger ZN M cheeseburger

chef ZN M **1** leider, hoofd, chef • *un ~ de chantier* opzichter • *un chef de ~; un ~ cuisinier* chef-kok • *un ~ d'entreprise* bedrijfsleider, ondernemer • *un ~ d'équipe* ploegbaas, aanvoerder • *un ~ d'Etat* staatshoofd • *un ~ d'orchestre* dirigent • *un ~ de service / de bureau* afdelingschef • *un ~ de train* hoofdconducteur • *un ~ de gare* stationschef • *un commandant en ~* opperbevelhebber • *un rédacteur en ~* hoofdredacteur • *un ~ de famille* gezinshoofd • *un ~ de file* voorman, leider • *un ~ de bande / de gang* bendeleider • *un petit ~* baasje • FORM. *au premier ~* in de eerste plaats • *de son (propre) ~* op eigen gezag, uit eigen beweging **2** JUR. • *un ~ d'accusation* (voornaamste) punt van beschuldiging

chef-d'œuvre "sjèdeuvre" ZN M (MV chefs-d'œuvre), meesterwerk

chef-lieu ZN M (MV chefs-lieux), hoofdplaats <van departement, kanton>

chemin ZN M **1** OOK FIG. weg (**de** naar) • *un ~ forestier* bosweg • *un ~ de traverse* kortere weg <binnendoor> • *le ~ de fer* spoorweg • FIG. *le ~ des écoliers* omweg, langere weg • OOK FIG. *les ~s battus* de gebaande wegen • *demander son ~* de weg vragen • *indiquer le / son ~ à qn* iemand de weg wijzen • *se tromper de ~* de verkeerde weg nemen, de weg kwijtraken • *ils étaient à mi-~, mais ont rebroussé ~* halverwege zijn ze teruggegaan • *tu as fait tout ce ~?* kom je helemaal daarvandaan? • *avoir encore un bon bout de ~ à faire* nog een lange weg te gaan hebben • *se frayer un ~ dans la foule* zich een weg door de menigte banen • *poursuivre son ~* doorlopen, verder gaan • *aller son petit bonhomme de ~* z'n gangetje gaan • FIG. *aller son ~* zijn (eigen) gang gaan • FIG. *il a fait du ~* hij is flink vooruitgekomen • FIG. *ne pas y aller par quatre ~s* recht op z'n doel afgaan, korte metten maken met iemand, met de deur in huis vallen • FIG. *faire son ~* slagen, carrière maken, ingang vinden • FIG. *montrer le ~* het voorbeeld geven • *en ~ / ~ faisant* onderweg, op weg **2** loper <op trap e.d.> • *un ~ de table* tafelloper

cheminée ZN V **1** schoorsteen, schoorsteenmantel, open haard, schouw • *une ~ d'usine* fabrieksschoorsteen **2** koker, schacht, verticale afvoerpijp • *une ~ d'aération* luchtkoker

cheminement ZN M (het) voortgaan, voortgang • FIG. *le ~ d'une pensée* gedachtegang

cheminer ONOV WW voortgaan, lopen, zich ontwikkelen

cheminot ZN M spoorwegbeambte

chemise ZN V **1** hemd • *une ~ de nuit* nachthemd • *en bras de ~* in hemdsmouwen • *changer de ~* een schoon overhemd aantrekken • *changer d'avis comme de ~* telkens van mening veranderen • *je m'en moque / soucie comme de ma première ~* ik heb er lak aan • INFORM. *ils sont comme cul et ~* ze zijn onafscheidelijk **2** omhulsel, omslag, (papieren) map

chemisette ZN V overhemd met korte mouwen, overhemdbloes

chemisier **1** ZN M (overhemd)bloes <v. dames> **2** ZN M (V chemisière), hemdenmaker, hemdenverkoper

chenal ZN M (MV chenaux), vaargeul, waterloop

chenapan HUMOR. ZN M schelm, boefje

chêne ZN M eik, eikenhout • *en ~* eiken

chenil ZN M hondenhok, kennel

chenille ZN V **1** DIERK. rups **2** rupsband • *un véhicule à ~s* rupsvoertuig

chenu FORM. BN wit, grijs <van haar> • *un vieillard ~* grijsaard

cheptel ZN M veestapel

chèque ZN M cheque • *un ~ bancaire* bankcheque • *un ~ nominatif* cheque op naam • *un ~ sans provision / en bois* ongedekte cheque • *un ~ en blanc* blanco cheque, FIG. vrijbrief • *faire un ~ à qn* een cheque voor iemand uitschrijven • *toucher un ~* een cheque innen

chèque-cadeau ZN M (MV chèques-cadeaux), cadeaubon

chèque-CD ZN M (MV chèques-CD), cd-bon

chèque-livre ZN M (MV chèques-livres), boekenbon

chèque-restaurant ZN M (MV chèques-restaurant), restaurantbon, maaltijdbon

chéquier ZN M chequeboek

cher **1** BN (V chère) **1** lief, dierbaar • *mon ~ ami* beste vriend • FORM. *~ ami!* waarde vriend! • *~ Bart* <in brief> beste Bart • *mon vœu le plus ~* mijn liefste wens • *des amis qui me sont ~s* dierbare / goede vrienden van mij **2** duur, kostbaar • *la vie est chère dans les villes* het leven is duur in de stad • *choisir la voiture la moins chère* de goedkoopste auto uitkiezen **2** BW duur • INFORM. *pour pas ~* op een koopje • *ça ne vaut pas ~* dat is niks waard • *coûter ~* duur zijn, FIG. duur betaald worden • *je donnerais ~ pour savoir ce qu'elle va faire* ik zou er heel wat voor overhebben om te weten wat zij gaat doen

chercher 1 OV WW 1 zoeken, halen • *~ du travail* werk zoeken • *envoyer ~* laten halen • *aller ~ le médecin* de dokter gaan halen • *~ qc dans un livre* iets in een boek nakijken • *~ ses mots* zoeken naar woorden • FIG. *~ midi à quatorze heures* spijkers op laag water zoeken • FIG. *~ la petite bête* muggenziften, vitten 2 INFORM. provoceren • *tu l'as cherché!* je hebt erom gevraagd!, je hebt het ernaar gemaakt! • *il me cherche!* hij zoekt ruzie met me!, hij moet mij hebben! 2 ONOV WW 1 ~ à trachten te, proberen te • *~ à plaire* willen behagen 2 INFORM. belopen • *cela va ~ dans les cent euros* dat zal zeker op 100 euro komen 3 WKD WW (se ~) op zoek zijn naar zichzelf

chercheur 1 ZN M (V chercheuse), (onder)zoeker • *un ~ d'or* goudzoeker 2 BN (V chercheuse), (onder)zoekend

chère 1 ZN V FORM. kost, maaltijd • *aimer la bonne ~* graag lekker eten • *faire bonne ~* lekker eten, goede sier maken 2 BN → **cher**

chéri 1 ZN M (V chérie), lieveling, schat • *mon ~ / ma chérie* mijn liefste 2 BN dierbaar, geliefd

chérir OV WW beminnen, liefhebben, koesteren

chérot INFORM. BN prijzig

cherté ZN V duurte • *la ~ de la vie* de hoge kosten van levensonderhoud

chétif BN (V chétive) 1 spichtig, mager, zwak • *un enfant ~* bleekneusje 2 LIT. armzalig, nietig, schamel

cheval ZN M (MV chevaux) 1 paard • *un ~ de course* renpaard • *un ~ pur sang* volbloed paard • *un ~ de selle* rijpaard • INFORM., FIG. *un ~ de retour* recidivist • *un remède de ~* paardenmiddel • *faire du ~* paardrijden • *monter à ~* te paard stijgen, paardrijden • *jouer aux petits chevaux* mens-erger-je-niet spelen • FIG. *enfourcher son ~ de bataille* zijn stokpaardje (gaan) berijden • FIG. *monter sur ses grands chevaux* op zijn achterste benen gaan staan • FIG. *être à ~ sur les principes* beginselvast zijn • *à ~* te paard, schrijlings 2 SPORT paard, bok • *un ~ d'arçons* paard <turntoestel> • *un ~ à bascule* hobbelpaard • *des chevaux de bois* draaimolen 3 paardenkracht

chevaleresque BN ridderlijk, ridder-

chevalerie ZN V ridderschap, ridderlijkheid • *les romans de ~* ridderromans

chevalier ZN M ridder • *~ de la Légion d'honneur* ridder v.h. Legioen van Eer • FIG. *un ~ servant* galante ridder • *armer qn ~* iemand tot ridder slaan

chevauchée ZN V rit te paard, rijtoer

chevauchement ZN M overlap(ping)

chevaucher 1 OV WW 1 berijden, schrijlings zitten op 2 (elkaar) overlappen 2 ONOV WW elkaar gedeeltelijk overlappen 3 WKD WW (se ~) elkaar gedeeltelijk overlappen

chevaux ZN M MV → **cheval**

chevelu BN behaard, langharig • *le cuir ~* behaarde hoofdhuid

chevelure ZN V 1 haardos, hoofdhaar • *avoir une ~ abondante* weelderige lokken hebben 2 staart v. komeet

chevet ZN M hoofdeinde v. bed • *une table de ~* nachtkastje • *un livre de ~* lievelingsboek • *une lampe de ~* bedlampje • *être au ~ d'un malade* bij iemand aan het ziekbed zitten

cheveu ZN M (MV cheveux), (hoofd)haar • *une mèche de ~x* (haar)lok • *des ~x raides* steil haar • *des ~x blancs* grijze haren • *une coupe de ~x* kapsel • *des ~x en brosse* stekeltjeshaar • *un raisonnement tiré par les ~x* onlogische redenering • *se faire couper les ~x* zijn haar laten knippen • *je perd mes ~x* mijn haar valt uit • *il s'en est fallu d'un ~ qu'elle ait un accident* het scheelde geen haar of ze had een ongeluk gehad • FIG. *se faire des ~x blancs* zich zorgen maken • FIG. *une histoire à vous faire dresser les ~x sur la tête* een verhaal dat je de haren te berge doet rijzen • FIG. *c'est un peu tiré par les ~x!* dat is er nogal met de haren erbij gesleept • FIG. *tu ne toucheras pas à un ~ de mon fils!* je krenkt mijn zoon geen haar!, blijf van m'n zoon af! • FIG. *avoir un ~ sur la langue* slissen • FIG. *cela tient à un ~* het scheelt maar een haartje • FIG. *s'arracher les ~x* zich de haren uit het hoofd trekken • FIG. *couper les ~x en quatre* muggenziften, haarkloven • FIG. *arriver comme un ~ sur la soupe* als een tang op een varken slaan, ongelegen komen

cheville ZN V 1 enkel • *se fouler la ~* zijn enkel verstuiken • INFORM, FIG *ne pas arriver à la ~ de qn* niet aan iemand kunnen tippen 2 plug, spil, pen

chèvre 1 ZN V geit • FIG. *ménager la ~ et le chou* de kool en de geit sparen • FIG. *il me rend ~* hij irriteert me 2 ZN M geitenkaas

chevreau ZN M (MV chevreaux) 1 geitje 2 geitenleer

chèvrefeuille ZN M kamperfoelie

chevreuil ZN M ree, reebok

chevronné BN ervaren, doorgewinterd

chevrotant BN bevend <van stem>

chevroter ONOV WW met beverige stem spreken

chewing-gum "swieng-Gom" ZN M (MV chewing-gums), kauwgom

chez VZ bij, naar • *~ moi* (bij mij) thuis • *rentrer ~ soi* naar huis gaan, thuiskomen • *aller ~ qn* naar iemands huis gaan, iemand opzoeken • *loger ~ des parents* logeren bij familie • *aller ~ le dentiste / ~ le boulanger* naar de tandarts / de bakker gaan • *je viens de ~ eux* ik kom bij hen vandaan • *faites comme ~ vous* doe alsof u thuis bent • *il est de ~ nous* hij komt uit onze streek

chez-soi ZN M (MV id.), (een) thuis, eigen huis • *avoir un ~* een thuis hebben

chiader INFORM. OV WW blokken (voor) • *un travail chiadé* goed stukje werk

chialer INFORM. ONOV WW grienen, janken • *arrête de ~!* zit niet zo te janken!

chiant INFORM. BN strontvervelend • *ce que tu peux être ~!* wat kan jij klieren!

chiasse VULG. ZN V diarree, schijterij

chic 1 BN 1 chic, elegant • *un restaurant ~* deftig restaurant • INFORM. *une boîte ~* een chique tent 2 sympathiek, fijn, aardig • *un ~ type* een aardige vent, een beste kerel 2 BW • *s'habiller ~* zich chic kleden 3 ZN M 1 goede smaak, zwier • *il a* *beaucoup de ~* hij kleedt zich met veel smaak • *bon ~ bon genre (BCBG)* conventioneel en kakkerig <van voorkomen> **2** handigheid, slag • *il a le ~ pour m'irriter* hij heeft er een handje van mij te irriteren **4** TUSSENW • *~ alors!* fijn!, hartstikke leuk!

chicane ZN V **1** gekibbel, gevit, geruzie • *chercher des ~s à qn* op iemand zitten hakken **2** chicane, zigzagdoorgang

chicaner 1 ONOV WW haarkloven, vitten (**sur** op) • *~ sur / pour tout* overal op vitten **2** WKD WW (**se ~**) kibbelen

chicaneur ZN M (V chicaneuse), vitter, zanikerd

chicha-stylo ZN V shishapen

chiche 1 BN **1** mager, schriel, karig (**de** met) • *être ~ de paroles* niet erg spraakzaam zijn, zuinig met woorden zijn **2** • *des pois ~s* grauwe erwten **2** TUSSENW INFORM. • *tu n'oseras pas! ~!* dat durf je niet! wedden? • *~ que je saute par la fenêtre!* wedden dat ik uit het raam spring!

chiche-kebab, chiche-kébab ZN M (MV chiches-kebabs, chiches-kébabs), kebab, lamsspies

chichi INFORM. ZN M kouwe drukte • *faire des ~s* zich aanstellen, moeilijk doen • *ne fais pas tant de ~(s)!* stel je niet (zo) aan! • *arrête tes ~s!* doe eens normaal!

chicos "-kos" INFORM. BN sjiek, piekfijn

chié INFORM. BN onwijs, te gek

chien ZN M (V chienne) **1** hond • *un ~ de garde* waakhond • *un ~ de race* rashond • *un ~ d'aveugle* blindengeleidehond • *un temps de ~* hondenweer • *une vie de ~* hondenleven • FIG., INFORM. *la rubrique des ~s écrasés* gemengd (plaatselijk) nieuws • INFORM. *nom d'un ~!* verrek! • *sortir / promener son ~* de hond uitlaten • *être malade comme un ~* zo ziek als een hond zijn • *être d'une humeur de ~* een rothumeur hebben • *se regarder en ~s de faïence* elkaar strak en boos aankijken • *traiter quelqu'un comme un ~* iemand honds behandelen • FIG. *arriver comme un ~ dans un jeu de quille* zeer ongelegen komen • *entre ~ et loup* in de schemering **2** haan <van geweer> • *dormir en ~ de fusil* met opgetrokken knieën slapen

chien-loup ZN M (MV chiens-loups), wolfshond

chier INFORM. ONOV WW schijten • *à ~* knudde, naatje • *ce film est à ~* het is een klerefilm • *il est nul à ~* het is een eikel • *se faire ~* zich rot vervelen • *il nous a tous envoyés ~* hij heeft ons allemaal afgescheept • *ça va ~* dat wordt hommeles • *tu me fais ~! / ce que tu peux me faire ~!* zeik niet zo!, doe niet zo lullig!

chieur INFORM. ZN M (V chieuse), vervelend persoon, zeur, zeikerd, trut

chiffe INFORM. ZN V slappeling • *une ~ molle* doetje

chiffon ZN M **1** doek, stofdoek, poetsdoek • *passer un ~ sur les meubles* de meubels afstoffen **2** lomp, vod • *un ~ de papier* vodje papier

chiffonner 1 OV WW **1** verkreukelen **2** hinderen, ergeren • *cette histoire me chiffonne* die kwestie zit me dwars **2** WKD WW (**se ~**) kreukelen

chiffrage ZN M becijfering, codering

chiffre ZN M **1** cijfer, getal • *un ~ rond* rond getal **2** bedrag • *le ~ d'affaires* omzet **3** codecijfer, geheimschrift, combinatie <van slot>

chiffrer 1 OV WW berekenen, coderen • *un message chiffré* codebericht **2** ONOV WW **1** oplopen <van aantal, bedrag> • *ça commence à ~* dat begint aan te tikken **2** cijferen, rekenen **3** WKD WW (**se ~**) bedragen, (op)lopen • *sa fortune se chiffre à plusieurs millions* zijn vermogen bedraagt miljoenen • *la dette se chiffre par milliards* de schuld loopt in de miljarden

chignole ZN V boor

chignon ZN M knot, wrong • *se crêper le ~* elkaar in de haren vliegen

chiite 1 BN sjiitisch **2** ZN M/V sjiiet, sjiitische

Chili ZN M Chili

chilien BN (V chilienne), Chileens

Chilien ZN M (V Chilienne), Chileen

chimère ZN V hersenschim, drogbeeld

chimérique BN denkbeeldig, hersenschimmig • *des projets chimériques* irreële plannen

chimie ZN V **1** scheikunde, chemie • *des expériences de ~* scheikundeproeven **2** FIG. chemie, affiniteit

chimiothérapie ZN V chemotherapie

chimique BN scheikundig, chemisch • *des armes ~s* chemisch wapens

chimiste ZN M/V scheikundige, chemicus

chimpanzé ZN M chimpansee

Chine ZN V China

chiner ONOV WW koopjes zoeken <bij uitdragers e.d.>, (rond)snuffelen

chino ZN M **1** stof chino **2** broek chino

chinois 1 ZN M **1** (het) Chinees **2** Chinees restaurant **2** BN Chinees • *des ombres ~es* schimmenspel • FIG. *c'est du ~ pour lui* dat is abracadabra voor hem

Chinois ZN M (V Chinoise), Chinees

chinoiserie ZN V **1** Chinees snuisterijtje **2** MV kleingeestige maatregel, pietluttigheid

chiot "sjoo" ZN M jonge hond, pup

chiottes INFORM. ZN V MV plee • *aller aux ~* naar de plee gaan • *aux ~ le patron!* opgesodemieterd met de baas!

chiper INFORM. OV WW gappen, afkapen

chipie INFORM. ZN V feeks, kreng • *une petite ~* krengetje

chipolata ZN V worstje

chipotage INFORM. ZN M (het) kieskauwen

chipoter 1 ONOV WW **1** kieskauwen **2** afpingelen • *~ sur le prix* afpingelen op de prijs **2** WKD WW (**se ~**) INFORM. met elkaar kibbelen

chipoteur INFORM. **1** ZN M (V chipoteuse), zeurpiet **2** BN (V chipoteuse), vitterig, kibbelig

chips ZN M MV chips • *un sachet de ~* een zakje chips

chiqué INFORM. ZN M bluf, uitsloverij • *faire du ~* bluffen

chiquenaude ZN V **1** knip met de vingers **2** FIG. duwtje

chiromancie "kie-" ZN V (het) handlezen

chiromancien "kie-" ZN M (V chiromancienne),

ch

handlezer
chiropracteur "kie-", **chiropraticien** ZN M chiropractor
chirurgical BN (M MV chirurgicaux), chirurgisch • *une intervention ~e* operatieve ingreep
chirurgie ZN V chirurgie • *la ~ esthétique / plastique* plastische chirurgie • *la ~ dentaire* tandheelkunde • *la ~ cardiaque* hartchirurgie
chirurgien ZN M (V chirurgienne), chirurg
chirurgien-dentiste ZN M/V (MV chirurgiens-dentistes), kaakchirurg
chlore "kloor" ZN M chloor
chloroformer "kloor-" OV WW in slaap maken met chloroform
chlorophylle "kloor-" ZN V chlorofyl, bladgroen
chlorure "kloor-" ZN M chloride • *du ~ de sodium* keukenzout
chnoque "sjnok" INFORM. ZN M idioot • *un vieux ~* ouwe knakker • *un vieux ~* een oude zak
choc **1** ZN M **1** schok, botsing • *des troupes de ~* stoottroepen • *résister au ~* de schok opvangen **2** FIG. schok, MED. shock • MED. *un traitement de ~* shockbehandeling • *le ~ des cultures* cultuurschok • *un nationalisme de ~* radicaal nationalisme • *ça me fait un ~* daar ben ik ondersteboven van • *être sous le ~* verbijsterd zijn • MED. *être en état de ~* in shocktoestand zijn **2** BN opzienbarend, schokkend, drastisch • *un remède ~* paardenmiddel • *des prix ~s* stuntprijzen
chochotte INFORM. ZN V nuf, verwaand nest
chocolat "-là" **1** ZN M chocolade • *du ~ noir* pure chocola • *du ~ au lait* melkchocola • *une barre de ~* reep chocolade • *une tablette de ~* plak chocola • *une boîte de ~s* doos bonbons • *un ~ chaud* warme chocolademelk **2** BN chocoladekleurig • INFORM. *être ~* de sigaar zijn
chocolaterie ZN V chocoladefabriek, chocoladewinkel
chocolatier **1** ZN M (V chocolatière), chocoladefabrikant, chocoladeverkoper **2** BN (V chocolatière), chocolade-
chœur "keur" ZN M koor, rei • *un ~ d'enfants* kinderkoor • *un enfant de ~* koorknaap, FIG. braverik • *en ~* in koor, eenstemmig, gezamenlijk
choisi BN uitgelezen • *morceaux ~s* bloemlezing • *un langage ~* verzorgd taalgebruik
choisir OV + ONOV WW kiezen (**entre** tussen, uit) • *devoir ~ entre plusieurs solutions* moeten kiezen tussen meerdere oplossingen • *c'est à vous de ~!* de keuze is aan u • *~ de faire qc* besluiten iets te doen • *c'est lui qu'elle a choisi comme / pour modèle* ze heeft hém als voorbeeld genomen • *difficile de ~ parmi tous ces gens* het is moeilijk kiezen tussen al die mensen
choix ZN M keus, keur • *des questions à ~ multiple* meerkeuzevragen • *des morceaux de ~* prima kwaliteit vlees • *de second ~* tweede keus-, van mindere kwaliteit • *avoir le ~* mogen kiezen • *faire son ~* een keus maken • *je n'avais pas le ~* ik had geen keus, ik moest wel • *tu as le ~* aan jou de keus • *il y a le ~* er is keus genoeg • *ce supermarché offre un grand ~ de cafés* die supermarkt heeft een groot assortiment koffie • *fixer / porter son ~ sur le rouge* zijn keus laten vallen op rood • *n'avoir que l'embarras du ~* keus te over hebben • *au ~* naar keus
choléra "koo-" ZN M cholera
cholestérol "koo-" ZN M cholesterol
chômage ZN M werkloosheid, (het) tijdelijk stilliggen van werk • *le ~ saisonnier* seizoenswerkloosheid • *le ~ technique* werktijdverkorting • *être au ~* werkloos zijn, in de WW lopen • INFORM. *toucher le ~* in de WW lopen
chômé BN • *un jour ~* vrije dag
chômer ONOV WW niet werken, werkloos zijn • *on n'a pas chômé aujourd'hui!* we hebben vandaag niet stilgezeten!
chômeur ZN M (V chômeuse), werkloze • *un ~ de longue durée* langdurig werkloze
chope ZN V bierglas, pul, glas bier
choper INFORM. OV WW **1** pakken, arresteren • *se faire ~* zich laten betrappen, gesnapt worden **2** INFORM. oplopen <van ziekte> • *il a chopé un rhume* hij heeft een kou te pakken
choquant BN stuitend, ergerlijk • *tout ça n'a rien de ~* zo erg is dat niet
choquer OV WW schokken, ergeren, choqueren • *~ le bon sens* in strijd zijn met het gezond verstand
chorale "kooraal" ZN V zangkoor
chorégraphe "koo-" ZN M/V choreograaf
chorégraphie "koo-" ZN V choreografie
chorégraphique "koo-" BN choreografisch • *l'art ~* danskunst
choriste "koo-" ZN M/V koorzanger
chose **1** ZN V ding, zaak, iets • *c'est bien peu de ~ / ce n'est pas grand'~* het is niets bijzonders • INFORM. *un petit quelque ~* een kleinigheid • POL. *la ~ publique* de publieke zaak, de staat • *autre ~* iets anders • *la même ~* hetzelfde • *quelque ~* iets • *quelque ~ de bien* iets goeds • *quelque ~ de nouveau* wat nieuws • *quelque ~ de spécial* iets bijzonders • *c'est autre ~* dat is wat anders • *c'est la moindre des ~s* dat is wel het minste (wat ik / men kan doen), graag gedaan! • *appeler les ~s par leur nom* de dingen bij de naam noemen • *aller au fond des ~s* de dingen grondig doen, tot de kern van de zaak doordringen • *c'est dans l'ordre des ~s* dat ligt in de orde der dingen, zo gaat dat (nu eenmaal) • *parler de ~s et d'autres* over koetjes en kalfjes praten • *voilà une bonne ~ de faite!* zo, dat zit er op! • *c'est ~ faite* het is voor elkaar / beklonken • *c'est déjà quelque ~!* dat is tenminste iets! • *il est pour quelque ~ dans cette affaire* hij is erbij betrokken • *se croire quelque ~* zich heel wat voelen • *quelque ~ comme ...* ongeveer ... • *à peu de ~(s) près* ongeveer, zowat • *de ~ choses l'une* van tweeën een **2** ZN M dinges **3** BN • *je me sens tout ~* ik voel me zo raar
chou ZN M (MV choux) **1** PLANTK. kool • *du ~ blanc / vert / rouge* witte / groene / rode kool • *des ~x de Bruxelles* spruitjes • *un ~ kale* boerenkool • FIG. *une feuille de ~* prulkrantje • *c'est bête comme ~* het is doodeenvoudig • INFORM. *il m'est rentré dans le ~* hij heeft me aangevlogen • FIG. *avoir des oreilles en*

feuilles de ~ bloemkooloren hebben • FIG., INFORM. *aller planter ses ~x* stil gaan leven **2 soes** • *un ~ à la crème* roomsoes **3** FIG. **schatje, liefje** • *mon petit ~!* schatje! • *un petit bout de ~* een leuk hummeltje
choucas "-kà" ZN M **kauw**
chouchou ZN M (V chouchoute), **lieveling** • *c'est la ~te du prof* ze is het lievelingetje van de leraar
chouchouter OV WW **vertroetelen**
choucroute ZN V **zuurkool**
chouette 1 ZN V **uil** • INFORM. *une vieille ~* oud wijf **2** BN INFORM. **lief, aardig, leuk** • *un type ~* een toffe vent • *une ~ fille* een fijne meid **3** TUSSENW **leuk!** • *ah, ~ alors!* ha fijn!
chou-fleur ZN M (MV choux-fleurs), **bloemkool**
chou-rave ZN M (MV choux-raves), **koolrabi**
choute ZN V **liefje** • *ce qu'elle est ~!* wat is ze een schatje!
choux ZN M MV → **chou**
choyer OV WW **vertroetelen**, FIG. **koesteren** • *un enfant choyé* een troetelkind
chrétien "kree-" **1** BN (V chrétienne), **christelijk** • *le monde ~* de christenheid **2** ZN M (V chrétienne), **christen**
chrétienté "kreetsja(n)tee" ZN V **christenheid, christendom**
Christ "kriest" ZN M **Christus**
christianiser "kr-" OV WW **kerstenen**
christianisme "kr-" ZN M **christendom** • *la doctrine du ~* de christelijke leer
chrome "kr-" ZN M **chroom**
chromosome "kr-" ZN M **chromosoom**
chronique "kr-" **1** BN **chronisch, aanhoudend, langdurig** • *une maladie ~* slepende ziekte **2** ZN V **1 kroniek, vaste rubriek** <in krant> • *la ~ financière* financiële rubriek **2 geruchten** • FIG. *défrayer la ~* in het nieuws zijn, over de tong gaan
chroniqueur "kr-" ZN M (V chroniqueuse), **kroniekschrijver, redacteur** <van vaste rubriek>, **columnist** • *un ~ sportif* sportredacteur
chrono "kr-" INFORM. ZN M chronomètre **stopwatch, geklokte tijd** • *top ~* de tijd gaat nu in! • *faire du 140 ~* precies 140 rijden
chronologie "kr-" ZN V **chronologie, chronologische volgorde, tijdrekenkunde**
chronologique "kr-" BN **chronologisch** • *par ordre ~* in chronologische volgorde
chronométrage "kr-" ZN M **tijdwaarneming**
chronomètre "kr-" ZN M **stopwatch, chronometer**
chronométrer "kr-" OV WW **de tijd opnemen van, timen** • *~ une course* de tijden van een race opnemen
chrysalide "kr-" ZN V **cocon, pop** • OOK FIG. *sortir de sa ~* zich ontpoppen
chrysanthème "kr-" ZN M **chrysant** • FIG. *inaugurer les chrysanthèmes* linten doorknippen
C.H.U. AFK centre hospitalo-universitaire m **AMC, Academisch Medisch Centrum**
chuchotement ZN M **1 gefluister 2 geruis, geritsel**
chuchoter OV + ONOV WW **(in)fluisteren** • *~ quelques mots à / dans l'oreille de qn* iemand wat in het oor fluisteren
chuinter ONOV WW **1 sissen 2 slissen, lispelen**
chut "sjuut" TUSSENW **sst!, stil!**
chute ZN V **1 val, (het) (af)vallen, (het) uitvallen** • *~ de pierres* vallend gesteente • *une ~ d'eau* waterval • *une ~ de pluie* regenval • *la ~ des cheveux* haaruitval • *la ~ des feuilles* het vallen van de bladeren • *un point de ~* tijdelijke verblijfplaats, logeeradres • *faire une ~* ten val komen • *faire une ~ de vélo* van zijn fiets vallen • *faire une ~ dans l'escalier* van de trap vallen • *amortir sa ~* de val breken • *descendre en ~ libre* een vrije val maken • *entraîner qn dans sa ~* iemand in zijn val meeslepen **2 mislukking, val** • *la ~ de Napoléon* de val van Napoleon • *la ~ du gouvernement* het vallen van de regering **3 (bruuske) daling** • *la ~ des cours en Bourse* koersval • *des ~s de température* plotselinge temperatuurdalingen **4 slot** <v. vers, muziekstuk, verhaal>, **ontknoping**
chuter ONOV WW **1 mislukken, floppen, afgaan** • *il a chuté sur la dernière question* hij is vastgelopen op de laatste vraag **2 (bruusk) dalen** • *les ventes ont chuté* de verkoopcijfers zijn gekelderd **3** INFORM. **vallen**
Chypre ZN V **Cyprus** • *à ~* op Cyprus
chypriote BN **Cyprisch**
Chypriote ZN M/V **Cyprioot**
ci 1 AANW VNW **dit** <in uitdrukkingen> • *~ et ça* dit en dat, een en ander **2** BW **(deze / dit) hier** <in samenstellingen> • *ce livre-ci* dit boek • *je prendrai celui-ci et celle-ci* ik neem deze en die • *à cette heure-ci, il est chez lui* op dit uur is hij thuis • *ci-joint, le document demandé* ingesloten / hierbij het gevraagde document • *ci-joint vous trouverez le document* bijgevoegd / bijgaand vindt u het stuk • *voir ci-dessus* zie hierboven • *ci-gît...* hier ligt ... (begraven) • *ci-dessous* hieronder • *de-ci de-là* hier en daar • *par-ci par-là* hier en daar • *comme ci-dessus* als voren
cible ZN V **1 schietschijf**, OOK FIG. **mikpunt** • *tir(er) à la ~* schijfschieten • FIG. *prendre qn pour ~* iemand op de korrel nemen, iemand tot mikpunt maken **2 doelgroep**
cibler OV WW **als mikpunt nemen, als doelgroep kiezen, op een doelgroep afstemmen** • *une campagne de pub bien ciblée* doelgerichte reclamecampagne
ciboulette ZN V **bieslook**
ciboulot "-loo" INFORM. ZN M **kop, hoofd** • *se creuser le ~* zich suf piekeren
cicatrice ZN V OOK FIG. **litteken**
cicatrisation ZN V **(het) helen** <van wond>
cicatriser 1 OV + ONOV WW **helen**, OOK FIG. **genezen** • *le temps cicatrise toutes les douleurs* de tijd heelt alle wonden **2** WKD WW **(se ~) dichtgaan** <van wond>, **helen**
cidre ZN M **cider, appelwijn**
Cie AFK compagnie v **Mij., maatschappij**
ciel 1 ZN M (MV ciels), **hemel, lucht** • *un ~ clair / dégagé* heldere / onbewolkte lucht • *un ~ bas*

laaghangende bewolking • *un ~ couvert* betrokken lucht • *un ~ de plomb* loodgrijze lucht • *un ~ étoilé* een sterrenhemel • *exploser en plein ~* in de lucht ontploffen • *tomber du ~* LETT. uit de lucht komen vallen, FIG. als geroepen komen • IRON. *ça ne me tombe pas du ~* ik krijg het niet cadeau • FIG. *remuer ~ et terre* hemel en aarde bewegen • FIG. *être au septième ~* in de zevende hemel zijn • *dans le ~ / au ~* aan de hemel • *entre ~ et terre* tussen hemel en aarde • *sous le ~* hier op aarde **2** ZN M (MV cieux), **hemelgewelf,** REL. **hemel** • *Notre père qui êtes aux cieux* Onze Vader die in de hemelen zijt • *être au ~ / aux cieux* in de hemel zijn, dood zijn • *aller au ~* naar de hemel gaan • *c'est un présent (venu) du ~* dat is een geschenk uit de hemel • *sous d'autres cieux* in andere streken • *au nom du ~!* in hemelsnaam! • *grâce au ~!* goddank!

cierge ZN M **waskaars** • *brûler un ~ à un saint* een kaars voor een heilige opsteken • *droit comme un ~* kaarsrecht

cieux ZN M MV → **ciel**

cigale ZN V **cicade** <krekelachtig insect>

cigare ZN M **sigaar**

cigarette ZN V **sigaret** • *une cigarette électronique* e-sigaret • *une ~ (à bout) filtre* een filtersigaret • *des ~s blondes / brunes* lichte / zware sigaretten • *se rouler une ~* een sjekkie draaien

ci-gît hier ligt (begraven)

cigogne ZN V **ooievaar**

cil ZN M **ooghaar, wimper** • *battre des cils* met de ogen knipperen

ciller ONOV WW **met de ogen knipperen** • *il n'a pas cillé* hij vertrok geen spier

cime ZN V **top, kruin,** FIG. **toppunt** • *les ~s neigeuses des montagnes* besneeuwde bergtoppen

ciment ZN M **1 cement 2** FIG. **hechte band**

cimenter OV WW **1 cementeren 2 hechter maken, bezegelen**

cimetière ZN M **begraafplaats, kerkhof** • *un ~ de voitures* autokerkhof

ciné INFORM. ZN M cinéma **bios** • *aller au ~* naar de bios gaan

cinéaste ZN M/V **cineast, filmmaker**

ciné-club, cinéclub ZN M **filmclub**

cinéma ZN M **1 bioscoop** • *une salle de ~* filmzaal • *aller au ~* naar de film gaan **2 film(kunst)** • *le ~ muet* de stomme film • *un acteur de ~* filmacteur **3** INFORM. **aanstellerij** • *arrête ton cinéma, tu veux!* stel je niet zo aan! • *il fait toujours son ~* hij speelt altijd komedie

cinémathèque ZN V **filmmuseum**

cinématographique BN **film-** • *l'industrie ~* filmindustrie

cinéphile ZN M/V **filmliefhebber**

cinglant BN **1 striemend, snijdend** • *une pluie ~e* striemende regen • *un froid ~* een snerpende kou **2 grievend** • *une remarque ~e* kwetsende opmerking

cinglé INFORM. **1** BN **getikt** • *t'es ~ ou quoi?* ben je mal? **2** ZN M (V cinglée), **gek, gestoorde**

cingler OV WW **striemen, geselen** • *la pluie cingle les vitres* de regen klettert tegen de ramen

cinoche INFORM. ZN M **bios**

cinq "se(n)k" **1** TELW **vijf** • *Charles V (cinq)* Karel de Vijfde • *dans ~ minutes* zo meteen • INFORM. *en ~ sec* in een ommezien, een-twee-drie • *(c'était) moins ~!* het was op het nippertje! • *reçu ~ sur ~* OOK FIG. de boodschap is goed overgekomen → **quatre 2** ZN M/V **1 vijf** • *la / le ~* (nummer) vijf <bus, tram, kamer, tafel, tv-net> **2** O&W **tweeëneenhalf** <schoolcijfer> → **quatre**

cinquantaine ZN V **1 vijftigtal 2 vijftigjarige leeftijd** • *approcher de la ~* tegen de vijftig lopen

cinquante 1 TELW **vijftig** → **quarante 2** ZN M/V **vijftig** • *la / le ~* (nummer) vijftig <bus, snelweg, kamer, tafel, tv-net>

cinquantenaire 1 ZN M **50e verjaardag, vijftigjarig jubileum 2** ZN M/V **vijftigjarige**

cinquantième 1 BN **vijftigste** → **quatrième 2** ZN M **vijftigste, vijftigste deel**

cinquième 1 TELW **vijfde** → **quatrième 2** ZN M **vijfde, vijfde deel 3** ZN V **1** O&W **tweede jaar v.h. middelbaar onderwijs** • *être en cinquième* in het tweede jaar zitten **2** TECHN. **vijfde versnelling**

cinquièmement BW **ten vijfde**

cintre ZN M **1 kleerhanger, knaapje 2** ARCH. **boog** <van gewelf> • *un arc en plein ~* rondboog

cintré BN **1 gebogen, getailleerd 2** INFORM. **getikt**

cirage ZN M **schoensmeer** • *une brosse à ~* schoenborstel • *noir comme du ~* pikzwart • INFORM. *être dans le ~* de kluts kwijt zijn

circoncire OV WW **besnijden**

circoncision ZN V **besnijdenis**

circonférence ZN V **cirkelomtrek, omtrek** • *un mètre de ~* een omtrek van een meter

circonflexe DRUKK. BN **circonflexe** → **accent**

circonlocution ZN V **omschrijving, omhaal van woorden** • *parler par ~s* breedsprakig zijn

circonscription ZN V **district** • *une ~ électorale* kiesdistrict

circonscrire OV WW onregelmatig **omgrenzen, afbakenen, beperken** • *l'épidémie a été circonscrite* de epidemie is tot staan gebracht • *l'incendie est circonscrit* de brand is bedwongen

circonspect "-spe(kt)" BN **omzichtig, behoedzaam, bedachtzaam**

circonspection ZN V **omzichtigheid, behoedzaamheid** • *agir avec ~* behoedzaam te werk gaan

circonstance ZN V **1 omstandigheid, situatie** • *des ~s atténuantes* verzachtende omstandigheden • *étant donné les ~s* in de gegeven omstandigheden • *dans les ~s actuelles* in de huidige omstandigheden, op dit moment • *un concours de ~s* samenloop van omstandigheden **2 gelegenheid** • *dans la ~* bij deze gelegenheid • *de ~* van pas komend, gelegenheids-

circonstancié BN **omstandig, uitvoerig**

circonstanciel BN (V circonstancielle) **1 van de omstandigheden afhangend 2** TAALK. **bijwoordelijk** • *un complément ~* bijwoordelijke bepaling • *une proposition ~le* bijwoordelijke bijzin

circonvenir OV WW onregelmatig **om de tuin**

leiden
circonvolution ZN V winding, kronkeling, cirkeling
circuit ZN M **1** circuit, racebaan, traject, parcours, rondrit, toer • *un ~ touristique* toeristische route **2** elektrische schakeling, circuit • *un ~ fermé* gesloten circuit, FIG. afgezonderdheid • *un ~ intégré* geïntegreerde schakeling • *hors ~* uitgeschakeld, FIG. niet meer meedoend, buiten beeld **3** kringloop, net(werk)
circulaire **1** BN kringvormig, cirkelvormig • *une scie ~* cirkelzaag • *un mouvement ~* rondgaande beweging, kringloop • *un raisonnement ~* cirkelredenering • *jeter un regard ~* een blik in het rond werpen **2** ZN V circulaire, rondschrijven
circulation ZN V **1** verkeer • *la ~ routière / aérienne* het weg- / luchtverkeer • *une ~ fluide* vlot doorstromend verkeer • *un accident de la ~* verkeersongeluk • *~ interdite* verkeer gestremd **2** omloop, circulatie • *la ~ de l'air* luchtstroming • *la ~ du sang* bloedsomloop • *des troubles de la ~* stoornissen in de bloedsomloop • *la ~ monétaire* geldcirculatie • *mettre en ~* in omloop brengen • *retirer de la ~* uit de circulatie nemen • FIG. *disparaître de la ~* van het toneel verdwijnen
circulatoire BN wat de bloedsomloop betreft • *des troubles ~s* stoornissen in de bloedsomloop
circuler ONOV WW **1** circuleren, rondgaan, rondlopen, stromen • *le sang circule dans les veines* het bloed stroomt door de aderen • *faire ~ une pétition* een petitie laten circuleren **2** (door)rijden, doorlopen, doorstromen • *allez ~!* doorlopen! **3** in omloop zijn, de ronde doen • *des bruits circulent que...* er gaan geruchten dat... • *faire ~ de fausses informations* valse berichten in omloop brengen
cire ZN V **1** was, lak • *la ~ d'abeille* bijenwas • *la ~ à épiler* ontharingswas, wax • *une figure de ~* wassen beeld • *frotter le parquet avec de la ~* het parket in de was zetten **2** oorsmeer
ciré **1** ZN M oliejas **2** BN was- • *une toile cirée* wasdoek, tafelzeil
cirer OV WW boenen, met was inwrijven, poetsen <van schoenen> • INFORM. *~ les pompes à qn* iemands hielen likken • INFORM. *j'en ai rien à ~!* ik heb er lak aan
cireur ZN M (V cireuse), (schoen)poetser
cireux BN (V cireuse), wasachtig, wasbleek
cirque ZN M **1** circus • *le chapiteau d'un ~* circustent • *une musique de ~* hoempamuziek, herriemuziek **2** INFORM. gekkenhuis, herrie, aanstellerij • *quel ~!* wat een circus! • *faire son ~* het op zijn heupen hebben **3** AARDK. keteldal
cirrhose ZN V cirrose
cisailler OV WW doorknippen, snoeien
ciseau **1** ZN M (MV ciseaux), beitel • *tailler au ~* (af)beitelen **2** ZN M MV schaar • *des ~x / une paire de ~x* een schaar • *des ~x à ongles* nagelschaartje
ciseler OV WW **1** ciseleren, beitelen **2** nauwgezet verzorgen, bijschaven • *~ son style* zijn stijl perfectioneren
citadelle ZN V citadel, burcht, OOK FIG. bolwerk
citadin **1** BN stedelijk, stads- • *la vie ~e* stadsleven **2** ZN M (V citadine), stedeling
citadine ZN V stadsauto, kleine personenauto
citation ZN V **1** citaat • *fin de ~* einde citaat **2** JUR. dagvaarding
cité ZN V **1** stad, stadskern, oudste stadsgedeelte • *la Cité de Londres* de Londense City • *la ~ céleste* het hemels paradijs • *le droit de ~* FIG. burgerrecht **2** complex flatgebouwen, stadswijk • *les jeunes de la ~* de jongeren uit de buitenwijken / voorsteden • *une ~ ouvrière* arbeiderswijk • *une ~ universitaire* universiteitswijk, campus • *une ~ dortoir* slaapstad
citer OV WW **1** aanhalen, citeren, noemen, vermelden • *~ une phrase* een zin citeren • *~ qn en exemple* iemand als voorbeeld noemen **2** JUR. dagvaarden
citerne ZN V **1** regenbak, regenton **2** tank, reservoir • *une ~ à mazout* (stook)olietank
cithare ZN V citer
citoyen ZN M (V citoyenne), burger • *un simple ~* ambteloos burger • *un ~ français* Frans staatsburger • *un ~ d'honneur de la ville de Paris* ereburger van Parijs • *accomplir ses devoirs de ~* zijn burgerplicht vervullen <stemmen>
citoyenneté ZN V (staats)burgerschap
citron **1** ZN M **1** citroen • *un ~ pressé* uitgeperste citroen, citroenkwast • *un zeste de ~* schijfje citroen • FIG. *presser qn comme un ~* iemand uitknijpen als een citroen **2** INFORM. kop **2** BN citroengeel
citronnade ZN V citroenlimonade
citronnier ZN M citroenboom
citrouille ZN V **1** pompoen **2** INFORM. kop
civet ZN M ragout <van wild/gevogelte> • *un ~ de lièvre* hazenpeper
civière ZN V brancard, draagbaar
civil **1** BN **1** burgerlijk, burger-, civiel • *l'année ~e* kalenderjaar • *le code ~* burgerlijk wetboek • *les droits ~s* burgerrechten • *une guerre ~e* burgeroorlog • *l'état ~* burgerlijke stand, burgerlijke staat • *une procédure ~e* een civiele zaak • JUR. *la partie ~e* civiele partij • JUR. *se constituer / se porter partie ~e* schadeloosstelling eisen <in strafzaak> **2** FORM. beleefd, beschaafd **2** ZN M burger • *un policier en ~* een agent in burger(kleding) • *dans le ~* in het burgerleven
civilisation ZN V beschaving, civilisatie, cultuur • *la ~ occidentale* de westerse cultuur • *un cours de ~ française* een college Frankrijkkunde
civiliser **1** OV WW beschaven **2** WKD WW (se ~) beschaafd worden
civilité ZN V beleefdheid, beschaafdheid • *manquer de ~* slechte manieren hebben
civique BN burgerlijk, burger- • *l'instruction ~* burgerschapskunde, maatschappijleer • *l'esprit ~* burgerzin • *les devoirs ~s* burgerplichten
civisme ZN M burgerzin
clac TUSSENW klets, klats
clafoutis "-tie" ZN M vruchtentaart, vlaai
claie ZN V vlechtwerk, latwerk, raster, horde

clair 1 BN 1 helder, licht • *une maison ~e* zonnig huis • *du bois ~* blank hout • *des yeux bleu ~* lichtblauwe ogen • *par temps ~* bij helder / zonnig weer 2 dun <van samenstelling> • *un potage ~* heldere soep 3 duidelijk, klaar, helder • *une explication ~e* een heldere uitleg • *c'est ~ et net* dat is overduidelijk • *c'est ~ comme le jour* dat is zonneklaar • *soyons ~s!* laten we wel wezen! • *que ça soit ~!* houdt u dat voor gezegd! • *c'est ~ comme de l'eau de roche* dat is glashelder 2 BW helder, duidelijk • *il fait ~* het is dag • *parler haut et ~* luid en duidelijk spreken • FIG. *j'y vois plus ~ maintenant* nu snap ik het 3 ZN M licht, helderheid, schijnsel • *le ~ de lune* maneschijn • *tirer une affaire au ~* een zaak ophelderen • *il passe le plus ~ de son temps à ne rien faire* het grootste deel van de tijd voert hij niets uit • *en ~, que veux-tu dire?* wat wil je nu eigenlijk zeggen?

claire ZN V oester <uit de put> • *des fines de ~* fijne oesters uit de oesterput

clairement BW duidelijk

clairet ZN M lichtrode wijn

claire-voie ZN V (MV claires-voies), latwerk, opengewerkte omheining • *à ~* opengewerkt, ajour

clairière ZN V open plek in het bos

clair-obscur ZN M (MV clairs-obscurs), halfdonker, KUNST clair-obscur

clairon ZN M 1 klaroen, hoorn 2 hoornblazer

claironner 1 OV WW FIG. rondbazuinen 2 ONOV WW op de klaroen blazen

clairsemé BN dun gezaaid • *des cheveux clairsemés* dun haar • *à population clairsemée* dunbevolkt

clairvoyance ZN V doorzicht, inzicht, scherpzinnigheid • *rien n'échappe à sa ~* hij heeft alles door

clairvoyant BN scherpziend, scherpzinnig

clamecer, **clamser** INFORM. ONOV WW de pijp uitgaan

clamer OV WW uitroepen, uitschreeuwen • *~ son innocence* zijn onschuld volhouden

clameur ZN V geschreeuw, getier

clamser WW → **clamecer**

clan ZN M clan, FIG. kliek • *un esprit de ~* kliekgeest

clandestin 1 BN heimelijk, clandestien, illegaal • *un passager ~* verstekeling • *le trafic ~* sluikhandel 2 ZN M • *les ~s* de illegalen

clandestinité ZN V 1 heimelijkheid 2 ondergronds verzet, ondergrondse • *vivre dans la ~* ondergedoken zijn • *passer dans la ~* onderduiken, ondergronds gaan

clapet ZN M 1 (ventiel)klep 2 INFORM. mond, klep • *ferme ton ~!* hou je waffel!

clapier ZN M 1 konijnenhok 2 INFORM. kot, hok

clapoter ONOV WW kabbelen, klotsen <van golven>

clapotis "-tie" ZN M gekabbel <van golven>, geklots

claquant INFORM. BN vermoeiend

claque ZN V 1 klap • *donner / recevoir une paire de ~s* een oorvijg geven / krijgen • FIG. *une ~ dans la figure* klap in het gezicht • INFORM. *en avoir sa ~* het zat zijn • INFORM. *il a une tête à ~s* hij heeft een rotkop 2 claque • *faire la ~* in opdracht applaudisseren

claquement ZN M geklap(per), (het) knallen

claquemurer WKD WW (se ~) zich thuis opsluiten

claquer 1 OV WW 1 een klap geven • *~ les portes* met de deuren slaan • FIG. *partir en claquant la porte* boos weglopen 2 vermoeien, uitputten • INFORM. *je suis claqué* ik ben doodop 3 INFORM. spenderen, verpatsen • *il a claqué tout son fric* hij heeft al zijn geld erdoor gejaagd 2 ONOV WW 1 klappen, klapperen, klakken • *~ des dents* klappertanden • *faire ~ sa langue* met de tong klakken 2 INFORM. doodgaan, stukgaan • *c'est une bonne affaire qui nous a claqué entre les doigts* dat mooie zaakje is opeens de mist in gegaan 3 WKD WW (se ~) INFORM. zich over de kop werken • *se ~ un muscle* een spier verrekken

claquette ZN V klepper <ratel; sandaal> • *un numéro de ~s* tapdansnummer

clarification ZN V 1 klaring, zuivering 2 FIG. opheldering

clarifier 1 OV WW 1 helder maken, klaren <van vloeistoffen> 2 FIG. ophelderen 2 WKD WW (se ~) helder(der) worden

clarinette ZN V klarinet

clarinettiste ZN M/V klarinettist

clarté ZN V 1 licht, helderheid, klaarheid • *la ~ du jour* daglicht 2 duidelijkheid • *pour plus de ~* ter verduidelijking

clash ZN M clash, conflict

clasher ONOV WW FIG. in botsing komen

classe ZN V 1 klasse, stand • *les ~s moyennes* middenklasse, kleine burgerij • *les ~s laborieuses* werkende klasse • *la ~ ouvrière* arbeidersklasse • *la ~ politique* de politici • *la lutte des ~s* klassenstrijd 2 klasse, soort, rang, kwaliteit • *la ~ des mammifères* de klasse der zoogdieren • *voyager en première ~* eerste klas reizen • *avoir de la ~ / être ~* klasse / distinctie hebben • INFORM. *il est ~!* wat is hij chic! • INFORM. *la ~!* klasse! 3 klas, leslokaal, les, schooltijd • *une ~ de chant* zangles • *une ~ de neige* skikamp <als schoolreis> • *la rentrée des ~s* het begin van het nieuwe schooljaar • *le premier de (la) ~* de beste van de klas • *faire la ~* les geven • *tenir sa ~* orde houden • *elle est en ~ de première* ze zit in de vijfde klas vwo • *aller en ~* naar school gaan • *en ~* tijdens de les, op school 4 MIL. lichting • *faire ses ~s* ervaring opdoen

classement ZN M 1 rangschikking, klassering, classificatie, klassement • *le ~ général* het algemeen klassement • *être dernier au ~* de laatste plaats innemen 2 JUR. (het) seponeren

classer 1 OV WW 1 rangschikken, classificeren, op een (rang)lijst plaatsen • *~ des dossiers* dossiers opbergen • *~ suivant la grandeur* naar grootte indelen • *un site classé* beschermd landschap • *un monument classé* monument <dat op de monumentenlijst staat> 2 seponeren • *une affaire classée (sans suite)* een afgedane zaak 2 WKD

ww **(se ~)** een (bepaalde) plaats innemen • *se ~ premier* nummer één zijn • *se ~ parmi les meilleurs* tot de besten behoren
classeur ZN M ordner, multomap
classicisme ZN M classicisme
classification ZN V classificatie, (het) indelen in klassen
classifier OV WW classificeren, indelen in klassen
classique **1** BN **1** klassiek • *les langues ~s* klassieke talen, oude talen • *la musique ~* klassieke muziek **2** traditioneel, aloud, welbekend • *un remède ~* een klassiek middel • INFORM. *c'est le coup ~!* dat is het oude liedje **2** ZN M klassieke muziek, klassiek werk, klassiek schrijver • *c'est un ~ du genre* dat is een schoolvoorbeeld / klassieker
claudiquer ONOV WW hinken
clause ZN V clausule, beding
claustrophobie ZN V claustrofobie, engtevrees
clavecin ZN M klavecimbel
claveciniste ZN M/V klavecimbelspeler
clavicule ZN V sleutelbeen
clavier ZN M toetsenbord <voor muziek, computer>, klavier • *un téléphone à ~* druktoetstelefoon • *le ~ d'un piano* de toetsen van een piano
clé → **clef**
clébard INFORM. ZN M hond
clef "klee" ZN V **1** sleutel <van slot> • *une ~ de voiture* autosleutel • *la ~ de contact* contactsleutel • *une ~ passe-partout* loper • *un trousseau de ~s* sleutelbos • *une clé magnétique* magnetische sleutel • *~s en main* sleutelklaar, bedrijfsklaar <van fabriek>, direct te aanvaarden <van nieuwe woning> • *fermer à ~* op slot doen • *mettre sous ~* achter slot en grendel doen, wegsluiten • FIG. *prendre la ~ des champs* het hazenpad kiezen • FIG. *mettre la ~ sous la porte* met de noorderzon vertrekken, verhuizen **2** sleutel <gereedschap> • *une ~ anglaise* Engelse sleutel • *une ~ à molette* bahco • *une ~ USB* usb-stick • *la ~ de voûte* sluitsteen, FIG. hoeksteen **3** FIG. sleutel, oplossing • *une position-clé* sleutelpositie • *une industrie-clé* sleutelindustrie • *un roman à clé* sleutelroman • *il y a une récompense à la ~* er staat een beloning op **4** MUZ. sleutel • *la ~ de sol* g-sleutel
clémence FORM. ZN V clementie • *faire preuve de ~ envers qn* clementie betonen jegens iemand
clément BN **1** clement • *se montrer ~* mild zijn **2** zacht <van weer>, mild • *un ciel ~* zacht klimaat
clémentine ZN V clementine
clenche ZN V klink
cleptomane ZN M/V kleptomaan
cleptomanie ZN V kleptomanie, zucht tot stelen
clerc "klèr" ZN M klerk • *un ~ de notaire* notarisklerk
clergé ZN M geestelijkheid, (de) geestelijken, clerus
clérical BN (M MV cléricaux), geestelijk, kerkelijk, klerikaal
clic, click **1** TUSSENW klik! **2** ZN M COMP. (muis) klik
clic-clac ZN M (MV id.), bedbank
cliché ZN M **1** cliché, gemeenplaats **2** fotonegatief, cliché
client ZN M (V cliente), cliënt <v. advocaat>, (vaste) klant, patiënt • FIG. *attendre le ~* niets verkopen
clientèle ZN V **1** klandizie, clientèle, klanten, cliënten • *avoir une grosse ~* een grote klantenkring hebben **2** aanhang • *la ~ électorale* de achterban, de kiezers
clignement ZN M (het) knipogen, geknipper
cligner **1** OV WW toeknijpen <van de ogen>, knipperen **2** ONOV WW knipperen • *~ de l'œil* knipogen • *~ des yeux* met de ogen knipperen
clignotant ZN M knipperlicht, richtingaanwijzer • *mettre son ~* de richting aangeven
clignotement ZN M **1** (het) knipperen met de ogen **2** (het) flikkeren <van licht>
clignoter ONOV WW **1** flikkeren **2** (voortdurend met de ogen) knipperen
clim INFORM. ZN V climatisation airco, luchtbehandeling
climat ZN M **1** klimaat **2** FIG. klimaat, sfeer • *un ~ tendu* gespannen sfeer
climatique BN klimaat-, weer- • *les variations ~s* klimaatschommelingen
climatisation ZN V airconditioning, luchtbehandeling
climatisé BN airconditioned • *un appartement ~* appartement met airconditioning
climatiseur ZN M klimaatregelaar, airconditioner
climatologie ZN V klimaatkunde
climatologique BN klimatologisch, klimaat-
climatologue ZN M/V klimatoloog
clin d'œil ZN M knipoogje • *faire un ~ à quelqu'un* iemand een knipoog geven • *en un ~* in een oogwenk
clinique **1** ZN V kliniek • *une ~ d'accouchement* kraamkliniek **2** BN klinisch • *~ment mort* klinisch dood
clinquant **1** BN blinkend, protserig, opzichtig, kitscherig **2** ZN M **1** lovertjes **2** kitsch, nep **3** FIG. klatergoud
clip ZN M clip • *un ~ vidéo* videoclip
clique ZN V **1** kliek, bende • INFORM. *prendre ses ~s et ses claques* z'n biezen pakken **2** fanfare
cliquer COMP. ONOV WW klikken • *~ sur un lien* een link aanklikken • *~ sur 'rechercher'* op 'zoeken' klikken
cliqueter ONOV WW kletteren, rinkelen, rammelen
cliquetis "-tie" ZN M gekletter, gerinkel • *le ~ de chaînes* gerammel van kettingen
clitoris "-ries" ZN M clitoris
clivage ZN M verdeeldheid, verschil, kloof • *le ~ social* de sociale scheidsmuur
cloaque ZN M riool, vuilnisput, FIG. beerput
clochard ZN M (V clocharde), clochard, dakloze, zwerver
clochardiser OV WW **1** laten verloederen **2**

dakloos maken
cloche 1 ZN V 1 klok, bel • *les ~s de Pâques* paasklokken • *les sonneurs de ~s* klokkenluiders • FIG. *voilà un tout autre son de ~* dat is een heel ander geluid • FIG. *sonner les ~s à qn* iemand een uitbrander geven • INFORM. *se taper la ~* lekker schransen • INFORM. *déménager à la ~ de bois* met stille trom vertrekken 2 stolp • *une ~ à fromage* kaasstolp 3 INFORM. sukkel 2 BN INFORM. klunzig • *c'est ~!* pech gehad!
cloche-pied • *à ~* hinkend, hinkelend
clocher 1 ZN M (klokken)toren • *un esprit de ~* dorpsgeest 2 ONOV WW niet kloppen • INFORM. *il y a quelque chose qui cloche* er hapert iets aan, dat is niet in de haak, er is iets mis • *cette phrase cloche* deze zin loopt niet
clochette ZN V 1 klokje, bel 2 PLANTK. klokje
clodo INFORM. ZN M clochard clochard, zwerver
cloison ZN V (tussen)schot, OOK FIG. scheidsmuur • *une ~ étanche* waterdicht schot
cloisonné BN in afdelingen verdeeld, beschoten <van houtwerk> • *une société cloisonnée* verzuilde samenleving
cloisonner OV WW 1 afschutten 2 FIG. in hokjes verdelen, verzuilen
cloître ZN M 1 klooster 2 kloostergang
cloîtrer 1 OV WW opsluiten, afzonderen • *vivre cloîtré* in afzondering leven 2 WKD WW (se ~) OOK FIG. zich opsluiten
clonage ZN M (het) klonen
clone ZN M kloon
cloner OV WW klonen
clope INFORM. 1 ZN M peuk • *des ~s* geen fluit, noppes 2 ZN V saffie, sigaret
clopin-clopant BW OOK FIG. strompelend • *aller ~* strompelen, FIG. niet erg vlot gaan
clopiner ONOV WW strompelen
clopinettes INFORM. ZN V MV • *des ~!* noppes!
cloque ZN V (brand)blaar, blaasje • INFORM. *être en ~* zwanger zijn
clore OV WW onregelmatig 1 (af)sluiten, beëindigen • *~ la séance* de zitting / vergadering sluiten 2 omheinen
clos "kloo" 1 BN (af)gesloten • *des volets ~* dichte luiken • *une maison ~e* bordeel • *à huis ~* achter gesloten deuren • *à la nuit ~e* bij / na het invallen van de duisternis 2 ZN M omheind bouwland, erf, wijngaard • *un ~ résidentiel* ≈ woonerf
clôture ZN V 1 omheining • *une ~ électrisée* schrikdraad(afrastering) • *un mur de ~* muur om een terrein 2 (af)sluiting, beëindiging • *une séance de ~* slotzitting
clôturer OV WW 1 omheinen 2 (af)sluiten
clou ZN M 1 spijker • *un ~ de girofle* kruidnagel • *enfoncer / planter un ~* een spijker inslaan • *les ~s* MV zebrapad • *traverser dans les ~s* op het zebrapad oversteken • *il est maigre comme un ~* hij is broodmager • FIG. *enfoncer le ~* de spijker op de kop slaan, doordrammen • FIG. *c'était le ~ de la soirée* het was het hoogtepunt v.d. avond 2 steenpuist 3 INFORM. rammelkast <slechte auto / fiets> • *ça ne vaut pas un ~* dat is geen cent waard / niets waard • *des ~s!* noppes!
clouer OV WW 1 vastspijkeren 2 FIG. vastnagelen, vastzetten • FIG. *être cloué au lit* aan het bed gekluisterd zijn • *rester cloué sur place* als aan de grond genageld staan, stokstijf blijven staan • INFORM. *~ le bec à qn* iemand de mond snoeren
clouter OV WW met spijkers beslaan • *un passage clouté* voetgangersoversteekplaats
clown "kloen" ZN M (V clownesse), clown, FIG. grappenmaker, pias • *faire le ~* de clown uithangen, gek doen
clownerie "kloenrie" ZN V gekheid, grappenmakerij
clownesque "kloenesk" BN clownesk
club ZN M club • *un ~ privé* een besloten club
CM O&W AFK cours moyen M • *le CM1 / CM2* ≈ groep 6 en 7 van de basisschool
coaccusé ZN M (V coaccusée), medebeschuldigde
coach "kootsj" ZN M 1 coach 2 tweedeursauto
coagulant 1 ZN M stollingsmiddel 2 BN stollend
coagulation ZN V stolling
coaguler 1 OV WW doen stollen 2 WKD WW (se ~) stollen
coaliser WKD WW (se ~) een bondgenootschap sluiten, samenspannen, zich verbinden (contre tegen)
coalition ZN V 1 verbond, vakverbond, (het) samenspannen 2 POL. coalitie • *un gouvernement de ~* coalitieregering • *former une ~* een coalitie vormen
coasser ONOV WW kwaken <van kikker>
coauteur ZN M 1 medeauteur 2 mededader
cobalt "-balt" ZN M kobalt
cobaye "koobaj" ZN M 1 cavia 2 FIG. proefkonijn • *servir de ~* als proefkonijn gebruikt worden
cobra ZN M cobra
coca ZN M cola
cocagne ZN V • *un mât de ~* mast voor het mastklimmen • *un pays de ~* luilekkerland
cocaïne ZN V cocaïne • *sniffer de la ~* cocaïne snuiven
cocaïnomane ZN M/V verslaafde aan cocaïne
cocaïnomanie ZN V cocaïneverslaving
cocarde ZN V kokarde
cocasse BN koddig, zot
cocasserie ZN V zotheid, zotternij
coccinelle ZN V 1 lieveheersbeestje 2 INFORM. kever <auto>
coccyx "koksies" ZN M stuitbeen, stuitje
coche INFORM. ZN M • *manquer / rater le ~* de gelegenheid laten voorbijgaan, de boot missen
cocher 1 ZN M koetsier 2 OV WW aankruisen, aanvinken, met een teken merken • *~ les bonnes réponses* de goede antwoorden aankruisen
cochon 1 ZN M (V cochonne) 1 varken, zwijn • *un ~ d'Inde* Guinees biggetje, marmot(je) • *être gros comme un ~* een vetzak zijn • *être copains comme ~s* dikke vrienden zijn • *il fait un temps de ~* het is rotweer • FIG. *donner de la confiture aux ~s* parels

voor de zwijnen gooien **2** FIG. **zwijn, smeerlap** • *c'est un vieux ~* het is een ouwe viezerik **2** BN (V cochonne), **vuil, smerig, obsceen** • *un film ~* schunnige film • *une histoire ~ne* schuin verhaal

cochonnaille ZN V **varkensvleeswaren**

cochonner INFORM. **1** OV WW **verknoeien** • *un travail cochonné* knoeiwerk **2** WKD WW **(se ~) zich vies maken** • *tu t'es cochonné partout* je zit onder de viezigheid

cochonnerie INFORM. ZN V **vuiligheid, rotzooi, smerige streek** • *raconter des ~s* gore taal uitslaan

cochonnet ZN M **1 varkentje 2 balletje** <mikpunt bij jeu de boules>

cockpit "-piet" ZN M **cockpit**

cocktail ZN M **1** OOK FIG. **cocktail** • *un ~ de fruits* fruithapje • *un ~ Molotov* molotovcocktail **2 cocktailparty** • *une robe de ~* cocktailjurk

coco 1 ZN M **1 kokos, kokosnoot** • *une noix de ~* kokosnoot • *de l'huile de ~* kokosolie **2** MIN. **kerel** • *c'est un drôle de ~* het is een rare snuiter • *un joli ~* een schurk **3** JEUGDT. **ei 2** ZN V INFORM. cocaïne **coke**

cocon ZN M **cocon** • *s'enfermer dans son ~* zich afsluiten, eenzelvig zijn

cocorico ZN M **kukeleku** <ook schertsend bij Fr. overwinning e.d.>

cocotier ZN M **kokospalm** • FIG. *secouer le ~* de bezem erdoor halen

cocotte ZN V **1** JEUGDT. **kip** • *une ~ en papier* papieren vogeltje / vliegtuigje **2** INFORM. **liefje 3 ijzeren pan (met deksel)** • *une ~-minute* snelkookpan

cocu 1 BN **bedrogen** <van echtgenoot> **2** ZN M **bedrogen echtgenoot** • INFORM. *avoir une veine de ~* enorm mazzelen

cocufier INFORM. OV WW **bedriegen met een ander** <van echtgenoot>

codage ZN M **codering**

code ZN M **1 voorschriften, regels** • *le ~ de l'honneur* erecode • *le ~ de la route* wegenverkeersreglement, verkeersregels • *passer l'épreuve du ~ de la route* theorie-examen doen <voor rijexamen> **2 code** • *un ~ confidentiel / secret* pincode • *le ~ postal* postcode, BELG. postnummer • *le ~ d'accès* toegangscode • *déchiffrer un ~* een code breken **3** <auto> • *les phares ~ / les ~s* dimlichten • *se mettre en ~(s)* dimmen **4** JUR. **wetboek** • *le Code civil / Code Napoléon* burgerlijk wetboek • *le Code de commerce* wetboek van koophandel • *le Code pénal* wetboek van strafrecht

code-barres ZN M **streepjescode**

coder OV WW **coderen** • *un message codé* een bericht in code

codétenu ZN M (V codétenue), **medegevangene**

codification ZN V **codificatie**

codifier OV WW **codificeren**

codirecteur ZN M (V codirectrice), **mededirecteur**

coefficient ZN M **factor, wegingsfactor, coëfficiënt** • *un ~ d'erreur* foutenmarge

coéquipier ZN M (V coéquipière), **teamgenoot**

cœur "keur" ZN M **1 hart** <spier> • *des battements de ~* hartkloppingen • *une opération à ~ ouvert* openhartoperatie • *une greffe du ~* harttransplantatie • *un arrêt du ~* hartstilstand **2 maag** <in uitdrukkingen>, **borst** • *avoir mal au ~* misselijkheid zijn, een wee gevoel hebben • *serrer qn sur / contre son ~* iemand aan zijn borst drukken • *cette odeur me soulève le ~* ik walg van die geur • FIG. *cela me fait mal au ~* dat doet me verdriet • FIG. *avoir le ~ barbouillé* misselijk zijn **3** FIG. **hartvormig voorwerp, harten** <kaartspel> • *l'as de ~* hartenaas • FIG. *faire la bouche en ~* een pruimenmondje zetten, liefjes doen **4 hartje, kern, midden** • *un ~ d'artichaut* hart van een artisjok • FIG. *au ~ de l'été* in het hartje v.d. zomer • FIG. *le ~ du sujet* de kern van de zaak **5 gevoelens, hartstocht, zin** • *un homme de ~* rechtschapen man • FIG. *un ~ dur* hardvochtig mens • *elle est Française de ~* in haar hart is zij Française • *avoir du ~* een goed hart hebben • *apprendre par ~* uit het hoofd leren • *avoir qc sur le ~* iets op zijn lever hebben • *dire ce qu'on a sur le ~* van zijn hart geen moordkuil maken • *cela me va droit au ~* dat ontroert / raakt me diep, dat gaat mij aan het hart • *si le ~ vous en dit* als u er zin in hebt • *avoir le ~ gros / serré* verdrietig / bedrukt zijn • INFORM. *j'en ai gros sur le ~* dat zit mij hoog • *je veux en avoir le ~ net* ik wil er het mijne van weten • *prendre qc à ~* iets ter harte nemen • *prendre son travail à ~* hart hebben voor zijn werk • *avoir du ~ à l'ouvrage* in zijn werk opgaan • *cela me tient à ~* dat ligt me na aan het hart, daar hecht ik aan • *avoir à ~ de faire qc* iets graag willen doen • *le ~ n'y est pas* het gaat niet van harte • *ouvrir son ~ à qn* zijn hart luchten / uitstorten bij iemand • *s'en donner à ~ joie* zijn hart eraan ophalen • *être de tout ~ avec qn* iemand moreel steunen • *avoir un coup de ~ pour qc* plotseling enthousiast zijn voor iets • *je n'ai pas le ~ à rire* ik heb geen zin om te lachen • *il travaille en y mettant tout son ~* hij werkt dat het een lust is • FIG. *elle lui a brisé le coeur* ze heeft zijn hart gebroken • FIG. *avoir le ~ sur la main* vrijgevig zijn • FIG. *cela me reste sur le ~* dat ligt me zwaar op de maag • FIG. *avoir un ~ d'artichaut* wispelturig (in de liefde) zijn • <spreekwoord> *loin des yeux, loin du ~* uit het oog, uit het hart • *de bon ~* van ganser harte, graag • *de tout (son) ~* met hart en ziel • *du fond du ~* uit het diepst van mijn hart

coexistence ZN V **(het) gelijktijdig bestaan, co-existentie** • *une ~ pacifique* vreedzame co-existentie

coexister ONOV WW **gelijktijdig bestaan**

coffre ZN M **1 kist, kast** <van muziekinstrument> • *un ~ à outils* gereedschapskist • *un ~ à ski* skibox **2 achterbak** <van auto>, **kofferruimte 3 kluis, safe(loket), brandkast** • FIG. *les ~s de l'Etat* de schatkist **4** INFORM. **borstkas** • FIG. *avoir du ~* een flinke adem hebben, een flinke stem hebben

coffre-fort ZN M (MV coffres-forts), **kluis, brandkast** • *forcer / percer le ~* de brandkast kraken

coffrer OV WW INFORM. **inrekenen, in de bak stoppen**

coffret ZN M **kistje, koffertje, cassette** • *un ~ à*

bijoux juwelenkistje

cogestion ZN V medezeggenschap

cogitation IRON. ZN V overpeinzing

cogiter IRON. ONOV WW nadenken

cognac ZN M cognac

cogner **1** OV WW **1** aanstoten • *son coude a cogné le mur* hij heeft zijn elleboog tegen de muur gestoten **2** in elkaar slaan **2** ONOV WW **1** slaan, stoten, kloppen, hard slaan, erop slaan • *~ à la porte* op de deur kloppen • *ça va ~!* daar komen klappen van **2** hard aankomen, fel branden <v.d. zon> • *ça cogne!* het is snikheet! **3** WKD WW **(se ~)** zich stoten (aan), oplopen (tegen) • *se ~ la tête contre le mur* zijn hoofd stoten tegen de muur • FIG. *se ~ la tête contre les murs* wanhopig naar een uitweg zoeken

cogneur ZN M iemand die hard slaat, SPORT hardhitter

cognitif BN (V cognitive), cognitief

cognition ZN V kenvermogen, cognitie

cohabitation ZN V **1** (het) samenleven, (het) samenwonen **2** POL. cohabitatie <in Fr.: situatie waarin president en regering politieke tegenstanders zijn>

cohabiter ONOV WW **1** samenwonen **2** POL. cohabiteren

cohérence ZN V samenhang

cohérent BN samenhangend, coherent

cohéritier ZN M (V cohéritière), mede-erfgenaam

cohésif BN (V cohésive), samenvoegend

cohésion ZN V samenhang, cohesie, verbondenheid

cohue ZN V mensenmassa, drom, gedrang • *la ~ sur les routes* de drukte op de weg • *c'est la ~* het loopt storm

coi BN (V coite) • *rester ~* zich koest houden

coiffe ZN V (vrouwen)muts, nonnenkap

coiffé BN **1** gekapt **2** met een hoofddeksel op • *être ~ d'un chapeau* een hoed op hebben • FIG. *être né ~* met de helm geboren zijn, voor het geluk geboren zijn

coiffer **1** OV WW **1** kappen, het haar doen van **2** SPORT met neuslengte winnen van, inhalen • *se faire ~ au poteau* op de meet geklopt worden, nipt verslagen worden **2** WKD WW **(se ~)** **1** zich het hoofd bedekken (**de** met), zijn hoed opzetten • *se ~ d'une casquette* een pet opzetten **2** zijn haren doen, zich kappen

coiffeur ZN M (V coiffeuse), kapper • *un ~ pour dames* dameskapper • *aller chez le ~* naar de kapper gaan

coiffeuse ZN V **1** kapster **2** kaptafel

coiffure ZN V **1** kapsel • *un salon de ~* kapsalon **2** hoofddeksel

coin ZN M **1** hoek, hoekje, plekje, uithoek • *une maison qui fait ~* hoekhuis • *un séjour avec ~ cuisine* huiskamer met open keuken • *un ~ perdu* uithoek, (afgelegen) gat • *la boulangerie du ~* de bakker om de hoek • *dans quel ~ habite-t-il?* waar (in de buurt) woont hij? • *c'est juste après le ~* het is net om de hoek • *tourner le ~; tourner au ~ de la rue* de hoek omslaan • *chercher un ~ tranquille* een rustig plekje zoeken • *chercher dans tous les ~s et les recoins* in alle hoekjes en gaatjes zoeken • *cultiver son ~ de terre* zijn lapje grond bewerken • *il n'est pas du ~* hij komt niet uit de buurt / streek • INFORM. *aller au petit ~* naar het toilet gaan • *au ~ du feu* bij de open haard • *au ~ d'un bois* op een afgelegen plek • *aux quatre ~s du monde* overal **2** FIG. **hoekje** • *regarder qn du ~ de l'œil* iemand tersluiks / schuins aankijken • *un regard en ~* steelse / zijdelingse blik • INFORM. *tu m'en bouches un ~* je verbaast me

coincer **1** OV WW **1** OOK FIG. klemzetten • *être coincé* klem zitten, vastzitten, in de verdrukking raken, FIG. geremd zijn • *être coincé au lit* aan het bed gekluisterd zijn • *~ quelqu'un* iemand in de hoek drijven **2** INFORM. vangen, in de kraag grijpen • *on a coincé le voleur* de dief is gepakt **2** WKD WW **(se ~)** vastraken, klem zitten • *la machine s'est coincée* de machine is vastgelopen • *je me suis coincé le doigt* ik heb mijn vinger gekneld

coïncidence ZN V (het) samenvallen, samenloop van omstandigheden, coïncidentie • *quelle coïncidence!* wat een toeval!

coïncider ONOV WW overeenstemmen, samenvallen • *les témoignages ne coïncident pas* de getuigenverklaringen dekken elkaar niet

coin-coin ZN M (MV id.), gekwaak <van eend>

coït "ko-iet" ZN M coïtus, geslachtsgemeenschap

col ZN M **1** kraag, boord • *un pull à ~ roulé* coltrui • *un ~ en V* V-hals • *un ~ rabattu* liggende boord • *un faux ~* losse boord, FIG. schuimkraag <van bier> • *les cols blancs* de kantoormensen • *la criminalité en ~ blanc* witteboordencriminaliteit • *rabattre / relever son ~* zijn kraag neerslaan / opzetten **2** bergpas **3** ANAT. **hals** • *le ~ de l'utérus* baarmoederhals

colère ZN V woede, driftbui • *une colère ~e* hevige woede • *un accès / une crise de ~* driftbui, woedeaanval • *être en ~ contre qn* woedend op iemand zijn • *il est dans une ~ noire* hij is razend • *se mettre en ~* kwaad / woedend worden • *mettre quelqu'un en ~* iemand boos maken • *piquer une ~ terrible* heel driftig worden • *passer sa ~ sur qn* zijn woede op iemand afreageren

coléreux BN (V coléreuse), driftig, opvliegend

colérique BN driftig, opvliegend

colibri ZN M kolibrie

colifichet ZN M snuisterij, kleinigheidje, prul

colimaçon ZN M huisjesslak • *un escalier en ~* wenteltrap

colin ZN M koolvis

colique ZN V buikkramp, koliek • *souffrir de ~s* buikpijn hebben • INFORM. *avoir la ~* diarree hebben

colis "ko-lie" ZN M pakket, pakje, stuk vrachtgoed • *un ~ postal* postpakket

collabo INFORM., MIN. ZN M/V collaborateur • *il était ~* hij was fout in de oorlog

collaborateur ZN M (V collaboratrice) **1** medewerker **2** collaborateur <die heult met de vijand>

collaboration ZN V **1** medewerking • *écrire*

un livre en ~ avec qn samen met iemand een boek schrijven • *en ~ avec qn* in samenwerking met iemand **2** collaboratie <met de vijand>

collaborer ONOV WW **1** medewerken (**à** aan), samenwerken (**avec** met) **2** collaboreren • *il a collaboré* hij was fout in de oorlog

collage ZN M **1** (het) (op)plakken, (het) lijmen **2** KUNST collage **3** INFORM. (het) samenwonen, (het) hokken

collant 1 ZN M maillot, panty, legging • *une paire de ~s* panty **2** BN **1** klevend, kleverig, kleef- • *du papier ~* plakpapier • *des doigts ~s* kleverige vingers **2** INFORM. opdringerig, plakkerig • *ce qu'il peut être ~!* wat een klit! **3** nauwsluitend • *un pantalon ~* strakke broek

collation ZN V lichte maaltijd • *la ~ de quatre heures* het vieruurtje

colle ZN V **1** lijm • *un pot de ~* lijmpot, INFORM., FIG. klit <persoon>, plakker • *de la ~ à bois* houtlijm **2** INFORM. lastige vraag, strikvraag, proefwerk • *donner une ~* laten nablijven <op school> • *poser une ~* een strikvraag stellen

collecte ZN V inzameling, collecte • *la ~ des ordures* het ophalen van huisvuil • *la ~ sélective des déchets ménagers* gescheiden inzameling van huisvuil • *faire la ~* geld ophalen

collecter OV WW inzamelen, ophalen • *~ des informations* informatie vergaren

collecteur 1 ZN M collector, verzamelleiding • *un ~ d'ondes* antenne **2** ZN M (V collectrice), inzamelaar, inner **3** BN (V collectrice), verzamel- • *un égout ~* hoofdriool

collectif 1 BN (V collective), gezamenlijk, gemeenschappelijk, collectief, groeps- • *un billet ~* groepsbiljet • *une convention collective* collectieve arbeidsovereenkomst, cao • TAALK. *un nom ~* verzamelnaam **2** ZN M collectief, groep

collection ZN V verzameling, collectie, reeks <boeken> • *une pièce de ~* verzamelaarsobject, waardevol stuk • *une ~ de poche* pocketreeks • *les ~s d'hiver* wintercollecties

collectionner OV WW verzamelen, FIG. grossieren in • *il collectionne les contredanses!* hij krijgt de ene bon na de andere

collectionneur ZN M (V collectionneuse), verzamelaar

collectivement BW gezamenlijk, collectief

collectivité ZN V gemeenschap, overheidslichaam • *les collectivités locales* de lagere overheden

collège ZN M **1** middelbare school <eerste vier jaar havo-vwo, ≈ onderbouw> **2** college • *le ~ électoral* kiescollege

collégien ZN M (V collégienne), middelbare scholier, leerling van een 'collège'

collègue ZN M/V collega

coller 1 OV WW **1** plakken, lijmen, drukken (tegen) • *~ un timbre sur une enveloppe* een postzegel op een envelop plakken • *~ son oreille à la porte* zijn oor tegen de deur drukken **2** INFORM. geven, bezorgen, opzadelen met • *il m'a collé son rhume* hij heeft me aangestoken met zijn verkoudheid • *~ une gifle à qn* iemand een klap in het gezicht geven • *on lui a collé les enfants à garder* de kinderen zijn bij hem gedumpt om op te passen **3** INFORM. (met een strikvraag of lastige vraag) in het nauw brengen, laten nablijven, laten zakken voor een examen • *il a été collé au bac* hij is gezakt voor zijn eindexamen **2** ONOV WW **1** vastplakken, kleven (**à** aan), nauw sluiten • *ça lui colle à la peau* dat past helemaal bij hem • *ça colle à la réalité* dat klopt met de werkelijkheid • INFORM. *~ aux fesses / aux baskets de qn* aan iemand klitten **2** (goed) gaan, lopen • *ça ne colle pas entre eux* het klikt niet tussen hen • *ça n'a pas l'air de ~* het loopt niet lekker, geloof ik • *il y a quelque chose qui ne colle pas* er klopt iets niet • INFORM. *ça colle!* afgesproken!, goed! **3** WKD WW (**se ~**) zich aandrukken (tegen)

colleur ZN M (V colleuse), (aan)plakker

collier ZN M **1** halsband, halssnoer • *un ~ de chien* hondenhalsband • *un ~ de perles* parelsnoer • *donner un coup de ~* zich flink inspannen, een moedige poging ondernemen • INFORM. *reprendre le ~* weer aan de slag gaan **2** ringbaard **3** klemring

collimateur ZN M • FIG. *avoir quelqu'un dans le ~* iemand nauwlettend in de gaten houden, het op iemand voorzien hebben • FIG. *il est dans le ~* ze hebben hem in de peiling

colline ZN V heuvel

collision ZN V OOK FIG. botsing • *une ~ en chaîne* kettingbotsing • FIG. *une ~ d'intérêts* botsing van belangen • *deux trains sont entrés en ~* twee treinen zijn met elkaar in botsing gekomen • FIG. *entrer en ~ avec qn* in aanvaring komen met iemand

colloque ZN M **1** colloquium, symposium **2** samenspraak, gesprek

collusion ZN V samenspanning, geheime overeenkomst

colmatage ZN M afdichting

colmater OV WW dichtstoppen, dichten

colo ZN V colonie (school)kamp • *les élèves partent en ~* de scholieren gaan op kamp

colocataire ZN M/V medehuurder

Cologne ZN V Keulen

colombe ZN V OOK FIG. duif • *la ~ de la paix* vredesduif • *ma ~!* m'n duifje!

Colombie ZN V Colombia

colombien BN (V colombienne), Colombiaans

colombier ZN M duiventil

colon ZN M kolonist, planter

côlon ZN M dikke darm

colonel ZN M kolonel

colonial 1 BN koloniaal **2** ZN M (MV coloniaux), koloniaal

colonialisme ZN M kolonialisme

colonialiste 1 BN kolonialistisch **2** ZN M/V kolonialist

colonie ZN V kolonie • *une ~ de vacances* vakantiekamp <voor schoolkinderen> • *une ~ d'abeilles* bijenkolonie

colonisateur 1 BN (V colonisatrice),

co

kolonisерend **2** ZN M (V colonisatrice), kolonisator
colonisation ZN V kolonisatie
coloniser OV WW koloniseren
colonnade ZN V zuilenrij, colonnade
colonne ZN V **1** OOK FIG. kolom, zuil, (steun) pilaar • *une ~ Morris* ronde reclamezuil • *une ~ d'air* luchtkolom • *une ~ de chiffres* cijferkolom • *la ~ vertébrale* wervelkolom, ruggengraat • *un titre sur trois ~s* kop over vijf kolommen **2** MIL. colonne • *la cinquième ~* de vijfde colonne
colorant **1** ZN M kleurstof **2** BN kleurend • *un shampoing ~* kleurshampoo
coloration ZN V **1** (het) kleuren **2** kleur
coloré BN gekleurd, kleurrijk • *des verres colorés* gekleurde glazen
colorer **1** OV WW OOK FIG. kleuren • *~ en bleu* blauw kleuren **2** WKD WW **(se ~)** een kleur krijgen
coloriage ZN M **1** kleurentekening **2** (het) kleuren
colorier OV WW (in)kleuren • *un album à ~* kleurboek
coloris "-rie" ZN M coloriet, kleurenrijkdom, kleurschakering, OOK FIG. kleur
colossal BN (M MV colossaux), reusachtig, kolossaal
colosse ZN M kolos
colporter OV WW rondvertellen • *~ un bruit* een gerucht verspreiden
coltiner INFORM. WKD WW **(se ~)** opknappen <van onaangenaam werk> • *je dois me ~ tout le boulot!* ik moet al het werk doen!
colza ZN M koolzaad
coma ZN M coma • *un ~ dépassé* hersendood • *être dans le ~* in coma liggen • *tomber dans le ~* in coma raken • *sortir du ~* uit een coma ontwaken
comateux **1** BN (V comateuse), comateus • *être dans un état ~* in coma zijn **2** ZN M (V comateuse), iemand die in coma is
combat ZN M strijd, OOK FIG. gevecht • *un rude ~* een harde strijd • *un violent ~* een felle / zware strijd • *un gaz de ~* strijdgas • *une tenue de ~* gevechtstenue • *un ~ de boxe* bokswedstrijd • *un ~ d'avant-garde* voorhoedegevecht • *un ~ naval / aérien* zeeslag / luchtgevecht • *les ~s de rue* straatgevechten • *livrer (un) ~* slag leveren • *engager le ~* de strijd aanbinden • *mettre qn hors de ~* iemand buiten gevecht stellen
combatif, **combattif** BN (V combat(t)ive), strijdlustig, strijdbaar
combativité, **combattivité** ZN V strijdlust
combattant ZN M (V combattante), (front) soldaat, vechter, strijder • *les anciens ~s* oud-strijders, veteranen • *un parcours du ~* hindernisbaan, FIG. lijdensweg, moeizame bedoening
combattre **1** OV WW OOK FIG. bestrijden, vechten tegen **2** ONOV WW OOK FIG. strijd leveren, vechten
combien **1** BW hoeveel, hoe(zeer) • *il y a ~ de temps que ...* hoe lang is het geleden dat ... • *depuis ~ de temps habitez-vous ici?* hoe lang woont u hier al? • *~ de temps resterez-vous?* hoelang blijft u? • *~ d'argent a-t-il?* hoeveel geld heeft hij? • *je vous dois ~?* hoeveel ben ik u schuldig? • *~ sommes-nous?* met hoeveel zijn we? • *on est ~?* met hoeveel zijn we? • INFORM. *ça paie ~?* wat schuift dat? • *~ y a-t-il d'ici à Amsterdam?* hoe ver is het naar Amsterdam? **2** ZN M onver. hoeveelste • INFORM. *on est le ~ aujourd'hui?* de hoeveelste is het vandaag?
combinaison ZN V **1** combinatie, vereniging, samenstelling, verbinding • *une ~ de couleurs* kleurencombinatie • *la ~ d'un coffre-fort* de cijfercombinatie / het cijferslot van een kluis **2** opzet, (listig) plan, foefje • *des ~s financières douteuses* dubieuze financiële praktijken **3** onderjurk, overall, pak, onesie • *une ~ de ski / de plongée* skipak / duikerspak
combine INFORM. ZN V truc, foefje • *être dans la ~* in het complot zitten • *flairer la ~* nattigheid voelen
combiné ZN M **1** telefoonhoorn **2** afdaling en slalom <ski>
combiner OV WW **1** combineren, verbinden **2** beramen, verzinnen, regelen • *~ un plan* een plan bedenken
comble **1** BN boordevol, stampvol • *faire salle ~* volle zalen trekken • FIG. *la mesure est ~* de maat is vol **2** ZN M **1** toppunt **(de** van) • *le ~ de la bêtise* het toppunt van dwaasheid • *c'est le / un ~!* dat is het toppunt! • *c'est le ~ du ridicule* dat is volmaakt belachelijk • *être au ~ de la joie* dolgelukkig zijn • *pour ~ de malheur* tot overmaat van ramp • *à son ~* op het hoogst **2** kap v. gebouw, hanenbalken, dak • *loger sous les ~s* onder de hanenbalken wonen • *de fond en ~* van onder tot boven, geheel en al
combler OV WW **1** (op)vullen, dempen, dichtgooien • *~ un fossé* een sloot dempen **2** FIG. dekken <tekort>, geheel vervullen <van wensen, behoeften> • *~ un déficit* een tekort aanvullen • *~ un retard* een achterstand inhalen • *~ une lacune* een leemte opvullen **3** overladen, overstelpen **(de** met), verwennen • *~ un enfant de cadeaux* een kind overladen met cadeaus • *vous me comblez!* u bent te goed voor me!, u verwent me! • *je suis comblé* ik ben volmaakt tevreden, ik voel me zalig
combustible **1** ZN M brandstof **2** BN brandbaar
combustion ZN V verbranding
comédie ZN V OOK FIG. komedie • *une ~ de mœurs* zedenspel • *une ~ musicale* musical • FIG. *jouer la ~* komedie spelen, zich aanstellen, doen alsof
comédien **1** ZN M (V comédienne), toneelspeler, OOK FIG. komediant **2** BN (V comédienne), gemaakt, aanstellerig
comestible BN eetbaar
comestibles ZN M MV eetwaren
comète ZN V komeet
comique **1** BN komisch, blijspel- • *un acteur / un auteur ~* blijspelspeler / -schrijver **2** ZN M/V komiek, komisch acteur, cabaretier
comité ZN M commissie, comité, bestuur, raad • *le ~ d'entreprise* ondernemingsraad • *le ~ directeur* bestuurscollege • *en petit ~* in besloten kring

commandant ZN M **commandant, bevelhebber, gezagvoerder,** MIL. **majoor** • *le ~ en chef* opperbevelhebber • *le ~ de bord* gezagvoerder <van vliegtuig>

commande ZN V **1 bestelling, order, opdracht** • *un bon de ~* bestelbon • *faire / passer une ~* een bestelling doen, een order plaatsen • *livrer sur ~* op bestelling leveren • *rire sur ~* lachen op commando **2 stuurinrichting, aandrijving, besturing, bediening, aansturing** • *un poste de ~* bedieningspost, stuurhut • *une ~ à main* handbediening • *tenir les ~s (d'une affaire)* de touwtjes in handen hebben • *être aux ~s* (be)sturen <van vliegtuig>, FIG. de leiding hebben

commandement ZN M **1 bevel, commando, aanvoering 2** REL. **gebod** • *les dix ~s* de tien geboden

commander 1 OV WW **1 bestellen** • *~ un café* koffie bestellen • *~ une œuvre à un artiste* een artiest opdracht geven voor een werk **2 bevelen, aanvoeren** • *~ une armée* het bevel voeren over een leger • *il n'aime pas qu'on le commande* hij wil niet dat de baas over hem gespeeld wordt **3 (ver) eisen, afdwingen** • *~ le respect* respect afdwingen **4 bedienen, besturen, aandrijven, beheersen** • *un méchanisme qui commande l'ouverture de la porte* een mechanisme voor het openen van de deur **2** ONOV WW **bevelen, de baas zijn 3** WKD WW **(se ~)** • *l'amour, ça ne se commande pas!* liefde laat zich niet dwingen

commanditaire 1 ZN M **(stille) vennoot 2** BN • *un associé ~* stille vennoot

commando ZN M MIL. **commando** <gevechtsgroep; lid daarvan>

comme 1 BW **wat(!), hoe(zeer)** • *~ il est bête!* wat is hij dom! **2** VOEGW **1 als, zoals, evenals** • *~ il faut* zoals het hoort • *~ d'habitude* zoals gewoonlijk • *ça s'est passé ~ prévu* het is gegaan zoals ik gedacht had • INFORM. *elle est jolie ~ tout* ze is heel mooi • *ils ne sont pas mariés, mais c'est tout ~!* ze zijn niet getrouwd, maar het komt op hetzelfde neer • *les gens ~ lui ne devraient pas faire de la politique* mensen zoals hij zouden niet aan politiek moeten doen • *faire ~ si* doen alsof • *je l'ai pris ~ secrétaire* ik heb hem als secretaris genomen • *~ ça, tout le monde est content* zo is iedereen tevreden • *cela lui vient ~ ça* dat waait haar gewoon aan • *il l'a fait sans y penser, ~ ça* hij heeft het zomaar gedaan, zonder nadenken • *ça va? ~ ci, ~ ça* hoe gaat het? z'n gangetje • *alors, ~ ça, vous nous quittez?* zo, dus u gaat bij ons weg? • *c'est ~ ça et pas autrement!* zo is het en niet anders! • *ça a coûté cent euros ou quelque chose ~ ça* het heeft 100 euro of zoiets gekost • *~ si* alsof • INFORM. *~ qui dirait* om zo te zeggen **2 daar, omdat** • *~ il arrive demain...* omdat hij morgen komt... **3 (juist) toen, terwijl** • *~ il sortait...* juist toen hij wegging...

commémoratif BN (V commémorative), **ter nagedachtenis** • *une plaque commémorative* gedenkplaat

commémoration ZN V **herdenking** • *en ~ de* ter nagedachtenis van

commémorer OV WW **herdenken** • *~ les morts* de doden eren / gedenken

commencement ZN M **begin, aanvang** • *au ~* in het begin • *du ~ à la fin* van begin tot eind • *il y a un ~ à tout* alle begin is moeilijk

commencer 1 OV WW **beginnen, het begin vormen van 2** ONOV WW **beginnen** • INFORM. *ça commence à bien faire!* nu is het welletjes! • *il commence à pleuvoir* het begint te regenen • *la classe a commencé* de les is begonnen • *le roman commence par une description* de roman begint met een beschrijving • *je commence à avoir froid* ik krijg het koud • *pour ~* om te beginnen

comment 1 BW **hoe(?), wat(?)** • *~ allez-vous?* hoe gaat het met u? • *~ tu t'appelles?* hoe heet je? • *~ ça?* hoe dat zo? • *vous ne venez pas? ~ ça?* komt u niet? hoezo? • *~? je n'ai pas entendu* wat? ik heb het niet verstaan • *~ se fait-il qu'il ne soit pas venu?* hoe komt het dat hij niet gekomen is? • *elle a de l'argent? ~ donc!* heeft ze geld? natuurlijk! • *et ~!* en hoe!, en of! **2** TUSSENW **wat!** • *~! tu ne crois pas que je vais accepter ça!* wat! je denkt toch niet dat ik dat accepteer! **3** ZN M **(het) hoe** • *chercher le pourquoi et le ~* het hoe en waarom willen weten.

commentaire ZN M **commentaar, verklarende aantekeningen, opmerking, aanmerking** • *faire un ~* commentaar leveren • *cela se passe de ~(s)* dat heeft geen uitleg nodig, commentaar overbodig • *je voudrais faire un ~ à ce propos* daarbij heb ik de volgende kanttekening • *sans ~!* geen commentaar!

commentateur ZN M (V commentatrice), **commentator**

commenter OV WW **uitleggen, becommentariëren**

commérage INFORM. ZN M **kletspraat, geroddel**

commerçant 1 ZN M (V commerçante), **koopman, winkelier** • *les petits commerçants* de kleine middenstanders **2** BN **handeldrijvend** • *une rue commerçante* winkelstraat

commerce ZN M **1 handel** • *le ~ de détail / de gros* kleinhandel / groothandel • *le ~ intérieur / extérieur* binnenlandse / buitenlandse handel • *le petit ~* de middenstanders, de winkeliers • *le ~ en ligne* e-commerce, webwinkel • *un fonds de ~* zaak, bedrijf, winkel • *la Chambre de ~ et d'industrie* Kamer van Koophandel • *être dans le ~ / faire du ~* handel drijven **2 zaak, winkel,** BELG. **handelshuis** • *tenir un ~ d'alimentation* een levensmiddelenzaak hebben

commercer ONOV WW **handel drijven**

commercial BN (M MV commerciaux), **commercieel, handels-** • *la balance ~e* handelsbalans • *le déficit ~* handelstekort • *le droit ~* handelsrecht • *un centre ~* winkelcentrum

commercialisation ZN V **(het) op de markt brengen, commercialisering** • *la ~ d'un film* het exploiteren van een film

commercialiser OV WW **in de handel brengen, commercialiseren**

commère ZN V **kletskous, roddelaarster**

commettre 1 OV WW onregelmatig **1 begaan, plegen** • *~ un crime / un meurtre* een misdaad / een

co

moord plegen • ~ *une faute* een fout begaan **2** JUR. aanstellen • *un avocat commis d'office* toegevoegd advocaat **2** WKD WW (**se ~**) begaan worden, gebeuren

commis "-mie" **1** ZN M bediende, klerk, kantoorbediende • *les grands ~ de l'Etat* de hoge staatsambtenaren **2** OV WW volt. deelw. → **commettre**

commissaire ZN M **1** commissaris • *un ~ de police* commissaris van politie **2** commissielid • *un ~ européen* eurocommissaris

commissariat ZN M commissariaat, politiebureau • *le Commissariat général au Plan* het Centraal Planbureau

commission ZN V **1** opdracht, lastgeving • *charger qn d'une ~* iemand met een opdracht belasten • *travailler à la ~* op provisiebasis werken **2** commissie • *la Commission européenne* de Europese Commissie • *une ~ d'enquête* een onderzoekscommissie **3** bericht, boodschap • *laisser une ~* een boodschap achterlaten **4** meestal MV boodschap <inkoop> • *une liste de ~s* boodschappenlijstje • *(aller) faire des ~s* boodschappen doen **5** JEUGDT. boodschap • *la petite / grande ~* de kleine / grote boodschap

commissionnaire ZN M **1** ECON. commissionair, tussenpersoon **2** loopjongen, bode

commissure ZN V voeg • *les ~s des lèvres* mondhoeken

commode 1 BN **1** gemakkelijk, gerieflijk • *c'est très ~ à faire* het is heel makkelijk **2** toegeeflijk, inschikkelijk • *il n'est pas ~!* hij is een moeilijk mens! **2** ZN V ladekast, commode

commodité 1 ZN V gerief, gemak • *pour plus de ~* gemakshalve **2** ZN V MV gemakken, comfort

commotion ZN V schok, opschudding • *une ~ cérébrale* hersenschudding • INFORM. *quelle ~!* wat een commotie!

commotionner OV WW OOK FIG. schokken

commuable BN omzetbaar <van straf>, die verzacht kan worden

commuer OV WW omzetten (**en** in), verzachten <van straf>

commun 1 BN **1** gemeenschappelijk, algemeen • *l'intérêt ~* het algemeen belang • *un point ~* punt van overeenkomst • *mener une action ~e* gezamenlijk actie voeren / ondernemen • *faire cause ~e avec qn* gemene zaak maken met iemand • *d'un ~ accord* eenstemmig **2** gewoon, alledaags • *un lieu ~* gemeenplaats • *le sens ~* het gezond verstand • *peu ~* buitengewoon, niet normaal • *cela n'a pas le sens ~* dat is onzin • TAALK. *un nom ~* soortnaam **3** plat, ordinair **2** ZN M (het) gewone, de meerderheid v.d. mensen, de massa • *le ~ des mortels* de gewone stervelingen, de gewone man • *les transports en ~* openbaar vervoer • *avoir beaucoup en ~* veel gemeen hebben • *hors du ~* buitengewoon • *en ~* gemeenschappelijk

communal BN gemeentelijk, gemeente- • *une école ~e* gemeenteschool • BELG. *la maison ~e* gemeentehuis

communautaire BN gemeenschaps-, van de EU, BELG. van een taalgemeenschap

communauté ZN V **1** gemeenschap • *la ~ francophone* de Franstalige gemeenschap • *vivre dans en ~* in een commune leven **2** gemeenschappelijkheid, overeenstemming **3** WWW community **4** JUR. gemeenschappelijke goederen • *être marié sous le régime de la ~ de biens* in gemeenschap van goederen getrouwd zijn

commune ZN V gemeente • *la ~ d'Utrecht* de gemeente Utrecht • *la Chambre des ~s / les Communes* het Lagerhuis

communément BW gewoonlijk

communicable BN mededeelbaar

communicant BN met elkaar in verbinding staand • *des vases ~s* communicerende vaten

communicatif BN (V communicative) **1** mededeelzaam **2** aanstekelijk • *un rire ~* een aanstekelijke lach

communication ZN V **1** mededeling, kennisgeving (**à** aan) **2** omgang, verkeer, communicatie • *un moyen de ~* middel van verkeer, communicatiemiddel • *avoir des difficultés de ~* communicatieproblemen hebben **3** aansluiting, verbinding • *prendre une ~* de telefoon aannemen • *être en ~ avec qn* in (telefoon) gesprek zijn met iemand • *entrer en ~* verbinding krijgen

communier ONOV WW de communie ontvangen

communion ZN V **1** gelijke gezindheid, overeenstemming **2** REL. communie • *faire sa première ~* zijn eerste communie doen

communiqué ZN M communiqué • *faire un ~ officiel* een officieel communiqué uitgeven

communiquer 1 OV WW mededelen, overbrengen • ~ *une information à qn* iemand informatie verstrekken • *il a communiqué ses projets à ses collègues* hij heeft zijn plannen aan zijn collega's meegedeeld • FIG. ~ *sa joie* zijn vreugde laten blijken **2** ONOV WW in contact staan, in verbinding staan, communiceren • *les deux pièces communiquent* de twee kamers staan met elkaar in verbinding **3** WKD WW (**se ~**) zich uitbreiden, overslaan (**à** naar) • *le feu s'est communiqué à toutes les pièces* het vuur is naar alle kamers overgeslagen

communisme ZN M communisme

communiste 1 BN communistisch **2** ZN M/V communist

commutateur ZN M schakelaar

compact BN compact, dicht • *une foule ~e* dichte menigte • *un disque ~* compact disc

compacter COMP. OV WW zippen

compagne ZN V gezellin, kameraadje, levensgezellin <vriendin; echtgenote>

compagnie ZN V **1** gezelschap • *tenir ~ à qn* iemand gezelschap houden • *fausser ~ à qn* iemand in de steek laten, ertussenuit knijpen • *être de bonne ~* prettig in de omgang zijn, welgemanierd zijn • *être en bonne ~* in goed gezelschap zijn • *voyager en ~ de qn* met iemand samen reizen • INFORM.

ça lui fait une ~! dan is hij tenminste niet alleen • INFORM. *salut la ~!* dag allemaal! • *en ~ de qn* in gezelschap van iemand **2** maatschappij • *une ~ aérienne* luchtvaartmaatschappij • *une ~ de théâtre* toneelgezelschap • *la Compagnie des Indes Orientales* Verenigde Oost-Indische Compagnie • IRON. *tout le monde est venu, tante, oncle et ~* iedereen was er, tante, oom en de rest **3** MIL. compagnie

compagnon ZN M **1** metgezel, kameraad • *un ~ de voyage* reisgenoot **2** levensgezel <vriend; echtgenoot>, mannetje <bij dieren> **3** werkman, opperman

comparable BN te vergelijken, vergelijkbaar (**à** met)

comparaison ZN V vergelijking • *les degrés de ~* de trappen van vergelijking • *établir / faire une ~ entre A et B* A en B met elkaar vergelijken • *par ~* vergelijkenderwijs • *en ~ de* vergeleken met • *à titre de ~* ter vergelijking

comparaître ONOV WW onregelmatig verschijnen <voor autoriteit, o.a. rechtbank> • *~ devant un tribunal* voor het gerecht verschijnen, voorkomen

comparatif **1** BN (V comparative), vergelijkend • *un tableau ~* vergelijkende tabel **2** ZN M TAALK. vergelijkende trap • *le ~ de supériorité / d'égalité* de vergrotende / stellende trap

comparativement BW in vergelijking (**à** met)

comparé BN vergelijkend • *la littérature comparée* vergelijkende literatuurwetenschap

comparer OV WW vergelijken (**à, avec** met)

comparse ZN M/V OOK FIG. figurant, bijfiguur, hulpje

compartiment ZN M **1** treincoupé **2** afdeling, vak(je)

compartimenter OV WW in vakken verdelen, opdelen

comparution JUR. ZN V (het) verschijnen voor de rechtbank

compas "-pà" ZN M passer

compassion ZN V medelijden, mededogen

compatibilité ZN V verenigbaarheid, overeenstemming, compatibiliteit

compatible BN **1** verenigbaar, overeenstemmend • *leurs caractères ne sont pas ~s* hun karakters passen niet bij elkaar, het zijn botsende persoonlijkheden **2** COMP. compatibel

compatir ONOV WW medelijden hebben, meevoelen (**à** met), begaan zijn (met) • *~ à la douleur de quelqu'un* meeleven met iemands verdriet

compatissant BN medelijdend, meewarig

compatriote ZN M/V landgenoot

compensation ZN V compensatie, vergoeding, schadeloosstelling, vereffening • *à titre de ~* ter compensatie, als tegenwicht • *en ~* als compensatie, daarentegen

compensatoire BN vereffenend, compenserend

compenser **1** OV WW compenseren, vereffenen, goedmaken, opwegen tegen • *des semelles compensées* plateauzolen **2** WKD WW (**se ~**) tegen elkaar opwegen

compète ZN V INFORM. compétition concurrentie, competitie, rivaliteit

compétence ZN V bekwaamheid, bevoegdheid, competentie • *des compétences médiatiques* mediawijsheid, het mediawijs zijn • *cette affaire n'est pas de ma ~* dat valt niet onder mijn bevoegdheid

compétent BN bekwaam, bevoegd, competent

compétiteur ZN M (V compétitrice), mededinger

compétitif BN (V compétitive), concurrerend, competitief

compétition ZN V **1** mededinging, concurrentie, competitie, rivaliteit • *être en ~* rivaliseren • *avoir un esprit de ~* competitief ingesteld zijn **2** wedstrijd • *une ~ sportive* sportwedstrijd

compétitivité ZN V (het) concurrerend zijn, concurrentievermogen

compilation ZN V compilatie • *un CD de ~* verzamel-cd

compiler OV WW **1** compileren **2** MIN. plagiëren

complainte ZN V klaaglied

complaire WKD WW (**se ~**) behagen scheppen in • *se ~ à faire qc* graag / met plezier iets doen • *elle se complaît dans son rôle de victime* zij zwelgt in zelfmedelijden

complaisance ZN V **1** zelfingenomenheid • *s'écouter avec ~* zichzelf graag horen praten **2** vriendelijkheid, welwillendheid, inschikkelijkheid, toegeeflijkheid • *un sourire de ~* beleefd glimlachje • *un certificat de ~* vals attest

complaisant BN **1** zelfvoldaan **2** welwillend, gedienstig, inschikkelijk, toegeeflijk

complément ZN M **1** aanvulling, complement • *un ~ alimentaire* voedingssupplement • *demander un ~ d'information* nadere informatie vragen • *en ~ de* ter aanvulling **2** TAALK. bepaling • *un ~ (d'objet) direct* lijdend voorwerp • *un ~ (d'objet) indirect* meewerkend voorwerp

complémentaire BN aanvullend, complementair • *une retraite ~* aanvullend pensioen • *ils sont complémentaires* ze vullen elkaar aan, zij vormen elkaars complement

complet **1** BN (V complète) **1** volledig, compleet • *du pain ~* volkorenbrood • *des aliments ~s* volwaardig voedsel • *ils étaient là au grand ~* ze waren voltallig aanwezig, ze waren er allemaal • INFORM. *c'est le comble, c'est ~!* dat is het toppunt, dat ontbrak er nog aan! **2** volmaakt, volslagen • *un ~ idiot* een volslagen idioot **3** vol <van zaal, hotel, bus e.d.>, uitverkocht • *l'hôtel affiche "complet"* het hotel is volgeboekt • *le théâtre affiche "complet"* de voorstelling is uitverkocht **2** ZN M kostuum

complètement BW volledig, totaal • *~ oublié* compleet vergeten

compléter **1** OV WW aanvullen, volledig maken, completeren **2** WKD WW (**se ~**) elkaar aanvullen

complexe **1** BN samengesteld, complex, ingewikkeld **2** ZN M **1** PSYCH. complex, remming • *avoir un ~ d'infériorité* een minderwaardigheidscomplex hebben • *sans ~s* onbevangen, ongeremd **2** complex <gebouwen> • *un ~ sportif* sportcomplex • *un ~ universitaire* universiteitscomplex

complexer INFORM. OV WW remmen • *être complexé* geremd zijn, verlegen zijn • *il est complexé par sa (petite) taille* hij gaat er gebukt onder dat hij zo klein is

complexité ZN V ingewikkeldheid

complication ZN V ingewikkeldheid, verwikkeling, complicatie • *éviter les ~s* moeilijkheden uit de weg gaan • *il y a des risques de ~s* er zitten haken en ogen aan

complice **1** ZN M/V medeplichtige, handlanger **2** BN medeplichtig (**de** aan) • *un regard ~* blik van verstandhouding • *un sourire ~* veelbetekenende glimlach

complicité ZN V **1** medeplichtigheid **2** verstandhouding • *il y a beaucoup de ~ entre eux* ze zijn heel close

compliment ZN M compliment, gelukwens • *tous mes ~s!* van harte gelukgewenst! • *ne pas être avare de ~s* scheutig zijn met complimenten • *rechercher les ~s / être friand de ~s* naar complimentjes hengelen, naar een complimentje vissen • FORM. *faites mes ~s à votre femme* doe de groeten aan uw vrouw

complimenter OV WW gelukwensen, complimenteren • *~ qn pour sa réussite* iemand gelukwensen met zijn succes

complimenteur **1** BN (V complimenteuse), vleiend, complimenteus **2** ZN M (V complimenteuse), vleier

compliqué BN ingewikkeld, moeilijk <ook van personen> • *une fracture compliquée* gecompliceerde breuk • *vous êtes d'un compliqué!* wat doet u moeilijk! • *c'est trop ~ pour moi* dat is me te ingewikkeld

compliquer **1** OV WW ingewikkeld maken, compliceren • *~ les choses* het (nodeloos) moeilijk maken **2** WKD WW (**se ~**) ingewikkeld worden, erger worden • *vous vous compliquez trop la vie!* wat maakt u het zich moeilijk!

complot "ko(n)ploo" ZN M complot, samenzwering • *former un ~ contre qn* een complot smeden tegen iemand • *un ~ se trame / se prépare* er wordt een complot gesmeed

comploter **1** ONOV WW een complot smeden, samenspannen (**contre** tegen) **2** OV WW beramen, bekokstoven

comploteur ZN M (V comploteuse), samenzweerder

comportement ZN M gedrag • *un ~ viril* mannelijk gedrag • *un ~ responsable* verstandig gedrag • *la psychologie du ~* gedragspsychologie • *son ~ à l'égard de / envers ses parents...* zijn houding tegenover zijn ouders...

comporter **1** OV WW **1** bevatten, inhouden **2** met zich meebrengen • *toute règle comporte des exceptions* elke regel kent uitzonderingen **2** WKD WW (**se ~**) zich gedragen • *bien se ~ à l'égard de qn* zich goed gedragen tegenover iemand

composant ZN M samenstellend deel, component

composante ZN V component, samenstellend deel

composé **1** BN **1** samengesteld • *un mot ~* samengesteld woord, samenstelling • *le passé ~* voltooid tegenwoordige tijd **2** gemaakt, gekunsteld, bestudeerd • *un visage ~* gelegenheidsgezicht, uitgestreken gezicht **2** ZN M samengesteld geheel, samenstelling, SCHEIK. verbinding

composer **1** OV WW **1** samenstellen, vormen • *~ un menu* een menu samenstellen • *~ un numéro de téléphone* een telefoonnummer draaien / intoetsen **2** vervaardigen <van kunstwerk>, schrijven, componeren **3** DRUKK. zetten **2** ONOV WW een schikking treffen, plooibaar omgaan, het op een akkoordje gooien (**avec** met) **3** WKD WW (**se ~**) **de** bestaan uit • *la maison se compose de huit pièces* het huis heeft acht kamers

composite BN van verschillende stijlen, heterogeen

compositeur ZN M (V compositrice), componist

composition ZN V **1** samenstelling, vervaardiging <van kunstwerk> • *la ~ chimique* chemische samenstelling • FIG. *être de bonne ~* meegaand zijn **2** (kunst)werk, compositie **3** O&W opstel • *une ~ de français* opstel Frans **4** DRUKK. zetwerk

compost "ko(n)post" ZN M compost

composter OV WW afstempelen, knippen <van reisbiljet>

composteur ZN M afstempelapparaat

compote ZN V compote, vruchtenmoes • INFORM. *j'ai les pieds en ~!* ik heb geen voeten meer over <van vermoeidheid>

compotier ZN M (fruit)schaal

compréhensible BN begrijpelijk • *rendre un texte ~* een tekst begrijpelijk maken

compréhensif BN (V compréhensive), begrijpend, begripvol • *se montrer ~* begrip tonen

compréhension ZN V **1** begrip, bevattingsvermogen **2** begrijpelijkheid

comprendre **1** OV WW onregelmatig **1** begrijpen, verstaan, vatten • *~ le français* Frans verstaan • *~ la plaisanterie* tegen een grapje kunnen • *maintenant vous arrêtez, compris?* nu houden jullie op, begrepen? • *faire ~ qc à qn* iemand iets duidelijk maken, iemand iets te verstaan geven • *je n'y comprends rien* ik begrijp er niets van • *se faire ~* zich verstaanbaar maken, duidelijk zijn **2** omvatten, bestaan uit **3** erbij rekenen, meetellen • *les charges sont comprises dans le loyer* huur inclusief vaste lasten • *service non compris* bedieningsgeld niet inbegrepen • *tous les jours, y compris le week-end* elke dag, met inbegrip van het weekend • *cent euros, tout compris* 100 euro inclusief **4** **2** WKD WW (**se ~**) • *ils se comprennent intuitivement* zij voelen elkaar goed aan • *cela se comprend* dat is begrijpelijk

comprenette INFORM. ZN V begrip • *il a la ~ un*

peu dure hij is wat traag van begrip
compresse ZN V **kompres, verband**
compresser OV WW **samendrukken,** COMP. **zippen**
compressible BN **samendrukbaar, reduceerbaar**
compression ZN V **1 samendrukking, compressie 2** FIG. **inkrimping, bezuiniging** • *la ~ des effectifs* afslanking <van bedrijf, organisatie>
comprimé MED. ZN M **pastille, tablet, pil** • *prendre un ~ d'aspirine* een aspirientje slikken • *en comprimés* in tabletvorm
comprimer OV WW **1 samendrukken, samenpersen 2 inkrimpen, verminderen** • *~ les dépenses* in de uitgaven snoeien
compris WW → **comprendre**
compromettant BN **compromitterend, in verlegenheid brengend** • *un document ~* compromitterend document
compromettre 1 OV WW onregelmatig **compromitteren, in opspraak brengen, in gevaar brengen** • *le voyage est compromis* de reis staat op losse schroeven • *être compromis* in de verdrukking raken, in de knel komen **2** WKD WW **(se ~) zich compromitteren** • *se ~ dans une affaire de pots-de-vin* betrokken zijn bij een smeergeldaffaire
compromis "-mie" ZN M **schikking, vergelijk, compromis** • *un ~ de vente* voorlopig koopcontract • *faire / signer un ~* een compromis sluiten • *aboutir / parvenir à un ~* tot een vergelijk komen • *en arriver à un ~ avec qn* tot een schikking met iemand komen
comptabiliser OV WW **in de boeken opnemen**
comptabilité ZN V **boekhouding** • *gérer / tenir la ~* boekhouden
comptable 1 ZN M/V **boekhouder** • *un expert-~* accountant **2** BN **boekhoud-** • *le service ~* boekhoudafdeling • *un agent ~* boekhouder
comptage ZN M **(het) tellen, telling**
comptant 1 BN **contant** • FIG. *prendre tout pour argent ~* alles voor goede munt aannemen **2** BW • *payer ~* contant betalen
compte "ko(n)t" ZN M **1 (het) tellen, berekening, rekening** • *un ~ rond* rond getal • *le ~ à rebours* het aftellen <bij lancering enz.> • *un livre de ~s* koopmansboek, kasboek • MIN. *des ~s d'apothicaire* een lange en ingewikkelde rekening • FIG. *les laissés pour ~* in de steek gelatenen, verschoppelingen • FIG. *un règlement de ~(s)* afrekening, het betaald zetten • *faire le ~ des voix* de stemmen tellen • *tenir les ~s* de boeken bijhouden • *faire ses ~s* zijn boekhouding doen • *publier un livre à ~ d'auteur* een boek in eigen beheer uitgeven • *s'établir / se mettre à son ~* voor zichzelf beginnen • *travailler / être à son ~* zijn eigen baas zijn • *le ~ n'y est pas* het komt niet uit, de berekening klopt niet • FIG. *y trouver son ~* aan zijn trekken komen • FIG. *être loin du ~* er helemaal naast zitten • INFORM., FIG. *régler son ~ à qn* met iemand afrekenen • INFORM., FIG. *il a son ~* hij heeft zijn portie gehad, hij zit aan zijn taks • FIG. *s'en tirer à bon ~* er goedkoop / zonder kleerscheuren van afkomen • *les bons ~s font les bons amis* effen rekeningen maken goede vrienden • *au bout du ~ on verra que...* het zal erop uitdraaien dat... • *au bout du ~* ten slotte • *en fin de ~* per slot van rekening • *tout ~ fait* alles welbeschouwd **2 (bank)rekening,** WWW **account** • *un ~ bancaire / ~ en banque* bankrekening • *un ~(-)chèques postal / ~ courant postal* girorekening • *un ~ courant* rekening-courant, lopende rekening, betaalrekening, BELG. zichtrekening • *un ~ joint* gemeenschappelijke rekening • *un ~ d'épargne* spaarrekening • *alimenter / approvisionner son ~* geld op zijn rekening storten • *on a débité son ~ de mille euros* er is 1000 euro van zijn rekening afgeboekt **3 rekenschap, verslag** • *un ~ rendu* verslag, recensie, notulen • *faire un ~ rendu* verslag uitbrengen • *rendre ~ de sa mission* verslag doen van zijn opdracht • *je n'ai de ~s à rendre à personne* ik ben niemand verantwoording schuldig • *tenir ~ de l'âge de qn* rekening houden met iemands leeftijd • *se rendre ~ de qc* iets beseffen, zich rekenschap van iets geven • *je ne me rendais pas ~ de ce qu'il faisait* ik had er geen erg in wat hij deed • *tu te rends ~!* het zal je maar gebeuren!, moet je nagaan! • FIG. *avoir un ~ à régler avec qn* een rekening te vereffenen hebben met iemand • FIG. *avoir des ~s à rendre à qn* verantwoording moeten afleggen aan iemand • FIG. *demander des ~s à qn* iemand ter verantwoording roepen • FIG. *devoir rendre des ~s* op het matje moeten komen • *~ tenu des circonstances...* gezien de omstandigheden...
compte-gouttes, compte-goutte ZN M (MV compte-gouttes), **druppelflesje** • *au ~* druppelsgewijs, mondjesmaat
compter 1 OV WW **1 tellen, rekenen, in rekening brengen** • *il m'a compté deux euros de trop* hij heeft me twee euro te veel gerekend • *~ les votes* de stemmen tellen • *ce pays compte 40 millions d'habitants* het land telt 40 miljoen inwoners • *ses jours sont comptés* zijn dagen zijn geteld • *~ qn au nombre de ses amis / parmi ses amis* iemand tot zijn vrienden rekenen • *sans ~ les enfants* nog afgezien van de kinderen • *sans ~ que...* nog daargelaten dat... **2 van plan zijn te, verwachten, denken te** • *je compte venir sous peu* ik ben van plan binnenkort te komen • *je compte partir demain* ik denk morgen te vertrekken **2** ONOV WW **1 tellen** • *dépenser sans ~* niet op geld kijken, met geld strooien • *se tromper en comptant* de tel kwijt zijn • *à ~ d'aujourd'hui* vanaf vandaag **2 meetellen, van belang zijn** • *ça compte pour dix points* dat telt voor 10 punten • *ça ne compte pas* dat telt niet • INFORM. *~ pour du beurre / pour des prunes* niet meetellen, voor spek en bonen meedoen **3** FIG. **rekenen (op), rekening houden (met)** • *comptez sur moi!* op mij kun je rekenen! • *~ avec l'opinion des autres* rekening houden met andermans mening **3** WKD WW **(se ~) te tellen zijn** • *les fautes ne se comptent plus* de fouten zijn niet meer te tellen
compteur ZN M **teller** <apparaat>, **meter** <van water, gas, elektriciteit> • *un ~ de taxi* taximeter •

faire du deux cents à l'heure au ~ (volgens de teller) 200 km per uur rijden • *relever le* ~ de meter opnemen
comptine ZN V aftelrijmpje
comptoir ZN M **1** tapkast, bar **2** toonbank, balie

compulser OV WW doorbladeren, nazoeken • ~ *un dossier* een dossier raadplegen
compulsif BN (V compulsive), dwangmatig
compulsion PSYCH. ZN V (innerlijke) drang, dwang
comte ZN M graaf
comté ZN M graafschap
comtesse ZN V gravin
con INFORM. **1** BN (V conne), lullig, stom • *il est* ~ *comme la lune* hij is oerstom **2** ZN M (V conne), (stomme) klootzak, (stomme) trut • *une bande de cons* stelletje eikels • *un petit* ~ lulletje • *une histoire à la* ~ stom verhaal • *une raison à la* ~ een lullige reden • *faire le* ~ / *jouer au* ~ lullig doen
conard ZN M → **connard**
conasse ZN V → **connasse**
concasser OV WW fijnstampen, in stukken hakken
concéder OV WW **1** verlenen, toestaan • ~ *un droit à qn* iemand een recht verlenen **2** toegeven • ~ *que qn a raison* toegeven dat iemand gelijk heeft
concentration ZN V concentratie • *une* ~ *urbaine* stadsagglomeratie • *un camp de* ~ concentratiekamp • *manquer de* ~ ongeconcentreerd zijn
concentrationnaire BN concentratiekamp- • *un univers* ~ de wereld van het concentratiekamp
concentré 1 BN OOK FIG. geconcentreerd • *du lait* ~ gecondenseerde melk • *du jus de pommes* ~ geconcentreerd appelsap **2** ZN M concentraat • *du* ~ *de tomates* tomatenpuree
concentrer 1 OV WW concentreren (**sur** op), samentrekken • ~ *son attention sur qc* zijn aandacht op iets richten **2** WKD WW (**se** ~) zich concentreren • *se* ~ *sur un problème* zich op een probleem concentreren
concentrique BN concentrisch
concept "-sept" ZN M concept, begrip
concepteur ZN M (V conceptrice), ideeënman, bedenker, ontwerper
conception ZN V **1** begrip, opvatting • ~ *du monde* wereldbeschouwing **2** (het) concipiëren, ontwerp • *la* ~ *assistée par ordinateur (C.A.O.)* computergestuurd ontwerpen **3** bevruchting, conceptie • *l'Immaculée Conception* de Onbevlekte Ontvangenis
conceptuel BN (V conceptuelle), conceptueel, begrips-
concernant VZ omtrent, betreffend • ~ *ce sujet...* betreffende dat onderwerp...
concerner OV WW betreffen • *les personnes concernées* de betreffende personen • *être concerné par qc* betrokken zijn bij iets • *ça ne concerne que quelques personnes* het gaat maar een enkeling aan • *en / pour ce qui me concerne* wat mij betreft
concert "-sèr" ZN M **1** concert • *un* ~ *de jazz* jazzconcert • *une salle de* ~*s* concertzaal • *aller au* ~ naar een concert gaan **2** overeenstemming, eensgezindheid • *un* ~ *de louanges* eenstemmige lof • *agir de* ~ eensgezind / gezamenlijk optreden, één lijn trekken
concertation ZN V (werk)overleg
concerter 1 WKD WW (**se** ~) samen overleggen, overleg plegen **2** OV WW gezamenlijk op touw zetten, afspreken • *une action concertée* gezamenlijke / geplande actie
concertiste ZN M/V concertmusicus, concertist
concerto ZN M concerto, concert voor solo-instrument met orkest
concession ZN V **1** concessie, toegeving • *faire des* ~*s à qn* iemand concessies doen **2** vergunning, concessie • *une* ~ *funéraire à perpétuité* eeuwig graf
concessionnaire ZN M/V concessiehouder, (auto)dealer • *un* ~ *Peugeot* Peugeotdealer
concevable BN denkbaar, begrijpelijk
concevoir OV WW **1** zwanger worden van <kind> • *être conçu* verwekt worden **2** begrijpen, inzien • *cela se conçoit facilement* dat is gemakkelijk te begrijpen **3** ontwerpen, concipiëren, bedenken • ~ *un projet* een plan uitdenken • *une maison bien conçue* een praktisch ingedeeld huis • *la lettre étais conçue ainsi* de brief luidde aldus:
concierge ZN M/V portier, huisbewaarder, conciërge • INFORM. *c'est un vrai* ~*!* het is een echte kletskous
concile ZN M concilie
conciliant BN verzoenend, meegaand
conciliateur 1 BN (V conciliatrice), verzoenend **2** ZN M (V conciliatrice), verzoener, bemiddelaar
conciliation ZN V schikking, bemiddeling, verzoening • *une procédure de* ~ verzoeningsprocedure
concilier 1 OV WW verenigen, overeenbrengen (**avec** met), verzoenen **2** WKD WW (**se** ~) verwerven, verkrijgen • *se* ~ *les bonnes grâces de qn* iemands gunst winnen
concis "-sie" BN beknopt, bondig • *un style* ~ bondige stijl
concision ZN V bondigheid, beknoptheid
concitoyen ZN M (V concitoyenne), medeburger
concluant BN overtuigend, afdoend • *un argument* ~ doorslaggevend argument
conclure 1 OV WW onregelmatig **1** (af)sluiten, aangaan • ~ *un marché* een koop sluiten **2** afleiden, concluderen (**de** uit) • *j'en ai conclu qu'elle ne vient pas* daaruit maakte ik op dat ze niet komt **3** beëindigen • *il a conclu son discours par une citation* hij besloot zijn toespraak met een citaat **2** ONOV WW concluderen (**à** tot) • *on a conclu au suicide* men heeft geconcludeerd dat het zelfmoord was • *pour* ~ tot besluit **3** WKD WW (**se** ~) • *cela s'est conclu par un échec* het is op een mislukking uitgelopen
conclusion ZN V **1** slot, einde • *la* ~ *de l'histoire* het slot van het verhaal **2** gevolgtrekking, conclusie • *tirer une* ~ *de qc* ergens een conclusie uit trekken • *en* ~ tot besluit, kortom

concocter HUMOR. OV WW **bedenken, bekokstoven, uitbroeden**
concombre ZN M **komkommer**
concomitant BN **bijkomstig, begeleidend, samengaand**
concordance ZN V **overeenstemming, overeenkomst, concordantie** • TAALK. *la ~ des temps* overeenstemming in (werkwoords)tijd <in hoofd- en bijzin>
concordant BN **overeenstemmend**
concorde ZN V **eendracht** • *vivre dans la ~* in harmonie leven
concorder ONOV WW **overeenstemmen, (met elkaar) kloppen** • *tous les témoignages concordent* alle getuigenverklaringen stemmen overeen
concourir ONOV WW onregelmatig **1 bijdragen (à tot), meewerken 2 wedijveren, aan een wedstrijd / examen meedoen** • *ils ont concouru pour le titre mondial* ze streden voor de wereldtitel, ze deden mee aan het wereldkampioenschap
concours "-koer" ZN M **1 wedstrijd, concours, vergelijkend examen** • *un ~ hippique* springconcours • *un ~ d'entrée* vergelijkend toelatingsexamen • *le ~ de la chanson* songfestival • INFORM. *une bête à ~* werkezel, bolleboos • *organiser un ~* een prijsvraag uitschrijven • *hors ~* buiten mededinging **2 samenloop** • *un ~ de circonstances* samenloop van omstandigheden **3 medewerking, steun** • *prêter son ~ à un projet* meewerken aan een project
concret BN (V concrète), **concreet** • *un nom ~* voorwerpsnaam
concrétiser 1 OV WW **concretiseren, vaste vorm geven 2** WKD WW **(se ~) vaste vorm aannemen, werkelijkheid worden**
conçu WW volt. deelw. → **concevoir**
concubinage ZN M **(het) ongehuwd samenwonen, concubinaat** • *vivre en ~* (ongehuwd) samenwonen
concurrence ZN V **concurrentie, mededinging, wedijver** • *une ~ déloyale* oneerlijke concurrentie • *des prix défiant toute ~* zeer concurrerende prijzen, spotprijzen • *être en ~ avec qn* rivaliseren met iemand • *ils se font ~* ze beconcurreren elkaar • *il y a (de la) ~!* er zijn kapers op de kust! • *rembourser jusqu'à ~ de cent euros* vergoeden tot een bedrag van 100 euro
concurrencer OV WW **beconcurreren**
concurrent 1 ZN M (V concurrente), **concurrent, mededinger,** SPORT **deelnemer 2** BN **concurrerend**
concurrentiel ECON. BN (V concurrentielle), **concurrerend** • *des prix ~s* concurrerende prijzen
condamnable "-dan-" BN **afkeurenswaardig**
condamnation "-dan-" ZN V **veroordeling, afkeuring** • *une ~ pour meurtre* veroordeling wegens moord
condamné "-dan-" ZN M (V condamnée), **veroordeelde**
condamner "-dan-" OV WW **1 veroordelen** • *condamné à mort* ter dood veroordeeld • *~ qn à un an de prison* iemand veroordelen tot een jaar gevangenisstraf • FIG. *être condamné à l'inaction* gedwongen nietsdoen **2 afsluiten** <en voorgoed buiten gebruik stellen> • *~ une porte* een deur dichttimmeren **3** FIG. **afkeuren, verbieden** • *~ la violence* tegen geweld zijn **4 opgeven** <v. zieke>
condensation ZN V **verdichting, condensatie**
condenser OV WW **1 verdichten, condenseren** • *du lait condensé* gecondenseerde melk **2 beknopt weergeven** • *un texte condensé* beknopte tekst
condescendant BN **neerbuigend, minzaam**
condiment ZN M **kruiderij, specerij**
condisciple ZN M/V **medeleerling**
condition 1 ZN V **1 voorwaarde** • *je viens à ~ que vous veniez me chercher* ik kom mits u me ophaalt • *faire qc sous ~* iets onder voorbehoud doen • *se rendre sans ~* zich onvoorwaardelijk overgeven • *toutes les ~s sont réunies* het tij is gunstig • *à ~ de / que...* op voorwaarde dat... • *à aucune ~* onder geen beding **2 toestand, gesteldheid, rang, stand** • *la ~ humaine* het menselijk lot, het mens-zijn • *la ~ de la femme* de positie van de vrouw • *la ~ physique* de lichamelijke gesteldheid • *être de ~ modeste* van eenvoudige komaf zijn • *être en bonne ~* in goede conditie / vorm zijn • *mettre en ~* in de gewenste staat brengen, conditioneren **2** ZN V MV **omstandigheden** • *les ~s atmosphériques* weersgesteldheid • *des ~s de vie inhumaines* onmenselijke levensomstandigheden • *être dans de bonnes ~s pour gagner* een goede kans hebben om te winnen
conditionné BN **geconditioneerd, voorwaardelijk** • *un produit ~* voorverpakt artikel • *l'air ~* airconditioning
conditionnel 1 ZN M TAALK. **voorwaardelijke wijs 2** BN (V conditionnelle), **voorwaardelijk**
conditionnement ZN M **1 (het) conditioneren** • *le ~ de l'air* airconditioning **2 verpakking**
conditionner OV WW **1 conditioneren, beïnvloeden 2 een voorwaarde zijn voor 3 verpakken** <van artikelen>
condoléances ZN V MV **deelneming, rouwbeklag** • *présenter ses ~ à qn* iemand condoleren
condom "-dom" ZN M **condoom**
conducteur 1 ZN M (V conductrice) **1 bestuurder** <van voertuig> • *un ~ d'autobus* buschauffeur • *un conducteur de train* treinmachinist **2 geleider** <van warmte, elektriciteit> **2** BN (V conductrice), **geleidend** • *un fil ~* geleidraad, FIG. rode draad
conductible BN **geleidend**
conduction ZN V **geleiding**
conduire 1 OV WW onregelmatig **1 begeleiden, geleiden, brengen** • *ce chemin conduit au village* deze weg gaat naar het dorp **2 besturen** <v. voertuig>, **mennen** • *un permis de ~* rijbewijs • *~ une voiture* een auto besturen • *~ les enfants à l'école* de kinderen (met de auto) naar school brengen **3 aanvoeren, dirigeren** • *~ une armée* een leger aanvoeren • *~ un orchestre* een orkest dirigeren • *~ une affaire* een zaak leiden **2** WKD WW **(se ~) zich**

CO

gedragen • *se ~ mal* zich misdragen
conduit ZN M pijp, goot, kanaal, buis, leiding • *le ~ auditif* gehoorgang
conduite ZN V **1** leiding <van buizen> • *purger / vidanger une ~ d'eau* een waterleiding aftappen • *une ~ de gaz* gasleiding **2** (het) leiden, leiding, begeleiding • *avoir la ~ d'une armée* een leger aanvoeren **3** besturing, (het) rijden <in een auto> • *une leçon de ~* (auto)rijles • *~ en état d'ivresse* (het) rijden onder invloed **4** gedrag • *une ligne de ~* gedragslijn • *un écart de ~* afwijkend gedrag, misstap

cône ZN M kegel
confection ZN V **1** (het) maken, vervaardiging **2** confectie
confectionner OV WW maken, vervaardigen, bereiden
confédération ZN V confederatie, (staten) bond • *la Confédération helvétique* de Zwitserse bondsstaat
confédéré **1** ZN M bondgenoot **2** BN verbonden
conférence ZN V **1** conferentie, beraadslaging • *une ~ de presse* persconferentie • *une ~ au sommet* topconferentie • *être en ~ avec qn* in bespreking met iemand zijn **2** voordracht, lezing, college • *un maître de conférences* senior docent onderzoeker • *donner / faire une ~ (sur)* een lezing houden (over) • *tenir une ~* een conferentie houden
conférencier ZN M (V conférencière), spreker
conférer **1** OV WW verlenen, toedienen • *~ un titre à qn* iemand een titel toekennen **2** ONOV WW beraadslagen, confereren • *l'avocat doit ~ avec son client* de advocaat moet met zijn cliënt overleggen
confesser **1** OV WW **1** OOK FIG. (op)biechten, toegeven, bekennen • *~ ses péchés* zijn zonden opbiechten **2** de biecht afnemen **2** WKD WW **(se ~)** biechten • *se ~ à un prêtre* te biecht gaan bij een priester
confesseur ZN M biechtvader
confession ZN V **1** biecht **2** bekentenis **3** (geloofs)belijdenis, confessie, gezindte • *une ~ de foi* geloofsbelijdenis • INFORM. *on lui donnerait le bon Dieu sans ~* hij is niet zo onschuldig als hij lijkt
confessionnel BN (V confessionnelle), wat de geloofsbelijdenis betreft, confessioneel
confiance ZN V vertrouwen **(en, dans** in) • *une ~ aveugle* blind vertrouwen • *un homme de ~* vertrouwd man, vertrouwensman • *un poste de ~* vertrouwenspositie • *un abus de ~* misbruik van vertrouwen • *être digne de ~* betrouwbaar zijn • *inspirer ~* vertrouwen wekken, vertrouwen inboezemen • *elle a ~ en son médecin* zij vertrouwt haar arts • *il n'a plus ~ en lui-même* hij heeft geen zelfvertrouwen meer • *il ne m'inspire aucune ~* ik vertrouw hem voor geen cent • *j'ai perdu toute ~ en lui* hij heeft voor mij afgedaan • *trahir la ~ de qn* iemands vertrouwen beschamen • *faites-moi ~!* heb vertrouwen in me, geloof me maar • IRON. *la ~ règne!* het is één en al wantrouwen • *en toute ~ / de ~* in vol vertrouwen
confiant BN **1** vol vertrouwen, vol zelfvertrouwen **2** openhartig
confidence ZN V vertrouwelijke mededeling • *des ~s sur l'oreiller* bedgeheimen • *être dans la ~* ingewijd zijn (in het geheim) • *mettre qn dans la ~* iemand in vertrouwen nemen • *en ~* in vertrouwen, vertrouwelijk
confident ZN M (V confidente), vertrouweling • *prendre qn pour ~* iemand in vertrouwen nemen
confidentiel BN (V confidentielle), vertrouwelijk • *à titre ~* in vertrouwen (gezegd)
confier **1** OV WW toevertrouwen, vertrouwelijk vertellen **2** WKD WW **(se ~)** in vertrouwen nemen, vertrouwen op • *se ~ à qn* iemand zijn nood klagen
configuration ZN V uiterlijke vorm, configuratie
configurer OV WW configureren, instellen
confiné BN opgesloten, benauwd
confinement ZN M opsluiting, afzondering
confiner WKD WW **(se ~)** zich afzonderen • *se ~ chez soi* zich in huis opsluiten • *se ~ dans qc* zich tot iets beperken
confins ZN M MV grenzen • *aux ~ du désert* aan de uiterste rand van de woestijn
confirmatif BN (V confirmative), bevestigend
confirmation ZN V **1** bevestiging • *la ~ d'une nouvelle* bevestiging van een bericht **2** REL. vormsel, confirmatie
confirmer **1** OV WW bevestigen, steunen, staven, sterken **(dans** in) • *l'exception confirme la règle* de uitzondering bevestigt de regel • *~ un rendez-vous* een afspraak bevestigen **2** WKD WW **(se ~)** bevestigd worden, bewaarheid worden • *la nouvelle se confirme* het nieuwtje blijkt waar te zijn
confiscation ZN V confiscatie, verbeurdverklaring
confiserie ZN V **1** banketbakkerij, snoepwinkel **2** suikergoed, snoep
confiseur ZN M (V confiseuse), banketbakker, suikergoedfabrikant
confisquer OV WW confisqueren, verbeurdverklaren, in beslag nemen
confit "ko(n)fie" **1** ZN M • *un ~ d'oie* ganzenvlees in eigen vet **2** BN gekonfijt, ingemaakt, ingelegd • FIG. *être ~ en dévotion* godvrezend zijn
confiture ZN V jam • *de la ~ de fraises* aardbeienjam
conflagration ZN V grote beroering, groot conflict
conflictuel BN (V conflictuelle), conflict- • *une situation ~le* conflictsituatie
conflit "ko(n)flie" ZN M **1** conflict, botsing, strijd • *un ~ d'intérêts* belangenconflict, botsende belangen • *entrer en ~ avec qn* in conflict komen met iemand **2** JUR. geschil
confluer ONOV WW samenvloeien
confondre **1** OV WW verwarren, verwisselen (met), vermengen • *~ deux personnes* twee mensen met elkaar verwisselen • *ne confondez pas tout!* haal niet alles door elkaar! • *toutes choses*

confondues alles bijeengenomen, FIG. over de hele linie **2** WKD WW **(se ~) 1 zich vermengen, samenvallen (met)** • *tout se confond dans sa tête* hij kan het allemaal niet uit elkaar houden **2** FORM. • *se ~ en excuses* zich uitputten in verontschuldigingen
conforme BN **overeenkomstig, conform** • *une copie ~ (à l'original)* eensluidend afschrift • *une copie certifiée ~* een gewaarmerkt afschrift
conformément BW **~ à overeenkomstig (met), conform** • *~ à la loi* conform de wet
conformer WKD WW **(se ~) à zich houden aan, zich aanpassen aan, zich richten naar, zich conformeren aan**
conformisme ZN M **conformisme**
conformiste 1 BN **conformistisch 2** ZN M/V **conformist(e)**
conformité ZN V **overeenkomst, overeenkomstigheid** • *être en ~ de goûts* dezelfde smaak hebben
confort "-for" ZN M **comfort, gerief, gemak** • *un appartement tout ~* een van alle (moderne) gemakken voorzien appartement
confortable BN **gerieflijk, gezellig, comfortabel** • *une chaise ~* een lekkere stoel • *mener une vie ~* een gemakkelijk leventje leiden • *obtenir une majorité ~* een ruime meerderheid behalen
conforter OV WW **(ver)sterken** • *cela le conforte dans ses idées* dat sterkt hem in zijn denkbeelden
confraternel BN (V confraternelle), **collegiaal**
confraternité ZN V **collegialiteit**
confrère ZN M **collega**
confrontation ZN V **1 confrontatie 2 vergelijking**
confronter OV WW **1 confronteren** • *~ un témoin à un prévenu* een getuige met een verdachte confronteren • *être confronté à de gros problèmes* voor grote problemen staan **2 vergelijken, tegenover elkaar stellen**
confus "ko(n)fuu" BN **1 verward, onduidelijk, vaag** • *un style ~* verwarde stijl **2 confuus, beduusd**
confusément BW **verward, vaag**
confusion ZN V **1 verlegenheid, beduusdheid** • *à la grande ~ de tous* tot ieders verbijstering **2 (het) verwarren, verwisseling, onduidelijkheid, verwarring, wanorde** • *une ~ de noms* naamsverwisseling • *jeter la ~* verwarring zaaien
congé ZN M **1 verlof, vakantie, vrijaf** • *un jour de ~* vrije dag • *les congés payés* betaald verlof • *un ~ (de) maladie* ziekteverlof • *un ~ de maternité* zwangerschapsverlof • *un ~ parental* ouderschapsverlof • *un ~ de soutien familial* zorgverlof • *un ~ sabbatique* sabbatsverlof • *un ~ sans solde* onbetaald verlof • *l'indemnité des congés payés* vakantiegeld • *être en ~* met verlof zijn, met vakantie zijn, vrijaf hebben • *prendre une semaine de ~* een week verlof (op)nemen, een week vrij nemen **2 ontslag, opzegging** • *donner ~ à un locataire* iemand de huur opzeggen • *prendre ~ de qn* afscheid nemen van iemand • *donner son ~ à qn* iemand ontslaan • *recevoir son ~* ontslag krijgen
congédier OV WW **wegzenden, ontslaan**
congé-formation ZN M (MV congés-formation), **studieverlof**
congélateur ZN M **diepvriezer, vriesvak**
congélation ZN V **invriezing, diepvries**
congeler OV WW **1 invriezen, diepvriezen** • *des produits congelés* diepvriesproducten **2 doen bevriezen, doen stollen**
congénital BN (M MV congénitaux), OOK FIG. **aangeboren**
congestion ZN V **1 congestie, bloedaandrang** • *une ~ cérébrale* beroerte **2** FIG. **opstopping**
congestionné BN **1 rood aangelopen** • *un visage ~* rood aangelopen gezicht **2 verstopt** • *une route congestionnée* overbelaste weg
Congo ZN M **Congo**
congolais BN **Congolees**
congratuler HUMOR. OV WW **feliciteren**
congrégation ZN V REL. **congregatie, broederschap**
congrès "-grè" ZN M **congres** • *le Palais des ~* congresgebouw
congressiste ZN M/V **congresganger**
conifère ZN M **naaldboom, conifeer**
conique BN **kegelvormig, conisch**
conjecture ZN V **gissing, veronderstelling, vermoeden** • *se perdre en ~s* allerlei gissingen maken / vermoedens opperen
conjoint 1 ZN M (V conjointe), **echtgenoot** • *les futurs ~s* het aanstaande bruidspaar **2** BN **gemeenschappelijk, gezamenlijk**
conjointement BW **samen**
conjonction ZN V **1 (het) samentreffen 2** TAALK. **voegwoord** • *une ~ de coordination / subordination* nevenschikkend / onderschikkend voegwoord
conjonctivite MED. ZN V **bindvliesontsteking**
conjoncture ZN V **conjunctuur, (samenloop van) omstandigheden, toestand** • *une ~ difficile / favorable* dalende / opgaande conjunctuur • *dans la ~ actuelle* in de huidige situatie
conjoncturel BN (V conjoncturelle), **conjunctureel, conjunctuur-**
conjugaison ZN V **vervoeging**
conjugal BN (M MV conjugaux), **echtelijk, huwelijks-** • *la vie ~e* huwelijksleven
conjuguer 1 OV WW **1** TAALK. **vervoegen 2 samenvoegen, combineren** • *des efforts conjugués* gezamenlijke inspanningen, vereende krachten • *~ les forces* de krachten bundelen **2** WKD WW **(se ~) vervoegd worden**
conjuration ZN V **1 bezwering 2 samenzwering**
conjuré ZN M (V conjurée), **samenzweerder**
conjurer OV WW **1 bezweren, afwenden** • *~ le mauvais sort* het noodlot bezweren **2** LIT. **smeken, bezweren** • *je vous conjure de ne pas m'abandonner* ik smeek u mij niet te verlaten
connaissance ZN V **1** OOK MV **kennis, (het) weten** • *des ~s sommaires* gebrekkige kennis • *mes ~s de l'anglais sont médiocres* mijn kennis van het Engels is matig • *avoir des ~ en matière de mathématiques*

CO

iets van wiskunde af weten • *prendre ~ de qc* kennisnemen van iets • *à ma ~* voor zover ik weet • *en ~ de cause* met kennis van zaken, welbewust **2** **bekende, kennis** • *une figure de ~* een bekend gezicht • *faire la ~ de qn / faire ~ avec qn* met iemand kennis maken • *enchanté de faire votre ~* aangenaam kennis te maken! • *c'est une personne de ma ~* het is een kennis van me • *être en pays de ~* in bekend gezelschap zijn, op bekend terrein zijn **3** **bewustzijn** • *avoir toute sa ~* bij vol bewustzijn zijn, bij kennis zijn • *être sans ~* buiten bewustzijn / kennis zijn • *perdre ~* het bewustzijn verliezen, buiten kennis raken • *reprendre ~* weer bijkomen, bij kennis komen • *tomber sans ~* flauwvallen

connaisseur **1** ZN M (V connaisseuse), **kenner** • *un regard de ~* kennersblik • *un ~ de vins* wijnkenner **2** BN (V connaisseuse), **kenners-**

connaître **1** OV WW onregelmatig **kennen, weten, leren kennen** • *~ qn de nom / de vue* iemand van naam / van gezicht kennen • *ils sont connus des services de police* ze zijn bekend bij de politie • *il ne connaît pas grand chose à la peinture* hij weet niet veel van schilderkunst • *je ne vous connaissais pas ce talent* ik wist niet dat je daar zo goed in was • *~ par coeur* uit het hoofd kennen • *chercher à ~ qn* iemand willen leren kennen • *faire ~ qc* iets kenbaar maken, iets laten weten • *il gagne à être connu* je moet hem kennen • FIG. *~ le fin mot (de l'histoire)* het naadje van de kous weten • INFORM. *je ne le connais ni d'Eve ni d'Adam* ik ken hem totaal niet • INFORM. *je le connais comme ma poche* ik ken hem door en door • IRON. *je le connais comme si je l'avais fait* ik kan hem wel uittekenen • INFORM. *ça me connaît!* daar kan ik van meepraten! **2** WKD WW **(se ~)** • *ils se connaissent depuis longtemps* ze kennen elkaar al lang • *nous nous sommes connus à Utrecht* wij hebben elkaar in Utrecht leren kennen • *s'y ~ en peinture* verstand hebben van schilderkunst • *s'y ~ dans tous les domaines* van alle markten thuis zijn

connard, conard INFORM. ZN M **(stomme) zak, idioot**

connasse, conasse INFORM. ZN V **stomme trut**

conne INFORM. **1** ZN V **stomme trut** **2** BN → **con**

connecter **1** OV WW **aansluiten, verbinden** **2** WKD WW **(se ~)** COMP. **inloggen**

connecteur ZN M **aansluiter, aansluitklem, verbindingsstekker**

connerie INFORM. ZN V **stommiteit, gelul** • *dire / faire des ~s* stomme dingen doen / zeggen

connexe BN **samenhangend, verwant (à met)**

connexion ZN V **1** **samenhang** **2** TECHN. **verbinding, aansluiting**

connivence ZN V **(heimelijke) verstandhouding, samenspanning** • *un sourire de ~* veelbetekenende glimlach

connotation ZN V **connotatie, gevoelswaarde**

connu **1** BN **bekend** • *c'est bien ~* dat is (wel)bekend • *ni vu ni ~* daar kraait geen haan naar • *c'est ~ de tous* het is algemeen bekend **2** WW volt. deelw. → **connaître**

conquérant **1** BN **1** **veroverend** **2** **verwaand** **2** ZN M (V conquérante), **veroveraar**

conquérir OV WW onregelmatig **veroveren, voor zich winnen** • FIG. *~ les cœurs* alle harten voor zich winnen

conquête ZN V **verovering** • *faire la ~ de l'espace* de ruimte veroveren

conquis WW → **conquérir**

consacrer **1** OV WW OOK FIG. **wijden** • *~ sa vie à l'étude* zijn leven aan studie wijden • *pouvez-vous me ~ quelques minutes?* hebt u een paar minuten voor me? • *selon l'expression consacrée* volgens de geijkte uitdrukking **2** WKD WW **(se ~) à zich wijden aan** • *se ~ à l'étude* zich aan de studie wijden

consciemment BW **bewust**

conscience ZN V **1** **bewustzijn, besef (de van)** • *une prise de ~* bewustwording • *la pleine ~* vol bewustzijn, mindfulness • *prendre ~ de qc* zich iets bewust worden, iets gaan beseffen **2** **geweten** • *un cas de ~* gewetenszaak • *un directeur de ~* geestelijk leidsman, biechtvader • *un examen de ~* gewetensonderzoek • *j'ai bonne ~* ik ben me van geen kwaad bewust • *avoir la ~ tranquille* een gerust geweten hebben • *avoir la ~ élastique* een ruim geweten hebben • *avoir qc sur la ~* iets op zijn geweten hebben • *avoir mauvaise ~* een slecht geweten hebben • *en mon âme et ~* naar eer en geweten • *par acquit de ~* om zich niets te verwijten te hebben, voor alle zekerheid

consciencieux BN (V consciencieuse), **plichtsgetrouw, nauwgezet, consciëntieus**

conscient BN **bewust (de van), bij bewustzijn** • *être pleinement ~ de...* ten volle beseffen dat... • *être ~ de ses responsabilités* zijn verantwoordelijkheden beseffen

consécration ZN V **1** REL. **consecratie, inwijding, inzegening** **2** **bekrachtiging, bevestiging** • *la ~ d'une carrière* de bekroning van een carrière

consécutif BN (V consécutive), **achtereenvolgend** • *dix jours consécutifs* tien dagen achtereen

consécutivement BW **achtereenvolgens** • *~ à qc* ten gevolge van iets

conseil ZN M **1** **raad(geving)** • *un ~ d'ami* welgemeend advies • *un ~ pour éviter les brûlures* een tip om verbranding te voorkomen • *donner des ~s* advies geven • *la nuit porte ~* de nacht brengt raad • *prendre ~* (iemand) om advies vragen • *sur les ~s de son avocat* op aanraden van zijn advocaat • *sur le(s) ~(s) de...* op advies van... **2** **raadsman** • *un ~ juridique* juridisch adviseur • *un médecin-~* controlerend geneesheer **3** **raadgevend lichaam, raad** • *un ~ d'administration* raad van bestuur, bestuur • *le ~ d'État* Raad van State • *le ~ des ministres* ministerraad • *le ~ municipal* gemeenteraad • *le Conseil de sécurité* Veiligheidsraad • O&W *le ~ de discipline* tuchtraad • *le ~ de guerre* krijgsraad • *tenir ~* beraadslagen

conseiller **1** OV WW **(aan)raden, adviseren** • *~ quelqu'un* iemand van advies dienen • *~ à qn de faire qc* iemand aanraden iets te doen **2** ZN M (V conseillère), **raadgever, raadsman, raadsheer,**

raadslid • *un ~ juridique* juridisch adviseur • *un ~ fiscal* belastingconsulent • *un ~ municipal* gemeenteraadslid • *un ~ d'État* staatsraad

consensuel BN (V consensuelle), op consensus berustend, met ieders instemming

consensus "-suus" ZN M consensus, eenstemmigheid

consentant BN instemmend, willig

consentement ZN M toestemming, instemming • *par ~ mutuel* met onderling goedvinden • *avec le ~ de...* met goedvinden van...

consentir 1 ONOV WW onregelmatig toestemmen • *~ à* toestemmen in, instemmen met 2 OV WW 1 toestaan, goedvinden 2 verlenen, verschaffen • *~ un prêt à qn* iemand een lening verstrekken

conséquence ZN V 1 gevolg, consequentie • *agir en ~* dienovereenkomstig handelen • *être lourd de conséquences pour qn* verstrekkende gevolgen hebben voor iemand • *avoir pour ~ que...* tot gevolg hebben dat... • *cela ne tire pas à ~ / est sans ~* dat is niet (zo) van belang • *en conséquence...* derhalve, dus 2 gevolgtrekking

conséquent BN consequent • *être ~ à ses principes* zijn principes trouw blijven • *par ~* bijgevolg, dus

conservateur 1 ZN M (V conservatrice) 1 conservator, bewaarder 2 conservatief 2 ZN M conserveermiddel 3 BN (V conservatrice) 1 conservatief, behoudend 2 conserverings- • *un agent ~* conserveermiddel

conservation ZN V behoud, (het) bewaren, conservering • *l'instinct de ~* instinct tot zelfbehoud • *du lait (de) longue ~* lang houdbare melk

conservatoire ZN M conservatorium, muziek- en / of toneelschool

conserve ZN V geconserveerd levensmiddel • *des (boîtes de) ~s* conserven • OOK FIG. *la mise en ~* het inblikken • *des petits pois en ~* doperwten in blik • *faire des ~s de légumes* groente conserveren

conserver 1 OV WW bewaren, behouden, conserveren • FIG. *il est bien conservé pour son âge* hij is goed geconserveerd voor zijn leeftijd 2 WKD WW (se ~) goed blijven, bewaard blijven, in stand blijven

considérable BN aanzienlijk, belangrijk, aanmerkelijk

considération ZN V 1 overweging, beschouwing • *digne de ~* het overwegen waard • *prendre qc en ~* iets in aanmerking / overweging nemen 2 beweegreden 3 aanzien, achting • *avoir la ~ / jouir de la ~ de ses patrons* goed aangeschreven staan bij zijn bazen • *par ~ pour lui* uit respect voor hem

considérer 1 OV WW achten, beschouwen, overwegen • *un homme bien / très considéré* een man van aanzien • *je ne le considère plus comme un ami* ik beschouw hem niet meer als een vriend • *nous considérons que c'est trop tard* we vinden dat het te laat is • *tout bien considéré* alles wel beschouwd 2 WKD WW (se ~) zich beschouwen • *il se considère comme le chef* hij ziet zichzelf als de baas

consigne ZN V 1 order, consigne 2 bagagedepot • *la ~ automatique* bagagekluis 3 statiegeld

consigner OV WW 1 statiegeld heffen op • *une bouteille non consignée* fles zonder statiegeld, wegwerpfles 2 in bewaring geven <van bagage>, consigneren 3 optekenen, noteren

consistance ZN V 1 vastheid, dichtheid, degelijkheid • *la pâte n'a pas encore la bonne ~* het beslag is nog niet dik genoeg 2 FIG. consistentie, innerlijke samenhang • *un caractère mou, sans ~* slap, besluiteloos karakter

consistant BN 1 vast, stevig, degelijk • *un repas ~* degelijk / voedzaam maal 2 FIG. consistent, innerlijk samenhangend

consister ONOV WW 1 ~ en bestaan uit • *en quoi consiste votre petit-déjeuner?* waaruit bestaat uw ontbijt? 2 ~ à +inf. bestaan in • *mon travail consiste à donner des conseils* mijn werk is het geven van adviezen

consœur ZN V vrouwelijke collega

consolable BN troostbaar

consolation ZN V vertroosting, troostend woord, troost • *le prix de ~* troostprijs • *c'est une faible / piètre ~* dat is een schrale troost

console ZN V 1 console 2 bedieningspaneel • *une ~ de jeux vidéo* spelconsole, spelcomputer • *une ~ de mixage* mengpaneel

consoler 1 OV WW (ver)troosten • *~ qn de la mort de qn* iemand troosten met iemands overlijden • *des paroles qui consolent* woorden van troost 2 WKD WW (se ~) • *il n'arrive pas à se ~ de son chagrin* hij kan zich niet over zijn verdriet heen zetten

consolidation ZN V versterking, bevestiging, consolidatie

consolider OV WW versterken, consolideren

consommable BN eetbaar, drinkbaar

consommateur ZN M (V consommatrice) 1 consument, verbruiker 2 cafébezoeker

consommation ZN V verbruik, consumptie • *les biens de ~* consumptiegoederen • *une société de ~* consumptiemaatschappij • *le prix à la ~* consumentenprijs • *faire un grande ~ d'eau* veel water verbruiken • *prendre une ~* iets gebruiken

consommé 1 ZN M heldere vleesbouillon, consommé 2 BN doorkneed, volleerd, volmaakt

consommer 1 OV WW 1 verbruiken, verteren, consumeren • *~ trop d'essence* te veel benzine verbruiken • *cette voiture consomme peu* deze auto rijdt zuinig 2 volvoeren, volbrengen 2 ONOV WW iets drinken <in café e.d.> 3 WKD WW (se ~) gegeten worden • *ça se consomme chaud* dat eet je warm

consonance ZN V 1 wijze van klinken, klank • *un nom à ~ française* een Frans klinkende naam 2 harmonische samenklank, gelijkluidendheid

consonne ZN V medeklinker

conspirateur ZN M (V conspiratrice), samenzweerder

conspiration ZN V samenzwering, samenspanning • *la ~ du silence* het doodzwijgen

• *tremper dans une ~* in een complot zitten
conspirer ONOV WW samenzweren, samenspannen
constamment BW voortdurend, doorlopend
constance ZN V bestendigheid, standvastigheid
constant BN standvastig, onveranderlijk, bestendig, constant
constante ZN V constante
constat "-stà" ZN M proces-verbaal, verslag v.d. toedracht • *un ~ amiable (d'accident)* schadeformulier <bij aanrijding> • *dresser un ~ d'échec* vaststellen dat het misgelopen is
constatation ZN V bevinding, constatering, vaststelling
constater OV WW constateren, vaststellen, bevinden • *constatez par vous même!* kijk dan zelf!
constellation ZN V constellatie, sterrenbeeld
constellé BN **~ de** bezaaid met <sterren, ridderordes enz.> • *un ciel ~ d'étoiles* met sterren bezaaide hemel
consternation ZN V ontsteltenis, verbijstering • *cela a jeté la ~* dat was een hele consternatie
consterner OV WW hevig ontstellen, verbijsteren • *être consterné par l'attitude de qn* geschokt zijn door iemands houding
constipation ZN V verstopping, obstipatie, constipatie
constiper OV WW verstoppen <dicht raken>, constiperen • INFORM. *il a un air constipé* hij maakt een gespannen / stijve indruk
constituant 1 ZN M bestanddeel **2** BN samenstellend • *une partie ~e* bestanddeel
constituer 1 OV WW **1** samenstellen, vormen • *un livre constitué d'articles / par des articles* boek dat uit artikelen bestaat **2** uitmaken, zijn • *cela ne constitue pas un délit* dat is geen misdaad **2** WKD WW **(se ~)** • *se ~ prisonnier* zich overgeven, zichzelf aangeven
constitutif BN (V constitutive), samenstellend • *un élément ~* bestanddeel
constitution ZN V **1** samenstelling **2** gestel, constitutie • *un enfant d'une ~ robuste* kind met een ijzeren gestel **3** stichting, oprichting, aanstelling **4** grondwet, staatsregeling, constitutie • *contraire à la ~* in strijd met de grondwet
constitutionnel BN (V constitutionnelle) **1** grondwettig, grondwettelijk, constitutioneel • *le droit ~* staatsrecht **2** voortkomend uit het gestel
constructeur ZN M (V constructrice), bouwer, maker, constructeur
constructible BN • *un terrain ~* bouwrijp terrein <voorzien van bouwvergunning>
constructif BN (V constructive) **1** creatief **2** (op)bouwend, constructief
construction ZN V **1** (op)bouw, (het) bouwen • *la ~ d'une route* de aanleg van een weg • *du bois de ~* timmerhout • *un jeu de ~* bouwdoos • *un chantier de ~* bouwplaats, timmerwerf • *une maison en (cours de) ~* huis in aanbouw **2** bouwsel, gebouw, constructie, TAALK. zinsbouw
construire OV WW onregelmatig (op)bouwen, construeren, maken, vormen
construit WW volt. deelw. → **construire**
consul ZN M consul
consulaire BN consulair
consulat ZN M consulaat
consultant 1 ZN M (V consultante), adviseur, consultant **2** BN raadgevend
consultatif BN (V consultative), raadgevend, advies- • *un comité ~* een adviescommissie • *à titre ~* (alleen) bij wijze van advies
consultation ZN V **1** beraadslaging, overleg **2** consult, consultatie, raadpleging • *~ sur rendez-vous* consult volgens afspraak • *service de ~ pour nourrissons* consultatiebureau voor zuigelingen • *un cabinet de ~* spreekkamer v. dokter • *une heure de ~* spreekuur, BELG. zitdag **3** advisering, advies
consulter 1 OV WW raadplegen, consulteren • *~ qn* advies bij iemand inwinnen • *~ un avocat* een advocaat raadplegen • *~ un médecin* een dokter consulteren • *~ sa montre* op zijn horloge kijken • *à ~ sur place* aldaar ter inzage gelegd **2** ONOV WW spreekuur houden
consumer 1 OV WW **1** verteren <door vuur> • *la grange a été consumée par les flammes* de schuur is in vlammen opgegaan **2** FORM. geheel verbruiken, doen wegkwijnen, doen vergaan • *le chagrin le consume* hij wordt verteerd door verdriet **2** WKD WW **(se ~)** wegteren, wegkwijnen, vergaan • *se ~ d'amour* wegkwijnen van de liefde
consumérisme ZN M consumentisme
contact "-takt" ZN M **1** aanraking, contact • *le point de ~* raakpunt, aanrakingspunt • *la clé de ~* contactsleutel • *des verres de ~* contactlenzen • *couper / mettre le ~* de motor afzetten / aanzetten • *le paiment sans contact* contactloos betalen **2** FIG. contact, omgang • *avoir un bon ~ avec qn* goed contact met iemand hebben • *se mettre en ~ avec qn* zich in verbinding stellen met iemand • *je te mettrai en ~ avec elle* ik zal je met haar in kennis brengen • *vous prendrez ~ avec ma secrétaire* neemt u contact op met mijn secretaresse • *entrer en ~ avec qn* in contact komen met iemand • *garder le ~* voeling houden • *rester en ~ avec qn* contact houden met iemand
contacter OV WW contact opnemen met
contagieux BN (V contagieuse), besmettelijk, FIG. aanstekelijk • *un rire ~* een aanstekelijke lach • *sa gaieté était contagieuse* zijn vrolijkheid stak iedereen aan
contagion ZN V besmetting, aanstekelijkheid
container "ko(n)tènèr" ZN M container
contamination ZN V besmetting, verontreiniging
contaminer OV WW besmetten, verontreinigen
conte ZN M verhaal, vertelsel, praatje • *un ~ de fées* sprookje • *les ~s de ma Mère l'Oie* de sprookjes van Moeder de Gans
contemplatif BN (V contemplative), beschouwend

contemplation ZN V beschouwing, bespiegeling • *rester en ~ devant un paysage* peinzend / aandachtig naar het landschap staren

contempler 1 OV WW beschouwen, (aandachtig) bekijken 2 WKD WW (**se ~**) • *se ~ dans la glace* voor de spiegel staan

contemporain 1 BN eigentijds, hedendaags, uit dezelfde tijd, contemporain 2 ZN M (V contemporaine), tijdgenoot

contenance ZN V 1 inhoud 2 houding • *faire bonne ~* zich goed houden • *perdre ~* van streek raken, van zijn stuk raken • *se donner une ~* zich een houding geven

contenant ZN M voorwerp dat iets bevat

conteneur ZN M container • *un ~ pour verre* glasbak

contenir 1 OV WW onregelmatig 1 (kunnen) bevatten, inhouden, beslaan • *une bouteille contenant du vin* een fles (met) wijn • *ce verre peut ~ un litre* er gaat een liter in dat glas 2 bedwingen, tegenhouden, in toom houden • *~ ses larmes* zijn tranen bedwingen 2 WKD WW (**se ~**) zich bedwingen, zich inhouden

content BN tevreden, blij (**de** over, met) • *être ~ de soi* met zichzelf ingenomen zijn • *il serait très ~ que vous veniez* hij zou heel blij zijn als u komt • *je suis ~ pour lui* ik gun het hem

contentement ZN M tevredenheid, voldoening, blijdschap

contenter 1 OV WW tevredenstellen, bevredigen <v. wensen, behoeften> 2 WKD WW (**se ~**) **de** zich tevredenstellen met, genoegen nemen met • *se ~ de peu* met weinig tevreden zijn, weinig nodig hebben • *il s'est contenté de sourire* hij glimlachte alleen maar

contenu 1 ZN M 1 inhoud 2 MEDIA content 2 BN ingehouden, bedwongen • *une colère ~e* ingehouden woede

conter OV WW verhalen, vertellen • *~ ses malheurs* zijn nood klagen • *~ des sornettes* kletspraatjes verkopen

contestable BN betwistbaar

contestataire 1 BN contesterend, protesterend, (maatschappij)kritisch • *un mouvement ~* protestbeweging 2 ZN M/V contestant, protesteerder <tegen de gevestigde orde>, actievoerder

contestation ZN V 1 betwisting, geschil, twist 2 contestatie, protest(beweging)

conteste ZN V • *sans ~* ontegenzeglijk, zonder twijfel • *c'est sans ~* dat staat buiten kijf

contester 1 OV WW betwisten, bestrijden • *territoire contesté* omstreden gebied 2 ONOV WW protesteren, twisten

conteur ZN M (V conteuse), verteller

contexte ZN M samenhang, context • *un mot sorti de son ~* uit de context gelicht woord • *dans le ~ actuel de la crise...* in de huidige crisissituatie...

contigu BN (V contiguë) 1 aangrenzend • *des maisons ~ës* buurhuizen 2 FIG. verwant

contiguïté FIG. ZN V verwantschap

continent 1 ZN M 1 vasteland, continent 2 werelddeel • *l'Ancien Continent* de Oude Wereld • *le Nouveau Continent* de Nieuwe Wereld 2 BN MED. continent

continental BN (M MV continentaux), continentaal, vasteland(s)- • *un climat ~* landklimaat • *un petit-déjeuner ~* Frans ontbijt

contingences ZN V MV toevalligheden, bijkomstigheden • *les ~ de la vie* de alledaagse voorvallen

contingent ZN M aandeel, quotum

continu BN aanhoudend, doorlopend, continu • *faire la journée ~e* de hele dag doorwerken

continuation ZN V voortzetting, vervolg • *bonne ~!* succes verder!, het beste!

continuel BN (V continuelle), voortdurend, doorlopend

continuer 1 OV WW doorgaan met, voortzetten, vervolgen, hernieuwen, verlengen • *~ ses études* doorstuderen • *~ son chemin* zijn weg vervolgen 2 ONOV WW voortduren, voortgaan, doorgaan • *~ à boire* blijven drinken • *la pluie continue (de tomber)* de regen houdt aan • *~ à travailler* verder werken

continuité ZN V voortduring, voortzetting, continuïteit

contorsion ZN V verdraaiing • *faire des ~s* zich in bochten wringen, zich verkrampt gedragen

contorsionner WKD WW (**se ~**) OOK FIG. zich in bochten wringen

contour ZN M omtrek, omlijning, contour

contourné BN 1 gebogen, verwrongen 2 FIG. gewrongen <van stijl>

contourner OV WW 1 gaan om, lopen om, ontwijken 2 FIG. omzeilen • *~ la loi* de wet omzeilen / ontduiken, door de mazen van de wet kruipen

contraceptif 1 BN (V contraceptive), voorbehoeds- • *la pilule contraceptive* anticonceptiepil 2 ZN M voorbehoedmiddel

contraception ZN V anticonceptie

contracter 1 OV WW 1 aangaan, (af)sluiten • *~ des dettes* zich in de schulden steken 2 doen samentrekken • *~ les muscles* de spieren aanspannen 3 oplopen <van ziekte> • *il a contracté le sida* hij heeft aids opgelopen • *~ une habitude* een (slechte) gewoonte aannemen 2 WKD WW (**se ~**) inkrimpen, samentrekken • *son visage se contracte* zijn / haar gezicht verstrakt

contraction ZN V samentrekking, inkrimping, verstarring • *des ~s postnatales* naweeën • *avoir des ~s* (barens)weeën hebben

contractuel 1 BN (V contractuelle), contractueel 2 ZN M (V contractuelle), contractwerknemer, tijdelijke werknemer • *un (agent) ~* parkeerwachter

contradicteur ZN M tegenspreker, opponent

contradiction ZN V tegenspraak, tegenstrijdigheid • *avoir un esprit de ~* graag tegenspreken, betweterig zijn • *être en ~ avec qc* in tegenspraak met iets zijn, in strijd met iets zijn

contradictoire BN 1 (tegen)strijdig • *ce sont*

CO

des idées ~s die ideeën spreken elkaar tegen **2** contradictoir, met hoor en wederhoor
contraignant BN dwingend, bindend, hinderlijk
contraindre 1 OV WW onregelmatig **1** dwingen, noodzaken • *être contraint de faire qc* gedwongen zijn om iets te doen • *la situation le contraint à abandonner le projet* de omstandigheden noodzaken hem ervan af te zien **2** inhouden, bedwingen **2** WKD WW **(se ~)** zich geweld aandoen, zich forceren **(à** [+ infin.] tot)
contraint 1 BN gedwongen, gekunsteld **2** WW volt. deelw. → **contraindre**
contrainte ZN V **1** dwang • *agir sous la ~* onder dwang handelen • *user de ~* dwang(middelen) gebruiken **2** verplichting, last, gedwongenheid • *sans ~* ongedwongen
contraire 1 ZN M (het) tegenovergestelde, tegendeel • *le ~ de qc* het tegengestelde van iets • *c'est tout le ~!* het is juist omgekeerd!, helemaal niet! • *soutenir le ~* het tegendeel beweren • *je n'ai jamais dit le ~* dat heb ik nooit ontkend • *jusqu'à preuve du ~* tot het tegendeel is bewezen • *au ~!* integendeel!, daarentegen! • *au ~ de...* in tegenstelling met... **2** BN **1** tegengesteld **(à** aan), strijdig **(à** met) • *c'est ~ au règlement* dat is tegen de regels **2** tegen- • *un vent ~* tegenwind
contrairement BW **~ à** in tegenstelling tot, in strijd met • *~ aux prévisions* tegen de verwachting in
contralto, contralte ZN M **1** alt(stem) **2** alt <zangeres>
contrariant BN **1** tegenstrevend • *un esprit ~* dwarsdrijver **2** vervelend, wat de zaak in de war stuurt • *comme c'est ~!* wat vervelend!
contrarier OV WW **1** tegenwerken, dwarsbomen • *cela contrarie mes projets* dat zit mijn plannen in de weg **2** hinderen, dwarszitten, zorgen baren, ergeren • *voilà qui me contrarie* dat zit me dwars • *avoir l'air contrarié* zuur / geërgerd kijken
contrariété ZN V **1** misnoegen, ontstemming **2** tegenslag
contraste ZN M contrast **(de, entre** tussen), tegenstelling • *faire ~ avec qc* contrasteren met iets • *des ~s d'idées* uiteenlopende ideeën • *par ~* in tegenstelling daarmee, daarentegen
contrasté BN contrastrijk
contraster ONOV WW contrasteren, een tegenstelling vormen **(avec** met), afsteken **(avec** bij)
contrat ZN M overeenkomst, contract • *un ~ à durée déterminée (CDD)* tijdelijk arbeidscontract • *un ~ à durée indéterminée (CDI)* vast arbeidscontract • *une rupture de ~* contractbreuk • *un ~ de mariage* huwelijkscontract • *être sous ~* onder contract staan • *conclure / passer un ~* een contract aangaan / sluiten • FIG. *remplir son ~* zich waarmaken • *conformément au ~* volgens contract
contravention ZN V bekeuring **(pour** wegens), overtreding • INFORM. *flanquer une ~ à qn* iemand op de bon slingeren • *attraper une ~* een bon krijgen
contre 1 VZ (er)tegen • *tu es pour ou ~?* ben je (er)voor of (er)tegen? • *être en colère ~ qn* boos op iemand zijn • *se serrer ~ qn* zich tegen iemand aan drukken • *voter ~* tegenstemmen • *je n'ai rien ~* ik heb er niets (op) tegen • *par ~* daarentegen **2** ZN M **1** (het) tegen • *le pour et le ~* het voor en tegen **2** SPORT tegenstoot, tegenaanval, op een tegenstander botsende bal
contre-attaque ZN V (MV contre-attaques), tegenaanval
contre-attaquer OV + ONOV WW een tegenaanval doen (op)
contrebalancer 1 OV WW compenseren, opwegen tegen **2** WKD WW **(se ~)** • INFORM. *je m'en contrebalance* ik heb er maling aan
contrebande ZN V smokkelarij, smokkelwaar • *faire de la ~* smokkelen • *des marchandises de ~* smokkelwaar • *passer en ~* (binnen)smokkelen
contrebandier 1 ZN M (V contrebandière), smokkelaar **2** BN (V contrebandière), smokkel-
contrebas • *en ~ (de)* lager gelegen (dan)
contrebasse ZN V **1** (contra)bas **2** contrabassist
contrebassiste ZN M/V contrabassist
contrecarrer OV WW tegenwerken, dwarsbomen
contrecœur • *à ~* met tegenzin, niet van harte
contrecoup ZN M terugslag, nawerking • *par ~* van de weeromstuit
contre-courant ZN M (MV contre-courants), tegenstroom • OOK FIG. *à ~* tegen de stroom in • FIG. *nager à ~* tegendraads gedrag vertonen
contre-culture ZN V (MV contre-cultures), tegencultuur, underground
contredanse ZN V **1** contradans **2** INFORM. bekeuring, bon
contredire 1 OV WW onregelmatig tegenspreken, in tegenspraak zijn met **2** WKD WW **(se ~)** zichzelf / elkaar tegenspreken
contrée FORM. ZN V landstreek
contre-enquête ZN V (MV contre-enquêtes), tegenonderzoek
contre-espionnage ZN M (MV contre-espionnages), contraspionage
contre-exemple ZN V (MV contre-exemples), tegenvoorbeeld
contre-expertise ZN V (MV contre-expertises), tegenonderzoek, contra-expertise
contrefaçon ZN V namaak, vervalsing • *méfiez-vous des contrefaçons!* hoedt u voor namaak
contrefaire OV WW **1** nabootsen, namaken, vervalsen • *~ des billets de banques* bankbiljetten vervalsen **2** veranderen, verdraaien <van stem>
contrefait BN **1** nagemaakt, onecht **2** misvormd
contreficher WKD WW **(se ~)** • INFORM. *je m'en contrefiche* ik heb er maling aan
contrefort ZN M **1** schoormuur, steunbeer **2** uitloper <van gebergte> **3** hielstuk
contre-indication MED. ZN V (MV contre-indications), contra-indicatie
contre-indiqué BN te ontraden

contre-jour ZN M (MV contre-jour(s)), tegenlicht • *à ~* met de rug naar het licht, tegenlicht-

contre-la-montre SPORT ZN M (MV id.), tijdrit

contremaître ZN M opzichter, ploegbaas

contre-manifestation ZN V (MV contre-manifestations), tegendemonstratie

contre-mesure ZN V (MV contre-mesures), tegenmaatregel

contre-offensive MIL. ZN V (MV contre-offensives), tegenoffensief

contrepartie ZN V **1** tegendeel **2** tegenwaarde, compensatie • *en ~* als tegenprestatie, daartegenover, daarentegen • *en ~ de qc* in ruil voor iets

contre-performance ZN V (MV contre-performances), teleurstellende prestatie, afgang

contre-pied, contrepied ZN M (MV contre-pieds, contrepieds) **1** tegendeel **2** (het zetten op) het verkeerde been • SPORT *être à ~* op het verkeerde been staan • *prendre le ~ d'une opinion* het tegendeel beweren

contreplaqué ZN M triplex, multiplex

contrepoids ZN M tegenwicht

contrepoison ZN M tegengif

contre-productif BN (V contre-productive), contraproductief

contre-publicité ZN V antireclame

contrer OV WW zich (met succes) verzetten tegen, dwarsbomen, (af)stoppen • *~ une attaque* een aanval afstoppen

contresens "-sa(n)s" ZN M misinterpretatie, misvatting, tegengestelde betekenis • *un chauffard circulant à ~* spookrijder • *à ~* averechts, verkeerd, in de verkeerde richting, tegendraads

contretemps ZN M tegenvaller, tegenslag, onverwacht beletsel <om te komen> • *il y a eu un ~* er is iets tussen gekomen • *sauf ~, nous arriverons à huit heures* ijs en weder dienende komen we om acht uur • *à ~* te onpas, ongelegen, op het verkeerde moment

contre-ténor 1 ZN M countertenor <zanger> **2** ZN V countertenor <stem>

contre-valeur ZN V (MV contre-valeurs), tegenwaarde

contrevenant ZN M overtreder

contrevenir ONOV WW **~ à** overtreden • *~ au règlement* inbreuk maken op het reglement

contrevérité ZN V onwaarheid

contribuable ZN M/V belastingplichtige, belastingbetaler • IRON. *...aux frais du ~* en de belastingbetaler draait ervoor op

contribuer ONOV WW bijdragen (**à** tot, in) • *elle a grandement contribué à son succès* zij heeft veel bijgedragen aan zijn succes

contribution ZN V **1** bijdrage (**à** tot, in) • *apporter sa ~* een bijdrage leveren • *mettre qn à ~* van iemands diensten gebruikmaken, iemand charteren **2** belasting • *des ~s directes* directe belastingen

contrit "-trie" BN berouwvol

contrôlable BN controleerbaar, beheersbaar

contrôle ZN M **1** controle, toezicht, BELG. nazicht • *un ~ radar* radarcontrole • *le ~ des passeports* paspoortcontrole • *le ~ des naissances* geboorteregeling • *un ~ technique* technische keuring, apk • *la voiture a passé le ~ technique* de auto is goedgekeurd • *être sous ~ médical* onder medisch toezicht staan • *effectuer un ~ antidopage sur qn* iemand testen op doping **2** beheersing • *le ~ de soi* zelfbeheersing • *perdre le ~ de sa voiture* de macht over het stuur verliezen **3** O&W toetsing, schriftelijke overhoring **4** plaats van controle, controlepost

contrôler 1 OV WW **1** controleren, toetsen • *~ les comptes* de rekeningen nazien **2** beheersen, controleren **2** WKD WW (**se ~**) zich beheersen • *elle n'arrive pas à se ~* zij gedraagt zich onbeheerst

contrôleur 1 ZN M (V contrôleuse), controleur • *un ~ de bus* busconducteur **2** ZN M controletoestel

contrordre ZN M tegenbevel • *sauf ~* behoudens tegenbericht

controverse ZN V controverse, discussie(punt)

controversé BN omstreden, betwist

contumace JUR. • *condamner par ~* bij verstek veroordelen

contusion ZN V kneuzing

contusionner OV WW kneuzen

conurbation ZN V agglomeratie van steden

convaincant BN overtuigend

convaincre 1 OV WW overtuigen • *être convaincu que...* er zeker van zijn dat... • *il s'est laissé ~ d'aller voir le médecin* hij heeft zich laten overhalen om naar de dokter te gaan **2** WKD WW (**se ~**) zich overtuigen (**de** van) • *se ~ que...* zich ervan vergewissen dat...

convaincu 1 BN overtuigd **2** WW volt. deelw. → **convaincre**

convalescence ZN V beterschap, MED. herstel • *une maison de ~* herstellingsoord • *être en ~* aan de beterende hand zijn, herstellende zijn

convalescent 1 BN herstellend, aan de beterende hand **2** ZN M (V convalescente), herstellende zieke

convenable BN fatsoenlijk, behoorlijk, gepast, geschikt • *un salaire ~* redelijk salaris • *une personne très ~* keurig persoon • *ce n'est pas le moment ~* dat is niet het juiste moment

convenance ZN V wat iemand bevalt of gelegen komt, gading, zin • *les ~s* fatsoen, gepastheid • *un mariage de ~* verstandshuwelijk • *congé pour ~s personnelles* verlof om persoonlijke redenen • *observer les ~s* de regels van het fatsoen in acht nemen • *je n'ai rien trouvé à ma ~* ik heb niets naar mijn gading gevonden

convenir 1 ONOV WW onregelmatig **1** geschikt zijn, passen, bevallen • *cela convient bien à son caractère* dat past bij zijn karakter • *cela ne me convient pas* dat komt me niet goed uit **2** overeenkomen, afspreken, het eens worden / zijn over, erkennen • *c'est convenu!* (dat is) afgesproken! • *j'en conviens!* dat geef ik toe! • *nous*

co

avons convenu d'un prix wij zijn het eens geworden over de prijs • *ils ont convenu d'y aller ensemble* ze hebben afgesproken samen te gaan • *ce n'est pas ça qu'on avait convenu!* zo zijn we niet getrouwd! • *~ que...* + ind. afspreken dat..., erkennen dat... • *contraire(ment) à ce qui était convenu* tegen de afspraak • *comme convenu/ prévu* volgens (de) afspraak **2** ONP WW **gepast zijn** • *il convient que vous y alliez* het is raadzaam dat u erheen gaat • *que convient-il de faire?* wat is raadzaam? **3** WKD WW **(se ~) bij elkaar passen, het goed met elkaar kunnen vinden**

convention ZN V **1 conventie, verdrag, afspraak** • *la ~ collective du travail / la (CCT)* collectieve arbeidsovereenkomst (cao) • *une ~ tacite* stilzwijgende afspraak • *les ~s diplomatiques* diplomatieke conventies • *ne pas respecter les ~s* in strijd zijn met de conventies, niet gepast zijn **2 (partij)bijeenkomst, conventie**

conventionné BN • *un médecin ~* arts met ziekenfondstarief

conventionnel BN (V conventionnelle), **conventioneel, (bij verdrag) overeengekomen, gebruikelijk** • *avoir des idées peu ~les* er ongebruikelijke ideeën op na houden

convenu 1 BN **afgesproken 2** WW volt. deelw. **→ convenir**

convergence ZN V OOK FIG. **convergentie** • *la ~ des efforts* gemeenschappelijke inspanning

convergent BN OOK FIG. **convergerend**

converger ONOV WW **1 convergeren** • *tous les regards ont convergé sur elle* alle blikken richtten zich op haar **2** FIG. **op hetzelfde resultaat gericht zijn, overeenstemmen**

conversation ZN V **gesprek, conversatie, bespreking** • *un sujet de ~* gespreksonderwerp • *une ~ téléphonique* telefoongesprek • *engager / entamer la ~ avec qn* een gesprek aanknopen met iemand • *changer de ~* het gesprek op een ander onderwerp brengen • *ils étaient en grande ~* ze waren druk in gesprek

converser ONOV WW **praten, converseren**

conversion ZN V **1 bekering 2** ECON., COMP. **conversie, omzetting, omrekening (en in)** • *une ~ de dollars en euros* omwisseling van dollars in euro's **3** FIG. **omschakeling, omscholing**

converti 1 BN **bekeerd 2** ZN M (V convertie), **bekeerling** • *prêcher un ~* iemand willen overtuigen van iets, waarvan hij al overtuigd is

convertible 1 BN **omzetbaar, inwisselbaar, converteerbaar, herleidbaar 2** ZN M **bedbank**

convertir 1 OV WW **1 bekeren 2** ECON., COMP. **converteren, omzetten, omrekenen, omwisselen (en in) 2** WKD WW **(se ~) 1 zich bekeren (à tot) 2** FIG. **omschakelen, zich omscholen**

convexe BN **bolrond, convex**

conviction ZN V **overtuiging** • *convictions* levensovertuiging • *des ~s religieuses* godsdienstige overtuiging

convier OV WW **uitnodigen, noden (à voor, tot)** • *~ qn à dîner* iemand te eten vragen • IRON. *~ qn à démissionner* iemand suggereren ontslag te nemen

convive ZN M/V **gast** <aan tafel>, **disgenoot**

convivial BN (M MV conviviaux) **1 gezellig, gastvrij** • *une soirée ~e* een gezellig avondje **2** COMP. **gebruikersvriendelijk**

convivialité ZN V **gezelligheid, gastvrijheid**

convocation ZN V **oproeping, convocatie** • *se rendre à une ~* gehoor geven aan een oproep

convoi ZN M **1 konvooi, colonne, (bijzonder) transport, lijkstoet** • *un ~ de prisonniers* gevangenentransport • *se déplacer en ~* zich in konvooi verplaatsen **2 trein** • *un ~ de marchandises* goederentrein • *un ~ de voyageurs* reizigerstrein

convoiter OV WW **begeren**

convoitise ZN V **begerigheid, hebzucht**

convoquer OV WW **bijeenroepen, oproepen, ontbieden** • *être convoqué par qn* bij iemand geroepen worden

convoyeur ZN M (V convoyeuse), **begeleider** • *un ~ de fonds* begeleider v. geldtransport

convulser 1 OV WW **verkrampen** • *un visage convulsé par la douleur* van pijn vertrokken gezicht **2** WKD WW **(se ~) verkrampt raken**

convulsif BN (V convulsive), **krampachtig, convulsief** • *une toux convulsive* kramphoest

convulsion ZN V **1 stuip(trekking), kramp 2** FIG. **beroering** • *des ~s politiques* politieke woelingen

cool "koel" INFORM. BN onver. **relaxed, cool, chill** • *il a des parents ~* hij heeft coole ouders

coopérant ZN M **ontwikkelingswerker**

coopératif BN (V coopérative) **1 samenwerkend, behulpzaam 2 coöperatief**

coopération ZN V **1 samenwerking, medewerking** • *apporter sa ~* medewerking verlenen **2 ontwikkelingssamenwerking**

coopérative ZN V **coöperatie, coöperatieve vereniging**

coopérer ONOV WW **samenwerken, meewerken (à aan, tot)** • *~ avec qn* met iemand samenwerken

coordinateur ZN M (V coordinatrice), **coördinator**

coordination ZN V **1 coördinatie 2** TAALK. **nevenschikking**

coordonnateur 1 ZN M (V coordonnatrice), **coördinator 2** BN **coördinerend** • *un organisme ~* overkoepelende organisatie

coordonné BN **1 gecoördineerd, bij elkaar passend 2** TAALK. **nevengeschikt**

coordonnées ZN V MV **personalia, persoonlijke gegevens, naw-gegevens** • *donnez-moi vos ~* geef me uw adres, telefoonnummer enz.

coordonner OV WW **coördineren, (op elkaar) afstemmen**

copain ZN M (V copine), **vriend(je), maat, kameraad** • *une bande de copines* een stel vriendinnen • *être très ~ avec qn* dik bevriend zijn met iemand • *c'est le petit ~ de Marie* dat is het vriendje van Marie • INFORM. *ils sont ~s comme cochons* ze zijn dikke maatjes

coparentalité ZN V **co-ouderschap**

Copenhague ZN V Kopenhagen
copiage ZN M (het) spieken
copie ZN V **1** kopie, afschrift, afdruk, reproductie, nabootsing • *une ~ certifiée conforme* gewaarmerkt afschrift • COMP. *~ de sauvegarde* reservekopie, back-up • *pour ~ conforme* voor eensluidend afschrift **2** (in het net beschreven) vel, (in te leveren) huiswerk / proefwerk / examenwerk • *rendre une ~ blanche* een leeg blaadje inleveren • *avoir des ~s à corriger* een proefwerk moeten nakijken • OOK FIG. *revoir sa ~* zijn (huis)werk overdoen **3** kopij
copié-collé COMP. ZN M (MV copiés-collés) • *faire un ~* kopiëren en plakken
copier 1 OV WW **1** kopiëren, overschrijven • *~ au propre / au net* in het net overschrijven **2** namaken, reproduceren, nabootsen **2** ONOV WW spieken (**sur** bij, van) • *il a copié sur son voisin* hij heeft bij zijn buurman gespiekt
copier-coller COMP. OV WW kopiëren en plakken
copieuse ZN V kopieermachine
copieux BN (V copieuse), overvloedig, copieus
copilote ZN M tweede piloot
copinage MIN. ZN M vriendjespolitiek
copine INFORM. ZN V → **copain**
copiste ZN M/V kopiist
coproduction ZN V coproductie
copropriétaire ZN M/V mede-eigenaar
copropriété ZN V gemeenschappelijk eigendom • *un immeuble en ~* flatgebouw in mede-eigendom
copulation ZN V paring, IRON. (het) vrijen
copule TAALK. ZN V koppelwerkwoord
copuler ONOV WW paren, copuleren
coq ZN M **1** haan • *le poids ~* bantamgewicht <boksen> • FIG. *le ~ du village* haantje, versierder • CULIN *le ~ au vin* in wijn gestoofde kip • *être rouge comme un ~* zo rood zijn als een kreeft • *se lever au chant du ~* bij het krieken v.d. dag opstaan • FIG. *passer du ~ à l'âne* van de hak op de tak springen • FIG. *être comme un ~ en pâte* een luizenleventje leiden, vertroeteld worden **2** scheepskok
coq-à-l'âne ZN M (MV id.), onsamenhangende taal, gedachtesprong
coquart INFORM. ZN M blauw oog
coque ZN V **1** schaal, dop <van noot, ei e.d.> • *un œuf à la ~* zachtgekookt ei **2** romp <van schip, vliegtuig>
coquelicot ZN M klaproos
coqueluche ZN V **1** kinkhoest **2** lieveling <van een bepaald publiek>, idool
coquet BN (V coquette) **1** koket • *une ~te* kokette vrouw, flirt **2** elegant, keurig **3** leuk, lief • *la ~te somme de cinq mille euros* het lieve sommetje van 5000 euro
coquetier ZN M eierdopje
coquetterie ZN V koketterie, behaagzucht, geflirt • *par ~* om er leuk uit te zien
coquillage ZN M **1** schelpdier **2** schelp
coquille ZN V **1** schelp • *une ~ Saint-Jacques* jakobsschelp • FIG. *une ~ vide* een lege huls • FIG. *rentrer dans sa ~* in zijn schulp kruipen • FIG. *sortir de sa ~* uit zijn schulp komen **2** schaal, dop <van noot, ei e.d.> • *une ~ d'œuf* eierschaal • OOK FIG. *une ~ de noix* notendop **3** slakkenhuis **4** drukfout
coquin 1 BN ondeugend, guitig • *raconter une histoire ~e* een pikant verhaal vertellen **2** ZN M (V coquine), schelm, deugniet
cor ZN M **1** MUZ. hoorn, hoornblazer • *un ~ anglais* althobo, Engelse hoorn • *réclamer qc à ~ et à cri* iets luidkeels / met veel misbaar eisen **2** likdoorn • *avoir des cors aux pieds* likdoorns hebben **3** geweitak
corail ZN M (MV coraux), koraal • *du ~ rouge* bloedkoraal
corallien BN (V corallienne), koraal- • *récif corallien* koraalrif
Coran ZN M Koran
coranique BN Koran- • *une école ~* Koranschool
corbeau ZN M (MV corbeaux) **1** raaf **2** INFORM. onheilsbode **3** schrijver van anonieme brieven
corbeille ZN V **1** mand, korf • *une ~ de fruits* fruitmand • *une ~ à ouvrage* handwerkmandje • *une ~ de mariage* huwelijksgeschenken • *une ~ à papiers* prullenbak **2** (centrale) beursvloer
corbillard ZN M lijkkoets, lijkwagen
cordage ZN M **1** touwwerk **2** bespanning, besnaring <van racket>
corde ZN V **1** touw, koord • *une ~ à linge* waslijn • *une ~ lisse* klimtouw • *une ~ raide* koorddanserstouw, slappe koord • *une ~ à sauter* springtouw • *un vêtement usé jusqu'à la ~* tot op de draad versleten kledingstuk • *sauter à la ~* touwtje springen • *il pleut des ~s* het regent pijpenstelen • FIG. *avoir plusieurs ~s à son arc* meerdere pijlen op zijn boog hebben **2** snaar • *un instrument à ~s* snaarinstrument • *les ~s* de strijkers • *un quatuor à ~s* strijkkwartet • ANAT. *les ~s vocales* stembanden • FIG. *ce n'est pas dans mes ~s* dat valt buiten mijn competentie **3** strop
cordée ZN V bergbeklimmers aan een touw
cordelette ZN V touwtje, koordje
cordial 1 BN hartelijk • *salutations ~es* hartelijke groeten <in brief> **2** ZN M (MV cordiaux), hartversterking, borrel
cordialement BW hartelijk, met hartelijke groeten • *détester qn ~* een gloeiende hekel aan iemand hebben
cordialité ZN V hartelijkheid
cordillère ZN V bergketen • *la ~ des Andes* het Andesgebergte
cordon ZN M **1** touwtje, koord, snoer, band, lint • *les ~s d'un tablier* schortenbanden • *le ~ ombilical* navelstreng • *couper le ~ (ombilical)* de navelstreng doorknippen, FIG. autonoom worden • FIG. *tenir les ~s de la bourse* de financiën regelen **2** rij, kordon • INFORM. *un ~ de flics* politiekordon • *un ~ sanitaire* cordon sanitaire, afschermende maatregel
cordon-bleu ZN M (MV cordons-bleus), keukenprins(es)
cordonnerie ZN V schoenmakerij
cordonnier ZN M (V cordonnière), schoenmaker • <spreekwoord> *les ~s sont toujours les plus mal*

chaussés de schoenmaker draagt vaak de slechtste schoen

Corée ZN V Korea

coréen 1 ZN M (het) Koreaans **2** BN (V coréenne), Koreaans

Coréen ZN M (V Coréenne), Koreaan

coreligionnaire ZN M/V geloofsgenoot

coriace BN **1** taai • *de la viande ~* taai vlees **2** koppig, vasthoudend

coriandre ZN V koriander

cormoran ZN M aalscholver

corne ZN V **1** hoorn, gewei • *des bêtes à ~s* hoornvee • *un coup de ~* hoornstoot • *les ~s de l'escargot* voelhoorns van een slak • *la ~ d'abondance* hoorn des overvloeds • FIG. *prendre le taureau par les ~s* de koe bij de hoorns vatten **2** hoorn <stof> **3** MUZ. hoorn, toeter • *une ~ de brume* misthoorn **4** uitsteeksel, punt, ezelsoor

cornée ZN V hoornvlies

corneille ZN V kraai • *bayer aux ~s* in de lucht staren, staan de gapen

cornemuse ZN V doedelzak

corner "-nèèr" SPORT ZN M corner, hoekschop • *tirer un ~* een corner nemen

cornet ZN M **1** (ijs)hoorntje, (punt)zakje • *un ~ de frites* zak patat • *un ~ à dés* dobbelbeker **2** MUZ. kornet, kornettist • *un ~ à pistons* klephoorn, kornet

corniaud INFORM. ZN M dom iemand, oen

corniche ZN V kroonlijst • *une route en ~* weg langs een steile berghelling

cornichon ZN M **1** augurk • *des ~s au vinaigre* zure bommen **2** INFORM. sufferd

cornu BN gehoornd

cornue ZN V retort

corollaire ZN M gevolg, uitvloeisel • *cela a pour ~ que...* daaruit vloeit voort dat...

coronaire BN krans- • *l'artère ~* kransslagader

corporatif BN (V corporative), corporatief, gilde-

corporation ZN V corporatie, vereniging van vakgenoten, GESCH. gilde

corporatisme ZN M corporatisme

corporel BN (V corporelle), lichamelijk • *l'hygiène ~le* lichaamsverzorging • *des infirmités ~les* lichaamsgebreken • *un châtiment ~* lijfstraf

corps ZN M **1** lichaam, lijf(je), lijk • *les soins du ~* lichaamsverzorging • *un ~ à ~* gevecht van man tegen man, vechtpartij • *un garde du ~* lijfwacht • *lutter ~ à ~* man tegen man vechten • FIG. *donner ~ à des idées* gestalte geven aan ideeën • FIG. *un projet qui prend ~* plan dat vaste vorm aanneemt • FIG. *se donner ~ et âme à qc* zich met hart en ziel aan iets geven • *à ~ perdu* blindelings, halsoverkop **2** romp, middengedeelte • *saisir qn à bras le ~* iemand om het middel grijpen **3** hoofdgedeelte, hoofdzaak, voornaamste deel • *le ~ de bâtiment* hoofdgebouw • *périr ~ et biens* met man en muis vergaan **4** korps <geheel, groep> • *un ~ de ballet* gezamenlijke dansers en danseressen • *le ~ diplomatique* corps diplomatique • *le ~ enseignant* onderwijzend personeel, lerarenkorps • *le ~ médical* de artsen • *le ~ électoral* electoraat, de kiezers **5** NATK., SCHEIK. voorwerp, lichaam, stof • *un ~ simple* element • *un ~ solide* vaste stof • *un ~ gras* vetstof • *les ~ célestes* hemellichamen • *un ~ étranger* vreemd lichaam, vreemd element

corpulence ZN V gezetheid, dikte, corpulentie

corpulent BN gezet, dik, corpulent

correct "-rekt" BN **1** juist, correct • *une phrase ~e* foutloze zin **2** fatsoenlijk, correct • *une tenue ~e* nette kleding • INFORM. *un salaire ~* redelijk salaris • *politiquement ~* politiek correct

correcteur ZN M (V correctrice), corrector • *un ~ d'orthographe* spellingchecker

correctif 1 BN (V corrective), verbeterend, correctief • *de la gymnastique corrective* houdingverbeterende gymnastiek **2** ZN M iets wat verbetert of verzacht, correctief

correction ZN V **1** correctheid, juistheid, fatsoenlijkheid **2** correctie, verbetering **3** bestraffing, pak slaag

correctionnel 1 BN (V correctionnelle), correctioneel, betrekking hebbend op lichte vergrijpen • *le tribunal ~* strafkamer **2** ZN V • *passer en ~le* voor de strafrechter komen

corrélation ZN V correlatie, onderlinge betrekking

correspondance ZN V **1** correspondentie, briefwisseling, ingekomen stukken • *un cours par ~* schriftelijke cursus • *vente par ~ (VPC)* postorderverkoop • *entretenir une ~ avec qn* met iemand corresponderen **2** aansluiting <van trein, metro> • *prenez la ~ au métro Châtelet* overstappen op Châtelet • *avoir / manquer la ~* de aansluiting halen / missen **3** overeenkomst, overeenstemming • *une ~ de sentiments* overeenstemming van gevoelens

correspondant 1 BN overeenkomend (**à** met) **2** ZN M (V correspondante) **1** correspondent **2** zakenrelatie, correspondentievriend, degene die men opbelt

correspondre 1 ONOV WW **1** correspondentie voeren (**avec** met) **2** overeenkomen (**à** met), aansluiten <van trein> • *ça ne correspond à rien* dat stelt niets voor • *cela ne correspond pas à nos besoins* dat strookt niet met onze behoeften • *à quoi correspond ce symbole?* waar staat dat symbool voor? **2** WKD WW (**se ~**) in verbinding staan, op elkaar aansluiten

corridor ZN M gang, corridor • *un ~ humanitaire* een strook land waar in een oorlog geen gevechten plaatsvinden om transporten van voedsel, medicijnen mogelijk te maken

corrigé ZN M correcte versie <van huiswerk e.d.>, oplossing

corriger 1 OV WW **1** corrigeren, verbeteren, herstellen, bijstellen **2** bestraffen, afstraffen, slaan **2** WKD WW (**se ~**) **1** zich beteren **2** afleren • *il est arrivé à se ~ de ses tics* hij heeft zijn hebbelijkheden afgeleerd

corroborer OV WW versterken, staven

corrompre OV WW **1** omkopen **2** bederven
corrompu BN **1** corrupt **2** ondeugdelijk • *des mœurs ~es* verdorven zeden
corrosif BN (V corrosive), bijtend, invretend • FIG. *une ironie corrosive* bijtende ironie
corrosion ZN V corrosie, aantasting • *la ~ des métaux par les acides* de aantasting van metaal door zuren
corrupteur BN (V corruptrice), verderfelijk
corruptible BN omkoopbaar
corruption ZN V **1** omkoping, corruptie **2** LIT. bederf, ontaarding
corsage ZN M bloes
corse BN Corsicaans
Corse **1** ZN V Corsica **2** ZN M/V Corsicaan
corsé BN krachtig, sterk, pittig • *une histoire corsée* pikant verhaal • *un vin ~* volle wijn
corser WKD WW **(se ~)** ingewikkeld worden, spannend worden • *ça se corse!* het wordt menens
corso ZN M corso • *un ~ fleuri* bloemencorso
cortège ZN M **1** stoet, optocht • *un ~ funèbre* rouwstoet • *se former en ~* zich in een stoet opstellen **2** nasleep, gevolg
cortex ZN M (hersen)schors, cortex
corvée ZN V corvee, FIG. vervelend karwei • *être de ~* corvee hebben, het moeten opknappen
corvette ZN V korvet
cosaque ZN M Kozak
cosignataire ZN M/V medeondertekenaar
cosmétique **1** BN cosmetisch **2** ZN M meestal MV schoonheidsmiddel • *l'industrie des cosmétiques / ~* cosmetica-industrie
cosmique BN kosmisch
cosmonaute ZN M/V kosmonaut
cosmopolite **1** ZN M/V kosmopoliet, wereldburger **2** BN kosmopolitisch
cosmos "kosmos" ZN M kosmos
cosse ZN V **1** dop van peulvruchten, peul **2** INFORM. lamlendigheid
cossu BN welgesteld, luxueus • *un intérieur ~* weelderig interieur
costal BN (M MV costaux), ribben-
costard INFORM. ZN M kloffie, pak, kostuum
costaud INFORM. BN stevig, potig, sterk • *elle est ~(e)* ze is sterk • *ça tiendra, c'est du ~!* dat zit stevig zat! • FIG. *un examen ~* een pittig examen • FIG. *être ~ en maths* goed in wiskunde zijn
costume ZN M **1** kostuum, pak • *un ~ sur mesure* maatkostuum • *un ~ trois-pièces* driedelig pak • *être en ~-cravate* keurig in het pak zijn <met stropdas> • HUMOR. *en ~ d'Adam / d'Ève* in adamskostuum / evakostuum **2** klederdracht, kledij • *en ~ d'apparat* in ambtskledij, in vol ornaat
cotation ZN V (beurs)notering, marktprijs
cote ZN V **1** peil, hoogte • *la ~ d'alerte* kritieke waterstand, kritieke situatie • *la ~ de popularité* (mate van) populariteit • *sa ~ est en baisse* zijn papieren dalen • *ne plus avoir la ~ auprès de qn* uit de gratie zijn bij iemand, eruit liggen bij iemand • INFORM. *avoir la ~ (auprès de qn)* goed aangeschreven staan (bij iemand), hoog genoteerd zijn, goed in de markt liggen, populair zijn **2** (mate van) waardering, notering, koers, cijfer • *la ~ de clôture* slotkoers • *la ~ officielle* officiële beursnotering • *hors ~* niet-genoteerd, incourant
côte ZN V **1** kust • *la Côte d'Ivoire* Ivoorkust • *la Côte d'Azur* de Rivièra • *longer la ~* onder de kust varen • *sur la ~* aan de kust, aan de Rivièra • *près de la ~* onder de kust **2** helling • *monter / descendre la ~* de helling opgaan / afgaan **3** rib • *on lui voit les côtes* je kan zijn ribben tellen • INFORM. *se tenir les côtes* zijn buik vasthouden v.h. lachen • *~ à ~* zij aan zij, naast elkaar **4** ribstuk, karbonade • *une ~ de veau* kalfskotelet
côté ZN M zijde, kant, flank • *le ~ gauche* linkerkant • *les côtés d'un triangle* de zijden / benen van een driehoek • *le ~ rue* straatkant • *~ cœur / argent...* wat het liefdesleven / het geld betreft... • *~ face / pile* kop / munt • *les bons et les mauvais côtés d'une affaire* de goede en slechte kanten van een zaak • *c'est à ~* het is ernaast, het is dichtbij • *elle habite à ~* zij woont hiernaast • *marcher à ~ de qn* naast iemand lopen • *ce n'est pas la porte à ~* dat is niet naast de deur • *ils arrivent de tous côtés* ze komen van alle kanten • *mettre de l'argent de ~* geld opzijleggen • *vous êtes à ~ de la question* u bent niet ter zake • *voir le bon ~ d'une chose* iets van de vrolijke kant bekijken • *avoir le droit de son ~* het gelijk aan zijn zijde hebben • *prendre la vie du bon ~* het leven van de vrolijke kant bekijken • *laisser qc de ~* iets weglaten, FIG. laten rusten • OOK FIG. *regarder de l'autre ~* de andere kant uitkijken • OOK FIG. *se ranger du ~ de quelqu'un* iemands kant / zijde kiezen • *à ~* aan de zijkant • *de ~* ter zijde, (van) opzij • *de ce ~* aan deze kant • *d'un ~ ... de l'autre* enerzijds ... anderzijds, aan de ene kant ... aan de andere kant • *de l'autre ~ de la rue* aan de overkant van de straat • *des deux côtés* aan beide zijden, aan weerskanten
coteau ZN M (MV coteaux), heuveltje, helling met wijnstokken • *à flanc de ~* tegen de (berg) helling aan
Côte d'Ivoire ZN V Ivoorkust
côtelé BN geribd • *du velours ~* ribfluweel
côtelette ZN V kotelet, karbonade • *une ~ de porc* varkenskarbonade
coter OV WW **1** een cijfer geven voor, noteren <op de beurs> • *des valeurs cotées en Bourse* beursgenoteerde effecten • *il est bien coté* hij staat goed aangeschreven **2** nummeren, merken
coterie MIN. ZN V kliek, coterie
côtier BN (V côtière), kust- • *la navigation côtière* kustvaart
cotillon ZN M soort dans, polonaise
cotisation ZN V contributie, bijdrage, premie <voor sociale verzekering>
cotiser **1** ONOV WW contributie / premie betalen **(à** aan, voor) • *~ à la sécurité sociale* sociale premies betalen **2** WKD WW **(se ~)** geld bij elkaar leggen, lappen **(pour** voor)
coton **1** ZN M **1** katoen • *un pull en ~* katoenen trui • FIG. *élever un enfant dans du ~* een kind in de watten leggen • FIG. *avoir les jambes en ~* zich

slap voelen • INFORM., FIG *il file un mauvais ~* hij is er slecht aan toe **2** watten • *du ~ à démaquiller* wattenschijfje(s) **2** BN • INFORM. *c'est ~!* dat is knap moeilijk

cotonnade ZN V katoenen stof

cotonneux BN **1** wattig, donzig • *un ciel ~* schapenwolkjes **2** melig <v. vruchten>

cotonnier BN (V cotonnière), katoen- • *l'industrie cotonnière* katoenindustrie

coton-tige ZN M (MV cotons-tiges), wattenstaafje

côtoyer **1** OV WW **1** gaan langs **2** omgaan met, frequenteren • *~ beaucoup de monde* veel mensen zien **2** WKD WW **(se ~)** met elkaar omgaan

cou ZN M hals, nek • *un tricot qui dégage le ~* een truitje met blote hals • *se casser / se rompre le ~* zijn nek breken • *se jeter au ~ de qn* iemand om de hals vallen • *tordre le ~ à qn* iemand de nek omdraaien • FIG. *prendre ses jambes à son ~* ervandoor gaan • FIG. *être endetté jusqu'au ~* tot over de oren in de schulden zitten

couac ZN M OOK FIG. valse noot, uitglijder

couard **1** ZN M (V couarde), lafaard **2** BN laf

couchage ZN M het (doen) slapengaan, overnachting • *un sac de ~* slaapzak

couchant **1** ZN M (het) westen **2** BN ondergaand • *le soleil ~* ondergaande zon

couche ZN V **1** OOK FIG. laag • *la ~ protectrice de la peau* de beschermende laag van de huid • *une ~ de neige* sneeuwdek • *plusieurs ~s de peinture* meerdere verflagen • *les ~s sociales* de maatschappelijke lagen / klassen • INFORM. *en avoir / tenir une ~* een bord voor z'n kop hebben, vreselijk dom zijn • INFORM. *en remettre une ~* er nog een schepje bovenop doen **2** luier • *une ~ jetable* wegwerpluier • *changer les ~s* een schone luier omdoen **3** SOMS MV bevalling • INFORM. *faire une fausse ~* een miskraam hebben • FORM. *une femme en ~s* vrouw in het kraambed

couché **1** BN **1** liggend • *il est déjà ~* hij ligt al in bed • *être ~* liggen **2** schuin <van schrift> **2** TUSSENW lig <tegen hond>

couche-culotte ZN V (MV couches-culottes), luierbroekje

coucher **1** OV WW **1** naar bed brengen, laten slapen **2** neerleggen **2** ONOV WW **1** slapen, overnachten • *une chambre à ~* slaapkamer • *la voiture couche dehors* de auto staat 's nachts buiten • *~ à la belle étoile* onder de blote hemel slapen • INFORM. *il a un nom à ~ dehors* hij heeft een onmogelijke naam **2** INFORM. vrijen, naar bed gaan (**avec** met) **3** WKD WW **(se ~)** naar bed gaan, gaan liggen, ondergaan <v. zon> • *aller se ~* gaan slapen • *le soleil s'est couché* de zon is onder • *se ~ comme les poules* met de kippen op stok gaan • INFORM. *va te ~!* hoepel op! **4** ZN M (het) naar bed gaan, onderdak • *le ~ du soleil* zonsondergang • *c'est l'heure du ~* het is bedtijd

coucherie INFORM. ZN V vrijpartij, nummertje

couche-tard ZN M/V (MV id.), iemand die laat naar bed gaat

couche-tôt ZN M/V (MV id.), iemand die vroeg naar bed gaat

couchette ZN V couchette, slaapplaats, klein bed

coucheur INFORM. ZN M (V coucheuse) • *un mauvais ~* lastige vent, ruziemaker

couci-couça INFORM. BW zozo

coucou **1** ZN M **1** koekoek • *un (pendule à) ~* koekoeksklok **2** INFORM. (oude) kist <vliegtuig> **2** TUSSENW • *~!* kiekeboe!, hallo (daar ben ik)!

coude ZN M **1** elleboog • *donner un coup de ~ à qn* iemand aanstoten • FIG. *se serrer les ~s* elkaar steunen • INFORM., FIG *jouer des ~s* zich een weg banen, zijn ellebogen gebruiken • INFORM. *lever le ~* graag drinken • *~ à ~* schouder aan schouder, zij aan zij **2** bocht, kromming • *le ~ d'un tuyau* knik / kniestuk in een buis

coudée ZN V el • *avoir les coudées franches* vrij spel hebben, de handen vrij hebben

cou-de-pied ZN M (MV cous-de-pied), wreef

coudoyer OV WW omgaan met, in aanraking komen met

coudre OV WW onregelmatig naaien, hechten <v. wond> • *une machine à ~* naaimachine

couette ZN V **1** staartje <in haar>, vlechtje **2** (donzen) dekbed • *une housse de ~* dekbedovertrek

couffin ZN M **1** mand **2** reiswieg

couguar, **cougouar** ZN M poema

couille INFORM. ZN V kloot • *quelle ~ molle!* wat een slappeling! • *partir en ~* naar de kloten gaan • *se faire des ~s en or* bakken met geld verdienen

couillon INFORM. ZN M klootzak, eikel

couillonner INFORM. OV WW besodemieteren • *se faire ~ par qn* door iemand belazerd worden

couiner INFORM. ONOV WW piepen

coulant BN **1** vloeiend • *un camembert ~* rijpe, zachte camembert • *un nœud ~* (lus met) schuifknoop **2** vlot • *style ~* vlotte stijl **3** coulant, handelbaar

coule ZN V pij • INFORM. *être à la ~* van de hoed en de rand weten

coulée ZN V stroom <lava, modder>, (het) wegstromen, (het) gieten <v. metaal> • *une ~ de lave* een stroom lava

couler **1** ONOV WW **1** stromen, vloeien • *faire ~ un bain à qn* het bad voor iemand laten vollopen • *les larmes coulent sur ses joues* de tranen biggelen over zijn wangen • *faire ~ le sang* bloed vergieten • FIG. *cela coule de source* dat gaat van een leien dakje, dat spreekt vanzelf **2** lekken, druipen • *son nez coule* zijn neus loopt **3** zinken • *~ à pic* zinken als een baksteen **2** OV WW **1** gieten <van metaal>, storten <van beton> **2** laten (ver)glijden • *~ un regard vers qn* iemand een steelse blik toewerpen • *~ qc à l'oreille de quelqu'un* iemand iets influisteren **3** OOK FIG. in de grond boren • *~ un navire* een schip tot zinken brengen • FIG. *~ une pièce de théâtre* een toneelstuk afkraken **4** doorbrengen <van tijd> • *~ des jours heureux* een gelukkig leven leiden **3** WKD WW **(se ~)** **1** glippen, glijden • FIG. *se ~ dans son lit* onder de wol kruipen **2** • INFORM. *se la ~ douce* een gemakkelijk leventje leiden, het ervan nemen, zich niet druk maken

couleur ZN V **1 kleur** • *les ~s fondamentales* de primaire kleuren • *des ~s tendres / crues* zachte / harde kleuren • *des bas ~ chair* vleeskleurige kousen • *lavez le blanc et la ~ séparément* witgoed en bontgoed gescheiden wassen • *cela fait ~ locale* dat is echt couleur locale, dat is heel karakteristiek • OOK FIG. *sans ~* kleurloos, mat **2 huidkleur, gezichtskleur** • *des gens de ~* kleurlingen • *être haut en ~* hoogrood zijn, FIG. kleurrijk zijn • *avoir de belles ~s* een gezonde kleur hebben • *changer de ~* van kleur verschieten, verbleken • *reprendre des ~s* weer kleur krijgen **3 verf, kleurstof** • *un crayon de ~* kleurpotlood • *se faire faire une ~* zijn haar laten verven **4** FIG. **kleur** • *annoncer la ~* kleur bekennen • *en voir de toutes les ~s* door veel tegenslagen getroffen worden, het hard te verduren hebben • *il m'en fait voir de toutes les ~s* hij maakt me het leven zuur • INFORM. *cet argent, tu n'en verras jamais la ~* dat geld zie je nooit meer terug

couleuvre ZN V **gladde slang** • *une ~ à collier* ringslang • FIG. *avaler des ~s* beledigingen slikken, de dingen klakkeloos geloven • FIG. *il doit en avaler des ~s!* hij moet heel wat slikken

coulis "-lie" ZN M **dikke, gezeefde saus, puree** • *un ~ de framboises* frambozensaus • *un ~ de tomates* tomatenpuree

coulissant BN **schuif-** • *une porte ~e* schuifdeur

coulisse ZN V **1 (toneel)coulisse** • FIG. *les ~s de la politique* wat zich achter de schermen van de politiek afspeelt • FIG. *un regard en ~* schuinse blik • *se tenir en ~ / dans les ~s* achter de schermen blijven **2 sleuf, glijrail, schuif(je)**

coulisser ONOV WW **(langs een gleuf) schuiven**

couloir ZN M **1 (nauwe) gang, gangpad, wandelgang, rijstrook,** BELG. **rijvak** <rijstrook> • *un ~ aérien* luchtcorridor • *un ~ d'autobus* busbaan • *les bruits de ~* wat in de wandelgangen gezegd wordt **2** SPORT **baan** <atletiek, zwemsport>

coup "koe" ZN M **1** OOK FIG. **slag, stoot, klap, ruk, haal, schot, worp, zet** • *un ~ de pied* een trap • *un ~ de tête* kopstoot, FIG. gril, inval • *un ~ de coude* elleboogstoot, por • *un ~ de dent* beet • *un ~ de bec* pik met de snavel, FIG. snauw • *un ~ de griffe* uithaal met de klauwen, krab • *un ~ de patte* uithaal <van dier>, FIG. veeg uit de pan • *un ~ de corne* stoot met de hoorns • *un ~ sur les doigts / sur les fesses* tik op de vingers / op de billen • *un ~ de pied au derrière* schop tegen het achterste • *un ~ de bâton* stokslag • *un ~ de fouet* zweepslag • *un ~ de couteau* messteek • *un ~ de ciseaux* een knip met de schaar • *un ~ de chaleur* hitteberoerte • *un ~ de sang* beroerte • *un ~ de dés* worp met dobbelstenen, FIG. gokje, waagstuk • *un ~ droit* forehand <bij tennis> • *un ~ franc* vrije trap <bij voetbal> • *le ~ d'envoi d'un match* aftrap bij een wedstrijd • OOK FIG. *un ~ de tonnerre* donderslag • OOK FIG. *un ~ bas* stoot onder de gordel • *il a tiré sur la corde d'un ~ sec* hij gaf een haal / ruk aan het touw • *donner un ~ de poing à qn* iemand een stomp / vuistslag geven • *donner un ~ de pied à qn* iemand een trap geven • *condamné pour ~s et blessures* veroordeeld wegens het toebrengen van lichamelijk letsel • *recevoir / encaisser des ~s* klappen krijgen • *être noir de ~s* bont en blauw zien • *en venir aux ~s* slaags raken • *casser qc à ~s de pierre* iets met een steen kapotslaan / met stenen ingooien • *donner un ~ de volant* een ruk aan het stuur geven • *donner un ~ de frein* (even) afremmen • *tué sur le ~* op slag gedood • OOK FIG. *rendre ~ sur ~* een klap teruggeven • *ça a été un ~ dur pour eux* die klap kwam hard bij ze aan • *donner le ~ de grâce* de genadeslag geven • *c'est un sale ~!* dat is een lelijke tegenvaller, dat is een rotstreek • INFORM. *si tu me refais ce ~-là!* als je me dat nog eens flikt! • *pleurer un bon ~* een potje huilen • FIG. *tomber sous le ~ de la loi* onder de wet vallen • FIG. *donner un ~ de main à qn* iemand een handje helpen • *faire ~ double* twee vliegen in één klap slaan • *jeter un ~ d'œil sur qc* een blik werpen op iets • FIG. *avoir le ~ d'œil* er kijk op hebben • FIG. *prendre un ~ de vieux* opeens oud worden • FIG. *se donner un ~ de peigne* even een kam door zijn haar halen • INFORM., FIG. *tirer un / son ~* een nummertje maken, een wip maken • *sur le ~ de midi* klokslag 12 uur 's middags • *d'un ~ de baguette magique* als bij toverslag **2** OOK FIG. **zet, (berekende) daad, streek** • *un ~ d'essai* proefstuk, eerste poging, probeersel • *un ~ du sort* speling van het lot • *un ~ du ciel* gelukkige gebeurtenis, buitengewone gebeurtenis • *un ~ de maître* meesterzet • *un ~ de théâtre* onverwachte wending • *un ~ d'État* staatsgreep • *un ~ de force* gewelddaad, coup • *un ~ de colère* vlaag van woede • *un ~ monté* doorgestoken kaart, afgesproken werk • *monter un ~ à qn* iemand iets lappen • *avoir le ~ de barre* opeens doodmoe zijn, erdoorheen zitten • *c'est un ~ de veine qu'il soit arrivé à ce moment-là!* wat een gelukkig toeval dat hij net op dat moment kwam • *faire les quatre cents ~s* een losbandig leven leiden, streken uithalen • *tenir le ~* volhouden, het uithouden • *tenter / risquer le ~* het erop wagen • *mettre qn dans le ~* iemand erbij betrekken • *marquer le ~* er metterdaad op reageren, de gelegenheid niet onopgemerkt laten passeren • INFORM. *manquer / rater son ~* niet in zijn opzet slagen • INFORM. *réussir son ~* het 'm leveren • INFORM. *réussir un gros ~* een klapper maken • INFORM. *ça vaut le ~!* dat is de moeite waard! • INFORM. *être dans le ~* meedoen, erin verwikkeld zijn, ervan weten, bij zijn **3 (plotseling) beweging** • *un ~ d'aile* vleugelslag • *un ~ de vent* windstoot • *un ~ de foudre* bliksemschicht, FIG. plotselinge verliefdheid • *un ~ de sonnette* het aanbellen, het rinkelen van de bel • *un ~ de collier* krachtsinspanning, moedige poging • *un ~ de filet* vangst • *un ~ de soleil* zonnesteek • *donner un ~ de balai dans l'allée* het paadje even aanvegen • FIG. *traduire à ~s de dictionnaire* vertalen met behulp van een woordenboek • INFORM. *donner un ~ de téléphone / de fil à qn* iemand een telefoontje geven **4 keer, maal** • *~ sur ~* keer op keer, meteen achter elkaar • *tout à ~* plotseling • *à tous les ~s* telkens • *d'un seul ~* ineens, in één keer, in één ruk

• *du même* ~ tegelijkertijd • *tout d'un* ~ ineens • *du premier* ~ meteen al • *à* ~ *sûr* vast en zeker, geheid • *après* ~ achteraf • *du* ~ als reactie daarop, prompt, dan ook **5 teug** • INFORM. *boire un* ~ een glaasje drinken, er eentje nemen • *boire d'un seul* ~ in één teug leegdrinken • *boire à petits* ~*s* met kleine teugen drinken

coupable **1** BN **1 schuldig** • *jugé / reconnu* ~ schuldig bevonden • *plaider* ~ schuld bekennen • *se rendre* ~ *de crime* een misdaad begaan **2 laakbaar, strafbaar** **2** ZN M/V **schuldige, dader** • *c'est elle, la grande* ~ het is vooral haar schuld

coupant BN **snijdend,** OOK FIG. **scherp** • *un ton* ~ bitse toon

coup-de-poing ZN M (MV coups-de-poing), **vuistbijl** • *un* ~ *(américain)* boksbeugel • FIG. *opération* ~ bliksemoperatie

coupe ZN V **1 (het) (af)snijden, (het) (af) knippen, (het) kappen, snit, coupe, doorsnede** • *la* ~ *d'un mot* het afbreken van een woord • *une* ~ *de cheveux* haarknippen, kapsel • *une* ~ *en brosse* kortgeknipt haar • *un costume de bonne* ~ een pak van goede snit • FIG. *faire une* ~ *sombre dans le personnel* veel personeel ontslaan **2 beker, coupe, cup, bokaal** • *une* ~ *de champagne* glas champagne • *remporter la* ~ de beker winnen • FIG. *la* ~ *est pleine* de maat is vol

coupé ZN M **gesloten rijtuig met twee plaatsen, coupé**

coupe-circuit ZN M (MV coupe-circuits), **zekering**

coupe-faim ZN M (MV coupe-faim(s)), **eetlustremmer, tussendoortje**

coupe-feu ZN M (MV coupe-feu(x)), **brandgang** • *une porte* ~ branddeur

coupe-file ZN M (MV coupe-files), **toelatingsbewijs**

coupe-gorge ZN M (MV coupe-gorge(s)), **moordhol, gevaarlijke, beruchte plaats**

coupelle ZN V **bekertje, schaaltje**

coupe-ongle, coupe-ongles ZN M (MV coupe-ongles), **nageltang, nagelschaar**

coupe-papier ZN M (MV coupe-papier(s)), **briefopener**

couper **1** OV WW **1 (door)snijden, afsnijden, (af)knippen, kappen, (be)hakken** • ~ *du pain en tranches* brood snijden • ~ *en deux* in tweeën snijden / delen • ~ *l'herbe* gras maaien • ~ *des branches d'arbre* takken snoeien • ~ *un bras à qn* iemands arm amputeren • ~ *les cheveux à qn* iemands haar knippen • FIG. ~ *les cheveux en quatre* muggenziften, haarkloven **2** FIG. **afbreken, onderbreken, verbreken** • *une histoire à vous* ~ *le souffle* een adembenemend verhaal • ~ *la communication* het gesprek afbreken, de verbinding verbreken • ~ *le courant* de stroom afsnijden • ~ *le moteur* de motor afzetten • ~ *la parole à qn* iemand in de rede vallen • ~ *un mot* een woord afbreken • INFORM. *ça te la coupe, hein!* daar sta je van te kijken! **3 couperen** <van kaarten> **4 versnijden** <van wijn> **2** ONOV WW **snijden, onderbreken** • *fais gaffe, ça coupe!* pas op, dat is scherp! • ~ *à travers champs* de kortste weg nemen, de weg afsnijden • INFORM. *tu n'y* ~*as pas!* daar ontkom je niet aan! **3** WKD WW **(se ~) zich snijden,** FIG. **zich afsnijden (van)** • *se* ~ *les ongles* zijn nagels knippen

couper-coller COMP. ZN M (MV id.), **knippen en plakken**

coupeur ZN M (V coupeuse) **1 snijder** • *un* ~ *de cheveux en quatre* haarklover, muggenzifter • *un* ~ *de têtes* koppensneller **2 coupeur**

coupe-vent ZN M (MV coupe-vent(s)), **windjack**

couple ZN M **1 (echt)paar, stel** • *vivre en* ~ samenwonen • *un* ~ *de chevaux* span paarden • *un* ~ *de danseurs* danspaar **2** NATK. **koppel** <van krachten>

couplet ZN M **couplet, strofe** • INFORM. *il y va à nouveau de son* ~ hij begint weer met zijn gezeur

coupole ZN V **koepel** • FIG. *être reçu sous la Coupole* lid worden van de Académie française

coupon ZN M **1 coupon 2 plaatsbewijs** <voor schouwburg>

coupon-réponse ZN M (MV coupons-réponse), **antwoordcoupon**

coupure ZN V **1 insnijding, snee 2 onderbreking, afsluiting** <van stroom, gas, water> • *une* ~ *de courant* stroomstoring • *la* ~ *du déjeuner* lunchpauze **3 knipsel 4 bankbiljet, coupure**

cour ZN V **1 binnenplaats, erf** • *la* ~ *(de récréation)* speelplaats <van school> • *une* ~ *de ferme* boerenerf • *la* ~ *d'honneur* voorplein <van kasteel> • FIG. *jouer dans la* ~ *des grands* bij de groten horen, volwaardig meedoen **2 hof(houding)** • *elle a une* ~ *d'admirateurs* zij heeft een schare bewonderaars • *faire la* ~ *à qn* iemand het hof maken, aanpappen met iemand **3** JUR. **(gerechts)hof** • *la* ~ *d'appel* BELG. hof van appel, gerechtshof • *la* ~ *d'assises* assisenhof • *la Cour de cassation* BELG. hof van cassatie, Hoge Raad • *la Cour Pénale Internationale* Internationaal Strafhof • *la Cour Internationale de Justice* Internationaal Gerechtshof • *la Cour des Comptes* Rekenkamer, BELG. Rekenhof • *une* ~ *martiale* bijzondere krijgsraad • *la* ~ *suprême / la haute* ~ hooggerechtshof • *la* ~ *de justice (de la République)* Hof van Justitie

courage ZN M **moed, dapperheid** • *bon* ~*!* sterkte! • *reprendre* ~ weer moed vatten • *perdre* ~ de moed opgeven / verliezen • *ne pas avoir le* ~ *de faire qc* zich niet tot iets kunnen zetten • *rassembler (tout) son* ~ al zijn moed bijeenrapen • FIG. *prendre son* ~ *à deux mains* de stoute schoenen aantrekken • *il faut beaucoup de* ~ *pour...* er is grote moed voor nodig om...

courageux BN (V courageuse), **dapper, moedig, flink**

couramment BW **1 vloeiend, vlot** • *il parle* ~ *l'anglais* hij spreekt vloeiend Engels **2 gewoonlijk, dagelijks** • *c'est une question qu'on se pose* ~ dat vraag je je vaak af

courant **1** BN **1 stromend, lopend, vloeiend** • *de l'eau* ~*e* stromend water • *expédier les affaires* ~*es* de lopende zaken afhandelen **2 gangbaar, gewoon, courant** • ECON. *le prix* ~ de marktprijs

• *des idées ~es* gangbare meningen • *une monnaie ~e* een gangbare munt • *dans la langue ~e* in de omgangstaal **3** • *un compte ~* rekening-courant **2** ZN M **1** **stroom,** OOK FIG. **stroming** • *un ~ marin* zeestroming • *un ~ d'air* tocht, luchtstroom • *il y a un ~ d'air dans la pièce* het tocht in de kamer **2** elektriciteit **stroom** • *le ~ alternatif* wisselstroom • *le ~ continu* gelijkstroom • *une panne de ~* stroomstoring • *couper le ~* de elektriciteit afsluiten • FIG., INFORM. *le ~ passe entre eux* het klikt tussen hen **3** **loop, gang** • *un ~ de pensée* denkrichting • *je passerai ~ mars* ik kom in de loop van maart langs • *être au ~ de qc* op de hoogte zijn van iets • *se mettre au ~ des affaires* zich op de hoogte stellen • *tenez-moi au ~!* houd me op de hoogte • *suivre le ~* stroomafwaarts gaan, FIG. met de stroom meegaan • *dans le ~ de l'année* in de loop van het jaar

courante INFORM. ZN V **diarree**

courbature ZN V **spierpijn, stijfheid**

courbaturé OV WW • *être ~* spierpijn hebben, geradbraakt zijn

courbe **1** ZN V **curve, kromme lijn, bocht** <in de weg>, **kromming** • AARDK. *une ~ de niveau* hoogtelijn • *la ~ des prix* prijscurve **2** BN **gebogen, krom**

courber **1** OV WW **krommen, (om)buigen** • *~ la tête* het hoofd buigen **2** ONOV WW **buigen, krommen** **3** WKD WW **(se ~)** **1** **ombuigen** **2** **zich buigen, bukken**

courbette ZN V **onderdanige buiging, strijkage** • *faire des ~s à qn* kruiperig tegen iemand doen, buigen als een knipmes voor iemand

courbure ZN V **kromming, bocht**

coureur ZN M (V coureuse), **loper, hardloper, wielrenner, coureur** • *un ~ cycliste* wielrenner • FIG. *un ~ de jupons / de filles* rokkenjager, vrouwenjager

coureuse ZN V **jongensgek, mannengek**

courge ZN V **pompoen** • INFORM. *quelle ~!* wat een sukkel!

courgette ZN V **courgette**

courir **1** ONOV WW onregelmatig **1** **hard lopen, hollen, rennen** • *s'en aller en courant* wegrennen • *il est sorti en courant* hij rende naar buiten • *~ à toutes jambes* zo hard lopen als men kan • *~ après qn* iemand achterna lopen • *~ après qc* iets najagen • *le voleur court toujours* de dader loopt nog vrij rond • *~ à sa perte* zijn ondergang tegemoet gaan • INFORM. *~ comme un dératé* rennen als een bezetene • INFORM. FIG. *tu peux toujours ~!* morgen brengen! • INFORM., FIG *laisse ~!* laat toch zitten! • FIG. *les nuages courent dans le ciel* de wolken jagen langs de hemel • *en courant* hollend, op een drafje **2** **in omloop zijn** • *le bruit court qu'il est revenu* het gerucht gaat dat hij terug is • *par les temps qui courent* tegenwoordig **3** **lopen, stromen** **2** OV WW **1** **lopen, doorlopen, aflopen** • *~ le marathon* de marathon lopen • *~ les mers* de zeeën bevaren • *ça ne court pas les rues* dat is niet algemeen bekend **2** **najagen** • *~ sa chance* een kans wagen • *~ un danger* gevaar lopen • *~ les filles* achter de vrouwen aanzitten • *~ les honneurs* eer najagen

couronne ZN V **1** **kroon** <ereteken> • *le discours de la ~* troonrede • *les joyaux de la ~* kroonjuwelen **2** **krans** • *une ~ mortuaire* grafkrans • *ni fleurs, ni ~s* geen bloemen, geen kransen <bij begrafenis> • *les villes de la petite / grande ~* de nabije / verder afgelegen voorsteden **3** **kroon** <munt> **4** **kroon** <tandprothese>

couronnement ZN M **1** **kroning** • *la fête du ~* kroningsplechtigheid **2** FIG. **bekroning** • *c'est le ~ de son œuvre* dat zet de kroon op zijn werk

couronner OV WW **kronen,** OOK FIG. **bekronen** • *une tête couronnée* gekroond hoofd • *couronné de succès* met succes bekroond • IRON. *et pour ~ le tout...* tot overmaat van ramp...

courrai WW toek. tijd. → **courir**

courre OV WW → **chasse**

courriel COMP. ZN M **e-mail**

courrier ZN M **1** **post** <brieven enz.> • *le ~ électronique* e-mail • *le ~ aérien* luchtpost • *faire son ~* zijn post afhandelen / beantwoorden • *faire suivre le ~* de post doorsturen • *par retour du ~* per omgaande **2** **rubriek** <in blad, krant> • *le ~ du cœur* rubriek voor liefdesadviezen • *le ~ des lecteurs* ingezonden brieven

courriériste ZN M/V **rubriekschrijver, columnist**

courroie ZN V **(leren) riem** • *une ~ de transmission* drijfriem

courroucé LIT. BN **vertoornd** • *un regard ~* boze blik

courroux LIT. ZN M **toorn**

cours "koer" ZN M **1** **loop, verloop, beloop, gang** • *un ~ d'eau* waterloop, stroom, rivier • *le ~ inférieur / supérieur* benedenloop / bovenloop • *le ~ d'une planète* baan van een planeet • *le ~ des saisons* de loop van de seizoenen • *l'année en ~* het lopende jaar • *le ~ normal des choses* de normale gang van zaken • *remonter le ~ d'une rivière* stroomopwaarts gaan • *suivre son ~* z'n beloop hebben • FIG. *donner libre ~ à sa colère* zijn woede de vrije loop laten aan • *au ~ de l'année* in de loop van het jaar • *en ~ de route* onderweg • *en ~ de construction* in aanbouw • *en ~ de réalisation* in uitvoering **2** **omloop, roulatie** • *cette monnaie n'a plus ~* dit geld is niet meer in omloop **3** **koers, (markt)prijs** • *le ~ du change* wisselkoers • *les ~ sont en hausse / en baisse* de (beurs)koersen stijgen / dalen **4** **cursus, college, les** • *un ~ accéléré* spoedcursus • *un ~ par correspondance* schriftelijke cursus • *un cours d'essai* proefles • *un ~ de chant* zangles • *des ~ de conduite* rijlessen • *un ~ de chimie* scheikundeles • *un ~ particulier* privéles, bijles • *un ~ du soir* avondcursus • *des ~ de rattrapage* inhaallessen • *un ~ magistral* hoorcollege • *le ~ préparatoire (CP)* ≈ groep 3 v.d. basisschool • *le ~ élémentaire un / deux (CE1/CE2)* ≈ groep 4 en 5 van de basisschool • *le ~ moyen un / deux (CM1/CM2)* ≈ groep 6 en 7 van de basisschool • *avoir ~ de 9 h à 11 h* les hebben van 9 tot 11 • *faire ~ / donner un ~* college geven • *je n'ai pas ~* ik heb vrij (van school) • *suivre des ~* college lopen • *manquer les ~* de school verzuimen **5** **leerboek,**

CO

collegedictaat

course ZN V **1** (het) hardlopen, ren, wedloop, wedstrijd, race • *des ~s de chevaux* paardenrennen • *une ~ de fond* langebaanwedstrijd • *une ~ de haies* hordeloop • *une ~ d'obstacles* steeplechase, hindernisren • *une ~ de relais* estafetteloop • *un champ de ~s* paardenrenbaan • *un vélo / une voiture de ~* racefiets / raceauto • *un cheval de ~* renpaard • *~ contre la montre* tijdrit, FIG. race tegen de klok • FIG. *la ~ aux armements* bewapeningswedloop • *faire la ~* om het hardst lopen, rijden enz. • *faire une ~ automobile* autoracen • *c'est la ~!* het is jachten! • *être en fin de ~* (bijna) uitgerangeerd zijn • *au pas de ~* in looppas • *en pleine ~* in volle vaart **2** reis, tocht, rit • *le prix de la ~ (en taxi)* ritprijs (van taxi) **3** boodschap • *faire des ~s* boodschappen doen **4** loop, gang

course-poursuite ZN V (MV courses-poursuites), achtervolging(swedstrijd)

coursier **1** ZN M strijdros **2** ZN M (V coursière), loopjongen

coursive ZN V galerij <van flatgebouw>

court "koer" **1** BN kort, krap • *avoir la mémoire ~e* kort van memorie zijn • *prendre le plus ~ chemin* de kortste weg nemen • *une ~e victoire* een nipte overwinning **2** BW kort, plotseling, snel • *pour faire ~* om kort te gaan • *être à ~ d'arguments* met de mond vol tanden staan • *être à ~ d'argent* krap bij kas zijn • *couper ~ à un entretien* een gesprek afkappen • FIG. *prendre qn de ~* iemand overrompelen • *la discussion a tourné ~* de discussie hield opeens op • *tout ~* zonder meer, kortweg **3** ZN M tennisbaan • *le ~ central* het centercourt

court-circuit ZN M (MV courts-circuits), kortsluiting • *provoquer un ~* kortsluiting maken

court-circuiter OV WW kortsluiting maken in, FIG. passeren <van tussenschakels>

courtier ZN M (V courtière), makelaar, tussenhandelaar • *un ~ en bourse* beursagent

courtiser OV WW het hof maken, vleien

court métrage ZN M (MV courts métrages), korte film

courtois BN hoffelijk, beleefd • *un poète ~* een hoofse dichter

courtoisie ZN V hoffelijkheid, beleefdheid • *une visite de ~* beleefdheidsbezoek

Courtrai ZN M Kortrijk

couru **1** BN drukbezocht • *c'est une pièce de théâtre très ~e* dat toneelstuk trekt veel publiek **2** WW volt. deelw. → **courir**

couscous "koeskoes" ZN M couscous

cousin **1** ZN M (V cousine) **1** neef, nicht <in dezelfde generatie> • *un ~ germain* volle neef • *un ~ éloigné* een verre neef **2** verwant • *ils sont un peu ~s* ze zijn verre familie **2** ZN M steekmug

coussin ZN M (zit)kussen • *un ~ d'air* luchtkussen • *un ~ gonflable* airbag

coussinet ZN M kussentje <van dieren>

cousu **1** BN genaaid • *motus et bouche ~e!* mondje dicht! • FIG. *c'est ~ de fil blanc* dat ligt er (duimendik) bovenop, dat is volkomen doorzichtig <van leugen, bedrog> • INFORM. *c'est du ~ main* het is eersteklas (kwaliteit) **2** WW volt. deelw. → **coudre**

coût "koe" ZN M (de) kosten • *le ~ de la vie* de kosten van levensonderhoud • *le ~ de la production* productiekosten • *le coût financier* kostenpost

coûtant BN kost- • *au prix ~* tegen kostprijs

couteau ZN M mes • *un ~ émoussé* een bot mes • *un ~ à cran d'arrêt* stiletto • *un ~ à (découper la) viande* voorsnijmes • *un brouillard à couper au ~* potdichte mist • *une atmosphère à couper au ~* stemming / spanning om te snijden • FIG. *jouer du ~* zijn mes trekken • FIG. *être à ~x tirés avec qn* op gespannen voet met iemand staan • FIG. *remuer le ~ dans la plaie* zout in de wond wrijven • FIG. *mettre le ~ sous la gorge à qn* iemand het mes op de keel zetten

coûter **1** OV WW kosten • *ça lui a coûté la vie* dat kostte hem het leven • *cela me coûte mon poste* dat kost me m'n baan • INFORM. *ça nous coûte les yeux de la tête / la peau des fesses* dat kost ons bakken met geld • FIG. *ça ne coûte rien d'être gentil* het kost je niets om aardig te zijn • FIG. *ça ne coûte rien d'essayer* nee heb je, ja kun je krijgen **2** ONOV WW **1** kosten • *combien ça coûte?* hoeveel kost dat?, hoe duur is dat? • *~ cher* duur zijn, duur te staan komen • *coûte que coûte* tot elke prijs, koste wat kost **2** moeite kosten • *un aveu qui coûte* pijnlijke bekentenis

coûteux BN (V coûteuse), duur, kostbaar • *~ en temps et en énergie* tijd en energie verspillend

coutume ZN V gewoonte, gebruik • *les us et ~s* zeden en gewoonten • *nous avons ~ de partir à Noël* wij zijn gewoon met Kerstmis weg te gaan • *une fois n'est pas ~* eenmaal is geen maal

coutumier BN (V coutumière), gewoonte-, gewoon • *le droit ~* gewoonterecht

couture ZN V (het) naaien, naaikunst, naad • *une boîte à ~* naaidoos • *faire des petits travaux de ~* wat naaiwerk doen • FIG. *battre qn à plate ~* iemand totaal verslaan, iemand in de pan hakken • FIG. *examiner qc sous toutes les ~s* iets zorgvuldig onderzoeken

couturier ZN M couturier, modeontwerper

couturière ZN V naaister

couvée ZN V broedsel • INFORM., FIG. *il n'est pas né de la dernière couvée!* hij is niet van gisteren

couvent ZN M **1** klooster **2** meisjespensionaat geleid door zusters

couver **1** OV WW **1** OOK FIG. (uit)broeden • FIG. *~ une maladie* een ziekte onder de leden hebben **2** koesteren • *~ qn des yeux* iemand met de ogen verslinden **2** ONOV WW broeien, OOK FIG. smeulen • *la révolte couve* er smeult een opstand, het broeit

couvercle ZN M deksel • *visser / dévisser le ~* het deksel erop / eraf draaien

couvert "koevèr" **1** ZN M **1** bestek, couvert • *une table de huit ~s* tafel gedekt voor acht personen • *le vivre et le ~* kost en inwoning • *mettre / ôter le ~* de tafel dekken / afnemen **2** bescherming, beschutting • *se mettre à ~* beschutting zoeken, schuilen • *sous le ~ de la plaisanterie* onder het mom van een grapje • *sous le ~ de la loi* gedekt door de wet **2** BN **1** bedekt, OOK FIG. gedekt • *être* *chaudement* ~ warm gekleed zijn • *il est ~ de sang* hij zit onder het bloed • *être ~ de taches* onder de vlekken zitten • *parler à mots ~s* in bedekte termen spreken • *il est ~ par ses supérieurs* hij wordt gedekt door zijn meerderen **2 betrokken, bewolkt** • *un ciel ~* bewolkte lucht **3** WW volt. deelw. → **couvrir**

couverture ZN V **1 deken** • *une ~ chauffante* elektrische deken • *une ~ de magazine* tijdschriftomslag • *une ~ de cahier / de livre* kaft / boekomslag • FIG. *tirer la ~ à soi* zich het leeuwendeel toe-eigenen, op eigen voordeel uit zijn **2 (het) verslaan** <van een evenement> **3** FIG. **dekmantel, voorwendsel 4** OOK FIG. **dekking** • *la ~ maladie universelle* algemene ziektekostenverzekering • *la ~ complémentaire maladie* aanvullende ziektekostenverzekering

couveuse ZN V **1 couveuse 2 broedse kip**

couvre-feu ZN M (MV couvre-feux), **avondklok** • *décréter / instaurer le ~* de avondklok instellen, een uitgaansverbod uitvaardigen

couvre-lit ZN M (MV couvre-lits), **sprei**

couvreur ZN M **leidekker, dakdekker**

couvrir **1** OV WW **1 bedekken (de met), overdekken** • *une peinture couvrante* dekkende verf • *bien ~ un enfant* een kind warm aankleden • FIG. *~ qn d'éloges* iemand met lof overladen • *elle le couvre de cadeaux* zij overstelpt hem met cadeaus **2 beschermen, dekken, verbergen** • *l'orchestre couvre sa voix* het orkest overstemt haar **3 afleggen** <v. afstand>, **bestrijken 4 verslaan** <v. evenement> • *la télévision a couvert le match* de wedstrijd was op de televisie **5** ECON. **dekken** • *les recettes couvrent les dépenses* de inkomsten dekken de uitgaven **2** WKD WW **(se ~) 1 zich (warm) kleden** • *couvrez-vous bien!* kleed je warm aan! **2 betrekken** <v.d. lucht>

covoiturage ZN M **carpooling**

cow-boy "koboj" ZN M (MV cow-boys), **cowboy**

CP AFK O&W cours préparatoire *m* ≈ **groep 3 van de basisschool**

crabe ZN M **krab** • FIG., INFORM. *c'est un panier de ~s!* het is er een slangenkuil

crac TUSSENW **krak!**

crachat ZN M **1 spuug, fluim 2** INFORM. **ridderkruis**

cracher **1** OV WW **1 (uit)spuwen** • *~ du sang* bloed opgeven • *un volcan qui crache de la lave* vulkaan die lava uitbraakt • FIG. *~ le morceau* doorslaan, bekennen • INFORM. *c'est lui tout craché* hij is het sprekend, het is hem ten voeten uit **2** FIG. <geld> **dokken 2** ONOV WW **1 spuwen** • *~ au visage de qn* iemand in het gezicht spugen • FIG. *~ sur qn* iemand verachten • FIG. *je ne crache pas sur le chocolat* ik ben niet vies van chocola • FIG., INFORM. *~ dans la soupe* zijn eigen nest bevuilen **2 blazen** <van kat>

crachin ZN M **motregen**

crachiner ONOV WW **miezeren**

crachoir ZN M **spuwbak, kwispedoor** • INFORM. *tenir le ~ à qn* naar iemand luisteren zonder een woord ertussen te krijgen

crachoter ONOV WW **1 vaak spuwen 2** ELEK. **knetteren** • *une radio qui crachote* krakende radio

crack "krak" INFORM. ZN M **1 crack, uitblinker** • *c'est un ~ en maths* hij is een kei in wiskunde **2 crack** <drug>

crade, crado INFORM. BN cradingue **vies, goor**

craie ZN V **krijt, krijtje** • *un bâton de ~* pijpje krijt

craignos "-os" INFORM. BN **knudde, flut**

craindre **1** OV WW onregelmatig **1 vrezen, bang zijn voor** • *~ Dieu* godvruchtig zijn • *on craint qu'il ne vienne pas* we zijn bang dat hij niet komt • *je ne crains pas de le dire* ik schroom niet het te zeggen • *je crains qu'il ne soit trop tard* ik vrees dat het te laat is **2 niet kunnen tegen** • *craint la chaleur / l'humidité!* koel / droog bewaren! **2** ONOV WW **1 bezorgd zijn (voor)** • *~ pour la vie de qn* voor iemands leven vrezen **2** • INFORM. *ça craint!* dat is gevaarlijk / link, dat is niet best!, dat is flut!

craint WW volt. deelw. → **craindre**

crainte ZN V **vrees (de voor)** • *soyez sans ~!* wees maar gerust! • *avoir des ~s au sujet de qc* ergens niet gerust op zijn • *de ~ qu'il ne vienne* uit angst dat hij komt • *par ~ / dans la ~ de représailles* uit vrees voor represailles

craintif BN (V craintive), **bang, vreesachtig** • *un animal ~* schuw dier

cramer INFORM. ONOV WW **schroeien, verbranden, aanbranden**

cramoisi BN **karmijnrood, hoogrood** • *elle est devenue ~e* ze liep rood aan

crampe ZN V **kramp** • *avoir des ~s d'estomac* maagkramp hebben

crampon ZN M **1 kram, nop** <v. schoen>, **metalen punt** <voor houvast> **2** INFORM. **klit** <persoon>, **plakker**

cramponner **1** OV WW INFORM. **lastigvallen, niet loslaten 2** WKD WW **(se ~) zich vastklemmen, zich vastklampen (à aan)**

cran ZN M **1 keep, kerf, gaatje** <in riem> • *un ~ d'arrêt / de sûreté* veiligheidspal <van wapen> • *un couteau à ~ d'arrêt* stiletto • *serrer sa ceinture d'un ~* zijn riem een gaatje aanhalen • FIG. *être à ~* op springen staan <van woede> • FIG. *monter d'un ~* een tikje omhooggaan, een stapje verder gaan • FIG. *baisser d'un ~* een tikje omlaaggaan, een toontje lager zingen **2** INFORM. **lef** • *une fille qui a du ~* een meid met lef

crâne ZN M **schedel** • *avoir le ~ chauve* een kale kop hebben • INFORM. *avoir mal au ~* koppijn hebben • INFORM. *il n'a rien dans le ~* hij heeft zaagsel in z'n hoofd, hij is een leeghoofd • FIG. *bourrer le ~ à qn* iemand zijn mening opdringen, iemand hersenspoelen

crâner INFORM. ONOV WW **opscheppen, flink doen**

crâneur INFORM. ZN M (V crâneuse), **opschepper, branieschopper**

crânien BN (V crânienne), **schedel-** • *la boîte crânienne* hersenpan

crapaud ZN M **1 pad** <dier> • *laid comme un ~* lelijk als de nacht **2** INFORM. **mormel 3 crapaud**

crapule ZN V **smeerlap, schoft**

crapuleux BN (V crapuleuse), **gemeen, laag, schofterig**

cr

craquant INFORM. BN appetijtelijk, kostelijk, schattig
craque INFORM. ZN V opsnijderij, leugenverhaal • *il a raconté des ~s* hij heeft zitten bluffen
craqueler **1** OV WW doen barsten <bijv. v. porselein> **2** WKD WW **(se ~)** barsten
craquelure ZN V barstje in vernis, verf, craquelé
craquement ZN M gekraak, geknars
craquer **1** ONOV WW **1** kraken, knarsen • *des chaussures qui craquent* krakende schoenen • *un feu de bois qui craque* knappend houtvuur • *faire ~ une allumette* een lucifer afstrijken **2** knappen, kapotgaan, scheuren, barsten • FIG. *une salle pleine à ~* overvolle zaal **3** FIG. in elkaar klappen, afknappen, instorten • *ses nerfs ont craqué* zijn zenuwen begaven het **4** INFORM, FIG vallen (voor) • *elle a craqué pour la petite robe verte* ze viel voor dat groene jurkje **2** OV WW COMP. kraken
crash ZN M (het) crashen, crash
crasher ONOV WW crashen
crasse **1** ZN V **1** vuil, stoflaag **2** gemene streek • *faire une ~ à qn* iemand een loer draaien **2** BN grof • *une ignorance ~* grove onwetendheid
crasseux BN vuil, smerig
cratère ZN M krater
cravacher **1** OV WW met de karwats slaan, aanzwepen **2** ONOV WW INFORM. zich uitsloven, aanpezen • *~ dur* zich rot werken
cravate ZN V (strop)das • FIG., INFORM. *s'en jeter un derrière la ~* er eentje achteroverslaan
crawl "krol" ZN M crawl(slag)
crayon ZN M potlood, stift • *une boîte de ~s de couleur* doos kleurpotloden • *un ~ feutre* viltstift • *un ~ à sourcils* wenkbrauwpotlood • *tailler un ~* een potlood slijpen
crayonner OV WW tekenen met potlood / krijt, schetsen
créance JUR. ZN V schuldvordering • *des lettres de ~* geloofsbrieven
créancier ZN M (V créancière), schuldeiser
créateur **1** ZN M (V créatrice), schepper, uitvinder, maker, grondlegger • *le Créateur* de Schepper, God • *un ~ artistique* scheppend kunstenaar • *un ~ de mode* modeontwerper **2** BN (V créatrice), scheppend, creatief
créatif BN (V créative), creatief
création ZN V **1** schepping, creatie • *les merveilles de la ~* de wonderen van de schepping • *~ de site Internet / web* webdesign **2** oprichting, instelling • *la ~ de nouveaux emplois* het scheppen van nieuwe banen • *de ~ récente* onlangs ingesteld **3** eerste vertolking <van stuk, rol>, première
créativité ZN V creativiteit
créature ZN V **1** schepsel **2** INFORM. vrouw • *une ~ de rêve* mooie vrouw
crécelle ZN V OOK FIG. ratel • *une voix de ~* schreeuwerige stem
crèche ZN V **1** crèche, kinderdagverblijf **2** krib
crécher INFORM. ONOV WW huizen, overnachten
crédibiliser OV WW geloofwaardig maken
crédibilité ZN V geloofwaardigheid
crédible BN geloofwaardig
crédit "-die" ZN M **1** ECON. krediet, tegoed • *une carte de ~* creditcard • *un ~ de communication* beltegoed • *le ~ agricole* landbouwkrediet, boerenleenbank • *le ~ foncier* grondkrediet(bank) • *le ~ municipal* stadsbank van lening • *un établissement de ~* (krediet)bank • *acheter qc à ~* iets op krediet / afbetaling kopen • *faire ~ à qn* iemand krediet geven • *prendre / rembourser un ~ immobilier* een hypotheek nemen / aflossen **2** krediet, vertrouwen, goede naam • *avoir du ~ auprès de qn* krediet hebben bij iemand, iemands vertrouwen hebben
crédit-bail ZN M (MV crédits-bails), leasing
créditeur **1** ZN M (V créditrice), crediteur **2** BN (V créditrice), credit- • *un compte ~* creditrekening
credo ZN M credo, geloofsbelijdenis • *le ~ politique* politieke beginselen
crédule BN lichtgelovig, (te) goed van vertrouwen
crédulité ZN V lichtgelovigheid
créer **1** OV WW **1** scheppen, voortbrengen, creëren **2** instellen, oprichten, voor het eerst vertolken <van rol, stuk> • *~ un spectacle* met een voorstelling in première gaan • *~ un empire* een rijk stichten **3** veroorzaken • *~ des obstacles* hindernissen opwerpen • *cette affaire a créé un précédent* die kwestie heeft een precedent geschapen • *son patron lui a créé des ennuis* zijn baas heeft hem problemen bezorgd **2** WKD WW **(se ~)** **1** ontstaan **2** maken, opbouwen
crémaillère ZN V heugel • FIG. *pendre la ~* een housewarmingparty / inwijdingsfeestje voor de nieuwe woning geven
crémation ZN V crematie, lijkverbranding
crématoire BN crematie- • *un four ~* lijkoven
crème **1** ZN V **1** room • *de la ~ Chantilly / fouettée* slagroom • *de la ~ fraîche* ongeklopte (slag)room • *de la ~ glacée* roomijs • *une tarte à la ~* slagroomtaart **2** crème, zalf • *une ~ à raser* scheercrème • *une ~ de nuit / de jour* nachtcrème / dagcrème **3** vla, pudding • *une ~ anglaise* vanillepudding • *une ~ brûlée* gekarameliseerde vla • *une ~ caramel* karamelpudding **4** likeur • *de la ~ de menthe* pepermuntlikeur **5** gebonden soep **6** INFORM., FIG. crème de la crème <het beste> • *cet homme est la ~ des maris!* hij is de ideale echtgenoot **2** ZN M • *un (café) ~* kop koffie met melk, koffie verkeerd **3** BN onver. crème(kleurig)
crèmerie ZN V zuivelhandel, zuivelwinkel • FIG. *changer de ~* ergens anders gaan kopen, (maar eens) ergens anders heengaan
crémeux BN (V crémeuse), romig
crémier ZN M (V crémière), verkoper van zuivelproducten
créneau ZN M (MV créneaux) **1** kanteel, tinne, schietgat • FIG. *monter au ~* zich in een kwestie mengen, zich als voorvechter opwerpen **2** tussenruimte, tijdsruimte, FIG. (gunstige) gelegenheid • *faire un ~* achteruit insteken,

fileparkeren • FIG. *un ~ dans le marché* gat in de markt, niche • *avoir un ~ à midi* om 12 uur een gaatje hebben • *des créneaux horaires réservés aux partis politiques* zendtijd voor politieke partijen
créole 1 BN creools **2** ZN M/V creool
crêpe 1 ZN V flensje, pannenkoek **2** ZN M crêpe(rubber)
crêper 1 OV WW kroezen, touperen **2** WKD WW **(se ~)** kroes worden • INFORM. *se ~ le chignon* elkaar in de haren vliegen
crêperie ZN V pannenkoekenhuis
crépi ZN M pleisterkalk
crépitement ZN M geknetter • *le ~ du feu* het knappen van het vuur
crépiter ONOV WW knetteren • *les applaudissements crépitent* er klinkt een klaterend applaus
crépu BN gekroesd, kroezig
crépusculaire BN schemerig • *la lumière ~* schemerlicht
crépuscule ZN M schemering • FIG. *le ~ de la vie* de levensavond
cresson "krè-/krù-" ZN M sterrenkers, waterkers
crête ZN V **1** ANAT. kam • *la ~ du coq* hanenkam **2** FIG. top, nok, kop, bergkam • *la ~ d'une vague* golfkam
Crète ZN V Kreta
crétin 1 BN stom, idioot **2** ZN M (V crétine), stommeling, ezel
crétinerie ZN V stompzinnigheid
crétinisme ZN M stompzinnigheid
creuser 1 OV WW **1** uithollen, graven • *~ un tunnel* een tunnel graven **2** FIG. uitdiepen • *~ un sujet* een onderwerp uitdiepen • *le chagrin a creusé ses joues* van verdriet heeft hij ingevallen wangen gekregen • *~ l'écart* het verschil groter maken **2** ONOV WW graven • INFORM. *le sport, ça creuse* sport maakt hongerig **3** WKD WW **(se ~)** dieper worden • *se ~ la tête* zich het hoofd breken, zich suf piekeren • *le fossé se creuse* de kloof wordt dieper
creuset ZN M OOK FIG. smeltkroes
creux 1 BN (V creuse), hol, diep • *une assiette creuse* diep bord • *un chemin ~* holle weg • *des joues creuses* ingevallen wangen • *un ventre ~* lege maag • *les heures creuses et les heures de pointe* daluren en spitsuren • *un discours ~* nietszeggende toespraak **2** BW hol • *sonner ~* hol klinken **3** ZN M holte, diepte, dieptepunt • *le ~ du genou* knieholte • *avoir un petit ~ (à l'estomac)* een holle maag hebben, trek hebben • FIG. *au ~ de la vague* in een periode van depressie, op het dieptepunt
crevaison ZN V (het) springen <van band>, lekke band
crevant INFORM. BN **1** doodvermoeiend **2** om je rot te lachen
crevasse ZN V kloof, spleet, barst
crevasser 1 OV WW doen barsten • *des mains crevassées* handen met kloven **2** WKD WW **(se ~)** barsten, splijten
crevé BN **1** kapot • *un pneu ~* lekke band **2** INFORM. dood **3** INFORM. doodop
crève INFORM. ZN V dood • *attraper la ~* kou vatten • *avoir la ~* verkouden zijn, zich niet lekker voelen
crève-la-faim INFORM. ZN M (MV id.), hongerlijder
crever 1 OV WW **1** doen barsten, doorbreken • *~ un œil à qn* iemand een oog uitsteken • FIG. *ça vous crève le cœur* dat is hartverscheurend • FIG. *ça crève les yeux* dat springt in het oog, dat is zonneklaar, dat ziet een kind **2** zeer vermoeien **2** ONOV WW **1** barsten, springen • *il a crevé trois fois* hij heeft drie keer een lekke band gehad **2** creperen <van mens>, doodgaan <van plant, dier> • INFORM., FIG *~ de froid* verrekken van de kou • INFORM., FIG *~ de jalousie* barsten van jaloezie • INFORM., FIG *~ de faim* sterven van de honger • INFORM., FIG *~ de rire* stikken v.h. lachen **3** WKD WW **(se ~)** zich vermoeien, zich uitputten • FIG. *se ~ les yeux* zijn ogen vermoeien / verpesten • INFORM. *se ~ au travail* zich doodwerken
crevette ZN V garnaal • *des ~s grises* (gewone) garnalen
cri ZN M **1** kreet, gil, schreeuw • *un ~ de joie* vreugdekreet • *un ~ d'alarme* kreet van schrik • *le ~ du cœur* hartenkreet • *réclamer qc à grands cris* iets luidkeels eisen • *pousser des cris* kreten slaken **2** gekrijs, roep <van dieren> **3** • *un modèle dernier ~* het allernieuwste model • *(du) dernier ~* volgens de nieuwste mode, het nieuwste van het nieuwste
criailler ONOV WW krijsen
criant BN schreeuwend, hemeltergend, sprekend, overduidelijk • *une injustice ~e* schreeuwend onrecht
criard BN schreeuwerig, schel • *une voix ~e* schelle stem • *des couleurs ~es* opzichtige kleuren
crible ZN M zeef • *passer qc au ~* iets zeven • FIG. *passer une idée au ~* een idee op de keper beschouwen, een idee grondig onderzoeken
cribler OV WW **~ de** doorzeven met, overladen met • *criblé de coups* bont en blauw geslagen • FIG. *criblé de dettes* tot over de oren in de schuld
cric "kriek" ZN M krik
cric-crac TUSSENW krikkrak
criée ZN V • *une (vente à la) ~* verkoop bij opbod, visafslag
crier 1 ONOV WW **1** schreeuwen, gillen • *~ à tue-tête* luidkeels schreeuwen • *~ comme un putois / comme un sourd* uit alle macht schreeuwen • *~ contre* / INFORM. *après qn* tegen iemand schreeuwen • *~ de douleur* schreeuwen van de pijn • *~ à l'assassin* moord roepen • *~ au feu* brand roepen • *~ au secours* om hulp roepen • FIG. *~ à l'injustice* onrecht aan de kaak stellen **2** roepen <van dieren> **2** OV WW schreeuwen, roepen • *~ qc à qn* iemand iets toeroepen • *~ victoire* victorie kraaien • *~ vengeance* om wraak roepen • *~ famine / misère* zijn nood klagen
crime ZN M misdaad • *les ~s de guerre* oorlogsmisdaden • *un ~ de lèse-majesté* majesteitsschennis • *un ~ d'honneur* eerwraak • *le ~ parfait* de perfecte moord • *l'arme du ~* het moordwapen • *commettre un ~* een misdrijf begaan • *le ~ ne paie pas* misdaad loont niet

cr

Crimée ZN V Krim
criminaliser **1** OV WW criminaliseren, in de criminele sfeer trekken **2** WKD WW **(se ~)** crimineel worden
criminalité ZN V misdadigheid, criminaliteit
criminel **1** BN (V criminelle) **1** misdadig • *un incendie ~* brandstichting **2** strafrechtelijk, straf- • *une affaire ~le* strafzaak **2** ZN M (V criminelle), misdadiger • *un ~ de guerre* oorlogsmisdadiger
criminologie ZN V criminologie
criminologue ZN M/V criminoloog
crincrin INFORM. ZN M gekras <van slechte viool>
crinière ZN V manen, FIG. lange, woeste haren
crique ZN V kreek
criquet ZN M veldsprinkhaan
crise ZN V **1** crisis • *une ~ ministérielle* kabinetscrisis • *la ~ du logement* woningnood • *l'Europe est en ~* Europa maakt een crisis door **2** hevige aanval, vlaag • *une ~ d'appendicite* blindedarmontsteking • *une ~ de foie* indigestie • *une ~ cardiaque* hartaanval • *une ~ d'asthme* aanval van astma • *une ~ de nerfs* zenuwtoeval • *une ~ de larmes* huilbui • FIG. *la ~ de la quarantaine* midlifecrisis • *surmonter une ~* een crisis te boven komen • FIG. *traverser une ~*; FIG. *être en (pleine) ~* een crisis doormaken • INFORM. *piquer une ~ de nerfs* een zenuwtoeval hebben, het op de zenuwen krijgen • INFORM., FIG. *elle fait sa ~* ze heeft het weer op de heupen
criser ONOV WW INFORM. het op de zenuwen krijgen, over je toeren zijn, flippen
crispant BN irritant
crispation ZN V irritatie
crisper **1** WKD WW **(se ~)** zich ergeren **2** OV WW **1** samentrekken, verkrampen • *un poing crispé* gebalde vuist • *un visage crispé par la douleur* van pijn verwrongen gezicht **2** INFORM. ongeduldig maken, tureluurs maken • *son attitude me crispe* zijn gedrag werkt op m'n zenuwen
crissement ZN M geknars
crisser ONOV WW knarsen
cristal ZN M (MV cristaux), kristal • *du ~ de roche* bergkristal
cristallin **1** BN **1** kristalhelder **2** kristallijn, kristal- **2** ZN M ooglens
cristallisation ZN V kristalvorming, kristallisatie
critère ZN M criterium • *un ~ de qualité* kwaliteitscriterium
critiquable BN laakbaar, aanvechtbaar
critique **1** BN **1** kritiek, beslissend, NATK. kritisch • *la phase ~ d'une maladie* kritieke fase van een ziekte • *le moment ~* het beslissende ogenblik • *la situation est ~* de toestand is kritiek **2** kritisch, oordelend • *un esprit ~* kritische geest • *un examen ~* kritisch onderzoek • *se montrer ~ à l'égard de qc* ergens kritisch tegenover staan **2** ZN V **1** kritiek, beoordeling • *faire la ~ d'un roman* een roman bespreken / recenseren **2** kritiek, afkeuring • *une ~ impitoyable* een vernietigende kritiek • *une avalanche de ~s* een storm van kritiek • *la ~ est aisée et l'art est difficile* de beste stuurlui staan aan wal **3** ZN M/V criticus, recensent • *un ~ d'art* kunstcriticus • *un ~ de cinéma* filmrecensent
critiquer OV WW **1** recenseren, beoordelen **2** kritiseren, kritiek leveren op
croasser ONOV WW krassen <van raven, kraaien>
croate **1** ZN M (het) Kroatisch **2** BN Kroatisch
Croate ZN M Kroaat
Croatie ZN V Kroatië
croc "kroo" ZN M **1** haak, bootshaak • *un ~ de boucher* vleeshaak **2** hoektand <van roofdieren> • FIG. *montrer les ~s* zijn tanden laten zien • INFORM. *avoir les ~s* uitgehongerd zijn
croc-en-jambe ZN M (MV crocs-en-jambe), (het) beentje lichten
croche-pied ZN M (MV croche-pieds), (het) beentje lichten
crochet ZN M **1** haakje, haak • FIG. *vivre aux ~s de qn* op iemands kosten / zak leven **2** DIERK. hoektand • *des ~s venimeux* giftanden **3** haaknaald, haakwerk • *faire du ~* haken **4** hoekstoot <bij boksen> • *un ~ du gauche* een linkse hoek **5** omweg, plotselinge draai
crocheter OV WW **1** openen met een loper **2** haken
crocheteur ZN M inbreker die zich van een loper bedient
crochu BN krom, gebogen • *un nez / un bec ~* haakneus / kromme snavel • FIG. *avoir les doigts ~s* hebberig zijn • INFORM. *ils ont des atomes ~s* het klikt tussen hen
crocodile ZN M krokodil
crocus "-uus" ZN M krokus
croire **1** OV WW onregelmatig geloven, denken, menen, houden voor • *je le crois honnête* ik houd hem voor een eerlijk man • *faire ~ qc à qn* iemand iets wijsmaken • *je le crois sur parole* ik geloof hem op zijn woord • *on croit rêver!* het is niet te geloven! • *tout porte à ~ que c'est faux* alles wijst erop dat het niet waar is • *il faut ~ qu'il a raison* hij zal wel gelijk hebben • *je le crois capable de tout* ik acht hem tot alles in staat • *je n'en crois pas un mot* ik geloof er niks van • *ne pas en ~ ses yeux* zijn ogen niet kunnen geloven • *je te croyais parti* ik dacht dat je weg was • *il faut le voir pour le ~* je moet het zien om het te geloven • *il nous a fait ~ que tout allait bien* hij wilde ons wijsmaken dat alles goed ging • *je crois que non / oui* ik geloof van niet / wel • *je lui crois beaucoup de fantaisie* ik geloof dat hij veel fantasie heeft • INFORM. *ma parole, tu crois au père Noël!* geloof je soms in de Kerstman? • *à l'en ~*... als men hem geloven mag... **2** ONOV WW geloven • *~ en Dieu* in God geloven • *~ dur comme fer à qc* ergens rotsvast in geloven **3** WKD WW **(se ~)** zichzelf iets verbeelden, zich houden voor, zich wanen • *il se croit quelqu'un* hij vindt zichzelf heel wat • *il se croit tout permis* hij denkt dat hij alles mag • *on se croirait déjà au printemps* het lijkt wel of het al voorjaar is
croisade ZN V kruistocht • FIG. *une ~ contre le tabagisme* antirookcampagne
croisé **1** BN gekruist • *des mots croisés*

kruiswoordraadsel • *les bras croisés* met de armen over elkaar • FIG. *rester les bras croisés* werkeloos toekijken **2** ZN M **kruisvaarder**

croisée ZN V **kruispunt** • FIG. *être à la ~ des chemins* op een tweesprong staan

croisement ZN M **1 (het) kruisen, kruispunt** • *des feux de ~* dimlicht **2 kruising** <ook v. rassen>

croiser 1 OV WW **1 kruisen** • *~ les bras* de armen over elkaar slaan **2 tegenkomen 2** WKD WW **(se ~) elkaar kruisen, elkaar ontmoeten** • *se ~ les bras* werkeloos toezien

croisière ZN V **1 cruise** • *la vitesse de ~* kruissnelheid • *un missile de ~* kruisraket **2 patrouillevaart** <van oorlogsschepen>

croissance ZN V **groei, toename** • *la ~ démographique* bevolkingsgroei • *une ville en pleine ~* sterk groeiende stad • *la ~ zéro* nulgroei

croissant 1 ZN M **1 wassende maan, halvemaan, maansikkel 2 croissant** <broodje> **2** BN **groeiend, toenemend, wassend** • *en nombre ~* steeds talrijker

croître ONOV WW **groeien, toenemen, wassen** <van water> • *~ en sagesse* wijzer worden

croix ZN V **kruis** • *la Croix-Rouge* het Rode Kruis • *la ~ gammée* hakenkruis • *faire le signe de ~* een kruisteken maken • *mettre les bras en ~* de armen strekken • INFORM., FIG. *c'est la ~ et la bannière* het heeft heel wat voeten in de aarde • FIG. *tu peux faire une ~ dessus* dat kun je wel vergeten

croquant BN **knappend, knapperig**

croque-madame ZN M (MV id.), **tosti ham-kaas met gebakken ei**

croque-mitaine, **croquemitaine** ZN M **boeman**

croque-monsieur ZN M (MV id.), **tosti ham-kaas**

croque-mort INFORM., **croquemort** ZN M (MV croque(-)morts), **lijkdrager** • FIG. *une tête de ~* doodbiddersgezicht

croquer OV WW **1 opknabbelen, oppeuzelen** • *~ une pomme* een appel eten • FIG. *~ une fortune / un héritage* een fortuin / erfenis erdoor draaien **2 schetsen** • *elle est (mignonne) à ~* ze is snoezig

croquette ZN V **kroket** • *des ~s pour chien* hondenbrokjes

croquis "-ie" ZN M **schets, ontwerp**

cross "kros" ZN M **veldloop, veldrit, cross**

crosse ZN V **1 kolf** <van geweer> • FIG. *mettre / lever la ~ en l'air* zich overgeven **2 hockeystick, kolfstok, golfclub 3 kromstaf**

crotale ZN M **ratelslang**

crotte 1 ZN V **1 keutel, drol** • *des ~s de chien* hondenpoep • *des ~s de nez* neuspulksel • INFORM. *~ (de bique)!* waardeloos! • INFORM. *faire sa ~* een hoop doen • *marcher dans (de) la ~* in een hoop trappen **2** FIG. • *une ~ de chocolat* praline, chocolaatje **2** TUSSENW INFORM. **stik!**

crotter 1 OV WW **(met modder) bevuilen 2** ONOV WW INFORM. **poepen**

crottin ZN M **1 paardenvijg 2 geitenkaasje**

croulant 1 BN **bouwvallig, afgeleefd 2** ZN M (V croulante) JEUGDT. **oudje** • *les ~s* de ouwelui

crouler ONOV WW OOK FIG. **instorten, bezwijken** • *un bâtiment qui menace de ~* gebouw dat op instorten staat

croupe ZN V **kruis** <van paard>, INFORM. **kont** • *prendre qn en ~* iemand achterop nemen <op paard, (motor)fiets>

croupetons • *à ~* gehurkt, in hurkzit

croupier ZN M (V croupière), **croupier**

croupion ZN M **stuit** <van vogel, gevogelte>

croupir ONOV WW **1 stilstaan en daardoor bederven** <van water> **2 vervuilen 3 kwijnen, vegeteren** • *~ dans la misère* in de ellende zitten

croustade ZN V **warm, knappend pasteitje**

croustillant BN **1 knapperig, krokant 2** FIG. **pikant** • *donner des détails ~s* pikante details geven

croûte ZN V **1 korst** • *la ~ du pain* broodkorst • *la ~ terrestre* aardkorst • INFORM. *gagner sa ~* de kost verdienen • INFORM. *casser la ~* een hapje eten **2** INFORM. **slecht schilderij 3** INFORM. • *une vieille ~* ouwe sul

croûton ZN M **1 korstje 2 crouton 3** • INFORM. *un vieux ~* ouwe sul

croyable BN **geloofwaardig** • *c'est pas ~!* niet te geloven!

croyance ZN V **geloof** • *les ~s religieuses* geloofsovertuigingen • *les ~s superstitieuses* bijgeloof • *la ~ en / dans qc* geloof in iets

croyant 1 BN **gelovig 2** ZN M (V croyante), **gelovige**

CRS AFK Compagnies républicaines de sécurité V MV ≈ **ME** <mobiele eenheid>

cru 1 BN **1 rauw, ongaar** • *des légumes crus* rauwe groente • FIG. *vouloir manger qn tout ~* iemand rauw lusten **2 onbewerkt, ruw 3 hard, cru, schril** <van kleuren, licht> • *une anecdote crue* gewaagde anekdote • *répondre de façon crue* onomwonden antwoorden **2** BW **hard, onomwonden** • *je vous le dis tout ~* ik zeg je waar het op staat **3** ZN M **wijngaard, (wijn)gewas, wijnsoort** • *un grand ~* beroemde wijn • *un vin du ~* landwijn • *du ~* uit de streek • FIG. *de son ~* eigengemaakt, van eigen vinding, van eigen grond **4** WW volt. deelw. → **croire**

crû WW volt. deelw. → **croître**

cruauté ZN V **wreedheid** • *traiter qn avec ~* iemand wreed behandelen

cruche ZN V **1 kruik** • *une ~ à eau* waterkruik **2** INFORM. **sufferd**

crucial BN (M MV cruciaux) **1 cruciaal, beslissend** • *le point ~* het kardinale punt • *au moment ~* op het kritieke ogenblik **2 kruisvormig**

crucifier OV WW **1 kruisigen 2 kastijden**

crucifix "-fie" ZN M **kruisbeeld, crucifix**

crucifixion ZN V **kruisiging**

cruciforme BN **kruisvormig** • *un tournevis ~* kruiskopschroevendraaier

cruciverbiste ZN M/V **kruiswoordpuzzelaar**

crudité 1 ZN V **rauwheid, grofheid 2** ZN V MV **rauwkost** • *une assiette de crudités* rauwkostsalade

crue ZN V **was v.h. water, hoogwater** <van rivier>

cr

• *la rivière est en ~* de rivier zwelt • *les eaux en ~* het wassende water
cruel BN (V cruelle), **wreed, gruwelijk** • *une perte ~le* smartelijk verlies • *être ~ envers qn* iemand wreed behandelen
cruellement BW **wreed, gruwelijk** • *faire ~ défaut* heel erg ontbreken
crûment BW **1 ruw, onomwonden 2 hel, schril**
crustacés ZN M MV **schaaldieren**
crypte ZN V **crypte, grafkelder** <onder kerk>, **onderaardse kapel**
crypter OV WW **coderen** <v. signalen>, **versleutelen** • *une chaîne de télévision cryptée* betaal-tv <met decoder>
cryptogramme ZN M **stuk in geheimschrift**
Cuba ZN M **Cuba** • *à ~* op Cuba
cubain BN (V cubaine), **Cubaans**
Cubain ZN M (V Cubaine), **Cubaan**
cube ZN M **1 kubus, blokje** • *un ~ de fromage* kaasblokje • *un jeu de ~s* blokkendoos **2 kubiek, derde macht** • *le mètre ~* kubieke meter • *deux mètres ~s* twee kubieke meter • *élever au ~* tot de derde macht verheffen • INFORM. *un gros ~* zware motorfiets
cubique BN **1 kubusvormig 2 kubiek** • *la racine ~* derdemachtswortel
cubisme ZN M **kubisme**
cubiste 1 BN **kubistisch 2** ZN M/V **aanhanger v.h. kubisme**
cucu, cucul BN **onnozel** • *il est un peu ~ la praline* hij is niet zo snugger
cueillerai WW toek. tijd. → **cueillir**
cueillette ZN V **(het) plukken, pluk(tijd), vruchtenoogst**
cueillir OV WW onregelmatig **1 plukken, oogsten** <v. fruit> **2** INFORM. **oppikken** • *aller ~ qn à la gare* iemand van het station halen • *~ un voleur* een dief inrekenen
cuiller, cuillère "kwiejèr" ZN V **lepel** • *une ~ à café* theelepeltje • *une cuillère à soupe rase* een afgestreken eetlepel • INFORM. *être à ramasser à la petite ~* er beroerd aan toe zijn • INFORM. *faire qc en deux coups de ~ à pot* iets in een mum van tijd doen
cuillère ZN V → **cuiller**
cuillerée ZN V **lepel(vol)** • *ajoutez deux cuillerées de vinaigre* voeg twee lepels azijn toe
cuir ZN M **1 leer** • *un blouson en / de ~* leren jack **2 huid** • *le ~ chevelu* schedelhuid, behaarde hoofdhuid • INFORM., FIG. *tanner le ~ à quelqu'un* iemand op zijn huid geven **3 uitspraakfout** <door foutieve verbinding tussen woorden>
cuirasse ZN V **borstharnas, kuras,** OOK FIG. **pantser** • FIG. *le défaut de la ~* gevoelige plek
cuirassé 1 ZN M **pantserschip 2** BN **gepantserd** • *un navire ~* pantserschip
cuire 1 OV WW onregelmatig **koken, bakken, braden, stoven** • *~ de la viande* vlees braden • *~ qc à l'eau / à la vapeur* iets koken / stomen • *~ qc à feu doux* iets op een zacht pitje laten koken / stoven • *des poires à ~* stoofperen • FIG. *un(e) dur(e) à ~* een ongemakkelijk heer, een lastige tante **2** ONOV WW **1 koken, bakken, braden, stoven** • *faire ~ qc* iets koken (enz.) **2** FIG. **branden** • *on cuit dans cette voiture* het is om te stikken in de auto • INFORM. *laisser qn ~ dans son jus* iemand in zijn sop laten gaar koken **3** ONP WW • *il vous en cuira!* dat zal je opbreken!
cuisant BN **schrijnend, grievend** • FIG. *une douleur ~e* scherpe pijn • FIG. *une défaite ~e* bittere nederlaag
cuiseur ZN M **(grote) kookpan** • *cuiseur de riz* rijstkoker
cuisine ZN V **1 keuken** • *une ~-séjour* woonkeuken • *un coin ~* kookhoek • *une ~ intégrée* inbouwkeuken • *une table de ~* keukentafel • *une batterie de ~* keukengereedschap **2 keuken** <stijl van koken> • *la cuisine italienne* de Italiaanse keuken **3 gerecht, voedsel** • *une cuisine au wok* wokgerecht • *faire la ~* koken
cuisiné BN • *un plat ~* kant-en-klare maaltijd
cuisiner 1 ONOV WW **koken** • *il cuisine bien* hij kan lekker koken **2** OV WW **1 klaarmaken, bereiden, koken 2** INFORM. **uithoren, de duimschroeven aanleggen, aan de tand voelen**
cuisinette ZN V **kitchenette, kookhoek**
cuisinier ZN M (V cuisinière), **kok**
cuisinière ZN V **fornuis**
cuissard ZN M **wielrennersbroek**
cuisse ZN V **dij, bout** • *des ~s de poulet* kippenboutjes • *des ~s de grenouille* kikkerbilletjes • INFORM. *il se croit sorti de la ~ de Jupiter* hij heeft het hoog in de bol
cuisson ZN V **(het) koken, (het) bakken, (het) braden, (het) stoven** • *le temps de ~* kooktijd • *l'eau de ~* kooknat
cuistot INFORM. ZN M **kok**
cuit 1 BN **gekookt, gaar, gebakken** • *de la terre ~e* terra cotta • *~ à point* juist goed gaar • *bien ~* goed doorbakken • INFORM. *pour lui, c'est fini, c'est ~!* voor hem is het afgelopen, het is naar de knoppen! • INFORM. *il est ~* hij is erbij, hij is de klos • INFORM. *c'est du tout ~* dat zit gebakken **2** WW présent → **cuire**
cuite INFORM. ZN V **stuk in de kraag** • *prendre une ~* zich bezatten
cuiter INFORM. WKD WW **(se ~) zich bezatten**
cuivre ZN M **1 koper** • *les ~s* koperwerk **2 koperblazers**
cuivré BN **koperkleurig**
cul "kuu" ZN M **1** INFORM. **kont, achterste** • *en avoir plein le ~* het strontzat zijn • *péter plus haut que son ~* kapsones hebben • *en rester sur le ~* paf staan • *ils sont comme ~ et chemise* het zijn dikke maatjes, ze zijn onafscheidelijk • *avoir le ~ entre deux chaises* in een ongemakkelijke positie zijn • *~ par-dessus tête* ondersteboven **2 ondereind, achtereind, bodem** • *le ~ d'une bouteille* ziel van een fles • *un faux ~* schijnheilige • *faire ~ sec* in één teug leegdrinken **3** INFORM. **imbeciel, oen**
culbute ZN V **buiteling, val** • *faire la ~* kopjeduikelen, een tuimeling maken, FIG. over de kop gaan
culbuter 1 ONOV WW **omslaan, tuimelen, vallen**

2 OV WW OOK FIG. omverwerpen
cul-de-jatte ZN M (MV culs-de-jatte), iemand zonder benen
cul-de-sac ZN M (MV culs-de-sac), OOK FIG. doodlopende weg, blinde steeg
culinaire BN culinair • *l'art ~* kookkunst
culminant BN hoogste, hoogte- • *le point ~* culminatiepunt <van hemellichaam>, hoogtepunt, hoogste punt, toppunt
culminer ONOV WW **1** (erboven) uitsteken **2** FIG. culmineren, het toppunt bereiken
culot "-loo" INFORM. ZN M lef, durf • *avoir le ~ de faire qc* brutaalweg iets doen • *y aller au ~* gewoon bluffen • *quel ~!* wat een lef!
culotte ZN V **1** (korte) broek • *une ~ de cheval* rijbroek • FIG., INFORM. *mouiller sa ~ / faire dans sa ~* het in zijn broek doen (van angst) • FIG., INFORM. *c'est elle qui porte la ~* zij heeft de broek aan **2** damesslipje
culotté INFORM. BN vol lef, brutaal • *il / elle est culotté(e)* wat een lef!
culpabiliser **1** OV WW een schuldgevoel geven **2** ONOV WW zich schuldig voelen
culpabilité ZN V schuld, verwijtbaarheid • *un sentiment de ~* schuldgevoel
culte ZN M **1** verering, cultus • *le ~ de la personnalité* persoonsverheerlijking • *un film-~* cultusfilm **2** eredienst, kerkdienst, godsdienst • *célébrer le ~* een dienst houden
cultivable BN bebouwbaar
cultivateur ZN M (V cultivatrice), landbouwer, boer
cultivé BN **1** bebouwd, verbouwd, gekweekt **2** ontwikkeld, beschaafd
cultiver **1** OV WW **1** bebouwen, verbouwen, kweken • *des champs cultivés* bouwland • *~ de la vigne* wijn verbouwen **2** cultiveren, onderhouden, ontwikkelen • *~ un don* zijn talent ontwikkelen • *~ ses relations* zijn relaties onderhouden **2** WKD WW **(se ~)** zich ontwikkelen • *lire pour se ~* veel lezen om zich te ontwikkelen
culture ZN V **1** bouw, bebouwing, kweek, teelt • *la ~ maraîchère* tuinbouw • *la ~ fruitière* fruitteelt • *la ~ céréalière* graanbouw • *la ~ en alternance* wisselbouw • *la ~ des moules* mosselteelt • *la ~ microbienne* bacteriecultuur **2** ontwikkeling, beschaving, opvoeding, cultuur • *la ~ générale* algemene ontwikkeling • *la ~ artistique* kunstzinnige vorming • *la ~ physique* gymnastiek • *n'avoir aucune ~* onontwikkeld zijn
culturel BN (V culturelle), cultureel • *un centre ~* cultureel centrum
culturisme ZN M bodybuilding
cumin ZN M komijn
cumul ZN M opstapeling, cumulatie • *le ~ de mandats* cumulatie van functies <als volksvertegenwoordiger>
cumulard MIN. ZN M iemand met meerdere banen
cumuler OV WW cumuleren, opeenhopen, tegelijk uitoefenen • *~ plusieurs emplois* meerdere banen hebben
cupcake ZN M cupcake
cupidité ZN V hebzucht, inhaligheid, begerigheid
curable BN geneeslijk
curatelle ZN V curatele • *être placé sous ~* onder curatele staan
curateur ZN M (V curatrice), curator
curatif BN (V curative), genezend, curatief • *les vertus curatives des plantes* helende werking van een plant
cure ZN V **1** MED. kuur • *faire une ~ d'amaigrissement* een vermageringskuur doen • *aller / partir en ~* naar een kuuroord gaan **2** FORM. zorg • *je n'ai ~ de vos remarques* ik trek me niets van je opmerkingen aan
curé ZN M pastoor
cure-dents, cure-dent ZN M (MV cure-dents), tandenstoker
curer OV WW schoonmaken • *se ~ les dents / les ongles* zijn tanden / nagels schoonmaken • *se ~ le nez* in z'n neus peuteren
curetage, curettage MED. ZN M curettage
curieux **1** BN (V curieuse) **1** nieuwsgierig, benieuwd (**de** naar), weetgierig • *il est ~ de tout* hij is overal in geïnteresseerd • *je suis ~ de savoir ce que vous pensez de cette affaire* ik zou graag willen weten wat u daarvan denkt, het zal mij benieuwen wat u daarvan denkt **2** eigenaardig, zonderling, curieus • *regarder qn comme une bête curieuse* iemand aangapen **2** ZN M (het) eigenaardige • *le ~ dans cette histoire, c'est que...* het vreemde van de zaak is dat... **3** ZN M (V curieuse), nieuwsgierige • *petite curieuse!* nieuwsgierig aagje!
curiosité ZN V **1** nieuwsgierigheid, interesse • *exciter la ~ de qn* iemands nieuwsgierigheid prikkelen **2** bezienswaardigheid, zeldzaamheid, curiositeit • *un magasin de curiosités* winkel in antiek en curiosa
curiste ZN M/V iemand die een kuur doet in een badplaats, kuurgast
curseur COMP. ZN M cursor, schuifregelaar
cursus "-suus" ZN M studieprogramma, leerjaar
cutané BN huid- • *une affection cutanée* huidziekte
cuti INFORM., MED. ZN V cuti-réaction huidtest • *virer sa ~* positief op de huidtest reageren, FIG. alles radicaal omgooien
cutteur "koeteur, kuuteur" ZN M stanleymes
cuve ZN V tobbe, kuip, bak • *une ~ à vin* wijnkuip • *une ~ à mazout* olietank <voor oliestook> • *la ~ d'un réacteur* reactorvat
cuvée ZN V **1** kuipvol **2** wijnoogst, FIG. jaargang, soort • *une bonne ~* goed wijnjaar
cuver **1** OV WW • INFORM. *~ son vin* zijn roes uitslapen • *~ sa colère* de woede laten bedaren **2** ONOV WW gisten <van wijn in de kuip>
cuvette ZN V **1** waskom, bak(je), closetpot **2** terreininzinking, kom
CV AFK curriculum vitae M cv, curriculum vitae
cybercafé ZN M internetcafé
cybercriminalité ZN V computercriminaliteit
cyberespace ZN M cyberspace

cyberharcèlement ZN M cyberpesten
cybernétique **1** BN cybernetisch **2** ZN V cybernetica, stuurkunde
cyclable BN • *une piste ~* fietspad
cycle ZN M **1** FORM. rijwiel • *un marchand de ~s* rijwielhandelaar **2** cyclus, kringloop • *le ~ des saisons* kringloop van de jaargetijden • *le ~ menstruel* menstruatiecyclus **3** O&W studiefase • *le premier / second ~ du secondaire* onderbouw / bovenbouw
cycling ZN M • *faire du cycling en salle* spinnen <fietsen op hometrainer>
cyclique BN cyclisch
cyclisme ZN M wielersport, (het) fietsen • *le ~ sur piste / sur route* wielrennen op de baan / op de weg
cycliste **1** ZN M/V wielrijder, wielrenner **2** BN wieler- • *une course ~* wielerwedstrijd • *un coureur ~* wielrenner
cyclo-cross, **cyclocross** ZN M (het) veldrijden
cyclomoteur ZN M bromfiets
cyclomotoriste ZN M/V bromfietser
cyclone ZN M **1** wervelstorm, cycloon • FIG. *être / se trouver dans l'œil du ~* midden in de turbulentie zitten, roerige tijden doormaken **2** lagedrukgebied
cyclo-pousse, **cyclopousse** ZN M (MV cyclo-pousses), fietstaxi, riksja
cyclotourisme ZN M (het) toerfietsen, fietsvakantie
cygne ZN M zwaan • *le chant du ~* zwanenzang • *un (tuyau en) col de ~* zwanenhals <buis>
cylindre ZN M cilinder, rol
cylindrée ZN V cilinderinhoud <van motoren> • *une grosse ~* grote / dure auto
cylindrique BN cilindervormig
cymbale ZN V bekken, cimbaal
cynique **1** BN cynisch **2** ZN M/V cynicus
cynisme ZN M cynisme
cyprès "-prè" ZN M cipres
cystite MED. ZN V blaasontsteking

D

d ZN M letter d • *pratiquer le système D* zich handig weten te redden
d' VZ → de
D.A.B. AFK distributeur automatique de billets m geldautomaat
d'acc INFORM. TUSSENW d'accord akkoord!, okay!
dadais ZN M sufferd, onnozele hals
dahlia ZN M dahlia
daigner OV WW zich verwaardigen te, de goedheid hebben te • *ne pas ~ regarder qn* iemand geen blik waardig keuren • *elle ne daigne même pas répondre à mes questions* ze wil mijn vragen niet eens beantwoorden
daim ZN M **1** damhert **2** suède • *un sac en ~* suède tas
dallage ZN M tegelvloer, betegeling • *un ~ de marbre* marmeren vloer
dalle ZN V **1** vloersteen, tegel, plavuis **2** INFORM. keel • *avoir la ~* honger hebben • *se rincer la ~* de keel smeren, drinken **3** INFORM. niks • *que ~!* noppes! • *il n'y comprend que ~* hij snapt er niks van
daltonien **1** BN (V daltonienne), kleurenblind **2** ZN M (V daltonienne), kleurenblinde
dam ZN M • *au grand ~ de...* zeer ten nadele van... • *la poste a été supprimée au grand ~ des habitants* het postkantoor is opgeheven tot grote ergernis van de inwoners
dame ZN V **1** dame, mevrouw • *la première ~ de France* Franse presidentsvrouw • *une ~ d'honneur* hofdame • INFORM. *ma petite ~! / ma bonne ~!* mevrouwtje! • *Édith Piaf, la grande ~ de la chanson* Édith Piaf, de koningin van het chanson • *faire / jouer la grande ~* de deftige dame uithangen **2** dam <in damspel>, dame <in schaakspel>, vrouw <bij kaartspel> • *la ~ de cœur* hartenvrouw • *jouer aux ~s* dammen
damer INFORM. OV WW • *~ le pion à qn* iemand de loef afsteken, iemand aftroeven
damier ZN M dambord
damnation "dan-" ZN V verdoemenis
damné "dan-" **1** BN verdoemd, vervloekt • *souffrir comme un ~* verschrikkelijk lijden **2** ZN M (V damnée), verdoemde • *les damnés de la terre* de verworpenen der aarde
damner "dan-" WKD WW **(se ~)** zichzelf verdoemen • *se ~ pour qn* zijn ziel en zaligheid voor iemand willen verkopen, door het vuur gaan voor iemand
dance ZN V dance
dandinement ZN M wiegelende gang
dandiner WKD WW **(se ~)** wiegelen, waggelen
Danemark ZN M Denemarken
danger ZN M gevaar • *attention, ~!* pas op, gevaarlijk! • *c'est un ~ public* hij is een gevaar voor de maatschappij • *c'est un ~ au volant* hij is een gevaar op de weg • *être hors de ~* buiten gevaar zijn • *être en ~ de mort* in levensgevaar verkeren • *mettre*

qn en ~ iemand in gevaar brengen • *(il n'y a) pas de ~ qu'il arrive à l'heure!* denk maar niet dat hij op tijd komt

dangereux BN (V dangereuse), **gevaarlijk** • *une zone dangereuse* gevarenzone

danois 1 ZN M **1 (het) Deens 2 Deense dog** 2 BN **Deens**

Danois ZN M (V Danoise), **Deen**

dans VZ **1** <plaats> **in, uit, op** • *jouer ~ l'escalier* op de trap spelen • *elle entre ~ la maison* zij loopt het huis in • *marcher ~ la rue* op straat lopen • *elle habite ~ une chambre* zij woont op kamers • *qu'est-ce que tu mets ~ la salade?* wat doe jij door de sla? • *prendre qc ~ l'armoire* iets uit de kast halen • *boire ~ un verre* uit een glas drinken • *lire les nouvelles ~ le journal* het nieuws in de krant lezen • FIG. *être ~ l'armée* bij het leger zijn • FIG. *être / travailler ~ la police* bij de politie zijn • FIG. *il est ~ l'enseignement* hij is werkzaam in het onderwijs • *~ une île* op een eiland • *~ l'enceinte du château* binnen de muren van het kasteel **2** <tijd> **over, binnen** • *~ combien de temps viendra-t-il?* wanneer komt hij? • *j'arrive ~ les deux heures* ik ben er over een uur of twee • *~ un instant* zo dadelijk • *~ un an* over een jaar • *~ une quinzaine de jours* over twee weken • *~ la soirée* in de loop van de avond • *~ le temps* indertijd • *~ les délais* binnen de vastgestelde tijd **3** <gesteldheid> **in** • *être ~ le doute* in twijfel verkeren • *être ~ l'embarras* in verlegenheid zitten • *~ l'attente de...* in afwachting van... • *~ l'intention de...* met de bedoeling te... **4** INFORM. gevolgd door mv **bij benadering, ongeveer** • *ça coûte ~ les dix euros* dat kost zo'n tien euro

dansant 1 BN **dans-** • *une soirée ~e* dansavond 2 WW teg. deelw. → **danser**

danse ZN V **dans** • *la ~ folklorique* volksdans • *la ~ du ventre* buikdans • *des chaussons de ~* balletschoentjes • FIG. *mener la ~* gangmaker zijn

danser 1 OV WW **dansen** • *~ la valse* een wals dansen • *inviter quelqu'un à ~* iemand ten dans vragen 2 ONOV WW **dansen** • <spreekwoord> *quand le chat n'est pas là, les souris dansent* als de kat van huis is, dansen de muizen • INFORM. *ne pas savoir sur quel pied ~* niet weten wat men doen moet

danseur ZN M (V danseuse), **danser**

Danube ZN M **Donau**

dard ZN M **angel** <van insect>

darder OV WW **werpen** <als een spies> • *le soleil darde ses rayons* de zon zendt / werpt haar stralen

dare-dare INFORM. BW **in allerijl, op stel en sprong** • *partir ~* overhaast vertrekken

datation ZN V **datering**

date ZN V **datum, dagtekening** • *la ~ de naissance* geboortedatum • *la ~ limite de conservation* uiterste houdbaarheidsdatum • *une ~ butoir* deadline • *un ami de longue ~* een oude vriend • *faire ~* een keerpunt / mijlpaal vormen

dater 1 ONOV WW **1 dagtekenen, dateren (de van, uit)** • *ça ne date pas d'hier!* dat is niets nieuws! • *à ~ d'aujourd'hui...* vanaf vandaag... • *c'est un événement qui fait date dans sa vie* dat is een belangrijke gebeurtenis in zijn leven **2 ouderwets zijn** • *un costume qui date* ouderwets pak 2 OV WW **dateren**

dateur BN (V dateuse) • *un timbre ~* datumstempel

datte ZN V **dadel**

dattier ZN M **dadelpalm**

daube ZN V CULIN **(het) stoven** • *du bœuf en ~* gestoofd rundvlees, sudderlappen

dauphin ZN M **1 dolfijn 2** GESCH. **(Franse) kroonprins 3** FIG. **gedoodverfde opvolger**

davantage BW **meer, langer** • *n'attendez pas ~* wacht niet langer

de, d' <voor klinker of stomme h> 1 VZ **1** herkomst, oorsprong **van, uit, bij** • *la bataille ~ Waterloo* de slag bij Waterloo • *le chemin ~ Paris à Lyon* de weg van Parijs naar Lyon • *la porcelaine ~ Chine* Chinees porselein • *il est / vient ~ France* hij komt uit Frankrijk • *partir ~ la gare* vertrekken van het station • *ses lunettes sont tombées ~ son sac* zijn bril is uit zijn tas gevallen • *tirer ~ l'eau du puits* water putten uit de put • *~ la fenêtre, elle regardait en bas* vanuit het raam keek ze naar beneden • FIG. *se tirer d'affaire / d'embarras* zich ergens uit redden • *d'où?; ~ quel côté?* van welke kant? **2** tijd **van, in** • *le train ~ neuf heures six* de trein van 6 over 9 • *travailler ~ nuit* 's nachts werken • *tu ne fais rien ~ la journée?* voer je de hele dag niets uit? • *~ nos jours...* tegenwoordig, in onze tijd • *~ 1914 à 1918* van 1914 tot 1918 • *du lundi à vendredi* van maandag tot vrijdag • *d'heure en heure* van uur tot uur **3** oorzaak **van, om, door** • *les dommages ~ guerre* oorlogsschade • *il est jaloux ~ tout* hij is overal jaloers om • *être fou ~ rage* buiten zichzelf van woede zijn • *mourir ~ faim* sterven van de honger • *se protéger du froid* zich beschermen tegen de kou • *trembler ~ peur* sidderen van angst • *la crainte ~ la mort* vrees voor de dood **4** middel, instrument **met** • *un écrivain ~ talent* schrijver met talent, talentvol schrijver • *être armé d'un fusil* gewapend zijn met een geweer • *se nourrir ~ fruits* zich voeden met fruit • *vivre ~ la pêche* leven van de visvangst • *jouer du piano* piano spelen • *saluer ~ la main* met de hand groeten • FIG. *se couvrir ~ gloire* zich overladen met roem **5** manier, wijze **op, naar** • *citer qc ~ mémoire* iets uit het hoofd citeren • *boire d'un seul trait* in één teug leegdrinken • *agir ~ concert* eensgezind / gezamenlijk optreden **6** inhoud, hoeveelheid **met, inhoudend** • *un paquet ~ cigarettes* pakje sigaretten • *une bouteille ~ vin* fles wijn • *un verre d'eau* glas water • *la somme ~ mille dollars* bedrag van 1000 dollar • *un mur long d'un mètre* muur van een meter lang • *gagner dix euros ~ l'heure* 10 euro per uur verdienen • *~ temps en temps* van tijd tot tijd **7** gedaan / gemaakt door **door van, door** • *les pièces ~ Molière* de toneelstukken van Molière • *un opéra ~ Mozart* een opera van Mozart • *être aimé ~ tout le monde* door iedereen bemind worden, geliefd zijn bij iedereen **8** bezit **voor, van** • *la fille ~ Marie* de dochter van Marie • *l'amour ~ la patrie* de liefde voor het vaderland • *la porte ~ la maison* de deur van het huis • *la*

de

couleur ~ la peau* de huidskleur **9** stof, materiaal **van** • *une montre d'argent* zilveren horloge • *un sac ~ papier* papieren tasje **10** soort, eigenschap **van** • *des tables ~ cuisine* keukentafels • *des études ~ médecine* medicijnenstudie • *un manque ~ vitamines* een gebrek aan vitaminen • *un regard ~ pitié* medelijdende blik **11** wat betreft **van** • *être petit ~ taille* klein van postuur zijn **12** (onder)deel **van** • *un ~ mes amis* een vriend van mij **13** onvertaald <na werkwoord> **aan, van, over** • *se souvenir ~ qn* zich iemand herinneren • *parler ~ qc* over iets praten • *douter ~ la vérité* aan de waarheid twijfelen **14 (om) te** • *il est difficile ~ te croire* het is moeilijk om je te geloven • *c'est une honte ~ mentir* het is een schande te liegen **15** onvertaald <bijstelling, voor bijvoeglijk naamwoord, na bijwoord> • *la ville ~ Paris* de stad Parijs • *quoi ~ nouveau?* wat is er voor nieuws? • *beaucoup / assez ~ travail* veel / genoeg werk • *ne pas avoir d'argent* geen geld hebben • *avoir un jour (de) libre* een dag vrij hebben • *il y en a trois (de) disparus* er zijn drie vermisten • *traiter qn ~ lâche* iemand als een lafaard behandelen **16** onvertaald <voor infinitief> **(om) te** • *c'est à nous ~ nous présenter* wij moeten ons voorstellen • *c'est honteux ~ mentir!* liegen is een schande **2** LIDW onvertaald • *~ la viande* vlees • *~ l'argent* geld • *du pain* brood

dé ZN M **1 dobbelsteen** • *jouer aux dés* dobbelen • FIG. *les dés sont jetés* de teerling is geworpen **2 blokje** • *couper en dés* in blokjes snijden **3** • *un ~ (à coudre)* vingerhoed

dealer "dieleur", **dealeur** (V dealeuse) ZN M **dealer** <in drugs>

déambulateur ZN M **rollator, looprek**

déambuler ONOV WW **rondlopen, wandelen**

débâcle ZN V **ondergang, mislukking, debacle**

déballage ZN M **1 (het) uitpakken 2 boeltje, rommeltje**

déballer OV WW **1 uitpakken** • *~ des marchandises* koopwaar uitstallen **2** INFORM. **te koop lopen met, opbiechten** • *~ sa vie sentimentale* zijn liefdesleven vertellen

débandade ZN V **wilde vlucht, algemene verwarring** • *tout va à la ~* alles gebeurt in volslagen wanorde

débander OV WW **het verband wegnemen** <van wond> • *~ les yeux à qn* iemand de blinddoek afdoen

débaptiser "-batie-" OV WW **een andere naam geven, omdopen**

débarbouiller WKD WW **(se ~) zijn gezicht wassen**

débarcadère ZN M **losplaats van schepen, steiger**

débardeur ZN M **mouwloos hemd, topje, spencer**

débarquement ZN M **ontscheping, landing, lossing** • *le ~ allié* de landing van de geallieerden • *une passerelle de ~* loopplank

débarquer 1 ONOV WW **1 aan wal gaan, landen, van boord gaan, uitstappen** <uit vervoermiddel> • *~ d'un avion* uit een vliegtuig stappen **2** INFORM. **opeens komen aanzetten** • *un nouveau débarqué* pas aangekomene, nieuweling **3** INFORM. • *ce type-là débarque complètement!* die vent weet helemaal nergens van! **2** OV WW **lossen, ontschepen, aan wal brengen**

débarras "-rà" ZN M **1 rommelkamer, berghok 2** INFORM., FIG **opruiming, opluchting** • *bon débarras!* opgeruimd staat netjes!

débarrasser 1 OV WW **1 ontruimen, afruimen, leegmaken** • INFORM. *allez, débarrassez-moi le plancher!* vooruit, wegwezen! **2 ~ de ontdoen van, afhelpen van** • *~ qn de son manteau* iemand uit zijn jas helpen, iemands jas aannemen **2** WKD WW **(se ~) zich bevrijden van, zich ontdoen van, afkomen van** • *se ~ d'une affaire* een zaak afschuiven • *se ~ de qn* zich van iemand afmaken

débat "-bà" ZN M **discussie, debat** • *un ~ parlementaire* Kamerdebat • *les débats d'un procès* de openbare behandeling van een proces • *soulever un ~* een discussie uitlokken

débattre 1 OV WW **debatteren over, bespreken** • *~ le prix de qc* afdingen, BELG. afbieden • *prix à ~* prijs n.o.t.k., vraagprijs **2** WKD WW **(se ~) (tegen) spartelen, worstelen (contre tegen)** • *il s'est débattu comme un beau diable* hij heeft zich uit alle macht verzet • FIG. *se ~ contre des difficultés* met problemen te kampen hebben

débauché 1 ZN M (V débauchée), **losbandig persoon 2** BN **losbandig, liederlijk**

débauche ZN V **losbandigheid, overdaad** • *une vie de ~* losbandig leven

débaucher OV WW **1 ontslaan** <van werknemers> **2 op het slechte pad brengen**

débecter INFORM. OV WW **doen walgen**

débile BN **achterlijk, debiel,** INFORM. **idioot**

débilité ZN V **zwakheid, uitputting** • *la ~ mentale* zwakzinnigheid

débiner INFORM. WKD WW **(se ~) ervandoor gaan**

débit "-bie" ZN M **1 debiet, volume, (doorstroom)capaciteit** • *le ~ d'une rivière* het debiet van een rivier • COMP. *l'Internet à haut ~* breedbandinternet **2 afzet** • *dans ce supermarché, le ~ est important* die supermarkt heeft een grote omzet **3 wijze van spreken** • *avoir le ~ facile* een vlotte spreker zijn **4 verkooppunt** • *un ~ de boissons* bar, café • *un ~ de tabac* winkel voor rookartikelen **5** FIN. **debet(zijde, -nota)**

débiter OV WW **1 in stukken hakken / zagen 2 in het klein verkopen, slijten 3 voordragen,** FIG. **opdissen** • *~ des mensonges* leugens vertellen • *~ des absurdités* onzin uitslaan **4** FIN. **op de debetzijde boeken, debiteren (de voor)** • *la somme de deux cents euros sera débitée de votre compte* er wordt 200 euro van uw rekening afgeschreven

débiteur 1 BN (V débitrice), **verschuldigd, debet-** • *un solde ~* negatief saldo **2** ZN M/V (V débitrice), **schuldenaar, debiteur**

déblaiement ZN M **(het) afgraven, (het) wegruimen**

déblatérer INFORM. ONOV WW **kankeren** • *il déblatère sur / contre tout le monde* hij geeft op iedereen af

déblayage ZN M (het) wegruimen
déblayer OV WW afgraven, wegruimen, vrijmaken <van toegang> • FIG. ~ *le terrain* de moeilijkheden uit de weg ruimen, de weg effenen, puinruimen
déblocage ZN M (het) losmaken, (het) vrijmaken • FIG. *le ~ des salaires* het opheffen van de loonstop
débloquer 1 OV WW losmaken, vrijmaken, deblokkeren • ~ *des crédits* geld vrijgeven 2 ONOV WW INFORM. zwammen, kletsen • *tu débloques complètement!* je kletst maar wat! 3 WKD WW **(se ~)** loskomen • *la situation commence à se ~* er komt weer schot in
débobiner OV WW afwikkelen <van een klos of spoel>
déboguer COMP. OV WW debuggen
déboires ZN M MV teleurstellingen, tegenvallers • *subir des ~* veel tegenslag ondervinden
déboisement ZN M ontbossing
déboiser OV WW ontbossen
déboîtement ZN M 1 ontwrichting 2 verandering v. rijstrook, (het) uitvoegen
déboîter 1 ONOV WW uit een colonne of file gaan, van rijstrook veranderen, uitvoegen 2 WKD WW **(se ~)** ontwricht raken • *il s'est déboîté l'épaule* zijn schouder is uit de kom geschoten
débonnaire BN goedig, zachtmoedig
débordant BN OOK FIG. overlopend • *une joie débordante* uitbundige vreugde • *être ~ de santé* blaken van gezondheid
débordé BN overladen • ~ *de travail* overstelpt met werk • *être ~* het razend druk hebben • *être ~ par les événements* het allemaal niet meer aankunnen
débordement ZN M overstroming, stortvloed • FIG. *un ~ de joie* uitbarsting van vreugde
débordements ZN M MV uitspattingen • *les ~ des empereurs* de excessen van de keizers
déborder 1 ONOV WW overstromen, buiten de oevers treden, OOK FIG. overlopen • *le lait déborde* de melk kookt over • FIG. *c'est la goutte d'eau qui fait ~ le vase* dat is de druppel die de emmer doet overlopen • FIG. ~ *de santé* blaken van gezondheid 2 OV WW uitsteken buiten • *cette question déborde le cadre de cette réunion* die vraag valt buiten het kader van deze bespreking
débouchage ZN M ontstopping, ontkurking
déboucher 1 OV WW 1 ontkurken, opentrekken 2 doorsteken, ontstoppen • ~ *l'évier* de gootsteen ontstoppen • FIG., IRON. *il faut te faire ~ les oreilles!* je mag je oren wel eens laten uitspuiten! 2 ONOV WW uitlopen, uitkomen • *la rue débouche sur la place* de straat komt uit op het plein • *ces études ne débouchent sur rien* die studie biedt geen perspectief
débouchés ZN M MV 1 afzet(gebied, markt) 2 vooruitzichten <op werk> • *des études sans ~* studie zonder toekomstperspectief
déboucler OV WW losgespen
débouler ONOV WW 1 naar beneden rollen, tuimelen 2 INFORM. komen aanzetten • ~ *chez qn à l'improviste* zomaar bij iemand binnenvallen
déboulonner OV WW 1 losschroeven 2 INFORM. onderuithalen, wippen <uit functie>
déboursement ZN M uitbetaling
débourser OV WW uitgeven, betalen • *sans ~ un sou / sans rien ~* zonder een cent neer te tellen
déboussoler INFORM. OV WW in de war brengen • *être complètement déboussolé* volkomen van zijn stuk zijn
debout "d(e)boe" BW staande, rechtop, overeind • *~!* opstaan! • *une place ~* staanplaats • *rester ~* blijven staan, opblijven • *se mettre ~* opstaan, gaan staan • *je suis ~ depuis 7 heures* ik ben sinds 7 uur op • *avoir le vent ~* tegenwind hebben • *ne plus tenir ~* niet meer op zijn benen kunnen staan • *dormir ~* omvallen v.d. slaap • *des contes à dormir ~* onzinnige verhalen • FIG. *cette histoire ne tient pas ~* dat verhaal klopt niet, dat verhaal lijkt erg onwaarschijnlijk
débouter JUR. OV WW • *les déboutés du droit d'asile* uitgeprocedeerde asielzoekers • ~ *qn de sa demande* iemands eis afwijzen
déboutonner 1 OV WW losknopen 2 WKD WW **(se ~)** 1 zijn kleren losknopen 2 INFORM. vrijuit spreken, zijn hart luchten
débraillé 1 BN 1 slordig <v. kleren> 2 ongegeneerd 2 ZN M slordigheid <v. kleding>
débrancher OV WW uitschakelen <van elektriciteit, toestel> • ~ *une machine* de stekker eruit trekken
débrayage ZN M 1 ontkoppeling • *la pédale de ~* koppelingspedaal 2 werkonderbreking, staking
débrayer 1 OV WW ontkoppelen 2 ONOV WW het werk onderbreken, staken
débridé BN ongebreideld, teugelloos • *une imagination débridée* ongebreidelde fantasie
débris "-brie" ZN M MV overblijfselen, brokstukken, puin • *des ~ de bouteille* flesscherven
débrouillard INFORM. BN bijdehand, die zich gemakkelijk door moeilijkheden weet te slaan
débrouillardise ZN V handigheid
débrouille INFORM. ZN V → **débrouillardise**
débrouiller 1 WKD WW **(se ~)** INFORM. zich door moeilijkheden heen slaan, zich (zien te) redden • *débrouille-toi!* zoek het zelf maar uit!, bekijk het maar! • *nous nous débrouillerons bien tout seuls* we kunnen het alleen wel (af) • *il ne se débrouille pas mal en français* hij spreekt een aardig mondje Frans 2 OV WW ontwarren • ~ *une affaire* een kwestie ophelderen
débroussailler OV WW van struikgewas ontdoen, OOK FIG. (het terrein) effenen
débusquer OV WW 1 opjagen <van wild> • ~ *le gibier* het wild opdrijven 2 verjagen <van personen>
début "-buu" ZN M begin • *dès le ~* vanaf het begin, van meet af aan • *au ~* in het begin • ~ *avril* begin april • *au ~ de l'année* aan het begin van het jaar • *du ~ à la fin* van begin tot eind • *en ~ de saison* vroeg in het seizoen • *au ~ du livre* voor in het boek • *reprendre depuis le ~* van voren af aan beginnen • *faire ses débuts* zijn debuut maken • *il n'en est pas à*

son ~ hij doet het niet voor het eerst, dat heeft hij vaker gedaan
débutant ZN M (V débutante), beginneling, debutant • *des cours pour débutants* beginnerscursus
débuter ONOV WW beginnen, voor het eerst optreden, debuteren

deçà • *en* ~ *de* aan deze kant van • *on reste bien en* ~ *de la vérité* we doen de waarheid geen geweld aan, we overdrijven zeker niet
déca INFORM. AFK décaféiné cafeïnevrije koffie
décade ZN V **1** decennium **2** decade
décadence ZN V verval, ondergang, decadentie • *tomber en* ~ in verval raken
décadent BN decadent, in verval
décaféiné BN cafeïnevrij
décalage ZN M **1** verschil in tijd of ruimte • *un* ~ *horaire* tijdsverschil, jetlag **2** (het) niet afgestemd zijn, onderlinge afwijking • *le* ~ *entre les témoignages et les faits* de kloof / discrepantie tussen de getuigenverklaringen en de feiten
décalcification ZN V ontkalking • *la* ~ *des os* botontkalking
décalé BN niet afgestemd, niet aangepast
décaler OV WW verplaatsen, verzetten • *l'horaire est décalé* de lestijden zijn aangepast • ~ *un rendez-vous d'une heure* een afspraak een uur verschuiven
décalquer OV WW overdrukken, calqueren
décamper INFORM. ONOV WW ervandoor gaan, zijn biezen pakken
décanter **1** OV WW decanteren, klaren, OOK FIG. laten bezinken **2** WKD WW **(se ~)** OOK FIG. bezinken • *la situation va se* ~ de situatie wordt wel duidelijker
décapant **1** BN FIG. bijtend • *une ironie décapante* bijtende ironie **2** ZN M afbijtmiddel
décaper OV WW afkrabben, afbijten, OOK FIG. schoonmaken
décapitation ZN V OOK FIG. onthoofding
décapiter OV WW OOK FIG. onthoofden
décapotable BN • *une (voiture)* ~ cabrio(let), auto met afneembare kap
décapsuleur ZN M flesopener
décarcasser INFORM. WKD WW **(se ~)** zich afsloven, zich uitsloven
décathlon ZN M tienkamp
décéder ONOV WW overlijden • ~ *d'une maladie rare* sterven aan een zeldzame ziekte
déceler OV WW **1** ontdekken, opsporen **2** FORM. aan het licht brengen, verraden • *ce comportement décèle une grande sensibilité* dat gedrag duidt op grote gevoeligheid
décélération ZN V vertraging, snelheidsvermindering
décembre ZN M december • *le mois de* ~ (de maand) december • *en* ~ / *au mois de* ~ in december • *le 25* ~ 25 december, eerste kerstdag
décemment BW netjes, fatsoenlijk, fatsoenshalve
décence ZN V fatsoen, gepastheid • *s'habiller avec* ~ fatsoenlijk gekleed zijn • *il a eu la* ~ *de se taire* hij was zo tactvol om te zwijgen
décennie ZN V decennium, periode van tien jaar
décent BN **1** fatsoenlijk, gepast, decent **2** redelijk, acceptabel
décentralisation ZN V decentralisatie
décentraliser OV WW decentraliseren
déception ZN V teleurstelling • *une* ~ *sentimentale* een ongelukkige liefde • *il n'arrive pas à dissimuler sa* ~ hij kan zijn teleurstelling niet verbergen
décerner OV WW toekennen <van prijs> • ~ *une médaille à qn* iemand een medaille toekennen
décès "-sè" ZN M (het) overlijden • *un acte de* ~ overlijdensakte • *fermeture pour cause de* ~ gesloten wegens sterfgeval
décevant BN teleurstellend
décevoir OV WW teleurstellen • ~ *les espérances de qn* iemand in zijn hoop teleurstellen • *il est déçu par / de son voyage* hij is teleurgesteld over zijn reis
déchaîné BN onstuimig, niet te houden • *le public était* ~ het publiek brak de tent af • FIG. *la salle était déchaînée* de zaal stond op zijn kop
déchaînement ZN M ontketening, losbarsting • *le* ~ *de la tempête* het woeden van de storm • *c'était le* ~ *général* de hel brak los
déchaîner **1** OV WW OOK FIG. ontketenen • ~ *les passions* hartstocht opwekken **2** WKD WW **(se ~)** **1** losbarsten, woeden • *le vent se déchaîne* de wind zwelt aan **2** razen, tekeergaan **(contre** tegen)
déchanter ONOV WW een toontje lager zingen
décharge ZN V **1** stort(plaats), afvoer, afwatering • *une* ~ *publique* vuilnisbelt **2** JUR. ontheffing, ontlasting • *un témoin à* ~ getuige à decharge • *signer une* ~ een decharge ondertekenen **3** (het) losbranden <van vuurwapens>, salvo **4** ontlading • *recevoir une* ~ *électrique* een elektrische schok krijgen
déchargement ZN M **1** ontlading <van wapen> **2** (het) uitladen, lossing
décharger **1** OV WW **1** lossen, ontladen, afladen • ~ *des marchandises* goederen uitladen • ~ *une batterie* een accu ontladen **2** OOK FIG. ontlasten, ontheffen, verlichten, verlossen **(de** van) • ~ *un accusé* een beschuldigde vrijpleiten • ~ *sa colère sur qn* zijn woede koelen op iemand • ~ *qn de ses fonctions* iemand van zijn taken vrijstellen **3** afschieten <van vuurwapen> **2** WKD WW **(se ~)** zich ontladen, leeglopen • *se* ~ *de qc sur qn* iets aan iemand overlaten, iets op iemand afschuiven
décharné BN ontvleesd, uitgemergeld, zeer mager, schraal
déchaussé BN ongeschoeid, blootsvoets
déchausser WKD WW **(se ~)** zijn schoenen uittrekken • *ses dents se déchaussent* de wortels van zijn tanden liggen bloot
dèche INFORM. ZN V armoede, ellende • *être dans la* ~ niks te makken hebben
déchéance ZN V **1** (ver)val, neergang • *la* ~ *physique* lichamelijke aftakeling **2** JUR. verlies van een recht, ontzetting, afzetting • *la* ~ *de l'autorité parentale* ontzetting uit de ouderlijke

macht
déchet "-sjè" ZN M vaak mv **afval** • *des déchets radioactifs* radioactief afval • *des déchets toxiques* giftige afvalstoffen
déchetterie, **déchèterie** ZN V **afvalstort, afvalinzamelingsplaats, milieustraat**
déchiffrable BN **ontcijferbaar**
déchiffrer OV WW **1** **ontcijferen** **2** MUZ. **van het blad spelen / zingen** **3** **oplossen, doorgronden**
déchiqueter OV WW **verscheuren, onhandig snijden, verbrijzelen,** OOK FIG. **kapotmaken**
déchiqueteuse ZN V **papierversnipperaar, shredder**
déchirant BN **hartverscheurend**
déchirement ZN M **verscheuring, verscheurdheid** • *le ~ de la séparation* de pijn van de scheiding
déchirer **1** OV WW OOK FIG. **(ver)scheuren** • *une chemise déchirée* gescheurd hemd • FIG. *cela me déchire le cœur* dat vind ik hartverscheurend **2** WKD WW **(se ~)** **1** **scheuren** **2** **met elkaar in de clinch liggen**
déchirure ZN V **scheur, scheuring**
déchoir ONOV WW onregelmatig **achteruitgaan, vervallen** • *un souverain déchu* afgezette / onttroonde vorst • *on l'a déchu de ses droits* hij is uit zijn rechten ontzet • *être déchu de l'autorité parentale* uit de ouderlijke macht ontzet worden
déchu WW volt. deelw. → **déchoir**
de-ci BW • *~ de-là* hier en daar
décibel ZN M **decibel**
décidé BN **beslist, vastberaden** • *il est bien ~ à ne rien dire* hij is vastbesloten niets te zeggen
décidément BW **waarachtig, beslist, inderdaad** • *décidément, rien ne l'arrête!* hij gaat maar door!
décider **1** OV WW **1** **beslissen, besluiten** • *~ d'attendre* besluiten te wachten • *c'est moi qui décide ici* ik bepaal wat er hier gebeurt **2** **doen besluiten, overhalen (à tot, om)** • *on l'a décidé à se présenter aux élections* hij is overgehaald om aan de verkiezingen mee te doen **2** ONOV WW **1** **beslissen (de over)** • *~ des mesures à prendre* beslissen over de te nemen maatregelen **2** **bepalend zijn voor** • *cette rencontre a décidé de son avenir* die ontmoeting was bepalend voor zijn toekomst **3** WKD WW **(se ~)** **1** **beslist worden** **2** **besluiten (à tot, om), een besluit / beslissing nemen** • *nous nous sommes finalement décidés pour une Peugeot* we hebben uiteindelijk voor een peugeot gekozen • *elle s'est décidée à acheter une tablette* zij heeft besloten een tablet te kopen
décideur ZN M (V décideuse), **beslisser, beslissingsbevoegde**
décilitre ZN M **deciliter**
décimal BN (M MV décimaux), **tiendelig, decimaal** • *le système ~* decimaal systeem • *une fraction décimale* tiendelige breuk
décimale ZN V **decimaal**
décimer OV WW **uitroeien, decimeren**
décimètre ZN M **decimeter**
décisif BN (V décisive), **beslissend** • *un ton ~* besliste toon • <tennis> *le jeu ~* tiebreak • *aux élections, les voix des centristes ont été décisives* bij de verkiezingen gaven de stemmen van de middenpartijen de doorslag
décision ZN V **1** **beslissing, besluit** • *une ~ majoritaire* meerderheidsbesluit • *prendre une ~* een beslissing nemen • *j'ai pris ma ~* mijn besluit staat vast • *la ~ est tombée* de beslissing is gevallen • *réserver sa ~* iets in beraad houden **2** **beslistheid, vastberadenheid** • *agir avec ~* vastberaden te werk gaan
déclamation ZN V **declamatie, voordrachtskunst**
déclamer OV WW **voordragen, declameren**
déclaration ZN V **1** **verklaring** • *une ~ de guerre* oorlogsverklaring • *la ~ des droits de l'homme* de verklaring van de rechten van de mens • *faire une ~* een verklaring afleggen • *les déclarations du suspect n'ont pas été confirmées* de verklaringen van de verdachte zijn niet bevestigd **2** **liefdesverklaring** • *faire sa ~ à qn* iemand zijn liefde verklaren **3** **declaratie, aangifte** • *faire une ~ d'impôts* belastingaangifte doen • *une ~ des revenus* aangifte inkomstenbelasting
déclaré BN **verklaard, openlijk** • *un opposant ~* een verklaard tegenstander • *c'est son ennemi ~* dat is zijn verklaarde vijand
déclarer **1** OV WW **1** **verklaren, bekendmaken** • *on l'a déclaré coupable* hij is schuldig verklaard **2** **aangeven, opgeven, declareren** • *vous n'avez rien à ~ (à la douane)?* hebt u iets aan te geven (bij de douane)? • *~ la naissance d'un enfant à la mairie* de geboorte van een kind aangeven bij de burgerlijke stand • *~ une faillite* een faillissement uitspreken **2** WKD WW **(se ~)** **1** **zich verklaren, zich uitspreken** • *se ~ pour ou contre qc* zich ergens voor of tegen uitspreken • *il se déclare lésé dans cette affaire d'héritage* hij vindt dat hij benadeeld is in die erfeniskwestie **2** **uitbreken** <van brand, ziekte e.d.> • *le feu s'est déclaré dans la nuit* de brand is 's nachts uitgebroken
déclassé BN **beneden zijn stand geraakt, gedeclasseerd**
déclassement ZN M **declassering, achteruitgang in stand**
déclasser OV WW **1** **declasseren, achteruit doen gaan in stand, in een lagere klasse plaatsen** **2** **de rangschikking verstoren van**
déclenchement ZN M **ontketening, (het) in gang zetten** • *le ~ des hostilités* het begin van de vijandelijkheden
déclencher **1** OV WW **de stoot geven tot, ontketenen, in gang zetten, in werking stellen** • *~ une attaque* een aanval inzetten • *~ un accouchement* een bevalling inleiden **2** WKD WW **(se ~)** **losbarsten, uitbreken** • *l'alarme se déclenche* het alarm gaat af
déclencheur ZN M **ontspanner** <van fototoestel>
déclic "-kliek" ZN M **1** **pal** **2** A-V **druk op de knop** • *un ~ automatique* zelfontspanner **3** **klik** <geluid> **4** INFORM. **plotseling inzicht, aha-erlebnis** • *il*

dé

y a eu un ~ er daagde opeens iets, het kwartje is gevallen, de zaak kwam opeens in beweging • *pour moi, ça a été le ~* dat was een eyeopener voor mij • *ça a été le ~* dat bracht de bal aan het rollen

déclin ZN M neergang, verval, afneming • *le ~ des forces* het afnemen van de krachten • *le ~ du jour* het vallen v.d. avond • *le ~ de la lune* het laatste kwartier • *être sur son ~* achteruitgaan, aftakelen, op zijn retour zijn

dé

déclinaison TAALK. ZN V verbuiging

décliner 1 OV WW 1 afslaan, afwijzen, weigeren • *~ une offre* een aanbod afslaan 2 TAALK. verbuigen • FIG. *~ son identité* zijn naam / personalia opgeven 2 ONOV WW 1 verminderen, afnemen, in verval raken • *sa santé décline* zijn gezondheid gaat achteruit • *elle décline rapidement* zij gaat snel achteruit 2 ondergaan, dalen <v. ster>

décloisonner OV WW ontzuilen, FIG. de scheidsmuren wegnemen van

déco ZN V décoration decoratie, inrichting • *l'Art ~* art deco

décocher OV WW afschieten <van pijl>, FIG. toewerpen • *~ un coup à qn* iemand een klap verkopen • *~ un regard à qn* een blik toewerpen

décodage ZN M decodering, ontcijfering

décoder OV WW decoderen, ontcijferen

décodeur ZN M decoder

décoiffer OV WW de haren in de war brengen van • INFORM, FIG *ça décoiffe!* te gek!, daar sta je van te kijken!

décoincer OV WW OOK FIG. los(ser) maken, ontspannen

décolérer ONOV WW • *ne pas ~* boos blijven

décollage ZN M (het) opstijgen <van vliegtuig>

décoller 1 OV WW losmaken <van iets dat gelijmd is> • *des oreilles décollées* uitstaande oren 2 ONOV WW 1 opstijgen <van vliegtuig> 2 FIG. van de grond komen loskomen • *l'économie commence à ~* het gaat weer beter met de economie 3 INFORM. • *ne pas ~* niet weg te slaan zijn, blijven plakken 3 WKD WW (se ~) losgaan

décolleté 1 ZN M decolleté • *~ en V / en pointe* V-hals • *un ~ plongeant* diep decolleté 2 BN met laag uitgesneden hals

décolonisation ZN V dekolonisatie

décoloniser OV WW dekoloniseren

décolorant 1 BN ontkleurend 2 ZN M ontkleuringsmiddel, bleekmiddel

décoloré BN verkleurd, verschoten

décolorer 1 OV WW verkleuren, ontkleuren 2 WKD WW (se ~) verbleken

décombres ZN M MV puin • *être enseveli sous les ~* onder het puin bedolven liggen

décommander 1 OV WW afbestellen, afzeggen 2 WKD WW (se ~) het laten afweten, afzeggen

décomplexé BN onbevangen, zonder remmingen • *une attitude décomplexée* een onbevangen houding

décomposable BN ontleedbaar

décomposer 1 OV WW ontbinden (en in), ontleden • *un visage décomposé* vertrokken gezicht 2 WKD WW (se ~) 1 tot ontbinding overgaan, bederven, rotten 2 ontleed worden, FIG. uiteenvallen

décomposition ZN V ontleding, OOK FIG. ontbinding, (het) uiteenvallen

décompresser 1 OV WW decomprimeren, de druk verminderen van 2 ONOV WW INFORM. zich ontspannen, relaxen, onthaasten, stoom afblazen

décompression ZN V decompressie, OOK FIG. ontspanning

décomprimer OV WW ontspannen, de druk verminderen van

décompte ZN M 1 korting, aftrek 2 telling, nauwkeurige specificatie • *faire le ~ des voix* de stemmen tellen

décompter OV WW korten, aftrekken, in mindering brengen

déconcentrer 1 OV WW 1 decentraliseren, spreiden 2 afleiden <van aandacht> 2 WKD WW (se ~) zijn concentratie verliezen

déconcerté BN verbijsterd

déconfit "-fie" BN ontdaan, in de war, beteuterd

déconfiture ZN V 1 OOK FIG. bankroet 2 nederlaag, mislukking

décongeler OV WW ontdooien

décongestionner OV WW ontlasten <van verkeer>

déconnecter 1 OV WW TECHN. OOK FIG. uitschakelen, ontkoppelen • FIG. *être déconnecté* afgehaakt hebben, de boel laten waaien 2 WKD WW (se ~) uitloggen

déconner ONOV WW 1 INFORM. flauwekul uitslaan / uithalen, gek doen, lullen • *sans déconner!* zonder dollen! 2 kuren hebben <van apparaten>

déconneur ZN M (V déconneuse), lolbroek

déconseiller OV WW afraden • *nous vous déconseillons de prendre la route* we raden u af de auto te nemen

déconsidérer OV WW in aanzien doen dalen, in diskrediet brengen

décontaminer OV WW ontsmetten, gifvrij maken

décontenancé BN ontdaan, van zijn stuk gebracht • *être tout ~* helemaal van streek zijn

décontracté BN ontspannen, onbezorgd, ongedwongen • *un pull ~* vrijetijdstrui

décontracter 1 OV WW ontspannen 2 WKD WW (se ~) OOK FIG. zich ontspannen

décontraction ZN V OOK FIG. ontspanning, ongedwongenheid

déconvenue ZN V tegenslag, pech

décor ZN M 1 versiering 2 decor, FIG. omgeving • *un changement de ~* decorwisseling, FIG. plotselinge verandering • FIG. *faire partie du ~* bij het meubilair horen • FIG., INFORM. *rentrer dans le ~* van de weg af raken

décorateur ZN M (V décoratrice), decorateur • *un ~ d'intérieur* binnenhuisarchitect,

interieurontwerper • *un ~ (de théâtre)* decormaker • *un peintre ~* decorschilder
décoratif BN (V décorative), versierend, decoratief, sier- • *les arts décoratifs* kunstnijverheid • *des plantes décoratives* sierplanten
décoration ZN V **1** inrichting, stoffering, versiering • *les décorations de Noël* kerstversieringen **2** decoratie, onderscheiding(steken), lintje • *décerner une ~ à qn* iemand een onderscheiding toekennen
décorer OV WW **1** versieren, inrichten • *~ le sapin de Noël* de kerstboom optuigen **2** decoreren, onderscheiden • *il a été décoré* hij heeft een lintje gekregen
décortiquer OV WW **1** pellen • *~ des crevettes* garnalen pellen **2** FIG. ontleden • *~ un texte* een tekst ontleden / nauwkeurig analyseren
décorum "-rom" ZN M fatsoen, decorum, etiquette
découcher ONOV WW buitenshuis slapen
découdre **1** OV WW onregelmatig lostornen **2** WKD WW **(se ~)** losgaan <v. naad> **3** ONOV WW • FIG. *en ~ avec qn* op de vuist gaan met iemand, het opnemen tegen iemand
découler ONOV WW voortvloeien uit • *il en découle que cette théorie est fausse* daaruit volgt dat die theorie onjuist is
découpage ZN M **1** (het) (aan)snijden, (het) uitknippen, (het) uitzagen, verknipping • FIG. *le ~ électoral* indeling in kiesdistricten **2** uitgeknipte prent • *faire des découpages* plaatjes uitknippen
découper **1** OV WW **1** in stukken snijden, voorsnijden • *un couteau à ~* voorsnijmes • *une planche à ~* snijplank **2** uitknippen, uitzagen • *~ une photo dans le journal* een foto uit de krant knippen • *une scie à ~* figuurzaag **2** WKD WW **(se ~) sur** afsteken / zich scherp aftekenen tegen • *la montagne qui se découpe sur le ciel bleu* het gebergte dat tegen de blauwe hemel afsteekt
découpeuse ZN V snijmachine
découpler OV WW loskoppelen
découpure ZN V **1** knipsel **2** insnijding
décourageant BN ontmoedigend
découragement ZN M moedeloosheid, ontmoediging • *se laisser aller au ~* de moed verliezen
décourager **1** OV WW **1** ontmoedigen • *une nouvelle qui décourage* ontmoedigend nieuws **2** ontraden, afbrengen van • *~ qn de faire qc* iemand ervan weerhouden iets te doen **2** WKD WW **(se ~)** de moed verliezen
décousu **1** BN **1** losgetornd **2** onsamenhangend • *une conversation décousue* verward gesprek **2** WW volt. deelw. → **découdre**
découvert **1** BN ongedekt, onbedekt, onbeschut • *avec la tête découverte* blootshoofds • FIG. *à visage ~* openlijk, met open vizier **2** ZN M **1** open terrein **2** tekort, deficit • *un crédit à ~* blanco krediet • *être à ~ de mille euros* duizend euro rood staan • *à ~* onbedekt, ongedekt, onbeschut, openlijk **3** WW volt. deelw. → **découvrir**
découverte ZN V ontdekking • *partir / aller à la ~ de qc* op ontdekking uitgaan naar iets, op zoek gaan naar iets
découvrir **1** OV WW **1** ontwaren, zien, (uit) vinden, ontdekken, te weten komen • *~ la mer* de zee (kunnen) zien • *j'ai découvert qu'elle était déjà mariée* ik ben er achter gekomen dat ze al getrouwd was • *~ la vérité /* INFORM. *le pot aux roses* achter de waarheid komen **2** de (be)dekking wegnemen van, ontbloten • *une robe qui découvre les genoux* jurk die de knieën bloot laat **3** openbaren, blootleggen, onthullen • *~ son jeu* zich in de kaart laten kijken • *~ ses intentions* zijn bedoelingen laten blijken **2** WKD WW **(se ~)** **1** ophelderen <v. weer> **2** zich dunner kleden, de hoed afnemen **3** zich openbaren, zijn gevoelens laten blijken • *se ~ des dons* gaven bij zichzelf ontdekken
décrassage ZN M reiniging
décrasser OV WW **1** schoonmaken, reinigen **2** beschaven, manieren bijbrengen aan
décrédibiliser OV WW ongeloofwaardig maken
décrépir OV WW (kalk) afbikken
décrépit "-pie" BN afgeleefd
décrépitude ZN V verval, aftakeling
décret ZN M decreet, verordening, besluit • *par ~* bij decreet
décréter OV WW decreteren, verordenen, uitvaardigen • *~ l'état d'urgence* de noodtoestand afkondigen
décrier FORM. OV WW in diskrediet brengen, verguizen
décrire OV WW onregelmatig beschrijven • *l'avion décrit des cercles dans le ciel* het vliegtuig cirkelt in de lucht
décrisper **1** OV WW minder gespannen maken **2** WKD WW **(se ~)** minder gespannen worden
décrochage ZN M (het) loshaken, (het) loskoppelen
décrocher **1** OV WW **1** afhaken, loshaken, van de haak nemen • *~ le téléphone* de telefoon opnemen **2** behalen, in de wacht slepen <van prijs, diploma, baan enz.> • *~ un bon poste* een goede baan vinden **2** ONOV WW INFORM. afhaken, ermee kappen • *ça va trop vite pour moi, je décroche* dat gaat me te snel, ik stop ermee • *un élève qui décroche* vroegtijdige schoolverlater
décrocheur ZN M (V décrocheuse), afhaker, vroegtijdig schoolverlater, gesjeesde student
décroissance ZN V afneming, vermindering
décroissant BN afnemend • *par ordre ~* in afdalende volgorde, van hoog naar laag
décroître ONOV WW onregelmatig verminderen, afnemen
décrotter OV WW poetsen, schoonmaken
décrue ZN V **1** daling <van water> **2** afneming
décrypter OV WW OOK FIG. ontcijferen, decoderen
déçu **1** BN teleurgesteld • *il était ~* dat zat hem niet glad • *être ~ de / par qc* teleurgesteld over iets zijn **2** WW volt. deelw. → **décevoir**
déculottée INFORM. ZN V afgang, pak slaag

dé

• *trois à zéro, quelle déculottée!* drie nul, wat een afgang!
déculotter 1 OV WW de broek uittrekken van 2 WKD WW (se ~) 1 zijn broek uittrekken 2 INFORM. terugkrabbelen, zich kleinmaken
déculpabiliser OV WW schuldgevoelens wegnemen bij

décupler OV WW vertienvoudigen
dédaigner OV WW minachten, verachten, versmaden • *~ une offre* een aanbod afslaan
dédaigneux BN (V dédaigneuse), minachtend, erop neerkijkend
dédain ZN M geringschatting, minachting • *avoir du ~ pour qn* iemand minachten • *parler avec ~ de qc* zich laatdunkend over iets uitlaten
dédale ZN M OOK FIG. doolhof
dedans 1 BW (er) binnen, erin, van binnen • *de ~* van binnen • *en ~* van binnen, naar binnen • *il n'y a rien ~* er zit niets in • *elle est encore ~* ze is nog binnen • *c'est caché là-~* het zit daarin verstopt 2 ZN M binnenste, inwendige
dédicace ZN V opdracht <in boek> • *une séance de dédicaces* signeersessie
dédicacer OV WW van een opdracht voorzien <boek>, signeren
dédier OV WW (toe)wijden • *~ un livre à qn* een boek aan iemand opdragen • *~ sa vie à qc* zijn leven aan iets wijden
dédire WKD WW (se ~) zijn woorden herroepen, zijn woord niet houden, het laten afweten
dédommagement ZN M schadeloosstelling, vergoeding • *en ~ de qc* als compensatie voor iets
dédommager OV WW schadeloosstellen, vergoeden • *~ qn de qc* iemand iets vergoeden
dédouaner OV WW 1 inklaren, uitklaren 2 van blaam zuiveren, rehabiliteren
dédoublement ZN M splitsing in tweeën • *un ~ de personnalité* gespletenheid
dédoubler 1 OV WW in tweeën splitsen • *~ un train* een extra trein inzetten 2 WKD WW (se ~) zich in tweeën splitsen, een gespleten persoonlijkheid bezitten
dédramatiser OV WW minder dramatisch maken, luchtiger opvatten
déductible BN aftrekbaar • *des charges déductibles* aftrekbare lasten
déductif BN (V déductive), deductief, afleidend
déduction ZN V 1 korting, aftrek • *une ~ fiscale* belastingaftrek • *~ faite de...* na aftrek van... 2 deductie, afleiding
déduire OV WW onregelmatig 1 aftrekken, in mindering brengen • *(deux ans de prison) en déduisant la détention préventive* (twee jaar celstraf) met aftrek van voorarrest 2 afleiden, deduceren, concluderen • *j'en déduis que...* daaruit leid ik af dat..., daaruit maak ik op dat...
déesse ZN V godin
défaillance "-faj-" ZN V 1 zwakte, onmacht, tekortkoming, (het) tekortschieten, niet-nakoming • *une ~ humaine* menselijk falen • *une ~ cardiaque* hartfalen • *une mémoire sans ~* feilloos geheugen • *avoir une ~* flauwvallen 2 TECHN. storing, defect
défaillant "-faj-" BN zwak, verzwakkend, onmachtig • *ma mémoire est défaillante* mijn geheugen laat me in de steek
défaillir "-faj-" ONOV WW onregelmatig flauwvallen, verzwakken, het begeven • *~ de faim* omvallen van de honger
défaire 1 OV WW onregelmatig 1 uit elkaar halen, losmaken • *~ un paquet* een pakje openmaken • *~ sa valise* zijn koffer uitpakken • *~ un nœud* een knoop losmaken • *~ une couture* een naad lostornen 2 afbreken, tenietdoen 2 WKD WW (se ~) 1 losraken, in het ongerede raken • FIG. *les carrières qui se font et se défont* carrières die worden gemaakt en gebroken 2 ~ de zich ontdoen van, afkomen van • *se ~ d'un employé* een werknemer ontslaan • *se ~ de mauvaises habitudes* slechte gewoonten afleren
défait BN 1 losgeraakt, onopgemaakt <van bed> • *des cheveux défaits* loshangend haar 2 ontdaan • *un visage ~* een ontdaan gezicht
défaite ZN V nederlaag, mislukking • *une ~ cuisante / écrasante* een verpletterende nederlaag • *une ~ électorale* verkiezingsnederlaag • *subir une ~* een nederlaag lijden • *infliger une ~ à l'ennemi* de vijand een nederlaag toebrengen
défaitisme ZN M defaitisme
défaitiste 1 BN defaitistisch 2 ZN M/V defaitist
défalquer OV WW korten, aftrekken
défaut ZN M 1 gebrek, (het) ontbreken, manco • *à ~ de cannabis, on fume des cigarettes* bij gebrek aan cannabis roken we sigaretten 2 gebrek, onvolkomenheid, tekortkoming, zwakke plek • *un ~ corporel* lichaamsgebrek • *un ~ de fabrication* fabrieksfout • *un ~ de tissage* weeffout • *un ~ d'organisation* gebrekkige organisatie • *l'objet présente un ~* dat voorwerp vertoont een gebrek • *le défaut majeur d'un système* de voornaamste onvolkomenheid van een systeem • *il a bien des défauts, mais pas celui de mentir* hij mag dan zijn gebreken hebben, liegen doet hij niet • *être en ~* falen, in gebreke blijven 3 JUR. verstek • *faire ~* ontbreken, verstek laten gaan • *un jugement par ~* vonnis bij verstek
défaveur ZN V ongenade, diskrediet • *tomber en ~ auprès de qn* uit de gunst raken bij iemand
défavorable BN ongunstig
défavoriser OV WW benadelen, achterstellen • *les classes défavorisées* de laagste maatschappelijke klasse, de onderklasse • *venir d'un milieu défavorisé* uit een kansarm milieu komen
défectif BN (V défective), onvolledig, defectief
défection ZN V 1 afvalligheid • *faire ~* afvallig worden, verstek laten gaan 2 (het) niet komen opdagen
défectueux BN (V défectueuse), gebrekkig, defect
défendable BN verdedigbaar
défendeur JUR. ZN M verweerder, gedaagde
défendre 1 OV WW 1 verdedigen • *~ un*

point de vue een standpunt verdedigen • *~ ses convictions* voor zijn overtuigingen staan • *à son corps défendant* tegen wil en dank **2 verbieden, ontzeggen** • *le médecin lui a défendu de fumer* hij mag van de dokter niet roken • *elle défend qu'on la tutoie* ze wil niet getutoyeerd worden **2** WKD WW **(se ~) 1 zich verdedigen** • INFORM. *ça se défend* dat is te verdedigen, daar is iets voor te zeggen • INFORM. *bien se ~ en maths* goed in wiskunde zijn • *bien se ~* zich kranig weren **2 zich beschermen, zich beschutten 3 nalaten, zich ontzeggen, zich onthouden van, ontkennen** • *je ne m'en défends pas* ik ontken het niet

défénestrer OV WW **uit het raam gooien**

défense ZN V **1 verdediging, verweer, afweer, bescherming** • MED. *les défenses immunitaires* weerstand(svermogen) • JUR. *agir en état de légitime ~* uit noodweer / zelfverdediging handelen • *prendre la ~ de qn* opkomen voor iemand • *sans ~* weerloos **2 verbod** • *~ d'entrer* verboden toegang • *~ de fumer* verboden te roken **3 slagtand 4** • *(le quartier de) la Défense* kantorenwijk aan de westkant van Parijs

défenseur ZN M **verdediger, beschermer, voorvechter** • *le Défenseur des droits* nationale ombudsman

défensif BN (V **défensive**), **verdedigend** • *être sur la défensive* in het defensief zijn, op z'n hoede zijn

déféquer ONOV WW **stoelgang hebben, zich ontlasten**

déférence ZN V **eerbied, respect** • *par ~ pour qn* uit respect voor iemand

déférent BN **respectvol, eerbiedig**

déférer OV WW **voor de rechter brengen** • *~ qn à la justice / à un tribunal* iemand voor het gerecht dagen

déferlant BN • *une vague déferlante* breker <golf>

déferlement ZN M **1 (het) breken van de golven, branding 2** FIG. **storm** • *un ~ d'enthousiasme* golf van enthousiasme

déferler ONOV WW **1 breken** <van golven> • *les vagues déferlent sur le pont* de golven slaan over het dek **2 (als een golf) toestromen,** FIG. **losbarsten** • *la foule déferle sur la place* de menigte stroomt het plein op • *une nouvelle mode qui déferle en France* een nieuwe mode die Frankrijk overspoelt

défi ZN M **uitdaging, opgave** • *un ~ au bon sens* een belediging voor het gezonde verstand • *lancer / jeter un ~ à qn* iemand uitdagen • *mettre qn au ~ de faire qc* iemand uitdagen / tarten iets te doen, wedden dat iemand iets niet kan • *relever le ~* de uitdaging aannemen

défiance ZN V **wantrouwen, argwaan**

défiant BN **achterdochtig, wantrouwend** • *des prix ~ toute concurrence* spotprijzen

défibrillateur MED. ZN M **defibrillator**

déficeler OV WW **het touw afdoen van**

déficience ZN V **onvolwaardigheid, gebrek, zwakte** • *une ~ en calcium* calciumtekort • *une ~ auditive* gebrekkig gehoor • *une ~ mentale* zwakzinnigheid

déficient BN **onvolwaardig, gebrekkig**

déficit "-siet" ZN M **tekort, deficit, nadelig saldo** • *couvrir / combler un ~* een tekort dekken • *un ~ budgétaire* begrotingstekort • *boucher le ~* het tekort aanvullen

déficitaire BN **onvoldoende, een tekort opleverend**

défier 1 OV WW **1 uitdagen (à tot), tarten, trotseren** • *~ le danger* het gevaar trotseren • *je te défie de le faire* wedden dat je het niet doet / kan? **2 kunnen wedijveren met** • *des prix qui défient toute concurrence* spotprijzen **2** WKD WW **(se ~) de wantrouwen** • *se ~ de soi-même* geen zelfvertrouwen hebben

défigurer OV WW **misvormen, verminken, ontsieren,** FIG. **verdraaien** • *un visage défiguré* verminkt / gehavend gezicht • FIG. *~ la réalité* de feiten verdraaien

défilé ZN M **1 optocht, stoet, defilé** • *un ~ de mode* modeshow **2 (berg)engte, pas**

défiler 1 ONOV WW **1 defileren, voorbijtrekken** • COMP. *faire ~ un texte* scrollen **2 elkaar opvolgen** • *ça défile chez elle* het loopt storm bij haar **2** WKD WW **(se ~)** INFORM. **ervandoor gaan, zich drukken**

défini BN **bepaald** • *un article ~* bepaald lidwoord • *avoir un projet bien ~* een duidelijk omlijnd plan hebben

définir OV WW **bepalen, vaststellen, definiëren** • *~ un projet* een plan uitstippelen

définissable BN **bepaalbaar**

définitif BN (V **définitive**), **definitief, beslissend, uiteindelijk** • *en définitive* ten slotte

définition ZN V **bepaling, omschrijving, definitie** <ook v. beeld(scherpte)> • *par ~* per definitie

déflagration ZN V **ontploffing**

déflation ZN V **deflatie**

défloration ZN V **ontmaagding**

déflorer OV WW **1 ontmaagden 2 van zijn nieuwheid / frisheid beroven**

défoliation ZN V **1 bladerval 2 ontbladering**

défonce INFORM. ZN V **trip** <bij drugs>, **(het) high zijn**

défoncé BN **1 ingeslagen, ingedeukt 2 vol gaten en / of kuilen** • *un chemin ~* hobbelige weg **3** INFORM. **high, stoned**

défoncer 1 OV WW **de bodem inslaan van, indeuken, stukmaken, afbreken** • *~ une porte* een deur intrappen **2** WKD WW **(se ~) 1** INFORM. **zich keihard uitsloven 2** INFORM. **trippen, high worden**

déformant BN **vertekenend, vervormend** • *une glace déformante* lachspiegel

déformation ZN V **misvorming, vervorming, deformatie**

déformer 1 OV WW **1 misvormen, vervormen** • *chaussée déformée* slecht wegdek **2** FIG. **verdraaien** • *~ les faits* de feiten verdraaien **2** WKD WW **(se ~) uit de vorm raken**

défoulement ZN M **(het) afreageren, (het) zich uitleven**

dé

défouler WKD WW (**se ~**) zich afreageren, zich uitleven • *se ~ en faisant du sport* zich uitleven in de sport
défraîchir WKD WW (**se ~**) zijn frisheid verliezen, verflensen
défrayer OV WW de kosten (terug)betalen van, vrijhouden • *~ la chronique* in het nieuws zijn, over de tong gaan
défrichage ZN M ontginning
défrichement ZN M → **défrichage**
défricher OV WW OOK FIG. ontginnen • *~ une terre* grond in cultuur brengen
défriper OV WW gladstrijken
défriser OV WW **1** ontkrullen **2** INFORM. tegenstaan, niet bevallen • *cette histoire me défrise* dat verhaal zit me niet lekker
défroissable BN kreukherstellend
défroisser OV WW gladstrijken
défroqué ZN M uitgetreden priester / monnik
défunt 1 BN overleden **2** ZN M (V défunte), overledene
dégagé BN onbelemmerd, vrij, ongedwongen • *un ciel ~* wolkeloze hemel • *un front ~* bloot voorhoofd
dégagement ZN M **1** (het) vrijmaken, (het) losmaken, (het) ruimen **2** FIG. inlossing **3** vrije ruimte, doorloop
dégager 1 OV WW **1** doen vrijkomen, losmaken, (eruit)halen, ruimen • *~ un passage* een doorgang vrijmaken • *~ un blessé des décombres* een gewonde uit het puin bevrijden • SPORT *~ le ballon* de bal wegwerken, ruimen • FIG. *~ qn de sa parole* iemand van zijn woord ontslaan **2** afgeven <van geur, warmte, damp enz.> • *~ une mauvaise odeur* een vieze geur verspreiden • *le poêle dégage beaucoup de chaleur* de kachel straalt veel warmte af **2** ONOV WW uit de weg gaan, INFORM. wegwezen, ophoepelen • *allez, dégagez!* wegwezen!, uit de weg!, doorlopen! **3** WKD WW (**se ~**) **1** zich losmaken, zich bevrijden, vrijkomen, leeg worden • *le ciel se dégage* de lucht klaart op • *son nez se dégage* hij kan weer door zijn neus ademen **2** afgegeven worden <van geur, warmte, damp enz.>, opstijgen **3** uitkomen, blijken • *la première impression qui se dégage est positive* de eerste indruk is positief
dégaine INFORM. ZN V (belachelijk) voorkomen • *quelle dégaine!* kijk eens hoe die erbij loopt!
dégainer OV WW (uit de schede) trekken <van wapen>
dégarnir 1 OV WW leeghalen, ontdoen (**de** van), aftuigen • *une bouche dégarnie* tandeloze mond **2** WKD WW (**se ~**) leegraken, kaal worden • *ses tempes se dégarnissent* hij wordt kaal aan de slapen
dégât ZN M vaak MV schade • *les dégâts collatéraux* de collaterale schade • *la grêle a fait / causé d'importants dégâts* de hagel heeft veel schade aangericht • FIG. *limiter les dégâts* de schade beperken • IRON. *bonjour les dégâts!* dan zit je met de brokken!, dan is het mis!
dégel ZN M dooi, OOK FIG. ontdooiing • *c'est le ~* het dooit • FIG. *le ~ des salaires* opheffing van de loonstop
dégeler 1 OV WW OOK FIG. ontdooien • *~ un compte* een rekening deblokkeren / weer vrijgeven **2** ONOV WW ontdooien **3** WKD WW (**se ~**) FIG. loskomen • *l'atmosphère se dégèle* de sfeer wordt wat losser
dégénérer ONOV WW ontaarden (**en** in), degenereren, uit de hand lopen • *une soirée qui dégénère en bataille* een avondje dat in een vechtpartij ontaardt
dégénérescence ZN V ontaarding, degeneratie
dégingandé INFORM. BN slungelachtig
dégivrage ZN M (het) ontdooien, (het) verwijderen van ijs(afzetting)
dégivrer OV WW de ijsafzetting verwijderen van • *~ un réfrigérateur* een koelkast ontdooien
dégivreur ZN M ontdooier, (achter) ruitverwarming
déglinguer INFORM. **1** OV WW stukmaken, mollen **2** WKD WW (**se ~**) kapotgaan
déglutir OV WW (in)slikken
déglutition ZN V (het) (in)slikken
dégobiller INFORM. OV + ONOV WW braken, (uit) kotsen
dégoiser INFORM. **1** OV WW uitflappen, afsteken <van verhalen> **2** ONOV WW praten, kletsen
dégommer INFORM. OV WW ontslaan, aan de dijk zetten, wegwerken
dégonflé 1 BN lek, leeg <van band, ballon> • *un pneu ~* slappe band **2** ZN M (V dégonflée) INFORM. schijterd, iemand die terugkrabbelt
dégonfler 1 OV WW **1** leeg laten lopen <van band, ballon> **2** OOK FIG. minder gezwollen / opgeblazen maken, laten zakken <van prijzen> **2** WKD WW (**se ~**) **1** leeglopen **2** INFORM. de moed verliezen, terugkrabbelen
dégorgement ZN M lozing, afvloeiing, doorspoeling
dégorger ONOV WW **1** uitstromen (**dans** in), lozen **2** CULIN vocht lozen • *faire ~ les concombres* de komkommers laten uitlekken
dégoter, dégotter INFORM. OV WW op de kop tikken, opduikelen
dégouliner ONOV WW (af)druipen, druppelen
dégourdi BN bijdehand, pienter
dégourdir 1 OV WW minder stijf maken, OOK FIG. losser maken **2** WKD WW (**se ~**) loskomen, vlotter (in de omgang) worden • *se ~ les jambes* (even) de benen strekken, zich wat vertreden
dégoût ZN M afkeer, walging, tegenzin • *ressentir du ~ pour qc* een afkeer van iets hebben • *inspirer le ~* afkeer inboezemen
dégoûtant BN walgelijk, vies, stuitend • *un vieux ~* ouwe viezerik
dégoûté BN afkerig van, beu • *être ~ de la vie* het leven beu zijn, levensmoe zijn • *faire le ~ / prendre un air ~* een vies gezicht trekken • *être ~ de qc* vies zijn van iets
dégoûter 1 OV WW doen walgen, afkerig maken, tegenstaan • *~ qn de qc* iemand de lust tot iets benemen • *la viande me dégoûte* vlees staat me

tegen **2** WKD WW **(se ~)** een hekel krijgen aan
dégoutter ONOV WW lekken, druipen
dégradant BN onterend, vernederend
dégradation ZN V **1** verslechtering, aantasting, verval, beschadiging • *les dégradations d'un bâtiment* beschadigingen aan een gebouw • *la ~ des conditions de travail* verslechtering van de werkomstandigheden **2** MIL. degradatie
dégrader **1** OV WW **1** beschadigen, vernielen, aantasten, verlagen • *~ une église* een kerk beschadigen • *~ des tombes* grafzerken vernielen, grafschennis plegen • FIG. *la drogue le dégrade* drugsgebruik doet hem geen goed **2** MIL. degraderen, in rang verlagen **2** WKD WW **(se ~)** verslechteren, zwakker worden, vervallen, zich verlagen • *son état se dégrade rapidement* zijn toestand gaat snel achteruit
dégrafer **1** OV WW loshaken **2** WKD WW **(se ~)** losraken
dégraissage ZN M **1** ontvetting, reiniging **2** FIG. afslanking
dégraissant ZN M ontvlekkingsmiddel
dégraisser OV WW **1** ontvetten, het vet afscheppen van **2** ontvlekken **3** FIG. afslanken, inkrimpen
degré ZN M **1** graad, mate, rang • *un brûlure au premier ~* eerstegraadsverbranding • *une plaisanterie au second ~* doordenkertje • *le ~ de parenté* graad van verwantschap • *les degrés de comparaison* trappen van vergelijking • *le ~ de difficulté* moeilijkheidsgraad • *les degrés de l'échelle sociale* sporten van de maatschappelijke ladder • *un haut ~ de développement* een hoge trap van ontwikkeling • *prendre qc au premier ~* iets letterlijk opvatten • *au plus haut ~* in de hoogste mate • *par degrés* trapsgewijs **2** NATK., WISK. graad • *un angle de 90 degrés* hoek van 90 graden • *37 degrés centigrades* 37 graden Celsius • *~ de latitude / de longitude* breedtegraad / lengtegraad • *de l'alcool à 80 degrés* alcohol van 80% • *il fait cinq degrés au-dessous de zéro; il fait moins cinq degrés* het is vijf graden onder nul
dégressif BN (V dégressive), degressief, afnemend
dégrèvement ZN M belastingverlichting, aftrek
dégrever OV WW (belasting)verlichting geven aan
dégriffer OV WW v.d. merknaam ontdoen <van kleding> • *des vêtements dégriffés* afgemerkte en afgeprijsde kleren
dégringolade INFORM. ZN V val, OOK FIG. tuimeling • *la ~ des cours (de la Bourse)* koersval
dégringoler **1** ONOV WW OOK FIG. tuimelen • *~ dans l'escalier* van de trap donderen • *les cours de la Bourse dégringolent* de koersen kelderen **2** OV WW INFORM. afhollen • *~ l'escalier* de trap afstormen
dégrisement ZN M OOK FIG. ontnuchtering
dégrossir OV WW **1** ruw bewerken, de hoofdvorm geven aan **2** manieren bijbrengen aan, beschaven
dégrouper OV WW uiteenplaatsen, anders indelen
déguenillé BN in lompen gehuld, haveloos
déguerpir ONOV WW ervandoor gaan
dégueu INFORM. BN dégueulasse smerig, rot- • *c'est pas dégueu!* het is niet verkeerd!
dégueulasse INFORM. BN smerig, rot-, slecht • *le temps est ~* het is rotweer • *ce type est un gros dégueulasse!* die vent is een smeerlap • *cette soupe, c'est ~* die soep is niet te vreten
dégueuler INFORM. OV WW OOK FIG. (uit)braken
déguisé BN vermomd, verhuld
déguisement ZN M **1** vermomming **2** FORM. verhulling
déguiser **1** OV WW vermommen, verkleden, verhullen • *~ sa voix* zijn stem verdraaien **2** WKD WW **(se ~)** zich vermommen, zich verkleden • *se ~ en femme* zich als vrouw verkleden
dégustateur ZN M (V dégustatrice), proever <van wijn enz.>
dégustation ZN V (het) proeven • *~ de vins* wijnproeverij
déguster OV WW proeven <van dranken>, savoureren, genieten van • INFORM. *ils ont dégusté!* ze hebben ervan langs gekregen
déhancher WKD WW **(se ~)** heupwiegen, een scheve heupstand hebben
dehors **1** BW naar buiten, (er)buiten, eruit • *la porte de ~* buitendeur • *coucher ~* buitenshuis overnachten • *aller jouer ~* buiten gaan spelen • *on l'a mis ~* hij is eruitgezet, hij is weggejaagd • *mettre toutes voiles ~* alle zeilen bijzetten • INFORM. *il a un nom à coucher ~* hij heeft een onmogelijke naam • *au ~ / au-~* van buiten **2** VZ **1** buiten • *il habite en ~ de la ville* hij woont buiten de stad **2** • *en ~ de toi...* behalve jij... **3** TUSSENW eruit! • *allez, ouste! ~!* hup, eruit! **4** ZN M **1** buitenkant • *les gens du ~* de mensen van buiten **2** vaak mv uiterlijk voorkomen, uiterlijk, schijn • *sous des ~ aimables, il est dur* hij lijkt wel aardig, maar is hard • *ne pas se pencher au ~!* niet naar buiten leunen! • *à en juger par les ~...* naar de schijn te oordelen..., zo op het oog...
déjà BW al, reeds • *déjà?* nu al? • *elle a ~ été mariée trois fois* ze is al drie keer getrouwd geweest • *il est ~ là?* is hij er al? • *comment s'appelle-t-il déjà?* hoe heet hij ook weer? • *c'est ~ bien beau* dat is toch wel erg mooi • *c'est ~ pas mal!* dat is zo slecht nog niet • *on a ~ commencé* we zijn alvast begonnen • *d'ores et ~* van nu af aan
déjection ZN V ontlasting • *des déjections canines* uitwerpselen van honden
déjeté BN krom, scheef
déjeuner **1** ZN M lunch, middagmaal • *un ~ d'affaires* zakenlunch • *un ~ sur l'herbe* picknick **2** ONOV WW **1** lunchen **2** BELGFR., CAN. ontbijten
déjouer OV WW verijdelen • *~ la surveillance des gardiens* de bewakers te slim af zijn
delà **1** BW • *l'église se trouve un peu au-delà* de kerk staat wat verderop **2** VZ • *par ~ les mers* aan de overkant van de zee • *le succès va bien au-delà de nos espérances* het succes overstijgt onze verwachtingen

de

délabré BN bouwvallig, vervallen • FIG. *une santé délabrée* zwakke gezondheid
délabrement ZN M bouwvalligheid, verval, slechte staat
délabrer 1 OV WW tot verval brengen, bederven 2 WKD WW **(se ~)** in verval raken, slechter worden

délacer OV WW losmaken <van veters e.d.>
délai ZN M 1 termijn, tijd • *un ~ de préavis* opzegtermijn • *dans les plus brefs délais / dans les meilleurs délais* zo spoedig mogelijk • *dans les délais voulus / convenus* binnen de gestelde tijd • *fixer un ~* een termijn stellen • *respecter un ~* een termijn in acht nemen • *le ~ est dépassé* de termijn is verstreken • *à bref ~* binnen korte tijd 2 uitstel, vertraging • *accorder un ~ de paiement* uitstel van betaling verlenen • *sans ~* onmiddellijk
délaissement FORM. ZN M (het) verlaten, (het) in de steek laten, verlatenheid
délaisser OV WW verlaten, in de steek laten, verwaarlozen, laten varen • *~ ses amis* zijn vrienden verwaarlozen
délassement ZN M afleiding, ontspanning
délasser 1 OV WW ontspannen, verstrooien, verkwikken 2 WKD WW **(se ~)** zich ontspannen, uitrusten
délateur ZN M (V délatrice), aanbrenger, verklikker
délation ZN V (het) aanbrengen, (het) verklikken
délavé BN verschoten, verkleurd, verbleekt • *un ciel ~* fletse hemel
délayage ZN M 1 verdunning 2 FIG. verwatering, wijdlopigheid
délayer OV WW 1 verdunnen 2 FIG. verwateren, wijdlopig maken
délectable BN heel aangenaam, heerlijk
délectation ZN V genot, genieting
délecter WKD WW **(se ~)** genoegen scheppen in, ervan genieten om • *je me délecte à l'écouter* ik hoor hem graag praten
délégation ZN V 1 afvaardiging, delegatie 2 (het) delegeren, overdracht <van bevoegdheid>, lastgeving
délégué ZN M (V déléguée), afgevaardigde, vertegenwoordiger, gemachtigde
déléguer OV WW 1 overdragen <van bevoegdheid>, delegeren 2 afvaardigen, machtigen
délestage ZN M (het) uitwerpen van ballast, ontlasting
délester OV WW 1 van ballast ontdoen 2 ontlasten, tijdelijk afsluiten (en omleiden) <van weg> • IRON. *~ qn de 1000 euros* iemand 1000 euro lichter maken
délétère BN schadelijk, giftig, dodelijk
délibératif BN (V délibérative), beslissend, stemgerechtigd
délibération ZN V beraadslaging, bespreking, overweging • *après mûres délibérations...* na rijp beraad...
délibéré 1 BN 1 zelfbewust, vastberaden • *prendre un air ~* een zelfbewust gezicht trekken 2 welbewust, opzettelijk • *de propos ~* met opzet 2 ZN M JUR. beraadslaging van rechters • *en ~* in beraad
délibérément BW weloverwogen, met opzet
délibérer ONOV WW 1 beraadslagen, overleggen 2 FORM. zich beraden
délicat BN 1 fijn, heerlijk, lekker 2 subtiel, verfijnd, delicaat 3 moeilijk, hachelijk, netelig • *une situation délicate* hachelijke situatie • *une question délicate* gevoelige kwestie, teer punt 4 nauwgezet, gewetensvol, fijngevoelig, kies 5 teer, tenger, zwak • *une santé délicate* zwakke gezondheid • *une peau délicate* gevoelige huid 6 kieskeurig • *faire le ~* kieskeurig zijn, moeilijk doen • *un personnage peu ~ en affaires* iemand die weinig scrupuleus in zaken is
délicatesse ZN V 1 verfijndheid, fijnheid 2 fijngevoeligheid, nauwgezetheid, kiesheid, tact • *manquer de ~* niet zo tactvol zijn 3 teerheid, tengerheid
délice 1 ZN M genot, iets heerlijks • *ce plat est un vrai ~* dat gerecht is heerlijk 2 ZN V MV geneugten, genot, lust • *un lieu de délices* lustoord
délicieux BN (V délicieuse), heerlijk, verrukkelijk, lekker
délictueux BN (V délictueuse), onrechtmatig, strafbaar
délié BN 1 dun, fijn 2 los(gemaakt), soepel • *avoir la langue bien déliée* rad van tong zijn
délier OV WW 1 losmaken 2 vrijmaken van, ontheffen van • *~ qn de sa promesse* iemand van zijn belofte ontslaan
délimitation ZN V afbakening, begrenzing
délimiter OV WW afbakenen, begrenzen • *~ les fonctions de qn* iemands functie afperken
délinquance ZN V criminaliteit • *la ~ juvénile* jeugdcriminaliteit • *la ~ informatique* computercriminaliteit
délinquant 1 ZN M (V délinquante), overtreder, delinquent 2 BN misdadig • *la jeunesse délinquante* criminele jongeren
délirant BN 1 uitbundig, uitzinnig, krankzinnig 2 ijlend
délire ZN M 1 waanzin, uitzinnigheid, delirium • *une foule en ~* uitzinnige menigte • *c'est le délire!* dat is pure waanzin! 2 (het) ijlen, ijlkoorts
délirer ONOV WW ijlen, raaskallen, wartaal uitslaan, buiten zichzelf zijn • INFORM. *il délire!* hij kletst maar wat!
délit "-lie" ZN M misdrijf, overtreding, delict • *condamné pour ~ de fuite* veroordeeld wegens doorrijden na een ongeluk • *prendre qn en flagrant ~* iemand op heterdaad betrappen • *le ~ de faciès* ongewenst voorkomen / donkere huidskleur <als reden v. aanhouding of achterstelling>
délivrance ZN V 1 bevrijding, opluchting 2 afgifte, uitreiking • *la ~ d'un nouveau passeport* afgifte van een nieuw paspoort
délivrer OV WW 1 bevrijden • *~ qn de sa promesse* iemand van zijn belofte ontslaan 2 uitreiken,

afgeven, afleveren, bezorgen
délocalisation ZN V (het) elders vestigen
délocaliser 1 OV WW elders vestigen <van bedrijf, overheidsdienst> 2 WKD WW **(se ~)** zich elders vestigen
déloger OV WW verjagen, verdrijven **(de** uit), INFORM. eruit gooien • *~ un locataire* een huurder eruit zetten
déloyal BN (M MV déloyaux), oneerlijk, ontrouw, vals • *une concurrence déloyale*
déloyauté ZN V oneerlijkheid, trouweloosheid
delta ZN M delta • *une aile (en) ~* deltavleugel
deltaplane ZN M deltavlieger • *faire du ~* deltavliegen
déluge ZN M 1 OOK FIG. stortvloed, stortbui • *un ~ de récriminations* een storm van kritiek 2 zondvloed • *après nous, le déluge!* na ons de zondvloed, wie dan leeft, die dan zorgt • *remonter au ~* uit een grijs verleden stammen
déluré BN 1 gis, gewiekst 2 vrijpostig
démagnétiser OV WW demagnetiseren
démagogie ZN V demagogie
démagogique BN demagogisch
démagogue 1 BN demagogisch 2 ZN M/V demagoog
démailloter OV WW de windsels afdoen van, afwikkelen
demain BW morgen • *~ soir* morgenavond • *~ matin / ~ dans la matinée* morgenochtend • *~ en huit / en quinze* morgen over een week / over twee weken • *à ~!* tot morgen! • *dès ~* vanaf morgen • *~, il fera jour* morgen is er weer een dag • IRON. *ce n'est pas pour ~ / ce n'est pas ~ la veille* zo ver is het nog lang niet, het duurt nog wel even • INFORM. *c'est pour aujourd'hui ou pour ~?* komt er nog wat van?
demande ZN V 1 verzoek, aanzoek, aanvraag, bestelling, ECON. vraag **(de** naar) • *une ~ d'emploi* sollicitatie • *une ~ en mariage* huwelijksaanzoek • *une ~ de crédits* kredietaanvraag • *vidéo à la demande* video on demand • *adresser / formuler une ~* een verzoek doen / indienen • *ne pas pouvoir faire face à la ~* de vraag niet aankunnen • *à la ~ générale* op algemeen verzoek • *catalogue sur ~* catalogus op aanvraag 2 JUR. eis **(en** tot), vordering • *faire une ~ de divorce* echtscheiding aanvragen
demandé BN veelgevraagd
demander 1 OV WW 1 vragen **(à** aan), verzoeken • *c'est un article très demandé* er is veel vraag naar dat artikel • *on vous demande* men vraagt naar u, men heeft u nodig • *~ un médecin* een dokter laten komen • *on demande une secrétaire* gevraagd: secretaresse • *~ qn en mariage* iemand ten huwelijk vragen • *~ un conseil* om raad vragen • *~ son chemin* naar de weg vragen • *il te demande de venir* hij vraagt je om te komen • *~ l'heure* vragen hoe laat het is • *~ l'aumône / la charité* om een aalmoes vragen • *il demande s'il peut venir* hij vraagt of hij mag komen • *je ne demande pas mieux* ik wil niets liever, dat doe ik heel graag • *je ne demande qu'à le faire* ik doe niets liever (dan dat) • *je ne demande qu'à vous croire* ik zou u graag willen geloven • INFORM. *je te le demande un peu!* nu vraag ik je! 2 eisen, vergen • *si ce n'est pas trop demandé!* als dat niet te veel gevraagd is • *ça demande à être vérifié* dat moet nagegaan worden 2 WKD WW **(se ~)** zich afvragen • *je me demande s'il va pleuvoir* ik vraag me af of het gaat regenen
demandeur 1 ZN M JUR. eiser 2 ZN M (V demandeuse), (aan)vrager • *un ~ d'asile* asielzoeker • *un ~ d'emploi* werkzoekende
démangeaison ZN V 1 OOK MV jeuk 2 INFORM., FIG aanvechting, veel zin **(de** om)
démanger ONOV WW jeuken • *ça me démange!* het jeukt! • FIG. *ma main me démange* mijn hand jeukt • INFORM. *ça me démange de lui envoyer une baffe* ik heb veel zin om hem een klap te verkopen
démantèlement ZN M ontmanteling • *le ~ d'un réseau terroriste* het oprollen van een terroristennetwerk
démanteler OV WW ontmantelen
démaquillage ZN M afschminking
démaquillant 1 ZN M reinigingscrème, -melk 2 BN make-up verwijderend • *une crème démaquillante* reinigingscrème
démaquiller 1 WKD WW **(se ~)** zich afschminken, zijn make-up verwijderen 2 OV WW reinigen van make-up of schmink
démarcation ZN V afbakening, begrenzing • *la ligne de ~* grenslijn, demarcatielijn
démarchage ZN M huis-aan-huisverkoop, colportage
démarche ZN V 1 manier van lopen, gang, OOK FIG. loop • *il a une drôle de ~* hij heeft een vreemd loopje 2 FIG. stap, poging • *faire / tenter une ~ auprès de qn* iemand over / voor iets benaderen • *faire des démarches pour obtenir qc* stappen ondernemen om iets te verkrijgen 3 handelwijze, houding
démarcheur ZN M (V démarcheuse), colporteur, acquisiteur
démarque ZN V afprijzing, prijsverlaging
démarquer 1 OV WW 1 van het merk ontdoen (en afprijzen) 2 bedrieglijk nabootsen, plagiëren 3 SPORT vrijspelen • *un joueur démarqué* vrijstaande speler 2 WKD WW **(se ~)** 1 zich profileren, zich distantiëren **(de** van) • *elle veut se ~ de son prédécesseur* zij wil zich onderscheiden van haar voorganger 2 SPORT zich vrijspelen
démarrage ZN M 1 OOK FIG. start, vertrek • *les frais de ~* aanloopkosten • *la période de ~* aanloopperiode 2 SPORT demarrage
démarrer 1 ONOV WW 1 starten, op gang komen, beginnen, vertrekken • *faire ~ l'ordinateur* de computer opstarten 2 SPORT demarreren, wegsprinten 2 OV WW starten, INFORM. op gang brengen, beginnen • *la machine refuse de ~* de machine wil niet starten
démarreur ZN M starter <van motorvoertuig>
démasquer 1 OV WW ontmaskeren • *~ ses batteries / ses intentions* zijn bedoelingen verraden 2 WKD WW **(se ~)** zijn ware gezicht tonen
démêlant ZN M conditioner

démêlé ZN M twist, geschil, onenigheid • *avoir des démêlés avec la justice* in aanraking komen met de justitie
démêler OV WW **1** ontwarren **2** ophelderen, onderscheiden, doorzien • *~ le vrai du faux* echt van onecht onderscheiden • *~ une intrigue* een plot doorzien
démembrement ZN M versnippering, verbrokkeling • *le ~ des grands domaines* de verkaveling van de grote landgoederen • *le ~ d'une usine* de onttakeling van een grote fabriek
démembrer OV WW versnipperen, verbrokkelen, verdelen
déménagement ZN M verhuizing • *un camion de ~* verhuiswagen
déménager ONOV WW **1** verhuizen • *~ dans un nouveau quartier* naar een andere wijk verhuizen **2** INFORM. gek worden, raaskallen
déménageur ZN M verhuizer
démence ZN V krankzinnigheid, waanzin
démener WKD WW **(se ~) 1** tekeergaan • *se ~ comme un possédé / comme un beau diable* tekeergaan als een bezetene **2** zich uitsloven, zich afsloven (**pour** voor, om)
dément 1 ZN M (V démente), krankzinnige **2** BN krankzinnig, waanzinnig
démenti ZN M ontkenning, loochening
démentiel BN (V démentielle), krankzinnig, waanzinnig
démentir 1 OV WW onregelmatig **1** ontkennen • *~ un bruit* een gerucht ontkennen **2** loochenen, tegenspreken • *ses actes démentent ses paroles* zijn daden zijn in tegenspraak met zijn woorden **2** WKD WW **(se ~)** • *ne pas se ~* niet aflaten, blijven voortduren
démerdard INFORM. BN bijdehand, zichzelf reddend, gewiekst
démerder INFORM. WKD WW **(se ~)** zich (weten te) redden • *démerde-toi tout seul!* zoek het zelf maar uit!
démesure ZN V mateloosheid • *tomber dans la ~* te ver gaan
démesuré BN mateloos, enorm
démesurément BW bovenmatig
démettre 1 OV WW ontheffen <uit functie> • *~ qn de ses fonctions* iemand ontslaan **2** WKD WW **(se ~) 1** ontwrichten • *se ~ l'épaule* zijn schouder ontwrichten **2** ontslag nemen • *se ~ de ses fonctions* zijn functie neerleggen
demeurant • *au ~* overigens, trouwens
demeure FORM. ZN V **1** woning, verblijf • LIT. *la dernière ~* de laatste rustplaats **2** uitstel • *une mise en ~* aanmaning, ingebrekestelling • *mettre qn en ~ de partir* iemand sommeren te vertrekken
demeuré BN achterlijk
demeurer ONOV WW **1** FORM. verblijven, wonen **2** blijven • *des souvenirs qui demeurent* blijvende herinneringen • *il n'en demeure pas moins que...* dat neemt niet weg dat...
demi 1 BN half • *midi et ~* half één overdag • *minuit et ~* half één 's nachts • *une heure et ~e* anderhalf uur • *trois heures et ~e* half vier • *un ~-verre de vin* een half glas wijn • *à ~-tarif* voor half geld **2** BW • *(à) ~* half • *il ne me rassure qu'à ~* hij stelt me maar half gerust **3** ZN M **1** helft, halfje **2** glas bier, pilsje • *deux ~s!* twee biertjes! **3** SPORT halfspeler, middenvelder **4** ZN V • *nous partons à la ~e* we vertrekken op het halve uur
demi- VOORV half-
demi-bouteille ZN V (MV demi-bouteilles), halve fles
demi-cercle ZN M (MV demi-cercles), halve cirkel
demi-finale ZN V (MV demi-finales), halve finale, halve eindstrijd
demi-frère ZN M (MV demi-frères), halfbroer
demi-heure ZN V (MV demi-heures), halfuur • *le train part toutes les demi-heures* de trein gaat om het halfuur
démilitariser OV WW demilitariseren
demi-mesure ZN V (MV demi-mesures), halve maatregel
demi-mot ZN M • *comprendre à ~* aan een half woord genoeg hebben
déminage ZN M mijnopruiming
déminer OV + ONOV WW van mijnen ontdoen
démineur ZN M mijnenveger
demi-pension ZN V (MV demi-pensions) **1** halfpension **2** (het) overblijven en middageten <op school>
demi-pensionnaire ZN M/V (MV demi-pensionnaires), overblijver <op school>
demi-place ZN V (MV demi-places), reductiekaartje • *payer une ~ dans le train* half geld betalen in de trein
demi-portion INFORM. ZN V (MV demi-portions), onderkruipsel, kleintje, ventje
démis BN ontwricht
demi-saison ZN V (MV demi-saisons), voorjaar, najaar • *un manteau (de) ~* dunne overjas
demi-sang ZN M (MV demi-sang(s)), halfbloed <paard>
demi-sœur ZN V (MV demi-sœurs), halfzuster, stiefzuster
demi-sommeil ZN M (MV demi-sommeils), halfslaap, slaperigheid
démission ZN V **1** ontslag, ontslagneming, (het) aftreden • *donner sa ~* ontslag nemen **2** (het) opgeven <van een streven, strijd> • *la ~ des parents* het verzaken van de ouderlijke plichten
démissionnaire 1 ZN M/V aftredend lid **2** BN aftredend, die zijn ontslag heeft ingediend, demissionair • *avoir une attitude ~* het laten afweten
démissionner ONOV WW ontslag nemen, aftreden • *~ de son poste* zijn functie neerleggen
demi-tarif ZN M (MV demi-tarifs), half geld • *un billet (à) ~* kaartje voor half geld
demi-tour ZN M (MV demi-tours), halve draai • *faire ~* rechtsomkeert maken, omkeren
démo ZN V démonstration demo
démobilisation ZN V demobilisatie

démobiliser OV WW demobiliseren
démocrate 1 BN democratisch 2 ZN M/V democraat
démocratie "-sie" ZN V democratie
démocratique BN democratisch
démocratisation ZN V democratisering
démocratiser 1 OV WW democratiseren 2 WKD WW (**se ~**) algemeen toegankelijk worden • *le golf se démocratise* golf wordt steeds populairder
démodé BN uit de mode, ouderwets, achterhaald • *les talons hauts sont démodés* hoge hakken zijn uit
démoder WKD WW (**se ~**) uit de mode raken, verouderen
démographie ZN V demografie • *une ~ galopante* sprongsgewijze bevolkingstoename
démographique BN demografisch, bevolkings- • *la croissance ~* bevolkingsgroei
demoiselle ZN V juffrouw • *des ~s* jonge dames • *une ~ d'honneur* bruidsmeisje
démolir OV WW 1 slopen, afbreken, vernietigen, OOK FIG. kapotmaken • *la critique l'a complètement démoli* de kritiek heeft hem de grond ingeboord 2 INFORM. aftuigen, in elkaar slaan • *se faire ~ le portrait* op zijn bek krijgen, verbouwd worden
démolisseur ZN M (V démolisseuse), sloper
démolition 1 ZN V afbraak, sloop, vernietiging • *une entreprise de ~* sloperij 2 ZN V MV puin
démon ZN M 1 demon, duivel, boze geest • *le ~ du jeu* speelduivel, spelverslaving • *réveiller les vieux démons* de oude hartstochten / onlusten wakker roepen, oude wonden openrijten 2 guitig kind, rakker
démoniaque BN (van de duivel) bezeten, demonisch, duivels
démonstrateur ZN M (V démonstratrice), demonstrateur
démonstratif BN (V démonstrative) 1 overtuigend, afdoend 2 zijn gevoelens uitend, extravert, open • *il est peu ~* hij is nogal gesloten 3 TAALK. • *un pronom ~* aanwijzend voornaamwoord
démonstration ZN V 1 bewijs(voering), blijk, betoon • *~ par l'absurde* bewijs uit het ongerijmde • *des démonstrations de joie* uiting van vreugde • *une ~ de force* machtsvertoon 2 demonstratie • *un vol de ~* demonstratievlucht
démontable BN uit elkaar te nemen
démontage ZN M (het) uit elkaar nemen, (het) demonteren
démonter 1 OV WW 1 uit elkaar nemen, demonteren • *~ une tente* een tent afbreken • FIG. *une mer démontée* onstuimige zee 2 in de war brengen, uit het veld slaan 2 WKD WW (**se ~**) 1 demonteerbaar zijn 2 van zijn stuk raken
démontrable BN aantoonbaar
démontrer OV WW bewijzen, aantonen, demonstreren • *~ qc par A plus B* iets onweerlegbaar bewijzen • *ce qu'il fallait ~ / CQFD* hetgeen bewezen moest worden
démoralisant BN ontmoedigend
démoraliser 1 OV WW ontmoedigen, demoraliseren 2 WKD WW (**se ~**) de moed verliezen, ontmoedigd raken
démordre ONOV WW • *ne pas ~ d'une idée* vasthouden aan een idee • *il n'en démord pas* hij geeft niet op, hij blijft op zijn stuk staan
démotiver OV WW demotiveren
démouler OV WW uit de vorm / mal halen
démunir 1 OV WW beroven (van), ontdoen (van) <iets onontbeerlijks> • *être démuni* behoeftig / platzak zijn • *être démuni de qc* zonder iets zitten • *être démuni de tout* straatarm zijn 2 WKD WW (**se ~**) **de** uit handen geven
démystifier OV WW uit de droom helpen, rationaliseren <van iets geheimzinnigs>, ophelderen
dénaturé BN ontaard, onnatuurlijk, gedenatureerd • *une version dénaturée des événements* een gekleurde versie van de gebeurtenissen
dénégation FORM. ZN V ontkenning, loochening
dénicher OV WW 1 opsporen, (met moeite) vinden, opduikelen, (uit zijn schuilplaats) jagen (**de** uit) • *on a déniché un bon petit restaurant* we hebben een goed restaurantje ontdekt 2 uit het nest halen <van vogels, eieren> • *~ des oiseaux* nesten uithalen
dénier OV WW 1 ontkennen 2 ontzeggen, weigeren • *~ le droit d'asile à des sans-papiers* illegalen geen asielrecht geven
dénigrant BN denigrerend
dénigrement ZN M (het) denigreren, zwartmakerij • *une campagne de ~* lastercampagne • *par ~* in negatieve zin
dénigrer OV WW denigreren, zwartmaken, kleineren
dénivellation ZN V hoogteverschil, oneffenheid <van terrein>
dénombrement ZN M opsomming, telling • *le ~ de la population* volkstelling
dénombrer OV WW opsommen, tellen • *on dénombre deux morts dans l'accident* bij het ongeluk zijn twee doden gevallen
dénominateur ZN M noemer <v. breuk> • *le ~ commun* gemene deler, gemeenschappelijk kenmerk
dénomination ZN V benaming, benoeming, naam
dénommer OV WW (be)noemen • *un dénommé X* een zekere X
dénoncer OV WW 1 aangeven (**à** bij), verklikken • *~ qn à la police* iemand bij de politie aangeven 2 aan de kaak stellen, hekelen • *~ des abus* misstanden aan de kaak stellen 3 opzeggen <van overeenkomst> • *~ un traité* een verdrag opzeggen
dénonciateur 1 ZN M (V dénonciatrice), aanbrenger, verklikker 2 BN (V dénonciatrice), aanklagend, FIG. iets verradend • *une lettre dénonciatrice* brief die misstanden aanklaagt
dénonciation ZN V 1 (het) aanbrengen, (het) verklikken, aangifte, openlijke aanklacht

dé

• *on l'a arrêté sur ~* hij is aangegeven en daarna gearresteerd **2** opzegging <van overeenkomst>

dénoter OV WW te kennen geven, aanduiden, duiden op

dénouement ZN M ontknoping • *un heureux ~* goede afloop

dénouer **1** OV WW ontknopen, losknopen, uit de knoop halen, OOK FIG. ontwarren • *~ ses cheveux* zijn haar ontwarren • *~ une énigme* een raadsel ophelderen **2** WKD WW **(se ~)** losgaan • FIG. *les langues se dénouent* de tongen komen los

denrée ZN V (eet)waar • *des denrées périssables* bederfelijke waar • *des denrées alimentaires* levensmiddelen • FIG. *la vraie amitié est une ~ rare* echte vriendschap is iets zeldzaams

dense BN **1** dicht, compact • *un brouillard ~* dichte mist • *la circulation est très ~* er is druk verkeer **2** bondig

densité ZN V **1** dichtheid • *la ~ de la population* bevolkingsdichtheid **2** bondigheid

dent ZN V **1** tand, kies • *une ~ de lait* melktand • *une ~ gâtée* holle kies • *une ~ de sagesse* verstandskies • *une brosse à ~s* tandenborstel • *avoir mal aux ~s / une rage de ~s* kiespijn hebben • *se faire arracher une ~* een kies laten trekken • *faire ses ~s* tanden krijgen • *grincer des ~s* knarsetanden • *se brosser / se laver les ~s* tandenpoetsen • *parler entre ses ~s* binnensmonds praten • OOK FIG. *serrer les ~s* de tanden op elkaar zetten • FIG. *avoir la ~ dure* een scherpe tong hebben • FIG. *avoir une ~ contre quelqu'un* gebeten zijn op iemand • FIG. *ne rien avoir à se mettre sous la ~* niets te eten hebben • FIG. *mordre à belles ~s dans qc* gretig in iets bijten • FIG. *rire à belles ~s* breeduit lachen • FIG. *rire du bout des ~s* lachen als een boer die kiespijn heeft • FIG. *montrer les ~s* zijn tanden laten zien • FIG. *ne pas desserrer les ~s* zijn kiezen op elkaar houden, halsstarrig zwijgen • FIG. *se casser les ~s sur qc* zijn tanden op iets stukbijten • FIG. *manger du bout des ~s* kieskauwen, met lange tanden eten • FIG. *être sur les ~s* doodop zijn, zeer gespannen zijn • FIG. *avoir les ~s longues* zeer geld- of eerzuchtig zijn • FIG. *être armé jusqu'aux ~s* tot de tanden gewapend zijn • INFORM., FIG *avoir la ~* hevige honger hebben **2** FIG. tand <v. rad, kam, blad enz.>, bergpiek • *les ~s d'une fourchette* tanden van een vork • *en ~s de scie* zaagvormig, gekarteld

dentaire BN tand-, tandheelkundig • *un cabinet ~* tandartsenpraktijk • *les soins ~s* tandheelkundige behandeling • *du fil ~* flosdraad, tandzijde • *la plaque ~* tandplak • *le nerf ~* tandzenuw • *la chirurgie ~* tandheelkunde

dentelle ZN V kant <weefsel> • FIG., INFORM. *ne pas faire dans la ~* niet zachtzinnig te werk gaan

dentier ZN M kunstgebit

dentifrice ZN M tandpasta

dentiste ZN M/V tandarts • *aller chez le ~* naar de tandarts gaan

dentition ZN V **1** (natuurlijk) gebit • *une ~ saine* een gaaf gebit **2** (het) tanden krijgen

dénucléarisé BN kernwapenvrij

dénudé BN (ont)bloot, kaal

dénué BN **~ de** ontbloot van, zonder, -loos • *des paroles dénuées de sens* zinloze woorden • *des accusations dénuées de fondement* ongegronde beschuldigingen

dénuement ZN M gebrek, behoeftigheid, nood

dénutri BN ondervoed

dénutrition ZN V ondervoeding • *souffrir de ~* ondervoed zijn

déo INFORM. ZN M deodorant deo

déodorant ZN M deodorant

déontologie ZN V beroepsethiek, gedragscode

dépannage ZN M reparatie <van weigerend mechanisme>, technische hulp bij pech • *une voiture de ~* takelwagen • *~ à domicile* woonplaatsservice, pechhulpverlening aan huis

dépanner OV WW **1** verhelpen <van panne, storing>, repareren, BELG. depanneren **2** INFORM. uit de brand helpen, BELG. depanneren • *j'ai besoin de cent euros, tu peux me dépanner?* ik heb 100 euro nodig, kun jij me dat voorschieten?

dépanneur ZN M reparateur, hersteller

dépanneuse ZN V takelwagen

dépareillé BN onvolledig, los <niet tot een serie of stel behorend> • *un gant ~* losse handschoen

départ ZN M **1** vertrek, afreis • *le ~ en vacances* het met vakantie gaan • *le tableau de départs et d'arrivées* bord met vertrek- en aankomsttijden • *être sur le ~* op het punt staan te vertrekken • *au ~ de Bordeaux* met Bordeaux als vertrekpunt • *à son ~* bij zijn vertrek • *un ~ en préretraite* vervroegde uittreding **2** start • *un faux ~* valse start • *le signal de ~* startsein • *donner le ~* het startsein geven • *prendre le ~* van start gaan • *manquer le ~* een slechte start hebben • *au ~* aan de start **3** begin • *le point de ~* uitgangspunt • *retour à la case ~* terug naar 'af' • *un capital de ~* beginkapitaal • *prendre un nouveau ~* opnieuw beginnen, doorstarten • *au ~* in het begin

départager OV WW beslissen tussen <meningen, partijen>, de doorslag geven bij <stakende stemmen> • *~ les votes* zorgen dat de knoop wordt doorgehakt

département ZN M **1** departement, ministerie **2** departement, afdeling, gewest • *les départements d'Outre-Mer* de overzeese departementen • *le ~ d'histoire* de sectie geschiedenis

départemental BN (M MV départementaux), departementaal • *une route départementale* provinciale weg

départir WKD WW **(se ~) de** afzien van, laten varen • *ne pas se ~ de son calme* zijn kalmte niet verliezen

dépassé BN achterhaald, verouderd, uit de tijd

dépassement ZN M **1** inhaalmanoeuvre • *~ interdit* verboden in te halen **2** overschrijding • *le ~ des délais* overschrijding van de termijn

dépasser **1** OV WW **1** inhalen en voorbijgaan, passeren • *est-ce qu'on a déjà dépassé Utrecht?* zijn we Utrecht al voorbij? **2** overschrijden, te buiten gaan • *ça me dépasse* daar kan ik niet bij, dat snap ik niet • ~ *les bornes / la mesure* de perken te buiten gaan • *cela dépasse mes compétences* dat valt buiten mijn bevoegdheid • *être dépassé par les événements* de situatie niet meer meester zijn, achter de feiten aanhollen, het niet meer kunnen bijbenen • *ça dépasse l'imagination* dat tart elke beschrijving • *ça dépasse l'entendement* dat gaat het begrip / verstand te boven **3** overtreffen, hoger zijn dan • *il me dépasse d'une tête* hij is een hoofd groter dan ik • *avoir dépassé la cinquantaine* boven de vijftig zijn **2** ONOV WW uitsteken (**de** boven, uit) • *ta robe dépasse de ton manteau* je jurk komt onder je jas uit • *ta chemise dépasse* je hemd hangt eruit **3** WKD WW (**se ~**) zichzelf overtreffen, zijn grenzen verleggen

dépassionner OV WW • *le débat est dépassionné* het debat is uit de emotionele sfeer gehaald

dépatouiller INFORM. WKD WW (**se ~**) zich uit de nesten werken, zich redden

dépaysement ZN M **1** verandering van omgeving **2** onwennigheid, verlorenheid, desoriëntatie

dépayser OV WW **1** van omgeving doen veranderen **2** onwennig maken, van de wijs brengen, desoriënteren

dépêche ZN V (ambtelijk) bericht

dépêcher WKD WW (**se ~**) zich haasten (**de** met) • *dépêche-toi de t'habiller!* kleed je snel aan!

dépeigner OV WW de haren in de war brengen van

dépeindre OV WW onregelmatig afschilderen, beschrijven

dépenaillé BN haveloos, in lompen, slonzig • *il était tout ~* hij was in lompen gehuld

dépénaliser OV WW decriminaliseren • ~ *la drogue* drugsgebruik niet meer strafbaar stellen

dépendance ZN V **1** afhankelijkheid • *être dans / sous la ~ de sa famille* afhankelijk zijn van zijn familie **2** verslaving • *la ~ à la drogue* drugsverslaving

dépendances ZN V MV bijgebouw, dependance • *s'installer dans les ~ de la ferme* in een bijgebouw van de boerderij wonen

dépendant BN afhankelijk (**de** van) • *financièrement, il est ~ de sa mère* hij is financieel afhankelijk van zijn moeder

dépendre ONOV WW afhangen (**de** van), afhankelijk zijn (van), behoren (tot / bij) • *cela dépend* dat hangt ervan af • *l'effet dépend de la cause* het gevolg hangt van de oorzaak af • *les territoires qui dépendent de la France* grondgebieden die tot Frankrijk behoren

dépens "-pa(n)" ZN M MV kosten • *il vit à mes ~* hij leeft op mijn kosten • *apprendre qc à ses ~* iets tot zijn schade ondervinden, leergeld betalen • *aux ~ de...* ten koste van..., op kosten van...

dépense ZN V **1** uitgave(n), kosten • *les dépenses publiques* overheidsuitgaven • *ne pas regarder à la ~* niet op geld kijken • *faire face à la ~* de kosten bestrijden • *pousser quelqu'un à la ~* iemand op kosten jagen **2** verbruik <van water, energie>, aanwending • *la ~ physique* lichamelijke inspanning • *les dépenses énergétiques* het energieverbruik • *c'est une ~ de temps et d'argent* dat kost tijd en geld

dépenser **1** OV WW **1** uitgeven <van geld> • ~ *peu en électricité* lage elektriciteitskosten hebben • *ne pas ~ un sou* geen cent uitgeven • ~ *sans compter* met geld smijten **2** aanwenden (**à** voor), verbruiken, besteden <van tijd> • *il dépense beaucoup d'énergie* hij steekt er veel energie in **2** WKD WW (**se ~**) zich inspannen • *se ~ sans compter* zich veel moeite geven

dé

dépensier BN (V dépensière), verkwistend

déperdition ZN V verlies, verval, afneming • *la ~ de chaleur* warmteverlies

dépérir ONOV WW kwijnen, afnemen, vervallen, achteruitgaan • *une plante qui dépérit* wegkwijnende plant

dépérissement ZN M (het) wegkwijnen, verzwakking, verval

dépêtrer WKD WW (**se ~**) **de** zich redden uit, zich losmaken van

dépeuplement ZN M ontvolking

dépeupler **1** OV WW ontvolken • ~ *un étang* een vijver leegvissen **2** WKD WW (**se ~**) ontvolkt raken, leeglopen

déphasé INFORM. BN gedesoriënteerd, onaangepast, vervreemd • *se sentir complètement ~* helemaal van slag zijn

dépiauter INFORM. OV WW villen, uitpellen • ~ *des cacahouètes* pinda's pellen • FIG. ~ *un texte* een tekst uitpluizen

dépilatoire BN ontharend • *une crème ~* ontharingscrème

dépistage ZN M opsporing, detectie, MED. bevolkingsonderzoek • *un test de ~ du sida* aidstest

dépister OV WW **1** OOK FIG. op het spoor komen • ~ *une maladie* een ziekte opsporen / constateren **2** op een dwaalspoor brengen

dépit "-pie" **1** ZN M wrevel, ergernis, verongelijktheid, FORM. spijt • *le ~ amoureux* het gekwetst zijn door een onbeantwoorde liefde • *il a accepté ce poste par ~* hij heeft die baan mokkend geaccepteerd **2** • *en ~ de* ondanks • *en ~ de l'orage* ondanks het onweer • *faire qc en ~ du bon sens* iets onoordeelkundig doen, onverstandig te werk gaan

dépité BN wrevelig, verongelijkt, nijdig

déplacé BN misplaatst • *une remarque déplacée* misplaatste opmerking • *une personne déplacée* ontheemde

déplacement ZN M **1** (het) reizen, dienst- / zakenreis • *des frais de ~* reiskosten, voorrijkosten • *être en ~* elders zijn werkzaamheden verrichten, afwezig zijn • *cela vaut le ~* dat is het bezichtigen waard **2** verplaatsing, overplaatsing • *un (match en) ~* uitwedstrijd

déplacer **1** OV WW verplaatsen, verleggen, overplaatsen **2** WKD WW (**se ~**) van plaats veranderen, zich (voort)bewegen, ergens heengaan, reizen • *un médecin qui se déplace* arts

die visites aflegt
déplaire 1 ov ww onregelmatig **mishagen, niet aanstaan** • *cela me déplaît énormément que tu t'en ailles si tôt* ik vind het jammer dat je zo gauw weggaat • *ça ne me déplaît pas* ik ben er niet afkerig van • *ne vous en déplaise* met uw welnemen, als ik zo vrij mag zijn 2 wkd ww **(se ~) zich (ergens) niet thuis voelen**

dé

déplaisant bn **onaangenaam, onsympathiek**
déplaisir zn m **ongenoegen** • *à mon grand déplaisir...* tot mijn grote ongenoegen...
dépliant zn m **folder, opvouwbare kaart** • *un ~ publicitaire* reclamefolder
déplier 1 ov ww **openvouwen, uitpakken** • *~ le journal* de krant openslaan • *~ les jambes* de benen strekken 2 wkd ww **(se ~) zich ontvouwen, opengaan**
déplisser ov ww **de plooien halen uit, gladstrijken**
déploiement zn m 1 ook fig. **ontplooiing** 2 **(het) tentoonspreiden** • *un ~ de forces* machtsvertoon • fig. *un ~ de richesse* het pronken met zijn rijkdom 3 **verspreide opstelling**
déplorable bn **betreurenswaardig, erbarmelijk**
déplorer ov ww **betreuren** • *il est à ~ que les victimes soient si nombreuses* het is betreurenswaardig / triest dat er zo veel slachtoffers zijn
déployer ov ww 1 ook fig. **ontplooien, ontvouwen** • *~ ses ailes* zijn vleugels uitslaan • *~ le drapeau* de vlag ontrollen • *rire à gorge déployée* luidkeels lachen 2 **uitspreiden, verspreid opstellen** 3 **tentoonspreiden** • *~ toute son énergie* al zijn energie aanwenden
déplu ww volt. deelw. → **déplaire**
déplumé bn 1 **zonder veren** 2 inform. **kaal**
déplumer 1 ov ww **plukken** <van gevogelte> 2 wkd ww **(se ~)** 1 **zijn veren verliezen** 2 inform. **kaal worden**
dépoitraillé inform. bn **met (deels) ontblote borst**
dépolitiser ov ww **depolitiseren**
dépolluer ov ww **zuiveren** • *~ les plages* vervuilde stranden schoonmaken
dépollution zn v **(milieu)zuivering**
dépopulation zn v **ontvolking**
déportation zn v **deportatie**
déporté zn m (v déportée), **gedeporteerde**
déporter ov ww 1 **deporteren** 2 **uit de koers brengen** • *le vent a déporté la voiture vers la droite* door de wind zwenkte de auto naar rechts
déposer 1 ov ww 1 **neerleggen, neerzetten, (ergens) afzetten** • *défense de ~ des ordures* verboden vuil te storten • *~ un colis chez qn* een pakje bij iemand afleveren / afgeven • fig. *~ les armes* de wapens neerleggen 2 **deponeren, in bewaring geven** • *une marque déposée* gedeponeerd handelsmerk • *~ cent euros sur le compte de qn* honderd euro op iemands rekening zetten • *~ sa valise à la consigne* zijn koffer in bewaring geven 3 **afzetten, uit zijn ambt zetten** 4 **doen bezinken** 5 **indienen** <van klacht e.d.> • *~ son bilan* zijn faillissement aanvragen • *~ un projet de loi* een wetsontwerp indienen 2 onov ww 1 jur. **getuigenis afleggen, getuigen** 2 **bezinksel vormen, neerslaan**
dépositaire zn m/v **depothouder, bewaarder** • *le ~ d'un secret* iemand aan wie men een geheim heeft toevertrouwd
déposition zn v **getuigenis** • *faire une ~* een getuigenverklaring afleggen
déposséder ov ww **onteigenen (de van), ontnemen, ontheffen** <van ambt, taak> • *~ qn de ses biens* iemand onteigenen
dépossession zn v **onteigening, ontneming** <van bezit>
dépôt zn m 1 **(het) neerzetten, (het) neerleggen** • *le ~ d'une gerbe sur la tombe du soldat inconnu* het leggen van een bloemstuk op het graf van de onbekende soldaat 2 **(het) in bewaring geven, (het) deponeren, (het) indienen** • *un ~ bancaire* geldinleg bij de bank, deposito • *la caisse des dépôts et consignations* consignatiekas • *le ~ d'un testament chez un notaire* het in bewaring geven van een testament bij een notaris • *un ~ de bilan* faillissementsaanvraag • *mettre qc en ~* iets in bewaring afgeven 3 **bewaarplaats, opslagplaats, depot** • *le ~ des tramways* tramremise • *un ~ d'ordures* vuilstortplaats • *un ~ d'armes* wapenopslagplaats 4 **huis van bewaring** • *un mandat de ~* bevel tot aanhouding • *conduire un prévenu au ~* een verdachte in hechtenis nemen 5 **bezinksel** <van wijn>, **afzetting, neerslag**
dépotoir zn m ook fig. **vuilnisbelt**
dépôt-vente zn m (mv dépôts-vente(s)), **uitdragerij v. in bewaring gegeven voorwerpen, kringloopwinkel**
dépouille zn v **afgestroopte huid** • form. *la ~ (mortelle)* het stoffelijk overschot
dépouillement zn m 1 **beroving, (het) ontdoen van** • *le ~ des biens d'une personne* het afnemen van iemands bezittingen 2 **soberheid** • *vivre dans le ~* in armoede leven 3 **(het) nazien, (het) opmaken van een overzicht** • *le ~ du scrutin* het tellen van de stemmen
dépouiller 1 ov ww 1 **ontdoen van, beroven van, plunderen** • *un arbre dépouillé de ses feuilles* boom die zijn bladeren verloren heeft • *~ qn de ses vêtements* iemand van zijn kleren ontdoen, iemand uitkleden • *un style dépouillé* sobere stijl 2 **(zorgvuldig) bestuderen, nazien** • *~ son courrier* zijn post doornemen • *~ le scrutin* de stemmen tellen 2 wkd ww **(se ~) de zich ontdoen van** • *se ~ de tous ses vêtements* al zijn kleren uittrekken • fig. *un arbre qui se dépouille de ses feuilles* boom die zijn bladeren verliest
dépourvu bn 1 **~ de verstoken van, zonder** • *~ de sens* zinloos • *~ de charmes* zonder charme 2 • *au ~* onverhoeds • fig. *prendre qn au ~* iemand overrompelen
dépoussiérer ov ww 1 **stofvrij maken, afstoffen** 2 **een frisse wind laten waaien door,**

FIG. oppoetsen
dépravé 1 BN bedorven, verdorven • *avoir des goûts dépravés* een wansmaak hebben 2 ZN M (V dépravée), verdorven mens
dépréciation ZN V waardevermindering
déprécier 1 OV WW 1 geringschatten, kleineren, afkammen 2 in waarde doen dalen, afprijzen 2 WKD WW (se ~) 1 in waarde dalen 2 zichzelf kleineren
dépressif BN (V dépressive), neerdrukkend, ontmoedigend, depressief
dépression ZN V 1 verzakking • *une ~ de terrain* inzinking, lager gelegen terrein 2 PSYCH. depressie, inzinking • *avoir une ~ nerveuse* een zenuwinzinking hebben 3 ECON. depressie 4 AARDK. depressie
déprimant BN deprimerend, (be)drukkend
déprime INFORM. ZN V neerslachtigheid • *avoir un petit coup de ~* een dipje hebben, down zijn
déprimé BN gedeprimeerd, neerslachtig
déprimer 1 OV WW neerslachtig maken, deprimeren • *ce temps me déprime* ik wordt depri van dat weer 2 ONOV WW INFORM. in een depressieve stemming zijn, down zijn
déprogrammer OV WW deprogrammeren, van het programma afvoeren
dépuceler INFORM. OV WW ontmaagden
depuis 1 BW sindsdien • *~, elle n'est jamais revenue* sindsdien is ze nooit meer teruggekomen 2 VZ 1 sinds, vanaf <tijd> • *~ peu* sinds kort • *~ lors* sindsdien • *~ une semaine* sinds een week • *on l'attend ~ des mois et des mois* we wachten al maandenlang op hem • *il est mort ~ longtemps* hij is al lang dood • *~ le début jusqu'à la fin* van begin tot eind • *depuis que* sinds • *depuis qu'il est parti* sinds hij weg is 2 vanaf, vanuit <plaats> • *~ l'étranger* (van)uit het buitenland • *~ Paris jusqu'à Nice* van Parijs tot Nice
depuis que VOEGW sinds • *depuis qu'il est parti* sinds hij weg is
députation ZN V 1 afvaardiging 2 ambt van afgevaardigde, Kamerlidmaatschap
député ZN M (V députée), afgevaardigde, Kamerlid
députer OV WW afvaardigen
déracinement ZN M OOK FIG. ontworteling
déraciner OV WW OOK FIG. ontwortelen, uitroeien <van ondeugd, misvatting> • *des déracinés* ontheemden
déradicaliser WKD WW (se ~) deradicaliseren
déraillement ZN M OOK FIG. ontsporing
dérailler ONOV WW 1 OOK FIG. ontsporen, van het goede pad raken 2 INFORM. raaskallen • *il déraille complètement!* hij kletst maar wat
dérailleur ZN M derailleur <van fiets>, versnelling
déraisonnable BN onverstandig, onredelijk, dwaas
dérangement ZN M storing, ontregeling, ongeregeldheid, stoornis, last • *causer du ~ à qn* iemand (over)last bezorgen • *le téléphone est en ~* de telefoon heeft storing / is defect • MED. *un ~ intestinal* darmstoornis
déranger 1 OV WW 1 in de war brengen 2 storen, lastigvallen, ontregelen, verstoren • *ne pas déranger!* niet storen! • *je ne dérange pas? / je dérange?* ik stoor toch niet? • *avoir l'esprit dérangé* gestoord zijn • *avoir l'estomac dérangé* last hebben van zijn maag • *ces questions-là, ça dérange* dat zijn vervelende / confronterende vragen 2 WKD WW (se ~) zich moeite geven, de moeite nemen om te komen • *ne vous dérangez pas* blijft u zitten, doet geen moeite
dérapage ZN M 1 (het) slippen 2 (het) uit de hand lopen • *un ~ verbal* verspreking
déraper ONOV WW 1 slippen 2 uit de hand lopen
dératé INFORM. BN • *courir comme un ~* rennen als een bezetene
déréglé BN ontregeld, van slag, ordeloos, losbandig • *un pouls ~* onregelmatige pols • *une vie déréglée* ongeregeld / losbandig leven
dérèglement ZN M ontregeling, ongeregeldheid, losbandigheid
dérégler OV WW ontregelen, storen, van slag brengen
dérider 1 OV WW opmonteren, opvrolijken 2 WKD WW (se ~) opgewekt(er) worden, uit de plooi komen, (glim)lachen
dérision ZN V spot • *tourner qc en ~* iets belachelijk maken, de spot drijven met iets
dérisoire BN belachelijk, gering, pover • *un prix ~* spotprijs • *un salaire ~* hongerloon
dérivatif ZN M FIG. afleiding • *le sport lui sert de ~* sport is een afleiding voor hem
dérive ZN V afdrijving, koersafwijking • *un navire à la ~* afdrijvend schip • *aller / partir à la ~* OOK FIG. op drift raken, mislopen • *une entreprise à la ~* noodlijdend bedrijf
dériver 1 OV WW 1 afleiden (**de** van, uit) 2 aftakken, omleiden <van stroom> 2 ONOV WW 1 afdrijven, OOK FIG. uit de koers raken 2 ~ **de** afgeleid zijn van, voortkomen uit
dermato INFORM. ZN M/V dermatologue dermatoloog
dermatologie ZN V dermatologie
dermatologue ZN M/V dermatoloog, huidarts
dermique BN huid-
dernier 1 BN (V dernière) 1 laatst • *la dernière chose* het laatste • *le ~ venu* de laatstgekomene • *avoir le ~ mot* het laatste woord hebben • *rendre le ~ soupir* de geest geven • *en ~ ressort* in laatste instantie, uiteindelijk • *au ~ étage* op de bovenste verdieping • *en ~ lieu* ten laatste, ten slotte 2 vorig, jongstleden • *la semaine dernière* vorige week • *dimanche ~* afgelopen zondag, zondag jongstleden • *la dernière nouveauté* de nieuwste mode • *la dernière guerre* de vorige oorlog 3 uiterst, laagst • *des marchandises de ~ choix / de dernière qualité* artikelen van de laagste kwaliteit 2 ZN M (V dernière), laatste • *le petit ~* benjamin, nakomertje • *c'est le ~ de mes soucis* dat zal mij een zorg zijn • *habiter au ~ (étage)* op de bovenste

verdieping wonen • *être le ~ (de la classe)* de slechtste van de klas zijn • *en ~* als laatste
dernièrement BW onlangs, kort geleden
dérobade ZN V ontwijkend gedrag, (het) terugkrabbelen, uitvlucht(en)
dérobé BN verborgen, geheim • *à la dérobée* stiekem, tersluiks • *un escalier ~* geheime trap
dérober 1 OV WW **1** ontnemen, ontstelen (**à** aan) • *~ qc à qn* iemand iets afhandig maken, iemand iets ontfutselen, iemand van iets beroven • FIG. *~ un baiser* een kus stelen **2** FORM. onttrekken (**à** aan), verbergen **2** WKD WW (**se ~**) **1** weigeren, niets doen • *ses genoux se dérobaient sous lui* zijn knieën knikten **2 ~ à** zich verbergen voor, zich onttrekken aan • *se ~ aux regards des autres* andermans blik ontwijken • *se ~ à ses devoirs* zich aan zijn verplichtingen onttrekken
dérogation ZN V inbreuk (**à** op), ontheffing • *une ~ à la loi* wetsovertreding
déroger ONOV WW **~ à** afwijken van <regel, wet>
dérouiller 1 OV WW **1** lenig maken, opfrissen <van geheugen> **2** INFORM. een pak slaag geven **2** ONOV WW INFORM. slaag krijgen **3** WKD WW (**se ~**) • *se ~ les jambes* de benen strekken
déroulement ZN M (het) ontrollen, FIG. verloop, ontwikkeling • *le ~ d'un film* het verloop van een film
dérouler 1 OV WW OOK FIG. ontrollen • *~ une bobine de fil* een klos garen afrollen • OOK FIG. *~ le tapis rouge* de loper uitleggen • COMP. *un menu déroulant* rolmenu **2** WKD WW (**se ~**) **1** OOK FIG. zich ontrollen **2** zich afspelen, verlopen • *l'histoire se déroule pendant la deuxième guerre* het verhaal speelt in de Tweede Wereldoorlog
déroutant BN verwarrend
déroute ZN V wanordelijke vlucht, aftocht, ontreddering, afgang • *une armée en ~* ontredderd leger • *mettre l'ennemi en ~* de vijand op de vlucht drijven
dérouter OV WW **1** van koers doen wijzigen **2** op een verkeerd spoor brengen • *il était dérouté par les questions inattendues* hij werd door de onverwachte vragen in de war gebracht
derrière 1 VZ achter • *les mains ~ le dos* met de handen op de rug • *nous marchons l'un ~ l'autre* wij lopen achter elkaar • FIG. *faire qc ~ le dos de qn* iets achter iemands rug om doen • FIG. *avoir des idées ~ la tête* bijgedachten hebben • FIG. *il faut être ~ lui* we moeten achter hem staan • *~ l'arbre* achter de boom **2** BW erachter, achteraan • *attaquer qn par-derrière* iemand van achteren aanvallen • *rester loin ~* ver achterblijven • *il marche ~* hij loopt achteraan **3** ZN M **1** achterzijde, achterste deel • *la porte de ~* achterdeur • *les roues de ~* achterwielen **2** achterste, achterwerk • *s'asseoir sur son ~* op z'n achterste gaan zitten
des 1 LIDW MV • *~ arbres* bomen • *on a mangé ~ épinards* we hebben spinazie gegeten • *j'ai eu ~ vacances intéressantes* ik heb een interessante vakantie gehad **2** SAMENTR de+les • *il parle ~ vacances* hij praat over de vakantie → **de**
dès VZ (al) vanaf, (al) sinds, al in • *~ 1700* (al) in 1700 • *~ à présent* van nu af aan, voortaan • *~ lors* sindsdien, derhalve • *~ l'aube* bij 't krieken v.d. dag • *~ le début* van het begin af aan • *je lui en parle ~ ce soir* ik zal het vanavond (al) met hem bespreken • *dès que* zodra • *dès qu'il l'a vu, il s'est approché de lui* zodra hij hem zag, ging hij naar hem toe
désabonner WKD WW (**se ~**) zijn abonnement opzeggen
désabusé BN van zijn illusies beroofd, cynisch-onverschillig, ongeïnteresseerd
désaccord ZN M onenigheid, meningsverschil (**avec** met; **entre** tussen), strijdigheid • *être en ~ avec qn* het oneens zijn met iemand • *son témoignage est en ~ avec le vôtre* zijn getuigenverklaring is in tegenspraak met de uwe
désaccoutumance ZN V ontwenning (**à** aan, van)
désaccoutumer WKD WW (**se ~**) **de** afwennen, afleren • *se ~ de fumer* van het roken afkomen
désactiver OV WW deactiveren • *une carte à puces désactivée* onbruikbaar geworden chipkaart
désaffecté BN buiten gebruik, leegstaand <van fabrieken e.d.>
désaffection ZN V verlies van genegenheid, (het) verliezen van belangstelling • *il y a une ~ des jeunes pour / à l'égard de la politique* de jongeren raken uitgekeken op de politiek
désagréable BN onaangenaam, vervelend, naar
désagrégation ZN V (het) uiteenvallen, ontbinding, verval, desintegratie • *la ~ de la roche* afbrokkeling van het gesteente
désagréger 1 OV WW uiteen doen vallen **2** WKD WW (**se ~**) uiteenvallen, afbrokkelen
désagrément ZN M onaangenaamheid, ongerief • *causer du ~ à qn* iemand last bezorgen
désaltérant BN dorstlessend
désaltérer 1 OV WW OOK FIG. laven • *une boisson qui désaltère* verfrissende drank **2** WKD WW (**se ~**) zijn dorst lessen, drinken
désamorcer OV WW onklaar maken <van bom, mijn, schietwapen>, OOK FIG. onschadelijk maken • *~ un conflit* een conflict in de kiem smoren
désappointé BN teleurgesteld
désappointement ZN M teleurstelling
désapprendre FORM. OV WW onregelmatig verleren
désapprobateur BN (V désapprobatrice), afkeurend • *un regard ~* een misprijzende blik
désapprobation ZN V afkeuring • *un murmure de ~* afkeurend gemompel
désapprouver OV WW afkeuren, laken • *il ne désapprouve pas que vous soyez présent* hij vindt wel goed dat u erbij bent
désargenté INFORM. BN blut, platzak
désarmant FIG. BN ontwapenend
désarmement ZN M ontwapening • *le ~ nucléaire* kernontwapening
désarmer 1 OV WW **1** OOK FIG. ontwapenen, weerloos maken **2** ontladen <van wapen> **3**

onttakelen <v. schip>, opleggen **4** FORM. doen bedaren **2** ONOV WW **1** ontwapenen **2** tot bedaren komen • *malgré sa fatigue, il ne désarme pas* ondanks zijn vermoeidheid weet hij van geen ophouden
désarroi ZN M verwarring, opschudding, ontreddering • *être en plein ~* volledig in de war zijn
désastre ZN M ramp, fiasco • *le temps en ce moment, c'est un vrai ~* het weer is momenteel bar en boos
désastreux BN (V désastreuse), rampzalig, vreselijk
désavantage ZN M nadeel • *cela tourne à son ~* dat valt in zijn nadeel uit • *se montrer à son ~* zich van een ongunstige kant laten zien
désavantager OV WW benadelen • *être désavantagé* in het nadeel zijn
désavantageux BN (V désavantageuse), nadelig, onvoordelig, ongunstig
désaveu ZN M (MV désaveux) **1** ontkenning, verloochening, herroeping **2** afkeuring
désavouer OV WW **1** niet als eigen erkennen, (ver)loochenen, afvallen • *~ un ami* een vriend laten vallen • *~ un enfant* een kind niet erkennen **2** afkeuren, veroordelen
désaxé FIG. BN (geestelijk) onevenwichtig, gestoord
descendance ZN V **1** afstamming, afkomst • *être de ~ bretonne* uit Bretagne stammen **2** nakomelingschap, afstammelingen • *avoir une nombreuse ~* veel nakomelingen hebben • *assurer sa ~* nageslacht verwekken
descendant **1** BN afdalend • *la marée ~e* eb **2** ZN M (V descendante), afstammeling
descendre **1** ONOV WW vervoegd met être **1** naar beneden gaan, (af)dalen, neerdalen, afstijgen, uitstappen • *~ en courant* naar beneden hollen • *~ avec l'ascenseur* de lift naar beneden nemen • *~ du train* uit de trein stappen, uitstappen • *~ de vélo / de voiture* van de fiets / uit de auto stappen • *~ de cheval* van het paard stijgen • *~ d'un arbre* uit een boom klimmen • *~ en ville* de stad ingaan • *~ dans le Midi de la France* naar het zuiden van Frankrijk gaan • *le thermomètre est descendu* de thermometer is gezakt • FIG. *~ dans la rue* de straat opgaan <om te betogen> **2** zijn intrek nemen • *~ à l'hôtel* in een hotel zijn intrek nemen • *je descends chez mes parents pour Noël* met Kerstmis logeer ik bij mijn ouders **3** FIG. zich verlagen **(jusqu'à** tot) • *il est descendu bien bas* hij is diep gezonken **4 ~ de** afstammen van, afkomstig zijn van • *il descend d'une famille illustre* hij komt uit een beroemde familie **5** INFORM. een inval doen **2** OV WW vervoegd met avoir **1** afdalen, afgaan, aflopen • *~ une rivière* een rivier afzakken • *~ l'escalier* de trap aflopen **2** naar beneden halen, naar beneden brengen, laten zakken • *~ la poubelle* de vuilnisbak buiten zetten **3** INFORM. neerschieten, doden • *il s'est fait ~ dans un bar* hij is in een bar neergeschoten • *~ un avion* een vliegtuig neerhalen
descente ZN V **1** neerdaling, (af)daling • *une ~ en parachute* parachutesprong • FIG. *une ~ aux enfers* hellevaart **2** (het) uitstappen, (het) afstappen • *à la ~ de train* bij het uitstappen uit de trein **3** inval • *une ~ de police* inval van de politie, huiszoeking **4** afvoerpijp • INFORM. *avoir une bonne ~* goed van innemen zijn, stevig kunnen drinken
déscolariser OV WW van school halen / nemen • *des jeunes déscolarisés* voortijdige schoolverlaters
descriptif **1** BN (V descriptive), beschrijvend, descriptief **2** ZN M technische beschrijving, werktekening
description ZN V beschrijving, omschrijving
désembrouiller OV WW uit de war halen
désemparé BN ontredderd
désemplir ONOV WW • *ne pas ~* altijd vol (mensen) zijn
désenchantement ZN M ontgoocheling, teleurstelling
désenchanter OV WW ontgoochelen, teleurstellen
désencombrer OV WW vrijmaken van wat belemmert, ontlasten • *~ une pièce* ruimte maken in een kamer
désenfler ONOV WW slinken
désengagement ZN M terugtrekking <van leger, verplichting>
désengager **1** OV WW ontslaan van een verplichting **(de** van) **2** WKD WW **(se ~)** zich onttrekken (aan) <verplichting>
désensibiliser **1** OV WW minder gevoelig maken • MED. *~ une dent* een kies verdoven **2** WKD WW **(se ~)** ongevoelig worden (voor)
déséquilibré **1** BN onevenwichtig **2** ZN M (V déséquilibrée), onevenwichtig persoon, psychopaat
déséquilibre ZN M **1** gebrek aan evenwicht, onbalans, wanverhouding • *le ~ des forces* ongelijke krachtsverhouding **2** PSYCH. onevenwichtigheid
déséquilibrer OV WW OOK FIG. uit het evenwicht brengen • *le choc l'a déséquilibré* door de schok raakte hij uit z'n evenwicht
désert **1** ZN M woestijn, woestenij, verlaten oord • *la traversée du ~* tocht door de woestijn, FIG. periode van anonimiteit <v. afgebrand politicus> • *prêcher dans le ~* voor dovemansoren spreken **2** BN eenzaam, verlaten, onbewoond <v. eiland>, onherbergzaam <v. gebied> • *une rue déserte* uitgestorven straat
déserter **1** OV WW **1** verlaten, wegtrekken uit • *un village déserté* verlaten dorp **2** afvallen <van overtuiging, partij> • *~ la bonne cause* de goede zaak in de steek laten • *~ son poste* zijn post verlaten **2** ONOV WW deserteren, overlopen
déserteur ZN M deserteur, overloper
désertification ZN V **1** woestijnvorming **2** ontvolking <v.h. platteland>
désertion ZN V **1** desertie **2** afvalligheid <van overtuiging, partij>
désertique BN woestijnachtig, woestijn-

désespérant BN wanhopig makend, vreselijk • *il est d'une lenteur désespérante* hij is vreselijk traag
désespéré BN wanhopig • *un cas ~* hopeloos geval • *le malade est dans un état ~* de toestand van de patiënt is hopeloos
désespérer **1** ONOV WW wanhopen • *c'est à désespérer* het is om wanhopig van te worden • *je désespère de les convaincre* ik heb geen hoop meer hen te kunnen overtuigen **2** OV WW tot wanhoop brengen, de moed doen verliezen **3** WKD WW (**se ~**) wanhopig zijn, diep bedroefd zijn
désespoir ZN M wanhoop • *je suis au ~ de n'avoir pu vous aider* het spijt me erg dat ik u niet heb kunnen helpen • *être / faire le ~ de quelqu'un* iemand tot wanhoop brengen • *cela me met au ~* dat maakt me wanhopig • *en ~ de cause* ten einde raad, als laatste uitweg
déshabiller **1** OV WW OOK FIG. uitkleden **2** WKD WW (**se ~**) zich uitkleden, zijn jas / overkleren uittrekken
déshabituer **1** OV WW **~ de** afwennen, afhelpen van, afleren om **2** WKD WW (**se ~**) **de** ontwennen, afleren om • *se ~ de boire* het drinken opgeven
désherber OV WW wieden, onkruid verwijderen uit
déshérité ZN M (V déshéritée), misdeelde, behoeftige, arme
déshériter OV WW **1** onterven **2** FORM. misdelen
déshonneur ZN M oneer, schande, eerverlies
déshonorant BN onterend, smadelijk, schandelijk
déshonorer **1** OV WW onteren, FIG. bezoedelen • *une femme déshonorée* misbruikte / verkrachte vrouw **2** WKD WW (**se ~**) zich te schande maken
déshumaniser OV WW ontmenselijken
déshydratation ZN V uitdroging, vochtverlies
déshydraté BN uitgedroogd
déshydrater **1** OV WW uitdrogen **2** WKD WW (**se ~**) uitdrogen
design **1** ZN M (MV id.), design • *le ~ industriel* industriële vormgeving **2** BN (MV id.), design • *des meubles ~* designmeubels
désignation ZN V aanwijzing, aanduiding
désigner OV WW aanwijzen, aanduiden • *la personne toute désignée* de aangewezen persoon • *~ qn du doigt* naar iemand wijzen, iemand aanwijzen • *~ qn par son nom* iemand bij zijn naam noemen • *~ l'heure et le lieu* de tijd en de plaats bepalen • *~ qn à un poste* iemand in een functie benoemen
désillusion ZN V ontgoocheling, teleurstelling
désillusionner OV WW ontgoochelen, teleurstellen
désimlocker BN simlockvrij maken • *désimlocker un portable* een telefoon simlockvrij maken • *désimlocké* simlockvrij
désincarné BN HUMOR. onthecht, wereldvreemd
désindustrialisation ZN V de-industrialisatie, afname van de industriële activiteit
désinfectant **1** BN desinfecterend, ontsmettend **2** ZN M ontsmettingsmiddel
désinfecter OV WW ontsmetten
désinfection ZN V ontsmetting
désinformation ZN V desinformatie, misleidende informatie
désinformer OV WW onvolledig / op misleidende wijze informeren
désinscrire WKD WW (**se ~**) je uitschrijven, je abonnement opzeggen • *se désinscrire d'une lettre d'information* zich afmelden als abonnee van een nieuwsbrief
désinstallation ZN V de-installatie
désinstaller OV WW de-installeren, verwijderen <van software>
désintégration ZN V (het) uiteenvallen, afbraak, desintegratie
désintégrer **1** OV WW doen uiteenvallen **2** WKD WW (**se ~**) uiteenvallen, desintegreren
désintéressé BN onpartijdig, onbevooroordeeld, onbaatzuchtig, geen belang hebbend (**dans** bij) • *une recherche désintéressée* objectief onderzoek • *une aide désintéressée* belangeloze hulp
désintéresser WKD WW (**se ~**) **de** de belangstelling verliezen voor, afstoten • *il s'est complètement désintéressé de ses enfants* hij wil niets meer van zijn kinderen weten
désintérêt ZN M gebrek aan interesse, onverschilligheid (**de**, **pour** voor)
désintoxication ZN V ontwenning, (het) afkicken, MED. ontgifting • *faire une cure de ~* een ontwenningskuur volgen
désintoxiquer **1** OV WW **1** genezen van een verslaving, laten afkicken **2** OOK FIG. ontgiften **2** WKD WW (**se ~**) een ontwenningskuur volgen, afkicken
désinvolte BN ongedwongen, nonchalant, (te) vrij, ongegeneerd
désinvolture ZN V ongedwongenheid, (te) vrije manieren, nonchalance • *répondre avec ~* nonchalant / vrijpostig antwoorden
désir ZN M verlangen, wens, begeerte • *le ~ de réussir* de wil om te slagen • *le ~ de plaire* zucht om te behagen, behaagzucht • *prendre ses désirs pour des réalités* aan wensdenken doen
désirable BN wenselijk, begerenswaardig, aantrekkelijk
désirer OV WW wensen, willen, verlangen, begeren • *je désirerais que tu ne viennes plus* ik wil niet meer dat je komt • *ce travail laisse beaucoup à ~* dat werk laat veel te wensen over • *se faire ~* op zich laten wachten
désireux BN (V désireuse) **~ de** verlangend naar / om • *~ de plaire* behaagziek
désistement ZN M (het) afstand doen (**de** van), intrekking <van kandidatuur, aanspraken>
désister WKD WW (**se ~**) zich terugtrekken <als kandidaat>
désobéir ONOV WW niet gehoorzamen (**à** aan)
désobéissance ZN V ongehoorzaamheid • *la ~ civile* burgerlijke ongehoorzaamheid
désobéissant BN ongehoorzaam

désobligeance ZN V onvriendelijkheid
désobligeant BN onvriendelijk, onheus
désodorisant ZN M luchtververser
désodoriser OV WW de (onaangename) geur verdrijven uit
désœuvré **1** BN nietsdoend, inactief **2** ZN M (V désœuvrée), nietsdoener, leegloper
désœuvrement ZN M (het) nietsdoen • *faire qc par ~* iets doen om de tijd te doden
désolant BN bedroevend, treurig, vervelend
désolation ZN V diepe droefheid, verslagenheid, troosteloosheid
désolé BN **1** (diep) bedroefd (**de** over) • *(je suis) désolé!* het spijt me! **2** troosteloos, naargeestig, desolaat
désoler **1** OV WW **1** diep bedroeven **2** FORM. teisteren, verwoesten **2** WKD WW (**se ~**) bedroefd zijn (**de** over) • *je me désole de ne pas pouvoir les rencontrer* spijtig dat ik ze niet kan ontmoeten
désolidariser WKD WW (**se ~**) niet langer solidair zijn • *se ~ de / d'avec ses collègues* zich distantiëren van zijn collega's
désopilant BN dolkomisch, heel vermakelijk
désordonné BN **1** ordeloos, slordig, rommelig **2** FORM. buitensporig
désordre **1** ZN M **1** wanorde, verwarring, ongeordendheid • *des cheveux en ~* haar dat in de war zit • *le ~ de ses idées* zijn onsamenhangende ideeën • *être en ~* door elkaar liggen • *semer le ~* er een rommeltje van maken • *dans le ~* in willekeurige / verkeerde volgorde <paardentoto> **2** MED. stoornis **2** ZN M MV ongeregeldheden, onlusten, onrust
désorganisation ZN V desorganisatie, verwarring, verstoring, ontreddering
désorganiser OV WW desorganiseren, verwarring stichten in, verstoren, ontregelen • *~ les plans de qn* iemands plannen in de war sturen
désorientation ZN V desoriëntatie, verwardheid
désorienter OV WW desoriënteren, de richting doen kwijtraken, in de war brengen
désormais BW voortaan, van nu / toen af aan
despote ZN M despoot, dwingeland • *un ~ éclairé* een verlicht despoot
despotique BN despotisch, tiranniek
despotisme ZN M despotisme, dwingelandij
dès que VOEGW zodra • *dès qu'il l'a vu, il s'est approché de lui* zodra hij hem zag, ging hij naar hem toe
desquelles SAMENTR de + lesquelles → **lequel**
desquels SAMENTR de + lesquels → **lequel**
dessalé BN **1** ontzout **2** INFORM. bijdehand, vrijpostig
dessaler **1** OV WW **1** minder zout maken, laten weken <van vis> **2** INFORM. wereldwijs maken, minder naïef maken **2** ONOV WW INFORM. kapseizen **3** WKD WW (**se ~**) FIG. loskomen, zich vrijer gaan uiten
dessaouler "deesoelee" WW → **dessoûler**
dessèchement ZN M uitdroging
dessécher **1** OV WW **1** (uit)drogen, OOK FIG. doen verdorren • FIG. *un cœur desséché* ongevoelig hart **2** uitmergelen, doen vermageren • *une vieille femme toute desséchée* verschrompelde oude vrouw **2** WKD WW (**se ~**) **1** uitdrogen, OOK FIG. verdorren **2** wegteren, verschrompelen • *se ~ de chagrin* wegkwijnen van verdriet
dessein ZN M plan, bedoeling, opzet • *avoir des ~s coupables; avoir de noirs ~s* boze / snode plannen hebben • *à ~* met opzet
desserrer "dee-" OV WW los(ser) maken <van wat strak / geschroefd / geknoopt is> • *~ une vis* een schroef losdraaien • FIG. *ne pas ~ les dents* zijn kiezen op elkaar houden, geen mond opendoen
dessert ZN M dessert, nagerecht, toetje
desservir OV WW onregelmatig **1** afruimen <v. tafel> **2** een slechte dienst bewijzen aan, benadelen • *sa franchise l'a desservi* zijn eerlijkheid heeft hem geen goed gedaan **3** de dienst onderhouden met <een bestemming>, (regelmatig) aandoen • *un autocar dessert ce village* er stopt een bus in dat dorp • *un quartier bien desservi* een wijk met goede verbindingen
dessin ZN M **1** tekening, (het) tekenen • *du papier à ~* tekenpapier • *~(s) animé(s)* tekenfilm • *un ~ humoristique* cartoon • *un cours de ~* tekenles • FIG., INFORM. *c'est pas clair? faut te faire un ~?* is het niet duidelijk? moet ik het je soms voortekenen? **2** ontwerp, opzet, plan • *le ~ industriel* technisch tekenen, industrieel ontwerp • COMP. *~ assisté par ordinateur (DAO)* computergestuurd ontwerp **3** contour(en), vorm, patroon
dessinateur ZN M (V dessinatrice), tekenaar, ontwerper • *un ~ industriel* technisch tekenaar
dessiner **1** OV WW **1** tekenen, schetsen • *une bande dessinée* strip(verhaal) • *~ à la plume* met de pen tekenen • *~ d'après nature* naar de natuur tekenen **2** doen uitkomen, aftekenen • *une robe qui dessine les formes* jurk die de vormen doet uitkomen **2** WKD WW (**se ~**) uitkomen, zich aftekenen, vorm aannemen • FORM. *la montagne se dessine au loin* het gebergte is in de verte te zien
dessoûler "dee-" **1** OV WW ontnuchteren **2** ONOV WW nuchter worden • *il ne dessoûle pas* hij is altijd dronken
dessous **1** BW (er)onder • *sens dessus ~* ondersteboven • *le prix est marqué ~* de prijs staat onderop • *en ~* van onderen, eronder, FIG. heimelijk • FIG. *il y a qc de bizarre là-~* daar steekt iets achter **2** VZ onder • *en ~ de la table* onder de tafel • *passer par-~ la clôture* onder het hek doorkruipen • *dix degrés au-~ de zéro* vijf graden onder nul • FIG. *il est au-~ de tout!* hij kan er helemaal niks van **3** ZN M onderste deel, onderkant • *les vêtements de ~* ondergoed • *les voisins du ~* onderburen • FIG. *avoir le ~* het onderspit delven, het (moeten) afleggen • FIG. *connaître le ~ des cartes* het fijne van een zaak weten • FIG. *être au trente-sixième ~* in de put zitten, in de penarie zitten **4** ZN M MV (dames) ondergoed

de

de

dessous-de-plat ZN M (MV id.), placemat onderzetter
dessous-de-table ZN M (MV id.), geld onder de tafel, smeergeld, steekpenningen
dessus **1** BW (er)boven, erop • *comptez là-~* reken daar maar op • *la voiture m'a foncé ~* de auto is op me ingereden • *les chambres à coucher sont au-~* de slaapkamers zijn boven • *mettre tout sens ~ dessous* alles op zijn kop zetten • *mon nom est écrit ~* mijn naam staat erop **2** VZ op • *les enfants au-~ de quatre ans* kinderen boven de vier (jaar) • *sauter par-~ un obstacle* over een hindernis springen **3** ZN M bovenzijde, bovenste deel • *un ~ de table* tafelblad, tafelkleedje • *les voisins du ~* bovenburen • FIG. *le ~ du panier* het puikje • FIG. *avoir le ~* de overhand hebben • FIG. *reprendre le ~* er weer bovenop komen
déstabiliser OV WW destabiliseren, onstabiel maken
destin ZN M lot, noodlot, (lots)bestemming • *être responsable de son ~* zijn lot in eigen hand hebben • *défier le ~* het lot tarten
destinataire ZN M/V geadresseerde
destination ZN V bestemming, plaats van bestemming • *un avion à ~ de Paris* vliegtuig met bestemming Parijs, vliegtuig naar Parijs • *arriver à ~* zijn reisdoel bereiken, (op de plaats van bestemming) aankomen
destinée ZN V **1** lot, noodlot **2** FORM. leven, bestaan
destiner **1** OV WW bestemmen (**à** voor) • *~ une somme d'argent à la réparation* een bedrag voor de reparatie uittrekken **2** WKD WW (**se ~**) • *se ~ à l'enseignement* het onderwijs in willen
destituer OV WW ontzetten (**de** uit), afzetten • *destitué de ses fonctions* uit zijn ambt ontzet, ontslagen
destitution ZN V afzetting, ontzetting <uit ambt> • *menacer qn de ~* iemand met ontslag dreigen
déstresser ONOV WW ontstressen, relaxen
destructeur **1** BN (V destructrice), vernielend, destructief, vernielzuchtig • *une guerre destructrice* verwoestende oorlog **2** ZN M (V destructrice), vernieler
destructif BN (V destructive), vernielend, afbrekend, destructief
destruction ZN V vernieling, verwoesting, vernietiging, uitroeiing
désuet "deesuuè" BN (V désuète), verouderd, ouderwets, in onbruik geraakt
désuétude "-suu-" ZN V • *tomber en ~* in onbruik raken
désuni BN verdeeld, onenig, niet-samenhangend • *une famille désunie* ontwricht gezin
désunion ZN V verdeeldheid, tweedracht, onenigheid
désunir OV WW tweedracht zaaien tussen / in, verdelen, scheiden
détachable BN afneembaar
détachant **1** ZN M ontvlekkingsmiddel **2** BN • *un produit ~* ontvlekkingsmiddel
détaché BN **1** los <afzonderlijk; niet bevestigd> • *des cheveux détachés* loshangend haar • *des pièces détachées* (losse) onderdelen **2** ongedwongen, onverschillig, losjes
détachement ZN M **1** ongedwongenheid, onverschilligheid, FORM. onthechting • *parler de qn avec ~* losjes over iemand praten **2** detachering **3** MIL. detachement
détacher **1** OV WW **1** losmaken, OOK FIG. verwijderen • *ne pas pouvoir ~ ses yeux de qn* de blik niet van iemand kunnen afwenden **2** detacheren **3** ontvlekken **2** WKD WW (**se ~**) **1** losgaan, zich losmaken, zich onthechten (**de** van, uit), vervreemden (van) • *le papier peint s'est détaché* het behang heeft losgelaten • *le coureur se détache du peloton* de renner ontsnapt uit het peloton **2** zich aftekenen, afsteken (**sur** tegen) • *la tour se détachait sur le ciel bleu* de toren tekende zich scherp af tegen de blauwe lucht
détail ZN M **1** bijzonderheid, detail • *entrer dans le(s) détail(s)* in bijzonderheden treden • *se perdre dans les détails* te veel in details treden • *raconter tout en ~* alles omstandig vertellen, alles (tot) in detail vertellen, te uitvoerig zijn • *expliquer qc dans les moindres détails* iets haarfijn uitleggen • *faire le ~ d'une facture* een rekening specificeren **2** verkoop in het klein • *le commerce de ~* detailhandel • *la vente au ~* verkoop en détail • *vendre des légumes au ~* groente in het klein verkopen
détaillant ZN M (V détaillante), detaillist, kleinhandelaar
détaillé BN gedetailleerd, uitvoerig • *un projet ~* een uitgewerkt plan
détailler OV WW **1** in het klein verkopen **2** FORM. in details vertellen, detailleren • FIG. *~ qn des pieds à la tête* iemand van top tot teen bekijken
détaler INFORM. ONOV WW ervandoor gaan
détartrage ZN M verwijdering van kalkaanslag / tandsteen
détartrer OV WW van kalkaanslag / tandsteen ontdoen
détaxe ZN V belastingvermindering / -ontheffing (**sur** op)
détaxer OV WW verminderen / vrijstellen v. belasting, belastingvrij maken
détecter OV WW opsporen, ontdekken
détecteur ZN M detector • *un ~ d'incendie* brandmelder • *un portique ~* detectiepoortje • *un ~ anatomique* bodyscanner • *un ~ de mensonges* leugendetector
détection ZN V opsporing
détective ZN M detective, rechercheur
déteindre ONOV WW **1** verkleuren, verschieten **2** **~ sur** invloed hebben op
détendre **1** OV WW OOK FIG. ontspannen, de druk / spanning verminderen van • *~ l'atmosphère* voor een ontspannen sfeer zorgen **2** WKD WW (**se ~**) OOK FIG. zich ontspannen
détendu BN OOK FIG. ontspannen

détenir OV WW onregelmatig **1** in bezit hebben, OOK FIG. in handen hebben • ~ *le pouvoir* de macht hebben • ~ *le record du monde* het wereldrecord op zijn naam hebben staan **2** gevangenhouden, in hechtenis houden, detineren • ~ *des otages* gijzelaars vasthouden

détente ZN V **1** OOK FIG. ontspanning • *une politique de* ~ ontspanningspolitiek **2** SPORT katachtige lenigheid, springvermogen • FIG. *il est dur à la* ~ hij is stug van aard, hij is traag van begrip **3** trekker <van vuurwapen> • *presser la* ~ de trekker overhalen

détenteur ZN M (V détentrice), houder, bezitter • *elle est détentrice d'un record* zij is recordhoudster

détention ZN V **1** (het) in bezit houden, bezit • *la* ~ *d'armes* wapenbezit **2** hechtenis, gevangenschap, detentie • *une* ~ *provisoire* voorarrest, voorlopige hechtenis • *être condamné à dix ans de* ~ veroordeeld worden tot tien jaar gevangenisstraf

détenu ZN M (V détenue), gevangene, gedetineerde

détergent ZN M (synthetisch) wasmiddel

détérioration ZN V bederf, beschadiging, verslechtering

détériorer **1** OV WW bederven, schaden, verslechteren **2** WKD WW **(se ~)** verslechteren • *la situation se détériore rapidement* de situatie is snel verslechterd • *sa santé se détériore* zijn gezondheid gaat achteruit

déterminant BN bepalend, beslissend

détermination ZN V **1** vaststelling, bepaling, determinatie **2** beslissing, besluit **3** vastberadenheid, beslistheid • *agir avec* ~ doortastend optreden

déterminé BN **1** bepaald, vastgesteld **2** vastbesloten (**à** tot, om)

déterminer **1** OV WW **1** bepalen, vaststellen, determineren **2** veroorzaken, oproepen **3** doen besluiten tot / om **2** WKD WW **(se ~)** besluiten (**à** tot, om) • *se* ~ *à agir* besluiten tot actie over te gaan

déterrer OV WW opgraven, OOK FIG. opdiepen • ~ *de vieux souvenirs* oude herinneringen ophalen • FIG. *avoir une mine de déterré* eruitzien als een lijk

détestable BN afschuwelijk, verfoeilijk, zeer slecht

détester **1** OV WW verfoeien, verafschuwen, een hekel hebben aan • *je le déteste* ik haat hem • *je ne déteste pas le bon vin* ik hou wel van een lekker wijntje **2** WKD WW **(se ~)** elkaar verafschuwen • *ils se détestent (cordialement)* ze hebben een (gloeiende) hekel aan elkaar

détonant BN ontplofbaar, explosief

détonateur ZN M **1** slaghoedje, ontstekingsmiddel, detonator **2** wat iets (heftigs) in gang zet • *servir de* ~ *de qc* de stoot tot iets geven

détonation ZN V knal, ontploffing

détoner ONOV WW ontploffen, knallen

détonner ONOV WW **1** vals zingen, vals klinken **2** uit de toon vallen, lelijk afsteken, detoneren • *des couleurs qui détonnent* kleuren die vloeken

détour ZN M OOK FIG. omweg, bocht • *faire un* ~ een omweg maken • FIG. *sans* ~ zonder uitvluchten, zonder gedraai, onomwonden • *ça vaut le* ~ dat is het bezichtigen waard • *au* ~ *d'une conversation* terloops (gezegd), tijdens een gesprek

détourné BN **1** langs een omweg, niet-rechtstreeks • *un chemin* ~ omweg • OOK FIG. *par une voie détournée* langs een omweg **2** FIG. zijdelings, slinks • *prendre des voies détournées* slinkse wegen bewandelen, stiekem te werk gaan

détournement ZN M **1** omlegging <van weg>, omleiding **2** onrechtmatige onttrekking, verduistering • *un* ~ *de fonds* verduistering van gelden • *un* ~ *d'avion* vliegtuigkaping • *un* ~ *de pouvoir* misbruik van bevoegdheid, machtsmisbruik • JUR. ~ *de mineur* onttrekking van een minderjarige aan de ouderlijke macht, misbruik van een minderjarige

détourner **1** OV WW **1** afwenden, afbrengen, afleiden (**de** van) • ~ *l'attention de qn* iemands aandacht afleiden **2** omleggen, omleiden, OOK FIG. van richting doen veranderen • ~ *la conversation* het gesprek een andere wending geven • ~ *les soupçons sur qn d'autre* de verdenking op iemand anders werpen **3** onrechtmatig onttrekken, verduisteren • ~ *des fonds* geld verduisteren • ~ *un avion* een vliegtuig kapen **4** FIG. verdraaien **2** WKD WW **(se ~)** zich afwenden, afwijken (**de** van) • *se* ~ *du droit chemin* het verkeerde pad opgaan

détracteur ZN M (V détractrice), iemand die scherpe kritiek levert, criticus, tegenstander

détraqué **1** BN **1** ontregeld, in het ongerede, defect, kapot • *un estomac* ~ maag die van streek is **2** INFORM. geestelijk gestoord, in de war **2** ZN M (V détraquée) INFORM. geestelijk gestoorde, gek

détraquer **1** OV WW OOK FIG. in de war maken, ontregelen, defect maken **2** WKD WW **(se ~)** in het ongerede raken, kapotgaan • *le temps se détraque* het weer is van streek

détresse ZN V nood, ellende, ontreddering • *un navire en* ~ schip in nood • *un signal de* ~ noodsignaal, alarmknipperlicht <van auto>

détriment ZN M • *au* ~ *de qn* ten nadele van iemand, ten koste van iemand • *cela s'est décidé à mon* ~ door dat besluit ben ik gedupeerd

détritus "-tuus" ZN M afval, vuilnis

détroit ZN M (zee-)engte, (zee)straat • *le* ~ *de Gibraltar* de Straat van Gibraltar

détromper **1** OV WW FIG. de ogen openen van • *je veux vous* ~ *sur ce point* daarover wil ik u uit de droom helpen **2** WKD WW **(se ~)** • *détrompez-vous!* geloof dat maar niet!

détrôner OV WW OOK FIG. onttronen

détruire **1** OV WW onregelmatig vernielen, vernietigen, verdelgen, tenietdoen • ~ *les illusions de qn* iemands illusies verstoren **2** WKD WW **(se ~)** **1** zelfmoord plegen **2** elkaar vernietigen

dette ZN V **schuld** • *une ~ de jeu* speelschuld • *la ~ publique* staatsschuld • *faire des ~s* schulden maken • *avoir une ~ envers qn* iemand iets verschuldigd zijn • *être accablé / criblé de ~s* tot over de oren in de schulden zitten

deuil ZN M **rouw, rouwtijd** • *des vêtements de ~* rouwkleding • *le travail de ~* rouwproces, rouwverwerking • *être en ~* in de rouw zijn • *elle porte le ~ de son mari* ze is in de rouw over haar man • *ils ont eu deux ~s cette année* ze hebben dit jaar twee sterfgevallen gehad • INFORM. *tu peux faire ton ~ de ce projet!* dat plan kun je wel vergeten • INFORM. *avoir les ongles en ~* nagels met rouwranden hebben

deux **1** TELW **twee** • *l'un des ~* een van beiden • *à nous ~!* en nu wij (tweeën)! • *c'est entre les ~* het zit er een beetje tussenin, het is niet goed en niet slecht • *jamais ~ sans trois* driemaal is scheepsrecht • *il habite à ~ pas d'ici* hij woont hier vlakbij • *cela est clair comme ~ et ~ font quatre* dat is zonneklaar • *il n'y en a pas ~ comme lui* er is geen tweede zoals hij, hij is er een uit duizenden • INFORM. *ils étaient plié en ~* ze lagen dubbel • *lui et elle, ça fait ~* hij en zij, dat is heel wat anders → **quatre** **2** ZN M/V **1 twee** • *la / le ~* (nummer) twee <bus, tram, kamer, tafel, tv-net> • *en moins de ~* in een mum van tijd • *il n'a fait ni une ni ~, il a sauté dans l'eau* hij bedacht zich geen tweemaal en sprong in het water **2** O&W **een** <schoolcijfer> → **quatre**

deuxième **1** TELW **tweede** → **quatrième** **2** ZN M **tweede, tweede deel**

deuxièmement BW **ten tweede**

deux-pièces ZN M (MV id.) **1 tweedelig kostuum, mantelpak** **2 tweedelig badpak, bikini** **3 tweekamerflat**

deux-points ZN M (MV id.), **dubbele punt**

deux-roues ZN M (MV id.), **tweewieler, motorfiets**

dévaler **1** OV WW **snel afgaan** • *~ l'escalier* de trap afrennen **2** ONOV WW **snel omlaaggaan**

dévaliser OV WW **beroven,** OOK FIG. **leegplunderen**

dévalorisation ZN V **waardevermindering**

dévaloriser OV WW **1 in waarde doen dalen** **2 in aanzien doen dalen** • *se sentir dévalorisé* zich gekleineerd voelen

dévaluation ZN V **devaluatie, waardevermindering**

dévaluer OV WW **devalueren, in waarde doen verminderen**

devancer OV WW **gaan / komen vóór, vóór zijn, voorbijstreven** • *~ ses adversaires* voorliggen / voorkomen op zijn tegenstanders • *~ les désirs de qn* iemands wensen bij voorbaat vervullen, weten wat iemand graag wil

devant **1** VZ **voor** <plaats>, **tegenover, in tegenwoordigheid van** • *passer ~ une maison* langs een huis gaan • *regarder ~ soi* voor zich uit kijken • *le car s'arrête ~ chez moi* de bus stopt voor mijn deur • *reculer ~ le danger* terugdeinzen voor het gevaar • *avoir du temps ~ soi* alle tijd hebben **2** BW **ervoor, vooraan, vooruit, voorop, tevoren** • *une blouse qui se ferme ~* bloes met sluiting aan de voorkant • *être assis ~ dans la salle* voor in de zaal zitten • *passez ~!* gaat u voor! • OOK FIG. *marcher ~* vooruitlopen, vooroplopen **3** ZN M **voorste gedeelte, voorkant** • *le ~ de la maison* voorgevel • *le ~ de la scène* voorgrond • *les pattes de ~* voorpoten • FIG. *prendre les ~s* vooruitlopen, een voorsprong nemen, het initiatief nemen • *aller au-~ de qn* iemand tegemoet gaan

devanture ZN V **1 winkelpui** **2 uitstalkast, etalage**

dévastateur BN (V dévastatrice), **verwoestend** • *une guerre dévastatrice* verwoestende oorlog

dévastation ZN V **verwoesting**

dévaster OV WW **verwoesten**

déveine INFORM. ZN V **pech**

développement ZN M **1** OOK FIG. **ontwikkeling** • *un pays en voie de ~* ontwikkelingsland • *une ville en plein ~* een stad in opkomst • *le ~ d'une maladie* ziekteverloop • *être arrêté dans son ~* zich niet meer ontwikkelen, niet meer groeien **2 uiteenzetting, uitwerking** • *faire un long ~ sur un sujet* een onderwerp uitvoerig uitwerken

développer **1** OV WW **1 ontwikkelen** <ook v. foto's> • *~ le réseau ferroviaire* het spoorwegnet uitbreiden • *~ sa mémoire par le jeu* zijn geheugen ontwikkelen door middel van spelletjes **2 uiteenzetten, uitwerken** • *~ un thème* op iets doorborduren • *~ un argument en détail* uitvoerig op een argument ingaan **2** WKD WW **(se ~) zich ontwikkelen, uitgroeien** • *l'affaire se développe à notre avantage* de zaak neemt een gunstige wending voor ons

devenir **1** ONOV WW onregelmatig **worden** • *il est devenu romancier* hij is romanschrijver geworden • *tu deviens fou!* je wordt gek! • *que deviendra-t-il?* wat zal er van hem worden / terechtkomen? • INFORM. *que deviens-tu depuis la dernière fois?* hoe sta je ervoor sinds de vorige keer? **2** ZN M FORM. **wording, ontstaan**

dévergondage ZN M **losbandigheid, schaamteloosheid**

dévergondé BN **losbandig, schaamteloos, zedeloos**

dévergonder WKD WW **(se ~) schaamteloos optreden**

déverrouiller OV WW **ontgrendelen**

déversement ZN M **lozing, (uit)storting**

déverser **1** OV WW **uitstorten, lozen,** OOK FIG. **spuien** • *~ des tonnes d'ordures* tonnen afval storten • *le train déverse un flot de voyageurs* de reizigers stromen de trein uit • FIG. *~ sa haine sur qn* iemand met haat overladen **2** WKD WW **(se ~) zich uitstorten, uitstromen** • *les eaux sales se déversent dans la mer* het vieze water stroomt in de zee uit

dévêtir **1** OV WW **ontkleden** **2** WKD WW **(se ~) zich (deels) uitkleden**

déviant BN **afwijkend, deviant**

déviation ZN V **1 wegomleiding** **2 afwijking, deviatie** • *une ~ de la colonne vertébrale* scheefgroei van de wervelkolom

dévider OV WW **1** afwinden, afhaspelen **2** INFORM. snel opdreunen, afraffelen
dévier **1** OV WW omleiden <van verkeer>, omleggen **2** ONOV WW afwijken (**de** van), afbuigen • *~ de ses principes* van zijn principes afstappen
devin ZN M (V devineresse), waarzegger • *je ne suis pas ~!* ik kan geen koffiedik kijken!
deviner **1** OV WW raden, voorspellen • *devine!* raad eens!, doe een gok! **2** WKD WW (**se ~**) • *ça se devine* dat laat zich raden, dat kun je wel raden
devinette ZN V raadseltje • *poser une ~* een raadsel opgeven
devis " vie" ZN M kostenraming, prijsopgave, bestek • *demander un ~* een offerte vragen
dévisager OV WW aanstaren, strak aankijken, monsteren
devise ZN V **1** devies, leus, motto, lijfspreuk, wapenspreuk **2** devies, vreemde valuta
deviser FORM. ONOV WW keuvelen (**de** over)
dévisser OV WW losschroeven
dévoiler OV WW OOK FIG. ontsluieren, onthullen
devoir **1** OV WW **1** (ver)schuldig(d) zijn (aan), te danken hebben (aan) • *je vous dois combien?* hoeveel krijgt u van me? • *je lui dois cent euros* ik ben hem honderd euro schuldig • *je lui dois mon bonheur* ik heb mijn geluk aan hem te danken • *il lui doit le respect* hij is hem / haar respect verschuldigd **2** moeten, verplicht zijn om • *tu dois prendre ce médicament* je moet dat geneesmiddel gebruiken • *tu n'aurais pas dû te déranger* dat had je niet hoeven doen **3** (wel) zullen, waarschijnlijk zijn • *il doit être 2 heures* het zal zo'n twee uur zijn • *il ne devait pas revoir ses parents* hij zou zijn ouders niet terugzien • *il a dû avoir une panne* hij zal wel pech onderweg hebben gehad **2** WKD WW (**se ~**) moreel verplicht zijn om • *comme il se doit* zoals het hoort • *je me dois de l'avertir* ik hoor hem te waarschuwen **3** ZN M **1** plicht • *faire son ~* zijn plicht doen / betrachten • *manquer à ses ~s* zijn plicht verzaken • *il est de mon ~ de vous avertir* het is mijn plicht u te waarschuwen • *faire qc par ~* iets uit plichtsgevoel doen **2** vaak mv huiswerk, taak • *faire ses ~s* zijn huiswerk maken • *rendre un ~ d'histoire* zijn geschiedenishuiswerk inleveren • *corriger des ~s* huiswerk nakijken
dévolu **1** ZN M • *jeter son ~ sur qn* zijn keus laten vallen op iemand **2** BN vervallen aan, toegevallen aan • *les tâches qui nous sont dévolues* de taken die ons gegeven zijn
dévorer OV WW verslinden, verscheuren, OOK FIG. verteren • *~ un livre* een boek verslinden • *~ des yeux / du regard* met de ogen verslinden • *dévoré de remords* verteerd door berouw
dévot **1** ZN M (V dévote) • *un faux ~* schijnheilige **2** BN devoot, vroom
dévotion ZN V **1** vroomheid, devotie **2** FIG. verering, diepe bewondering • *être à la ~ de quelqu'un* iemand met hart en ziel toegewijd zijn
dévoué BN toegewijd (**à** aan) • *votre dévoué...* uw toegenegen..., hoogachtend...
dévouement ZN M toewijding, verknochtheid, trouw, zelfopoffering • *soigner qn avec ~* iemand liefdevol / trouw verzorgen
dévouer WKD WW (**se ~**) zich (toe)wijden, zich opofferen • *se ~ à la science* zich aan de wetenschap wijden • *les soldats se dévouaient pour la patrie* de soldaten offerden hun leven voor het vaderland
dévoyer FORM. **1** OV WW van de weg afbrengen, op het slechte pad brengen **2** WKD WW (**se ~**) de verkeerde weg opgaan, FIG. ontsporen
dextérité ZN V handigheid, vaardigheid
d'hab INFORM. BW d'habitude • *comme ~* zoals gewoonlijk
diabète MED. ZN M suikerziekte, diabetes
diabétique **1** BN diabetisch **2** ZN M/V diabeticus, suikerpatiënt
diable **1** ZN M **1** duivel • *avoir le ~ au corps* niet te houden zijn, (als) bezeten zijn • *se démener comme un (beau) ~* tekeergaan als een bezetene • *ne craindre ni Dieu ni ~* voor de duvel niet bang zijn • *envoyer qn au ~* iemand naar de duivel wensen • *tenter le ~* de goden verzoeken • *tirer le ~ par la queue* met moeite kunnen rondkomen • *se faire l'avocat du ~* advocaat van de duivel spelen • *ils font un vacarme de tous les ~s* ze maken een heidens kabaal • *c'est bien le ~ si vous ne réussissez pas!* het zou wel stug zijn als jullie niet slagen • *allez au ~!* loop naar de duivel! • *au ~ l'avarice!* weg met die gierigheid! **2** kerel, duvel, deksels kind • *pauvre ~* arme drommel • *bon petit ~* kleine dondersteen, bijdehandje **2** TUSSENW duivels!, drommels! • *que ~!* wat drommels!
diablement BW verduiveld, drommels
diabolique BN duivels, diabolisch
diaboliser OV WW als duivel afschilderen, demoniseren, verketteren
diabolo ZN M **1** diabolo **2** limonade van siroop • *un ~ menthe* limonade van pepermuntsiroop
diagnostic "-tiek" ZN M diagnose • *une erreur de ~* verkeerde diagnose • *faire un ~* een diagnose stellen
diagnostiquer OV WW de diagnose stellen van, diagnosticeren, constateren
diagonal BN (M MV diagonaux), diagonaal
diagonale **1** ZN V diagonaal • *traverser la rue en ~* de straat schuin oversteken • FIG. *lire en ~* snellezen, vluchtig doorlezen **2** BN → **diagonal**
diagramme ZN M diagram, grafiek • *un ~ de natalité* geboortegrafiek
dialectal BN (M MV dialectaux), dialectisch, dialect-
dialecte ZN M dialect
dialectique **1** BN dialectisch **2** ZN V dialectiek
dialogue ZN M samenspraak, dialoog, gesprek (**entre** tussen) • *les ~s d'un film* filmdialogen • *établir le ~* een dialoog aangaan • *c'est un ~ de sourds* ze praten langs elkaar heen
dialoguer ONOV WW een gesprek hebben, met elkaar van gedachten wisselen
dialoguiste ZN M/V schrijver v. (film)dialogen

di

diamant ZN M diamant • *une rivière de ~s* diamanten halssnoer • FIG. *les noces de ~* diamanten bruiloft
diamétralement BW diametraal • *des idées ~ opposées* lijnrecht tegenover elkaar staande ideeën
diamètre ZN M middellijn, doorsnede, diameter
diapason ZN M **1** stembereik **2** FIG. stemming • *être au ~ de qn* op iemand ingesteld zijn, met iemand op één lijn zitten
diaphragme ZN M **1** ANAT. middenrif **2** A-V diafragma
diarrhée ZN V diarree
diatribe ZN V spotschrift, scherpe kritiek, scherpe uitval (**contre** tegen)
dico INFORM. ZN M dictionnaire woordenboek
dictateur ZN M (V dictatrice), dictator
dictatorial BN (M MV dictatoriaux), dictatoriaal • *un ton ~* autoritaire toon
dictature ZN V dictatuur
dictée ZN V **1** OOK FIG. (het) dicteren • *écrire sous la ~ de qn* opschrijven wat iemand dicteert **2** dictee • *une ~ sans fautes* foutloos dictee
dicter OV WW **1** OOK FIG. dicteren **2** voorschrijven, opleggen, ingeven • *~ sa conduite à qn* iemand voorschrijven hoe hij zich moet gedragen
diction ZN V dictie, zegging
dictionnaire ZN M woordenboek • *un ~ de poche* pocketwoordenboek • *une entrée de ~* trefwoord in een woordenboek • *c'est un vrai ~ ambulant / vivant* hij is een wandelend woordenboek
dicton ZN M spreekwijze, spreuk, gezegde
didacticiel ZN M educatieve software
didactique **1** BN didactisch • *une méthode ~* leermethode **2** ZN V didactiek
dièse ZN M **1** MUZ. kruis, verhogingsteken • *do ~* cis **2** hekje (#) <op toetsenbord> • *appuyez sur la touche ~* druk op toets 'hekje'
diesel, diésel "djeezel" ZN M diesel
diète ZN V dieet • *mettre qn à la ~* iemand op dieet stellen
diététicien ZN M (V diététicienne), diëtist
diététique **1** BN dieet- **2** ZN V **1** diëtetiek, voedingsleer **2** natuurvoeding
dieu ZN M (MV dieux), god • *l'argent est son ~* geld is zijn afgod • *il est beau comme un ~* hij is goddelijk mooi • *jurer ses grands ~x* bij hoog en laag zweren
Dieu ZN M God • *le bon ~* Onze-Lieve-Heer • *~ merci!* goddank! • *ah, mon Dieu!* mijn hemel!, mijn God! • *nom de Dieu!* godverdomme! • *une bête à bon ~* lieveheersbeestje • *~ vous bénisse* God zegene u • *~ sait s'il vit encore!* God moge weten of hij nog leeft • *il ne craint ni ~ ni diable* hij is voor de duvel niet bang • *~ soit loué!* God zij geloofd! • <spreekwoord> *chacun pour soi et ~ pour tous* ieder voor zich en God voor ons allen • *grâce à ~* goddank • *pour l'amour de ~* in vredesnaam, pro deo
diffamation ZN V laster, kwaadsprekerij, smaad • *un procès en ~* proces wegens smaad
diffamatoire BN lasterlijk, smaad- • *un écrit ~* smaadschrift
diffamer OV WW belasteren • *être injustement diffamé* vals beschuldigd worden
différé **1** BN uitgesteld **2** ZN M • *une émission en ~* niet-rechtstreeks programma <op tv>
différemment BW verschillend, anders
différence ZN V verschil, onderscheid • *une ~ sensible / considérable* aanzienlijk verschil • *des différences insurmontables* onoverbrugbare tegenstellingen • *une ~ d'âge* leeftijdsverschil • *le droit à la ~* het recht om anders te zijn • *ça ne fait pas de ~* dat maakt niets uit • *faire la ~* zich gunstig onderscheiden, het verschil maken • *à la ~ de sa sœur* in tegenstelling tot zijn zuster
différenciation ZN V differentiatie
différencier **1** OV WW onderscheiden (van), differentiëren **2** WKD WW (**se ~**) zich onderscheiden (van) • *ces jumeaux ne se différencient que par la couleur de leurs cheveux* die tweelingen verschillen alleen van haarkleur
différend ZN M geschil • *avoir un ~ avec qn* onenigheid met iemand hebben • *régler un ~* een geschil bijleggen
différent BN verschillend (**de** van), anders • *des quantités différentes* ongelijke grootheden • *des opinions différentes les unes des autres* uiteenlopende meningen
différer **1** OV WW uitstellen • *~ une échéance* een termijn verlengen • *sans ~* onverwijld **2** ONOV WW verschillen (van), van mening verschillen • *les prix diffèrent selon les magasins* de prijzen verschillen per winkel • *~ sur un point* het op één punt oneens zijn
difficile BN moeilijk, lastig, vervelend • *une route ~* moeilijk begaanbare weg • *un lieu d'accès ~* moeilijk bereikbare plek • *une tâche ~ et longue* moeizaam en lang karwei • *un problème ~ à résoudre* moeilijk oplosbaar probleem • *un enfant ~ à vivre* onhandelbaar kind • FIG. *un quartier ~* probleemwijk • *il m'est ~ d'en parler* het kost me moeite erover te praten • *rendre la vie ~ à qn* het iemand lastig maken • *faire le / la ~* moeilijk doen, veeleisend zijn
difficilement BW moeilijk, moeizaam, bezwaarlijk • *gagner ~ sa vie* met moeite rondkomen
difficulté ZN V **1** moeilijkheid, moeite • *marcher avec ~* moeilijk lopen • *être en ~* in moeilijkheden zijn, in conflict zijn • *sans ~* probleemloos, moeiteloos **2** probleem • *soulever des difficultés* voor problemen zorgen **3** bezwaar • *faire des difficultés* moeilijk doen, bezwaar maken
difforme BN misvormd, mismaakt, vormeloos
difformité ZN V mismaaktheid
diffus "-fuu" BN **1** vaag, onduidelijk • *une lumière ~e* diffuus licht **2** wijdlopig, breedsprakig
diffuser OV WW **1** verspreiden, verbreiden, distribueren, uitzenden <per radio of tv> • *~ une nouvelle* nieuws verbreiden / rondvertellen • *un concert diffusé en direct* rechtstreeks uitgezonden concert **2** NATK. verstrooien <van straling>
diffuseur ZN M verspreider, distributeur
diffusion ZN V **1** verspreiding, verbreiding,

distributie, diffusie • *la ~ des richesses* verdeling / spreiding van de rijkdom **2 uitzending** <radio, tv>
digérer OV WW **1 verteren** • *mal ~ les produits laitiers* zuivelproducten niet goed verdragen • *il digère mal* hij heeft een slechte spijsvertering **2** FIG. **verwerken 3** INFORM. **(kunnen) verdragen, verduren, slikken** • FIG. *c'est dur à ~* dat ligt zwaar op de maag
digeste BN **gemakkelijk verteerbaar**
digestif 1 BN (V digestive), **de spijsvertering bevorderend, spijsverterings-** • *l'appareil ~* spijsverteringsorganen • *le tube ~* darmkanaal **2** ZN M **digestief, likeurtje** <na de maaltijd>
digestion ZN V **(spijs)vertering**
digicode ZN M **elektronisch deurslot** <met cijfercode>
digital BN (M MV digitaux) **1 vinger-** • *des empreintes ~es* vingerafdrukken **2 digitaal** • *le code ~* elektronisch deurslot <met cijfercode>
digitaliser OV WW **digitaliseren, numeriek maken**
digne BN **1 waardig** • *savoir rester ~* waardig weten te blijven **2 ~ de waard(ig)** • *~ d'intérêt* belangwekkend • *un ministre ~ de ce nom...* een minister die deze naam verdient... • *c'est un homme ~ de foi* het is een geloofwaardig man
dignitaire ZN M **hoogwaardigheidsbekleder, dignitaris**
dignité ZN V **1 waardigheid 2 (gevoel van) eigenwaarde** • *perdre toute ~* alle zelfrespect verdienen • *manquer de ~* geen eergevoel hebben
digression ZN V **uitweiding** • *se perdre dans les ~s* met veel omhaal van woorden praten
digue ZN V **dijk, dam** • FIG. *élever une ~ contre qc* een dam tegen iets opwerpen
diktat ZN M **dictaat** <opgelegde regeling>
dilapider OV WW **verkwisten, verspillen**
dilatation ZN V **uitzetting, verwijding**
dilater 1 OV WW **doen uitzetten, verwijden** • *des yeux dilatés* opengesperde ogen **2** WKD WW **(se ~) uitzetten, zwellen** • *le métal peut se ~ sous l'effet de la chaleur* metaal kan bij warmte uitzetten
dilemme ZN M **dilemma** • *être devant un ~* voor een dilemma staan
dilettante ZN M/V **dilettant** • *faire qc en ~* iets amateuristisch / uit liefhebberij doen
dilettantisme ZN M **dilettantisme, amateurisme**
diligence ZN V **1** FORM. **voortvarendheid, ijver, spoed** • *faire ~* zich haasten **2 diligence, postkoets**
diligent FORM. BN **voortvarend, naarstig, ijverig**
diluant ZN M **verdunningsmiddel, thinner**
diluer 1 OV WW **verdunnen,** OOK FIG. **verwateren 2** WKD WW **(se ~) oplossen** • *le sucre se dilue dans l'eau* suiker lost in water op
diluvien BN (V diluvienne), **(als) van de zondvloed** • *une pluie ~ne* wolkbreuk
dimanche ZN M **zondag** • *le ~* 's zondags • *le ~ matin* zondagochtend • *les ~s et jours fériés* op zon- en feestagen • *le ~ de Pâques* eerste paasdag • *mettre ses habits du ~* zijn zondagse kleren aantrekken • FIG. *un conducteur du ~* zondagsrijder
dimension ZN V **afmeting,** OOK FIG. **dimensie** • *les ~s d'une pièce* de afmetingen van een vertrek • *la ~ historique de qc* het historische aspect van iets, de historische betekenis van iets • FIG. *prendre les ~s de qn* iemand taxeren • *à la ~ de qc* kenmerkend voor iets, passend bij iets • *à trois ~s* driedimensionaal
diminué BN **verminderd, verzwakt**
diminuer 1 OV WW **1 (ver)minderen, verkleinen, verlagen** • *~ les prix* de prijzen verlagen • *~ l'enthousiasme de qn* iemands enthousiasme temperen **2 kleineren 2** ONOV WW **verminderen, afnemen, kleiner worden, zwakker worden** • *les jours diminuent* de dagen worden korter • *le prix des fraises a diminué* de aardbeien zijn in prijs gedaald
diminutif 1 ZN M **1** TAALK. **verkleinwoord 2 verkleinvorm** <van eigennaam>, **koosnaam 2** BN (V diminutive), **verkleinend**
diminution ZN V **(ver)mindering, verkleining, verlaging** • *une ~ de dix pour cent des impôts* tien procent belastingverlaging
dînatoire BN • *un goûter ~* (warme) maaltijd in de loop van de middag
dinde ZN V **1 (wijfjes)kalkoen 2 onnozele vrouw, dom gansje**
dindon ZN M **kalkoen, kalkoense haan** • *être le ~ de la farce* het kind v.d. rekening zijn, de klos zijn
dîner 1 ONOV WW **de avondmaaltijd gebruiken, warm eten, dineren** • *(aller) ~ en ville* uit eten gaan • *garder qn à ~* iemand vragen te blijven eten • *~ d'un bol de soupe* soep als avondmaaltijd eten **2** ZN M **avondmaaltijd, warme maaltijd, diner** • *un dîner-spectacle* diner met show / voorstelling • *le ~ est servi* het eten is opgediend • *inviter qn à ~* iemand te eten vragen
dîneur ZN M (V dîneuse), **eter, gast**
dingo INFORM. BN **getikt, gek**
dingue INFORM. **1** ZN M/V **gek, malloot** • *c'est un ~ du jazz* het is een jazzfanaat • *ici, c'est une maison de ~s* het is hier een gekkenhuis • *travailler comme un ~* zich uit de naad werken **2** BN **1 gek, maf** • *ça me rend ~!* ik word er hoorndol / tureluurs van! **2 ongelooflijk, krankzinnig, onwijs, niet normaal (meer)**
dinguer INFORM. ONOV WW **vallen, kukelen** • *envoyer qn ~* zich van iemand afmaken
dinosaure ZN M **1 dinosaurus 2** INFORM. **kopstuk van de oude garde**
dioxine ZN V **dioxine** • *un nuage de ~* dioxinewolk
diphtérie ZN V **difterie**
diplomate 1 BN **diplomatiek 2** ZN M/V **diplomaat**
diplomatie "-sie" ZN V **diplomatie** • *faire preuve d'une grande ~* heel diplomatiek te werk gaan • *avec ~* tactvol
diplomatique BN **diplomatiek** • *une maladie ~* zogenaamde ziekte <als voorwendsel>
diplôme ZN M **diploma, akte, getuigschrift** • *obtenir le ~ de bachelier* zijn eindexamendiploma behalen

di

di

diplômé BN gediplomeerd, afgestudeerd (**de** aan; **en** in)
diptyque ZN M tweeluik, diptiek
dire 1 OV WW onregelmatig zeggen, opzeggen, vertellen • *~ qc à qn* iemand iets zeggen • *faire ~ qc à qn* iemand iets in de mond leggen • *il n'y a rien à ~* er valt niets tegenin te brengen, ontegenzeglijk • *je n'ai plus rien à ~* ik ben uitgepraat • *c'est le moins qu'on puisse ~* dat is nog zachtjes uitgedrukt, dat mag je wel zeggen • *soit dit entre nous* onder ons gezegd • *soit dit en passant* dit terzijde • *alors, c'est dit, l'affaire est conclue* goed, afgesproken, de zaak is rond • *je ne vous le fais pas ~* u zegt het (immers) zelf • *elle ne croyait pas si bien ~* ze wist niet hoezeer ze het bij het rechte eind had • *aussitôt dit, aussitôt fait* zo gezegd, zo gedaan • *c'est beaucoup ~* dat zou te veel gezegd zijn • *si le cœur vous en dit* als u zin hebt • *on le dit innocent* het heet dat hij onschuldig is • *vous m'en ~z tant!* ach zo! • *vous dites?* wat zegt u? • *cela va sans ~* dat spreekt vanzelf • *c'est tout ~* daarmee is alles gezegd • *tu l'as dit! / c'est le cas de le ~!* zeg dat wel! • *c'est vite dit* dat is gemakkelijk gezegd • *ça te dit un café?* heb je zin in koffie? • *ça ne me dit rien* ik heb er geen zin in • INFORM. *les conneries qu'il a pu ~, je te dis pas!* de onzin die hij uitkraamde, niet te geloven! • *ce nom, ça me dit quelque chose* die naam komt mij bekend voor • *vous n'avez qu'à ~* zegt u het maar, u kunt het krijgen zoals u wilt • *dis-lui de venir / qu'elle vienne* zeg haar dat ze moet komen • *et ~ que je l'ai toujours cru!* en dan te bedenken dat ik hem altijd geloofd heb • *on dirait que finalement ça va marcher* het lijkt erop dat het uiteindelijk gaat lukken • *cela ne me dit rien qui vaille* dat doet me het ergste vrezen, daar voel ik niets voor • *je me suis laissé ~ que...* ik heb horen zeggen dat... • *c'est ~ que...* waaruit blijkt dat... • *disons que...* laten we zeggen dat... • *qu'est-ce que ça veut ~?* wat betekent dat? • *que veux-tu ~ par là?* wat bedoel je daarmee? • *comment ~?* hoe zal ik het zeggen? • *cela en dit long* dat is veelzeggend, dat spreekt boekdelen • *dites donc!* zeg eens!, toe nou! • *si cela te dit...* als je daarvoor voelt... • *à ce qu'on dit / d'après ce qu'on dit* naar men zegt • *c'est-à-~* dat wil zeggen • *pour ainsi ~* bij wijze van spreken, als het ware • *pour tout ~* in één woord, kortom • *sans mot ~* zonder iets te zeggen • *à vrai ~* om de waarheid te zeggen **2** WKD WW **(se ~) 1** bij zichzelf zeggen, (be)denken **2** gezegd worden • *cela ne se dit pas en français* dat zeg je niet zo in het Frans **3** zeggen / denken te zijn • *il se dit avocat* hij beweert dat hij advocaat is **3** ZN M **(het) zeggen, wat iemand zegt, bewering, verklaring** • *au ~ des experts...* volgens (zeggen van) deskundigen... • *selon les ~s des voisins, il a quitté sa femme* volgens de buren is hij bij zijn vrouw weg • *les on-dit / les qu'en dira-t-on* de publieke opinie, de praatjes van de mensen
direct "-rekt" **1** BN rechtstreeks, direct • *le chemin le plus ~* de kortste weg • *un train ~* doorgaande trein • *un vol ~ pour Amsterdam* rechtstreekse vlucht naar Amsterdam • *il est très ~* hij is rechtdoorzee **2** ZN M **1** directe <bij boksen> **2** • *(émission en) ~* rechtstreekse uitzending
directement BW rechtstreeks, direct
directeur 1 ZN M (V directrice), directeur, hoofd • *un ~ d'école* schoolhoofd <basisschool> • *~ sportif* ploegleider <bij wielrennen> • *un ~ de thèse (de doctorat)* promotor **2** BN (V directrice), leidend, richt- • *la ligne directrice du livre* de rode draad in het boek • *le principe ~* leidend beginsel • *le comité ~* bestuur
directif BN (V directive) **1** richtend, gericht • *un questionnaire ~* gerichte vragenlijst **2** autoritair
direction ZN V **1** leiding, directie, bestuur • *être nommé à la ~ du personnel* als hoofd personeel aangesteld worden • *sous la ~ de qn* onder leiding van iemand **2** richting • *toutes ~s* doorgaand verkeer <als aanduiding> • *un changement de ~* koersverandering • *la ~ assistée* stuurbekrachtiging • *ça va dans toutes les ~s* het gaat alle kanten op • *en ~ d'Utrecht* de kant van Utrecht op, in de richting van Utrecht
directive ZN V richtlijn, instructie • *suivre les ~s* de instructies (op)volgen
directoire ZN M bestuurscollege, directie
directorial BN (M MV directoriaux), directie-, directeurs-
dirigeable 1 BN bestuurbaar **2** ZN M luchtschip, zeppelin
dirigeant 1 BN leidend, heersend **2** ZN M (V dirigeante), leider, bestuurder, machthebber
diriger 1 OV WW **1** leiden, besturen • *une économie dirigée* geleide economie • *~ une entreprise* aan het hoofd staan van een bedrijf • *~ un orchestre* een orkest dirigeren **2** richten, sturen • *il a dirigé son arme contre lui* hij richtte zijn wapen op hem **2** WKD WW **(se ~) vers** zich richten naar, gaan naar • *se ~ vers la sortie* naar de uitgang lopen
dirigisme ZN M geleide economie, dirigisme
dirigiste BN dirigistisch
discernement ZN M onderscheiding(svermogen), oordeel(svermogen), inzicht • *agir avec ~* verstandig / met beleid te werk gaan
discerner OV WW onderscheiden (**de** van), onderkennen, waarnemen • *~ le vrai du faux* waar van onwaar kunnen onderscheiden
disciple ZN M/V leerling, volgeling, discipel
disciplinaire BN disciplinair, tucht- • *une sanction ~* strafmaatregel
discipline ZN V **1** O&W (leer)vak • *les ~s sportives* de takken van sport **2** discipline • *une ~ de fer* ijzeren discipline • *le conseil de ~* tuchtraad • *la ~ militaire* krijgstucht • *maintenir la ~* de tucht handhaven • *faire régner la ~ dans la classe* orde houden in de klas
discipliné BN gedisciplineerd
discipliner OV WW disciplineren, FIG. in toom houden
disco 1 ZN M disco **2** BN disco- • *la musique ~* discomuziek
discontinu 1 BN discontinu, (telkens) onderbroken **2** ZN M • *travailler en ~* onregelmatig

werken
discontinuer ONOV WW ophouden • *sans ~* onafgebroken, zonder tussenpoos
discontinuité ZN V (het) onderbroken zijn, discontinuïteit
disconvenir FORM. ONOV WW onregelmatig • *ne pas ~ de quelque chose* iets niet ontkennen • *ne pas ~ que* + subj. niet ontkennen dat
discophile ZN M/V discofiel, platen- / cd-liefhebber
discordance ZN V gebrek aan overeenstemming, disharmonie, discrepantie • *la ~ de couleurs* het niet bij elkaar passen van kleuren, het vloeken van kleuren
discordant BN niet overeenstemmend, niet bij elkaar passend, disharmonisch, onwelluidend, vloekend <van kleuren>
discorde ZN V tweedracht • *semer la ~* tweedracht zaaien
discothèque ZN V discotheek
discourir MIN. ONOV WW onregelmatig breedvoerig praten, uitweiden
discours ZN M **1** redevoering, toespraak • *faire / prononcer un ~* een toespraak houden, een speech afsteken • *un ~ de réception* intreerede **2** wat men zegt, gepraat, TAALK. rede • *faire de beaux ~* mooie praatjes verkopen • *les parties du ~* de woordsoorten • *le ~ (in)direct* (in)directe rede **3** uiteenzetting, vertoog (**de** over)
discourtois BN onbeleefd, onhoffelijk, onheus
discrédit "-die" ZN M diskrediet • *jeter le ~ sur qn* iemand in diskrediet brengen, iemand in een kwaad daglicht stellen
discréditer **1** OV WW in diskrediet brengen • *une théorie discréditée* een theorie die geen aanhang meer heeft **2** WKD WW (**se ~**) in diskrediet raken, zich blameren • *se ~ auprès de qn* iemands vertrouwen verliezen
discret BN (V discrète), discreet, onopvallend, bescheiden
discrètement BW discreet
discrétion ZN V discretie • *~ assurée* geheimhouding verzekerd • *agir avec ~* discreet / tactvol te werk gaan • *être à la ~ de qn* aan iemand overgeleverd zijn • *à ~* naar believen, zo veel men wil
discriminant BN onderscheidend
discrimination ZN V **1** discriminatie • *la ~ raciale* rassendiscriminatie **2** FORM. onderscheiding(svermogen)
discriminatoire BN discriminerend
discriminer OV WW onderscheiden, onderkennen
disculper **1** OV WW van blaam zuiveren, vrijpleiten **2** WKD WW (**se ~**) zich vrijpleiten, zich rechtvaardigen, zijn onschuld aantonen
discursif BN (V discursive), redenerend, discursief
discussion ZN V bespreking, discussie, (twist) gesprek • *pas de ~!* geen woord meer erover!, en daarmee uit! • *cela est sujet à ~* dat is nog de vraag • *prendre part à une ~* meedoen aan een discussie
discutable BN betwistbaar
discutailler INFORM. ONOV WW eindeloos praten, bekvechten
discuté BN betwist, omstreden
discuter **1** OV WW **1** bespreken, discussiëren over • *~ un projet de loi* een wetsontwerp behandelen • INFORM. *~ le coup* babbelen **2** betwisten **2** ONOV WW discussiëren, praten, redetwisten (**de**, **sur** over) **3** WKD WW (**se ~**) • *ça se discute* daar valt over te praten / twisten
disette ZN V schaarste (aan levensmiddelen), hongersnood
disgrâce ZN V ongenade • *tomber en ~* in ongenade vallen, uit de gratie / gunst raken • FORM. *être en ~ auprès de qn* uit de gunst zijn bij iemand
disgracié BN **1** in ongenade, uit de gunst **2** FIG. misdeeld
disgracieux BN (V disgracieuse), onbevallig, lelijk • *des gestes ~* onelegante / lompe gebaren
disjoindre **1** OV WW onregelmatig (van elkaar) scheiden, uit elkaar halen **2** WKD WW (**se ~**) losraken
disjoncter ONOV WW **1** doorslaan <van zekering> **2** INFORM. doordraaien, de kluts kwijt zijn
dislocation ZN V **1** (het) uiteenvallen, (het) uiteenrukken, FIG. ontbinding **2** MED. ontwrichting
disloquer **1** OV WW **1** uiteenhalen, uiteenrukken, FIG. ontbinden **2** ontwrichten **2** WKD WW (**se ~**) uiteenvallen
disparaître ONOV WW onregelmatig verdwijnen, verloren gaan, vergaan, sterven • *le brouillard a disparu* de mist is opgetrokken • *faire ~ qn* iemand uit de weg ruimen • *ce médicament a fait ~ la fièvre* dat medicijn heeft tegen de koorts geholpen
disparate BN ongelijk(soortig), niet bij elkaar passend • *des couleurs ~s* vloekende kleuren • *des meubles ~s* allegaartje van meubels
disparité ZN V ongelijkheid, discrepantie (**entre** tussen) • *la ~ des revenus* inkomensverschillen
disparition ZN V **1** verdwijning • *une espèce en voie de ~* met uitsterven bedreigde soort **2** overlijden, dood
disparu **1** BN verdwenen, vermist, overleden • *deux personnes sont portées ~es* er zijn twee vermisten **2** WW volt. deelw. → **disparaître**
dispatching ZN M verdeling, verdeelcentrum, verkeerscentrale
dispensaire ZN M polikliniek
dispensateur ZN M (V dispensatrice), verstrekker (van), verlener (van)
dispense ZN V vrijstelling, ontheffing, dispensatie (**de** van)
dispenser **1** OV WW **1** vrijstellen, ontheffen (**de** van) • *dispense-moi de tes conseils* bespaar me je adviezen **2** uitdelen, uitreiken, geven • *~ des soins à un malade* een zieke verzorgen **2** WKD WW (**se ~**) **de** zich onttrekken aan • IRON. *je me ~ai volontiers d'aller travailler ce matin* ik zou vanmorgen

di

best niet willen gaan werken
disperser 1 OV WW 1 **verspreiden** • ~ *les cendres de qn* iemands as verstrooien • *les manifestants ont été dispersés par la police* de betogers zijn door de politie uiteengejaagd 2 FIG. **versnipperen** • ~ *ses efforts* zijn krachten versnipperen 2 WKD WW **(se ~)** 1 **zich verspreiden, uiteengaan** 2 **zijn tijd versnipperen**
dispersion ZN V 1 **verstrooiing, verspreiding** • *la ~ d'une armée* de wanordelijke aftocht van een leger • *la ~ des juifs* de diaspora van de joden 2 FIG. **versnippering** • *la ~ de la pensée* versnippering van gedachten
disponibilité ZN V **beschikbaarheid, paraatheid** • *mettre qn en ~* iemand op non-actief stellen, iemand op wachtgeld zetten <van militairen, ambtenaren> • *les disponibilités monétaires* de beschikbare geldmiddelen
disponible BN 1 **beschikbaar, paraat** • *avoir du temps (de) ~* (nog) tijd vrij hebben • *le vocabulaire ~* passieve woordenschat 2 **op non-actief, op wachtgeld** <van militairen, ambtenaren>
dispos "-poo" BN • *se sentir frais et ~* zich zo fris als een hoentje voelen, zich in vorm voelen
disposé BN **bereid, geneigd** • *être bien ~ envers qn* iemand goedgezind zijn • *je ne suis pas ~ à lui rendre service* ik voel er niet voor hem van dienst te zijn
disposer 1 OV WW **rangschikken, plaatsen** • ~ *les chaises en cercle* de stoelen in een kring zetten • ~ *ses meubles autrement* zijn meubels anders neerzetten 2 ONOV WW **beslissen, beschikken (de over)** • ~ *de mille euros* over duizend euro beschikken • *je ne dispose pas d'une voiture* ik heb geen auto • *ne ~ que d'une heure* maar een uur (beschikbaar) hebben • *le droit des peuples à ~ d'eux-mêmes* het zelfbeschikkingsrecht van volken • FORM. *vous pouvez ~* u kunt gaan 3 WKD WW **(se ~) à zich klaarmaken om** • *se ~ à partir* aanstalten maken om te vertrekken, op het punt staan te vertrekken
dispositif ZN M 1 **inrichting, voorziening, apparaat, toestel, mechanisme** • *un ~ de sécurité* beveiligingssysteem • *un ~ antivol* diefstalbeveiliging • *placer un ~ d'alarme* een alarminstallatie aanbrengen 2 **aangewende middelen, inzet van troepen** • *un ~ policier* politieapparaat, politiemacht
disposition ZN V 1 **rangschikking, inrichting, plaatsing, indeling** • *la ~ intérieure d'un appartement* de indeling van een flat 2 **beschikking** • *je suis à votre ~* ik sta tot uw beschikking • *il a mis sa voiture à notre ~* hij heeft ons zijn auto beschikbaar gesteld 3 **gesteldheid, stemming, neiging (à tot, om)** 4 MV **aanleg (pour voor)** 5 **bepaling, voorschrift** 6 MV **toebereidselen, maatregelen, voorzieningen** • JUR. *des ~s testamentaires* testamentaire beschikkingen • *prendre ses ~s* zijn maatregelen nemen / treffen
disproportion ZN V **wanverhouding, onevenredigheid** • *la ~ d'âge entre deux personnes* te groot leeftijdsverschil tussen twee personen
disproportionné BN **buiten proportie, bovenmatig, niet in verhouding (staand) tot** • *une récompense disproportionnée par rapport au mérite* beloning die niet in verhouding staat tot de prestatie
dispute ZN V **twist(gesprek), woordenwisseling, onenigheid** • *une ~ qui s'envenime* een hoog oplopende ruzie • *un sujet de ~* twistpunt • *une ~ a éclaté entre les deux hommes* de twee mannen kregen ruzie
disputer 1 OV WW 1 **spelen** <van wedstrijd> • ~ *un combat de boxe* een bokswedstrijd houden 2 **betwisten** • ~ *la médaille d'or à qn* met iemand strijden om de gouden medaille 3 INFORM. **een standje geven aan** 2 WKD WW **(se ~)** 1 **ruziemaken** • *se ~ un héritage* elkaar een erfenis betwisten, ruzie maken om een erfenis • *se ~ avec qn* ruzie maken met iemand 2 SPORT **gespeeld worden** <van wedstrijd>
disquaire ZN M/V **platenhandelaar**
disqualification "-ka-" ZN V **diskwalificatie, uitsluiting**
disqualifier "-ka-" 1 OV WW **diskwalificeren** 2 WKD WW **(se ~) zich diskwalificeren, ongeschikt blijken te zijn**
disque ZN M 1 **schijf, discus** • *le lancer de ~* discuswerpen • OUD. *un ~ de stationnement* parkeerschijf • BIOL. *un ~ intervertébral* tussenwervelschijf 2 **(grammofoon)plaat, (geheugen)schijf** • *un ~ compact / un cd compact* disc • COMP. *un ~ dur* harde schijf • *passer un ~* een plaat draaien • INFORM. *allez, change de ~!* praat nou eens over iets anders!
disquette ZN V **diskette, floppydisk** • *sauvegarder des données sur une ~* gegevens saven op een diskette
dissection ZN V **sectie** <op lichaam>, **lijkopening,** OOK FIG. **ontleding**
dissemblable BN **ongelijk(soortig), verschillend** • *ils sont trop ~s pour s'entendre* ze verschillen te veel om elkaar te begrijpen
dissemblance ZN V **ongelijkheid, verschil**
dissémination ZN V **verspreiding, uitzaaiing** • *la ~ des idées* het verbreiden van gedachten
disséminer OV WW **verspreiden, verstrooien** • *des informations disséminées* informatie die verspreid / doorgegeven is
dissension FORM. ZN V *vaak mv* **onenigheid, conflict, ruzie** • *des ~s familiales* familieruzies • *mettre fin à la ~ qui existe entre deux groupes* de onenigheid tussen twee groepen bijleggen
disséquer OV WW **sectie verrichten op,** OOK FIG. **ontleden** • *le discours du premier ministre a été disséqué par les journalistes* de toespraak van de premier is door de journalisten geanalyseerd
dissertation ZN V **verhandeling, opstel** • *une ~ littéraire* literatuuropstel • *un sujet de ~* opstelonderwerp
disserter ONOV WW **een verhandeling houden / schrijven, uitweiden** • ~ *sur la politique / de politique* uitvoerig over politiek praten
dissidence ZN V **afscheiding, scheuring** <in

partij>, de dissidenten
dissident POL. **1** BN **afgescheiden, andersdenkend** • *un parti ~* afvallige partij **2** ZN M (V dissidente), **dissident**
dissimulateur 1 ZN M (V dissimulatrice), **huichelaar 2** BN (V dissimulatrice), **huichelend, onoprecht**
dissimulation ZN V **1 huichelarij** • *agir avec ~* achterbaks doen **2 (het) achterhouden** • *~ de revenus / de bénéfices* verzwijging van inkomsten / van winst
dissimulé BN **huichelachtig, achterbaks, verborgen**
dissimuler 1 OV WW **verbergen, achterhouden** • *il a dissimulé l'arme du crime* hij heeft het moordwapen verborgen • *un rideau dissimule la porte* de deur gaat schuil achter een gordijn • *~ sa joie / sa colère* zijn vreugde / woede verbergen • *~ ses boutons sous une couche de fard* je puistjes met een laag make-up verbergen **2** WKD WW **(se ~) zich verbergen,** FIG. **de ogen sluiten voor** • *se ~ les dangers de qc* de gevaren van iets niet willen zien
dissipation ZN V **1 verkwisting, verspilling** • *la ~ de tous ses biens* het verkwisten van zijn hele bezit **2 (het) optrekken** <v. mist e.d.> • *la ~ des brumes matinales* het optrekken van de ochtendmist
dissipé BN **onoplettend, niet luisterend** <bijv. van leerlingen>
dissiper 1 OV WW **1 doen wegtrekken** <van mist, wolken e.d.>, **wegnemen** <van gevoelens> • *le soleil dissipe les nuages* de zon verjaagt de wolken • FIG. *~ un malentendu* een misverstand wegnemen **2 verkwisten, verspillen** • *~ sa fortune* zijn vermogen erdoor jagen **3 van het werk / de les houden, afleiden** • *il fait le clown et dissipe toute la classe* met zijn gekkigheid leidt hij de hele klas af **2** WKD WW **(se ~) 1 zich oplossen,** FIG. **vervliegen, verdwijnen** • *le brouillard se dissipe* de mist trekt op **2 de aandacht verliezen**
dissociable BN **ontbindbaar, scheidbaar** • *ces deux questions ne sont pas ~s* die twee kwesties kun je niet los van elkaar zien
dissocier 1 OV WW **scheiden, splitsen, ontbinden 2** WKD WW **(se ~) uit elkaar gaan** • *se ~ de qn* met iemand breken
dissolu BN **losbandig, zedeloos** • *mener une vie ~e* een losbandig leven leiden
dissolution ZN V **1 ontbinding** <van organisme, instelling>, **verval,** FIG. **bederf** • *la ~ des matières végétales* de ontbinding van plantaardige stoffen • *voter la ~ de l'Assemblée nationale* de ontbinding van de (Franse) Tweede Kamer bij stemming aannemen • *prononcer la ~ du mariage* de ontbinding van het huwelijk uitspreken **2 oplossing** <in vloeistof>
dissolvant ZN M **oplosmiddel**
dissonance ZN V **wanklank,** FIG. **tegenstrijdigheid** • *une ~ de couleurs* het vloeken van kleuren, schril kleurencontrast • *les ~s dans un caractère* de tegenstrijdigheden in iemands karakter
dissonant BN **dissonant, niet goed samenklinkend,** FIG. **niet goed samengaand**
dissoudre 1 OV WW onregelmatig **1 oplossen** <in vloeistof> **2 ontbinden** <v. instelling> • *~ un mariage* een huwelijk ontbinden • *~ un parti* een partij opheffen **2** WKD WW **(se ~) 1 (zich) oplossen, zich opsplitsen** • *le sucre se dissout dans l'eau* suiker lost op in water **2 zich opheffen**
dissuader OV WW **afschrikken, afraden (om), afbrengen (van)** • *~ qn de qc / de faire qc* iemand iets afraden, iemand van iets afbrengen
dissuasif BN (V dissuasive), **afschrikkend, intimiderend**
dissuasion ZN V **(het) ontraden, afschrikking** • *les forces de ~* afschrikkingsmacht
dissymétrie ZN V **asymmetrie**
distance ZN V **1** OOK FIG. **afstand** • *la ~ de freinage* remafstand, remweg • *des arbres plantés à égale ~* bomen die op dezelfde afstand van elkaar geplant zijn • *la commande à ~ d'un appareil* afstandsbediening van een apparaat • *parcourir une grande ~* een grote afstand afleggen • *tenir qn à ~* iemand op een afstand houden • *garder ses ~s* afstand bewaren • *prendre ses ~s* afstand nemen • *à une faible ~* op korte afstand, van korte afstand • *sur une ~ de...* over een afstand van... **2 tussentijd** • *ses deux enfants sont nés à un an de ~* die twee kinderen zijn een jaar na elkaar geboren • *à ~, les événements paraissent plus clairs* achteraf / van een afstand gezien lijken de gebeurtenissen duidelijker
distancer OV WW **(inhalen en) achter zich laten** • *elle distance toutes ses concurrentes au sprint* in de sprint laat ze al haar rivalen achter zich
distanciation ZN V **(het) afstand nemen**
distancier WKD WW **(se ~) de afstand nemen van, zich distantiëren van** • *se ~ de qn / qc* afstand van iemand / iets nemen
distant BN **1 op zekere afstand (de van), verwijderd, ver** • *des villes ~es de dix km* steden op 10 km afstand (van elkaar) **2 afstandelijk, gereserveerd, koel** • *se montrer ~ envers qn* niet hartelijk tegen iemand doen
distendre 1 OV WW **uitrekken,** OOK FIG. **losser / slapper maken 2** WKD WW **(se ~) losser / slapper worden** • *avec l'âge, la peau se distend* bij het ouder worden wordt de huid slap
distillateur "-tiel-" ZN M **distilleerder, likeurstoker**
distillation "-tiel-" ZN V **distillatie**
distiller "-tiel-" OV WW **distilleren, (druppelsgewijs) afscheiden** • *de l'eau distillée* gedistilleerd water • *~ l'information* mondjesmaat informatie geven
distinct "-te(n)(kt)" BN **duidelijk (te onderscheiden), verschillend (de van), afzonderlijk**
distinctif BN (V distinctive), **onderscheidend, kenmerkend** • *un signe / trait ~* (onderscheidend) kenmerk
distinction ZN V **1 onderscheid** • *les ~s sociales* de sociale verschillen • *sans ~ de race / de religion / de sexe* zonder onderscheid naar ras / godsdienst

di

/ geslacht • *tous les Français, sans ~* alle Fransen, zonder onderscheid • *faire la ~ entre deux choses* onderscheid maken tussen twee dingen **2 onderscheiding 3 distinctie, gedistingeerdheid** • *manquer de ~* geen standing hebben, ongemanierd zijn
distingué BN **1 gedistingeerd, voornaam** • *avec mes salutations distinguées* hoogachtend <in brief> **2 eminent, vooraanstaand, beroemd**
distinguer 1 OV WW **1 zien, herkennen, waarnemen** • *le brouillard est si épais qu'on ne distingue pas la route* de mist is zo dicht dat je de weg niet kan zien • *~ de la colère dans la voix de qn* boosheid in iemands stem horen **2 onderscheiden, uit elkaar houden, kenmerken** • *~ le bien et le mal / le bien du mal* het verschil weten tussen goed en kwaad • *~ deux sens dans un mot* twee betekenissen van een woord uit elkaar houden **2** WKD WW **(se ~) zich onderscheiden, verschillen** • *se ~ des autres par sa taille / son intelligence* tussen de anderen opvallen door zijn postuur / intelligentie
distinguo "-te(n)Goo" ZN M **fijn onderscheid (entre tussen), nuance**
distorsion ZN V **1 verdraaiing,** FIG. **vervorming** • *~ entre l'offre et la demande d'un produit* verstoord evenwicht tussen aanbod van en vraag naar een product **2** MED. **verstuiking** • *la ~ de la bouche / de la face* vertrokken mond / gezicht
distraction ZN V **1 ontspanning, afleiding** • *sa ~ favorite est la lecture* lezen is zijn / haar voornaamste afleiding **2 verstrooidheid** • *oublier qc par ~* iets uit verstrooidheid vergeten
distraire 1 OV WW onregelmatig **1 ontspanning bezorgen, vermaken 2 ~ de afleiden van** <werk> **2** WKD WW **(se ~) zich ontspannen, afleiding vinden** • *il faut vous ~* zoek eens wat afleiding • *se ~ pour oublier ses soucis* afleiding zoeken om zijn zorgen te vergeten
distrait BN **verstrooid,** FIG. **afwezig** • *il est si ~ qu'il a raté sa station* hij is zo verstrooid dat hij zijn station voorbij is gereden • *écouter qc d'une oreille ~e* met een half oor luisteren
distrayant BN **afleiding gevend, ontspannend**
distribuer OV WW **1 verdelen, uitdelen (à aan), rondbrengen** • *~ le courrier* de post / brieven bezorgen • *~ des prix* prijzen uitreiken • *ce produit n'est distribué que dans les grandes surfaces* dat artikel is alleen in de supermarkt te krijgen • *~ du travail aux employés* werk verdelen onder de werknemers • *~ les rôles dans une pièce de théâtre* de rollen verdelen voor een toneelstuk **2 indelen, ordenen** • *un appartement bien distribué* goed ingedeelde flat
distributeur 1 ZN M **(munt)automaat** • *un ~ de billets (de banque)* geldautomaat • *un ~ automatique* automaat <met muntinworp> • *un ~ de café* koffieautomaat • *un ~ de titres de transport* kaartjesautomaat **2** ZN M (V distributrice) **1 distributeur, dealer, agent** • *un ~ de films* filmdistributeur / -verhuurder **2 uitdeler, bezorger** • *un ~ de tracts* iemand die pamfletten verspreidt
distribution ZN V **1 verdeling, uitdeling, uitreiking** • *la ~ de vivres / de médicaments* verstrekking van levensmiddelen / medicijnen • *une brillante ~ des rôles (dans une pièce)* schitterende rolbezetting (van een toneelstuk) • *la ~ des prix* prijsuitreiking **2 bestelling, bezorging, voorziening, distributie** • *un centre de ~* distributiecentrum • *la ~ du courrier* bezorging van de post • *la grande ~* verkoop via supermarkten, grootwinkelbedrijf **3 indeling, ordening** • *la ~ des chapitres d'un livre* hoofdstukindeling van een boek
district "-triekt" ZN M **district**
dit 1 BN **genoemd, (zo)genaamd, bijgenaamd 2** WW volt. deelw. → **dire**
dito BW **dito, idem**
diurétique 1 ZN M **plasmiddel 2** BN • *comprimés diurétiques* plaspillen
diurne BN **dag-, een dag durend**
diva ZN V **diva** • *les ~s de la politique / du tennis* de prima donna's van de politiek / de tennissport
divagation ZN V soms mv **geraaskal, onzinnige taal**
divaguer ONOV WW **raaskallen, onzin praten**
divan ZN M **divan** • *le ~ du psychiatre* de bank van de psychiater
divergence ZN V **divergentie, (het) uiteenlopen** • *des ~s d'opinion* meningsverschillen • *des ~s d'idées* uiteenlopende opvattingen
divergent BN **divergent, uiteenlopend, verschillend** • *des intérêts ~s* tegenstrijdige belangen
diverger ONOV WW **1 divergeren 2** FIG. **uiteenlopen, verschillen** • *leurs opinions divergent sur un point* hun meningen lopen op één punt uiteen, over één ding zijn ze het niet eens
divers "-vèr" BN onver. **verschillend, verscheiden, divers** • *un fait ~* nieuwsberichtje, nieuwtje • *un fait ~ tragique* een tragisch nieuwsbericht • *les candidats ~ gauche* de kandidaten van klein links • *parler des sujets les plus ~* over de meest uiteenlopende onderwerpen praten • *à ~es reprises* verschillende keren, herhaaldelijk
diversement BW **verschillend, anders**
diversifier OV WW **afwisselen, afwisseling brengen in**
diversion ZN V **1 afleiding (de van), afwisseling** • *sa venue a fait ~* zijn komst betekende een verzetje **2** MIL. **afleidingsmanoeuvre**
diversité ZN V **1 verscheidenheid, afwisseling 2 verschil**
divertir 1 OV WW **afleiden, vermaken** • *instruire en divertissant* spelenderwijs kennis bijbrengen **2** WKD WW **(se ~) zich vermaken** • *se ~ en faisant du sport* zich ontspannen door aan sport te doen
divertissant BN **onderhoudend, vermakelijk, afleidend**
divertissement ZN M **1 vermaak, ontspanning, tijdverdrijf, hobby** • *le cinéma est un ~ populaire* film is een volksvermaak **2** MUZ., TON. **divertissement, divertimento**

divin 1 BN **1 goddelijk** • *la volonté ~e* de wil van God • *la justice ~e* goddelijke gerechtigheid • INFORM. *bonté ~e!* grote goedheid! **2 hemels, heerlijk, verrukkelijk** • *une femme ~e* verrukkelijke vrouw • *ce repas est ~* dat maal is verrukkelijk **2** ZN M **(het) goddelijke**

diviniser OV WW **vergoddelijken, vergoden, verheerlijken** • *~ un dirigeant politique* een politiek leider als godheid behandelen

divinité ZN V **godheid, goddelijke natuur**

diviser OV WW **1 delen (par door), verdelen (en in, entre tussen), opdelen** • *~ 8 par 2* 8 delen door 2 **2 verdeeld maken, onenig maken** • *une opinion publique divisée* een verdeelde publieke opinie • *ils sont divisés sur cette question* over die kwestie zijn ze het oneens • *~ pour mieux régner* verdeel en heers

diviseur ZN M **deler** • *le plus grand commun ~* grootste gemene deler

divisibilité ZN V **deelbaarheid**

divisible BN **deelbaar (par door)**

division ZN V **1 deling, deelsom** • *faire une ~* een deling uitvoeren • *une ~ qui tombe juste* deling die opgaat **2 verdeling, deling** • *la ~ d'un livre en huit chapitres* indeling van een boek in acht hoofdstukken • *la ~ du travail* arbeidsverdeling • *la ~ cellulaire* celdeling **3 afdeling, gedeelte** • *un chef de ~* afdelingshoofd **4 verdeeldheid** • *semer la ~ dans les esprits* tweedracht zaaien onder de mensen **5** MIL. **divisie 6** SPORT **divisie** • *la première ~* de eerste klasse

divisionnaire 1 BN **divisie-, deel-, afdelings-** • *un commissaire de police ~* hoofdinspecteur van politie **2** ZN M **divisiegeneraal**

divorce ZN M **echtscheiding** • *demander / obtenir le ~* echtscheiding aanvragen / verkrijgen • *un ~ par consentement mutuel* echtscheiding met wederzijdse instemming • FIG. *le ~ entre la théorie et la pratique* de kloof tussen theorie en praktijk

divorcé 1 BN **gescheiden (de van) 2** ZN M (V divorcée), **iemand die gescheiden is**

divorcer ONOV WW **1 scheiden** • *elle est divorcée* ze is gescheiden • *elle a divorcé de son mari l'an dernier* zij is vorig jaar van haar man gescheiden **2** FORM. **breken (met)**

divulgation ZN V **verbreiding** <van nieuws, geheimen>, **onthulling** • *la ~ de secrets militaires* onthulling van militaire geheimen

divulguer OV WW **verbreiden** <van nieuws, geheimen>, **bekendmaken, onthullen** • *je vais te ~ un grand secret* ik zal je een groot geheim verklappen

dix "dies, di (voor medeklinker), diez (voor klinker)" **1** TELW **tien → quatre 2** ZN M/V **1 tien** • *la / le ~* (nummer) tien <bus, tram, kamer, tafel, tv-net> **2** O&W **vijf** <schoolcijfer> **→ quatre**

dix-huit 1 TELW **achttien → quatre 2** ZN M/V **1 achtien** • *la / le ~* (nummer) achtien <bus, tram, kamer, tafel, tv-net> **2** O&W **negen** <schoolcijfer> **→ quatre**

dix-huitième 1 TELW **achttiende → quatrième 2** ZN M **achttiende, achttiende deel**

dixième 1 TELW **tiende → quatrième 2** ZN M **tiende, tiende deel** • *elle a moins quatre dixièmes à l'œil droit* zij ziet veertig procent minder met het rechteroog

dixièmement BW **ten tiende**

dix-neuf 1 TELW **negentien → quatre 2** ZN M/V **1 negentien** • *la / le ~* (nummer) negentien <bus, tram, kamer, tafel, tv-net> **2** O&W **negeneneenhalf** <schoolcijfer> **→ quatre**

dix-neuvième 1 TELW **negentiende → quatrième 2** ZN M **negentiende, negentiende deel**

dix-sept 1 TELW **zeventien → quatre 2** ZN M/V **1 zeventien** • *la / le ~* (nummer) zeventien <bus, tram, kamer, tafel, tv-net> **2** O&W **achteneenhalf** <schoolcijfer> **→ quatre**

dix-septième 1 TELW **zeventiende → quatrième 2** ZN M **zeventiende, zeventiende deel**

dizaine ZN V **tiental** • *une ~ de jours* een dag of tien • *des ~s de livres* tientallen boeken • *un enfant d'une ~ d'années* een kind van omstreeks tien jaar • *on était une bonne ~ à table* we zaten met een man of tien aan tafel

djihad "dzjie(j)ad" ZN M **jihad**

djihadiste ZN M/V **jihadist, jihadstrijder**

do ZN M **do, c**

docile BN **gedwee, volgzaam, gewillig** • FIG. *avoir des cheveux ~s* makkelijk haar hebben

docilité ZN V **gedweeheid, volgzaamheid, gewilligheid**

dock ZN M **dok** SOMS MV **(haven)pakhuis** • *un ~ à blé* graanpakhuis

docker "-keur" ZN M **dokwerker, havenarbeider**

docteur ZN M **1 doctor** • *un ~ ès lettres* doctor in de letteren • *être ~ en droit / en médecine* **doctor in de rechten / in de medicijnen zijn 2** MED. **dokter** • *une femme ~* vrouwelijke doctor • *aller chez le ~* naar de dokter gaan • *faire venir le ~* de dokter laten komen • *consulter un ~* een arts raadplegen

doctoral BN (M MV doctoraux), **doctors-** • MIN. *un ton ~* belerende toon

doctorat ZN M **doctorstitel, doctoraat** • *obtenir son ~* promoveren • *défendre sa thèse de ~* zijn proefschrift verdedigen

doctoresse OUD. ZN V **dokteres, vrouwelijke arts**

doctrine ZN V **doctrine, leer**

document ZN M **document, (bewijs)stuk** • *des ~s d'archives* archiefstukken

documentaire 1 BN **documentair 2** ZN M **documentaire** • *un ~ sur les dauphins* documentaire over dolfijnen

documentaliste ZN M/V **documentalist**

documentation ZN V **documentatie** • *la ~ touristique* toeristisch documentatiemateriaal • *rassembler de la ~ sur un sujet* documentatie over een onderwerp verzamelen

documenter 1 OV WW **documenteren 2** WKD WW **(se ~) zich documenteren, gegevens**

verzamelen

dodeliner OV WW zachtjes wiegelen • ~ *de la tête* knikkebollen

dodo JEUGDT. ZN M bed, (het) slapen(gaan) • *aller au* ~ naar bed gaan • *faire* ~ slapen

dodu BN mollig, vlezig

dogmatique **1** BN dogmatisch • *un ton* ~ stellige toon **2** ZN M dogmaticus **3** ZN V dogmatiek

dogmatisme ZN M dogmatisme

dogme ZN M dogma, geloofspunt, geloofsleer

dogue ZN M dog • *être d'une humeur de* ~ een rothumeur hebben

doigt "dwà" ZN M **1** vinger, teen • *le petit* ~ pink • *les* ~*s de pied* de tenen • HUMOR. *le* ~ *d'honneur* OMSCHR. opgestoken middelvinger • *lever le* ~ zijn vinger opsteken • *croiser les* ~*s* de vingers kruisen <om onheil af te wenden> • FIG. *(évalué) au* ~ *mouillé* met de natte vinger (bepaald) • OOK FIG. *montrer qn du* ~ iemand met de vinger nawijzen • FIG. *savoir sa leçon sur le bout du* ~ zijn les op zijn duimpje kennen • FIG. *obéir au* ~ *et à l'œil* blindelings gehoorzamen, (iemand) op zijn wenken bedienen • FIG. *c'est mon petit* ~ *qui me l'a dit* dat voel ik aan mijn water • FIG. *ne pas bouger / lever / remuer le petit* ~ geen vinger uitsteken • FIG. *ils sont comme les deux* ~*s de la main* ze zijn heel close • FIG. *l'argent lui brûle les* ~*s* het geld brandt hem in de zak • OOK FIG. *il s'est fait taper sur les* ~*s* hij is op de vingers getikt • FIG. *mettre le* ~ *dessus* de vinger op de zere plek leggen • FIG. *se mordre les* ~*s de qc* er veel spijt over hebben • FIG. *ne rien faire de ses dix* ~*s* niets uitvoeren • INFORM., FIG. *se mettre le* ~ *dans l'œil* zich schromelijk vergissen, een flater slaan • INFORM., FIG. *gagner les* ~*s dans le nez* op zijn sloffen winnen **2** vingerdikte, beetje • *un* ~ *de vin* een slokje wijn • *son pantalon est trop court de deux* ~*s* zijn broek is iets te kort • *la balle est passée à un* ~ *du cœur* de kogel is rakelings langs het hart gegaan • *être à deux* ~*s de la médaille d'or* de gouden medaille binnen handbereik hebben • *être à deux* ~*s de gifler qn* iemand bijna een klap verkopen

doigté ZN M handigheid, tact

doléances ZN V MV klachten • *un cahier de* ~ klachtenlijst, bezwaarschrift • *présenter ses* ~ *à qn* zijn beklag bij iemand doen

dollar ZN M dollar

dolmen "-mèn" ZN M dolmen <hunebed>

DOM ZN M département d'outre-mer overzees departement

domaine ZN M landgoed, OOK FIG. gebied, OOK FIG. domein • *un* ~ *vinicole* wijngaard • *le* ~ *de l'État* staatsdomein • *le* ~ *public* publiek domein • *le jazz, c'est son* ~ jazz is zijn domein • *tomber dans le* ~ *public* gemeengoed worden, vrij van auteursrechten worden • *être du* ~ *de compétence de qn* iemands terrein zijn, tot iemands competentie behoren • COMP. *les noms 'com' et 'fr' réfèrent aux* ~*s 'commerce' et 'France'* 'com' en 'fr' staan voor de domeinen 'commerce' en 'France' • *dans le* ~ *de...* op het gebied van...

domanial BN (M MV domaniaux), tot een (staats)domein behorend • *les forêts* ~*es* staatsbossen

dôme ZN M **1** koepel(dak), dom <kerk> • *le Dôme du Panthéon (à Paris)* koepeldak van het Pantheon (in Parijs) • FIG. *un* ~ *de verdure* bladerdak **2** koepelberg, ronde bergtop

domestication ZN V **1** domesticatie **2** OOK FIG. (het) temmen • *la* ~ *du vent* het benutten van windenergie

domestique **1** BN **1** huishoudelijk, huis- • *les travaux / tâches* ~*s* huishoudelijk werk • *les petites querelles* ~*s* huiselijke ruzietjes **2** binnenlands • *la demande / le marché* ~ de binnenlandse vraag / markt **3** tam • *les animaux* ~*s* huisdieren **2** ZN M/V huisbediende, dienstbode • *on la traite comme une* ~ ze wordt als een knechtje behandeld

domestiquer OV WW **1** tot huisdier maken, domesticeren **2** OOK FIG. temmen • ~ *le vent* de wind als energiebron benutten

domicile ZN M woonplaats, woning, domicilie • *le* ~ *parental* ouderlijke woning • *le travail à* ~ thuiswerk • *une vente à* ~ verkoop aan huis • *des sans* ~ *fixe / des SDF* daklozen • *quitter le* ~ *conjugal* de echtelijke woning verlaten • FORM. *élire* ~ *à Lyon* zich in Lyon vestigen • *on livre gratuitement à* ~ bestellingen worden gratis aan huis bezorgd

domiciliaire BN huis- • *une perquisition* ~ huiszoeking

domicilié BN woonachtig (**à** te), gevestigd (te)

dominant BN (over)heersend, dominerend, voornaamste, hoofd-

dominante ZN V overheersend kenmerk, hoofdtrek

dominateur **1** BN (V dominatrice), (over) heersend, heerszuchtig **2** ZN M (V dominatrice), heerser

domination ZN V (het) domineren, overheersing, heerschappij • *exercer sa* ~ *sur qn* macht over iemand uitoefenen

dominer **1** OV WW **1** OOK FIG. beheersen, overheersen, domineren • *ne pas* ~ *ses passions / sa colère* zijn emoties / zijn woede niet kunnen bedwingen **2** OOK FIG. uitsteken boven • *de la terrasse, on domine la ville* vanaf het terras kijk je over de stad uit **2** ONOV WW heersen, overheersen, domineren • *la joueuse belge a dominé dans tout le premier set* de Belgische speelster was in de hele eerste set het sterkst **3** WKD WW (**se** ~) zich beheersen

Dominicain ZN M (V Dominicaine), Dominicaan

dominical BN (M MV dominicaux), zondags • *une promenade* ~*e* zondagse wandeling • *le déjeuner* ~ het zondagse ontbijt

domino ZN M domino, dominosteen • *jouer aux* ~*s / faire une partie de* ~*s* dominoën

dommage ZN M **1** jammer • *(quel)* ~*!* (wat) jammer!, wat zonde! • *c'est* ~ *que tu le lui aies dit!* het is jammer dat jij het hem gezegd hebt! **2** vaak mv schade • *un* ~ *corporel* lichamelijk letsel • *subir un* ~ *matériel / moral* materiële / immateriële schade lijden • *demander des* ~*s-intérêts* schadevergoeding eisen

dommageable BN nadelig, schadelijk (**à** voor)

domptable "do(n)t-" BN tembaar, bedwingbaar

dompter OV WW **1** temmen **2** beteugelen, bedwingen, onderwerpen

dompteur ZN M (V dompteuse), temmer, dompteur

DOM-TOM ZN M MV départements et territoires d'outre-mer overzeese departementen en gebiedsdelen

don ZN M **1** gift, schenking • *le ~ du sang* het geven van bloed <als donor> • *le ~ d'organes / de sperme* het afstaan van organen / sperma • *le ~ de soi* zelfopoffering • *faire ~ de qc à qn* iemand iets schenken • *faire ~ de son corps à la science* zijn lichaam ter beschikking stellen van de wetenschap **2** gave, aanleg • *avoir le ~ des langues* een talenknobbel hebben • IRON. *avoir le ~ d'agacer tout le monde* er een handje van hebben om iedereen te irriteren • *avoir des dons artistiques* kunstzinnig aangelegd zijn

donateur ZN M (V donatrice), schenker, gever

donation ZN V schenking, gift, donatie • *une ~ entre époux* een schenking tussen echtgenoten

donc "don(k)" **1** BW dan, toch • *allons ~!* och kom! • *comment ~!* hoe heb ik het nu! • *venez ~ me voir!* kom toch (eens) langs! • *répondez ~!* antwoord dan toch! **2** VOEGW dus • *~, tu ne viendras pas?* je komt dus niet?

dondon INFORM. ZN V dikke vrouw, schommel

donjon ZN M slottoren, donjon

donnant BN • *c'est ~-~* gelijk oversteken, voor wat hoort wat

donne ZN V **1** (het) geven <van kaarten> **2** gegevenheid, (ontstane) situatie • *la nouvelle ~ politique* de nieuwe politieke situatie

donné BN gegeven, bepaald • *à trois euros, c'est donné!* drie euro, dat is te geef / een koopje! • *pour cinq euros, ce n'est pas donné!* vijf euro, dat is niet goedkoop! • *étant ~ que...* gezien het feit dat..., omdat... • *étant ~ la situation* gezien de situatie • *à un moment ~* op een gegeven ogenblik

donnée ZN V VAAK MV gegeven • *le traitement de données* dataprocessing, informatieverwerking • *une banque de données* databank • *traiter des données* data verwerken

donner **1** OV WW **1** geven • *~ qc à qn* iemand iets geven • *qu'est-ce qui t'a donné cette idée?* hoe kwam je erop? • *cet arbre ne donne pas de fruits* die boom draagt geen vrucht • *quel âge lui donnes-tu?* hoe oud schat je hem? • *combien me donnez-vous pour cette montre?* hoeveel biedt u voor dat horloge? • *ton patron te donne combien de l'heure?* hoeveel betaalt je baas je per uur? • *donne-lui le bonjour de ma part!* doe hem de groeten van me! • *~ sa démission* ontslag nemen • *ça me donne de l'appétit* daar krijg ik trek van • *cette promenade lui a donné chaud* hij heeft het warm gekregen van die wandeling • *~ du travail à qn* iemand werk verschaffen • *donnez-lui à manger!* geef hem te eten • *cela donne à réfléchir* dat geeft te denken, dat stemt tot nadenken • *il n'est pas donné à tout le monde de...* het is niet iedereen gegeven om... • *~ un coup de main à qn* iemand een handje helpen • *~ un coup de chiffon* even de bezem erdoor / een doekje erover halen • *~ raison à qn* iemand gelijk geven • *il m'a donné son rhume* hij heeft me met zijn verkoudheid aangestoken • *on donne une pièce de Molière à la Comédie française* de Comédie française brengt een stuk van Molière • *qu'est-ce qu'on donne à la télévision ce soir?* wat is er vanavond op de televisie? • INFORM. *je vous le donne en mille* dat raadt u nooit **2** voortbrengen, (op)leveren • *ça n'a donné aucun résultat* dat heeft geen enkel resultaat opgeleverd • *ses recherches n'ont rien donné* zijn onderzoek heeft niets opgeleverd • *je me demande ce que ça va ~* ik vraag me af waar dat op uitdraait **3** INFORM. verlinken **2** ONOV WW **1** geraken in • *ne pas savoir où ~ de la tête* zich geen raad weten • FIG. *~ dans le panneau* erin lopen **2** **~ sur** uitkijken op, zicht hebben op • *cette pièce donne sur la cour* die kamer kijkt op de binnenplaats uit • *la porte donne sur la rue* de deur komt uit op de straat **3** WKD WW **(se ~)** **1** zich geven • *se ~ un objectif* zich een doel stellen • *se ~ du bon temps* het ervan nemen • *se ~ des airs* groot / gewichtig doen • *se ~ la mort* zich van het leven beroven **2** elkaar geven, uitwisselen • *se ~ la main* elkaar de hand geven • *se ~ des coups* elkaar klappen geven

donneur ZN M (V donneuse) **1** gever • *un ~ de sang* bloeddonor • *un ~ d'organe* orgaandonor **2** INFORM. aangever, verklikker

dont BETR VNW waarvan, van wie, wiens, wier • *le garçon ~ je parle...* de jongen over wie ik het heb... • *la femme ~ il est amoureux...* de vrouw op wie hij verliefd is... • *je n'approuve pas la manière ~ il te parle* ik ben het niet eens met de manier waarop hij tegen je praat • *ce ~ je me souviens...* wat ik me nog herinner... • *ce ~ j'ai besoin...* wat ik nodig heb...

dopage ZN M doping

dopant ZN M dope

doper **1** OV WW een stimulerend middel geven aan, OOK FIG. dopen **2** WKD WW **(se ~)** dope gebruiken • *se ~ à l'amphétamine* amfetamine gebruiken

doping ZN M doping, stimulerend middel

doré BN **1** goudkleurig, (door de zon) gebruind • FIG. *une prison dorée* gouden kooi **2** verguld, goudgeel, goud- • FIG. *la jeunesse dorée* de rijke jongeluirijke jongelui

dorénavant BW voortaan

dorer **1** OV WW **1** (goud)bruin kleuren, CULIN goudbruin bakken • INFORM., FIG. *~ la pilule à qn* voor iemand de pil vergulden **2** vergulden **2** ONOV WW CULIN goudbruin worden • *faire ~ de la viande* vlees bruin bakken **3** WKD WW **(se ~)** bruin worden, zonnen

dorloter OV WW vertroetelen

dormant **1** BN **1** slapend • *la Belle au bois ~* de Schone Slaapster, Doornroosje **2** vast, onbeweeglijk • *une eau ~e* stilstaand water • *un pont ~* vaste brug **2** ZN M kozijn

dormeur ZN M (V dormeuse), (lang)slaper

dormir ONOV WW onregelmatig **slapen** • *dors bien!* slaap lekker! • *~ debout* omvallen v.d. slaap • *un conte à ~ debout* onzinnig verhaal • *~ à poings fermés* vast slapen • *~ comme une masse* slapen als een blok • *~ comme une souche / un loir* slapen als een os / een roos • FIG. *la voiture dort dehors* de auto staat 's nachts buiten • OOK FIG. *ne ~ que d'un œil* licht slapen, wantrouwen koesteren • OOK FIG. *~ sur ses deux oreilles* vast slapen, zich veilig / zeker wanen • FIG. *des capitaux qui dorment* dood / slapend kapitaal • FIG. *son argent dort sur un compte* zijn geld staat op een rekening • FIG. *laisser ~ une affaire* een zaak laten rusten

dorsal BN (M MV dorsaux), **rug-** • *l'épine ~e* ruggengraat • *une vertèbre ~e* ruggenwervel

dortoir ZN M **slaapzaal** • *une cité-~ / une banlieue-~* slaapstad

dorure ZN V **1 verguldsel 2 (het) vergulden**

dos ZN M **rug** <ook v. zaken> • *le ~ d'une chaise* rug van een stoel • *le ~ de la main* rug van de hand • SPORT *le ~ crawlé* rugcrawl • *avoir le ~ voûté* kromme rug hebben • *signer au ~ d'un chèque* op de achterkant van een cheque tekenen • *vu de ~, je ne l'ai pas reconnu* van achteren gezien herkende ik hem niet • OOK FIG. *courber le ~* (de rug) buigen, bukken, toegeven, zich onderdanig gedragen • OOK FIG. *faire le gros ~* een hoge rug opzetten • FIG. *avoir bon ~* een brede rug hebben • FIG. *mettre la faute sur le ~ de qn* de schuld op iemand gooien • FIG. *être toujours sur / derrière le ~ de qn* iemand steeds op de huid zitten • FIG., INFORM. *n'avoir rien à se mettre sur le ~* niets om aan te trekken hebben • FIG. *se mettre qn à ~* iemand tegen zich innemen • FIG. *ça me fait froid dans le ~* dat bezorgt me koude rillingen • FIG. *renvoyer deux personnes ~ à ~* weigeren partij te kiezen tussen twee mensen • FIG. *ne pas y aller avec le ~ de la cuillère* niet zachtzinnig te werk gaan • OOK FIG. *tourner le ~ à* de rug toekeren, de hielen lichten • INFORM. *j'en ai plein le ~* ik heb er de buik van vol • *de ~* van achteren • *sur le ~ de* over de rug(gen) van, FIG. ten koste van

dosage ZN M **dosering**

dos-d'âne ZN M (MV id.), **verkeersdrempel**

dose ZN V **dosis** • *une bonne ~ de...* een flinke dosis... • *une ~ mortelle / massive de qc* dodelijke / zware dosis van iets • *une ~ homéopathique* piepkleine hoeveelheid • *ne pas dépasser la ~ prescrite* niet de voorgeschreven dosis overschrijden • *forcer la ~* te veel (van het goede) doen, het er dik bovenop leggen • FIG. *j'en ai eu ma ~* ik heb mijn portie wel gehad • FIG. *avoir une bonne ~ de patience* heel wat geduld hebben

doser OV WW **doseren, afpassen**

dosette ZN V **kleine, afgepaste dosis** • *une ~ de lessive* wasbuiltje • *une ~ de café* koffiepad

doseur ZN M **doseerapparaat**

dossard ZN M **rugnummer**

dossier ZN M **1 rugleuning** • *un ~ réglable* verstelbare rugleuning **2 map, ordner, dossiermap** • *ranger ses ~s* zijn mappen opruimen • COMP. *ouvrir / fermer un ~* een map openen / sluiten **3 zaak, kwestie, dossier** • *un ~ de presse* persdossier • *un ~ d'inscription* aanmeldingsdossier • *un ~ médical* medisch dossier • *classer des ~s* dossiers opbergen • *constituer un ~* een dossier aanleggen • *on l'a chargé d'un ~ difficile* hij is belast met een moeilijke zaak

dot "dot" ZN V **bruidsschat, inbreng bij het huwelijk** • *épouser qn pour sa ~* met iemand om de centen trouwen

doter OV WW **~ de begiftigen met, voorzien van, een toelage / prijzengeld toekennen van** • *les pays dotés des armes nucléaires* de landen met kernwapens • FIG. *la nature l'a doté d'une mémoire phénoménale* de natuur heeft hem met een fenomenaal geheugen begiftigd, hij heeft van nature een fenomenaal geheugen

douane ZN V **douane** • *des droits de ~* in- en uitvoerrechten

douanier 1 ZN M (V douanière), **douanebeambte 2** BN (V douanière), **douane-, tol-** • *le tarif ~* douanetarief

doublage ZN M **nasynchronisatie**

double 1 BN **dubbel, dubbelhartig** • *une chambre ~* tweepersoonskamer • *une rue à ~ sens* straat met tweerichtingsverkeer • *un agent ~* dubbelspion • *un mot à ~ sens* woord met een dubbele betekenis, dubbelzinnig woord • *mener une ~ vie* een dubbelleven leiden • *ça fait ~ emploi* dat is dubbelop • *fermer une porte à ~ tour* een deur op het nachtslot doen • FIG. *mettre les bouchées ~s* er vaart achter zetten, iets tweemaal zo vlug doen • *en ~ exemplaire* in tweevoud **2** BW **dubbel** • *(y) voir ~* dubbel zien • *payer ~* dubbel tarief betalen • *compter ~* dubbel tellen **3** ZN M **1 (het) dubbele, tweede exemplaar, doorslag, kopie, duplicaat** • *faire faire un ~ de ses clés* kopieën van zijn sleutels laten maken • *payer le ~ du prix* het dubbele van de prijs betalen, dubbel betalen • *des exemplaires en ~* dubbele exemplaren • *en ~* in duplo **2 dubbelganger 3** SPORT **dubbel(spel)** • *jouer un ~ mixte* een gemengd dubbel spelen

doublé ZN M **dubbel succes, dubbele zege, double**

double-clic COMP. ZN M (MV doubles-clics), **dubbelklik**

double-cliquer COMP. ONOV WW **dubbelklikken** • *~ sur une icône* dubbelklikken op een icoontje

doublement 1 ZN M **verdubbeling 2** BW **dubbel**

doubler 1 OV WW **1 verdubbelen** • *~ sa fortune* zijn vermogen verdubbelen • *~ le pas* de pas versnellen • *~ une classe* blijven zitten <op school> **2 passeren, inhalen** • *~ (une voiture) sans prévenir* onverwachts inhalen • *~ un cap* een kaap ronden **3 voeren** <van kleding> • *~ un col de / avec de la fourrure* een kraag met bont voeren **4 de rol overnemen van** <acteur>, **doubleren 5 nasynchroniseren 6** INFORM. **te vlug af zijn 2** ONOV WW **verdubbelen** • *le volume a doublé* de inhoud is verdubbeld **3** WKD WW **(se ~) de gepaard gaan met, tegelijkertijd zijn**

doublet ZN M **tweetal, dubbelvorm**

doublure ZN V **1** voering **2** plaatsvervangend acteur, doublure
douce BN V → **doux**
douceâtre, douçâtre BN **1** zoetig **2** FIG. zoetelijk, zoetsappig
doucement 1 BW **1** zacht, zachtjes • *parler* ~ zachtjes praten **2** kalmpjes, langzaamaan • *marcher* ~ zacht(jes) lopen **3** matigjes, slapjes, zozo • *les affaires vont* ~ de zaken gaan niet al te best **4** stilletjes, voorzichtig (aan) **2** TUSSENW kalmpjes aan!, zachtjes aan!
doucereux BN (V doucereuse), FIG. zoetelijk, zoetsappig
doucette ZN V veldsla
douceur ZN V **1** zachtheid, mildheid • *la* ~ *du climat* mildheid van het klimaat **2** zachtzinnigheid, zachtmoedigheid • *la* ~ *de caractère de qn* iemands zachtmoedigheid • *traiter qn avec* ~ iemand zacht behandelen • *avec* ~ met zachte hand • *atterrir en* ~ een zachte landing maken **3** aangenaamheid, liefelijkheid, bevalligheid **4** zoetheid • *des* ~*s* MV suikergoed, snoepgoed
douche ZN V OOK FIG. douche • *une* ~ *écossaise* wisselbad <warm / koud>, FIG. afwisseling van iets aangenaams en iets onaangenaams • *prendre une* ~ een douche nemen • *ça m'a fait l'effet d'une* ~ *froide* dat viel me koud / rauw op mijn dak
doucher WKD WW **(se ~)** (zich) douchen
doudou ZN M knuffel(lap), tuttel
doudoune INFORM. ZN V donsjack
doué BN begaafd • ~ *d'une grande intelligence* zeer intelligent • *il n'est pas* ~ hij kan er niks van, hij is niet snugger • *être* ~ *pour les langues* een talenknobbel hebben • *il est* ~ *pour les maths / en maths* hij is goed in wiskunde
douer OV WW begiftigen met
douille ZN V fitting
douillet 1 BN (V douillette), behaaglijk zacht (en warm), knus • *un appartement* ~ een knus flatje • *un lit* ~ een lekker zacht bed **2** ZN M (V douillette), papkind
douillette ZN V gewatteerde jas
douleur ZN V **1** pijn, weeën • *une* ~ *aiguë* een felle / hevige pijn • *avoir des* ~*s lancinantes* stekende pijn hebben **2** verdriet, leed • *avoir la* ~ *de perdre qn* tot zijn verdriet iemand moeten verliezen
douloureux BN (V douloureuse) **1** pijnlijk **2** droevig, smartelijk
doute ZN M twijfel, onzekerheid • *être dans le* ~ in twijfel staan, in het onzekere verkeren • *avoir des* ~*s sur qn / qc* zijn bedenkingen / twijfels hebben over iemand / iets • *mettre qc en* ~ iets in twijfel trekken • *cela ne fait aucun* ~ dat lijdt geen twijfel, dat staat buiten kijf • *laisser planer un* ~ twijfel laten bestaan • *c'est hors de* ~*!* dat is boven alle twijfel verheven • *nul* ~ *qu'elle a décidé de ne pas venir* ze heeft ongetwijfeld besloten niet te komen • *il n'y a pas l'ombre d'un* ~ er bestaat niet de geringste twijfel • *sans* ~ waarschijnlijk, wel • *sans aucun* ~ ongetwijfeld
douter 1 ONOV WW twijfelen, twijfelen aan, betwijfelen • ~ *de qc* aan iets twijfelen • *je doute qu'il l'ait fait* ik betwijfel of hij het heeft gedaan **2** WKD WW **(se ~)** vermoeden, zich indenken • *je m'en doutais* ik vermoedde het al, ik dacht het al • *je me doutais bien qu'il ne ferait rien* ik dacht al dat hij niets zou doen • *être loin de se* ~ *que...* in de verste verte niet kunnen vermoeden dat...
douteux BN (V douteuse) **1** twijfelachtig, dubieus • *avoir une réputation douteuse* een twijfelachtige reputatie hebben **2** onhelder, groezelig • *du linge d'une propreté douteuse* groezelig wasgoed
Douvres Dover
doux 1 BN (V douce) **1** zoet • *du vin doux* zoete wijn • *de l'eau douce* zoet water, zacht water **2** zacht, mild, zachtmoedig • *une peau douce* zachte huid • *c'est* ~ *au toucher* het voelt zacht aan • *une pente douce* flauwe helling • *un vent* ~ matige wind • *une mort douce* een zachte dood • *être* ~ *comme un agneau* zo mak als een lam zijn • *il fait* ~ het is zacht weer **3** aangenaam, liefelijk • *un billet* ~ liefdesbriefje • *faire les yeux* ~ *à qn* iemand verliefd aankijken **4** milieuvriendelijk, alternatief • *la médecine douce* alternatieve geneeswijzen • *des énergies douces* milieuvriendelijke / schone energie **2** BW • INFORM. *filer* ~ zoete broodjes bakken • INFORM. *en douce* onopgemerkt, stilletjes **3** TUSSENW • *tout* ~*!* kalm aan!, zachtjes!
doux-amer BN (V douce-amère), bitterzoet
douzaine ZN V dozijn, twaalftal • *on en trouve treize à la* ~ zo gaan er dertien in een dozijn • *à la* ~ per dozijn, bij dozijnen
douze 1 TELW twaalf → **quatre 2** ZN M/V **1** twaalf • *la / le* ~ (nummer) twaalf <bus, tram, kamer, tafel, tv-net> **2** O&W zes <schoolcijfer> → **quatre**
douzième 1 TELW twaalfde → **quatrième 2** ZN M twaalfde, twaalfde deel
douzièmement BW ten twaalfde
doyen ZN M (V doyenne) **1** decaan, voorzitter v. faculteit **2** oudste in jaren of diensttijd, nestor
Dr AFK docteur M dr., dokter
draconien BN (V draconienne), draconisch, overdreven streng
dragée ZN V dragee • *tenir la* ~ *haute à quelqu'un* het iemand niet cadeau doen
dragon ZN M draak • *terrasser le* ~ de draak vellen • IRON. *un* ~ *de vertu* overdreven deugdzame, preutse vrouw
drague ZN V **1** INFORM. (het) versieren <van persoon>, (het) sjansen **2** baggermachine, baggermolen **3** sleepnet
draguer OV WW **1** INFORM. (proberen te) versieren <v. persoon>, sjansen met • *se faire* ~ *par un type / une fille* door een kerel / een meisje versierd worden **2** (af)dreggen, (uit)baggeren, met een sleepnet vissen op, vegen <v. mijnen>
dragueur ZN M (V dragueuse), (vrouwen-, mannen)versierder
drain ZN M drain, draineerbuis
drainage ZN M drainage, drainering • MED. *le* ~

lymphatique lymfedrainage
drainer OV WW **1** draineren **2** FIG. aanzuigen, aantrekken • *~ des capitaux* kapitaal aanzuigen
dramatique BN **1** dramatisch **2** toneel- • *un auteur ~* toneelschrijver
dramatisation ZN V dramatisering • *la ~ d'un livre* toneelbewerking van een boek
dr
dramatiser OV WW dramatiseren
dramaturge ZN M/V toneelschrijver, dramaturg
drame ZN M **1** drama, treurspel, (serieus) toneelwerk • *un ~ lyrique* opera **2** afschuwelijke gebeurtenis, drama • *un ~ familial* familiedrama • *tourner au ~* op een drama uitlopen • IRON. *n'en fait pas tout un ~ !* maak er niet zo'n drama van!
drap "drà" ZN M laken <stof>, beddenlaken • *un ~ de lit* beddenlaken • *un ~ mortuaire* doodskleed • *changer les ~s* de lakens verschonen • INFORM., FIG. *être dans de beaux ~s* lelijk in de knoei zitten
drapeau ZN M (MV drapeaux), vlag • *le ~ blanc* de witte vlag • *le (drapeau) tricolore* de nationale driekleur • *un ~ en berne* vlag halfstok • *être appelé sous les ~x* in militaire dienst moeten • *hisser le ~* de vlag hijsen
draper **1** OV WW draperen, omhangen, (om) hullen **2** WKD WW **(se ~) dans** OOK FIG. zich hullen in • IRON. *se ~ dans sa dignité* een waardige houding aannemen
drap-housse ZN M (MV draps-housses), hoeslaken
drastique BN drastisch
dressage ZN M **1** dressuur, OOK FIG. africhting **2** (het) opzetten, (het) opmaken
dresser **1** OV WW **1** rechtop zetten, opzetten, oprichten, opstellen • *~ l'oreille* de oren spitsen • *~ une tente* een tent opzetten • *~ un monument* een monument oprichten **2** opmaken, gereedmaken • *~ la table* de tafel dekken • *~ un acte* een akte opstellen • *~ un bilan* de balans opmaken • *~ un plan* een plan (op)maken • *~ un procès-verbal* proces-verbaal opmaken **3** africhten, dresseren, OOK FIG. drillen • *~ des fauves* wilde dieren dresseren • *~ un enfant* een kind drillen, een kind gehoorzaamheid bijbrengen **4 ~ contre** opzetten tegen, opstoken tegen • *~ qn contre qn d'autre* iemand tegen een ander opzetten **2** WKD WW **(se ~)** **1** zich oprichten, overeind komen, zich verheffen • *se ~ sur la pointe des pieds* op de tenen gaan staan • *ses cheveux se dressaient sur sa tête* de haren rezen hem te berge **2 ~ contre** opstaan tegen, zich keren tegen • *se ~ contre un dictateur* in opstand komen tegen een dictator
dresseur ZN M (V dresseuse), africhter, dresseur
dressoir ZN M buffet, dressoir
DRH **1** AFK directeur / directrice des ressources humaines M/V personeelschef **2** AFK direction des ressources humaines V personeelsafdeling
dribble SPORT ZN M dribbel
dribbler SPORT **1** ONOV WW dribbelen **2** OV WW voorbijdribbelen, omspelen
dribbleur SPORT ZN M dribbelaar
dring TUSSENW tingeling <geluid v. bel>

drogue ZN V drug • *la ~* drugs, verdovende middelen • *la ~ douce* softdrugs • *la ~ dure* harddrugs • *un trafiquant / un pourvoyeur de ~* drugsdealer / -leverancier • *la lutte contre la ~* drugsbestrijding
drogué **1** BN verslaafd **2** ZN M (V droguée), drugsgebruiker, drugsverslaafde
droguer **1** OV WW **1** (te) veel medicijnen toedienen aan **2** drugs laten gebruiken, drogeren **2** WKD WW **(se ~)** **1** (te) veel medicijnen nemen **2** drugs gebruiken • *se ~ à l'héroïne* heroïne gebruiken
droguerie ZN V drogisterij
droguiste ZN M/V drogist
droit **1** BN **1** recht • *~ comme un i / comme un piquet* kaarsrecht • *une écriture ~e* steilschrift • *une jupe ~e* rechte rok • *tiens-toi ~ / ~e!* sta rechtop! **2** rechts, rechter • *la main ~e* rechterhand • *la rive ~e d'une rivière* rechteroever van een rivier • FIG. *être le bras ~ de qn* iemands rechterhand zijn **3** oprecht, rechtschapen, rechtdoorzee, rechtlijnig • *un homme simple et ~* een eenvoudig en oprecht man • *avoir un esprit ~* een helder verstand hebben • FIG. *ramener qn dans le ~ chemin* iemand op het goede / rechte pad brengen **2** BW recht, rechtuit, rechtstreeks • *aller ~ au but* recht op het doel afgaan • FIG. *marcher ~* de rechte weg bewandelen, zich goed gedragen • *continuez tout ~ !* rechtdoor (gaan)! • *tout ~* rechtuit, rechtdoor, regelrecht **3** ZN M **1** recht • *le ~ d'asile* asielrecht • *le ~ de vote* kiesrecht • *le ~ de grève* stakingsrecht • *les ~s acquis* verworven rechten • *les ~s de l'homme* de rechten v.d. mens • *le ~ des peuples à disposer d'eux-mêmes* zelfbeschikkingsrecht van volken • *le ~ de visite* bezoekrecht <van gescheiden ouders> • *un ayant ~* rechthebbende • *un étudiant en ~* rechtenstudent • *les prisonniers de ~ commun* gewone, niet-politieke gevangenen • *le ~ commun* (al)gemeen recht <zonder bijzondere rechtspleging> • *le ~ international (public)* volkenrecht • *le ~ pénal / criminel* strafrecht • *le ~ public et le ~ privé* publiekrecht en privaatrecht • *faire son ~ / étudier le ~* rechten studeren • *de quel ~ faites-vous cela?* met welk recht doet u dat? • *c'est son (bon) ~* dat is zijn goed recht • *avoir ~ à une bourse* recht hebben op een beurs • *avoir le ~ de faire qc / être en ~ de faire qc* het recht hebben om iets te doen • *avoir des ~s sur qn* zeggenschap hebben over iemand • *s'adresser à qui de ~* zich tot de bevoegde persoon / instantie wenden • *le ~ du plus fort est toujours le meilleur* (dat is) het recht v.d. sterkste • *faire valoir son ~ / ses ~s* zijn recht(en) laten gelden • *à bon ~* met recht, terecht **2** recht, heffing • *le ~ d'entrée* invoerrecht • *le ~ de passage* recht van overpad • *le ~ d'inscription* inschrijfgeld • *les ~s d'auteur* auteursrechten **3** SPORT • *un crochet / un direct du ~* een rechtse hoek / directe <bij boksen>
droite ZN V **1** rechterkant • *rouler à ~* rechts rijden • *aller à ~* naar rechts gaan • *tourner/ prendre à ~* rechts afslaan • *tenir sa ~ / serrer à ~* rechts houden • *donner un coup de volant à ~* een ruk aan het stuur

naar rechts geven • *obliquer vers la ~* schuin afslaan naar rechts • FIG. *courir à ~ et à gauche* van hot naar her rennen • *à ~ et à gauche* links en rechts, overal • *à ~ de...* rechts van... **2** POL. **rechts** • *l'extrême ~* extreem rechts • *un journal de ~* rechtse krant • *voter à ~* rechts stemmen **3 rechte lijn** • *des ~s parallèles* evenwijdige lijnen **4** SPORT **rechtse stoot**
droitier 1 BN (V droitière) **1 rechtshandig 2** POL. **rechts(gezind)** • *une dérive droitière* het afglijden naar rechts, verrechtsing **2** ZN M (V droitière) **1 rechtshandig persoon 2** POL. **iemand die rechts is**
droiture ZN V **oprechtheid, rechtschapenheid**
drolatique DICHT. BN **grappig, koddig**
drôle 1 BN **1 grappig, komisch** • *ce n'est pas drôle!* dat is helemaal niet leuk! • *ce n'est plus ~ du tout* de lol is eraf **2** INFORM. **raar** • *une ~ d'aventure* een eigenaardig avontuur • *une ~ d'idée* een gek idee • *un ~ de coco / de type / de zèbre / d'oiseau* een vreemde snoeshaan • *je trouve ~ qu'elle ne m'ait pas prévenu* ik vind het raar dat ze mij niet gewaarschuwd heeft • *elle s'est senti toute ~* ze wist niet hoe ze het had, ze voelde zich helemaal niet lekker • *il faut une ~ de patience pour la supporter, celle-là!* je moet heel wat geduld hebben om haar te verdragen **2** ZN M/V **grapjas 3** ZN M • *le ~ de l'histoire, c'est que...* het grappige is dat...
drôlement BW **1 merkwaardig, raar 2** INFORM. **flink, enorm** • *il est ~ mignon, ce petit* wat een schatje, die kleine • *elle est ~ emmerdeuse!* het is een vreselijke trut
drôlerie ZN V **(het) komische, grappigheid**
dromadaire ZN M **dromedaris**
drone ZN M **drone**
dru 1 BN **dicht (opeen)** • *une barbe drue* volle baard • *une pluie drue* dichte regen **2** BW **dicht (opeen), overvloedig** • *ses cheveux poussent ~* zijn haar groeit flink
druide ZN M (V druidesse), **druïde**
DST VERO. AFK Direction V de la surveillance du territoire **Binnenlandse veiligheidsdienst**
du SAMENTR de + le **van de, van het** • *~ pain et ~ vin* brood en wijn • *le goût ~ fromage* de smaak van de kaas → **de, le**
dû 1 BN (V due), **verschuldigd, vereist** • *chose promise, chose due* belofte maakt schuld • *ses problèmes sont dus à son accident* zijn problemen zijn te wijten aan zijn ongeluk **2** ZN M **(het) verschuldigde** • *réclamer son ~* opeisen wat je toekomt • *à chacun son ~* ieder het zijne, ieder zijn deel **3** WW volt. deelw. → **devoir**
dualisme ZN M **dualisme**
dualiste 1 BN **dualistisch 2** ZN M/V **dualist**
dualité ZN V **dualiteit, dubbelheid**
dubitatif BN (V dubitative), **twijfelend, twijfel uitdrukkend**
duc ZN M **1 hertog** • *le grand-duc* groothertog **2** DIERK. **ooruil**
ducal BN (M MV ducaux), **hertogelijk**
duché ZN M **hertogdom**
duchesse ZN V **1 hertogin 2 soort peer**
due BN → **dû**
duel ZN M **duel** • *se battre en ~* duelleren • FIG. *un ~ oratoire* woordenstrijd, geruzie • FIG. *un ~ télévisé* televisiedebat
duettiste ZN M/V **lid van een duo**
dûment BW **behoorlijk, volgens de regels, naar de (vereiste) vorm**
dumping ECON. ZN M **dumping**
dune ZN V **duin**
Dunkerque Duinkerken
duo ZN M **1** MUZ. **duo, duet** • *chanter en ~* een duet zingen **2 duo** • INFORM. *un ~ d'injures* scheldpartij
dupe 1 ZN V **bedrogene, nietsvermoedend slachtoffer, dupe** • *un marché de ~s* oplichterij • *être la ~ de qn* door iemand beetgenomen / afgezet worden **2** BN **beetgenomen, bedrogen** • *être ~ (de qc)* erin lopen
duper OV WW **bedriegen, beetnemen**
duperie ZN V **bedriegerij, fopperij**
duplex ZN M **1 tweeverdiepingenflat, maisonnette,** BELG. **duplexwoning 2** COMM. **duplexverbinding** <uitzenden en ontvangen>
duplicata ZN M **afschrift, duplicaat**
duplication ZN V **verdubbeling**
duplicité ZN V **dubbelhartigheid, dubbelheid, schijnheiligheid**
duquel SAMENTR de + lequel → **lequel**
dur 1 BN **hard, moeilijk, zwaar, niet-mild, streng** • *de la viande dure* taai vlees • *du pain ~* hard brood • *un œuf ~* hardgekookt ei • *une drogue dure* harddrug • *un cœur ~* ongevoelig hart, hart van steen • *un hiver ~* strenge winter • *rendre la vie dure à qn* iemand het leven zuur maken • *avoir des mots durs pour qn* harde woorden voor iemand hebben • *les temps sont durs* het zijn harde tijden • *être ~ d'oreille* hardhorend zijn • *il est ~ à la détente* hij is stug van aard, hij is traag van begrip • *être ~ en affaires* hard zijn bij het zakendoen • FIG. *avoir la tête dure* hardleers zijn **2** BW **hard** • *travailler ~* hard werken • *il a frotté ~ pour enlever la tache* hij heeft flink gewreven om de vlek te verwijderen • *y croire ~ comme fer* er rotsvast in geloven **3** ZN M (V dure) **1 wat hard is** • *construire en ~* in hard materiaal bouwen **2 wie hard is** • INFORM. *un ~ de ~ / ~ de chez ~* een keiharde (vent) • *jouer les durs* de bink uithangen, stoer doen • INFORM. *c'est un(e) dur(e) à cuire* het is een taaie rakker, daar heb je een kwaaie aan **4** ZN V • *coucher sur la dure* op de grond slapen • *élever un enfant à la dure* een kind met harde hand opvoeden
durabilité ZN V **duurzaamheid**
durable BN **duurzaam, blijvend** • *le développement ~* duurzame ontwikkeling • *pêche durable* duurzaam gevangen vis, duurzame visserij
durant VZ **gedurende, tijdens** • *~ sa vie* tijdens zijn leven • *sa vie ~* zijn leven lang • *une heure ~* een uur lang • *(toute) l'année ~ / ~ (toute) l'année* het hele jaar door
durcir 1 OV WW **hard maken, verharden 2** ONOV WW **hard worden 3** WKD WW **(se ~) hard worden** • *l'attitude des syndicats s'est durcie* de vakbonden

zijn zich harder gaan opstellen
durcissement ZN M (het) hard worden, OOK FIG. verharding
durée ZN V duur • *la ~ du (temps de) travail* werktijd • *un contrat à ~ déterminée (CDD)* tijdelijk arbeidscontract • *un disque de longue ~* langspeelplaat • *à ~ indéterminée* voor onbepaalde termijn / tijd • *de courte ~* van korte duur
durer ONOV WW duren, voortduren, lang duren, duurzaam zijn • *faire ~ qc* iets lang(er) laten duren, iets rekken • *faire ~ le plaisir* het plezier rekken • *ça ne peut pas ~* het gaat niet langer zo • *la conversation dure depuis des heures* het gesprek is al uren aan de gang • *ce manteau lui ~a bien encore deux ans* die jas gaat nog (wel) twee jaar mee • *cette fleur ne dure qu'une nuit* die bloem bloeit maar één nacht • *pourvu que ça dure!* als dat maar zo blijft!
dureté ZN V **1** hardheid **2** hardvochtigheid, strengheid
durillon ZN M eelt(knobbel)
duvet ZN M **1** dons, donshaar **2** (donzen) slaapzak, (donzen) dekbed
duveté BN donsachtig
duveteux BN (V duveteuse), donsachtig
DVD ZN M dvd
dynamique **1** BN dynamisch • *un jeune cadre ~* ≈ yup **2** ZN V dynamica, dynamiek
dynamiser OV WW dynamisch maken, stimuleren
dynamisme ZN M dynamisme
dynamitage ZN M (het) opblazen <d.m.v. dynamiet>
dynamite ZN V dynamiet
dynamiter OV WW opblazen <d.m.v. dynamiet>
dynamo ZN V dynamo
dynastie ZN V dynastie
dysenterie ZN V dysenterie
dysfonctionnement ZN M (het) slecht functioneren
dyslexie ZN V dyslexie, woordblindheid
dyslexique **1** BN dyslectisch **2** ZN M/V dyslecticus

E

e ZN M letter e • *le ~ muet de 'petit'* stomme e • *le ~ ouvert de 'mer', 'bête'* open e
E AFK Est m O, oost, oosten
eau "oo" ZN V (MV eaux) **1** water • *de l'eau calcaire / dure* hard water • *de l'eau douce* zacht water, zoet water • *de l'eau potable* drinkwater • *de l'eau du robinet* kraanwater • *de l'eau savonneuse* zeepwater, zeepsop • *de l'eau de Cologne* eau de cologne, reukwater • *de l'eau bénite* wijwater • *l'eau de cuisson* kooknat • *des eaux d'infiltration* kwelwater, doorgesijpeld water • *les eaux territoriales* territoriale wateren • *les eaux usées* afvalwater • *des pommes de terre cuites à l'eau* gekookte aardappelen • *laver le sol à grande ~* de vloer grondig / met veel water wassen • *un vêtement qui prend l'eau* niet-waterdicht kledingstuk • *faire ~* lek zijn <van boot>, water maken • *vivre d'amour et d'eau fraîche* van de liefde leven • *tomber à l'eau* in het water vallen • *le projet est tombé à l'eau* het plan is in het water gevallen • *l'eau m'en vient à la bouche* het water loopt me ervan in de mond • *il passera bien de l'eau sous les ponts* er zal nog heel wat water door de Rijn (enz.) stromen • FIG. *suer sang et ~* water en bloed zweten • FIG. *mettre de l'eau dans son vin* water bij de wijn doen • INFORM. *dans ces eaux-là* daaromtrent, ongeveer **2** soms mv minerale bronwateren, baden • *de l'eau de source* bronwater • *de l'eau minérale* mineraalwater • *une ~ thermale* thermaal water, warm bronwater • *une ville d'eaux* badplaats <kuuroord> • *prendre les eaux / aller aux eaux* een badkuur houden **3** mv waterwerken <fonteinen e.d.> • *les grandes eaux de Versailles* de grote waterwerken van Versailles **4** mv vruchtwater • *perdre les eaux* vruchtwater verliezen
eau-de-vie ZN V (MV eaux-de-vie), brandewijn
eau-forte ZN V (MV eaux-fortes), ets
ébahi BN hoogst verbaasd, verbluft, perplex • *il est resté tout ~* hij stond stomverbaasd te kijken, hij stond perplex
ébahir **1** OV WW zeer verbazen • *la nouvelle l'a ébahi* hij stond versteld van het bericht **2** WKD WW (s'~) verbaasd staan • *s'ébahir de qc* vreemd opkijken van iets
ébahissement ZN M (stomme) verbazing
ébats ZN M MV gestoei, gedartel • *des ~ amoureux* liefdesspel, vrijpartij
ébattre WKD WW (s'~) dartelen, (vrolijk) spelen
ébauche ZN V **1** schets, ruw ontwerp **2** FIG. eerste aanzet • *l'ébauche d'un projet* de eerste aanzet tot een plan • *l'ébauche d'un sourire* een vage glimlach
ébaucher **1** OV WW **1** ontwerpen, schetsen, een eerste vorm geven aan **2** (even) vaag vertonen • *~ un sourire* zwakjes glimlachen • *~ un geste* een vaag gebaar maken **2** WKD WW (s'~) vorm beginnen te krijgen, vaag zichtbaar worden • *une réconciliation s'ébauche entre les deux*

partis er tekent zich een verzoening tussen de twee partijen af
ébène ZN V ebbenhout • *des cheveux d'ébène* pikzwarte haren
ébéniste ZN M meubelmaker
ébénisterie ZN V meubelmakerij, fijn meubelwerk
éberlué BN perplex, verbouwereerd
éblouir OV WW **1** verblinden • *être ébloui par des phares / par le soleil* verblind worden door koplampen / door de zon **2** verbluffen • *sa beauté l'a ébloui* hij vond haar betoverend mooi
éblouissant BN **1** OOK FIG. verblindend, schitterend • *une neige d'une blancheur éblouissante* stralend witte sneeuw **2** verbluffend
éblouissement ZN M **1** OOK FIG. verblinding **2** verrukking, iets prachtigs **3** duizeling • *j'ai des éblouissements* het flakkert me voor de ogen, ik word duizelig
Ébola ZN V • *la maladie d'Ébola / l'Ébola* ebola
e-book ZN M e-boek
éborgner OV WW een oog uitsteken
éboueur ZN M (V éboueuse), vuilnisman
ébouillanter **1** OV WW in heet water dompelen, met heet water overgieten, CULIN broeien **2** WKD WW **(s'~)** zich branden aan heet water
éboulement ZN M verzakking, instorting
éboulis "-lie" ZN M puin, neergevallen gesteente / grond
ébouriffant INFORM. BN verbluffend, vanjewelste, vreselijk
ébouriffer OV WW in de war maken <van haar>
ébranlement ZN M **1** (het) schudden, beving, wankeling **2** FIG. ondermijning, FIG. schok
ébranler **1** OV WW **1** doen schudden, doen trillen, doen wankelen • *l'explosion a ébranlé l'immeuble* het gebouw schudde van de ontploffing **2** FIG. aan het wankelen brengen, schokken • *le régime a été sérieusement ébranlé* het bewind is ernstig ondermijnd **2** WKD WW **(s'~)** in beweging komen • *le train / le cortège s'ébranle* de trein / de stoet zet zich in beweging
ébrécher OV WW door kerven / scherven beschadigen • *un couteau ébréché* beschadigd mes, mes met kerven erin
ébriété FORM. ZN V dronkenschap • *être en état d'ébriété* in kennelijke staat (van dronkenschap) zijn
ébruiter **1** OV WW ruchtbaar maken, doorvertellen **2** WKD WW **(s'~)** ruchtbaar worden, uitlekken • *une affaire qui s'ébruite* een affaire die uitlekt
ébullition ZN V **1** (het) koken, opborreling • *l'eau en ~* kokend water • *le point d'ébullition se produit à 100 degrés* het kookpunt is bij 100 graden **2** beroering, opschudding • *toute la ville est en ~* de hele stad is in opwinding / in rep en roer
écaille ZN V **1** schub, schild <van schildpad> **2** schilfer
écailler WKD WW **(s'~)** afschilferen • *la peinture des fenêtres s'écaille* de verf van de vensters bladdert af
écarquiller OV WW opensperren <van ogen> • *~ les yeux* z'n ogen wijd openen
écart ZN M **1** verschil, afwijking • *des écarts de températures* temperatuurverschillen • *ils n'ont que trois ans d'écart* zij verschillen maar drie jaar **2** OOK FIG. (tussen)ruimte, tijdsruimte • *tenir qn à l'écart* iemand erbuiten houden • *faire le grand ~* een spagaat maken, FIG. een hoogstandje leveren • *l'écart se réduit entre les deux coureurs* het (tijds) verschil tussen de twee renners wordt kleiner • *à l'écart* op afstand, afzijdig, terzijde, achteraf **3** OOK FIG. uitwijking, zijsprong, misstap • *des écarts de conduite* afwijkend gedrag, FIG. misstappen • *faire un ~ pour éviter qn / qc* opzijgaan / -springen om iemand / iets te ontwijken
écarté BN **1** afgelegen, afgezonderd • *une route écartée* afgelegen weg, binnenweg **2** gespreid, (ver) uiteen • *bien écarté* ver uit elkaar • *les bras écartés* met gespreide armen • *les jambes écartées* wijdbeens
écarteler FIG. OV WW verscheuren, heen en weer slingeren • *être écartelé entre des sentiments contradictoires* heen en weer geslingerd worden tussen tegenstrijdige gevoelens
écartement ZN M (het) spreiden, spreiding, tussenruimte • *l'écartement des rails* spoorbreedte
écarter **1** OV WW **1** uit elkaar doen, spreiden • *~ les jambes* de benen spreiden **2** uit de weg doen gaan, verwijderen, opzijschuiven • *écartez-vous!* uit de weg!, aan de kant! • *le danger est écarté* het gevaar is geweken • *~ la foule* zich een weg door de menigte banen • *~ les curieux* de nieuwsgierigen op een afstand houden • *~ un danger* een gevaar bezweren • *~ qn du pouvoir* iemand wippen **2** WKD WW **(s'~)** uit elkaar gaan, opzijgaan, afwijken **(de** van) • *s'écarter pour laisser passer qn* opzijgaan om iemand te laten passeren • *s'écarter du chemin* van de weg afraken • FIG. *s'écarter du droit chemin* de weg kwijtraken
ecchymose "eekie-" ZN V blauwe plek, bloeduitstorting
ecclésiastique **1** BN kerkelijk **2** ZN M geestelijke
écervelé BN hersenloos, leeghoofdig, onnadenkend
échafaud ZN M schavot
échafaudage ZN M **1** steiger(werk) • *dresser un ~* een steiger opzetten **2** opeenstapeling, OOK FIG. bouwsel • *l'échafaudage d'un plan d'évasion* het beramen van een ontsnappingsplan
échafauder FIG. OV WW opbouwen, in elkaar zetten • *~ des projets / un plan d'évasion* plannen / een ontsnappingsplan smeden
échalas "-là" ZN M **1** staak <om gewassen te steunen> **2** FIG. bonenstaak
échalote ZN V sjalot
échancré BN (rond) uitgesneden • *une encolure échancrée* (laag) uitgesneden hals • *une côte échancrée* diep ingesneden kust, kust met inhammen
échancrure ZN V uitsnijding, inham
échange ZN M **1** ruil, uitwisseling, (ver)

wisseling • *un ~ de vues* gedachtewisseling • *un ~ de prisonniers* gevangenenruil, uitwisseling van gevangenen • *des échanges de politesse* uitwisseling van beleefdheden • <tennis> *un ~ de balles* slagenwisseling, rally • *faire un ~ avec qn* een ruil met iemand aangaan • *qu'est-ce que je reçois en échange?* wat krijg ik ervoor terug? • *l'avion était surbooké; en échange, on nous offre un voyage* het vliegtuig was overboekt; als compensatie krijgen we een reis aangeboden • *en ~ de* in ruil voor **2 ruilverkeer, handel** • *les échanges (commerciaux)* het handelsverkeer • *le libre-échange* vrijhandel • *une monnaie d'échange* wisselgeld

échangeable BN **ruilbaar, inwisselbaar**

échanger OV WW **ruilen, wisselen, uitwisselen** • *~ des données* gegevens uitwisselen • *~ un clin d'œil avec qn* iemands knipoog beantwoorden • *~ qc contre de l'argent* iets tegen geld inwisselen

échangeur ZN M **kruisingsvrij verkeersknooppunt, klaverblad, fly-over** • *un ~ d'autoroutes* knooppunt van snelwegen

échangisme ZN M **partnerruil**

échantillon ZN M **1 (proef)monster,** OOK FIG. **staal(tje)** • *un ~ gratuit* gratis monster • *acheter sur ~* op monster kopen • *prélever un ~ d'eau / de terre* een water- / bodemmonster nemen • FIG. *donner un ~ de son savoir-faire* een staaltje van zijn kunnen geven **2 (steek)proef**

échantillonnage ZN M **(het) nemen van steekproeven, staalkaart**

échantillonner OV WW **1 (proef)monsters nemen uit 2 steekproefsgewijs onderzoeken**

échappatoire ZN V **uitvlucht, achterdeurtje,** FIG. **uitweg**

échappée ZN V **1** SPORT **ontsnapping(spoging), demarrage 2 doorgangsopening, doorkijk(je)**

échappement ZN M **1 uitlaat** <van motor> • *le pot d'échappement* knalpot, INFORM. uitlaat **2** COMP. • *la touche d'échappement* escapetoets

échapper 1 ONOV WW **1 ontsnappen, ontkomen** • *~ à la police* aan de politie ontkomen • *~ à la mort* aan de dood ontsnappen • *~ à un attentat* aan een aanslag ontsnappen • *~ à un contrôle* een controle ontlopen **2 ontglippen (aan), vallen (uit)** • *le vase m'a échappé des mains* de vaas is uit mijn handen gevallen **3** FIG. **ontvallen, ontglippen** • *un cri lui a échappé* hij slaakte een gil • *laisser ~ une occasion* een gelegenheid voorbij laten gaan • *~ à la règle* een uitzondering vormen • *ce mot m'a échappé* dat woord is me ontvallen • *cela m'a échappé* het is aan mijn aandacht ontsnapt **4 niet opvallen, ontschoten zijn** • *son nom m'échappe* zijn naam is me ontschoten • *le sens de cette histoire m'échappe* de strekking van dat verhaal ontgaat me • *il n'échappe à personne que ceci est un faux* het ontgaat niemand dat dit een vals exemplaar is **2** OV WW • *l'échapper belle* er goed afkomen **3** WKD WW **(s'~) ontsnappen, ontglippen** • *l'oiseau s'est échappé de sa cage* de vogel is uit zijn kooi ontsnapt • *s'échapper un moment pour prendre l'air* even wegglippen om een luchtje te scheppen

écharde ZN V **splinter**

écharpe ZN V **1 das, sjaal** • *porter une ~* een sjaal om hebben • *s'enrouler une ~ autour du cou* een sjaal om zijn hals slaan **2 draagband, mitella** • *avoir le bras en ~* zijn arm in een mitella dragen

écharper OV WW **zwaar verwonden, lynchen** • *la foule en colère l'a pratiquement écharpé* de woedende menigte heeft hem bijna gelyncht

échasse ZN V **stelt** • *monter sur des échasses* op stelten lopen

échauder FIG. OV WW **(iemand) een lesje leren, ontnuchteren**

échauffement ZN M **1** OOK FIG. **(het) warmlopen,** SPORT **warming-up** • *une séance d'échauffement* warming-up **2 verhitting**

échauffer 1 OV WW FIG. **verhitten, opwinden, prikkelen** • *il commence à nous ~ les oreilles* hij begint ons kwaad te maken **2** WKD WW **(s'~) 1** SPORT **warmlopen, zich opwarmen 2 opgewonden raken,** FIG. **verhit raken** • *les esprits s'échauffent* de gemoederen raken verhit

échauffourée ZN V **vechtpartij, schermutseling** • *être pris dans des échauffourées* betrokken raken bij opstootjes

échéance ZN V **1 vervaldag, vervallen bedrag** • *l'échéance d'un loyer* vervaldag van de huur • *mon crédit arrive bientôt à ~* mijn lening loopt binnenkort af / moet binnenkort afgelost worden • *faire face à une lourde ~* voor een beslissend moment staan **2 termijn** • *à courte ~* op korte termijn, binnenkort • *reporter une ~* een termijn verlengen

échéant BN **vervallend** • *le cas ~* als het geval zich voordoet, eventueel

échec ZN M **1 mislukking, tegenslag, nederlaag** • *l'échec scolaire* slechte schoolprestaties, het zittenblijven • *voué à l'échec* tot mislukken gedoemd • *subir / essuyer un ~* mislukken, falen • *son affaire s'est soldée par un ~* zijn zaak is op een mislukking uitgelopen • *faire ~ à une négociation* onderhandelingen doen mislukken • *tenir qn en ~* iemand dwarsbomen, iemand in bedwang houden • *il collectionne les échecs professionnels* bij hem is het twaalf ambachten en dertien ongelukken **2 schaak** • *faire ~ (au roi)* schaak geven • *~ et mat* schaakmat

échecs ZN M MV **schaak** • *les ~* schaakspel • *jouer aux ~* schaken

échelle ZN V **1 ladder** • *une ~ de corde* touwladder • *une ~ de pompiers* brandweerladder • FIG. *l'échelle des couleurs* kleurengamma • *monter à l'échelle* op een ladder klimmen • *faire la courte ~ à qn* iemand een kontje geven, FIG. iemand een duwtje omhoog geven **2** FIG. **schaal** • *l'échelle sociale* maatschappelijke ladder • ECON. *~ mobile* glijdende schaal • *l'échelle des salaires* salarisschaal • *un tremblement de terre de force cinq sur l'échelle de Richter* aardbeving met een kracht van 5 op de schaal van Richter • *une maquette à l'échelle de 1/100* maquette op een schaal van 1:100 • *à l'échelle mondiale* op mondiaal niveau, wereldwijd • *sur une vaste / grande ~* op grote schaal • *au sommet / au bas de l'échelle* op de hoogste / laagste sport van de

(maatschappelijke) ladder
échelon ZN M **trede,** FIG. **trap, rang, niveau, sport** <van ladder> • *l'échelon le plus élevé* het hoogste echelon • *gravir les échelons* opklimmen (in rang) • *monter tous les échelons* alle rangen doorlopen
échelonnement ZN M FIG. **spreiding** • *l'échelonnement des paiements* het gespreid betalen
échelonner 1 OV WW **volgens regelmatige tussenruimten / tussenpozen spreiden** • *des congés échelonnés sur un an* over een jaar gespreide vakanties • *des paiements échelonnés sur vingt ans* afbetaling over een termijn van twintig jaar • *payer par versements échelonnés* in termijnen aflossen **2** WKD WW **(s'~)** FIG. **gespreid zijn** • *s'échelonner sur une longue période* over een lange periode uitgesmeerd zijn
écheveau ZN M (MV écheveaux), **streng** <van wol e.d.>
échevelé BN **1 met verwarde haren 2 wild, tomeloos, ordeloos** • *une danse échevelée* wilde dans
échevin ZN M (V échevine), **schepen** <in België>, **wethouder** <in Ned.>
échine ZN V **1 ruggengraat** • FIG. *plier / courber l'échine* het hoofd buigen • FIG. *avoir l'échine souple* kruiperig zijn **2 rugstuk van een varken** • *une côte de porc dans l'échine* schouderkarbonade
échiner WKD WW **(s'~) zich afbeulen, veel moeite doen (à om)**
échiquier ZN M **1 schaakbord 2** POL. • *l'échiquier politique* de politieke arena • *le chancelier de l'Échiquier* minister van Financiën <in Eng.>
écho "eekoo" ZN M **1** OOK FIG. **echo, weerklank** • *sa proposition reste sans ~* zijn voorstel vindt geen weerklank **2** vaak mv **nieuwtje(s)** • *j'ai eu des échos de cette histoire par une collègue* ik heb via een collega iets over die geschiedenis opgevangen • *se faire l'écho d'une nouvelle* een nieuwtje rondbazuinen
échographie ZN V **echografie**
échoir FORM. ONOV WW onregelmatig **ten deel vallen, toevallen (à aan)**
échoppe ZN V **kraam, winkeltje, keet**
échouer 1 ONOV WW **1** SCHEEPV. **stranden, aan de grond lopen 2 mislukken, zakken** • *~ à un examen* voor een examen zakken • *leur plan a échoué* hun plan is op niets uitgelopen • *les négotiations ont échoué* de onderhandelingen zijn mislukt • *faire tout ~* alles in het honderd sturen **3** FIG. **belanden** • *ils ont échoué dans un café après trois heures de marche* na drie uur lopen zijn ze in een café beland **2** WKD WW **(s'~) stranden, aan de grond lopen**
échu WW volt. deelw. → **échoir**
e-cigarette ZN V **e-sigaret**
éclabousser OV WW **1 (met water) bespatten 2 in opspraak brengen** • *un scandale qui éclabousse la famille royale* schandaal dat de koninklijke familie in opspraak brengt
éclaboussure ZN V **1 (modder)spat, vlek** • *des éclaboussures de sang sur un vêtement* bloedvlekken op een kledingstuk **2** vaak mv **smet** <op reputatie>
éclair ZN M **1 bliksem(straal), weerlicht** • *des éclairs de chaleur* weerlicht • *une guerre ~* bliksemoorlog • *une visite ~* bliksembezoek • *rapide comme un ~* bliksemsnel • *il fait des éclairs* het weerlicht, het bliksemt **2 flits, flikkering** • *les éclairs des flashs* het geflikker van de flitslichten • FIG. *un ~ de génie* geniale inval **3** • *une fermeture ~* ritssluiting **4** CULIN ≈ **geglaceerde roomsoes** • *des éclairs au café / au chocolat* langwerpige mokka- / chocoladesoesjes
éclairage ZN M **verlichting, belichting** • *l'éclairage électrique / au néon* elektrische verlichting / neonverlichting • TON. *régler les éclairages* voor de belichting zorgen • *sous cet éclairage...* in dat licht (bezien)...
éclairagiste TON. ZN M/V **lichttechnicus, belichter**
éclairant BN **lichtgevend,** FIG. **verhelderend**
éclaircie ZN V **1 opklaring** • FIG. *une ~ dans la situation économique du pays* een opleving in de economische situatie van het land **2 open plek in een bos**
éclaircir 1 OV WW **1 licht(er) maken, verhelderen, opklaren 2 verdunnen, uitdunnen 3 ophelderen, verduidelijken** • *~ une affaire* een zaak ophelderen **4 2** WKD WW **(s'~) 1 opklaren, helderder worden** • *s'éclaircir la voix* de keel schrapen • *s'éclaircir les cheveux* zijn haar lichter verven **2 dunner worden**
éclaircissement ZN M **opheldering** • *partir sans un mot d'éclaircissement* weggaan zonder enige toelichting
éclairé BN FIG. **verlicht, verstandig, ontwikkeld** • *un esprit éclairé* verlichte geest • *un public éclairé* ontwikkeld / goed geïnformeerd publiek
éclairer 1 OV WW **1** OOK FIG. **verlichten** • *un sourire qui éclaire un visage* een stralende glimlach **2 inlichten (sur over), voorlichten** • *éclairez-nous sur ce sujet / là-dessus* kunt u ons daarover inlichten? **2** ONOV WW **licht geven, lichten 3** WKD WW **(s'~) 1 verlicht worden, zichzelf bijlichten** • *s'éclairer avec une lampe de poche* zich bijlichten met een zaklantaarn **2 duidelijk worden**
éclaireur ZN M (V éclaireuse), **verkenner, padvinder**
éclat "-klà" ZN M **1 scherf, splinter, schilfer** • *un ~ d'obus* granaatscherf • *des éclats de verre* glasscherven • *voler en éclats* in stukken vliegen **2 uitbarsting, knal** • *des éclats de voix* luid geschreeuw • *un ~ de rire* schaterlach • *rire aux éclats* schaterlachen **3** OOK FIG. **schittering, glans, pracht** • *l'éclat de la lumière* lichtglans • *un coup d'éclat* kunststukje • *faire un ~* opzien baren, schandaal verwekken
éclatant BN **1 schallend, schel** <van geluid> **2** OOK FIG. **schitterend, stralend, glansrijk** • *d'un rouge ~* knalrood • *être ~ de santé* blaken van gezondheid **3 opmerkelijk, opvallend** • *un succès ~* klinkend / daverend succes • *une victoire éclatante* een glansrijke overwinning • *elle est d'une mauvaise foi éclatante* ze is overduidelijk niet oprecht

éc

éclatement ZN M (het) uiteenbarsten, (het) uiteenvallen, ontploffing • *l'éclatement d'un pneu* klapband • *l'éclatement d'une conduite d'eau* het springen van een waterleiding

éclater **1** ONOV WW **1** losbarsten, ontploffen, springen • *le pneu / le ballon a éclaté* de band / de ballon is geknapt • *le tonnerre éclate* de donder / het onweer barst los **2** uitbarsten, uitbreken (in) • *~ de rire* in lachen uitbarsten • *~ en sanglots* in snikken uitbarsten • *les applaudissements éclatent* er klinkt applaus op **3** uitbreken, uitbarsten, (opeens) aan de dag komen • *des bagarres ont éclaté* er zijn rellen uitgebroken • *la guerre a éclaté* de oorlog is uitgebroken • *l'incendie a éclaté au sous-sol* de brand is in het souterrain uitgebroken • *le scandale va ~* het schandaal zal aan het licht komen • FORM. *la vérité devrait ~* de waarheid moet aan het licht komen **2** WKD WW **(s'~)** INFORM. zich uitleven, helemaal happy zijn, uit zijn bol gaan • *il s'éclate dans son boulot* hij vindt zijn werk fantastisch

éclectique **1** BN eclectisch **2** ZN M eclecticus

éclectisme ZN M eclecticisme, brede belangstelling

éclipse ZN V **1** STERRENK. eclips, verduistering • *l'éclipse du soleil / de la lune* zons- / maansverduistering • *une ~ partielle* gedeeltelijke verduistering **2** FIG. (tijdelijke) verdwijning / verslapping • *une activité à éclipses* onregelmatige activiteit

éclipser **1** OV WW **1** verduisteren <van hemellichaam>, onzichtbaar maken **2** FIG. in de schaduw stellen • *~ ses concurrents* zijn rivalen overvleugelen **2** WKD WW **(s'~)** INFORM. stilletjes verdwijnen • *s'éclipser avant la fin du repas* voor het einde van de maaltijd ertussenuit knijpen

éclopé **1** ZN M (V éclopée), kreupele **2** BN kreupel

éclore ONOV WW onregelmatig **1** uit het ei komen **2** FIG. ontluiken

éclosion ZN V **1** (het) uitkomen <van ei> **2** FIG. ontluiking • *l'éclosion d'une mode* het opkomen van een nieuwe mode

écluse ZN V sluis

écluser OV WW **1** TECHN. afsluiten met een sluis, schutten <van boot> **2** INFORM. opzuipen

éco **1** ZN V écologie ecologie **2** BN écologique ecologisch

écocitoyen BN (V écocitoyenne), milieubewust

écoemballage ZN M ecoverpakking

écœurant BN **1** walgelijk • *un gâteau ~* veel te zoet gebakje **2** frustrerend, ergerlijk • *une combine écœurante* misselijke truc / streek

écœurement ZN M **1** walging • *manger jusqu'à l'écœurement* eten tot het je strot uitkomt **2** ontmoediging, frustratie • *l'écœurement devant les abus* (het) de buik vol hebben van misstanden

écœurer OV WW **1** doen walgen • *ça m'écœure* daar word ik niet goed van **2** FIG. ontmoedigen, frustreren • *ces magouilles m'écœurent!* ik word doodziek van dat gesjoemel!

éco-industrie ZN V milieu-industrie

écolabel ZN M EKO-keurmerk

école ZN V **1** school, onderwijs • *l'école laïque* openbare / niet-confessionele school • OUD. *l'école normale (primaire)* pabo, BELG. normaalschool • *une ~ privée* particuliere school • *l'école libre* bijzondere (katholieke, joodse, enz.) school • *une ~ professionnelle* school voor beroepsonderwijs • *une ~ hôtelière* hotelschool • *l'école maternelle* kleuterschool • *l'école primaire* basisschool • *l'école secondaire* middelbare school • *une école-ghetto* zwarte school • *une ~ militaire* militaire academie • *les grandes écoles* (elite)hogescholen voor topfunctionarissen • *l'École des arts et métiers* Technische Universiteit • *l'École nationale d'administration (ENA)* (elite)hogeschool voor topambtenaren • *l'École des Chartes* hogere archiefschool • *l'École normale supérieure (ENS)* universitaire opleiding voor leraren • *l'école des Beaux-Arts* academie voor beeldende kunsten • *une auto-école* rijschool • *aller à l'école* schoolgaan, op school zitten • *quitter l'école* van school afgaan • *faire l'école buissonnière* spijbelen, de school verzuimen • FIG. *avoir été à rude ~* een harde leerschool doorlopen hebben • *à l'école* op school **2** school, stroming • *l'École française* de Franse (schilders)school • *faire ~* school maken, navolging vinden

écolier ZN M (V écolière) **1** scholier • *un sac / un cartable d'écolier* schooltas **2** INFORM. beginneling

écolo INFORM. **1** BN écologique milieuvriendelijk, milieubewust **2** ZN M/V écologiste ecoloog, milieubeschermer

écologie ZN V ecologie, milieubescherming

écologique BN ecologisch, milieu-, milieuvriendelijk • *une catastrophe ~* milieuramp

écologiste **1** ZN M/V **1** ecoloog **2** POL. milieubeschermer, groene **2** BN milieu-, milieubewust • *un parti ~* milieupartij, groene partij • *un mouvement ~* milieubeweging

e-commerce ZN M e-business

éconduire LIT. OV WW onregelmatig afschepen

économat ZN M functie / kantoor v.d. (huis) beheerder

économe **1** BN zuinig, spaarzaam (**de** met) • *être ~ de son temps* zuinig met zijn tijd zijn • *un couteau ~* dunschiller **2** ZN M/V (huis)beheerder, administrateur

économie ZN V **1** economie • *une ~ capitaliste / socialiste* kapitalistische / socialistische economie • *une ~ libérale / dirigée* vrije / geleide economie • *l'économie de marché* (vrije)markteconomie • *l'économie politique* staathuishoudkunde, (politieke) economie • *une société d'économie mixte* gemengde onderneming, semioverheidsbedrijf • *le ministère de l'Économie et des Finances* ministerie van Economische Zaken en Financiën **2** zuinigheid, spaarzaamheid, bezuiniging, besparing • *par économie, ils ne vont plus en vacances* uit zuinigheid gaan ze niet meer op vakantie • *avoir le sens de l'économie* zuinig zijn • FIG. *faire une ~ de temps en* *prenant la voiture* tijd besparen door de auto te nemen • *par souci d'économie...* uit zuinigheid... **3** vaak mv **besparingen, spaargeld** • *faire des économies* sparen, bezuinigen • *placer ses économies dans une caisse d'épargne* zijn spaargeld op de spaarbank zetten • IRON. *faire des économies de bouts de chandelle* op kleinigheden beknibbelen, krenterig bezuinigen • <spreekwoord> *il n'y a pas de petites économies* alle beetjes helpen

économique BN **1 economisch** • *la crise ~* de economische crisis **2 zuinig, spaarzaam, voordelig** • *c'est une voiture ~* deze auto rijdt zuinig • *le paquet d'un kilo est plus ~ que celui de cent grammes* een pak van een kilo is voordeliger dan een pak van een ons • *voyager en classe ~* economyclass reizen

économiquement BW **economisch** • *les ~ faibles* de economisch zwakkeren, de minder draagkrachtigen

économiser 1 ONOV WW **sparen, bezuinigen** • *ne pas ~ sur la nourriture* niet bezuinigen op het eten **2** OV WW **spaarzaam zijn met, bezuinigen op** • *~ un peu d'argent tous les mois* elke maand wat geld opzijleggen • FIG. *savoir ~ ses forces* zijn krachten weten te sparen • FIG. *~ son temps* zijn tijd goed indelen

économiseur ZN M **bespaarder** <bv. van brandstof> • COMP. *~ d'écran* screensaver

économiste ZN M/V **econoom**

écoparticipation ZN V **verwijderingsbijdrage**

écoper 1 OV WW SCHEEPV. **(uit)hozen 2** ONOV WW INFORM. **oplopen** <van straf, boete> • *il a écopé de trois jours d'arrêt* hij heeft 3 dagen arrest aan zijn broek gekregen

écorce ZN V **1 schors, bast** • *l'écorce terrestre* aardkorst **2 schil** <van citrusvrucht, meloen>

écorcher 1 OV WW **1 villen, ontvellen** • *~ un lapin* een konijn villen **2 schaven, schrammen** • *un bras / un visage écorché* ontvelde arm / geschaafd gezicht **3** FIG. **radbraken, verhaspelen** • *~ une langue* een taal radbraken • *~ un nom étranger* een buitenlandse naam verhaspelen **2** WKD WW **(s'~) zich schrammen** • *s'écorcher les mains / les genoux* zijn handen / knieën openhalen

écorchure ZN V **schram, ontvelling, schaafwond**

écoresponsable BN **milieuverantwoord, mileuvriendelijk**

écorner OV WW **1 de hoek(en) afbreken / beschadigen van 2** FIG. **aanspreken**

écossais 1 ZN M **(het) Schots 2** BN **Schots** • *une douche écossaise* wisselbad <warm / koud>, FIG. afwisseling van iets aangenaams en iets onaangenaams

Écossais ZN M (V Écossaise), **Schot**

Écosse ZN V **Schotland**

écosser OV WW **doppen** <van erwten, peulen>

écosystème ZN M **ecosysteem**

écotaxe ZN V **ecotaks, milieuheffing**

écotourisme ZN M **ecotoerisme**

écoulement ZN M **1** OOK FIG. **(het) wegstromen, afvoer, doorstroming** • *l'écoulement des eaux d'un toit* waterafvoer van een dak **2 afzet** <v. waren> • *l'écoulement d'un stock de chaussures* afzet van een voorraad schoenen **3 (het) verstrijken** <v.d. tijd>

écouler 1 OV WW **van de hand doen** <v. waren>, **(uit voorraad) verkopen** • *~ de faux billets* valse bankbiljetten in omloop brengen **2** WKD WW **(s'~) 1 van de hand gaan** <v. waren> **2** OOK FIG. **wegstromen 3 voorbijgaan, verstrijken** <v.d. tijd> • *il s'est écoulé deux ans depuis sa mort* er zijn twee jaar verstreken sinds zijn dood

écourter OV WW **bekorten, inkorten**

écoute ZN V **1 (het) luisteren, (het) afluisteren** • *les heures de grande ~* primetime • *une table d'écoute* afluisterapparatuur • *mettre quelqu'un sur ~* iemands telefoon aftappen • *être mis / placé sur ~ téléphonique* afgeluisterd worden • *être à l'écoute de qn* iemand aanhoren • *restez à l'écoute!* blijf luisteren!, blijf aan uw (radio)toestel! **2** SCHEEPV. **schoot**

écouter 1 OV WW **1 luisteren naar** • *~ la radio* naar de radio luisteren • *faire ~ qc à qn* iemand iets laten horen **2 gehoor geven aan, verhoren** <van gebed, wens>, **opvolgen** <van raad> • *~ les conseils de qn* iemands raad opvolgen • *n'écouter que son courage* niet aan gevaar denken, niet terugdeinzen **2** ONOV WW **luisteren** • *savoir ~* weten te luisteren • *allô, j'écoute!* hallo! <aan de telefoon> • *écoute!* moet je horen! • *~ aux portes* aan de deur luisteren • *écoutez, cette situation ne peut pas durer* luister eens, zo kan het niet langer **3** WKD WW **(s'~)** naar zichzelf luisteren • *s'écouter parler* zichzelf graag horen praten • *si je m'écoutais, je resterais à la maison aujourd'hui!* als het aan mij lag, bleef ik vandaag thuis

écouteur ZN M **telefoonhoorn, koptelefoon**

écrabouiller INFORM. **1** OV WW **vermorzelen 2** WKD WW **(s'~) vermorzeld worden, te pletter slaan** • *les tomates se sont écrabouillées au fond du panier* de tomaten zijn onder in de mand geplet

écran ZN M **1 scherm** • *un ~ antibruit* geluidsscherm • *un ~ de cheminée* haardscherm • *un ~ de fumée* rookgordijn • *un ~ solaire* zonnebrandcrème • *faire ~ à qc* iets afschermen • ECON. *une société-écran* brievenbusmaatschappij **2 beeldscherm** • *le petit ~* de tv, de buis • *le grand ~* het witte doek, de filmkunst • *un ~ publicitaire* reclamezendtijd • *un ~ plasma* plasmascherm • *un ~ plat* plat beeldscherm, flatscreen • COMP. *un ~ tactile* aanraakscherm, touchscreen • *un roman porté à l'écran* verfilmde roman • *crever l'écran* triomfen vieren op het witte doek **3** A-V **filter**

écrasant BN **verpletterend, overweldigend** • *une chaleur écrasante* drukkende hitte • *être élu à une majorité écrasante* met overweldigende meerderheid gekozen worden

écraser 1 OV WW **1 verpletteren, vermorzelen, platdrukken** • *~ une cigarette* een sigaret uitdrukken • *~ des légumes* groente fijnmalen • *~ le pied de qn* iemands voet verbrijzelen • *~ de l'ail* knoflook persen • *avoir le nez écrasé* een platte neus

éc

hebben **2 overrijden, verpletteren** • *se faire ~ par un camion* door een vrachtauto overreden worden • *la rubrique des chiens écrasés* gemengd (plaatselijk) nieuws **3 neerslaan** • *l'armée a écrasé la révolte* het leger heeft de opstand neergeslagen **4 overladen, overstelpen (de met)** • *être écrasé d'impôts* gebukt gaan onder de (hoge) belastingen • *être écrasé de fatigue* doodmoe zijn **5 kleineren, in de schaduw stellen (de met) 6** INFORM. • *qu'est-ce qu'il en écrase!* wat kan hij maffen! • *allez, écrase!* kop dicht!, wegwezen! **2** WKD WW **(s'~) 1 verpletterd worden, zich te pletter rijden, neerstorten** <van vliegtuig> • *la voiture s'est écrasée contre un arbre* de auto is tegen een muur geknald • *pendant les soldes, la foule s'écrase aux portes des magasins* tijdens de uitverkoop verdringen de mensen zich bij de ingang van de winkels **2** INFORM. **zich gedeisd houden** • *écrase-toi!* dimmen!

écrémer OV WW OOK FIG. **afromen** • *du lait écrémé* magere melk

écrevisse ZN V **rivierkreeft** • *être rouge comme une ~* zo rood als een kreeft zijn

écrier WKD WW **(s'~) uitroepen**

écrin ZN M **juwelenkistje, zilvercassette**

écrire 1 OV + ONOV WW onregelmatig **1 (op)schrijven** • *la langue écrite* schrijftaal • *une interrogation écrite* schriftelijke overhoring • *~ une adresse sur une enveloppe* een adres op een envelop schrijven • *il ne sait ni lire ni ~* hij kan lezen noch schrijven • *~ lisiblement* duidelijk schrijven • *il est écrit que ça se passera ainsi* er staat geschreven dat het zo zal gebeuren • *c'était écrit* het moest zo zijn, dat moest wel gebeuren • *~ à l'encre / au stylo* met inkt / pen schrijven **2 schrijven, samenstellen** • *~ un roman / un opéra* een roman / een opera schrijven • *~ dans un journal* in / voor de krant schrijven **2** WKD WW **(s'~) 1 elkaar schrijven** • *elles s'écrivent souvent* ze schrijven elkaar vaak **2 geschreven worden** • *ça s'écrit comment?* hoe schrijf je dat? • *comment s'écrit ce mot?* hoe spel je dat woord? • *ce mot s'écrit avec deux s* dat woord schrijf / spel je met twee s'en

écrit 1 ZN M **1 geschrift** • FORM. *coucher / mettre qc par ~* iets op schrift stellen, iets neerschrijven • *par ~* schriftelijk **2 schriftelijk examen** • *l'écrit et l'oral* het mondeling en schriftelijk **2** WW volt. deelw. → **écrire**

écriteau ZN M (MV écriteaux), **opschrift, bordje**

écriture ZN V **1 (het) schrijven, schrift, (hand) schrift** • *une ~ soignée* een keurig handschrift • *une ~ en script* blokschrift • *l'Écriture / les Écritures (saintes)* de (Heilige) Schrift • *avoir une ~ de chat* in krabbelschrift schrijven, hanenpoten schrijven • *avoir une jolie ~ / une ~ illisible* een mooi / onleesbaar handschrift hebben **2 schrijfkunst** • *l'écriture idéographique* beeldschrift **3 schrijfwijze 4 boeking** <van een post> • *les écritures* MV de boeken, de stukken • *tenir les écritures* de boeken bijhouden

écrivailleur MIN. ZN M (V écrivailleuse), **prulschrijver**

écrivaillon MIN. ZN M **prulschrijver**

écrivain ZN M (V écrivaine), **schrijver, auteur** • *un ~ public* iemand die voor anderen brieven of stukken opstelt

écrivant WW teg. deelw. → **écrire**

écrivassier MIN. ZN M (V écrivassière), **prulschrijver**

écrou ZN M **1 (schroef)moer** • *serrer / desserrer un ~* een moer aan- / losdraaien **2** JUR. • *la levée d'écrou* invrijheidstelling

écrouer OV WW **gevangenzetten** • *~ quelqu'un* iemand in verzekerde bewaring nemen

écroulement ZN M OOK FIG. **in(een)storting**

écrouler WKD WW **(s'~) 1** OOK FIG. **in(een)storten** • *les cours de la Bourse qui s'écroulent* kelderende beurskoersen • FIG. *être prêt de s'écrouler* van ellende uit elkaar vallen **2 ineenzinken** • *s'écrouler dans un fauteuil* in een fauteuil neerploffen • FIG. *s'écrouler de rire* zich kapotlachen

écru BN **ruw** <van garen, stof>, **ongebleekt, ecru**

ecstasy ZN V **ecstasy, xtc**

ectoplasme ZN M **1 ectoplasma 2** IRON. **willoos / gezichtloos persoon, zombie**

écu ZN M **1 wapenschild 2** GESCH. **ecu** <oude Franse daalder; oude Europese rekenmunt>

écueil ZN M OOK FIG. **klip** • FIG. *éviter un ~* een klip omzeilen

éculé BN **1 afgetrapt** <van schoenen>, **afgesleten** <van hakken> **2** FIG. **afgezaagd** • *une plaisanterie éculée* een mop met een baard

écume ZN V OOK FIG. **schuim** • *une pipe en ~ de mer* meerschuimen pijp

écumer 1 OV WW OOK FIG. **afschuimen** • *~ les mers* de zeeën afschuimen, zeeroverij plegen • *une bande de voyous écume le quartier* een stel schooiers maakt de buurt onveilig • FIG. *on a écumé une région pour trouver qc* ze hebben een heel gebied afgestroopt om iets te vinden **2** ONOV WW **schuimbekken (de van)** • *~ de rage / de colère* schuimbekken van woede

écumeux BN (V écumeuse), **schuimend**

écumoire ZN V **schuimspaan**

écureuil ZN M **eekhoorn**

écurie ZN V **1 (paarden)stal** • *un garçon d'écurie* staljongen • *on y entre comme dans une ~* ze vallen er ongegeneerd binnen, ze treden er onbeschoft op **2** SPORT **renstal** • FIG. *une ~ de pilotes de course* auto- / motorrenstal

écusson ZN M **schild**

écuyer ZN M **1 ruiter, pikeur, kunstrijder** <in circus> **2** GESCH. **schildknaap**

écuyère ZN V **paardrijdster, amazone, kunstrijdster**

eczéma "egzeemà" ZN M **eczeem**

éd. AFK **1** édition V **editie, uitgave 2** éditeur / éditrice M/V **uitgever(ij)**

Eden "eedèn" **(hof van) Eden,** FIG. **aards paradijs** • *rêver d'un ~* dromen van een aards paradijs

édenté BN **tandeloos**

E.D.F. AFK Électricité de France V **Frans elektriciteitsbedrijf**

édicter OV WW **uitvaardigen, verordenen**

édifiant BN **stichtelijk, verheffend**

édification ZN V **1 (op)bouw 2 lering,**

voorlichting
édifice ZN M **1** (groot) gebouw • *des édifices publics* openbare gebouwen **2** FIG. bouwsel
édifier OV WW **1** (op)bouwen **2** stichten, zedelijk verheffen **3** <vaak humoristisch> onderrichten, wijzer maken (**sur** over) • *nous voilà édifiés sur sa vraie nature!* nu weten we wat zijn ware aard is!
Édimbourg ZN Edinburgh
édit "eedie" ZN M edict
éditer OV WW **1** uitgeven **2** redigeren, COMP. editen
éditeur 1 BN (V éditrice) • *une maison éditrice* uitgeverij **2** ZN M (V éditrice) **1** uitgever **2** tekstbezorger **3** COMP. editor, opmaakprogramma
édition ZN V **1** uitgave • *une maison d'édition* uitgeversmaatschappij • *une ~ de disques* platenmaatschappij **2** oplaag, editie • *une ~ spéciale* extra editie • *une ~ revue et corrigée* herziene (en verbeterde) uitgave • *une ~ de poche* pocketuitgave **3** uitgeversvak **4** COMP. (het) editen
édito INFORM. ZN M éditorial hoofdartikel
éditorial 1 ZN M (MV éditoriaux), hoofdartikel **2** BN (M MV éditoriaux), van de uitgever, van de redactie
éditorialiste ZN M/V schrijver van hoofdartikelen
édredon ZN M dekbed
éducateur 1 BN (V éducatrice), opvoedend, vormend, educatief **2** ZN M (V éducatrice) **1** opvoeder **2** vormingswerker • *un ~ spécialisé* gediplomeerd activiteitenbegeleider
éducatif BN (V éducative), opvoedend, vormend, educatief • *des jeux éducatifs* leerzame spelletjes
éducation ZN V **1** opvoeding • *avoir de l'éducation* welopgevoed zijn, goede manieren hebben • *se charger de l'éducation des enfants* voor de opvoeding van de kinderen zorgen **2** vorming • *l'éducation permanente* permanente educatie • *l'éducation de la mémoire* geheugentraining • *l'éducation sexuelle* seksuele voorlichting **3** opleiding, scholing • *l'éducation civique* burgerschapskunde • *l'éducation physique* lichamelijke opvoeding, gymnastiek • *l'éducation musicale* muziekopleiding • *le ministère de l'Éducation nationale* ministerie v. Onderwijs
édulcorant ZN M zoetmiddel, zoetje
édulcorer OV WW **1** zoet maken **2** FIG. verzachten, afzwakken • *~ un rapport* een rapport afzwakken
éduquer OV WW **1** opvoeden • *être bien / mal éduqué* goed / slecht opgevoed zijn **2** vormen <van vaardigheden> • *~ le goût* de smaak ontwikkelen
E.E.G. AFK électroencéphalogramme m eeg, elektro-encefalogram
effaçable BN (uit)wisbaar
effacé BN **1** uitgewist, verbleekt **2** teruggetrokken, onopvallend
effacement ZN M **1** OOK FIG. het (uit)wissen • *l'~ d'un fichier informatique* het wissen van een databestand **2** (het) op de achtergrond treden / blijven • *vivre dans l'~* teruggetrokken leven
effacer 1 OV WW **1** OOK FIG. (uit)wissen, uitvegen, uitgommen, doorhalen • *une inscription effacée par le temps* opschrift dat in de loop van de tijd afgesleten is • *~ des informations sur un disque dur* informatie op de harde schijf wissen • *les empreintes sur ce verre ont été effacées* de vingerafdrukken op dat glas zijn uitgewist / weggewerkt • FIG. *~ le passé* een streep door het verleden halen **2** overvleugelen, overschaduwen **2** WKD WW (**s'~**) **1** OOK FIG. uitgewist worden, verbleken, verdwijnen • *le crayon s'efface facilement* potlood is gemakkelijk uit te gummen • *un souvenir qui s'efface de la mémoire* een herinnering die uit het geheugen gewist wordt **2** op de achtergrond treden / blijven, zich wegcijferen, uit de weg gaan • *s'~ pour laisser passer qn* opzijgaan om iemand te laten passeren
effarant BN ontstellend, verbijsterend
effaré BN ontsteld, ontdaan, onthutst
effarement ZN M ontsteltenis, schrik
effarouchement ZN M (het) doen opschrikken, schrik
effaroucher 1 OV WW verschrikken, schuw maken, afschrikken **2** WKD WW (**s'~**) afgeschrikt worden, schichtig worden • *s'~ de qc* afgeschrikt worden door iets
effectif 1 BN (V effective), (daad)werkelijk, effectief • *le temps de travail ~* de reële werktijd **2** ZN M aantal leden <van een groep>, bezetting, sterkte, effectief • *les ~s* MV de troepen, de personeelsleden
effectivement BW (daad)werkelijk, inderdaad
effectuer 1 OV WW verwezenlijken, uitvoeren, doen • *~ une réforme* een hervorming doorvoeren • *~ des travaux* werkzaamheden verrichten, een verbouwing uitvoeren • *~ un paiement* een betaling doen **2** WKD WW (**s'~**) tot stand komen • *ces travaux s'effectueront sur plusieurs années* die werkzaamheden zullen enkele jaren duren
efféminé BN verwijfd, verwekelijkt
effervescence ZN V **1** (het) opbruisen, borreling **2** beroering, opwinding, opschudding • *l'~ des passions* het oplaaien van de hartstochten
effervescent BN OOK FIG. bruisend • *un comprimé ~* bruistablet
effet ZN M **1** (uit)werking, gevolg • *les ~s de l'alcool / de la drogue* de gevolgen van drank / drugsgebruik • *un ~ secondaire* bijwerking, bijverschijnsel • *une loi à ~ rétroactif* een wet met terugwerkende kracht • INFORM., FIG. *l'~ boule de neige* sneeuwbaleffect • *le soleil a un ~ nocif sur la peau* zonlicht is schadelijk voor de huid • *sous l'~ de la fatigue, elle a perdu le contrôle de sa voiture* als gevolg van vermoeidheid heeft zij de macht over het stuur verloren • *une loi qui prend ~ au début de l'année* een wet die aan het begin van het jaar van kracht wordt • *la loi vient de prendre ~* de wet is onlangs in werking getreden • *rester sans ~* zonder gevolg blijven, geen resultaat opleveren, vruchteloos zijn • *ne pas produire l'~*

désiré zijn uitwerking missen • *cela a eu pour ~ que...* dat heeft als gevolg gehad dat... • *en ~* inderdaad • *à cet ~* daartoe **2** TECHN. **effect, verschijnsel** • *des ~s spéciaux* speciale effecten, trucages • *des ~s lumineux* lichteffecten • *un ~ d'optique* gezichtsbedrog **3 (beoogde) indruk, effect** • *faire de l'~* indruk maken, opzien baren • *faire bon / mauvais ~ sur qn* een goede / slechte indruk maken op iemand • *cela me fait un drôle d'~ de la revoir* ik vind het wel raar om haar weer te zien • INFORM. *faire un ~ monstre / bœuf* een knaleffect hebben **4** MV spullen, kleren

ef

effeuillage ZN M **1 (het) ontbladeren 2** INFORM. **striptease**

effeuiller 1 OV WW **ontbladeren** • *~ la marguerite* de blaadjes van een margriet één voor één uittrekken <als spel: hij / zij houdt wel / niet van me> **2** WKD WW **(s'~) zijn bladeren / kroonblaadjes verliezen** • *un arbre qui s'effeuille en automne* boom die in de herfst zijn blad verliest

efficace BN **1 doeltreffend, doelmatig, effectief** • *un médicament ~* doeltreffend geneesmiddel • *un produit ~ contre les taches* probaat middel tegen vlekken **2 efficiënt, bekwaam**

efficacité ZN V **doelmatigheid, werkzaamheid, effectiviteit, efficiency** • *manquer d'efficacité* inefficiënt zijn

efficient BN **doelmatig, efficiënt**

effigie ZN V **afbeelding, beeltenis** • *une pièce de monnaie à l'~ du roi* muntstuk met de beeldenaar van de koning

effilé BN **spits toelopend, lang en dun, spichtig** • *un crayon bien ~* potlood met scherpe punt • *des doigts très effilés* heel slanke vingers

effilocher 1 OV WW **uitrafelen, uitdunnen 2** WKD WW **(s'~) rafelig worden**

efflanqué BN **broodmager**

effleurement ZN M OOK FIG. **(het) even aanraken / aanroeren, (het) strijken langs, lichte massage**

effleurer OV WW **1 even aanraken, strijken langs, scheren langs** • *le camion a effleuré le cycliste* de vrachtauto schampte de fietser **2** FIG. **aanroeren** • *on n'a fait qu'~ le sujet* het onderwerp is alleen even aangeroerd • *cela ne m'a même pas effleuré l'esprit* dat is niet eens bij me opgekomen

effluves FORM. ZN M MV **uitwaseming** • *les ~ malodorants du métro parisien* de kwalijke geuren van de Parijse metro

effondrement ZN M OOK FIG. **in(een)storting** • *l'~ d'un empire* de val van een (wereld)rijk • *l'~ des cours de la Bourse / des prix* het kelderen van de beurskoersen / van de prijzen • *l'~ de tous ses espoirs* het vervliegen van al zijn hoop

effondrer WKD WW **(s'~)** OOK FIG. **in(een)storten, in(een)zakken** • *s'~ dans un fauteuil* in een fauteuil neerploffen • *il s'est effondré* hij was gebroken / verslagen

efforcer WKD WW **(s'~) zich inspannen, zijn best doen, proberen** • *s'~ de rester calme* proberen kalm te blijven

effort ZN M **inspanning, poging** • *encore un petit ~!* nog even doorzetten! • *faire un ~* moeite doen • *faire un ~ physique* een krachtsinspanning leveren • *faire un ~ de mémoire* zijn geheugen inspannen, proberen zich iets te herinneren • *faire des ~s / tous ses ~s pour arriver à qc* moeite doen / al zijn krachten inspannen om iets te bereiken • *ne pas ménager ses ~s* zijn uiterste best doen • *redoubler d'efforts* er flink aan trekken • *il est partisan du moindre ~* hij kiest graag de weg van de minste weerstand, hij loopt de kantjes eraf • *cela demande des ~s considérables* dat kost veel moeite • *faire un ~ désespéré pour...* een krampachtige poging doen om... • *sans ~* moeiteloos

effraction ZN V **braak, inbraak** • *un vol avec ~* diefstal met braak • *pénétrer dans un appartement par ~* in een appartement inbreken

effrayant BN **1 verschrikkelijk, angstaanjagend 2 ontzettend, enorm** • *être d'une crédulité ~e* vreselijk goedgelovig zijn

effrayer 1 OV WW **bang maken, verschrikken, afschrikken** • *je suis effrayé à l'idée qu'il puisse arriver à l'improviste* ik huiver bij het idee dat hij onverwachts langs kan komen **2** WKD WW **(s'~) schrikken, bang worden**

effréné BN **tomeloos, mateloos, verwoed** • *une course effrénée* dolle rit

effritement ZN M OOK FIG. **afbrokkeling, verwering** <van gesteente> • *l'~ de la gauche française* de afbrokkeling van de linkse partijen in Frankrijk

effriter 1 OV WW **verbrokkelen 2** WKD WW **(s'~)** OOK FIG. **afbrokkelen, verweren** <van gesteente>

effroi ZN M **afgrijzen, ontzetting** • *pousser un cri d'~* een kreet van ontzetting slaken

effronté 1 BN **brutaal, schaamteloos 2** ZN M (V effrontée), **schaamteloos, brutaal iemand**

effronterie ZN V **brutaliteit, onbeschaamdheid** • *regarder qn avec ~* iemand brutaal aankijken

effroyable BN **vreselijk, verschrikkelijk**

effusion ZN V **1 uitstorting, (het) vergieten** • *une ~ de sang* bloedvergieten **2 ontboezeming, veel gevoel, hartelijkheid** • *remercier qn avec ~* iemand uitbundig bedanken

égal 1 BN (M MV égaux) **1 gelijk** • *des parts de gâteau égales* gelijke stukken taart • *partager en portions égales* in gelijke porties verdelen • *tous les citoyens sont égaux* alle burgers zijn gelijk (voor de wet) • *rester / être toujours ~ à soi-même* steeds zichzelf blijven • *X est ~ à la moitié de Y* X verhoudt zich tot Y als 1 tot 2 • *à travail ~ salaire ~* gelijke monniken, gelijke kappen **2 gelijkmatig, constant** • *un caractère ~* gelijkmatig karakter • *il est toujours d'humeur égale* hij is gelijkmatig van humeur, hij is steeds even kalm **3 onverschillig, om het even** • *c'est ~* het doet er niet toe • *cela m'est ~* dat maakt me niets uit **2** ZN M (MV égaux), **gelijke** • *traiter qn d'égal à ~* iemand op voet van gelijkheid behandelen • *une beauté sans égale* een schoonheid zonder weerga

égalable BN **te evenaren**

également BW **1** eveneens, ook **2** gelijk, even(zeer), net zo
égaler OV WW **1** WISK. gelijk zijn aan • *deux plus deux égalent quatre* twee plus twee is vier **2** evenaren • *~ qn en beauté* iemand in schoonheid evenaren
égalisateur BN (V égalisatrice) • SPORT *un but ~* gelijkmaker
égalisation ZN V **1** FIG. nivellering • *l'égalisation des salaires des hommes et des femmes* het nivelleren / gelijktrekken van de lonen van mannen en vrouwen **2** (het) gelijkmaken <ook sport>, egalisering • *~ en fin de match* de gelijkmaker aan het eind van de wedstrijd
égaliser **1** OV WW **1** gelijkmaken, effenen • *~ des cheveux* haren bijknippen **2** FIG. nivelleren, gelijktrekken **2** ONOV WW SPORT gelijkmaken • *elle a égalisé à la dernière minute du match* in de laatste minuut van de wedstrijd scoorde zij de gelijkmaker
égalitaire BN egalitair, gelijkheid nastrevend
égalité ZN V **1** gelijkheid • *l'égalité des droits* gelijkberechtiging • *l'égalité des chances* gelijke kansen • *l'égalité des forces* evenwicht van krachten, het even sterk zijn **2** gelijkmatigheid • *l'égalité d'humeur* gelijkmatig karakter, gelijkmoedigheid **3** SPORT deuce • *être à égalité* gelijkstaan **4** WISK. gelijkvormigheid
égard ZN M **1** opzicht • *une maison pratique à tous égards* een in alle opzichten praktisch huis • *à cet égard, elle est parfaite* in dat opzicht is ze volmaakt • *eu ~ à sa position* gezien zijn positie, als je rekening houdt met zijn positie • *à l'égard de...* ten aanzien van... • *à l'égard de mes collègues...* wat mijn collega's betreft... **2** achting, eerbied • *faire qc par ~ pour ses parents* iets uit respect voor zijn ouders doen • *avoir des égards pour qn* attent zijn tegenover iemand • *traiter quelqu'un avec beaucoup d'égards* iemand met egards behandelen
égaré BN **1** verdwaald, zoekgeraakt **2** verdwaasd, verwilderd • *un regard égaré* verdwaasde blik
égarement ZN M **1** (het) zoekraken **2** FIG. (af)dwaling, verwarring, verdwazing • *l'égarement de l'esprit* verstandsverbijstering
égarer **1** OV WW **1** zoekmaken, kwijtraken • *j'ai égaré mes clés* ik ben mijn sleutels kwijt **2** misleiden, in verwarring brengen • *la passion vous égare* uw emoties brengen u van de wijs **2** WKD WW **(s'~)** **1** verdwalen, zoekraken • *s'égarer dans les rues* in de straten verdwalen • *des votes qui s'égarent* stemmen die verloren gaan **2** FIG. in de war zijn • *sa raison / son esprit s'égare* hij is geestelijk in de war
égaux ZN M MV → **égal**
égayer **1** OV WW **1** opvrolijken, opleuken • *~ une maison / un vêtement* een huis / een kledingstuk wat opvrolijken **2** FIG. losser maken • *le champagne les a égayés* door de champagne kwamen ze los **2** WKD WW **(s'~)** FORM. zich vrolijk maken • *s'égayer aux dépens de qn* zich vermaken ten koste van iemand
égérie LIT. ZN V bezielster, (geheime) raadgeefster, FIG. muze
égide FORM. ZN V bescherming • *sous l'égide de...* onder (hoge) bescherming / auspiciën van...
églantier ZN M egelantier, bottelroos
églantine ZN V bloem v.d. egelantier
église ZN V kerk • *les gens d'Église* de geestelijken • *la séparation de l'Église et de l'État* de scheiding van Kerk en Staat • *aller à l'église* naar de kerk gaan
ego ZN M (MV id.), ego, ik
égocentrique BN egocentrisch
égoïsme ZN M egoïsme • *par égoïsme* uit zelfzucht
égoïste **1** BN egoïstisch **2** ZN M/V egoïst
égorger OV WW kelen • *~ un animal / qn* een dier / iemand de keel afsnijden
égosiller WKD WW **(s'~)** zich hees schreeuwen • *s'égosiller à chanter* uit volle borst zingen
égout "-goe met harde g" ZN M riool, OOK FIG. goot • *les égouts* de riolering • *un rat d'égout* rioolrat • *un ~ à ciel ouvert* open riool
égoutier ZN M rioolwerker
égouttage, **égouttement** ZN M (het) (laten) uitdruipen
égoutter **1** OV WW laten uitdruipen • *~ les pâtes* de pasta afgieten **2** WKD WW **(s'~)** uitdruipen, (af)druipen
égouttoir ZN M **1** afdruiprek • *un ~ à vaisselle* afdruiprek **2** vergiet • *un ~ à salade* slavergiet
égratigner **1** OV WW OOK FIG. bekrassen, krabben, licht beschadigen • *le chat l'a égratigné* de kat heeft hem gekrabd **2** WKD WW **(s'~)** zich schrammen • *s'égratigner en cueillant des roses* schrammen oplopen bij het plukken van rozen
égratignure ZN V **1** schram, krab • OOK FIG. *s'en tirer sans une ~* er zonder een schrammetje afkomen **2** FIG. kleine belediging, steek, plagerij
égrener **1** OV WW **1** ontkorrelen, uit de aren / peulen halen, afristen • *~ les petits pois* de doperwten doppen • *~ des groseilles rouges* aalbessen afristen • *~ un chapelet* een rozenkrans bidden **2** FORM. één voor één laten horen • *l'horloge égrène les heures* de klok slaat uur na uur **2** WKD WW **(s'~)** FIG. zich aaneenrijgen • *les heures s'égrènent* uur na uur gaat voorbij
égrillard BN schunnig, schuin, gewaagd
Egypte ZN V Egypte
égyptien BN (V égyptienne), Egyptisch
Égyptien ZN M (V Égyptienne), Egyptenaar
eh "ee" TUSSENW hé!, wel! • *eh! toi, là-bas!* hé, jij daar! • *~ bien!* welnu!, nou!, goed! • *~ (bien) oui!* jazeker, tja • *~ (bien) non!* welnee
éhonté BN schaamteloos, brutaal
EI AFK État islamique V **IS** <Islamitische Staat>
EIL État islamique en Irak et au Levant V **ISIL** <Islamitische Staat in Irak en de Levant>
éjaculation ZN V zaadlozing, ejaculatie
éjaculer ONOV WW zaad lozen, ejaculeren
éjectable BN uitwerpbaar • *un siège ~* schietstoel • FIG. *ce directeur est sur un siège ~* die directeur zit op de schopstoel
éjecter OV WW **1** uitwerpen • *être éjecté (d'une*

éj

voiture) (uit een auto) geslingerd worden **2** INFORM. **eruit gooien** • *il s'est fait ~ du collège* hij is van school geschopt

éjection ZN V **uitwerping,** OOK FIG. **lozing** • *l'éjection d'un pilote hors de l'avion* het gebruiken van de schietstoel door een piloot

élaboration ZN V **(het) uitwerken**

élaboré BN **zorgvuldig uitgewerkt / uitgevoerd** • *une recette de cuisine très élaborée* een heel doorwrocht recept

élaborer 1 OV WW **opstellen, uitwerken** <van plan enz.> • *~ un programme* een programma uitwerken **2** WKD WW **(s'~) uitgewerkt worden, vorm aannemen** • *une idée qui s'élabore lentement* idee dat langzaam vorm krijgt

élaguer OV WW OOK FIG. **(be)snoeien, inkorten**

élan ZN M **1 snelle beweging, vaart, aanloop** • *prendre son ~* een aanloop nemen • *dans son élan, elle a tout renversé* in haar vaart / haast heeft ze alles omgegooid **2 geestdrift, elan, bezieling, opwelling** • *un ~ de tendresse / d'enthousiasme* een opwelling van tederheid / van enthousiasme • *contenir ses élans* zijn impulsen / emoties bedwingen • *le maire voudrait insuffler un ~ nouveau à sa ville* de burgemeester wil zijn stad nieuwe impulsen geven **3** DIERK. **eland**

élancé BN **rijzig, slank**

élancement ZN M **stekende pijn, pijnscheut**

élancer 1 WKD WW **(s'~) vooruitsnellen, toesnellen, zich werpen** • *s'élancer à la poursuite de qn* de achtervolging op iemand inzetten • *s'élancer dans l'escalier* snel de trap nemen **2** ONOV WW **steken** <van wond>

élargir 1 OV WW **verbreden, verwijden,** OOK FIG. **verruimen** • *la majorité élargie* ruimere meerderheid • *~ un vêtement* een kledingstuk langer / ruimer maken • FIG. *~ une discussion / un débat* een discussie / debat verbreden **2** WKD WW **(s'~)** OOK FIG. **breder / ruimer worden** • *mon pull s'est élargi* mijn trui is wijder geworden • *la route s'élargit à la sortie du village* de weg wordt buiten het dorp breder

élargissement ZN M **verwijding, verbreding, verruiming, uitbreiding**

élasticité ZN V **elasticiteit, rekbaarheid, soepelheid,** OOK FIG. **veerkracht**

élastique 1 BN **elastisch, rekbaar,** OOK FIG. **veerkrachtig** • *une conscience ~* een ruim geweten • *avoir des horaires élastiques* flexibele werktijden hebben • *le temps est une notion ~* tijd is een rekbaar begrip **2** ZN M **elastiek(je)**

eldorado ZN M **eldorado**

électeur ZN M (V électrice), **kiezer** • *les voix / les suffrages des électeurs et électrices* de stemmen van de kiezers • *une carte d'électeur* kiezerskaart, stemkaart • *un grand ~* kiesman

électif BN (V élective), **door keus / verkiezing bepaald, verkozen**

élection ZN V **1 verkiezing** • *une ~ présidentielle* presidentsverkiezingen • *des élections législatives / municipales* parlements- / gemeenteraadsverkiezingen • *des élections anticipées* vervroegde verkiezingen • *une ~ au suffrage universel* algemene verkiezingen • *organiser des élections* verkiezingen uitschrijven • *se présenter aux élections* zich kandidaat stellen **2** FORM. **keuze** • *une patrie / terre d'élection* (iemands) tweede vaderland

électoral BN (M MV électoraux), **verkiezings-, kies-, electoraal** • *une campagne électorale* verkiezingscampagne • *le corps ~* de kiezers • *une liste électorale* kiezerslijst

électoraliste BN **op de kiezersgunst afgestemd, stemmen trekkend**

électorat ZN M **1 kiezersvolk, electoraat** • *l'électorat de droite* de rechtse kiezers • *l'électorat féminin* de vrouwelijke kiezers • *l'électorat flottant* zwevende kiezers **2 kiesrecht**

électricien ZN M (V électricienne), **elektricien**

électricité ZN V **elektriciteit** • *une coupure d'électricité* stroomstoring • *l'alimentation des villes en électricité* stedelijke stroomvoorziening • *se chauffer à l'électricité* elektrische verwarming hebben • INFORM. *allumer / éteindre l'électricité* het licht aandoen / uitdoen • FIG. *il y a de l'électricité dans l'air* er heerst een geladen sfeer

électrification ZN V **elektrificatie**

électrifier OV WW **elektrificeren**

électrique BN **1 elektrisch** • *une centrale ~* elektrische centrale • *des appareils électriques* elektrische apparaten **2** FIG. **elektriserend, bezielend**

électriser OV WW OOK FIG. **elektriseren, bezielen**

électrocardiogramme ZN M **elektrocardiogram, ecg**

électrochoc ZN M OOK FIG. **elektroshock**

électrocuter 1 OV WW **elektrocuteren 2** WKD WW **(s'~) een dodelijke schok krijgen** • *il a failli s'électrocuter* hij was bijna geëlektrocuteerd

électrocution ZN V **elektrocutie**

électrode ZN V **elektrode**

électroencéphalogramme ZN M **elektro-encefalogram eeg**

électrogène BN **elektriciteit opwekkend** • *un groupe ~* (mobiele) stroomgenerator, noodaggregaat

électromagnétique BN **elektromagnetisch**

électroménager 1 BN **elektrisch** • *des appareils électroménagers* elektrische huishoudapparaten • *un équipement ~* huishoudelijke apparatuur **2** ZN M **elektrische huishoudapparaten**

électromoteur 1 ZN M **elektromotor 2** BN (V électromotrice), **elektromotorisch**

électron ZN M **elektron** • FIG. *un ~ libre* ongeleid projectiel, onhandelbaar lid van de groep

électronicien ZN M (V électronicienne), **elektronicus**

électronique 1 BN **elektronen-, elektronisch** • *faire un paiement ~* elektronisch betalen **2** ZN V **elektronica**

électrophone ZN M **platenspeler**

électrotechnicien ZN M (V

électrotechnicienne), elektrotechnicus
élégamment BW elegant
élégance ZN V sierlijkheid, stijl, elegantie
élégant BN sierlijk, stijlvol, elegant
élément ZN M 1 element, bestanddeel • *les quatre éléments* de vier elementen • *être dans son ~* in zijn element zijn • *ce jeune stagiaire est un très bon ~* die jonge stagiair is een heel goede kracht 2 MV grondslagen, grondbeginselen • *apprendre les éléments de la physique / de la logique* de beginselen van de natuurkunde / de logica leren 3 factor, medeoorzaak • *un ~ de réussite / de succès* succesfactor
élémentaire BN elementair, basis- • *le cours ~ 1 et 2* ≈ groep 4 en 5 van de basisschool • *une grammaire ~* elementaire grammatica • *des connaissances élémentaires* elementaire kennis • NATK. *les particules élémentaires* elementaire deeltjes • INFORM. *c'est élémentaire!* dat is wel het minste!
éléphant ZN M 1 olifant • *avoir une mémoire d'éléphant* een olifantengeheugen hebben 2 INFORM. partijbonze, invloedrijk partijlid • *les éléphants du parti* de kopstukken van de partij
éléphanteau ZN M (MV éléphanteaux), jonge olifant
élevage ZN M teelt <van dieren>, veeteelt, (het) fokken • *l'élevage des abeilles* bijenteelt • *l'élevage des chevaux* paardenfokkerij • *un ~ industriel / en batterie* bio-industrie • *l'élevage en plein air* scharrelhouderij met vrije uitloop
élévateur ZN M heftoestel, elevator
élévation ZN V 1 verhoging, stijging, FIG. verheffing • WISK. *l'élévation (à la puissance)* machtsverheffing 2 verhevenheid • *l'élévation de style* verhevenheid van stijl
élevé BN 1 hoog • *une température élevée* hoge temperatuur 2 verheven • *un style élevé* verheven stijl 3 opgevoed • *bien élevé* beschaafd, welopgevoed • *mal élevé* ongemanierd
élève ZN M/V leerling • *un ~ de classe terminale* eindexamenleerling
élever 1 OV WW 1 oprichten, (op)bouwen • *~ la maison d'un étage* een verdieping op het huis zetten • *on lui a élevé une statue* er is een standbeeld voor hem opgericht 2 opwerpen, opperen <van bedenkingen> • *~ des objections / des critiques* bezwaren / kritiek naar voren brengen 3 OOK FIG. verheffen • *~ au carré* tot de tweede macht verheffen • *~ la voix contre qn / qc* zijn stem tegen iemand / iets verheffen • *~ la voix en faveur de qn* voor iemand opkomen 4 in rang verhogen, bevorderen • FIG. *~ jusqu'aux nues* hemelhoog prijzen 5 grootbrengen, opvoeden, fokken • *~ ses enfants* zijn kinderen grootbrengen • *elle a été élevée chez les sœurs* ze is bij de nonnen opgevoed • *~ des poules / des vaches* kippen / koeien houden 2 WKD WW (s'~) 1 oprijzen, opstijgen • *la tour Eiffel s'élève à trois cent vingt mètres* de Eiffeltoren is 320 meter hoog • *des discussions se sont élevées entre eux* er kwamen discussies tussen hen op gang 2 omhooggaan, stijgen • *le prix s'élève à dix euros* de prijs bedraagt tien euro • *un investissement s'élevant à un million* een investering ter waarde van een miljoen • *la température s'élève* de temperatuur stijgt • *le nombre de blessés s'élève à plus de cent* het aantal gewonden bedraagt meer dan honderd • FIG. *s'élever à la force du poignet* op eigen kracht opklimmen 3 opstaan tegen, zich verzetten tegen • *il s'est élevé contre la décision* hij heeft zich verzet tegen de beslissing
éleveur ZN M (V éleveuse), fokker, veehouder
elfe ZN M elf <natuurgeest>
élider TAALK. 1 OV WW weglaten <van een klank> 2 WKD WW (s'~) wegvallen <van een klank> • *le 'e' de l'article 'le' s'élide devant le mot 'hôtel'* de 'e' van het lidwoord 'le' valt weg voor het woord 'hôtel'
éligibilité ZN V verkiesbaarheid
éligible BN verkiesbaar
élimé BN versleten • *un pull ~ aux coudes* trui met sleetse ellebogen
élimination ZN V 1 (het) wegwerken, verwijdering, uitschakeling, eliminatie • *l'élimination de l'équipe en coupe du monde* uitschakeling van de ploeg bij het wereldkampioenschap • *~ du candidat de droite au premier tour de scrutin* eliminatie van de rechtse kandidaat in de eerste verkiezingsronde • *l'élimination des déchets* afvalverwijdering 2 uitscheiding <van vocht, afvalstoffen>
éliminatoire BN met uitsluiting / uitschakeling als gevolg • SPORT *une épreuve / un match ~* voorronde, kwalificatiewedstrijd • *une note ~* onvoldoende die niet te compenseren is <bij tentamen>
éliminer OV WW 1 wegwerken, uit de weg ruimen, uitsluiten, elimineren • *~ un adversaire* een tegenstander uitschakelen 2 uitscheiden <van vocht / afvalstoffen> • *boire beaucoup pour ~ les toxines* veel drinken om giftige afvalstoffen te verwijderen
élire OV WW onregelmatig (ver)kiezen • *~ qn président* iemand tot voorzitter kiezen • FORM., FIG. *~ domicile à Paris* zich in Parijs vestigen
élision TAALK. ZN V weglating <van een klank>, elisie
élitaire BN elitair • *une école ~* eliteschool
élite ZN V elite, keur • *un tireur d'élite* scherpschutter • *un sujet d'élite* briljante leerling • *les élites de la nation* de bloem der natie
élitiste BN elitair
élixir ZN M elixer • *un ~ de longue vie* levenselixer
elle PERS VNW V 1 zij <voor personen en dingen als onderwerp> • *~ le dit ~-même* ze zegt het zelf • *ta mère, vient-elle?* komt je moeder? • *~ est bien bonne, celle-là!* die is goed! 2 zij <met klemtoon>, haar <met klemtoon> • *je la cherche, ~ / ~, je la cherche* ik zoek háár • *qui est arrivé en retard? ~!* wie is te laat gekomen? zij! 3 haar <na voorzetsel> • *j'arriverai avant ~* ik kom vóór haar aan • *cette voiture est à ~* deze auto is van haar
elles PERS VNW V MV zij • *~ le disent ~-mêmes* ze zeggen het zelf → **elle**

el

ellipse WISK., TAALK. ZN V ellips
elliptique WISK., TAALK. BN elliptisch
élocution ZN V manier van uitdrukken, uitspraak • *avoir un défaut d'élocution* een spraakgebrek hebben • *facilité d'élocution* het zich vlot kunnen uitdrukken
éloge ZN M lof(tuiting), lofrede • *un ~ funèbre* lijkrede • *faire l'éloge de qn* een lofrede houden op iemand, iemand prijzen • *parler de qn avec ~* vol lof over iemand spreken
élogieux BN (V élogieuse), prijzend, lovend • *parler de qn en termes ~* vol lof over iemand spreken
éloigné BN **1** verwijderd <in afstand>, ver (**de** van, uit), afgelegen • *un parent éloigné* verre verwant • *il habite une ferme éloignée de la ville* hij woont in een boerderij ver buiten de stad • *les deux maisons sont éloignées de plus de dix kilomètres* de twee huizen liggen op meer dan 10 km van elkaar **2** verwijderd <in tijd> • *un passé éloigné* een grijs verleden
éloignement ZN M **1** verwijdering, afwezigheid **2** afstand <in ruimte of tijd>, verte • *avec l'éloignement, je vois les choses différemment* achteraf / na verloop van tijd kijk ik anders tegen de dingen aan
éloigner 1 OV WW **1** verwijderen, OOK FIG. opschuiven • *~ un enfant de la cheminée* een kind bij de open haard weghalen • *on l'a éloigné de la politique* ze hebben hem vervreemd van de politiek **2** afleiden, afwenden • *~ le danger* het gevaar afwenden **2** WKD WW **(s'~)** zich verwijderen • *l'orage s'éloigne* het onweer trekt weg • *s'éloigner en courant / à la nage* wegrennen / -zwemmen • *s'éloigner de qn* vervreemden van iemand • FIG. *s'éloigner du sujet* van het onderwerp afdwalen
élongation ZN V (spier)verrekking
éloquence ZN V (wel)sprekendheid • *parler avec ~* meeslepend / met overtuigingskracht spreken
éloquent BN welsprekend, veelzeggend, veelbetekenend <van blik, stilte>
élu 1 BN verkozen, uitverkoren **2** ZN M **1** gekozene, gekozen vertegenwoordiger **2** uitverkorene • *l'élu de son cœur / l'heureux ~* de geliefde, de gelukkige **3** WW volt. deelw. → **élire**
élucider OV WW toelichten, ophelderen • *~ un crime / un mystère* een misdrijf / een mysterie ophelderen
élucubration MIN. ZN V hersenspinsel
éluder OV WW (handig) ontwijken, ontduiken
Élysée ZN V • *l'Élysée* het Elysée <presidentieel paleis>
élyséen BN (V élyséenne), van het Elysée, presidentieel
émacié BN uitgemergeld, uitgeteerd
émail ZN M (MV émaux), email, glazuur • *l'émail des dents* tandglazuur
e-mail ZN M (MV e-mails), e-mail • *envoyer un ~ à qn* iemand mailen • *envoyer un document par ~* een document mailen
émailler OV WW **1** emailleren **2** FIG., IRON. opsieren (**de** met), bont schakeren (**de** met) • *un livre émaillé de citations* boek dat wemelt van de citaten • *un livre émaillé de fautes d'orthographe* boek dat wemelt van de spelfouten
émanation ZN V uitvloeiing, uitwaseming, (kwalijke) dampen • *des émanations de gaz toxiques* vrijkomende gifgassen
émancipateur 1 BN (V émancipatrice), vrijmakend, emanciperend **2** ZN M (V émancipatrice), vrijmaker, FIG. bevrijder
émancipation ZN V **1** emancipatie, vrijmaking • *le mouvement d'émancipation des colonies* de onafhankelijkheidsbeweging in de koloniën **2** JUR. meerderjarigverklaring
émanciper 1 OV WW **1** emanciperen, vrijmaken **2** JUR. ontvoogden, mondig / meerderjarig verklaren **2** WKD WW **(s'~)** geëmancipeerd / onafhankelijk worden, INFORM. vrijgevochten worden • *s'émanciper financièrement* financieel onafhankelijk worden • *s'émanciper de la tutelle parentale* zich losmaken van de betutteling van de ouders
émaner ONOV WW **1 ~ de** voortkomen uit • *cette décision émane du gouvernement* dat besluit komt van de regering • *le pouvoir émane du peuple* de macht komt voort uit het volk **2 ~ de** afkomstig zijn van <gas, straling, geur> **3 ~ de** FIG. uitgaan van • *la gentillesse qui émane d'elle* de vriendelijkheid die van haar uitgaat
émasculation ZN V ontmanning, castratie
émasculer OV WW ontmannen, castreren
émaux ZN M MV → **émail**
emballage ZN M verpakking, emballage • *du papier d'~* pakpapier • *un ~ consigné* verpakking met statiegeld • *un ~ perdu* wegwerpverpakking • *les frais d'~* verpakkingskosten
emballage-cadeau ZN M cadeauverpakking
emballement ZN M plotseling enthousiasme • *l'~ d'un moteur* het doorslaan / doldraaien van een motor
emballer 1 OV WW **1** inpakken, verpakken • *~ la vaisselle* het vaatwerk inpakken **2** INFORM. enthousiast maken • *cela ne m'emballe pas* ik vind er niets aan • *cette nouvelle école ne l'emballe pas* hij is niet weg van die nieuwe school **3** te snel laten draaien <v. motor>, opjagen **2** WKD WW **(s'~) 1** op hol slaan <ook v. motor> • *le moteur s'est emballé dans la descente* de motor maakte bij het omlaagrijden te veel toeren **2** INFORM. opgewonden raken, opeens boos / enthousiast worden • *s'~ pour une fille* helemaal weg zijn van een meisje
emballeur ZN M (V emballeuse), inpakker
embarcadère ZN M aanlegsteiger
embarcation ZN V kleine boot, schuitje, sloep
embardée ZN V plotselinge zwenking <voertuig>, zwieper
embargo ZN M embargo (**sur** op) • *l'~ pétrolier* olie-embargo • *mettre l'~ sur qc* een embargo op iets leggen • *décréter / lever l'~* een embargo afkondigen / opheffen
embarquement ZN M inscheping, (het)

instappen, (het) inladen • *Mr. X, ~ immédiat à la porte 20!* Meneer X, onmiddellijk instappen bij gate 20! <op vliegveld>

embarquer 1 OV WW 1 aan boord nemen / krijgen, inschepen, inladen • *~ des passagers* passagiers aan boord nemen • *~ du matériel* materiaal inladen • INFORM. *~ les touristes dans un autocar* de toeristen in een bus laden 2 INFORM. meenemen, oppikken, inpikken • *la police a embarqué les dealers* de politie heeft de dealers opgepakt 2 ONOV WW scheep gaan, aan boord gaan • *~ dans une voiture / un car* in een auto / bus stappen • *~ pour l'Amérique* op de boot / het vliegtuig naar Amerika stappen 3 WKD WW (s'~) 1 zich inschepen, aan boord gaan 2 verwikkeld raken, zich storten <in een hachelijke onderneming> • FIG. *il s'est embarqué dans une drôle d'histoire* hij is in een raar zaakje verwikkeld geraakt

embarras "-rà" ZN M 1 verlegenheid <ongemakkelijke situatie>, (geld)nood, moeilijkheden • *être dans l'~* in de klem / knel zitten • *n'avoir que l'~ du choix* keus te over hebben, het voor het uitzoeken hebben • *causer de l'~ à quelqu'un* iemand last bezorgen • *tirer qn d'~* iemand uit de brand / nood helpen 2 stoornis • *un ~ gastrique* maagstoornis

embarrassant BN hinderlijk, lastig, FIG. pijnlijk

embarrassé BN 1 in verlegenheid, opgelaten • *avoir l'air ~* een opgelaten indruk maken • *se sentir ~* zich gegeneerd voelen 2 verward, onduidelijk • *donner des explications embarrassées* een verwarde uitleg geven

embarrasser 1 OV WW 1 in verlegenheid brengen • *ça l'embarrasse de dire ce qu'il pense* hij durft niet goed te zeggen wat hij denkt • *sa question m'embarrasse* zijn vraag brengt me in verlegenheid 2 hinderen, belemmeren • *~ qn par sa présence* iemand hinderen met zijn aanwezigheid 2 WKD WW (s'~) verward / verstrikt raken (in), zich (overdreven) zorgen maken (over) • *il ne s'embarrasse d'aucun scrupule* hij wordt niet gehinderd door scrupules

embauche ZN V indienstneming, aanwerving • *il n'y a pas d'~ dans cette branche* er is geen werk(gelegenheid) in die bedrijfstak

embaucher OV WW in dienst nemen, aanwerven • *se faire ~ comme plongeur dans un restaurant* aangenomen worden als bordenwasser in een restaurant • INFORM., HUMOR. *j'ai embauché mon mari pour faire la vaisselle ce soir* ik heb mijn man gecharterd om vanavond de afwas te doen

embaucheur ZN M (V embaucheuse), werver <van arbeiders>, koppelbaas

embaumer 1 OV WW 1 balsemen 2 doen geuren 2 ONOV WW lekker ruiken

embellie ZN V OOK FIG. opklaring, (tijdelijke) windstilte <op zee>

embellir 1 OV WW verfraaien, mooier maken 2 ONOV WW mooier worden

embellissement ZN M verfraaiing

emberlificoter INFORM. WKD WW (s'~) in de war raken, verstrikt raken • *s'~ dans des explications qui ne tiennent pas* geen afdoende verklaringen kunnen geven, zich vastpraten

embêtant INFORM. BN vervelend, onaangenaam

embêtement INFORM. ZN M narigheid

embêter INFORM. 1 OV WW lastigvallen, vervelen • *arrête de l'embêter!* laat hem met rust! • *cela m'embête un peu de ne pas l'avoir rencontré* het zit me een beetje dwars dat ik hem niet ontmoet heb 2 WKD WW (s'~) zich vervelen • *s'embêter à deux sous de l'heure* zich rotvervelen

emblée • *d'emblée* op slag, dadelijk, meteen al

emblématique BN emblematisch, symbolisch

emblème ZN M embleem, zinnebeeld, merkteken

embobiner, embobeliner INFORM., FIG. OV WW inpakken, inpalmen, beduvelen • *se faire ~ par qn* zich door iemand laten inpakken

emboîter 1 OV WW 1 ineenschuiven (dans in) • *~ un élément dans un autre* twee onderdelen in elkaar schuiven 2 nauw omsluiten • *~ le pas à qn* iemand op de voet volgen 2 WKD WW (s'~) in elkaar grijpen / passen

embolie MED. ZN V embolie

embonpoint ZN M gezetheid • *prendre de l'~* dik worden, een buikje krijgen

embouché BN • FIG. *être mal embouché* grof in de mond zijn

embouchure ZN V 1 (uit)monding • *l'~ d'un fleuve* monding van een rivier 2 MUZ. mondstuk

embourber WKD WW (s'~) 1 in de modder blijven steken • *la voiture s'est embourbée* de auto is in de modder vastgelopen 2 zich vastwerken, verstrikt raken • *s'~ dans la crise* in een crisis wegzinken

embourgeoisement ZN M verburgerlijking

embourgeoiser WKD WW (s'~) verburgerlijken

embout ZN M dopje / opzetstukje aan het eind, (stoot)punt <van stok, paraplu>

embouteillage ZN M verkeersopstopping • *être bloqué / se trouver dans un ~* in een file staan

embouteillé OV WW (door files, overbelasting) verstopt • *le centre de la ville est ~ (à cause des manifestants)* het centrum van de stad is verstopt (vanwege de demonstranten)

emboutir OV WW botsen op <auto>, rammen • *le car a embouti l'arrière de la voiture* de bus heeft de auto van achteren geramd

embranchement ZN M OOK FIG. vertakking, aftakking, splitsing • *un ~ d'autoroute* knooppunt van snelwegen

embrancher OV WW verbinden <van buizen, (spoor)wegen>, aansluiten

embrasement ZN M ontvlamming

embraser 1 OV WW in vuur en vlam zetten, in gloed doen raken • FORM. *on dirait que le soleil embrase le ciel* het lijkt wel alsof de zon de hemel in vuur en vlam zet 2 WKD WW (s'~) vlam vatten, OOK FIG. in gloed raken • FIG. *les passions qui s'embrasent* de gemoederen die verhit raken

embrassade ZN V omhelzing, gezoen

embrasser **1** OV WW **1** omhelzen, zoenen • *~ qn sur la bouche* iemand op de mond zoenen • *~ qn sur la joue* iemand op de wang kussen • *je t'embrasse (très fort)* veel liefs <in brief> **2** FIG. omhelzen, aannemen • *~ une carrière* een loopbaan kiezen **3** omvatten, bevatten, (in zich) opnemen • *d'un coup d'œil, on embrasse toute la vallée* je kunt het hele dal in een oogopslag overzien **2** WKD WW **(s'~)** elkaar omhelzen, elkaar zoenen • *ils se sont embrassés sur la bouche* ze zoenden elkaar op de mond

embrasure ZN V vensteropening, deuropening • *se tenir dans l'~ de la porte* in de deuropening staan

embrayage TECHN. ZN M koppeling(smechanisme) • *une voiture à ~ automatique* auto met automatische versnelling, automaat

embrayer ONOV WW **1** koppelen, de koppeling laten opkomen **2** INFORM. beginnen (te werken / te praten) • *après, il a embrayé sur sa vie privée* daarna begon hij over zijn privéleven

embrigadement MIN. ZN M rekrutering

embrigader OV WW als lid / deelnemer rekruteren, ronselen • *se laisser ~* zich laten overhalen om lid te worden, zich aansluiten

embringuer INFORM. **1** OV WW verwikkelen (in), betrekken (bij) • *on l'a embringué dans une affaire douteuse* ze hebben hem bij een vies zaakje betrokken **2** WKD WW **(s'~) dans** verwikkeld raken in / bij

embrocher OV WW **1** aan het spit rijgen / steken **2** INFORM. spietsen, doorsteken

embrouillamini INFORM. ZN M wanorde, bende

embrouille INFORM. ZN V verwarring(zaaierij), verwarrende / misleidende praatjes • *c'est un sac d'embrouilles* het is een puinhoop

embrouillé BN warrig

embrouiller **1** OV WW verward maken • INFORM. *ni vu ni connu, je t'embrouille!* geen haan die ernaar kraait **2** WKD WW **(s'~)** verward raken • *s'~ dans tous les détails d'une affaire* alle details van een zaak door elkaar halen • *tout s'embrouille dans sa tête* hij is helemaal de draad kwijt

embroussaillé BN **1** vol struiken **2** verwilderd, verward <van haar, baard> • *des sourcils embroussaillés* borstelige wenkbrauwen

embrumer OV WW nevelig maken • FIG. *avoir le cerveau embrumé* wazig in het hoofd zijn, een mistig figuur zijn • FIG. *l'alcool lui embrume l'esprit* de drank benevelt hem

embruns ZN M MV stuivend spatwater <van golven>, buiswater

embryon ZN M **1** MED. embryo **2** FIG. kiem • *à l'état d'~* in de kiem

embryonnaire BN embryonaal • *un concept ~* pril idee, nog onvolgroeid concept • *à l'état ~* in embryonale toestand

embûches ZN V MV FIG. valstrikken, voetangels en klemmen • FIG. *un parcours semé d'embûches* weg vol obstakels

embuer **1** OV WW met een waas bedekken, doen beslaan • *des yeux embués (de larmes)* betraande ogen **2** WKD WW **(s'~)** beslaan • *des vitres qui s'embuent* ruiten die beslaan

embuscade ZN V hinderlaag • *dresser / tendre une ~ à qn* een hinderlaag voor iemand leggen, proberen iemand in de val te lokken • *se mettre en ~* zich verdekt opstellen • *tomber dans une ~* in een hinderlaag lopen / vallen • *en ~* in hinderlaag

embusquer **1** OV WW in hinderlaag leggen • *un tireur embusqué* sluipschutter **2** WKD WW **(s'~)** in hinderlaag gaan liggen, zich verbergen

éméché INFORM. BN aangeschoten, een beetje dronken

émeraude **1** ZN V smaragd **2** BN • *un vert ~* smaragdgroen

émergence ZN V (het) opduiken, (plaats van) het aan de dag treden

émerger ONOV WW **1** opduiken, tevoorschijn komen, aan het licht komen • *les pays émergents* de opkomende economieën • *les rochers émergent à marée basse* bij eb worden de rotsen zichtbaar • FIG. *la vérité finira bien par ~* de waarheid komt uiteindelijk wel aan het licht **2** FIG. eruit springen, gunstig opvallen • INFORM. *avoir du mal à ~ le matin* 's morgens moeilijk bij zijn positieven komen

émerveillement ZN M verwondering, verbazing, verrukking • *l'émerveillement devant qc / à la vue de qc* verbazing / opgetogenheid bij het zien van iets

émerveiller **1** OV WW verbaasd doen staan, in verrukking brengen **2** WKD WW **(s'~)** verwonderd / opgetogen zijn • *s'émerveiller de qc / devant qc* verbaasd / opgetogen zijn over iets

émetteur **1** BN (V émettrice), uitzendend • *un poste ~* zender • *une station émettrice* zendstation **2** ZN M **1** zender • *un émetteur-récepteur* zender-ontvanger **2** uitschrijver <van een waardepapier> • *l'émetteur d'un chèque* uitschrijver van een cheque

émettre **1** OV WW onregelmatig **1** uitbrengen • *~ un son* geluid geven, een geluid laten horen **2** uitgeven <v. effecten, postzegels e.d.>, in omloop brengen • *~ un chèque* een cheque uitschrijven • *un emprunt émis par l'État* staatslening • *~ des billets* bankbiljetten in omloop brengen **3** uitstralen • *~ des rayons* stralen uitzenden **4** uiten, uitbrengen • *~ un avis* een mening geven • *~ le voeu que...* de wens uitspreken dat... **2** ONOV WW MEDIA uitzenden

émeu ZN M emoe

émeute ZN V oproer, rel • *de violentes émeutes ont éclaté* er zijn hevige rellen uitgebroken

émeutier ZN M (V émeutière), oproerling, opruier, relschopper

émiettement ZN M verkruimeling, verbrokkeling

émietter **1** OV WW verkruimelen, verbrokkelen **2** WKD WW **(s'~)** verkruimelen, verbrokkelen

émigrant ZN M (V émigrante), emigrant, landverhuizer

émigration ZN V emigratie, uitwijking • *un pays à forte ~* land met hoog emigratiecijfer

émigré ZN M (V émigrée), uitgewekene • *un ~ politique / économique* politieke / economische vluchteling

émigrer ONOV WW **1** emigreren **2** (weg)trekken <van dieren>

emincé CUL. ZN M gerecht van dunne plakjes

éminence ZN V **1** verhevenheid, heuvel **2** eminentie <titel> • *une ~ grise* grijze eminentie, wijze raadsman achter de schermen

éminent BN voortreffelijk, uitstekend, eminent

émir ZN M emir

émirat ZN M emiraat • *les Émirats arabes unis* Verenigde Arabische Emiraten

émissaire 1 ZN M (geheim) afgezant **2** BN • *un bouc ~* zondebok

émission ZN V **1** uitzending <radio, tv> • *une ~ en direct / en différé* rechtstreekse / niet-rechtstreekse uitzending • *une ~ télévisée / de télévision* televisie-uitzending • *une ~ de variétés* amusementsprogramma **2** uitgifte, emissie <v. effecten, postzegels, munten e.d.> **3** NATK. uitstraling, afgifte • *une ~ de gaz* gasuitstoot

emmagasiner OV WW **1** OOK FIG. opslaan, bergen • FIG. *~ de la chaleur* warmte opslaan **2** FIG. ophopen, verzamelen • *~ des informations* informatie verzamelen

emmailloter OV WW omzwachtelen, inwikkelen, OOK FIG. inkapselen

emmancher WKD WW (s'~) • INFORM. *l'affaire s'emmanche bien* de zaak ziet er veelbelovend uit

emmanchure ZN V armsgat

emmêler 1 OV WW verwarren • *des cheveux emmêlés* verwarde haren **2** WKD WW (s'~) verward raken • INFORM. *s'emmêler les pieds / les pinceaux* de draad kwijtraken • *tout s'emmêle dans son esprit* hij kan er geen wijs meer uit worden

emménagement ZN M (het) intrekken in een nieuwe woning

emménager ONOV WW intrekken (**dans** in) <nieuwe woning, bureau, etc.>

emmener OV WW meenemen, wegbrengen, wegvoeren • *~ qn au cinéma / qn dîner* iemand meenemen naar de bioscoop / uit eten • *~ le chat en vacances* de kat meenemen op vakantie

emmenthal, **emmental** ZN M emmentaler (kaas)

emmerdant INFORM. BN (stom)vervelend, klierig, rottig, zeikerig

emmerde INFORM. ZN V narigheid, gedonder, gezeik • *elle n'a que des ~s en ce moment* ze heeft niets dan ellende op het ogenblik

emmerdement INFORM. ZN M • *avoir des ~s d'argent* financieel in de knoei zitten → **emmerde**

emmerder INFORM. **1** OV WW lastigvallen, dwarszitten, de keel uithangen • *lui, je l'emmerde!* ik heb schijt aan hem! • *ne pas se laisser ~ par qn* zich door iemand niet gek laten maken • *on est très emmerdé en ce moment, le lave-vaisselle ne marche pas* we zitten op het ogenblik behoorlijk in de knoei, de afwasmachine doet het niet **2** WKD WW (s'~) **1** zich (rot)vervelen • *on s'est bien emmerdé au cinéma* we hebben ons stierlijk verveeld in de bioscoop **2** zich (zinloos) uitsloven • *on va pas s'~ à réparer cette vieille bécane* we gaan ons niet moe maken met het repareren van dat ouwe karretje

emmerdeur INFORM. ZN M (V emmerdeuse), klier, zeikerd • *pour un ~, c'est un ~ de première (classe)!* hij is een zeikerd, en wat voor één!

emmitoufler 1 OV WW warm inpakken (**dans** in) **2** WKD WW (s'~) zich warm inpakken • *s'~ dans une couverture* lekker onder een deken kruipen

emmurer OV WW inmetselen tussen vier muren, OOK FIG. opsluiten • *être emmuré dans son silence* zich in stilzwijgen hullen

émoi ZN M opschudding, onrust • *toute la rue est en ~* de hele straat is in rep en roer • *la nomination a provoqué beaucoup d'émoi* die benoeming gaf veel commotie

émoji ZN M emoji

émoticon ZN M emoticon

émotif BN (V émotive), gevoels-, vatbaar voor emoties, emotioneel • *un enfant ~* gevoelig kind

émotion ZN V emotie, ontroering, beroering • *maîtriser ses émotions* zijn emoties bedwingen • *susciter des émotions* emoties oproepen / losmaken • *éprouver une grande ~ à la vue de qc* diep geroerd zijn bij het zien van iets • *être gagné par l'émotion* het (even) te kwaad hebben • INFORM. *tu m'as donné des émotions* ik heb angsten (door je) uitgestaan

émotionnel BN (V émotionnelle), gevoels-

émotionner INFORM. OV WW ontroeren

émotivité ZN V vatbaarheid voor emoties, emotionaliteit

émoulu BN • *frais ~ de l'université* pas afgestudeerd, zo van de universiteit

émousser 1 OV WW **1** stomp maken **2** OOK FIG. afstompen • *sa curiosité est émoussée* zijn nieuwsgierigheid is verflauwd **2** WKD WW (s'~) **1** stomp worden **2** OOK FIG. afstompen

émoustillant BN aangenaam opwindend, prikkelend, pikant

émoustiller OV WW aangenaam opwinden, vrolijk maken

émouvant BN ontroerend, aangrijpend • *une histoire émouvante* een aandoenlijk verhaal

émouvoir 1 OV WW onregelmatig ontroeren, aangrijpen • *~ qn jusqu'aux larmes* iemand tot tranen toe ontroeren **2** WKD WW (s'~) ontroerd worden, onrustig worden, opgewonden worden • *le peuple commence à s'émouvoir* het volk begint onrustig te worden • *s'émouvoir à l'idée de... / en découvrant que...* opgewonden raken bij het idee dat... / bij het ontdekken dat... • *sans s'émouvoir* zonder zich druk te maken, onbewogen

empailler OV WW **1** opzetten <v. dieren> **2** met stro bekleden, matten <v. stoelen>

empaqueter OV WW inpakken

emparer WKD WW (s'~) **de** zich meester maken van, bemachtigen, overmannen • *le voleur s'est emparé de ses bijoux* de dief heeft haar juwelen buitgemaakt • SPORT *le joueur s'empare du ballon* de speler bemachtigt de bal • *s'~ du pouvoir* de macht grijpen

empâtement ZN M **pafferigheid, dikkigheid**

empâter WKD WW **(s'~) pafferig / dikkig worden** • *s'empâter avec l'âge* met de jaren pafferiger worden

empathie ZN V **invoelingsvermogen, empathie**

empêchement ZN M **beletsel, verhindering** • *avoir un ~* verhinderd zijn, opgehouden worden, niet kunnen komen

empêcher **1** OV WW **beletten, verhinderen, (ervan) weerhouden** • *rien ne vous empêche de venir* niets weerhoudt u ervan om te komen • *qu'est-ce qui t'empêche de partir?* wat let je om weg te gaan? • *vous ne pouvez ~ que cela se passe* u kunt niet verhinderen dat dat gebeurt • *(il) n'empêche qu'il a raison!* dat neemt niet weg dat hij gelijk heeft!, en toch heeft hij gelijk! **2** WKD WW **(s'~) de nalaten om** • *il n'a pas pu s'empêcher de rire* hij kon zijn lachen niet (in)houden, hij moest (wel) lachen

empêcheur ZN M (V **empêcheuse**) • *un ~ de tourner en rond* spelbreker

empereur ZN M **keizer**

empesé BN **1 gesteven 2** FIG. **stijf, gemaakt** • *un air ~* stroeve houding

empester **1** OV WW **met stank (ver)vullen, stinken naar** • *cette odeur de cigare empeste la maison* door die geur van sigarenrook stinkt het hele huis **2** ONOV WW **stinken**

empêtrer WKD WW **(s'~) vastraken in, verwikkeld / verward raken in** • *s'empêtrer dans des mensonges* in leugens verstrikt raken

emphase ZN V **gezwollenheid, hoogdravendheid** • *parler avec ~* hoogdravende woorden gebruiken

emphatique BN **gezwollen, hoogdravend**

emphysème MED. ZN M **emfyseem**

empiétement, empiètement ZN M **uitbreiding** <ten koste van>, **inbreuk**

empiéter ONOV WW **~ sur inbreuk maken op,** FIG. **iets afknabbelen van** • *la mer empiète sur les côtes* de zee wint veld op de kust • *le café empiète sur le trottoir* café dat een stuk van het trottoir in beslag neemt

empiffrer INFORM. WKD WW **(s'~) zich volproppen**

empilable BN **stapelbaar**

empilement ZN M **opstapeling**

empiler **1** OV WW **opstapelen, opeenhopen** • *~ des enfants dans une petite voiture* kinderen in een kleine auto stouwen **2** WKD WW **(s'~) zich ophopen** • *s'~ dans un train* opeengepakt staan in een trein • *le travail s'empile* het werk stapelt zich op

empire ZN M **1 keizerrijk** • *le style Empire* empirestijl • *l'~ colonial* het koloniale rijk • *le Premier Empire / le Second Empire* keizerrijk van Napoleon I / van Napoleon III • FIG. *pas pour tout un ~!* voor geen geld (ter wereld)! **2 rijk, imperium** • *~ de la finance / de l'informatique* het rijk van het geld- en bankwezen / van de IT **3 macht, heerschappij, invloed** • *être sous l'~ de la drogue* onder invloed van drugs zijn

empirer ONOV WW **erger worden, verslechteren** • *l'état du malade empire* de toestand van de zieke gaat achteruit

empirique BN **empirisch**

empirisme ZN M **empirisme**

emplacement ZN M **plaats** <met zekere bestemming>, **terrein, locatie** • *~ réservé aux handicapés / aux livraisons* parkeerplaats uitsluitend voor gehandicapten / voor afgifte van goederen • *un ~ de camping* plaats op een camping

emplâtre ZN M **kleefpleister, papje**

emplette ZN V **kleine aankoop, boodschap** • *faire ses ~s* boodschappen doen, winkelen

emploi ZN M **1 gebruik, aanwending, besteding** • *un mode d'~* gebruiksaanwijzing • *un ~ du temps* (werk-, studie)rooster, tijdsbesteding • *avoir un ~ du temps chargé / serré* het druk hebben, een strak tijdschema hebben • *faire double ~* overtollig / dubbelop zijn **2 baan, betrekking, werk(gelegenheid)** • *un ~ à plein temps / à mi-temps* volledige / halve baan • *un ~ à temps partiel* deeltijdbaan • *un ~ jeune* jongerenbaan • *un demandeur d'~* werkzoekende • *le marché de l'~* arbeidsmarkt • *des offres d'~* vacatures, 'personeel gevraagd' <in advertenties> • *être sans ~* werkloos zijn • *avoir la tête /* INFORM. *la gueule de l'~* geknipt zijn voor die rol

employable BN **bruikbaar**

employé ZN M (V **employée**), **werknemer, beambte** • *les employés de bureau* kantoorpersoneel • *les employés des postes* postbeambten • *un ~ de banque* bankemployé • *un ~ de maison* huisbediende

employer **1** OV WW **1 gebruiken, aanwenden, besteden, zich bedienen van** • FIG. *ne pas ~ la force* geen geweld gebruiken **2 in dienst hebben** • *cette compagnie emploie plus de cinq cents salariés* dat bedrijf heeft meer dan 500 werknemers in dienst **2** WKD WW **(s'~) 1 gebruikt worden** • *une expression qui ne s'emploie plus* uitdrukking die niet meer gebruikt wordt **2 zijn best doen om, zich bezighouden met** • *cette association s'emploie à aider les plus démunis* die vereniging zet zich in voor de minst draagkrachtigen

employeur ZN M (V **employeuse**), **werkgever**

empocher OV WW FIG. **in de zak steken, beuren, opstrijken** • *la gagnante a empoché les trois millions du loto* de winnares heeft de drie miljoen van de lotto opgestreken

empoignade "a(n)pwanj-" ZN V **heftige ruzie**

empoigne "a(n)pwanj" ZN V **(het) grijpen** • *c'est la foire d'~* het is pakken wat je pakken kan, het is graaien, graaien

empoigner "a(n)pwanjee" **1** OV WW **1 grijpen, pakken 2** FIG. **boeien, aangrijpen 2** WKD WW **(s'~) (bek)vechten, bakkeleien**

empoisonnant INFORM. BN **(stom)vervelend**

empoisonnement ZN M **1 vergiftiging 2** INFORM. meestal mv **narigheid, last** • *elle a eu suffisamment d'empoisonnements dans sa vie!* ze heeft genoeg ellende gehad in haar leven

empoisonner 1 OV WW 1 OOK FIG. vergiftigen • *être empoisonné par qn* door iemand vergiftigd zijn 2 verpesten, vergallen, bederven • *des remarques empoisonnées* giftige opmerkingen 3 INFORM. dwarszitten, vervelen, de keel uithangen 2 WKD WW (s'~) 1 zich vergiftigen 2 INFORM. zich doodvervelen

empoisonneur ZN M (V empoisonneuse) 1 gifmenger 2 (zeden)bederver • *quel ~ avec sa musique!* wat een klier met zijn muziek!

emporté BN opvliegend, driftig

emportement ZN M drift(bui), opvliegendheid

emporte-pièce (MV emporte-pièces) • *des propos à l'emporte-pièce* vlijmscherpe bewoordingen, (het) recht voor z'n raap de dingen zeggen • *une discussion à l'emporte-pièce* vinnige discussie

emporter 1 OV WW 1 meenemen, OOK FIG. meeslepen • *un plat à ~* meeneem-, afhaalgerecht 2 wegvoeren, OOK FIG. wegrukken • *le vent a tout emporté sur son passage* de wind heeft alles op zijn weg meegesleurd • *~ les blessés* de gewonden afvoeren • *le courant a emporté l'embarcation* het bootje werd door de stroom meegesleurd 3 in de wacht slepen, winnen, behalen • *notre équipe l'emporte* onze ploeg wint 2 WKD WW (s'~) driftig worden, nijdig worden (**contre** op, over)

empoté INFORM. BN onbeholpen (en sloom), klunzig

empoussiéré BN met stof bedekt • *des meubles empoussiérés* stoffige meubels

empreint BN gegrift, het stempel dragend van, doortrokken van

empreinte ZN V 1 afdruk, indruk, (voet)spoor • *les ~s digitales* vingerafdrukken • *une ~ génétique* genetische vingerafdruk, DNA-profiel • *l'~ écologique* ecologische voetafdruk 2 FIG. stempel • *marquer qc de son ~* zijn stempel op iets drukken

empressé BN bereidwillig, gedienstig, gretig • *ne pas se montrer ~ pour aider qn* niet veel animo tonen om iemand te helpen

empressement ZN M bereidwilligheid, gretigheid, graagte

empresser WKD WW (s'~) zich haasten • *s'~ de faire qc pour qn* maar al te graag iets voor iemand doen

emprise ZN V invloed, vat • *avoir de l'~ sur qn* vat op iemand hebben • *être sous l'~ de l'alcool / de la drogue* onder invloed van drank / drugs zijn

emprisonnement ZN M gevangenzetting, gevangenisstraf • *une peine d'~* gevangenisstraf

emprisonner OV WW 1 gevangenzetten 2 FIG. gevangenhouden, inkapselen

emprunt ZN M 1 lening <van iemand> • *un ~ public / d'État* openbare lening / staatslening • *faire un ~* een lening sluiten • *lancer un ~* een lening uitschrijven 2 (het) geleende • *un nom d'~* aangenomen naam, valse naam • *d'~* onecht, schijn- 3 ontlening • TAALK. *les ~s de l'anglais au français* Engelse leenwoorden in het Frans

emprunté BN gekunsteld, stijf, houterig <van persoon>

emprunter OV WW 1 lenen (**à** van) • *~ de l'argent à la banque* geld bij de bank lenen • *~ un livre à la bibliothèque* een boek bij de bibliotheek lenen 2 ontlenen (**à** aan), aannemen <v. gewoonte enz.> • *toutes les langues ont emprunté aux autres langues* alle talen hebben woorden aan andere talen ontleend 3 nemen <van een weg, voertuig> • *~ l'autoroute* de snelweg nemen

emprunteur 1 ZN M (V emprunteuse), lener <van iemand> 2 BN (V emprunteuse), (ont)lenend • *une langue emprunteuse* overnemende taal <m.b.t. leenwoorden>

empuantir OV WW verpesten <v.d. lucht>, met stank vullen

ému 1 BN ontroerd, aangedaan, gevoelvol • *j'étais très ~ par ses paroles* zijn woorden troffen me diep • *d'une voix émue* met ontroerde stem 2 WW volt. deelw. → **émouvoir**

émulation ZN V 1 wedijver (**entre** tussen), rivaliteit 2 COMP. emulatie, nabootsing

émule ZN M/V mededinger

émulsifiant ZN M emulgator

émulsion ZN V emulsie

en 1 VZ 1 in, naar, aan <m.b.t. plaats, ruimte, hoedanigheid> • *~ France* in Frankrijk • *aller ~ France* naar Frankrijk gaan • *~ plein champ* in het open veld • *dîner ~ ville* buitenshuis eten • *être ~ tête de qc* aan het hoofd van iets staan, aan kop zijn • *avoir qc ~ tête* iets in het hoofd / in gedachten hebben • *être docteur ~ lettres / ~ sciences* doctor in de letteren / in de wis- en natuurkunde zijn • *un 14 (sur 20) ~ anglais* een 7 voor Engels 2 in <m.b.t. datum, (tijds)duur> • *~ 1900* in 1900 • *~ deux ans* in twee jaar • *~ été* in de zomer • *aujourd'hui ~ quinze* over veertien dagen • *~ quelle année êtes-vous né?* in welk jaar bent u geboren? • *~ un tour de main* in een handomdraai 3 van, aan <m.b.t. materiaal> • *riche ~ minéraux* rijk aan mineralen • *une montre ~ or* horloge van goud, gouden horloge • *un sac ~ papier* papieren zak 4 in, per, als <m.b.t. vorm, hoedanigheid> • *du sucre ~ morceaux / ~ poudre* suikerklontjes / poedersuiker • *une pièce ~ trois actes* stuk in drie bedrijven • *j'y vais ~ train* ik ga met de trein heen • *se mettre ~ colère* woedend worden • *être ~ deuil* in de rouw zijn • *agir ~ héros* als een held handelen • *il parle ~ connaisseur* hij spreekt als kenner / met kennis van zaken • *venir ~ aide à qn* iemand te hulp komen 5 meer en meer, hoe..., des te... • *aller de mal ~ pis* van kwaad tot erger gaan • *être de plus ~ plus pauvre / malade* hoe langer hoe armer / zieker worden 6 <m.b.t. gelijktijdigheid van handelingen> + teg. deelw. • *lire ~ marchant* lezen tijdens het lopen, al lopend lezen 2 VNW ervan, erover • *de Rome? il ~ vient* uit Rome? hij komt er vandaan • *où ~ sommes-nous?* waar zijn we gebleven? • *j'en ai trois* ik heb er drie (van) • *des histoires, j'en ai assez comme ça!* die toestanden, daar heb ik nu wel genoeg van! • *il n'en croyait pas ses yeux* hij geloofde zijn ogen niet • *(de ça,) je n'en ai jamais entendu parler* daarvan heb ik nog nooit gehoord • *il s'en faut de beaucoup* het scheelt veel • *je m'en tiens à ce que j'ai dit* ik houd me aan wat ik gezegd heb • *je vous ~ prie* alstublieft • *il m'en veut à mort* hij neemt het me vreselijk kwalijk • *j'en ai assez* ik heb er genoeg van • *cette histoire, je m'en souviens* ik herinner me die kwestie • *parlez-en avec vos enfants!* spreek daarover met uw kinderen! **3** BW ervandaan, weg • *s'en aller* weggaan • *~ venir aux injures* elkaar gaan uitschelden • *~ venir aux mains* slaags raken

encadré ZN M kaderartikel, kadertje

encadrement ZN M **1** inlijsting, omlijsting, omlijning **2** lijst, kader **3** (bege)leiding <van personeel, leerlingen>, kader, staf • *le personnel d'~* leidinggevend personeel, stafpersoneel

encadrer OV WW **1** inlijsten, omlijsten, omlijnen • FIG., INFORM. *ne pas pouvoir ~ qn* iemand niet kunnen uitstaan **2** omringen, omgeven **3** begeleiden <van personeel, leerlingen> • *~ un groupe* een groep begeleiden

encager OV WW OOK FIG. kooien

encaissement ZN M **1** incassering, incasso, inning • *l'~ d'un chèque* het verzilveren van een cheque **2** inbedding, ingraving, greppel

encaisser OV WW **1** OOK FIG. incasseren, innen, krijgen • *~ une grosse somme* een flink bedrag opstrijken • *elle encaisse bien la critique* zij kan goed tegen kritiek • INFORM. *~ des coups* klappen krijgen • INFORM. *ils n'encaissent pas les bourgeois* zij kunnen bourgeoistypes niet uitstaan • INFORM. *c'est dur à ~* ik kan dat niet verkroppen **2** inbedden <van weg, rivier e.d.> • *un chemin encaissé* nauw ingebedde / holle weg • *une vallée encaissée* diep ingesneden dal

encanailler WKD WW **(s'~)** zich encanailleren <vaak schertsend>, omgaan met mensen die je eigenlijk te min vindt

encapuchonner OV WW (als) met een kap / capuchon bedekken

en-cas, encas ZN M (MV id.), iets dat van tevoren is klaargemaakt voor geval van nood <vooral eten>, hapje <voor onderweg>, tussendoortje • *emporter un ~* iets te eten meenemen

encastrer **1** OV WW invatten, inbouwen <in muur> • *des éléments de cuisine encastrés* ingebouwde keukenelementen **2** WKD WW **(s'~)** • *le camion s'est encastré dans la devanture* de vrachtauto heeft zich in de pui geboord

encaustique ZN V boenwas, wrijfwas

enceindre OV WW onregelmatig omringen

enceinte **1** ZN V **1** omsloten ruimte, gebouw, locatie • *se trouver dans l'~ d'un tribunal* zich in een gerechtsgebouw bevinden **2** omheining, omwalling, omsluiting • *un mur d'~* ommuring, ringmuur **3** (luidspreker)box • *des ~s (acoustiques)* boxen **2** BN zwanger, in verwachting (**de** van) • *être ~ de quatre mois* vier maanden in verwachting zijn • *mettre ~* zwanger maken • *tomber ~* zwanger raken • *elle est ~ de lui* ze is zwanger van hem

encens "-sa(n)" ZN M wierook

encensement ZN M OOK FIG. bewieroking

encenser OV WW bewieroken, FIG. uitbundig prijzen

encéphale ZN M hersenen

encéphalite MED. ZN V hersenontsteking • *l'encéphalite spongiforme bovine (ESB)* gekkekoeienziekte (BSE)

encerclement ZN M omsingeling, insluiting

encercler OV WW omsingelen, insluiten, omringen

enchaînement ZN M aaneenschakeling, opeenvolging, samenhang, (logische) overgang • *l'enchaînement des séquences de film* het in elkaar (laten) overgaan van filmscènes • *l'enchaînement des paragraphes dans cette composition est excellent* de samenhang tussen de alinea's in dat opstel is uitstekend • *un ~ de malheurs* een en al ellende, kommer en kwel

enchaîner **1** OV WW **1** ketenen, OOK FIG. kluisteren • *un chien enchaîné* hond aan de ketting, kettinghond • *~ qn* iemand in de boeien slaan **2** aaneenschakelen, (logisch) in elkaar laten overgaan <van ideeën, beelden> • *~ tournoi sur tournoi* het ene toernooi na het andere spelen **2** WKD WW **(s'~)** **1** zich vastketenen • *les manifestants se sont enchaînés* de demonstranten hebben zich vastgeketend **2** samenhangen, (logisch) in elkaar overgaan **3** ONOV WW (meteen) bij het voorgaande aanknopen, op het volgende onderwerp / beeld overgaan • *le professeur a vite enchaîné pour éviter le chahut* de leraar praatte snel door om geen keet te krijgen

enchanté BN **1** verrukt, opgetogen (**de** over) • *être ~ de travailler pour qn* heel graag voor iemand werken • *enchanté!* aangenaam (kennis te maken)! **2** betoverd, tover- • *la Flûte enchantée de Mozart* de Toverfluit van Mozart

enchantement ZN M **1** betovering • *comme par ~* als bij toverslag **2** verrukking, opgetogenheid • *les vitrines de Noël sont un ~ pour les petits* de kerstetalages zijn voor de kleintjes prachtig om te zien

enchanter OV WW **1** betoveren **2** opgetogen maken, in verrukking brengen • *ça ne m'enchante pas du tout de les rencontrer* ik ben er echt niet blij mee om ze te ontmoeten

enchanteur **1** BN (V enchanteresse), betoverend, verrukkelijk • *un spectacle ~* een prachtig schouwspel **2** ZN M (V enchanteresse), OOK FIG. tovenaar

enchères ZN V MV (op)bod • *vendre / mettre aux ~* bij opbod verkopen, in veiling brengen • *une vente aux ~* openbare verkoping, veiling • OOK FIG. *faire monter les ~* de prijs opdrijven

enchérir ONOV WW opbieden (tegen), hoger / verder gaan (dan) • *il a enchéri en lui proposant un meilleur salaire* hij deed er een schepje bovenop en bood hem een beter salaris

enchevêtrement ZN M warnet, wirwar • *un ~ de petites rues* een wirwar van straatjes • *l'enchevêtrement d'une intrigue* de ingewikkeldheid van een intrige

enchevêtrer **1** OV WW verwarren, in de war brengen **2** WKD WW **(s'~)** verward raken, verstrikt raken • *des situations qui s'enchevêtrent* situaties die steeds ingewikkelder worden

enclave ZN V **enclave, iets wat ingesloten / uitgespaard is in een geheel**

enclavé BN **ingesloten, ingeklemd, geheel omsloten** • *un territoire ~ dans un autre* stuk land, omsloten door buitenlands / andermans grondgebied

enclenchement ZN M **1 koppeling, inschakelmechanisme 2 (het) op gang brengen / komen**

enclencher 1 OV WW **1 koppelen, in elkaar doen grijpen, inschakelen 2** FIG. **op gang brengen 2** WKD WW **(s'~) op gang komen, in werking komen** • *le mécanisme ne s'est pas enclenché* het mechanisme is niet op gang gekomen

enclin BN **geneigd** • *être ~ à aider les autres* geneigd zijn tot het helpen van anderen

enclos "-kloo" ZN M **omheinde ruimte, erf, omheining** • *un ~ électrifié* schrikdraadafrastering

enclume ZN V **aambeeld** • FIG. *se trouver entre l'~ et le marteau* tussen hamer en aambeeld zitten, tussen twee vuren zitten

encoche ZN V **insnijding, keep**

encoder TAALK., COMP. OV WW **coderen**

encodeur ZN M **codeermachine, codeerder**

encoignure ZN V **hoek** <tussen twee muren>

encolure ZN V **1 halsopening, halswijdte, boordmaat** • *une ~ carrée / ronde* vierkante / ronde hals • *faire (du) 40 d'~* boordmaat 40 hebben **2 hals** <van paard> • OOK FIG. *gagner d'une ~* met een halslengte winnen

encombrant 1 BN **1 veel plaats innemend, in de weg staand** • OOK FIG. *être ~* in de weg staan **2 hinderlijk, lastig** • *une personne ~e* lastpost **2** ZN M MV **grofvuil** • *les ~s* groot afval

encombre • *sans ~* probleemloos, vlot verlopend

encombré BN **overvol** • *une maison encombrée de meubles* met meubilair volgestouwd huis • *une ligne encombrée / un serveur ~* overbelaste lijn / server • *avoir le nez ~* een verstopte neus hebben

encombrement ZN M **1 belemmering, opstopping, verstopping 2 opeenhoping, (over)volte, overvoering 3 ingenomen plaatsruimte** <van groot voorwerp>

encombrer 1 OV WW **1 belemmeren, hinderen, tot last zijn** • *les voitures qui encombrent les trottoirs* de auto's die het trottoir blokkeren **2 overladen, vol zetten** • *la ligne (de téléphone) est encombrée* de (telefoon)lijn is overbelast • *ce service est encombré d'un personnel mal formé* die afdeling zit met slecht geschoold personeel **2** WKD WW **(s'~) de** • *elle s'encombre toujours de trop de bagages* ze sleept altijd te veel bagage mee • *ne pas s'~ de qc* niet met iets zitten

encontre • *à l'~ de* tegen ... in, in tegenspraak met • *aller à l'~ des intérêts de la collectivité* ingaan / indruisen tegen het belang van de gemeenschap

encore BW **1 nog** <tijdaspect> • *il n'est pas ~ arrivé* hij is nog niet aangekomen, hij is er nog niet • *tu n'as pas ~ déjeuné?* heb je nog niet geluncht? • *combien de temps ~?* hoe lang nog? • *pour un homme de soixante ans, il est ~ souple* voor een man van zestig is hij nog lenig • *~ mieux* nog beter **2 opnieuw, nog** <herhaling> • *vous prendrez bien ~ un verre?* u neemt toch nog wel een glas? • *les prix ont ~ augmenté* de prijzen zijn nog verder gestegen • *qu'est-ce qu'il y a ~?* wat nu weer? • *~ (une fois)* nog eens **3 maar...wel** <aanduiding van beperking> • *~ faut-il qu'il accepte de venir* maar dan moet hij wel / ook willen komen • *cette composition vaut un huit et ~!* dat proefwerk verdient een vier, hooguit! **4 en dan ... nog, ook nog** <duidt op versterking> • *non seulement il arrive en retard, mais ~ son travail n'est pas fait* niet alleen komt hij te laat, maar zijn werk is ook niet af • *ou ~* ofwel, of liever • *encore que* + subj. (al)hoewel • *je lui donnerai ses cent euros encore qu'il ne les mérite pas!* ik zal hem zijn 100 euro geven, ook al verdient hij het niet

encore que VOEGW + subj. **(al)hoewel** • *je lui donnerai ses cent euros encore qu'il ne les mérite pas!* ik zal hem zijn 100 euro geven, ook al verdient hij het niet

encourageant BN **bemoedigend**

encouragement ZN M **aanmoediging, bemoediging** • *les cris d'~ des spectateurs* de aanmoedigende kreten van het publiek

encourager OV WW **1 aanmoedigen, aansporen, moed inspreken** • *~ qn d'une parole / d'un geste* iemand met woorden / een gebaar aansporen **2 bevorderen, stimuleren, steunen** • *on encourage les jeunes talents* jonge talenten worden gestimuleerd

encourir FORM. OV WW onregelmatig **zich op de hals halen** • *~ une peine / un châtiment* een straf oplopen • *les peines encourues peuvent aller jusqu'à un an de prison* er kan tot een jaar gevangenisstraf op staan

encrassement ZN M **(het) vuil maken / worden**

encrasser 1 OV WW **vuil / vet maken, doen aankoeken 2** WKD WW **(s'~) vuil / vet worden, aankoeken** • *une chaudière qui s'encrasse* ketel die vuil wordt

encre ZN V **inkt** • *de l'~ de Chine* Oost-Indische inkt • *de l'~ d'imprimerie* drukinkt • *une cartouche d'~* inktpatroon • *noir comme de l'~* pikzwart • FIG. *un ciel d'~* inktzwarte lucht • FIG. *faire couler beaucoup d'~* veel pennen in beweging brengen

encrier ZN M **inktpot, inktkoker**

encroûter FIG. WKD WW **(s'~) afstompen, vastroesten** • *s'encroûter dans sa routine / ses habitudes* vastroesten in de sleur / in zijn gewoonten

enculé INFORM. ZN M **klootzak** • *traiter qn d'enculé* iemand voor klootzak uitmaken

enculer INFORM. OV WW **kontneuken, naaien** • *va te faire ~!* lik m'n reet! • *~ les mouches* mierenneuken

enculeur INFORM. ZN M **sodemieter, flikker** • *un ~ / une enculeuse de mouches* mierenneuker / mierenneukster

encyclopédie ZN V **encyclopedie** • *une ~ vivante* wandelende encyclopedie

encyclopédique BN encyclopedisch • *un savoir ~* encyclopedische kennis

endémique MED. BN endemisch • *un chômage ~* chronische werkloosheid • *une maladie ~* inheemse ziekte

endettement ZN M schuldenlast, schuld, (het) schulden maken

endetter **1** OV WW in de schulden steken • *être endetté par l'achat d'une maison* in de schulden zitten door het kopen van een huis **2** WKD WW **(s'~)** schulden maken

endeuiller OV WW in rouw dompelen, triest maken • *des vacances endeuillées par la mort de qn* door een sterfgeval overschaduwde vakantie

endiablé BN razend, wild, onstuimig • *danser à un rythme ~* in een razend tempo dansen

endiguement ZN M indijking, OOK FIG. indamming • *l'~ de la violence* het beteugelen van het geweld

endiguer OV WW indijken, OOK FIG. indammen • *tenter d'~ le chômage* proberen de werkloosheid in te perken • *~ la violence* het geweld beteugelen

endimanché BN op z'n zondags (gekleed) • *avoir l'air ~* er op z'n zondags uitzien

endive ZN V vaak mv witlof

endoctrinement ZN M indoctrinatie

endoctriner OV WW indoctrineren • *se laisser ~* zich een overtuiging laten opdringen

endogène BN endogeen, inwendig

endolori BN pijnlijk

endommagement ZN M beschadiging

endommager OV WW beschadigen, havenen • *des vignes endommagées par la grêle* wijngaarden met hagelschade

endormi BN **1** ingeslapen, slapend • *avoir une jambe ~e* een slapend been hebben • *une ville / une campagne ~e* een ingeslapen stad / platteland • *un volcan ~* slapende vulkaan **2** INFORM. suf, sloom

endormir **1** OV WW onregelmatig **1** in slaap maken, FIG. in slaap sussen, paaien • *~ un bébé en le berçant* een kind in slaap wiegen **2** verdoven, onder narcose brengen • *~ la douleur avec un comprimé* de pijn verzachten met een tablet **3** doen bedaren <v. pijn, gevoelens> • *~ les soupçons de qn* iemands argwaan wegnemen • *on ne l'endormira pas avec de belles paroles* hij laat zich niet met mooie praatjes in slaap sussen **4** (dodelijk) vervelen • *il endort son auditoire* zijn publiek valt in slaap bij hem **2** WKD WW **(s'~)** OOK FIG. inslapen • *s'~ à trois heures du matin* om 3 uur 's nachts inslapen • *l'auditoire a failli s'~* het publiek viel bijna in slaap

endoscope ZN M endoscoop

endoscopie ZN V endoscopie

endosser OV WW **1** aantrekken <v. kleren> • *~ le maillot jaune* de gele trui aantrekken **2** op zich nemen <v. verantwoordelijkheid>, aanvaarden • *faire ~ à qn les crimes de qn d'autre* iemand andermans misdaden in de schoenen schuiven **3** FIN. endosseren

endroit ZN M **1** plek, plaats, oord • *le petit ~* een zekere plaats, EUF. het toilet • *les gens de l'~ ne sont pas causants* de mensen hier (in de streek) zijn niet erg spraakzaam • *par ~s, on avait planté des arbres* hier en daar waren bomen geplant **2** goede kant <van een stof> • *remettre sa chemise à l'~* zijn hemd (weer) goed aantrekken • *à l'~ et à l'envers* recht en averecht

enduire **1** OV WW onregelmatig insmeren **(de** met), bestrijken, bepleisteren **2** WKD WW **(s'~)** • *s'~ le corps de crème* zijn / haar lichaam met zalf insmeren

enduit ZN M smeersel, laagje, coating, pleisterlaag, plamuur

endurance ZN V uithoudingsvermogen, taaiheid • *l'~ au froid* gehardheid tegen de kou • *une course d'~* betrouwbaarheidsrit, duurloop • *un sport d'~* duursport • *avoir de l'~* uithoudingsvermogen hebben

endurci BN **1** gehard **(à** tegen) • *~ au froid* gehard tegen de kou **2** ongevoelig, verhard, verstokt • *un célibataire ~* verstokte vrijgezel • *avoir le cœur ~* hardvochtig zijn

endurcir **1** OV WW harden, gehard maken • *la guerre les a endurcis* ze zijn gehard door de oorlog **2** WKD WW **(s'~)** verharden, gehard worden • *s'~ au contact de qn / de qc* zich tegen iemand / iets wapenen

endurcissement ZN M verharding, verstoktheid, ongevoeligheid, gehardheid tegen

endurer OV WW verduren, verdragen, dulden • *~ les insultes* beledigingen slikken • *~ les critiques* tegen kritiek kunnen

énergétique BN energetisch, energie-

énergie ZN V energie • *faire qc avec ~* iets krachtig aanpakken • *manquer d'énergie* futloos zijn • *les sources d'énergie* energiebronnen • *l'énergie verte* groene energie • *l'énergie fossile* fossiele energie • *~ nucléaire / éolienne / solaire* kern-/wind-/zonne-energie • *les énergies renouvelables* duurzame energie • *produire / consommer de l'énergie* energie opwekken / verbruiken

énergique BN **1** energiek • *une poignée de main ~* krachtige handdruk **2** krachtig, werkzaam • *l'intervention ~ de la police* doortastend optreden van de politie

énergisant **1** BN opwekkend, pep- • *une boisson énergisante* pepdrankje, powerdrink **2** ZN M pepmiddel • *prendre des énergisants* pepmiddelen gebruiken

énergumène ZN M/V fanatiekeling, dolleman, woesteling

énervant BN irritant, enerverend • *c'est ~* dat werkt op mijn zenuwen

énervé BN zenuwachtig, over z'n toeren, opgewonden, geïrriteerd

énervement ZN M zenuwachtigheid, geprikkeldheid, opgewondenheid • *dans un moment d'énervement elle a frappé son collègue* in een vlaag van opwinding heeft ze haar collega geslagen

énerver **1** OV WW enerveren, zenuwachtig maken, irriteren • *être énervé par qn / par qc* de zenuwen krijgen van iemand / iets • *ça m'énerve de toujours l'entendre se plaindre* ik krijg wat van dat eeuwige geklaag van hem **2** WKD WW **(s'~) zich zenuwachtig maken, zich opwinden** • *ne t'énerve pas!* houd je gemak! • *ne nous énervons pas!* kalm nou maar!, geen paniek! • *s'énerver contre qn / contre qc* de buik vol hebben van iemand / iets

enfance ZN V **1 kinderjaren, jeugd** • *un camarade / ami d'~* jeugdvriend • *la petite ~* de prille kinderjaren • *avoir une ~ heureuse / malheureuse* een gelukkige / ongelukkige jeugd hebben • *retomber en ~* kinds worden • *depuis sa plus tendre ~* van kindsbeen af, sinds zijn / haar prille jeugd • *cela peut se détecter dès l'~* dat is van jongs af aan te constateren **2 beginstadium, oorsprong** • *c'est l'~ de l'art* dat is kinderspel / doodeenvoudig

enfant ZN M/V **1** OOK FIG. **kind** • *un ~ gâté* verwend kind • *des ~s en bas âge* jonge kinderen • *un livre d'enfants / pour ~s* kinderboek • *une voiture d'~* kinderwagen • *une ambiance bon ~* gemoedelijke sfeer • *c'est un jeu d'~* dat is kinderspel • *c'est l'~ terrible du parti socialiste* hij is het enfant terrible / de dwarsligger van de socialistische partij • *ne fais pas l'enfant!* doe niet zo flauw / kinderachtig! • IRON. *ce n'est pas un ~ de chœur* het is geen heilige **2 kind** <als nakomeling> • *un ~ légitime / illégitime* wettig / onwettig kind • *un ~ naturel* buitenechtelijk / onwettig kind • *un ~ trouvé* vondeling • *l'~ prodigue* de verloren zoon • *faire un ~* een kind verwekken • *attendre un ~* een kind verwachten • *c'est l'~ de son père* het is sprekend zijn vader • INFORM. *elle lui a fait un ~ dans le dos* ze heeft hem erin geluisd <door zwanger van hem te worden>

enfanter FORM. OV WW **1 baren 2 voortbrengen, scheppen**

enfantillage ZN M **1 kinderachtigheid 2 kinderpraat**

enfantin BN **1 kinderlijk, kinder-** • *le langage ~* kindertaal • *la littérature ~e* kinderliteratuur **2** MIN. **kinderachtig 3 kinderlijk eenvoudig** • *un problème ~* doodsimpel probleem • *c'est ~* een kind kan de was doen

enfant-soldat ZN M (MV **enfants-soldats**), **kindsoldaat**

enfer ZN M **1** OOK FIG. **hel, inferno** • *les ~s* de onderwereld, het dodenrijk • *la descente aux ~s* hellevaart • *aller en ~* naar de hel gaan • *sa vie est devenu un ~* zijn leven is een hel geworden • *vivre un ~* door een hel gaan • *c'était l'~* de hel brak los **2** INFORM. **geweldig, gaaf** • *elle a une pêche d'~* ze is barstensvol energie, ze is in topvorm • *avoir un appétit d'~* rammelen van de honger • *jouer un jeu d'~* zeer hoog spel spelen • *une soirée d'~* een knalfeest • *ils ont fait un tapage d'~* ze maakten een hels kabaal

enfermement ZN M **opsluiting**

enfermer 1 OV WW **1 opsluiten** • *il est fou, il faut l'~* hij is knettergek; hij is rijp voor een inrichting • *on les a enfermés dans des camps pendant plusieurs mois* ze zijn maandenlang in kampen opgesloten **2 omsluiten, insluiten 2** WKD WW **(s'~) zich opsluiten** • *s'~ hors de chez soi* zichzelf buitensluiten • FIG. *le suspect s'enferme dans son mutisme* de verdachte hult zich in stilzwijgen

enferrer WKD WW **(s'~) zichzelf in een hoek praten, zich vastpraten** • *s'~ dans ses explications* zich vastpraten met smoesjes

enfiévrer OV WW **1 koortsachtig maken 2 enthousiast / opgewonden maken**

enfilade ZN V **rij, reeks, aaneenschakeling** • *des pièces en ~ / une ~ de pièces* kamers en suite

enfiler 1 OV WW **1 rijgen, aan(een)rijgen** • *~ une aiguille* de draad in een naald steken • *~ des perles* parels rijgen, FIG. zijn tijd verknoeien **2 aanschieten** <v. kleren> • *~ une robe / des gants* een jurk aanschieten / gauw handschoenen aantrekken **3 inslaan** <van een weg> **2** WKD WW **(s'~)** INFORM. **naar binnen slaan** <v. eten, drank> • *s'~ trois verres de coca cola et deux sandwichs* drie glazen cola en twee sandwiches naar binnen werken

enfin BW **1 eindelijk, ten slotte** • *~ seuls!* eindelijk (zijn we) alleen! • *on a ~ retrouvé l'enfant* het kind is eindelijk gevonden **2 kortom, nou ja, dan toch** • *~, on verra ce qu'on peut faire* nou ja, we zien wel wat we kunnen doen • *les femmes, les hommes, les enfants, ~ tout le monde était là* de vrouwen, de mannen, de kinderen, kortom iedereen was er

enflammé BN **1 brandend, vlammend 2** FIG. **in gloed, vuurrood, vurig, laaiend** • *une déclaration enflammée* hartstochtelijke liefdesverklaring • *un discours ~* vlammend betoog **3** MED. **ontstoken**

enflammer 1 OV WW **1 in vlam zetten, doen ontbranden 2** MED. **doen ontsteken** • *avoir la gorge enflammée* een ontstoken keel hebben **3** FIG. **in gloed doen raken 2** WKD WW **(s'~) 1 ontbranden, ontvlammen 2** MED. **ontsteken 3** FIG. **in vuur en vlam raken, enthousiast worden**

enflé BN **gezwollen**

enfler 1 OV WW **doen (op)zwellen 2** ONOV WW **(op)zwellen** • *une cheville qui enfle* enkel die opzwelt **3** WKD WW **(s'~) (op)zwellen** • *s'~ d'orgueil* zwellen van trots

enflure ZN V **1 (op)zwelling 2 gezwollenheid** <van stijl>

enfoiré INFORM. ZN M **klootzak, klojo**

enfoncé BN **1 diep(liggend), ingevallen** • *des yeux enfoncés* diepliggende ogen **2 ingeslagen, opengebroken** • *une porte enfoncée* geforceerde deur

enfoncer 1 OV WW **1** OOK FIG. **doen wegzinken** • *~ un clou* een spijker inslaan • *~ ses mains dans les poches* zijn handen in zijn zakken steken • *~ son chapeau sur la tête* zijn hoed diep over de ogen trekken • FIG. *~ qc dans le crâne de qn* iets erin hameren bij iemand • FIG. *il voulait absolument l'~* hij wilde hem echt de grond in stampen **2 openbreken, doen bezwijken** • *~ une porte* een deur inslaan / intrappen **2** ONOV WW OOK FIG. **(weg) zinken 3** WKD WW **(s'~) 1** OOK FIG. **wegzinken, diep binnendringen** • *s'~ jusqu'aux genoux* tot aan de knieën wegzakken • *s'~ dans la boue* in de modder zakken • *s'~ dans un fauteuil* in een fauteuil wegzinken • *s'~ une idée dans le crâne* zich iets goed inprenten **2** verzinken • *s'~ dans sa rêverie* in gepeins verzinken • *s'~ dans la misère* steeds dieper in de ellende komen • *s'~ dans les dettes* zich steeds dieper in de schulden steken

enfouir **1** OV WW in de grond stoppen, OOK FIG. begraven, wegstoppen **2** WKD WW **(s'~)** wegkruipen • *s'~ sous la couette* onder het dekbed kruipen

enfouissement ZN M (het) onder de grond werken, bedelving

enfourcher OV WW schrijlings gaan zitten op • *~ son vélo* op zijn fiets stappen

enfourner **1** OV WW **1** in de oven stoppen **2** INFORM. erin douwen, naar binnen werken **2** WKD WW **(s'~)** INFORM. zich naar binnen werken • *s'~ dans un taxi* zich in een taxi wurmen

enfreindre FORM. OV WW onregelmatig overtreden, schenden • *~ une loi / un règlement* een wet / voorschrift overtreden

enfuir WKD WW **(s'~)** onregelmatig **1** (ont) vluchten, ontsnappen • *s'~ à toutes jambes* snel de benen nemen, wegvluchten • *s'~ en courant* weghollen **2** FORM. voorbijgaan, vervliegen

enfumer OV WW met rook vullen, uitroken • *une pièce enfumée* rokerige kamer

engagé **1** BN **1** aangeworven • *~ dans l'armée* als vrijwilliger in het leger **2** geëngageerd, maatschappelijk betrokken • *un écrivain / un chanteur ~* een geëngageerde schrijver / zanger **2** ZN M (V engagée) MIL. vrijwilliger

engageant BN vriendelijk, innemend, uitnodigend

engagement ZN M **1** verbintenis, verplichting, belofte • *faire face à ses ~s* zijn verplichtingen nakomen • *honorer ses ~s* zijn beloften houden • *sans aucun ~ de votre part* zonder verplichting uwerzijds • *manquer à ses ~s* zijn afspraken niet nakomen • *prendre un ~* een verbintenis aangaan **2** (in)dienstneming • *un ~ volontaire* het vrijwillig in dienst gaan • *signer un ~ de dix ans* voor tien jaar tekenen **3** maatschappelijke betrokkenheid, engagement • *un ~ politique* politiek engagement

engager **1** OV WW **1** verplichten (**à** tot), (ver)binden • *~ sa responsabilité* de verantwoordelijkheid (op zich) nemen • *~ sa parole* zijn woord geven • *cette signature vous engage* die handtekening is bindend • *ceci ne vous engage à rien* dat verplicht u tot niets • *regarder n'engage à rien* kijken kost niets **2** in dienst nemen • *~ du personnel* personeel in dienst nemen **3** aangaan, beginnen • *~ des poursuites contre qn* een vervolging instellen tegen iemand • *~ la partie* het spel / de strijd beginnen **4** (erin) betrekken, inzetten, op het spel zetten, steken • *~ ses capitaux dans une entreprise* zijn kapitaal in een zaak steken **5** overhalen om, aansporen om **2** WKD WW **(s'~)** **1** zich (ver)binden (**te, tot** à), zich verplichten • *il s'est engagé à lui verser une pension alimentaire* hij heeft toegezegd haar alimentatie te betalen • *s'~ vis à vis de qn* zich tegenover iemand verplichten • *refuser de s'~* weigeren om zich vast te leggen • *s'~ fermement* harde afspraken maken **2** in dienst treden, een baan nemen **3** zich begeven • *s'~ dans un sentier / sous un tunnel* een pad inslaan / een tunnel inrijden **4** zich engageren, zich inzetten • *s'~ contre la souffrance animale* actie voeren tegen dierenleed **5** een aanvang nemen, beginnen • *la réunion s'est mal engagée* de bijeenkomst begon slecht

engeance FORM. ZN V gespuis, tuig

engelure ZN V • *avoir des ~s aux mains / aux pieds* winterhanden / wintervoeten hebben

engendrer OV WW verwekken, FIG. voortbrengen, veroorzaken • FORM. *~ la haine* haat zaaien

engin ZN M **1** toestel, instrument, voertuig • *un ~ blindé* pantserwagen • *un ~ spatial* ruimtevaartuig **2** INFORM. ding, apparaat • *un ~ explosif artisanal* bermbom

englober OV WW omvatten, opnemen in

engloutir OV WW **1** OOK FIG. verzwelgen • *~ une quantité énorme de nourriture* een enorme hoeveelheid voedsel naar binnen werken • *un navire englouti dans la mer* door de zee verzwolgen schip **2** verspillen • *~ toutes ses économies dans l'achat d'une maison* al zijn spaargeld aan de aankoop van een huis verkwisten

engloutissement ZN M OOK FIG. verzwelging

engluer OV WW vastplakken

engoncé BN tot de kin ingepakt (**dans** in), OOK FIG. weggedoken

engorgement ZN M OOK FIG. verstopping • *l'~ de l'autoroute* het verstopt raken van de snelweg

engorger **1** OV WW OOK FIG. verstoppen • *une route engorgée* verstopte / overbelaste weg • MED. *des bronches engorgées* dichtgeslibde bronchiën **2** WKD WW **(s'~)** verstopt raken

engouement ZN M plotseling enthousiasme, bevlieging

engouffrer **1** WKD WW **(s'~)** zich storten in • *s'~ dans le métro / dans un taxi* zich naar binnen werken in de metro / in een taxi **2** OV WW **1** OOK FIG. verzwelgen **2** in een afgrond storten

engourdir **1** OV WW **1** stijf / gevoelloos maken <van ledematen> • *des jambes engourdies* stijve / verkleumde benen, benen die slapen **2** versuft / duf maken, afstompen • *esprit engourdi par le froid* (het) suf / loom zijn van de kou **2** WKD WW **(s'~)** stijf / gevoelloos worden <van ledematen>, versuffen, afstompen

engourdissement ZN M verstijving / gevoelloosheid <van ledematen>, versuffing, afstomping, loomheid

engrais ZN M mest • *des ~ chimiques / organiques* kunstmest / organische mest • *de l'~ pour gazon* gazonmest

engraissement, **engraissage** ZN M **1** (het) vetmesten **2** (het) dik / vet worden

engraisser **1** OV WW **1** vetmesten, mesten <van land, dieren> • *~ des porcs / des oies* varkens / ganzen vetmesten **2** FIG., INFORM. verrijken **2** ONOV WW dik

/ vet worden

engrangement ZN M (het) binnenhalen <v.d. oogst>, FIG. (het) opslaan

engranger OV WW **1** binnenhalen <v.d. oogst> **2** FIG. opslaan • *~ des informations* informatie verzamelen

engrenage ZN M drijfwerk, OOK FIG. raderwerk • *l'~ de la violence* de geweldsspiraal, de escalatie van geweld • *mettre le doigt dans l'~* niet meer terug kunnen • *être pris dans l'~ du jeu / de la violence* afglijden naar gokverslaving / in steeds meer geweld

engrosser INFORM. OV WW zwanger maken

engueulade INFORM. ZN V scheldpartij, (het) uitfoeteren • *passer une bonne ~ à qn* iemand flink uitkafferen

engueuler INFORM. **1** OV WW uitfoeteren, afsnauwen • *se faire ~* op z'n donder krijgen **2** WKD WW **(s'~)** elkaar uitfoeteren, ruziemaken • *s'~ violemment avec qn* slaande ruzie met iemand hebben

enguirlander INFORM. OV WW afsnauwen

enhardir WKD WW **(s'~)** moed vatten • *s'~ à faire qc* de moed opbrengen om iets te doen

énième, nième BN n'de, zoveelste • *pour la ~ fois* voor de zoveelste keer

énigmatique BN raadselachtig

énigme ZN V raadsel • *ce crime pose une ~ aux enquêteurs* het misdrijf is een mysterie voor de recherche • *se trouver devant une ~* voor een raadsel staan • *parler par énigmes* in raadselen spreken, duistere taal spreken

enivrant "a(n)-" BN OOK FIG. bedwelmend

enivrement "a(n)-" FORM. ZN M bedwelming, roes, opgewondenheid

enivrer "a(n)-" **1** OV WW **1** dronken maken • *un vin qui enivre* wijn waar je dronken van wordt **2** FIG. bedwelmen • *le succès l'enivre* het succes stijgt hem naar het hoofd **2** WKD WW **(s'~)** **1** zich bedrinken **2** FIG. bedwelmd raken

enjambée ZN V (grote) stap • *marcher à grandes enjambées* grote stappen nemen

enjamber OV WW stappen over, overspannen, overbruggen • *~ un fossé* over een sloot stappen / springen • *le pont qui enjambe la rivière* de brug over de rivier

enjeu ZN M (MV enjeux), OOK FIG. inzet, wat op het spel staat • *ce petit territoire est l'~ du conflit* het conflict draait om dat gebiedje

enjôler FORM. OV WW paaien, inpalmen, bepraten • *se laisser ~ par de beaux discours* zich door mooie verhalen laten ompraten

enjôleur **1** BN (V enjôleuse), verlokkend, innemend • *un sourire ~* verleidelijke glimlach **2** ZN M (V enjôleuse), mooiprater

enjoliver OV WW OOK FIG. verfraaien, opsmukken

enjoliveur ZN M wieldop, sierdop

enjolivure ZN V klein versiersel

enjoué BN opgeruimd, opgewekt

enjouement ZN M opgeruimdheid, opgewektheid

enlacer OV WW omarmen • *un couple tendrement enlacé* een elkaar innig omhelzend paartje • *~ son partenaire* de arm om zijn (dans)partner heen slaan

enlaidir **1** OV WW lelijk maken • *une coiffure qui enlaidit* onflatteus kapsel • *des tours qui enlaidissent le paysage* torens die het landschap ontsieren **2** ONOV WW lelijk worden **3** WKD WW **(s'~)** lelijk worden

enlaidissement ZN M (het) lelijk maken / worden, ontsiering

enlèvement ZN M **1** (het) wegnemen, (het) weghalen • *l'enlèvement des ordures (ménagères)* het ophalen van het huisvuil **2** ontvoering **3** (het) innemen, (het) behalen

enlever **1** OV WW **1** wegnemen, uitdoen <v. kleding>, weghalen, FIG. ontnemen • *~ des gants / des chaussures* handschoenen / schoenen uittrekken • *~ les mains des poches* zijn handen uit zijn zakken halen • *se faire ~ les amygdales* zijn amandelen laten knippen • *~ la garde des enfants à la mère* de moeder uit de ouderlijke macht ontzetten • *cela n'enlève rien à la valeur de cet objet* dat doet niets af aan de waarde ervan • *un produit qui enlève les taches* vlekkenmiddel • *enlevez-moi ça!* weg ermee! • FORM. *la maladie nous l'a enlevée* de ziekte heeft hem van ons weggenomen **2** meenemen, OOK FIG. meeslepen **3** innemen, behalen, winnen • *le parti communiste a enlevé trois sièges* de communistische partij heeft drie zetels behaald **4** ontvoeren • FIG., INFORM. *je vous l'enlève pour la soirée* ik pak hem een avondje van je af **2** WKD WW **(s'~)** (vlot) verdwijnen • *les taches de vin s'enlèvent facilement* wijnvlekken gaan er gemakkelijk uit • INFORM. *enlève-toi de ma chaise!* ga van m'n stoel af!

enlisement ZN M **1** (het) wegzakken (in drijfzand / modder) **2** FIG. (het) vastlopen

enliser WKD WW **(s'~)** **1** wegzakken (in drijfzand / modder) • *une voiture qui s'enlise* auto die vast komt te zitten **2** FIG. vast komen te zitten, zich vastwerken, in het slop raken • *l'enquête s'enlise* het onderzoek loopt vast • *s'~ dans la dépression* depressief worden

enluminer OV WW **1** verluchten, illustreren **2** FIG. vuurrood kleuren <van gezicht>

enluminure ZN V miniatuur <schilderkunst>

enneigé BN besneeuwd

enneigement ZN M laag sneeuw, sneeuwdek • *un bulletin d'~* sneeuwbericht <weerbericht>

ennemi **1** ZN M (V ennemie), vijand • *un ~ mortel* doodsvijand • *un ~ public* volksvijand, staatsvijand • *tomber aux mains de l'~* in handen van de vijand vallen **2** BN (V ennemie), vijandig, vijandelijk • *des familles ~es* vijandige families

ennoblir "a(n)-" OV WW veredelen

ennui "a(n)-" ZN M **1** verveling • *mourir d'~* zich doodvervelen • *quel ~!* wat vervelend! **2** VAAK MV zorg, probleem • *avoir des ~s de santé* met zijn gezondheid sukkelen • *avoir des ~s financiers* financiële problemen hebben • *l'~, c'est que...* het vervelende is dat... • *causer des ~s à quelqu'un* iemand last bezorgen • *s'attirer des ~s in*

moeilijkheden komen, ellende over zich afroepen • *le diabète est source d'ennuis]* diabetes is een bron van ellende
ennuyé "a(n)-" BN **onaangenaam getroffen, ontstemd, bezorgd** • *je suis très ~ qu'il ne puisse donner ce cours* ik vind het heel vervelend dat hij dat college niet kan geven
ennuyer "a(n)-" **1** OV WW **1 vervelen** • *il nous ennuie avec ses histoires* hij verveelt ons met zijn verhalen **2 lastigvallen 3 hinderen, dwarszitten** • *je suis très ennuyé* ik vind het heel onaangenaam / pijnlijk • *ça m'ennuie de vous le demander* ik vind het vervelend om het u te vragen **2** WKD WW **(s'~) 1 zich vervelen** • *s'~ à mourir* zich doodvervelen • INFORM. *s'~ à cent sous de l'heure* zich te pletter vervelen • *on ne s'ennuie jamais avec elle* met haar verveel je je nooit **2 (terug)verlangen naar, missen** • *s'~ de ses amis* zijn vrienden missen
ennuyeux "a(n)-" BN (V ennuyeuse), **vervelend, saai** • *il est ~ comme la pluie* hij is oersaai • *ce que c'est ~!* wat een saaie bedoening!
énoncé ZN M **1 uiteenzetting, vermelding, opgave** • *l'énoncé du verdict* de in het vonnis vervatte uitspraak **2 bewoording(en), formulering** • *l'énoncé d'une loi* de letterlijke tekst van een wet
énoncer OV WW **uiteenzetten, uitdrukken, vermelden**
énonciation ZN V **verklaring, vermelding, verwoording(en)**
enorgueillir "a(n)-" WKD WW **(s'~) de prat gaan op, trots zijn op**
énorme BN **1 groot, dik** • *un type ~ / un énorme type* kolossale kerel • *des bénéfices énormes* een gigantische winst **2 enorm, geweldig, ontzettend, buitengewoon** • *le train a eu un retard ~* de trein had een enorme vertraging • INFORM. *ce qu'elle raconte là est énorme!* wat zij daar vertelt is toch niet te geloven! • INFORM. *dire des choses énormes* wel erg krasse dingen vertellen
énormément BW **enorm** • *dépenser ~ d'argent* enorm veel geld uitgeven
énormité ZN V **1 enorme grootte, buitensporigheid** • *l'énormité de travail qu'il peut fournir...* al dat werk dat hij kan verzetten... **2 stommiteit, enormiteit** • *dire des énormités* oerstomme opmerkingen maken
enquérir FORM. WKD WW **(s'~)** onregelmatig **onderzoek doen, navraag doen** • *s'enquérir de qc auprès de qn* **bij iemand naar iets informeren**
enquête ZN V **onderzoek, enquête** • *une ~ téléphonique* telefonische enquête • *mener une ~ judiciaire sur qn* een gerechtelijk onderzoek naar iemand doen • *faire une ~ auprès d'un échantillon de la population* een onderzoek doen bij een steekproef van de bevolking • *faire une ~ sur les antécédents de qn* iemands antecedenten nagaan • *ouvrir une ~* een onderzoek instellen
enquêter OV WW **een onderzoek instellen (sur naar)** • *la brigade financière enquête sur des détournements de fonds* de FIOD doet onderzoek naar verduistering van gelden
enquêteur ZN M (V enquêteuse/enquêtrice), **enquêteur, iemand die een onderzoek instelt / een enquête houdt**
enquiquinant INFORM. BN **(stom)vervelend, klierig**
enquiquiner INFORM. **1** OV WW **dwarszitten, jennen** • *je l'enquiquine, ce type!* ik heb maling aan die vent! **2** WKD WW **(s'~) zich zinloos vermoeien** • *je ne vais pas m'~ à faire ce travail!* ik heb echt geen zin om die klus te doen!
enquiquineur INFORM. ZN M (V enquiquineuse), **klier, etter** • *c'est une enquiquineuse de première (classe)!* wat is ze klierig!
enracinement ZN M **1 (het) wortel schieten 2 (het) (in)geworteld zijn**
enraciner **1** OV WW OOK FIG. **wortel doen schieten, doen (in)wortelen** **2** WKD WW **(s'~)** OOK FIG. **wortel schieten, (in)wortelen** • *s'~ quelque part* ergens lang blijven plakken
enragé **1** BN **1 hondsdol** • *un chien ~* dolle hond **2 dol, razend, woedend, verwoed** • *il est ~ de foot / de rock and roll* hij is dol op voetbal / rock **2** ZN M **bezetene, dolleman** • *un ~ de musique* muziekfanaat
enrageant BN **om dol van te worden, ergerlijk**
enrager ONOV WW **woedend zijn / worden** • *faire ~ qn* iemand razend maken • *~* hels worden
enrayer **1** OV WW **1** FIG. **indammen, een halt toeroepen aan, stuiten** • *~ le chômage* de werkloosheid beteugelen • *~ l'inflation* de inflatie een halt toeroepen • *mesures prises pour ~ une épidémie* maatregelen om een epidemie in te dammen **2 doen blokkeren** <v. mechanisme, vuurwapen> **2** WKD WW **(s'~) vastlopen** <v. mechanisme>
enrégimenter OV WW **(als partijlid) inlijven** • *se laisser ~* zich laten overhalen om lid te worden, zich aansluiten
enregistrement ZN M **1 registratie, inschrijving 2 (het) inchecken** <op vliegveld e.d.> • *l'~ des bagages* aangifte van de bagage, incheckbalie **3 opname** <v. beeld, geluid> • *un ~ sur bande magnétique* bandopname • *un ~ vidéo* video-opname • *un studio d'~* opnamestudio
enregistrer OV WW **1 inchecken** • *(faire) ~ ses valises* zijn koffers inchecken **2 inschrijven, optekenen** • *~ un record du monde* een wereldrecord vestigen **3 opnemen** <v. beeld, geluid> • *~ une émission* een programma opnemen • *~ un CD* een cd opnemen **4 registreren** • *~ une hausse à la Bourse* een stijging van de beurskoersen waarnemen
enregistreur **1** BN (V enregistreuse), **zelfregistrerend, optekenend** • *une caisse enregistreuse* kasregister **2** ZN M **registreerapparaat**
enrhumé BN **verkouden**
enrhumer WKD WW **(s'~) verkouden worden**
enrichir **1** WKD WW **(s'~) rijk worden, zich verrijken** • *s'~ sur le dos des autres* zich verrijken

en

ten koste van anderen • *le musée s'est enrichi de trois nouvelles œuvres* het museum is drie nieuwe aanwinsten rijker geworde **2** OV WW **1 rijk maken** • *ses bons placements l'ont enrichi* hij is rijk geworden met zijn goede beleggingen **2** FIG. **verrijken (de met), opsieren** • *de l'uranium enrichi* verrijkt uranium • *ce sont les jeunes qui enrichissent la langue* jongeren verrijken de taal
enrichissement ZN M OOK FIG. **verrijking** • *l'~ de l'uranium* uraniumverrijking
enrobé INFORM. BN **mollig**
enrober 1 OV WW **1 omhullen, met een laagje bedekken** • *une glace enrobée de chocolat* ijsje met een laagje chocola erop • *un sandwich enrobé de papier aluminium* in aluminiumfolie gewikkelde sandwich **2** FIG. **(verhullend, verzachtend) inkleden 2** WKD WW **(s'~) aankomen** <in gewicht>
enrôlement ZN M **aanwerving, (in) dienstneming** • *un ~ forcé* ronseling
enrôler 1 WKD WW **(s'~) dienst nemen, toetreden** • *s'enrôler dans l'armée* dienst nemen in het leger • *s'enrôler dans un parti politique* lid worden van een politieke partij **2** OV WW **aanwerven, in dienst nemen, aanmonsteren**
enroué BN **hees, schor**
enrouer WKD WW **(s'~) hees / schor worden**
enroulement ZN M **(het) oprollen, wikkeling, winding, kronkeling, krul**
enrouler 1 OV WW **oprollen, wikkelen** • *~ une bande autour d'un genou blessé* een verband om een geblesseerde knie wikkelen **2** WKD WW **(s'~) zich oprollen, zich wikkelen** • *s'~ dans une couverture* zich in een deken wikkelen • *le lierre s'enroule autour de l'arbre* de klimop slingert zich om de boomstam
enrubanner OV WW **met linten versieren**
E.N.S. AFK École normale supérieure V **universitaire opleidingsschool voor leraren**
ensablement ZN M **1 verzanding 2 verzande plaats, zandophoping**
ensabler 1 OV WW **met zand bedekken 2** WKD WW **(s'~) verzanden**
ensanglanter OV WW **met bloed bevlekken** • *un vêtement ensanglanté* bebloed kledingstuk • *des attentats ensanglantent le pays* bloederige aanslagen treffen het land
enseignant 1 BN **onderwijzend** • *le corps ~* onderwijzend personeel, docentenkorps **2** ZN M (V enseignante), **docent, leerkracht** • *les ~s* onderwijzend personeel • *la pénurie d'enseignants* lerarentekort
enseigne ZN V **uithangbord, (beeld)merk, logo** • *une ~ lumineuse* lichtbak, neonreclame • FIG. *être logés à la même ~* in hetzelfde schuitje zitten
enseignement ZN M **1 onderwijs** • *l'~ communautaire* BELG. gemeenschapsonderwijs • *l'~ laïc* openbaar / neutraal onderwijs • *l'~ libre* bijzonder onderwijs • *l'~ privé* bijzonder / vrij onderwijs • *l'~ public* openbaar onderwijs • *l'~ obligatoire* leerplicht • *l'~ primaire* lager onderwijs, basisonderwijs • *l'~ secondaire* middelbaar / voortgezet onderwijs • *l'~ secondaire artistique* BELG. kunstsecundair onderwijs, kso • *l'~ secondaire professionnel* BELG. beroepssecundair onderwijs, bso • *l'~ secondaire technique* BELG. technisch secundair onderwijs, tso • *l'~ supérieur* hoger onderwijs • *l'~ professionnel / technique* beroepsonderwijs, vakonderwijs • *l'~ des langues vivantes* onderwijs in levende talen • *l'~ assisté par ordinateur / E.A.O.* computerondersteund onderwijs • *l'~ par correspondance* schriftelijk onderwijs • *être / travailler dans l'~* bij het onderwijs zijn **2 les, lering** • *tirer un ~ de qc* ergens lering uit trekken
enseigner 1 OV WW **onderwijzen, onderrichten, lesgeven, leren (à aan)** • *~ le latin à une classe de quatrième* Latijn geven in de derde klas • *~ à qn à obéir* iemand leren te gehoorzamen • *l'expérience nous enseigne que...* de praktijk leert dat... **2** WKD WW **(s'~)** • *ces matières ne s'enseignent plus au lycée* die vakken worden op de middelbare school niet meer gegeven
ensemble 1 BW **1 samen, met elkaar** • *ils vont bien / mal ~* ze passen goed / slecht bij elkaar • *ils ne peuvent plus vivre ~* ze kunnen niet meer samen leven **2 tegelijk** • *ne parlez pas tous ~!* praat niet allemaal tegelijk! **2** ZN M **1 geheel, (samenhangende) eenheid** • *il a obtenu un prix pour l'~ de son œuvre* hij kreeg een prijs voor zijn hele oeuvre • *avoir une vue d'~ sur qc* een totaaloverzicht van iets hebben • *dans l'~, le voyage était réussi* over het geheel genomen was de reis een succes • *dans son ~* in zijn totaliteit **2** MUZ. **ensemble, groep** • *l'~ philharmonique de Paris* het Parijse muziekensemble **3 (geheel van) wooneenheden** • *un ~ résidentiel* betere woonwijk, villawijk • *un grand ~* woningcomplex, nieuwbouwwijk **4 kledingcombinatie** • *un ~ pantalon veste* combinatie van broek en colbert, pak **5** WISK. **verzameling** • *la théorie des ~s* verzamelingenleer
ensemencer OV WW **inzaaien** <v. akker>
enserrer OV WW **(nauw) omsluiten**
ensevelir OV WW **1** FORM. **begraven, in een lijkkleed wikkelen 2 bedelven** • *les promeneurs ont été ensevelis sous l'avalanche* de wandelaars werden door de lawine bedolven
ensoleillé BN **zonnig**
ensoleillement ZN M **zonnigheid, zonneschijn** • *les heures d'~* zonne-uren
ensommeillé BN OOK FIG. **slaperig, slaapdronken** • *des yeux ensommeillés* slaapogen
ensorcelant BN OOK FIG. **betoverend**
ensorceler OV WW **betoveren, beheksen**
ensorceleur ZN M (V ensorceleuse), **verleider, charmeur**
ensorcellement ZN M **beheksing,** OOK FIG. **betovering**
ensuite BW **vervolgens, daarna** • *alors, tu veux voyager, et ~?* oké, je wilt reizen, en dan?
ensuivre WKD WW **(s'~)** onregelmatig **erop / eruit volgen** • *il s'ensuit qu'il faut reprendre l'enquête depuis le début* daaruit volgt dat het onderzoek weer van voren af aan moet worden begonnen • *... et tout ce*

en

qui s'ensuit ... en de hele bedoening, enzovoort
entacher OV WW FIG. **bevlekken, bezoedelen** • *un honneur entaché* aangetaste eer
entaille ZN V **1 diepe snijwond** • *se faire une ~ au doigt* een jaap in zijn vinger oplopen **2 inkeping, insnijding**
entailler WKD WW **(s'~) een snijwond oplopen** • *s'~ le doigt en coupant qc* zich bij het snijden van iets in de vinger snijden
entamer OV WW **1 beginnen met** • *~ des pourparlers* onderhandelingen aanknopen • *~ un livre* in een boek beginnen • *une journée bien entamée* een dag die al flink gevorderd is • *~ des poursuites* een vervolging instellen **2 (aan)snijden, (aan)breken** • *~ une bouteille de Bordeaux* een fles bordeaux ontkurken **3 aanspreken** <van kapitaal> • *~ son capital* zijn kapitaal aanspreken
entartrer OV WW **met ketelsteen / tandsteen bedekken**
entassement ZN M **opeenhoping** • *l'~ d'une famille dans un petit appartement* het op elkaar gepropt zijn van een gezin in een appartement
entasser 1 OV WW **opeenhopen, opstapelen** • *il entasse ses affaires dans un coin* hij hoopt zijn spullen op in een hoek **2** WKD WW **(s'~) zich opeenhopen, zich samenpakken, zich verdringen** • *s'~ dans une voiture / dans le métro* opgepropt zitten in een auto / in de metro • *le courrier s'entasse dans sa boîte à lettres* de post hoopt zich in zijn brievenbus op
entendement ZN M **begrip(svermogen), verstand** • *ça dépasse l'~* dat gaat het begrip te boven
entendeur ZN M • *à bon ~ salut!* een goed verstaander heeft maar een half woord nodig!
entendre 1 OV WW **1 horen** • *j'en ai entendu parler* ik heb ervan gehoord, ik heb zoiets gehoord • *il ne veut pas en ~ parler* hij wil daar niet van horen • *tu entendras parler de moi!* je hoort nog van me!, je bent nog niet van me af! • *je ne veux plus ~ parler de toi* je hebt het bij mij verbruid • *il ne veut rien ~* hij wil niet (naar rede) luisteren • *(qu'est-) ce qu'il ne faut pas ~!* wat ze al niet zeggen! • FIG. *il ne l'entend pas de cette oreille* daar wil hij niet van horen, daar is hij niet van gediend **2 luisteren naar** • *aller ~ un concert* naar een concert gaan • *~ des témoins* getuigen horen • *elle ne veut pas ~ raison* ze is niet voor rede vatbaar • *à l'~, ce sera fini bientôt* als je hem mag geloven is het bijna voorbij • *il sait se faire ~* naar hem wordt geluisterd • *à l'~ ...* als je hem zo hoort ... **3 begrijpen, verstaan, bedoelen** • *qu'entendez-vous par là?* wat bedoelt u daarmee?, wat verstaat u daaronder? • *laisser ~ que les choses vont mal* te kennen / te verstaan geven dat het niet goed gaat • FIG. *il n'y entend rien* hij heeft er geen benul van **4** FORM. **willen, van plan zijn** • *il entend être obéi* hij wenst gehoorzaamd te worden • *j'entends que vous fassiez votre devoir* ik wil dat u uw plicht doet • *chacun fera comme il l'entend* iedereen moet doen wat hem het beste lijkt **2** ONOV WW **horen, gehoor hebben** • *il n'entend pas* hij is doof • *elle n'entend pas bien de l'oreille gauche* zij hoort slecht met haar linkeroor **3** WKD WW **(s'~) 1 elkaar horen, elkaar verstaan** • *baisse ta musique, on ne s'entend plus!* zet je muziek zachter, je verstaat elkaar niet meer! **2 opgevat worden** • *ce mot s'entend au moins de deux façons* dat woord kun je op minstens twee manieren uitleggen • *cela s'entend* dat spreekt vanzelf **3 verstand hebben (van), ervaring hebben (in)** • *en matière de finance, il s'y entend* geldzaken, daar heeft hij verstand van **4 het eens zijn / worden (sur over)** • *il faudrait s'~ / qu'on s'entende là-dessus* we moeten het daarover eens worden **5 (met elkaar) overweg kunnen** • *bien / mal s'~* goed / slecht met elkaar kunnen opschieten • *ils s'entendent comme larrons en foire* zij spelen onder één hoedje
entendu 1 BN **afgesproken, overeengekomen, begrepen** • *alors je compte sur toi? -- ~!* ik kan dus op je rekenen? -- afgesproken! • *bien ~* natuurlijk, vanzelfsprekend • *c'est une affaire ~e!* dat is afgesproken!, de zaak is beklonken • *prendre un air ~* een gezicht trekken alsof men er alles van af weet • *sourire d'un air ~* fijntjes glimlachen **2** WW volt. deelw. → **entendre**
entente ZN V **1 (goede) verstandhouding, overeenstemming, eensgezindheid** • *l'~ entre eux est parfaite* er is een volmaakte verstandhouding tussen hen **2 overeenkomst, afspraak,** POL. **entente** • *arriver à une ~* tot een akkoord komen
entériner OV WW **bekrachtigen, ratificeren, goedkeuren**
enterrement ZN M **begrafenis** • *un ~ civil / religieux* burgerlijke / kerkelijke begrafenis • INFORM., FIG. *il fait une mine d'~* hij heeft een begrafenisgezicht • *~ de vie de garçon / de fille* vrijgezellenavond / -fuif
enterrer 1 OV WW **begraven** • *être enterré sous les décombres* onder het puin bedolven zijn • *il a enterré tous ses fils* hij heeft al zijn zoons overleefd • FIG. *~ un secret* een geheim goed bewaren • FIG. *~ sa jeunesse* zijn jeugd uitluiden • FIG. *~ une affaire* een kwestie terzijde leggen / in de doofpot stoppen **2** WKD WW **(s'~)** FIG. **zich begraven, teruggetrokken gaan leven**
entêté BN **koppig**
en-tête, entête ZN M (MV en-têtes, entêtes), **(brief)hoofd, opschrift**
entêtement ZN M **koppigheid**
entêter WKD WW **(s'~) hardnekkig volharden** • *s'entêter à faire qc* iets hardnekkig blijven doen
enthousiasme ZN M **enthousiasme, geestdrift**
enthousiasmer 1 WKD WW **(s'~) enthousiast worden, dwepen (met)** • *il s'enthousiasme pour un rien* hij is heel gauw enthousiast **2** OV WW **enthousiast maken, tot geestdrift brengen** • *~ le public* het publiek meeslepen
enthousiaste BN **geestdriftig, enthousiast** • *un accueil ~* geestdriftig onthaal
enticher WKD WW **(s'~) de verzot raken op, dwepen met** • *s'~ de quelqu'un* weg zijn van

iemand

entier 1 BN (V entière), **heel, geheel, vol(ledig)** • *une heure entière* een vol uur • *du lait* ~ volle melk • *un nombre* ~ geheel getal • *la ville tout entière* de hele stad • *payer une place entière* de volle prijs betalen • *le mystère reste* ~ het raadsel blijft (onopgelost) 2 ZN M **totaliteit, geheel** • *dans son* ~ in zijn geheel

entièrement BW **geheel en al, helemaal, volkomen**

entité ZN V **entiteit, eenheid**

entonner OV WW **aanheffen** <van lied> • ~ *la Marseillaise* de Marseillaise aanheffen

entonnoir ZN M OOK FIG. **trechter** • *en* ~ trechtervormig

entorse ZN V 1 MED. **verstuiking** 2 FIG. **verdraaiing, inbreuk** • *faire une* ~ *au règlement* inbreuk maken op de voorschriften

entortiller OV WW 1 **(om)wikkelen** • *des cheveux entortillés autour du doigt* om de vinger gewonden haren 2 **met mooie woorden paaien, inpalmen, (ver)strikken** • *de belles phrases entortillées* ingewikkelde volzinnen • ~ *qn* iemand inpalmen • *se laisser* ~ *par qn* zich door iemand laten inpakken / lijmen

entourage ZN M **entourage, omgeving** • *l'~ du président* de entourage / de naaste medewerkers van de president

entourer 1 OV WW 1 **omringen (de met), omranden, omcirkelen** • *le quartier est entouré de barrières de sécurité* rond de hele wijk staan dranghekken • *une maison entourée d'un jardin* een huis met een tuin eromheen • ~ *les mots difficiles dans un texte* de moeilijke woorden in een tekst omcirkelen • ~ *l'ennemi* de vijand omsingelen 2 FIG. **omgeven** • *être entouré de beaucoup d'amis* veel vrienden (om zich heen) hebben • *être entouré d'affection* met liefde omringd zijn • *il est bien entouré* hij heeft een kring van toegewijde mensen om zich heen 2 WKD WW **(s'~)** • *s'~ d'amis* zich omringen met vrienden, veel vrienden maken

entourloupette INFORM. ZN V **gemene streek**

entournure ZN V **armsgat** • INFORM. *être gêné aux* ~*s* slecht op zijn gemak zijn, krap bij kas zijn

entracte ZN M 1 **pauze** <in theater>, **entr'acte** 2 FIG. **intermezzo, onderbreking**

entraide ZN V **onderlinge hulp**

entraider WKD WW **(s'~) elkaar helpen**

entrailles ZN V MV 1 **ingewanden** 2 FORM. **(het) binnenste** • *les* ~ *de la terre* de schoot der aarde

entrain ZN M **levendigheid, animo, elan** • *être sans* ~ lusteloos zijn • *travailler avec* ~ enthousiast werken • *une soirée qui manque d'~* een tam feestje • *être plein d'~* vol fut zijn

entraînant BN **meeslepend**

entraînement ZN M **training, oefening** • *le terrain d'entraînement* oefenterrein • *un camp d'entraînement* trainingskamp • *pendant l'entraînement, on doit courir trois kilomètres* bij de training moet er drie kilometer hardgelopen worden

entraîner 1 OV WW 1 **trainen, oefenen (à in)** • *un cycliste bien entraîné* goed getrainde wielrenner • ~ *qn à un examen* iemand voor een examen klaarstomen 2 **meeslepen, meevoeren** • *le courant entraîne la barque* de boot wordt door de stroom meegevoerd • *des nageurs entraînés par le courant* zwemmers die door de stroming worden meegesleurd • FIG. *se laisser* ~ *dans une aventure* zich in een avontuur laten meeslepen 3 OOK FIG. **aandrijven, ertoe brengen (à om)** 4 **met zich meebrengen, tot gevolg hebben** • *toutes ces discussions vont* ~ *du retard dans les travaux* al die discussies zullen tot vertraging van de werkzaamheden leiden 2 WKD WW **(s'~) trainen, zich oefenen** • *s'entraîner à faire des gammes* toonladders oefenen • *s'entraîner pour un championnat* trainen voor een kampioenschap • *s'entraîner aux entretiens d'embauche* zich oefenen in sollicitatiegesprekken

entraîneur ZN M (V entraîneuse), **trainer**

entraîneuse ZN V 1 SPORT **trainster** 2 **animeermeisje**

entrapercevoir, **entr'apercevoir** OV WW **vluchtig zien**

entrave FIG. ZN V **hinderpaal, belemmering, remmende factor** • *cette loi est une* ~ *à la liberté de mouvement* die wet vormt een hinderpaal voor de bewegingsvrijheid

entraver OV WW **hinderen, belemmeren** • ~ *la bonne marche de la justice* de rechtsgang belemmeren • ~ *la circulation* het verkeer belemmeren

entre VZ 1 **tussen** <van tijd en plaats> • *une personne* ~ *deux âges* iemand van middelbare leeftijd • *nous passerons demain* ~ *neuf et dix heures* we komen morgen tussen negen en tien langs • *mettre qc* ~ *parenthèses* iets tussen haakjes plaatsen • INFORM. *avoir le cul* ~ *deux chaises* in een lastig parket zitten, klem zitten 2 **te midden van, onder** • *l'un d'~ vous* een van u • ~ *autres* onder andere(n) • *ils restent* ~ *eux* ze blijven bij / onder elkaar • *plusieurs d'~ nous ont décidé de rester* een paar van ons hebben besloten om te blijven • *soit dit* ~ *nous* onder ons gezegd (en gezwegen) 3 **tussen, met** • *un match* ~ *deux équipes* wedstrijd tussen twee ploegen • *il n'y a rien de commun* ~ *eux* ze hebben niets met elkaar gemeen

entrebâillement ZN M **kier** <van deur> • *par / dans l'entrebâillement de la porte* door / in de halfopen deur

entrebâiller OV WW **op een kier zetten**

entrechat ZN M **(lucht)sprong, kruissprong** <dans>

entrechoquer WKD WW **(s'~) tegen elkaar stoten** • *des verres qui s'entrechoquent* het klinken met de glazen

entrecôte ZN V **ribstuk, entrecote**

entrecouper OV WW **(af en toe) onderbreken**

entrecroiser WKD WW **(s'~) elkaar kruisen**

entredéchirer, **entre-déchirer** WKD WW **(s'~)** OOK FIG. **elkaar verscheuren**

en

entre-deux ZN M (MV id.), iets ertussenin, tussenpositie, tussenruimte
entre-deux-guerres ZN M (MV id.), interbellum, tijd tussen de twee wereldoorlogen
entrée ZN V **1** ingang, vestibule, hal • *l'entrée du parking* ingang van de parkeerplaats • *l'entrée de service* dienstingang • *une ~ indépendante* vrije opgang • *attendre qn dans l'entrée* bij de ingang op iemand wachten **2** toegang, entree • *la porte d'entrée* voordeur • *~ interdite* verboden toegang • *un billet d'entrée* toegangsbewijs • *une ~ libre* vrije toegang, vrij entree • *une ~ non payante / gratuite* vrijkaart • *passer un examen d'entrée* toelatingsexamen doen • FIG. *avoir ses entrées chez qn* goede connecties hebben met iemand, bij iemand over de vloer komen **3** • *les entrées et les sorties* de ontvangsten en de uitgaven **4** intrede, binnenkomst, opkomst <van acteur>, toetreding • *l'entrée en scène de l'acteur* de opkomst van de acteur op het toneel • *l'entrée en gare d'un train* het binnenrijden van een trein • *l'entrée en guerre des pays africains* het in oorlog raken van de Afrikaanse landen • *faire son ~* zijn entree maken • *faire une ~ remarquée* een opvallende nieuwkomer zijn **5** COMP. invoer <van gegevens>, input • *la touche d'entrée* enter- / invoertoets **6** begin, aanvang • *d'entrée (de jeu)* (meteen) vanaf het begin • *une ~ en fonctions* het in dienst treden, ambtsaanvaarding **7** CULIN voorgerecht • *commander un potage comme / en ~* soep als voorgerecht bestellen **8** TAALK. trefwoord, ingang
entrefaites ZN V MV • *sur ces ~* op dat moment, toen, onderwijl
entrefilet ZN M kort krantenberichtje
entregent ZN M openheid, vlotheid • *avoir de l'~* zich goed kunnen bewegen onder mensen
entrejambe ZN M kruis <van broek>
entrelacement ZN M verstrengeling, wirwar
entrelacer 1 OV WW verstrengelen, ineenvlechten **2** WKD WW **(s'~)** zich ineenvlechten, verstrengeld zijn
entremêler OV WW (ver)mengen
entremets ZN M (zoet) nagerecht, toetje
entremetteur MIN. ZN V (V entremetteuse), koppelaar
entremettre WKD WW **(s'~)** onregelmatig bemiddelen, tussenbeide komen
entremise ZN V tussenkomst, bemiddeling • *par / grâce à l'~ de qn...* dankzij iemands bemiddeling..., via iemand...
entreposer OV WW **1** opslaan (in een entrepot) **2** in bewaring geven • *~ ses affaires chez qn* zijn spullen bij iemand in bewaring geven
entrepôt ZN M opslagplaats, pakhuis, entrepot • *un ~ frigorifique* koelhuis
entreprenant BN ondernemend
entreprendre OV WW onregelmatig **1** ondernemen, beginnen, proberen • *~ des études de droit* een rechtenstudie beginnen • *~ de faire qc* proberen iets te doen • *~ un voyage* een reis aanvaarden **2** proberen te winnen, proberen te overtuigen
entrepreneur ZN M (V entrepreneuse) **1** ondernemer **2** aannemer
entreprise ZN V **1** onderneming, bedrijf • *une ~ familiale* familiebedrijf • *une ~ publique* overheidsbedrijf • *les petites et moyennes ~s (PME)* midden- en kleinbedrijf (mkb) • *une ~ de nettoyage* schoonmaakbedrijf **2** onderneming, aanneming <van werk> • *la libre ~* het vrije ondernemerschap • *l'esprit d'~* ondernemingsgeest
entrer 1 ONOV WW **1** binnengaan **(dans** in), binnenkomen • *~ dans l'eau* het water ingaan • *~ chez soi* thuiskomen • *~ dans une voiture* in een auto stappen • *le train entre en gare* de trein rijdt het station binnen • *~ en courant / en marchant lentement* naar binnen rennen / rustig naar binnen lopen • *défense d'entrer!* verboden toegang • *faire ~ un clou dans un mur* een spijker in een muur slaan • *~ dans les détails* in bijzonderheden treden • *entrez!* binnen! • *entrez sans frapper* binnen zonder kloppen • *il n'a fait qu'~ et sortir* hij is daar een blauwe maandag geweest **2** stoten (tegen), botsen (tegen) • *~ dans un mur* tegen een muur botsen **3** FIG. treden (in), lid worden • *~ dans l'armée* in dienst gaan • *~ au lycée / à l'université* naar het vwo / de universiteit gaan • *~ au parti communiste* lid worden van de communistische partij • *~ au service de qn* in dienst treden bij iemand • *~ en correspondance avec qn* een briefwisseling met iemand aangaan • *~ en convalescence* aan de beterende hand zijn **4** deel uitmaken van, (gaan) deelnemen aan / in, gaan in • *~ dans la discussion* gaan deelnemen aan het gesprek • *~ en guerre* een oorlog beginnen • *ça n'entre pas dans mes projets* dat ligt niet in mijn bedoeling, dat ben ik niet van plan **2** OV WW **1** naar binnen brengen, inbrengen **(dans** in) **2** COMP. invoeren <van gegevens>
entresol ZN M tussenverdieping
entre-temps, entretemps BW intussen • *ils sont partis en vacances et ~ leur maison a été cambriolée* ze zijn met vakantie gegaan en ondertussen is er in hun huis ingebroken
entretenir 1 OV WW onregelmatig **1** onderhouden • *une maison bien / mal entretenue* goed / slecht onderhouden huis **2** in iemands onderhoud voorzien • *~ une famille* een gezin onderhouden • *se faire ~* op andermans kosten leven **3** in stand houden • *~ sa forme* zijn conditie op peil houden • *~ des relations amicales avec qn* vriendschappelijke betrekkingen met iemand onderhouden • *~ la paix* de vrede bewaren • <spreekwoord> *les petits cadeaux entretiennent l'amitié* kleine geschenken onderhouden de vriendschap **4** een onderhoud hebben met, spreken • *~ qn de qc* iemand over iets spreken **2** WKD WW **(s'~) 1** een onderhoud hebben, spreken (met) • *s'~ avec qn* in gesprek zijn met iemand **2** zich onderhouden • *faire du sport pour s'~* aan sport doen om in conditie te blijven
entretien ZN M **1** gesprek • *un ~ télévisé*

televisie-interview • *un ~ d'embauche* sollicitatiegesprek • *avoir un ~ avec qn* een onderhoud hebben met iemand **2 onderhoud** • *l'~ des routes* wegenonderhoud • *des produits d'~* onderhoudsmiddelen

entretuer WKD WW **(s'~) elkaar doden**

entrevoir OV WW onregelmatig **1 vaag zien, vluchtig zien 2 vaag vermoeden, voorvoelen** • *~ des difficultés* problemen bespeuren

entrevue ZN V **onderhoud, (vraag)gesprek**

entrouvert BN **halfopen** • *laisser la porte ~e* de deur op een kier laten staan

entrouvrir 1 OV WW onregelmatig **half openen, op een kier zetten, van elkaar schuiven** • *~ les yeux / la bouche* zijn ogen / zijn mond half openen **2** WKD WW **(s'~) op een kier gezet worden, half opengaan**

entuber INFORM. OV WW **bedonderen, belazeren** • *se faire ~* bedonderd worden

énumération ZN V **opsomming**

énumérer OV WW **opsommen, opnoemen**

envahir OV WW **1 (massaal) binnendringen in, binnenvallen** • *~ un pays* een land binnenvallen **2** FIG. **overspoelen** • *les touristes envahissent les côtes* aan de kust wemelt het van de toeristen • *les supporters ont envahi la pelouse* de supporters zijn massaal het veld opgerend • *les mauvaises herbes envahissent le jardin* het onkruid woekert in de tuin **3 overmannen, bevangen** • *se laisser ~ par le sommeil* zich door slaap laten overmannen

envahissant BN **1 overweldigend, voortwoekerend** • *des herbes ~es* woekerend onkruid **2** FIG. **opdringerig**

envahissement ZN M **1 inval, overweldiging, invasie 2 voortwoekering, ongebreidelde verbreiding** • *l'~ des produits étrangers sur le marché français* het door buitenlandse producten overspoeld worden van de Franse markt

envahisseur ZN M (V envahisseuse), **overweldiger, indringer, bezetter**

envasement ZN M **dichtslibbing**

envaser WKD WW **(s'~) in het slib / de modder blijven steken**

enveloppant BN **1 omhullend 2** FIG. **innemend**

enveloppe ZN V **1 omslag, envelop** • *une ~ à fenêtre* vensterenvelop • *cacheter / décacheter une ~* een envelop dichtplakken / openmaken • *mettre qc sous ~* iets in een envelop stoppen • FIG. *remettre une petite ~ à qn* iemand smeergeld betalen **2** FIG., ECON. **budget** • *une ~ de plusieurs millions pour l'éducation* budget van enkele miljoenen voor het onderwijs

envelopper 1 OV WW **1 (om)hullen, (om)wikkelen, inpakken in** • *~ le bébé dans / d'une couverture* de baby in een deken wikkelen **2** • INFORM. *une femme bien enveloppée* volslanke / gezette vrouw **3** FIG. **(ver)hullen, inkleden** • *une naissance enveloppée de mystère* een met een waas van geheimzinnigheid omgeven geboorte **2** WKD WW **(s'~) zich wikkelen (in), zich hullen (in)** • *s'~ dans son manteau / de son manteau* zich in zijn jas hullen • FIG. *s'~ de mystère* zich in nevelen hullen

envenimer 1 OV WW **1 infecteren 2 verergeren, venijnig(er) maken** • *sa remarque a envenimé le conflit* met die opmerking spitste hij het conflict toe **2** WKD WW **(s'~) 1 geïnfecteerd raken 2 verergeren, venijnig(er) worden** • *la querelle s'envenime* de ruzie loopt hoger op

envergure ZN V **1 spanwijdte, vleugelbreedte,** SCHEEPV. **zeilbreedte 2** FIG. **omvang, formaat, betekenis** • *un projet de grande ~* grootscheeps project • *un chercheur d'~* een onderzoeker van formaat • *un homme de son ~* een man van zijn kaliber

enverrai WW toek. tijd. → **envoyer**

envers "-vèr" **1** VZ **jegens** • *être plein de bienveillance ~ qn* heel welwillend tegenover iemand staan • *~ et contre tous* tegen alles en iedereen, door dik en dun **2** ZN M **1** OOK FIG. **keerzijde, verkeerde zijde** • *l'~ de la médaille* de keerzijde van de medaille • *l'~ du décor* wat zich achter de schermen afspeelt, FIG. schaduwzijde **2 tegendeel, tegenhanger** • *mettre son pull à l'~* zijn trui verkeerd om aantrekken • *il a la cervelle à l'~* hij is de kluts kwijt • *à l'~* ondersteboven, binnenstebuiten, averechts, in de war

envi FORM. • *à l'~* om strijd, om het hardst

enviable BN **benijdenswaardig**

envie ZN V **1 zin (in, om), lust, trek (in)** • *ces chocolats me font très ~* die chocolaatjes doen me watertanden • *il meurt /* INFORM. *crève d'~ de visiter la Chine* hij zou dolgraag China willen bezoeken • *ça me donne ~ de rire* daar moet ik om lachen • *j'ai ~ de vous dire que...* ik wil u graag zeggen dat... • *j'ai très ~ de le revoir* ik verlang ernaar hem weer te zien • *faire passer l'~ de qc à qn* iemand de lust tot iets benemen • *l'~ de rire te passera* het lachen zal je vergaan **2 afgunst, jaloezie** • *digne d'~* begerenswaardig, benijdenswaardig • *tous la regardent avec ~* iedereen kijkt jaloers naar haar • *faire ~ à qn* iemands begeerte wekken, iemand verlokken • <spreekwoord> *mieux vaut faire ~ que pitié* beter benijd dan beklaagd **3 natuurlijke behoefte, aandrang (om)** • *le petit a ~ d'aller aux toilettes* de kleine moet nodig (naar het toilet) **4** meestal mv **dwangnagel**

envier OV WW **benijden, begeren** • *~ quelqu'un* jaloers zijn op iemand • *~ qn pour sa beauté / sa richesse* iemand benijden om zijn schoonheid / zijn rijkdom • *n'avoir rien à ~ à personne* niets tekortkomen, alles hebben wat zijn hartje begeert • *~ quelque chose à quelqu'un* iemand iets misgunnen

envieux 1 BN (V envieuse), **jaloers, afgunstig (de op) 2** ZN M (V envieuse), **afgunstige** • *faire des ~* anderen jaloers maken, benijd worden

environ BW **ongeveer, omstreeks** • *à trois heures ~* om een uur of drie

environnant BN **omliggend, aangrenzend**

environnement ZN M **1 omgeving** • *l'~ familial* de huiselijke omgeving **2 (leef)milieu** • *le ministère de l'~* ministerie van Milieuzaken • *la protection de l'~* milieubescherming

environnemental BN (M MV

en

environnementaux), milieu- • *la politique ~e* milieupolitiek
environnementaliste ZN M/V milieudeskundige
environner **1** OV WW omringen, omgeven **2** WKD WW **(s'~)** zich omringen • *s'~ d'amis* zich met vrienden omringen
environs ZN M MV omgeving • *aux ~ de la ville* in de buurt / de omstreken van de stad • *aux ~ de Paris* in de buurt van Parijs • *aux ~ de Noël* omstreeks Kerstmis

envisageable BN denkbaar, te overwegen
envisager OV WW **1** onder ogen zien, beschouwen • *comment envisagez-vous l'avenir?* hoe ziet u de toekomst? **2** overwegen (om), van plan zijn • *~ de s'établir à l'étranger* van plan zijn in het buitenland te gaan wonen
envoi ZN M verzending, (toe)zending • *l'~ d'une lettre recommandé* het versturen van een aangetekende brief • *les frais d'~* verzendkosten • SPORT *le coup d'~* aftrap <bij voetbal>
envol ZN M **1** (het) wegvliegen <van vogels> • FIG. *prendre son ~* een hoge vlucht nemen **2** (het) opstijgen <van vliegtuig> • *une piste d'~* startbaan
envolée ZN V **1** (het) opvliegen, (het) opstijgen, FIG. hoge vlucht, snelle stijging • *les envolées des prix* scherpe prijsstijgingen **2** gedachtevlucht • *une ~ lyrique* dichterlijke vervoering
envoler WKD WW **(s'~) 1** wegvliegen, opstijgen <van vliegtuig> • *s'~ pour les États-Unis* richting Verenigde Staten vliegen **2** wegwaaien **3** FIG. vervliegen, snel verdwijnen • *des espoirs qui s'envolent* hoop die in rook vervliegt **4** FIG. omhoogvliegen, snel stijgen • INFORM. *les prix s'envolent* de prijzen vliegen omhoog
envoûtant FIG. BN betoverend
envoûtement ZN M betovering, fascinatie
envoûter OV WW OOK FIG. betoveren, fascineren
envoyé ZN M (V envoyée), (af)gezant • *elle est l'envoyée spéciale d'un journal* ze is verslaggeefster / bijzondere correspondent van een krant
envoyer **1** OV WW onregelmatig **1** zenden, sturen, afzenden, wegzenden, uitzenden • *~ une lettre / un colis* een brief / pakje versturen • *~ ses vœux à ses amis* zijn vrienden de beste wensen sturen • *~ qn à la poste / chez le boulanger* iemand naar de post / naar de bakker sturen • *~ chercher un médecin* een dokter laten halen • *~ qn à la mort* iemand de dood in sturen • *~ qn en éclaireur* iemand op verkenning uitsturen • INFORM. *~ qn balader / promener / valser* iemand afpoeieren, iemand afserveren • *je ne vous l'envoie pas dire* ik zal het je ronduit zeggen **2** gooien, schieten, slaan <v. bal e.d.> • *~ une gifle / un coup à qn* iemand een oorvijg / een mep geven **2** WKD WW **(s'~) 1** aan elkaar sturen **2** INFORM. (tot zich) nemen <v. iets aangenaams>, naar binnen slaan <v. eten, drank> • *s'~ toute une bouteille de vin* een hele fles wijn naar binnen slaan • *s'~ qn* iemand een beurt geven, iemand neuken • *s'~ en l'air* genieten <vooral erotisch> **3** INFORM. (te verduren) krijgen <v. iets onaangenaams>, (moeten) opknappen • *elle a dû s'~ tout le boulot* ze moest voor de hele klus opdraaien
envoyeur ZN M afzender
enzyme ZN M/V enzym
éolien BN (V éolienne), wind-, van / door de wind • *un parc ~* windpark
éolienne **1** ZN V windmolen <met rotoren>, windturbine **2** BN → **éolien**
épagneul ZN M (V épagneule), spaniël
épais BN (V épaisse) **1** dik • *un mur ~ de vingt-cinq centimètres* een 25 centimeter dikke muur **2** dik, dicht • *un ~ brouillard* dichte mist • *une chevelure épaisse* dikke bos haar • FIG. *une obscurité épaisse* diepe duisternis **3** grof, log, stompzinnig • *avoir la langue épaisse* moeilijk spreken
épaisseur ZN V **1** dikte • *l'épaisseur d'une planche* de dikte van een plank • *du papier à double ~* dubbelgevouwen papier **2** dichtheid • *l'épaisseur de la couche d'ozone* dichtheid van de ozonlaag **3** FIG. diepte <als dimensie>, diepgang
épaissir **1** OV WW verdikken, dichter maken **2** ONOV WW dikker worden, zwaarder worden **3** WKD WW **(s'~)** dikker worden, dichter worden • *le brouillard s'épaissit* de mist wordt dichter • *le mystère s'épaissit autour de cette affaire* die zaak wordt steeds raadselachtiger
épaississement ZN M **1** verdikking **2** verdichting
épanchement ZN M **1** MED. overvloeiing, uitstorting **2** FIG. ontboezeming
épancher WKD WW **(s'~)** OOK FIG. zich uitstorten, zijn hart uitstorten • *s'épancher auprès de qn* iemand zijn nood klagen • *avoir besoin de s'épancher* behoefte hebben om zijn hart te luchten
épanouir WKD WW **(s'~) 1** ontluiken **2** zich ontplooien, zich ten volle ontwikkelen, tot bloei komen **3** FIG. stralen <v. gezicht> • *s'épanouir de joie* stralen van blijdschap
épanouissement ZN M **1** ontluiking, bloei **2** FIG. ontplooiing, volle ontwikkeling **3** (het) stralen <van gezicht>, vrolijkheid
épargnant ZN M (V épargnante), spaarder
épargne ZN V **1** (het) sparen, besparing • *la caisse d'épargne* spaarbank • *un livret de caisse d'épargne* spaarbankboekje **2** spaargeld
épargne-logement ZN V (MV id.), bouwspaarfonds
épargner **1** OV WW **1** sparen, OOK FIG. besparen • *épargnez-moi vos critiques* bespaar me uw kritiek **2** FIG. sparen, ontzien **2** ONOV WW besparen, bezuinigen • *~ sur le chauffage / sur les vêtements* op de verwarming / op kleding besparen
éparpillement ZN M **1** verstrooiing, verspreiding **2** FIG. versnippering
éparpiller **1** OV WW **1** verstrooien, verspreiden • *des papiers éparpillés* rondslingerende papieren **2** FIG. versnipperen **2** WKD WW **(s'~) 1** • *la foule s'éparpille après le match* na de wedstrijd verspreidt de menigte zich **2** • *elle n'arrivera à rien, elle s'éparpille beaucoup trop* ze zal niets bereiken, haar aandacht is veel te versnipperd

épars "eepar" BN **verspreid, verstrooid** • *des cheveux ~* verwarde, woeste haren
épatant INFORM. BN **prima, puik, geweldig, fantastisch**
épate INFORM. ZN V **uitsloverij, branie, bluf**
épaté **1** BN **1 plat, stomp** <van neus> **2** INFORM. **verbluft, paf** **2** WW volt. deelw. → **épater**
épater INFORM. OV WW **verbluffen, paf doen staan, imponeren** • *vouloir ~ la galerie* indruk willen maken op de mensen, uitsloverig doen
épaule ZN V **1 schouder** • *être large d'épaules* brede schouders hebben • *hausser les épaules* zijn schouders ophalen • FIG. *avoir la tête sur les épaules* met beide benen op de grond staan, nuchter zijn • FIG. *changer son fusil d'épaule* omzwaaien, het over een andere boeg gooien **2** CULIN • *une ~ d'agneau* lamsschouder
épauler OV WW **(onder)steunen** • *être épaulé par qn* door iemand gesteund worden
épaulette ZN V **1 schoudervulling 2 schouderbandje,** MIL. **epaulet**
épave ZN V **1 wrak, wrakstuk** • *des épaves de voitures* autowrakken **2** INFORM, FIG **(menselijk) wrak** • *c'est une ~ depuis la mort de sa femme* sinds het overlijden van zijn vrouw is hij een wrak
épeautre ZN M **spelt**
épée ZN V **degen, zwaard** • *la pointe d'une ~* de punt van een degen • *l'épée de Damoclès* het zwaard van Damocles • FIG. *un coup d'épée dans l'eau* een slag in de lucht, verspilde moeite
épeler OV WW **spellen**
épépiner OV WW **ontpitten**
éperdu BN **1 buiten zichzelf (de van), hevig ontdaan** • *être ~ de bonheur* zielsgelukkig zijn **2 hevig, hartstochtelijk, onstuimig** • *une fuite éperdue* overhaaste vlucht
éperdument BW **hevig, hartstochtelijk** • *être ~ amoureux* smoorverliefd zijn
éperon ZN M **1 spoor** <v. ruiter> **2 puntig uitsteeksel, ram** <v. schip>
éperonner OV WW **1 de sporen geven 2** FIG. **aansporen**
épervier ZN M **sperwer**
éphémère BN **eendags-, kortstondig, vergankelijk** • *un succès ~* vergankelijk succes
épi ZN M **1 aar, kolf** <van maïs> • *un ~ de blé* korenaar **2 wilde haarlok, piek 3 loodrecht uitsteeksel** • *le stationnement (de voitures) en ~* het schuin naast elkaar parkeren
épice ZN V **specerij** • *assaisonner un mets avec des épices* een gerecht kruiden
épicé BN **1 gekruid, pikant** • *un plat très épicé* erg pittig gerecht **2 pikant, gedurfd**
épicéa ZN M **1 spar** • *épicea bleu* blauwspar **2 vurenhout**
épicène BN **genderneutraal, sekseneutraal**
épicentre ZN M **epicentrum** • *un ~ sismique* epicentrum van een aardbeving
épicer OV WW OOK FIG. **kruiden**
épicerie ZN V **1 kruidenierswinkel** • *une ~ fine* delicatessenwinkel **2 kruidenierswaren**
épicier ZN M (V epicière), **kruidenier,** OOK FIG. **grutter** • *avoir une mentalité d'épicier* een kruideniersmentaliteit hebben
épicurien **1** BN (V épicurienne), **epicuristisch, genotzuchtig** **2** ZN M (V épicurienne), **epicurist, levensgenieter**
épidémie ZN V **epidemie** • *une ~ de grippe / de choléra* griep- / cholera-epidemie • FIG. *une ~ de divorces* scheidingsgolf • *une ~ s'est déclarée* er brak een epidemie uit • *mesures pour enrayer une ~* maatregelen om een epidemie in te dammen
épidémique BN **epidemisch, aanstekelijk**
épiderme ZN M **opperhuid** • *avoir l'épiderme sensible* lichtgeraakt zijn • HUMOR. *avoir l'épiderme épais* een dikke huid hebben
épidermique BN **v.d. opperhuid,** FIG. **oppervlakkig** • *avoir une réaction ~* oppervlakkig reageren
épier OV WW **bespieden, beloeren, gespitst zijn op** • *~ les voisins* de buren begluren • *~ une personne suspecte* een verdacht persoon in de gaten houden • *~ l'occasion favorable pour faire qc* op een gelegenheid loeren om iets te doen
épieu ZN M (MV épieux), **(jacht)spies**
épigone FORM. ZN M **epigoon, navolger**
épigramme ZN V **puntdicht, spot**
épigraphe ZN V **opschrift, inschrift, motto**
épilation ZN V **ontharing, epilatie** • *~ électrique* elektrische ontharing • *~ au laser* laserontharing
épilatoire BN **ontharings-** • *une crème ~* ontharingscrème
épilepsie ZN V **epilepsie, vallende ziekte** • *avoir une crise d'épilepsie* een aanval van epilepsie krijgen
épileptique **1** BN **epileptisch** **2** ZN M/V **epilepticus**
épiler **1** OV WW **ontharen, epileren** • *~ à la cire* waxen • *une pince à ~* epileertang • *se faire ~ les aisselles* zijn oksels laten ontharen **2** WKD WW **(s'~)** • *s'épiler les jambes* zijn benen ontharen
épilogue ZN M **1 epiloog, slotwoord** • *l'épilogue d'une pièce de théâtre* de epiloog van een toneelstuk **2** FIG. **afloop, slot**
épiloguer ONOV WW **uitweiden, nakaarten (sur over)** • *~ sur qc* op iets doorborduren
épinards ZN M MV **spinazie** • *des ~ hachés* gehakte spinazie
épine ZN V **1 stekel** <van planten>, **doorn** <aan plant, bot> • *~ de hérisson* stekel van een egel • *s'enfoncer une ~ dans le doigt* een doorn in zijn vinger krijgen • FIG. *ôter à qn une ~ du pied* iemand uit de zorgen helpen, iemand uit de verlegenheid redden **2** ANAT. • *l'épine dorsale* ruggengraat
épineux BN (V épineuse) **1 stekelig, doornig 2** FIG. **netelig** • *une affaire épineuse* lastige kwestie
épingle ZN V **speld** • *une ~ à cheveux* haarspeld • *une ~ à linge* wasknijper • *une ~ de sûreté / de nourrice* veiligheidsspeld • *un virage en ~ à cheveux* haarspeldbocht • *être tiré à quatre épingles* onberispelijk gekleed zijn, eruitzien om door een ringetje te halen • FIG. *monter une affaire en ~* iets goed doen uitkomen, iets opkloppen • FIG.

tirer son ~ du jeu zich handig uit een netelige zaak terugtrekken
épingler OV WW **1** (vast)spelden, opspelden • *~ une photo au mur* een foto op de muur prikken **2** INFORM. in de kraag grijpen, snappen • *~ qn* iemand in de kraag grijpen • *se faire ~* gesnapt worden
épinière BN (V épinière) • *la moelle ~* ruggenmerg
épinoche ZN V stekelbaars
Epiphanie ZN V Driekoningen
ép **épiphénomène** ZN M randverschijnsel, bijkomstigheid
épique BN **1** episch **2** INFORM. veelbewogen, groots, opwindend
épiscopal BN (M MV épiscopaux), bisschoppelijk
épiscopat ZN M episcopaat, bisschopsambt, gezamenlijke bisschoppen
épisode ZN M episode • *un feuilleton en dix épisodes* feuilleton in tien afleveringen
épisodique BN incidenteel, af en toe voorkomend
épistolaire BN brief-
épitaphe ZN V grafschrift
épithète ZN V toevoegsel, benaming • TAALK. *un (adjectif) ~* attributief adjectief
épître LIT. ZN V epistel, brief
éploré FORM. BN (badend) in tranen, diepbedroefd
épluche-légumes, **épluche-légume** ZN M (MV épluche-légumes), dunschiller, aardappelmesje
éplucher OV WW **1** van harde schillen ontdoen, schillen, (af)pellen **2** FIG. uitpluizen, napluizen • *~ des comptes / un dossier* de boeken / een dossier napluizen
épluchure ZN V meestal mv afval <van groente, vruchten>, schillen
éponge ZN V (bad)spons • *du tissu ~* badstof • *une serviette ~* badhanddoek • FIG. *passer l'éponge sur qc* de spons over iets halen • INFORM. *bon, passons l'éponge!* zand erover! • FIG. *jeter l'éponge* de handdoek in de ring gooien
éponger **1** OV WW **1** afsponsen, afwissen **2** wegwerken <van tekort, achterstand e.d.> • *~ les dettes de qn* iemands schulden vereffenen **2** WKD WW **(s'~)** • *s'éponger le front* zijn voorhoofd afvegen
épopée ZN V epos
époque ZN V periode, tijdperk, tijd, tijdstip • *l'époque des grandes vacances* de tijd van de grote vakantie • *des meubles Louis XIV d'époque* echt antieke Lodewijk XIV-meubelen • *faire ~* geschiedenis schrijven • *vivre avec son ~* met zijn tijd meegaan • *à l'époque des Romains* ten tijde van de Romeinen • *à l'époque* toen(tertijd), vroeger • *d'une autre ~* van vroeger tijd
épouiller OV WW ontluizen
époumoner WKD WW **(s'~)** zich hees praten / schreeuwen • *s'époumoner à convaincre qn de qc* zich suf praten om iemand van iets te overtuigen
épousailles HUMOR. ZN V MV trouwerij
épouse ZN V echtgenote
épouser OV WW **1** trouwen met, huwen • *~ qn par amour / pour son argent* met iemand uit liefde / om zijn geld trouwen **2** FIG. aannemen, tot de zijne maken, getrouw (gaan) volgen • *~ une opinion* een mening overnemen • *~ un parti* zich bij een partij aansluiten **3** • *un vêtement qui épouse les formes du corps* kledingstuk dat als gegoten zit
époussetage ZN M (het) afstoffen
épousseter OV WW **1** afstoffen, afborstelen **2** FIG. oppoetsen
époustouflant INFORM. BN verbluffend, verbijsterend
épouvantable BN verschrikkelijk, ontzettend, afschuwelijk • *il a une mine ~* hij ziet er vreselijk slecht uit
épouvantail ZN M **1** OOK FIG. vogelverschrikker **2** schrikbeeld, boeman • *agiter l'épouvantail du communisme* schermen met het schrikbeeld van het communisme
épouvante ZN V schrik, ontzetting, ontsteltenis • *un film d'épouvante* griezelfilm
épouvanter OV WW schrik aanjagen, bang maken, ontstellen
époux ZN M echtgenoot • *les ~* het echtpaar
éprendre WKD WW **(s'~)** onregelmatig verliefd worden (**de** op)
épreuve ZN V **1** beproeving • *une ~ de force* krachtproef, krachtmeting • *une ~ d'endurance* betrouwbaarheidsrit, endurowedstrijd • *l'épreuve du feu* vuurproef • *une santé à toute ~* ijzersterke gezondheid • FIG. *l'épreuve du temps* de tand des tijds • *mis à rude ~* zwaarbeproefd • *mettre qn à rude ~* iemand zwaar op de proef stellen • *subir des épreuves* tegenspoed ondervinden **2** proef(neming), toets, examen • *des épreuves écrites* schriftelijk examen • *des épreuves orales* mondeling examen • *passer les épreuves du bac* eindexamen (middelbare school) doen **3** wedstrijd(nummer) • *une ~ de natation / d'athlétisme* zwem- / atletiekwedstrijd • SPORT *l'épreuve de descente* (het nummer) afdaling **4** A-V afdruk
épris **1** BN FIG. helemaal vervuld, bezeten (**de** van), verliefd (**de** op) • *être ~ de justice* bezeten zijn van rechtvaardigheid **2** WW volt. deelw. → **éprendre**
éprouvant BN vermoeiend, zwaar, veel kracht vergend
éprouvé BN **1** beproefd, (zwaar) getroffen **2** beproefd, deugdelijk, solide
éprouver OV WW **1** ondervinden, ondergaan, voelen • *~ de l'amour / de la haine pour qn* liefde / haat voor iemand voelen **2** testen, op de proef stellen • *~ les connaissances de qn en l'interrogeant* iemands kennis testen door hem vragen te stellen **3** doen lijden • *être très éprouvé par la perte de qn* erg aangeslagen zijn door het verlies van iemand
éprouvette ZN V reageerbuisje
E.P.S. AFK éducation physique et sportive V lichamelijke opvoeding
épuisant BN uitputtend, afmattend

épuisé BN **1 uitgeput** • *être ~ (de fatigue)* doodmoe zijn **2 niet meer in voorraad** • *un livre épuisé* uitverkocht boek
épuisement ZN M **1 uitputting** <ook v. voorraad e.d.> • *jusqu'à l'épuisement des stocks* zolang de voorraad strekt **2 uitputting** • *l'épuisement professionnel* burn-out • *tomber d'épuisement* neervallen van uitputting • *courir jusqu'à ~* rennen tot je erbij neervalt
épuiser 1 OV WW **1 uitputten, afmatten** • *la maladie l'épuise* de ziekte sloopt hem **2 uitputten, opgebruiken** • *~ un stock* een voorraad opmaken • *~ un sujet* een onderwerp uitputtend behandelen, een onderwerp uitmelken • *les mines de charbon sont épuisées* de kolenmijnen zijn uitgeput **2** WKD WW **(s'~) 1 zich uitputten, zich afmatten** • *s'épuiser au travail* zich doodwerken **2 uitgeput raken** <van voorraad e.d.>, **opraken** • *les réserves s'épuisent* de voorraad raakt op
épuisette ZN V **schepnet**
épuration ZN V OOK FIG. **zuivering** • *une station d'épuration* waterzuiveringsinstallatie • *l'épuration ethnique* etnische zuivering
épurer OV WW OOK FIG. **zuiveren** • *une langue épurée* gezuiverde / gekuiste taal
équarrir OV WW **vierkanten, vierkant maken**
équarrissage ZN M **(het) vierkanten, (het) vierkant maken**
équateur "eekw-" ZN M **evenaar**
Équateur ZN M **Ecuador**
équation "eekw-" WISK., SCHEIK. ZN V **vergelijking**
équatorial "eekw-" BN (M MV équatoriaux), **equatoriaal**
équatorien "eekw-" BN (V équatorienne), **uit Ecuador**
équerre ZN V **(winkel)haak, tekendriehoek**
équestre BN **ruiter-, (paard)rij-** • *une statue ~* ruiterstandbeeld
équeuter OV WW **van de steel / stelen ontdoen** <fruit>
équidés ZN M MV **paardachtigen**
équidistant BN **op gelijke afstand (de van)**
équilatéral BN (M MV équilatéraux), **gelijkzijdig**
équilibrage ZN M **(het) in evenwicht brengen, (het) uitbalanceren, (het) uitlijnen**
équilibre ZN M OOK FIG. **evenwicht, evenwichtigheid** • *un ~ instable* een wankel evenwicht • *l'équilibre alimentaire* evenwichtige voeding • *l'équilibre budgétaire* begrotingsevenwicht • *tenir en ~* in evenwicht houden • *garder l'équilibre* het evenwicht bewaren • *perdre l'équilibre* zijn evenwicht verliezen • *marcher en ~ sur une corde* koorddansen • *retrouver son ~* zijn evenwicht hervinden
équilibré BN **evenwichtig** • *un repas équilibré* uitgebalanceerde maaltijd • *un régime équilibré* verantwoorde voeding
équilibrer 1 OV WW **1 in evenwicht brengen / houden** • *un esprit bien équilibré* evenwichtige geest • *~ un budget* een begroting sluitend maken **2 uitbalanceren, uitlijnen 2** WKD WW **(s'~) elkaar in evenwicht houden**
équilibriste ZN M/V OOK FIG. **evenwichtskunstenaar, koorddanser**
équinoxe ZN M **nachtevening, equinox**
équipage ZN M **bemanning** <in vliegtuig en schip> • *le commandant de bord et son ~ vous souhaitent la bienvenue* de gezagvoerder en zijn crew heten u welkom
équipe ZN V **1 ploeg** <werklieden> • *l'équipe gouvernementale* regeringsploeg • *une ~ de jour / de nuit* dag- / nachtploeg • *un chef d'équipe* ploegbaas, voorman • *faire ~ avec qn* een team vormen met iemand • *avoir l'esprit d'équipe* teamgeest hebben • *travailler en ~* in een team werken, in teamverband werken • *en ~* in groepsverband **2** SPORT **ploeg, equipe, team** • *une ~ de football* voetbalelftal • *un sport d'équipe* teamsport • *encourager son ~* zijn ploeg aanmoedigen
équipée ZN V **1 uitstapje 2** IRON. **dwaze onderneming, onbezonnen streek**
équipement ZN M **uitrusting, installatie(s), accommodatie** • *un ~ de pêche* visgerei • *l'équipement de ski* ski-uitrusting • *l'équipement informatique d'une entreprise* computerapparatuur van een onderneming • *l'équipement électroménager d'une cuisine* keukenapparatuur • *un ~ vidéo* video-installatie • *des équipements collectifs* gemeenschapsvoorzieningen
équiper 1 OV WW **uitrusten, toerusten (met), voorzien (van)** • *une cuisine équipée* ingerichte keuken • *~ une maison d'un système d'alarme* een alarmsysteem in een huis aanbrengen **2** WKD WW **(s'~) zich uitrusten** • *s'équiper contre la pluie* zich wapenen tegen de regen • *s'équiper pour faire un trekking* zich uitrusten voor een trektocht
équipier ZN M (V équipière), **lid van een team, speler**
équitable BN **rechtvaardig, billijk** • *le commerce ~* fair trade
équitation ZN V **rijkunst, (het) paardrijden** • *faire de l'équitation* aan paardrijden doen, paardrijden
équité ZN V **rechtvaardigheid(sgevoel), billijkheid**
équivalence ZN V **gelijkwaardigheid** • *à ~ de prix, je choisis la voiture rouge* bij gelijke prijzen kies ik voor de rode auto
équivalent 1 BN **gelijkwaardig, equivalent 2** ZN M **equivalent** • *chercher un ~ à un mot* een woord met dezelfde betekenis (in een vreemde taal) zoeken
équivaloir ONOV WW onregelmatig **~ à gelijkwaardig zijn aan, gelijkstaan met** • *sa remarque équivaut à un refus* zijn opmerking komt neer op een weigering
équivoque 1 BN **1 dubbelzinnig** • *une remarque sans ~* ondubbelzinnige opmerking **2 dubieus, verdacht** • *un regard ~* duistere blik **2** ZN V **dubbelzinnigheid** • *sans ~* ondubbelzinnig, duidelijk
érable ZN M **esdoorn, ahorn**

ér

éradication ZN V uitroeiing

éradiquer OV WW uitroeien • *tenter d'éradiquer la pauvreté* proberen de armoede uit te bannen

érafler OV WW schrammen, schaven, bekrassen, schampen • *la balle a éraflé son bras* de kogel schampte zijn arm

éraflure ZN V schram, schaafwond, kras

éraillé BN **1** schor • *une voix éraillée par l'alcool* een stem die hees is van de drank **2** gerafeld, geschramd, sleets

ère ZN V tijdperk, tijdvak • *l'ère industrielle / atomique* het industriële tijdperk / atoomtijdperk • *l'ère chrétienne* de christelijke jaartelling • *avant notre ~* voor onze jaartelling

érection ZN V **1** erectie • *les troubles de l'érection* erectiestoornis, erectieproblemen **2** FORM. oprichting <van bouwwerk> • *l'érection d'une église* de oprichting van een kerk

éreintant BN afmattend

éreinter **1** OV WW **1** afmatten, afbeulen • *un voyage éreintant* slopende reis **2** INFORM., FIG. afmaken, (af)kraken • *~ un film* een film afkraken **2** WKD WW **(s'~)** zich afbeulen • *s'éreinter à faire qc* zich afbeulen met iets

ergonomie ZN V ergonomie

ergot ZN M spoor <van haan>, hubertusklauw <van hond> • FIG. *monter / se dresser sur ses ~s* op zijn achterste poten gaan staan

ergoter ONOV WW muggenziften, haarkloven, vitten

ergoteur **1** BN (V ergoteuse), muggenzifterig, haarklovend **2** ZN M (V ergoteuse), muggenzifter, haarklover

ergothérapie ZN V ergotherapie

ériger OV WW oprichten • *~ un monument* een monument oprichten

ermitage ZN M afgelegen huis / plek

ermite ZN M kluizenaar • *vivre en ~* een kluizenaarsbestaan leiden

éroder **1** OV WW eroderen, uitslijpen, FIG. uithollen • *l'acide érode les métaux* zuur tast metaal aan **2** WKD WW **(s'~)** slijten, slinken, verminderen

érogène BN erogeen

érosif BN (V érosive), uitschurend, wegvretend, FIG. bijtend, erosie-

érosion ZN V **1** erosie, uitschuring, wegvreting • *l'érosion marine / éolienne* zee- / winderosie **2** FIG. uitholling, aantasting • *l'érosion monétaire* geldontwaarding • *l'érosion du pouvoir d'achat* uitholling van de koopkracht

érotique **1** BN erotisch **2** ZN V erotiek

érotisme ZN M (het) erotische, erotiek

errance FORM. ZN V (het) dwalen, omzwerving

errant BN dwalend, dolend, zwervend • *un chat ~* zwerfkat • *le chevalier ~* dolende ridder • *le Juif ~* de wandelende Jood • *des tribus ~es* nomadenstammen

erratique BN **1** onregelmatig **2** zwerf-, zwervend

errements FORM. ZN M MV FIG. dwaalwegen, dwalingen, slechte gewoonten

errer ONOV WW **1** dwalen, dolen, zwerven • *~ chez soi* doelloos door zijn huis lopen • *~ à travers la ville* door de stad dwalen **2** FORM., FIG. dwalen • *laisser ~ ses pensées* zijn gedachten de vrije loop laten • *un sourire qui erre sur ses lèvres* een glimlach die om zijn lippen speelt

erreur ZN V fout, vergissing, misvatting • *une ~ médicale* medische fout • *une ~ judiciaire* gerechtelijke dwaling • *une ~ monumentale* een kapitale fout • *une ~ colossale* een joekel van een fout • *une ~ de jugement / d'appréciation* beoordelings- / inschattingsfout • *une ~ de calcul* rekenfout, misrekening • *une ~ de jeunesse* jeugdzonde • *faire / commettre une ~* een fout / vergissing begaan • *il y a ~ sur la personne* er is sprake van persoonsverwisseling • *induire qn en ~* iemand op een dwaalspoor brengen • *être dans l'~* zich vergissen • *tirer qn de l'~* iemand uit de waan helpen • *vous faites ~* u vergist zich • *par ~* bij vergissing, per ongeluk, per abuis • *sauf ~ / sauf ~ de ma part* vergissingen voorbehouden / tenzij ik me vergis • *l'~ est humaine* vergissen is menselijk

erroné BN verkeerd, foutief • *des calculs erronés* foutieve berekeningen

ersatz ZN M ersatz, surrogaat

érudit **1** BN geleerd, erudiet **2** ZN M erudiet, geleerde

érudition ZN V geleerdheid, eruditie

éruptif BN (V éruptive) **1** vulkanisch, eruptief • *des roches éruptives* vulkanisch gesteente **2** MED. vergezeld van uitslag

éruption ZN V **1** OOK FIG. uitbarsting • *un volcan en ~* uitbarstende / actieve vulkaan • *une ~ de colère* uitbarsting van woede **2** MED. uitslag • *une ~ de boutons* huiduitslag (van puistjes)

érythème ZN M rode huiduitslag • *un ~ fessier* luieruitslag • *un ~ solaire* zonnesteek

es WW présent → **être**

ès SAMENTR en + les **in de** • *docteur ~ sciences* doctor in de wis- en natuurkunde

esbroufe INFORM. ZN V uitsloverij, kouwe drukte, kapsones • *il veut nous la faire à l'~* hij wil ons overbluffen / intimideren

escabeau ZN M (MV escabeaux), (huishoud- / keuken)trapje

escadrille ZN V **1** SCHEEPV. flottielje **2** LUCHTV. escadrille

escadron ZN M eskadron, squadron

escalade ZN V **1** beklimming, bergbeklimming • *un mur d'~* klimwand • *faire de l'~* aan bergsport doen **2** escalatie • *l'~ des prix* prijsstijgingen • *l'~ de la violence* geweldsescalatie

escalader OV WW beklimmen, klimmen op / over • *~ un mur* over een muur klauteren

escalator ZN M roltrap

escale ZN V **1** tussenstop <v. boot, vliegtuig>, tussenlanding • *un vol avec ~ à Marseille* vlucht met tussenlanding in Marseille • *un vol sans ~* non-stopvlucht • *faire ~ à Paris* een tussenlanding maken in Parijs • *faire ~ dans un port* een haven aandoen **2** (tussen)haven, aanloophaven, landingsplaats

escalier ZN M trap • *un ~ en bois / en marbre* houten / marmeren trap • *un ~ en colimaçon / en spirale* wenteltrap • *un ~ mécanique* roltrap • *un ~ de secours* brandtrap • *un ~ dérobé* geheime trap • *monter / descendre l'~* de trap oplopen / aflopen • *monter / descendre l'~ quatre à quatre* de trap op- / afhollen • *dans l'~* op de trap • *tomber dans l'~* van de trap vallen • FIG. *avoir l'esprit d'~ / de l'~* weinig ad rem zijn, niet erg alert zijn

escalope ZN V lapje vlees, filet • *une ~ de veau* kalfslapje, kalfsoester • *une ~ de saumon* zalmfilet

escamotable BN wegklapbaar, intrekbaar, inschuifbaar

escamotage ZN M (het) wegmoffelen

escamoter OV WW **1** intrekken <v. landingsgestel> • *~ le train d'atterrissage* het landingsgestel intrekken **2** (handig) doen verdwijnen, wegmoffelen, (handig) ontfutselen • FIG. *~ une difficulté* een moeilijkheid omzeilen **3** inslikken <v. woorden>

escampette ZN V • *prendre la poudre d'~* ervandoor gaan, het hazenpad kiezen

escapade ZN V uitstapje

escargot ZN M huisjesslak, CULIN escargot • *opération ~* langzaamaanactie

escarmouche ZN V OOK FIG. schermutseling

escarpé BN steil

escarpement ZN M steile helling, steilte

escarpin ZN M pump, open schoentje

Escaut ZN M Schelde

escient ZN M • *à bon ~* welbewust, weloverwogen • *à mauvais ~* ondoordacht

esclaffer WKD WW **(s'~)** schaterlachen

esclandre ZN M stampij, scène • *faire un ~* ruzie / een scène maken

esclavage ZN M **1** slavernij **2** FIG. afhankelijkheid

esclavagisme ZN M vrouwenhandel slavernij <als stelsel>

esclave ZN M/V OOK FIG. slaaf • *le commerce / trafic d'esclaves* slavenhandel • *un travail qui rend ~* werk dat je tot werkslaaf maakt • *être ~ de ses habitudes* een gewoontedier zijn

escogriffe INFORM. ZN M lange slungel

escompte ZN M disconto, korting

escompter OV WW verwachten, rekenen op • *obtenir le résultat escompté* het verwachte resultaat behalen

escorte ZN V escorte, (vrij)geleide, begeleiding • *être sous bonne ~* scherp bewaakt / in de gaten gehouden worden • *sous ~ armée* onder gewapende geleide

escorter OV WW begeleiden, escorteren • *un convoi escorté par des motards* door motorrijders geëscorteerd konvooi

escrime ZN V schermkunst, OOK FIG. (het) schermen • *faire de l'~* schermen

escrimer WKD WW **(s'~)** OOK FIG. zich weren, zich afsloven, zich inspannen (**à** om) • *il s'escrime depuis deux jours sur sa composition d'anglais* hij zwoegt al twee dagen op zijn proefwerk Engels

escrimeur ZN M (V escrimeuse), schermer

escroc "-kroo" ZN M oplichter, zwendelaar

escroquer OV WW oplichten, afhandig maken (van), aftroggelen • *~ de l'argent à qn* iemand geld afhandig maken • *se faire ~ de cent euros* voor 100 euro opgelicht worden

escroquerie ZN V oplichterij, zwendel • *une ~ à la carte bancaire* bankpasfraude

ésotérique BN esoterisch

ésotérisme ZN M esoterie, ondoorgrondelijkheid

espace 1 ZN M **1** ruimte, tussenruimte • *un ~ fumeurs* rokersruimte • *l'~ vital* levensruimte • *ce studio a beaucoup d'~ de rangement* deze eenkamerflat heeft veel bergruimte • *aménager des ~s verts* groenvoorziening(en) aanleggen • *manquer d'~* ruimtegebrek hebben **2** (wereld)ruimte, luchtruim • *l'~ aérien* luchtruim • *la conquête de l'~* de verovering van de ruimte **3** tijdruimte • *en l'~ d'une heure* in een uur **2** ZN V DRUKK. spatie

espacement ZN M **1** spatiëring, tussenruimte **2** spreiding <in de tijd>

espacer 1 OV WW **1** tussenruimte laten tussen, spatiëren **2** tussenpozen laten tussen, spreiden • *~ des paiements* betalingen spreiden **2** WKD WW **(s'~)** grotere tussenruimten vertonen • *ses visites s'espacent* zijn bezoeken worden schaarser

espadon ZN M zwaardvis

espadrille ZN V espadrille, touwslipper

Espagne ZN V Spanje

espagnol 1 ZN M (het) Spaans **2** BN Spaans

Espagnol ZN M (V Espagnole), Spanjaard

espèce ZN V **1** BIOL. soort • *l'espèce humaine* het menselijk ras, het mensdom • *une ~ animale / végétale* diersoort / plantensoort • *une ~ en voie de disparition* met uitsterven bedreigde soort **2** <vaak minachtend> soort, type, slag • *une ~ de manteau* een soort mantel • *c'est un cas d'espèce* dat is een geval apart • *de la même ~* van hetzelfde allooi • *je n'aime pas les gens de son ~* ik mag dat slag van mensen niet • *il m'a donné une ~ de truc bizarre* hij heeft me een of ander raar ding gegeven • *~ d'imbécile / de con!* stuk onbenul / stomme idioot!

espèces ZN V MV contant geld • *payer en ~* contant / cash betalen

espérance ZN V hoop, verwachting • *l'espérance de vie* levensverwachting • *être plein d'espérance* vol verwachting zijn • *nourrir des espérances* hoop koesteren • *ils se sont qualifiés contre toute ~* tegen alle verwachting in hebben ze zich gekwalificeerd • *fonder de grandes espérances sur qc* ergens grote verwachtingen van hebben

espérer 1 OV WW hopen, verwachten • *j'espère vous voir / que je vous verrai* ik hoop u te zien • *~ que tout se passe bien* hopen dat alles goed gaat **2** ONOV WW hopen, vertrouwen (in) • *j'espère bien!* ik hoop het!, ik hoop van wel! • *j'espère en l'avenir* ik heb vertrouwen in de toekomst • *espérons!* laten we het hopen! • *j'espère que non* ik hoop van niet

espiègle BN guitig, olijk
espièglerie ZN V **1** guitigheid **2** guitenstreek
espion ZN M (V espionne), **spion** • *un avion ~* spionagevliegtuig • *un satellite ~* spionagesatelliet
espionnage ZN M **spionage** • *l'~ industriel* bedrijfsspionage • *l'~ informatique* computerspionage
espionner OV WW **bespioneren, bespieden**
esplanade ZN V **voorplein, esplanade**
espoir ZN M **1** **hoop, verwachting** • *de faux ~s* valse verwachtingen • *une lueur d'~* een glimpje hoop • *avoir bon ~ de faire qc* goede hoop hebben om iets te doen • *tous les ~s sont permis* het ziet er hoopvol uit • *nourrir l'~ de* hoop koesteren om • *reprendre ~* weer hoop krijgen • *sans ~* hopeloos, uitzichtloos **2** **persoon in wie men zijn hoop stelt, jong talent** • *Jacques Dupont est le nouvel ~ du tennis français* Jacques Dupont is de nieuwe belofte van het Franse tennis • *elle est mon dernier ~* zij is mijn laatste hoop

es

esprit ZN M **1** **geest** <manier van denken en voelen> • *l'ouverture / la largeur d'~* openheid van geest / ruimdenkendheid • *un ~ étriqué* bekrompen geest / persoon • *avoir l'~ mal tourné* overal wat achter zoeken • *les grands ~s se rencontrent* hier spreken twee verwante geesten **2** **geest, verstand, hoofd** • *un simple d'~* eenvoudige van geest, achterlijk persoon • *ne plus avoir tous ses ~s* niet meer helemaal goed bij het hoofd zijn • *cela lui a traversé l'~* dat schoot haar door het hoofd • *perdre l'~* het verstand verliezen • *reprendre ses ~s* weer tot zichzelf komen, tot bezinning komen • *les ~s étaient échauffés* de gemoederen waren verhit • *calmer les ~s* de gemoederen bedaren • *dans mon ~* naar mijn mening, volgens mij **3** **geestigheid, humor** • *un homme / une femme d'~* geestige / spirituele man / vrouw • *un trait d'~* geestige inval, gevatte opmerking • *avoir de l'~* geestig zijn • *avoir l'~ vif / lent* snel / traag van begrip zijn • *faire de l'~* geestig doen, leuk willen doen **4** **geest, strekking** • *l'~ des lois* de strekking van de wetten • *avoir l'~ d'équipe* teamgeest hebben • *l'~ de clocher* kliekjesgeest • *avoir l'~ de corps* saamhorigheidsgevoel hebben, solidair zijn • *avoir l'~ de contradiction* graag tegenspreken, altijd dwarsliggen • *avoir l'~ d'à-propos* slagvaardig zijn, gevat zijn • *avoir mauvais ~* niet van goede wil zijn, kwaadwillig zijn • *dans l'~ de* in de geest van **5** REL. **geest** • *le Saint(-)Esprit* de Heilige Geest • *croire aux ~s* in spoken geloven
esquif FORM. ZN M **licht bootje**
esquimau **1** ZN M **choco-ijsje** **2** BN (V esquimaude), **Eskimo-**
Esquimau ZN M (MV Esquimaux, V Esquimaude), **Eskimo**
esquinter INFORM. **1** OV WW **1** **kapotmaken, toetakelen** • *il a esquinté ma voiture* hij heeft mijn auto gemold • FIG. *~ une pièce de théâtre / un film* een toneelstuk / een film afkraken **2** **afmatten, afbeulen** • *me lever à sept heures, ça m'esquinte* ik ben geradbraakt als ik om zeven uur opsta **2** WKD WW **(s'~) zich afbeulen** • *s'~ la vue à lire* zijn ogen bij het lezen bederven • *s'~ la santé* zijn gezondheid verwoesten
esquisse ZN V **1** **schets** • *faire une ~ de la situation* een situatieschets maken **2** **eerste aanzet, zweem** • *faire une ~ de sourire* flauwtjes glimlachen
esquisser **1** OV WW **1** **schetsen, een eerste vorm geven aan** **2** **(even) vaag vertonen** • *~ un geste* een vaag gebaar maken **2** WKD WW **(s'~) zich aftekenen, vaag te zien zijn**
esquive ZN V **ontwijkende beweging**
esquiver **1** OV WW OOK FIG. **(handig) ontwijken, omzeilen** • *~ un coup en se baissant* een klap / stoot ontwijken door te bukken • FIG. *~ les questions trop personnelles* te persoonlijke vragen omzeilen **2** WKD WW **(s'~) ongemerkt ontkomen, wegglippen, zich drukken**
essai ZN M **1** **proef(neming), beproeving, probeersel, poging** • *un pilote d'~* testpiloot • *un vol d'~* proefvlucht • *un ~ nucléaire* kernproef • *faire un ~* een proef doen / nemen • *prendre qn à l'~* iemand op proef nemen • *pour un coup d'~, c'est un coup de maître!* zeer geslaagd voor een eerste poging! • *à l'~* op proef **2** **essay (sur over)** **3** **try** <bij rugby>
essaim ZN M **zwerm** • *un ~ d'abeilles* zwerm bijen
essayage ZN M **(het) passen** <van kleding> • *une cabine d'~* paskamer
essayer **1** OV WW **1** **een poging doen (om)** • *~ de dormir* proberen in slaap te komen • *~ de lire sans être dérangé* proberen ongestoord te lezen • *essayez donc, vous verrez bien!* probeer het maar, wacht maar af! • *essaie un peu!* waag het eens! **2** **(uit)proberen, testen** • INFORM. *on a essayé ce boulanger, mais le pain n'est pas bon* we hebben die bakker geprobeerd, maar hij heeft geen lekker brood **3** **(aan)passen** <van kleding> **2** WKD WW **(s'~) à zijn krachten beproeven op, zich wagen aan**
essayiste ZN M/V **essayist**
essence ZN V **1** **benzine** • *de l'~ sans plomb* loodvrije benzine • *une pompe à ~ / une station d'~* benzinepomp • *prendre de l'~ / faire le plein (d'~)* tanken / voltanken **2** **wezen, essentie** • *par ~* uit de aard v.d. zaak, per definitie **3** **vluchtige olie, essence** • *l'~ de bergamote / de citronnelle* bergamot- / citronellaolie
essentiel **1** BN (V essentielle) **1** **wezenlijk, essentieel, fundamenteel** • *un point ~* kernpunt • *d'une importance ~le pour notre étude* van essentieel belang voor ons onderzoek **2** **noodzakelijk, onmisbaar** • *des connaissances ~les pour obtenir ce travail* vereiste kennis om die baan te krijgen • *le sommeil est ~ à la santé* slaap is van wezenlijk belang voor de gezondheid **2** ZN M **hoofdzaak, (het) voornaamste** • *il a oublié l'~* hij is het belangrijkste vergeten • *n'emportez que l'~* neem alleen het meest noodzakelijke mee
essentiellement BW **1** **hoofdzakelijk** **2** **wezenlijk, in essentie**
esseulé FORM. BN **verlaten, eenzaam**
essieu ZN M (MV essieux), **as** <van voertuig>

essor ZN M **1** FORM. (het) opvliegen <van vogel> • *prendre son ~* opvliegen / wegvliegen, FIG. zijn vleugels uitslaan **2** FIG. hoge vlucht, (op)bloei, (volle) ontwikkeling • *ce secteur est en plein ~* die branche is in volle ontwikkeling • *une entreprise en plein ~* een bloeiend bedrijf • *donner un nouvel ~ à l'industrie* de industrie een nieuwe impuls geven

essorage ZN M (het) uitwringen, (het) centrifugeren

essorer OV WW uitwringen, centrifugeren <van wasgoed> • *~ du linge* wasgoed centrifugeren • *~ la salade* de sla centrifugeren / uitslaan

essoreuse ZN V wringer <voor wasgoed>, (was-, sla)centrifuge, trommeldroger

essoufflement ZN M (het) buiten adem zijn • FIG. *l'~ de l'économie* het wegzakken van de economie

essouffler **1** OV WW buiten adem brengen • *être essoufflé* naar adem snakken / happen, naar lucht happen **2** WKD WW **(s'~)** **1** buiten adem raken • *s'~ en montant l'escalier* hijgend / moeizaam de trap oplopen • *s'~ à crier* zich een ongeluk schreeuwen **2** moeilijk kunnen meekomen, FIG. verslappen • *son dernier livre n'est pas bon, cet écrivain s'essouffle* zijn laatste boek is niet goed, die schrijver heeft zijn beste tijd gehad

essuie-glace ZN M (MV essuie-glaces), ruitenwisser

essuie-main, **essuie-mains** ZN M (MV essuie-mains), handdoek(je)

essuie-tout ZN M (MV id.), keukenrol, keukenpapier

essuyer **1** OV WW **1** afvegen, afdrogen • *~ la vaisselle* de vaat afdrogen • *~ les meubles* de meubels afnemen **2** FIG. lijden, doorstaan, moeten slikken • *~ un affront* een belediging incasseren • *~ une perte* een verlies lijden • *~ un refus* een weigering krijgen **2** WKD WW **(s'~)** • *s'~ les pieds sur le paillasson* zijn voeten vegen op de deurmat • *essuie-toi les mains!* droog je handen af!

est[1] "è(t)" WW présent → **être**

est[2] "est" **1** ZN M oosten • *le vent d'est* oostenwind • *l'Europe de l'Est; l'Est de l'Europe* Oost-Europa • *l'Est* het Oosten, het (voormalige) Oostblok • *à l'est du pays* ten oosten van het land • *être exposé à l'est* op het oosten liggen **2** BN oostelijk, oost(en)- • *la côte ~* de oostkust • *la banlieue ~* de oostelijke voorstad

estampe ZN V prent, gravure

estampille ZN V stempel, (waar)merk, ijkmerk

estampiller OV WW stempelen, (waar)merken

est-ce <gebruik je om vraagzin te maken> • *~ que tu viens?* kom je? • *n'est-ce pas?* is het niet?

esthète ZN M/V estheet

esthéticienne ZN V, **esthéticien** ZN M schoonheidsspecialiste

esthétique **1** BN esthetisch, smaakvol • *la chirurgie ~* plastische chirurgie **2** ZN V **1** schoonheidsleer, esthetica **2** schoonheid

estimable BN achtenswaardig, prijzenswaardig, verdienstelijk, nogal goed

estimation ZN V schatting, begroting, taxatie • *une ~ des dégâts* het opnemen van de schade • *selon / d'après nos ~s* volgens onze schatting, zoals wij het inschatten

estime ZN V achting • *avoir de l'~ / une grande ~ pour qn* respect / hoge achting voor iemand hebben • *être digne d'~* achtenswaardig / respectabel zijn • *monter / baisser dans l'~ de qn* in iemands achting stijgen / dalen • *forcer l'~ de quelqu'un* iemands respect afdwingen • *être (tenu) en grande ~* in hoog aanzien staan • *à l'~* op de gok

estimer **1** OV WW **1** menen, vinden, denken • *~ que le problème est résolu* van mening zijn dat het probleem is opgelost • *il estime utile que vous le rencontriez* hij vindt het nuttig dat u hem ontmoet **2** schatten, ramen, taxeren • *faire ~ un bijou / une maison* een sieraad / een huis laten taxeren • *c'est estimé à plus de mille euros* het wordt op meer dan 1000 euro geschat **3** (hoog)achten • *~ un employé* een werknemer waarderen **2** WKD WW **(s'~)** zich achten • *je m'estime heureuse d'avoir eu cette chance* ik prijs me gelukkig / ben blij dat ze me die kans gegeven hebben

estival BN (M MV estivaux), zomers, zomer- • *une température ~e* zomertemperatuur • *elle portait une tenue ~e* ze was zomers gekleed

estivant ZN M zomergast <in vakantieoord>

estomac "-mà" ZN M **1** maag • *avoir l'~ vide / plein* een lege / volle maag hebben • *se remplir l'~* z'n buikje vol eten • *avoir mal à l'~* maagpijn hebben • *il souffre de l'~* hij is maagpatiënt • *j'ai l'~ qui gargouille* mijn maag knort • INFORM. *avoir l'~ barbouillé* misselijk zijn • FIG. *avoir l'~ dans les talons* uitgehongerd zijn • FIG. INFORM. *ça me reste sur l'~* dat ligt me zwaar op de maag **2** lef, durf

estompé BN vaag, wazig

estomper WKD WW **(s'~)** OOK FIG. vervagen • *des souvenirs qui s'estompent* vervagende herinneringen

Estonie ZN V Estland

estonien **1** ZN M (het) Estlands **2** BN (V estonienne), Estlands

Estonien ZN M (V Estonienne), Est

estrade ZN V verhoging, podium • *dresser une ~* een podium opzetten

estropié BN kreupel, verminkt, invalide • FIG. *une chaise estropiée* wankele stoel

estropier OV WW OOK FIG. kreupel maken • *~ un mot / un nom* een woord verdraaien / een naam verminken • *~ une langue* een taal radbraken

estuaire ZN M brede riviermond, estuarium

estudiantin BN studenten- • *des manifestations ~es* studentendemonstraties

esturgeon ZN M steur <vis>

et "ee" VOEGW en • *père ~ fils* vader en zoon • *~ alors?; ~ puis après* en wat dan nog?, nou en? • *trente ~ un* eenendertig • *il est cinq heures ~ quart* het is kwart over vijf • *à midi ~ demi* om halfeen ('s middags) • *ils ont pris ~ les hommes ~ les femmes ~ les enfants* ze hebben én de mannen, én de vrouwen, én de kinderen meegenomen

étable ZN V (vee)stal • *à l'étable* op stal

établi **1** BN bestaand, gevestigd • *un fait ~* een

uitgemaakte zaak • *une réputation bien établie* gevestigde reputatie • *c'est une vérité établie* het is een vaststaand feit • *c'est un usage bien ~* dat is algemeen gebruikelijk **2** ZN M **werkbank**

établir 1 OV WW **1 vestigen, stichten, installeren** • *~ un camp* een kamp opslaan • *~ son domicile à Nice* zich in Nice vestigen • *une usine qui s'établit dans une ville* fabriek die in een stad gevestigd wordt **2** FIG. **tot stand brengen, vestigen, baseren (op)** • *~ la paix entre deux pays* vrede stichten tussen twee landen • *~ un gouvernement* een regering tot stand brengen • *une réputation établie* gevestigde reputatie • *~ sa démonstration sur des faits* zijn betoog op feiten baseren **3 vaststellen** • *~ un fait* een feit vaststellen • *l'enquête a établi que l'homme est innocent* het onderzoek heeft uitgewezen dat de man onschuldig is • *il a été établi qu'il est coupable* het staat vast / is aangetoond dat hij schuldig is **4 opstellen, vaststellen** • *~ un devis* een kostenraming maken **5 aanvangen, aanknopen** • *~ le dialogue* een dialoog aangaan • *~ des relations diplomatiques avec un pays* diplomatieke betrekkingen met een land aanknopen **2** WKD WW **(s'~) zich vestigen,** FIG. **vaste voet krijgen** • *aller s'établir au Canada* zich in Canada gaan vestigen • *s'établir à son compte* voor zichzelf beginnen • *cette coutume aura du mal à s'établir chez nous* dat gebruik zal bij ons niet zo gauw ingang vinden

établissement ZN M **1 gebouw, vestiging** • *un ~ hospitalier* ziekenhuis • *un ~ d'enseignement secondaire / supérieur* school voor middelbaar onderwijs / instelling voor hoger onderwijs • *un ~ thermal* kuurinrichting <met warmwaterbehandeling> • *les Établissements Martin et fils / Éts Martin et fils* Firma Martin & zn. • *un chef d'établissement* directeur <van school> **2 vestiging, oprichting, nederzetting, kolonie** • *l'établissement de barrages au centre de la ville* het oprichten van versperringen in het centrum van de stad • *l'établissement d'une nouvelle mosquée dans la ville* het bouwen van een nieuwe moskee in de stad • *l'établissement des colons en Afrique du Nord* de vestiging van de kolonisten in Noord-Afrika **3 vaststelling** • *l'établissement d'un devis* het opmaken van een kostenraming • *l'établissement d'un contrat* het opstellen van een contract

étage ZN M **1 verdieping, etage** • *une tour de vingt étages* toren van twintig verdiepingen • *les chambres sont à l'étage* de kamers zijn op de bovenverdieping • *au premier ~* op de eerste verdieping • *au dernier ~* op de hoogste verdieping • FIG. *de bas ~* van laag allooi **2** FIG. **trap, laag, niveau** • *une fusée à deux étages* tweetrapsraket

étagement ZN M **trapsgewijze plaatsing / ligging**

étager WKD WW **(s'~) trapsgewijs oplopen**

étagère ZN V **(wand)rek, legplank, boekenplank**

étai ZN M **steun, stut**

étaiement ZN M → **étayage**

étain ZN M **tin**

étais WW imparf. → **être**

était WW imparf. → **être**

étal ZN M (MV étals), **uitstaltafel** <op markt>, **kraam**

étalage ZN M **1 uitstalling 2 tentoonspreiding, (het) pronken, vertoon** • *faire ~ de sa richesse* pronken met zijn rijkdom • *il a fait ~ de ses connaissances* hij luchtte zijn kennis

étalagiste ZN M/V **etaleur**

étalement ZN M **1 (het) uitstallen, tentoonspreiding 2 (het) (uit)spreiden, (het) uitsmeren** • *l'étalement des vacances* vakantiespreiding • *l'étalement de paiements* gespreide betaling

étaler 1 OV WW **1 (uit)spreiden, uitsmeren** • *~ du beurre sur du pain* brood met boter besmeren • FIG. *étaler un paiement sur deux mois* een betaling over twee maanden spreiden / uitstrijken **2 uitstallen, tentoonspreiden, etaleren** • *~ son jeu* zijn kaarten openleggen **3 pronken met, te koop lopen met** • *~ ses charmes* zijn charmes tentoonspreiden **4** INFORM. **vloeren** • *il s'est fait ~ au bac* hij is afgegaan voor zijn eindexamen **2** WKD WW **(s'~) 1 zich uitspreiden, zich uitstrekken 2** INFORM. **vallen** • *s'étaler de tout son long* languit (voorover)vallen **3** INFORM. **zich breed maken** • *s'étaler sur l'herbe* languit in het gras gaan liggen

étalon 1 ZN M **1 standaard, ijkmaat, maatstaf 2 hengst, dekhengst 2** BN **standaard-** • *un mètre ~* standaardmeter

étanche BN **waterdicht, lekdicht** • *une montre ~* waterdicht horloge

étanchéité ZN V **waterdichtheid**

étancher OV WW **lessen** <v. dorst>

étang ZN M **vijver, meertje, plas** • *un ~ poissonneux* vijver vol vis

étant WW teg. deelw. → **être**

étape ZN V **1 rustplaats, pleisterplaats** • *faire ~ dans un village* in een dorp halt houden / blijven overnachten **2 etappe, dagmars, afstand tussen twee rustplaatsen** • SPORT *l'étape contre la montre* tijdrit • FIG. *brûler les étapes* maar doorhollen, (te) hard van stapel lopen **3 fase** • *la première ~ des négociations* eerste onderhandelingsfase • *faire des réformes par étapes* stapsgewijs hervormingen doorvoeren • *par étapes* in etappes

état ZN M **1 toestand, staat** • *l'état de santé de qn* iemands gezondheidstoestand • *l'état des choses* de toestand, de omstandigheden • *un ~ d'âme* gemoedstoestand, (nukkige) stemming • *être en bon / mauvais ~* in goede / slechte staat zijn • *n'être pas en ~ de faire quoi que ce soit* (momenteel) tot niets in staat zijn • *être en ~ d'ébriété / d'ivresse* onder invloed zijn, dronken zijn • *remettre en ~* repareren • *dans quel ~ d'esprit est-il?* in wat voor gemoedstoestand is hij?, hoe is zijn stemming? • *être en ~ de choc* in shocktoestand zijn, diep geschokt zijn • *être hors d'état de nuire* onschadelijk (gemaakt) zijn • *être dans tous ses états* in alle staten zijn, door het dolle heen zijn • *être dans un ~ second* versuft zijn • *être sans ~ d'âme* doodnuchter zijn, geen scrupules hebben • *déclarer l'état d'urgence* de noodtoestand afkondigen • *décréter l'état de siège* de staat van beleg afkondigen • *en tout ~ de cause* in ieder geval • *à l'état liquide* in vloeibare toestand • *à l'état brut* in onbewerkte toestand, ruw • *à l'état sauvage* in het wild • *en (bon) ~* in goede staat **2 stand, status, beroep** • *l'état civil* burgerlijke stand, burgerlijke staat • *elle est maire de son ~* zij is burgemeester van beroep • *ils sont célibataires de leur ~* ze zijn ongehuwd **3 staat, lijst** • OOK FIG. *un ~ des lieux* inventarisatie • *faire ~ de qc* iets vermelden / aanvoeren, rekening houden met iets • *établir un ~ des dépenses* een onkostenstaat opmaken • *dans l'état actuel des choses* bij deze stand van zaken, in deze omstandigheden

État ZN M **staat** <land> • *l'État de la Californie, aux États-Unis* de staat Californië in de Verenigde Staten • *un coup d'État* staatsgreep • *un homme d'État* staatsman • *un chef d'État / une femme chef d'État* staatshoofd • *un ~ de droit* rechtsstaat • *les États membres de l'U.E.* de lidstaten van de EU • *un État-tampon* bufferstaat • *un État-voyou* schurkenstaat • *un État-providence* verzorgingsstaat, welvaartsstaat

étatique BN **staats-**

étatiser OV WW **onder staatsbeheer plaatsen**

étatisme ZN M **staatsbemoeienis**

état-major ZN M (MV états-majors) **1 staf** <leiding> **2 hoofdkwartier** • *l'état-major d'un parti* het hoofdkwartier van een partij

états-unien BN (V états-unienne), **de VS betreffend**

États-Unis ZN M MV **Verenigde Staten** • *aux ~* in de Verenigde Staten

État-voyou ZN M (MV États-voyous), **schurkenstaat**

étau ZN M (MV étaux), **bankschroef** • FIG. *être pris / serré dans un ~* in het nauw zitten, klem zitten

étayer OV WW **1 stutten 2 ondersteunen,** OOK FIG. **schragen** • *~ un raisonnement* een redenering onderbouwen

etc. AFK et c(a)etera **etc., et cetera, enz., enzovoorts**

été 1 ZN M **zomer** • *les vacances d'été* zomervakantie • *l'été indien* warme nazomer • *l'été de la Saint-Martin* zomerse herfstdagen • *été comme hiver* zomer en winter • *on se croirait en été* het lijkt wel zomer • *passer l'été à la mer / à la montagne* de zomer aan zee / in de bergen doorbrengen • *en ~ / l'été 's* zomers • *cet été* van de zomer • *en plein été* hartje zomer **2** WW volt. deelw. → **être**

éteindre 1 OV WW onregelmatig **1 uitdoven,** OOK FIG. **blussen** • *~ le feu* het vuur blussen • *~ un incendie* een brand blussen • *~ une cigarette* een sigaret uitdrukken **2 uitdoen** <v. licht>, **afzetten** <v. toestel> • *~ la télévision* de tv uitzetten • *~ la lumière* het licht uitdoen • INFORM. *éteins donc la cuisine!* doe het licht in de keuken uit! **2** WKD WW **(s'~) 1 uitdoven, uitgaan 2 wegsterven, verflauwen, tenietgaan**

éteint BN **1 uitgedoofd,** OOK FIG. **(uit)geblust** • *un volcan ~* uitgedoofde vulkaan • *un moteur ~* afgezette / afgeslagen motor • FIG. *une passion depuis longtemps éteinte* hartstocht die allang gedoofd is **2** FIG. **dof, mat** • *une voix éteinte* doffe stem • *un regard ~* matte blik

étendard ZN M **standaard, vaandel**

étendoir ZN M **drooglijn, waslijn**

étendre 1 OV WW **1 uitspreiden** • *~ les bras / ses ailes* zijn armen uitstrekken / zijn vleugels uitspreiden **2 uitrekken, uitleggen** • *~ du linge* de was ophangen • *~ un tapis* een kleed uitrollen • *~ qn sur un lit* iemand op een bed leggen **3 uitstrijken, uitsmeren 4 verdunnen, aanlengen (de met) 5 uitbreiden, vergroten** • *~ le cercle de ses amis* zijn vriendenkring uitbreiden • *~ son influence* zijn invloed verder uitstrekken **2** WKD WW **(s'~) 1 zich uitstrekken, zich uitbreiden, reiken (à tot)** • *s'étendre sur l'herbe* in het gras gaan liggen • *la forêt s'étend jusqu'à la rivière* het bos strekt zich uit tot aan de rivier • *un incendie qui s'étend rapidement* brand die snel om zich heen grijpt **2 ~ sur uitweiden over** • *s'étendre sur un sujet* uitweiden over een onderwerp

étendu BN **1 uitgestrekt 2 uitgebreid, ruim** • *avoir un vocabulaire ~* een uitgebreide woordenschat hebben

étendue ZN V **1 uitgestrektheid, uitgebreidheid** • *une ~ désertique* uitgestrekte woestenij **2** OOK FIG. **omvang, tijdsduur** • *mesurer l'étendue de la catastrophe* de omvang van de ramp bepalen

éternel BN (V éternelle), **eeuwig** • *les neiges éternelles* eeuwige sneeuw • *il a son ~ cigare au coin de la bouche* hij heeft zijn onafscheidelijke sigaar in zijn mondhoek

éterniser WKD WW **(s'~) 1 eindeloos lang duren, almaar doorgaan** • *un procès qui s'éternise* proces dat zich eindeloos voortsleept • *s'éterniser sur une discussion / un sujet* maar heen en weer blijven praten / blijven doorzeuren over een onderwerp **2** INFORM. **blijven plakken, almaar blijven** • *bon! je ne vais pas m'éterniser!* goed, ik blijf niet te lang plakken, nou, ik moet nu echt gaan

éternité ZN V **eeuwigheid** • *cela a duré une éternité* het duurde een eeuwigheid • *il y a une ~ que je t'ai vu* ik heb je in geen eeuwigheid gezien • *de toute éternité* sinds onheuglijke tijden

éternuement ZN M **(het) niezen, genies**

éternuer ONOV WW **niezen**

êtes WW présent → **être**

éthéré BN **etherisch**

Ethiopie ZN V **Ethiopië**

éthiopien BN (V éthiopienne), **Ethiopisch**

Ethiopien ZN M (V Ethiopienne), **Ethiopiër**

éthique 1 BN **ethisch 2** ZN V **ethiek** • *l'éthique économique* handelsethiek

ethnie ZN V **etnische groep, bevolkingsgroep**

ethnique BN **etnisch** • *des minorités ~s* etnische minderheden

ethnographie ZN V **etnografie**

ethnographique BN **etnografisch**

ethnologie ZN V volkenkunde, etnologie
ethnologique BN volkenkundig, etnologisch
ethnologue ZN M/V volkenkundige, etnoloog
éthologie ZN V gedragsleer, ethologie
éthylique BN ethyl-, alcohol- • *un coma ~* alcoholcoma
étincelant BN schitterend, fonkelend • *des yeux étincelants de joie* van vreugde stralende ogen
étinceler ONOV WW schitteren, fonkelen
étincelle ZN V vonk, OOK FIG. sprankje • *une ~ de génie* geniale inval • INFORM. *ça va faire des étincelles* daar komt gedonder van
étioler WKD WW **(s'~)** bleek worden, (weg) kwijnen, verpieteren
étique BN (brood)mager, spichtig • *une vache ~* broodmagere koe
étiquetage ZN M etikettering
étiqueter OV WW OOK FIG. van een etiket voorzien • *on l'étiquette comme provocateur* hij wordt als ophitser afgeschilderd
étiquette ZN V **1** OOK FIG. etiket • FIG. *mettre une ~ à qn* iemand een etiket opplakken • FIG. *coller une ~ à qn / sur le dos de qn* iemand in een hokje duwen **2** etiquette • *manquer à l'étiquette* tegen de omgangsvormen zondigen
étirer WKD WW **(s'~)** OOK FIG. zich (uit)rekken, rekken • FIG. *les jours s'étirent* de dagen duren lang
étoffe ZN V **1** stof <weefsel> • *une ~ de coton / de lin* katoenen / linnen stof • *une ~ imprimée* bedrukte stof **2** stof, materiaal <onderwerp> • *avoir l'étoffe d'un héros* uit het heldenhout gesneden zijn • *avoir l'étoffe d'un chef* een geboren leider zijn
étoffer **1** OV WW FIG. verrijken, FIG. aankleden, verder uitwerken • *~ une histoire* een verhaal aankleden **2** WKD WW **(s'~)** steviger / forser worden
étoile ZN V **1** ster • *une ~ filante* vallende ster • *l'étoile Polaire* Poolster • *l'étoile du berger / du matin / du soir* Venus / Morgenster / Avondster • *un ciel constellé d'étoiles* met sterren bezaaide hemel • *la guerre des étoiles* ruimteoorlog, Star Wars <ruimteschild> • FIG. *dormir à la belle ~* onder de blote hemel slapen • FIG. *être né sous une bonne ~* onder een gelukkig gesternte geboren zijn **2** stervormige figuur • *une ~ de mer* zeester • *l'étoile jaune / de David* davidsster • *un hôtel trois étoiles* driesterrenhotel **3** FIG. ster • *une danseuse ~ / un danseur ~* prima ballerina / sterdanser • *une ~ est née* er is een nieuwe ster aan het firmament • *une ~ montante* rijzende ster
étoilé BN **1** met sterren (bezaaid) • *la bannière étoilée* stars and stripes <Amerikaanse vlag> • *un ciel étoilé* met sterren bezaaide hemel **2** stervormig <gebarsten>
étole ZN V stola
étonnamment BW verbazend, opvallend
étonnant BN **1** verwonderlijk, verbazend • *il n'est pas ~ que...* het is geen wonder dat... **2** opmerkelijk • *avoir une capacité de travail étonnante* bijzonder veel werk kunnen verzetten
étonné BN verbaasd, verwonderd • *être ~ de qc / par qc* verbaasd zijn over iets
étonnement ZN M verwondering, verbazing • *à mon grand ~* tot mijn verbazing
étonner **1** WKD WW **(s'~)** zich verwonderen (**de** over), zich verbazen (**de** over) • *je m'étonne qu'il vienne* ik ben verbaasd dat hij komt **2** OV WW verwonderen, verbazen • *nous étions étonnés de la rencontrer* we kwamen haar tot onze verbazing tegen
étouffant BN **1** verstikkend, benauwd, drukkend • *il fait une chaleur étouffante* het is snikheet **2** FIG. benauwend • *une ambiance étouffante* beklemmende sfeer
étouffe-chrétien ZN M (MV étouffe-chrétiens) INFORM. zware kost
étouffée • *à l'étouffée* gestoofd
étouffement ZN M **1** benauwdheid, verstikking • *une mort par ~* verstikkingsdood **2** onderdrukking, demping
étouffer **1** OV WW **1** verstikken, doen stikken, benauwen **2** smoren, FIG. onderdrukken, dempen <van geluid> • *des rires étouffés* gesmoord gelach • *~ un scandale* een schandaal in de doofpot stoppen • *ce n'est pas la politesse qui l'étouffe!* hij loopt niet over van beleefdheid **2** ONOV WW OOK FIG. stikken • *on étouffe ici* het is hier om te puffen / stikken **3** WKD WW **(s'~)** **1** stikken • *s'étouffer de rage / de colère* stikken van woede **2** elkaar verdringen
étourderie ZN V onbezonnenheid, lichtzinnigheid, onbezonnen daad • *par ~* onnadenkend, zonder na te denken
étourdi **1** BN onbezonnen, onnadenkend, lichtzinnig **2** ZN M (V étourdie), warhoofd, onbezonnen persoon
étourdir **1** OV WW (half) verdoven, versuffen, doen duizelen • *la chaleur l'étourdit* hij raakt versuft van de hitte • *le bruit l'étourdit* hij wordt doof van het lawaai • *le coup qu'il a reçu l'a étourdi* hij duizelde van de klap die hij kreeg **2** WKD WW **(s'~)** afleiding / vergetelheid zoeken • *s'étourdir dans l'alcool* zijn verdriet verdrinken • *s'étourdir dans les voyages* afleiding zoeken door op reis te gaan
étourdissant BN **1** oorverdovend **2** overweldigend, verbluffend
étourdissement ZN M duizeligheid, duizeling, versuftheid, roes
étourneau ZN M (MV étourneaux), spreeuw
étrange BN vreemd, raar, zonderling
étranger **1** BN **1** vreemd, buitenlands • *des travailleurs étrangers* buitenlandse werknemers, gastarbeiders • *le ministère des Affaires étrangères* ministerie van Buitenlandse Zaken • *la politique étrangère* de buitenlandse politiek **2** vreemd (aan), niet eigen (aan), niet betrokken (bij), niet vertrouwd (met) • *ce visage ne m'est pas ~* dat gezicht is mij niet onbekend • *se sentir ~ dans une famille* zich niet thuis voelen in een familie **2** ZN M buitenland • *un voyage à l'étranger* een buitenlandse reis • *à l'étranger* in / naar het buitenland **3** ZN M (V étrangère), buitenlander,

vreemdeling
étrangeté ZN V vreemdheid, eigenaardigheid
étranglement ZN M **1** wurging **2** vernauwing • *l'étranglement d'un chemin* wegversmalling
étrangler 1 OV WW **1** wurgen **2** vernauwen, beklemmen • *une voix étranglée* verstikte stem **2** WKD WW **(s'~) 1** stikken • *s'étrangler en buvant / en mangeant* zich verslikken bij het drinken / bij het eten **2** nauwer worden
étrangleur ZN M (V étrangleuse), wurger
être 1 ONOV WW **1** zijn, bestaan, leven • *je pense donc je suis* ik denk, dus ik ben / besta • *ma mère n'est plus* mijn moeder leeft niet meer • *~ pour ou contre* voor of tegen zijn • *comme si de rien n'était* alsof er niets gebeurd is / was **2** zijn <aanduiding v. tijdstip> • *notre train est à deux heures* onze trein gaat om twee uur • *nous sommes lundi* het is maandag • INFORM. *on est le combien aujourd'hui?* de hoeveelste is het vandaag? • *le temps n'est plus où tu faisais ce qui te plaisait* de tijd is voorbij dat je deed wat je wilde **3** zijn <aanduiding v. plaats, oorsprong> • *il est de Lille* hij komt uit Lille • *elle est à Toronto, au Canada* ze is in Toronto, in Canada • *ils sont chez eux* ze zijn / zitten thuis • *~ à l'école* op school zitten • *~ en prison* in de gevangenis zitten • *~ à table* aan tafel zitten • *les livres sont sur la table* de boeken liggen op tafel • *la pendule est au mur* de klok hangt aan de muur • *c'est une pièce de Sartre* het is een stuk van Sartre • *ça, c'est bien (de) lui!* dat is net iets voor hem! • *~ entre la vie et la mort* tussen leven en dood zweven • *maintenant j'y suis* nu begrijp ik het • FIG. *y ~* het snappen **4** zijn <als deel van naamwoordelijk gezegde> • *il est médecin* hij is arts • *il est malade* hij is ziek • *~ à l'agonie* op sterven liggen • *on était dix* we waren met ons tienen • *le prix est de dix euros* de prijs bedraagt tien euro • *oui, c'est cela* ja, dat is juist **5** être + à zijn <toebehoren tot> • *cet argent est à moi* dat geld is van mij • *vous y êtes! / vous n'y êtes pas du tout!* u hebt het geraden / u zit er helemaal naast • *je n'y suis pour rien* ik heb er part noch deel aan, het is mijn schuld niet • FIG. *je suis à vous dans un instant* ik ben dadelijk tot uw dienst **6** être + de zijn <onderdeel zijn, deelgenoot zijn> • *il est de mes amis* hij behoort tot mijn vrienden • *~ de la partie* van de partij zijn **7** être + en zijn, gekleed zijn • *elle est toujours en bleu* ze is altijd in het blauw gekleed • *il était en costume (et) cravate* hij was keurig in het pak • *~ en savates* op z'n sloffen rondlopen **8** être + en zijn, ergens aangekomen zijn • *alors, où en êtes-vous de votre enquête?* en, hoever bent u met uw onderzoek? • *je ne sais plus où j'en suis* ik weet niet meer hoe ik het heb, ik zie het niet meer zitten • *où en sommes-nous?* waar zijn wij gebleven?, hoe staan we ervoor? • *où en est le malade?* hoe is het met de zieke gesteld? • *qu'en est-il de cette affaire?* hoe staat het met die zaak? • *je n'en suis qu'au début* ik ben pas bij het begin, ik begin pas • *elle en est à son huitième mois (de grossesse)* ze is in haar achtste maand (van zwangerschap) • *on n'en est pas encore là* zo ver zijn we nog niet • *au point où en sont les choses...* zoals de zaken nu staan... **9** être + à zijn <verwijst naar verplichting, noodzaak> • *c'est à vérifier* dat moet nagegaan worden • *c'est à lui de parler* het is zijn beurt / aan hem om te spreken • *X est à Y ce que 1 est à 2* X verhoudt zich tot Y als 1 tot 2 **10** ce + être zijn <verwijzend naar persoon of zaak> • *c'est moi* ik ben het • *ce sont mes frères* / INFORM. *c'est mes frères* het zijn mijn broers • *c'est un trait de famille* dat zit in de familie • *c'est comme ça* zo zit dat • *ce n'est pas faisable* dat is niet te doen • *vous viendrez, n'est-ce pas?* u komt, nietwaar?, u komt toch? • INFORM. *qu'est-ce que c'est que cette histoire?* wat heeft dat te betekenen?, wat is dat nou? • *il est fauché, c'est-à-dire qu'il ne me paiera pas!* hij is blut, dat wil zeggen dat hij me niet zal betalen • *est-ce que je dois t'attendre?* moet ik op je wachten? **2** HWW v.d. lijdende vorm, v. tijd worden, zijn, hebben • *il a été surpris par l'orage* hij werd verrast door het onweer • *j'ai été le voir* ik heb hem opgezocht • *il est resté* hij is gebleven • *il s'est lavé* hij heeft zich gewassen • *sois prudent!* wees voorzichtig! **3** ONP WW zijn • *il est midi* het is twaalf uur ('s middags) • *il n'en est rien* er is niets van waar • *il est temps que vous partiez* het wordt tijd dat u weggaat • *il était une fois...* er was eens ... • FORM. *il est des gens qui vous disent que c'est impossible* er zijn mensen die zeggen dat het onmogelijk is **4** ZN M **1** wezen, schepsel • *un ~ humain / vivant* menselijk wezen / levend wezen • *l'Etre Suprême* het Opperwezen **2** wezen, (het) zijn, (het) bestaan, essentie **3** individu • *c'est un ~ d'exception* het is een uitzonderlijk persoon
étreindre 1 OV WW onregelmatig **1** omarmen, omknellen • *~ qn* iemand tegen zich aandrukken **2** FIG. beklemmen, bedrukken, aangrijpen • *l'angoisse l'étreint* de angst grijpt hem bij de keel **2** WKD WW **(s'~)** • *ils se sont étreints avec passion* ze hebben elkaar innig omhelsd
étreinte ZN M **1** omarming, omsingeling, omknelling • *une ~ amoureuse* liefdevolle omhelzing **2** greep, OOK FIG. druk • *resserrer son ~ autour de qc / qn* zijn greep op iets / iemand versterken
étrenner OV WW voor het eerst gebruiken • *~ un costume* een kostuum inwijden
étrennes ZN V MV nieuwjaarsgeschenk, nieuwjaarsgratificatie • *recevoir de l'argent pour ses ~* geld als nieuwjaarsgeschenk krijgen, een nieuwjaarsfooi krijgen
étrier ZN M stijgbeugel <van paard> • *le coup de l'étrier* glaasje op de valreep, afzakkertje • OOK FIG. *avoir le pied à l'étrier* de voet in de stijgbeugel hebben, in de startblokken staan
étriper INFORM. WKD WW **(s'~)** elkaar afmaken, elkaar afslachten • *ils se sont étripés* ze hebben elkaar afgemaakt / toegetakeld
étriqué BN krap, OOK FIG. benepen • *une jupe étriquée* (te) krappe rok • *avoir une vision étriquée des choses* een bekrompen zienswijze hebben
étroit BN **1** OOK FIG. nauw, smal • *une petite rue étroite* smal straatje • *des liens étroits* nauwe banden • *une étroite collaboration* hechte samenwerking •

être logé à l'étroit kleinbehuisd zijn • *vivre à l'étroit* het krap hebben • *entretenir d'étroites relations avec qn* nauwe banden met iemand hebben **2** OOK FIG. bekrompen, benepen • *avoir des idées étroites* bekrompen ideeën hebben

étroitesse ZN V **1** nauwheid, smalheid • *l'étroitesse d'un couloir* nauwheid van een gang **2** FIG. bekrompenheid • *l'étroitesse d'esprit de qn* iemands bekrompenheid

étron ZN M drol

Ets AFK Établissements m mv fa., firma

étude 1 ZN V MV opleiding, studie • *des études secondaires / universitaires* voortgezet / universitair onderwijs • *faire des / ses études* studeren • *faire des études de lettres / de droit / de médecine* letteren / rechten / medicijnen studeren • *achever ses études* afstuderen **2** ZN V **1** bestudering • *une ~ de marché* marktonderzoek • *un bureau d'étude* technisch adviesbureau • *un projet à l'étude* project in voorbereiding / in de onderzoeksfase **2** studiezaal, kantoor <v. notaris, advocaat> **3** MUZ., / TEKENEN etude

étudiant ZN M (V étudiante), student • *un ~ en/ de médecine* medicijnenstudent • *une carte d'étudiant* collegekaart • *être ~ en première / dernière année* eerstejaarsstudent zijn / in zijn laatste studiejaar zijn

étudié BN weloverwogen, OOK FIG. bestudeerd • *des prix très étudiés* zeer scherpe prijzen

étudier 1 OV WW **1** studeren, instuderen, leren • *~ le français / les maths* Frans / wiskunde studeren • *~ le chant* zangles volgen **2** bestuderen, onderzoeken, bekijken • *~ un plan / un projet* een plan / project bestuderen **2** ONOV WW studeren • *elle étudie à la Sorbonne* zij studeert aan de Sorbonne

étui ZN M etui, koker, foedraal, doos • *un ~ à lunettes / à cigarettes* brillen- / sigarettenkoker • *un ~ à violon* vioolkist

étuve ZN V **1** droogoven **2** FIG. zweetbad • *quelle étuve!* het lijkt hier wel een broeikas!

étymologie ZN V etymologie

étymologique BN etymologisch

eu "uu" WW volt. deelw. → **avoir**

E.-U. AFK États-Unis m mv VS, Verenigde Staten

eucalyptus "-tuus" ZN M eucalyptus

eucharistie "euka-" ZN V eucharistie

euh TUSSENW hm, eh <uiting van aarzeling>

eunuque ZN M eunuch, castraat

euphémique BN eufemistisch

euphémisme ZN M eufemisme

euphorie ZN V euforie, opgetogenheid • *être en pleine ~* in hoerastemming zijn, opgetogen zijn

euphorique BN opgetogen

euphorisant 1 BN opvrolijkend • *un médicament ~* antidepressivum **2** ZN M antidepressivum

eurasien ZN M (V eurasienne), Euraziër, ≈ indo

euro ZN M euro • *la zone ~* eurozone • *six ~s* zes euro

eurocrate INFORM., MIN. ZN M/V eurocraat

eurodéputé ZN M (V eurodéputée), Europarlementariër

eurodollar ZN M eurodollar

euromarché ZN M Europese markt, euromarkt

Europe ZN V Europa • *l'Europe de l'Est / de l'Ouest / centrale* Oost-Europa / West-Europa / Midden-Europa • *l'élargissement de l'Europe* Europese uitbreiding

européen BN (V européenne), Europees • *l'Union ~ne* Europese Unie • *les européennes* de Europese verkiezingen

Européen ZN M (V Européenne), Europeaan

eurosceptique BN eurosceptisch

Eurostar ZN M Eurostar <trein door Kanaaltunnel>

Eurovision ZN V Eurovisie

eurozone ZN V eurozone

euthanasie ZN V euthanasie

euthanasier OV WW euthanaseren, euthanasie toepassen op

eux "eu" PERS VNW mv **1** zij <met nadruk> • *ils ne l'ont pas fait, eux! / ~, ils ne l'ont pas fait!* zíj hebben het niet gedaan! • *eux-mêmes le disent* ze zeggen het zelf **2** hen <na voorzetsel> • *je suis sorti avec ~* ik ben met hen uit geweest

évacuation ZN V **1** lozing <ook uit het lichaam> **2** ontruiming, evacuatie • *l'évacuation des victimes* het evacueren van de slachtoffers • *l'évacuation par la force* ontruiming met gebruik van geweld

évacuer OV WW **1** OOK FIG. lozen, spuien, uitscheiden • *~ les toxines* gifstoffen uitscheiden **2** ontruimen, evacueren • *faire ~ la salle du tribunal* de rechtszaal laten ontruimen • *~ les blessés* de gewonden afvoeren / evacueren

évadé 1 BN ontsnapt **2** ZN M (V évadée), ontsnapte

évader WKD WW **(s'~)** ontsnappen, ontvluchten • *s'évader de prison* uit de gevangenis ontsnappen • *s'évader du quotidien / de la réalité* de dagelijkse sleur / de werkelijkheid ontvluchten

évaluable BN te schatten

évaluation ZN V schatting, raming, taxatie, waardering • *l'évaluation d'une distance* het schatten van een afstand

évaluer OV WW schatten (**à** op), begroten, ramen, taxeren, waarderen • *~ une distance* een afstand schatten • *faire ~ une maison / un objet d'art* een huis / een kunstwerk laten taxeren • *on a évalué les dégâts à deux mille euros* de schade wordt op 2000 euro geschat

évanescent FORM. BN geleidelijk verdwijnend, vervliegend, vervagend

évangélique BN evangelisch

évangélisation ZN V evangelieprediking, evangelisatie

évangéliser OV WW het evangelie verkondigen aan, evangeliseren

évangéliste ZN M evangelist

évangile ZN M evangelie • *une parole d'évangile* zekere waarheid • *l'Évangile selon saint Jean* het evangelie van Johannes

évanouir WKD WW **(s'~) 1** flauwvallen **2** (spoorloos) verdwijnen, in rook vervliegen • *des espoirs qui s'évanouissent* hoop die in rook opgaat

évanouissement ZN M **1** (het) flauwvallen, bezwijming **2** FORM. verdwijning
évaporation ZN V verdamping
évaporer WKD WW (s'~) **1** verdampen **2** INFORM. (opeens / zomaar) verdwijnen • FIG. *elle s'est évaporée dans la nature* ze is spoorloos verdwenen
évasé BN wijd uitlopend, met wijde opening
évaser WKD WW (s'~) wijd uitlopen
évasif BN (V évasive), ontwijkend <v. houding>, vaag <v. gebaar> • *rester ~ sur une question* vaag blijven / zich op de vlakte houden over iets
évasion ZN V **1** ontsnapping • *une tentative d'évasion* ontsnappingspoging **2** FIG. vlucht, vlucht uit de sleur / werkelijkheid • *la littérature d'évasion* ontspanningslectuur **3** ECON. • *l'évasion des capitaux* kapitaalvlucht • *l'évasion fiscale* belastingontwijking / -ontduiking
évêché ZN M **1** bisdom **2** bisschoppelijke residentie
éveil FORM. ZN M **1** (het) wakker-zijn **2** FIG. (het) ontwaken • *être en ~* op zijn hoede zijn • *rester en ~* waakzaam blijven
éveillé BN **1** wakker • *un rêve éveillé* dagdroom • *rester ~ une partie de la nuit* een deel van de nacht wakker blijven **2** schrander, levendig, uitgeslapen
éveiller FORM. **I** OV WW **1** wekken **2** FIG. (op) wekken, wakker roepen, bewust maken • *son attitude éveille les soupçons* zijn houding wekt argwaan • *~ une passion chez qn* harttocht bij iemand wekken **II** WKD WW (s'~) **1** OOK FIG. ontwaken, (op)gewekt worden • *s'éveiller à l'aube* 's morgens vroeg wakker worden **2** bewust worden, ontvankelijk worden (à voor) • *s'éveiller à un sentiment* een gevoel ontdekken
événement, évènement ZN M gebeurtenis, voorval, evenement • *attendre un heureux ~* in blijde verwachting zijn • *être dépassé par les événements* de situatie niet meer meester zijn, achter de feiten aanhollen
éventail ZN M **1** OOK FIG. waaier • *en ~* waaiervormig **2** gevarieerde reeks, gamma (van mogelijkheden), assortiment
éventaire ZN M **1** stalletje **2** tafel met koopwaar
éventé BN **1** verschaald • *du vin éventé* verschaalde wijn **2** ontdekt • *un secret éventé* uitgelekt geheim
éventer **I** OV WW blootleggen • *~ un secret* een geheim onthullen / ontdekken **II** WKD WW (s'~) zich koelte toewaaien
éventrer **I** OV WW de buik openrijten van, openbreken, met geweld openen • FIG. *un matelas / un sac poubelle éventré* opengereten matras / vuilniszak **II** WKD WW (s'~) zich de buik openrijten, harakiri plegen
éventualité ZN V eventualiteit, mogelijkheid • *envisager l'éventualité d'une guerre* de mogelijkheid van een oorlog onder ogen zien • *dans l'éventualité de qc* in het geval van...
éventuel **I** BN (V éventuelle), mogelijk, eventueel **II** ZN M (het) mogelijke
évêque ZN M bisschop
évertuer WKD WW (s'~) **à** zijn best doen om, zich inspannen om • *s'évertuer à dire / à faire qc* met veel moeite iets proberen te zeggen / te doen
éviction ZN V verdringing <een positie>, verwijdering, uitsluiting, (het) wegwerken • *une ~ scolaire* (het) van school gestuurd worden
évidemment BW **1** natuurlijk, vanzelfsprekend **2** klaarblijkelijk, kennelijk
évidence ZN V vanzelfsprekendheid, duidelijkheid, zekerheid • *mettre / placer qc en ~* iets op de voorgrond plaatsen, FIG. de nadruk leggen op iets • *se rendre à l'évidence* de feiten onder ogen zien, zich erbij neerleggen • *à l'évidence* vanzelfsprekend • *de toute ~* vanzelfsprekend • *contre toute ~* tegen beter weten in
évident BN (over)duidelijk, vanzelfsprekend • *il est maintenant ~ qu'il ne viendra pas* het is nu wel overduidelijk dat hij niet komt • *c'est ~* dat spreekt vanzelf, dat is nogal glad, dat is nogal logisch • INFORM. *ce n'est pas ~* dat is niet zo eenvoudig • *pour des raisons évidentes* om voor de hand liggende redenen
évider OV WW uithollen, openwerken
évier ZN M gootsteen
évincer OV WW verdringen <een positie>, wegwerken, uitsluiten • *on l'a évincé de l'équipe de rugby* hij is uit het rugbyteam gezet
évitable BN te vermijden
éviter **I** OV WW (ver)mijden, ontwijken • *~ les boissons alcoolisées* van sterkedrank afblijven • *évite de la mettre en colère!* pas op dat je haar niet boos maakt! • *~ qn dans la rue* op straat voor iemand uitwijken • *évitez qu'il ne vous voie!* zorg ervoor dat hij u niet ziet! • *faites-vous livrer à la maison, cela vous évitera la fatigue!* laat het thuisbezorgen, dat bespaart u de moeite **II** WKD WW (s'~) • *ces deux-là s'évitent toujours* die twee ontlopen elkaar altijd
évocateur BN (V évocatrice), oproepend <geesten, beelden, gevoelens>, suggestief, veelbetekenend • *un style ~* beeldende stijl • *un nom ~* naam die herinneringen oproept
évocation ZN V (het) oproepen <van geesten, beelden, gevoelens> • *l'évocation de souvenirs* het ophalen van herinneringen
évoluer ONOV WW **1** zich (geleidelijk) ontwikkelen, evolueren • *faire ~ une situation* verandering brengen in een situatie • *le matériel informatique a beaucoup évolué* de computerapparatuur heeft een hele ontwikkeling doorgemaakt **2** zich (in bepaalde kringen) bewegen • *~ dans une sphère politique* zich in politieke kringen bewegen, in de politiek zitten
évolutif BN (V évolutive), voortschrijdend <v. ziekte> • *une maladie évolutive* progressieve ziekte, ziekte die steeds erger wordt
évolution ZN V **1** (geleidelijke) ontwikkeling, evolutie • *l'évolution des mœurs* veranderende zeden en gewoonten • *la théorie de l'évolution des espèces* de theorie van de evolutie der soorten, evolutietheorie **2** manoeuvre, zwenking,

draaiing **3** verloop <van ziekte> • *l'évolution de la maladie* het verloop van de ziekte • *l'évolution d'une tumeur cancéreuse* de ontwikkeling van een kankergezwel

évolutionnisme ZN M evolutieleer

évoquer OV WW **1** oproepen <van geesten, beelden, gevoelens> • *~ le souvenir d'un disparu* herinneringen aan een overledene ophalen **2** vermelden, aanroeren • *~ un problème* een probleem aanroeren • *ce thème ne peut pas être évoqué devant lui* je kunt dat onderwerp in zijn aanwezigheid niet aansnijden

ex ZN M/V (MV id.), ex • *il a invité toutes ses ~* hij heeft al zijn exen uitgenodigd

ex. AFK exemple • *par ex.* bv., bijv.

ex- VOORV ex-, voormalig • *son ex-femme* zijn ex-vrouw • *l'ex-président des É.U.* de voormalige president van de USA

exacerbation ZN V verergering, FIG. verscherping

exacerber OV WW verergeren, FIG. verscherpen • *une douleur exacerbée* heviger pijn

exact "egza(kt) met harde g" BN **1** juist, nauwkeurig, precies, exact • *les sciences ~es* exacte wetenschappen • *dites-moi les circonstances ~es de votre arrivée dans ce pays* vertelt u me precies hoe u in dit land bent gekomen • *le montant ~ de sa dette* het juiste bedrag van zijn schuld • *oui, c'est ~* ja, dat klopt **2** stipt (op tijd) • *l'heure ~e* de juiste tijd

exactions ZN V MV afpersing, knevelarij • *les ~ d'un régime* de wandaden van een bewind

exactitude ZN V **1** nauwkeurigheid, juistheid, precisie **2** stiptheid, punctualiteit • *être d'une ~ parfaite* altijd stipt op tijd zijn

exagération ZN V overdrijving • *sans ~* met mate

exagéré BN overdreven, bovenmatig, overtrokken • *il serait ~ de dire que...* het zou te ver gaan om te beweren dat...

exagérer OV WW overdrijven • *il n'a jamais d'argent sur lui, il exagère!* hij heeft nooit geld op zak, dat is niet normaal!

exaltation ZN V (opgewonden) opgetogenheid • *un état d'~* staat van opwinding

exalté **1** BN (ziekelijk) opgewonden, in vervoering **2** ZN M (V exaltée) MIN. heethoofd, opgewonden persoon, fanaticus

exalter **1** OV WW **1** verheerlijken, hemelhoog prijzen • *~ les qualités de qn* iemands kwaliteiten de hemel in prijzen **2** in vervoering brengen, verrukken, opwinden, intenser maken **2** WKD WW **(s'~)** opgetogen raken

exam INFORM. ZN M examen examen, onderzoek

examen "-me(n)" ZN M **1** examen, tentamen • *un ~ écrit / oral* schriftelijk / mondeling examen • *un ~ d'entrée* toelatingsexamen, BELG. toegangsexamen • *être admis / reçu à un ~* voor een examen slagen • *être refusé / recalé / collé à un ~* voor een examen zakken • *passer un ~* examen doen, een examen afleggen • *faire passer un ~ à qn* iemand een examen afnemen • *se présenter à un ~* voor een examen opgaan **2** onderzoek • *un ~ médical* medisch onderzoek • *subir un ~ médical* medisch gekeurd worden • *un ~ de sang et d'urine* bloed- en urineonderzoek • *se faire faire des ~s* onderzoeken ondergaan • *un ~ de conscience* gewetensonderzoek • JUR. *il a été mis en ~ pour homicide volontaire* er is tegen hem geopend wegens doodslag een vooronderzoek

examinateur ZN M (V examinatrice), examinator

examiner OV WW onderzoeken, nauwkeurig bekijken • *~ un patient* een patiënt onderzoeken • *~ un dossier* een dossier bestuderen • *~ qn de la tête aux pieds* iemand van top tot teen opnemen • *~ les papiers (d'identité) de qn* iemands papieren controleren

exaspérant BN heel irritant, tergend, ergerlijk

exaspération ZN V hevige ergernis, verontwaardiging, verbittering

exaspérer **1** OV WW hevig ergeren, razend maken • *cette attente m'exaspère* ik word gek van dat wachten **2** WKD WW **(s'~)** zich hevig ergeren • *il a fini par s'exaspérer* op het laatst raakte hij heel geïrriteerd

exaucer OV WW verhoren <van gebed, verzoek e.d.>, inwilligen • *son vœu a été exaucé* zijn wens is vervuld

excavateur ZN M graafmachine

excavation ZN V uitholling, holte

excaver OV WW uitgraven

excédent ZN M overschot, teveel • *un ~ de poids* overgewicht • *un ~ de bagages* overgewicht aan bagage, overvracht • *un budget en ~* batig saldo • *en ~* te veel, overtollig

excédentaire BN overtollig, te veel • *un solde ~* batig saldo

excéder OV WW **1** te boven / te buiten gaan, overschrijden • *son poids excède les cent kilos* hij weegt over de honderd kilo **2** hevig irriteren, op de zenuwen werken, te veel zijn voor • *être excédé par le bruit / par l'attitude de qn* niet meer tegen het lawaai / tegen iemands gedrag kunnen

excellence ZN V uitmuntendheid, voortreffelijkheid • *un prix d'~* eerste prijs • *l'~ de cet article (de journal)* de uitstekende kwaliteit van dat (kranten)artikel • *par ~* bij uitstek

Excellence ZN V Excellentie

excellent BN uitmuntend, uitstekend, voortreffelijk

exceller ONOV WW uitmunten **(dans, en** in) • *~ en mathématiques / dans son travail* uitblinken in wiskunde / in zijn werk

excentré BN excentrisch, buiten het centrum gelegen <van wijk>

excentricité ZN V **1** excentrische ligging, ligging buiten het centrum **2** zonderlingheid, buitenissigheid, excentriciteit • *s'habiller avec ~* zonderling gekleed gaan

excentrique **1** BN **1** excentrisch, buiten het centrum gelegen <van wijk> **2** excentriek, zonderling, buitenissig **2** ZN M/V excentriekeling, zonderling

excepté 1 VZ **uitgezonderd, behalve** • *ils sont tous là, ~ les enfants* ze zijn er allemaal, behalve de kinderen 2 BN **uitgezonderd** • *les enfants exceptés, tout le monde est présent* met uitzondering van de kinderen is iedereen er

excepter OV WW **uitzonderen**

exception ZN V **uitzondering** • *un régime d'~* uitzonderingsbeleid • *un tribunal d'~* bijzondere rechtbank • *faire une ~ pour qn* een uitzondering voor iemand maken • *faire ~ à la règle* een uitzondering op de regel vormen • *l'~ confirme la règle* de uitzondering bevestigt de regel • *à l'~ des enfants / ~ faite des enfants* met uitzondering van de kinderen, behalve de kinderen • *à quelques ~s près* op enkele uitzonderingen na • *par ~* bij uitzondering • *sans ~ de* zonder rekening te houden met, ongeacht • *tous sans ~* niemand uitgezonderd

exceptionnel BN (V exceptionnelle), **uitzonderlijk, buitengewoon** • *à titre ~* bij uitzondering

exceptionnellement BW 1 **bij wijze van uitzondering** • *travailler ~ le dimanche* bij wijze van uitzondering op zondag werken • *très ~* bij hoge uitzondering 2 **buitengewoon**

excès "eksè" ZN M **overmaat, buitensporigheid, onmatigheid, overdaad, teveel** • *un ~ de pouvoir* machtsoverschrijding, overschrijding van bevoegdheid • *un ~ de vitesse* snelheidsoverschrijding, (het) te hard rijden • *tomber dans l'excès* te ver gaan, in een uiterste vervallen • *manger / fumer sans ~* matig eten / roken • *faire des ~* onmatig zijn, te veel eten • *faire un ~ de zèle* overijverig zijn, een dienstklopper zijn

excessif BN (V excessive), **overdreven, buitensporig, overmatig, excessief, uiterst** • *un prix ~* buitensporige prijs • *il est ~ en tout* hij overdrijft in alles

exciser OV WW **wegsnijden, uitsnijden**

excision ZN V 1 MED. **wegsnijding, uitsnijding** 2 **besnijdenis** • *les rites d'~* besnijdenisrituelen

excitabilité ZN V **prikkelbaarheid**

excitable BN **prikkelbaar**

excitant 1 BN 1 **opwindend, meeslepend** • *ce film n'est pas vraiment ~* die film is niet erg boeiend 2 **opwekkend, stimulerend** 2 ZN M **opwekkend middel** • *le café, le thé sont des ~s* koffie en thee zijn opwekkende middelen

excitation ZN V 1 **opwinding, prikkeling, opwekking** • *l'~ sexuelle* seksuele opwinding • *l'~ intellectuelle* prikkeling van de geest 2 **aansporing, aanzetting** • *l'~ à la haine* aanzetting tot haat, haat zaaien

excité 1 BN **opgewonden** • *être tout ~* opgefokt zijn 2 ZN M (V excitée), **heethoofd, driftkop** • *une bande d'excités* stelletje heethoofden

exciter 1 OV WW 1 **opwekken, prikkelen, stimuleren** • *~ l'admiration de qn* iemands bewondering afdwingen / wekken 2 **opwinden** • *~ qn sexuellement / intellectuellement* iemand seksueel opwinden / geestelijk prikkelen • *cette fille l'excite* hij raakt opgewonden van dat meisje, hij valt op dat meisje 3 **aanzetten, aansporen, ophitsen** • *~ un chien* een hond ophitsen • *~ qn à la révolte* iemand tot opstand aanzetten 2 WKD WW **(s'~) opgewonden raken** • *ils se sont tellement excités que ça s'est terminé par une bagarre* ze wonden zich zo op dat het op een vechtpartij uitliep

exclamatif TAALK. BN (V exclamative), **uitroepend** • *une phrase exclamative* uitroepzin

exclamation ZN V **uitroep** • *un point d'~* uitroepteken

exclamer WKD WW **(s'~) uitroepen, het uitschreeuwen**

exclu 1 BN **uitgesloten, buitengesloten** • *des membres ont été ~s du club* er zijn leden uit de vereniging gezet 2 ZN M • *les ~s de la société* de randgroepen / kansarmen van de maatschappij, de outcasts

exclure 1 OV WW onregelmatig **uitsluiten, buitensluiten** • *~ un élève de l'école (pour manque de discipline)* een leerling van school sturen (wegens slecht gedrag) • *~ les graisses et le sucre de son régime* zijn dieet vet- en suikervrij maken • *l'un n'exclut pas l'autre* het een sluit het ander niet uit • *c'est (tout à fait) exclu!* dat is uitgesloten! • *il est exclu qu'il rentre aujourd'hui* het is uitgesloten dat hij vandaag naar huis komt 2 WKD WW **(s'~)** • *ces deux propositions s'excluent mutuellement* die twee stellingen sluiten elkaar uit / zijn niet verenigbaar

exclusif BN (V exclusive), **uitsluitend, alleen-, eenzijdig, absoluut, exclusief** • *une vente exclusive* alleenverkoop • *un modèle ~* exclusief model • *une interview exclusive du chef de l'État* exclusief interview met het staatshoofd

exclusion ZN V **uitsluiting, buitensluiting** • *la lutte contre l'~ sociale* bestrijding van de maatschappelijke marginalisering <van kansarmen>, het opkomen voor achterstandsgroepen • *à l'~ de...* met uitsluiting van...

exclusivement BW **uitsluitend** • *fait ~ avec des matériaux naturels* gemaakt met uitsluitend natuurlijke materialen

exclusivité ZN V 1 **exclusiviteit, alleenrecht** • *un interview en ~* exclusief interview 2 **exclusief verhaal, primeur, scoop**

excommunication ZN V **excommunicatie, (kerkelijke) ban**

excommunier OV WW 1 REL. **excommuniceren** 2 FIG. **in de ban doen, verstoten**

excrément ZN M **uitwerpsel**

excrétion ZN V **uitscheiding** • *les excrétions* MV uitwerpselen

excroissance ZN V **uitwas, uitgroeisel**

excursion ZN V **uitstapje, tochtje, excursie** • *une ~ en autocar / à pied* bustocht / wandeltocht • *faire une ~ en montagne* een uitstapje in / naar de bergen maken • *partir en ~* op excursie gaan

excursionniste ZN M/V **maker van een plezierreisje, dagtoerist**

excusable BN **vergeeflijk, te verontschuldigen**

excuse ZN V **excuus, verontschuldiging** • *faire des / ses ~s à qn* iemand (zijn) verontschuldigingen aanbieden • *trouver une bonne ~ pour ne pas faire qc* een goed excuus vinden om iets niet te doen • *présenter ses ~s* zijn excuses maken • *chercher des ~s* uitvluchten zoeken • IRON. *la belle ~!* mooi excuus!, wat een smoes!

excuser **1** OV WW **verontschuldigen** • *excusez-moi!* neem me niet kwalijk! • *excusez-moi, mais ...* sorry, maar ... • *excusez mon écriture!* sorry voor mijn handschrift! • IRON. *excusez du peu!* alsof het niets was!, dat is niet niks! • FORM. *je vous prie de bien vouloir m'~* neemt u me niet kwalijk • *se faire ~ auprès de qn* iemand bericht van verhindering sturen **2** WKD WW **(s'~) zich verontschuldigen** • *s'~ de qc auprès de qn* zich bij iemand voor iets verontschuldigen

exécrable BN **verfoeilijk, afschuwelijk, walgelijk**

exécrer OV WW **verafschuwen, verfoeien**

exécutable BN **uitvoerbaar**

exécutant ZN M (V exécutante) **1 uitvoerder, ondergeschikte** • *ce sont de simples exécutants* het zijn maar ondergeschikten **2** MUZ. **uitvoerende, vertolker**

exécuter **1** OV WW **1 uitvoeren, realiseren, volbrengen** • *~ un plan* een plan uitvoeren • *~ un morceau de musique* een muziekstuk uitvoeren • *l'ordinateur exécute un programme* de computer voert het programma uit **2 terechtstellen** • *l'otage a été exécuté* de gijzelaar is geëxecuteerd **2** WKD WW **(s'~) besluiten iets (onaangenaams) te doen, het gevraagde / vereiste doen**

exécuteur ZN M (V exécutrice), **uitvoerder** • *un ~ testamentaire* executeur

exécutif **1** BN (V exécutive), **uitvoerend** • *le pouvoir ~* uitvoerende macht **2** ZN M **uitvoerende macht**

exécution ZN V **1 uitvoering, (het) in praktijk brengen** • *l'exécution d'une commande* het uitvoeren van een bestelling • *mettre une menace à l'exécution* een bedreiging ten uitvoer brengen • *exécution!* over en uit! <na een bevel> **2 terechtstelling** • *une ~ sommaire* standrechtelijke executie • *le peloton d'exécution* executiepeloton

exégèse ZN V **tekstverklaring, exegese**

exégète ZN M/V **tekstverklaarder, exegeet**

exemplaire **1** BN **als voorbeeld dienend, voorbeeldig** • *une vie ~* voorbeeldig leven • *un châtiment ~* straf om een voorbeeld te stellen **2** ZN M **exemplaar** • *en double ~* in tweevoud • *un livre tiré à vingt mille ~s* boek met een oplage van twintigduizend exemplaren

exemple ZN M **voorbeeld** • *un bel ~ de...* een goed voorbeeld van..., een fraai staaltje van... • *servir d'~ à qn* tot voorbeeld strekken voor iemand, model staan voor iemand • *donner l'~* het voorbeeld geven • *pour donner un ~* om een voorbeeld te noemen • *prendre ~ sur qn* een voorbeeld aan iemand nemen • *prendre qn en ~* iemand tot voorbeeld nemen • *suivre l'~ de qn* iemands voorbeeld volgen • *être un ~ à suivre* navolging verdienen • *faire un ~* een voorbeeld stellen • *ça, par ~!* nu nog mooier!, nee maar! • *par ~* bijvoorbeeld • *pour l'~* om een voorbeeld te stellen

exempt "egza(n) met harde g" BN **vrij(gesteld) van, zonder, -loos** • *être ~ d'impôts* geen belasting hoeven te betalen • *des produits ~s de taxes* belastingvrije artikelen

exempter OV WW **vrijstellen (de van), ontheffen**

exemption ZN V **vrijstelling (de van), ontheffing**

exercer **1** OV WW **1 uitoefenen, beoefenen** • *~ un métier / une profession* een vak / beroep uitoefenen • *il exerce la médecine depuis dix ans* hij beoefent sinds tien jaar de geneeskunde **2 africhten, oefenen** • *~ sa mémoire* zijn geheugen oefenen • *~ sa résistance* trainen op zijn uithoudingsvermogen **3 uitoefenen, aanwenden** • *~ son pouvoir sur qn* zijn gezag / bevoegdheid over iemand uitoefenen • *~ son autorité sur qn* zijn gezag tegenover iemand laten gelden • *~ une pression sur qn* druk uitoefenen op iemand **2** WKD WW **(s'~) (zich) oefenen, trainen** • *il s'exerce plusieurs heures par jour sur son violon* hij oefent uren per dag op zijn viool

exercice ZN M **1 oefening** • *faire des ~s de maths* wiskundeoefeningen • *faire des ~s de vocabulaire* woordenschatoefeningen doen • *faire des ~s de piano* piano-oefeningen doen **2 uitoefening, beoefening** • *l'~ du pouvoir* machtsuitoefening • *le président en ~* de zittende president • *l'~ illégal de la médecine* het onbevoegd uitoefenen van de geneeskunde • *être en ~* in functie zijn • *entrer en ~* een functie aanvaarden **3 lichaamsbeweging** • *faire un ~ d'assouplissement* een lenigheidsoefening doen • *prendre / faire de l'~* beweging nemen, aan lichaamsbeweging doen

exhalation ZN V **uitwaseming**

exhaler OV WW **1 uitwasemen** • *une fleur qui exhale un parfum* bloem die een geur afgeeft **2 uiten, luchten,** FIG. **ademen** • *une personne qui exhale la joie de vivre* iemand die levenslust uitstraalt

exhaustif BN (V exhaustive), **uitputtend, volledig, grondig** • *l'étude exhaustive de qc* uitputtende studie van een onderwerp

exhiber **1** OV WW **1 vertonen 2** MIN. **pronken met, tentoonspreiden** • FIG. *~ ses connaissances* met zijn kennis te koop lopen **2** WKD WW **(s'~) zich (opzichtig) laten zien, vertoon maken** • *s'~ dans les toilettes les plus excentriques* zich in de meest extravagante kleding vertonen

exhibition ZN V **vertoning, tentoonspreiding, vertoon**

exhibitionnisme ZN M **exhibitionisme**

exhibitionniste **1** BN **exhibitionistisch** **2** ZN M/V **exhibitionist**

exhortation ZN V **aansporing, vermaning**

exhorter FORM. OV WW **aansporen (à tot, om), vermanen** • *~ qn à garder son calme* iemand tot kalmte manen

exhumation ZN V OOK FIG. **opgraving, (het) opdiepen**

exhumer OV WW OOK FIG. **opgraven, opdiepen** • ~ *un corps* een lijk opgraven • FIG. ~ *de vieilles rancunes* oude wrok doen herleven
exigeant BN **veeleisend** • *être ~ envers qn* hoge eisen aan iemand stellen
exigence ZN V **eis, vereiste, veeleisendheid** • *céder aux ~s de la mode* meegaan met de eisen van de mode
exiger OV WW **eisen, vereisen, verlangen** • ~ *le silence dans la classe* stilte in de klas eisen • ~ *des réparations* schadeloosstelling eisen • *qu'exigez-vous de moi?* wat verlangt u van mij? • *j'exige que cette personne sorte* ik sta erop dat die persoon weggaat
exigu BN (V exiguë), **(te) klein, bekrompen, gering**
exiguïté ZN V **kleinheid, bekrompenheid**
exil ZN M **ballingschap** • *une terre d'~* verbanningsoord • *être en ~* in ballingschap zijn, verbannen zijn
exilé ZN M (V exilée), **banneling**
exiler **1** OV WW **verbannen** • *exilé* in ballingschap **2** WKD WW **(s'~) in ballingschap gaan, uitwijken** • *s'~ de France* Frankrijk (voorgoed) vaarwel zeggen • *s'~ en Australie* zijn toevlucht zoeken in Australië • FIG. *s'~ au grenier* zich op zolder terugtrekken
existant BN **bestaand**
existence ZN V **1 bestaan** • *croire à l'~ de Dieu* in (het bestaan van) God geloven • *fêter les dix ans d'~ d'une entreprise* het tienjarig bestaan van een bedrijf vieren **2 leven** • *n'avoir aucun moyen d'~* geen middelen van bestaan hebben • *mener une ~ misérable* een troosteloos bestaan leiden
existentialisme ZN M **existentialisme**
existentiel BN (V existentielle), **existentieel**
exister ONOV WW **1 bestaan** • *il existe une mairie dans chaque arrondissement de Paris* er is een raadhuis in elk Parijs arrondissement • *il fait comme si je n'existais pas* hij doet alsof ik lucht ben • *rien n'existe pour elle, sinon le travail* niets telt voor haar, behalve het werk, ze leeft alleen maar voor haar werk • *il n'existe pas pour moi* hij is lucht voor mij **2 leven** • *avoir une raison d'~* reden van bestaan hebben
exode ZN M **exodus, uittocht** • *l'~ rural* ontvolking van het platteland, trek naar de stad • *l'~ des Parisiens en juillet et août* de uittocht van Parijzenaars in juli en augustus • FIG. *l'~ des capitaux* kapitaalvlucht
exonération ZN V **vrijstelling (de van), ontheffing** <van belasting e.d.>
exonérer OV WW **ontheffen** <van belasting e.d.>, **vrijstellen (de van)**
exorbitant BN **buitensporig**
exorbité BN **uitpuilend** <van ogen>
exorciser OV WW **bezweren, uitdrijven** <v.d. duivel>
exorcisme ZN M **(duivel)bezwering, duiveluitbanning, exorcisme**
exorciste ZN M **(duivel)bezweerder, duivelbanner**
exotique BN **uitheems, exotisch**
exotisme ZN M **1 uitheemsheid 2 voorliefde voor het vreemde, exotisme**
exp. AFK expéditeur m **afzender**
expansible BN **uitzetbaar** <van gassen>
expansif BN (V expansive), **open(hartig), uitbundig, zich vlot uitend, extravert** • *une personne peu expansive* nogal gesloten persoon
expansion ZN V **1 expansie, uitzetting, uitbreiding, groei** • *l'~ démographique* bevolkingsgroei • *être en pleine ~ économique* een sterke economische groei doormaken • *une entreprise en pleine ~* een bloeiend bedrijf **2 (het) zich uiten** • *le besoin d'~ de qn* iemands behoefte om zich te uiten
expansionnisme ZN M **expansiepolitiek**
expansionniste **1** BN **expansionistisch** **2** ZN M/V **voorstander van expansiepolitiek**
expansivité ZN V **mededeelzaamheid, behoefte om zich te uiten**
expatriation ZN V **(het) verlaten v.h. vaderland, (het) verdreven worden uit het vaderland** • *l'~ des capitaux* kapitaalvlucht
expatrié ZN M/V (V expatriée), **uitgewekene, emigrant**
expatrier **1** OV WW **naar het buitenland overbrengen** **2** WKD WW **(s'~) zijn vaderland verlaten, uitwijken, emigreren**
expectative ZN V **afwachting** • *être / rester dans l'~* een afwachtende houding aannemen
expédient ZN M **uitweg, (red)middel, noodoplossing, lapmiddel** • *vivre d'expédients* zijn kostje bij elkaar scharrelen
expédier OV WW **1 verzenden, (weg)sturen** • ~ *un colis par la poste* een pakje per post versturen • ~ *un courriel* een e-mail verzenden • FIG. *on nous a vite expédiés, ils voulaient fermer le magasin* ze hebben ons snel de deur uitgewerkt, ze wilden de winkel sluiten • FIG. ~ *qn dans l'autre monde* iemand naar de andere wereld helpen **2 zich afmaken van, (snel) afhandelen** • ~ *un travail* een klus afhandelen • ~ *un projet de loi* een wet erdoor jagen
expéditeur **1** ZN M (V expéditrice), **afzender** • *retour à l'expéditeur* retour afzender **2** BN (V expéditrice), **expeditie-, verzend-**
expéditif BN (V expéditive), **voortvarend, vlot (en afdoend)** • *une justice expéditive* snelrecht
expédition ZN V **1 (ver)zending** • ~ *par avion / par bateau* verzending per luchtpost / per boot **2 (ontdekkings)tocht, expeditie** • *financer une ~ scientifique* een wetenschappelijke expeditie financieren • INFORM. *se déplacer avec un bébé, quelle expédition!* met een baby op stap gaan, wat een onderneming! **3 (het) afhandelen** • *l'expédition des affaires courantes* het afhandelen van de lopende zaken
expérience ZN V **1 experiment, proef(neming)** • *les sujets d'une ~* proefpersonen • *faire des expériences sur qn* experimenten uitvoeren op iemand, experimenteren met iemand **2 ervaring, ondervinding** • *une ~ professionnelle / amoureuse* werkervaring / evaring in de liefde • *elle l'a ressenti*

comme une ~ pénible zij heeft dat als heel naar ervaren • *l'expérience (dé)montre que...* de ervaring leert dat... • *acquérir de l'expérience* ervaring opdoen • *je le sais par ~* ik weet het uit ervaring • *faire l'expérience de qc* iets ondervinden, iets leren kennen • *être sans ~ / n'avoir pas d'expérience* onervaren zijn

expérimental BN (M MV expérimentaux), **proefondervindelijk, experimenteel, proef-** • *les sciences expérimentales* empirische wetenschappen • *à titre ~* bij wijze van proef

expérimentateur ZN M (V expérimentatrice), **proefnemer**

expérimentation ZN V **proefneming, (het) experimenteren**

expérimenté BN **ervaren**

expérimenter OV WW **beproeven, proeven nemen met** • *~ un nouveau vaccin* een nieuw vaccin uitproberen

expert "ekspèr" **1** BN **bedreven, deskundig** • *il est ~ en la matière* hij is ter zake kundig **2** ZN M (V experte), **deskundige, expert** • *un ~-comptable* accountant • *un ~ assermenté* beëdigd taxateur • *sous la direction d'experts* onder vakkundige leiding

expertise ZN V **1 deskundigheid 2 deskundig onderzoek, expertise(rapport), taxatie** • *un rapport d'~* expertiserapport, deskundigenrapport • *faire faire une ~* een taxatie laten uitvoeren

expertiser OV WW **deskundig onderzoeken, aan een expertise onderwerpen, taxeren** • *~ les dégâts* de schade taxeren • *~ un tableau* een schilderij taxeren

expiation FORM. ZN V **boete(doening)** • REL. *Fête de l'Expiation* Grote Verzoendag <Jom Kipoer>

expiatoire REL. BN **verzoenend, boetend** • *une victime ~* zoenoffer

expier REL. OV WW **verzoenen, boeten voor**

expiration ZN V **1 uitademing** • *~ par le nez / la bouche* uitademing door de neus / de mond **2 vervaltijd, einde van een termijn** • *l'~ d'un délai* het verstrijken van een termijn • *l'~ d'un contrat* het aflopen van een contract • *un contrat qui arrive à ~* aflopend contract

expirer 1 OV WW **uitademen 2** ONOV WW **1** FORM. **sterven, de laatste adem uitblazen 2 aflopen** <van een termijn>, **vervallen, verlopen, ongeldig worden** • *mon passeport expire en janvier prochain* mijn paspoort verloopt a.s. januari

explicable BN **verklaarbaar**

explicatif BN (V explicative), **verklarend, toelichtend** • *la notice explicative du nouveau four* de gebruiksaanwijzing van de nieuwe oven

explication ZN V **1 verklaring, uitleg(ging)** • *demander des ~s à qn sur qc* iemand rekenschap / opheldering vragen over iets, iemand om uitleg vragen **2 woordenwisseling, verhelderend gesprek** • *avoir une ~ franche avec qn* een pittig gesprek hebben met iemand

explicitation ZN V **uitdrukkelijke formulering**

explicite BN **uitdrukkelijk, duidelijk, expliciet**

expliciter OV WW **uitdrukkelijk formuleren**

expliquer 1 OV WW **uitleggen, verklaren** • *~ qc à qn* een uitleg geven aan iemand, iemand iets duidelijk maken • *le brouillard explique le retard des trains* de mist verklaart de vertraging van de treinen • *~ un texte* een tekst verklaren • *ceci explique cela* het een verklaart het ander, vandaar • *~ le maniement d'un appareil* de bediening van een apparaat uitleggen, uitleggen hoe een apparaat werkt • *~ pourquoi qn ne viendra pas* duidelijk maken waarom iemand niet komt **2** WKD WW **(s'~) 1 zich nader verklaren** • *il a dû aller s'~ avec la police* hij moest de politie opheldering geven **2 verklaard worden, te verklaren zijn, begrijpelijk zijn** • *cet accident s'explique par une faute humaine* dat ongeluk vindt zijn verklaring in een menselijke fout • *tout s'explique* alles is te begrijpen • *je ne me l'explique pas* het is mij niet duidelijk, ik begrijp dat niet • *je n'arrive pas à m'~ que...* ik vind het onbegrijpelijk dat... **3 het uitpraten, het uitvechten** • *ils se sont expliqués, mais n'ont pu se mettre d'accord* ze hebben het uitgepraat, maar konden het niet eens worden • *laissez-les s'~ entre eux!* laat ze dat maar onderling uitvechten!

exploit "eksplwà" ZN M **knappe prestatie** <ook ironisch>, **heldendaad** • *c'est un ~!; le bel ~!* dat is een knap staaltje!

exploitable BN **ontginbaar, bebouwbaar, bruikbaar, te exploiteren**

exploitant ZN M (V exploitante), **ondernemer, beheerder** • *un ~ de salle(s) de cinéma* bioscoopexploitant • *les gros et petits ~s* groot- en detailhandelaren, grote boeren en keuterboeren • *un ~ agricole* landbouwer, agrariër

exploitation ZN V **1 exploitatie, beheer** • *l'~ du sol* grondontginning • *l'~ d'un gisement pétrolier* exploitatie van een aardolieveld, aardoliewinning • *un visa d'~ d'un film* exploitatievergunning voor een film • *l'~ d'une ligne aérienne* exploitatie van een luchtroute • *un système d'~* bedrijfssysteem, COMP. besturingssysteem **2 exploitatie, bedrijf** • *une ~ agricole* landbouwbedrijf • *un immeuble d'~* bedrijfspand **3** MIN. **uitbuiting, exploitatie** • *l'~ de la main-d'œuvre étrangère* uitbuiting van buitenlandse arbeidskrachten

exploiter OV WW **1 exploiteren, beheren** • *~ des terres* grond ontginnen / bebouwen **2 uitbuiten, profiteren van** • *certains patrons exploitent leurs employés* sommige werkgevers buiten hun werknemers uit • *savoir ~ ses talents* zijn talenten weten te benutten, met zijn talenten woekeren

exploiteur ZN M (V exploiteuse), **uitbuiter**

explorateur ZN M (V exploratrice), **ontdekkingsreiziger, onderzoeker**

exploration ZN V **verkenning, doorzoeking, onderzoek, exploratie** • *un voyage d'~* ontdekkingsreis

exploratoire BN **verkennend, onderzoeks-** • *un entretien ~* voorbereidende bespreking

explorer OV WW **doorzoeken, afzoeken, verkennen, exploreren** • *~ les possibilités d'un accord* de mogelijkheden van een overeenkomst

onderzoeken
exploser ONOV WW **1** **exploderen, ontploffen, in de lucht vliegen** • *la canalisation a explosé* de leiding is gesprongen • *un volcan qui explose* uitbarstende vulkaan • *le pneu a fini par ~* de band is uiteindelijk geklapt **2** FIG. **uitbarsten, explosief groeien / stijgen** • *~ de joie* in vreugde uitbarsten, dolblij zijn • INFORM. *cette remarque m'a fait ~* bij die opmerking ontplofte ik • *les chiffres du chômage ont explosé ces derniers mois* het werkloosheidscijfer is de laatste maanden omhooggeschoten
explosible BN **ontplofbaar**
explosif **1** BN (V explosive), **ontplofbaar,** OOK FIG. **explosief** • *la situation reste explosive dans cette région* de situatie in die streek blijft zeer gespannen **2** ZN M **springstof, explosief**
explosion ZN V **ontploffing,** OOK FIG. **explosie,** FIG. **uitbarsting** • *une ~ nucléaire / atomique* kernexplosie • *l'~ démographique* bevolkingsexplosie, zeer snelle bevolkingsgroei • *une ~ de colère* uitbarsting v. woede
exponentiel BN (V exponentielle), **exponentieel** • *la montée ~ le des prix* exponentiële prijsstijging
exportable BN **exporteerbaar**
exportateur **1** ZN M (V exportatrice), **exporteur** **2** BN (V exportatrice), **exporterend, export-** • *un pays ~ de vin / de pétrole / de gaz* wijn- / olie- / gasexporterend land • *l'Amérique est un pays ~ de feuilletons télévisés* Amerika is een exportland van televisieseries
exportation ZN V **export, uitvoer** • *la baisse des ~s pétrolières vers les pays occidentaux* de daling van de olie-uitvoer naar de westerse landen
exporter OV WW **exporteren, uitvoeren** • *~ des capitaux vers l'étranger* kapitaal naar het buitenland overbrengen
exposant **1** ZN M (V exposante), **exposant, tentoonsteller** **2** ZN M WISK. **exponent**
exposé ZN M **uiteenzetting, verslag, exposé** • *l'examen consiste en un ~ oral de dix minutes* het examen bestaat in een spreekbeurt van tien minuten • *faire un ~* een uiteenzetting geven
exposer **1** OV WW **1** **tentoonstellen, uitstallen, vertonen, exposeren** • *la galerie expose des œuvres de Renoir* de galerie exposeert werken van Renoir **2** **blootstellen (à aan)** • *une maison exposée au midi* huis dat op het zuiden ligt • *~ sa vie / sa fortune* zijn leven / zijn vermogen in de waagschaal stellen • *être exposé aux regards* inkijk hebben **3** **uiteenzetten** • *~ ses idées* zijn ideeën uiteenzetten **4** A-V **belichten** **2** WKD WW **(s'~) zich blootstellen (à aan), zich blootgeven** • *s'~ au soleil* onbeschermd in de zon liggen (enz.) • FIG. *s'~ au danger* zich aan gevaar blootstellen • FIG. *s'~ à la critique* aan kritiek blootstaan
exposition ZN V **1** **tentoonstelling, uitstalling, expositie** • *l'~ universelle* wereldtentoonstelling • *un hall d'~* expositiezaal • *aller voir une ~* naar een tentoonstelling gaan • INFORM. *faire les ~s à Paris* in Parijs naar tentoonstellingen gaan **2** **ligging** <t.o.v. de zon>, **blootstelling** • *l'~ au midi* ligging op het zuiden • *l'~ d'un tableau* plaatsing van een schilderij ten opzichte v.h. licht • *éviter les longues ~s au soleil* niet te lang in de zon blijven **3** A-V **belichting** • *le temps d'~* belichtingstijd
exprès[1] "-près" **1** BN ONVER. **expres-, spoed-** • *une lettre / un colis ~* expresbrief / -pakket **2** ZN M **expresbrief, spoedbestelling** • *envoyer une lettre en / par ~* een brief per expresse versturen
exprès[2] "-prè" BW **opzettelijk, expres, speciaal** • *il n'a pas fait ~* hij heeft het niet met opzet gedaan • *ils sont venus ~ pour ...* ze zijn speciaal gekomen om ...
express **1** BN **snel-, haastig** • *un train ~* sneltrein **2** ZN M **1** **sneltrein** **2** **espresso**
expressément BW **uitdrukkelijk, expres, speciaal**
expressif BN (V expressive), **expressief, vol uitdrukking, veelbetekenend** • *des yeux ~s* sprekende ogen
expression ZN V **1** **uitdrukking, zegswijze, term** • *une ~ familière / vulgaire* een gemeenzame / grove uitdrukking • *une ~ usuelle* een gangbare uitdrukking • *une ~ toute faite* vaste / geijkte uitdrukking, cliché **2** **uitdrukking, uiting** • *la liberté d'~* vrijheid van meningsuiting • *la libre ~* het vrije woord • *être d'~ française* Franssprekend zijn • *réduire qc à sa plus simple ~* iets tot zijn eenvoudigste vorm herleiden **3** **uitdrukking(skracht), expressie** • *un visage plein d'~* expressief gezicht • *l'absence d'~* starheid, saaiheid • *sans ~* uitdrukkingsloos
expressionnisme ZN M **expressionisme**
expressionniste **1** BN **expressionistisch** **2** ZN M/V **expressionist**
expressivité ZN V **expressiviteit**
exprimable BN **uit te drukken**
exprimer **1** OV WW **uitdrukken, uiten, onder woorden brengen** • *~ sa joie / son indignation* uiting geven aan zijn vreugde / verontwaardiging • *ses yeux expriment de l'amour* uit haar ogen spreekt liefde **2** WKD WW **(s'~) zich uitdrukken, zich uiten** • *s'~ par gestes* zich in gebarentaal uitdrukken
expropriation ZN V **onteigening**
exproprier OV WW **onteigenen**
expulser OV WW **uitdrijven (de uit), (het huis / land) uitzetten, uitwijzen, eruit zetten** • *~ des étrangers en situation irrégulière* illegale buitenlanders uitwijzen • *~ du parti* uit de partij stoten • *~ qn du cours / de la classe* iemand de klas uitsturen
expulsion ZN V **uitdrijving, uitzetting, uitwijzing,** SPORT **(het) van het veld sturen** • *l'~ d'un élève d'une école* het van school sturen van een leerling
expurger OV WW **zuiveren, censureren, kuisen** • *une édition expurgée* gekuiste editie
exquis "ekskie" BN **uitgelezen, verfijnd, puik, heerlijk** • *c'est un homme ~* het is een alleraardigste man
exsangue BN OOK FIG. **bloedeloos,** MED. **bloedarm**

ex

extase ZN V extase, (geest)vervoering, opgetogenheid • *être / tomber en ~ devant qc* opgetogen zijn / raken over iets • *en ~* in vervoering
extasier WKD WW **(s'~)** in vervoering raken, opgetogen zijn **(de** over) • *s'~ devant qc* in extase raken over iets
extatique BN extatisch
extensibilité ZN V rekbaarheid
extensible BN OOK FIG. rekbaar
extensif BN (V extensive), uitbreidend, extensief • *une agriculture extensive* extensieve landbouw
extension ZN V **1** uitbreiding, uitzetting, verruiming, FIG. omvang • *l'~ de l'épidémie* de verspreiding van de epidemie • *cette entreprise prend de l'~* dat bedrijf breidt zich uit • *par ~, on pourrait dire que...* in ruimere zin / algemener gesproken zou je kunnen zeggen dat... **2** uitrekking, (het) uitstrekken **3** extension <van haar>
exténuation ZN V afmatting, uitputting
extérieur 1 BN **1** uitwendig, uiterlijk, van buiten, buiten- • *la poche extérieure du sac* het buitenvak van de tas • *des signes extérieurs de richesse* uiterlijke tekenen van rijkdom • *les boulevards extérieurs de la ville* de ringwegen van de stad • *une question extérieure au débat* kwestie die buiten het onderwerp van discussie valt **2** buitenlands • *le commerce ~* de buitenlandse handel **2** ZN M **1** buitenkant, (het) uitwendige • *peindre l'extérieur de la maison* de buitenkant van het huis schilderen • *à l'extérieur* (van) buiten • *vue de l'extérieur, cette maison me convient* van buiten gezien bevalt dat huis me • *les extérieurs d'un film* de buitenopnamen voor een film **2** buitenwereld, buitenland • *les relations avec l'extérieur* buitenlandse betrekkingen
extérieurement BW **1** uitwendig, (van) buiten **2** uiterlijk, ogenschijnlijk • *extérieurement, il est impassible* ogenschijnlijk is hij onbewogen • *extérieurement, elle avait l'air tranquille* uiterlijk was zij rustig
extériorisation ZN V uiting <van gevoelens>
extérioriser 1 OV WW uiten, naar buiten brengen <van gevoelens> **2** WKD WW **(s'~)** zich uiten, zijn gevoelens tonen
exterminateur 1 BN (V exterminatrice), verdelgend • *l'ange ~* de engel des verderfs • *une épidémie exterminatrice* verwoestende epidemie **2** ZN M (V exterminatrice), verdelger, verwoester
extermination ZN V verdelging, uitroeiing • *un camp d'~* vernietigingskamp
exterminer OV WW uitroeien, vernietigen, verdelgen
externat ZN M MED. coassistentschap
externe 1 BN uitwendig, buiten- • *une influence ~* invloed van buiten • *un médicament à usage ~* geneesmiddel voor uitwendig gebruik **2** ZN M/V **1** O&W externe leerling **2** MED. coassistent • *un ~ des hôpitaux* coassistent
exterritorialité ZN V exterritorialiteit
extincteur ZN M brandblusapparaat
extinction ZN V **1** (het) blussen, uitdoving • *l'~ d'un incendie / d'un feu* het blussen van een brand / doven van een vuur **2** (het) uitsterven, (het) tenietgaan • *une espèce en voie d'~* met uitsterven bedreigde soort • *avoir une ~ de voix* zijn stem kwijt zijn
extirpation ZN V **1** uitroeiing, verdelging **2** MED. wegneming
extirper 1 OV WW **1** weghalen • *~ un corps de dessous les décombres* een lijk onder het puin vandaan halen **2** uitroeien, verdelgen **3** ontlokken • *essayer d'~ des renseignements* proberen informatie los te krijgen **2** WKD WW **(s'~)** • FIG. *s'~ d'une voiture / d'un fauteuil* zich uit een auto wurmen / uit een fauteuil hijsen
extorquer OV WW afdwingen, afpersen, aftroggelen **(à** van) • *~ de l'argent à qn* iemand geld aftroggelen • FIG. *~ des aveux à qn* iemand een bekentenis afdwingen
extorsion ZN V afpersing
extra 1 ZN M **1** extraatje, iets extra's • *faire un ~ en allant au restaurant* als extraatje naar een restaurant gaan **2** tijdelijke hulpkracht • *engager des ~s pour un mariage* extra mensen inschakelen voor een bruiloft **2** BN extraordinaire buitengewoon (goed), prima, geweldig • *un vin ~* topwijn
extraconjugal BN (MV extraconjugaux), buitenechtelijk
extraction ZN V **1** (het) (uit)trekken • *l'~ d'une dent* het trekken van een kies **2** (het) delven, (het) winnen <van grondstoffen> • *l'~ de l'uranium* uraniumwinning **3** WISK. worteltrekking
extrader OV WW uitleveren
extradition ZN V uitlevering
extrafin BN extrafijn, prima • *du chocolat ~* eerste kwaliteit chocola
extraire 1 OV WW onregelmatig (uit)trekken, (weg)halen, (op)delven, onttrekken • *on l'a extrait des décombres* hij is onder het puin vandaan gehaald • *~ une dent* een kies trekken • *~ un minerai* erts winnen • WISK. *~ la racine (carrée) de...* de (vierkants)wortel trekken uit... **2** WKD WW **(s'~) de** moeizaam komen uit
extrait ZN M **1** fragment, uittreksel • *un ~ de naissance* uittreksel uit het geboorteregister • *un ~ d'acte d'état civil* uittreksel uit het bevolkingsregister • *c'est un ~ d'un roman de Camus* dat is een fragment uit een roman van Camus **2** aftreksel, extract • *un ~ de viande* vleesextract
extrajudiciaire BN buitengerechtelijk
extralégal BN (M MV extralégaux), onwettig
extralucide BN helderziend
extra-muros "-muuros" BW buiten (de muren van) de stad
extranet ZN M COMP. extranet, extranet
extraordinaire BN **1** buitengewoon, bijzonder, ongewoon, eigenaardig • *une réunion ~* buitengewone vergadering • *nommer un tribunal ~* een bijzondere rechtbank instellen **2** opmerkelijk, geweldig • *une femme ~* geweldige vrouw

extraordinairement BW buitengewoon, ongewoon, vreemd • *elle joue ~* ze speelt buitengewoon goed
extrapolation ZN V extrapolatie
extrapoler ONOV WW extrapoleren, algemener toepassen
extrascolaire BN buitenschools • *des activités ~s* buitenschoolse activiteiten
extraterrestre **1** BN buitenaards • *un vol ~* ruimtevlucht **2** ZN M/V buitenaards wezen
extravagance ZN V buitensporigheid, onzinnigheid • *dire des ~s* onzin vertellen • *faire des ~s* zich buitensporig gedragen
extravagant BN buitensporig, onzinnig, extravagant
extraverti BN extravert, FIG. open(staand)
extrême **1** BN **1** uiterst, extreem • *l'extrême jeunesse* de prilste jeugd • POL. *l'extrême gauche / droite* uiterst links / rechts • *être ~ en tout* steeds in uitersten vervallen **2** extreem, buitengewoon, enorm • *un ~ besoin de qc* hevige behoefte aan iets • *une douleur ~* ontzettende pijn • *une situation ~* uitzonderlijke situatie **2** ZN M uiterste • *passer d'un ~ à l'autre* van het ene uiterste in het andere vervallen • *pousser un raisonnement à l'extrême* een redenering op de spits drijven / te ver doorvoeren • *les extrêmes se touchent* de uitersten raken elkaar • *à l'extrême* tot het uiterste
extrêmement BW buitengewoon, uiterst
extrême-onction ZN V (MV extrêmes-onctions), laatste oliesel, ziekenzalving
Extrême-Orient ZN M Verre Oosten
extrême-oriental BN (M MV extrême-orientaux), in / uit het Verre Oosten
extrémisme ZN M extremisme
extrémiste **1** BN extremistisch • *un leader ~* radicaal leider **2** ZN M/V extremist
extrémité ZN V **1** extremiteit, (uit)einde, uiterste • *les extrémités* handen en voeten, de ledematen **2** extreme daad, extreme situatie • *être réduit à la dernière ~* straatarm zijn • *être à la dernière ~* op sterven liggen • *il passe d'une ~ à l'autre* het is met hem hollen of stilstaan
exubérance ZN V **1** overvloed, weelderigheid • *l'exubérance de la végétation* de weelderige plantengroei **2** uitbundigheid • *parler avec ~* praten met een stortvloed van woorden
exubérant BN **1** overvloedig, weelderig **2** uitbundig, opgewonden
exulter ONOV WW jubelen • *~ à l'idée de recevoir une récompense* dolblij zijn bij de gedachte een beloning te krijgen
exutoire FORM., FIG. ZN M uitlaatklep
eye-liner ZN M (MV eye-liners), eyeliner

F

f ZN M letter f
F AFK **1** franc *m* frank **2** familial • *je cherche un F2 / F3 à louer* ik zoek een tweekamer- / driekamerflat te huur
fa MUZ. ZN M fa, f • *une sonate en ~ majeur* sonate in f groot
fable ZN V **1** fabel(tje) **2** voorwerp van spot • *il est la ~ de tout le quartier* de hele buurt lacht hem uit
fablier ZN M fabelboek
fabricant ZN M (V fabricante), fabrikant
fabrication ZN V fabricage, vervaardiging, fabricaat, makelij • *la ~ artisanale* ambachtelijke vervaardiging, handwerk • *la ~ industrielle* fabrieksproduct • *la ~ à la main* handwerk • *~ en machine* machinale productie • *~ en série* serieproductie • *~ maison* eigen fabricaat, eigengemaakt • *un produit de ~ chinoise* een product van Chinese makelij • *un défaut de ~* fabrieksfout • *un atelier de ~ de jouets* productieafdeling voor speelgoed
fabrique ZN V (kleine) fabriek • *une ~ de meubles* meubelfabriek, meubelmakerij • *une marque de ~* fabrieksmerk • *un prix de ~* fabrieksprijs, prijs af fabriek
fabriquer **1** OV WW **1** fabriceren, vervaardigen • *il a fabriqué lui-même cet appareil* hij heeft dat apparaat zelf gemaakt **2** INFORM. uitvoeren, uitspoken • *qu'est-ce que tu fabriques toute seule? viens avec nous!* wat doe je daar zo alleen? ga met ons mee! • FIG. *qu'est-ce que tu as fabriqué?* wat heb je uitgespookt? **2** WKD WW **(se ~)** • *se ~ un alibi* een alibi verzinnen
fabulateur BN (V fabulatrice), vol verzinsels
fabuler ONOV WW verzinsels vertellen, fantaseren
fabuleux BN (V fabuleuse) **1** fabel- • *un animal ~* fabeldier **2** fabelachtig, fabuleus, ongelooflijk • *il a une fortune fabuleuse* hij heeft een kolossaal vermogen
fac INFORM. ZN V faculté faculteit, universiteit • *aller à la ~* naar de universiteit gaan
façade ZN V **1** OOK FIG. (voor)gevel • *l'appartement comprend deux pièces en ~* het appartement heeft twee kamers aan de voorkant • *la ~ d'un magasin* winkelpui • *ravaler la ~ d'un bâtiment* de voorgevel van een gebouw opknappen **2** FIG. façade, uiterlijke schijn • *une politesse de ~* voorgewende beleefdheid • *il ne fait cela que pour la ~* hij doet dat maar voor de schijn / voor de show
face ZN V **1** gezicht, gelaat • *une ~ ronde / pleine* een bol / vol gezicht • *une ~ de carême* bleek en vermagerd gezicht • *un portrait de ~* portret en face • *la maison d'en ~* het huis aan de overkant • *en ~ de chez moi, il y a un parc* bij mij aan de overkant is een park • *la maison fait ~ à la mer* het huis kijkt uit op de zee • *détourner la ~* zijn gezicht afwenden • *se trouver ~ à ~ avec qn* oog in

oog met iemand staan • *regarder qn en ~* iemand recht aankijken, iemand recht in de ogen kijken • *regarder les choses en ~* de feiten onder ogen zien • *regarder la mort en ~* de dood voor ogen hebben • FIG. *perdre la ~* zijn gezicht verliezen • FIG. *sauver la ~* zijn gezicht redden • FIG. *faire ~ à ses engagements* zijn verplichtingen nakomen • FIG. *devoir faire ~ à des difficultés* met moeilijkheden te kampen hebben • FIG. *cracher à la ~ du monde* lak hebben aan de mensen • FIG. *se voiler la ~* met oogkleppen lopen, niet willen zien • *en ~* openlijk, (recht) in het gezicht, (er)tegenover • *à la ~ du monde* ten overstaan van de hele wereld, in alle openheid **2 beeldzijde** <van munt> • *le côté ~* kop <van munt> • *jouer à pile ou ~* kop of munt gooien • *pile ou ~?* kruis of munt? **3 kant, zijde** • *escalader la ~ nord d'une montagne* de noordflank van een berg beklimmen • *considérer un problème sous toutes ses ~s* een probleem van alle kanten bekijken **4 voorkomen, aanblik, gedaante, aspect** • *vouloir changer la ~ du monde* het aanzien van de wereld willen veranderen • *les choses ont changé de ~* de dingen hebben een ander aanzien gekregen

face-à-face ZN M (MV id.), **(radio-, televisie) debat, confrontatie** • *participer à un ~ télévisé* deelnemen aan een tv-debat

facétie "-sie" LIT. ZN V **grap, streek**

facétieux "-sjeu" LIT. BN (V facétieuse), **grappig, vol grappen, guitig**

facette ZN V OOK FIG. **facet, vlak(je)** • *une personnalité à ~s* persoonlijkheid met veel facetten / kanten

fâché BN **1 boos** • *il est très ~ contre moi* hij is erg boos op mij • *regarder qn d'un air ~* iemand kwaad aankijken **2** FIG. **overhoopliggend** • *nous sommes fâchés depuis que j'ai refusé de partir en vacances avec lui* sinds ik geweigerd heb met hem op vakantie te gaan, gaan we niet meer met elkaar om • *être ~ avec qn* gebrouilleerd zijn met iemand **3 ontstemd, vol spijt, rouwig (de om, over)** • *je serais ~ de le voir partir* ik zou het spijtig vinden als hij weggaat

fâcher 1 OV WW **boos maken, ontstemmen** • *ta remarque l'a terriblement fâché* hij heeft zich vreselijk geërgerd aan je opmerking **2** WKD WW **(se ~) 1 boos worden (contre op)** • *se ~ tout rouge* hels worden **2 ruzie krijgen (avec met)**

fâcheux FORM. BN (V fâcheuse), **kwalijk, betreurenswaardig, vervelend, spijtig** • *c'est ~ pour notre projet* dat is spijtig voor ons plan • *il est ~ que rien ne change dans son attitude* het is vervelend / jammer dat er niets verandert aan zijn houding

facho INFORM. **1** BN fasciste **fascistisch 2** ZN M/V fasciste **fascist**

facial BN (M MV faciaux), **(aan)gezichts-** • *la chirurgie ~e* gelaatschirurgie • *une paralysie ~e* aangezichtsverlamming

faciès "-sjès" ZN M **gelaat(strekken), gelaatstype**

facile BN **gemakkelijk** • *un caractère ~* gemakkelijk / meegaand karakter • *un style ~* vlotte stijl • *un argument ~* goedkoop argument • *de l'argent ~* gemakkelijk verdiend geld • *avoir le rire ~* lacherig zijn • *avoir la parole ~* gemakkelijk praten • *avoir la vie ~* een makkelijk leventje hebben • *c'est ~ à dire* dat is gemakkelijk gezegd, jij hebt gemakkelijk praten • *~ à utiliser* gebruiksvriendelijk • *~ à digérer* licht verteerbaar • *il n'est pas ~ (à vivre)* hij is niet gemakkelijk in de omgang

facilement BW **1 gemakkelijk** • *tu as trouvé ~?* heb je het makkelijk kunnen vinden? **2 minstens, zeker (wel)** • *il nous faut ~ une heure pour y aller* het kost ons zeker drie uur om er te komen

facilité ZN V **1 gemakkelijkheid, gemak** • *une solution de ~* weg van de minste weerstand • *céder à la ~* zich er gemakkelijk afmaken • *réservez en ligne pour plus de ~* u kunt gemakkelijker online reserveren **2 vlotheid, vaardigheid, aanleg** • *cet élève a des facilités (pour apprendre)* die leerling leert gemakkelijk • *avoir de la ~ à s'exprimer* zich gemakkelijk / vlot uitdrukken **3** vaak MV **faciliteit, gelegenheid** • *des facilités de paiement* betalingsfaciliteiten, gemakkelijke betalingsvoorwaarden

faciliter OV WW **vergemakkelijken, verlichten** • *~ une entrevue entre deux personnes* een ontmoeting tussen twee personen regelen

façon ZN V **1 manier, wijze** • *c'est une ~ de parler* (het is maar) bij wijze van spreken • *c'est sa ~ de faire* dat is zo zijn manier van doen • *voilà une drôle de ~ de s'habiller* dat is wel een merkwaardige kledingstijl • *être traité de la même ~* van hetzelfde laken een pak krijgen • *c'est une ~ de voir les choses* dat is een zienswijze • *la ~ dont il s'y prend ne me plaît pas* de manier waarop hij het aanpakt bevalt me niet • *elle s'est placée de ~ qu'on la voie* ze is zo gaan staan / zitten dat ze te zien is • *de toute façon, il partira* hij vertrekt in ieder geval / hoe dan ook • *non merci, sans façon!* nee dank je, echt niet! • *d'une ~ générale* in het algemeen (gesproken) • *d'une ~ ou d'une autre* op een of andere manier • *en aucune ~* geenszins • *de cette ~* op die manier **2** MV **manier van doen, handelwijze** • *faire des façons* overdreven doen • *ne faites pas de façons avec nous!* u hoeft tegenover ons geen plichtplegingen te maken!, laten we het informeel houden! • *sans façons* zonder plichtplegingen, zonder omhaal **3 snit, vorm** • *~ cuir* van imitatieleer

façonnage, façonnement ZN M **bewerking, (het) vorm geven (aan)**

façonner OV WW **vorm geven aan, bewerken, maken,** OOK FIG. **vormen**

facteur 1 ZN M **factor** • *les ~s de production* productiefactoren • *le ~ prix* prijsfactor • *le facteur de coût* kostenpost • *le ~ stress* stressfactor **2** ZN M (V factrice), **postbode** • *la tournée du ~* de ronde van de postbode

factice BN **1 kunstmatig, onecht 2 gekunsteld** • *une gaieté ~* gemaakte opgewektheid

faction ZN V **1 (op)roerige groepering** • *des ~s révolutionnaires* revolutionaire groeperingen **2 wacht** • *être en ~ devant une porte* bij een deur op wacht staan, posten bij een deur

factrice ZN V → **facteur**
factuel BN (V factuelle), **feitelijk**
facturation ZN V **facturering**
facture ZN V **1 factuur, rekening** • INFORM. *la ~ de guerre* de prijs van de oorlog, (te verrekenen) oorlogsschade • *payer / régler une ~* een rekening voldoen **2 makelij, vervaardiging(svorm), (kunstige) uitvoering**
facturer OV WW **factureren, in rekening brengen**
facturette ZN V **bonnetje** <afgegeven bij gebruik van betaalpas>
facultatif BN (V facultative), **naar keus, niet-verplicht, facultatief** • *un arrêt (de bus) ~* halte op verzoek
faculté ZN V **1 faculteit, universiteit** • *la ~ de lettres / de droit* letteren- / rechtenfaculteit • *entrer en ~* ingeschreven worden aan de universiteit **2 bevoegdheid, (keuze)mogelijkheid 3 vermogen, gave, bekwaamheid** • *les facultés intellectuelles* de verstandelijke vermogens • *ne plus avoir toutes ses facultés* niet meer in het volle bezit van zijn geestvermogens zijn
fada INFORM. **1** BN **dwaas, getikt 2** ZN M/V **dwaas, halvegare**
fadaise ZN V **flauwiteit, geleuter**
fadasse INFORM. BN **erg flauw, laf, smakeloos**
fade BN **1 flauw, smakeloos,** OOK FIG. **zouteloos 2 flets, vaal,** OOK FIG. **kleurloos** • *un compliment un peu ~* nogal nietszeggend compliment
fadeur ZN V **1** OOK FIG. **flauwheid 2** OOK FIG. **fletsheid**
fagot ZN M **(takken)bos** • INFORM. *sortir un vin de derrière les ~s* een wijn van de bovenste plank voor de dag halen
fagoter OV WW **smakeloos uitdossen** • *être mal fagoté* slecht gekleed zijn, er niet uitzien
faiblard INFORM. BN **zwakjes, slapjes**
faible 1 BN **1 zwak, slap** • *une monnaie ~* zwakke munt, zachte valuta • *une ~ consolation* een schrale troost • *un caractère ~* zwak karakter • *c'est un esprit ~* hij heeft geen helder verstand • *être ~ de constitution* een zwak gestel hebben • *se sentir ~* zich zwak voelen • *le mot est ~* dat is nog zachtjes uitgedrukt • *être économiquement ~* weinig draagkrachtig zijn **2 gering, klein** • *une ~ quantité* geringe hoeveelheid • *un ~ revenu* mager inkomen **2** ZN M **1 zwak persoon, zwakkeling, zwakke(re)** • *les économiquement ~s* de economisch zwakkeren, de minder draagkrachtigen • *les ~s d'esprit* zwakzinnigen, verstandelijk gehandicapten **2 zwak** • *avoir un ~ pour les hommes jeunes* op jonge mannen vallen • *le chocolat, c'est mon ~* ik heb een zwak voor chocola
faiblesse ZN V **1 zwakheid, zwakte** • *un moment de ~* een zwak moment • *céder par ~* uit zwakheid toegeven **2 geringheid** • *la ~ d'une monnaie* zwakke positie van een munt **3 flauwte, bezwijming** • *avoir une ~ momentanée* een kortstondige flauwte hebben, FIG. even weg zijn
faiblir ONOV WW **zwakker worden, verslappen, verflauwen** • *ses forces faiblissent* zijn krachten nemen af • *le vent faiblit* de wind gaat liggen
faïence ZN V **faience, geglazuurd aardewerk** • *~ de Delft* Delfts blauw
faille 1 ZN V **1** FIG. **zwakke plek, onvolkomenheid** • *un raisonnement sans ~* feilloze / sluitende redenering **2** AARDK. **breuk** <in aardkorst> **2** WW subj. présent → **falloir**
failli WW volt. deelw. → **faillir**
faillible BN **feilbaar**
faillir ONOV WW onregelmatig **1 tekortschieten, falen** • *~ à son devoir* in zijn plicht tekortschieten • *~ à sa promesse* zijn belofte niet houden **2 op het punt staan om** • *il a failli tomber* hij is bijna gevallen • *on a failli manquer le train* we hadden bijna de trein gemist
faillite ZN V **faillissement,** OOK FIG. **bankroet** • *une ~ frauduleuse* bedrieglijke bankbreuk • *la ~ du gouvernement actuel* het bankroet / fiasco van de huidige regering • *faire ~* failliet gaan, bankroet gaan • *être en ~* failliet zijn, failliet gaan
faim ZN V **honger, zucht (de naar)** • *avoir ~* honger hebben, trek hebben • *j'ai très ~* ik heb erge honger • *avoir une ~ de loup* honger als een paard hebben • *manger à sa ~* zijn buik vol eten • *ne pas manger à sa ~* niet genoeg te eten hebben • *souffrir de la ~* honger lijden • *mourir de ~* de hongerdood sterven, verhongeren, FIG. sterven van de honger • *faire la grève de la ~* in hongerstaking zijn • *cette histoire m'a coupé la ~* dat verhaal heeft me de eetlust benomen • FIG. *rester sur sa ~* niet aan zijn trekken komen
faine ZN V **beukennootje**
fainéant 1 BN **nietsdoend, lui 2** ZN M (V fainéante), **nietsdoener, luilak**
fainéanter ONOV WW **nietsdoen, luieren, lanterfanten**
fainéantise ZN V **(het) nietsdoen, luiheid, gelanterfant**
faire 1 OV WW onregelmatig **1 maken, bouwen, vervaardigen, voortbrengen** • *~ une maison* een huis bouwen • *~ une table* een tafel maken • *c'est fait en bois* het is van hout gemaakt • *l'oiseau fait son nid* de vogel bouwt zijn nest • *~ des petits* jongen krijgen • *~ un enfant (à une femme)* een kind verwekken (bij een vrouw) **2 krijgen** • *~ ses dents* tanden krijgen **3 (zijn) behoefte doen** • *~ ses besoins* zijn behoefte doen • INFORM. *~ pipi au lit* in bed plassen **4 doen** <werk, activiteiten>, **verrichten** • *un homme à tout ~* manusje-van-alles, alleskunner • *~ des courses* boodschappen doen • *~ la chambre* de kamer beredderen / schoonmaken • *~ le lit* het bed opmaken • *~ la vaisselle* de afwas doen • *~ la cuisine* koken • *~ du café / thé* koffie / thee zetten • *~ du ski / de la planche à voile* skiën / surfen • *~ de la danse classique* op ballet zitten • *~ du foot* op voetbal zitten, aan voetballen doen • *il ne sait rien ~ de ses dix doigts* hij kan niets • *ce qui est fait est fait* wat gebeurd is, is gebeurd, gedane zaken nemen geen keer • INFORM. *on ne me la fait pas à moi!* ik laat me niet beetnemen! • *le mal est fait* het kwaad is al geschied • *que votre volonté*

fa

fa

soit faite Uw wil geschiede • *tu n'as rien à ~ ici* je hebt hier niets te maken / zoeken • *qu'est-ce que ça peut ~?* wat doet het ertoe?, wat maakt dat uit? • INFORM. *qu'est-ce que ça peut te ~?* wat gaat jou dat aan? • *que voulez-vous que j'y fasse?* wat kan ik er nou aan doen? • *fais comme chez toi!* doe alsof je thuis bent! • *rien n'y a fait!* niets hielp! • *voilà, c'est fait!* zo, klaar is Kees! • *cela me fait quelque chose* dat doet me wat • *ça ne fait rien* dat maakt niets uit, dat hindert niet • INFORM. *j'en ai rien à ~!* daar heb ik niks mee te maken! • IRON. *il faut le ~!* hoe krijg je het voor elkaar!, wat een lef! • INFORM. *ça commence à bien ~!* nu is het mooi geweest! • *on fait ce qu'on peut!* we maken er het beste van! • *il n'y a rien à ~ avec lui, il est buté!* hij is zo koppig, er is geen huis met hem te houden • *tu ferais bien de te taire* je zou er goed aan doen om te zwijgen, ik zou maar liever zwijgen • *il ne fait que pleurer* hij huilt aldoor • *rien à ~* niets aan te doen • *il n'y a rien à ~* er zit niets anders op **5 doen aan, beoefenen** • *que faites-vous dans la vie?* wat doet u voor de kost? • *~ un métier* een beroep uitoefenen • *~ des études* studeren • *~ son droit* rechten studeren • *~ le trottoir* tippelen • *~ de la prison* in de gevangenis zitten **6 opleveren, bedragen, wegen, zijn** • *deux et deux font quatre* 2 maal 2 is 4 • *quelle taille faites-vous?* wat voor kledingmaat heeft u? • *je fais du 43* ik heb schoenmaat 43 • INFORM. *je vous le fais (à) 100 euros* ik verkoop het u voor 100 euro • *voilà, ça fait dix euros* dat is dan 10 euro **7 verkrijgen, (geld) verdienen** • *~ de l'argent* geld verdienen • *~ des bénéfices* winst maken • INFORM. *~ son beurre* zijn brood verdienen **8** FIG. **teweegbrengen** • *~ un livre / une chanson* een boek / lied schrijven • *~ la guerre* oorlog voeren • *~ la paix* vrede sluiten • *~ l'amour* de liefde bedrijven, vrijen • *~ une sottise* een dwaasheid uithalen • *~ un compliment à qn* iemand een compliment maken • *~ attention* opletten • *pour quoi ~?* waarom?, waartoe? **9 veroorzaken, teweegbrengen** • *~ du bien / du mal à qn* iemand goeddoen / iemand benadelen • *faites-moi le plaisir de ne plus venir ici!* weest u zo vriendelijk om hier niet meer te komen • *~ naufrage* schipbreuk lijden • *~ des dégâts* schade aanrichten • *~ du bruit* lawaai maken • *~ l'admiration de tous* ieders bewondering opwekken • *cinquante euros feront l'affaire* met 50 euro zal ik het wel kunnen doen • INFORM. *~ un malheur* een ongeluk begaan, een reuzesucces hebben **10 afleggen** <afstand>, **doorlopen** <tijdsruimte>, **bereizen** <land, etc.> • *on a fait tous les magasins pour trouver des chaussures* we hebben alle winkels afgelopen om schoenen te vinden • *~ du 80 à l'heure* 80 km per uur afleggen / rijden • *on a fait cinq cents kilomètres pour voir la mer* we hebben 500 kilometer afgelegd om de zee te zien • INFORM. *~ la Côte d'Azur* de Rivièra bezoeken / doen • *ça fait deux ans que je ne l'ai pas vu* ik heb hem al twee jaar niet meer gezien **11 maken tot** • *n'en fais pas tout un drame!* maak er niet zo'n drama van! • INFORM. *en ~ tout un plat* van een mug een olifant maken • *en ~ trop* overdrijven, te ver gaan **12 zich voordoen (als)** <v. personage>, **eruitzien (als), spelen** <v. rol> • *elle fait la belle-mère dans le nouveau film de Martin* ze speelt de schoonmoeder in de nieuwe film van Martin • *~ le malade* zich ziek houden • *~ le généreux* de edelmoedige uithangen • *~ plus âgé / plus jeune* ouder / jonger lijken • *ce canapé fait aussi lit* die bank doet ook dienst als bed **2** ONP WW • *il fait beau* het is mooi weer • *il fait mauvais* het is slecht weer • *il fait bon ici* het is hier lekker • *il fait du vent* het waait • *il fait nuit* het is nacht / donker • *il fait moins cinq (degrés)* het vriest vijf graden • *il fait du quarante degrés à l'ombre* het is veertig graden in de schaduw **3** WKD WW **(se ~) 1 worden** • *se ~ vieux* oud worden • *on part, il se fait tard* we gaan, het wordt laat **2 gedaan worden, gemaakt worden, tot stand komen** • INFORM. *moi, je ne m'en fais pas!* ik trek het me niet aan • INFORM. *je ne m'en fais pas pour lui* over hem maak ik me niet bezorgd • INFORM. *faut pas s'en ~!* maak je niet dik / druk!, maak je geen zorgen! • *ça ne se fait pas* zoiets doe je niet, dat hoort niet **3 plaatshebben** • *comment se fait-il que tu ne veuilles pas manger?* hoe komt het dat je niet wilt eten? • *la sortie des classes se fait à treize heures* de lessen eindigen om een uur • *cela ne se fera pas!* dat gebeurt niet! **4** (+inf.) **zich laten, zich bezorgen, zich verschaffen** • *se ~ de l'argent* geld verdienen • *se ~ opérer* zich laten opereren, geopereerd worden • *se ~ ~ un costume* een pak laten maken • INFORM. *il faut se le ~ / se le taper!* je zal er maar mee opgescheept zitten! **5 wennen (à aan)** • *je me suis fait à cette idée* ik ben aan het idee gewend • *elle se fait à sa solitude* ze went aan de eenzaamheid **4** HWW **laten, doen** • *faites-le entrer!* laat hem binnenkomen! • *~ travailler quelqu'un* iemand laten werken • *~ venir un médecin* een dokter laten komen • *il me fait rire* hij maakt me aan het lachen, ik moet om hem lachen • *je ne vais tout de même pas me laisser ~!* ik laat niet over me heen lopen!, dat neem ik niet!

faire-part ZN M (MV id.), **kennisgeving** <van geboorte, huwelijk, overlijden> • *un ~ de décès* overlijdensbericht, rouwkaart

fair-play 1 BN onver. **sportief, fair 2** ZN M **eerlijk spel**

fais WW présent → **faire**

faisable "fee-" BN **doenlijk, haalbaar**

faisan ZN M (V faisane), **fazant**

faisceau ZN M (MV faisceaux), OOK FIG. **bundel** • *un ~ lumineux* lichtbundel

faiseur "fee-" ZN M (V faiseuse), **maker (de van), dikdoener, praatjesmaker** • *un ~ d'embarras* iemand die moeilijkheden maakt

fait 1 WW présent, volt. deelw. → **faire 2** BN **1 gebouwd, geschapen** • *être bien / mal ~ de sa personne* welgevormd zijn / geen schoonheid zijn • *une femme bien ~e* mooie / welgevormde vrouw **2 geschikt voor, passend bij** • *des chaussures ~es pour la marche* prima wandelschoenen • *il est ~ pour être avocat* hij is er geknipt voor om advocaat te worden, hij is een geboren advocaat • *ils sont ~s l'un pour l'autre* ze zijn geschapen / geknipt voor elkaar

3 gemaakt, (af)gedaan • *c'est ~ main* het is met de hand gemaakt • *un costume tout ~* confectiepak • *une idée toute ~e* vooroordeel • *une expression toute ~e* geijkte uitdrukking, cliché • *voilà, c'est ~!* klaar is Kees! • *des plats tout ~s* kant-en-klaargerechten • *c'est bien ~ (pour lui)* net goed (voor hem) **4 volwassen, gerijpt** • *un camembert bien ~* volrijpe camembert **5 gearresteerd** • INFORM. *être ~ (comme un rat)* (als een rat) in de val zitten, erbij zijn **6 opgemaakt** • *elle a les ongles / les yeux ~s* ze heeft gelakte nagels / opgemaakte ogen **3** ZN M **1 feit** • *les ~s et gestes* het doen en laten • *les simples ~s* de naakte feiten • *un état de ~* feitelijke toestand • *le ~ est que...* het is een feit dat... • *prendre ~ et cause pour qn* het voor iemand opnemen • *s'en tenir aux ~s* zakelijk blijven • *prendre qn sur le ~* iemand op heterdaad betrappen • *être mis devant le ~ accompli* voor een voldongen feit staan • *il l'a tout à ~ oublié* hij is het glad vergeten • *tout à ~* geheel, alleszins, inderdaad • *du ~ de* wegens, ten gevolge van • *de ce ~* daardoor, daarom • *de ~ / en ~* werkelijk, feitelijk **2 nieuws** • *les ~s divers* gemengd nieuws **3 daad** • *les hauts ~s* heldendaden, grote daden **4 zaak, geval** • *aller au ~ / en venir au ~* ter zake komen • *être sûr de son ~* zeker van zijn zaak zijn • *au ~, je voulais dire que...* overigens wilde ik zeggen dat... • *au ~!* ter zake

faîte ZN M **nok, top,** OOK FIG. **toppunt** • *le ~ d'un arbre* kruin van een boom • FIG. *il est au ~ de la gloire* hij is op het toppunt van zijn roem

faites WW présent → **faire**

fait-tout, faitout ZN M (MV id.), **hoge kookpan**

fakir ZN M **fakir**

falaise ZN V **steile kust, klif**

falbalas "-là" ZN M MV OOK FIG. **tierelantijnen, overdreven bedoening**

fallacieux FORM. BN (V fallacieuse), **bedrieglijk, vals** • *des promesses fallacieuses* valse beloften

falloir 1 ONP WW onregelmatig **1 moeten** • *il faut que vous partiez* u moet vertrekken • *il va ~ agir* er zal iets gedaan moeten worden • *il le faut, nous n'avons pas le choix* het moet, we hebben geen keus • *il fallait y penser plus tôt* dat hadden we eerder moeten bedenken • *faut voir!* dat moet je (ge)zien (hebben)! • *il faut ce qu'il faut!* wat moet, dat moet maar! • *il faudra s'y habituer* je moet ermee zien te leven • INFORM. *faut pas t'en faire!* trek het je niet aan! • *s'il le faut* zo nodig • *comme il faut* zoals het hoort **2 nodig hebben** • *il me faut de l'argent* ik heb geld nodig • *ce truc, il me le faut absolument!* dat ding heb ik hard nodig! • *il lui faut qn pour l'aider* hij heeft hulp van iemand nodig • IRON. *ce qu'il ne faut pas entendre!* dat moet jij nodig zeggen! **3 nodig zijn** • *il faut beaucoup de courage pour gravir cette montagne en plein hiver* er is veel moed nodig om die berg midden in de winter te beklimmen • *un cadeau! mais, il ne fallait pas!* een cadeau! dat was toch niet nodig geweest! **2** WKD WW **(se ~)** • *il s'en faut de beaucoup qu'il ait fini son livre* hij heeft zijn boek nog lang niet klaar / uit • *il s'en est fallu de peu qu'elle manque son avion* het scheelde maar weinig of ze had haar vliegtuig gemist

falot "-loo" BN **flets,** OOK FIG. **kleurloos** • *c'est un personnage ~* het is een kleurloos personage

falsificateur ZN M (V falsificatrice), **vervalser**

falsification ZN V **vervalsing** • *la ~ de billets* vervalsing van bankbiljetten • *la ~ du vin* fraude met wijn

falsifier OV WW **vervalsen** • *~ la signature de qn* iemands handtekening vervalsen

falzar INFORM. ZN M **(lange) broek**

famé BN • *mal ~* berucht, ongunstig bekend • *une rue mal famée / un quartier mal ~* beruchte straat / buurt

famélique BN **hongerlijdend, uitgehongerd**

fameusement INFORM. BW **erg, geweldig**

fameux BN (V fameuse) **1 uitstekend** • *un vin ~* uitstekende wijn • *pas ~ son bœuf bourguignon!* niet zo best, zijn boeuf bourguignon! • *cette dissertation n'est pas fameuse* dat opstel is niet veel soeps **2 befaamd, beroemd** • *un pays ~ pour ses fromages* een land dat bekend is om zijn kaas **3** INFORM., IRON. **veelbesproken** vóór zn • *tu te souviens de la fameuse gifle qu'elle m'a donnée?* herinner je je die geweldige klap die ze me gaf? **4** vóór zn **geweldig** • *c'est une fameuse canaille, ce type!* het is een enorme schoft, die vent!

familial BN (M MV familiaux), **familie-, gezins-, huiselijk** • *une réunion ~e* familiereünie • *les allocations ~es* kinderbijslag

familiariser WKD WW **(se ~) zich vertrouwd maken (avec met), vertrouwd raken, wennen** • *se ~ avec une langue* zich een taal eigen maken

familiarité ZN V **1 vertrouwelijkheid, familiariteit** • *traiter qn avec une grande ~* heel vrij zijn tegenover iemand **2 vertrouwdheid 3** MIN. MV **vrijpostigheden** • *se permettre des familiarités avec qn* zich vrijpostigheden tegenover iemand veroorloven

familier 1 BN (V familière) **1 vertrouwd, bekend** • *une voix familière* bekende stem • *il est trop ~ avec nous* hij is te vrij tegenover ons **2 gewoon, gebruikelijk** • *le langage ~* omgangstaal • *on emploie des mots ~s dans la langue parlée* in de spreektaal worden gemeenzame / informele woorden gebruikt **2** ZN M **geregelde bezoeker, huisvriend** • *les ~s d'un café* de stamgasten van een café • *c'est une familière de la maison* ze is een huisvriendin, ze is (er) kind aan huis

familièrement BW **vertrouwelijk, ongedwongen**

famille ZN V OOK FIG. **familie, gezin** • *un père / une mère de ~* huisvader / huismoeder • *le chef de ~* gezinshoofd • *la vie de ~* gezinsleven • *une ~ nombreuse* een groot gezin • *une ~ monoparentale* eenoudergezin • *une ~ recomposée* nieuw samengesteld gezin <met kinderen uit een eerdere relatie> • *la ~ royale* het koninklijk huis • *un fils de ~* jongeman van goeden huize • FIG. *une ~ de mots* woordfamilie • FIG. *une ~ politique* politieke gezindheid • *il vient d'une bonne ~* hij komt uit een goed nest, hij is van goeden huize • *fonder une ~*

fa

een gezin stichten • *être sans* ~ kind noch kraai hebben • *c'est (un trait) de* ~ het zit in de familie • INFORM., FIG. *laver son linge sale en* ~ de vuile was binnenhouden • *en* ~ in de familiekring, onder elkaar • *au sein de la* ~ in de huiselijke kring
famine ZN V **hongersnood** • *une* ~ *a éclaté* er brak een hongersnood uit • *crier* ~ zijn nood klagen • FIG. *être payé un salaire de* ~ een hongerloon krijgen
fan 1 ZN M/V fanatique **fan** • *c'est une* ~ *de musique* het is een muziekfanaat 2 BN fanatique **fanatiek, bezeten**
fana INFORM. 1 BN fanatique **bezeten (de van), fanatiek** 2 ZN M/V fanatique **fanaat** • *un* ~ *de voitures* autofreak

fanatique 1 BN **fanatiek** • *un discours* ~ vlammend betoog • *être* ~ *d'informatique* een computerfanaat zijn 2 ZN M/V **fanaticus, fan** • *c'est une* ~ *de moto* ze is een fanatiek motorrijdster, ze is een motorfan
fanatiser OV WW **opzwepen, ophitsen**
fanatisme ZN M **fanatisme**
faner WKD WW **(se ~) verwelken, verschieten** • *des fleurs qui se fanent* verleppende bloemen • FIG. *sa beauté s'est fanée* haar schoonheid is verbleekt
fanfare ZN V 1 **fanfare** 2 INFORM. **ophef** • *une arrivée en* ~ komst met veel ophef, het luidruchtig binnenkomen • *en* ~ met veel ophef, met veel kabaal
fanfaron 1 BN (V fanfaronne), **opschepperig, snoevend** 2 ZN M (V fanfaronne), **opschepper, pocher** • *faire le* ~ opscheppen
fanfaronnade ZN V **opschepperij, gepoch**
fanfaronner ONOV WW **opscheppen, pochen**
fanfreluche ZN V **versiersel, franje, tierelantijntje** • *une robe à* ~*s* jurk met tierelantijntjes
fange FORM. ZN V **modder,** OOK FIG. **slijk** • *traîner qn dans la* ~ iemand door het slijk halen
fanion ZN M **vaantje, vlaggetje**
fantaisie ZN V 1 **fantasie** • *manquer de* ~ fantasieloos zijn • *il m'a pris la* ~ *d'aller passer un week-end à Venise* ik heb het in mijn hoofd gehaald om een weekend naar Venetië te gaan 2 **gril, inval, zin** • *à sa* ~ naar (eigen) goeddunken, zoals je wilt 3 **fantasieartikel, prulletje, snuisterij** • *des bijoux (de)* ~ prullerige (namaak)sieraden • *s'offrir une petite* ~ zich een gril / kleine luxe veroorloven • *de* ~ fantasie-
fantaisiste 1 BN **aan fantasie ontsproten, niet serieus te nemen, onconventioneel, zogenaamd** • *donner une interprétation* ~ *de faits* een uit de lucht gegrepen versie van de feiten geven 2 ZN M/V 1 **onconventioneel iemand** 2 **entertainer**
fantasmagorie ZN V **zinsbetovering, toverachtig / hersenschimmig schouwspel**
fantasmagorique BN **spookachtig, toverachtig, bizar**
fantasmer ONOV WW **wensdromen hebben,** FIG. **dromen, wensdenken** • *il me fait* ~ hij laat me dromen, ik droom van hem
fantasque BN **grillig, zonderling, bizar**
fantastique 1 BN 1 **fantastisch, fantasie-, fantasy-** • *un animal* ~ fabeldier • *le cinéma* ~ griezelfilms • *un conte* ~ fantastisch / bovennatuurlijk verhaal, griezelverhaal 2 **gaaf, geweldig** • *la soirée était* ~ het was een geweldig avondje 2 ZN M **(het) bovennatuurlijke, fantastisch** • *le* ~ *en littérature* het bovennatuurlijke in de literatuur
fantoche ZN M **marionet** • *un gouvernement* ~ marionettenregering
fantomatique BN **spookachtig**
fantôme 1 ZN M 1 **spook, geestverschijning** • *croire aux fantômes* in spoken geloven 2 **spookbeeld, drogbeeld** • *les fantômes de l'imagination* hersenschimmen • *les fantômes du passé* schimmen / spookbeelden uit het verleden 2 BN **spook-, schijn-** • *un gouvernement* ~ schijnregering, schaduwkabinet • *le vaisseau* ~ het spookschip, de Vliegende Hollander
fanzine ZN M fanzine **tijdschrift van fanclub**
faon "fa(n)" ZN M **jong hert, reekalf**
F.A.Q. AFK foire aux questions V **FAQ** <frequently asked questions; veelgestelde vragen>
faramineux INFORM. BN (V faramineuse), **fantastisch, buitensporig, enorm**
farce ZN V 1 **grap, prank** • *faire une* ~ *à quelqu'un* een grap uithalen met iemand 2 TON. **klucht** 3 CULIN **vulsel** <voor vlees, vis, gevogelte>, **farce**
farceur ZN M (V farceuse), **grappenmaker**
farci BN 1 CULIN **(op)gevuld** • *des tomates* ~*es* gevulde tomaten 2 FIG., MIN. **vol(gestopt), doorspekt** • *avoir la tête* ~*e d'histoires* allerlei toestanden aan zijn hoofd hebben
farcir 1 OV WW 1 CULIN **vullen** <met gekruid gehakt e.d.>, **farceren** • *la dinde farcie est servie à Noël* gevulde kalkoen wordt met Kerstmis gegeten 2 FIG. **doorspekken (de met), volstoppen** 2 WKD WW **(se ~)** INFORM. **(te verduren) krijgen** <v. iets onaangenaams>, **(moeten) opknappen** • *j'ai dû me* ~ *tout le courrier* ik heb de hele post moeten afhandelen • *il faut se la* ~ *celle-là!* ze is geen makkelijke tante!
fard ZN M **schmink, make-up** • *du* ~ *à paupières* oogschaduw • FORM. *parler sans* ~ onverbloemd spreken • INFORM. *piquer un* ~ een kop als een boei krijgen, blozen, tot achter de oren blozen
fardeau ZN M (MV fardeaux), OOK FIG. **last, vracht**
farder 1 WKD WW **(se ~) zich opmaken** 2 OV WW **schminken, opmaken** <van gezicht>
farfelu INFORM. BN **raar, lijp, geschift, mesjogge** • *une idée* ~*e* idioot idee
farfouiller INFORM. ONOV WW **snuffelen, rommelen** • ~ *dans son sac* in zijn tas rommelen
faribole ZN V **poespas, onzin, praatjes**
farine ZN V **meel, bloem** • *de la* ~ *de blé* tarwemeel • *de la* ~ *lactée* kindermeel • *des* ~*s animales* diermeel • FIG. *rouler qn dans la* ~ iemand in de luren leggen, iemand beduvelen • FIG. *se faire rouler dans la* ~ er instinken
farineux BN (V farineuse), **meelachtig, melig,**

kruimig, bloemig • *une pomme farineuse* melige appel

farniente ZN M (zalig) nietsdoen

farouche BN **1** wild, ongetemd • *une bête ~* wild dier **2** (mensen)schuw **3** woest, heftig, verwoed • *un ~ défenseur des animaux* verwoed dierenbeschermer

fart "far(t)" ZN M skiwas, wax

farter OV WW met skiwas insmeren, waxen

fascicule ZN M brochure, (inleg)blaadje

fascinant BN fascinerend, boeiend

fascinateur FORM. BN (V fascinatrice), betoverend, fascinerend

fascination ZN V betovering, fascinatie, bekoring • *le pouvoir de ~ de qn* iemands onweerstaanbare aantrekkingskracht

fasciner OV WW betoveren, biologeren, fascineren, sterk boeien • *se laisser ~ par qc* in de ban raken van iets

fascisme ZN M fascisme

fasciste **1** BN fascistisch **2** ZN M/V fascist

fasse WW subj. présent → **faire**

fassent WW subj. présent → **faire**

fasses WW subj. présent → **faire**

fassiez WW subj. présent → **faire**

fassions WW subj. présent → **faire**

faste **1** BN gunstig, voorspoedig • *les années ~s* hoogtijjaren • *un jour ~* geluksdag **2** ZN M pracht(vertoon), praal • *le ~ d'une cérémonie* de pracht / luister van een plechtigheid

fast-food ZN M (MV fast-foods), fastfood(restaurant)

fastidieux BN (V fastidieuse), vervelend, saai, eentonig • *une énumération fastidieuse* slaapverwekkende opsomming

fastoche INFORM. BN makkelijk • *c'est ~* dat is een makkie

fastueux BN (V fastueuse), praalziek, prachtlievend, weelderig • *une soirée fastueuse* een luisterrijk / fantastisch avondje • *mener une vie fastueuse* een luxueus leven leiden

fatal BN (M MV fatals), fataal, noodlottig, onafwendbaar • *un coup ~* dodelijke slag, genadeklap • *cela lui a été ~* dat was funest voor hem, dat werd hem noodlottig • FIG. *une femme ~e* fatale vrouw, vamp

fatalement BW onvermijdelijk(erwijs)

fatalisme ZN M fatalisme

fataliste **1** BN fatalistisch **2** ZN M/V fatalist

fatalité ZN V **1** noodlot, onvermijdelijkheid, fataliteit • *la ~ de la mort* het onvermijdelijke van de dood **2** (voorbeschikt) onheil • *une ~ le pousse à tuer* een duistere macht zet hem tot doden aan

fatidique BN noodlottig, door het noodlot bepaald • *l'heure ~* het fatale / beslissende uur

fatigant BN vermoeiend • *~ pour les yeux / le dos* vermoeiend voor de ogen / voor de rug • *elle est vraiment ~e avec ses questions* je wordt doodmoe van haar gevraag

fatigue ZN V **1** vermoeidheid, moeheid • *une ~ nerveuse* zenuwinzinking • *être accablé / mort de ~* doodmoe zijn • *tomber de ~* doodmoe zijn, erbij neervallen **2** vermoeienis • *les ~s du voyage* de vermoeienissen van de reis

fatigué BN **1** moe, vermoeid • *être ~ d'attendre* het wachten moe zijn • *avoir les traits fatigués* er moe uitzien **2** versleten, afgeleefd • *un fauteuil ~* versleten fauteuil

fatiguer **1** OV WW **1** vermoeien • *lire me fatigue* van lezen word ik moe **2** vervelen • *ses questions me fatiguent* ik word doodmoe van zijn / haar gevraag **3** zwaar belasten, doen zwoegen, uitputten <van land> **2** WKD WW (se ~) **1** zich vermoeien, (vergeefse) moeite doen (om) • *se ~ les yeux* zijn ogen vermoeien • *elle ne se fatigue jamais!* ze is liever lui dan moe! • *se ~ à expliquer cent fois la même chose* honderd keer hetzelfde moeten uitleggen **2** genoeg krijgen van • *on se fatigue vite de regarder la télévision* van tv kijken krijg je gauw genoeg

fatras "-trà" ZN M allegaartje, rommel, boeltje, prullaria

fatwa ZN V fatwa

faubourg ZN M voorstad, buitenwijk

fauche INFORM. ZN V **1** geldnood, penarie **2** (het) jatten • *il y a de la ~ dans ce magasin* er wordt gejat in deze winkel

fauché INFORM. BN blut • *être ~ comme les blés* volkomen platzak zijn

faucher OV WW **1** (af)maaien • *~ un pré* een weide maaien • FIG. *~ l'herbe sous le pied de qn* iemand het gras voor de voeten wegmaaien **2** wegrukken, FIG. neermaaien, scheppen <omverrijden> • *le camion a fauché le piéton* de voetganger is door een vrachtwagen geschept • *ils ont été fauchés par un tir de mitrailleuse* ze zijn neergemaaid door een mitrailleursalvo **3** INFORM. snaaien, jatten • *on m'a fauché tous mes papiers* ze hebben al mijn papieren gejat

faucheuse ZN V maaimachine • LIT. *la Faucheuse* de Dood, de man met de zeis

faucille ZN V sikkel • *la ~ et le marteau* hamer en sikkel

faucon ZN M **1** valk **2** POL. havik • *les ~s et les colombes* de haviken en de duiven

faudra WW toek. tijd. → **falloir**

faufiler WKD WW (se ~) zich (in)dringen, glippen, zich een weg banen • *il s'est faufilé à l'intérieur de la maison* hij is het huis binnengeglipt • *se ~ dans / à travers la foule* zich door de menigte wurmen

faune ZN V **1** fauna • *la ~ et la flore* fauna en flora, dieren- en plantenwereld **2** MIN. FIG. rare vogels, snuiters, gasten, volkje • *la ~ habituelle des vernissages* de vaste kliek die je bij de opening van tentoonstellingen tegenkomt

faussaire ZN M/V vervalser

fausse BN → **faux, couche**

faussement BW **1** vals(elijk), verkeerd(elijk) • *être ~ accusé de vol* vals beschuldigd worden van diefstal **2** zogenaamd, quasi- • *d'un air ~ modeste* met gespeelde bescheidenheid • *être ~ naïf* quasinaïef zijn

fausser OV WW **1 vervalsen,** FIG. **verdraaien** • INFORM. *~ compagnie à qn* iemand in de steek laten, ertussenuit knijpen **2 verwringen, verdraaien**
fausset ZN M **falset** • *une voix de ~* falsetstem
fausseté ZN V **1 valsheid, onjuistheid 2 onechtheid, onoprechtheid**
faut WW présent → **falloir**
faute ZN V **1 fout** • *une ~ d'orthographe* spelfout • *une ~ de grammaire* grammaticale fout • *une ~ de frappe* tikfout • *une dictée sans ~* foutloos dictee **2** SPORT **overtreding** • *~! / il y ~!* (dat is een) overtreding! • *un parcours (effectué) sans ~* foutloos parcours **3 gebrek** • *une ~ professionnelle* beroepsfout • *l'affaire n'avance pas ~ de preuves* de zaak vordert niet bij gebrek aan bewijs • *je viendrai sans ~* ik kom zeker / zonder mankeren • *~ de mieux* bij gebrek aan beter • *~ de quoi* zo niet..., anders... **4 schuld** • *être en ~* schuld hebben • *c'est (de) sa ~* het is zijn schuld • *c'est la ~ de Pierre* het is de schuld van Pierre • *avouer sa ~* schuld bekennen • *rejeter la ~ sur qn* de schuld op iemand schuiven • *à qui la ~?* wiens schuld is het? • *c'est de ta ~* je hebt het aan jezelf te wijten **5 vergrijp, overtreding** • *il était en ~* hij zat fout • *faire une ~ grave* een ernstige overtreding / misstap begaan • *commettre une ~* een overtreding begaan, zondigen • *prendre qn en ~* iemand betrappen
fauteuil ZN M **leunstoel, fauteuil, zetel** • *un ~ roulant* rolstoel • *un ~ multiposition* verstelbare leunstoel • *un ~ d'orchestre* stallesplaats <in schouwburg>
fauteur ZN M (V fautrice), **aanstichter, aanstoker** • *un ~ de troubles* onruststoker
fautif BN (V fautive) **1 schuldig 2 fout(ief), gebrekkig** • *une mémoire fautive* onbetrouwbaar geheugen
fauve 1 ZN M **wild dier, (katachtig) roofdier 2** BN **rossig** • *les bêtes ~s* wilde dieren, roodwild
fauvette ZN V **grasmus**
faux 1 BN (V fausse) **1 vals** <onwaar>, **onjuist, verkeerd** • *~!* mis poes! • *une fausse alerte* vals / loos alarm • *c'est complètement ~* dat is van a tot z gelogen • *avoir tout ~* het helemaal mis hebben • *faire une fausse déclaration* een valse verklaring afleggen • *c'est ~, archi~, je n'ai jamais dit cela!* dat is niet waar, dat is gelogen, dat heb ik nooit gezegd! • *faire un ~ sens dans une traduction* een foutieve vertaling geven • *faire un ~ numéro* het verkeerde nummer draaien / bellen • SPORT, FIG. *prendre un ~ départ* een valse start maken **2 vals** <nagemaakt>, **schijn-, pseudo-** • *de ~ papiers* valse papieren • *un ~ passeport* vals paspoort • *un ~ problème* schijnprobleem • *fabriquer de ~ billets* bankbiljetten vervalsen • *c'est une fausse porte* het is een nepdeur • *elle porte de fausses perles* ze draagt valse parels • *ce Renoir est ~* dat is een valse Renoir • *c'est une fausse maigre* ze is niet zo slank als ze lijkt **3 vals** <onoprecht> • *un ~ frère* verrader, huichelaar • INFORM. *c'est un ~ cul / un ~ jeton* het is een huichelaar / een draaikont • *une fausse honte* valse schaamte **4 vals** <verkeerd>, **misplaatst** • *elle a fait un ~ mouvement et s'est démis l'épaule* ze maakte een verkeerde beweging en ontwrichtte haar schouder • FIG. *faire fausse route* op de verkeerde weg zijn • OOK FIG. *faire un ~ pas* een misstap begaan **5 onecht, schijn-, imitatie-** • *une fausse barbe* valse baard • *de ~ seins* kunstborsten, borstprothese • *de fausses dents* valse tanden **2** BW • *chanter ~* vals zingen • *jouer ~* vals spelen **3** ZN M **1 (het) valse, (het) onjuiste** • *distinguer le vrai du ~* waar van onwaar onderscheiden **2 vervalsing, valsheid (in geschrifte), namaak** • *faire / commettre un ~* zich schuldig maken aan vervalsing • *faire un ~ en écriture* valsheid in geschrifte plegen • *condamner qn pour ~ et usage de ~* iemand veroordelen voor valsheid in geschrifte
faux-bourdon BIOL. ZN M (MV faux-bourdons), **dar**
faux-filet ZN M (MV faux-filets), **lenden(bief) stuk**
faux-fuyant ZN M (MV faux-fuyants), **uitvlucht, smoes**
faux-monnayeur ZN M (MV faux-monnayeurs), **valsemunter**
faveur ZN V **gunst** • *un prix de ~* speciale prijs • *un traitement de ~* voorkeursbehandeling • *accorder une ~ à qn* iemand een gunst verlenen • *demander une ~ à qn* iemand om iets / een gunst vragen • *parler en ~ de qn* een goed woordje voor iemand doen • *en ~ de* ten gunste van, ten voordele van, ten behoeve van • *par ~* bij wijze van gunst
favorable BN **1 gunstig** • *le temps était ~* het weer heeft meegewerkt • *il n'a pas choisi le moment ~* hij heeft geen gunstig moment gekozen **2 gunstig gezind** • *un avis ~* een positief advies • *je suis ~ à ce projet* ik ben vóór dat plan
favori 1 BN (V favorite), **geliefkoosd, favoriet** • *un jeu ~* lievelingsspel • *un mot ~* stopwoordje **2** ZN M (V favorite), **favoriet** • *le grand ~* de grootste kanshebber • *être la ~te de qn* iemands favoriete / lieveling(etje) zijn • *il est / reste parmi les ~s* hij is een kanshebber
favoris ZN M MV **bakkebaarden** • *porter des ~* bakkebaarden hebben
favoriser OV WW **begunstigen, bevoordelen, voortrekken, bevorderen** • *la nuit a favorisé sa fuite* dankzij de duisternis kon hij ontvluchten
favoritisme ZN M **vriendjespolitiek, voortrekkerij**
fax ZN M **fax** • *recevoir un message par ~* een faxbericht ontvangen
faxer OV WW **faxen**
fayot INFORM. ZN M **1** CULIN **witte boon 2 uitslover, hielenlikker, slijmer(d)**
fébrile BN **koortsig,** OOK FIG. **koortsachtig** • *une activité ~* koortsachtige bedrijvigheid • *un état ~* koortstoestand
fébrilité ZN V **koortsigheid,** OOK FIG. **koortsachtigheid**
fécal BN (M MV fécaux), **fecaal** • *les matières fécales* fecaliën, uitwerpselen
fèces ZN V MV **feces, fecaliën, uitwerpselen**

fécond BN **1** OOK FIG. **vruchtbaar 2 rijk (en aan), vol (en met)** • *une année féconde en événements* jaar waarin veel gebeurd is
fécondation ZN V **bevruchting** • *une ~ artificielle* kunstmatige bevruchting • *la ~ in vitro (F.I.V.)* in-vitrofertilisatie (ivf), reageerbuisbevruchting
féconder OV WW **1** OOK FIG. **vruchtbaar maken 2 bevruchten**
fécondité ZN V OOK FIG. **vruchtbaarheid** • *la période de ~* vruchtbaarheidsperiode
fécule ZN V **zetmeel**
féculent ZN M **zetmeelhoudend gewas / product**
fédéral BN (M MV fédéraux), **federaal, (ver) bonds-**
fédéraliser OV WW **tot een (staten)bond verenigen, federaliseren**
fédéralisme ZN M **federalisme**
fédérateur BN (V fédératrice), **federatief, samenbundelend** • *il a eu un rôle ~* hij was een bindend element / een bruggenbouwer
fédératif BN (V fédérative), **federatief, bonds-**
fédération ZN V **federatie, bond** • *la ~ française de football* de Franse voetbalbond
fédéré BN **(ver)bonds-** • *les cinquante États fédérés des États-Unis* de vijftig deelstaten van de Verenigde Staten
fédérer 1 OV WW **tot een bond verenigen 2** WKD WW **(se ~) zich in een bond verenigen**
fée ZN V **fee** • *un conte de fées* sprookje • *la ~ du logis* de ideale huisvrouw / huisman • *avoir des doigts de ~* gouden handen hebben, kunnen toveren
feeling ZN M **feeling, gevoel, intuïtie** • *faire qc au ~* iets op het gevoel doen • *il a un ~ pour cela* hij heeft daar een antenne voor
féerique "feeriek, fee-eeriek" BN **sprookjesachtig, toverachtig, feeëriek** • *un spectacle ~* sprookjesachtig schouwspel
feignant → fainéant
feindre OV WW onregelmatig **voorwenden, veinzen, doen alsof** • *~ de s'en aller* zogenaamd weggaan, doen alsof je weggaat
feint 1 BN **voorgewend, geveinsd, onecht** • *une émotion ~e* geveinsde emotie **2** WW volt. deelw. **→ feindre**
feinte ZN V **1** INFORM. **bedrieglijk voorwendsel, misleiding, list 2 schijnbeweging**
feinter INFORM. OV WW **beduvelen** • *il m'a bien feinté* hij heeft me mooi tuk gehad
fêlé BN **1 gebarsten** • FIG. *une voix fêlée* gebarsten stem **2** INFORM. **getikt, niet goed snik**
fêler 1 OV WW **doen barsten 2** WKD WW **(se ~) barsten** • *un miroir qui se fêle* spiegel die barsten gaat vertonen
félicitations ZN V MV **1 gelukwensen** • *toutes mes félicitations!* hartelijk gefeliciteerd!, van harte gefeliciteerd! **2 complimenten** • *(reçu) avec les ~ du jury* met genoegen (geslaagd)
félicité FORM. ZN V **gelukzaligheid, geluk**
féliciter 1 OV WW **gelukwensen, complimenteren** • *~ une jeune maman* een jonge moeder gelukwensen • *je vous félicite de votre choix / d'avoir fait ce choix* mijn complimenten met uw keus, u hebt een goede keus gemaakt **2** WKD WW **(se ~) zich gelukkig prijzen, zich verheugen**
félin 1 BN OOK FIG. **katachtig, katten-** • *la race féline* kattengeslacht, kattenras • *la grâce féline* katachtige gratie **2** ZN M **katachtig (roof)dier**
félonie ZN V **trouweloosheid, verraad**
fêlure ZN V OOK FIG. **barst**
femelle 1 ZN V **1** BIOL. **wijfje** • *un mâle et une ~* een mannetje en een vrouwtje **2** MIN. **vrouwmens, wijf 2** BN **1** BIOL. **vrouwelijk, wijfjes- 2** TECHN. **waar een ander onderdeel in past, hol** • *une prise ~* contrastekker
féminin 1 BN **1 vrouwelijk, vrouwen- 2 van / voor vrouwen** • *la lingerie féminine* damesondergoed • SPORT *le cent mètres ~* de honderd meter voor vrouwen **2** ZN M **1** TAALK. **vrouwelijk geslacht 2 (het) vrouwelijke**
féminisation ZN V **1 vervrouwelijking 2 feminisering** • *la ~ du monde politique* de feminisering van de politiek
féminiser OV WW **1 vrouwelijk maken, vervrouwelijken 2 feminiseren, vrouwvriendelijk maken** • *~ une profession* een beroep vrouwvriendelijk maken
féminisme ZN M **feminisme**
féministe 1 BN **feministisch** • *les mouvements féministes* vrouwenbewegingen **2** ZN M/V **feminist**
féminité ZN V **vrouwelijkheid** • *manquer de ~* vrouwelijkheid missen
femme ZN V **1 vrouw** • INFORM. *une bonne ~* vrouw(tje), wijf • *une ~ enfant* kindvrouwtje • *une ~-objet* vrouw als lustobject • *une ~ fatale* fatale vrouw, vamp • *un homme à ~s* ladykiller, rokkenjager • *un magazine pour ~s* damesblad, vrouwenblad • *une ~ au foyer* huisvrouw • *une ~ de chambre* kamermeisje • *une ~ de ménage* werkster, schoonmaakster, BELG. poetsvrouw • *une ~ de lettres* schrijfster • *une ~ médecin* vrouwelijke arts • *une ~ peintre* schilderes • *une sage-~* vroedvrouw, verloskundige **2 vrouw, echtgenote** • *c'est sa troisième ~* ze is zijn derde vrouw
femmelette MIN. ZN V **verwijfde man, oud wijf, slappeling**
fémur ZN M **dijbeen** • *se casser le col du ~* zijn dijbeenhals breken
fendillement ZN M **(het) (lichtjes) barsten**
fendiller WKD WW **(se ~) barstjes krijgen, springen** <v.d. huid> • *la peau se fendille sous l'effet de la sécheresse* bij droogte springt de huid
fendre 1 OV WW **splijten, kloven** • *~ du bois pour la cheminée* hout kloven voor de haard • *il gèle à pierre ~* het vriest dat het kraakt • FIG. *il devait ~ la foule pour la rejoindre* hij moest zich door de menigte dringen om bij haar te komen • FIG. *il me fend le cœur* hij breekt mijn hart, hij / het is hartverscheurend • FIG. *~ l'air* door de lucht scheren **2** WKD WW **(se ~) 1 barsten, splijten** • *le petit garçon s'est fendu la lèvre en tombant* het jongetje heeft een kloof in zijn lip / een bloedlip van het

vallen **2** INFORM. **over de brug komen (met iets) 3** INFORM. • *se~ la gueule / la pipe* zich een bult lachen

fendu BN **gespleten, gebarsten, split-** • *un jupe ~e jusqu'à la cuisse* rok met een split tot aan de dijen • *une bouche ~e jusqu'aux oreilles* een mond als een schuurdeur

fenêtre ZN V **venster, raam** • *une ~ à double vitrage* raam met dubbel glas • *regarder par la ~* uit het raam kijken • *se mettre à la ~* bij het raam gaan staan / zitten • FIG. *jeter l'argent par les fenêtres* zijn geld over de balk gooien • COMP. *ouvrir une ~* een venster openen • *à la ~* voor het raam

fenouil ZN M **venkel**

fente ZN V **spleet, kloof, barst, gleuf, split** • *introduire une pièce dans la ~ de l'appareil à sous* een muntje in de gleuf van de automaat stoppen

féodal BN (M MV **féodaux**), **feodaal, leen-**

fer ZN M **1 ijzer** • *du fil de ~* ijzerdraad • *paille de ~* staalwol • *le chemin de ~* de spoorweg • *le ~ forgé* smeedijzer • *l'âge de ~* het ijzeren tijdperk • *avoir une santé de ~* een ijzeren gestel / gezondheid hebben • *avoir une volonté de ~* een ijzeren wil hebben • *croire dur comme ~ à qc* ergens heilig in geloven • *acheminer des marchandises par chemin de ~* goederen per spoor vervoeren **2 ijzeren werktuig** • *un ~ à repasser* strijkijzer • *donne un coup de ~ sur cette chemise!* strijk dat hemd even! • *marquer au ~ rouge* brandmerken • INFORM. *tomber les quatre fers en l'air* achterover vallen • *en ~ à cheval* hoefijzervormig

ferai WW toek. tijd. → **faire**

férié BN • *un jour ~* vrije dag, (officiële) feestdag

fermage ZN M **pacht(som)**

ferme 1 BN **1 vast, stevig** • *une peau jeune et ~* jonge, strakke huid • *la terre ~* het vasteland **2 krachtig, flink, ferm, streng** • *marcher d'un pas ~* met stevige pas lopen • *parler d'un ton ~* op ferme toon spreken • *attendre qn de pied ~* iemand (dreigend) opwachten • *avoir la ~ intention de...* het vaste voornemen hebben om... • *d'une main ~* met vaste hand **3 standvastig, vaststaand** • *un prix ~ et définitif* vaste prijs (waarop niet valt af te dingen) • *une condamnation ~* onvoorwaardelijke veroordeling • *condamné à deux ans de prison ~* veroordeeld tot twee jaar onvoorwaardelijk **2** BW **1 flink, krachtig** • *discuter ~* stevig / heftig discussiëren • *s'ennuyer ~* zich stierlijk vervelen • *cogner ~* er flink op los slaan **2 vast 3** ZN V **boerderij** • *la cour de la ~* het erf van de boerderij • *les animaux de ~* de dieren op en rond het erf • *une ~-laboratoire* proefboerderij • *une ~ modèle* modelboerderij • *une ~-usine* megastal • *les bêtes rentrent le soir à la ~* het vee gaat 's avonds naar de boerderij / de stal terug • *ils habitent dans une ~* ze wonen op een boerderij

fermé BN **1 gesloten, dicht, besloten** • *une porte fermée à clé* een deur die op slot zit • *un circuit ~* een gesloten circuit • TAALK. *une voyelle fermée* gesloten klinker • *elle vient d'un milieu très ~* ze komt uit een heel gesloten milieu • *route fermée à la circulation* voor het verkeer afgesloten weg **2** FIG. **ontoegankelijk, ongevoelig** • FIG. *un cœur ~ à la compassion* een hart dat geen mededogen kent, een ongevoelig hart

fermement BW **vast, stellig** • *croire ~* vast geloven

ferment ZN M **gist(stof), ferment**

fermentation ZN V OOK FIG. **gisting** • *la ~ de l'alcool* alcoholgisting

fermenter ONOV WW OOK FIG. **gisten**

fermer 1 OV WW **1 sluiten, afsluiten, dichtdoen** • *~ la porte à clef* de deur op slot doen • *~ une porte à double tour* een deur op het nachtslot doen • *ce théâtre doit ~ ses portes* dat theater moet sluiten • *~ la route au trafic* de weg voor het verkeer afsluiten • *~ un compte* een rekening afsluiten • FIG. *~ les yeux sur qc* iets door de vingers zien • INFORM. *ferme-la! / la ferme! / ferme ta gueule!* hou je bek!, kop dicht! **2 uitdraaien** <van gas, licht, elektrisch toestel>, **uitdoen** • *~ l'eau / le gaz* de kraan dichtdoen / het gas uitdraaien • *~ la radio / la télévision* de radio / televisie uitzetten **2** ONOV WW **sluiten, dichtgaan** • *un robinet qui ferme mal* slecht sluitende kraan **3** WKD WW **(se ~) zich (af)sluiten, dichtgaan, gesloten worden** • *une blouse qui se ferme par derrière* bloes met rugsluiting • *la plaie ne se ferme pas bien* de wond gaat niet goed dicht • *se ~ à tous contacts* ieder contact uit de weg gaan

fermeté ZN V **1 vastheid, stevigheid 2 standvastigheid, vastberadenheid, flinkheid** • *manquer de ~* te toegeeflijk zijn • *montrer de la ~ envers qn* vastberaden / streng tegenover iemand zijn

fermette ZN V **boerderijtje**

fermeture ZN V **sluiting** • *la ~ automatique des portes (dans le métro)* het automatisch dichtgaan van de poortjes (in de metro) • *une ~ annuelle* jaarlijkse sluiting • *les heures de ~ d'un magasin* sluitingsuren van een winkel • *une ~ éclair* ritssluiting

fermier 1 ZN M (V **fermière**), **boer, pachter 2** BN (V **fermière**), **boeren-, land-** • *un poulet ~* scharrelkip

fermoir ZN M **sluithaak, sluiting** <van sieraad>, **beugel** <van tas>, **knip**

féroce BN **1 wild** <van dieren>, **verscheurend** • *une bête ~* wild dier **2 wreed, onbarmhartig, woest** • *une critique ~* meedogenloze kritiek **3 verschrikkelijk** • *un appétit ~* vreselijke honger

férocité ZN V **1 wreedheid, onbarmhartigheid 2 wildheid, woestheid**

Féroé ZN M MV • *les îles Féroé* Faeröer(eilanden)

ferraille ZN V **1 oud ijzer, schroot** • *un bruit de ~* gekletter, gerammel • *un tas de ~* OOK FIG. schroothoop • *un vélo bon à mettre à la ~* fiets die rijp is voor de schroothoop **2** INFORM. **kleingeld**

ferrailleur ZN M (V **ferrailleuse**), **schroothandelaar**

ferré BN **1 met ijzer beslagen** • *une voie ferrée* spoorweg **2 doorkneed (in), knap** • *être ~ sur un sujet* goed thuis zijn in een onderwerp

ferreux BN (V **ferreuse**), **ijzerhoudend**

ferroviaire BN spoorweg- • *le réseau ~* spoorwegnet • *le trafic ~ a repris* de treinen rijden weer
ferry "feerie" ZN M (MV ferrys, ferries), **veerboot**
ferry-boat "feerieboot" ZN M (MV ferry-boats), **veerboot**
fertile BN OOK FIG. **vruchtbaar** • FIG. *une histoire ~ en rebondissements* verhaal vol onverwachte wendingen
fertilisant **1** BN **vruchtbaarmakend** **2** ZN M MV **bemestingsmiddel**
fertilisation ZN V **(het) vruchtbaar maken**
fertiliser OV WW **vruchtbaar maken, bemesten, verrijken**
fertilité ZN V OOK FIG. **vruchtbaarheid**
féru BN **verzot op, bezeten van**
fervent **1** BN **vurig, hartstochtelijk, innig, fervent** • *une prière ~e* een vurig gebed **2** ZN M **vurig bewonderaar / aanhanger (de van)**
ferveur ZN V FIG. **vuur, innigheid, hartstocht, grote ijver** • *prier avec ~* vurig bidden
fesse INFORM. ZN V **bil** • *une histoire de ~s* seksavontuurtje, schunnig verhaal • *serrer les ~s* 'm knijpen • *poser ses ~s quelque part* (op zijn krent) gaan zitten • *botter les ~s de qn / à qn* iemand een schop onder z'n gat geven • *ça coûte la peau des ~s* dat is hartstikke duur
fessée ZN V **pak voor de broek**, OOK FIG. **pak slaag** • *donner une ~ à quelqu'un* iemand een pak slaag geven • *recevoir une ~* voor zijn broek krijgen
fesser OV WW **voor de broek geven, een pak slaag geven**
fessier ZN M **(de) billen, achterwerk**
festif BN (V festive), **feest-** • *une atmosphère festive* feeststemming
festin ZN M **feestmaal, festijn**
festival ZN M (MV festivals), **festival** • *un ~ de jazz* jazzfestival • *~ de cinéma; le ~ de Cannes* (film) festival van Cannes
festivalier ZN M (V festivalière), **festivalganger**
festivité ZN V meestal mv **feest, feestelijkheid, festiviteit**
festoyer ONOV WW **fuiven, feestvieren**
fêtard INFORM. ZN M (V fêtarde), **fuifnummer, pretmaker**
fête ZN V **1 feest** • *un jour de ~* feestdag • *la ~ des mères* Moederdag • *la ~ des pères* Vaderdag • *la ~ de la musique* Dag van de Muziek • *la ~ du Travail* de Dag van de Arbeid • *la ~ de la fin du ramadan* Suikerfeest • *faire la ~* fuiven, veel pret maken, de bloemetjes buiten zetten • *donner / organiser une ~* een feest geven • *se faire une ~ de qc* zich op iets verheugen • *ce n'est pas tous les jours ~* het is niet alle dagen kermis / feest • *ne pas être à la ~* z'n lol wel op kunnen • *toute la ville est en ~* de hele stad is in feeststemming • IRON. *ça va être sa fête!* hij is nog niet jarig! • OOK FIG. *finie la ~ / la ~ est finie!* de koek is op! **2 naamdag, feestdag** • *bonne fête!* gefeliciteerd met je naamdag!
fêter OV WW **1 vieren** • *~ Noël en famille* Kerstmis in de huiselijke kring vieren • *~ un anniversaire en allant dîner au restaurant* een verjaardag vieren met een etentje in een restaurant **2 feestelijk ontvangen, fêteren**
fétiche **1** ZN M **fetisj, voorwerp van blinde verering, mascotte** **2** BN **hogelijk vereerd, lievelings-** • *un objet ~* voorwerp van blinde verering
fétichisme ZN M **fetisjisme, blinde verering**
fétichiste **1** BN **fetisjistisch** **2** ZN M/V **fetisjist**
fétide BN **stinkend, walgelijk**
fétu ZN M **strootje** • *un ~ de paille* strohalmpje
feu ZN M (MV feux) **1** OOK FIG. **vuur** • *un ~ de cheminée* schoorsteenbrandje • *un ~ de camp* kampvuur • *demander du ~ à qn* iemand een vuurtje vragen • *faire du ~ / allumer un ~* vuur aanleggen / aansteken • *n'avoir ni ~ ni lieu* huis noch haard hebben • *être tout ~ tout flammes* laaiend enthousiast zijn • FIG. *il n'y voit que du ~* hij begrijpt er niets van, het ontgaat hem volkomen • FIG. *jouer avec le ~* met vuur spelen • FIG. *il n'y a pas le feu!* kalm aan!, het heeft niet zo'n haast! • FIG. *faire mourir à petit ~* tergend langzaam doen sterven • FIG. *ne pas faire long ~* niet van lange duur zijn • INFORM. *avoir le ~ au derrière / au cul* gehaast zijn, niet stil kunnen zitten **2 brand** • *un ~ de forêt* bosbrand • *un ~ qui gagne / se propage* een uitslaande brand • *la maison est en ~* het huis staat in brand • *la maison a pris ~* het huis is in brand gevlogen • *mettre le ~ à une voiture* een auto in brand steken • *le ~ est circonscrit / maîtrisé* de brand is bedwongen • OOK FIG. *attiser le ~* het vuur aanwakkeren • *entretenir un ~* het vuur aanhouden • *mettre une ville à ~ et à sang* een stad te vuur en te zwaard verwoesten, verwoestend huishouden in een stad • FIG. *j'en mettrais ma main au ~* ik zou er mijn hand voor in het vuur willen steken • *au feu!* brand! **3 licht, verkeerslicht, kustlicht** • *un ~ arrière* achterlicht • *un ~ de position* parkeerlicht, navigatielicht • *un ~ de croisement* dimlicht • *les feux de route* groot licht • *les feux de stationnement* parkeerlicht, BELG. standlicht • *les feux de détresse* alarmknipperlichten • *les feux (de signalisation) / les feux tricolores* verkeerslicht(en) • *brûler / griller un ~ (rouge)* door rood licht rijden • FIG. *donner le ~ vert à qn* iemand het groene licht geven • *tous feux éteints* met gedoofd licht **4 (gas)pit, brander** • *faire cuire qc à ~ doux / à ~ vif* iets op een zacht pitje / op hoog vuur laten koken • *la viande est sur le ~* het vlees staat op (het vuur) **5 licht** • *les feux de la rampe* voetlicht • *les feux des projecteurs* het licht van de schijnwerpers • *être sous les feux de l'actualité* volop in het nieuws zijn, in de schijnwerpers staan • *faire / tirer un ~ d'artifice* vuurwerk afsteken **6 vuur** <wapens> • *une arme à ~* vuurwapen • *un coup de ~* schot <van vuurwapen> • *faire ~* vuur geven, vuren • *être pris entre deux feux* tussen twee vuren zitten • *on a ouvert le ~ sur eux* ze zijn onder vuur genomen • *dans le ~ de l'action* in het vuur van de strijd
feuillage ZN M **gebladerte, loof(werk)**
feuillaison ZN V **bladvorming, uitbotting**
feuille ZN V **1** PLANTK. **blad** • *une ~ morte* dor blad

fe

• *une ~ de vigne* wingerdblad, FIG. vijgenblad • *des ~s d'artichaut* schutbladeren van de artisjok • *trembler comme une ~* beven als een riet **2** **blad** <papier>, **vel** • *une ~ volante* los blaadje **3** INFORM. **blad** <tijdschrift, krant> • *une ~ de chou* flutblaadje, vod **4** **formulier, biljet** • *une ~ de maladie* ≈ ziektekostenformulier, doktersattest • *une ~ d'impôts* aanslagbiljet • *une ~ de paye / salaire* loonstrookje, BELG. loonbriefje • *~ de présence* presentielijst, BELG. afwezigheidslijst • *une ~ de route* marsorder, FIG. routekaart

feuillet ZN M **blad** <van boek>, **blaadje**

fe

feuilleté CUL. **1** BN **bladerig** • *de la pâte feuilletée* bladerdeeg **2** ZN M **bladerdeeggebak**

feuilleter OV WW **doorbladeren**

feuilleton ZN M **feuilleton, (radio-, televisie) serie, vervolgverhaal** • *un ~ télévisé* televisieserie

feuillu BN **bladerrijk** • *un (arbre) ~* loofboom

feuler ONOV WW **blazen** <v. kat>, **brullen** <v. tijger>

feutre ZN M **1** **vilt** • *un chapeau de ~* vilten hoed **2** **viltstift**

feutré BN **1** **vilten, vervilt** • *un pull ~* vervilte trui **2** OOK FIG. **gedempt** • *un bruit ~* gedempt geluid • *marcher à pas feutrés* sluipend / geruisloos lopen, op kousenvoeten lopen • *en termes feutrés* in bedekte termen

feux ZN M MV → **feu**

fève ZN V **(wikke)boon, tuinboon** • *la ~ de cacao* cacaoboon • *la ~ des rois* driekoningenboon <boon of figuurtje in driekoningenbrood>

février ZN M **februari** • *au mois de ~ / en ~* in februari • *le mois de ~* (de maand) februari

fez ZN M **fez**

fiabiliser OV WW **betrouwbaar(der) maken**

fiabilité ZN V **betrouwbaarheid, bedrijfszekerheid**

fiable BN **betrouwbaar, bedrijfszeker**

fiançailles ZN V MV **verloving**

fiancé ZN M (V fiancée), **verloofde**

fiancer **1** OV WW **verloven** • *ils fiancent leur fille à un homme riche* ze verloven hun dochter met een rijk man **2** WKD WW **(se ~) zich verloven** • *se ~ à / avec qn* zich met iemand verloven

fiasco ZN M **mislukking, fiasco** • *faire ~* fiasco lijden, mislukken, floppen

fibranne ZN V **celvezel**

fibre ZN V **1** **vezel** • *de la ~ de bois* houtwol • *de la ~ de verre* glasvezel **2** **gevoel(ens)** • *avoir la ~ maternelle* een echt moedertje zijn

fibreux BN (V fibreuse), **vezelig, vezel-** • *cette viande est fibreuse* dit vlees is draderig

fibrillation ZN V **fibrillatie**

fibrome ZN M **bindweefselgezwel, fibroom**

ficelage ZN M **(het) vastbinden met touw**

ficeler OV WW **vastbinden met touw** • *~ un paquet* een touwtje om een pakje doen • FIG. *un travail bien ficelé* goed stuk werk

ficelle ZN V **1** **touwtje** **2** VAAK MV **kneep(je), foefje** • *elle connaît toutes les ~s du métier* ze kent alle kneepjes van het vak • FIG. *c'est lui qui tire les ~s* hij heeft de touwtjes in handen **3** **dun stokbrood**

fiche ZN V **1** **blaadje met gegevens, (systeem) kaart, briefje, fiche** • *une ~ de paie / de salaire* loonstrookje • *une ~ technique* blaadje met technische gegevens • *une ~ d'état civil* uittreksel uit het bevolkingsregister **2** **stekker, plug** • *une ~ multiple* verdeelstekker

ficher **1** OV WW **1** **met de punt slaan in, indrijven** • *~ des piquets de tente dans le sol* tentharingen in de grond slaan **2** **op fiches zetten, in een kaartsysteem opnemen** • *il est fiché par la police* hij staat (als verdachte) geregistreerd bij de politie **3** INFORM. **geven** • *il lui a fichu une gifle* hij heeft hem een klap verkocht • *je t'en fiche!* dat had je gedacht! • *fiche-moi la paix!* laat me met rust! • *je lui ai fichu mon poing dans la gueule!* ik heb hem op zijn bek geslagen • *ça me fiche le cafard!* daar word ik depri / niet vrolijker van **4** INFORM. **doen** • *il n'a rien fichu de la journée* hij heeft de hele dag niks uitgevoerd • *il n'en fiche pas une (rame)* hij voert geen klap uit • *qu'est-ce qu'il fiche? on l'attend depuis une heure!* wat voert hij uit? we wachten al een uur op hem! **5** INFORM. **gooien, smijten** • *fiche-moi le camp!* donder op!, smeer 'm! • *elle l'a fichu à la porte* zij heeft hem de deur uitgegooid • *on va le ~ en prison* ze gaan hem opsluiten **2** WKD WW **(se ~)** INFORM. **~ de lak hebben aan, voor de gek houden** • *il se fiche de nous, ma parole!* hij trekt zich echt niks van ons aan! • *je m'en fiche complètement!* ik heb er maling aan!, het kan me geen moer schelen!, ik zit er niet mee!

fichier ZN M **1** COMP. **(gegevens)bestand** • *un ~ d'adresses* adressenbestand • *envoyer un document en ~ joint* een document als attachment versturen **2** **kaartenbak, kaartsysteem**

fichu **1** BN **1** INFORM. **beroerd, drommels, rot-** • *~ temps!* rotweer! • *se sentir mal ~* zich beroerd voelen **2** INFORM. **naar de bliksem, verloren** • *son pantalon est complètement ~* zijn broek is helemaal op **3** INFORM. **in staat (om)** • *elle n'est pas ~e de faire son travail* ze doet haar werk niet eens **4** INFORM. • *être bien ~* goed in elkaar zitten, goed gebouwd zijn • *être mal ~* slecht in elkaar zitten, zich beroerd voelen **2** ZN M **halsdoek** **3** WW VOLT. DEELW. → **ficher**

fictif BN (V fictive), **ingebeeld, fictief, denkbeeldig, gefingeerd, schijn-** • *la valeur fictive des billets de banque* de aangenomen waarde van bankbiljetten

fiction ZN V **verzinsel, fictie**

fidèle **1** BN **1** **trouw, getrouw** • *être une cliente ~ des Galeries Lafayette* een vaste klant van de Galeries Lafayettes zijn • *être ~ à ses principes* trouw aan zijn beginselen zijn • *être ~ à soi-même* zichzelf zijn • *le film reste ~ au roman* de film geeft de roman getrouw weer **2** **betrouwbaar** • *une traduction ~* getrouwe / nauwkeurige vertaling **2** ZN M/V **1** **aanhanger, getrouwe** **2** **gelovige**

fidélisation ZN V **klantenbinding** • *une carte de ~* klantenkaart

fidéliser OV WW **voor zich winnen, (aan zich) binden** <van klanten> • *~ la clientèle* aan

klantenbinding doen
fidélité ZN V **1** **trouwheid, getrouwheid** **2** **betrouwbaarheid** • *une chaîne haute-~* hifi-installatie
fief ZN M **domein, bolwerk** • *un ~ électoral* kiesdistrict waar men de meerderheid heeft
fieffé MIN. BN **volslagen, aarts-, verstokt** • *un ~ menteur* aartsleugenaar
fiel ZN M **1** **gal** <van dieren> **2** FORM. **wrok, bitterheid** • *des paroles pleines de ~* bittere woorden
fielleux BN (V fielleuse), **bitter, venijnig, hatelijk**
fiente ZN V **drek, (vogel)poep**
fier[1] "fjee" WKD WW **(se ~) à** **vertrouwen op, rekenen op** • *il ne se fie à personne* hij vertrouwt op niemand • INFORM. *ne plus savoir à quel saint se ~* zich geen raad meer weten
fier[2] "fjèr" **1** BN (V fière), **trots** • *je suis ~ de toi* ik ben trots op je • *être trop ~ pour accepter qc* te trots zijn om iets te accepteren • INFORM. *ne pas être ~* zich klein maken, bang / bedremmeld zijn, flink in de rats zitten **2** ZN M • *faire le ~* zich groot houden, uit de hoogte doen
fièrement BW **trots, fier, moedig**
fierté ZN V **trots, fierheid** • *il est notre ~* hij is onze trots
fiesta INFORM. ZN V **zuippartij, feestje, boemel(arij)**
fièvre ZN V **1** **koorts** • *la ~ aphteuse* mond- en klauwzeer • *la ~ jaune* gele koorts • *la fièvre Zika* zikakoorts • *avoir de la ~* koorts hebben • *il a 40 de ~* hij heeft 40 graden koorts • *avoir une forte ~* hoge koorts hebben **2** FIG. **koortsachtigheid, opwinding** • *dans la ~ du départ, j'ai oublié les billets* in alle opwinding van het vertrek ben ik de kaartjes vergeten
fiévreusement BW **koortsachtig**
fiévreux BN (V fiévreuse), OOK FIG. **koortsachtig, koortsig**
fifille INFORM. ZN V **klein meisje, dochtertje**
fifre ZN M **1** **dwarsfluitje** **2** **fluitspeler**
figer **1** OV WW **doen stollen, stijf doen worden,** OOK FIG. **doen verstarren** • *un sourire figé* stijf, gedwongen lachje • *être figé sur place* als aan de grond genageld staan • TAALK. *une expression figée* vaste / versteende uitdrukking **2** WKD WW **(se ~)** **stollen, stijf worden,** OOK FIG. **verstarren** • *se ~ sous le coup d'une émotion* verstarren van emotie
fignolage ZN M **zorgvuldige afwerking, peuterwerk**
fignoler OV WW **heel zorgvuldig afwerken, bijvijlen**
fignoleur ZN M (V fignoleuse), **pietje-precies**
figue ZN V **vijg** • *une ~ de Barbarie* cactusvijg • *mi-~, mi-raisin* FIG. halfslachtig, halfhalf, zuurzoet
figuier ZN M **vijgenboom**
figurant ZN M (V figurante), **figurant**
figuratif BN (V figurative), **figuratief, beeld-** • *les arts ~s* figuratieve kunst
figuration ZN V **1** **figurantenrol, de figuranten** • *faire de la ~* OOK FIG. (slechts) een figurantenrol spelen **2** **voorstelling in beelden**
figure ZN V **1** **gezicht, gelaat** • *avoir une drôle de ~* een gek gezicht hebben • *faire bonne ~* een goed figuur slaan • *faire piètre ~* een pover figuur slaan • *faire triste ~* er somber uitzien • FIG. *faire ~ de héros* figureren als held, doorgaan voor held • INFORM. *il s'est cassé la ~ dans l'escalier* hij is van de trap gedonderd • INFORM. *il lui a cassé la ~* hij heeft hem in elkaar geslagen **2** **figuur** • *une ~ de style* stijlfiguur • *dans ce cas de ~...* in dat veronderstelde geval..., mocht dat zo zijn... **3** **figuur, afbeelding, illustratie** • *des ~s géométriques* meetkundige figuren **4** SPORT **figuur** • *des ~s imposées* verplichte kür, verplichte figuren • *des ~s libres* vrije kür, vrije figuren
figuré BN **figuurlijk** • *au (sens) ~* in figuurlijke betekenis
figurer **1** OV WW **voorstellen, afbeelden, uitbeelden** **2** ONOV WW OOK FIG. **figureren** • *~ sur une liste* op een lijst voorkomen / staan • *~ parmi les premiers* een van de eersten zijn **3** WKD WW **(se ~)** **zich voorstellen, zich verbeelden** • *figure-toi que tout le monde était là* stel je voor, iedereen was er
figurine ZN V **beeldje**
fil ZN M **1** **draad** • *une bobine de ~* klos garen • *du pur ~ (de lin)* zuiver linnen • *un ~ de laine* wollen draad • *du ~ à coudre* naaigaren • *du ~ à broder* borduurgaren • *du ~ dentaire* tandzijde, flosdraad • FIG. *donner du ~ à retordre à qn* iemand veel te stellen geven, iemand heel wat last bezorgen • FIG. *c'est cousu de ~ blanc* dat ligt er (duimen)dik bovenop, dat is volkomen doorzichtig <van leugen, bedrog> • FIG. *avoir un ~ à la patte* een blok aan het been hebben • FIG. *sa vie ne tient qu'à un ~* zijn leven hangt aan een zijden draadje • *de ~ en aiguille* van het een op het ander komend, stukje bij beetje **2** **(metaal) draad** • *du ~ de fer* ijzerdraad • *un ~ à plomb* schietlood • *des fils de fer barbelés* prikkeldraad • FIG., MIN. *il n'a pas inventé le ~ à couper le beurre* hij heeft het buskruit niet uitgevonden **3** **snoer, kabel** • *le ~ électrique (d'une lampe)* het snoer (van een lamp) • *un téléphone sans ~* draadloze telefoon • *avoir qn au bout du ~* iemand aan de (telefoon)lijn hebben • INFORM. *passer un coup de ~ à qn* iemand opbellen **4** **(ver)loop** • FIG. *le ~ rouge / le ~ conducteur* de rode draad • *suivre le ~ de ses pensées* zijn gedachtegang volgen • FIG. *perdre / reprendre le ~ de la conversation* de draad van het gesprek kwijtraken / weer opnemen • *au ~ des heures / des jours* in de loop van de uren / dagen • *au ~ de l'eau* met de stroom mee **5** **scherp, scherpe kant** • *le ~ du couteau* snijkant van het mes
filament ELEK. ZN M **gloeidraad**
filandreux BN (V filandreuse), **vezelig, met taaie vezels**
filant BN **stroperig, dikvloeibaar** • *une étoile ~e* vallende ster
filasse ZN V **(ongesponnen) vlas** • *des cheveux ~* vlasblond haar
filature ZN V **1** **(het) schaduwen** <van verdachte e.d.> • *prendre qn en ~* iemand schaduwen **2**

fi

spinnerij

file ZN V **rij** <achter elkaar> • *une ~ d'attente* rij van wachtenden • *une ~ devant un cinéma* rij voor een bioscoop • *un chef de ~* leider • *prendre la ~* (achteraan) in de rij gaan staan • *marcher à la ~ / en ~* achter elkaar lopen • *avancer en ~ indienne* achter elkaar aan lopen • *stationner en double ~* dubbel parkeren

filer **1** ONOV WW INFORM. **snel (weg)gaan**, FIG. **voorbijvliegen, ervandoor gaan** • *allez, file!* maak dat je wegkomt! • *~ à l'anglaise* er stiekem tussenuit knijpen • *je suis en retard, je file* ik ben te laat, ik ga ervandoor • *il a filé sans demander son reste* hij is er gauw tussenuit geknepen **2** OV WW **1 spinnen**, OOK FIG. **uitspinnen** • *l'araignée file sa toile* de spin spint zijn web • *~ de la laine* wol spinnen • FIG. *~ le parfait amour* volmaakt gelukkig (met elkaar) zijn • *du verre filé* glasdraad **2** INFORM. **geven** • *il m'a filé un grand coup dans l'estomac* hij heeft me een harde stomp in de maag gegeven • *file-moi de l'argent!* geef me geld! **3 schaduwen** <van verdachte e.d.> • *~ un suspect* een verdachte schaduwen

filet ZN M **1 net** • *un ~ à provisions* boodschappennet • *un ~ de pêche* visnet • *un ~ (de sécurité)* vangnet • *travailler sans ~* zonder vangnet werken, FIG. risico's nemen • FIG. *un beau coup de ~ (de la police)* mooie vangst (van de politie) • *attirer qn dans ses ~s* iemand in zijn strikken vangen, iemand strikken **2** SPORT **net** • <tennis> *monter au ~* (naar het net) oplopen **3 straaltje, scheutje** • *un ~ d'eau* waterstraaltje • *ajouter un ~ d'huile sur les tomates* een scheutje olie op de tomaten doen • FIG. *un ~ de voix* schraal stemmetje • FIG. *un ~ de fumée* rookpluimpje **4** CULIN **filet** • *un ~ de bœuf* ossenhaas • *un ~ de poisson* visfilet

filial BN (M MV filiaux), **kinder-, kinderlijk** • *l'amour ~* kinderliefde <jegens ouders>

filiale ZN V **dochteronderneming**

filiation ZN V **afstamming**

filière ZN V FIG. **gewone weg, reeks fasen of stappen** • *la ~ agroalimentaire* de voedingsmiddelensector, de bedrijfskolom voor voedingsmiddelen • *la ~ technique au bac* de technische richting van het 'bac', ≈ middelbaar technisch onderwijs • *suivre la ~ normale* de normale hiërarchische weg volgen, de leerweg / productieketen doorlopen, zich omhoogwerken • *démanteler une ~* een drugsnetwerk oprollen

filiforme BN **1 draadvormig 2 broodmager**

filigrane ZN M **watermerk** • *lire en ~* tussen de regels door lezen

filin ZN M **tros, kabel** • *un ~ d'acier* stalen kabel

fille ZN V **1 meisje** • *une jeune ~* (jong) meisje • *courir les ~s* achter de meiden aanzitten **2 dochter** • *une ~ à papa* rijkeluisdochter • *c'est un garçon ou une ~?* is het een hij of een zij? • *ils ont un garçon et une ~* ze hebben een zoon en een dochter • *c'est la ~ Dupuis qui a répondu au téléphone* het meisje (van de familie) Dupuis heeft de telefoon opgenomen

fillette ZN V **(klein) meisje**

filleul ZN M (V filleule), OOK FIG. **petekind**

film ZN M **1 film** • *un ~ de guerre* oorlogsfilm • *un ~ policier* misdaadfilm • *un ~ de science-fiction* sciencefictionfilm • *un film en 3D* 3D-film • *jouer dans un ~* een rol in een film hebben • *le ~ passe dans quelques salles de cinéma* de film draait in een paar bioscopen • *réaliser / tourner un ~* een film opnemen • FIG. *se faire un ~ (dans la tête)* spoken zien • INFORM. *se faire des ~s* zich dingen inbeelden **2 dun laagje, vliesje, folie**

filmage ZN M **(het) filmen**

filmer OV WW **(ver)filmen**

filmique BN **film-, filmisch**

filon ZN M **1 ertsader 2** FIG. **goudmijn(tje), luizenbaan** • FIG. *trouver le bon ~* een goudmijn vinden

filou ZN M **schurk, boef(je)**

filouter OV WW **oplichten, bestelen**

fils "fies" ZN M OOK FIG. **zoon** • *un ~ de famille* jongeman van goeden huize • *un ~ à papa* rijkeluiszoontje • *Dumas ~* Dumas junior • *de père en ~* van vader op zoon

filtrage ZN M **1 filtrering 2** FIG. **schifting**

filtration ZN V **filtrering**

filtre ZN M **filter** • *un (bout) ~* sigarettenfilter • *cigarette avec ~* filtersigaret • *un ~ à air* luchtfilter

filtrer **1** OV WW **1 filtreren**, OOK FIG. **filteren** • *de l'eau filtrée* gefiltreerd water **2** FIG. **schiften, screenen** • *~ des nouvelles* nieuws schiften **2** ONOV WW OOK FIG. **doorsijpelen, filtreren** • *certaines nouvelles ont tout de même filtré* sommige nieuwtjes zijn toch uitgelekt

fin **1** ZN V **1 einde** <tijd, plaats> • *la ~ de la journée / de l'année* het einde van de dag / van het jaar • *la ~ de la rue* het eind van de straat • *des fins de série* winkelrestanten • *la ~ d'un contrat* het einde van een contract • *la ~ prématurée de l'héroïne du film* de voortijdige dood van de filmheldin • *elle est partie à la ~* uiteindelijk is ze vertrokken • *c'est la ~ de l'histoire* het verhaal is uit • *tout a une ~* aan alles komt een eind • *la réunion a pris ~ vers vingt heures* de vergadering eindigde rond acht uur • *mettre ~ à ses jours* een eind aan zijn leven maken • *avoir une ~ tragique* jammerlijk om het leven komen • *notre séjour tire / touche à sa ~* ons verblijf loopt op z'n eind • *on n'en verra jamais la ~* het is een gebed zonder einde • *de cette histoire, on n'en voit pas la fin!* er komt geen einde aan die geschiedenis / kwestie! • *mais, réponds à la fin!* antwoord nou eens! • *mener une affaire à bonne ~* een zaak tot een goed einde brengen / afmaken • *arrondir ses fins de mois* wat bijverdienen (om rond te komen) • *discourir sans ~* eindeloos uitweiden • INFORM. *c'est la ~ des haricots!* dat doet de deur dicht!, daarmee houdt alles op! • *vers la ~ de la soirée* tegen het einde van de avond • *à la ~ de décembre / ~ décembre* eind december • *en ~ de compte* per slot van rekening **2 doel, bedoeling** • *arriver / en venir à ses fins* zijn doel bereiken • *la ~ justifie les moyens* het doel heiligt de middelen • *parvenir à ses fins* zijn doel bereiken • *à cette ~* daartoe • *à toutes fins utiles* voor zover nodig, ten overvloede • *à seule ~ de...* alleen maar om... **2** BN **1**

dun • *une taille fine* slanke taille • *une fine rondelle de saucisson* dun plakje worst • *une fine tranche de pain* dun sneetje brood **2 fijn** • *une pierre fine* echte steen, halfedelsteen **3** FIG. **scherp, scherpzinnig, slim** • *il veut jouer aux plus fins avec moi* hij wil me te slim af zijn **4 bekwaam** • *un ~ connaisseur* groot kenner • *un ~ gourmet* fijnproever **5 van eerste kwaliteit** • *un vin ~* heel goede wijn • *une épicerie fine* delicatessenwinkel • *de la lingerie fine* elegante lingerie • *le ~ du ~* het fijnste v.h. fijnste, het puikje **6 uiterst** • *le ~ mot de l'histoire* het fijne v.d. zaak, de ware toedracht • *au ~ fond de* diep in, in het hartje van **3** BW **1 fijn** • *du café moulu ~* fijn gemalen koffie • *les tranches sont coupées trop ~* de plakjes zijn te dun gesneden **2 volslagen** • *être ~ prêt* geheel klaar zijn

final BN (M MV finaux, ~s), **laatst, eind-, slot-** • TAALK. *la proposition ~e* doelaanwijzende bijzin

finale 1 ZN V **1** SPORT **finale, eindstrijd** • *la ~ de la coupe du monde de football* de finale van het WK voetbal • *l'équipe est arrivée en ~* de ploeg heeft de finale bereikt **2 slotlettergreep 2** ZN M MUZ. **finale**

finalement BW **ten slotte** • *elle a pu ~ participer au jeu* zij mocht alsnog meedoen

finaliste ZN M/V **finalist** • *un ~ malheureux* verliezend finalist

finalité ZN V **doel(gerichtheid)**

finance ZN V **1 geld- en bankwezen** • *la haute ~* de grote bankiers / financiers • *être dans la ~* in het bankwezen zitten **2** MV **financiën, geldmiddelen** • *les ~s publiques* openbare financiën • *le ministère des Finances* ministerie van Financiën • *mes ~s ne vont pas bien* mijn financiële situatie is slecht

financement ZN M **financiering** • *le financement participatif* crowdfunding

financer 1 OV WW **financieren, bekostigen** • *~ un spectacle* een uitvoering bekostigen **2** ONOV WW IRON. **dokken** • *elle s'achète tout ce qu'elle veut, c'est sa mère qui finance* ze koopt alles wat ze wil, haar moeder dokt wel

financier 1 BN (V financière), **financieel, geldelijk, geld-** • *la crise financière* geldcrisis • *avoir des problèmes ~s* financiële problemen hebben • *avoir de gros besoins ~s* in grote geldnood zitten **2** ZN M (V financière), **financier**

finasser INFORM. ONOV WW **draaien, uitvluchten gebruiken**

finaud 1 BN **(boeren)slim, goochem 2** ZN M (V finaude), **goochemerd, slimmerd**

fine ZN V **fijne brandewijn**

finement BW **fijn(tjes)**

finesse ZN V **1 slankheid, dunheid** • *la ~ de la taille de qn* iemands slanke taille **2 fijnheid** • *la ~ d'un mets* fijnheid van een gerecht **3** FIG. **scherpte, scherpzinnigheid, schranderheid, geestigheid** • *avoir une grande ~* heel scherpzinnig zijn • *la ~ de l'odorat de qn* de scherpte van iemands reuk **4** MV **finesses, nuances** • *connaître les ~s de la langue* de nuances van de taal kennen

fini BN **1 klaar, beëindigd, af(gewerkt)** • *un produit ~* eindproduct • *le travail est ~* het werk is af **2 voorbij** • *~es les vacances!* afgelopen met de vakantie! • *l'école est ~e* de school is uit • *c'est ~ maintenant, on se tait!* nu is het afgelopen, geen woord meer! • *c'est ~ entre eux* het is uit tussen hen • *il est ~, ce type!* het is gedaan met hem **3** MIN. **aarts-, volleerd** • *un menteur ~* een aartsleugenaar

finir 1 OV WW **1 beëindigen, afmaken, afwerken** • *~ un plat* een gerecht opeten • *~ un verre* een glas leegdrinken • *~ son travail / ses devoirs* zijn werk / zijn huiswerk afmaken • *elle a fini d'écrire son livre* zij heeft haar boek af • *~ un livre* een boek uitlezen • *tu finis ton travail et on sort* als je werk af is gaan we uit • *ce manteau est vraiment fini* die jas is echt afgedragen • *je ~ai en disant que...* tot slot zal / wil ik zeggen dat... **2 beëindigen** • *~ ses jours dans une maison de repos* zijn laatste levensdagen in een rusthuis doorbrengen • *~ sa vie dans la misère* zijn laatste levensjaren in armoede doorbrengen **2** ONOV WW **eindigen, aflopen** • *il a fini par payer* ten slotte heeft hij betaald • *il ~a mal* het zal slecht met hem aflopen • *tout est bien qui finit bien* eind goed, al goed • *il n'en ~a jamais avec cette affaire* er zal voor hem nooit een eind aan die zaak komen, het is een gebed zonder einde voor hem • *en ~ avec qn* zich afmaken van iemand • *il a fini par se mettre au travail* uiteindelijk is hij aan het werk gegaan • *tu vas ~ par tomber!* dadelijk val je nog! • *il a fini en prison* hij is in de gevangenis geëindigd • *il n'en finit pas de se plaindre* hij blijft maar klagen • *pour ~* tot slot, ten slotte, uiteindelijk

finish ZN M **laatste inspanning, laatste loodjes,** OOK FIG. **eindsprint** • *il l'a emporté au ~* hij heeft op het nippertje gewonnen

finissage ZN M **afwerking**

finition ZN V **afwerking** • *des travaux de ~* het afwerken, de laatste hand

finlandais 1 ZN M **(het) Fins 2** BN **Fins**

Finlandais ZN M (V Finlandaise), **Fin**

Finlande ZN V **Finland**

finnois 1 ZN M **(het) Fins 2** BN **Fins**

fiole ZN V **flesje**

fiord ZN M **fjord**

fioritures ZN V MV **versieringen, tierelantijnen**

fioul "fjoel" ZN M **stookolie**

firmament ZN M **uitspansel, firmament**

firme ZN V **firma**

fisc "fiesk" ZN M **fiscus, belastingdienst** • *frauder le ~* belasting ontduiken

fiscal BN (M MV fiscaux), **fiscaal, belasting-** • *la fraude ~e* belastingfraude / -ontduiking

fiscalisation ZN V **(het) belastbaar maken, fiscalisering**

fiscaliser OV WW **belasten, fiscaliseren**

fiscalité ZN V **belastingwezen, belastingstelsel**

fission ZN V **splijting, (kern)splitsing**

fissuration ZN V **splijting, scheurvorming**

fissure ZN V **spleet,** OOK FIG. **barst** • *les ~s d'un mur* spleten in een muur • *une démonstration qui comporte des ~s* bewijsvoering die zwakke plekken vertoont

fissurer 1 OV WW splijten • *un mur fissuré* muur met scheuren • *un vase fissuré* gebarsten vaas 2 WKD WW **(se ~)** splijten, barsten • *un plafond qui se fissure* plafond dat scheuren krijgt

fiston INFORM. ZN M zoon, (m'n) jongen

fitness ZN M fitness • *faire du ~* fitnessen

F.I.V. AFK fécondation in vitro ∨ ivf, in-vitrofertilisatie, reageerbuisbevruchting

fixage ZN M (het) fixeren

fixateur ZN M 1 fixeer(middel), versteviger 2 A-V fixeerspuit, fixatief

fixation ZN V 1 (het) vastmaken • *un crochet de ~* haakje om iets aan te hangen 2 (het) vastleggen, vaststelling • *la ~ des prix du pétrole* het vastleggen van de olieprijzen 3 PSYCH. fixatie • *faire une ~ à la mère* een fixatie op de moeder hebben • *faire une ~ sur la nourriture* gefixeerd zijn op eten, alleen maar aan eten denken

fixe 1 BN vast, onveranderlijk • *un prix ~* vaste prijs • *une idée ~* dwangvoorstelling, idee-fixe • *un regard ~* strakke blik • *le temps est au beau ~* het is mooi en bestendig (weer) • *donner à manger à bébé à heure ~* de baby op vaste tijden eten geven 2 ZN M vast inkomen • *avoir un ~* een vast inkomen hebben

fixer 1 OV WW 1 vastmaken, bevestigen • *~ un tableau au mur* een schilderij aan de muur hangen 2 vaststellen, vastleggen • *~ le prix d'une denrée* de prijs van een voedingsmiddel bepalen • *~ un rendez-vous* een afspraak maken 3 strak aankijken, fixeren • *~ qn* iemand aanstaren • *~ son regard sur qn / qc* zijn blik op iemand / iets vestigen • FIG. *~ son attention sur qc* zijn aandacht op iets richten 4 uitsluitsel geven, informeren • *je suis fixé sur vos intentions* ik weet (nu) wat uw bedoeling is • *il n'est pas encore très fixé (sur ce qu'il doit faire)* hij is er nog niet helemaal uit (wat hij moet doen) 2 WKD WW **(se ~)** 1 zich vestigen • *se ~ en France / dans la Dordogne* zich in Frankrijk / in de Dordogne vestigen 2 (vast)stellen • *se ~ un but / objectif* zich een doel stellen • *son choix s'est fixé sur cet article* zijn keus is op dat artikel gevallen • *finalement, il s'est fixé sur un ordinateur portable* uiteindelijk heeft hij voor een laptop gekozen

fixette INFORM. ZN V obsessie • *il fait une ~ sur cette chanteuse* hij is gefixeerd op die zangeres

fixité ZN V strakheid <van blik>, vastheid, onveranderlijkheid

fjord "fjor(d)" ZN M → **fiord**

flac TUSSENW klets!, plons!

flacon ZN M fles(je), flacon • *un ~ de parfum / de cognac* flesje parfum / cognac

flagada INFORM. BN futloos, slapjes • *être / se sentir complètement ~* helemaal geen fut hebben

flagellation ZN V geseling, (zelf)kastijding

flageller OV WW OOK FIG. geselen

flageoler ONOV WW knikken <v. knieën>, trillen <v. benen> • *avoir les jambes qui flageolent* trillen op zijn benen

flageolet MUZ., CUL. ZN M flageolet

flagrant BN overduidelijk, zonneklaar • *une injustice ~e* schreeuwend onrecht • *un ~ délit* strafbaar feit waarop iemand betrapt wordt, heterdaadje • *être pris en ~ délit de vol* op heterdaad betrapt worden bij diefstal, op diefstal betrapt worden

flair ZN M 1 reukzin <van dieren> 2 FIG. fijne neus, intuïtie (voor iets) • *manquer de ~* geen fijne neus hebben voor iets, de dingen niet aanvoelen

flairer OV WW OOK FIG. ruiken, OOK FIG. lucht krijgen van, bespeuren • *on a flairé une magouille dans cette affaire* er wordt gesjoemel vermoed in die zaak • *~ le danger* onraad bespeuren

flamand 1 BN Vlaams 2 ZN M (het) Vlaams

Flamand ZN M (∨ Flamande), Vlaming

flamant ZN M flamingo

flambant BN vlammend • *une voiture ~ neuf / ~ neuve* gloednieuwe auto

flambeau ZN M (MV flambeaux), fakkel • *une retraite aux ~x* fakkeloptocht • FIG. *passer le ~ à qn* de fakkel doorgeven aan iemand

flambée ZN V 1 fel vuurtje 2 opwelling, uitbarsting, vlaag • *la ~ des prix* plotselinge prijsstijging • *une ~ de colère* vlaag van woede • *une ~ de violence* golf van geweld

flamber 1 ONOV WW 1 vlammen, OOK FIG. branden • INFORM. *les prix flambent* de prijzen schieten omhoog • FORM. *ses yeux flambaient de joie / de colère* zijn ogen fonkelden van blijdschap / van woede 2 INFORM. om grof geld spelen • *être flambé* verloren zijn, geruïneerd zijn 2 OV WW CULIN flamberen • *des bananes flambées* geflambeerde bananen

flambeur INFORM. ZN M (∨ flambeuse), iemand die om grof geld speelt, patser

flamboiement ZN M OOK FIG. (het) vlammen

flamboyant BN 1 OOK FIG. vlammend, schitterend, fonkelend • *une chevelure ~e* rood haar 2 ARCH. flamboyant • *le gothique ~* flamboyante gotiek

flamboyer ONOV WW OOK FIG. vlammen, schitteren, fonkelen

flamingant 1 BN 1 Vlaamssprekend 2 Vlaamsgezind 2 ZN M POL., MIN. flamingant, Vlaamsgezinde

flamme ZN V 1 vlam • *une maison en ~s* huis dat in brand / in lichterlaaie staat • *partir en ~s* in vlammen opgaan • *la forêt est la proie des ~s* het bos is een prooi van de vlammen 2 FIG. vuur, gloed • *un discours plein de ~* gloedvolle toespraak • *déclarer sa ~ à qn* iemand de liefde verklaren

flammèche ZN V vonk, sprankje vuur

flan ZN M 1 CULIN eiervla(gebak) 2 INFORM. • *en rester comme deux ronds de ~* grote ogen opzetten, paf staan

flanc "fla(n)" ZN M zijkant, zij(de), flank • *une maison (construite) à ~ de coteau* huis dat op de helling (v.d. heuvel) ligt • *se coucher sur le ~* op zijn zij gaan liggen • FIG. *être sur le ~* doodmoe zijn, bedlegerig zijn • FIG. *prêter le ~ aux attaques* zich aan aanvallen blootstellen • INFORM., FIG. *tirer au ~* de kantjes eraf lopen

flancher INFORM. ONOV WW afhaken, opgeven,

het laten afweten, het begeven • *le cœur a flanché* het hart heeft het begeven
Flandre ZN V Vlaanderen
flanelle ZN V flanel • *de / en ~* flanellen
flâner ONOV WW **1** flaneren, rondslenteren **2** lummelen, rondhangen
flânerie ZN V (het) (rond)slenteren, (het) kuieren, (het) flaneren
flâneur ZN M (V flâneuse), slenteraar, wandelaar
flanquer OV WW **1** INFORM. geven, bezorgen • *~ une gifle à qn* iemand een klap verkopen • *ce type me flanque la frousse* die vent jaagt me de stuipen op het lijf **2** INFORM. smijten • *on nous a flanqués à la porte* ze hebben ons eruit gemikt **3** flankeren • *il est toujours flanqué d'une belle blonde* er loopt altijd een mooi blondje naast hem
flapi INFORM. BN bekaf
flaque ZN V plas • *une ~ d'eau* plas water • *une ~ de sang* bloedplas
flash ZN M (MV flashs/flashes) **1** A-V flits(licht), flitstoestel **2** FIG. flits, gedachteflits, nieuwsflits • *le ~ de quatorze heures* kort nieuwsbericht van twee uur
flash-back "flasjbak" ZN M (MV id.), flashback, terugblik
flasher 1 ONOV WW INFORM. **~ sur** vallen op, gecharmeerd zijn van • *il a flashé sur la nouvelle Peugeot* hij viel op de nieuwe Peugeot **2** OV WW A-V flitsen • *se faire ~ sur la route (pour cause de vitesse)* op de weg geflitst worden (wegens te hoge snelheid)
flasque 1 BN slap, week • *des chairs ~s* week vlees **2** ZN V plat flesje, heupfles
flatter 1 OV WW **1** vleien, FIG. strelen, flatteren • *cette couleur ne la flatte pas* die kleur staat haar niet goed • *je suis flatté qu'il m'ait invité* ik voel me gevleid dat hij me heeft uitgenodigd • *~ la vanité de qn* iemands ijdelheid strelen **2** aaien <van dieren> **2** WKD WW **(se ~) de** zich vleien met, zich laten voorstaan op • *il se flatte de réussir / de sa réussite* hij geeft hoog op van zijn succes • *sans me ~, j'ai bien réussi* ik wil niet opscheppen, maar ik heb wel succes gehad
flatterie ZN V compliment(je), vleierij
flatteur 1 BN (V flatteuse), vleiend, flatteus • *un portrait ~* een geflatteerd portret **2** ZN M/V (V flatteuse), vleier
flatulence ZN V winderigheid, (het) winden laten
F.L.E. AFK français langue étrangère m Frans als vreemde taal
fléau ZN M (MV fleaux), OOK FIG. plaag • *la solitude est le ~ de nos sociétés modernes* eenzaamheid is de plaag van onze hedendaagse maatschappij
fléchage ZN M bewegwijzering <met pijlen>
fléché BN met pijl(en) • *un itinéraire ~* met pijlen aangegeven route
flèche ZN V pijl • *partir / filer comme une ~* er pijlsnel / als een speer vandoor gaan • FIG. *les prix montent en ~* de prijzen schieten omhoog • FORM. *faire ~ de tout bois* alle middelen aanwenden
flécher OV WW met pijlen markeren
fléchette ZN V pijltje • *un jeu de fléchettes* darts(spel)
fléchir 1 OV WW **1** buigen • *~ les genoux* knielen • *~ le corps en avant* (zijn lichaam) vooroverbuigen **2** vermurwen • *~ les juges* de rechters vermurwen **2** ONOV WW **1** (door)buigen **2** zwichten, toegeven • *~ devant qn* voor iemand zwichten **3** FIG. verslappen, afnemen • *la courbe de production fléchit dangereusement* de productiecurve daalt gevaarlijk • *les cours fléchissent* de koersen dalen
fléchissement ZN M **1** (het) (door)buigen **2** FIG. verslapping, achteruitgang, daling
flegmatique BN flegmatiek, onverstoorbaar
flegme ZN M onverstoorbare kalmte, flegma
flemmard INFORM. **1** BN (V flemmarde), lui **2** ZN M (V flemmarde), luilak
flemmarder INFORM. ONOV WW luieren, niksen • *~ au lit* luieren in bed
flemmardise INFORM. ZN V luilakkerij
flemme "flèm" INFORM. ZN V • *avoir la ~ / tirer sa ~* lui / lamlendig zijn • *avoir la ~ de faire les courses* geen fut hebben om boodschappen te doen
Flessingue ZN V Vlissingen
flet ZN M bot <vis>
flétan ZN M heilbot
flétri BN **1** verlept **2** FIG. gerimpeld, slap • *une peau flétrie* rimpelige huid
flétrir 1 OV WW doen verwelken, OOK FIG. doen verleppen • FORM. *l'âge a flétri son visage* haar / zijn gezicht is verlept van de ouderdom **2** WKD WW **(se ~)** verwelken • *des roses qui se flétrissent* rozen die verwelken
flétrissure ZN V (het) verwelken, verleptheid
fleur ZN V **1** bloem, bloesem • *des ~s coupées* snijbloemen • *des ~s artificielles* kunstbloemen • *un pot de ~s* bloempot • *des pommiers en ~s* appelbomen die in bloei staan • *une robe à ~s* jurk met bloemmotief • *ni ~s ni couronnes!* geen bloemen! <bij begrafenis> • FIG. *des jeunes filles en ~* frisse jonge meiden • FIG. *être ~ bleue* sentimenteel / romantisch zijn **2** loftuiting, compliment • FIG. *faire une ~ à qn* iemand een gunst bewijzen, iemand een plezier doen • *jeter des ~s à qn* iemand lof toezwaaien **3** (het) beste • *la (fine) ~ de la société* het puikje van de maatschappij • *être dans la ~ de l'âge* in de bloei v.h. leven zijn **4** • *une sensibilité à ~ de peau* overgevoeligheid • *avoir les nerfs à ~ de peau* één bonk zenuwen zijn
fleuret ZN M floret
fleurette ZN V bloempje • OUD. *conter ~ à une fille* een meisje het hof maken
fleuri BN **1** gebloemd • *un balcon ~* balkon vol bloemen **2** bloeiend, in bloei **3** fris <van teint>, gezond, blozend **4** FIG. bloemrijk • *un style ~* bloemrijke stijl
fleurir 1 ONOV WW bloeien, floreren • *les arbres fleurissent dans le jardin* de bomen bloesemen in de tuin **2** OV WW opfleuren (met bloemen) • *~ une tombe* een graf met bloemen opsieren

fl

fleuriste ZN M/V bloemist
fleuron ZN M bloemvormige versiering, FIG. parel (aan de kroon) • *le plus beau ~ de notre collection* het pronkstuk van onze verzameling
fleuve ZN M rivier, OOK FIG. stroom • FIG. *un ~ de larmes* stroom van tranen • FIG. *un discours-~* eindeloze toespraak • FIG. *un roman-~* lange (familie)roman, romancyclus
flexibilité ZN V flexibiliteit, buigzaamheid, plooibaarheid
flexible BN OOK FIG. flexibel, buigzaam, plooibaar

fl

flexion ZN V **1** buiging • *la ~ du genou* kniebuiging **2** TAALK. verbuiging, vervoeging • *la ~ nominale* verbuiging van het zelfstandig naamwoord • *la ~ verbale* vervoeging van het werkwoord
flexitarien ZN M (V flexitarienne), flexitariër
flic "fliek" INFORM. ZN M (V fliquette), smeris
flicage INFORM. ZN M (het) streng in de gaten houden
flicaille INFORM. ZN V politie, smerissen
flicard INFORM. BN smerissen-, politie-
flic flac TUSSENW klets <geluid van water dat druppelt>
flingue INFORM. ZN M vuurwapen, blaffer
flinguer INFORM. **1** OV WW **1** neerschieten **2** OOK FIG. mollen, niets heel laten van • *la presse a flingué le nouveau film* de pers heeft de nieuwe film gekraakt **2** WKD WW **(se ~)** zich overhoop schieten
flipper[1] "-pee" ONOV WW **1** INFORM. flippen, afknappen **2** INFORM. uit z'n bol gaan, in de piepzak zitten
flipper[2] "-peur" ZN M flipper(kast)
fliquer INFORM. OV WW streng in de gaten houden
fliquette INFORM. ZN V → **flic**
flirt "fleurt" ZN M flirt
flirter ONOV WW flirten **(avec** met**)** • FIG. *le parti socialiste flirte avec le front national* de Socialistische Partij flirt met het Front National
floc TUSSENW plons!
flocon ZN M vlok • *des ~s de neige* sneeuwvlokken • *des ~s d'avoine* havervlokken • *des ~s de poussière* stofdotten
floconneux BN (V floconneuse), vlokkig • *des nuages ~* vlokkige (schapen)wolken
flonflons ZN M MV geschetter • *les ~ de la fête / du bal* het geschetter van het feest / het dansfeest
flop ZN M flop, mislukking • *la pièce a fait un ~* het stuk is geflopt
flopée INFORM. ZN V (hele)boel • *une ~ d'enfants* een rits kinderen
floraison ZN V OOK FIG. bloei, bloeitijd
floral BN (M MV floraux), bloem-, bloemen-
flore ZN V flora
floriculture ZN V bloementeelt
Floride ZN V Florida
florilège ZN M bloemlezing
florin GESCH. ZN M gulden, florijn
florissant BN bloeiend, welvarend, florissant • *une économie ~e* bloeiende economie • *il a une mine ~e* hij ziet er welvarend uit
flot ZN M **1** opkomend water, vloed, stroom • *un ~ de boue* modderstroom • *un ~ de larmes / de sang* stroom van tranen / van bloed • *un ~ de lumière* een zee van licht • *un ~ de paroles* stortvloed van woorden, woordenvloed • FIG. *remettre une entreprise à ~* een onderneming weer vlot trekken / er weer bovenop helpen • *l'argent coule à ~s* het geld gaat er met bakken uit • *à ~* drijvend **2** FORM. vaak MV golf • *la violence des ~s* de woeste baren, de onstuimige zee
flottant BN **1** drijvend • *des glaces ~es* drijfijs **2** (los)hangend, zwevend • *des cheveux ~s* loshangende haren • *une robe ~e* ruimzittende jurk **3** onvast, onzeker, onbestemd • *un esprit ~* weifelende geest, weifelaar • *un électorat ~* zwevende kiezers
flotte ZN V **1** vloot • *une ~ aérienne* luchtvloot • *la ~ de guerre* de marine **2** INFORM. regen, water • *il tombe de la ~* het regent • *boire de la ~* water drinken
flottement ZN M **1** aarzeling, besluiteloosheid, onzekerheid • *il y a eu un ~ dans le public* er was een zekere aarzeling bij het publiek **2** golvende beweging
flotter **1** ONP WW INFORM. • *il flotte* het giet (van de regen) **2** ONOV WW **1** drijven • *une épave qui flotte à la dérive* wrak dat afdrijft, ronddrijvend wrak **2** zweven, wapperen, los hangen • *la brume flotte* de nevel hangt in de lucht • *le ballon flotte (en l'air)* de ballon zweeft in de lucht • *une bonne odeur flotte dans la cuisine* er hangt een lekker geurtje in de keuken • *un drapeau qui flotte au vent* vlag die wappert in de wind • *elle est si maigre que ses vêtements flottent autour de son corps* ze is zo mager dat ze zwemt in haar kleren **3** FIG. dobberen, dwalen, weifelen • *laisser ses pensées ~* zijn gedachten laten afdwalen
flotteur ZN M **1** drijver, vlotter **2** dobber
flottille ZN V flottielje, kleine vloot
flou **1** BN **1** onscherp, wazig **2** onduidelijk, OOK FIG. vaag • *des projets ~s* vage plannen **2** ZN M wazigheid, OOK FIG. vaagheid • *le ~ artistique* soft focus, (bewust) onscherp beeld
flouer INFORM. OV WW beduvelen • *~ qn* iemand beduvelen • *se faire ~* beduveld worden
floutage ZN M (het) wazig maken • *le ~ d'images* het onscherp maken van beelden
fluctuant BN schommelend, fluctuerend • *des prix ~s* schommelende prijzen
fluctuation ZN V schommeling, veranderlijkheid, fluctuatie • *des ~s climatiques* klimaatschommelingen
fluctuer ONOV WW op- en neergaan, schommelen, fluctueren
fluet BN (V fluette), teer, tenger, iel <van stem>
fluide **1** BN **1** (dun)vloeibaar • FIG. *la circulation est ~ sur l'autoroute ce matin* er is vanmorgen goed doorstromend verkeer op de snelweg **2** vloeiend, OOK FIG. onvast, onbestemd • *un style ~* vlotte stijl **2** ZN M niet-vaste stof, vloeistof

fluidifier OV WW vloeibaar maken

fluidité ZN V **1** (dun)vloeibaarheid • *la ~ du sang* vloeibaarheid van bloed **2** vloeiendheid, vlotte doorstroming • *la ~ du trafic* vlotte doorstroming van het verkeer

fluo INFORM. BN fluorescent fluorescerend

fluor ZN M fluor

fluorescence ZN V fluorescentie

fluorescent BN fluorescerend • *un gilet ~* fluorescerend hesje, veiligheidshesje • *une lampe ~e* tl-lamp

flûte 1 TUSSENW verdorie! • *ah ~, on a manqué le train!* hè verdorie, we hebben de trein gemist! **2** ZN V **1** fluit <instrument> • *une ~ à bec* blokfluit • *une petite ~* piccolo • *une ~ traversière* dwarsfluit • *jouer de la ~* fluit spelen **2** fluit <lang broodje> **3** fluit <glas> • *des flûtes à champagne* hoge champagneglazen

flûté BN fluitachtig, hoog <van toon, stem>

flûtiste ZN M/V fluitist

fluvial BN (M MV fluviaux), rivier- • *un port ~* binnenhaven

flux "fluu" ZN M **1** stroom • *le ~ des voitures* doorstroming van het autoverkeer • *le ~ menstruel* menstruele bloeding, menstruatie • *un ~ de paroles* woordenvloed **2** vloed • *le ~ et le re~* eb en vloed

fluxion ZN V (op)zwelling

F.M.I. AFK Fonds monétaire international m IMF, Internationaal Monetair Fonds

F.N. AFK Front national m OMSCHR. Franse rechts-extremistische partij

F.O AFK Force Ouvrière v OMSCHR. Franse sociaaldemocratische vakbond

foc SCHEEPV. ZN M fok

focal BN (M MV focaux), brandpunts-

focaliser 1 OV WW focussen, concentreren **2** WKD WW **(se ~)** zijn aandacht concentreren **(sur** op) • *se ~ sur l'essentiel* zich op de kern richten

foetal "fee-" BN (M MV foetaux), foetaal, foetus-

foetus "feetuus" ZN M foetus

fofolle ZN V → **foufou**

foi ZN V **1** geloof • *la ~ en qn* geloof in iemand • *avoir la ~* gelovig zijn • *n'avoir ni ~ ni loi* God noch gebod kennen • *sans ~ ni loi* schaamteloos **2** vertrouwen • *avoir ~ en l'avenir* vertrouwen hebben in de toekomst • *une profession de ~* geloofsbelijdenis • *ajouter ~ aux paroles de qn* geloof hechten aan iemands woorden **3** trouw • *la bonne ~* goede trouw • *la mauvaise ~* kwade trouw • *être de bonne ~* te goeder trouw zijn, oprecht zijn • *être digne de ~* geloofwaardig zijn, betrouwbaar zijn • *abuser de la bonne ~ de qn* misbruik maken van iemands eerlijkheid • *il l'a fait en toute bonne ~* hij heeft het helemaal te goeder trouw / in alle oprechtheid gedaan **4** gegeven woord • *le cachet de la poste faisant ~* het poststempel geldt als bewijs • *sur la ~ des témoins* op gezag van de getuigen • *ma ~, c'est bien vrai!* dat is waarachtig waar!

foie ZN M **1** lever • *le ~ gras* ganzenlever, eendenlever • INFORM. *avoir une crise de ~* een indigestie / bedorven maag hebben **2** INFORM. angst • *avoir les ~s* in de rats zitten

foin ZN M **1** hooi • *une meule de ~* hooimijt • *le rhume des ~s* hooikoorts • *être bête à manger du ~* zo dom als een ezel zijn **2** INFORM. herrie • *il nous a fait un de ces ~s!* hij heeft me een herrie geschopt!

foire ZN V **1** (jaar)beurs, (jaar)markt • *la ~ à la brocante* rommelmarkt **2** kermis, BELG. foor • *la ~ du Trône* OMSCHR. grote jaarlijkse kermis in Parijs **3** INFORM. bende, zootje • *faire la ~* de bloemetjes buiten zetten, pret maken • *c'est la ~ d'empoigne* het is pakken wat je pakken kan, het is graaien, graaien **4** FIG. • *la ~ aux questions / FAQ* FAQ, frequently asked questions

fo

foirer INFORM. ONOV WW misgaan, de mist ingaan

foireux BN (V foireuse), waardeloos, mislukt, flut-

fois ZN V keer, maal • *une ~* eenmaal, eens • *une ~ de plus* nog eens • *une ~ ou deux* een enkele keer • *deux ~ par jour* tweemaal per dag • *en une ~* in één keer • *par trois ~* tot drie keer toe • *neuf ~ sur dix* negen van de tien keer • *une (bonne) ~ pour toutes* eens en voor altijd • *l'autre ~* onlangs, vorige keer • *cette ~-ci* deze keer • *plus d'une ~* bij herhaling • *à la ~* tegelijk • INFORM. *des ~* soms, misschien • *il était une ~...* er was eens... • *payer deux ~* dubbel betalen • *c'est (une ~) de trop* dat is dubbelop • *une ~ que tu as commencé, ça vient tout seul* als je eenmaal begonnen bent gaat het vanzelf • *une ~ lancé, tu ne peux plus t'arrêter* als je eenmaal op dreef bent weet je van geen ophouden meer • *c'était la ~ que tu n'étais pas là* dat was die keer dat je er niet was • *passe pour cette ~!* voor deze keer (dan)! • *chaque ~ que je viens, elle recommence à se plaindre* telkens als ik kom gaat ze weer klagen • *combien de ~ faut-il te le répéter!* hoe vaak moet ik je dat nog zeggen? • *c'est la dernière ~ que je te le dis* dit is de laatste keer dat ik het je zeg • *je te l'ai dit trente-six ~ / cent mille ~* ik heb het je al honderd keer gezegd • *y regarder à deux ~* zich tweemaal bedenken • *je l'ai eu pour trois ~ rien* ik heb het voor een habbekrats gekregen • INFORM. *non, mais des ~!* hé, zeg!, ho, ho!

foison ZN V overvloed • *à ~* in overvloed

foisonnement ZN M overvloed, wemeling

foisonner ONOV WW **1** krioelen, wemelen • *le gibier foisonne dans ce bois* in dat bos wemelt het van het wild • *les occasions foisonnent* er zijn kansen te over **2** in overvloed voorkomen, OOK FIG. welig tieren

fol BN → **fou**

folâtre BN jolig, opgewekt, dartel

folâtrer ONOV WW dartelen, stoeien

foldingue (V folledingue) INFORM. BN niet goed snik, knotsgek

folichon INFORM. BN (V folichonne) • *pas ~* niet leuk, geen lolletje • *cette pièce (de théâtre) n'est pas ~ne* het is geen leuk toneelstuk

folie ZN V **1** waanzin • *un accès de ~* aanval van waanzin • *une ~ furieuse* razernij **2** dwaasheid • *aimer qn à la ~* hartstochtelijk veel van iemand houden • *avoir la ~ des grandeurs* aan grootheidswaan lijden • *faire des ~s* buitensporige dingen / uitgaven doen • *c'est de la ~ de la laisser partir seule en montagne* het is waanzin om haar alleen de bergen in te laten gaan

folklore ZN M **1** folklore, volkskunde **2** INFORM. mal gedoe • *tout ça, c'est du ~ !* wat een aanstellerij allemaal!

folklorique BN **1** folkloristisch, volks- **2** INFORM. (een beetje) zonderling

folle ZN V **1** gekkin **2** → **fou**

follement BW OOK FIG. waanzinnig • *il est ~ amoureux* hij is smoorverliefd • *être ~ enthousiaste* laaiend enthousiast zijn

fo

follet BN (V follette), mal(lig), grillig • *un feu ~* dwaallichtje, kwikzilverachtig persoon(tje)

fomenter FORM. OV WW aanstoken <van onrust, oproer e.d.>, aanwakkeren • *~ une révolte* oproer stoken

foncé BN donker <van kleur> • *une peau foncée* donkere huid • *bleu ~ / rouge ~* donkerblauw / -rood

foncer INFORM. razendsnel (te werk) gaan, zich storten (**sur** op) • *l'ambulance fonce vers l'hôpital* de ambulance scheurt naar het ziekenhuis • *~ comme un dingue sur la route* als een razende over de weg jakkeren • *~ dans le tas* erop springen, zich in het gewoel storten • *l'auto a foncé sur elle* de auto reed keihard op haar af • FIG. *~ dans le brouillard* stug doorgaan

fonceur INFORM. ZN M (V fonceuse), doordouwer

foncier BN (V foncière), grond- • *un impôt ~ / une taxe foncière* grondbelasting • *des revenus ~s* inkomsten uit grondbezit • *un crédit ~* grondkrediet • *un propriétaire ~* grondbezitter

foncièrement BW in de grond, door en door, wezenlijk • *il est ~ bon* hij is door en door goed

fonction ZN V **1** functie, werking • *un appareil hors de ~* apparaat dat buiten werking is • *cela me fait ~ de table* dat doet bij mij dienst als tafel **2** functie, bezigheid, betrekking • *la ~ publique* overheidsdienst, overheidsambt, overheid • *un logement de ~* ambtswoning • *une voiture de ~* dienstauto • *occuper la ~ de maire / directeur* de functie van burgemeester / directeur bekleden • *entrer en ~* in functie treden • *exercer une ~* een ambt uitoefenen • *quitter ses ~s* zijn ambt neerleggen • *on l'a relevé de ses ~s* hij is uit zijn functie ontslagen **3** functie • TAALK. *la ~ du sujet* de functie van het onderwerp • *le foie a une ~ vitale* de lever heeft een vitale functie • *cela varie en ~ des circonstances* dat wisselt naargelang de omstandigheden, dat hangt af van de omstandigheden

fonctionnaire ZN M/V ambtenaar

fonctionnalité ZN V functionaliteit

fonctionnel BN (V fonctionnelle), functioneel • *des troubles ~s* functiestoornissen

fonctionnement ZN M werking, werkwijze, (het) functioneren • *vérifier le bon ~ d'une machine* controleren of een machine goed werkt • *être en état de bon / mauvais ~* goed / slecht functioneren <van apparaat>

fonctionner ONOV WW werken, lopen, functioneren • *cette machine fonctionne bien* deze machine draait goed • *comment est-ce que ça fonctionne?* hoe werkt dat? • *ça fonctionne à l'électricité* dat loopt / werkt op elektriciteit

fond ZN M **1** bodem, diepte • *des ~s sous-marins* onderzeese diepten • *le ~ d'une bouteille* het bodempje in een fles • *versez-moi un ~ de porto* geef me maar een bodempje port • *vider ses ~s de poche* zijn laatste geld bij elkaar schrapen • *au ~ du sac* onder in de tas • *au ~ de la mer* op de bodem van de zee • *par vingt mètres de ~* twintig meter diep • *de ~ en comble* van onder tot boven, geheel en al • *sans ~* bodemloos **2** (het) diepste, (het) onderste, (het) achterste • *je vous remercie du ~ du cœur* ik dank u uit de grond van mijn hart • *habiter au fin ~ de la France* diep in het hartje van Frankrijk wonen • LETT., FIG. *toucher le ~* het diepste punt bereiken, aan de grond zitten • *au ~ du couloir* achter in de gang • *au ~ de la cour* achter op de binnenplaats • *au ~ des bois* diep in het bos • *au ~ de soi-même* in zijn binnenste **3** ondergrond, achtergrond • *un ~ sonore* achtergrondmuziek, achtergrondgeluid • *des bruits de ~* (achtergrond)ruis • *du bleu sur un ~ rouge* blauw op een rode achtergrond **4** kern van een zaak, wezen • *un problème de ~* fundamenteel probleem, kernprobleem • *un article de ~* achtergrondartikel • *le ~ et la forme* vorm en inhoud • *aller au ~ des choses* de dingen grondig doen • *examiner qc à ~* iets tot de bodem uitzoeken • *je le connais à ~* ik ken hem door en door • *il a un bon ~* hij is de kwaadste niet • INFORM. *y aller à ~ la caisse* keihard (ertegenaan) gaan • *au ~ / dans le ~, il n'a pas tort* eigenlijk heeft hij geen ongelijk • *à ~* grondig, geheel en al, op topsnelheid **5** SPORT uithoudingsvermogen • *une course de ~* langeafstandswedstrijd, langlaufwedstrijd • *faire du ski de ~* langlaufen **6** CULIN • *un ~ de tarte* taartbodem

fondamental BN (M MV fondamentaux), fundamenteel, essentieel, grond- • *la recherche ~e* zuiver wetenschappelijk onderzoek • TAALK. *le français ~* elementair Frans

fondamentalisme ZN M fundamentalisme

fondamentaliste **1** BN fundamentalistisch **2** ZN M/V fundamentalist

fondant BN sappig, smeltend (in de mond)

fondateur ZN M (V fondatrice), stichter, oprichter

fondation ZN V **1** het stichten stichting, oprichting • *la fondation d'un parti politique* de oprichting van een politieke partij **2** rechtspersoon stichting • *cette fondation a été créée par la famille Dupont* die stichting is in het leven geroepen door de familie Dupont

fondations ZN V MV fundament(en), grondslag(en), fundering • *les ~ d'une maison* de fundering van een huis • *creuser les ~* de fundamenten leggen

fondé **1** BN (V fondée), gegrond • *un reproche ~* een gegrond / terecht verwijt **2** ZN M (V fondée) • *un ~ de pouvoir* gevolmachtigde

fondement ZN M **1** vaak mv FIG. grondslag(en)

• *poser les ~s de qc* de grondslag voor iets leggen **2** FIG. **grond, reden** • *une accusation dénuée de tout ~* volkomen ongegronde beschuldiging • *sans ~* ongegrond

fonder **1** OV WW **1** **stichten, oprichten, instellen** • *~ un parti* een partij oprichten • *~ une famille* een gezin stichten **2** **gronden, baseren** **2** WKD WW **(se ~) sur** **zich baseren op, berusten op** • *sur quoi vous fondez-vous pour le juger ainsi?* waar baseert u zich op om hem zo te beoordelen?

fondeur ZN M (V fondeuse), **(metaal)gieter, (metaal)smelter**

fondre **1** ONOV WW **1** OOK FIG. **(weg)smelten** • *la glace fond au soleil* ijs smelt in de zon • *faire ~ du sucre* suiker laten oplossen • *~ en larmes* in tranen uitbarsten • *je fonds devant elle, elle est si mignonne!* ik word helemaal vertederd door haar, het is zo'n schatje! **2** **slinken, verdwijnen,** INFORM. **vermageren** • *ses économies ont fondu* zijn spaargeld is geslonken • *depuis sa maladie, il a fondu* sinds zijn ziekte is hij afgevallen **3** **~ sur** **zich storten op, neerkomen op** • *~ sur une proie* zich op een prooi storten **2** OV WW **1** **smelten** • *faire ~ du beurre dans une casserole* boter in een pan smelten **2** **gieten** <van beeld, klok enz.> **3** WKD WW **(se ~)** FIG. **samensmelten, verdwijnen, opgaan (in)** • *se fondre dans la foule* opgaan in de menigte

fonds ZN M **1** **kapitaal, bezit(tingen), fonds** • *les ~ publics* staatsfondsen • *des ~ secrets* geheime fondsen, zwarte kas • *rentrer dans ses ~* zijn geld terugkrijgen • FIG. *prêter à ~ perdu* lenen zonder hoop op terugbetaling **2** MV **geldmiddelen, contanten** • *un détournement de ~* verduistering (van gelden) • *être en ~* goed bij kas zijn • *collecter / réunir des ~* fondsen werven, giften inzamelen **3** **fonds** <organisme> • *le Fonds monétaire international (FMI)* Internationaal Monetair Fonds (IMF) • *Fonds mondial pour la nature* Wereld Natuur Fonds **4** **bedrijf, winkel** • OOK FIG. *un ~ (de commerce)* zaak, bedrijf, handel **5** **fonds, (deel)collectie**

fondu BN **1** **gesmolten** • *du fromage ~* smeerkaas • *de la neige ~e* gesmolten sneeuw **2** **in elkaar overlopend** <v. kleuren>

fondue ZN V **(kaas)fondue** • *la ~ bourguignonne / savoyarde* vlees- / kaasfondue

fongique BN **schimmel-**

font WW présent → **faire**

fontaine ZN V **fontein**

fonte ZN V **1** **(het) smelten** • *la ~ des neiges* het smelten van de sneeuw **2** TECHN. **(het) gieten** **3** **gietijzer** • *une marmite en ~* gietijzeren pan • *en ~* van gietijzer

fonts "fo(n)" ZN M MV • *les ~ (baptismaux)* doopvont

foot "foet" INFORM. ZN M football **voetbal** • *jouer au ~* voetballen

football "foetbol" ZN M **voetbal** • *jouer au ~* voetballen

footballeur ZN M (V footballeuse), **voetballer**

footing ZN M **jogging** • *faire son ~ tous les matins* elke ochtend joggen

for ZN M • *en / dans son ~ intérieur* diep in zijn hart

forage ZN M **(aan)boring, (het) boren**

forain **1** BN **kermis-, (jaar)markt-** • *une fête ~e* kermis • *les marchands ~s* marktkooplui **2** ZN M **kermisklant**

forçat ZN M **1** **dwangarbeider** • *travailler comme un ~* zwoegen als een paard **2** GESCH. **galeiboef**

force ZN V **1** **kracht, sterkte** • *un travail de ~* zwaar werk • *une ~ de la nature* krachtmens • *une épreuve de ~* krachtproef, krachtmeting • *un tour de ~* krachttoer • *reprendre des ~s* nieuwe kracht opdoen • *être dans la ~ de l'âge* in de kracht van zijn leven zijn • *ceci est au-dessus de mes ~s* dat gaat mijn krachten te boven • *vouloir qc de toutes ses ~s* iets per se willen • FIG. *il y est arrivé à la ~ du poignet* het is hem op eigen kracht gelukt • *de toutes ses ~s* uit alle macht **2** **macht** • *la ~ d'esprit* geestkracht • *la ~ de caractère* geestkracht, sterke persoonlijkheid • *un cas de ~ majeure* overmacht • *à ~ de demander, il a obtenu ce qu'il voulait* door steeds maar te vragen heeft hij gekregen wat hij wilde • *à toute ~* met alle geweld **3** **geweld, dwang, drang** • *la ~ de frappe* atoommacht <van een land>, vermogen om toe te slaan • *la ~ nucléaire stratégique* strategische kernwapens • *les ~s aériennes* luchtmacht • *les ~s armées* strijdkrachten • *les ~s de l'ordre* politie(macht), de sterke arm • *arriver en ~* in groten getale aankomen, met kracht(vertoon) aankomen • *de ~ / par (la) ~* met geweld, onder dwang • *par la ~ des choses* door de drang van de omstandigheden, noodzakelijkerwijs, noodgedwongen • *de gré ou de ~* goedschiks of kwaadschiks **4** **(natuur)kracht** • *un vent de ~ 7* windkracht 7 • *la ~ motrice* drijfkracht, OOK FIG. stuwkracht • *la ~ d'un désir / d'un sentiment* hevigheid van een verlangen / gevoel

forcé **1** BN **1** **geforceerd, gedwongen** • *un atterrissage ~* noodlanding • *une marche forcée* geforceerde mars • *un rire ~* een gemaakt / gedwongen lachje • *une vente forcée* gedwongen verkoping • *condamné aux travaux forcés* tot dwangarbeid veroordeeld **2** **onvermijdelijk** • INFORM. *c'est forcé!* dat moet wel, geheid! **2** WW volt. deelw. → **forcer**

forcément BN **noodzakelijkerwijs, per se, vanzelf(sprekend)**

forcené **1** BN **uitzinnig, razend, verwoed** **2** ZN M **waanzinnige, dolleman, gestoorde** • *s'agiter comme un ~* als een waanzinnige tekeergaan

forceps "forseps" ZN M **verlostang** • FIG. *au ~* met veel moeite

forcer **1** ONOV WW **forceren, veel kracht zetten** • FIG. INFORM. *~ sur la boisson* te veel drank gebruiken **2** OV WW **1** **dwingen, verplichten, noodzaken** • *on l'a forcé à se marier* ze hebben hem gedwongen om te trouwen • *~ le pilote à atterrir* de piloot verplichten te landen • *il a été forcé d'accepter* hij was genoodzaakt het te accepteren, hij moest wel akkoord gaan • FIG. *~ la main à qn* iemand (ergens toe) dwingen **2** **forceren, openbreken** • *la police a forcé la porte* de politie heeft de deur geforceerd **3** INFORM. **overdrijven** • *~ la note* overdrijven • *~*

fo

la dose een te sterke dosis nemen, FIG. te veel (van het goede) doen, te ver gaan **4 te veel eisen van, geweld aandoen** • *~ le pas* de pas versnellen • *~ la voix* zijn stem forceren **3** WKD WW **(se ~) zich forceren, zich dwingen** • *se ~ à sourire* gedwongen glimlachen • *se ~ à manger* met moeite eten

forcing ZN M **(het) krachtig aandringen, intensieve inspanning**

forcir ONOV WW **dikker worden, aankomen**

forer OV WW **(aan)boren, doorboren** • *~ un puits de pétrole* boren naar olie

forestier 1 BN (V forestière) **1 bos-** • *une région forestière* bosachtig gebied • *un garde ~* boswachter **2 boswachters- 2** ZN M **boswachter**

forêt ZN V **bos, woud** • *une ~ de pins* dennenbos • *la Forêt(-)Noire* Zwarte Woud • *la ~ vierge* oerwoud • *les arbres cachent la ~* (je kunt) door de bomen het bos niet meer zien

foreuse ZN V **boormachine**

forfait ZN M **1 (regeling volgens een) vast bedrag, arrangement, forfait** • *être payé au ~* een vastgesteld bedrag betaald krijgen, aangenomen werk doen • *ils ont pris un ~ avion-hôtel* ze hebben een arrangement met vliegtuig en hotel genomen **2 verstek** • *déclarer ~* FIG. verstek laten gaan, SPORT zich terugtrekken, opgeven **3** FORM. **ernstig vergrijp, misdrijf** • *commettre un ~* een misdrijf begaan

forfaitaire BN **vast / overeengekomen** <van bedrag>, **ineens betaald, forfaitair, all-in**

forfait-séjour ZN M **verblijf all-in**

forger OV WW OOK FIG. **smeden** • FIG. *cette histoire est forgée de toutes pièces* dat verhaal is van a tot z verzonnen

forgeron ZN M **smid**

formalisation ZN V **(het) formaliseren**

formaliser 1 OV WW **formaliseren 2** WKD WW **(se ~) aanstoot nemen** • *ne vous formalisez pas de sa conduite, elle est comme ça!* neemt u haar haar gedrag niet kwalijk, ze is nu eenmaal zo

formalisme ZN M **vormelijkheid, formalisme**

formaliste 1 BN **vormelijk, formalistisch 2** ZN M/V **formalist**

formalité ZN V **formaliteit** • *cette visite est une simple ~* dat bezoek is maar een formaliteit • *des formalités douanières* douaneformaliteiten

format "-mà" ZN M **1 formaat** • *du papier ~ A4* papier van A4-formaat • *un ~ de poche* zakformaat **2** MEDIA **opmaak** <van gegevens>, **format** • *le ~ d'un fichier* opmaak van een document • *un journal de ~ tabloïd* een krant op tabloidformaat

formater OV WW COMP. **formatteren**

formateur 1 BN (V formatrice), **vormend 2** ZN M (V formatrice), **opleider, begeleider** <bij scholing>

formation ZN V **1 groepering, formatie** • *il joue dans une ~ de jazz* hij speelt in een jazzensemble • *une ~ de combat* slagorde • *une ~ de parachutistes* eenheid parachutisten • *la ~ de l'équipe gouvernementale* regeringsformatie • *la ~ de l'équipe de France* opbouw van het Franse team **2 scholing** • *la ~ continue / permanente* permanente educatie • *recevoir une ~ scientifique* wetenschappelijk geschoold worden • *faire un stage de ~* een opleidingsstage volgen

forme ZN V **1 vorm** <uiterlijke vorm> • *des ~s géométriques* geometrische vormen • *des ~s généreuses* weelderige vormen • *un médicament sous ~ de gouttes* medicijn in de vorm van druppels • *un chapeau haut de ~* hoge hoed • *la ~ et le fond* vorm en inhoud • *juger sur la ~* op het uiterlijk beoordelen • *ce projet commence à prendre ~* dat project begint vorm aan te nemen • *prendre la ~ de qc* de vorm van iets aannemen • *il est apparu sous la ~ d'un animal* hij is in de gedaante van een dier verschenen • *de ~ ovale* ovaal van vorm • *en ~ de croix* kruisvormig • *sous (la) ~ de* in de vorm / gedaante van **2** FIG. **voorgeschreven vorm** <regels, formaliteiten> • *un vice de ~* vormfout • *un document en bonne et due ~* in de vereiste vorm / volgens de regels opgemaakt document • INFORM. *y mettre les ~s* omzichtig te werk gaan • *dans les ~s* in de vereiste vorm, zoals het hoort • *de pure ~* alleen maar voor de vorm • *sans autre ~ de procès* zonder vorm van proces • *pour la ~* voor de vorm, pro forma **3 vorm** <manier waarop een concept zich voordoet> • *une ~ de gouvernement* regeringsvorm • *les ~s du pluriel* meervoudsvormen • *l'étude des ~s* vormstudie **4 fysieke / intellectuele vorm** • *être en (pleine) ~* in (top)vorm zijn, in (uitstekende) conditie zijn • *garder la ~ / entretenir sa ~* zijn conditie op peil houden • *perdre la ~* uit vorm raken • *quelle ~!* die is / zijn in vorm!

formé BN **gevormd, volgroeid**

formel BN (V formelle) **1 uitdrukkelijk, stellig** • *une preuve ~le* overtuigend bewijs • *je suis ~(le)* ik weet het zeker **2 formeel, vormelijk**

formellement BW **1 stellig** • *~ interdit* streng verboden **2 formeel**

former 1 OV WW **vormen, ontwikkelen** • *formé à l'université* met een universitaire achtergrond • *~ la jeunesse* de jeugd vormen • *~ une résolution* een besluit nemen **2** WKD WW **(se ~) zich vormen, zich ontwikkelen** • *les couples se forment sur la piste de danse* de paren vormen zich op de dansvloer • *se ~ sur le tas* het (vak) in de praktijk leren

formidable BN **1 geweldig, enorm** • *les ~s développements de la génétique* de enorme ontwikkelingen in de erfelijkheidsleer **2** INFORM. **fantastisch** • *c'est un type ~* het is een fantastische vent

formol ZN M **formaline**

formulaire ZN M **formulier, vragenlijst** • *remplir un ~* een vragenlijst invullen

formulation ZN V **formulering**

formule ZN V **1 formule, formulering** • *les ~s de politesse* beleefdheidsformules • *une ~ magique* toverformule **2** WISK., CHEM. **formule** • *une ~ algébrique* algebraïsche formule • *la nouvelle ~ pour calculer les retraites* de nieuwe formule om het pensioen te berekenen **3 formule, methode,**

aanpak • *une nouvelle ~ de séjour touristique* vakantieverblijf nieuwe stijl • *une ~ repas à quinze euros tout compris* menu van vijftien euro inclusief • *une voiture de ~ 1* formule 1-auto

formuler OV WW **formuleren, uiten, opstellen** <van geschrift>

forniquer ONOV WW **ontucht bedrijven**

fort 1 BN **1** OOK FIG. **sterk, krachtig** • *~ comme un Turc / comme un bœuf* sterk als een beer • *une place ~e* vesting • *de la colle ~e* krachtige lijm • *l'homme ~ du régime* de sterke man van het bewind • *une ~e somme* aanzienlijk bedrag • *une monnaie ~e* sterke munt • FIG. *une ~e tête* stijfkop • FIG. *un esprit ~* vrijdenker • *c'est trop ~ pour moi* daar kan ik niet tegenop • FIG. *c'est plus ~ que moi!* ik kan het niet laten / helpen! **2 fors, stevig** • *être ~e de hanches* breed in de heupen zijn • *avoir une ~e poitrine* een flinke boezem hebben • *il est assez ~* hij is nogal forsgebouwd **3 hevig, hard** • *un café / un thé ~* sterke koffie / thee • *un alcool ~* sterkedrank • *une mer ~e* onstuimige zee • *une lumière ~e* fel licht • FIG. *le moment / le point / le temps ~* het hoogtepunt • INFORM. *c'est trop ~!* dat gaat te ver!, dat is te gek! • INFORM. *c'est un peu ~ (de café)* dat is wat kras **4 knap, goed** • *il est ~ en maths* hij is goed in wiskunde • *il est ~ pour la critique* hij is goed in kritiek (leveren) **2** BW **1 krachtig, sterk** • *crier ~* hard schreeuwen • *parler ~* luid spreken • *serrer ~ dans ses bras* innig omhelzen • *sentir ~* sterk ruiken • *respirer ~* diep ademhalen **2 zeer, erg** • *j'en doute ~* ik betwijfel het sterk • *y aller un peu ~* een beetje overdrijven • *il a ~ à faire avec elle* hij heeft heel wat te stellen met haar, hij heeft de handen vol aan haar • *se faire ~ de convaincre qn* zich sterk maken iemand te kunnen overtuigen **3 goed** • *ça ne va pas ~ chez eux en ce moment* het gaat ze momenteel niet zo goed **3** ZN M **1 sterkste zijde, sterkste deel** • *l'histoire n'est pas mon ~* geschiedenis is niet mijn sterke kant • *la loi du plus ~* het recht van de sterkste, de wet van de jungle **2 midden, hartje** • *au ~ de l'orage* midden in het onweer • *au ~ de l'hiver* hartje winter **3 fort**

fortement BW **1** OOK FIG. **sterk 2 hevig**

forteresse ZN V **vesting** • FIG. *une ~ volante* vliegend fort

fortiche INFORM. BN **knap, goed**

fortifiant 1 BN **versterkend** • *une boisson ~e* versterkend drankje **2** ZN M **versterkend middel**

fortification ZN V **vestingwerk, versterking, fortificatie**

fortifier OV WW **1** OOK FIG. **(ver)sterken** • *~ qn dans ses résolutions* iemand in zijn voornemens sterken **2 verschansen**

fortuit "-twie" BN **toevallig, onvoorzien**

fortune ZN V **1 toeval, kans** • *une bonne ~* geluk(je) • *une mauvaise ~* ongeluk, tegenspoed • *les moyens de ~* provisorische oplossingen, noodoplossingen • *un abri de ~* een geïmproviseerd dak • *dîner à la ~ du pot* eten wat de pot schaft **2 fortuin, vermogen** • *les grandes ~s* de zeer rijken • *un revers de ~* tegenspoed • *faire ~* fortuin maken, rijk worden • *gagner des ~s* schatten verdienen • *avoir / posséder de la ~* vermogend zijn • INFORM. *ces chaussures m'ont coûté une ~!* die schoenen hebben me handenvol geld gekost

fortuné BN **rijk, gefortuneerd**

forum "-rom" ZN M **forum** • WWW *un ~ (de discussion)* nieuwsgroep

fosse "foos" ZN V **1 kuil, gat, grafkuil** • *une ~ commune* algemeen graf, massagraf • *une ~ (d'orchestre)* orkestbak • *une ~ d'aisances* beerput **2** ANAT. **holte** • *une ~ nasale* neusholte

fossé "foo-" ZN M **1 sloot, greppel, gracht 2** FIG. **kloof** • *le ~ entre les générations* generatiekloof

fossette "foo-" ZN V **kuiltje**

fossile "foosiel" **1** BN **versteend,** OOK FIG. **fossiel** • *des énergies ~s* fossiele brandstoffen **2** ZN M OOK FIG. **fossiel**

fossilisation ZN V **verstening, fossilisatie**

fossiliser 1 OV WW OOK FIG. **doen verstenen 2** WKD WW **(se ~) verstenen, fossiliseren**

fossoyeur "fooswa-" ZN M (V fossoyeuse), **doodgraver**

fou 1 BN, **fol** <voor klinker of stomme h> (V folle) **1 dwaas, uitzinnig, gek** • *t'es ~ (ou quoi)?* ben je gek? • *être ~ à lier* knettergek zijn • *être folle de joie* dolblij zijn • *être ~ de rage* uitzinnig / blind van woede zijn • *devenir ~* gek worden • *ça me rend ~* ik word er gek van • *il est loin d'être ~* hij is lang niet gek **2 dol (op)** • *être ~ de foot* voetbalgek zijn **3** FIG. **waanzinnig, enorm** • *un succès ~* doorslaand succes • *un amour ~* hartstochtelijke liefde • *être ~ amoureux / être amoureux ~* smoorverliefd zijn, dolverliefd zijn • *il y avait un monde ~ au vernissage* het was waanzinnig druk bij de opening van de tentoonstelling **4 oncontroleerbaar, van slag, wild** • *une mèche folle* weerbarstige lok • *avoir le ~ rire* de slappe lach hebben **2** ZN M **1 gek** • *un ~ furieux* dolleman • *une maison de fous* gekkenhuis • *faire le ~* de gek uithangen, gek doen • *courir comme un ~* rennen als een gek • *plus on est de fous, plus on s'amuse!* hoe meer zielen, hoe meer vreugd! **2 krankzinnige, idioot** • *un ~ du volant* snelheidsmaniak, gevaar op de weg • INFORM. *une histoire de fous* een krankzinnig verhaal **3 loper** <bij schaakspel>

foudre ZN V **bliksem** • *un coup de ~* bliksemslag, FIG. liefde op het eerste gezicht • *la ~ est tombée sur un arbre* de bliksem is in een boom ingeslagen • *c'était comme s'il avait été frappé par la ~* hij was als door de bliksem getroffen • FIG. *s'attirer les ~s de qn* zich iemands woede op de hals halen

foudroyant BN **1 bliksemend, bliksemsnel** • *un succès ~* daverend succes **2** FIG. **verpletterend, vernietigend, (op slag) dodelijk** • *un poison ~* snelwerkend / dodelijk vergif • *une maladie ~e* dodelijke ziekte

foudroyer OV WW **1 (als) met de bliksem treffen, elektrocuteren 2** FIG. **(op slag) vellen, plotseling treffen, verpletteren, verbijsteren** • *une crise cardiaque l'a foudroyé* ze is getroffen / geveld door een hartaanval

fouet ZN M **1** zweep • *un coup de ~* zweepslag • FIG. *ce médicament lui a donné un vrai coup de ~* dat medicijn heeft hem helemaal opgepept • *la voiture l'a heurté de plein ~* de auto is pal / frontaal op hem gebotst **2** garde <klopper, mixer>

fouetter OV WW **1** (met) de zweep geven, OOK FIG. geselen, striemen • *~ qn jusqu'au sang* iemand tot bloedens toe geselen • *la pluie fouette la vitre* de regen klettert tegen het raam • *les branches fouettaient son visage* de takken zwiepten in zijn gezicht • FIG. INFORM. *j'ai d'autres chats à ~* ik heb wel wat anders te doen **2** klutsen, kloppen • *de la crème fouettée* slagroom • *~ (de) la crème (fraîche)* slagroom kloppen

fo

foufou INFORM. BN (V fofolle), een beetje gek, lichtzinnig

fougère ZN V varen

fougue ZN V FIG. vuur, onstuimigheid, elan

fougueux BN (V fougueuse), vurig, onstuimig, driftig

fouille ZN V **1** opgraving • *faire des ~s* opgravingen doen **2** doorzoeking, fouillering • *la ~ des bagages à la douane* het doorzoeken van de bagage bij de douane • *soumettre qn à la ~* iemand fouilleren

fouiller **1** ONOV WW (wroetend) zoeken, FIG. (rond)snuffelen, (diep) graven • *~ pour trouver de la nourriture* voedsel opscharrelen • *~ dans son passé* in zijn verleden wroeten **2** OV WW **1** uitgraven • *~ un site* (ergens) opgravingen doen **2** doorzoeken, fouilleren • *~ une maison* een huis doorzoeken **3** zorgvuldig uitzoeken, FIG. uitdiepen • *un style fouillé* doorwrochte stijl

fouillis "-jie" ZN M warboel, rommeltje

fouine ZN V steenmarter

fouiner INFORM. ONOV WW (rond)snuffelen (in andermans zaken) (**dans** in)

fouineur **1** BN (V fouineuse), (onbescheiden) nieuwsgierig **2** ZN M (V fouineuse) **1** snuffelaar (in andermans zaken), nieuwsgierig aagje **2** COMP. hacker

foulard ZN M **1** halsdoek **2** hoofddoek • *le ~ islamique* islamitische hoofddoek

foule ZN V **1** menigte, gedrang • *une ~ de touristes* zeer veel toeristen • *se mêler à la ~* zich tussen de menigte mengen • *en ~* in groten getale, bij massa's **2** de grote massa, het grote publiek • *il y a ~* het is er druk, het loopt storm • *attirer les ~s* veel publiek trekken

foulée ZN V (grote) stap <bij het rennen> • *courir à grandes foulées* met grote stappen rennen • *elle a tapé sa lettre et, dans la foulée, la mienne !* ze heeft haar brief getikt en meteen erna / in één moeite door ook die van mij

fouler **1** OV WW persen • *~ le sol natal* de geboortegrond betreden • FORM. *~ qc aux pieds* iets vertrappen **2** WKD WW (**se ~**) **1** verstuiken, verzwikken • *se ~ la cheville* zijn enkel verstuiken **2** INFORM. zich uitsloven • *il ne se foule pas en classe* hij maakt zich niet moe op school • *ne pas se ~* zich niet moe maken

foultitude INFORM. ZN V menigte • *j'ai une ~ de choses à faire* ik heb een hele hoop dingen te doen

foulure ZN V verzwikking, verstuiking

four ZN M **1** oven • *un ~ à gaz / électrique* gasoven / elektrische oven • *un ~ à micro-ondes* magnetron(oven) • *un ~ combiné micro-ondes* combimagnetron **2** fiasco, flop • *cette pièce est un ~* dat stuk is een prul • *faire un ~* mislukken **3** CULIN • *un petit ~* petitfour, klein gebakje

fourbe **1** ZN M/V bedrieger, gluiperd **2** BN gluiperig, bedrieglijk

fourberie ZN V bedriegerij, schurkenstreek, gluiperigheid

fourbi INFORM. ZN M spullen, boeltje, rommeltje • *range-moi tout ce ~* ruim die rommel eens op!

fourbu BN uitgeput, doodop

fourche ZN V **1** hooivork, mestvork, gaffel **2** tweesprong • *à la ~ du chemin* op de tweesprong **3** BELGFR. tussenuur

fourcher ONOV WW zich splitsen • INFORM. *sa langue a fourché* hij heeft zich versproken

fourchette ZN V **1** vork • *une ~ à dessert / à poisson* dessert- / visvork • *avoir un joli / sacré coup de ~* een flinke eter zijn **2** marge <tussen twee uitersten> • *être dans une ~ de dix à quinze pour cent* tussen de 10 en 15 procent zitten

fourchu BN gevorkt, gespleten • *avoir les cheveux ~s* gespleten haar hebben

fourgon ZN M bagagewagen, (vracht)wagen • *un ~ mortuaire* lijkwagen • *un ~ de police / blindé* politiewagen / geblindeerde wagen • *un ~ cellulaire* gevangenwagen • *un ~ à bestiaux* veewagen

fourgonnette ZN V bestelwagen(tje), bestelbusje

fourguer INFORM. OV WW van de hand doen <van slechte waar>, aansmeren • *il m'a fourgué tous ses vieux meubles* hij heeft me al zijn oude meubels in de maag gesplitst

fourmi ZN V mier, FIG. nijvere bij • *un travail de ~* geduldwerk(je) • *avoir des ~s dans les pieds / les mains* de kriebels in de voeten / de handen hebben

fourmilier ZN M miereneter

fourmilière ZN V mierenhoop • FIG. *le centre de la ville est une vraie ~* het stadscentrum is een echte mierenhoop

fourmillement ZN M **1** gekrioel **2** jeuk, kriebeling • *avoir des ~s dans les pieds* kriebelende voeten hebben

fourmiller ONOV WW **1** krioelen • *ça fourmille de touristes* het wemelt van de toeristen • *les fautes fourmillent dans cette copie* dat proefwerk wemelt van de fouten **2** kriebelen

fournaise ZN V **1** vuurzee **2** hete plaats, hitte • *cet endroit est une véritable ~* het is hier bloedheet

fourneau ZN M (MV fourneaux) **1** fornuis • FIG. *être aux ~x* (als kok) in de keuken staan **2** TECHN. oven • *un haut ~* hoogoven

fournée ZN V **1** TECHN. ovenlading, ovenvol, baksel **2** INFORM. stel mensen • HUMOR. *une ~ d'enfants / de touristes* rits kinderen / lading toeristen

fourni BN **1** dicht <van haar, baard> **2** (wel) voorzien • *une librairie bien ~e* goed voorziene boekhandel

fournir 1 OV WW **1 voorzien (van), bevoorraden 2 verschaffen, (af)leveren** • ~ *un alibi / un certificat médical* een alibi verschaffen / een doktersattest verstrekken • ~ *un travail / un logement à qn* iemand werk verschaffen / aan huisvesting helpen • ~ *des renseignements à qn* iemand inlichtingen verstrekken • *ce pays leur fournit des armes* dat land levert hun wapens **3 produceren** • ~ *un effort* een inspanning leveren **2** WKD WW **(se ~) zich voorzien** • *se ~ chez qn* zijn inkopen doen bij iemand • *nous nous fournissons en vins dans ce magasin* we kopen onze wijn in die winkel

fournisseur ZN M (V fournisseuse), **leverancier** • *renseignez-vous auprès de votre ~ habituel* informeer bij uw vaste leverancier • *un ~ d'accès à Internet* internetprovider

fournitures ZN V MV **benodigdheden, fournituren** • *les ~ scolaires* schoolbenodigdheden • *les ~ de bureau* kantoorartikelen / -behoeften

fourrage ZN M **(vee)voer**

fourrager INFORM. ONOV WW **rommelen, snuffelen (dans in)** • ~ *dans les affaires de qn* in andermans zaken snuffelen • ~ *dans une poche* in een zak rommelen

fourré 1 BN **1** CULIN **gevuld** <v. bonbons e.d.> **2 gevoerd** <v. kledingstukken> • *une veste fourrée* gevoerd jasje **2** ZN M **struikgewas**

fourreau ZN M (MV fourreaux), **schede** <van wapen>, **foedraal**

fourrer 1 OV WW **1** INFORM. **steken, stoppen** • *où as-tu fourré mes papiers?* waar heb je mijn papieren gelaten? • *il est toujours fourré au café* hij hangt altijd in het café • FIG. ~ *son nez partout* overal zijn neus insteken **2** CULIN **vullen** <van bonbons e.d.> • *des chocolats fourrés* gevulde chocolaatjes, bonbons **3 voeren** <van kledingstukken, schoenen> **2** WKD WW **(se ~)** INFORM. **(verzeild) raken, wegkruipen** • *il avait de la fièvre, il s'est fourré au lit* hij had koorts en is in bed gekropen

fourre-tout INFORM. **1** BN onver. **van alles bevattend / behelzend 2** ZN M (MV id.) **1 reistas 2 rommelkamer, rommelkast**

fourrière ZN V **1 (dieren)asiel 2 depot voor weggesleepte auto's**

fourrure ZN V **bont, pels** • *un manteau de / en ~* bontjas

fourvoiement FORM. ZN M **(ver)dwaling**

fourvoyer WKD WW **(se ~) zich vergissen**

foutaise INFORM. ZN V **wissewasje, flauwekul**

foutoir INFORM. ZN M **(beesten)bende, troep** • *tout le foutoir* de hele zwik, het hele zootje • *cette pièce est un tel ~!* wat een bende is die kamer! • *c'est le ~ là-dedans* het is daar een zooi

foutre INFORM. **1** OV WW onregelmatig **1 doen** • *il n'a rien foutu aujourd'hui* hij heeft vandaag niks uitgevoerd • *qu'est-ce que ça peut me ~?* dat zal me een (rot)zorg zijn! • *ça la fout mal* dat is helemaal mis, dat kun je niet maken • *je n'en ai rien à ~!* dat zal me een (rot)zorg zijn! **2 geven** • ~ *une gifle à qn* iemand een klap verkopen • *fous-moi la paix!* laat me met rust! • *je t'en foutrai, moi, des histoires pareilles!* dat had je gedacht, ik geloof er geen bal van **3 gooien, smijten** • ~ *qn à la porte / dehors* iemand eruit gooien • ~ *le camp* opdonderen, 'm smeren • *va te faire ~!* krijg de pleuris!, loop naar de hel! • *il a tout foutu en l'air* hij heeft alles verpest • *on l'a foutu en taule* ze hebben hem de bak in gesmeten **2** WKD WW **(se ~) 1 zich werpen, (ge)raken** • *se ~ à poil* zich uitkleden **2** • *se ~ dedans* het mis hebben **3 ~ de maling hebben aan, spotten met** • *je m'en fous* ik heb er lak aan • *se ~ de la gueule de tout le monde* schijt hebben aan iedereen • *se ~ du monde* de boel belazeren

foutu INFORM. **1** BN **1 gemaakt, uitgevoerd** • *être bien ~* goed in elkaar zitten, goedgebouwd zijn • *être mal ~* slecht in elkaar zitten, zich beroerd voelen **2 naar de bliksem, verloren** • *il est ~* het is met hem gedaan **3 ~ de in staat om** • *elle n'est pas ~e de faire son devoir sans fautes* ze is nog te beroerd om haar huiswerk zonder fouten te maken **2** WW volt. deelw. → **foutre**

foyer ZN M **1 huisgezin, huishouden, thuis, huis en haard** • *un femme / un homme au ~* huisvrouw / huisman • *le ~ conjugal* echtelijke woning • *fonder un ~* een gezin stichten **2 tehuis, huis met huurkamers** • *un ~ de jeunes travailleurs* tehuis voor werkende jongeren • *un ~ pour demandeurs d'asile* asielzoekerscentrum • *un ~ pour personnes âgées* bejaardentehuis **3 foyer** <in theater> **4 haard,** FIG. **brandpunt** • *un ~ d'incendie* brandhaard • *un ~ d'agitation* een haard van onrust • *le ~ de l'insurrection* de haard van de opstand • *un ~ d'infection* een besmettingshaard **5** optica • *des verres à double ~* bifocale glazen, dubbelfocusglazen

fracas "-kà" ZN M **lawaai, kabaal, misbaar, ophef** • *on l'a fait sortir avec pertes et ~* ze hebben hem er hardhandig uitgezet

fracassant BN **1 oorverdovend** • *le camion est passé dans un bruit ~* de vrachtwagen denderde voorbij **2 inslaand als een bom** • *une annonce ~e* opzienbarende bekendmaking

fracasser 1 OV WW **verbrijzelen, versplinteren** **2** WKD WW **(se ~) te pletter slaan / vallen** • *le vase s'est fracassé sur le sol* de vaas is op de grond in stukken gevallen

fraction ZN V **1 gedeelte, fractie** • *une ~ de seconde* fractie van een seconde • *une petite ~ de la population a voté* een klein gedeelte van de bevolking heeft gestemd **2** WISK. **breuk**

fractionnement ZN M **splitsing in delen, versnippering** • *le ~ du parti socialiste* de versplintering van de socialistische partij

fractionner 1 OV WW **in delen splitsen, versnipperen 2** WKD WW **(se ~) zich verdelen** • *le parti s'est fractionné en plusieurs groupes* de partij is in verschillende groeperingen opgesplitst

fracture ZN V **1** MED. **breuk** • *une ~ du crâne* schedelbreuk • *la ~ du col de fémur* dijbeenhalsfractuur **2** AARDK. **breuk, spleet 3** FIG. **breuk, kloof** • *l'élargissement de la ~ sociale* steeds

fr

sterkere sociale tweedeling, steeds diepere kloof tussen rijk en arm

fracturer 1 OV WW **1** MED. **breken** <van bot> **2 openbreken, forceren** • *~ une serrure / une porte* een slot / deur forceren **2** WKD WW **(se ~)** • *se ~ le poignet* zijn pols breken

fragile BN **1 breekbaar, broos** • FIG. *un bonheur ~* broos geluk **2 zwak** • *être ~ du cœur* een zwak hart hebben

fragiliser 1 OV WW **verzwakken 2** WKD WW **(se ~) zwakker worden**

fragilité ZN V **1 breekbaarheid, broosheid 2 zwakheid** • *la ~ d'un gouvernement* de zwakke positie van een regering • *la ~ d'un enfant* de zwakke gezondheid van een kind

fragment ZN M **1 scherf, splinter, brokstuk** • *on a retrouvé des ~s de poterie datant des Romains* er zijn aardewerkscherven uit de Romeinse tijd gevonden **2 deel, fragment** • *étudier un ~ de texte* een tekstgedeelte bestuderen

fragmentaire BN **fragmentarisch, onvolledig**

fragmentation ZN V **fragmentatie, versplintering, opdeling**

fragmenter 1 OV WW **in stukken verdelen 2** WKD WW **(se ~) uiteenvallen**

fragrance FORM. ZN V **geur(igheid)**

frai ZN M **viskuit, kikkerdril**

fraîche 1 BN → **frais 2** ZN V • *sortir à la ~* in de (avond)koelte uitgaan

fraîchement BW **1 pas, zojuist** • *~ cueilli* pas geplukt **2** FIG. **koel** • *accueillir qn ~* iemand koeltjes ontvangen

fraîcheur ZN V **1 frisheid, koelte** • FIG. *la ~ d'un accueil* de koelte van een ontvangst **2 versheid** • *la ~ des fruits et légumes* de versheid van het fruit en de groenten **3 nieuwheid** • *le roman décrit la ~ de sentiments des héros* de roman beschrijft de zuivere gevoelens van de hoofdpersonen

fraîchir ONOV WW **aanwakkeren** <v. wind>, **fris(ser) worden** <v. weer> • *les soirées fraîchissent* de avonden worden frisser

frais 1 BN (V fraîche) **1 fris, koel** • *servir des boissons fraîches* frisdrank serveren **2 fris, vers** • *du pain ~* vers brood • *des légumes ~* verse groente • *des dattes / des figues fraîches* verse dadels / vijgen • *envoyer des troupes fraîches* verse troepen sturen • *se sentir ~ et dispos* zich fris en monter voelen, zich in vorm voelen • INFORM., IRON. *nous voilà ~!* we staan er mooi op!, nu zitten we in de puree! **3 recent** • *une blessure fraîche* verse wond • *recevoir des nouvelles fraîches de qn* recent nieuws van iemand ontvangen • *peinture fraîche!* pas geverfd! **2** BW **1 fris, koel** • *il fait ~* het is fris(jes) • *vin à servir ~* koel te serveren wijn **2 pas, zojuist 3** ZN M **frisse lucht, koelte, bries(je)** • *prendre le ~* een luchtje scheppen • *à conserver / tenir au ~* koel bewaren **4** ZN M MV **kosten** • *les ~ et bénéfices* de kosten en baten • *des ~ de déplacement* reiskosten, voorrijkosten • *les ~ de livraison* bezorgkosten • *des ~ d'exploitation* exploitatiekosten • *~ à la charge de l'acheteur* kosten koper • *des ~ professionnels* beroepskosten • *~ de transport* transportkosten • *les ~ généraux* algemene (bedrijfs)kosten, overheadkosten • *les faux ~* onvoorziene onkosten • *rentrer dans ses ~* zijn kosten eruit halen • *faire des ~* onkosten maken • *vivre à peu de ~* zonder veel kosten • *vivre aux ~ de qn* op iemands kosten leven • INFORM. *en être pour ses ~* met de gebakken peren blijven zitten, vergeefse moeite gedaan hebben • FIG. *se mettre en ~* onkosten maken, zijn best doen • FIG. *faire les ~ de la conversation* over de tong gaan • *à grands ~* tegen hoge kosten • *aux ~ de l'État* / INFORM. *aux ~ de la princesse* op kosten van de staat

fraise ZN V **1 aardbei** • *les ~s sauvages / des bois* bosaardbeien • *une tarte aux ~s* aardbeientaart **2** INFORM. **tronie, bek** • *ramène ta ~!* kom! **3 frees, (tandarts)boor**

fraiseuse ZN V **freesmachine**

fraisier ZN M **aardbeiplant**

framboise ZN V **framboos**

framboisier ZN M **frambozenstruik**

franc 1 BN (V franche) **1 openhartig, vrijmoedig, oprecht** • *un regard ~* oprechte / open blik • *jouer ~ jeu* eerlijk spel spelen • *je vais être ~ avec vous* ik zal het u maar eerlijk zeggen **2 zuiver, echt** • *avoir une ~he aversion pour qn* een openlijke / oprechte afkeer van iemand hebben **3 vrij** • *une zone ~he* tolvrije / belastingvrije zone • SPORT *coup ~* vrije schop **2** BW **ronduit, vrijuit** • *pour parler ~* eerlijk gezegd **3** ZN M **frank** • *le ~ suisse* Zwitserse frank • *le ~ CFA (Communauté financière africaine)* frank van de Afrikaanse Financiële Gemeenschap

français 1 BN **Frans** • *à la française* op z'n Frans **2** ZN M **(het) Frans** • *un cours de ~* Franse les • *parler ~* Frans spreken • *en ~* in het Frans

Français ZN M (V Française), **Fransman, Française** • *le ~ moyen* de doorsnee Fransman

France ZN V **Frankrijk** • *dans le midi de la ~* in Zuid-Frankrijk

Francfort ZN M **Frankfurt** • *les saucisses de ~* knakworsten

franchement BW **1 zonder aarzelen, resoluut 2 werkelijk, gewoonweg 3 openhartig, vrijmoedig, ronduit** • *parler ~* eerlijk zijn mening zeggen

franchir OV WW **gaan door / over, komen door / over, passeren, afleggen** <van afstand> • *~ un obstacle* een hindernis nemen • *~ le cap de la cinquantaine* de vijftig passeren • *~ la frontière* de grens overgaan • FIG. *~ le pas* de beslissende stap doen

franchise ZN V **1 openhartigheid, vrijmoedigheid** • *en toute ~* in alle openheid **2 vrijstelling, franchise** • *en ~* zonder rechten te betalen **3** <verzekering> **eigen risico**

franchissable BN **overkomelijk**

franchissement ZN M **(het) overschrijden, (het) overklimmen**

francilien BN (V francilienne), **van / uit Ile-de-France**

francisation ZN V **verfransing**

franciscain ZN M (V franciscaine), **franciscaan**

franciser OV WW verfransen

franc-maçon ZN M (MV francs-maçons), vrijmetselaar

franc-maçonnerie ZN V vrijmetselarij

franco BW **1** franco • ~ *de port* portvrij **2** INFORM. vrijuit, ronduit • *y aller* ~ zeggen waar het op staat

franco- VOORV Frans- • *franco-néerlandais* Frans-Nederlands • *franco-français* typisch Frans

franco-allemand BN Frans-Duits

franco-français BN louter / typisch Frans

francophile **1** BN Fransgezind **2** ZN M/V Fransgezinde

francophobe **1** BN anti-Frans **2** ZN M/V iemand die anti-Frans is

francophone **1** BN Franssprekend, Franstalig **2** ZN M/V Franstalige

francophonie ZN V Franse taalgemeenschap

franc-parler ZN M (MV francs-parlers), openhartigheid • *avoir son* ~ zeggen waar het op staat

franc-tireur ZN M (MV francs-tireurs) **1** franc-tireur, partizaan **2** FIG. iemand die solistisch optreedt

frange ZN V **1** franje **2** pony(haar) **3** FIG. grensgebied **4** minderheidsgroep, randgroep

frangin INFORM. ZN M (V frangine), broer, zus

frangipane ZN V CULIN amandeldeeg <voor gebak>

franglais ZN M met Engels doorspekt Frans

franquette ZN V • INFORM. *à la bonne* ~ zonder plichtplegingen, heel gewoontjes • *dîner à la bonne* ~ eten wat de pot schaft

frappant BN treffend, sprekend, frappant • *une ressemblance* ~*e* een sprekende gelijkenis

frappe ZN V **1** aanslag <op schrijfmachine, instrument>, (het) typen • *une faute de* ~ tikfout **2** MIL. (verrassings)aanval • *une* ~ *aérienne* luchtaanval • *la force de* ~ atoommacht <van een land>

frappé BN **1** • *être* ~ *de stupeur* stomverbaasd zijn **2** INFORM. getikt, niet goed snik

frapper **1** OV WW **1** slaan • ~ *qn à la tête* iemand tegen het hoofd slaan • *la balle l'a frappé en plein visage* de kogel raakte hem midden in het gezicht • TON. ~ *les trois coups* het beginteken van de voorstelling geven <met drie tikken op het toneel> • ~ *la balle avec le pied* de bal schoppen **2** OOK FIG. treffen • *frappé par la foudre* door de bliksem getroffen • *le malheur les a durement frappés* ze zijn door ernstige tegenspoed getroffen • *une remarque dans son discours m'a frappé* een opmerking in zijn redevoering heeft me getroffen • *être frappé d'amnésie* aan geheugenverlies lijden **2** ONOV WW (aan)kloppen • ~ *à la porte* op de deur kloppen • ~ *du pied* schoppen, stampen op • ~ *dans ses mains* in de handen klappen • *entrez sans* ~ binnen zonder kloppen **3** WKD WW (**se** ~) INFORM. zich ongerust maken • *faut pas te* ~ *pour si peu!* maak je niet druk om zo'n kleinigheid

frasque ZN V (rare) streek, frats

fraternel BN (V fraternelle), broederlijk, als broer(s) en zuster(s) • *un baiser* ~ vriendschapskus

fraternellement BW broederlijk, vriendschappelijk

fraternisation ZN V verbroedering

fraterniser ONOV WW zich verbroederen (**avec** met)

fraternité ZN V broederlijkheid, broederschap

fratricide **1** ZN M/V broedermoordenaar, zustermoordenaar **2** BN • *une guerre* ~ broederoorlog

fratrie ZN V (de) broers en zusters <in een familie>

fraude ZN V bedrog, fraude • *la* ~ *électorale* verkiezingsfraude • *être en* ~ fraude plegen • *introduire un produit en* ~ *dans un pays* een product een land binnensmokkelen

frauder **1** ONOV WW bedrog plegen, frauderen • *il a fraudé au concours* hij heeft bedrog gepleegd bij het vergelijkend examen **2** OV WW bedriegen • ~ *le fisc* de fiscus oplichten, belasting ontduiken

fraudeur ZN M (V fraudeuse), bedrieger, fraudeur

frauduleux BN (V frauduleuse), bedrieglijk, frauduleus

frayer **1** WKD WW (**se** ~) • *se* ~ *un passage dans la foule / vers qn* zich een weg banen door de menigte / naar iemand **2** ONOV WW FORM. omgaan (**avec** met) • *ne* ~ *avec personne* met niemand omgaan

frayeur ZN V schrik • *être saisi de* ~ hevig schrikken

fredaine ZN V onbezonnen streek, escapade

fredonnement ZN M geneurie

fredonner OV + ONOV WW neuriën

free-lance BN onver. freelance- • *travailler en* ~ freelance werken

frégate ZN V fregat

frein ZN M **1** rem • *le* ~ *à main* handrem • *le* ~ *de secours* noodrem • *les* ~*s assistés* rembekrachtiging • *les* ~*s ont lâché* de remmen weigerden • *donner un brusque coup de* ~ opeens op de rem trappen, krachtig afremmen **2** FIG. rem • *une ambition sans* ~ ongebreidelde eerzucht • *coup de* ~ *sur les prix* prijsstop • *mettre un* ~ *à qc* iets beteugelen, een halt toeroepen aan iets • *ronger son* ~ zich verbijten • *elle l'écoutait en rongeant son* ~ ze hoorde hem aan met gekromde tenen

freinage ZN M OOK FIG. (het) (af)remmen • *des traces de* ~ remsporen

freiner **1** ONOV WW (af)remmen • *la voiture a freiné trop tard* de auto heeft te laat geremd **2** OV WW OOK FIG. (af)remmen • *tenter de* ~ *la violence dans certains quartiers* het geweld in sommige wijken proberen in te dammen **3** WKD WW (**se** ~) zich inhouden • *elle doit se* ~ *pour ne pas reprendre du poids* ze moet zich matigen om niet weer aan te komen

frelater OV WW door vermenging vervalsen, versnijden <van wijn>

frêle BN broos, tenger • *avoir une santé* ~ een broze gezondheid hebben

frelon ZN M horzel

freluquet FORM., MIN. ZN M verwaande jonge

fr

vent, kwast
frémir ONOV WW **1** ruisen, trillen, OOK FIG. bruisen • *~ de peur* beven van angst • *~ de colère* koken van woede • *~ d'horreur* huiveren van afgrijzen **2** razen, sidderen, rillen • *dès que l'eau commence à ~, versez-la sur les feuilles de thé* giet het water op de theeblaadjes zodra het gaat razen
frémissement ZN M **1** huivering • *un ~ d'horreur l'a saisi* hij huiverde van afgrijzen **2** lichte trilling, geruis • *le ~ des feuilles d'arbre* het ritselen van de (boom)bladeren
frêne ZN M **1** es **2** essenhout
fr
frénésie ZN V verwoedheid, bezetenheid • *aimer qn avec ~* waanzinnig veel houden van iemand • *applaudir avec ~* als een bezetene klappen • *avec ~* hartstochtelijk
frénétique BN razend, (als) bezeten, verwoed • *des applaudissements frénétiques* uitbundig applaus
fréquemment BW dikwijls, vaak
fréquence ZN V frequentie, talrijkheid, (het) vaak voorkomen • *la ~ de ses visites me réjouit* ik ben blij dat hij / zij zo vaak langskomt
fréquent BN herhaald, vaak voorkomend, frequent • *un mot qui est ~ dans le langage des jeunes* woord dat door jongeren vaak gebruikt wordt
fréquentable BN waar je met goed fatsoen kan komen / mee kan omgaan • *il est peu ~* hij staat ongunstig bekend • *un lieu peu ~* plek waar je maar beter weg kan blijven
fréquentation ZN V omgang (**de** met), (het) regelmatig bezoeken • *éviter les mauvaises fréquentations* slecht gezelschap mijden • *le taux de ~ des théâtres est en hausse* het theaterbezoek stijgt
fréquenté BN druk (bezocht) • *une route très fréquentée* heel drukke weg • *un chemin peu ~* een stille (land)weg
fréquenter 1 OV WW **1** regelmatig bezoeken • *~ quelqu'un* bij iemand aan huis komen • *~ le cinéma* regelmatig naar de film gaan • *mal fréquenté* waar onfatsoenlijk volk komt, ongunstig bekend • *des cafés mal fréquentés* louche / verdachte cafés **2** omgang hebben met • *~ la haute société* in hogere kringen verkeren **2** WKD WW (**se ~**) • *ils sont voisins mais se fréquentent très peu* ze zijn buren maar gaan weinig met elkaar om
frère ZN M broer, broeder • *un ~ aîné / cadet* oudste / jongere broer • *des frères jumeaux* tweelingbroers • *les frères Dupont / Dupont Frères* de gebroeders Dupont • *un ~ d'armes* wapenbroeder • *des frères ennemis* elkaar bestrijdende broeders • *un faux ~* verrader, huichelaar • *partager en frères* broederlijk delen • *s'aimer comme ~ et sœur* als broer en zus van elkaar houden
frérot INFORM. ZN M broertje
fresque ZN V OOK FIG. fresco
fret "frè(t)" ZN M **1** vrachtprijs **2** vracht • *charger / décharger le ~* de vracht in- / uitladen
frétillant BN spartelend, druk bewegend, dartel(end)
frétillement ZN M (het) spartelen, (het) dartelen, beweeglijkheid
frétiller ONOV WW druk bewegen, dartelen, spartelen, trappelen, kwispelen • *~ de joie* trappelen van vreugde, sidderen van genot • *le chien frétille de la queue* de hond kwispelstaart • INFORM. *elle frétille des fesses* ze wiebelt met haar kontje
fretin ZN M FIG. uitschot, zootje • *le menu ~* klein grut
freudien BN (V freudienne), freudiaans • *un lapsus ~* een freudiaanse verspreking
freux ZN M roek
friable BN brokkelig, bros
friand 1 BN **~ de** verzot op, belust op • *être ~ de films d'épouvante* dol zijn op griezelfilms **2** ZN M **1** saucijzenbroodje **2** amandelgebakje
friandise ZN V **1** zoete lekkernij **2** MV lekkers, snoepgoed
fric INFORM. ZN M geld, poen, centen
fricandeau ZN M (MV fricandeaux), fricandeau
fricassée ZN V vleesragout
fric-frac INFORM. ZN M (MV id.), kraakje <inbraak>
friche ZN V braakland • *un terrain en ~* braakliggend terrein
fricoter INFORM. OV WW **1** klaarmaken, koken **2** bekokstoven • *elle nous fricote qc* ze is iets aan het bekokstoven
friction ZN V **1** wrijving, frictie, massage • *une ~ au gant de crin* massage met een paardenharen washandje **2** FIG. wrijving, onenigheid • *un point de ~ entre deux amis* geschilpunt tussen twee personen • *les ~s au sein du gouvernement* de wrijvingen binnen de regering
frictionner OV WW (in)wrijven
frigidaire® ZN M koelkast
frigide BN **1** frigide **2** koud, koel
frigidité ZN V frigiditeit
frigo INFORM. ZN M frigidaire koelkast
frigorifié INFORM. BN verkleumd
frigorifique 1 BN koelend • *un camion ~* koelwagen **2** ZN M koelruimte
frileux BN (V frileuse) **1** kouwelijk **2** huiverig, vreesachtig, afwachtend
frilosité ZN V **1** kouwelijkheid **2** huiverigheid, afwachtende houding
frimas "-mà" LIT. ZN M vaak MV koude mist, mistig winterweer
frime INFORM. ZN V dikdoenerij, uitsloverij • *pour la ~* voor de show
frimer INFORM. ONOV WW dik doen, stoer doen, zich uitsloven, pronken
frimeur INFORM. ZN M (V frimeuse), uitslover, dikdoener, patser
frimousse INFORM. ZN V gezichtje, snoetje • *une jolie ~* een leuk snuitje
fringale INFORM. ZN V **1** ontzettende honger, hongerklop • *avoir la ~* flauw zijn van de honger **2** geweldige zin (**de** in) • *une ~ de musique* geweldige zin om naar muziek te luisteren
fringant BN vief, monter
fringuer INFORM. WKD WW (**se ~**) zich (aan)kleden

fringues INFORM. ZN V MV **kleren**
fripe ZN V **oud kledingstuk, tweedehands kleding**
friper WKD WW **(se ~) kreuken** • *un tissu qui se fripe facilement* stof die gauw kreukt, kreukelige stof
friperie ZN V **1 oude kleren (en spullen) 2 uitdragerij, handel in tweedehands kleren**
fripier ZN M (V fripière), **uitdrager, handelaar in tweedehands kleren**
fripouille INFORM. ZN V **schurk, schooier, schoft**
friqué INFORM. BN **rijk**
frire OV + ONOV WW **bakken, braden, frituren** • *des pommes frites* patat(es frites) • *une poêle à ~* koekenpan, braadpan • *faire ~ du poisson* vis bakken
frisbee ZN M **frisbee**
frise ARCH. ZN V **fries**
frisé BN **gekruld, met krulhaar** • *de la (chicorée) frisée* krulandijvie
Frise ZN V **Friesland**
friselis "-lie" FORM. ZN M **geritsel**
friser 1 ONOV WW **krullen, krulhaar hebben** • *des cheveux qui frisent* krulhaar **2** OV WW **1 krullen, friseren** • *être frisé comme un mouton* kroeshaar hebben **2** FIG. **op het randje zijn van, dicht (be) naderen** • *~ la quarantaine* tegen de veertig lopen • *ça frise le ridicule* dat grenst aan het belachelijke
frisette ZN V **krulletje**
frison 1 BN (V frisonne), **Fries 2** ZN M **(het) Fries**
Frison ZN M (V Frisonne), **Fries**
frisotter, frisoter ONOV WW **kroezen**
frisquet BN (V frisquette), **frisjes** • *il fait ~* het is frisjes
frisson ZN M **huivering, rilling, lichte trilling** • *ça me donne le ~* daar krijg ik (koude) rillingen van • *un film qui donne le ~* film waar je van huivert / griezelt • *c'est à vous donner le ~* het is om van te griezelen • *être secoué de ~s* rillen <van de ziekte>
frissonnement ZN M **rilling, huivering**
frissonner ONOV WW **huiveren, rillen, licht trillen**
frit WW présent, volt. deelw. → **frire**
frite ZN V (MV frites) **1** MV **friet** • *un steak ~s* biefstuk met patat **2** INFORM. • *avoir la ~* zich in vorm voelen
friterie ZN V **frietkraam**
friteuse ZN V **friteuse, frituurpan** • *la friteuse à air chaud* airfryer
friture ZN V **1 frituur, gebakken vis 2 (het) bakken, bakvet 3** INFORM. **storingsruis** <v. radio, telefoon> • *il y a de la ~ sur la ligne* de lijn is gestoord
frivole BN **lichtzinnig, oppervlakkig, onbeduidend** • *un air ~* een lichtvoetig deuntje
frivolité ZN V **lichtzinnigheid, onbeduidendheid**
froc INFORM. ZN M **broek** • FIG. *baisser son ~ devant qn* over zich heen laten lopen door iemand • FIG. *faire dans son ~* het in zijn broek doen
froid 1 BN **1 koud** • *il fait ~* het is koud **2** FIG. **koel, kil, onverschillig** • *cela me laisse ~; ça ne me fait ni chaud ni ~* dat laat me koud **2** BW OOK FIG. **koud** • *manger ~* koud eten • *à ~* koud(weg), droog(weg), onverhoeds **3** ZN M **1 koude** • *un ~ glacial* ijzige kou • *un ~ pénétrant* nijpende koude • *un ~ vif* felle kou • *un coup de ~* OOK FIG. plotselinge verkoeling, verkoudheid • *j'ai ~* ik heb het koud • *il fait un ~ de canard / de loup* het is stervenskoud • *mourir de ~* sterven van de kou • FIG. *il n'a pas ~ aux yeux* hij is voor geen kleintje vervaard, hij durft **2** FIG. **koelheid** • *être en ~ avec qn* een koele verhouding hebben met iemand, niet meer (willen) omgaan met iemand • *sa remarque a jeté un ~* zijn opmcrking veroorzaakte een pijnlijke stilte • *ça donne / fait ~ dans le dos* daar word je koud van, daar krijg je de rillingen van **3 verkoudheid** • *attraper / prendre ~* kouvatten
froidement BW **1** FIG. **koel, koudweg, onaangedaan** • *son discours a été ~ accueilli* zijn toespraak werd koel ontvangen **2 in koelen bloede** • *il a été ~ abattu* hij is in koelen bloede afgemaakt
froideur ZN V **koelheid, kilheid, onaangedaanheid**
froissement ZN M **1 verkreukeling 2 geknisper, geruis** • *le ~ du papier* geknisper van papier
froisser 1 OV WW **1 verkreukelen, verfrommelen** • *de la tôle froissée* blikschade **2 kwetsen** • *ce refus l'a froissé* die weigering kwetste hem **2** WKD WW **(se ~) gekwetst raken**
frôlement ZN M **1 lichte aanraking 2 ritseling**
frôler OV WW **1 licht aanraken, strijken langs** • *le camion a frôlé le cycliste* de vrachtauto reed rakelings langs de fietser • *la balle lui a frôlé le bras* de kogel schampte zijn arm **2** FIG. **dicht (be)naderen** • *on a frôlé l'accident* er was bijna een ongeluk gebeurd • *il a frôlé le record du monde* hij zat dicht bij het wereldrecord • *la température frôle les quarante degrés* het is bijna veertig graden
fromage ZN M **kaas** • *du ~ blanc* kwark • *un ~ à pâte molle* zachte kaas • *du ~ mi-vieux* jongbelegen kaas • *du ~ affiné* belegen kaas • *du ~ fondu* smeerkaas • *du ~ râpé* geraspte kaas • *un gâteau au ~* kaasgebak • INFORM., FIG. *en faire tout un ~* er ophef van maken, de zaak opblazen
fromager 1 BN (V fromagère), **kaas- 2** ZN M (V fromagère) **1 kaasmaker 2 kaasverkoper**
fromagerie ZN V **1 kaasmakerij 2 kaashandel**
froment ZN M **tarwe**
fronce ZN V **plooi(tje)**
froncement ZN M **gefrons, rimpeling**
froncer OV WW **1 fronsen, rimpelen** • *~ les sourcils* de wenkbrauwen fronsen **2 plooien**
fronde ZN V **1 slinger, katapult 2** FORM. **morrende oppositie(partij), protestbeweging, verzet** • *un esprit de ~ souffle parmi la majorité du gouvernement* er wordt gemord binnen de regeringspartijen
frondeur FORM. BN (V frondeuse), **rebels, dwars(liggend)** • *un esprit ~* oproerige / kritische geest
front ZN M **1** ANAT. **voorhoofd, hoofd** • *s'éponger le ~* zijn voorhoofd afvegen • FORM. *courber / relever*

fr

le ~ het hoofd buigen / weer opheffen • FIG. *avoir le ~ de demander qc* de onbeschaamdheid hebben om iets te vragen • FIG. *mener deux choses de ~* twee dingen tegelijk doen **2** voorkant, (voor)vlak • *attaquer l'ennemi de ~* een frontale aanval op de vijand uitvoeren • *le ~ de mer* zeeboulevard **3** MIL. front • *mourir au ~* aan het front sneuvelen • *faire ~ contre l'ennemi* front maken tegen de vijand • *au ~ / sur le ~* aan het front **4** POL. front • *le ~ de libération nationale* nationaal bevrijdingsfront • *faire ~ commun* één blok vormen **5** AARDK. front • *un ~ d'air froid / chaud* koudefront / warmtefront

frontal BN (M MV frontaux) **1** voorhoofds- **2** frontaal • *le choc a été ~* het was een frontale botsing • *une collision ~e* een frontale botsing

frontalier **1** BN (V frontalière), grens- • *un (travailleur) ~* grensarbeider **2** ZN M (V frontalière), grensbewoner

frontière **1** ZN V grens • *faire passer la ~ à qn* iemand de grens over laten gaan • *reconduire qn à la ~* iemand over de grens zetten **2** BN grens- • *une ville ~* grensstad

fronton ARCH. ZN M fronton, geveldriehoek

frottement ZN M **1** wrijving **2** geknars, gekras

frotter **1** OV WW (af)wrijven, inwrijven, strijken / schuren langs • *~ une allumette* een lucifer afstrijken • *~ le parquet avec de la cire* het parket in de was zetten • FIG. *~ les oreilles à qn* iemand de oren wassen **2** WKD WW **(se ~)** **1** zich (in)wrijven • *se ~ les yeux* zich de ogen uitwrijven • *se ~ les mains* zich in de handen wrijven **2** INFORM. zich (roekeloos) inlaten met, het opnemen tegen • *qui s'y frotte, s'y pique* het is geen katje om zonder handschoenen aan te pakken

frottis "-tie" MED. ZN M uitstrijkje

froufrou, frou-frou ZN M **1** geruis <van zijde e.d.> **2** sexy (onder)goed

froufrouter ONOV WW ruisen <van zijde e.d.>

froussard INFORM. **1** BN bang, schijterig **2** ZN M lafbek

frousse INFORM. ZN V grote angst • *avoir la ~* in de rats zitten • *ficher / flanquer la ~ à qn* iemand de stuipen op het lijf jagen

fructification ZN V **1** vruchtvorming **2** FIG. (het) vrucht dragen • *la ~ d'un capital* het uitstaan van een kapitaal

fructifier ONOV WW OOK FIG. vrucht dragen • *faire ~ son argent* zijn geld (op rente) hebben uitstaan

fructose ZN M fructose, vruchtensuiker

fructueux BN (V fructueuse), FIG. vruchtbaar, winstgevend, succesvol • *un commerce ~* lucratieve handel

frugal BN (M MV frugaux), sober • *un repas ~* een karig / schraal maal, eenvoudige kost

fruit ZN M **1** OOK FIG. vrucht • *un arbre à ~* vruchtboom • *un ~ à noyau* steenvrucht • *un ~ à pépins* pitvrucht • *un ~ sec* gedroogde vrucht • *le ~ de la passion* passievrucht • *un jus de ~* vruchtensap • FIG. *le ~ défendu* verboden vrucht • *ces arbres ne donnent plus aucun ~* die bomen dragen geen vrucht meer **2** opbrengst, resultaat • *c'est le ~ de ses réflexions* dat is het resultaat van zijn overdenkingen • *cela n'a pas porté ses ~s* dat is vruchteloos gebleven, dat heeft niets opgeleverd **3** MV • CULIN *~s de mer* zeebanket, schelp- en schaaldieren

fruité BN fruitig

fruitier **1** BN (V fruitière), vrucht-, fruit- • *un arbre ~* vruchtboom **2** ZN M (V fruitière), fruitverkoper

frusques INFORM. ZN V MV (oude) kleren, plunje

fruste BN **1** afgesleten, verweerd **2** FIG. onbehouwen, ongepolijst, grof

frustrant BN frustrerend

frustration ZN V onbevredigdheid, teleurstelling, ontzegging, onthouding, frustratie • *éprouver un sentiment de ~* zich gefrustreerd / tekortgedaan voelen

frustrer OV WW **1** teleurstellen, frustreren, tekortdoen • *se sentir frustré* zich gefrustreerd / tekortgedaan voelen **2** onthouden, ontzeggen, ontnemen • *ce testament frustre le plus jeune des enfants* dit testament doet het jongste kind tekort

FS AFK franc suisse m Zwitserse frank

fuchsia "fuusja/fuuksja" ZN M fuchsia

fuel "fjoel" ZN M stookolie → **fioul**

fugace BN vluchtig, kortstondig, vergankelijk

fugacité ZN V vluchtigheid, vergankelijkheid

fugitif **1** BN (V fugitive) **1** voortvluchtig **2** voorbijgaand, vergankelijk, vluchtig • *un bonheur ~* vergankelijk geluk • *une impression fugitive* vluchtige indruk **2** ZN M (V fugitive), vluchteling

fugue ZN V **1** (het) (van huis) weglopen • *faire une ~* (van huis) weglopen **2** MUZ. fuga

fuguer ONOV WW (van huis) weglopen

fugueur **1** BN (V fugueuse), die / dat van huis wegloopt **2** ZN M (V fugueuse), kind dat van huis wegloopt

fuir **1** ONOV WW onregelmatig **1** vluchten **(devant** voor), snel verdwijnen • *~ devant l'ennemi* vluchten voor de vijand **2** lekken • *le robinet fuit* de kraan lekt • *cette bouteille fuit* die fles lekt **2** OV WW onregelmatig ontvluchten, (ver)mijden, ontgaan • *~ son pays* zijn land ontvluchten • *~ ses responsabilités* zich aan zijn verantwoordelijkheid onttrekken • *~ qn comme la peste* iemand mijden als de pest

fuite ZN V **1** vlucht, (het) snel verdwijnen • *un délit de ~* (het) doorrijden na een ongeluk • *la ~ en avant* de vlucht vooruit • *être en ~* op de vlucht zijn, voortvluchtig zijn • *prendre la ~* op de vlucht slaan • *mettre en ~* op de vlucht drijven / jagen **2** lek • *colmater une ~* een lek dichten • *il y a une ~ de gaz chez nous* we hebben een gaslek • *il y a des ~s dans le toit* het dak lekt **3** (het) lekken <ook v. informatie> • *la ~ des capitaux vers l'étranger* kapitaalvlucht naar het buitenland • *la ~ des cerveaux* braindrain

fuiter INFORM. ONOV WW uitlekken <bekend worden>

fulgurant BN **1** bliksemsnel • *faire une carrière ~e* een bliksemcarrière maken **2** bliksemend,

flitsend, lumineus
fulminant BN donderend, razend, heftig • *lancer des regards ~s* woedende blikken werpen
fulminer ONOV WW heftig uitvaren, fulmineren • *~ contre qn* heftig tegen iemand uitvaren • *~ contre les abus* scherpe kritiek leveren op misstanden
fumant BN **1** rokend, dampend • *une assiette de soupe ~e* een bord dampende soep **2** INFORM. fantastisch, geweldig • *un coup ~* geweldige slag
fumasse INFORM. BN woedend • *être ~* woest zijn
fumé BN **1** CULIN gerookt • *du saumon ~* gerookte zalm **2** rook- • *des verres fumés* donkere / getinte (brillen)glazen
fumée ZN V **1** rook • *un écran de ~* rookgordijn • *avaler / aspirer la ~* inhaleren • FIG. *ses économies sont parties en ~* zijn spaargeld is in rook opgegaan • <spreekwoord> *il n'y a pas de ~ sans feu* er is geen rook zonder vuur **2** damp • *les fumées de l'alcool* alcoholdampen, bedwelming / roes van alcohol
fumer **1** ONOV WW roken • *~ comme une cheminée / un pompier* roken als een schoorsteen • *défense de ~* verboden te roken **2** OV WW **1** roken <van rookwaren> • *~ de la drogue* drugs roken **2** roken <van levensmiddelen>
fumeur ZN M (V fumeuse), roker • *un compartiment non- ~s* een coupé niet-roken • *c'est un gros ~* hij is een zware roker
fumeux FIG. BN (V fumeuse), warrig, wollig, vaag • *une explication fumeuse* warrige uitleg
fumier ZN M **1** mest • *un tas de ~* mesthoop **2** INFORM. rotzak, smeerlap • *un vrai ~ ce type!* wat een rotzak is dat!
fumigène BN rookontwikkelend • *une bombe ~* rookbom
fumiste INFORM. **1** BN niet serieus te nemen, scherts- **2** ZN M/V grapjurk, praatjesmaker, schertsfiguur
fumisterie ZN V verlakkerij, gebakken lucht, bluf, nep
fumoir ZN M rooksalon • *le ~ d'un théâtre / d'un cinéma* rokersfoyer van een theater / bioscoop
funambule ZN M/V koorddanser
funambulesque FIG. BN dwaas, buitenissig • *un projet ~* een krankzinnig plan
funèbre BN **1** begrafenis-, rouw-, doods- • *les pompes funèbres* begrafenisonderneming • *une oraison ~* lijkrede • *un service ~* rouwdienst • *une marche ~* dodenmars **2** somber, doods
funérailles ZN V MV begrafenis • *il a eu des ~ nationales* hij heeft een staatsbegrafenis gekregen
funéraire BN begrafenis-, graf- • *une pierre / un monument ~* grafsteen / grafmonument
funérarium "-rjom" ZN M rouwcentrum
funeste BN funest (**à** voor), noodlottig, rampzalig • *cette erreur lui a été ~* die fout was fataal voor hem
funiculaire ZN M kabel(spoor)baan • *un (tramway) ~* kabeltram
fur • *envoie-moi tes papiers, je les lirai au ~ et à mesure* stuur me je papieren, ik zal ze één voor één lezen • *au ~ et à mesure de mes besoins...* al naargelang mijn behoeften... • *au ~ et à mesure que tu avances...* naarmate je verder komt...
furax INFORM. BN pisnijdig, witheet
furet ZN M fret <dier>
fureter ONOV WW (rond)snuffelen, rondneuzen • *~ dans tous les coins de l'appartement* overal in het appartement rondneuzen
fureteur BN (V fureteuse), (rond)snuffelend, spiedend • *un regard ~* spiedende blik
fureur ZN V **1** woede, razernij • *entrer / être en ~* woedend worden / zijn • *mettre qn en ~* iemand tot razernij brengen **2** hartstocht (**de** voor) • *la ~ du jeu* speelwoede • *le violet fait ~ cette année* paars maakt dit jaar opgang / is dit jaar in de mode
furibard INFORM. BN spinnijdig, witheet
furibond BN woedend, razend, witheet • *il lui jette des regards ~s* hij werpt hem woedende blikken toe
furie ZN V **1** woede, razernij • *être en ~* woedend zijn, razend zijn **2** razend wijf, furie, feeks
furieusement BW furieus, razend
furieux BN (V furieuse), woedend (**contre** op), razend, woest • *un vent ~* hevige wind • *une mer furieuse* onstuimige zee • *la folie furieuse* razernij • *il est ~ contre elle* hij is woedend op haar • *avoir une furieuse envie de sucré* een ontzettende trek in zoetigheid hebben
furoncle ZN M steenpuist
furtif BN (V furtive), heimelijk, ongezien, steels • *jeter un regard ~* tersluiks een blik werpen
furtivement BW heimelijk, ongezien • *s'esquiver ~* er stiekem vandoor gaan
fusain ZN M houtskool • *un dessin au ~* houtskooltekening
fuseau ZN M (MV fuseaux), klos, spoel, spil • *un ~ horaire* tijdzone • *en ~* spilvormig, smal toelopend
fusée ZN V **1** raket • *une ~ nucléaire* kernraket • *une ~ sol-air* grond-luchtraket **2** vuurpijl • *une ~ de détresse* lichtkogel
fuser ONOV WW FIG. losbarsten • *des rires fusent de toutes parts* overal barst gelach los
fusible ZN M stop, (smelt)zekering
fusil "-zie" ZN M geweer • *un ~ de chasse* jachtgeweer • *un coup de ~* geweerschot • FIG. *un bon ~* goed schutter • FIG. *changer son ~ d'épaule* een ommezwaai maken
fusillade ZN V geweervuur, schietpartij, schotenwisseling • *la ~ a éclaté entre les deux bandes rivales* er was een schietpartij tussen de twee rivaliserende bendes
fusiller OV WW fusilleren, neerschieten • FIG. *il m'a fusillé du regard* hij wierp me een vernietigende blik toe
fusil-mitrailleur ZN M (MV fusils-mitrailleurs), machinegeweer
fusion ZN V **1** smelting • *le point de ~* smeltpunt • *~ nucléaire* kernfusie • *en ~* gesmolten **2** FIG. samensmelting, vermenging, fusie • *la ~ de deux banques* fusie van twee banken

fusionnement ZN M fusie
fusionner ONOV WW FIG. samensmelten, fuseren (**avec** met) • *les deux entreprises ont fusionné* de twee bedrijven zijn een fusie aangegaan
fût ZN M **1** fust, vat • *vin vieilli en ~* in het vat gerijpte wijn • *mettre en ~* op fust leggen **2** boomstam
futé BN gewiekst, slim, snugger
futile BN onbeduidend, onbenullig, nietszeggend
futilité ZN V onbeduidendheid, onbenulligheid, futiliteit
fu
futur **1** BN toekomstig, aanstaand, komend • *les générations ~es* de toekomstige generaties • *une ~e maman* aanstaande moeder • *mon ~ mari* mijn aanstaande echtgenoot **2** ZN M **1** toekomst • *dans le ~* in de toekomst **2** TAALK. toekomende tijd • *le ~ simple* onvoltooid tegenwoordig toekomende tijd • *le ~ antérieur* voltooid (tegenwoordig) toekomende tijd • *le ~ du passé* onvoltooid verleden toekomende tijd
futurisme ZN M futurisme
futuriste **1** BN futuristisch **2** ZN M/V futurist
fuyant BN **1** ontwijkend <van blik, gedrag>, ongrijpbaar, schuw **2** (terug)wijkend • *un front / un menton ~* wijkend voorhoofd / wijkende kin
fuyard **1** BN vluchtend **2** ZN M (V fuyarde), deserteur

G

g "zjee" **1** ZN M letter g **2** AFK gramme m g, gram
gabarit "-rie" ZN M afmetingen, (for)maat, (standaard)model • *du même ~* van hetzelfde slag / kaliber • *hors ~* bovenmaats
gabegie ZN V wanbeheer, administratieve warboel
Gabon ZN M Gabon
gâcher OV WW verspillen, verknoeien • *une soirée gâchée* een verpest avondje • *elle m'a gâché mes vacances* ze heeft mijn vakantie bedorven • *~ sa vie à ne rien faire* zijn leven vergooien met nietsdoen
gâchette ZN V spanveer, trekker <van vuurwapen> • *appuyer sur la ~* de trekker overhalen • *avoir la ~ facile* schietgraag zijn
gâchis "-sjie" ZN M knoeiboel, warboel, verspilling • *quel ~ de jeter cette nourriture!* wat een verspilling om dat eten weg te gooien • *il y a beaucoup de ~ dans cette entreprise* er is veel mis in dat bedrijf
gadget "-dzjet" ZN M gadget, grappig ding
gadoue INFORM. ZN V blubber, modder, derrie
gaffe INFORM. ZN V flater, domme zet • *faire une ~* een flater slaan, blunderen • *fais ~!* pas op!, kijk uit!
gaffer INFORM. ONOV WW een flater begaan
gaffeur INFORM. **1** BN (V gaffeuse), vaak blunderend, onbeholpen **2** ZN M (V gaffeuse), stoethaspel, blunderaar
gag "gag met harde g's" ZN M **1** INFORM. lachertje **2** MEDIA komisch effect, gag
gaga BN kinds, seniel, niet goed wijs
gage ZN M **1** OOK FIG. waarborg, (onder)pand • *un tueur à ~s* huurmoordenaar **2** blijk, bewijs • *donner un ~ d'amour à qn* iemand iets geven als blijk van liefde • *en ~ de fidélité* als blijk van trouw
gager FORM. OV WW wedden • *gageons qu'il ne sera pas là!* wedden dat hij er niet is!
gageure "-zjuur" FORM. ZN V uitdaging, waagstuk
gagnant **1** BN winnend • *donner qn ~* iemand als winnaar doodverven / als favoriet aanwijzen • *partir ~* de gedoodverfde winnaar zijn, vrijwel zeker zullen winnen / slagen **2** ZN M (V gagnante), winnaar <bij spel of loterij> • *le ~ est gagnant* het winnende cijfer is de één
gagnant-gagnant BN onver. • *une situation ~* win-winsituatie
gagne-pain ZN M (MV id.), broodwinning, kostwinner • *perdre son ~* brodeloos worden
gagne-petit ZN M (MV id.), kleinverdiener, sappelaar
gagner **1** OV WW **1** verdienen • *mal ~ sa vie* slecht de kost verdienen • *~ gros* veel verdienen • *il gagne sa vie en vendant des aspirateurs* hij verdient de kost als stofzuigerverkoper • *c'est un manque à ~* dat is inkomstenderving • *pour ~ de l'argent, il faut en dépenser* de kost gaat voor de baat uit • *c'est toujours*

ça de gagné! dat is alvast / mooi meegenomen! **2** winnen • *~ le gros lot* de hoofdprijs winnen • *~ du temps* tijd winnen • *~ un procès* een proces winnen • *~ de la place* ruimte uitsparen • *je gagne un quart d'heure en venant à vélo* ik win een kwartier door met de fiets te komen **3** FIG. winnen, verwerven, krijgen • *~ du poids* (in gewicht) aankomen • *~ qn à sa cause* iemand voor zich winnen • *~ qn de vitesse* iemand te snel af zijn • *qu'est-ce que vous allez y ~?* wat wint u erbij? • INFORM. *ce n'est pas gagné!* dat hangt erom, dat valt nog te bezien • *l'épidémie gagne du terrain* de epidemie grijpt om zich heen **4** bereiken, gaan naar / in • *~ Berlin en cinq heures* in vijf uur in Berlijn zijn • *la crise gagne tous les secteurs du pays* de crisis breidt zich uit naar alle geledingen van het land **5** FIG. overmannen, bevangen • *la peur nous gagne* we worden door angst overmand **2** ONOV WW **1** er beter op worden • *~ à être connu* bij nadere kennismaking meevallen • *~ au change* er beter van worden **2** winnen (en aan) • *ce devoir ~ait en clarté, si vous...* dat huiswerk zou er duidelijker op worden als je... • *~ par deux à zéro* met 2-0 winnen

gai "gè met harde g" **1** BN **1** vrolijk, opgeruimd, leuk • *être ~ comme un pinson* in z'n nopjes zijn, heel opgeruimd zijn • *elle n'a pas l'air ~* ze ziet er niet vrolijk uit **2** lichtelijk aangeschoten • *avoir le vin ~* een vrolijke dronk hebben **3** INFORM. → **gay** **2** ZN M INFORM. → **gay**

gaiement BW vrolijk, opgeruimd

gaieté ZN V vrolijkheid, lol(letje) • *il ne vient pas de ~ de cœur* hij komt niet van ganser harte

gaillard **1** BN **1** flink, kloek, potig **2** gewaagd, schuin • *des chansons ~es* schuine liedjes **2** ZN M (flinke) vent, potige kerel

gain ZN M **1** winst, verdienste • *réaliser des ~s importants au jeu* veel winnen bij het gokken • *les ~s et les pertes* winst en verlies **2** voordeel • *un ~ de temps* tijdwinst • *un ~ d'énergie* energiebesparing **3** (het) winnen • *avoir / obtenir ~ de cause* het pleit winnen, zijn zin / gelijk krijgen

gaine ZN V hoes, foedraal, koker • *une ~ de parapluie* parapluhoes

gala ZN M gala(feest) • *une soirée de ~* gala-avond • *un ~ de bienfaisance* benefietfeest

galactique BN Melkweg-, galactisch

galamment BW hoffelijk <jegens vrouwen>, galant

galant BN **1** hoffelijk <jegens vrouwen>, galant • *être ~ envers qn* iemand hoffelijk bejegenen **2** op vrijerij gericht, liefdes- • *une aventure ~e* liefdesavontuurtje • *un rendez-vous ~* afspraakje

galanterie ZN V **1** hoffelijkheid <jegens vrouwen> **2** MV complimenten • *dire des ~s à une femme* een vrouw complimentjes maken, flirten met een vrouw

galaxie ZN V Melkweg(stelsel)

galbe ZN M welving, (fraaie) ronding

galbé BN (fraai) gewelfd

gale ZN V **1** schurft, jeukende huiduitslag **2** INFORM. kreng, rotzak • *être méchant / mauvais comme la ~* een enorme rotzak zijn

galère INFORM. ZN V doffe ellende • *pas de métro, pas d'autobus, c'est (la) ~!* geen metro, geen bus, wat een ellende! • *quelle ~ pour arriver jusqu'ici!* wat een toestand om hier te komen!

galérer INFORM. ONOV WW het moeilijk hebben, ploeteren

galerie ZN V **1** galerie, tentoonstellingszaal **2** galerij • *la ~ des Glaces* spiegelzaal <in Versailles> • *une ~ marchande* winkelgalerij, passage • *jouer pour la ~* op het publiek spelen • *amuser la ~* de lachers op zijn hand krijgen • *pour la ~* uit effectbejag, voor de show **3** onderaardse gang, mijngang **4** imperiaal <voor auto>

galet ZN M strandkei, rolsteen, keistrand, kiezelstrand

galette ZN V platte koek • *la ~ des Rois* driekoningenkoek

galeux BN (V galeuse), OOK FIG. schurftig

galimatias "-tjà" ZN M onzin, wartaal

galipette INFORM. ZN V luchtsprong • *faire des ~s* bokkensprongen maken, capriolen uithalen

Galles • *le pays de ~* Wales

gallicisme ZN M gallicisme, typisch Franse uitdrukking

gallois **1** ZN M (het) Welsh **2** BN uit Wales

Gallois ZN M (V Galloise), Welshman

galon ZN M **1** galon, tres, boordsel **2** MIL. streep <onderscheidingsteken> • *prendre du ~* promotie maken, erop vooruitgaan

galop "-loo" ZN M galop • *arriver au grand ~* in gestrekte galop aankomen • *visiter une exposition au ~* haastig een tentoonstelling bezoeken

galopin INFORM. ZN M straatjongen, kwajongen

galvaniser OV WW OOK FIG. galvaniseren, FIG. prikkelen

galvaudé BN verkwanseld, misbruikt • *une idée galvaudée* misbruikt idee

gambader ONOV WW huppelen, dartelen, luchtsprongen maken

gamberger INFORM. ONOV WW erover (na) denken, prakkiseren, piekeren

gambette INFORM. ZN V been, poot

Gambie ZN V Gambia

gamelle ZN V eetketel, gamel • *la ~ du chien* hondenbak

gamin INFORM. ZN M (V gamine) **1** kind, kleine, joch, bengel • *elle se comporte encore comme une ~e* ze gedraagt zich nog als een kind **2** zoon, dochter • *la jeune fille a gardé nos ~s* het meisje heeft op onze kinderen gepast

gaminerie ZN V (kwa)jongensstreek, kinderlijk gedrag

gamme ZN V **1** toonladder • *faire des / ses ~s* toonladders spelen / zingen, oefenen **2** gamma, reeks <van soorten>, assortiment • *une ~ de couleurs* kleurengamma • *une ~ de prix* de diverse prijsklassen • *des télévisions haut de ~* televisies van de hogere prijsklasse, kwaliteitstelevisies • *bas de ~* (van) de laagste prijsklasse, van mindere kwaliteit

gammé BN • *une croix gammée* hakenkruis

Gand Gent
gang "Ga(n)G" ZN M **(misdadigers)bende**
ganglion ZN M **klier** • *ganglion lymphatique* lymfeklier
gangster ZN M **gangster, schurk, oplichter** • *un film de ~s* gangsterfilm
gangue ZN V **omhulsel, korst**
gant ZN M **handschoen** • *un ~ de toilette* washandje • *des ~s de laine / de cuir* wollen / leren handschoenen • *un ~ de crin* (scrub)washandje • *des ~s de boxe* bokshandschoenen • *mettre des ~s* zijn handschoenen aantrekken • FIG. *cela me va comme un ~* dat past me precies, dat zit me als gegoten • FIG. *il faut prendre des ~s avec lui* je moet omzichtig te werk gaan met hem, je moet hem met fluwelen handschoenen aanpakken • FIG. *elle n'a pas pris de ~s pour nous le dire* ze wond er geen doekjes om toen ze het ons zei

gantois BN **Gents**
garage ZN M **1 garage, hangar, stalling** • *un ~ à vélos* fietsenstalling • FIG. *une voie de ~* zijspoor **2 garage(bedrijf)**
garagiste ZN M/V **garagehouder**
garant ZN M (V garante), **borg** <persoon> • *se porter ~ de qn / de qc* borg staan voor iemand / iets, instaan voor iemand / iets
garantie "-tie" ZN V **1 waarborg, garantie** • *ce modèle a une ~ de dix ans* dit model heeft tien jaar garantie • *le téléviseur est encore sous ~* er zit nog garantie op het televisietoestel **2** FIG. **garantie, zekerheid** • *la ~ de l'emploi* baangarantie • *donner des ~s* zekerheid verschaffen
garantir OV WW **1 waarborgen, borgen 2 garanderen, verzekeren** • *être garanti un an* een jaar garantie hebben • *~ un emprunt* een lening garanderen, kredietgarantie geven • *succès garanti!* succes verzekerd! **3 beloven** • *le médecin m'a garanti que ça irait mieux dans quelques jours* de dokter heeft me verzekerd dat het over een paar dagen beter gaat
garce INFORM. ZN V **rotmeid, kreng(etje), slet** • *cette ~ de vie!* dat rotleven!
garçon ZN M **1 jongen, jongeman** • *un beau ~* mooie jongen • *un mauvais ~* kwajongen, schavuit • *un ~ manqué* jongensachtig meisje • *un vieux ~* oude(re) vrijgezel • FIG. *enterrer sa vie de ~* een vrijgezellenfuif geven **2 zoon** • *elle vient d'accoucher d'un ~* ze is zojuist van een zoon bevallen, ze heeft net een zoon gekregen • *ils n'ont eu que des garçons* ze hebben alleen maar zoons **3 bediende, hulpje** • *un ~ boucher* slagersknecht • *un ~ de courses* loopjongen • *un ~ de café* kelner
garçonnet ZN M **jongetje**
garçonnière IRON. ZN V **vrijgezellenflat**
garde 1 ZN V **1 hoede, toezicht, bewaking, bewaring** • *la pharmacie de ~* dienstdoende apotheek • *un chien de ~* waakhond • *une ~ à vue* voorlopige hechtenis <op politiebureau> • *la ~ des enfants à la crèche* de kinderopvang in de crèche • *le père a obtenu le droit de ~* de kinderen zijn aan de vader toegewezen • *être de ~* (wacht-, nacht)dienst hebben • *monter la ~* de wacht betrekken, wacht houden • *la patrouille assure la ~* de patrouille houdt de wacht • *baisser la ~* zich blootgeven, minder waakzaam worden • *relever la ~* de wacht aflossen • *être / se tenir sur ses ~s* op zijn hoede zijn • *être sous bonne ~* onder veilig toezicht staan • *mettre qn en ~ contre qc* iemand waarschuwen voor iets • *prends ~ à toi!* pas goed op jezelf! **2 wacht, bewakers, garde** • FIG. *la vieille ~* de oude garde • *la ~ d'honneur* erewacht **3** • *la page de ~* schutblad <v. boek> **4 gevest 2** ZN M/V **wacht, verzorger** • *un / une ~ du corps* lijfwacht • *le / la ~ des Sceaux* minister van justitie • *un / une ~ d'enfants* kinderoppas • *un ~ forestier / une ~ forestière* boswachter **3** ZN M **wachter, bewaker** • *un ~ champêtre* veldwachter • *un ~ mobile* agent van de bereden / gemotoriseerde politie
garde-à-vous ZN M • *se mettre au ~* in de houding (gaan) staan
garde-boue ZN M (MV garde-boue(s)), **spatbord**
garde-chasse ZN M (MV gardes-chasse(s)), **jachtopziener**
garde-chiourme MIN. ZN M (MV gardes-chiourme(s)), **ruwe opzichter,** FIG. **slavendrijver**
garde-feu ZN M (MV garde-feu(x)), **vuurscherm**
garde-fou ZN M (MV garde-fous) **1 borstwering, leuning** • *des garde-fous placés aux fenêtres* bij de ramen bevestigde (glazen) schotten <om vallen te voorkomen> **2 waarschuwing** • FIG. *un décret qui servira de ~ contre qc* verordening die preventief moet werken
garde-malade ZN M/V (MV gardes-malade(s)), **ziekenverpleger**
garde-manger ZN M (MV garde-manger(s)), **provisiekast**
garde-meubles ZN M (MV id.), **meubelopslagplaats**
gardénia ZN M **gardenia**
garder 1 OV WW **1 bewaken, passen op** • *~ des enfants* op kinderen passen • *le chien garde l'entrée de la propriété* de hond bewaakt de ingang van het landgoed • *~ le bétail* het vee hoeden **2 bewaren, houden, aanhouden** • *~ la viande au frais* het vlees koel bewaren • *~ au chaud* warm houden • *~ des cicatrices* er littekens aan overhouden • *~ le lit* het bed houden • *~ la chambre* binnen blijven • FIG. *~ le silence* het stilzwijgen bewaren **3 behoeden (de voor)** • *(que) Dieu vous garde!* God behoede u! **4 tegenhouden, vasthouden** • *~ qn à dîner* iemand vragen te blijven eten • *~ qn après sa période d'essai* iemand na zijn proefperiode houden • *~ un secret* een geheim bewaren • *~ de la rancune contre qn* wrok tegen iemand blijven koesteren **2** WKD WW **(se ~) 1 bewaard (kunnen) worden** • *ces aliments ne se gardent pas longtemps* die voedingsmiddelen blijven niet lang goed **2 ~ de zich hoeden voor, vermijden te** • *je m'en ~ai bien!* dat zal ik wel laten! • *elle s'est bien gardée de demander quoi que ce soit!* ze heeft er wel voor gezorgd niets te vragen
garderie ZN V **crèche, kinderbewaarplaats** • *mettre un enfant à la ~* een kind in de kinderopvang

plaatsen
garde-robe ZN V (MV garde-robes) **1 klerenkast 2 garderobe** <iemands kleren> • *changer sa ~* van kleding veranderen
gardien 1 ZN M (V gardienne), **bewaker, wachter** • SPORT *un ~ de but* keeper • *un ~ de la paix* straatagent • *un ~ de prison* gevangenbewaarder • *un ~ d'immeuble* huismeester, conciërge • *un ~ de nuit* nachtwaker • *un ~ de musée* suppoost **2** BN (V gardienne) • *un ange ~* beschermengel
gardiennage ZN M **bewaking** • *une entreprise de ~* beveiligingsbedrijf
gardon ZN M **voorn**
gare 1 ZN V **station** • *une ~ (de voyageurs)* station voor passagierstreinen • *une ~ de marchandises* goederenstation • *une ~ routière* busstation, vrachtwagenstation • *une ~ de triage* rangeerterrein • *une ~ terminus* eindstation • *une ~ aérienne* luchthaven • *un chef de ~* stationschef • *le train est en ~* de trein staat klaar • *le train entre en ~* de trein komt aan (op het station) **2** TUSSENW **pas op!** • *~ à toi!* wees gewaarschuwd! • *partir sans crier ~* vertrekken zonder te waarschuwen, onverhoeds vertrekken
garenne ZN V **(eiken)bos met wilde konijnen** • *un lapin de ~* wild konijn
garer 1 OV WW **parkeren** <van voertuig>, **stallen** • *une voiture bien / mal garée* correct / fout geparkeerde auto • *être garé dans une ruelle* in een steeg geparkeerd staan **2** WKD WW **(se ~) parkeren** • *il est interdit de se ~ sur les trottoirs* verboden op het trottoir te parkeren
gargantua ZN M **veelvraat**
gargantuesque BN **gargantuesk, overdadig** <v. eten en drinken>
gargariser WKD WW **(se ~) 1 gorgelen 2** INFORM. **zwelgen, gulzig genieten (de van)**
gargote MIN. ZN V **morsige eetgelegenheid, vreetschuur**
gargouille ZN V **waterspuwer** <aan dakgoot>, **spuier**
gargouillement, **gargouillis** ZN M **1 geborrel** <v. maag> **2 geklater** <v. water>
gargouiller ONOV WW **borrelen** <v. maag>
garnement ZN M **kwajongen, rakker, bengel**
garnir 1 OV WW **1 versieren** • *une table garnie de fleurs* tafel gedecoreerd met bloemen **2 voorzien, vullen** • *une table bien garnie* rijk gedekte tafel • *un frigo bien garni* goedgevulde koelkast • *un portefeuille bien garni* goedgevulde portemonnee • *louer une chambre garnie* een gemeubileerde kamer huren **3** CULIN **garneren** • *un plat garni* gerecht met groente(garnituur) **2** WKD WW **(se ~) zich vullen** • *la salle se garnit* de zaal loopt vol
garnison ZN V **garnizoen**
garniture ZN V **1 versiersel, belegsel, bekleedsel, garneersel 2** CULIN **garnituur, groenten** <bij het vlees of de vis> • *plat servi avec une ~ de purée et d'épinards* gerecht met garnituur van puree en spinazie
garrigue ZN V **(landschap met) doornig struikgewas** <in mediterraan gebied>
garrot "-roo" ZN M **knevel, knevelverband** • *poser un ~* een knevelverband aanleggen
garrotter OV WW **knevelen** • FIG. *une presse garrottée* geknevelde pers
gars "gà met harde g" INFORM. ZN M **jongen, kerel** • *un ~ sympa* een toffe jongen • *salut les ~!* hallo allemaal / jongens! • *nos ~ ont aussi été envoyés en Irak* onze jongens zijn ook naar Irak gestuurd
Gascon ZN M (V Gasconne), **Gascogner** • *une offre de ~* loos aanbod
gas-oil, **gasoil**, **gazole** ZN M **dieselolie, gasolie**
gaspillage ZN M **verkwisting** • *c'est du ~!* dat is weggegooid geld! • *faire la chasse au ~* verkwisting bestrijden
gaspiller OV WW **verkwisten** • *~ son énergie / son argent* zijn krachten verspillen / zijn geld verkwisten • *~ son temps* zijn tijd verdoen
gaspilleur 1 BN (V gaspilleuse), **verkwistend 2** ZN M (V gaspilleuse), **verkwister**
gastrique BN **maag-** • *le suc ~* maagsap • *avoir des ennuis ~s* maagklachten hebben
gastrite MED. ZN V **maagontsteking, gastritis**
gastroentérite MED. ZN V **maag-darmontsteking**
gastronome ZN M **fijnproever**
gastronomie ZN V **gastronomie, fijne kookkunst**
gastronomique BN **gastronomisch** • *un restaurant ~* fijnproeversrestaurant
gâteau 1 ZN M (MV gâteaux) **1 koek(je), taart(je)** • *un ~ au chocolat / aux fruits* chocolade- / vruchtenkoekje • *un ~ de riz* rijstkoekje • *des gâteaux secs* biscuitjes • *un ~ d'anniversaire* verjaardagstaart • *une part de ~* een stuk taart • INFORM., FIG. *avoir sa part du ~* zijn deel van de koek krijgen, een graantje meepikken • INFORM., FIG. *c'est du gâteau!* dat is kinderspel!, dat is een makkie! • FIG. *se partager le ~* de buit delen **2 raat** • *un ~ de miel* honingraat **2** BN • *un papa / une maman ~* vader / moeder die kinderen verwent
gâter 1 OV WW **1 verwennen** • *on m'a gâté pour mon anniversaire* ik ben verwend voor mijn verjaardag • IRON. *nous ne sommes pas gâtés* het zit ons niet mee **2 bederven** • *une dent gâtée* rotte kies • *ça ne gâte rien* dat kan geen kwaad **2** WKD WW **(se ~) 1 bederven** • *les fruits sont gâtés* het fruit is bedorven **2 verslechteren, betrekken** <van weer> • *le temps se gâte* het weer betrekt • FIG. *les choses se gâtent* de klad zit erin
gâterie ZN V **verwennerij** • *apporter des gâteries* iets lekkers meenemen
gâteux BN (V gâteuse) **1 stapelgek (op)** • *être ~ de ses petits-enfants* dol zijn op zijn kleinkinderen • *il est ~ avec sa collection de timbres* hij is helemaal verknocht aan zijn postzegelverzameling **2** OUD. **kinds, seniel**
gâtisme ZN M **seniliteit, kindsheid**
gauche 1 BN **1 links, linker-** • *le pied / la main ~* linkervoet / -hand • *l'aile ~ de l'avion* linkervleugel van het vliegtuig • *la rive ~ de la Seine* linkeroever

van de Seine • FIG. *se lever du pied ~* met het verkeerde been uit bed stappen **2** onhandig, links • *c'est une personne assez ~* hij / zij is nogal onbeholpen **2** BW • *voter à ~* links stemmen • FIG. *passer l'arme à ~* het hoekje om gaan **3** ZN M linker • SPORT *un crochet du ~* linkse hoek • SPORT *tirer du ~* met links schieten **4** ZN V **1** linkerzijde • *prendre la ~ / sur la ~ / à ~* links houden **2** POL. links • *la ~ caviar* salonsocialisme • *l'extrême ~* uiterst links • *la politique de la ~* linkse politiek • *être de ~* links zijn

gauchement BW onhandig, onbeholpen

gaucher **1** BN (V gauchère), links(handig), linksbenig **2** ZN M (V gauchère), linkshandige

gaucherie ZN V onhandigheid

gauchisant POL. BN links (georiënteerd)

gauchisme POL. ZN M links extremisme

gauchiste **1** BN ultralinks **2** ZN M/V ultralinks persoon

gaudriole INFORM. ZN V vrijerij, seks • *il ne pense qu'à la ~* hij denkt alleen maar aan van dattum

gaufre CUL. ZN V wafel

gaufrette CUL. ZN V wafeltje

gaufrier ZN M wafelijzer

Gaule ZN V Gallië

gaullisme POL. ZN M gaullisme

gaulliste POL. **1** BN gaullistisch **2** ZN M/V gaullist

gaulois BN **1** Gallisch **2** plat-grappig, schuin, boertig

Gaulois ZN M (V Gauloise), Galliër

gauloiserie ZN V gewaagde geestigheid, schuine mop

gausser FORM. WKD WW **(se ~)** schertsen, de spot drijven **(de** met)

gavage ZN M (het) volproppen <met eten> • *le ~ des oies* het vetmesten van ganzen

gaver **1** OV WW **1** (met dwang) vetmesten, overvoeren • *~ les oies / les canards* ganzen / eenden vetmesten **2** volproppen **(de** met) **2** WKD WW **(se ~)** zich volproppen • *elle se gave de chocolat* ze propt zich vol met chocola • FIG. *se ~ de musique / de vieux films* geen genoeg kunnen krijgen van muziek / oude films

gavotte ZN V gavotte <dans>

gay, gai INFORM. **1** BN homo- • *des bars gays* homobars • *la communauté ~* de homoscene **2** ZN M homo

gaz ZN M (MV id) **1** gas • *le / du ~ naturel* aardgas • *une bouteille de ~* gasfles • *un employé du ~* meteropnemer, gasman • *le compteur à ~* gasmeter • *une odeur de ~* gaslucht • *se chauffer au ~* gasverwarming hebben • *cuisiner au ~* op gas koken • *allumer / éteindre le ~* het gas aansteken / uitzetten • INFORM., OOK FIG. *mettre les ~* gas geven • INFORM. *rouler à pleins ~* vol gas geven, plankgas rijden • INFORM., FIG. *il y a de l'eau dans le ~* we zitten met een probleem, daar komt narigheid van **2** CHEM., MED. gas • *du ~ lacrymogène* traangas • *du ~ carbonique* koolzuurgas, kooldioxide • *les ~ de combat* gifgas, strijdgas • *les chambres à ~* gaskamers • *avoir des ~* last hebben van winderigheid

gazage ZN M vergassing <van slachtoffers> • *le ~ des animaux* het vergassen van dieren

Gazaoui ZN M inwoner van Gaza

gaze ZN V gaas <doek>

gazé ZN M slachtoffer van gifgas

gazéifier OV WW koolzuurhoudend maken

gazelle ZN V gazelle

gazer **1** OV WW vergassen <van slachtoffers> **2** ONOV WW INFORM. hard rijden, racen • *ça gaze* het gaat gesmeerd, alles kits • *ça ne gaze pas entre eux* het botert niet tussen hen

gazette BELGFR. ZN V krant

gazeux BN (V gazeuse), koolzuurhoudend, gasachtig, gasvormig • *de l'eau gazeuse* spuitwater • *une boisson gazeuse* koolzuurhoudende drank, priklimonade

gazier **1** BN (V gazière), gas- • *une compagnie gazière* gasbedrijf **2** ZN M (V gazière), werknemer bij een gasbedrijf, gasman

gazinière ZN V gasfornuis

gazoduc ZN M pijpleiding voor gas

gazole ZN M → **gas-oil**

gazon ZN M **1** gras • *une tondeuse à ~* grasmaaier **2** grasveld, grasmat, gazon • *jouer au tennis sur ~* op gras tennissen

gazouillement, gazouillis ZN M **1** gesjilp <v. vogels> **2** gebrabbel <v. kind>

gazouiller ONOV WW **1** sjilpen <v. vogels> **2** brabbelen <v. kind>

G.D.F. AFK Gaz de France m Frans gasbedrijf

geai "zjè" ZN M Vlaamse gaai

géant **1** BN reusachtig, reuzen- • *des tortues géantes* reuzenschildpadden **2** ZN M (V géante), reus, gigant • *les géants de l'agroalimentaire* de zeer grote voedingsmiddelenconcerns • *les géants de l'édition* de zeer grote uitgeverijen • *avancer à pas de ~* met reuzenschreden vooruitgaan

geignard BN zeurderig, klagerig • *un ton ~* klaaglijke toon

geindre ONOV WW onregelmatig **1** kermen **2** INFORM. zeuren, dreinen • *cet enfant ne cesse de ~* dat kind is almaar aan het dreinen

gel ZN M **1** vorst, vriesweer • *une plante qui craint le ~* plant die niet tegen vorst kan **2** FIG. bevriezing • *le ~ des salaires* het bevriezen v.d. lonen **3** gel <cosmetische producten> • *un ~ pour cheveux* haargel • *un ~ douche* douchegel

gélatine ZN V gelatine

gélatineux BN (V gélatineuse), gelatineachtig, week

gelé BN OOK FIG. bevroren, verkleumd • *des crédits gelés* bevroren kredieten • *j'ai les doigts gelés* ik heb koude vingers

gelée ZN V **1** vorst, vriesweer • *la ~ blanche* rijp • *une forte ~* strenge vorst **2** gelei • *de la ~ de pommes* appelgelei • *la ~ royale* koninginnenbrood, koninginnengelei

geler **1** ONOV WW bevriezen • *la rivière a gelé* de rivier is bevroren • *on gèle dans cette pièce* het is ijskoud in deze kamer • <spel> *tu gèles!* je bent 'koud'! <bij raden> **2** OV WW bevriezen • *le froid lui a gelé les doigts de pieds* zijn tenen zijn bevroren van de kou • FIG. *~ les salaires* de lonen bevriezen **3** ONP WW **vriezen** • *il gèle à pierre fendre* het vriest dat het kraakt **4** WKD WW **(se ~) bevriezen, verkleumen** • *on se gèle dans cette maison* je vergaat van de kou in dit huis

gélifié BN **gegeleerd**

gélule ZN V **(gelatine)capsule** <om geneesmiddel>

gelure ZN V **bevriezing** <van lichaamsdelen>

Gémeaux ZN M MV **Tweelingen** <dierenriem> • *être ~* een Tweeling zijn

gémir ONOV WW **1 zuchten, kermen, kreunen** • *~ sur son sort* zich beklagen over zijn lot **2 huilen** <van wind>

gémissement ZN M **gekerm, gekreun, gezucht** • *pousser des gémissements* zuchten slaken, weeklagen

gemme ZN V **edelsteen**

gênant BN **lastig, hinderlijk, storend, benard** • *supprimer un témoin ~* een lastige getuige uit de weg ruimen

gencive ZN V SOMS MV **tandvlees**

gendarme ZN M/V **1 gendarme, agent van de rijkspolitie** • *la peur du ~* de angst voor bestraffing <waardoor men iets nalaat> • *jouer aux ~s et aux voleurs* politie en boefje spelen • FIG. *faire le ~* voor politieagent spelen **2** INFORM. • *un ~ couché* verkeersdrempel

gendarmerie ZN V **gendarmerie, rijkspolitie(post)**

gendre ZN M **schoonzoon**

gène ZN M **gen** • INFORM. *c'est dans les gènes* dat zit in de genen, dat is aangeboren

gêne ZN V **1 fysieke belemmering,** MED. **gebrek** • *se déplacer avec ~* moeite hebben met lopen • *avoir de la ~ à respirer* moeilijk ademhalen • *éprouver une sensation de ~* zich niet goed / lekker voelen **2 last, hinder, beklemdheid** • INFORM. *être sans ~* ongegeneerd zijn, ongedwongen zijn • *ne pas vouloir causer de la ~ à qn* iemand niet tot last willen zijn **3 financiële moeilijkheden** • *être / se trouver dans la ~* geldzorgen hebben

gêné BN **1 verlegen, gegeneerd, opgelaten** • *un silence ~* pijnlijke stilte • *se sentir ~* zich gegeneerd voelen • INFORM., FIG. *être ~ aux entournures* zich niet op zijn gemak voelen **2 krap bij kas** • *je suis ~ en fin de mois* aan het eind van de maand zit ik krap

généalogie ZN V **1 stamboom 2 genealogie**

généalogique BN **genealogisch** • *un arbre ~* stamboom

généalogiste ZN M/V **genealoog, geslachtkundige**

gêner 1 OV WW **1 hinderen, belemmeren, knellen** • *~ le passage* de doorgang belemmeren • *poussez-vous, vous gênez!* ga opzij, u staat in de weg! **2 lastigvallen, storen, in verlegenheid brengen** • *la pluie me gêne pour conduire* ik heb moeite met rijden in de regen • *ma fumée vous gêne?* hebt u er last van dat ik rook? **3 in financiële moeilijkheden brengen** • *être gêné en fin de mois* aan het eind van de maand krap zitten **2** WKD WW **(se ~) zich generen** • *allez, ne te gêne pas!* ga gerust je gang! • IRON. *vas-y, ne te gêne pas!* geneer je niet!, toe maar! • INFORM. *je vais me gêner!* dat zal ik niet laten!

général 1 BN (M MV généraux) **1 algemeen** • *une grève générale* algemene staking • *une amnistie générale* generaal pardon • *une répétition générale* generale repetitie • *en règle générale* in het algemeen **2 hoofd-** • *le président-directeur ~ / le P.D.G.* president-directeur, CEO • *le quartier ~* hoofdkwartier **2** ZN M (MV généraux) **1 generaal, veldheer** • *le ~ de brigade* brigadegeneraal • *~ en chef* opperbevelhebber **2 (het) algemene** • *aller du ~ au particulier* van algemeen naar specifiek gaan • *en ~* in / over het algemeen

générale ZN V **1 generale (repetitie) 2 vrouwelijke generaal, generaalsvrouw**

généralement BW **1 algemeen, globaal 2 in / over het algemeen** • *~ parlant* in het algemeen gesproken

généralisateur BN (V généralisatrice), **generaliserend**

généralisation ZN V **generalisatie, algemene verbreiding** • *la ~ d'un conflit* verbreiding van een conflict

généraliser 1 OV WW **1 generaliseren 2 algemeen verbreiden / toepassen** • *un cancer généralisé* uitgezaaide kanker **2** WKD WW **(se ~) algemeen / wijdverbreid worden** • *le cancer s'est généralisé* de kanker is (overal) uitgezaaid • *le conflit s'est généralisé* het conflict heeft zich algemeen verbreid

généralissime ZN M **opperbevelhebber**

généraliste 1 BN **allround** • *un médecin ~* huisarts **2** ZN M/V **huisarts, allrounder, generalist**

généralité ZN V **algemeenheid** • *dans la ~ des cas* in het gros van de gevallen • *il n'a dit que des généralités* hij verkondigde alleen maar algemeenheden

générateur 1 BN (V génératrice), **voortbrengend, voortplantings-** • *un principe ~* grondbeginsel • *des manifestations génératrices de violence* betogingen die tot geweld leiden **2** ZN M **generator**

génération ZN V **generatie** • *la ~ d'après-guerre* de naoorlogse generatie • *la ~ de Mai 68* de generatie van mei 1968 <culturele revolutie> • *les conflits de générations* generatieconflicten • BIOL. *la ~ spontanée* spontane generatie • TECHN., COMM. *quatrième génération* 4G

génératrice ZN V **(gelijkstroom)generator**

générer OV WW **voortbrengen, genereren** • *~ des emplois* banen scheppen

généreusement BW **grootmoedig, gul**

généreux BN (V généreuse) **1 edelmoedig, grootmoedig, genereus 2 vrijgevig, gul, royaal 3** IRON. **rijk** • *avoir des formes généreuses* weelderige vormen hebben

générique 1 BN **geslachts-, soort-, generiek** • TAALK. *un terme ~* soortnaam • *un (médicament) ~* generiek geneesmiddel, merkloos medicijn **2** ZN M **aftiteling, titelrol**

gé

générosité ZN V **1** edelmoedigheid, vrijgevigheid, generositeit • *c'est un homme d'une grande ~* hij is een edel mens • *faire appel à la ~ de qn* een beroep doen op iemands vrijgevigheid **2** MV gunsten, giften • *faire des générosités* overladen met weldaden

Gênes Genua

genèse ZN V ontstaan, wording • *la Genèse* Genesis

genêt ZN M brem

généticien ZN M (V généticienne), geneticus

génétique **1** BN genetisch, gen- • *une empreinte ~* genetische vingerafdruk, DNA-profiel • *la manipulation ~* genetische manipulatie **2** ZN V erfelijkheidsleer, genetica

gêneur ZN M (V gêneuse), lastpost

genévrier ZN M jeneverbes <struik>

génial BN (M MV géniaux) **1** geniaal **2** INFORM. geweldig, hartstikke goed

génie ZN M **1** genius, geest **2** genie, aanleg (**de** voor), begaafdheid • *une femme de ~* geniale vrouw, zeer begaafde vrouw • *avoir du ~* geniaal zijn • *elle a le ~ des affaires* ze heeft zakentalent • *le ~ d'une langue* het eigen karakter van een taal **3** MIL. genie(korps) • *le ~ civil* weg- en waterbouw • *les soldats du ~* geniesoldaten

genièvre ZN M **1** jeneverbessenstruik • *une (baie de) ~* jeneverbes **2** jenever

génique BN gen-

génisse ZN V vaars, jong kalf

génital BN (M MV génitaux), genitaal, geslachts- • *les organes génitaux* geslachtsorganen, genitaliën • *une maladie génitale* geslachtsziekte

géniteur **1** ZN M (V génitrice) IRON. verwekker • *les géniteurs* de ouders **2** ZN M mannelijk fokdier

génocidaire BN genocidaal

génocide ZN M volkerenmoord, genocide

génoise CUL. ZN V biscuittaart

genou ZN M (MV genoux), knie • *être sur les ~x de qn* bij iemand op schoot zitten • *à ~x* op de knieën • *être / se mettre à ~x devant qn* voor iemand geknield zitten / neerknielen, FIG. iemand aanbidden • *être sur les ~x* op de knieën zitten, FIG. bekaf zijn

genouillère ZN V kniestuk, kniebeschermer

genre ZN M **1** genre, soort, trant, stijl, type • *une scène / un tableau de ~* genrestuk • *le ~ humain* het mensdom • *un ~ littéraire* literair genre • *des objets en tous ~s* allerlei voorwerpen • *ce ~ de choses* dat soort dingen • *tu n'es pas mon ~* jij bent mijn type niet • *ce n'est pas son ~ de ...* hij is er de man niet naar om ... • *je ne suis pas du ~ romantique* ik ben niet romantisch aangelegd • *je cherche qc dans ce ~-là* ik zoek iets in die trant • INFORM. *ce n'est pas le ~ de la maison* daar doen wij niet aan • *dans le ~ de...* zoiets als... **2** BIOL., TAALK. geslacht, gender • *le ~ masculin / féminin / neutre* mannelijk / vrouwelijk / onzijdig geslacht • *l'adjectif s'accorde en ~ et en nombre avec le nom* het bijvoeglijk naamwoord komt in geslacht en getal overeen met het zelfstandig naamwoord **3** manieren • *ça fait mauvais ~* dat is onbehoorlijk, dat kun je niet maken, dat is geen stijl • *avoir un mauvais ~* slechte manieren hebben • INFORM. *faire du ~* aanstellerige manieren hebben, maniertjes hebben, dik doen

gens "zja(n)" ZN MV bn ervóór wordt v mv **mensen, lieden** • *il y a beaucoup de ~* er zijn veel mensen • *la plupart des ~* de meeste mensen • *ce sont de braves ~* het zijn beste mensen • *les jeunes ~* jongelui • *les petites ~* de gewone mensen, de kleine man • *les ~ bien* fatsoenlijke mensen • *les ~ d'église* geestelijken • *les ~ de lettres* letterkundigen • *les ~ de loi* juristen, magistraten • *les ~ du voyage* rondtrekkend volk, zigeuners • *les ~ de la ville / les ~ de la campagne* stads- / plattelandsbewoners • *les ~ de maison* huisbedienden

gent "zja(n)" HUMOR. ZN V geslacht, ras, volk • *la ~ féminine* het vrouwenvolk, de vrouwtjes • *la ~ journalistique* het journalistenvolk

gentil BN (V gentille) **1** lief, aardig, vriendelijk • *vous êtes trop ~* dat is erg vriendelijk van u • *être ~ avec qn* aardig / lief tegen iemand doen • *c'est ~ de venir me voir* wat aardig / leuk dat je me komt opzoeken • *être ~ comme un cœur* heel erg aardig zijn **2** behoorlijk, aardig • *elle a gagné une ~le somme à la loterie* ze heeft een aardig bedrag in de loterij gewonnen

gentilhomme ZN M (MV gentilshommes), edelman

gentillesse ZN V aardigheid, vriendelijkheid • *auriez-vous la ~ de ne pas me déranger?* wilt u zo vriendelijk zijn om me niet te storen? • *dire des ~s à qn* vriendelijke dingen tegen iemand zeggen • *voulez-vous avoir la ~ de m'écrire?* wilt u zo vriendelijk zijn mij te schrijven?

gentillet BN (V gentillette), niet onaardig, wel leuk

gentiment BW aardig, vriendelijk, braaf

gentleman "dzentleman, dza(n)-" ZN M (MV gentlemans/gentlemen), gentleman

génuflexion ZN V kniebuiging, knieval

géode ZN V geode

géodésie ZN V landmeetkunde, geodesie

géographe ZN M/V aardrijkskundige, geograaf

géographie ZN V aardrijkskunde, geografie • *la ~ humaine* sociale geografie / aardrijkskunde

géographique BN aardrijkskundig, geografisch

geôle FORM. ZN V gevangenis, kerker

geôlier FORM. ZN M (V geôlière), cipier

géologie ZN V geologie

géologique BN geologisch, geo-

géologue ZN M/V geoloog

géomètre ZN M **1** meetkundige **2** landmeter

géométrie ZN V meetkunde, geometrie • *la ~ dans l'espace* stereometrie • *la ~ plane* vlakke meetkunde • *la ~ descriptive* beschrijvende meetkunde • FIG. *un emploi du temps à ~ variable* variabele werktijden

géométrique BN **1** meetkundig, nauwkeurig **2** regelmatig en strak van lijn

géophysicien ZN M (V géophysicienne), geofysicus

géophysique **1** BN geofysisch **2** ZN V geofysica

géopolitique 1 BN geopolitiek 2 ZN V geopolitiek

géorgien BN (V géorgienne), Georgisch

Géorgien ZN M/V (V Géorgienne), Georgiër

gérance ZN V beheer, bewindvoering • *un conseil de ~* raad van beheer, directie • *prendre la ~ d'un immeuble* een flat in beheer nemen

géranium "-njom" ZN M geranium

gérant ZN M (V gérante), beheerder, bedrijfsleider, BELG. zaakvoerder • *un ~ d'immeuble* flatbeheerder • *un ~ de magasin* winkelhouder

gerbe ZN V schoof, bundel • *une ~ de fleurs* bos bloemen, boeket • *déposer une ~* een krans leggen

gerber INFORM. ONOV WW kotsen

gercer 1 OV WW doen barsten, doen kloven • *les lèvres gercées* gesprongen lippen 2 WKD WW (se ~) barsten, kloven • *les mains qui se gercent avec le froid* handen die kloven krijgen van de kou

gerçure ZN V barstje, kloof <in huid>

gérer OV WW 1 beheren, regelen • *elle gère un magasin de vêtements* ze beheert een kledingzaak • *~ bien / mal qc* iets goed / slecht aanpakken 2 beheersen • *~ la crise / une situation difficile* met de crisis / een lastige situatie (kunnen) omgaan 3 plannen • *il ne gère pas bien son temps* hij deelt zijn tijd niet efficiënt in

gériatre ZN M/V geriater

gériatrie ZN V geriatrie

gériatrique BN geriatrisch • *un service ~ dans un hôpital* geriatrische afdeling van een ziekenhuis

germain BN (V germaine) 1 Germaans 2 met dezelfde grootmoeder of grootvader • *un cousin ~ / une cousine ~e* volle neef / nicht

germanique BN Germaans, Duits • *les langues ~s* Germaanse talen

germanisme ZN M germanisme

germanophile 1 BN pro-Duits 2 ZN M/V Duitsgezinde

germanophobe 1 BN anti-Duits 2 ZN M/V iemand die anti-Duits is

germanophone BN Duitstalig

germe ZN M kiem • *le ~ de blé* tarwekiem • *le ~ de la grippe* griepvirus • MED. *un ~ pathogène / microbien* ziektekiem • *avoir la phobie des ~s* smetvrees hebben • FIG. *contenir qc en ~* iets in de kiem bevatten

germer ONOV WW 1 (ont)kiemen • *des pommes de terre germées* ontkiemde aardappelen 2 ontstaan • FIG. *une idée a germé dans son esprit* er kwam een idee bij hem op

germicide BN kiemdodend

germination ZN V OOK FIG. ontkieming

gérondif TAALK. ZN M gerundium <constructie van 'en' plus tegenw. deelw.; bv. 'en marchant'>

gérontologie ZN V gerontologie

gérontologue ZN M/V gerontoloog

gésier ZN M spiermaag <van vogels> • CULIN *une salade de gésiers de poulets* salade met kippenmaagjes

gésir FORM. ONOV WW onregelmatig liggen • *ci-gît Antoinette Martin* hier rust Antoinette Martin <op een grafsteen> • *le malade gisait sur son lit* de zieke lag op bed

gestation ZN V 1 zwangerschap, dracht • *la période de ~* zwangerschapsperiode 2 wording • FIG. *une œuvre en ~* (kunst)werk in wording

geste ZN M 1 gebaar • *un ~ approbateur de la tête* een goedkeurend knikje • *un ~ dénué de sens* een loos gebaar • *faire un ~ de la main* een handgebaar maken, wenken • *faire un ~ d'adieu* een groet brengen • *faire un ~ de refus* een afwijzend gebaar maken • *faire un ~ déplacé* een obsceen gebaar maken • *communiquer par ~s* zich in gebarentaal uitdrukken • *faire beaucoup de ~s en parlant* druk gebaren bij het praten 2 daad, optreden • *un beau ~* een mooi gebaar, een aardige geste • *un ~ héroïque* heldhaftige daad • *surveiller les faits et ~s de qn* iemands doen en laten nagaan • *il n'a pas fait un ~ pour aider* hij heeft geen vinger uitgestoken om te helpen • *joindre le ~ à la parole* de daad bij het woord voegen

gesticulation ZN V (het) maken van gebaren, gesticulatie

gesticuler ONOV WW (veel) gebaren maken, gesticuleren • *~ en parlant* druk gebaren bij het praten

gestion ZN V 1 beheer, bedrijfsvoering, management • *la ~ du personnel* personeelsmanagement • *une bonne / mauvaise ~ d'une banque* goede bedrijfsvoering / wanbeheer bij een bank • *avoir la ~ de qc* iets onder beheer hebben 2 COMP. • *la ~ de bases de données* databasebeheer

gestionnaire 1 BN beherend, beheers- 2 ZN M/V beheerder, manager 3 ZN M COMP. toepassingsprogramma

gestuel BN (V gestuelle), gebaren-, met gebaren

gestuelle ZN V gebaren(taal)

geyser "zjèzèr" ZN M heetwaterbron, geiser

ghetto ZN M getto • *un pays enfermé dans un ~ économique* land dat in een economisch isolement zit

ghettoïsation ZN V gettovorming

gibet ZN M galg

gibier ZN M 1 wild • *le gros ~* groot wild • *le menu ~* klein wild, klein geboefte • *le ~ à poil / à plumes* haarwild / veerwild 2 INFORM. prooi, doelwit <persoon> • *~ de potence* galgenaas

giboulée ZN V (stort)bui • *les giboulées de mars* maartse buien

giboyeux BN (V giboyeuse), wildrijk

giclée ZN V guts, plens

gicler ONOV WW (op)spatten, gutsen • *le sang gicle* het bloed gutst • *au passage de la voiture la boue a giclé sur nous* bij het langsrijden van de auto spatte de modder tegen ons op

gif ZN M gif <plaatje> • *un gif animé d'un bébé dansant* een gifje van een dansende baby

gifle ZN V oorvijg, OOK FIG. dreun • *donner / flanquer une ~ à qn* iemand een klap geven • *recevoir une bonne paire de ~s* een flink pak slaag krijgen • FIG. *ça a été une vraie ~ pour lui* dat was een klap in

zijn gezicht
gifler OV WW een oorvijg geven aan, slaan
gigantesque BN reusachtig, gigantisch
gigantisme ZN M reuzengroei, gigantische omvang
gigaoctet ZN M gigabyte
gigogne BN met in elkaar passende delen • *des tables ~s* mimitafeltjes • *des poupées ~s* matroesjka, Russisch poppetje
gigolo INFORM. ZN M gigolo
gigot "-goo met harde g" ZN M schapenbout, lamsbout • *un ~ d'agneau* lamsbout
gigoter INFORM. ONOV WW met de benen spartelen, trappelen • *le bébé gigotait de plaisir* de baby trappelde van plezier

gigue ZN V **1** soort dans **2** INFORM. lange magere meid **3** reebout
gilet ZN M vest • *un ~ de laine* wollen vest • *un ~ de sauvetage* zwemvest • *un ~ pare-balles / anti-balles* kogelvrij vest
gin "dzjin" ZN M gin
gingembre ZN M gember
gingivite ZN V tandvleesontsteking
ginseng "dzjinse(n)" ZN M ginseng
girafe ZN V giraffe • INFORM. *peigner la ~* lijntrekken, maar wat lummelen
giration ZN V draaiing, (het) ronddraaien
giratoire BN ronddraaiend, draai- • *le sens ~* verplichte rijrichting <op rotonde / verkeersplein>
girofle ZN M • *un clou de ~* kruidnagel
giroflée ZN V muurbloem, nagelbloem
girolle ZN V cantharel
giron FIG. ZN M schoot • *quitter le ~ familial* het ouderlijk nest verlaten • *pleurer dans le ~ de sa mère* bij moeder uithuilen
girouette ZN V windwijzer, OOK FIG. weerhaan
gisant 1 BN FORM. liggend **2** ZN M liggende figuur <op graf>
gisement ZN M **1** afzetting, laag • *un ~ d'or* goudafzetting • *un ~ de gaz* gasbel • *un ~ de pétrole / pétrolifère* aardolielaag **2** peilingshoek • *le ~ d'audience de France 2* het potentiële publiek / de doelgroep van (de televisiezender) France 2
gît WW → **gésir**
gitan 1 ZN M (V gitane), zigeuner **2** BN (V gitane), zigeuner-
gîte ZN M **1** onderkomen, logies • FORM. *trouver un ~* onderdak vinden • *offrir le ~ et le couvert à qn* iemand kost en inwoning geven • *un ~ rural* vakantiehuisje <op het platteland> **2** onderbilstuk, achterbout <v. rund>
givrage ZN M ijsafzetting
givrant BN met rijpvorming • *les brouillards ~s* mist met rijpvorming
givre ZN M rijp • *une vitre couverte de ~* ijs op de ruit
givré BN **1** berijpt • *une voiture givrée* auto met ijs op de ruiten **2** INFORM. malende, ver heen • *être complètement ~* volkomen getikt zijn
glabre BN onbehaard • *un menton ~* gladgeschoren kin
glaçage CUL. ZN M suikerglazuur • *un ~ au chocolat* chocoladeglazuur
glaçant FIG. BN ijzig • *répondre d'un ton ~* op ijzige toon antwoorden
glace ZN V **1** ijs • *les ~s* ijsmassa, poolijs • *les ~s flottantes* drijfijs, schotsen • *une mer de ~* ijszee • *la ~ artificielle* kunstijs • *patiner sur la ~* schaatsen • *ajouter de la ~ dans son coca* ijs(blokjes) in zijn cola doen • *un bateau pris dans les ~s* boot die in het ijs vastgevroren zit • *rester de ~* ijzig / onbewogen blijven • FIG. *rompre / briser la ~* het ijs breken **2** ijsje • *un cornet de ~* ijshoorntje • *une ~ à la vanille / au chocolat* vanille- / chocolade-ijsje **3** spiegel, spiegelruit, spiegelglas, (auto)ruit, raampje • *une ~ de poche* zakspiegeltje • *se regarder dans une ~* in de spiegel kijken • *la ~ de la vitrine d'un magasin* etalageruit van een winkel • *descends la ~, il fait chaud dans la voiture!* doe het raampje omlaag, het is warm in de auto!
glacé BN **1** bevroren, ijskoud • *une boisson glacée* ijskoud drankje • *elle a les mains glacées* ze heeft ijskoude handen • *être ~ jusqu'aux os* door en door koud zijn **2** CULIN geglaceerd, glacé • *un café ~* ijskoffie • *des marrons glacés* geglaceerde kastanjes • *une crème glacée* roomijs **3** geglansd, glacé • *du papier ~* glanspapier
glacer 1 OV WW **1** doen bevriezen • *~ du champagne* champagne koelen • *ce vent me glace les os* ik verstijf van de kou door die wind **2** FIG. verlammen • *un cri qui vous glace le sang* een schreeuw die het bloed in je aderen doet stollen • *ses regards me glacent* zijn blikken intimideren me **3** CULIN glazuren • *~ des fruits* fruit glaceren **2** WKD WW **(se ~)** OOK FIG. bevriezen • *on s'est glacé à l'attendre* we stonden kleumend op hem te wachten
glacerie ZN V ijsfabriek
glaciaire 1 BN ijs-, gletsjer-, glaciaal • *la période ~* de ijstijd • *l'érosion ~* gletsjererosie **2** ZN V ijskist, ijskelder, FIG. ijskoud vertrek • *c'est une glacière ici!* je vernikkelt hier!
glacial BN (M MV glacials/glaciaux), ijskoud, ijzig • *un hiver ~* zeer strenge winter • FIG. *un accueil ~* koele ontvangst • FIG. *des regards ~s* ijzige blikken
glaciation ZN V ijstijd
glacier ZN M **1** AARDK. gletsjer • *les ~s polaires* poolgletsjers **2** CULIN ijsverkoper, ijsmaker
glacière ZN V **1** koelbox • *une ~ pour pique-nique* koelbox voor de picknick **2** FIG. ijskoud vertrek • *cette maison est une vraie ~* het is ijskoud in dit huis
glaçon ZN M **1** ijsblokje • FIG. *mes mains sont de vrais glaçons* ik heb ijshanden **2** FIG. zeer koel persoon
glaïeul ZN M gladiool
glaire ZN V (dik) slijm
glaireux BN (V glaireuse), slijmachtig
glaise ZN V klei, leem • *de la terre ~* leem, klei
glaiseux BN (V glaiseuse), leemachtig
gland ZN M eikel
glande ZN V klier • *la ~ thyroïde* schildklier • *les ~s lacrymales* traanklieren
glander, glandouiller INFORM. ONOV WW lummelen, niksen, klooien • *ils sont toujours à ~*

devant la télé ze hangen altijd maar voor de tv
glandeur INFORM. ZN M (V glandeuse), **lui stuk vreten, niksnut**
glandulaire BN **kliervormig, klier-**
glaner OV WW **bijeenrapen,** FIG. **verzamelen** • *~ des informations* informatie vergaren
glapir ONOV WW **1 krijsen** <v. persoon> **2 keffen** <v. hond, vos>, **janken**
glapissement ZN M **gekrijs, gejank, gekef** • *pousser des ~s* krijsen
glas "glà" ZN M **(gelui v.d.) doodsklok** • *sonner le ~* de doodsklok luiden • FIG. *sonner le ~ d'une époque* het einde van een tijdperk betekenen
glaucome ZN M **groene staar, glaucoom**
glauque BN **1 zeegroen 2** INFORM. **droefgeestig, naar(geestig)** • *une soirée ~* ongezellig feestje • *la situation est ~* het is een akelige situatie
glaviot INFORM. ZN M **fluim, spuug**
glissade ZN V **1 (het) (uit)glijden, glijpartij** • FIG. *la ~ du dollar* het inzakken van de dollarkoers **2 glijbaan** <op ijs>
glissant BN **glad** • *une chaussée ~e* glad wegdek • FIG. *un terrain ~* glibberig terrein • FIG. *être sur une pente ~e* zich op een hellend vlak bevinden
glisse ZN V **(wijze van) glijden** • *la ~ / les sports de ~* sneeuwsport
glissement ZN M **1 (het) glijden 2 verschuiving** • *un ~ de terrain* aardverschuiving • FIG. *le ~ d'une partie de l'électorat vers la droite* verschuiving naar rechts van een deel van de kiezers • TAALK. *le ~ de sens (d'un mot)* betekenisverschuiving (van een woord)
glisser 1 ONOV WW **1 glijden, glippen, uitglijden, slippen** • *~ sur la glace* over het ijs glijden • *~ sur une peau de banane* over een bananenschil uitglijden • *attention, ça glisse!* pas op, het is glad! • *il s'est cassé la jambe en glissant* hij is uitgegleden en heeft zijn been gebroken • *son couteau a glissé* zijn mes schoot uit • *le verre m'a glissé des mains* het glas is uit mijn handen geglipt • *~ une lettre dans une boîte à lettres* een brief in de brievenbus stoppen • *le bateau glisse sur l'eau* de boot glijdt over het water • FIG. *il glisse vers la dépression* hij glijdt af naar een depressie, hij is depressief aan het worden • FIG. *l'opinion glisse vers la droite* de publieke opinie verschuift naar rechts **2 afschampen (sur op), (v)luchtig heengaan (sur over)** • *les doigts glissent sur le clavier* de vingers gaan losjes over de toetsen • *glissons sur cette question* laten we niet te lang stilstaan bij die kwestie **2** OV WW **laten glijden, schuiven, stoppen (dans in)** • *~ ses mains dans les poches* zijn handen in zijn zakken stoppen • *~ une pièce de monnaie dans un appareil* een muntje in een apparaat stoppen • *~ un regard à qn* iemand een blik toewerpen • *~ quelques mots à l'oreille de qn* iemand iets influisteren **3** WKD WW **(se ~) (binnen)sluipen, kruipen, glippen** • *se ~ dans son lit* in bed kruipen • *se ~ à l'intérieur de la maison* het huis binnenglippen • FIG. *des fautes qui se glissent dans un devoir* fouten die in het huiswerk sluipen
glissière ZN V **glijstang, glijgoot, schuif, rail** • *une porte à ~* schuifdeur • *une fermeture à ~* ritssluiting • *une ~ de sécurité* vangrail
glissoire ZN V **glijbaan** <op ijs>
global BN (M MV globaux), **globaal, totaal-** • *le réchauffement ~* opwarming van de aarde
globalement BW **over het geheel (genomen)**
globaliser OV WW **globaliseren, globaal (voor) stellen**
globalité ZN V **totaliteit**
globe ZN M **1 globe** • *le ~ terrestre* aardbol, globe **2** ANAT. • *le ~ oculaire* oogbal **3 ballon** <van een lamp> • FIG. *garder sous ~* zorgvuldig bewaren / behoeden
globulaire BN **1 bolvormig 2 van de bloedcellen**
globule MED. ZN M **bloedcel** • *les ~s blancs / rouges* witte / rode bloedcellen
globuleux BN (V globuleuse), **bolvormig, uitpuilend** <van oog>
gloire ZN V **roem, eer, glorie** • *avide de ~* begerig naar roem, eerzuchtig • *être au sommet de sa ~* op het toppunt van zijn roem zijn • *tirer ~ de qc* trots zijn op iets, zich op iets beroemen • INFORM. *ce n'est pas la ~!* het is niet best! • *faire qc pour la ~* iets (gratis en) voor niets doen
glorieux BN (V glorieuse), **roemrijk, roemvol, glorieus**
glorification ZN V **verheerlijking**
glorifier 1 OV WW **verheerlijken, roemen 2** WKD WW **(se ~) de zich beroemen op**
gloriole ZN V **verwaandheid, ijdelheid, kleinzielige trots**
gloser 1 ONOV WW FORM. **commentaar geven (sur op)** • *~ sur qn* doorzeuren over iemand **2** OV WW **kanttekeningen maken bij**
glossaire ZN M **verklarende woordenlijst, glossarium**
glouglou INFORM. ZN M **geklok** <van kalkoen of van vloeistof in fles>
glouglouter INFORM. ONOV WW **klokken** <van vloeistof in fles / van kalkoen>
gloussement ZN M **1 geklok** <van hen> **2 gekir, gegiechel** • *des ~s de moquerie* spottend gegiechel
glousser ONOV WW **1 giechelen, kirren 2 klokken** <van hen>
glouton 1 BN (V gloutonne), **gulzig 2** ZN M (V gloutonne), **gulzigaard, slokop**
gloutonnerie ZN V **gulzigheid**
glu ZN V **vogellijm**
gluant BN **kleverig** • *du riz ~* kleefrijst
glucides ZN M MV **koolhydraten** • *des aliments riches en ~* koolhydraatrijke voeding
glucose ZN V **glucose**
gluten "-tèn" ZN M **gluten** • *sans ~* glutenvrij
glycémie ZN V **bloedsuikerspiegel**
glycérine ZN V **glycerine**
glycine PLANTK. ZN V **blauweregen**
gnangnan INFORM. BN (MV id.), **lamlendig, sloom**
gnognote, gnognotte INFORM. ZN V **troep, rotzooi** • *ce vin, ce n'est pas de la ~!* die wijn is zeker geen bocht!

gnome "Gnom" ZN M kabouter, gnoom
gnon INFORM. ZN M optater, dreun • *donner / flanquer un ~ à qn* iemand een dreun verkopen
go • *tout de ~* zomaar, zonder omslag
Go AFK gigaoctet m GB, gigabyte
goal "gol met harde g" ZN M goal-keeper keeper
gobelet ZN M beker(tje)
gober OV WW **1** opslokken • *~ un œuf* een ei naar binnen werken **2** INFORM. klakkeloos geloven, slikken • *il gobe tout* je kan hem alles wijsmaken **3** INFORM. uitstaan • *je ne peux pas le ~* ik kan hem niet uitstaan
godailler INFORM. ONOV WW kreuken
godasse INFORM. ZN V schoen, stapper
godet ZN M potje, glaasje

gn

godiche INFORM. BN stuntelig, onbeholpen
godille ZN V SPORT zigzaggende afdaling
godiller ONOV WW **1** SCHEEPV. wrikken **2** SPORT zigzaggend afdalen
godillot INFORM. ZN M lompe schoen
goéland ZN M (grote) zeemeeuw
goélette ZN V schoener
goémon ZN M zeegras, wier
gogo INFORM. **1** ZN M onnozele hals **2** • *de l'alcool à ~* volop drank, volop te drinken
goguenard BN spottend
goguenardise ZN V spotternij, spot
goguette INFORM. ZN V • *être en ~* iets aangeschoten zijn
goinfre ZN M schrok(op)
goinfrer INFORM. WKD WW **(se ~)** schrokken, zich volproppen
goinfrerie ZN V (het) schrokken, schrokkerigheid
goitre ZN M krop(gezwel), struma
goji ZN M gojibes
golf ZN M **1** golf(spel) • *jouer au ~* golf spelen **2** golfbaan • *un ~ miniature* minigolf
golfe ZN M golf, baai • *le Golfe persique* Perzische Golf • *la guerre du Golfe* Golfoorlog • *les États du Golfe* golfstaten
golfeur ZN M (v golfeuse), golfspeler
gominé BN • *des cheveux gominés* haar met gel erin, plakharen
gomme ZN V gom • INFORM. *un chanteur à la ~* waardeloze zanger • INFORM. *mettre la ~* er vaart achter zetten, vol gas geven
gommer OV WW **1** uitgommen **2** FIG. uitwissen, verdoezelen, negeren
gommette ZN V plakkertje
gond ZN M (deur)hengsel • FIG. *sortir de ses ~s* uit z'n vel springen
gondole ZN V **1** gondel **2** uitstalbak, schap
gondoler WKD WW **(se ~) 1** kromtrekken • *la porte s'est gondolée à cause de l'humidité* door de vochtigheid is de deur kromgetrokken **2** INFORM. zich doodlachen
gondolier ZN M **1** gondelier **2** vakkenvuller <in winkel>
gonflable BN opblaasbaar
gonflage ZN M (het) oppompen • *vérifier le ~ des pneus* de bandenspanning controleren
gonflé BN **1** opgepompt • *un pneu trop ~* te hard opgepompte band **2** (op)gezwollen, opgezet, vol • INFORM., FIG *ce type est ~ à bloc* die vent barst van het zelfvertrouwen / heeft veel lef **3** INFORM. (honds)brutaal, vol lef • *il est ~ de me demander de l'argent* hij is zo brutaal om me geld te vragen • *elle est gonflée!* wat een lef (heeft zij)!
gonflement ZN M **1** opzwelling, (het) opblazen, (het) oppompen • *le ~ de la cheville / de l'œil* gezwollen enkel / oog • *le ~ des pneus* het oppompen van de banden **2** FIG. overmatige toename • *le ~ des notes de frais* forse stijging van de onkostendeclaraties
gonfler **1** OV WW **1** oppompen, opblazen • *~ un ballon / un matelas pneumatique* een ballon opblazen / een luchtbed oppompen • *avoir l'estomac gonflé* een opgeblazen gevoel hebben **2** doen zwellen, FIG. vervullen • *les pluies ont gonflé la rivière* door de regen is de rivier gestegen • *des yeux gonflés de sommeil* dikke ogen van de slaap **3** FIG. opblazen, overdrijven, opvoeren • *les journaux ont gonflé l'incident dans des proportions énormes* de kranten hebben het incident enorm opgeblazen **4** INFORM. op de zenuwen werken, irriteren • *tu me gonfles avec tes histoires!* die verhalen van je zitten me tot hier! **2** ONOV WW (op)zwellen • *le gâteau gonfle à la cuisson* de taart rijst bij het bakken • *faire ~ ses cheveux* zijn haar meer volume geven **3** WKD WW **(se ~)** (op)zwellen, vervuld raken **(de** van) • *la poitrine se gonfle quand tu inspires* de borst zwelt op als je inademt • *se ~ d'orgueil* zwellen / overlopen van trots
gonflette INFORM. ZN V bodybuilding • *faire de la ~* aan bodybuilding doen
gong ZN M gong
gonzesse INFORM. ZN V meid, wijf, griet, liefje
googliser OV WW googelen
gore BN onver. • *un film ~* bloederige horrorfilm
goret ZN M big
gorge ZN V **1** keel • *des pastilles pour la ~* keel- / hoestpastilles • *avoir mal à la ~* keelpijn hebben • *se racler la ~* zijn keel schrapen • *chanter à pleine ~* uit volle borst zingen • *rire à ~ déployée* luidkeels lachen • *avoir des sanglots dans la ~* een brok in de keel hebben • *sauter à la ~ de qn* hoog tegen iemand opspringen, FIG. iemand naar de keel vliegen • FIG. *avoir la ~ nouée / serrée* een brok in de keel hebben • FIG. *avoir un chat dans la ~* een kikker in de keel hebben, schor zijn • FIG. *il m'a mis le couteau sous la ~* hij heeft me het mes op de keel gezet • INFORM. *faire des ~s chaudes de qc / de qn* de draak steken met iets / iemand • INFORM., FIG. *ça m'est resté dans la ~ / en travers de la ~* dat is me in de keel blijven steken, dat zit me (nog steeds) hoog **2** borst, boezem • *porter un soutien-~* een beha dragen • *avoir une ~ opulente* een weelderige boezem hebben **3** (berg)engte • *les ~s du Verdon* de kloven van de Verdon
gorgée ZN V slok, teugje • *boire à petites gorgées* met kleine teugjes drinken
gorger **1** OV WW **1** volproppen **(de** met) **2** FIG.

overladen, verzadigen (de met) • *des fruits gorgés de soleil* zongerijpt fruit **2** WKD WW **(se ~) zich volproppen** • *se ~ de fruits / de bonbons* zich volstoppen met fruit / snoep • FIG. *se ~ de films* eindeloos naar films kijken

gorille ZN M **1 gorilla 2** INFORM. **lijfwacht** • *le chef d'État est arrivé flanqué de deux ~s* het staatshoofd kwam aan met twee lijfwachten naast zich

gosier ZN M **keel(gat), strot** • *chanter / crier à plein ~* luidkeels zingen / schreeuwen • FIG. *s'humecter le ~* zijn keel smeren, er eentje pakken

gosse INFORM. ZN M/V **1 kind, joch, meisje** • *les ~s* de kids • *c'est un sale ~!* wat een rotkind! **2 dochter, zoon** • *il lui a fait trois ~s* hij heeft drie kinderen bij haar gemaakt • *c'est un ~ de riche* het is een rijkeluiskind **3 knappe jongen, knap meisje** • *un beau ~* mooie jongen • *une belle ~* knappe meid, stuk

gotha INFORM. ZN M **elite, chic**

gothique 1 BN **gotisch 2** ZN M **1 gotiek 2 (het) Gotisch 3** ZN V **gotisch schrift**

gouache ZN V **gouache**

gouaille INFORM. ZN V **spot, schimpscheut**

gouda ZN M **Goudse kaas**

goudron ZN M **teer, asfalt**

goudronnage ZN M **(het) teren, (het) asfalteren**

goudronner OV WW **teren, asfalteren**

goudronneux BN (V goudronneuse), **teerachtig**

gouffre ZN M OOK FIG. **afgrond, gapende diepte** • LETT. *le fond du ~* de bodem van de afgrond • FIG. *être au fond du ~* op een dieptepunt zijn • FIG. *un projet qui est un ~ financier* project dat een bodemloze put is

goujat ZN M **ploert, vlerk** • *se comporter comme un ~* zich hufterig gedragen

goujaterie ZN V **vlerkerigheid, lompheid**

goujon ZN M **grondel** <vissoort>

goulag ZN M **goelag, strafkamp**

goulasch, goulache ZN M **goulash**

goulée INFORM. ZN V **mondvol, teug** • *une ~ d'air frais* teug frisse lucht

goulot ZN M **hals** <van fles> • *boire au ~* uit de fles drinken • FIG. *un ~ d'étranglement* bottleneck, knelpunt

goulu BN **gulzig** • *des pois ~s* peulen

goulûment BW **gulzig** • *embrasser ~* gretig zoenen

goupille ZN V **spie, pinnetje**

goupiller INFORM. **1** OV WW **fiksen, klaren, ritselen** • *il l'a bien goupillé* hij heeft het mooi gefikst **2** WKD WW **(se ~)** • *ça s'est bien goupillé* dat is lekker gegaan • *ça s'est mal goupillé* er is niks van terechtgekomen

gourbi INFORM., HUMOR. ZN M **stulp, krot**

gourd BN **verkleumd, stijf** • *avoir les doigts ~s* verkleumde vingers hebben

gourde 1 ZN V **1 veldfles 2** PLANTK. **kalebas 2** ZN M/V INFORM. **kluns, slome 3** BN INFORM. **dommig, suffig, sloom**

gourdin ZN M **knuppel**

gourer INFORM. WKD WW **(se ~) zich vergissen, het mis hebben** • *ils se sont gourés de métro* ze hebben de verkeerde metro genomen

gourmand 1 BN **1 van lekker eten houdend** • *un repas ~* fijnproeversmaal • *des pois ~s* peultjes **2 gulzig, belust** • *cette nouvelle voiture n'est pas ~e en essence* die nieuwe auto verbruikt niet veel benzine • FIG. *se montrer trop ~ dans une affaire* overvragen bij een transactie **2** ZN M (V gourmande), **lekkerbek, smulpaap**

gourmandise ZN V **1 gulzigheid, lekkerbekkerij** • *manger par ~* (door)eten omdat je het lekker vindt **2** meestal mv **lekkernij**

gourmet ZN M **lekkerbek, fijnproever** • *un fin ~* fijnproever

gourou ZN M **goeroe**

gousse PLANTK. ZN V **peul, dop** • *une ~ d'ail* teentje knoflook • *une ~ de vanille* vanillestokje

goût ZN M **1** zintuig; gewaarwording **smaak** • *un ~ sucré / acide / amer* zoete / zure / bittere smaak • *la perte du ~* smaakverlies • *ces fraises n'ont pas de ~* die aardbeien hebben geen smaak • *cela a le ~ de citron* dat heeft een citroensmaak • *cette sauce a un ~* er zit een (vreemd) smaakje aan die saus **2 zin, (eet)lust** • *elle n'a pas le ~ de vivre* ze heeft geen levenslust • *ne trouver ~ à rien* nergens zin in hebben • *il cuisine par ~* hij kookt omdat hij dat leuk vindt • *faire qc par ~* iets uit liefhebberij doen • *avoir le ~ de l'aventure* avontuurlijk ingesteld zijn • *reprendre ~ au travail* de smaak van werken weer te pakken krijgen, weer werklust hebben **3** smaak **voorliefde, geneigdheid** • *une faute de ~* gebrek aan goede smaak • *avoir bon / mauvais ~* een goede / slechte smaak hebben • *(à) chacun son ~ / tous les goûts sont dans la nature* ieder z'n smaak • *des goûts et des couleurs, on ne discute pas* over smaak valt niet te twisten • *il y en a pour tous les goûts* (er is) voor elk wat wils • *il trouve sa nouvelle collègue à son ~* zijn nieuwe collegaatje bevalt hem • *avoir des goûts de luxe* een dure smaak hebben • *prendre ~ à qc* de smaak van iets te pakken krijgen • *c'est à mon ~* dat bevalt me • *à mon ~* naar mijn smaak • *de bon ~* smaakvol, stijlvol • *de mauvais ~* smakeloos, stijlloos • *au ~ du jour* naar de laatste mode

goûter 1 ONOV WW **1 een vieruurtje gebruiken** <versnapering na school> • *inviter des enfants à ~* kinderen vragen om na school te komen (spelen en wat eten) **2 proeven** • *goûtez-y et dites-moi ce que vous en pensez!* proeft u maar en zeg me wat u ervan vindt **3** FIG. **kennismaken met (iets), beproeven** • *il a goûté à la vie de célibataire et cela lui convient* hij heeft het vrijgezellenbestaan leren kennen en dat bevalt hem wel • *~ à la prison* voor het eerst in de gevangenis zitten **2** OV WW **1 proeven** • *~ la sauce* de saus proeven **2** FIG. **smaken** <van genoegen>, **genieten (van)** • *~ le calme de la campagne* van de rust op het platteland genieten **3** ZN M **vieruurtje** <versnapering na school>

goûteux BN (V goûteuse), **smakelijk, lekker**

goutte ZN V **1 druppel** • *une ~ d'eau / de sang* druppel water / bloeddruppel • *des ~s pour les yeux* oogdruppels • *verser ~ à ~* druppelsgewijs gieten

go

• *transpirer à grosses ~s* hevig zweten • *se ressembler comme deux ~s d'eau* op elkaar lijken als twee druppels water • *c'est la ~ d'eau qui fait déborder le vase* dat is de druppel die de emmer doet overlopen • *c'est une ~ d'eau dans l'océan* dat is een druppel op een gloeiende plaat **2 beetje drank, slokje** • *donnez-m'en une petite ~!* een klein slokje / beetje graag! • *une ~ de lait* een klein beetje melk **3 jicht** • *avoir la ~* aan jicht lijden

goutte-à-goutte ZN M (MV id.), **infuus**

gouttelette ZN V **druppeltje**

goutter ONOV WW **druipen, druppelen** • *l'eau goutte du toit* het water druipt van het dak

goutteux **1** BN (V goutteuse), **jichtig, jicht- 2** ZN M (V goutteuse), **jichtlijder**

gouttière ZN V **1 dakgoot** • *un chat de ~* straatkat **2** MED. **spalk**

gouvernable BN **bestuurbaar, regeerbaar**

gouvernail ZN M OOK FIG. **roer** • FIG. *être au ~ / tenir le ~* het roer in handen hebben

gouvernant **1** BN **besturend 2** ZN M (V gourvernante), **bestuurder**

gouvernante ZN V **gouvernante, kinderjuffrouw**

gouverne ZN V **besturing** <v. boot>

gouvernement ZN M **bestuur, regering, bewind** • *le ~ central / local* centrale / lokale overheid, BELG. deelregering • *un ~ de coalition* coalitieregering • *un ~ démissionnaire* een demissionair kabinet • *le chef du ~* regeringsleider • *entrer au ~* tot de regering toetreden • *sous un ~ de droite* onder een rechtse regering

gouvernemental BN (M MV gouvernementaux), **regerings-, gouvernementeel** • *des organisations non ~es* niet-gouvernementele organisaties

gouverner **1** ONOV WW **1 regeren 2 een boot besturen 2** OV WW **regeren, besturen** • *~ un pays* een land besturen • *~ en tyran* als tiran heersen

gouverneur ZN M (V gouverneure), **gouverneur** • *le ~ de la Banque de France* de president van de Banque de France

goyave ZN V **guave**

GPL AFK gaz de pétrole liquéfié m **LPG**

G.P.S. AFK global positioning system m **gps**

G.R. AFK grande randonnée m • *faire un sentier de G.R.* een langeafstandswandelpad volgen

grabataire BN **bedlegerig** • *un vieillard ~* bedlegerige oude man

grabuge INFORM. ZN M **hommeles, bonje** • *il va y avoir du ~!* dat wordt hommeles!

grâce ZN V **1 gunst, vriendelijkheid** • *être dans les bonnes grâces de qn* bij iemand in de gunst staan • *il aurait mauvaise ~ à se plaindre* hij mag niet klagen • *de bonne ~ / de mauvaise ~* graag / met tegenzin **2 genade, gratie** • *obtenir la ~ du prisonnier* gratie voor de gevangene verkrijgen • *être en état de ~* in genadestaat zijn, in een toestand van euforie verkeren • *crier / demander ~* om genade smeken • *donner le coup de ~* de genadeslag geven, het genadeschot geven • *ça a été pour lui le coup de ~* dat deed hem de das om • *faites-moi ~ de vos remarques* bespaar me uw opmerkingen **3 sierlijkheid, lieftalligheid** • *avoir de la ~* een zekere gratie hebben • *danser avec ~* gracieus / met zwier dansen ▸ *~ à lui / elle* dankzij hem / haar ▸ *~ à Dieu* goddank

gracier OV WW **genade schenken aan, gratie verlenen aan**

gracieusement BW **1 bevallig 2 vriendelijk, voorkomend 3 gratis** • *une boisson offerte ~ à l'arrivée* bij aankomst een gratis drankje

gracieux BN (V gracieuse) **1 sierlijk, bevallig, gracieus** • *un couple de danseurs ~* een elegant danspaar **2 vriendelijk, beminnelijk** • *un accueil ~* vriendelijke ontvangst **3 gratis** • *offert à titre ~* gratis aangeboden

gracile BN **tenger, rank**

gradation ZN V **gradatie, graad**

grade ZN M **rang, graad** • *un ~ universitaire* academische graad / titel • *avancer / monter en ~* stijgen in rang • IRON. *en prendre pour son ~* op zijn nummer gezet worden

gradé **1** BN **met een graad** <van niet-officieren> **2** ZN M **onderofficier, korporaal**

gradient ZN M **gradiënt**

gradin ZN M **1 rij zitplaatsen** <van tribune> • *les ~s* de tribune **2 (hooggelegen) terras**

graduation ZN V **schaalverdeling, graadverdeling, graduatie**

gradué BN **gegradueerd, in graden verdeeld** • *un verre ~* maatbeker

graduel BN (V graduelle), **gradueel, trapsgewijs (opklimmend)**

graduer OV WW **1 in graden verdelen 2 trapsgewijs doen toenemen** • *~ les exercices physiques* steeds intensiever lichamelijke oefeningen doen

graffitis ZN M MV **graffiti**

graillon ZN M **vettig kliekje** • *une odeur de ~* vettige baklucht

grain ZN M **1 graan** • *un ~ de blé* graankorrel • *les ~s* het graan • *un poulet de ~ / nourri aux ~s* graankip • FIG. *veiller au ~* op zijn hoede zijn **2 vruchtje, bes, pitje** • *un ~ de café* koffieboon • *un ~ de raisin* druif • *un ~ de poivre* peperkorrel • *du café en ~s* ongemalen koffie **3 klein beetje** • *un ~ de sable* zandkorreltje • *un ~ de folie* een beetje gekte • *un ~ de fantaisie* een greintje fantasie • *n'avoir pas un ~ de bon sens* geen greintje gezond verstand hebben • *mettre son ~ de sel* zich ermee bemoeien, zijn duit in het zakje doen **4 vlekje** • *un ~ de beauté* moedervlekje **5 (mate van) oneffenheid, korreligheid, nerf** <van hout, leer> • *le ~ de la peau* oneffenheid van de huid **6** INFORM. **gek, raar** • *il a un ~* hij is een beetje getikt

graine ZN V **zaad, zaadje** • *des ~s de tournesol / de potiron* zonnebloem- / pompoenpitjes • *monter en ~* doorschieten <van planten> • INFORM. *la mauvaise ~* deugniet(en) • FIG. *prends-en de la ~!* daar kun je een voorbeeld aan nemen! • *c'est de la ~ d'assassin* het is een moordenaar in de dop

graissage ZN M **(het) smeren** • *huile de ~* smeerolie

graisse ZN V **1** vet, vetheid • *avoir des bourrelets de ~* vetrolletjes hebben • *prendre de la ~* dik worden • *avoir de la mauvaise ~* te dik zijn **2** smeer
graisser OV WW invetten, smeren • FIG. *~ la patte à qn* iemand smeergeld geven
graisseux BN (V graisseuse), vettig, vetachtig, vet-
grammaire ZN V **1** spraakkunst, grammatica • *une faute de ~* grammaticafout **2** leer(boek)
grammairien ZN M (V grammairienne), taalkundige, grammaticus
grammatical BN (M MV grammaticaux), grammaticaal • *une analyse ~e* een taalkundige ontleding
gramme ZN M gram • *un ~ six d'alcoolémie* 1,6 promille alcohol in het bloed • *il n'a pas un ~ de bon sens* hij heeft geen greintje gezond verstand
grand 1 BN **1** groot • *un homme ~* een grote man • *il est ~ pour son âge* hij is groot voor zijn leeftijd • *il a de ~es jambes* hij heeft lange benen • *il y avait un ~ choix de fromages* er was een ruime keus aan kazen • *c'est trois fois ~ comme la France* het is driemaal zo groot als Frankrijk • *dans les ~es lignes; à ~s traits* in grote lijnen **2** belangrijk, voornaam • *un ~ homme* een groot man • *la ~e bourgeoisie* hoge bourgeoisie, deftige burgerij • *les ~es puissances* de grote mogendheden **3** hevig, sterk, flink • *de ~s amis* dikke vrienden • *un ~ buveur* stevige drinker • *un ~ parleur* druk prater • *un ~ blessé* zwaargewonde • *un ~ travailleur* flinke werker • *un ~ âge* hoge leeftijd • *un ~ silence* diepe stilte • *ils ont poussé de ~s cris* ze slaakten hevige kreten • *il est ~ temps de partir / que tu t'en ailles* het is hoog tijd om te gaan / dat je weggaat **4** volwassen • *tu es un ~ garçon / une ~e fille maintenant!* je bent nu een grote jongen / meid! • *les ~es personnes / les ~s* de grote mensen **5** groot-, opper- • *le ~ rabbin* opperrabbijn • *un ~ prêtre* hogepriester **6** geheel • *une ~e heure* een dik uur • *il a passé une ~e heure dans son bureau* hij is ruim een uur in zijn kantoor geweest • *ouvrir la fenêtre toute ~e* het raam helemaal openzetten • *il fait ~ jour* het is klaarlichte dag • *au ~ jour* in het openbaar • *au ~ air* in de openlucht **2** ZN M **1** volwassene **2** grote, vooraanstaande • *les ~s de ce monde* de groten der aarde • FIG. *jouer dans la cour des ~s* bij de groten horen, volwaardig meedoen **3** BW ruim, in het groot • *chausser ~* een grote schoenmaat hebben • *voir ~* grootschalig denken • *une porte ~ ouverte* wijd openstaande deur • *il fait tout en ~* hij doet alles in het groot
grand-chose 1 ONB VNW • *pas ~* niet veel (zaaks), niets bijzonders **2** ZN M/V INFORM. • *c'est un / une pas ~* het is iemand van niks
grand-duc ZN M (MV grands-ducs), groothertog • *un (hibou) ~* oehoe • FIG., INFORM. *faire la tournée des grand-ducs* langs alle dure tenten gaan
grand-duché ZN M (MV grands-duchés), groothertogdom
Grande-Bretagne ZN V Groot-Brittannië
grande-duchesse ZN V (MV grandes-duchesses), groothertogin
grandement BW in hoge mate, erg, ruimschoots
grandeur ZN V **1** grootte • *~ nature* op ware grootte • *un ordre de ~* orde van grootte **2** macht, grootheid • *regarder qn du haut de sa ~* iemand uit de hoogte bejegenen, op iemand neerkijken • *avoir la folie des ~s* aan grootheidswaanzin lijden **3** verhevenheid • *la ~ d'âme* zielengrootheid, edelheid
grand-guignolesque BN (MV grand-guignolesques), melodramatisch-griezelig
grandiloquence ZN V gezwollenheid, hoogdravendheid
grandiloquent BN gezwollen, hoogdravend
grandiose 1 BN groots, grandioos **2** ZN M (het) grootse
grandir 1 ONOV WW groot worden, (op)groeien, aanzwellen • *la menace grandit* de dreiging wordt sterker **2** OV WW vergroten, groter doen lijken • *ses hauts talons la grandissent* met haar hoge hakken lijkt ze groter
grandissime INFORM. BN zeer groot
grand-mère ZN V (MV grand(s)-mères), grootmoeder
grand-messe ZN V (MV grand(s)-messes), OOK FIG. hoogmis
grand-oncle ZN M (MV grands-oncles), oudoom
grand-peine • *à ~* met veel moeite
grand-père ZN M (MV grands-pères), grootvader
grands-parents ZN M MV grootouders
grand-tante ZN V (MV grand(s)-tantes), oudtante
grand-voile ZN V (MV grand(s)-voiles), grootzeil
grange ZN V schuur, korenschuur
granit, granite ZN M graniet
granule ZN V **1** korreltje **2** MED. pilletje
granuleux BN (V granuleuse), korrelig
graphie ZN V schrijfwijze, woordbeeld
graphique 1 BN grafisch **2** ZN M grafiek
graphisme ZN M grafische vormgeving, schrijfwijze
graphiste ZN M/V (grafisch) ontwerper
graphite ZN M grafiet
graphologie ZN V grafologie
graphologique BN grafologisch, schrift- • *l'expertise ~ d'une lettre* schriftexpertise van een brief
graphologue ZN M/V grafoloog
grappe ZN V tros, OOK FIG. rist • *une ~ de raisins* tros druiven • *du raisin en ~* druiven aan een tros • FIG. *des ~s de spectateurs* drommen toeschouwers
grappiller OV WW hier en daar plukken / pakken, opscharrelen • FIG. *~ quelques sous ici et là* wat geld bij elkaar scharrelen
grappin ZN M werktuig met haken, dreg, (enter)haak, grijper • INFORM. *mettre le ~ sur qn* beslag leggen op iemand, iemand in z'n klauwen krijgen
gras 1 BN (V grasse), vet • *un fromage à dix pourcent (10%) de matières ~ses* kaas met een

vetgehalte van 10 procent • *des cheveux ~* vette haren • *une terre ~se* vruchtbare grond • *un crayon ~* zacht potlood • *un rire ~* vette lach • *une toux ~se* slijmhoest • *une plante ~se* vetplant • *le mardi ~* Vastenavond • FIG. *faire la ~se matinée* een gat in de dag slapen, uitslapen **2** ZN M **1 vet** <van vlees> • INFORM. *discuter le bout de ~* over koetjes en kalfjes praten **2** DRUKK. • *en ~ / en caractères gras* vet (gedrukt / geschreven) **3** BW • *manger ~* vlees eten
grassement BW **1 rijkelijk, ruimschoots** • *payer qn ~ pour faire qc* iem dik voor een klus betalen **2** FIG. **vet** • *rire ~* luidruchtig lachen
grasseyer ONOV WW **brouwen** <met brouw-r>
grassouillet BN (V grassouillette), **mollig**
gratifiant BN **voldoening schenkend, bevredigend**

gr

gratification ZN V **toelage, gratificatie**
gratifier OV WW **begunstigen, begiftigen (de met)**
gratin ZN M **1** CULIN **gegratineerd gerecht, korstje** <van kruim, kaas> • *un ~ dauphinois* gegratineerde aardappelschijfjes • *du chou-fleur au ~ / en ~* gegratineerde bloemkool **2** INFORM., FIG. **bovenlaag, elite, puikje** • *le ~ du show-business* de toppers van de showbusiness
gratiné BN **1** CULIN **gegratineerd 2** INFORM. **buitengewoon, kras, te gek**
gratiner OV WW **gratineren**
gratis "-ties" **1** BN **gratis 2** BW **gratis** • *manger ~* gratis eten
gratitude ZN V **dankbaarheid** • *avoir de la ~ pour qn / envers qn / à l'égard de qn* iemand dankbaar zijn
grattage ZN M **(het) afkrabben** • *les jeux de ~* krasloterijen
gratte-ciel ZN M (MV gratte-ciel(s)), **wolkenkrabber**
gratte-cul ZN M (MV gratte-cul(s)), **rozenbottel**
gratte-dos ZN M (MV id.), **rugkrabber**
grattement ZN M **gekrab** • *les ~s du chat à la porte* het krabben van de kat aan de deur
gratte-papier MIN. ZN M (MV gratte-papier(s)), **pennenlikker**
gratter 1 OV WW **1 (af)krabben** • *~ la terre* de grond licht omspitten • *~ une allumette* een lucifer afsteken **2 krassen op, (om)schrapen** • *~ un mot* een woord inkerven **3** INFORM. **kriebelen** • *ce pull me gratte* die trui kriebelt **4** INFORM. **geld verzamelen** • *~ les fonds de tiroir* je laatste geld bij elkaar schrapen **2** ONOV WW **1 (licht) krabben, krassen** • *~ à la porte* zachtjes kloppen • *~ du violon* op de viool krassen **2** INFORM. **kriebelen 3** INFORM. **werken, sappelen** • *~ dix heures par jour* tien uur per dag moeten werken **3** WKD WW **(se ~) zich krabben** • *se ~ la tête* zich op het hoofd krabben • *cesse de te ~!* krab je niet zo!
grattouiller INFORM. OV + ONOV WW **kriebelen** • *ça le gratouille dans le dos* hij heeft jeuk op zijn rug • *~ sa guitare* op je gitaar tokkelen
gratuit BN **1 gratis** • *l'entrée est ~e* de toegang is gratis **2 ongegrond, gratuit** • *des actes de violence ~s* zinloze gewelddadigheden • *la violence ~e* zinloos geweld
gratuité ZN V **1 kosteloosheid** • *la ~ des soins pour les RMIstes* gratis medische zorg voor bijstandtrekkers **2 ongegrondheid** • *la ~ d'un acte* ongemotiveerdheid van een daad
gravats ZN M MV **(steen)gruis, (kalk)puin** • *ils ont été retrouvés sous les ~* ze zijn onder het puin gevonden
grave 1 BN **1 ernstig** • *un visage ~* ernstig gezicht • *avoir de ~s problèmes de santé* ernstige gezondheidsproblemen hebben • *ce n'est pas ~* het is niet (zo) erg • *ce n'est pas si ~ que ça!* het valt wel mee! **2** INFORM. **gestoord, gek** • *il est ~, ce mec!* die vent is hartstikke gestoord! **3 laag** <van stem, toon> **4** TAALK. **grave** • *un accent ~* een accent grave **2** BW INFORM. **hevig, ernstig** • *elle débloque ~!* ze kletst uit haar nek! • *c'est ~ difficile!* het is hartstikke moeilijk! **3** ZN M **lage toon** • *les ~s et les aigus* de lage en hoge tonen
graveleux FIG. BN (V graveleuse), **schuin, schunnig** • *raconter des histoires graveleuses* schuine verhalen vertellen
graver 1 OV WW **1** KUNST **graveren, etsen** • *~ un CD* een cd branden **2** FIG. **griffen** • *des souvenirs gravés dans ma mémoire* herinneringen die in mijn geheugen gegrift staan **2** WKD WW **(se ~)** • *ce souvenir s'est gravé en moi / dans ma mémoire* die herinnering staat in mijn geheugen gegrift
graveur 1 ZN M (V graveuse) KUNST **graveur, etser** • *un ~ sur bois / sur pierre* hout- / steengraveur **2** ZN M • *un ~ de CD* cd-brander • *un ~ de DVD* dvd-recorder
gravier ZN M **grind, kiezel(zand)**
gravillon ZN M **fijn grind, split, kiezeltje(s)**
gravir OV WW OOK FIG. **(moeizaam) beklimmen** • *~ un escalier* een trap oplopen • *elle a gravi tous les échelons jusqu'au plus haut poste* ze heeft zich van onderaf opgewerkt tot de hoogste functie
gravissime BN **zeer ernstig**
gravitation ZN V **zwaartekracht, gravitatie**
gravitationnel BN (V gravitationnelle), **zwaartekracht-**
gravité ZN V **1 ernst** • *la ~ de son état nous cause des soucis* de ernst van zijn toestand baart ons zorgen • *un incident sans ~* niet-ernstig ongeval **2** NATK. **zwaarte(kracht)** • *le centre de ~* zwaartepunt
graviter ONOV WW **draaien (om), cirkelen (om)** • *la lune gravite autour de la terre* de maan draait om de aarde • *beaucoup de personnages gravitent autour du président* veel mensen draaien om de president heen, de president heeft een uitgebreide entourage
gravure ZN V **1 (het) graveren, graveerkunst, grafiek 2 gravure, ets** • *la ~ sur bois / sur cuivre* houtsnede / kopergravure **3 prent, plaat** • *~ de mode* modeprent
gré ZN M **1 zin, wil, goedvinden** • *il agit à son ~* hij handelt naar eigen goeddunken, hij doet wat hij wil • *elle a déménagé de son plein ~* ze is uit vrije wil verhuisd • FIG. *la barque avance au ~ des flots* het bootje is een speelbal van de golven • *bon ~ mal ~* tegen wil en dank, goedschiks of kwaadschiks • *de*

~ ou de force goedschiks of kwaadschiks • *contre le ~ de ses parents* tegen de zin van zijn ouders • *au ~ des événements* al naargelang de omstandigheden • *de bon ~* vrijwillig, bereidwillig • *de mauvais ~* tegen zijn zin **2** FORM. **dank** • *savoir ~ à qn de qc* iemand dank weten voor iets • *je lui sais ~ de m'avoir aidé* ik ben hem dankbaar voor zijn hulp

grec **1** BN (V grecque), **Grieks** • *les îles ~ques* de Griekse eilanden **2** ZN M **(het) Grieks** • *le ~ moderne et ancien* Nieuwgrieks en Oudgrieks

Grec ZN M (V Grecque), **Griek**

Grèce ZN V **Griekenland**

gréco-romain BN (MV gréco-romains), **Grieks-Romeins**

gréement SCHEEPV. ZN M **tuigage**

gréer SCHEEPV. OV WW **optuigen**

greffe **1** ZN V **1** PLANTK. **ent** **2** MED. **transplantatie** • *une ~ d'un rein / de la cornée* nier- / hoornvliestransplantatie • *une ~ du cœur réussie* een geslaagde harttransplantatie **2** ZN M **griffie** • *le ~ d'un tribunal* griffie van een rechtbank

greffer **1** OV WW **1** PLANTK. **enten** • *~ qc sur qc* iets op iets enten **2** MED. **transplanteren** • *~ qc à qn* iets bij iemand transplanteren **2** WKD WW **(se ~) sur zich voegen bij, er nog bij komen**

greffier ZN M (V greffière), **griffier**

greffon ZN M **1** PLANTK. **ent** **2** MED. **transplantaat**

grégaire BN **in kudden levend, kudde-** • *un esprit / instinct ~* kuddegeest

grège BN **grijsachtig beige**

grégorien BN (V grégorienne), **gregoriaans**

grêle **1** ZN V OOK FIG. **hagel(bui)** • FIG. *recevoir une ~ de coups* een serie klappen krijgen **2** BN **1 schriel, spichtig, mager** • *l'intestin ~* dunne darm **2 zwak en schril** <van geluid, stem>

grêler ONP WW **hagelen** • *il pleut, il grêle* het regent, het hagelt

grêlon ZN M **hagelsteen**

grelot ZN M **(rinkel)belletje**

grelotter, greloter ONOV WW **huiveren, rillen** • *~ de froid / de fièvre* rillen van de kou / van de koorts

greluche INFORM., MIN. ZN V **meid, griet**

grenade ZN V **1** PLANTK. **granaatappel** **2 granaat** • *une ~ lacrymogène* traangasgranaat

grenadier ZN M **granaatboom**

grenadine ZN V **grenadine**

grenaille ZN V **(schiet)hagel, schroot**

grenat **1** ZN M **granaat(steen)** **2** BN **granaatrood**

grenier ZN M **1 zolder** • *garder qc au ~* iets op zolder bewaren • *fouiller une maison de la cave au ~* een huis van onder tot boven doorzoeken **2 korenschuur** • FIG. *la Beauce est le ~ à blé de la France* (de streek) la Beauce is de korenschuur van Frankrijk

grenouille ZN V **kikker** • *des cuisses de ~* kikkerbilletjes • *un homme-~* kikvorsman • INFORM., MIN. *c'est une ~ de bénitier* het is een ijverig kerkganger, hij / zij is een kwezel

grenouillère ZN V **kruippakje**

grenu BN **korrelig**

grès "grè met harde g" ZN M **gres, zandsteen**

grésillement ZN M **geknetter, geknisper** • *le ~ de la friture* geknetter van frituurvet • *le ~ d'une radio* geruis van een radio

grésiller ONOV WW **knetteren, knisperen** • *l'huile grésille dans la poêle* de olie knettert in de pan

grève ZN V **1 (werk)staking** • *une ~ sauvage* wilde staking • *une ~ surprise* onaangekondigde staking • *une ~ sur le tas* sitdownstaking • *une ~ du zèle* stiptheidsactie • *une ~ tournante / perlée* prikactie • *la ~ des transports* staking van het openbaar vervoer • *la ~ de l'impôt* weigering om belasting te betalen • *un briseur de ~* stakingsbreker • *faire ~* staken • *se mettre en ~* (gaan) staken • *voter la ~* bij stemming tot een staking besluiten • *lancer un préavis de ~* een staking afkondigen • *faire la ~ de la faim* in hongerstaking zijn **2 strandje, (kiezel) zandoever, zandplaat** <in rivier>

grever OV WW FIG. **belasten, bezwaren (de met)** • *être grevé d'impôts* een (zware) belasting opgelegd krijgen

gréviste **1** ZN M/V **staker** • *les grévistes de la faim* hongerstakers **2** BN **stakings-** • *un mouvement ~* stakingsactie / -beweging

gribouillage ZN M **kladderwerk, gekrabbel**

gribouiller **1** OV WW **krabbelig schrijven** • *elle m'a gribouillé une adresse sur un bout de papier* ze krabbelde een adres voor me op een papiertje **2** ONOV WW **kladderen** • *~ pendant une réunion* tijdens de vergadering zitten te droedelen

gribouillis "-jie" ZN M **kladderwerk, gekrabbel**

grief ZN M **grief (contre jegens), klacht, (reden tot) bezwaar** • *exposer ses ~s contre une mesure* zich beklagen over een maatregel • *faire ~ de qc à qn* iemand iets verwijten

grièvement BW **ernstig** • *être ~ blessé* ernstig gewond zijn

griffe ZN V **1 klauw** • *un coup de ~* uithaal (met de klauw) • *sortir ses ~s* zijn klauwen uitslaan • FIG. *rentrer ses ~s* inbinden • FIG. *montrer ses ~s* zijn tanden laten zien • FIG. *tomber entre les ~s de qn* in iemands klauwen vallen • *arracher qn des ~s de kidnappeurs* iemand uit de klauwen van kidnappers redden **2** FIG. **stempel, merk** • *un vêtement qui porte la ~ du créateur* een kledingstuk dat het stempel draagt van de ontwerper

griffé BN **met een naammerk(je)** <van kleding>

griffer OV WW **krabben** <met klauw, nagels> • *les épines lui ont griffé les mains* hij heeft zijn handen opengehaald aan de doorns

griffonnage ZN M **gekrabbel, kladderwerk**

griffonner OV + ONOV WW **(neer)krabbelen**

griffu BN **met klauwen, geklauwd**

griffure ZN V **krab, schram** <van klauw, nagels>

grignotage ZN M **1 geknabbel** • *le ~ devant la télévision est néfaste pour la ligne* snacken bij het tv kijken is slecht voor de lijn **2** FIG. **(het) afknabbelen** • *le ~ des salaires* het geleidelijk aantasten van de lonen • *le ~ d'un capital* het oppeuzelen van een kapitaal

grignotement ZN M **geknabbel, geknaag**

grignoter **1** OV WW **1** OOK FIG. **oppeuzelen** • ~

des chips / des carottes chips / worteltjes oppeuzelen • FIG. *~ ses économies* zijn spaargeld geleidelijk opmaken **2** INFORM., FIG **sprokkelen, bij beetjes erbij krijgen 2** ONOV WW **knabbelen, snacken, met lange tanden eten** • *~ entre les repas* tussendoortjes eten • *aller ~ avant la séance de cinéma* snacken vóór de bioscoop
grigou INFORM. ZN M **vrek** • *un vieux ~* ouwe vrek
grigri, gri-gri ZN M **(Afrikaans) amulet**
gril ZN M **rooster, grill** • *faire cuire de la viande sur le ~* vlees grillen • INFORM. *être sur le ~* op hete kolen zitten
grillade ZN V **geroosterd vlees**
grillage ZN M **traliewerk, rooster(werk), rasterwerk**

grillager OV WW **afrasteren, traliën** • *des fenêtres grillagées* tralievensters
grille ZN V **1 hek(werk)** • *la ~ du jardin* tuinhek **2 traliewerk, rooster** • *avoir des ~s aux fenêtres* tralies voor de vensters hebben **3** FIG. **rooster, hokjestabel, schema** • *la ~ des mots croisés* kruiswoordraadsel • *la ~ des programmes (de radio / télévision)* programmaoverzicht (van de radio / televisie) • *la ~ des salaires* salaristabel
grille-pain ZN M (MV grille-pain(s)), **broodrooster**
griller 1 OV WW **1 roosteren, roosten** • *du pain grillé* geroosterd brood • *du café grillé* gebrande koffie **2** INFORM. **roken, aansteken** • *~ une cigarette* een sigaret roken **3** INFORM. **overslaan** • *~ un feu (rouge)* door rood licht rijden **4 traliën** • *~ des fenêtres* vensters traliën **5** TECHN. **doen doorbranden** • *une ampoule grillée* doorgebrande lamp **2** ONOV WW **1 schroeien, roosteren** • *mettre du poisson à ~* vis op de grill leggen **2 doorbranden** <van gloeilamp> • *l'ampoule a grillé* de lamp is doorgebrand **3** FORM. **hunkeren** • *~ d'impatience* popelen, branden van verlangen
grillon ZN M **krekel**
grimace ZN V **grimas, lang gezicht** • *faire une ~ de douleur* zijn gezicht van pijn vertrekken • *faire la ~* zuur kijken • *faire des ~s* gezichten trekken, zich aanstellen
grimacer ONOV WW **gezichten trekken, grijnzen**
grimage ZN M **(het) grimeren, (het) schminken**
grimer 1 OV WW **grimeren, schminken 2** WKD WW **(se ~) zich grimeren, zich schminken**
grimoire ZN M **1 toverboek 2 duistere / onleesbare tekst**
grimpant BN **klimmend** • *une plante ~e* klimplant
grimper 1 ONOV WW **1 klimmen, klauteren** • *~ à / sur / dans un arbre* in een boom klimmen • *~ sur une chaise / à une échelle* op een stoel / op een ladder klimmen **2** FIG. **snel stijgen** • INFORM. *à partir du village, ça grimpe dur* buiten het dorp gaat de weg steil omhoog **2** OV WW **beklimmen** • *~ l'escalier quatre à quatre* de trap oprennen
grimpette INFORM. ZN V **steil weggetje, klimmetje** • *on a fait une bonne ~* we hebben een aardig klimmetje gemaakt
grimpeur ZN M (V grimpeuse), **klimmer**
grinçant BN **1 knarsend 2** OOK FIG. **schril, wrang** • *une ironie grinçante* wrange ironie
grincement ZN M **geknars, gepiep** • OOK FIG. *des ~s de dents* tandengeknars
grincer ONOV WW **knarsen, piepen** • *la porte grince* de deur kraakt • *des freins qui grincent* knarsende remmen • OOK FIG. *~ des dents* knarsetanden
grincheux 1 BN (V grincheuse), **knorrig, nurks 2** ZN M (V grincheuse), **brompot, kniesoor**
gringalet ZN M (V gringalette), **schriel ventje, onderkruipsel**
griotte ZN V **griotte**
grippage ZN M OOK FIG. **(het) vastlopen** <van een motor>
grippal BN (M MV grippaux), **griep-** • *un virus ~* griepvirus
grippe ZN V **griep** • *la ~ aviaire* vogelgriep • *une ~ intestinale* buikgriep • *la ~ mexicaine / la ~ A (H1N1)* Mexicaanse griep • *avoir / attraper la ~* griep krijgen • FIG. *prendre qn en ~* een hekel krijgen aan iemand
grippé BN **1 grieperig 2** TECHN. **vastgelopen** • *un moteur ~* vastgelopen motor
gripper WKD WW **(se ~)** OOK FIG. **vastlopen** • *une machine qui se grippe* een machine die hapert / vastloopt
gris 1 BN **1 grijs, grauw** • *un vêtement ~ clair / foncé / métallisé* lichtgrijs / donkergrijs / metallic grijs kledingstuk • *avoir un teint ~* er grauw uitzien • *le temps est ~* het is grauw weer, de lucht is betrokken **2** INFORM. **aangeschoten, beneveld 2** ZN M **grijze kleur**
grisaille ZN V OOK FIG. **grauwte**
grisant BN **opwindend,** OOK FIG. **bedwelmend** • *un vin ~* koppige wijn
grisâtre BN **grijsachtig,** OOK FIG. **grauw** • *une vie ~* grauw bestaan
griser 1 OV WW **benevelen,** OOK FIG. **bedwelmen, opwinden** • *la vitesse la grise* snelheid brengt haar in een roes **2** WKD WW **(se ~) 1 dronken worden 2 bedwelmd raken (de van)** • *se ~ de belles paroles* zich door mooie woorden laten meeslepen
griserie ZN V **lichte roes,** FIG. **bedwelming** • *la ~ de la vitesse* snelheidsroes
grisonnant BN **grijzend**
grisonner ONOV WW **grijs worden**
grisou ZN M **mijngas** • *un coup de ~* mijngasontploffing, grauwvuur
grive ZN V **lijster**
grivois BN **schuin, nogal schunnig**
grivoiserie ZN V **schuine mop, schuine taal**
grog ZN M **grog**
groggy BN OOK FIG. **groggy**
grogne INFORM. ZN V **gemor** • *la ~ monte parmi les employés de banque* het bankpersoneel begint steeds meer te morren
grognement ZN M **geknor, gebrom**
grogner ONOV WW **1** INFORM. **mopperen (contre op), morren** • *~ contre ses parents / ses amis* mopperen op zijn ouders / op zijn vrienden **2 knorren** <van varken>, **grommen** <van beer>
grognon 1 BN (V grognonne), **brommerig,**

knorrig • *il est toujours ~* hij is altijd chagrijnig **2** ZN M brompot

groin ZN M varkenssnuit

grommeler OV + ONOV WW brommen, mopperen, knorren • *~ des menaces* binnensmonds bedreigingen uiten • *s'en aller en grommelant* mopperend weggaan

grondement ZN M gebulder, gerommel, gebrom • *les ~s de menaces du chien* dreigend gegrom van de hond • *les ~s du tonnerre* het gerol van de donder

gronder **1** ONOV WW **1** mopperen, brommen **2** grommen <van hond> **3** bulderen • *le tonnerre gronde* de donder buldert **4** dreigen, nabij zijn • *la révolte gronde* de opstand dreigt **2** OV WW beknorren • *se faire ~ par ses parents* op zijn kop krijgen van zijn ouders

grondeur BN (V grondeuse), knorrig

grondin ZN M poon <vis>

Groningue Groningen

groom "groem met harde g" ZN M piccolo <in hotel>

gros **1** BN (V grosse) **1** dik • *du ~ sel* grof zout • *le ~ intestin* dikke darm • *~ comme le bras* op en top..., een heuse... **2** ruw, grof • *un ~ mot* lelijk / ongepast woord • *une ~se mer* ruwe zee • *le ~ temps* hondenweer, zwaar weer **3** groot, belangrijk, hevig, erg • *une ~se fièvre* zware koorts • *du ~ rouge* goedkope tafelwijn • *un ~ mangeur / buveur* stevige eter / drinker • *faire de ~ bénéfices* flinke winst maken • *faire de ~ses dépenses* veel geld uitgeven **2** BW veel, grof • *gagner ~* grof geld verdienen • *jouer ~* om grof geld spelen, veel wagen • *parier ~* er heel wat om verwedden • *en avoir ~ sur le cœur /* INFORM. *sur la patate* erover inzitten, balen **3** ZN M belangrijkste deel, gros • *le commerce de ~ / en ~* groothandel • *le ~ d'une armée* de hoofdmacht van een leger • *faire le plus ~ du travail* het voornaamste werk doen • *en ~* in het groot, in grote lijnen, ruwweg **4** ZN M (V grosse), dikkerd • INFORM. *mon ~* m'n beste • INFORM. *ma ~se* m'n wijf • *un ~ plein de soupe* een dikzak

groseille ZN V aalbes • *~ à maquereau* kruisbes

groseillier ZN M (aal)bessenstruik

gros-porteur ZN M (MV gros-porteurs), jumbojet

grosse BN → **gros**

grossesse ZN V zwangerschap • *une ~ non désirée* ongewenste zwangerschap

grosseur ZN V **1** grootte, dikte **2** gezwel • *avoir une ~ sous la peau / au sein* een knobbeltje onder de huid / in de borst hebben

grossier BN (V grossière) **1** ruw, grof • *une faute grossière* grove nalatigheid **2** lomp, plat, vulgair • *un mot ~* grof woord, vulgair woord • *un ~ personnage* lomperik • *tenir des propos ~s* gore taal uitslaan

grossièrement BW ruw, lomp

grossièreté ZN V **1** ruwheid, grofheid, lompheid • *parler avec ~* grove taal uitslaan **2** grove taal • *dire des grossièretés* grove taal uitslaan

grossir **1** ONOV WW groter worden, dikker worden, zwellen • *tu grossis à vue d'œil* je wordt zienderogen dikker • *ces pilules te font ~* van die pillen word je dikker • *la foule grossit* de menigte wordt groter • *le bruit grossit* het geluid zwelt aan **2** OV WW **1** vergroten, dikker maken, doen zwellen **2** overdrijven, aandikken • *l'affaire a été grossie de façon incroyable* die zaak is ongelooflijk opgeblazen

grossissement ZN M **1** (het) dikker worden **2** vergroting • *le ~ à la loupe* vergroting met een loep **3** FIG. overdrijving

grossiste ZN M/V grossier, groothandelaar

grosso modo BW grofweg, ongeveer

grotesque BN belachelijk, grotesk

grotte ZN V grot

grouillant BN wemelend (**de** van), krioelend • *des rues ~es de monde* straten die krioelen van de mensen

grouillement ZN M gewemel, gekrioel

grouiller **1** ONOV WW wemelen (**de** van), krioelen • *le centre de la ville grouille de monde* het centrum van de stad krioelt van de mensen • *ça grouille de moustiques dans cette région* het wemelt in deze streek van de muggen **2** WKD WW (**se ~**) INFORM. zich haasten, opschieten • *grouille-toi un peu, on est en retard!* schiet een beetje op, het is al laat!

groupe ZN M **1** groep, groepering • *un ~ parlementaire* Kamerfractie • *un ~ terroriste* terroristische groepering • *un ~ de rock* rockgroep • *un ~ de réflexion* denktank • *un cabinet de ~* groepspraktijk • *voyager en ~* een groepsreis maken • *mettez-vous en ~ de trois* ga in groepjes van drie staan • *par ~s* in groepen **2** samenstel • *un ~ scolaire* scholencomplex **3** ECON. concern • *un ~ pétrolier* olieconcern **4** TECHN. onderverdeling • *des ~s sanguins* bloedgroepen • *un ~ électrogène* stroomaggregaat

groupé BN gezamenlijk, gemeenschappelijk

groupement ZN M groepering, groep • *un ~ professionnel* vakgroep <van vakvereniging>

grouper **1** OV WW samenvoegen, groeperen • *des forces groupées* gebundelde krachten • *groupez tout le monde dans une salle!* zet iedereen in een zaal bij elkaar **2** WKD WW (**se ~**) • *se ~ par deux / trois* groepjes van twee / drie vormen

groupuscule POL., MIN. ZN M (splinter)groepje

gruau ZN M (MV gruaux), gort, grutten

grue ZN V **1** kraanvogel • *faire le pied de ~* lang moeten wachten **2** (hijs)kraan

gruger FORM. OV WW oplichten, FIG. uitkleden, afzetten • *se faire ~ par qn* door iemand afgezet worden

grumeau ZN M (MV grumeaux), klonter

grumeleux BN (V grumeleuse), klonterig, oneffen

gruyère "Gruujer, Grwiejer" ZN M gruyère(kaas)

Guadeloupe ZN V Guadeloupe

guadeloupéen BN (V guadeloupéenne), Guadeloups

Guatemala ZN M Guatemala

gu

guatémaltèque BN Guatemalteeks
gué ZN M doorwaadbare plaats • *passer à ~* doorwaden
guéguerre INFORM. ZN V oorlogje, geruzie, gehakketak
Gueldre ZN V Gelderland
guenilles ZN V MV lompen, vodden
guenon ZN V **1** apin **2** INFORM. aartslelijke vrouw
guépard ZN M jachtluipaard, cheeta
guêpe ZN V wesp
guêpier ZN M wespennest • *se fourrer dans un ~* zich in een wespennest steken
guère BW meestal met 'ne' nauwelijks, weinig • *ils ne sont ~ aimables* ze zijn niet erg aardig • *elle ne mange plus ~* ze eet nauwelijks meer • *elle ne va ~ mieux* het gaat niet veel beter met haar • *ça ne durera ~ longtemps* dat zal niet zo lang duren • *ils ne viennent plus ~* ze komen nauwelijks meer
guéri BN genezen
guéridon ZN M rond tafeltje met één poot, siertafeltje
guérilla ZN V guerrilla
guérir **1** OV WW genezen • *ce médicament guérit de tout* dat geneesmiddel helpt tegen alles • *~ qn de son mal de dos* iemand van zijn rugpijn genezen • FIG. *~ qn de ses manies* iemand van zijn tics afhelpen **2** ONOV WW herstellen, genezen • *il ne guérira pas* hij zal niet meer beter worden
guérison ZN V genezing
guérissable BN geneeslijk
guérisseur ZN M (V guérisseuse), genezer
guérite ZN V wachthuisje, hokje
guerre ZN V oorlog, strijd • *la Grande Guerre* de Eerste Wereldoorlog • *une ~ mondiale* wereldoorlog • *une ~ civile* burgeroorlog • *la ~ froide* koude oorlog • *la ~ sainte* heilige oorlog • *la ~ du Vietnam* de Vietnamoorlog • *la ~ d'Algérie* de Algerijnse oorlog • *la ~ des nerfs* zenuwenoorlog • *la ~ des gangs* bendeoorlog • *une ~ nucléaire / chimique* kernoorlog / chemische oorlog • *une ~ psychologique* psychologische oorlogvoering • FIG. *la ~ des chaînes de télévision* de (concurrentie) strijd tussen de televisiezenders • FIG. *la ~ des prix* prijzenslag • *faire la ~ aux Anglais* oorlog voeren met de Engelsen • *il a fait la ~* hij heeft de oorlog meegemaakt • *aller à la ~* ten strijde trekken • *la ~ a éclaté* de oorlog is uitgebroken • *être en ~ (avec)* in staat van oorlog zijn (met) • *l'Allemagne a déclaré la ~ à la France* Duitsland heeft Frankrijk de oorlog verklaard • *prendre un nom de ~* een schuilnaam kiezen • *partir en ~ contre le gaspillage* ten strijde trekken tegen de verspilling • <spreekwoord> *à la ~ comme à la ~* we moeten er maar het beste van maken, er zit niets anders op • FIG. *c'est de bonne ~* dat is een geoorloofd middel, dat is niet unfair
guerrier **1** BN (V guerrière) **1** LIT. oorlogs-, krijgs- • *un exploit ~* wapenfeit **2** oorlogszuchtig, krijgshaftig • *un peuple ~* oorlogszuchtig volk **2** ZN M (V guerrière), strijder, krijger
guerroyer FORM. ONOV WW oorlog voeren • *~ contre les injustices* strijden tegen onrecht
guet ZN M (het) loeren • *faire le ~* op de loer liggen, op de uitkijk staan
guet-apens "getapa(n)" ZN M (MV guets-apens), hinderlaag, valstrik • *tomber dans un ~* in een hinderlaag lopen
guêtre ZN V slobkous • INFORM. *traîner ses guêtres* (ergens) rondhangen
guetter OV WW **1** bespieden, beloeren • OOK FIG. *~ sa proie* op zijn prooi loeren **2** afwachten • *~ la sortie de qn* wachten tot iemand naar buiten komt • *~ une occasion favorable* een gunstige gelegenheid afwachten • *~ le facteur* zitten te wachten op de postbode
guetteur ZN M (V guetteuse), wachtpost, uitkijk • *poster un ~ au coin de la rue* iemand op de hoek van de straat op de uitkijk zetten
gueulante INFORM. ZN V gejuich, getier, gejoel • *pousser une ~* een keel opzetten, joelen, tieren
gueulard INFORM. **1** BN schreeuwerig **2** ZN M (V gueularde), schreeuwlelijk
gueule ZN V **1** muil, bek <van dier> • FIG. *se jeter dans la ~ du loup* zich in het hol van de leeuw wagen **2** INFORM. OOK FIG. smoel bek, gezicht • *une fine ~* lekkerbek • *ma ~ d'abord!* ikke ikke en de rest kan stikken! • *ta ~ / ferme ta ~!* hou je smoel! • *s'en mettre plein la ~* zich volproppen • *elle a de la ~* ze heeft een smoel, ze heeft iets eigens • *avoir une bonne / sale ~* er aardig uitzien / een rotkop hebben • *ce type, c'est une grande ~* die vent heeft een grote bek • *se fendre la ~* zich een bult lachen • *se foutre de la ~ de qn* iemand voor gek zetten • *avoir la ~ de bois* een kater hebben • *se bourrer la ~* zich bezatten • *faire la ~* mokken, een lelijk gezicht trekken • *casser la ~ à qn* iemand op zijn bek slaan • *se casser la ~* OOK FIG. op z'n bek gaan • *cette compagnie va se casser la ~* die maatschappij gaat op de fles **3** FIG. mond, opening
gueule-de-loup PLANTK. ZN V (MV gueules-de-loup), leeuwenbek
gueuler INFORM. **1** ONOV WW schreeuwen, blèren, uitvaren • *~ contre les voisins / le gouvernement* foeteren op de buren / op de regering **2** OV WW schreeuwen, brullen • *~ une chanson* luidkeels zingen
gueuleton INFORM. ZN M smulpartij
gueuletonner INFORM. ONOV WW smullen
gueuze, **gueuse** ZN V geuze, geus <bier>
gui PLANTK. ZN M mistel
guibolle, **guibole** INFORM. ZN V poot, been • *il ne tient pas sur ses ~s* hij kan niet meer op z'n benen staan
guichet ZN M **1** loket • *faire la queue au ~* in de rij staan bij het loket • *jouer à ~s fermés* voor een uitverkochte zaal spelen **2** (doorgeef)luikje • *le ~ d'une cellule de prison* luikje in de deur van een gevangeniscel • *un ~ automatique* geldautomaat
guichetier ZN M (V guichetière), loketbediende
guidage ZN M geleiding <van een bewegend lichaam>, geleider, verkeersgeleiding
guide **1** ZN M/V OOK FIG. gids • *un / une ~ de montagne* berggids • *un / une ~ touristique* reisgids

• *un ~ spirituel* geestelijke leider • *servir de ~ à qn* iemands gids zijn • *prendre qn pour ~* zich laten leiden door iemand **2** ZN M **gids** <boek> • *le ~ Michelin* Michelingids • *le ~ des vins* wijngids **3** ZN V **gids** <padvindster>
guider 1 OV WW **1 leiden, (be)geleiden, gids zijn van, (op afstand) besturen** • *la tour de contrôle guide le pilote* de verkeerstoren leidt de piloot • *~ un aveugle* een blinde begeleiden • *la voiture nous a guidés pour retrouver le chemin* de auto is ons voorgegaan om de weg weer te vinden **2 begeleiden, raad geven** • *il m'a guidé durant toute ma carrière* hij heeft me tijdens mijn hele carrière begeleid **2** WKD WW **(se ~) zich richten (naar)** • *se ~ à l'odorat* op de reuk afgaan
guidon ZN M **stuur** <van fiets>
guigne ZN V **1 kriek** • INFORM. *il s'en soucie comme d'une ~* hij trekt zich er geen bal van aan **2** INFORM. **pech**
guigner OV WW **gluren in / naar** • *il guigne sa jeune voisine* hij gluurt naar zijn jonge buurvrouw
guignol ZN M **1** OOK FIG. **poppenkast** • *aller au ~* naar de poppenkast gaan **2 poppenkastfiguur, handpop** • *Guignol* Jan Klaassen • *faire le ~ en classe* de clown uithangen in de klas
guili-guili INFORM. TUSSENW **kielekiele**
Guillaume Willem
guilledou INFORM., OUD. ZN M • *courir le ~* op vrijersvoeten gaan
guillemets ZN M MV **aanhalingstekens** • *ouvrir / fermer les ~* aanhalingstekens openen / sluiten
guilleret BN (V guillerette), **vrolijk, dartel**
guillotine ZN V **guillotine, valbijl,** FIG. **doodstraf** • *envoyer qn à la ~* iemand ter dood veroordelen
guillotiner OV WW **guillotineren**
guimbarde INFORM. ZN V **rammelkast**
guindé BN **niet op zijn gemak, opgeprikt,** FIG. **stijf** • *avoir un air ~* onecht overkomen • *prendre un ton ~* een gemaakte toon aannemen
Guinée ZN V **Guinee**
guingois INFORM. • *de ~* scheef • *être assis de ~* scheef zitten
guinguette ZN V **uitspanning** <buiten de stad>, **café(-restaurant) dansant**
guirlande ZN V **slinger, guirlande** • *des ~s de fleurs* bloemenslingers
guise ZN V **1 zin, wil** • *en faire à sa ~* zijn eigen zin doen • *agir à sa ~* naar eigen inzicht handelen • *à votre ~* zoals u wilt, naar uw goeddunken **2 manier, wijze** • *en ~ de dîner, on a mangé une soupe* bij wijze van avondeten hebben we soep genomen
guitare ZN V **gitaar**
guitariste ZN M/V **gitaarspeler**
gustatif BN (V gustative), **smaak-**
gustation ZN V **(het) proeven**
guttural BN (M MV gutturaux), **keel-, gutturaal** • *un son ~* keelklank
Guyane ZN V **Guyana** • *la ~ française* Frans-Guyana • *la ~ hollandaise* Suriname
gym INFORM. ZN M gymnastique **gym**
gymkhana ZN M **gymkana, hindernisrace**
gymnase ZN M **1 gymnastieklokaal, fitnesscentrum 2** ZWIT. **gymnasium**
gymnaste ZN M/V **turner, gymnast**
gymnastique ZN V **gymnastiek, (het) turnen** • *la ~ corrective* heilgymnastiek • *la ~ aquatique* aquagym • *une ~ intellectuelle* hersengymnastiek • *faire de la ~* aan gymnastiek doen, turnen • FIG. *ça a été toute une ~ pour attraper le chaton sur la branche* er was heel wat acrobatiek voor nodig om het poesje van de tak te halen
gynéco INFORM. ZN M/V **gynaecoloog**
gynécologie ZN V **gynaecologie**
gynécologique BN **gynaecologisch**
gynécologue ZN M/V **gynaecoloog, vrouwenarts**
gyrophare ZN M **zwaailicht**
gyroscope ZN M **gyroscoop**

H

h "asj" **1** ZN M letter **h** • *le h des langues germaniques* aangeblazen h, (werkelijk) uitgesproken h van de Germaanse talen • *le h muet* stomme h **2** AFK heure V **uur** • *100 km/h* 100 km/u

H "asj" **1** AFK **1** heure V **uur** • *l'heure ~ et le jour J* het uur U en de grote dag **2** hydrogène **waterstof** • *la bombe H* waterstofbom **2** AFK haschisch m **hasjiesj** • *un joint de H* jointje

ha TUSSENW **1 oh!, hè!, ach! 2 ha!** <verwondering> **3 haha!** <lach>

h

habile BN **handig, behendig, vaardig** • *il est ~ de ses mains* hij is handig • *être ~ aux cartes* goed zijn in kaarten

habileté ZN V **handigheid, behendigheid, bekwaamheid**

habiliter JUR. OV WW **bevoegd verklaren (à tot)**

habillé BN **gekleed** • *un dîner ~* diner in avondkleding • *ce manteau est très ~* die mantel staat erg gekleed

habillement ZN M **kleding**

habiller 1 OV WW **1 kleden, aankleden, van kleding voorzien** • *~ un enfant* een kind aankleden • *être bien habillé* goed gekleed zijn • *être toujours habillé de / en bleu* altijd in het blauw gekleed zijn • *elle était habillée comment?* wat had ze aan? **2 verkleden** • *son fils était habillé en fantôme* zijn/haar zoon was als spook verkleed **3 bedekken** • *~ les fauteuils de housses* de stoelen met hoezen bekleden **2** WKD WW **(s'~) zich (aan) kleden, gekleed gaan** • *s'~ à la dernière mode* naar de laatste mode gekleed gaan • *s'~ de / en noir* zwart dragen • *elle s'habille chez Dior* ze koopt haar kleren bij Dior • *s'~ en mickey mouse* zich als Mickey Mouse verkleden

habilleur ZN M (V habilleuse), **(aan)kleder** <van acteurs e.d.>

habit "abie" ZN M **1 kleren (ambts)gewaad** • *les ~s du dimanche* de zondagse kleren • <spreekwoord> *l'~ ne fait pas le moine* het zijn niet allen koks die lange messen dragen, schijn bedriegt **2 habijt** • *prendre l'~* in het klooster gaan, monnik worden **3 rok** <geklede herenjas> • *ce soir, l'~ est de rigueur* vanavond is avondkleding verplicht • *venir en ~* in rok komen

habitable BN **bewoonbaar**

habitacle ZN M **cabine** <van luchtvaartuig, auto>

habitant ZN M (V habitante), **bewoner, inwoner** • *une ville de deux cent mille ~s* stad met tweehonderdduizend inwoners • *loger chez l'~* bij particulieren logeren • *la consommation de viande par ~* de vleesconsumptie per hoofd van de bevolking

habitat ZN M **1 woonomstandigheden, woonomgeving** • *l'~ rural / urbain* de landelijke / stedelijke woonomgeving • *des mesures visant à l'amélioration de l'~* maatregelen ter verbetering van de woonomstandigheden **2 habitat, woongebied** <van planten, dieren>

habitation ZN V **1 woning, woonruimte** • *des ~s à loyer modéré / des HLM* goedkope (gesubsidieerde) huurflats • *la taxe d'~* de onroerendezaakbelasting, ≈ de ozb **2 (het) bewonen**

habité BN **1 bewoond 2 bemand** <van ruimtevaartuig> • *un vol ~* bemande ruimtevlucht

habiter 1 OV WW **bewonen** • *~ la campagne* op het platteland wonen • *~ la ville* in de stad wonen • *~ le deuxième étage* op de tweede verdieping wonen • *une maison qui n'est pas habitée* huis dat niet bewoond is **2** ONOV WW **wonen** • *~ au numéro treize de l'avenue de Choisy* wonen op de avenue de Choisy 13 • *j'habite la Dorpsstraat* ik woon in de Dorpsstraat • *~ au cinquième (étage)* op de vijfde verdieping / vijf hoog wonen • *~ dans le quartier du Marais* in de wijk le Marais wonen • *~ chez qn* bij iemand (in)wonen

habitude ZN V **gewoonte, gebruik** • *perdre l'~ de parler français* niet meer gewend zijn Frans te spreken • *avoir l'~ de se lever à sept heures* gewoon zijn om zeven uur op te staan • *j'ai l'~ de cette machine* ik heb ervaring met deze machine • *de son comportement, j'en ai l'~* ik ben wel gewend aan zijn gedrag • *prendre une ~* een gewoonte aannemen / aanleren • *ce n'est pas dans mes ~s* dat is geen gewoonte van me • *faire qc par ~* iets uit gewoonte doen • *le pain est meilleur que d'~* het brood is beter dan gewoonlijk • *comme d'~* zoals gewoonlijk • *selon son ~* ... zoals hij/zij gewoon is ... • INFORM. *comme d'hab* zoals gewoonlijk

habitué 1 ZN M **vaste bezoeker, vaste klant, stamgast** • *c'est une habituée de la maison* het is een huisvriendin **2** WW volt. deelw. → **habituer**

habituel BN (V habituelle), **gewoon, gebruikelijk** • *à l'heure ~le* op de gewone tijd

habituellement BW **gewoonlijk**

habituer 1 OV WW **wennen (à aan)** • *~ un animal à faire qc* een dier eraan wennen iets te doen **2** WKD WW **(s'~) (zich) wennen (à aan)** • *il faut vous ~ à la chaleur* u moet aan de warmte wennen • *s'~ à qn* aan iemand wennen

hâbleur ZN M (V hâbleuse), **opschepper, grootspreker**

hache ZN V **bijl** • *fendre du bois à la ~* hout kloven met een bijl • FIG. *enterrer la ~ de guerre* de strijdbijl begraven

haché BN **1 (fijn)gehakt** • *un steak ~* gehakte biefstuk, hamburger • *de la viande ~e* gehakt • *du persil finement ~* fijngehakte peterselie **2 hortend** • *avoir un débit ~* hortend spreken

hachis ZN M **gehakt, fijngehakt eten** • *du ~ Parmentier* puree met gehakt

hachish "asjiesj" ZN M → **haschisch**

hachoir ZN M **hakmes**

hachure ZN V **arcering**

hachurer OV WW **arceren**

hacker COMP. ZN M **hacker**

haddock ZN M **(gerookte) schelvis**

hagard BN **wild** <van blik e.d.>, **verwilderd, verdwaasd**

haie ZN V **1 haag, heg** • *tailler une ~* een heg

snoeien **2** SPORT **horde** • *une course de ~s* hordeloop • *elle est championne du cent mètres ~s* zij is kampioene honderd meter horden **3 haag, rij** • *une ~ de spectateurs* rij toeschouwers • *faire une ~ d'honneur* een erehaag vormen

haillon ZN M **lomp, vod** • *être couvert de ~s* in lompen gehuld zijn

Hainaut ZN M **Henegouwen**

haine ZN V **haat, afkeer** • *une ~ aveugle* blinde haat • *une ~ féroce / meurtrière* bittere haat • *avoir une ~ féroce de l'hypocrisie* een vreselijke afkeer van hypocrisie hebben • *éprouver de la ~ pour qn* haat voor iemand voelen, haatgevoelens jegens iemand hebben • *semer la ~* haat zaaien • INFORM. *avoir la ~* zwaar gefrustreerd zijn, vol agressie zijn

haineux BN (V haineuse), **haatdragend, hatelijk, nijdig**

haïr OV WW **haten, verafschuwen** • *je le hais* ik haat hem • *il hait qu'on se moque de lui* hij heeft er een hekel aan dat ze hem uitlachen • *se faire ~ de tous* zich bij iedereen gehaat maken

haïssable BN **verfoeilijk, afschuwelijk**

haïtien BN (V haïtienne), **Haïtiaans**

halal BN onver. **halal**

hâle ZN M **gebruinde kleur** <v.d. huid door zon of (buiten)lucht>

hâlé BN **gebruind, getaand** <v.d. huid>

haleine ZN V **adem** • *avoir une ~ fraîche* een frisse adem hebben • *avoir une mauvaise ~* een slechte adem hebben • *être hors d'~* buiten adem zijn • *c'est un travail de longue ~* het is een werk van lange adem, het is een langdurige klus • *perdre ~* buiten adem raken • *courir à perdre ~* zo hard rennen dat je buiten adem raakt • *reprendre ~* weer op adem komen • *tenir son auditoire en ~* de aandacht boeien van zijn publiek, zijn publiek in spanning / onzekerheid houden

haletant BN **hijgend, ademloos** • *une respiration ~e* gejaagde ademhaling

halètement ZN M **gehijg**

haleter ONOV WW **hijgen, ademloos zijn**

hall "ol" ZN M **hal** • *un ~ de gare* stationshal • *le ~ d'entrée (d'une maison)* entreehal (van een huis), vestibule

halle ZN V **overdekte markt, (verkoop)hal** • *la ~ au poisson* de vismarkt

hallebarde ZN V • INFORM. *il pleut des ~s* het regent pijpenstelen

hallucinant BN **verbijsterend, verbluffend**

hallucination ZN V **hallucinatie, zinsbegoocheling** • *avoir des ~s* hallucineren

hallucinatoire BN **hallucinatorisch** • *des phénomènes ~s* hallucinatieverschijnselen

halluciné **1** BN **aan hallucinaties lijdend** **2** ZN M (V hallucinée), **iemand die hallucinaties heeft**

halluciner INFORM. ONOV WW **verbijsterd zijn** • *il a abandonné ses études, j'hallucine!* hij heeft zijn studie opgegeven, daar zakt mijn broek van af!

hallucinogène **1** BN **hallucinerend** **2** ZN M **hallucinogeen**

halo ZN M **1 halo, lichtkring** • *le ~ de la lune* de halo om de maan **2** FIG. **aureool, glans** • *un ~ de mystère* een aureool van geheimzinnigheid

halogène BN **halogeen** • *une lampe (à) ~* halogeenlamp

halte **1** ZN V **1 stilstand, rustpauze** • *faire halte* halt houden, stoppen **2 halte, stopplaats, rustplaats** • *une ~ de routiers* wegrestaurant voor vrachtwagenchauffeurs **2** TUSSENW **halt!, stop!**

halte-garderie ZN V (MV haltes-garderies), **kinderdagverblijf**

haltère ZN M **halter** • *faire des poids et haltères* gewichtheffen • INFORM. *faire des haltères* met de halters werken

haltérophile ZN M/V **gewichtheffer**

haltérophilie ZN V **(het) gewichtheffen**

hamac ZN M **hangmat**

Hambourg **Hamburg**

hamburger "-geur met harde g" ZN M **hamburger**

hameau ZN M (MV hameaux), **gehucht**

hameçon ZN M **vishaak** • FIG. *mordre à l'hameçon; gober l'hameçon* toehappen, erin vliegen

hameçonnage COMP. ZN M WWW **phishing**

hammam ZN M **hamam** <Turks bad(huis)>, **stoombad**

hampe ZN V **schacht** <langgerekt deel>, **vlaggenstok**

hamster "amstèr" ZN M **hamster**

hanche ZN V **heup** • *avoir les ~s étroites* smalle heupen hebben • *rouler des ~s* heupwiegen • *mettre les poings sur la ~* de handen in de zij zetten <uitdagende houding>

handball, hand-ball "a(n)dbal" SPORT ZN M **handbal**

handballeur SPORT ZN M (V handballeuse), **handballer**

handicap ZN M **1 handicap,** MED. **beperking** • *sa mauvaise vue est un sérieux ~* zijn slechte gezichtsvermogen is een ernstige handicap **2** SPORT **handicap**

handicapé **1** BN **gehandicapt** **2** ZN M (V handicapée), **gehandicapte** • *un ~ mental* verstandelijk gehandicapte • *un ~ physique* lichamelijk gehandicapte • *un ~ moteur* motorisch gehandicapte • *parking réservé aux ~s* parkeerplaats (gereserveerd) voor gehandicapten

handicaper OV WW **handicappen** • *ses troubles visuels le handicapent* zijn gezichtsstoornis is een handicap

handisport ZN M **gehandicaptensport** • *les Jeux olympiques ~s* de Paralympics

hangar ZN M **loods, schuur, hangar**

hanter OV WW **1 (rond)spoken in, (rond) waren in** • *une maison hantée* spookhuis **2** FIG. **achtervolgen, obsederen** • *c'est un souvenir qui me hante* het is een herinnering die me niet loslaat • *c'est une idée qui me hante (l'esprit)* die gedachte maalt maar door mijn hoofd

hantise ZN V **obsessie, spookbeeld, knagende angst (de voor)**

happer OV WW **1 happen** <van dieren> **2** FIG. **grijpen** • *elle s'est fait ~ par un train* ze is door een

trein gegrepen
haptonome ZN M/V haptonoom
hara-kiri, **harakiri** ZN M • *se faire ~* harakiri plegen
harangue ZN V plechtige toespraak
haranguer OV WW plechtig toespreken
haras "arà" ZN M paardenfokkerij, stoeterij
harassant BN afmattend
harassé OV WW afgemat, vermoeid • *être ~ de fatigue* doodop zijn van vermoeidheid
harcelant BN lastig, hinderlijk
harcèlement ZN M (het) lastigvallen, kwelling • *le ~ sexuel* seksuele intimidatie, ongewenste intimiteiten • *le ~ moral* het stalken • *le ~ téléphonique* het telefonisch stalken • *le ~ à l'école* het pesten op school

ha

harceler OV WW **1** teisteren, kwellen • *~ l'ennemi* de vijand opjagen **2** aanhoudend lastigvallen, stalken • *~ un enfant à l'école* een kind op school pesten • *~ qn de questions* iemand met vragen bestoken • *être harcelé par des créanciers* achtervolgd worden door schuldeisers
harceleur ZN M (V harceleuse), stalker, achtervolger
hard INFORM. BN onver. • *un film ~* pornofilm
hard-discounter ZN M prijsvechter <winkel met lage prijzen>
hardes ZN V MV afgedragen kleren, plunje
hardi BN gewaagd, gedurfd
hardiesse ZN V onverschrokkenheid, gewaagdheid, durf, lef • *les ~s d'un architecte* de gewaagde ideeën van een architect • *montrer de la ~* zich onverschrokken tonen, lef hebben
hardware "ardwèr" COMP. ZN M hardware, apparatuur
harem "arèm" ZN M harem
hareng "-a(n)" ZN M haring • *le ~ frais* nieuwe / verse haring • *le ~ saur* bokking • *sec comme un ~* zo mager als een lat
hargne ZN V kribbigheid, vinnigheid, bitsheid • *avec ~* kribbig, vinnig
hargneux BN (V hargneuse), kribbig, bits, grimmig
haricot ZN M boon • *des ~s verts* sperziebonen • *des ~s blancs* witte bonen • *des ~s rouges* bruine bonen • *des ~s secs* (gedroogde) bonen • *des ~s beurre* wasbonen, prinsessenbonen • INFORM. *c'est la fin des ~s* dat doet de deur dicht!, daarmee houdt alles op!
harmonica ZN M mondharmonica
harmonie ZN V **1** harmonie • *une ~ de couleurs* harmonie van kleuren • *ils vivent en parfaite ~* zij leven in volmaakte harmonie **2** harmonieorkest • *l'~ municipale* het gemeentelijke harmonieorkest
harmonieux BN (V harmonieuse), harmonieus, harmonisch
harmonique BN harmonisch • *un son ~* bijtoon, boventoon
harmonisation ZN V harmonisatie • *l'~ des salaires* de harmonisatie van de salarissen
harmoniser **1** OV WW harmoniseren **2** WKD WW **(s'~)** harmoniëren, goed bij elkaar passen • *les couleurs de ce salon ne s'harmonisent pas* de kleuren in deze salon harmoniëren niet (met elkaar)
harnachement MIN. ZN M tuig, uitmonstering <v. soldaat e.d.>
harpe MUZ. ZN V harp • *une ~ éolienne* windharp • *pincer / jouer de la ~* op de harp tokkelen
harpie ZN V harpij
harpiste ZN M/V harpspeler
harpon ZN M harpoen • *la pêche au ~* het vissen met een harpoen
harponnage ZN M (het) harpoeneren
harponner OV WW harpoeneren • INFORM. *~ qn dans la rue* iemand op straat aanklampen
harponneur ZN M harpoenier
hasard ZN M **1** toeval, kans • *un jeu de ~* kansspel • *un coup de ~* meevaller • *un heureux ~* gelukkig toeval • *le ~ veut que...* het geval wil dat... • *il est venu à tout ~* hij is voor alle zekerheid gekomen • *faire qc au ~* iets op goed geluk doen, iets willekeurig / zomaar doen • *c'est un pur ~* het is stom / zuiver toeval • *ne rien laisser au ~* niets aan het toeval overlaten • *est-ce que tu peux me prêter de l'argent, par ~?* kun je me misschien geld lenen? • *par le plus grand des ~s* stomtoevallig • *au ~ d'un voyage* (zomaar) tijdens een reis • *au ~ d'une conversation* terloops (gezegd), tijdens een gesprek • *par ~* bij toeval • IRON. *comme par ~* als bij toeval **2** MV wisselvalligheden, risico's • *les hasards de la vie* de wisselvalligheden van het leven
hasarder **1** WKD WW **(se ~)** zich wagen • *ne vous hasardez pas à sortir la nuit dans ce quartier!* waag u in deze buurt 's nachts niet (naar) buiten! **2** OV WW wagen, op het spel zetten • *~ une hypothèse* een hypothese durven op te werpen
hasardeux BN (V hasardeuse), gewaagd, riskant
hasch ZN M hasj
haschisch ZN M hasjiesj
hâte ZN V haast, spoed • *j'ai ~ qu'il vienne* ik kan niet wachten tot hij komt • *j'ai ~ de m'en aller* ik moet er snel vandoor • *dans sa ~, elle a oublié son porte-monnaie* in de haast heeft zij haar portemonnee vergeten • *à la hâte / en (toute) hâte* inderhaast, in de gauwigheid, snel
hâter **1** WKD WW **(se ~)** zich haasten • *se ~ de partir* zich haasten (om) te vertrekken • *hâtez-vous, le train part dans dix minutes!* haast u, de trein vertrekt over tien minuten! **2** OV WW verhaasten, versnellen • *je dois ~ mon départ* ik moet mijn vertrek bespoedigen
hâtif BN (V hâtive), overhaast (gedaan) • *une décision hâtive* overhaast besluit
hâtivement BW haastig, overhaast
hauban SCHEEPV. ZN M tui(draad), stag • *les ~s* het (staand) want
hausse ZN V stijging, verhoging, toename • *la ~ des températures* de stijging van de temperaturen • *les salaires sont en ~* de lonen stijgen • *spéculer à la ~* à la hausse speculeren • *à la ~* naar boven (bijgesteld)
haussement ZN M • *un ~ d'épaules*

schouderophalen

hausser **1** OV WW **verhogen** • *~ les prix* de prijzen verhogen • *~ les épaules* de schouders ophalen • *~ le ton* een hoge toon aanslaan • *~ la voix* de stem verheffen **2** WKD WW **(se ~)** **1** **op zijn tenen gaan staan** • *se ~ sur la pointe des pieds* op zijn tenen gaan staan **2** **zich verheffen** • *je n'arrive pas à me ~ à son niveau* het lukt me niet me tot zijn niveau op te trekken

haut **1** BN **1** **hoog** • *un mur haut de deux mètres* muur van twee meter hoog • *des talons hauts* hoge hakken • *un homme de haute taille* lange man • *la haute mer* de volle zee • *le haut-Rhin* de Boven-Rijn • *un quartier de haute sécurité* gesloten afdeling • *marcher la tête haute* met opgeheven hoofd lopen • *parler à haute voix* hardop praten • *être haut en couleur* OOK FIG. fel gekleurd zijn, kleurrijk zijn **2** **vroeg** <van een tijdperk> • *la (plus) haute antiquité* de grijze oudheid • *le ~ moyen âge* de vroege middeleeuwen **3** **hoog, belangrijk** • *la haute bourgeoisie* de deftige burgerij • *la haute couture* de haute couture • *les hauts fonctionnaires* de hoge ambtenaren • *il connaît des gens en haut lieu* hij kent hooggeplaatste mensen • *juger qn pour haute trahison* iemand berechten wegens hoogverraad **2** BW **1** **hoog** • *des personnes ~ placées* hooggeplaatste personen • *sauter ~* hoogspringen • *il nous regarde de ~* hij kijkt op ons neer • FIG. *tomber de haut* diep vallen • *voir plus haut* zie hierboven • *de haut* van bovenaf, uit de hoogte • *d'en haut* van boven • *en haut* boven(aan), naar boven, in de hoogte • *de haut en bas* van boven naar beneden, uit de hoogte • *là-haut* daarboven • *par en haut* bovenlangs **2** **luid** • *parler haut* hardop spreken • *parler plus haut* luider spreken • *chanter ~* luid zingen **3** ZN M **1** **hoogte** • *deux mètres de haut* twee meter hoog • *du haut de son mètre trente* met (heel) zijn / haar één meter dertig • *avoir des hauts et des bas* ups en downs hebben, pieken en dalen kennen **2** **bovenste / hoogste deel** • *le ~ de l'armoire* de bovenkant van de kast • *le ~ de gamme* de duurste prijsklasse • *les voisins du ~* de bovenburen **3** **bovenstukje** <van bikini>

hautain BN **hooghartig, hoogmoedig, uit de hoogte, hautain**

hautbois ZN M **1** **hobo** • *jouer du ~* hobo spelen **2** **hobospeler**

hautboïste ZN M/V **hoboïst**

haut-commissaire ZN M (MV hauts-commissaires), **hoge commissaris**

haut-commissariat ZN M (MV hauts-commissariats), **hoog commissariaat** • *le Haut-Commissariat aux réfugiés* het Hoog Commissariaat voor de Vluchtelingen

haut-de-forme ZN M (MV hauts-de-forme), **hoge hoed**

haute-fidélité ZN V (MV id.), **hifi**

hautement BW **hogelijk, hoogst, uitermate**

hauteur ZN V **1** **hoogte** • *une maison de vingt mètres de ~* huis van twintig meter hoog, twintig meter hoog huis • SPORT *le saut en ~* het hoogspringen • *voler à la ~ de trois mille mètres* op drieduizend meter hoogte vliegen • *perdre de la ~* <van vliegtuig> hoogte verliezen • *prendre de la ~* <van vliegtuig> hoogte winnen • *tomber de (toute) sa ~* languit vallen, FIG. op zijn neus kijken **2** **niveau** • *être à la ~ d'une tâche* tegen een taak opgewassen zijn • *ne pas être à la ~* tekortschieten, het niet aankunnen **3** **hoogmoed, trots** • *parler à qn avec ~* arrogant tegen iemand praten

haut-fond ZN M (MV hauts-fonds), **ondiepte, (zand)bank**

haut-le-cœur ZN M (MV id.), **misselijkheid, (het) kokhalzen**

haut-le-corps ZN M (MV id.), **schok, bruuske beweging, schrikreactie**

haut-lieu ZN M (MV hauts-lieux), **belangrijke plaats, centrum** <van een activiteit>

haut-parleur ZN M (MV haut-parleurs), **luidspreker**

haut-relief ZN M (MV hauts-reliefs), **hoog reliëf, haut-reliëf**

havane **1** ZN M **havanna** **2** BN **havannabruin**

havre ZN M **toevluchtsoord** • *un ~ de paix* vredig oord, oase van rust

Haye ZN V • *La Haye* **Den Haag**

hayon ZN M **vijfde deur, achterklep** <van auto, vrachtwagen>

hé TUSSENW **hé daar!, hé!** <om iemand aan te spreken>

hebdo INFORM. ZN M hebdomadaire → **hebdomadaire**

hebdomadaire **1** BN **wekelijks** • *une revue ~* weekblad **2** ZN M **weekblad**

hébergement ZN M **1** **huisvesting** **2** WWW **webhosting**

héberger OV WW **1** **herbergen, huisvesten** **2** WWW **hosten**

hébété BN **afgestompt, stompzinnig, (als) versuft**

hébétude ZN V **afstomping, versuftheid** • *l'hébétude de l'ivresse* versuftheid ten gevolge van alcohol

hébraïque BN **Hebreeuws**

hébreu **1** BN (M MV hébreux), **Hebreeuws** **2** ZN M **Hebreeuws** <taal> • *l'hébreu* het Hebreeuws • *c'est de l'hébreu !* dat is Chinees (voor me)!

Hébreu ZN M **Hebreeër**

H.E.C. AFK (École des) Hautes Études Commerciales V ≈ **managementopleiding**

hécatombe ZN V **bloedbad** • FIG. *le bac a été une ~ cette année* het eindexamen was dit jaar een slachting

hectare ZN M **hectare**

hectogramme ZN M **hectogram**

hectolitre ZN M **hectoliter**

hectomètre ZN M **hectometer**

hédonisme ZN M **hedonisme, genotzucht**

hédoniste **1** BN **hedonistisch** **2** ZN M/V **hedonist**

hégémonie ZN V **overwicht, hegemonie** • *l'hégémonie économique d'un pays* de economische hegemonie van een land

hégire ZN V **hidjra** <begin islamitische tijdrekening>

hein TUSSENW hè • *tu viens ce soir, ~?* <versterking van vraag> je komt vanavond, toch / hè? • *~? c'est vrai, ça?* <verbazing> hè? is dat waar?
hélas "-las" TUSSENW helaas
héler OV WW aanroepen <van taxi...>
hélice ZN V **1** (scheeps)schroef, propeller • *une ~ d'avion* propeller van een vliegtuig **2** WISK. spiraal, schroeflijn
hélico INFORM. ZN M hélicoptère heli
hélicoïdal BN (M MV hélicoïdaux), schroefvormig
hélicoptère ZN M helikopter • *un sauvetage en mer par ~* redding op zee per helikopter
héliport ZN M helihaven, luchthaven voor helikopters
héliportage ZN M helikoptervervoer
héliporté BN vervoerd per helikopter • *un sauvetage ~* redding per helikopter

he

hélium "eeljom" ZN M helium
hématome MED. ZN M bloeduitstorting
hémicycle ZN M halfcirkelvormige ruimte, amfitheater • *l'Hémicycle (de l'Assemblée nationale)* vergaderzaal v.d. Nationale Vergadering <Franse Tweede Kamer>
hémiplégie MED. ZN V halfzijdige verlamming, hemiplegie
hémiplégique BN MED. halfzijdig verlamd
hémisphère ZN M **1** halve bol **2** AARDK. halfrond • *l'hémisphère Nord / boréal* het noordelijk halfrond • *l'hémisphère Sud / austral* het zuidelijk halfrond **3** ANAT. hersenhelft • *un ~ cérébral* hersenhelft
hémisphérique BN halfrond
hémoglobine MED. ZN V rode bloedkleurstof, hemoglobine
hémophile ZN M/V hemofiliepatiënt
hémophilie ZN V hemofilie, bloederziekte
hémorragie ZN V **1** bloeding • *une ~ cérébrale* hersenbloeding • *une ~ interne* inwendige bloeding **2** FIG. aderlating, wegvloeiing • *l'hémorragie des capitaux* kapitaalvlucht
hémorroïdes ZN V MV aambeien
hémostatique MED. **1** BN bloedstelpend **2** ZN M bloedstelpend middel
henné ZN M henna
hennir "enier" ONOV WW hinniken
hennissement "enies-" ZN M gehinnik
Henri Hendrik, Henk • *~ IV* Hendrik de Vierde
hep TUSSENW hé (daar)! <om iemand te roepen> • *hep! vous là-bas! revenez!* hé! u daar! kom terug!
hépatique BN lever- • *une insuffisance ~* leveraandoening
hépatite ZN V leverontsteking, hepatitis • *une ~ A* hepatitis A
heptagone ZN M zevenhoek
heptathlon ZN M zevenkamp
héraldique **1** BN heraldisch, wapenkundig **2** ZN V heraldiek, wapenkunde
héraldiste ZN M/V heraldicus, wapenkundige
herbacé BN grasachtig
herbage ZN M gras(land), weide
herbe ZN V **1** PLANTK. gras • *un brin d'~* grassprietje • *une touffe d'~* bosje gras • *arracher les mauvaises ~s* onkruid wieden • FIG. *couper l'~ sous le(s) pied(s) de qn* iemand het gras voor de voeten wegmaaien • *ces fleurs poussent comme de la mauvaise ~* die bloemen groeien als kool • FIG. *en ~* onrijp, nog groen, in de dop • FIG. *un menuisier en ~* een aankomend timmerman **2** CULIN., MED. kruid • *des ~s médicinales* geneeskrachtige kruiden • *des fines ~s* keukenkruiden, tuinkruiden • *des ~s de Provence* Provençaalse kruiden **3** INFORM. hasj • *fumer de l'~* hasj roken
herbeux BN (V herbeuse), grazig, gras-
herbicide **1** BN onkruid verdelgend **2** ZN M onkruidverdelgend middel
herbier ZN M herbarium
herbivore **1** BN plantenetend **2** ZN M planteneter, herbivoor
herborisation ZN V (het) botaniseren
herboriser ONOV WW botaniseren
herboriste ZN M/V kruidenverkoper, drogist
herboristerie ZN V kruidenwinkel
herbu BN grazig
hercule hercules, krachtpatser
héréditaire BN **1** erfelijk • *une maladie ~* erfelijke ziekte **2** erf- • *un ennemi ~* erfvijand • *une monarchie ~* erfelijke monarchie • *un patrimoine ~* erfmassa
hérédité ZN V erfelijkheid, overerving • *les lois de l'hérédité* de wetten van de erfelijkheid • *avoir une lourde ~* erfelijk belast zijn
hérésie ZN V ketterij • FIG. *mettre de l'eau dans du vin, quelle ~!* water bij de wijn doen, wat een doodzonde!
hérétique **1** BN ketters **2** ZN M/V ketter
hérissé BN **1** rechtopstaand <v. haren, veren>, stekelig • *des cheveux / des poils ~s* rechtopstaande haren **2** bezaaid (met) <stekels, onaangenaamheden>
hérisser **1** OV WW **1** rechtop doen staan <v. haren, veren> **2** stekelig maken **3** kregel maken • *une histoire qui hérisse* verhaal waar je kregel van wordt **2** WKD WW **(se ~)** **1** rechtop gaan staan <v. haren, veren> **2** OOK FIG. zijn stekels / veren opzetten
hérisson ZN M **1** egel **2** chagrijn, stug persoon
héritage ZN M erfenis, erfgoed • *un ~ spirituel* geestelijk erfgoed • *faire un ~* erven
hériter **1** OV WW erven **2** ONOV WW erven • *~ de qn* (iets) van iemand erven • *~ de qc* iets erven • *~ d'une maladie* een ziekte erven • *il a hérité du nez de son père* die neus heeft hij van zijn vader
héritier ZN M (V héritière), OOK FIG. erfgenaam • *un ~ légitime* wettig erfgenaam • *l'héritier de la couronne* de troonopvolger
hermaphrodite **1** BN tweeslachtig **2** ZN M/V tweeslachtig wezen, hermafrodiet
hermétique BN **1** hermetisch, volstrekt gesloten **2** lucht- / waterdicht **3** FIG. ontoegankelijk
hermétisme FORM. ZN M onbegrijpelijkheid, hermetisme
hermine ZN V hermelijn, hermelijnbont

herniaire MED. BN MED. **breuk-** • *un bandage ~* breukband
hernie ZN V MED. **breuk, hernia** • *une ~ abdominale* ingewandsbreuk • *une ~ discale* rughernia
héroïne ZN V **1 heldin → héros 2 heroïne**
héroïnomane ZN M/V **heroïneverslaafde**
héroïque BN **1 heldhaftig, heroïsch 2 helden-, episch** • *les temps héroïques du cinéma muet* de hoogtijdagen van de stomme film
héroïsme ZN M **heldhaftigheid, heroïek** • *un acte d'héroïsme* heldendaad
héron ZN M **reiger** • *un ~ cendré* blauwe reiger
héros "eeroo" ZN M **held** • *un ~ de la guerre* oorlogsheld • *un ~ de film* filmheld • *mourir en ~* een heldendood sterven • *jouer les ~* de held uithangen
herpès "erpès" MED. ZN M **herpes, blaasjesuitslag** • *l'herpès génital* herpes genitalis <geslachtsziekte>
hertz ZN M **hertz**
hertzien BN (V hertzienne), **hertz-, zend(er)-** • *les ondes ~nes* de radiogolven, de ether(golven)
hésitant BN **aarzelend, onzeker**
hésitation ZN V **aarzeling** • *accepter sans ~* zonder aarzelen accepteren • *avoir un moment d'hésitation* een moment aarzelen
hésiter ONOV WW **aarzelen, weifelen** • *~ devant qc* terugdeinzen voor iets • *n'hésite pas à me téléphoner* aarzel niet me te bellen, bel me gerust • *répondre sans ~* zonder aarzelen antwoorden
hétéro INFORM. **1** ZN M/V hétérosexuel, hétérosexuelle **hetero 2** BN hétérosexuel(le) **hetero-**
hétéroclite BN **een (kakel)bont geheel vormend, allerhande, ongelijksoortig**
hétérogène BN **ongelijksoortig, heterogeen**
hétérogénéité ZN V **ongelijksoortigheid, heterogeniteit**
hétérosexuel 1 BN (V hétérosexuelle), **heteroseksueel 2** ZN M (V hétérosexuelle), **heteroseksueel**
hêtre ZN M **1 beuk 2 beukenhout**
heu TUSSENW **eh!, tja!, hè!** <bij twijfel, aarzeling>
heure ZN V **1 uur** • *il est dix ~s* het is tien uur • *il est dix ~s passées* het is over tienen • *il est dix ~s cinq* het is vijf over tien • *il est une ~ et quart* het is kwart over een • *il est deux ~s et demie* het is half drie • *il est cinq ~s moins le quart* het is kwart voor vijf • *il est quatre ~s moins vingt-cinq* het is vijf over half vier • *il est dix ~s moins dix* het is tien voor tien • *il est dix ~s moins cinq* het is vijf minuten voor tien • *faire du cent à l'~* honderd (kilometer) per uur rijden • *gagner dix euros (de) l'~* tien euro per uur verdienen • *il me faut une ~ pour terminer* ik heb nog een uur nodig om het af te maken • *il faut une bonne ~ pour y aller* het kost ruim een uur om er te komen • *avoir une ~ de libre* een uur vrij hebben • *faire des ~s supplémentaires* / INFORM. *faire des ~s sup* overuren maken • *on les a interrogés des ~s pendant des ~s* ze zijn urenlang ondervraagd • INFORM. *on s'embête deux sous de l'~* we vervelen ons stierlijk • INFORM., FIG. *remettre les pendules à l'~* de zaken rechtzetten / op een rijtje zetten • INFORM., FIG. *passer un mauvais quart d'~* een benauwd ogenblik doorbrengen • *à six ~s* om zes uur • *tout à l'~* straks, zo-even **2 tijd, tijdstip** • *l'~ locale* de plaatselijke tijd • *l'~ d'été* zomertijd, BELG. zomeruur • *l'~ d'hiver* wintertijd, BELG. winteruur • *c'est l'~ du petit-déjeuner* het is tijd voor het ontbijt • *c'est l'~ de l'apéro* het is borreltijd • *les ~s d'affluence* de spits(uren) • *les nouvelles de la dernière ~* het laatste nieuws <rubriek> • *demander l'~* vragen hoe laat het is • *vous avez l'heure?* weet u hoe laat het is? • *quelle ~ est-il?* hoe laat is het? • *quelle ~ as-tu (à ta montre)?* hoe laat heb je het? • INFORM. *tu viens à quelle ~?* hoe laat kom je? • *regarder l'~* op zijn horloge kijken, klokkijken • *arriver à l'~* op tijd komen • *il était exactement à l'~* hij was precies op tijd • *être à l'~* op tijd lopen <van klok>, (punctueel) op tijd zijn • *il peut arriver à n'importe quelle ~* hij kan ieder ogenblik aankomen, hij kan er elk moment zijn • *il est poète à ses ~s* hij is bij tijd en wijle dichter, hij schrijft wel eens een gedicht • *c'est l'~ de partir* het is tijd (om) te vertrekken • *toutes les ~s* om het uur • *sur l'~* dadelijk, meteen • *de bonne ~* vroeg(tijdig) • *avant l'~* voortijdig • *à ~ fixe* op vaste / gezette tijden • *à l'~ qu'il est* / *à l'~ actuelle* tegenwoordig, vandaag de dag, nu • *pour l'~* voor het moment, vooralsnog • *à la première ~* zo snel mogelijk, 's ochtends vroeg • *dans une ~* over een uur • *à la bonne ~* goed zo, mij goed **3 periode, tijd** <in het leven van iemand> • *l'~ H* het uur U • *sa dernière ~ a sonné* zijn laatste uur heeft geslagen • *il a eu ses ~s de gloire* hij heeft zijn glorietijd gehad
heureusement BW **1 gelukkig** • *~ qu'elle est arrivée à ce moment-là!* gelukkig kwam zij net op dat moment aan! • INFORM. *~ que non!* gelukkig niet! **2 gunstig, goed**
heureux 1 BN (V heureuse) **1 gelukkig, blij** • *je vous souhaite une bonne et heureuse année* ik wens u een gelukkig Nieuwjaar • *~ au jeu, mal~ en amour* gelukkig in het spel, ongelukkig in de liefde • *et ils furent ~ et eurent beaucoup d'enfants* en zij leefden nog lang en gelukkig • *être ~ comme un poisson dans l'eau* zich als een vis in het water voelen • *il peut s'estimer ~* hij mag van geluk spreken **2 heuglijk, gunstig, geslaagd** • *un ~ événement* een heuglijke gebeurtenis • *encore ~ qu'elle ait réussi!* nog een geluk dat zij geslaagd is! **2** BW **gelukkig** • *vivre ~* gelukkig leven **3** ZN M (V heureuse), **gelukkig mens** • *faire des ~* mensen blij maken
heurt "eur" ZN M **1 schok, stoot, botsing** • *le ~ entre les deux voitures a été brutal* de botsing tussen de twee auto's was hard **2** FIG. **botsing, conflict** • *leur collaboration se déroule sans ~s* hun samenwerking verloopt zonder strubbelingen
heurté BN **contrasterend, onharmonisch, hortend** • *un style ~* een stroeve stijl
heurter 1 OV WW **1 stoten (tegen), botsen tegen / met** • *il a heurté un cycliste* hij heeft een fietser aangereden **2** FIG. **kwetsen, aanstoot geven aan 2** WKD WW **(se ~) 1 zich stoten (à aan)** • *se ~ à des difficultés* op moeilijkheden stuiten **2** OOK FIG. **met elkaar in botsing komen** • *les deux voitures*

se sont heurtées de plein fouet de twee auto's zijn frontaal met elkaar in botsing gekomen
heurtoir ZN M **deurklopper**
hexagonal BN (M MV hexagonaux), **zeshoekig**
hexagone ZN M **zeshoek** • *l'Hexagone* (Europees) Frankrijk
hiatus "-tuus" FIG. ZN M **kloof, gaping, hiaat**
hibernal BN (M MV hibernaux), **winter-** • *un sommeil ~* winterslaap
hibernation ZN V **winterslaap** • FIG. *une économie en ~* economie in winterslaap, kwijnende economie
hiberner ONOV WW **een winterslaap houden** • *un animal qui hiberne* winterslaper
hibou ZN M (MV hiboux), **uil**
hic "iek" INFORM. ZN M **moeilijkheid** • *nous n'avons plus d'argent, voilà le hic!* we hebben geen geld meer, daar zit 'm de kneep!

he

hideux BN (V hideuse), **afschuwelijk, afzichtelijk** • *un crime ~* afschuwelijke misdaad
hier "(i)jèr" BW **gisteren** • *je l'ai vu pas plus tard qu'~* ik heb hem gisteren nog gezien • *c'est comme si c'était ~* (ik herinner het me) als de dag van gisteren • *elle n'est pas née d'~* ze is niet van gisteren • *ça ne date pas d'hier!* dat is niets nieuws!
hiérarchie ZN V **hiërarchie, rangorde** • *gravir les échelons de la ~* stijgen op de hiërarchische ladder, opklimmen (in rang)
hiérarchique BN **hiërarchisch** • *mon chef ~* mijn hiërarchische chef, mijn directe meerdere • *passer par la voie ~* de hiërarchische weg volgen
hiérarchisation ZN V **hiërarchische opbouw**
hiérarchiser OV WW **hiërarchisch ordenen** • *une société très hiérarchisée* erg hiërarchische samenleving / onderneming
hiéroglyphe ZN M OOK FIG. **hiëroglief**
hi-fi, hifi "iefie" ZN V **hifi** • *une chaîne ~* hifi-installatie
hi hi TUSSENW <lachend of huilend> **hihi**
hilarant BN **lachwekkend, vermakelijk, hilarisch** • *une scène ~e* hilarische scène
hilare BN **vrolijk**
hilarité ZN V **hilariteit, (plotselinge) vrolijkheid** • *provoquer l'hilarité générale* algehele hilariteit veroorzaken
hindou **1** BN **hindoes** **2** ZN M (V hindoue), **hindoe**
hindouisme ZN M **hindoeïsme**
hindouiste BN **hindoeïstisch**
hippie → **hippy**
hippique BN **hippisch** • *un concours ~* springconcours, concours hippique
hippisme ZN M **paardensport**
hippocampe ZN M **zeepaardje**
hippodrome ZN M **paardenrenbaan, hippodroom**
hippopotame ZN M **nijlpaard**
hippy **1** ZN M/V **hippie** **2** BN **hippie-** • *le mouvement ~ des années soixante* de hippiebeweging in de jaren zestig
hirondelle ZN V **zwaluw** • *une ~ de mer* zeezwaluw, stern • <spreekwoord> *une ~ ne fait pas le printemps* één zwaluw maakt nog geen zomer
hirsute BN **ruig(behaard), borstelig** • *une barbe ~* ruige baard
hispanique BN **Spaans**
hispano- VOORV **Spaans-**
hispanophone BN **Spaanstalig**
hisser **1** OV WW **hijsen** • *~ un drapeau* een vlag hijsen **2** WKD WW **(se ~)** OOK FIG. **zich omhoogwerken** • FIG. *se ~ à la direction d'une entreprise* zich omhoogwerken tot de directie van een bedrijf • FIG. *se ~ à la force du poignet* zich op eigen kracht opwerken
histoire ZN V **1 geschiedenis** • *l'~ contemporaine* de nieuwste geschiedenis • *l'~ ancienne / moderne* oude / nieuwe geschiedenis • *l'~ de l'art* de kunstgeschiedenis • *l'~ sainte* de Bijbelse geschiedenis • *un cours d'~* geschiedenisles • *l'~ se répète* de geschiedenis herhaalt zich • *au cours de l'~* in de loop van de geschiedenis • *pour la petite ~* terzijde gezegd, bij wijze van anekdote **2 verhaal** • *une ~ pour enfants* kinderverhaal, verhaal voor kinderen • *des ~s de fantômes* spookverhalen • INFORM. *des ~s cochonnes/ de cul* schunnige verhalen, seksavontuurtjes • *quelle ~!* wat een toestand! • *une ~ à dormir debout* sterk verhaal • *il nous est arrivé une drôle d'~* we hebben zoiets vreemds meegemaakt • *ça a été encore toute une ~!* het is nog een heel gedoe geweest • *c'est une ~ de fous!* het is een krankzinnig verhaal! • *ça, c'est une autre ~* dat is wat anders • *c'est toujours la même ~ avec lui!* het is steeds hetzelfde liedje met hem! • INFORM. *on a discuté, ~ de passer le temps!* we hebben gepraat, alleen maar om de tijd te verdrijven! • INFORM. *n'en fais pas toute une ~!* doe niet zo moeilijk! • FIG. *raconter des ~s* leugens vertellen • INFORM. *~ de rire* voor de grap **3** MV **onaangenaamheid, moeilijkheid, geduvel, gedoe** • *une vie sans ~(s)* een onopvallend leven • *elle fait des ~s pour tout* ze maakt overal drukte om • INFORM. *chercher des ~s à qn* ruzie zoeken met iemand
historicité ZN V **historiciteit, feitelijkheid**
historien ZN M (V historienne), **historicus, geschiedschrijver**
historiette ZN V **verhaaltje**
historique **1** BN **historisch** • *un roman ~* historische roman • FIG. *la Bourse a atteint un niveau ~* de beurs heeft een historisch niveau bereikt **2** ZN M **historisch / chronologisch overzicht, voorgeschiedenis** • *faire l'~ de la question* de voorgeschiedenis van het probleem schetsen, vertellen wat er aan het probleem voorafging
hitlérien BN (V hitlérienne), **Hitler-, hitleriaans** • *les jeunesses ~nes* de Hitlerjugend
hit-parade ZN M (MV hit-parades), **hitparade**
H.I.V. AFK human immunodeficiency virus M **hiv**
hiver ZN M **winter** • *un ~ rigoureux / rude* een strenge winter • *les sports d'~* de wintersport • *passer l'~ en Floride* de winter in Florida doorbrengen • *il fait un temps d'~* het is winterweer, het wintert • *en ~; l'~* 's winters, in de winter • *en plein ~* hartje winter • *cet ~* van de winter
hivernage ZN M **1 overwintering, winterverblijfplaats, winterstalling** <voor vee>

2 regentijd <in de tropen>
hivernal BN (M MV hivernaux), **winter-, winters** • *un froid ~* winterkou, winterse kou
hivernant ZN M (V hivernante), **overwinteraar** • *les estivants et les ~s* zomergasten en overwinteraars
hiverner ONOV WW **overwinteren** <v. vee> • FIG. *ils hivernent sur la Côte d'Azur* zij overwinteren aan de Rivièra
HLM ZN M/V habitation à loyer modéré **goedkope (gesubsidieerde) huurflat** • *une cité HLM* stadswijk met goedkope huurflats • *habiter (dans) un HLM* in een goedkope huurflat wonen
ho TUSSENW **hé (daar)** • *~ ho! il y a quelqu'un?* hallo, is er iemand?
hobby ZN M (MV hobbies/hobbys), **hobby**
hochement ZN M **(het) schudden van het hoofd, knik**
hocher OV WW • *~ la tête* (van) nee schudden, (van) ja knikken, jaknikken
hochet ZN M **1** rammelaar **2** FIG., FORM. **speeltje, aardigheidje**
hockey "okè" ZN M **hockey** • *jouer au ~* hockey spelen • *faire du ~ sur glace* ijshockeyen
hockeyeur ZN M (V hockeyeuse), **hockeyspeler**
holà 1 TUSSENW **hallo, hé daar** <om iemand te roepen> • *holà! vous m'entendez?* hallo! horen jullie mij? **2** ZN M INFORM. • *mettre le holà à qc* iets een halt toeroepen, ergens een stokje voor steken
holding ZN M **holding**
hold-up ZN M (MV id.), **gewapende overval**
hollandais 1 BN **Hollands, Nederlands 2** ZN M **(het) Nederlands**
Hollandais ZN M (V Hollandaise), **Nederlander, Hollander**
Hollande ZN V **Nederland, Holland** • *la ~ septentrionale* Noord-Holland • *la ~ méridionale* Zuid-Holland
holocauste ZN M **Holocaust**
homard ZN M **zeekreeft**
home ZN M **home, thuis** • *un ~ d'enfants* kindertehuis
homélie ZN V **preek, homilie**
homéopathe ZN M/V **homeopaat**
homéopathie ZN V **homeopathie**
homéopathique BN **homeopathisch** • *à dose ~* in homeopathische dosis
homérique BN **homerisch** • *un rire ~* homerisch gelach
home-trainer "oomtrèneur" ZN M (MV home-trainers), **hometrainer**
homicide 1 ZN M **doodslag** • *un ~ volontaire* moord (met voorbedachten rade) • *un ~ involontaire / par imprudence* dood door schuld **2** BN FORM. **moordend, dodend** • *des intentions ~s* (met het) oogmerk om te doden
hommage ZN M **1 eerbetoon, hulde** • *rendre ~ à qn* iemand hulde brengen, iemand eren • *rendre un dernier ~ à qn* iemand de laatste eer bewijzen • *en ~ à la victime* ter ere van het slachtoffer **2** FORM. MV **complimenten, beleefde groeten** • *vous transmettrez mes ~s à votre femme* (doe) de beleefde groeten aan uw vrouw
hommasse MIN. BN **manachtig** • *une femme ~* manwijf
homme ZN M **1 mens** • *la déclaration des droits de l'~* de verklaring van de rechten van de mens • *ce n'est qu'un ~!* het is ook maar een mens! **2 man** • *un jeune ~* jonge man • *une voix d'~* mannenstem • *des vêtements d'~* mannenkleren • *l'~ de la rue / le commun des ~s* de gewone man, Jan met de pet • *un ~ à femmes* vrouwenversierder, donjuan • *un ~ d'affaires* zakenman • *un ~ politique* politicus • *un ~ de lettres* schrijver, literator • *un ~ de loi* jurist • *un coiffeur pour ~s* herenkapper • *un ~ de paille* stroman • *un ~ à tout faire* manusje-van-alles • *un meneur d'hommes* volksmenner • *une armée de cent mille ~s* leger van honderdduizend man • *ce travail ne nourrit pas son ~* van dat werk kun je niet leven • *il n'est pas ~ à se laisser faire* hij is er de man niet naar om met zich te laten sollen • *comme un seul ~* als één man • INFORM. *c'est son ~* dat is haar vent
homme-grenouille ZN M (MV hommes-grenouilles), **kikvorsman**
homme-orchestre ZN M (MV hommes-orchestres) **1 eenmansorkest 2** FIG. **duizendpoot, alleskunner**
homme-sandwich ZN M (MV hommes-sandwichs), **sandwichman**
homo INFORM. **1** ZN M/V homosexuel, homosexuelle **homo 2** BN homosexuel(le) **homo-**
homogène BN **homogeen, gelijksoortig** • O&W *une classe ~* homogene klas
homogénéiser OV WW **homogeniseren**
homogénéité ZN V **homogeniteit, gelijksoortigheid**
homologue 1 BN **gelijkwaardig, overeenkomstig, homoloog** • *elle a obtenu un diplôme ~ à celui de professeur dans notre pays* ze heeft een diploma behaald dat overeenkomt met dat van leraar in ons land **2** ZN M/V **collega** • *le ministre s'est entretenu avec son ~ iranien* de minister heeft gesproken met zijn Iraanse collega
homologuer OV WW **homologeren, officieel bekrachtigen / erkennen, vaststellen** • *le record a été homologué* het record is officieel erkend
homonyme 1 ZN M **1** TAALK. **homoniem, gelijkluidend woord 2 naamgenoot 2** BN TAALK. **homoniem, gelijkluidend**
homoparental BN (M MV homoparentaux), **homo-ouders betreffend**
homoparentalité ZN V **homo-ouderschap**
homophile 1 BN **homofiel 2** ZN M/V **homofiel**
homophobe BN **homofoob**
homosexualité ZN V **homoseksualiteit**
homosexuel 1 BN (V homosexuelle), **homoseksueel 2** ZN M (V homosexuelle), **homoseksueel**
Hongrie ZN V **Hongarije**
hongrois 1 ZN M **(het) Hongaars 2** BN **Hongaars**
Hongrois ZN M (V Hongroise), **Hongaar**
honnête BN **1 eerlijk** • *une personne ~* eerlijk mens **2 fatsoenlijk, betamelijk, rechtschapen** • *un ~*

ho

homme beschaafd / wellevend man **3 acceptabel, gemiddeld** • *c'est un travail ~ sans plus!* het is acceptabel werk, maar niet meer dan dat! • *un vin ~* acceptabele wijn
honnêteté ZN V **1 eerlijkheid** • *être d'une grande ~* door en door eerlijk zijn **2 fatsoenlijkheid, rechtschapenheid**
honneur ZN M **1 eer** • *une affaire d'~* erezaak • *un homme d'~* man van eer • *donner sa parole d'~* zijn erewoord geven • *il met un point d'~ à répondre à tout son courrier* hij maakt er een erezaak van al zijn post te beantwoorden • FORM. *à qui ai-je l'honneur?* met wie heb ik het genoegen? • *défendre son ~* zijn eer verdedigen • *l'~ est sauf* de eer is gered • *sauver l'~* de eer hooghouden • *jurer sur l'~* op zijn erewoord zweren **2 eerbetoon** • *une place d'~* ereplaats • *une demoiselle d'~* bruidsmeisje • *la Légion d'~* het Legioen van Eer • *donner une fête en l'~ de qn* een feest geven ter ere van iemand • *être à l'~* gewaardeerd worden • *c'est tout à son ~* dat strekt hem / haar tot eer • *faire ~ à qn* iemand tot eer strekken • *faire ~ à ses engagements* zijn verplichtingen nakomen • *en tout bien tout ~* in alle eer en deugd **3** MV **eer(bewijzen)** • *rendre les derniers ~s à qn* iemand de laatste eer bewijzen • *mépriser les ~s* eerbetoon minachten, niets om prestige geven • FORM. *faire les ~s de la maison* zijn plicht als gastheer vervullen, de honneurs waarnemen • *avec les ~s militaires* met militaire eer
honnir FORM. OV WW **honen, smaden**
honorabilité ZN V **achtbaarheid, betrouwbaarheid**
honorable BN **1 fatsoenlijk, behoorlijk** • *un résultat ~* een aardig resultaat • *une mention ~* eervolle vermelding **2 betrouwbaar** • *une profession ~* respectabel beroep
honoraire BN **ere-** <van ambt>, **honorair, alleen nog de titel bezittend**
honoraires ZN M MV **honorarium** • *verser ses ~ à un notaire* een notaris zijn honorarium overmaken
honorer **1** OV WW **1 eren, vereren (de met) tot eer strekken** • *~ son pays* zijn land eren • *~ la mémoire de qn* iemands nagedachtenis eren **2 eer aandoen, gestand doen, honoreren** • *~ ses engagements* zijn verplichtingen nakomen • *un chèque non honoré* onbetaalde cheque **2** WKD WW **(s'~) de een eer stellen in, trots zijn op** • *s'~ de compter qn parmi ses amis* er trots op zijn iemand onder zijn vrienden te rekenen
honorifique BN **ere-** <van titel> • *directeur à titre ~* eredirecteur
honte ZN V **1 schande** • *c'est une ~ de faire cela!* het is een schande om dat te doen! • *c'est une ~!* het is meer dan erg! • *il n'y a pas de ~ à demander de l'aide* het is geen schande om hulp te vragen • INFORM. *(c'est) la ~!* (het is een) schande! • *à ma grande ~* tot mijn schande **2 schaamte** • *il a ~ de moi* hij schaamt zich voor mij • *j'ai ~ pour lui* ik schaam me voor hem • *tu me fais ~!* ik schaam me voor je! • *tu n'as pas ~!/ tu devrais avoir ~!* schaam je! • *rougir de ~* blozen van schaamte • *mourir de ~* zich doodschamen, zich diep schamen
honteux BN (V honteuse) **1 schandelijk, smadelijk 2 beschaamd** • *il est ~ de son ignorance* hij schaamt zich over zijn onwetendheid
hooligan "oelie-" ZN M **hooligan, relschopper**
hop TUSSENW **vooruit!, hoepla!, hup!** • *allez, ~! viens avec nous!* vooruit, kom op! kom met ons mee!
hôpital ZN M (MV hôpitaux), **ziekenhuis, gasthuis** • *un ~ psychiatrique* psychiatrische inrichting • *un ~ pour enfants* kinderziekenhuis • *un lit d'hôpital* ziekenhuisbed
hoquet ZN M **hik** • *avoir le ~* de hik hebben
hoqueter ONOV WW **hikken**
horaire **1** BN **per uur, uur-, tijd(s)-** • *un salaire ~* uurloon • *un tarif ~* uurtarief • *le décalage ~* het tijdsverschil, de jetlag **2** ZN M **1 dienstregeling, rooster** • *un changement d'~* roosterwijziging, wijziging van de dienstregeling • *consulter l'~ des trains* de dienstregeling van de treinen raadplegen **2** MV **werktijden** • *des ~s flexibles / à la carte* variabele werktijden
horde ZN V **horde, bende**
horizon ZN M **1 horizon** • *scruter l'~* in de verte turen • FIG. *élargir son ~* zijn horizon verbreden • *à l'~* aan de horizon **2** FIG. **perspectief, verschiet** • *une crise se profile à l'~* er ligt een crisis in het verschiet • *faire un tour d'~* een algemeen overzicht geven <v.d. stand v. zaken>
horizontal BN (M MV horizontaux), **horizontaal** • *une ligne ~e* horizontale lijn
horizontalité ZN V **horizontale ligging**
horloge ZN V **(grote) klok** • *une ~ murale* wandklok • *une ~ biologique* biologische klok • *une ~ parlante* (telefonische) tijdmelding • *être réglé comme une ~* een man v.d. klok zijn, stipt zijn
horloger **1** ZN M (V horlogère), **klokkenmaker, horlogemaker, klokkenverkoper 2** BN (V horlogère) • *l'industrie horlogère* de klokkenindustrie
horlogerie ZN V **1 klokkenmakerij, horlogehandel 2 uurwerken**
hormis FORM. VZ **behalve**
hormonal BN (M MV hormonaux), **hormonaal, hormoon-** • *des troubles hormonaux* hormoonstoornis
hormone ZN V **hormoon** • *une ~ de croissance* groeihormoon
horodateur ZN M **parkeerautomaat, datum- en tijdstempel**
horoscope ZN M **horoscoop** • *faire / établir l'~ de qn* iemands horoscoop trekken
horreur ZN V **1 afgrijzen, afschuw, afkeer** • *pousser un cri d'~* een kreet van afgrijzen slaken • *il a ~ de rester seul* hij heeft er een gruwelijke hekel aan alleen te blijven • *faire ~ à qn* iemand afschuw inboezemen • *ça me fait ~* dat is mij een gruwel **2 gruwel(ijkheid), verschrikking** • *un film d'~* griezelfilm • *quelle ~!* wat afschuwelijk!, wat foeilelijk! • *les ~s de la guerre* de verschrikkingen van de oorlog • *raconter des ~s sur qn* gemene praatjes verkopen over iemand

horrible BN **1 verschrikkelijk, gruwelijk, afschuwelijk, afgrijselijk** • *un cri ~* afgrijselijke kreet • *un crime ~* gruwelijke misdaad **2 vreselijk** • *il fait un temps ~* het is vreselijk weer • *la chaleur est ~* de hitte is vreselijk
horrifié BN **vol afschuw, ontsteld** • *être ~ par un spectacle* geschokt zijn door een schouwspel
horripilant BN **ergerlijk**
horripiler INFORM. OV WW **ergeren** • *sa voix m'horripile* zijn stem irriteert me
hors "or" VZ **1 buiten** • *habiter ~ de la ville* buiten de stad wonen • *il a été projeté ~ du train* hij is uit de trein geslingerd • *~ les murs* buiten het gebouw (plaatsvindend), extramuraal, extern **2** FIG. **buiten** • *une machine ~ d'usage* afgedankt apparaat • *un modèle ~ commerce* model dat niet (meer) in de handel is • *un film ~ concours* film buiten mededinging • *il me met ~ de moi* hij maakt me razend • *ces chaussures sont ~ de prix* die schoenen zijn erg duur • *être ~ de danger* buiten gevaar zijn • *mettre ~ la loi* buiten de wet plaatsen, vogelvrij verklaren • *être ~ d'atteinte* buiten bereik zijn • *c'est une chirurgienne ~ pair* een tweede chirurge zoals zij bestaat niet • *c'est ~ de question* daar is geen sprake van • *être ~ jeu* buitenspel staan • *mettre qn ~ d'état de nuire* iemand onschadelijk maken • *mettre qn ~ de combat* iemand buiten gevecht stellen • *c'est ~ sujet* dat doet niets ter zake
hors-d'œuvre ZN M (MV id.), **hors-d'œuvre, koud voorgerecht**
hors-jeu SPORT ZN M (MV id.), **buitenspel(situatie)**
hors-la-loi ZN M/V (MV id.), **vogelvrijverklaarde, bandiet**
hors-piste ZN M (MV id.) • *faire du ~* buiten de pistes skiën
hortensia ZN M **hortensia**
horticole BN **tuinbouw-**
horticulteur ZN M (V horticultrice), **tuinder**
horticulture ZN V **tuinbouw, sierteelt**
hospice ZN M **hospitium, tehuis** • *un ~ de vieillards* tehuis voor behoeftige ouden van dagen • *finir à l'~* zijn laatste dagen slijten in misère
hospitalier BN (V hospitalière) **1 gastvrij** • *un accueil peu ~* weinig gastvrije ontvangst **2 ziekenhuis-** • *un établissement ~* ziekenhuis
hospitalisation ZN V **ziekenhuisopname, ziekenhuisverblijf** • *~ à domicile (HAD)* thuiszorg
hospitaliser OV WW **opnemen in een ziekenhuis** • *se faire ~* in het ziekenhuis worden opgenomen • *être hospitalisé* in het ziekenhuis liggen
hospitalité ZN V **gastvrijheid** • *demander l'hospitalité à qn* iemand onderdak vragen
hospitalo-universitaire BN **academisch** <van ziekenhuis> • *un centre ~ (CHU)* academisch ziekenhuis
hostellerie ZN V **(chic) landelijk hotel / restaurant**
hostie ZN V **hostie**
hostile BN **vijandig, bedreigend** • *être ~ à qn* vijandig zijn tegen iemand • *être ~ à qc* gekant zijn tegen iets • *être ~ à la peine de mort* tegen de doodstraf zijn
hostilité ZN V **vijandigheid, vijandelijkheid** • *manifester de l'hostilité à l'égard de qn* iemand vijandig bejegenen • *la reprise des hostilités* het heropenen van de vijandelijkheden
hot-dog, hotdog ZN M **hotdog**
hôte 1 ZN M (V hôtesse), **gastheer** • *une table d'hôte* (het) mee-eten als betalend gast • *une chambre d'hôte* ≈ bed and breakfast • COMP. *un ordinateur ~* hostcomputer **2** ZN M/V **gast, hotelgast, logé**
hôtel ZN M **1 hotel** • *un ~ de tourisme* toeristenhotel • *un ~ trois étoiles* driesterrenhotel • *une chambre d'hôtel* hotelkamer • *un maître d'hôtel* hofmeester, oberkelner, butler • *réserver une chambre à l'hôtel* een kamer reserveren in een hotel • *loger à l'hôtel* in een hotel logeren / slapen **2 openbaar gebouw** • *un ~ de ville* stadhuis • *un ~ particulier* groot herenhuis • *l'hôtel Matignon* de ambtswoning van de Franse premier
hôtel-Dieu ZN M (MV hôtels-Dieu), **gasthuis, ziekenhuis**
hôtelier 1 BN (V hôtelière), **hotel-** • *une école hôtelière* hotelschool • *l'industrie hôtelière* het hotelbedrijf **2** ZN M (V hôtelière), **hotelhouder**
hôtellerie ZN V **1 hotelwezen** • *travailler dans l'hôtellerie* in het hotelbedrijf werken **2 (chic) landelijk hotel, logement**
hôtesse ZN V **gastvrouw** • *une ~ d'accueil* hostess, receptioniste • *une ~ de l'air* stewardess, BELG. airhostess
hotte ZN V **1 rugmand, draagkorf** • *la ~ du Père Noël* de zak van de Kerstman **2 rookvang** • *une ~ (aspirante)* afzuigkap
hou TUSSENW **1 boe!** <om iemand bang te maken> **2 oehoe!** <als aanroep>
houblon ZN M PLANTK. **hop**
houe ZN V **hak** <soort houweel>
houille ZN V **steenkool** • *la ~ blanche* witte steenkool
houiller BN (V houillère), **steenkoolhoudend, steenkool-** • *les industries houillères* de kolenmijnbouwindustrie
houillère ZN V **kolenmijn**
houle ZN V OOK FIG. **deining**
houlette ZN V **1 herdersstaf** • *sous la ~ de qn* onder aanvoering / leiding van iemand **2 tuinschopje**
houleux BN (V houleuse), **woelig**
houp TUSSENW **vooruit!, hop!**
houppe ZN V **kuif**
hourra 1 TUSSENW **hoera! 2** ZN M **gejuich, hoera**
houspiller OV WW **uitfoeteren, op z'n kop geven, afkatten** • *se faire ~* op de vingers getikt worden
housse ZN V **hoes, overtrek, dekkleed** • *une ~ de couette* dekbedovertrek • *un drap-~* hoeslaken • *une ~ de fauteuil* stoelovertrek
houx ZN M **hulst**
hoverboard ZN M **hoverboard**
H.S. INFORM. AFK hors service **buiten werking,**

defect • FIG. *après une nuit de travail, ils sont tous H.S.* na een nacht werken zijn ze allemaal doodop
h.t. AFK hors taxes **excl. btw**
hublot ZN M **1 raampje** <van vliegtuig> **2 venster** <van wasmachine, oven>
huées ZN V MV **gejoel, gejouw** • *sortir sous les ~ de la foule* onder gejouw van de menigte vertrekken
huer OV WW **uitjoelen, uitjouwen** • *~ un spectacle* een voorstelling uitfluiten
huguenot 1 ZN M (V huguenote), **hugenoot 2** BN **hugenoten-**
Hugues Hugo
huilage ZN M **(het) oliën, smering**
huile ZN V **1 olie** • *de l'~ d'olive* olijfolie • *de l'~ de noix* notenolie • *un palmier à ~* oliepalm • FIG. *une mer d'~* spiegelgladde zee • FIG. *jeter / verser de l'~ sur le feu* olie op het vuur gooien • FIG. *faire tache d'~* zich (als een olievlek) verspreiden **2 olie** • *de l'~ de graissage* smeerolie • *vidanger l'~ (d'une voiture)* de olie verversen • *de l'~ de vidange* afgewerkte olie • FIG. *mettre de l'~ dans les rouages* de zaken vlotter laten verlopen **3 olieverf** • *une peinture à l'~* olieverfschilderij
huiler 1 OV WW **oliën, smeren** • FIG. *(bien) huilé* (goed) geolied, gesmeerd lopend • *~ un moule à tarte* een taartvorm invetten **2** WKD WW **(se ~)** • *s'~ la peau* zijn huid met olie insmeren
huilerie ZN V **olieslagerij**
huileux BN (V huileuse), **olieachtig, vettig**
huilier ZN M **1 olie-en-azijnstel 2 oliehandelaar**
huis clos "wie kloo" ZN M **gesloten deuren** • *à ~* met gesloten deuren • *une séance à ~* een besloten zitting • *l'avocat de l'accusé a demandé le ~* de advocaat van de verdachte heeft verzocht om behandeling van de zaak met gesloten deuren
huissier ZN M **deurwaarder**
huit "wie(t)" **1** TELW **acht** • *mardi en ~* dinsdag over een week • *Henri VIII (huit)* Hendrik de Achtste → **quatre 2** ZN M/V **1 acht** • *la / le ~* (nummer) acht <bus, tram, kamer, tafel, tv-net> • *le grand ~* de achtbaan **2** O&W **vier** <schoolcijfer> → **quatre**
huitaine ZN V **achttal, acht dagen** • *dans une ~* over een week
huitième 1 BN **achtste** → **quatrième** • *la ~ merveille du monde* het achtste wereldwonder **2** ZN M **achtste, achtste deel** • SPORT *jouer les ~s de finale* de achtste finale spelen
huitièmement BW **ten achtste**
huître ZN V **oester** • *une ~ perlière* pareloester • *un couteau à ~* oestermes • *écailler des huîtres* oesters openen
huîtrier BN (V huîtrière), **oester-** • *l'industrie huîtrière* de oesterteelt
hulotte ZN V **bosuil**
hululement ZN M → **ululement**
hululer ONOV WW → **ululer**
hum TUSSENW **hm!** <twijfel, ongeduld>
humain 1 BN **1 menselijk, mensen-** • *la chair ~e* mensenvlees • *la condition ~e* het menselijk lot, het mens-zijn • *la géographie ~e* sociale aardrijkskunde • *les sciences ~es* de menswetenschappen **2 menslievend, humaan** • *des bâtiments à l'échelle ~e* gebouwen op menselijke schaal **2** ZN M **1 (het) menselijke 2 menselijk wezen**
humanisation ZN V **vermenselijking, humanisering** • *l'~ des prisons* het menselijker maken van de gevangenissen
humaniser 1 OV WW **vermenselijken, menselijker maken, humaniseren** • *~ les conditions de travail* de arbeidsomstandigheden humaner maken **2** WKD WW **(s'~) menselijker worden** • *s'~ avec l'âge* met de leeftijd menselijker worden
humanisme ZN M **humanisme**
humaniste 1 BN **humanistisch 2** ZN M/V **humanist**
humanitaire 1 BN **humanitair** • *les secours ~s* humanitaire hulp • *un convoi ~* humanitaire zending **2** ZN M/V **hulpverlener**
humanitarisme ZN M **idealistische menslievendheid**
humanité ZN V **1 mensheid 2 menselijkheid** • *un crime contre l'humanité* misdaad tegen de menselijkheid • *traiter qn avec ~* iemand humaan behandelen **3** BELGFR. MV **humaniora** • *faire ses humanités* klassieke talen studeren
humble BN **1 nederig 2 bescheiden, schamel** • *une vie ~* een onopvallend leven • *être d'origine ~* van bescheiden komaf zijn • *à mon ~ avis...* naar mijn bescheiden mening...
humecter OV WW **bevochtigen** • *~ le front d'un malade* het voorhoofd van een zieke bevochtigen
humer OV WW **opsnuiven, inzuigen, inhaleren**
humérus "-uus" ANAT. ZN M **opperarmbeen**
humeur ZN V **humeur, stemming** • *être de bonne ~* goedgehumeurd zijn • *de mauvaise ~* slechtgehumeurd • *être d'une ~ maussade / noire* somber gestemd zijn • *être d'une ~ chagrine* slechtgehumeurd zijn • *il est d'une ~ de chien* hij is in een rotbui • *être d'~ à plaisanter* in de stemming zijn om grapjes te maken • *il passe son ~ sur ses employés* hij reageert zijn slechte humeur af op zijn werknemers
humide BN **vochtig, nat** • *elle avait les yeux ~s* ze had vochtige ogen • *il fait une chaleur ~* het is vochtig-warm
humidificateur ZN M **luchtbevochtiger**
humidifier OV WW **vochtig maken**
humidité ZN V **vochtigheid, vocht** • *ce médicament craint l'humidité* dit geneesmiddel moet droog bewaard worden • *protéger qc de l'humidité* iets tegen vocht beschermen, iets vochtwerend maken
humiliant BN **vernederend**
humiliation ZN V **vernedering** • *infliger des ~s à qn* iemand vernederingen laten ondergaan
humilier 1 OV WW **vernederen** • *chercher à ~ qn* iemand willen vernederen • *se sentir humilié* zich vernederd voelen **2** WKD WW **(se ~) zich onderdanig opstellen** • *s'~ devant qn* zich onderdanig opstellen tegenover iemand
humilité ZN V **nederigheid, bescheidenheid** •

avec ~ deemoedig, onderdanig • *en toute* ~ in alle bescheidenheid
humoriste **1** BN humoristisch **2** ZN M/V humorist, komiek, cabaretier
humoristique BN humoristisch
humour ZN M humor • *avoir de l'*~ (gevoel voor) humor hebben • *avoir le sens de l'*~ gevoel voor humor hebben • *manquer d'*~ geen (gevoel voor) humor hebben
huppe ZN V kuif <van vogel>
huppé INFORM. BN rijk, chic, hooggeplaatst
hurlement ZN M gehuil, gejank, gebrul • *un* ~ *de terreur* angstschreeuw • *pousser des* ~*s de joie* luid schreeuwen van vreugde
hurler **1** ONOV WW **1** brullen, schreeuwen • ~ *de rage* schreeuwen van woede • ~ *de peur* schreeuwen / gillen van angst • INFORM. *c'est à* ~ *(de rire)* het is om te gieren, wat een giller! • FIG. ~ *avec les loups* huilen met de wolven in het bos **2** loeien, gieren • *le vent hurle* de wind raast **3** janken, huilen <v. wolven, honden e.d.> **2** OV WW uitschreeuwen, uitbrullen • ~ *des injures en direction de qn* iemand beledigingen naar het hoofd slingeren • ~ *une chanson* luidkeels een lied blèren
hurleur BN (V hurleuse), huilend, brullend
hurluberlu INFORM. ZN M snuiter, snoeshaan
hurrah TUSSENW → **hourra**
hussarde INFORM. ZN V • *à la* ~ ruw, onbehouwen
hutte ZN V hut(je)
hybridation BIOL. ZN V kruising
hybride **1** BN hybridisch, bastaard-, gemengd • *un mot* ~ hybridisch woord, bastaardwoord • *une solution* ~ tussenoplossing **2** ZN M bastaard, kruising, hybride
hydratant BN vochtinbrengend • *une crème* ~*e pour le corps* vochtinbrengende bodylotion
hydrater **1** OV WW hydrateren, vocht inbrengen in • *une peau hydratée* gehydrateerde huid **2** WKD WW **(s'**~**)** drinken • *bien s'*~ voldoende drinken
hydraulique **1** BN hydraulisch, waterbouwkundig • *l'énergie* ~ waterkracht, hydro-elektriciteit • *une usine* ~ waterkrachtcentrale **2** ZN V hydraulica
hydravion ZN M watervliegtuig
hydre ZN V hydra • FIG. *l'*~ *du terrorisme* het schrikbeeld van het terrorisme, het veelkoppige monster dat terrorisme heet
hydrocarbure ZN M koolwaterstof
hydrocéphale BN hydrocefaal, met een waterhoofd
hydroélectricité ZN V elektriciteit uit waterkracht
hydroélectrique BN hydro-elektrisch, waterkracht- • *une centrale* ~ waterkrachtcentrale
hydrofuge BN vochtwerend
hydrogène ZN M waterstof • *une bombe à* ~ waterstofbom
hydroglisseur ZN M glijboot
hydromel ZN M mede <honingdrank>
hydrophile BN wateraantrekkend, hydrofiel • *du coton* ~ verbandgaas
hydrophobe BN aan watervrees lijdend
hydrophobie ZN V watervrees
hydrothérapie ZN V hydrotherapie
hyène ZN V hyena
hygiaphone ZN M spreekraampje <van loket> • *parler dans l'*~ *au guichet* via het spreekraampje van het loket praten
hygiène ZN V hygiëne, gezondheidsleer, zorg voor de gezondheid • *l'hygiène corporelle* de lichaamshygiëne • *l'hygiène mentale* de geestelijke gezondheid(szorg) • *manquer d'hygiène* niet hygiënisch zijn • *avoir une bonne* ~ *de vie* gezond leven • *avoir une bonne* ~ *alimentaire* gezond eten
hygiénique BN **1** hygiënisch • *du papier* ~ toiletpapier • *une serviette* ~ maandverband **2** gezond • *une promenade* ~ gezonde wandeling
hygiéniste ZN M/V hygiënist • *un* ~ *dentaire* mondhygiënist
hygromètre ZN M hygrometer, vochtigheidsmeter
hymen "iemèn" ZN M **1** ANAT. maagdenvlies **2** LIT. echt, huwelijk
hymne ZN M (lof)zang, lied • *un* ~ *national* volkslied
hyper ZN M hypermarché grote supermarkt, hypermarkt
hyperactif BN (V hyperactive), hyperactief
hyperbole ZN V hyperbool
hypercher INFORM. BN (V hyperchère), peperduur
hyperlien COMP. ZN M hyperlink
hypermarché ZN M grote supermarkt, hypermarkt
hypermétrope BN verziend
hypersensible BN overgevoelig
hypertension ZN V verhoogde bloeddruk • *l'*~ *artérielle* verhoogde bloeddruk • INFORM. *faire de l'*~ een hoge bloeddruk hebben
hypertrophie ZN V **1** MED. abnormale groei, hypertrofie • *une* ~ *cardiaque / du cœur* hypertrofie van het hart **2** FIG. overdrijving
hypertrophié MED. BN (op)gezwollen
hyperventilation ZN V hyperventilatie
hyperventiler ONOV WW hyperventileren
hypnose ZN V hypnose • *être en état d'*~ onder hypnose zijn
hypnotique **1** BN hypnotisch **2** ZN M slaapmiddel
hypnotiser OV WW hypnotiseren • *se laisser* ~ *par qn* zich door iemand laten hypnotiseren
hypnotisme ZN M hypnotisme
hypoallergénique BN hypoallergeen
hypocalorique BN caloriearm • *un aliment* ~ caloriearm voedingsmiddel
hypocondriaque **1** BN hypochondrisch **2** ZN M/V hypochonder
hypocondrie ZN V hypochondrie
hypocrisie ZN V hypocrisie, huichelachtigheid
hypocrite **1** BN hypocriet, huichelachtig • *un sourire* ~ vals lachje **2** ZN M/V hypocriet, huichelaar • *faire l'*~ schijnheilig doen

hypodermique BN onderhuids
hypoglycémie MED. ZN V hypoglykemie, te lage bloedsuikerspiegel
hypophyse MED. ZN V hypofyse, hersenaanhangsel
hypotension ZN V te lage bloeddruk
hypoténuse WISK. ZN V hypotenusa
hypothécaire BN hypothecair • *un prêt ~* hypothecaire lening, hypotheeklening
hypothèque ZN V hypotheek • *prendre une ~ sur sa maison* een hypotheek nemen op zijn huis • *rembourser son ~* zijn hypotheek aflossen • FIG. *prendre une ~ sur l'avenir* een wissel op de toekomst trekken
hypothéquer OV WW een hypotheek nemen op • FIG. *~ l'avenir* een wissel op de toekomst trekken
hypothermie ZN V onderkoeling, hypothermie
hy
hypothèse ZN V hypothese, veronderstelling • *dans l'hypothèse où / que vous ne viendriez pas...* in het geval dat u niet komt... • *l'hypothèse de l'accident a été écartée* de hypothese van een ongeluk is verworpen, een ongeluk wordt uitgesloten • *émettre / énoncer une ~* een hypothese opstellen • *vérifier une ~* een hypothese toetsen
hypothétique BN hypothetisch
hystérectomie MED. ZN V baarmoederverwijdering
hystérie ZN V hysterie • *l'hystérie collective* massahysterie • *ça frise l'hystérie* dat grenst aan waanzin • INFORM. *ça y est, elle pique sa crise d'hystérie!* daar heb je het al, ze wordt hysterisch!
hystérique **1** BN hysterisch **2** ZN M/V hysterisch persoon

I

i ZN M letter **i** • *~ grec* i-grec • *mettre les points sur les ~* de puntjes op de i zetten
I.A.D. MED. AFK insémination avec donneur V **k.i.d., kunstmatige inseminatie met donorzaad**
IBAN AFK International Bank Account Number M **IBAN**
ibérique BN Iberisch • *la péninsule ~* het Iberische schiereiland
iceberg "asj-, ies-" ZN M **ijsberg** • FIG. *la partie immergée / cachée de l'~* het onzichtbare deel van de ijsberg, datgene wat verborgen blijft
ici BW **1** plaats **hier** • *elle vit ~ depuis deux ans* ze woont hier sinds twee jaar • *d'ici à Groningue, il faut compter deux heures* het is twee uur van hier naar Groningen • *je ne suis pas d'ici* ik kom hier niet vandaan • *elle habite par ~* ze woont hier in de buurt • *(quelque part) par ~* hier ergens • FIG. *je vois ça d'ici!* ik zie het gewoon voor me!, ik kan er helemaal inkomen! **2** tijd **nu, hier** • *d'ici là, nous serons partis!* tegen die tijd zijn wij weg! • *d'ici peu* spoedig • *d'ici quelques semaines* binnen / over enkele weken • *jusqu'ici tout allait bien* tot nu toe ging alles goed
ici-bas BW **hier op aarde**
icône ZN V **icoon** • COMP. *cliquez sur l'icône!* klik op het icoontje! • *la nouvelle icône du foot* de nieuwe voetbalicoon
iconoclaste ZN M/V **beeldenstormer**
idéal **1** BN (M MV idéaux, idéals) **1 ideaal** • *une solution idéale* perfecte oplossing • *l'homme ~* de ideale man **2 denkbeeldig, ideëel** • *un monde ~* fantasiewereld **2** ZN M (MV idéaux, idéals), **ideaal** • *l'idéal serait que tu arrives vers huit heures* het beste zou zijn dat je tegen acht uur komt
idéaliser OV WW **idealiseren**
idéalisme ZN M **idealisme**
idéaliste **1** BN **idealistisch** **2** ZN M/V **idealist**
idée ZN V **1 idee, plan** • *l'idée centrale d'un film* de hoofdgedachte van een film • *l'idée directrice* de leidende gedachte • *son ~ est d'aller travailler à l'étranger* zijn / haar plan is om in het buitenland te gaan werken • *changer d'idée* van gedachte veranderen • *avoir la tête pleine d'idées* vol plannen / ideeën zitten • *avoir une ~ derrière la tête* een bijgedachte / bijbedoeling hebben • *l'idée de partir ne me plaît pas* de gedachte te (moeten) vertrekken staat me niet aan • *j'ai ma petite ~ là-dessus* ik denk er het mijne van • *suggérer à qn l'idée de...* iemand op de gedachte brengen om... **2 opvatting, gedachte** • *des idées reçues* heersende opvattingen • *avoir une ~ fixe* een dwangvoorstelling hebben • *se faire une ~ de qc* zich een denkbeeld van iets vormen • *avoir des idées sur tout* overal zo zijn ideeën over hebben • *avoir des idées noires* sombere gedachten hebben • *se changer les idées* de zinnen verzetten, wat afleiding zoeken • *l'idée m'est venue de lui demander...* de gedachte kwam bij mij op om hem te vragen... • *j'ai ~ que ça ne va pas marcher* ik heb het idee dat het niet gaat lukken • *échanger des idées* van gedachten

wisselen **3** **denkbeeld, voorstelling** • *a-t-on idée!* stel je voor! • *se faire des idées* zich iets in het hoofd halen • *se faire une ~ de...* een indruk krijgen van... • *avoir une haute ~ de soi* een hoge dunk van zichzelf hebben • *je n'en ai pas la moindre idée!* ik heb geen (flauw) idee! **4** **hoofd, geest** • *j'ai dans l'idée que ça va bien se passer* ik heb zo'n idee / ik verbeeld me dat het goed zal gaan • *cela m'est sorti de l'idée* dat is me ontschoten
idée-cadeau ZN V (MV idées-cadeaux), cadeautip
idem BW idem, eveneens
identifiable BN te identificeren
identifiant WWW ZN M gebruikersnaam
identification ZN V vereenzelviging, identificatie
identifier **1** OV WW **1** identificeren, herkennen • *~ un criminel* de identiteit van een misdadiger achterhalen **2** vereenzelvigen • *~ un acteur au personnage* een acteur vereenzelvigen met het personage **2** WKD WW **(s'~) à / avec** zich identificeren met, zich vereenzelvigen met
identique BN identiek, gelijk (**à** aan)
identité ZN V **1** identiteit • *une carte / une pièce d'identité* identiteitsbewijs • *une photo d'identité* pasfoto **2** gelijkheid
idéologie ZN V ideologie
idéologique BN ideologisch
idéologue ZN M/V **1** ideoloog **2** MIN. doctrinair denker, dogmaticus
idiome TAALK. ZN M **1** idioom, idiomatische uitdrukking **2** taal(eigen), dialect
idiot **1** BN idioot, onnozel, dwaas **2** ZN M (V idiote), idioot, onnozele hals, dwaas • *l'~ du village* de dorpsgek • *faire l'~* doen alsof je gek bent, stom doen
idiotie ZN V idiotie, dwaasheid, onnozelheid • *faire des ~s* domme dingen doen • *ne fais pas l'~ de refuser ce travail!* bega niet de stommiteit dit werk te weigeren!
idolâtre BN verzot, idolaat
idolâtrer OV WW verafgoden, op overdreven wijze beminnen
idolâtrie ZN V overdreven liefde
idole ZN V idool • *faire de qn son ~* iemand tot zijn idool maken
idylle ZN V idylle
idyllique BN idyllisch
igloo, iglou "iegloe" ZN M iglo, sneeuwhut
ignare **1** BN onwetend **2** ZN M/V onwetend persoon, domoor
ignifuge BN brandwerend
ignoble BN **1** laag, gemeen, schandelijk • *un individu ~* laaghartig persoon **2** walgelijk, vuil • *des toilettes ~s* smerige wc • *une odeur ~* een walgelijke geur, een afgrijselijke stank
ignominieux BN (V ignominieuse), smadelijk, schandelijk
ignorance ZN V onwetendheid • *l'~ des règles* het niet-kennen van de regels • INFORM. *être d'une ~ crasse* werkelijk niets weten • *pécher par ~* uit onwetendheid iets (doms) doen
ignorant **1** BN onwetend, dom **2** ZN M (V ignorante), onwetend iemand, dom iemand
ignoré BN onbekend, miskend
ignorer OV WW **1** niet kennen, niet weten • *j'ignore cela* dat is mij onbekend • *nul n'est censé ~ la loi* iedereen wordt geacht de wet te kennen • *~ la peur* geen angst kennen **2** negeren, miskennen • *elle l'ignore quand elle le croise dans la rue* ze negeert hem wanneer ze hem op straat tegenkomt
iguane ZN M leguaan
il PERS VNW **1** hij • *ton père, est-il arrivé?* is je vader er al? • *Pierre, ~ oublie tout* Piet, die vergeet alles **2** het, er <bij onp. ww> • *~ y a encore du vin?* is er nog wijn? • *~ était une fois ...* er was eens ... • *~ fait froid* het is koud • *~ pleut* het regent • *~ le faut* het moet
île ZN V eiland • *une ~ déserte* onbewoond eiland • *dans / sur une ~* op een eiland • CULIN *une ~ flottante* geklopt eiwit op vanillesaus
illégal **1** BN (M MV illégaux), onwettig, illegaal • *l'exercice ~ de la médecine* het onbevoegd beoefenen van de geneeskunst **2** ZN M (V illégale), illegaal
illégalité ZN V onwettigheid, illegaliteit • *être dans l'illégalité* illegaal handelen, in de illegaliteit leven
illégitime BN **1** onwettig • *un enfant ~* buitenechtelijk kind **2** ongeoorloofd, onjuist, ongegrond
illégitimité ZN V onwettigheid, ongegrondheid
illettré **1** BN analfabetisch **2** ZN M (V illettrée), analfabeet
illettrisme ZN M analfabetisme
illicite BN ongeoorloofd, onwettig • *des profits ~s* ongeoorloofde winst
illico INFORM. BW onmiddellijk • *~ presto* onmiddellijk
illimité BN onbegrensd, onbeperkt • *avoir une confiance illimitée en qn* een grenzeloos vertrouwen in iemand hebben • *un contrat d'une période illimitée* een contract voor onbepaalde tijd
illisible BN onleesbaar
illogique BN onlogisch
illumination ZN V **1** verlichting **2** MV feestelijke verlichting • *les ~s de Noël* de kerstverlichting **3** ingeving
illuminé **1** BN verlicht **2** ZN M (V illuminée) MIN. warhoofdige dweper, fantast
illuminer OV WW **1** (feestelijk) verlichten, illumineren **2** FIG. verlichten, inspireren • *la joie illumine son visage* zijn/haar gezicht straalt van vreugde
illusion ZN V **1** bedrieglijke schijn, zinsbedrog • *une ~ d'optique* gezichtsbedrog **2** illusie, hersenschim • *faire ~* de zaken mooier voorstellen, de schijn ophouden • *ne se faire aucune ~ sur qn* zich geen enkele illusie maken wat iemand betreft • *se faire des ~s* zich illusies maken • *perdre ses ~s* zijn illusies verliezen, geen illusies meer koesteren
illusionner WKD WW **(s'~)** zich illusies maken, zichzelf iets wijsmaken

illusionnisme ZN M goochelkunst
illusionniste ZN M/V goochelaar
illusoire BN denkbeeldig, bedrieglijk, hersenschimmig
illustrateur ZN M (V illustratrice), illustrator
illustration ZN V **1** illustratie, afbeelding, plaat **2** voorbeeld, illustratie • *l'~ d'une théorie* de verduidelijking van een theorie
illustre BN vermaard, beroemd, illuster
illustré **1** BN geïllustreerd **2** ZN M geïllustreerd blad
illustrer **1** OV WW **1** illustreren, van afbeeldingen voorzien **2** illustreren, toelichten **2** WKD WW **(s'~)** zich onderscheiden, beroemd worden • *il s'est illustré par ses idées* hij heeft zich onderscheiden door zijn denkbeelden • *elle s'est illustrée en se battant contre l'injustice* ze heeft haar bekendheid te danken aan haar strijd tegen onrecht

îlot ZN M **1** OOK FIG. eilandje • *un ~ de calme* oase van rust • *un ~ de résistance* verzetshaard **2** blok huizen
îlotage ZN M wijksurveillance
ils PERS VNW M MV zij • *les enfants, sont-ils revenus?* zijn de kinderen terug?
image ZN V **1** beeld, plaat(je), prent, afbeelding • *un livre d'images* prentenboek • *une ~ en noir et blanc* zwart-witafbeelding • *une ~ d'Epinal* naïef cliché(beeld), stereotype • *être sage comme une ~* braaf zijn **2** evenbeeld • *c'est l'~ de son père* hij is het evenbeeld van zijn vader • *à l'~ de qn* naar het (voor)beeld van iemand, (net) zoals iemand **3** beeld, toonbeeld • *une ~ de marque* image, reputatie • *évoquer l'~ de qn* het beeld van iemand oproepen **4** beeldspraak
imagé BN beeldrijk, beeldend
imagerie ZN V **1** afbeeldingen, prenten • *l'~ médicale* röntgenfoto's, echografieën, scans e.d. **2** verbeelding, voorstelling(en)
imaginable BN denkbaar
imaginaire **1** BN denkbeeldig, ingebeeld, imaginair **2** ZN M verbeelding
imaginatif BN (V imaginative), vernuftig, met verbeeldingskracht, verbeeldings-
imagination ZN V **1** verbeelding, verbeeldingskracht • *frapper l'~* tot de verbeelding spreken • *en ~* in gedachten **2** fantasie • *avoir de l'~* fantasie hebben • *c'est de la pure ~* dat is een fabeltje
imaginer **1** OV WW **1** zich voorstellen • *tu imagines!* kun je nagaan! • *tu peux ~ que...* je kunt wel nagaan dat... **2** uitdenken, uitvinden • *~ une façon de se tirer d'affaire* een manier verzinnen om zich uit een moeilijke situatie te redden **2** WKD WW **(s'~)** **1** zich verbeelden • *je ne peux pas m'~ dans trente ans* ik kan me niet voorstellen hoe ik er over dertig jaar uitzie • *imagine que ça t'arrive!* het zal je maar gebeuren! • *ça, je me l'imagine très bien!* daar kan ik inkomen! **2** denken • *s'~ tout savoir* denken dat je alles weet
imam "iemam" REL. ZN M imam
imbattable BN onverslaanbaar • *être ~ aux jeux de cartes* onverslaanbaar zijn met kaarten
imbécile **1** BN imbeciel, dom, onnozel **2** ZN M/V imbeciel, onnozele hals • *un ~ heureux* simpele (maar gelukkige) ziel • *faire l'imbécile* achterlijk doen
imberbe BN baardeloos
imbiber **1** OV WW nat maken, (door)drenken (de in) **2** WKD WW **(s'~) de** zich volzuigen met
imbriquer **1** WKD WW **(s'~)** **1** elkaar overlappen **2** in elkaar grijpen, nauw samenhangen • *des intrigues qui s'imbriquent* nauw samenhangende verwikkelingen **2** OV WW dakpansgewijs plaatsen
imbroglio "-lj(ie)oo" ZN M verwarring, verwikkeling, ingewikkelde toestand
imbu BN **~ de** doortrokken van, vol van • *être ~ de sa personne* met zichzelf ingenomen zijn
imbuvable BN **1** ondrinkbaar **2** INFORM. ongenietbaar • *cette femme est ~* die vrouw is onuitstaanbaar
IMC AFK Indice de masse corporelle M BMI, body mass index
imitable BN navolgbaar, na te doen
imitateur ZN M (V imitatrice), nabootser, imitator
imitation ZN V **1** navolging, nabootsing, imitatie • *à l'~ des Anglais...* in navolging van de Engelsen... **2** namaak, imitatie • *en ~ cuir* van imitatieleer
imiter OV WW **1** nabootsen, navolgen, imiteren • *~ le cri d'un animal* de roep van een dier nabootsen • *un exemple à ne pas ~* geen na te volgen voorbeeld **2** kopiëren, vervalsen • *~ la signature de qn* iemands handtekening vervalsen
immaculé BN vlekkeloos, onbevlekt • *d'une blancheur immaculée* smetteloos wit
immanent BN immanent, in zichzelf bestaand
immangeable "e(n)m-" BN oneetbaar • *c'est ~* het is niet te eten
immanquable "e(n)m-" BN **1** onvermijdelijk **2** onfeilbaar
immanquablement "e(n)m-" BW onvermijdelijk(erwijs), beslist, zonder mankeren, steevast
immatériel BN (V immatérielle), onstoffelijk, immaterieel
immatriculation ZN V inschrijving, registratie • *l'~ à la Sécurité sociale* de inschrijving voor de sociale zekerheid <verplicht verzekerd> • *le numéro d'~* het registratienummer, het kenteken <van voertuig> • *la plaque d'~ d'une moto* de nummerplaat van een motor
immatriculer OV WW inschrijven (in een register) • *véhicule immatriculé en Belgique* voertuig met een Belgisch nummerbord • *~ un étudiant à l'université* een student inschrijven bij de universiteit
immature BN onrijp, onvolwassen
immaturité ZN V onrijpheid, onvolwassenheid
immédiat BN onmiddellijk, direct • *une mort*

immédiate onmiddellijke dood • *dans l'immédiat* voor het moment
immémorial BN (M MV immémoriaux), **onheuglijk, oeroud** • *depuis des temps immémoriaux* sinds onheuglijke tijden
immense BN **1 onmetelijk, immens** • *leur living est ~* hun woonkamer is ontzaglijk (groot) **2 ontzaglijk, geweldig** • *il y avait une foule ~ au concert* er was een enorme menigte op het concert
immensément BW **onmetelijk, enorm**
immensité ZN V **1 oneindige ruimte** • *l'immensité de la mer* de oneindigheid van de zee **2 onmetelijkheid, ontzaglijkheid**
immerger 1 OV WW **onderdompelen, doen zinken** • *~ un câble sous / dans l'eau* een kabel onder water laten zakken • *des terres immergées (pendant l'inondation)* ondergelopen land (tijdens de watersnood) **2** WKD WW **(s'~) onderduiken** • FIG. *s'~ dans une culture différente* ondergedompeld worden in een andere cultuur
immérité BN **onverdiend**
immersion ZN V **indompeling, onderdompeling** • *l'~ d'un sous-marin* het duiken van een onderzeeër • *l'~ des terres (pendant l'inondation)* het onderlopen van het land (tijdens de watersnood)
immettable "e(n)m-" BN **niet te dragen** <van kleding>
immeuble 1 ZN M **1 (flat)gebouw,** BELG. **appartementsgebouw** • *un ~ de dix étages* gebouw van tien verdiepingen • *louer un studio dans un ~* een eenkamerappartement huren in een flatgebouw **2 onroerend goed 2** BN **onroerend** • *des biens ~s* onroerende goederen
immigrant ZN M (V immigrante), **immigrant**
immigration ZN V **immigratie** • *les services de l'~* de immigratiedienst(en) • *les lois sur l'~* de immigratiewetten • *l'~ clandestine* de clandestiene immigratie
immigré 1 BN **geïmmigreerd** • *un travailleur ~* gastarbeider, buitenlandse werknemer **2** ZN M (V immigrée), **immigrant, allochtoon** • *un ~ clandestin* een illegaal
immigrer ONOV WW **immigreren** • *~ en France* naar Frankrijk immigreren
imminence ZN V **nabije dreiging, (het) op handen zijn** • *l'~ de l'orage* de dreiging van het onweer
imminent BN **onmiddellijk dreigend, aanstaand** • *un départ ~* naderend vertrek • *un accouchement ~* naderende bevalling • *un péril ~* dreigend gevaar
immiscer WKD WW **(s'~) dans zich bemoeien met, zich mengen in** • *s'~ dans la vie des autres* zich met het leven van anderen bemoeien
immixtion ZN V **inmenging** • *l'~ de ce journaliste dans la vie privée du président...* de inmenging van deze journalist in het privéleven van de president...
immobile BN **1 onbeweeglijk 2** FIG. **onveranderlijk**
immobilier 1 BN (V immobilière), **onroerend, vastgoed-** • *des biens ~s* onroerende goederen • *une agence immobilière* makelaarskantoor **2** ZN M **vastgoed(handel / -markt)** • *travailler dans l'~* in de vastgoedsector werken
immobilisation ZN V **(het) onbeweeglijk maken, (het) blokkeren, fixatie** • *l'~ d'un membre fracturé* het fixeren / in het gips zetten van een gebroken ledemaat
immobiliser 1 OV WW **1 onbeweeglijk maken, tot staan brengen** • *sa maladie l'immobilise* omdat hij ziek is, moet hij thuisblijven / in bed blijven • FIG. *la peur l'a immobilisé* de angst verlamde hem **2 blokkeren, vastzetten** • *le trafic est immobilisé à cause des chutes de neige* het verkeer zit vast door sneeuwval **2** WKD WW **(s'~) tot stilstand komen, vast komen te zitten** • *le train en panne s'est immobilisé en rase campagne* de defecte trein kwam in het open veld tot stilstand
immobilisme ZN M FIG. **verstarring, conservatisme**
immobilité ZN V **onbeweeglijkheid, daadloosheid** • *sa cheville cassée le condamne à l'immobilité* door zijn gebroken enkel moet hij absolute rust houden
immodéré BN **onmatig, bovenmatig** • *des dépenses immodérées* buitensporige uitgaven
immolation FORM. ZN V **(het) offeren, zelfopoffering**
immoler FORM. WKD WW **(s'~) zijn leven offeren** • *s'~ par le feu* zich door zelfverbranding om het leven brengen
immonde BN **1 smerig, vuil, onrein 2 laag, weerzinwekkend** • *un crime ~* weerzinwekkend misdrijf
immondices ZN V MV **straatvuil, (huis)vuil, vuilnis**
immoral BN (M MV immoraux), **immoreel, zedeloos** • *une conduite immorale* immoreel gedrag
immoralité ZN V **immoraliteit, zedeloosheid**
immortaliser 1 OV WW **onsterfelijk maken 2** WKD WW **(s'~) zich onsterfelijk maken**
immortalité ZN V **onsterfelijkheid**
immortel 1 BN (V immortelle), **onsterfelijk, onvergankelijk 2** ZN M (V immortelle), **onsterfelijke** • INFORM., IRON. *les 40 Immortels* de leden van de Académie française
immotivé BN **ongemotiveerd**
immuabilité ZN V **onveranderlijkheid**
immuable BN **onveranderlijk** • *elle porte son ~ chapeau sur la tête* ze heeft haar eeuwige hoed op (haar hoofd)
immunisation ZN V **immunisatie**
immuniser OV WW **immuniseren,** OOK FIG. **immuun maken, onvatbaar maken (contre voor)** • *un vaccin qui immunise contre la grippe* vaccin dat immuun maakt voor de griep
immunitaire BN **immuun-** • *le système ~* het immuunsysteem • *les défenses ~s* afweerapparaat, weerstand
immunité ZN V **1** MED. **immuniteit** • *l'immunité à un virus* de immuniteit voor een virus **2** POL., JUR. **vrijdom, vrijstelling** • *l'immunité diplomatique* diplomatieke onschendbaarheid

immunologie ZN V immunologie

impact "e(n)pakt" ZN M **1** schok, stoot, inslag <van projectiel> • *l'~ entre les deux véhicules a été violent* de botsing tussen de twee voertuigen was hevig • *le point d'~ de la balle sur le mur* het inslagpunt van de kogel op de muur **2** uitwerking, impact (**sur** op) • *l'~ médiatique / des médias* het media-effect

impair **1** BN oneven • *un nombre ~* oneven getal **2** ZN M onhandigheid, flater • *commettre un ~* een flater begaan

imparable BN onhoudbaar, onafweerbaar • *un coup ~* onhoudbaar schot <bij balsporten>

impardonnable BN onvergeeflijk

imparfait **1** ZN M TAALK. onvoltooid verleden tijd **2** BN onvoltooid, onvolledig, onvolmaakt, gebrekkig

impartial BN (M MV impartiaux), onpartijdig • *un observateur ~* een neutrale waarnemer

impartialité ZN V onpartijdigheid

impartir OV WW toestaan, toekennen, verlenen • *ce sera fait dans le temps qui nous est imparti* het zal binnen de ons toebedeelde tijd worden gedaan

impasse ZN V **1** doodlopende straat **2** FIG. slop, impasse • *être dans une ~* in een impasse zitten, FIG. in de knoop zitten • *sortir de l'~* een uitweg uit de impasse vinden • *faire l'impasse sur qc* erop speculeren dat iets niet gevraagd wordt ‹bij examen›

impassibilité ZN V onbewogenheid, onaandoenlijkheid, onverstoorbaarheid

impassible BN onbewogen, onaandoenlijk, onverstoorbaar • *un air ~* een effen gezicht

impatiemment BW ongeduldig

impatience ZN V ongeduld • *donner des signes d'~* tekenen van ongeduld geven • *brûler d'~* branden van ongeduld, popelen • *attendre les vacances avec ~* naar de vakantie uitzien

impatient BN ongeduldig • *il est ~ d'essayer ses patins à roulettes* hij kan niet wachten om zijn rolschaatsen te proberen

impatienter **1** WKD WW (**s'~**) ongeduldig worden, geërgerd raken • *elle s'impatiente pour un rien* zij raakt door het minste of geringste geërgerd • *s'~ contre qn* ongeduldig worden van iemand **2** OV WW ongeduldig maken, ergeren • *ces aboiements impatientent tout le quartier* dat geblaf ergert de hele buurt

impayable INFORM., FIG. BN onbetaalbaar, kostelijk

impayé BN onbetaald

impec INFORM. BN impeccable geweldig, fantastisch, te gek

impeccable BN **1** onberispelijk, feilloos, smetteloos • *il est toujours ~* hij ziet er altijd onberispelijk uit **2** INFORM. geweldig, fantastisch, te gek • *tu t'entends bien avec lui? ~!* kun je goed met hem opschieten? dat zit wel snor!

impénétrable BN **1** ondoordringbaar **2** ondoorgrondelijk • *un visage ~* gezicht waarvan niets valt af te lezen • *des intentions impénétrables* ondoorgrondelijke bedoelingen

impénitent BN onverbeterlijk, geen berouw tonend • *un fumeur ~* verstokte roker

impensable BN ondenkbaar

imper INFORM. ZN M imperméable regenjas

impératif **1** ZN M **1** gebod, voorschrift, vereiste • *les impératifs de la mode* de modevoorschriften **2** TAALK. gebiedende wijs **2** BN (V impérative), dringend (geboden) • *un geste ~* dwingend gebaar • *votre présence est impérative* uw aanwezigheid is dringend geboden • *d'un ton ~* op dwingende toon

impératrice ZN V keizerin

imperceptible BN onmerkbaar, onwaarneembaar • *un bruit ~ à l'oreille humaine* geluid dat onwaarneembaar is voor het menselijk oor

imperfection ZN V **1** onvolkomenheid, onvolmaaktheid, onvoltooidheid • *l'~ d'une solution* het tekortschieten van een oplossing **2** gebrek, onvolmaaktheid • *les ~s de la peau* de onvolmaaktheden van de huid

impérial BN (M MV impériaux) **1** keizerlijk, imperiaal **2** hoogwaardig • *une attitude impériale* verheven houding

impériale ZN V imperiaal, bovendek <van voertuig>

impérialisme ZN M imperialisme

impérialiste **1** BN imperialistisch **2** ZN M/V imperialist

impérieux BN (V impérieuse) **1** gebiedend **2** dringend (geboden)

impérissable BN onvergankelijk • *des souvenirs impérissables* blijvende / onuitwisbare herinneringen

imperméabiliser OV WW ondoorlatend / waterdicht maken

imperméabilité ZN V ondoorlatendheid

imperméable **1** ZN M regenjas **2** BN **1** ondoorlatend, waterdicht **2** niet-bevattelijk, niet-ontvankelijk (voor) • *il est complètement ~ à ce type d'arguments* hij is totaal ongevoelig voor dat soort argumenten

impersonnalité ZN V onpersoonlijkheid

impersonnel BN (V impersonnelle), onpersoonlijk • TAALK. *un verbe ~* onpersoonlijk werkwoord

impertinence ZN V onbeschaamdheid, brutaliteit, impertinentie • *ne pas tolérer d'impertinences de la part de qn* geen brutaliteit / brutale opmerkingen van iemand dulden

impertinent BN onbeschaamd, brutaal, impertinent

imperturbable BN onverstoorbaar, onwankelbaar • *rester ~ sous les injures* onverstoorbaar blijven onder de beledigingen

impétigo MED. ZN M krentenbaard <huiduitslag>

impétueusement BW woest, onstuimig

impétueux BN (V impétueuse), woest, onstuimig • *un vent ~* stormachtige wind • *une mer impétueuse* woeste zee

impétuosité ZN V woestheid, onstuimigheid, drift
impie FORM. **1** BN goddeloos **2** ZN M/V goddeloze
impiété ZN V **1** goddeloosheid, ongelovigheid **2** godslastering
impitoyable BN meedogenloos, onbarmhartig, onverbiddelijk, hardvochtig • *éprouver une haine ~ pour qn* een meedogenloze haat jegens iemand koesteren • *être ~ envers qn* meedogenloos zijn jegens iemand
implacable BN onverzoenlijk, onverbiddelijk • *une haine ~* onverzoenlijke haat
implant "e(n)pla(n)" ZN M implantaat • *un ~ dentaire* tandimplantaat • *un ~ mammaire* borstimplantaat
implantation ZN V **1** (duurzame) vestiging • *l'~ d'une usine* de vestiging van een fabriek **2** MED. implantatie
implanter 1 OV WW (duurzaam) vestigen • FIG. *des préjugés bien implantés* diepgewortelde vooroordelen **2** WKD WW **(s'~)** zich vestigen, ingang vinden • *s'~ en Picardie* zich in Picardië vestigen
implantologie ZN V implantologie
implémentation COMP. ZN V implementatie, tenuitvoerlegging
implication ZN V **1** verwikkeling, betrokkenheid • *c'est une preuve de son ~ dans ce meurtre* het is een bewijs van zijn betrokkenheid bij deze moord **2** vaak mv implicatie, gevolg • *il est difficile de prévoir les ~s de cette nouvelle taxe* het is moeilijk de gevolgen van deze nieuwe belasting te voorzien
implicite BN impliciet, stilzwijgend inbegrepen • *un consentement ~* stilzwijgende goedkeuring
impliquer 1 OV WW **1** verwikkelen • *ne l'impliquez pas dans cette affaire!* verwikkel hem niet in deze zaak! **2** betekenen, inhouden, impliceren • *cela implique une grosse baisse de salaire pour les employés* dat betekent een grote salarisverlaging voor het personeel **2** WKD WW **(s'~)** zich helemaal geven (aan) • *s'~ dans une affaire* nauw in een zaak betrokken zijn
implorer OV WW smeken, aanroepen • *~ Dieu* God aanroepen • *~ l'aide de qn* om iemands hulp smeken
imploser ONOV WW imploderen
implosion ZN V implosie
impoli BN onbeleefd
impolitesse ZN V onbeleefdheid
impondérable BN onberekenbaar, onaanwijsbaar, niet te bepalen
impondérables ZN M MV imponderabilia, ongrijpbare zaken • *les ~ de la vie* de imponderabilia van het leven
impopulaire BN impopulair
impopularité ZN V impopulariteit
importance ZN V **1** belang(rijkheid), gewicht(igheid) • *une décision de la plus haute ~* zwaarwegende beslissing • FORM. *une affaire d'~* belangrijke zaak • *accorder / donner / attacher de l'~ aux paroles de qn* belang hechten aan iemands woorden • *prendre de l'~* belangrijk worden • *cela n'a aucune ~* dat is niet van belang • *c'est sans ~* dat doet niets ter zake • *quelle ~?* wat maakt dat uit? • *sans ~* onbetekenend **2** omvang, grootte, betekenis • *l'~ des dégâts* de omvang van de schade
important 1 BN **1** belangrijk, gewichtig • *rien d'~ à signaler* niets noemenswaardigs • *il est ~ que vous le sachiez* het is belangrijk dat u het weet **2** aanzienlijk, omvangrijk **2** ZN M hoofdzaak • *l'~, c'est qu'ils soient heureux* waar het om gaat, is dat ze gelukkig zijn **3** ZN M (V importante) • *faire l'~* gewichtig doen, dik doen
importateur 1 ZN M (V importatrice), importeur **2** BN (V importatrice), import-, invoer-, invoerend • *un pays ~ de pétrole* olie-importerend land
importation ZN V import, invoer
importer 1 OV WW invoeren, importeren • *une mode importée de l'étranger* mode overgenomen uit het buitenland **2** ONOV WW van belang zijn • *qu'importe?* wat doet het ertoe? • *n'importe* dat doet er niet toe • *peu importe qu'il apprenne la vérité* het doet er weinig toe dat hij de waarheid hoort • *ce qu'on dit sur moi m'importe peu* wat men over me zegt, kan me niets schelen • *ce type, ce n'est pas n'importe qui!* die man is niet de eerste de beste! • *n'importe qui peut le faire* iedereen kan het • *n'importe quoi* wat dan ook, zo maar wat • *c'est n'importe quoi!* dat lijkt nergens naar!, dat slaat nergens op!, dat klopt voor geen meter! • *c'est du n'importe quoi!; il fait n'importe quoi* hij doet maar wat, hij moddert maar wat aan • *dire n'importe quoi* onzin uitkramen, uit zijn nek kletsen • *tout et n'importe quoi* alles wat los en vast zit • *n'importe comment* op wat voor manier dan ook, lukraak, op z'n janboerenfluitjes **3** ONP WW van belang zijn • *il importe qu'on lui dise ce qui s'est passé* het is van belang dat men hem/haar zegt wat er gebeurd is
import-export ZN M import-export
importun 1 BN lastig, ongelegen, hinderlijk **2** ZN M (V importune), lastig mens, ongenode gast
importuner OV WW lastigvallen, hinderen
imposable BN belastbaar • *être ~* belastingplichtig zijn
imposant BN indrukwekkend, imponerend
imposer 1 OV WW **1** afdwingen, doen gelden, voorschrijven (**à** aan), opleggen • SPORT *des figures imposées* verplichte figuren • *on lui a imposé un régime très strict* ze heeft een erg streng dieet voorgeschreven gekregen • *~ sa volonté à qn* iemand zijn wil opleggen, bij iemand zijn zin doordrijven • *~ le silence à qn* iemand het zwijgen opleggen **2** belasten, in de belasting aanslaan • *~ les contribuables* de belastingplichtigen aanslaan **2** ONOV WW • *en ~ à qn* iemand imponeren **3** WKD WW **(s'~) 1** zich doen gelden, zich opdringen • *elle s'impose comme la plus grande pianiste de notre temps* ze is onbetwist de grootste pianiste van onze tijd **2** voor de hand liggen, onvermijdelijk zijn,

im

dringend nodig zijn • *ça s'impose* dat is een 'must', daar kun je niet omheen
imposition ZN V **1** belastingheffing • *l'~ se fait à la source* de belasting wordt aan de bron geheven **2** oplegging • *l'~ des mains* handoplegging
impossibilité ZN V onmogelijkheid • *être dans l'impossibilité de faire qc* niet in staat zijn iets te doen
impossible **1** BN onmogelijk • *mission ~* onuitvoerbare opdracht, onbegonnen werk • *une idée ~ à admettre* een ontoelaatbare gedachte • *il m'est ~ de faire cela* dat kan ik onmogelijk doen • *il est ~ que ce soit vrai* dat kan onmogelijk kloppen • *elle est ~* er is geen huis met haar te houden • *sa vie avec son mari est devenue ~* het is voor haar onmogelijk geworden met haar man samen te leven **2** ZN M (het) onmogelijke • *faire l'~ pour qn* al het mogelijke doen voor iemand • *tenter l'~* het uiterste wagen
imposteur ZN M bedrieger
imposture LIT. ZN V bedrog
impôt "e(n)poo" ZN M belasting • *l'impôt sur la fortune / les grandes fortunes* de vermogensbelasting • *l'impôt sur le revenu* de inkomstenbelasting • *les impôts locaux* de gemeentebelastingen • *remplir sa feuille d'impôts* zijn aanslagbiljet invullen • *percevoir des impôts* belasting innen
impotence ZN V invaliditeit, gebrekkigheid
impotent BN invalide, gebrekkig
impraticable BN **1** onuitvoerbaar **2** onbegaanbaar • *un chemin ~* onbegaanbare weg
imprécis BN onduidelijk, onnauwkeurig, vaag
imprécision ZN V onduidelijkheid, onnauwkeurigheid, vaagheid
imprégnation ZN V doordrenking
imprégner **1** OV WW **1** doordrenken, doortrekken, verzadigen • *un mouchoir imprégné de parfum* met parfum doordrenkte zakdoek **2** doordringen (**de** van) **2** WKD WW (**s'~**) **de** doordrongen worden van
imprenable BN onneembaar • *une vue ~* (blijvend) vrij uitzicht
imprésario, impresario ZN M impresario
imprescriptible BN onverjaarbaar, altijd geldend blijvend
impression ZN V **1** indruk, gevoel, impressie • *des ~s de voyage* reisimpressies • *une ~ de déjà-vu* déjà-vugevoel • *j'ai l'~ qu'on nous observe* ik heb het gevoel dat ze ons observeren • *ça me fait une ~ bizarre* dat doet me vreemd aan • *donner une bonne ~* goed voor de dag komen • *faire bonne ~* een goede indruk maken **2** (het) drukken <van boeken> • *des fautes d'~* drukfouten • *le manuscrit est à l'~* het manuscript is bij de drukker **3** (af)druk
impressionnable BN vatbaar voor indrukken, gevoelig
impressionnant BN indrukwekkend, imponerend
impressionner OV WW indruk maken op • *ne pas se laisser ~ par qn* zich niet laten imponeren door iemand • *être impressionné par qn* onder de indruk zijn van iemand
impressionnisme ZN M impressionisme
impressionniste **1** BN impressionistisch **2** ZN M/V impressionist
imprévisible BN onvoorzien(baar), onvoorspelbaar
imprévoyance ZN V zorgeloosheid, onvoorzichtigheid, onbedachtzaamheid
imprévoyant BN zorgeloos, onvoorzichtig, onbedachtzaam
imprévu **1** BN onvoorzien, onverwacht **2** ZN M (het) onvoorziene • *en cas d'imprévu* in onvoorziene omstandigheden • *sauf imprévu, nous serons chez vous vers vingt heures* als er niets tussenkomt, zijn we tegen acht uur (vanavond) bij jullie
imprimante ZN V printer • *une ~ (à) laser* laserprinter • *une ~ 3D* 3D-printer • *une ~ couleur(s)* kleurenprinter
imprimé ZN M **1** drukwerk, formulier **2** bedrukte stof, imprimé
imprimer OV WW **1** (af)drukken <van tekst, boek>, printen • *~ un livre à trois mille exemplaires* drieduizend exemplaren van een boek drukken • *imprimer en 3D* 3D-printen **2** bedrukken <van stof> **3** FORM. inprenten, bijbrengen • *~ un mouvement à un balancier* een slinger in beweging zetten • *ce souvenir reste imprimé dans ma mémoire* die herinnering blijft in mijn geheugen gegrift staan
imprimerie ZN V **1** boekdrukkunst **2** drukkerij
imprimeur ZN M drukker
improbabilité ZN V onwaarschijnlijkheid
improbable BN onwaarschijnlijk
improductif BN (V improductive), improductief, niets voortbrengend • *un sol ~* onvruchtbare bodem
improductivité ZN V improductiviteit
impromptu **1** BN geïmproviseerd, onverwacht **2** BW onvoorbereid, voor de vuist • *passer chez des amis ~* onverwacht bij vrienden langskomen **3** ZN M MUZ. improvisatie, impromptu
imprononçable BN onuitspreekbaar
impropre BN **1** oneigenlijk, onjuist **2** **~ à** ongeschikt voor • *des champignons ~s à la consommation* paddenstoelen die niet geschikt zijn voor consumptie • *~ au travail* arbeidsongeschikt
impropriété ZN V onjuistheid, TAALK. onjuist gebruik
improvisateur ZN M (V improvisatrice), improvisator
improvisation ZN V improvisatie • *une ~ de jazz* jazzimprovisatie
improviser **1** OV WW improviseren • *~ un discours* een speech improviseren **2** ONOV WW improviseren • *~ au piano* improviseren op de piano **3** WKD WW (**s'~**) **1** geïmproviseerd worden • *un discours ne peut pas s'~* een speech moet je goed voorbereiden **2** opeens / onverwachts optreden als • *s'~ docteur* onverwachts optreden als arts
improviste • *à l'~* onverwachts, onvoorbereid
imprudemment BW onvoorzichtig
imprudence ZN V onvoorzichtigheid

im

imprudent BN onvoorzichtig
impudemment BW onbeschaamd, brutaal
impudence ZN V onbeschaamdheid, brutaliteit
impudent BN onbeschaamd, brutaal
impudeur ZN V schaamteloosheid
impudique BN onkuis, onzedig
impuissance ZN V **1** machteloosheid, onmacht **2** impotentie
impuissant BN **1** machteloos, onmachtig • *se sentir ~ à faire qc* niet bij machte zijn om iets te doen **2** impotent
impulser OV WW stimuleren
impulsif BN (V impulsive), impulsief
impulsion ZN V impuls, aanzet, aandrang, neiging • *agir sous l'~ de la peur* handelen onder invloed van angst, uit angst iets doen
impulsivité ZN V impulsiviteit
impunément BW ongestraft, straffeloos
impuni BN ongestraft
impunité ZN V straffeloosheid • *en toute ~* geheel straffeloos • *jouïr de l'~* vrijuit gaan
impur BN **1** onzuiver, onrein • *de l'air ~* vervuilde lucht **2** FORM. onkuis, onzedelijk • *une pensée ~e* onkuise gedachte
impureté ZN V **1** onzuiverheid, onreinheid • *les impuretés* de verontreinigingen **2** FORM. onkuisheid, onzedelijkheid
imputable BN toerekenbaar, toe te schrijven (**à** aan) • *un accident ~ au verglas* ongeluk dat toe te schrijven is aan ijzel
imputer OV WW toerekenen, toeschrijven (**à** aan) • *~ une faute à qn* iemand een fout aanrekenen • *~ qc à qn* iemand de schuld geven van iets
imputrescible BN onbederfelijk
in "in" INFORM. BN in (zwang) • *les bottes sont ~ cet hiver* laarzen zijn deze winter in
inabordable BN **1** ontoegankelijk, ongenaakbaar • *ce prof est ~* deze leraar is onbenaderbaar **2** onbetaalbaar, te duur • *des prix ~s* buitensporige prijzen
inaccentué BN zonder accent, zonder klemtoon
inacceptable BN onaanvaardbaar
inaccessible BN ontoegankelijk, ongenaakbaar, onbereikbaar
inaccoutumé BN ongewoon
inachevé BN onvoltooid, onaf
inactif BN (V inactive), niet-werkzaam, werkeloos, inactief • *rester ~* nietsdoen • *un médicament ~* niet-werkzaam geneesmiddel
inaction ZN V (het) nietsdoen, werkeloosheid
inactivité ZN V (het) nietsdoen, werkeloosheid, inactiviteit
inactuel BN (V inactuelle), niet-actueel
inadaptation ZN V onaangepastheid
inadapté BN onaangepast, gedragsgestoord • *des autobus inadaptés aux fauteuils roulants* bussen die niet aangepast zijn voor rolstoelen
inadéquat "-kwà" BN inadequaat, ongeschikt (**à** voor)
inadmissible BN ontoelaatbaar, onaannemelijk
inadvertance ZN V onoplettendheid • *par ~* bij vergissing, per ongeluk
inaliénable BN onvervreemdbaar
inaltérable BN onveranderlijk, bestendig, steeds goed blijvend, niet aan bederf onderhevig • *un matériau inaltérable* duurzaam materiaal
inamovible BN onafzetbaar
inanimé BN **1** levenloos, onbezield • *un regard ~* doffe blik **2** bewusteloos • *tomber ~* bewusteloos raken, flauwvallen
inanition ZN V ondervoeding, krachteloosheid • *tomber d'~* omvallen van de honger
inapaisé BN onbevredigd, ongestild
inaperçu BN onbemerkt • *passer ~* onopgemerkt blijven
inapplicable BN ontoepasselijk, onuitvoerbaar
inappréciable BN onwaardeerbaar, onschatbaar
inapprivoisable BN ontembaar
inapte BN ongeschikt (**à** voor), onbekwaam • *~ au travail* arbeidsongeschikt, BELG. werkonbekwaam • *être ~ à diriger un groupe* ongeschikt zijn om een groep te leiden
inaptitude ZN V ongeschiktheid, onbekwaamheid • *l'~ au travail* arbeidsongeschiktheid
inarticulé BN ongearticuleerd, onduidelijk (uitgesproken)
inassimilable BN niet te assimileren, niet te verwerken, niet te verteren
inassouvi BN ongestild, onbevredigd • *une vengeance ~e* onbevredigde wraak(gevoelens)
inattaquable BN onaanvechtbaar, onaantastbaar
inattendu BN onverwacht, onverhoopt
inattentif BN (V inattentive), onoplettend, zonder aandacht
inattention ZN V onoplettendheid, onbedachtzaamheid • *une faute d'~* (vergissing uit) slordigheid • *un moment d'~ et c'est l'accident* een moment van onoplettendheid en er gebeurt een ongeluk
inaudible BN onhoorbaar, niet om aan te horen
inaugural BN (M MV inauguraux), inaugureel, inwijdings-
inauguration ZN V inauguratie, inwijding, opening, onthulling <van standbeeld>
inaugurer OV WW **1** inaugureren, inwijden, openen, onthullen <van standbeeld> **2** inluiden, introduceren
inauthentique BN onecht
inavouable BN niet te bekennen, schandelijk • *faire des bénéfices ~s* schaamteloze winsten maken
inavoué BN waar je niet voor uitkomt, heimelijk • *une liaison inavouée* heimelijke verhouding
I.N.C. AFK Institut National de la Consommation m ≈ Consumentenbond
inca BN onver. Inca- • *une tribu ~* Incastam
incalculable BN **1** ontelbaar **2** onberekenbaar

• *les conséquences sont ~s* de gevolgen zijn niet te overzien
incandescence ZN V (het) gloeien, gloeiing
incandescent BN (wit)gloeiend
incantation ZN V bezwering, toverformule
incantatoire BN bezwerings-, tover-
incapable **1** BN **1** onbekwaam • FIG. *il est ~ de faire du mal à une mouche* hij kan nog geen vlieg kwaad doen **2** onbevoegd **2** ZN M/V incompetent persoon, nietsnut
incapacité ZN V **1** onvermogen • *l'incapacité à faire qc* het onvermogen iets te doen • *je suis dans l'incapacité de venir vous chercher* ik kan u niet komen (af)halen **2** onbekwaamheid • *l'incapacité de travail* de arbeidsongeschiktheid
incarcération ZN V gevangenzetting, opsluiting
incarcérer OV WW gevangenzetten, opsluiten
incarnation ZN V vleeswording, belichaming, incarnatie • *elle est l'~ du mal* zij is de belichaming van het kwaad
incarner OV WW **1** incarneren, belichamen • *c'est le diable incarné* het is de duivel in eigen persoon **2** uitbeelden <van een rol> • *un acteur qui incarne Louis XIV à l'écran* acteur die de rol van Lodewijk de Veertiende speelt in een film • *c'est la prudence incarnée* hij / zij is de voorzichtigheid zelve **3** ingroeien <v. nagel> • *un ongle incarné* ingegroeide nagel
incartade FIG. ZN V zijsprong, misstap, dwaze streek, slippertje • *il sera renvoyé à la moindre ~* bij de geringste misstap zal hij ontslagen worden
incassable BN onbreekbaar
incendiaire **1** BN **1** brandstichtend • *une bombe ~* brandbom **2** FIG. opzwepend, opwindend • *un écrit ~* opruiend geschrift • *une blonde ~* opwindende blondine **2** ZN M/V brandstichter
incendie ZN M brand • *un ~ de forêt* bosbrand • *un ~ criminel* brandstichting • *lutter contre un ~* een brand bestrijden • *un ~ s'est déclaré* er brak brand uit
incendier OV WW **1** in brand steken, doen verbranden **2** DICHT. in vuur en vlam zetten • *le soleil semble ~ la mer* de zon lijkt de zee in vuur en vlam te zetten **3** INFORM. FIG. uitfoeteren • *se faire ~ par qn* door iemand uitgefoeterd worden
incertain **1** BN **1** onzeker, twijfelachtig • *le temps est ~* het weer is onbestendig • *nous sommes ~s de venir vous rendre visite comme convenu* we zijn er niet zeker van of we, zoals afgesproken, bij jullie op bezoek kunnen komen **2** vaag, onbestemd **2** ZN M (het) onzekere
incertitude ZN V **1** onzekerheid • *être dans l'~* in onzekerheid verkeren • *laisser qn dans l'~* iemand in het onzekere / ongewisse laten **2** veranderlijkheid
incessamment BW aanstonds, dadelijk, binnenkort • *il doit arriver ~* hij zal hier zo (meteen) zijn • HUMOR. *~ sous peu* zeer binnenkort
incessant BN onophoudelijk, aanhoudend
inceste ZN M incest
incestueux BN (V incestueuse), incestueus • *un père ~* incestueuze vader • *une relation incestueuse* incestueuze relatie
inchangé BN onveranderd
incidemment BW toevallig, terloops
incidence ZN V uitwerking, gevolg(en), weerslag • *n'avoir aucune ~ sur qc* geen enkele weerslag/invloed hebben op iets
incident **1** ZN M **1** incident, voorval • *un ~ de parcours* onvoorziene gebeurtenis, kink in de kabel • *un ~ technique* technische storing • *l'~ est clos* het incident is gesloten **2** bijkomstige omstandigheid • *un ~ nous a retardés* we zijn te laat door een onvoorziene gebeurtenis • *il y a eu un ~* er is iets tussen gekomen **2** BN incidenteel, bijkomend • *une question ~e* bijkomende vraag
incinérateur ZN M verbrandingsoven
incinération ZN V **1** verbranding • *l'incinération des ordures ménagères* de verbranding van huisvuil **2** lijkverbranding, crematie
incinérer OV WW **1** verbranden **2** verassen, cremeren
inciser OV WW insnijden • *~ un abcès* een abces opensnijden
incisif FIG. BN (V incisive), bijtend, scherp
incision ZN V insnijding, snee
incisive ZN V snijtand
incitatif BN (V incitative), aansporend, stimulerend
incitation ZN V aansporing, aanzetting, opruiing (**à** tot) • *une ~ à la violence* aanzetting tot geweld • *une ~ à consommer* het aanzetten tot consumeren
inciter OV WW aansporen, aanzetten, ophitsen (**à** tot) • *nous l'incitons à se présenter aux élections* we sporen hem aan zich kandidaat te stellen voor de verkiezingen • *une pub qui incite à acheter* een reclame die tot kopen aanzet
incivil FORM. BN onbeleefd
incivilité FORM. ZN V onbeleefdheid
inclassable BN niet te classificeren
inclinaison ZN V helling, schuinte • *régler l'~ d'un dossier de siège* de stand van de rugleuning regelen
inclination ZN V **1** buiging, (hoofd)knik • *saluer d'une ~ de la tête* met een hoofdknik groeten **2** neiging, voorliefde • *avoir de l'~ pour le sport* een voorliefde voor sport hebben • *elle a une certaine ~ à mentir* ze heeft een zekere neiging om te liegen • *faire qc par ~* spontaan iets (willen) doen
incliné BN schuin, hellend, gebogen
incliner **1** OV WW **1** buigen • *~ la tête* het hoofd buigen **2** **~ à** aanzetten tot, ertoe brengen om • *tout m'incline à croire que sa fin est proche* ik ben sterk geneigd te geloven dat zijn / haar einde nabij is **2** ONOV WW **~ à** geneigd zijn om / tot • *j'incline à penser qu'il a raison* ik ben geneigd te denken dat hij gelijk heeft **3** WKD WW **(s'~)** **1** (over)hellen **2** OOK FIG. (zich) buigen • *s'~ devant le roi* een buiging maken voor de koning • *s'~ devant une tombe* buigen voor een graf • *la joueuse a dû s'~ sur un score de deux sets à zéro* de speelster moest het afleggen met een score van twee sets

in

tegen nul
inclure OV WW onregelmatig **insluiten (dans in)**
inclus BN **ingesloten, inbegrepen** • *les charges sont ~es dans le loyer* de servicekosten / vaste lasten zijn bij de huur inbegrepen • *le magasin est fermé du samedi au lundi ~* de winkel is van zaterdag tot en met maandag gesloten
inclusif BN (V inclusive), **inclusief, insluitend**
inclusion ZN V **insluiting, opneming**
incoercible FORM. BN **onbedwingbaar**
incognito "-konj-" **1** ZN M **incognito** • *garder l'~* zijn naam niet bekendmaken **2** BW **incognito** • *voyager ~* incognito reizen
incohérence ZN V **incoherentie, gebrek aan samenhang**
incohérent BN **incoherent, onsamenhangend**
incollable INFORM. BN **die op elke vraag kan antwoorden**
incolore BN OOK FIG. **kleurloos**
incomber ONOV WW **rusten (op)** <van taak, plicht>
incombustible BN **onbrandbaar**
incommensurable BN **onmetelijk** • *être d'une bêtise ~* gigantisch dom zijn
incommode BN **hinderlijk, lastig**
incommoder OV WW **lastigvallen, hinderen, storen** • *la fumée m'incommode* ik heb last van de rook
incommodité ZN V **hinder, last, ongerief**
incommunicable BN **onzegbaar** • *des mondes ~s* onverenigbare werelden
incomparable BN **onvergelijkelijk**
incompatibilité ZN V **onverenigbaarheid, incompatibiliteit** • *l'incompatibilité entre les personnes* de botsende karakters • *une ~ d'humeur* onverenigbaarheid van karakter
incompatible BN **onverenigbaar, incompatibel** • *un logiciel ~ avec un Mac* software die niet compatibel is met een Mac
incompétence ZN V **onbekwaamheid, onbevoegdheid, incompetentie**
incompétent BN **onbekwaam, onbevoegd, incompetent**
incomplet BN (V incomplète), **onvolledig** • *la définition de ce mot est incomplète* de definitie van dit woord is gebrekkig
incompréhensible BN **onbegrijpelijk**
incompréhensif BN (V incompréhensive), **niet-begrijpend, vol onbegrip**
incompréhension ZN V **onbegrip, miskenning** • *l'incompréhension de qn devant qc* het onbegrip van iemand voor iets
incompressible BN **niet-samendrukbaar, niet-reduceerbaar** • *une peine ~* straf die niet verminderd kan worden
incompris BN **onbegrepen**
inconcevable BN **onvoorstelbaar, ondenkbaar, onbegrijpelijk**
inconciliable BN **onverenigbaar, strijdig** • *des intérêts ~s entre eux* onverenigbare belangen
inconditionnel 1 BN (V inconditionnelle), **onvoorwaardelijk 2** ZN M (V inconditionnelle), **vurig aanhanger**
inconfort ZN M **ongerief** • *vivre dans l'~* zonder comfort leven
inconfortable BN **ongeriefelijk** • *être dans une situation ~* zich in een onaangename situatie bevinden
incongru BN **onbetamelijk, ongepast**
incongruité ZN V **onbetamelijkheid, ongepastheid**
inconnu 1 BN **1 onbekend** • *la tombe du Soldat ~* het graf van de onbekende soldaat • *des terres ~es* onbekend terrein **2 ongekend** • *une joie ~e* ongekende vreugde **2** ZN M **(het) onbekende 3** ZN M (V inconnue), **(de) onbekende, vreemde(ling)** • HUMOR. *un illustre ~* een onbekende grootheid <persoon> **4** ZN V **(de) onbekende** • *la grande ~e* de onbekende grootheid, de onbekende
inconsciemment BW **onbewust, onnadenkend**
inconscience ZN V **1 bewusteloosheid** • *sombrer dans l'~* bewusteloos raken **2 onbewustheid, onnadenkendheid, onverantwoordelijkheid** • *faire preuve d'~* blijk geven van onverantwoordelijkheid
inconscient 1 BN **1 bewusteloos** • *être à demi ~* half bewusteloos zijn **2 onbewust** • *être ~ du danger* onbewust zijn van het gevaar **3 onnadenkend, instinctief 2** ZN M PSYCH. **(het) onbewuste**
inconséquence ZN V **inconsequentie, onsamenhangendheid**
inconséquent BN **inconsequent, onsamenhangend**
inconsidéré BN **onbezonnen, ondoordacht**
inconsistance ZN V **inconsistentie, onvastheid, onbestendigheid** • FIG. *l'~ des programmes scolaires* het gebrek aan samenhang van de schoolprogramma's
inconsistant BN **inconsistent, onvast, onsamenhangend**
inconsolable BN **ontroostbaar**
inconstance FORM. ZN V **wispelturigheid, onstandvastigheid, onbestendigheid, ontrouw**
inconstant FORM. BN **wispelturig, onstandvastig, onbestendig** • DICHT. *être ~ en amour* ontrouw zijn in de liefde
inconstitutionnel BN (V inconstitutionnelle), **ongrondwettelijk, ongrondwettig**
incontestable BN **onbetwistbaar** • *il est ~ que la fin de la crise n'est pas pour demain* het lijdt geen twijfel dat de crisis nog niet voorbij is
incontesté BN **onbetwist**
incontinence ZN V MED. **incontinentie**
incontinent MED. BN **incontinent**
incontournable BN **onontkoombaar, waar je niet omheen kan** • *Internet est un média ~ de nos jours* internet is een medium waar je niet meer omheen kan
incontrôlable BN **oncontroleerbaar, onbeheersbaar**
incontrôlé BN **ongecontroleerd, onbeheerst** • *le bon journaliste ne publie pas de nouvelles*

in

incontrôlées een goede journalist publiceert geen ongecontroleerd nieuws
inconvenance ZN V ongepastheid
inconvenant BN ongepast • *une proposition ~e* ongepast voorstel
inconvénient ZN M **1** bezwaar • *de sérieux / graves inconvénients* ernstige bezwaren • *je ne vois pas d'inconvénient à ce que vous veniez* ik heb er niets op tegen dat u komt • *cela comporte des inconvénients* er zijn bezwaren aan verbonden **2** nadeel • *voyager seul offre des inconvénients* alleen reizen heeft nadelen
incorporation ZN V (het) (in iets) opnemen, opneming, incorporatie • *sursis d'incorporation*
incorporer OV WW **1** CULIN toevoegen, inmengen • *~ la crème à la soupe* de room aan de soep toevoegen **2** inlijven, opnemen, integreren • *~ des graphiques à un texte* grafieken in een tekst opnemen • *~ de jeunes soldats dans une armée* jonge soldaten in een leger inlijven

in

incorrect "-rekt" BN **1** onjuist, incorrect, onnauwkeurig **2** onbehoorlijk, incorrect • *se montrer ~ avec / envers qn* zich niet correct tegenover iemand gedragen
incorrigible BN onverbeterlijk
incorruptible BN onomkoopbaar • *un juge qui n'est pas ~* rechter die niet onomkoopbaar is
incrédule **1** BN ongelovig, sceptisch • *être ~ à l'égard de qn* sceptisch zijn jegens iemand **2** ZN M/V ongelovige, scepticus
incrédulité ZN V ongeloof, ongelovigheid
increvable BN **1** INFORM. onvermoeibaar • *des danseurs ~s* onvermoeibare dansers **2** die niet kan knappen <van luchtband>
incriminer OV WW berispen, afkeuren, beschuldigen • *l'article incriminé* het gewraakte artikel
incroyable BN **1** ongelofelijk, onvoorstelbaar • *il est ~ qu'elle ait fait une telle erreur* het is haast niet te geloven dat zij zo'n fout gemaakt heeft **2** buitengewoon, fantastisch • *son interprétation de Carmen est ~* haar vertolking van Carmen is ongelofelijk
incroyant REL. **1** BN ongelovig **2** ZN M (V incroyante), ongelovige
incrustation ZN V **1** inleg(sel), inzetsel, invatting • *orné d'~* met inlegwerk versierd, ingelegd **2** COMP. pop-upvenster
incruster **1** OV WW inleggen, van inlegwerk voorzien • *un collier incrusté de diamants* halssnoer met (ingevatte) diamanten **2** WKD WW **(s'~) 1** INFORM. (als bezoeker) blijven plakken • *chaque fois qu'ils viennent nous voir, ils s'incrustent* iedere keer als ze bij ons langskomen, blijven ze plakken **2** ingelegd / ingebed worden
incubateur ZN M broedmachine, couveuse
incubation ZN V **1** uitbroeding, broedtijd **2** MED. incubatie(tijd) • *la période d'~ d'une maladie* de incubatietijd van een ziekte
incuber OV WW uitbroeden <van eieren>
inculpation ZN V beschuldiging, aanklacht • *être arrêté sous l'~ d'homicide involontaire* aangehouden worden op beschuldiging van doodslag
inculpé ZN M (V inculpée), beschuldigde, verdachte
inculper OV WW beschuldigen, aanklagen • *on l'a inculpé pour homicide volontaire* hij is aangeklaagd wegens moord
inculquer OV WW inprenten, bijbrengen • *~ le respect des autres aux enfants* kinderen respect voor anderen bijbrengen
inculte BN **1** onontwikkeld <v. persoon> **2** onbebouwd <v. grond>
incultivable BN onbebouwbaar
inculture ZN V gebrek aan ontwikkeling <van persoon>
incurabilité ZN V ongeneeslijkheid
incurable BN **1** ongeneeslijk **2** onverbeterlijk, verstokt • *sa bêtise est ~* zijn domheid is onverbeterlijk
incurie ZN V zorgeloosheid, nalatigheid • *l'~ des banques mène à la catastrophe* de nalatigheid / onzorgvuldigheid van de banken brengt ons tot de rand van de afgrond
incursion ZN V **1** inval, (het) binnenvallen • *l'~ des rebelles s'est soldée par un échec* de inval van de rebellen is op een mislukking uitgelopen **2** FIG. uitstapje, zijsprong
incurver OV WW buigen, krommen
indatable BN niet te dateren
Inde ZN V India • *en ~* in India • *les Indes* Indië
indéboulonnable INFORM. BN niet (uit zijn functie) weg te krijgen
indécence ZN V onbetamelijkheid, ongepastheid • *des propos qui frisent l'indécence* woorden die op het randje van fatsoen zijn
indécent BN onbetamelijk, onfatsoenlijk, ongepast
indéchiffrable BN onontcijferbaar, onleesbaar, onbegrijpelijk
indécis BN **1** besluiteloos **2** onduidelijk, vaag **3** onbeslist, twijfelachtig • *rester ~* onbeslist blijven • *une victoire indécise* twijfelachtige / onzekere overwinning
indécision ZN V besluiteloosheid • *elle est dans l'indécision quant à sa participation aux élections* ze aarzelt over haar deelname aan de verkiezingen
indécomposable BN onontleedbaar
indécrottable INFORM. BN hopeloos dom / ongemanierd, onverbeterlijk
indéfectible BN onvergankelijk, onverwoestbaar, onfeilbaar • *un amour ~* onverwoestbare liefde
indéfendable BN onverdedigbaar
indéfini BN **1** onbegrensd, eindeloos • *un espace ~* onbegrensde ruimte **2** TAALK. onbepaald • *un article ~* onbepaald lidwoord
indéfinissable BN ondefinieerbaar, onbestemd, onverklaarbaar
indéformable BN vormvast
indélébile BN OOK FIG. onuitwisbaar • *un souvenir*

~ onuitwisbare herinnering
indélicat BN **1** niet-fijngevoelig, tactloos, grof **2** oneerlijk • *un commerçant ~* oneerlijke handelaar
indélicatesse ZN V **1** tactloosheid, grofheid **2** oneerlijkheid
indemne "-dem-" BN ongedeerd, zonder letsel / schade • *sortir ~ d'un accident* ongedeerd blijven bij een ongeluk
indemnisation "-dem-" ZN V schadeloosstelling, vergoeding
indemniser "-dem-" OV WW schadeloosstellen (de voor) • *les sinistrés ont tous été indemnisés* de slachtoffers zijn allemaal schadeloosgesteld • *~ quelqu'un* iemands kosten vergoeden
indemnité "-dem-" ZN V **1** toelage, uitkering, vergoeding • *une ~ de chômage* WW-uitkering • *une ~ de licenciement* ontslagvergoeding • *une ~ pour frais professionnels* vergoeding voor beroepskosten • *une ~ de guerre* herstelbetaling • *payer une ~ à qn* iemand een vergoeding betalen • *à titre d'indemnité* als schadevergoeding **2** bezoldiging • *une ~ parlementaire* bezoldiging v. parlementsleden
indémodable BN niet aan mode onderhevig • *le jean est ~* de spijkerbroek is modebestendig
indémontrable BN onbewijsbaar
indéniable BN onloochenbaar, onmiskenbaar • *il est ~ que la victoire leur revient* het valt niet te ontkennen dat de overwinning hun toekomt
indépendamment BW **1** onafhankelijk • *agir ~* los van elkaar handelen **2 ~ de** los van, afgezien van, behalve • *~ de leur travail, ils ont d'autres revenus* naast hun werk hebben ze nog andere inkomsten
indépendance ZN V onafhankelijkheid • *la guerre d'indépendance de l'Algérie* de onafhankelijkheidsstrijd van Algerije • *faire preuve d'indépendance* blijk geven van onafhankelijkheid
indépendant BN **1** zelfstandig • *une femme indépendante* onafhankelijke vrouw • *un travailleur ~* zelfstandige (ondernemer) **2** onafhankelijk (de van) • *ces deux événements sont indépendants l'un de l'autre* deze twee gebeurtenissen staan op zichzelf **3** met eigen opgang / ingang <van woning>, vrijstaand **4** TAALK. • *une proposition indépendante* zelfstandige zin
indépendantiste 1 BN onafhankelijkheids- • *un mouvement ~* onafhankelijkheidsbeweging **2** ZN M/V voorstander van onafhankelijkheid
indéracinable BN onuitroeibaar
indescriptible BN onbeschrijfelijk
indésirable 1 BN ongewenst **2** ZN M/V ongewenst persoon
indestructible BN OOK FIG. onverwoestbaar • *une amitié ~* onverwoestbare vriendschap
indéterminable BN onbepaalbaar, onbestemd
indétermination ZN V **1** besluiteloosheid **2** onbepaaldheid
indéterminé BN **1** onbepaald, onbestemd • *à une date indéterminée* op een onbepaalde datum **2** besluiteloos
index ZN M **1** wijsvinger **2** index • *l'~ des noms d'auteurs* de index van auteursnamen • *l'~ des rues* stratenlijst, stratengids • *l'~ des prix* de prijsindex • FIG. *mettre qn à l'~* iemand op de zwarte lijst plaatsen
indexation ZN V indexering
indexer OV WW indexeren • *~ l'emprunt sur le cours de l'or* de lening koppelen aan de goudkoers
indic INFORM. ZN M/V indicateur, indicatrice (de police) verklikker
indicateur 1 ZN M **1** meter, wijzer, waarschuwingslampje, indicator • *un ~ de vitesse* snelheidsmeter **2** spoorboekje, gids • *un ~ immobilier* woninggids **2** ZN M (V indicatrice), verklikker, tipgever **3** BN (V indicatrice), aanwijzend • *une fiche indicatrice* tabkaart • *un poteau ~* wegwijzer • *un panneau ~* verkeersbord
indicatif 1 ZN M **1** TAALK. aantonende wijs, indicatief **2** MEDIA herkenningsmelodie • *l'~ du journal (télévisé) de vingt heures* de tune van het achtuurjournaal <'s avonds, op tv> **3** herkenningsteken **4** kengetal • *l'~ de la région parisienne est '01'* het kengetal van de regio Parijs is '01' • *l'~ international* internationaal toegangsnummer **2** BN (V indicative), aanwijzend • *un prix ~* richtprijs, adviesprijs • *à titre ~* ter indicatie / informatie
indication ZN V aanwijzing, aanduiding, indicatie • *des ~s de prix* prijsopgaven • *sur les ~s de mon médecin traitant...* op aanwijzing van mijn behandelend arts... • *sauf ~ contraire...* tenzij anders aangegeven...
indice ZN M **1** teken, aanwijzing • *il a été condamné sur de faux ~s* hij is veroordeeld op valse aanwijzingen • *est-ce que la police a des ~s sur le suspect?* heeft de politie al aanwijzingen over de mogelijke dader? **2** index(cijfer) • *l'~ des prix* de prijsindex • *l'~ d'écoute* de kijkdichtheid, de luisterdichtheid • *l'~ de masse corporelle* de body mass index • *l'~ du coût de la vie* de index van de kosten van levensonderhoud
indicible FORM. **1** BN onuitsprekelijk **2** ZN M (het) onuitsprekelijke
indien BN (V indienne) **1** Indisch, Indiaas • *l'océan Indien* de Indische Oceaan **2** indiaans
Indien ZN M (V Indienne) **1** Indiër **2** indiaan
indienne ZN V bedrukt katoen
indifféremment BW zonder onderscheid
indifférence ZN V onverschilligheid
indifférencié BN ongedifferentieerd
indifférent 1 BN onverschillig, om het even • *être ~ à tout et à tous* voor niets en niemand belangstelling hebben • *cela m'est ~* dat maakt mij niet uit • *son ironie me laisse ~* zijn ironie laat me koud **2** ZN M (V indifférente), onverschillig persoon • *jouer / faire l'indifférent* onverschillig doen
indifférer OV WW koud laten, onverschillig laten • *votre avis m'indiffère* uw mening laat me koud
indigence ZN V armoede, gebrek • *être dans l'~* behoeftig zijn

in

indigène 1 BN inheems, inlands • *des populations indigènes* inheemse bevolkingsgroepen 2 ZN M/V 1 inlander 2 inboorling
indigent BN pover, karig
indigeste BN OOK FIG. moeilijk verteerbaar • *c'est ~* het is taaie kost • *un livre ~* een taai boek
indigestion ZN V slechte spijsvertering, indigestie • INFORM. *des films de guerre, j'en ai une ~* oorlogsfilms ben ik zat
indignation ZN V verontwaardiging • *protester avec ~* verontwaardigd protesteren
indigne BN onwaardig, verwerpelijk • *une mère / un père indigne* een slechte moeder / vader • *être ~ de qc / qn* iets / iemand onwaardig zijn • *c'est ~ de moi* dat is beneden mijn waardigheid
indigné BN verontwaardigd
indigner 1 WKD WW **(s'~)** verontwaardigd zijn **(de** over), geërgerd raken **(contre** jegens) • *s'~ des inégalités entre les sexes* verontwaardigd zijn over de ongelijkheid tussen de seksen 2 OV WW verontwaardigd maken

in

indignité ZN V onwaardigheid, schandelijkheid
indigo 1 BN indigo(blauw) 2 ZN M indigo
indiqué BN 1 aangewezen, raadzaam 2 aangegeven
indiquer OV WW 1 aanwijzen • *ma montre indique deux heures* mijn horloge wijst twee uur (aan) • *le thermomètre indique 10 degrés* de thermometer geeft 10 graden aan • *le compteur indique 100* de teller staat op 100 2 aangeven, aanduiden, noemen • *pouvez-vous m'~ la route vers la poste?* kunt u mij de weg wijzen naar het postkantoor? • *sa remarque indique qu'elle a peur* haar opmerking wijst op angst, uit haar opmerking blijkt dat ze bang is • *comme son nom l'indique* zoals zijn naam al aangeeft, zijn naam zegt het al • *à l'heure indiquée* op de vastgestelde tijd
indirect "-rekt" BN 1 indirect, onrechtstreeks, zijdelings • *une contribution ~e* indirecte belasting • *un éclairage ~* indirecte verlichting 2 TAALK. • *un complément ~* meewerkend voorwerp • *le discours ~* de indirecte rede
indiscernable BN niet te onderscheiden
indiscipline ZN V gebrek aan discipline, tuchteloosheid
indiscipliné BN ongedisciplineerd, ongezeglijk, weerbarstig
indiscret 1 BN (V indiscrète), onbescheiden, indiscreet, loslippig • *à l'abri des regards ~s* buiten het bereik van nieuwsgierige blikken 2 ZN M (V indiscrète), indiscreet persoon • *à l'abri des ~s* buiten het bereik van indiscrete personen
indiscrètement BW onbescheiden, indiscreet
indiscrétion "-sjo(n)" ZN V onbescheidenheid, indiscretie • *elle a l'indiscrétion de lire mes lettres* ze is zo onbescheiden (om) mijn brieven te lezen • *sans ~, quel âge avez-vous?* zonder onbescheiden te zijn, hoe oud bent u? • *les indiscrétions d'une journaliste* de loslippigheid van een journaliste • *commettre une ~* uit de school klappen
indiscutable BN onbetwistbaar • *il est ~ que toute l'histoire est vraie* het staat als een paal boven water dat het hele verhaal waar is
indispensable 1 BN onontbeerlijk, onmisbaar, noodzakelijk • *se croire ~* denken dat je onmisbaar bent 2 ZN M (het) hoogst noodzakelijke • *n'emporter que l'~* alleen het hoogst noodzakelijke meenemen
indisponibilité ZN V (het) niet-beschikbaar zijn
indisponible BN niet-beschikbaar
indisposé BN 1 onwel, (zich) niet lekker (voelend) 2 ongesteld <v. vrouwen>
indisposer OV WW 1 onwel / misselijk maken • *ce parfum m'indispose* deze parfum maakt me misselijk 2 tegenstaan, ontstemmen, ergeren, innemen **(contre** tegen) • *il indispose tout le monde par son arrogance* iedereen ergert zich aan zijn arrogantie
indisposition ZN V (het) onwel-zijn, ongesteldheid
indissociable BN niet te scheiden **(de** van) • *une phrase ~ de son contexte* een zin die niet los van zijn context kan worden gezien
indissoluble BN onontbindbaar
indistinct "-te(n)" BN onduidelijk, vaag • *un sentiment ~* onbestemd gevoel
indistinctement BW 1 onduidelijk, vaag • *parler ~* onduidelijk spreken 2 zonder onderscheid • *tous les Français, ~* alle Fransen, zonder onderscheid
individu ZN M individu, persoon, wezen • *un ~ s'est introduit chez nous dans la nuit* er is 's nachts bij ons een insluiper geweest • *il n'y a pas deux ~s identiques* geen twee mensen zijn gelijk
individualiser OV WW tot individu maken, individualiseren
individualisme ZN M individualisme
individualiste 1 BN individualistisch 2 ZN M/V individualist
individualité ZN V 1 individualiteit, persoonlijkheid 2 eigen aard
individuel BN (V individuelle), individueel, persoonlijk, afzonderlijk • *une initiative ~le* eigen initiatief • *une chambre ~le* eenpersoonskamer • *une maison ~le* eengezinswoning
indivisible BN ondeelbaar
indocile BN ongezeglijk, ongehoorzaam
indo-européen BN (V indo-européenne), Indo-Europees, Indo-Germaans
indolence ZN V lusteloosheid, sloomheid, indolentie
indolent BN lusteloos, sloom, indolent
indolore BN pijnloos
indomptable BN OOK FIG. ontembaar, onbedwingbaar
Indonésie ZN V Indonesië
indonésien BN (V indonésienne), Indonesisch
Indonésien ZN M (V Indonésienne), Indonesiër
indu BN onbehoorlijk, ongepast, onterecht • *à une heure ~e* op een ongelukkig / onchristelijk tijdstip • *rentrer à des heures ~es* bij nacht en ontij thuiskomen

indubitable BN ontwijfelbaar, stellig • *une preuve ~* overtuigend bewijs
inductif BN (V inductive), inductief
induction ZN V inductie • *cuisson sur plaque à ~* inductiekoken
induire OV WW onregelmatig afleiden (uit), opmaken (uit) • *on l'a induit en erreur* ze hebben hem op een dwaalspoor gebracht
indulgence ZN V toegeeflijkheid, inschikkelijkheid, mildheid, coulance • *avoir de l'~ pour qn* begrip hebben voor iemand
indulgent BN toegeeflijk, inschikkelijk, mild • *être ~ envers / avec qn* toegeeflijk zijn ten opzichte van iemand • *se montrer ~ pour les défauts de qn* begrip tonen voor iemands gebreken • *une critique ~e* milde kritiek
indûment BW onrechtmatig, ten onrechte
industrialisation ZN V industrialisatie
industrialiser 1 OV WW industrialiseren • *les pays industrialisés* de geïndustrialiseerde landen **2** WKD WW **(s'~)** geïndustrialiseerd worden • *une région qui s'industrialise* gebied dat geïndustrialiseerd wordt / industrialiseert
industrie ZN V industrie, nijverheid • *les petites et moyennes ~s / les P.M.I.* de kleine en middelgrote industrieën • *l'~ pharmaceutique* de farmaceutische industrie • *l'~ automobile* de auto-industrie • *l'~ agroalimentaire* de voedingsmiddelenindustrie • *l'~ des loisirs* de vrijetijdsindustrie • *l'~ lourde* de zware industrie
industriel BN (V industrielle), industrieel, industrie-, nijverheids-, fabrieksmatig • *une région / une zone ~le* industriegebied • *les arts ~s* kunstnijverheid • *le dessin ~* technisch tekenen, industrieel ontwerp • *pain ~* industrieel brood • *en quantité ~le* in zeer grote hoeveelheid, massaal
inébranlable BN onwankelbaar, onwrikbaar, onverzettelijk
I.N.E.D. AFK Institut national d'études démographiques m Nationaal demografisch instituut
inédit "-die" **1** BN **1** onuitgegeven **2** OOK FIG. nog nooit vertoond, ongekend, volstrekt nieuw **2** ZN M onuitgegeven werk • *c'est de l'inédit* het is het nieuwste van het nieuwste
ineffable BN onuitsprekelijk, waar geen woorden voor zijn
ineffaçable BN OOK FIG. onuitwisbaar
inefficace BN ondoeltreffend, inefficiënt • *un remède ~* niet-werkzaam geneesmiddel
inefficacité ZN V ondoeltreffendheid, inefficiëntie
inégal BN (M MV inégaux) **1** ongelijk, ongelijkmatig **2** onregelmatig **3** oneffen • *un terrain ~* oneffen bodem
inégalable BN niet te evenaren, weergaloos
inégalé BN ongeëvenaard
inégalitaire BN niet-egalitair, met klassenverschillen
inégalité ZN V **1** ongelijkheid • *les inégalités sociales* de maatschappelijke ongelijkheden • *les inégalités de chances* de ongelijke kansen **2** oneffenheid • *l'inégalité du terrain* de oneffenheid in het terrein **3** onregelmatigheid
inélégance ZN V **1** gebrek aan elegantie **2** FIG. gebrek aan tact
inélégant BN onelegant
inéligibilité ZN V onverkiesbaarheid
inéligible BN onverkiesbaar
inéluctable BN onvermijdelijk
inénarrable BN dolkomisch
inepte BN onzinnig, dwaas
ineptie "-sie" ZN V onzinnigheid, dwaasheid • *débiter des inepties* onzin uitkramen
inépuisable BN onuitputtelijk • *être ~ sur un sujet* niet uitgepraat raken over een onderwerp
inéquitable BN onrechtvaardig, onbillijk
inerte BN traag, loom, bewegingloos, futloos, inert • *un marché ~* slappe markt • *on a retrouvé son corps inerte* hij is levenloos aangetroffen
inertie "-sie" ZN V traagheid, futloosheid, inertie • *sortir de son ~* uit zijn apathie ontwaken • FIG. *la force d'~ de qn* het lijdelijk verzet van iemand
inespéré BN onverwacht, onverhoopt • *c'est une occasion inespérée!* dat is een buitenkansje!
inesthétique BN onesthetisch
inestimable BN onschatbaar
inévitable BN onvermijdelijk
inévitablement BW onvermijdelijk(erwijs), noodzakelijk
inexact "-a(kt)" BN onnauwkeurig, onjuist
inexactitude ZN V onnauwkeurigheid, onjuistheid • *dans sa déposition, on a relevé de nombreuses ~s* in zijn verklaring zijn veel onjuistheden opgemerkt
inexcusable BN niet te verontschuldigen • *son attitude est ~* zijn houding valt niet goed te praten
inexistant BN **1** niet-bestaand **2** onbeduidend, waardeloos • *l'intrigue de ce roman est ~e* de intrige van deze roman is waardeloos
inexistence ZN V **1** (het) niet-bestaan **2** waardeloosheid
inexorable BN onverbiddelijk • *une volonté ~* onverbiddelijke / meedogenloze wil
inexpérience ZN V onervarenheid
inexpérimenté BN onervaren
inexpiable BN **1** onverzoenlijk, onvergeeflijk • *un crime ~* onvergeeflijk misdrijf **2** onverbiddelijk, meedogenloos • *une lutte ~ entre deux partis politiques* genadeloze strijd tussen twee politieke partijen
inexplicable BN onverklaarbaar, vreemd
inexpliqué BN onverklaard
inexploitable BN niet te exploiteren, onontginbaar • *un gisement de gaz ~* onontginbare gasbel
inexploité BN onontgonnen, niet-geëxploiteerd
inexploré BN nog niet doorzocht, onbegaan • *un coin de terre encore ~* nog onontdekt hoekje van de aarde
inexpressif BN (V inexpressive), uitdrukkingsloos, nietszeggend

inexprimable BN onuitsprekelijk • *il a un charme ~* hij heeft een onbeschrijflijke charme

inexprimé BN onuitgesproken

inextensible BN niet-rekbaar

inextinguible BN onblusbaar, onlesbaar • *un rire ~* onbedaarlijk gelach

in extremis "-mies" BW op het laatste moment

inextricable BN OOK FIG. onontwarbaar • *un fouillis ~ de ruelles* een wirwar van steegjes

infaillible BN onfeilbaar • *un remède ~ contre la migraine* onfeilbaar geneesmiddel tegen migraine

infaisable BN ondoenlijk

infalsifiable BN onvervalsbaar, niet-falsifieerbaar

infamant BN onterend, smadelijk, schandelijk

infâme BN **1** eerloos, schandelijk, laaghartig, infaam • *des procédés infâmes* schandelijke methodes **2** walgelijk, vies • *une odeur ~* walgelijke stank

infamie ZN V **1** schande, laag(hartig)heid, gemeenheid **2** schandelijke daad, belediging

infanterie ZN V infanterie, voetvolk • *l'~ de marine* het korps mariniers

infanticide **1** BN schuldig aan kindermoord **2** ZN M kindermoord **3** ZN M/V kindermoordenaar

infantile BN **1** MED. kinder- • *une maladie ~* kinderziekte **2** MIN. kinderachtig, infantiel • *avoir des réactions ~s* kinderachtig reageren

infantilisme ZN M kinderlijkheid, infantiliteit

infarctus "-tuus" ZN M infarct • *un ~ du myocarde* hartinfarct • INFORM. *faire un ~* een infarct krijgen

infatigable BN onvermoeibaar

infatué BN verwaand, zelfingenomen • *être ~ de sa personne* heel ingenomen zijn met zichzelf

infécond BN onvruchtbaar • *un couple ~* onvruchtbaar echtpaar • FORM. *un esprit ~* onproductieve geest

infécondité ZN V onvruchtbaarheid

infect "-ekt" BN walgelijk, weerzinwekkend, afschuwelijk • *cette soupe est ~e* die soep is niet te eten • *se montrer ~ envers qn* zich afschuwelijk gedragen tegenover iemand

infecter **1** OV WW infecteren, besmetten **2** WKD WW **(s'~)** ontstoken raken • *une plaie qui s'infecte* wond die ontstoken raakt

infectieux BN (V infectieuse), besmettelijk • *une maladie infectieuse* infectieziekte

infection ZN V **1** besmetting, infectie **2** stank, iets walgelijks • *cet appartement est une vraie ~!* het stinkt als de pest in die flat!

inféoder FIG. **1** OV WW onderwerpen, onderhorig maken **(à** aan**)** **2** WKD WW **(s'~)** zich onderwerpen **(à** aan**)** • *un syndicat qui s'inféode à un parti* vakbond die zich onderwerpt aan een partij

inférence ZN V gevolgtrekking

inférer FORM. OV WW afleiden (uit), opmaken (uit)

inférieur **1** BN **1** lager **(à** dan**)**, onderst, benedenst • *la lèvre inférieure* onderlip • *l'étage ~* benedenverdieping, onderste verdieping • *le cours ~ de la Seine* benedenloop van de Seine • *les espèces animales et végétales inférieures* de lagere dieren en planten • *les classes inférieures* de lagere standen • *il ne lui est ~ en rien* hij doet in niets voor hem onder **2** geringer **(à** dan**)** • *une note inférieure à la moyenne* een onvoldoende • *citez un chiffre ~ à vingt!* noem mij een getal lager dan twintig! • *arrondir un prix à l'euro ~* de prijs op een euro naar beneden afronden **3** minder, minderwaardig, inferieur **(à** aan**)** • *un produit ~ en qualité / un produit de qualité inférieure* product van inferieure kwaliteit, ondermaats product **2** ZN M (V inférieure), ondergeschikte

infériorité ZN V **1** minderwaardigheid, inferioriteit, minderheid • *l'infériorité numérique* het geringere aantal • *avoir un complexe d'infériorité* een minderwaardigheidscomplex hebben **2** ondergeschiktheid

infernal BN (M MV infernaux) **1** hels, duivels, infernaal • *machine ~e* helse machine **2** INFORM. hels, vreselijk • *faire un bruit ~* een hels lawaai maken • *il fait une chaleur ~e* het is bloedheet

infertile BN onvruchtbaar

infester OV WW teisteren, een plaag zijn voor • *un tapis infesté de puces* tapijt dat vergeven is van de vlooien • *une station (de métro) infestée de pickpockets* (metro)station waar het wemelt van de zakkenrollers

infidèle **1** BN **1** ontrouw **(à** aan**)** • *un homme ~* ontrouwe man • *être ~ à son époux* haar echtgenoot ontrouw zijn **2** niet-getrouw, onbetrouwbaar, onnauwkeurig • *une traduction ~* onnauwkeurige vertaling **2** ZN M/V ongelovige

infidélité ZN V **1** ontrouw **2** onbetrouwbaarheid, onnauwkeurigheid

infiltration ZN V **1** infiltratie, binnendringing • *des eaux d'~* doorsijpelend water, kwelwater **2** FIG. infiltratie, binnendringing • *l'~ d'un groupe par des espions* de infiltratie van een groep door spionnen

infiltrer **1** OV WW langzaam (doen) binnendringen, infiltreren • *~ un groupe terroriste* (in) een terroristische groep infiltreren **2** WKD WW **(s'~)** **1** infiltreren **(dans** in**)**, (langzaam) binnendringen • *une eau qui s'infiltre dans un mur* water dat doorsijpelt in een muur • *s'~ dans un réseau ennemi* in een vijandelijk netwerk infiltreren **2** ingang vinden

infime BN zeer gering, miniem • *en quantité ~ / en ~ quantité* in een oneindig kleine hoeveelheid

infini **1** BN oneindig, eindeloos • *avoir une reconnaissance ~e pour qn* iemand eeuwig dankbaar zijn **2** ZN M (het) oneindige, oneindigheid • *à l'~* tot in het oneindige

infiniment BW **1** oneindig • *l'~ petit* het oneindig / ondeelbaar kleine **2** ten zeerste, uiterst • *nous vous remercions ~* wij danken u ten zeerste

infinité ZN V ontelbaar aantal

infinitésimal BN (M MV infinitésimaux), uiterst klein • *un calcul ~* infinitesimaalrekening

infinitif TAALK. ZN M onbepaalde wijs, infinitief

infirme **1** BN invalide, gebrekkig, gehandicapt • *rester ~ à la suite d'une chute* invalide blijven ten gevolge van een val **2** ZN M/V **gehandicapte**

infirmerie ZN V **ziekenzaal, ziekenboeg** <op internaten, schepen>, **EHBO-post, verbandkamer** <in bedrijven>

infirmier ZN M (V infirmière), **ziekenverpleger** • *une infirmière à domicile* wijkverpleegster • *un ~ de nuit* nachtverpleegkundige • *une infirmière en chef* hoofdzuster • *un ~ de bloc opératoire* operatiebroeder

infirmité ZN V **gebrekkigheid** • *souffrir d'une ~ du langage* een spraakstoornis / taalstoornis hebben

inflammable BN **ontvlambaar**

inflammation MED. ZN V **ontsteking** • *une ~ de l'œil* oogontsteking

inflammatoire MED. BN **ontstekings-**

inflation ZN V OOK FIG. **inflatie** • *une ~ galopante* hollende inflatie • *l'~ des prix* de prijsinflatie • *réduire l'~* de inflatie terugdringen

inflationniste BN **inflatie-, inflatoir** • *une politique ~* inflatiebeleid

infléchir WKD WW **(s'~)** FIG. **van richting veranderen**

inflexibilité ZN V **onbuigbaarheid,** FIG. **onbuigzaamheid, onverzettelijkheid**

inflexible BN **onbuigbaar,** FIG. **onbuigzaam, onverzettelijk** • *rester ~ dans sa décision* onverzettelijk bij zijn besluit blijven

inflexion ZN V **1 buiging,** OOK FIG. **ombuiging** • *saluer d'une légère ~ de la tête* met een kort knikje groeten **2 stembuiging** • *une ~ qui trahit la peur* stembuiging die angst verraadt

infliger OV WW **opleggen** <van straf>, **toebrengen, doen ondergaan** • *~ une contravention à un automobiliste* een automobilist een bekeuring geven

influençable BN **te beïnvloeden**

influence ZN V **invloed** • *une lutte d'~* machtsstrijd • *avoir de l'~ dans un certain milieu* invloed hebben in een bepaalde kring • *elle a beaucoup d'~ sur lui* zij heeft veel invloed op hem • *user de son ~ en faveur de qn* zijn invloed aanwenden ten gunste van iemand • *sous l'~ de l'alcool / la drogue* onder invloed van drank / drugs

influencer OV WW **beïnvloeden** • *se laisser ~ par la publicité* zich door reclame laten beïnvloeden

influent BN **invloedrijk**

influer ONOV WW **~ sur invloed hebben op**

info INFORM. ZN V information **info, nieuws(berichten)** • *les ~s* het nieuws(journaal)

informateur ZN M (V informatrice), **informant, zegsman, tipgever**

informaticien ZN M (V informaticienne), **computerdeskundige, informaticus, ICT'er**

informatif BN (V informative), **informatief**

information ZN V **1 informatie, inlichting** • *un centre d'informations* informatiecentrum • *une lettre d'~* nieuwsbrief • *un manque d'informations* gebrek aan informatie • *le traitement de l'~* gegevensverwerking • *aller aux ~s* inlichtingen inwinnen **2** MV **nieuws(berichten)** • *les ~s* het nieuws • *les ~s de vingt heures* het nieuws van acht uur ('s avonds) • *le bulletin d'informations* het nieuwsbulletin • *le flash d'informations* de nieuwsflits • *les ~s sportives* het sportnieuws **3** JUR. **(gerechtelijk) (voor)onderzoek** • *ouvrir une ~ contre X* een (gerechtelijk) onderzoek instellen tegen X

informatique 1 BN **computer-** • *les langages ~s* de computertalen • *les réseaux ~s* de computernetwerken • *le piratage ~* de computerkraak • *la délinquance ~* de computercriminaliteit **2** ZN V **informatica**

informatisation ZN V **informatisering, computerisering, automatisering** • *l'~ d'une entreprise* de automatisering van een bedrijf

informatiser 1 OV WW **informatiseren, computeriseren, automatiseren 2** WKD WW **(s'~) gecomputeriseerd / geautomatiseerd worden** • *une entreprise qui s'informatise* bedrijf dat gaat automatiseren

informe BN **1 vormeloos 2 plomp**

informé BN **op de hoogte, (wel)ingelicht**

informel BN (V informelle), **informeel**

informer 1 OV WW **inlichten (sur over), op de hoogte stellen (de van)** • *être informé de qc / sur qc* bericht krijgen van iets • *je l'informerai que Paul ne viendra pas* ik zal hem laten weten dat Paul niet komt **2** WKD WW **(s'~) zich op de hoogte stellen, informeren, inlichtingen inwinnen** • *elle s'est bien informée sur cette affaire* ze heeft zich goed geïnformeerd over deze zaak • *s'~ de la santé de qn* naar iemands gezondheid informeren

infortune ZN V **ongeluk, tegenspoed** • *un compagnon d'~* broeder in de nood, lotgenoot

infortuné FORM. BN **ongelukkig, onfortuinlijk**

infraction ZN V **overtreding, inbreuk (à op), strafbaar feit** • *une ~ au code de la route* overtreding van de verkeersregels • *être en ~* in overtreding zijn

infranchissable BN **onoverkomelijk, onoverbrugbaar**

infrarouge BN **infrarood**

infrastructure ZN V **infrastructuur** • *une ~ sportive* sportvoorzieningen • *une ~ routière* wegennet

infréquentable BN **ongunstig bekend, beter te mijden**

infroissable BN **kreukvrij**

infructueux BN (V infructueuse), **vruchteloos, vergeefs**

infus LETTERK. BN **aangeboren** • *avoir la science ~e* de wijsheid in pacht hebben

infuser 1 ONOV WW • *laissez ~* laten trekken <v. thee e.d.> • *faire ~ du thé* thee laten trekken **2** OV WW FIG. **ingeven, inboezemen** • *~ du sang nouveau au parti socialiste* de socialistische partij nieuw leven inblazen

infusion ZN V **kruidenthee, (het maken van een) aftreksel, infusie**

ingambe BN **goed ter been**

ingénier WKD WW **(s'~) à zijn best doen om, alle moeite doen om**

ingénierie ZN V engineering • *l'ingénierie génétique* gentechnologie

ingénieur ZN M/V (V ingénieure), ingenieur, technoloog • *une femme ~* vrouwelijke ingenieur • *un ~ conseil* raadgevend ingenieur • *un ~ agronome* landbouwingenieur • *un ~ architecte* bouwkundig ingenieur • *un ~ du son* geluidstechnicus

ingénieusement BW vernuftig, ingenieus

ingénieux BN (V ingénieuse), vernuftig, vindingrijk, ingenieus

ingéniosité ZN V vernuftigheid, vindingrijkheid • *déployer des trésors d'ingéniosité* een onuitputtelijke vindingrijkheid aan de dag leggen

ingénu BN naïef-oprecht, argeloos, ongekunsteld • *jouer les ingénues* de vermoorde onschuld spelen

ingénuité ZN V argeloosheid, ongekunsteldheid, onschuld

ingérable BN **1** onbeheersbaar **2** in te brengen <van voedsel, geneesmiddel>

ingérence ZN V inmenging • *le droit d'ingérence* het recht van inmenging

ingérer **1** OV WW via de mond inbrengen **2** WKD WW **(s'~) dans** zich mengen in, zich bemoeien met • *s'ingérer dans les affaires d'autrui* zich met andermans zaken bemoeien

ingouvernable BN niet te regeren

ingrat BN **1** OOK FIG. ondankbaar • *se montrer ~ envers / vis-à-vis de qn* ondankbaar zijn jegens iemand **2** onvruchtbaar, bar • *une terre ~e* onvruchtbare grond **3** onaantrekkelijk, lelijk • *l'âge ~* de puberteit

ingratitude ZN V ondankbaarheid, ondank

ingrédient ZN M bestanddeel, ingrediënt

inguérissable BN OOK FIG. ongeneeslijk

ingurgiter OV WW **1** naar binnen proppen / slaan, verzwelgen **2** FIG. erin stampen • *on doit ~ un livre par jour* we moeten één boek per dag erin stampen

inhabileté ZN V onbekwaamheid, onhandigheid

inhabitable BN onbewoonbaar

inhabité BN onbewoond

inhabituel BN (V inhabituelle), ongewoon

inhalateur ZN M inhalator • *un ~ d'oxygène* zuurstofmasker

inhalation ZN V inademing, inhalatie • *faire des ~s* inhaleren

inhaler OV WW inademen, inhaleren

inhérence ZN V inherentie

inhérent BN inherent, eigen **(à** aan**)** • *des qualités inhérentes à une personne* eigenschappen die inherent zijn aan een persoon

inhiber OV WW remmen, belemmeren, onderdrukken

inhibition ZN V remming, geremdheid

inhospitalier BN (V inhospitalière), ongastvrij, onherbergzaam • *un climat ~* ruig klimaat

inhumain BN onmenselijk

inhumanité ZN V onmenselijkheid

inhumation ZN V begrafenis

inhumer OV WW begraven

inimaginable BN onvoorstelbaar

inimitable BN onnavolgbaar

inimitié ZN V vijandschap • *s'attirer l'inimitié de ses collègues* zich de vijandschap van zijn collega's op de hals halen

ininflammable BN onontvlambaar • *une matière ~* onbrandbaar materiaal

inintelligible BN onbegrijpelijk, onverstaanbaar

inintéressant BN oninteressant

ininterrompu BN onafgebroken • *travailler de façon ~e* aan één stuk doorwerken

inique FORM. BN zeer onrechtvaardig, onbillijk

iniquité ZN V onrecht, onbillijkheid, verdorvenheid

initial BN (M MV initiaux), eerste, begin-, initieel • *une lettre ~e* initiaal, beginletter • *la vitesse ~e* de beginsnelheid • *le sens ~ d'un mot* de oorspronkelijke betekenis van een woord

initiale ZN V initiaal, beginletter, voorletter • *signer de ses ~s* met zijn initialen ondertekenen

initialement BW aanvankelijk, in het begin

initialiser COMP. OV WW initialiseren, formatteren

initiateur **1** BN (V initiatrice), baanbrekend, de weg bereidend **2** ZN M (V initiatrice), initiatiefnemer, initiator

initiation ZN V **1** inwijding, initiatie • *des rites d'~* inwijdingsrituelen **2** inleiding **(à** in**)** • *une ~ au français* een eerste kennismaking met het Frans

initiatique BN inwijdings-, initiatie-

initiative ZN V initiatief • *un syndicat d'~* VVV • *un esprit d'~* ondernemingsgeest • *une ~ privée* particulier initiatief • *une ~ malheureuse* ongelukkig initiatief • *prendre l'~ de faire qc* het initiatief nemen om iets te doen • *à l'~ de quelques-uns d'entre nous...* op initiatief van enkelen onder ons... • *de ma propre ~* op mijn eigen initiatief, uit eigen beweging

initié ZN M (V initiée), ingewijde, insider • *réservé aux initiés* alleen voor gevorderden

initier **1** OV WW inwijden **(à** in**)**, (basis) kennis bijbrengen • *~ qn à la musique* iemand inwijden in de muziek **2** WKD WW **(s'~)** zich de grondbeginselen eigen maken • *s'~ à la voile* zich de grondbeginselen eigen maken van het zeilen

injecter **1** OV WW inspuiten, injecteren • *des yeux injectés (de sang)* bloeddoorlopen ogen • FIG. *~ des millions dans un nouveau magazine* miljoenen pompen in een nieuw tijdschrift, een nieuw tijdschrift een miljoeneninjectie geven **2** WKD WW **(s'~)** zichzelf een injectie geven (met) • *s'~ de la cocaïne* cocaïne spuiten

injection ZN V **1** MED. inspuiting, injectie • *une ~ d'hormones* hormooninjectie • *une ~ intraveineuse* intraveneuze injectie **2** FIG. injectie • *une ~ de capitaux dans une entreprise* kapitaalinjectie in een bedrijf

injoignable BN onbereikbaar <van persoon>

injonction ZN V (uitdrukkelijk) bevel

injouable BN onspeelbaar, onhaalbaar
injure ZN V **1** belediging, krenking • FORM. *les ~s du temps* de tand des tijds **2** scheldwoord • *accabler qn d'injures* iemand de huid vol schelden
injurier **1** OV WW uitschelden **2** WKD WW **(s'~)** elkaar uitschelden • *ils se sont copieusement injuriés* ze hebben elkaar de huid vol gescholden
injurieux BN (V injurieuse), beledigend, smadelijk • *des propos ~* beledigende woorden
injuste BN onrechtvaardig, onbillijk • *être ~ envers qn* iemand onheus bejegenen
injustice ZN V onrechtvaardigheid, onbillijkheid, onrecht • *une cruelle ~* een gruwelijk onrecht
injustifiable BN niet te rechtvaardigen
injustifié BN ongerechtvaardigd
inlassable BN onvermoeibaar
inné BN aangeboren • *avoir un goût ~ pour la musique* een aangeboren voorliefde voor muziek hebben
innocemment BW onschuldig
innocence ZN V **1** onschuld • *clamer son ~* zijn onschuld volhouden • *prouver l'~ de qn* iemands onschuld bewijzen • *agir en toute ~* van geen kwaad weten • *en toute ~* in alle onschuld **2** argeloosheid
innocent **1** BN **1** onschuldig **(de** aan) • *elle est ~e du crime dont on l'accuse* ze is onschuldig aan de misdaad waarvan ze beschuldigd wordt **2** onnozel, argeloos **3** onschuldig, ongevaarlijk, onschadelijk • *un remède ~* onschuldig (genees) middel • *des plaisirs ~s* onschuldig vermaak **2** ZN M (V innocente), onschuldige • *condamner un ~* een onschuldige veroordelen
innocenter **1** OV WW onschuldig verklaren, vrijpleiten, rechtvaardigen **2** WKD WW **(s'~)** zijn onschuld bewijzen
innocuité ZN V onschadelijkheid
innombrable BN ontelbaar, talloos • *une foule ~* enorme menigte
innommable BN onnoemelijk (slecht), erbarmelijk
innovateur **1** BN (V innovatrice), innovatief, vernieuwend, baanbrekend **2** ZN M (V innovatrice), baanbreker, iemand die iets nieuws invoert
innovation ZN V innovatie, vernieuwing, nieuwigheid
innover **1** OV WW als nieuwigheid invoeren, innoveren **2** ONOV WW vernieuwingen invoeren • *~ en matière d'enseignement* vernieuwingen invoeren op het gebied van onderwijs
inobservation FORM. ZN V veronachtzaming, (het) niet-naleven • *l'~ d'un contrat* het niet-nakomen van een contract • *l'~ de règles* de veronachtzaming van regels
inoccupé BN **1** onbezet, onbewoond • *un bâtiment ~* leegstaand gebouw • *tous les fauteuils de premier rang étaient inoccupés* alle stoelen van de eerste rij waren onbezet **2** werkeloos, nietsdoend
inoculation ZN V inenting
inoculer OV WW inenten • FIG. *on essaie de lui ~ quelques règles de savoir-vivre* ze proberen hem wat regels van wellevendheid bij te brengen
inodore BN reukloos, geurloos
inoffensif BN (V inoffensive), onschadelijk, ongevaarlijk
inondation ZN V **1** overstroming, onderwaterzetting • *risques d'~* overstromingsgevaar **2** FIG. stroom, stortvloed
inondé BN overstroomd • *des terrains inondés* ondergelopen terreinen • *une pièce inondée de soleil* kamer die baadt in het zonlicht, zonovergoten kamer • *un visage ~ de larmes* gezicht badend in tranen
inonder OV WW onder water zetten, OOK FIG. overstromen • FIG. *les magasins sont inondés de gadgets au moment de Noël* in de kersttijd worden de winkels overspoeld met gadgets
inopérable BN niet te opereren
inopérant BN zonder effect, ondoeltreffend
inopiné BN onverwacht
inopinément BW onverwachts, zomaar
inopportun BN ongelegen (komend), ontijdig
inoubliable BN onvergetelijk
inouï BN **1** ongehoord **2** INFORM. ongelofelijk
inox ZN M inoxydable rvs, roestvrij staal
inoxydable BN roestvrij
input COMP. ZN M input, invoer
inqualifiable BN schandelijk, ongehoord
inquiet BN (V inquiète), ongerust, bezorgd • *je suis inquiète de son avenir* ik maak me ongerust over zijn toekomst • *il est ~ pour sa famille* hij is bezorgd voor zijn gezin • *avoir un regard ~* bezorgd kijken
inquiétant BN verontrustend, zorgelijk • *un personnage ~* een engerd
inquiéter **1** OV WW **1** verontrusten **2** lastigvallen • *elle a été inquiétée par une bande de jeunes* ze is lastiggevallen door een groep jongeren **2** WKD WW **(s'~)** zich ongerust maken, zich bekommeren (om) • *ne vous inquiétez pas pour moi!* maak je om mij geen zorgen! • *on s'inquiète de ne pas savoir où il se trouve* men maakt zich ongerust omdat men niet weet waar hij is • INFORM. *t'inquiète!* wees maar niet bezorgd!
inquiétude ZN V ongerustheid, zorg(en) • *éprouver des inquiétudes à propos de / au sujet de qn* zich zorgen maken om iemand • *il n'est pas rentré, nous étions fous d'inquiétude* hij kwam niet terug, we waren gek van ongerustheid
inquisiteur **1** BN (V inquisitrice), onderzoekend • *un regard ~* vorsende blik **2** ZN M (V inquisitrice) GESCH., REL. inquisiteur
inquisition ZN V **1** FORM. onderzoek, naspeuring **2** GESCH. inquisitie
insaisissable BN OOK FIG. ongrijpbaar
insalubre BN ongezond • *ce logement a été déclaré ~* deze woning is onbewoonbaar verklaard
insalubrité ZN V ongezondheid • *l'insalubrité d'un logement* de onbewoonbaarheid van een woning
insanité ZN V onzinnigheid, waanzin • *dire des insanités* onzin uitkramen
insatiable "-sasj-" BN onverzadigbaar,

onstilbaar • FIG. *un lecteur ~* onverzadigbare lezer
insatisfaction ZN V onvoldaanheid, ontevredenheid
insatisfait BN onvoldaan, onbevredigd
inscription ZN V **1** inschrijving • *une ~ dans un club de danse* inschrijving bij een dansclub • *une ~ à l'université* inschrijving aan de universiteit • *l'~ sur les listes électorales* het ingeschreven staan van burgers op de kiezerslijst **2** inscriptie, opschrift • *un mur couvert d'inscriptions* muur overdekt met opschriften • *une ~ funéraire* grafschrift
inscrire **1** OV WW onregelmatig **1** (in)griffen, noteren • *~ qc sur un morceau de papier* iets op een stukje papier noteren **2** inschrijven • *~ qn à un cours de gymnastique* iemand inschrijven voor turnles • *~ un enfant à l'école* een kind opgeven voor een school • *se faire ~* zich inschrijven **2** WKD WW **(s'~)** **1** zich (laten) inschrijven (**à** voor, bij) • *s'~ à un examen* zich opgeven voor een examen • *s'~ à un parti* zich laten inschrijven bij een partij **2** binnen het kader vallen (van), aansluiten (op/ bij) • *vos idées ne s'inscrivent pas dans notre projet* uw ideeën liggen niet in de lijn van ons plan • FIG. *s'~ en faux contre qc* iets weerleggen
inscrit **1** BN ingeschreven **2** ZN M (V inscrite), ingeschrevene, kiesgerechtigde
insécable BN ondeelbaar, onsnijdbaar
insecte ZN M insect
insecticide **1** ZN M insecticide **2** BN insectendodend
insectivore **1** BN insectenetend • *un oiseau ~* insectenetende vogel **2** ZN M insecteneter
insécurité ZN V onveiligheid, onzekerheid • *ils vivent en permanence dans l'insécurité* zij leven voortdurend in onzekerheid
I.N.S.E.E. AFK Institut National de la Statistique et des Études Économiques m ≈ CBS, ≈ Centraal Bureau voor de Statistiek
insémination ZN V bevruchting, inseminatie • *l'insémination artificielle* kunstmatige inseminatie
inséminer OV WW insemineren, (kunstmatig) bevruchten
insensé BN dwaas, waanzinnig • *c'est insensé!* dat is waanzin!, dat is te gek om los te lopen!
insensibilisation ZN V verdoving, (het) onder narcose brengen
insensibiliser OV WW verdoven, gevoelloos maken • *~ la gencive* het tandvlees verdoven
insensibilité ZN V ongevoeligheid, gevoelloosheid • *l'insensibilité à la douleur* de ongevoeligheid voor pijn
insensible BN **1** ongevoelig, gevoelloos • *être ~ à la douleur* tegen pijn kunnen • *être ~ au charme de qn* niet gevoelig zijn voor iemands charme • *être ~ aux insultes* immuun zijn voor beledigingen **2** onmerkbaar • *la hausse ~ des prix* de nauwelijks merkbare prijsstijging
insensiblement BW geleidelijk, ongemerkt, van lieverlede
inséparable BN onafscheidelijk
insérer **1** OV WW invoegen, opnemen, plaatsen (**dans** in) • *~ une pièce dans la fente* een geldstuk in de gleuf werpen • *~ une annonce dans le journal* een advertentie in de krant laten zetten **2** WKD WW **(s'~)** zich voegen (in), zich inpassen (in), (zich) integreren (in) • *bien s'insérer dans une entreprise* goed integreren in een bedrijf
insertion ZN V **1** invoeging, opname • *l'~ d'une annonce dans le journal* het plaatsen van een advertentie in de krant **2** integratie • *son ~ dans la société française se passe bien* zijn / haar integratie in de Franse samenleving gaat goed
insidieux BN (V insidieuse) **1** verraderlijk, geniepig **2** sluipend <van ziekte> • *un virus informatique ~* geniepig computervirus
insigne **1** ZN M insigne **2** BN FORM. buitengewoon, opmerkelijk
insignifiance ZN V onbeduidendheid
insignifiant BN onbeduidend, nietig • *un détail ~* onbetekenend detail • *n'obtenir qu'une augmentation ~e* maar een kleine / te verwaarlozen salarisverhoging krijgen
insinuation ZN V insinuatie
insinuer **1** OV WW insinueren, bedekt te kennen geven • *~ que qn a menti* insinueren dat iemand gelogen heeft **2** WKD WW **(s'~)** zich indringen (**dans** in)
insipide BN smakeloos, OOK FIG. flauw, FIG. zouteloos • *cet homme est ~* die man is saai / kleurloos • *un roman ~* saaie roman
insipidité ZN V smakeloosheid, OOK FIG. flauwheid
insistance ZN V (het) aanhouden, aandrang • *avec ~* nadrukkelijk
insister ONOV WW **1** aandringen, aanhouden • *il a insisté pour obtenir sa part d'héritage* hij wilde per se zijn deel van de erfenis krijgen • *insistez auprès du propriétaire pour qu'il fasse faire cette réparation!* dring er bij de eigenaar op aan dat hij die reparatie laat uitvoeren! • *inutile d'~, tu n'auras rien!* je hoeft niet verder aan te dringen, je krijgt niets! • *j'insiste!* ik sta erop! **2 ~ sur** de nadruk leggen op • *n'insiste pas trop sur le fait que tu ne sais pas conduire!* leg niet te veel nadruk op het feit dat je niet kunt rijden!
insolation ZN V zonnesteek • *attraper une ~* een zonnesteek oplopen
insolemment BW brutaal, onbeschaamd • *étaler ~ ses richesses* onbeschaamd pronken met zijn rijkdom
insolence ZN V brutaliteit, onbeschaamdheid, aanmatiging • *se plaindre des ~s de qn* zich beklagen over de brutaliteiten / onbeschoftheden van iemand • *agir avec ~* brutaal te werk gaan
insolent BN **1** brutaal, onbeschaamd, aanmatigend • *être ~ avec qn / envers qn* brutaal zijn tegen iemand **2** buitengewoon, ongehoord • *une beauté ~e* buitengewone / uitdagende schoonheid
insolite BN ongewoon
insoluble BN onoplosbaar • *une énigme ~* onoplosbaar raadsel

insolvabilité JUR. ZN V **insolventie** • *l'insolvabilité d'une société* de insolventie van een onderneming
insolvable BN **insolvent**
insomniaque BN **slapeloos** • *être ~* aan slapeloosheid lijden
insomnie ZN V **slapeloosheid**
insondable BN **onpeilbaar, ondoorgrondelijk, mateloos** • *un gouffre ~* bodemloze afgrond • *il est d'une bêtise ~* hij is onvoorstelbaar dom
insonore BN **geluidloos, geluiddempend**
insonoriation ZN V **geluidsisolatie**
insonoriser OV WW **geluiddicht maken** • *un studio d'enregistrement insonorisé* geluiddichte opnamestudio • *c'est très mal insonorisé ici* het is hier erg gehorig
insouciance ZN V **zorgeloosheid, achteloosheid**
insouciant BN **zorgeloos, achteloos, onbekommerd**
insoucieux BN (V insoucieuse) FORM. **zorgeloos, onbekommerd (de om)** • *être ~ du qu'en-dira-t-on* er niet om geven wat anderen er wel van zullen zeggen
insoumis BN **weerspannig, niet-onderworpen**
insoumission ZN V **weerspannigheid, ononderworpenheid** • *un acte d'~* daad van verzet
insoupçonnable BN **niet te vermoeden, boven verdenking verheven, onverdacht**
insoupçonné BN **onvermoed, onverwacht** • *elle a des talents insoupçonnés* ze heeft onvermoede talenten
insoutenable BN **1 onhoudbaar, niet vol te houden** • *une cadence ~* niet vol te houden tempo **2 on(ver)draaglijk** • *un film d'une violence ~* film met ondraaglijk geweld
inspecter OV WW **1 aandachtig bekijken, inspecteren** • *la police a inspecté le lieu du crime* de politie heeft de plaats van het misdrijf onderzocht • *tous les sacs sont inspectés à l'entrée du musée* alle tassen worden bij de ingang van het museum geïnspecteerd **2 inspecteren, op inspectie gaan / komen bij** • *~ un professeur* bij een leraar op inspectie komen
inspecteur ZN M (V inspectrice), **inspecteur** • *un ~ de police* inspecteur van politie • *l'~ des impôts* de belastinginspecteur • *une inspectrice d'académie* inspectrice van een onderwijsdistrict • IRON. *l'~ des travaux finis* iemand die zich drukt, lijntrekker, chef lege dozen
inspection ZN V **1 inspectie, bezichtiging** • *l'~ des bagages (à la douane)* de controle van de bagage (bij de douane) • *un rapport d'~* inspectieverslag • *faire l'~ de colis suspects* verdachte pakjes inspecteren **2 ambt / dienst van inspecteur** • *l'~ du Travail* de arbeidsinspectie • *l'Inspection générale des Finances* de algemene Inspectie der Financiën • *l'~ des denrées alimentaires* keuringsdienst van waren
inspirateur ZN M (V inspiratrice), **inspirator, bezieler, initiatiefnemer**
inspiration ZN V **1 inspiratie, ingeving, bezieling** • *un tableau d'~ cubiste* door het kubisme geïnspireerd schilderij • *chercher l'~* op zoek zijn naar inspiratie • *manquer / être à court d'~* geen inspiratie hebben • *sous l'~ de qn* op instigatie van iemand **2 inademing** • *l'~ et l'expiration* in- en uitademing
inspiré BN **geïnspireerd, bezield**
inspirer **1** OV WW **1 inspireren, bezielen** • *elle a inspiré plusieurs peintres* ze heeft verscheidene schilders geïnspireerd • *cela me n'inspire pas!* dat lokt me niet / spreekt me niet aan • *ils ont été bien inspirés de partir si tôt* ze hebben er goed aan gedaan om zo vroeg te vertrekken **2 ingeven, inboezemen** • *~ de l'amour à qn* bij iemand liefde opwekken • *son attitude m'inspire du dégoût* zijn houding boezemt me walging in **3 inademen** **2** WKD WW **(s'~) de zich laten inspireren door, putten uit, handelen / zijn in de geest van** • *ce roman s'inspire d'un fait réel* die roman is geïnspireerd op een ware gebeurtenis
instabilité ZN V **instabiliteit, onstandvastigheid** • *l'instabilité des prix* de prijsschommeling
instable BN **onstabiel, onvast, onstandvastig** • *un temps ~* wisselvallig weer • *un gouvernement ~* instabiele regering
installateur ZN M **installateur**
installation ZN V **1 vestiging, (het) betrekken** • *l'~ provisoire des demandeurs d'asile dans un local* het voorlopig onderbrengen van de asielzoekers in een ruimte • *fêter son ~ dans un nouvel appartement* een feestje / housewarmingparty geven bij het betrekken van een nieuw appartement **2 plaatsing, installatie, aanleg** • *l'~ électrique n'est pas aux normes* de elektrische installatie voldoet niet aan de normen • *une ~ téléphonique* telefoonaanleg • COMP. *l'~ d'un programme* de installatie van een programma **3** vaak mv **installatie, apparatuur** • *les ~s sanitaires* het sanitair **4 bevestiging in een ambt, aanstelling** • *l'~ d'un juge* de bevestiging van een rechter
installer **1** OV WW **1 zetten, plaatsen, vestigen, onderbrengen** • *~ qn chez soi pour quelques semaines* iemand voor enkele weken bij zich thuis onderbrengen • *~ une bibliothèque dans le salon* een boekenkast in de huiskamer zetten **2 inrichten, installeren** • *~ une antenne parabolique* een schotelantenne installeren • *~ une alarme dans les chambres* een alarm installeren in de slaapkamers • *~ un bureau au grenier* een kantoor op zolder inrichten, van de zolder (een) kantoor maken **3 in een ambt bevestigen, aanstellen** **2** WKD WW **(s'~) 1 zich vestigen, zich inrichten, zijn intrek nemen, zich nestelen** • *s'~ en province* buiten de hoofdstad gaan wonen • *s'~ chez des amis pour les vacances* bij vrienden intrekken voor de vakantie • *s'~ dans un fauteuil* (op zijn gemak) in een stoel gaan zitten **2** FIG. **zich (duurzaam) vestigen** • *le doute s'est installé chez lui* bij hem is (serieuze) twijfel gerezen • *s'~ dans une guerre (durable)* permanent in oorlog zijn
instamment BW **dringend, met aandrang** • *demander ~ qc* iets met klem vragen

in

instance ZN V **1** vaak mv **dringend verzoek** • *céder aux ~s de qn* aan iemands verzoek tegemoetkomen • *sur les ~s de qn* op aandrang van iemand **2** JUR. **instantie** • *le tribunal d'~* ≈ het kantongerecht • *un dossier en ~* dossier in behandeling • *une affaire de première ~* zaak in eerste aanleg • *être en ~ de divorce* in scheiding liggen
instant ZN M **ogenblik, moment** • *un ~ de bonheur* moment van geluk • *les derniers ~s de qn* iemands laatste ogenblikken • *elle demande une attention de tous les ~s* ze vraagt constante aandacht • *je suis à vous dans un ~* ik kom zo dadelijk bij u • *j'arrive dans un (petit) ~* ik kom zo • *à l'~ où je prenais le train...* juist op het moment dat ik de trein nam... • *à l'~ même où il arrivait...* juist toen hij eraan kwam... • *un ~, s'il vous plaît!* een ogenblikje, alstublieft!, even geduld, graag! • *à l'~* ogenblikkelijk, zojuist • *à chaque / à tout ~* ieder ogenblik • *par ~s* nu en dan • *pour l'~* voor het moment, vooralsnog

in

instantané BN **1 kortstondig, plotseling, ogenblikkelijk** • *la mort a été instantanée* de dood is onmiddellijk ingetreden **2** CULIN **instant-** • *une soupe instantanée* instantsoep
instantanéité ZN V **plotsheid, (het) plotseling gebeuren**
instantanément BW **ogenblikkelijk**
instar FORM. • *à l'~ de* naar het voorbeeld van, in navolging van • *elle veut être avocate à l'~ de sa mère* ze wil advocate worden net als haar moeder
instauration ZN V **stichting, instelling, invoering**
instaurer 1 OV WW **stichten, instellen** • *~ un régime dictatorial* een dictatoriaal regime vestigen **2** WKD WW **(s'~) in zwang komen, een aanvang nemen**
instigateur ZN M (V instigatrice), **aanzetter, aanstoker, instigator** • *l'instigatrice d'un nouveau mouvement artistique* de bezielster van een nieuwe kunststroming
instigation ZN V **instigatie, aansporing, (het) aandringen** • *à / sur l'~ de ses amis...* op aandringen van zijn / haar vrienden...
instinct "-ste(n)" ZN M **instinct** • *l'~ maternel* het moederinstinct • *l'~ sexuel* de geslachtsdrift, het libido • *l'~ grégaire* de kuddegeest • *l'~ de conservation* de drang / het instinct tot zelfbehoud • *d'~* instinctmatig, instinctief
instinctif BN (V instinctive), **instinctief, instinctmatig, spontaan**
instit INFORM. ZN M/V instituteur, institutrice **onderwijzer(es)**
instituer 1 OV WW **1 instellen, oprichten, stichten** • *la fête des Mères a été instituée pendant la Deuxième Guerre mondiale* Moederdag is tijdens de Tweede Wereldoorlog ingesteld **2 benoemen, aanstellen als 2** WKD WW **(s'~) ingesteld worden, tot stand komen**
institut ZN M **instituut, instelling, inrichting** • *un ~ de sondages* peilingsinstituut • *l'Institut universitaire de formation des maîtres / l'IUFM* de universitaire lerarenopleiding • *l'Institut de France* geleerd genootschap dat de vijf Académies omvat • *un ~ de beauté* schoonheidssalon • *un ~ de bronzage* zonnestudio
instituteur ZN M (V institutrice), **onderwijzer** • *la formation d'instituteurs* de lerarenopleiding
institution ZN V **1 instelling, stichting, oprichting 2 (particuliere) (onderwijs) instelling, instituut** • *être professeur dans une ~ catholique* leraar zijn aan een particuliere katholieke school
institutionnaliser OV WW **institutionaliseren**
institutionnel BN (V institutionnelle), **institutioneel**
instructeur ZN M (V instructrice), **instructeur**
instructif BN (V instructive), **leerzaam, instructief**
instruction 1 ZN V **1 onderricht, onderwijs, opleiding** • *l'~ civique* burgerschapskunde, maatschappijleer • *l'~ est obligatoire jusqu'à seize ans* er bestaat leerplicht tot zestien jaar **2 scholing, ontwikkeling, kennis** • *avoir peu d'~* weinig onderwijs genoten hebben **3 instructie,** COMP. **opdracht 4** JUR. **(voor)onderzoek** • *un juge d'~* rechter v. instructie **2** ZN V MV **aanwijzingen** • *les ~s de lavage d'un vêtement* de wasvoorschriften van een kledingstuk • *avant de partir, on lui a donné toutes les ~s concernant la maison* voor vertrek hebben ze hem alle instructies over het huis gegeven
instruire 1 OV WW onregelmatig **1 onderwijzen, opleiden** • *elle a instruit des générations d'écoliers* ze heeft generaties scholieren opgeleid **2 op de hoogte brengen, verwittigen** • *le président n'a pas été instruit de cette affaire* de voorzitter is niet ingelicht over deze zaak **3** JUR. **in vooronderzoek nemen** • *~ une affaire* een zaak in vooronderzoek nemen **2** WKD WW **(s'~) kennis opdoen, leren** • *s'~ en lisant* kennis opdoen door te lezen • *on s'instruit à tout âge* je bent nooit te oud om te leren
instruit BN **ontwikkeld** <van persoon>, **geestelijk gevormd**
instrument ZN M **1 werktuig** • *un ~ de travail* werkgereedschap • *un ~ de mesure* meetinstrument **2** MUZ. **instrument** • *un ~ à cordes* snaarinstrument • *un ~ à vent* blaasinstrument **3 middel** • *il n'est qu'un ~ pour ce groupe terroriste* hij is alleen maar een werktuig voor die terroristische groep • *être un ~ de propagande* een propagandamiddel zijn
instrumental BN (M MV instrumentaux), **instrumentaal**
instrumentaliser OV WW **instrumentaliseren, voor zijn doeleinden gebruiken** • *les syndicats instrumentalisent les grévistes* de vakbonden gebruiken de stakers (zuiver) als instrument
instrumentiste ZN M/V **instrumentalist**
insu • *cela s'est fait à l'~ de tous* dat is gebeurd zonder dat iemand het wist • *à mon ~* buiten mijn medeweten
insubmersible BN **onzinkbaar**
insubordination ZN V **weerspannigheid, ongehoorzaamheid, insubordinatie**

insubordonné BN ongehoorzaam, weerspannig
insuccès ZN M mislukking, wansucces
insuffisamment BW onvoldoende
insuffisance ZN V **1** ontoereikendheid, (het) tekortschieten • *une ~ en fer* ijzertekort **2** MV onvolkomenheden • *il y a eu de graves ~s* er zijn grote lacunes geweest **3** MED. insufficiëntie • *une ~ rénale* nierinsufficiëntie, onvoldoende functioneren van de nieren • *souffrir d'une ~ cardiaque* aan een hartzwakte lijden
insuffisant BN onvoldoende • *leurs ressources sont ~es* hun middelen van bestaan zijn ontoereikend
insuffler OV WW OOK FIG. inblazen
insulaire **1** BN eiland(en)-, insulair **2** ZN M/V eilandbewoner
insularité ZN V positie als eiland
insuline ZN V insuline
insultant BN beledigend
insulte ZN V **1** belediging • *échanger des ~s* beledigingen uitwisselen **2** aanfluiting, krenking **(à** van) • *être une ~ à la mémoire des rescapés* een aantasting zijn van de nagedachtenis van de overlevenden
insulter **1** OV WW beledigen, honen **2** WKD WW **(s'~)** elkaar uitschelden • *s'~ copieusement* elkaar de huid vol schelden
insupportable BN **1** on(ver)draaglijk • *un mal de tête ~* ondraaglijke hoofdpijn **2** onuitstaanbaar • *une humeur ~* onuitstaanbaar humeur
insupporter INFORM. OV WW onverdraaglijk zijn voor, tegenstaan • *ses sautes d'humeur m'insupportent* ik vind zijn stemmingswisselingen onverdraaglijk, zijn stemmingswisselingen irriteren me vreselijk
insurgé **1** BN oproerig, opstandig **2** ZN M (V insurgée), oproerling, opstandeling
insurger WKD WW **(s'~)** in opstand / verzet komen, (verontwaardigd) protesteren **(contre** tegen) • *s'~ contre la hausse de la TVA* In verzet komen tegen de verhoging van de btw
insurmontable BN onoverkomelijk, onbedwingbaar
insurrection ZN V opstand, oproer
insurrectionnel BN (V insurrectionnelle), oproerig, opstandig • *un mouvement ~* verzetsbeweging
intact "e(n)takt" BN ongeschonden, gaaf, ongerept, intact
intangible BN onaantastbaar, onschendbaar
intarissable BN onuitputtelijk, onstuitbaar (stromend, pratend) • *des larmes ~s* niet te drogen tranen • *être ~ sur le sujet de la politique* nooit uitgepraat raken over het onderwerp politiek
intégral BN (M MV intégraux), volkomen, volledig, onverkort, integraal • *le casque (de moto) ~* de integraalhelm • *le bronzage ~* het bruin laten worden van het hele lichaam • *remboursement de la somme intégrale* terugbetaling van het volledige bedrag • WISK. *le calcul ~* de integraalrekening
intégrale ZN V volledig werk, volledige uitgave • *il a l'intégrale des chansons de Brel* hij heeft alle chansons van Brel / het complete oeuvre van Brel
intégralité ZN V volledigheid, totaliteit • *voir un film dans son ~* een film in zijn geheel zien • *dans son ~* in zijn geheel
intégrant BN integrerend, wezenlijk (erbij horend)
intégration ZN V integratie • *un processus d'intégration* integratieproces • *un contrat d'accueil et d'intégration* inburgeringscontract
intègre BN integer, onkreukbaar
intégrer **1** OV WW integreren • *des populations bien intégrées* volledig geïntegreerde bevolkingsgroepen **2** WKD WW **(s'~)** (zich) integreren, opgenomen worden **(dans, à** in) • *une famille émigrée qui s'intègre bien* geëmigreerd gezin dat zich goed integreert
intégrisme ZN M fundamentalisme
intégriste **1** BN fundamentalistisch **2** ZN M/V fundamentalist
intégrité ZN V integriteit • *défendre l'intégrité du territoire* de integriteit / onschendbaarheid van het grondgebied van een staat verdedigen
intellect "-lekt" ZN M intellect, verstand
intellectualisme ZN M intellectualisme
intellectuel **1** BN (V intellectuelle), geestelijk, verstandelijk, intellectueel • *un travail ~* hersenarbeid **2** ZN M (V intellectuelle), intellectueel
intelligemment BW intelligent, verstandig
intelligence ZN V **1** verstand • *faire preuve d'~ en choisissant qc* bij zijn keuze blijk geven van een goed verstand **2** intelligentie • *l'~ artificielle* de kunstmatige intelligentie **3** begrip, inzicht • *l'~ des affaires* het zakelijk inzicht **4** intelligent wezen, FIG. brein • *les plus hautes ~s en matière de physique* de knapste koppen op natuurkundig gebied **5** (geheime) verstandhouding • *faire un signe d'~ à qn* iemand een teken van verstandhouding geven • *vivre en bonne ~ avec qn* in goede verstandhouding met iemand leven • *agir d'~ avec qn* samenspannen / heulen met iemand
intelligent ZN M intelligent, verstandig
intelligentsia ZN V intelligentsia
intelligibilité ZN V begrijpelijkheid, verstaanbaarheid
intelligible BN begrijpelijk, verstaanbaar • *parler à haute et ~ voix* luid en duidelijk spreken
intello INFORM. **1** ZN M/V intellectuel, intellectuelle intellectueel **2** BN intellectuel(le) intellectueel
intempérance ZN V onmatigheid, buitensporigheid
intempérant FORM. BN onmatig, buitensporig
intempéries ZN V MV slecht weer • *s'exposer aux ~* aan weer en wind blootgesteld zijn
intempestif BN (V intempestive), ongepast, misplaatst
intemporel BN (V intemporelle), tijdloos, immaterieel, onwerkelijk
intenable BN onhoudbaar, niet (vol) te houden

in

• *un enfant ~* onuitstaanbaar kind • *une chaleur ~* niet te harden hitte
intendance ZN V huishoudelijk beheer <van instelling>, (dienst voor) materiële zaken <huisvesting, bevoorrading e.d.>, intendance
intendant ZN M beheerder, intendant
intense BN intens, hevig, fel, druk <van verkeer>
intensément BW intens, hevig
intensif BN (V intensive), intensief, hevig, heftig, krachtig
intensification ZN V intensivering • *l'~ des combats* het oplaaien van de gevechten
intensifier **1** OV WW intensiveren **2** WKD WW (s'~) intensiever worden • *les combats s'intensifient* de gevechten laaien op • *le froid s'intensifie* het wordt kouder
intensité ZN V intensiteit, hevigheid, sterkte • *de faible ~* zwak • *de grande ~* sterk
intensivement BW intensief

in

intenter OV WW aandoen • *~ un procès à qn* een proces aanspannen tegen iemand
intention ZN V bedoeling, voornemen, opzet, intentie • *l'~ est bonne* het is goed bedoeld • *un acte commis avec ~* moedwillig gepleegde daad • *avoir l'~ de faire qc* van plan zijn iets te doen • *faire un procès d'~ à qn* iemand kwade bedoelingen toedichten, iemand zomaar beschuldigen • *dans l'~ de* met de bedoeling om • *à l'~ de qn* (bestemd) voor iemand
intentionné BN gezind • *qn de bien ~* iemand met goede bedoelingen • *qn de mal ~* iemand met slechte / kwade bedoelingen
intentionnel BN (V intentionnelle), opzettelijk
interactif BN (V interactive), interactief
interaction ZN V wisselwerking, interactie • *~ médicamenteuse* interactie van medicijnen
interagir ONOV WW op elkaar inwerken, interactie vertonen
intercaler OV WW inlassen, invoegen, tussenvoegen • *~ une heure de jogging entre deux rendez-vous* een uur joggen inlassen tussen twee afspraken
intercéder ONOV WW tussenbeide komen, een goed woordje doen • *~ en faveur de qn* een goed woordje doen voor iemand • *~ auprès du directeur* een goed woordje doen bij de directeur
intercepter OV WW onderscheppen, FIG. opvangen • *la police a intercepté des kilos de cannabis* de politie heeft kilo's cannabis onderschept • SPORT *~ le ballon* de bal onderscheppen
interception ZN V onderschepping • *l'~ d'une lettre* het onderscheppen van een brief
interchangeable BN (onderling) verwisselbaar
interclasse O&W ZN M korte pauze <tussen twee lessen>
intercommunal BN (M MV intercommunaux), intercommunaal, intergemeentelijk
interconnecter OV WW koppelen
interconnexion ZN V koppeling
intercontinental BN (M MV intercontinentaux), intercontinentaal • *un vol ~* intercontinentale vlucht
intercostal BN (M MV intercostaux), tussen de ribben, tussenrib-
interdépendance ZN V onderlinge afhankelijkheid
interdépendant BN onderling afhankelijk
interdiction ZN V verbod • *une ~ de séjour* verblijfsverbod, uitwijzing • *une ~ de stationner* parkeerverbod • *une ~ de bâtir* bouwverbod • *une ~ de sortir* uitgaansverbod • *une ~ bancaire* bankverbod
interdire **1** OV WW onregelmatig **1** verbieden, ontzeggen • *le médecin lui a interdit l'alcool* hij mag van de dokter niet drinken • *être interdit de séjour* een verblijfsverbod krijgen, uitgewezen worden **2** verhinderen, onmogelijk maken (**de** te) • *il interdit qu'on aille le voir* hij maakt het onmogelijk hem op te zoeken **2** WKD WW (s'~) zich (iets) ontzeggen, weigeren • *il s'interdit la cigarette* hij rookt geen sigaretten meer • *elle s'interdit de parler de cette affaire* ze weigert over die zaak te praten
interdisciplinaire BN interdisciplinair
interdit **1** BN **1** verboden • *entrée ~e* verboden toegang • *baignade ~e* verboden te zwemmen • *une route ~e à la circulation* weg die verboden is voor verkeer • *formellement / strictement ~* ten strengste verboden **2** sprakeloos, onthutst • *rester ~* sprakeloos zijn **2** ZN M verbod, taboe • *braver un ~* zich niets aantrekken van een verbod
intéressant **1** BN interessant, belangwekkend, aantrekkelijk • *des prix intéressants* aantrekkelijke prijzen • *il serait ~ de poursuivre dans cette voie* het zou de moeite waard zijn op deze weg door te gaan **2** ZN M • *faire l'intéressant / son ~* interessant doen, zich aanstellen
intéressé **1** BN **1** geïnteresseerd, belanghebbend, betrokken • *les parties intéressées* de belanghebbende partijen **2** door eigenbelang gedreven, berekenend • *un service ~* dienst waar eigenbelang achter zit • *un compliment ~* compliment uit eigenbelang **2** ZN M (V intéressée), betrokkene, belanghebbende
intéressement ZN M winstdeling <voor werknemer>
intéresser **1** OV WW **1** interesseren, belang inboezemen • *ça m'intéresse* ik ben erin geïnteresseerd • *cela ne m'intéresse plus du tout* ik ben erop uitgekeken • *~ qn à qc* iemand voor iets interesseren, iemands belangstelling voor iets wekken **2** betreffen, aangaan, betrekken (**à** bij) • *~ les salariés aux profits de l'entreprise* de werknemers laten delen in de winst van het bedrijf • *cette nouvelle loi intéresse tous les petits commerçants* deze nieuwe wet raakt alle kleine middenstanders • *la crise intéresse toutes les couches de la population* de crisis betreft alle lagen van de bevolking **2** WKD WW (s'~) **à** zich interesseren voor, belangstellen in • *elle ne s'intéresse qu'à la politique* ze heeft alleen maar belangstelling voor de politiek • *s'intéresser vivement à qn* met belangstelling vragen naar iemand
intérêt ZN M **1** belangstelling, interesse

• *un centre d'intérêt* aandachtsgebied • *une marque / un témoignage d'intérêt pour qn* blijk van belangstelling voor iemand • *manifester son ~ pour qn* belangstelling tonen voor iemand • *porter de l'intérêt à qn* belangstellen in iemand **2 belang, nut** • *un mariage d'intérêt* huwelijk uit berekening • *agir par ~* uit eigenbelang handelen • *défendre les intérêts de qn* iemands belangen behartigen • *ne chercher que ses intérêts* eigen gewin nastreven • *ce livre n'a aucun ~* dit boek is oninteressant • *perdre de son ~* aan belang inboeten • *travaux d'intérêt général / T.I.G.* taakstraf • *cette histoire, je n'en vois pas l'intérêt* ik zie er geen heil in • *d'intérêt secondaire* van ondergeschikt belang • INFORM. *t'as ~ à venir demain!* als ik jou was, zou ik morgen maar komen! • INFORM. *(il) y a intérêt!* dat is je geraden ook! **3** vaak MV **interest, rente** • *les dommages et intérêts* schadevergoeding • *il a signé un emprunt à cinq pour cent (5 %) d'intérêt* hij heeft getekend voor een lening tegen 5% rente

interface ZN V **1** FIG., TECHN. **grensvlak** <tussen twee fasen>, **raakvlak** • *assurer l'~ avec un client (entre deux services)* de schakel zijn met een cliënt (tussen twee afdelingen) **2** COMP. **interface**

interférence ZN V **1 tussenkomst 2 interferentie**

interférer ONOV WW **interfereren, (nadelig) inwerken**

intérieur 1 BN **1 inwendig, innerlijk, binnen-** • *une cour intérieure* binnenplaats • *une voix intérieure* innerlijke stem • *dans son for ~* diep in zijn hart **2 binnenlands** • *un vol ~* binnenlandse vlucht **2** ZN M **1 (het) inwendige, (het) innerlijke, (het) binnenste** • *la porte est fermée de l'intérieur* de deur is van binnenuit afgesloten • *attendez à l'intérieur* wacht binnen • *à l'intérieur du bâtiment* binnen (in) het gebouw • *des scènes tournées en ~* binnenopnamen **2 gezinsleven, huiselijke haard** • *une femme d'intérieur* huisvrouw • *un homme d'intérieur* huisman • *un bel ~* een mooi interieur • *un architecte d'intérieur* binnenhuisarchitect **3 binnenland** • *le ministre de l'Intérieur* de minister v. Binnenlandse Zaken

intérim "-riem" ZN M **1 tussentijd** • *il est président par ~* hij is waarnemend president • *un manager par ~* interim-manager • *assurer l'intérim de qn* tijdelijk de functie van iemand waarnemen • *par interim* waarnemend, ad interim, interim- **2 (verschaffing van) tijdelijk werk** • *une agence / un bureau d'intérim* uitzendbureau • *faire de l'intérim / des intérims* uitzendwerk doen

intérimaire 1 BN **tijdelijk, waarnemend, interimair** • *un travail ~* tijdelijk (uitzend)werk • *du personnel ~* tijdelijk personeel **2** ZN M/V **uitzendkracht**

intérioriser OV WW **verinnerlijken**

interjection ZN V **tussenwerpsel**

interligne ZN M **interlinie** • *un double ~* dubbele regelafstand

interlocuteur ZN M (V interlocutrice), **gesprekspartner**

interlope BN **1 illegaal, smokkel-** • *un commerce ~* sluikhandel **2 verdacht, louche**

interloqué BN **verbluft, sprakeloos** • *rester ~* helemaal paf staan, perplex staan

interlude ZN M **1 tussenspel 2 pauzefilmpje** <tv>

intermède ZN M **1 tussenspel** • *un ~ musical* muzikaal intermezzo **2** FIG. **intermezzo, (korte) onderbreking, pauze**

intermédiaire 1 BN **tussenliggend** • *une solution ~* tussenoplossing **2** ZN M/V **bemiddelaar, tussenpersoon** • *avoir un rôle d'intermédiaire* de rol van bemiddelaar hebben **3** ZN M **tussenkomst, bemiddeling** • *par l'intermédiaire d'une amie* door bemiddeling van een vriendin • *par l'intermédiaire d'Internet* via internet

interminable BN **eindeloos**

intermittence ZN V **tijdelijke onderbreking** • *par ~* bij tussenpozen

intermittent 1 BN **intermitterend, telkens onderbroken** • *un signal ~* intermitterend / onderbroken signaal **2** ZN M **uitzendkracht** • *les ~s du spectacle* de tijdelijke medewerkers in de culturele sector

internat ZN M **1** O&W **internaat, (het) intern-zijn van leerlingen 2** MED. **inwonend coassistentschap**

international 1 BN (M MV internationaux), **internationaal** • *le droit ~ (public)* het volkenrecht • *un match ~* interlandwedstrijd **2** ZN M (MV internationaux), **international**

internationaliser OV WW **internationaal maken**

internaute ZN M/V **internetgebruiker, internetter, netsurfer**

interne 1 BN **inwendig, innerlijk, intern, binnen-** • *l'oreille ~* binnenoor • *les problèmes ~s de cette entreprise* de interne problemen van dit bedrijf **2** ZN M **1 interne leerling 2 inwonend assistent in een ziekenhuis**

internement ZN M **internering, opname in een gesloten inrichting**

interner OV WW **interneren, opsluiten, opnemen in een gesloten inrichting** • *des malades internés dans une institution psychiatrique* patiënten die opgenomen zijn in een psychiatrische inrichting

Internet ZN M **internet** • *naviguer sur ~* op internet surfen

interpellation ZN V **1 aanhouding** <door politie, voor identificatie> • *procéder à des interpellations* aanhoudingen verrichten **2 aanroeping**

interpeller, interpeler OV WW **1 aanhouden** <door politie, voor identificatie> • *~ des suspects* verdachten aanhouden **2 (luid) aanspreken, aanroepen 3** INFORM. **ter harte gaan, de aandacht vergen van** • *la violence nous interpelle* het geweld houdt ons allemaal bezig

interphone ZN M **huistelefoon, intercom**

Interpol ZN M **Interpol**

interposer 1 WKD WW **(s'~) tussenbeide komen** • *l'éclipse, c'est la lune qui s'interpose entre le soleil et la terre* een zonsverduistering, dat is de maan die tussen de zon en de aarde komt te staan **2** OV WW

tussenplaatsen • *par personne interposée* via een tussenpersoon, door iemands bemiddeling
interprétariat ZN M tolkenberoep • *une école d'interprétariat* tolkenschool
interprétation ZN V **1** verklaring, uitlegging, interpretatie • *une erreur d'interprétation* interpretatiefout • *l'interprétation des rêves* de droomuitlegging • *plusieurs interprétations sont possibles* dit is voor velerlei uitleg vatbaar **2** vertolking
interprète ZN M/V **1** OOK FIG. tolk • *une ~ de conférences* conferentietolk • *servir d'interprète à qn* voor iemand tolken **2** MUZ., TON., FILM vertolker **3** uitlegger, verklaarder
interpréter OV WW **1** als tolk vertalen **2** MUZ., TON., FILM vertolken • *~ un rôle dans un film* een rol in een film uitbeelden **3** uitleggen, verklaren, interpreteren • *comment ~ ses sourires?* hoe moeten we haar glimlachen duiden? • *ce silence a été mal interprété* de stilte werd verkeerd uitgelegd
interprofessionnel BN (V interprofessionnelle), meerdere beroepen / beroepsgroepen omvattend
interracial BN (M MV interraciaux), interraciaal, tussen rassen
interrogateur **1** BN (V interrogatrice), vragend **2** ZN M (V interrogatrice), examinator
interrogatif BN (V interrogative), vragend • *un pronom ~* vragend voornaamwoord
interrogation ZN V **1** OOK TAALK. vraag(zin) • *une ~ directe* directe vraagzin • *un point d'~* vraagteken • FIG. *cela reste un point d'~* dat is een open vraag **2** overhoring • *une ~ écrite* schriftelijke overhoring • *une ~ de français* proefwerk Frans
interrogatoire ZN M ondervraging, verhoor • *l'~ des témoins vient de commencer* het verhoor van de getuigen is zojuist begonnen • *subir un ~* verhoord worden
interroger **1** OV WW **1** ondervragen, uitvragen, verhoren • *~ les témoins de l'accident* de getuigen van het ongeval verhoren • *~ qn du regard* iemand vragend aankijken **2** mondeling examineren, overhoren **3** FIG. te rade gaan bij, raadplegen <van informatiedrager> • *j'ai interrogé mon répondeur* ik heb mijn antwoordapparaat afgeluisterd • FIG. *~ les faits* de feiten nader bekijken **2** WKD WW **(s'~)** zich vragen stellen, zich beraden (**sur** over), zich (iets) afvragen • *je m'interroge sur ce que je dois faire* ik vraag me af wat ik moet doen
interrompre **1** OV WW onderbreken, afbreken, storen • *la communication a été interrompue* de verbinding is verbroken • *~ ses études* zijn studie afbreken • *~ qn poliment* iemand beleefd in de rede vallen **2** WKD WW **(s'~)** ophouden, stoppen • *j'ai dû m'~ pour faire le dîner* ik heb moeten stoppen om het avondeten klaar te maken • *sans s'~* zonder ophouden
interrupteur ZN M schakelaar
interruption ZN V **1** onderbreking • *une ~ de courant* stroomstoring • *une ~ volontaire de grossesse (IVG)* abortus • *faire une ~ d'une heure* één uur pauzeren • *travailler sans ~* onafgebroken werken **2** interruptie, (het) in de rede vallen
intersection ZN V snijding, kruising • *un point d'~* snijpunt • *une ligne d'~* snijlijn • *l'~ de deux routes* het kruispunt
interstice ZN M tussenruimte, spleet, kier
intervalle ZN M **1** tussenruimte, afstand • *un ~ de deux mètres entre les arbustes* een tussenruimte van twee meter tussen de struiken **2** tussentijd, (tussen)poos, interval • *je suis sortie, il est arrivé dans l'~* ik ben weggegaan, hij is ondertussen gekomen • *les douleurs reviennent par ~s* de pijn komt van tijd tot tijd terug • *à six jours d'~* zes dagen later • *à brefs ~s* kort na elkaar • *par ~s* bij tussenpozen • *sans ~* onophoudelijk
intervenant ZN M (V intervenante), tussenkomende partij, spreker <in debat>
intervenir ONOV WW onregelmatig **1** tussenbeide komen, ingrijpen, bemiddelend optreden • *l'armée est intervenue rapidement* het leger heeft snel ingegrepen • *~ auprès de qn* een goed woordje doen bij iemand **2** zich voordoen, tot stand komen **3** FIG. een rol spelen, bijdragen (**dans** in) • *~ dans une discussion* meediscussiëren
intervention ZN V **1** tussenkomst, bemiddeling • *l'~ radiodiffusée du président de la République* de radiotoespraak van de Franse president **2** bijdrage <aan debat>, toespraak **3** MIL. interventie • *une ~ armée* gewapende interventie **4** MED. ingreep • *subir une ~ chirurgicale* een chirurgische ingreep ondergaan
interversion ZN V omkering, verwisseling
intervertir OV WW omkeren, verwisselen • *~ les rôles* de rollen omdraaien
interview "-vjoe" ZN M/V interview • *donner / accorder une ~ à un journal* een interview geven aan een krant
interviewer OV WW interviewen
intervieweur ZN M (V intervieweuse), interviewer
intestin **1** ZN M darm • *l'~ grêle* de dunne darm • *le gros ~* de dikke darm • *les ~s* MV de ingewanden **2** BN FORM. intern (uitgevochten) • *une guerre ~e* burgeroorlog, FIG. onderlinge strijd
intestinal BN (M MV intestinaux), darm-, ingewands- • *des troubles intestinaux* ingewandsstoornissen
intime **1** BN **1** intiem, vertrouwelijk, privé • *la vie ~ d'un acteur* het privéleven van een acteur • *un ami ~* boezemvriend • *une soirée ~* een gezellig avondje • *un journal ~* dagboek • *des liens ~s* nauwe (vriendschaps)banden • *des relations ~s* intieme relaties <ook seksueel> • *des caresses ~s* intieme liefkozingen **2** innerlijk, innig • *j'ai l'~ conviction que rien ne va plus entre Paul et Marie* ik heb de innerlijke overtuiging dat het tussen Paul en Marie niet meer gaat / botert **2** ZN M/V boezemvriend, intimus
intimer OV WW aanzeggen • *~ à qn l'ordre de partir* iemand gelasten te vertrekken
intimidation ZN V intimidatie • *des manœuvres*

d'~ handelingen bedoeld om te intimideren
intimider OV WW intimideren
intimiste BN intiem <van sfeer>, sfeervol
intimité ZN V **1** intimiteit • *vivre dans ~ de qn* vertrouwelijk met iemand omgaan **2** privacy, privésfeer • *le mariage s'est déroulé dans la plus stricte ~* het huwelijk heeft in beperkte kring / familiekring plaatsgevonden **3** knusheid, beslotenheid • *l'intimité d'une maison* de gezelligheid van een huis
intitulé ZN M titel, opschrift
intituler **1** OV WW (be)titelen **2** WKD WW **(s'~)** (het genoemde) als titel hebben
intolérable BN **1** onverdraaglijk **2** ontoelaatbaar, onduldbaar • *des pratiques intolérables* ontoelaatbare praktijken
intolérance ZN V **1** onverdraagzaamheid, intolerantie **2** MED. intolerantie • *il a une intolérance au lactose* hij heeft lactose-intolerantie
intolérant BN onverdraagzaam, intolerant
intonation ZN V intonatie
intouchable **1** BN onschendbaar, onaantastbaar **2** ZN M onaanraakbare, paria
intox INFORM., **intoxe** ZN V intoxication indoctrinatie, desinformatie • *faire de l'~* desinformatie verstrekken
intoxication ZN V **1** vergiftiging • *une ~ alimentaire* voedselvergiftiging **2** indoctrinatie, desinformatie • *l'~ par la pub* de indoctrinatie door de reclame
intoxiqué ZN M (V intoxiquée), verslaafde
intoxiquer OV WW **1** vergiftigen • *être intoxiqué par l'alcool* een alcoholvergiftiging hebben **2** indoctrineren, door desinformatie beïnvloeden
intraduisible BN onvertaalbaar
intraitable BN onvermurwbaar, onverzettelijk
intra-muros BW binnen de (muren van) de stad • *Paris ~* Parijs zelf
intranet COMP. ZN M intranet
intransigeance ZN V onverzettelijkheid, compromisloosheid, starheid
intransigeant BN onverzettelijk, compromisloos, star
intransitif TAALK. BN (V intransitive), onovergankelijk, intransitief
intransmissible BN onoverdraagbaar
intransportable BN onvervoerbaar
intraveineux BN (V intraveineuse), in de aderen, intraveneus
intrépide BN onverschrokken, stoutmoedig
intrépidité ZN V onverschrokkenheid, stoutmoedigheid
intrigant **1** BN intrigerend, konkelend **2** ZN M (V intrigante), intrigant, konkelaar
intrigue ZN V **1** LIT., TON., FILM intrige, plot **2** intrige, gekonkel • *une ~ politique* politieke intrige **3** avontuurtje
intriguer **1** OV WW intrigeren • *cela m'intrigue* dat maakt me nieuwsgierig **2** ONOV WW intrigeren, geheime plannen smeden • *~ pour obtenir qc* konkelen om iets gedaan te krijgen
intrinsèque BN intrinsiek, wezenlijk
intro ZN V introduction intro
introductif BN (V introductive), inleidend
introduction ZN V **1** inleiding • *un chapitre d'~* inleiding **2** introductie • *une lettre d'~* aanbevelingsbrief **3** (het) inbrengen • *l'~ de produits illicites dans un pays* de introductie van illegale producten in een land
introduire **1** OV WW onregelmatig **1** binnenleiden, introduceren, inbrengen • *on l'a introduit auprès du directeur* hij is aan de directeur voorgesteld • *~ la clé dans la serrure* de sleutel in het slot steken • *une marchandise introduite en France* in Frankrijk ingevoerde koopwaar **2** invoeren • *~ une réforme* een hervorming invoeren **2** WKD WW **(s'~)** binnendringen, binnensluipen • *s'~ dans une maison* een huis binnensluipen • *le doute s'est introduit dans son esprit* hij is door twijfel bekropen
intronisation ZN V inhuldiging, (plechtige) invoering
introniser OV WW inhuldigen, (plechtig) invoeren, ingang doen vinden
introspection ZN V zelfbeschouwing, introspectie
introuvable BN onvindbaar • *mes clés sont ~s* mijn sleutels zijn zoek
introverti BN introvert, in zichzelf gekeerd
intrus "e(n)truu" ZN M (V intruse), indringer, ongenode gast
intrusion ZN V indringing, binnendringing **(dans** in)
intuitif BN (V intuitive), intuïtief
intuition ZN V intuïtie, voorgevoel
inuit BN Inuit-, Eskimo-
Inuit ZN M/V Inuit, Eskimo
inusable BN onverslijtbaar
inusité BN ongebruikelijk
inutile BN nutteloos, zinloos, onnodig • *~ d'insister!* je hoeft niet verder aan te dringen! • *~ de lui demander son avis!* het heeft geen zin om hem om zijn mening te vragen!
inutilisable BN onbruikbaar
inutilisé BN ongebruikt
inutilité ZN V nutteloosheid, onnodigheid • *l'inutilité d'une démarche* de vergeefsheid van een stap
invalidation ZN V ongeldigverklaring
invalide **1** BN invalide, arbeidsongeschikt **2** ZN M/V invalide
invalider OV WW ongeldig verklaren / maken
invalidité ZN V invaliditeit, arbeidsongeschiktheid • *une pension d'invalidité* invaliditeitspensioen
invariable BN onveranderlijk
invasion ZN V **1** MIL. invasie, inval • FIG. *fuir l'~ des vacanciers* de invasie van vakantiegangers ontvluchten **2** (het) binnendringen • *une ~ de rats* rattenplaag
invective ZN V scheldwoord, scheldpartij
invectiver OV WW uitschelden
invendable BN onverkoopbaar

invendu 1 BN onverkocht **2** ZN M onverkocht artikel
inventaire ZN M inventaris, boedelbeschrijving, lijst • *le magasin est fermé pour cause d'~* de winkel is gesloten wegens inventarisatie • *faire / dresser l'~ des monuments de la région* de inventaris opmaken van de monumenten van de regio
inventer OV WW **1** uitvinden, ontdekken • IRON. *il n'a pas inventé le fil à couper le beurre* hij heeft het buskruit niet uitgevonden **2** verzinnen • *ça ne s'invente pas* zoiets verzin je niet • *c'est inventé de toutes pièces* het is helemaal uit de lucht gegrepen, het is uit de duim gezogen • *qu'est-ce qu'il invente encore?* wat zou hij nu weer uitvoeren?
inventeur ZN M (V inventrice), uitvinder
inventif BN (V inventive), vindingrijk, inventief
invention ZN V **1** uitvinding, ontdekking **2** verzinsel • *c'est une histoire de son ~ !* hij heeft het verhaal (zelf) verzonnen!
inventivité ZN V vindingrijkheid, inventiviteit
inventorier OV WW inventariseren
invérifiable BN niet na te gaan, onverifieerbaar
inverse 1 BN omgekeerd, tegenovergesteld • *en sens ~* in tegenovergestelde richting, in omgekeerde volgorde **2** ZN M (het) tegendeel, (het) tegenovergestelde • *c'est justement l'~* het is juist het tegenovergestelde • *à l'~ de lui, elle ne crie jamais* in tegenstelling tot hem, schreeuwt zij nooit • *à l'~* omgekeerd, daarentegen, daartegenover
inversement BW **1** omgekeerd • *~ proportionnel* omgekeerd evenredig **2** daarentegen, daartegenover
inverser OV WW omkeren, omzetten
inversion ZN V omkering, omzetting, inversie • *l'~ du sujet et du verbe dans l'interrogation* de inversie van onderwerp en werkwoord in een vraagzin
invertébré BN ongewerveld
investigateur 1 BN (V investigatrice), onderzoekend, vorsend **2** ZN M (V investigatrice), onderzoeker
investigation ZN V onderzoek, nasporing
investir 1 OV WW **1** omsingelen • *la police a investi le quartier* de politie heeft de buurt omsingeld **2** OOK FIG. investeren **(dans** in**)** • *~ du temps dans qc* tijd steken in iets **3** bekleden met <ambt, gezag e.d.> **2** WKD WW **(s'~) dans** zich intensief wijden aan, zich overgeven aan • *s'~ dans une relation (sentimentale)* zich helemaal geven in een relatie
investissement ZN M investering • *un ~ à long terme* langetermijnbelegging • FIG. *la compétition de haut niveau demande un ~ total* competitie op hoog niveau vraagt een volledige inzet
investisseur ZN M investeerder
investiture ZN V bevestiging <in ambt>, benoeming, investituur
invétéré BN ingeworteld • *un buveur ~* gewoontedrinker • *un joueur ~* verstokt gokker
invincible BN OOK FIG. onoverwinnelijk, onweerstaanbaar
inviolabilité ZN V onschendbaarheid
inviolable BN onschendbaar
inviolé BN ongeschonden
invisibilité ZN V onzichtbaarheid
invisible BN OOK FIG. onzichtbaar • *une étoile ~ à l'œil nu* ster die met het blote oog niet zichtbaar is
invitation ZN V **1** OOK FIG. uitnodiging, invitatie • *refuser une ~ à dîner* een uitnodiging voor een (avond)etentje afslaan • *je me rendrai à l'~ de mon collègue* ik ga in op de uitnodiging van mijn collega **2** verzoek, aansporing
invite ZN V stille wenk, hint
invité ZN M (V invitée), gast, genodigde • *des invités de marque* hoge gasten • *être l'invité de...* te gast zijn bij...
inviter 1 OV WW **1** OOK FIG. uitnodigen **(à** tot, voor, te**)**, inviteren • *~ qn à une fête* iemand op een feest uitnodigen • *~ qn à danser* iemand ten dans vragen • *ce beau temps invite à la baignade* dit mooie weer nodigt uit tot zwemmen • *~ qn à dîner / à déjeuner* iemand te eten vragen **2** verzoeken, aansporen • *~ qn à se taire* iemand verzoeken te zwijgen • *~ qn à une grande discrétion* bij iemand aandringen op grote discretie **2** WKD WW **(s'~)** zichzelf uitnodigen, ongevraagd komen • *s'~ à dîner* zichzelf voor het eten uitnodigen
in vitro BN • *la fécondation ~* in-vitrofertilisatie
invivable BN onleefbaar, ongenietbaar • *cet homme est ~* met die man is niet te leven
invocation ZN V aanroeping
involontaire BN onvrijwillig, onwillekeurig, onopzettelijk, ongewild
invoquer OV WW **1** aanroepen, inroepen • *~ Dieu* God aanroepen **2** aanvoeren, zich beroepen op • *~ des prétextes* voorwendsels aanvoeren, met uitvluchten komen
invraisemblable BN **1** onwaarschijnlijk, ongelofelijk **2** potsierlijk • *elle portait une tenue ~* ze droeg onmogelijke kleding
invraisemblance ZN V onwaarschijnlijkheid
invulnérabilité ZN V onkwetsbaarheid
invulnérable BN onkwetsbaar
iode ZN M jodium
iodé BN jodiumhoudend
ion ZN M ion
ionique BOUW BN Ionisch • *une colonne ~* Ionische zuil
iota ZN M jota • *ne pas changer un ~* totaal niets veranderen
irai WW toek. tijd. → **aller**
Irak ZN M Irak
irakien BN (V irakienne), Irakees
Irakien ZN M (V Irakienne), Irakees
Iran ZN M Iran
iranien BN (V iranienne), Iraans
Iranien ZN M (V Iranienne), Iraniër
Iraq ZN M → **Irak**
iraquien BN (V iraquienne) → **irakien**
Iraquien ZN M (V Iraquienne) → **Irakien**
irascible FORM. BN prikkelbaar, lichtgeraakt
iris "ieries" ANAT., PLANTK. ZN M iris

irlandais 1 BN Iers 2 ZN M (het) Iers
Irlandais ZN M (V Irlandaise), Ier
Irlande ZN V Ierland
I.R.M. MED. AFK imagerie par résonance magnétique V MRI(-scan)
ironie ZN V ironie
ironique BN ironisch
ironiser ONOV WW ironisch spreken, ironiseren • *~ sur qc / à propos de qc* ironisch spreken over iets
irons WW toek. tijd. → **aller**
irradiation ZN V 1 OOK FIG. uitstraling 2 MED. bestraling • *les dangers d'~* de stralingsgevaren
irradier 1 OV WW bestralen • *~ une tumeur* een tumor bestralen 2 ONOV WW OOK FIG. (uit)stralen
irraisonné BN onberedeneerd
irrationnel BN (V irrationnelle), irrationeel, onredelijk
irrattrapable BN niet goed te maken, onherstelbaar
irréalisable BN onuitvoerbaar, niet te verwezenlijken
irréalisme ZN M gebrek aan realisme
irréaliste BN onrealistisch
irréalité ZN V onwezenlijkheid, onwerkelijkheid
irrecevable BN niet-inwilligbaar, onaanvaardbaar, JUR. niet-ontvankelijk • *une demande ~* onaanvaardbare eis
irréconciliable BN onverzoenlijk
irrécupérable BN 1 niet meer te gebruiken, niet herbruikbaar 2 reddeloos verloren
irrécusable BN onweerlegbaar
irréductible BN 1 onverzettelijk 2 WISK. onherleidbaar, niet-reduceerbaar • *une fraction ~* niet-herleidbare breuk
irréel BN (V irréelle), onwezenlijk, onwerkelijk, irreëel
irréfléchi BN 1 onnadenkend, onbedachtzaam 2 ondoordacht • *des propos irréfléchis* ondoordachte woorden
irréfutable BN onweerlegbaar • *un argument ~* onweerlegbaar argument
irrégularité ZN V onregelmatigheid • *les irrégularités commises durant une élection* de fraude (begaan) tijdens een verkiezing
irrégulier BN (V irrégulière) 1 onregelmatig, ongeregeld • *un verbe ~* onregelmatig werkwoord • *avoir un pouls ~* een onregelmatige pols hebben 2 illegaal, in strijd met de regels • *être en situation irrégulière* niet over de juiste papieren beschikken, illegaal in het land verblijven 3 wisselvallig (presterend) • *un élève ~* leerling die wisselende prestaties levert
irrégulièrement BW onregelmatig
irrémédiable BN onherstelbaar, hopeloos • *une faute ~* onherstelbare fout • *une perte ~* onherroepelijk verlies
irrémédiablement BW onherstelbaar, onherroepelijk, voorgoed
irremplaçable BN onvervangbaar
irréparable BN onherstelbaar
irrépressible BN onbedwingbaar
irréprochable BN onberispelijk • *une personne à la conduite ~* iemand van onbesproken levenswandel
irrésistible BN onweerstaanbaar
irrésolu BN 1 besluiteloos, weifelend 2 onopgelost • *une affaire irrésolue* onopgeloste zaak
irrésolution ZN V besluiteloosheid
irrespectueux BN (V irrespectueuse), oneerbiedig
irrespirable BN niet in te ademen, verstikkend • *une atmosphère ~ dans une équipe* verstikkende sfeer in een team
irresponsabilité ZN V 1 onverantwoordelijkheid 2 POL. onschendbaarheid
irresponsable BN 1 onverantwoordelijk 2 POL. onschendbaar
irrétrécissable BN krimpvrij
irrévérencieux BN (V irrévérencieuse), oneerbiedig
irréversibilité ZN V onomkeerbaarheid
irréversible BN onomkeerbaar
irrévocable BN onherroepelijk
irrigable BN bevloeibaar
irrigation ZN V irrigatie, bevloeiing • MED. *l'~ sanguine* de doorbloeding
irriguer OV WW 1 bevloeien, irrigeren 2 MED. bloed / lichaamsvocht toevoeren naar <organen>
irritabilité ZN V prikkelbaarheid
irritable BN prikkelbaar
irritant BN irriterend, irritant
irritation ZN V 1 irritatie, geprikkeldheid 2 MED. irritatie • *l'~ de l'œil* oogirritatie, branderig oog
irrité BN 1 geïrriteerd, geprikkeld, geërgerd, boos • *être ~ contre qn* boos zijn op iemand 2 MED. geïrriteerd, licht ontstoken • *avoir la gorge irritée* een geïrriteerde keel hebben
irriter 1 OV WW 1 irriteren, prikkelen, boos maken 2 MED. irriteren • *la fumée lui irrite les yeux* zijn ogen raken geïrriteerd door de rook 2 WKD WW (s'~) boos worden (**contre** op iemand), zich ergeren (**de** aan iets)
irruption ZN V inval, binnendringing • *faire ~ dans une pièce* een kamer binnenvallen / (opeens) binnendringen
islam ZN M islam
islamique BN islamitisch
islamiser OV WW islamiseren
islamisme ZN M 1 mohammedanisme 2 islamitisch activisme
islamiste ZN M/V islamist
islandais 1 ZN M (het) IJslands 2 BN IJslands
Islandais ZN M (V Islandaise), IJslander
Islande ZN V IJsland
isobare ZN V isobaar
isocèle BN gelijkbenig
isolable BN isoleerbaar
isolant 1 BN isolerend 2 ZN M isolerend middel, isolerende stof • *un ~ thermique* warmte-isolatiemateriaal

is

isolation ZN V isolatie • *l'~ acoustique* geluidsisolatie
isolationnisme ZN M isolationisme
isolé BN **1** alleenstaand, eenzaam • *vivre ~ de tous* een zeer eenzaam leven leiden • *se sentir ~* zich eenzaam voelen **2** geïsoleerd (**de** van), afgelegen • *une maison isolée* afgelegen huis **3** afgezonderd • *des applaudissements isolés* hier en daar wat applaus **4** apart • *un cas ~* op zichzelf staand geval • *une phrase isolée* een losse zin **5** BOUW geïsoleerd • *une pièce bien isolée* goed geïsoleerde kamer
isolement ZN M **1** eenzaamheid • *vivre dans un grand ~* in totale eenzaamheid leven **2** isolement • *un ~ politique* politiek isolement • *l'~ du malade contagieux* het isoleren van de besmettelijke zieke • *l'~ cellulaire* eenzame opsluiting
isolément BW afzonderlijk, apart
isoler **1** OV WW **1** afzonderen, isoleren • *on a réussi à ~ le virus* men is erin geslaagd het virus te isoleren • *le village a été isolé par la tempête de neige* het dorp is door de sneeuwstorm afgesneden van de buitenwereld **2** afzonderlijk beschouwen **2** WKD WW (**s'~**) zich afzonderen • *s'~ dans sa chambre pour étudier* zich in zijn slaapkamer afzonderen om te studeren
isoloir ZN M stemhokje
isotherme BN isotherm • *un sac ~* koeltas
isotope ZN M isotoop
Israël ZN M Israël • *en ~* in Israël
israélien BN (V israélienne), Israëlisch
Israëlien ZN M (V Israëlienne), Israëliër, Israëli
issu BN **~ de** afkomstig van, geboren uit, voortgekomen uit • *il est ~ d'une famille noble* hij komt voort uit een adellijke familie
issue ZN V **1** uitgang • *une ~ de secours* nooduitgang • *voie sans ~* doodlopende weg **2** FIG. uitweg • *un problème sans ~* uitzichtloos probleem **3** afloop • *une ~ heureuse* goede afloop • *l'~ du procès* de afloop van het proces • *à l'~ de la conférence* na afloop van de conferentie
I.S.T. AFK infection sexuellement transmissible V soa, seksueel overdraagbare aandoening
isthme "iesm" ZN M (land)engte
Italie ZN V Italië
italien **1** BN (V italienne), Italiaans **2** ZN M (het) Italiaans
Italien ZN M (V Italienne), Italiaan
italique **1** ZN M cursiefletter • *écrire un mot en ~(s)* een woord cursief maken **2** BN cursief
item ZN M item
itératif BN (V itérative), herhaald, herhalend
itération ZN V herhaling
itinéraire ZN M (reis)route • *l'itinéraire bis* alternatieve route • *suivre un ~* een route volgen • *dévier de son ~* van de route afwijken
itinérant BN rondtrekkend, reizend • *une exposition itinérante* reizende tentoonstelling
I.U.T. O&W AFK Institut universitaire de technologie M ≈ TU, ≈ Technische Universiteit
I.V.G. AFK interruption volontaire de grossesse V abortus (provocatus)
ivoire ZN M **1** ivoor, ivoren (kunst)voorwerp • *en / d'~* ivoren **2** tandbeen
ivoirien BN (V ivoirienne), Ivoriaans
ivre BN OOK FIG. dronken (**de** van) • *être ~ mort* stomdronken zijn • *être ~ de bonheur* dronken / buiten zichzelf zijn van geluk
ivresse ZN V **1** dronkenschap • *conduire en état d'~* rijden onder invloed **2** vervoering, FIG. bedwelming, roes
ivrogne **1** BN aan de drank verslaafd **2** ZN M/V dronkaard, dronkenman
ivrognerie ZN V dronkenschap, drankzucht

is

J

j "zjie" ZN M letter **j** • *le jour J* de grote dag, D-day
j' PERS VNW → **je**
jacasser INFORM. ONOV WW **kwebbelen, kletsen** • *ça jacasse dans la classe!* er wordt (heel) wat afgekletst in de klas!
jacasseur INFORM. ZN M (V jacasseuse), **kletskous**
jachère ZN V **(het) braak liggen, braakland** • *laisser une terre en ~* een stuk grond braak laten liggen
jacinthe ZN V **hyacint**
jackpot ZN M **jackpot** • *gagner le ~* de jackpot winnen, FIG. een klapper maken
Jacques **Jakobus, Jakob**
jacter INFORM. ONOV WW **kletsen, zwammen**
jacuzzi® ZN M **jacuzzi, bubbelbad**
jade ZN M **jade, jaden (kunst)voorwerp** • *en / de ~* van jade, jaden
jadis "-dies" BW **vroeger, eertijds** • *~, mes parents habitaient la campagne* vroeger woonden mijn ouders op het platteland • *le temps ~* vroegere tijden, de tijden van weleer
jaguar ZN M **jaguar**
jaillir ONOV WW **1 opspringen, opwellen, opspuiten** • *le pétrole a jailli* de olie spoot omhoog • *la lumière jaillit* het licht flitst aan **2 plotseling naar voren komen, plotseling ontstaan** • *~ de la foule* plotseling uit de menigte naar voren komen • *les réactions ont jailli de tous côtés* de reacties kwamen ineens van alle kanten
jaillissement ZN M **(het) plotseling tevoorschijn komen**
jais ZN M **git** • *des cheveux noirs de ~* gitzwart haar
jalon ZN M FIG. vaak mv **baken, richtsnoer** • *poser les ~s d'un projet* een plan uitstippelen
jalonnement ZN M **afbakening, afpaling**
jalonner OV WW OOK FIG. **afbakenen, afpalen** • *sa vie est jalonnée d'obstacles* haar leven is een aaneenschakeling van problemen / hindernissen
jalouse ZN V → **jaloux**
jalousement BW **1 jaloers 2 angstvallig, zorgvuldig** • *un secret ~ gardé* angstvallig / zorgvuldig bewaard geheim
jalouser **1** OV WW **jaloers zijn op** • *une femme très jalousée* vrouw op wie men erg jaloers is **2** WKD WW **(se ~) jaloers zijn op elkaar**
jalousie ZN V **1 jaloezie, afgunst** • *éprouver de la ~ envers qn / à l'égard de qn* jaloers zijn op iemand • INFORM. *crever de ~* barsten van jaloezie, stikjaloers zijn • *exciter la ~ de qn* iemands jaloezie opwekken **2 zonneblind, jaloezie**
jaloux **1** BN (V jalouse), **afgunstig, jaloers** • *être ~ de la réussite de qn* iemand om zijn succes benijden, jaloers zijn op iemands succes • *rendre ~* jaloers maken • FIG. *~ de sa liberté* zeer gehecht aan zijn vrijheid **2** ZN M (V jalouse), **jaloers persoon** • *faire des ~* anderen jaloers maken • FIG. *ça fait des ~* dat geeft scheve gezichten
jamaïcain BN • *elle est jamaïcaine* zij is een Jamaicaanse
jamaïquain, jamaïcain BN **Jamaicaans**
Jamaïque ZN V **Jamaica**
jamais BW **1** met ontkenning **nooit** <negatief> • *je ne le vois ~* ik zie hem nooit • *je ne le verrai plus ~* ik zal hem nooit meer zien • *on ne sait ~* je weet maar nooit • *il a essayé mais sans ~ obtenir ce qu'il voulait* hij heeft het geprobeerd maar zonder ooit te krijgen wat hij wilde • *~ de la vie!* nooit van mijn leven! • *~, au grand ~!* nooit ofte nimmer! **2 ooit, altijd** <positief> • *si ~ tu le vois, dis-lui de m'appeler* mocht je hem (ooit) zien, zeg hem dan me te bellen • *as-tu ~ vu ça?* heb je ooit zoiets gezien? • FORM. *il ne reçoit ~ que des compliments* hij krijgt altijd alleen maar / nooit anders dan complimenten • *il a disparu à tout ~* hij is voor altijd verdwenen • *plus que ~* meer dan ooit
jambe ZN V **1 been, poot** <van dier> • *une ~ artificielle* kunstbeen • *une ~ de bois* houten been • INFORM. *une partie de ~s en l'air* neukpartij • *croiser les ~s* zijn benen over elkaar slaan • *se dégourdir / se dérouiller les ~s* de benen strekken • *traîner / tirer la ~* met zijn been slepen, moeilijk lopen • *courir à toutes ~s* zo hard lopen als je kan • *avoir les ~s arquées* O-benen hebben • FIG. *avoir les ~s coupées* niet meer op zijn benen kunnen staan <van moeheid> • FIG. *prendre ses ~s à son cou* de benen nemen, het op een lopen zetten • FIG. *être dans les ~s de quelqu'un* iemand in de weg lopen • FIG. *ne plus tenir sur ses ~s* niet meer op zijn benen kunnen staan • FIG. *il fait tout par-dessus la ~* hij doet alles met de Franse slag • INFORM., FIG. *il me tient la ~* hij houdt me aan de praat • INFORM., FIG. *ça me fait une belle ~* daar schiet ik niet veel mee op **2 broekspijp** • *une ~ de pantalon* broekspijp
jambière ZN V **1 beenbeschermer 2 beenwarmer**
jambon ZN M **ham** • *du ~ cru* rauwe ham • *du ~ blanc / cuit* gekookte ham • *du ~ fumé* gerookte ham • *du ~ à l'os* beenham • *un sandwich au ~* broodje ham
jante ZN V **velg**
janvier ZN M **januari** • *le mois de ~* (de maand) januari • *en ~ / au mois de ~* in januari
Japon ZN M **Japan**
japonais **1** BN **Japans** **2** ZN M **(het) Japans**
Japonais ZN M (V Japonaise), **Japanner**
jappement ZN M **gekef**
japper ONOV WW **keffen**
jaquette ZN V **1 jacquet** <lange jas> **2 stofomslag** <van boek> **3** MED. **jacketkroon**
jardin ZN M **1 tuin** • *un ~ public* park, plantsoen • *un ~ potager / familial* moestuin • *un ~ botanique; un ~ des plantes* botanische tuin • *un ~ zoologique* dierentuin • *un ~ ouvrier* volkstuin • *un ~ d'hiver* wintertuin • *le ~ d'Éden* de hof van Eden • *faire son ~* zijn tuin doen, tuinieren **2 bewaarplaats** • *un ~ d'enfants* kleuterschool, peuterspeelzaal
jardinage ZN M **(het) tuinieren** • *faire du ~*

tuinieren
jardiner ONOV WW **tuinieren** <uit liefhebberij>
jardinerie ZN V **tuincentrum**
jardinet ZN M **tuintje**
jardinier ZN M (V jardinière), **tuinier, tuinman**
jardinière ZN V **1** **bloembak** **2** CULIN **fijngesneden gekookte groenten** • *un potage ~* groentesoep
jargon ZN M **1** TAALK. **jargon** • *le ~ des étudiants* het studentenjargon • *le ~ sportif* het sportjargon **2** MIN. **koeterwaals, brabbeltaal** • *le ~ officiel* ambtelijke taal
jarre ZN V **aarden kruik / pot**
jarret ZN M **1** **knieholte** **2** CULIN **schenkel** • *un ~ de veau* kalfsschenkel
jaser ONOV WW **kletsen, roddelen, (ver)klappen** • *cette histoire fait ~ tout le quartier* deze zaak geeft aanleiding tot kletspraatjes in de hele buurt, door deze zaak slaat de hele buurt aan het roddelen/kletsen
jasmin ZN M **jasmijn**
jatte ZN V **kommetje, mok**

ja

jauge ZN V **peilstok, (ijk)maat** • *une ~ d'essence* benzinemeter
jauger OV WW **1** FIG. **peilen, naar waarde schatten** • *~ qn d'un coup d'œil* iemand op het oog taxeren, iemand onderzoekend bekijken **2** **de inhoud bepalen van, peilen, meten**
jaunâtre BN **geelachtig**
jaune **1** BN **geel** • SPORT *le maillot ~* de gele trui • *le métal ~* het goud **2** BW **geel** • *rire ~* lachen als een boer die kiespijn heeft **3** ZN M **gele kleur, (het) geel** • *le ~ d'œuf* eierdooier • *une robe d'un ~ citron* citroengele jurk **4** ZN M/V MIN. **werkwillige, stakingsbreker**
jaunir **1** OV WW **geel maken** • *le tabac lui a jauni les doigts* door het roken zijn zijn vingers geel geworden **2** ONOV WW **geel worden** • *des photos qui jaunissent* vergelende foto's
jaunisse ZN V **geelzucht** • INFORM. *en faire une ~* zich groen en geel ergeren
jaunissement ZN M **(het) vergelen**
java ZN V • INFORM. *faire la ~* de bloemetjes buiten zetten, pret maken
javanais **1** BN **Javaans** **2** ZN M **(het) Javaans**
Javanais ZN M (V Javanaise), **Javaan**
Javel ZN V **bleekwater** • *de l'eau de ~* bleekwater
javelot ZN M **werpspies, speer** • SPORT *le lancer du ~* het speerwerpen
jazz "dzjaz" ZN M **jazz**
J.-C., J.C. AFK Jésus-Christ **J.C., Jezus Christus**
je, j' PERS VNW **ik** • *moi, ~ ne viendrai pas* ik zal niet komen • *j'arrive!* ik kom eraan!
jean "dzjien", **jeans** "dzjienz" ZN M **spijkerbroek** • *une veste en ~* jasje van spijkerstof, spijkerjasje
Jean Johannes, Jan
jeep "(d)zjiep" ZN V **jeep**
je-m'en-foutisme INFORM., **je m'en foutisme** ZN M **(verregaande) onverschilligheid, lamlendigheid**
je-ne-sais-quoi, **je ne sais quoi** ZN M (MV id.) • *un ~* een bepaald iets, iets onbestemds • *il a un ~ de désagréable* hij heeft iets onaangenaams
jérémiade ZN V INFORM. **jammerklacht, geklaag**
jerrycan ZN M **jerrycan**
Jésus "zjeezuu" ZN M **Jezus**
Jésus-Christ "zjeezuukrie" ZN M **Jezus Christus**
jet[1] "djet" ZN M **straalvliegtuig, jet** • *voyager en ~ privé* met een privéjet reizen
jet[2] "sje" ZN M **1** **(het) werpen, worp** • *le ~ de pierres* het gooien van stenen • FIG. *un premier ~* voorontwerp, (ruwe) schets • FIG. *une histoire écrite d'un (seul) ~* verhaal dat in één keer (op)geschreven is • FIG. *c'est le premier ~ de son discours* het is een eerste versie van zijn toespraak **2** **(krachtige) straal** • *un ~ de salive* straal speeksel • *un ~ d'eau* waterstraal, (spring)fontein • *laver sa voiture au ~* zijn auto schoonspuiten • *un ~ de lumière* plotselinge lichtstraal
jetable BN **wegwerp-** • *un appareil photo ~* wegwerpcamera
jetée ZN V **1** **havenhoofd, pier** **2** **pier** <op luchthaven>
jeter **1** OV WW **1** **werpen, gooien** • *~ qc à la face / à la figure / au nez de qn* iemand iets naar het hoofd slingeren, iemand iets verwijten • *~ qn par terre* iemand op de grond gooien • *~ l'ancre* het anker uitwerpen, voor anker gaan • *~ qn en prison* iemand in de gevangenis gooien • FIG. *~ la pierre à qn* iemand beschuldigen • FIG. *~ l'argent par les fenêtres* (zijn) geld over de balk gooien **2** **(weg)gooien** • *~ qc à la poubelle* iets in de vuilnisbak gooien • *c'est (bon) à ~* dat kun je wel weggooien **3** **werpen, (neer)gooien** • *~ son manteau sur une chaise* zijn jas op een stoel (neer)gooien • *elle a jeté ses bras autour de son cou* ze heeft hem omhelsd • FIG. *~ quelques phrases sur le papier* snel wat zinnen op papier zetten • FIG. *~ un coup d'œil sur le journal* een blik werpen op de krant • FIG. *~ le regard sur qn* zijn oog op iemand laten vallen **4** **leggen** <v. grondslag> • *~ les bases d'un projet* de grondslag leggen voor een project **5** **zaaien, teweegbrengen** • *~ le doute chez qn* twijfel zaaien bij iemand • *sa remarque a jeté un froid parmi ses collègues* zijn opmerking bracht een pijnlijke stilte teweeg onder zijn collega's **2** WKD WW **(se ~)** **1** **zich werpen** • *se ~ au cou de qn* iemand om de hals vallen • *se ~ dans les bras de qn* zich in iemands armen werpen • *se ~ à l'eau* in het water springen • *se ~ à genoux* op de knieën gaan • *se ~ sous les roues d'une voiture* zich voor de wielen van een auto werpen **2** **zich storten** • *se ~ à corps perdu dans le travail* zich vol overgave op het werk storten • *la rivière se jette dans le fleuve* de (zij)rivier mondt uit in de (grote) rivier
jeton ZN M **muntje, (speel)penning, fiche** • FIG. *un faux ~* onbetrouwbare / schijnheilige vent, huichelaar • FIG. *avoir les ~s* in de piepzak zitten • FIG. *il me fout les ~s* hij jaagt me de stuipen op het lijf
jeu ZN M (MV jeux) **1** OOK FIG. **spel** • *le ~ de cartes* het kaartspel • *un ~ de dames* damspel • *un ~ d'échecs* schaakspel • *un ~ de quilles* kegelbaan, kegelspel • *un ~ de construction* bouwdoos, blokkendoos • *les Jeux olympiques* de Olympische Spelen •

un ~ vidéo game, computerspel • *un ~ de société* gezelschapsspel • *un ~ de mots* woordspeling • *un ~ de hasard* kansspel • *un ~ télévisé* televisiespelletje / -quiz • *un ~ radiophonique* radiospelletje • *faire qc par ~* iets voor de grap doen • *être hors ~* buitenspel staan • *ça n'est pas du ~* dat is niet volgens de regels, dat is niet eerlijk • *jouer le ~* zich aan de regels houden, eerlijk (mee)doen • *jouer double ~* dubbel spel spelen • *tricher au ~* vals spelen • *jouer gros ~* grof spelen, gevaarlijk spel spelen • *ce n'est qu'un ~ pour lui* het is maar een spelletje / kinderspel voor hem • FIG. *avoir beau ~* gemakkelijk / vrij spel hebben • FIG. *il y a beaucoup d'argent en ~* er staat veel geld op het spel, er is veel geld mee gemoeid • OOK FIG. *entrer en ~* gaan meespelen • FIG. *entrer dans le ~ de qn* iemands spel meespelen, met iemand meedoen • FIG. *abattre son ~* zijn kaarten op tafel leggen, kleur bekennen • FIG. *faites vos jeux!* inzetten! • FIG. *elle cache bien son ~* ze laat zich niet in de kaart kijken • FIG. *calmer le ~* de gemoederen bedaren • FIG. *les jeux sont faits* de kaarten zijn geschud • FIG. *voir clair dans le ~ de quelqu'un* iemand in de kaart kijken • FIG. *se piquer au ~ / se prendre au ~* de smaak te pakken krijgen, stug doorgaan **2 spel, speelwijze** • *le ~ d'un acteur* het spel van een acteur • *un ~ de rôles* rollenspel • *ça fait vieux ~* dat is ouderwets • FIG. *il nous joue / fait le grand ~* hij pakt flink uit voor ons, hij haalt alles uit de kast **3** FIG. **werking** • *c'est le ~ de l'offre et de la demande* dat is de werking van vraag en aanbod **4** <tennis> **game** • *un ~ partout* een-een, een gelijk • *~ décisif* tiebreak • *la mise en ~* de service **5 stel** <van bijeenbehorende zaken>, **set**

jeudi ZN M **donderdag** • *le ~ / chaque ~* donderdags, elke donderdag, op donderdag • *le ~ matin* donderdagochtend • *le ~ saint* Witte Donderdag • INFORM. *la semaine des quatre ~s* met sint-juttemis

jeun • *prendre un médicament à ~* een medicijn op de nuchtere maag / nuchter innemen <zonder iets gegeten te hebben>

jeune 1 BN **1 jong** • *les ~s gens* de jongelui • *les ~s travailleurs* werkende jongeren • *quand il était ~* in zijn jonge jaren **2 recent, nieuw** • *de ~s mariés* jonggehuwden, pasgetrouwden • *un fromage ~* jonge kaas **3 onervaren, groen** • *il est ~ diplômé de l'université* hij is pas afgestudeerd aan de universiteit **4 jeugdig** <na zn> • *il a l'air ~* hij ziet er jong / jeugdig uit **2** BW **jong, jeugdig** • *s'habiller ~* zich jeugdig kleden • *elle fait ~* ze ziet er jong / jeugdig uit • *mourir ~* jong sterven **3** ZN M/V **jongere** • *une maison de ~s* jongerencentrum • *faire place aux ~s* plaatsmaken voor de jeugd • *les ~s d'aujourd'hui* de jeugd van tegenwoordig • *les ~s et les vieux* jong en oud

jeûne ZN M **(het) vasten**

jeûner ONOV WW **vasten**

jeunesse ZN V **1 jeugd, kinderjaren** • *la première ~* de prille jeugd • *une erreur de ~* jeugdzonde • *n'être plus de la première ~* niet zo (heel) jong meer zijn **2 jongheid, frisheid** • *la ~ de cœur* het jong zijn van hart • *l'éclat de la ~* de jeugdige uitstraling **3 jeugd, jongeren** • *la ~ dorée* rijke jongelui • *les ~s hitlériennes* de Hitlerjugend

jeunet INFORM. BN (V jeunette), **nogal jong** • *elle est bien ~te pour se marier* ze is wel erg jong om te trouwen

jeunot INFORM. ZN M **jonkie**

jeux ZN M MV → **jeu**

jihadiste ZN M/V **jihadist, jihadstrijder**

jingle ZN M **jingle, herkenningsmelodie**

jiu-jitsu "zjuuzjietsuu" ZN M **jiujitsu**

J.O. 1 AFK Journal officiel m **Stct., Stbl., Staatscourant, Staatsblad 2** AFK Jeux olympiques m mv **OS, Olympische Spelen**

joaillerie ZN V **1 juwelierszaak 2 juwelen 3 juweliersvak**

joaillier ZN M (V joaillière), **juwelier**

job INFORM. ZN M **job, baantje** • *un ~ de vacances* vakantiebaantje

Joconde ZN V • *la ~* de Mona Lisa

jogging ZN M **1 (het) joggen** • *faire son ~* joggen **2 joggingpak,** BELG. **training**

joie ZN V **1 vreugde, blijdschap, genot** • *des cris de ~* vreugdekreten • *la ~ de vivre* levensvreugde • *être fou de ~* gek zijn van vreugde, dolblij zijn • *pleurer de ~* huilen van vreugde • *faire la ~ de qn* iemand gelukkig stemmen • *je me fais une ~ de vous voir* ik verheug me erop u te zien • *faire une fausse ~ à qn* iemand blij maken met een dode mus • *mettre qn en ~* iemand vrolijk maken • INFORM. *ce n'est pas la ~* het is geen pretje, leuk is anders **2** vaak mv **plezier** • *les ~s de la maternité* de vreugden van het moederschap • IRON. *les ~s de la voiture* de geneugten van de auto

joignabilité ZN V **bereikbaarheid** <van persoon>

joignable BN **bereikbaar** <van persoon>

joindre 1 OV WW onregelmatig **1 samenvoegen, verbinden** • *~ les mains* de handen vouwen • *~ l'utile à l'agréable* het nuttige met het aangename verenigen **2 voegen (bij), toevoegen (aan)** • *~ une pièce au dossier* een stuk aan het dossier toevoegen **3 bereiken** <v. persoon> • *j'ai essayé de le ~ par / au téléphone* ik heb geprobeerd hem per telefoon / telefonisch te bereiken • *on l'a joint par mail* er is per e-mail contact met hem opgenomen **2** ONOV WW **passen, (aan)sluiten 3** WKD WW **(se ~) 1 samenkomen 2 ~ à zich voegen bij, zich aansluiten bij** • *il s'est joint à nous pour aller boire un verre* hij is samen met ons een glaasje gaan drinken

joint 1 BN **1 bijgevoegd** • *ci-~ la copie* hierbij ingesloten de kopie • *la copie ci-jointe* de bijgevoegde kopie • *envoyer un document en pièce ~e* een document als bijlage versturen **2 samengevoegd** • *les mains ~es* met gevouwen handen • *sauter à pieds ~s* met aaneengesloten voeten springen **2** ZN M **1 verbinding, koppeling** • *le ~ en caoutchouc (d'un robinet)* de rubberen pakking (van een kraan) • FIG. *trouver le ~* de zaak op de goede manier aanpakken, het antwoord vinden **2 voeg 3** INFORM. **joint** • *se rouler un ~* een blowtje / joint draaien

jo

jointure ZN V **1** ANAT. **gewricht** **2** TECHN. **voeg, verbinding** <van parket bv.>
jojo INFORM. **1** ZN M • *un affreux ~* een etter (van een kind) **2** BN onver. • *une histoire pas très ~* niet zo fraai / leuk verhaal
joker "(d)zjokèr" ZN M **1** <spel> **joker** **2** FIG. **onverwacht redmiddel**
joli **1** BN **1 knap** <om te zien>, **mooi, aardig** • *une ~e fille* knap / leuk meisje om te zien • *un ~ garçon* knappe / leuke jongen om te zien • *~ comme un cœur* beeldschoon, snoezig **2 leuk** • *il a gagné une ~e somme au loto* hij heeft een aanzienlijk / aardig bedrag gewonnen in de lotto **3** IRON. **leuk, aardig** • *c'est pas ~ ~ tout ça!* dat is niet bepaald fraai! • *allez, on emmène tout ce ~ monde!* geen gezeur, de hele bups in de auto! **2** ZN M • *c'est du ~!* dat is me wat moois / fraais! • *c'est du ~ d'en parler ainsi* het is fraai om zo te praten
joliment BW **1 aardig, knap** **2** IRON. **erg, behoorlijk** • *il s'est ~ trompé* hij heeft zich lelijk vergist
joncher OV WW **bedekken, bestrooien, bezaaien (de met)** • *une pièce jonchée de papiers* kamer bezaaid met papieren
jonction ZN V **vereniging, verbinding, aansluiting, samenkomst**
jongler ONOV WW **1 jongleren** **2** FIG. **goochelen (avec met), handig / moeiteloos omgaan (avec met)**
jongleur ZN M **jongleur,** FIG. **goochelaar**
jonquille ZN V **gele narcis**
Jordanie ZN V **Jordanië**
jordanien BN (V jordanienne), **Jordaans**
Jordanien ZN M (V Jordanienne), **Jordaniër**
jouable BN **1 (be)speelbaar** **2 haalbaar, doenlijk**
joue ZN V **wang** • *embrasser qn sur les deux ~s* iemand op beide wangen zoenen • *danser ~ contre ~* wang tegen wang dansen
jouer **1** ONOV WW **1 spelen** • *(c'est) à toi de ~!* het is jouw beurt!, nu jij! • *c'est pour ~* het is voor de grap • *bien joué!* goed gedaan!, goed zo! **2 spelen** <v. spel, sport> • *~ avec un ballon* met een bal spelen • *~ avec une auto* met een autootje spelen • *~ aux billes* knikkeren • *~ à cache-cache* verstoppertje spelen • *~ aux dames* dammen • *~ au tennis* tennissen • *~ à des jeux vidéo* gamen • *~ au tiercé* met de paardentoto meedoen • *~ en Bourse* speculeren op de beurs • *~ sur les mots* woordspelingen maken **3 (be)spelen** <v. muziekinstrument>, **hanteren, gebruiken** • *~ du piano* pianospelen • FIG. *~ des coudes* zijn ellebogen gebruiken, met de ellebogen werken **4** OOK FIG. **een rol spelen, gelden** • *~ dans un film* een rol spelen in een film • *~ au théâtre* in het theater spelen • *cette loi ne joue pas pour nous* deze wet geldt niet voor ons **5 werken, in werking zijn** • *le bois joue avec l'humidité* hout werkt onder invloed van vocht • *faire ~ la corde sensible* op het gevoel werken • FIG. *sa réaction ne joue pas en sa faveur* zijn reactie werkt niet in zijn voordeel **2** OV WW **1 spelen** • *~ une partie de tennis* een partijtje tennis spelen • FIG. *~ le jeu* zich aan de regels houden, eerlijk (mee)doen • FIG. *~ la carte de la transparence* voor transparantie kiezen • OOK FIG. *~ une carte maîtresse* een troef uitspelen **2 op het spel zetten, inzetten, gokken / wedden op** • *~ sa fortune* zijn vermogen op het spel zetten • *~ sa réputation* zijn reputatie op het spel zetten **3 spelen, vertolken** • *~ un air de Verdi* een aria van Verdi vertolken • *il joue toujours le rôle d'un assassin dans les films* hij speelt in films altijd de rol van moordenaar • *rien n'est joué* het is nog lang niet uitgemaakt, alles is nog mogelijk **3** WKD WW **(se ~) 1 gespeeld worden, zich afspelen** • *cela se joue à quatre* dat wordt met vier man gespeeld • *le film se joue dans deux salles seulement* de film draait maar in twee zalen **2 op het spel staan** • *c'est sa réputation qui se joue* zijn reputatie staat op het spel **3** FORM. **~ de spotten met, lachen om** • *il s'est joué de nous* hij heeft ons voor de gek gehouden
jouet ZN M **1 stuk speelgoed** • *une boutique de ~s* speelgoedwinkel **2** FIG. **speelbal, slachtoffer, voorwerp van spot**
joueur **1** ZN M (V joueuse), **speler** • *un ~ de tennis* tennisser, tennisspeler • *~ en bourse* speculant • *il est mauvais ~* hij is een slecht verliezer, hij kan niet tegen zijn verlies **2** BN (V joueuse), **speels**
joufflu BN **met bolle wangen**
joug "zjoe" ZN M OOK FIG. **juk** • *sous le ~ de la dictature* onder het juk van de dictatuur
jouir ONOV WW **1 genieten** • *~ de la vie* van het leven genieten **2 het genot hebben van,** FIG. **genieten, bezitten** • *~ de tous les droits* alle rechten hebben/bezitten • *le pays jouit d'un bon climat* het land heeft een aangenaam klimaat **3 klaarkomen, een orgasme hebben**
jouissance ZN V **1 genot** • *les ~s de la vie* de geneugten van het leven • JUR. *avoir la ~ de qc* in het bezit / genot zijn van iets **2 orgasme**
jouisseur ZN M (V jouisseuse), **(levens)genieter, genotzoeker**
jouissif INFORM. BN (V jouissive), **heerlijk, geweldig**
joujou JEUGDT. ZN M (MV joujoux), **speeltje** • *faire ~* spelen <van kind>, zich amuseren
joule ZN M **joule** <eenheid van arbeid>
jour ZN M **1 dag** • *un ~ férié* (officiële) feestdag • *les ~s ouvrables* werkdagen • *un ~ de repos* rustdag • *le ~ de l'An* nieuwjaarsdag • *le ~ de Noël* eerste kerstdag • *le ~ J; le grand ~* de grote dag, D-day • *le jour de mariage* huwelijksdag • SOMS, IRON. *le ~ du Seigneur* de dag des Heren • *le plat du ~* de dagschotel • *les beaux ~s* de mooie tijd, de jonge jaren • *le ~ il dort, la nuit il travaille* overdag slaapt hij, 's nachts werkt hij • *ce n'est pas mon ~* ik heb mijn dag niet • *c'est le ~ et la nuit* dat is een verschil als van dag en nacht • *vivre au ~ le ~* van dag tot dag leven, van de hand in de tand leven • *du ~ au lendemain elle a disparu* ze is van de ene dag op de andere / zomaar ineens verdwenen • *l'autre ~ je l'ai aperçu dans la rue* ik zag hem laatst / onlangs op straat • *elle va accoucher d'un ~ à l'autre* ze gaat binnenkort bevallen • *compter les ~s* de dagen aftellen • *elle a donné le*

~ *à un beau bébé* ze heeft het leven geschonken aan een mooie baby • *un ~ ou l'autre* op een dag, vroeg of laat • *un de ces ~s* een dezer dagen • *au ~ d'aujourd'hui* vandaag de dag • *~ pour ~* op de dag (af) • *de nos ~s* tegenwoordig, in onze tijd • *ces derniers ~s* de laatste tijd • *tous les deux ~s* om de dag • *dans les huit ~s / sous huit ~s* over een week • *un beau ~* op een goede dag • *chaque ~ / tous les ~s* iedere dag • *de tous les ~s* alledaags • *~ après ~* dag in, dag uit **2 daglicht,** OOK FIG. **licht** • *beau comme le ~* beeldschoon • *le faux ~* het valse licht • *il commence à faire ~* het wordt licht • *il fait (grand) ~* het is licht / dag • *le ~ se lève* de dag breekt aan • *demain il fera ~* morgen is er weer een dag • *les ~s rallongent* de dagen lengen • *un objet qui ne peut pas être exposé au ~* iets dat het daglicht niet verdragen • *être percé à ~* onthuld / ontmaskerd worden • *éclater au grand ~* aan het licht komen • FIG. *se montrer sous un ~ favorable* zich van zijn goede kant laten zien • FIG. *se montrer sous son vrai ~* zijn ware gezicht laten zien • FIG. *la vérité commence à se faire ~* de waarheid komt aan het licht • FIG. *ils vivent leur amour au grand ~* ze houden hun relatie niet voor de buitenwereld verborgen • OOK FIG. *au grand ~* op klaarlichte dag • *vu sous ce ~* in dat licht gezien, zo bezien, als je het zo opvat • *en plein ~* op klaarlichte dag, bij daglicht • *à la tombée du ~* bij het vallen van de avond • *avant le ~* voor dag en dauw **3** • *être à ~* bijgewerkt zijn, up-to-date zijn • *mettre ses comptes à ~* zijn boekhouding bijwerken **4** MV **(levens)dagen, leven** • *traverser des ~s difficiles* moeilijke dagen / een moeilijke tijd doormaken • *ses ~s sont en danger* hij verkeert in levensgevaar • *mettre fin à ses ~s* zich het leven benemen • *finir ses ~s dans une maison de retraite* zijn laatste dagen in een bejaardentehuis slijten • *sur ses vieux ~s* op zijn / haar oude dag

journal ZN M (MV journaux) **1** MEDIA **dagblad, krant, tijdschrift** • *un ~ du matin* ochtendkrant, ochtendblad • *un ~ national* landelijk dagblad • *lire une nouvelle dans le ~* een bericht in de krant lezen **2** MEDIA **journaal** • *le journal télévisé de huit heures* 8 uurjournaal • *le ~ parlé / radiodiffusé* radiojournaal **3 journaal, dagboek** • *un ~ (intime)* dagboek • *un ~ de bord* logboek

journalier 1 BN (V journalière), **dagelijks 2** ZN M (V journalière), **dagloner**

journalisme ZN M **journalistiek**

journaliste ZN M/V **journalist** • *un ~ de radio* radiojournalist

journalistique BN **journalistiek**

journée ZN V **1 dag** • *une ~ d'été* zomerdag • *une ~ portes ouvertes* open dag / huis, BELG. opendeurdag • *pendant la ~* overdag • *toute la ~* de hele dag **2 werkdag** • *une ~ de travail* werkdag • *être payé à la ~* per dag betaald worden • *faire la ~ continue* de hele dag doorwerken zonder (lange) lunchpauze **3 dagreis** • *une ~ de marche* een dagreis lopen, een dag gaans

journellement BW **dagelijks, geregeld**

joute ZN V OOK FIG. **steekspel** • *une ~ oratoire* steekspel met woorden

jouvence ZN V • *une fontaine / un bain / une source de ~* verjongingsbron

jovial BN (M MV joviaux), **joviaal, opgeruimd**

jovialité ZN V **jovialiteit, opgeruimdheid**

joyau ZN M (MV joyaux) OOK FIG. **juweel, kleinood**

joyeux BN (V joyeuse), **vrolijk, opgeruimd, blij** • *~ anniversaire!* hartelijk gefeliciteerd (met je verjaardag)! • *~ Noël!* prettige / fijne kerst(dagen)!

J.T. INFORM. AFK journal télévisé M **journaal** <op televisie>

jubilation ZN V **jubel(stemming), uitgelaten stemming**

jubilatoire BN **uitgelaten, uitbundig, euforisch**

jubilé ZN M **gouden jubileum**

jubiler ONOV WW **(innerlijk) schik hebben, heel blij zijn, jubelen**

jucher 1 OV WW **hoog plaatsen, hoog zetten (sur op)** • *~ un enfant sur ses épaules* een kind op zijn / haar schouders zetten **2** WKD WW **(se ~) hoog gaan zitten** <v. vogels> • *un oiseau juché sur une branche* vogel die (hoog) op een tak zit

judaïque BN **joods**

judaïsme ZN M **1 joodse godsdienst 2 Jodendom**

judas "-dà" ZN M **1 verrader, judas 2 kijkgaatje, luikje**

judéo-arabe BN **Joods-Arabisch**

judéo-chrétien BN (V judéo-chrétienne), **joods-christelijk**

judiciaire BN **gerechtelijk, rechterlijk** • *un casier ~ vierge* blanco strafblad

judicieux BN (V judicieuse), **verstandig, oordeelkundig**

judo ZN M **judo**

judoka ZN M/V **judoka**

juge ZN M/V **1 rechter** • *un ~ d'instance* kantonrechter • *un ~ d'instruction* rechter van instructie, rechter-commissaris • *passer devant le ~* voor de rechter komen • *être ~ et partie* rechter in eigen zaak zijn **2 scheidsrechter, beoordelaar** • SPORT *un ~ de ligne* lijnrechter • SPORT *un ~ de touche* grensrechter

jugé ZN M • *au ~* op de gis, op de gok, op goed geluk

jugement ZN M **1** JUR. **uitspraak, vonnis, berechting** • *un ~ par défaut* vonnis bij verstek • *casser un ~* een vonnis vernietigen • *prononcer / rendre un ~* een vonnis vellen, uitspraak doen **2 oordeel, beoordeling** • *le Jugement dernier* het laatste Oordeel • *un ~ de valeur* waardeoordeel • *porter un ~ sur qn* een oordeel hebben / uitspreken over iemand

jugeote INFORM. ZN V **gezond verstand**

juger 1 OV WW **1 rechtspreken over, uitspraak doen in, vonnissen** • *~ un criminel* een misdadiger berechten • *~ qn pour vol* iemand vonnissen wegens diefstal **2 (be)oordelen, beschouwen als, vinden** • *son travail a été jugé insuffisant* zijn werk is onvoldoende bevonden, ze vinden zijn werk niet goed genoeg • *on a jugé nécessaire de le renvoyer de l'école* ze hebben het nodig gevonden hem van school te sturen **2** ONOV WW **oordelen (de over), zich voorstellen, zich indenken** • *à en ~ par...* te oordelen naar... • *si j'en juge par mon expérience...* als ik op mijn (eigen) ervaring afga... • *pour autant qu'on puisse en ~...* voor zover men kan beoordelen... • *mal ~ de qc* zich verkijken op iets

juguler OV WW **een halt toeroepen, beteugelen,** FIG. **smoren**

juif 1 BN (V juive), **joods** <m.b.t. geloof>, **Joods** <m.b.t. volk> • *un quartier ~* Joodse wijk • *le peuple ~* het Joodse volk **2** ZN M (V juive) **1 jood** <m.b.t. geloof> **2 Jood** <m.b.t. volk>

juillet ZN M **juli** • *le mois de ~* (de maand) juli • *en ~ / au mois de ~* in juli • *le 14 ~* 14 juli <nationale feestdag, herdenking van de bestorming van de Bastille in 1789>

juin ZN M **juni** • *le mois de ~* (de maand) juni • *en ~ / au mois de ~* in juni

juke-box, jukebox ZN M (MV id.), **jukebox**

jules INFORM. ZN M **vent** <vriend(je), vrijer, echtgenoot>

ju

julienne CUL. ZN V • *une ~ de légumes* fijngesneden (soep)groente, groentesoep

jumbo-jet ZN M (MV jumbo-jets), **jumbojet**

jumeau 1 ZN M (MV jumeaux, V jumelle) vaak MV **tweeling 2** BN (V jumelle, M MV jumeaux), **tweeling-** • *des frères ~x* tweelingbroers

jumelage ZN M **jumelage** <band tussen zustersteden>

jumeler OV WW **door jumelage verbinden** • *des villes jumelées* zustersteden

jumelle ZN V → **jumeau**

jumelles ZN V MV **verrekijker** • *des ~ de théâtre* toneelkijker

jument ZN V **merrie**

jungle "zjo(n)gl" ZN V **rimboe, jungle** • *la loi de la ~* de wet van de jungle • *la ~ des affaires* de jungle van de zakenwereld

junior 1 ZN M/V SPORT **junior 2** BN **junior(en)-** • *une équipe ~ de foot* juniorenvoetbalteam, jeugdvoetbalteam

junkie INFORM. ZN M **junkie**

junte ZN V **junta**

jupe ZN V **rok**

jupette ZN V **kort rokje**

jupon ZN M **onderrok** • *un coureur de ~s* rokkenjager

jurassien BN (V jurassienne), **van de Jura**

jurassique ZN M **Jura(periode)**

juré 1 ZN M (V jurée), **jurylid, gezworene** • *les jurés* de (gerechts)jury **2** BN • *un ennemi ~* gezworen vijand

jurer 1 OV WW **1 zweren, onder ede bevestigen** • *~ sur l'honneur de dire la vérité* op zijn erewoord zweren de waarheid te spreken • *je vous jure que c'est vrai* ik zweer u dat het waar is • *il a juré de se venger* hij heeft gezworen zich te wreken • *je le jure! /* INFORM. *juré!* ik zweer het! **2 (be)zweren** • *~ ses grands dieux* bij hoog en laag be(z)weren • *~ la perte de qn* iemands ondergang zweren **2** ONOV WW **1 zweren** • *il ne faut ~ de rien* je kunt nooit weten wat er nog gebeuren kan • FIG. *il ne jure que par elle* hij zweert (alleen) bij haar • INFORM. *je te jure!* echt waar! **2 vloeken** • *~ comme un charretier* vloeken als een ketter **3 vloeken (avec met)** <van kleuren> • *des couleurs qui jurent* vloekende kleuren **3** WKD WW **(se ~) 1 zich heilig voornemen om** • *elle s'est jurée qu'elle se vengerait* ze nam zich heilig voor dat ze zich zou wreken **2 elkaar zweren** • *se ~ un amour éternel* elkaar eeuwige liefde zweren

juridiction ZN V **rechtsmacht, rechtspleging, rechtsgebied, jurisdictie** • *cela ne relève pas de sa ~* dat valt niet onder zijn bevoegdheid

juridique BN **juridisch, gerechtelijk, rechts-** • *un conseiller ~* juridisch adviseur

jurisprudence ZN V **rechtspraak, jurisprudentie** • *faire ~* een precedent scheppen <van rechterlijke uitspraak>, gezaghebbend zijn • *la remise en liberté de ce pédophile va faire ~* het in vrijheid stellen van deze pedofiel zal een precedent scheppen

juriste ZN M/V **jurist, rechtsgeleerde**

juron ZN M **vloek**

jury ZN M **jury** <ook bij rechtbank>, **examencommissie** • *le ~ du festival (de cinéma) de Cannes* de jury van het (film)festival van Cannes • *un ~ sportif* jury

jus ZN M **1 sap, jus** • *un ~ de fruits* vruchtensap(je) • *un ~ de fruits concentré* diksap • *ces oranges donnent beaucoup de ~* deze sinaasappels zijn heel sappig / geven veel sap **2 jus, vleesnat** • INFORM., FIG. *laisser cuire qn dans son ~* iemand in zijn sop laten gaar koken **3** INFORM. **bakkie (sterke) koffie** • *boire un ~* een bakkie leut drinken • *ce café, c'est du vrai ~ de chaussettes!* dit is geen koffie maar slootwater! • *un communiste pur ~* een rasechte communist **4** INFORM. **elektrische stroom**

jusqu'au-boutisme INFORM. ZN M **extremistische politiek / gedragslijn, (het) tot het uiterste gaan**

jusqu'au-boutiste INFORM. ZN M/V **iemand die tot het uiterste wil gaan, extremist, onverzettelijk iemand**

jusque VZ **1** <plaats> **tot (aan)** • *ramener qn ~ chez lui* iemand thuisbrengen, iemand terugbrengen naar huis • *rougir jusqu'aux oreilles* blozen tot achter zijn oren • *j'ai de l'eau jusqu'à la taille* ik sta tot mijn middel in het water • *jusqu'ici* tot hier toe • *~-là* tot daar, tot zover • *jusqu'à présent* tot nu toe, tot op heden • INFORM. *j'en ai ~-là!* het zit me tot hier! **2** <tijd> **tot** • *jusqu'ici tout va bien* tot nu toe gaat alles goed • *jusqu'au 31 mars compris* tot en met 31 maart • *tu dois attendre jusqu'à ce qu'elle revienne* je moet wachten totdat ze terugkomt • *je n'irai pas jusqu'à refuser l'invitation* ik zal niet zover gaan om de uitnodiging te weigeren

juste 1 BN **1 rechtvaardig, eerlijk, billijk** • *des lois ~s* rechtvaardige wetten • *une belle et ~ cause* een goede, eerlijke zaak • *rien de plus ~* dat is niet meer dan billijk • *il n'est pas ~ envers lui* hij is niet rechtvaardig / eerlijk tegenover hem • *à ~ titre* terecht **2 juist, nauwkeurig, precies** • *le ~ milieu* het juiste midden • *une note ~* een zuivere noot **3**

krap, nauw(sluitend) <van kleren> • *un pull trop ~* te krappe trui • *il a été reçu, mais c'était tout ~!* hij is geslaagd, maar het was op het kantje! **2** BW **1 juist, precies, zuiver** • *chanter ~* zuiver zingen • *viser ~* zuiver mikken **2 krap, slechts** • *dix minutes, c'est prévoir un peu ~* tien minuten, dat is een beetje krap plannen • *il s'est tout ~ vendu mille exemplaires de ce CD* er zijn maar net / krap duizend exemplaren verkocht van deze cd **3 precies, exact** • *ils habitent ~ en face du cinéma* zij wonen precies / vlak tegenover de bioscoop • *comme de ~ il arrive en retard* natuurlijk komt hij weer eens te laat • *qu'est-ce que tu veux dire au ~?* wat bedoel je precies / eigenlijk? **3** ZN M **rechtvaardige** • *les ~s* de rechtvaardigen • *dormir du sommeil du ~* de slaap der rechtvaardigen slapen

justement BW **1 precies, net** • *c'est ~ ça* dat is het juist **2 rechtvaardig, terecht**

justesse ZN V **juistheid, nauwkeurigheid, zuiverheid** • *la ~ de la voix* de zuiverheid v.d. stem • *j'ai eu mon train de ~* ik heb mijn trein maar net / op het nippertje gehaald

justice ZN V **1 rechtvaardigheid, recht, gerechtigheid** • *une ~ à deux vitesses* klassenjustitie • *rendre la ~* rechtspreken • *rendre ~ à qn* iemand recht doen, iemand recht laten wedervaren • *avoir la ~ de son côté* het recht aan zijn kant hebben • *se faire ~* het recht in eigen hand nemen, de hand aan zichzelf slaan • *ils ont perdu, mais ce n'est que ~* ze hebben verloren, maar dat is niet meer dan billijk **2 gerecht, justitie, rechtspraak** • *la ~ administrative* het bestuursrecht, het bestuurlijk recht • *la ~ civile* het civiel / burgerlijk recht • *traduire qn en ~* iemand voor het gerecht dagen • *passer en ~ pour meurtre* terechtstaan voor moord

justicier ZN M (V justicière), **handhaver v.h. recht, (eigenmachtig) bestrijder van onrecht** • *jouer les ~s* het recht in eigen hand nemen

justifiable BN **te rechtvaardigen, verdedigbaar** • *c'est ~* dat valt te billijken

justificatif 1 BN (V justificative), **als bewijs dienend, bewijs-** • *des pièces justificatives* bewijsstukken **2** ZN M **bewijsstuk** • *un ~ de paiement* betalingsbewijs

justification ZN V **staving, bewijs, rechtvaardiging** • *une ~ de paiement* betalingsbewijs • *demander des ~s* verantwoording vragen

justifier 1 OV WW **1 rechtvaardigen, wettigen 2 bewijzen, aantonen** • *un doute justifié* gerechtvaardigde twijfel • *un reproche justifié* een terecht verwijt • *la fin justifie les moyens* het doel heiligt de middelen • *ses craintes ne sont pas justifiées* zijn / haar angsten zijn niet gegrond **2** WKD WW **(se ~) zich rechtvaardigen, zich vrijpleiten** • *tenter de se ~ auprès de son patron* zich proberen vrij te pleiten bij zijn baas

jute ZN M **jute** <stof> • *un sac en (toile de) ~* jutezak

juteux BN (V juteuse) **1 sappig 2** INFORM. **voordelig, winstgevend** • *une affaire bien juteuse* erg lucratieve zaak

juvénile BN **jeugdig** • *la délinquance ~* jeugdcriminaliteit

juxtaposer OV WW **naast elkaar plaatsen**

juxtaposition ZN V **plaatsing naast elkaar, nevenschikking**

K

k **1** ZN M letter k **2** AFK kilo m k, kilo
kaki **1** BN onver. kaki(kleurig) • *des uniformes ~* kaki uniformen **2** ZN M **1** kaki <kleur> **2** kaki <vrucht>
kaléidoscope ZN M OOK FIG. caleidoscoop
kamikaze **1** ZN M kamikazepiloot, kamikazevliegtuig **2** BN zelfmoord-
kangourou ZN M kangoeroe
kapok ZN M kapok
karaoké ZN M karaoke
karaté ZN M karate
kart "kart" ZN M (go-)kart, skelter
karting ZN M (het) karten, (het) skelteren
kayak ZN M kajak • *faire du ~* kajakken
kebab, kébab ZN M kebab
Kenya ZN M Kenia
kényan BN Keniaans
kermesse ZN V **1** liefdadigheidsfeest **2** kermis <in Nederland, België en N.-Frankrijk>
kérosène ZN M kerosine
keuf ZN M STRAATT. smeris
khâgne ZN V → **cagne**
kidnapper OV WW ontvoeren, kidnappen
kidnappeur ZN M (V kidnappeuse), ontvoerder
kiffer, kifer INFORM. OV WW graag mogen, tof / leuk vinden • *je ne kiffe pas ce genre de choses* ik moet niets hebben van die dingen
kif-kif INFORM. BN één en hetzelfde, één pot nat
kiki INFORM. ZN M keel, strot • *on va lui tordre le ~* ze zullen hem de nek omdraaien • *c'est parti mon kiki* daar gaat-ie!, het begint!
kilo ZN M kilogramme kilo
kilogramme ZN M kilo(gram)
kilométrage ZN M kilometerstand
kilomètre ZN M kilometer • *un ~ carré* vierkante kilometer • *faire du cent kilomètres à l'heure* honderd kilometer per uur rijden • INFORM. *bouffer du ~* kilometers vreten, non-stop doorrijden
kilo-octet ZN M (MV kilo-octets), kilobyte
kilowattheure ZN M kilowattuur
kiné INFORM. **1** ZN M/V kinésithérapeute fysiotherapeut, BELG. kinesist **2** ZN V kinésithérapie fysiotherapie, BELG. kinesie
kinésithérapeute ZN M/V fysiotherapeut
kinésithérapie ZN V fysiotherapie
kiosque ZN M **1** kiosk <kraampje> • *un ~ à journaux* krantenkiosk **2** tuinhuis, koepel • *un ~ à musique* muziektent
kir ZN M kir
kit ZN M (in)bouwpakket, kant-en-klaarpakket • *des meubles en ~* meubels als bouwpakket • *~ de sécurité* veiligheidsset <in auto> • *le ~ téléphone main libre* carkit
kitchenette ZN V kleine inbouwkeuken, kitchenette
kitesurf ZN M • *faire du ~* kitesurfen
kitsch **1** BN kitscherig, kitsch- **2** ZN M kitsch
kiwi PLANTK. ZN M kiwi
klaxon ZN M claxon • *donner un coup de ~* claxonneren, toeteren
klaxonner ONOV WW claxonneren
kleenex® ZN M papieren zakdoekje
kleptomanie ZN V → **cleptomanie**
km/h AFK kilomètre(s)-heure km/u, kilometer per uur
Ko AFK kilo-octet m KB, kilobyte
K.-O. AFK knock-out k.o., knock-out • *mettre quelqu'un K.-O.* iemand k.o. slaan
koala ZN M koalabeertje
Koweït ZN M Koeweit
koweïtien BN (V koweïtienne), Koeweits
krach "krak" ZN M beurscrisis, (beurs)krach • *le ~ financier* de financiële crisis
kraft ZN M stevig pakpapier
kurde BN Koerdisch
kyrielle ZN V (hele) reeks, sleep, sliert • *ils ont une ~ d'enfants* zij hebben een hele reeks kinderen • *une ~ de fautes* legio fouten
kyste ZN M cyste • *un ~ du rein / de l'ovaire* nier-/ eierstokcyste

L

l **1** ZN M letter **l** **2** AFK litre m **l, liter**
l' **1** PERS VNW → **la, le** **2** LIDW → **la, le**
la **1** LIDW V → **le** **2** PERS VNW → **le** **3** ZN M MUZ. **la, a**
là **1** BW **1** <plaats> **daar, er** • *de ~ au village, vous avez dix minutes de marche* van daar tot aan het dorp is het tien minuten lopen • *la question n'est pas ~* dat is de kwestie niet, daar gaat het niet om • *c'est de ~ que vient sa richesse* vandaar zijn rijkdom • *par ~* daarlangs, daar(heen) • *çà et ~* hier en daar • *loin de ~* verre van dat • *être ~ à attendre* staan te wachten • *tout est ~* dat is de hele kwestie, daar draait het om • FIG. *on en est ~* zo ver zijn we nu **2** <tijd> **op dat moment, toen, dan** • *alors, là, elle a arrêté son histoire* op dat moment stopte ze met haar verhaal • *d'ici ~* in de tussentijd **3** <aanwijzend> • *celui-là* die daar, hij daar • *ce livre-là* dat boek • *qu'entendez-vous par là?* wat verstaat u daaronder? **2** TUSSENW **nou, zie je wel, kom, kom** <troost> • *oh ~ là!* o jee!
là-bas BW **daar(ginds)** • *vous voyez l'arbre, là-bas?* ziet u die boom daar?
label "labèl" ZN M **etiket, label** • *un ~ de garantie* garantielabel • *un ~ de qualité* kwaliteitsmerk • *un ~ d'origine* herkomstaanduiding
labéliser, labeliser, labelliser OV WW **labelen**
labeur FORM. ZN M **zware arbeid**
labile BN **labiel**
labo INFORM. ZN M laboratoire **lab**
laborantin ZN M (V laborantine), **laborant**
laboratoire ZN M **laboratorium** • *un ~ de langues* talenpracticum, BELG. taallab • *un ~ (de) photo* ontwikkelcentrale • *un ~ de recherche* onderzoekslaboratorium • FIG. *un ~ d'idées* denktank
laborieux BN (V laborieuse) **1 werkzaam, ijverig 2 moeilijk, moeizaam**
labourable BN **beploegbaar** • *une terre ~* bouwland
labourer OV WW **1 bewerken** <van grond>**, (door) ploegen, omspitten, omwoelen 2 openrijten** • *un visage labouré de rides* gezicht vol rimpels
labrador ZN M **labrador** <hond>
labyrinthe ZN M OOK FIG. **doolhof, labyrint**
lac "lak" ZN M **meer** • *le Lac Léman* Meer van Genève
lacer OV WW **(dicht)rijgen, vastsnoeren** • *~ ses chaussures* zijn veters strikken
lacérer OV WW OOK FIG. **verscheuren, snijden in** • *~ des vêtements* kleren verscheuren
lacet ZN M **1 veter, rijgsnoer** • *nouer ses ~s* zijn veters strikken **2 (haarspeld)bocht** • *une route en ~s* weg met haarspeldbochten
lâchage ZN M **(het) loslaten, (het) laten vallen**
lâche **1** BN **1 laf, laag(hartig), zwak 2 slap, los(hangend)** **2** ZN M/V **lafaard**
lâcher **1** OV WW **1 losser maken, loslaten, laten gaan** • *ne lui lâche pas la main!* laat zijn / haar hand niet los! • *~ prise* loslaten • *le coureur s'est fait ~ dans la montée* de wielrenner moest bij de beklimming lossen • *à la fin de la soirée, ils se sont lâchés* aan het eind van de avond zijn ze uit elkaar gegaan • INFORM. *lâche-moi (les baskets)!* laat me met rust! • INFORM., FIG. *il les lâche avec un élastique* hij is erg op de centen • FIG. *~ la bride à qn* iemand (meer) de vrije teugel laten • FIG. *~ du lest* concessies doen <om de zaak te redden> **2 in de steek laten, zich losmaken van** • *~ sa femme* zijn vrouw in de steek laten • INFORM. *il ne la lâche pas d'une semelle* hij volgt haar op de voet **3 (zich) laten ontvallen** • *elle a lâché un gros mot* ze flapte er een scheldwoord uit **2** ONOV WW **breken, het begeven, weigeren** <v. mechanisme> • *dans la descente, le frein a lâché* tijdens de afdaling begaf de rem het **3** ZN M **(het) oplaten / loslaten** <v. duiven, ballonnen>
lâcheté ZN V **1 lafheid, laag(hartig)heid** • *mentir par ~* liegen uit lafheid **2 laffe daad**
lacis "-sie" ZN M **netwerk** <van draden, zenuwen, vaten> • *un ~ de ruelles* wirwar van steegjes
laconique BN **bondig, beknopt, kort van stof**
laconisme ZN M **bondigheid**
lacrymal BN (M MV lacrymaux), **traan-** • *les glandes ~es* de traanklieren
lacrymogène BN **traanverwekkend** • *une bombe ~* traangasbom • *du gaz ~* traangas
lacté BN **1 melk-** • *un dessert ~* zuiveltoetje **2 melkachtig** • STERRENK. *Voie lactée* Melkweg
lactique BN • *le ferment ~* melkzuurbacterie
lactose ZN M **lactose, melksuiker**
lacunaire BN **onvolledig**
lacune ZN V **lacune, leemte, hiaat** • *combler une ~* een leemte aanvullen • *il a de grosses ~s en français* zijn kennis van het Frans vertoont grote hiaten • *une théorie qui présente des ~s* een theorie die leemtes vertoont
lacustre BN **meer-, op de oevers van of in een meer levend** • *des plantes ~s* meerplanten • *un village ~* paaldorp
là-dedans BW **daarin, daarbinnen** • *il y a du vrai ~* daar zit een kern van waarheid in • *je n'ai rien à voir ~!* daar heb ik niets mee te maken!
là-dessous BW **daaronder** • *il y a qc de bizarre ~* daar steekt iets vreemds achter
là-dessus BW **daar(boven)op** • *je l'ai posé ~* ik heb het daar bovenop gelegd • *il ne faut pas compter là-dessus!* daar moet je niet op rekenen!
lagune ZN V **lagune, strandmeer**
là-haut BW **daarboven**
La Haye → **Haye**
laïc → **laïque**
laïcisation ZN V **(het) onttrekken aan de godsdienstige sfeer, deconfessionalisering**
laïcité ZN V **scheiding tussen Kerk en staat, wereldlijk, niet-confessioneel karakter** • *le principe de la ~ de l'État* het principe van scheiding van Kerk en staat
laid BN **1 lelijk** • *être ~ à faire peur / être ~ comme un pou* lelijk als de nacht zijn **2 lelijk, slecht, gemeen** • *il est ~ de mentir* liegen is slecht
laideur ZN V **lelijkheid** • *un visage d'une ~ repoussante* afschrikwekkend lelijk gezicht • *les*

la

~s de la guerre de kwalijke eigenschappen van de oorlog
lainage ZN M **1** wollen stof **2** wollen kledingstuk
laine ZN V **1** wol, wollen stof • *une pelote de ~* bol wol • *de la ~ vierge* scheerwol • *un pull en ~ / de ~* wollen trui • FIG. *un bas de ~* spaarkous, spaarcenten **2** wolachtig materiaal • *de la ~ de verre* glaswol
laineux BN (V laineuse), wollig
laïque, **laïc** **1** BN niet-confessioneel, wereldlijk, leken-, neutraal • *la France est un État ~* Frankrijk is een seculiere staat, In Frankrijk zijn Kerk en staat van elkaar gescheiden • *l'enseignement ~ et religieux* openbaar en confessioneel onderwijs **2** ZN M/V leek <niet-geestelijke>
laisse ZN V **1** hondenriem • *tenir un chien en ~* een hond aangelijnd houden • FIG. *mener qn en ~* iemand aan kort houden **2** strofe <van heldendicht>
laissé-pour-compte **1** ZN M (MV laissés-pour-compte) ECON. geweigerd / onverkoopbaar artikel **2** ZN M (V laissée-pour-compte) FIG. verschoppeling
laisser **1** OV WW **1** laten • *laissez donc, je vous porte votre sac!* laat maar, ik draag uw tas wel! • *~ la clef dans la serrure* de sleutel in het slot laten zitten • *ne pas ~ de fautes dans un texte* geen fouten in een tekst laten zitten • *la garde (des enfants) sera laissée au père* het op de kinderen passen zal aan de vader worden overgelaten • *laissez-moi tranquille!* laat me met rust! • *laissez-nous en paix!* laat ons met rust! • *ça va, laisse!* laat maar gaan! • INFORM. *laisse tomber!* laat maar zitten! • *elle a tout laissé tomber* ze heeft alles opgegeven • *je ne la ~ai pas seule* ik zal haar niet alleen laten • *laissez-les dire* laat de mensen maar kletsen • *~ faire les choses* de zaken op hun beloop laten • *~ faire quelqu'un* iemand laten begaan, iemand zijn gang laten gaan **2** (toe)laten • *allez, laisse-le partir* hup, laat hem vertrekken • *laisse-moi partir!* laat me gaan! • *~ passer l'ambulance* de ambulance laten passeren **3** (over)laten, afstaan • *c'est à prendre ou à ~* het is kiezen of delen • *cela laisse à désirer* dat laat te wensen over • *~ un travail à qn d'autre* werk aan een ander overlaten • *ne rien ~ passer* niets laten passeren • *je te laisse ce vélo pour 100 euros* voor 100 euro mag je die fiets van me hebben **4** achterlaten, verlaten • *il laisse deux enfants derrière lui* hij laat twee kinderen achter • *je vous laisse maintenant* ik moet nu gaan • *~ qn pour mort* iemand voor lijk laten liggen • *il laisse sa maison à son fils et la ferme à sa fille* hij laat zijn huis na aan zijn zoon en de boerderij aan zijn dochter **2** WKD WW **(se ~)** zich laten • *se ~ faire* met zich laten sollen, alles over zich heen laten gaan • *ne te laisse pas faire!* laat je niet kisten! • *je ne vais pas me ~ faire!* dat neem ik niet! • *se ~ exploiter par son patron* zich laten uitbuiten door zijn baas • *elle se laisse aller en ce moment* ze laat zich gaan op dit moment, ze geeft zich er op dit moment aan over • INFORM. *ce petit vin se laisse boire* dit wijntje drinkt gemakkelijk weg • FIG. *se ~ mener par le bout du nez* zich aan het lijntje laten houden

la

laisser-aller ZN M (MV id.), ongedwongenheid, zorgeloosheid, onachtzaamheid, laksheid • *il y a beaucoup de ~ dans cette école* er is op deze school niet zo'n streng beleid
laisser-faire ZN M (MV id.), beleid waarbij men niet ingrijpt, laisser faire
laissez-passer ZN M (MV id.), pasje <dat vrije doorgang verleent>
lait ZN M **1** melk • *du ~ de vache* koeienmelk • *du ~ de chèvre* geitenmelk • *du ~ battu / du petit ~* karnemelk • *du ~ maternel* moedermelk • *du ~ en poudre* melkpoeder • *du ~ entier / écrémé* volle / magere melk • *du ~ demi-écrémé* halfvolle melk • *du ~ condensé / concentré* gecondenseerde melk • *du fromage au ~ cru* rauwmelkse kaas • *un carton de ~* pak melk • *du café au ~* koffie verkeerd • *une dent de ~* melktand • FIG. *une vache à ~* melkkoe **2** melkachtig vocht, melksap • *du ~ de coco* kokosmelk • *un ~ démaquillant* reinigingsmelk
laitage ZN M melkproduct, zuivelproduct • *le beurre, le lait sont des ~s* boter en melk zijn zuivelproducten
laiterie ZN V **1** zuivelfabriek, melkfabriek **2** zuivelindustrie
laitier **1** BN (V laitière), melk-, zuivel- • *une vache laitière* melkkoe **2** ZN M (V laitière), melkboer, melkman
laitue ZN V (krop)sla • *une salade de ~* (salade van) kropsla
laïus "lajuus" INFORM. ZN M toespraak, langdradig verhaal, speech • *faire un ~* een speech afsteken
lama ZN M **1** DIERK. lama **2** REL. lama
lambda BN ONV INFORM. doorsnee, middelmatig
lambeau ZN M (MV lambeaux) **1** afgescheurd stuk <stof>, lap • *des vêtements en ~x* kleren aan flarden • *des ~x de chair* stukken huid • *mettre en ~x* aan flarden scheuren **2** FIG. flard • *des ~x de conversation* flarden van een gesprek
lambin BN (V lambine), treuzelig, sloom
lambiner ONOV WW treuzelen
lambris ZN M wandbekleding, lambrisering, plafondbekleding, plafonnering
lame ZN V **1** lemmet, kling, blad <van bijl, zaag> • *une ~ de rasoir* scheermesje • *la ~ d'un couteau* het lemmet van een mes **2** dun plaatje, schijfje, lamel • *une ~ de parquet* parketlatje **3** golf • *une ~ de fond* grondzee, plotselinge deining • *une ~ de fond électorale* verkiezingshype
lamelle ZN V **1** plaatje, lamel <van jaloezie> **2** dekglaasje <van microscoop> **3** CULIN plakje • *découper les champignons en fines ~s* de champignons in dunne plakjes snijden
lamentable BN **1** bedroevend (slecht), erbarmelijk • *des résultats ~s* bedroevende resultaten **2** jammerlijk
lamentation ZN V jammerklacht, klaaglied, gejammer • *le mur des ~s* Klaagmuur
lamenter WKD WW **(se ~)** jammeren, weeklagen
laminer OV WW lamineren, pletten • *du fer laminé* walsijzer
lampadaire ZN M **1** staande (schemer)lamp **2**

lantaarn(paal)
lampe ZN V **1** lamp • *une ~ de poche* zaklamp • *une ~ témoin* controlelampje, aan- / uitlampje • *une ~ de chevet* bedlampje • *une ~ de bureau* bureaulamp **2** gloeilamp, peertje • *une ~ à incandescence* gloeilamp
lampée INFORM. ZN V grote slok, grote teug
lampion ZN M lampion
lampiste INFORM. ZN M ondergeschikte, FIG. loopjongen • *accuser le ~* de loopjongen de schuld geven
lance ZN V **1** lans, speer • OOK FIG. *le fer de ~* speerpunt **2** straalpijp, sproeier, spuit(stuk) • *une ~ d'incendie* brandspuit • *une ~ à eau* waterspuit
lancé BN gelanceerd <van beroemdheid>, die het `gemaakt' heeft, bekend
lancée ZN V vaart, gang • *continuer sur sa ~* doorrollen / doorrijden (enz.), iets in één moeite door doen
lance-flamme, **lance-flammes** ZN M (MV lance-flammes), vlammenwerper
lance-fusée, **lance-fusées** ZN M (MV lance-fusées), raketwerper
lance-grenade, **lance-grenades** ZN M (MV lance-grenades), granaatwerper
lancement ZN M **1** (het) werpen, (het) afschieten, (het) lanceren • *le ~ du disque* discuswerpen • *le ~ du poids* kogelstoten • *une rampe de ~* lanceerbaan / -platvorm **2** ECON. (het) op de markt brengen, (het) lanceren • *le ~ d'un film* het uitbrengen van een film, de release • *le ~ d'une nouvelle marque de yaourts* het op de markt brengen van een nieuw merk yoghurt • *le prix du ~* kennismakingsprijs
lance-pierre ZN M (MV lance-pierres), katapult • INFORM. *manger au ~* snel iets te eten naar binnen werken
lancer **1** OV WW **1** werpen, slingeren, toewerpen • *~ une balle à qn* een bal naar iemand gooien • SPORT *~ le disque* discuswerpen • *~ des pierres* met stenen gooien • *~ la jambe en avant* je been naar voren zwieren **2** (af)schieten, lanceren • *~ une fusée* een raket lanceren • *ses yeux lancent des flammes* zijn ogen spuwen vuur • *~ un clin d'œil à qn* iemand een knipoog geven • *~ un cri* een kreet slaken • *~ des insultes à qn* iemand uitschelden, iemand scheldwoorden naar het hoofd slingeren • *~ un appel à* een oproep richten tot • *~ un ultimatum* een ultimatum stellen **3** in beweging brengen, op gang brengen, INFORM. aan de praat brengen • *~ un vaisseau* een schip te water laten • *~ qn sur un sujet* iemand aan de praat brengen **4** FIG. lanceren, op de markt brengen, bekendmaken • *~ une marque* een merk op de markt brengen • *~ une mode* een nieuwe modelijn lanceren • *~ une campagne contre le sida* een aidscampagne starten **2** WKD WW **(se ~)** **1** zich werpen • *se ~ dans le vide* zich in het diepe storten • *se ~ à la poursuite de qn* de achtervolging op iemand inzetten • FIG. *se ~ dans la bagarre* zich in de strijd gooien • FIG. *se ~ dans des explications* zich uitputten in verklaringen **2** naam maken, op de voorgrond treden • *se ~ dans le cinéma* naam maken op filmgebied **3** ZN M **1** worp, (het) werpen <van discus, kogel> • SPORT *un ~ franc* een vrije worp **2** (het) vissen met werphengel **3** (het) loslaten <van duiven> • *un ~ de ballons* het oplaten van ballonnen
lance-roquette, **lance-roquettes** ZN M (MV lance-roquettes), raketwerper, bazooka
lanceur ZN M (V lanceuse) SPORT werper • *un lanceur d'alerte* FIG. klokkenluider
lancinant BN **1** <van pijn> stekend, met scheuten • *une douleur ~e* knagende / stekende pijn • *un mal de tête ~* zeurende hoofdpijn **2** kwellend, obsederend • *un souvenir ~* pijnlijke herinnering
lande ZN V dorre vlakte, heideveld
Landes ZN V MV (de) Landes <regio>
langage ZN M **1** taal, spraak • *le ~ parlé* spreektaal • *le ~ écrit* schrijftaal • *le ~ codé* geheimtaal • *le ~ des signes / des sourds-muets* gebarentaal • *le ~ des abeilles* bijentaal • *le ~ du corps* de taal van het lichaam • *tenir un double ~* met gespleten tong spreken **2** taalgebruik • *le ~ populaire* populair taalgebruik • *le ~ soutenu* verheven taalgebruik • *le ~ technique* vaktaal
langagier BN (V langagière), talig, taal-
lange ZN V luier
langer OV WW een luier omdoen
langoureux BN (V langoureuse), smachtend, kwijnend • *avec un regard ~* met een smachtende blik
langouste ZN V langoest
langoustine ZN V langoustine
langue ZN V **1** ANAT. tong • *tirer la ~ à qn* je tong tegen iemand uitsteken • *se mordre la ~* op je tong bijten • *avoir la ~ chargée* een beslagen tong hebben • INFORM, FIG *avaler sa ~* zijn tong afbijten • FIG. *être mauvaise ~* een kwaadspreker zijn • FIG. *avoir la ~ bien pendue* rad van tong zijn, goed van de tongriem gesneden zijn • FIG. *c'est une ~ de vipère* dat is een kwaadspreker / lastertong • FIG. *il n'a pas la ~ dans sa poche* hij is niet op zijn mondje gevallen • FIG. *tenir sa ~* zijn mond houden • FIG. *les ~s se délient* de tongen komen los • FIG. *tourner sept fois sa ~ dans sa bouche avant de parler* zich driemaal bedenken alvorens iets te zeggen • FIG. *ce mot, je l'ai sur le bout de la ~* dat woord ligt me op de tong **2** taal • *les ~s anciennes* de oude talen • *la ~ française* het Frans • *la ~ maternelle* moedertaal • *une ~ étrangère* vreemde taal • *une deuxième / seconde ~* een tweede taal • *une ~ vivante* levende taal • *une ~ morte* dode taal • *la ~ parlée* spreektaal • FIG. *la ~ de bois* wollig gepraat, holle kreten • *avoir le don des ~s* een talenknobbel hebben • *maîtriser / posséder une ~* een taal beheersen **3** iets tongvormigs, tong • *une ~ de terre* landtong
langue-de-chat ZN V (MV langues-de-chat), kattentong <koekje>
languette ZN V tongvormig (onder)deel, tong, lipje
langueur ZN V **1** smachtend verlangen **2** apathie, traagheid, loomheid

la

languir 1 ONOV WW FORM. **smachten** • *~ d'amour pour qn* smachten van liefde voor iemand 2 WKD WW **(se ~) de** **hunkeren naar, missen** • *se ~ de qn* naar iemand hunkeren
languissant FORM. BN 1 **futloos, mat, loom** • *un commerce ~* kwijnende handel 2 **smachtend** • *des regards ~s* smachtende blikken
lanière ZN V 1 **riem** 2 **reep, strook** • *découper qc en lanières* iets in reepjes snijden
lanterne ZN V **lantaarn** • *une ~ magique* toverlantaarn • *une ~ vénitienne* lampion • *la ~ rouge* rode lantaarn, FIG. hekkensluiter • *éclairer la ~ de qn* iemand opheldering geven
lanterner ONOV WW **treuzelen, lanterfanten**
lapalissade ZN V **waarheid als een koe**
laper OV WW **oplikken** • *~ sa soupe* zijn / haar soep opslurpen
lapidaire BN 1 **steen-** 2 **bondig** • *un style ~* bondige, kernachtige stijl
lapidation ZN V **steniging**
lapider OV WW 1 **stenigen, met stenen bekogelen** 2 FIG. **fel aanvallen, fel bekritiseren**
lapin ZN M 1 **konijn** • *courir comme un ~* als een haas ervandoor gaan • FIG. *un chaud ~* een hitsig type, een hete bliksem • FIG. *une cage à ~s* armzalige flat, kippenhok • INFORM., FIG *poser un ~ à qn* zich niet aan een afspraak houden, niet komen opdagen 2 **schatje, liefje** • *mon petit ~* schatje <voor man en vrouw>
lapinière ZN V **konijnenhok**
lapis-lazuli, lapis ZN M **lapis lazuli, lazuursteen**
lapon 1 BN (V laponne), **Laplands** 2 ZN M (het) **Laps**
Lapon ZN M (V Laponne), **Lap, Laplander**
Laponie ZN V **Lapland**
laps "laps" ZN M ONVER. • *un ~ de temps* tijdsverloop
lapsus "-suus" ZN M **verspreking, (schrijf)fout** • *un ~ freudien* freudiaanse verspreking
laquais ZN M OOK FIG. **lakei**
laque ZN V 1 **lak** 2 **haarlak**
laquelle BETR VNW V → **lequel**
laquer OV WW **lakken**
larcin ZN M **kleine diefstal, kruimeldiefstal**
lard ZN M 1 **spek** • *du ~ fumé* gerookt spek 2 INFORM., FIG • *un gros ~* dikke vetzak • *tête de ~!* varkenskop! • *se faire du ~* dik worden van het nietsdoen, luilakken
larder OV WW **larderen,** OOK FIG. **doorspekken**
lardon ZN M 1 CULIN **reepje spek** 2 INFORM. **kind, koter**
largage ZN M **(het) afwerpen**
large 1 BN 1 **breed, groot, wijd** • *une rivière ~ de cinquante mètres* rivier van vijftig meter breed • *une femme ~ d'épaules* een breedgeschouderde vrouw 2 **ruim, vrijgevig** • MIN. *avoir la conscience ~* een ruim geweten hebben • *avoir les idées ~s / l'esprit ~* ruimdenkend zijn • *laisser un ~ pourboire au garçon* veel fooi geven aan de ober • *au sens ~* in ruime zin 2 BW **ruim, wijd, niet-bekrompen** • *calculer ~* ruim berekenen • *voir ~* het ruim zien • INFORM. *ne pas en mener ~* bang zijn, 'm knijpen 3 ZN M 1 **breedte** • *marcher de long en ~* heen en weer lopen • *expliquer qc de long en ~* iets uitgebreid uitleggen, iets breed uitmeten • *la pièce fait deux mètres de ~* de kamer is twee meter breed • *ils vivent au ~ dans leur villa* ze wonen ruim in hun villa • *au ~ de Marseille* ter hoogte van Marseille, voor de kust van Marseille 2 **volle zee** • *le vent du ~* zeewind • FIG. *prendre le ~* ervandoor gaan • *au ~* in open / volle zee • *du ~! du ~!* aan de kant!, opzij!, ruim baan!
largement BW 1 **ruim, wijd** • *des idées ~ répandues* wijdverbreide ideeën 2 **ruimschoots, royaal** • *dépasser ~ les délais* de termijn ruimschoots overschrijden
largesse ZN V **vrijgevigheid** • *faire des ~s* met milde hand geven
largeur ZN V 1 **breedte, wijdte** • *plier dans le sens de la ~* in de breedte opvouwen • INFORM. *se tromper dans les grandes ~s* zich enorm vergissen 2 **brede blik, onbekrompenheid** • *la ~ d'esprit / de vues* de brede blik
larguer OV WW 1 INFORM. **afpoeieren, afdanken, zich ontdoen van** • *tout ~ pour faire le tour du monde* alle schepen achter zich verbranden om een reis om de wereld te maken • *~ son concurrent* zijn concurrent achter zich laten • *se faire ~* de bons krijgen • INFORM. *je suis complètement largué* ik kan het niet meer volgen 2 **afwerpen** <uit (lucht) vaartuig> • *~ des vivres dans une région inondée* voedselpakketten droppen in een overstroomd gebied 3 SCHEEPV. **vieren, losgooien** • *~ les amarres* de trossen losgooien
larme ZN V 1 **traan** • FIG. *des ~s de crocodile* krokodillentranen • *il a la ~ facile* hij huilt snel, hij is een huilebalk • *être en ~s* in tranen zijn • *être au bord des ~s* bijna gaan huilen • *rire aux ~s* zich tranen lachen, huilen van het lachen • *pleurer à chaudes ~s* hete tranen schreien, tranen met tuiten huilen • *fondre en ~s* in tranen uitbarsten • *ému (jusqu') aux ~s* tot tranen geroerd, tot tranen toe bewogen • OOK FIG. *essuyer une ~* een traan wegpinken • *pour ça, je ne verserai pas une ~* ik zal er geen traan om laten 2 **beetje drank, druppeltje** • *une ~ de vin* een druppeltje wijn
larmoyant BN 1 **huilerig, tranend** 2 **melodramatisch, larmoyant** • *une pièce (de théâtre) ~e* melodramatisch (toneel)stuk
larmoyer ONOV WW 1 **tranen** <van ogen> 2 MIN. **grienen, huilen** • *~ sur son sort* zich over zijn lot beklagen
larron FORM. ZN M **dief** • *s'entendre comme ~s en foire* onder één hoedje spelen, dief en diefjesmaat zijn • *le troisième ~* de lachende derde
larve ZN V 1 **larve** 2 INFORM. **slap figuur, dooie**
laryngite MED. ZN V **laryngitis, strottenhoofdontsteking**
larynx "-e(n)ks" ZN M **strottenhoofd**
lascar INFORM. ZN M **(slimme / uitgeslapen) kerel**
laser ZN M **laser** • *un rayon ~* laserstraal • *une opération au ~* laseroperatie
lassant BN **vervelend, saai**

lasser **1** ov ww vermoeien, vervelen • *~ son auditoire* zijn publiek vervelen • *tout passe, tout casse, tout lasse* aan alles komt een eind **2** wkd ww **(se ~)** moe worden • *se ~ de tout* genoeg krijgen van alles • *sans se ~* onvermoeibaar

lassitude zn v **1** moeheid **2** neerslachtigheid

lasso zn m lasso

latent bn latent

latéral bn (m mv latéraux), zij-, lateraal, evenwijdig lopend (aan) • *une porte latérale* zijdeur

latéralement bw van opzij, zijdelings

latex "-eks" zn m latex

latin **1** zn m (het) Latijn • inform. *le ~ de cuisine* potjeslatijn • *en ~* in het Latijn • *j'en perds mon ~* ik snap er niets (meer) van **2** bn Latijns • *l'Amérique ~e* Latijns-Amerika

latino-américain bn (mv latino-américains), Latijns-Amerikaans

latitude zn v **1** aardk. breedtegraad • *sous toutes les ~s* overal ter wereld **2** vrijheid van handelen • *on lui a donné toute ~ pour mettre ce projet en route* hij heeft alle vrijheid gekregen om dit project op de rails te zetten

latte zn v lat • *une ~ de plancher* vloerlat

lattis "-tie" zn m latwerk

laudatif bn (v laudative), lovend, lof-

lauréat zn m (v lauréate), (de) bekroonde, prijswinnaar • *la lauréate du prix Nobel* de winnares van de Nobelprijs

laurier zn m **1** plantk. laurier **2** lauwer • *s'endormir sur ses ~s* op zijn lauweren rusten

laurier-rose plantk. zn m (mv lauriers-roses), oleander

lavable bn afwasbaar, wasecht • *un pull ~ en machine* met de machine wasbare trui • *~ à la main* met de hand wasbaar, handwasbaar

lavabo zn m **1** wastafel **2** mv toilet • *les ~s sont au sous-sol* de toiletten bevinden zich in het souterrain

lavage zn m (het) wassen • *le ~ à la main* de handwas • *le ~ à trente degrés en machine* de 30 graden machinewas • *un ~ d'estomac* maagspoeling • fig. *un ~ de cerveau* hersenspoeling

lavande zn v lavendel

lavasse inform. zn v waterige koffie / saus, slootwater

lave zn v lava

lave-linge zn m (mv lave-linge(s)), wasmachine

laver **1** ov ww **1** wassen, afwassen, schoonmaken, (uit)spoelen • *une machine à ~* wasmachine • *~ la vaisselle* de vaat doen • *~ qc en frottant* iets schoonwrijven • *~ le sol avec une serpillière* de vloer dweilen **2** fig. uitwissen, van schuld vrijpleiten • *~ une injure dans le sang* een belediging bloedig wreken • *son alibi le lave de tout soupçon* het feit dat hij een alibi heeft pleit hem vrij van iedere verdenking **2** wkd ww **(se ~)** **1** zich wassen • *la soie se lave dans de l'eau froide* zijde moet je in koud water wassen **2** • *se ~ la figure* zijn gezicht wassen • fig. *je m'en lave les mains* ik was mijn handen in onschuld

laverie zn v wasplaats • *une ~ (automatique)* wasserette

lavette zn v vaatdoekje • fig. *ce type est une vraie ~!* wat een zacht eitje is hij!

laveur zn m (v laveuse), wasser • *un ~ de carreaux / vitres* glazenwasser • *un ~ de voitures* autowasser

lave-vaisselle zn m (mv lave-vaisselle(s)), afwasmachine

laxatif **1** bn (v laxative), laxeer-, laxerend **2** zn m laxeermiddel

laxisme zn m verregaande toegeeflijkheid • *le ~ en matière de morale* morele laksheid

laxiste bn laks • *une politique ~* slap beleid

layette zn v babyuitzet

le, l' <voor klinker of stomme h> **1** lidw m de, het • *la petite fille* het kleine meisje • *~ plus beau* het mooist • *ce livre, c'est ~ sien* dat boek is van hem • *elle arrive ~ 18 avril* ze komt op 18 april aan • *Bordeaux, ~ 9 octobre 2015* <in brief> Bordeaux, 9 oktober 2015 • *il aime les enfants* hij houdt van kinderen • *~ moment propice* hét moment • *l'Italie est ~ pays des contradictions par excellence* Italië is hét land van de tegenstellingen • *ça coûte vingt euros ~ kilo* dat kost twintig euro per kilo **2** pers vnw (v la, mv les), hem, het • *je ~ connais* ik ken hem • *il l'a battue* hij sloeg haar • *il ~ lui a donné* hij gaf het hem • *ces photos, je les ai données à ma tante* die foto's heb ik aan mijn tante gegeven • *ce livre, je l'emporte avec moi* dat boek neem ik mee • *ce livre, je te ~ rendrai* dat boek geef ik aan je terug • *elle a écrit? je ne ~ savais pas* heeft ze geschreven? dat wist ik niet

leader "liedeur" **1** zn m **1** pol. leider • *les ~s syndicaux* de vakbondleiders • *le ~ de l'opposition* de oppositieleider **2** sport, handel leider, aanvoerder • *le ~ de la course* de koploper (in de race) • *le ~ du classement* de leider in het klassement • *la France n' est plus ~ dans le marché de l'agroalimentaire* Frankrijk is geen marktleider meer op het gebied van de voedingsmiddelenindustrie **2** bn leidinggevend, toonaangevend

leadership zn m leiderschap

leasing zn m leasing

lèche inform. zn v • *faire de la ~* slijmen, hielenlikken

lèche-botte, lèche-bottes inform. zn m (mv lèche-bottes), hielenlikker

lèche-cul inform. zn m (mv lèche-cul(s)), kontlikker, slijmerd

lécher **1** ov ww likken, oplikken, aflikken, likken aan • *~ une glace* aan een ijsje likken • inform. *~ les vitrines* etalages bekijken, winkelen • inform. *~ les bottes de qn / à qn* iemands hielen likken • fig. *un ours mal léché* ongelikte beer **2** wkd ww **(se ~)** elkaar likken, zich likken • *le chat qui se lèche le poil* de kat die zijn vacht likt • *se ~ les doigts* zijn vingers aflikken, likkebaarden • inform. *on s'en lècherait les babines!* om je vingers bij af te likken!

lécheur inform. zn m (v lécheuse), vleier, likker

lèche-vitrine, lèche-vitrines inform. zn m • *faire du ~* etalages kijken, winkelen

leçon zn v **1** les • *une leçon d'essai* proefles • *une ~*

particulière privéles • *une ~ de ski* skiles • *des leçons de rattrapage* inhaallessen • *apprendre ses leçons* zijn lessen leren • *faire réciter sa ~ à un élève* een leerling de les overhoren • *prendre des leçons de conduite* rijles nemen • *prendre des leçons avec un professeur* les nemen van een leraar **2** lering • *tirer la ~ de qc* lering uit iets trekken • *cela lui servira de ~* dat is een goede les voor hem

lecteur **1** ZN M (V lectrice), lezer • *c'est une grande lectrice de romans policiers* zij is dol op het lezen van detectiveromans **2** ZN M TECHN. afspeelapparaat, speler, drive • *un lecteur multimédia* mediaspeler • *un ~ (de) CD* cd-speler • *un ~ (de) DVD* dvd-speler • *un ~ MP3* mp3-speler

lectorat ZN M de lezers <v. krant e.d.>

lecture ZN V **1** (het) (voor)lezen • *un livre de ~* leesboek • *la ~ d'une partition musicale* het lezen van een muziekpartituur • *faire la ~ à qn* iemand voorlezen **2** lectuur • *une salle de ~* leeszaal **3** lezing <van wat geschreven staat>, interpretatie **4** COMP. (het) inlezen, uitlezing • *la ~ optique des codes-barres* het lezen van de barcode

LED AFK light emitting diode, diode électroluminescente V led • *une ampoule / lampe (à) LED* ledlamp

légal BN (M MV légaux), wettelijk, wettig • *l'âge ~ du mariage* wettelijk toegestane huwbare leeftijd • *une fête légale* erkende / officiële feestdag

le

légalisation ZN V legalisatie, legalisering • *la ~ de l'avortement* de legalisering van abortus

légaliser OV WW legaliseren, wettigen • *~ la drogue douce* softdrugs legaliseren

légalité ZN V wettigheid, legaliteit • *sortir de la ~* buiten de wet treden • *faire qc en toute ~* iets legaal doen

légataire ZN M/V legataris • *il est son ~ universel* hij is zijn / haar universeel erfgenaam

légation ZN V gezantschap

légendaire BN legendarisch

légende ZN V **1** legende, sage • *un personnage de ~* legendarische figuur • *une ~ urbaine / contemporaine* broodjeaapverhaal • *entrer dans la ~* legendarisch worden **2** legenda, verklaring v. tekens <bijv. v. kaart>

léger BN (V légère) **1** licht, niet-zwaar, zwak • SPORT *un poids ~* lichtgewicht • *des blessés légers* lichtgewonden • *faire un repas ~* een lichte maaltijd nuttigen • *avoir le sommeil ~* licht slapen • *la cuisine légère* licht verteerbare kost **2** dun, fijn, luchtig • *une étoffe légère* dun stofje • *du thé ~* slappe thee • *avoir la tête légère* zich nergens om bekommeren, een leeghoofd zijn **3** zorgeloos, oppervlakkig • *une musique légère* licht muziek • *avoir le cœur ~* zorgeloos zijn • *avoir la main légère* mild gezag uitoefenen • *tout prendre à la légère* alles (te) gemakkelijk opvatten • *il ne s'engage pas à la légère* hij gaat niet over één nacht ijs • *à la légère* lichtzinnig, losjes **4** lichtzinnig, gewaagd, pikant

légèrement BW **1** licht, luchtig, losjes • *marcher ~* met lichte tred lopen **2** licht(elijk), een beetje • *être ~ handicapé* licht gehandicapt zijn • *~ endommagé* lichtjes beschadigd **3** lichtvaardig

légèreté ZN V **1** lichtheid • *la ~ d'une peine* de lichtheid van een straf **2** lichtvaardigheid, lichtzinnigheid, onnadenkendheid • *faire preuve de grande ~ dans sa conduite* zeer lichtzinnig gedrag vertonen, zich onbezonnen gedragen

légiférer ONOV WW wetten maken, regels opstellen

légion ZN V **1** legioen • *la Légion étrangère* vreemdelingenlegioen • *recevoir la Légion d'honneur* het Legioen van Eer ontvangen **2** zwerm, horde, grote menigte • *les cas de ce genre sont ~* er zijn legio van dit soort gevallen

légionellose ZN V legionairsziekte

légionnaire MIL. ZN M legionair, legioensoldaat

législateur **1** ZN M (V législatrice), wetgever **2** BN (V législatrice), wetgevend

législatif BN (V législative) **1** wetgevend, wets- • *le (pouvoir) ~* de wetgevende macht **2** parlements- • *les (élections) législatives* parlementsverkiezingen

législation ZN V wetgeving <de wetten> • *la ~ du travail* de arbeidswetgeving • *selon la ~ en vigueur* volgens de geldende wetgeving

législature ZN V (zittingsduur v.) wetgevend lichaam

légiste **1** BN • *un médecin ~* gerechtelijk arts, forensisch arts **2** ZN M/V rechtsgeleerde, jurist

légitimation ZN V **1** legitimatie, wettiging, echtverklaring **2** FORM. rechtvaardiging • *refuser la ~ de la violence* de rechtvaardiging van geweld niet accepteren

légitime BN **1** wettig, legitiem • *des enfants légitimes et illégitimes* echte en onechte kinderen **2** rechtmatig, gegrond, billijk, terecht • *une colère ~* terechte woede

légitimer OV WW **1** wettigen, echt verklaren **2** rechtvaardigen

légitimité ZN V **1** wettigheid, echtheid **2** gegrondheid, rechtmatigheid

legs "lè(g) met harde g" ZN M legaat, erflating

léguer OV WW OOK FIG. nalaten, vermaken • *on lui a légué une maison en Provence* ze hebben hem / haar een huis in de Provence nagelaten

légume **1** ZN M groente(soort) • *des légumes* groente(n) • *des légumes secs* peulvruchten • *des légumes verts* bladgroenten • *une soupe de légumes* groentesoep **2** ZN V • INFORM. *grosse ~* hoge ome, hoge piet

légumier BN (V légumière), groente- • *la culture légumière* groenteteelt

légumineuses ZN V MV peulvruchten

leitmotiv "lajt-, let-" ZN M (MV leitmotiv(e)/ leitmotivs), leidmotief

Léman • *le lac ~* het Meer van Genève

lemme ZN M lemma

lendemain ZN M **1** volgende dag • *le ~ matin* de volgende morgen • *le ~ de son départ...* de dag na zijn vertrek **2** (nabije) toekomst, gevolg(en) • *du jour au ~, il a décidé quitter le pays* ineens besloot hij om het land te verlaten • *c'était une* *petite aventure sans ~* het was een kortstondig avontuurtje • *remettre au ~ ce qu'on peut faire le jour même* wat nog dezelfde dag gedaan kan worden (tot de volgende dag) uitstellen

lénifiant MED. BN **kalmerend, verzachtend, rustgevend**

lent BN **langzaam, traag** • *il est ~ à se décider* hij heeft veel tijd nodig om te beslissen • *marcher à pas ~s* langzaam lopen • *avoir l'esprit ~* traag van begrip zijn

lenteur ZN V **traagheid, langzaamheid** • *les ~s de l'administration* de ambtelijke molen(s)

lentille ZN V **1 linze** • *un plat de ~s* linzenmaaltijd **2 lens** • *des ~s de contact* contactlenzen • *porter des ~s souples* zachte contactlenzen dragen

léopard ZN M **luipaard** • *une tenue de ~* camouflagekleding

lèpre ZN V **lepra, melaatsheid**

lépreux 1 BN (V lépreuse) **1 melaats 2** FIG. **met kale / uitgebeten / vuile plekken** • *une façade lépreuse* afbladderende voorgevel **2** ZN M (V lépreuse), **melaatse**

lequel 1 VR VNW (V laquel, MV lesquels, V MV lesquelles), **welke** • *lesquels de ces livres avez-vous lus?* welke van die boeken hebben jullie gelezen? **2** BETR VNW **die, dat, welke** • *la jeune femme à laquelle je parlais est une actrice célèbre* de jonge vrouw met wie ik sprak is een beroemde actrice

les → le

lesbien BN (V lesbienne), **lesbisch**

lesbienne ZN V **lesbienne**

lèse BN **geschonden** <in samenstellingen> • *un crime de lèse-humanité* misdaad tegen de menselijkheid

léser OV WW **kwetsen, benadelen** • *l'implantation de cet hypermarché a lésé les petits commerçants* de vestiging van deze supermarkt heeft nadelige gevolgen gehad voor de kleine middenstanders

lésiner ONOV WW **~ sur beknibbelen op, bezuinigen op** • *~ sur la qualité des matériaux* bezuinigen op de kwaliteit van het materiaal

lésion ZN V **kwetsuur, letsel** • *une ~ cérébrale* hersenletsel • *une ~ interne* inwendige kneuzing

lesquelles BETR VNW V MV **→ lequel**

lesquels BETR VNW M MV **→ lequel**

lessivage ZN M **(het) (af)wassen, schoonmaak**

lessive ZN V **1 wasmiddel** • *de la ~ en liquide* vloeibaar wasmiddel • *un paquet de ~* pak wasmiddel **2 was, wasgoed** • *faire la ~* de was doen • *étendre la ~* de was uithangen

lessivé INFORM. BN **(dood)op, kapot**

lessiver OV WW **1 (af)wassen 2** INFORM. **uitschakelen, uitputten** • *cette journée dans les magasins m'a lessivé* ik ben doodop na zo'n dagje winkelen

lest "lest" ZN M **ballast** • FIG. *jeter / lâcher du ~* concessies doen <om de zaak te redden>

leste BN **1 vlug, rap, kwiek** • *il a la main ~* hij heeft losse handjes **2 gewaagd, schuin** • *des plaisanteries un peu ~s* nogal schuine grappen

létal BN (M MV létaux), **dodelijk, letaal**

léthargie ZN V **lethargie, volstrekte lusteloosheid**

léthargique BN **lethargisch, volstrekt lusteloos**

lette BN **Letlands**

letton 1 BN (V lettonne), **Lets 2** ZN M **(het) Lets** <taal>

Letton ZN M (V Lettonne), **Let, Letlander**

Lettonie ZN V **Letland**

lettre ZN V **1 brief** • *une ~ d'amour* liefdesbrief • *une ~ de menaces* dreigbrief • *une ~ de licenciement* <van werkgever> ontslagbrief • *une ~ de démission* <van werknemer> ontslagbrief • *une ~ de candidature / motivation* sollicitatiebrief • *une (lettre) circulaire* rondschrijven • *une ~ recommandée* aangetekende brief • *une ~ de faire-part* aankondiging van geboorte / huwelijk / overlijden • *~ ouverte* open brief • *lettre d'introduction* introductiebrief • *lettre* V *d'introduction (du médecin référent); lettre de renvoi* verwijsbrief • *ses conseils sont restés ~ morte* zijn adviezen hebben niets uitgehaald • INFORM. *ça passe comme une ~ à la poste* dat gaat erin als koek, dat gaat gemakkelijk **2 letter** • *une ~ majuscule* hoofdletter • *une ~ minuscule* kleine letter • *écrivez votre nom en toutes ~s* schrijf uw naam voluit • *prendre qc à la ~ / au pied de la ~* iets letterlijk opvatten **3** MV **letteren, letterkunde** • *il est prof de ~s* hij is docent letterkunde • *la faculté des Lettres* de letterenfaculteit

lettré 1 BN **geletterd, belezen 2** ZN M (V lettrée), **geletterde, geleerde**

leucémie ZN V **leukemie**

leucémique ZN M/V **leukemiepatiënt**

leucocyte ZN M **witte bloedcel, leukocyt**

leur 1 PERS VNW **(aan) hen, hun** • *je le ~ donnerai* ik zal het hun geven **2** BEZ VNW (MV leurs) **1 hun** • *les femmes et ~s maris* de vrouwen en hun echtgenoten • *ils ont mis ~ chapeau sur la tête* zij hebben hun hoed op hun hoofd gezet **2 van hen, de / het hunne** • *ma maison et la ~ sont dans la même rue* mijn huis en dat van hen staan in dezelfde straat • *les ~s* de hunnen, hun familieleden • *ils y ont mis du ~* ze hebben het hunne / hun steentje bijgedragen

leurre FIG. ZN M **valstrik, illusie** • *ses promesses ne sont qu'un ~* zijn beloftes zijn hol

leurrer WKD WW **(se ~) zichzelf iets wijsmaken** • *se ~ sur les intentions de qn* zich illusies maken over iemands bedoelingen

levage ZN M **(het) opheffen, (het) oprichten** • *des appareils de ~* hefapparaten

levain ZN M **zuurdesem** • *du pain au ~* zuurdesembrood

levant 1 BN **opkomend, rijzend** • *le soleil ~* opkomende zon **2** ZN M **oosten, Oriënt**

levé BN **opgeheven** • *un vote à mains levées* stemming met handopsteken • *être ~ aux aurores* bij het krieken van de dag opgestaan zijn • *remplacer qn au pied ~* onvoorbereid / onverwachts voor iemand invallen

levée ZN V **1 opheffing, beëindiging, sluiting** <van vergadering> • *la ~ des scellés* opheffing van een beslag • *la ~ d'une séance* de sluiting / opheffing van een zitting **2 lichting** <van brievenbus> • *les* *heures de ~* de tijdstippen waarop de brievenbus wordt gelicht

lever 1 OV WW 1 optillen, opheffen, ophalen • *~ son verre* het glas heffen • *~ la vitre (dans une voiture)* het autoraampje omhoog doen • *~ l'ancre* het anker lichten • *~ les yeux* de ogen opslaan • *~ le nez de son livre* van zijn boek opkijken • *~ des impôts* belasting heffen • FIG. *~ la main sur qn* iemand slaan • FIG. *ne pas ~ le petit doigt (pour aider)* geen vinger uitsteken 2 uit bed halen 3 opheffen, beëindigen, wegnemen • *~ la séance* de zitting opheffen / sluiten • *~ le camp* het kamp opbreken • *~ une punition* een straf opheffen 4 lichten / rekruteren <v. krijgsvolk> 2 ONOV WW rijzen <v. deeg> 3 WKD WW (se ~) 1 opstaan, gaan staan • *se ~ de bonne heure le matin* 's morgens vroeg opstaan • *se ~ de table* van tafel gaan 2 opkomen <v. hemellichaam>, opsteken <v.d. wind> • *le soleil se lève* de zon komt op • *le jour se lève* de dag breekt aan • *le brouillard s'est levé* de mist is opgetrokken 4 ZN M (het) opgaan, (het) opkomen, (het) opstaan • *le ~ a lieu à six heures* om zes uur wordt er opgestaan • *le ~ du jour* het krieken van de dag • TON. *le ~ de rideau* het opgaan van het doek, eenakter waarmee een schouwburgvoorstelling begint

lève-tard ZN M/V (MV id.), langslaper

lève-tôt INFORM. ZN M/V (MV id.), vroege opstaander, FIG. vroege vogel

levier ZN M 1 hefboom, hendel aan machine • *le ~ de changement de vitesse* versnellingshendel • *le ~ de commande* bedieningshendel, stuurknuppel • *être aux ~s de commande* de leiding hebben, aan het roer staan 2 drijfveer, werkende kracht

lèvre ZN V 1 lip • *la ~ supérieure* de bovenlip • *des lèvres gercées* gesprongen lippen • *se mordre les lèvres pour ne pas éclater de rire* zijn lach verbijten • *lire sur les lèvres de qn* liplezen • FIG. *manger du bout des lèvres* met tegenzin eten, met lange tanden eten • FIG. *parler du bout des lèvres* met weinig overtuiging spreken • FIG. *sourire du bout des lèvres* flauwtjes lachen • FIG. *elle n'a pas desserré les lèvres de toute la soirée* ze heeft de hele avond geen mond opengedaan • FIG. *c'est sur toutes les lèvres* iedereen heeft er de mond vol van 2 rand <van wond, schelp, aardscheur> 3 MV schaamlippen

lévrier ZN M windhond

levure ZN V gist • *de la ~ de bière* biergist • *de la levure de boulanger* bakkersgist

lexical BN (M MV lexicaux), lexicaal

lexicographe ZN M/V lexicograaf

lexique ZN M lexicon, woordenschat, woordenlijst, (klein) woordenboek

Leyde Leiden

lézard ZN M hagedis, hagedissenleer • INFORM. *faire le ~* zich in de zon koesteren

lézarde ZN V spleet / scheur in muur

lézarder 1 OV WW doen barsten, doen scheuren <v. muur> 2 WKD WW (se ~) barsten krijgen <v. muur>, scheuren 3 ONOV WW luieren in de zon

LGBT AFK lgbt

liaison ZN V 1 verbinding, verband, samenhang, koppeling • *une ~ aérienne* luchtverbinding • *une ~ ferroviaire* spoorwegverbinding • *une ~ téléphonique* telefoonverbinding • *un officier de ~* verbindingsofficier • *rester en ~ étroite avec qn* in nauw contact blijven met iemand 2 CULIN (het) binden, bindmiddel 3 FIG. samenhang <in tekst> • *les conjonctions sont des mots de ~* voegwoorden zijn verbindingswoorden • *ce texte manque de ~* er is geen samenhang in deze tekst 4 TAALK. • *faire la ~ entre deux mots* twee woorden verbinden <bij het uitspreken> 5 band, contact(en), liefdesverhouding • *avoir une ~ amoureuse* een liefdesverhouding hebben

liane ZN V slingerplant, liaan

liant 1 BN vriendelijk, innemend, contactvaardig • *être peu ~* niet erg toeschietelijk zijn 2 ZN M bindmiddel, verharder

liasse ZN V bundel <van papieren> • *une ~ de billets de cinquante euros* bundeltje bankbiljetten van vijftig euro • *une ~ de lettres* bundel brieven

Liban ZN M Libanon

libanais BN Libanees

Libanais ZN M (V Libanaise), Libanees

libellé ZN M bewoording(en), inhoud, tekst, omschrijving

libellule ZN V libel, waterjuffer

libéral 1 BN (M MV libéraux) 1 liberaal • *les professions libérales* de vrije beroepen • *une économie libérale* een vrije economie 2 tolerant 2 ZN M (MV libéraux, V libérale) POL. liberaal

libéralement BW onbekrompen, ruim, rijkelijk, gul

libéralisation ZN V liberalisatie

libéraliser OV WW liberaliseren

libéralisme ZN M liberalisme • *le ~ économique* het economisch liberalisme

libérateur 1 BN (V libératrice), bevrijdings- 2 ZN M (V libératrice), bevrijder

libération ZN V 1 bevrijding, vrijstelling <v. dienst> • *la ~ des otages* de vrijlating van de gijzelaars • *l'armée de ~ de la Palestine* het Palestijnse bevrijdingsleger • *la ~ conditionnelle d'un condamné* de voorwaardelijke invrijheidstelling van een veroordeelde 2 vrijmaking, emancipatie • *le mouvement de ~ des femmes* de vrouwenemancipatiebeweging • *la ~ des prix* het vrijgeven van prijzen

libérer 1 OV WW 1 bevrijden (de van, uit), vrijstellen <van dienst>, MIL. uit dienst ontslaan • *~ le pays de l'occupation* het land bevrijden van de bezetting • *il a été libéré sous caution* hij is op borgtocht vrijgelaten 2 vrijmaken, doen vrijkomen • *les femmes sont loin d'être libérées* vrouwen zijn verre van geëmancipeerd • *~ qn de sa promesse* iemand van zijn belofte ontslaan • *être libéré d'une obligation* van een verplichting ontheven worden 3 vrijgeven <van prijzen> 2 WKD WW (se ~) zich bevrijden (de van, uit), zich vrijmaken • *je ne peux pas me ~ avant vingt heures* ik kan me niet voor acht uur vrijmaken • *se ~ de ses complexes* zich bevrijden van zijn / haar complexen

liberté ZN V **1 vrijheid** • *la ~ d'action* vrijheid van handelen • *rendre sa / la ~ à qn* iemand in vrijheid stellen • *mettre qn en ~* iemand in vrijheid stellen • *une mise en ~ conditionnelle* voorwaardelijke invrijheidstelling • *remettre un animal en ~* een dier weer vrijlaten • *élever des animaux en ~* vrij in de natuur dieren houden **2** POL. **vrijheid** • *liberté, égalité, fraternité* vrijheid, gelijkheid, broederschap • *la ~ de la presse* de vrijheid van drukpers • *la ~ d'expression / d'opinion* de vrijheid van meningsuiting • *les libertés publiques* de grondrechten • *la ~ de culte* de vrijheid van godsdienstoefening • *la ~ de conscience* de gewetensvrijheid **3 vrijheid, losheid** • *la ~ de mœurs* vrije / losse zeden • *avoir des jours de ~* vrije dagen hebben • FIG. *avoir toute ~ de mouvement* alle bewegingsvrijheid hebben **4** MV **vrijmoedigheid, vrijpostigheid** • *prendre des libertés avec qn* zich vrij(postig)heden veroorloven jegens iemand

libertin BN **losbandig, zedeloos, libertijns, gewaagd** <van dingen> • *des propos ~s* pikante uitlatingen, dubbelzinnige uitlatingen, schunnig taalgebruik

libertinage ZN M **losbandigheid, zedeloosheid**

libidineux BN (V libidineuse), **wellustig, wulps**

libido ZN V **libido**

libraire ZN M/V **boekhandelaar**

librairie ZN V **boekhandel, boekwinkel**

libre BN **1 vrij, onafhankelijk** • *avoir l'esprit / la tête ~* vrij van zorgen zijn, vrij van vooroordelen zijn • *le ~ arbitre* de vrije wil • *un ~-penseur* vrijdenker **2 vrij, onbezet, niet-gebonden** • *entrée ~* vrij toegang, gratis toegang • *une union ~* (het) ongehuwd samenwonen • *la place à côté de moi est ~* de plaats naast mij is vrij • *la voie est ~* de kust is veilig • *avoir une chambre de ~* een kamer vrij hebben • *~ à vous de venir* het staat u vrij om te komen • *être ~ comme l'air* zo vrij zijn als een vogel in de lucht **3 vrijpostig, vrijmoedig** • *être très ~ avec qn* erg vrij met iemand omgaan • *une traduction ~* een vrije vertaling **4 bijzonder** <niet openbaar> • *une école ~* bijzondere (confessionele) school

libre-échange ZN M (MV id.), **vrijhandel**

librement BW **vrij(elijk), vrijwillig** • *parler ~* vrijuit spreken • *pour citer ~ W.F. Hermans* vrij naar W.F. Hermans

libre-pensée ZN V **vrijdenkerij**

libre-penseur ZN M (MV libres-penseurs), **vrijdenker**

libre-service ZN M (MV libres-services), **zelfbediening(szaak)**

librettiste ZN M/V **librettist**

Libye ZN V **Libië**

libyen BN (V libyenne), **Libisch**

Libyen ZN M (V Libyenne), **Libiër**

lice FIG. ZN V **strijdperk** • *entrer en ~* in het krijt treden, de strijd aanbinden

licence ZN V **1 vergunning, verlof,** SPORT **licentie** • *une ~ d'exploitation* exploitatievergunning • *une ~ de pêche* visvergunning **2** O&W **bachelor** • *une ~ en droit* bachelor in de rechten • *une ~ ès lettres* bachelor in de letteren • *le schéma ~-master-doctorat (LMD)* het bamastelsel

licencié 1 BN **1 ontslagen 2** O&W • *être ~ en droit* bachelor in de rechten hebben **2** ZN M (V licenciée) O&W **bachelor**

licenciement ZN M **ontslag** • *un ~ économique / pour raisons économiques* ontslag op economische gronden • *un ~ sec* ontslag zonder afvloeiingsregeling, gedwongen ontslag • *un ~ collectif* collectief ontslag • *un ~ sans préavis* ontslag op staande voet

licencier OV WW **ontslaan, afdanken** • *se faire ~* ontslagen worden

licencieux BN (V licencieuse), **losbandig, schuin, gewaagd** • *une chanson licencieuse* nogal schunnig liedje

licite BN **geoorloofd, toegestaan** • *des profits ~s ou non ~s* legale en illegale winsten

licorne ZN V **eenhoorn**

lie ZN V **droesem, bezinksel**

liège ZN M **kurk** • *un bouchon de ~* een kurk

Liège Luik

liégeois BN **Luiks** • *un café ~* koffie-ijs met slagroom

lien ZN M **1 band, binding, koppeling** • *un ~ de parenté* (band van) bloedverwantschap • *les ~s du sang* (band van) bloedverwantschap • *nouer des ~s avec qn* banden aanknopen met iemand • *établir des ~s entre deux événements* verbanden leggen tussen twee gebeurtenissen • *desserrer un ~* een band losser maken • FORM. *les ~s du mariage* de huwelijksband • *quels sont vos ~s de parenté avec lui?* op welke manier bent u een bloedverwante van hem? **2** COMP. **link** • *un ~ hypertexte* hyperlink

lier 1 OV WW **1 binden, verbinden, vastbinden** • *on l'a retrouvé les mains et pieds liés* ze hebben hem gevonden met vastgebonden handen en voeten • *~ une sauce* een saus binden • FIG. *il est fou à ~* hij is knettergek **2 (samen)voegen** • *~ deux mots par un trait d'union* twee woorden samenvoegen met een verbindingsstreepje **3 aanknopen, (wederzijds) doen ontstaan** • *ils sont très liés* ze zijn erg close / bevriend • *~ conversation avec qn* een gesprek met iemand aangaan **2** WKD WW **(se ~) zich binden** • *se ~ d'amitié avec qn* vriendschap met iemand sluiten

lierre ZN M **klimop**

liesse FORM. ZN V **uitgelatenheid** • *le peuple en ~* het volk in jubelstemming

lieu 1 ZN M (MV lieux) **1 plaats, plek, oord** • *un ~ de travail* werkplek • *un ~ mal famé* een beruchte plek • *un ~ public* openbaar terrein • *un ~ saint* heiligdom, heilige plaats • TAALK. *un complément de ~* bepaling van plaats • *mettre qc en ~ sûr* iets in veiligheid brengen • FIG. *des ~x communs sur le temps / l'amour* gemeenplaatsen over het weer / de liefde • FIG. *un haut ~* centrum, ideaal oord, gedenkplaats • FIG. *en haut ~* (van) hogerhand, in hoge kringen **2 positie, plaats** <abstract> • *cette pièce me tient ~ de bureau* deze kamer gebruik ik als kantoor • *la soirée a ~ chez moi* het feestje zal bij mij thuis plaatsvinden • *monte à pied au ~ de prendre l'ascenseur!* loop naar boven in plaats van de lift te nemen! • *en premier ~* in / op de eerste plaats **3 aanleiding, reden** • *j'ai tout ~ de croire qu'il refusera* ik heb alle reden om te geloven dat hij zal weigeren • *cela a donné ~ à de grandes disputes* dat heeft aanleiding / stof gegeven tot grote ruzies • *il n'y a pas ~ de s'inquiéter* er is geen reden om je ongerust te maken • *je vous appellerai, s'il y a ~* ik zal u bellen als er reden toe is, ik zal u zo nodig bellen **2** ZN M MV **1 plaats, plek** • *la police est arrivée immédiatement sur les ~x* de politie was onmiddellijk ter plaatse • *les ~x du crime* de plaats van het misdrijf **2 pand, woning** • *ils doivent vider / évacuer les ~x* zij moeten de woning ontruimen • *faire l'état des ~x* de staat van onderhoud van een woning opmaken

lieu-dit, lieudit ZN M (MV lieux-dits, lieudits), gehucht

lieue ZN V **mijl (4,444 km)** • *une ~ marine* zeemijl (5,555 km) • FIG. *j'étais à cent / mille ~s d'imaginer qu'elle viendrait* het was echt niet bij me opgekomen dat zij zou komen • *les bottes de sept ~s* zevenmijlslaarzen

lieutenant ZN M **luitenant**

lieux ZN M MV → **lieu**

lièvre ZN M **haas** • FIG. *on ne peut pas courir deux lièvres à la fois* je moet niet twee verschillende doeleinden najagen • FIG. *lever un ~* een delicate kwestie aanroeren, een knuppel in het hoenderhok gooien

liftier ZN M **liftboy**

lifting ZN M **facelift** • FIG. *l'église a subi un ~* de kerk heeft een facelift gehad

ligament ZN M **gewrichtsband**

lignage ZN M BIOL. **stam, afstamming**

ligne ZN V **1 lijn, streep** • *une ~ horizontale* horizontale lijn • *une ~ discontinue* een onderbroken streep • SPORT *la ~ de départ* de startstreep • SPORT *la ~ d'arrivée* de finishlijn, de eindstreep • SPORT *la ~ de touche* de zijlijn • SPORT *un juge de ~* lijnrechter • INFORM. *une ~ de cocaïne* een lijntje cocaïne • *tracer une ~* een lijn trekken • FIG. *franchir la ~ blanche* over de schreef gaan • FIG. *ne pas dépasser la ~ rouge* niet over de rode streep gaan, niet buiten de perken gaan • FIG. *être sur la même ~ que son concurrent* op één lijn zitten met zijn concurrent • FIG. *dans les grandes ~s* in grote lijnen, in hoofdlijnen **2 regel** • *être payé à la ~* per regel betaald krijgen • *aller à la ~* een nieuwe alinea openen • *lire entre les ~s* tussen de regels lezen **3 beloop, route, richting** • *une ~ de métro* metrolijn • *une ~ d'autobus / de bus* buslijn • *un pilote de ~* lijnvluchtpiloot • *une ~ aérienne* luchtlijn • *la ~ de force* krachtlijn • *la dernière ~ droite* SPORT het laatste rechte eind, FIG. de laatste loodjes • FIG. *une ~ de conduite* gedragslijn **4 linie, rij** • *descendre en ~ droite d'un personnage célèbre* direct afstammen van een beroemd iemand • FIG. *entrer en ~ de compte* van belang zijn • FIG. *sur toute la ~* over de hele linie • *en ~* in linie, in de rij • *hors ~* buitengewoon **5** COMM., COMP. **lijn** • *une ~ téléphonique* telefoonverbinding • *la ~ est mauvaise* de verbinding is slecht • *la ~ est en dérangement* de verbinding stoort • *être en ~ avec qn* in gesprek zijn met iemand • *services en ~* online diensten • *être hors ~* offline zijn

lignée ZN V **1 geslacht, nakomelingschap** • *une ~ de paysans* boerengeslacht **2 geestelijke verwantschap** • *dans la ~ de qn* in de geest van iemand • *il est dans la ~ des romanciers du XXIe siècle* hij is geestelijk verwant met de romanschrijvers van de 21e eeuw

lignite ZN M **bruinkool**

ligoter OV WW **binden,** OOK FIG. **knevelen** • *~ qn à un arbre* iemand aan een boom vastbinden

ligue ZN V **(ver)bond, vereniging, liga** • *la Ligue des droits de l'homme* de Liga voor mensenrechten • SPORT *la ~ des champions* de champions league

liguer WKD WW **(se ~) samenspannen (contre tegen)**

ligueur ZN M (V ligueuse), **lid van een liga**

lilas "-là" **1** ZN M **1 sering** • *du ~ blanc* witte sering **2 lila 2** BN onver. **lila**

Lille Lille, Rijsel

lilliputien 1 BN (V lilliputienne), **dwergachtig 2** ZN M (V lilliputienne), **lilliputter**

limace ZN V **1** DIERK. **naaktslak 2** INFORM. **slome**

limande ZN V **schar** <vis> • MIN. *elle est plate comme une ~* ze is zo plat als een dubbeltje

limbes ZN M MV **sluimertoestand, (nog) vage toestand**

Limbourg ZN M **Limburg**

lime ZN V **vijl** • *une ~ à ongles* nagelvijl

limer 1 OV WW **vijlen 2** WKD WW **(se ~)** • *se ~ les ongles* zijn nagels vijlen

limier ZN M OOK FIG. **speurhond** • *un fin ~* een goede speurder / speurneus

liminaire BN **als inleiding** • *une note ~* korte aantekening als inleiding

limitatif BN (V limitative), **beperkend, limitatief**

limitation ZN V **beperking, begrenzing** • *la ~ de vitesse dans les villages* de snelheidsbeperking in dorpen • *la ~ des armes nucléaires* de beperking van kernwapens

limite 1 ZN V **grens, limiet, grenswaarde** • *se fixer une ~* voor zichzelf een grens stellen • *la ~ d'âge* de leeftijdsgrens • *la ~ de conservation des denrées* de houdbaarheidsdatum van voedingsmiddelen • *une ambition sans ~s* onbegrensde ambitie • *ma patience a des ~s!* mijn geduld kent grenzen!, mijn geduld kan ook opraken! • *il y a des ~s à tout!* er zijn grenzen! • *à la ~, je dirai que..* in het uiterste geval zou ik zeggen dat... • *dans une certaine ~* in zekere mate • *dans les ~s du possible* voor zover mogelijk **2** BN **uiterst, grens-, maximum-** • *un cas ~* grensgeval • *une date ~* uiterste datum • *la vitesse ~* maximumsnelheid • INFORM. *sa plaisanterie, c'est ~* zijn / haar grapje is op het randje

limité BN **1 begrensd, beperkt 2** INFORM. **niet zo slim / snugger**

limiter 1 OV WW **begrenzen, beperken** • *le pays*

est limité par des montagnes het land is begrensd door bergen • ~ *les dégâts* de schade beperken • *un tirage limité* gelimiteerde oplage **2** WKD WW **(se ~)** **zich beperkingen opleggen, zich beperken (tot)** • *ses commentaires se limitent à quelques remarques d'orthographe* zijn commentaar beperkt zich tot een paar opmerkingen over de spelling • *elle ne sait pas se ~* ze kent geen grenzen

limitrophe BN **grens-, aangrenzend** • *ces deux régions sont ~s* die twee streken grenzen aan elkaar

limogeage ZN M **ontslag**

limoger OV WW **aan de dijk zetten** <van hoge ambtenaar of officier>

limon ZN M **1 slijk, slib, leem 2 limoen**

limonade ZN V **priklimonade**

limousin BN **uit Limoges, uit de Limousin**

limousine ZN V **limousine**

limpide BN OOK FIG. **helder, doorzichtig** • *un style ~* heldere stijl

limpidité ZN V **helderheid, doorzichtigheid, openheid** • *la ~ d'un texte* de helderheid van een tekst

lin ZN M **1** PLANTK. **vlas** • *des graines de ~* lijnzaad • *de l'huile de ~* lijnolie **2 linnen** • *un pull en / de ~* linnen trui

linceul ZN M **lijkkleed, lijkwade**

linéaire BN **1 lijn-, lineair** • *une mesure ~* lengtemaat **2** FIG. **rechtlijnig, zonder diepgang** • *un récit ~* rechtlijnig verhaal

linge ZN M **1 linnen(goed)** • *le ~ (de corps)* ondergoed • *le ~ de table* tafellinnen • *être blanc / pâle comme un ~* zo wit als een doek zien, lijkbleek zijn **2 wasgoed** • *le ~ blanc* witte was • *le ~ de couleur* bonte was • *étendre le ~* de was ophangen • FIG. *il faut laver son ~ sale en famille* je moet de vuile was niet buiten hangen **3 doek**

lingerie ZN V **1 ondergoed, lingerie** • *le rayon ~* de lingerieafdeling **2 linnenkamer**

lingette ZN V **(vochtig) doekje, tissue** • *les ~s démaquillantes* de make-upreinigingsdoekjes

lingot ZN M **baar, staaf** • *un ~ d'or* baar goud

linguiste ZN M/V **taalkundige, linguïst**

linguistique 1 BN **taalkundig, taal-, linguïstisch** • *une communauté ~* taalgemeenschap **2** ZN V **taalkunde, taalwetenschap, linguïstiek** • *la ~ appliquée* toegepaste taalkunde

lino INFORM. ZN M linoléum **linoleum**

linoléum "-eeom" ZN M **linoleum**

linotte DIERK. ZN V **kneu** • INFORM. *une tête de ~* domoor, uilskuiken

lion ZN M (V lionne), **leeuw** • *se battre comme un ~* vechten als een leeuw • *se tailler la part du ~* zich het leeuwendeel toe-eigenen • INFORM. *il a bouffé du ~* hij is helemaal hyper, hij bruist van de energie • FIG. *jeter qn dans la fosse aux ~s* iemand voor de leeuwen gooien

Lion ZN M **Leeuw** <dierenriem>

lionceau ZN M (MV lionceaux), **leeuwenwelp**

lipide ZN M **lipide, vetstof** • *les ~s alimentaires* vetten in voedsel

liposuccion ZN V **liposuctie, (het) wegzuigen van vetweefsel**

lippe ZN V **dikke onderlip**

lippu BN **met een dikke onderlip, diklippig**

liquéfaction ZN V **(het) vloeibaar maken, (het) vloeibaar worden, verdichting** <van gas>

liquéfiable BN **vloeibaar te maken, verdichtbaar** <van gas>

liquéfier 1 OV WW **vloeibaar maken** • *du gaz liquéfié* vloeibaar gas **2** WKD WW **(se ~) 1 vloeibaar worden 2** INFORM. **alle moed verliezen, verslappen**

liquette INFORM. ZN V **hemd(je)**

liqueur ZN V **likeur, drankje**

liquidation ZN V **1 vereffening, afwikkeling** • *une ~ judiciaire* faillissement • *une ~ d'entreprise* bedrijfsfaillissement **2 uitverkoop** • *la ~ totale des stocks* totale voorraaduitverkoop **3 liquidatie** <v. persoon> • *la ~ d'un caïd* de liquidatie van een bendeleider

liquide 1 BN **1 vloeibaar** • *une sauce trop ~* te vloeibare saus **2** ECON. **vlottend, liquide** • *de l'argent ~* contant geld **2** ZN M **1 vloeistof, vocht 2 contant geld** • *payer en ~* contant betalen • *il n'a que du ~* hij heeft alleen maar contant geld

liquider OV WW **1 vereffenen, liquideren** • *~ ses actions en Bourse* zijn aandelen op de beurs verkopen / te gelde maken **2 uitverkopen** • *~ de vieux stocks* oude voorraden uitverkopen **3** INFORM. **afdoen, een einde maken aan, wegwerken, oplossen** <v. conflict>, **uit de weg ruimen** <v. personen> • *ils ont liquidé la bouteille* ze hebben de hele fles leeggedronken • *~ un témoin gênant* een hinderlijke getuige uit de weg ruimen

liquidité ZN V **1 vloeibaarheid 2** ECON. **liquiditeit**

lire 1 OV WW onregelmatig **1 lezen, doorlezen, voorlezen** • *~ le journal* de krant lezen • *lu et approuvé* gezien en akkoord • *j'espère vous ~ très bientôt* ik hoop spoedig iets van u te vernemen • *savoir ~ et écrire* kunnen lezen en schrijven • *à vous ~, je crois que vous allez mieux* uit uw schrijven meen ik op te kunnen maken dat het beter met u gaat • *à ~* ter lezing **2** COMP. **inlezen 3 aflezen** • *~ l'avenir dans les cartes* aan de hand van kaarten de toekomst voorspellen • *~ la peur sur le visage de qn* de angst op iemands gezicht aflezen **2** ONOV WW **lezen** • *~ dans le jeu de qn* iemand doorhebben **3** WKD WW **(se ~) gelezen worden, te lezen zijn** • *l'arabe se lit de droite à gauche* het Arabisch wordt van rechts naar links gelezen • *ce livre se lit facilement* dit boek is gemakkelijk te lezen • *la peur se lisait sur son visage* angst stond op zijn gezicht te lezen

lis[1] "lie" WW → **lire**

lis[2] "lies" ZN M **lelie** • *le ~ des vallées* lelietje-van-dalen • *la fleur de ~* Franse lelie, wapen der Bourbons <eigenlijk: witte lis>

Lisbonne ZN V **Lissabon**

liséré, liseré ZN M **zoom, rand**

liseron ZN M **winde**

liseur ZN M (V liseuse), **iemand die graag / veel leest, grote lezer**

liseuse ZN V **1 iemand die graag / veel leest,**

grote lezer **2** e-reader **3** leeslampje

lisibilité ZN V leesbaarheid

lisible BN **1** leesbaar • *une ordonnance à peine ~* slecht leesbaar recept **2** waard om te lezen • *un roman très ~* roman die de moeite waard is om te lezen

lisière ZN V rand • *à la ~ du bois* aan de rand van het bos

lisse BN glad • *avoir la peau ~* een gladde huid hebben • *avoir des cheveux ~s* steil haar hebben

lisser OV WW glad maken, polijsten, glanzend maken

listage ZN M uitdraai, print

liste ZN V lijst • *une ~ électorale* kiezerslijst • *une ~ de mariage* lijst met (gewenste) huwelijksgeschenken • *une ~ de diffusion / distribution* mailinglist • *être sur une ~ d'attente* op een wachtlijst staan • *être sur la ~ noire* op de zwarte lijst staan • *être sur la ~ rouge* een geheim telefoonnummer hebben • *dresser / établir une ~* een lijst maken • *grossir la ~ des gagnants* zich bij de winnaars voegen

lister COMP. OV WW uitdraaien, printen

listing ZN M → **listage**

lit ZN M **1** bed • *des lits superposés* stapelbed • *un ~ de camp* veldbed • *un canapé ~* slaapbank • *un enfant du premier ~* kind uit het eerste huwelijk • *faire ~ à part* gescheiden slapen, het bed niet delen • *faire le / son ~* het bed opmaken • *garder le ~ / être cloué au ~* het bed houden <van zieken> • *au lit!* naar bed! • *mettre le bébé au ~* de baby naar bed brengen • *sur son ~ de mort* op zijn sterfbed **2** bedding • *la rivière est sorti de son ~* de rivier is buiten zijn oevers getreden **3** laag • *une tranche de veau sur un ~ d'épinards* een stukje kalfsvlees op een bedje van spinazie

li

litanie FIG. ZN V litanie, ellenlange reeks, (hele) waslijst

litchi ZN M lychee <exotische vrucht>

literie ZN V beddengoed

litho INFORM. ZN V lithographie litho

lithographe ZN M steendrukker, lithograaf

lithographie ZN V **1** steendruk, lithografie **2** steendrukkerij

Lithuanie ZN V → **Lituanie**

litière ZN V stalstro • *une ~ pour chats* kattenbakstrooisel

litige ZN M geschil, twistpunt, geding • *une affaire en ~* geschil • *un point de ~* twistpunt • *trancher un ~* uitspraak doen in een geschil

litigieux BN (V litigieuse), betwist(baar), omstreden

litre ZN M **1** liter • *un ~ de jus de pommes* liter appelsap **2** litermaat

lits-jumeaux ZN M MV lits-jumeaux <twee aaneengeschoven bedden>

littéraire BN letterkundig, literair • *avoir l'esprit ~* een alfa(mens) zijn

littéral BN (M MV littéraux), letterlijk

littérateur MIN. ZN M literator, scribent

littérature ZN V **1** literatuur, letterkunde • *la ~ policière* detectiveverhalen • *la ~ enfantine* kinderliteratuur **2** (kunst van) het schrijven • MIN. *tout cela n'est que littérature!* niets dan mooie woorden!

littoral **1** ZN M (MV littoraux), kuststreek • *le ~ atlantique* de Atlantisch kust • *sur le ~* aan de kust **2** BN (M MV littoraux), kust- • *une ville ~e* stad aan de kust, kustplaats

Lituanie, Lithuanie ZN V Litouwen

lituanien **1** BN (V lituanienne), Litouws **2** ZN M (het) Litouws

Lituanien ZN M (V Lituanienne), Litouwer

liturgie ZN V liturgie

liturgique BN liturgisch

live BN onver. live • *une interview ~* live-interview

livide BN doodsbleek, vaal • *un teint ~* vale tint

living ZN M → **living-room**

living-room ZN M (MV living-rooms), huiskamer, woonkamer

livrable BN leverbaar • *~ dans la journée* dezelfde dag leverbaar

livraison ZN V **1** levering, leverantie • *une voiture de ~* bestelwagen • *~ à domicile* bezorging aan huis • *le délai de ~ est de six semaines* de levertijd is zes weken • *payable à la ~* bij levering te betalen • *prendre ~ de qc* (het bestelde) afhalen, in ontvangst nemen **2** aflevering <van boekwerk>

livre **1** ZN M boek • *un ~ de poche* pocketboek • *un ~ numérique / électronique* e-boek • *un ~ de recettes / cuisine* kookboek • *un ~ d'enfants / pour enfants* kinderboek • *un ~ de classe / scolaire* schoolboek • *un ~ d'or* gastenboek • *un ~ de bord* scheepsjournaal, logboek • *un ~ de chevet* lievelingsboek • *un ~ de comptes* boekhoudboekje • *le ~ blanc* het witboek • *le salon du ~* de boekenbeurs **2** ZN V **1** pond <munteenheid> • *la ~ sterling* het pond sterling **2** pond <gewicht> • *une ~ de cerises* pond kersen

livre-cassette ZN M (MV livres-cassettes), luisterboek, cassetteboek

livrer **1** OV WW **1** leveren, afleveren (**à** aan, bij) • *se faire ~ un frigidaire* een koelkast laten leveren • *~ du vin à domicile* wijn thuisbezorgen **2** overleveren (**à** aan), uitleveren, overgeven, prijsgeven • *~ un coupable à la police* een dader aan de politie overleveren • *~ un secret* een geheim vertellen **3** leveren, doen • *~ bataille* slag leveren **2** WKD WW (**se ~**) **1 ~ à** zich aangeven bij <de politie> • *se ~ aux autorités* zich aangeven bij de autoriteiten **2 ~ à** zich toeleggen op • *se ~ à des recherches* zich toeleggen op onderzoek / research **3 ~ à** zich overgeven aan • *se ~ à la débauche / à des excès* uit de band springen **4** zich uiten (tegenover) • *ne pas se ~ facilement* zich niet gemakkelijk uiten

livresque BN boeken-, theoretisch • *il a une grande culture ~* hij is zeer belezen • *un savoir ~* boekenkennis, theoretische kennis

livret ZN M **1** boekje • *un ~ (de caisse) d'épargne* spaarbankboekje • *un ~ de famille* trouwboekje • *un ~ scolaire* rapport(boekje) **2** libretto

livreur ZN M (V livreuse), bezorger

lobby ZN M (MV lobbies/lobbys), lobby • *le ~*

pharmaceutique de farmaceutische lobby
lobbyiste ZN M/V **lobbyist**
lobe ZN M **lob, kwab** • *le ~ de l'oreille* oorlel
local 1 BN (M MV locaux), **plaatselijk, lokaal** • *un journal ~* lokale krant • *une radio ~e* lokale radiozender • *arrivée à dix heures, heure ~e* om tien uur lokale tijd gearriveerd • *une anesthésie ~e* plaatselijke verdoving • *la couleur ~e* de lokale kleur, de 'couleur locale' **2** ZN M (MV locaux), **lokaal, zaal, ruimte** • *un ~ scolaire* schoollokaal • *des locaux commerciaux* winkelruimtes • *les locaux de la police* de politiegebouwen
localisable BN **lokaliseerbaar**
localisation ZN V **1 lokalisatie, plaatsbepaling 2** FIG. **begrenzing, indamming** • *la ~ d'une épidémie* het indammen van een epidemie, het tegengaan van een epidemie
localiser OV WW **1 lokaliseren, de plaats bepalen van** • *~ un navire en détresse* de plaats van een schip in nood bepalen • *~ un avion au radar* een vliegtuig met de radar lokaliseren **2 begrenzen, tot een bepaalde plaats beperken**
localité ZN V **dorp, stadje**
locataire ZN M/V **huurder**
locatif BN (V locative), **huur-** • *les charges locatives* servicekosten <van huurflat>
location ZN V **1 (het) huren, (het) verhuren, gehuurde woning** • *une ~ de voiture* autoverhuur • *une voiture de ~* huurauto • *prendre une maison en ~* een huis huren • *nous avons pris une ~ pour le mois de juillet* we hebben een gehuurde woning genomen voor de maand juli **2 huurprijs 3 reservering, plaatsbespreking** • *la ~ d'une place de train* het reserveren van een plaatsje in de trein
locaux ZN M MV → **local**
locomotion ZN V **voortbeweging, vervoer** • *les moyens de ~* middelen van vervoer
locomotive ZN V **1 locomotief** • *une ~ à vapeur* stoomlocomotief **2** INFORM. **stuwende kracht, motor** • *il est la ~ du mouvement de contestation* hij is de stuwende kracht van de protestbeweging
locuteur TAALK. ZN M (V locutrice), **spreker** • *un ~ natif de hollandais* native speaker Nederlands, moedertaalspreker van het Nederlands
locution ZN V **uitdrukking, zegswijze** • *une ~ conjonctive* voegwoordelijke uitdrukking • *une ~ figée* vaste uitdrukking
loden "-dèn" ZN M **1 loden stof 2 loden jas**
loft "loft" ZN M **loft** <tot woning omgebouwde bedrijfsruimte>
loge ZN V **1 portierswoning 2 kleedkamer** <in theater> **3 schouwburgloge** • *être aux premières ~s* op de eerste rij / rang zitten, FIG. iets van dichtbij meemaken
logement ZN M **1 woonruimte** • *un ~ de fonction* ambtswoning • *un ~ de deux pièces* tweekamerwoning **2 huisvesting, behuizing** • *la crise du ~* woningnood • *le droit au ~* het recht op onderdak, het recht op huisvesting
loger 1 OV WW **1 huisvesten, logies verschaffen aan** • *les réfugiés sont logés dans la mairie* de vluchtelingen worden in het gemeentehuis gehuisvest • *~ un ami* een vriend te logeren hebben • *être logé* onder dak zijn, (ergens) wonen • *être logé, nourri et blanchi* kost, inwoning en bewassing genieten • FIG. *nous sommes logés tous à la même enseigne* we zitten allemaal in hetzelfde schuitje **2 plaatsen** • *~ une balle dans la tête de qn* iemand een kogel door het hoofd jagen **2** ONOV WW **wonen, logeren, verblijven** • *nous ~ons à l'hôtel ou chez l'habitant* wij logeren in een hotel of bij particulieren **3** WKD WW **(se ~) 1 gaan wonen** • *trouver à se ~* een onderkomen / woning vinden **2 zich plaatsen** • *la balle s'est logée dans le bras* de kogel is in de arm blijven steken
logeur ZN M (V logeuse), **kamerverhuurder**
loggia ZN V **loggia**
logiciel COMP. ZN M **computerprogramma, software** • *un ~ de traduction* vertaalsoftware • *un ~ antivirus* antivirusprogramma • *un ~ espion* spyware • *logiciel rançonneur; logiciel de rançon; logiciel d'extorsion* gijzelsoftware, ransomware
logicien ZN M (V logicienne), **logicus**
logique 1 BN **logisch** • *rester ~ avec soi-même* consequent blijven • *l'analyse ~* de zinsontleding **2** ZN V **logica** • *c'est dans la ~ des choses* zo gaan die dingen nou eenmaal • *en bonne / toute ~* logischerwijs
logis "-zjie" FORM. ZN M **woning, onderdak** • *les sans-~* de daklozen • *quitter le ~ familial* het ouderlijk huis verlaten
logistique 1 BN **logistiek 2** ZN V **logistiek**
logo ZN M **logo, beeldmerk**
logorrhée LIT. ZN V **ziekelijke praatzucht, breedsprakigheid, woordenkraam**
loguer WKD WW **(se ~) inloggen**
loi ZN V **wet** • *les lois fondamentales* de grondwetten • *la ~ martiale* krijgswet, standrecht • *la ~ du talion* oog om oog, tand om tand • *la ~ morale* zedenwet • *les lois de la nature* de natuurwetten • *la ~ relative à la protection des mineurs* de wet ter bescherming van minderjarigen • REL. *la ~ coranique* de wet van de Koran, de sharia • *la ~ de la pesanteur* de wet van de zwaartekracht • *la ~ de l'offre et la demande* de wet van vraag en aanbod • *un homme de ~* jurist • *un projet de ~* wetsontwerp • *déclarer qn hors la ~* iemand vogelvrij verklaren, iemand buiten de wet stellen • *imposer sa ~ à qn* iemand zijn regels opleggen • *faire la ~* de wet stellen, de lakens uitdelen • *violer la ~* de wet overtreden • *c'est un cas prévu par la ~* dat is bij de wet bepaald • *nul n'est censé ignorer la ~* ieder wordt geacht de wet te kennen • *tomber sous le coup de la ~* onder de wet vallen • *au nom de la ~, je vous arrête!* ik arresteer u, in naam der wet! • <spreekwoord> *la ~ du plus fort est toujours la meilleure* het recht v.d. sterkste, de sterkste wint
loin 1 BW **1** <plaats> **ver, veraf** • *un peu plus ~* een eindje verderop • *je l'aperçois au ~* ik zie hem in de verte • *il y a ~ de sa maison au centre de la ville* het is een heel eind van haar huis naar het centrum van de stad • *il y a ~ du dire au faire* zeggen en doen is

lo

twee • FIG. *elle ira ~, c'est sûr!* ze zal het ver brengen, dat is zeker! • OOK FIG. *aller trop ~* te ver gaan • FIG. *revenir de ~* van een gevaarlijke ziekte genezen, aan de dood ontsnappen **2** <tijd> **ver** • *l'hiver est encore ~* de winter is nog ver weg • *je la vois de ~ en ~* ik zie haar af en toe • *comme il est ~ le temps où ...* wat is dat lang geleden, de tijd waarin ... • *c'est de ~ son meilleur livre* dat is verreweg zijn beste boek • *d'aussi ~ que je me souvienne...* voor zover ik me herinner... • FIG. *voir ~* ver vooruitzien **2** VZ **~ de ver van** • *il habite ~ de tout* hij woont ver van alles vandaan • *elle habite ~ de la route* ze woont ver van de weg af • *~ de moi cette pensée!* dat hoor je mij niet zeggen! • *je suis ~ de tout savoir* ik weet lang niet alles • *j'étais ~ de me douter qu'elle refuserait* ik had nooit gedacht dat zij zou weigeren • *il lui a prêté pas ~ de trois mille euros* hij heeft hem bijna drie duizend euro geleend • <spreekwoord> *~ des yeux, ~ du cœur* uit het oog, uit het hart

lointain 1 BN **ver (verwijderd)** <van plaats of tijd> • *un pays ~* ver land • *une ressemblance ~e* vage gelijkenis **2** ZN M **verte** • *au / dans le ~* in het verschiet

loir ZN M **relmuis** • *dormir comme un ~* slapen als een marmot

loisir ZN M **vrije tijd** • *les ~s* vrijetijdsbesteding, hobby, vrije tijd • *des heures de ~* vrije tijd • *à ~ / tout à ~* op zijn gemak, zo veel je wil

lo

lombago ZN M → **lumbago**

lombaire BN **van de lendenen, lenden-** • *les (vertèbres) ~s* lendenwervels • *une ponction ~* lumbaalpunctie

londonien BN (V londonienne), **Londens**

Londres Londen

long 1 BN (V longue) **1 lang** <van afstand> • *une robe trop ~ue de cinq centimètres* jurk die vijf centimeter te lang is • *~ de trois kilomètres* drie kilometer lang **2 lang** <langdurig> • *c'est trop ~ à expliquer* dat is te lang om uit te leggen • *être ~ à faire qc* ergens lang over doen • *il n'a pas été ~ à comprendre qu'on ne l'accepterait pas* hij begreep al snel dat men dat niet zou accepteren • *de ~ues heures* urenlang • *que c'est ~!* wat duurt dat lang! **2** BW **veel, lang** • *cela en dit ~* dat spreekt boekdelen, dat is veelzeggend • *en savoir ~* er heel wat van weten **3** ZN M **lengte** • *un mur de deux mètres de ~* een muur van twee meter lang • *tomber de tout son ~* languit vallen • *marcher de ~ en large* heen en weer lopen, op en neer lopen • *marcher le ~ des rues* langs de straten lopen • *il a raconté ses vacances en ~ et en large* hij heeft lang en breed over zijn vakantie verteld, hij heeft uitvoerig over zijn vakantie verteld • *tout au ~ de sa vie* zijn hele leven lang

long-courrier ZN M (MV long-courriers) **1 intercontinentaal vliegtuig 2 oceaanschip**

longer OV WW **1 lopen / rijden / varen langs 2 liggen langs, zich bevinden langs, zich uitstrekken langs** • *le chemin longe le fleuve* de weg loopt langs de rivier

longévité ZN V **levensduur**

longiligne BN **rijzig, met lange ledematen**

longitude ZN V **geografische lengte** • *la ~ ouest* westerlengte

longitudinal BN (M MV longitudinaux), **in de lengte, lengte-, overlangs**

longtemps BW **lang, (gedurende) lange tijd** • *il est resté ~ à parler* hij is lang blijven praten • *attendez, je n'en ai pas pour ~!* wacht, ik ben zo klaar, wacht, ik zal het kort maken • *il y a ~ qu'elle ne vient plus me voir* ze komt al heel lang niet meer bij me langs • *il y a ~ / voilà bien ~ que tout est fini* alles is allang afgelopen • *je ne le vois plus, depuis bien ~* ik heb hem sinds lang niet meer gezien • *il n'en a plus pour ~ (à vivre)* hij zal het niet lang meer maken • *ça fait ~ qu'on ne se voit plus* we zien elkaar al tijden niet meer • *avant ~* binnenkort

longue 1 ZN V • *à la ~* op den duur **2** BN → **long**

longuement BW **breedvoerig, lang(durig)**

longuet INFORM. BN (V longuette), **(wel) wat lang** • *le film était un peu ~* de film was wel wat lang

longueur 1 ZN V **1 lengte** • *déployer une nappe dans sa ~* een tafelkleed in de lengte neerleggen • *en ~* in de lengte • *quelle est la ~ de cette baguette?* hoe lang is dat stokje? • *faire des ~s (de piscine)* baantjes zwemmen • *sauter en ~* verspringen • *avoir une ~ d'avance sur son concurrent* een voorsprong hebben op zijn concurrent • *il a gagné d'une ~* hij heeft met een lengte voorsprong gewonnen • INFORM., FIG. *(ne pas) être sur la même ~ d'onde* (niet) op dezelfde golflengte zitten **2 lange duur, langdurigheid** • *travailler à ~ de journée* de hele dag werken • *il fait traîner les choses en ~* hij rekt de zaken, hij schuift dingen op de lange baan **2** ZN V MV **langdradigheid** <v. boek e.d.> • *il y avait des ~s dans le film* de film was hier en daar nogal langdradig

longue-vue ZN V (MV longues-vues), **verrekijker**

look "loek" ZN M **look, uiterlijk, stijl** • *changer de ~* van stijl veranderen

looping ZN M **looping**

lopin ZN M **stukje (grond), lapje (grond)** • *un ~ de terre* lapje grond

loquace BN **spraakzaam**

loquacité ZN V **spraakzaamheid**

loque ZN V **1 lomp, flard, vod** • *mettre en ~s* aan flarden scheuren **2 wrak** <persoon> • *c'est une vraie ~ (humaine)!* dat is echt een wrak!, wat een zielig hoopje (mens)!

loquet ZN M **klink** • *fermer au ~* op de klink doen

lorgner OV WW **1** OOK FIG. **lonken naar 2 een oogje hebben op,** FIG. **azen op** • *elle lorgne le nouveau poste de présidente* zij aast op de nieuwe functie van voorzitster

lorgnette ZN V **toneelkijker** • *voir les choses par le petit bout de la ~* de dingen van één kant bekijken, een bekrompen blik hebben

lorrain BN (V lorraine), **Lotharings**

Lorraine ZN V **Lotharingen**

lors "lor" BW **toen** • *dès ~* sindsdien, derhalve, dus • *c'est ~ de son dernier voyage qu'il l'a rencontrée* hij heeft haar tijdens zijn laatste reis ontmoet

lorsque, lorsqu' <voor klinker of stomme h>

VOEGW wanneer, terwijl, toen • *~ vous aurez fini, vous m'avertirez* wanneer u het af heeft, moet u me waarschuwen
losange WISK. ZN M ruit • *en forme de ~* ruitvormig
lot "loo" ZN M **1** deel, aandeel • *diviser qc en lots* iets in stukken verdelen / opdelen **2** (grote) massa • *un ~ de marchandises* partij goederen • INFORM. *tout un ~ de candidats s'est présenté* een heel stel gegadigden heeft zich aangemeld **3** lot / prijs in loterij • *gagner le gros ~* de hoofdprijs winnen, FIG. een klapper maken **4** FORM. (levens)lot
loterie ZN V OOK FIG. loterij • *un billet de ~* lot • *jouer à la ~* in de loterij spelen • *gagner à la ~* de loterij winnen
loti BN • *être bien ~* goed af zijn • *être mal ~* slecht af zijn, het slecht treffen
lotion ZN V (haar)wasmiddel, lotion • *une ~ capillaire* haarwater • *une ~ après-rasage* aftershave(lotion)
lotissement ZN M perceel, verkaveld terrein, verkoop per perceel
loto ZN M lotto • *la grille de ~* lottoformulier
lotte ZN V zeeduivel
lotus "-tuus" ZN M lotus(bloem)
louable BN **1** loffelijk **2** te verhuren • *une villa difficilement ~* lastig te verhuren villa
louage FORM. ZN M (ver)huur, inhuring
louange ZN V lof(tuiting) • *chanter les ~s de qn* iemands lof zingen, iemand ophemelen
loubard INFORM. ZN M straatjongen, jonge relschopper / schooier
louche **1** BN louche, verdacht • *un quartier ~* louche wijk • *jeter un regard ~* een slinkse blik werpen **2** ZN M iets verdachts • *il y a du ~ dans cette histoire* die zaak heeft iets verdachts, er zit een luchtje aan • *il y a du ~ là-dedans* dat is geen zuivere koffie **3** ZN V opscheplepel • IRON. *manger du caviar à la ~* je buik vol eten met kaviaar • INFORM. *en remettre une ~* erg aandringen • FIG. *une estimation à la ~* een grove schatting
loucher ONOV WW **1** scheel kijken **2** steels / begerig kijken (naar), FIG. azen (op) • *il louche sur ma collection de disques* hij aast op mijn cd-verzameling
louer **1** OV WW **1** prijzen • *~ la police pour son courage* de politie prijzen om haar moed **2** huren • *on a loué une caravane pour les vacances* we hebben een caravan gehuurd voor in de vakantie **3** verhuren • *~ son appartement à des amis* zijn appartement aan vrienden verhuren • *maison à ~* huis te huur **4** bespreken <van plaats>, reserveren • *~ des couchettes* slaapplaatsen in de trein reserveren **2** WKD WW (se ~) te huur zijn • *les vélos se louent à l'heure* de fietsverhuur gaat per uur
loueur ZN M (V loueuse), verhuurder
loufoque INFORM. BN gek, niet goed snik, maf • *une histoire ~* maf verhaal
loufoquerie INFORM. ZN V gekte, gekke streek
Louis Lodewijk • *~ XIV* Lodewijk XIV
loukoum ZN M Turks fruit
loulou **1** ZN M keeshond **2** ZN M (V louloute) INFORM. schat, liefje
loup "loe" ZN M **1** wolf • FIG. *un jeune ~* jong, ambitieus politicus (enz.) • FIG. *le grand méchant ~* de grote boze wolf • *marcher à pas de ~s* op je tenen lopen, sluipen • *il fait un froid de ~* het is vinnig koud • *être connu comme le ~ blanc* zeer bekend zijn • *crier au ~* moord en brand schreeuwen • *se jeter / se fourrer dans la gueule du ~* zich in het hol van de leeuw wagen • *quand on parle du ~ on en voit la queue* als je over de duivel spreekt, trap je op zijn staart • FIG. *enfermer le ~ dans la bergerie* de kat op het spek binden **2** soort vis • *un ~ de mer* zeewolf **3** schatje, liefje • *mon petit / gros ~!* schatje van me!
loupe ZN V loep • *regarder qc à la ~* iets nauwkeurig bekijken, iets onder de loep nemen
louper INFORM. **1** OV WW **1** verknoeien • *il a loupé tous ses examens* hij heeft al zijn examens verprutst **2** missen, mislopen • *~ le train* de trein missen • *il n'en loupe pas une!* hij heeft weer (eens) misgekleund **2** ONOV WW • *ça n'a pas loupé* dat kon niet missen
loup-garou ZN M (MV loups-garous), weerwolf
loupiot INFORM. ZN M (V loupiot(t)e), kind, jochie
loupiote INFORM. ZN V lampje, pitje
lourd **1** BN **1** OOK FIG. zwaar, fors • *les poids ~s* OOK FIG. zwaargewichten, vrachtwagens • *un aliment ~ à l'estomac* zware kost • *dormir d'un sommeil ~* diep slapen • *une décision ~e de conséquences* beslissing met verstrekkende gevolgen • *un regard ~ de mépris* blik vol minachting • *une ambiance ~e* een geladen / onbehaaglijke sfeer • FIG. *le temps est ~* het is drukkend weer, het is broeierig • FIG. *avoir la main ~e* hard toeslaan, te veel schenken / afwegen • FIG. *avoir le cœur ~* erg verdrietig zijn • FIG. *avoir la tête ~e* een zwaar hoofd hebben **2** lomp • *une démarche ~e* lompe handelswijze **3** groot, heftig • *un ~ déficit budgétaire* groot begrotingstekort • *la facture est ~e* de rekening is fors • *il a un emploi du temps très ~* hij heeft een erg zwaar rooster **4** langzaam <van geest>, moeilijk / penibel <in de omgang> **2** BW veel • *ne pas en savoir ~* er niet veel van (af) weten • FIG. *ne pas peser ~ dans la balance* niet veel gewicht in de schaal leggen • INFORM. *ne pas en faire ~* niet veel uitvoeren • INFORM. *ça ne fait pas ~* dat is niet veel
lourdaud **1** BN lomp, bot **2** ZN M (V lourdaude), lomperik
lourdement BW **1** zwaar **2** erg • *se tromper ~* zich deerlijk / zwaar vergissen
lourder INFORM. OV WW de deur uitwerken, afdanken • *se faire ~ de son entreprise* bij een bedrijf de laan uit gestuurd worden, door een bedrijf ontslagen worden
lourdeur ZN V **1** zwaarte • *il a des ~s d'estomac* hij heeft last van zijn maag **2** lompheid, logheid, langzaamheid • *la ~ d'un style* de houterigheid van een stijl • *la ~ d'un système* de logheid van een systeem • *la ~ des formes d'un bâtiment* de lompe vormen van een gebouw
loustic INFORM., MIN. ZN M grappenmaker, snaak

loutre ZN V **1** otter **2** otterbont
Louvain ZN M Leuven
louve ZN V wolvin
louveteau ZN M (MV louveteaux) **1** jonge wolf **2** welp <bij scouting>
louvoiement ZN M **1** (het) laveren **2** FIG. geschipper, uitvlucht • *ses ~s nous font perdre du temps* door zijn geschipper verliezen we tijd
louvoyer ONOV WW **1** laveren **2** FIG. schipperen
lover WKD WW **(se ~)** zich oprollen • *se ~ sur un canapé* lekker op de bank kruipen, zich op de bank nestelen
loyal BN (M MV loyaux), eerlijk, betrouwbaar, trouw, fair • *remercier qn pour ses bons et loyaux services* iemand bedanken voor zijn goede en trouwe diensten • *être ~ envers qn* eerlijk zijn tegenover iemand
loyalisme ZN M trouw, loyaliteit
loyaliste **1** BN regeringsgetrouw **2** ZN M/V loyalist
loyauté ZN V trouw, eerlijkheid, loyaliteit
loyaux BN → **loyal**
loyer ZN M huur, huurprijs • *un ~ mensuel* maandelijkse huur, maandhuur • *un ~ sans charges* kale huur
lu WW volt. deelw. → **lire**
lubie INFORM. ZN V gril, kuur • *avoir des ~s* nukken hebben
lubricité ZN V wulpsheid, geilheid, wellust
lubrifiant ZN M smeermiddel
lubrification ZN V het (in)smeren
lubrifier OV WW oliën, (in)smeren
lubrique MIN. BN wulps, geil, wellustig
lucarne ZN V **1** dakvenster, zolderraampje, kleine opening **2** SPORT bovenhoek <v. doel>, kruising **3** INFORM. (beeld)buis <van televisie>
lucide BN FIG. helder, FIG. scherp, scherpzinnig, lucide • *le blessé n'est plus ~* de gewonde is niet meer bij bewustzijn
lucidité ZN V **1** FIG. helderheid, scherpzinnigheid, luciditeit • *la ~ d'une analyse* de helderheid van een analyse • *dans un moment de lucidité...* in een helder ogenblik... **2** helderziendheid
luciole ZN V glimworm, glimkever
lucratif BN (V lucrative), winstgevend, lucratief • *une société à but ~* bedrijf met winstoogmerk • *une société à but non ~* bedrijf zonder winstoogmerk, non-profitbedrijf
ludique BN spel-, speels, ludiek • *une activité ~* spelactiviteit
ludothèque ZN V spelotheek
luette ANAT. ZN V huig
lueur ZN V **1** schijnsel, zwak licht • *les premières ~s du jour* het ochtendgloren, de ochtendschemering • *lire à la ~ d'une bougie* bij kaarslicht lezen **2** FIG. glimp, vleugje • *une ~ d'espoir* een sprankje hoop
luge ZN V (kleine) slee, bobslee • *faire de la ~* (bob)sleeën
lugubre BN doods, akelig, somber
lui **1** PERS VNW **1** hem / haar <als meewerkend voorwerp> • *je ~ ai téléphoné* ik heb hem / haar gebeld • *je le ~ ai dit tant de fois* ik heb het hem / haar zo vaak gezegd • *tu ~ as donné à manger, à ton chat?* heb je je poes te eten gegeven? **2** **hij** <met nadruk> • *lui, il ne viendra pas!* hij komt niet! • *c'est ~* hij is het, dat is hem • *c'est ~ qui veut venir* hij is degene die wil komen • *~ aussi veut venir* hij wil ook komen **3** **hem** <als lijdend voorwerp of voorzetselvoorwerp> • *je pars sans ~* ik vertrek zonder hem • *l'égoïste ne pense qu'à ~* een egoïst denkt alleen maar aan zichzelf • *c'est pour ~* dit is voor hem **2** WW volt. deelw. → **luire**
lui-même PERS VNW hijzelf, hemzelf, zich(zelf) • *allo, monsieur Dupuis? lui-même!* spreek ik met meneer Dupuis? daar spreekt u mee! • *~ me l'a dit!* hij heeft het me zelf gezegd! • *il l'a fait de ~* hij heeft het uit zichzelf gedaan
luire ONOV WW onregelmatig **1** schijnen • *la lune luit* de maan schijnt **2** FIG. schitteren, blinken, gloren • *cette pièce luit de propreté* deze kamer blinkt helemaal, zo schoon is het
luisant BN glanzend, schitterend • *un ver ~* glimworm
lumbago "lo(n)-, le(n)-" MED. ZN M spit
lumière **1** ZN V **1** OOK FIG. licht • *la ~ du soleil* zonlicht • *la ~ artificielle* kunstlicht • *une ~ douce / d'ambiance* getemperd licht, sfeerverlichting • *la Ville ~* de lichtstad <Parijs> • *allumer / éteindre la ~* het licht aandoen / uitdoen • *la ~ est allumée* er brandt licht • *tu me caches la ~* je staat in mijn licht • FIG. *faire la ~ sur une affaire* een zaak ophelderen • FIG. *mettre en ~* signaleren, in het licht zetten • *à la ~ des événements actuels* in het licht van de huidige gebeurtenissen **2** intelligent persoon • EUF. *ce n'est pas une ~* hij is geen licht **2** ZN V MV kennis • *faire appel aux lumières de qn* een beroep doen op iemands kennis • *le siècle des Lumières* de eeuw van de verlichting
luminaire ZN M lamp(en), licht(en), verlichting
lumineux BN (V lumineuse) **1** lichtgevend, (ver)licht, licht- • *une enseigne lumineuse* lichtreclame **2** helder, lumineus • *un esprit ~* heldere geest • *c'est une idée lumineuse* dat is een briljant / lumineus idee
luminosité ZN V **1** helderheid • *la ~ des ciels en Grèce* de helderheid van de lucht in Griekenland **2** TECHN. helderheid, lichtsterkte
lunaire BN maanvormig, maan- • *un paysage ~* maanlandschap • *une clarté ~* maanlicht • *un voyage ~* reis naar de maan
lunatique BN grillig, gek
lunch ZN M (MV lunch(e)s), lichte maaltijd <op recepties>, staande lunch
lundi ZN M maandag • *tous les ~s / chaque ~* iedere maandag • *le ~ il va au marché* 's maandags gaat hij naar de markt • *le ~ de Pâques* tweede paasdag • *le ~ de Pentecôte* tweede pinksterdag
lune ZN V **1** maan • *le clair de ~* maneschijn • *un croissant de ~* wassende maan, halvemaan, maansikkel • *la pleine ~* volle maan • *une nuit sans ~* nacht zonder maneschijn • *une ~ de miel* wittebroodsweken • *une face de ~*

vollemaansgezicht • *la ~ brille* de maan schijnt • *promettre la ~ à qn* gouden bergen beloven aan iemand • FIG. *demander / vouloir la ~* het onmogelijke willen • FIG. *vouloir décrocher la ~* het onmogelijke willen • FIG. *être dans la ~* dagdromen **2** INFORM. **achterste, achterwerk**

luné INFORM. BN • *il est bien / mal ~* hij is goed / slecht gehumeurd

lunette ZN V **1 ronde opening, rond venster** • *la ~ arrière* achterruit <van auto> **2 wc-bril** • *la ~ des toilettes* de wc-bril **3 verrekijker** • *observer les astres à la ~* met de verrekijker de sterren waarnemen

lunettes ZN V MV **bril** • *une paire de ~* bril • *des ~ (de vue)* bril • *des ~ de soleil* zonnebril • *des lunettes 3D* 3D-bril • *des lunettes de réalité virtuelle* VR-bril

lupanar LIT. ZN M **bordeel**

lupin PLANTK. ZN M **lupine**

lurette ZN V • INFORM. *il y a belle ~ qu'elle est partie* het is een hele tijd geleden dat ze is vertrokken • INFORM. *depuis belle ~* allang

luron ZN M (V luronne) • *un gai / joyeux ~* een vrolijke frans / klant

lustre ZN M **1 hanglamp, (kroon)luchter 2 glans,** OOK FIG. **luister**

lustrer OV WW **1 glanzen, glanzend maken** • *de beaux cheveux lustrés* mooi glanzend haar **2 glimmend maken** <van stoffen door het gebruik> • *une veste lustrée aux coudes* jasje met glimmende ellebogen, jasje dat op de ellebogen is versleten

lustres ZN M MV **lange tijd** • *je ne l'ai pas vu depuis des ~* ik heb hem al in geen tijden meer gezien

luth ZN M **luit**

luthérien 1 BN (V luthérienne), **luthers 2** ZN M (V luthérienne), **lutheraan**

luthier ZN M **bouwer / fabrikant van strijkinstrumenten**

luthiste ZN M/V **luitspeler**

lutin ZN M **kobold, kwelgeest, plaaggeest**

lutiner FORM. OV WW **vrijpostig plagen** <van vrouw>, **opdringerig flikflooien met**

lutrin ZN M **1 koorlessenaar 2 zangerskoor**

lutte ZN V **1** OOK FIG. **strijd** • *la ~ contre le cancer* de kankerbestrijding • *la ~ pour le pouvoir* de machtsstrijd • *la ~ pour la vie* de strijd om het bestaan • *la ~ contre la pollution* de strijd tegen vervuiling • *obtenir qc de haute ~* iets bereiken na hevige strijd, iets met veel moeite bereiken **2** SPORT **worsteling, (het) worstelen**

lutter ONOV WW OOK FIG. **worstelen, strijden** • *~ avec la mort* vechten met de dood • *~ pour l'indépendance* strijden voor de onafhankelijkheid • *~ contre les inégalités* vechten tegen ongelijkheid • *~ contre le sommeil* vechten tegen de slaap

lutteur ZN M (V lutteuse) **1 worstelaar 2 vechter, strijder** • *avoir un tempérament de ~* een echte vechter zijn

luxation ZN V **ontwrichting, verrekking**

luxe ZN M **1 weelde, luxe** • *des articles de ~* luxeartikelen • *un hôtel de ~* een luxe hotel • *une vie de ~* een luxe leventje • *vivre dans le ~* luxueus leven • *c'est du ~* dat is overbodige weelde • *s'offrir le ~ de dire ce qu'on pense* zich (de weelde) veroorloven om te zeggen wat je denkt **2** FORM. **overvloed** • *un ~ de détails* een overvloed aan details, rijkelijk veel details

Luxembourg ZN M **Luxemburg** • *au ~* in Luxemburg

luxembourgeois BN **Luxemburgs**

Luxembourgeois ZN M (V Luxembourgeoise), **Luxemburger**

luxer WKD WW **(se ~) ontwrichten, verstuiken** • *se ~ l'épaule* zijn schouder ontwrichten

luxueux BN (V luxueuse), **weelderig, luxueus** • *un train de vie ~* luxueuze levenswijze

luxure FORM. ZN V **ontucht**

luxuriance ZN V **1 weelderigheid** <van vegetatie> **2** FIG. **overvloed**

luxuriant BN **1 weelderig** <van vegetatie> **2** FIG. **rijk, overvloedig** • *un style ~* beeldrijke stijl

lycée ZN M O&W **middelbare school, ≈ atheneum** • *un ~ professionnel (LP)* school voor middelbaar beroepsonderwijs, ≈ mbo

lycéen ZN M (V lycéenne), **leerling v. lycée** <15-18 jaar>, **middelbare scholier**

lymphatique BN **1 lymfe-, lymfatisch** • *des vaisseaux ~s* lymfvaten **2 apathisch, sloom, indolent**

lymphe ZN V **lymfe**

lynchage ZN M **(het) lynchen, lynchpartij**

lyncher OV WW **lynchen, mishandelen** <door menigte>

lynx "le(n)ks" ZN M **lynx** • *des yeux de ~* scherpe ogen

lyonnais BN **van / uit Lyon**

lyophilisé BN **gevriesdroogd**

lyre ZN V **lier** <instrument>

lyrique BN **1 lyrisch 2 opera-, operette-** • *l'art ~* operakunst • *une comédie ~* komische opera, operette • *un drame ~* opera • *un artiste ~* operazanger(es)

lyrisme ZN M **1 lyriek, lyrische stijl, lyrische poëzie 2 geestvervoering, bezieling**

lys "lies" ZN M → **lis**[2]

ly

M

m 1 ZN M letter m 2 AFK 1 mètre m m, meter 2 TAALK. masculin m, mannelijk
m' PERS VNW → **me**
M. AFK monsieur m meneer • *M. Dupuis* de heer Dupuis
ma BEZ VNW V → **mon**
maboul INFORM. 1 ZN M (V maboule), gek, halvegare 2 BN gek, mal
macabre BN dood-, doodgriezelig, afschuwelijk, macaber • *faire une découverte ~* een lugubere ontdekking doen
macadam ZN M macadam(weg)
macaque DIERK. ZN M makaak
macaron ZN M 1 bitterkoekje, amandelkoekje 2 badge, rozet
macaroni ZN M vaak mv macaroni
macchabée INFORM. ZN M lijk
macédoine ZN V macedoine <gemengd(e) groente of fruit> • *une ~ de légumes* gemengde groente • *une ~ de fruits* fruitsalade
Macédoine ZN V Macedonië
macédonien BN (V macédonienne), Macedonisch

m

macération ZN V (het) in de week zetten, (ver)weking
macérer OV WW laten weken • *des cerises macérées dans de l'eau de vie* in brandewijn geweekte kersen
mâche ZN V veldsla
mâcher OV WW kauwen, knauwen • *du papier mâché* papier-maché • *~ du chewing-gum* op kauwgom kauwen • FIG. *ne pas ~ ses mots* er geen doekjes om winden, geen blad voor de mond nemen • INFORM. *il faut tout lui ~* je moet hem alles voorkauwen
machette ZN V machete, kapmes
machin ZN M ding • *passe-moi le ~ là-bas!* geef mij dat ding daar eens!
Machin INFORM. ZN M Ding(es) • *tu le connais, tu sais, Monsieur ~!* die ken je wel, je weet wel, Dinges • *Madame ~* (mevrouw) Dinges
machinal BN (M MV machinaux), werktuiglijk • *faire un geste ~* een automatische beweging maken
machination ZN V slinks gedoe, intrige, complot, machinatie
machine ZN V 1 machine, werktuig, apparaat • *une ~ à calculer* rekenmachine • *une ~ à coudre* naaimachine • *une ~ à laver* wasmachine • *une ~ à laver la vaisselle* vaatwasser • *une ~ à sous* speelautomaat • *taper à la ~ (à écrire)* typen • *mettre la ~ en marche* de machine aanzetten, FIG. iets aan de gang brengen • FIG. *faire ~ arrière* terugkrabbelen 2 locomotief • *une ~ à vapeur* stoommachine, stoomlocomotief 3 FIG. apparaat, organisatie • *la ~ administrative* het ambtelijk apparaat • *la ~ judiciaire* de gerechtelijke organisatie, het gerechtelijk systeem • *la ~ de guerre* oorlogsmachine, strijdmiddelen
machine-outil ZN V (MV machines-outils), werktuigmachine
machiner OV WW beramen
machinerie ZN V 1 machinerie 2 machinekamer
machinisme ZN M mechanisatie
machiniste ZN M/V 1 TON. machinist, toneelknecht 2 treinbestuurder
machisme "ma(t)sj-" ZN M machismo, machogedrag • *faire preuve de ~* zich als een macho gedragen
macho "matsjoo" INFORM. ZN M macho • *une attitude ~* machogedrag
mâchoire ZN V kaak • *la ~ inférieure* de onderkaak • *la ~ supérieure* de bovenkaak • *bailler à se décrocher la ~* gapen als een oester, zich de mond uit het lid gapen
mâchonner OV WW langzaam kauwen op • *~ un crayon* kauwen op een potlood
mâchouiller INFORM. OV WW steeds kauwen op
maçon ZN M (V maçonne), metselaar • *un franc-~* vrijmetselaar
maçonner OV WW 1 metselen 2 dichtmetselen, bemetselen
maçonnerie ZN V metselwerk • *des travaux de ~* metselwerkzaamheden
macrobiotique 1 BN macrobiotisch 2 ZN V macrobiotiek
macroéconomie ZN V macro-economie
maculer OV WW bevlekken, bekladden • *un vêtement maculé de sang* kledingstuk met bloedvlekken
madame ZN V (MV mesdames), mevrouw • *Madame* <in correspondentie> Geachte mevrouw
madeleine ZN V cakekoekje • INFORM. *pleurer comme une ~* heel hard huilen
mademoiselle ZN V (MV mesdemoiselles), juffrouw
madone ZN V madonna
madrilène BN Madrileens
maestria "maèstrieja" ZN V meesterschap, virtuositeit
maestro ZN M maestro
maffia, mafia ZN V maffia • *les parrains de la Mafia* de Maffialeiders • *la ~ de la drogue* de drugsmaffia
maffieux 1 BN (V maffieuse), maffioos 2 ZN M maffioso
mafia ZN V → **maffia**
mafieux → **maffieux**
mag INFORM. ZN M magazine magazine
magasin ZN M 1 winkel • *un grand ~* warenhuis • *un ~ de chaussures* schoenenzaak • *un ~ d'alimentation* levensmiddelenwinkel • *un ~ de lingerie* lingeriewinkel • *courir les ~s* alle winkels aflopen • *tenir un ~* een winkel hebben 2 magazijn, pakhuis, opslagplaats • *mettre en ~* opslaan
magasinier ZN M (V magasinière), magazijnhouder
magazine ZN M 1 tijdschrift, blad • *un ~ de télévision* tv-gids • *un ~ hebdomadaire* weekblad 2 ≈

periodieke tv- of radiorubriek, magazine
mage ZN M (oosters) magiër • *les Rois ~s* de drie Koningen / Wijzen
Maghreb ZN M Maghreb <N-Afrika>
maghrébin BN Maghreb- <N-Afrika>
magicien ZN M (V magicienne), tovenaar
magie ZN V toverij, toverkracht, magie • *la ~ noire* de zwarte kunst • FIG. *la ~ d'un lieu* de magie van een plek • *faire un numéro de ~* een goochelact doen • *faire des tours de ~* goocheltrucs doen • *disparaître comme par ~* als bij toverslag verdwijnen
magique BN magisch, toverachtig, tover- • *une baguette ~* toverstafje • *la potion ~* het toverdrankje, het wondermiddel • *le pouvoir ~* toverkunst
magistral BN (M MV magistraux) **1** meesterlijk, magistraal, meester- • *un cours ~* hoorcollege **2** IRON. formidabel, magistraal • *réussir un coup ~* iets geweldigs weten te bereiken • *il lui a donné une gifle ~e* hij gaf hem een flinke draai om de oren
magistrat ZN M magistraat
magistrature ZN V magistratuur, rechterlijke macht • *faire carrière dans la ~* carrière maken binnen de magistratuur
magma "~ met de g van `goal'" ZN M **1** AARDK. magma **2** FIG. mengelmoes
magnanime BN grootmoedig, edelmoedig
magnanimité ZN V grootmoedigheid, edelmoedigheid
magnat ZN M magnaat • *les ~s de la finance* de magnaten van de financiële wereld • *les ~s de la presse* de mediatycoons
magner INFORM. WKD WW **(se ~)** → **manier**
magnésium "-zjom" ZN M magnesium
magnétique BN **1** magnetisch, magneet- • *une bande ~* magneetband, geluidsband • *un champ ~* magnetisch veld **2** biologerend, hypnotiserend, fascinerend • *un pouvoir ~* hypnotiserende kracht
magnétiser OV WW OOK FIG. magnetiseren
magnétiseur ZN M (V magnétiseuse), magnetiseur
magnétisme ZN M magnetisme • FIG. *subir le ~ de qn* de aantrekkingskracht van iemand ondergaan
magnificence ZN V pracht • *recevoir ses invités avec ~* zijn gasten vorstelijk ontvangen • *être vêtu avec ~* schitterend gekleed zijn
magnifier FORM. OV WW verheerlijken, idealiseren
magnifique BN prachtig, fantastisch
magnitude ZN V magnitude, grootte, kracht • *un tremblement de terre de ~ sept sur l'échelle de Richter* aardbeving met een kracht van zeven op de schaal van Richter
magnum "magnom" ZN M magnum <wijnfles van 1.5 liter>
magot INFORM. ZN M (verborgen) spaargeld, poet
magouille INFORM. ZN V gesjoemel, gekonkel • *les ~s électorales* gesjoemel bij de verkiezingen
magouiller INFORM. ONOV WW sjoemelen, konkelen • *il a magouillé pour obtenir ce poste* hij heeft gesjoemeld om deze functie te kunnen krijgen
magouilleur INFORM. ZN M (V magouilleuse), sjoemelaar, konkelaar
magret CUL. ZN M • *du ~ de canard* eendenborst(filet)
Mahomet ZN M Mohammed
mai ZN M mei • *le mois de ~* (de maand) mei • *en ~ / au mois de ~* in mei • *le Premier Mai, la fête du travail* 1 mei, de Dag van de Arbeid
maigre **1** BN **1** mager • *un visage ~* ingevallen gezicht • *un fromage ~* magere kaas • *une viande ~* mager vlees • *un ~ repas* eenvoudige maaltijd, karige maaltijd • INFORM. *il est ~ comme un clou* hij is broodmager **2** dun, pover • *il gagne un ~ salaire* hij krijgt een karig loon, hij verdient maar weinig • *tout ce travail pour de si ~s résultats!* al dat werk en dan zulke magere resultaten! • *une ~ consolation* schrale troost **2** ZN M **(het) magere, mager vlees** • *une fausse ~* vrouw die slanker lijkt dan ze is, volslanke vrouw
maigrelet BN (V maigrelette), een beetje mager
maigreur ZN V **1** magerheid • *il est d'une ~ à faire peur!* hij is schrikbarend mager! **2** schraalheid, karigheid
maigrichon INFORM. **1** BN (V maigrichonne), een beetje mager **2** ZN M (V maigrichonne), mager iemand
maigrir ONOV WW vermageren • *il a maigri* hij is mager geworden • *~ de dix kilos* tien kilo afvallen • *~ de figure* in het gezicht afvallen
mail "mel" ZN M e-mail • *envoyer un ~ à qn* iemand mailen
mailing "mee-" ZN M mailing
maille ZN V **1** steek <bij breiwerk>, maas <van net(werk)> • FIG. *passer à travers les ~s du filet* door de mazen van het net kruipen **2** • *avoir ~ à partir avec qn* het met iemand aan de stok hebben, ruzie / problemen hebben met iemand
maillon ZN M schakel <van ketting> • FIG. *il n'est qu'un ~ de la chaîne* hij vormt slechts een schakeltje van de keten • FIG. *le ~ faible* de zwakke schakel
maillot ZN M **1** shirt, truitje, tricot • *les ~s de l'équipe de foot* de shirtjes van het voetbalteam • *le ~ jaune du Tour de France* de gele trui van de Tour de France **2** broek(je) • *un ~ (de bain)* badpak, zwembroek **3** bikinilijn • *s'épiler le ~* je bikinilijn epileren
main ZN V hand • *une poignée de ~* handdruk • *un sac à ~* handtas • *un téléphone ~(s) libre(s)* handsfree telefoon • *un vote à ~ levée* stemming met handopsteken • *un vol à ~ armée* gewapende (roof)overval • *un pull fait (à la) ~* handgemaakte trui • *écrit à la ~* met de hand geschreven, handgeschreven • *fait de ~ de maître* met meesterhand gemaakt • *une information de première ~* informatie uit de eerste hand • *serrer la ~ à qn* iemand de hand schudden • *elle le conduisait par la ~* zij nam hem bij de hand • *se donner la ~* elkaar de hand geven • *ils marchaient (la) ~ dans la ~* ze liepen hand in hand • *tenir un enfant par la ~* een kind bij de hand houden • *il tenait son chapeau*

à la ~ hij hield zijn hoed in de hand • *joindre les ~s* de handen vouwen • *se frotter les ~s* zich in de handen wrijven • *battre des ~s* applaudisseren, in de handen klappen • *s'essuyer les ~s* je handen afvegen • *vous avez un morceau de papier sous la ~?* heeft u een papiertje bij de hand? • *lire (dans) les lignes de la ~* iemand de hand lezen • *mettre la ~ au portemonnaie* in de buidel tasten, (met geld) over de brug komen • *il se trouve entre les ~s de son ravisseur* hij is in de macht / in handen van zijn ontvoerder • *cette voiture a trois fois changé de ~s* deze auto is drie keer van eigenaar veranderd • *en venir aux ~s* slaags raken • *il a la ~ leste / prompte* zijn handen zitten (nogal) los • *lever la ~ sur qn* de hand tegen iemand opheffen • *être en de bonnes ~s* in goede handen zijn • *ils sont payés de la ~ à la ~* zij worden ondershands betaald • *forcer la ~ à qn* iemand (tot iets) dwingen • *j'ai mis la ~ sur un document intéressant* ik heb de hand gelegd op een interessant document, ik heb een interessant document te pakken gekregen • *mettre la dernière ~ à un projet* de laatste hand aan een project leggen • OOK FIG. *tendre la ~ à qn* iemand de hand reiken • FIG. *il a pris son courage à deux ~s pour lui dire qu'il ne l'aimait pas* hij heeft alle moed verzameld om haar te vertellen dat hij niet van haar hield • FIG. *avoir le cœur sur la ~* vrijgevig zijn • FIG. *elle a eu son examen haut la ~* zij heeft haar examen moeiteloos gehaald • FIG. *ne pas y aller de ~ morte* flink aanpakken / uitpakken, erop los slaan • FIG. *il a fait ~ basse sur des documents confidentiels* hij heeft vertrouwelijke documenten ingepikt • FIG. *elle a menti, j'y mettrais ma ~ au feu* zij heeft gelogen, ik zou mijn hand ervoor in het vuur steken • FIG. *mettre la ~ à la pâte* de handen uit de mouwen steken • FIG. *perdre la ~* de slag van iets kwijtraken, iets verleren • FIG. *prendre qn la ~ dans le sac* iemand op heterdaad betrappen • FIG. *je lui ai remis la lettre en ~s propres* ik heb hem de brief persoonlijk overhandigd • FIG. *il a les ~s liées* zijn handen zijn gebonden • FIG. *il lui mange dans la ~* hij eet uit zijn hand • INFORM., FIG. *faire des pieds et des ~s pour obtenir qc* hemel en aarde bewegen om iets te bereiken • SPORT *il y a ~s!* hands! • *haut les ~s!* handen omhoog! • *en un tour de ~* in een handomdraai • *les ~s sur les hanches* met de handen in de zij

main-d'œuvre ZN V (MV mains-d'œuvre) **1 werkkrachten, arbeidskrachten** • *une ~ qualifiée* geschoolde arbeidskrachten • *une ~ bon marché* goedkope arbeidskrachten **2 arbeidsloon, maakloon** • *le coût de la ~* de loonkosten

main-forte ZN V • *prêter ~ à qn* iemand hulp verlenen

mainmise ZN V **toe-eigening, inbezitneming, beheersing, greep (op)** • *avoir la ~ sur qc* vat op iets hebben, iets in bezit hebben

maint "me(n)" FORM. BN **menig** • *~es et ~es fois* menigmaal • *à ~es reprises* herhaaldelijk

maintenance ZN V **(het) onderhouden, onderhoud**

maintenant BW **nu, thans** • *à partir de ~; dès ~* van nu af aan, voortaan • *jusqu'à ~* tot nu toe • *c'est ~ ou jamais* het is nu of nooit

maintenant que VOEGW + ind. nu (dat) • *~ je le sais, je suis rassuré* nu ik dat weet, ben ik gerust

maintenir **1** OV WW onregelmatig **1 handhaven, (be)houden** • *~ l'ordre dans une région* de orde in een gebied handhaven • *~ le malade en vie* de patiënt in leven houden **2 vasthouden, in bedwang houden 3 vasthouden aan, volhouden, blijven bij** • *le témoin maintient ses déclarations* de getuige houdt vast aan zijn verklaringen • *je maintiens qu'elle n'a pas raison* ik blijf er bij dat ze geen gelijk heeft **2** WKD WW **(se ~) zich handhaven, voortduren, blijven** • *le beau temps se maintient* het mooie weer houdt aan • *se ~ en forme en faisant du tennis* in vorm blijven door te tennissen

maintien ZN M **1 handhaving, behoud** • *assurer le ~ de l'ordre* zorgen voor ordehandhaving **2 houding, wijze van optreden**

maire ZN M/V **burgemeester** • *Madame la ~* mevrouw de burgermeester • *l'adjoint au ~* de wethouder • INFORM. *ils sont passés devant le ~* zij zijn (keurig) getrouwd • *le ~ et ses adjoints* college van burgemeester en wethouders, BELG. schepencollege

mairie ZN V **1 gemeentehuis 2 burgemeestersambt** • *un employé de ~* gemeentemedewerker

mais **1** BW **wel** • *~ non!* wel nee! • INFORM. *non ~! il se croit où, celui-là!* nee maar! wie denk hij wel dat hij is! • *~ oui, bien sûr!* ja zeker, natuurlijk! • *~ si, je te l'ai dit!* wel waar, ik heb het je gezegd! **2** VOEGW **maar** • *pauvre, ~ heureux* arm maar gelukkig • *non seulement... ~ (aussi / encore)...* niet alleen..., maar ook... • *non seulement tu arrives en retard, ~ ton travail n'est pas fait* je bent niet alleen te laat, maar je werk is ook nog eens niet gedaan **3** ZN M **maar, bedenking** • *il y a un ~* er is één maar bij • *pas de ~ qui tienne!* geen maren!

maïs ZN M **maïs**

maison **1** ZN V **1 huis** • *une ~ en bois* houten huis • *une ~ de maître* herenhuis • *une ~ de campagne* landhuis, buitenhuis • *des ~s jumelles* twee onder één kap • *une ~ de verre* een glazen huis • *la Maison-Blanche* Het Witte Huis • *habiter une ~ en banlieue* in een huis in een voorstad wonen • *rentrer à la ~* naar huis gaan • *être à la ~* thuis zijn • FIG. *être de la ~* tot de familie behoren • FIG. *toute la ~ est devant la télévision* het hele huis zit voor de televisie • FIG. *c'est gros comme une ~* het ligt er dik bovenop **2 firma, huis** • *les gens de ~* personeel, bedienden • *une ~ de couture* modehuis • *une ~ d'édition* uitgeverij • *une ~ d'arrêt* huis v. bewaring, gevangenis • *une ~ des jeunes et de la culture (M.J.C.)* jongerencentrum annex cultureel centrum • *une ~ de quartier* wijkcentrum, buurthuis • *la ~ mère et ses filiales* de moedermaatschappij en haar filialen • *une ~ de commerce* handelsfirma • *une ~ de repos* rusthuis • *une ~ de retraite* bejaardentehuis • *il a trente ans de ~* hij is al dertig jaar in dienst **2** BN **zelfgemaakt** • *fait ~* zelfgemaakt • *une tarte ~*

na

zelfgemaakte taart

maisonnée ZN V **gezin, huisgenoten** • *toute la ~* het hele gezin

maisonnette ZN V **huisje**

maître 1 ZN M (V maîtresse) **1 meester, baas, heer** • *un ~ de maison* heer des huizes • *un ~ d'hôtel* oberkelner, hofmeester • *un ~ spirituel / à penser* geestelijk leidsman, mentor • *régner en ~* de baas zijn • *être passé ~ dans l'art de mentir* zeer bedreven zijn in de kunst van het liegen • *se conduire en ~* zich als heer en meester gedragen • *être ~ de la situation* de situatie meester zijn • *il a trouvé son ~* hij heeft zijn meerdere gevonden • *en ~* met gezag **2 (leer)meester, onderwijzer** • *un ~ d'école* schoolmeester • *un ~ auxiliaire* leraar met tijdelijke aanstelling • *un ~ de conférences* senior docent onderzoeker • *un ~-nageur* badmeester, zwemleraar, strandwacht **3 meester** <als (aanspreek)titel> • *Maître / Me Christine Dupin, avocate à la cour de Paris* Mr. Christine Dupin, advocaat bij het gerechtshof in Parijs **2** BN (V maîtresse) **1 eerste, voornaamste, hoogste, hoofd-** • *une carte maîtresse* hoogste kaart, FIG. voornaamste troef • *une idée maîtresse* leidende gedachte • *une pièce maîtresse* voornaamste onderdeel, FIG. spil **2 bekwaam, flink**

maître-chien ZN M (MV maîtres-chiens), **hondengeleider**

maîtresse 1 ZN V **1 minnares 2 schooljuf 3 vrouw** • *la ~ de maison* de vrouw des huizes **2** ZN V → **maître**

maîtrisable BN **beheersbaar, bedwingbaar**

maîtrise ZN V **1 beheersing** • *la ~ de soi* zelfbeheersing • *la ~ d'une langue étrangère* het beheersen van een vreemde taal • *avec ~* handig, bekwaam **2 heerschappij** • *la ~ du ciel / de l'air* het beheersen van het luchtruim, de heerschappij in de lucht **3 meesterschap** • *un agent de ~* opzichter, lagere leidinggevende **4 universitaire graad** <≈ master> • *un mémoire de ~* een masterscriptie • *passer sa ~* ≈ zijn doctoraal doen

maîtriser 1 OV WW **beheersen, bedwingen, onder controle brengen** • *~ une langue* een taal beheersen • *~ un incendie* een brand onder controle krijgen • *~ le chômage* de werkeloosheid bedwingen **2** WKD WW **(se ~) zich beheersen** • *il n'arrive pas à se ~* hij heeft geen zelfbeheersing

majesté ZN V **majesteit** • *se promener avec ~* statig lopen • *Sa Majesté / S.M.* Zijne / Hare Majesteit

majestueux BN (V majestueuse), **verheven, statig, majestueus**

majeur 1 BN **1 grootst, hoogst belangrijk** • *un cas de force ~e* geval van overmacht • *un intérêt ~* zeer groot belang • *la ~e partie de la journée* het grootste deel van de dag • *ce projet est en ~e partie fini* dit project is grotendeels af **2 meerderjarig** • HUMOR. *je suis ~ et vacciné* ik ben oud en wijs genoeg **3** MUZ. **groteterts-, majeur-** • *en la ~* in A groot • *une tierce ~e* grote terts **2** ZN M **middelvinger**

majoration ZN V **verhoging** <van prijs, bedrag>, **toeslag** • *une ~ de cinq pour cent* een verhoging van vijf procent

majorer OV WW **verhogen** <van prijs, bedrag> • *~ la prime logement de quatre pour cent* de woontoeslag verhogen met 4%

majorette ZN V **majorette**

majoritaire BN **in de meerderheid, meerderheids-** • *un scrutin ~* verkiezing bij meerderheid van stemmen • *les plus de soixante ans sont ~s dans ce pays* de zestigplussers zijn in de meerderheid in dit land

majorité ZN V **1 meerderheid, merendeel** • *la ~ des gens...* de meeste mensen... • *la ~ des suffrages exprimés* de meerderheid van de stemmen • *la ~ absolue* de absolute meerderheid • *la ~ silencieuse* de zwijgende meerderheid • *à la ~ des voix* bij meerderheid van stemmen • *dans la ~ des cas...* in de meeste gevallen... • *en ~* voor het merendeel **2 regeringspartijen** • *ce mouvement s'est rallié à la ~* deze beweging heeft zich aangesloten bij de regeringspartijen **3 meerderjarigheid** • *atteindre l'âge de la ~* de meerderjarige leeftijd bereiken

Majorque ZN V **Mallorca**

majuscule 1 ZN V **hoofdletter 2** BN • *une lettre ~* hoofdletter • *le A ~* hoofdletter A

mal 1 BN onver. **slecht** • *cette eau-forte n'est pas ~* die ets is niet slecht • *ce n'est pas si ~ que ça!* zo slecht is het nu ook weer niet! • *ce n'est pas ~ du tout* dat is lang niet slecht / gek • *dire qc de ~* iets slechts zeggen, kwaadspreken • *qu'est-ce que j'ai fait de mal?* wat heb ik misdaan? • INFORM. *on est mal!* we zitten in de problemen! • INFORM. *elle n'est pas ~ du tout!* ze ziet er aardig uit, ze mag er zijn • *bon gré ~ gré* tegen wil en dank, goedschiks of kwaadschiks • *pas mal!* niet slecht!, niet gek! **2** BW **1 slecht, verkeerd** • *il est au plus ~* hij is er beroerd aan toe / op sterven na dood • INFORM. *être ~ foutu* slecht in elkaar zitten, zich beroerd voelen • *être ~ en point* er naar aan toe zijn • *il va ~* het gaat slecht met hem • *ça va ~ se terminer* dat loopt slecht af • *aller de ~ en pis* van kwaad tot erger gaan • *~ dormir* slecht slapen • *se trouver ~* flauwvallen • *se sentir ~* onpasselijk worden • *il finira ~ / il va ~ finir* hij zal ongelukkig aan zijn eind komen • *ne le prenez pas mal!* neem het niet kwalijk!, vat het niet verkeerd op! • *ça vient ~ à propos; ça tombe ~* dat komt ongelegen • *ça tourne ~* dat loopt fout • *parler ~ le français* gebrekkig Frans spreken • *ça s'annonce ~* dat ziet er slecht uit **2** • *on a pas ~ de travail* we hebben tamelijk veel werk, we hebben heel wat werk **3** ZN M (MV maux) **1 pijn, leed** • *le ~ de mer* zeeziekte • *le ~ de la route / des transports* wagenziekte • *le ~ de l'air* luchtziekte • *avoir ~ au dos* rugpijn hebben • *avoir ~ à la tête / de tête* hoofdpijn hebben • *avoir ~ au cœur* misselijk zijn • *avoir ~ aux dents* kiespijn hebben • *avoir ~ aux reins* (lage) rugpijn hebben • *avoir ~ au ventre / des maux de ventre* buikklachten hebben • *avoir le ~ du pays* heimwee hebben • *(se) faire ~* (zich) pijn doen • INFORM., FIG. *avoir ~ aux cheveux* een kater hebben **2 (het) kwaad, nadeel, schade** • *le bien et le ~* goed en kwaad • *un ~ nécessaire* een noodzakelijk kwaad

• *le ~ est fait* het kwaad is geschied • *dire du ~ de qn* kwaadspreken van iemand • *faire du ~ à qn* iemand benadelen, iemand kwaad doen • *vouloir du ~ à qn* iemand slecht gezind zijn • *il n'y a pas de ~ à dire la vérité* er steekt geen kwaad in om de waarheid te zeggen, het is niet erg om de waarheid te zeggen • *ça me fait ~ au cœur* dat doet me verdriet • *rendre le ~ par le ~* kwaad met kwaad vergelden • *de deux maux, il faut choisir le moindre* (men moet) van twee kwaden het minste kiezen **3** moeite • *avoir du ~ à accepter qc* moeite hebben om iets te accepteren • *je me suis donné beaucoup de ~ pour finir à temps* ik heb veel moeite gedaan om het op tijd af te hebben **4** gebrek, tekort • *être en ~ d'inspiration* verlegen zitten om inspiratie, niet genoeg inspiratie hebben

malabar INFORM. ZN M bink, potige kerel

malade 1 BN **1** ziek • *tomber ~* ziek worden • *avoir le cœur ~* hartproblemen hebben • OOK FIG. *ça me rend ~* daar word ik niet goed van **2** FIG. ziek • *un pays ~ de la corruption* land dat gebukt gaat onder corruptie • *être ~ de jalousie* ziek zijn van jaloezie **3** INFORM. niet goed wijs • *tu n'es pas un peu ~ de faire du 150 sur cette route!* je bent niet goed wijs om op deze weg 150 te rijden! **2** ZN M/V zieke, patiënt • *un ~ mental* geesteszieke • *un ~ du sida* aidspatiënt • INFORM. *il conduit comme un ~* hij rijdt als een gek

maladie ZN V **1** ziekte, kwaal • *une ~ de cœur* hartkwaal • *une ~ infectieuse / contagieuse* infectieziekte, besmettelijke ziekte • *une ~ infantile* kinderziekte • *la ~ de la vache folle* gekkekoeienziekte • *attraper une ~* een ziekte oplopen • *souffrir d'une ~* aan een ziekte lijden • *être en congé de ~* met ziekteverlof zijn • *fermé pour cause de ~* wegens ziekte gesloten • *après une longue ~* na een langdurig ziekbed **2** INFORM. woede, manie • *il a la ~ du nettoyage* hij lijdt aan schoonmaakdrift • *je suis arrivé en retard, il en a fait une ~* ik kwam te laat, daar heeft hij zich enorm over opgewonden

maladif BN (V maladive), OOK FIG. ziekelijk

maladresse ZN V onhandigheid • *commettre des ~s* onhandige dingen doen

maladroit BN **1** onhandig **2** tactloos, lomp • *une remarque ~e* een tactloze opmerking

mal-aimé BN (MV mal-aimés), niet-geliefd, onbemind

malais 1 BN Maleis **2** ZN M (het) Maleis

Malais ZN M (V Malaise), Maleier

malaise ZN M **1** lichte ziekte, flauwte • *il a été pris d'un ~* hij voelde zich onwel **2** onbehagen, onlust, malaise • *le ~ social* sociale malaise • *un sentiment de ~* een onbehaaglijk gevoel

malaisé BN moeilijk, ongemakkelijk

Malaisie ZN V Maleisië

malappris 1 BN ongemanierd, lomp **2** ZN M lomperd

malaria ZN V malaria

malavisé FORM. BN onberaden, onbezonnen • *il est ~ de vendre vos actions* het is onverstandig om uw aandelen te verkopen

malaxage ZN M (het) kneden

malaxer OV WW (dooreen)kneden

Malaysia ZN V Maleisië

malbouffe INFORM. ZN V ongezond voedsel, junkfood

malchance ZN V pech, tegenspoed • *être poursuivi par la ~* door pech achtervolgd worden • *jouer de ~* door pech achtervolgd worden, alleen maar pech hebben

malchanceux 1 BN (V malchanceuse), onfortuinlijk **2** ZN M (V malchanceuse), pechvogel

malcommode BN onpraktisch, ongemakkelijk

mâle 1 BN **1** BIOL. mannelijk, mannetjes- • *un enfant ~* mannelijk kind, jongen • *une souris ~* mannetjesmuis **2** krachtig, flink **3** TECHN. in een ander onderdeel passend • *une prise ~* stekker **2** ZN M **1** BIOL. mannetje, man **2** INFORM. (stoere) vent

malédiction ZN V **1** FORM. vervloeking • *être poursuivi par une ~* door een vloek achtervolgd worden **2** vloek <doem>

maléfice FORM. ZN M betovering, hekserij

maléfique FORM. BN onheilbrengend, noodlottig, boos

malencontreux BN (V malencontreuse), ongelukkig, ongelegen, vervelend

mal-en-point BN onver. er slecht aan toe, beroerd

malentendant BN slechthorend

malentendu ZN M misverstand • *dissiper un ~* een misverstand ophelderen / rechtzetten

mal-être ZN M (MV id.), onbehagen

malfaçon ZN V fout, gebrek

malfaisance ZN V boosaardigheid, schadelijkheid

malfaisant BN boosaardig, schadelijk • *une influence ~e* slechte invloed

malfaiteur ZN M (V malfaitrice), boosdoener, crimineel

malfamé BN berucht, ongunstig bekend • *un quartier ~* beruchte buurt

malformation ZN V misvorming, aangeboren afwijking • *une ~ cardiaque* aangeboren hartafwijking

malfrat INFORM. ZN M boef

malgache BN Madagaskisch

Malgache ZN M/V Madagas, Madagaskische

malgré VZ **1** ondanks, in weerwil van • *~ son handicap, il fait beaucoup de sport* ondanks zijn handicap sport hij veel • *~ tout* ondanks alles, (desal)niettemin **2** tegen de wil van • *~ moi* mijns ondanks, tegen mijn wil, ongewild

malhabile BN onhandig

malheur ZN M **1** ongeluk • *porter ~ à qn* iemand ongeluk brengen • *le ~ des uns fait le bonheur des autres* de een zijn dood is de ander zijn brood • *un ~ est si vite arrivé* een ongeluk zit in een klein hoekje • *par ~* ongelukkigerwijs, helaas • *pour son ~* tot zijn schade **2** pech, (tegen)slag • *le ~, c'est qu'il ne sait pas conduire* de pech is dat hij niet kan rijden • *cette auto de ~!* die rotauto! • *ah, quel ~!* wat erg! • IRON. *ah, le grand ~!* zo erg is het niet! **3** INFORM. enorm

succes • INFORM. *faire un ~* een reuzesucces hebben • *le film a fait un ~* de film was een kassucces / klapper
malheureusement BW helaas, jammer (genoeg), ongelukkig(erwijs)
malheureux 1 BN (v malheureuse) 1 ongelukkig • *rendre qn ~* iemand ongelukkig maken 2 ellendig, bedroevend • *un ~ accident* betreurenswaardig ongeluk • *c'est ~!* wat jammer!, wat zielig! 3 zonder succes • *un finaliste ~* verliezend finalist • *être ~ en amour* ongelukkig in de liefde zijn • *être ~ au jeu* ongelukkig in het spel zijn • *avoir la main malheureuse* geen gelukkige hand hebben, onhandig / onsuccesvol zijn 4 onbetekenend, armzalig • *une malheureuse somme d'argent* een armzalig geldbedrag • *pour quelques ~ centimes!* voor een paar onnozele centen! 2 ZN M (v malheureuse) 1 ongelukkige • *petit ~!* kleine sufferd! 2 arme, zielige • *aider les ~* arme mensen helpen
malhonnête BN oneerlijk
malhonnêteté ZN V oneerlijkheid
malice ZN V (speelse) spot, ondeugendheid, slimmigheid • *une boîte à ~* trukendoos • *ses yeux brillent de ~* zijn ogen glimmen ondeugend • *j'ai dit cela sans ~* ik zei het zonder kwade bedoeling, ik bedoelde er niets kwaads mee
malicieusement BW guitig, plagerig
malicieux BN (v malicieuse), guitig, plagerig • *un sourire ~* guitige lach
maligne BN → **malin**
malignité MED. ZN V kwaadaardigheid
malin 1 BN (v maligne) 1 slim, sluw, goochem • INFORM. *ce n'est pas bien ~!* het is (heus) niet zo moeilijk! • INFORM. *c'est ~, tiens!* stom van je!, slim maar niet heus! • *ce n'est pas bien ~ de sa part* dat is niet zo slim van hem • *il est ~ comme un singe* hij is zo glad als een aal 2 MED. kwaadaardig • *une tumeur maligne* kwaadaardige tumor 2 ZN M slimmerik • *faire le ~* de slimmerik uithangen, zich uitsloven
Malines ZN V Mechelen
malingre BN zwak, sukkelend
malintentionné BN kwaadwillig, kwaadgezind
malle ZN V (reis)koffer, hutkoffer • INFORM. *se faire la ~* ervandoor gaan
malléabilité ZN V smeedbaarheid, OOK FIG. kneedbaarheid
malléable BN 1 hamerbaar, pletbaar, smeedbaar, kneedbaar 2 FIG. kneedbaar, meegaand, beïnvloedbaar
mallette ZN V 1 koffertje 2 BELGFR. schooltas
mal-logé 1 ZN M (v mal-logée), slechtbehuisde 2 BN slecht gehuisvest
malmener OV WW ruw behandelen, hard aanpakken, ervan langs geven, het leven zuur maken • *se faire ~ par qn* hard aangepakt worden door iemand, te grazen worden genomen door iemand • *ses romans sont toujours malmenés par les critiques* zijn romans worden altijd flink bekritiseerd in de recensies
malnutrition ZN V ondervoeding, slechte voeding
malodorant BN onwelriekend, stinkend
malotru ZN M (v malotrue), lomperd, onbehouwen vent, vlegel
malpoli BN grof, lomp, ongemanierd
malpropre BN 1 vies, onzindelijk 2 onfatsoenlijk, onbehoorlijk • FIG. *se faire traiter comme un ~* als een stuk vuil behandeld worden
malpropreté ZN V smerigheid, viezigheid
malsain BN OOK FIG. ongezond • *de l'air ~* ongezonde lucht • *il a l'esprit ~* hij heeft een zieke geest • FIG. *une curiosité ~e* ziekelijke nieuwsgierigheid • FIG. *de la littérature ~e* verderfelijke literatuur
malséant FORM. BN ongepast, onbetamelijk
malt ZN M mout
maltais BN Maltees, Maltezer
Maltais ZN M (v Maltaise), Maltezer
Malte ZN V Malta • *à ~* op Malta
maltraitance ZN V mishandeling, slechte behandeling
maltraiter OV WW mishandelen, slecht behandelen, hard aanpakken • *~ des animaux* dieren mishandelen • *la presse a maltraité le premier ministre* de pers heeft de premier hard aangepakt • *~ la langue* de taal geweld aandoen, veel taalfouten maken
malus "-luus" ZN M malus, toeslag op verzekeringspremie
malveillance ZN V kwaadwilligheid • *des actes de ~* baldadigheden
malveillant BN kwaadwillig • *des rumeurs ~es circulent à son sujet* er doen over hem boosaardige geruchten de ronde
malversation ZN V verduistering, ambtsmisdrijf
malvoyant ZN M (v malvoyante), slechtziende
maman ZN V mama, moeder • *une future ~* aanstaande moeder
mamelle BIOL. ZN V uier, melkklier
mamelon ZN M 1 tepel 2 knopvormig uitsteeksel, ronde bult, heuvel
mamie INFORM. ZN V oma
mammaire BN borst- • *une glande ~* borstklier, melkklier
mammectomie MED. ZN V borstamputatie
mammifère ZN M zoogdier
mammographie ZN V mammografie
mammouth ZN M mammoet
mammy, **mamy** ZN V → **mamie**
mamours INFORM. ZN M MV liefdoenerij, liefkozingen • *faire des ~ à qn* lievig doen tegen iemand
management ZN M management
manager[1] "-dgeur" ZN M (v manageuse) 1 ECON. manager, directeur 2 SPORT manager, coach
manager[2] "-dgee" OV WW managen, coachen
manageur ZN M (v manageuse) → **manager**[1]
manche 1 ZN M steel, heft, handvat • *un ~ de couteau* handvat van een mes, heft • *un ~ à*

ma

balai LETT. bezemsteel, FIG. stuurknuppel <van vliegtuig>, COMP. joystick • INFORM. *tomber sur un ~* op problemen stuiten • INFORM. *se débrouiller comme un ~* twee linkerhanden hebben, klungelig te werk gaan **2** ZN V **1 mouw** • *une robe à ~s courtes* jurk met korte mouwen • *une veste sans ~s* bodywarmer • *tirer qn par la ~* iemand aan zijn jasje trekken, iemand iets verzoeken • OOK FIG. *retrousser ses ~s* de mouwen opstropen • INFORM. *c'est une autre paire de ~s* dat is heel wat anders, dat is andere koek **2** SPORT **manche, heat,** <tennis> **set 3** INFORM. • *faire la ~* bedelen

Manche ZN V • *La ~* het Kanaal

manchette ZN V **1 manchet** • *des boutons de ~* manchetknopen **2 (grote) kop** <in krant>

manchon ZN M **mof** <kledingstuk>

manchot 1 ZN M (V manchote), **eenhandig / eenarmig persoon 2** ZN M **pinguïn 3** BN **eenhandig, eenarmig** • INFORM. *ne pas être ~* handig zijn

mandarin ZN M **1 mandarijn** <persoon> **2** TAALK. **(het) Mandarijn**

mandarine ZN V **mandarijntje**

mandat ZN M **1 mandaat, volmacht, opdracht** • *un ~ de virement* stortingsbiljet **2 bevelschrift** • *un ~ de perquisition* huiszoekingsbevel • *un ~ d'amener* bevel tot voorgeleiding • *un ~ d'arrêt / de dépôt / d'amener* bevel tot inhechtenisneming, aanhoudingsbevel **3 ambt(stermijn)** <van volksvertegenwoordiger> • *solliciter le renouvellement de son ~* zich herkiesbaar stellen **4 postwissel** • *un ~-poste / un ~-lettre* postwissel

mandataire ZN M/V **gevolmachtigde, lasthebber, afgevaardigde**

mandater OV WW **machtiging verlenen aan, mandateren**

mandibule ZN V **onderkaak** • *les ~s* de kaken • INFORM. *jouer des ~s* eten

mandoline ZN V **mandoline**

manège ZN M **1 draaimolen, tredmolen** • *faire un tour de ~* een rondje in de draaimolen maken **2 manege, rijschool 3 (kwalijk) gedoe, gekonkel, spel(letje)** • *on comprend son petit ~: elle cherche à te faire partir* het spelletje dat ze speelt is duidelijk: ze wil je weg zien te krijgen

manette ZN V **handvat, hendel** • *la ~ du gaz* de gashendel • *une ~ de jeu* joystick • *tourner une ~* een hendel overhalen

manga ZN M **manga**

manganèse ZN M **mangaan**

mangeable BN **eetbaar**

mangeaille ZN V INFORM., MIN. **voer**

mangeoire ZN V **trog, voerbak, kribbe**

manger 1 OV WW **1 eten, opeten** • *une salle à ~* eetzaal • *faire / préparer à ~* het eten klaarmaken • *qu'est-ce qu'on mange?* wat eten we? • INFORM. *~ un bout* een hapje eten • FIG. *il a mangé du lion aujourd'hui* hij bruist van de energie vandaag **2** FIG. **verslinden, verbruiken** • *~ qn des yeux* iemand met de ogen verslinden • *~ qn de baisers* iemand overstelpen met kusjes **3 opeten, verbrassen, verkwisten** • *ces travaux ont mangé ses économies* al zijn spaargeld is opgegaan aan die werkzaamheden **4 doen verdwijnen** • INFORM. *~ ses mots* zijn woorden inslikken • FIG. *sa barbe lui mange la figure* zijn gezicht gaat achter zijn baard schuil **2** ONOV WW **eten** • OOK FIG. *~ dans la main* uit de hand eten, FIG. mak zijn • *tu manges trop gras!* je moet niet zo vet eten! • *~ comme quatre* eten voor drie • *donner à ~ au chat* de kat te eten geven **3** WKD WW **(se ~) gegeten worden, te eten zijn** • *ça se mange avec les doigts* dat kun / mag je met je handen eten • *les épinards peuvent se ~ en salade* spinazie kan in de vorm van een salade gegeten worden **4** ZN M **(het) eten** • *elle en perd le boire et le ~* ze wordt er helemaal door in beslag genomen

mange-tout, mangetout ZN M (MV id.) • *des haricots / des pois ~* peultjes

mangeur ZN M (V mangeuse), **eter** • *un gros ~* een flinke eter

mangue ZN V **mango**

maniabilité ZN V **hanteerbaarheid, handzaamheid, wendbaarheid**

maniable BN **gemakkelijk hanteerbaar, handzaam, wendbaar**

maniaco-dépressif BN (V maniaco-dépressive), **manisch-depressief**

maniaque 1 ZN M/V **maniak** • *un ~ du travail* workaholic • *un ~ sexuel* seksmaniak **2** BN **1 maniakaal 2** PSYCH., MED. **manisch**

manie ZN V **manie** • *avoir la ~ de la persécution* aan achtervolgingswaanzin lijden

maniement ZN M **hantering, behandeling, bediening** • *le ~ des armes* het hanteren van wapens • *le ~ d'une machine* de bediening van een machine • *être d'un ~ facile* gemakkelijk te bedienen zijn

manier 1 OV WW **1 hanteren, behandelen, omgaan met, bedienen 2 naar zijn hand zetten, gebruiken** • *il manie bien l'ironie* hij weet goed ironie te gebruiken • *~ une langue à la perfection* een taal perfect weten te gebruiken **3 besturen, leiden** • *un groupe difficile à ~* een lastig te leiden groep **2** WKD WW **(se ~) 1 gehanteerd worden, handzaam zijn** • *cette moto se manie bien* je kunt makkelijk op die motor rijden **2** INFORM. **opschieten** • *manie-toi le popotin!* schiet op!

maniéré BN **gekunsteld, gemaakt, gemaniëreerd**

manière ZN V **1 manier, wijze, trant** • *la ~ dont il nous parle est inadmissible* de manier waarop hij tegen ons praat is ontoelaatbaar • *employer la ~ forte* geweld / dwang gebruiken, voor een harde aanpak kiezen • *de toute ~ elle viendra* zij komt in ieder geval, zij komt hoe dan ook • *il le fait à sa ~* hij doet het op zijn manier • *c'est sa ~ de dire qu'elle part* dat is haar manier om duidelijk te maken dat ze vertrekt • *à la ~ de* in de geest van, in de trant van • *d'une ~ générale* in het algemeen (gesproken) • *d'une certaine ~* in zekere zin • *d'une ~ ou d'une autre* op een of andere manier • *en aucune ~* geenszins • *de cette ~* op die manier **2** MV **manier**

van doen • *faire des manières* overdreven doen, maniertjes hebben • *sans manières* zonder omhaal, eenvoudigweg
maniérisme ZN M maniërisme, gekunsteldheid
manieur ZN M (V manieuse) • *un ~ d'argent* financier • *un ~ d'hommes* leidersfiguur
manif "-nief" INFORM. ZN V manifestation manifestatie, betoging, demonstratie
manifestant ZN M (V manifestante), betoger, demonstrant
manifestation ZN V **1** manifestatie, betoging, demonstratie • *une ~ pour la paix* vredesmanifestatie **2** uiting, verkondiging, (het) zich manifesteren • *une ~ de joie* uiting van blijdschap
manifeste 1 BN duidelijk (blijkend), klaarblijkelijk **2** ZN M manifest
manifester 1 ONOV WW manifesteren, een betoging houden, demonstreren • *~ contre la guerre* tegen de oorlog demonstreren • *appeler à ~* oproepen tot demonstreren **2** OV WW uiten, te kennen geven, laten blijken, manifesteren • *~ son amitié à qn* zijn gevoelens van vriendschap jegens iemand uiten **3** WKD WW **(se ~)** zich uiten, zich openbaren, zich vertonen, zich kenbaar maken • *elle ne se manifeste pas souvent* ze laat weinig van zich horen • *la maladie se manifeste par une grosse fatigue* de ziekte kenmerkt zich door grote vermoeidheid
manigance ZN V slinkse streek
manigancer OV WW bedisselen, bekonkelen
manioc ZN M maniok, cassave
manipulateur ZN M (V manipulatrice) **1** manipulator **2** operator, bediener, praktisch medewerker • *une manipulatrice de laboratoire* laborante
manipulation ZN V **1** behandeling, bewerking, bediening, hantering • *des ~s génétiques* genetische manipulatie **2** MIN. manipulatie, geknoei
manipuler OV WW **1** behandelen, bewerken, hanteren **2** manipuleren, knoeien met • *les élections ont été manipulées* er is geknoeid met de verkiezingen • *je me suis laissé ~* ik voel me gebruikt
manitou INFORM. ZN M Manitou, Grote Geest • INFORM., FIG *un grand ~* hoge piet, grote baas
manivelle ZN V kruk, handvat, slinger <van auto>, zwengel, hendel • *tourner la ~* (aan) de slinger draaien
manne LIT. ZN V OOK FIG. manna
mannequin ZN M **1** mannequin • *avoir la taille ~* een modellenfiguur hebben, een standaardmaat hebben **2** etalagepop, paspop
manœuvrable BN manoeuvreerbaar, wendbaar, bestuurbaar
manœuvre 1 ZN V **1** bediening, besturing • *faire une ~* een bijzondere verrichting uitvoeren • *faire une ~ pour se garer* achteruit inparkeren • *faire une fausse ~* een verkeerde beweging maken, FIG. een misgreep doen **2** MIL. manoeuvre • *un terrain de manœuvres* exercitieveld **3** (slinkse) handelwijze, kunstgreep • *avoir une grande marge de ~* veel speelruimte hebben • *déjouer une ~* iets verijdelen **2** ZN M ongeschoold arbeider
manœuvrer 1 ONOV WW **1** manoeuvreren **2** militaire oefeningen houden **3** behendig te werk gaan • *~ pour obtenir un poste* het handig aanleggen om een functie te bemachtigen **2** OV WW **1** manoeuvreren, hanteren, besturen • *~ un poids lourd* een vrachtwagen besturen **2** manipuleren • *se laisser ~ par qn* zich door iemand laten gebruiken / manipuleren
manoir ZN M landgoed, groot (land)huis, kasteeltje
manouche INFORM. ZN M/V zigeuner
manquant BN ontbrekend, vermist • *des articles ~s* ontbrekende / uitverkochte artikelen
manque 1 ZN M tekort, gemis, gebrek **(de** aan), (het) ontbreken • *un ~ de sommeil* slaaptekort • *un ~ d'argent* geldgebrek • *le ~ de respect* oneerbiedigheid • INFORM. *~ de pot / de bol!* helaas!, pech gehad! • *il y a un ~ à gagner* er is sprake van inkomstenderving / winstderving • MED. *être en ~ / en état de ~* ontwenningsverschijnselen vertonen • *par ~ de temps...* bij gebrek aan tijd... **2** ZN V • INFORM. *à la ~* van niks, prul- • *cette auto à la ~!* die waardeloze auto! • *un philosophe à la ~* een filosoof van de koude grond
manqué BN mislukt, misgelopen • *un rendez-vous ~* gemiste afspraak • INFORM. *un garçon ~* jongensachtig meisje
manquement ZN M niet-nakoming, verzuim, vergrijp **(à** tegen) • *un ~ au règlement* inbreuk op de regels
manquer 1 OV WW **1** missen, mislopen • *une photo manquée* een mislukte foto • *une occasion manquée* een gemiste kans • *~ une occasion* een gelegenheid laten voorbijgaan • *~ le train* de trein missen • INFORM. *il n'en manque pas une!* hij heeft weer (eens) geblunderd **2** verzuimen • *~ la classe* school verzuimen, spijbelen • *un film à ne pas ~* film die je niet mag missen **2** ONOV WW **1** ontbreken **(à** aan), tekortkomen, missen • *~ d'amis* weinig vrienden hebben • *tu me manques* ik mis je • *~ de personnel* een personeelstekort hebben • *le temps me manque* de tijd ontbreekt mij, ik heb geen tijd • *il manque de courage* het ontbreekt hem aan moed • *les forces lui ont manqué* hij had niet genoeg kracht • *les mots me manquent* ik heb er geen woorden voor • *les soirées entre amis, ça me manque énormément* die avondjes met vrienden mis ik enorm • *ce n'est pas l'envie qui me manque de le renvoyer* ik zou hem graag willen wegsturen • *les bonnes occasions, ça ne manque pas* er zijn kansen genoeg **2** verzuimen, vergeten • *je n'y ~ai pas!* ik zal het zeker doen, ik zal het niet vergeten • *~ à son devoir* zijn plicht verzuimen • *il ne ~a pas de venir* hij komt zeker **3** mislukken, falen • *~ à sa parole* zijn woord niet houden • *ça n'a pas manqué* dat kon niet uitblijven **4** op het punt staan om • *il a manqué de tomber* hij is bijna gevallen, het scheelde weinig of hij was gevallen **3** ONP WW ontbreken

• *il manque qn* er is iemand te weinig • *il manque deux personnes* er ontbreken twee mensen • *il y a un bouton qui manque / il manque un bouton* er is een knoop af • *il lui manque dix euros* hij komt tien euro tekort • INFORM. *il ne ~ait plus que ça!* dat moest er nog bij komen!, dat ontbrak er nog maar aan!
mansarde ZN V **dakkamer, zolderkamertje**
mansardé BN **met een gebroken kap** • *une chambre mansardée* dakkamer
mante DIERK. ZN V • *une ~ religieuse* bidsprinkhaan
manteau ZN M (MV manteaux), **mantel, jas** • *un ~ en fausse fourrure* jas van nepbont • *des livres interdits vendus sous le ~* in het geheim / onder de toonbank verkochte verboden boeken
mantra ZN M **mantra**
manucure ZN M/V **manicure**
manucurer OV WW **manicuren**
manuel 1 BN (V manuelle), **hand(en)-, manueel, handmatig** • *un travail ~* handwerk, handenarbeid • *une commande ~le* handbediening • *une thérapie ~le* manuele therapie **2** ZN M **handleiding, handboek, leerboek** • *un ~ scolaire* schoolboek • *le ~ du bricoleur* de handleiding voor de doe-het-zelver
manuellement BW **met de hand, handmatig**
manufacture ZN V **fabriek** • *une ~ de tapis* tapijtenfabriek
manufacturer OV WW **(fabrieksmatig) bewerken** • *un produit manufacturé* fabrieksproduct, fabricaat
manu militari BW **met geweld, met de sterke arm** <v.d. politie>
manuscrit "-krie" **1** BN **handgeschreven 2** ZN M **handschrift, manuscript**
manutention ZN V **opslag en verzending van goederen** • *un service de ~* expeditieafdeling
manutentionnaire ZN M/V **magazijnbediende**
maous "maoes" INFORM. BN (V maousse), **groot, enorm** • *des autos ~ses* enorme auto's
mappemonde ZN V **wereldkaart**
maquereau ZN M (MV maquereaux) **1 makreel 2** INFORM. **pooier**
maquerelle INFORM. ZN V **hoerenmadam**
maquette ZN V **1 maquette, (schaal)model 2** DRUKK. **opmaak** <v. boek, blad>, **lay-out**
maquettiste ZN M/V **1 modelmaker 2 opmaker, vormgever**
maquillage ZN M **1 (het) opmaken** <van gezicht>, **(het) grimeren, (het) schminken 2 make-up** <spullen> • *une trousse de ~* make-uptasje **3 (het) vervalsen, (het) onherkenbaar maken**
maquiller 1 OV WW **1 het gezicht opmaken van, grimeren, schminken 2 vervalsen, onherkenbaar maken** • *~ la plaque d'immatriculation d'une voiture volée* het nummerbord van een gestolen auto vervalsen • *~ un crime en suicide* moord verhullen als zelfmoord **2** WKD WW **(se ~) zich opmaken, make-up aanbrengen, zich grimeren** • *se ~ les yeux* je ogen opmaken
maquilleur ZN M (V maquilleuse), **grimeur, visagist**
maquis "-kie" ZN M **1 dicht kreupelhout 2** FIG. **illegaliteit, ondergronds verzet** • *prendre le ~* ondergronds gaan **3** FIG. **warwinkel, warnet**
maquisard ZN M **onderduiker, verzetsman** <tijdens de Tweede Wereldoorlog>
maraîcher 1 BN (V maraîchère), **tuinbouw-, groente-** • *des cultures maraîchères* groenteteelt **2** ZN M (V maraîchère), **groentekweker, tuinder**
marais ZN M **1 moeras(land)** • *les ~ salants* de zoutpannen **2** • *le Marais* de Marais <oude wijk in Parijs>
marasme ZN M **slapte, malaise, stagnatie** • *le ~ économique* de economische malaise • *l'industrie est dans le ~* de industrie is in verval
marathon 1 ZN M OOK FIG. **marathon** • *courir le ~* de marathon lopen **2** BN **marathon-** • *des discussions-marathons* marathononderhandelingen
marathonien ZN M (V marathonienne), **marathonloper**
maraudage ZN M **velddiefstal, stroperij**
maraude ZN V **(het) snorren** <van taxi> • *un taxi en ~* snorder
marauder ONOV WW **snorren** <van taxi>
maraudeur ZN M (V maraudeuse), **velddief, stroper**
marbre ZN M **marmer** • *une carrière de ~* marmergroeve • FIG. *un visage de ~* strak gezicht, ongevoelige gelaatsuitdrukking • *en / de ~* marmeren • *être / rester de ~* onaangedaan zijn, een kouwe kikker zijn
marbré BN **gemarmerd, marmerachtig**
marbrier ZN M (V marbrière), **marmerbewerker, maker v. grafstenen en -monumenten**
marbrure ZN V **1 marmering 2 marmerachtige huidvlek(ken)**
marc "mar" ZN M **1 droesem, bezinksel** • *le ~ de café* koffiedik • *faire / lire le ~ de café* koffiedik kijken **2 marc** <brandewijn v. druivenschillen>
marchand 1 ZN M (V marchande), **koopman, handelaar, winkelier** • *un ~ de journaux* krantenverkoper • *un ~ des quatre-saisons* groente- en fruithandelaar, groenteboer • *un ~ de chaussures* schoenenverkoper • *un ~ de couleurs* drogist • MIN. *un ~ de canons* wapenfabrikant • MIN. *un ~ de sommeil* huisjesmelker **2** BN **handels-, koopmans-** • *une galerie ~e* winkelgalerij • *la valeur ~e d'un produit* de handelswaarde van een product • *la marine ~e* de koopvaardijvloot • *une ville ~e* handelsstad
marchandage ZN M **(het) afdingen, gemarchandeer,** BELG. **(het) afbieden**
marchander ONOV WW **marchanderen, loven en bieden, afdingen,** BELG. **afbieden**
marchandeur ZN M (V marchandeuse), **afdinger, pingelaar**
marchandisage ZN M **merchandising**
marchandise ZN V **koopwaar** • *le transport des ~s* het goederentransport • *un train de ~s* goederentrein • *écouler sa ~* zijn waren van de hand doen

marche ZN V **1 trede** <v. trap>, **afstapje** • *attention à la ~!* pas op voor het afstapje! • *descendre les ~s* de trap aflopen • *monter les ~s en courant* de trap oprennen **2 (het) lopen, loop, gang, tred** • *une ~ silencieuse* stille tocht • *une ~ de protestation* protestmars • *une ~ triomphale* triomftocht • *des chaussures de ~* wandelschoenen • *la ~ nordique* nordic walking • *une heure de ~* een uur lopen • *la ~ à suivre* te volgen handelwijze • *se mettre en ~* zich in beweging zetten • *faire ~ arrière* achteruitrijden, terugkrabbelen • *voyager dans le sens de la ~* in de rijrichting reizen • *ouvrir la ~* vooraan lopen • *fermer la ~* achteraan lopen, de rij sluiten • *c'est à une demi-heure de ~* het is een half uur lopen • *nous en avons encore pour trois heures de ~* we moeten nog drie uur lopen • *en avant! ~!* voorwaarts mars! **3 werking, (het) functioneren** • *être en état de ~* bedrijfsklaar zijn, (goed) werken <v. toestel> • *mettre une machine en ~* een machine aanzetten • *mettre un moteur en ~* een motor starten • *pour la bonne ~ de l'entreprise, il faut engager du personnel* als je wilt dat het bedrijf goed functioneert, moet je personeel aantrekken **4** MUZ. **mars** • *la ~ funèbre* treurmars, dodenmars • *la ~ nuptiale* bruidsmars

marché ZN M **1 markt** • *un ~ couvert* overdekte markt, markthal • *le ~ aux fleurs* de bloemenmarkt • *le ~ aux puces* vlooienmarkt • *le ~ de l'emploi* arbeidsmarkt • *le ~ du travail* arbeidsmarkt • *le ~ des changes* wisselmarkt, deviezenmarkt • *le ~ noir* zwarte markt / handel • *la loi du ~* de wet van vraag en aanbod • *le ~ de l'art* de kunsthandel • *faire son / le ~* inkopen doen • *les fruits sont meilleur ~ sur les marchés* fruit is op de markt goedkoper • *aller au ~* naar de markt gaan • *bon ~* goedkoop • *par-dessus le ~* op de koop toe **2 transactie, (ver)koop** • *conclure un ~* een overeenkomst aangaan, een deal sluiten

marchepied ZN M **1 treeplank, opstapje, trede 2** FIG. **springplank** • *servir de ~ à qn* als springplank dienen voor iemand

marcher ONOV WW **1 lopen, stappen** • *défense de ~ sur la pelouse!* verboden het gras te betreden! • *~ au pas* in de pas lopen • *~ à quatre pattes* op handen en voeten lopen • *~ sur la pointe des pieds* op je tenen lopen • *~ sur le pied de qn* iemand op de tenen trappen • FIG. *je ne vais pas me laisser ~ sur les pieds* ik laat niet over me lopen, ik laat me de kaas niet van het brood eten • FIG. *~ droit* zich goed gedragen **2** FIG. **lopen, functioneren, (goed) gaan** • *ça marche à l'électricité* dat werkt elektrisch • *le moteur marche à l'essence* de motor loopt op benzine • *cette montre ne marche pas* dit horloge loopt niet • *faire ~ une usine* een fabriek draaiende houden • *cette affaire ne marche pas* die zaak loopt niet goed • *ça marche bien pour lui* hij staat er goed voor • *ça marche!* afgesproken! **3** INFORM. **meedoen, erin trappen, erin vliegen** • *ne pas ~ dans une combine* ergens niet aan (willen) meedoen, zich ergens niet voor lenen • *~ dans une histoire* een verhaal (klakkeloos) geloven • *faire ~ qn* iemand erin laten lopen, iemand voor de gek houden • INFORM. *il ne marche pas, il court!* hij tuint er met open ogen in!

marcheur ZN M (V marcheuse) **1 loper, wandelaar** • *c'est une bonne marcheuse* zij kan goed lopen **2** SPORT **snelwandelaar**

mardi ZN M **dinsdag** • *le ~, le magasin est fermé* dinsdags is de winkel gesloten • *tous les ~s soir, elle va au restaurant* zij gaat iedere dinsdagavond uit eten • *le ~ gras* Vastenavond

mare ZN V **poel, plas, vijver** • *une ~ de sang* bloedplas

marécage ZN M **moeras, drasland**

marécageux BN (V marécageuse), **moerassig, drassig**

maréchal ZN M (MV maréchaux), **maarschalk**

maréchaussée INFORM. ZN V **smerissen, flikken**

marée ZN V **1 getij** • *la ~ basse* eb, laag water • *la ~ haute* vloed, hoog water • *une grande ~* springtij, springvloed • *la ~ noire* olievervuiling <op strand en zee> • OOK FIG. *un raz-de-marée* vloedgolf, stortvloed **2** FIG. **vloed, stroom** • *une ~ humaine* stroom mensen, mensenzee

marelle ZN V **hinkelspel, hinkelbaan** • *jouer à la ~* hinkelen

marémoteur BN (V marémotrice), **die de bewegingskracht van het getij gebruikt** • *une usine / centrale marémotrice* getijdencentrale

mareyeur ZN M (V mareyeuse), **grossier in zeevis**

margarine ZN V **margarine**

marge ZN V **1 marge, kantlijn, rand** • *écrire qc dans la ~* iets in de marge schrijven • *vivre en ~ de la société* aan de zelfkant van de samenleving leven, buiten de samenleving leven, een marginaal figuur zijn • *demeurer en ~ de qc* ergens van afzijdig blijven **2** FIG. **marge, speelruimte** • *une ~ d'erreur* foutenmarge • *une ~ de manœuvre* speelruimte • *n'avoir aucune ~ de négociation* helemaal geen onderhandelingsruimte hebben

marginal **1** BN (M MV marginaux) **1 marginaal, rand-** • *une note ~e* kanttekening **2** FIG. **marginaal** • *un groupe ~* marginale groep • *des questions ~es* bijkomstige vragen **2** ZN M (MV marginaux), **randfiguur**

marginalisation ZN V **marginalisering**

marginaliser OV WW **marginaliseren, tot randfiguur maken**

marginalité ZN V **marginaliteit, randbestaan**

margoulin INFORM. ZN M **sjacheraar, scharrelaar**

marguerite ZN V **margriet(achtige), madeliefje**

mari ZN M **echtgenoot, man** • *vivre comme ~ et femme* als man en vrouw samenleven

mariable BN **huwbaar**

mariage ZN M **1 huwelijk** • *un ~ civil* burgerlijk huwelijk • *un ~ blanc* schijnhuwelijk • *un ~ gay/homo* homohuwelijk • *un ~ religieux* kerkelijk huwelijk • *un ~ de raison / de convenance* verstandshuwelijk • *un ~ d'argent* huwelijk omwille van het geld • *demander qn en ~* iemand ten huwelijk vragen **2 bruiloft 3 combinatie** • *un ~ de couleurs réussi* een geslaagde kleurencombinatie

Marianne ZN V **Marianne** <symbool v.d. Franse

republiek>
marié 1 BN getrouwd 2 ZN M (V mariée), bruidegom, bruid • *les jeunes mariés* de jonggehuwden, het pasgetrouwde stel
marier 1 WKD WW **(se ~)** 1 trouwen • *se ~ en blanc* in het wit trouwen • *se ~ avec qn* met iemand trouwen • *être en âge de se ~* de huwbare leeftijd hebben 2 samengaan **(avec** met) • *ce jaune ne se marie pas bien avec ce rouge* deze kleur geel gaat niet goed samen met deze kleur rood 2 OV WW 1 in het huwelijk verbinden • *le maire les a mariés* de burgemeester heeft hen in de echt verbonden 2 uithuwelijken 3 combineren • *savoir ~ les couleurs* kleuren goed weten te combineren
marieur ZN M (V marieuse), koppelaar
marihuana, marijuana ZN V marihuana
marin 1 ZN M zeeman, matroos 2 BN zee-, zeewaardig • *l'air ~* de zeelucht • *la météo ~e* het zeeweerbericht • *avoir le pied ~* zeebenen hebben
marina ZN V watersportplaats, vakantieoord <aan het water>
marinade ZN V 1 marinade 2 gemarineerd vlees
marine 1 BN • *(bleu) ~* marineblauw 2 ZN V 1 zeemacht, marine • *la ~ marchande* koopvaardijvloot 2 KUNST zeestuk, zeegezicht 3 ZN M marinier <in VS, GB>
mariner OV WW marineren • INFORM. *laisser ~ qn* iemand lang laten wachten / aan zichzelf overlaten
marinier ZN M (V marinière), binnenschipper
marinière ZN V wijde damesblouse • *des moules (à la) ~* mosselen in uien-wijnsaus
mariol INFORM. ZN M → **mariolle**
mariolle, mariol INFORM. BN slim, gewiekst, goochem • *faire le ~* stoer doen, zich uitsloven
marionnette ZN V OOK FIG. marionet, pop <van poppenkast>
maritalement BW (M MV), als man en vrouw • *vivre maritalement* ongehuwd samenwonen
maritime BN zee-, maritiem • *droit ~* zeerecht • *ville ~* havenstad
marjolaine PLANTK. ZN V marjolein
marketing ZN M marketing
marmaille INFORM. ZN V troep kleine kinderen
marmelade ZN V vruchtenmoes, marmelade • INFORM. *avoir les pieds en ~* beurse voeten hebben
marmite ZN V kookpot, stoofpot, ketel • INFORM. FIG. *faire bouillir la ~* brood op de plank brengen, broodwinner zijn
marmiton ZN M koksjongen
marmonnement ZN M gemompel
marmonner OV WW mompelen
marmoréen BN (V marmoréenne) 1 FORM. ongevoelig, ijskoud 2 marmerachtig
marmot INFORM. ZN M jochie, dreumes, koter
marmotte ZN V marmot • *dormir comme une ~* slapen als een roos, vast slapen
marmotter OV WW mompelen, prevelen
marner INFORM. ONOV WW ploeteren
Maroc ZN M Marokko
marocain 1 BN Marokkaans 2 ZN M (het) Marokkaans
Marocain ZN M (V Marocaine), Marokkaan
maroquin ZN M marokijnleer
maroquinerie ZN V fijne lederwaren(handel)
maroquinier ZN M vervaardiger / verkoper v. fijne lederwaren
marotte FIG. ZN V stokpaardje
marquage ZN M 1 (het) merken, (het) markeren 2 SPORT (het) dekken, (man)dekking
marquant BN opvallend, markant
marque ZN V 1 afdruk, spoor • *une ~ de doigts* vingerafdruk • *une ~ de pas* voetafdruk, voetspoor • *elle a des ~s de coups sur le bras* er zijn sporen van klappen op haar arm 2 FIG. blijk, teken, bewijs • *une ~ d'affection / d'amour* teken van genegenheid • TAALK. *la ~ du pluriel est en général un 's' en français* over het algemeen wordt het meervoud in het Frans aangegeven met een 's' 3 handelsmerk • *un produit de (grande) ~* kwaliteitsproduct, merkartikel • *une ~ déposée* gedeponeerd handelsmerk • *une ~ de fabrique* fabrieksmerk 4 (merk)teken, kenmerk • *un personnage de ~* belangrijke figuur • *un invité de ~* hoge / voorname gast • COMP. *une ~ de paragraphe* harde return • SPORT *à vos ~s!* op uw plaatsen! 5 SPORT (tussentijdse) score, stand • *ouvrir la ~* de score openen, als eerste scoren 6 MV grensteken • *retrouver ses ~s* weer weten waar je (aan toe) bent • *prendre ses ~s* je positie bepalen
marqué BN 1 duidelijk, opvallend • *une tendance très marquée* een uitgesproken neiging 2 FIG. getekend, gebrandmerkt • *un visage ~* getekend gezicht 3 getekend, getraumatiseerd • *être ~ par un événement* getekend zijn door een gebeurtenis 4 POL. gemarkeerd, gekleurd • *être ~ à gauche* links zijn, linkse politieke opvattingen hebben
marque-page ZN M (MV marque-pages), bladwijzer
marquer 1 OV WW 1 aangeven, aanwijzen, markeren, merken • *~ d'une croix les articles à acheter* de te kopen artikelen aankruisen • *~ (au fer rouge)* brandmerken • *~ la mesure* de maat aangeven • FIG. *la fatigue marque son visage* de vermoeidheid is op zijn gezicht te lezen 2 INFORM. opschrijven, noteren • *marque-moi son numéro de téléphone sur un bout de papier* noteer even zijn telefoonnummer voor mij op een papiertje • *~ le prix sur une étiquette* de prijs aangeven op een etiket 3 FIG. een stempel drukken op, kenmerken, tekenen • *un philosophe qui a marqué son époque* een filosoof die een stempel heeft gedrukt op zijn tijd • *~ le coup / l'occasion* de gelegenheid niet ongemerkt laten passeren 4 tonen, doen blijken • *~ sa surprise / son étonnement* zijn verbazing tonen • *~ son intérêt pour qn* zijn belangstelling tonen voor iemand, blijk geven van belangstelling voor iemand 5 scoren • *~ un but* een doelpunt maken, scoren 2 ONOV WW 1 sporen achterlaten 2 SPORT scoren
marqueté BN ingelegd <van vloer e.d.>
marqueur ZN M markeerstift, marker
marquis ZN M markies
marquise ZN V 1 markiezin 2 markies <zonnescherm, afdak>

ma

marraine ZN V peettante, petemoei, meter

marrant INFORM. BN **1** leuk, grappig **2** raar

marre INFORM. BW meer dan genoeg • *j'en ai ~ de ses histoires* ik baal van zijn praatjes, ik ben zijn praatjes zat • *y en a ~!* genoeg!, weg ermee!

marrer INFORM. WKD WW **(se ~)** zich een bult lachen, lol hebben

marron **1** ZN M **1** tamme kastanje <vrucht> • *des ~s grillés* gepofte kastanjes • FIG. *tirer les ~s du feu* de kastanjes uit het vuur halen **2** kastanjebruin **2** BN onver. **1** (kastanje)bruin • *des cheveux ~* (kastanje) bruin haar **2** INFORM. gefopt, beetgenomen

marronnier ZN M (tamme) kastanjeboom

mars "mars" ZN M maart • *le mois de ~* (de maand) maart • *au mois de ~ / en ~* in maart

Mars Mars <planeet>

marseillais BN uit Marseille

Marseillaise ZN V Marseillaise <Frans volkslied>

marsouin ZN M bruinvis

marsupial ZN M (MV marsupiaux), buideldier

marte ZN V → **martre**

marteau ZN M (MV marteaux), hamer • *donner un coup de ~* met een hamer slaan • INFORM. *être ~* een beetje getikt zijn

marteau-pilon ZN M (MV marteaux-pilons), mechanisch bewogen stamphamer

marteau-piqueur ZN M (MV marteaux-piqueurs), pneumatische hamer

martel ZN M • *se mettre ~ en tête* zich kopzorgen maken

martèlement ZN M **1** (het) hameren **2** FIG. (het) (ergens op) hameren

marteler OV WW OOK FIG. hameren (op), beuken op • *~ le sol* op de grond stampen

martial BN (M MV martiaux), krijgshaftig, krijgs- • *une cour ~e* krijgsraad • *la loi ~e* krijgswet, standrecht • SPORT *les arts martiaux* vechtsporten

martien BN (V martienne), van Mars

Martien ZN M (V Martienne), bewoner van Mars, marsmannetje

martinet ZN M DIERK. gierzwaluw

martingale ZN V rugceintuur

martiniquais BN van / uit Martinique

martin-pêcheur ZN M (MV martins-pêcheurs), ijsvogel

martre ZN V **1** marter **2** marterbont

martyr **1** ZN M (V martyre), martelaar • *jouer les ~s* het slachtoffer uithangen **2** BN mishandeld, gekweld • *un enfant ~* mishandeld kind

martyre ZN M marteldood, OOK FIG. marteling, martelaarschap • *souffrir le ~* hevig lijden, door een hel gaan

martyriser OV WW pijnigen, kwellen, martelen

marxiste **1** BN marxistisch **2** ZN M/V marxist

mas "ma(s)" ZN M landhuis <in Zuid-Frankrijk>

mascara ZN M mascara

mascarade ZN V **1** maskerade, vermomming **2** schijnvertoning

mascotte ZN V mascotte

masculin **1** BN **1** mannelijk • *la mode ~e* herenmode **2** TAALK. mannelijk • *le genre ~* het mannelijke woordgeslacht **2** ZN M mannelijk geslacht / woord

masculiniser OV WW mannelijk maken

masculinité ZN V mannelijkheid

maso INFORM. **1** ZN M/V masochiste masochist **2** BN masochiste masochistisch

masochisme ZN M masochisme

masochiste **1** BN masochistisch **2** ZN M/V masochist

masque ZN M masker, OOK FIG. mom, kapje • *un ~ mortuaire* dodenmasker • *un ~ à gaz* gasmasker • *un ~ à oxygène* zuurstofmasker • *un ~ de beauté* schoonheidsmasker • *arracher le ~ à qn / de qn* iemand ontmaskeren • *lever / ôter le ~* het masker afleggen, FIG. zijn ware gezicht tonen • *sous son ~ de courtoisie...* onder het mom van beleefdheid...

masquer OV WW **1** maskeren, vermommen • *un bal masqué* gemaskerd bal • *les gangsters étaient masqués* de gangsters waren vermomd **2** maskeren, verbergen, afdekken • *une tour qui masque le paysage* toren die het landschap verbergt • COMM. *un appel masqué* telefoontje met een onderdrukt / verborgen nummer

massacrant BN onuitstaanbaar <van humeur>

massacre ZN M **1** bloedbad, OOK FIG. slachting, moordpartij **2** INFORM. slechte uitvoering, verknoeiing • *le match a tourné au ~ pour l'équipe de basket* voor het basketbalteam werd de wedstrijd een groot drama

massacrer OV WW **1** OOK FIG. afslachten, toetakelen **2** INFORM. verknoeien, bederven • FIG. *~ un morceau de musique* een muziekstuk verprutsen

massacreur ZN M **1** moordenaar **2** INFORM. knoeier

massage ZN M massage • *un ~ cardiaque* hartmassage

masse ZN V **1** massa, menigte • *les ~s* de (grote) massa, het volk • *une ~ de gens* een hoop mensen • *la ~ salariale* de totale loonsom • *la culture de ~* de massacultuur • *ils sont arrivés en ~* zij zijn in groten getale / in drommen gekomen • INFORM. *des trains, il n'y en a pas des ~s, le soir* er rijden 's avonds niet zo heel veel treinen **2** (vormloze) massa, klomp • *une ~ d'air* luchtmassa • *taillé dans la ~* uit één stuk gehouwen • FIG. *il était si fatigué qu'il est tombé comme une ~* hij was zo moe dat hij als een blok is neergevallen **3** NATK. massa, aardgeleiding **4** moker • OOK FIG. *le coup de ~* mokerslag

massepain ZN M marsepein

masser **1** OV WW **1** masseren • *se faire ~* zich laten masseren **2** samentrekken <van troepen>, samenballen **2** WKD WW **(se ~)** zich (massaal) verzamelen, samendrommen

masseur ZN M (V masseuse), masseur • *un ~-kinésithérapeute* masseur-fysiotherapeut

massif **1** BN (V massive) **1** massief • *une bague en or ~* ring van massief goud • *du chêne ~* massief eikenhout **2** log, lomp, zwaar • *administrer une dose massive de calmants à qn* iemand een zware dosis pijnstillers toedienen **3** massaal • *les* *départs ~s aux sports d'hiver* massale uittocht naar de wintersport • *des licenciements ~s* massaontslag **2** ZN M **1** groep (geplante) bomen / planten, bloembed • *un ~ de roses* bloembed van rozen **2** bergmassief • *le ~ du Mont-Blanc* het Mont-Blancmassief

massivement BW massaal

mass media, mass-médias ZN M MV massamedia

mass-médias ZN M MV → **mass media**

massue ZN V knots • FIG. *un coup de ~* zware slag, ramp • FIG. *des arguments ~* onweerlegbare argumenten

mastectomie ZN V borstamputatie

master ZN M master, masteropleiding, mastertitel, masterdiploma

mastic "-tiek" ZN M stopverf, kit, mastiek

mastication ZN V (het) kauwen

mastiquer OV WW **1** kauwen op **2** TECHN. met kit / stopverf stoppen

mastoc INFORM. BN onver. lomp, grof, potig

mastodonte ZN M **1** INFORM. kolos, gevaarte **2** DIERK. mastodont

masturbation ZN V masturbatie

masturber **1** WKD WW **(se ~)** masturberen **2** OV WW bevredigen <seksueel>

m'as-tu-vu INFORM. ZN M (MV id.), opschepper, uitslover • *être très ~* een verwaande kwast zijn, zichzelf geweldig vinden

ma

masure ZN V krot

mat "mat" **1** BN dof, mat • *une peau mate* matte huid • *un son ~* dof geluid **2** ZN M mat <schaken> • *échec et ~* schaakmat

mât "mà" ZN M mast, paal • *un ~ de cocagne* klimmast • *un trois-mâts* driemaster

match ZN M (MV match(e)s), wedstrijd, match • *un ~ de badminton* badmintonwedstrijd • *un ~ aller* heenwedstrijd, eerste wedstrijd <van uit- en thuiswedstrijd> • *un ~ retour* returnwedstrijd • *la balle de ~* matchpoint • *faire ~ nul* gelijkspelen • *disputer un ~ contre la Belgique* een wedstrijd spelen tegen België

matelas "-là" ZN M matras • *un ~ pneumatique* luchtbed • *un ~ à ressorts* springmatras

matelasser OV WW dik opvullen / bekleden, capitonneren, watteren

matelot ZN M matroos

matelote ZN V visschotel <met uien-wijnsaus>

mater OV WW **1** temmen, bedwingen, klein krijgen • *la révolte a été matée* de opstand is onderdrukt **2** INFORM. begluren, beloeren

matérialisation ZN V materialisatie, verwezenlijking, belichaming

matérialiser **1** OV WW **1** materialiseren, concretiseren, realiseren **2** belichamen, uitbeelden **2** WKD WW **(se ~)** vaste vorm aannemen, werkelijkheid worden • *un rêve qui se matérialise* droom die werkelijkheid wordt

matérialisme ZN M materialisme

matérialiste **1** BN materialistisch **2** ZN M/V materialist

matérialité ZN V stoffelijkheid

matériau **1** ZN M (MV matériaux) TECHN., OOK FIG. materiaal • *un ~ synthétique* synthetisch materiaal **2** ZN M MV **1** materialen, (bouw)stoffen • *des matériaux de construction* bouwmaterialen **2** FIG. materiaal, gegevens • *collecter des matériaux pour un livre* gegevens verzamelen voor een boek

matériel **1** BN (V matérielle) **1** stoffelijk, lichamelijk, materieel • *le monde ~* de materiële wereld **2** tastbaar, concreet, feitelijk • *les plaisirs matériels* materiële genoegens • *une preuve matérielle de sa culpabilité* tastbaar bewijs voor zijn schuld • *avoir des difficultés matérielles* materiële / financiële problemen hebben **2** ZN M **1** materieel, uitrusting, apparatuur • *le ~ de camping* kampeeruitrusting • *le ~ audiovisuel* audiovisuele apparatuur **2** COMP. hardware • *le ~ informatique* hardware

maternant BN moederlijk bezorgd

maternel BN (V maternelle) **1** moederlijk, moeder- • *l'instinct ~* het moederinstinct • *une (école) ~le* kleuterschool • *la langue ~le* moedertaal **2** van moederskant

maternellement BW moederlijk

materner OV WW bemoederen

maternité ZN V **1** moederschap <ook v. zwangere vrouw> • *un congé (de) ~* moederschapsverlof, zwangerschapsverlof **2** kraamkliniek, kraamafdeling

math INFORM. ZN V MV mathématiques → **maths**

mathématicien ZN M (V mathématicienne), wiskundige

mathématique BN **1** wiskundig **2** INFORM. logisch, (absoluut) zeker

mathématiques ZN V MV wiskunde • *elle est prof de ~* zij is wiskundelerares • *au cours / pendant le cours de ~* tijdens de wiskundeles

matheux INFORM. ZN M (V matheuse), wiskundestudent, leerling die goed is in wiskunde

maths INFORM. ZN V MV mathématiques wiskunde

matière ZN V **1** materie, (grond)stof, materiaal • *une ~ première* grondstof • *les matières grasses* vetten, vetgehalte • *la ~ plastique* plastic, kunststof • *faire travailler sa ~ grise* je grijze cellen laten werken **2** FIG. materie, stof • *une table des matières* inhoudsopgave • *une entrée en ~* begin, inleiding, aanhef • *avoir ~ à réflexion* stof tot nadenken hebben • *en ~ de cinéma, il est ignorant* op filmgebied weet hij niet veel • *en ~ de* met betrekking tot **3** (leer)vak, onderwerp • *la ~ d'un examen* het examenonderwerp

Matignon ZN M • *(l'hôtel) ~* residentie v.d. Franse minister-president

matin ZN M ochtend, morgen • *l'équipe du ~* de ochtendshift • *ce ~* vanmorgen • *le ~* 's morgens • *dimanche ~* zondagochtend • *le lendemain ~* de volgende morgen • *un beau ~* op een goeie dag • *de bon ~* in de vroegte • *du ~ au soir* van de vroege morgen tot de late avond • *au petit ~; tôt le ~* 's morgens vroeg • *à une heure du ~* om één uur 's

nachts • *veiller jusqu'au petit ~* tot in de kleine uurtjes opblijven • *être du ~* een ochtendmens zijn
matinal BN (M MV matinaux), **vroeg in de ochtend, ochtend-, matineus** • *être ~* (altijd) vroeg opstaan
matinée ZN V **1 morgen, ochtend** • *je vous attends dans la ~* ik verwacht u in de loop van de ochtend • *faire la grasse ~* uitslapen, een gat in de dag slapen **2 middagvoorstelling, matinee** • *un spectacle de danse en ~* matineedansvoorstelling
matines ZN V MV **metten**
maton INFORM. ZN M (V matonne), **gevangenbewaarder**
matou ZN M **kater**
matraquage ZN M **1 het) (neer)knuppelen 2** FIG. **indringende propaganda** • *un ~ publicitaire pour un livre* grootschalige reclamecampagne voor een boek
matraque ZN V **knuppel, gummistok**
matraquer OV WW **1 (neer)knuppelen 2** FIG. **erin hameren, indringend propageren, pluggen** • *~ les téléspectateurs avec de la publicité* de televisiekijkers met reclame bestoken **3** INFORM. **afzetten, te veel laten betalen**
matriarcal BN (M MV matriarcaux), **matriarchaal**
matriarcat ZN M **matriarchaat**
matrice ZN V **1 matrijs 2** WISK. **matrix**
matricule 1 ZN V ADMIN. **naamlijst, register** <in ziekenhuis> **2** ZN M **registratienummer, stamboeknummer, inschrijvingsnummer, register** <in gevangenis> **3** BN **registratie-**
matrimonial BN (M MV matrimoniaux), **huwelijks-** • *une agence ~e* huwelijksbureau
matrone ZN V **matrone**
matronyme ZN M **van moedersnaam afgeleide achternaam**
Matthieu ZN M **Mattheus**
maturation ZN V **(het) rijpen, rijping**
mature BN **rijp, volwassen**
maturité ZN V **rijpheid, volwassenheid** • *une ~ précoce* vroegrijpheid, voorlijkheid • *faire preuve de ~* getuigen van volwassenheid • *avec ~* bedachtzaam
maudire OV WW onregelmatig **vervloeken, verwensen** • *cette maison est maudite* er rust een vloek op dit huis
maudit 1 BN **1 vervloekt** • *les poètes ~s* gedoemde (miskende) dichters **2 ellendig** • *cette ~e voiture qui n'avance pas!* die rotauto die niet vooruit wil! **2** ZN M (V maudite), **verdoemde**
maugréer FORM. ONOV WW **mopperen, sputteren**
maure BN **Moors**
Maure ZN M/V **Moor**
mauresque BN **Moors**
Maurice ZN V • *l'île ~* Mauritius
mausolée ZN M **praalgraf, mausoleum**
maussade BN **1 somber, triest** • *un temps ~* naargeestig weer **2 nors, humeurig**
mauvais 1 BN **1 slecht** • *un produit de ~e qualité* product van slechte kwaliteit • *un ~ acteur* slechte acteur • *passer un ~ quart d'heure* een moeilijk moment doormaken • *la récolte a été ~e* de oogst is mislukt • INFORM. *l'avoir ~e* balen, slecht af zijn **2 verkeerd** • *c'est la ~e direction* dat is de verkeerde richting • *elle donne le ~ exemple* ze geeft het verkeerde voorbeeld • *faire un ~ choix* een verkeerde keuze maken • *avoir de ~es fréquentations* verkeerde vrienden hebben, in slecht gezelschap verkeren • *s'engager sur la ~e voie* zich op het slechte pad begeven **3 gemeen** • *une ~e plaisanterie* misplaatste grap • *un ~ sujet* deugniet • *cette femme est foncièrement ~e* deze vrouw is in- en ingemeen • *c'est une ~e langue* dat is een kwaadspreker / kwaadspreekster • *c'est une ~e tête* dat is een driftkop, dat is een lastpak **4 gevaarlijk** • *la mer est ~e* de zee is onstuimig • *recevoir un ~ coup* een lelijke klap oplopen **5 vies, onsmakelijk** • *une ~e odeur* vies luchtje • *avoir un ~ goût* een vieze smaak hebben, niet lekker zijn **2** BW **slecht, verkeerd** • *il fait ~ aujourd'hui* het is vandaag slecht weer • *sentir ~* stinken **3** ZN M **1 (het) slechte, (het) kwade** • *il y a du bon et du ~ dans ce qu'il dit* er zitten goede en slechte kanten aan zijn verhaal **2 slecht mens, kwaaie**
mauve 1 BN **lichtpaars, mauve 2** ZN M **lichtpaars**
mauviette INFORM. ZN V **slapjanus**
maux ZN M MV → **mal**
max INFORM. ZN M maximum **heleboel** • *on s'ennuie un ~ en vacances* je verveelt je te pletter in de vakantie
maxi BN **maxi-**
maxillaire ZN M **kaakbeen**
maxima ZN M MV → **maximum**
maximal BN (M MV maximaux), **maximaal, maximum-, hoogste**
maximalisation ZN V → **maximisation**
maximaliser OV WW → **maximiser**
maxime ZN V **grondstelling, stelregel, spreuk**
maximisation ZN V **maximalisering**
maximiser OV WW **maximaliseren** • *~ les conditions de travail* de arbeidsvoorwaarden / arbeidsomstandigheden optimaliseren
maximum "-mom" **1** BN (M MV maximums/ maxima), **hoogst, maximum- 2** ZN M (MV maximums/maxima), **maximum** • *réunir un ~ de signatures* zo veel mogelijk handtekeningen verzamelen • *faire le ~* al het mogelijke doen • *le froid a atteint son ~ cette année* de kou heeft haar hoogtepunt bereikt dit jaar • *fixer un ~ à qc* een maximum stellen aan iets • *au (grand) ~* ten hoogste
Mayence **Mainz**
mayonnaise ZN V **mayonaise** • INFORM. *avec le nouveau chef, la ~ ne prend pas* met die nieuwe baas wordt het er niet beter op
mazout "-zoet" ZN M **stookolie, huisbrandolie**
mazouté BN **met olie besmeurd** • *des oiseaux mazoutés* met olie besmeurde vogels
me, m' <voor klinker of stomme h> PERS VNW **me, (aan) mij** • *il ~ frappe* hij slaat mij • *va ~ le chercher!* ga het (eens) voor me halen! • *tu ~ le demanderas plus tard* vraag het me later nog maar eens, dat

moet je me later vragen • *je m'en souviens* dat herinner ik me

Me AFK maître **meester** <(aanspreek)titel v. advocaat>

mea-culpa ZN M • *faire son ~* schuld bekennen

méandre ZN M **meander,** OOK FIG. **kronkel** • FIG. *les méandres d'un raisonnement* de kronkels in een redenering

mec INFORM. ZN M **1 kerel, vent, gozer 2 vriend, vrijer** • *elle nous a présenté son ~* ze heeft haar vent aan ons voorgesteld

mécanicien ZN M (V mécanicienne) **1 monteur, werktuigkundige, technicus 2 treinbestuurder, machinist**

mécanique 1 BN **1 mechanisch** • *un escalier ~* roltrap **2 mechanisch, technisch** • *j'ai eu des ennuis mécaniques sur la route* ik heb technische problemen op de weg gehad **3 machinaal** • *un geste ~* automatische beweging, reflex(beweging) **2** ZN V **1 werktuigkunde, mechanica 2 mechaniek, mechanisme** • *la ~ automobile* de mechaniek van een auto

mécanisation ZN V **mechanisatie**

mécaniser OV WW **mechaniseren**

mécanisme ZN M **1** TECHN. **mechanisme, mechaniek 2 proces, mechanisme** • BIOL. *les mécanismes de défense* het afweermechanisme • *le ~ du langage* het taalmechanisme

mécano INFORM. ZN M mécanicien → **mécanicien**

mécénat ZN M **mecenaat, sponsoring**

mécène ZN M **mecenas, sponsor**

méchamment BW **1 gemeen, boosaardig, moedwillig 2** INFORM. **ontzettend**

méchanceté ZN V **1 boosaardigheid, slechtheid, gemene streek** • *sans ~* zonder boos opzet **2 hatelijke opmerking** • *dire des méchancetés à qn* hatelijke opmerkingen tegen iemand maken

méchant 1 BN **1 boos(aardig), gemeen, slecht, agressief** <v. dier> • *attention, chien méchant!* pas op voor de hond! **2 ondeugend, stout** <van kind> • *il n'est pas ~* hij doet geen kwaad **3** FORM. **slecht, middelmatig** • *un ~ vin* slechte wijn • *un ~ scénariste* middelmatig scenarioschrijver **2** ZN M **slecht mens** • *faire le ~* fel reageren, opspelen

mèche ZN V **1 haarlok** • *une ~ de cheveux* haarlok • *se faire faire des mèches* een coupe soleil / highlights laten aanbrengen **2 pit** <van kaars, lamp> • INFORM. *être de ~ avec qn* met iemand onder één hoedje spelen • *vendre la ~* uit de school klappen, je mond voorbijpraten

méconduire BELGFR. WKD WW **(se ~) zich misdragen**

méconnaissable BN **onherkenbaar**

méconnaissance FORM. ZN V **miskenning, onwetendheid** • *sa ~ de l'affaire nous a conduit à l'échec* doordat hij niet goed op de hoogte was, is het op een mislukking uitgelopen

méconnu BN **miskend, niet-onderkend**

mécontent BN **ontevreden** • *je ne suis pas mécontente de m'en aller* ik ben blij dat ik weg kan

mécontentement ZN M **ontevredenheid**

mécontenter OV WW **ontevreden maken**

Mecque ZN V • *La ~* Mekka

médaille ZN V **medaille, (gedenk)penning** • *gagner la ~ d'or* de gouden medaille winnen • FIG. *le revers de la ~* de keerzijde van de medaille

médaillé ZN M (V médaillée), **medaillewinnaar, gedecoreerde**

médailler OV WW **een medaille toekennen aan, decoreren**

médaillon ZN M **medaillon**

médecin ZN M **arts, dokter** • *un ~ généraliste / de famille* huisarts • *un ~ traitant* behandelend geneesheer • *le ~ du travail* bedrijfsarts • *un ~ légiste* gerechtelijk arts, forensisch arts • *~ de garde* dienstdoende arts, huisartsenpost • *un médecin-conseil* controlerend geneesheer • *aller chez le ~; aller voir un ~* naar de dokter gaan • *consulter un ~* naar de dokter gaan

médecine ZN V **geneeskunde, medicijnen(studie)** • *la ~ préventive* preventieve geneeskunde • *la ~ légale* gerechtelijke geneeskunde • *la ~ générale* eerstelijns gezondheidszorg • *la ~ du travail* bedrijfsgeneeskunde • *la ~ douce / parallèle* alternatieve geneeskunde • *faire sa ~ / des études de ~* medicijnen studeren • *un étudiant en ~* student in de medicijnen

média ZN M **(massa)medium** • *les médias* de media • *les médias sociaux* de sociale media

médian BN **midden-, middelst** • *une ligne médiane* middellijn, middenlijn

médiane ZN V **1 zwaartelijn 2 mediaan**

médiat BN **middellijk, indirect**

médiateur 1 BN (V médiatrice), **bemiddelend 2** ZN M (V médiatrice), **(be)middelaar, ombudsman, mediator**

médiathèque ZN V **mediatheek**

médiation ZN V **bemiddeling**

médiatique BN **1 van / in de media** • *un coup ~* media-evenement, publiciteitsstunt • *une campagne ~* mediacampagne **2 mediageniek**

médiatiser OV WW **via de media bekendmaken**

médiatrice ZN V → **médiateur**

médical BN (M MV médicaux), **geneeskundig, medisch** • *les professions médicales* de medische beroepen • *passer une visite médicale* een medisch onderzoek ondergaan

médicaliser OV WW **medicaliseren** • *une ambulance médicalisée* ambulance met medische voorzieningen • *des maisons de retraite médicalisées* verzorgingstehuizen

médicament ZN M **geneesmiddel** • *un ~ pour le cœur* geneesmiddel voor het hart • *un ~ contre la toux* hoestmiddel • *administrer un ~* een geneesmiddel toedienen

médicamenteux BN (V médicamenteuse), **medicinaal**

médication ZN V **medicatie**

médicaux BN → **médical**

médicinal BN (M MV médicinaux), **geneeskrachtig, medicinaal**

médico-légal BN (M MV médico-légaux),

gerechtelijk-geneeskundig
médico-social BN (M MV médicosociaux), medisch-sociaal
médiéval BN (M MV médiévaux), middeleeuws
médiéviste ZN M/V mediëvist, kenner v.d. middeleeuwen
médiocre **1** BN **1** (middel)matig • *être très ~ en maths* heel middelmatig in wiskunde zijn **2** bescheiden • *un salaire ~* bescheiden salaris **2** ZN M (het) middelmatige
médiocrité ZN V (middel)matigheid
médire ONOV WW onregelmatig kwaadspreken **(de** van)
médisance ZN V kwaadsprekerij, laster
médisant **1** BN kwaadsprekend • *des propos médisants* kwaadsprekerij **2** ZN M (V médisante), kwaadspreker
méditatif BN (V méditative), peinzend
méditation ZN V overdenking, overpeinzing, meditatie
méditer **1** ONOV WW mediteren, peinzen **(sur** over) **2** OV WW **1** overdenken **2** beramen, overwegen **(de** om) • *~ sa vengeance* op wraak zinnen
Méditerranée ZN V Middellandse Zee
méditerranéen BN (V mediterranéenne), mediterraan
médium "meedjom" ZN M (MV médiums) **1** medium <spiritisme> **2** MUZ. middenregister
médius "-djuus" ZN M middelvinger
médoc ZN M medoc <bordeauxwijn>
médusé BN stomverbaasd, versteld • *il en est resté ~* hij was stomverbaasd
méduse ZN V kwal
meeting POL., SPORT ZN M meeting, sportontmoeting • *des ~s d'athlétisme* atletiekwedstrijden
méfait ZN M wandaad, misdrijf • *les méfaits de l'alcool* de schadelijke gevolgen van alcoholgebruik • *les méfaits de la crise* de kwalijke gevolgen van de crisis
méfiance ZN V wantrouwen • *la ~ à l'égard de qn* de achterdocht jegens iemand
méfiant BN wantrouwend
méfier WKD WW **(se ~)** wantrouwig zijn, oppassen • *méfiez-vous, les routes sont verglacées!* pas op, de wegen zijn glad door ijzel! • *il ne se méfie de rien* hij heeft niets door
mégalithe ZN M megaliet, reuzenkei
mégalo INFORM. ZN M/V mégalomane → **mégalomane**
mégalomane **1** BN megalomaan **2** ZN M/V megalomaan, iemand die aan grootheidswaanzin lijdt
mégalomanie ZN V grootheidswaan(zin)
mégaoctet ZN M megabyte
mégaphone ZN M megafoon
mégapixel ZN M A-V megapixel
mégapole ZN V conglomeraat van grote steden, verstedelijkt gebied
mégarde ZN V • *par ~* per ongeluk, bij vergissing
mégastore ZN M megastore, grote speciaalzaak
mégatonne ZN V megaton
mégawatt ZN M megawatt
mégère ZN V feeks, akelig wijf, helleveeg
mégot "-goo met harde g" INFORM. ZN M peukje
mégoter ONOV WW beknibbelen, bezuinigen **(sur** op)
meilleur **1** BW beter, best • *il fait ~ ce matin* het is mooier weer vanochtend **2** BN **1** beter **(que** dan) • *c'est ~ marché que chez nous* dat is goedkoper dan bij ons **2** best • *~e santé!* beterschap! • *mes ~s vœux!* mijn beste wensen! • *les vins les ~s ne sont pas toujours chers* de beste wijnen zijn niet altijd duur **3** ZN M (het/de) beste • *j'en passe et des ~es!* en dan heb ik het nog niet over de rest! • *c'est la ~e (de l'année)!* dat is sterk!, dat is helemaal mooi! • *j'ai gardé le ~ pour la fin* ik heb het lekkerste voor het laatst bewaard • *être au ~ de sa forme* op zijn best zijn • *pour le ~ et pour le pire* in voor- en tegenspoed, door dik en dun • *dans le ~ des cas* in het beste geval
mélancolie ZN V droefgeestigheid, zwaarmoedigheid, melancholie
mélancolique BN droefgeestig, zwaarmoedig, melancholisch, melancholiek
mélanésien BN (V mélanésienne), Melanesisch
mélange ZN M **1** het (ver)mengen **2** mengsel, mengeling • *le ~ des populations* de mengeling van verschillende bevolkingsgroepen • *un ~ des genres* combinatie van verschillende genres, het door elkaar halen, mix • *faire des mélanges* (ver)mengen
mélanger **1** OV WW **1** (ver)mengen **(à, avec** met) • *~ des couleurs* kleuren mengen • *~ des cartes* kaarten husselen / schudden • *~ la salade* de salade omroeren • *~ le sucre aux œufs* de suiker en de eieren mengen **2** door elkaar halen, verwarren **2** WKD WW **(se ~)** mengen, samenvloeien, samengaan • *l'eau et l'huile ne se mélangent pas* water en olie mengen niet
mélangeur ZN M mengtoestel, mengmachine • *un robinet ~* mengkraan
mélanome MED. ZN M melanoom, moedervlekgezwel
mélasse ZN V **1** melasse, stroop **2** INFORM. brij • *être dans la ~* in de puree zitten
mêlé BN gemengd, vermengd • *une assistance mêlée* een gemêleerd gezelschap
mêlée ZN V **1** (strijd)gewoel, mêlee • *se jeter dans la ~* zich in de strijd storten **2** <rugby> scrum
mêler **1** OV WW **1** (ver)mengen • *~ de l'eau et du vin / de l'eau à du vin* water en wijn mengen **2** doen samengaan, combineren **3** betrekken (in), verwikkelen (in) • *ne me mêlez pas à cette histoire* betrek me niet in deze zaak • *être mêlé à une affaire louche* in een louche zaak verwikkeld zijn **4** verwarren, in wanorde brengen • *~ tous les fils* alle draden door elkaar halen **2** WKD WW **(se ~)** **1** zich mengen (tussen), zich voegen (bij) • *se ~ à la foule* zich mengen tussen de menigte • *se ~ à la conversation* zich in het gesprek mengen **2** zich bemoeien (met) • *de quoi tu te mêles?* waar bemoei

jij je mee? • *mêle-toi de ce qui te regarde!* bemoei je met je eigen zaken! • *il se mêle de tout* hij is een bemoeial
mélèze ZN M **lariks**
méli-mélo INFORM. ZN M (MV mélis-mélos), **mengelmoes, allegaartje, zootje**
mélisse ZN V **melis(se), citroenkruid**
mélo INFORM. **1** ZN M mélodrame **melodrama** **2** BN mélodramatique **melodramatisch, drakerig**
mélodie ZN V **melodie, wijs**
mélodieux BN (V mélodieuse), **melodieus, welluidend**
mélodique BN **melodisch**
mélodramatique BN **melodramatisch**
mélodrame ZN M **melodrama** • INFORM. *on est en plein ~!* het wordt een heel drama van gemaakt!
mélomane **1** BN **melomaan** **2** ZN M/V **hartstochtelijk muziekliefhebber**
melon ZN M **meloen** • FIG. *un chapeau ~* bolhoed
membrane ZN V **membraan, vlies**
membre ZN M **1** **lid** <lichaamsdeel> • *les ~s (du corps)* de ledematen • *les ~s inférieurs* de onderste ledematen • *trembler de tous ses ~s* over al zijn ledematen trillen **2** **(mannelijk) lid, penis** • *le ~ viril* het mannelijk lid **3** **lid** <persoon> • *les ~s d'un parti* de partijleden • *un État ~* lidstaat • *les pays ~s* lidstaten • *être ~ d'un comité* in een commissie zitten • *un ~ sortant* aftredend lid • *un ~ actif* werkend lid • *une carte de ~* bewijs van lidmaatschap
membré FORM. BN **van ledematen voorzien** • *bien ~* flink van lijf en leden, INFORM. flink geschapen
mémé INFORM. ZN V **oma, opoe**
même **1** AANW VNW **hetzelfde, dezelfde** • *cela revient au ~* dat komt op hetzelfde neer • *c'est du pareil au ~* dat is één pot nat, dat is lood om oud ijzer **2** BN **1** **zelfde** • *ce n'est pas la ~ chose* dat is niet hetzelfde • *il a le ~ âge que moi* hij is even oud als ik • *c'est toujours la ~ chose avec elle!* het is ook altijd hetzelfde met haar! • *en ~ temps* tegelijkertijd **2** **zelf, eigen, precies** <na een woord> • *moi-même* ik zelf • *ce sont ses paroles mêmes* het zijn zijn eigen woorden • *il est la bonté ~* hij is de goedheid zelve • *il est toujours égal à lui-même* hij is altijd zichzelf • *le livre en lui-même est intéressant* het boek zelf / op zichzelf is interessant **3** BW **1** **zelfs, ook, nog** • *~ Marie était en retard* zelfs Marie was te laat • *~ si elle vient, je ne lui parlerai pas!* ook al komt ze, dan zeg ik niets tegen haar! • *ça ne prend ~ pas / pas ~ une heure* daar doe je nog geen uur over **2** **precies** • *je l'ai vu ici ~* ik heb hem hier (en niet ergens anders) gezien • *il est arrivé aujourd'hui ~* hij is vandaag nog gearriveerd • *il en va de ~ pour nous* dat geldt ook voor ons • *il est parti sans ~ nous dire au revoir* hij is vertrokken zonder ons ook maar gedag te zeggen • *il devrait quand ~ venir nous voir* hij zou toch bij ons langs moeten komen • *tout de même, il aurait pu écrire une lettre!* hij had toch wel een brief kunnen schrijven! • *dormir à ~ le sol* zo op de (kale) grond slapen • *boire à ~ la bouteille* zo uit de fles drinken • *porter un pull à ~ la peau* een trui op de blote huid dragen **3** • *être à même de ...* in staat zijn om ... • *il n'est pas à ~ de venir seul* hij kan niet eens alleen komen
mémento ZN M **1** **notitie(boekje)** **2** **kort overzicht** <als titel>
mémère INFORM. ZN V **1** **(dikke oudere) vrouw, moedertje** **2** **opoe**
mémoire **1** ZN V **1** **geheugen** • *avoir une ~ sélective* een selectief geheugen hebben • *avoir une ~ visuelle* een visueel geheugen hebben • *avoir un trou de ~* ergens niet op kunnen komen • *c'est encore tout frais dans ma ~* het ligt me nog vers in het geheugen • INFORM. *avoir une ~ d'éléphant* een olifantengeheugen hebben • INFORM. *avoir une ~ comme une passoire* een geheugen als een zeef hebben • *avoir la ~ courte* kort van memorie zijn • *perdre la ~* vergeetachtig worden • *je n'ai plus son numéro en ~* ik kan me zijn nummer niet meer herinneren • *c'est gravé dans ma ~* dat staat in mijn geheugen gegrift • *il faut signaler, pour mémoire, que...* ter nadere informatie zij er op gewezen dat... • *si j'ai bonne ~* als ik me goed herinner • *citer qc de ~* iets uit het hoofd citeren **2** COMP. **geheugen** • *la ~ morte* ROM • *la ~ vive* RAM • *une capacité de ~ de 5 mégaoctets* geheugencapaciteit van 5 megabyte **3** **herinnering, nagedachtenis (de aan)** • *le devoir de ~* (morele) herdenkingsplicht • *honorer la ~ de qn* iemands nagedachtenis in ere houden • *réhabiliter la ~ de qn* de nagedachtenis aan iemand in ere herstellen • *de ~ d'homme, on n'avait pas vu cela* sinds mensenheugenis had men dat niet gezien • *à la ~ des soldats morts* ter nagedachtenis van / aan de gesneuvelde soldaten **2** ZN M **1** **verhandeling, scriptie** • *un ~ de master* masterscriptie • *un ~ de fin d'études* afstudeerscriptie **2** **geschrift, nota, memorie**
mémoires ZN M MV **memoires** • *ses ~ ont paru après sa mort* zijn memoires zijn na zijn dood verschenen
mémorable BN **gedenkwaardig**
mémorandum "-dom" ZN M **memorandum, nota**
mémorial ZN M (MV mémoriaux), **gedenkteken, monument**
mémorisation ZN V **1** **(het) van buiten leren** • *des procédés de ~* geheugenleer, geheugentechniek • *des difficultés de ~* geheugenproblemen, moeite met het onthouden van dingen **2** COMP. **opslag** <van gegevens>
mémoriser OV WW **1** **van buiten leren, memoriseren** **2** COMP. **in het geheugen opslaan**
menaçant BN **dreigend** • *le temps est ~* het dreigt te gaan regenen / onweren
menace ZN V **1** **(be)dreiging, dreigement** • *une ~ de mort* bedreiging met de dood • *des ~s en l'air* loze bedreigingen • *obtenir qc par la ~* door dreigement iets verkrijgen • *mettre ses ~s à exécution* zijn dreigementen uitvoeren **2** **slecht voorteken, dreiging, dreigend gevaar** • *la ~ d'une guerre atomique* het dreigende gevaar van een kernoorlog

• *le dopage est une ~ pour les cyclistes* doping vormt een dreigend gevaar voor wielrenners • *demain, ~ d'orage* morgen dreigt het te gaan onweren
menacer **1** ONOV WW **dreigen, een risico vormen** • *l'orage menace* het dreigt te gaan onweren • *ça menace d'être long* dat dreigt lang te gaan duren • *la maison menace de s'écrouler* het huis dreigt in te storten **2** OV WW **bedreigen (de met)** • *~ qn de renvoi* iemand dreigen te ontslaan • *~ qn avec une arme* iemand met een wapen bedreigen • *~ qn de mort* iemand met de dood bedreigen
ménage ZN M **1 huishouden, huishouding** • *une femme de ~* werkster, schoonmaakster, BELG. werkvrouw • *un homme de ~* schoonmaker, hulp in de huishouding • *faire des ménages* werken als hulp in de huishouding • *faire le / du ~* het huishouden doen, FIG. (grote) schoonmaak houden **2 huisgezin** • *une scène de ~* huiselijke twist, echtelijke ruzie • *un ~ à trois* driehoeksverhouding • *subvenir aux besoins du ~* in het gezinsonderhoud voorzien • *ils font bon ~ tous les deux* zij kunnen goed met elkaar opschieten • *se mettre en ~* gaan samenwonen / trouwen
ménagement ZN M **(het) ontzien (van iemand), omzichtigheid** • *traiter qn sans ~* iemand behandelen zonder hem / haar te ontzien
ménager **1** BN (V ménagère), **huishoudelijk, huishoud-** • *les travaux ménagers* huishoudelijk werk • *des appareils ménagers* huishoudelijke apparaten, huishoudapparatuur • *les ordures ménagères* huisvuil **2** OV WW **1 regelen, tot stand brengen** • *je vous ménage une surprise* ik bezorg u een verrassing **2 maken, aanbrengen** **3 sparen, voorzichtig omgaan met, ontzien** • *~ ses forces* zijn krachten sparen • *ne pas ~ sa peine* geen moeite ontzien • *~ la susceptibilité de qn* iemands gevoeligheden ontzien • *ne pas ~ ses critiques* de kritiek niet sparen, veel kritiek leveren **4 met begrip / consideratie behandelen** **3** WKD WW **(se ~)** **1 zich in acht nemen, zich ontzien, op zijn gezondheid letten** **2 zich verschaffen** • *se ~ du temps pour faire qc* tijd vrij zien te maken om iets te doen
ménagère ZN V **1 huisvrouw** • FIG. *le panier de la ~* het boodschappenmandje van de huisvrouw <basis van de consumentenprijsindex> **2 (cassette met) tafelbestek**
ménagerie ZN V **beestenspel, menagerie, dierentuin**
mendiant ZN M (V mendiante), **bedelaar**
mendicité ZN V **bedelarij** • *en être réduit à la ~* tot de bedelstaf gebracht zijn
mendier **1** ONOV WW **bedelen** **2** OV WW OOK FIG. **bedelen om, uit zijn op** • *~ des votes* overal stemmen proberen te winnen
menées ZN V MV **gekonkel, intriges, kwalijke praktijken, machinaties**
mener **1** ONOV WW **1 leiden, voeren (à naar, tot)** • *cela ne mène à rien* dat loopt op niets uit • *cette route mène au village* deze weg loopt naar het dorp **2** SPORT **de leiding hebben** • *il a mené dans les dix premiers kilomètres* de eerste tien kilometer lag hij op kop • *notre équipe mène (par) 3 à 1* ons team staat met 3-1 vóór **2** OV WW **1 brengen, leiden (à naar, tot)** • *~ les enfants à l'école* de kinderen naar school brengen • *cet autobus vous mènera à la gare* deze bus brengt u naar het station • *il la menait par la main* hij leidde haar bij de hand • FIG. *se laisser ~ par le bout du nez* zich laten ringeloren **2** SPORT **aanvoeren** • *~ le peloton* het peloton leiden **3 beheren, behandelen** • *~ une enquête* een onderzoek instellen • *~ une affaire à terme* een zaak tot een goed einde brengen • *~ une vie dissolue* een losbandig leven leiden **4 maken** • *~ la vie dure à qn* het iemand moeilijk maken
ménestrel ZN M **minstreel**
meneur ZN M (V meneuse), **(volks)leider, volksmenner, aanvoerder** • *on a arrêté les ~s* ze hebben de leiders gearresteerd • *le ~ de jeu* spelleider, SPORT spelmaker, FIG. gangmaker • *un ~ d'hommes* demagoog, volksmenner, leiderstype • *c'est un ~ d'hommes* hij is een geboren leider
menhir "mènier" ZN M **menhir**
méninge ZN V **1** MED. **hersenvlies** **2** INFORM. **kop, bovenkamer** • *se creuser les méninges* zich suf piekeren
méningite ZN V **hersenvliesontsteking, meningitis**
ménisque ANAT. ZN M **meniscus**
ménopause ZN V **menopauze**
menotte ZN V **handje**
menotter OV WW **handboeien omdoen**
menottes ZN V MV **handboeien** • *passer les ~ à qn* iemand de handboeien omdoen
mensonge ZN M **leugen** • *un ~ pieux* leugentje om bestwil • *un ~ flagrant* een aperte leugen • *raconter des ~s* leugens vertellen • *débiter des ~s* leugens verkopen
mensonger BN (V mensongère), **leugenachtig, bedrieglijk**
menstruation ZN V **menstruatie**
menstruel BN (V menstruelle), **menstrueel, menstruatie-**
mensualisation ZN V **maandelijkse betaling**
mensualiser OV WW **per maand (gaan) betalen**
mensualité ZN V **maandelijkse termijn / betaling, maandloon** • *payer par mensualités* in maandelijkse termijnen betalen • *rembourser qc en trente-six mensualités* iets terugbetalen in zesendertig maandelijkse termijnen
mensuel **1** BN (V mensuelle), **maandelijks, maand-** • *un salaire ~* maandsalaris **2** ZN M **maandblad**
mensuration ZN V **lichaamsmeting** • *les ~s* de lichaamsmaat, (iemands) maten
mental **1** BN (M MV mentaux) **1** MED., PSYCH. **geestelijk, innerlijk, mentaal** • *une maladie ~e* geestesziekte • *des troubles mentaux* psychische stoornissen **2 hoofd-, mentaal** • *le calcul ~* het hoofdrekenen **2** ZN M **moreel, wilskracht** • *le ~ de ce sportif est bon* deze sportman beschikt over een goede wilskracht

mentalement BW **1** in gedachten **2** mentaal • *~ il a huit ans* mentaal gezien is hij acht jaar
mentalité ZN V geestesgesteldheid, mentaliteit • *avoir une ~ de petit fonctionnaire* een ambtenaarsmentaliteit hebben
menteur **1** ZN M (V menteuse), leugenaar **2** BN (V menteuse), leugenachtig
menthe PLANTK. ZN V munt • *du thé à la ~* muntthee • *des bonbons à la ~* mentholsnoepjes, pepermuntjes
menthol ZN M menthol
mention ZN V vermelding • *il ne fait jamais ~ de ses parents dans sa biographie* hij vermeldt zijn ouders nergens in zijn biografie • *rayer les ~s inutiles* doorhalen wat niet van toepassing is • *une ~ honorable* eervolle vermelding • *être reçu avec la ~ 'très bien'* cum laude geslaagd zijn
mentionner OV WW vermelden • *on a déjà mentionné qu'elle ne viendrait pas* er is al vermeld dat zij niet zou komen
mentir ONOV WW onregelmatig liegen (**à** tegen; **sur** over) • *il nous a menti à tous* hij heeft tegen ons allemaal gelogen • *il ment comme il respire* hij is een aartsleugenaar • *sans ~* ongelogen, heus waar
menton ZN M kin • *un double ~* onderkin
mentor FORM. ZN M mentor, leidsman
menu **1** ZN M **1** menu, (spijs)kaart • *le ~ touristique* toeristenmenu • OOK FIG. *être au ~* op het menu staan **2** COMP. menu **3** • *raconter une histoire par le ~* iets (tot) in detail vertellen **2** BN klein, fijn, dun • *le ~ bétail* kleinvee • *de ~s frais* kleine kosten • *de la ~e monnaie* kleingeld **3** BW fijn, in kleine stukjes • *hacher / couper ~* fijnhakken
menuet ZN M menuet
menuiserie ZN V **1** timmerbedrijf, timmerwerkplaats • *un atelier de ~* timmerwerkplaats **2** (fijn) timmerwerk, (vervaardiging van) deuren, kozijnen, meubels enz.
menuisier ZN M timmerman, houtwerker, meubelmaker
méprendre FORM. WKD WW (**se ~**) onregelmatig zich vergissen (**sur** in) • *se ~ sur les intentions de qn* zich vergissen in iemands bedoelingen • *ils se ressemblent à s'y ~* zij lijken sprekend op elkaar
mépris ZN M verachting, minachting (**pour** voor, jegens) • *dire qc avec ~* iets met minachting zeggen • *faire qc au ~ de sa vie* iets doen met gevaar voor eigen leven • *au ~ du danger* ondanks het gevaar
méprisable BN verachtelijk
méprisant BN minachtend
méprise ZN V vergissing • *par ~* per abuis
mépriser OV WW minachten, verachten • *~ l'argent* geld niet belangrijk vinden
mer ZN V OOK FIG. zee • *la ~ du Nord* Noordzee • *la ~ Morte* de Dode Zee • *une ~ de sable* zandzee, woestijn • *une ~ houleuse* een onstuimige zee • *une ~ plate / d'huile* gladde zee • *une grosse ~* zware deining • *la basse ~* het laagtij • *la pleine ~* het hoogtij, de volle zee • *les gens de la ~* zeelui • *un homme à la ~* man overboord • *la ~ est démontée* de zee is onstuimig • *la ~ est d'huile* de zee is spiegelglad • *partir en ~* zee kiezen, uitvaren • *prendre la ~* het ruime sop kiezen • FIG. *ce n'est pas la ~ à boire* het is niet zo moeilijk • *au bord de la ~* aan zee • *en pleine ~* in open / volle zee
mercantile BN op winst uit • *un esprit ~* koopmansgeest
mercantilisme MIN. ZN M handelsgeest, winstbejag
mercatique ZN V marketing
mercenaire **1** ZN M MIL. huurling **2** BN zich verkopend, omkoopbaar, huur- • *des troupes ~s* huurtroepen
mercerie ZN V **1** garen- en bandhandel **2** garen en band
merchandising ZN M merchandising
merci **1** ZN M bedankje, dank(betuiging) • *mille ~s!* duizendmaal dank! • *~ de / pour votre générosité* dank voor uw vrijgevigheid • *un grand ~* hartelijk dank **2** TUSSENW dank je / u wel • *~ bien / beaucoup* dank je / u wel, hartelijk bedankt • *non, ~! je n'ai plus faim!* nee, dank je, ik heb geen honger meer! • *oui, ~! encore un peu!* ja, graag, nog een beetje! • *~ de bien vouloir répondre* gaarne zien wij uw bericht tegemoet **3** ZN V genade <in uitdrukkingen> • *Dieu ~!* goddank! • *être à la ~ de qn* overgeleverd zijn aan de genade van iemand, ten prooi vallen aan iemand
mercredi ZN M woensdag • *le ~* 's woensdags • *~ matin* woensdagochtend • *tous les ~s / chaque ~* iedere woensdag, 's woensdags • *le ~ des Cendres* Aswoensdag
mercure ZN M kwik(zilver)
Mercure Mercurius
mercurochrome ZN M mercurochroom
merde INFORM. **1** TUSSENW shit!, verdorie!, kut! • *~ alors!* verdomme! • *tu viens? oui ou ~!* kom je? ja of nee! **2** ZN V **1** poep • *une ~ de chien* hondenpoep **2** narigheid, rotzooi • *et cette voiture de ~ qui n'avance pas!* die rotauto die niet vooruitkomt! • *un examen de ~* waardeloos examen, snertexamen **3** waardeloos persoon • *il ne se prend pas pour une ~!* hij heeft een hoge dunk van zichzelf, hij vindt zichzelf heel wat
merdeux INFORM. **1** BN (V merdeuse), bescheten, vol poep **2** ZN M (V merdeuse), snotaap, FIG. klier • *quel petit ~!* wat een kleine snotaap!
merdier INFORM. ZN M rotzooi
merdique INFORM. BN snert-, waardeloos • *il fait un temps ~* het is rotweer
mère ZN V **1** moeder • *une ~ de famille* huismoeder • *une ~ célibataire / monoparentale* ongehuwde moeder • *une ~ porteuse* draagmoeder • *la reine ~* de koningin-moeder **2** bron, moeder-, grond- • *la ~ patrie* het moederland • *la société ~* de moedermaatschappij, het moederbedrijf
merguez "-gez met harde g" ZN V scherp gekruid worstje
méridien ZN M meridiaan
méridienne ZN V méridienne <chaise longue>

méridional 1 BN (M MV méridionaux), **zuidelijk, Zuid-Frans** • *le climat ~* het Zuid-Franse klimaat **2** ZN M (MV méridionaux), **bewoner van Zuid-Frankrijk**

meringue CUL. ZN V **schuimgebak, schuimpje**

mérinos "-noos" ZN M **1 merinosschaap 2 merinoswol**

merisier ZN M **1 wilde kersenboom 2 kersenhout**

méritant BN **verdienstelijk**

mérite ZN M **verdienste, merite** • *un homme de ~* een verdienstelijk man • *la voiture électrique a le ~ de moins polluer* een elektrische auto heeft als pluspunt dat hij minder vervuilt

mériter OV WW **verdienen, waard zijn** • *il a bien travaillé, il mérite de réussir* hij heeft goed gewerkt, hij verdient het om te slagen • IRON. *tu l'as bien mérité!* je hebt het verdiend!, net goed voor je! • IRON. *une fessée bien méritée* welverdiend pak slaag

méritoire BN **verdienstelijk**

merlan ZN M **wijting** <vis>

merle ZN M **merel**

merlu ZN M **heek** <vis>

merluche ZN V **stokvis**

merveille ZN V **wonder** • *les sept ~s du monde* de zeven wereldwonderen • *il se porte à ~* hij maakt het uitstekend • *cette robe lui va à ~* deze jurk staat haar beeldig • *quelle ~!* prachtig!, verrukkelijk!

merveilleux 1 BN (V merveilleuse), **verbazend, uitstekend, prachtig, wonder- 2** ZN M **(het) wonderbare, (het) bovennatuurlijke**

mes BEZ VNW MV → **mon**

mésalliance ZN V **huwelijk beneden zijn / haar stand**

mésange ZN V **mees** • *une ~ bleue* pimpelmees

mésaventure ZN V **tegenspoed, tegenslag**

mesclun CUL. ZN M **mengsel van sla en kruiden**

mesdames ZN V MV → **madame**

mesdemoiselles ZN V MV → **mademoiselle**

mésentente ZN V **slechte verstandhouding, onenigheid**

mésestime FORM. ZN V **minachting, geringschatting**

mésestimer FORM. OV WW **onderschatten, geringschatten**

mesquin BN **1 karig, krenterig** • *une somme ~e* karig bedrag **2 bekrompen, kleingeestig**

mesquinerie ZN V **1 bekrompenheid, kleingeestigheid 2 karigheid, krenterigheid**

mess ZN M **mess**

message ZN M **boodschap, bericht, mededeling, melding** • *un message privé* persoonlijk bericht <via sociale media> • *un ~ publicitaire* reclamespot, reclameboodschap • *prendre un ~* een boodschap aannemen • *laisser un ~ sur un répondeur* een boodschap inspreken op een antwoordapparaat • *je lui transmettrai votre ~* ik zal het hem doorgeven

messager ZN M (V messagère), **boodschapper, bode, voorbode**

messagerie ZN V **besteldienst, snelvervoer(sdienst)** • *la ~ électronique* e-mail • *une ~ vocale* telefoonbeantwoorder, voicemail • *la ~ rose* elektronische sekslijn • *par ~ express* per expresse

messe ZN V **mis** <dienst; muziek> • *la ~ de minuit* nachtmis • *la grand-~ / la grande ~* hoogmis • *un livre de ~* missaal • *célébrer la ~* de mis vieren • *dire une ~ pour qn* de mis aan iemand opdragen • *aller à la ~* naar de mis / kerk gaan • INFORM., FIG *faire des ~s basses* (staan, zitten) smoezen, een onderonsje hebben • INFORM. *la ~ est dite* de kogel is door de kerk

messianique BN **Messiaans**

messie, Messie ZN M **Messias**

messieurs ZN M MV → **monsieur**

mesurable BN **meetbaar**

mesurage ZN M **meting**

mesure ZN V **1 (het) meten, maat** • *un instrument de ~* meetinstrument • *une erreur de ~* meetfout • *une ~ de capacité* inhoudsmaat • *un costume sur ~* maatpak • *fait sur ~* op maat gemaakt • *avoir deux poids et deux ~s* met twee maten meten • *prendre les ~s d'une pièce* een kamer opmeten • *il n'y a pas de commune ~ entre ces deux auteurs* deze twee auteurs zijn niet met elkaar te vergelijken • *donner toute sa ~* tonen wat je kan • *faire bonne ~* het volle pond geven • *(dé)passer la ~* te ver gaan • *ce travail est à la ~ de ses compétences* hij heeft de capaciteiten voor dit werk • *faire qc avec ~* iets met mate doen • *nous ne sommes pas en ~ de vous aider* wij zijn niet in staat / in de gelegenheid om jullie te helpen • *à ~ que vous avancerez, vous comprendrez mieux* naarmate u vordert, zult u het beter gaan begrijpen • *dans une large ~* in hoge mate, grotendeels • *dans la ~ du possible* voor zover mogelijk • *dans la ~ où ...* in zoverre dat... • *au fur et à ~* telkens, de één na de ander, één voor één • *au fur et à ~ de qc* naar gelang • *au fur et à ~ que...* naarmate... **2 maatregel** • *une ~ d'urgence* spoedmaatregel • *prendre des ~s draconiennes* drastische maatregelen nemen • *par ~ de sécurité* veiligheidshalve **3** MUZ. **maat** <ritme> • *une ~ à deux temps* tweekwartsmaat • *marquer la ~* de maat aangeven • *battre la ~* de maat slaan

mesuré BN **1 (af)gemeten 2 gematigd, behoedzaam**

mesurer 1 ONOV WW **meten** • *combien mesurez-vous?* hoe lang bent u? • *~ un mètre de long et deux mètres de large* een meter lang en twee meter breed zijn **2** OV WW **1 meten, afmeten** • *~ une pièce* een kamer opmeten **2** FIG. **afwegen, inschatten, beoordelen** • *~ le danger* het gevaar inschatten • *~ ses forces* zijn krachten meten • *~ ses paroles* zijn woorden wikken, zijn woorden zorgvuldig kiezen **3** WKD WW **(se ~) 1 gemeten worden, te meten zijn** • *ça se mesure en centimètres* dat wordt in centimeters gemeten **2 zich meten** • *se ~ à un adversaire* zich meten met een tegenstander

métabolique BN **metabolisch, stofwisselings-**

métabolisme ZN M **stofwisseling, metabolisme**

métacarpe ZN M **middelhand**

métairie ZN V **pachtboerderij**

métal ZN M (MV métaux), **metaal** • *le ~ jaune* het goud • *les métaux précieux* edele metalen • *en / de ~* van metaal

métallique BN **metaalachtig, metaal-** • *un son ~* metaalachtig geluid

métallisé BN **gemetalliseerd, metallic**

métallo INFORM. ZN M métallurgiste → **métallurgiste**

métallurgie ZN V **metaalindustrie, metallurgie**

métallurgique BN **metaalverwerkend, metallurgisch** • *l'industrie ~* de metaalindustrie

métallurgiste ZN M **metaalbewerker**

métamorphose ZN V **gedaanteverwisseling, metamorfose** • *la ~ des vieux quartiers* de metamorfose van de oude wijken

métamorphoser **1** OV WW **veranderen, metamorfoseren** • *cette coiffure l'a métamorphosée* door dit kapsel ziet ze er totaal anders uit **2** WKD WW **(se ~) van gedaante verwisselen, een metamorfose ondergaan** • *se ~ en animal* in een dier veranderen

métaphore ZN V **beeldspraak, metafoor**

métaphorique BN **metaforisch, figuurlijk, overdrachtelijk** • *l'emploi ~ d'un mot* het metaforisch gebruik van een woord

métaphysicien ZN M (V métaphysicienne), **metafysicus**

métaphysique **1** BN **metafysisch, duister-abstract** **2** ZN V **metafysica**

métastase ZN V **uitzaaiing, metastase**

métatarse ZN M **middelvoet**

métaux ZN M MV → **métal**

météo INFORM. ZN V météorologie **weersverwachting** • *présenter la ~ au journal de vingt heures* het weerbericht presenteren tijdens het achtuurjournaal • *la ~ marine* het zeeweerbericht

météore ZN M OOK FIG. **meteoor**

météorique BN **meteoor-, als een meteoor**

météorite ZN V **meteoriet, meteoorsteen**

météorologie ZN V **1 meteorologie, weerkunde** **2 meteorologische dienst**

météorologique BN **meteorologisch, weerkundig, weer(s)-** • *le bulletin ~* het weerbericht

météorologiste ZN M/V **meteoroloog, weerkundige**

météorologue → **météorologiste**

méthadone ZN V **methadon**

méthane ZN M **methaan**

méthanier ZN M **gastanker**

méthode ZN V **1 methode** • *une ~ de travail* werkwijze • *une ~ d'apprentissage du français* Franse lesmethode • *agir avec ~* methodisch te werk gaan • *sans ~* onsystematisch **2 leerboek** • *une ~ de piano* leerboek voor piano

méthodique BN **methodisch, systematisch**

méthodiste REL. **1** BN **methodistisch** **2** ZN M/V **methodist**

méthodologie ZN V **methodeleer, methodiek**

méthylène ZN M **methyleen**

méticuleux BN (V méticuleuse), **heel secuur, angstvallig** • *il est très ~ dans son travail* hij is heel secuur in zijn werk • *être d'une propreté méticuleuse* uiterst netjes zijn

métier ZN M **1 ambacht, vak, beroep** • *les petits métiers* de kleinere (ambachtelijke) beroepen, de simpele baantjes • *une armée de ~* beroepsleger • *choisir un ~* een beroep kiezen • *quel ~ exerce-t-il?* welk beroep heeft hij? • *avoir du ~* ervaring hebben, (vak)bekwaam zijn • *il est du ~* het is zijn vak • *il n'est pas du ~* hij is geen vakman • *l'argot de ~* vakjargon • *le ~ de parent n'est pas si facile!* ouder zijn is geen gemakkelijk vak! **2 weefgetouw, borduurraam**

métis "-ties" **1** BN (V métisse), **van gemengd ras, gekruist** **2** ZN M (V métisse), **kleurling, halfbloed**

métissage ZN M **kruising** <van rassen>

métisser OV WW **kruisen** <van rassen> • *des populations métissées* gemengde volkeren

métonymie ZN V **metonymie**

métrage ZN M **1 (het) (op)meten** <van stof> **2 lengte** <film> • *un court ~* korte film • *un long ~* speelfilm

mètre ZN M **meter** <eenheid; meetlat, -lint> • *un ~ cube* kubieke meter • *un appartement de cent cinquante mètres carrés* een appartement van 150 vierkante meter • *un ~ pliant* duimstok • *courir le cent mètres en une minute* de honderd meter in één minuut lopen • INFORM. *piquer un cent mètres* een sprintje trekken

métrique BN **1 metriek** • *le système ~* metriek stelsel **2 metrisch**

métro INFORM. ZN M métropolitain **metro** • *le ~ aérien* de bovengrondse metro • *une rame de ~* metrostel, metrotrein • *une bouche de ~* metro-ingang

métronome ZN M **metronoom**

métropole ZN V **1 wereldstad, hoofdstad, metropool** **2 moederland**

métropolitain **1** BN **tot het moederland behorend** • *la France métropolitaine* Europees Frankrijk <zonder overzeese gebiedsdelen> **2** ZN M OUD **(Parijse) metro**

mets "mè" **1** ZN M **gerecht, spijs** **2** WW → **mettre**

mettable BN **draagbaar** <van kleren>

metteur ZN M (V metteuse), **steller, plaatser** • *un ~ en scène de théâtre* toneelregisseur • *un ~ en scène de film* filmregisseur • DRUKK. *un ~ en pages* opmaker

mettre **1** OV WW onregelmatig **1 plaatsen, leggen, zetten, stellen, doen, aanbrengen** • *~ un enfant sur sa chaise* een kind op zijn stoel zetten • *~ les assiettes dans le buffet* de borden in het buffet zetten • *elle a mis ses bijoux dans le coffre* ze heeft haar sieraden in het juwelenkistje gestopt • *mets ta veste au porte-manteau!* hang je jasje aan de kapstok! • *~ les mains dans les poches* je handen in je zakken doen • *mets la prise (de la lampe)!* doe de stekker (van de lamp) erin! • *~ la table / le couvert* de tafel dekken • FIG. *il faut y ~ du tien* je moet het jouwe doen / bijdragen, je moet een steentje bijdragen • FIG. ~

qn dans l'embarras iemand in de problemen brengen **2 aantrekken** <v. kleding>, **aandoen** • *met tes chaussures!* trek je schoenen aan! • *~ ses lunettes* zijn bril opdoen • *il ne met que du noir* hij draagt alleen maar zwarte kleren • *il est toujours bien mis* hij is altijd goed gekleed **3 aanwenden, besteden** • *~ trois heures pour / à faire ses devoirs* drie uur over zijn huiswerk doen • *tu as mis du temps! / tu y as mis le temps!* je hebt er wel lang over gedaan! **4 opschrijven, noteren** • *~ son nom sur une liste* zijn naam op een lijst zetten • *~ sa signature au bas d'une page* je handtekening onder aan de bladzij zetten **5 aannemen, veronderstellen** • *mettons qu'il ait raison!* laten we aannemen dat hij gelijk heeft! **6 bezorgen, teweegbrengen** • *~ du désordre dans la classe* onrust in de klas veroorzaken **7 starten, in werking stellen** • *~ qc en marche* iets aanzetten <v. toestel>, iets starten • *~ le frein à main* de handrem aantrekken • *~ la machine à laver en route* de wasmachine aanzetten • INFORM. *mets-nous les informations* zet het nieuws eens voor ons aan • *il a mis le réveil à sonner à trois heures* hij heeft de wekker op drie uur gezet • *~ sa montre à l'heure* zijn horloge goed zetten **8 sturen, plaatsen** • *il a mis le ballon dans le panier* hij heeft de bal door de korf geworpen • *~ quelqu'un au travail* iemand aan het werk zetten **9 brengen** <in een toestand>, **veranderen** • *~ une pièce en ordre* een kamer opruimen • *~ son appartement en vente* zijn appartement in de verkoop brengen • *~ du lait à chauffer* melk opwarmen • *~ le feu à la maison* het huis in brand steken • *~ fin à qc* ergens een eind aan maken **10 veranderen (in), overbrengen** • *~ un poème en musique* een gedicht op muziek zetten • *~ en scène* ensceneren **2** WKD WW **(se ~) 1 zich zetten, zich plaatsen, gaan zitten** • *se ~ debout* gaan staan, overeind komen • *se ~ à genoux* knielen • *se ~ dans un fauteuil* in een stoel gaan zitten • *se ~ à table* aan tafel gaan • *se ~ au lit* naar bed gaan • *ne te mets pas les doigts dans le nez!* zit niet in je neus te peuteren! • *il pleuvait fort, on s'est mis à l'abri* het regende hard, we zijn gaan schuilen • *se ~ en pantalon* een broek aandoen • *se ~ en jupe* een jurk aandoen • FIG. *je n'ai rien à me ~!* ik heb niets om aan te trekken! • FIG. *ne plus savoir où se ~* niet meer weten waar je het zoeken moet **2 beginnen met / te** • *se ~ au travail* beginnen te werken, aan het werk gaan • *se ~ à pleurer* het op een huilen zetten • *il s'est mis au piano* hij is begonnen met piano te leren spelen • *il faut vous y ~ sérieusement* u moet zich er serieus toe zetten, u moet er serieus mee aan de slag gaan **3 zich brengen** <in een toestand>, **zich begeven, (ge)raken** • *se ~ en grève* gaan staken • *ils se sont mis ensemble* zij zijn gaan samenwonen • *se ~ en colère* woedend worden • *se ~ en route* zich op weg begeven, op weg gaan • *elle s'est mis en tête de faire du ski à son âge* zij heeft zich in het hoofd gehaald om op haar leeftijd nog te gaan skiën • INFORM. *mets-toi bien dans la tête que tu ne sors pas ce soir!* prent goed in je hoofd dat je vanavond niet uitgaat!

meuble 1 ZN M **1 meubel** • *un ~ de cuisine* keukenmeubel • *des ~s de jardin* tuinmeubels • IRON. FIG. *faire partie des ~s* een meubelstuk zijn, bij het meubilair horen • FIG. *sauver les ~s* de schade beperken, redden wat er nog te redden valt **2 roerend goed 2** BN **roerend** • *des biens ~s* roerende goederen

meublé 1 BN **gemeubileerd** • *louer un appartement ~* een gemeubileerd appartement huren **2** ZN M **gemeubileerde kamer(s)** • *habiter en ~* in een gemeubileerd appartement wonen

meubler 1 OV WW **1 meubileren 2** FIG. **vullen** <van stilte, leegte e.d.> • *~ ses loisirs* zijn vrije tijd vullen **2** WKD WW **(se ~) zich inrichten**

meuf ZN V STRAATT. **vrouw, meid**

meuglement ZN M **geloei**

meugler ONOV WW **loeien**

meuh TUSSENW **boe!** <v. de koe>

meule ZN V **1 molensteen, slijpsteen 2 grote platte kaas**

meunier 1 ZN M (V meunière), **molenaar 2** BN (V meunière), **meel-** • CULIN *une sole meunière* met bloem bedekte, in boter gebakken tong

meure WW subj. présent → **mourir**

meurent WW subj. présent → **mourir**

meures WW subj. présent → **mourir**

meurs WW présent → **mourir**

meurt WW présent → **mourir**

meurtre ZN M **moord** • *commettre un ~* een moord plegen • *être condamné pour ~* voor moord veroordeeld zijn

meurtrier 1 ZN M (V meurtrière), **moordenaar 2** BN (V meurtrière), **moorddadig, levensgevaarlijk** • *une route meurtrière* levensgevaarlijke weg • *un combat ~* bloedig gevecht

meurtrir OV WW OOK FIG. **kwetsen, kneuzen**

meurtrissure ZN V OOK FIG. **kwetsing, kneuzing**

Meuse ZN V **Maas**

meute ZN V OOK FIG. **meute, troep** • *une ~ de journalistes la poursuivait* een horde journalisten achtervolgde haar

mévente ZN V **geringe verkoop**

mexicain BN **Mexicaans**

Mexicain ZN M (V Mexicaine), **Mexicaan**

Mexico ZN M **Mexico(stad)**

Mexique ZN M **Mexico** <land>

mezzanine ZN V **tussenverdieping**

mezzo-soprano ZN M/V (MV mezzo-sopranos), **mezzo(sopraan)**

Mgr AFK Monseigneur **Mgr.**

mi MUZ. ZN M **E, mi, e-snaar**

miam-miam TUSSENW **mmm!** <lekker!>

miaou TUSSENW **miauw!**

miaulement ZN M **gemiauw**

miauler ONOV WW **miauwen**

mi-bas ZN M (MV id.), **kniekous**

mi-carême ZN V (MV mi-carêmes), **halfvasten**

miche ZN V **mik** <rond brood>

micheline ZN V **dieseltrein**

mi-chemin • *à ~* halverwege

mi-clos BN **halfgesloten, halfdicht**

micmac INFORM. ZN M warboel, zooi
mi-corps • *à ~* tot aan het middel
mi-côte • *à ~* halverwege de helling
mi-course • *à ~* halverwege (de wedstrijd)
micro INFORM. ZN M microphone **microfoon**
microbe ZN M **1** BIOL. **microbe 2** INFORM. **uk(kie)**
microbien BN (V microbienne), **microbieel, bacterieel**
microbiologie ZN V **microbiologie**
microchirurgie ZN V **microchirurgie**
microclimat ZN M **microklimaat**
microcosme ZN M **wereld in het klein, microkosmos**
microcrédit ZN M **microkrediet**
microéconomie ZN V **micro-economie**
microélectronique ZN V **micro-elektronica**
microentreprise ZN V **micro-onderneming, zeer klein bedrijf**
microfilm ZN M **microfilm**
micro-informatique ZN V **micro-informatica**
micro-onde, microonde ZN V (MV micro-ondes, microondes), **microgolf** • *un four à micro-ondes* een magnetron(oven)
micro-ordinateur, microordinateur ZN M (MV micro-ordinateurs, microordinateurs), **microcomputer, pc**
micro-organisme, microorganisme ZN M (MV micro-organismes, microorganismes), **micro-organisme**

mi

microphone ZN M **microfoon**
microprocesseur ZN M **microprocessor**
microscope ZN M **microscoop**
microscopique BN **microscopisch (klein)**
micro-trottoir ZN M (MV micros-trottoirs), **straatinterview**
midi ZN M **1 middag(uur), 12 uur 's middags** • *il est ~ et demi* het is half een • *le repas de ~* de lunch • *pendant la pause de ~* tussen de middag • *le train de ~* de trein van 12 uur 's middags • FIG. *chercher ~ à quatorze heures* spijkers op laag water zoeken **2 zuiden** • *le Midi* Zuid-Frankrijk
midinette INFORM. ZN V **onnozel (stads)meisje, dom gansje**
mi-distance • *à ~* halverwege
mie ZN V **broodkruim** • *du pain de ~* witbrood met dunne zachte korst, casinobrood • *de la ~ de pain* broodkruim
miel ZN M **honing** • *doux comme du ~* honingzoet • *une lune de ~* wittebroodsweken
mielleux BN (V mielleuse), **zoetsappig, poeslief**
mien BEZ VNW (V mienne), **(de / het) mijne** • *les ~s* mijn familie, de mijnen • *ce sont vos idées et j'ai les ~nes* dat zijn uw ideeën en ik heb de mijne • *j'y ai mis du ~* ik heb mijn steentje bijgedragen
miette ZN V **1 kruimel** • *des ~s de gâteau* taartkruimels, koekkruimels **2 (brok)stukje, restje, beetje** • *réduire qc en ~s* iets kort en klein slaan • *le vase s'est cassé en ~s* de vaas is in stukjes gebroken • INFORM. *il ne perd pas une ~ de l'histoire* hij mist niets van het verhaal • FIG. *il ne reste que des ~s de sa fortune* er is bijna niks over van zijn vermogen
mieux 1 BW **1 beter (que dan)** • *elle danse ~ qu'elle ne chante* ze danst beter dan ze zingt • *j'ai bien ~ à faire que de t'écouter!* ik heb wel wat beters te doen dan naar je te luisteren! • *elle se porte beaucoup ~* het gaat veel beter met haar • *il va ~* het gaat beter met hem • *ça va de ~ en ~* het gaat hoe langer hoe beter • *j'aime ~ me promener* ik wandel liever • *tu ferais ~ de partir* je kunt maar beter vertrekken • *qui dit ~?* wie biedt er meer? • *il vaut ~ que tu partes* het is beter dat je vertrekt • *le plus tôt sera le ~* hoe eerder hoe liever • *~ vaut tard que jamais* beter laat dan nooit • *je ne demande pas ~* ik wil niets liever • *tant ~!* des te beter!, gelukkig (maar)! • *tant ~ pour lui!* het zij hem gegund! **2 best** • *les postes les ~ payés* de best betaalde functies • *il est au ~ de sa forme* hij is in beste vorm • *c'est l'ouvrage le ~ documenté* dit is het best gedocumenteerde werk **2** ZN M **1 iets beters, (het) beste** • *le ~ possible* zo goed mogelijk • *faire de son ~* zijn best doen • *trouver ~* iets beters vinden • *je m'attendais à ~* ik had iets beters verwacht • *c'est ce qu'on fait de ~ dans le genre* dat is het beste in zijn soort • *le ~ serait de le demander à ton père* je kan het het beste aan je vader vragen • *espérer que tout ira pour le ~* er het beste van hopen • *au ~, il arrivera en deuxième position* in het beste geval wordt hij tweede • *faute de ~* bij gebrek aan beter **2 verbetering** • *on constate un léger ~* men constateert een lichte verbetering
mieux-être ZN M (MV id.), **grotere welstand**
mièvre BN **gekunsteld, popperig, zoetelijk**
mièvrerie ZN V **gekunsteldheid, popperigheid, zoetelijkheid**
mi-figue BN → **figue**
mignardise 1 ZN V FORM. **lievigheid 2** ZN V MV • *des ~s* zoete lekkernijen
mignon 1 BN (V mignonne) **1 lieftallig, leuk om te zien** • *elle est toute ~ne dans sa petite robe!* ze ziet er erg leuk uit in haar jurkje! **2** INFORM. **lief, aardig** • *il est ~ comme tout* hij is om te zoenen • *tu serais ~ si tu pouvais me passer le livre là-haut!* wees zo aardig om me dat boek daarboven aan te geven • *tu es ~ de m'aider à finir mon travail!* het is aardig van je dat je me helpt mijn werk af te maken **2** ZN M (V mignonne), **lieveling, schat**
mignonnet BN (V mignonette), **(poes)lief, snoezig**
migraine ZN V **migraine, schele hoofdpijn**
migrant 1 BN **migrerend** • *les travailleurs ~s* de gastarbeiders **2** ZN M (V migrante), **migrant**
migrateur BN (V migratrice), **trekkend, migrerend** • *les oiseaux ~s* trekvogels
migration ZN V **1 migratie, landverhuizing 2 trek** <van vogels>
migratoire BN **migratie-** • *un mouvement ~* migratiebeweging
migrer ONOV WW **trekken, verhuizen, migreren**
mi-hauteur • *à ~* op halve hoogte, halverhoogte
mijaurée ZN V **aanstelster, nuf** • *faire la ~* aanstellerig doen <van vrouw>
mijoter 1 ONOV WW **zacht koken, sudderen** • *cette viande doit ~ trois heures* dit vlees moet drie

uur sudderen **2** ov ww **1** **zacht stoven, laten sudderen** • FIG. *laissons-le un peu ~* laat hem maar in z'n sop gaar koken **2** INFORM., FIG. **uitbroeden, bekokstoven** • *qu'est-ce qu'elle (nous) mijote?* wat zit ze te bekokstoven? • *~ quelque chose* op iets zitten te broeden

Milan **Milaan**

mildiou ZN M **meeldauw**

mile "majl" ZN M **Engelse mijl**

milice ZN V **militie, (burger)leger**

milicien ZN M (V milicienne), **lid van een militie**

milieu ZN M (MV milieux) **1** **midden** • *le ~ de la page* het midden van de bladzijde • SPORT *le ~ de terrain* middenvelder • *trouver le juste ~* de juiste middenweg vinden • *arriver au beau ~ de la fête* (precies) midden tijdens het feest aankomen • *il n'y a pas de juste ~* er is geen middenweg • *au ~ des spectateurs* tussen de omstanders • *au ~ du repas* halverwege de maaltijd **2** **omgeving, milieu** <sociale kring> • *les ~x gouvernementaux* de regeringskringen • *le ~ ouvrier* het arbeidersmilieu • *dans les ~x politiques* in politieke kringen • *selon des ~x bien informés* volgens welingelichte kringen **3** **onderwereld, penoze** • *le ~* de onderwereld

militaire **1** BN **militair, krijgs-, oorlogs-** • *le service ~* de militaire dienst • *un coup d'état ~* militaire staatsgreep **2** ZN M **militair**

militant **1** BN **strijdend, politiek actief** **2** ZN M (V militante), **activist, actief partijlid**

militantisme ZN M **actieve politieke houding**

militarisation ZN V **militarisatie**

militariser OV WW **op militaire wijze inrichten, militariseren** • *une zone militarisée* militair gebied

militariste **1** BN **militaristisch** **2** ZN M/V **militarist**

militer ONOV WW **politiek actief zijn, actie voeren, strijden** • *~ pour une cause* ijveren / strijden voor een zaak • *~ en faveur de qn* pleiten ten gunste van iemand • *~ contre qc* tegen iets ageren

milk-shake, milkshake ZN M (MV milk-shakes, milkshakes), **milkshake**

mille **1** TELW **duizend** • *mille-un; mille un* duizend en een • *~ mille* tachtigduizend • *l'année ~ neuf cent soixante-six* het jaar 1966 • *gagner des ~ et des cents* geld als water verdienen • *je le reconnaîtrais entre ~* ik herken hem uit duizenden • *je vous l'ai répété ~ fois* ik heb het u wel tig keer gezegd • *les cas de mortalité sont de 7,6 pour ~* het sterftecijfer bedraagt 7,6 per 1000 inwoners **2** ZN M **1** **duizend** • OOK FIG. *taper dans le ~* (midden) in de roos schieten, raak slaan • *dans le ~!* raak!, die zit! **2** **mijl** • *un ~ marin* zeemijl

millefeuille ZN M **tompoes**

millénaire **1** BN **duizendjarig** **2** ZN M **duizendjarig tijdperk / bestaan, millennium**

millénium "-njom" ZN M **duizendjarig rijk**

mille-pattes, millepatte ZN M (MV mille-pattes, millepattes), **duizendpoot**

millésime ZN M **jaartal, jaargang** <v. wijn>

millésimé BN **van jaartal voorzien** • *un bordeaux ~* bordeauxwijn die voorzien is van een jaartal

millet ZN M **gierst**

milliard ZN M **miljard** • *être riche à ~s* miljarden bezitten

milliardaire ZN M/V **miljardair**

millième **1** BN **duizendste** **2** ZN M **duizendste, duizendste deel**

millier ZN M **duizendtal** • *des centaines de ~s de gens* honderdduizenden mensen • *par ~s* enorm veel

milligramme ZN M **milligram**

millilitre ZN M **milliliter**

millimétré BN **millimeter-**

millimètre ZN M **millimeter**

millimétrique BN → **millimétré**

million ZN M **miljoen** • *deux ~s de gens* twee miljoen mensen

millionième BN **miljoenste**

millionnaire ZN M/V **miljonair**

mi-lourd SPORT ZN M (MV mi-lourds), **halfzwaargewicht**

mime **1** ZN M **mime** • *un spectacle de ~* mimevoorstelling **2** ZN M/V **pantomimespeler, imitator**

mimer OV WW **nabootsen, imiteren, (met gebaren) uitbeelden**

mimétisme ZN M **mimicry, nabootsing**

mimi INFORM. **1** BN **lief, schattig** **2** ZN M **1** **zoen** **2** **poes**

mimique ZN V **mimiek**

mimosa ZN M **mimosa**

minable BN **erbarmelijk, ellendig,** INFORM. **waardeloos**

minage ZN M **(het) leggen van mijnen,** OOK FIG. **ondermijning**

minaret ZN M **minaret**

minauder ONOV WW **overdreven lief doen**

minauderie ZN V **liefdoenerij, gemaaktheid**

mince **1** BN **1** **slank, dun, smal** • *découper qc en tranches ~s* iets in dunne plakken snijden • *un ~ filet d'eau* dun straaltje water • *~ comme du papier à cigarette* zo slank als een den **2** **pover, gering** • *ce n'est pas une ~ affaire!* dat is geen geringe zaak!, dat is niet niks! **2** TUSSENW INFORM. **verhip!, verdorie!, nee toch!** • *~! j'ai perdu mon portefeuille* verhip! ik ben mijn portefeuille kwijt

minceur ZN V **dunheid, smalheid, slankheid** • *un régime ~* afslankdieet

mincir ONOV WW **dunner / slanker worden**

mine ZN V **1** **uiterlijk, gezicht, voorkomen** • *une ~ allongée* lang gezicht • *une ~ épanouie* stralend gezicht • *avoir bonne ~* er goed uitzien • *avoir mauvaise ~* er slecht uitzien • *avoir une sale ~* er belabberd uitzien, er beroerd uitzien • *faire triste ~* sip kijken • *faire bonne ~ à qn* iemand vriendelijk bejegenen • *faire grise ~ à qn* iemand koel bejegenen • *faire une ~ de dix pieds de long* een heel lang gezicht trekken • *faire des ~s* aanstellerig-lief doen • *c'est qn qui ne paye pas de ~* dat is iemand die zijn uiterlijk niet mee heeft • *faire ~ de s'en aller* net doen alsof je weggaat **2** OOK FIG. **mijn, groeve** • *une ~ d'or* goudmijn • *une ~ de charbon* kolenmijn • *une ~ à ciel ouvert* open mijn • *un ingénieur des ~s* mijnbouwkundig ingenieur •

mi

FIG. *Internet est une ~ d'informations* internet biedt een goudmijn aan informatie **3 potloodstift** • *un crayon à ~ tendre* potlood met een zachte stift, zacht potlood • *un crayon à ~ dur* potlood met een harde stift, hard potlood **4 mijn, springlading** • *une ~ antichar* antitankmijn • *une ~ antipersonnel* antipersoneelsmijn • *sauter sur une ~* op een mijn lopen

miner OV WW **mijnen leggen in,** OOK FIG. **ondermijnen** • FIG. *un terrain miné* gevaarlijk terrein • *le chagrin la mine* zij wordt verteerd door verdriet

minerai ZN M **erts** • *du ~ de fer* ijzererts • *le ~ d'uranium* uraniumerts • *extraire du ~* erts winnen

minéral 1 BN (M MV minéraux), **mineraal** • *de l'eau minérale plate* mineraalwater zonder koolzuur **2** ZN M (MV minéraux), **mineraal, delfstof**

minéraliser OV WW **in erts omzetten, mineraliseren**

minéralogie ZN V **delfstofkunde, mineralogie**

minéralogique BN **mineralogisch** • *une plaque ~* nummerbord

minéraux ZN M MV → **minéral**

minerve MED. ZN V **gipskraag**

minet INFORM. ZN M (V minette) **1 poesje 2 schatje**

minette INFORM. ZN V **modieus grietje**

mineur 1 BN **1 minderjarig 2 kleiner, geringer, minder belangrijk, tweederangs** • *les arts ~s* minder belangrijke kunstvormen • *l'Asie Mineure* Klein-Azië **3** MUZ. **kleineterts-, mineur-** • *tierce ~e* kleine terts **2** ZN M **mijnwerker 3** ZN M (V mineure), **minderjarige** • *entrée interdite aux ~s* verboden toegang voor minderjarigen

mini 1 BN **mini, kort** • *une jupe ~* minirok **2** ZN M **mini** • *le ~ n'est plus à la mode* de minrok is niet meer in de mode

miniature 1 BN **miniatuur-** • *des avions ~s* miniatuurvliegtuigjes • *un golf ~* minigolf **2** ZN V **miniatuur** • *en ~* in het klein

miniaturisation ZN V **miniaturisatie, verkleining**

miniaturiste ZN M **miniatuurschilder**

minibus "-buus" ZN M (MV id.), **minibus**

minichaîne ZN V **miniset, kleine stereo-installatie**

minidisque COMP. ZN M **minidisk**

minier BN (V minière), **mijn-** • *l'industrie minière* de mijnindustrie • *une catastrophe minière* mijnramp

minigolf ZN M **minigolf**

minijupe ZN V **minirok**

minima ZN M MV → **minimum**

minimal BN (M MV minimaux), **minimaal, minimum-**

minime 1 BN **miniem, zeer gering, minimaal** • *une différence ~* een minimaal verschil **2** ZN M/V SPORT **jeugdspeler, junior**

minimisation ZN V **minimalisering**

minimiser OV WW **tot het minimum terugbrengen, bagatelliseren**

minimum "-mom" **1** BN **minimum-, kleinste** • *l'âge ~* minimumleeftijd • *les températures ~s* minimumtemperaturen **2** ZN M (MV minimums/ minima), **(het) kleinste, minimum** • *le strict ~* het strikt noodzakelijke, het hoognodige • *le ~ vital* bestaansminimum • *les minima sociaux* uitkeringen voor de sociale minima • *réduire au ~* tot het minimum beperken • *avec un ~ de frais* met zo min mogelijk kosten • *au ~* op zijn minst

miniski ZN M **korte ski, miniski**

ministère ZN M **1 ministerie** • *le ~ public* Openbaar Ministerie • *le ~ des Affaires Étrangères* ministerie van Buitenlandse Zaken • *le ~ de l'Intérieur* ministerie van Binnenlandse Zaken • *le ~ de la Défense* ministerie van Defensie • *le ~ (de l'Économie et) des Finances* ministerie van Financiën • *le ~ de la Justice* ministerie van Justitie • *le ~ de l'Éducation nationale* ministerie van Onderwijs • *le ~ des Transports* ministerie van Verkeer (en Waterstaat) **2 (geestelijk) ambt, bediening**

ministériel BN (V ministérielle), **ministerieel** • *une crise ~le* regeringscrisis, kabinetscrisis • *un remaniement ~* kabinetswijziging

ministre ZN M/V **1 minister** • *le Premier ~* premier • *le ~ de la Santé* minister van Volksgezondheid • *le ~ de la Justice* minister van Justitie • *le ~ de l'Intérieur* minister van Binnenlandse Zaken • *le ~ des Affaires étrangères* minister van Buitenlandse Zaken • *le ~ de la Défense* minister van Defensie • *le ~ (de l'Économie et) des Finances* minister van Financiën • *le ~ de l'Éducation nationale* minister van Onderwijs • *le ~ d'État* minister van een belangrijk departement • *un ~ délégué* ≈ onderminister, minister zonder portefeuille • *un ~ plénipotentiaire* gevolmachtigd minister **2 bedienaar van een godsdienst, predikant**

minois ZN M **aardig gezichtje, snoetje**

minorer OV WW **lager schatten, onderschatten**

minoritaire BN **in de minderheid, minderheids-**

minorité ZN V **1 minderheid** • *être en ~* in de minderheid zijn • *être mis en ~* de meerderheid van stemmen verliezen, overstemd worden, weggestemd worden • *dans la ~ des cas* in maar enkele gevallen **2 minderjarigheid**

Minorque ZN V **Menorca**

minou INFORM. ZN M **katje, poesje**

minuit ZN M **middernacht, twaalf uur 's nachts** • *la messe de ~* nachtmis

minus "-nuus" INFORM. ZN M/V **nul** <persoon>, **minkukel**

minuscule 1 BN **zeer klein, minuscuul 2** ZN V **kleine letter**

minutage ZN M **(minutieuze) timing**

minute 1 ZN V **minuut** • *une ~!* een minuutje! • *un vol de dernière ~* lastminutevlucht • *il n'y a pas une ~ à perdre* we hebben geen ogenblik te verliezen • *il peut arriver d'une ~ à l'autre* hij kan elk moment komen • *c'est à deux ~s à pied d'ici* het is op twee minuten loopafstand hiervandaan **2** BN **snel(klaar)-, instant-** • *une cocotte-~* snelkookpan • *un talon ~* hakkenbar

minuter OV WW (minutieus) timen • *un discours bien minuté* goed getimede toespraak
minuterie ZN V tijdschakelaar, automatische trappenhuisverlichting
minuteur ZN M tijdschakelaar, eierwekker
minutie "-sie" ZN V uiterste nauwkeurigheid, precisie • *faire qc avec ~* iets heel nauwkeurig doen
minutieusement BW uiterst nauwkeurig, minutieus
minutieux "-siejeu" BN (V minutieuse), uiterst nauwkeurig, minutieus
mioche INFORM. ZN M/V dreumes, jochie, meisje
mirabelle ZN V mirabel <kleine gele pruim>
mirabellier ZN M mirabellenboom
miracle 1 ZN M wonder • *accomplir des ~s* wonderen verrichten • *cette pilule fait des ~s* dit pilletje is een wondermiddel • *crier au ~* van een wonder spreken, opgetogen zijn • *ça tient du ~ que je sois vivant* het mag een wonder heten dat ik nog leef • *comme par ~, il s'est mis à bien travailler en classe* als door een wonder is hij goed gaan werken in de klas 2 BN wonderbaarlijk, wonder- • *une solution ~* wondermiddel
miraculé BN (als) door een wonder genezen / gered • *une miraculée de la route* vrouw die als door een wonder een verkeersongeval heeft overleefd
miraculeux BN (V miraculeuse), wonderbaarlijk, wonder- • *un remède ~* wondermiddel
mirador ZN M hoge uitkijkpost, uitkijktoren, belvedère
mirage ZN M 1 luchtspiegeling 2 valse schijn, illusie, zinsbedrog
miraud INFORM. BN slechtziend, bijziend
mire ZN V 1 (het) mikken • *le point de ~* mikpunt, doelwit • *la ligne de ~* richtlijn <van vuurwapen>, vizierlijn 2 testbeeld <tv>
mirer FORM. WKD WW (**se ~**) zich spiegelen, zich bekijken
mirettes INFORM. ZN V MV ogen, kijkers
mirifique HUMOR. BN buitengewoon, fabuleus • *des promesses ~s* (de meest) fantastische beloftes
mirobolant INFORM. BN buitengewoon (mooi), fantastisch
miroir ZN M spiegel • *un ~ déformant / grossissant* lachspiegel • FIG. *le ~ aux alouettes* iets bedrieglijk-verlokkends, schone schijn
miroitement ZN M (weer)spiegeling, flikkering
miroiter ONOV WW (weer)spiegelen, flikkeren • *faire ~ qc à qn* iemand iets voorspiegelen
mis 1 BN gekleed, gedekt • *être bien ~* goed / netjes gekleed zijn • *une table mise* gedekte tafel 2 WW volt. deelw. → **mettre**
misaine ZN V • *le mât de ~* fokkenmast
misanthrope 1 ZN M/V misantroop, mensenhater 2 BN misantropisch, mensenschuw
misanthropie ZN V misantropie, mensenhaat
mise ZN V 1 (het) leggen / zetten / stellen / plaatsen <vgl. mettre> • *la ~ en bouteilles* het bottelen • *une ~ en scène* regie, enscenering • DRUKK. *la ~ en pages* opmaak, lay-out • *la ~ en garde* waarschuwing • *la ~ en liberté* invrijheidstelling • *la ~ à mort* het ter dood brengen • *la ~ en condition / en forme* conditietraining • *la ~ en marche d'un appareil* het in werking stellen van een apparaat, het aanzetten van een apparaat • *la ~ sur pied d'un dispositif* het treffen van een voorziening • *la ~ à pied des ouvriers* het tijdelijk buiten dienst stellen van werknemers • *la ~ en vente d'une maison* het in de verkoop zetten van een huis • *une ~ à jour* actualisering, update 2 inzet <van geld>, inbreng • *la ~ à prix* inzet <bij bieding> • *une ~ de fonds* beginkapitaal • *doubler la ~* de inzet verdubbelen • FIG. *sauver la ~ à qn* iemand uit de nood helpen • *cela n'est pas de ~* dat is niet acceptabel, dat is niet gepast 3 kleding, wijze van kleden • *soigner sa ~* zijn kleding verzorgen
miser 1 ONOV WW **~ sur** rekenen op, wedden op, gokken op • *~ sur un cheval* wedden op een paard • FIG. *~ sur les deux tableaux* op twee paarden wedden 2 OV WW inzetten <van geld> • *tout ~ sur la couleur noir* alles op zwart zetten
misérabilisme KUNST ZN M benadrukking v.d. misère, pessimistische inslag
misérable 1 BN 1 armzalig, miserabel • *un quartier ~* armzalige wijk • *un salaire ~* miserabel salaris, hongerloon 2 ellendig, ongelukkig • *se sentir ~* zich ellendig voelen 2 ZN M/V ongelukkige, arme
misère ZN V 1 ellende, nood • *un salaire de ~* hongerloon • *vivre dans une ~ noire* in bittere armoede leven • *être réduit à la ~* tot armoede vervallen • *crier / pleurer ~* zijn nood klagen • *une ~ cachée* stille armoede • *la ~ règne* het is er armoe troef 2 kleinigheid, wissewasje • *les petites misères de la vie* alledaagse beslommeringen • *faire des misères à qn* iemand plagen, iemand pesten
miséreux 1 BN (V miséreuse), arm, armoedig 2 ZN M (V miséreuse), arme stakker
miséricorde ZN V barmhartigheid, erbarmen, mededogen, vergeving
miséricordieux BN (V miséricordieuse), barmhartig, vol mededogen, genadig
misogyne 1 BN vrouwenhatend, misogyn 2 ZN M/V vrouwenhater
misogynie ZN V vrouwenhaat, misogynie
missel ZN M missaal, misboek
missile ZN M projectiel, raket • *un ~ de croisière* kruisraket • *des ~s de portée intermédiaire* raketten voor de middellange afstand
mission ZN V opdracht, taak, OOK REL. missie • *une ~ diplomatique* diplomatieke missie • *une ~ scientifique* wetenschappelijke expeditie • *une ~ de reconnaissance* onderzoeksmissie • *~ accomplie!* taak volbracht! • *être en ~* op dienstreis zijn • *avoir pour ~ de faire qc* iets als opdracht / taak hebben
missionnaire ZN M/V missionaris, zendeling
missive FORM. ZN V (dienst)brief, schrijven, missive
mistral ZN M mistral <noordenwind in Z.O.-Frankrijk>

mitaine ZN V vingerloze handschoen

mite ZN V mijt <dier>, mot <dier> • *un vêtement mangé aux ~s* kledingstuk met mottengaten / waar de mot in zit

mité BN waar de mot in zit

mi-temps **1** ZN M (MV id.), halve baan • *travailler à ~* parttime / halftijds werken **2** ZN V SPORT rust, (eerste/tweede) (speel)helft • *à la ~* tijdens de rust

miter WKD WW **(se ~)** worden aangetast <door motten>

miteux BN (V miteuse), armzalig, sjofel

mitigé BN gematigd, afgezwakt, FIG. halfslachtig • *des sentiments mitigés* gemengde gevoelens

mitigeur ZN M mengkraan

mitonner **1** ONOV WW CULIN zacht koken, sudderen **2** OV WW **1** CULIN zacht stoven, laten sudderen **2** zorgvuldig (voor)bereiden • *~ un projet* een project zorgvuldig voorbereiden

mitoyen BN (V mitoyenne), in het midden liggend, tussen- • *un mur ~* gemeenschappelijke muur • *des maisons ~nes* aanpalende / halfvrijstaande huizen

mitraillage ZN M (het) mitrailleren, beschieting <met automatische wapens>, FIG. (het) neermaaien

mitraille ZN V **1** artillerievuur **2** INFORM. kleingeld

mitrailler OV WW **1** mitrailleren, OOK FIG. bestoken (**de** met), bekogelen • FIG. *~ qn de questions* iemand met vragen bestoken, vragen op iemand afvuren **2** INFORM. aanhoudend fotograferen

mitraillette ZN V machinepistool

mitrailleur ZN M mitrailleurschutter

mitrailleuse ZN V mitrailleur

mitron ZN M bakkersjongen

mi-voix • *à ~* halfluid, met gedempte stem

mixage ZN M geluidsmenging, (het) mixen • *une console / une table de ~* mengpaneel

mixer OV WW mixen <v. film, v. audio>

mixeur ZN M mixer <apparaat>

mixité ZN V gemengdheid, gemengd karakter

mixte BN gemengd • <tennis> *un (double) ~* gemengd dubbel

mixture ZN V mengsel, brouwsel, mixtuur

MJC AFK Maison des jeunes et de la culture V jongerencentrum annex cultureel centrum

MLF AFK mouvement de libération de la femme M vrouwenbeweging

Mlle AFK (MV Mlles) Mademoiselle juffrouw, mej.

MM. AFK Messieurs (de) heren

Mme AFK (MV Mmes) Madame mevrouw, mevr.

MMS AFK multimedia messaging service M mms

mnémotechnique BN mnemotechnisch • *un moyen ~* geheugensteuntje

Mo COMP. AFK mégaoctet M MB, megabyte

mobile **1** BN mobiel, beweeglijk, beweegbaar, los • *la garde ~* motorpolitie • *une main-d'œuvre ~* werknemers die niet honkvast zijn, werknemers die gemakkelijk zijn over te plaatsen, flexibele arbeidskrachten • *un téléphone ~* mobiele telefoon • *une feuille ~* los blad / vel • *une résidence ~* stacaravan **2** ZN M **1** drijfveer, motief • *le ~ du crime* het motief van de misdaad **2** mobiel, mobile <sculptuur> **3** mobiele telefoon, mobieltje

mobile-home, **mobil-home** ZN M (MV mobile-homes, mobil-homes), stacaravan, camper, BELG. mobilhome

mobilier **1** BN (V mobilière), roerend, roerendgoed- • *une valeur mobilière* waardepapier, effect **2** ZN M huisraad, meubilair • *le ~ de jardin* het tuinmeubilair • *le ~ urbain* straatmeubilair

mobilisable BN te mobiliseren, inzetbaar

mobilisateur BN (V mobilisatrice), mobiliserend, mobilisatie- • *une grève mobilisatrice* staking die veel weerklank vindt, staking waar veel mensen aan meedoen

mobilisation ZN V mobilisatie, mobilisering

mobiliser **1** OV WW OOK FIG. mobiliseren, oproepen • *~ l'attention* de aandacht opeisen **2** WKD WW **(se ~)** in actie komen • *le pays entier va se ~* het hele land zal gezamenlijk in actie komen

mobilité ZN V **1** beweeglijkheid, beweegbaarheid, mobiliteit • *une personne à ~ réduite* mindervalide, gehandicapte **2** veranderlijkheid • *la ~ de l'électorat* de wispelturigheid van de kiezers

mobylette ZN V brommer(tje)

mocassin ZN M mocassin

moche INFORM. BN **1** lelijk **2** gemeen • *ce qui lui arrive est ~* wat hem overkomt is rot

mocheté INFORM. ZN V lelijkerd, iets lelijks

modalité ZN V modaliteit, wijze • *des modalités de paiement* betalingswijzen • *les modalités d'inscription* wijzen van inschrijven

mode **1** ZN M **1** wijze, manier • *un ~ d'emploi* gebruiksaanwijzing • *un ~ de vie* levensstijl **2** MUZ. toonaard • *un ~ majeur* grote terts **3** TAALK. wijs • *le ~ d'un verbe* de wijs van een werkwoord **2** ZN V mode • *un défilé de ~* modeshow • *la ~ masculine* herenmode • *la ~ pour enfants* kindermode • *suivre la ~* met de mode meedoen • *lancer une ~* een trend zetten • *être habillé à la dernière ~* volgens de laatste mode gekleed zijn • *à la ~* in de mode, in zwang • *passé de ~* uit de mode **3** BN modieus, mode- • *une coiffure très ~* heel modieus kapsel

modelage ZN M modellering

modelé ZN M weergave v.d. vormen, reliëf

modèle **1** ZN M **1** voorbeeld, toonbeeld • *être un ~ de courage* een toonbeeld van moed zijn • *prendre ~ sur qn* aan iemand een voorbeeld nemen • *sur le ~ de qc* naar het voorbeeld van iets **2** model <iemand die poseert> • *dessiner d'après un ~* modeltekenen **3** model, type • *un ~ réduit* schaalmodel • *un nouveau ~ de voiture* nieuw type auto **2** BN voorbeeldig, model-

modeler OV WW **1** boetseren, modelleren • *de la pâte à ~* boetseerklei **2** FIG. richten naar (het voorbeeld van), afstemmen op • *~ sa conduite sur celle de qn* voorbeeld nemen aan het gedrag van iemand

modélisme ZN M modelbouw

modéliste ZN M/V **1** modelleur, modelmaker **2** modelbouwer
modem "-dèm" COMP. ZN M modem
modérateur **1** BN (V modératrice), matigend • *un ticket ~* eigen risico / bijdrage <bij een sociale verzekering> **2** ZN M (V modératrice), middelaar, gespreksleider, moderator • *avoir un rôle de ~* de rol van gespreksleider hebben
modération ZN V gematigdheid, matiging • *faire preuve de ~* blijk geven van gematigdheid • *boire avec ~* met mate drinken
modéré BN **1** gematigd • *un loyer ~* geen hoge huur, lage huur **2** matig • *un vent ~* matige wind
modérément BW gematigd, met mate
modérer **1** OV WW matigen, verzachten • *~ ses dépenses* zijn uitgaven beperken • *~ ses propos* zijn woorden matigen • *~ l'enthousiasme de qn* iemands enthousiasme temperen **2** WKD WW **(se ~)** zich matigen
moderne **1** BN modern, nieuw(erwets), hedendaags • *les temps ~s* de moderne tijd, de nieuwe tijd • *l'enseignement ~* vwo zonder klassieke talen, ≈ atheneum **2** ZN M **1** KUNST (het) moderne • *se meubler en ~* zich modern inrichten **2** modern schrijver, modern kunstenaar
modernisateur ZN M (V modernisatrice), vernieuwer
modernisation ZN V modernisering
moderniser **1** OV WW moderniseren **2** WKD WW **(se ~)** zich vernieuwen, zich moderniseren
modernisme ZN M modernisme
moderniste **1** BN modernistisch **2** ZN M/V modernist
modernité ZN V moderniteit
modeste BN **1** bescheiden, nederig • *un salaire ~* bescheiden salaris • *pour la ~ somme de douze euros* voor het luttele bedrag van twaalf euro **2** eenvoudig • *mener une vie ~* een eenvoudig leven leiden
modestie ZN V bescheidenheid
modicité ZN V geringheid • *~ d'un salaire* een bescheiden salaris
modifiable BN veranderbaar
modificateur BN (V modificatrice), wijzigend
modificatif BN (V modificative), wijzigings-
modification ZN V wijziging • *apporter des ~s à un texte* wijzigingen aanbrengen in een tekst
modifier **1** OV WW **1** wijzigen, veranderen • *~ une loi* een wet wijzigen **2** TAALK. bepalen **2** WKD WW **(se ~)** veranderen, gewijzigd worden
modique BN matig, gering • *il l'a eu pour la somme ~ de trente euros* dat heeft hij voor dertig euro op de kop getikt
modulable BN variabel, flexibel • *des horaires ~s* flexibele werktijden
modulaire BN modulair
modulation ZN V modulatie, aanpassing, variatie • *la ~ des horaires* de aanpassing van de werktijden
module ZN M module, element, eenheid • COMP. *un ~ d'extension* insteekkaart, plug-in
moelle "mwal" ZN V OOK FIG. merg • *la ~ épinière* ruggenmerg • *un os à ~* mergpijp • *jusqu'à la ~* tot op het bot, door en door, geheel en al
moelleux "mwaleu" **1** BN (V moelleuse), (aangenaam) zacht, vol en zacht • *une étoffe moelleuse* zachte stevige stof • *un vin ~* zachte volle wijn • *une voix moelleuse* lieflijke en toch volle stem **2** ZN M (het) zachte • *le ~ d'un vin* de zachte smaak van een wijn • *le ~ d'un lit* de zachtheid van een bed
mœurs "meur(s)" ZN V MV **1** zeden • *la police des ~* de zedenpolitie • *un certificat de bonnes ~* bewijs van goed zedelijk gedrag • *attentat aux ~* zedendelict **2** gewoonten, gebruiken • *entrer dans les ~* gemeengoed worden, ingang vinden
mohair ZN M mohair, angorawol
moi **1** PERS VNW **1** ik <met nadruk> • *moi, je ne viens pas* ik kom niet • *ma mère et ~, nous retournons chez nous* mijn moeder en ik gaan naar huis • *~ aussi* ik ook • *~ non plus* ik ook niet • *c'est ~ qui te le dis* neem dat maar van me aan • *c'est moi!* ik ben het! **2** mij • *rendez-moi ça!* geef me dat terug! • *après ~, le déluge!* na mij de zondvloed! • *moi-même* ikzelf, mijzelf • *à moi!* help! • *c'est à ~* dat is van mij • *de vous à ~* onder ons gezegd (en gezwegen) **2** ZN M (het) ik
moignon ZN M stomp <van ledematen, takken>
moindre BN **1** kleiner, minder, geringer • *c'est un ~ mal* dat is een minder groot kwaad, dat is het minste van de twee kwaden • *de ~ importance* van minder betekenis • *à un degré ~* in mindere mate **2** (de / het) minste • *le ~ détail* het kleinste detail • *la ~ chance* de geringste kans • *au ~ bruit* bij het minste geluid • *c'est la ~ des choses* dat is wel het minste (dat ik / men kan doen) • *être partisan du ~ effort* iemand zijn die de kantjes er afloopt, liever lui dan moe zijn • *il n'y a pas le ~ doute là-dessus* daar bestaat geen enkele twijfel over
moine ZN M monnik
moineau ZN M (MV moineaux), mus • *manger comme un ~* een kleine eter zijn
moins **1** BW **1** minder • *il est ~ intelligent que moi* hij is minder intelligent dan ik • *rouler ~ vite* minder hard rijden • *il y a ~ de gens qu'hier* er zijn minder mensen dan gisteren • *pas ~ de cent* niet minder dan 100 • *elle en a trois de ~ que toi* ze heeft er drie minder dan jij • *il te faut ~ de trente minutes pour y arriver* je doet er nog geen dertig minuten over om daar te komen • *~ je le vois, mieux je me porte* hoe minder ik hem zie, hoe liever, ik zie hem liever gaan dan komen • *il a de ~ en ~ de clients* hij heeft steeds minder klanten • *j'en ai trois en ~* ik heb er drie te weinig • *en ~ de deux / rien* in een oogwenk **2** minst • *ici, ça coûte le ~ cher* hier is het het minst duur • *c'est le ~ doué de tous* dat is de minst begaafde van allemaal • *il n'est pas malade au ~?* hij is toch niet ziek? • *interdit aux ~ de 18 ans* verboden voor personen onder de 18 • *il y a au ~ une heure qu'il est parti* hij is minstens een uur geleden vertrokken • *c'est un détour d'au ~ une heure* dat is zeker een uur om • *je vous attends à ~ que vous ne soyez empêché* ik verwacht u tenzij u verhinderd bent • *tout au / du ~* ten minste, minstens • *le ~ possible* zo min

mo

mogelijk • *pas le ~ du monde* volstrekt niet, niet in het minst • *pour le ~* op zijn minst (gezegd) **3** **min(us)** • *douze ~ huit égale quatre* twaalf min acht is vier • *il est huit heures ~ dix* het is tien voor acht • *à trois heures ~ le quart* om kwart voor drie • *il fait ~ dix* het is min 10 graden **2** ZN M **1** **minteken** **2** **(het) minste** • *c'est le ~ qu'on puisse dire!* dat mag je wel zeggen! • *c'est le ~ que tu puisses faire* dat is wel het minste dat je kunt doen • *c'est un ~ que rien* het is een nul <persoon>

mois ZN M **1** **maand** • *le ~ de mai* (de maand) mei • *au ~ de juin* in juni • *six ~* een halfjaar • *dans un ~* over een maand **2** **maandloon** • *ils me doivent deux ~ de loyer* ze moeten me nog twee maanden huur betalen

Moïse Mozes

moisi **1** BN **beschimmeld** **2** ZN M **schimmel** • *sentir le ~* muf ruiken

moisir ONOV WW **1** **(be)schimmelen** **2** INFORM. **rondhangen, niksen**

moisissure ZN V **schimmel** <uitslag, zwam>

moisson ZN V **1** **oogst, oogsttijd** • *faire la ~* oogsten **2** FIG. **rijke oogst, grote hoeveelheid (de van)** • *une ~ d'informations* grote hoeveelheid informatie

moissonner OV WW OOK FIG. **oogsten**

moissonneur ZN M (V moissonneuse), **oogster, maaier**

moissonneuse ZN V **maaimachine**

moissonneuse-batteuse ZN V (MV moissonneuses-batteuses), **maaidorsmachine, combine**

moite BN **klam**

moiteur ZN V **klamheid**

moitié ZN V **1** **helft** • *une bonne ~* ruim de helft • *ne pas faire les choses à ~* geen halve maatregelen nemen • *il est à ~ cinglé* hij is half gestoord • *faire les choses à ~* de dingen maar half-half doen • *moitié-moitié* half om half, samsam • *à ~* voor de helft • *à ~ chemin* halverwege • *à ~ prix* voor de halve prijs **2** IRON. **wederhelft**

moka ZN M **1** **mokka(koffie)** **2** **mokkataart**

mol BN → **mou**

molaire ZN V **kies**

molasse → **mollasse**

moléculaire BN **moleculair, molecule-**

molécule ZN V **molecule**

moleskine ZN V **moleskin, soort imitatieleer**

molester OV WW **molesteren, mishandelen**

molette ZN V **1** **kartelrad, geribbeld wieltje/knopje** **2** **radertje** • *une clé à ~* bahco

mollasse, **molasse** BN **1** **week, slap(jes)** **2** **sloom, futloos**

mollasson INFORM. ZN M (V mollassonne), **slome, slapjanus, zacht eitje**

molle BN → **mou**

mollement BW **zacht(jes), slap(jes), zwak(jes)** • *se défendre ~* zich zwak verdedigen

mollesse ZN V **1** **zachtheid** **2** **loomheid**

mollet **1** BN (V mollette), **(aangenaam) zacht, week** • *un œuf ~* zachtgekookt ei **2** ZN M **kuit** • *un pantalon qui arrive aux ~s* kuitbroek

molleton ZN M **molton**

mollir ONOV WW **1** **week worden** • *le vent mollit* de wind gaat liggen **2** **verzwakken, verslappen**

mollo INFORM. BW **rustig aan** • *vas-y ~!* doe het zachtjes aan!

mollusque ZN M **1** **weekdier** **2** INFORM. **slapjanus, flapdrol**

molosse ZN M **grote waakhond**

môme INFORM. **1** ZN M **klein kind** **2** ZN V **meisje**

moment ZN M **moment** • *un bon / long ~* een (heel) tijdje • *passer un mauvais ~* het (even) moeilijk hebben • *c'est le ~ ou jamais* (het is) nu of nooit • *le ~ venu* als het zover is • *elle peut arriver d'un ~ à l'autre / à tout ~* zij kan ieder ogenblik aankomen • *pour le ~ je me tais* voor het moment houd ik mijn mond • *sur le ~, elle n'a rien dit* op dat moment zei ze niets, op het moment zelf zei ze niets • *par ~s, je me demande à quoi elle pense* ik vraag me nu en dan af waar zij aan denkt • *à un ~ donné* op een gegeven moment • *au ~ de partir* op het moment van vertrek • *dans un ~* (zo) dadelijk • *à ce ~* op dat ogenblik, toen • *en ce ~* op dit ogenblik / moment, nu

momentané BN **kortstondig** • *fermeture momentanée* tijdelijke sluiting

momentanément BW **gedurende een ogenblik, tijdelijk**

momie ZN V OOK FIG. **mummie**

momification ZN V **mummificatie**

momifier **1** OV WW **mummificeren** **2** WKD WW **(se ~) ongevoelig worden**

mon BEZ VNW (V ma, M MV mes), **mijn** • *c'est ~ livre* dat is mijn boek • *ce sont mes livres* dat zijn mijn boeken • *un de mes amis* een vriend van mij • *~ Dieu!* goeie God! • *à ~ avis* naar mijn mening, volgens mij • INFORM. *~ œil!* maak dat de kat wijs!, laat me niet lachen!

monacal BN (M MV monacaux), **monnik(s)-, klooster-**

monarchie ZN V **monarchie** • *une ~ constitutionnelle* constitutionele monarchie

monarchiste **1** BN **monarchistisch** **2** ZN M/V **monarchist**

monarque ZN M **monarch, vorst**

monastère ZN M **klooster**

monastique BN **klooster-, monnik(s)-** • *la vie ~* het kloosterleven

monceau ZN M (MV monceaux), **stapel, opeenhoping** • *un ~ d'ordures* berg afval

mondain **1** BN **werelds, mondain** • *des obligations ~es* sociale verplichtingen • *une soirée ~e* exclusief feestje **2** ZN M (V mondaine), **mondain mens**

mondanité ZN V **1** **wereldsgezindheid** **2** MV **societyleven / -nieuws, plichtplegingen**

monde ZN M **1** **wereld** • *une partie du ~* werelddeel • *un voyage autour du ~* wereldreis • *l'Ancien / le Nouveau Monde* de Oude / Nieuwe Wereld • *le ~ entier* de hele wereld • *le ~ des vivants* het rijk der levenden • *ce bas ~* dit ondermaanse, deze wereld • *courir le ~* veel reizen • *habiter au bout du ~* erg afgelegen wonen • *voyager de par le ~* de hele wereld

mo

afreizen • *mettre au ~* ter wereld brengen • *c'est le ~ renversé / à l'envers* dat is de omgekeerde wereld • *aller le mieux du ~* beter gaan dan ooit • *en faire tout un ~* de zaak opblazen • *il faut de tout pour faire un ~* Onze-Lieve-Heer heeft rare kostgangers • *il y a un ~ entre eux et nous* er is een wereld van verschil tussen hen en ons • *ainsi va le ~* zo gaat het in de wereld • *c'est un ~!* het is me toch wat! • FIG. *expédier qn dans l'autre ~* iemand naar de andere wereld helpen • FIG. *passer dans l'autre ~* sterven • *pas le moins du ~* niet in het minst • *pour rien au ~ / pas pour tout l'or du ~* voor geen geld ter wereld **2** **maatschappij, milieu, kringen** • *un homme du ~* man van de wereld • *une femme du ~* vrouw van de wereld • *le ~ intellectuel* de intellectuele wereld, de intellectuelen • *le ~ du théâtre* toneelwereld • *fréquenter le beau ~* in de betere kringen komen, omgaan met de high society • *vivre retiré du ~* zijn leven in afzondering doorbrengen **3** **mensen** • *tout le ~* iedereen • *Monsieur Tout(-)le(-)Monde* de gewone / kleine man • *il n'y a pas grand ~* er zijn niet veel mensen • *il y a du ~* er zijn (veel) mensen, het is er druk • *nous avons du ~* we hebben bezoek / gasten / logés • *on a du ~ à dîner ce soir* vanavond hebben we eters • *c'était noir de ~* het zag (er) zwart van de mensen • INFORM. *il se fout du ~* hij heeft lak aan alles en iedereen

mondial **1** BN (M MV mondiaux), **van de wereld, mondiaal, wereld-** • *une guerre ~e* wereldoorlog **2** ZN M (MV mondiaux), **wereldkampioenschap**

mondialement BW **wereldwijd**

mondialisation ZN V **mondialisering**

mondialiser OV WW **mondialiseren**

mondialiste BN **mondialistisch**

monégasque BN **van Monaco, Monegaskisch**

monétaire BN **monetair, munt-, geld-** • *l'union ~* de monetaire unie

monétique ZN V **elektronisch betalingsverkeer**

monétiser OV WW **(aan)munten**

mongol BN **Mongools**

Mongol ZN M (V Mongole), **Mongool**

Mongolie ZN V **Mongolië**

mongolien **1** BN (V mongolienne), **mongoloïde** **2** ZN M (V mongolienne), **mongool(tje)**

mongolique BN **Mongools**

mongolisme ZN M **mongolisme, syndroom van Down**

moniteur **1** ZN M (V monitrice), **instructeur, (jeugd)leider** • *un ~ d'auto-école* rijinstructeur • *un ~ de ski* skileraar **2** ZN M **1** MED., COMP. **monitor** **2** COMP. **besturingsprogramma**

monitoring ZN M **monitoring**

monnaie ZN V **1** **munt, geld, valuta** • *de la fausse ~* vals geld • *la ~ électronique* elektronisch geld, plastic geld • *une ~ forte* harde valuta • FIG. *c'est ~ courante* dat is heel gewoon, dat is schering en inslag • INFORM., FIG. *faire passer la ~* de kassa laten rinkelen **2** **wisselgeld, kleingeld** • *de la menue / petite ~* wisselgeld, kleingeld • *je n'ai pas de ~ à vous rendre* ik kan niet wisselen • *faire la ~ sur 10 euros* een tientje wisselen • *auriez-vous la ~ sur cent euros?* kunt u honderd euro kleinmaken / wisselen? • *servir de ~ d'échange* als wisselgeld dienen • FIG. *rendre à qn la ~ de sa pièce* iemand met gelijke munt betalen

monnaie-du-pape PLANTK. ZN V (MV monnaies-du-pape), **judaspenning**

monnayable BN **verkoopbaar, verzilverbaar**

monnayer OV WW **te gelde maken, verzilveren**

monnayeur ZN M **geldwisselautomaat**

mono INFORM. ZN M/V moniteur, monitrice **(jeugd) leider**

monobloc BN **uit één stuk**

monochrome BN **monochroom, eenkleurig**

monocle ZN M **oogglas, monocle**

monocoque ZN M **zeilboot met één romp**

monocorde BN **eentonig**

monoculture ZN V **monocultuur**

monogame BN **monogaam**

monogamie ZN V **monogamie**

monogramme ZN M **naamcijfer, monogram**

monographie ZN V **monografie**

monokini ZN M **monokini**

monolingue BN **eentalig**

monolithe **1** BN **monolithisch** **2** ZN M **monoliet, bouwsel uit één steenblok**

monolithique BN OOK FIG. **monolithisch, één groot blok vomend**

monologue ZN M **alleenspraak, monoloog** • *un ~ intérieur* innerlijke monoloog

monologuer ONOV WW **in zichzelf praten, een monoloog houden**

monomoteur BN **eenmotorig**

mononucléose MED. ZN V • *~ infectieuse* ziekte van Pfeiffer

monoparental BN **eenouder-** • *une famille ~e* eenoudergezin

monoparentalité ZN V **eenouderschap**

monophonique BN **monofoon**

monoplace BN **met één plaats, eenpersoons-**

monopole ZN M **monopolie** • *avoir le ~ de qc* van iets het monopolie hebben

monopolisation ZN V **monopolisering**

monopoliser OV WW OOK FIG. **monopoliseren** • *~ la parole* steeds het woord nemen

monopoliste BN **monopolistisch**

monorail "-raj" **1** BN **monorail-** • *un train ~* monorailtrein **2** ZN M **monorail**

monospace ZN M auto **ruimtewagen,** BELG. **volumewagen,** BELG. **monovolume**

monosyllabe **1** BN **eenlettergrepig** **2** ZN M **eenlettergrepig woord**

monosyllabique BN **eenlettergrepig**

monothéisme ZN M **monotheïsme**

monothéiste **1** BN **monotheïstisch** **2** ZN M/V **monotheïst**

monotone BN **eentonig, monotoon** • *une voix ~* toonloze stem

monotonie ZN V **eentonigheid, monotonie**

monsieur ZN M (MV messieurs), **mijnheer, heer** • *Monsieur, Madame,...* <in brief> Geachte heer / mevrouw,... • INFORM. *bonjour messieurs dames!* dag, dames en heren! • SPORT *la finale messieurs a lieu demain* de herenfinale is morgen

monstre 1 ZN M monster, gedrocht • *un ~ de travail* workaholic • *un ~ sacré* vedette, superstar, topfiguur 2 BN monster-, INFORM. geweldig • *des soldes ~s* mega-uitverkoop

monstrueux BN (V monstrueuse) 1 monstrueus, afschuwelijk 2 geweldig, verbazend groot • *une dette monstrueuse* enorme schuld

monstruosité ZN V 1 monsterachtigheid • *la ~ d'un crime* monsterachtigheid van een misdaad 2 MED. misvorming

mont "mo(n)" ZN M AARDK. berg • *le ~ Cervin* Matterhorn • *le ~ Blanc* de Mont Blanc • *le ~ Sinaï* de Sinaïberg • *être toujours par ~s et par vaux* altijd onderweg zijn • *promettre ~s et merveilles* gouden bergen beloven

montage ZN M 1 (het) in elkaar zetten, montering, montage, zetting <van (edel)stenen> • *une chaîne de ~* lopende band • *le ~ d'une cuisine* de keukenmontage • FIG. *un ~ financier* financieringsplan 2 A-V montage

montagnard 1 BN in de bergen wonend, berg- 2 ZN M (V montagnarde), bergbewoner

montagne ZN V 1 berg, gebergte • *la haute ~* het hooggebergte • *une chaîne de ~s* bergketen • *les Montagnes Rocheuses* Rocky Mountains • *une balade en ~* bergwandeling • *les ~s russes* roetsjbaan • *faire de la ~* aan bergsport doen • *à la ~* in de bergen • FIG. *déplacer / soulever des ~s* bergen verzetten • INFORM. *son histoire, c'est gros comme une ~!* wat hij verteld is schromelijk overdreven!, zijn verhaal is zwaar aangedikt! 2 berg <grote hoeveelheid> • *une ~ de linge sale* berg vuile was

montagneux BN (V montagneuse), bergachtig, berg-

montant 1 BN 1 stijgend, klimmend, opkomend, opgaand • *un chemin ~* klimmende weg • *la marée ~e* opkomend getij • *la génération ~e* opgroeiende generatie 2 hoog(gesloten) <van kledingstuk> • *des chaussures ~es* hooggesloten schoenen 2 ZN M 1 (totaal)bedrag • *le ~ des frais* het totaalbedrag aan kosten • *d'un ~ de 10 euros* ten bedrage van 10 euro, voor 10 euro 2 opstaand deel, stijl, post

mont-blanc CUL. ZN M (MV monts-blancs), kastanjepuree met slagroom

mont-de-piété ZN M bank van lening

monté BN 1 (goed) voorzien (**en** van) • *être bien ~ en vaisselle* goed voorzien zijn van tafelservies 2 INFORM. nijdig, woedend • *elle est très montée contre son patron* zij is woedend op haar baas

monte-charge ZN M (MV monte-charge(s)), goederenlift

montée ZN V 1 helling, steile weg 2 (het) bestijgen / instijgen / (op)stijgen, SPORT promotie • *la ~ des prix* de prijsstijging • *la ~ des températures* temperatuurstijging • *~ interdite!* niet instappen! 3 (het) opkomen, (het) toenemen • *la ~ d'un parti* de opkomst van een partij

monter 1 ONOV WW 1 klimmen, naar boven gaan, omhooggaan, opkomen • *~ à bicyclette* fietsen • *~ à cheval* paardrijden • *~ en voiture* instappen <in auto, trein> • *~ à l'échelle* de ladder opklimmen • *~ sur une table* op een tafel gaan staan • *~ se coucher* naar boven gaan om te gaan slapen • *~ en courant* naar boven rennen • *ça monte dur* het is een hele klim 2 (in noordelijke richting) gaan • *~ à Paris* (vanuit het zuiden) naar Parijs gaan 3 (op)stijgen • *les eaux montent* het water stijgt • *les larmes lui montent aux yeux* de tranen springen hem in de ogen • *faire ~ les prix* de prijzen opjagen • *les prix montent en flèche* de prijzen schieten omhoog • FIG. *le vin lui monte à la tête* de wijn stijgt hem naar het hoofd • FIG. *le ton monte* het gesprek raakt verhit 4 FIG. opklimmen • *~ en grade* tot een hogere rang bevorderd worden • *une vedette qui monte* ster die steeds populairder wordt, opkomende ster 2 OV WW 1 bestijgen, beklimmen, opgaan • *~ la côte* de helling opgaan • *~ l'escalier en courant* de trap oprennen 2 naar boven brengen • *~ les valises au grenier* de koffers naar de zolder brengen • *monte-moi le petit-déjeuner!* breng het ontbijt boven! 3 bestijgen • *~ un cheval* een paard berijden / bestijgen • *la police montée* de bereden politie 4 CULIN (op)kloppen • *~ les blancs en neige* eiwit kloppen 5 doen rijzen / stijgen, OOK FIG. ophalen • *~ le son* het geluid harder zetten • *~ la garde* de wacht betrekken 6 opzetten, ophitsen • *~ qn contre qn d'autre* iemand ophitsen tegen een ander • *~ la tête à qn* iemand het hoofd op hol brengen 7 monteren, in elkaar zetten, op touw zetten, zetten <van edelstenen> • *~ une tente* een tent opzetten • *~ une affaire* een zaak op touw zetten • *un coup monté* afgesproken werk 8 inrichten, uitrusten 3 WKD WW (se ~) 1 bedragen, belopen • *sa dette se monte à plusieurs milliers d'euros* zijn schuld bedraagt duizenden euro's 2 zich opwinden • INFORM. *se ~ la tête* zich van alles in het hoofd halen

monteur ZN M (V monteuse) 1 monteur 2 cutter <van film>, montageman

montgolfière ZN V luchtballon

monticule ZN M bergje, heuvel, hoop

montrable BN toonbaar

montre ZN V 1 horloge • *une ~ digitale* digitaal horloge • *regarder sa ~* op zijn horloge kijken • FIG. *la course contre la ~* race tegen de klok • *il faut, ~ en main, vingt-deux minutes pour y arriver* je doet er, op de minuut af, tweeëntwintig minuten over 2 FORM. vertoon • *faire ~ de perspicacité* blijk geven van inzicht

montrer 1 OV WW 1 tonen (**à** aan), laten zien, wijzen • *~ qn du doigt* iemand met de vinger nawijzen • *~ sa colère* zijn woede tonen • *on montre trop de violence à la télévision* er is te veel geweld te zien op televisie 2 laten zien, uitleggen, leren • *montre-moi comment cet appareil marche!* leg mij eens uit hoe dit apparaat werkt! 2 WKD WW (se ~) 1 zich vertonen, verschijnen • *depuis l'accident, elle ne se montre plus* sinds het ongeluk vertoont ze zich niet meer 2 zich (be)tonen, blijken •

se ~ courageux moedig blijken • *se ~ d'une avarice incroyable* ongelofelijk gierig blijken te zijn
montreur ZN M (V montreuse), **vertoner** • *un ~ de marionnettes* marionettenspeler
monture ZN V **1 montuur, frame** • *une ~ de lunettes* brilmontuur **2 montering, zetting** • *la ~ d'une bague* de zetting van een ring
monument ZN M **1 monument** • *un ~ aux morts* monument voor de gevallenen • *c'est classé ~ historique* hij / het valt onder monumentenzorg • *ériger un ~ à la mémoire de...* een monument oprichten ter nagedachtenis van... • FIG. *ce film est un ~ du cinéma* deze film is een monument op filmgebied **2** INFORM, FIG **gevaarte, kolos** • *ce type est un ~ de bêtise* die kerel is echt buitengewoon dom
monumental BN (M MV monumentaux), OOK FIG. **monumentaal, groots, geweldig** • *une erreur ~e* enorme fout
moquer WKD WW **(se ~) 1 ~ de uitlachen, voor de gek houden, spotten met** • *se ~ de qn* iemand voor de gek houden, spotten met iemand, zich vrolijk maken over iemand • *se ~ de l'accent de qn* iemand uitlachen om zijn accent • *vous vous moquez du monde!* wat denkt u wel!, bent u niet wijs? **2 niets geven om, zich niet storen aan** • *je m'en moque pas mal* het kan me geen moer schelen • INFORM. *je m'en moque comme de ma première chemise* ik heb er maling aan
moquerie ZN V **spot(ternij)**
moquette ZN V **kamerbreed / vast tapijt, moquette** • *se faire placer de la ~ dans le salon* vloerbedekking laten leggen in de woonkamer
moquetter OV WW **met vast tapijt beleggen**
moqueur 1 BN (V moqueuse), **spottend, spotziek 2** ZN M (V moqueuse), **spotter**
moral 1 BN (M MV moraux) **1 zedelijk, moreel** • *une personne ~e* rechtspersoon **2 geestelijk, psychisch** • *des facultés ~es* geesteseigenschappen **2** ZN M **stemming, moreel** • *avoir le ~* opgewekt zijn • *le ~ des troupes est bon* het moreel van de manschappen is goed • *remonter le ~ à qn* iemand opmonteren, iemand moed inspreken • *avoir un ~ d'acier* barsten van het zelfvertrouwen • *c'est bon pour le ~* dat geeft de burger moed • FIG. *avoir le ~ à zéro* in de put zitten
morale ZN V **moraal** • *la ~ de l'histoire, c'est...* de moraal van het verhaal is... • *faire la ~ à qn* iemand de les lezen
moralisateur 1 BN (V moralisatrice), **moraliserend 2** ZN M (V moralisatrice), **moralist, zedenpreker**
moraliser OV WW **ethischer maken**
moralité ZN V **1 moraliteit** <deugdzaamheid> • *un certificat de ~* bewijs van goed gedrag **2 moraal** <van een verhaal>
moratoire 1 ZN M **opschorting, uitstel, moratorium** • *un ~ nucléaire* moratorium op kernproeven **2** BN **moratoir, wegens verzuim / achterstalligheid**
moraux BN → **moral**
morbide BN **ziekelijk, ongezond, morbide** • *une curiosité ~* ongezonde nieuwsgierigheid
morbidité ZN V **morbiditeit**
morceau ZN M (MV morceaux) **1 brok, hap, stuk, fragment** • *un ~ de fromage* stuk kaas • *du sucre en ~x* suikerklontjes • *les bas ~x* minderwaardig vlees • *se casser en mille ~x* in duizend stukjes kapotvallen • *manger un ~* een hapje eten, wat eten • FIG. *recoller les ~x* de brokken lijmen • INFORM. *cracher le ~* doorslaan, gaan praten, bekennen **2** MUZ., LIT. **stuk** • *un ~ classique* klassiek stuk • *des ~x choisis* bloemlezing
morceler OV WW **verbrokkelen, verkavelen**
morcellement ZN M **verbrokkeling, verkaveling**
mordant 1 BN **bijtend, scherp, vinnig** • *un froid ~* bijtende kou • *une critique ~e* scherpe kritiek **2** ZN M OOK FIG. **scherpte, pit(tigheid)**
mordicus "-kuus" INFORM. BW **hardnekkig** • *soutenir qc ~* iets bij hoog en laag volhouden
mordiller OV WW **knabbelen op**
mordoré BN **goudbruin**
mordre 1 ONOV WW **1 bijten** • *~ dans un fruit à belles dents* gretig in een vrucht bijten • *le poisson mord / ça mord* de vis bijt, ik heb beet **2 (in)bijten in, (licht) overschrijden** <v. grens(lijn)> • *~ sur la ligne continue* over de witte streep (v.d. weg) gaan **2** OV WW **1 bijten** • *le chien l'a mordu* de hond heeft hem gebeten • *être mordu par une vipère* gebeten worden door een adder **2** FIG. **(in)bijten in, aantasten 3 (licht) overschrijden** <v. grens(lijn)> • *la voiture a mordu la ligne blanche* de auto ging over de witte streep **3** WKD WW **(se ~)** • *se ~ la langue* zijn tong wel af kunnen bijten • FIG. *je m'en mords les doigts* ik heb hevig berouw
mordu 1 BN **helemaal bezeten (van), verliefd (op) 2** ZN M (V mordue) INFORM. **fan** • *c'est un ~ de football* het is een voetbalgek • *une ~e d'Internet* een verwoed internetster **3** WW volt. deelw. → **mordre**
moresque BN → **mauresque**
morfal INFORM. ZN M (MV morfals), **veelvraat**
morfondre WKD WW **(se ~) met smart wachten**
morganatique BN **morganatisch**
morgue ZN V **1 lijkenhuis 2** FORM. **laatdunkendheid, verwaandheid**
moribond 1 BN **stervend,** OOK FIG. **zieltogend** • *une société ~e* wegkwijnende maatschappij **2** ZN M (V moribonde), **stervende**
moricaud BN **donkerbruin**
morigéner FORM. OV WW **de les lezen, een standje geven**
morille ZN V **morielje**
mormon 1 BN **mormoons 2** ZN M (V mormone), **mormoon**
morne BN **somber, doods, triest**
morose BN **somber, knorrig**
morosité ZN V **somberheid, knorrigheid**
morphine ZN V **morfine**
morphologie ZN V **1 morfologie 2 gedaante, gestalte, lichaamsbouw**
morphologique BN **morfologisch**
morpion ZN M **1 platluis 2** INFORM. **jochie 3** <spel>

≈ boter-kaas-en-eieren <met 5 tekens op een rij>

morse ZN M **1** DIERK. walrus **2** morse(alfabet)

morsure ZN V beet, OOK FIG. (bijt)wond • *les ~s du froid* het bijten van de kou

mort **1** BN **1** OOK FIG. dood, overleden • *une langue ~e* dode taal • *la ~e-saison* slappe tijd • *une nature ~e* stilleven • SPORT *un temps ~* time-out, spelonderbreking • *il est ~ de faim* hij vergaat van de honger • *être ~ de rire* zich doodlachen • *être ~ de fatigue* doodmoe zijn • *être ~ de peur* doodsbang zijn • *être ivre ~* stomdronken zijn • *il faut l'attraper ~ ou vif* hij moet gepakt worden, dood of levend • *c'est un homme ~* hij is ten dode opgeschreven • FIG. *c'est ~!* wat een saaie boel! **2** uit(gewerkt) • *les batteries sont ~es* de batterijen zijn op • *être au point ~* op het dode punt zijn, in z'n vrij(loop) staan <van auto> **2** ZN M **1** dode • *un ~ vivant* levend lijk • *le jour des Morts* Allerzielen • *la place du ~* <in auto> dodemansplaats • *il y a eu des ~s* er vielen doden • *faire le ~* zich dood houden • *être pâle comme un ~* lijkbleek zien **2** blinde <in kaartspel>, dummy **3** ZN V OOK FIG. (de) dood, (het) overlijden • *une ~ accidentelle* dood door een ongeval, dodelijk ongeval • *une ~ clinique* klinische dood • *une ~ cérébrale* hersendood • *un combat à ~* een strijd op leven en dood • *la peine de ~* de doodstraf • *un silence de ~* doodse stilte • *danger de ~!* levensgevaar! • *~ au violeur!* dood aan de verkrachter! • *condamner qn à ~* iemand ter dood veroordelen • *mettre à ~* ter dood brengen • *frapper qn à ~* iemand doodslaan • *trouver la ~ dans un accident* dodelijk verongelukken • *se donner la ~* zich het leven benemen • *être à deux doigts de la ~ / à l'article de ~* op sterven liggen, op sterven na dood zijn • *mourir de sa belle ~* een natuurlijke dood sterven • *être entre la vie et la ~* tussen leven en dood zweven • *s'ennuyer à ~* zich doodvervelen • IRON. *il n'y a pas ~ d'homme!* er is geen man overboord! • FIG. *regarder la ~ en face* de dood in de ogen zien • FIG. *freiner à ~* een noodstop maken • FIG. *souffrir mille ~s* duizend doden sterven • FIG. *c'est la ~ de tous les petits commerces* dat is de ondergang van alle middenstanders • *à la vie et à la ~* voor eeuwig

mortadelle ZN V soort grove worst

mortalité ZN V sterfte(cijfer) • *la ~ infantile* de kindersterfte • *le taux de ~* het sterftecijfer

mort-aux-rats ZN V (MV id.), rattenkruit

morte **1** ZN V dode **2** BN → **mort**

mortel **1** BN (V mortelle) **1** sterfelijk **2** dodelijk • *un poison ~* dodelijk gif • *un péché ~* doodzonde • *un ennemi ~* doodsvijand • *un coup ~* genadeslag, doodsteek • FORM. *une dépouille ~le* stoffelijk overschot **3** INFORM. hevig • *un froid ~* hevige kou • *un ennui ~* dodelijke verveling • *une soirée ~le* stierlijk vervelend avondje **2** ZN M (V mortelle) FORM. sterveling • *le commun des ~s* de gewone sterveling, de gewone man

mortellement BW **1** dodelijk • *il a été ~ blessé* hij is dodelijk verwond geraakt **2** vreselijk, buitengewoon • *~ ennuyeux* stierlijk vervelend

morte-saison ZN V (MV mortes-saisons), slappe tijd

mortier ZN M **1** mortel **2** MIL. mortier • *pilonner au ~* met een mortier bombarderen

mortification ZN V **1** vernedering **2** zelfkastijding

mortifier OV WW vernederen, grieven • *cette remarque l'a mortifié* die opmerking was krenkend voor hem

mort-né **1** BN **1** doodgeboren **2** FIG. gedoemd te mislukken • *un projet ~* een plan dat gedoemd is om te mislukken **2** ZN M (V mort-née), doodgeborene

mortuaire BN doden-, lijk-, sterf- • *une couronne ~* grafkrans • *une veillée ~* dodenwake

morue ZN V kabeljauw • *de la ~ fraîche* kabeljauw • *de la ~ séchée* stokvis • *de l'huile de foie de ~* levertraan • *une queue de ~* pandjesjas, rok

morutier ZN M kabeljauwvisser <man, schip>

morve ZN V snot

morveux **1** BN (V morveuse), snotterig **2** ZN M (V morveuse) INFORM., FIG., MIN. snotneus, snotaap

mosaïque ZN V **1** mozaïek **2** bonte mengeling

Moscou Moskou

moscovite BN Moskovisch

Moscovite ZN M/V Moskoviet

Moselle ZN V Moezel

mosquée ZN V moskee

mot ZN M **1** woord • *des mots croisés* kruiswoordraadsel • *un ~ d'esprit / un bon ~* geestige opmerking, bon mot • *un jeu de mots* woordspeling • *le ~ d'ordre* wachtwoord, parool • *des gros mots* krachttermen, scheldwoorden • EUF. *le ~ de Cambronne* verdorie, shit • *le ~ de passe* wachtwoord, COMP. password • *le fin ~ de l'histoire* het fijne v.d. zaak, de ware toedracht • *jouer sur les mots* dubbelzinnig spreken • *ne dire / ne souffler ~* geen woord zeggen • FIG. *ne pas pouvoir placer un ~* er geen woord tussen krijgen • *je lui en toucherai un ~* ik zal het met hem opnemen • *traduire ~ à ~* woord voor woord vertalen • *avoir un ~ sur le bout de la langue* iets op het puntje van je tong hebben liggen • INFORM. *ne pas piper ~* geen mond opendoen • *j'ai deux mots à te dire* ik moet een ernstig woordje met je spreken • *prendre qn au ~* iemands woorden letterlijk nemen, iemand aan zijn woord houden • *avoir son ~ à dire* een woordje (mogen) meespreken • *avoir toujours le ~ pour rire* nooit om een grapje verlegen zitten • *se donner le ~* (iets) met elkaar afspreken • FIG. *je pèse mes mots* ik weeg mijn woorden af, ik druk het zachtjes uit • FIG. *avoir des mots avec qn* woorden met iemand hebben • *à mots couverts* in bedekte termen • *en un ~* kortom • *en ~ mots* in een paar woorden • *au bas ~* minstens, voorzichtig geschat **2** briefje • *un ~ d'excuse* excuusbriefje • *envoyer un ~ de remerciement à qn* iemand een bedankbriefje schrijven

mot-à-mot ZN M woordelijke / letterlijke vertaling

motard INFORM. ZN M **1** motorrijder **2** motoragent • *un ~ de la police routière* motoragent van de verkeerspolitie

motel ZN M motel
motet MUZ. ZN M motet
moteur **1** ZN M **1** motor • *un ~ à deux temps* tweetaktmotor • *un ~ électrique* elektromotor • *un ~ à réaction* straalmotor • *couper / arrêter le ~* de motor uitschakelen • *le ~ démarre / cale* de motor slaat aan / slaat af • WWW *~ de recherche* zoekmachine **2** FIG. **motor, drijvende kracht** • *le ~ de la croissance économique* de drijvende kracht van de economische groei • *elle est le ~ du projet* zij is de stuwende kracht van het project • *le ~ de l'affaire* de kurk waarop iets drijft **2** BN (V motrice) **1 stuwend, (aan)drijf-** • *une roue motrice* drijfwiel • *la force motrice* (aan)drijfkracht • *une voiture à quatre roues motrices* auto met vierwielaandrijving **2** ANAT. **motorisch, van de motoriek** • *être atteint de troubles ~s* motorisch gestoord zijn **3** FIG. **stuwend** • *avoir un rôle ~ dans une affaire* een stuwende kracht zijn in een zaak
motif ZN M **1 beweegreden, drijfveer** • *un ~ de licenciement* reden van ontslag • *le ~ du crime n'est pas connu* het motief van de misdaad is niet bekend • *renvoyer qn sans ~ valable* iemand zonder geldige reden wegsturen **2 motief, figuur, patroon**
motion POL. ZN V **motie** • *voter une ~ de censure* een motie van wantrouwen aannemen
motivation ZN V **motivatie, motivering** • *une lettre de ~* sollicitatiebrief • *sans ~* zonder opgave van redenen
motiver OV WW **1 motiveren, stimuleren** • *il sait ~ ses employés* hij kan zijn werknemers goed motiveren • *être motivé* gemotiveerd zijn **2 rechtvaardigen, wettigen** • *une absence motivée* afwezigheid met goede reden • *c'est la colère qui motive son comportement* zijn gedrag komt voort uit woede
moto INFORM. ZN V motocyclette **motorfiets** • *faire de la ~* motorrijden
motocross, moto-cross ZN M **motorcross**
motocycle ZN M **motorrijwiel**
motocyclette ZN V **motorfiets**
motocyclisme ZN M **motorsport, (het) motorrijden**
motocycliste ZN M/V **motorrijder**
motonautique BN **speedboot-**
motonautisme ZN M **(het) speedbootracen**
motoneige ZN V **sneeuwscooter**
motorisation ZN V **motorisering**
motoriser OV WW **motoriseren** • INFORM. *être motorisé* met de auto (gekomen) zijn
motoriste ZN M/V **motorreparateur**
mototaxi ZN M **taximotorfiets**
motrice **1** ZN V **motorwagen** <van trein> **2** BN → **moteur**
motricité ZN V **motoriek**
mots-croisés ZN M MV **kruiswoordpuzzel**
mots-croisiste ZN M/V **kruiswoordpuzzelaar**
motte ZN V **1 aardklomp 2 kluit, zode** • *une ~ de beurre* kluit boter • *une ~ de terre* kluit aarde
motus "-tuus" INFORM. TUSSENW • *~ (et bouche cousue)!* mondje dicht!
mot-valise ZN M TAALK. **samentrekking** • *'brunch' est un mot ~* 'brunch' is een samentrekking <uit 'breakfast' en 'lunch'>
mou **1** BN, **mol** <voor klinker of stomme h> (V molle) **1 zacht, week, slap** • *un ventre ~* slappe buik • *il a les jambes molles, il va s'évanouir* hij heeft slappe benen, hij gaat flauwvallen **2 slap, willoos, laks, loom** • *de molles protestations* slap protest **2** ZN M (V molle) INFORM. **slappeling**
mouchard **1** ZN M **verklikker** <controletoestel, kijkgaatje enz.> **2** ZN M (V moucharde) INFORM., MIN. **verklikker, stille (agent)**
moucharder INFORM. **1** OV WW **bespioneren, verklikken 2** ONOV WW **spioneren, klikken**
mouche ZN V **1 vlieg** • *des pattes de ~* hanenpoten, kriebelschrift • *un bateau ~* rondvaartboot • INFORM. *quel enculeur de ~s!* wat een mierenneuker! • *tomber / mourir comme des ~s* bij bosjes ziek worden / sterven • FIG. *prendre la ~* om een kleinigheid opstuiven • FIG. *on aurait entendu une ~ voler* je kon een speld horen vallen, het was muisstil • INFORM. *quelle ~ le pique?* waarom wordt hij boos?, wat bezielt / mankeert hem? **2 roos** <van schietschijf>
moucher **1** WKD WW **(se ~) zijn neus snuiten** • *mouche-toi le nez!* snuit je neus! • IRON., FIG. *ne pas se ~ du coude / du pied* een hoge dunk van zichzelf hebben, zichzelf heel wat vinden **2** OV WW **snuiten** <van neus> • INFORM., FIG *se faire ~* op zijn kop krijgen
moucheron ZN M **vliegje, mugje**
moucheté BN **gevlekt, gespikkeld, bont**
mouchoir ZN M **zakdoek** • *un ~ en papier* papieren zakdoekje • *grand comme un ~ (de poche)* piepklein • FIG. *ça s'est joué dans un ~ (de poche)* de overwinning was nipt
moudre OV WW onregelmatig **malen**
moue ZN V **lelijk gezicht, pruillip** • *faire une ~ de dégoût* een lelijk gezicht trekken van afkeer • *faire la ~* pruilen
mouette ZN V **meeuw**
moufeter ONOV WW → **moufter**
mouffette ZN V **stinkdier, skunk**
moufle ZN V **want** <handschoen>
mouflet INFORM. ZN M (V mouflette), **kleine opdonder, uk**
mouflon ZN M **moeflon**
moufter INFORM. ONOV WW **tegensputteren** • *sans ~* zonder morren
mouillage ZN M **1 (het) aanlengen met water 2 ankerplaats**
mouillé BN **nat, vochtig** • *des yeux mouillés* vochtige ogen
mouiller **1** OV WW **1 nat maken, bevochtigen** • *se faire ~* nat worden **2** INFORM. **compromitteren** • *il a été mouillé dans une affaire de drogue* hij is verwikkeld geweest in een drugszaak **2** ONOV WW **1 ankeren 2** INFORM. **het in zijn broek doen** • FIG. *il mouille depuis qu'on l'a attrapé à voler dans un magasin* het knijpt 'm sinds hij betrapt is op diefstal in een winkel **3** WKD WW **(se ~) 1 nat worden 2** • *ne te mouille pas les pieds!* niet je voeten nat laten worden!

mo

3 FIG., INFORM. **zich compromitteren, zijn nek uitsteken** • *avoir peur de se ~* zijn vingers er niet aan willen branden
mouillette ZN V **stuk brood** <om in te dopen>
mouise INFORM. ZN V **misère, penarie**
moulage ZN M **(het) gieten, afgietsel**
moulant BN **nauwsluitend** <van kleren>
moule **1** ZN M **1** **(giet)vorm, bakvorm, mal** • *un ~ à gâteau* bakvorm **2** FIG. **model** **2** ZN V **mossel** • *la pêche aux ~s* de mosselvangst • *un parc à ~s* mosselbank
mouler OV WW **1** **(in een gietvorm) gieten, afgieten, afdrukken** **2** FIG. **vormen** • *un jean qui moule les fesses* jean die strak om de billen zit
moulin ZN M **molen** • *un ~ à café* koffiemolen • *un ~ à eau* watermolen • *un ~ à vent* windmolen • INFORM. *c'est un ~ à paroles* het is een babbelkous, hij / zij praat maar door • *on entre chez elle comme dans un ~* je kunt bij haar zomaar binnen komen lopen • FIG. *se battre contre des ~s* tegen windmolens vechten • FIG. *ça apporte de l'eau à son ~* dat is koren op zijn molen
mouliner OV WW **1** CULIN **pureren,** OOK FIG. **door de molen halen** **2** COMP., INFORM. **verwerken**
moulinet ZN M **maaiende beweging** • *faire des ~s avec ses bras* met je armen maaien
Moulinette® ZN V **1** **groentemolentje** **2** FIG. **gehaktmolen** • *passer un projet à la Moulinette* een plan door de molen halen, een project de pan in hakken
moulu **1** BN **1** **gemalen** • *du café ~ fin* fijngemalen koffie **2** FIG. **geradbraakt, bekaf** **2** WW volt. deelw. → **moudre**
moulure ZN V **lijst** <vooruitspringende rand>
moumoute INFORM. ZN V **1** **pruik** **2** **jasje** <van schaapsleer>
mourant **1** BN **1** **stervend** • *il est ~* hij ligt op sterven • *une voix ~e* zwakke stem **2** **wegstervend, kwijnend** **2** ZN M (V **mourante**), **stervende**
mourir **1** ONOV WW onregelmatig **1** **sterven** • *il est mort noyé* hij is door verdrinking om het leven gekomen, hij is verdronken • *elle est morte assassinée* zij is vermoord • *~ d'un cancer* aan kanker overlijden • *~ dans un accident* bij een ongeluk omkomen, verongelukken • *faire ~ qn* iemand ombrengen, iemand doden • *~ de faim* sterven / vergaan van de honger • *~ de chagrin* sterven van verdriet • *~ de peur* doodsbang zijn • *~ de rire* zich doodlachen • *~ de soif* (ver)smachten van de dorst • *~ sous la torture* de marteldood sterven • *~ de vieillesse; ~ de sa belle mort* een natuurlijke dood sterven • *~ à la peine / tâche* in het harnas sterven • *s'ennuyer à ~; ~ d'ennui* zich doodvervelen • INFORM, FIG *plus con, tu meurs!* stommer kan het niet! **2** **wegsterven** <v. geluid>, **uitgaan** <v. vuur, licht>, **verdwijnen** • *laisser le feu ~* het vuur laten doven • *les petits commerces meurent* er verdwijnen steeds meer middenstanders **2** WKD WW **(se ~) (weg) sterven** • *il se meurt d'amour pour elle* hij kwijnt weg van liefde voor haar
mouroir MIN. ZN M **sterfhuis, crepeerhok** <inrichting waar de dood wacht>
mouron PLANTK. ZN M **guichelheil, muur** • INFORM. *se faire du ~* zich zorgen maken
mourrai WW toek. tijd. → **mourir**
mousquetaire ZN M **musketier**
moussaillon INFORM. ZN M **scheepsjongen**
moussant BN **schuimend, schuim-**
mousse **1** ZN M **scheepsjongen** **2** ZN V **1** PLANTK. **mos** **2** **schuim** • *de la ~ de savon* zeepschuim • *de la ~ à raser* scheerschuim • *de la ~ carbonique* koolzuursneeuw • *la ~ d'une bière* het schuim van een biertje **3** **schuimplastic** • *un oreiller en ~* schuimplastic hoofdkussen **4** CULIN **mousse** • *de la ~ au chocolat* chocolademousse
mousseline **1** ZN V **mousseline, neteldoek** **2** BN **romig, luchtig** • *des pommes ~* romig geslagen aardappelpuree
mousser ONOV WW **schuimen** • *un savon qui ne mousse pas* zeep die niet schuimt • INFORM. *se faire ~ auprès de ses collègues* zichzelf ophemelen bij collega's
mousseux **1** BN (V **mousseuse**), **schuimend, schuim-** • *un vin ~* mousserende wijn **2** ZN M **mousserende wijn**
mousson ZN V **moesson**
moussu BN **bemost, met mos begroeid**
moustache ZN V **snor** • *porter la ~* een snor dragen
moustachu BN **met een snor**
moustiquaire ZN V **1** **muskietennet, klamboe** **2** **(raam)hor**
moustique ZN M **1** DIERK. **mug, muskiet** • *une piqûre de ~* muggenbeet **2** INFORM. **uk(kie)**
moutard INFORM. **1** ZN M **dreumes, kleuter** **2** ZN M MV **kinderen**
moutarde **1** ZN V **mosterd** • INFORM. *la ~ lui monte au nez* hij begint boos te worden **2** BN **mosterdkleurig** • *des robes ~* **mosterdgele jurken**
mouton **1** ZN M **1** **schaap** • *le ~ à cinq pattes* schaap met vijf poten • *être doux comme un ~* zo mak als een lammetje zijn • FIG. *les ~s de Panurge* kuddedieren • INFORM. *revenons à nos ~s!* ter zake! **2** **schapenvlees, schapenleer** • *un gigot de ~* schapenbout **2** ZN M MV **1** **stofvlokken** **2** **schapenwolkjes**
moutonnier BN (V **moutonnière**), **volgzaam als een schaap** • *un comportement ~* volgzaam gedrag, kuddegedrag
mouture FIG. ZN V **omwerking** <van tekst>, **herziene versie** • *la première ~ d'un texte* de eerste versie van een tekst
mouvance ZN V **invloedssfeer** • *un pays de ~ communiste* een land onder communistische invloedssfeer
mouvant BN **onstabiel, onvast, veranderlijk** • *les sables ~s* drijfzand
mouvement ZN M **1** **beweging** • *un ~ de tête* hoofdknik • *un ~ d'horlogerie* gangwerk / raderwerk van een klok • *faire un faux ~* een verkeerde beweging maken • *suivre le ~* met de stroom meegaan • *mettre qc en ~* iets in beweging brengen • *se mettre en ~* zich in beweging zetten,

mo

in beweging komen • *il est libre de ses ~s* hij is zo vrij als een vogel in de lucht, hij kan gaan en staan waar hij wil • INFORM. *en deux temps, trois ~s* in een handomdraai **2 verplaatsing, verkeer** • *un ~ de troupes* troepenverplaatsing • *une rue pleine de ~* straat met veel verkeer, drukke straat • *le ~ des capitaux* kapitaalbeweging **3 levendigheid, actie** • MUZ. *un ~ rapide* een snel tempo **4 opwelling (de van)** • *un ~ d'humeur* boze bui • *un ~ de pitié* een opwelling van medelijden **5 verandering** • *le ~ des prix* de prijsverandering • *le ~ de baisse sur le pétrole se maintient* de prijsverlaging in de oliesector houdt aan **6 stroming, beweging** • *un ~ de grève* stakersbeweging • *un ~ littéraire* litteraire beweging • *un ~ artistique* kunststroming **7** MUZ. **deel** • *le premier ~ d'une symphonie* het eerste deel van een symfonie **8 golving** <van terrein>

mouvementé BN **1 levendig, (veel)bewogen, roerig** • *un voyage ~* spannende reis **2 golvend** <van terrein>

mouvoir WKD WW **(se ~) zich bewegen**

moyen 1 BN (V moyenne) **1 gemiddeld, doorsnee, middelbaar** • *la vitesse ~ne* de gemiddelde snelheid • *le Français ~* de gemiddelde Fransman • *un élève ~* een doorsnee leerling • *une femme d'âge ~* vrouw van middelbare leeftijd • *des revenus ~s* een modaal inkomen • *les petites et ~nes entreprises (P.M.E.)* het midden- en kleinbedrijf • *à ~ terme* op middellange termijn **2 (middel)matig** • *un résultat ~* middelmatig resultaat **3 middel-, midden-** • *le Moyen(-)Age* de middeleeuwen • O&W *le cours ~ deuxième année* groep 8 <hoogste klas van de basisschool> **2** ZN M **1 (hulp)middel** • *un ~ de transport* transportmiddel • *un ~ de pression* pressiemiddel • *des ~s légitimes* geoorloofde middelen • *tous les ~s sont bons* het doel heiligt de middelen • *rentrer chez soi par ses propres ~s* op eigen gelegenheid naar huis gaan • *il n'y a pas ~ de lui faire comprendre cela* het is onmogelijk hem / haar dat aan het verstand te brengen • IRON. *il a trouvé ~ d'arriver une heure en retard* hij zag kans om een uur te laat te komen • *(il n'y a) pas ~ d'y échapper!* daaraan valt niet te ontkomen! • *employer les grands ~s* krachtdadig optreden, alles uit de kast halen • *se débrouiller avec les ~s du bord* roeien met de riemen die je hebt, zich behelpen • *essayer d'obtenir qc par tous les ~s* iets op wat voor manier dan ook proberen te bereiken • *contribuer à qc selon ses ~s* naar draagkracht / vermogen aan iets bijdragen • INFORM. *pas ~!* onmogelijk!, dat gaat niet! • *au ~ de* met (behulp van) • *par le ~ de* door (middel van), via • *avec les ~s du bord* met kunst- en vliegwerk • *par ses propres ~s* op eigen kracht **2** MV **(geest) vermogens** • *être en pleine possession de ses ~s* in het volle bezit van zijn krachten / geestvermogens zijn, geheel fit zijn • *la peur lui fait perdre tous ses ~s* van angst is hij helemaal de kluts kwijt **3** MV **geld(middelen)** • *des ~s d'existence* middelen van bestaan • *vivre au-dessus de ses ~s* boven zijn stand leven • *acheter une voiture, je n'en ai pas les ~s* ik heb geen geld om een auto te kopen • *il a les ~s!* hij kan het zich permitteren!, hij kan het er (goed) van doen! • *c'est au-dessus de mes ~s* dat kan ik niet opbrengen

moyenâgeux BN (V moyenâgeuse) **1 als in de middeleeuwen 2** FIG. **middeleeuws, verouderd**

moyen-courrier ZN M (MV moyen-courriers), **vliegtuig voor middellange afstand**

moyennant VZ **door middel van, (in ruil) voor, tegen (betaling van)** • *~ quoi* waarmee, waardoor, (in ruil) waarvoor • *~ une compensation de ...* tegen een vergoeding van ... • *~ rétribution* tegen vergoeding • *on vous aidera ~ finance* wij zullen u tegen betaling helpen

moyenne 1 ZN V **gemiddelde** • *en ~* gemiddeld • *la ~ d'âge* de gemiddelde leeftijd • *faire du 100 à l'heure en ~* gemiddeld honderd rijden • *avoir la ~ en maths* (gemiddeld) een voldoende hebben voor wiskunde • *une note au-dessus de la ~* een dikke voldoende **2** BN → **moyen**

moyennement BW **(middel)matig**

Moyen-Orient ZN M **Midden-Oosten**

moyen-oriental BN (M MV moyen-orientaux), **van / uit / in het Midden-Oosten**

moyeu ZN M (MV moyeux), **naaf**

MP AFK message privé **persoonlijk bericht** <via sociale media>

MP3 ZN M **mp3'tje**

MST AFK maladie sexuellement transmissible V **soa, seksueel overdraagbare aandoening**

mû WW volt. deelw. → **mouvoir**

mucosité ZN V **slijm**

mucoviscidose ZN V **taaislijmziekte**

mucus "-kuus" ZN M **slijm**

mue 1 ZN V **1 (het) ruien, rui(tijd) 2 afgeworpen gewei, vel, enz. 3 stemwisseling 2** WW volt. deelw. → **mouvoir**

muer 1 ONOV WW **1 ruien 2 de baard in de keel krijgen, wisselen** <v.d. stem> • *avoir la voix qui mue* de baard in de keel krijgen **2** WKD WW **(se ~)** FORM. **veranderen (en in)**

muet 1 BN (V muette) **1** OOK FIG. **stom, sprakeloos** • *être sourd-~* doofstom zijn • *rester ~ de peur* van angst geen woord kunnen uitbrengen • *le texte reste ~ là-dessus* daarover zwijgt de tekst • *rester ~ comme une tombe* zo gesloten als het graf zijn **2** TAALK. **stom** • *le 'e' ~* stomme 'e', schwa **3 stil, zwijgend** • *le cinéma ~* de stomme film • *une carte ~te* blinde kaart, menukaart zonder prijzen **2** ZN M (V muette), **stomme** • *c'était une grande vedette du ~* dat was een grote ster van de stomme film

mufle ZN M **1** DIERK. **snuit 2** INFORM. **schoft, lomperd** • *se conduire comme un ~* zich onbeschoft gedragen

muflerie ZN V **onbeschoftheid, lompheid**

mugir ONOV WW **1 loeien** <v. rund> **2** FIG. **gieren** <v. wind>, **bulderen** <v.d. zee> • *la sirène mugit* de sirene loeit

mugissement ZN M OOK FIG. **geloei**

muguet ZN M **1** PLANTK. **lelietje-van-dalen 2** MED. **spruw**

mulâtre 1 ZN M **mulat 2** BN **halfbloed**

mule ZN V **1** muilezelin, wijfjesmuildier • *il est têtu comme une ~* hij is zo koppig als een ezel **2** muil <slof>
mulet ZN M muildier, muilezel • *être chargé comme un ~* beladen als een pakezel zijn
muletier BN (V muletière), muilezel- • *un chemin ~* muilezelpad
mulot ZN M veldmuis
multicolore BN veelkleurig
multicoque BN met meerdere rompen <van (zeil)boot>
multiculturel BN (V multiculturelle), multicultureel
multidisciplinaire BN multidisciplinair
multifonction, **multifonctions** BN onver. multifunctioneel
multiforme BN veelvormig
multigrade BN voor alle (weer)soorten
multilatéral BN (M MV multilatéraux), multilateraal
multimédia 1 ZN M multimedia **2** BN multimediaal
multimillionnaire 1 BN (vele) miljoenen bezittend **2** ZN M/V multimiljonair
multinational BN (M MV multinationaux), multinationaal • *une (entreprise) ~e* multinational
multiple BN veelvoudig, menigvuldig, velerlei • *une prise ~* meervoudige contactdoos • *un questionnaire à choix ~* multiplechoicetest • *une grossesse ~* meerlingenzwangerschap • *à usages ~s* voor verschillende doeleinden
multiplexe ZN M megabioscoop
multipliable BN vermenigvuldigbaar
multiplicatif BN (V multiplicative), vermenigvuldigings- • *un signe ~* vermenigvuldigingsteken
multiplication ZN V **1** vermenigvuldiging • *la table de ~* tafel v. vermenigvuldiging **2** vermeerdering • *la ~ des cas de cancers* de vermeerdering van het aantal kankergevallen
multiplicité ZN V menigvuldigheid, veelheid
multiplier 1 OV WW vermenigvuldigen (par met), vermeerderen • *~ les efforts* de pogingen verdubbelen, extra je best doen **2** WKD WW **(se ~) 1** zich vermenigvuldigen • *des espèces qui ne se multiplient pas vite* soorten die zich niet snel vermenigvuldigen **2** toenemen • *les accidents de la route se multiplient* het aantal verkeersongelukken neemt toe
multiprise ZN V verdeel- / dubbelstekker, meervoudige contactdoos
multipropriété ZN V (vakantie)woning met timesharing
multiracial BN (M MV multiraciaux), multiraciaal
multirécidiviste ZN M/V veelpleger
multirisque BN • *une assurance ~* gecombineerde verzekering, combinatiepolis
multisalle BN met meerdere zalen • *un complexe ~* zalencomplex
multitâche BN • *être ~* multitasken
multitude ZN V menigte • *une ~ de gens* tal van mensen • *il y a une ~ de possibilités* er zijn legio mogelijkheden
Munich "muuniek" München
munichois BN uit München
municipal BN (M MV municipaux), gemeentelijk • *le conseil ~* gemeenteraad • *un conseiller ~* gemeenteraadslid • *les (élections) ~es* de gemeenteraadsverkiezingen • INFORM. *l'équipe ~e* (college van) burgemeester en wethouders
municipaliser OV WW onteigenen <ten bate v.d. gemeente>
municipalité ZN V **1** gemeente **2** gemeentebestuur <gemeenteraad + B & W>
municipaux BN → **municipal**
munificence FORM. ZN V vrijgevigheid, gulheid
munir 1 OV WW **~ de** voorzien van • *cette voiture est munie d'un pot catalytique* deze auto is uitgerust met een katalysator **2** WKD WW **(se ~) de** meenemen, bij zich dragen, bij zich hebben • *munissez-vous d'un parapluie!* neem een paraplu mee! • *se ~ de patience* geduld oefenen, geduldig zijn
munitions ZN V MV (am)munitie
munster ZN M zachte koemelkkaas <Elzas>
muqueuse ZN V slijmvlies
mur ZN M OOK FIG. muur • *un ~ mitoyen* gemeenschappelijke muur • *un ~ porteur* dragende muur • *un ~ d'escalade / un ~ artificiel* klimmuur, klimwand • *raser les murs* vlak langs de muren lopen, FIG. zo min mogelijk opvallen • *j'étouffe entre mes quatre murs* de muren komen op me af • *franchir le ~ du son* de geluidsbarrière doorbreken • *c'est comme si on parlait à un ~* het is alsof je tegen een muur praat • FIG. *les murs ont des oreilles* de muren hebben oren • FIG. *se heurter à un ~ de refus* op een muur van onwil stuiten • FIG. *aller droit dans le ~* een fiasco tegemoetgaan, finaal mislopen • FIG. *coller qn au ~* iemand tegen de muur zetten <fusilleren> • FIG. *être le dos au ~* met de rug tegen de muur staan • FIG. *se cogner / taper la tête contre le ~* met het hoofd tegen de muur lopen • FIG. *mettre qn au pied du ~* iemand klem zetten • *dans nos murs* in onze stad, bij ons
mûr BN OOK FIG. rijp, gerijpt • *l'âge ~* rijpere leeftijd • *après mûre réflexion* na rijp beraad
muraille ZN V OOK FIG. zware, hoge muur, vestingmuur • *la Grande Muraille de Chine* de Chinese Muur
mural BN (M MV muraux), muur-, wand- • *une peinture ~e* muurschildering
mûre ZN V braam <vrucht>, moerbei
mûrement BW rijpelijk, goed overdacht • *une affaire ~ réfléchie* goed doordachte zaak
murène ZN V murene, moeraal
murer 1 OV WW **1** met een muur omgeven, ommuren **2** dichtmetselen • *une fenêtre murée* dichtgemetseld raam **3** insluiten • *des mineurs murés dans une mine* mijnwerkers die zijn ingesloten in een mijn **2** WKD WW **(se ~)** zich afsluiten • *se ~ dans son silence* zich in stilzwijgen hullen

muret ZN M muurtje
murette ZN V muurtje
mûrier ZN M moerbeiboom, braamstruik
mûrir **1** ONOV WW rijp(er) worden, rijpen **2** OV WW **1** laten rijpen • *des tomates mûries au soleil* zongerijpte tomaten **2** goed overdenken • *~ un projet* een plan laten rijpen
murmure ZN M **1** gemompel, geroezemoes **2** gemopper, gemor • *des ~s de mécontentement* afkeurend gemopper **3** FORM. geruis • *le ~ des feuilles* het geruis van de blaadjes • *le ~ de la rivière* het gekabbel van de rivier
murmurer **1** ONOV WW **1** murmelen, ruisen **2** mopperen, mompelen **2** OV WW mompelen, prevelen • *il a murmuré qc entre ses dents* hij mompelde iets onverstaanbaars • *~ des mots doux à l'oreille de qn* lieve woordjes in iemands oor fluisteren
musarder ONOV WW lanterfanten, zijn tijd verbeuzelen
musc ZN M muskus
muscade ZN V muskaatnoot • *de la noix de ~* muskaatnoot, nootmuskaat
muscadet ZN M muskaatwijn <droge witte Loirewijn>
muscat ZN M **1** muskaatdruif **2** muskaatwijn
muscle ZN M spier • FIG. *montrer / exhiber ses ~s* zijn spierballen laten zien
musclé BN **1** gespierd **2** FIG. krachtig, krachtdadig, straf, energiek • *un discours ~* krachtige redevoering
musculaire BN spier- • *la force ~* spierkracht
musculation ZN V krachttraining, bodybuilding • *une salle de ~* krachthonk, fitnessruimte • *faire de la ~* aan bodybuilding / krachttraining doen
musculature ZN V spierstelsel
musculeux BN (V musculeuse), gespierd, spier-
muse ZN V OOK FIG. muze
museau ZN M (MV museaux) OOK FIG. snuit, snoet(je)
musée ZN M museum • *un ~ de plein air* openluchtmuseum
museler OV WW OOK FIG. muilkorven • FIG. *~ l'opposition* de oppositie muilkorven, de oppositie monddood maken • *~ la presse* de pers knevelen
muselière ZN V muilband, muilkorf
muser FORM. ONOV WW beuzelen, lanterfanten
musette **1** ZN M accordeonmuziek • *un (bal) ~* volksbal met accordeonmuziek **2** ZN V schoudertas
muséum "muzeeòm" ZN M museum voor natuurlijke historie
musical BN (M MV musicaux), muzikaal, muziek- • *avoir l'oreille ~e* over een muzikaal gehoor beschikken • *une comédie ~e* musical
musicalité ZN V muzikaliteit
music-hall ZN M (MV music-halls), variété(theater)
musicien **1** ZN M (V musicienne), muzikant, musicus **2** BN (V musicienne), muzikaal
musicologie ZN V muziekwetenschap
musicothérapie ZN V muziektherapie
musique ZN V muziek • *la ~ de chambre* kamermuziek • *mettre un poème en ~* een gedicht op muziek zetten • INFORM. *connaître la ~* weten hoe het toegaat • *les ~s du monde* wereldmuziek • *de la ~ légère* lichte muziek
musiquette ZN V muziekje
musqué BN muskus-
must INFORM. ZN M must
musulman **1** BN islamitisch, moslim- **2** ZN M (V musulmane), moslim, moslima
mutable BN veranderlijk
mutant BIOL. BN mutant • *un gène ~* mutant gen
mutation ZN V **1** BIOL. mutatie • *la ~ du virus de la grippe* de mutatie van het griepvirus **2** overplaatsing <naar andere functie> • *il a obtenu une ~ en province* hij is overgeplaatste naar buiten de hoofdstad **3** FIG. ingrijpende verandering • *un secteur en pleine ~* een sector waar ingrijpende veranderingen plaatsvinden
muter OV WW overplaatsen <naar andere functie>
mutilation ZN V OOK FIG. verminking • *la ~ d'un monument* het havenen van een monument
mutilé ZN M (V mutilée), verminkte • *un ~ de guerre* oorlogsinvalide
mutiler OV WW OOK FIG. verminken • *un texte mutilé* verminkte tekst
mutin **1** BN guitig, schalks **2** ZN M oproerling, muiter
mutiner WKD WW **(se ~)** muiten, rebelleren
mutinerie ZN V oproer, muiterij
mutisme ZN M hardnekkig zwijgen • *s'enfermer dans un ~ complet* zich in stilzwijgen hullen
mutualité ZN V (fonds voor) onderlinge verzekering
mutuel BN (V mutuelle), onderling, wederkerig • *une (assurance) ~le* onderlinge verzekering
mutuelle ZN V (onderlinge) verzekering • *~ d'enseignants* onderlinge verzekering van leraren • *~ complémentaire santé* aanvullende ziektekostenverzekering
mutuellement BW wederzijds
mycologie ZN V mycologie, leer v.d. zwammen
mygale ZN V vogelspin
myocarde ZN M hartspier • *un infarctus du ~* hartinfarct
myopathie ZN V spierziekte, spierverval
myope **1** BN OOK FIG. kortzichtig, bijziend • *il est ~ comme une taupe* hij is stekeblind **2** ZN M/V bijziende
myopie ZN V OOK FIG. kortzichtigheid, bijziendheid
myosotis "-ties" ZN M vergeet-mij-nietje
myriade ZN V ontelbare menigte, tienduizendtal • *des ~s d'étoiles* ontelbaar veel sterren
myriapode ZN M duizendpoot(achtige)
myrrhe ZN V mirre
myrte ZN M mirte
myrtille ZN V blauwe bosbes
mystère ZN M **1** geheim, mysterie • *les mystères*

de la politique de mysteries van de politiek • *dévoiler un ~* een mysterie onthullen • *nager en plein ~* in het duister tasten • IRON. *~ et boule de gomme!* dat is een raadsel!, dat weet / zeg ik niet! **2** CULIN schuimgebakje <met vanille-ijs en hazelnoten>
mystérieux BN (V mystérieuse), geheimzinnig, mysterieus, raadselachtig
mysticisme ZN M mysticisme, mystiek
mystifiant BN misleidend
mystificateur **1** BN (V mystificatrice), misleidend, foppend **2** ZN M (V mystificatrice), misleider, bedotter
mystification ZN V fopperij, misleiding, mystificatie
mystifier OV WW misleiden, foppen
mystique **1** BN mystiek **2** ZN M/V mysticus **3** ZN V mystiek
mythe ZN M **1** OOK FIG. mythe, sage • *les ~s et légendes* mythen en legenden **2** fabel, verdichtsel • *le ~ de la galanterie française* het fabeltje van de Franse hoffelijkheid • *détruire un ~* een illusie doorprikken
mythifier OV WW tot mythe maken
mythique BN mythisch • *un héros ~* mythische held
mytho INFORM. ZN M/V mythomane → **mythomane**
mythologie ZN V mythologie
mythologique BN mythologisch
mythomane **1** BN mythomaan **2** ZN M/V ziekelijke fantast, mythomaan

N

n **1** ZN M letter n **2** AFK TAALK. nom m zn(w)., zelfstandig naamwoord
n' BW → **ne**
N AFK Nord m N., noord(en)
na JEUGDT. TUSSENW nou!, hoor! • *je n'irai pas, na!* ik ga lekker niet mee!
nabot MIN. ZN M (V nabote), dwerg, klein ventje
nacelle ZN V mand, gondel <van luchtballon, glazenwasser>, bak <van buggy>
nacre ZN V paarlemoer
nacré BN parelmoeren, gekleurd als parelmoer
nage ZN V (het) zwemmen • *la ~ sur le dos* de rugslag • *les cent mètres ~ libre* de honderd meter vrije slag • *traverser la rivière à la ~* de rivier overzwemmen • *être (tout) en ~* door en door bezweet zijn, baden in het zweet • *à la ~* zwemmend
nageoire ZN V vin <van vis>
nager **1** ONOV WW **1** OOK FIG. zwemmen • *il ne sait pas ~* hij kan niet zwemmen • FIG. *~ entre deux eaux* de kool en de geit sparen, geen partij kiezen **2** FIG. baden (dans in) • *~ dans le bonheur* in geluk baden, heel gelukkig zjn • INFORM. *~ dans le fric* zwemmen in het geld • INFORM. *il nage dans ce costume* hij zwemt in dat pak **3** INFORM. niet weten waar je aan toe bent, in het duister tasten • *au cours de physique, il nage complètement* bij natuurkunde is hij het spoor helemaal bijster • *~ en plein mystère* in het duister tasten **2** OV WW zwemmen • *~ les cent mètres nage libre* de 100 meter vrije slag zwemmen
nageur ZN M (V nageuse), zwemmer • *un maître-~* badmeester, zwemleraar
naguère FORM. BW onlangs, eertijds, vroeger
naïf **1** BN (V naïve), naïef, argeloos **2** ZN M (V naïve), naïeveling
nain **1** ZN M (V naine), dwerg • *un ~ de jardin* tuinkabouter **2** BN dwergachtig, dwerg- • *une plante ~e* dwergplant
naissance ZN V **1** geboorte • *la date et le lieu de ~* de geboorteplaats en -datum • *le contrôle des ~s* de geboorteregeling • *il est Américain de ~* hij is Amerikaan van geboorte / een geboren Amerikaan • *être aveugle de ~* blindgeboren zijn • *donner ~ à un beau bébé* het leven schenken aan een mooie baby • *à la ~* bij de geboorte **2** begin, aanzet • *cela a donné ~ à une étroite collaboration* dat vormde de aanzet tot een nauwe samenwerking **3** ontstaan, wording, oorsprong
naissant **1** BN aanbrekend, beginnend, in wording • *le jour ~* het aanbreken van de dag • *un amour ~* ontluikende liefde **2** WW teg. deelw. → **naître**
naître ONOV WW onregelmatig **1** geboren worden • *il est né à Utrecht* hij is geboren in Utrecht • *il est né de père inconnu* zijn vader is onbekend • *il naît plus de garçons que de filles* er worden meer jongens

dan meisjes geboren **2** ontstaan, opkomen, voortkomen (**de** uit) • *faire ~ des tensions* spanningen doen ontstaan
naïveté ZN V naïviteit, argeloosheid • *avoir la ~ de demander qc* zo naïef zijn iets te vragen
Namur ZN V Namen
nana INFORM. ZN V meid, vrouw • *une belle ~* een mooi wijf
nanoparticule ZN V nanodeeltje
nanotechnologie ZN V nanotechnologie
nantais BN van / uit Nantes
nanti **1** BN rijk, welgesteld **2** ZN M (V nantie), rijke
naphtaline ZN M naftaleen • *des boules de ~* mottenballen
Naples Napels
napoléonien BN (V napoléonienne), napoleontisch
nappe ZN V **1** tafellaken **2** uitgestrekte laag <vloeistof, gas>, vlak • *une ~ de brouillard / de brume* mistbank • *une ~ d'eau* laag / plas water • *une ~ de gaz* gasbel • *une ~ de pétrole* olieveld, uitgestrekte olievlek • *la ~ phréatique* het grondwater, de grondwaterlaag
napper CUL. OV WW overgieten met een saus / crème
napperon ZN M kleedje
naquit WW passé simple → **naître**
narcisse ZN M (witte) narcis
narcissique BN narcistisch
narcissisme ZN M narcisme
narcose ZN V narcose, verdoving
narcotique **1** BN verdovend **2** ZN M narcoticum, verdovend middel
narcotrafiquant ZN M (V narcotrafiquante), drugshandelaar
narguer OV WW tarten, honen, spotten met
narguilé[1], **narghilé** ZN M waterpijp
narguilé[2] ZN M • *narguilé électronique* shishapen
narine ZN V neusgat • *se pincer les ~s* zijn neus dichtknijpen
narquois BN spottend, sarcastisch
narrateur ZN M (V narratrice), verteller
narratif BN (V narrative), verhalend
narration ZN V vertelling, verhaal
narrer FORM. OV WW verhalen, vertellen
nasal BN (M MV nasaux), neus-, nasaal • *les fosses ~es* de neusholtes
nasale TAALK. ZN V neusklank, nasaal
nasaliser TAALK. OV WW door de neus (uit) spreken, nasaleren
nase, naze INFORM. BN **1** kapot **2** doodmoe, kapot **3** stom, gek
naseau ZN M (MV naseaux), neusgat <van dier>
nasillard BN nasaal, neus- • *une voix ~e* nasale stem
nasiller ONOV WW door de neus spreken, nasaal praten
nasse ZN V fuik
natal BN (M MV natals), geboorte- • *la terre ~e* de geboortegrond • *le pays ~* het geboorteland
natalité ZN V geboortecijfer
natation ZN V (het) zwemmen, zwemsport • *des épreuves de ~* zwemwedstrijden • *faire de la ~* aan zwemmen doen
natif **1** BN (V native), geboren, geboortig • *il est ~ de Bordeaux* hij is in Bordeaux geboren • *un locuteur ~* moedertaalspreker, native speaker **2** ZN M (V native), inboorling, autochtoon • *un ~ de Paris* iemand die in Parijs geboren is, een geboren Parijzenaar
nation ZN V volk, natie • *l'Europe des ~s* het Europa van de naties • *les Nations Unies* de Verenigde Naties
national BN (M MV nationaux), nationaal • *une fête ~e* nationale feestdag • *l'hymne ~* het volkslied • *une (route) ~e* rijksweg • *l'histoire ~e* de vaderlandse geschiedenis • *le poète ~* de dichter des vaderlands • *des élections ~es* landelijke verkiezingen
nationalisation ZN V nationalisatie
nationaliser OV WW nationaliseren
nationalisme ZN M nationalisme
nationaliste **1** BN nationalistisch **2** ZN M/V nationalist
nationalité ZN V nationaliteit • *une ~ d'origine* oorspronkelijke nationaliteit, nationaliteit van geboorte • *une ~ acquise* verworven nationaliteit • *avoir la double ~* een dubbele nationaliteit hebben
national-socialisme ZN M nationaalsocialisme
national-socialiste **1** BN nationaalsocialistisch **2** ZN M/V (MV nationaux-socialistes), nationaalsocialist
nativité ZN V geboorte(feest) <van Christus, heiligen> • *la fête de la ~* Kerstmis
natte ZN V **1** haarvlecht **2** mat, vloermat
natter OV WW vlechten
naturalisation ZN V naturalisatie • *faire une demande de ~* een naturalisatieverzoek indienen
naturaliser OV WW naturaliseren • *se faire ~ Français* zich tot Fransman laten naturaliseren
naturalisme ZN M naturalisme
naturaliste **1** BN KUNST, FILOS. naturalistisch • *un écrivain ~* naturalistische schrijver **2** ZN M/V **1** KUNST, FILOS. naturalist **2** natuurvorser
nature **1** ZN V **1** BIOL. natuur • *la protection de la ~* de natuurbescherming • *les lois de la ~* de natuurwetten • *une ~ morte* stilleven • *vivre en pleine ~* midden in de natuur wonen • FIG. *payer en ~* in natura betalen • FIG. *disparaître / s'évanouir dans la ~* spoorloos verdwijnen • *peint d'après ~* naar de natuur geschilderd • *dessiné d'après ~* naar het leven getekend • *contre ~* onnatuurlijk, tegennatuurlijk • *plus grand que ~* meer dan levensgroot **2** aard, essentie, karakter, natuur • *la ~ humaine* de menselijke natuur • *une seconde ~* een tweede natuur • *c'est une forte ~* hij is een krachtige persoonlijkheid • *ce n'est pas dans sa ~* dat ligt niet in zijn aard • *des problèmes de toute ~* problemen van allerlei aard • *elle est douce par / de ~* ze is van nature zachtmoedig • *cela est de ~ à nous attirer des ennuis* dat zou ons best wel in de problemen kunnen brengen **2** BN onver. **1** naturel,

na

puur, zonder toevoegingen • *un yaourt ~* naturel yoghurt **2** ongekunsteld, oprecht, natuurlijk • *de grandeur ~* op ware grootte • INFORM. *il faut être ~* je moet natuurlijk / spontaan zijn

naturel **1** BN (V naturelle) **1** natuurlijk, natuur- • *les sciences ~les* de natuurwetenschappen • *des phénomènes ~s* natuurverschijnselen • *des frontières ~les* natuurlijke grenzen • *la sélection ~le* de natuurlijke selectie **2** puur, zuiver, natuurlijk • *du gaz ~* aardgas • *une couleur de cheveux ~le* natuurlijke haarkleur • *un jus de fruits ~* puur vruchtensap, vruchtensap zonder toevoegingen • *un vernis ~* naturel lak **3** onwettig • *un enfant ~* onecht / natuurlijk kind **4** normaal • *il est ~ que tu n'acceptes pas tout de suite* het is normaal dat je het niet meteen accepteert • *elle trouve tout ~ d'aider ses voisins* ze vindt het heel normaal haar buren te helpen **5** spontaan • *elle est toujours très ~le* ze is altijd erg spontaan **2** ZN M **1** aard, inborst • *être d'un ~ triste / sombre* somber van aard zijn • *chassez le ~, il revient au galop* iemands ware aard verloochent zich niet **2** natuurlijkheid, ongekunsteldheid • *faire preuve de beaucoup de ~* heel natuurlijk / ongekunsteld zijn

naturellement BW **1** van nature **2** natuurlijk, vanzelfsprekend • *~, elle n'a pas d'argent pour payer son café!* ze heeft natuurlijk geen geld om haar koffie te betalen! **3** ongekunsteld, spontaan

naturisme ZN M naturisme

naturiste **1** BN naturistisch • *une plage ~* naturistenstrand, naaktstrand **2** ZN M/V naturist

na

naturopathe ZN M/V natuurgenezer

naturopathie ZN V natuurgeneeskunde

naturothérapie ZN V natuurgeneeswijze

naufrage ZN M **1** schipbreuk • *faire ~* OOK FIG. schipbreuk lijden **2** mislukking, ondergang • *le ~ d'une entreprise* de ondergang van een bedrijf

naufragé **1** BN die schipbreuk geleden heeft, vergaan, gestrand **2** ZN M schipbreukeling

nauséabond BN walgelijk • *des odeurs nauséabondes* walgelijke geuren

nausée ZN V misselijkheid, OOK FIG. walging • *avoir la ~* misselijk zijn • *cela me donne la ~* daar walg ik van

nauséeux BN (V nauséeuse), misselijk(makend), walgelijk

nautique BN scheepvaart-, nautisch • *les sports ~s* de watersport(en) • *un centre ~* watersportcentrum • *faire du ski ~* waterskiën

nautisme ZN M watersport

naval BN (M MV navals), zee(vaart)-, scheeps-, marine- • *un chantier ~* scheepswerf • *un combat ~* zeeslag • *des constructions ~es* scheepsbouw • *une école ~e / la Navale* hogere zeevaartschool

navarin CUL. ZN M lamsragout

navet ZN M **1** CULIN raap, knol **2** INFORM. prullig kunstwerk, prulfilm • *cette pièce est un vrai ~* dit stuk is waardeloos / superslecht

navette ZN V **1** pendel(dienst/-verkeer) • *faire la ~* pendelen, heen en weer reizen / gaan • *il fait la ~ entre Amsterdam et Bréda* hij pendelt tussen Amsterdam en Breda **2** pendelvoertuig / -vaartuig • *une ~ spatiale* ruimteveer, ruimtependel • *une ~ gratuite entre l'aéroport et l'hôtel* gratis pendel(bus) tussen het vliegveld en het hotel

navigable BN bevaarbaar

navigant BN varend, vliegend • *le personnel ~ / les ~s* de bemanning, het boordpersoneel

navigateur **1** ZN M (V navigatrice) **1** zeevaarder **2** navigator <in vliegtuig> **2** ZN M COMP. browser

navigation ZN V **1** (scheep)vaart, navigatie • *la ~ de plaisance* de pleziervaart • *la ~ fluviale* de binnenvaart • *la ~ aérienne* de luchtvaart • *la ~ spatiale* de ruimtevaart • *la ~ au long cours* de grote vaart • *un système de ~ routière* routeplanner **2** COMP. (het) surfen <op internet>

Navigo ZN M • *une carte / un passe ~* ≈ OV-kaart <in Parijse metro en bus>

naviguer ONOV WW **1** varen • *~ à la voile* zeilen **2** navigeren • *un bateau en état de ~* vaarklare boot • FIG. *dans cette affaire, il nous faut ~ avec prudence* in deze zaak moeten we voorzichtig te werk gaan **3** INFORM. veel reizen, rondzwalken **4** surfen <op internet> • *~ sur le Net* op internet surfen

navire ZN M schip • *un ~ marchand / de commerce* koopvaardijschip • *un ~ de guerre* oorlogsvaartuig, oorlogsbodem • *un ~ pétrolier* (olie)tanker • *un ~ baleinier* walvisvaarder

navire-citerne ZN M (MV navires-citernes), tankschip

navire-hôpital ZN M (MV navires-hôpitaux), hospitaalschip

navire-poubelle ZN M (MV navires-poubelles), aftands schip

navire-usine ZN M (MV navires-usines), fabrieksschip

navrant BN zeer bedroevend, intriest, akelig, FIG. pijnlijk

navrer OV WW diep bedroeven • *je suis navré de vous décevoir* het spijt me zeer u te moeten teleurstellen • *cette affaire me navre* ik vind die zaak dieptreurig

naze → **nase**

nazi **1** BN nazistisch • *l'Allemagne ~e* nazi-Duitsland **2** ZN M (V nazie), nazi

nazisme ZN M nazisme

NB AFK nota bene NB, nota bene

N.-D. AFK Notre Dame V O.L.V., Onze-Lieve-Vrouw

ne, n' <voor klinker of stomme h> BW **1** niet <meestal in verbinding met tweede ontkennend woord zoals 'pas', 'personne', 'jamais', 'rien'> • *je ~ sais pas* ik weet (het) niet • *on ~ lui demande rien* hem / haar wordt niets gevraagd • *on ~ le voit jamais* we zien hem nooit • *personne ~ le connaît* niemand kent hem • *elle n'arrive qu'à six heures* zij komt pas om 6 uur • *tu n'as qu'à demander!* je hoeft het maar te vragen! **2** (geen betekenis; geen Nederlandse vertaling) • *il est plus riche que vous ~ pensez* hij is rijker dan u denkt • *je crains qu'il n'oublie* ik ben bang dat hij het vergeet

né 1 BN **geboren** • *il est ~ avant terme* hij is te vroeg geboren • *madame Dupuis, née Dupont* mevrouw Dupuis, geboren Dupont • *un orateur-né* een geboren redenaar • *être bien ~* van goede komaf zijn • INFORM. *il n'est pas ~ de la dernière pluie* hij is niet van gisteren 2 WW volt. deelw. → **naître**
néanmoins BW **niettemin, nochtans**
néant ZN M 1 **(het) niets** • *signes particuliers: ~* bijzondere kenmerken: geen • *réduire qc à ~* iets vernietigen 2 FILOS. **nietigheid**
nébuleux BN (V **nébuleuse**) 1 **bewolkt, nevelachtig** 2 FIG. **duister, schimmig, vaag** • *des idées nébuleuses* vage ideeën
nébulosité ZN V **nevelachtigheid, bewolking**
nécessaire 1 BN **nodig, noodzakelijk, onmisbaar (à voor)** • *elle n'a même pas l'argent ~ au voyage* ze heeft niet eens het geld dat nodig is voor de reis • *il n'est pas ~ que vous veniez* het is niet nodig dat u komt • *il est ~ d'en parler aux parents* het is noodzakelijk er met de ouders over te praten • *trouver ~ de...* het nodig vinden om... • *si nécessaire...* zo nodig..., in geval van nood... 2 ZN M 1 **(het) noodzakelijke, (het) nodige** • *on n'emporte que le strict ~* we nemen alleen het strikt noodzakelijke / het hoognodige mee • *manquer du ~* een tekort hebben aan het allernoodzakelijkste • *faites le ~ pour l'inscrire le plus vite possible* doe wat nodig is om hem zo snel mogelijk in te schrijven 2 **etui / doos met benodigdheden, necessaire** • *un ~ de toilette* toilettas
nécessairement BW **noodzakelijkerwijs, onvermijdelijk, per se**
nécessité ZN V 1 **noodzaak, noodzakelijkheid** • *manger par ~* noodgedwongen eten 2 **vereiste, dringende behoefte** • *des produits de première ~* allernoodzakelijkste producten, eerste levensbehoeften
nécessiter OV WW **nodig maken, vereisen**
nécrologie ZN V **necrologie** <biografie / lijst v. overledene>
nécrologique BN **necrologisch** • *la rubrique ~* de overlijdensberichten
nectarine ZN V **nectarine** <soort perzik>
néerlandais 1 BN **Nederlands** 2 ZN M **(het) Nederlands** • *le ~ standard* het Standaardnederlands
Néerlandais ZN M (V **Néerlandaise**), **Nederlander**
néerlandophone 1 BN **Nederlandssprekend** 2 ZN M/V **Nederlandstalige**
nef ZN V **schip** <van kerk> • *la ~ principale* de hoofdbeuk
néfaste BN **noodlottig, funest**
négatif 1 BN (V **négative**) 1 **ontkennend** • *une phrase négative* ontkennende zin 2 **negatief** • *un pôle ~* negatieve pool, kathode 2 ZN M A-V **negatief** • *tirer des négatifs* negatieven afdrukken
négation ZN V 1 TAALK. **ontkenning** • *un adverbe de ~* bijwoord van ontkenning, ontkennend bijwoord 2 **(ver)loochening**
négative ZN V • *répondre par la ~* ontkennend antwoorden, afwijzend reageren
négligé 1 BN **slordig, verwaarloosd, onverzorgd** 2 ZN M **onverzorgd uiterlijk**
négligeable BN **te verwaarlozen** • *traiter qn comme une quantité ~* iemand behandelen alsof hij er niet toe doet • *la différence est ~* het verschil is niet noemenswaardig
négligemment BW **achteloos, losjes**
négligence ZN V **slordigheid, achteloosheid, verwaarlozing** • *une ~ criminelle* grove nalatigheid • *cela est dû à une ~* dat is te wijten aan / komt door onachtzaamheid
négligent BN **slordig, nalatig, achteloos**
négliger 1 OV WW 1 **verwaarlozen** • *~ sa maison* zijn huis verwaarlozen • *~ ses amis* zijn vrienden verwaarlozen • *ne rien ~* niets onbeproefd laten, er alles aan doen • *~ un point de vue* een opvatting buiten beschouwing laten 2 **verzuimen** • *~ de payer son loye* verzuimen om zijn huur te betalen 2 WKD WW **(se ~) zich verwaarlozen**
négoce FORM. ZN M **(groot)handel**
négociable BN 1 **onderhandelbaar, bespreekbaar** 2 **verhandelbaar**
négociant ZN M **(groot)handelaar** • *un ~ en gros* groothandelaar • *un ~ en vins* groothandelaar in wijn(en)
négociateur ZN M (V **négociatrice**), **onderhandelaar**
négociation ZN V **onderhandeling, bespreking** • *des négociations salariales entre patrons et syndicats* salarisonderhandelingen tussen werkgevers en vakbonden • *des négociations sur le désarmement* ontwapeningsonderhandelingen • *engager des négociations* onderhandelingen aanknopen • *mener des négociations* onderhandelingen voeren • *entamer la ~* beginnen met onderhandelen • *la ~ n'a pas abouti* de onderhandelingen zijn niet geslaagd
négocier 1 ONOV WW **onderhandelen (avec met)** • *~ avec le gouvernement* met de regering onderhandelen 2 OV WW 1 **onderhandelen over** • *~ de meilleures conditions de travail* onderhandelen over betere arbeidsvoorwaarden 2 <auto> **nemen** <bocht> • *~ un virage* met hoge snelheid een bocht nemen
nègre 1 ZN M (V **négresse**) MIN. **neger** • INFORM. *travailler comme un ~* keihard werken 2 BN (V **négresse**), **neger-** • *l'art ~* de negerkunst 3 ZN M INFORM. **ghostwriter**
négrier ZN M **slavenhandelaar**, FIG. **slavendrijver**
négritude ZN V **(het) neger-zijn, negercultuur**
négroïde BN **negroïde**
neige ZN V 1 **sneeuw** • *une boule de ~* sneeuwbal • *un bonhomme de ~* sneeuwpop • *une tempête de ~* sneeuwstorm • *les ~s éternelles* de eeuwige sneeuw • *de la ~ fondue* natte sneeuw • *une chute de ~* sneeuwval • *une avalanche de ~* sneeuwlawine • *l'abominable homme des ~s* de verschrikkelijke sneeuwman • *une classe de ~* skikamp • *partir / aller à la ~* op wintersport gaan • FIG. *faire boule de ~* een sneeuwbaleffect hebben, snel aangroeien 2 FIG. **sneeuw** <kleur>, **witheid** • *blanc comme ~*

ne

sneeuwwit, FIG. onschuldig (als een pasgeboren lammetje) • *Blanche-Neige* Sneeuwwitje **3** INFORM. cocaïne **4** CULIN • *des œufs battus en ~* stijfgeklopt eiwit
neiger ONP WW **sneeuwen** • *il neige* het sneeuwt • *il va ~* het gaat sneeuwen
neigeux BN (V neigeuse) **1 besneeuwd** • *des montagnes neigeuses* besneeuwde bergen **2 sneeuwachtig, sneeuw-** • *un temps ~* sneeuwweer, sneeuw(acht)ig weer
nem ZN M **Vietnamese loempia**
nénette INFORM. ZN V **1 meid, wijf(je) 2** • *se casser la ~* zich de kop breken, zich suf piekeren
nénuphar, **nénufar** ZN M **waterlelie**
néolithique 1 BN **neolithisch 2** ZN M **neolithicum**
néologisme ZN M **nieuw woord, neologisme**
néon ZN M **neon** • *un (tube au) ~* tl-buis
néonatal BN (M MV néonatals), **zuigelingen-, neonataal**
néonazi 1 BN **neonazistisch 2** ZN M (V néonazie), **neonazi**
néophyte ZN M/V **nieuwbekeerde, beginneling, neofiet**
néo-zélandais BN **Nieuw-Zeelands**
népalais BN **Nepalees**
néphrétique BN **nier-**
néphrite ZN V **nierontsteking**
népotisme ZN M **nepotisme, vriendjespolitiek**
nerf "nèr" ZN M **1** ANAT., MED. **zenuw** • *le ~ sciatique* de heupzenuw • *se froisser un ~* een pees verrekken **2** FIG. **pit, fut, kracht** • *avoir du ~* flink / energiek zijn **3** PSYCH. MV **zenuwen** • *la guerre des ~s* de zenuwenoorlog • *c'est une boule / un paquet de ~s* hij / zij is één bonk zenuwen • *être sur les ~s* (hyper)nerveus zijn • *être à bout de ~s* op van de zenuwen zijn • *faire / piquer sa crise de ~s* (weer) een zenuwinzinking hebben • *avoir des ~s d'acier* stalen zenuwen hebben • *ça me porte sur les ~s!* dat werkt op mijn zenuwen!, ik krijg er wat van! • INFORM. *il me tape sur les ~s* hij werkt me op de zenuwen
nerveux BN **1 zenuw-** • *le système ~* het zenuwstelsel **2 zenuwachtig, nerveus** • *un rire ~* nerveus lachje • FIG. *une voiture nerveuse* pittige auto
nervosité ZN V **zenuwachtigheid, nervositeit**
nervure ZN V **1** PLANTK. **nerf** <van blad, hout> **2 ader** <van insectenvleugel> **3** ARCH., TECHN. **rib(bel)**
net "net" **1** BN (V nette) **1 schoon, zindelijk, net** • *du linge ~* schone was • *il veut en avoir le cœur ~* hij wil er het zijne van weten • FIG. *faire place nette* schoon schip maken **2** FIG. **helder, zuiver** • *un esprit ~* heldere geest • *une réponse nette* kort en duidelijk antwoord **3 duidelijk, helder** • *une photo nette* scherpe foto • INFORM. *un type pas très ~* ietwat dubieus type • *c'est clair et ~* dat is overduidelijk • *il y a quelque chose de pas ~ là-dessous* dat is geen zuivere koffie **4 netto** • *un prix ~* nettoprijs • *le bénéfice ~* de zuivere winst • *le salaire ~* het zuivere inkomen • *~ d'impôt* belastingvrij **2** BW **1 plotseling, ineens, op slag** • *s'arrêter ~* opeens stoppen • *trancher ~* er ineens een eind aan maken **2 ronduit, duidelijk** • *refuser ~* vierkant weigeren **3** ZN M • *mettre au ~* in het net schrijven
Net ZN M Internet **internet**
nettement BW **duidelijk, ronduit, onmiskenbaar** • *c'est ~ mieux* dat is een heel stuk beter
netteté ZN V **1 zindelijkheid 2 helderheid, duidelijkheid** • *la ~ d'une photo* de scherpte van een foto
nettoyage ZN M **schoonmaak, reiniging** • *le ~ des tapis* de tapijtreiniging • *le ~ de printemps* de voorjaarsschoonmaak • *le ~ à sec* het chemisch reinigen, het stomen • INFORM. *faire le ~ par le vide* grondig opruimen/uitmesten • FIG. *le ~ ethnique* etnische zuivering
nettoyant ZN M **schoonmaakmiddel**
nettoyer 1 OV WW **1 schoonmaken, schoonvegen** • *~ la table avec un chiffon* de tafel schoonvegen • *~ qc avec une brosse* iets schoonborstelen • *~ sa maison* zijn huis schoonmaken • *~ la cuisine à fond* de keuken een grote beurt geven • *~ à sec* chemisch reinigen **2 leeghalen,** FIG. **zuiveren** • *les voleurs ont nettoyé les appartements* de dieven hebben de appartementen leeggehaald • *~ un quartier de ses drogués* een buurt zuiveren van drugsverslaafden **2** WKD WW **(se ~) zich(zelf)) schoonmaken / wassen** • *se ~ les ongles* zijn nagels schoonmaken • *ça se nettoie au savon* dat krijg je met zeep weg
nettoyeur ZN M (V nettoyeuse), **schoonmaker**
neuf 1 TELW **negen → quatre 2** ZN M/V **1 negen** • *la / le ~* (nummer) negen <bus, tram, kamer, tafel, tv-net> **2** O&W **vierenhalf** <schoolcijfer> **→ quatre 3** BN (V neuve), **nieuw** • *des chaussures flambant neuves* spiksplinternieuwe schoenen • INFORM. *quoi de ~?* (is er / heb je) nog nieuws? • *rien de ~* geen / niks nieuws • *son vélo est comme ~* zijn fiets is als nieuw **4** ZN M **(het) nieuwe** • *du ~* iets nieuws, nieuwe dingen • *être vêtu de ~* nieuwe kleren aanhebben, in het nieuw gestoken zijn • *refaire / remettre un appartement à ~* een appartement opknappen / renoveren • OOK FIG. *faire du ~ avec du vieux* iets oplappen
neurasthénie ZN V **zenuwzwakte, zwaarmoedigheid**
neurasthénique BN **zenuwzwak, zwaarmoedig, depressief**
neurochirurgie ZN V **neurochirurgie**
neurochirurgien ZN M (V neurochirurgienne), **neurochirurg**
neurologie ZN V **neurologie**
neurologique BN **neurologisch**
neurologue ZN M/V **neuroloog**
neurone ZN M **neuron, zenuwcel**
neutralisation ZN V **neutralisatie**
neutraliser OV WW **neutraliseren** • *~ le trafic* het verkeer stilleggen • *~ l'adversaire* de tegenstander onschadelijk maken • *des forces qui se neutralisent* krachten die elkaar opheffen
neutralisme ZN M **neutralisme, afzijdigheid**
neutralité ZN V **neutraliteit, afzijdigheid**

neutre 1 BN 1 neutraal • *un observateur ~* een neutrale waarnemer • *rester ~* neutraal blijven • *énergétiquement neutre* energieneutraal 2 TAALK. onzijdig 2 ZN M neutrum, onzijdig geslacht

neutron ZN M neutron • *une bombe à ~s* neutronenbom

neuve BN → **neuf**

neuvième 1 TELW negende → **quatrième** 2 ZN M negende, negende deel

neuvièmement BW ten negende

névé ZN M firn(veld)

neveu ZN M (MV neveux), neef <oomzegger of tantezegger> • *un ~ à la mode de Bretagne* achterneef

névralgie ZN V zenuwpijn, neuralgie

névralgique BN neuralgisch • *un centre ~* zenuwcentrum • FIG. *un point ~* kern(punt)

névrite ZN V zenuwontsteking

névrose ZN V neurose • *une ~ obsessionnelle* dwangneurose

névrosé ZN M (V névrosée), neuroticus

névrotique BN neurotisch

new-yorkais BN New Yorks

nez ZN M 1 neus • *un ~ en trompette / un nez retroussé* wipneus • *un ~ pointu* puntneus • *un ~ camus / un nez en patate* stompe neus • *le ~ en l'air / le ~ au vent* (met) de neus in de wind • *il a le ~ qui coule* zijn neus loopt • *ça sent le gaz à plein ~* het ruikt heel sterk naar gas • *parler du ~* door je neus spreken • *saigner du ~* een bloedneus hebben • *raccrocher au ~ de qn* de hoorn erop gooien • *se trouver ~ à ~ avec qn* opeens tegenover iemand staan • *cette bonne affaire lui passe sous le ~* die goede deal gaat zijn neus voorbij • *il l'a fait au ~ et à la barbe de tous* hij deed het waar iedereen bij stond / vlak voor ieders neus • *mettre / fourrer son ~ dans les affaires de qn* zijn neus in andermans zaken steken • *montrer le bout de son ~* even z'n gezicht / neus laten zien • *ne pas voir plus loin que le bout de son ~* niet verder kijken dan je neus lang is • *rire au ~ de qn* iemand in zijn gezicht uitlachen • *faire un pied de ~ (à qn)* een lange neus maken (tegen iemand) • FIG. *avoir du ~ / avoir du flair* een fijne neus hebben • INFORM., FIG. *elle a eu son examen les doigts dans le ~* ze heeft haar examen met de vingers in de neus / op haar sloffen gehaald • INFORM., FIG. *avoir un coup dans le ~* een beetje dronken zijn, te diep in het glaasje hebben gekeken • INFORM., FIG *se bouffer le ~* elkaar in de haren vliegen • INFORM., FIG. *ça lui pend au ~* dat hangt hem boven het hoofd • FIG. *se casser le ~ (à la porte de qn)* de deur gesloten vinden (bij iemand) • FIG. *mettre le ~ dehors* een frisse neus gaan halen • FIG. *ça lui est retombé sur le ~* hij kreeg het lid op de neus • *à vue de ~* zo op het oog, ruw geschat 2 INFORM. neus <samensteller van parfums, wijnen> 3 TECHN. neus <van vliegtuig> • *l'avion a piqué du ~* het vliegtuig maakte een duikvlucht

NF AFK norme française V Franse norm <bewijs dat een merk / product voldoet aan de wettelijke voorschriften in Frankrijk>

ni VOEGW noch • *~ ... ~ ...* noch ..., noch ... • *il ne sait ~ lire ~ écrire* hij kan lezen noch schrijven • *une histoire sans queue ~ tête* verhaal zonder kop of staart • *~ l'une ~ l'autre ne viendra / ne viendront* (noch) de een noch de ander komt, geen van beiden komt • *il n'en aura ~ plus ~ moins que moi* hij zal er niet meer en niet minder dan ik (van) hebben

niais 1 BN onnozel 2 ZN M (V niaise), onnozele hals, simpele ziel

niaiserie ZN V onnozelheid, onnozel gedoe / gepraat

nicaraguayen BN (V nicaraguayenne), Nicaraguaans

niche ZN V 1 alkoof, nis 2 hondenhok 3 ECON. niche • *une ~ de marché / une ~ commerciale* klein segment van de markt

nichée ZN V 1 nestvol, broedsel 2 INFORM. nest <kinderen>, kroost

nicher 1 ONOV WW 1 nestelen 2 INFORM. huizen • *où nichez-vous?* waar hangt u (tegenwoordig) uit?, waar zit u (tegenwoordig)? 2 WKD WW **(se ~)** 1 (zich) nestelen • *le village se niche sur le flanc de la montagne* het dorp ligt half verscholen op de berghelling 2 zich verschuilen, wegkruipen

nichoir ZN M broedkooi <voor vogels>, nestkastje, vogelhuisje

nichon INFORM. ZN M tiet

nickel 1 ZN M nikkel 2 BN INFORM. piekfijn, pico bello • *c'est ~ chez lui* zijn huis is altijd piekfijn op orde

niçois BN uit / van Nice • *une salade niçoise* salade niçoise <gemengde salade>

nicotine ZN V nicotine

nid ZN M nest • *un ~ d'aigle* OOK FIG. arendsnest • OOK FIG. *faire son ~* een nestje bouwen • *ces bibelots sont un ~ à poussière* die snuisterijen zijn een stofnest • *il n'arrive pas à quitter le ~ familial* het lukt hem niet het huiselijk nest te verlaten

nidation ZN V innesteling

nid-d'abeilles ZN M (MV nids-d'abeilles), (stof met) honingraat- / wafelpatroon

nid-de-poule ZN M (MV nids-de-poule), gat / kuil <in wegdek>

nièce ZN V nicht <oomzegster of tantezegster> • *une ~ à la mode de Bretagne* achternicht

nième BN → **énième**

nier OV WW ontkennen, (ver)loochenen • *~ l'existence de Dieu* het bestaan van God ontkennen • *(tout) ~ en bloc* alles ontkennen

nigaud 1 BN onnozel, dom 2 ZN M (V nigaude), domoor

nigérian BN Nigeriaans

nihilisme ZN M nihilisme

nihiliste 1 BN nihilistisch 2 ZN M/V nihilist

Nil ZN M Nijl

nimbus "-buus" ZN M regenwolk

Nimègue Nijmegen

n'importe WW → **importer**

nipper INFORM. 1 OV WW van kleren voorzien • *être toujours bien nippé* altijd goed gekleed zijn 2 WKD WW **(se ~)** zich in de kleren steken • *se ~ au marché aux puces* zijn kleren kopen op de vlooienmarkt

nippes INFORM. ZN V MV **(oude) kleren, plunje**
nippon BN **Japans**
nique ZN V • *faire la ~ à qn* iemand uitlachen
niquer INFORM. OV WW **1 neuken** • *nique ta mère!* krijg de klere! **2 verneuken** • *se faire ~* verneukt worden
nirvana REL. ZN M **nirwana**
nitrate ZN M **nitraat**
nitrique BN • *de l'acide ~* salpeterzuur
nitrite ZN M **nitriet**
nitroglycérine ZN V **nitroglycerine**
niveau ZN M (MV niveaux) **1 niveau, peil, hoogte** • *le ~ de la mer* het zeeniveau, de zeespiegel • *le ~ des eaux* de waterstand, het waterpeil • *vérifier le ~ d'huile* het oliepeil controleren • *un passage à ~* overweg • *l'eau m'arrive au ~ de la taille* het water komt me tot mijn middel **2 etage, woonlaag, verdieping** • *le magasin se trouve au premier ~ du centre commercial* de winkel bevindt zich op de tweede etage van het winkelcentrum **3** FIG. **niveau, graad / mate (van)** <kennis, beschaving> • *le ~ intellectuel* het intellectuele niveau • *le ~ de vie* de levensstandaard • *les ~x de langue* de stijlniveaus, de stijlregisters • *de haut ~* van hoog niveau, op niveau • *atteindre un ~ élevé* een hoog peil bereiken, hoog staan • *élever le ~ de jeu* het spelpeil verhogen • *être au ~ de qc* geschikt zijn voor iets, iets aankunnen • *se mettre au ~ de qn* zich aan iemands niveau aanpassen • *au ~ national* op nationaal niveau, landelijk • *à tous les ~x* op elk vlak, in alle geledingen, overal **4** TECHN. **waterpas**

nivelage ZN M **egalisering**
niveler OV WW **egaliseren,** OOK FIG. **nivelleren** • *~ un terrain* een stuk grond egaliseren • FIG. *~ qc par le haut* iets naar boven gelijktrekken
nivellement ZN M OOK FIG. **nivellering**
n° AFK numéro m **nr., no.**
noble 1 BN **1 adellijk** • *avoir du sang ~* adellijk bloed hebben **2 edel, verheven, voornaam, nobel** • *des matériaux ~s* edele / niet-synthetische stoffen **2** ZN M/V **iemand van adel, edelman / -vrouw** • *les ~s* de adel
noblesse ZN V **adel, adeldom, aristocratie** • *la petite ~* de lage(re) adel
noce ZN V **1** vaak mv **bruiloft, trouwpartij** • *un voyage de ~s* huwelijksreis • *des ~s d'argent* zilveren bruiloft • *épouser qn en secondes ~s* hertrouwen **2** INFORM. **braspartij, uitspatting** • *faire la ~* fuiven, pret maken, aan de zwier gaan • *ne pas être à la ~* zijn lol wel op kunnen, slecht af zijn
noceur INFORM. ZN M (V noceuse), **feestbeest, boemelaar**
nocif BN (V nocive), **schadelijk** • *être ~ pour l'environnement* schadelijk zijn voor het milieu
nocivité ZN V **schadelijkheid**
noctambule ZN M/V **nachtbraker**
noctambulisme ZN M **nachtbrakerij**
nocturne 1 BN **nachtelijk, nacht-** • *un oiseau ~* nachtvogel • *la vie ~ des grandes villes* het nachtleven van de grote steden • *le tapage ~* het burengerucht **2** ZN M **1** MUZ. **nocturne 2 nachtdier 3** ZN V **koopavond, openstelling in de avond** • *un match en ~* avond- / lichtwedstrijd • *ces magasins sont ouverts en ~* deze winkels zijn 's avonds open
nodule ZN M **knobbeltje, knoopje**
Noé ZN M **Noach**
noël ZN M **1 kerstlied 2 kerstcadeau** • *le (petit) ~ des enfants* het kerstcadeautje voor de kinderen
Noël ZN M **Kerstmis** • *la nuit de ~* de kerstnacht • *le père ~* de Kerstman • *le sapin / l'arbre de ~* de kerstboom • *le réveillon de ~* het kerstdiner <tijdens de kerstnacht> • *fêter ~ à la montagne* Kerstmis / de kerst in de bergen vieren • *un ~ sous la neige* een witte kerst • *souhaiter un joyeux ~ à qn* iemand prettige kerstdagen toewensen • *à ~ / pour la Noël, nous irons au ski* met Kerstmis gaan we skiën
nœud ZN M **1 knoop** <strik> • *un ~ de cravate* knoop van een (strop)das • *un ~ dans les cheveux* strik <in het haar> • *un ~ coulant* (lus met) schuifknoop, strik(knoop) • *faire un ~* een knoop leggen • FIG. *avoir un ~ dans la gorge* een brok in de keel hebben **2 knooppunt** • *un ~ autoroutier* knooppunt van auto(snel)wegen • *un ~ ferroviaire* knooppunt van spoorwegen **3 kern(punt), knelpunt** • *c'est là le ~ du problème* dat is de kern van het probleem • *cette affaire est un sac de nœuds* aan die zaak zitten veel haken en ogen **4 knoest** <in hout>, **kwast**
noir 1 BN **1 zwart, donker, vuil** • *des cheveux ~s de jais* gitzwart haar • *~ comme du cirage* pikzwart • *du savon ~* groene zeep • *du chocolat ~* pure chocola(de) • *du raisin ~* blauwe druif • *il était ~ de coups* hij was bont en blauw geslagen • *la place était ~e de monde* het plein zag zwart van de mensen • *il fait nuit ~; il fait ~ comme dans un four* het is stikdonker • *les enfants étaient ~s après le match de foot* de kinderen waren vuil na de voetbalwedstrijd • *c'est écrit ~ sur blanc* het staat zwart op wit **2** FIG. **zwart** • *un film ~* enge film, griezelfilm • *un roman ~* griezelroman • *l'humour ~* zwarte humor, galgenhumor • *une série ~e* serie pechgevallen / rampen, aaneenschakeling van ongelukken • *être dans une colère ~e* in blinde woede zijn, razend zijn • *jeter un regard ~ à qn* een gemene blik op iemand werpen • *une page ~e de l'histoire* een zwarte bladzijde in de geschiedenis **3 zwart** <clandestien> • *le marché ~* de zwarte handel / markt • *la caisse ~e* het geheime fonds • *de l'argent ~* zwart geld **4** INFORM. **dronken 2** ZN M **(het) zwart, (het) donker, (het) duister** • *les Noirs* de zwarten, zwart <zwarte dam- / schaakstukken> • INFORM. *un petit ~* een kopje zwarte koffie • *des photos en ~ et blanc* zwart-witfoto's • *être vêtu de ~; être en ~* in het zwart (gekleed) zijn, rouwkleding dragen • *avoir peur du ~* bang zijn in het donker • *travailler au ~* zwartwerken • *dans le ~* in het donker • *voir tout en ~* alles somber inzien, zwaartillend zijn • *voir l'avenir en ~* de toekomst somber inzien • FIG. *broyer du ~* zwaarmoedig zijn • *~ sur blanc* zwart op wit <op schrift>
noirâtre BN **zwartachtig**
noiraud BN **zwartbruin, donker** <van huid>
noirceur FORM. ZN V **zwartheid, donkere vlek** •

la ~ d'un crime de gruwelijkheid van een misdaad
noircir **1** OV WW OOK FIG. **zwart maken, bekladden** • *~ la situation* de situatie somberder voorstellen (dan ze is) • FIG., INFORM. *~ du papier* hele vellen volschrijven **2** ONOV WW **zwart / donker worden**
noire MUZ. ZN V **kwart(noot)**
noise ZN V • *chercher ~ / des ~s à qn* ruzie zoeken met iemand
noisetier ZN M **hazelaar**
noisette ZN V **1 hazelnoot 2 klontje, hompje** • *ajouter une ~ de beurre* een klontje boter toevoegen • *un café ~* koffie met een wolkje melk, koffie met weinig melk • *des pommes ~s* gebakken aardappelballetjes
noix ZN V **1 (wal)noot** • *une ~ de coco* kokosnoot • *une ~ de cajou* cashewnoot • *une noix de pécan* pecannoot • *casser des ~* noten kraken **2 bolletje, hompje, klontje** • *une ~ de veau* achterbout van een kalf, vlezig stukje van een kalfskotelet
noliser OV WW **bevrachten, charteren** <van (lucht) vaartuig>
nom ZN M **1 naam** • *le ~ de famille* de achternaam • *le ~ de jeune fille* de meisjesnaam <van getrouwde vrouw> • *le petit ~* de koosnaam • *un ~ à particule* (adellijke) naam met voorvoegsel • INFORM. *~ à rallonge(s) / à tiroirs* ingewikkelde naam, dubbele naam • *un ~ de scène* toneelnaam • *un ~ d'emprunt* aangenomen naam, valse naam • *un colis au ~ de Martin* een pakje op naam van Martin • *un crime sans ~* een ongehoorde misdaad • INFORM. *~ d'un chien / d'une pipe!* verrek!, verdorie! • INFORM. *~ de dieu!* verdomme! • *quel est le ~ de cette femme?* hoe heet die mevrouw? • *il porte le ~ de son grand-père* hij heet naar zijn opa • *Martin, je ne le connais que de ~* ik ken Martin alleen van naam • *mettre un ~ sur un visage* iemands naam (weer) weten • *citer des noms* namen noemen • *se faire un ~* naam maken • *traiter qn de tous les noms* iemand de huid vol schelden • *une guerre qui ne dit pas son ~* een verhulde / verkapte oorlog • *en mon ~* namens mij **2 (zelfstandig) naamwoord** • *un ~ propre* eigennaam • *un ~ commun* (gewoon) zelfstandig naamwoord, soortnaam • *un ~ composé* samengesteld zelfstandig naamwoord • *un ~ de nombre* telwoord
nomade **1** ZN M/V **nomade** **2** BN **zwervend, nomaden-** • *une tribu ~* nomadenstam • *mener une vie de ~* een zwervend bestaan leiden
nomadisme ZN M **zwervend bestaan**
nombre ZN M **1 getal** • *un ~ premier* priemgetal • *les ~s décimaux* de decimale / tiendelige getallen • *un ~ entier* geheel getal • *élever un ~ au carré* een getal tot de tweede macht verheffen **2 (groot) aantal** • *un ~ maximum d'enfants se fera vacciner* een maximum aantal kinderen zal zich laten inenten • *(un) bon ~ d'habitants...* een groot aantal inwoners... • *un certain ~ d'écrivains* een aantal schrijvers • *des critiques sans ~* talloze critici • *le plus grand ~ des personnes interrogées...* de meerderheid van de ondervraagde personen... • *ils étaient au ~ de vingt* ze waren twintig (in getal) • *être du ~* erbij (be)horen • *serez-vous du ~?* zult u er ook bij zijn?, komt u ook? • *succomber sous le ~* voor de overmacht zwichten • TAALK. *s'accorder en genre et en ~* in geslacht en getal overeenstemmen • *dans le ~* te midden daarvan • *en ~* in groten getale, met voldoende aanwezigen
nombreux BN (V nombreuse), **talrijk, met velen** • *une famille nombreuse* groot / kinderrijk gezin • *venez ~!* komt allen! • *ils étaient peu ~* ze waren gering in aantal, er waren er niet veel
nombril ZN M OOK FIG. **navel** • *se contempler le ~* navelstaren • *se prendre pour le ~ du monde* het hoog in de bol hebben
nombrilisme INFORM. ZN M **(het) navelstaren**
nomenclature ZN V **nomenclatuur, naamlijst, woordenlijst**
nominal BN (M MV nominaux), **nominaal, van de naam, in naam, naam-** • *une liste ~e* naamlijst • *une valeur ~e* nominale waarde
nominatif **1** ZN M **nominatief, eerste naamval** **2** BN (V nominative), **de naam bevattend, op naam** • *à titre ~* op naam
nomination ZN V **1 benoeming** • *elle a obtenu sa ~ à Marseille* ze heeft haar benoeming in Marseille gekregen **2 nominatie** <voor een prijs>, **vermelding**
nominativement BW **bij name**
nominé BN **genomineerd** <voor een prijs>
nommé BN **genaamd, genoemd** • *un ~ Dupont* een zekere Dupont • *la lettre est arrivée à point ~* de brief kwam precies op het juiste moment
nommément BW **met name, bij name**
nommer **1** OV WW **1 noemen, een naam geven** • *ses parents l'ont nommé Adrien* zijn ouders hebben hem Adrien genoemd • *une femme nommée Catherine Dubois* een vrouw, Catherine Dubois genaamd **2 benoemen** • *on l'a nommée directrice* ze is tot directrice benoemd **2** WKD WW **(se ~) zich noemen, heten** • *comment se nomme-t-elle déjà?* hoe heet zij ook alweer?
non **1** BW **nee(n), niet** • *une maison ~ occupée* onbewoond huis • *j'espère que ~* ik hoop van niet • *il ne sait pas dire ~* hij kan geen nee zeggen • *je ne dis pas ~* ik zeg geen nee, dat sla ik niet af • *faire / dire ~ de la tête* nee schudden • *ah, non! tu ne vas pas recommencer!* o nee! je gaat toch niet weer beginnen! • *mais ~, je te l'ai dit cent fois!* wel nee, dat heb ik je al honderd keer gezegd! • *non? sans blague? elle a refusé?* even serieus! heeft ze geweigerd? • *tu iras, toi, mais moi non!* jíj gaat wel, maar ik niet! • *tu n'y vas pas? moi ~ plus* ga jij er niet heen? ik ook niet • *~ seulement elle se croit intelligente, mais elle ne fait rien* niet alleen denkt ze dat ze intelligent is, maar ze doet ook niets • *~ (pas) que je ne veuille pas, mais je n'ai pas le temps* niet dat ik niet wil, maar ik heb geen tijd • *non, mais!; ~ mais, sans blague!* ben je nou helemaal! **2** ZN M **nee(n)** • *un ~ catégorique* een heel beslist nee • *il me téléphone pour un oui pour un ~* hij belt me om het minste of geringste • *compter les oui et les ~* de ja's

en nee's tellen
non-activité ZN V non-activiteit
nonagénaire **1** BN negentigjarig **2** ZN M/V negentiger, negentigjarige
non-agression ZN V niet-aanval, non-agressie • *un pacte de ~* niet-aanvalsverdrag
non-aligné POL. BN niet-gebonden
non-alignement POL. ZN M niet-gebondenheid
nonante TELW negentig <in België, Zwitserland> → **quarante**
nonchalamment BW nonchalant
nonchalance ZN V nonchalance, achteloosheid
nonchalant BN nonchalant, achteloos
non-combattant **1** BN niet strijdend **2** ZN M (MV non-combattants), niet-strijder
non-conformisme ZN M non-conformisme
non-conformiste **1** BN non-conformistisch **2** ZN M/V non-conformist
non-conformité ZN V gebrek aan overeenstemming
non-connecté COMP. BN offline
non-dit ZN M onuitgesproken gedachte
non-figuratif BN (V non-figurative), non-figuratief
non-fumeur ZN M (MV non-fumeurs), niet-roker
non-genré BN genderneutraal, sekseneutraal
non-ingérence POL. ZN V niet-inmenging • *la ~ d'un pays dans les affaires d'autrui* het zich niet mengen van een land in de aangelegenheden van een ander land

non-intervention POL. ZN V non-interventie
non-lieu ZN M ontslag v. rechtsvervolging • *bénéficier d'un ~* ontslagen worden van rechtsvervolging
nonne ZN V non
nonnette ZN V rond peperkoekje
non-paiement ZN M wanbetaling
non-prolifération POL. ZN V non-proliferatie <m.b.t. verspreiding van kernwapens>
non-résident ZN M (V non-résidente), niet-ingezetene
non-retour ZN M • *le point de ~* het punt waarna er geen weg terug meer is • *atteindre le point de ~* niet meer terug kunnen
non-sens ZN M onzin, nonsens
non-stop BN onver. non-stop- • *un vol ~ entre Paris et Los Angeles* non-stopvlucht van Parijs naar Los Angeles
non-violence ZN V geweldloosheid
non-violent BN geweldloos
non-voyant ZN M (V non-voyante), blinde
nord **1** ZN M noorden • *l'Amérique du Nord* Noord-Amerika • *l'Afrique du Nord* Noord-Afrika • *le Grand Nord* het hoge Noorden • *la mer du Nord* de Noordzee • *une pièce exposée au ~* kamer op het noorden • *habiter dans le ~ / au ~ du pays* in het noorden van het land wonen • *le vent vient du ~* de wind is noord, het is noordenwind • INFORM. *perdre le ~* de kluts kwijtraken • *au ~ de la ville* ten noorden van de stad **2** BN noordelijk, noord(en)- • *le pôle Nord* de Noordpool • *la banlieue ~* de noordelijke voorstad
nord-américain BN (MV nord-américains), Noord-Amerikaans
nord-est **1** ZN M noordoosten **2** BN noordoostelijk
nordique BN noords, Noord-Europees • *les pays ~s* de noordse / Noord-Europese landen • SPORT *la marche ~* nordic walking
nord-ouest **1** ZN M noordwesten **2** BN noordwestelijk
normal BN (M MV normaux), normaal(-), gewoon • *revenir à une situation ~e / à la ~e* weer in een normale toestand komen • *il n'est pas dans son état ~* hij is uit zijn gewone doen • *ce n'est pas ~ qu'elle dorme tant* het is niet normaal dat ze zoveel slaapt • *en temps ~* normaliter
normale ZN V normale waarde, gemiddelde • *une taille au-dessus de la ~* maat groter dan normaal, bovengemiddelde maat • *revenir à la ~* weer normaal worden
normalement BW normaal (gesproken), normaliter • *~, elle mange peu* normaal gesproken eet ze weinig
normalien ZN M (V normalienne), leerling / afgestudeerde v.d. École normale supérieure
normalisation ZN V normalisatie, standaardisatie
normaliser **1** OV WW normaliseren, standaardiseren • *~ les relations avec un pays* de betrekkingen met een land normaliseren **2** WKD WW **(se ~)** normaliseren, (weer) normaal worden, gestandaardiseerd worden • *les relations entre les deux pays se sont normalisées* de betrekkingen tussen beide landen zijn genormaliseerd / weer normaal geworden
normand BN **1** Normandisch **2** Noormannen-
Normand ZN M Normandiër • *les Normands* de Noormannen • *une réponse de ~* ontwijkend antwoord
Normandie ZN V Normandië
normatif BN (V normative), normatief • *une grammaire normative* normatieve grammatica
normaux BN → **normal**
norme ZN V maatstaf, regel, norm • *conforme aux ~s françaises* conform / volgens de Franse normen • *s'écarter de la ~* afwijken van de norm • *être dans les ~s* aan de norm voldoen
noroît, **norois** ZN M noordwestenwind
Norvège ZN V Noorwegen
norvégien **1** BN (V norvégienne), Noors **2** ZN M (het) Noors
Norvégien ZN M (V Norvégienne), Noor
nos BEZ VNW MV → **notre**
nostalgie ZN V heimwee (**de** naar), nostalgie
nostalgique BN nostalgisch, terugverlangend (**de** naar)
nota ZN M (MV id.), opmerking, noot, nota bene
nota bene ZN M → **nota**
notabilité ZN V notabele, aanzienlijk persoon
notable **1** BN aanzienlijk, opmerkelijk **2** ZN M/V notabele • *les ~s de la ville* de notabelen van

de stad
notablement BW aanzienlijk, veel
notaire ZN M notaris
notamment BW in het bijzonder, vooral
notarial BN (M MV notariaux), notarieel, notaris-
notariat ZN M notariaat
notarié BN • *un acte ~* notariële akte
notation ZN V **1** schrijfwijze, notatie • *une ~ musicale* muzieknotatie, notenschrift **2** (het) geven v. cijfers, beoordeling • *la ~ de un à vingt* het geven van cijfers van één tot twintig <beoordelingswijze binnen het Franse schoolsysteem> **3** notitie
note ZN V **1** MUZ. noot, toon **2** FIG. toon • *une fausse ~* valse noot, FIG. storend detail, dissonant • *donner la ~* de toon aangeven • *être dans la ~* erbij passen, de juiste toon vinden / treffen • *forcer la ~* overdrijven • *ajouter une ~ personnelle à qc* ergens een persoonlijk tintje aan geven • *ce rouge apporte une ~ de gaieté à sa robe* dit rood geeft een vrolijke noot aan haar jurk **3** aantekening, notitie, (voet)noot • *une ~ en bas de page* voetnoot • *des ~s explicatives* verklarende aantekeningen • *un carnet de ~s* notitieboekje • *parler sans ~s* spreken zonder aantekeningen • *prendre des ~s* aantekeningen maken • *j'ai pris bonne ~ de ce que vous souhaitez* ik heb (goede) nota genomen van wat u wenst, ik zal onthouden wat u wenst **4** (beoordelings) cijfer, beoordeling • *elle a eu une bonne ~ pour sa composition* ze heeft een goed cijfer gekregen voor haar opstel • *mettre / donner une ~ à un devoir* een cijfer geven voor het huiswerk **5** nota, kennisgeving • *une ~ diplomatique* diplomatieke nota • *une ~ de service* dienstmededeling **6** rekening, nota • *la ~, s'il vous plaît!* mag ik even afrekenen? • *les ~s de frais* de onkostennota's • *régler sa ~ d'hôtel* zijn hotelrekening betalen • *la ~ de gaz est salée cette année* de gasnota is dit jaar gepeperd
noter OV WW **1** optekenen, noteren • *~ l'adresse et le numéro de téléphone de qn* iemands adres en telefoonnummer noteren **2** letten op, opmerken • *notez bien!* let wel!, bedenk wel! • *voulez-vous ~ que je serai absente demain* houd er rekening mee dat ik er morgen niet ben **3** een cijfer geven aan / voor, beoordelen • *~ un devoir sur vingt* een werkstuk beoordelen met een cijfer tussen de één en twintig • *un élève mal noté en physique* leerling met slechte cijfers voor natuurkunde
notice ZN V kort bericht / overzicht • *une ~ biographique* korte levensbeschrijving • *une ~ de mode d'emploi* gebruiksaanwijzing • *lire la ~ explicative avant de commencer* voor het begin de gebruiksaanwijzing / handleiding lezen
notificatif BN (V notificative), aankondigend
notification ZN V (officiële) kennisgeving, JUR. betekening
notifier OV WW kennis geven van, bekendmaken, aanzeggen • *~ à qn son renvoi* iemand ontslag aanzeggen
notion ZN V **1** notie, begrip, besef (**de** van) • *n'avoir aucune ~ du temps* geen flauw benul van tijd hebben, geen enkel tijdsbesef hebben **2** MV grondbeginselen, basiskennis • *elle a quelques ~s de chinois* ze heeft enige basiskennis van het Chinees, ze kent een beetje Chinees
notoire BN algemeen bekend, notoir
notoirement BW klaarblijkelijk, overduidelijk
notoriété ZN V bekendheid • *acquérir une certaine ~* een zekere bekendheid krijgen • *il est de ~ publique qu'elle le trompe* het is algemeen bekend dat ze hem bedriegt
notre BEZ VNW (MV nos), ons, onze • *~ fille* onze dochter • *nos enfants* onze kinderen
nôtre BEZ VNW **1** (de / het) onze **2** MV van ons, onze • *les nôtres* de onzen • *il est des nôtres* hij staat aan onze kant • *serez-vous des nôtres?* komt u ook?, doet u met ons mee? • *à la ~!* op onze gezondheid!
Notre-Dame ZN V Onze-Lieve-Vrouw, Onze-Lieve-Vrouwekerk
Notre-Seigneur ZN M Onze-Lieve-Heer
notule ZN V korte aantekening
nouba INFORM. ZN V • *faire la ~* feesten, pret maken
nouer **I** OV WW **1** (dicht)knopen, strikken, (vast)binden • *~ ses lacets de chaussures* de veters van je schoenen strikken • *~ une ficelle autour du paquet* het pakje met een touwtje dichtknopen **2** FIG. aanknopen, sluiten • *~ une alliance* een verbintenis sluiten • *~ la conversation avec qn* een gesprek aanknopen met iemand • *~ des contacts / relations avec ses voisins* contacten aanknopen met de buren **3** FIG. verkrampen, gespannen maken • *avoir l'estomac noué* een knoop in zijn maag hebben • *avoir la gorge nouée* een dichtgesnoerde keel hebben **II** WKD WW (**se ~**) **1** • *se ~ une cravate autour du cou* een das om je nek knopen **2** spannend worden <v. intrige> **3** FIG. aangeknoopt / gesloten worden • *une forte amitié s'est nouée entre eux* er heeft zich tussen hen een hechte vriendschap ontwikkeld
noueux BN (V noueuse), knoestig, knobbelig
nougat ZN M noga
nougatine ZN V harde noga, praline
nouille ZN V **1** MV noedels, pasta • *un plat de ~s* pastaschotel **2** INFORM. sukkel, kluns • *ce type est une vraie ~!* die vent is echt een kluns / een echte kluns!
nounou JEUGDT. ZN V → **nourrice**
nounours JEUGDT. ZN M (teddy)beer
nourri BN **1** gevoed • *bien ~* weldoorvoed • *logé et ~* met kost en inwoning **2** FIG. vol, intens, krachtig • *un feu ~* intensief (geweer)vuur
nourrice ZN V kinderverzorgster, oppas, voedster • *mettre un enfant en ~* een kind bij een oppas uitbesteden
nourricier LIT. BN (V nourricière), voedend • *la terre nourricière* de voedingsbodem
nourrir **I** OV WW **1** voeden, te eten geven, zogen • *~ un bébé au biberon* een baby de fles geven • *elle nourrit son chien de croquettes* ze geeft haar hond hondenbrokken • *le pain, c'est nourrissant* brood is voedzaam **2** onderhouden, koesteren • *elle doit*

~ ses quatre enfants avec son salaire van haar salaris moet ze haar vier kinderen onderhouden • *ça ne nourrit pas son homme!* daar kun je niet van leven / rondkomen! • *la finance, ça nourrit bien son homme* het bankwezen, daar zit een dik belegde boterham in **3** FIG. **voedsel geven aan** • *je nourris l'espoir que son état s'améliorera* ik koester de hoop dat haar toestand zal verbeteren **2** WKD WW **(se ~)** OOK FIG. **zich voeden (de met)** • *se ~ de fruits et de légumes* fruit en groenten eten • *refuser de se ~* weigeren te eten • *ne se ~ que de romans de gare* alleen maar treinlectuur lezen

nourrissant BN **voedzaam**

nourrisson ZN M **zuigeling** • *la mort subite du ~* de wiegendood

nourriture ZN V **voedsel** • *de la ~ pour animaux* dierenvoer • *prendre / absorber de la ~* voedsel tot zich nemen, eten • FORM. *les ~s de l'esprit* voedsel voor de geest

nous PERS VNW **1 wij** • *~-mêmes* wijzelf, onszelf • *~ autres, Français* wij Fransen • *~ ~ sommes vus* we hebben elkaar gezien • INFORM. *~, on va au cinéma* wij gaan naar de bioscoop **2 ons** • *elle est venue avec ~* ze is met ons meegekomen • *elle ne veut plus ~ voir* ze wil ons niet meer zien • *chez ~* bij ons <thuis, in ons land, in onze stad enz.>

nouveau **1** BN, **nouvel** <voor klinker of stomme h> (V nouvelle) **1 nieuw** • *le Nouvel An* Nieuwjaar • *les ~x mariés* het pasgetrouwde stel • *les ~x riches* de parvenu's, de nieuwe rijken • *un ~ venu* nieuwgekomene • *de nouvelles têtes* nieuwe gezichten • *c'est ~* dat is iets nieuws • *tout ~, tout beau* nieuwe bezems vegen schoon • *le Nouveau Monde* de Nieuwe Wereld <Amerika> • *être ~ dans le métier* onervaren / een nieuweling in het vak zijn • *à ~* opnieuw, van voren af aan • *de ~* opnieuw, weer **2 ander** • *éprouver un sentiment ~* een ander gevoel hebben • *un ~ Rembrandt* een tweede Rembrandt **2** ZN M **1 (het) nieuwe** • *du ~* iets nieuws • *rien de ~* niets nieuws • *quoi de ~?* is er nog (iets) nieuws? **2 nieuweling**

nouveau-né **1** BN **pasgeboren** **2** ZN M (V nouveau-née), **pasgeborene**

nouveauté ZN V **1 nieuwheid 2 nieuwigheid, iets nieuws** • *la ~ lui fait peur* al wat nieuw is boezemt haar angst in **3 pas uitgekomen boek / mode enz.** • *le catalogue des nouveautés vient de sortir* de catalogus met nieuwe modellen is zojuist uitgekomen

nouvel BN → **nouveau**

nouvelle **1** ZN V **1** OOK MV **nieuws, bericht, nieuwtje** • *je lui ai annoncé la bonne ~* ik heb hem het goede nieuws verteld • *c'est la ~ du jour* dat is het gesprek van de dag • *la ~ s'est répandue comme une traînée de poudre* het nieuws verspreidde zich als een lopend vuurtje • *donner de ses ~s* iets van zich laten horen • *nous avons eu de ses ~s* wij hebben bericht van hem gekregen • *tu auras de mes ~s!* wij spreken elkaar nog wel nader!, je hoort nog van me!, ik krijg je nog wel! • *goûte ce vin, tu m'en diras des ~s!* proef deze wijn eens, hij zal je bevallen! • *demander / prendre des ~s de qn* vragen hoe iemand het maakt • *pas de ~s, bonnes ~s* geen nieuws, goed nieuws • *elle écoute toujours les ~s au journal de 13 heures* ze luistert altijd naar het nieuws van het 1-uurjournaal • *aux dernières ~s* volgens de laatste berichten **2** LETTERK. **novelle, kort verhaal** **2** BN V → **nouveau**

nouvellement BW **onlangs, pas**

Nouvelle-Orléans ZN V **New Orleans**

Nouvelle-Zélande ZN V **Nieuw-Zeeland**

nouvelliste ZN M **novelleschrijver, novellist**

novateur **1** BN (V novatrice), **vernieuwend** • *des idées novatrices* vernieuwende ideeën **2** ZN M (V novatrice), **vernieuwer, baanbreker**

novembre ZN M **november** • *le mois de ~* (de maand) november • *en ~ / au mois de ~* in november

novice **1** BN **onervaren, ongeschoold,** FIG. **groen** **2** ZN M/V **1 beginneling 2** REL. **novice**

noyade ZN V **verdrinking** • *sauver qn de la ~* iemand van de verdrinkingsdood redden

noyau ZN M (MV noyaux) **1 pit** <van vrucht> • *des fruits à ~* steenvruchten **2** FIG. **kern** • *le ~ dur de l'opposition* de harde kern van de oppositie • *il y a encore des ~x de résistance* er zijn nog verzetshaarden

noyautage ZN M **binnendringing, penetratie** <in organisatie>

noyauter OV WW **binnendringen in** <organisatie>

noyé ZN M (V noyée), **drenkeling**

noyer **1** ZN M **notenboom, notenhout** **2** OV WW **1 (laten) verdrinken 2** OOK FIG. **overstromen, (doen) verzinken, onder water zetten** • *la région a été noyée* het gebied staat onder water • *~ le moteur* de motor verzuipen • *il avait les yeux noyés de larmes* zijn ogen stonden vol tranen • *~ son chagrin dans l'alcool* zijn verdriet verdrinken • FIG. *~ le poisson* de zaak verdoezelen **3** FIG. **(ver) smoren, ondersneeuwen** • *être noyé dans la foule* in de menigte opgaan • *~ ses interlocuteurs dans des raisonnements infinis* zijn gesprekspartners ondersneeuwen met eindeloze redeneringen • INFORM. *cet élève est complètement noyé* die leerling is het spoor volstrekt bijster / komt er helemaal niet meer uit **3** WKD WW **(se ~) 1 verdrinken** • *se ~ dans la mer* in zee verdrinken **2 opgaan / zich verliezen in** • INFORM. *se ~ dans un verre d'eau* een brekebeen zijn • *se ~ dans des détails* zich in details verliezen

nu **1** BN **1 bloot, naakt** • *pieds nus / nu-pieds* blootsvoets • *tête nue / nu-tête* blootshoofds • *~ comme un ver* spiernaakt • *à main(s) nue(s)* met blote handen • *ça se voit à l'œil ~* dat zie je met het blote oog • *mettre à ~* blootleggen • *se baigner (tout) ~* naakt zwemmen **2 kaal** • *un mur ~* kale muur • *un paysage ~* kaal landschap • *la vérité toute nue* de naakte / nuchtere waarheid **2** ZN M **(het) naakt, naaktfiguur, naaktstudie** • *dessiner des nus* naar het naakt tekenen

nuage ZN M **1** OOK FIG. **wolk** • *un ~ de poussière* stofwolk • *un ~ toxique* gifwolk • *un ~ de sauterelles* zwerm / wolk sprinkhanen • *un ~ de lait* een wolkje melk • *un ciel sans ~s* wolkeloze / onbewolkte hemel

• *le bonheur sans ~s* wolkeloos / onverstoord geluk • FIG. *être dans les ~s* verstrooid / in hogere sferen zijn • FIG. *marcher sur un ~* met het / zijn hoofd in de wolken lopen, in de zevende hemel zijn **2** WWW **cloud**

nuageux BN (V nuageuse), **bewolkt**

nuance ZN V **1** **(kleur)schakering** **2** **nuance, fijn onderscheid** • *un esprit tout en ~s* een heel subtiele geest • *être sans ~s* ongenuanceerd zijn

nuancé BN **genuanceerd, subtiel**

nuancer OV WW **nuanceren, schakeren** • *~ ses jugements* genuanceerd oordelen

nubile BN **huwbaar**

nubilité ZN V **huwbaarheid, huwbare leeftijd**

nucléaire **1** BN **kern-, nucleair** • *des armes nucléaires* kernwapens • *un accident ~* kernongeval • *la fission ~* de kernsplitsing • SOCIOL. *la famille ~* het kerngezin **2** ZN M **kernenergie**

nucléarisé BN **met kernenergie /kernwapens** • *les pays nucléarisés* landen met kernenergie / kernwapens

nudisme ZN M **nudisme**

nudiste **1** BN **nudistisch** • *une plage ~* nudistenstrand **2** ZN M/V **nudist**

nudité ZN V **1** **naaktheid, blootheid** **2** **kaalheid** • *la ~ d'une pièce* de kaalheid van een vertrek

nue FORM. **1** ZN V **wolk** • *porter qn aux nues* iemand hemelhoog prijzen, iemand de hemel in prijzen • *tomber des nues* stomverbaasd staan, raar opkijken **2** BN → **nu**

nuée ZN V **1** FORM. **(dikke) wolk** **2** **zwerm** • *une ~ de moustiques* een zwerm muggen • *une ~ de sauterelles* een wolk sprinkhanen

nuire ONOV WW onregelmatig **benadelen, schaden** • *le tabac nuit à la santé* roken is slecht voor de gezondheid • INFORM. *ça ne nuit pas* dat kan geen kwaad, dat is nooit weg • *mettre hors d'état de ~* onschadelijk maken

nuisance ZN V **hinder, (milieu)overlast** • *les ~s acoustiques / sonores* geluidshinder, geluidsoverlast

nuisette ZN V **kort nachthemd, babydoll**

nuisible BN **schadelijk** • *un climat ~ à la santé* ongezond klimaat

nuit ZN V **1** **nacht** • *la ~ du nouvel an* oudejaarsnacht • *une chemise de ~* nachthemd • *une équipe de ~* nachtploeg • *la ~ des musées* de museumnacht • *il travaille de ~ / la ~* hij werkt 's nachts • *passer la ~ dans un hôtel / à l'hôtel* de nacht doorbrengen in een hotel • *le malade ne passera pas la ~* de zieke zal de morgen niet halen • FIG. *passer une ~ blanche* een slapeloze / doorwaakte nacht hebben • *bonne ~!* welterusten! • *~ et jour* dag en nacht • *la ~ dernière* afgelopen nacht • *dans la ~ de vendredi à samedi* in de nacht van vrijdag op zaterdag • *la ~* 's nachts • *cette ~* vannacht **2** **duisternis** • *il fait ~* het is donker / nacht • *il fait ~ noire* het is stikdonker • *la ~ tombe* de avond valt, het wordt nacht • *avant la ~* vóór het donker • *à la tombée de la ~ / à la ~ tombante* bij het vallen van de nacht • *dans la ~ des temps* in het grijze verleden

nuitée ZN V **overnachting**

nul **1** BN (V nulle) **1** **waardeloos, ongeldig, nietig** • *il est ~ en maths* hij is slecht in wiskunde **2** **nihil, nul** • *des bulletins blancs et des bulletins nuls* blanco en ongeldige stembiljetten • *un match ~* gelijkspel • *la différence est nulle* het verschil is nihil **3** INFORM. **dom, stom** • *il est ~, ce type!* wat een nul! • *ce jeu télévisé est ~* dat televisiespelletje is waardeloos! • *c'est ~ de chez nul!* dat is pet! **2** ZN M INFORM. **nul** <persoon> **3** ONB VNW (V nulle), **geen, geen enkel(e), niemand** • *~ n'est censé ignorer la loi* iedereen wordt geacht de wet te kennen • *nulle part* nergens • *(sans) ~ doute* ongetwijfeld

nullement BW vaak met 'ne' **geenszins** • *je ne suis ~ jalouse de lui* ik ben helemaal niet jaloers op haar

nullité ZN V **1** **onbeduidendheid, onbekwaamheid** **2** MIN. **nul** <persoon>, **stuk onbenul** **3** JUR. **nietigheid, ongeldigheid**

numéral **1** BN (M MV numéraux), **getal(s)-** • *un adjectif ~* telwoord **2** ZN M (MV numéraux), **bepaald telwoord**

numérateur ZN M **teller** <van breuk>

numérique BN **1** **numeriek, getalsmatig** • *la supériorité ~* overmacht, numerieke meerderheid **2** COMP. **digitaal** • *un appareil photo ~* digitaal fototoestel • *des données numériques* digitale data, numerieke gegevens

numériser OV WW **digitaliseren**

numéro ZN M **1** **nummer** • *un ~ de mobile* een mobiel nummer • *un ~ (de téléphone) fixe* een vast nummer • *un ~ vert* gratis telefoonnummer • *un ~ azur* inbelnummer voor gesprekken tegen lokaal tarief • *un ~ d'appel* abonneenummer • *un ~ du passeport* paspoortnummer • *~ d'appel (dans une file)* volgnummer (in een rij) • *à quel ~ tu habites?* op welk nummer woon je? • *composer un ~* een nummer draaien • *quel ~ demandez-vous?* met wie wilt u spreken? • *se tromper de ~* het verkeerde nummer draaien • FIG. *tirer le bon ~* geluk hebben • FIG. *tirer le mauvais ~* pech hebben **2** **nummer, aflevering** <van tijdschrift, krant> • *le ~ deux de cette année est épuisé* nummer twee van dit jaar is uitverkocht • *la suite au prochain ~* wordt vervolgd in het volgende nummer • *des publications vendues au ~* losse nummers **3** **nummer, optreden** • *un ~ de cirque* circusnummer, circusoptreden • *faire son ~ habituel* zijn bekende nummertje / staaltje ten beste geven, zijn bekende act opvoeren **4** INFORM. **figuur, type** • *c'est un sacré ~ / un drôle de ~* het is me een nummer, het is me er eentje

numérotage ZN M **nummering**

numéroter OV WW **nummeren**

nu-pieds **1** BW **blootsvoets** **2** ZN M MV **(open) sandalen**

nuptial "nuupsiejal" BN (M MV nuptiaux), **bruids-, huwelijks-** • *la cérémonie ~e* de huwelijksplechtigheid

nuque ZN V **nek**

nurse "neurs" ZN V **kindermeisje**

nu-tête BW **blootshoofds**

nutritif BN (V nutritive), **voedzaam, voedend** • *la valeur nutritive* de voedingswaarde

nutrition ZN V voeding • *les troubles de la ~* de voedingsstoornis
nutritionnel BN (V nutritionnelle), voedings-
nutritionniste ZN M/V voedingsdeskundige
nylon ZN M nylon
nymphe ZN V **1** nimf **2** DIERK. pop, cocon
nymphéa ZN M witte waterlelie
nymphomane **1** BN nymfomaan **2** ZN V nymfomane

O

o ZN M letter o
O AFK ouest W., west(en)
O. AFK Ouest m W., Westen
oasis "-zies" ZN V OOK FIG. oase • *une ~ de paix* oase van rust
obéir ONOV WW gehoorzamen, gehoor / gevolg geven (**à** aan) • *~ à qn* iemand gehoorzamen, naar iemand luisteren • *~ aux lois* de wetten in acht nemen • *~ à la mode* de mode volgen
obéissance ZN V gehoorzaamheid (**à** aan) • *une ~ aveugle* blinde gehoorzaamheid • *l'obéissance aux ordres* het opvolgen van de bevelen • *le refus d'obéissance* de insubordinatie
obéissant BN gehoorzaam, volgzaam
obélisque ZN M obelisk
obèse **1** BN obees, zwaarlijvig **2** ZN M/V gezet / corpulent persoon
obésité ZN V zwaarlijvigheid, dikheid, obesitas
objecter OV WW tegenwerpen, aanvoeren • *avez-vous quelque chose à ~ à cette décision?* hebt u iets tegen dit besluit in te brengen? • *il a objecté qu'il manquait de temps* hij voerde (als excuus) aan dat hij tijd te kort kwam
objecteur ZN M • *un ~ de conscience* principieel dienstweigeraar
objectif **1** BN (V objective), objectief • *rester ~* objectief blijven **2** ZN M **1** doel(wit), oogmerk • *l'~ final* einddoel • *son premier ~ est de trouver du travail* zijn eerste doel(stelling) is werk te vinden • *atteindre un ~* een doel bereiken **2** objectief <lens>
objection ZN V tegenwerping, bedenking (**à** omtrent, tegen) • *je n'ai aucune ~ à me déplacer pour vous voir* ik heb er geen enkel bezwaar tegen om u te komen opzoeken • *faire / soulever des ~s* bezwaar maken
objectivité ZN V objectiviteit • *manquer d'objectivité* bevooroordeeld / niet objectief zijn
objet ZN M **1** voorwerp, ding • *un ~ en verre* glazen voorwerp • *un ~ d'art* kunstvoorwerp, kunstobject • *le bureau des ~s trouvés* het bureau gevonden voorwerpen **2** doel(wit) • *cette mesure a pour ~ la sécurité des enfants* deze maatregel heeft de veiligheid van de kinderen ten doel • *sans ~* doelloos, ongegrond **3** onderwerp <van bespreking e.d.> • *l'~ de ce livre est ...* dit boek wil spreken over ... **4** TAALK. voorwerp, object • *le complément d'~ direct* het lijdend voorwerp • *le complément d'~ indirect* het meewerkend voorwerp
obligation ZN V **1** verplichting, verbintenis, plicht • *être dans l'~ de faire qc* verplicht / gedwongen zijn om iets te doen • *manquer à ses ~s* zijn verplichtingen niet nakomen • *sans ~ d'achat* zonder koopverplichting **2** ECON. obligatie • *actions et ~s* aandelen en obligaties
obligatoire BN **1** verplicht, bindend • *enseignement ~* leerplicht • *un arrêt ~* vaste halte <van bus bv.> • *une présence ~* aanwezigheidsplicht

nu

2 INFORM. **onvermijdelijk** • *c'était ~ qu'elle échoue, elle n'avait rien fait!* geen wonder dat ze zakte / ze móest wel zakken, ze had niets uitgevoerd!
obligé BN **1** FORM. **erkentelijk, verplicht 2 onvermijdelijk**
obligeance ZN V **welwillendheid, behulpzaamheid, voorkomendheid** • *auriez-vous l'~ de m'aider à traverser* zou u zo vriendelijk willen zijn me te helpen oversteken • *remercier qn de son ~* iemand bedanken voor zijn welwillendheid
obligeant BN **welwillend, gedienstig, voorkomend** • *se montrer ~ envers qn* welwillend / vriendelijk jegens iemand zijn
obliger 1 OV WW **1 verplichten (à tot, te)** • *selon la loi, nous sommes obligés de le faire* volgens de wet zijn wij verplicht het te doen • *je ne suis pas obligé d'y aller* ik hoef niet te gaan **2 dwingen, noodzaken** • *je suis obligé de partir; on m'attend!* ik móet gaan; ze wachten op me! **2** WKD WW **(s'~) zich verplichten (à tot, te), een verplichting op zich nemen** • *je m'oblige à faire du sport* ik verplicht me aan sport te doen
oblique 1 BN **schuin(s), scheef** • *en ~* diagonaal, overdwars **2** ZN V **schuine lijn**
obliquer ONOV WW **in schuine richting gaan, afbuigen, afslaan** • *le cycliste a obliqué vers la gauche* de fietser is links afgeslagen
oblitérer OV WW **afstempelen** <van postzegels>
oblong BN (V oblongue), **langwerpig**
obnubiler OV WW **obsederen,** FIG. **benevelen**
obole ZN V **kleine gave, kleine bijdrage**
obscène BN **obsceen, schunnig**
obscénité ZN V **obsceniteit** • *dire des obscénités* schunnige taal uitslaan
obscur BN **1 donker** • *fréquenter les salles ~es* vaak naar de bioscoop gaan **2** FIG. **duister, vaag** • *un texte ~* onbegrijpelijke tekst **3 onbekend, verborgen, onaanzienlijk, obscuur** • *les périodes ~es de l'histoire de la France* duistere periodes uit de geschiedenis van Frankrijk
obscurantisme ZN M **obscurantisme, domhouderij**
obscurcir 1 OV WW **1 verduisteren, donker maken 2 onduidelijk / vaag maken** • *ses explications ne font qu' ~ son histoire* haar uitleg maakt haar verhaal er alleen maar onduidelijker op **2** WKD WW **(s'~) 1 donker / duister worden** • *le ciel s'obscurcit* de lucht betrekt **2** FIG. **zwakker / vager worden, tanen** • *son esprit s'obscurcit* hij begint in de war te raken, zijn verstandelijke vermogens gaan achteruit
obscurcissement ZN M **verduistering, (het) donker worden**
obscurité ZN V **1 duisternis** • *dans l'obscurité* in het donker • *être plongé dans l'obscurité totale* in totale duisternis gehuld zijn **2 verborgenheid, vergetelheid, onbekendheid**
obsédé ZN M **bezetene, maniak** • *c'est un ~ sexuel* het is een seksmaniak • *être ~ de musique* muziekfanaat zijn
obséder OV WW **obsederen,** FIG. **kwellen** • *être obsédé par une idée* bezeten zijn van een idee
obsèques ZN V MV **uitvaart, (plechtige) begrafenis** • *des ~ nationales* staatsbegrafenis
obséquieux BN (V obséquieuse), **kruiperig, overbeleefd**
observable BN **waarneembaar**
observance ZN V **naleving** • *l'~ des règles* het naleven van de regels
observateur 1 ZN M (V observatrice) **1 waarnemer** • *des ~s de l'ONU suivent le déroulement de l'élection* VN-waarnemers volgen het verloop van de verkiezing **2 toeschouwer 2** BN (V observatrice), **opmerkzaam**
observation ZN V **1 waarneming** • *un poste d'~* waarnemingspost **2 observatie, verkenning** • *des appareils d'~* waarnemingsinstrumenten • MED. *rester en ~ à l'hôpital* ter observatie in het ziekenhuis blijven **3 opmerking, aanmerking** • *elle ne supporte aucune ~* ze duldt geen enkele kritiek • *faire des ~s* kanttekeningen maken **4 naleving** • *l'~ des consignes de sécurité* de naleving van de veiligheidsinstructies
observatoire ZN M **1 observatorium, sterrenwacht 2 observatiepost**
observer 1 OV WW **1 waarnemen, gadeslaan, observeren** • *~ les animaux dans la nature* dieren in de natuur observeren / bestuderen **2 opmerken** • *je vous fais ~ que tout se passe bien* ik wijs u erop dat alles goed verloopt **3 naleven, in acht nemen** • *~ une minute de silence* een minuut stilte in acht nemen **2** WKD WW **(s'~) 1 zichzelf / elkaar bestuderen** • *les joueurs s'observent* de spelers kijken de kat uit de boom **2 zich in acht nemen**
obsession ZN V **obsessie** • *l'~ de la mort* de obsessie voor de dood • *~ alimentaire* eetobsessie • *cela tourne à l'~* dat wordt een obsessie
obsessionnel BN (V obsessionnelle), **dwangmatig, obsessief, obsessioneel** • *une névrose ~le* dwangneurose
obsolète BN **verouderd, uit de tijd**
obstacle ZN M **hinderpaal, hindernis, obstakel** • *faire ~ à qn* iemand hinderen • *faire ~ à qc* iets verhinderen • OOK FIG. *franchir les ~s* de hindernissen nemen • *une course d'obstacles* wedren met hindernissen • *écarter des ~s* hindernissen uit de weg ruimen
obstétricien ZN M (V obstétricienne), **verloskundige**
obstétrique ZN V **verloskunde**
obstination ZN V **koppigheid, hardnekkigheid**
obstiné BN **hardnekkig, koppig** • *une toux obstinée* hardnekkige hoest • *un refus ~* koppige weigering
obstinément BW **hardnekkig, koppig**
obstiner WKD WW **(s'~) hardnekkig zijn** • *s'~ dans son refus* bij zijn weigering blijven • *s'~ à croire le mensonge* hardnekkig blijven geloven in de leugen
obstruer OV WW **verstoppen** <van doorgang>, **versperren, belemmeren** • *~ la voie publique* de openbare weg versperren • *des tuyaux obstrués*

ob

verstopte leidingen • MED. *une artère obstruée* verstopte ader
obtempérer ONOV WW gehoorzamen (aan) nakomen • *refuser d'obtempérer à un ordre* weigeren een bevel op te volgen
obtenir 1 OV WW onregelmatig verkrijgen, bereiken <v. doel>, behalen <v. resultaat> • ~ *un diplôme* een diploma halen • *le livre a obtenu un énorme succès* het boek heeft een enorm succes behaald • *il a obtenu de partir à l'étranger* hij heeft het voor elkaar gekregen om naar het buitenland te vertrekken 2 WKD WW (s'~) verkrijgbaar zijn • *cela s'obtient sur simple demande* dat is op aanvraag verkrijgbaar
obtention ZN V verkrijging, verwerving • *l'~ d'un diplôme* het behalen van een diploma
obtus "-tuu" BN 1 stompzinnig, traag van begrip 2 stomp <van hoek> • *un angle ~* stompe hoek
obus "-buu" ZN M granaat • *un éclat d'~* granaatscherf
oc ZN M • *la langue d'oc* de langue d'oc <Zuid-Franse taal>, het Occitaans
occase INFORM. ZN V occasion buitenkansje, koopje
occasion ZN V 1 gelegenheid, kans • *une ~ inespérée* onverwachte gelegenheid • *une ~ manquée* gemiste kans • *c'est l'~ ou jamais* (het is) nu of nooit • *dans les grandes ~s* bij bijzondere gelegenheden • *saisir l'~* de kans aangrijpen • *profiter de l'~; sauter sur l'~* de gelegenheid aangrijpen • *laisser passer l'~* de kans laten lopen • *chaque fois que l'~ se présente* bij elke gelegenheid • *je l'ai rencontré à l'~ d'un mariage* ik heb hem ontmoet bij een huwelijk • *l'~ fait le larron* de gelegenheid maakt de dief • *à l'~ de* ter gelegenheid van 2 buitenkansje, koopje • *un vélo d'~* tweedehandsfiets • *le marché des ~s* de tweedehandsmarkt 3 aanleiding, reden • *ce voyage sera une ~ de me reposer* deze reis zal voor mij een aanleiding zijn om uit te rusten • *à la moindre ~* bij de geringste aanleiding
occasionnel BN (V occasionnelle), toevallig, incidenteel, gelegenheids- • *un congé ~* bijzonder verlof • *des frais ~s* onverwachte kosten
occasionnellement BW bij gelegenheid, incidenteel, af en toe
occasionner OV WW veroorzaken • *cela nous occasionne beaucoup de dépenses* daardoor moeten we veel kosten maken, dat brengt voor ons veel kosten met zich mee
Occident ZN M Westen
occidental BN (M MV occidentaux), westers, westelijk • *l'Europe ~e* West-Europa • *la rive ~e du Jourdain* de westelijke Jordaanoever
occidentaliser WKD WW (s'~) verwestersen • *un pays qui s'occidentalise* land dat verwestert
occitan 1 BN Occitaans 2 ZN M (het) Occitaans, langue d'oc <Zuid-Franse taal>
occlusion MED. ZN V (af)sluiting
occulte BN 1 occult • *les sciences ~s* de occulte wetenschappen 2 geheim, verborgen, clandestien • *le financement ~ d'une campagne électorale* de geheime financiering van een verkiezingscampagne
occulter OV WW 1 verhullen, versluieren • ~ *un fait historique* een historisch feit verduisteren 2 verduisteren
occupant ZN M (V occupante) 1 bewoner 2 inzittende • *les trois ~s du véhicule sont morts* de drie inzittenden van het voertuig zijn dood 3 bezetter • *les ~s et les résistants* de bezetters en de verzetsstrijders
occupation ZN V 1 bezigheid, werk • *ses ~s professionnelles lui laissent peu de temps* zijn beroepsbezigheden laten hem weinig tijd 2 inbezitneming, bezetting • *l'armée d'~* het bezettingsleger • *la France sous l'Occupation* Frankrijk onder de (Duitse) bezetting • *l'~ des locaux de la direction par les grévistes* de bezetting van de directiekamer(s) door de stakers 3 bewoning
occupé BN 1 bezet, in gesprek <van telefoonlijn> • *ça sonne encore occupé!* nog steeds in gesprek! • *la ligne est occupée* hij / zij is in gesprek • *les territoires occupés* de bezette gebieden 2 bezig • *être très ~* het erg druk hebben • *il est ~ à écrire un livre* hij is bezig met het schrijven van een boek
occuper 1 OV WW 1 bezetten • ~ *un pays* een land bezetten • ~ *une place dans le train* een plaats bezetten in de trein 2 bewonen, huizen in • *l'appartement est occupé par une jeune femme* de flat wordt bewoond door een jonge vrouw 3 bekleden <van functie> • ~ *un poste de chercheur dans une université* een baan als onderzoeker hebben op een universiteit 4 in beslag nemen <van tijd>, besteden (à aan) • *il occupe son temps à lire* hij brengt zijn tijd door met lezen 5 bezighouden (à met), werk geven • *ces petits travaux l'occupent* die klusjes geven hem iets te doen / houden hem van de straat 2 WKD WW (s'~) 1 ~ de zich bezighouden met, zorgen voor • *s'~ de politique* zich met politiek bezighouden • INFORM. *occupe-toi de tes affaires!* bemoei je met je eigen zaken! • *on s'occupe de vous?* wordt u al geholpen? 2 zich bezighouden • *elle trouve toujours à s'~* ze heeft altijd wel iets omhanden, ze houdt zichzelf wel bezig
occurrence ZN V geval, omstandigheid, (het) voorkomen • *les ~s du verbe 'être' dans un texte sont considérables* het werkwoord 'être' komt heel vaak in een tekst voor • *en l'~* in dit geval, in het onderhavige geval
océan ZN M oceaan • *l'océan Atlantique* de Atlantische Oceaan • *l'océan Indien* de Indische Oceaan • *l'océan Pacifique* de Stille Zuidzee • *l'océan Arctique* de Noordelijke IJszee • FIG. *un ~ de temps* zeeën van tijd
Océanie ZN V Oceanië
océanique BN oceanisch, oceaan- • *le climat ~* het zeeklimaat
ocre 1 BN okergeel 2 ZN M/V oker
octante TELW tachtig <in België, Zwitserland> → **quarante**

octave MUZ. ZN V **octaaf**
octet COMP. ZN M **byte**
octobre ZN M **oktober** • *le mois d'~* (de maand) oktober • *en ~ / au mois d'~* in oktober
octogénaire **1** ZN M/V **tachtiger, tachtigjarige** **2** BN **tachtigjarig**
octogonal BN (M MV octogonaux), **achthoekig**
octroi ZN M **toekenning, verlening**
octroyer **1** OV WW **toekennen (à aan), verlenen, toestaan** **2** WKD WW **(s'~) zich veroorloven, zich gunnen** • *s'~ des vacances* zich vakantie gunnen
oculaire **1** BN **oog-** • *un témoin ~* ooggetuige **2** ZN M **oculair** <lens>
oculiste ZN M/V **oogarts**
odalisque ZN V **haremvrouw, odalisk**
ode ZN V **ode, lofdicht**
odeur ZN V **geur, reuk, lucht(je)** • *une ~ de cuisine* keukengeur • *une ~ de transpiration* zweetlucht • *une ~ de moisi* muffe lucht • *dégager une forte ~* een sterke geur afgeven • *de mauvaises ~s* vieze luchtjes • *l'argent n'a pas d'~* geld stinkt niet
odieusement BW **afschuwelijk, schandelijk**
odieux BN (V odieuse) **1 afschuwelijk, schandelijk, verfoeilijk** • *un crime ~* gruwelijke misdaad **2 onuitstaanbaar** • *il est particulièrement ~ avec sa mère* hij is bijzonder onuitstaanbaar tegenover zijn moeder • *il se rend ~ à tout le monde* hij maakt zich bij iedereen gehaat
odontologie ZN V **tand(heel)kunde**
odorant BN **geurig, (wel)riekend**
odorat "-rà" ZN M **reuk, reukzin**
odoriférant BN **welriekend, geurig**
odyssée ZN V **odyssee, omzwerving**
OEA AFK Organisation des États américains V **OAS, Organisatie van Amerikaanse Staten**
oecuménique BN **oecumenisch**
oecuménisme ZN M **oecumene**
oedème ZN M **oedeem**
oedipe, Oedipe ZN M • *le complexe d'Oedipe* het oedipuscomplex
œil "uij" ZN M (MV yeux) **1** ANAT. **oog** • *avoir les yeux marron* bruine ogen hebben • *avoir les yeux bridés* spleetogen hebben • *avoir un ~ au beurre noir* een blauw oog hebben • *regarder qn dans les yeux* iemand strak aankijken • *je l'ai vu de mes propres yeux* ik heb het met eigen ogen gezien • *ne pas en croire ses yeux* zijn ogen niet (kunnen) geloven • *les yeux lui sortaient de la tête* zijn ogen puilden uit • *ouvrir de grands yeux* grote ogen opzetten, er raar van opkijken • *regarder qn du coin de l'œil* iemand tersluiks aankijken • *ouvre l'œil!* houd je ogen (goed) open! • *garder les yeux ouverts* goed uit zijn ogen kijken • *cela saute aux yeux* dat springt in het oog • *elle pourrait le faire les yeux fermés* ze zou het blindelings kunnen doen • *elle maigrit à vue d'œil* ze vermagert zienderogen • *ne pas fermer l'œil de la nuit* 's nachts geen oog dichtdoen • INFORM. *faire de l'œil à qn* iemand oogjes geven / toelonken • FIG. *fermer les yeux sur qc* een oogje dichtknijpen voor iets, iets oogluikend toestaan • INFORM. FIG. *ce type me sort par les yeux* die vent komt me de neus(gaten) uit • *à hauteur d'yeux* op ooghoogte • *à l'œil nu* met het blote oog • *en un clin d'œil* in een oogwenk **2 oog, blik** • *loin des yeux, loin du cœur* uit het oog, uit het hart • *détourner les yeux* de blik afwenden • *lever les yeux* de blik opslaan • *baisser les yeux* de ogen neerslaan • *avoir les yeux fixés sur qc* zijn ogen op iets gevestigd hebben • *ça s'est passé sous mes yeux* het gebeurde pal voor mijn neus • *ne pas quitter qn des yeux* iemand niet uit het oog verliezen, zijn ogen niet (kunnen) afhouden van iemand **3 oog, aandacht** • *avoir l'œil sur qn* een oogje op iemand houden • *avoir l'œil à tout* overal op letten • *jeter un coup d'œil sur qc* een blik werpen op iets • *il n'a pas les yeux dans sa poche* hij heeft zijn ogen niet in zijn zak • *elle n'a d'yeux que pour lui* ze heeft alleen maar oog voor hem • INFORM. *tenir qn à l'œil* iemand in het oog houden **4** FIG. **oog** • *dans l'œil du cyclone* in het oog van de cycloon, midden in de turbulentie • *voir qc d'un bon ~* iets welwillend bezien, iets goedvinden • *voir qc d'un mauvais ~* iets met lede ogen bezien, iets afkeuren • *il a l'oeil pour dénicher les bonnes affaires* hij heeft een fijne neus voor goede koopjes • *elle n'a pas froid aux yeux* ze is niet bang uitgevallen / voor geen kleintje vervaard • *ne dormir que d'un ~* licht slapen • *il a les yeux plus gros que le ventre* zijn ogen zijn groter dan zijn maag • *~ pour ~ et dent pour dent* oog om oog, tand om tand • *tourner de l'œil* flauwvallen • *faire les yeux doux à qn* lief naar iemand kijken • INFORM. *tu penses que je vais le faire pour tes beaux yeux?* denk je dat ik het ga doen om je mooie blauwe ogen? • INFORM. *je m'en bats l'œil!* ik lach erom!, ik heb er maling aan! • INFORM. *ça m'a coûté les yeux de la tête* dat was peperduur • INFORM. *ça me sort par les yeux* daar word ik niet goed van, dat hangt me de keel uit • INFORM. *cela crève les yeux* dat is overduidelijk • INFORM. *il l'a eu à l'œil* hij heeft het voor noppes / gratis voor niks gekregen • INFORM. *mon œil!* m'n neus!, je grootje! • *à mes yeux* in mijn ogen, volgens mij **5 (kunst)oog** • *un oeil de verre* glazen oog **6 oog** <opening>, **(kijk)gaatje**
œil-de-bœuf ARCH. ZN M (MV œils-de-bœuf), **(klein) rond of ovaal venster**
œil-de-perdrix ZN M (MV œils-de-perdrix), **eksteroog, likdoorn**
œillade ZN V **lonkende blik, (knip)oogje**
œillère ZN V **oogklep** • FIG. *avoir des œillères* oogkleppen voor hebben
œillet ZN M **1** PLANTK. **anjer** **2 vetergat, rijggat**
oenologie ZN V **wijnkunde**
oenologue ZN M/V **vinoloog, wijnkenner**
oesophage "eezo-, euzo-" ZN M **slokdarm**
oestrogène ZN M **oestrogeen**
œuf "uf, mv: eu" ZN M **ei** • *un ~ de poule* kippenei • *des œufs de poisson* visseneieren, kuit • *du blanc d'œuf* eiwit • *un ~ à la coque* zachtgekookt ei • *des œufs brouillés* roereieren • *un ~ dur* hardgekookt ei • *des œufs au plat / sur le plat* spiegeleieren, gebakken eieren • *un oeuf poché* gepocheerd ei • *un ~ de Pâques* paasei • *pondre des œufs* eieren leggen • *battre des œufs en neige* eiwit stijfkloppen • FIG. *un*

scandale étouffé dans l'œuf schandaal dat in de kiem gesmoord is • FIG. *marcher sur des œufs* op eieren lopen • FIG. *mettre tous ses œufs dans le même panier* alles op één kaart zetten

œuvre 1 ZN V 1 **werk** • *les bonnes œuvres* de goede werken, het liefdewerk • *une oeuvre posthume* een nagelaten werk • *au profit d'une ~ de bienfaisance* ten bate van een liefdadigheidsinstelling • *se mettre à l'œuvre* aan het werk gaan • *mettre tout en ~* kosten noch moeite sparen, alle middelen aanwenden • *mettre tout en ~ pour sauver une usine* alles in het werk stellen om een fabriek te redden 2 **voortbrengsel, (kunst)werk** • *des œuvres d'art* kunstwerken • *une ~ cinématographique* (door iemand) gemaakte films, filmografie • *c'est l'œuvre de ...* dat is het werk van ... 2 ZN M 1 **bouwwerk** • *le gros ~* de ruwbouw, het skelet <v. gebouw> • *être à pied d'œuvre* op de bouwplaats zijn, ter plaatse zijn, FIG. startklaar zijn 2 FORM. **gezamenlijke werken, oeuvre** <v. kunstenaar> • *l'œuvre peint de Vermeer* het geschilderde oeuvre / de schilderijen van Vermeer

œuvrer ONOV WW **werken, zich inspannen** • *~ pour la reconstruction d'un pays* ijveren voor de wederopbouw van een land

off BN • *voix ~* commentaarstem <bij (film)beelden> • *le festival ~ d'Avignon* het alternatieve festival van Avignon

offensant BN **beledigend**

offense ZN V **belediging, krenking** • *une ~ envers le président de la République* belediging van de Franse president

offensé ZN M (V offensée), **beledigde (partij)**

offenser 1 OV WW **beledigen, kwetsen** • *ces critiques l'ont offensé* die kritieken hebben hem gekwetst • *soit dit sans vous ~* met alle respect 2 WKD WW **(s'~) de zich beledigd voelen over, aanstoot nemen aan**

offensif BN (V offensive), **aanvallend, aanvals-, offensief** • *un discours ~* agressieve toespraak • *le retour ~ d'une épidémie* het opnieuw toeslaan van een epidemie

offensive ZN V OOK FIG. **offensief** • *une ~ de charme* charmeoffensief, pogingen om te paaien / in te palmen • *une ~ médiatique* mediaoffensief • *déclencher une ~* een offensief inzetten

offert WW volt. deelw. → **offrir**

office ZN M 1 **dienst, ambt, betrekking** • *un avocat commis d'~* toegewezen advocaat • *être nommé d'~* ambtshalve benoemd worden • *proposer ses bons ~s dans une affaire* zijn goede diensten / bemiddeling aanbieden in een zaak • *cette pièce fait ~ de bureau* deze kamer doet dienst als kantoor • *d'~* ambtshalve, FIG. automatisch 2 **kantoor, bureau** • *l'~ du Tourisme* het VVV-kantoor, de VVV 3 **kerkdienst** • *l'~ des morts* de dodenmis • *aller à l'~* naar de mis gaan

officialiser OV WW **officieel maken, officieel bekrachtigen**

officiant ZN M **priester die de mis opdraagt, officiant**

officiel 1 BN (V officielle), **officieel, ambts-** • *le Journal ~* ≈ de Staatscourant • *être en visite ~le dans un pays* op staatsbezoek / officieel bezoek zijn in een land • INFORM. *ça y est, la nouvelle est ~le!* het is zover, het nieuws is officieel bevestigd! 2 ZN M **officieel persoon, official** • *l'~ des spectacles* ≈ de Uitkrant • *la tribune des ~s* de tribune voor officials

officiellement BW **officieel**

officier 1 ZN M 1 **ambtenaar** • *~ de l'état civil* ambtenaar v.d. burgerlijke stand • *un ~ de police* officier van politie 2 MIL. **officier** • *un ~ supérieur* hoofdofficier 2 ONOV WW **de mis opdragen, dienst doen**

officieux BN (V officieuse), **onofficieel, officieus**

officinal BN (M MV officinaux), **officinaal, geneeskrachtig** • *des plantes / des herbes ~es* geneeskrachtige kruiden

offrande ZN V 1 **offer(ande)** 2 **gave**

offrant ZN M • *vendre au plus ~* aan de hoogste bieder / meestbiedende verkopen

offre ZN V **aanbod, bod** • *l'~ et la demande* vraag en aanbod • *une ~ publique d'achat (OPA)* overnamebod • *un appel d'offres* aanbesteding bij inschrijving • *la rubrique 'offres d'emploi'* personeels- / vacatureadvertenties • *faire une ~ à qn* iemand een aanbod doen • *accepter une ~* een aanbod accepteren • *refuser / décliner une ~* een aanbod afslaan • *retirer son ~* zijn aanbod intrekken

offrir 1 OV WW onregelmatig 1 **aanbieden, bieden** • *~ le bras à qn* iemand zijn arm aanbieden • *~ mille euros pour une voiture d'occasion* duizend euro bieden voor een tweedehandsauto • *je vous l'emballe? est-ce pour ~?* moet ik het inpakken? is het een cadeautje? 2 FIG. **(aan)bieden** • *~ ses excuses à qn* iemand zijn excuses aanbieden • *cette solution nous offre beaucoup d'avantages* deze oplossing biedt ons veel voordelen 2 WKD WW **(s'~)** 1 **zich aanbieden** • *s'~ un petit voyage* zich op een reis trakteren, zichzelf een reis gunnen 2 **zich aandienen** • *plusieurs possibilités s'offrent à nous* we hebben de keuze uit verschillende mogelijkheden

offset ZN M **offset(druk)**

offshore BN **offshore-** • *une exploitation pétrolière ~* offshore olieplatform

offusquer 1 WKD WW **(s'~) zich ergeren (aan)** • *s'~ facilement* lichtgeraakt zijn • *s'~ de qc* aanstoot nemen aan iets 2 OV WW **aanstoot geven, ergeren**

ogive ZN V 1 ARCH. **spitsboog, ogief** 2 **neuskegel** <van projectiel> • *une ~ nucléaire* kernkop

OGM AFK organisme génétiquement modifié m **ggo, genetisch gemodificeerd organisme**

ogre INFORM. ZN M (V ogresse), **veelvraat, vreetzak** • *manger comme un ~* eten als een wolf

oh TUSSENW **och!, o!, wel!** <verbazing, bewondering> • *~ là là!* o jee!, nou nou! • *pousser des oh! et des ah!* ach en wee roepen

ohé TUSSENW **hé daar!, ahoi** <om iemand te roepen>

oie ZN V **gans** • *une ~ sauvage* wilde gans • CULIN *un confit d'oie* in eigen vet ingemaakt ganzenvlees • *le jeu de l'oie* ganzenbord

oignon "onjo(n)" ZN M 1 **ui** • CULIN *une soupe à l'~*

œu

uiensoep • INFORM. *il est aux petits ~s pour elle* hij vertroetelt haar, hij is één en al zorg voor haar • INFORM. *occupe-toi / mêle-toi de tes ~s!* bemoei je met je eigen zaken! • INFORM. *se mettre en rang d'oignons* zich in één rij (achter elkaar) opstellen **2 bloembol 3 eeltknobbel aan de voeten**

oiseau ZN M (MV oiseaux), **vogel** • *les ~x migrateurs* de trekvogels • *un ~ de proie* roofvogel • *une distance à vol d'~* afstand in vogelvlucht • *avoir un appétit d'~* weinig eetlust / trek hebben • INFORM. *c'est un drôle d'~* het is een vreemde snoeshaan • FIG. *l'~ s'est envolé* de vogel is gevlogen • FIG. *c'est un ~ rare* dat is een witte raaf

oiseau-mouche ZN M (MV oiseaux-mouches), **kolibrie**

oiselier ZN M **vogelhandelaar**

oiseux BN (V oiseuse), **zinloos, nutteloos, overbodig** • *des discussions oiseuses* zinloos gepraat

oisif BN (V oisive), **nietsdoend, niet-werkend, ledig**

oisillon ZN M **jong vogeltje**

oisiveté ZN V **(het) nietsdoen, ledigheid**

O.K. INFORM. TUSSENW **oké**

ola ZN V **wave**

olé BN • INFORM. *ces histoires sont un peu ~ ~* die verhalen zijn een tikje vrij(postig)

oléagineux BN (V oléagineuse), **olieachtig, oliehoudend**

oléiculture ZN V **olijventeelt**

oléoduc ZN M **oliepijpleiding**

olfactif BN (V olfactive), **reuk-**

olfaction ZN V **reuk(zin)**

olibrius "-juus" INFORM. ZN M **snoeshaan, snuiter**

oligarchie POL. ZN V **oligarchie**

olive ZN V **olijf** • *de l'huile d'~* olijfolie • *le vert ~* olijfgroen

oliveraie ZN V → **olivaie**

olivette ZN V **(ovaal) tomaatje**

olivier ZN M **1 olijfboom** • *le mont des Oliviers* de Olijfberg **2 olijfhout**

olympiade ZN V **olympiade**

olympien BN (V olympienne), FIG. **olympisch, majestueus**

olympique BN **olympisch** • *les Jeux ~s* de Olympische Spelen • *les Jeux ~s d'hiver* de Olympische Winterspelen • *la flamme ~* de olympische vlam

ombilical BN (M MV ombilicaux), **navel-** • *le cordon ~* de navelstreng • *couper le cordon ~* de navelstreng doorknippen, FIG. autonoom worden

ombrage ZN M **schaduw** <van gebladerte>, **lommer** • FORM. *se promener sous les ~s* in het lommer wandelen • FIG. *prendre ~ de qc* gekrenkt / gepikeerd zijn over iets

ombragé BN **schaduwrijk, beschaduwd** • *un jardin ~* schaduwrijke / lommerrijke tuin

ombrageux BN (V ombrageuse), **lichtgeraakt** • *un caractère ~* opvliegend karakter

ombre ZN V **1** OOK FIG. **schaduw** • *~ à paupières* oogschaduw • *se mettre à l'~* in de schaduw gaan zitten • *vivre dans l'~ de qn* in iemands schaduw staan • *il n'y a pas l'~ d'un doute* er is geen spoor v. twijfel • *il y a une ~ au tableau* er is een schoonheidsfoutje / minpuntje • *faire de l'~ à qn* in iemands licht staan, FIG. iemand in de schaduw stellen • INFORM. *on l'a mis à l'~* ze hebben hem opgesloten • *à l'~ de* in de schaduw van, beschut door • *dans l'~* in het duister, in het ongewisse, FIG. op de achtergrond **2 schaduwbeeld, schim** • KUNST *les ~s* de schaduwpartij • *les ~s chinoises / un théâtre d'ombres* schimmenspel • *courir après des ~s* hersenschimmen najagen

ombrelle ZN V **kleine draagbare parasol**

ombreux FORM. BN (V ombreuse), **schaduwrijk, halfduister**

OMC AFK Organisation mondiale du commerce V **WTO, Wereldhandelsorganisatie**

oméga ZN M **omega**

omelette ZN V **omelet** • *une ~ aux champignons* omelet met champignons • *une ~ baveuse* omelet die nog een beetje vloeibaar is • <spreekwoord> *on ne fait pas d'~ sans casser des œufs* waar gehakt wordt, vallen spaanders

omerta ZN V **zwijgplicht** <in maffiose samenleving>

omettre OV WW onregelmatig **1** FORM. **weglaten, overslaan 2 nalaten, verzuimen**

omis WW volt. deelw. → **omettre**

omission ZN V **1 weglating, omissie** • *l'~ d'un mot rend la phrase incompréhensible* de weglating van een woord maakt de zin onbegrijpelijk • *en cas d'erreur ou d'~* in geval van vergissing of weglating **2 verzuim, nalatigheid** • *pécher par ~* uit nalatigheid zondigen, nalatig zijn

omnibus "-buus" ZN M **(omni)bus** • *un (train) ~* stoptrein, sprinter

omnipotence ZN V **almacht**

omnipotent BN **almachtig**

omniprésence ZN V **alomtegenwoordigheid**

omniprésent BN **alomtegenwoordig**

omniscient BN **alwetend**

omnisports BN **voor alle sporten** • *une salle ~* sporthal

omnium BELGFR. ZN M **omniumverzekering, allriskverzekering**

omnivore 1 BN **omnivoor 2** ZN M **alleseter, omnivoor**

omoplate ZN V **schouderblad**

OMS AFK Organisation mondiale de la santé V **WGO, Wereldgezondheidsorganisatie**

on ONB VNW **1 men** • *~ dit que l'argent n'a pas d'odeur* men zegt dat geld niet stinkt, ze zeggen dat geld niet stinkt • *~ frappe à la porte* er wordt geklopt • *~ nous a dénoncés* we zijn verklikt / verraden, er is een aanklacht tegen ons ingediend • *~ est venu nous brancher le téléphone* er is iemand gekomen om onze telefoon aan te sluiten • *~ s'habitue à tout* alles went • *~ ne sait jamais* je kunt nooit weten **2** INFORM. <vervangt ik, jij, wij, jullie, u, zij> • *~ s'en va?* zullen we gaan? • *ce que l'on sait de lui...* wat we van hem weten... • *nous, ~ a gagné* wij hebben gewonnen • *~ se tait maintenant!* en nu zijn jullie stil!

onanisme FORM. ZN M **onanie, masturbatie**

once ZN V ounce • *elle n'a pas une ~ de graisse* ze heeft geen grammetje vet • *il n'a pas une ~ d'humour* hij heeft geen greintje humor
oncle ZN M oom • *un ~ d'Amérique* suikeroom
oncologue ZN M/V oncoloog
onction REL. ZN V zalving • *donner l'extrême ~* het heilig oliesel toedienen
onctueux BN (V onctueuse) **1** zalfachtig, vettig, romig • *un yaourt ~* romige yoghurt **2** FIG. zalvend
onctuosité ZN V **1** vettigheid, smeuïgheid **2** zalvendheid
onde ZN V golf • *les ~s courtes (OC)* de korte golf <radio> • *les ~s moyennes (OM) / les petites ~s (PO)* de middengolf <radio> • *les grandes ~s (GO)* de lange golf <radio> • *les ~s lumineuses* de lichtgolven • *les ~s sonores* de geluidsgolven • OOK FIG. *une ~ de choc* schokgolf • INFORM. FIG. *n'être pas sur la même longueur d'~* niet op dezelfde golflengte zitten • *ce reportage passe ce soir sur les ~s* deze reportage komt vanavond op de radio • INFORM. *être sur les ~s* in de lucht zijn, uitzenden
ondée ZN V stortbui
on-dit ZN M (MV id.) • *les ~* de praatjes (v.d. mensen)
ondoiement FORM. ZN M golving
ondoyant FORM. BN **1** golvend **2** FIG. veranderlijk, wispelturig
ondoyer ONOV WW golven, wapperen
ondulant BN golvend, FIG. schommelend
ondulation ZN V **1** golving **2** haargolf • *l'~ des cheveux* de golving van het haar
onduler **1** OV WW doen golven • *du carton ondulé* golfkarton • *de la tôle ondulée* golfplaat • *il a les cheveux ondulés* hij heeft golvend haar **2** ONOV WW golven • *le chemin ondule le long de la côte* de weg slingert langs de kust
onéreux BN (V onéreuse), kostbaar, duur
ONG AFK organisation non gouvernementale V ngo, niet-gouvernementele organisatie
ongle ZN M nagel, klauw • *se faire les ~s* je nagels verzorgen • *se couper les ~s des pieds* de nagels van je tenen knippen • *se ronger les ~s* op je nagels bijten • FIG. *il est anglais jusqu'au bout des ~s* hij is op-en-top Engelsman
onglée ZN V dode / tintelende vingertoppen <v.d. kou>
onglet ZN M **1** keepje, nagelkeep <van knipmes>, duimgreep <van boek, schrift> **2** COMP. tab(blad) **3** CULIN longhaasje <middenrifbiefstuk>
onguent ZN M zalf
ongulés ZN M MV hoefdieren
onirique FORM. BN droom-, droomachtig
onomastique **1** BN naam- • *un index ~* naamlijst **2** ZN V naamkunde
onomatopée ZN V onomatopee, klanknabootsing
ont WW présent → **avoir**
ONU AFK Organisation des Nations unies V VN, Verenigde Naties • *elle est ambassadrice à l'ONU* ze is ambassadrice bij de VN
onusien **1** BN (V onusienne), VN- • *les forces ~nes* de VN-strijdkrachten **2** ZN M (V onusienne), VN-ambtenaar
onyx ZN M onyx
onze **1** TELW elf → **quatre** **2** ZN M/V **1** elf • *la / le ~* (nummer) elf <bus, tram, kamer, tafel, tv-net> **2** VOETB. elftal • *être sélectionné pour le ~ de France* geselecteerd zijn voor het nationale elftal van Frankrijk **3** O&W vijfeneenhalf <schoolcijfer> → **quatre**
onzième **1** TELW elfde → **quatrième** **2** ZN M elfde, elfde deel
opacité ZN V **1** ondoorschijnendheid • *l'opacité du brouillard* de dichtheid van de mist **2** FIG. duisterheid, ondoorgrondelijkheid • *l'opacité d'un texte* de ondoorgrondelijkheid van een tekst
opale ZN V opaal
opaque BN **1** ondoorschijnend • *du verre ~* ondoorzichtig glas **2** FIG. duister, ondoorgrondelijk • *un personnage ~* duister personage
open **1** BN onver. open • *un billet ~* open / ongedateerd ticket • *un tournoi ~* open toernooi **2** ZN M (MV id.), open kampioenschappen • *les ~ de tennis* de open tenniskampioenschappen
OPEP AFK Organisation des pays exportateurs de pétrole V OPEC, organisatie van olie-exporterende landen
opéra ZN M **1** opera • *un ~ bouffe* komische opera • *un opéra-comique* opera met zang en dialoog • *un ~ rock* rockopera **2** operagebouw • *la représentation de Salomé a lieu à l'Opéra Bastille (à Paris)* de voorstelling van Salomé vindt plaats in de Opéra Bastille (in Parijs)
opérable BN opereerbaar, te opereren • *un cancer non ~* niet te opereren kanker
opérateur ZN M (V opératrice) **1** A-V cameraman • *le chef ~* de hoofdcameraman **2** TECHN. operateur, bediener <van apparatuur> **3** ECON. effectenhandelaar **4** COMM. aanbieder, provider • *un ~ de téléphone mobile* aanbieder van mobiele telefonie, mobieletelefoonprovider
opération ZN V **1** MED. operatie • *une ~ chirurgicale* operatie, chirurgische ingreep • *une ~ du cœur* hartoperatie • *une ~ des reins* nieroperatie • *une ~ sous anesthésie locale* operatie onder plaatselijke verdoving • *une salle d'opération* operatiekamer • *subir une ~* een operatie ondergaan **2** WISK. bewerking • *les opérations fondamentales* de hoofdbewerkingen v.d. rekenkunde **3** operatie, actie, handeling • *une ~ de sauvetage* reddingsoperatie • *une grosse ~ antiterroriste* grote antiterroristische operatie • *une ~ de vaccination de grande envergure* grootschalige vaccinatieoperatie • *une ~ de police* een actie van de politie • *une vaste ~ publicitaire* uitgebreide reclamecampagne **4** ECON. transactie • *une ~ de bourse* beurstransactie • *une ~ bancaire en ligne / électronique* online banktransactie • *faire des opérations télébancaires* internetbankieren
opérationnel BN (V opérationnelle), operationeel • *le nouvel employé est vite devenu ~* de nieuwe werknemer is snel operationeel geworden

opératoire BN MED. **operatief, operatie-** • *un bloc ~* operatiekamer(s) • *le choc ~* de postoperatieve shock

opérer 1 OV WW 1 **teweegbrengen, maken, doen** • *~ une réforme* een hervorming teweegbrengen • *~ des miracles* wonderen doen 2 MED. **opereren (de aan, voor)** • *~ qn du foie* iemand aan zijn lever opereren • *se faire ~ des yeux* aan zijn ogen geopereerd worden 2 WKD WW **(s'~)** 1 **geschieden, plaatsvinden** • *un grand changement s'est opéré chez nos enfants* er heeft een grote verandering plaatsgevonden bij onze kinderen 2 **geopereerd worden** • *ce cancer ne peut plus s'opérer* deze kanker valt niet meer te opereren 3 ONOV WW **werken, uitwerking hebben** • *le remède commence à ~* het geneesmiddel begint te werken

opérette ZN V **operette** • *un personnage d'opérette* schertsfiguur

ophtalmo INFORM. ZN M/V ophtalmologue, ophtalmologiste **oogarts**

ophtalmologie ZN V **oogheelkunde**

ophtalmologique BN **oogheelkundig**

ophtalmologiste ZN M/V **oogarts**

ophtalmologue → **ophtalmologiste**

opiacé BN **opiumhoudend** • *un médicament ~* opiaat

opiner ONOV WW **zijn mening te kennen geven** • *~ du bonnet / du chef* stilzwijgend / knikkend toestemmen

opiniâtre BN **hardnekkig, koppig** • *un travail ~* taaie klus • *une toux ~* hardnekkige hoest

opiniâtreté ZN V **hardnekkigheid, koppigheid**

opinion ZN V 1 **mening, opinie** • *la liberté d'~* de vrijheid van meningsuiting • *une deuxième ~* tweede opinie, second opinion • *avoir une haute ~ de qn* een hoge dunk van iemand hebben, iemand hoog aanslaan • *avoir une ~ sur tout* overal een mening over hebben • *avoir le courage de ses ~s* voor zijn mening durven uitkomen • *exprimer son ~* voor zijn mening uitkomen 2 **openbare mening** • *les sondages d'~* de opiniepeilingen • *la presse d'~* de opiniebladen / -pers • *alerter l'~ publique* de publieke opinie alarmeren

opiomane ZN M/V **opiumverslaafde**

opiomanie ZN V **verslaafdheid aan opium**

opium "opjom" ZN M **opium** • *fumer de l'~* opium schuiven

opossum ZN M **opossum, buidelrat**

opportun BN **gelegen (komend), geschikt, van pas, opportuun** • *arriver au moment ~* op het juiste moment komen • *il n'a pas jugé ~ de venir* hij vond het niet raadzaam om te komen

opportunément BW **gelegen (komend), van pas**

opportunisme ZN M **opportunisme**

opportuniste 1 BN **opportunistisch** 2 ZN M/V **opportunist**

opportunité ZN V 1 **opportuniteit, geschiktheid** 2 **gunstige gelegenheid** • *j'ai profité de l'opportunité pour lui dire que...* ik heb de gelegenheid te baat genomen om hem te zeggen dat...

opposable BN **opponeerbaar**

opposant 1 BN **zich verwerend** 2 ZN M (V opposante), **opposant, opponent, tegenstander (à van)** • *les ~s aux expériences animales* de tegenstanders van dierproeven

opposé 1 BN 1 **tegenoverliggend (à aan), tegenoverstaand** • *des angles opposés* overstaande hoeken • *l'équipe opposée à la nôtre* het team van onze tegenstanders 2 **tegengesteld (à aan)** • *être violemment ~ à qc* fel tegen iets (gekant) zijn 2 ZN M **tegendeel, tegenovergestelde** • *il est tout l'opposé de moi* hij is mijn tegenpool • *c'est tout l'opposé qu'il m'a raconté* hij heeft me precies het tegenovergestelde verteld • *à l'opposé* daarentegen, aan / naar de andere kant

opposer 1 OV WW 1 **stellen tegenover** • *être opposé à qc* tegenover iets staan, geconfronteerd worden met iets • *ce match oppose les deux équipes nationales* in deze wedstrijd staan beide nationale teams tegenover elkaar • FIG. *~ le silence à des rumeurs extravagantes* niet reageren op onzinnige geruchten 2 **tegenwerpen, inbrengen (à tegen)** 2 WKD WW **(s'~)** 1 **~ à zich verzetten tegen, ingaan tegen, bezwaar hebben tegen** • *s'~ à la violence* zich verzetten tegen geweld • *s'~ à la déportation des sans-papiers* zich verzetten tegen de deportatie van illegalen 2 **staan tegenover** • *des idées qui s'opposent* botsende / contrasterende ideeën • *ces deux théories s'opposent* deze twee theorieën staan tegenover elkaar

opposition ZN V 1 **tegenstelling, tegenspraak, verschil** • *l'~ de leurs deux caractères* de tegenstelling van hun beider karakters • *être en ~ totale avec qc* lijnrecht met iets in strijd zijn • *par ~ à qn / qc* in tegenstelling met iemand / iets 2 POL. **oppositie(partij)** • *le parti d'~* de oppositiepartij • *les journaux d'~* de oppositiekranten • *rallier l'~* zich bij de oppositie aansluiten 3 **tegenstand, verzet (à tegen)** • *rencontrer une forte ~* veel tegenwerking / tegenstand ondervinden • *faire de l'~* oppositie voeren, verzet aantekenen • *être en ~ permanente avec qn* in voortdurend conflict leven met iemand 4 ECON. • *faire ~ (à un chèque)* een cheque blokkeren

oppressé BN **benauwd** • *se sentir ~ par la chaleur / la douleur* het benauwd hebben van de warmte / zich beklemd voelen door verdriet

oppresseur 1 BN **onderdrukkend** 2 ZN M **onderdrukker** • *les ~s et les opprimés* de onderdrukkers en de onderdrukten

oppressif BN (V oppressive), **(onder)drukkend**

oppression ZN V 1 **onderdrukking, verdrukking,** FIG. **druk** • *lutter contre l'~* tegen de onderdrukking strijden 2 **benauwdheid**

opprimer OV WW **onderdrukken, verdrukken**

opprobre LIT. ZN M **schande, vernedering, schandvlek**

opter ONOV WW **kiezen (pour voor), opteren**

opticien ZN M (V opticienne), **opticien**

optimal BN (M MV optimaux), **optimaal**

optimalisation ZN V → **optimisation**

optimaliser OV WW → **optimiser**

op

optimisation ZN V optimalisering, upgrade
optimiser OV WW optimaliseren, upgraden
optimisme ZN M optimisme
optimiste **1** BN optimistisch **2** ZN M/V optimist
optimum **1** BN (MV optimums/optima), optimaal • *des conditions ~s* optimale omstandigheden **2** ZN M (MV optimums/optima), optimum
option ZN V **1** keuze(mogelijkheid) • O&W *une matière à ~* keuzevak • COMP. *~ de menu* keuzemenu **2** optie, voorkeursrecht • *prendre une ~ sur une maison* een optie op een huis nemen • *une location avec ~ d'achat* huur met koopoptie **3** optie <van auto e.d.>, extra (accessoire) • *avec toit ouvrant en ~* met open dak als optie
optionnel BN (V optionnelle), naar keuze, facultatief, optioneel • O&W *une matière ~le* keuzevak
optique **1** BN optisch, gezichts- • *le nerf ~* de oogzenuw **2** ZN V **1** TECHN. optiek, optica • *les instruments d'~* de optische instrumenten **2** FIG. optiek, gezichtspunt, zienswijze, perspectief • *dans cette ~* zo bezien • *vu sous cette ~...* tegen die achtergrond beschouwd...
opulence ZN V overvloed, weelde(righeid) • FIG. *nager dans l'~* in weelde baden
opulent BN rijk, weelderig, overvloedig • *avoir une poitrine ~e* een weelderige boezem hebben
opuscule ZN M werkje, geschriftje
or **1** ZN M **1** goud • *de l'or blanc* wit goud • *de l'or jaune* geel goud • *de l'or massif* massief goud • *une pièce d'or* gouden munt, goudstuk • FIG. *l'or noir* het zwarte goud <olie> • *je ne le ferai pas pour tout l'or du monde* voor geen goud in de wereld doe ik dat • FIG. *avoir un cœur d'or* een hart van goud hebben • *en / d'or* gouden **2** goud <geld> • FIG. *l'âge d'or du cinéma* de gouden eeuw van de film • FIG. *une règle d'or* een gulden regel • *acheter qc à prix d'or* goudgeld voor iets betalen, iets peperduur kopen • *faire une affaire en ~* een lucratieve zaak doen, FIG. een goudmijn(tje) hebben • FIG. *rouler sur l'or* bulken van het geld, stinkend rijk zijn **2** VOEGW maar, echter • *elle n'était pas là, ~, elle avait promis qu'elle viendrait* ze was er niet, maar ze had beloofd dat ze zou komen
oracle ZN M orakel
orage ZN M **1** onweer • *l'~ va éclater; il va faire de l'~* het gaat onweren **2** FIG. storm, bui • *il y a de l'~ dans l'air* er is storm op til • FIG. *sentir venir l'~* de bui zien hangen • OOK FIG. *laisser passer l'~* de bui laten overdrijven
orageux BN (V orageuse) **1** onweerachtig, onweers- • *on nous annonce un temps ~* er wordt onweerachtig weer voorspeld **2** FIG. stormachtig, woelig, verhit • *la réunion a été orageuse* het was een stormachtige / verhitte vergadering
oraison ZN V gebed • *une ~ funèbre* lijkrede
oral BN (M MV oraux) **1** mondeling, oraal • *un examen ~* mondeling examen • *une tradition ~e* mondelinge overlevering **2** mond-, oraal • *un médicament qui s'administre par voie ~e* medicijn dat oraal wordt toegediend
orange **1** ZN V sinaasappel, appelsien • *une ~ sanguine* bloedsinaasappel • *une ~ pressée* uitgeperste sinaasappel • *un quartier d'~* partje sinaasappel • *une tranche d'~* schijf / plak sinaasappel **2** BN oranje **3** ZN M oranje <kleur> • *passer à l'~* op oranje springen <van verkeerslicht>
orangé **1** BN oranje(achtig) **2** ZN M oranjekleur
orangeade ZN V sinaasappellimonade, sinas
oranger ZN M sinaasappelboom • *une fleur d'~* oranjebloesem
orangeraie ZN V sinaasappelboomgaard
orangerie ZN V oranjerie
orang-outang, orang-outan ZN M (MV orangs-outan(g)s), orang-oetan
orateur ZN M (V oratrice), spreker, redenaar
oratoire BN redenaars-, retorisch, oratorisch
oratorio MUZ. ZN M oratorium
orbital BN (M MV orbitaux), omloop(baan)- • *une station ~e* ruimtestation
orbite ZN V **1** STERRENK. omloopbaan <van satelliet e.d.> • *mettre en / sur ~* in zijn baan brengen, FIG. lanceren **2** FIG. invloedsfeer, kring • *graviter dans l'~ de qn* zich in iemands kringen bewegen, tot iemands entourage behoren **3** oogholte, oogkas • FIG. *les yeux lui sortent des ~s* zijn ogen puilen uit
orbiter STERRENK. ONOV WW (in een baan) rondcirkelen
orchestral "ork-" BN (M MV orchestraux), orkestraal
orchestration "ork-" ZN V **1** orkestratie **2** FIG. regie, organisatie
orchestre "ork-" ZN M orkest • *un chef d'~* dirigent • *des places d'~* stalles
orchestrer "ork-" OV WW **1** orkestreren **2** FIG. regisseren, organiseren • *~ une campagne publicitaire* een reclamecampagne organiseren / groots opzetten
orchidée "orkie-" ZN V orchidee
ordi ZN M INFORM. ordinateur computer
ordinaire **1** BN **1** gewoon, alledaags, huis-tuin-en-keuken- • *une journée ~* gewone dag • *une histoire pas ~* vreemde / geen alledaagse geschiedenis **2** middelmatig • *un vin (de qualité) ~* eenvoudige tafelwijn • *de l'essence? ~ ou super?* benzine? normaal of super? **2** ZN M **1** (het) gewone • *sortir de l'~* ongewoon zijn, (heel) apart zijn • *comme à l'~* (zo)als gewoonlijk • *d'~, elle est à l'heure* gewoonlijk is zij op tijd **2** dagelijkse kost • *améliorer son ~* zijn dagelijkse kost verbeteren
ordinairement BW gewoonlijk, meestal
ordinal BN (M MV ordinaux), ordinaal, rang-, orde-
ordinateur ZN M computer • *un ~ de poche* zakcomputer • *un ~ individuel / personnel* homecomputer • *un ~ portable / portatif* laptop • *elle passe sa vie devant l'~* ze zit de hele tijd achter de computer
ordonnance ZN V **1** MED. recept • *médicament délivré uniquement sur ~* geneesmiddel dat alleen op recept verkrijgbaar is **2** POL. verordening,

regeling • *une ~ de non-lieu* beschikking van buitenvervolgingstelling • *gouverner par ~s* regeren per decreet **3 indeling** • *l'~ d'un repas* het verloop van een maaltijd
ordonnateur ZN M (V ordonnatrice), **regelaar, bestuurder**
ordonné BN **geordend, geregeld, ordelijk** • *une maison bien ordonnée* netjes opgeruimd huis, huis waar alles goed op orde is
ordonnée WISK. ZN V **ordinaat, y-as**
ordonner OV WW **1 ordenen** • *~ ses papiers* zijn papieren ordenen **2 voorschrijven, gelasten** • *le médecin lui a ordonné de garder la chambre* de dokter heeft hem voorgeschreven binnen te blijven • *je vous ordonne de sortir* ik beveel u te vertrekken
ordre ZN M **1 orde, geregelde toestand** • *la loi et l'~* recht, gezag en orde, law-and-order • *l'~ établi* de gevestigde orde • *le retour à l'~ moral* herstel van zedelijke normen en waarden • *le service d'~* ordedienst • *rétablir l'~ public* de openbare orde herstellen • *l'~ ne règne pas dans sa classe* hij kan geen orde houden in zijn klas • *rentrer dans l'~* weer tot rust komen, op zijn pootjes terechtkomen • *rappeler qn à l'~* iemand tot de orde roepen • *se faire rappeler à l'~* op het matje moeten komen • *mettre de l'~ dans ses affaires* zijn zaken op orde brengen • *c'est dans l'~ (des choses)* dat ligt in de orde der dingen, zo gaat dat (nu eenmaal) • *en ~* in orde, geordend **2 orde, volgorde, rangorde** • *l'~ des mots dans la phrase* de woordvolgorde in de zin • *l'~ alphabétique* de alfabetische volgorde • *l'~ chronologique* de chronologische volgorde • *l'~ de bataille* de slagorde • *le manque d'~* het gebrek aan orde • *l'~ du jour* de orde van de dag <agenda>, de dagorder • *ce point ne figure pas à l'~ du jour* dit punt staat niet op de agenda • *être à l'~ du jour* in behandeling komen • *inscrire par ~ d'arrivée* in volgorde van binnenkomst inschrijven • *classer pas ~ de grandeur* naar grootte rangschikken • *dans l'~ d'entrée en scène* in volgorde van opkomst **3 soort, aard, categorie** • *un écrivain de premier ~* eersteklas / uitstekend schrijver • *un peintre de deuxième ~* tweederangsschilder • *du même ~* van dezelfde aard, soortgelijk • *des problèmes d'~ pécuniaire* problemen van geldelijke aard • *dans un tout autre ~ d'idées* in een heel ander verband • *c'est de l'~ d'un million* het is in de orde van grootte van een miljoen • *de premier ~* van de eerste orde, eersteklas **4 order, opdracht, bevel** • *un ~ de virement* betalingsopdracht • *un ~ de grève* stakingsoproep • *un ~ d'expulsion* uitzettingsbevel • *un ~ de mission* (regerings)opdracht • *un mot d'~* leus, duidelijke opdracht • *je n'ai d'ordres à recevoir de personne* ik laat me door niemand commanderen • *donner des ~s* orders geven / uitdelen • *à vos ~s!* tot uw orders! • *être sous les ~s de qn* onder bevel staan van iemand, ondergeschikt zijn aan iemand • *je suis à vos ~s* ik ben tot uw dienst / orders • *sur les ~s de qn* in opdracht van iemand • *jusqu'à nouvel ~* tot nader order **5 order, bestelling** • *un ~ d'achat* kooporder • *un ~ de vente* verkooporder • *faire un chèque à l'~ de qn* een cheque betaalbaar stellen aan iemand / op iemands naam uitschrijven **6 orde, vereniging** • *l'~ des avocats* de orde van advocaten • *l'~ des médecins* artsengenootschap **7** REL. **orde** • *entrer dans les ~s* religieus / priester worden
ordure ZN V **1** vaak mv **vuil(igheid), vuilnis, drek** • *les ~s ménagères* het huisvuil • *la boîte à ~s* de vuilnisbak • *jeter aux ~s de vieux chiffons* oude vodden weggooien / bij het vuil doen **2 obsceniteit 3** INFORM. **vuilak, smeerlap** • *espèce d'~!* vuile smeerlap! • *traiter qn d'~* iemand voor (vuile) schoft / rotte vis uitmaken
ordurier BN (V ordurière), **vuil, schunnig** • *des propos ~s* schunnige woorden / taal
orée LIT. ZN V **rand, zoom** <van bos>
oreille ZN V **1 oor** • *des ~s décollées* flaporen • *porter des boucles d'oreilles* oorbellen dragen • *tendre / dresser l'~* de oren spitsen • *dire / glisser qc à l'~ de qn* iemand iets in het oor fluisteren, iemand iets influisteren • *rougir jusqu'aux ~s* blozen tot achter zijn oren, een hoofd als een boei krijgen • *je n'en crois pas mes ~s* ik kan mijn oren niet geloven • *il est parti, l'~ basse* hij is met hangende pootjes vertrokken • *faire la sourde ~* Oost-Indisch doof zijn • FIG. *frotter / tirer les ~s à qn* iemand de oren wassen • FIG. *il m'échauffe les ~s* hij ergert me / maakt me kwaad • FIG. *se faire tirer l'~* zich laten bidden en smeken • FIG. *les murs ont des ~s* de muren hebben oren • FIG. *ce n'est pas tombé dans l'~ d'un sourd* dat is niet aan dovemansoren gezegd • INFORM. *rebattre les ~s à qn* iemand aan zijn kop zeuren • INFORM. *tu me casses les ~s!* maak niet zo'n herrie!, zeur niet zo! **2 gehoor** • *être tout ~s* een en al oor zijn • *être dur d'~* hardhorend zijn • *n'écouter que d'une ~ / écouter d'une ~ distraite* maar met een half oor luisteren • *prêter l'~ à* gehoor geven aan **3 klein handvat** <van kom e.d.>, **oor** • *un bol à ~s* kom met oren
oreiller ZN M **hoofdkussen** • *confidences sur l'~* slaapkamergeheimen
oreillette ZN V **1** ANAT. **boezem v.h. hart 2 oorklep** • *les ~s d'une toque* de oorkleppen van een muts **3 oortje, oordopje**
oreillons MED. ZN M MV **bof**
ores • *d'~ et déjà* nu al, van nu af aan
orfèvre ZN M **edelsmid** • *être ~ en la matière* ter zake kundig zijn
orfèvrerie ZN V **1 edelsmeedkunst 2 edelsmederij**
orfraie ZN V **visarend** • *pousser des cris d'~* moord en brand schreeuwen
organe ZN M **1** MED. **orgaan** • *les dons d'organes* de orgaandonaties • *une greffe d'~* orgaantransplantatie • *les ~s génitaux* de geslachtsorganen **2 orgaan, instantie** • *les ~s directeurs de l'État* de bestuursorganen van de Staat • *l'Humanité est l'~ du parti communiste* l'Humanité is het orgaan / de spreekbuis van de communistische partij
organigramme ZN M **organigram, stroomdiagram**
organique BN **1 organisch** • *des engrais chimiques*

et ~s chemische en organische meststoffen **2** organiek

organisable BN te organiseren

organisateur **1** BN (V organisatrice), organiserend • *le comité ~ nous accueille à notre arrivée* het organisatiecomité ontvangt ons bij aankomst **2** ZN M (V organisatrice), organisator • *une organisatrice de voyages* reisorganisatrice

organisation ZN V **1** organisatie, regeling • *l'~ des loisirs* de indeling van de vrije tijd • *se plaindre du manque d'~* klagen over het gebrek aan organisatie • *avoir l'esprit d'~* organisatietalent hebben, goed kunnen plannen **2** indeling, structuur • *l'~ des services publics* het stelsel van de openbare diensten • *l'~ du cerveau* de hersenstructuur **3** organisatie, groepering • *l'Organisation des Nations Unies (ONU)* de Verenigde Naties (VN) • *une ~ caritative* een liefdadige instelling • *une ~ terroriste* een terroristische groepering / organisatie

organisé BN **1** georganiseerd, methodisch • *un voyage ~* georganiseerde reis • *une tête bien organisée* helder hoofd • *c'est du vol ~!* dat is je reinste oplichterij! **2** georganiseerd, verenigd • *une bande organisée* georganiseerde bende • *des réseaux bien organisés* goed georganiseerde netwerken

organiser **1** OV WW **1** organiseren, regelen • *~ une exposition* een tentoonstelling organiseren **2** inrichten, indelen • *~ son temps* zijn tijd goed indelen **3** structureren, organiseren • *~ la résistance* het verzet organiseren **2** WKD WW **(s'~)** **1** zich organiseren • *savoir bien s'~* zijn zaakjes goed regelen **2** geregeld worden • *le livre s'organise autour de deux thèmes* het boek concentreert zich rond twee thema's

organiseur ZN M organizer

organisme ZN M **1** BIOL. organisme • *les besoins de l'~* de behoeften van het organisme • *~ génétiquement modifié (OGM)* genetisch gemodificeerd organisme (ggo) **2** instelling, organisatie • *les ~s publics* de publieke lichamen, de overheidsinstellingen

organiste ZN M/V organist

orgasme ZN M orgasme

orgastique BN orgastisch

orge ZN V gerst

orgelet MED. ZN M gerstekorrel, strontje <aan het oog>

orgiaque BN orgieachtig, orgiastisch

orgie ZN V orgie • FIG. *une ~ de couleurs* overdaad aan kleuren, kleurenpracht

orgue ZN M **1** orgel • *un ~ de Barbarie* draaiorgel • *le point d'~* het orgelpunt • FIG. *le point d'~ de la cérémonie* het hoogtepunt van de plechtigheid **2** V MV wanneer het één instrument aanduidt orgel • *les ~s* het orgel

orgueil ZN M **1** trots • *être l'~ de sa famille* de trots zijn van zijn familie **2** arrogantie, hoogmoed • *être d'un ~ ridicule* belachelijk arrogant zijn

orgueilleusement BW trots, hoogmoedig

orgueilleux **1** BN (V orgueilleuse), trots, hoogmoedig **2** ZN M (V orgueilleuse), trots / hoogmoedig mens

Orient ZN M Oriënt, Oosten • *les relations entre l'Orient et l'Occident* de betrekkingen tussen Oost en West • *l'Extrême ~* het Verre Oosten • *le Proche-Orient* het Nabije Oosten • *la guerre au Moyen-Orient* de oorlog in het Midden-Oosten

orientable BN verstelbaar, draaibaar

oriental BN (M MV orientaux) **1** oosters • *les langues ~es* de oosterse talen • *les peuples orientaux* de oosterse volken **2** oostelijk • *les Pyrénées ~es* de oostelijke Pyreneeën

orientalisme LIT. ZN M oriëntalisme, oriëntalistiek

orientaliste **1** BN oriëntalistisch, gericht op het exotische **2** ZN M/V oriëntalist

orientation ZN V **1** oriëntatie, oriëntering, FIG. richting, koers • *une ~ professionnelle* beroepsvoorlichting • *une ~ sexuelle* seksuele geaardheid • *la loi d'~* de raamwet • *avoir le sens de l'~* (een goed) oriëntatievermogen hebben • FIG. *changer d'~* de koers verleggen **2** ligging <van huis e.d.>

orienté BN **1** gelegen, georiënteerd • *une pièce orientée à l'est* kamer die op het oosten ligt **2** tendentieus • *un article très ~* zeer tendentieus artikel

orienter **1** OV WW OOK FIG. oriënteren, richten **(vers** naar, op) • *~ un patient vers une spécialiste* een patiënt naar een specialiste sturen • *~ un touriste perdu* een verdwaalde toerist gidsen **2** WKD WW **(s'~)** OOK FIG. zich oriënteren, zich richten **(vers** naar, op) • *elle s'est orientée vers les maths* zij heeft wiskunde gekozen als richting • *ce parti s'oriente de plus en plus vers la droite* deze partij vaart een steeds rechtsere koers / schuift hoe langer hoe meer op naar rechts

orifice ZN M opening, mond, gat • *les ~s naturels du corps humain* de natuurlijke lichaamsopeningen van een mens

oriflamme ZN V vaan, banier, (reclame)banner

origan ZN M oregano, marjolein

originaire BN oorspronkelijk • *être ~ de Bretagne* afkomstig zijn uit Bretagne

original **1** BN (M MV originaux) **1** origineel, oorspronkelijk • *un film en version ~e* film in originele versie **2** zonderling, vreemd **2** ZN M (MV originaux) **1** origineel, oorspronkelijke tekst, model • *envoyez-nous l'~ signé* stuur ons het ondertekende origineel **2** zonderling • *c'est un vieil ~!* het is een oude zonderling!

originalité ZN V **1** originaliteit, oorspronkelijkheid **2** eigenaardigheid, bijzonderheid

origine ZN V **1** oorsprong • *les ~s du monde* de oorsprong van de wereld • *un mot d'~ latine* woord van Latijnse oorsprong • *un vin d'appellation d'~ contrôlée (AOC)* wijn met gecontroleerde herkomstaanduiding • FIG. *être à l'~ de qc* de bron zijn van iets, achter iets zitten • *à l'~* oorspronkelijk, bij de aanvang • *d'~* van origine, van huis uit, origineel <van product> **2** her- / afkomst, afstamming, origine • *un pays d'~* land van herkomst • *il est d'~ française* hij is van Franse afkomst • *être d'~ modeste* van eenvoudige komaf zijn

originel BN (V originelle), oorspronkelijk, oer- • *le péché ~* de erfzonde

originellement BW van het begin af, oorspronkelijk

oripeaux FORM. ZN M MV oude, opzichtige kleren

ORL INFORM. AFK oto-rhino-laryngologiste m/v kno-arts

orme ZN M iep, olm

ornement ZN M **1** versiering • *une plante d'~* sierplant, decoratieve plant • *sans ~* sober **2** ARCH. ornament

ornemental BN (M MV ornementaux), versierend, decoratief • *une plante ~e* sierplant

ornementation ZN V versiering

ornementer OV WW met ornamenten versieren

orner OV WW versieren, verfraaien, tooien • *un style orné* bloemrijke stijl • *~ une table avec des fleurs* een tafel met bloemen versieren • *son chapeau était orné d'une plume* op zijn hoed prijkte een veer

ornière ZN V wagenspoor • FIG. *sortir de l'ornière* uit de sleur raken, uit de problemen raken

ornithologie ZN V ornithologie, vogelkunde

ornithologue ZN M/V ornitholoog, vogelkenner

ornithorynque ZN M vogelbekdier

orphelin **1** BN verweesd • *être ~ de père* vaderloos zijn **2** ZN M (V orpheline), wees

orphelinat ZN M weeshuis

orque ZN M orka

ORSEC AFK Organisation des secours hulpverleningsorganisatie • *le plan ORSEC* het departementaal rampenplan

orteil ZN M teen • *le gros ~* de grote teen • *le petit ~* de kleine teen

orthodontie "-tie, -sie" ZN V orthodontie, gebits- / kaakregulatie

orthodontiste ZN M/V orthodontist

orthodoxe BN orthodox, rechtzinnig

orthodoxie ZN V orthodoxie, rechtzinnigheid

orthogonal BN (M MV orthogonaux), rechthoekig

orthographe ZN V schrijfwijze, spelling • *une faute d'~* spelfout, schrijffout

orthographier OV WW volgens de spellingregels schrijven, spellen • *un mot mal orthographié* verkeerd gespeld woord

orthographique BN orthografisch, spelling-

orthopédie ZN V orthopedie

orthopédique BN orthopedisch

orthopédiste ZN M/V orthopedist, orthopeed • *un médecin ~* orthopedisch arts

orthophonie ZN V logopedie

orthophoniste ZN M/V logopedist

ortie ZN V brandnetel • *~ blanche* witte dovenetel

os "os, mv: oo" ZN M **1** been, bot • *un ~ long* pijpbeen • *un ~ à moelle* mergpijp(je) • FIG. *je l'ai vu en chair et en ~* ik heb hem in levenden lijve gezien • FIG. *être trempé jusqu'aux ~* doornat zijn • FIG. *n'avoir que les ~ et la peau* vel over been zijn • FIG. *donner un ~ à ronger à qn* iemand met iets afschepen • FIG. *ne pas faire de vieux ~* jong sterven, niet oud worden **2** INFORM. moeilijkheid, kink in de kabel • *il y a un ~* er is een kink in de kabel • *tomber sur un ~* op een onverwacht probleem stuiten

oscar ZN M Oscar <filmprijs> • *la remise des ~s* de uitreiking van de Oscars

oscillant BN schommelend, slingerend, oscillerend

oscillation ZN V OOK FIG. schommeling, oscillatie

oscillatoire BN oscillatie- • *des mouvements ~s* oscillatiebewegingen, slingerbewegingen

osciller ONOV WW **1** slingeren, schommelen, oscilleren **2** weifelen, aarzelen • *~ entre deux sentiments* aarzelen / heen en weer geslingerd worden tussen twee gevoelens

oscillographe NATK. ZN M oscillograaf

osé BN **1** gedurfd **2** gewaagd • *des images osées* gewaagde beelden • *une plaisanterie osée* een gewaagde grap

oseille ZN V **1** PLANTK. zuring • *une soupe à l'~* zuringsoep **2** INFORM. geld, poen

oser OV + ONOV WW durven (te), wagen • *si j'ose m'exprimer ainsi* als ik het zo mag zeggen • *il faut ~!* je moet risico's durven nemen!

osier ZN M teenwilg, teen • *un panier d'~ / en ~* tenen mand

osmose ZN V osmose

ossature ZN V beenderstelsel, gebeente

ossements ZN M MV gebeente <van lijk>

osseux BN (V osseuse) **1** benig, knokig **2** been(der)- • *le tissu ~* het beenweefsel

Ostende Oostende

ostensible BN openlijk, onverholen, ostentatief

ostentation ZN V uiterlijk vertoon, pronkzucht, ophef • *sans ~* zonder ophef, niet opzichtig

ostentatoire BN ostentatief, bewust opvallend

ostéoporose ZN V osteoporose, botontkalking

ostracisme ZN M uitsluiting

ostréiculteur ZN M (V ostréicultrice), oesterkweker

ostréiculture ZN V oesterteelt

otage ZN M gijzelaar, gegijzelde • *une prise d'otage(s)* gijzeling • *retenir qn en ~* iemand in gijzeling houden • FIG. *être l'~ de qn* onder druk gezet worden door iemand, gechanteerd worden door iemand

OTAN AFK Organisation du traité de l'Atlantique Nord V NAVO, Noord-Atlantische Verdragsorganisatie

otarie ZN V zeeleeuw

ôter **1** OV WW **1** wegnemen (**à** van), afhalen, afnemen, afpakken, afdoen • *ôte tes affaires de mon bureau!* haal je spullen van mijn bureau! • *ils ont ôté mon nom de la liste* ze hebben mijn naam van de lijst gehaald • *ôtez-lui cette idée de la tête!* praat hem dat uit het hoofd! • *je lui ai ôté le couteau des mains* ik heb het mes uit zijn handen gepakt • *il m'a ôté les mots de la bouche* hij haalde me de woorden uit de mond • *cela n'ôte rien à son mérite* dat doet niets af aan zijn verdienste • *cela m'ôte tout courage* dat ontneemt me alle moed **2 afdoen, uitdoen** <van kledingstukken> • *ôte tes chaussettes!* doe je sokken uit! **3 aftrekken (de van), in mindering brengen 2** WKD WW **(s'~)** • INFORM. *ôte-toi de là* ga weg!, smeer 'm!

otite ZN V **oorontsteking**

oto-rhino-laryngologiste ZN M/V **keel-, neus- en oorarts**

ou VOEGW **of** • *un livre ~ deux* een of twee boeken • *tu fais ton travail ~ alors tu restes à la maison toute la soirée!* je maakt je werk af, anders blijf je de hele avond thuis! • *vous venez à pied ~ bien en auto?* komt u lopend of(wel) met de auto?

où BW **waar, waarheen, waarin, waarop** • *~ ça?* waar (dan)? • INFORM. *c'est par où, la gare?* waar is hier ergens het station? • *d'où viens-tu?* waar kom je vandaan? • *~ qu'il soit...* waar hij ook is... • *par ~ est-il passé?* waar is hij langs gekomen? • *par ~ allez-vous?* welke kant gaat u op? • *jusqu'où irez-vous?* hoe ver denkt u te gaan? • *~ en sommes-nous?* hoe ver zijn we? • *au moment ~ il est arrivé...* op het ogenblik dat / waarop hij kwam... • *au cas ~ il vienne* in het geval dat hij komt, mocht hij komen • *dans l'état ~ tu es, tu ferais mieux d'aller au lit* in de staat waarin je bent, zou je er beter aan doen naar bed te gaan • FIG. *~ veux-tu en venir?* waar wil je naartoe?

ouailles FORM. ZN V MV **schaapjes, kudde**

ouais INFORM. TUSSENW **ja**

ouate ZN V • *de la ~ / de l'~* watten

ouaté BN **gewatteerd, watten-** • FIG. *une atmosphère ouatée* gedempte sfeer

ot

ouatiné BN **gewatteerd**

oubli ZN M **1 (het) vergeten, vergetelheid** • *tomber dans l'~* in vergetelheid raken • *tirer qn de l'~* iemand aan de vergetelheid onttrekken • *chercher l'~ dans l'alcool* vergetelheid zoeken in de alcohol **2 verzuim, nalatigheid, omissie** • *réparer un ~* een verzuim herstellen

oublier 1 OV WW **vergeten** • *n'oublie pas d'arriver à l'heure* vergeet niet op tijd te komen • *j'ai oublié son nom* ik ben zijn naam kwijt • *boire pour ~* drinken om te vergeten • *se faire ~* zich (een tijdje) gedeisd houden • *sans ~...* (en) niet te vergeten... **2** WKD WW **(s'~) 1 vergeten worden** • *les mauvais souvenirs s'oublient vite* slechte herinneringen vergeet je snel **2 zich vergeten, zich laten gaan 3 zijn tijd vergeten**

oubliettes ZN V MV **onderaardse kerker** • FIG. *la réforme a été mise aux ~* de hervorming is in het vergeetboek terechtgekomen

ouest "west" **1** ZN M **westen** • *un vent d'~* westenwind • *l'Europe de l'Ouest / l'Ouest de l'Europe* West-Europa • *à l'~ du pays* ten westen van het land • *être exposé à l'~* op het westen liggen **2** BN **westelijk, west(en)-** • *la côte ~* de westkust • *la banlieue ~* de westelijke voorstad

ouf 1 TUSSENW **oef!** • *pousser un ~ de soulagement* een zucht van verlichting slaken **2** ZN M/V STRAATT. fou **gek** • *une bande de oufs* een stelletje gekken

oui 1 BW **ja** • *~ ou non* wel of niet • *moi, oui!* ik wel! • *ah ~, je vois* o ja, nu begrijp ik het • *faire signe que ~; faire ~ de la tête* ja knikken • *c'est ça, oui!* ja ja! • *dire ~ à tout* op alles ja en amen zeggen • *mais oui!* ja zeker! • INFORM. *~ ou merde?* te ja of te nee? • *il dit que ~* hij zegt van wel • *je pense que ~* ik denk van wel **2** ZN M **ja(woord)** • *on a compté dix millions de ~ au référendum* er zijn tien miljoen stemmen vóór geteld bij het referendum • *pour un ~ ou pour un non* bij het minste of geringste, zonder aanwijsbare reden

ouï-dire • *par ~* van horen zeggen, bij geruchte

ouïe "wie" ZN V **1 gehoor(zin)** • *des troubles de l'ouïe* gehoorstoornissen • *avoir l'ouïe fine* een scherp gehoor hebben • INFORM. *être tout ~* een en al oor zijn **2** MV **kieuwen**

ouille TUSSENW **oei!**

ouïr OV WW **horen** • *j'ai ouï dire que* ik heb gehoord dat

ouistiti ZN M **1 penseelaapje, zijdeaapje 2** INFORM. **(rare) snuiter**

oups INFORM. TUSSENW **oeps!**

ouragan ZN M **1 orkaan 2** FIG. **storm** • *un ~ de protestations* een storm van protest

Oural ZN M **Oeral**

ourdir FIG., FORM. OV WW **beramen, smeden** • *~ un complot* een complot smeden

ourler OV WW **(om)zomen**

ourlet ZN M **zoom, (omgeslagen) rand** • *rallonger un ~* een zoom uitleggen

ours "oers" ZN M **1 beer** • *un ~ blanc / polaire* ijsbeer • *un ~ gris* grizzlybeer • *un ~ en peluche* teddybeer **2** FIG. **brombeer** • *un ~ mal léché* ongelikte beer

ourse ZN V **berin** • *la Grande Ourse* de Grote Beer • *la Petite Ourse* de Kleine Beer

oursin ZN M **zee-egel**

ourson ZN M **beertje, berenjong**

oust, ouste TUSSENW **vort!, wegwezen!**

ouste TUSSENW → **oust**

out BW **1** SPORT **out, uit 2 uit (de mode), ouderwets**

outil "oetie" ZN M **werktuig, gereedschap, hulpmiddel** • *une boîte à ~s* gereedschapskist

outillage ZN M **werktuigen, materieel, uitrusting, outillage**

outiller OV WW **van werktuigen voorzien, toerusten** • *il est bien outillé pour la pêche* hij is goed toegerust om te gaan vissen • *un hôpital bien outillé* goed toegerust ziekenhuis

outing ZN M **coming-out** • *faire son ~* uit de kast komen

outlet ZN M **outlet**

output ZN M **uitdraai, output**

outrage ZN M **1 (grove) belediging 2 schennis (à van), vergrijp (à tegen)** • *~ à la pudeur* zedenmisdrijf • *condamner pour ~ à magistrat* veroordelen wegens belediging van een gezagdrager

outrageant BN **beledigend, krenkend**

outrager OV WW **(grof) beledigen, krenken**

outrageusement BW **buitensporig, overdreven**

• *se maquiller ~* zich overdreven zwaar opmaken

outrance ZN V **buitensporigheid, overdrijving** • *des ~s verbales* onmatig taalgebruik, woorden die te ver gaan • *c'est la guerre à ~* het is oorlog op leven en dood

outrancier BN (V outrancière), **buitensporig, overdreven, extreem**

outre **1** BW • FIG. *passer ~ à une interdiction* voorbijgaan aan een verbod, een verbod negeren • *cela ne le gêne pas ~ mesure* dat hindert hem niet bovenmatig • *en ~* bovendien, daarenboven **2** VZ **behalve, buiten** • *~ un ordinateur, elle s'est payé une télévision* ze heeft behalve een computer ook een televisie voor zichzelf gekocht

outré BN **1 overdreven, buitensporig 2 verontwaardigd, buiten zichzelf** • *être ~ de qc* verontwaardigd zijn over iets

outre-Atlantique BW **aan de overzijde van de Atlantische Oceaan**

outre-Manche BW **aan de overzijde van het Kanaal** <in Groot-Brittannië>

outremer ZN M **1 ultramarijnblauw 2 lazuursteen**

outre-mer BW **overzee** • *la France d'outre-mer* Frankrijk overzee

outrepasser FIG. OV WW **overschrijden, te buiten gaan**

outre-Rhin BW **aan de andere kant v.d. Rijn**

outsider "autsajdeur" ZN M **outsider**

ouvert **1** BN OOK FIG. **open** • *un col ~* openstaande kraag • *des yeux grand ~s* wijd open ogen • *une porte grand ~e* deur die wagenwijd openstaat • *le robinet est ~* de kraan loopt • *une boutique ~e en nocturne* winkel die 's avonds open is • FIG. *avoir une conversation à cœur ~ avec qn* een openhartig gesprek hebben met iemand **2** WW volt. deelw. → **ouvrir**

ouvertement BW **openlijk**

ouverture ZN V **1 opening, (het) openen** • *les heures d'~ (d'un magasin)* de openingstijden (van een winkel) • *attention à l'~ automatique des portes* let op: de deuren openen automatisch **2 opening, inauguratie, inwerkingstelling** • *la cérémonie d'~ des Jeux olympiques* de openingsceremonie van de Olympische Spelen • *l'~ de la session parlementaire* de opening van het parlementaire jaar • *l'~ officielle de la pêche* de officiële opening van het visseizoen **3** FIG. **opening, openheid** • *l'~ d'esprit* openheid van geest, ruimdenkendheid • *l'~ sur le monde* het openstaan naar de wereld • *une politique d'~ à droite* politieke opening naar rechts, beleid van toenadering tot rechts **4 opening, ingang** • *l'~ d'un tunnel* de ingang / opening van een tunnel • *il n'y a pas assez d'~ dans cette pièce* dit vertrek heeft te weinig ramen / deuren **5** MUZ. **ouverture**

ouvrable BN • *un jour ~* werkdag

ouvrage ZN M **1 werk, arbeid** • *un ~ de longue haleine* een werk van lange adem • *une boîte à ~* naaidoos • *se mettre à l'~* aan het werk gaan • *n'avoir pas de cœur à l'~* geen hart voor het werk hebben **2 werk(stuk)** • *un ~ d'art* kunstwerk <brug enz.> • *un maître d'~* opdrachtgever <v. bouwwerk>, bouwheer • *un ~ de maçonnerie* metselwerk **3 boek, werk** • *consulter un ~* een werk raadplegen / erop naslaan • *les ~s consultés* geraadpleegde literatuur • *publier un ~* een werk publiceren

ouvragé BN **fijn bewerkt / afgewerkt, doorwrocht**

ouvrant BN **openend, opengaand** • *un toit ~* schuifdak

ouvré BN **bewerkt** • *un jour ~* werkdag

ouvre-boîte ZN M (MV ouvre-boîtes), **blikopener**

ouvre-bouteille ZN M (MV ouvre-bouteilles), **flessenopener**

ouvreuse ZN V **ouvreuse**

ouvrier **1** ZN M (V ouvrière), **arbeider, werkman** • *un ~ professionnel / qualifié* geschoold arbeider • *un ~ spécialisé* ongeschoold arbeider • *un ~ à la chaîne* arbeider aan de lopende band **2** BN (V ouvrière), **arbeiders-** • *la classe ouvrière* de arbeidersklasse

ouvrir **1** ONOV WW **1 open zijn** <v. winkel e.d.> • *l'épicerie n'ouvre pas le lundi* de kruidenier is 's maandags niet open **2 opengaan** <v. deur e.d.> • *cette porte n'ouvre pas du tout* deze deur gaat helemaal niet open • *la porte ouvre sur le jardin* de deur komt uit op de tuin **2** OV WW onregelmatig **1 openen, opendoen, openmaken** • *ouvre-moi!* doe open! • *~ le journal* de krant openslaan • *~ un parapluie* een paraplu opsteken • *~ de grands yeux* grote ogen opzetten, z'n ogen wijd openen • *~ ses ailes* de vleugels uitslaan • *~ l'appétit* de eetlust opwekken • FIG. *elle n'ouvre jamais la bouche* ze doet haar mond nooit open • FIG. *~ l'œil* de ogen openhouden, opletten **2** INFORM. **aandoen** <v. gas, licht, radio e.d.> • *~ la télé* de tv aanzetten **3 openen, aanleggen** • *~ un tunnel sous la montagne* een tunnel onder de berg aanleggen / graven • *~ un chemin / une voie* een weg aanleggen • FIG. *~ la voie à qc* de weg bereiden / effenen voor iets **4 openen, beginnen** • *~ un débat* een debat openen • *~ le feu sur qn* het vuur openen op iemand **5 starten, beginnen** • *~ un restaurant* een restaurant beginnen • *~ un compte (en banque)* een (bank)rekening openen **3** WKD WW **(s'~) 1 zich openen, opengaan** • *la fleur s'ouvre* de bloem gaat open **2 openen** • *s'~ les veines* zijn pols(en) doorsnijden **3 toegang geven (tot), uitzien (op)** • *la porte s'ouvre sur le jardin* de deur komt uit op de tuin • *s'~ un chemin* zich een weg banen **4 beginnen (met)** • *la séance s'ouvre par un discours du président* de zitting begint met een rede van de voorzitter **5 openstaan (voor)** • *s'~ à des idées nouvelles* openstaan voor nieuwe ideeën

ovaire ZN M **eierstok, ovarium**

ovale **1** ZN M **ovaal** • *en ~* ovaal (van vorm) **2** BN **ovaal**

ovation ZN V **ovatie, luid applaus** • *une ~ debout* staande ovatie • *faire une ~ à quelqu'un* iemand een ovatie brengen

ovationner OV WW **toejuichen, een ovatie**

brengen
overdose ZN V overdosis
ovin BN schapen- • *les ~s* de schapen
ovipare BN eierleggend
ovni AFK objet volant non identifié m ufo, vliegende schotel
ovoïde BN eivormig
ovulaire BN eicel-
ovulation ZN V ovulatie, eisprong
ovule ZN M **1** eicel **2** PLANTK. zaadknop
ovuler ONOV WW ovuleren
oxydable BN oxideerbaar, roestbaar • *un métal ~* niet-roestvrij metaal
oxydation ZN V oxidatie, (het) roesten
oxyde ZN M oxide • *l'~ de carbone* koolmonoxide
oxyder **1** OV WW oxideren **2** WKD WW **(s'~)** oxideren, roesten
oxygénation ZN V behandeling met zuurstof
oxygéné BN zuurstofhoudend • *de l'eau oxygénée* waterstofperoxide
oxygène ZN M zuurstof • *un masque à ~* zuurstofmasker • FIG. *c'est une bouffée d'oxygène pour l'économie actuelle* dat geeft de huidige economie lucht
oxygéner **1** OV WW met zuurstof verbinden **2** WKD WW **(s'~)** INFORM. frisse lucht inademen • *aller à la campagne pour s'oxygéner* naar het platteland gaan om frisse lucht in te ademen
ozone ZN M ozon • *la couche d'~* de ozonlaag

ov

P

p **1** ZN M letter p **2** AFK page v p., pag., pagina, blz., bladzijde
Paca AFK Provence-Alpes-Côte d'Azur v Franse regio
pacemaker "peesmeekeur" MED. ZN M pacemaker
pacificateur **1** ZN M (v pacificatrice), vredestichter **2** BN (v pacificatrice), vrede brengend, verzoenend, bemiddelend
pacification ZN V vredestichting, herstel van de rust, pacificatie
pacifier OV WW tot rust brengen
pacifique BN vreedzaam, vredelievend • *l'océan Pacifique* de Stille / Grote Oceaan • *une manifestation ~* vreedzame demonstratie
pacifisme ZN M pacifisme
pacifiste **1** BN pacifistisch • *un idéal ~* vredesideaal **2** ZN M/V pacifist
pack ZN M draagkarton • *un ~ de lait* draagkarton met pakken / flessen melk • *de la bière en ~* bier in draagkartons / sixpacks
package "-a(d)zj / -e(d)zj" ZN M **1** COMP. softwarepakket **2** <reclame> pakket <koppelverkoop>
pacotille ZN V waardeloze rommel • *des bijoux de ~* nepsieraden • *de ~* waardeloos, prul-
PACS, pacs "paks" AFK pacte civil de solidarité m geregistreerd partnerschap <ook tussen bloedverwanten>
pacser INFORM. WKD WW **(se ~)** een geregistreerd partnerschap aangaan <PACS>
pacte ZN M verdrag, overeenkomst, pact • *un ~ de non-agression* niet-aanvalsverdrag • *signer un ~ avec qn* een overeenkomst met iemand sluiten
pactiser ONOV WW **1** een pact sluiten **2** het op een akkoordje gooien, een dealtje sluiten • *~ avec l'ennemi* heulen met de vijand
pactole ZN M FIG. goudmijn • *il a trouvé le ~* hij heeft een goudmijn aangeboord, hij heeft het gat in de markt ontdekt
paf TUSSENW pats!
pagaie "pagè met harde g" ZN V pagaai, peddel
pagaille INFORM. ZN V **1** janboel, rommel • *quelle ~ dans cette chambre!* wat een bende in deze kamer! • *semer la ~ dans qc* ergens een zootje van maken, ergens herrie trappen **2** • *en ~* in overvloed, bij bosjes
pagayer ONOV WW peddelen
page ZN V **1** bladzijde, pagina, programmaonderdeel <radio, tv>, (nieuws) rubriek • *un livre de deux cents ~s* boek van tweehonderd bladzijden • *les ~s sportives* <in krant> de sportpagina's • *les ~s jaunes* de Gouden Gids® • *une ~ de publicité* / INFORM. *de pub* (STER-) reclameblok • COMP. *une ~ personnelle* / INFORM. *perso* persoonlijke homepage • COMP. *~ d'accueil* homepage, startpagina • FIG. *être à la ~* bij zijn, op de hoogte zijn • DRUKK. *mettre en ~s* opmaken • OOK FIG. *tourner la ~* de bladzijde omslaan **2** bladzijde,

episode • *une ~ noire de l'histoire de France* zwarte bladzijde in de Franse geschiedenis

paie ZN V → **paye**

paiement ZN M **betaling, betaalde som** • *un ~ en liquide* betaling in contanten • *un ~ par chèque* betaling per cheque • *un ~ électronique* elektronische betaling • *effectuer un ~* een betaling doen, betalen

païen "paje(n)" **1** BN (V païenne), **heidens, goddeloos 2** ZN M (V païenne), **heiden**

paillard BN **schunnig, schuin, wellustig** • *des chansons ~es* schuine liedjes

paillardise ZN V **schunnig woord / verhaal**

paillasson ZN M **1 deurmat, rieten dekmat 2** FIG. **voetveeg, hielenlikker**

paille 1 ZN V **1 stro** • *un brin de ~* strohalm, strootje • *un feu de ~* strovuur • FIG. *un homme de ~* stroman • FIG. *être sur la ~* doodarm zijn **2 rietje** • *achète-nous des briquettes de jus d'orange avec une ~* koop wat pakjes jus d'orange met rietje voor ons • *tirer à la courte ~* strootje trekken **3** INFORM. **kleinigheid** • *tu l'as payé cent euros! une ~!* je hebt er honderd euro voor betaald! dat is niks! **2** BN onver. **strogeel**

pailleté BN **met lovertjes versierd** • *une robe pailletée* glitterjurk

paillette ZN V **lovertje, glittertje, paillette**

paillote ZN V **strohut**

pain ZN M **1 brood** • *du ~ complet* volkorenbrood • *du ~ bis* bruin brood • *du ~ de campagne* boerenbrood, brood van bruin meel • *du ~ à la levure* gistbrood • *du ~ au levain* zuurdesembrood • *du ~ industriel* fabrieksbrood • *du ~ noir* roggebrood, boekweitbrood • *un petit ~* broodje • *du ~ d'épice* kruidkoek, ontbijtkoek • *du ~ perdu* wentelteefje(s) • *un ~ au chocolat* chocoladebroodje • *gagner son ~* de kost verdienen • *c'est bon comme du ~ (blanc)* dat is doodgoed • *travailler pour une bouchée de ~* voor een appel en een ei werken • FIG. *avoir du ~ sur la planche* werk aan de winkel hebben • FIG. *se vendre comme des petits ~s* als warme broodjes over de toonbank gaan, erg vlug verkocht worden • FIG. *ôter à qn le ~ de la bouche* iemand het brood uit de mond stoten **2 brood** <langwerpig stuk> • CULIN *un ~ de poisson* terrine van vis

pair 1 BN **even** • *les numéros ~s et impairs* de even en oneven nummers **2** ZN M **1 (iemands) gelijke** • *c'est une physicienne hors ~* zij is een natuurkundige zonder gelijke, zij is een voortreffelijk natuurkundige • *la santé va de pair avec la bonne alimentation* gezondheid gaat samen met goede voeding **2** ECON. **pari, pariteit** • *au ~* au pair, tegen kost en inwoning

paire ZN V **paar, tweetal, stel** • *une ~ de chaussettes* een paar sokken • *une ~ de ciseaux* een schaar • *une ~ de lunettes* een bril • *les deux font la ~* die twee zijn aan elkaar gewaagd, het is dief en diefjesmaat • INFORM. *se faire la ~* de benen nemen

paisible BN **vreedzaam, vredig, rustig**

paître ONOV WW onregelmatig **grazen** • INFORM. *envoyer ~ qn* iemand afpoeieren, iemand met een kluitje in het riet sturen, iemand afschepen

paix "pè" ZN V **1 vrede** • *une manifestation pour la ~* vredesdemonstratie • *un traité de ~* vredesverdrag • *faire la ~* vrede sluiten, zich verzoenen • *signer la ~* vrede sluiten • *être chargé du maintien de la ~* belast zijn met de handhaving van de vrede, als vredesmacht optreden • *la ~ a été conclue entre les deux pays* de twee landen hebben vrede gesloten • *en temps de ~* in vredestijd **2 rust, kalmte** • *la ~!* stil!, koest! • INFORM. *fichez-moi la ~!* laat me met rust! • *respirer la ~* pais en vree ademen, een en al rust zijn

Pakistan ZN M **Pakistan**

pakistanais BN (V pakistanaise), **Pakistaans**

Pakistanais ZN M (V Pakistanaise), **Pakistani**

pal ZN M (MV pals), **aan één eind gepunte paal, staak**

palabrer ONOV WW **eindeloos over en weer praten, kletsen**

palabres MIN. ZN V MV **oeverloos geklets**

palace ZN M **groot deftig hotel**

palais ZN M **1 paleis, paleis v. justitie, groot (openbaar) gebouw** • *le Palais-Bourbon* het Palais Bourbon <gebouw in Parijs waar de Franse Tweede Kamer zetelt> • *le Grand Palais* het Grand Palais <expositiegebouw in Parijs> • *le Palais du Luxembourg* het Palais du Luxembourg <gebouw in Parijs waar de Franse Senaat zetelt> • *le ~ des Expositions* het Palais des Expositions <grote expositieruimte> **2 verhemelte** • *il a le ~ fin* hij heeft een fijne smaak

pale ZN V **blad** <van roeiriem, propeller, schoepenrad e.d.>, **schroefblad**

pâle BN **bleek, flets** • *bleu ~* lichtblauw • *être ~ comme un linge* zo wit als een doek zien • INFORM. *se faire porter ~* zich ziek melden

Palestine ZN V **Palestina**

palestinien BN (V palestinienne), **Palestijns**

Palestinien ZN M (V Palestinienne), **Palestijn**

palet ZN M **werpschijfje** <bij hinkelen, sjoelen e.d.>, **puck** <ijshockey>

palette ZN V **1 (schilders)palet** • FIG. *une ~ d'acteurs connus* een scala aan bekende acteurs **2 pallet**

pâleur ZN V **bleekheid, fletsheid** • *il est d'une ~ maladive* hij ziet ongezond bleek

pâlichon INFORM. BN (V pâlichonne), **bleekjes**

palier ZN M **1 overloop, trapportaal** • *être voisins de ~* op dezelfde etage wonen **2** FIG. **trap, niveau, fase** • *par ~s* trapsgewijs

pâlir ONOV WW **bleek worden, verbleken** • *~ de rage* wit worden van woede

palissade ZN V **omheining v. palen, palissade**

palliatif MED. **1** BN (V palliative), **verzachtend, palliatief** • *des soins ~s* palliatieve zorg • *une médecine palliative* palliatieve geneeskunde **2** ZN M **verzachtend middel, palliatief**

pallier OV WW **verbloemen, verhelpen** • *~ le manque de médecins par des infirmiers* een tekort aan artsen verhelpen door inzet van verplegers

palmarès "-rès" ZN M **erelijst, lijst v. prijswinnaars** • *le ~ des villes les plus agréables à vivre* de lijst van de meest aangename steden om te wonen

palme ZN V **1** palmblad / -tak • *de l'huile de ~* palmolie **2** FIG. erepalm • *la ~ d'or* gouden palm <filmonderscheiding> • *remporter la ~* de overwinning behalen **3** SPORT zwemvlies

palmeraie ZN V palmbos(je)

palmier ZN M **1** palmboom • *le cœur de ~* palmkool <jonge palmspruiten> **2** waaiervormig koekje

palombe ZN V houtduif

pâlot BN (V pâlotte), bleekjes, pips

palourde ZN V eetbaar tweekleppig schelpdier

palpable BN OOK FIG. tastbaar

palpation ZN V betasting en beklopping, MED. palpatie • *détecter une grosseur à la ~* een zwelling ontdekken door betasting en beklopping van de huid

palper OV WW **1** bevoelen, betasten **2** INFORM. opstrijken <van geld>, beuren

palpitant BN **1** trillend, kloppend **2** FIG. aangrijpend, boeiend • *l'intrigue ~e d'un film* de spannende plot van een film

palpitation ZN V trilling, (hart)klopping

palpiter ONOV WW **1** trillen <van oogleden, neusvleugels e.d.> **2** bonzen <van hart>

paluche INFORM. ZN V hand, jat

paludisme ZN M malaria

pâmer WKD WW (se ~) zwijmelen, buiten zichzelf raken • *se ~ d'admiration devant qc* weg zijn van iets

pamphlet "-flè" ZN M schotschrift, pamflet

pamplemousse ZN M/V pompelmoes, grapefruit

pan **1** ZN M **1** pand <van kledingstuk>, slip, baan <van stof> • *un ~ de chemise qui dépasse de sa veste* slip van een hemd die onder zijn jasje uitkomt **2** vlak, zijde, stuk • *un ~ de ciel bleu* strook blauwe hemel • *un ~ de mur* stuk muur, muurvak **2** TUSSENW pats! • *pan! pan!* <geluid van pistool> pief paf!

panacée ZN V panacee, wondermiddel

panachage ZN M **1** vermenging **2** POL. stemsplitsing <over kandidaten van verschillende lijsten>

panache ZN M **1** zwierige dapperheid <vermengd met branie>, grote klasse, allure **2** vederbos, pluim • *un ~ de fumée* rookpluim

panaché **1** BN OOK FIG. veelkleurig, bont, gemengd • *une glace panachée* gemengd ijs **2** ZN M sneeuwwitje <glas bier met limonade>, radler

panade ZN V INFORM. ellende • *être dans la ~* in de penarie zitten

panais ZN M pastinaak

panama ZN M panamahoed

panard INFORM. ZN M voet, poot

panaris "-rie" "MED. " ZN M fijt

pancarte ZN V bordje met opschrift

pancréas "-as" ZN M alvleesklier, pancreas

pandémie ZN V pandemie

panégyrique ZN M lofrede

panel ZN M panel <groep deskundigen of ondervraagden> • *organiser un ~* een forum organiseren

paner OV WW paneren • *une escalope panée* wienerschnitzel

panier ZN M **1** mand, korf • *un ~ à provisions* boodschappenmand • *un ~ à linge* wasmand • *un ~ à chat* kattenmand • *un ~ à ouvrage* handwerkmandje • *un ~ à salade* slamand, INFORM. boevenwagen • FIG. *le fond du ~* het uitschot • FIG. *le ~ de la ménagère* het boodschappenmandje van de huisvrouw <basis van de consumentenprijsindex> • *mettre au ~* weggooien, wegdoen • *mettre tout dans le même ~* alles over één kam scheren • FIG. *mettre tous ses œufs dans le même ~* alles op één kaart zetten • FIG. *c'est un ~ de crabes* dat is een slangenkuil • FIG. *être un ~ percé* een verkwister zijn **2** SPORT basket • *réussir un ~* een punt maken bij basketbal

panier-repas ZN M (MV paniers-repas), lunchpakket

panini ZN M (MV panini(s)), panino • *un panini au fromage* een panino oud kaas

panique **1** ZN V paniek • *semer la ~ parmi la foule* paniek zaaien in de menigte • *pris de ~, il a sauté* in paniek sprong hij **2** BN panisch • *une peur ~* panische angst

paniqué BN in paniek

paniquer **1** ONOV WW in paniek raken **2** WKD WW (se ~) in paniek raken

panne ZN V (motor)pech, (technische) storing, panne • *avoir une ~ (de moteur)* motorpech hebben • *une ~ de courant / d'électricité / de secteur* stroomstoring, stroomuitval • *être en ~ sèche / en ~ d'essence* zonder benzine zitten, FIG. droogstaan • *tomber en ~* defect raken, <auto> panne hebben • *être en ~* pech / storing hebben, blijven steken • *l'ascenseur est en ~* de lift is kapot • FIG. *être en ~ d'inspiration* geen inspiratie hebben

panneau ZN M (MV panneaux) **1** paneel, plaat, bord • *un ~ en bois / de bois* houten plaat • *un ~ d'aggloméré* spaanplaat • *un ~ coulissant* schuifpaneel • *un ~ isolant (en fibres de bois)* zachtboard • *un ~ solaire* zonnepaneel **2** bord <met informatie> • *un ~ publicitaire* reclamebord • *un ~ de signalisation* verkeersbord • *un ~ électoral* campagnebord bij verkiezingen • *un ~ horaire (à la gare)* bord (op het station) met de aankomst- en vertrektijden **3** valstrik • *donner / tomber dans le ~* in de val lopen

panonceau ZN M (MV panonceaux), uithangbord, naambordje <van notariskantoor e.d.>

panoplie ZN V **1** FIG. arsenaal, gamma, reeks • *toute une ~ de mesures ont été prises* er is een besluit genomen over een hele reeks van maatregelen **2** uitrusting <ook bij kinderspel> • *la ~ de Zorro* Zorro-pak • IRON. *s'acheter la parfaite ~ du skieur* een complete skiuitrusting aanschaffen

panorama ZN M OOK FIG. panorama

panoramique BN panoramisch • *une vue ~* weids uitzicht, FIG. overzicht • *un écran ~* panoramascherm

panse ZN V **1** INFORM. pens, (dikke) buik • *s'en*

mettre plein la ~ zijn pens vol eten, zich volvreten **2** pens
pansement MED. ZN M **1** (het) verbinden **2** verband • *un ~ adhésif* kleefpleister, hechtpleister
panser OV WW **1** MED. verbinden • *~ une plaie* een wond verbinden **2** roskammen, borstelen <van dieren>
pansu BN (dik)buikig
pantagruélique BN reuzen- • *un repas ~* overdadig maal
pantalon ZN M lange broek • *un ~ de survêtement* broek van trainingspak • *un ~ de ski* skibroek
pantalonnade ZN V klucht, schijnheilige vertoning • *le débat à l'assemblée a tourné à la ~* het Tweede Kamerdebat liep uit op een klucht
pantelant BN hijgend • *~ d'émotion* hijgend van emotie
panthère ZN V panter
pantin ZN M trekpop, OOK FIG. ledenpop
pantois BN verbluft • *sa réaction l'a laissée ~e* zijn reactie deed haar paf staan
pantomime ZN V **1** gebarenspel, (panto)mime **2** FIG. poppenkast, aanstellerij
pantouflard INFORM. ZN M huiselijk mens, huismus
pantoufle ZN V pantoffel • FIG. *raisonner comme une ~* redeneren als een kip zonder kop
panure ZN V paneermeel
PAO AFK publication assistée par ordinateur V dtp, desktoppublishing
paon "pa(n)" ZN M (V paonne), pauw • *être vaniteux comme un ~* zo trots als een pauw zijn
papa ZN M pa, papa, vader • MIN. *un fils à ~* verwend rijkeluiszoontje
papal BN (M MV papaux), pauselijk
papamobile ZN V pausmobiel
papauté ZN V pausdom, pausschap
papaye ZN V papaja
pape ZN M **1** paus • *être sérieux comme un ~* doodserieus zijn **2** INFORM. topfiguur • *c'est un ~ de la mode* dat is een modecoryfee
papelard INFORM. **1** ZN M stuk papier **2** ZN M MV paperassen
paperasse ZN V vaak mv paperassen • *de la ~ administrative* administratieve papieren rompslomp
paperasserie ZN V papieren rompslomp
paperassier BN (V paperassière), met veel papieren rompslomp
papeterie, papèterie ZN V **1** kantoorboekhandel **2** papierhandel
papetier ZN M (V papetière) **1** papierfabrikant **2** papierhandelaar, kantoorboekhandelaar
papi JEUGDT. ZN M opa • INFORM. *le ~-boum* de grijze golf <flinke toename van gepensioneerden>
papier ZN M **1** papier • *un bout / un morceau de ~* stuk papier, papiertje • *une feuille de ~* papiertje, blaadje • *du ~ d'emballage* inpakpapier • *du ~ de verre* schuurpapier • *du ~ journal* krantenpapier • *du ~ peint* behang • *du ~ bible* dundrukpapier • *du ~ à lettres* postpapier • *un magazine sur ~ glacé* glossy tijdschrift • *du ~ hygiénique* wc- / closetpapier • INFORM. *du ~ cul / du P Q* pleepapier • *du ~ d'aluminium* / INFORM. *~ alu* aluminiumfolie • *être réglé comme du ~ à musique* de regelmaat zelve zijn, vaste prik zijn **2** MV documenten, bescheiden • INFORM. *des ~s d'assurance* verzekeringspapieren • *veuillez présenter vos ~s* uw identiteitspapieren a.u.b. • INFORM. *être dans les bons ~s de qn* bij iemand in een goed blaadje staan **3** geschrift, stuk, (kranten) artikel • *chaque semaine, il envoie son ~ au journal* hij stuurt iedere week zijn stuk naar de krant
papille ZN V papil
papillon ZN M vlinder • *un ~ de nuit* nachtvlinder • *un nœud ~* vlinderdasje • SPORT *la brasse ~* vlinderslag
papillonner ONOV WW vlinderen, FIG. (rond) fladderen • *~ d'un sujet à l'autre* van de hak op de tak springen, overal eventjes aan ruiken
papilloter ONOV WW knipperen <van / met de ogen> • *avoir les yeux qui papillotent* knipperende ogen hebben
papotage ZN M gebabbel, gekwebbel • *des ~s* slap geklets
papoter ONOV WW babbelen, kwebbelen
papouille INFORM. ZN V meestal mv handtastelijkheid, gefrunnik, vrijpostige liefkozing • *faire des ~s à qn* aan iemand frunniken
paprika ZN M paprika <specerij> • *de la poudre de ~* paprikapoeder
papy JEUGDT. ZN M → **papi**
papyrus "-ruus" ZN M papyrus <plant; manuscript>
Pâque ZN V Pascha, Pesach <joods paasfeest> • *fêter la ~ en famille* Pascha vieren in familiekring
paquebot ZN M passagiersschip • *un ~ de croisière* cruiseschip
pâquerette ZN V madeliefje • INFORM. *au ras des pâquerettes* laag-bij-de-gronds
Pâques ZN V MV Pasen • *le lundi de ~* tweede paasdag • *le jour de ~* paasdag • *les œufs de ~* paaseitjes • *à ~* met Pasen • HUMOR. *à ~ ou à la Trinité* met sint-juttemis • *l'île de ~* Paaseiland • *souhaiter de joyeuses ~ à qn* iemand vrolijk paasfeest wensen
paquet ZN M **1** pak(je), pakket, bundel • *un ~ familial de lessive* gezinspak wasmiddel • *fumer deux ~s (de cigarettes) par jour* twee pakjes (sigaretten) roken per dag • *faire ses ~s* zijn boeltje / biezen pakken **2** grote hoeveelheid • *un ~ de billets / de fric* een pak geld, een bom duiten • INFORM. *ce type, c'est un ~ de graisse!* wat een dikzak is dat! • INFORM. *c'est un ~ de nerfs* die is één bonk zenuwen • INFORM. *(y) mettre le ~* er volop tegenaan gaan, flink uitpakken
paquetage MIL. ZN M bepakking
par VZ **1** door <plaats> • *regarder ~ la fenêtre* uit het raam kijken • *je passe ~ Utrecht* ik rijd over Utrecht • *aller à Paris en passant ~ Bruxelles* via Brussel naar Parijs gaan • *passer ~ derrière* achterlangs gaan • *il a sauté par-dessus la haie* hij sprong over de heg • *voyager de ~ le monde* de hele wereld afreizen • *s'asseoir ~ terre* op de grond gaan zitten • *par-ci par-*

pa

là hier en daar, overal (en nergens), telkens weer • *~ ici* hierlangs, deze kant uit • *~ là* daarheen, daarlangs, daar ergens **2 op, bij, in, gedurende** <tijd> • *~ une belle journée* op een mooie dag • *~ temps de pluie* bij slecht weer • *plusieurs fois ~ jour, elle passe devant chez nous* ze komt meerdere keren op een dag bij ons voorbij • *~ grand vent, évitez de sortir en bateau* gaat u niet uivaren bij harde wind • *~ trois fois* tot drie keer toe **3 door, per, met** <middel, manier> • *savoir qc ~ cœur* iets uit het hoofd kennen • *aller à Nice ~ avion* met het vliegtuig naar Nice gaan • *envoyer un document ~ mail* een document per e-mail verzenden • *payer ~ chèque* met een cheque betalen • *il a été tué ~ une voiture* hij is door een auto-ongeluk om het leven gekomen • *prendre / saisir qn ~ le bras* iemand bij de arm grijpen • *il a fini ~ avouer* hij heeft uiteindelijk bekend • *commencer ~ faire qc* beginnen met iets te doen • *trier des objets ~ la taille* voorwerpen naar grootte sorteren • *il le fait ~ conviction* dat doet hij vanuit zijn overtuiging • *gagner ~ trois à zéro* winnen met 3-0 • *~ centaines / milliers* bij honderden / duizenden • *~ exemple* bijvoorbeeld • *~ la force* met geweld • *~ conséquent* bijgevolg • *~ crainte* uit vrees • *~ jalousie* uit jaloezie • *~ hasard* bij toeval • *un ~ un* een voor een • *deux ~ deux* twee aan twee **4 door** <handelende persoon of zaak> • *faire estimer sa maison ~ un spécialiste* zijn huis laten taxeren door een deskundige • *je l'ai appris ~ mon prof* dat heb ik van mijn leraar gehoord

para INFORM. ZN M/V parachutiste **para(chutist)**

parabole ZN V **1 parabel, gelijkenis 2** WISK. **parabool 3 schotelantenne**

parabolique BN **parabolisch** • *une antenne ~* schotelantenne, satellietschotel

parachever OV WW **voltooien, afwerken**

parachutage ZN M **1 dropping** • *le ~ de vivres / de troupes* het droppen van levensmiddelen / soldaten **2** INFORM., FIG. **(het) parachuteren, onverwachte benoeming**

parachute ZN M **parachute, valscherm** • *un saut en ~* parachutesprong • FIG. *un ~ doré* gouden handdruk

parachuter OV WW **1 droppen 2** FIG. **parachuteren, onverwacht benoemen** • *la ministre de l'agriculture a été parachutée au ministère des sports* de minister van Landbouw is onverwacht benoemd tot minister van Sport

parachutisme ZN M **(het) parachutespringen**

parachutiste ZN M/V **parachutist**

parade ZN V **1 parade** <defilé> • *la ~ du 14-juillet* het defilé van 14 juli **2 uiterlijk vertoon, pronk, drukke vertoning** • *les ~s nuptiales* <bij dieren> de balts • *faire ~ de son savoir* pronken met zijn kennis **3** FIG. **antwoord** • *trouver la ~ immédiate à une attaque* meteen weerwoord vinden op een aanval **4** SPORT **(het) pareren, afweer(manoeuvre), afweer(stoot)** <schermen>

parader FIG. ONOV WW **paraderen**

paradigme ZN M **paradigma**

paradis "-die" ZN M **1 paradijs** • *aller au ~* in de hemel komen **2** FIG. **paradijs** • *un oiseau de ~* paradijsvogel • *un ~ fiscal* belastingparadijs • *être au ~* in de zevende hemel zijn • *tu ne l'emporteras pas au ~!* je krijgt je verdiende loon nog wel! <dreigend>

paradisiaque BN **paradijselijk**

paradisier ZN M **paradijsvogel**

paradoxal BN (M MV paradoxaux), **paradoxaal**

paradoxe ZN M **paradox**

parafe ZN M → **paraphe**

parafer OV WW → **parapher**

paraffine ZN V **paraffine**

parages ZN M MV **streek, omgeving** • *elle habite dans les ~* zij woont in de buurt

paragraphe ZN M **paragraaf, paragraafteken**

paraître 1 ONOV WW onregelmatig **1 verschijnen** <van boeken, publicaties etc.> • *faire ~ un ouvrage* een boek uitgeven • *vient de ~* zojuist verschenen • *le livre a paru hier* het boek is gisteren verschenen **2 verschijnen, zich vertonen** • *le roi a paru à la fenêtre* de koning verscheen aan het raam • *il n'a pas paru à son travail depuis une semaine* hij is al een week niet op zijn werk verschenen • *ne pas laisser ~ ses émotions* zijn emoties niet tonen **3 schijnen, lijken** • *elle ne paraît pas son âge* ze lijkt jonger dan ze is • *toute cette histoire nous paraît louche* dat hele verhaal lijkt ons verdacht **2** ONP WW • *il paraît que les impôts vont augmenter* het schijnt dat de belastingen omhooggaan • *il s'est marié à ce qu'il paraît* hij is schijnbaar getrouwd • *il a eu un grave accident, mais il n'y paraît plus rien* hij heeft een ernstig ongeluk gehad, maar niets wijst daar nog op **3** ZN M FORM. **schijn**

parallèle 1 BN **1 parallel(-), evenwijdig** • *cette rue est ~ à celle que vous cherchez* die weg loopt parallel aan de weg die u zoekt **2 niet-officieel, alternatief** • *le marché ~* het grijze circuit • *des médecines parallèles* alternatieve geneeswijzen • *un circuit de distribution ~* alternatief distributiekanaal **2** ZN M **1 vergelijking, parallel** • *la police a fait un ~ entre ces deux cambriolages* de politie heeft een parallel getrokken / ziet overeenkomsten tussen die twee inbraken **2 breedtecirkel 3** ZN V WISK. **evenwijdige lijn, parallel**

parallèlement BW **1 evenwijdig 2** FIG. **tegelijk** • *~ à ses études de droit, il travaille le soir dans un café* naast zijn rechtenstudie werkt hij 's avonds in een café

parallélépipède ZN M **parallellepipedum**

parallélisme ZN M **parallellisme** • *faire un ~ entre pauvreté et obésité* een parallel trekken tussen armoede en zwaarlijvigheid

parallélogramme ZN M **parallellogram**

paralympique BN **Paralympisch** • *les Jeux paralympiques* de Paralympische Spelen

paralyser OV WW OOK FIG. **verlammen, lamleggen** • *être paralysé de peur* verlamd zijn van angst • FIG. *la circulation était paralysée* het verkeer werd lamgelegd, het verkeer zat vast • *un gaz paralysant* een verlammend gas, pepperspray

paralysie ZN V OOK FIG. **verlamming** • *la ~*

de l'activité économique de verlamming van de economie • *être atteint de ~* verlamd zijn
paralytique 1 BN verlamd 2 ZN M/V lamme
paramédical BN paramedisch
paramètre ZN M parameter, meespelende factor
paramilitaire BN paramilitair
parano INFORM. 1 ZN M/V paranoïaque → **paranoïaque** 2 BN paranoïaque → **paranoïaque**
paranoïa ZN V paranoia
paranoïaque 1 BN paranoïde 2 ZN M/V lijder aan paranoia
paranormal BN (M MV paranormaux), paranormaal
parapente ZN M 1 (het) parapenten, paragliding, (het) zeilvliegen 2 zeilscherm
parapet "-pè" ZN M borstwering, reling
parapharmacie ZN V drogisterij
paraphe ZN M paraaf
parapher OV WW paraferen
paraphrase ZN V parafrase, uitweiding, omhaal van woorden
paraphraser OV WW parafraseren, omschrijven
paraplégie ZN V verlamming van beide benen / armen
paraplégique BN verlamd aan beide benen / armen
parapluie ZN M paraplu • *ouvrir son ~* je paraplu opsteken
parascolaire BN buitenschools • *des activités ~s* buitenschoolse activiteiten
parasite 1 ZN M 1 parasiet • FIG. *ce type est un vrai ~!* die kerel is echt een klaploper! 2 MV storingen, storingruis, geknetter 2 BN 1 parasitisch • *une plante ~* woekerplant 2 storend, hinderlijk • *des bruits ~s* storingruis
parasiter COMM. OV WW storing(ruis) veroorzaken in
parasitisme ZN M 1 parasitisme 2 FIG. klaploperij
parasol ZN M parasol
paratonnerre ZN M bliksemafleider
paratyphoïde ZN V paratyfus
paravent ZN M kamerscherm
parc "park" ZN M 1 park • *un ~ naturel* natuurpark, natuurreservaat • *un ~ d'attractions* pretpark 2 omheinde plaats • *un ~ (pour bébé)* babybox • *un ~ à huîtres* oesterbank / -park • *un ~ automobile* wagenpark • *un ~ de stationnement* parkeerterrein / -garage
parcage ZN M (het) parkeren
parcellaire BN in gedeelten, in percelen
parcelle ZN V 1 deeltje, beetje • *ne pas avoir une ~ d'humour* geen greintje humor hebben 2 perceel, kavel
parcellisé BN opgesplitst, FIG. versnipperd
parce que, **parce qu'** VOEGW omdat • *~ Paul est tellement malade, il ne participera pas au match* omdat Paul zo ziek is, zal hij niet meedoen met de wedstrijd • INFORM. *pourquoi tu ne viens pas? parce que!* waarom kom je niet? daarom! • *tu ne l'aimes pas, c'est parce qu'elle se moque de toi* je mag haar niet, dat komt doordat ze je uitlacht
parchemin ZN M perkament
par-ci BW • *~ par-là* hier en daar, overal (en nergens), telkens weer
parcimonie ZN V schrielheid, karigheid • *avec ~* spaarzaam, mondjesmaat
parcimonieusement BW karig, schriel
parcimonieux BN (V parcimonieuse), karig, schriel
parcmètre ZN M parkeermeter
parcourir OV WW 1 doorlopen, doortrekken, gaan door, doorkruisen <v. land> • *~ le monde* de wereld afreizen • *~ la région à pied* lopend door de streek trekken 2 afleggen <v. afstand> • *~ une distance en une heure* een afstand binnen een uur afleggen 3 doorlezen <v. geschrift>, doorbladeren • *~ le journal* de krant doorbladeren
parcours ZN M traject, (af te leggen) weg, parcours • FIG. *le ~ du combattant* lijdensweg, moeizame bedoening • *un incident de ~* (kleine) tegenslag, kink in de kabel
parc-relais ZN M (MV parcs-relais), transferium, P+R
par-delà VZ aan de andere kant van • *~ les montagnes* aan de andere kant van de bergen
par-derrière BW achterlangs, achterom, van achteren • *la porte d'entrée est fermée, passez ~!* de voordeur is dicht, kom maar achterlangs!
par-dessous 1 BW eronder(door) • *passez ~* kom er maar onderdoor 2 VZ onder (... door) • *~ son pull-over* onder zijn trui
pardessus ZN M overjas
par-dessus 1 BW erover(heen) 2 VZ over (... heen) • *~ le marché* op de koop toe • *~ tout* bovenal
par-devant BW van voren
pardon ZN M 1 vergiffenis • *le jour du Grand Pardon* Grote Verzoendag • *demander ~ à qn* iemand om vergiffenis vragen 2 pardon • *~?* wat zegt u? • *~!* neem me niet kwalijk! • *~! je voudrais passer!* sorry! ik wil er even langs!
pardonnable BN vergeeflijk
pardonner 1 ONOV WW • *cette maladie ne pardonne pas* die ziekte is dodelijk • *ne pas ~* fataal / onherroepelijk zijn • INFORM. *cette erreur ne pardonne pas* die fout is onherstelbaar 2 OV WW vergeven • *~ ses péchés à qn* iemand zijn zonden vergeven • *Dieu me pardonne!* God vergeve me!, God betere het! • *pour se faire ~...* om het weer goed te maken...
paré BN versierd (met) • *une femme parée de bijoux* vrouw behangen met sieraden
pare-balle, **pare-balles** BN (MV pare-balles), kogelvrij • *un gilet pare-balles* kogelvrij vest
pare-boue ZN M (MV pare-boue(s)), spatlap
pare-brise, **parebrise** ZN M (MV pare-brise(s), parebrise(s)), voorruit <v. auto>, windscherm <voor op voertuig>
pare-chocs, **parechoc** ZN M (MV pare-chocs, parechocs), bumper • *rouler ~ contre ~* bumper aan bumper rijden

pa

pare-feu ZN M (MV pare-feu(x)) **1** brandscherm, haardscherm • *des portes ~* brandwerende deuren **2** COMP. firewall
pareil **1** BN (V pareille), gelijk (**à** aan), dergelijk • *tu arrives à une heure ~le!* kom je nu pas / al aanzetten! • *en ~ cas* in een dergelijk geval • *as-tu jamais vu une chose ~le?* heb je ooit zoiets meegemaakt? **2** BW INFORM. net zo, gelijk • *ils s'habillent tous ~* ze zijn allemaal hetzelfde gekleed **3** ZN M (V pareille), gelijke, weerga • *rendre la ~le à qn* iemand met gelijke munt betalen • *sans ~(le)* weergaloos, enig in zijn soort • INFORM. *c'est du ~ au même* dat is lood om oud ijzer
pareillement BW eveneens, evenzo, ook
parement ZN M versiersel
parent **1** ZN M (V parente) **1** ouder <vader, moeder> • *un ~ unique* alleenstaande ouder • *des ~s adoptifs* adoptieouders • *une association de ~s d'élèves* oudervereniging **2** bloedverwant • *les proches ~s* de naaste verwanten, de naaste familie • *un ~ éloigné* verre familie, een ver familielid • *traiter qn en ~ pauvre* iemand stiefmoederlijk behandelen, iemand misdelen **2** BN verwant (**de** aan, met) • *ils sont ~s avec mes voisins* zij zijn familie van mijn buren • *l'italien, l'espagnol et le français sont des langues ~es* Italiaans, Spaans en Frans zijn verwante talen
parental BN (M MV parentaux), ouderlijk • *l'autorité ~e* het ouderlijk gezag • *congé ~* ouderschapsverlof
parentalité ZN V ouderschap
parenté ZN V **1** verwantschap • *des liens de ~* banden van verwantschap • *établir la ~ entre une langue et un créole* verwantschap vaststellen tussen een taal en een creooltaal **2** verwanten
parenthèse ZN V **1** DRUKK. (tekst)haakje • *mettre un mot entre parenthèses* een woord tussen (twee) haakjes zetten • *ouvrir la ~* de haakjes openen, FIG. uitweiden • *fermer la ~* de haakjes sluiten **2** tussenzin • *faire une ~* een zijsprong maken, uitweiden
paréo ZN M pareo, omslagrok / -jurk
parer **1** ONOV WW **~ à** verhoeden, maatregelen nemen tegen, voorzien in • *~ au danger* een gevaar afwenden • *~ au plus pressé* voorzien in het allernoodzakelijkste • *(pour) ~ à toutes éventualités* om op alle mogelijkheden voorbereid te zijn **2** OV WW **1** versieren, opschikken, OOK FIG. tooien • *une femme parée* opgesierde vrouw **2** afwenden, pareren • *être paré contre le froid* gewapend zijn tegen de kou **3** WKD WW (**se ~**) zich tooien • *se ~ de ses plus beaux vêtements* je mooiste kleren aantrekken
paresse ZN V luiheid, traagheid • *la ~ d'esprit* geestelijke luiheid / sloomheid • *la ~ intestinale* trage darmfunctie • *avec ~* langzaam
paresser ONOV WW luieren, niksen
paresseux **1** BN (V paresseuse), lui, traag **2** ZN M (V paresseuse), luilak **3** ZN M DIERK. luiaard
parfaire OV WW onregelmatig vervolmaken, voltooien
parfait **1** BN **1** volmaakt, perfect • *la soirée était ~e* het avondje was perfect • *filer le ~ amour* dolgelukkig zijn (met elkaar) • *c'est ~, venez à huit heures demain!* uitstekend, kom morgen om acht uur! • *~!* ik vind het best!, prima! **2** volkomen, volslagen **2** ZN M CULIN parfait <roomijs met één smaak> **3** WW volt. deelw. → **parfaire**
parfaitement BW **1** volmaakt, perfect **2** absoluut, inderdaad • *c'est ~ ridicule!* dat is volstrekt belachelijk! • *c'est ~ possible* dat kan heel goed • *tu as ~ raison* je hebt groot gelijk
parfois BW soms, af en toe
parfum ZN M **1** geur, parfum • *~ pour femmes* vrouwenparfum • INFORM. *il faut le mettre au ~* je moet hem inlichten, je moet hem tippen **2** CULIN smaak <van ijs e.d.> • *à quel ~ veux-tu ta glace?* welke smaak ijs wil je?
parfumer OV WW geurig maken, parfumeren • *ces fleurs parfument la maison* deze bloemen geven een (lekkere) geur aan het huis • *des fraises (très) parfumées* geurige aardbeien
parfumerie ZN V parfumerie
parfumeur ZN M (V parfumeuse), parfumeur
pari ZN M weddenschap, gok, FIG. uitdaging • *le ~ mutuel (urbain) (PMU)* paardentoto • *le ~ tiercé / le tiercé* weddenschap op de eerste drie paarden, de paardentoto • *faire un ~ avec qn* een weddenschap aangaan met iemand • *les ~s sont ouverts* LETT. de weddenschappen kunnen afgesloten worden, FIG. het kan nog alle kanten op
paria ZN M paria, verschoppeling
parier **1** ONOV WW wedden, een gokje doen • *~ sur un cheval* wedden op een paard • *je parie pour le (candidat) numéro 1* ik wed op nummer 1 **2** OV WW wedden om, verwedden • *~ une grosse somme* wedden om een groot geldbedrag • *il y a gros à ~ qu'il va se désister* het zit er dik in dat hij zich zal terugtrekken • *je (te) parie que non!* ik wed van niet!
parieur ZN M (V parieuse), wedder
Parigot INFORM. ZN M (V Parigote), Parijzenaar
Paris ZN M Parijs • *~ ne s'est pas fait en un jour* Keulen en Aken zijn niet op één dag gebouwd
parisien BN (V parisienne), Parijs, uit / van Parijs • *la banlieue ~ne* de voorsteden van Parijs
Parisien ZN M (V Parisienne), Parijzenaar
paritaire BN paritair (samengesteld), met gelijke vertegenwoordiging • *une commission ~* paritaire commissie
parité ZN V pariteit, gelijkheid • *la ~ des salaires* gelijkheid van salarissen • *la ~ hommes femmes au gouvernement n'est pas respectée* men houdt zich niet aan de gelijke verdeling tussen mannen en vrouwen in de regering
parjure **1** BN meinedig • *un témoin ~* meinedige getuige **2** ZN M meineed **3** ZN M/V meinedige
parjurer WKD WW (**se ~**) meineed plegen
parka ZN M/V parka
parking ZN M **1** parkeerterrein / -garage **2** (het) parkeren • *~ non autorisé* verboden te parkeren
par-là BW → **par-ci**
parlant BN **1** sprekend • *le cinéma ~ et le cinéma*

pa

muet sprekende film en stomme film • *l'horloge ~e* de tijdmelding <van telefoon> **2** FIG. **sprekend, expressief** • *les chiffres sont ~s* de cijfers spreken voor zich
parlement ZN M **parlement** • *le Parlement européen* het Europees Parlement
parlementaire **1** BN **parlementair** • *un régime ~* parlementair stelsel **2** ZN M/V **parlementariër, parlementair** <onderhandelaar met de vijand>
parlementarisme ZN M **parlementair stelsel**
parlementer ONOV WW **onderhandelen, eindeloos discussiëren**
parler **1** ONOV WW **1 spreken** • *~ tout bas / à voix basse* heel zacht praten, fluisteren • *~ tout seul* in zichzelf praten • *~ du nez* door je neus spreken • *~ par gestes* zich in gebarentaal uitdrukken • *ça, c'est ~!* zo mag ik het horen! • *l'accusé a fini par ~* uiteindelijk is de verdachte gaan praten • *ah, ne m'en parle pas!* praat me er niet van! • *s'écouter ~* graag / almaar praten • *elle me parle comme à un chien* ze blaft me af • *les faits parlent d'eux-mêmes* de feiten spreken voor zichzelf • *~ pour ne rien dire* leuteren • *~ à tort et à travers* doorratelen • *généralement parlant* over het algemeen (gesproken) **2 praten van / over** • *de quoi parle ce livre?* waar gaat dat boek over? • *de qui voulez-vous ~?* wie bedoelt u? • *on ne parle que de ça* dat is het gesprek van de dag • *faire ~ de soi* van zich doen spreken • *une émission qui a beaucoup fait ~ d'elle* een spraakmakend programma • *~ de la pluie et du beau temps* over koetjes en kalfjes praten • *~ mal de qn* kwaadspreken over iemand • *~ bien de qn* iemand prijzen • *n'en parlons plus!* we hebben het er niet meer over • INFORM. *tu parles!* nou zeg!, en of! • INFORM. *tu parles d'une nouille!* wat een kluns! • *sans ~ de...* om maar niet te spreken van... **3 praten met** • *trouver à qui ~* merken met wie men te maken heeft, zijn man vinden • *laissez-moi lui ~* laat mij met hem / haar praten **2** OV WW **1 spreken** <van taal> • *~ anglais* Engels spreken • *~ français comme une vache espagnole* erbarmelijk slecht Frans spreken **2 spreken over** • *~ affaires* over zaken spreken • *~ politique* over politiek praten • *~ littérature* over literatuur spreken **3** WKD WW **(se ~)** **1 gesproken worden** • *ce dialecte ne se parle presque plus* dit dialect wordt bijna niet meer gesproken **2 elkaar spreken** • *ils se parlent des heures au téléphone* ze spreken urenlang met elkaar aan de telefoon **4** ZN M **1 wijze v. spreken** **2 dialect**
parleur ZN M (V parleuse) • *un beau ~* mooiprater, praatjesmaker
parloir ZN M **spreekkamer** <van instelling>, **ontvangruimte**
parlote INFORM. ZN V → **parlotte**
parlotte INFORM. ZN V **babbeltje**
parme BN **paars**
parmesan ZN M **Parmezaanse kaas**
parmi VZ **onder, tussen, te midden van** • *un exemple ~ tant d'autres* één van de vele voorbeelden • *compter qn ~ ses amis* iemand tot zijn vrienden rekenen • *~ les victimes il y avait un célèbre acteur* onder de slachtoffers bevond zich een bekend acteur • *~ nous* in ons midden
parodie ZN V **parodie** • *une ~ de procès* schertsproces
parodier OV WW **parodiëren**
parodique BN **parodistisch**
parodiste ZN M/V **parodist**
paroi ZN V **wand** • *l'ascension de la ~ d'une montagne* de beklimming van een bergwand
paroisse ZN V **parochie, kerkgemeente**
paroissial BN (M MV paroissiaux), **parochieel, gemeente-**
paroissien **1** ZN M (V paroissienne), **parochiaan, gemeentelid** **2** ZN M **misboek, kerkboek**
parole ZN V **1 woord** • *des ~s d'encouragement* aanmoedigende woorden • *une ~ en l'air* loze kreet • *les ~s d'une chanson* de tekst van een lied • IRON. *ce ne sont que de belles ~s!* dat zijn alleen maar mooie praatjes, dat zijn loze beloftes • *ne pas prononcer une ~* geen woord zeggen **2 erewoord, belofte** • *ma ~ (d'honneur)!* op mijn (ere)woord! • *je vous donne ma ~* ik geef u mijn woord • *un homme de ~* een man van zijn woord • *n'avoir qu'une ~* woord houden • *tenir ~* woord houden • *manquer à sa ~; ne pas tenir sa ~* zijn woord breken, zich niet aan zijn woord houden • *libérer qn sur ~* iemand op zijn woord / voorwaardelijk in vrijheid stellen • *je vous crois sur ~* ik geloof u op uw woord **3 (het) spreken, spraak** • *le temps de ~* spreektijd • *avoir la ~ facile* gemakkelijk kunnen praten • *avoir le don de la ~* beschikken over de gave van het woord, een geboren spreker zijn • *demander la ~* het woord vragen • *couper la ~ à qn* iemand in de rede vallen, iemand het spreken onmogelijk maken • *passer la ~ à qn* iemand het woord geven • *prendre la ~* het woord nemen • *perdre l'usage de la ~* stom / sprakeloos worden
parolier ZN M (V parolière), **tekstschrijver** <van liedteksten>, **tekstdichter**
paroxysme ZN M **hoogtepunt, toppunt**
parquer OV WW **1 parkeren** <van auto's> **2 samenproppen** • *~ des personnes dans des camps* mensen samenproppen in kampen
parquet ZN M **1 parket(vloer)** • *un ~ en chêne* parketvloer van eikenhout **2** JUR. **parket**
parrain ZN M **1 peter, peetvader, naamgever** **2 sponsor** **3** INFORM. **maffiabaas**
parrainage ZN M **1 peterschap, meterschap** **2 beschermheerschap, sponsoring, steun**
parrainer FIG. OV WW **(onder)steunen, sponsoren, patroneren** • *être parrainé par le gouvernement* gesponsord / materieel gesteund worden door de regering
parricide **1** BN **schuldig aan vadermoord / moedermoord** **2** ZN M **vadermoord, moedermoord** **3** ZN M/V **vadermoordenaar, moedermoordenaar**
pars WW teg. tijd → **partir**
parsemer OV WW **bezaaien (de met), bestrooien, overal verspreid zijn in**
part **1** ZN V **1 (aan)deel, part, portie** • *une ~ de*

gâteau stuk taart • *une ~ de marché* marktaandeel • *un citoyen à ~ entière* volwaardig burger • *céder sa ~ d'héritage à qn* zijn erfdeel afstaan aan iemand • *faire la ~ des choses* alles in aanmerking nemen, het breed zien, inschikkelijk zijn • *prendre ~ à une discussion* deelnemen aan een discussie • *faire ~ d'une nouvelle à qn* iemand een bericht mededelen, iemand kennis geven van een bericht • FIG. *se tailler la ~ du lion* het leeuwendeel opstrijken • *pour ma ~* voor mijn part, wat mij betreft • *pour une bonne ~* goeddeels **2 zijde, kant** • *il prend mes remarques en mauvaise ~* hij neemt mijn opmerkingen verkeerd op • *prendre qn à ~* iemand apart nemen • *n'habiter nulle ~* nergens wonen • *je viens de sa ~* ik kom namens hem / haar • *venir de toutes ~s* van alle kanten komen • *les problèmes viennent de ~ et d'autre* de problemen komen van weerskanten • *je l'ai rencontré quelque ~* ik heb hem ergens ontmoet • *c'est de la ~ de qui?* met wie spreek ik? <telefoon> • *d'une ~ ..., d'autre ~ ...* aan de ene kant ..., aan de andere (kant) ... • *d'autre ~* anderzijds, bovendien • *de toutes ~s* van overal • *autre ~* ergens anders • *de ~ en ~* door en door • *quelque ~ là-bas* daar ergens • *à ~ cela* afgezien daarvan • *mis à ~* afgezien van • *à ~ mon père...* behalve / uitgezonderd mijn vader..., op mijn vader na... **2** WW teg. tijd → **partir**

partage ZN M **1 (ver)deling** • *le partage des tâches de la maison* de taakverdeling in huis • *la ligne de ~* scheidslijn • *une amitié sans partage* onvoorwaardelijke vriendschap **2 (toekomend) deel** • *recevoir en ~* toebedeeld krijgen

partager **1** OV WW **1 delen, verdelen** • *un amour partagé* gedeelde liefde • *~ la baguette en deux* het stokbrood in tweeën delen • *~ son repas avec qn* zijn maaltijd delen met iemand • *~ sa journée entre l'écriture et la lecture* zijn dag doorbrengen met deels schrijven deels lezen • *~ un point de vue* een mening delen • *les avis sont partagés* de meningen lopen uiteen • FIG. *être partagé* verdeeld zijn, in dubio staan **2** WWW **delen** <vooral via sociale media> • *partager une photo sur Instagram* een foto delen op Instagram **2** WKD WW **(se ~) 1 verdeeld worden** • *se ~ entre l'étude et le sport* zijn tijd en aandacht verdelen tussen studie en sport **2 onder elkaar delen** • *se ~ les bénéfices* de winst onderling verdelen

partance ZN V • *le train en ~ pour Paris* de (vertrekkende) trein met bestemming Parijs

partant **1** BN • INFORM. *tu es partant?* doe je mee? • INFORM. *tu es ~ pour un voyage aux Indes?* ben jij in voor een reis naar India? **2** ZN M **1 vertrekkende 2** SPORT **aan de start verschijnende loper (enz.)**

partenaire ZN M/V **partner** • *être ~s au tennis* tennispartners zijn • *des ~s sociaux* sociale partners

partenariat ZN M **partnerschap, deelhebberschap** • *un projet réalisé en ~ avec qn* project gerealiseerd in partnerschap met iemand

parterre ZN M **1 bloembed** • *un ~ de fleurs* bloembed **2 parterre** <in schouwburg> • *retenir des places au ~* parterreplaatsen reserveren

parti **1** ZN M **1** POL. **partij** • *un ~ de droite* rechtse partij • *voter pour un ~* op een partij stemmen • *être au-dessus des ~s* boven de partijen staan **2 partij, kant** • *esprit de ~* partijgeest • *prendre le ~ de qn* iemands partij kiezen, voor iemand opkomen • *prendre ~ pour qn* partij kiezen voor iemand • *hésiter entre deux ~s* twijfelen tussen twee oplossingen • *sans ~ pris* onpartijdig, onbevangen **3** FORM. **besluit** • *j'ai pris le ~ de ne rien dire* ik heb besloten om niets te zeggen • *en prendre son ~* zich erbij neerleggen **4 voordeel** • *tirer ~ de qc* partij trekken van iets, profiteren van iets **2** BN INFORM. **dronken, aangeschoten** **3** WW volt. deelw. → **partir**

partial "-sjal" BN (M MV partiaux), **partijdig**

partialité ZN V **partijdigheid** • *agir avec ~* partijdig handelen

participant **1** BN **deelhebbend, deelnemend** **2** ZN M (V participante), **deelnemer** • *une liste de ~s* deelnemerslijst • *les ~s à un débat* deelnemers aan een debat

participatif BN (V participative), **participerend**

participation ZN V **1 deelneming, medewerking (à aan)** • *une ~ record aux élections* recordopkomst bij de verkiezingen • *avec la ~ de...* met medewerking van... **2 aandeel, participatie** • *la ~ aux frais s'élève à vingt euros* de bijdrage aan de kosten is twintig euro • *la ~ aux bénéfices* aandeel in de winst

participe TAALK. ZN M **deelwoord** • *le ~ passé* voltooid deelwoord • *le ~ présent* tegenwoordig deelwoord

participer ONOV WW **meedoen (aan), deelnemen (aan / in)** • *~ à un cadeau commun* meedoen aan een gemeenschappelijk cadeau • *~ à un débat* deelnemen aan een debat • *~ aux bénéfices de l'entreprise* delen in de winst van het bedrijf • *il ne participe jamais en classe* hij doet nooit mee in de klas

particularisation ZN V **verbijzondering**

particulariser OV WW **verbijzonderen, specifiek onderscheiden**

particularisme ZN M **particularisme, eigenheid**

particularité ZN V **bijzonderheid, kenmerkende trek**

particule ZN V **1 deeltje** • *~s fines* fijnstof **2** TAALK. **partikel, voorvoegsel, achtervoegsel**

particulier **1** BN (V particulière) **1 bijzonder** • *signes ~s: néant* <in paspoort> bijzondere kenmerken: geen **2 eigen, apart, privé** • *une leçon particulière* privéles, bijles • *c'est un cas ~* dat is een apart geval **3 bijzonder, eigenaardig** • *rien de ~* niets bijzonders **2** ZN M **(het) bijzondere** • *cela va du général au ~* het gaat van algemeen naar specifiek • *parler à qn en ~* een privégesprek met iemand hebben • *en ~* in het bijzonder, met name **3** ZN M (V particulière), **particulier** <persoon> • *une collection qui appartient à un ~* collectie die aan een particulier toebehoort • *en (simple) ~* als particulier

particulièrement BW **(in het) bijzonder**

partie ZN V **1 deel, gedeelte** • *la majeure ~ du temps* het grootste deel van de tijd, merendeels

pa

• *une ~ du corps* lichaamsdeel • HUMOR. *les ~s (nobles)* de edele delen • *une ~ du discours* rededeel, woordsoort • *faire ~ d'un club* deel uitmaken van een club, tot een club behoren • *faire ~ intégrante de qc* wezenlijk deel uitmaken van iets • *en ~* ten dele, voor een gedeelte • *en grande ~ / en majeure ~* grotendeels, voor het grootste deel • *en ~s* in gedeelten **2 vak, branche** • *la politique, ce n'est pas sa ~* politiek, dat is niet zijn terrein • *bien connaître sa ~* zijn vak verstaan **3** JUR. **partij** • *la ~ adverse* de tegenpartij • *se constituer ~ civile* zich civiele partij stellen <in strafzaak>, schadeloosstelling eisen • *avoir affaire à forte ~* met een geduchte tegenstander van doen hebben • *prendre qn à ~* iemand (flink) aanpakken, iemand de schuld geven **4 partij** <spel, wedstrijd> • *une ~ de tennis* partij tennis • *une ~ d'échecs* schaakpartij • *ajourner une ~* een partij afbreken • *faire une partie de ~s* dammen • *quitter / abandonner la ~* iets opgeven • *ce n'est que ~ remise* uitstel is geen afstel **5 partij** <feestje, uitstapje> • *une ~ de plaisir* feestje, pretje • INFORM. *une ~ de jambes en l'air* (het) een nummertje maken, vrijpartij • *organiser une ~* een feestje organiseren • *serez-vous de la ~?* komt u ook? **6** MUZ. **partij** • *une ~ pour ténor* tenorpartij

partiel "-sjel" BN (V partielle), **gedeeltelijk, deel-** • *une élection ~le / une ~le* tussentijdse verkiezing • *un examen ~ / un ~* (deel)tentamen, deel van het examen • *une éclipse ~le de la lune* gedeeltelijk maansverduistering • *travailler à temps ~* in deeltijd werken, parttime werken

partiellement BW **gedeeltelijk**

parti-pris ZN M (MV partis-pris), **vooroordeel** • *avoir un ~ contre quelqu'un* een vooroordeel tegen iemand hebben, vooringenomen zijn tegen iemand

partir ONOV WW onregelmatig **1 vertrekken, weggaan** • *~ à pied* lopend weggaan • *~ en courant* wegrennen • *l'autobus part de la gare* de bus vertrek vanaf het station • *~ en week-end* een weekendje weggaan • *~ en vacances* met vakantie gaan • *~ pour ses affaires* voor zaken weggaan, op zakenreis gaan • *~ pour la France* naar Frankrijk vertrekken • *je dois ~* ik moet weg • *laisser ~ qn* iemand laten lopen • *~ sans laisser d'adresse* vertrekken zonder adres achter te laten • *il est parti me chercher un sandwich* hij is een broodje voor me halen **2 weggaan, verdwijnen, loslaten** <v. knoop, verf e.d.> • *la tache est partie* de vlek is eruit • *toutes ses économies sont parties en disques* al zijn / haar spaarcenten zijn opgegaan aan cd's **3 beginnen, starten** • *à vos marques! prêts, partez!* <in een race> op uw plaatsen! klaar, af! • *le coup de feu est parti* er viel een schot, het schot ging af • *c'est mal parti* dat begint slecht • INFORM. *c'est parti (mon kiki)!* het begint!, daar gaat-ie! • *~ d'un grand éclat de rire* uitbarsten in lachen **4 uitgaan (van), (voort)komen (uit)** • *cela part d'un bon sentiment* het is goed bedoeld • *à ~ d'aujourd'hui* vanaf vandaag • *à ~ d'ici* vanaf hier, vanaf nu • *à ~ du premier avril* met ingang van 1 april **5** EUF. **sterven** • *il est parti il y a trois mois* hij is drie maanden geleden gestorven

partisan **1** ZN M (V partisane) **1 aanhanger, voorstander** **2 verzetsstrijder, partizaan** **2** BN **vooringenomen, partijdig** • *l'esprit ~* partijgeest, vooringenomenheid • *une querelle ~e* partijstrijd, onderling gekibbel • *être ~ de qc* vóór iets zijn, ervóór zijn om

partition ZN V **1** MUZ. **partituur** **2 indeling, verdeling**

partouse, partouze INFORM. ZN V **seksparty, groepsseks**

partout BW **overal** • *ces gens viennent de ~* die mensen komen overal vandaan • *un peu ~* zo'n beetje overal • SPORT *deux (jeux) ~* twee-twee, twee gelijk • <tennis> *quarante ~* deuce

paru WW voltt. deelw. → **paraître**

parure ZN V **garnituur** <stel sieraden; damesondergoed>, **opschik, versiersel** • *une ~ de diamants* diamanten garnituur

parution ZN V **verschijning** <van boek> • *dès la ~ du livre* al bij de publicatie van het boek

parvenir ONOV WW onregelmatig **1 komen (tot), bereiken** • *les pompiers sont parvenus trop tard sur le lieu de l'incendie* de brandweer kwam te laat op de plaats van de brand aan • *~ au sommet de la montagne* de top van de berg bereiken • *faire ~ qc à qn* iemand iets doen toekomen **2 slagen** • *je ne parviens pas à ouvrir cet e-mail* het lukt me niet dat mailtje te openen

parvenu MIN. ZN M (V parvenue), **parvenu, nieuwe rijke**

parvis "-vie" ZN M **voorplein** <voor kerk, openbaar gebouw>

pas **1** ZN M **1 pas, stap, tred** • *marcher à grands ~* met grote passen lopen • *allonger / doubler / presser le ~* de pas versnellen • *marquer le ~* de pas markeren, pas op de plaats maken • *revenir sur ses ~* op zijn schreden terugkeren • *ralentir le ~* de pas inhouden • *faire les cent ~* heen en weer lopen, ijsberen • *il n'y a que le premier ~ qui coûte* alle begin is moeilijk • *emboîter le ~ à quelqu'un* iemand op de voet volgen • *la banque est à deux ~ d'ici* de bank is hier vlakbij • *j'y vais de ce ~* ik ga er nu meteen naartoe • FIG. *marcher à ~ de loup* op je tenen lopen, sluipend lopen • FIG. *faire le premier ~ / les premiers ~* de eerste stap zetten, iemand (als eerste) tegemoet treden, het initiatief nemen • OOK FIG. *faire un faux ~* misstappen, een misstap begaan • FIG. *marcher sur les ~ de qn* iemand (na)volgen • FIG. *se tirer d'un mauvais ~* zich uit een hachelijke situatie redden, zich uit een lastig parket weten te werken • *(au) ~ de course* (in) looppas • *à grands ~* met rasse schreden • *à ~ comptés* met afgemeten tred, FIG. behoedzaam • *à ~ de géant* met reuzenschreden • *à deux ~ d'ici* vlak in de buurt, naast de deur • OOK FIG. *~ à ~* stapje voor stapje **2 drempel** • FIG. *franchir / sauter le ~* de beslissende stap doen • *sur le ~ de la porte* op de drempel **3 zee-engte, bergpas** • *le ~ de Calais* het Nauw v. Calais **2** BW **niet** <meestal met 'ne'> • *une fille ~ comme les autres* een apart meisje • *~ d'histoire, on part!* geen gedoe, we gaan! • *ne pleure pas!* huil maar niet! • INFORM. *pleure pas!* huil

pa

maar niet! • *je n'espère ~ le voir* ik hoop hem niet te zien • *d'accord? ~ du tout!* goed? helemaal niet! • *~ aujourd'hui, mais demain* vandaag niet, maar morgen wel • *ce n'est ~ qu'il ait peur de l'eau, mais...* niet dat hij watervrees heeft, maar... • *c'est ~ mal du tout!* dat is lang niet gek! • *~ mal de...* tamelijk veel...

pascal BN (M MV pascals/pascaux), **paas-** • *l'agneau ~* het paaslam

pas-de-porte ZN M (MV id.), **overnamesom** <v. winkelruimte>, **sleutelgeld**

passable BN **redelijk, matig, wat er mee door kan, voldoende** <als (rapport)cijfer>

passablement BW **tamelijk (goed), nogal (wat)**

passade ZN V **gril, bevlieging, liefdesavontuurtje**

passage ZN M **1 (het) voorbijgaan, (het) erdoor gaan** • *~ interdit* doorgang verboden, eenrichtingsverkeer • *un examen de ~* overgangsexamen • SPORT *le ~ du témoin* het overgeven van het estafettestokje • *il y a beaucoup de ~ dans cette rue* er is veel doorgaand verkeer in deze straat • *céder le ~* voorrang geven <in het verkeer> • *attendre le ~ de l'autobus* op de bus wachten **2 doortocht, doorgang** • *un ~ souterrain* tunnel <in stad> • *le droit de ~* recht van overpad • *se frayer un ~ au milieu de la foule* zich een weg banen door de menigte • *être de ~ à Strasbourg* op doorreis in / naar Straatsburg zijn • *au ~ des coureurs* als de hardlopers / wielrenners voorbijkomen **3 oversteek** • *un ~ à niveau* overweg, spoorwegovergang • *un ~ protégé* voorrangskruising • *un ~ pour piétons* voetgangersoversteekplaats, zebrapad • *payer son ~ (sur un bateau)* zijn overtocht betalen **4 passage** <(winkel)galerij> • *un ~ couvert* overdekte winkelgalerij **5 (het) even verschijnen, (het) langskomen** • *des ~s nuageux* overtrekkende wolkenvelden • *son ~ à la télévision est toujours un succès* zijn verschijning op televisie is altijd een succes **6 passage** <v. geschrift, rede, muziekstuk> • *elle a joué un ~ d'une sonate* ze heeft een passage uit een sonate gespeeld

passager 1 ZN M (V passagère), **passagier** • *un ~ sans billet* passagier zonder kaartje • *un ~ clandestin* verstekeling **2** BN (V passagère), **voorbijgaand, kortstondig** • *une douleur passagère* kortstondige pijn

passant 1 BN • *une rue ~e* een drukke straat **2** ZN M **1 voorbijganger 2 lus(je)** <van riem>, **passant**

passation ZN V **overdracht** <v. bevoegdheid> • *la ~ des pouvoirs* de overdracht van de bevoegdheden

passe 1 ZN V **1** SPORT **pass** • FIG. *être dans une mauvaise ~* een zware tijd doormaken, erdoorheen zitten **2** • *un mot de ~* wachtwoord, password **3** • *un hôtel de ~* rendez-voushuis, bordeel • *faire une ~* een klant ontvangen <prostitutie> **2** ZN M INFORM. **loper** <sleutel>

passé 1 BN **1 voorbij, verleden** • *l'an ~* afgelopen jaar • *il est dix heures passées* het is over tienen **2 verbleekt, flets 2** ZN M **1 verleden** • *le ~ (très) récent* het jongste verleden • *comme par le ~* zoals vroeger • *c'est du ~* dat is verleden tijd **2** TAALK. **verleden tijd** • *le ~ antérieur* voltooid verleden tijd • *le ~ composé* voltooid tegenwoordige tijd • *le ~ simple* tweede verleden tijd **3** VZ FORM. **na** • *~ une heure du matin, le métro ne fonctionne plus* na één uur 's nachts rijdt de metro niet meer

passe-montagne ZN M (MV passe-montagnes), **bivakmuts**

passe-partout 1 ZN M (MV id.) **1 loper** <sleutel> **2 passe-partout** <lijst> **2** BN onver. **voor alle doeleinden, altijd / overal bruikbaar** • *des formules ~* stopzinnen, stoplappen

passe-passe ZN M (MV id.) • *un tour de ~* goocheltoer, foefje

passeport ZN M **paspoort**

passer 1 ONOV WW **1 voorbijgaan, voorbijkomen, (erdoor) gaan**, OOK FIG. **(erdoor) komen** • *passe sous le pont et tourne à droite!* ga onder de brug door en sla dan rechtsaf! • *~ sur le pont* over de brug lopen / rijden • *si tu passes devant la boulangerie, achète des croissants* als je langs de bakker komt, koop dan croissantjes • *~ par la fenêtre* uit het raam klimmen • *passe prendre les enfants!* ga de kinderen ophalen! • *~ à travers champs* dwars door de velden heen gaan • *faire ~ le café* de koffie filteren • *on ne passe pas sans invitation* zonder uitnodiging word je niet doorgelaten • *laisse-moi ~* laat me erdoor • *où est-il passé?* waar is hij gebleven?, waar blijft hij (nou)? • *ne faire que ~* (maar) even langskomen • *passons pour cette fois!* laat maar voor deze keer! • *soit dit en passant* dit terzijde • *ça passe ou ça casse!* het is alles of niets! • *le message ne passe pas* de boodschap komt niet over • *il ne laisse ~ aucune faute* hij ziet geen enkele fout door de vingers • *laisser ~ une occasion* een kans laten lopen • *passe nous voir à l'occasion* kom eens bij ons langs • FIG. *pour moi, le travail passe avant tout le reste* voor mij gaat werk voor alles • FIG. *~ sur les détails* de details overslaan • FIG. *~ devant le juge* voor de rechter verschijnen • FIG. *en passant* in het voorbijgaan **2 gaan van...naar, gaan over / via** • *~ chez qn* bij iemand langsgaan • *la Seine passe par Paris* de Seine loopt door Parijs • *le Tour de France ~a par la Hollande cette année* de Tour de France gaat door Nederland dit jaar • *~ à table* aan tafel gaan • *~ dans le camp ennemi* naar de vijand overlopen • *~ à l'ennemi* overlopen naar de vijand • FIG. *il passe par un moment difficile de sa vie* hij maakt een lastig moment in zijn leven door • FIG. *toutes ces idées qui lui passent par la tête* al die ideeën die door zijn hoofd spoken **3 vertoond worden** <van programma, film>, **draaien** • *je veux absolument voir la nouvelle pièce qui passe* ik wil het nieuwe stuk dat gespeeld wordt absoluut zien • *le film dont tu me parlais ne passe plus* de film waar jij het over had, draait niet meer • *il passe souvent à la télévision* hij komt vaak op tv **4 bevorderd worden (tot)** • *elle est passée directrice du département* zij is tot hoofd van de afdeling bevorderd • *~ capitaine* bevorderd worden tot kapitein • *je passe (dans la classe supérieure)* ik ben

pa

over (naar de volgende klas) **5 doorgaan (voor)** • *il passe vraiment pour un idiot* hij gaat door voor gek, hij wordt als een gek beschouwd • *se faire ~ pour un fou* zich voor gek uitgeven, zich voordoen als een gek • *~ pour intelligent* intelligent overkomen **6** FIG. **voorbijgaan** • *le temps passe* de tijd gaat voorbij • *faire ~ le temps* de tijd verdrijven • *la douleur passe avec le temps* na verloop van tijd gaat de pijn over, de tijd heelt alle wonden • *les douleurs vont ~ avec ce nouveau médicament* met dit nieuwe medicijn zal de pijn verdwijnen • FIG. *ça ~a!* het gaat wel over! • FIG. *il faut en ~ par là* er zit niets anders op **7** FIG. **overgaan (tot)** • *~ aux actes* tot actie overgaan, in actie komen • *~ à un autre sujet* op een ander onderwerp overstappen **2** OV WW **1 gaan door / over, oversteken, overtrekken** • *~ la frontière* de grens overgaan • *~ un col à bicyclette* op de fiets een bergpas overgaan **2 afleggen** <van examen>, **behalen** <van diploma> • *~ un examen avec succès* een examen met succes afleggen • *~ un oral* mondeling examen doen **3 doorbrengen** <van tijd> • *~ ses journées à ne rien faire* zijn dagen doorbrengen met nietsdoen • *faire des mots croisés pour ~ le temps* kruiswoordraadsels maken als tijdverdrijf • *~ la nuit chez des amis* de nacht bij vrienden doorbrengen **4 voorbijgaan, overschrijden** • *il a passé la limite d'âge* hij heeft de leeftijdsgrens overschreden • *vous passez les bornes!* u overschrijdt de grenzen!, u gaat te ver! **5 overhandigen, aanreiken (à aan), overbrengen, overdragen, (door)geven (à aan)** • *passe-moi le sel, veux-tu?* geef mij het zout even door • COMM. *je vous passe Monsieur Dupont* ik verbind u door met meneer Dupont • *~ une commande à qn* een bestelling bij iemand doen / plaatsen • SPORT *~ le ballon à un co-équipier* de bal doorspelen naar een teamgenoot • *il fait ~ des cigarettes en fraude* hij smokkelt sigaretten • *tu vas ~ ton rhume à tout le monde* je steekt iedereen aan met je verkoudheid **6 passeren** <van akte>, **afsluiten** <van contract> **7 (snel) aantrekken** <van kleding>, **omslaan** • *~ ses chaussures* zijn schoenen aandoen **8 halen door/over** • *~ l'aspirateur dans la chambre* de kamer stofzuigen • *~ les vitesses* schakelen • *~ la troisième* naar de derde (versnelling) overschakelen • *~ une couche de peinture sur un mur* een laagje verf aanbrengen op een muur, een muur verven **9 draaien** <van film, programma, plaat>, **vertonen, brengen** • *~ un CD* een cd afspelen • *on passe un film muet à la cinémathèque* er draait een stomme film in het filmhuis **3** WKD WW **(se ~) 1 gebeuren, plaatsvinden** • *l'histoire se passe en Afrique* het verhaal speelt in Afrika • *il se passe qc ici* hier is iets aan de gang • *ça ne va pas se ~ comme ça!* dat gaat zomaar niet! **2 verlopen, voorbijgaan** • *il s'est passé un an depuis le drame* een jaar is verstreken sinds het drama **3 zich onthouden (van), missen, ontberen** • *je peux m'en ~!* ik kan wel zonder! • *devoir se ~ de qc* het zonder iets moeten stellen • *je ne peux pas me ~ de café* ik kan niet zonder koffie • *ils ne peuvent pas se ~ l'un de l'autre* zij kunnen niet zonder elkaar • *je me passe volontiers de son aide* ik zie graag van zijn hulp af, ik hoef zijn hulp niet

passerelle ZN V **1 loopbrug, loopplank** • *une ~ d'embarquement* loopplank om aan boord te gaan **2** FIG. **poort, toegangsmiddel** • *une classe ~* schakelklas, brugklas

passe-temps ZN M (MV id.), **tijdverdrijf, hobby**

passeur ZN M (V passeuse) **1 veerman 2 smokkelaar, mensensmokkelaar** • *un ~ de drogue* drugssmokkelaar

passible BN • *un délit ~ de trois ans de prison* een delict waar drie jaar gevangenisstraf op staat

passif 1 BN (V passive) **1 passief** • *des connaissances passives* latente kennis **2** TAALK. **lijdend** • *la voix passive* lijdende vorm **2** ZN M TAALK. **lijdende vorm, passief, passivum**

passiflore ZN V **passiebloem**

passion ZN V **1 hartstocht, passie, grote (voor) liefde, verzotheid (de op)** • *la ~ du pouvoir* de zucht naar macht, machtshonger • *avoir la ~ du jeu* verzot zijn op spelletjes, goklustig zijn • *avoir une ~ pour le théâtre* een toneelliefhebber zijn • *la peinture, c'est sa ~* schilderen is zijn lust en zijn leven • *il a été la grande ~ de sa vie* hij was de liefde van haar leven • *manquer de ~* passie missen • *maîtriser ses ~s* zijn hartstochten bedwingen • *se laisser entraîner par ses ~s* zich door zijn hartstochten laten meeslepen • *défendre qc avec ~* iets met gloed verdedigen **2 passie, het lijden** • *la Passion (du Christ)* het lijden van Christus, het passieverhaal • *la fleur / le fruit de la ~* passiebloem / -vrucht

passionnant BN **boeiend, opwindend, meeslepend**

passionné BN **hartstochtelijk, vurig** • *un savant ~* een gedreven wetenschapper • *être un ~ de jazz* een groot jazzliefhebber zijn • *un ~ de la philatélie* een verwoed postzegelverzamelaar

passionnel BN (V passionnelle), **door hartstocht bezield, passioneel** • *un crime ~* misdaad uit hartstocht / jaloezie

passionnément BW **hartstochtelijk, vurig**

passionner 1 OV WW **in hartstocht brengen, (hevig) boeien** • *ce professeur passionne ses élèves* die leraar boeit zijn leerlingen **2** WKD WW **(se ~) zeer geboeid raken / zijn (pour door)** • *ils se passionnent pour le cinéma* zij zijn grote filmliefhebbers

passivement BW **lijdelijk, passief**

passivité ZN V **lijdelijkheid, passiviteit**

passoire ZN V **zeef,** OOK FIG. **vergiet** • *sa mémoire est une vraie ~* hij heeft een geheugen als een vergiet

pastel 1 ZN M **1 pastel 2 pasteltekening 2** BN **pastel-** • *bleu pastel* pastelblauw • *une couleur ~* pastelkleur

pastèque ZN V **watermeloen**

pasteur ZN M **dominee, predikant**

pasteurisation ZN V **pasteurisatie**

pasteuriser OV WW **pasteuriseren**

pastiche ZN M **pastiche, imitatie**

pasticher OV WW **pasticheren, (in stijl)**

nabootsen
pasticheur ZN M (V pasticheuse), nabootser
pastille ZN V pastille • *une ~ à la menthe* pepermuntje • *une ~ à sucer* zuigtablet
pastis "-ties" ZN M pastis <alcoholhoudende anijsdrank>
pastoral BN (M MV pastoraux) OOK FIG. herderlijk, pastoraal
pastorale ZN V pastorale, herdersdicht / -roman / -spel / -stuk/ -zang
patachon INFORM. ZN M • *mener une vie de ~* als een fuifnummer leven, er maar op los leven, de beest uithangen
patapouf **1** ZN M INFORM. dikzak **2** TUSSENW JEUGDT. plof!, bons!
pataquès "-kès" INFORM. ZN M (taal)blunder
patate ZN V **1** PLANTK. • *une ~ douce* zoete aardappel, bataat **2** INFORM. pieper, aardappel **3** INFORM. kluns
patatras "-trà" TUSSENW bons!, plof!, pats!
pataud BN plomp
pataugeoire ZN V kikkerbadje, pierenbad
patauger ONOV WW **1** in de modder ploeteren, (rond)plassen • *~ dans la boue* door de modder baggeren **2** INFORM, FIG (aan)modderen, zich vastwerken, er niet uitkomen
patch ZN M medicijnpleister
patchwork ZN M patchwork
pâte ZN V **1** deeg, beslag • *la ~ à pizza* pizzadeeg • *la ~ à crêpes* flensjesbeslag • *la ~ feuilletée* bladerdeeg • *la ~ brisée* kruimeldeeg • INFORM. *mettre la main à la ~* de handen uit de mouwen steken **2** pasta, brij • *pâte à tartiner aux noisettes* hazelnootpasta • *la ~ dentifrice* tandpasta • *la ~ d'amandes* amandelspijs • *la ~ à modeler* boetseerklei • FIG. *c'est une bonne ~* dat is een goedzak **3** pasta • *les pâtes (alimentaires)* deegwaren, pasta
pâté ZN M **1** pastei, paté • *un ~ de foie gras* ganzenleverpastei • *un ~ en croûte* paté met (deeg) korst • *un ~ impérial* Vietnamese loempia • *un ~ de sable* zandtaartje <kinderspel> **2** FIG. • *un ~ de maisons* blok huizen
pâtée ZN V brijachtig dierenvoer
patelin INFORM. ZN M dorp, gat
patent BN duidelijk, zonneklaar
patenté INFORM. BN onvervalst, gepatenteerd, doorkneed
Pater ZN M (MV id.), Onzevader <gebed>
patère ZN V kleerhaak <aan muur, kapstok>
paternalisme ZN M paternalisme, bevoogding
paternaliste BN paternalistisch, bevoogdend
paterne BN vaderlijk-minzaam
paternel **1** BN (V paternelle) **1** van vaderskant • *des grands-parents ~s* grootouders van vaderskant **2** vaderlijk, vader- • *la maison ~le* het ouderlijk huis **2** ZN M INFORM. ouwe heer, vader
paternellement BW vaderlijk
paternité ZN V OOK FIG. vaderschap • *revendiquer la ~ d'une découverte* het geestelijk vaderschap van een ontdekking opeisen
pâtes ZN V MV → **pâte**
pâteux BN deegachtig, klef, dik • *avoir la bouche pâteuse* een droge mond hebben, met een dikke tong spreken • *une voix pâteuse* dikke tong <als men dronken is>
pathétique **1** BN pathetisch, roerend, aangrijpend **2** ZN M pathetiek
pathogène BN pathogeen, ziekteverwekkend
pathologie ZN V pathologie, ziekteleer
pathologique BN pathologisch, ziekelijk
pathologiste ZN M/V patholoog
pathos "patos" ZN M pathos
patibulaire BN galgen- • *une mine ~* boeventronie
patiemment BW geduldig
patience ZN V geduld • *(jeu de) ~* geduldspelletje, patience, geduldwerkje • *perdre ~* je geduld verliezen • *prendre son mal en ~* je ziel in lijdzaamheid bezitten, geduldig berusten • *s'armer de ~* geduld betrachten • *déployer des trésors de ~* eindeloos geduld tonen • *ma ~ est à bout; je suis à bout de ~* mijn geduld is op
patient **1** BN geduldig **2** ZN M (V patiente), patiënt <bij operatie/onderzoek>
patienter ONOV WW geduld oefenen, geduldig wachten • *faire ~ qn* iemand laten wachten
patin ZN M schaats • *des ~s à glace* schaatsen • *des ~s à roulettes* rolschaatsen • *faire du ~* schaatsen
patinage ZN M (het) schaatsen • *le ~ artistique* het kunstrijden • *le ~ de vitesse* het hardrijden op de schaats • *le ~ sur glace* het schaatsenrijden
patine ZN V patina
patiner ONOV WW **1** schaatsen **2** doorslaan, (door)glijden • *~ sur les routes enneigées* slippen op besneeuwde wegen
patinette ZN V autoped
patineur ZN M (V patineuse), schaatsenrijder • *une patineuse sur glace* schaatsster
patinoire ZN V ijsbaan • FIG. *avec le verglas, le trottoir est une vraie ~* door de ijzel is de stoep spiegelglad
patio "pasjo, patjo" ZN M patio
pâtir ONOV WW kwijnen, te lijden hebben (van) • *les plus pauvres pâtissent de la crise* de armsten hebben te lijden onder de crisis
pâtisserie ZN V **1** banketbakkerij • *une boulangerie-~* banketbakkerij **2** gebak(je), taart(je) • *un moule à ~* taartvorm
pâtissier **1** ZN M (V pâtissière), banketbakker **2** BN (V pâtissière) • *une crème pâtissière* banketbakkersroom
patois ZN M dialect, tongval • *parler ~* plat praten
patouiller OV WW INFORM. friemelen aan, betasten
patraque INFORM. BN gammel, (zich) beroerd (voelend) • *depuis son opération, il est ~* sinds zijn operatie is hij gammel
pâtre FORM. ZN M herder
patriarcal BN (M MV patriarcaux), aartsvaderlijk, patriarchaal
patriarcat "-kà" ZN M patriarchaat
patriarche ZN M patriarch, aartsvader
patrie ZN V **1** vaderland • *mourir pour la ~* sterven

voor het vaderland **2 geboorteplaats, bakermat** • *l'Espagne est la ~ du flamenco* Spanje is het land van de flamenco
patrimoine ZN M **1 ouderlijk erfdeel, erfgoed, patrimonium** • *la journée du ~* open monumentendag • *le ~ culturel* cultureel erfgoed • *le ~ génétique / héréditaire* het genetische erfgoed, (iemands) erfelijke factoren **2** JUR. **vermogen, (iemands) bezit**
patriote 1 ZN M/V **patriot, vaderlander 2** BN **vaderlandslievend**
patriotique BN **patriottisch, vaderlandslievend** • *un chant ~* vaderlands lied
patriotisme ZN M **patriottisme, vaderlandsliefde**
patron ZN M **1 baas, werkgever** • *un ~ de café* café-eigenaar, waard • INFORM. *les grands ~s de la presse* de persbobo's **2 patroon, beschermheilige 3 model, (knip)patroon**
patronage ZN M **beschermheerschap, bescherming, patronaat** • *un spectacle placé sous le ~ d'un ministre* voorstelling onder beschermheerschap van een minister
patronal BN (M MV patronaux) **1 werkgevers-** • *un syndicat ~* werkgeversvakbond **2 v.d. beschermheilige** • *une fête ~e* patroonsfeest
patronat ZN M **(de) werkgevers**
patronyme ZN M **familienaam, achternaam**
patronymique BN • *un nom ~* familienaam, achternaam
patrouille ZN V **patrouille** • *une ~ de police* politiepatrouille • *une ~ de reconnaissance* verkenningspatrouille • *partir en ~* op patrouille gaan
patrouiller ONOV WW **patrouilleren**
patrouilleur ZN M **lid van een patrouille, patrouillevaartuig / -vliegtuig**
patte ZN V **1 poot** <van dier> • *les ~s postérieures* de achterpoten • *donner la ~* pootjes geven • *marcher à quatre ~s* op handen en voeten lopen, kruipen **2** INFORM., FIG. **poot, been, voet** • *avoir une ~ folle* met één been trekken, hinken • *graisser la ~ à qn* iemand smeergeld geven • *faire ~ de velours* zich poeslief voordoen • *retomber sur ses ~s* op zijn pootjes terechtkomen, er goed afkomen • *montrer ~ blanche* tonen dat je goed volk bent, je legitimeren • *donner un coup de ~* een steek onder water geven • *bas les ~s!* handen thuis!, afblijven! **3** MV **bakkebaarden**
patte-d'oie ZN V (MV pattes-d'oie) MV **kraaienpootje(s)** <rimpels bij oog>
pâturage ZN M **weiland, weide** • *mener le bétail aux pâturages* het vee naar de wei brengen
pâture FORM. ZN V **voer** • FIG. *livrer / donner sa vie en ~ à la presse* zich overleveren / ten prooi geven aan de pers
paume ZN V **palm** <van hand>
paumé INFORM. BN **1** FIG. **afgelegen** • *il habite un petit village ~ dans les montagnes* hij woont in een afgelegen dorpje in de bergen **2** FIG. **de kluts kwijt, in zak en as** • *il est ~ depuis la mort de sa femme* hij zit in zak en as sinds de dood van zijn vrouw
paumer INFORM. **1** OV WW **verliezen, kwijtraken** • *~ son fric au jeu* geld verliezen met gokken **2** WKD WW **(se ~) verdwalen, verkeerd rijden** • *on s'est paumé dans les bois* we zijn verdwaald in het bos • *se ~ en route* onderweg verdwalen
paupérisation ZN V **verarming, verpaupering**
paupérisme ZN M **armoede, pauperisme**
paupière ZN V **ooglid**
paupiette CUL. ZN V **blinde vink**
pause ZN V **1 rust, (tussen)pauze** • *une ~ cigarette* rookpauze • *la ~ de midi* de lunchpauze • *faire une ~café* koffiepauze houden • INFORM. *une ~ pipi* sanitaire stop **2** MUZ. **hele maat rust**
pauvre 1 BN **1 arm, armoedig, armzalig, pover** • *un homme ~* een arm man • *un pays ~ en gaz naturel* land met weinig aardgas • *des aliments ~s en graisses* vetarme voedingsmiddelen • *des légumes ~s en vitamines* vitaminearme groente **2 ongelukkig, zielig** • *le ~ homme* de arme / zielige man • *~ gosse!* arm schaap! **3** MIN. **zielig** • *quel ~ type!* wat een zielenpoot! **2** ZN M/V **arme, arme drommel** • *le / la ~!* arme ziel! • *les nouveaux ~s* de nieuwe armen
pauvrement BW **armelijk**
pauvret INFORM. ZN M (V pauvrette), **arme ziel**
pauvreté ZN V **armoede, poverheid** • FIG. *la ~ d'un style* magere / povere stijl
pavage ZN M **1 plaveisel, bestrating 2 (het) bestraten, (het) plaveien**
pavaner WKD WW **(se ~) een hoge borst opzetten, trots rondlopen,** FIG. **paraderen**
pavé ZN M **1 straatsteen, kinderhoofdje** <kassei>, **bestrating, plaveisel, bevloering** • *un ~ glissant* glad wegdek • SPORT *les pavés du nord* de kasseien in Noord-Frankrijk • *battre le ~* over straat slenteren • FIG. *se retrouver sur le ~* op straat staan, op de keien staan • *c'est un ~ dans la mare* dat is een steen in de vijver / een knuppel in het hoenderhok **2 dik stuk** <rundvlees enz.> **3** INFORM. **dikke pil** <boek> **4** COMP. • *un ~ numérique* toetsenblok
pavement ZN M **bestrating, bevloering**
paver OV WW **bestraten** • *~ une rue* een weg bestraten
paveur ZN M **stratenmaker**
pavillon ZN M **1** ARCH. **paviljoen, tuin- / parkhuisje, bijgebouw** • *un ~ de chasse* jachthuis • *les ~s d'un hôpital* de paviljoens van een ziekenhuis **2 eengezinswoning (met tuin)** <in (voor)stad> • *des ~s de banlieue* alleenstaande huizen in de voorstad **3 (scheeps)vlag** • FIG. *baisser ~* zich gewonnen geven • *battre ~ français* onder Franse vlag varen **4 oorschelp**
pavillonnaire BN • *zone/quartier ~* laagbouwwijk <met eengezinswoningen>
pavoiser met vlaggen versieren ONOV WW **vlaggen,** OOK FIG. **de vlag uitsteken** • *il n'y a pas de quoi ~!* er is geen reden tot juichen!
pavot ZN M **papaver** • *des graines de ~* maanzaad
payable BN **betaalbaar** • *~ en mensualités* te betalen in maandelijkse termijnen

pa

payant BN **1 betalend** • *des hôtes ~s* betalende gasten **2 waarvoor je betaalt** • *l'entrée n'est pas ~e* de toegang is gratis **3 lonend, rendabel** • *un effort qui n'est pas ~* inspanning die niet de moeite waard is

paye "pèj" ZN V **(het) betalen, loon, soldij** • *le jour de ~ / le jour de la ~* de betaaldag • INFORM. *ça fait une ~ qu'on ne l'a pas vu* we hebben hem al een hele tijd niet meer gezien

payement ZN M → **paiement**

payer 1 OV WW **1 betalen, betalen voor** • *les congés payés* betaald verlof • *~ qn à l'heure* iemand per uur betalen • *~ qn pour un travail* iemand betalen voor een klus • *~ qc en liquide* iets contant betalen • *combien tu l'as payé?* hoeveel heb je ervoor betaald? • *je l'ai payé dix euros* ik heb daar 10 euro voor betaald • *je ne suis pas payé pour ça* daar ben ik niet voor ingehuurd • OOK FIG. *~ cher qc* iets duur betalen • *il aurait payé cher pour le savoir* het zou hem heel wat waard zijn geweest om dat te weten • FIG. *je suis payé pour le savoir* dat heb ik aan den lijve ondervonden, daar kan ik over meepraten **2 trakteren op** • *il nous a payé la tournée* hij gaf ons een rondje • *je te paye un verre!* ik trakteer je op een drankje! **3 boeten voor** • *il me le paiera* ik zal het hem betaald zetten • *sa passion, il l'a payée de sa vie* hij moest zijn passie met de dood bekopen **2** ONOV WW **1 betalen** • *il n'a pas de quoi ~* hij kan niet betalen, hij heeft de middelen niet om te betalen • INFORM. *ça paie mal* dat betaalt slecht **2 boeten** • *~ pour les autres* voor een ander opdraaien • *~ de sa personne* zich volledig inzetten, zich niet ontzien **3 lonen** • *sa politique ne paie pas* zijn beleid loont niet **3** WKD WW **(se ~) 1 zichzelf trakteren op, zich gunnen / veroorloven** • *se ~ un bon repas* zichzelf trakteren op een goede maaltijd • *se ~ un petit voyage* zich een reisje veroorloven • INFORM. *se ~ la tête de qn* iemand voor de gek houden • IRON. *se ~ un trois en maths* een drie voor wiskunde halen • IRON. *se ~ un arbre* tegen een boom botsen **2 betaald worden** • *ça se paie à la livraison* bij levering te betalen • *tout se paie* ieder krijgt zijn verdiende loon, boontje komt om zijn loontje

payeur ZN M (V payeuse), **betaler** • *un mauvais ~* wanbetaler

pays ZN M **land, vaderland, landstreek** • *les ~ en voie de développement* de ontwikkelingslanden • *les ~ en voie d'industrialisation* de landen die zich tot een industrieland ontwikkelen • *les ~ membres de l'UE* de lidstaten van de EU, de EU-landen • *le ~ natal* het geboorteland • *le ~ d'origine* het land van herkomst • *le vin de / du ~* de streekwijn, de landwijn • *voir du ~* (veel) reizen, veel van de wereld zien • *avoir le mal du ~* heimwee hebben • *retourner au ~* naar zijn vaderland terugkeren • *après la catastrophe, tout le ~ était en émoi* na de ramp was het hele land in opschudding

paysage ZN M **1 landschap 2** FIG. **wereldje, toestand** • *le ~ politique actuel* het huidige politieke klimaat

paysager BN (V paysagère), **landschap(s)-** • *un bureau ~* kantoortuin

paysagiste 1 ZN M/V **landschapschilder 2** BN • *un jardinier / architecte ~* tuinarchitect, landschapsarchitect

paysan 1 ZN M (V paysanne), **boer, landman** • MIN. *avoir des manières de ~* boerse manieren hebben **2** BN (V paysanne), **boeren-, boers** • *le monde ~* de boeren, de boerenstand

paysannat ZN M → **paysannerie**

paysannerie ZN V **(de) boeren, boerenstand**

Pays-Bas ZN M MV **Nederland, de Lage Landen**

PC AFK **1** parti communiste *m* **CP 2** personal computer *m* **pc** • *un ~ de poche* zakcomputer **3** poste de commandement *m* **commandopost**

PDF AFK (MV id.) COMP. *m* **pdf**

P.D.G., P.d.g. AFK président-directeur général *m* **president-directeur**

péage ZN M **tol(geld)** • *une autoroute à ~* tolweg

peau ZN V (MV peaux) **1 huid, vel** • *une ~ délicate* een tere huid • *une crème pour la ~* huidcrème • *un type de ~* huidtype • INFORM. *vieille ~!* oud wijf!, ouwe tang! • *changer de ~* vervellen • *risquer sa ~* je leven riskeren, je hachje wagen • FIG. *avoir la ~ dure* een taaie zijn • FIG. *être bien dans sa ~* goed in je vel zitten, zich lekker voelen • FIG. *se mettre dans la ~ de qn* zich in iemand inleven / verplaatsen, in iemands huid kruipen • FIG. *sauver sa ~* het vege lijf redden, je hachje redden • FIG. *vendre cher sa ~* je huid duur verkopen • FIG. *faire ~ neuve* totaal veranderen, een facelift ondergaan, in een nieuw jasje gestoken worden • INFORM. *il l'a dans la ~* hij is stapeldol op haar • FIG. *il va y laisser sa ~* dat kost hem de kop • FIG. *on aura sa ~* we krijgen hem wel, hij gaat eraan • INFORM., FIG. *ça coûte la ~ des fesses!* dat is hartstikke duur • *il ne faut pas vendre la ~ de l'ours avant de l'avoir tué* je moet de huid niet verkopen voor je de beer geschoten hebt **2 leer** • *des gants de ~* leren handschoenen • INFORM. *c'est une vraie ~ de vache!* dat is echt een schoft!, dat is echt een kreng! **3 schil** <van vrucht> • *une ~ de pêche* perzikschil, FIG. perzikhuid

peaufiner OV WW **netjes afwerken,** FIG. **bijvijlen**

Peau-Rouge ZN M (MV Peaux-Rouges), **roodhuid, indiaan**

peccadille ZN V **pekelzonde, klein vergrijp**

péché ZN M **zonde** • *le ~ capital* hoofdzonde, doodzonde • *un ~ mignon* pekelzonde, kleine zwakheid • *le ~ de gourmandise* snoepzucht • *confesser ses péchés* zijn zonden opbiechten

pêche ZN V **1 perzik** • *avoir un teint de ~* een perzikkleurige teint hebben • INFORM. *avoir la ~* in topvorm zijn • INFORM., FIG. *se fendre la ~* zich een bult lachen **2 (het) vissen, visserij, hengelsport** • *la ~ à la ligne* het hengelen • *la ~ au hareng* de haringvangst / -visserij • *un permis de ~* visakte • *un bateau de ~* vissersboot • FIG. *aller à la ~ aux nouvelles* op nieuws uit gaan, nieuwtjes opsnorren **3 vangst** <gevangen vis> • *la ~ est bonne* de vangst is goed

pécher ONOV WW **zondigen, een zonde begaan** • *~ par orgueil* hoogmoedig zijn, al te trots / verwaand zijn • *votre raisonnement pèche sur plusieurs points*

pa

uw redenering klopt op meerdere punten niet
pêcher 1 OV WW **1 (op)vissen, vissen op, bevissen** • *~ le homard* op kreeft vissen • *~ à la ligne* hengelen • FIG. *~ en eau trouble* in troebel water vissen **2** INFORM. **opduikelen** • *où as-tu pêché ces renseignements?* waar heb je die inlichting vandaan? **2** ZN M **perzikboom**
pécheresse ZN V **zondares**
pêcherie ZN V **visplaats, visgrond**
pécheur ZN M (V pécheresse), **zondaar**
pêcheur 1 ZN M (V pêcheuse), **visser** • *un ~ de perles* parelvisser **2** BN (V pêcheuse) • *un bateau ~* vissersboot • *un marin ~* visser <op zee>
pécore INFORM. ZN V **pedant vrouwmens, verwaande trut, wicht**
pectoral BN (M MV pectoraux), **borst-** • *des douleurs ~es* pijn in de borst
pectoraux ZN M MV **borstspieren**
pécule ZN M **spaarcentjes**
pécuniaire BN **geld-, geldelijk** • *avoir des ennuis pécuniaires* geldproblemen hebben
pédagogie ZN V **pedagogie(k), opvoedkunde** • *la ~ des langues* de taaldidactiek
pédagogique BN **pedagogisch, opvoedkundig**
pédagogue 1 ZN M/V **pedagoog, opvoedkundige** **2** BN **pedagogisch ingesteld, (goed) docerend**
pédale ZN V **1 pedaal, trapper** <van fiets> • *la ~ de frein* het rempedaal • *écraser la ~* plankgas geven • INFORM., FIG. *perdre les pédales* de kluts kwijt zijn • INFORM., FIG. *s'emmêler / se mélanger les pédales* in de war / van de wijs raken **2** INFORM., MIN. **flikker, homo**
pédaler ONOV WW **1 fietsen, op een pedaal trappen** **2** INFORM. **hard lopen / rijden, (aan) pezen** • INFORM. *~ dans la choucroute / la semoule* geen klap opschieten
pédalo ZN M **waterfiets**
pédant 1 ZN M **betweter, wijsneus** **2** BN **pedant, betweterig**
pédanterie ZN V **pedanterie, betweterij**
pédé MIN. ZN M pédéraste **flikker, homo**
pédéraste ZN M **homofiel, pederast**
pédérastie ZN V **pederastie, homofile**
pédestre BN **voet-, te voet** • *une randonnée ~* voettocht
pédiatre ZN M/V **kinderarts, pediater**
pédiatrie ZN V **kindergeneeskunde, pediatrie**
pédicure ZN M/V **voetverzorger, pedicure**
pedigree "peedieGree" ZN M **stamboek** <van rasdier>
pédologie ZN V **pedologie**
pédoncule PLANTK. ZN M **steel**
pédophile 1 BN **pedofiel** **2** ZN M/V **pedofiel**
pédopsychiatre ZN M/V **kinderpsychiater**
pedzouille ZN M/V MIN. **boer, kinkel**
peeling "pieling" ZN M **peeling** <huidreiniging>
pègre ZN V **onderwereld, penoze**
peigne ZN M **1 kam** • *un ~ fin* stofkam, luizenkam • *se passer un coup de ~ (dans les cheveux)* even met een kam door je haar gaan, je haren kammen • *ils ont passé la région au ~ fin pour retrouver l'enfant* ze hebben het hele gebied uitgekamd om het kind terug te vinden **2 kamschelp**
peigner 1 WKD WW **(se ~) zich kammen** **2** OV WW **kammen** <ook v. wol, vlas> • *de la laine peignée* kamgaren
peignoir ZN M **1 peignoir** • *un ~ de bain* badjas **2 kapmantel**
peinard INFORM. BN **rustig, onbezorgd** • *une vie ~e* luizenleventje • *être ~* het heertje zijn, een makkie hebben
peindre 1 OV WW onregelmatig **1 schilderen, beschilderen** • *du papier peint* behang • *~ une porte en blanc* een deur wit verven • *~ à l'huile* met olieverf schilderen **2** FIG. **schilderen, beschrijven** • *~ une époque* een tijdperk beschrijven **2** WKD WW **(se ~) zich afschilderen,** FIG. **(af) te lezen zijn** • *la peur se peint sur son visage* de angst is van zijn gezicht af te lezen
peine ZN V **1 straf** • *la ~ capitale / la ~ de mort* de doodstraf • *une ~ légère / sévère* een lichte / zware straf • *risquer une ~ de prison* gevangenisstraf riskeren • *purger une / sa ~* je tijd uitzitten • *sous ~ de mort* op straffe des doods **2 verdriet, leed, nood, zorg** • *les ~s de cœur* het liefdesverdriet • *faire de la ~ à qn* iemand verdriet aandoen, iemand pijn doen • *ça fait ~ à voir* dat is vreselijk om aan te zien • *être comme une âme en ~* met je ziel onder de arm lopen, je ongelukkig voelen **3 moeite** • *ce n'est pas la ~ / ça n'en vaut pas la ~* het is de moeite niet (waard), het is niet nodig • *cela vaut la ~* dat loont de moeite • *c'est ~ perdue* dat is vergeefse moeite • *elle marche avec ~* ze loopt met veel moeite • *se donner beaucoup de ~ pour obtenir qc* veel moeite doen om iets te krijgen • *donnez-vous la ~ d'entrer* wees zo goed om binnen te komen • *se donner la ~ de...* de moeite nemen om... • *j'ai de la ~ à y croire!* ik kan het moeilijk / nauwelijks geloven! • *sans ~* moeiteloos, met gemak **4** • *elle peut à ~ marcher* ze kan nauwelijks lopen • *à ~ est-il arrivé que nous nous sommes mis à table* hij was nog maar net gearriveerd of we gingen aan tafel
peiner 1 OV WW **verdrieten, bedroeven** • *son histoire nous a peinés* zijn verhaal heeft ons verdriet gedaan **2** ONOV WW **zwoegen, het zwaar hebben** • *~ sur un travail* zwoegen op een karwei
peint WW o.t.t., volt. deelw. → **peindre**
peintre ZN M **schilder** • *un ~ en bâtiment(s)* huisschilder • *un artiste ~* kunstschilder • *un ~ du dimanche* zondagsschilder, amateurschilder
peinture ZN V **1 verf, lak** • *de la ~ acrylique* acrylverf • *attention, ~ fraîche!* pas op, nat!, pas geverfd! • *une ~ métallisée* <voor auto> metallic lak • *un pot de ~* pot verf • *donner une couche de ~* iets in de verf zetten • *refaire les ~s d'un appartement* een appartement opnieuw schilderen **2 (het) schilderen** • *la ~ au rouleau* het schilderen met een roller • *la ~ au pinceau* het schilderen met een kwast • *faire de la ~* schilderen **3 schilderkunst** • *(l'école de) ~ flamande* de Vlaamse schilderkunst **4 schildering, schilderij** •

une ~ murale muurschildering • *une ~ à l'huile* olieverf(schildering) • *une expo(sition) de ~s* schilderijententoonstelling • INFORM. *je ne peux pas le voir en ~* ik kan hem niet uitstaan **5** FIG. schildering, beschrijving

peinturlurer INFORM. OV WW kakelbont beschilderen

péjoratif BN (V péjorative), pejoratief, met ongunstige betekenis

Pékin ZN M Beijing, Peking

pékinois **1** BN Pekinees **2** ZN M pekinees <hond>

pelage ZN M haar / vacht <van dier>

pelé **1** BN kaal **2** ZN M kaalkop • *il ne restait que trois pelés et un tondu* er was nog maar anderhalve man en een paardenkop

pêle-mêle, **pêlemêle** **1** ZN M fotolijst <voor verzameling foto's> **2** BW door elkaar, verward, overhoop • *mettre tout ~ dans un tiroir* alles door elkaar in een la doen

peler **1** OV WW schillen, pellen **2** ONOV WW vervellen • *avoir le dos qui pèle* een rug hebben die aan het vervellen is • FIG., INFORM. *~ de froid* vernikkelen van de kou

pèlerin ZN M pelgrim

pèlerinage ZN M **1** pelgrimstocht **2** bedevaartplaats • *un lieu de ~* bedevaartplaats

pélican ZN M pelikaan

pelisse ZN V pels, pelsmantel, pelsjas

pelle ZN V **1** schop, spade • *une ~ (à poussière)* stofblik • *une ~ à tarte* taartschep • *une ~ (mécanique)* graafmachine, laadschop • FIG. *à la ~* bij hopen • INFORM. *l'argent, elle en a à la ~* ze zwemt in het geld • INFORM. *se ramasser une ~* OOK FIG. op z'n bek gaan **2** INFORM. tongzoen • INFORM. *rouler une ~ à qn* iemand een tongzoen geven, tongen met iemand

pe

pelletée ZN V schopvol, hele schep

pelleter OV WW met de schop omwerken, omspitten

pelleterie ZN V **1** (het) bontwerken, bontwerk **2** bonthandel

pelleteuse ZN V graafmachine, laadschop

pellicule ZN V **1** vliesje, velletje, laagje • *une ~ de crème (sur le lait)* vliesje (op de melk) **2** fotorolletje • *une ~ noir et blanc* zwart-wit fotorolletje **3** MV hoofdroos

pelliculeux BN (V pelliculeuse), schilferig <door hoofdroos>

pelote ZN V **1** kluwen, knot • *une ~ de laine* bol wol • *une ~ de ficelle* bol touw • FIG. *avoir les nerfs en ~* één bonk zenuwen zijn **2** kaatsbal

peloter INFORM. OV WW frunniken aan <iemand>, flikflooien met, betasten • *~ qn* aan iemand zitten

peloton ZN M **1** MIL. peloton • *le ~ d'exécution* het executiepeloton **2** SPORT peloton • *être dans le ~ de tête* in de kopgroep zitten **3** kluwentje, bolletje

pelotonner WKD WW **(se ~)** zich als een bal oprollen, ineenduiken, ineenkruipen • *se ~ sous les couvertures* onder de dekens ineenkruipen • *se ~ contre qn* dicht tegen iemand aankruipen

pelouse ZN V grasveld, SPORT grasmat

peluche ZN V **1** pluche, pluis **2** dier van pluche, knuffel(beest)

pelucher ONOV WW pluizen

pelucheux BN (V pelucheuse), pluizig

pelure ZN V **1** schil <van vrucht, aardappel e.d.> • *du papier ~* dundrukpapier, doorslagpapier **2** INFORM. jas

pelvien BN (V pelvienne), bekken-

pelvis "-vies" ANAT. ZN M bekken

pénal BN (M MV pénaux), strafrechtelijk, straf- • *le code ~* wetboek v. strafrecht • *le droit ~* strafrecht

pénalisation SPORT ZN V straf(punten)

pénaliser OV WW (be)straffen, beboeten, in het nadeel brengen • *cette mesure pénalise ceux dont les revenus sont moyens* deze maatregel benadeelt de mensen met een matig inkomen • *~ qn* iemand een boete opleggen

pénalité ZN V **1** straf, boete **2** strafbaarheid

penalty, **pénalty** SPORT ZN M (MV penalties, ~s), penalty, strafschop • *tirer un ~* een strafschop nemen • *transformer un ~* een strafschop benutten

pénard INFORM. BN → **peinard**

pénates ZN M MV huis • IRON. *regagner ses ~* naar huis teruggaan

penaud BN beteuterd, beschaamd, bedremmeld • *être tout ~* sip kijken, op je neus kijken

penchant ZN M **1** neiging, voorkeur • *avoir un ~ à la paresse* liever lui dan moe zijn • *avoir un ~ à trop manger* de neiging hebben te veel te eten **2** FORM. genegenheid • *avoir un ~ pour qn* genegenheid voelen voor iemand

penché BN gebogen, scheef, schuin • *une tour penchée* scheve toren

pencher **1** OV WW buigen, doen overhellen • *~ la tête* het hoofd schuin houden, het hoofd buigen **2** ONOV WW **1** overhellen, scheef staan / hangen • *une tour penchée* scheve toren **2** geneigd zijn (tot) • *~ pour une solution plutôt qu'une autre* meer neigen tot de ene oplossing dan tot een andere **3** WKD WW **(se ~)** zich buigen, zich bukken • *défense de se ~ par la fenêtre* verboden uit het raam te hangen • *se ~ sur un problème* FIG. zich buigen over een probleem

pendaison ZN V **1** (het) (op)hangen <als straf> • *une mort par ~* ophanging, verhanging **2** • *la ~ de la crémaillère* housewarmingparty

pendant **1** VZ gedurende, tijdens • *elle est arrivée ~ la nuit* ze is 's nachts aangekomen • *courir ~ deux heures* twee uur lang rennen • *~ six jours* zes dagen lang • *~ l'enquête* hangende het onderzoek • *~ le cours* onder / tijdens de les • *~ j'y pense...* nu ik er aan denk... • *~ tu y es...* nu je er toch bent... **2** BN **1** hangend • *la langue ~e* de tong uit de mond **2** hangende, nog niet afgedaan • *un dossier ~* een nog hangende zaak **3** ZN M **1** tegenhanger, pendant • *deux objets qui se font ~* twee voorwerpen die bij elkaar horen **2** (oor)hanger • *un ~ d'oreille* oorhanger

pendant que VOEGW • *~ j'y pense...* nu ik er aan denk... • *~ tu y es...* nu je er toch bent...

pendentif ZN M hanger <van sieraad>

penderie ZN V hangkast, kleerkast

pendiller ONOV WW bungelen, wapperen

pendouiller INFORM. ONOV WW slap hangen, bungelen • *des cheveux qui pendouillent* slap hangend haar

pendre **1** OV WW (op)hangen (**à** aan) • *~ un tableau au mur* een schilderij aan de muur hangen • *~ des rideaux aux fenêtres* gordijnen voor de ramen hangen **2** ONOV WW hangen (**à** aan), afhangen • *laisser son bras ~ à la portière* zijn arm uit het portier laten hangen • *il est toujours pendu au téléphone* hij hangt altijd aan de telefoon • FIG. *être pendu aux lèvres de qn* aan iemands lippen hangen • FIG. *c'est une note insuffisante qui te pend au nez* er hangt jou een slecht cijfers boven het hoofd **3** WKD WW (**se ~**) **1** OOK FIG. (gaan) hangen (**à** aan), zich vastklampen • *un enfant qui se pend aux jupes de sa mère* kind dat aan de rokken van moeder hangt **2** zich ophangen • *le prisonnier s'est pendu dans sa cellule* de gevangene heeft zich opgehangen in zijn cel

pendu **1** BN hangend (**à** aan), (op)gehangen • INFORM. *avoir la langue bien ~e* gemakkelijk kunnen praten, goed van de tongriem gesneden zijn **2** ZN M (V pendue), gehangene • *jouer au ~* galgje spelen **3** WW volt. deelw. → **pendre**

pendule **1** ZN V pendule, klok • INFORM. *remettre les ~s à l'heure* de zaken rechtzetten / op een rijtje zetten **2** ZN M slinger, pendel

pendulette ZN V klokje

pêne ZN M tong <van slot>

pénétrable BN doordringbaar

pénétrant BN **1** doordringend, penetrant • *un froid ~* doordringende kou **2** scherp(zinnig) • *un esprit ~* scherpzinnige geest

pénétration ZN V **1** (het) doordringen, penetratie **2** scherp(zinnig)heid

pénétrer **1** ONOV WW doordringen (**dans** in), binnendringen, binnengaan • *~ dans une pièce* een kamer binnengaan • *~ par la force* met geweld binnendringen **2** OV WW **1** doordringen in, binnendringen, binnengaan, penetreren • *le froid pénètre le corps* de kou dringt door tot in de botten **2** vervullen (van), doordringen (van) • *d'un ton pénétré* op stellige toon • *être pénétré de son importance* zelfingenomen zijn, gewichtig doen **3** WKD WW (**se ~**) **de** doordrongen / vervuld worden van, zich inprenten

pénible BN **1** moeilijk, lastig • *un enfant ~ à supporter* moeilijk te verdragen kind • *cela m'est ~* het valt me zwaar **2** verdrietig, pijnlijk, onaangenaam, penibel

péniblement BW **1** moeizaam • *sa vieille voiture parvient ~ au sommet de la côte* zijn oude auto komt maar moeizaam de helling op **2** ternauwernood • *ce parti a ~ obtenu deux sièges au parlement* deze partij heeft maar net twee zetels in het parlement gekregen

péniche ZN V platte schuit, aak

pénicilline ZN V penicilline

péninsulaire BN van een schiereiland

péninsule ZN V (groot) schiereiland

pénis "-nies" ZN M penis

pénitence ZN V boete(doening) • *faire ~* boete doen

pénitent ZN M (V pénitente), biechteling, boeteling

pénitentiaire BN straf-, gevangenis- • *un établissement ~* strafinrichting

pénombre ZN V halfdonker, schemer

pensable BN denkbaar

pensant BN denkend • *les têtes ~es du coup d'État* het brein achter de staatsgreep

pense-bête ZN M (MV pense-bêtes), geheugensteuntje

pensée ZN V **1** gedachte(n) (**de** aan) • *être perdu dans ses pensées* in gedachten verzonken zijn • *mettre de l'ordre dans ses pensées* je gedachten op een rijtje zetten • *révéler ses pensées* je mening geven • *la seule ~ qu'il pouvait apparaître...* de gedachte alleen al dat hij zou opduiken... • *lire dans la ~ de quelqu'un* iemands gedachten lezen **2** (het) denken, denkvermogen • *une ~ abstraite* abstract denkvermogen **3** denkwijze, gedachtewereld • *la ~ d'un philosophe* de denkwijze van een filosoof **4** driekleurig viooltje

penser **1** ONOV WW **1** denken • *la faculté de ~* het denkvermogen • *~ tout haut* hardop denken • *je pense que oui* ik denk van wel **2** denken (aan) • *~ à qn* aan iemand denken • *pense à moi demain!* duim voor me morgen! • *à qui pensez-vous (en disant cela)?* wie bedoelt u? • *pensez à ce que vous dites!* denk na over wat je zegt! • *pensez-y!* denk eraan! • *au fait, j'y pense!* o ja!, dat is waar ook! • *cela me fait ~ à qc* dat doet me aan iets denken • *il ne pense qu'à ça* dat is het enige waar hij aan denkt, daar is hij gefixeerd op • *quand j'y pense...* als ik dat alles naga... • *tu n'y penses pas!* dat meen je niet!, hoe kom je op het idee! • *rien que d'y ~!* ik moet er niet aan denken! • *rien que d'y ~, j'en tremble* ik ril (alleen al) bij de gedachte • *elle l'a fait sans y ~* ze heeft het gedaan zonder opzet • *faire qc sans ~ à mal* iets doen zonder kwade bedoelingen • INFORM. *penses-tu!* dat had je gedacht!, niks hoor! • *il n'en pense pas moins* hij denkt er het zijne van **2** OV WW **1** denken (van, over), geloven, menen • *~ du bien de qn* een goede dunk hebben van iemand • *qu'en penses-tu?* wat vind je ervan? • *fais-moi ~ que je dois téléphoner* help me eraan herinneren dat ik moet bellen **2** zich indenken • *qu'est-ce qui vous fait ~ cela?* hoe komt u daarbij? **3** overdenken, doordénken • *~ un problème* nadenken over een probleem **3** ZN M gedachte, (het) denken • *un maître à ~* geestelijk leidsman

penseur ZN M (V penseuse), denker • *un libre ~* vrijdenker

pensif BN (V pensive), peinzend, nadenkend

pension ZN V **1** uitkering, toelage • *une ~ de retraite* pensioen • *une ~ alimentaire* alimentatie • *toucher sa ~* pensioen krijgen **2** pension • *une ~ de famille* (familie)pension • *une ~ complète* volpension • *être en ~ chez qn* bij iemand in de kost zijn **3** kostschool • *mettre un enfant en ~* een kind op kostschool doen

pensionnaire ZN M/V **1** kostganger, pensiongast **2** kostleerling, interne leerling

pensionnat ZN M kostschool, pensionaat

pensionné ZN M gepensioneerde

pensivement BW peinzend, nadenkend

pensum "pe(n)som" ZN M vervelend karwei

pentagone "pe(n)ta-" ZN M vijfhoek • *le Pentagone* het Pentagon

pentathlon "pe(n)t-" ZN M vijfkamp

pente ZN V helling, glooiing, verval <van rivier> • *une ~ dangereuse* gevaarlijke helling • *une ~ douce* zachte glooiing, flauwe helling • *gravir / monter une ~* een helling beklimmen • *être en ~* schuin aflopen • *une rue qui va en ~* een weg die omhoog loopt • FIG. *remonter la ~* er weer bovenop komen • FIG. *être sur une mauvaise ~* op een hellend vlak zijn, op de verkeerde weg zijn

Pentecôte ZN V Pinksteren • *le lundi de ~* tweede Pinksterdag • *à la ~* met Pinksteren

pentu BN hellend, schuin

pénurie ZN V (nijpend) gebrek (**de** aan), schaarste • *une ~ d'eau* tekort aan water • *une ~ d'infirmières* tekort aan verpleegsters • *une ~ de logements* woningnood

people "pipul", **pipole** ZN M MV onver. • *les ~* de bekende personen, de BN'ers (enz.) • *la presse ~* de roddelbladen, de roddelpers

pépé INFORM. ZN M opa

pépère **1** ZN M **1** JEUGDT. opa **2** INFORM. dikke goedzak, lobbes **2** BN INFORM. rustig, gemoedelijk, makkelijk, gezapig • *passer des vacances pépères* een relaxte vakantie hebben

pépiement ZN M gepiep <van jonge vogel>, getjilp

pépier ONOV WW piepen <van jonge vogel>, tjilpen

pépin ZN M **1** pit • *un fruit à pépins* pitvrucht **2** INFORM. moeilijkheid(je), kink (in de kabel) • *il a de gros pépins de santé* hij heeft grote gezondheidsproblemen **3** INFORM. (para)plu

pépinière ZN V **1** boomkwekerij **2** FIG. kweekplaats • *une ~ de jeunes talents* kweekschool voor jong talent

pépiniériste ZN M/V boomkweker

pépite ZN V goudklomp, (metaal)klomp • *une ~ de chocolat* brokje chocola

peps INFORM. ZN M INFORM. pep, pit • *il a du ~* er zit pit in hem

péquenaud INFORM., MIN. ZN M boer, kinkel

péquenot ZN M → **péquenaud**

perçant BN doordringend, scherp, snerpend

percée ZN V **1** (gemaakte) opening, doorkijk, doorgang **2** OOK FIG. doorbraak • *un nouveau produit qui fait une ~ sur le marché* nieuw product dat de markt verovert

percement ZN M (door)boring, doorbraak • *le ~ d'un canal* het graven van een kanaal

perce-neige ZN M/V (MV perce-neige(s)), sneeuwklokje

perce-oreille ZN M (MV perce-oreilles), oorwurm

percepteur ZN M (V perceptrice), belastingontvanger

perceptible BN waarneembaar • *n'être pas ~ à l'œil nu* niet te zien zijn met het blote oog

perception ZN V **1** waarneming, gewaarwording, perceptie • *les troubles de la ~* de waarnemingsstoornissen **2** (het) innen <van belastingen> • *la ~ des impôts* het innen van belastingen **3** belastingkantoor, ontvangstkantoor

percer **1** OV WW **1** een gat / opening maken in, doorboren, doorsteken, dringen door, OOK FIG. doorbreken • *des chaussures percées* schoenen met kapotte zolen • *~ un ballon* een ballon doorprikken • *~ un coffre-fort* een brandkast kraken • LETT. *~ un abcès* een abces opensnijden • FIG. *~ l'abcès* een eind maken aan de misstand, het kwaad uitroeien **2** maken / boren <v. opening, tunnel, weg> • *~ une fenêtre dans un mur* een raam maken in een muur • *~ un tunnel* een tunnel graven **3** doorgronden • *~ un secret* een geheim doorzien **2** ONOV WW **1** doorbreken • *le soleil perce à travers les nuages* de zon breekt door • *une dent qui perce* een tand die doorkomt **2** doorschemeren, zich verraden, blijken • *rien n'a percé des négociations entre patronat et syndicats* er is niets uitgelekt bij de onderhandelingen tussen werkgevers en vakbonden **3** doorbreken, bekendheid krijgen • *ce jeune acteur est en train de ~* deze jonge acteur is aan het doorbreken

perceur ZN M (V perceuse), boorder • *un ~ de coffres-forts* brandkastkraker

perceuse ZN V boormachine

percevable BN invorderbaar, inbaar

percevoir OV WW **1** waarnemen • *ses nouvelles propositions ont été mal perçues par la direction* zijn nieuwe voorstellen zijn slecht ontvangen door de directie **2** invorderen, innen • *~ un loyer* huur innen / vangen

perche ZN V **1** staak, lange stok, stang <ook v. gewei>, polsstok • *une ~ à selfie* selfiestick • FIG. *tendre la ~ à qn* iemand de reddende hand bieden **2** INFORM. bonenstaak <lange man, vrouw> • *une grande ~* een lange slungel **3** DIERK. baars

percher **1** ONOV WW **1** hoog zitten <van vogels>, roesten • *être perché sur une branche* hoog op een tak zitten **2** INFORM. wonen • *où perche-t-il?* waar zit hij? **2** WKD WW (**se ~**) hoog (gaan) zitten • *se ~ sur le rebord de la fenêtre* op de vensterbank gaan zitten

perchiste ZN M/V **1** SPORT polsstok(hoog)springer **2** hengelaar <bediener v. microfoonhengel>

perchoir ZN M **1** vogelstok **2** INFORM. voorzitterszetel <van Nationale Vergadering>

perçois WW teg. tijd → **percevoir**

percolateur ZN M percolator, espressomachine

perçu WW volt. deelw. → **percevoir**

percussion MUZ. ZN V percussie • *des instruments à ~* slaginstrumenten

percussionniste ZN M/V slagwerker, drummer

percutant FIG. BN **inslaand, met schokwerking, trefzeker** • *un article* ~ opzienbarend artikel • *un argument* ~ ijzersterk argument
percuter 1 OV WW **stoten / botsen tegen** • *la voiture a percuté un cycliste* de auto is tegen een fietser gevlogen **2** ONOV WW **stoten / botsen** • ~ *contre un arbre* hard tegen een boom botsen, tegen een boom knallen
perdant 1 BN **verliezend** • *un numéro* ~ (lot) nummer waar geen prijs op gevallen is • *partir* ~ kansloos zijn **2** ZN M (V **perdante**), **verliezer, loser** • *c'est un mauvais* ~ dat is een slechte verliezer, hij kan niet tegen zijn verlies
perdition ZN V **verderf, ondergang** • *un navire en* ~ schip in nood
perdre 1 OV WW **1 verliezen, kwijtraken** • ~ *un enfant* een kind verliezen • *il perd son pantalon* zijn broek zakt af • ~ *tout son sang* doodbloeden • ~ *du poids* afvallen • ~ *trois kilos* drie kilo afvallen • ~ *ses cheveux* je haar verliezen, kaal worden • ~ *toute sa fortune* al je geld verliezen • ~ *la raison* je verstand verliezen • ~ *ses forces* verzwakken • *ne rien* ~ *d'une conversation* niets missen van een gesprek • *tu ne perds rien pour attendre!* ik krijg je nog wel! **2 verspillen, verknoeien** • ~ *son temps* je tijd verknoeien • *avoir du temps à* ~ alle tijd hebben • *sans* ~ *de temps* zonder tijd te verliezen • ~ *l'occasion de dire qc* de gelegenheid voorbij laten gaan om iets te zeggen **3 verliezen, niet winnen** • ~ *un procès* een proces verliezen • ~ *la bataille* de strijd verliezen **4 kwijtraken** <richting> • ~ *son chemin* verdwalen • FIG. ~ *le nord* de kluts kwijtraken **2** ONOV WW **verliezen** • ~ *au jeu* verliezen bij het spelen • *notre champion a perdu* onze kampioen heeft verloren **3** WKD WW **(se ~) 1** OOK FIG. **verdwalen** • *se* ~ *dans la foule* in de menigte opgaan • *se* ~ *en cours de route* onderweg verdwalen **2 verloren gaan, verdwijnen, te gronde gaan, zoekraken** • *les traditions se perdent* de tradities gaan verloren **3 zich verliezen (in)** • *se* ~ *dans les détails* zich in details verliezen • *je m'y perds dans cette histoire* dat kan ik niet meer volgen, uit dat verhaal kan ik niet wijs worden
perdrix "-drie" ZN V **patrijs**
perdu 1 BN **1 verloren** • *objets* ~*s* gevonden voorwerpen • *pour un de* ~ *dix de retrouvés* voor hem tien anderen **2 verspild** • *toutes ces heures* ~*es dans les embouteillages!* al die verloren uren in de file! • *un emballage* ~ wegwerpverpakking • *une balle* ~*e* verdwaalde kogel • *c'est de l'argent* ~ dat is zonde van het geld • *c'est de l'espace* ~ dat is loze ruimte • *c'est peine* ~*e* dat is vergeefse moeite **3 verloren, verslagen** • *le malade est* ~ de patiënt is opgegeven • *un homme* ~ geruïneerde man • *une femme* ~*e* gevallen vrouw **4 verborgen, afgelegen** • *un coin* ~ uithoek **5 verzonken** • *être* ~ *dans ses pensées* in gedachten verzonken zijn **6 verdwaald** • *être* ~ *quelque part* ergens heg noch steg weten, ergens de weg niet weten • FIG. *être* ~ de weg kwijt zijn, het niet meer weten **2** WW volt. deelw. → **perdre**
perdurer FORM. ONOV WW **voortduren, aanhouden**
père ZN M **1** OOK FIG. **vader** • *un* ~ *biologique* biologische vader • *un* ~ *légal* wettige vader • *un* ~ *tranquille* een bezadigd man(netje) • *M. Durand* ~ de heer Durand senior • *de* ~ *en fils* van vader op zoon • *tel père, tel fils* zo vader, zo zoon • *être le* ~ *spirituel de qn* iemands geestelijke vader zijn • FIG. *Lumière, c'est le* ~ *du cinéma* Lumière is de uitvinder van de film **2** REL. **pater** • *Dieu le Père* God de Vader **3** INFORM. • *le* ~ *Noël* de Kerstman • *croire au* ~ *Noël* in sprookjes geloven
pérégrination ZN V **omzwerving**
péremption ZN V **(het) verlopen** <van geldigheid>, **verjaring** • *la date de* ~ vervaldatum, houdbaarheidsdatum
péremptoire BN **beslissend, afdoend, onherroepelijk** • *un ton* ~ besliste toon
pérenniser OV WW **bestendigen, duurzaam maken, laten voortduren**
pérennité ZN V **lange duur, (het) voortduren**
perfection ZN V **volmaaktheid, perfectie** • *avoir le goût de la* ~ een perfectionist zijn • *à la* ~ tot in de perfectie, perfect
perfectionnement ZN M **vervolmaking, verbetering** • *doté de tous les* ~*s* uitgerust met de meest geavanceerde middelen • *suivre un stage de* ~ bijscholing volgen
perfectionner 1 WKD WW **(se ~) volmaakter worden, verbeterd worden, zich verder bekwamen** • *se* ~ *en néerlandais* zijn Nederlands verbeteren **2** OV WW **vervolmaken, verbeteren, perfectioneren**
perfectionniste 1 BN **perfectionistisch 2** ZN M/V **perfectionist**
perfide LIT. BN **vals, trouweloos, verraderlijk**
perfidie LIT. ZN V **trouweloosheid, valsheid**
perforateur BN (V **perforatrice**), **doorborend, perforerend**
perforation MED. ZN V **doorboring, perforatie** • *la* ~ *du tympan* trommelvliesperforatie
perforatrice ZN V **boormachine, perforeermachine**
perforer OV WW **1 perforeren 2 doorboren** • *la balle a perforé l'épaule* de kogel doorboorde de schouder
perforeuse ZN V **perforator, ponsmachine**
performance ZN V **prestatie, (prestatie) vermogen, behaald resultaat** • *une* ~ *physique* lichamelijk prestatie • *une* ~ *intellectuelle* geestelijke prestatie • *améliorer ses* ~*s* zijn resultaten verbeteren
performant BN **goed presterend, met groot prestatievermogen, krachtig** <van apparaat> • *une industrie* ~*e* zeer concurrerende industrie • *rendre qc plus* ~ het prestatievermogen van iets vergroten
perfusion ZN V **infusie, infuus** • *être sous* ~ aan het infuus liggen
pergola ZN V **pergola**
péricliter ONOV WW **in verval zijn, wegkwijnen** • *un commerce qui périclite* handelszaak die

pé

achteruitboert
péridurale MED. ZN V ruggenprik(verdoving)
périf INFORM. ZN M périphérique ringweg
péril "-riel" ZN M **1** gevaar • *un bateau en ~* schip in nood • *une mesure qui met une entreprise en ~* maatregel die een bedrijf in gevaar brengt **2** risico • *faire qc au ~ de sa vie* iets doen met gevaar voor eigen leven • *c'est à vos risques et périls!* dat is op eigen risico!
périlleux BN (V périlleuse), gevaarlijk, hachelijk • *le saut ~* salto mortale
périmé BN **1** verlopen, ongeldig (geworden), waarvan de houdbaarheidsdatum verstreken is • *un passeport ~ depuis deux ans* paspoort dat twee jaar verlopen is • *ce billet est ~* dit kaartje is ongeldig • *ces yaourts sont périmés depuis une semaine* deze yoghurtjes zijn een week over de datum **2** verouderd, achterhaald
périmer WKD WW **(se ~)** verlopen <ongeldig worden>, vervallen, verouderen
périmètre ZN M **1** omtrek **2** zone, gebied • *(définir) un ~ de sécurité* een veilig gebied (vaststellen)
périnée ZN M perineum
période ZN V **1** periode, tijdperk • *la ~ des vacances* de vakantieperiode • *la ~ des fêtes* de feestdagen • *une ~ transitoire* overgangsfase • MIL. *une ~ d'instruction* herhalingsoefening • *la ~ d'incubation (d'une maladie)* de incubatietijd (van een ziekte) • SPORT *en première ~ l'équipe de Marseille a dominé* tijdens het eerste deel van de wedstrijd was het team uit Marseille het sterkst • *en ~ de crise* in crisistijd **2** volzin
périodicité ZN V periodiciteit, geregelde terugkeer
périodique **1** BN geregeld terugkerend, periodiek • *une serviette ~* maandverband **2** ZN M tijdschrift, periodiek
péripatéticienne FORM. ZN V tippelaarster
péripétie "-sie" ZN V **1** verwikkelingen • *les péripéties d'un film* de verwikkelingen in een film, de bewogen avonturen in een film **2** plotselinge ommekeer • *sa vie est pleine de péripéties* haar leven zit vol wendingen
périph ZN M périphérique → **périf**
périphérie ZN V periferie, omtrek, rand(gebied)
périphérique BN perifeer, omliggend, rand- • *le (boulevard) ~* ringweg • *une radio ~* radiostation dat uitzendt vanuit buurlanden
périphrase ZN V omschrijving
périphrastique BN omschrijvend, wijdlopig
périple ZN M rondreis, omvaart
périr ONOV WW vergaan, te gronde gaan, omkomen • *~ d'ennui* zich doodvervelen • *~ noyé* de verdrinkingsdood sterven • *un navire qui périt corps et biens* een schip dat met man en muis vergaat
périscolaire BN buitenschools • *un accueil ~* buitenschoolse opvang
périscope ZN M periscoop
périssable BN bederfelijk, FORM. vergankelijk

pé

péritel BN onver. • *une prise ~* scartaansluiting <tv-aansluitdoos voor randapparatuur>
péritonite MED. ZN V buikvliesontsteking
perle ZN V **1** parel, kraal • *une ~ fine* parel van eerste kwaliteit • *une ~ de culture* cultivéparel • *une ~ de verre* glasparel • *un collier de ~s* parelketting • *enfiler des ~s* kralen rijgen **2** FIG. parel, prachtexemplaar / -persoon • *cette femme est une ~* zij is een juweel van een vrouw • *une ~ rare* een prachtmens, een prachtstuk, iemand uit duizenden **3** druppeltje, luchtbelletje • *des ~s de sueur tombent de son front* zweetdruppels parelen op zijn voorhoofd **4** IRON. blunder, stijlbloempje
perler ONOV WW **1** parelen <van zweet> • *la sueur perle sur son visage* het zweet parelt op zijn gezicht **2** • *une grève perlée* prikactie
perlimpinpin INFORM. ZN M • *la poudre de ~* wondermiddeltje
permanence ZN V **1** duurzaamheid, voortduring • *en ~* voortdurend **2** dienst(uitoefening) <ook buiten de normale werkuren> • *une permanence téléphonique* (voortdurende) telefonische bereikbaarheid • *être de permanence / assurer la permanence* (weekend- / nacht)dienst hebben, stand-by zijn **3** lokaal / kantoor voor dienstverlening, speciaal opengesteld bureau • *la ~ du parti socialiste* het plaatselijk kantoor van de socialistische partij **4** (overblijf)studieruimte <op school> • *ses deux enfants restent en ~* zijn twee kinderen blijven over
permanent **1** BN **1** blijvend, duurzaam, doorlopend • *un cinéma ~* doorlopende filmvoorstelling • *une formation ~e* permanente educatie **2** vast, permanent • *le représentant ~ de la France à l'O.N.U.* de vaste vertegenwoordiger van Frankrijk bij de VN **2** ZN M bezoldigd functionaris <van partij e.d.>, vrijgestelde <van vakbond>
permanente ZN V permanent <van haar>
perméabilité ZN V doorlatendheid, ontvankelijkheid
perméable BN **1** doorlatend, permeabel **2** ontvankelijk • *être ~ à subornation* ontvankelijk zijn voor omkoping
permettre **1** OV WW onregelmatig **1** toestaan (**à** aan; **de** te), veroorloven, goedvinden • *~ au malade de rentrer chez lui* goedvinden dat de patiënt naar huis gaat • *on ne lui permet pas de l'épouser* zij mag niet met hem trouwen • *permettez! / vous permettez?* mag ik (zo vrij zijn)? • *il se croit tout permis* hij denkt zich alles te kunnen permitteren **2** mogelijk maken, in staat stellen • *si le temps le permet, je l'emmènerai au parc* als het weer het toelaat, neem ik hem mee naar het park • *ses moyens ne lui permettent pas de s'acheter une auto* zij kan zich financieel gezien geen auto veroorloven **2** WKD WW **(se ~)** zich veroorloven • *je me permets de vous faire remarquer que...* ik ben zo vrij u erop te wijzen dat... • *se ~ une petite plaisanterie* zich een grapje veroorloven • *me permettez-vous de vous inviter?* mag ik zo vrij zijn u uit te nodigen?

permis "-mie" 1 ZN M vergunning, akte • *un ~ de séjour* verblijfsvergunning • *un ~ de travail* werkvergunning • *un ~ de conduire* rijbewijs • *un ~ à points* puntenrijbewijs <intrekbaar na verlies van alle punten> • *un ~ de construire* bouwvergunning • *un ~ de chasse* jachtakte • *passer son ~ (de conduire)* rijexamen doen • *délivrer un ~* een vergunning afgeven 2 WW volt. deelw. → **permettre**

permissif BN (V permissive), permissief, tolerant

permission ZN V 1 toestemming, vergunning • *demander la ~ de faire qc* toestemming vragen om iets te doen • *avoir la ~ de sortir* permissie hebben om uit te gaan • *avec votre ~* als ik zo vrij mag zijn, met permissie 2 verlof • *être en ~* met verlof zijn

permissionnaire MIL. ZN M/V verlofganger

permutable BN verwisselbaar

permutation ZN V verwisseling, omzetting, permutatie

permuter 1 OV WW verwisselen, omzetten 2 ONOV WW van ambt / post ruilen • *ces deux collègues ont pu ~* die twee collega's hebben van baan kunnen ruilen

pernicieux BN (V pernicieuse), verderfelijk, schadelijk • *exercer une influence pernicieuse sur qn* schadelijke invloed op iemand uitoefenen

péroné ZN M kuitbeen

péroraison MIN. ZN V tirade

pérorer ONOV WW oreren, hoogdravend spreken

Pérou ZN M Peru • *ce n'est pas le Pérou!* het is geen vetpot!

perpendiculaire 1 BN loodrecht • *prenez la rue ~ et vous y êtes!* neem de weg die daar dwars op staat en u ben er! 2 ZN V loodlijn

perpète INFORM. BW 1 levenslang • *être condamné à ~* levenslang krijgen 2 heel ver weg • *elle habite à ~* zij woont hier heel ver vandaan

perpétrer OV WW plegen <van misdaad> • *~ un meurtre* een moord begaan

perpette BW → **perpète**

perpétuel BN (V perpétuelle), eeuwig(durend), altijddurend, voortdurend • *un mouvement ~* perpetuum mobile

perpétuellement BW eeuwig, voortdurend

perpétuer 1 OV WW FORM. doen voortduren, in stand houden • *~ une tradition* een traditie in ere houden • *~ l'espèce* de soort in stand houden 2 WKD WW (se ~) blijven bestaan, voortduren, voortleven • *une tradition qui se perpétue* een traditie die blijft bestaan

perpétuité ZN V voortduring, eeuwigheid • *condamner qn à la ~* iemand tot levenslang veroordelen

perplexe BN onthutst, perplex

perplexité ZN V onthutstheid, verbijstering

perquisition ZN V huiszoeking, (gerechtelijk) onderzoek • *un mandat de ~* huiszoekingsbevel

perquisitionner ONOV WW huiszoeking doen

perron ZN M bordes, stoep <met treden>

perroquet ZN M 1 OOK FIG. papegaai • *répéter comme un ~* napraten 2 INFORM. pastis met muntsiroop

perruche DIERK. ZN V parkiet

perruque ZN V pruik

persan BN Perzisch

persécuter OV WW 1 vervolgen 2 FIG. achtervolgen, lastigvallen

persécuteur ZN M (V persécutrice), vervolger, kwelgeest

persécution ZN V vervolging • *être en butte aux persécutions de qn* door iemand achtervolgd / lastiggevallen worden • *le délire de la ~* achtervolgingswaanzin

persévérance ZN V standvastigheid, volharding

persévérant BN standvastig, volhardend

persévérer ONOV WW volharden (dans bij, in), doorzetten, volhouden

persienne ZN V buitenblind, buitenjaloezie, luik

persiflage, **persifflage** ZN M persiflage, spotternij

persifler, **persiffler** FORM. OV WW persifleren, bespotten

persifleur, **persiffleur** FORM. BN (V persifleuse, persiffleuse), spottend

persil "-sie" ZN M peterselie

persillé BN met fijngehakte peterselie • *de la viande persillée* doorregen vlees

Persique BN • *le golfe ~* de Perzische Golf

persistance ZN V 1 volharding (dans in) • *avec ~* hardnekkig 2 (het) aanhouden / voortduren • *la ~ des brumes et des brouillards...* het aanhouden van nevel en mist

persistant BN blijvend, aanhoudend, volhardend, hardnekkig • *les feuilles ~es* groenblijvende bladeren

persister ONOV WW 1 volharden • *le témoin persiste dans ses déclarations* de getuige blijft bij zijn verklaringen • *je persiste à dire qu'il a menti* ik blijf erbij dat hij heeft gelogen • *il persiste et signe* hij blijft erbij, hij houdt het staande 2 aanhouden, voortduren • *la fièvre persiste* de koorts blijft • *une période de pluie qui persiste* aanhoudende periode van regen • *l'odeur persiste* de lucht blijft hangen

perso INFORM. BN personnel persoonlijk • *un site ~* persoonlijke website

personnage ZN M 1 personage, persoon • *un ~ politique* iemand uit de politiek • *un ~ de film* filmpersonage • *un ~ haut placé* een gewichtig persoon • *jouer le ~ du méchant* de slechterik spelen • *se mettre dans la peau du ~* zich helemaal inleven in zijn rol 2 figuur • *quel drôle de ~!* wat een eigenaardige figuur!

personnaliser OV WW persoonlijk maken, op de persoon afstemmen, individualiseren

personnalité ZN V 1 persoonlijkheid • *avoir de la ~ / beaucoup de ~* een sterke persoonlijkheid bezitten • *une forte ~* een uitgesproken persoonlijkheid • PSYCH. *des troubles de la ~* persoonlijkheidsstoornissen 2 belangrijke persoon • *les personnalités du monde du spectacle / du show-biz* belangrijke figuren uit de showbizzwereld

personne 1 ZN V 1 persoon • *les grandes ~s* de volwassenen • *les ~s âgées* de bejaarden • *une ~ seule* een alleenstaande • *une famille de huit ~s* een gezin van acht personen • *une ~ à charge* iemand voor wie je moet zorgen • *le maire en ~* niemand minder dan de burgemeester, de burgemeester in eigen persoon • *se présenter en ~* persoonlijk komen, zich persoonlijk melden • *on a compté cent mille ~s à la manifestation* er zijn honderdduizend mensen geteld bij de betoging • *être content de sa (petite) ~* met zichzelf ingenomen zijn • *par ~* per hoofd 2 mens • *le respect de la ~* respect voor de mens / het individu • *payer de sa ~* zich volledig inzetten, zich niet ontzien 3 meisje • *une jeune ~* jong meisje • *c'est une charmante ~* dat is een charmant meisje 4 JUR. persoon • *une ~ physique* natuurlijke persoon • *une ~ morale* rechtspersoon 5 TAALK. persoon • *la deuxième ~ du singulier* tweede persoon enkelvoud 2 ONB VNW 1 niemand <meestal met 'ne'> • *~ d'autre* niemand anders • *je (ne) vois ~* ik zie niemand 2 (enig) iemand • *il connaît son affaire mieux que ~* hij kent zijn zaak als geen ander, hij kent zijn zaak beter dan wie ook • *il est parti sans dire au revoir à ~* hij is vertrokken zonder ook maar iemand gedag te zeggen • *~ n'a vu mes lunettes?* heeft iemand mijn bril soms gezien?

personnel 1 BN (V personnelle) 1 persoonlijk, eigen, privé(-) • *une contribution ~le* personele belasting • *il a de la fortune ~le* hij heeft eigen vermogen • *pour des raisons de convenance ~le* om persoonlijke redenen • *à titre ~* persoonlijk, op persoonlijke titel 2 TAALK. • *un pronom ~* persoonlijk voornaamwoord 2 ZN M personeel • *le ~ enseignant* het onderwijzend personeel, het docentenkorps • *le ~ navigant* het boordpersoneel • *le ~ au sol* het grondpersoneel • *le service du ~* de personeelsafdeling

personnellement BW persoonlijk • *~, je ne le crois pas* ik persoonlijk geloof hem niet • *je répondrai ~ à son invitation* ik zal persoonlijk zijn uitnodiging beantwoorden

personnification ZN V verpersoonlijking, personificatie

personnifier OV WW verpersoonlijken, personifiëren • *il est la bonté personnifiée* hij is de goedheid zelve / in eigen persoon

perspectif BN (V perspective), perspectivisch

perspective ZN V 1 perspectief, gezichtshoek / -punt • *une agréable ~* een mooi vergezicht 2 vooruitzicht • *des ~s d'avancement* promotievooruitzichten • *la ~ de ce voyage ne m'enchante pas* het vooruitzicht op die reis stemt me niet bepaald vrolijk • *avoir un nouvel emploi en ~* zicht hebben op een nieuwe baan • *avoir des projets en ~* toekomstplannen hebben • *en ~* in het vooruitzicht, in het verschiet

perspicace BN scherpzinnig

perspicacité ZN V scherpzinnigheid, helder inzicht

persuader 1 OV WW overtuigen, overhalen • *il nous a persuadés d'aller voir cette pièce* hij heeft ons overgehaald om naar dat toneelstuk te gaan • *il est persuadé que tout ira bien* hij is ervan overtuigd dat alles goed gaat 2 WKD WW (se ~) zich overtuigen, zich verbeelden • *se ~ de qc* zich van iets overtuigen

persuasif BN (V persuasive), overtuigend

persuasion ZN V overtuiging, overreding

perte ZN V 1 verlies, verspilling • *la ~ d'une carte d'identité* het kwijtraken van je identiteitskaart • *une ~ financière* financieel verlies • *une ~ de temps* tijdverspilling • *la ~ de l'appétit* de vermindering van de eetlust • *la ~ d'un enfant* het verlies van een kind • *la ~ en vies humaines* het verlies aan mensenlevens • *avoir des ~s de mémoire* (af en toe) aan geheugenverlies lijden • *vendre à ~* met verlies verkopen • *renvoyer qn avec ~ et fracas* iemand hardhandig eruit zetten • *infliger des ~s à l'ennemi* zware verliezen toebrengen aan de vijand • *essuyer / subir une ~* (een) verlies lijden • *essuyer de lourdes ~s* zware verliezen lijden • FIG. *être en ~ de vitesse* aan invloed / betekenis verliezen • *en pure ~* geheel onnodig, vergeefs, voor niets 2 • *à ~ de vue* zover het oog reikt, OOK FIG. eindeloos 3 MED. vloeiing • *des ~s blanches* witte vloed • *des ~s de sang* bloedverlies • *la ~ des eaux* vochtverlies

pertinemment BW pertinent (zeker), stellig

pertinence ZN V raakheid, toepasselijkheid, relevantie

pertinent BN ter zake doend, afdoend, steekhoudend, relevant • *une remarque ~e* rake opmerking • *une question ~e* een terechte vraag

perturbateur 1 BN (V perturbatrice), (ver) storend 2 ZN M (V perturbatrice), verstoorder, onruststoker

perturbation ZN V (ver)storing, ontregeling, beroering • *~s sur les lignes de métro et d'autobus* ontregelingen op de metro- en buslijnen, uitvallende metro's en bussen • *une ~ atmosphérique* een atmosferische storing

perturber OV WW (ver)storen, ontregelen, in de war brengen • *le trafic dans le métro a été perturbé* het metroverkeer is ontregeld

péruvien BN (V péruvienne), Peruviaans

pervenche 1 ZN V maagdenpalm 2 BN paarsblauw, helblauw

pervers "-vèr" 1 BN pervers, verdorven • *un effet ~* ongewenst / averechts effect 2 ZN M (V perverse), verdorven mens

perversion ZN V perversie, ontaarding • *la ~ des mœurs* zedenbederf • *la ~ sexuelle* seksuele perversie

perversité ZN V perversiteit, verdorvenheid, slechtheid

perverti BN verdorven, ontaard

pervertir OV WW 1 verderven, bederven, doen ontaarden 2 FIG. verdraaien

pesage ZN M (het) wegen

pesamment BW zwaar • *marcher ~* log lopen

pesant 1 BN OOK FIG. zwaar, drukkend, penibel • *une démarche ~e* zware tred • *un silence ~* drukkende / pijnlijke stilte 2 ZN M gewicht • FIG. *cette histoire vaut son ~ d'or* dat verhaal is goud waard

pe

pesanteur ZN V **1** **zwaarte, gewicht, drukkende last** • *les ~s de l'administration* de traagheid v.d. ambtelijke molens **2** **zwaartekracht** • *la force de la ~* de zwaartekracht
pesée ZN V **(het) wegen**
pèse-personne ZN M (MV pèse-personne(s)), **personenweegschaal**
peser **1** OV WW **1** **wegen** • *~ du sucre et de la farine* de suiker en de bloem afwegen • *faire ~ ses bagages* zijn bagage laten wegen **2** FIG. **afwegen, wikken** • *~ le pour et le contre* de voors en de tegens tegen elkaar afwegen, wikken en wegen • *(et) je pèse mes mots* dat is nog zachtjes uitgedrukt • *tout bien pesé* alles wel beschouwd **2** ONOV WW **1** **wegen** • *ça pèse combien?* hoe zwaar is dat? • *ça pèse lourd* dat weegt zwaar • FIG. *ne pas ~ lourd dans la balance* niet veel gewicht in de schaal leggen • INFORM., FIG. *il pèse 10 millions* hij is goed voor (een vermogen / omzet van) 10 miljoen **2** **tot last zijn,** FIG. **drukken (sur op)** • *des soupçons pèsent sur elle* er rusten verdenkingen op haar • *la solitude lui pèse* de eenzaamheid valt hem zwaar • *~ sur la décision de qn* iemands beslissing beïnvloeden • FIG. *ça me pèse* dat ligt me zwaar op de maag
pessimisme ZN M **pessimisme**
pessimiste **1** BN **pessimistisch** **2** ZN M/V **pessimist**
peste ZN V **1** **pest** • *la ~ aviaire* vogelpest, vogelgriep • *la ~ porcine* varkenspest • *fuir qn comme la ~* iemand mijden als de pest **2** **rotmens, kreng(etje)** • *petite ~!* vervelend nest!
pester ONOV WW **foeteren (contre op, tegen, over)**
pesticide ZN M **pesticide, bestrijdingsmiddel**
pestiféré **1** BN **met de pest besmet** **2** ZN M (V pestiférée), **pestlijder**
pestilence ZN V **walgelijke stank**
pestilentiel BN (V pestilentielle), **walgelijk** <van stank>
pet "pè" INFORM. ZN M **scheet, wind** • *lâcher un ~* een scheet laten • *ça ne vaut pas un ~ (de lapin)* dat is geen snars waard
pétale ZN M **bloemblad, kroonblad**
pétanque ZN V **petanque, jeu de boules**
pétant INFORM. BN **klokslag-** • *à neuf heures pétantes* om negen uur precies
pétarade ZN V **geknetter**
pétarader ONOV WW **knetteren**
pétard ZN M **1** **rotje, voetzoeker** • *faire éclater un ~* een rotje afschieten **2** INFORM. **herrie, heibel** • *ils ont fait du ~ toute la nuit* ze hebben de hele nacht herrie zitten schoppen • *être en ~* pisnijdig zijn **3** INFORM. **stickie, joint**
pétasse INFORM. ZN V **slet, sloerie**
pétaudière INFORM. ZN V **janboel, zootje**
pet-de-nonne ZN M (MV pets-de-nonne), **roomsoesje**
pété INFORM. BN **1** **kapot** **2** **getikt**
péter INFORM. **1** ONOV WW **1** **scheten laten, een wind laten** • *(vouloir) ~ plus haut que son derrière/ son cul* kouwe kak hebben, kapsones hebben **2** **kapotgaan, knappen, knallen, knetteren** • *l'affaire lui a pété dans les mains* de zaak is (voor hem) misgelopen **2** OV WW **1** **kapotmaken, moeren** • *il a pété son vélo* hij heeft zijn fiets gemold • *il va lui ~ la gueule* hij gaat hem op zijn bek slaan / in elkaar rammen **2** FIG. **barsten van** • *~ le feu / les flammes* blaken van energie, onstuimig zijn • *ça y est, elle a pété les plombs* ze is helemaal door het lint gegaan **3** WKD WW **(se ~)** • *se ~ la gueule* zich bezatten
pète-sec INFORM. **1** BN onver. **bits, bazig** **2** ZN M/V (MV id.), **bits / bazig persoon**
péteux INFORM. ZN M (V péteuse), **schijterd, flapdrol**
pétillant BN **1** **bruisend** • *de l'eau pétillante* spuitwater **2** OOK FIG. **sprankelend, fonkelend** • *un regard ~ de malice* ondeugende pretoogjes
pétillement ZN M **(het) bruisen, fonkeling**
pétiller ONOV WW **1** **bruisen** **2** OOK FIG. **sprankelen (de van), fonkelen** • *la joie pétille dans ses yeux* haar ogen stralen van blijdschap • *le feu pétille dans la cheminée* het vuur knappert in de haard
petiot INFORM. BN **klein** • *les ~s* de kleintjes
petit **1** BN **1** **klein** <v. lengte, grootte>, **jong** • *mon ~ frère* mijn broertje • *elle est ~e pour son âge* ze is klein voor haar leeftijd • *se faire (tout) ~* zich (heel) klein maken, zich gedeisd houden **2** **kort** <in tijd> • *une ~e heure* een klein uur, een uurtje • *faire un ~ tour* een tochtje maken **3** **liefkozend** • *mon ~ chou!* schatje, liefje • *ma ~e puce!* liefje • *sa ~e amie* zijn vriendinnetje **4** **kleingeestig, min(netjes)** • *les ~es gens* de kleinburgers, de kleine man • *elle a eu une ~e augmentation* zij heeft maar een kleine verhoging gekregen • *c'est un ~ vin* dat is een middelmatige wijn • *jouer au ~ chef* de baas spelen **2** BW • *voir ~* kleinschalig denken • *en ~* in het klein • *~ à ~* langzamerhand, beetje voor beetje **3** ZN M (V petite) **1** **kleine, kind** • *les tout ~s* de kleintjes, de peuters **2** **jong** <van dieren> • *faire des ~s* jongen krijgen, jongen
petit-beurre ZN M (MV petits-beurre(s)), OMSCHR. **droog biscuitje**
petit-bourgeois MIN. **1** BN **kleinburgerlijk, bekrompen** **2** ZN M (V petite-bourgeoise), **kleine burgerman, kleinburgerlijk persoon**
petit-déj' INFORM. ZN M petit-déjeuner → **petit-déjeuner**
petit-déjeuner ZN M (MV petits-déjeuners), **ontbijt** • *un ~ continental* een Frans ontbijt <tegenover het Engels ontbijt>
petite-fille ZN V (MV petites-filles), **kleindochter**
petitement BW **1** **klein(tjes), pover, sober(tjes)** • *être logé ~* kleinbehuisd zijn • *vivre ~* op bescheiden voet leven, het niet zo breed hebben **2** **kleingeestig, min(netjes), laag**
petite-nièce ZN V (MV petites-nièces), **achternicht**
petitesse ZN V **1** **kleinheid, geringheid** • *la ~ de son salaire* de geringheid van zijn salaris, zijn bescheiden salaris **2** **kleingeestigheid, minheid, laagheid**

petit-fils ZN M (MV petits-fils), **kleinzoon**
petit-four ZN M **petitfour**
pétition ZN V **verzoekschrift, petitie** • *signer une ~ contre qc* een petitie tegen iets tekenen • *signer une pétition pour qc* een petitie voor iets tekenen
pétitionnaire ZN M/V **indiener van een verzoekschrift**
petit-lait ZN M **(melk)wei, karnemelk** • FIG. *boire du ~* voldaan zijn, in z'n schik zijn
petit-nègre INFORM. ZN M **gebroken Frans, kromtaaltje** • *parler (en) ~* koeterwalen, brabbelen
petit-neveu ZN M (MV petits-neveux), **achterneef**
petit-pois ZN M (MV petits-pois), **doperwt**
petits-enfants ZN M MV **kleinkinderen**
petit-suisse CUL. ZN M (MV petits-suisses), **kuipje roomkwark**
pétoche INFORM. ZN V • *j'ai la ~* ik knijp 'm, ik zit in de rats
peton INFORM. ZN M **voetje**
pétrification ZN V OOK FIG. **verstening**
pétrifier OV WW OOK FIG. **doen verstenen, doen verstijven** <van schrik> • *une nouvelle pétrifiante* verbijsterend nieuws • *être pétrifié de terreur* verstijfd staan van angst • *il était comme pétrifié* hij stond als aan de grond genageld
pétrin ZN M **1 bakkerstrog 2 narigheid, moeilijkheden** • INFORM. *être dans le ~* in de penarie zitten
pétrir OV WW **1 kneden** • *~ de l'argile* boetseren **2** FIG. **vormen, maken (de uit, van)** • *être pétri d'orgueil* erg trots zijn
pétrissage ZN M **(het) kneden**
pétrochimie ZN V **petrochemie**
pétrochimique BN **petrochemisch**
pétrodollar ZN M **oliedollar**
pétrole ZN M **(aard)olie** • *du ~ brut* ruwe aardolie • *un gisement de ~* aardolielaag, vindplaats van aardolie • *les pays exportateurs de ~* olie-exporterende landen
pétrolier 1 BN (V pétrolière), **(aard)olie-** • *un navire ~* (olie)tanker • *un groupe ~* olieconcern • *une catastrophe pétrolière* olieramp **2** ZN M **olietanker**
pétrolifère BN **aardoliehoudend** • *un gisement ~* olieveld, aardolielaag
pétulance ZN V **bruisendheid, onstuimigheid, uitbundigheid**
pétulant BN **bruisend, onstuimig, uitbundig**
pétunia ZN M **petunia**
peu 1 BW **weinig, niet veel / erg** • *~ de gens le reconnaissent dans la rue* weinig mensen herkennen hem op straat • *il nous reste ~ d'essence dans le réservoir* er zit nog maar weinig benzine in de tank • *~ après, ils ont déménagé* kort daarna zijn zij verhuisd • *depuis ~* sinds kort • *avant ~ / sous ~* binnenkort • *d'ici ~* binnenkort • *il y a ~ (de temps)* kort geleden • *~ à ~* langzamerhand • *à ~ (de chose) près* ongeveer, zowat, zo'n beetje • *c'est ~ (de chose)* het is maar een kleinigheid • INFORM. *très ~ pour moi!* dank je feestelijk!, mij niet gezien! **2** ZN M **(het) weinige, beetje** • *il a un ~ d'argent* hij heeft een beetje geld • *je retrouve ses cheveux un ~ partout!* ik vind zijn haren zo ongeveer overal! • *il était un ~ surpris* hij was lichtelijk verbaasd • *un petit ~* een klein beetje • *pour un ~ on l'aurait écrasé* het scheelde maar weinig of we hadden hem overreden • *attendez un peu!* wacht even! • *dites-nous un peu!* zeg eens! • INFORM. *un ~ que je suis furieux contre lui!* en of ik kwaad ben op hem!
peuh TUSSENW **poeh!, kom nou!**
peuplade ZN V **volksstam**
peuple ZN M **1 volk** • *le droit des ~s à disposer d'eux-mêmes* het recht van de volkeren om over zichzelf te beschikken **2** INFORM. **(gewone) mensen, volk** • *il y a du ~ dans ce magasin* het is druk in deze winkel • *le petit ~* het lagere volk
peuplement ZN M **(het) bevolken, bevolking**
peupler 1 OV WW **1 bevolken, bepoten** • *une région peu / faiblement peuplée* dunbevolkt gebied • *une région très peuplée* dichtbevolkt gebied • *~ un étang de poissons* vissen uitzetten in een vijver **2** FORM. **(ver)vullen** • *~ son univers de personnages irréels* onwerkelijke figuren een rol laten spelen in je gedachtewereld **2** WKD WW **(se ~) bevolkt raken, zich vullen (de met)**
peuplier ZN M **populier** • *un ~ blanc* zilverpopulier
peur ZN V **angst, vrees, bezorgdheid** • *une peur ~e* hevige angst • *la ~ de l'échec* faalangst • *la ~ de la mort* angst voor de dood • *la ~ du ridicule* de angst om zich belachelijk te maken • *être laid à faire ~* foeilelijk zijn • *avoir ~ de qn* bang voor iemand zijn • *avoir ~ de qc* bang voor iets zijn • *la ~ est mauvaise conseillère* angst is een slechte raadgever • *prendre ~* bang worden • *faire ~ à un enfant* een kind bang maken, een kind schrik aanjagen • *j'ai eu une de ces ~s!* was me dat even schrikken! • *elle a une ~ bleue des chiens* ze is doodsbang voor honden • *faire une ~ bleue à quelqu'un* iemand de schrik op het lijf jagen • *avoir plus de ~ que de mal* met de schrik vrijkomen • *il est mort de ~ qu'on le force à le faire* hij is doodsbang dat ze hem ergens toe dwingen • *par ~ d'une punition* uit angst voor straf
peureux 1 BN (V peureuse), **angstig, bang 2** ZN M (V peureuse), **bangerd**
peut WW présent → **pouvoir**
peut-être BW **1 misschien** • *on ira ~ au cinéma* we gaan misschien naar de bioscoop • *~ viendra-t-il ce soir* hij komt misschien vanavond • *~ bien!* misschien wel! **2 (dan) soms** • *tu crois que je suis folle, peut-être!* denk je soms dat ik gek ben!
peuvent WW présent → **pouvoir**
peux WW présent → **pouvoir**
pèze INFORM. ZN V **poen, geld**
pff, pfft TUSSENW **poeh!, kom nou!**
pH AFK potentiel (d')hydrogène M **pH, zuurgraad**
phagocyter OV WW FIG. **opslokken**
phalange ZN V **vinger- / teenkootje**
phallique BN **fallisch**
phallocrate 1 BN **fallocratisch, macho 2** ZN M **fallocraat, macho**
phallocratie "-sie" ZN V **fallocratie, machowereld**

phallus "-luus" ZN M fallus
pharaon ZN M farao
phare **1** ZN M **1** koplamp • *les ~s avant* koplampen • *les ~s antibrouillard* mistlampen • *les ~s et les (phares) codes* groot- en dimlicht • *se mettre en ~s* groot licht aandoen • *faire des appels de ~* lichtsignalen geven, knipperen **2** vuurtoren • *un gardien de ~* vuurtorenwachter **2** BN onver. toonaangevend, hoogst belangrijk • *une industrie ~* speerpuntindustrie • *des idées ~s* toonaangevende ideeën
pharmaceutique BN farmaceutisch
pharmacie ZN V **1** apotheek • *ces médicaments ne sont vendus qu'en ~* deze geneesmiddelen worden alleen in de apotheek verkocht **2** farmacie • *un étudiant en ~* farmaciestudent **3** geneesmiddelen • *une armoire à ~* medicijnkastje
pharmacien ZN M (V pharmacienne), apotheker
pharmacodépendance ZN V medicijnverslaving
pharmacologie ZN V farmacologie
pharmacopée ZN V apothekersboek, geneesmiddelen(lijst)
pharyngite ZN V keelontsteking
pharynx "-re(n)ks" ZN M keelholte
phase ZN V OOK MED., & PSYCH. fase, stadium • *un malade en ~ terminale* een terminale patiënt • FIG. *être en ~ avec qn* op één lijn zitten met iemand
phénoménal BN (M MV phénoménaux), fenomenaal • *il a une mémoire phénoménale* hij heeft een fenomenaal geheugen
phénomène ZN M fenomeen • *les vélos qui roulent sur les trottoirs, c'est un ~ courant à Paris!* fietsers op het trottoir, dat zie je veel in Parijs! • INFORM. *c'est un phénomène!* dat is me er een!
phénoménologie ZN V fenomenologie
philanthrope ZN M/V filantroop, weldoener
philanthropie ZN V filantropie, menslievendheid
philanthropique BN filantropisch
philatélie ZN V filatelie
philatéliste ZN M/V postzegelverzamelaar, filatelist
philharmonique BN filharmonisch • *un orchestre ~* filharmonisch orkest
Philippe ZN M Filips
Philippines ZN V MV (de) Filippijnen • *aux ~* op de Filippijnen
philistin LIT. ZN M filister, bekrompen burgerman
philo INFORM. ZN V philosophie → **philosophie**
philosophe **1** ZN M/V filosoof, wijsgeer, wijs mens **2** BN wijs, gelijkmoedig, filosofisch • *rester ~ en toutes circonstances* kalm / verstandig blijven onder alle omstandigheden
philosopher ONOV WW filosoferen
philosophie ZN V **1** filosofie • *la ~ des religions* godsdienstfilosofie • *être en classe de ~* / INFORM. *de philo* in de hoogste klas van een 'lycée' zitten • FIG. *la ~ du nouveau gouvernement consiste à...* de filosofie van de nieuwe regering houdt in ... **2** wijsheid, gelijkmoedigheid, gelatenheid
philosophique BN **1** wijsgerig, filosofisch **2** wijs, gelijkmoedig, gelaten
philtre ZN M liefdesdrank, toverdrank
phlébite MED. ZN V aderontsteking
phlegmon ZN M weefselontsteking
phobie ZN V ziekelijke afkeer / angst, fobie • *avoir la ~ des espaces* ruimtevrees hebben • *avoir la ~ de l'eau* een fobie voor water hebben, watervrees hebben
phobique **1** BN fobisch **2** ZN M/V fobiepatiënt
phonétique **1** ZN V fonetiek, klankleer **2** BN fonetisch • *une transcription ~* fonetische transcriptie
phonique BN klank-, geluids-, stem- • *l'isolation ~ d'une maison* de geluidsisolatie van een huis
phonothèque ZN V geluidsarchief
phoque ZN M zeehond
phosphate ZN M fosfaat
phosphore ZN M fosfor
phosphorescence ZN V fosforescentie
phosphorescent BN fosforescerend, oplichtend • *une couleur ~e* lichtgevende kleur
photo **1** ZN V foto • *une ~ d'identité* pasfoto • *une ~ de famille* familieportret • *une séance ~* een fotosessie • *faire de la ~* aan fotograferen doen • *prendre une ~* een foto nemen • *prendre qn en ~; faire une ~ de qn* iemand fotograferen • INFORM. *il n'y a pas ~* geen twijfel mogelijk • *tu veux ma ~?* heb ik wat van je aan? <als iemand je aanstaart> **2** BN onver. foto- • *un appareil ~* fototoestel
photocopie ZN V fotokopie
photocopier OV WW fotokopiëren
photocopieur ZN M (V photocopieuse), kopieerapparaat
photocopillage ZN M (het) illegaal kopiëren
photo-finish ZN V (MV photos-finish), fotofinish, finishfoto
photogénique BN fotogeniek
photographe ZN M/V **1** fotograaf • *un ~ de presse* persfotograaf **2** fotohandelaar • *un studio de ~* fotostudio
photographie ZN V fotografie, (het) fotograferen • *la ~ numérique* digitale fotografie
photographier OV WW **1** fotograferen • *se faire ~* zich laten fotograferen **2** FIG. nauwkeurig registreren
photographique BN fotografisch, foto-
photomaton ZN M (pas)fotoautomaat
photomontage ZN M fotomontage
photophobie ZN V lichtschuwheid
photopile ZN V fotocel, lichtcel
photo-robot ZN V (MV photos-robots), montagefoto
photosensible BN lichtgevoelig
photostyle COMP. ZN M lichtpen
photosynthèse ZN V fotosynthese
photothèque ZN V fotoarchief
phrase ZN V **1** (vol)zin • *une ~ interrogative* vraagzin • *une ~ exclamative* uitroepzin • *une petite ~* markante uitlating, oneliner • TAALK. *une ~ active /*

passive een actieve / passieve zin • *faire des ~s* frasen uiten, holle woorden gebruiken **2** MUZ. **frase** • *une ~ musicale* frase, muzikale figuur
phraseur MIN. ZN M (V phraseuse), **mooiprater**
phréatique BN **freatisch** • *une nappe ~* grondwater(laag)
phylloxéra ZN M **druifluis**
physicien ZN M (V physicienne), **natuurkundige, fysicus**
physiologie ZN V **fysiologie**
physiologique BN **fysiologisch**
physionomie ZN V **1 fysionomie, gelaat(suitdrukking)** • *les jeux de ~* mimiek **2 uiterlijk, aanzien** • *la ~ de la ville a considérablement changé* het aanzien van deze stad is flink veranderd
physique **1** ZN M **1 (het) lichamelijke, gestel** • *au ~* lichamelijk (gezien) **2 uiterlijk, voorkomen** • *elle a un ~ agréable* zij heeft een prettig voorkomen • *il a le ~ de l'emploi* hij heeft een uiterlijk dat goed bij zijn rol past, hij is ervoor geknipt **2** ZN V **natuurkunde, fysica** • *la ~ nucléaire* kernfysica **3** BN **1 natuurkundig, fysiek, fysisch** • *les sciences ~s* fysica, natuurkunde, natuurwetenschappen • *la géographie ~ et humaine* fysische en sociale geografie **2 lichamelijk** • *le travail ~* lichamelijke arbeid • *l'éducation ~* lichamelijke oefening • *l'amour ~* lichamelijke liefde • INFORM. *c'est ~!* daar word ik niet goed van!
phytothérapie ZN V **kruidenbehandeling**
piaf INFORM. ZN M **mus**
piaffer ONOV WW OOK FIG. **trappelen** • *~ d'impatience* trappelen van ongeduld
piaillement INFORM. ZN M **gekrijs, geblèr** • *les ~s d'oiseau* het gekrijs van een vogel • *les ~s d'enfant* het geblèr van een kind
piailler INFORM. ONOV WW **krijsen** <vogel>, **blèren** <kind>
piailleur INFORM. BN **krijsend, blèrend** • *des gosses ~s* blèrende kinderen
pianiste ZN M/V **pianist** • *un ~ concertiste* concertpianist
pianistique BN **piano-, pianistisch**
piano **1** ZN M **piano** • *un ~ à queue* vleugel • *un ~ droit* (gewone) piano • *un ~ électronique* elektrische piano, keyboard • *musique pour ~* pianomuziek • *jouer du ~* piano spelen **2** BW **1** MUZ. **piano 2** INFORM. **zachtjes (aan)**
pianoter ONOV WW **rammelen** <op piano, toetsenbord>, **pingelen, met de vingers trommelen** • *~ sur une vitre* tegen het raam tikken
piaule INFORM. ZN V **hok** <kamer>
piaulement ZN M **gekrijs** <van vogeltjes>, **gepiep**
piauler ONOV WW **1 krijsen** <van kippen, vogeltjes>, **piepen 2** INFORM. **blèren** <van kinderen>
PIB AFK produit intérieur brut m **bbp, bruto binnenlands product**
pic ZN M **1 piek, (berg)top** • *des pics enneigés* besneeuwde bergtoppen • *une descente à ~* steile afdaling • *couler à ~* zinken als een baksteen, FIG. zijn ondergang tegemoet gaan • FIG. *arriver à ~* net op tijd komen • FIG. *tomber à ~* als geroepen komen, goed uitkomen **2 houweel** • *un ~ à glace* ijshouweel
picard BN **Picardisch**
piccolo ZN M **piccolo** <fluit>
pichenette ZN V **tikje / knip met de vingers**
pichet "-sjè" ZN M **kannetje, wijnkarafje**
pickpocket "-ket" ZN M **zakkenroller** • *attention aux ~s!* pas op voor zakkenrollers!
picoler INFORM. ONOV WW **pimpelen**
picolo ZN M → **piccolo**
picorer **1** OV WW **(op)pikken, (op)scharrelen** <van voedsel> **2** ONOV WW **bij beetjes eten** • *~ dans son assiette* kleine beetjes van zijn bord eten
picotement ZN M **jeuk, huidprikkeling** • *avoir des ~s dans les yeux* prikkende ogen hebben
picoter OV WW **prikkelen, kriebelen** • *la fumée qui picote les yeux* rook die in de ogen prikt
pictogramme ZN M **pictogram**
pictural BN (M MV picturaux), **picturaal** • *l'art ~* schilderkunst
pie ZN V **1 ekster 2** INFORM. **babbelkous** • *jaser / jacasser comme une ~* klappen als een ekster, (maar door) kletsen
pièce ZN V **1 stuk** <onderdeel; ook in schaakspel> • *une ~ de collection* verzamelaarsobject, waardevol stuk • *une ~ de rechange* (reserve)onderdeel • *des pièces détachées* losse onderdelen • *un costume trois-pièces* driedelig kostuum • *un maillot de bain deux-pièces* tweedelig badpak • *une histoire fabriquée / inventée de toutes pièces* uit de duim gezogen verhaal • *un travail à la ~* stukwerk <op stukloon> • *vendre qc à la ~* iets per stuk verkopen • *dix euros (la) ~* tien euro per stuk • *tout d'une ~* uit één stuk, FIG. onbuigzaam **2 geldstuk** • *une ~ de deux euros* muntstuk van twee euro • *une ~ de deux centimes (d'euro)* muntstuk van twee (euro)cent **3 kamer, vertrek** • *une ~ exposée plein sud* kamer pal op het zuiden • *un appartement de deux pièces* tweekamerappartement • *acheter un trois-pièces* een driekamerflat kopen **4 document, stuk** • *une ~ d'identité* identiteitsbewijs, persoonsbewijs • *une ~ à conviction* bewijsstuk • COMP. *envoyer un document en ~ jointe* een document als bijlage meesturen **5 groot oppervlak, grote hoeveelheid** • *une ~ d'eau* waterpartij, (grote) vijver • *une ~ d'étoffe* lap stof **6 (toneel)stuk, muziekstuk** • *une ~ de théâtre* toneelstuk • *une ~ en trois actes* toneelstuk in drie bedrijven
piécette ZN V **(geld)stukje**
pied ZN M **1 voet** <van mens> • *des ~s plats* platvoeten • *~s nus / nus ~s* blootsvoets • *sentir / puer des ~s* stinkende voeten hebben • *marcher sur la pointe des ~s* op je tenen lopen • *donner un coup de ~* een trap geven • *ouvrir la porte d'un coup de ~* de deur openschoppen • *elle va à l'école à ~* ze gaat lopend naar school • *mettre ~ à terre* voet aan wal zetten, aan land komen • *on a ~ ici* je kunt hier staan <in water> • INFORM., FIG. *c'est le ~!* dat is gaaf / het einde!, dat is te gek! • FIG. *mettre une affaire sur ~* een zaak op poten zetten • FIG. *je n'ai jamais mis*

les ~s ici ik ben hier nog nooit geweest • FIG. *ne pas se laisser marcher sur les ~s* niet over zich heen laten lopen • FIG. *avoir les ~s sur terre* met beide benen op de grond staan • FIG. *attendre qn de ~ ferme* iemand (dreigend) opwachten • FIG. *retomber sur ses ~s* weer op z'n pootjes terechtkomen • FIG. *lever le ~* gas terugnemen, ervandoor gaan • FIG. *avoir un ~ dans la tombe* met één been in het graf staan • FIG. *faire des ~s et des mains pour obtenir qc* alles in het werk stellen om iets gedaan te krijgen, hemel en aarde bewegen om iets te bereiken • FIG. *faire du ~ à qn* iemand voetjes geven, met iemand voetjevrijen • FIG. *mettre qn au ~ du mur* iemand voor het blok zetten • FIG. *se lever du ~ gauche* met het verkeerde been uit bed stappen • FIG. *lâcher ~* afhaken, wijken • FIG. *perdre ~* vaste grond verliezen • FIG. *remplacer qn au ~ levé* onvoorbereid voor iemand invallen • FIG. *elle ne sait plus sur quel ~ danser* ze weet niet meer wat ze doen moet • FIG. *être sur un ~ d'égalité* op voet van gelijkheid staan • INFORM., FIG *mettre les ~s dans le plat* een flater begaan • INFORM., FIG. *tu me casses les ~s!* zanik niet zo! • INFORM., FIG. *avoir bon ~, bon œil* een krasse knar zijn • INFORM., FIG. *il conduit comme un ~* hij rijdt belabberd • INFORM., FIG *ça lui fera les ~s* dat zal hem / haar leren • INFORM., FIG. *prendre son ~* helemaal genieten, klaarkomen • *des ~s à la tête; de la tête aux ~s* van top tot teen • FIG. *en traînant les ~s* schoorvoetend **2 poot** <van dier, meubel> • *un ~ de porc* varkenspootje • *le ~ du lit* het voeteneinde **3 voet** <onderste deel, basis> • *un verre à ~* glas met een voet • *un ~ de vigne* wijnstok • *au ~ de la montagne* aan de voet van de berg

pied-à-terre "pjeetatèr" ZN M (MV id.), **pied-à-terre, optrekje**

pied-de-biche ZN M (MV pieds-de-biche) TECHN. **koevoet, worteltang**

piédestal ZN M (MV piédestaux), **voetstuk** • FIG. *mettre qn sur un ~* iemand op een voetstuk plaatsen

piège ZN M OOK FIG. **strik, val(strik)** • *une question ~* strikvraag • *un ~ à cons* boerenbedrog • *les pièges d'une traduction* de valkuilen in een vertaling, de instinkers • *prendre au ~* in de val lokken, erin laten lopen • *tendre un ~ à quelqu'un* een valstrik spannen voor iemand, een val opzetten voor iemand • *donner dans le ~; être pris au ~* in de val lopen

piéger OV WW **1** OOK FIG. **in de val laten lopen** • *se faire ~ par qn* zich door iemand in de val laten lokken **2 strikken / vallen / boobytraps aanbrengen** • *une lettre piégée* bombrief • *une voiture piégée* autobom • *un engin piégé* boobytrap

piercing ZN M **piercing**

pierraille ZN V **steengruis, steenslag, grof grind**

pierre ZN V **steen** • *la ~ de taille* gehouwen steen, natuursteen • *un escalier en / de ~* stenen trap • *une carrière de ~* steengroeve • *l'âge de (la) ~* het stenen tijdperk • *une ~ (précieuse)* edelsteen • FIG. *un cœur de ~* hart van steen • *être malheureux comme les ~s* zich doodongelukkig en alleen voelen • *lancer des ~s* met stenen gooien • *poser la première ~* de eerste steen leggen • *investir dans la ~* in onroerend goed beleggen • *tuer qn à coups de ~* iemand stenigen • *faire d'une ~ deux coups* twee vliegen in één klap slaan

Pierre Petrus, Peter, Piet

pierreries ZN V MV **edelstenen**

pierreux BN (V pierreuse), **vol stenen, steenachtig**

pierrot ZN M **pierrot, clown** • *Pierrot* Piet(je)

piétaille MIN. ZN V **voetvolk, ondergeschikten**

piété ZN V **1 vroomheid 2 piëteit, liefdevolle eerbied**

piétinement ZN M **1 getrappel, traag gestap 2** FIG. **stilstand, stagnatie** • *le ~ d'une enquête* de stagnatie van een onderzoek

piétiner 1 OV WW **1 vertrappen, trappen op, plattrappen** • *~ des fleurs* bloemen vertrappen **2 met voeten treden,** FIG. **besmeuren** • *la réputation de qn qui est piétinée* iemands reputatie die bezoedeld wordt **2** ONOV WW **1 trappelen, stampvoeten** • *l'enfant piétine de colère* het kind stampt van woede **2** OOK FIG. **(bijna) stilstaan, stagneren, niet vooruitkomen, pas op de plaats maken** • *une affaire qui piétine* een zaak die niet opschiet

piéton 1 ZN M (V piétonne), **voetganger** • *un passage pour piétons* voetgangersoversteekplaats, zebra **2** BN (V piétonne), **voetgangers-** • *une rue ~ne* voetgangersstraat

piétonnier BN (V piétonnière), **voetgangers-** • *une zone piétonnière* voetgangersgebied

piètre BN **armzalig, pover** • *faire ~ figure* een slecht figuur slaan • *c'est une ~ consolation* dat is een schrale troost

pieu ZN M (MV pieux) **1 (puntige) paal 2** INFORM. **nest** <bed> • *se mettre au ~* je nest induiken, gaan pitten • *elle est encore au ~* zij ligt nog in d'r nest

pieusement BW **vroom, liefdevol** • *conserver ~ un objet* een voorwerp zorgvuldig bewaren

pieuter INFORM. WKD WW **(se ~) zijn nest in kruipen, gaan pitten**

pieuvre ZN V **1 octopus 2 spin, snelbinders**

pieux BN (V pieuse), **vroom, eerbiedig en liefdevol** • *un ~ mensonge* leugentje om bestwil

pif INFORM. **1** ZN M **(grote) neus** • *cuisiner au ~* op het gevoel koken, op de gok koken • *avoir du ~* een fijne neus hebben **2** TUSSENW **pief!, pang!** • *~! paf! elle lui a envoyé une gifle* paf! ze gaf hem een klap

piffer, pifer INFORM. OV WW • *ne pas (pouvoir) ~ qn* iemand niet kunnen luchten of zien

pifomètre INFORM. ZN M **intuïtie, gevoel** • *au ~* op de gok, op het gevoel

pige ZN V **1** INFORM. **jaar** <v. leeftijd> • *il a cinquante-sept ~s et il ne les fait pas!* hij is zevenenvijftig jaar maar dat zou je hem niet geven! **2 (regel)tarief** <v. journalist> • *un journaliste payé à la ~* journalist die per regel betaald wordt • *travailler à la ~* freelance journalist zijn **3** • INFORM. *faire la ~ à qn* iemand de loef afsteken

pigeon ZN M **1 duif** • *un ~ voyageur* postduif **2 onnozele hals, (de) klos** • *c'est lui le ~ dans cette affaire!* hij is hier de klos!

pigeonner INFORM. OV WW **beduvelen** • *se faire ~*

pi

par qn door iemand beduveld worden
pigeonnier ZN M **1** duiventil **2** INFORM. zolderwoninkje
piger INFORM. OV WW (het) snappen, (het) begrijpen • *elle ne pige jamais rien!* ze snapt nooit iets! • *tu piges maintenant?* snap je het nu?
pigiste ZN M/V freelance journalist, freelancer, iemand die per regel betaald wordt
pigment ZN M pigment, kleurstof
pigmentaire BN pigment-
pigmentation ZN V pigmentatie, pigmentering
pigmenter OV WW (met pigment) kleuren
pignon ZN M **1** puntgevel • *une maison à ~* huis met puntgevel • FIG. *avoir ~ sur rue* een respectabele burger zijn **2** tandwiel
pilaf ZN M pilav(rijst)
pile 1 ZN V **1** stapel, hoop • *une ~ d'assiettes* stapel borden • *mettre en ~* opstapelen **2** batterij • *une pile AA/LR6* AA-batterij • *une pile AAA/LR03* AAA-batterij • *une pile au lithium* lithiumbatterij • *un réveil à ~s* wekker op batterijen • *ça fonctionne avec des ~s* dat werkt op batterijen **3** munt(zijde) <van munt> • *~ ou face* kop of munt **4** **2** BW • *arriver à huit heures ~* precies om 8 uur aankomen • *s'arrêter ~* plotseling stoppen • *ça tombe ~* dat komt als geroepen / net op tijd
pile-poil INFORM. BW precies, stipt • *c'est pile-poil!* dat klopt als een bus!
piler 1 OV WW (fijn)stampen **2** ONOV WW INFORM. op zijn remmen gaan staan, flink remmen • *l'auto a pilé devant la maison* de auto remde plotseling voor het huis
pileux BN (V pileuse), haar- • *avoir un système ~ très développé* veel lichaamsbeharing hebben
pilier ZN M **1** pijler, OOK FIG. (steun)pilaar • *un gros ~ en béton* een dikke betonnen pilaar • *les ~s d'un parti politique* de steunpilaren van een politieke partij **2** INFORM. vaste bezoeker, stamgast • *c'est un ~ de bistrot* het is een kroegloper **3** prop <rugby>
pillage ZN M plundering • *se livrer au ~* (leeg) plunderen
pillard ZN M (V pillarde), plunderaar
piller "piejee" OV WW OOK FIG. (leeg)plunderen
pilleur ZN M (V pilleuse), plunderaar • *un ~ de magasins* iemand die winkels plundert
pilonnage ZN M zwaar bombardement • *le ~ d'une ville par l'aviation* het zwaar bombarderen van een stad door de luchtmacht
pilonner OV WW heftig beschieten / bombarderen • *~ les cibles ennemies* de vijand beschieten
pilori ZN M schandpaal • *mettre qn au ~* iemand aan de kaak stellen
pilosité ZN V beharing
pilotage ZN M (het) besturen <van vliegtuig, raceauto e.d.> • *le ~ automatique* automatische besturing • *un poste de ~* stuurcabine / -huis
pilote 1 ZN M/V piloot, bestuurder • *un ~ de ligne* verkeersvlieger • *une ~ d'essai* testpilote • *un ~ de course* autocoureur • *une ~ de formule 1* formule 1-coureur **2** ZN M **1** stuurautomaat • *~ automatique* automatische piloot **2** • *une ferme(-)~* modelboerderij • *une classe ~* proefklas, experimentele klas
piloter OV WW **1** besturen <van vliegtuig, raceauto e.d.> **2** aansturen, leiding geven aan
pilotis "-tie" ZN M heipaal, heiwerk • *une maison sur ~* huis op heipalen, paalwoning
pilule ZN V pil • *la ~ du lendemain* morning-afterpil • *prendre la ~* de pil gebruiken / slikken • FIG. *il a dû avaler la ~* hij moest een bittere pil slikken, hij moest door de zure appel heen bijten • FIG. *trouver la ~ amère* iets een bittere pil vinden
pimbêche INFORM. ZN V verwaand nest, aanstelster
piment ZN M **1** CULIN Spaanse peper • *du ~ doux* paprika <plant> **2** FIG. pit • *mettre un peu de ~ dans la vie de qn* een beetje pit brengen in iemands leven
pimenter OV WW **1** CULIN sterk kruiden, peperen **2** FIG. kruiden • *~ la conversation* het gesprek levendig maken • *un récit pimenté d'anecdotes* een verhaal gekruid met anekdotes
pimpant BN pront, hups, kek, fleurig
pin ZN M **1** den • *le ~ sylvestre* grove den • *le ~ parasol* pijnboom • *les pommes de ~* dennenappels **2** grenenhout • *une table en ~* grenenhouten tafel
pinacle ZN M **1** tinne, top v. gebouw **2** FIG. top(punt) • *porter qn au ~* iemand hemelhoog verheffen / prijzen
pinacothèque ZN V pinacotheek, schilderijenmuseum
pinailler INFORM. ONOV WW muggenziften, vitten • *il pinaille sur tout* hij zanikt overal over door
pinailleur INFORM. ZN M (V pinailleuse), muggenzifter
pinard INFORM. ZN M (alledaagse) wijn
pince ZN V **1** tang, knijper, klem(metje) • *une ~ à épiler* epileerpincet • *une ~ à linge* wasknijper • *une ~ à sucre* suikertang • *une ~ à cheveux* haarklemmetje, haarspeld **2** schaar <van kreeft e.d.> **3** INFORM. poot <hand, been> • *serrer la ~ à qn* iemand een poot geven • *on va à l'école à ~s* we gaan met de benenwagen naar school **4** coupenaad • *un pantalon à ~s* bandplooibroek
pincé 1 BN **1** gekunsteld, stijf, zuinig / zuur (kijkend) • *avoir un air ~* zuur kijken • *un sourire ~* een zuinig lachje **2** samengeknepen • *avoir les lèvres pincées* samengeknepen lippen hebben **2** WW volt. deelw. → **pincer**
pinceau ZN M (MV pinceaux) **1** penseel, kwast • *un ~ pour les lèvres* lippenseel • *un coup de ~* penseelstreek, penseelvoering • *donner un coup de ~ à la maison* het huis een likje verf geven, het huis schilderen **2** lichtstreep • *un ~ de lumière* smalle lichtbundel **3** INFORM. poot <voet, been> • FIG. *s'emmêler les ~x* vastlopen, de draad kwijtraken
pincée ZN V snufje <beetje> • *une ~ de sel* een mespuntje / snufje zout • *une petite ~ d'humour* een vleugje humor
pincement ZN M (het) (af)knijpen, kneep • *un ~ de lèvres* samenknijpen van de lippen • *avoir un ~ au cœur* het even te kwaad hebben

pince-monseigneur ZN V (MV pinces-monseigneur), **breekijzer**

pincer 1 OV WW **1 knijpen, afknijpen, (opeen) klemmen** • *~ les lèvres* de lippen samenknijpen • *~ qn jusqu'au sang* iemand tot bloedens toe knijpen • *~ les cordes d'une guitare* op de snaren van een gitaar tokkelen **2** INFORM. **snappen** <betrappen, oppakken>, **te pakken krijgen** • *se faire ~ par la police* betrapt / gepakt worden door de politie **2** ONOV WW **1** • *en ~ pour qn* verliefd zijn op iemand **2** INFORM. **nijpen** <van de kou>, **bijten** • *ça pince!* het is (nijpend) koud **3** WKD WW **(se ~) (zich) klemmen, knijpen** • *se ~ le doigt dans la porte* met je vinger tussen de deur komen • *se ~ le nez* de neus dichtknijpen

pince-sans-rire ZN M/V (MV id.), **droogkomiek**

pincette ZN V **1 tangetje, pincet 2** MV **vuurtang** • *il n'est pas à prendre avec des ~s* je zou hem met geen tang aanpakken, zo vies, hij is niet te genieten

pinçon ZN M **kneep** <(blauwe) plek na een kneep>

pinède ZN V **dennenbos(je)**

pineraie ZN V **dennenbos(je)**

pingouin ZN M **pinguïn**

ping-pong ZN M **pingpong, tafeltennis** • *une table de ~* pingpongtafel

pingre MIN. **1** ZN M/V **vrek 2** BN **krenterig**

pingrerie ZN V **gierigheid, krenterigheid**

pinot ZN M **pinot** <druivensoort>

pin-pon TUSSENW **ta-tu** <geluid van tweetonige (brandweer)sirene>

pin's "pins" ZN M (MV id.), **speldje, button**

pinson ZN M **vink** • *être gai comme un ~* in z'n nopjes zijn

pintade ZN V **parelhoen**

pinte ZN V **pint** • *une ~ de bière* pintje bier

pinter INFORM. **1** ONOV WW **zuipen, pimpelen 2** WKD WW **(se ~) bezopen raken, zich bezatten**

pin-up, pinup ZN V (MV id.), **pin-up**

pioche ZN V **1 houweel** • *à coups de ~* met houweelslagen **2 stapel** <speelkaarten / -stenen>, **stok**

piocher 1 OV WW **1 hakken in / op (met een houweel) 2 nemen, pakken** • *~ une carte* een kaart trekken **2** ONOV WW **(in een hoop) graaien, een graai / greep doen** • *~ dans ses économies* putten uit je spaargeld

piolet ZN M **bergstok met een ijshouweel**

pion 1 ZN M OOK FIG. **pion, speelfiguurtje, (dam) steen** • FIG. *n'être qu'un ~ sur un échiquier* niet meer dan een pion in het geheel zijn **2** ZN M (V pionne) INFORM. **surveillant** <op school>

pioncer INFORM. ONOV WW **maffen**

pionnier 1 ZN M (V pionnière), **pionier** • *être ~ dans le domaine d'Internet* pionier zijn op het gebied van internet **2** BN (V pionnière), **pionier(s)-, pionierend**

pipe ZN V **(tabaks)pijp** • INFORM. *casser sa ~* de pijp uitgaan • INFORM. *ça fait vingt euros par tête de ~* dat kost twintig euro de man • INFORM. *faire / tailler une ~ à qn* iemand pijpen

pipeau ZN M (MV pipeaux), **lokfluitje, (herders) fluitje** • INFORM. *c'est du ~!* dat is flauwekul!

pipeline "pieplien, pajplajn" ZN M **pijpleiding** <voor olie, gas>

piper INFORM. OV WW **1** • *ne pas ~ (mot)* geen kik geven **2 vervalsen, trukeren** <van dobbelstenen, kaarten> • *les dés sont pipés* er is bedrog in het spel

piperade CUL. ZN V **tomaten-paprikaomelet**

pipette ZN V **pipet**

pipi INFORM. ZN M **plasje** • *madame ~* toiletjuffrouw • *faire ~* een plasje doen • *faire ~ au lit* in bed plassen • *c'est du ~ de chat* dat is bocht <drank>, dat is iets van niks

piquant 1 BN **1 stekend, stekelig, scherp** • *une barbe ~e* stekelige baard **2 pikant, kruidig, pittig, vinnig** • *une sauce très ~e* pittig sausje **3 komisch, pikant** • *un détail ~* komisch detail **2** ZN M **1 stekel, prikkel** • *les ~s d'un hérisson* de stekels van een egel **2 (het) komische, (het) pikante** • *une histoire qui ne manque pas de ~* verhaal vol komische elementen

pique 1 ZN M **schoppen** <in kaartspel> **2** ZN V **1 spies, piek, lans 2** FIG. **steek, hatelijkheid** • *lancer des ~s à qn* iemand steken onder water geven

piqué 1 BN **1 zuur** <van wijn> **2** INFORM. **getikt, niet goed wijs 2** ZN M LUCHTV. **duik** • *faire un ~* een duikvlucht maken **3** WW volt. deelw. → **piquer**

pique-assiette ZN M/V (MV pique-assiette(s)), **klaploper**

pique-nique, piquenique ZN M (MV pique-niques, piqueniques), **picknick**

pique-niquer, piqueniquer ONOV WW **picknicken**

pique-niqueur, piqueniqueur ZN M (V pique-niqueuse, piqueniqueuse), **picknicker**

piquer 1 OV WW **1 prikken** <ook met injectienaald>, **bijten / steken** <van insect, slang e.d.> • *se faire ~ par une guêpe* door een wesp gestoken worden • *on l'a piqué contre la grippe* hij is ingeënt tegen griep • *faire ~ son chien* zijn hond laten inslapen **2 opprikken, vastprikken** • *~ une olive avec sa fourchette* een olijf opprikken met je vork **3 stikken** <naaien> **4** OOK FIG. **prikkelen** • *la fumée qui pique la gorge* rook die prikt in de keel • FIG. *~ la curiosité* de nieuwsgierigheid wekken • FIG. *quelle mouche te pique?* wat bezielt / mankeert je?, waarom word je boos? **5** INFORM. **opeens krijgen / doen** • *~ une tête dans l'eau* (in het water) duiken • *~ un cent mètres* een sprintje trekken • *~ une colère* een woedeaanval krijgen • *~ une crise de nerfs* het op de zenuwen krijgen **6** INFORM. **jatten, (in) pikken** • *se faire ~ son petit ami* je vriendje laten inpikken • *on m'a piqué mon portefeuille* ze hebben mijn portefeuille gejat **7** INFORM. **betrappen, aanhouden** • *se faire ~ par la police* gesnapt worden door de politie **2** ONOV WW **1 vooruitsnellen, recht afgaan (op)** • *~ du nez* voorovertuimelen **2 duiken** <van vliegtuig> **3 prikken,** FIG. **bijten** • *sa barbe pique* zijn baard prikt • INFORM. *de l'eau qui pique* prikwater **3** WKD WW **(se ~) 1 zich prikken, zich steken, spuiten** <van drugs> • *se ~ le doigt en cousant* bij het naaien jezelf in de vinger prikken

2 **zich laten voorstaan (op)** • *se ~ de poésie* je laten voorstaan op je kennis van poëzie • *se ~ au jeu* hartstochtelijk doorspelen, FIG. koppig volhouden
piquet ZN M **1** **(tent)paaltje, piket** • *attacher une corde à un ~* een touwtje vastmaken aan een paaltje **2** **wachtgroep, piket** • *un ~ de grève* stakingspost
piqueter OV WW **bespikkelen**
piqûre ZN V **1** **injectie, spuitje** • *faire une ~* een injectie geven **2** **steek, prik, beet** <van insect, slang> • *une ~ de moustique* muggenbeet • *une ~ de guêpe* wespensteek • *une ~ d'épingle* speldenprik **3** **(ingebeten) gaatje, vlekje**
piranha "-ana" ZN M **piranha**
piratage ZN M **(het) illegaal kopiëren, (het) hacken** • *le ~ informatique* het hacken
pirate ZN M **1** **zeerover, kaper** **2** **bandiet, rover, oplichter** • *un ~ de l'air* vliegtuigkaper • *un ~ de la route* carjacker, autokaper **3** **illegaal kopieerder, hacker** • *une radio ~* piratenradiozender • *une édition ~* roofdruk • *un émetteur ~* piratenzender
pirater OV WW **1** **illegaal kopiëren, hacken** • *un logiciel piraté* illegaal gekopieerde software • *~ un ordinateur* een computer kraken **2** INFORM. **stelen, bestelen**
piraterie ZN V **1** **piraterij, zeeroverij, kaperij** **2** **oplichterij**
pire **1** BN **erger, slechter** • *son ~ ennemi* zijn ergste vijand • *cela va de ~ en ~* het wordt hoe langer hoe erger • *~ encore* wat (nog) erger is **2** ZN M **(het) slechtste, (het) ergste** • *la politique du ~* het worstcasescenario • *craindre le ~* het ergste vrezen • *s'attendre au ~* op het ergste voorbereid zijn • *pour le meilleur et pour le ~* in voor- en in tegenspoed • *au ~* op z'n ergst, in het ergste geval
pirogue ZN V **prauw**
pirouette ZN V **1** **pirouette** **2** FIG. **ommezwaai** • *répondre / s'en tirer par une ~* zich er met een grapje afmaken, ontwijkend antwoorden
pirouetter ONOV WW **ronddraaien (op één been), pirouetteren**
pis "pie" **1** BW FORM. **erger, slechter** • *aller de mal en ~* hoe langer hoe slechter gaan • *au ~ aller* in het ergste geval • *tant ~* jammer (dan), pech gehad **2** ZN M **uier**
pis-aller ZN M (MV id.), **laatste redmiddel / toevlucht, lapmiddel, noodsprong**
pisciculteur ZN M (V pisciculttrice), **viskweker**
pisciculture ZN V **visteelt**
piscine ZN V **zwembad** • *une ~ couverte* overdekt zwembad • *une ~ en plein air / découverte* openluchtbad
pisé ZN M • *une maison en ~* lemen huis
pissaladière ZN V **Provençaalse pizza**
pisse INFORM. ZN V **pi(e)s**
pissenlit ZN M **paardenbloem** • *une salade de ~* molsla • FIG. *manger les ~s par la racine* onder de groene zoden liggen
pisser INFORM. OV + ONOV WW **1** **pissen** **2** **spuiten** <van kraan e.d.>, **lekken** • *~ le sang* bloed plassen, hevig bloeden <van een wond> • *laisse ~!* laat maar gaan!
pisseux INFORM. BN (V pisseuse), **urineachtig, piskleurig** • *une couleur pisseuse* piskleur
pissotière INFORM. ZN V **pisbak, urinoir**
pistache ZN V **pistache, groene amandel**
piste ZN V **1** **spoor** • *un jeu de ~* (het) spoorzoeken, vossenjacht • *une fausse ~* verkeerd spoor, dwaalspoor • *être sur la ~ de qn* iemand op het spoor zijn • *être sur la bonne ~ / sur une fausse ~* op het goede / verkeerde spoor zitten • *perdre la ~ de qn* iemand uit het oog verliezen, iemand niet meer volgen • *brouiller les ~s* de sporen uitwissen **2** **pad, (gebaande / begaanbare) weg** • *une ~ cyclable* fietspad • *une ~ d'atterrissage* landingbaan • *une ~ de ski* skipiste **3** **(circus)piste, (ren) baan, parcours** • *une ~ de danse* dansvloer • *la ~ d'un circuit automobile* het autoraceparcours **4** A-V **spoor** • *une ~ magnétique* magneetstrip
pister OV WW **(ongemerkt) volgen, het spoor volgen van**
pistil PLANTK. ZN M **stamper**
pistolet ZN M **1** **pistool** <vuurwapen> **2** **spuitpistool, verfspuit** • *un ~ à eau* waterpistool • *peindre au ~* met de verfspuit verven **3** <in België> **broodje, pistolet**
pistolet-mitrailleur ZN M (MV pistolets-mitrailleurs), **machinepistool**
piston ZN M **1** **zuiger** <van pomp, motor> **2** INFORM., FIG. **kruiwagen** • *avoir du ~* nuttige connecties hebben • *obtenir un travail par ~* aan een baantje geholpen worden **3** MUZ. **piston, ventiel**
pistonner OV WW **vooruithelpen, aan een baantje helpen** • *se faire ~ par qn* iemand als kruiwagen hebben
pistou ZN M • *la soupe au ~* soep met (fijngemaakte) basilicum
pitance FORM. ZN V **portie (eten), (schrale) kost**
piteux BN (V piteuse), **erbarmelijk, treurig** • *des résultats ~* bedroevende resultaten • *être en ~ état* er beroerd aan toe zijn
pitié ZN V **medelijden** • *avoir ~ de qn* medelijden hebben met iemand • *faire ~* medelijden wekken, zielig zijn • *il me fait ~* ik heb medelijden met hem, ik heb met hem te doen • IRON. *elle ne fait pas pitié!* ze ziet er welgedaan uit! • *être sans ~* meedogenloos zijn • *ne nous laissez pas par pitié!* in hemelsnaam, laat ons niet alleen! • INFORM. *il a une voix à faire ~* hij zingt echt heel slecht • *pitié!* (heb) genade!
piton ZN M **1** **ringbout, ringschroef, rotsspijker** <van alpinist> **2** **hoge bergtop**
pitoyable BN **1** **beklagenswaardig, zielig** **2** **erbarmelijk (slecht)**
pitre ZN M **hansworst, pias** • *faire le ~* de clown uithangen
pitrerie ZN V **grappenmakerij**
pittoresque BN **1** **pittoresk, schilderachtig** • *un quartier ~* pittoresk buurtje **2** FIG. **kleurrijk, typisch**
pivert ZN M **groene specht**
pivoine ZN V **pioenroos** • *devenir rouge comme une ~* een kleur als een boei krijgen
pivot ZN M **1** **spil, as, pin** **2** FIG. **spil** • *il est le ~ de*

l'entreprise hij is de spil binnen het bedrijf

pivotant BN **draaiend, draai-, zwenk-**

pivoter ONOV WW **draaien** <om spil, as> • *~ sur ses talons* zich (op de hakken) omdraaien

pixel COMP. ZN M **pixel, beeldpunt**

pizza ZN V **pizza**

pizzeria, pizzéria ZN V **pizzeria**

PJ "peezjie" INFORM. AFK police judiciaire V **opsporingsdienst, recherche**

placard ZN M **1 muurkast** • *un ~ de cuisine* keukenkastje • FIG. *on l'a mis au ~* ze hebben hem uitgerangeerd / weggewerkt <in invloedloze functie> • FIG. *mettre une loi au ~* een wet in de ijskast zetten **2 aanplakbiljet, plakkaat** • *un ~ publicitaire* grote advertentie

placarder OV WW **aanplakken, met affiches beplakken** • *un mur placardé d'affiches* muur beplakt met affiches

place ZN V **1 plaats, plek** • *une ~ assise* zitplaats • *une ~ de stationnement* parkeerplaats • *chercher une ~ où se garer* een parkeerplek zoeken • *est-ce que cette ~ est libre?* is deze plaats vrij? • *changer de ~* van plaats wisselen • *réserver une ~ dans le Thalys* een plaatsje reserveren in de Thalys • *changer les meubles de ~* de meubels verzetten • *faire de la ~ pour un nouveau meuble* ruimte maken voor een nieuw meubel • *une table qui ne prend pas beaucoup de ~* een tafel die weinig ruimte inneemt • *faites-lui une petite ~ à côté de vous!* maak een plaatsje voor hem vrij naast jullie! • *on a déjeuné sur ~* we hebben ter plaatse geluncht • *prendre la ~ de qn* iemands plaats innemen • *se mettre à la ~ de qn* zich in iemand verplaatsen • *ne pas tenir en ~* niet stil kunnen zitten, rust noch duur hebben • *avoir sa ~ quelque part* ergens thuishoren • *la police est déjà en ~ (en vue de la manifestation)* de politie is al ter plaatse (met het oog op de demonstratie) • FIG. *remettre qn à sa ~* iemand op zijn plaats zetten • FIG. *il n'a pas sa ~ ici* hij hoort hier niet • FIG. *faire ~ nette* schoon schip maken • *à sa ~* in / op zijn plaats, als ik hem was ... **2 betrekking, post** • *une ~ de comptable* betrekking als boekhouder • *il a perdu sa ~ de mécanicien* hij is zijn baan als monteur kwijtgeraakt **3 plein** • *la ~ du marché* het marktplein • FIG. *sur la ~ publique* in het openbaar **4 beurs, (financiële) markt** • *la ~ (financière)* beurs(handel), effectenbeurs • *sur la ~ de Paris* op de Parijse beurs

placebo, placébo ZN M **placebo**

placement ZN M **1 geldbelegging** • *un ~ financier* financiële belegging • *faire un ~ sûr* veilig geld beleggen **2 (het) bezorgen v. werk** • *un bureau de ~* arbeids(bemiddelings)bureau **3 plaatsing** <in inrichting e.d.>

placenta "-e(n)ta" ZN M **placenta, moederkoek**

placer 1 OV WW **1 plaatsen, een plaats geven aan** • *un objet mal placé* voorwerp dat niet op goede plek staat • *~ des spectateurs (dans un cinéma)* de (bioscoop)toeschouwers naar hun plaats brengen • *on l'a placé dans une maison de retraite* hij is in een bejaardentehuis geplaatst / ondergebracht **2 een betrekking bezorgen aan, een positie geven** • *une personne haut placée* hooggeplaatst persoon • *~ qn sous les ordres de qn* iemand plaatsen onder gezag van iemand • *être bien placé pour faire qc* de aangewezen persoon zijn om iets te doen, met recht iets mogen doen • *je suis bien placé pour le savoir* ik kan het (toch zeker wel) weten • *il est bien placé pour obtenir le poste* hij maakt een goede kans om die baan te krijgen • *c'est le mieux placé* hij is de grootste kanshebber **3 plaatsen, situeren** • *il nous place devant un choix difficile* hij stelt ons voor een moeilijke keuze • INFORM. *ne pas pouvoir ~ un mot; ne pas pouvoir en ~ une* er geen woord tussen krijgen **4 verkopen, beleggen** <van geld> • *~ son argent* zijn geld beleggen **2** WKD WW **(se ~) 1 plaatsnemen, gaan staan, gaan zitten** • *placez-vous contre le mur!* ga tegen de muur staan! **2 zich plaatsen, geplaatst zijn 3 een plaats toegekend krijgen** • *se ~ premier à un concours de chant* eerste worden bij een zangconcours

placide BN **kalm, bedaard, vredig, onbewogen**

placidité ZN V **bedaardheid, kalmte**

plafond ZN M **1 plafond** • *un faux ~* verlaagd plafond • FIG. *sauter au ~* op zijn achterste benen staan, achterovervallen van verbazing **2 bovengrens, plafond** • FIG. *le ~ de verre* het glazen plafond • *les prix ~s* de maximumprijzen • FIG. *crever le ~* door het plafond gaan, het maximum overschrijden

plafonnage ZN M **plafonnering**

plafonnement FIG. ZN M **(het) bereiken / vaststellen van een bovengrens** • *le ~ des salaires* het vaststellen van een salarisplafond

plafonner ONOV WW **een bovengrens bereiken,** FIG. **aan het plafond zitten** • *les salaires plafonnent* de salarissen stijgen niet meer

plafonnier ZN M **plafondlamp(je), plafonnière**

plage ZN V **1 strand, badplaats** <aan zee> • *une ~ de sable* zandstrand • *une ~ de galets* keienstrand • *une ~ publique* openbaar toegankelijk strand • *une ~ privée* privéstrand • *aller à la ~* naar het strand gaan • *sur la ~* op het strand **2 tijd(spanne), (tussen)ruimte, (programma)blok** <radio, tv> • *une ~ horaire* tijdsblok **3** • *une ~ arrière* hoedenplank <v. auto>

plagiaire ZN M/V **plagiator**

plagiat ZN M **plagiaat**

plagier OV WW **plagiëren**

plagiste ZN M/V **strandexploitant**

plaid "plèd" ZN M **plaid**

plaider 1 OV WW **(be)pleiten, (ter verdediging) aanvoeren** • *~ coupable* schuld bekennen • *~ non coupable* schuld ontkennen • *~ la légitime défense* zelfverdediging aanvoeren • *~ le faux pour savoir le vrai* door een leugen(tje) iemand de waarheid ontlokken **2** ONOV WW **een proces voeren** • *~ pour qn* iemand verdedigen • *~ contre qn* procederen tegen iemand • FIG. *son attitude ne plaide pas en sa faveur* zijn houding pleit niet voor hem

plaideur ZN M (V plaideuse), **pleiter, procespartij**

plaidoirie JUR. ZN V **pleidooi**
plaidoyer FIG. ZN M **pleidooi** • *un ~ en faveur des droits des animaux* pleidooi voor dierenrechten
plaie ZN V **1 wond** • *panser une ~* een wond verbinden • FIG. *une ~ vive* een open wond • FIG. *raviver une ~* oud zeer doen herleven • FIG. *mettre le doigt sur la ~* de vinger op de wond leggen • FIG. *remuer le couteau dans la ~* zout in de wond wrijven **2** OOK FIG. **plaag** • *quelle ~!* wat een narigheid!, wat een naarling!
plaignant 1 BN **(aan)klagend 2** ZN M (V plaignante) JUR. **aanklager, eiser**
plaindre 1 WKD WW **(se ~) klagen** • *elle ne se plaint jamais* ze klaagt nooit • *se ~ de maux de tête* klagen over hoofdpijn • *se ~ d'avoir trop de travail* klagen over het hebben van te veel werk **2** OV WW onregelmatig **beklagen** • *je le plains* ik heb medelijden met hem • *on le plaint de devoir quitter son pays* men heeft medelijden met hem omdat hij zijn land moet verlaten • *se ~ de qc auprès de qn* zijn beklag doen over iets bij iemand
plaine ZN V **vlakte**
plain-pied ZN M • *être de ~* gelijkvloers zijn
plaint WW présent, volt. deelw. → **plaindre**
plainte ZN V **1 klacht** • *on entendait les ~s des blessés* je kon de gewonden horen kreunen **2 aanklacht** • *déposer une ~ contre X* bij de politie aangifte doen tegen onbekend • *porter ~ pour vol contre qn* aangifte van diefstal doen tegen iemand • *retirer sa ~* zijn aanklacht intrekken
plaintif BN (V plaintive), **klaaglijk, klagend**
plaire 1 ONOV WW onregelmatig **behagen (à aan), bevallen, aanstaan, in de smaak vallen** • *elle lui plaît beaucoup* hij is erg op haar gesteld, hij vindt haar erg aardig • *cette musique plaît bien aux jeunes* deze muziek spreekt jongeren aan **2** ONP WW **behagen, bevallen** • *s'il vous plaît / s'il te plaît* alstublieft / alsjeblieft <vragend; Belg Fr.: gevend> • *comme il vous plaira* zoals u wilt • *quand il te plaira* wanneer je (maar) wilt **3** WKD WW **(se ~) 1 elkaar aardig vinden** • *ils se sont immédiatement plu* ze vonden elkaar direct aardig **2 het naar de zin hebben, genoegen scheppen (à in)** • *se ~ quelque part* ergens graag zijn, ergens goed gedijen • *il se plaît bien dans l'entreprise où il travaille* hij heeft het erg naar zijn zin in het bedrijf waar hij werkt • *je me plais bien ici* het bevalt mij hier
plaisamment BW **1 aangenaam 2 grappig**
plaisance ZN V • *un bateau de ~* plezierjacht • *la navigation de ~* watersport <met boten>, pleziervaart • *un port de ~* jachthaven
plaisant 1 BN **1 aangenaam, prettig** • *un garçon ~* charmante jongen **2 grappig, leuk 2** ZN M **1 het grappige** • *le ~ de l'histoire, c'est que...* het grappige van het verhaal is dat... **2 grappenmaker** • *un mauvais ~* iemand die zich vermaakt ten koste van anderen, flauwe grappenmaker
plaisanter ONOV WW **grapjes maken, gekheid maken, schertsen, spotten** • *on ne plaisante pas avec ces choses-là* daar valt niet mee te spotten • *je ne plaisante pas* het is mij bittere ernst, ik meen het • *tu dis ça pour ~!* je maakt een grapje! • *tu plaisantes!* dat meen je niet!
plaisanterie ZN V **grap, scherts, lachertje** • *une mauvaise ~* een flauwe grap • *trêve de ~!* alle gekheid op een stokje • *(toute) ~ à part* in ernst (gesproken), zonder gekheid • *c'est une ~, je suppose?* dat meen je toch niet? • *pousser la ~ un peu loin* te ver gaan met een grap • *par ~* voor de grap, voor de aardigheid
plaisantin ZN M **flauwe grappenmaker, lolbroek**
plaisir ZN M **1 plezier, vermaak, genoegen** • *faire ~ à qn* iemand plezier doen • *faire qc avec ~* iets graag doen • *prendre ~ à faire qc* er genoegen in scheppen om iets te doen, iets graag doen • *prendre du ~ à qc* aardigheid in iets hebben • *nous avons le ~ de vous annoncer leur mariage* we hebben het genoegen u mede te delen dat zij in het huwelijk zullen treden • *il fait ~ à voir* hij ziet er aantrekkelijk uit • *rougir de ~* blozen van genoegen • IRON. *je te souhaite bien du ~!* veel plezier ermee! • *ce n'est pas une partie de ~* het is geen pretje / lolletje • *c'est un véritable ~ pour moi* het is mij een waar genoegen • *c'est un ~ pour les yeux* het is een genot voor het oog • *au ~ (de vous revoir)!* tot genoegen!, tot ziens! • *pour le ~ des yeux* om je ogen de kost te geven, kijken kost niks **2 genot** • *le ~ solitaire* masturbatie, zelfbevrediging • *se donner du ~* zich bevredigen **3** MV **plezier** • *les ~s de la table* de tafelgenoegens • *mener une vie de ~s* een losbandig leven leiden
plan 1 ZN M **1 (plat) vlak** • *un ~ incliné* hellend vlak • *un ~ d'eau* waterpartij, meer(tje) • *un ~ de travail* werkblad, aanrechtblad **2 plattegrond** • *le ~ de la ville* stadsplattegrond • *un ~ de Paris et des environs* plattegrond van Parijs en omgeving **3 niveau** • *un chercheur de premier ~* eersterangs onderzoeker • *une entreprise de second ~* tweederangs bedrijf • *être au premier ~* op de voorgrond staan • FIG. *mettre sur le même ~* op één lijn stellen • FIG. *reléguer qn au second ~* iemand naar de achtergrond schuiven • *sur le ~ de sa vie personnelle, elle a réussi* op het gebied van haar privéleven is zij geslaagd • *sur le ~ économique* (in) economisch (opzicht) • *sur le ~ politique* op politiek terrein • *sur le ~ social* op het sociale vlak • *au second ~* op de achtergrond **4 plan, ontwerp, idee** • *un ~ de réforme* hervormingsplan • *un ~ d'épargne* spaarplan • *un ~ d'austérité* bezuinigingsplan • *un ~ social* sociaal plan • *un ~ d'urgence* noodplan • INFORM. *laisser en ~* in de steek laten, FIG. laten vallen, in de kou laten staan • FIG. *tirer des ~s sur la comète* luchtkastelen bouwen **5** KUNST <ruimtelijk> **beeld** • *un ~ panoramique* panoramabeeld • *en arrière-~* op de achtergrond • *(en) gros ~* (in) close-up • *un gros ~ sur un visage* close-up van een gezicht **2** BN **vlak, plat, effen** • *la géométrie ~e* planimetrie, vlakke meetkunde
planche ZN V **1 plank** • *une ~ à dessin* tekenbord • *une ~ à repasser* strijkplank • *une ~ à roulettes* skateboard • *une ~ à voile* windsurfplank • *une ~ de surf* surfplank • *une ~ à pain* broodplank • FIG. *~ de*

pl

salut reddingsplank, laatste redmiddel, strohalm • *faire la ~* op je rug drijven (als een plank) • INFORM. *avoir du pain sur la ~* werk aan de winkel hebben **2** werkblad **3** prent <in boek>, plaat, gravure • *des ~s en couleur* gravures in kleur **4** MV theater, (de) planken • *monter sur les ~s* toneelspeler worden, (het toneel) opkomen

plancher 1 ZN M **1** vloer, bodem • *les lames de ~* vloerplanken • INFORM. *le ~ des vaches* de vaste wal • INFORM. *débarrasser le ~* wegwezen, opkrassen • INFORM. *avoir le pied au ~* plankgas geven **2** minimum • *des prix ~s* bodemprijzen **2** ONOV WW INFORM. pennen, zwoegen (op) • *~ toute la nuit sur un sujet* de hele nacht op een onderwerp zitten zwoegen

planchette ZN V plankje

planchiste ZN M/V plankzeiler, surfer, skateboarder

plancton ZN M plankton

planer ONOV WW **1** zweven • *un vol plané* glijvlucht **2** FIG. hangen (boven) • *un doute plane sur cette affaire* daarover blijft twijfel bestaan • *elle plane* zij staat / zit te dromen • FIG. *~ (dans les hautes sphères)* in hogere regionen verkeren

planétaire BN **1** wereldwijd, mondiaal • *à l'échelle ~* wereldwijd, op wereldwijde schaal **2** planetair, planeten-

planète ZN V planeet • *la ~ Terre* de planeet Aarde

planeur ZN M zweefvliegtuig

planificateur BN (V planificatrice), planning(s)-

planification ZN V planning • *la ~ familiale* gezinsplanning

planifier OV WW plannen • *une économie planifiée* geleide economie, planeconomie

planisphère ZN M wereldkaart, hemelkaart

planning ZN M planning • *le ~ familial* gezinsplanning

plan-plan INFORM., MIN. BW kalmpjes aan

planque INFORM. ZN V **1** schuilplaats **2** rustig baantje • *il a trouvé une bonne ~ dans un ministère* hij heeft een luizenbaantje gevonden bij een van de ministeries

planqué INFORM. ZN M onderduiker

planquer INFORM. **1** OV WW wegstoppen, verbergen • *~ son fric* zijn geld verbergen **2** WKD WW (se ~) zich verstoppen, onderduiken, veilig wegkruipen • *ils se sont planqués pendant la dernière guerre* zij zijn ondergedoken tijdens de laatste oorlog

plant "pla(n)" ZN M **1** stek, zaailing **2** aanplanting

plantaire BN voetzool- • *la voûte ~* de welving van de voetzool

plantation ZN V **1** plantage, aanplanting • *une ~ de café* koffieplantage • *une ~ de légumes* terrein met groenteteelt, groenteaanplant • *toutes les ~s ont été détruites par la grêle* alle beplanting is vernietigd door de hagel **2** (het) planten

plante ZN V **1** plant • *une ~ d'appartement* kamerplant • *une ~ verte* bladplant • *une ~ grasse* vetplant • *une ~ vivace* vaste plant • INFORM. *une belle ~* een mooie meid, een lekker stuk **2** (voet)zool • *la ~ du pied* voetzool

planter 1 OV WW **1** planten • *~ des arbres* bomen planten **2** beplanten (de, en met) • *une avenue plantée d'arbres* een laan met bomen **3** (stevig) plaatsen, (stevig) inslaan (dans in), (neer)planten • *~ des clous* spijkers inslaan • *~ une tente* een tent opzetten • *ne reste pas là planté!* blijf daar niet zo stokstijf staan! **4** laten liggen, laten staan • INFORM. *il m'a planté là devant la maison sans explication* hij liet me daar voor het huis staan zonder enige uitleg **2** WKD WW (se ~) **1** geplant worden • *ça se plante au printemps* die moet je in de lente planten **2** (onbeweeglijk) blijven staan • *se ~ devant une vitrine* voor een etalage blijven staan **3** INFORM. crashen, van de weg raken • *l'ordinateur s'est planté* de computer is gecrasht **4** INFORM. zich vergissen, miskleunen, er niks van terechtbrengen • *se ~ dans l'épreuve de philosophie (au baccalauréat)* helemaal niets terechtbrengen van filosofie (op het eindexamen)

planteur ZN M (V planteuse), planter

plantigrade ZN M zoolganger

planton MIL. ZN M oppasser, ordonnans • INFORM. *faire le ~* (lang) staan te wachten

plantureux BN (V plantureuse), overvloedig, weelderig • *un repas ~* overvloedige maaltijd • FIG. *une femme plantureuse* vrouw met weelderige vormen

plaque ZN V **1** plaat(je), laag(je) • *une ~ de chocolat* plak / tablet chocola • *une ~ en / de verre* glazen plaat • *une ~ de cuisson (en céramique)* (keramische) kookplaat • *une ~ de verglas* laag ijzel • *la ~ minéralogique / d'immatriculation* kentekenplaat, nummerbord • *une ~ commémorative* gedenkplaat • INFORM., FIG. *être à côté de la ~* er (volledig) naast zitten **2** FIG. • *une ~ tournante* knooppunt, centrum • *Paris reste la ~ tournante de la France* Parijs is en blijft de spil van Frankrijk **3** MED. (aangedane) plek, plaque • *la ~ dentaire* tandplak, plaque • *avoir des ~s rouges sur tout le corps* rode plekken hebben op het hele lichaam • *la sclérose en ~s* multiple sclerose

plaqué ZN M pleet, doublé, fineer • *du ~ or* goudpleet

plaquer OV WW **1** (krachtig) drukken • *le policier l'a plaqué au sol* de politieman drukte hem tegen de grond • *~ qn au mur* iemand met kracht tegen een muur drukken **2** SPORT tackelen **3** MUZ. aanslaan <v. akkoord> **4** INFORM. in de steek laten, opgeven, de bons geven • *tout ~ pour partir aux Indes* alles opgeven om naar Indië te vertrekken • *elle s'est fait ~* ze heeft de bons gekregen, ze is gedumpt

plaquette ZN V **1** plaatje, schijfje • *une ~ de beurre* pakje boter • *une ~ de métal* metalen plaatje **2** dun boekje • *une ~ publicitaire* reclamefoldertje **3** (doordruk)strip <van medicijnen> **4** MED. • *une ~ sanguine* bloedplaatje

plasma ZN M plasma • *un écran à ~* plasmascherm

plastic ZN M kneedbom • *un attentat au ~*

kneedbomaanslag

plasticage ZN M kneedbomaanslag • ~ *d'un commissariat* kneedbomaanslag op een politiebureau

plasticien ZN M (V plasticienne), beeldend kunstenaar

plasticité ZN V kneedbaarheid, plasticiteit

plastification ZN V plastificering

plastifier OV WW plastificeren

plastiquage ZN M → **plasticage**

plastique **1** BN **1** plastisch, beeldend • *les arts ~s* beeldende kunst(en) • *la chirurgie ~* plastische chirurgie **2** plastisch, kneedbaar • *la matière ~* plastic **2** ZN M plastic • *une bouteille en ~* plastic fles **3** ZN V **1** plastiek, beeldhouwkunst **2** (schoonheid v.d.) lichaamsvormen

plastiquer OV WW met een kneedbom opblazen

plat "plà" **1** BN **1** vlak • *un pays ~* vlak land • *c'est le calme ~* het is de slappe tijd / komkommertijd **2** plat • *un bateau ~* platbodem • *une assiette ~e* plat bord • *une poitrine ~e* platte boezem • *des cheveux ~s* sluik haar • *~ comme une galette* zo plat als een dubbeltje • *porter des chaussures ~es* platte schoenen dragen • *être à ~ ventre* plat op de buik liggen • FIG. *se mettre à ~ ventre devant qn* voor iemand kruipen **3** FIG. vlak, alledaags, kleurloos, smakeloos • *de l'eau ~e* (kraan)water zonder koolzuur • *un style ~* alledaagse stijl **4** FIG. laag, onderdanig, kruiperig • *faire de ~es excuses à qn* nederige excuses maken aan iemand **2** • INFORM. *être à ~* doodop zijn • *être à plat* een lekke band hebben • *une affaire qui tombe à ~* een zaak die helemaal mislukt / flopt • *(re)mettre à ~* nog eens grondig uitzoeken **3** ZN M **1** schaal • *un ~ à gâteau* taartschaal • *des œufs sur le ~* spiegeleieren • *mettre les petits ~s dans les grands* onkosten maken (om iemand te onthalen) **2** gerecht, gang • *le ~ du jour* dagschotel • *un ~ de viande* vleesgerecht • OOK FIG. *le ~ de résistance* hoofdschotel • INFORM. *faire du ~ à qn* aanpappen / flikflooien met iemand • INFORM. *faire tout un ~ de qc* ergens ophef van maken, iets dramatiseren **3** plat gedeelte, plat • *le ~ de la main* de vlakke hand

platane ZN M plataan

plateau ZN M (MV plateaux) **1** schijf, blad, schaal <van balans> • *un ~ à fromages* kaasplateau • *un ~ de fruits de mer* schaal met zeebanket • *un ~-repas* plateservicemaaltijd • FIG. *apporter qc à qn sur un ~* iets op een presenteerblaadje aan iemand aanbieden **2** hoogvlakte, plateau • *un haut ~* hoogvlakte • *le ~ continental* het continentaal plat **3** studiovloer, filmset, podium <toneel> • *les invités sur le ~* de gasten in de (radio-/tv-)uitzending

plateau-télé INFORM. ZN M (MV plateaux-télé), kant-en-klaarmaaltijd

platebande ZN V → **plate-bande**

plate-bande ZN V (MV plates-bandes), border, rand • INFORM. *marcher sur les plates-bandes de qn* onder iemands duiven schieten

platée ZN V schotelvol, flinke portie

plateforme, plate-forme ZN V (MV plate(-)formes) **1** platform, balkon <van tram, bus enz.> • *une ~ (de forage)* booreiland **2** politiek programma, (overleg)basis • *la ~ commune des partis de gauche* het gemeenschappelijk politiek programma van de linkse partijen

platement BW banaal, alledaags, laag, slaafs • *s'excuser ~* zich nederig verontschuldigen

platine **1** ZN M platina **2** ZN V draaitafel, platenspeler, deck • *la ~ d'un lecteur de cassettes* cassettedeck

platitude ZN V banaliteit, platitude, gemeenplaats • *dire des ~s* gemeenplaatsen zeggen, afgezaagde opmerkingen maken

platonique BN platonisch, puur theoretisch • *un amour ~* platonische liefde

plâtrage ZN M bepleistering

plâtre ZN M **1** pleister(kalk), gips • *enduire un mur de ~* een muur bepleisteren • *une statue en ~* gipsen beeld **2** gipsverband • *avoir un pied dans le ~* een voet in het gips hebben • *un ~ de marche* loopgips

plâtrer OV WW **1** (be)pleisteren **2** gipsen, in het gips zetten • *avoir une jambe plâtrée* een been in het gips hebben

plâtrier ZN M stukadoor

plausible BN aannemelijk, geloofwaardig, plausibel • *cela a l'air ~* dat klinkt heel aannemelijk

play-back "pleebak" ZN M (MV id.), playback • *chanter en ~* playbacken

play-boy ZN M (MV play-boys), playboy

plébiscite ZN M volksstemming, plebisciet

plébisciter FIG. OV WW met overweldigende meerderheid kiezen / aannemen

plein **1** BN **1** vol (de met, van) • *une valise ~e à craquer* een propvolle koffer • *avoir la bouche ~e* een volle mond hebben • *être ~ de bonne volonté* vol goede wil zijn **2** volledig, geheel • *la ~e lune* volle maan • *une journée ~e* een drukbezette dag • *travailler à ~ temps* fulltime werken **3** volop, midden in • *recevoir une balle en ~e poitrine* een kogel midden in de borst krijgen • *en ~ hiver* midden in de winter • *en ~e mer* in volle zee • *en ~ sud* pal op het zuiden • *en ~ jour* midden op de dag • *en ~e nuit* midden in de nacht • *en ~ soleil* vol in de zon **2** BW vol(op) • *il a ~ d'amis* hij heeft volop vrienden • INFORM. *il est mignon tout ~* hij is hartstikke lief • INFORM., FIG. *j'en ai ~ le dos / le cul* ik heb er mijn buik vol van, ik ben het spuugzat • INFORM., FIG. *en prendre ~ la gueule* de volle laag krijgen **3** ZN M (het) vol-zijn, volheid, maximum • *faire le ~ (d'essence)* voltanken, de tank volgooien • *faire le ~ des voix* het maximumaantal stemmen in de wacht slepen • *la fête bat son ~* het feest is in volle gang

pleinement BW volkomen, ten volle

plein-emploi ZN M volledige werkgelegenheid

plénier BN (V plénière), voltallig • *une assemblée plénière* plenaire vergadering

plénipotentiaire **1** ZN M/V gevolmachtigde **2** BN gevolmachtigd • *un ministre ~* gevolmachtigd minister

plénitude ZN V volheid, volledigheid • FORM. *être dans la ~ de ses facultés* bij zijn volle verstand zijn

pl

pléonasme ZN M pleonasme
pléthore ZN V overvloed (**de** aan)
pléthorique BN (te) overvloedig, overvol
pleurer **1** ONOV WW **1** huilen • *~ de rage* huilen van woede • *~ comme une Madeleine* tranen met tuiten huilen • *~ de rire* zich tranen lachen • *c'est triste à ~* dat is werkelijk om te huilen, dat is in- en intriest • *c'était à en ~* ik kon wel janken **2** bedroefd zijn (over), zich beklagen • *~ sur son sort* zich beklagen over zijn lot **2** OV WW bewenen, betreuren • *~ la mort de qn* treuren om de dood van iemand • *~ toutes les larmes de son corps* tranen met tuiten huilen
pleurésie ZN V pleuritis, borstvliesontsteking
pleureur BN (V pleureuse), treur- <van bomen> • *un saule ~* treurwilg
pleurnichard BN grienerig, dreinerig
pleurnicher ONOV WW grienen, dreinen
pleurnicherie ZN V gegrien, gedrein
pleurnicheur **1** BN (V pleurnicheuse), grienerig, dreinerig • *un enfant ~* dreinerig kind **2** ZN M (V pleurnicheuse), griener, huilebalk
pleurote ZN M oesterzwam
pleurs FORM. ZN M MV tranen • *être en ~* in tranen zijn
pleut WW présent → **pleuvoir**
pleutre FORM. ZN M lafaard
pleuvasser ONP WW motregenen
pleuvioter, **pleuvoter** ONP WW motregenen
pleuvoir ONP WW onregelmatig regenen • *il pleut à verse / à torrents* het regent dat het giet, het stortregent • *qu'il pleuve ou qu'il vente...* weer of geen weer... • FIG. *il pleut des coups* het regent slagen • FIG. *il pleuvait des éclats (d'obus)* het regende (granaat) scherven
plèvre ZN V borstvlies
pli ZN M vouw, plooi • *le ~ d'un pantalon* de plooi in een broek • *un faux ~* een kreuk • FIG. *prendre un mauvais ~* een slechte gewoonte aannemen • FIG., INFORM. *ça ne fait pas un pli!* dat loopt vanzelf!, dat zit wel snor!
pliable BN (op)vouwbaar, plooibaar
pliage ZN M (het) (op)vouwen, (het) plooien
pliant BN opvouwbaar, vouw-, klap- • *un fauteuil ~* vouwstoeltje • *une table ~e* klaptafel
plier **1** OV WW **1** (op)vouwen • *~ un journal* een krant vouwen • *~ un papier en quatre* een blaadje in vieren vouwen • INFORM. *~ bagage* je biezen pakken, ertussenuit gaan **2** buigen • *~ les genoux* door je knieën zakken • FIG. *il était plié en deux (de rire)* hij lag krom van het lachen **2** ONOV WW **1** (door) buigen • *~ sous la charge* doorbuigen onder het gewicht **2** zwichten, wijken, toegeven • *il ne plie devant personne* hij zwicht voor niemand **3** WKD WW (**se ~**) **à** buigen voor, zich schikken naar, zich onderwerpen aan • *ne pas se ~ au règlement* zich niet aan de regels houden
plinthe ZN V plint
plissage ZN M (het) plooien
plissé BN geplooid, plooi- • *une jupe plissée* plooirok
plisser **1** OV WW fronsen <v. voorhoofd>, toeknijpen <v. ogen> **2** ONOV WW plooien / kreukels hebben, plooien
plomb "plo(n)" ZN M **1** lood • *essence sans ~* loodvrije benzine • *des soldats de ~* tinnen soldaatjes • *lourd comme du ~* loodzwaar • FIG. *un sommeil de ~* heel diepe slaap • FIG. *un soleil de ~* brandende zon **2** voorwerp v. lood, loodje, kogel(s) • *un ~ (fusible)* zekering, stop • *du fil à ~* schietlood • *tué par un coup de ~* gedood door een schot hagel • FIG. *il n'a pas de ~ dans la cervelle / tête* hij is onbezonnen • FIG. *avoir du ~ dans l'aile* in de penarie zitten • INFORM., FIG. *il a pété les ~s* de stoppen zijn bij hem doorgeslagen, hij is over de rooie gegaan
plombage ZN M plombeersel, vulling <van tand / kies>
plombé **1** BN loodkleurig • *un ciel ~* donkergrijze hemel **2** WW volt. deelw. → **plomber**
plomber OV WW **1** vullen <van tand / kies>, plomberen **2** INFORM. fnuiken
plomberie ZN V **1** loodgieterij, loodgieterswerk • *une entreprise de ~* loodgietersbedrijf **2** water- en gasleidingen • *la ~ est à refaire dans cette maison* het leidingwerk in dit huis moet worden vervangen
plombier ZN M loodgieter
plombifère BN loodhoudend
plonge INFORM. ZN V (het) bordenwassen <in restaurant e.d.> • *faire la ~* afwassen
plongeant BN duikend, naar beneden gericht • *un décolleté ~* diep decolleté • *une vue ~e* uitzicht van boven, overzicht
plongée ZN V **1** (het) duiken, onderwatervaart <van onderzeeër> • *la ~ sous-marine* het diepzeeduiken **2** filmopname / uitzicht van bovenaf
plongeoir ZN M duikplank, springtoren
plongeon ZN M **1** duik, onderduiking, SPORT schwalbe • *le ~ acrobatique* het schoonspringen **2** INFORM. diepe buiging • *le ~ du dollar* de val van de dollar • FIG. *faire le ~* een financiële duikeling maken, het loodje leggen
plonger **1** OV WW **1** (onder)dompelen • *~ la main dans l'eau bouillante* je hand in kokend water steken **2** (diep) steken • *il a plongé ses yeux dans les miens* hij keek mij diep in de ogen **3** FIG. dompelen, doen verzinken, storten • *la ville est plongée dans l'obscurité* de stad is gedompeld in duisternis • *cette nouvelle l'a plongé dans la tristesse* door dit bericht raakte hij in zak en as **2** ONOV WW **1** duiken, neerduiken, OOK FIG. duikelen • *~ dans l'eau* in het water duiken • *~ pour arrêter le ballon* duiken om de bal te stoppen **2** FIG. wegzinken • *il était plongé dans ses pensées* hij was in gedachten verzonken **3** WKD WW (**se ~**) zich storten (in / op), opgaan / zich verdiepen (in) • *se ~ dans son travail* zich op zijn werk storten
plongeur ZN M (V plongeuse) **1** duiker **2** bordenwasser <in restaurant e.d.>
plouc INFORM., MIN. **1** ZN M boerenkinkel **2** BN boers

pl

plouf TUSSENW plons!, plof!
ploutocrate MIN. ZN M/V plutocraat
ploutocratie ZN V plutocratie
ployer ONOV WW OOK FIG. buigen • ~ *sous une charge* doorbuigen onder een gewicht
plu WW volt. deelw. → **plaire, plaire**
PLU AFK Plan Local d'Urbanisme m (gemeentelijk) bestemmingsplan
plucher ONOV WW → **pelucher**
pluches INFORM. ZN V MV (het) (aardappel) schillen, (het) schoonmaken v. groente enz. • *la corvée de ~* (aardappel)schilcorvee
pluie ZN V **1** regen(bui) • *une ~ torrentielle / diluvienne* stortregen, stortbui • *la saison des ~s* het regenseizoen • *les ~s acides* de zure regen • *il est parti sous la ~* hij is in de regen vertrokken • *le temps est à la ~* er zit regen in de lucht, het is buiig weer • *après la ~ le beau temps* na regen komt zonneschijn • *être ennuyeux comme la ~* stomvervelend zijn • FIG. *parler de la ~ et du beau temps* over koetjes en kalfjes praten • FIG. *faire la ~ et le beau temps* de lakens uitdelen • FIG. *il n'est pas tombé / né de la dernière ~* hij is niet van gisteren **2** FIG. **regen** • *une ~ de balles* kogelregen • *une ~ de confetti* confettiregen • *une ~ d'injures* scheldkanonnade
plumage ZN M gevederte, (het) plukken <van vogel>
plumard INFORM. ZN M nest <bed>
plume ZN V **1** veer • *le gibier à ~s* het gevogelte • INFORM. *perdre ses ~s* kaal worden • FIG. *y laisser des ~s* een veer (moeten) laten, erbij inboeten **2** (schrijf)pen • *un stylo à ~* vulpen • *un dessin à la ~* pentekening • *un nom de ~* schuilnaam • *vivre de sa ~* van zijn pen leven • FORM. *prendre la ~ / sa plus belle ~* de pen ter hand nemen **3** SPORT vedergewicht • *un boxeur classé dans les poids ~* een bokser in de vedergewichtklasse, een vedergewicht
plumeau ZN M (MV plumeaux), plumeau, veren stoffer
plumer OV WW plukken, kaalplukken • *se faire ~ au poker* zich bij het pokeren laten kaalplukken
plupart ZN V (het) grootste deel (**de** van) • *la ~ des femmes* de meeste vrouwen • *la ~ du temps* meestal • *la ~ d'entre nous sont d'accord* de meesten van ons zijn het ermee eens • *pour la ~* merendeels
pluralisme ZN M pluralisme, veelvormigheid
pluraliste BN pluralistisch
pluralité ZN V veelheid, pluraliteit
pluriannuel BN (V pluriannuelle), meerjarig, meerjaren-
pluridisciplinaire BN multidisciplinair
pluriel 1 ZN M meervoud • *mettre au ~* in het meervoud zetten **2** BN (V plurielle), meervoudig, pluriform • *la majorité ~le* de meerderheidscoalitie / -partijen
plurilingue BN meertalig
plus "pluus; pluu (voor bn, bijw)" **1** BW **1** meer • *~ de cent* meer dan honderd • *elle est ~ forte* zij is sterker • *les ~ de 18 ans* personen boven de 18 • *les (personnes de) ~ de soixante-cinq ans* de vijfenzestigplussers • *~ de la moitié des auditeurs* meer dan de helft van de luisteraars • *appelle-moi ~ souvent!* bel me wat vaker! • *il est deux fois ~ lourd* hij is twee keer zo zwaar • *il est ~ mort que vif* hij is meer dood dan levend • *être ~ royaliste que le roi* roomser dan de paus zijn • *il a deux ans de ~ que moi* hij is twee jaar ouder dan ik • *qu'est-ce que tu veux de ~?* wat wil je nog meer? • *il y a encore ~ de concurrents que l'an dernier* er zijn nog meer concurrenten dan vorig jaar • *~ que deux jours et c'est les vacances!* nog maar twee dagen en het is vakantie! • *on a mis un peu ~ d'une heure* het heeft ons een goed uur gekost • *elle gagne ~ maintenant* ze verdient nu meer • *~ il parle et moins on le comprend* hoe meer hij zegt, hoe minder je hem begrijpt • *elle fait ce qu'on lui demande ni ~ ni moins* ze doet wat van haar gevraagd wordt, niet meer en niet minder • *tu n'obtiendras rien de ~* jij krijgt verder niets, dit is alles wat je krijgt • *il fait son travail sans ~* hij doet zijn werk en niet meer • *~ d'une fois je me suis demandé pourquoi…* ik heb me meerdere malen afgevraagd waarom… • *on a un jardin et une terrasse en ~* we hebben een tuin en ook nog een terras • *c'est un petit quelque chose en ~* dat is iets extra's • *elle est d'autant ~ déçue qu'elle avait beaucoup travaillé* ze was des te teleurgestelder omdat ze hard gewerkt had • *il court de ~ en ~ vite* hij rent hoe langer hoe harder • *il progresse de ~ en ~* hij gaat steeds meer vooruit • *c'est ~ ou moins sa façon de travailler* dat is min of meer zijn manier van werken • *c'est ça et rien de ~* dat is het en meer niet! • *~ ou moins* min of meer • *de ~ en ~ mal* hoe langer hoe slechter • *de ~ en ~ grand* groter en groter • *une fois de ~* eens te meer, nogmaals • *trois semaines ~ tard* drie weken erna • *qui ~ est …* sterker nog … **2** meest • *le ~ beau jour de ma vie* de mooiste dag van mijn leven • *le ~ con dans cette affaire c'est …* het stomste in deze zaak is … • *du ~ loin que je me souvienne…* voor zover ik mij kan herinneren… • *le ~ dur est fait* het lastigste is gedaan • *la situation était des ~ compliquées* de toestand was hoogst gecompliceerd • *dans un an, tout au ~, ils reviendront* over hooguit een jaar komen ze terug **3** niet… meer • *il n'y a ~ de pain* er is geen brood meer • *il n'y a ~ d'eau* het water is op • *~ personne ne viendra* er zal niemand meer komen • *elle ne viendra ~ jamais* ze komt nooit meer • *~ personne n'en veut?* niemand meer? • *on n'a ~ de cours après juin* we hebben geen lessen meer na juni • *moi non ~* ik ook niet • *lui non ~ ne dira rien* hij zal ook niets zeggen • *il n'y va pas non ~* hij gaat er ook niet naar toe • *~ un mot!* geen woord meer! **4** INFORM. <verkorting van 'à plus tard'> • *à ~!* tot ziens!, doei! **2** ZN M **1** plus(punt) • *ce stage est un ~ sur ton C.V.* deze stage is een pluspunt op je cv **2** plusteken **3** VOEGW plus • *un ~ un ne font pas toujours deux* een plus een is niet altijd twee • *ça fait deux cents euros ~ les frais* dat maakt tweehonderd euro plus de kosten
plusieurs 1 BN verscheidene, meerdere • *à ~ reprises* meerdere keren **2** ONB VNW verscheidene(n), velen • *~ d'entre nous le demandent* verscheidenen van ons vragen het • *venir à ~* met meerderen komen, gezamenlijk

pl

komen
plus-que-parfait "pluus-" ZN M **voltooid verleden tijd**
plus-value "pluu-" ZN V (MV plus-values) **1** ECON. **waardevermeerdering 2 surplus, winst, meerwaarde**
plutonium "-njom" ZN M **plutonium**
plutôt BW **1 veeleer, liever, eerder** • *~ mourir que de lui demander de l'aide!* ik ga nog liever dood dan dat ik hem om hulp vraag! • *ou plutôt...* of liever (gezegd)... **2 nogal, tamelijk** • *il est ~ beau garçon!* hij is erg knap! • *il chante ~ mal* hij zingt nogal slecht • *il est ~ difficile* hij is knap lastig
pluvial BN (M MV pluviaux), **regen-** • *des eaux ~es* regenwater
pluvieux BN (V pluvieuse), **regenachtig, regenrijk** • *un pays ~* regenachtig land
pluviosité ZN V **regenachtigheid, regenval**
P.M.A. AFK procréation médicalement assistée V **medisch begeleide voortplanting**
PME AFK petites et moyennes entreprises V MV **mkb** <midden- en kleinbedrijf>, BELG. **kmo** <kleine of middelgrote onderneming> • *une ~ installée en Île-de-France* een klein / middelgroot bedrijf in Île-de-France
PMU AFK pari mutuel urbain M **paardentoto**
PNB AFK produit national brut M **bnp, bruto nationaal product**
pneu ZN M (MV pneus), **(lucht)band** <van voertuig> • *un pneu de vélo* fietsband • *un ~ de rechange* reserveband • *les ~s à clous* de spijkerbanden • *on a eu un ~ crevé* we hadden een lekke band
pneumatique BN **pneumatisch, lucht-** • *un canot ~* opblaasboot, rubberboot • *un matelas ~* luchtbed
pneumologue ZN M/V **longarts**
pneumonie ZN V **longontsteking**
poche ZN V **1 zak** <van kledingstuk>, **(binnen)vak** <van tas e.d.> • *la ~ intérieure d'un sac* het binnenvak van een tas • *un couteau de ~* zakmes • *un ordinateur de ~* zakcomputer • *de l'argent de ~* zakgeld • *un livre de ~* / INFORM. *un poche* pocketboek • *ce roman est paru en ~* die roman is als pocket verschenen • *je lui ai fait les ~s* ik heb zijn zakken gerold • *n'avoir pas un sou en ~* geen cent op zak hebben • *elle a payé le dîner de sa ~* ze heeft het etentje uit eigen zak betaald • *en être de sa ~* er geld op toe moeten leggen • FIG. *je connais cette région comme ma ~* ik ken deze streek als mijn broekzak • FIG. *elle n'a pas la langue dans sa ~* zij is niet op haar mondje gevallen • FIG. *se remplir les ~s; s'en mettre plein les ~s* je zakken vullen • INFORM. *l'affaire est dans la ~* de zaak is rond **2 buidel** <van buideldier> **3 uitzakking, wal** <onder de ogen> • *avoir des ~s sous les yeux* wallen onder je ogen hebben **4 (gevulde) holte** • *une ~ de gaz* (onderaardse) gasbel **5** FIG. **haard** • *il y a des ~s de pauvreté dans cette région* er zijn plaatsen waar armoede heerst in deze streek • *une ~ de résistance* verzetshaard
pocher OV WW **1** CULIN **pocheren** <v. eieren, vis> **2** • *il a un œil poché* hij heeft een blauw oog
pochette ZN V **1 zakje, etui, hoes** • *une ~ d'allumettes* mapje lucifers • *une ~ de disque / de CD* platenhoes / cd-doosje **2 pochet**
pochette-surprise ZN V (MV pochettes-surprises), **verrassingspakket**
pochoir ZN M **sjabloon**
podcaster "podkastee" OV WW **podcasten, een podcast uitzenden**
podium "podjom" ZN M **podium** • FIG. *monter sur le ~* het ereschavot betreden, kampioen worden • FIG. *il espère avoir la première place sur le ~* hij hoopt de hoogste trede van het ereschavot te mogen betreden
poêle "pwal" **1** ZN M **kachel** • *un ~ électrique* elektrische kachel **2** ZN V **braadpan, koekenpan** • *une ~ à frire* braadpan, koekenpan • *faire sauter des pommes de terre à la ~* aardappelen bakken in een koekenpan
poêlée ZN V **pan(vol)** <inhoud>
poêlon "pwa-" ZN M **stoof- / braadpan met steel**
poème ZN M **gedicht**
poésie ZN V **1 gedicht(je)** • *réciter / dire une ~* een gedicht voordragen / opzeggen **2 poëzie, dichtkunst 3 dichterlijkheid** • *il n'a aucun sens de la ~* hij is niet bepaald dichterlijk aangelegd, hij is hoogst prozaïsch
poète ZN M **1 dichter** • *une femme ~* dichteres **2 dichterlijk, niet-prozaïsch mens**
poétesse ZN V **dichteres**
poétique 1 BN **dichterlijk,** OOK FIG. **poëtisch 2** ZN V **poëtica, poëtiek**
pognon INFORM. ZN M **poen, geld**
pogrom, pogrome ZN M **pogrom**
poids "pwà" ZN M **1 gewicht** • *les ~ et mesures* maten en gewichten, het ijkwezen • *un ~ lourd* vrachtwagen • *prendre du ~* (in gewicht) aankomen • *perdre du ~* (in gewicht) afvallen • *vendre ses livres au ~* zijn boeken verkopen per gewicht • *il y a deux ~, deux mesures* er wordt met twee maten gemeten **2** SPORT **kogel** • *le lancement du ~* het kogelstoten **3** SPORT **gewicht** <bij boksen, krachtsport> • *un ~ lourd* zwaargewicht • *un ~ léger* lichtgewicht • *un ~ coq* bantamgewicht • *un ~ mouche* vlieggewicht • *un ~ plume* vedergewicht **4** FIG. **last, gewicht** • *un argument de ~* zwaarwegend argument • *un ~ mort* dood gewicht, ballast, blok aan het been • *un homme de ~* een man van gewicht, belangrijk man • *les ~ lourds du PS (parti socialiste)* de kopstukken van de PS (Socialistische Partij) • *supporter tout le ~ d'un projet* alle lasten van een project dragen • *avoir un ~ sur la conscience* boter op het hoofd hebben • *c'est un ~ lourd de la finance* dat is een hoge piet op financieel gebied • *il ne fait pas le ~* hij is er niet tegen opgewassen, hij kan het niet aan
poignant BN **aangrijpend, schrijnend** • *des adieux ~s* hartverscheurend afscheid
poignard ZN M **dolk** • *donner un coup de ~ à qn* iemand een dolksteek (in de rug) geven
poignarder OV WW **doorsteken met een dolk** • *il est mort poignardé* hij is met een dolk doodgestoken

po

poigne "pwanj" ZN V **kracht in de hand, stevige knuist, krachtdadigheid** • *une femme à ~* daadkrachtige / energieke vrouw • *manquer de ~* daadkracht missen

poignée ZN V **1 handvol** • CULIN *ajouter une ~ de basilic* een handje basilicum toevoegen • *ses cheveux tombent par poignées* zijn haar valt met plukken tegelijk uit • *une ~ de main* handdruk • FIG. *une ~ d'enfants* handjevol kinderen **2 handvat, greep, heft, hendel** • *une ~ de porte* deurknop • *la ~ d'une valise* het handvat van een koffer

poignet ZN M **1 pols(gewricht)** • FIG. *se hisser au sommet à la force du ~* zich op eigen kracht omhoogwerken **2 manchet, mouwboord**

poil ZN M **1 (losse) haar** <niet v. hoofd> • *les ~s de la barbe* het baardhaar • *les ~s pubiens* het schaamhaar • INFORM. *il n'a pas un ~ sur le caillou* hij heeft een kale knikker • INFORM. *je n'ai plus un ~ de sec* ik heb geen droge draad meer aan het lijf • INFORM. *être à ~* spiernaakt zijn, in z'n blootje / nakie zijn • INFORM. *se mettre à ~* uit de kleren gaan • INFORM. *être de bon ~ / de mauvais ~* een goede / slechte bui hebben • INFORM., FIG. *avoir un ~ dans la main* een hekel aan werken hebben, liever lui dan moe zijn • FIG. *la victoire s'est jouée à un ~ près* ze hebben op het nippertje gewonnen • INFORM., FIG. *il s'en est fallu d'un ~ (que)* ... het scheelde geen haar (of) ... **2 lichaamshaar** <v. dieren>, **vacht** • *un chien à longs ~s* langharige hond • INFORM. *reprendre du ~ de la bête* er weer bovenop komen • FIG. *caresser qn dans le sens du ~* iemand onder de kin strijken, iemand vleien • FIG. *de tout ~ / de tous ~s* van allerlei slag

poilant INFORM. BN **om je dood te lachen**

poiler INFORM. WKD WW **(se ~) zich kapot lachen**

poilu BN **(ruig)behaard, harig**

poinçon "pwe(n)so(n)" ZN M **1 priem 2 keur(stempel)**

poinçonner OV WW **1 knippen** <v. kaartjes> • *faire ~ son billet de transport par le contrôleur* je kaartje laten knippen door de conducteur **2 stempelen** <met (keur)merk>

poinçonneur ZN M (V poinçonneuse), **kaartjesknipper**

poinçonneuse ZN V **kniptang** <voor kaartjes>

poindre "pwe(n)dr" FORM. ONOV WW **tevoorschijn komen, dagen**

poing "pwe(n)" ZN M **vuist** • *coup de ~* stomp • *donner des coups de ~ à qn* iemand stompen • FIG. *dormir à ~s fermés* slapen als een roos • FIG. *être pieds et ~s liés* aan handen en voeten gebonden zijn

point "pwe(n)" **1** ZN M **1 punt** <positie> • *un ~ de rencontre* verzamelpunt, trefpunt • *le ~ de départ* het vertrekpunt • *un ~ d'eau* drinkplaats <bron, kraan> • *un ~ de repère* richtpunt, herkenningsteken • *le ~ mort* het dode punt • *point wifi* wifi-hotspot • *un ~ noir* mee-eter • *des ~s de vente* verkooppunten • AARDK. *les quatre ~s cardinaux* de vier windstreken • *c'est son ~ fort* dat is zijn sterke punt • *mettre au ~* afstellen / instellen <van toestel> • *cette machine n'est pas au ~* deze machine werkt niet goed • *mettre (le moteur) au ~ mort* (de auto) in z'n vrij zetten • FIG. *les négociations sont au ~ mort* de onderhandelingen zitten muurvast • *le ~ noir de la situation économique* het knelpunt van de economische situatie **2 punt** <moment> • *le ~ du jour* het begin v.d. dag, de dageraad • *tu arrives à ~!* je komt als geroepen! • *être sur le ~ de partir* op het punt staan te vertrekken • *ils se détestent à tel ~ qu'ils ne se parlent plus* ze hebben zo' n hekel aan elkaar dat ze niet meer met elkaar praten • *jusqu'à un certain ~* tot op zekere hoogte • *à ce ~ que... / au ~ que...* in die mate dat... • *à ~ nommé* juist van pas, als geroepen **3 punt** <onderwerp, opzicht> • *un ~ litigieux* strijdpunt, geschilpunt • *un ~ faible* een zwakke plek • *un ~ sensible* een gevoelige plek • *les ~s chauds de l'actualité* de hot items van het nieuws • *le ~ fort de la politique actuelle* het zwaartepunt van de huidige politiek • *c'est un ~ principal (à l'ordre du jour)* het staat hoog op de agenda • *c'est mon ~ de vue* dat is mijn standpunt, zó denk ik erover • *ne pas être d'accord sur tous les ~s* het niet op alle punten eens zijn • *toucher un ~ sensible* een teer punt aanroeren • *faire le ~* de (tussen) balans opmaken, de stand v. zaken opnemen / uiteenzetten • *faire le ~ de la situation* alles op een rijtje zetten • *~ par ~* punt voor punt • *à tous les ~s de vue* in ieder opzicht **4 toestand, situatie** • *être mal en ~* er slecht aan toe zijn, beroerd zijn • *au ~ où nous en sommes* zoals we er (nu) voorstaan • *au dernier / plus haut ~* in de hoogste mate, uiterst • CULIN *un steak cuit à ~* biefstuk die (precies) gaar is, licht / medium doorbakken biefstuk **5 punt** <(waarderings)cijfer> • *obtenir le maximum des ~s* het maximum aantal punten krijgen • SPORT *marquer des ~s* punten scoren **6** DRUKK. **teken, punt** • *un ~ d'exclamation* uitroepteken • *des ~s de suspension* gedachtepuntjes, puntje puntje puntje • *un ~ final* punt <aan eind v. zin> • *les deux(-)points* dubbele punt • *... ~ com* dotcom • *mettre les ~s sur les i* de puntjes op de i zetten • *un ~, c'est tout!* en daarmee uit! • *vous ne pouvez pas partir, ~ barre!* jullie mogen niet weg, punt uit! **7 steek** <bij naaiwerk>, **kantwerk 8 steek** <pijnscheut> • *avoir un ~ de côté* een steek in de zij hebben **2** BW FORM. **niet** <vaak met 'ne'> • *~ du tout* in het geheel niet

pointe "pwe(n)t" ZN V **1 punt, spits voorwerp, (kop)spijker, etsnaald** • *la ~ d'un couteau* de punt van een mes • *une ~ sèche* droge naald, drogenaaldets • *des ~s d'asperges* aspergekoppen • *une ~ (de terre)* landtong • *tailler un crayon en ~* een punt aan een potlood slijpen • *en ~* spits toelopend **2 pointe** <voetpunt; spitze> • *des chaussons (de danse) à ~s* spitzen • *des chaussures à ~s* spikes • *marcher sur la ~ des pieds* op je tenen lopen • DANS *faire des ~s* op de spitzen dansen **3 zweempje, beetje** • *une ~ d'ail* een snufje knoflook • *une ~ de sel* een mespuntje zout • *une ~ de moutarde* een tikkeltje mosterd • FIG. *une ~ d'ironie* een zweempje ironie **4 piek, spits** • *aux heures de ~* tijdens de spitsuren • *la vitesse de ~* topsnelheid • *une industrie de ~* speerpuntindustrie • *être à la ~ de la technologie* technologisch geavanceerd zijn • *de*

~ top-, leidend, geavanceerd **5** rake / stekelige opmerking, steek • *se lancer des ~s* elkaar hatelijkheden toevoegen **6** begin • FORM. *la ~ du jour* het aanbreken v.d. dag

pointer "pwe(n)-" **1** OV WW **1** (met punten, tekens) markeren, aanstippen, aankruisen, afvinken **2** (op een mikpunt) richten, wijzen <met vinger> • *~ qn du doigt* met de vinger naar iemand wijzen • *il a pointé le fusil sur lui* hij richtte het geweer op hem **3** spitsen <v. oren; alleen v. dieren> **4** (door)steken **2** ONOV WW **1** stempelen <werkloos zijn>, prikken <in prikklok> • *les ouvriers pointent en arrivant* de werknemers klokken bij aankomst • *machine à ~* prikklok **2** tevoorschijn komen, aanbreken <v. dag> **3** WKD WW (**se ~**) INFORM. komen aanzetten / opdagen • *il s'est pointé à minuit hier soir* hij kwam gisterenavond om twaalf uur aanzetten

pointeur ZN M **1** pointer <hond> **2** COMP. pointer, aanwijzer

pointeuse ZN V prikklok

pointillé ZN M stippellijn, geperforeerde rand • *une ligne en ~* stippellijn • *découper selon le ~* langs de stippellijn afknippen

pointilleux BN (V pointilleuse), pietluttig

pointillisme KUNST ZN M pointillisme

pointu BN **1** spits, puntig **2** scherp <v. toon> **3** FIG. toegespitst, geavanceerd <v. techniek> • *une industrie ~e* geavanceerde industrie

pointure ZN V maat <van (hand)schoen, hoed> • INFORM., FIG. *une grosse ~ / une ~* kopstuk, zwaargewicht, bobo

point-virgule ZN M (MV points-virgules), puntkomma

poire ZN V **1** peer <vrucht> • *couper la ~ en deux* beiden wat toegeven, het verschil delen • INFORM. *garder une ~ pour la soif* een appeltje voor de dorst bewaren • INFORM. *entre la ~ et le fromage* aan het eind v.d. maaltijd, FIG. terloops **2** INFORM. gezicht, smoel

poireau ZN M (MV poireaux), prei • INFORM. *faire le ~* lang moeten wachten

poireauter INFORM. ONOV WW (lang moeten) wachten

poirier ZN M perenboom, perenhout • *faire le ~* op zijn hoofd (gaan) staan

pois "pwà" ZN M **1** erwt • *des ~ cassés* spliterwten • *des ~ chiches* kikkererwten • *des petits ~* doperwten • *la soupe de ~ cassés* (split)erwtensoep • FIG. *la purée de ~* dichte mist **2** stip <op stof> • *un tissu à ~* gestippeld stofje

poison 1 ZN M vergif, OOK FIG. venijn **2** ZN M/V stuk venijn, kreng

poisse INFORM. ZN V pech • *avoir la ~* pech hebben

poisser ONOV WW besmeuren, plakkerig maken • *avoir les doigts qui poissent* plakvingers hebben

poisseux BN (V poisseuse), kleverig

poisson ZN M vis • *~ d'eau douce* zoetwatervis • *~ de mer* zeevis • *un ~ rouge* goudvis • *du ~ d'élevage* kweekvis • *un ~ d'avril* 1 aprilgrap • INFORM. *un gros ~* kopstuk • INFORM. *les petits ~s* het grut, het klein geboefte • *être comme un ~ dans l'eau* zich voelen als een vis in het water • INFORM. *engueuler qn comme un ~ pourri* iemand voor rotte vis uitmaken • *petit ~ deviendra grand* kleine kinderen worden groot

poisson-chat ZN M (MV poissons-chats), meerval

poissonnerie ZN V viswinkel

poissonneux BN (V poissonneuse), visrijk

poissonnier ZN M (V poissonnière), vishandelaar

Poissons ZN M MV Vissen <dierenriem> • *il est ~* hij is een Vis

poitevin BN uit Poitou / Poitiers

poitrail "-traj" ZN M borst <van paard e.d.>

poitrine ZN V **1** borst • *le tour de ~* borstomvang **2** boezem <van vrouw> • *avoir une forte ~* een flinke boezem hebben

poivre ZN M peper • *du ~ en grains* grove peper • *des cheveux ~ et sel* peper-en-zoutkleurig haar

poivré BN **1** gepeperd **2** INFORM. schuin <van mop>

poivrer OV WW peperen

poivrier ZN M **1** peperboom **2** peperbus

poivron ZN M paprika <vrucht>

poivrot INFORM. ZN M dronkenlap

poker "-kèr" ZN M poker • *jouer au ~ / faire une partie de ~* pokeren • *coup de ~* roekeloze / blufferige gok

polaire 1 BN **1** pool-, polair • *le cercle ~* poolcirkel • *l'étoile ~* Poolster • *un ours ~* ijsbeer **2** fleece • *une veste ~* een fleece jasje / jack **2** ZN V fleece <kledingstuk>

polar INFORM. ZN M politieroman / -film, detective, krimi

polarisation ZN V polarisatie

polariser WKD WW (**se ~**) **sur** zich concentreren op • *l'opinion publique se polarise sur cette affaire* de hele publieke opinie concentreert zich op deze zaak

polarité ZN V polariteit

polder "-dèr" ZN M polder

pôle ZN M **1** pool <(uiteinde v.) as enz.> • *le ~ Nord* de Noordpool • *le ~ Sud* de Zuidpool **2** centrum <van activiteit> • *un ~ d'attraction* trekpleister • *ce magasin est le ~ d'attraction de la ville* deze winkel is de trekpleister van de stad • *le ~ de croissance* de groeikern • *le ~ emploi* arbeidsbureau

polémique 1 BN polemisch **2** ZN V polemiek

polémiquer ONOV WW polemiseren

polémiste ZN M/V polemist

poli 1 BN **1** beleefd, beschaafd • *être ~ avec qn* beleefd zijn tegen iemand **2** (glad en) glanzend <van oppervlak>, gepolijst **2** ZN M glans <van glad oppervlak>

police ZN V **1** politie • *la ~ judiciaire / la P.J.* recherche • *la ~ des ~s* de Rijksrecherche • *la ~ des mœurs* de zedenpolitie • *la ~ scientifique* technische recherche, criminalistiek • *la ~ de proximité* de wijkpolitie • *le commissariat de ~* politiebureau • *faire la ~* de orde handhaven • *appeler ~ secours* het alarmnummer bellen <bij onheil> **2** polis • *souscrire une ~ d'assurance* een verzekeringspolis afsluiten **3**

DRUKK. font, letterset / -familie

policé FORM. BN beschaafd, geciviliseerd

policier **1** ZN M (V policière), politiebeambte • *un ~ en civil* politieagent in burgerkleding **2** BN (V policière), politie- • *un (roman) ~* detective(roman) • *un film ~* misdaadfilm • *mesure policière* politiemaatregel • *une bavure policière* exces van de politie

policlinique ZN V polikliniek

poliment BW beleefd

polio **1** ZN V poliomyélite polio(myelitis), kinderverlamming **2** ZN M/V poliopatiënt

poliomyélite ZN V polio, kinderverlamming

poliomyélitique BN polio-

polir OV WW **1** polijsten • *des ongles polis* gevijlde nagels **2** FIG. afwerken, verfijnen

polissage ZN M (het) polijsten

polisson **1** ZN M (V polissonne), deugniet, rakker **2** BN (V polissonne) **1** ondeugend **2** FIG. schuin, gewaagd

polissonnerie ZN V ondeugendheid, kwajongensstreek

politesse ZN V beleefdheid, beschaafdheid • *une visite de ~* beleefdheidsbezoek • *une formule de ~* beleefdheidsformule • *se faire des ~s* beleefdheden uitwisselen • *par ~* uit beleefdheid

politicard MIN. ZN M dubieuze politicus, politiekeling

politicien **1** ZN M (V politicienne), politicus **2** BN (V politicienne), (louter / berekenend) politiek, politiekerig • MIN. *une manœuvre ~ne* slinkse manoeuvre

politique **1** ZN V politiek <staatkunde; beleid> • *une ~ sociale* sociaal beleid • *la ~ intérieure d'un pays* de binnenlandse politiek van een land • *la ~ scolaire* het schoolbeleid • *la ~ en matière de chômage* het beleid op gebied van werkeloosheid • FIG. *la ~ de l'autruche* de struisvogelpolitiek • *mener une ~ de changement* een hervormingsbeleid voeren **2** ZN M FORM. politicus, staatsman **3** BN politiek, staatkundig • *les sciences ~s* / INFORM. *sciences Po* politicologie • *un homme ~* politicus • *une femme ~* politica • *une réforme ~* staatkundige hervorming • *un prisonnier ~* politieke gevangene

politisation ZN V politisering

politiser OV WW politiseren

politologie ZN V politicologie

polka ZN V polka <dans>

pollen "polèn" ZN M stuifmeel, pollen

pollinisation PLANTK. ZN V bestuiving

polluant **1** BN (milieu)vervuilend • *non ~* milieuvriendelijk / -veilig • *une usine ~e* (milieu)vervuilende fabriek **2** ZN M (milieu)vervuilende stof • *des ~s domestiques* verontreinigende stoffen in huishoudelijke producten

polluer OV WW vervuilen <van milieu> • FIG. *tes plaisanteries polluent l'atmosphère* jouw grapjes verzieken de sfeer

pollueur **1** ZN M (V pollueuse), (milieu) vervuiler • *le ~ payeur* de vervuiler betaalt **2** BN (V pollueuse), (milieu)vervuilend • *une voiture pollueuse* (milieu)vervuilende auto

pollution ZN V **1** (milieu)vervuiling • *la ~ atmosphérique* luchtvervuiling • *la ~ du sol* bodemverontreiniging • *la ~ sonore* geluidshinder **2** • *la ~ nocturne* natte droom

polo ZN M **1** polo <balspel> **2** polohemd

polochon INFORM. ZN M rolkussen

Pologne ZN V Polen

polonais **1** BN Pools **2** ZN M (het) Pools

Polonais ZN M (V Polonaise), Pool

poltron **1** BN (V poltronne), laf **2** ZN M (V poltronne), lafaard

poltronnerie ZN V lafheid

polychrome BN polychroom, veelkleurig

polyclinique ZN V niet-specialistische kliniek, algemeen ziekenhuis

polycopié BN gestencild • *un (texte / cours) ~* stencil, syllabus

polycopier OV WW vermenigvuldigen, stencilen

polyester ZN M polyester

polygame **1** BN polygaam **2** ZN M/V polygamist

polygamie ZN V polygamie

polyglotte **1** BN veeltalig **2** ZN M/V polyglot

polygone ZN M veelhoek

polynésien BN (V polynésienne), Polynesisch

polype MED. ZN M poliep

polyphonique BN polyfoon

polysémie ZN V meerduidigheid <van woord>

polystyrène ZN M polystyreen • *~ (expansé)* piepschuim

polytechnicien ZN M (V polytechnicienne), (oud-)leerling v.d. 'École polytechnique'

polytechnique BN polytechnisch • *l'École ~* TU waar topambtenaren en -officieren worden opgeleid

polythéisme ZN M veelgoderij, polytheïsme

polythéiste **1** BN polytheïstisch **2** ZN M/V polytheïst

polyvalent BN veelzijdig (inzetbaar), multifunctioneel • *une salle ~e* multifunctionele ruimte

pomélo ZN M pomelo, (veredelde) grapefruit

pommade ZN V zalf • *une ~ cicatrisante* wondzalf • *appliquer de la ~ sur la peau* zalf op de huid smeren • INFORM., FIG. *passer de la ~ à qn* stroopsmeren bij iemand, iemand vleien

pomme ZN V **1** appel • *une ~ (de) reinette* goudrenet • *une tarte aux ~s* appeltaart • *la ~ d'Adam* adamsappel • *une ~ d'amour* in karamel gedoopte appel <op stokje> • INFORM. *il est haut comme trois ~s* hij is drie turven hoog • INFORM. *c'est pour ma ~* dat is voor mij • INFORM. *tomber dans les ~s* flauwvallen **2** aardappel • *une pomme de terre* aardappel • *des ~s allumettes* dunne frietjes • *des ~s frites* patates frites • *des ~s vapeur* gestoomde aardappelen **3** (sier)knop • *la ~ d'un arrosoir* sproeikop • *une ~ de douche* douchekop **4** • *une ~ de pin* dennenappel

pommeau ZN M (MV pommeaux) **1** knop <van stok, degen, zadel> **2** douchekop

pommette ZN V koon, jukbeen • *des ~s saillantes* hoge jukbeenderen

po

pommier ZN M appelboom
pompage ZN M (het) (op)pompen
pompe ZN V **1** pomp • *une ~ à essence* benzinepomp • *une ~ à incendie* brandspuit • *une ~ aspirante* zuigpomp • INFORM. *une ~ à fric* geldbron / -machine, melkkoe, geldklopperij • FIG., INFORM. *faire des ~s* push-ups doen, zich opdrukken **2** INFORM. • *avoir un coup de ~* opeens doodmoe zijn, afknappen **3** INFORM. • *à toute ~* vliegensvlug **4** INFORM. schoen • INFORM. *être bien / à l'aise dans ses ~s* je lekker voelen, goed in je vel zitten • INFORM. *être / marcher à côté de ses ~s* uit zijn doen zijn, er (met zijn hoofd) niet bij zijn **5** FORM. praal, pracht, luister • *en grande ~* met veel praal / ceremonieel • *les ~s funèbres* begrafenisonderneming
pomper **1** OV WW **1** (op)pompen, opzuigen • *~ de l'eau* water pompen **2** INFORM. uitputten • *tu nous pompes l'air!* je bent echt strontvervelend! **2** ONOV WW **1** pompen **2** INFORM. spieken • *~ sur son voisin* bij je buurman spieken
pompette INFORM. BN aangeschoten, teut
pompeusement BW hoogdravend, statig
pompeux BN (V pompeuse), hoogdravend, pompeus
pompier **1** ZN M brandweerman • *les ~s* de brandweer • INFORM. *fumer comme un ~* roken als een schoorsteen **2** BN (V pompière), hoogdravend
pompiste ZN M/V pompbediende, pomphouder
pompon ZN M kwastje, dotje • INFORM. *avoir / décrocher le ~* de kroon spannen • INFORM. *c'est le ~!* dat slaat alles!, dat spant de kroon!
pomponner WKD WW **(se ~)** zich opdoffen
ponçage ZN M (het) (glad)schuren
ponce ZN V • *une pierre ~* puimsteen
poncer OV WW (glad)schuren
ponceuse ZN V schuurmachine
poncif ZN M gemeenplaats, cliché, banale opmerking
ponction ZN V **1** MED. punctie, prik **2** FIG. aderlating
ponctualité ZN V (het) stipt op tijd zijn, punctualiteit
ponctuation ZN V interpunctie • *un signe de ~* leesteken
ponctuel BN (V ponctuelle) **1** stipt op tijd (komend) **2** gericht <van actie e.d.>, één punt / geval betreffend
ponctuer OV WW **1** interpungeren, leestekens plaatsen in **2** FIG. onderstrepen <met gebaren, geluiden e.d.>, (telkens) onderbreken • *~ son discours de gestes* zijn verhaal kracht bijzetten met gebaren
pondérable BN weegbaar
pondéral BN (M MV pondéraux), gewichts- • *la surcharge pondérale* overgewicht
pondérateur BN (V pondératrice), evenwicht brengend, matigend
pondération ZN V **1** bezonnenheid, nuchterheid, kalmte **2** POL., ECON. afgewogenheid, evenwicht(igheid)
pondéré BN beraden, bedachtzaam, nuchter, evenwichtig • *un esprit ~* nuchtere geest
pondérer OV WW in evenwicht houden, wegen
pondre OV WW **1** leggen <v. eieren> • *les poules ne pondent plus* de kippen zijn van de leg **2** IRON. afscheiden <v. geschriften, plan> • *j'ai déjà pondu cent pages* ik heb al honderd bladzijden tekst geproduceerd
poney "-nè" ZN M pony <paardje>
pongiste ZN M/V tafeltennisser
pont ZN M **1** OOK FIG. brug • *un ~ de corde* touwbrug • *un ~ suspendu* hangbrug • *les Ponts et Chaussées* ≈ Waterstaat <weg- en binnenwaterbeheer> • FIG. *un ~ aérien* luchtbrug • FIG. *couper les ~s avec qn* de banden met iemand verbreken, het uitmaken met iemand • FIG. *faire un ~ d'or à qn* iemand een riant (salaris)aanbod doen **2** scheepsdek • *un ~ promenade* zonnedek **3** brugdag(en) • *faire le ~* (een) snipperdag(en) opnemen tussen twee officiële vrije dagen
pontage MED. ZN M bypass(operatie)
ponte **1** ZN V (het) eieren leggen, leg(tijd) **2** ZN M INFORM. hoge ome • *les grands ~s* de hoge pieten
ponter MED. OV WW een bypassoperatie uitvoeren bij
pontife ZN M **1** hoge priester • *le souverain ~* de paus **2** INFORM. gewichtig personage, FIG. bonze
pontifical BN (M MV pontificaux), pauselijk
pontificat ZN M pontificaat, pausschap
pontifier FIG. ONOV WW schoolmeesteren, belerend spreken
pont-levis ZN M (MV ponts-levis), ophaalbrug <van vesting>
ponton ZN M ponton • *un ~ d'accostage* aanlegsteiger
pool "poel" ZN M pool <samenwerkingsvorm, groep>
pop BN onver. pop- <popmuziek / popart betreffend> • *de la musique ~* pop(muziek)
pope ZN M pope <oosters-orthodox priester>
popote INFORM. **1** ZN V pot <eten, keuken> **2** BN erg huishoudelijk, erg huiselijk • *être très ~* erg huishoudelijk ingesteld zijn
popotin INFORM. ZN M achterste, billen • *se manier le ~* opschieten, voortmaken
populace MIN. ZN V plebs, gepeupel
populacier BN (V populacière), volks, plebejisch, plat
populaire BN **1** v.h. volk, volks- **2** van het gewone volk, volks • *un quartier ~* volksbuurt **3** algemeen geliefd, populair • *un sportif ~* populaire sportman
populariser OV WW bij het volk in zwang brengen, verbreiden onder de mensen
popularité ZN V populariteit, volksgunst • *une ~ en hausse* toenemende populariteit • *une ~ en baisse* afnemende populariteit
population ZN V bevolking • *la ~ active* de beroepsbevolking • *le dénombrement de la ~* de volkstelling
populeux BN (V populeuse), volkrijk, dichtbevolkt

po

populisme ZN M populisme
populiste **1** BN populistisch **2** ZN M/V populist
populo INFORM. ZN M (het) (lagere) volk, (de) massa
porc "por" ZN M **1** zwijn, CULIN varken, varkensvlees • *des côtes de ~* varkensribben, varkenskoteletten **2** varkensleer
porcelaine ZN V (stuk) porselein
porcelet ZN M big
porc-épic ZN M (MV porcs-épics), stekelvarken
porche ZN M portaal <voorhal v. gebouw, huis>
porcher ZN M (V porchère), varkenshoeder
porcherie ZN V varkenskot, OOK FIG. zwijnenstal • *sa chambre est une vraie ~* zijn kamer is echt een zwijnenstal
porcin BN varkens- • *avoir des yeux ~s* varkensoogjes hebben
pore ZN M porie
poreux BN (V poreuse), poreus
porno INFORM. **1** ZN V pornographie porno **2** BN pornographique porno- • *des sites Internet ~s* pornosites
pornographe ZN M/V pornograaf
pornographie ZN V pornografie
pornographique BN pornografisch
porosité ZN V poreusheid
port "por" ZN M **1** haven, havenstad • *un ~ de pêche* vissershaven • *un ~ de commerce* handelshaven • *un ~ de plaisance* jachthaven • *un ~ fluvial* rivierhaven, binnenhaven • OOK FIG. *arriver à bon ~* (in) behouden (haven) aankomen **2** (het) dragen <aanhebben; bij zich hebben> • *le ~ de la barbe* het dragen van een baard • *le ~ de la ceinture est obligatoire en voiture* het aanhebben van de gordel is verplicht in de auto • *le ~ d'armes est interdit* het dragen v. wapens is verboden **3** porto • *envoi en ~ payé* franco zending • *les frais de ~* portokosten **4** (lichaams)houding, postuur • *un ~ altier* trotse houding **5** COMP. (uitgangs)poort • COMP. *~ (en) série* seriële poort
portable **1** BN draagbaar • *ces chaussures ne sont plus ~s* deze schoenen kunnen niet meer gedragen worden **2** ZN M **1** portable, laptop **2** mobieltje • *appeler avec / depuis son ~* mobiel bellen
portail "-taj" ZN M **1** (ingangs)poort, portaal **2** COMP. portal, portaalsite, startpagina
portant **1** ZN M steun(balk), stut **2** BN • *être bien ~* (goed) gezond zijn • *il n'est pas bien ~* hij sukkelt met zijn gezondheid
portatif BN (V portative), draagbaar • *un poste (de radio) ~* portable radio
porte ZN V **1** deur • *une ~ d'entrée* voordeur • *la ~ de derrière* de achterdeur • *une ~ à deux battants* dubbele deur(en) • *une ~ de secours* nooduitgang • *une ~ de communication* tussendeur • *une journée ~s ouvertes* open dag • *fermer une ~ à clef* een deur op slot doen • *(fermez) la ~!* deur dicht! • *il y a qn à la ~* er staat iemand voor de deur • *trouver ~ close* voor een gesloten deur staan, de deur gesloten vinden • *faire du ~ à ~* huis-aan-huis verkopen, colporteren • *mettre qn à la ~* iemand de deur uitzetten • OOK FIG. *partir en claquant la ~* de deur achter zich dichtslaan, boos weglopen • FIG. *parler à qn entre deux ~s* iemand even snel spreken (zonder hem binnen te laten) • FIG. *tu frappes à la mauvaise ~* je bent bij mij aan het verkeerde adres • FIG. *enfoncer une ~ ouverte* een open deur intrappen • FIG. *se ménager une ~ de sortie* een achterdeurtje openhouden • FIG. *trouver ~ de bois* geen gehoor vinden • FIG. *c'est la ~ ouverte à tous les excès* het hek is van de dam **2** OOK FIG. poort • *l'ennemi est à nos ~s* de vijand staat voor de deur • *les ~s de Paris* de invalswegen v. Parijs
porté BN • *être très ~ à la colère* heel opvliegend zijn • *être ~ sur les sucreries* een zwak hebben voor zoetigheid
porte-à-porte ZN M (MV id.), huis-aan-huisverkoop, colportage • *faire du ~* colporteren
porte-avion, **porte-avions** ZN M (MV porte-avions), vliegdekschip
porte-bagage, **porte-bagages** ZN M (MV porte-bagages), bagagedrager, bagagerek
porte-bébé ZN M (MV porte-bébés), draagbaar babyzitje, maxicosi, babydraagzak
porte-bonheur ZN M (MV porte-bonheur(s)), mascotte • *un chiffre ~* geluksgetal
porte-bouteille, **porte-bouteilles** ZN M (MV porte-bouteilles), flessenrek
porte-clé, **porte-clés** ZN M (MV porte-clés), sleutelring / -hanger
porte-document, **porte-documents** ZN M (MV id.), aktetas, diplomatentas
porte-drapeau ZN M (MV porte-drapeau(x)) OOK FIG. vaandeldrager
portée ZN V **1** bereik, reikwijdte, draagwijdte, spanwijdte • *un missile à longue ~* langeafstandsraket • *c'est à ~ de main* dat is binnen handbereik • *à ~ de voix* binnen gehoorsafstand • *n'être pas à la ~ de toutes les bourses* niet voor iedereen betaalbaar zijn • *c'est à la ~ de tout le monde* dat ligt binnen het bereik / bevattingsvermogen van iedereen • *hors de ~* buiten bereik **2** FIG. betekenis, strekking • *mesurer la ~ d'une décision* het belang van een beslissing bepalen / inschatten • *cet événement a une ~ historique* deze gebeurtenis is van historische betekenis **3** MUZ. notenbalk **4** worp <nest jongen>, dracht • *une ~ de chiots* nest jonge hondjes
porte-fenêtre ZN V (MV portes-fenêtres), openslaande glazen (balkon- / tuin)deur
portefeuille ZN M portefeuille
porte-malheur BN (MV porte-malheur(s)), ongeluks-
portemanteau ZN M (MV portemanteaux), kapstok, klerenstandaard
portemine ZN M vulpotlood
porte-monnaie, **portemonnaie** ZN M (MV porte-monnaie(s), portemonnaies), portemonnee
porte-parapluie ZN M (MV porte-parapluies), paraplubak
porte-parole ZN M/V (MV porte-parole(s)),

po

woordvoerder
porter 1 OV WW **1 brengen (à naar), opbrengen, bezorgen** • *~ ses bagages à la consigne* je koffers naar het bagagedepot brengen • *~ bonheur à qn* iemand geluk brengen • FIG. *~ qn aux nues* iemand ophemelen **2 dragen, (aan)hebben, bij / in zich hebben** • *~ des lunettes* een bril dragen • *~ des vêtements noirs* zwarte kleding dragen • *~ le deuil de qn* in de rouw zijn over iemand • FIG. *~ la culotte* de broek aan hebben, de baas zijn **3 dragen, hebben** • *~ le nom de sa mère* de naam van haar moeder dragen **4** FIG. **richten (sur op)** <van aandacht, blik, inspanning> • *~ son choix sur qn* zijn keus laten vallen op iemand • *~ un toast à qn* een toost uitbrengen op iemand • *l'amour qu'elle lui porte...* de liefde die zij hem toedraagt... • *~ secours à qn* iemand hulp verlenen • *~ plainte contre qn* een aanklacht indienen tegen iemand • *~ une accusation contre quelqu'un* een beschuldiging inbrengen tegen iemand **5 inschrijven (in, op), noteren** • *être porté disparu* als vermist opgegeven worden / zijn • *se faire ~ malade* zich ziek melden 2 ONOV WW **1 betrekking hebben op, gaan over** • *le film porte sur la drogue et ses effets* de film gaat over drugs en de gevolgen hiervan **2 treffen, raken** • *des paroles qui portent* treffende woorden • *le coup a porté* die klap was raak **3 dragen** <drachtig zijn> **4 steunen (op), rusten (op)** • *l'accent porte sur le dernier mot de la phrase* het accent ligt op het laatste woord van de zin **5 een bepaalde reikwijdte hebben, dragen** • *ses conseils ont porté* zijn tips hadden effect • *avoir une voix qui porte* een verdragende stem hebben **6 ertoe brengen om te, aanzetten tot** • *être porté sur l'alcool* een zwak hebben voor alcohol • *tout porte à croire qu'il n'a pas dit la vérité* alles wijst erop dat hij niet de waarheid heeft gesproken 3 WKD WW **(se ~) 1 het (goed/slecht) maken** • *se ~ bien* het goed maken • *se ~ mal* het slecht maken • *se ~ à merveille / comme un charme* het uitstekend maken • *comment vous portez-vous?* hoe maakt u het? **2 gedragen worden** • *le noir se porte beaucoup cet hiver* er wordt veel zwart gedragen deze winter **3 optreden, zich opwerpen als** • *se ~ candidat* zich kandidaat stellen • *se ~ garant de qn* borg staan voor iemand **4 zich richten (op)** • *les soupçons se sont portés sur moi* de verdenkingen zijn op mij gevallen
porte-savon ZN M (MV porte-savons), **zeepbakje**
porte-skis ZN M (MV id.), **skidrager** <op auto>
porteur 1 ZN M (V porteuse) **1 brenger, bezorger 2 houder** <van papier, document>, **toonder** • *les petits ~s* de kleine aandeelhouders • *payable au ~* betaalbaar aan toonder **3** MED. **drager** • *un ~ du virus du sida* drager van het aidsvirus 2 BN (V porteuse), **draag-** • *un mur ~* dragende muur • *une mère porteuse* draagmoeder
porte-voix ZN M (MV id.), **megafoon**
portier ZN M (V portière), **portier** <van gebouw>
portière ZN V **portier** <van voertuig>
portillon ZN M **deurtje, (klap)hekje**
portion ZN V **portie, gedeelte**
portique ZN M **1 zuilengang / -hal 2 detectiepoort** • *un ~ électronique / de sécurité* detectiepoortje
porto ZN M **port(wijn)**
portrait ZN M **1** OOK FIG. **portret** • *un ~ fidèle* sprekend portret • *c'est tout le ~ de son père* hij is het evenbeeld van zijn vader, hij lijkt sprekend op zijn vader **2** INFORM. **gezicht** • *se faire abîmer le ~* op je bek geslagen worden
portraitiste ZN M/V **portretschilder**
portrait-robot ZN M (MV portraits-robots), **montagefoto / -tekening** <v. verdachte>
portuaire BN **haven-** • *des installations ~s* haveninstallaties
portugais 1 ZN M **(het) Portugees** 2 BN **Portugees**
Portugais ZN M (V Portugaise), **Portugees**
pose ZN V **1 (het) (aan)leggen / plaatsen / zetten, (het) aanbrengen** • *la ~ de rideaux aux fenêtres* het ophangen van de gordijnen voor de ramen **2 (het) poseren, pose, (aangenomen / gemaakte) houding** • *garder la ~* dezelfde houding aanhouden **3** A-V **(tijd)opname** • *le temps de ~* belichtingstijd
posé BN **rustig, bedaard** • *dire qc d'un ton ~* iets op een rustige toon zeggen
posément BW **rustig, bedaard** • *parler ~* rustig praten
poser 1 OV WW **1 (neer)leggen, (neer)zetten, plaatsen, aanbrengen** • *~ un livre sur une table* een boek op een tafel leggen • *~ des rideaux aux fenêtres* gordijnen voor de ramen hangen • FIG. *~ son regard sur qn* je blik vestigen op iemand • FIG. *~ un lapin à qn* niet op komen dagen bij een afspraak met iemand **2 aannemen, (onder) stellen** • *ceci posé...* gesteld dat dit zo is... **3 (op) stellen, formuleren** • *~ une question à qn* een vraag stellen aan iemand • *cela nous pose un problème* dat veroorzaakt een probleem voor ons • *~ sa candidature à un poste de directeur* zich kandidaat stellen voor een directeurspost 2 ONOV WW **1 steunen (op), (be)rusten (op)** • *la poutre posée sur une traverse* de balk die steunt op een dwarsbalk **2 poseren, een pose aannemen** • *~ pour un peintre* voor een schilder poseren • FIG. *~ pour la galerie* indruk proberen te maken 3 WKD WW **(se ~) 1 landen** <van vliegtuig e.d.> • *l'avion s'est posé en catastrophe sur une plage* het vliegtuig heeft een noodlanding op een strand gemaakt **2** OOK FIG. **gelegd / geplaatst worden** • *sa main s'est posée sur son bras* zijn hand rustte op haar arm • *son regard s'est posé sur elle* zijn blik viel op haar, zijn blik bleef op haar rusten **3 gesteld worden** <v. vraag, probleem>, **rijzen** • *la question se pose de savoir s'il faudra l'accepter* de vraag rijst of we dit moeten accepteren **4 zich voordoen als** • *se ~ en victime* het slachtoffer uithangen • INFORM. *comme idiot, tu te poses là!* wat ben jij een halvegare!
poseur ZN M (V poseuse) **1 plaatser, (aan) legger, zetter** • *un ~ de carreaux* tegelzetter • *les ~s de bombes* bommenleggers • *les ~s d'affiches*

po

affícheplakkers **2 aansteller, poseur** • *quelle poseuse!* wat een aanstelster!

positif 1 BN (V positive), **positief** • *on l'a déclaré ~ au contrôle de dopage* hij is positief bevonden bij een dopingcontrole **2** ZN M **(het) positieve, positief**

position ZN V **1 positie, houding, ligging, stelling, (toe)stand** • *la ~ allongée / couchée* liggende houding • *une ~ peu confortable* niet zo'n comfortabele houding • *la ~ d'un avion* de positie van een vliegtuig • *les feux de ~ (d'une auto)* stadslicht, parkeerlicht • *une ~ sociale* sociale positie • *arriver en dernière ~ (au classement)* als laatste (in het klassement) finishen • *être en ~ de refuser un job* de mogelijkheid hebben om een baan te weigeren, een baan kunnen weigeren • *être en ~ de force* een machtspositie hebben **2** FIG. **standpunt (sur inzake)** • *il n'a pas de ~ claire sur ce sujet* hij heeft daarover geen duidelijk standpunt • *prendre ~* stelling nemen • *rester sur ses ~s* bij je standpunt blijven

positionner 1 OV WW **1 positioneren, in een bepaalde positie brengen 2 de plaats bepalen van, lokaliseren** • *~ un avion* de plaats van een vliegtuig bepalen **2** WKD WW **(se ~) zich positioneren** • *se ~ par rapport à qn* je positie bepalen ten opzichte van iemand

positivement BW **positief, stellig, vast**

positiver INFORM. ONOV WW **positief denken**

posologie MED. ZN V **dosering (en toedieningswijze)**

possédant BN **bezittend, rijk**

possédé 1 BN **bezeten 2** ZN M **bezetene** • *crier comme un ~* als een bezetene schreeuwen

posséder OV WW **1 bezitten** • *ce pays possède du pétrole* dit land heeft aardolie • *elle possède deux voitures* zij heeft twee auto's **2 beheersen** <van taal, vak, kunst, onderwerp>, **machtig zijn** • *il possède de grandes qualités* hij beschikt over grote kwaliteiten

possesseur ZN M **bezitter**

possessif BN (V possessive) **1** TAALK. **bezittelijk** • *un (pronom) ~* bezittelijk voornaamwoord **2 bezitterig** • *une mère possessive* dominerende moeder

possession ZN V **1 bezit, bezitting** • *rentrer en ~ de son bien* je bezit weer terugkrijgen • *prendre ~ de son appartement* je appartement in bezit nemen **2** FIG. **beheersing** <van taal enz.> • *être en ~ de toutes ses facultés* in het volle bezit van je geestvermogens zijn, bij je volle verstand zijn

possibilité ZN V **1 mogelijkheid** • *je n'ai plus la ~ de me dédire* ik kan niet meer op mijn woorden terugkomen, ik kan er niet meer onderuit • *envisager la ~ de faire qc* de mogelijkheid om iets te doen overwegen **2** MV **vermogen(s), capaciteit(en)** • *des possibilités financières* financiële mogelijkheden, draagkracht • *cet étudiant a des possibilités intellectuelles certaines* deze student heeft zeer zeker intellectuele capaciteiten

possible 1 BN **mogelijk** • *le mieux ~* zo goed mogelijk • *le plus ~* zo veel mogelijk • *le moins de fautes ~* zo weinig mogelijk fouten • *le plus vite ~* zo snel mogelijk • *veuillez arriver si ~ à quatre heures!* zorg ervoor, indien mogelijk, dat u er om vier uur bent! • *il est ~ que je ne vienne pas* het is mogelijk dat ik niet kom, misschien kom ik niet • *rendre qc ~* iets mogelijk maken • INFORM. *c'est un type pas ~!* dat is een onmogelijk figuur! • *il a réussi? pas ~!* is hij geslaagd? dat kan niet waar zijn! **2** ZN M **(het) mogelijke** • *faire tout son ~ pour arriver à l'heure* je uiterste best doen om op tijd te komen • *il est avare au ~* hij is aartsgierig • *dans la mesure du ~* voor zover mogelijk

post ZN M **post** <op sociale media>

postal BN (M MV postaux), **post-** • *une carte ~e* (prent)briefkaart • *un code ~* postcode • *une boîte ~e / une B.P.* postbus

postdater OV WW **postdateren**

poste 1 ZN V **1 post** <posterijen> • *la ~ aérienne* luchtpost • *par la ~* per post **2 postkantoor** • *un bureau de ~* postkantoor • *la ~(-)restante* poste restante • *le guichet de la ~* loket in het postkantoor • *mettre une lettre à la ~* een brief op de post doen **2** ZN M **1 post, functie, betrekking** • *un ~ vacant* onbezette post, vacature • *occuper un ~ de prof au lycée* leraar zijn op een middelbare school • *être en ~ à Marseille* gestationeerd / geplaatst zijn in Marseille **2 post** <standplaats; positie; station> • *le ~ de police* politiepost • *un ~ de garde* wachtpost <plaats> • *un ~ de commande / pilotage* stuurhut, cockpit • *un ~ de secours* EHBO, hulppost • *être fidèle au ~* (kranig) op zijn post blijven **3 (ontvang- / zend)toestel, radio, tv** • *un ~ de télévision /* INFORM. *de télé* televisietoestel • INFORM. *allume le ~!* zet de tv aan!, zet de radio aan! **4 post** <geboekt bedrag> • *un ~ budgétaire* begrotingspost • *créer un ~* een post opvoeren

poster[1] "postèr" ZN M **poster, affiche**

poster[2] "postee" OV WW **1** <een brief enz.> **posten,** WWW <een bericht, foto enz.> **posten 2 posteren, opstellen** • *~ des sentinelles* wachtposten uitzetten

postérieur 1 BN **1 later** • *un fait ~ à un autre* een gebeurtenis van een latere datum dan een andere **2 achterste** • *les membres postérieurs* achterste ledematen **2** ZN M INFORM. **achterste**

postérieurement BW **later**

postériorité ZN V **(het) later-zijn**

postérité ZN V **nageslacht, nazaten** • *passer à la ~* voortleven in de herinnering van het nageslacht

postface ZN V **nabericht, nawoord**

posthume BN **postuum** • *on l'a décoré à titre ~* hij is postuum onderscheiden

postiche 1 BN **vals, onecht, voorgewend, namaak-, erbij geflanst** • *une moustache ~* nepsnor **2** ZN M **haarstukje, toupet**

postier ZN M (V postière), **postbeambte**

postillon INFORM. ZN M **druppel spuug** • *envoyer des ~s* met consumptie spreken

postillonner INFORM. ONOV WW **met consumptie spreken**

postmoderne BN **postmodern**

postnatal BN (M MV postnatals), **postnataal, na de geboorte**

postopératoire BN postoperatief, na de operatie

postscolaire BN O&W na de (verplichte) schooljaren • *l'enseignement ~* vervolgonderwijs

post-scriptum "-tom" ZN M postscriptum, naschrift, PS

postsynchronisation ZN V nasynchronisatie

postsynchroniser OV WW nasynchroniseren

postulant ZN M (V postulante), sollicitant

postulat ZN M postulaat

postuler **1** OV WW **1** solliciteren naar **2** postuleren, vooronderstellen **2** ONOV WW solliciteren • *~ à / pour un poste de directrice* solliciteren naar een baan als directrice

posture ZN V houding, postuur • *être en bonne ~* er goed voor staan • *être en mauvaise ~* er slecht voor staan

pot "poo" ZN M **1** pot, kan • *un ~ de fleurs* bloempot • *un ~ de yaourt* kuipje yoghurt • *un petit ~ pour bébés* potje babyvoeding • INFORM. *il est sourd comme un ~* hij is stokdoof • INFORM. *ce type est un vrai ~ de colle!* die kerel, daar kom je echt niet van af!, wat een klit is die vant! • INFORM. *payer les pots cassés* met de brokken zitten, het gelag betalen • FIG. *tourner autour du ~* eromheen draaien, om de hete brij heen draaien • FIG. *découvrir le ~ aux roses* het geheim ontdekken **2** INFORM. borrel <glaasje drank; samenzijn met drank> • *aller prendre un ~ chez qn* bij iemand thuis een borrel gaan drinken • *payer un ~ à qn* iemand trakteren op een drankje **3** • *le ~ d'échappement* de knalpot • INFORM. *filer plein ~* plankgas rijden **4** INFORM. mazzel • *manque de pot!* pech (gehad)! • *avoir du ~ / un coup de ~* mazzelen, mazzel hebben **5** pot <inzet / stock bij spel>

potable BN **1** drinkbaar • *de l'eau ~* drinkwater **2** INFORM. acceptabel, ermee door kunnend, genietbaar

potache INFORM. ZN M/V leerling van een middelbare school

potage ZN M soep

potager BN (V potagère), groente-, moes- • *un (jardin) ~* moestuin

potasser INFORM. OV WW erin stampen, blokken op / voor <examen(stof)>

potassium "-sjom" ZN M kalium

pot-au-feu ZN M (MV id.) **1** stoofpot <van rundvlees met groente> **2** stoofvlees

pot-de-vin ZN M (MV pots-de-vin), steekpenningen, smeergeld

pote INFORM. ZN M vriend, maatje, gabber • *touche pas à mon ~!* <antiracistische leus> kom niet aan mijn maat!

poteau ZN M (MV poteaux), paal, meet • *un ~ indicateur* wegwijzer • *un ~ télégraphique* telegraafpaal

potée ZN V stoofschotel

potelé BN mollig

potence ZN V stut <met T-vormig dwarsstuk>, galg

potentat ZN M potentaat

potentiel **1** BN (V potentielle), potentieel **2** ZN M potentieel • *le ~ nucléaire* het kernpotentieel • *le ~ de violence chez qn* iemands potentiële gewelddadigheid

poterie ZN V stuk aardewerk • *faire de la ~* pottenbakken

potiche ZN V **1** (oosterse) porseleinen vaas **2** INFORM. iemand met alleen maar een decoratieve functie, FIG. figurant

potier ZN M (V potière), pottenbakker

potin INFORM. ZN M **1** lawaai, herrie • *les enfants font du ~* de kinderen maken herrie **2** vaak MV kletspraatje

potion ZN V drankje • *une ~ magique* toverdrankje, FIG. wondermiddel

potiron ZN M (reuzen)pompoen • *une soupe au ~* pompoensoep

pot-pourri ZN M (MV pots-pourris) **1** MUZ. potpourri **2** (pot voor) geurig mengsel v. gedroogde bloemblaadjes

pou ZN M (MV poux), luis • FIG. *chercher des poux à qn* (steeds) op iemand vitten

pouah TUSSENW bah!

poubelle ZN V vuilnisbak, COMP. prullenbak • *un sac(-)~* vuilniszak • FIG. *la télévision ~* belabberde televisie(programma's) • *mettre / jeter qc à la ~* iets in de prullenbak gooien

poubelliser OV WW COMP. in de prullenbak gooien

pouce ZN M **1** duim • *il suce encore son ~* hij duimt nog • *donner un coup de ~ à quelqu'un* iemand een duwtje (in de rug) geven • INFORM. *manger sur le ~* uit het vuistje eten, haastig wat eten • INFORM. *se tourner les ~s* duimendraaien, geen klap uitvoeren **2** grote teen **3** duim <maat> • *son livre n'avance pas d'un ~* zijn boek schiet voor geen meter op • *ne pas céder d'un ~* geen duimbreed wijken • COMP. *un écran (d'ordinateur) de dix-sept ~s* een zeventien inch (computer)scherm

poucet ZN M • *Le Petit Poucet* Kleinduimpje

poudre ZN V **1** poeder • *du sucre en ~* poedersuiker • *du café en ~* poederkoffie • *de la neige en ~* poedersneeuw • *réduire qc en ~* iets verpulveren • FIG. *la rumeur s'est répandue comme une traînée de ~* het gerucht heeft zich als een lopend vuurtje verspreid **2** (bus)kruit • *~ (à canon)* buskruit • FIG. *il n'a pas inventé la ~!* hij heeft het buskruit niet uitgevonden! **3** INFORM. heroïne

poudrer WKD WW **(se ~)** zich bepoederen • *se ~ le visage* poeder op je gezicht doen

poudreuse **1** ZN V poedersneeuw **2** BN → **poudreux**

poudreux BN (V poudreuse), poederachtig • *de la neige poudreuse* poedersneeuw

poudrière ZN V FIG. kruitvat • *une région considérée comme une ~* een gebied dat gezien wordt als een kruitvat

pouf **1** ZN M poef **2** TUSSENW plof!, boem!

pouffer ONOV WW • *~ (de rire)* proesten (v.h. lachen)

pouffiasse, poufiasse INFORM. ZN V sloerie, troela

pouilleux BN (V pouilleuse) OOK FIG. luizig, armzalig • *un quartier ~* armoedige wijk, achterbuurt

poulailler ZN M **1** kippenhok **2** INFORM. engelenbak

poulain ZN M **1** veulen **2** pupil <beschermeling v. leermeester>

poularde ZN V gemeste jonge kip

poule ZN V **1** kip, hen <van hoendervogels> • *une ~ pondeuse* leghen, legkip • *une ~ d'eau* waterhoen • *un papa ~* een zorgzame huisvader • INFORM. *une ~ mouillée* bangerd, held op sokken • *c'est comme l'œuf et la ~* dat is de vraag van de kip en het ei • FIG. *avoir la chair de ~* kippenvel hebben • FIG. *se coucher avec les ~s* met de kippen op stok gaan • FIG. *quand les ~s auront des dents* met sint-juttemis **2** INFORM. grietje, snol(letje) **3** SPORT poule

poulet ZN M **1** kip, kuiken <als gerecht> • *un ~ élevé au grain* graankip <met graan gevoed> • *un ~ fermier; un ~ élevé en plein air* scharrelkip **2** INFORM. • *mon ~* m'n schatje **3** INFORM. smeris

poulette INFORM. ZN V liefje, schatje

pouliche ZN V merrieveulen

poulie ZN V katrol

poulpe ZN M inktvis

pouls "poe" ZN M pols(slag) • *avoir un ~ faible / rapide* een zwakke / jagende pols(slag) hebben • *prendre le ~ du malade* de patiënt de pols voelen • FIG. *prendre le ~ de l'opinion* de meningen peilen

poumon ZN M long • *à pleins ~s* met volle teugen, uit volle borst • *crier à pleins ~s* luidkeels schreeuwen

poupe ZN V achtersteven • FIG. *avoir le vent en ~* de wind in de zeilen hebben

poupée ZN V pop, poppetje • *une maison de ~* poppenhuis, popperig huisje • *jouer à la ~* met poppen spelen

po

poupin BN popperig <van gezicht>

poupon ZN M **1** baby **2** babypop

pouponner ONOV WW baby's vertroetelen, moedertje spelen

pour **1** VZ **1** voor, naar <plaats> • *voyageurs ~ Nice, en voiture!* reizigers met bestemming Nice, instappen! • *partir ~ Paris* naar Parijs vertrekken **2** voor <tijd> • *ils viennent nous voir ~ Noël* ze komen met kerst bij ons op bezoek • *elle est partie ~ six mois* ze is voor zes maanden vertrokken • *alors, c'est ~ quand le bébé?* en, wanneer komt de baby? • *~ le moment, je ne veux pas m'engager* voor het moment wil ik me niet binden • *jour ~ jour* op de dag af **3** voor <bestemd voor> • *une crème ~ les mains* een handcrème • *un film ~ enfants* kinderfilm • *un remède ~ la fièvre* medicijn tegen de koorts • *il faut manger ~ vivre* je moet eten om te leven • *~ quoi faire?* waarvoor?, waarom? • *il travaille ~ une grosse entreprise* hij werkt voor een groot bedrijf • *c'est bien fait ~ toi* net goed voor jou, dat is je verdiende loon • *tant pis ~ toi!* jammer dan voor jou! **4** voor <in ruil voor> • *acheter qc ~ presque rien / ~ une bouchée de pain* iets voor een habbekrats kopen • *demander deux ~ cent d'augmentation* twee procent verhoging vragen • *~ le meilleur et ~ le pire* in voor- en tegenspoed • *un médecin ~ mille habitants* één arts op de duizend inwoners **5** voor <bij wijze van> • *c'est ~ rire* dat is voor de grap • *compter ~ du beurre* niet meetellen **6** voor, wat betreft • *~ ce qui est de mon mari, je ne peux rien dire* wat betreft mijn man kan ik niets zeggen • *~ ma part / ~ moi, elle a raison* wat mij betreft heeft ze gelijk, naar mijn mening heeft ze gelijk • *~ une surprise, c'est une surprise* is me dat een verrassing! • *pas mal ~ un débutant!* niet slecht voor een beginner! **7** om te <doel, consequentie> • *~ réussir, il faut que tu travailles un peu plus* om te slagen, zul je iets harder moeten werken • *~ son malheur, il a cru tout ce qu'on lui a dit* tot zijn ongeluk heeft hij alles geloofd wat ze hem vertelden • *~ cette raison* om die reden, daarom • *~ une meilleure compréhension* tot beter begrip • *pour que* + subj. zodat, opdat • *elle s'est cachée pour qu'on ne la voie pas* ze heeft zich verstopt zodat men haar niet ziet **8** wegens • *magasin fermé ~ cause de réorganisation* winkel gesloten wegens reorganisatie • *il n'y est ~ rien* hij heeft daar niets mee te maken • *il se plaint ~ un oui, ~ un non* hij klaagt bij het minste of geringste **2** BW ervóór <ten gunste ervan> • *être ~* ervóór zijn • *voter ~* voorstemmen • *il a tout fait ~* hij heeft er alles voor gedaan **3** ZN M • *le ~ et le contre* het voor en het tegen

pourboire ZN M fooi

pourcentage ZN M percentage • *il touche un ~ sur ce qu'il vend* hij krijgt een bepaald percentage op wat hij verkoopt • *être payé au ~* op provisiebasis betaald worden

pourchasser OV WW OOK FIG. najagen

pourlécher INFORM. WKD WW **(se ~)** likkebaarden

pourparlers ZN M MV onderhandelingen • *entamer des ~* onderhandelingen in gang zetten • *rompre les ~* de onderhandelingen afbreken • *être en ~* besprekingen voeren

pourpier ZN M postelein

pourpre **1** BN purperrood **2** ZN M purper(kleur)

pour que VOEGW opdat • *elle s'est cachée pour qu'on ne la voie pas* ze heeft zich verstopt zodat ze haar niet zien

pourquoi **1** BW waarom • *~ arrives-tu en retard?* INFORM. *~ tu arrives en retard?* waarom ben je te laat? **2** VOEGW waarom • *je ne sais rien, voilà ~ je ne peux rien dire* ik weet niets, daarom kan ik niets zeggen **3** ZN M (het) waarom • *il est difficile de répondre à tous les ~ des enfants* het is moeilijk om antwoord te geven op alle 'waarom'-vragen van kinderen

pourrai WW toek. tijd. → **pouvoir**

pourri **1** BN **1** verrot, bedorven **2** verdorven, rot(tig), waardeloos • *un temps ~* rotweer • FIG. *un enfant ~* verpest kind, kind dat te veel verwend is **3** INFORM. barstend (van), veel hebbend (van) • *un type ~ de fric* kerel die barst van het geld, stinkend rijke kerel **2** ZN M rotte plek, rot • *sentir le ~* bedorven ruiken • INFORM. *c'est un ~!* het is een rotzak!

pourriel WWW ZN M spam, junkmail

pourrir **1** ONOV WW **1** (ver)rotten, vergaan,

bederven **2** verslechteren, verkommeren • *il pourrit en prison depuis vingt-cinq ans* hij zit al vijfentwintig jaar weg te kwijnen in de gevangenis • *laisser ~ une grève* een staking laten doodbloeden **2** OV WW **1** doen verrotten, verzieken, bederven • FIG. *l'argent pourrit tout* geld verpest alles **2** verwennen <van kind> **3** WKD WW **(se ~)** (ver) rotten • *le bois se pourrit* het hout rot
pourrissement ZN M verslechtering, verzieking • *le ~ d'un conflit* de ontaarding van een conflict
pourriture ZN V **1** (ver)rotting, rot • *tomber en ~* gaan rotten **2** verdorvenheid • *tomber en ~* tot bederf overgaan
poursuite ZN V **1** achtervolging • *se lancer à la ~ de qn* iemand (gaan) achtervolgen • SPORT *une course(-)~* achtervolging(swedstrijd) • FIG. *être à la ~ d'un idéal* een ideaal najagen **2** vervolging • *engager des ~s (judiciaires) contre qn* een vervolging tegen iemand instellen **3** voortzetting • *la ~ des négociations* de voortzetting van de onderhandelingen
poursuivant ZN M achtervolger
poursuivre **1** OV WW onregelmatig **1** achtervolgen • *être poursuivi par un chien* door een hond achternagezeten worden • FIG. *cette idée me poursuit* die gedachte achtervolgt me • FIG. *~ un rêve* een droom najagen • FIG. *~ un objectif* een doel nastreven **2** voortzetten • *poursuivez!* gaat u verder! • *~ son chemin* je weg vervolgen **3** JUR. vervolgen • *il est poursuivi pour homicide volontaire* hij wordt vervolgd wegens moord **2** WKD WW **(se ~)** voortgezet worden, voortduren • *les recherches se poursuivent* de zoekacties worden voortgezet
pourtant BW toch, evenwel, echter • *il était ~ content de nous voir* toch was hij blij ons te zien • *il le savait et ~ il n'a rien dit* hij wist het, maar hij heeft het niet gezegd
pourtour ZN M **1** omtrek **2** rand (eromheen), omloop
pourvoi JUR. ZN M beroep (in hoogste instantie) • *un ~ en cassation* cassatieberoep
pourvoir **1** OV WW voorzien • *~ un poste* in een vacature voorzien • *pourvu de tout le confort* voorzien van alle gemakken **2** ONOV WW onregelmatig **~ à** voorzien in • *~ aux besoins de qn* voorzien in iemands behoeften **3** WKD WW **(se ~)** JUR. in beroep gaan • *se ~ en cassation* in cassatie gaan
pourvoyeur ZN M (V pourvoyeuse), leverancier • *l'informatique est un grand ~ d'emplois* de informaticabranche levert veel banen op
pourvu WW volt. deelw. • *pourvu que* + subj. mits • *il aura son diplôme pourvu qu'il étudie* hij haalt zijn diploma wel mits hij studeert • *pourvu que ça dure!* als dat maar zo blijft! → **pourvoir**
pourvu que VOEGW + subj. mits • *~ qu'il arrive avant le départ du train* mits hij aankomt voordat de trein vertrekt • *~ que ça dure!* als dat maar zo blijft!
pousse ZN V **1** loot, spruit, uitloper • *une jeune ~* jonge spruit **2** (het) groeien, (het) doorkomen <v. tand> • *la ~ des cheveux* de haargroei
poussé BN diepgaand, grondig uitgewerkt • *il a fait des études très poussées* hij heeft een grondige opleiding genoten, hij heeft heel wat doorgeleerd
pousse-café INFORM. ZN M (MV pousse-café(s)), afzakkertje
poussée ZN V **1** duw, stoot **2** (het) opdringen, (aan)drang, druk • POL. *une ~ vers la gauche* ruk naar links **3** (snelle) opkomst, groei • *une ~ de fièvre* koortsaanval • *une ~ démographique* (snelle) bevolkingsaanwas
pousse-pousse ZN M (MV id.), riksja, fietstaxi
pousser **1** OV WW **1** (voort)duwen, (aan)stoten, drukken, schuiven • *~ une porte (du pied)* een deur openduwen (met je voet) • *~ qn dehors* iemand buiten de deur zetten • *il m'a poussé vers la sortie* hij heeft mij eruit gewerkt • *faire qc à la va-comme-je-te-pousse* lukraak iets doen, met de pet gooien naar iets **2** pousseren, stimuleren • *~ à la consommation* aanzetten tot consumptie **3** uitstoten • *~ un cri* een gil geven, een kreet slaken **4** FIG. aandrijven, aanzetten **(à** tot) • *~ qn à bout* iemand tot het uiterste drijven • *~ qn au suicide* iemand tot zelfmoord drijven • *c'est l'intérêt qui le pousse* hij wordt gedreven door eigenbelang • *~ qc trop loin* iets te ver drijven **2** ONOV WW **1** (uit) groeien • *elle a poussé de cinq centimètres* zij is vijf centimeter gegroeid • *les carottes commencent à ~* de wortelen beginnen door te komen • *se laisser ~ les cheveux / la barbe* je haar / je baard laten groeien • *~ comme une mauvaise herbe* groeien als kool **2** voorwaarts gaan, doorgaan, doorrijden • *on a poussé jusqu'au village voisin* we zijn doorgereden tot het naburige dorp **3** INFORM. overdrijven, te ver gaan • *faut pas ~!* niet overdrijven!, effe dimmen! **3** WKD WW **(se ~)** plaats maken, opzij gaan • *pousse-toi un peu!* ga eens opzij!
poussette ZN V **1** wandelwagentje **2** boodschappenwagentje
poussière ZN V **1** stof • *un grain de ~* stofje • *un nuage de ~* stofwolk • *tomber en ~* tot stof vergaan **2** INFORM. • *mille euros et des poussières* duizend euro en nog wat
poussiéreux BN (V poussiéreuse), stoffig
poussif INFORM. BN (V poussive), kortademig, OOK FIG. amechtig • *un moteur ~* puffende motor
poussin ZN M **1** kuiken(tje) **2** SPORT pupil <jeugdlid>
poutre ZN V balk, SPORT evenwichtsbalk
poutrelle ZN V balkje
pouvoir **1** OV WW onregelmatig **1** kunnen, mogelijk zijn • *cela peut arriver à tout le monde* dat kan iedereen overkomen • *ça va? oui, ça peut aller* hoe gaat het? het gaat wel • *tu aurais pu le dire avant* dat had je van tevoren wel even kunnen zeggen • *où est-ce que ce livre peut bien être ?* waar zou dat boek (toch) liggen? **2** kunnen, in staat zijn om • *je ne peux pas t'aider* ik kan je niet helpen • *je n'y peux rien* ik kan het niet helpen, ik kan er niets aan doen • *il ne peut rien contre moi* hij kan me niets maken • *il ne peut pas nager, il s'est cassé le pied* hij

po

kan niet zwemmen, hij heeft zijn voet gebroken • *elle est on ne peut plus aimable* ze is alleraardigst • *il n'en peut plus* hij houdt het niet meer uit, hij kan niet meer • *arrête ce bruit, je n'en peux plus!* stop met die herrie, ik houd het niet meer uit! **3** **mogen, toestemming hebben om** • *puis-je entrer? / est-ce que je peux entrer?* mag ik binnenkomen? • *vous pouvez partir* u mag gaan • *tu peux compter là-dessus* je mag erop rekenen **2** ONP WW **mogelijk zijn** • *il se peut très bien qu'il ne vienne pas* het is heel goed mogelijk dat hij niet komt • *il peut pleuvoir* het kan regenen **3** ZN M **1** **macht, vermogen, kracht** • *le ~ d'achat* koopkracht • *ce n'est pas en mon ~* dat ligt niet in mijn macht • *on a le ~ de dire non* men heeft de mogelijkheid om nee te zeggen **2** POL. **macht, invloed, gezag, bewind** • *le ~ législatif* wetgevende macht • *le ~ exécutif* uitvoerende macht • *le ~ judiciaire* rechterlijke macht • *les ~s publics* de overheid • *être au ~* aan de macht zijn • *arriver au ~* aan de macht / regering komen, aan het bewind komen • *prendre le ~* de macht grijpen, aan het bewind komen **3** **volmacht** • *avoir les pleins ~s* volmacht hebben • *donner plein ~ à qn* iemand volmachtigen, iemand volmacht geven

pragmatique BN **pragmatisch**

pragmatisme ZN M **pragmatisme**

Prague ZN V **Praag**

prairie ZN V **wei(de), prairie**

praline ZN V **1** **suikeramandel, praline** **2** BELGFR. **bonbon**

praliné **1** ZN M **bonbon(s) (met nogavulling)** **2** BN **in suiker gebrand** <v. amandelen>, **met amandelschaafsel** <v. ijs e.d.>

praticable BN **1** **uitvoerbaar, bruikbaar** **2** **begaanbaar** • *une route ~* begaanbare weg

praticien ZN M (V praticienne), **(praktiserend) arts**

pratiquant **1** BN REL. **praktiserend** **2** ZN M **1** **praktiserend gelovige** **2** **(sport)beoefenaar**

pratique **1** BN **praktisch** • *des travaux ~s* praktijkles, practicum • *avoir le sens ~* praktisch (ingesteld) zijn **2** ZN V **1** **praktijk, (praktijk) ervaring** • *la ~ du sport* de sportbeoefening • *manquer de ~* praktijkervaring missen • *mettre en ~* in praktijk brengen, toepassen • *en ~* in de praktijk, in werkelijkheid • *dans la ~* in de praktijk **2** **praktijk** <manier v. doen; gang v. zaken>, **gewoonte** • *de vieilles ~s* oude gewoontes • *des ~s honteuses* kwalijke praktijken

pratiquement BW **1** **praktisch, vrijwel** **2** **praktisch gesproken, feitelijk**

pratiquer **1** OV WW **1** **uitoefenen** • *~ un sport* een sport beoefenen • *~ une langue* een taal regelmatig spreken • *~ la médecine* de geneeskunde beoefenen **2** **toepassen** • *~ une méthode* een methode toepassen **3** **aanbrengen** <van opening e.d.> • *~ une ouverture dans le toit* een opening maken in het dak **2** ONOV WW **praktiseren** **3** WKD WW **(se ~)** **gebruikelijk zijn, (vaak) gedaan / bedreven worden** • *cette méthode d'enseignement ne se pratique plus* die onderwijsmethode wordt niet meer gebruikt

pré ZN M **(kleine) weide**

préadolescence ZN V **prepuberteit**

préalable **1** BN **voorafgaand** **2** ZN M **(noodzakelijke) voorwaarde (à voor), eerste vereiste** • *au ~* vooraf, eerst

préambule ZN M **1** **inleiding, preambule** **2** FIG. **voorspel, aanloop** • *sans préambules* zonder omwegen

préau ZN M (MV préaux), **overdekte speelplaats** <van school>

préavis ZN M **1** **voorafgaande kennisgeving, aankondiging** • *un ~ de grève* stakingsaankondiging **2** **opzegging(stermijn)** • *renvoyé sans ~* op staande voet ontslagen

précaire BN **onzeker, precair, hachelijk, onvast** • *un travailleur ~* werknemer met een onzekere baan

précarisation ZN V • *la ~ des emplois* het onzeker worden van banen

précarité ZN V **onzekerheid, hachelijke toestand, bestaansonzekerheid** • *la ~ des emplois dans le secteur public* het bedreigd-worden van de banen in de publieke sector

précaution ZN V **1** **voorzorg(smaatregel)** • *prendre des précautions* voorzorgsmaatregelen treffen • *par mesure de ~ contre la grippe* als voorzorgsmaatregel tegen de griep • *par ~* uit voorzorg, voor alle zekerheid **2** **behoedzaamheid, voorzichtigheid** • *sans ~* onbezonnen, FIG. zonder omwegen

précautionneux BN (V précautionneuse), **behoedzaam, voorzichtig**

précédemment BW **(van) tevoren, al eerder**

précédent **1** BN **voorafgaand, vorig** • *le jour ~* (op) de dag ervoor **2** ZN M **precedent** • *créer un ~* een precedent scheppen • *sans ~* ongekend, ongehoord

précéder OV WW **1** **voor(af)gaan (aan)** <tijd> • *il m'a précédé de dix minutes* hij was er tien minuten eerder dan ik **2** **voor(af)gaan (aan)** <plaats>, **vóór zijn** • *l'article précède le nom en français* in het Frans staat het lidwoord voor het zelfstandig naamwoord

précepte ZN M **voorschrift, gebod**

préchauffer OV WW **voorverwarmen**

prêche INFORM., IRON. ZN M **preek**

prêcher ONOV WW **prediken, preken** • FIG. *~ dans le désert* voor stoelen en banken preken, voor dovemansoren spreken

prêcheur INFORM. ZN M (V prêcheuse), **preker**

prêchi-prêcha INFORM. ZN M **gepreek, geleuter**

précieusement BW **zorgvuldig** <bewarend, koesterend>

précieux BN (V précieuse) **1** **kostbaar, dierbaar** • *une pierre précieuse* edelsteen • *un soutien ~* waardevolle steun **2** **overdreven verfijnd, gemaakt, gekunsteld**

préciosité ZN V **(overdreven) verfijndheid, gekunsteldheid**

précipice ZN M OOK FIG. **afgrond**

précipitamment BW **overhaast, overijld** •

quitter qn ~ zomaar opeens bij iemand weggaan
précipitation ZN V **1 haast, overhaasting** • *dans la ~, il a oublié son passeport* in alle haast is hij zijn paspoort vergeten **2** AARDK. **neerslag** • *les précipitations atmosphériques* neerslag <regen, sneeuw>
précipité BN **haastig, overhaast**
précipiter 1 WKD WW **(se ~) 1 zich werpen, zich storten** • *la voiture s'est précipitée contre un arbre* de auto is tegen een boom gevlogen • *se ~ par la fenêtre pour échapper aux flammes* uit het raam springen om aan de vlammen te ontkomen **2 zich haasten, steeds sneller (ver)lopen** • *se ~ à l'hôpital (pour une urgence)* gauw naar het ziekenhuis gaan (voor een spoedgeval) • *se ~ au secours de qn* iemand te hulp snellen **2** OV WW **1 versnellen, verhaasten, overhaasten** • *il a dû ~ son départ* hij heeft zijn vertrek moeten verhaasten • *ne précipitez rien!* ga niet overhaast te werk! **2 neerwerpen, storten** • FIG. *le chagrin l'a précipité dans la boisson* het verdriet heeft hem aan de drank gebracht
précis "-sie" **1** BN **1 nauwkeurig, precies, duidelijk (bepaald)** • *à huit heures précises* precies om acht uur **2 bondig** <van stijl> **2** ZN M **beknopt overzicht, handboek**
précisément BW **nauwkeurig, (nu) juist, precies**
préciser 1 OV WW **nauwkeurig(er) aangeven, preciseren 2** WKD WW **(se ~) duidelijker worden** • *la menace de crise se précise* het dreigende gevaar van de crisis wordt steeds duidelijker
précision ZN V **1 nauwkeurigheid, juistheid, precisie** • *un instrument de (haute) ~* precisie-instrument • *faire qc avec ~* iets heel nauwkeurig doen **2** MV **bijzonderheden, nadere gegevens** • *demander des précisions sur qc* bijzonderheden over iets vragen
précité BN **voornoemd**
précoce BN **1 vroegrijp, voorlijk** • *un enfant ~* een vroegrijp kind **2 vroeg(tijdig), voortijdig** • *un hiver ~* vroeg invallende winter
précocité ZN V **vroegrijpheid, voortijdigheid** • *la ~ d'un enfant* de vroegrijpheid van een kind
préconçu BN **vooropgezet, voorbarig** • *une idée préconçue* vooropgezette mening, vooroordeel
préconiser OV WW **aanprijzen, aanbevelen** • *le médecin lui a préconisé le repos* de arts heeft hem aanbevolen om rust te nemen
précuit BN **voorgekookt** • *du riz ~* snelkookrijst
précurseur 1 BN • *un signe ~ de la reprise économique* voorteken / voorbode van het economische herstel **2** ZN M **voorloper, voorbode**
prédateur 1 BN (V prédatrice), **roof-** <van dieren> • *un oiseau ~* roofvogel **2** ZN M **roofdier** • FIG. *prédateur sexuel* seksmaniak, aanrander
prédécesseur ZN M **voorganger**
prédestination FORM. ZN V **predestinatie, voorbeschikking**
prédestiner OV WW **predestineren, voorbeschikken, voorbestemmen** • *rien ne le prédestinait à cette carrière d'humoriste* hij was helemaal niet voorbestemd voor een carrière als cabaratier, niets wees erop dat hij cabaratier zou worden
prédéterminer OV WW **vooraf bepalen**
prédicateur ZN M (V prédicatrice), **predikant, prediker**
prédiction ZN V **voorspelling**
prédilection ZN V **voorliefde, voorkeur** • *son auteur de ~* zijn lievelingsschrijver • *il a une ~ pour les grandes blondes* hij heeft een voorkeur voor lange blonde vrouwen
prédire OV WW onregelmatig **voorspellen** • *on prédit que la crise est loin d'être terminée* men voorspelt dat de crisis nog lang niet voorbij is
prédisposé BN **ontvankelijk (voor), geneigd (tot)**
prédisposer OV WW **ontvankelijk / vatbaar maken** • *son éducation ne le prédisposait pas à une carrière artistique* zijn opvoeding maakte hem niet ontvankelijk voor een artistieke carrière • *être prédisposé au diabète* aanleg hebben voor diabetes
prédisposition ZN V **vatbaarheid, aanleg, neiging** • *avoir une ~ pour le sport* aanleg hebben voor sport • *elle a une ~ à l'obésité* ze heeft aanleg om dik te worden • *avoir des prédispositions artistiques* kunstzinnig aangelegd zijn
prédominance ZN V **overheersing, overwicht** • *la ~ d'un pays sur un autre* het overwicht van een land op een ander land
prédominant BN **overheersend, overwegend, belangrijkst**
prédominer ONOV WW **overheersen, de overhand hebben** • *le beau temps prédomine dans ces régions* het mooie weer heeft de overhand in deze regio's, in die regio's is het vaak mooi weer
préemballé BN **voorverpakt**
prééminence ZN V **voorrang(spositie), superioriteit** • *la ~ de l'anglais dans le monde* de voorrangspositie van het Engels in de wereld
prééminent BN **voornaam(st), dominerend**
préétabli BN **vooraf vastgesteld**
préfabriqué 1 BN **geprefabriceerd, prefab** • *une maison préfabriquée* / INFORM. *préfab* montagewoning, prefabwoning **2** ZN M **montagebouw(onderdelen)** • *cette maison est en ~* / INFORM. *en préfab* dit is een montagewoning, dit is een prefabwoning
préface ZN V **voorwoord**
préfacer OV WW **voorzien van een voorwoord** • *~ un livre* een voorwoord schrijven in een boek
préfectoral BN (M MV préfectoraux), **van de prefect(uur)** • *un arrêté ~* verordening van de prefect
préfecture ZN V **1 prefectuur** <ambt, gebied, zetel> • *se rendre dans les locaux de la ~* naar de prefectuur gaan, zich op de prefectuur melden **2** • *la ~ de police* hoofdcommissariaat v. politie <in Parijs>
préférable BN **verkieslijk** • *il est ~ de ne pas y aller* het is beter om daar niet naartoe te gaan • *il serait ~ que vous restiez ici* jullie kunnen beter hier blijven • *être ~ à...* de voorkeur verdienen boven..., beter

pr

zijn dan...
préféré 1 BN geliefkoosd, lievelings- • *sa musique préférée, c'est le jazz* zijn lievelingsmuziek is jazz **2** ZN M (V préférée), **favoriet, lieveling** • *elle est la préférée de son père* zij is het lievelingetje van haar vader
préférence ZN V **voorkeur** • *avoir une ~ pour la musique classique* een voorkeur hebben voor klassieke muziek • *offrez-lui de ~ des crottes de chocolat* u kunt haar het best chocolaatjes cadeau doen • *de ~* bij voorkeur
préférentiel BN (V préférentielle), **voorkeurs-** • *un tarif ~* voorkeurstarief
préférer OV WW **verkiezen (à boven), de voorkeur geven aan, liever willen** • *nous préférons que vous ne disiez rien* we hebben liever dat u niets zegt • *il préfère rester* hij blijft liever • *on lui préfère ses frères* hij wordt bij zijn broers achtergesteld • *elle préfère les pantalons aux jupes* zij houdt meer van broeken dan van rokken • *je préfère le vert au rouge* ik vind groen mooier dan rood
préfet ZN M (V préfète), **prefect** <hoofd v. departement> • *le ~ de police* hoofd v. politie <in grote steden>
préfixe ZN M **1** TAALK. **voorvoegsel 2** COMM. **netnummer, kengetal** • *le ~ pour la France est 33* het internationale landnummer voor Frankrijk is 33
préhistoire ZN V **prehistorie**
préhistorique BN **voorhistorisch, prehistorisch**
préjudice ZN M **schade, nadeel, benadeling** • *un ~ moral* immateriële schade • *des préjudices subis par les salariés* nadelen die de werknemers hebben ondervonden • *porter ~ à quelqu'un* iemand schade berokkenen • *une mesure qui porte ~ à une partie de la population* maatregel met nadelige gevolgen voor een deel van de bevolking • *au ~ des salariés* ten nadele van de werknemers
préjudiciable BN **schadelijk, nadelig** • *~ à la santé de qn* schadelijk voor iemands gezondheid
préjugé ZN M **vooroordeel** • *braver les préjugés* zich niets aantrekken van vooroordelen • *avoir un ~ en faveur de qn* vooringenomen zijn voor iemand
préjuger FORM. OV WW **vooraf / voorbarig beoordelen, vooruitlopen op**
prélasser WKD WW **(se ~) je gemak ervan nemen, lekker luieren / onderuitzakken** • *se ~ dans son lit* lekker wegkruipen in je bed • *se ~ sur la plage* lekker luieren op het strand
prélat ZN M **prelaat**
prélavage ZN M **voorwas**
prélèvement ZN M **1 (het) afhouden / afnemen, inhouding, heffing, incasso** • *~ bancaire* bankafschrijving • *~ automatique* automatische afschrijving / incasso **2** MED. **wegneming, monster(neming)** • *un ~ sanguin* een bloedmonster
prélever OV WW **1 afhouden, opnemen** <v. geld> • *~ une commission (sur une somme d'argent)* commissie heffen (over een geldbedrag) • *~ un échantillon* een monster afnemen **2** MED. **afnemen, wegnemen** • *~ du sang* bloed afnemen
préliminaire 1 BN **inleidend, voorafgaand** • *un discours ~* inleidende toespraak **2** ZN M MV **inleidende handelingen / besprekingen, voorbereidselen**
prélude ZN M **1** MUZ. **prelude 2 begin, voorspel**
préluder ONOV WW **vooruitlopen (op), voorafgaan (aan), de inleiding vormen (van)**
prématuré BN **voortijdig, voorbarig, prematuur** • *un (enfant) ~* te vroeg geboren kind, prematuur(tje)
préméditation ZN V **beraming, opzet** • *un assassinat avec ~* een moord met voorbedachten rade • *agir sans ~* iets doen zonder vooropgezette bedoeling
prémédité BN **weloverwogen, beraamd, met voorbedachten rade**
préméditer OV WW **vooraf overdenken, beramen** • *un vol prémédité* vooraf overdachte diefstal
prémices FORM. ZN V MV **aanvang** • *les ~ d'un conflit* het begin van een conflict
premier 1 BN (V première) **1 eerste, vroegste** • *un ~ amour* eerste liefde • *un manuscrit dans sa version première* manuscript in zijn eerste versie • *les ~s rudiments de musique* de eerste beginselen van muziek • *pour la première fois* voor de eerste keer • *à la première occasion* bij de eerste de beste gelegenheid → **quatrième 2 voornaamste, beste** • *la matière première* grondstof • *une marchandise de ~ choix* eerstekeusartikel, artikel van topkwaliteit • *le ~ ministre* minister-president, eerste minister, premier • *voyager en première (classe)* eerste klas reizen • *arriver (bon) ~* (ruimschoots) als eerste aankomen • *être ~ au classement* de ranglijst aanvoeren **2** ZN M (V première), **(de/het) eerste** • *le ~ du mois* de eerste van de maand • *les trois ~s* de eerste drie • *arriver le ~ / la première* als eerste aankomen • *elle habite au ~* ze woont op de eerste (verdieping), zij woont één hoog • *en ~* ten eerste, op de eerste plaats • *le ~ de l'An* nieuwjaarsdag • *le ~ janvier* 1 januari • *Guillaume I / Premier* Willem I → **quatrième**
première 1 ZN V **1 première, iets wat nog niet eerder vertoond is** • *c'est une ~ dans le domaine de la chirurgie* dat is een primeur op het gebied van chirurgie **2** O&W **voorlaatste klas v.h. middelbaar onderwijs** • *entrer en ~* naar de vooreindexamenklas gaan **3 eerste klas** <in trein> • *un billet de ~* eerste klas treinkaartje **4** TECHN. **eerste versnelling 5** INFORM. • *c'est un menteur de ~* dat is een leugenaar van jewelste, dat is een ontiegelijke leugenaar **2** BN → **premier**
premièrement BW **ten eerste, in de eerste plaats**
premier-né ZN M (V première-née), **eerstgeborene**
prémisse ZN V **uitgangspunt, vooronderstelling**
prémolaire ZN V **voorkies, valse kies**
prémonition ZN V **(onheilspellend) voorgevoel**
prémonitoire BN **waarschuwend** • *un rêve ~*

pr

voorspellende droom • *un signe ~* (waarschuwend) voorteken, veeg teken
prémunir WKD WW **(se ~) zich wapenen (tegen)** • *se ~ contre le froid* zich wapenen tegen de kou
prenable BN **(in)neembaar**
prenant BN **1 boeiend, aangrijpend** • *une histoire ~e* aangrijpend verhaal **2 tijdrovend** • *une profession très ~e* tijdrovend vak
prénatal BN (M MV prénatals), **vóór de geboorte, prenataal, zwangerschaps-**
prendre 1 OV WW onregelmatig **1 nemen, meenemen** • *~ qc dans le tiroir* iets uit de la halen • *~ qn dans ses bras* iemand in je armen sluiten, iemand omhelzen • *~ son chapeau* je hoed pakken • *passer ~ qn* iemand (komen) ophalen • *c'est à ~ ou à laisser* het is kiezen of delen, graag of niet **2 nemen, gebruiken** • *~ le deux / la ligne 2* lijn 2 nemen • *~ un taxi* een taxi nemen • *~ le train* met de trein gaan **3 opvatten** • *~ la vie du bon côté* het leven van de vrolijke kant bekijken • *~ qc à cœur* iets ter harte nemen • *il m'a prise pour sa soeur* hij zag me voor zijn zuster aan • *pour qui me prends-tu?* waar zie je me voor aan? • INFORM. *non mais, pour qui tu te prends?* wie denk je wel dat je bent? • FIG. *~ qn en grippe* een hekel aan iemand krijgen • *à tout ~* alles welbeschouwd, al met al **4 innemen, gebruiken** • *~ un verre* iets gaan drinken • *qu'est-ce que tu prends?* wat neem jij? • *il ne prend plus ses repas avec nous* hij nuttigt zijn maaltijden niet meer met ons **5 aannemen, inhuren** • *~ qn comme femme de ménage* iemand aannemen als werkster • *~ qn à témoin* iemand tot getuige nemen • *il a pris ses nouvelles fonctions au premier janvier* hij is 1 januari in functie getreden / met zijn nieuwe baan begonnen **6 pakken, grijpen, betrappen** • *~ qn sur le fait* iemand op heterdaad betrappen • *~ qc par la force* zich iets met geweld toe-eigenen • *~ la place de qn* iemands plaats innemen • *~ qn en faute* iemand op een fout betrappen • *je t'y prends!* betrapt!, daar heb ik je! • *il s'est fait ~ par la police* hij is door de politie gepakt • *c'est (toujours) ça de pris* dat is (alvast) meegenomen, binnen is binnen **7** FIG. **opnemen** • *~ une commande* een order noteren • *~ une photo* een foto nemen **8 bevangen, overvallen** • *se laisser ~ par qc* door iets overvallen worden • *l'idée m'a pris de l'inviter* het idee kwam bij me op om hem uit te nodigen • *~ qn en pitié* medelijden krijgen met iemand • *~ qn au sérieux* iemand serieus nemen • *~ qn par la douceur* iemand zachtjes aanpakken • *qu'est-ce qui te prend?* wat bezielt je opeens? **9 over zich krijgen** • *~ froid* kouvatten • *~ le soleil* de zon opzoeken, zonnen **10 beginnen (met)** • *~ la route* de weg op gaan • *~ la mer* zich inschepen, zee kiezen • *~ la parole* het woord nemen • *~ le deuil* rouw aannemen • *la maison a pris feu* het huis vatte vlam • *~ la fuite* vluchten • *~ sa retraite* met pensioen gaan **11 gebruiken** <tijd> • *~ le temps de faire qc* de tijd nemen om iets te doen • *cela vous prendra deux heures* dat kost u 2 uur **2** ONOV WW **1 stijf / hard / gebonden worden** <v. saus, cement>, **stollen, bevriezen** • *la mayonnaise prend* de mayonaise wordt dik **2 lukken, succes hebben** • *cette mode ne prend pas* die mode slaat niet aan • *ça ne prendra pas avec lui* dat zal geen succes worden met hem **3 de genoemde kant op gaan, afslaan** • *~ à gauche / sur la gauche* links afslaan • *~ à travers champs* dwars door de velden gaan **3** WKD WW **(se ~) 1 ingenomen worden** • *ce sirop se prend deux fois par jour* dit drankje moet tweemaal daags ingenomen worden **2 beklemd raken, vast komen te zitten** • *se ~ les pieds dans un tapis* met je voeten achter de mat blijven steken, over de mat struikelen **3 aanpakken** • *s'y ~ bien / mal* het goed / slecht aanpakken • *s'y ~ à plusieurs fois* het meerdere keren proberen • *s'en ~ à qn* iemand verantwoordelijk stellen, de schuld geven aan iemand **4 zichzelf beschouwen** • *se ~ pour un Don Juan* zichzelf als een donjuan beschouwen • *se ~ au sérieux* zichzelf serieus nemen
preneur ZN M (V preneuse), **nemer, afnemer** • *un ~ d'otages* gijzelhouder • TECHN. *un ~ de son* geluidstechnicus • *je suis ~* ik houd me aanbevolen, ik wil het wel • *j'ai trouvé ~ pour mon auto* ik heb een koper gevonden voor mijn auto
prenne WW présent subj. → **prendre**
prennent WW présent subj. → **prendre**
prennes WW présent subj. → **prendre**
prénom ZN M **voornaam**
prénommé ZN M **voornoemde**
prénommer 1 OV WW **een voornaam geven aan 2** WKD WW **(se ~)** • *il se prénomme Jules* zijn voornaam is Jules
prénuptial BN (M MV prénuptiaux), **vóór het huwelijk**
préoccupant BN **zorgwekkend** • *une situation préoccupante* zorgwekkende situatie
préoccupation ZN V **bezorgdheid, zorg**
préoccuper 1 OV WW **bezorgd maken** • *ça me préoccupe* het houdt mij voortdurend bezig, dat laat me niet los • *avoir un air préoccupé* zorgelijk kijken **2** WKD WW **(se ~) de zich bezorgd maken over, zich bekommeren om** • *ne pas se ~ de ses affaires* je niet druk maken over je zaken
préparateur ZN M (V préparatrice) **1 voorbereider 2 apothekersassistent**
préparatifs ZN M MV **voorbereidingen, aanstalten**
préparation ZN V **1 voorbereiding, bereiding** • *la ~ d'un voyage* de voorbereiding van een reis • *la ~ d'un examen* het studeren voor een examen • *une classe de ~*/ INFORM. *une classe de prépa* voorbereidingsklas <voor het toelatingsexamen van een 'Grande École'> • *avoir un livre en ~* een boek in voorbereiding hebben • *en (voie de) ~* in voorbereiding **2 preparaat** • *une ~ pharmaceutique* farmaceutisch preparaat
préparatoire BN **voorbereidend** • *une classe ~*/ INFORM. *prépa (aux grandes écoles)* voorbereidingsklas (voor het toelatingsexamen van een 'Grande École')
préparer 1 OV WW **1 voorbereiden** • *~ un examen* studeren voor een examen • *~ un étudiant à un*

examen een student voorbereiden op een examen • *~ une surprise à qn* iemand een verrassing bereiden, een verrassing voor iemand in petto hebben **2 (toe)bereiden, gereedmaken, prepareren** • *~ du thé pour qn* thee zetten voor iemand • *~ le repas* het eten klaarmaken • *un plat préparé* kant-en-klaar gerecht **2** WKD WW **(se ~) 1 zich gereedmaken** • *se ~ à sortir* zich klaarmaken om naar buiten te gaan • *se ~ pour une soirée* zich klaarmaken voor een avondje uit • *se ~ au pire* zich op het ergste voorbereiden **2 op til zijn** • *un orage se prépare* er is onweer op komst

prépondérance ZN V **overwicht, overwegende invloed**

prépondérant BN **overwegend, (over) heersend, doorslaggevend** • *il a eu un rôle ~ dans cette affaire* hij heeft een doorslaggevende rol gespeeld in deze zaak

préposé ZN M **beambte** • *le ~ au guichet* de loketbeambte

préposition TAALK. ZN V **voorzetsel**

prépuce ZN M **voorhuid**

préretraité ZN M **vervroegd gepensioneerde, vutter**

préretraite ZN V **vervroegd pensioen, prepensioen, VUT,** BELG. **brugpensioen** • *un départ en ~* vervroegde uittreding • *partir en ~* met vervroegd pensioen gaan

prérogative ZN V **voorrecht, prerogatief**

près 1 VZ **1 ~ de (dicht) bij, naast** • *un pull ~ du corps* nauwsluitende trui • *elle habite ~ d'ici* ze woont hier in de buurt • *il est ~ de l'âge de la retraite* hij zit tegen zijn pensioen • *être ~ de ses sous* krenterig zijn **2 ~ de bijna** • *il lui a emprunté ~ de mille euros* hij heeft een bedrag van tegen de 1000 euro van hem geleend • *il est rentré à ~ de trois heures du matin* hij is tegen een uur of drie 's nachts naar huis gegaan **2** BW **dichtbij** • *au millimètre ~* tot op de millimeter nauwkeurig • *à quelques modifications ~* behoudens enkele wijzigingen • *à peu (de chose) ~* ongeveer, zowat • *à ceci ~ que...* behalve (het feit) dat... • *tout ~* vlakbij • *de ~ ou de loin* helemaal niet • *de ~* van nabij, nauw(gezet) • *à un euro ~* op één euro na • *il n'en est pas à cent euros ~* hij kijkt niet op een honderd euro • *être rasé de ~* gladgeschoren zijn

présage "-zaazj" ZN M **voorteken**

présager "-zaazjee" OV WW **voorspellen** • *cela ne présage rien de bon* dat voorspelt weinig goeds

presbyte 1 BN **verziend 2** ZN M/V **iemand die verziend is**

présbytère ZN M **pastorie**

presbytie "-sie" ZN V **verziendheid**

prescience ZN V **voorkennis**

préscolaire BN **vóór de schoolleeftijd, kleuter-, peuter-**

prescriptible JUR. BN **verjaarbaar**

prescription ZN V **1** MED. **recept** <van dokter> • *un médicament délivré sur ~* een geneesmiddel dat op recept verstrekt wordt **2 voorschrift, (het) voorschrijven 3** JUR. **verjaring** • *il y a ~* het is verjaard

prescrire MED. OV WW onregelmatig **voorschrijven** • *ne pas dépasser la dose prescrite* niet de voorgeschreven dosering overschrijden • *on lui a prescrit une dose massive d'analgésiques* ze hebben hem een enorme dosis pijnstillers voorgeschreven

prescrit BN **voorgeschreven**

préséance ZN V **voorrang (sur boven), (het) voorgaan** • *par ordre de ~* in volgorde van belangrijkheid

présélection ZN V **voorselectie, voorkeuze**

présélectionner OV WW **1 voorselecteren, voordragen 2 voorprogrammeren** • *un programme présélectionné* vooraf ingesteld programma

présence ZN V **1 aanwezigheid, tegenwoordigheid** • *la ~ policière dans les rues de la capitale* de aanwezigheid van politie op straat in de hoofdstad • *avoir de la ~ d'esprit* tegenwoordigheid van geest hebben • *mettre deux équipes en ~* twee teams met elkaar confronteren • *en ~ de* in het bijzijn van • *en ma ~* in mijn tegenwoordigheid **2 uitstraling, persoonlijkheid** • *la ~ d'un acteur sur scène* de uitstraling van een toneelspeler op het toneel • *avoir de la ~* een sterke persoonlijkheid / uitstraling hebben, erg aanwezig zijn

présent 1 BN **1 aanwezig, present 2 tegenwoordig, huidig** • *dans les circonstances présentes* in de huidige omstandigheden • TAALK. *le participe ~* het tegenwoordig deelwoord **2** ZN M **1 (het) tegenwoordige, (het) heden** • *jusqu'à ~ je n'ai rien dit mais...* tot nu toe heb ik niets gezegd, maar... • *à ~ que tu es parti...* nu je weg bent... • *à présent, nous sommes tous les deux seuls à la maison* tegenwoordig zijn we allebei alleen thuis **2** TAALK. **tegenwoordige tijd** • *le ~ du subjonctif* de tegenwoordige tijd van de aanvoegende wijs **3** FORM. **cadeau, geschenk, gave** • *offrir / faire un ~ à qn* iemand iets cadeau doen

présentable BN **toonbaar**

présentateur ZN M (V **présentatrice**), **presentator, aanbieder, voorsteller** • *un ~ de radio* radiopresentator

présentation ZN V **1 (het) voorstellen, introductie** • *faire les présentations* de aanwezigen aan elkaar voorstellen **2 presentatie, vertoning** • *une ~ de haute couture* modepresentatie, haute-couturemodeshow **3 (het) (ver)tonen, (het) voorleggen** • *sur ~ d'une carte d'identité valide...* op vertoon van een geldig legitimatiebewijs... • *la ~ du budget annuel* de aanbieding van de jaarlijkse begroting **4 uiterlijk 5 voordracht** • *faire une ~ à un congrès* een voordracht houden op een congres

présente ZN V • *par la ~* bij dezen, hierbij • *par la présente, je vous informe que...* hierbij deel ik u mee dat...

présenter 1 OV WW **1 voorstellen (à aan)** • *il m'a présenté sa femme* hij heeft zijn vrouw aan mij voorgesteld • *je te la présenterai* ik zal je met haar in kennis brengen • *permettez-moi de vous ~* mag ik u voorstellen **2 voordragen, aanmelden** • *~ un projet* een plan voorleggen • *~ un candidat*

pr

aux élections een kandidaat voordragen voor de verkiezingen • *on nous l'a présenté comme le nouveau Freud* hij wordt ons afgeschilderd als de nieuwe Freud **3 (ver)tonen, voorleggen** • *il a présenté son billet au contrôleur* hij heeft zijn kaartje aan de conducteur laten zien • *~ ses papiers* zijn identiteitspapieren laten zien **4** MEDIA **presenteren** • *~ le (journal de) vingt heures* het achtuurjournaal presenteren • *~ un nouveau film au festival de Cannes* een nieuwe film vertonen op het filmfestival van Cannes **5 uiteenzetten** • *~ ses félicitations à tous les candidats* alle kandidaten gelukwensen • *savoir ~ ses idées* je opvattingen uiteen kunnen zetten **6 bieden** • *~ des avantages* voordelen bieden • *qc qui est bien présenté* iets dat fraai toebereid / verpakt / vormgegeven is • *~ des difficultés* moeilijkheden opleveren **2** WKD WW **(se ~) 1 zich voorstellen** • *il s'est présenté comme l'ami de la princesse* hij stelde zichzelf voor als de vriend van prinses • FORM. *permettez que je me présente* mag ik me even voorstellen? **2 zich melden** • *vous devez vous ~ demain au bureau de police* u moet zich morgen melden op het politiebureau • *présentez-vous d'urgence à l'hôpital!* meldt u zich direct bij het ziekenhuis! **3 zich (aan) melden** • *se ~ (aux élections)* zich kandidaat stellen • *se ~ à un examen* opgaan / zich opgeven voor een examen **4 zich vertonen, zich aandienen, verschijnen** • *une difficulté se présente* er doet zich een probleem voor • *cette affaire se présente bien* die zaak ziet er goed uit • *ça se présente mal pour toi* het ziet er bedenkelijk voor je uit

présentoir ZN M **uitstaldoos / -blad / -rek, display**

préservatif ZN M **condoom, voorbehoedmiddel** • *un ~ féminin* vrouwencondoom

préservation ZN V **bescherming, behoud**

préserver 1 OV WW **behoeden, beschermen, vrijwaren** • *~ une espèce menacée* een bedreigde dier- of plantensoort beschermen • *le secret a été bien préservé* het geheim is goed bewaard gebleven **2** WKD WW **(se ~) zich beschermen (tegen)** • *se ~ du froid* zich beschermen tegen de kou

présidence ZN V **1 voorzitterschap, presidentschap** • *pendant la ~ de François Hollande* tijdens het presidentschap van François Hollande **2 presidentieel gebouw**

président ZN M **voorzitter, president** • *le ~ de la République Française* de president van Frankrijk • *le ~ -directeur général / le P.D.G.* de president-directeur, de algemeen directeur

présidentiable BN **geschikt voor het presidentschap** • *être ~* president kunnen worden

présidentiel BN (V présidentielle), **presidents-, presidentieel** • *les (élections) présidentielles* de presidentsverkiezingen

présider 1 OV WW **voorzitten, presideren** • *~ un débat* een debat voorzitten **2** ONOV WW **~ à bepalend zijn voor, regelen**

présignalisation ZN V • *le triangle de ~* gevarendriehoek

présomption ZN V **vermoeden** • *la ~ d'innocence* het vermoeden van onschuld, beginsel dat iemand onschuldig is tot het tegendeel bewezen is

présomptueux BN (V présomptueuse), **verwaand**

présonorisation ZN V **playback**

presque BW **bijna** • *la ~ totalité des électeurs ont voté pour* bijna alle kiezers hebben voorgestemd • *il y en a ~ autant qu'autrefois* er zijn er bijna evenveel als vroeger

presqu'île ZN V **schiereiland**

pressant BN **dringend** • *une demande ~e* dringende vraag • *se faire ~ auprès de qn* bij iemand aandringen

press-book "-boek" ZN M (MV press-books), **knipselboek / -map**

presse ZN V **1 pers** <bladen / journalisten> • *la grande ~* de grote dagbladen • *la ~ écrite* de schrijvende pers • *la ~ parlée* de radiojournalisten • *la ~ féminine* de vrouwenbladen • *la ~ spécialisée* de vakbladen • *la ~ du cœur* de sentimentele bladen • *une conférence de ~* persconferentie • *un communiqué de ~* persbericht • *une agence de ~* persbureau • *un attaché de ~* persattaché • *avoir bonne ~* een goede pers hebben **2 pers** <toestel; drukpers> • *le livre est sous ~* het boek is ter perse

pressé BN **1 haastig, gehaast** • *être ~ (de)* haast hebben (om) • *être ~ d'arriver* er graag snel willen zijn • *aller au plus ~* het dringendste het eerst afhandelen **2 uitgeperst, samengeperst** • *une orange pressée* geperste sinaasappel

presse-agrumes ZN M (MV id.), **citruspers**

presse-bouton BN onver. **(vol)automatisch** • *un vote ~* automatisch stemming

pressentiment "pree-" ZN M **voorgevoel**

pressentir "pree-" OV WW onregelmatig **1 een voorgevoel hebben van, vermoeden** • *on pressent qu'il se représentera aux élections* men heeft het voorgevoel dat hij zich opnieuw kandidaat zal stellen voor de verkiezingen **2 polsen** • *on l'a pressenti pour le portefeuille des Affaires étrangères* hij is gepolst voor de portefeuille van Buitenlandse Zaken

presse-papiers ZN M (MV id.) **1 presse-papier 2** COMP. **klembord**

presser 1 OV WW **1 drukken, uitdrukken, persen, uitpersen** • *~ un bouton* op een knop drukken • *un citron pressé* geperste citroen • *des gens pressés les uns contre les autres* mensen die tegen elkaar aan gedrukt zitten / staan **2 verhaasten, bespoedigen** • *~ le pas* de pas versnellen **3** FIG. **bestoken, in het nauw brengen, pressen** • *après l'accident, on l'a pressé de questions* na het ongeluk hebben ze hem overstelpt met vragen • *ne le presse pas de cette façon, il ne veut rien dire!* zit hem nou niet zo te pushen, hij wil niks zeggen! **2** ONOV WW **dringen, haast hebben** • *rien ne presse* er is geen haast bij • *cela ne presse pas* dat heeft de tijd • INFORM. *allons, pressons!* kom, een beetje tempo! **3** WKD WW **(se ~) 1 zich haasten** • *presse-toi, on est en retard!* schiet op, we zijn te laat! **2 zich verdringen** • *se ~ devant un théâtre* zich verdringen

voor een schouwburg
pressing ZN M stomerij
pression 1 ZN V 1 MED., METEO, NAT. druk, drukking • *la ~ artérielle* bloeddruk • *la ~ atmosphérique* luchtdruk • *une haute ~* hoge bloeddruk • *une basse ~* lage bloeddruk • *sous ~* onder druk 2 pressie, spanning • *un groupe de ~* pressiegroep • *être sous ~* onder druk staan • *faire ~ sur qn* druk uitoefenen op iemand, iemand onder druk zetten • *subir des ~s de la part de son chef* onder druk staan van je baas 3 tapbier • *de la bière ~* tapbier • *un demi ~* tapbiertje 2 ZN M drukknoop • *un bouton ~* drukknoop
pressoir ZN M wijnpers, vruchtenpers, oliepers
pressurage ZN M (het) uitpersen, perswijn
pressurer OV WW OOK FIG. uitpersen
pressurisé BN • *une cabine pressurisée* drukcabine
prestance ZN V imponerend voorkomen / optreden, presentie, allure
prestataire ZN M uitkeringstrekker • *un ~ de services* dienstverlenend bedrijf
prestation ZN V 1 uitkering • *des ~s familiales* kinderbijslag • *des ~s sociales* sociale uitkeringen 2 dienstverlening • *des ~s de services* dienstverlening 3 (voor publiek vertoonde) prestatie, optreden • *la ~ du chef de l'État à la télévision* het televisieoptreden van het staatshoofd
preste BN vlug, behendig
prestidigitateur ZN M (V prestidigitatrice), goochelaar
prestige ZN M prestige <aanzien en gezag> • *jouir d'un grand ~* veel aanzien genieten
prestigieux BN (V prestigieuse), gerenommeerd, indrukwekkend, prachtig • *un nom ~* een klinkende naam • *une cérémonie prestigieuse* een plechtigheid met allure
pr
presto BW 1 MUZ. presto 2 INFORM. heel snel
présumé BN vermoedelijk, verondersteld • *l'auteur ~ du crime* de vermoedelijke dader van het misdrijf • *être ~ innocent* als onschuldig beschouwd worden, geacht worden onschuldig te zijn
présumer OV WW vermoeden, veronderstellen, denken • *je présume qu'elle gagnera son procès* ik neem aan dat zij het proces zal winnen
présupposé ZN M vooronderstelling
présupposer OV WW vooronderstellen, aannemen
présupposition ZN V vooronderstelling, aanname
prêt "prè" 1 BN 1 klaar • *prêt? partez!* klaar? af! • *je suis ~* ik ben zover • *être ~ à l'emploi* klaar voor gebruik zijn • *ils sont prêts pour le départ* ze zijn klaar voor vertrek • *il est ~ à partir* hij is klaar om te vertrekken 2 bereid • *elle est prête à faire des heures sup* ze is bereid om extra uren te maken • *être toujours ~ à rendre service* nooit te beroerd zijn om te helpen, altijd klaarstaan 2 ZN M 1 (het) lenen <aan iemand> • *faire un ~ de deux mille euros à un ami* tweeduizend euro aan een vriend lenen 2 geleende som, lening • *un ~ bancaire* banklening • *un ~ immobilier* hypotheek • *à titre de ~* te leen
prêt-à-porter ZN M (MV prêts-à-porter), confectiekleding
prétendant ZN M 1 (troon)pretendent 2 IRON. huwelijkskandidaat, vrijer
prétendre 1 OV WW 1 (stellig) beweren, pretenderen te • *il a prétendu avoir des preuves / qu'il avait des preuves* hij beweerde dat hij bewijzen had 2 (stellig) willen, van plan zijn te • *je ne prétends pas vous convaincre, mais...* ik wil u niet overreden, maar... 2 WKD WW (se ~) beweren te zijn • *il se prétend médecin* hij beweert dat hij arts is
prétendu BN zogenaamd • *ce ~ chef-d'œuvre est purement et simplement un plagiat* dit zogenaamde meesterwerk is puur plagiaat
prête-nom ZN M (MV prête-noms), stroman, gelastigde • *servir de ~ à qn* als stroman fungeren voor iemand
prétentieux BN (V prétentieuse), pretentieus
prétention ZN V 1 aanmatiging, verwaandheid, pretentie • *il est sans ~* hij is pretentieloos • *il a la ~ de me dire ce que je dois faire!* hij denkt me te kunnen vertellen wat ik moet doen! 2 MV eis, verlangen • *il a mentionné ses prétentions dans sa lettre de sollicitation* hij heeft zijn voorwaarden / zijn gewenste salaris genoemd in zijn sollicitatiebrief • *faire valoir ses prétentions* je aanspraken doen gelden, voor je recht opkomen
prêter 1 OV WW 1 lenen, verlenen • *~ de l'argent à qn* geld aan iemand lenen • *tu me prêtes ce livre?* mag ik dat boek van je lenen? • *je lui ai prêté ma maison* ik heb hem mijn huis uitgeleend 2 toeschrijven • *~ des propos à qn* uitspraken toeschrijven aan iemand 3 schenken, verschaffen • *~ attention à qn* aandacht schenken aan iemand • *~ l'oreille aux rumeurs* het oor lenen aan geruchten, luisteren naar geruchten • *~ secours* hulp verlenen • *~ serment* een eed afleggen 2 WKD WW (se ~) 1 ~ à zich lenen (tot / voor), zich inlaten (met) • *se ~ au jeu* zich lenen voor een spel 2 geschikt zijn (voor) • *ces terres se prêtent bien à la culture du blé* deze grond is geschikt voor graanbouw
prêteur 1 ZN M (V prêteuse), (uit)lener, geldschieter 2 BN (V prêteuse), (graag) lenend
prétexte ZN M voorwendsel, uitvlucht • *cet incident sert de ~ à la grève* dit incident dient als voorwendsel voor de staking • *sous ~ qu'elle est malade* onder het voorwendsel dat ze ziek is, omdat ze zogenaamd ziek is • *sous aucun ~* in geen geval
prétexter OV WW voorwenden, als excuus aanvoeren, beweren
prétoire ZN M rechtszaal
prêtre ZN M priester • *un prêtre-ouvrier* priester-arbeider • *un grand ~* hogepriester
prêtresse ZN V priesteres
prêtrise ZN V priesterschap
preuve ZN V 1 bewijs • *une ~ écrite* schriftelijk bewijs • *des ~s irréfutables* harde bewijzen • *des ~s tangibles* tastbaar bewijs • INFORM. *la ~!* zie je nu wel! • *avoir des ~s de la culpabilité de qn* bewijzen hebben voor iemands schuld • *apporter / fournir des ~s* bewijzen aanvoeren / leveren • *faire ses ~s* je

sporen verdienen, je bewijzen • *c'est vrai jusqu'à ~ du contraire* dat is waar tot het tegendeel bewezen is • *c'est la ~ que...* daaruit blijkt dat... **2 blijk** • *faire ~ de tolérance* blijk geven van verdraagzaamheid • *faire ~ d'initiative* initiatief aan de dag leggen **3** WISK. **proef** • *la ~ par neuf* negenproef

prévaloir **1** ONOV WW onregelmatig **de overhand hebben, het winnen** • *c'est la deuxième solution qui a prévalu* de tweede oplossing is het geworden • *faire ~ ses droits* je rechten doen gelden **2** WKD WW **(se ~) de je voordeel doen met, je laten voorstaan op**

prévenance ZN V **voorkomendheid, attentie(s)**

prévenant BN **voorkómend, attent** • *se montrer ~ à l'égard de qn / envers qn* attent zijn voor iemand

prévenir OV WW onregelmatig **1 op de hoogte stellen, verwittigen, waarschuwen** • *on a dû ~ la police* ze hebben de politie moeten waarschuwen • *je te préviens que ça va mal finir!* ik zeg je dat het slecht zal aflopen! • *on a prévenu tous les habitants du quartier contre lui* ze hebben alle bewoners van de wijk tegen hem ingenomen • *sans ~* zonder voorafgaande waarschuwing **2 voorkómen** • *ce produit permet de ~ l'apparition des rides* dit product voorkomt rimpels • *mieux vaut ~ que guérir* voorkomen is beter dan genezen

préventif BN (V préventive), **preventief** • *une médecine préventive* preventieve geneeskunde • *une mesure préventive* voorzorgsmaatregel

prévention ZN V **preventie, voorzorg** • *la ~ routière* (maatregelen voor de) verkeersveiligheid

préventivement BW **preventief, uit voorzorg**

prévenu **1** ZN M (V prévenue), **verdachte** **2** WW volt. deelw. → **prévenir**

prévisible BN **voorzienbaar, voorspelbaar**

prévision ZN V **1 (het) vooruitzien, prognose** • *elle économise en ~ des fêtes* ze spaart met het oog op de feestdagen **2** vaak MV **vooruitzicht, verwachting** • *les prévisions météo / météorologiques* de weersverwachting(en)

prévisionnel BN (V prévisionnelle), **op prognose gebaseerd, ramings-** • *un budget ~* voorbegroting

prévoir OV WW onregelmatig **1 voorzien** • *prévu par la loi* bij de wet bepaald • *une reprise économique est prévue* men voorziet een economische opleving **2 zorgen voor, plannen** • *on n'a rien prévu pour Noël, et vous?* we hebben niets gepland voor kerst, en jullie? • *c'est prévu pour deux personnes* dat is bestemd voor twee personen • *comme prévu* zoals gepland, volgens afspraak

prévoyance ZN V **(het) vooruitzien, voorzorg** • *une caisse de ~* verzekeringsfonds, voorzorgskas

prévoyant BN **vooruitziend, van voorzorg getuigend** • *être ~* een vooruitziende blik hebben

prévu WW volt. deelw. → **prévoir**

prie-Dieu ZN M (MV id.), **bidstoel**

prier **1** OV WW **1 bidden (tot)** **2** FORM. **verzoeken, uitnodigen** • *je vous prie de bien vouloir vous présenter demain à mon bureau* ik verzoek u om morgen op mijn kantoor te verschijnen • *~ quelqu'un de quitter les lieux* iemand verzoeken het pand te verlaten • *on est prié d'éteindre son téléphone* verzoeke uw telefoon uit te zetten • *je vous (en) prie!* alstublieft!, ga uw gang!, geen dank! • *ne pas se faire ~* zich niet laten bidden • *elle ne s'est pas fait ~ pour reprendre du dessert* ze liet zich geen tweemaal zeggen dat ze nog wat van het nagerecht mocht nemen **2** ONOV WW **bidden**

prière ZN V **1 gebed** • *la ~ des morts* het gebed voor de doden • *dire ses prières* bidden **2 dringend verzoek, (smeek)bede** • *~ de ne pas fumer* gelieve niet te roken

primaire BN **1 primair** • *une école ~* basisschool • *l'enseignement ~* basisonderwijs, lager onderwijs • *des (élections) ~s* voorverkiezingen • *le secteur ~* de primaire sector • *les couleurs ~s* de primaire kleuren • *l'ère ~ / le ~* het paleozoïcum **2 beperkt v. geest** • *une réaction un peu ~* nogal bekrompen manier van reageren

primate ZN M **1** BIOL. **primaat** **2** INFORM. **stom rund**

primauté ZN V **positie boven andere(n), doorslaggevend belang, primaat (sur over)** • *la ~ de l'esprit sur la matière* het principe van geest boven materie

prime **1** ZN V **1 (verzekerings)premie** • *la ~ d'assurance (d'une voiture)* de verzekeringspremie (van een auto) **2 premie, beloning** • *une ~ de fin d'année* kerstgratificatie • *une ~ à la productivité* prestatietoeslag **3 toegift** <bij gekocht artikel> • *offrir une place de cinéma en ~* een bioscoopkaartje er gratis bij geven • FIG. *en ~* op de koop toe **2** BN FORM. **eerste** • WISK. *a ~* a accent <a'>

primer **1** OV WW **een premie / prijs toekennen aan, bekronen** • *son film a été primé au festival de Cannes* zijn film heeft een prijs gekregen bij het filmfestival in Cannes **2** ONOV WW **overtreffen, gaan boven** • *l'économie prime sur tout* de economie gaat boven alles

primerose ZN V **stokroos**

primeur ZN V **primeur** • *le Beaujolais ~* de Beaujolais primeur • *avoir la ~ d'une nouvelle* de primeur van een nieuwtje hebben, als eerste een nieuwtje weten

primeurs ZN V MV **primeurs, eerstelingen** <eerste groente en fruit> • *un marchand de ~* groenteboer

primevère ZN V **primula, sleutelbloem**

primitif BN (V primitive) **1 oorspronkelijk, oudste, oer-** • *les couleurs primitives* hoofdkleuren • *l'art ~* de primitieve kunst • *le sens ~ d'un mot* de oorspronkelijke betekenis van een woord **2 weinig ontwikkeld, primitief** • *avoir une réaction primitive* op een onbeschaafde manier reageren

primitifs ZN M MV **primitieven** • *les ~ flamands* de Vlaamse primitieven

primo BW **ten eerste**

primordial BN (M MV primordiaux), **hoogst belangrijk, essentieel, fundamenteel** • *il est ~ que vous fassiez passer cette note aux collègues* het is van groot belang dat u dit bericht doorgeeft aan uw collega's • *c'est ~* daar hangt veel van af

pr

prince ZN M **vorst, prins** • *le ~ héritier* kroonprins • *le ~ charmant* sprookjesprins, de ware jakob • *être bon ~* edelmoedig / ruimhartig zijn

princesse ZN V **prinses, vorstin** • INFORM. *dîner aux frais de la ~* dineren op staatskosten, dineren op kosten v.d. baas

princier BN (V princière), **prinselijk, vorsten-**

principal **1** BN (M MV principaux), **voornaamste, hoofd-** • *un rôle ~* hoofdrol • *une résidence ~e* hoofdverblijf • TAALK. *une proposition ~e* hoofdzin **2** ZN M (MV principaux) **1 hoofdzaak** • *le ~, c'est qu'elle soit vivante* het belangrijkste is dat zij in leven is **2 hoofd van een 'collège'** <school>

principalement BW **hoofdzakelijk, vooral**

principauté ZN V **vorstendom** • *la ~ de Monaco* het vorstendom Monaco

principe ZN M **beginsel, principe** • *un accord de ~* principeakkoord • *le ~ d'Archimède* de wet van Archimedes • *un ~ directeur* het leidend beginsel • *partons du ~ que...* laten we ervan uitgaan dat... • *avoir pour ~ de faire qc* het principe hebben iets te doen • *elle refuse tout par ~* zij weigert alles uit principe • *en ~* in principe, in beginsel • *pour le ~* om het principe, uit principiële overwegingen

printanier BN (V printanière), **lente-, voorjaar(s)-** • *un soleil ~* voorjaarszon • *avoir l'humeur printanière* de lente in het hoofd hebben

printemps ZN M OOK FIG. **lente, voorjaar** • *au ~, j'irai aux États-Unis* in de lente ga ik naar de Verenigde Staten • *au ~ dernier* afgelopen voorjaar • HUMOR. *elle a fêté ses cent ~* zij heeft haar 100 lentes gevierd • FIG. *le ~ arabe* de Arabische lente

priori • *a ~* a priori, vooraf, in principe, zo te zien

prioritaire BN **met voorrang, voorrangs-** • *des véhicules ~s* voertuigen met voorrang

priorité ZN V **voorrang (sur boven, op), prioriteit** • *avoir la ~ à droite* voorrang van rechts hebben • *laisser la ~* voorrang verlenen • *en ~* bij voorrang, het eerst

pris BN **1 bezet** • *être très ~ par le travail* het erg druk hebben met werken **2 verstopt** <neus> • *avoir la gorge ~e* hees zijn • *avoir le nez ~* verkouden zijn **3** FORM. **bevangen / overmand (door)** • *être ~ de boisson* beschonken zijn • *être ~ de panique* in paniek zijn **4 stijf / hard geworden, gestold** • *la rivière est ~e (par les glaces)* de rivier is bevroren

prise ZN V **1 (het) (in)nemen, (het) grijpen, (het) pakken** • *une ~ d'otages* gijzeling • *la ~ de pouvoir* machtsovername **2 greep, houvast, vat** • *une ~ de judo* judogreep • *avoir une bonne ~ sur qc* goede grip hebben op iets • *lâcher ~* loslaten, het opgeven • *ne pas lâcher ~* pal staan • *être aux ~s avec des difficultés* te kampen hebben met moeilijkheden, met moeilijkheden worstelen **3 buit, vangst** • *une belle ~* goede vangst <vis, dier> **4** MED. **(het) innemen** • *la ~ de médicaments* het innemen van medicijnen **5** MED. • *faire une ~ de sang à qn* iemand bloed afnemen **6 aansluiting(spunt)** <van leiding>, **contactdoos, stopcontact** • *une ~ (de courant)* stopcontact, contactdoos • *une ~ d'antenne* antenneaansluiting • *une ~ de terre* aardleiding, aarding • COMP. *une ~ USB* usb-poort **7 (film- / foto-)opname** • *une ~ de vue* opname • *une ~ de son* geluidsopname **8** FIG. • *une ~ de conscience* bewustwording • *une ~ en charge* zorg, overname <v.d. kosten / uitbetaling> • *une ~ de position* stellingname • *la ~ de possession* inbezitname • *donner ~ à la critique* aanleiding geven tot kritiek

priser OV WW **1** FORM. **waarderen 2 snuiven** • *du tabac à ~* snuiftabak

prisme ZN M **prisma**

prison ZN V **1 gevangenis** • *mettre qn en ~* iemand gevangenzetten • *faire de la ~* (in de gevangenis) zitten • *aller en ~* de gevangenis ingaan **2 gevangenschap, gevangenisstraf** • *être condamné à la ~ ferme* veroordeeld zijn tot een onvoorwaardelijke gevangenisstraf • *être condamné à la ~ à perpétuité* veroordeeld zijn tot een levenslange gevangenisstraf

prisonnier ZN M (V prisonnière), **gevangene** • *un ~ de guerre* krijgsgevangene • *faire qn ~* iemand gevangennemen • *se constituer ~* zich gevangen geven • FIG. *être ~ de ses préjugés* vastgeroest zitten in je vooroordelen

privation ZN V **1 ontneming, beroving, gemis, verlies** • *la ~ des droits civiques* het verlies van de burgerschapsrechten **2** MV **ontberingen, gebrek** • *être affaibli par les ~s* verzwakt zijn door de ontberingen

privatisation ZN V **privatisering**

privatiser OV WW **privatiseren**

privautés ZN V MV **vrijpostigheden**

privé **1** BN **1 particulier, privé(-)** • *la vie privée* privéleven • *propriété privée* eigen terrein • *strictement ~* strikt persoonlijk • *voie privée* eigen weg **2 particulier, niet openbaar** • *une école privée* particuliere school, bijzondere school • *le droit ~* privaatrecht • *un détective ~* privédetective **2** ZN M **particuliere sector** • *travailler dans le ~* in de particuliere sector werkzaam zijn • *parler à qn en ~* iemand privé spreken, iemand onder vier ogen spreken

priver **1** OV WW **beroven (van), ontnemen, onthouden** • *~ qn de ses droits civiques* iemand zijn burgerschapsrechten ontnemen • *tu seras privé de sortie* je mag niet uit **2** WKD WW **(se ~) zich het nodige ontzeggen, het zonder doen** • *il ne se prive pas* hij neemt het er goed van • *ne pas se ~ de dire ce qu'on pense* geen blad voor de mond nemen • *ne se ~ de rien* het zich aan niets laten ontbreken

privilège ZN M **1 voorrecht, privilege 2 voorrecht, eer** • *j'ai eu le ~ de lui parler* ik had het voorrecht hem te spreken

privilégié **1** BN **bevoorrecht, bijzonder gunstig** **2** ZN M (V privilégiée), **bevoorrechte, rijke**

privilégier OV WW **1 bevoorrechten, bevoordelen 2 bijzonder belang toekennen aan** • *~ la thèse du suicide* ervan uitgaan dat het om zelfmoord gaat

prix "prie" ZN M **1 prijs, kosten** • *un ~ net* nettoprijs • *un ~ T.T.C. / toutes taxes comprises* all-inprijs, prijs incl. btw • *un ~ fixe* vaste prijs •

le ~ de gros groothandelsprijs • *un ~ avantageux* gunstige prijs • *le ~ de l'entrée* toegangsprijs • *le ~ au mètre carré* prijs per vierkante meter • *un ~ de lancement* introductieprijs • *le rapport qualité-~* prijs-kwaliteitverhouding • *la flambée des ~* plotselinge prijsstijging • *c'est mon dernier ~* dat is mijn laatste / uiterste bod • *vendre à bas ~* voor een zacht prijsje verkopen • *vendre qc à ~ d'or* iets peperduur verkopen • *faire un ~ à qn* iemand een zacht prijsje rekenen • *faire un ~ d'ami à qn* iemand een vriendenprijsje rekenen • *casser les ~* een prijzenslag ontketenen • *ce n'est pas dans mes ~* dat wordt me te duur • *quel ~ voulez-vous mettre?* wat wilt u ervoor betalen? • *je l'ai eu à moitié ~* ik heb het voor de halve prijs • *ça n'a pas de ~* dat is onbetaalbaar • FIG. *y mettre le ~* er het nodige voor betalen, het duur betalen • *hors de ~* peperduur, veel te prijzig • *au-dessous du ~* onder de prijs • *au ~ fort* voor een forse prijs • *au ~ de sa vie* ten koste van zijn leven • *au ~ de...* tegen de prijs van... • *à tout ~ / à n'importe quel ~* tot elke prijs, koste wat het kost **2** **prijs, beloning** • *la remise des ~* prijsuitreiking • *le ~ Nobel* Nobelprijs(winnaar) • SPORT *le Grand Prix* grand prix • *obtenir un ~* een prijs winnen • FIG. *sa tête a été mise à ~* er is een prijs op zijn hoofd gesteld **3** FIG. **waarde** • *le ~ de la liberté* de tol van de vrijheid • *ça n'a pas de ~* dat is van onschatbare waarde • *à son juste ~* op zijn juiste waarde

pro INFORM. ZN M professionnel, professionnelle **beroeps, prof**

probabilité ZN V **waarschijnlijkheid, kans** • *il y a de fortes probabilités pour qu'il accepte le poste* er bestaat een grote kans dat hij de baan zal aannemen • *selon toute ~* naar alle waarschijnlijkheid

probable BN **waarschijnlijk** • *il est peu ~ qu'il soit présent* er is weinig kans op dat hij erbij zal zijn

probant BN **overtuigend, afdoend**

probatoire BN **proef-, overtuigend** • *un examen ~* proefexamen, tentamen

probité ZN V **rechtschapenheid, eerlijkheid**

problématique **1** BN **problematisch** **2** ZN V **problematiek**

problème ZN M **1** **vraagstuk, probleem** • *la clé du ~* de oplossing van het vraagstuk • O&W *résoudre un ~ de maths* een wiskundesom oplossen **2** **probleem, moeilijkheid** • *un enfant à problèmes* probleemkind • *pas de problème!* geen probleem!, geen nood! • *poser / soulever un ~* een probleem zijn • *cela ne pose aucun ~* dat is geen bezwaar • *les problèmes de circulation dans les grandes villes* de verkeersproblemen in de grote steden • *elle a de gros problèmes d'argent* ze heeft grote geldzorgen **3** MED. **probleem, klacht** • *il a des problèmes cardiaques / de cœur* hij heeft hartklachten

procédé ZN M **1** **procedé, werkwijze** • *un ~ de fabrication* fabricageprocedé • *un ~ de réfrigération* koeltechniek **2** FIG. vaak mv **handelwijze** • *un échange de bons procédés* wederzijdse hulp • *utiliser des procédés malhonnêtes* oneerlijke handelwijzen toepassen, oneerlijk te werk gaan • *des procédés condamnables* kwalijke praktijken

procéder ONOV WW **te werk gaan, handelen, overgaan (tot)** • *~ à une enquête* een onderzoek instellen • *~ à des essais nucléaires* kernproeven verrichten

procédure ZN V **1** **procedure, gang van zaken** • *la ~ pour vous inscrire est la suivante...* de inschrijfprocedure is als volgt... **2** **rechtspleging, procedure** • *la ~ pénale* strafprocedure • *commencer une ~ de divorce* een echtscheidingsprocedure starten

procès "-sè" ZN M JUR. **rechtszaak, proces** • *un ~ à sensation* sensatieproces, opzienbarend proces • *le ~ des criminels de guerre* het strafproces tegen oorlogsmisdadigers • *intenter un ~ à qn* een rechtszaak tegen iemand aanspannen • *perdre un ~* een rechtszaak verliezen • *faire le ~ de qc* iets scherp bekritiseren • *faire un ~ d'intention à qn* iemand kwade bedoelingen toedichten • *sans autre forme de ~* zonder vorm van proces

processeur COMP. ZN M **processor**

procession ZN V **1** **processie** **2** **stoet, optocht**

processus "-suus" ZN M **verloop, proces, procedé** • *le ~ de paix est engagé* het vredesproces is begonnen • *le ~ de fabrication du vin* het productieproces van wijn

procès-verbal ZN M (MV procès-verbaux) **1** **proces-verbaal** • *dresser un ~ à qn* een proces-verbaal opmaken tegen iemand **2** **notulen, verslag**

prochain **1** BN **1** **(eerst)volgend, aanstaand** • *la semaine ~e* de volgende week • *vendredi ~* aanstaande vrijdag • *(dans) les ~s jours* de eerstkomende dagen • *à la ~e fois* tot de volgende keer • INFORM. *à la ~e!* tot ziens!, tot dan! **2** **naburig, nabij** • *dans les jours ~s* een dezer dagen **2** ZN M **naaste, medemens**

prochainement BW **binnenkort, eerstdaags**

proche **1** BN **dichtbij, nabij(zijnd), naast** • *un parent ~* naaste verwant • *la ville la plus ~* de dichtstbijzijnde stad • *les élections sont ~s* de verkiezingen naderen • *sa fin est ~* zijn einde nadert • *ma maison est ~ de la gare* mijn huis ligt vlak bij het station • *ils sont très ~s* ze staan elkaar heel na, ze zijn heel close (met elkaar) • *dans un ~ avenir* in de naaste toekomst **2** BW • *de ~ en ~* geleidelijk aan, stukje bij beetje **3** ZN M/V **naaste medewerker, geestverwant** • *les ~s* de naasten, de intimi • *les ~s de la reine* de naaste familieleden van de koningin, de intimi van de koningin

Proche-Orient ZN M **Midden-Oosten**

proclamation ZN V **afkondiging, bekendmaking, proclamatie**

proclamer OV WW **1** **afkondigen, bekendmaken, uitroepen** • *l'indépendance de l'Algérie a été proclamée en 1962* de onafhankelijkheid van Algerije is uitgeroepen in 1962 • *~ les résultats de la course* de resultaten van de wedstrijd bekendmaken • *~ son innocence* je onschuld betuigen **2** **uitroepen tot**

procréateur FORM. **1** BN (V procréatrice), **verwekkend** **2** ZN M (V procréatrice), **verwekker**

• IRON. *les procréateurs* de ouders
procréation FORM. ZN V **verwekking, voortplanting** • *la ~ médicalement assistée / P.M.A.* (medisch begeleide) kunstmatige voortplanting
procréer FORM. OV WW **verwekken** <van kinderen>, **voortbrengen**
procuration ZN V **volmacht** • *voter par ~* bij volmacht stemmen • *se marier par ~* met de handschoen trouwen
procurer **1** OV WW **bezorgen, verschaffen, geven** • *cela nous a procuré bien des soucis* dat heeft ons heel wat problemen bezorgd **2** WKD WW **(se ~) aanschaffen, (ver)krijgen** • *il faut vous ~ un bon dictionnaire bilingue* jullie moeten een goed tweetalig woordenboek aanschaffen
procureur ZN M/V (V procureure), **gevolmachtigde** • *le ~ de la République* officier van justitie, openbaar aanklager
prodigalité ZN V **verkwisting**
prodige **1** ZN M **wonder** • *faire des ~s* wonderen verrichten • *cela tient du ~* dat grenst aan het wonderbaarlijke **2** BN • *un enfant ~* wonderkind
prodigieux BN (V prodigieuse), **verbazend, buitengewoon, wonderbaarlijk**
prodigue **1** BN **verkwistend, kwistig** • *l'enfant ~* de verloren zoon **2** ZN M/V **verkwister**
prodiguer OV WW **kwistig zijn met, niet sparen, niet ontzien** • *~ des soins à qn* iemand buitengewoon goed verzorgen, iemand met zorg omringen
producteur **1** BN (V productrice), **producerend, productie-** • *les pays ~s de pétrole* olieproducerende landen **2** ZN M (V productrice) **1 producent** • *du ~ au consommateur* van de producent naar de consument **2** MEDIA **producer**
productible BN **produceerbaar**
productif BN (V productive), **productief** • *une terre peu productive* weinig productieve / vruchtbare grond
production ZN V **1 (het) produceren, voortbrenging, productie** • *une baisse de la ~* daling van de productie • MED. *la ~ hormonale* de hormoonproductie • *les moyens de ~* de productiemiddelen • *la ~ de pneus a été délocalisée* de bandenproductie is elders ondergebracht **2 voortbrengsel, product**
productivité ZN V **1 productiviteit 2 rentabiliteit**
produire **1** OV WW onregelmatig **voortbrengen, produceren, opbrengen** • *on produit beaucoup de blé dans cette région* er wordt veel tarwe geproduceerd in deze streek • *ce vignoble produit un grand vin* die wijngaard brengt een prachtige wijn voort • *~ un roman par an* een roman per jaar schrijven **2** WKD WW **(se ~) 1 zich voordoen, gebeuren** • *l'accident s'est produit dans la nuit* het ongeluk is 's nachts gebeurd **2 zich vertonen, optreden** <in theater enz.> • *il se produit sur une scène de théâtre tous les soirs* hij staat iedere avond op het toneel
produit ZN M **1 product, voortbrengsel** • *un ~ fini* eindproduct • *les ~ de la mer* vis en schaaldieren • *des ~s chimiques* chemicaliën • *un ~ de beauté* schoonheidsmiddel • *les ~s de consommation* consumptiegoederen • *les ~s du jardin* eigen teelt • *les ~s de nettoyage* schoonmaakmiddelen **2 opbrengst** • *le ~ national brut / le P.N.B.* het bruto nationaal product / het bnp
proéminence ZN V **(het) (voor)uitsteken, uitsteeksel**
proéminent BN **(voor)uitstekend, uitspringend**
prof INFORM. ZN M/V professeur **leraar, prof(essor)**
profanateur **1** BN (V profanatrice), **(heilig) schennend** **2** ZN M (V profanatrice), **(heilig) schenner**
profanation ZN V **heiligschennis, ontwijding** • *la ~ d'un cimetière* de ontwijding van een kerkhof, grafschennis
profane **1** BN **1 profaan** <ondeskundig>, **leken-** **2** FORM. **profaan, wereldlijk** **2** ZN M/V **1 leek** <ondeskundige> **2 (het) wereldlijke**
profaner OV WW **ontwijden, schenden** • *des tombes profanées* geschonden graven
proférer OV WW **uiten, uitspreken, uitbrengen** • *~ des menaces* dreigementen uiten
professeur ZN M (V professeure), **leraar, docent, professor** • *un ~ de chant* zangleraar • *un ~ de maths* wiskundeleraar • *un ~ des écoles* onderwijzer • *le ~ principal (d'une classe)* klassenleraar • *un ~ d'université* / INFORM. *un prof. de fac* hoogleraar • *le manque de ~s* het tekort aan docenten
profession ZN V **1 beroep** <vak>, **beroepsgroep** • *les ~s libérales* de vrije beroepen **2 belijdenis** • *une ~ de foi* geloofsbelijdenis
professionnalisme ZN M **professionaliteit, professionalisme**
professionnel **1** BN (V professionnelle), **professioneel, beroeps-, vak-** • *une école ~le* technische school, vakschool • *une faute ~le* beroepsmatige fout • *le secret ~* beroepsgeheim **2** ZN M (V professionnelle), **vakman, beroeps, beroepsspeler, professional** • *c'est un travail de ~* dat is vakwerk
professoral BN (M MV professoraux), **leraren-, professoraal** • *le corps ~* het docententeam
professorat ZN M **leraarschap, professoraat**
profil ZN M **profiel** • *se mettre de ~* en profil gaan staan • FIG. *avoir le ~ idéal pour un poste* aan het ideale profiel voldoen voor een baan, geknipt zijn voor een baan • *garder un ~ bas* bewust onopvallend blijven, je gedeisd houden
profiler WKD WW **(se ~) zich aftekenen, zich profileren**
profit "-fie" ZN M **1 voordeel, nut, profijt** • *mettre une situation à ~* een situatie benutten, voordeel halen uit een situatie • *un dîner organisé au ~ du sida* diner ten bate van de aidsbestrijding • *tirer ~ de qc* je voordeel doen met iets, voordeel trekken uit iets **2 winst** • *le compte des ~s et pertes* winst- en verliesrekening • *réaliser des ~s* winst maken
profitable BN **1 voordelig (à voor), nuttig 2**

winstgevend
profiter ONOV WW **1** **voordeel hebben (van), profiteren (van), gebruikmaken (van), voordelig / nuttig zijn (voor)** • ~ *des circonstances* gebruikmaken van de omstandigheden • *le soleil lui a profité* de zon heeft hem goed gedaan • ~ *de la vie* van het leven profiteren **2** **vooruitgaan** • INFORM. *bien* ~ goed gedijen / vooruitgaan, er goed bij staan
profiterole ZN V **soesje**
profiteur ZN M (V profiteuse), **profiteur**
profond **1** BN **1** **diep** • *une piscine ~e de dix mètres* een tien meter diep zwembad • *une nuit ~e* stikdonkere nacht **2** **diepzinnig** • *la France ~e* het traditionele Frankrijk, de provincie • *la cause ~e...* de diepere oorzaak... **3** **hevig, intens** • *éprouver une joie ~e* intens geluk voelen • *d'un bleu ~* diepblauw **2** ZN M • *au plus ~ de soi* diep van binnen • *du plus ~ de mon cœur* uit het diepst van mijn hart
profondément BW **diep, intens, hevig, ten zeerste** • ~ *attristé* diepbedroefd • *dormir* ~ vast slapen
profondeur ZN V **diepte** • *à cinq mètres de* ~ op vijf meter diepte, vijf meter diep • *les ~s de la mer* de diepten van de zee • *quelle est la ~ de ce lac?* hoe diep is dat meer? • *en* ~ diepgaand, grondig
profusion ZN V **overvloed, overdaad** • *une ~ de détails* een overvloed aan details • *à* ~ overvloedig, volop
progéniture FORM. ZN V **kroost** <nakomelingen>
programmable BN **programmeerbaar**
programmateur **1** ZN M **regelprogramma, programmakiezer** <van wasmachine enz.> **2** ZN M (V programmatrice), **programmamaker**
programmation ZN V **programmering**
programme ZN M **program(ma), (leer)plan**
programmer OV WW **1** **programmeren** • ~ *une machine à laver* het programma instellen van een wasmachine **2** INFORM. **plannen** • ~ *sa journée* je dag plannen
programmeur ZN M (V programmeuse), **programmeur**
progrès ZN M **1** ook mv **vooruitgang, vordering** • *faire des ~ en anglais* vooruitgaan in Engels • *être en* ~ vooruitgang boeken **2** **uitbreiding** • *les ~ de l'épidémie* de uitbreiding van de epidemie
progresser ONOV WW **1** **vooruitgaan, vorderingen maken** **2** **zich uitbreiden, zich verbreiden** • *l'incendie progresse* de brand breidt zich uit
progressif BN (V progressive), **voortschrijdend, geleidelijk (opklimmend), progressief** • *porter des verres ~s* progressieve / multifocale brillenglazen dragen
progression ZN V **vooruitgang, geleidelijke opklimming, progressie** • *la ~ de la criminalité* de stijging van de criminaliteit • *la ~ de la maladie* het verergeren van de ziekte
progressiste **1** BN **vooruitstrevend, progressief** **2** ZN M/V **vooruitstrevend persoon**
progressivement BW **geleidelijk**
progressivité ZN V **(het) progressief zijn, progressiviteit**
prohiber OV WW **(wettelijk) verbieden** • *la vente prohibée des armes* de wettelijk verboden wapenhandel
prohibitif BN (V prohibitive), **verbiedend** • *des prix ~s* onoverkomelijk hoge prijzen
prohibition ZN V **(wettelijk) verbod** • *la ~ de la drogue* het drugsverbod
proie ZN V **1** **prooi** • *un oiseau de* ~ roofvogel **2** **buit** • FIG. *une maison qui est la ~ des flammes* een huis dat ten prooi valt aan de vlammen • *être en ~ à la colère* ten prooi zijn aan woede, woedend zijn
projecteur ZN M **1** **projector** **2** **schijnwerper, zoeklicht, bermlamp** • OOK FIG. *sous les (feux des) ~s* in de schijnwerpers
projectile ZN M **werptuig, projectiel**
projection ZN V **1** **(het) projecteren / vertonen** <van lichtbeelden, film> **2** **(het) vooruitzien**, PSYCH. **projectie** **3** **(het) werpen** • *des ~s de boue* opspattende modder
projectionniste ZN M/V **filmoperateur**
projet ZN M **1** **plan, project** • *avoir des ~s de mariage* trouwplannen hebben • *faire des ~s* plannen maken **2** **ontwerp, schets** • *un ~ de loi* wetsontwerp • *il a un ~ de roman* hij heeft het voornemen om een roman te schrijven
projeter OV WW **1** **(vooruit)werpen, wegslingeren** • *le choc les a projetés contre un arbre* door de schok werden zij tegen een boom geslingerd • *être projeté (en avant)* vooroverschieten **2** OOK FIG. **projecteren, vertonen** <van lichtbeelden, film> • ~ *un film* een film vertonen • *l'arbre projette son ombre sur le mur* de boom werpt zijn schaduw op de muur **3** **beramen, ontwerpen, plannen, van plan zijn (de te)** • ~ *un voyage* plannen maken voor een reis • ~ *de faire un voyage* van plan zijn om een reis te maken
prolétaire **1** ZN M/V **proletariër** **2** BN **proletarisch**
prolétariat ZN M **proletariaat**
prolétarien BN (V prolétarienne), **proletarisch**
prolétariser OV WW **proletariseren**
prolifération ZN V **(snelle) toename / verbreiding, proliferatie** • *la menace de la ~ des armes nucléaires* het dreigende gevaar van de verspreiding van kernwapens
proliférer ONOV WW OOK FIG. **zich snel vermenigvuldigen, snel groeien, voortwoekeren** • *les cellules malades prolifèrent* de zieke cellen vermenigvuldigen zich • *le crime prolifère dans les villes* de misdaad neemt snel toe in de steden
prolifique BN **zich heel snel vermenigvuldigend**, OOK FIG. **(heel) vruchtbaar**
prolixe BN **wijdlopig, langdradig**
prolixité ZN V **wijdlopigheid, langdradigheid**
prolo INFORM. ZN M/V prolétaire **proletariër, proleet, plebejer**
prologue ZN M OOK FIG. **proloog**
prolongation ZN V **verlenging** <van tijdsduur> • *obtenir une ~ de congé de maternité* verlenging van zwangerschapsverlof krijgen • SPORT *jouer les ~s* in

de (wedstrijd)verlenging spelen

prolongé BN lang(gerekt), (lang) aanhoudend • *un arrêt de travail* ~ langdurig ziekteverlof

prolongement ZN M **1** verlenging, verlengde, verlengstuk • *le ~ d'une ligne de métro* de verlenging van een metrolijn **2** MV gevolgen, nasleep

prolonger 1 OV WW verlengen (**de** met) • *~ un contrat* een contract verlengen • *~ une ligne d'autobus* een buslijn verlengen **2** WKD WW (**se ~**) **1** lang(er) duren • *les négociations se sont prolongées tard dans la nuit* de onderhandelingen gingen tot diep in de nacht door **2** zich voortzetten, doorlopen <van weg> • *le chemin se prolonge jusqu'à la mer* de weg loopt door tot aan de zee

promenade ZN V **1** wandeling, tochtje • *une ~ en voiture* autotochtje • *une ~ en bicyclette* fietstocht • *une ~ en bateau* boottochtje **2** promenade, wandelplaats

promener 1 OV WW **1** wandelen met, uitlaten <van hond>, rondleiden, laten lopen • *~ son chien* je hond uitlaten • *~ un ami dans Paris* een vriend rondleiden door Parijs **2** laten rondgaan / glijden <van blik, vingers> • *~ son regard sur la ville* je blik laten rondgaan over de stad **2** ONOV WW INFORM. meevoeren, meedragen • *envoyer ~ qn* iemand afpoeieren • *j'ai tout envoyé ~* ik heb alles in de steek gelaten **3** WKD WW (**se ~**) wandelen, een ritje / tochtje maken • *se ~ à pied* een wandeling maken • *se ~ en voiture* een autotochtje maken • *se ~ dans un bois* door een bos lopen

promeneur ZN M (V promeneuse), wandelaar • *les ~s du dimanche* de zondagse wandelaars

promesse ZN V belofte • *une promesse en l'air* lichtzinnige belofte • *une ~ de vente* voorlopig koopcontract • *un jeune acteur plein de ~s* veelbelovende jonge acteur • *faire une ~* een belofte doen • *revenir sur une ~* een belofte terugtrekken • *ne pas tenir ses ~s* je niet aan je beloftes houden

prometteur BN (V prometteuse), veelbelovend • *c'est ~!* dat belooft wat!

promettre 1 OV WW onregelmatig **1** beloven • *~ une récompense à qn* een beloning beloven aan iemand • *~ de s'amender* beterschap beloven • FIG. *~ la lune; ~ monts et merveilles* gouden bergen beloven • *chose promise, chose due* belofte maakt schuld **2** (stellig) verzekeren • *je te le promets!* dat verzeker ik je! • *cela ne promet rien de bon* dat voorspelt niet veel goeds **2** ONOV WW (veel) beloven • *un enfant qui promet* veelbelovend kind • IRON. *ça promet!* dat belooft wat! **3** WKD WW (**se ~**) **1** zich voornemen (**de** te) • *se ~ de devenir écrivain* schrijver willen worden **2** elkaar beloven • *elles se sont promis de s'écrire* ze hebben elkaar beloofd dat ze elkaar zullen schrijven

promis 1 BN beloofd • *la terre ~e* het beloofde land • *~ au succès* veelbelovend • *chose ~e, chose due* belofte maakt schuld • INFORM. *c'est ~, c'est juré!* heus waar! **2** WW volt. deelw. → **promettre**

promiscuité ZN V **1** (het) dicht opeen zitten / wonen <van een samenraapsel v. mensen> **2** FIG. promiscuïteit

promo INFORM. ZN V promotion aanbieding • *un article en ~* artikel in de aanbieding

promontoire ZN M voorgebergte, hoge kaap

promoteur ZN M projectontwikkelaar • *un ~ immobilier* projectontwikkelaar

promotion ZN V **1** bevordering <in loopbaan>, promotie • *une ~ au mérite* promotie naar verdienste **2** verkoopbevordering, promotie, reclame(aanbieding) • *une campagne de ~* reclamecampagne • *un article en ~* artikel in de aanbieding **3** jaargroep <v. 'grande école'>, de jaargenoten • *un camarade de ~ / de promo* jaargenoot

promotionnel BN (V promotionnelle), (verkoop)bevorderend, reclame- • *des dépliants ~s* reclamefolders • *une bande-vidéo ~le* reclameclip

promouvoir OV WW onregelmatig **1** bevorderen <in rang> • *elle a été promue professeure* zij is bevorderd tot hoogleraar **2** bevorderen, stimuleren, promoten • *~ la recherche* onderzoek stimuleren

prompt "pro(n)" FORM. BN vlug, vlot, snel • *être ~ à la colère* snel boos worden, opvliegend zijn • *je vous souhaite un ~ rétablissement* ik wens u een spoedig herstel

promptitude ZN V vlugheid, voortvarendheid, promptheid • *sa ~ nous a évité des ennuis* door zijn voortvarendheid hebben we problemen weten te voorkomen

promu WW volt. deelw. → **promouvoir**

promulgation ZN V uitvaardiging, afkondiging, bekendmaking

promulguer OV WW uitvaardigen, afkondigen, bekendmaken • *~ une loi* een wet afkondigen

prôner OV WW aanprijzen, voorstaan, FIG. prediken

pronom TAALK. ZN M voornaamwoord • *un ~ personnel* persoonlijk voornaamwoord • *un ~ démonstratif* aanwijzend voornaamwoord • *un ~ indéfini* onbepaald voornaamwoord

pronominal TAALK. BN (M MV pronominaux), voornaamwoordelijk • *un verbe ~* wederkerend / wederkerig werkwoord

prononçable BN uit te spreken • *ce mot n'est pas ~* dit woord is niet uit te spreken

prononcé BN duidelijk (uitkomend), uitgesproken, geprononceerd • *avoir un accent français ~* een duidelijk Frans accent hebben

prononcer 1 OV WW uitspreken • *~ un discours* een redevoering houden • *~ une sentence* een vonnis uitspreken • *il n'arrive pas à ~ ce mot* hij kan dit woord niet uitspreken **2** WKD WW (**se ~**) **1** uitgesproken worden • *le 'h' ne se prononce jamais en français* de 'h' wordt in het Frans nooit uitgesproken • *comment ça se prononce?* hoe spreek je dat uit? **2** je uitspreken, je mening zeggen • *se ~ par référendum sur un projet* zich uitspreken over een voorstel middels een referendum • *cinquante pour cent se sont prononcés pour, trente pour cent contre* vijftig procent heeft voorgestemd, dertig procent tegen <bij enquêtes>

prononciation ZN V uitspraak

pronostic "-tiek" ZN M voorspelling, vooruitzicht, prognose • *le ~ vital de la victime est engagé* het slachtoffer verkeert in levensgevaar

pronostiquer OV WW voorspellen, een prognose geven over • *~ la victoire d'une équipe* een team als winnaar tippen

pronostiqueur ZN M (V pronostiqueuse), voorspeller, tipgever <m.n. in paardensport>

propagande ZN V propaganda • *la ~ électorale* verkiezingspropaganda

propagandiste 1 BN propagandistisch 2 ZN M/V propagandist

propagateur ZN M (V propagatrice), verbreider <van ideeën>

propagation ZN V 1 verbreiding, verspreiding • *la ~ de l'épidémie de grippe* de verbreiding van de griepepidemie 2 voortplanting • *la ~ des espèces* de voortplanting van de soorten

propager 1 OV WW 1 verbreiden, verspreiden • *~ le virus de la grippe* het griepvirus verspreiden • *~ une information* een bericht verspreiden 2 voortplanten 2 WKD WW **(se ~)** zich verbreiden, zich verspreiden • *le feu s'est propagé rapidement aux maisons avoisinantes* de brand is snel overgeslagen naar de aangrenzende huizen

propane ZN M propaan

propension ZN V geneigdheid, neiging (**à** tot)

prophète ZN M (V prophétesse), profeet • *on n'a pas besoin d'être ~ pour savoir qu'il ne réussira pas* je hoeft geen helderziende te zijn om te weten dat hij niet zal slagen

prophétie "-sie" ZN V profetie, voorspelling

prophétique BN profetisch

prophétiser OV WW profeteren, voorspellen

prophylactique BN voorbehoedend, preventief

prophylaxie ZN V ziektepreventie

propice BN gunstig, geschikt, bevorderlijk • *attendre le moment ~ pour s'en aller* wachten op het geschikte moment om weg te gaan

proportion ZN V 1 verhouding, evenredigheid, proportie • *la ~ entre ceci et cela...* de verhouding tussen het een en het ander... • *une réaction hors de ~* buitensporige reactie • *la ~ de femmes occupant un poste de direction...* het percentage vrouwen met een directiefunctie... • *toutes ~s gardées* naar verhouding, verhoudingsgewijs, relatief • *en ~ avec* in evenredigheid met • *en ~ des risques* in verhouding tot de risico's 2 MV afmetingen • *un corps aux ~s harmonieuses* een lichaam met evenwichtige afmetingen

proportionnalité ZN V onderlinge verhouding, evenredigheid

proportionné BN (goed) geproportioneerd • *une personne bien proportionnée* een goed geproportioneerd / gebouwd persoon

proportionnel BN (V proportionnelle), evenredig, proportioneel • *la représentation ~le (dans le système électoral)* de evenredige vertegenwoordiging (bij het kiesstelsel) • *être inversement ~ à...* omgekeerd evenredig zijn aan...

proportionnellement BW naar evenredigheid (**à** van), verhoudingsgewijs, naar verhouding

propos ZN M 1 VAAK MV woorden, (ge)praat • *échanger quelques ~ avec qn* wat woorden wisselen met iemand • *tenir des ~ insultants* beledigende woorden bezigen, lelijke taal uitslaan 2 FORM. bedoeling, voornemen • *de ~ délibéré* met opzet 3 • *tu arrives à ~* je komt als geroepen, je komt net op het goede moment • *à tout ~* te pas en te onpas, om de haverklap, telkens weer • *hors de ~ / mal à ~* te onpas, ongelegen, ongepast • *à ~ de travail, on vient de me ~er qc d'intéressant* wat werk betreft, ik kreeg zojuist een interessant aanbod • *à ~ de tout et de rien* over alles en niks, lukraak • *à ~! je voudrais te dire qu'Anne est malade!* wat ik zeggen wilde, Anne is ziek!, overigens, Anne is ziek!

proposer 1 OV WW 1 voorstellen, (aan)bieden, uitloven <van prijs, beloning>, opgeven <van onderwerp> • *~ qc à qn* iemand iets voorstellen • *le sujet proposé aux candidats était difficile* het onderwerp dat de kandidaten voorgelegd kregen was moeilijk • *il n'a rien à ~ en échange* hij kan hier niets tegenoverstellen 2 voordragen <van kandidaat> • *~ un candidat à un poste* een kandidaat voordragen voor een bepaalde functie 2 WKD WW **(se ~)** 1 zich voornemen (**de** te), van plan zijn • *je me propose de passer chez vous pour en discuter* ik ben van plan om bij u langs te komen om het te bespreken 2 zich aanbieden, solliciteren

proposition ZN V 1 voorstel, aanbod • *une ~ de mariage* huwelijksaanzoek • *la ~ a été rejetée* het voorstel is afgekeurd • *accepter une ~* een voorstel aannemen • *faire une ~* een voorstel doen • *sur (la) ~ du président* op voorstel van de voorzitter 2 stelling <uitspraak> 3 TAALK. zin • *une ~ subordonnée* bijzin

propre 1 BN 1 schoon, proper, zindelijk • *ce petit garçon est déjà ~* dit jongetje is al zindelijk • *l'énergie solaire est considérée comme une énergie ~* zonne-energie wordt beschouwd als schone energie • *de l'argent ~* legaal / wit geld • *être ~ comme un sou neuf* kraakhelder zijn • IRON. *nous voilà ~s!* we zitten lelijk in de knoei! 2 netjes, keurig, fatsoenlijk • *un personnage pas très ~* een wat dubieuze figuur 3 eigen • *un nom ~* eigennaam • *le sens ~ et le sens figuré* de eigenlijke / letterlijke betekenis en de figuurlijke betekenis • *il l'a tué de sa ~ main* hij heeft hem eigenhandig vermoord • *il faut lui remettre ce document en mains ~s* je moet hem dit document persoonlijk overhandigen • *rentrer par ses ~s moyens* op eigen gelegenheid naar huis gaan 4 geschikt, kenmerkend • *une mesure ~ à arrêter la violence dans ce quartier* een geschikte maatregel om het geweld in deze wijk te doen stoppen • *c'est un ~ à rien* dat is een nietsnut 2 ZN M 1 kenmerk, eigenschap • *le ~ de l'homme...* het kenmerkende / eigene van de mens... 2 netheid • *mettre un texte au ~* een tekst in het net schrijven • IRON. *c'est du ~!* het is wat moois!, een fraaie bedoening!

proprement BW 1 netjes • *manger ~* netjes eten

2 eigenlijk, echt • *c'est ~ honteux!* dat is echt schandalig! • *à ~ parler* eigenlijk (gezegd), strikt genomen • *le centre ~ dit* het eigenlijke centrum
propret BN (V proprette), **keurig, netjes**
propreté ZN V **netheid, zindelijkheid, keurigheid** • *l'apprentissage de la ~ (pour un enfant)* het leren zindelijk te worden (van een kind)
propriétaire ZN M/V **eigenaar, huiseigenaar** • *un ~ immobilier* eigenaar van onroerend goed • *les grands propriétaires terriens / fonciers* de grootgrondbezitters • *faire le tour du ~* de gasten je huis (en grond) laten zien
propriété ZN V **1 eigendom** • *la ~ foncière* grondbezit • *la ~ littéraire* auteursrecht • *vivre des revenus de ses propriétés* leven van de inkomsten uit je vermogen **2 buitenhuis, landgoed** • *il a une ~ près de Tours* hij heeft een buitenhuis vlak bij Tours **3 eigenschap** <van iets> • *les propriétés thérapeutiques d'un médicament* de therapeutische eigenschappen van een geneesmiddel
proprio INFORM. ZN M/V propriétaire **huisbaas**
propulser 1 OV WW **1 voortstuwen** <van raket e.d.>, **aandrijven** • INFORM., FIG *on l'a propulsé chef de service* hij is tot afdelingschef gebombardeerd **2 wegslingeren** • *le choc les a propulsés hors du car* door de schok zijn ze uit de bus geslingerd **2** WKD WW **(se ~)** INFORM. **(snel erheen) gaan**
propulsion ZN V **voortstuwing, aandrijving**
prorata ZN M (MV id.) • *une allocation calculée au ~ des années d'ancienneté / de travail* toeslag naar verhouding van het aantal dienstjaren
prosaïque BN **prozaïsch, alledaags**
prosaïsme ZN M **(het) prozaïsche, alledaagsheid, nuchterheid**
prosateur ZN M **prozaschrijver**
proscription ZN V **(het) bannen, verbod, verwerping** • *la ~ des anglicismes dans les textes officiels français* het verbannen van anglicismen in Franse officiële teksten
proscrire OV WW onregelmatig **(ver)bannen (de uit), vogelvrij verklaren, verbieden, verwerpen** • *~ l'usage du tabac dans le métro* het roken verbieden in de metro
proscrit ZN M (V proscrite), **balling, vogelvrijverklaarde**
prose ZN V **1 proza** • *en ~* in proza **2** IRON. **schrijftrant, schrijfsel**
prosélyte ZN M/V **bekeerling**
prosélytisme ZN M **bekeringsijver**
prospecter OV WW **afzoeken, verkennen** <v. markt>, **als vertegenwoordiger (be)zoeken** <van gebied, klanten> • *~ les marchés chinois* de Chinese markt verkennen
prospecteur ZN M (V prospectrice) **1 prospector, ertszoeker 2 klantenwerver**
prospectif BN (V prospective), **toekomstgericht, toekomst-**
prospection ZN V **1 (bodem)exploratie, opsporing van delfstoffen** • *la ~ minière* mijnonderzoek **2 marktverkenning, klantenwerving** • *la ~ par téléphone* telefonische klantenwerving • *faire de la ~* marktonderzoek doen
prospectus "-tuus" ZN M **prospectus, folder**
prospère BN **welvarend, voorspoedig, bloeiend**
prospérer ONOV WW **voorspoed hebben, bloeien** • *une entreprise qui prospère* een goedlopend bedrijf • *faire ~* tot bloei brengen
prospérité ZN V **welvaart, voorspoed, welstand, bloei** • *un secteur économique en pleine ~* bloeiende economische sector
prostate ZN V **prostaat**
prosternation ZN V **(het) neerknielen,** OOK FIG. **voetval**
prosterner WKD WW **(se ~) zich ter aarde werpen, neerknielen, een voetval maken (devant voor)**
prostitué ZN M (V prostituée), **prostitué, prostituee**
prostituer WKD WW **(se ~) zich prostitueren, zich verlagen**
prostitution ZN V **prostitutie** • *la ~ des enfants* kinderprostitutie
prostration ZN V **grote neerslachtigheid, uitputting**
prostré BN **neerslachtig, uitgeput**
protagoniste ZN M **hoofdpersoon, protagonist**
protecteur 1 ZN M (V protectrice), **beschermer** • *un ~ des arts* beschermheer van de kunst **2** BN (V protectrice) **1 beschermend, protectie-** • *la Société protectrice des animaux* de dierenbescherming **2 minzaam, neerbuigend** • *prendre un ton ~* een minzame toon aanslaan
protection ZN V **1 bescherming** • *la ~ des mineurs* de bescherming van minderjarigen • *la ~ de l'environnement* de milieubescherming • *le témoin a été mis sous la ~ de la police* de getuige is onder bescherming geplaatst van de politie • *une crème à haut indice de ~* een crème met een hoge beschermingsfactor **2 hulp** • *bénéficier de ~s haut placées* gebruikmaken van hooggeplaatste personen als kruiwagens
protectionnisme ZN M **protectionisme**
protectionniste 1 BN **protectionistisch 2** ZN M/V **protectionist**
protectorat POL. ZN M **protectoraat**
protégé ZN M (V protegée), **beschermeling**
protège-dents ZN M (MV id.), **gebitsbeschermer**
protéger 1 OV WW **1 beschermen (de, contre tegen), veilig stellen, dekken** • *un casque qui protège contre les chocs* helm ter bescherming tegen schokken **2 protegeren, vooruithelpen** • *il est protégé par un personnage haut placé* hij wordt vooruitgeholpen door een hooggeplaatst persoon **2** WKD WW **(se ~) zich beschermen** • *se ~ du soleil* zich beschermen tegen de zon
protège-slip ZN M (MV protège-slips), **inlegkruisje**
protège-tibia ZN M (MV protège-tibias), **scheenbeschermer**
protéine ZN V **eiwitstof, proteïne** • *les œufs sont riches en protéines* in eieren zitten veel proteïnen

protestant 1 BN protestants • *un temple ~* protestantse kerk 2 ZN M (V protestante), protestant

protestantisme ZN M protestantisme

protestataire 1 BN protesterend, protest- • *une marche ~* protestmars 2 ZN M/V protesteerder

protestation ZN V protest • *une lettre de ~* protestbrief

protester ONOV WW 1 protesteren • *~ contre la grève* protesteren tegen de staking • *~ contre la cherté de la vie* protesteren tegen de hoge kosten van levensonderhoud 2 FORM. **~ de** betuigen, (met klem) aanvoeren • *~ de son innocence* je onschuld betuigen, zeggen dat je onschuldig bent

prothèse ZN V prothese • *une ~ auditive* gehoorapparaat • *une ~ dentaire* kunstgebit

prothésiste ZN M prothesemaker • *un ~ dentaire* tandtechnicus

protocolaire BN protocollair, vormelijk

protocole ZN M 1 protocol • *un ~ d'accord signé entre patrons et syndicats* ontwerpovereenkomst tussen werkgevers en vakbonden 2 ceremonieel • *le chef du ~* de chef van het protocol, de opperceremoniemeester

proton ZN M proton

prototype ZN M prototype

protubérance ZN V uitwas, uitsteeksel, knobbel

protubérant BN uitspringend, (voor)uitstekend

prou FORM. BW • *peu ou ~* min of meer

proue ZN V voorsteven • OOK FIG. *une figure de ~* boegbeeld

prouesse ZN V heldendaad, kunststukje • *une ~ technique* technisch kunststukje • *c'est une ~!* dat is een knap staaltje!

prout "proet" JEUGDT. ZN M (geluid van een) scheet

prouver 1 OV WW 1 bewijzen • *~ son innocence* je onschuld bewijzen • *cela reste encore à ~* dat moet nog blijken • *cela ne prouve rien* dat zegt niets 2 (aan)tonen • *~ son courage* je moed tonen 2 WKD WW **(se ~)** zichzelf bewijzen • *se ~ qc à soi-même* jezelf iets bewijzen

provenance ZN V herkomst • *un train en ~ d'Aix-en-Provence* een trein uit Aix-en-Provence • *du raisin en ~ de Grèce* druiven uit Griekenland

provençal 1 BN (M MV provençaux), Provençaals • *à la provençale* met knoflook en peterselie 2 ZN M (het) Provençaals

provenir ONOV WW onregelmatig **~ de** voortkomen uit, afkomstig zijn van / uit, komen van / door

proverbe ZN M spreekwoord, spreuk

proverbial BN (M MV proverbiaux), spreekwoordelijk

providence ZN V 1 voorzienigheid • INFORM. *un État ~* verzorgingsstaat, welvaartsstaat 2 FIG. beschermengel, toeverlaat • *elle est ma ~* zij is mijn steun en toeverlaat

providentiel BN (V providentielle), heel gelegen komend, als geroepen komend, onverhoopt

province ZN V 1 provincie • *les ~s françaises* de Franse provincies / regio's 2 provincie, platteland <tegenover Parijs> • *aller travailler en ~* in de provincie gaan werken, buiten Parijs gaan werken • FIG. *il fait très ~* hij komt erg provinciaals over

provincial 1 BN (M MV provinciaux), provinciaal 2 ZN M (MV provinciaux), provinciaal, iemand van buiten Parijs

provincialisme ZN M provincialisme

proviseur ZN M rector <van lyceum>

provision ZN V 1 voorraad (**de** aan, van) • *une ~ de bois* voorraad hout • *faire ~ de livres avant les vacances* een voorraad boeken inslaan voor de vakantie 2 MV boodschappen, proviand • *un sac à ~s* boodschappentas • *faire ses ~s* boodschappen / inkopen doen 3 dekkingssom, dekking • *un chèque sans ~* ongedekte cheque

provisionnel BN (V provisionnelle), voorlopig, als voorschot • *le tiers ~ de l'impôt (sur le revenu)* de vooruitbetaling van een derde van de (inkomsten)belasting

provisoire 1 BN voorlopig • *un gouvernement ~* tijdelijke regering • *le bilan ~ de la catastrophe* het voorlopige overzicht van de ramp 2 ZN M voorlopige toestand

provisoirement BW voorlopig, tijdelijk

provoc INFORM. ZN V provocation • *c'est de la ~!* dat is pure provocatie!

provocant BN 1 uitdagend, provocerend 2 prikkelend • *une tenue ~e* pikante kleding

provocateur 1 BN (V provocatrice), uitdagend, provocerend 2 ZN M (V provocatrice), opruier, provocateur • *un agent ~* agent-provocateur

provocation ZN V provocatie, uitdaging • *faire de la ~* uitdagen, provoceren • *mettre en garde contre la ~* waarschuwen voor provocatie

provoquer OV WW 1 uitdagen, provoceren • *les jeunes provoquent les forces de l'ordre* de jongeren dagen de politie uit 2 veroorzaken, leiden tot • *~ un accident* een ongeluk veroorzaken • *~ la mort de qn* de dood van iemand veroorzaken • *l'incendie a été provoqué* die brand is aangestoken • *~ des critiques* kritiek uitlokken

proxénète ZN M/V souteneur

proxénétisme ZN M (het) gelegenheid geven (tot ontucht), souteneurschap

proximité ZN V nabijheid • *des emplois de ~* mantelzorg • *la police de ~* de wijkpolitie • *ils habitent à ~ de la gare* zij wonen in de buurt van het station, zij wonen dicht bij het station

prude 1 BN preuts 2 ZN V preutse vrouw

prudemment BW voorzichtig, behoedzaam

prudence ZN V voorzichtigheid, behoedzaamheid • *conduire avec ~* voorzichtig rijden • *par mesure de ~* voorzichtigheidshalve, uit voorzorg

prudent BN voorzichtig, behoedzaam • *il serait plus ~ de ne rien dire* het is raadzaam om niets te zeggen

pruderie ZN V preutsheid

prud'homme, prudhomme ZN M 'wijze man' <lid van een 'conseil de prud'hommes' (arbeidsgeschillencollege)>
prune **1** ZN V **1** pruim • *la confiture de ~s* pruimenjam **2** pruimenbrandewijn • *se verser une petite ~* zich een glaasje pruimenbrandewijn inschenken **3** INFORM. • *pour des ~s!* voor niks, tevergeefs • *compter pour des ~s* niks voorstellen **2** BN onver. roodpaars
pruneau ZN M (MV pruneaux) **1** gedroogde pruim **2** INFORM. blauwe boon <kogel>
prunelle ZN V oogappel, pupil • *tenir à qc comme à la ~ de ses yeux* ergens erg aan gehecht zijn
prunier ZN M pruimenboom
prurit "-riet" MED. ZN M jeuk
P.S. AFK Parti socialiste m socialistische partij
P.-S. AFK post-scriptum m PS, postscriptum
psalmodier LIT. OV WW psalmodiëren, opdreunen
psaume ZN M psalm
pseudo INFORM. ZN M pseudonyme pseudoniem
pseudo- VOORV pseudo-, schijn- • *pseudoscientifique* pseudowetenschappelijk
pseudonyme ZN M pseudoniem
psoriasis "-zies" MED. ZN M psoriasis
psy INFORM. ZN M/V psychologue, psychiatre psycholoog, psychiater
psychanalyse "-ka-" ZN V psychoanalyse • *faire une ~* in psychoanalyse zijn, een psychoanalytische behandeling volgen
psychanalyser "-ka-" OV WW psychoanalytisch behandelen / onderzoeken • *se faire ~* in psychoanalyse zijn
psychanalyste "-ka-" ZN M/V psychoanalyticus
psychanalytique "-ka-" BN psychoanalytisch
psychédélique "-kee-" BN psychedelisch
psychiatre "-kie-" ZN M/V psychiater
psychiatrie "-kie-" ZN V psychiatrie
psychiatrique "-kie-" BN psychiatrisch • *un hôpital ~* psychiatrische inrichting
psychique "-sjiek-" BN psychisch
psychisme "-sjiesm-" ZN M (het) psychische leven, psyche
psycho "-koo" INFORM. ZN V psychologie psychologie
psychodrame "-koo-" ZN M psychodrama, INFORM. pathetisch gedoe
psychologie "-koo-" ZN V psychologie, mensenkennis • *manquer de ~* mensenkennis missen
psychologique "-koo-" BN psychologisch
psychologue "-koo-" ZN M/V psycholoog
psychopathe "-koo-" ZN M/V psychopaat
psychose "-koo-" ZN V psychose • *une ~ collective* massapsychose
psychosomatique "-koo-" BN psychosomatisch
psychothérapie "-koo-" ZN V psychotherapie
psychotique "-koo-" BN psychotisch
pu WW volt. deelw. → **pouvoir**
puant BN **1** stinkend **2** INFORM. opgeblazen, stronteigenwijs • *ce type est vraiment ~!* wat een eigenwijs stuk vreten!
puanteur ZN V stank
pub[1] "peub" ZN M pub, kroeg
pub[2] "puub" INFORM. ZN V publicité **reclame** • *une page de ~* reclameblok op televisie • *il fait de la ~* hij maakt reclame
pubère ZN M/V puber
puberté ZN V puberteit
pubis "-bies" ZN M schaamheuvel, schaambeen, pubis
publiable BN publicabel
public "-iek" **1** BN (V publique) **1** openbaar, publiek • *un jardin ~* park • *un lieu ~* openbare plaats / ruimte / weg • *un homme ~* bekende persoonlijkheid • *la voie publique* de openbare weg • *rendre ~* openbaar maken **2** overheids- • *les pouvoirs ~s* de overheid • *le secteur ~* de overheidssector **2** ZN M **1** publiek • *interdit au ~* toegang verboden • *ouvert au ~* toegankelijk voor publiek • *sensibiliser le ~* het publiek bewust maken **2** (de) mensen • *un ~ nombreux* een massa mensen • *un film grand ~* publieksfilm • *jouer devant son ~* voor je eigen mensen spelen, SPORT een thuiswedstrijd spelen • *être bon ~* een dankbaar publiek / toehoorder zijn • *en ~* in het openbaar
publication ZN V **1** uitgave, publicatie • *une ~ annuelle* jaarlijkse uitgave **2** bekendmaking • *la ~ des chiffres du chômage* de bekendmaking van het werkeloosheidscijfer
publiciste ZN M/V reclameman / -vrouw
publicitaire **1** BN publicitair, reclame- • *un spot ~* reclamespotje • *un panneau ~* reclamebord **2** ZN M/V reclameman / -vrouw
publicité ZN V **1** reclame • *une agence de ~ / de pub* reclamebureau • *un coup de pub(licité)* reclamestunt • *une ~ mensongère* misleidende reclame • *la ~ à la télévision* de televisiereclame **2** openbaarheid, publiciteit • *on fait trop de ~ autour de cet acteur* deze acteur krijgt te veel publiciteit
publier OV WW **1** publiceren, uitgeven • *~ des nouvelles* novelles publiceren • *~ un magazine* een tijdschrift uitgeven **2** bekendmaken, openbaar maken • *~ la liste des gagnants* de lijst met winnaars bekendmaken
publipostage ZN M mailing
publiquement BW in het openbaar
publireportage ZN M advertorial <advertentie in de vorm van redactioneel artikel>
puce ZN V **1** vlo • *le marché aux ~s / les Puces* vlooienmarkt • INFORM. *il est excité comme une ~* hij zit geen moment stil, hij heeft totaal geen rust • INFORM. *sa remarque m'a mis la ~ à l'oreille* haar opmerking heeft mij aan het denken gezet / argwanend gemaakt • INFORM. *secouer les ~s à qn* iemand flink onder handen nemen **2** INFORM. • *ma ~* m'n (lieve) kleintje <koosnaampje voor een kind> **3** COMP. chip • *une carte à ~(s)* chipkaart • *une ~ à A.D.N.* DNA-chip
puceau INFORM. ZN M (MV puceaux), maagdelijke knaap

pr

pucelage INFORM. ZN M **maagdelijkheid**
pucelle INFORM. ZN V **maagd** • *la Pucelle (d'Orléans)* Jeanne d'Arc
puceron ZN M **bladluis**
pucier INFORM. ZN M **nest** <bed>
pudeur ZN V **1 schaamte(gevoel), kuisheid** • *attentat à la ~* aanranding v.d. eerbaarheid, onzedelijk gedrag **2 ingetogenheid, schroom, kiesheid** • *sans ~* zonder schroom, indiscreet
pudibond BN **preuts**
pudibonderie ZN V **preutsheid**
pudique BN **1 kuis, zedig 2 ingetogen, discreet, kies** • *faire des allusions ~s à ses problèmes personnels* discrete toespelingen maken op je persoonlijke problemen
puer ONOV WW **stinken** • *~ des pieds* stinkvoeten hebben • *~ l'alcool* een kegel hebben
puéricultrice ZN V **kinderverzorgster,** BELGFR. **kleuterleidster**
puériculture ZN V **kinder- en zuigelingenzorg**
puéril BN **1 kinderlijk 2 kinderachtig** • *une attitude puérile* kinderachtige houding
puérilité ZN V **kinderachtigheid**
puis "pwie" **1** BW **daarna, vervolgens** • *elle est arrivée, a pris ses affaires et ~ elle est partie* ze kwam, pakte haar spullen en ging er vervolgens vandoor • *et ~* en verder, en toen, en bovendien, trouwens • INFORM. *et ~ après? / et ~ quoi?* nou en?, en wat dan nog? **2** WW présent ind. → **pouvoir**
puiser OV + ONOV WW OOK FIG. **putten** • *~ de l'eau à la rivière* water halen uit de rivier • *~ dans ses réserves* je spaarcenten / reserves aanspreken
puisque, puisqu' <voor klinker of stomme h> VOEGW **aangezien, daar, toch (... immers)** • *~ tu insistes, je t'accompagne* omdat je zo aanhoudt, ga ik met je mee • *~ tu sors, rapporte-moi aussi des fruits* als je dan toch naar buiten gaat, neem dan ook wat fruit voor mij mee
puissamment BW **1 krachtig, krachtdadig 2 geweldig, zeer, machtig**
puissance ZN V **1 macht, mogendheid** • *la ~ d'un parti* de macht van een partij • *la ~ de l'imagination* de verbeeldingskracht • *les grandes ~s* de grote mogendheden • *la ~ de l'argent* de macht van geld • *en ~* potentieel (aanwezig) **2 vermogen, sterkte, capaciteit** • *la ~ d'un athlète* het atletisch vermogen • *la ~ du vent* de windsterkte **3** WISK. **macht** • *élever à la ~ trois* tot de derde macht verheffen
puissant 1 BN **1 machtig** • *une nation ~e* machtig land **2 krachtig (werkend), sterk, fors** • *un somnifère ~* sterk slaapmiddel **2** ZN M MV • *les ~s* de machtigen
puisse WW présent subj. → **pouvoir**
puissent WW présent subj. → **pouvoir**
puisses WW présent subj. → **pouvoir**
puissiez WW présent subj. → **pouvoir**
puissions WW présent subj. → **pouvoir**
puits "pwie" ZN M **1 put** • *tirer de l'eau d'un ~* water halen uit een put • FIG. *c'est un ~ de science* dat is een vat vol geleerdheid, dat is een wonder v. geleerdheid **2 (mijn-, lift)schacht** • *un ~ de pétrole* olieput
pull "puul" ZN M **trui**
pull-over "puulovèèr" ZN M (MV pull-overs), **pullover, trui**
pullulement FIG. ZN M **gekrioel**
pulluler ONOV WW **1 voortwoekeren, zich snel vermenigvuldigen 2 krioelen, wemelen**
pulmonaire BN **long-**
pulpe ZN V **1 vruchtvlees 2 tand- / hersenmerg, pulpa**
pulpeux BN (V pulpeuse) **1 pulpachtig, pappig 2** FIG. **vlezig, met weelderige vormen** <van vrouw>
pulsation ZN V **klopping, polsslag**
pulsé BN • *air ~* (aangeblazen) hete lucht
pulsion ZN V **innerlijke drang, (aan)drift** • *des ~s sexuelles* seksuele drift
pulvérisateur ZN M **pulverisator, verstuiver, stuifsproeier** • *un ~ nasal* neusspray • *un ~ buccal* mondspray
pulvérisation ZN V OOK FIG. **verpulvering, verstuiving, (het) sprayen**
pulvériser OV WW **1 verstuiven, sproeien, sprayen** • *~ des insecticides (sur des plantes)* insectenbestrijdingsmiddelen spuiten (op planten) **2** OOK FIG. **verpulveren** • INFORM. *~ un record* een record verpulveren
puma ZN M **poema**
punaise ZN V **1 wandluis 2 punaise**
punch "po(n)sj" ZN M **1 punch 2** INFORM. **dynamiek, pep, pit** • *manquer de ~* geen pit hebben • *avoir du ~* pit hebben, heel wat mans zijn
punching-ball ZN M (MV punching-balls), **boksbal**
punir OV WW **(be)straffen** • *on a puni le coupable en le privant de cinéma* de schuldige mag als straf niet meer naar de film • *être puni* straf hebben
punissable BN **strafbaar** <van feit>
punitif BN (V punitive), **straf-** • *une expédition punitive* strafexpeditie
punition ZN V **straf, afstraffing** • *une ~ sévère* een harde straf • *comme ~, on l'a envoyé dans sa chambre* voor straf moest hij naar zijn kamer
pupille "-piej, -piel" **1** ZN V **pupil** <van oog> • *avoir des ~s dilatées* verwijde pupillen hebben **2** ZN M/V **voogdijkind, pupil**
pupitre ZN M **lessenaar** • *un ~ de commande* bedieningspaneel
pur BN **1 zuiver** • *de l'air ~* zuivere lucht • *de la pure soie* zuivere zijde **2 puur, onvervalst, rein, louter** • *un cœur ~* rein hart, goed hart • *de l'or ~* puur goud • *un ~ hasard* puur toeval • *par un ~ hasard* louter bij toeval • *par pure curiosité* uit pure nieuwsgierigheid • *être ~ de tout soupçon* vrij van iedere verdenking zijn • *c'est un marxiste ~ et dur* het is een orthodoxe marxist • *une provocation pure et simple* pure provocatie, zonder meer provocatie
purée 1 ZN V **1 moes, puree** • *une ~ de carottes* wortelpuree • *la ~ de pois* FIG. dikke mist **2** INFORM. **misère, puree 2** TUSSENW INFORM. **verdikkie!, ach jee!**

purement BW zuiver, alleen maar • ~ *et simplement* zonder meer, enkel en alleen, gewoonweg
pureté ZN V zuiverheid, reinheid
purgatoire ZN M vagevuur
purge ZN V **1** aftapping <v. leiding>, ontluchting <v. radiator> **2** POL. zuivering • *les ~s staliniennes* de stalinistische zuiveringsacties
purger OV WW aftappen <van leiding>, ontluchten <van radiator> • FIG. ~ *un parti politique* een partij zuiveren • FIG. ~ *une peine de vingt ans* een straf van twintig jaar uitzitten
purgeur ZN M aftap- / ontluchtingskraan
purificateur **1** BN (V purificatrice), zuiverend, reinigend **2** ZN M (V purificatrice), zuiveraar
purification ZN V zuivering, reiniging • *la ~ de l'eau* waterzuivering • FIG. *une ~ ethnique* etnische zuivering
purifier OV WW zuiveren, reinigen • ~ *l'air* de lucht zuiveren • ~ *l'eau* water zuiveren
purin ZN M gier <mest>
purisme ZN M purisme
puriste **1** BN puristisch **2** ZN M/V purist
puritain **1** BN puriteins **2** ZN M (V puritaine), puritein
puritanisme ZN M puritanisme
pur-sang ZN M (MV id.), raspaard, volbloed
purulence ZN V ettering
purulent BN etterend • *une plaie ~e* etterende wond
pus "puu" ZN M etter, pus
pusillanime FORM. BN kleinmoedig, laf
pustule ZN V puist
pustuleux BN (V pustuleuse), puistig, puist-
putain INFORM. **1** ZN V **1** hoer **2** • *quel ~ de temps!* wat een rotweer! • *cette ~ de bagnole qui n'avance pas!* die rotauto die niet vooruit komt! **2** TUSSENW kut!, shit!
pute INFORM. ZN V hoer • *ce fils de ~!* die klootzak!
putois ZN M bunzing • *crier comme un ~* moord en brand schreeuwen
putréfaction ZN V rotting • *un cadavre en état de ~* een dood lichaam in staat van ontbinding
putréfier WKD WW **(se ~)** rotten
putrescible BN aan bederf onderhevig
putride BN rottend, rottings-, bedorven • *une odeur ~* geur van bederf
puy ZN M (vulkanische) berg
puzzle "puuz(e)l" ZN M legpuzzel
P.-V., p.-v. INFORM. AFK procès-verbal m proces-verbaal <bekeuring> • *on lui a collé un ~ pour excès de vitesse* hij kreeg een bekeuring aan zijn broek voor te hard rijden
P.V.C. AFK polyvinylchloride m pvc, polyvinylchloride
pygmée ZN M pygmee
pyjama ZN M pyjama • *se mettre en ~* je pyjama aandoen
pylône ZN M mast, pijler, pyloon
pyramidal BN (M MV pyramidaux), piramidaal
pyramide ZN V piramide • *la ~ des salaires* de loonpiramide
pyrénéen BN (V pyrénéenne), Pyrenees
Pyrénées ZN V MV Pyreneeën
pyrex ZN M pyrex <vuurvast glas> • *un plat en ~* pyrex schaal
pyromane ZN M/V pyromaan
pyrotechnie ZN V pyrotechniek, vuurwerkmakerij
pyrotechnique BN vuurwerk-
python ZN M python

Q

q ZN M letter **q**
Q.C.M. AFK questionnaire à choix multiple m **multiplechoicetest**
Q.G. AFK quartier général m **hoofdkwartier**
Q.I. AFK quotient intellectuel m **IQ, intelligentiequotiënt**
qu' → **que**
quadragénaire "k(w)a-" **1** ZN M/V **veertigjarige, veertiger** **2** BN **veertigjarig**
quadrangulaire "k(w)a-" BN **vierhoekig**
quadrant "ka-" ZN M **kwadrant**
quadriennal "k(w)a-" BN (M MV quadriennaux), **vierjarig, vierjaarlijks**
quadrilatère "k(w)a-" ZN M **vierhoek**
quadrillage "ka-" ZN M **1** FIG. **(vorming van een) netwerk** <in een gebied> • *procéder au ~ d'un quartier* een controlenetwerk in een wijk opzetten **2 ruitpatroon**
quadrillé "ka-" BN **geruit** • *du papier ~* ruitjespapier
quadriller "ka-" FIG. OV WW **een netwerk vormen in** • *~ un quartier* een controlenetwerk opzetten in een wijk
quadrupède "k(w)a-" **1** ZN M **viervoeter** **2** BN **viervoetig**
quadruple "k(w)a-" **1** BN **viervoudig** **2** ZN M **viervoud**
quadrupler "k(w)a-" OV + ONOV WW **verviervoudigen** • *le nombre de chômeurs a quadruplé ces dernières années* het aantal werkelozen is verviervoudigd de afgelopen jaren
quadruplés "k(w)a-" ZN M MV (V MV quadruplées), **vierling**
quai "kè" ZN M **1 kade** • *les ~s de la Seine* de kades langs de Seine • *un ~ d'embarquement* laadkade, instapkade • *le bateau est à ~* het schip ligt aan de kade • *le Quai d'Orsay* het Franse ministerie v. Buitenlandse Zaken <op de Quai d'Orsay> **2 perron** • *attendre qn sur un ~ de métro* op iemand wachten op een metroperron
qualificatif "ka-" BN (V qualificative) **1** TAALK. **(nader) bepalend** • *un adjectif ~* bijvoeglijk naamwoord **2** SPORT **kwalificerend** • *une épreuve qualificative* kwalificatiewedstrijd
qualification "ka-" ZN V **1 kwalificatie, geschiktheid** • *une ~ professionnelle* vakbekwaamheid **2** SPORT **kwalificatie** • *un match de ~* kwalificatiewedstrijd
qualifié "ka-" BN **1 bevoegd, geschikt** • *n'être pas ~ pour un travail* niet geschikt zijn voor bepaald werk • *il n'est pas ~ pour décider* hij heeft geen beslissingsbevoegdheid **2 gekwalificeerd** • *un ouvrier ~* geschoolde arbeider
qualifier "ka-" **1** OV WW **1 kwalificeren, aanduiden** • *on l'a qualifié de lâche* hij is voor lafaard uitgemaakt **2 kwalificeren, geschikt / gerechtigd maken** **2** WKD WW **(se ~)** SPORT **zich kwalificeren, zich plaatsen** • *se ~ pour la finale* zich plaatsen voor de finale
qualitatif "ka-" BN (V qualitative), **kwalitatief**
qualité "ka-" ZN V **1 kwaliteit** • *des produits de ~* kwaliteitsproducten • *améliorer la ~ de vie* de kwaliteit van het leven verbeteren **2 (goede) hoedanigheid, eigenschap** • *nom, prénom et ~* (uw) naam, voornaam en beroep • *c'est en ~ d'avocat qu'il parle* hij spreekt in de hoedanigheid van advocaat
quand "kà(n); vóór klinker: kà(n)t" **1** BW **1 wanneer** • *c'est pour ~?* wanneer is het zo ver? • *à ~ le mariage?* wanneer is het huwelijk? **2** • *c'est ~ même idiot qu'il soit parti* het is toch belachelijk dat hij vertrokken is! • *~ même, tu aurais pu le dire!* nou zeg, dat had je ook wel kunnen zeggen! **2** VOEGW **wanneer, (telkens) als, toen** • *~ tu auras fini ce livre, tu me le diras* als je dat boek uit hebt, moet je het me zeggen • *~ l'un disait oui, l'autre disait non* terwijl de een ja zei, zei de ander nee
quant à VOEGW • *~ à moi...* wat mij betreft... • *~ à moi, je ne le ferai pas* wat mij betreft, ik doe het niet
quant-à-soi ZN M **gereserveerdheid, terughoudendheid** • *rester sur son ~* terughoudend / gereserveerd zijn
quantifier OV WW **kwantificeren**
quantité ZN V **1 hoeveelheid, kwantiteit** • *un adverbe de ~* bijwoord van hoeveelheid • *elle n'est que ~ négligeable* zij doet er niet toe, zij telt niet mee **2 grote hoeveelheid** • *(une) ~ de gens* een heleboel mensen • *manger des quantités phénoménales de hamburgers* enorme hoeveelheden hamburgers naar binnen werken • HUMOR. *avoir des idées en ~ industrielle* ideeën in overvloed hebben, vol ideeën zitten
quarantaine ZN V **1 veertigtal** • *c'est à une ~ de kilomètres* dat is op zo'n veertig kilometer afstand **2 veertigjarige leeftijd** • *avoir la ~* in de veertig zijn • *approcher / friser la ~* de veertig naderen **3 quarantaine** • FIG. *mettre qn en ~* iemand in quarantaine plaatsen
quarante **1** TELW **veertig** • *quarante et un* eenenveertig • *quarante et unième* eenenveertigste • *quarante-deux* tweeënveertig • *quarante-deuxième* tweeënveertigste • *il est deux heures ~* het is tien over half drie • *la semaine de ~ heures* de veertigurige (werk)week • *aller sur ses ~ ans* de veertig naderen • *une femme de ~ ans* een vrouw van veertig • *les années ~* de jaren veertig **2** ZN M/V **veertig** • *la / le ~* (nummer) veertig <bus, snelweg, kamer, tafel, tv-net> • *faire du ~* maat veertig hebben • *j'habite au ~ de la rue de Rennes* ik woon in de Rue de Rennes nummer 40
quarantième **1** TELW **veertigste** → **quatrième** **2** ZN M **veertigste, veertigste deel**
quart ZN M **vierde deel, kwart** • *un ~ d'heure* kwartier • *le ~ d'heure académique* het academisch kwartiertje • *il est deux heures et ~* het is kwart over twee • *il est deux heures moins le ~* het is kwart voor twee • INFORM. *il est moins le ~* het is kwart vóór • *un ~ de vin* een kwartfles wijn • SPORT *un ~*

de finale kwartfinale • INFORM. *passer un mauvais ~ d'heure* een benauwd ogenblik doormaken • OOK FIG. *démarrer au ~ de tour* meteen op gang komen • *les trois ~s des hôtes étaient partis* drie kwart van de gasten was weggegaan • *les trois ~s du temps* meestal • *un portrait de trois ~s* portret met een draaiing erin, portret in halfprofiel • *une salle pleine aux trois ~s* zaal die voor driekwart vol is, bijna helemaal volle zaal

quarte MUZ. ZN V **kwart**

quartier ZN M **1 kwart** <van citrusvrucht>, **brok, partje** • *un ~ d'orange* kwart sinaasappel, partje sinaasappel • *un ~ de viande* groot stuk vlees, homp vlees • *découper une pomme en ~s* een appel in partjes snijden **2 wijk, buurt** • *un ~ résidentiel* (betere / deftige) woonwijk, laagbouwwijk • *les ~s bourgeois* de nette / betere buurten • *les bas ~s* de achterbuurten • *le ~ chaud* de rosse buurt • *le Quartier latin* de wijk Sorbonne <in Parijs> • *un ~ commerçant* winkelbuurt • *habiter un ~ chic* op stand wonen • *une épicerie de ~* buurtkruidenier **3 afdeling** <van gevangenis> • *le ~ de haute sécurité (Q.H.S.)* de gesloten afdeling **4** MIL. **kwartier** • *un ~ général / un Q.G.* hoofdkwartier • *avoir ~ libre* verlof hebben, vrij zijn gang kunnen gaan **5** STERRENK. **kwartier** <v.d. maan> • *le premier ~ de lune* het eerste kwartier van de maan

quartz ZN M **kwarts** • *une montre à ~* kwartshorloge

quasi BW **bijna, zo goed als** • *dans la ~-totalité des cas* in bijna alle gevallen • *il a été élu à la ~-unanimité* hij is bijna unaniem verkozen

quasiment BW **vrijwel, zo goed als** • *~ personne n'était encore arrivé* er was nog praktisch niemand

quaternaire BN **quartair** • ECON. *le secteur ~* de quartaire sector

quatorze 1 TELW **1 veertien 2 veertiende** • *Louis XIV (quatorze)* Lodewijk de Veertiende → **quatre 2** ZN M/V **1 veertien** • *la / le ~* (nummer) veertien <bus, tram, kamer, tafel, tv-net> • *la guerre de 14-18* de oorlog van 1914-1918, de Eerste Wereldoorlog **2** O&W **zeven** <schoolcijfer> → **quatre**

quatorzième 1 TELW **veertiende** → **quatrième 2** ZN M **veertiende, veertiende deel**

quatre 1 TELW **vier** • *il est ~ heures* het is vier uur • *il est près de ~ heures* het is bij / tegen vieren • *il est ~ heures passées* het is na / over vieren • *il est ~ heures et quart* het is kwart over vier • *il est ~ heures moins le quart* het is kwart vóór vier • *il est ~ heures moins quatre (minutes)* het is vier vóór vier • *il est ~ heures et demie* het is half vijf • *c'est le quatre janvier aujourd'hui* het is vandaag 4 januari • *il arrive le quatre au matin* hij komt 's morgens de vierde • *tous les ~ jours* om de vier dagen • *dans ~ jours* vandaag over vier dagen • *une petite fille de quatre ans* een meisje van vier (jaar) • *il a quatre ans* hij is vier jaar oud • *en ~ (morceaux)* in vieren • *nous sommes ~* we zijn met z'n vieren • *les ~ sont entrés* het viertal kwam binnen • *quarante-quatre* vierenveertig • *Henri IV (quatre)* Hendrik de Vierde • *~ fois sur dix* vier op / van de tien keer • *~ pour cent* vier procent • *un restaurant ~ étoiles* viersterrenrestaurant • *monter l'escalier ~ à ~* de trap opvliegen • *marcher à ~ pattes* op handen en voeten lopen • *manger comme ~* eten voor drie • INFORM., FIG. *se mettre / se couper en ~ pour qn* je uiterste best doen voor iemand, je uitsloven voor iemand • FIG. *il n'y va pas par ~ chemins* hij gaat recht op zijn doel af • INFORM. *à un de ces ~ (matins)!* tot gauw! **2** ZN M/V **1 vier, nummer vier** • *la (chaîne) ~* tv-net vier • *le quatre de carreau* ruiten vier • *la table ~ (d'un restaurant)* tafel vier (van een restaurant) • *prenez le (bus) ~ pour aller au centre* neem (bus)lijn vier om naar het centrum te gaan • *j'habite au ~ du boulevard Raspail* ik woon op boulevard Raspail nummer vier **2** O&W **twee** <schoolcijfer> • *j'ai eu un quatre (sur vingt) en histoire* ik had een twee voor geschiedenis

quatre-heures ZN M (MV id.), **vieruurtje** <versnapering rond 16.00 uur>

quatre-quatre ZN M/V (MV id.), **(semi-)terreinwagen met vierwielaandrijving, ≈ SUV**

quatre-vingt, quatre-vingts 1 TELW **tachtig** → **quarante 2** ZN M/V **tachtig** • *la / le ~* (nummer) tachtig <bus, snelweg, kamer, tafel, tv-net>

quatre-vingt-dix 1 TELW **negentig** → **quarante 2** ZN M/V **negentig** • *la / le ~* (nummer) negentig <bus, snelweg, kamer, tafel, tv-net>

quatre-vingt-dixième 1 TELW **negentigste** → **quatrième 2** ZN M **negentigste, negentigste deel**

quatre-vingtième 1 TELW **tachtigste** → **quatrième 2** ZN M **tachtigste, tachtigste deel**

quatrième 1 TELW **vierde** • *au quatrième siècle* in de vierde eeuw **2** ZN M **vierde, vierde deel** • *habiter au ~ (étage)* op de vierde (verdieping) wonen • *habiter dans le ~ (arrondissement)* in het vierde arrondissement wonen **3** ZN V **1** O&W **derde klas v.h. middelbaar onderwijs** • *il est en quatrième* hij zit in de derde klas **2** TECHN. **vierde versnelling** • *passer la ~ (vitesse)* in de vierde versnelling zetten, in z'n vier zetten

quatrièmement BW **ten vierde**

quatuor ZN M **1** MUZ. **kwartet** • *un ~ à cordes* strijkkwartet **2 viertal**

que, qu' <voor klinker of stomme h> **1** VOEGW **1 dat** • *je crois ~ oui* ik geloof van wel • *je dis ~ non* ik zeg nee, ik zeg van niet • *est-ce qu'il viendra?* komt hij? • *je doute ~ tu reviennes* ik betwijfel of je terugkomt **2** ter herhaling van een ander voegwoord • *comme on est en avance et ~ vous avez vos parapluies, sortons un peu* aangezien we te vroeg zijn en jullie je paraplu bij jullie hebben, stel ik voor dat we nog even naar buiten gaan **3** met bijzin van tijd **voordat** • *ça fait trois ans qu'ils ne se sont pas vus* ze hebben elkaar drie jaar niet gezien • *à peine étions nous rentrés qu'il s'est mis à pleuvoir* nauwelijks waren we thuis of het begon te regenen **4 dan** <na vergrotende trap>, **als** <bij vergelijking> • *il est plus intelligent ~ moi* hij is intelligenter dan ik **5** + subj. **opdat** • *viens ~ je te dise quelque chose!* kom, ik moet je wat vertellen! •

qu

approche ~ je t'embrasse! kom eens dichterbij, dan omhels ik je! • *il s'en est fallu de peu qu'il réussisse* het scheelde weinig of het was hem gelukt **6** + subj. **dat, als, of** <drukt bevel of wens uit> • *qu'il aille au diable!* laat hem naar de hel lopen! • *~ tu le veuilles ou non, tu restes ici!* of je wilt of niet, je blijft hier! • *qu'il parte tout de suite!* hij moet onmiddellijk vertrekken! **7 alleen, maar, slechts** <+ 'ne'> • *rien ~* ... niets dan ... • *ça ne coûte ~ trois dollars* het kost maar drie dollar • *il ne fait ~ bailler* hij zit alleen maar te gapen • *tu n'as qu'à le dire* je hoeft het maar te zeggen • *ça ne fait ~ commencer* het is nog maar net begonnen **2** VR VNW **wat** • *~ faites-vous / qu'est-ce ~ vous faites?* wat doet u? • *qu'est-ce ~ c'est ~ ça?* wat is dat? • *~ se passe-t-il?* wat gebeurt er? • *~ puis je faire pour vous?* wat kan ik voor u doen? • *je ne sais ~ dire* ik weet niet wat ik moet zeggen **3** BETR VNW **die, dat, wat, welke** • *ce ~* wat, hetgeen • *c'est la ville ~ tu as visitée* dat is de stad die je bezocht hebt • *je ne comprends pas ce ~ tu veux* ik begrijp niet wat je wilt **4** BW **wat** • *~ de monde!* wat een mensen! • *~ je suis heureux! / ce ~ je suis heureux!* wat ben ik blij! • *~ ce livre est bête!* wat is dit een dom boek! • *~ de fois est-il revenu!* hoe vaak is hij niet teruggekomen!

Québec ZN M **Quebec**

québécois **1** BN **uit Quebec** **2** ZN M **(het) Frans in Quebec**

Québécois ZN M (V Québécoise), **inwoner van Quebec**

quel **1** BN (V quelle), **welk, wat, wat voor, wat voor een** • *~ jour venez-vous?* welke dag komt u? • *~le heure est-il?* hoe laat is het? • *~ est votre nom?* wat is uw naam? • *de ~le personne parlez-vous?* over welke persoon heeft u het? • *~le que soit son humeur...* ongeacht zijn humeur..., wat voor humeur hij ook heeft... • *~ qu'il soit, nous l'acceptons* wie hij ook is, wij accepteren hem • *~s que soient vos projets...* wat uw plannen ook zijn... **2** UITR VNW (V quelle), **wat ...!, wat een ...!** • *~ dommage!* wat een pech!, wat jammer! • *~ pauvre type!* wat een zielenpoot!

quelconque BN **1 een of ander, willekeurig** • *un livre ~* een willekeurig boek, zomaar een boek **2 middelmatig, onbeduidend** • *ce film est tout à fait ~* deze film is maar heel middelmatig

quelque **1** BN meestal mv **enkele, enig(e), weinige** • *~ chose* iets • *~ part* ergens • *les ~s habitués de ce café* de paar stamgasten van dit café • *mille et ~s* iets meer dan duizend • *le train de 9 heures et ~* de trein van 9 uur zoveel • *pendant ~ temps* gedurende enige tijd • *avec ~s amis* met een paar vrienden • *dans ~s mois* over een paar maanden • *~s intentions que vous ayez...* welke bedoelingen u ook heeft... **2** BW **ongeveer** • *ça lui a coûté ~ cent euros* dat heeft hem ongeveer honderd euro gekost • *~ peu* enigszins

quelquefois BW **soms, af en toe**

quelques-uns ONB VNW (V MV quelques-unes), **enige(n), sommige(n)**

quelqu'un ONB VNW (V quelqu'une), **iemand** • *c'est ~ d'honnête* dat is een eerlijk mens • *~ d'autre* iemand anders • *il se prend pour ~* hij vindt zichzelf heel wat <belangrijk> • INFORM. *c'est quelqu'un!* dat is me wat!

quémander OV WW **bedelen om, dringend vragen om**

quémandeur ZN M (V quémandeuse), **iemand die om iets bedelt**

qu'en-dira-t-on ZN M (MV id.), **praatjes van de mensen, geroddel**

quenelle CUL. ZN V **quenelle** <balletje of rolletje van fijngemalen vis of vlees>

quenotte INFORM. ZN V **melktand**

quéquette JEUGDT. ZN V **piemel, plasser**

querelle ZN V **twist, ruzie, onenigheid** • *des ~s de voisinage* burenruzies • *des ~s d'amoureux* ruzies tussen twee geliefden • *chercher ~ à qn* ruzie zoeken met iemand

quereller WKD WW **(se ~) ruziën** • *se ~ avec son voisin* ruziën met zijn buurman • *se ~ à propos de / au sujet de qc* ruziemaken over iets

querelleur ZN M (V querelleuse), **ruziezoeker**

question ZN V **1 vraag** • *une ~ d'examen* examenvraag • *une ~ à choix multiple* meerkeuzevraag • *une ~ piège* strikvraag • *poser une ~ à qn* een vraag stellen aan iemand • *la ~ est de savoir si oui ou non ils viendront* de vraag is of ze wel of niet zullen komen • *se poser des ~s sur qc* zich iets afvragen, zich beraden over iets • *la ~ reste entière / en suspens* dat is een open vraag **2 kwestie, vraagpunt** • *aborder / soulever une ~* een kwestie aanroeren • *les personnes en ~* de betreffende / bewuste personen • *des ~s d'argent /* INFORM. *de fric* geldkwesties • *la ~ de confiance* vertrouwenskwestie • *la ~ du chômage* de werkloosheidskwestie • *de quoi est-il ~?* waar gaat het over? • *il n'en est pas ~! / c'est hors de ~!* daar is geen sprake van!, geen denken aan! • *il n'en est plus ~* dat is van de baan • *c'est une ~ de vie ou de mort* dat is een kwestie van leven of dood • *remettre qc en ~* iets weer op losse schroeven zetten • *mettre qc en ~* iets aanhangig maken, iets ter discussie stellen

questionnaire ZN M **vragenlijst**

questionner OV WW **ondervragen, uitvragen** • *il l'a longtemps questionnée sur son passé* hij heeft haar lang ondervraagd over haar verleden

quête ZN V **1 (geld)inzameling** • *faire la ~* geld inzamelen, collecteren **2** FORM. **(het) zoeken, zoektocht, queeste** • *ils sont en ~ d'un logement* ze zijn op zoek naar een woning

quêteur ZN M (V quêteuse), **collectant**

queue ZN V **1** ook fig. **staart** • *une ~ de cheval* paardenstaart • *une ~ de bœuf* ossenstaart • *un piano à ~* vleugel • *un wagon de ~* achterste wagon • *une histoire sans ~ ni tête* verhaal zonder kop of staart • FIG. *la ~ basse / la ~ entre les jambes* met de staart tussen de benen • *une histoire qui finit en ~ de poisson* verhaal dat op niets uitloopt, verhaal dat als een nachtkaars uitgaat • *faire une ~ de poisson à quelqu'un* iemand snijden <in het verkeer> **2 rij** <van wachtenden>, **file** • *faire la ~* in de rij staan • *se mettre à la ~* in de rij gaan staan • *à la ~ leu leu*

qu

achter elkaar op een rij **3 handvat, steel** • *une ~ de cerise* steeltje van een kers **4** INFORM. **lul**

qui 1 VR VNW **wie** • *~ est-ce ?* wie is dat ? • *de ~ parlez-vous?* over wie heeft u het? • *on m'a dit ~ il est* er is me verteld wie hij is • *on se demande à ~ il s'est adressé* je vraagt je af tot wie hij zich heeft gericht **2** BETR VNW **die, dat, wie, welke, wat, hetgeen** • *je l'ai vu ~ s'en allait par ici* ik zag hem hierlangs ervandoor gaan • *dites-moi ce ~ ne va pas!* vertelt u mij eens wat u dwars zit! • *c'est le film qu'on a vu hier ~ m'a plu* die film die we gisteren zagen, die vond ik leuk • *les gens à ~ j'ai donné la clé...* de mensen aan wie ik de sleutel heb gegeven... • *c'était à ~ serait le plus rapide* het ging erom wie het snelste was • *sauve ~ peut!* redde wie zich redden kan!

quiche ZN V **quiche** <hartige taart>

quiconque 1 BETR VNW **ieder die, al wie** • *~ en parle sera puni* ieder die erover praat zal gestraft worden **2** ONB VNW **wie (dan) ook** • *il le sait mieux que ~* hij weet het beter dan wie dan ook

quidam IRON. ZN M • *un ~* een zeker iemand, een of ander persoon

quiétude FORM. ZN V **rust, gemoedsrust**

quignon INFORM. ZN M **homp brood**

quille ZN V **1** SPORT **kegel** • *un jeu de ~s* kegelbaan, kegelspel **2** INFORM. **been, poot** • *ne pas tenir sur ses ~s* niet op je poten kunnen staan **3** SCHEEPV. **kiel**

quincaillerie ZN V **winkel voor ijzerwaren en huishoudelijke artikelen**

quinoa ZN M **quinoa**

quinqua INFORM. ZN M/V quinquagénaire **vijftiger, vijftigjarige**

quinquagénaire 1 BN **vijftigjarig 2** ZN M/V **vijftigjarige, vijftiger**

quinquennal BN (M MV quinquennaux) **1 vijfjaarlijks 2 vijfjarig** • *un plan ~* vijfjarenplan

quint TELW • *Charles Quint* Karel de Vijfde

quinte ZN V MED. • *une ~ de toux* hoestbui

qu

quintessence ZN V **(het) voornaamste, kwintessens**

quintette MUZ. ZN M **kwintet**

quintuple 1 BN **vijfvoudig 2** ZN M **vijfvoud**

quintupler ONOV WW **vervijfvoudigen**

quintuplés ZN M MV (V MV quintuplées), **vijfling**

quinzaine ZN V **1 vijftiental 2 veertien dagen** • *la première ~ de janvier* de eerste twee weken van januari • *dans une ~ de jours* over twee weken

quinze 1 TELW **1 vijftien** • *dans ~ jours* over veertien dagen, over twee weken **2 vijftiende** • *tous les ~ du mois* elke vijftiende van de maand • *Louis XV (quinze)* Lodewijk de Vijftiende **3** O&W **zeveneneenhalf** <schoolcijfer> → **quatre 2** ZN M/V **vijftien** • *la / le ~* (nummer) vijftien <bus, tram, kamer, tafel, tv-net> • *le ~ / le XV de France* het Franse rugbyteam

quinzième 1 TELW **vijftiende** → **quatrième 2** ZN M **vijftiende, vijftiende deel**

quinzièmement BW **ten vijftiende**

quiproquo ZN M **vergissing, misverstand, (persoons)verwisseling**

quittance ZN V **kwitantie** • *une ~ de loyer* huurkwitantie

quitte 1 BN **quitte, vrij (van), ontslagen (van)** • *on est ~, elle m'a rendu ce qu'elle me devait* we staan quitte, ze heeft me teruggeven wat ze me schuldig was • *être ~ envers qn* iemand niets meer schuldig zijn • *je ne dirai rien ~ à le mettre en colère* ik zal niets zeggen, ook al wordt hij kwaad **2** BW • *jouer à ~ ou double* quitte of dubbel spelen, alles of niets spelen

quitter 1 OV WW **1 verlaten, weggaan uit / van** • *je vous quitte, on m'attend* ik ga ervandoor, ze wachten op me • *~ la route* van de weg raken • *~ sa place* van je plaats opstaan • *ils quittent le pays pour de bon* ze gaan voorgoed het land uit • *ne me quitte pas!* laat me niet alleen! • *ne quittez pas* blijf aan de lijn <telefoon> • *il ne la quitte pas des yeux* hij kan zijn ogen niet van haar afhouden, hij verliest haar niet uit het oog • FIG. *il ne le quitte pas d'une semelle* hij volgt hem op de voet, hij wijkt geen duimbreed van hem **2 opgeven** <van bezigheden e.d.> • *~ son job* je baan opgeven **3 uittrekken** <van kleren>, **afleggen** • *il ne quitte pas son chapeau* hij zet zijn hoed niet af **2** WKD WW **(se ~) uit elkaar gaan** • *ils ne se quittent pas des yeux* ze blijven elkaar aankijken

qui-vive ZN M (MV id.) • *être sur le ~* op je hoede zijn

quiz ZN M **quiz**

quoi 1 VR VNW **wat** • *pour ~ faire?* waarom? • *à ~ tu penses?* waar denk je aan? • *~ de neuf / de nouveau?* is er nog nieuws? • *à ~ bon?* wat heeft het voor zin? • *de ~ te plains-tu?* waar klaag je over? • *de ~ tu me menaces?* waar dreig je mee? • INFORM. *c'est ~ comme livre?* wat voor boek is dat? • *je me demande de ~ ils parlent tous les deux* ik vraag me af waar die twee het over hebben • *c'est ~ cette histoire?* wat is dit voor gedoe? • *~ de plus utile que les études?* wat is er nuttiger dan studeren? • *tu parles ou ~?* zeg je nou eindelijk wat? • *elle avait un je ne sais ~* ze had iets (onbestemds), ze had iets - hoe zal ik het zeggen **2** BETR VNW **wat** <na voorzetsel> • *voilà à ~ je pense* dat is waar ik aan zit te denken • *il n'a pas de ~ payer* hij heeft niet genoeg om te betalen • *il y a de ~!* terecht!, met reden! • *il n'y a pas de ~!* geen dank!, graag gedaan! • *il y a de ~ être dégoûté* dat zal je de lust wel doen vergaan • *après ~, il a ouvert la porte et il est parti* waarna hij de deur heeft opengedaan en is vertrokken • *avoir de ~ vivre* voldoende hebben om te kunnen leven • *donnez-moi de ~ écrire* geef mij schrijfgereedschap, geef me wat om te schrijven • INFORM. *comme ~* waaruit blijkt dat, wat erop neerkomt dat **3** TUSSENW **wat?, wat!, hè?, hè!** • *alors ~, tu viens?* en, kom je? • *eh ben ~, t'as fini de pleurer!* hé, is het nou afgelopen met dat gehuil? • *tu débloques ou ~?* je lijkt wel gek! **4** ONB VNW **wat ook (maar)** • *~ que vous fassiez, vous avez tort* wat u ook doet, u heeft ongelijk • *si tu as besoin de ~ que ce soit, appelle-moi!* als je ook maar iets nodig hebt, bel me dan!

quoique, quoiqu' <voor klinker of stomme h> VOEGW + subj. **hoewel, ofschoon, ook al...** • *il ne réussit pas, quoiqu'il soit intelligent* hoewel hij

intelligent is, slaagt hij niet
quolibet ZN M **spottende opmerking**
quota "k(w)-" ZN M **quota, aandeel**
quote-part ZN V (MV quotes-parts), **aandeel, evenredig deel, bijdrage, quotum**
quotidien **1** BN (V quotidienne), **dagelijks, alledaags** • *la vie ~ne* het dagelijks leven **2** ZN M **1** **dagblad** • *un ~ du matin* ochtendblad, ochtendkrant **2** • *au ~* in het dagelijks leven
quotidiennement BW **dagelijks**
quotient ZN M **quotiënt** • *le ~ intellectuel / le Q.I.* intelligentiequotiënt

R

r ZN M letter **r**
rabâcher INFORM. OV WW **eindeloos herhalen, zaniken (over)** • *~ la même histoire* eindeloos hetzelfde verhaal herhalen
rabâcheur INFORM. ZN M (V rabâcheuse), **zeurkous, zanik**
rabais ZN M **korting** <op prijs> • *faire un ~ de 10 pour cent sur un article* 10 procent korting geven op een artikel • *vendre au ~* met korting verkopen • *travailler au ~* onderbetaald werk doen
rabaisser **1** OV WW **1** **verlagen** • *~ un plafond* een plafond verlagen **2** FIG. **neerhalen, kleineren** • *essayer de ~ qn* proberen iemand te kleineren **2** WKD WW **(se ~) zich verlagen** • *cessez de vous ~ au yeux de tous* houd op u in ieders ogen te verlagen
rabat-joie **1** ZN M (MV rabat-joie(s)), **spelbreker, zuurpruim, chagrijnig mens** **2** BN onver. **chagrijnig** • *elle est drôlement ~* ze is een echte zuurpruim
rabatteur MIN. ZN M (V rabatteuse), **werver** <v. klanten>
rabattre **1** OV WW **neerslaan, terugklappen, dichtklappen, sluiten** <van luik e.d.> • *un col rabattu* liggende kraag • *~ le drap sur la couverture* het laken terugslaan over de deken **2** WKD WW **(se ~)** **1** TRANSP. **(opeens) van richting / rijstrook veranderen, invoegen** • *se ~ sur la droite* rechts invoegen **2** **(kunnen) neerklappen** • *un siège qui se rabat* zitplaats die neergeklapt kan worden **3** **~ sur terugvallen op, genoegen nemen met** • *le plat n'était pas mangeable, on s'est rabattu sur le dessert* het gerecht was niet te eten, we hebben onze toevlucht genomen tot het dessert
rabbin ZN M **rabbijn**
rabibocher INFORM. WKD WW **zich (met elkaar) verzoenen** • *les deux amis se sont rabibochés* de twee vrienden hebben zich weer met elkaar verzoend
rabioter INFORM. OV WW **inpikken, achteroverdrukken** • *elle rabiote quelques euros chaque mois pour aller au cinéma* ze drukt elke maand enkele euro's achterover om naar de film te gaan
rabot ZN M **schaaf**
raboter OV WW **schaven**
rabougri BN **verschrompeld, verkwijnd, verpieterd** • *un petit vieux tout ~* verschrompeld oud mannetje
rabougrir WKD WW **(se ~) verschrompelen, kwijnen**
rabrouer OV WW **afsnauwen**
racaille MIN. ZN V **tuig, gespuis, gajes, geteisem** • *traiter qn de ~* iemand voor schoft uitmaken
raccommodage ZN M **(het) oplappen, verstelwerk**
raccommoder **1** OV WW **1** **verstellen** <van goed, schoeisel>, **(op)lappen** **2** INFORM. **verzoenen** • *~ deux personnes* twee mensen met elkaar verzoenen **2** WKD WW **(se ~)** INFORM. **zich met elkaar**

verzoenen • *elle s'est raccommodée avec ses parents* ze heeft het weer goedgemaakt met haar ouders

raccompagner OV WW thuisbrengen, uitgeleide doen • *~ les enfants en voiture* de kinderen met de auto thuisbrengen • *~ qn jusqu'à sa porte* iemand tot aan de deur uitgeleide doen

raccord ZN M verbindingsstuk, aansluiting • *un ~ de tuyau* buisnippel

raccordement ZN M aansluiting (à op), verbinding • *une route de ~ d'un chemin à la nationale* verbindingsweg naar een rijksweg

raccorder OV WW (met elkaar) verbinden, aansluiten • *~ l'imprimante à l'ordinateur* de printer aansluiten op de computer

raccourci ZN M **1** kortere weg • *prendre un ~ pour aller à l'école* een kortere weg nemen naar school **2** verkorting, beknopte / simplistische weergave • *en ~* in beknopte vorm • FIG. *c'est un ~* dat is wat kort door de bocht **3** COMP. snelkoppeling • *un ~ (clavier)* sneltoets

raccourcir **1** ONOV WW korter worden • *les jours raccourcissent* de dagen worden korter • *un pull qui raccourcit au lavage* trui die krimpt in de was **2** OV WW verkorten, inkorten • *~ un pantalon* een broek korter maken • *~ un texte* een tekst inkorten

raccourcissement ZN M verkorting

raccrocher **1** ONOV WW **1** ophangen <telefoon> • *elle lui a raccroché au nez* ze heeft de hoorn op de haak gegooid **2** INFORM. ermee ophouden <van sporter> **2** OV WW (weer) ophangen, (weer) aanhaken • *~ le téléphone* de telefoon weer ophangen / neerleggen **3** WKD WW (se ~) **1** OOK FIG. zich vastklampen • FIG. *il se raccroche désespérément à elle* hij klampt zich wanhopig aan haar vast **2** zich aansluiten (à bij) • *se ~ à une idée* (zich) aansluiten bij een idee

race ZN V **1** ras • *un chien de ~* rashond **2** slag <soort v. mensen> • *être de la ~ des perdants* een verliezerstype zijn, een loser zijn

racé BN **1** rasecht <van dier> **2** van klasse

rachat ZN M **1** terugkoop, vrijkoping, afkoop • *le ~ de l'entreprise a sauvé les employés du chômage* de overname van het bedrijf heeft het personeel voor werkloosheid behoed **2** aflossing • *le ~ de ses fautes* het goedmaken van je fouten

racheter **1** OV WW **1** afkopen, aflossen, terugkopen, weer / erbij kopen • *je lui ai racheté sa voiture* ik heb zijn / haar auto overgenomen • *il faut ~ du pain, il n'y en a plus* we moeten brood kopen, er is niet meer **2** (weer) goedmaken <van fout, vergrijp> • *~ un candidat* een kandidaat toch nog laten slagen **3** REL. verlossen • *~ ses fautes* boeten voor je fouten **2** WKD WW (se ~) het weer goedmaken, zich beteren • *se ~ en aidant qn* het weer goedmaken door iemand te helpen

racial BN (M MV raciaux), ras(sen)-, raciaal • *des émeutes ~es* rassenrellen

racine ZN V **1** wortel • *la ~ du nez* neuswortel • TAALK. *la ~ d'un mot* de wortel / stam van een woord • *prendre ~* wortel schieten, FIG. ergens lang blijven plakken • *attaquer / couper le mal à la ~* het kwaad in de wortel aanpakken, de bijl aan de wortel leggen • *à la ~ des cheveux* aan / bij de haargrens **2** WISK. wortel • *extraire la ~ (carrée) de...* de (vierkants)wortel trekken uit...

racisme ZN M **1** racisme **2** discriminatie, haat • *le ~ envers les homosexuels* discriminatie van homoseksuelen, homohaat

raciste **1** BN racistisch • *une remarque ~* racistische opmerking **2** ZN M/V racist

racket "-kèt" ZN M (geld)afpersing • *être victime d'un ~* (het) slachtoffer zijn van afpersing • *se livrer au ~* tot afpersing overgaan

racketter OV WW (protectie)geld eisen van, afpersen

racketteur ZN M afperser (onder bedreiging)

raclée INFORM. ZN V **1** pak slaag • *donner une ~ à qn* iemand een flink pak slaag geven **2** FIG. (forse) nederlaag • *les socialistes ont pris une ~ aux élections* de socialisten hebben een flink pak slaag gekregen bij de verkiezingen

racler **1** OV WW afkrabben, (schoon)schrapen • FIG. *~ les fonds de tiroir* je laatste geld bij elkaar schrapen **2** WKD WW (se ~) • *se ~ la gorge* je keel schrapen

raclette ZN V **1** CULIN raclette <fondue v. geschraapte kaas> **2** schraapijzer, krabbertje

racolage ZN M (het) ronselen / (aan)werven • *faire du ~ pour le parti communiste* leden werven voor de communistische partij • *faire du ~ dans la rue* op straat tippelen

racoler OV WW ronselen, werven <v. klanten, leden>, aanklampen <door prostituee>

racoleur **1** BN (V racoleuse), wervend • *une affiche racoleuse* wervende poster • *un sourire ~* innemende glimlach **2** ZN M (V racoleuse) **1** ronselaar, klanten- / ledenwerver **2** tippelaar(ster)

racontar ZN M praatje, roddel

raconter **1** OV WW vertellen, verhalen • *elle raconte toutes sortes d'histoires* ze vertelt allerlei verhalen • INFORM. *je ne raconte pas!* dat houd je echt niet voor mogelijk! **2** WKD WW (se ~) van jezelf vertellen, over jezelf praten

racornir WKD WW (se ~) ineenschrompelen, hard worden • *des plantes qui se racornissent sous l'effet de la chaleur* planten die verschrompelen van de hitte

radar ZN M radar • *un écran ~* radarscherm • *un contrôle ~* radarcontrole • *la police fait des contrôles ~s sur l'autoroute* de politie houdt radarcontroles op de snelweg • *des ~s fixes ont été placés sur les (routes) nationales* op de rijkswegen zijn flitspalen geplaatst

rade ZN V INFORM. • *rester en ~* blijven steken, stagneren <van project> • *un projet laissé en ~* een plan dat verzand is • *ma voiture m'a laissé en ~* mijn auto heeft me in de steek gelaten

radeau ZN M (MV radeaux), (hout)vlot

radiateur ZN M radiator • *un ~ électrique* elektrische radiator • *un ~ à gaz* gasradiator

radiation ZN V **1** NATK. straling • *être exposé à des ~s* aan straling blootstaan **2** schrapping,

doorhaling, royement • *la ~ d'un avocat* het royeren van een advocaat
radical 1 BN (M MV radicaux) 1 POL. **radicaal** • *un parti ~* radicale partij 2 FIG. **ingrijpend** • *une mesure ~* ingrijpende maatregel 2 ZN M (MV radicaux) 1 **radicaal, stamvorm** • *un verbe irrégulier à deux radicaux* onregelmatig werkwoord met twee stamvormen 2 POL. **radicaal** 3 WISK. **wortelteken**
radicalisation ZN V **radicalisering**
radicaliser WKD WW (se ~) **radicaliseren, radicaler worden** • *des jeunes qui se radicalisent* radicaliserende jongeren
radicalisme ZN M **radicalisme**
radier OV WW 1 **schrappen, doorhalen** • *~ un nom d'une liste électorale* een naam van een kiezerslijst schrappen 2 **royeren**
radieux BN (V radieuse) OOK FIG. **stralend** • *une après-midi radieuse* stralende middag
radin INFORM. 1 BN **gierig** 2 ZN M (V radine), **gierigaard**
radiner INFORM. WKD WW (se ~) **eraan komen** • *tu te radines, à la fin, on est en retard!* kom nou eens, we komen te laat!
radio ZN V 1 **radio(-omroep)** • *une émission de ~* radio-uitzending • *un animateur de ~* radiopresentator • *passer à la ~* op de radio komen 2 **radio(toestel)** • *un poste de ~* radiotoestel • *retransmettre une émission à la ~* een programma op de radio uitzenden 3 **röntgenfoto, (röntgen) doorlichting** • *se faire faire une ~ des poumons* een röntgenfoto laten maken van je longen
radioactif BN (V radioactive), **radioactief** • *des déchets ~s* radioactief afval
radioactivité ZN V **radioactiviteit**
radiodiffuser OV WW **(via de radio) uitzenden** • *un discours radiodiffusé* radiotoespraak
radiodiffusion ZN V **radio-omroep**
radiographie ZN V **röntgenfoto, röntgenfotografie**
radiographier OV WW **doorlichten, een röntgenfoto maken van**
radioguidage ZN M 1 **draadloze besturing** 2 **verkeersberichten** <op de radio>
radiologie ZN V **radiologie, röntgenologie**
radiologique BN **radiologisch, röntgen-** • *un traitement ~* röntgenbehandeling
radiologue ZN M/V **radioloog**
radiophonique BN **radio(-omroep)-** • *un jeu ~* radiospelletje
radio-réveil ZN M (MV radios-réveils), **wekkerradio**
radioscopie ZN V **radioscopie, doorlichting**
radiotélévisé BN **via radio en tv uitgezonden** • *les vœux du chef de l'État ont été radiotélévisés* de wensen van het staatshoofd zijn op radio en televisie uitgezonden
radiothérapie ZN V **röntgentherapie, radiotherapie**
radis "-die" ZN M **radijs** • *une botte de ~* bosje radijs • *~ noir* rammenas • INFORM. *n'avoir plus un ~* geen rooie cent meer hebben
radium "radjom" ZN M **radium**
radius "-djuus" ZN M **spaakbeen**
radotage ZN M **gebazel**
radoter ONOV WW **bazelen, leuteren**
radoucir WKD WW (se ~) **bedaren, zachter worden** • *le temps se radoucit* het weer wordt zachter • *se ~ avec l'âge* met de jaren milder worden
radoucissement ZN M **verzachting** <v.h. weer>, **(het) zachter / milder worden**
rafale ZN V 1 **rukwind, stormvlaag** • *une ~ de pluie* regenvlaag • *le vent souffle en ~s* de wind waait met/bij vlagen 2 **serie schoten,** OOK FIG. **salvo** • *une ~ d'applaudissements* stormachtig applaus • *on a entendu des ~s de mitrailleuses* er waren mitrailleursalvo's te horen
raffermir 1 OV WW OOK FIG. **versterken, steviger maken** • *une crème raffermissante* verstevigende crème • *~ sa position (dans une entreprise)* je positie (in een bedrijf) versterken 2 WKD WW **(se ~) steviger / vaster / stabieler worden** • *son autorité se raffermit* zijn gezag wordt versterkt
raffermissement ZN M OOK FIG. **versterking, versteviging** • *le ~ de la peau* de versteviging van de huid • *le ~ des muscles* de versterking van de spieren
raffinage ZN M **raffinage**
raffiné BN OOK FIG. **geraffineerd, verfijnd**
raffinement ZN M **raffinement, verfijning** • *~ de cruauté* toppunt van wreedheid
raffiner OV WW **zuiveren, raffineren,** OOK FIG. **verfijnen** • *du sucre raffiné* geraffineerde suiker
raffinerie ZN V **raffinaderij**
raffoler ONOV WW **~ de dol / verzot zijn op** • *~ de chocolat* dol zijn op chocola • *je ne raffole pas de cette musique* ik ben niet zo gek op die muziek
raffut "-fuu" INFORM. ZN M **lawaai, stampij** • *ils ont fait un de ces ~s quand ils ont appris la nouvelle!* toen ze het nieuws hoorden, hebben ze me toch een stampij gemaakt!
rafiot INFORM. ZN M **gammele schuit**
rafistolage ZN M **(het) oplappen, lapwerk**
rafistoler OV WW **oplappen** • FIG. *~ une proposition de loi pour la faire passer* een wetsvoorstel vertimmeren om het erdoor te krijgen
rafle ZN V **razzia, politieoverval** • *être pris dans une ~* bij een razzia worden opgepakt
rafler INFORM. OV WW **wegkapen, meegrissen, wegslepen** <van prijs / medaille> • *il a raflé l'argent qui traînait* hij heeft het geld dat rondslingerde, weggekaapt • *~ deux médailles d'or* twee gouden medailles in de wacht slepen
rafraîchir 1 ONOV WW **koel worden, afkoelen** <van dranken, etenswaren> • *mettre le champagne à ~* de champagne koelen 2 OV WW 1 **verfrissen, koelen** <van dranken, etenswaren> • *la pluie a rafraîchi l'atmosphère* de regen heeft de lucht verfrist 2 FIG. **opfrissen, opknappen, ophalen** <van kleuren, schilderij> • <dreigend> *je vais vous ~ la mémoire, moi!* ik zal uw geheugen eens opfrissen! • *~ un vêtement* een kledingstuk weer opknappen

• ~ *une coupe de cheveux* het haar weer in model brengen **3** WKD WW **(se ~) 1** koel / fris worden • *le temps se rafraîchit* het wordt frisser (weer) **2** zich opfrissen, iets fris drinken • *se ~ avant le dîner* je even opfrissen voor het avondeten

rafraîchissant BN OOK FIG. verfrissend • *la petite brise était rafraîchissante* het briesje bracht wat koelte • *une boisson rafraîchissante* frisdrank

rafraîchissement ZN M **1** verfrissing, afkoeling **2** FIG. opfrissing • *le ~ d'une façade d'immeuble* het opfrissen van een flatgevel **3** koel drankje, verversing, frisdrank • *je vous sers un rafraîchissement?* kan ik u wat fris aanbieden?

rafting ZN M rafting <wildwatersport>

ragaillardir INFORM. OV WW opvrolijken, opkikkeren • *ce petit somme m'a ragaillardi* ik ben opgekikkerd van dat dutje

rage ZN V **1** woede, razernij • *entrer dans une ~ folle* in blinde woede ontsteken • *être en ~ contre qn* woedend zijn op iemand • *mettre qn en ~* iemand woedend maken • *avoir la ~ au cœur / au ventre* razend zijn • *la tempête fait ~* de storm woedt **2** zucht, begeerte, manie • *une ~ de dents* hevige kiespijn • *la ~ de vivre* levensdrift • *ce n'est plus de l'amour, c'est de la ~!* dat is geen liefde meer, dat is blinde hartstocht! **3** hondsdolheid

rageant BN om woest van te worden, ergerlijk

rager INFORM. ONOV WW razen, tieren • *je rage de le voir partir* ik ben pisnijdig omdat hij weggaat

rageur BN (V rageuse), opvliegend, driftig

ragot INFORM. ZN M vaak mv kletspraatje, roddel

ragoût CUL. ZN M ragout

ragoûtant BN • *un plat pas ~* onsmakelijk gerecht

rai FORM. ZN M (licht)straal • *des rais de soleil* zonnestralen

raï ZN M rai(muziek)

raid "rèd" ZN M **1** overval, raid • *un ~ aérien* luchtaanval • FIG. *un ~ boursier* een vijandige overname **2** SPORT afstandsrit / -tocht

raide 1 BN **1** OOK FIG. stijf, strak, star, stug, steil • *un chemin ~* steile weg • *une attitude ~* stugge houding • *son doigt est resté ~ après l'accident* na het ongeval is zijn vinger stijf gebleven • *il est ~ comme un manche à balai* hij is zo stijf als een plank, hij is een stijve hark • *elle a les cheveux ~s* ze heeft steil haar **2** INFORM., FIG. stug, kras <ongeloofwaardig, gewaagd> • *elle est ~ celle-là!* dat is kras! **3** INFORM. blut • *être complètement ~* helemaal blut zijn, platzak zijn **4** INFORM. lam <stomdronken, stoned> **2** BW **1** strak, steil **2** ineens • *~ mort* morsdood • *tomber ~ (mort)* ter plekke doodvallen **3** INFORM. hartstikke • *elle est raide dingue de lui* zij is stapelgek op hem

raideur ZN V **1** stijfheid, strakheid, stugheid • *la ~ d'un escalier* de steilheid van een trap **2** FIG. starheid

raidillon ZN M steil paadje, hellinkje

raidir 1 OV WW stijf maken, strak maken, spannen • *~ ses muscles* je spieren spannen **2** WKD WW **(se ~)** stijf worden, zich schrap zetten **(contre** tegen) • *se ~ contre la douleur* je schrap zetten tegen de pijn

raidissement ZN M **1** verstijving **2** FIG. verstarring, starheid

raie "rè" ZN V **1** streep, lijn **2** haarscheiding • *se faire une ~ sur le côté* een scheiding aan de zijkant maken **3** DIERK. rog

raifort ZN M mierikswortel

rail "raj" ZN M rail • *les ~s d'un tramway* de tramrails • FIG. *remettre une entreprise sur les ~s* een bedrijf weer op het goede spoor zetten / weer op gang brengen

railler OV WW bespotten, voor de gek houden

raillerie ZN V (het) spotten, scherts, spotternij

railleur BN (V railleuse), spottend

rainure ZN V groef, gleuf, sponning

raisin ZN M druif • *du ~ blanc* witte druif • *du ~ noir* blauwe druif • *des ~s secs* rozijnen • *des ~s de Corinthe* krenten • *un grain de ~* een druif

raison ZN V **1** rede, verstand • *l'âge de ~* de jaren des onderscheids • *un mariage de ~* verstandshuwelijk • *la ~ d'être* de bestaansreden • *il ne veut pas entendre ~* hij is niet voor rede vatbaar, met hem valt niet te praten • *ramener quelqu'un à la ~* iemand tot rede brengen • *se faire une ~* je (in het onvermijdelijke) schikken • *perdre la ~* je verstand verliezen • *plus que de ~* meer dan goed is, al te veel • *avec ~* terecht **2** gelijk • *avoir ~* gelijk hebben • *tu as parfaitement ~* je hebt groot gelijk • *la fin de l'histoire m'a donné ~* het einde van het verhaal heeft me gelijk gegeven **3** reden, oorzaak, motief • *vous ne pouvez pas aller plus loin en ~ d'un déraillement* u kunt niet verder wegens een ontsporing • *tu as trop bu, ~ de plus pour dormir ici* je hebt te veel gedronken, reden te meer om hier te blijven slapen • *c'est la ~ pour laquelle tu ne peux pas la voir!* dat is de reden waarom je haar niet kunt zien!, daarom kun je haar niet zien! • *pour ~s de famille* wegens familieomstandigheden • *pour (des) ~s médicales* op medische gronden • *pour (des) ~s de santé* om gezondheidsredenen • *sans aucune ~* zonder enige aanleiding • *pour cette ~* om die reden

raisonnable BN redelijk, verstandig, billijk • *être ~* voor rede vatbaar zijn

raisonné BN doordacht, beredeneerd

raisonnement ZN M redenering, argumentatie

raisonner 1 ONOV WW redeneren, discussiëren, argumenteren **2** WKD WW **(se ~)** voor rede vatbaar zijn

rajeunir 1 ONOV WW (als) jonger worden • *~ de dix ans* tien jaar jonger worden, er tien jaar jonger uitzien **2** OV WW (als) jonger maken, verjongen, vernieuwen • *ça ne me rajeunit pas!* daar voel ik me oud bij <zo snel vliegt de tijd>, waar blijft de tijd! **3** WKD WW **(se ~)** zich verjongen, (als) jonger worden

rajeunissant BN verjongend, verjongings-

rajeunissement ZN M verjonging, vernieuwing

rajout ZN M **1** toevoegsel **2** aanbouw

rajouter OV WW weer / nog toevoegen • INFORM. *vous en rajoutez!* u overdrijft! • INFORM., FIG. *il en rajoute une couche!* hij legt het er dik bovenop!, hij doet er nog een schepje bovenop!

rajustement ZN M (het) weer in orde brengen, aanpassing <van lonen, prijzen e.d.>

rajuster 1 OV WW **1** weer in orde brengen, fatsoeneren • *~ ses lunettes* je bril rechtzetten **2** aanpassen <van lonen, prijzen e.d.> **2** WKD WW **(se ~)** je kleren fatsoeneren

râle ZN M gerochel, gereutel

ralenti 1 ZN M vertraagd tempo • *au ~* (in) vertraagd (tempo), in slow motion • FIG. *vivre au ~* het kalmpjes aan doen **2** WW volt. deelw. → **ralentir**

ralentir 1 ONOV WW snelheid minderen • *~, travaux!* snelheid verminderen, werk in uitvoering! **2** OV WW vertragen, FIG. verminderen, afremmen • *~ le pas* langzamer gaan lopen • *~ la cadence (de la production) pour protester* de (productie)snelheid vertragen als protest **3** WKD WW **(se ~)** langzamer worden, afnemen • *les ventes se ralentissent* de verkoop neemt af

ralentissement ZN M **1** vertraging **2** FIG. vermindering • *le ~ de l'activité économique* de verslapping van de economische bedrijvigheid

ralentisseur ZN M **1** vertragingsmechanisme **2** (lage) verkeersdrempel

râler ONOV WW **1** reutelen **2** INFORM. kankeren, mopperen

râleur INFORM. **1** ZN M (V râleuse), mopperaar, kankerpit **2** BN (V râleuse), mopperig

ralliement ZN M **1** verzameling, hergroepering • *un point de ~* verzamelpunt, trefpunt **2** FIG. (het) zich aansluiten (à bij), toetreding (à tot) • *son ~ à un parti de l'opposition est mal vu* zijn aansluiting bij een oppositiepartij is slecht gevallen

rallier 1 OV WW **1** (weer) verzamelen, (weer) verenigen **2** (terug)gaan naar, OOK FIG. zich aansluiten bij • *~ qn à une cause* iemand voor een zaak winnen **2** WKD WW **(se ~) à** zich aansluiten (bij) • *se ~ à l'avis du plus fort* de kant van de sterkste kiezen

rallonge ZN V **1** verlengstuk, verlengsnoer • *une table à ~s* uitschuiftafel **2** INFORM. toeslag, aanvulling, extraatje

rallongement ZN M verlenging

rallonger 1 ONOV WW lengen <van dag> **2** OV WW verlengen • *ça nous rallonge!* dat is een omweg!

rallumer 1 OV WW **1** weer aansteken, weer aanzetten / aandoen • *~ l'ordinateur* de computer weer aanzetten • *~ la lumière* het licht weer aandoen **2** FIG. weer aanwakkeren • *un événement qui rallume les vieilles querelles* gebeurtenis die de oude ruzies weer aanwakkert **2** WKD WW **(se ~)** weer gaan branden, OOK FIG. weer opvlammen

rallye "ralie" ZN M rally

RAM COMP. ZN V RAM <direct toegankelijk computergeheugen>

ramadan ZN M ramadan <islamitische vastenmaand>

ramassage ZN M (het) bijeenbrengen, (het) verzamelen, (het) ophalen • *un car de ~ scolaire* schoolbus • *un service de ~* ophaaldienst • *le ~ des ordures ménagères* het ophalen van het huisvuil

ramasse-miettes ZN M (MV ramasse-miettes), kruimeldief <stofzuigertje>

ramasser 1 OV WW **1** oprapen, plukken, OOK FIG. oppakken • *~ des fleurs* bloemen plukken • FIG. *la police a ramassé deux sans-abri dans la rue* de politie heeft twee daklozen op straat opgepakt **2** bijeenbrengen, verzamelen, ophalen • *~ de l'argent* geld bijeenbrengen / ophalen **3** INFORM. opdoen, oplopen, (te verduren) krijgen • *~ une bonne engueulade* flink uitgescholden worden • *~ des coups* een pak slaag krijgen **2** WKD WW **(se ~) 1** ineenduiken **2** INFORM. weer opstaan, overeind krabbelen **3** INFORM. onderuitgaan, afgaan <falen> • *se ~ à un examen* afgaan op een examen

ramasseur ZN M (V ramasseuse), opraper • <tennis> *~ de balles* ballenjongen

ramassis "-sie" MIN. ZN M samenraapsel, zootje

rambarde ZN V reling, leuning <borstwering>

ramdam INFORM. ZN M kabaal

rame ZN V **1** roeiriem • *rejoindre la rive à la ~* roeiend naar de oever teruggaan • INFORM. *ne pas en fiche(r) une ~* geen klap uitvoeren **2** treinstel • *une ~ de métro* metrostel

rameau ZN M (MV rameaux), twijg, takje • *un ~ d'olivier* olijftak • *le dimanche des Rameaux* palmzondag, Palmpasen

ramener 1 OV WW **1** OOK FIG. terugbrengen, terugvoeren • *~ qn chez soi* iemand thuisbrengen • *~ qn à dîner* een tafelgast meebrengen • INFORM. *ramène-nous des fromages de France!* neem kaas voor ons mee uit Frankrijk! • INFORM. *la ~* babbels hebben **2** doen geraken, (in een positie) brengen, leggen • *~ l'ordre dans le pays* de orde herstellen in het land • *~ qn à la vie* iemand weer tot leven wekken • *~ tout à soi* alles op jezelf betrekken **2** WKD WW **(se ~) 1 ~ à** herleid (kunnen) worden tot, neerkomen op • *tout se ramène à un concept plus simple* alles kan herleid worden tot een eenvoudiger concept **2** INFORM. komen aanzetten

ramequin ZN M ovenschoteltje

ramer ONOV WW **1** roeien **2** INFORM. zwoegen, ploeteren, sappelen • *elle doit ~ pour élever seule son fils* ze moet zwoegen om haar zoon alleen op te voeden

rameur ZN M (V rameuse), roeier

rameuter OV WW bijeenroepen, optrommelen • *~ tout le quartier* de hele buurt optrommelen

ramier ZN M • *un (pigeon) ~* houtduif

ramification ZN V OOK FIG. vertakking

ramifier WKD WW **(se ~)** OOK FIG. zich vertakken

ramolli BN **1** zacht geworden, verweekt, OOK FIG. slap **2** INFORM. (geestelijk) afgetakeld, halfzacht, kinds • *un vieux ~* een seniele ouwe baas

ramollir 1 OV WW week maken, OOK FIG. doen verslappen, verwekelijken **2** WKD WW **(se ~)** week worden, OOK FIG. verslappen • *un cerveau qui se ramollit* afnemende geestelijke vermogens

ramollissement ZN M verslapping, verweking

ramonage ZN M (het) schoorsteenvegen
ramoner OV WW vegen <van schoorsteen>
ramoneur ZN M schoorsteenveger
rampant BN **1** OOK FIG. **kruipend** • *une inflation ~e* kruipende / sluipende inflatie **2 kruiperig**
rampe ZN V **1 trapleuning** • *se tenir à la ~* je vasthouden aan de trapleuning **2 helling** <van weg>, **schuine oprit** • *une ~ de lancement* lanceerbaan / -platform **3 voetlicht** • *les feux de la ~* het voetlicht • FIG. *passer la ~* over het voetlicht komen, (goed) overkomen
ramper ONOV WW OOK FIG. **kruipen** • *l'enfant rampe par terre* het kind kruipt over de grond • FIG. *le lierre rampe le long de la fenêtre* de klimop kruipt tegen het raam op • FIG. *~ devant son patron* kruipen voor je baas, je kruiperig gedragen tegenover je baas
rancard INFORM. ZN M **1 afspraakje** • *donner un ~ à qn* een afspraakje maken met iemand **2** STRAATT. **tip, hint**
rancarder INFORM. OV WW **tippen, inlichten**
rancart INFORM. ZN M • *mettre / jeter au ~* afdanken, er de brui aan geven
rance BN **ranzig** • *sentir le ~* ranzig ruiken
ranch ZN M (MV ranch(e)s), **ranch**
ranci BN **ranzig**
rancir ONOV WW **ranzig worden** • *du beurre ranci* ranzige boter
rancœur ZN M **wrok, wrevel** (**contre** jegens)
rançon ZN V **1 losgeld** • *réclamer une ~* losgeld eisen • *payer une ~* losgeld betalen **2** FIG. **prijs, tol** • *la ~ du succès* de prijs van het succes
rançonner OV WW **(onder bedreiging) geld afhandig maken,** FIG. **plukken, afzetten** • *~ un navire* een schip kapen om losgeld te krijgen
rançonneur ZN M (V rançonneuse) OOK FIG. **afzetter, afperser**
rancune ZN V **wrok** (**contre** jegens), **rancune** • *avoir de la ~ contre qn* wrok koesteren tegen iemand • *sans ~!* even goeie vrienden!
rancunier BN (V rancunière), **haatdragend, rancuneus**
randonnée ZN V **lange tocht, trektocht, wandeltocht** • *une ~ pédestre* voettocht, wandeltocht • *les sentiers de grande ~ / G.R.* de langeafstandswandelpaden • *partir en ~* op trektocht gaan
randonneur ZN M (V randonneuse), **trekker, (langeafstands)wandelaar, toerfietser**
rang ZN M **1 rij, gelid** • *se mettre en ~* in de rij gaan staan, in het gelid gaan staan • *sortir du ~* uit het gelid treden, zich van onderop opwerken • FIG. *serrer les ~s* de gelederen sluiten • *en ~s serrés* in gesloten gelederen, in drommen • FIG. *se mettre sur les ~s* meedingen, in de running zijn • *en ~ de deux / par ~ de deux* in volgorde van twee, in rijen van twee • *au premier ~* op de eerste rang, in het voorste gelid **2 positie** <in rangorde>, **rang, stand** • *un ~ social* sociale rang • *un politicien de second ~* tweederangs politicus • *tenir son ~* je rang ophouden, je gedragen overeenkomstig je positie • FIG. *rentrer dans le ~* weer in het gareel komen, je plaats weer kennen • *admettre dans ses ~s* in zijn midden / gelederen opnemen
rangé BN **ordelijk, ordentelijk** • *avoir une petite vie rangée* een geregeld leventje leiden
rangée ZN V **reeks, rij** • *une ~ de maisons* huizenrij
rangement ZN M **1 (het) opruimen** • *faire du ~* opruimen **2 bergruimte** • *un (meuble de) ~* bergmeubel **3 rangschikking**
ranger 1 OV WW **1 opruimen, opbergen, wegzetten** • *range ta chambre* ruim je kamer op **2 parkeren** • *~ la voiture au parking* de auto parkeren op een parkeerterrein / in een parkeergarage **3 rangschikken** • *~ ses livres par auteur* je boeken per schrijver rangschikken **2** WKD WW **(se ~) 1 zich opstellen, zich scharen** • *se ~ du côté des plus démunis* de kant van de allerarmsten kiezen, je scharen aan de zijde van de allerarmsten • *se ~ à l'avis de la majorité* instemmen met de meerderheid **2 een geregeld leven gaan leiden** • *il a fini par se ~* hij heeft eindelijk zijn wilde haren verloren
ranimer 1 OV WW **1 weer tot leven brengen, bijbrengen, reanimeren** • *l'air frais l'a ranimé* hij is weer bijgekomen door de frisse lucht **2 aanwakkeren** • *~ le feu* het vuur aanwakkeren • FIG. *~ un vieux souvenir* een oude herinnering ophalen **2** WKD WW **(se ~) weer bijkomen, opleven** • *une vieille haine qui se ranime entre eux* een oude haat die weer oplaait tussen hen
rap ZN M **rap(muziek)**
rapace 1 BN **roofzuchtig, hebzuchtig** • FIG. *un investisseur ~* hebzuchtige / inhalige investeerder **2** ZN M **roofvogel**
rapacité ZN V **roofzucht, hebzucht**
rapatriement ZN M **repatriëring, terugkeer naar het vaderland** • *le ~ des blessés* de repatriëring van de gewonden • FIG. *le ~ des capitaux* de repatriëring van kapitaal
rapatrier OV WW **repatriëren, naar het vaderland terugzenden**
râpe ZN V **rasp** • *une ~ à fromage* kaasschaaf
râpé BN **1 geraspt** • *du fromage ~* geraspte kaas • INFORM. *c'est ~* daar kun je naar fluiten, dat kun je wel vergeten **2 (tot op de draad) versleten**
râper OV WW **raspen, (af)vijlen**
rapetissement ZN M **verkleining, kleinering**
rapetisser 1 ONOV WW **kleiner / korter worden** • *avec l'âge, il rapetisse* naarmate hij ouder wordt, wordt hij kleiner **2** OV WW **1 (schijnbaar) verkleinen 2** FIG. **kleineren**
râpeux BN (V râpeuse) **1 raspig, ruw** • *une voix râpeuse* rasperige stem **2 wrang** <van smaak>
raphia ZN M **raffia**
rapide 1 BN **1 vlug, snel** • *souhaiter à qn une guérison ~* iemand een spoedig herstel wensen • *circuler sur une voie ~* op een rondweg rijden **2 steil** • *une pente ~* steile helling **2** ZN M **1 sneltrein 2 stroomversnelling** • *descendre un ~ en canoë* een stroomversnelling af gaan met een kano
rapidité ZN V **snelheid** • *la ~ avec laquelle elle a écrit ce livre est étonnante* de snelheid waarmee ze dit boek geschreven heeft, is verbazingwekkend • *agir*

ra

avec ~ snel handelen
rapidos "-dos" INFORM. BW **snel**
rapiéçage ZN M **(het) inzetten van een stuk, (het) verstellen**
rapiécer OV WW **een stuk zetten in, verstellen, oplappen**
rapine FORM. ZN V **roof, plundering** • *se livrer à des ~s* aan het plunderen slaan
raplapla INFORM. BN onver. **futloos, doodop**
rappel ZN M **1 rappel, herinnering, herhaling** • *une piqûre de ~* herhalingsinenting • *un ~ du dernier numéro composé* nummerherhaling • *un ~ de facture impayée* betalingsherinnering **2** OOK FIG. **terugroeping** • *le ~ d'un ambassadeur* de terugroeping van een ambassadeur • *les acteurs ont eu trois ~s* de acteurs hebben drie keer bisgeroep gehad **3 (herhaalde) oproep (à tot)** • *le ~ à l'ordre* het tot de orde roepen **4** SPORT • *la descente en ~* afdaling aan een (dubbel) touw, het abseilen
rappeler 1 OV WW **1 opnieuw (op)roepen, terugbellen** • *tu me rappelles demain?* bel je me morgen terug? **2 terugroepen** • *~ son chien* je hond terugroepen • *la France a dû ~ son ambassadeur en Andorre* Frankrijk heeft zijn ambassadeur in Andorra moeten terugroepen **3 in herinnering brengen, doen denken aan** • *~ qc à qn* iemand aan iets herinneren • *~ sa promesse à qn* iemand aan een belofte herinneren • *rappelez-moi votre nom!* hoe heet u ook weer? • *rappelle-moi de te dire qc!* help me onthouden dat ik je iets moet zeggen! • *ça me rappelle qc* dat doet me aan iets denken, het komt mij bekend voor • *elle me rappelle sa mère* ze doet me aan haar moeder denken, ze lijkt op haar moeder • *tu me rappelles ma tante* je herinnert me aan mijn tante • *cela me rappelle de bons souvenirs* daar heb ik goede herinneringen aan **4 terugbrengen** <in de oude (toe)stand> • *~ qn à l'ordre* iemand tot de orde roepen • *~ qn à la vie* iemand weer tot leven wekken **2** WKD WW **(se ~) 1 zich herinneren** • *se ~ des souvenirs d'enfance* zich herinneringen uit zijn kindertijd weer voor de geest halen, zich zijn kinderjaren herinneren **2 elkaar weer bellen** • *on se rappelle?* bellen we (elkaar) weer?
rapper MUZ. ONOV WW **rappen**
rappeur MUZ. ZN M (V rappeuse), **rapper**
rappliquer INFORM. ONOV WW **(weer) komen opdagen**
rapport ZN M **1 verslag, rapport** • *un ~ de police* politierapport • *un ~ d'expert* deskundigenrapport • *faire / écrire un ~* een rapport uitbrengen • *rédiger un ~ sur l'état des routes* een rapport schrijven over de staat van de wegen **2 (ver)band (à, avec met; de, entre tussen), samenhang, betrekking, verhouding** • *des ~s d'amitié* vriendschapsbetrekkingen • *des ~s de voisinage* burenrelaties • *un ~ qualité-prix* prijs-kwaliteitsverhouding • *la mère et la fille entretiennent de bons ~s* moeder en dochter hebben een goede band met elkaar • *avoir des ~s tendus avec quelqu'un* op gespannen voet met iemand staan • *je ne vois pas le ~!* wat heeft dat ermee te maken? • *avoir des ~s sexuels* seksuele omgang hebben, geslachtsgemeenschap hebben • *avoir des ~s protégés* safe sex hebben • *ils ont des ~s (sexuels) non protégés* zij vrijen niet veilig • *cela n'a aucun ~ avec le sujet d'aujourd'hui* dat heeft niets te maken met het onderwerp van vandaag • *mettre deux personnes en ~* twee mensen met elkaar in contact brengen • *ce poste n'est pas en ~ avec ses compétences* deze baan is niet in overeenstemming met zijn capaciteiten • *établir un ~ entre deux événements* een link leggen tussen twee gebeurtenissen • *elle est très en avance par ~ à son âge* ze is erg voor voor haar leeftijd • *par ~ à* vergeleken bij / met, ten aanzien van • *sous tous (les) ~s* in alle opzichten **3 opbrengst** • *ces maisons sont d'un bon ~* deze huizen brengen veel (huur) op
rapporter 1 OV WW **1 terugbrengen** • *~ un livre à la bibliothèque* een boek terugbrengen naar de bibliotheek • *rapportez-nous des croissants de la boulangerie* breng (voor ons) croissants van de bakker mee • *une pièce rapportée* ingezet stuk **2 opbrengen, opleveren** • *~ gros* veel opbrengen • FIG. *ça ne lui rapporte que des ennuis* dat levert hem alleen maar problemen op **3 rapporteren, berichten, vermelden, verder vertellen** • *on lui a rapporté tous les détails de l'accident* men heeft hem verslag gedaan van alle details van het ongeval **4** INFORM. **(ver)klikken** • *il a tout rapporté à son père* hij heeft alles aan zijn vader verklikt **2** WKD WW **(se ~) betrekking hebben (op)** • *l'article se rapporte au nom* het lidwoord heeft betrekking op het zelfstandig naamwoord
rapporteur ZN M (V rapporteuse) **1 rapporteur, verslaggever 2 klikspaan**
rapproché BN **dichtbij, dicht opeen, vlak na elkaar**
rapprochement ZN M **1 (het) bij elkaar brengen 2 toenadering** • *une tentative de ~ entre deux familles* toenaderingspoging tussen twee families **3 (het) in verband brengen, vergelijking** • *faire le ~ entre deux événements* het verband leggen tussen twee gebeurtenissen
rapprocher 1 OV WW **1 dichterbij brengen** • *~ une chaise pour parler à qn* een stoel aanschuiven om met iemand te praten **2** FIG. **(nader) tot elkaar brengen** • *leur amour du cinéma les a rapprochés* hun liefde voor de film heeft ze nader tot elkaar gebracht **3 in verband brengen, vergelijken (de met)** • *~ deux écrivains* twee schrijvers vergelijken **2** WKD WW **(se ~) 1 dichterbij komen,** OOK FIG. **in de buurt komen (de van)** • *se ~ de sa famille* dichter bij zijn familie komen wonen • *l'orage se rapproche* het onweer komt dichterbij **2 (nader) tot elkaar komen**
rapsodie ZN V → **rhapsodie**
rapt "rapt" ZN M **ontvoering, schaking**
raquette ZN V **1** SPORT **racket, tafeltennisbat 2 sneeuwschoen** • *faire une randonnée en / à ~s* een tocht maken op sneeuwschoenen
rare BN **1 zeldzaam, schaars, uitzonderlijk** • *une maladie ~* zeldzame ziekte • *se faire ~* schaars worden, zich zelden meer laten zien • *il est ~ qu'elle*

se plaigne het komt zelden voor dat zij klaagt • *les ~s fois qu'elle est venue nous voir...* de weinige keren dat ze ons is komen opzoeken... • *les ~s visiteurs* de weinige bezoekers **2 dun(gezaaid)** • *avoir le cheveu ~* dun haar hebben

raréfier WKD WW **(se ~) 1 dunner / ijler worden** <v. lucht> • *en altitude, l'air se raréfie* op grote hoogte wordt de lucht ijler **2 schaars worden** • *une espèce qui se raréfie* uitstervende soort

rarement BW **zelden** • *~ ou pas du tout* zelden of nooit

rareté ZN V **1 zeldzaamheid, geringe frequentie** • *la ~ d'un mot* de geringe frequentie van een woord **2 rariteit, curiositeit**

rarissime BN **uiterst zeldzaam**

ras "rà" **1** BN **1 kortgeknipt** • *avoir la tête rase* kortgeknipt haar hebben • *un chien à poil ~* kortharige hond **2 vlak, kaal** • *faire table rase* schoon schip maken • *en rase campagne* in het open / vrije veld **3 tot aan de rand (gevuld), afgestreken** • *une cuillère à soupe rase* afgestreken soeplepel • *un pull ~ du cou* trui met ronde hals • *à ~ bord(s)* boordevol **2** BW • INFORM. *j'en ai ~ le bol* ik ben het (spuug)zat • *à / au ~ du sol* rakelings / vlak boven de grond • INFORM. *des conversations au ~ des pâquerettes* laag-bij-de-grondse gesprekken

rasade ZN V **glasvol, boordevol glas**

rasage ZN M **(het) scheren**

rasant INFORM. BN **stomvervelend** • *ce que c'est ~!* wat een saaie bedoening!

rase-mottes ZN M (MV id.), **scheervlucht** • *vol en ~* scheervlucht

raser 1 OV WW **1 scheren 2 scheren / strijken langs** • *marcher en rasant les murs* vlak langs de muren lopen **3 met de grond gelijkmaken, slechten, slopen** • *~ un vieil immeuble* een oud flatgebouw platgooien **4** INFORM. **vervelen** • *toujours les mêmes histoires, tu nous rases!* steeds datzelfde gezeur, we zijn het zat! • *ça me rase d'aller le voir* ik vind het stomvervelend om naar hem toe te gaan **2** WKD WW **(se ~) 1 zich scheren** • *se ~ de près* zich glad scheren • *se ~ les jambes* zijn benen scheren **2** INFORM. **zich vervelen**

ra

raseur INFORM. ZN M (V raseuse), **vervelende zeur**

rasibus "-buus" INFORM. BW **rakelings**

ras-le-bol INFORM. ZN M **(het) balen** • *j'en ai ras-le-bol!* ik ben het zat!, ik baal ervan! • *le ~ des voyageurs pendant les grèves (de transport)* het balen van de reizigers tijdens de (vervoers)stakingen

rasoir 1 ZN M **scheermes, scheerapparaat** • *des lames de ~* scheermesjes **2** BN INFORM. **(stom) vervelend, saai**

rassasier OV WW **verzadigen** • *ce plat de pâtes nous a rassasiés* met dat bordje pasta zitten we (echt) vol

rassemblement ZN M **1 verzameling, samenbundeling, (het) verzamelen 2 grote bijeenkomst, oploop, samenscholing** • *un ~ de plus de deux mille personnes* samenscholing van meer dan tweeduizend personen

rassembler 1 OV WW **(weer) verzamelen, (weer) bijeenbrengen** • *~ des témoignages* getuigenissen verzamelen • *~ ses forces* je krachten verzamelen • *~ tout son courage* al je moed bijeenrapen • FIG. *~ ses esprits* weer tot jezelf komen **2** WKD WW **(se ~) (weer) bij elkaar komen, zich verzamelen** • *la foule s'est rassemblée devant l'église* de menigte verzamelde zich voor de kerk

rassembleur ZN M (V rassembleuse), **iemand die mensen verenigt, bindend element,** FIG. **bruggenbouwer**

rasseoir WKD WW **(se ~) weer gaan zitten** • *se ~ après un discours* weer gaan zitten na een speech

rasséréner OV WW **weer kalm maken** • *la nouvelle les rassérène* het bericht stelt hen weer gerust

rassis BN **oudbakken** <van brood>

rassurant BN **geruststellend**

rassurer OV WW **geruststellen**

rat ZN M **1 rat** • *un ~ d'égout* rioolrat • INFORM., FIG. *un ~ de bibliothèque* boekenwurm • INFORM. *être fait comme un ~* als een rat in de val zitten **2** • *petit ~* balletleerling(e)

ratage ZN M **mislukking, flop**

ratatiné BN **gerimpeld, verschrompeld** • *des fruits ratatinés* verschrompeld fruit

ratatiner 1 OV WW **doen verschrompelen 2** WKD WW **(se ~) ineenschrompelen,** FIG. **ineenkrimpen** • *se ~ avec l'âge* kleiner worden naarmate je ouder wordt

ratatouille ZN V **1 ratatouille 2** INFORM. **stamppot, prak**

rate ZN V **1 milt** • INFORM. *ne pas se fouler la ~* liever lui dan moe zijn **2 wijfjesrat**

raté 1 ZN M **(het) haperen** <van motor> • *le moteur a des ratés* de motor hapert **2** ZN M/V **mislukkeling**

râteau ZN M (MV râteaux), **hark**

râtelier ZN M **ruif** • INFORM. *manger à tous les râteliers* van twee walletjes eten

rater 1 ONOV WW **mislukken, mislopen** • *elle voulait battre le record, c'est raté!* ze wilde het record breken, maar dat ging niet door! **2** OV WW **1 missen** <niet raken>, **mislopen** • *~ le / son train* de / zijn trein missen • SPORT *une balle ratée* gemiste bal • FIG. *il n'en rate pas une* hij maakt blunder na blunder • *raté!* mis poes! **2 niets maken van** • *~ sa vie* niet veel van het leven maken, niet slagen in het leven • *j'ai raté mon gâteau* mijn taart is mislukt

ratiboiser INFORM. OV WW **1 ruïneren** • *il s'est fait ~* hij heeft zich laten ruïneren **2 kaalknippen**

ratification ZN V **bekrachtiging, ratificatie**

ratifier OV WW **bekrachtigen, ratificeren** • *~ un projet de loi* een wetsontwerp bekrachtigen

ration ZN V **rantsoen, portie** • *une ~ alimentaire* dagelijkse voedselportie • FIG. *avoir sa ~ d'ennuis* je portie zorgen hebben

rationalisation ZN V **rationalisatie**

rationaliser OV WW **1 rationaliseren 2 praktischer inrichten**

rationalité ZN V **rationaliteit**

rationnel BN (V rationnelle), **rationeel** • *un esprit ~* verstandsmens, logisch denkend iemand

rationnellement BW rationeel, verstandig

rationnement ZN M rantsoenering

rationner OV WW op rantsoen stellen, rantsoeneren • ~ *les habitants en eau* water rantsoeneren voor de inwoners

ratisser OV WW **1** (aan)harken • ~ *des allées* lanen aanharken • INFORM., POL. ~ *large* op een breed publiek mikken, ook kiezers van andere partijen proberen te trekken **2** FIG. uitkammen • *tout le quartier a été ratissé par la police* de hele buurt is door de politie uitgekamd **3** INFORM. (in)pikken, FIG. kaalplukken

raton ZN M ratje • *un ~ laveur* wasbeer

RATP AFK Régie autonome des transports parisiens V gemeentelijk vervoersbedrijf in Parijs <metro, bus>

rattachement ZN M **1** (het) verbinden / vastmaken **2** POL. aansluiting, annexatie

rattacher 1 OV WW **1** (weer) (ver)binden, (weer) vastmaken **2** in verband brengen (**à** met) **2** WKD WW (**se ~**) samenhangen (**à** met) • *tout ce qui se rattache à ces questions m'intéresse* alles wat met deze kwesties samenhangt interesseert me

rattrapage ZN M (het) inhalen • *un cours de ~* inhaalles(sen) <voor achtergebleven leerlingen> • *un oral de ~* mondeling herexamen

rattraper 1 OV WW **1** weer vangen, terugkrijgen • *on a rattrapé le voleur* de dief is weer (op)gepakt / opnieuw aangehouden • ~ *son chapeau qui s'envole* je weggewaaide hoed weer opvangen / oppakken **2** (weer) inhalen • ~ *un cours (qu'on a manqué)* een (gemiste) les inhalen **3** FIG. herstellen, goedmaken • *essayer de ~ une maladresse* proberen een stommiteit te herstellen **2** WKD WW (**se ~**) **1** zich (vallend) vastgrijpen (**à** aan) • *se ~ à la table pour ne pas tomber* je aan de tafel vastgrijpen om niet te vallen **2** het weer goedmaken, OOK FIG. de schade inhalen

rature ZN V doorhaling

raturer OV WW doorhalen, OOK FIG. schrappen

rauque BN rauw <van stem>, schor

ravage ZN M vaak mv verwoesting, ravage • *les ~s du sida en Afrique* het verwoestende effect van aids in Afrika • *l'inondation a causé des ~s* de overstroming heeft verwoestingen aangericht • INFORM. *faire des ~s* harten breken

ravagé BN **1** verwoest **2** getekend <van gezicht> **3** INFORM. maf, getikt

ravager OV WW verwoesten, teisteren, schenden

ravageur BN (V ravageuse) OOK FIG. verwoestend • *un tsunami ~* verwoestende tsunami

ravalement ZN M (het) opknappen <van gevels, buitenwerk>, gevelreiniging

ravaler OV WW **1** OOK FIG. weer inslikken • FIG. ~ *sa colère* je woede laten varen • FIG. ~ *sa fierté* je trots inslikken • FIG. ~ *ses paroles* je woorden inslikken **2** opknappen <van gevels, buitenwerk> • ~ *la façade d'un immeuble* de gevel van een flatgebouw opknappen

rave "rev" ZN V houseparty

rave-party ZN V houseparty

ravi BN (dol)blij • ~ *de faire votre connaissance* aangenaam met u kennis te maken • *ne pas être ~ de qc* ergens niet happy mee zijn

ravier ZN M (ovaal) schaaltje

ravigote ZN V ravigotesaus

ravigoter INFORM. OV WW opkikkeren

ravin ZN M ravijn

ravine ZN V klein ravijn, bergstroombedding

ravioli ZN M meestal mv ravioli

ravir OV WW verrukken, opgetogen maken • *cela vous va à ~* dat staat u beeldig • *elle est belle à ~* ze is betoverend mooi

raviser WKD WW (**se ~**) zich bedenken, van mening veranderen

ravissant BN schitterend, beeldig • *elle est ~e* ze is betoverend mooi

ravissement ZN M verrukking, vervoering • *écouter qn avec ~* iemand verrukt / enthousiast aanhoren

ravisseur ZN M (V ravisseuse), ontvoerder

ravitaillement ZN M bevoorrading, proviandering, ravitaillering, voedselvoorraad

ravitailler 1 OV WW bevooraden, provianderen, ravitailleren • ~ *un avion en vol* een vliegtuig tijdens de vlucht van brandstof voorzien **2** WKD WW (**se ~**) zich bevoorraden, proviand / brandstof innemen

raviver 1 OV WW verlevendigen, ophalen <van kleur> • *le vent ravive l'incendie* de wind wakkert de brand aan **2** WKD WW (**se ~**) opleven, aanwakkeren • *la douleur se ravive* de pijn neemt toe

ravoir OV WW terugkrijgen

rayer 1 OV WW **1** doorstrepen, schrappen • *rayez les mentions inutiles* doorhalen wat niet van toepassing is • *un pays rayé de la carte* van de kaart geveegd land **2** bekrassen, strepen • ~ *le plancher* de vloer bekrassen • *un pyjama rayé* een gestreepte pyjama **2** WKD WW (**se ~**) krassen, krassen krijgen • *le plancher se raye facilement* de vloer krast snel

rayon ZN M **1** OOK FIG., WISK. straal • *des ~s de soleil* zonnestralen • *des ~s X* röntgenstraling • *un traitement aux ~s* bestraling(stherapie), radiotherapie • *il fait des séances de ~s* hij wordt bestraald **2** straal, omtrek • *un ~ de bicyclette* fietsspaak • FIG. *un ~ d'action* actieradius, bereik, werkterrein • *dans un ~ de dix kilomètres* in een straal / omtrek van tien kilometer **3** (kast) plank, schap • *les ~s d'une armoire* de planken van een kast • *un ~ de livres* schap met boeken **4** winkelafdeling, rayon • *le ~ des jouets* de speelgoedafdeling • FIG. *ce n'est pas mon ~* daar heb ik niets mee te maken • INFORM. *il en connaît un ~ là-dessus* hij weet er veel van af **5** (honing)raat

rayonnage ZN M planken(rek), boekenrek, (de) schappen

rayonnant BN OOK FIG. stralend • *un visage ~ de joie* een gezicht dat straalt van vreugde

rayonne ZN V rayon, kunstzijde

rayonnement ZN M straling, OOK FIG. uitstraling
rayonner ONOV WW **1** OOK FIG. stralen • *~ de joie* stralen van vreugde **2** FIG. uitstralen, zich verbreiden, in de omgeving rondgaan • *nous avons rayonné dans la région* we hebben tochtjes gemaakt in de omgeving
rayure ZN V **1** streep <van streepjespatroon> • *une veste à ~s* streepjesjasje **2** kras • *le plancher est plein de ~s* de vloer zit vol krassen
raz-de-marée, raz de marée ZN M (MV id.) **1** vloedgolf **2** FIG., POL. aardverschuiving
razzia "ra(d)zjà" ZN V strooptocht • INFORM. *les jeunes ont fait une ~ dans le frigidaire* de jongeren hebben de ijskast leeggeplunderd
ré MUZ. ZN M re, (de noot) d
réac INFORM. **1** ZN M/V réactionnaire reactionair **2** BN réactionnaire reactionair
réaccoutumer **1** OV WW weer gewennen **2** WKD WW **(se ~)** weer wennen • *se ~ à faire du sport* er weer aan wennen om aan sport te doen
réacteur ZN M **1** straalmotor **2** reactor • *un ~ nucléaire* kernreactor
réactif BN (V réactive), reactief, reagerend
réaction ZN V **1** reactie, terugslag • *une ~ de joie* reactie van blijdschap • *une ~ de défense* afweerreactie • *une ~ allergique* allergische reactie • *être sans ~* perplex staan • *provoquer de vives réactions chez qn* heftige reacties teweegbrengen bij iemand **2** NATK., SCHEIK. reactie • *un moteur à ~* straalmotor • *une ~ en chaîne* kettingreactie
réactionnaire **1** BN reactionair **2** ZN M/V reactionair
réactiver OV WW reactiveren
réadaptation ZN V **1** reclassering **2** revalidatie • *un centre de ~* revalidatiecentrum
réadapter **1** OV WW weer aanpassen (**à** aan), revalideren **2** WKD WW **(se ~)** zich weer aanpassen (**à** aan)
réagir ONOV WW reageren (**à** op), ingaan (**contre** tegen) • *mal ~ à un médicament* slecht reageren op een geneesmiddel • *~ contre les mesures proposées par le premier ministre* ingaan tegen de door de premier voorgestelde maatregelen
réajuster → **rajuster**
réalisable BN uitvoerbaar, realiseerbaar
réalisateur ZN M (V réalisatrice) **1** uitvoerder, producer **2** MEDIA regisseur
réalisation ZN V **1** uitvoering, verwezenlijking, realisatie • *la ~ d'un projet* de uitvoering van een plan **2** productie <van film, programma> **3** werkstuk, werk • *l'Arche de la Défense est une superbe ~* de Arche de la Défense is een groots werk
réaliser **1** OV WW **1** uitvoeren, realiseren, verwezenlijken, maken • *~ un rêve* een droom verwezenlijken **2** produceren <van film, programma> **3** ECON. te gelde maken • *~ des bénéfices* winst maken **2** WKD WW **(se ~)** **1** werkelijkheid worden • *un rêve qui se réalise enfin* droom die eindelijk werkelijkheid wordt **2** zich ontplooien
réalisme ZN M realisme
réaliste **1** BN realistisch • *cette proposition n'est pas ~* dat voorstel is niet haalbaar **2** ZN M/V realist
réalité ZN V werkelijkheid, realiteit • *réalité virtuelle* virtual reality • *la ~ dépasse la fiction* de werkelijkheid is nog vreemder dan de verbeelding • *en ~* in werkelijkheid, in feite
réaménagement ZN M herindeling
réanimation ZN V reanimatie • *transporter qn en ~* iemand naar de intensive care brengen
réanimer OV WW reanimeren, doen herleven
réapparaître ONOV WW onregelmatig weer verschijnen
réapparition ZN V (het) opnieuw verschijnen, (het) weer opduiken
réapprendre OV WW onregelmatig weer leren • *~ à marcher* weer leren lopen
réapprovisionner **1** OV WW opnieuw bevoorraden **2** WKD WW **(se ~)** een nieuwe voorraad opdoen • *se ~ en vins* een nieuwe voorraad wijn inslaan
réarmement ZN M herbewapening • *une politique de ~* herbewapeningspolitiek
réassortir OV WW herbevoorraden, aanvullen <van voorraad>
rébarbatif BN (V rébarbative) **1** afstotend, taai <van onderwerp> **2** stuurs, nors
rebâtir OV WW OOK FIG. weer (op)bouwen
rebelle **1** ZN M/V rebel **2** BN **1** weerspannig, opstandig, rebels, zich verzettend (tegen) • *une mèche de cheveux ~* weerbarstige (haar)lok **2** hardnekkig • *une tache ~* hardnekkige vlek
rebeller WKD WW **(se ~)** in opstand komen, zich verzetten, rebelleren (**contre** tegen)
rébellion ZN V opstand, oproer, verzet, opstandigheid
rebelote TUSSENW INFORM. • *et ~!* daar gaan we weer!, het is weer zo laat!
rebiffer INFORM. WKD WW **(se ~)** tegenspartelen (**contre** tegen), dwarsliggen, het vertikken
reboisement ZN M herbebossing
reboiser OV WW herbebossen
rebondi BN bol, dik, rond • *des joues ~es* bolle wangen
rebondir ONOV WW **1** (terug)stuiten <van bal> **2** FIG. opleven, een andere wending nemen, weer een rol gaan spelen, er weer bovenop komen • *un nouveau témoignage a fait ~ l'affaire* een nieuwe getuigenis heeft de zaak weer in gang gezet
rebondissement ZN M **1** (het) terugstuiten **2** FIG. opleving, nieuwe ontwikkeling <in kwestie> • *ce film est riche en ~s* deze film zit vol onverwachte wendingen / ontwikkelingen
rebord ZN M (opstaande) rand, kant, omslag <van kledingstuk> • *le ~ de la fenêtre* de vensterbank
reboucher OV WW weer dichtstoppen, de kurk weer doen op
rebours ZN M • *le compte à ~* het aftellen <bij lancering enz.> • *le compte à ~ des législatives a commencé* het aftellen tot de parlementsverkiezingen is begonnen
rebouteux INFORM. ZN M (V rebouteuse),

(botten)kraker

rebrousse-poil • *à ~* tegen de draad / haren in, averechts • INFORM. *prendre qn à ~* iemand tegen de haren in strijken

rebrousser OV WW tegen de draad / richting in gaan van • *~ chemin* op je schreden terugkeren, teruggaan

rebuffade ZN V norse bejegening, afpoeiering, (het) afsnauwen

rébus "-buus" ZN M rebus

rebut "-buu" ZN M **1** afval • *mettre au ~* afdanken **2** FIG. uitschot, uitvaagsel • *le ~ de la société* het uitschot van de maatschappij

rebutant BN afstotend, akelig

rebuter OV WW tegenstaan, afstoten, afschrikken • *un spectacle qui rebute* een akelig schouwspel • *se laisser ~ par les obstacles* je laten afschrikken door hindernissen • *son attitude négative rebute les gens* hij stoot mensen af door zijn negatieve houding • *cela me rebute* dat stuit mij tegen de borst

récalcitrant BN weerspannig, onwillig, recalcitrant

recaler INFORM. OV WW afwijzen <voor examen> • *se faire ~ à un examen* zakken voor een examen, BELG. buizen • *être recalé au bac* gezakt zijn voor het eindexamen

récapitulatif BN (V récapitulative), samenvattend, recapitulerend

récapitulation ZN V samenvatting, recapitulatie

récapituler OV WW samenvatten, recapituleren

recaser INFORM. **1** OV WW weer aan een baan helpen **2** WKD WW (se ~) weer een baan krijgen • *il essaie de se ~ dans la même entreprise* hij probeert weer werk te vinden in hetzelfde bedrijf

recel ZN M heling, onwettige verberging • *~ de bijoux* heling van sieraden • *être accusé de ~ d'abus de biens sociaux* beschuldigd worden van verduistering van bedrijfsvermogen

receler, recéler OV WW **1** helen **2** FORM. verbergen, in zich bergen • *un musée qui recèle des trésors* museum dat schatten in zich bergt

receleur, recéleur ZN M (V receleuse, recéleuse), heler

récemment BW onlangs, recentelijk

recensement ZN M volkstelling, telling

recenser OV WW getalmatig inventariseren, tellen

recension FORM. ZN V kritisch (tekst)onderzoek

récent BN pas gebeurd, recent • *un ouvrage ~* recent werk

recentrer OV WW opnieuw focussen, heroriënteren, bijstellen

récépissé ZN M ontvangstbewijs, reçu

réceptacle ZN M verzamelplaats, vergaarbak

récepteur 1 ZN M **1** ontvangtoestel, ontvanger • *un ~ de radio* radiotoestel **2** telefoonhoorn **2** BN (V réceptrice), ontvangend, ontvang(st)- • *une antenne réceptrice* ontvangstantenne

réceptif BN (V réceptive), ontvankelijk (**à** voor), vatbaar

réception ZN V **1** ontvangst, onthaal • *accuser ~ d'une lettre* de ontvangst van een brief bevestigen • *la ~ d'un poste de radio* de ontvangst van een radiotoestel • *un discours de ~* rede uitgesproken door een nieuw lid van een academie **2** ontvangst, receptie, partij • *la ~ a été très chaleureuse* de ontvangst was erg hartelijk • *organiser une ~* een receptie organiseren **3** receptie <ontvangstruimte> • *s'adresser à la ~ de l'hôtel* zich tot de receptie van het hotel richten

réceptionner OV WW bij ontvangst keuren <van goederen>

réceptionniste ZN M/V receptionist

réceptivité ZN V ontvankelijkheid (**à** voor), vatbaarheid

récession ZN V recessie • *un pays menacé par la ~* land dat bedreigd wordt door recessie

recette ZN V **1** OOK FIG. (kook)recept • *un livre de ~s* kookboek • *une bonne ~ pour rester jeune* een goed recept om jong te blijven • FIG. *la ~ du chef* het geheim van de smid **2** geldelijke opbrengst, ontvangsten • *les dépenses et les ~s* uitgaven en inkomsten • *prendre un pourcentage sur la ~* een percentage van de opbrengst krijgen • *ces idées ne font plus ~* die ideeën zijn uit

recevable BN aanvaardbaar, geldig <van excuus of juridische eis>

receveur ZN M (V receveuse) **1** (belasting) ontvanger • *le ~ des contributions directes* de ontvanger der directe belastingen • *le ~ des postes* de directeur v.h. postkantoor **2** MED. ontvanger <van donorbloed enz.>

recevoir 1 ONOV WW (bezoek, cliënten) ontvangen, spreekuur houden • *ce spécialiste reçoit entre huit et neuf heures du matin* deze specialist houdt tussen acht en negen uur in de ochtend spreekuur **2** OV WW **1** ontvangen, krijgen (**de** van) • *~ un salaire* een salaris ontvangen • *~ une ovation* een ovatie krijgen • *~ des coups* een pak slaag krijgen • FIG. *~ un affront* beledigd worden **2** ontvangen, onthalen • *~ des clients* cliënten ontvangen • *~ un ami à dîner* een vriend ('s avonds) te eten krijgen • *un livre bien reçu par la critique* een boek dat goed ontvangen is door de critici, een boek dat goede kritieken heeft gekregen **3** toelaten, aannemen, opnemen • *être reçu à un examen* slagen voor een examen

rechange ZN M reserve(middel), vervangingsmiddel • *une roue de ~* reservewiel • *une pièce de ~* (reserve)onderdeel • *une solution de ~* alternatieve oplossing

réchapper ONOV WW ontsnappen, ontkomen • *~ à un accident* een ongeval overleven • *pas un n'en a réchappé* niemand heeft het overleefd

recharge ZN V (het) opnieuw laden, nieuwe lading / vulling, navulling • *une ~ d'encre d'imprimante* navulcartridge voor een printer

rechargeable BN oplaadbaar, hervulbaar

rechargement ZN M (het) opnieuw laden / vullen

recharger OV WW opnieuw (be)laden, opladen, bijvullen <van apparaat> • INFORM. *~ ses batteries* de accu weer opladen, op verhaal komen
réchauffage ZN M (het) opwarmen
réchauffé 1 BN opgewarmd 2 ZN M INFORM. oude kost, oud nieuws, opgewarmd eten • *elle propose de nous aider, mais c'est du réchauffé!* ze stelt voor ons te helpen, maar dat hebben we vaker gehoord!
réchauffement ZN M (het) warmer worden • *le ~ climatique* de opwarming van het klimaat
réchauffer 1 OV WW 1 opwarmen, verwarmen 2 FIG. aanwakkeren, oprakelen • *ça réchauffe le cœur* dat is hartverwarmend, dat doet je deugd 2 ONOV WW • *faire ~ des restes pour le dîner* restjes opwarmen voor het (avond)eten 3 WKD WW **(se ~)** zich warmen, warmer worden • *se ~ les mains* zijn handen warmen • *la planète se réchauffe* de planeet wordt warmer
rêche BN 1 ruig (aanvoelend), ruw • *avoir la peau ~* een schrale huid hebben 2 FIG. stug, nors
recherche ZN V 1 (het) zoeken, nasporing, navorsing, speurwerk • *un avis de ~* opsporingsbevel, 'opsporing verzocht' • *la police continue ses ~s* de politie zet het speurwerk voort • *on a abandonné les ~s* de zoekactie is gestaakt • *elle est à la ~ d'un emploi* zij is op zoek naar een baan • *aller à la ~ de rescapés* naar overlevenden gaan zoeken 2 onderzoek (**sur** naar), streven (**de** naar) • *la ~ (scientifique)* wetenschappelijk onderzoek • WWW *un moteur de recherche* zoekmachine • *faire de la ~* research / onderzoek doen 3 verfijning • *s'habiller avec ~* je smaakvol kleden
recherché BN 1 gezocht, gewild, in trek 2 verfijnd • *un style ~* verfijnde stijl
rechercher OV WW 1 zoeken naar, speuren naar • *~ les auteurs de l'assassinat* zoeken naar de daders van de moord • *il est recherché (par la police)* hij wordt (door de politie) gezocht 2 weer (af)halen • *aller ~ les enfants à l'école* de kinderen weer van school gaan halen 3 onderzoeken, nasporen 4 nastreven
rechigner ONOV WW geen zin hebben in / om, balen van • *sans ~* zonder morren
rechute ZN V 1 hernieuwde aanval <van ziekte> 2 terugval <tot hetzelfde kwaad>
rechuter ONOV WW weer instorten <van zieke>
récidive ZN V 1 recidive, herhaling van een misdrijf 2 (het) in dezelfde fout vervallen 3 nieuwe aanval <van ziekte>
récidiver ONOV WW 1 in dezelfde misdaad / fout vervallen, recidiveren • *il avait arrêté de fumer, mais il récidive* hij is gestopt met roken, maar hij begint (steeds) weer opnieuw 2 opnieuw optreden <van ziekte>
récidiviste ZN M/V recidivist, iemand die in dezelfde fout vervalt
récif ZN M rif, klip • *un ~ de corail* koraalrif
récipient ZN M vat, bak
réciprocité ZN V wederkerigheid
réciproque 1 BN wederkerig • *un amour ~* wederzijdse liefde • TAALK. *un verbe pronominal ~* wederkerig werkwoord 2 ZN V (het) omgekeerde
réciproquement BW wederkerig • *Paul aime Marie et ~* Paul houdt van Marie en omgekeerd
récit ZN M verhaal, relaas • *un ~ de voyages* reisverhaal • *faire un ~ détaillé de sa journée* gedetailleerd over je dag vertellen
récital ZN M (MV récitals), recital, solo-uitvoering • *un ~ de danse* danssolo
récitant ZN M commentator <commentaarstem bij film enz.>, verteller
récitation ZN V (het) opzeggen <van tekst>, op te zeggen tekst, voordracht
réciter OV WW opzeggen, voordragen, reciteren • *faire ~ sa leçon à qn* iemand (de les) overhoren
réclamation ZN V (het) reclameren, klacht, bezwaar, protest • *le bureau des réclamations* het klachtenbureau • *déposer une ~* een claim indienen
réclame ZN V reclame(aankondiging) <bord, folder, lichtbak enz.>, aanprijzing • *un article en ~* reclameartikel
réclamer 1 OV WW 1 (op)eisen (**à** van), opvragen • *~ des dommages-intérêts* schadevergoeding eisen 2 dringend vragen om, inroepen • *~ une augmentation de salaire* een salarisverhoging vragen • *~ le silence* dringend om stilte vragen • *~ l'intervention de qn* iemands tussenkomst inroepen 2 ONOV WW reclameren, protesteren • *cette hausse de loyer est illégale, il faut réclamer!* de huurverhoging is onwettig, je moet protesteren! 3 WKD WW **(se ~)** zich beroepen (op) (zijn banden met), zich laten voorstaan (op) • *l'auteur de l'attentat se réclame d'un groupuscule inconnu* de dader van de aanslag zegt lid te zijn van een onbekende splintergroepering
reclassement ZN M herplaatsing • *le ~ des employés licenciés* de herplaatsing van de ontslagen werknemers
reclasser OV WW 1 opnieuw rangschikken 2 herplaatsen <van niet-werkenden>, weer in het arbeidsproces integreren, reclasseren <van ex-gevangenen>
reclus "-kluu" 1 ZN M (V recluse), kluizenaar • *vivre en ~e* een kluizenaarsleven leiden 2 BN teruggetrokken, afgezonderd
réclusion ZN V opsluiting • *être condamné à la ~ à perpétuité* tot levenslange gevangenisstraf veroordeeld worden
recoiffer WKD WW **(se ~)** je haar weer in orde brengen
recoin ZN M OOK FIG. uithoek • *chercher qc dans tous les coins et ~s* iets in alle hoeken en gaten zoeken
reçois WW teg. tijd → **recevoir**
reçoive WW subj. → **recevoir**
recoller OV WW weer lijmen • FIG. *~ les morceaux* de brokken lijmen
récolte ZN V OOK FIG. oogst • *faire la ~ des pommes de terre* aardappelen oogsten
récolter OV WW 1 OOK FIG. (in)oogsten • *qui sème le vent récolte la tempête* wie wind zaait zal storm

re

oogsten **2 inzamelen** • *~ des renseignements sur qn* inlichtingen inwinnen over iemand
recommandable BN **aanbevelenswaardig** • *un individu peu ~* onbetrouwbaar / verdacht persoon
recommandation ZN V **aanbeveling, dringend advies** • *une lettre de ~* aanbevelingsbrief • *ne pas tenir compte des ~s de qn* geen rekening houden met iemands aanbevelingen • *sur la ~ de...* op aanbeveling van...
recommander 1 OV WW **1 aanbevelen** • *on nous recommande le plat du jour* de dagschotel wordt aanbevolen • *cette personne nous a été recommandée par son professeur* deze persoon is ons door zijn leraar aanbevolen **2 op het hart drukken, dringend aanraden** • *le médecin a vivement recommandé le vaccin contre la grippe* de dokter heeft de griepprik dringend aangeraden **3 (laten) aantekenen** <van brief> • *une lettre recommandée* aangetekende brief • *envoyer un paquet en recommandé* een pakje aangetekend versturen **2** WKD WW **(se ~) de zich beroepen op, een beroep doen op** • *se ~ d'un professeur pour obtenir une bourse* een leraar als referentie opgeven om een beurs te krijgen
recommencement ZN M **(het) opnieuw beginnen, nieuw begin**
recommencer 1 OV WW **opnieuw beginnen (met), overdoen 2** ONOV WW **opnieuw / weer beginnen** • *la guerre recommence dans la région* de oorlog begint opnieuw in de streek • INFORM. *on prend les mêmes et on recommence!* er verandert ook niets!
récompense ZN V **beloning** • *en ~ de ses services* als beloning voor zijn diensten
récompenser OV WW **belonen** • *~ qn pour son film* iemand een prijs / bekroning geven voor zijn film • *~ qn de tous ses efforts* iemand voor al zijn moeite belonen
recompter OV WW **overtellen, natellen**
réconciliateur ZN M (V réconciliatrice), **bemiddelaar, verzoener**
réconciliation ZN V **verzoening**
réconcilier 1 OV WW **verzoenen 2** WKD WW **(se ~) zich verzoenen (avec met), het weer goedmaken, het bijleggen** • *se ~ avec soi-même* met jezelf in het reine komen
reconduire OV WW onregelmatig **1 uitgeleide doen, thuisbrengen, terugbrengen** • *~ ses invités à la porte* je gasten uitgeleide doen / naar de uitgang brengen **2 (er)uitzetten** • *les sans-papiers ont été reconduits à la frontière* de illegalen zijn uitgezet
reconduite ZN V **(het) terugbrengen** • *la ~ des sans-papiers à la frontière* het uitzetten van de illegalen
réconfort ZN M **troost, steun**
réconfortant BN **troostend, opbeurend, (ver)sterkend**
réconforter OV WW **sterken, bemoedigen, opbeuren** • *ses paroles me réconfortent* zijn / haar woorden doen me goed • *un petit verre qui réconforte* opkikkertje, hart(ver)sterking
reconnaissable BN **herkenbaar**
reconnaissance ZN V **1 erkenning** • *la ~ d'un enfant* de erkenning van een kind • *une ~ de dette* schuldbewijs, schuldbekentenis **2 verkenning** • *un satellite de ~* verkenningssatelliet • *partir en ~* op verkenning uitgaan **3 herkenning** • *reconnaissance optique de caractères* optical character recognition, optische tekenherkenning **4 erkentelijkheid** • *avoir de la ~ pour / envers qn* iemand erkentelijk zijn • *témoigner sa ~ à qn* iemand dank betuigen • *exprimer sa ~* erkentelijkheid betuigen • *en ~ de son soutien* uit erkentelijkheid voor haar steun
reconnaissant BN **dankbaar, erkentelijk** • FORM. *je vous serais ~e de bien vouloir m'envoyer mon dossier* ik zou u dankbaar zijn als u mij mijn dossier wilt sturen
reconnaître 1 OV WW onregelmatig **1 herkennen (à aan)** • *je l'ai à peine reconnu* ik heb hem nauwelijks herkend • *je la reconnais à son manteau vert* ik herken haar aan haar groene jas **2 erkennen** • *il a reconnu l'enfant* hij heeft het kind erkend • *elle a reconnu que j'avais raison* ze erkende dat ik gelijk had • *~ ses torts* je fout erkennen • *on l'a reconnu coupable* hij is schuldig bevonden • *je dois ~ qu'il a exagéré* ik moet toegeven dat hij overdreven heeft **3 verkennen** • *ils iront ~ le terrain avant la course* zij gaan voor de wedstrijd het terrein verkennen **2** WKD WW **(se ~) 1 zichzelf herkennen** • *je me suis reconnue sur la photo* ik heb mezelf op de foto herkend **2 zich oriënteren, (weer) weten waar men is** • *tu t'y reconnais dans ces ruelles? moi, non!* weet je waar je bent in die straatjes? ik niet! • *ne plus s'y ~* de weg / draad kwijt zijn, er niet meer uit wijs kunnen worden
reconnu 1 BN **erkend, algemeen bekend 2** WW volt. deelw. → **reconnaître**
reconquérir OV WW onregelmatig **heroveren,** FIG. **herwinnen** • *~ un marché* een markt heroveren • *~ une femme* een vrouw heroveren / weer voor zich winnen
reconquête ZN V **herovering**
reconsidérer OV WW **heroverwegen, nog eens nadenken over** • *pourriez-vous ~ le problème?* zou u de kwestie opnieuw in overweging kunnen nemen?
reconstituant 1 BN **(ver)sterkend 2** ZN M **versterkend middel**
reconstituer OV WW **1 reconstrueren** • *~ la scène (du crime)* de scène (van het misdrijf) reconstrueren **2 opnieuw samenstellen 3 herstellen** • *~ ses forces* weer op krachten komen
reconstitution ZN V **(het) opnieuw samenstellen, reconstructie** • *une ~ historique* historische reconstructie • *procéder à la ~ d'un crime* tot de reconstructie van een misdrijf overgaan
reconstruction ZN V **wederopbouw, reconstructie**
reconstruire OV WW onregelmatig **opnieuw opbouwen, reconstrueren** • *~ sa vie (après un divorce)* je leven opnieuw op de rails zetten (na een scheiding)

reconversion ZN V omschakeling, heroriëntering • *la ~ des églises en habitations* het ombouwen van de kerken tot woningen
reconvertir 1 OV WW 1 omschakelen (**en** op), omzetten (**en** in) • *une vieille gare reconvertie en atelier de peintre* oud station omgebouwd tot schildersatelier 2 omscholen 2 WKD WW (**se ~**) zich omscholen, omschakelen (**dans** op) <ander beroep> • *se ~ dans l'informatique* je omscholen tot computerdeskundige, in de ICT gaan werken
recopier OV WW kopiëren
record 1 BN 2 ZN M 1 record • *un ~ de chaleur* warmterecord • *battre un ~* een record breken • *détenir un ~* een record op je naam hebben, recordhouder zijn • *établir un ~* een record vestigen • INFORM. *il a battu tous les ~s de connerie* hij heeft alle records van stommiteit gebroken, zijn stommiteit slaat alles 2 record- • *des bénéfices ~* recordwinst • *en un temps ~* in recordtijd
recordman ZN M (MV recordmen), recordhouder
recordwoman ZN V (MV recordwomen), recordhoudster
recoudre OV WW onregelmatig weer (aan)naaien, hechten <van wond>
recoupement ZN M verificatie <door vergelijking>, toetsing • *établir la culpabilité de qn par le ~ de témoignages* iemands schuld vaststellen door de confrontatie van getuigenverklaringen
recouper 1 OV WW 1 weer (ver)snijden <kaarten, stof> 2 (blijken te) kloppen met 2 WKD WW (**se ~**) overeenstemmen • *ces témoignages se recoupent* die getuigenverklaringen dekken elkaar
recourber OV WW (weer) ombuigen • *des cils recourbés* gekrulde wimpers
recourir ONOV WW onregelmatig **~ à** aanwenden, zich wenden tot, je toevlucht nemen tot • *~ à une agence pour trouver un logement* een bureau inschakelen om een woning te vinden • *~ à la violence pour obtenir qc* tot geweld overgaan om iets te verkrijgen
recours ZN M 1 toevlucht, uitweg, redmiddel • *avoir ~ à la violence* je toevlucht nemen tot geweld, geweld gebruiken • *avoir ~ à un psychanalyste* je tot een psychoanalyticus wenden • *elle est notre seul ~* zij is ons enige redmiddel • *en dernier ~, je ferai appel à vous* als laatste redmiddel zal ik een beroep op jullie / u doen • *avoir un ~ contre son propriétaire* verhaal halen bij je huiseigenaar • *sans ~* onherroepelijk, hopeloos 2 JUR. beroep • *un ~ en grâce* gratieverzoek • *un ~ en cassation* cassatieberoep
recouvrement ZN M 1 FORM. (het) terugkrijgen • *le ~ de la vue* het terugkrijgen van het gezichtsvermogen 2 inning, incasso • *le ~ d'impôts* de belastinginning
recouvrer FORM. OV WW terugkrijgen • *~ la vue* het gezichtsvermogen terugkrijgen
recouvrir OV WW onregelmatig 1 geheel / opnieuw bedekken • *la neige recouvre le sol* de grond is helemaal met sneeuw bedekt • *~ une marmite* het deksel weer op een pan doen 2 FIG. omvatten • *le programme recouvre la littérature du XIVe au XXe siècle* het programma omvat de literatuur van de veertiende tot de twintigste eeuw 3 FIG. verbergen
récré INFORM. ZN V récréation speelkwartier
récréatif BN (V récréative), ontspannings-, amusements-, recreatief
récréation ZN V 1 (les)pauze, speelkwartier 2 ontspanning, afleiding, recreatie • *s'accorder une petite ~* jezelf even pauze gunnen
recréer OV WW herscheppen
récrier LIT. WKD WW (**se ~**) luidkeels protesteren
récriminations ZN V MV scherpe kritiek, heftig protest
récriminer ONOV WW heftig protesteren, scherpe kritiek uiten
récrire, réécrire OV WW onregelmatig herschrijven • *~ l'histoire* de geschiedenis herschrijven
recroqueviller WKD WW (**se ~**) ineenkruipen • *se ~ sous sa couette* je onder je dekbed oprollen
recrudescence ZN V FIG. toename, verheviging • *la ~ de la grippe* de toename van het aantal griepgevallen
recrudescent BN verhevigend, toenemend
recrue ZN V 1 nieuw lid 2 MIL. rekruut
recrutement ZN M rekrutering, (aan)werving • *un bureau de ~* bureau voor personeelswerving
recruter 1 OV WW rekruteren, (aan)werven 2 WKD WW (**se ~**) nieuwe leden vinden, gerekruteerd worden (uit) • *les membres de ce parti se recrutent dans les banlieues pauvres* de leden van deze partij komen uit de arme voorsteden
recruteur ZN M (V recruteuse), ronselaar, werver
rectal BN (M MV rectaux), rectaal • *température ~e* rectaal opgenomen temperatuur
rectangle 1 ZN M rechthoek 2 BN rechthoekig
rectangulaire BN rechthoekig, loodrecht op elkaar staand
recteur ZN M hoofd van een onderwijsdistrict
rectifiable BN verbeterbaar, herstelbaar
rectificatif 1 BN (V rectificative), rectificerend, wijzigings- • *une note rectificative* rectificatie 2 ZN M rectificatie
rectification ZN V rectificatie, rechtzetting • *apporter une ~ à un calcul* een correctie aanbrengen in een berekening
rectifier OV WW rectificeren, rechtzetten, recht maken
rectiligne BN rechtlijnig
recto ZN M voorzijde <van blad papier>, recto • *du papier imprimé ~ verso* tweezijdig bedrukt papier
rectrice ZN V → **recteur**
rectum "-tom" ZN M endeldarm, rectum
reçu 1 BN 1 algemeen aanvaard • *des idées reçues* gangbare ideeën, gevestigde opvattingen 2 geslaagd (**à** voor) <examen> • *ils sont tous reçus à l'examen* ze zijn allemaal geslaagd voor het examen 2 ZN M 1 reçu, ontvangstbewijs • *signer un ~* een ontvangstbewijs tekenen 2 geslaagde • *la liste des*

re

reçus de lijst van de geslaagden **3** ww volt. deelw. → **recevoir**

recueil ZN M verzameling, bundel <teksten>

recueillement ZN M stille overpeinzing, eerbiedige stilte • *un lieu de ~* plaats van bezinning, stilteplek

recueilli BN in stille overpeinzing, stemmig, ingetogen

recueillir 1 OV WW onregelmatig **1** verzamelen, vergaren, (ver)krijgen • *~ de l'argent* geld inzamelen • *~ des informations* informatie inwinnen **2** opnemen, FIG. opvangen • *~ un chat* een kat bij je in huis nemen **2** WKD WW **(se ~)** zich aan gepeins overgeven, zich bezinnen, een eerbiedige stilte in acht nemen • *se ~ sur une tombe* een eerbiedige stilte in acht nemen bij een graf

recul ZN M **1** (het) teruggaan, OOK FIG. (het) teruglopen, achteruitgang • *le ~ de la grippe* het teruglopen van het aantal griepgevallen • *un mouvement de ~* achterwaartse beweging, terugtocht • *le ~ de la violence* de vermindering van het geweld • ECON. *le ~ de la production* de achteruitgang van de productie **2** OOK FIG. afstand <die men neemt> • *prendre du ~* afstand nemen • *avec le ~, mon opinion sur lui a changé* achteraf gezien is mijn mening over hem veranderd

reculade ZN V (het) terugkrabbelen, FIG. (smadelijke) aftocht

reculé BN **1** ver verwijderd, afgelegen **2** lang vervlogen <van tijd>

reculer 1 ONOV WW **1** OOK FIG. achteruitgaan, teruglopen • *faire ~ qn* iemand terugdringen • FIG. *~ pour mieux sauter* een stapje terug doen om een betere gelegenheid af te wachten **2** FIG. terugdeinzen (**devant** voor), terugkrabbelen, aarzelen • *~ devant les difficultés* terugdeinzen voor de moeilijkheden • *ne ~ devant rien* voor niets terugdeinzen, nergens voor terugschrikken **2** OV WW **1** achteruitplaatsen • *~ sa chaise* je stoel naar achteren schuiven **2** uitstellen, FIG. verschuiven • *~ la date d'un rendez-vous* de datum van een afspraak verschuiven

reculons • *à ~* achteruit, FIG. met tegenzin, FIG. schoorvoetend • *marcher à ~* achteruitlopen

récupérable BN terug te krijgen, weer inpasbaar • *des heures récupérables* in te halen uren

récupération ZN V **1** terugwinning <voor hergebruik>, recycling, BELG. recuperatie **2** FIG. inkapseling • *la ~ d'une grève par un parti* het gebruiken van een staking voor partijpolitieke doeleinden

récupérer 1 ONOV WW op verhaal komen, recupereren, herstellen **2** OV WW **1** terugkrijgen, terughalen, inhalen <van tijd> • *~ de l'argent* geld terugkrijgen • *~ des heures de travail* werktijd inhalen • *~ ses forces* (weer) op krachten komen **2** INFORM. ophalen • *aller ~ les enfants chez le babysitter* de kinderen gaan ophalen bij de babysitter • *ne pas se faire ~ par un parti politique* zich niet laten inkapselen door een politieke partij

récurer OV WW (schoon)schuren, oppoetsen

récurrence ZN V herhaling, terugkeer

récurrent BN (steeds) terugkerend • *un rêve ~* (steeds) terugkerende droom

recyclable BN te hergebruiken / recyclen • *des déchets ~s* recyclebaar afval

recyclage ZN M **1** recycling, hergebruik • *le ~ du papier* de recycling van papier **2** omscholing, herscholing • *un stage de ~* omscholingscursus

recycler 1 OV WW **1** hergebruiken, recyclen • *du papier recyclé* kringlooppapier **2** bijscholen, omscholen **2** WKD WW **(se ~)** zich omscholen

rédacteur ZN M (V rédactrice), redacteur • *un ~ en chef* hoofdredacteur

rédaction ZN V **1** (het) opstellen <van tekst>, versie <van geschrift> • *la ~ d'un dictionnaire* het schrijven van een woordenboek **2** redactie • *les bureaux de la ~* de redactie(bureaus) • *la ~ d'une chaîne de télévision* de redactie van een televisiezender **3** (school)opstel

rédactionnel BN (V rédactionnelle), redactioneel

reddition ZN V overgave • *la ~ de l'ennemi* de capitulatie van de vijand

redécouvrir OV WW herontdekken

redéfinir OV WW herdefiniëren, opnieuw bepalen

redemander OV WW opnieuw vragen

redémarrer OV WW herstarten • *~ l'ordinateur* de computer opnieuw opstarten

redescendre 1 ONOV WW weer omlaaggaan • *il est redescendu en courant* hij is weer naar beneden gerend • *la température redescend* de temperatuur daalt weer **2** OV WW **1** weer afdalen / afgaan **2** weer naar beneden brengen • *~ le vin à la cave* de wijn weer naar de kelder brengen

redevable BN • *être ~ de qc à qn* iets aan iemand verschuldigd zijn, iets aan iemand te danken hebben

redevance ZN V op vaste tijd te betalen som • *la ~ de la télévision* het kijkgeld

redevenir ONOV WW onregelmatig weer worden

rediffuser OV WW heruitzenden, herhalen

rédiger OV WW opstellen <van tekst>, (uit)schrijven, redigeren

redire 1 ONOV WW aanmerkingen maken (**à** op) • *trouver à ~ à tout* overal wat op aan te merken hebben • *il n'y a rien à ~* daar valt niets tegen in te brengen **2** OV WW onregelmatig **1** nog eens zeggen, herhalen • *~ qc après qn* iemand iets nazeggen **2** overbrieven, doorvertellen

redistribution ZN V herverdeling, evenredige verdeling, omslag • *la ~ des rôles* de herverdeling van de rollen

redite ZN V nodeloze herhaling

redondance ZN V overtolligheid, TAALK. redundantie

redondant BN overtollig, redundant

redonner OV WW weer geven, teruggeven • *on redonne un vieux film de Godard* er wordt opnieuw een oude film van Godard uitgezonden • *des*

vitamines qui redonnent des forces vitaminen waarvan je weer op krachten komt
redoublant ZN M zittenblijver, BELG. bisser
redoublé BN OOK FIG. verdubbeld • *frapper à coups redoublés* er flink op los slaan
redoublement ZN M **1** verdubbeling, verheviging • *le ~ des violences* de toename van het geweld **2** (het) zittenblijven
redoubler **1** ONOV WW verdubbelen, verhevigen, toenemen (**de** in) • *~ de patience* nog meer geduld tonen • *~ d'efforts* er flink aan trekken, extra moeite doen **2** OV WW **1** doubleren • *~ (une classe)* blijven zitten, BELG. bissen **2** vermeerderen, verhevigen
redoutable BN geducht, vervaarlijk, angstaanjagend
redouter OV WW vrezen (**de** te), bang zijn voor, duchten • *~ le pire* het ergste vrezen • *nous redoutons qu'il apprenne la vérité* we vrezen dat hij de waarheid hoort
redressement ZN M (het) weer recht maken / trekken, herstel • *le ~ fiscal* de (belasting) aanslagwijziging, de naheffing • *le ~ d'une entreprise* het herstel van een bedrijf
redresser **1** OV WW **1** weer recht maken / trekken, weer rechtop zetten • *redressez la tête!* richt je hoofd op! **2** weer in orde brengen, herstellen • *tenter de ~ la situation* proberen de situatie te redden **2** WKD WW **(se ~)** zich weer oprichten, zich herstellen, weer in orde komen • *l'économie a du mal à se ~* de economie heeft moeite zich te herstellen
redresseur IRON. ZN M • *un ~ de torts* bestrijder van onrecht, wereldverbeteraar
réducteur BN (V réductrice), simplistisch, FIG. kort door de bocht
réduction ZN V **1** vermindering, korting, verkleining • *la ~ du temps de travail* arbeidstijdverkorting • *une carte de ~* kortingskaart • *accorder une ~ aux séniors* korting geven voor ouderen **2** SCHEIK. reductie **3** WISK. herleiding <van breuk>

re

réduire **1** OV WW onregelmatig **1** (terug)brengen, herleiden, omzetten • *~ au silence* tot zwijgen brengen, monddood maken • *en être réduit à mendier* genoopt zijn te bedelen, tot de bedelstaf gebracht zijn **2** verminderen (**de** met), verkleinen, (ver)korten • *~ ses frais* je kosten verminderen • *~ sa vitesse* snelheid minderen • *~ ses dépenses de moitié* je uitgaven tot de helft terugbrengen **3** reduceren • CULIN *~ une sauce* een saus indikken • *~ en poudre* tot poeder maken, verpulveren • *~ en miettes* verkruimelen **2** WKD WW **(se ~)** **1** verminderd / teruggebracht (kunnen) worden **2** worden (tot) • *se ~ en cendres* tot as worden
réduit **1** BN **1** verkleind • *un format ~* verkleind formaat **2** verlaagd, beperkt • *un tarif ~* gereduceerd tarief **2** ZN M **1** nis, verborgen hoekje **2** hok, kamertje
réduplication ZN V verdubbeling
réécrire OV WW → **récrire**
réécriture ZN V (het) herschrijven
rééditer OV WW weer uitgeven
réédition ZN V heruitgave
rééducation ZN V **1** revalidatie **2** heropvoeding
rééduquer OV WW **1** revalideren • *~ un blessé* een gewonde revalideren **2** heropvoeden
réel **1** BN (V réelle) **1** werkelijk, echt, reëel • *la vie réelle* het werkelijke leven **2** wezenlijk • *une réelle amélioration* een wezenlijke verbetering **2** ZN M werkelijkheid
réélection ZN V herverkiezing
rééligible BN herkiesbaar
réélire OV WW onregelmatig herkiezen
réellement BW werkelijk, wezenlijk
réemploi ZN M **1** hergebruik **2** FIG. herplaatsing
réemployer OV WW **1** weer gebruiken, hergebruiken **2** FIG. herplaatsen
réengagement ZN M → **rengagement**
réengager OV WW → **rengager**
rééquilibrer OV WW weer in evenwicht brengen
réévaluation ZN V revaluatie, herwaardering
réévaluer OV WW revalueren, herwaarderen
réexaminer OV WW nader onderzoeken, opnieuw bezien
réexpédier OV WW **1** terugzenden **2** doorzenden
réexportation ZN V wederuitvoer
refaire **1** OV WW onregelmatig **1** opnieuw doen, overdoen, overmaken • *c'est à ~* dat moet over • *~ sa vie avec qn* een nieuw leven beginnen met iemand **2** in orde brengen, herstellen, opknappen • *un appartement refait à neuf* een appartement dat weer als nieuw is **2** WKD WW **(se ~)** **1** weer opknappen • *se ~ une santé* weer opknappen / opkikkeren **2** zich veranderen • *on ne se refait pas* je kunt jezelf nu eenmaal niet veranderen
réfection ZN V herstel, reparatie • *la ~ d'une route* het herstellen van een weg
réfectoire ZN M eetzaal, refter
référé ZN M (uitspraak in) kort geding • *en ~* in kort geding • *assigner qn en ~* een kort geding aanspannen tegen iemand • *juger en ~* uitspraak doen in kort geding • *engager une procédure en ~* een kort geding aanspannen
référence ZN V **1** verwijzing, referentie(punt) • *un ouvrage de ~* naslagwerk • *un numéro de ~* bestelnummer, (brief)nummer • *faire ~ à sa jeunesse* verwijzen naar je jeugd • *mentionner des références dans un livre* bronnen vermelden in een boek • *prendre pour ~* als maatstaf nemen • *ce nom est devenu une ~* die naam is een begrip **2** MV referenties • *il n'a pas de bonnes références* hij heeft geen goede referenties
référendum "-dom" ZN M referendum, volksstemming
référer WKD WW **(se ~) à** verwijzen naar, zich beroepen op • *dans son discours, il se réfère à la Deuxième Guerre mondiale* in zijn toespraak verwijst hij naar de Tweede Wereldoorlog • *me référant à* <in brief> onder referte aan
refermer OV WW weer sluiten • *refermez la porte,*

s'il vous plaît! deur weer sluiten, alstublieft!

refiler INFORM. OV WW aansmeren, aan de hand doen, overdoen (**à** aan) • *il m'a refilé sa grippe* hij heeft mij aangestoken met zijn griep • *on m'a refilé tout le boulot* ze hebben al het werk op mij afgeschoven • FIG., INFORM. ~ *le bébé à quelqu'un* het probleem op iemand afschuiven

réfléchi BN **1** bedachtzaam, doordacht • *c'est tout* ~*, je reste!* het is weloverwogen, ik blijf! **2** TAALK. wederkerend • *un verbe pronominal* ~ wederkerend werkwoord

réfléchir ONOV WW nadenken • *demander à* ~ bedenktijd vragen • *avez-vous réfléchi à ma proposition?* hebt u over mijn voorstel nagedacht? • *laisse-moi* ~ *un peu!* even nadenken! • *sans* ~ zonder na te denken • *j'y réfléchirai sérieusement* ik zal er nog eens goed over nadenken

réfléchissant BN weerspiegelend

réflecteur **1** ZN M reflector **2** BN (V réflectrice), (licht)weerkaatsend

reflet "-flè" ZN M **1** weerschijn, weerspiegeling, spiegelbeeld **2** FIG. afspiegeling

refléter **1** OV WW OOK FIG. weerspiegelen • *cela reflète une grande intelligence* dat is een teken van grote intelligentie **2** WKD WW (**se ~**) OOK FIG. zich weerspiegelen • *l'arbre se reflète dans l'eau* de boom wordt in het water weerspiegeld

refleurir ONOV WW OOK FIG. weer (op)bloeien

réflexe ZN M reflex, (snelle) reactie • *avoir un bon* ~ een goed reactievermogen hebben, goed reageren • *elle a eu le* ~ *d'éteindre le gaz immédiatement* ze heeft de tegenwoordigheid van geest gehad onmiddellijk het gas uit te doen

réflexion ZN V **1** (het) (na)denken, overdenking • *demander un délai de* ~ bedenktijd vragen • ~ *faite / à la* ~ bij nader inzien, welbeschouwd **2** opmerking, aanmerking • *une* ~ *désagréable* onaangename opmerking • *faire des réflexions désobligeantes sur qn* kwetsende opmerkingen over iemand maken **3** weerkaatsing, reflectie

refluer ONOV WW OOK FIG. terugstromen • *la foule paniquée a reflué vers la place* de in paniek geraakte menigte stroomde terug naar het plein

reflux "-fluu" ZN M **1** eb • *le flux et le* ~ eb en vloed **2** OOK FIG. (het) terugstromen

reforestation ZN V herbebossing

réformable BN hervormbaar, verbeterbaar

reformater OV WW FIG. opnieuw inrichten, op een andere leest schoeien

réformateur **1** ZN M (V réformatrice), hervormer **2** BN (V réformatrice), hervormend • *un parti* ~ vernieuwende partij

réforme ZN V **1** hervorming • *la* ~ *de l'orthographe* de spellinghervorming • *proposer une* ~ een hervorming voorstellen **2** REL. • *la Réforme* de Hervorming

réformé ZN M **1** MIL. afgekeurd <van soldaat> **2** REL. hervormd • *l'Église réformée* de hervormde kerk

reformer OV WW opnieuw formeren / vormen

réformer OV WW hervormen • ~ *la constitution* de grondwet herzien

réformiste BN reformistisch

refoulé **1** BN gefrustreerd, geremd • *une pulsion refoulée* verdrongen aandrift **2** ZN M (V refoulée), gefrustreerd / geremd iemand

refoulement ZN M **1** terugdringing **2** PSYCH. verdringing

refouler OV WW **1** terugdrijven, terugdringen **2** terugwijzen <van vreemdeling>, uitwijzen • ~ *des familles aux frontières* families aan de grens tegenhouden / de grens overzetten **3** onderdrukken <van gevoelens>, PSYCH. verdringen • ~ *ses larmes* je tranen bedwingen • *des sentiments refoulés* onderdrukte / verdrongen gevoelens

réfractaire BN vuurvast • *un plat* ~ *au feu* hittebestendige / vuurvaste schaal

refrain ZN M refrein • *c'est toujours le même* ~ het is altijd hetzelfde liedje • FIG. *chanter toujours le même* ~ steeds maar op hetzelfde blijven hameren

refréner, réfréner OV WW beteugelen • ~ *sa colère* je woede beteugelen

réfrigérateur ZN M koelkast, OOK FIG. ijskast

réfrigération ZN V koeling

réfrigérer OV WW (ver)koelen

refroidir **1** ONOV WW afkoelen, koud worden • *ne laisse pas ta soupe* ~*!* laat je soep niet koud worden! **2** OV WW **1** afkoelen • FIG. *ses remarques me refroidissent* zijn opmerkingen doen mijn enthousiasme/motivatie bekoelen **2** INFORM. koud maken, vermoorden **3** WKD WW (**se ~**) **1** kouder worden, afkoelen • *le dîner se refroidit* het eten wordt koud **2** kouvatten **3** FIG. bekoelen • *son amour pour lui s'est refroidi* haar liefde voor hem is bekoeld

refroidissement ZN M **1** afkoeling **2** FIG. verkoeling • *on note un* ~ *dans les relations de l'Europe et des États-Unis* er wordt een verkoeling geconstateerd in de betrekkingen tussen Europa en de Verenigde Staten

refuge ZN M **1** toevlucht, wijkplaats • *un* ~ *pour animaux* toevluchtsoord voor dieren, dierenasiel • *cette cave a servi de* ~ *pendant la guerre* deze kelder heeft tijdens de oorlog als schuilplaats gediend • *un* ~ *pour sans-abri* tehuis voor daklozen • *trouver* ~ *dans la drogue* je toevlucht nemen tot drugs **2** schuilhut, berghut **3** vluchtheuvel <in verkeer>

réfugié ZN M (V réfugiée), vluchteling, uitgewekene • *l'aide aux réfugiés* vluchtelingenhulp

réfugier WKD WW (**se ~**) vluchten, uitwijken, beschutting zoeken, schuilen • *se* ~ *sous un arbre* beschutting zoeken onder een boom • *elle se réfugie dans le travail pour échapper à l'ennui* ze vlucht in het werk om aan de verveling te ontsnappen

refus "-fuu" ZN M weigering • *un* ~ *de priorité* (het) geen voorrang verlenen • INFORM. *ce n'est pas de* ~ daar zeg ik geen nee tegen, dat sla ik niet af

refuser **1** OV WW **1** weigeren • ~ *d'obéir à qn* weigeren iemand te gehoorzamen **2** afwijzen, afslaan <van aanbod> • ~ *une invitation* een uitnodiging afslaan • *il a été refusé au concours d'entrée* hij is gezakt voor het vergelijkend

re

toelatingsexamen • *être incapable de ~* geen nee kunnen zeggen **2** WKD WW **(se ~) 1 geweigerd worden** • *une telle offre ne se refuse pas* een dergelijk bod sla je niet af **2 zich (iets) ontzeggen** • IRON. *il ne se refuse rien* hij neemt het er goed van

réfutable BN **weerlegbaar**

réfuter OV WW **weerleggen**

regagner OV WW **1 terugkeren naar / in, weer bereiken** • *~ sa place après l'entracte* na de pauze weer naar je plaats gaan **2 terugwinnen** • *~ le temps perdu* de verloren tijd inhalen • *~ du terrain* verloren terrein heroveren

regain ZN M **wederopleving, herleving** • *un ~ de jeunesse* tweede jeugd

régal ZN M (MV régals) **1 lievelingsgerecht 2 iets heerlijks, genot** • *un ~ pour les yeux* een lust voor het oog • *quel régal!* wat een traktatie!, wat heerlijk!

régaler 1 OV WW **vergasten, trakteren 2** WKD WW **(se ~) zich te goed doen, smullen, genieten** • *se ~ à écouter du Brahms* heerlijk naar Brahms luisteren • *je me suis régalé* ik heb genoten

regard ZN M **blik, oogopslag** • *un ~ en coin* steelse blik • *un ~ complice; un ~ de connivence* blik van verstandhouding • *un ~ distrait* afwezige blik • *un ~ noir / indigné* boze blik • *suivre qn du ~* iemand nakijken • *détourner son ~* je blik afwenden • *avoir le ~ vide* wezenloos kijken • *attirer tous les ~s* alle blikken naar je toe trekken • *dévorer du ~* met de ogen verslinden • *menacer qn du ~* iemand dreigend aankijken • *foudroyer / fusiller qn du ~* iemand een vernietigende blik toewerpen, iemand vernietigend aankijken • *jeter un ~ sur qc* een blik werpen op iets • *au premier ~* op het eerste gezicht

regardant INFORM. BN **heel zuinig, kieskeurig (sur op)** • *n'être pas trop ~ sur la propreté* niet al te schoon / zindelijk zijn

regarder 1 OV WW **1 kijken naar / op, bekijken** • *~ quelqu'un fixement* iemand strak aankijken • *~ les gens passer* de mensen voorbij zien komen • *~ la télévision* televisie kijken, tv-kijken • *~ qn de travers* iemand schuin aankijken • *regarde-moi ça!* moet je dat zien! • FIG. *~ qc d'un bon œil* iets welwillend bezien, iets met een welwillend oog bekijken **2 beschouwen** • *ne ~ que son intérêt* alleen maar op eigenbelang uit zijn • *~ l'avenir en face* de toekomst zonder vrees tegemoetzien **3 betreffen** • *ma vie ne te regarde pas* mijn leven gaat jou niet aan • *mêle-toi de ce qui te regarde!* bemoei je met je eigen zaken! **2** ONOV WW **kijken** • *regarde!* kijk eens! • *~ autour de soi* om je heen kijken • *~ à deux fois avant d'acheter qc* je tweemaal bedenken alvorens iets te kopen • FIG. *ne pas ~ à la dépense* niet op geld kijken, niet spaarzaam zijn • *à y ~ de plus près* bij nadere beschouwing **3** WKD WW **(se ~) zich / elkaar bekijken** • *se ~ dans une glace* in een spiegel kijken • IRON. *il ne s'est pas regardé!* hij zou eens naar zichzelf moeten kijken! • *se ~ en chiens de faïence* elkaar stilzwijgend zitten uit te dagen

régate ZN V vaak mv **regatta, zeilwedstrijd, roeiwedstrijd**

régénérateur BN (V régénératrice), **regenererend, herstellend**

régénération ZN V **regeneratie, herstel**

régénérer OV WW **regenereren, herstellen,** FIG. **doen herleven**

régenter OV WW **de baas spelen over, bedisselen, bedillen**

reggae MUZ. ZN M **reggae**

régie ZN V **1 regie** <(beheer van een) overheidsbedrijf>, **(staats)beheer 2 technische leiding** <toneel, film, radio, tv>, **opnameleiding 3 regiekamer**

regimber ONOV WW **tegenstribbelen**

régime ZN M **1 regime, bewind, stelsel** • *un ~ parlementaire* parlementair stelsel • *le ~ pénitentiaire* het gevangeniswezen • *le ~ fiscal* het belastingstelsel • *être marié sous le ~ de la communauté de biens* in gemeenschap v. goederen getrouwd zijn **2 dieet** • *un ~ alimentaire* dieet • *un ~ amaigrissant* vermageringsdieet • *un ~ draconien* streng dieet • *suivre un ~ / être au ~* dieet houden **3 toerental** <van motor> • *tourner à plein ~* op volle toeren draaien • FIG. *une baisse de ~* terugval, inzinking **4 tros** <bananen>

régiment MIL. ZN M **regiment** • FIG. *il y a assez à manger pour tout un ~* er is eten genoeg voor een weeshuis

région ZN V **gewest, (land)streek, regio** • *la ~ parisienne* de regio Parijs • *une ~ désertique* woestijngebied • *la ~ côtière* de kuststreek

régional BN (M MV régionaux), **gewestelijk, regionaal, streek-** • *des élections régionales* regionale verkiezingen

régionalisation ZN V **regionalisatie, gewestelijke decentralisatie**

régionalisme ZN M **1 regionalisme 2** TAALK. **gewestelijke uitdrukking**

régir OV WW **(wetmatig) regelen**

régisseur ZN M (V régisseuse) **1 beheerder, rentmeester 2 technisch leider** <film, toneel>, **opnameleider, toneelmeester, inspiciënt**

registre ZN M **1 register, lijst** • *les ~s de l'état civil* de registers van de burgerlijke stand • *inscrire qc sur un ~* iets in een register optekenen **2** MUZ./ TALK. **register** • *changer de ~* van stijl / toon veranderen

réglable BN **afstelbaar, verstelbaar**

réglage ZN M TECHN. **afstelling, instelling** • *le ~ d'un appareil photo* het instellen van een camera

réglé 1 BN **geregeld, ordelijk, regelmatig** • *une vie bien réglée* een regelmatig leven **2** WW → **régler**

règle ZN V **1 regel, voorschrift** • *une ~ de grammaire* grammaticaregel • WISK. *la ~ de trois* de regel van drieën • *une ~ de conduite* stelregel • *la ~ d'or* de gulden regel • *les règles du jeu* de spelregels • *les règles de politesse* de goede omgangsvormen • *appliquer la ~* de regel toepassen • *déroger à la ~* afwijken van de regel • *échapper à la ~* een uitzondering vormen • *être en ~* in orde zijn <van papieren>, de vereiste papieren hebben, aan zijn verplichtingen voldaan hebben • *observer les règles* je aan de regels houden • *faire une demande dans les règles* een verzoek doen volgens voorschrift /

zoals het moet • *dans les règles (de l'art)* volgens het boekje, volgens de regels • *en ~ générale* in de regel **2** MV **menstruatie** • *avoir ses règles* ongesteld zijn, menstrueren **3 liniaal** • *une ~ à calculer* rekenliniaal

règlement ZN M **1 bepaling, regeling** • *le ~ d'un conflit* het beslechten van een conflict • *le ~ d'une dette* de aflossing van een schuld • *un ~ judiciaire* gerechtelijke schikking **2 reglement** • *le ~ intérieur de l'entreprise* het huishoudelijk reglement van het bedrijf **3 afhandeling, afrekening** • FIG. *un ~ de compte(s)* afrekening

réglementaire BN **reglementair, voorgeschreven** • *une tenue ~* voorgeschreven kleding

réglementation ZN V **reglementering, regelgeving**

réglementer OV WW **reglementeren, regelen**

régler 1 OV WW **1 betalen** <van rekening>, **afrekenen met** • *~ ses factures à la fin du mois* je rekeningen aan het eind van de maand betalen • *~ l'hôtel par chèque* je hotelrekening per cheque betalen • INFORM. *régler son compte à qn* met iemand afrekenen **2 regelen, afhandelen, vereffenen** • *~ un problème* een probleem oplossen • *~ un conflit* een conflict beslechten • *~ une affaire* een zaak afwikkelen • *l'affaire est réglée* de zaak is beklonken **3 afstellen, instellen, gelijkzetten** <van klok> • *~ sa montre* je horloge gelijkzetten **4 bepalen, vaststellen** • *~ le déroulement d'une cérémonie* het verloop van een plechtigheid bepalen **5 liniëren 2** WKD WW **(se ~) geregeld worden** • *le dernier conflit s'est réglé à l'amiable* het laatste conflict is in der minne geschikt • *cet appareil se règle facilement* dit apparaat laat zich makkelijk afstellen

réglisse ZN V **drop, zoethout** • *un bâton de ~* een pijpje zoethout

réglo INFORM. BN ONVER. **correct, in orde, ordentelijk**

règne ZN M **1 regering, bewind,** OOK FIG. **heerschappij** • *sous le ~ de Louis XIV* onder het bewind / tijdens de regering van Lodewijk XIV • FIG. *c'est le ~ de l'argent* dat is de heerschappij / macht van het geld **2 rijk** • *le ~ animal* het dierenrijk • *le ~ végétal* het plantenrijk

régner ONOV WW **regeren, heersen** • *~ sur un pays* heersen over een land • *faire ~ l'ordre* orde scheppen • *faire ~ la terreur* schrik zaaien • *la confusion règne* er heerst verwarring

regorger ONOV WW **~ de overvloeien (van), rijkelijk bedeeld zijn (met)** • *ce pays regorge de richesses* dit land vloeit over van rijkdommen

régresser ONOV WW **achteruitgaan, (ver) minderen** • *le taux des accidents régresse* het aantal ongelukken neemt af • *un enfant qui régresse* kind dat in prestaties achteruitgaat

régressif BN (V **régressive**), **teruggaand, achteruitgaand, regressief**

régression ZN V **regressie, achteruitgang** • *le chômage n'est pas en ~* de werkloosheid loopt niet terug • *la mortalité infantile est en ~* de kindersterfte neemt af

regret ZN M **1 spijt, berouw** • *manifester un ~* spijt betonen **2 (het) terugverlangen, gevoel van gemis** • *elle n'a aucun ~ de cette époque* zij heeft geen enkele heimwee naar die tijd **3 (het) betreuren** • *quitter son travail à ~* je werk met tegenzin verlaten • *à mon grand ~* tot mijn (grote) spijt • *je suis au ~ de vous faire savoir que votre candidature n'a pas été retenue* tot mijn spijt moet ik u mededelen dat u niet tot de geselecteerde kandidaten behoort

regrettable BN **betreurenswaardig, jammer**

regretter OV WW **betreuren, spijt hebben van, missen** • *~ son pays* terugverlangen naar je land • *tu ne vas pas le ~!* je zult er geen spijt van krijgen! • *je regrette de devoir t'annoncer que tu n'auras pas la bourse* ik vind het jammer je te moeten melden dat je de beurs niet zult krijgen • *elle regrette que tu ne sois pas venu* ze vindt het jammer dat je niet gekomen bent • *je regrette, mais c'est impossible!* het spijt me, maar het is onmogelijk!

regroupement ZN M **hergroepering, vereniging** • *le ~ de tous les partis de gauche* het samenwerkingsverband van alle linkse partijen

regrouper 1 OV WW **hergroeperen, verenigen 2** WKD WW **(se ~) zich verenigen** • *ils se sont regroupés autour de leur chef* ze hebben zich rond hun chef geschaard

régularisation ZN V **regularisatie** • *la ~ des sans-papiers* de regularisatie van de illegalen

régulariser OV WW **regulariseren, regelen** • *la situation de ces sans-papiers va être bientôt régularisée* de status van deze illegalen wordt binnenkort geregulariseerd / gelegaliseerd

régularité ZN V **1 regelmaat** • *la ~ des repas* de regelmaat van de maaltijden • *ce travail le force à une certaine ~ dans sa vie* dit werk dwingt hem tot een zekere regelmaat in zijn leven **2 regelmatigheid** • *la ~ des traits d'un visage* de regelmatige gelaatstrekken **3 overeenstemming met de voorschriften, wettigheid, geldigheid** • *la ~ du scrutin* de wettigheid van de stemming

régulateur 1 BN (V **régulatrice**), **regelend, regel- 2** ZN M **regelaar, regulateur** • TECHN. *un ~ de vitesse* cruisecontrol

régulation ZN V **regeling, regulatie** • *la ~ du trafic aérien* het regelen van het vliegverkeer

régulier BN (V **régulière**) **1 regelmatig, geregeld** • TAALK. *les verbes réguliers* de regelmatige werkwoorden • *un vol ~* lijnvlucht • *avoir un travail ~* regelmatig werk hebben **2 volgens de regels, geldig, wettig** • *être en situation régulière* legaal zijn • *il n'est pas ~ en affaires* hij is niet betrouwbaar bij het zakendoen

régulièrement BW **1 regelmatig, geregeld 2 volgens de regels**

réhabilitation ZN V **1 eerherstel, rehabilitatie 2** ARCH. **renovatie, sanering**

réhabiliter OV WW **1 in eer herstellen, rehabiliteren 2** ARCH. **renoveren, saneren** • *~ un quartier* een wijk saneren

réhabituer WKD WW **(se ~) weer wennen (à**

aan)

rehaussement ZN M ophoging

rehausser OV WW **1** ophogen • *~ un mur de jardin* de muur van een tuin ophogen • FIG. *~ l'image d'une entreprise* het image van een bedrijf verbeteren **2** sterker doen uitkomen, verfraaien, FIG. opwerken • *le maquillage rehausse le bleu de ses yeux* de make-up doet het blauw van haar ogen beter uitkomen

réimpression ZN V herdruk

réimprimer OV WW herdrukken

rein ZN M **1** nier • *un ~ artificiel* kunstnier • *l'ablation du ~* de wegneming van een nier **2** MV onderkant v.d. rug, lendenen, taille • *avoir mal aux ~s* (lage) rugpijn hebben • FIG. *avoir les ~s solides* een sterke rug hebben • FIG. *casser les ~s à qn* iemand de nek breken

réincarnation ZN V reïncarnatie

réincarner WKD WW **(se ~)** reïncarneren

reine ZN V koningin <ook bij spel> • *la ~ mère* de koningin-moeder • *elle est la ~ de la fête* zij is de koningin van het feest • INFORM. *c'est la ~ des idiotes* ze is de grootste idioot die er bestaat

reine-claude ZN V (MV reines-claudes), reine-claude <pruim>

reinette ZN V • *une (pomme de) ~* renet(appel)

réinsérer **1** OV WW weer integreren (in de maatschappij), resocialiseren, doen herintreden • *~ un ancien délinquant* een ex-misdadiger doen herintreden (in de maatschappij) **2** WKD WW **(se ~)** weer opgenomen worden • *aider qn se ~ dans la société* iemand helpen weer opgenomen te worden in de maatschappij

réinsertion ZN V re-integratie (in de maatschappij), reclassering, herintreding • *la ~ professionnelle* de herintreding

réinstaller OV WW opnieuw installeren • COMP. *~ un logiciel* een software opnieuw installeren

réintégration ZN V herstel <in rechten, functie>

réintégrer OV WW **1** terugkeren in, weer betrekken <van woning e.d.> • *après les travaux, ils ont réintégré leur maison* na de werkzaamheden hebben zij hun huis weer betrokken **2** herstellen <in rechten, functie> • *~ un employé* een werknemer in zijn functie herstellen

réitérer OV WW herhalen

rejaillir ONOV WW **1** (op)spatten **2** FIG. afstralen (op), terugwerken (op) • *le scandale a rejailli sur toute la famille* het schandaal werkte door op de hele familie, de hele familie deelt in het schandaal

rejet "-zjè" ZN M **1** (het) terugwerpen, MED. afstoting <v. orgaan>, uitwerping, lozing • *le phénomène de ~ (d'un organe greffé)* het afstotingsverschijnsel (van een getransplanteerd orgaan) • *les ~s de la mer* wat uit zee aangespoeld is • *les ~s chimiques d'une usine* de chemisch uitstoot van een fabriek **2** afwijzing • *le ~ d'une demande de liberté* de afwijzing van een verzoek om vrijlating **3** PLANTK. loot

rejeter OV WW **1** OOK FIG. terugwerpen • *~ un poisson à la mer* een vis in zee terugzetten • *une épave rejetée par la mer* wrak dat door de zee op de kust geworpen is • *~ la faute / la responsabilité sur qn* de schuld / verantwoordelijkheid afschuiven op iemand **2** uitwerpen, lozen, afstoten <van orgaan>, uitstoten <van afvalstoffen> • *des déchets chimiques rejetés par une usine* chemisch afval dat geloosd is door een fabriek **3** verwerpen, afwijzen • *~ une offre de travail* aangeboden werk afwijzen • *~ un projet de loi* een wetsvoorstel verwerpen **4** verstoten, (uit)bannen • *se sentir rejeté par tout le monde* zich door iedereen verstoten voelen

rejeton INFORM. ZN M telg

rejoindre **1** OV WW **1** zich voegen bij, (terug) komen bij • *~ qn dans un café* iemand in het café treffen • *~ son poste à l'étranger* op je post in het buitenland terugkeren **2** inhalen, achterhalen • *~ le groupe* de groep inhalen **3** lijken op, overeenkomen met • *je ne te rejoins pas sur cette question* ik ben het niet met je eens over deze kwestie **2** WKD WW **(se ~)** **1** (weer) samenkomen **2** overeenkomen <van meningen> • *se ~ sur un seul point* op één enkel punt overeenkomen

rejouer **1** ONOV WW verder spelen • *après dix ans d'absence, il rejoue* na tien jaar afwezigheid speelt hij opnieuw **2** OV WW overspelen • *~ un match* een wedstrijd overspelen

réjoui BN verheugd, blij

réjouir **1** OV WW verheugen, blij maken • *son départ nous réjouit* we zijn blij met zijn / haar vertrek **2** WKD WW **(se ~)** zich verheugen, blij zijn • *on se réjouit que vous soyez arrivé* we zijn blij dat u aangekomen bent

réjouissance ZN V **1** vreugde, blijdschap, vrolijkheid **2** MV feestelijkheden • *les réjouissances de fin d'année* de feestelijkheden aan het einde van het jaar

réjouissant BN verheugend, vermakelijk

relâche ZN V onderbreking, (het) gesloten zijn <van theater> • *le théâtre fait ~ à Noël* het toneelgezelschap speelt niet / geeft geen voorstelling met Kerstmis • *travailler sans ~* onophoudelijk werken

relâché BN los, slap(jes), slordig <van stijl>

relâchement ZN M **1** (het) losser worden, ontspanning <van spieren> • *le ~ des muscles / musculaire* de spierverslapping **2** FIG. verslapping, verflauwing • *le ~ de la morale* de verslapping van de moraal

relâcher **1** OV WW **1** vrijlaten • *~ des otages* gijzelaars vrijlaten • *~ qn* iemand laten lopen **2** losser maken, OOK FIG. laten verslappen, ontspannen <van spieren> • *~ son étreinte* je greep verslappen • *~ la discipline* de discipline laten verslappen **2** WKD WW **(se ~)** **1** losser worden, zich ontspannen **2** FIG. verslappen, verflauwen • *l'attention du public se relâche* de aandacht van het publiek verslapt • *se ~ dans son travail* minder ijverig worden in je werk

relais, relai ZN M (MV relais) **1** pleisterplaats • *un ~ routier* wegrestaurant, motel **2** SPORT estafette(wedstrijd) • *une course de ~* estafette(loop) **3 tussenpersoon** • *servir de ~ entre deux organisations* als tussenpersoon dienen tussen twee organisaties • FIG. *un financement ~* overbruggingsfinanciering, kortetermijnfinanciering **4 aflossing** • *prendre le ~ de qn* iemand aflossen **5** TECHN. **relais** • *~ de télévision* steunzender <voor de tv>

relance ZN V **(het) geven van een nieuwe impuls** • FIG. *la ~ du terrorisme* de opleving van het terrorisme

relancer OV WW **1 opnieuw werpen, terugwerpen 2 weer op gang brengen, een nieuwe impuls geven aan** • *~ l'économie* de economie weer op gang brengen • <spel> *~ le jeu* de inzet verhogen **3** FIG. **achtervolgen, lastigvallen** • *~ qn pour obtenir des subsides* iemand lastigvallen om subsidie te krijgen

relater OV WW **verhalen, vertellen, (omstandig) berichten, vermelden**

relatif BN (V relative) **1 relatief, betrekkelijk** • *tout est ~* alles is betrekkelijk **2 betrekking hebbend (op)** • *les documents ~s à notre sujet* de documenten die betrekking hebben op ons onderwerp **3** TAALK. • *un pronom ~* betrekkelijk voornaamwoord • *une proposition relative* betrekkelijke bijzin

relation ZN V **1 relatie, betrekking, verhouding, verband** • *la ~ de cause à effet* het oorzakelijk verband • *des ~s sexuelles* geslachtsverkeer, seksuele omgang • *les ~s publiques* public relations • *leurs ~s sont strictement privées* hun relatie is strikt privé • *les ~s diplomatiques* diplomatieke betrekkingen • *nouer des ~s avec qn* betrekkingen aanknopen met iemand • *être en ~ avec qn* in contact staan met iemand • *être en ~ d'affaires avec qn* zaken doen met iemand **2 relatie, kennis, connectie** • *avoir des ~s* goede connecties hebben • *obtenir un travail grâce à ses ~s* werk krijgen dankzij je connecties / relaties

relationnel 1 BN (V relationnelle), **relationeel, relatie- 2** ZN M • INFORM. *faire du ~* netwerken

relativement BW **relatief** • *l'examen était ~ facile* het examen was betrekkelijk makkelijk

relativiser OV WW **relativeren**

relativité ZN V **betrekkelijkheid, relativiteit**

relax INFORM. BN **ontspannend, ongedwongen, relaxed** • *il est toujours aussi ~ ton copain, quand il conduit?* is je vriend altijd zo relaxed als hij rijdt?

relaxant BN **ontspannend** • *une ambiance ~e* rustgevende omgeving

relaxation ZN V OOK FIG. **ontspanning**

relaxe 1 BN V → **relax 2** ZN V JUR. **ontslag v. rechtsvervolging**

relaxer 1 OV WW JUR. **ontslaan v. rechtsvervolging** • *~ le prévenu* de verdachte ontslaan van rechtsvervolging **2** WKD WW **(se ~) zich ontspannen, relaxen** • *partir se ~ à la montagne* gaan relaxen in de bergen

relayer 1 OV WW **1 aflossen** • *vers onze heures, elle sera relayée par son collègue* tegen elf uur zal ze afgelost worden door haar collega **2** COMM. **relayeren, doorzenden 2** WKD WW **(se ~) elkaar aflossen** • *se ~ au chevet d'un malade* elkaar aflossen aan het bed van een zieke

relayeur ZN M (V relayeuse), **estafetteloper**

relégation ZN V **1** FIG. **(ver)banning 2** SPORT **degradatie**

reléguer OV WW **1 terzijde schuiven,** FIG. **terugwerpen** • *~ qn au second plan* iemand naar de achtergrond dringen **2 (ver)bannen,** SPORT **degraderen** • *une équipe reléguée en deuxième division* ploeg die gedegradeerd is naar de tweede divisie

relent ZN M **1 muffe geur, walm** • *des ~s de bière* bierwalmen **2** LIT. **zweempje, vleugje** • *des paroles qui ont un ~ de reproche* woorden die zwemen naar verwijt / waarin iets van verwijt doorklinkt

relevé 1 BN **1 verheven** • *un style ~* verheven stijl **2 sterk gekruid, pikant 2** ZN M **optekening, opmeting, overzicht, staat** • *le ~ des communications téléphoniques* het overzicht van telefoongesprekken • *~ d'identité bancaire (RIB)* (strookje met) bankgegevens <in het Franse betalingsverkeer>

relève ZN V **aflossing** • *~ de la garde* aflossing van de wacht • *prendre la ~ de qn* iemand aflossen

relèvement ZN M **verhoging** • *le ~ des salaires* de verhoging van de salarissen

relever 1 OV WW **1 (weer) oprichten, omhoogdoen** • *on a relevé le blessé* de gewonde is weer overeind geholpen • *~ la tête* het hoofd oprichten • *des manches relevées* opgestroopte mouwen **2 noteren, optekenen, opmeten, opnemen** <van meter> • *~ le numéro d'immatriculation d'une voiture* het kenteken van een auto noteren • *~ les empreintes digitales de qn* iemands vingerafdrukken nemen • *~ les fautes dans une dictée* de fouten in een dictee noteren / aanstrepen **3 verhogen, optrekken** • *~ les primes de transport* de reiskostenvergoedingen verhogen **4 doen opleven, weer in goede doen brengen** • *~ le niveau de vie* de levensstandaard verhogen • *~ une banque en difficulté* een bank die in moeilijkheden verkeert er weer bovenop helpen **5 de aandacht vestigen op** • *ne pas ~ la remarque de qn* niet ingaan op iemands opmerking **6 ingaan op** <uitdaging, beschuldiging e.d.> • *~ le défi* de uitdaging aannemen **7 ontheffen / ontslaan (van / uit)** • *~ qn de ses fonctions* iemand van zijn functie ontheffen **8** CULIN **kruiden, pikant maken** • *un plat bien relevé* pikant gerecht **2** ONOV WW **~ de vallen / ressorteren (onder), behoren (tot)** • *ça relève de la pure fantaisie* dat is louter verbeelding • *ça ne relève pas de sa compétence* dat behoort niet tot zijn / haar bevoegdheid **3** WKD WW **(se ~) 1 omhooggaan 2 weer opstaan** • *se ~ après une chute* weer opstaan na een val • *l'État a aidé les banques à se ~* de overheid heeft de banken weer overeind geholpen / geholpen weer overeind te krabbelen **3 herstellen (de van), weer op krachten komen** • *se ~ d'une maladie* herstellen van een ziekte

releveur ZN M (V releveuse) • *un ~ de compteurs de gaz* gasmeteropnemer

relief ZN M reliëf • *des ~s accidentés* heuvelachtig reliëf • FIG. *mettre une idée en ~* een idee reliëf geven / goed laten uitkomen

relier OV WW **1** OOK FIG. (weer) verbinden • *un chemin qui relie deux villages* weg die twee dorpen met elkaar verbindt **2** (in)binden <van boek> • *un livre relié* gebonden boek

religieusement BW **1** godsdienstig • *se marier ~* voor de kerk trouwen **2** nauwgezet • *écouter ~ un discours* vol aandacht naar een toespraak luisteren

religieux 1 BN (V religieuse) **1** godsdienstig, religieus, vroom • *une fête religieuse* religieus feest • *un esprit ~* vrome geest • *un mariage ~* kerkelijk huwelijk **2** vol toewijding, respectvol, gewetensvol, eerbiedig • *un silence ~ régnait dans la salle* er heerste een eerbiedige stilte in de zaal **2** ZN M (V religieuse), religieus, kloosterling, monnik **3** ZN V CULIN religieuze <soort soes met bakkersroom> • *une religieuse au chocolat* chocoladesoes

religion ZN V **1** godsdienst, geloof, religie • *la ~ chrétienne* de christelijke godsdienst • *la ~ juive* de joodse godsdienst • *la ~ musulmane* de mohammedaanse godsdienst • *la ~ officielle* de erkende godsdienst • *pratiquer une ~* een godsdienst belijden • *entrer en ~* in het klooster gaan • *la ~ est l'opium du peuple* godsdienst is opium van het volk **2** • *se faire une ~ de qc* iets als mening / principe koesteren

religiosité ZN V religiositeit, godsdienstigheid

reliquat ZN M saldo, rest <van schuld>

relique REL. ZN V relikwie

relire OV WW onregelmatig herlezen, overlezen

reliure ZN V boekband

reloger OV WW herhuisvesten, ergens anders onderbrengen

relookage "-loek-" INFORM. ZN M **1** restyling **2** make-over

relooker "-loek-" INFORM. OV WW **1** restylen, een nieuwe look geven • *~ l'emballage d'un parfum* de verpakking van een parfum restylen • *le TGV vient d'être relooké* de tgv heeft een nieuwe look gekregen **2** een make-over geven

relooking "-loek-" INFORM. ZN M **1** restyling **2** make-over

relu WW volt. deelw. → **relire**

reluire ONOV WW onregelmatig schitteren, blinken • INFORM. *passer / manier la brosse à ~* strooplikken, kruiperig vleien

reluisant BN schitterend, blinkend • FIG. *peu ~* matig, onbeduidend, niet zo geweldig

reluquer OV WW begluren, azen op • *~ les filles* naar de meisjes gluren

remâcher OV WW tobben over, FIG. herkauwen • *~ les mêmes histoires* altijd maar weer terugdenken aan dezelfde gebeurtenissen

remake ZN M nieuwe (film)versie, remake

remaniement ZN M verandering, omwerking • *un ~ ministériel* kabinetswijziging

remanier OV WW omwerken, veranderen • *~ un texte* een tekst omwerken • *~ l'équipe de France* het Franse elftal wijzigen

remariage ZN M (het) hertrouwen

remarier WKD WW (**se ~**) hertrouwen

remarquable BN **1** opmerkelijk, merkwaardig • *il est ~ qu'elle ait refusé de nous parler* het is merkwaardig dat zij geweigerd heeft met ons te praten **2** voortreffelijk • *une performance ~* voortreffelijke prestatie

remarque ZN V opmerking, aanmerking • *un texte accompagné de ~s* tekst met aantekeningen / commentaar • *faire des ~s désobligeantes* onvriendelijke / kwetsende opmerkingen maken

remarqué BN opvallend • *une absence très remarquée* erg opvallende afwezigheid

remarquer OV WW opmerken, (be)merken, onderscheiden, waarnemen • *on l'a remarquée lors d'une audition* zij is tijdens een auditie opgemerkt • *je l'ai remarqué au premier coup d'œil* ik zag hem in één oogopslag • *elle adore se faire ~* ze vindt het heerlijk de aandacht te trekken, ze wil graag opvallen • *faire ~ qc à qn* iemands aandacht op iets vestigen, iemand op iets wijzen • *je voudrais ~ à ce sujet que...* ik wil hierbij aantekenen dat... • *remarque!* let wel!, welteverstaan!, trouwens!

remballer OV WW opnieuw inpakken

rembarrer INFORM. OV WW de mond snoeren, afsnauwen • *se faire ~ par qn* de wind van voren krijgen van iemand

rembobiner OV WW terugspoelen <van band, film> • *~ un film* een film terugspoelen

rembourrage ZN M (het) opvullen

rembourrer OV WW opvullen • *un fauteuil rembourré* opgevulde (leun)stoel

remboursable BN terug te betalen • *un prêt ~ en dix ans* lening met een looptijd van tien jaar

remboursement ZN M terugbetaling, aflossing • *le ~ de la dette sociale / R.D.S.* de bijzondere inkomstenbelasting <om het tekort van sociale verzekeringen te dekken> • *envoi contre ~* zending onder rembours

rembourser OV WW terugbetalen, aflossen • *un médicament non remboursé par la Sécu* medicijn dat niet vergoed wordt door de algemene ziektekostenverzekering • *~ qn de ses frais* iemands (on)kosten vergoeden • *remboursez!* geld terug!

rembrunir WKD WW (**se ~**) somber worden, betrekken

remède ZN M **1** geneesmiddel, remedie • *un ~ efficace* beproefd / probaat middel • *un ~ miracle* wondermiddel • *un ~ de bonne femme* huismiddeltje • *un ~ de cheval* paardenmiddel • *c'est un ~ contre le rhume* het is een middel tegen verkoudheid • *c'est un ~ pour le cœur* het is een middel voor het hart • *être un ~ contre l'amour* niet moeders mooiste zijn • *le ~ est pire que le mal* het middel is erger dan de kwaal **2** (hulp)middel • *c'est sans ~* het is niet te verhelpen • *on n'a pas trouvé de ~ à la pollution* er is geen middel tegen de vervuiling gevonden

remédiable BN te verhelpen

remédier ONOV WW **~ à verhelpen, voorzien (in)** • *pour ~ à ces problèmes de pollution...* om deze problemen van vervuiling te verhelpen... • *~ à un inconvénient* een euvel verhelpen
remémorer WKD WW **(se ~) zich herinneren** • *se ~ les bons souvenirs* zich de goede dingen herinneren
remerciement ZN M **dank(betuiging), bedankje** • *une lettre de ~* bedankbrief • *partir sans un mot de ~* zonder een woord van dank vertrekken • *avec tous mes ~s* met mijn hartelijke dank • *mille ~s!* duizendmaal dank!
remercier OV WW **1 (be)danken** • *~ qn de sa gentillesse* iemand bedanken voor zijn vriendelijkheid **2 ontslaan, afdanken** • *après trente ans de services, on l'a remerciée* na dertig dienstjaren is ze ontslagen
remettre 1 OV WW onregelmatig **1 weer plaatsen / zetten / stellen / leggen** • *~ qc à sa place* iets op zijn plaats zetten • *~ un enfant au lit* een kind weer naar bed brengen • *remets tes chaussures!* doe je schoenen weer aan! • *~ qn sur pied* iemand overeind helpen • FIG. *~ qn à sa place* iemand op zijn plaats / nummer zetten **2 overdoen, weer beginnen (met)** • INFORM. *elle remet ça!* daar begint ze weer! • INFORM. *allez, on remet ça?* doen / nemen we er nog eentje? • INFORM. *en ~ une couche* (flink) overdrijven **3 herstellen, weer aanzetten, opnieuw aan de orde stellen** • *~ sa montre à l'heure* je horloge gelijkzetten • *~ la machine en marche* de machine weer aanzetten • *~ de l'eau à bouillir* opnieuw water aan de kook brengen **4 overhandigen (à aan), overdragen, (af)geven** • *~ une lettre en mains propres* iemand een brief persoonlijk overhandigen • *~ un document entre les mains de qn* een document aan iemand toevertrouwen • FIG. *~ sa démission* je ontslag indienen **5 uitstellen (à tot), verdagen, verschuiven** • *~ son départ* je vertrek uitstellen • *~ une peine* een straf kwijtschelden • *~ un rendez-vous* een afspraak uitstellen • *~ une réunion jusqu'à nouvel ordre* een vergadering tot nader order uitstellen • *ne remets pas au lendemain ce que tu peux faire le jour même* van uitstel komt afstel • *ce n'est que partie remise* uitstel is geen afstel **2** WKD WW **(se ~) 1 weer plaatsnemen, weer gaan zitten / liggen** • *se ~ au lit* weer in bed gaan liggen **2 weer beginnen (à met / te)** • *se ~ au tennis après dix ans* na tien jaar weer gaan tennissen • *il se remet à faire froid* het begint weer koud te worden **3 (zich) herstellen (de van), op krachten komen, bekomen, bedaren** • *elle se remet lentement* ze herstelt langzaam • *se ~ de ses émotions* bekomen van je emoties **4 zich weer aansluiten (bij), het weer goedmaken (met)** • *ils se sont remis ensemble* ze hebben het weer goedgemaakt, ze zijn weer gaan samenwonen
réminiscence ZN V **(flauwe) herinnering**
remis WW → **remettre**
remise ZN V **1 schuur, loods, stalling** • *une ~ à vélos* fietsenstalling **2 (het) weer plaatsen / zetten / stellen / leggen, (het) weer (in een toestand) brengen** • *une ~ en état* reparatie, herstel • *une ~ à jour* actualisering, update • *la ~ en question* het weer ter discussie / aan de orde stellen • *des clubs de ~ en forme* fitnessclubs • SPORT *une ~ en jeu* inworp • *une ~ à plat* het nog eens grondig uitzoeken **3 overhandiging, (af)levering, uitreiking, overmaking** • *la ~ d'un paquet à son destinataire* de overhandiging van een pakje aan de geadresseerde • *la ~ du prix Nobel de littérature* de uitreiking van de Nobelprijs voor de Literatuur **4 korting** • *faire une ~ de quinze pour cent sur un manteau* vijftien procent korting geven op een jas **5** JUR. **vermindering** • *une ~ de peine* strafvermindering
remiser OV WW **stallen, wegzetten, opbergen**
rémission ZN V **1** MED. **(tijdelijke) verbetering 2 kwijtschelding, strafvermindering**
remix MUZ. ZN M **remix**
remodelage ZN M **omvorming, vernieuwing,** OOK FIG. **facelift**
remontant ZN M **versterkend middel, hartversterking, opkikker**
remonté INFORM. BN **pissig** • *il est ~ contre elle* hij is pissig op haar
remontée ZN V **1 (het) weer naar boven gaan, (het) weer opstijgen 2 skilift** • *une ~ mécanique* mechanische skilift
remonte-pente ZN M (MV **remonte-pentes**), **sleeplift**
remonter 1 ONOV WW **1** OOK FIG. **(weer) omhooggaan** • *~ dans sa chambre en courant* de trap op rennen naar je kamer • *nous allons à Nice, et puis nous remontons vers Paris* we gaan naar Nice, en daarna gaan we (noordelijk) naar Parijs • *~ sur scène après une longue absence* na een lange afwezigheid weer op de planken verschijnen • FIG. *la fièvre remonte chez le malade* de koorts stijgt weer bij de patiënt • *~ sur le trône* de troon weer bestijgen **2 (in de tijd / naar de oorsprong) teruggaan (à tot)** • *cela remonte au déluge* dat is oeroud • *~ à la source* teruggaan tot de bron • *cela remonte à loin* dat is allang zo **3 weer instappen, weer opstappen** • *~ dans le train* weer in de trein stappen **2** OV WW **1 weer bestijgen / opgaan, weer (omhoog) gaan langs / in** • *~ l'escalier en courant* de trap weer op rennen • *~ un fleuve à la nage* stroomopwaarts zwemmen • *~ un fleuve en bateau* stroomopwaarts varen **2** OOK FIG. **weer naar boven brengen, ophogen, optrekken** • *~ les valises au grenier* de koffers weer naar zolder brengen • FIG. *~ la pente* er weer bovenop komen **3 weer in elkaar zetten, weer op touw zetten 4 opwinden** <van uurwerk e.d.> • *~ sa montre* je horloge opwinden • *la machine à ~ le temps* de tijdmachine **5 opmonteren** • *~ le moral à qn* iemand opmonteren • *elle a besoin qu'on la remonte un peu* ze moet nodig een beetje opgebeurd worden **3** WKD WW **(se ~) opknappen** • *donnez-moi un café pour me ~* geef me een kopje koffie om op te knappen
remontrance ZN V **vermaning, berisping, standje**

re

remontrer 1 ONOV WW • *en ~ à qn* iemand een lesje geven, iemand de baas zijn 2 OV WW weer vertonen
remords ZN M (MV id.), wroeging, berouw • *être bourrelé de ~* verteerd worden door wroeging
remorquage ZN M (het) slepen, sleepvaart
remorque ZN V aanhangwagen • *une ~ de camping* campingwagen • *prendre une voiture en ~* een auto op sleeptouw nemen • FIG. *à la ~ de* in het kielzog van • FIG. *être à la ~ de qn* iemand blindelings (na)volgen
remorquer OV WW slepen, voorttrekken
remorqueur ZN M sleepboot
rémoulade ZN V remouladesaus
remous "-moe" ZN M 1 werveling, draaikolk, kielzog 2 FIG. woeling, gewoel, onrust • *sa remarque a provoqué des ~ dans la salle* zijn opmerking zorgde voor opschudding in de zaal
rempart ZN M 1 vestingmuur • *les ~s d'une ville* de wallen van een stad 2 FIG. bolwerk
rempiler ONOV WW INFORM., MIL. bijtekenen
remplaçable BN vervangbaar
remplaçant ZN M plaatsvervanger, SPORT wisselspeler • *je suis sa remplaçante* ik val voor haar in
remplacement ZN M vervanging • *faire des ~s* als vervanger optreden
remplacer OV WW vervangen • *il faut ~ le frigidaire* de koelkast moet vervangen worden • *se faire ~* zich laten vervangen • *~ quelqu'un* voor iemand invallen
rempli BN 1 vol • *une bouteille ~e de limonade* fles gevuld met priklimonade • *un verre ~ jusqu'à ras bord* tot aan de rand gevuld glas • *un emploi du temps bien ~* drukbezette agenda, vol programma 2 vervuld • *~ de joie* vervuld van vreugde
remplir 1 OV WW 1 vullen, invullen • *~ un verre de / avec du vin* een glas met wijn vullen • *~ un questionnaire* een vragenlijst invullen • *les rues étaient remplies de manifestants* de straten stonden vol met demonstranten 2 vervullen • *~ ses engagements* je verplichtingen nakomen • *elle ne remplit pas les conditions* zij voldoet niet aan de voorwaarden 2 WKD WW (se ~) vol worden, volstromen, zich vullen • *la salle se remplit* de zaal loopt stroomt vol • FIG., INFORM. *se ~ les poches* je zakken vullen
remplissage ZN M 1 (het) (op)vullen 2 opvulsel, MIN. bladvulling
remploi ZN M → **réemploi**
remployer OV WW → **réemployer**
remplumer INFORM. WKD WW (se ~) 1 er weer bovenop komen <financieel> 2 weer wat vlees op je botten krijgen <na een ziekte>
remporter OV WW 1 weer meenemen 2 behalen, winnen • *~ la victoire* de overwinning behalen • *~ un prix* een prijs winnen
remuant BN druk, beweeglijk, rusteloos
remue-ménage ZN M (MV id.), wanorde, drukte, rumoer • *un ~ médiatique* mediadrukte
remue-méninges IRON. ZN M (MV id.), brainstorming
remuer 1 OV WW 1 bewegen, verplaatsen • *le chien remue la queue* de hond kwispelstaart • *~ la tête pour dire oui* ja knikken • FIG. *elle ne remue pas le petit doigt pour aider!* ze steekt geen vinger uit om te helpen! 2 OOK FIG. omwoelen, overhoophalen, omwerken <van grond> • *~ la salade* de sla mengen • *~ son café* je koffie (om)roeren • FIG. *~ ciel et terre pour obtenir qc* hemel en aarde bewegen om iets te bereiken 3 ontroeren • *un discours qui a remué l'assistance* toespraak die het publiek ontroerde 2 WKD WW (se ~) 1 zich bewegen 2 zich moeite geven, in actie komen • *remue-toi un peu!* schiet op!, doe eens wat! • *elle ne se remue pas beaucoup pour se trouver un travail* ze doet er niet veel moeite voor om werk te vinden
rémunérateur BN (V rémunératrice), lonend, winstgevend, renderend
rémunération ZN V loon, beloning
rémunérer OV WW honoreren, betalen • *un travail mal rémunéré* slecht betaald werk
renâcler ONOV WW geen zin hebben (in) • *faire qc en renâclant* iets met tegenzin doen • *faire qc sans ~* iets zonder morren doen
renaissance 1 ZN V 1 herleving, wedergeboorte • *la ~ de la chanson française* de herleving van het Franse chanson 2 KUNST renaissance • *la peinture de la Renaissance* de schilderkunst van de renaissance 2 BN renaissance-
renaître ONOV WW onregelmatig herboren worden, herleven • *se sentir ~* je voelen herleven, je een ander mens voelen, nieuwe krachten krijgen • *faire ~ le passé* het verleden doen herleven • *un nationalisme renaissant* herlevend nationalisme • FORM. *le jour renaît* een nieuwe dag breekt aan
rénal BN (M MV rénaux), nier- • *une insuffisance rénale* nierfalen • *des calculs rénaux* nierstenen
renard ZN M vos • *un ~ bleu / polaire* poolvos • FIG. *fais attention, c'est un vieux ~!* pas op, het is een oude vos! • FIG. *un ~ rusé* een sluwe vos
renarde ZN V wijfjesvos
renardeau ZN M (MV renardeaux), jonge vos, welp
rencard INFORM. ZN M → **rancard**
rencarder INFORM. OV WW → **rancarder**
renchérir ONOV WW FIG. hoger bieden, verder gaan
rencogner WKD WW (se ~) wegkruipen
rencontre ZN V 1 ontmoeting • *un amour de ~* toevallig liefdesavontuur • *une heureuse ~* gelukkig toeval • *une ~ au sommet* topontmoeting • *un site de ~s pour séniors* datingsite voor ouderen • *aller à la ~ de qn* iemand tegemoet gaan 2 samenloop 3 SPORT (het) treffen, duel • *organiser une ~ (de boxe)* een (boks)wedstrijd organiseren
rencontrer 1 OV WW 1 ontmoeten, tegenkomen, vinden, stuiten / botsen op, treffen • FIG. *~ beaucoup d'obstacles* op veel hindernissen stuiten 2 SPORT spelen tegen • *les Pays-Bas rencontrent l'Angleterre en finale* Nederland speelt in de finale tegen Engeland 2 WKD WW (se ~) 1 elkaar

re

ontmoeten / treffen • *ils se sont rencontrés au lycée* ze hebben elkaar op de middelbare school ontmoet • *se ~ dans un café chaque semaine* elkaar elke week in een kroeg treffen **2** aangetroffen worden, vóórkomen • *une telle ignorance ne se rencontre pas souvent* zo'n onwetendheid kom je niet vaak tegen

rendement ZN M opbrengst, rendement, (arbeids)prestatie

rendez-vous ZN M (MV id.) **1** afspraak (**avec** met) • *un ~ galant* date • *un ~ d'affaires* zakelijke ontmoeting, zakenafspraak • *une consultation sur ~* consult volgens afspraak • *donner / fixer ~ à qn* afspreken met iemand • *prendre ~ avec le médecin* een afspraak maken bij de dokter • FIG. *le soleil n'était pas au ~* de zon was niet van de partij **2** plaats v. samenkomst • *ce café est le lieu de ~ des jeunes* dit café is een trefplaats voor jongeren

rendormir WKD WW (**se ~**) weer inslapen

rendosser OV WW weer aantrekken

rendre **1** OV WW **1** teruggeven • *~ un livre à la bibliothèque* een boek terugbrengen bij de bibliotheek • *il m'a rendu la monnaie sur vingt euros* hij heeft me van twintig euro (wisselgeld) teruggegeven • *cette nouvelle lui a rendu le sourire* dat bericht heeft hem opgemonterd • FIG. *~ l'âme* de geest geven **2** uitdrukken, weergeven, vertalen • *le violon rend bien la poésie de ce morceau* de viool(partij) drukt het poëtische van dit stuk goed uit **3** maken • *~ qn heureux* iemand gelukkig maken • *c'est à vous ~ fou!* het is om gek van te worden! **4** uitbrengen <van geluid, oordeel, verslag enz.>, betuigen • *~ hommage à qn* iemand hulde brengen • *~ visite à qn* iemand bezoeken • *~ service à qn* iemand een dienst bewijzen • *~ un jugement* een vonnis uitspreken **2** ONOV WW overgeven, braken • *avoir envie de ~* moeten overgeven **3** WKD WW (**se ~**) **1** zich begeven, gaan • *se ~ en ville à pied* lopend de stad in gaan / naar de stad gaan • *il se rend à son travail à vélo* hij gaat met de fiets naar zijn werk **2** zich overgeven, zwichten • *se ~ à la police* zich overgeven aan de politie • *se ~ à l'évidence* de feiten onder ogen zien, je erbij neerleggen **3** zich maken • *se ~ ridicule* je belachelijk maken • *se ~ indispensable à qn* je onmisbaar maken voor iemand

rendu WW volt. deelw. → **rendre**

rêne ZN V teugel • OOK FIG. *tenir les rênes* de teugels in handen hebben • FIG. *lâcher les rênes* de teugels laten vieren

renégat ZN M (V renégate), afvallige, renegaat

renfermé **1** BN FIG. gesloten, introvert **2** ZN M mufheid • *ce placard sent le ~* deze kast ruikt muf

renfermer **1** OV WW bevatten, behelzen • *un sous-sol qui renferme des minerais* ondergrond / bodem die mineralen bevat **2** WKD WW (**se ~**) zich opsluiten, FIG. zich afsluiten • *se ~ sur soi* je in jezelf opsluiten, in jezelf gekeerd zijn

renflé BN bol, (uit)puilend

renflement ZN M zwelling, verdikking

renfler WKD WW (**se ~**) dikker worden, opzwellen

renflouement ZN M • FIG. *le ~ financier* financiële ondersteuning <van een onderneming>

renflouer OV WW **1** SCHEEPV. vlot trekken, lichten **2** FIG. er financieel weer bovenop helpen • *~ les banques* de banken er financieel weer bovenop helpen

renfoncé BN diepliggend <van ogen>

renfoncement ZN M inspringing, nis

renfoncer OV WW dieper induwen / inslaan • *~ son chapeau sur la tête* je hoed dieper over je ogen trekken

renforcement ZN M OOK FIG. versterking

renforcer OV WW **1** OOK FIG. versterken • *cette affaire me renforce dans mon opinion* deze zaak sterkt me in mijn mening • *~ le service d'ordre* de ordedienst versterken **2** verstevigen • *~ un mur* een muur verstevigen • *~ une digue* een dijk verzwaren

renfort ZN M **1** versterking • *des ~s en hommes* versterking in de vorm van manschappen • FIG. *avoir besoin de ~ à la cuisine* versterking in de keuken nodig hebben **2** versteviging • *à grand ~ de* met (behulp van) veel... • *parler à grands ~s de gestes* druk gebaren bij het spreken

renfrogné BN stuurs, nors

renfrogner WKD WW (**se ~**) een stuurs gezicht zetten, zuur kijken

rengagement ZN M (het) opnieuw in dienst nemen

rengager **1** OV WW weer in dienst nemen • *~ du personnel* personeel weer in dienst nemen **2** WKD WW (**se ~**) weer dienst nemen, bijtekenen • *se ~ dans l'armée* bijtekenen in het leger

rengaine ZN V afgezaagd verhaal / deuntje • *c'est toujours la même ~* het is altijd hetzelfde liedje

rengainer OV WW **1** weer in de schede / holster steken • *~ son arme* je wapen weer in de schede steken **2** INFORM., FIG. voor zich houden, inslikken

rengorger WKD WW (**se ~**) een hoge borst opzetten

reniement ZN M verloochening

renier OV WW verloochenen, ontrouw worden • *~ ses origines* je afkomst verloochenen

reniflement ZN M gesnuif

renifler **1** ONOV WW snuiven • *arrête de ~, mouche-toi!* hou eens op met dat gesnuif, snuit je neus! **2** OV WW **1** (op)snuiven • *~ de la cocaïne* coke snuiven **2** FIG. ruiken, de lucht krijgen van • *~ un danger* gevaar bespeuren

reniflette ZN V • INFORM. *avoir la ~* snotverkouden zijn, snotteren

renne ZN M rendier

renom ZN M faam, bekendheid, reputatie • *un homme de ~* een man van naam

renommé BN gerenommeerd, bekend, vermaard (**pour** om) • *une région renommée pour son vin* streek die bekend is om zijn wijn

renommée ZN V bekendheid, faam, reputatie • *la ~ de Citroën n'est plus à faire* Citroën heeft zijn naam bewezen / hoeft zijn naam niet meer te bewijzen • *c'est une chanteuse de ~ mondiale* het is een wereldberoemde zangeres

renommer OV WW herbenoemen • *~ un document* een document een andere naam geven

renoncement ZN M (het) afstand doen (à van), verzaking • *le ~ du candidat de la droite* de terugtrekking / terugtreding van de rechtse kandidaat

renoncer ONOV WW **~ à** afzien van, ophouden met, opgeven • *~ à un héritage* afstand doen van een erfenis • *~ au trône* afstand doen van de troon • *~ à la cigarette* stoppen met sigaretten roken • *~ à la compétition* stoppen met de competitie

renonciation ZN V (het) afstand doen, (het) opgeven, verzaking • *~ à un héritage* (het) afstand doen van een erfenis

renoncule ZN V ranonkel, boterbloem

renouer 1 OV WW weer (dicht)knopen, FIG. weer aanknopen • *~ ses lacets (de chaussures)* je (schoen) veters weer strikken • *~ une liaison* een verhouding opnieuw aanknopen **2** ONOV WW weer aanknopen (bij), weer opvatten • *~ avec qn* weer vriendschap sluiten met iemand • FIG. *~ avec le succès* opnieuw succes behalen

renouveau ZN M opleving, hernieuwing

renouvelable BN **1** herhaalbaar, hernieuwbaar • *un contrat ~* contract dat verlengd kan worden **2** verlengbaar <van paspoort enz.> **3** duurzaam • *des énergies ~s* duurzame energiebronnen

renouveler 1 OV WW **1** hernieuwen, vernieuwen, FIG. verversen • *~ l'eau d'un aquarium* het water van een aquarium verversen **2** verlengen <van paspoort enz.> • *~ un abonnement à un journal* een abonnement op een krant verlengen **3** herhalen <van vraag e.d.> • *~ une promesse* iets opnieuw beloven **2** WKD WW **(se ~) 1** zich vernieuwen, vernieuwd worden • *un secteur qui se renouvelle rapidement* sector die zich snel vernieuwt **2** zich herhalen • *un incident qui ne doit plus jamais se ~* voorval dat zich nooit meer mag herhalen, iets wat nooit meer mag gebeuren

re

renouvellement ZN M **1** hernieuwing, vernieuwing, FIG. verversing • *un ~ politique* politieke vernieuwing **2** verlenging <van paspoort enz.>

rénovateur 1 BN (V rénovatrice), vernieuwend **2** ZN M (V rénovatrice), vernieuwer, hervormer

rénovation ZN V renovatie • *faire des travaux de ~* herstelwerkzaamheden verrichten

rénover OV WW vernieuwen, moderniseren, ARCH. renoveren • *~ l'enseignement universitaire* het universitair onderwijs vernieuwen

renseignement ZN M inlichting • *le service de ~s* de inlichtingendienst • *donner des ~s* inlichtingen verstrekken • *prendre des ~s sur qn* informatie inwinnen over iemand • *~s pris...* bij navraag... • *pour plus amples ~s, adressez-vous au guichet* wendt u zich voor nadere informatie tot het loket

renseigner 1 OV WW inlichten • *on l'a mal renseigné sur cette affaire* hij is slecht geïnformeerd over deze zaak • *puis-je vous ~?* kan ik u ergens mee helpen? • *~ des touristes* toeristen informatie verschaffen **2** WKD WW **(se ~)** zich op de hoogte stellen, inlichtingen inwinnen, informeren • *je me suis renseigné sur la façon d'y aller* ik heb geïnformeerd hoe ik er (het beste) heen kan gaan • *renseignez-vous avant de partir!* zorg dat u op de hoogte bent voordat u vertrekt!

rentabiliser OV WW rendabel maken

rentabilité ZN V rendabiliteit, rentabiliteit

rentable BN OOK FIG. lonend, rendabel, rentegevend

rente ZN V rente <inkomsten uit vermogen> • *une ~ viagère* lijfrente • *vivre de ses ~s* rentenieren

rentier ZN M (V rentière), rentenier

rentré BN ingehouden • *une rage rentrée* ingehouden woede

rentre-dedans INFORM. ZN M (MV id.), ramkoers

rentrée ZN V **1** terugkeer, hervatting van werkzaamheden • *la ~ parlementaire* de opening van het parlementaire jaar • *la ~ des classes; la ~ scolaire* het begin v.h. nieuwe schooljaar • *faire sa ~ politique* zijn politieke comeback maken **2** geïnd geld • *des rentrées d'argent* binnengekomen geld

rentrer 1 ONOV WW **1** teruggaan, terugkomen, (weer) binnenkomen, thuiskomen • *elle est rentrée chez elle* ze is naar huis gegaan • *je ne rentre pas dîner* ik kom (vanavond) niet thuis eten • *~ du travail* van het werk thuiskomen • *~ de l'école* uit school (thuis)komen • *~ au pays* teruggaan naar het land van herkomst • *en rentrant à / en...* op de terugreis naar... **2** terugkrijgen, hervinden • *~ dans ses frais* je kosten eruithalen • *tout est rentré dans l'ordre* alles is weer normaal **3** (erin) passen • *la clé ne rentre pas dans la serrure* de sleutel past niet in het slot **4** botsen (tegen / op) • INFORM. *il lui est rentré dedans / dans le lard* hij heeft hem aangevlogen • *il est rentré dans un mur* hij is tegen een muur gebotst **5** (weer) in dienst treden • *~ dans les ordres religieux* / priester worden **6** behoren (tot), vallen (onder) • *cela ne rentre pas dans mes projets* dat past niet in mijn plannen **7** ECON. geïnd worden, binnenkomen • *faire ~ de l'argent* geld innen **2** OV WW **1** binnenhalen, binnenbrengen, terugstoppen, intrekken • *~ son vélo dans la remise* je fiets in de schuur zetten • *~ le ventre* je buik inhouden / intrekken • *~ ses griffes* LETT. zijn klauwen intrekken, FIG. inbinden **2** inhouden <van woede, tranen> • *~ sa colère* je woede inhouden

renversant BN verbazingwekkend

renverse ZN V • OOK FIG. *tomber à la ~* achterovervallen

renversé BN **1** omgegooid • *des chaises renversées* omgegooide stoelen • *c'est le monde ~* dat is de omgekeerde wereld • *la tête renversée* met het hoofd naar achteren **2** INFORM. verbluft, ontsteld

renversement ZN M **1** wending, verandering • *un ~ de situation* ommekeer • *le ~ des valeurs* de ommekeer van de waarden, normverval **2** omverwerping

renverser 1 OV WW **1** omverwerpen, omgooien, omverrijden • *~ un piéton dans la rue* een voetganger op straat aanrijden • *l'homme a été renversé par un camion* de man is overreden door een vrachtwagen • *j'ai renversé du vin sur le tapis* ik heb wijn gemorst op het kleed • *des arbres renversés par le vent* door de wind omgewaaide bomen **2 omkeren** • FIG. *~ la vapeur* het over een andere boeg gooien **3 achteroverbuigen / -werpen** • *~ la tête* het hoofd achterovergooien **4** INFORM. **paf / versteld doen staan** • *cette histoire me renverse* ik sta versteld van dat verhaal **2** WKD WW **(se ~) omvallen, omkantelen, zich achteroverbuigen / -werpen** • *le bus s'est renversé sur le côté* de bus is op zijn zij gekanteld • *se ~ sur sa chaise* met je stoel achteroverleunen

renvoi ZN M **1 terugzending, (het) wegsturen, ontslag** • *le ~ de matériaux défectueux* de terugzending van defect materiaal • *le ~ d'un ouvrier* het ontslag van een arbeider **2 verwijzing (à naar) 3 verdaging (à tot), uitstel 4 oprisping, boer** • *avoir des ~s* oprispingen hebben, boeren

renvoyer OV WW **1 terugzenden** • *~ une lettre à l'expéditeur* een brief terugsturen naar de afzender • FIG. *~ l'ascenseur à qn* iemand een wederdienst bewijzen, iemand met gelijke munt betalen **2 wegsturen, ontslaan 3 verwijzen** • *~ qn à un autre service* iemand naar een andere afdeling verwijzen **4 terugspelen, weerkaatsen** • FIG. *~ la balle à qn* de bal terugkaatsen (naar iemand) **5 verdagen, uitstellen** • *~ une réunion à une date ultérieure* een vergadering naar een latere datum verschuiven

réoccuper OV WW **weer bezetten**

réorganisation ZN V **reorganisatie**

réorganiser OV WW **reorganiseren**

réorientation ZN V **heroriëntatie, omschakeling**

réorienter OV WW **heroriënteren, omschakelen**

réouverture ZN V OOK FIG. **heropening** • *la ~ des négociations* de hervatting van de onderhandelingen

repaire ZN M **(schuil)hol, schuilhoek**

répandre 1 OV WW **1 (ver)gieten, storten, morsen, strooien** • *~ du sel sur la chaussée* zout op de rijweg strooien **2 verspreiden, verbreiden** • *~ la rumeur de la mort de qn* het gerucht over iemands dood verspreiden • *largement / très répandu* wijdverbreid **2** WKD WW **(se ~) zich verbreiden, verbreid worden** • *la nouvelle s'est répandue qu'il allait se marier* het nieuws verspreidde zich dat hij ging trouwen • *une épidémie qui se répand vite* epidemie die zich snel verbreidt • *une opinion (très) répandue* (wijd)verbreide opvatting

réparable BN **herstelbaar**

reparaître ONOV WW onregelmatig **weer verschijnen** • *le virus a reparu après des années* het virus is na jaren weer opgedoken

réparateur 1 BN (V réparatrice), **herstellend** • *un sommeil ~* verkwikkende slaap • *la chirurgie réparatrice* plastische / reconstructieve chirurgie **2** ZN M (V réparatrice), **hersteller, reparateur**

réparation ZN V **1 herstel, reparatie** • *des frais de ~* reparatiekosten • *la voiture nécessite des réparations* de auto moet gerepareerd worden **2 genoegdoening, schadeloosstelling** • *demander ~* genoegdoening eisen • *obtenir ~* genoegdoening krijgen **3** SPORT **strafschop** • *le coup de pied de ~* strafschop • *la surface de ~* strafschopgebied

réparer OV WW **1 herstellen, repareren** • *porter ses chaussures à ~* je schoenen naar de schoenmaker brengen • *donner sa montre à ~* je horloge laten maken **2 weer goedmaken, vergoeden** • *~ une erreur* een fout herstellen

reparler ONOV WW **opnieuw spreken**

repartie, répartie ZN V **snedig antwoord, repliek** • *avoir de la ~* ad rem zijn, altijd met een antwoord klaarstaan

repartir ONOV WW onregelmatig **1 weer vertrekken 2 weer teruggaan** • *nous repartons demain* we gaan morgen weer terug **3 weer beginnen, weer beter gaan** • INFORM. *c'est reparti pour un tour!* daar gaan we weer!, we beginnen (weer) van voren af aan! • FIG. *~ à zéro* van voren af aan beginnen

répartir 1 OV WW **1 verdelen, omslaan** • *~ les frais entre tous les participants* de kosten verdelen onder alle deelnemers, de kosten hoofdelijk omslaan **2 (ver)spreiden** • *les cours sont répartis sur tout le semestre* de lessen worden over het hele semester uitgesmeerd **2** WKD WW **(se ~) onder elkaar verdelen** • *se ~ un travail* werk onder elkaar verdelen

répartition ZN V **1 verdeling, omslag** • *la ~ des tâches* de taakverdeling **2 indeling**

repas "-pà" ZN M **maaltijd** • *le ~ de midi* het middageten, de middagmaaltijd • *le ~ du soir* het avondeten, de avondmaaltijd • *un ~ de noces* bruiloftsdiner • *préparer le ~* het eten klaarmaken • *prendre un ~* de maaltijd gebruiken • *à l'heure des ~* tegen etenstijd • *pendant le ~* onder het eten

repassage ZN M **(het) strijken** <van (was)goed>

repasser 1 ONOV WW **1 weer voorbijkomen, weer langskomen, weer (erdoor) komen** • *~ chez qn avant le dîner* voor het (avond)eten weer bij iemand langskomen • *passer et ~* heen en weer gaan **2 weer draaien / vertoond worden** • *le film repasse au Studio* de film draait weer in de bioscoop Studio **2** OV WW **1 weer gaan door / over, weer voorbijgaan** • *~ la rivière* de rivier weer oversteken • *~ l'aspirateur* weer stofzuigen • *~ un examen* een examen overdoen **2 strijken** <van (was)goed> • *~ du linge* wasgoed strijken

repasseuse ZN V **strijkmachine**

repêchage ZN M **herexamen, herkansing** • *passer un examen de repêchage* herexamen doen

repêcher OV WW **1 (weer) opvissen** • *~ un noyé* een drenkeling uit het water halen **2 een herkansing geven** • *~ un candidat* een kandidaat nog een kans geven • INFORM. *~ qn* iemand uit de moeilijkheid redden

repeindre OV WW onregelmatig **opnieuw schilderen, overschilderen**

repenser OV WW **nog eens overdenken,**

re

heroverwegen
repentance ZN V berouw • *faire acte de ~* berouw tonen
repentant BN berouwvol
repenti BN berouwvol, tot beterschap gekomen • *un criminel ~* crimineel die is overgelopen naar de politie / die informant is geworden van de politie
repentir **1** WKD WW **(se ~)** onregelmatig berouw hebben, spijt hebben • <dreigend> *tu t'en ~as!* dat zal je bezuren! **2** ZN M berouw, spijt • *manifester du ~* berouw tonen
repérage ZN M positiebepaling, lokalisering, terreinverkenning • *faire des repérages pour un film* locatieonderzoek doen voor een film
répercussion ZN V (nadelig) gevolg, weerslag (**sur** op), repercussie • *les répercussions de la crise sur l'économie* de ongunstige gevolgen van de crisis voor de economie • *cette décision aura de graves répercussions* die beslissing zal ernstige gevolgen hebben
répercuter **1** OV WW **1** doorberekenen • *~ la hausse de la taxe sur le prix de vente* de stijging van de heffing doorberekenen in de verkoopprijs **2** weerkaatsen **2** WKD WW **(se ~)** zijn weerslag hebben
repère ZN M **1** (ken)merk, merkteken **2** herkenningsteken • *un point de ~* herkenningsteken, richtpunt, aanknopingspunt • *une date ~* belangrijke datum • FIG. *ce jeune n'a plus de repères* deze jongere heeft geen houvast meer
repérer **1** OV WW **1** markeren (met herkenningstekens) **2** (nauwkeurig) lokaliseren, de plaats bepalen van • *~ les positions ennemies* de vijandelijke posities lokaliseren **3** INFORM. ontdekken, opsporen, in de gaten hebben, eruit pikken • *~ un petit hôtel sympa* een leuk hotelletje ontdekken • *se faire ~* opvallen, zich verraden **2** WKD WW **(se ~)** zich oriënteren, de weg vinden • *je ne me repère pas bien dans ce quartier* ik kan me niet goed oriënteren in deze buurt
répertoire ZN M **1** (namen)lijst, register, klapper, adresboek(je) **2** COMP. directory <bestandenlijst> **3** OOK FIG. repertoire
répertorier OV WW een lijst maken van, registreren, inventariseren
répéter **1** OV WW **1** herhalen • *je te répète que tu n'as pas besoin de venir* ik zeg je nogmaals dat je niet hoeft te komen • FIG. *ne pas se le faire ~ deux fois* je iets niet tweemaal laten zeggen **2** repeteren **3** doorvertellen • *il a répété l'histoire à tout le monde* hij heeft het verhaal aan iedereen doorverteld **2** WKD WW **(se ~)** zich herhalen, in herhalingen vervallen • *l'histoire se répète* de geschiedenis herhaalt zich
répétitif BN (V répétitive), zich herhalend, steeds terugkerend
répétition ZN V **1** herhaling • *toutes ces répétitions sont inutiles* al die herhalingen zijn nutteloos **2** repetitie • *la ~ générale* de generale repetitie
repeuplement ZN M **1** herbevolking **2** (het) weer uitzetten <van vis, wild> • *le ~ d'un étang* het weer uitzetten van vis in een plas **3** herbebossing
repeupler OV WW **1** weer bevolken **2** weer uitzetten <van vis, wild> **3** herbebossen
repiquer **1** ONOV WW INFORM. opnieuw beginnen • *~ au truc* weer beginnen **2** OV WW uitplanten • *~ des salades* slaplantjes verpoten
répit "-pie" ZN M uitstel, respijt, onderbreking, adempauze • *sans ~* onafgebroken, almaar (door) • *ne s'accorder aucun ~* jezelf geen rust gunnen
replacer OV WW weer (terug)plaatsen • *~ un livre sur son étagère* een boek weer op zijn plank zetten • *~ un événement historique dans son contexte* een historische gebeurtenis weer in zijn context plaatsen
replanter OV WW verplanten, herbeplanten
replâtrage ZN M FIG. lapwerk, lapmiddel
replâtrer OV WW FIG. oplappen
repli ZN M **1** plooi, vouw, omslag <van kleding>, kronkel(ing) **2** verborgen hoekje • *le ~ sur soi-même* het in jezelf gekeerd zijn **3** MIL. (ordelijke) terugtocht **4** FIG. teruggang
repliable BN opvouwbaar
replier **1** OV WW **1** (weer) opvouwen • *~ des vêtements* kleren (weer) opvouwen • *~ le journal* de krant (weer) opvouwen • *~ ses jambes* je benen optrekken • *~ la lame d'un couteau* een mes inklappen **2** MIL. (ordelijk) terugtrekken **2** WKD WW **(se ~)** MIL. zich (ordelijk) terugtrekken
réplique ZN V **1** weerwoord, antwoord, repliek • *donner la ~ à qn* iemand van repliek dienen, iemands tegenspeler zijn **2** tegenspraak • *un ton sans ~* toon die geen tegenspraak duldt **3** replica **4** evenbeeld **5** AARDK. naschok
répliquer OV WW tegenspreken, antwoorden • *~ qc à qn* iemand iets antwoorden
replonger **1** OV WW OOK FIG. weer dompelen • FIG. *~ le pays dans l'anarchie* het land weer in anarchie doen verzinken **2** WKD WW **(se ~)** weer duiken • FIG. *se ~ dans son travail* je weer op je werk storten
répondant ZN M borg • INFORM. *avoir du ~* geld achter de hand hebben, reserves hebben
répondeur ZN M antwoordapparaat • *laisser un message sur le ~* een bericht inspreken op het antwoordapparaat
répondre **1** ONOV WW **1** antwoorden, weerwoord geven • *~ par l'affirmative / par la négative* bevestigend / ontkennend antwoorden • *~ à une lettre* een brief beantwoorden • *~ à qn* antwoord geven aan iemand • *~ à une question* een vraag beantwoorden • *~ à un sondage* reageren op een opinieonderzoek • *~ en claquant la porte* de deur dichtslaan bij wijze van antwoord • <telefoon> *ça ne répond pas* ik krijg geen gehoor **2** reageren (op) • *~ à qn par retour du courrier* iemand per kerende post beantwoorden • *~ au téléphone* de telefoon aannemen • *les freins ne répondent plus* de remmen doen het niet meer / weigeren **3** overeenkomen (met) • *cela répond à nos besoins* dat voorziet in onze behoeftes **2** OV WW antwoorden • *il a répondu qu'il ne viendrait pas* hij antwoordde dat hij

niet zou komen • *il ne répond rien* hij antwoordt niets

réponse ZN V **1 antwoord (à op), weerwoord,** WWW **reply** • *une ~ positive / négative* een gunstig / afwijzend antwoord • *une ~ évasive* een ontwijkend antwoord • *une ~ catégorique* een beslist antwoord • *une ~ à sa question* antwoord op zijn vraag • *le droit de ~* het recht op weerwoord • *il a ~ à tout* hij is nooit om een antwoord verlegen • *en ~ à votre lettre...* <in brief> in antwoord / reactie op uw schrijven... • *en / comme ~* ten antwoord **2 reactie, respons, oplossing** • *j'ai la ~ à votre problème* ik heb de oplossing voor uw probleem

report ZN M **1 uitstel (à tot)** • *le ~ d'une réunion* het verschuiven van een vergadering **2 overbrenging, transport** <bij boekhouden> **3 (het) overdragen** • POL. *le ~ des voix vers un candidat mieux placé* het overdragen van stemmen aan de best geplaatste kandidaat

reportage ZN M **reportage, verslaggeving** • *un ~ photo* fotoreportage

reporter[1] "-tee" **1** OV WW **1 terugvoeren, overbrengen, overdragen (sur op), transporteren** <bij boekhouden> **2 uitstellen** • *elle a reporté son rendez-vous à la semaine suivante* ze heeft haar afspraak tot volgende week uitgesteld **2** WKD WW **(se ~) à zich (terug)verplaatsen naar, terugdenken aan, verwijzen naar, raadplegen** • *reportez-vous à la page cent dix-huit* zie bladzijde honderdachttien

reporter[2] "-teur" ZN M/V **reporter, verslaggever** • *un ~ sportif* sportverslaggever

repos "-poo" ZN M **1 rust** • *un jour de ~* rustdag • *le ~ dominical* de zondagsrust • *faire une cure de ~* een rustkuur houden • *être de ~* vrij(af) hebben • *de tout ~* risicoloos, probleemloos **2 rustpunt** <in muziek, tekst>, **pauze 3** MIL. • *~!* (op de plaats) rust!

reposant BN **rustgevend, verkwikkend**

reposé BN **uitgerust** • *à tête reposée* in alle rust, rustig (nadenkend)

repose-pied, repose-pieds ZN M (MV repose-pieds), **voetsteun**

reposer 1 ONOV WW **1 (uit)rusten, slapen** • *ici repose Jacques Brel* hier rust Jacques Brel • *laisser ~ la pâte (avant de la cuire)* het deeg laten rusten (alvorens het te bakken) • *laisser ~ ses jambes* je benen laten rusten **2 (be)rusten (op)** • FIG. *son jugement ne repose sur rien* zijn oordeel is nergens op gebaseerd **2** OV WW **1 weer plaatsen / stellen, terugzetten, neerzetten** • *il a reposé l'enfant dans son lit* hij heeft het kind weer in bed gelegd • *~ le téléphone (sur son socle)* de telefoon (op zijn houder) terugzetten **2 tot rust brengen, ontspannen** • *je pars en week-end, ça me ~a* ik ga het weekend weg, dat zal me tot rust brengen **3** WKD WW **(se ~) 1 (uit)rusten** • *se ~ sur qn* op iemand vertrouwen, zich op iemand verlaten • FIG. *se ~ sur ses lauriers* op je lauweren rusten **2 weer rijzen** <van vraag, probleem> • *la question va se ~ dans un an* over een jaar zal de vraag weer rijzen / het probleem zich weer voordoen

repose-tête ZN M (MV repose-tête(s)), **hoofdsteun**

repoussant BN **weerzinwekkend, afstotend**

repousser 1 ONOV WW **weer uitlopen, weer aangroeien** • *laisser ~ ses cheveux* je haar weer laten aangroeien **2** OV WW **1 terugdrijven, terugstoten, terugschuiven, afweren** • *~ la balle du pied* de bal wegschoppen • *les manifestants ont été repoussés par la police* de betogers zijn door de politie teruggedreven **2 afwijzen, afslaan** <van aanbod> • *~ une proposition* een voorstel verwerpen **3 uitstellen** • *~ la date d'un mariage* de datum van een huwelijk verschuiven

repoussoir ZN M **lelijkerd**

répréhensible BN **afkeurenswaardig, laakbaar, kwalijk**

reprendre 1 ONOV WW **weer beginnen, weer beter gaan,** FIG. **weer aanslaan** • *la chaleur reprend* het wordt weer warm **2** OV WW onregelmatig **1 hernemen, weer (aan)nemen, weer ophalen** • *~ la route* weer op weg gaan • *aller ~ les enfants à la piscine* de kinderen van het zwembad gaan ophalen • *je reprendrai volontiers un peu de vin* ik neem graag nog een beetje wijn • *~ sa place* weer plaatsnemen • FIG. *~ des forces* weer op krachten komen • FIG. *~ courage* opnieuw moed vatten • FIG. *~ conscience* weer tot bewustzijn / bij kennis komen **2 terugnemen** • *les articles soldés ne sont pas repris* uitverkoopartikelen worden niet teruggenomen • FIG. *~ sa parole* op je belofte terugkomen **3 weer (op)pakken, hervatten, voortzetten** • *~ le travail (après la grève)* het werk hervatten (na de staking) • *on ne m'y reprendra plus* dat zal me niet nog een keer gebeuren • *~ tout à zéro* van voren af aan beginnen **4 overnemen** • *elle veut ~ la boulangerie au coin de la rue* ze wil de bakkerij op de hoek van de straat overnemen **5 bijwerken, herstellen** • *~ une jupe* een rok verstellen / innemen **6 berispen, terechtwijzen, bekritiseren 3** WKD WW **(se ~) 1 zich herstellen** • *il s'est trompé de nom, mais s'est vite repris* hij vergiste zich van naam, maar herstelde zich onmiddellijk **2 weer beginnen (à te)** • *se ~ à espérer* weer hoop beginnen te krijgen • *s'y ~ à deux fois* nog een keer beginnen

représailles ZN V MV **represailles (contre tegen), vergelding** • *user de ~ contre qn* represailles nemen tegen iemand, wraak nemen op iemand

représentable BN **af te beelden**

représentant ZN M (V représentante), **vertegenwoordiger** • *un ~ de commerce* vertegenwoordiger, handelsreiziger • *un ~ syndical* vakbondsvertegenwoordiger • *le ~ de la France à l'O.N.U.* de Franse gezant bij de VN

représentatif BN (V représentative) **1 vertegenwoordigend 2 representatief (de voor), typerend (de voor)** • *être ~ de son époque* typerend zijn voor zijn tijd

représentation ZN V **1 voorstelling, uitbeelding**

2 voorstelling, opvoering • *une ~ théâtrale* theatervoorstelling • *assister à une ~* een voorstelling bijwonen **3 vertegenwoordiging 4 uiterlijk vertoon** • *des frais de ~* representatiekosten

représenter 1 OV WW **1 voorstellen, uitbeelden** • *un tableau qui représente un paysage* schilderij dat een landschap voorstelt **2 opvoeren** <van toneelstuk> • *~ une pièce de Molière* een stuk van Molière opvoeren **3 vertegenwoordigen** • *la France ne sera pas représentée aux Jeux olympiques d'hiver* Frankrijk zal niet vertegenwoordigd zijn op de Olympische Winterspelen **4 betekenen** • *ce projet représente plusieurs millions d'euros* met dit project zijn ettelijke miljoenen euro's gemoeid • *il ne représente rien pour moi* hij betekent niets voor mij **2** WKD WW **(se ~) 1 zich (iets/iemand) voorstellen** • *je me la représentais grande et blonde* ik stelde me haar lang en blond voor **2 zich weer aandienen** • *se ~ aux élections* zich weer kandidaat stellen bij de verkiezingen • *se ~ au bac* opnieuw opgaan voor het eindexamen

répressif BN (V répressive), **repressief, onderdrukkend**

répression ZN V **1 repressie, onderdrukking** • *des mesures de ~* repressiemaatregelen, onderdrukkende maatregelen **2** PSYCH. **verdringing**

réprimande ZN V **berisping, reprimande, standje** • *faire des réprimandes à qn* iemand berispen, iemand een standje geven

réprimander OV WW **berispen, terechtwijzen** • *se faire ~* een uitbrander krijgen, een standje krijgen

réprimer OV WW **onderdrukken, beteugelen, bedwingen** • *~ sa colère* je woede inhouden • *~ un fou rire* de slappe lach onderdrukken • *~ une révolte* een opstand de kop indrukken

repris 1 ZN M • *un ~ de justice* recidivist **2** WW volt. deelw. → **reprendre**

reprise ZN V **1 herhaling, hervatting, terugneming, herneming, overname** • *la ~ d'une comédie musicale* de heropvoering van een musical • *la valeur de ~* inruilwaarde, overnamekosten • *à plusieurs ~s* herhaaldelijk, verschillende keren **2** ECON. **herstel** <v.d. handel>, **opleving** • *on annonce une ~ des exportations* er wordt een herstel van de export aangekondigd **3 herstelling, verstelling, stop** <in kleding> **4 ronde** <bij boksen>

repriser OV WW **stoppen** <van kleding>, **verstellen**

réprobateur BN (V réprobatrice), **afkeurend**

réprobation ZN V **afkeuring, verwerping**

reproche ZN M **verwijt** • *un ton de ~* verwijtende toon • *accabler qn de ~s* iemand overstelpen met verwijten • *être sans ~* onberispelijk / smetteloos zijn

reprocher OV WW **verwijten** • *~ qc à qn* iemand iets verwijten • *on me reproche de ne pas travailler plus* er wordt me verweten dat ik niet méér werk • *n'avoir rien à se ~* je niets te verwijten hebben, je van geen kwaad bewust zijn

reproducteur 1 BN (V reproductrice), **reproductief, voortplantings-** • *les organes ~s* voortplantingsorganen **2** ZN M **fokdier**

reproductible BN **reproduceerbaar**

reproductif BN (V reproductive), **voortplantings-, reproducerend**

reproduction ZN V **1 reproductie, nabootsing, kopie** • *~ interdite* namaak verboden **2 weergave, nadruk, herdruk** • *la ~ illégale* de illegale herdruk • *le droit de ~* het reprorecht **3 voortplanting, vermenigvuldiging** • *la ~ par insémination artificielle* voortplanting door middel van kunstmatige inseminatie

reproduire 1 OV WW onregelmatig **1 reproduceren, nabootsen, nadoen** • *~ un texte à trente exemplaires* dertig kopieën maken van een tekst • *~ à l'oreille* op het gehoor naspelen **2 nadrukken, weergeven 2** WKD WW **(se ~) 1 zich voortplanten 2 zich herhalen** • *cela ne se reproduira plus* dat zal niet meer voorkomen

reprogrammer OV WW **herprogrammeren**

réprouver OV WW **afkeuren, verwerpen**

reptile ZN M **reptiel**

repu BN OOK FIG. **verzadigd**

républicain 1 BN **republikeins 2** ZN M (V républicaine), **republikein**

république ZN V **republiek** • *la République tchèque* Tsjechië • INFORM. *on est en république!* we leven in een vrij land!

répudiation ZN V **verstoting** • *la ~ d'une épouse* de verstoting van een echtgenote

répudier OV WW **1 verstoten 2** FIG. **verwerpen, afwijzen, afstand doen van**

répugnance ZN V **afkeer, weerzin, tegenzin** • *éprouver de la ~ pour / à l'égard de / envers qn* een afkeer hebben van iemand

répugnant BN **weerzinwekkend, afstotend** • *une odeur répugnante* walgelijke geur

répugner ONOV WW **1 een afkeer hebben van, geen zin hebben om** • *cette odeur me répugne* die geur doet me walgen **2 tegenstaan** • *cela me répugne de le dire* het staat me tegen het te zeggen, ik zeg het niet graag

répulsif BN (V répulsive) OOK FIG. **afstotend**

répulsion ZN V **1 afstoting 2 afkeer, weerzin** • *avoir de la ~ pour qn* een afkeer hebben van iemand

réputation ZN V **reputatie, (goede) naam** • *avoir la ~ d'être avare* de naam hebben gierig te zijn • *sa ~ n'est plus à faire* hij heeft een gevestigde reputatie • *connaître qn de ~* iemand kennen van horen zeggen • *avoir bonne / mauvaise ~* een goede / slechte naam hebben • *ternir la ~ de qn* iemands goede naam aantasten

réputé BN **bekend(staand), vermaard** • *un restaurant ~ pour son poisson* restaurant dat vermaard is om zijn vis

requérir OV WW onregelmatig **1 vragen** <nodig hebben>, **vereisen** • *cet enfant requiert une attention constante* dit kind vraagt doorlopend aandacht **2** JUR. **eisen, vorderen** • *le procureur a requis quatre mois de prison ferme* het Openbaar Ministerie eiste vier maanden gevangenisstraf

requête ZN V **1** verzoek **2** JUR. rekest, verzoek(schrift) • *adresser une ~ à qn* een verzoekschrift tot iemand richten

requiem ZN M (MV id.), requiem

requiert WW → **requérir**

requin ZN M OOK FIG. haai • FIG. *les ~s de la finance* de hyena's van het geldwezen

requinquer INFORM. **1** OV WW opknappen, opkikkeren • *un week-end à la campagne nous a requinqués* een weekend op het platteland heeft ons opgekikkerd **2** WKD WW **(se ~)** opknappen, opkikkeren • *se ~ avec un petit verre* opkikkeren met een glaasje

requis 1 BN vereist • *elle n'a pas les diplômes ~* ze heeft niet de vereiste diploma's **2** WW volt. deelw. → **requérir**

réquisition ZN V vordering <door overheid>, rekwisitie

réquisitionner OV WW **1** vorderen <door overheid> • *~ une école pour des élections* een school vorderen voor de verkiezingen **2** INFORM. inschakelen <van mensen>, laten meehelpen

réquisitoire ZN M OOK FIG. requisitoir, JUR. eis

R.E.R. AFK Réseau express régional m snelle metro <in Parijs en omstreken>

rescapé 1 BN overlevend, ontkomen, gered **2** ZN M (V rescapée), geredde, overlevende • *les rescapés d'un accident* de overlevenden van een ongeval

rescousse ZN V • *aller à la ~ de qn* iemand te hulp komen

réseau ZN M (MV réseaux) **1** OOK FIG. netwerk • *un ~ ferroviaire* spoorwegnet • *un ~ routier* wegennet • *un ~ commercial* verkoopapparaat • *une discussion sur ~* onlinediscussie, forumdiscussie • *avoir un bon ~ social / relationnel* een goed sociaal netwerk hebben • INFORM. *merde, il n'y a pas de réseau!* shit, ik heb geen bereik! **2** groep, organisatie • *un ~ de résistance* verzetsgroep • *un ~ d'espionnage* spionageorganisatie

réseauter ONOV WW netwerken

réservation ZN V plaatsbespreking, reservering • *une ~ d'hôtel* hotelreservering • *faire une ~* reserveren

réserve ZN V **1** reserve, voorraad • *une ~ d'argent* spaargeld, spaarpotje • *une ~ de vivres* reservevoorraad van levensmiddelen • *des réserves de pétrole* voorraad aan olie • MIL. *les troupes de ~* de reservetroepen • *faire des réserves de bois* een houtvoorraad aanleggen • *du matériel de ~* reservemateriaal • *vivre sur ses réserves* op je kapitaal interen **2** magazijn, voorraadkamer(s) • *la ~ dans une bibliothèque* het magazijn van een bibliotheek **3** reservaat • *une ~ naturelle* beschermd natuurgebied **4** voorbehoud, bedenking • *émettre des réserves à propos de qc* een kritische noot bij iets plaatsen, een voorbehoud bij iets maken • *avoir une confiance sans ~ en qn* een onvoorwaardelijk vertrouwen hebben in iemand • *sous toutes réserves* onder voorbehoud **5** terughoudendheid • *se tenir sur la ~* op je hoede blijven

réservé BN gereserveerd • *parking ~ aux handicapés* invalidenparkeerplaats

réserver 1 OV WW **1** bewaren • *~ une bonne bouteille pour une bonne occasion* een goede fles bewaren voor een gelegenheid **2** bespreken, reserveren • *~ une chambre d'hôtel* een hotelkamer reserveren • *~ deux places à l'opéra* twee plaatsen bespreken voor de opera **3** voorbehouden (aan), bestemmen (voor) • *~ un accueil chaleureux à qn* iemand een hartelijk welkom toebereiden, iemand warm onthalen • *~ du temps pour qc* tijd uittrekken / vrijhouden voor iets **2** WKD WW **(se ~) 1** zich (iets / het recht) voorbehouden (**de** te) **2** afwachten, zich sparen (**pour** voor) • *je me réserve pour le dessert* ik houd een plaatsje over voor het toetje

réserviste ZN M reservist

réservoir ZN M OOK FIG. reservoir, (vergaar)bak, bassin • *un ~ d'essence* benzinetank • *le ~ de la chasse d'eau* het waterreservoir van het toilet • FIG. *un ~ d'experts* denktank

résidant BN woonachtig, residerend

résidence ZN V **1** woonplaats, verblijf(plaats), residentie • *une ~ secondaire* tweede woning **2** (luxueus) appartementencomplex • *une ~ universitaire* studentenflat **3** • *une ~ surveillée* huisarrest • *être assigné à ~* onder huisarrest geplaatst worden

résident ZN M (V résidente) **1** buitenlands ingezetene **2** inwoner <van complex>, inwonend coassistent

résidentiel BN (V résidentielle), woon- • *un quartier ~* (betere / deftige) woonwijk, laagbouwwijk

résider ONOV WW **1** verblijf houden, woonachtig zijn **2** FIG. bestaan (in), gelegen zijn (in) • *c'est là que réside la difficulté* dáár ligt de moeilijkheid

résidu ZN M **1** overblijfsel, rest, residu **2** bezinksel, (chemisch) afval

résiduel BN (V résiduelle), achterblijvend, rest-

résignation ZN V berusting • *accepter qc avec ~* iets gelaten accepteren

résigné BN berustend, gelaten, lijdzaam

résigner WKD WW **(se ~)** berusten (**à** in), zich neerleggen (**à** bij)

résiliation ZN V ontbinding <van contract>, opzegging

résilience ZN V schokvastheid

résilier OV WW ontbinden <van contract>, opzeggen

résine ZN V hars • *~ synthétique* kunsthars

résineux 1 ZN M MV naaldbomen **2** BN (V résineuse), harsachtig, harshoudend

résistance ZN V **1** NATK. weerstand (**à** tegen), weerstandsvermogen, resistentie • *la ~ aux chocs* schokvastheid **2** weerstand, uithoudingsvermogen • *la ~ au froid* de weerstand tegen kou • *manquer de ~* geen uithoudingsvermogen hebben **3** OOK FIG. • *une* *pièce / un plat de ~* hoofdschotel **4 tegenstand, weerstand, verzet (à tegen)** • *la Résistance* het Verzet <1940-1944> • *opposer une ~* weerstand bieden • *la ~ passive* lijdelijk verzet

résistant 1 BN **sterk, taai, resistent, met uithoudingsvermogen** <van personen> • *~ au feu* vuurvast • *~ à la chaleur* bestand tegen hitte, hittebestendig **2** ZN M (V **résistante**), **verzetsstrijder**

résister ONOV WW **1 bestand zijn (tegen), (kunnen) doorstaan** • *~ aux privations* bestand zijn tegen ontberingen **2 zich verzetten, tegenstand bieden, standhouden, niet meegeven** • *~ à l'ennemi* je tegen de vijand verzetten, de vijand weerstand bieden **3 weerstand bieden (à aan)** • *~ à la souffrance* het leed (kunnen) doorstaan • *~ à la passion* weerstand bieden aan de hartstocht

résolu 1 BN **vastbesloten (à om), kordaat, resoluut 2** WW volt. deelw. → **résoudre**

résoluble BN **oplosbaar** • *un problème facilement ~* makkelijk op te lossen probleem

résolument BW **resoluut, kordaat, beslist**

résolution ZN V **1 besluit, voornemen** • *le manque de ~* besluiteloosheid • *prendre de bonnes résolutions* goede voornemens opvatten **2 oplossing** <van vraagstuk> • *la ~ d'un problème* de oplossing van een probleem

résolvais WW verl. tijd → **résoudre**

résonance ZN V OOK FIG. **weerklank, nagalm, resonantie** • *une caisse de ~* klankkast • MED. *imagerie par ~ magnétique / I.R.M.* MRI-scan

résonnant BN **weerklinkend, galmend**

résonner ONOV WW **weerklinken (de van), resoneren, galmen** • *cette salle résonne trop* deze zaal galmt te veel

résorber 1 OV WW **1 doen verdwijnen, terugdringen** • *on cherche à ~ le chômage* men probeert de werkloosheid terug te dringen **2** MED. **resorberen 2** WKD WW **(se ~) verdwijnen, geresorbeerd worden** • FIG. *le déficit se résorbe* het tekort verdwijnt

résorption ZN V **(het) terugdringen, verdwijning, resorptie**

résoudre 1 OV WW **1 oplossen** <van vraagstuk> • *~ un crime* een misdrijf oplossen **2 doen besluiten (à te), overhalen (à tot) 2** WKD WW **(se ~) 1 een besluit nemen, besluiten (à te) 2 (zich) oplossen** • *le problème s'est résolu tout seul* het probleem heeft zich vanzelf opgelost

respect "-pè" ZN M **1 eerbied, ontzag, respect** • *du ~ pour qn / envers qn* respect voor iemand • *des marques de ~* blijken van respect • *le ~ de soi* zelfrespect, gevoel van eigenwaarde • *manquer de ~ à qn* je onbehoorlijk / niet correct gedragen tegenover iemand • *imposer le ~* eerbied afdwingen, ontzag inboezemen • *par ~ pour* uit eerbied voor • *sauf votre ~...* met alle respect... **2 (het) respecteren, naleving, eerbiediging**

respectabilité ZN V **achtenswaardigheid, eerbiedwaardigheid**

respectable BN **1 achtenswaardig, eerbiedwaardig, respectabel 2 aanmerkelijk** • *il est mort à l'âge ~ de quatre-vingt-dix ans* hij overleed in de gezegende ouderdom van negentig jaar

respecter 1 OV WW **respecteren** • *~ un accord* je aan een overeenkomst houden • *~ le silence* de stilte niet verstoren • *se faire ~* respect / gezag afdwingen • *~ les lois* de wet naleven • *faire ~ la loi* het (wettelijk) gezag handhaven **2** WKD WW **(se ~) zichzelf respecteren, zelfrespect hebben**

respectif BN (V **respective**), **respectief**

respectivement BW **respectievelijk**

respectueusement BW **eerbiedig**

respectueux BN (V **respectueuse**), **eerbiedig** • *être ~ des traditions* tradities in ere houden / in acht nemen • *être ~ de l'environnement* milieubewust zijn, milieuvriendelijk zijn • *se tenir à distance respectueuse* op eerbiedige afstand blijven

respirable BN **in te ademen** • FIG. *l'atmosphère n'est pas ~* de sfeer is verstikkend

respirateur ZN M **masker** <tegen rook, gas, stof>

respiration ZN V **ademhaling, inademing** • *une ~ artificielle / assistée* kunstmatige ademhaling

respiratoire BN **ademhalings-** • *les voies ~s* de luchtwegen

respirer 1 ONOV WW **1** OOK FIG. **ademen** • *~ par le nez* door je neus ademhalen • *il ment comme il respire* hij is een aartsleugenaar **2 weer op adem komen, herademen** • *ils sont partis, on respire!* ze zijn weg, we kunnen weer ademhalen! <opluchting> • *~ librement / à l'aise* ruimer ademhalen **2** OV WW **1 inademen 2** OOK FIG. **ademen** • FIG. *~ la santé* blaken van gezondheid • FIG. *~ la joie* vreugde uitstralen • FIG. *il respire l'autorité* hij straalt gezag uit

resplendir ONOV WW **1 schitteren 2** FIG. **stralen, blaken (de van)** • *son visage resplendit de joie* zijn / haar gezicht straalt van vreugde

resplendissant BN **schitterend,** FIG. **stralend, blakend** • *elle est ~e dans sa robe de mariée* ze ziet er stralend uit in haar bruidsjurk

responsabiliser OV WW **verantwoordelijkheidsgevoel bijbrengen**

responsabilité ZN V **1 verantwoordelijkheid** • *un poste à ~* verantwoordelijke baan • *accepter la ~ de qc* de verantwoordelijkheid voor iets op je nemen • *prendre ses responsabilités* je verantwoordelijkheden niet uit de weg gaan • *décliner toute ~* iedere verantwoordelijkheid afwijzen **2** JUR. **aansprakelijkheid** • *la ~ civile* wettelijke aansprakelijkheid

responsable 1 BN **1 verantwoordelijk, rekenschap / verantwoording schuldig** • *le professeur est ~ de sa classe* de leraar is verantwoordelijk voor zijn klas • *le gouvernement est ~ devant l'Assemblée* de regering is verantwoording schuldig aan de Assemblée • *être civilement ~* wettelijk aansprakelijk zijn • *rendre quelqu'un ~ de qc* iemand aansprakelijk stellen voor iets **2 verantwoord, verstandig** • *avoir une attitude ~* een redelijke houding hebben, je redelijk opstellen • *pratiquer un tourisme ~* ecologisch verantwoord toerisme bedrijven **2** ZN M/V **1 schuldige, dader** • *le ~ doit se dénoncer* de dader moet zich aangeven **2 leidinggevende, functionaris,** BELG. **verantwoordelijke**

resquillage INFORM. ZN V → **resquille**

resquille INFORM. ZN V **(het) zwartrijden, (het) binnenglippen, (het) bietsen** • *faire de la ~* zwartrijden, ergens zonder te betalen naar binnen gaan

resquiller INFORM. **1** ONOV WW **1 zwartrijden, binnenglippen zonder betaling 2 voordringen 2** OV WW **nemen zonder te betalen, bietsen**

resquilleur INFORM. ZN M (V resquilleuse), **klaploper, zwartrijder, bietser, voordringer**

ressac ZN M **branding**

ressaisir WKD WW **(se ~) zichzelf weer meester worden, zich vermannen** • *le tennisman s'est bien ressaisi après le premier set* de tennisser kwam na de eerste set weer in zijn spel

ressasser OV WW **1 steeds weer denken aan** • *~ ses souvenirs* steeds weer herinneringen ophalen **2 tot vervelens toe herhalen**

ressemblance ZN V **gelijkenis, (punt v.) overeenkomst** • *une ~ frappante* een sprekende gelijkenis • *toute ~ avec des personnages réels est fortuite* elke gelijkenis met bestaande personen berust op toeval

ressemblant BN **gelijkend**

ressembler 1 ONOV WW **lijken (op)** • *il ressemble à son père* hij lijkt op zijn vader • *cela lui ressemble tout à fait* dat is net iets voor hem • *ça ne ressemble à rien* dat lijkt nergens naar **2** WKD WW **(se ~) lijken op elkaar** • *ils ne se ressemblent pas du tout* ze lijken helemaal niet op elkaar

ressemeler OV WW **verzolen**

ressenti ZN M **beleving**

ressentiment ZN M **wrok, wraakgevoel** • *éprouver un ~ envers qn* wrok koesteren tegen iemand

ressentir 1 OV WW onregelmatig **diep voelen, koesteren** <van gevoelens> • *elle ressent de l'amour pour lui* ze koestert liefde voor hem, ze houdt van hem **2** WKD WW **(se ~) de gevolgen ondervinden / vertonen (van), het stempel dragen (van)** • *la qualité va s'en ~* de kwaliteit zal eronder te lijden hebben

resserrement ZN M **vernauwing, (het) nauwer aanhalen** • *le ~ des liens entre deux pays* het nauwer aanhalen van de banden tussen twee landen

resserrer 1 OV WW **1 nauwer aanhalen** • *~ une vis* een schroef vastdraaien • *~ son étreinte* je greep versterken **2 samentrekken, verkleinen, inperken 2** WKD WW **(se ~) zich samentrekken, nauwer worden, dichter opeen komen** • *la route se resserre par ici* de weg wordt hier smaller • FIG. *l'étau se resserre* het net sluit zich • *nos liens d'amitié se sont resserrés* onze vriendschapsbanden zijn nauwer aangehaald

resservir 1 ONOV WW onregelmatig **weer dienst doen, weer bruikbaar zijn** • *je (le) garde, ça peut toujours ~* ik bewaar het, het kan altijd nog eens van pas komen **2** OV WW **weer opdienen**

ressort ZN M **1 (spring)veer** • *un sommier à ~s* spiraalmatras, springbox **2** FIG. **veerkracht, fut** • *une personne qui n'a aucun ~* futloos persoon • *le ~ est cassé* er is iets (in hem / haar) geknapt **3 (ambts)gebied, terrein v. bevoegdheid, ressort** • *ce n'est pas de mon ~* dat behoort niet tot mijn bevoegdheid, daar kan ik niet over oordelen • *en dernier ~* uiteindelijk

ressortir 1 ONOV WW onregelmatig **1 weer uitgaan** • *il est ressorti pour dîner* hij is weer uitgegaan om te dineren **2 duidelijk uitkomen (op, tegen)** • *le rouge ressort bien sur sa peau bronzée* het rood steekt goed af tegen haar gebruinde huid **2** ONP WW **~ de blijken / volgen uit** • *il ressort de ce rapport que...* uit dit rapport blijkt dat... **3** OV WW regelmatig **weer tevoorschijn halen,** FIG. **(weer) ophalen** • *on ressort tous les vieux films* alle oude films worden herhaald • *elle nous a ressorti l'histoire de ses parents* zij is weer op de proppen gekomen met dat verhaal over haar ouders

ressortissant ZN M **staatsburger, onderdaan** • *un ~ hollandais vivant en France* Nederlander die in Frankrijk woont

ressouder OV WW OOK FIG. **weer aaneenhechten, weer solderen**

ressource 1 ZN V **(hulp)middel, toevlucht, uitweg, redmiddel, mogelijkheid** • *avoir de la ~* je (altijd) weten te redden, vindingrijk zijn • *en dernière ~* als laatste uitweg **2** ZN V MV **bestaansmiddelen, middelen** • *des ~s naturelles* natuurlijke hulpbronnen / rijkdommen • *des ~s minières* bodemschatten • *des ~s pétrolières* olievoorraden, olievoorraad • *des ~s en énergie* energievermogen • *il est directeur des ~s humaines* / *il est D.R.H.* hij is hoofd Personeelszaken / P&O • *il est sans ~s* hij is onbemiddeld • *déployer toutes ses ~s pour obtenir qc* alle middelen aanwenden om iets te bereiken

ressourcer WKD WW **(se ~) zich herpakken, zich hervinden, (zich) herbronnen**

ressurgir ONOV WW → **resurgir**

ressusciter 1 ONOV WW **1 uit de dood opstaan 2** FIG. **herleven** • *depuis l'implantation de l'usine, ce village ressuscite* sinds de vestiging van de fabriek herleeft dit dorp **2** OV WW **1 uit de dood opwekken 2** FIG. **doen herleven** • *~ une tradition* een traditie doen herleven

restant 1 BN **overblijvend** • *poste ~e* poste restante **2** ZN M **restant, rest** • *nous paierons le ~ de la somme le mois prochain* we zullen het resterende bedrag volgende maand betalen

restau INFORM., **resto** ZN M restaurant **restaurant** • *le resto(-)U* de mensa • *les restos du cœur* gratis (winter)gaarkeukens <voor behoeftigen>

restaurant ZN M **restaurant** • *le ~ universitaire* / INFORM. *le resto U* de mensa • *les ~s du cœur* gratis (winter)gaarkeukens <voor behoeftigen> • *aller au ~* uit eten gaan

restaurateur 1 ZN M (V restauratrice) **1**

re

restauranthouder **2** **restaurateur, hersteller** • *un ~ de meubles* meubelrestaurateur **2** BN (V restauratrice), **herstellend** • *la chirurgie restauratrice* de reconstructieve chirurgie

restauration ZN V **1** **restauratie, herstel** • *la ~ de la paix dans une région* het herstel van de vrede in een regio • COMP. *la ~ d'un document* het herstel van een document **2** **restaurantwezen, horeca** • *la ~ rapide* fastfood • *mes voisins sont dans la ~* mijn buren zitten in de horeca

restaurer **1** OV WW **restaureren, herstellen** • *on restaure le centre de la ville* het centrum van de stad wordt gerestaureerd • *~ la paix* de vrede herstellen • COMP. *~ un fichier* een bestand herstellen **2** WKD WW **(se ~) de maaltijd gebruiken**

reste ZN M **1** **rest** • *le ~ de la livraison arrive demain* de rest van de levering komt morgen • *le ~ de sa vie* zijn verdere leven • *il y a un ~ de poulet dans le frigidaire* er is een restje kip in de koelkast • *partir sans demander son ~* maken dat je wegkomt, stilletjes afdruipen • *il a de la bonté de ~* hij is te goed • *ne pas être en ~ (avec qn)* niet onderdoen (voor iemand) • *ne pas vouloir demeurer en ~ (avec les autres)* niet willen achterblijven (bij de anderen) • *au / du ~* overigens • *pour le ~, rien de nouveau* verder geen nieuws **2** MV **overblijfselen** • *les ~s d'un repas* de overblijfselen van een maaltijd, de kliekjes • *les ~s d'un ancien temple grec* de overblijfselen / ruïnes van een oude Griekse tempel • INFORM. *il a de beaux ~s* hij is goed geconserveerd, hij mag er nog zijn

rester **1** ONOV WW **blijven** • *~ debout* blijven staan • *~ immobile* blijven stilstaan • *vous restez dîner?* blijft u (vanavond) eten? • *je sais ce qui me reste à faire* ik weet wat mij te doen staat • *son vélo est resté dehors toute la semaine* zijn fiets is de hele week buiten blijven staan • *le magasin reste ouvert jusqu'à minuit* de winkel blijft tot middernacht open • *la télé reste allumée toute la nuit chez eux* de tv staat bij hen de hele nacht aan • *où en sommes-nous restés?* waar zijn we gebleven? • *elle est restée avec trois enfants sur les bras* zij is met drie kinderen blijven zitten • *bon, restons-en là!* laten we het daar maar bij houden! • *cette affaire n'en ~a pas là* daar zal het niet bij blijven, dat muisje zal nog wel een staartje hebben • *(il) reste à savoir si son histoire est vraie* blijft nog de vraag of zijn verhaal waar is • *il n'en reste pas moins qu'elle ne remboursera rien* dat neemt niet weg dat ze niets zal terugbetalen/vergoeden • INFORM., FIG. *il a failli y ~* hij bleef er bijna in **2** ONP WW **overblijven, rest(er)en** • *il nous reste 10 euros* we hebben nog 10 euro (over) • *du vin? il en reste un peu* wijn? er is nog wat over

restituer OV WW **1** **teruggeven, terugbetalen, restitueren** • *il a restitué l'argent emprunté à son père* hij heeft het geld dat hij van zijn vader geleend had, teruggegeven **2** **in de oorspronkelijke staat herstellen, reconstrueren**

restitution ZN V **teruggave, terugbetaling, restitutie** • *la ~ des biens volés pendant la Deuxième Guerre mondiale* de teruggave van de goederen die tijdens de Tweede Wereldoorlog gestolen zijn

re

restoroute ZN M **wegrestaurant**

restreindre **1** OV WW onregelmatig **inperken, beperken** • *~ les dépenses* de uitgaven beperken **2** WKD WW **(se ~) kleiner worden, zich beperken, zich bekrimpen** • *se ~ sur sa consommation d'alcool* je alcoholgebruik beperken

restreint BN **beperkt**

restrictif BN (V restrictive), **beperkend** • *des mesures restrictives* beperkende maatregelen

restriction ZN V **1** **beperking, restrictie, voorbehoud** • *accepter sans (aucune) ~* zonder voorbehoud accepteren **2** MV **(consumptie) beperkingen, ontberingen** • *les ~s budgétaires* de budgettaire beperkingen • *les ~s imposées en temps de guerre* de rantsoenering (opgelegd) in oorlogstijd

restructuration ZN V **herstructurering**

restructurer OV WW **herstructureren, reorganiseren**

résultante ZN V **resultante, gevolg**

résultat ZN M **1** **uitkomst, gevolg, resultaat** • *le ~ des négociations* de uitkomst van de onderhandelingen • *cela n'a donné aucun ~* dat heeft geen resultaat opgeleverd **2** MV **uitslag, resultaat** • *les résultats des élections* de verkiezingsuitslagen • *les résultats du lotto* de uitslagen van de lotto • *les résultats des analyses de sang* de uitslagen van de bloedonderzoeken • FIG., INFORM. *résultats des courses* al met al

résulter ONP WW **voortvloeien (uit)** • *il résulte de tout cela un mécontentement général* het gevolg van dat alles is een algemene ontevredenheid

résumé ZN M **samenvatting, resumé** • *faire un ~* een samenvatting maken • *en résumé, il ne fera rien* kortom, hij zal niets doen • *en ~* kortom, in het kort

résumer **1** OV WW **samenvatten, resumeren** • *pour résumer, je dirai que...* samengevat / samenvattend zou ik willen zeggen dat... **2** WKD WW **(se ~) zijn woorden samenvatten, samen te vatten zijn** • *leur grande histoire d'amour se résume à presque rien* hun grootse liefde is (in feite) iets onbeduidends

résurgence ZN V **(het) weer tevoorschijn komen**

resurgir ONOV WW **weer opduiken**

résurrection ZN V **1** **opstanding, verrijzenis** **2** FIG. **herleving** • *la ~ d'une tradition oubliée* de herleving van een vergeten traditie

rétablir **1** OV WW **1** **(in de oude toestand) herstellen** • *après deux heures, le courant a été rétabli* na twee uur was de stroomstoring hersteld • *~ qn dans ses fonctions* iemand in zijn functie herstellen • *~ la paix* de vrede herstellen • *~ la vérité* de ware toedracht vaststellen **2** **gezond maken** **2** WKD WW **(se ~) 1** **herstellen** <van ziekte>, **beter worden** • *il se rétablit lentement* hij herstelt langzaam **2** FIG. **terugkeren, weer intreden** • *le trafic s'est rétabli* het verkeer is weer op gang gekomen

rétablissement ZN M **1** **herstel (in de oude toestand)** • *le ~ de l'ordre dans un pays* het herstel van de orde in een land • *le ~ du trafic s'est fait* *graduellement* het verkeer kwam geleidelijk weer op gang **2 genezing, beterschap** • *souhaiter un prompt ~ à qn* iemand een spoedig herstel wensen • *bon rétablissement!* beterschap gewenst!

rétamé INFORM. BN **kapot**

retape INFORM. ZN V **1 (het) tippelen** • *faire la ~* tippelen **2 schreeuwerige reclame**

retaper INFORM. **1** OV WW **1 oplappen, opknappen** • *~ une vieille armoire* een oude kast opknappen **2 (iemand) opkikkeren** • *ce petit vin nous a retapés* dat glaasje wijn heeft ons opgekikkerd **2** WKD WW **(se ~) opknappen, opkikkeren** • *aller à la montagne pour se ~* naar de bergen gaan om op te knappen

retard ZN M **1 vertraging** • *être en ~ au bureau* te laat op kantoor zijn • *avoir une heure de ~; être en ~ d'une heure* een uur te laat komen • *le train a eu du ~* de trein had vertraging • *j'ai pris du ~ sur mon courrier* ik ben achter met mijn post • FIG. *avoir un train / métro de ~* (op de feiten) achterlopen, niet bij de tijd zijn **2 uitstel** • *il faut aller lui parler sans ~* we moeten direct met hem gaan praten • *sans ~* meteen, direct **3 achterstand** • *rattraper / combler un ~* een achterstand inhalen • *un enfant en ~ pour son âge* kind dat achter is bij zijn leeftijdgenoten • *être en ~ sur les autres* achterblijven bij de anderen • *être en ~ dans ses paiements* achterstallige betalingen hebben

retardataire 1 BN **1 (te) laat komend** • *un spectateur ~* late toeschouwer **2 achtergebleven** • *des méthodes ~s* verouderde methodes **2** ZN M/V **1 laatkomer 2 achterblijver**

retardement ZN M **(het) vertragen** • *une bombe à ~* tijdbom • INFORM. *comprendre à ~* pas achteraf begrijpen • *à ~* vertraagd, met tijdmechanisme

retarder 1 ONOV WW **1 achterlopen** <van uurwerk> • *sa montre retarde de huit minutes* zijn horloge loopt acht minuten achter **2** INFORM. **achterlopen (op de feiten), niet bij de tijd zijn** • *tu retardes complètement, ils ont divorcé il y a bien deux ans* je loopt volkomen achter, ze zijn ruim twee jaar geleden gescheiden **3 achterblijven in ontwikkeling** • *un enfant retardé* achterlijk kind **2** OV WW **1 vertragen, ophouden** • *le train a été retardé par la neige* de trein is vertraagd door de sneeuw **2 uitstellen** • *~ ses vacances d'une semaine* je vakantie een week uitstellen

retenir 1 OV WW onregelmatig **1 tegenhouden, vasthouden, op zijn plaats houden, ophouden, (blijven) houden** • *~ qn par la manche* iemand aan zijn mouw tegenhouden • *tu peux partir, je ne te retiens pas!* ga maar weg, ik zal je niet tegenhouden! • *je ne sais pas ce qui me retient de te flanquer une baffe!* ik weet niet wat me ervan weerhoudt je een oplawaai te geven! • *~ qn à dîner* iemand vragen om mee te eten • *je ne vous retiens pas* ik houd u niet langer op **2 reserveren, bespreken** • *~ des places de cinéma* bioscoopplaatsen reserveren • *~ une chambre d'hôtel* een hotelkamer reserveren **3 in overweging nemen, aannemen** <van plan> • *deux candidats seulement ont été retenus* slechts twee sollicitanten / kandidaten zijn geselecteerd **4 onthouden** <niet vergeten> • *retenez bien ce numéro!* onthoud dit nummer goed! **5 afhouden** <van bedrag>**, inhouden** • *les impôts sont retenus à la source* de belastingen worden aan de bron ingehouden **6 inhouden, bedwingen** • *~ sa colère* je woede inhouden **2** WKD WW **(se ~) 1 zich vasthouden** • *retiens-toi à la corde!* hou je aan het touw vast! **2 zich inhouden, zich (laten) weerhouden** • *il s'est retenu pour ne pas pleurer* hij heeft zich ingehouden om niet te huilen **3** INFORM. **zijn behoeften ophouden**

rétention ZN V **(het) vasthouden, retentie** • *la ~ d'eau* het vasthouden van vocht • *un centre de ~* uitzetcentrum, detentiecentrum

retentir ONOV WW **weerklinken, galmen (de van)** • *la maison retentit de cris d'enfants* het huis galmt van kindergeschreeuw

retentissant BN **1 (weer)galmend, luid** • *un choc ~* luide klap • *pousser un cri ~* een luide kreet slaken **2 opzienbarend** • *une pièce qui a un succès ~* (toneel)stuk dat een klinkend succes heeft

retentissement ZN M **weerklank, weerslag, (grote) uitwerking, impact** • *une idée qui pourrait avoir un grand ~* idee dat veel reacties zou kunnen oproepen

retenue ZN V **1 inhouding** <van bedrag> • *une ~ sur le salaire* inhouding op het loon **2 (het) schoolblijven** • *l'élève est en ~* de leerling moet nablijven **3 terughoudendheid, ingetogenheid** • *agir avec ~* terughoudend optreden • *sans ~* onbeheerst **4 file** • *il y a plusieurs kilomètres de ~ sur l'autoroute* er staan kilometers file op de snelweg

réticence ZN V **terughoudendheid, aarzeling** • *tout raconter sans ~* alles vertellen zonder iets achter te houden • *avec ~* schoorvoetend, aarzelend

réticent BN **terughoudend, aarzelend**

rétif BN (V rétive)**, koppig, weerspannig** • *un cheval ~* koppig paard

rétine ZN V **netvlies**

retiré BN **1 afgelegen** • *un village ~* afgelegen dorp **2 gepensioneerd**

retirer 1 OV WW **1 uitdoen** <van kledingstuk>**, afdoen** • *~ ses lunettes* je bril afzetten • *on lui a retiré sa chemise mouillée* ze hebben hem zijn natte overhemd uitgedaan **2 halen (de uit, van), opnemen** <van geld> • *~ de l'argent du distributeur* geld uit de geldautomaat halen • *~ son enfant de l'école* je kind van school halen • *~ une pièce d'un dossier* een stuk uit een dossier lichten **3 ontnemen, afnemen** • *~ à quelqu'un son permis de conduire* iemands rijbewijs intrekken **4 terugtrekken, intrekken** • *~ une plainte* een klacht intrekken • *~ sa candidature* van je kandidatuur afzien **2** WKD WW **(se ~) zich terugtrekken, weggaan** • *la mer se retire* het wordt eb • *se ~ à la campagne* buiten gaan wonen • *se ~ des affaires* je terugtrekken uit het zakenleven • *je me retire de cette affaire* ik doe er niet meer aan mee

retombées ZN V MV **gevolgen, weerslag,** FIG.

re

neerslag • *des ~ radioactives* radioactieve neerslag, fall-out • *des ~ médiatiques de qc* de weerslag in de media van iets, het media-effect van iets

retomber ONOV WW **1 weer vallen, neerkomen** • FIG. *~ sur ses pieds* weer op z'n pootjes terechtkomen • INFORM. *ça me retombe sur le nez* dat krijg ik op mijn dak, ik krijg het lid op de neus **2 opnieuw worden** • *~ malade* weer ziek worden **3 terugvallen, weer vervallen** • *sa colère est retombée* zijn woede is gezakt • *~ dans les excès* weer in excessen vervallen • *~ en enfance* kinds worden **4 neerhangen** • *ses cheveux retombent sur les épaules* haar haar valt op de schouders

retordre OV WW **weer (uit)wringen → fil**

rétorquer OV WW **scherp antwoorden, als weerwoord geven, terugzeggen** • *on lui a rétorqué que cela n'était pas son affaire* hij kreeg als antwoord dat het zijn zaak niet was

retors "-tòr" BN **slim, sluw, geslepen**

rétorsion ZN V **vergelding** • *des mesures de ~* tegenmaatregelen, represailles

retouche ZN V **1 retouche, (het) retoucheren, bijwerking 2 (het) vermaken** <van kledingstuk>

retoucher **1** ONOV WW **~ à weer aanraken** • *depuis l'accident, il n'a pas retouché à l'alcool* sinds het ongeval heeft hij geen alcohol meer aangeraakt **2** OV WW **1 retoucheren, bijwerken** • *~ une photo* een foto retoucheren **2 vermaken** <van kledingstuk>

retoucheur ZN M (V retoucheuse), **retoucheur**

retour ZN M **1 terugkeer, terugkomst, terugreis, terugweg** • *bon ~!* wel thuis! • *le ~ du printemps* de terugkeer van het voorjaar • *le ~ au calme* de terugkeer van de rust • *un match ~* returnwedstrijd • *un ~ en arrière* terugblik, flashback <in film> • *acheter un (billet) aller (et) ~* een retourtje kopen • *être malade pendant le voyage de ~* ziek zijn tijdens de terugreis • *être de ~* terug zijn • *prendre le chemin du ~* de terugreis aanvaarden, teruggaan • *à mon ~* bij mijn terugkeer • *sur le chemin du ~* op de terugweg **2 terugzending** • *~ à l'expéditeur* retour afzender • *répondre par ~ du courrier* per omgaande antwoorden, per kerende post antwoorden **3 wederdienst** • *en ~ de qc* (in ruil) voor iets **4** COMP. **return, enter** • *la touche ~* de returntoets, de entertoets

retournement ZN M **omkering, ommekeer, ommezwaai** • *il y a eu un ~ de situation* het tij keerde

retourner **1** ONOV WW **1 terugkeren, terugkomen** • *~ chercher un document* teruggaan om een document te halen • *~ chez soi à pied* lopend naar huis teruggaan **2 ~ à weer opvatten** • *~ à ses premières amours* naar je jeugdliefde terugkeren **2** ONP WW • *je ne sais vraiment pas de quoi il retourne* ik weet werkelijk niet waar het om gaat **3** OV WW **1 (om)keren, omdraaien, binnenstebuiten keren** • *~ la terre* de grond omspitten • *~ ses poches* je zakken binnenstebuiten keren • *~ la situation* het tij keren, voor een ommekeer zorgen • FIG. *il a retourné sa veste* hij is omgedraaid als een blad aan de boom, hij is (zomaar) van mening / gedrag veranderd **2 terugzenden, retourneren 3 hevig aangrijpen** • *la mort de son ami l'a retourné* de dood van zijn vriend heeft hem hevig aangegrepen • INFORM. *j'en suis tout retourné* ik ben er helemaal ondersteboven van **4 om(ver)praten** • *~ l'opinion en sa faveur* de opinie in je voordeel veranderen **4** WKD WW **(se ~) 1 zich omdraaien** • *se ~ dans son lit toute la nuit* de hele nacht in bed liggen te woelen • *se ~ pour regarder qc* je omdraaien om naar iets te kijken **2 omkantelen** • *le camion s'est retourné au milieu de la chaussée* de vrachtwagen is midden op de rijweg gekanteld **3 zich wenden (tot)** • *se ~ contre qn* je tegen iemand keren

retracer OV WW **1 overtrekken, overtekenen 2 levendig beschrijven** • *ce film retrace la vie d'une sculptrice* deze film schildert het leven van een beeldhouwster

rétracter WKD WW **(se ~) zijn woorden terugnemen** • *le témoin s'est finalement rétracté* de getuige heeft uiteindelijk zijn woorden teruggenomen

retrait ZN M **1 terugtrekking** • *le ~ des troupes* de terugtrekking van de troepen • SPORT *une passe en ~* terugspeelbal • *rester en ~* op de achtergrond blijven • *être en ~ sur les autres* achterblijven bij de anderen • *en ~* inspringend, achteraf (gelegen, staand) **2 ontneming, intrekking** • *le ~ du permis de conduire* de intrekking van het rijbewijs **3 (het) afhalen** <van voorwerp> • *le ~ des bagages à la consigne* het afhalen van de bagage bij het bagagedepot **4 (het) opnemen** <van geld> • *le ~ en espèces* het contant opnemen (van geld)

retraite ZN V **1 pensioen** • *la ~ anticipée* vervroegd pensioen, VUT, BELG. brugpensioen • *le départ en / à la ~* pensionering • *une caisse de ~* pensioenfonds • *une maison de ~* bejaardentehuis • *être à la ~* gepensioneerd zijn • *prendre sa ~* met pensioen gaan **2** FORM. **toevluchtsoord, rustplaats 3 (het) terugtrekken, terugtocht** • FIG. *battre en ~* je terugtrekken, bakzeil halen

retraité **1** BN **gepensioneerd** **2** ZN M (V retraitée), **gepensioneerde**

retraitement ZN M **(het) opnieuw behandelen**

retranchement MIL. ZN M **verschansing** • FIG. *pousser qn dans ses (derniers) ~s* iemand in het nauw drijven

retrancher **1** OV WW **weglaten, weghalen, schrappen, korten** **2** WKD WW **(se ~) zich verschansen** • *les criminels se sont retranchés dans une vieille ferme* de misdadigers hebben zich in een oude boerderij verschanst

retransmettre COMM. OV WW onregelmatig **(her)uitzenden** • *une émission transmise en direct* rechtstreekse uitzending

retransmission COMM. ZN V **(her)uitzending** • *une ~ en direct* rechtstreekse uitzending • *une ~ en différé* niet-rechtstreekse uitzending

retravailler **1** OV WW **omwerken** **2** ONOV WW **weer werken**

rétréci BN **1 gekrompen, versmald** • *un pull qui*

re

a ~ au lavage trui die in de was gekrompen is **2** **bekrompen**
rétrécir **1** OV WW **vernauwen, innemen** <van kledingstuk> • *~ une jupe à la taille* een rok bij de taille innemen **2** ONOV WW **krimpen, nauwer worden** • *~ au lavage* krimpen in de was **3** WKD WW **(se ~) zich vernauwen** • *une route qui se rétrécit* weg die smaller wordt
rétrécissement ZN M **krimping, vernauwing** • *le ~ d'une rue* wegversmalling
retremper WKD WW **(se ~) nieuwe kracht opdoen** • *se ~ dans l'atmosphère familiale* weer bijkomen in de huiselijke kring
rétribuer OV WW **betalen, bezoldigen** • *un travail très mal rétribué* erg slecht betaald werk
rétribution ZN V **bezoldiging, loon, beloning** • *verser une ~ à qn* iemand een vergoeding overmaken
rétro **1** ZN M rétroviseur **achteruitkijkspiegel** **2** BN retrospectif **retro, nostalgisch** • INFORM. *une mode ~* retromode
rétroactif BN (V rétroactive), **terugwerkend** • *une augmentation de salaire avec effet ~* salarisverhoging met terugwerkende kracht
rétroactivité ZN V **terugwerkende kracht**
rétrogradation ZN V **achteruitgang, degradatie**
rétrograde BN **reactionair, ouderwets** • *des idées rétrogrades* ouderwetse ideeën
rétrograder **1** ONOV WW **1** OOK FIG. **achteruitgaan** **2** **terugschakelen** <van versnelling> **2** OV WW **degraderen** • *~ un sportif* een sportman degraderen
rétropédalage ZN M **1** **(het) terugtrappen** **2** INFORM., FIG. **(het) terugkrabbelen**
rétroprojecteur ZN M **overheadprojector**
rétrospectif BN (V rétrospective), **terugblikkend**
rétrospective ZN V **retrospectief, terugblik, tentoonstelling die een terugblik biedt** • *une ~ Picasso au Grand Palais* overzichtstentoonstelling over Picasso in het Grand Palais
rétrospectivement BW **achteraf (bezien)**
retrousser **1** OV WW **optrekken** <van rok> • *un nez retroussé* wipneus **2** WKD WW **(se ~) z'n broek / jurk optrekken** • OOK FIG. *se ~ les manches* zijn mouwen opstropen
retrouvailles ZN V MV **(het) weerzien, hereniging**
retrouver **1** OV WW OOK FIG. **hervinden, terugvinden, terugzien** • *~ ses clefs* je sleutels terugvinden • *ne pas ~ son chemin* de weg niet meer terugvinden • *je dois le ~ dans un café* ik zal hem waarschijnlijk treffen in een café • *il a retrouvé la vue* hij heeft zijn gezichtsvermogen teruggekregen, hij kan weer zien • *~ le sourire* weer kunnen lachen **2** WKD WW **(se ~)** **1** **elkaar terugvinden** • *on se retrouve tous les midis au même restaurant* we zien elkaar tussen de middag altijd in hetzelfde restaurant **2** **de weg terugvinden** • *je ne m'y retrouve pas dans tous ces papiers* ik kan geen wijs worden uit al die papieren **3** **zich weer bevinden, weer zijn, weer tot zichzelf komen** • *elle s'est retrouvée seule avec un bébé* ze stond er weer alleen voor met een baby • *se ~ au chômage* weer werkloos zijn **4** **belanden, eindigen** • *se ~ à la rue* op straat staan <geen woning meer hebben> • *se ~ en prison* in de gevangenis belanden
rétroviseur ZN M **achteruitkijkspiegel** • *un ~ extérieur* buitenspiegel • *un ~ angle mort* dodehoekspiegel
retweeter "rietwietee" OV WW **retweeten**
réunification ZN V **hereniging**
réunifier OV WW **herenigen**
réunion ZN V **1** **samenkomst, bijeenkomst, vergadering** • *une ~ de famille* familiereünie • *une ~ sportive* sportief treffen, wedstrijd • *une ~ de parents d'élèves* ouderavond, BELG. oudercontact • *une salle de ~* vergaderzaal • *être en ~* in bespreking / vergadering zijn **2** **hereniging, vereniging, samenvoeging**
Réunion ZN V • *(l'île de) la ~* Réunion
réunir **1** OV WW **1** **herenigen, verenigen, bijeenbrengen** • *~ des amis* vrienden uitnodigen • *un pont qui réunit une île au continent* brug die een eiland met het vasteland verbindt **2** **verzamelen** • *~ des preuves contre qn* bewijzen verzamelen tegen iemand • *~ des fonds* fondsen werven **2** WKD WW **(se ~) bijeenkomen** • *le conseil des ministres se réunit chaque semaine* de ministerraad komt elke week bijeen • *se ~ autour d'une table* rond de tafel gaan zitten
réussi BN **geslaagd, gelukt** • *une fête réussie* geslaagd feest
réussir **1** ONOV WW **slagen, lukken, het goed doen** • *~ à un examen* voor een examen slagen • *~ en amour* gelukkig zijn in de liefde • *~ dans les affaires* een succesvol zakenman / zakenvrouw zijn • *j'ai réussi à les convaincre* het is me gelukt hen te overtuigen • *~ à fermer sa valise* je koffer dicht krijgen • *je n'ai pas réussi à l'avoir / à la joindre* ik heb haar niet te pakken kunnen krijgen • *le mariage, ça ne lui réussit pas* het huwelijk doet hem geen goed / gaat hem niet goed af **2** OV WW **slagen in / met, doen slagen, goed uitvoeren** • *~ un soufflé au fromage* er goed in slagen een kaassoufflé te maken • SPORT *~ un but* een doelpunt maken • INFORM. *il a réussi son coup* het is hem gelukt
réussite ZN V **1** **succes, (het) slagen, goede afloop** • *cette pièce n'est pas une ~* dit stuk is geen succes **2** **patience** • *faire une ~* patience spelen
réutiliser OV WW **opnieuw gebruiken, hergebruiken**
revaloir OV WW onregelmatig • *je lui revaudrai cela* dat zal ik hem / haar betaald zetten
revalorisation ZN V **revaluatie,** OOK FIG. **opwaardering** • *la ~ de la monnaie* de revaluatie van de munt • *la ~ de diplômes* de opwaardering van diploma's
revaloriser OV WW **revalueren,** OOK FIG. **opwaarderen**
revanchard INFORM. BN **wraakzuchtig, op revanche belust**
revanche ZN V **1** **vergelding, wraak,**

re

genoegdoening • *prendre sa ~ sur qn* revanche / wraak nemen op iemand **2** SPORT revanche • *jouer la ~* de revanchepartij spelen **3** • *en ~* daarentegen, daartegenover

rêvasser ONOV WW (dag)dromen, soezen

rêvasserie ZN V hersenschim, dromerij

rêve ZN M OOK FIG. droom • *une maison de ~* droomhuis • *des vacances de ~* droomvakantie, ideale vakantie • *faire des rêves* dromen • *faire un mauvais ~* een boze droom hebben • *prendre ses rêves pour des réalités* droom en werkelijkheid door elkaar halen, wensdenken • *voir qn en ~* iemand in een droom zien

rêvé BN gedroomd, droom-, ideaal • *c'est le moment ~ pour lui parler de ton projet* dit is het ideale moment om met hem over je plan te praten

revêche BN nors, stuurs, stug

réveil ZN M **1** wekker • *mettre son ~ (à sonner) à huit heures* je wekker op acht uur zetten **2** OOK FIG. (het) ontwaken • *la salle de réveil* MED. verkoeverkamer, recovery • FIG. *le ~ de la nature* het ontwaken van de natuur • *au ~* bij het ontwaken

réveiller **1** WKD WW (se ~) wakker worden • *se ~ en sursaut* wakker schrikken • *réveille-toi!* wakker worden! **2** OV WW wekken, wakker maken • *être réveillé* wakker zijn • *le bruit m'a réveillé* ik ben wakker geworden van het lawaai

réveillon ZN M (feestmaal op) kerst- of oudejaarsavond

réveillonner ONOV WW 'réveillon' houden / vieren

révélateur BN (V révélatrice), onthullend, veelzeggend • *la violence est révélatrice d'un malaise* geweld duidt op een gevoel van onbehagen

révélation ZN V onthulling, openbaring, eyeopener • *faire des révélations sur qn / qc* onthullingen doen over iemand / iets • *cet écrivain est la ~ de ce siècle* deze schrijver is de openbaring van deze eeuw

révéler **1** OV WW **1** openbaren, onthullen, kenbaar maken • *il n'a rien révélé de son passé* hij liet niets los over zijn verleden • *la presse a révélé les dessous de l'affaire* de pers heeft de duistere kanten van de zaak aan het licht gebracht **2** duiden op, FIG. verraden **2** WKD WW (se ~) **1** zich openbaren, zich kenbaar maken • *son goût pour la musique s'est très vite révélé* zijn / haar voorliefde voor muziek openbaarde zich al erg snel **2** blijken te zijn • *elle se révèle une excellente enseignante* ze blijkt een uitstekende lerares te zijn

revenant ZN M **1** geest(verschijning), spook **2** INFORM. iemand die terug is van weggeweest

revendeur ZN M (V revendeuse), detailhandelaar, opkoper • *un ~ de drogue* drugsdealer

revendicateur BN (V revendicatrice), (op) eisend

revendicatif BN (V revendicative), eisen / grieven bevattend • *un mouvement ~* protestbeweging <die eisen stelt>

revendication ZN V eis(en) • *des ~s salariales* looneisen • *une journée de ~* protestdag

revendiquer OV WW **1** (op)eisen, claimen **2** ten volle aanvaarden <van verantwoordelijkheid, status> • *~ un attentat* een aanslag opeisen • *~ une paternité* het vaderschap op zich nemen • *~ une responsabilité* de verantwoordelijkheid op zich nemen

revendre OV WW weer verkopen, doorverkopen • *il a du temps à ~* hij heeft tijd in overvloed / volop tijd

revenez-y LIT. • INFORM. *cette promenade a un goût de ~* deze wandeling smaakt naar meer

revenir ONOV WW onregelmatig **1** weer komen • *le mot revient sept fois dans ce texte* het woord komt zeven keer in deze tekst voor **2** terugkomen, terugkeren • *~ chez soi en voiture* met de auto naar huis gaan • *~ au pays* naar je (geboorte) land terugkeren • *le calme est revenu dans le pays* de kalmte is teruggekeerd in het land • *il revient chaque année dans cette maison* hij komt ieder jaar terug in dat huis **3** FIG. terugkomen (bij), weer opvatten • *elle s'est évanouie, mais est vite revenue à elle* ze is flauwgevallen, maar snel weer bijgekomen • *cette histoire me revient à l'esprit* dit verhaal schiet me weer te binnen • *j'en reviens à mon sujet* ik kom terug op mijn onderwerp • *cela revient au même* dat komt op hetzelfde neer • *l'appétit me revient* ik krijg weer trek • *cela revient à dire que l'affaire ne se fera pas* het komt erop neer dat de zaak niet door zal gaan • *~ à la raison* tot bezinning komen **4** toekomen (aan), (gaan) toebehoren • *cette maison lui reviendra* dit huis zal in zijn bezit komen **5** neerkomen (op), kosten • *cette voiture nous revient cher* deze auto kost ons veel • *ça me revient à 10 euros* dat kost me 10 euro **6** terugkomen <uit een toestand> • *~ de sa surprise* van je verbazing bekomen • *je n'en reviens pas!* ik sta er versteld van!, ik kan er niet over uit! • *je n'en reviens pas de son audace!* ik kan niet over zijn brutaliteit uit! **7** terugkomen (op) • *~ sur sa décision* op je besluit terugkomen • *ne revenez plus là-dessus* kom daar niet meer op terug **8** bevallen (aan) • *ses manières ne me reviennent pas* zijn manieren bevallen me niet **9** CULIN • *faire ~ des oignons* uien fruiten

revente ZN V wederverkoop, doorverkoop

revenu **1** ZN M inkomen • *~s* inkomsten • *un ~ annuel brut* bruto jaarinkomen • *un impôt sur le ~* inkomstenbelasting • OUD. *le ~ minimum d'insertion* bijstand(suitkering) • *le ~ net* netto-inkomen, besteedbaar inkomen • *le ~ de solidarité active (RSA)* bijstand(suitkering) **2** ONOV WW volt. deelw. → **revenir**

rêver **1** ONOV WW OOK FIG. dromen, mijmeren • *elle rêve encore au prince charmant* ze droomt nog altijd van haar sprookjesprins • *tu rêves!* dat had je gedroomd! • *on croit rêver!* ik kan mijn ogen niet geloven! **2** OV WW OOK FIG. (iets) dromen, dromen van

réverbération ZN V weerkaatsing <van licht, warmte, geluid>

réverbère ZN M straatlantaarn

reverdir ONOV WW weer groen worden

révérence ZN V buiging, reverence • FIG. *tirer sa ~* vaarwel zeggen

révérencieux FORM. BN (V révérencieuse), eerbiedig

révérer OV WW (ver)eren

rêverie ZN V dromerij, dagdroom, hersenschim

revers ZN M **1** achterzijde, rugzijde, keerzijde • *le ~ de la main* de rug v.d. hand • *le ~ de la médaille* de keerzijde v.d. medaille **2** omslag, revers • *un ~ de manche* mouwomslag **3** tegenspoed, tegenslag • *des ~ de fortune* tegenspoed • *subir des ~* tegenspoed hebben **4** SPORT backhand <tennis>

reverser OV WW **1** opnieuw inschenken, teruggieten **2** (weer) overdragen <van bedrag, bezitsrecht>, (over)boeken • *~ de l'argent sur un compte* geld op een rekening (terug)storten

réversible BN omkeerbaar • *une veste ~* jasje dat aan beide zijden te dragen is

réversion ZN V • *une pension de ~* nabestaandenpensioen

revêtement ZN M bekleding, bedekking • *le ~ de la chaussée* het wegdek

revêtir OV WW onregelmatig **1** aantrekken <van kleding> **2** bekleden (**de** met), bedekken, verharden <van weg> • *un sol revêtu de linoleum* met linoleum bedekte vloer

rêveur **1** BN (V rêveuse), dromerig, mijmerend • *ça laisse ~* daar sta je van te kijken **2** ZN M (V rêveuse), dromer

revient ZN M • *le prix de ~* de kostprijs

revigorer OV WW nieuwe kracht geven aan

revirement ZN M zwenking, OOK FIG. ommezwaai

réviser OV WW **1** herzien • *~ un budget à la baisse* een budget naar beneden bijstellen **2** nakijken • *~ sa leçon* je les nog eens doornemen

réviseur ZN M (V réviseuse), corrector, revisor

révision ZN V **1** herziening • *la ~ de la Constitution* de grondwetsherziening **2** revisie • *la ~ annuelle d'une voiture* de jaarlijkse revisie van een auto, de grote beurt van een auto **3** (het) nazien

revitaliser OV WW **1** revitaliseren, voeden • *une lotion qui revitalise la peau* lotion die de huid voedt **2** oppeppen • *~ le tourisme d'une région* het toerisme van een streek weer nieuw leven inblazen

revivifier OV WW doen opleven, verlevendigen

revivre **1** ONOV WW onregelmatig herleven • *faire ~ un personnage* een figuur weer tot leven brengen **2** OV WW opnieuw beleven

révocable BN herroepbaar, (uit zijn / haar ambt) afzetbaar • *un fonctionnaire ~* uit zijn ambt afzetbaar ambtenaar

révocation ZN V herroeping, afzetting <uit een ambt>

revoici BW • *me ~ !* hier ben ik weer!

revoilà BW • *après deux ans d'absence, le ~ !* daar is hij weer, na twee jaar afwezigheid!

revoir **1** ZN M (het) weerzien • *au ~!* tot ziens! • *faire au ~ de la main* gedag zwaaien • *dire au ~ à quelqu'un* iemand gedag zeggen **2** OV WW onregelmatig **1** opnieuw (be)zien, terugzien • *au plaisir de te ~!* tot genoegen!, aangenaam (te hebben kennisgemaakt)! **2** herzien • *une édition revue et corrigée* herziene uitgave

révoltant BN schandelijk, stuitend

révolte ZN V **1** verzet • *pousser à la ~* in oproer brengen **2** opstand, oproer • *écraser / étouffer / réprimer une ~* een opstand neerslaan

révolté **1** BN in opstand, diep verontwaardigd **2** ZN M (V révoltée), opstandeling, oproerling

révolter WKD WW **(se ~)** **1** in opstand komen • *se ~ contre le pouvoir* tegen het gezag in opstand komen **2** verontwaardigd zijn / worden

révolu BN verlopen <van tijd>, verstreken • *avoir vingt ans révolus* over de twintig zijn

révolution ZN V **1** revolutie • *la Révolution de 1789* de Franse Revolutie van 1789 • *la ~ tranquille* de stille revolutie • FIG. *une ~ de palais* paleisrevolutie • FIG. *tout le quartier est en ~* de hele buurt is in beroering **2** omwenteling, omloop

révolutionnaire **1** BN revolutionair **2** ZN M/V revolutionair

révolutionner OV WW **1** radicaal veranderen • *l'informatique a révolutionné l'enseignement* de informatica heeft een omwenteling teweeggebracht in het onderwijs **2** INFORM. in beroering brengen • *la destruction d'un vieil immeuble révolutionne le quartier* de sloop van een oud pand brengt de buurt in rep en roer

revolver, révolver "-vèr" ZN M revolver • *une poche ~* achterzak <van broek>

révoquer OV WW uit zijn ambt (ont)zetten • *~ un juge* een rechter uit zijn ambt (ont)zetten

revoyure INFORM. ZN V (het) weerzien • *à la ~!* tot kijk!

revu WW volt. deelw. → **revoir**

revue ZN V **1** tijdschrift • *une ~ spécialisée* vakblad • *une ~ porno* pornoblaadje • *une ~ littéraire* literair tijdschrift • *une ~ mensuelle* maandblad **2** overzicht • *la ~ de la presse* het nieuwsoverzicht **3** MIL. parade, inspectie <van troepen> • *la ~ du 14 Juillet* de parade van 14 juli • *passer des troupes en ~* troepen inspecteren **4** revue <show> • *une ~ de chansonniers* cabaretprogramma

rez-de-chaussée ZN M (MV id.), gelijkvloerse verdieping • *au ~* op de begane grond

rez-de-jardin ZN M (MV id.), benedenverdieping <met aangrenzende tuin>

RF AFK République française V Frankrijk

R.F.I. AFK Radio France Internationale V Franse wereldomroep

R.G. AFK renseignements généraux M MV centrale inlichtingendienst

rhabiller **1** WKD WW **(se ~)** zich weer aankleden • INFORM. *tu peux aller te ~ !* ga weg!, je kan wel inpakken! **2** OV WW opnieuw aankleden

rhapsodie ZN V rapsodie

rhénan BN Rijn-, Rijnlands

Rhénanie ZN V Rijnland

rhésus "-zuus" BN • *le facteur ~* resusfactor

rhétorique **1** BN retorisch **2** ZN V **1** retorica **2**

rh

retoriek, mooie woorden
Rhin ZN M Rijn
rhinite MED. ZN V neusontsteking
rhinocéros "-ròs" ZN M neushoorn
rhino-pharyngite, **rhinopharyngite** ZN V neus-keelholteontsteking
rhodanien BN (V rhodanienne), Rhône-
Rhône "roon" ZN M Rhône
rhubarbe ZN V rabarber
rhum "ròm" ZN M rum
rhumatisant **1** BN reumatisch **2** ZN M (V rhumatisante), **reumapatiënt**
rhumatismal BN (M MV rhumatismaux), **reumatisch** • *des douleurs ~es* reumatische pijn
rhumatisme ZN M **reuma(tiek)** • *un ~ articulaire* gewrichtsreumatiek
rhumatologue ZN M/V **reumatoloog**
rhume ZN M **verkoudheid** • *un ~ de cerveau* neusverkoudheid • *un ~ des foins* hooikoorts • *attraper un ~* kouvatten, verkouden worden
ri WW volt. deelw. → **rire**
riant BN **bekoorlijk, lieflijk, riant**
RIB AFK relevé d'identité bancaire m **(strookje met) bankgegevens** <in het Franse betalingsverkeer>
ribambelle INFORM. ZN V **sleep, lange rij, rist** • *une ~ d'enfants* een sleep kinderen
Ricain INFORM. ZN M **yankee**
ricanement ZN M **1** **hoongelach** **2** **dom gelach**
ricaner ONOV WW **1** **honend lachen, grijnzen** **2** **dom lachen**
ricaneur **1** BN (V ricaneuse), **honend, spottend** **2** ZN M (V ricaneuse), **spotter**
richard MIN. ZN M (V richarde), **rijkaard** • *un gros ~* rijke stinkerd
riche **1** BN **1** OOK FIG. **rijk** • *un aliment ~ en minéraux* levensmiddel dat rijk aan mineralen is • *un pays ~ en ressources minières* land met minerale bodemrijkdom • *il a un très ~ vocabulaire* hij heeft een rijke woordenschat **2** **prachtig, uitstekend** • *elle a eu la ~ idée de venir me chercher* ze had het uitstekende idee me te komen halen **2** ZN M/V **rijke, rijkaard** • *les ~s* de rijkelui • *un nouveau ~* een nieuwe rijke, een parvenu
richement BW **rijk(elijk)**
richesse ZN V **1** OOK FIG. **rijkdom, weelde, overvloed** • *le tourisme est la ~ de cette région* het toerisme is de rijkdom / troefkaart van deze streek • *un fruit recherché pour sa ~ en vitamines* vrucht vermaard om zijn hoge vitaminegehalte **2** MV **rijkdommen, schatten, vermogen** • *les ~s d'un musée* de schatten van een museum • *les ~s d'un sous-sol* de bodemschatten (van een streek) • *la répartition des ~s* de verdeling van de rijkdommen
richissime INFORM. BN **schatrijk**
ricochet ZN M **(het) afketsen** • *faire des ~s* keilen <van steentje over het water> • *par ~* indirect, van de weeromstuit
ric-rac INFORM. BW **1** **heel precies** **2** **kielekiele** • *l'équipe a gagné ~* het elftal heeft op het nippertje gewonnen
rictus "-tuus" ZN M **grijns, grimas**
ride ZN V **rimpel(ing), plooi** • *un visage couvert de ~s* gerimpeld gezicht • FIG. *cette pièce de théâtre n'a pas pris une ~* dat toneelstuk is nog steeds actueel / is niet gedateerd
ridé BN **gerimpeld, rimpelig, geribbeld** • *une pomme ridée* verschrompelde appel
rideau ZN M (MV rideaux) **1** **gordijn, vitrage** • *des doubles ~x* (over)gordijnen • *poser des ~x* gordijnen ophangen • *tirer les ~x* de gordijnen opendoen / dichtdoen • *le ~ de fer* het ijzeren gordijn **2** **doek** <in theater> • *le ~ se lève / tombe* het doek gaat op / valt • *~!* doek!, FIG. stoppen ermee! **3** FIG. **scherm, sluier** • *un ~ de fer* stalen rolluik
rider **1** WKD WW **(se ~) rimpelen** • FIG. *la surface de l'eau semble se ~* het wateroppervlak lijkt te rimpelen **2** OV WW **rimpelig maken, rimpelen**
ridicule **1** BN **1** **belachelijk** • *c'est ~!* dat is bespottelijk!, dat is een lachertje! **2** **onbetekenend** • *on nous a offert un prix ~ pour notre maison* er is ons een belachelijk lage prijs voor ons huis geboden **2** ZN M **(het) belachelijke** • *tourner qn en ~* iemand belachelijk maken • *se couvrir de ~* zich belachelijk maken, zich blameren
ridiculiser **1** OV WW **belachelijk maken, voor gek zetten** **2** WKD WW **(se ~) zichzelf belachelijk maken** • *se ~ en refusant d'admettre qc* jezelf belachelijk maken door te weigeren iets toe te geven
ridule ZN V **rimpeltje**
rien **1** ONB VNW **1** **(ook maar) iets** <ontkennend> • *elle a tout fait sans ~ dire* ze heeft alles gedaan zonder iets te zeggen **2** **niets** <meestal met 'ne'> • *~ de beau* niets moois • *merci bien! de ~!* hartelijk bedankt! geen dank! • *elle travaille pour ~* ze werkt voor niets • *elle a fait tout ça pour ~* ze heeft dat allemaal voor niets gedaan • *je n'y suis pour ~* ik heb er part noch deel aan, het is mijn schuld niet • *elle a un petit travail de ~ du tout à faire* ze moet een onbelangrijk klusje doen • *cela n'a l'air de ~* dat lijkt niets te betekenen • *cela ne fait ~* dat geeft niets • *je l'ai eu pour trois fois ~* ik heb het voor een habbekrats gekregen • *c'est trois fois ~* dat stelt niets voor, het is driemaal niks • *elle fait comme si de ~ n'était* ze doet alsof er niets gebeurd is • *il n'y a plus ~ dans le frigo* er is niets meer in de koelkast • *cela ne ressemble en ~ à ce qu'il faisait avant* dat lijkt helemaal op wat hij eerst deed • *il a fini son rapport en moins que ~* hij had zijn verslag in een oogwenk af • *aller au cinéma? ça ne me dit ~!* naar de bioscoop gaan? voor mij hoeft het niet! • *ce n'est ~ qu'une petite dispute* het is alleen maar een kleine onenigheid • *~ du tout / ~ de ~* helemaal niets • *il n'en est ~* er is niets van waar • INFORM. *ce n'est pas ~!* dat is niet niks! **2** ZN M **1** **(het) niets** **2** **kleinigheid** • *les petits ~s de la vie* de kleine dingen van het leven • *elle s'inquiète pour des ~s* ze maakt zich zorgen om niets • *en un ~ de temps, il avait tout nettoyé* in een mum van tijd had hij alles schoongemaakt • *pour un ~ elle se met à pleurer* ze begint om niks te huilen • *se tracasser pour un ~* je druk maken om niets
rieur **1** BN (V rieuse), **opgewekt, lachend,**

goedlachs **2** ZN M (V rieuse), **lacher** • *mettre les ~s de son côté* de lachers op je hand krijgen
rigide BN **1** stijf, strak **2** FIG. onwrikbaar, streng, star
rigidité ZN V **1** stijfheid, strakheid **2** FIG. onwrikbaarheid, strengheid, starheid
rigolade INFORM. ZN V **1** lol, lolletje, grap **2** kleinigheid • *ce n'est pas de la ~* dat is geen peulenschil
rigolard INFORM. BN lollig
rigole ZN V (afvoer)goot, greppel, sloot, geultje
rigoler INFORM. ONOV WW een lolletje maken, lachen, spotten • *son histoire nous a bien fait ~* we hebben veel lol gehad om zijn verhaal • *non, mais tu rigoles!* nee toch, dat meen je niet! • *je rigole!* geintje! • *c'est pour ~* voor de gein!
rigolo INFORM. **1** BN (V rigolote) **1** grappig, lollig **2** raar, gek • *c'est ~, on a eu le même prof autrefois!* dat is gek, we hebben vroeger dezelfde leraar gehad! **2** ZN M (V rigolote), grapjas, lolbroek • *c'est une petite ~* te zij is een grapjas
rigorisme ZN M grote strengheid
rigoriste BN uiterst streng
rigoureusement BW **1** strikt, ten strengste **2** volstrekt
rigoureux BN (V rigoureuse), zeer streng / strikt, stipt • *un hiver ~* strenge winter
rigueur ZN V strengheid, striktheid • *une politique de ~* bezuinigingspolitiek • *ce texte manque de ~* er zit weinig logica / lijn in deze tekst • *la cravate est de ~* een stropdas is verplicht • *tenir ~ à qn de qc* iemand iets kwalijk nemen • *de ~* vereist, verplicht, (strikt) geboden • *à la ~* desnoods
rikiki INFORM. BN → **riquiqui**
rillettes ZN V MV rillettes <pastei>
rime ZN V rijm • *sans ~ ni raison* zomaar, zonder reden
rimer ONOV WW rijmen <overeenkomen> • *cela ne rime à rien* dat lijkt nergens naar, dat is onzin, dat klopt voor geen meter
rimmel® ZN M mascara
rinçage ZN M (het) (om)spoelen, spoeling
rincée ZN V stortbui
rincer **1** OV WW (uit)spoelen, omspoelen • *~ le linge* de was uitspoelen • *~ la vaisselle* de vaat omspoelen **2** WKD WW **(se ~)** zich (af)spoelen • *se ~ la bouche* je mond spoelen • *se ~ les doigts* je vingers afspoelen • INFORM. *se ~ l'œil* je ogen uitkijken, (begerig) gluren
ring ZN M **1** SPORT (boks)ring • *monter sur le ~* in de ring komen **2** BELGFR. rondweg
ringard INFORM. **1** BN (hopeloos) ouderwets, uit (de tijd), afgedaan (hebbend), oubollig • *un chanteur ~* zanger die zijn (beste) tijd gehad heeft, zanger die op zijn retour is **2** ZN M **1** iemand die zijn (beste) tijd gehad heeft / die op zijn retour is **2** (grote) nul
R.I.P. AFK relevé d'identité postale m (strookje met) girogegevens <in het Franse betalingsverkeer>
riposte ZN V tegenaanval, tegenstoot, raak antwoord • *être prompt à la ~* gevat zijn, ad rem zijn
riposter ONOV WW een tegenaanval doen, riposteren, raak antwoorden
ripou ZN M (MV ripous / ~x) STRAATT. pourri corrupte politieman
ripper OV WW COMP. rippen
riquiqui INFORM. BN (V id.), armzalig, petieterig, miezerig • *des morceaux de tarte ~* armzalig kleine stukjes taart
rire **1** ONOV WW onregelmatig **1** lachen • *~ aux éclats* schaterlachen • *~ de bon cœur* hartelijk lachen • *~ aux larmes* je tranen lachen • *c'était pour ~* het was maar een grapje • *vous voulez ~!* dat meent u niet! • *laissez-moi ~!* laat me niet lachen! • IRON. *l'envie de ~ te passera* het lachen zal je vergaan • *faire ~ qn* iemand aan het lachen maken • *éclater de ~* in de lach schieten • *~ jaune* lachen als een boer die kiespijn heeft • *pouffer de ~* proesten van het lachen • INFORM. *se tordre de ~* je ziek lachen • *mourir de ~* je doodlachen • *~ du bout des lèvres* flauwtjes lachen • *~ dans sa barbe / sous cape* in je vuistje lachen **2** lachen (om), uitlachen • *~ de qn* iemand uitlachen • *on a bien ri de son ignorance* we hebben erg gelachen om zijn onwetendheid **2** ZN M **(het)** lachen, gelach • *un ~ franc* een gulle lach • *avoir le fou ~* de slappe lach hebben
risée ZN V hoon, spot • *être la ~ de tous* het mikpunt van spot zijn, door iedereen uitgelachen worden
risette INFORM. ZN V (kinder)lachje • *faire des ~s à qn* (glim)lachen tegen iemand
risible BN lachwekkend
risque ZN M risico, (kans op) gevaar • *un ~ d'avalanche* lawinegevaar • *un ~ d'incendie* brandgevaar • *une grossesse à ~* risicozwangerschap • *une construction à ~* riskante constructie • *une assurance tous ~s* allriskverzekering • *courir des ~s* risico lopen • *prendre des ~s* risico's nemen • *il l'a fait au ~ de se tuer* hij heeft het gedaan met gevaar voor eigen leven • *à ses ~s et périls* op eigen risico
risqué BN gewaagd, riskant • *c'est risqué!* het is een gok !
risquer **1** OV WW wagen, op het spel zetten, riskeren • *~ gros* veel riskeren / op het spel zetten • *~ le tout pour le tout* alles op het spel zetten • *la maison risque de s'écrouler* het huis dreigt in te storten • *il ne risque pas de l'oublier!* dat zal hem nog lang heugen! • INFORM. *~ le coup* het erop wagen • INFORM. *ça ne risque rien* dat zal heus wel goed gaan **2** WKD WW **(se ~)** zich wagen, het wagen (te) • *ne te risque pas dans ce quartier en pleine nuit!* waag je midden in de nacht niet in deze buurt!
risque-tout ZN M (MV id.), waaghals
rissole ZN V hartige beignet
rissoler OV WW bruin bakken
ristourne ZN V korting, reductie, terugbetaling
rite ZN M vaste gewoonte, rite, REL. ritus • *le déjeuner dominical au restaurant est devenu un ~* de zondagslunch in het restaurant is een vaste gewoonte geworden
ritournelle ZN V **1** MUZ. herhalingsthema, refrein

2 INFORM, FIG (het) oude liedje
rituel 1 BN (V rituelle), ritueel 2 ZN M ritueel
rivage ZN M kust, oever, strand
rival 1 BN (M MV rivaux), concurrerend, wedijverend • *des entreprises ~es* concurrerende bedrijven • *des factions ~es* rivaliserende groeperingen 2 ZN M (MV rivaux), rivaal, concurrent • *sans ~* zonder weerga
rivaliser ONOV WW wedijveren, rivaliseren • *~ d'ingéniosité* proberen elkaar te overtreffen in vindingrijkheid
rivalité ZN V wedijver, rivaliteit, concurrentie
rive ZN V oever
river OV WW OOK FIG. vastklinken • *avoir le regard rivé sur qc* de blik strak gericht hebben op iets
riverain ZN M (V riveraine), aanwonende, buurt- / straatbewoner • *accès réservé aux ~s* alleen toegang voor omwonenden
rivet ZN M klinknagel
rivière ZN V 1 (zij)rivier 2 FIG. stroom • *une ~ de sang* bloedstroom • *une ~ de diamants* diamanten halssnoer • *sur la ~* aan de rivier
rixe ZN V slaande ruzie, kloppartij
riz "rie" ZN M rijst • *du ~ complet* volkoren rijst • *du ~ blanc* witte rijst
rizière ZN V rijstveld • *une ~ inondée* sawa
RN AFK route nationale V ≈ rijksweg
RNIS AFK réseau numérique à intégration de services M ISDN
robe ZN V 1 jurk, japon • *une ~ en coton* katoenen jurk • *une ~ du soir* avondjurk • *une ~ de chambre* ochtendjas • CULIN *des pommes de terre en ~ des champs* in de schil gekookte aardappels 2 toga • *des gens de ~* juristen, magistraten 3 huid <van dier>, vacht
roberts INFORM. ZN M MV tieten
robinet ZN M kraan • *le ~ d'eau froide* koudwaterkraan • *fermer le ~* de kraan dichtdraaien • *fermer le ~ du gaz* het gas afsluiten • FIG. *le ~ des subventions est fermé* de geldkraan van de subsidies is dichtgedraaid
robinetterie ZN V geheel van kranen <van inrichting, sanitair>
robot "-boo" ZN M 1 OOK FIG. robot 2 keukenmachine 3 • *un portrait-~* montagefoto / -tekening <v. verdachte>
robotiser OV WW 1 met robots automatiseren 2 tot robot(s) maken
robuste BN krachtig, sterk, robuust • *avoir un appétit ~* een flinke eetlust hebben
robustesse ZN V kracht, stevigheid, robuustheid
roc ZN M rots • *dur comme un ~* bikkelhard
ROC AFK reconnaissance V optique de caractères V OCR, optical character recognition
rocade ZN V randweg, ringbaan, omleidingsroute
rocaille ZN V rotspuin, rotspartijtje
rocailleux BN (V rocailleuse) 1 rotsachtig 2 stroef <van stijl> • *une voix rocailleuse* rauwe stem
rocambolesque BN vol wederwaardigheden, ongelofelijk • *une histoire ~* krankzinnig / wild verhaal
roche ZN V rots • *c'est clair comme de l'eau de ~* het is glashelder • FIG. *il y a anguille sous ~* er schuilt een addertje onder het gras
rocher ZN M 1 rots • *faire du ~* rotsen beklimmen 2 rotsje <biscuitje, bonbon>
rocheux BN (V rocheuse), rotsachtig • *les (montagnes) Rocheuses* de Rocky Mountains
rock MUZ. ZN M rock, rock-'n-roll
rocker ZN M → **rockeur**
rockeur ZN M (V rockeuse), rocker, rockzanger
rocking-chair ZN M (MV rocking-chairs), schommelstoel
rococo 1 BN (MV mv: id.) 1 rococo- 2 (potsierlijk-)ouderwets 2 ZN M rococo(stijl)
rodage ZN M 1 (het) inrijden <van auto, motor> • *la voiture est en ~* de auto wordt ingereden 2 FIG. inwerkperiode
rodéo ZN M 1 rodeo 2 IRON. wilde toestand, stennis
roder OV WW 1 inrijden <van auto, motor> • *une voiture bien rodée* goed ingereden auto 2 FIG. (laten) proefdraaien, (iemand) inwerken • *~ un spectacle* een voorstelling proefdraaien • *son équipe est bien rodée* zijn team draait lekker • *une organisation bien rodée* gestroomlijnde organisatie
rôder ONOV WW rondsluipen, rondhangen, rondzwerven • *~ autour d'une maison* bij een huis rondhangen <op verdachte wijze>
rôdeur ZN M (V rôdeuse), zwerver
rogne INFORM. ZN V boze bui • *être en ~* een pesthumeur hebben • *être en ~ contre qn* pissig zijn op iemand
rogner 1 ONOV WW beknibbelen, FIG. snoeien (in) • *~ sur le budget habillement* beknibbelen op het kledingbudget 2 OV WW OOK FIG. (be)snoeien • FIG. *~ les ailes à qn* iemand kortwieken
rognon CUL. ZN M nier
rognure ZN V vaak MV snoeisel, afknipsel • *des ~s d'ongles* nagelschrapsel
rogue BN hooghartig, laatdunkend, arrogant
roi ZN M 1 koning • *les Rois mages* de Wijzen uit het Oosten, de drie Koningen • *la galette / le gâteau des Rois* driekoningenkoek • *travailler pour le ~ de Prusse* onbezoldigd / voor niets werken • *être plus royaliste que le ~* roomser zijn dan de paus 2 heerser, magnaat • *le ~ de la presse* de mediamagnaat • *le ~ du pétrole* de oliemagnaat • *le ~ des animaux* de koning der dieren • INFORM. *c'est le ~ des imbéciles* het is de grootste stomkop die er bestaat 3 koning <in schaakspel>, heer <in kaartspel>
Roi-Soleil ZN M Zonnekoning <Lodewijk XIV>
rôle ZN M 1 TON. rol • *un premier ~* hoofdrol • *un second ~* bijrol • *un rôle-titre* titelrol • *jouer le ~ d'un figurant* een figurantenrol spelen • *interpréter un ~ sur scène* een rol spelen op het toneel • *ne pas sortir de son ~* in je rol blijven • *tenir son ~* een rol bezetten • *les rôles sont renversés* de rollen zijn omgekeerd 2 rol, taak, functie • *un jeu de rôle(s)* rollenspel • *le foie joue un grand ~ dans le*

corps humain de lever speelt een grote rol in het menselijk lichaam • *c'est mon ~ de vous conseiller* het is mijn taak u te adviseren • *avoir le beau ~* mooi weer kunnen spelen, van sympathie / succes verzekerd zijn, een gemakkelijke taak hebben • *à tour de ~* om beurten
roller "-leur" ZN M **rollerskate, rolschaats**
Rom ZN M **zigeuner**
ROM AFK read only memory **ROM** <computergeheugen waaruit alleen gelezen kan worden>
romain BN **1 Romeins** • *les chiffres ~s* Romeinse cijfers **2** DRUKK. **romeins, recht** <niet-cursief>
Romain ZN M (V Romaine), **Romein**
romaine ZN V **Romeinse sla, bindsla**
roman 1 ZN M **1 roman** • *un ~ policier* detectiveroman • *un ~ noir* griezelroman • *un ~ de science-fiction* sciencefictionroman • *un ~ feuilleton* feuilletonroman • *un ~ de gare* treinlectuur **2** INFORM. **lang verhaal** • *son histoire, c'est du ~* zijn hele verhaal is nogal onwaarschijnlijk **3 romaanse stijl 2** BN **1 Romaans** • *les langues ~es* de Romaanse talen **2 romaans** • *le style ~* de romaanse stijl
romance ZN V **liefdeslied**
romancer OV WW **in romanvorm gieten** • *la vie romancée de Mozart* levensbeschrijving in romanvorm van Mozart
romancier ZN M (V romancière), **romanschrijver**
romand BN • *la Suisse ~e* Franstalig Zwitserland
romanesco ZN M **romanesco**
romanesque BN **1 romanesk** • *un personnage ~* romanesk personage, romanfiguur **2 roman-** • *une œuvre ~* romanwerk
roman-feuilleton ZN M (MV romans-feuilletons), **feuilleton, vervolgverhaal**
roman-fleuve ZN M (MV romans-fleuves), **lange (familie)roman, romancyclus**
roman-photo ZN M (MV romans-photos), **fotoroman**
romantique 1 BN **romantisch** • *un paysage ~* romantisch landschap **2** ZN M/V **romanticus**
romantisme ZN M **romantiek**
romarin ZN M **rozemarijn**
rombière INFORM. ZN V **oud wijf, ouwe taart**
rompre 1 ONOV WW **1 breken** • *la digue a rompu* de dijk is doorgebroken • *la chaîne a rompu* de ketting is gebroken **2** FIG. **breken (met)** • *il n'arrive pas à ~ avec elle* het lukt hem niet het met haar uit te maken • *~ avec une habitude* met een gewoonte breken **2** OV WW **breken, verbreken, doorbreken, afbreken** • *~ des chaînes* ketens verbreken, de vrijheid veroveren • *le chien a rompu la corde* de hond heeft het touw stukgetrokken • FIG. *applaudir à tout ~* daverend applaudisseren, een daverend applaus geven, de zaal afbreken • FIG. *~ des fiançailles* een verloving verbreken • FIG. *~ le silence* het stilzwijgen verbreken • FIG. *ce voyage m'a rompue* ik ben gebroken van deze reis **3** WKD WW **(se ~)** • *se ~ le cou* je nek breken
rompu 1 BN **1 verbroken,** OOK FIG. **gebroken** • *être ~ de fatigue* doodop zijn • FIG. *une conversation à bâtons ~s* hak-op-de-takgesprek **2 bedreven, geroutineerd (à in) 2** WW volt. deelw. → **rompre**
romsteck ZN M **lendenbiefstuk, biefstuk van de haas**
ronceraie ZN V **braambos, doornig struikgewas**
ronchon INFORM. **1** BN (V ronchonne), **brommerig 2** ZN M (V ronchonne), **brompot**
ronchonner INFORM. ONOV WW **brommen, mopperen**
ronchonneur INFORM. ZN M (V ronchonneuse), **brompot**
rond 1 BN **1** OOK FIG. **rond** • *avoir le dos ~* een kromme rug hebben • *avoir des joues bien ~es* erg bolle wangen hebben • *un petit homme bien ~* mollig mannetje • *une bourse ~e* goedgevulde beurs • *le ballon ~* de voetbal • *être ~ en affaires* eerlijk zijn (in zaken) **2 afgerond** • *un chiffre ~* rond getal **3** INFORM. **dronken, zat 2** BW **goed, precies** • *tourner ~* regelmatig lopen <van motor>, goed verlopen • *ça ne tourne pas ~* er klopt iets niet, er is iets mis • *cent euros tout ~* precies honderd euro **3** ZN M **1 kring(etje), cirkel, ring, rondje, schijf** • *un ~ de serviette* servetring • OOK FIG. *tourner en ~* in een kringetje ronddraaien • INFORM. *en rester comme deux ~s de flan* grote ogen opzetten, paf staan • *en ~* in het rond, in een kring **2** INFORM. **cent, poen** • *il n'a pas le ~* hij heeft geen rooie cent • *avoir des ~s* centen zat hebben
ronde ZN V **1 rondedans, reidans 2 ronde, patrouille** • *la ~ d'un gardien de nuit* de ronde van een nachtwaker • *la Ronde de nuit* de Nachtwacht <van Rembrandt> • *faire une / sa ~* je ronde doen **3** • *à la ~* in de omtrek, in het rond **4** MUZ. **hele noot**
rondelet BN (V rondelette), **mollig, rond** • *somme ~te* aardig bedrag(je)
rondelle ZN V **1 ringetje 2 schijfje, plakje** • *une ~ de citron* schijfje citroen • *une ~ de salami* plakje salami • *couper en ~s* in (ronde) plakjes / schijfjes snijden
rondement BW **1 rechtdoorzee 2 vlot, voortvarend** • *mener ses affaires ~* je zaken vlot afhandelen
rondeur ZN V **rondheid, afgerondheid** • *la ~ des formes* de rondheid van de vormen, de rondingen, de molligheid
rondin ZN M **rond houtblok, rondhout** • *une cabane en ~s* blokhut
rondouillard INFORM. BN **dikkig, mollig, welgedaan**
rond-point ZN M (MV ronds-points), **verkeersplein, rotonde**
ronflant BN **1 snorrend** • *un poêle ~* snorrende kachel **2** FIG. **hoogdravend, pompeus, bombastisch** • *des promesses ~es* schoonschijnende beloften
ronflement ZN M **gesnurk, geronk**
ronfler ONOV WW **snurken, snorren, ronken**
ronfleur ZN M (V ronfleuse), **snurker**
ronger 1 OV WW **1 knagen op, afknagen, bijten op,** FIG. **knagen aan, aanvreten** • *arrête de ~ tes ongles!* stop met nagelbijten! • *~ un os* een bot afkluiven • *une armoire rongée par les vers* kast

ro

waarvan het hout door de wormen is aangevreten **2** verteren, aantasten • *l'inquiétude le ronge* hij wordt gek van ongerustheid • *il était rongé de remords* zijn geweten knaagde **2** WKD WW **(se ~)** zich opvreten, verteerd worden • *se ~ les ongles* op zijn nagels bijten • *se ~ les poings / les sangs* zich opvreten, zich verbijten

rongeur **1** BN (V rongeuse), knagend **2** ZN M knaagdier

ronron ZN M **1** gespin / (het) spinnen <van kat>, gebrom, gesnor, geronk • *les ~s du moteur* het ronken van de motor **2** FIG. dreun, eentonigheid, sleur

ronronnement ZN M → **ronron**

ronronner ONOV WW spinnen <van kat>, snorren, ronken

roquefort ZN M roquefort(kaas)

roquet ZN M OOK FIG. keffer(tje)

roquette ZN V **1** PLANTK. raketsla, rucola **2** raket(bom)

rosace ZN V **1** rozet <ornament> **2** roosvenster

rosaire ZN M rozenkrans • *dire son ~* je rozenkrans bidden

rosâtre BN vaalroze

rosbif ZN M rosbief

rose **1** ZN V **1** PLANTK. roos • *une ~ de Noël* kerstroos • *une ~ des vents* windroos • *une ~ des sables* woestijnroos <gipskristal> • *de l'eau de ~* rozenwater • *un film à l'eau de ~* sentimentele film • *être frais comme une ~* fris als een hoentje zijn • INFORM. *envoyer qn sur les ~s* iemand het bos in sturen, iemand afpoeieren **2** roosvenster **2** ZN M roze kleur • *le ~ bonbon* knalroze • *s'habiller en ~* in het roze gekleed gaan • *voir tout en ~* alles rooskleurig inzien **3** BN **1** roze, FIG. rooskleurig • *tout n'est pas ~ en ce monde* het is niet alles rozengeur en maneschijn **2** seks-, roze • *le téléphone ~* de sekslijn **3** POL. links(ig)

rosé **1** ZN M rosé <wijn> **2** BN bleekroze

roseau ZN M (MV roseaux), riet

rosée ZN V dauw

roseraie ZN V rozentuin, rosarium

rosette ZN V **1** rozet <rond versiersel / insigne> **2** strikje

rosier ZN M rozenstruik

rosir ONOV WW roze worden • *~ de plaisir* een roze kleur krijgen van plezier

rosse **1** BN gemeen, kwaadaardig, krengerig, rottig **2** ZN V mispunt, kreng, rotzak

rossée INFORM. ZN V pak slaag

rosser INFORM. OV WW afrossen, afranselen

rosserie INFORM. ZN V gemeenheid, gemene streek

rossignol ZN M **1** nachtegaal **2** INFORM. loper <sleutel>

rot "roo" ZN M boer <oprisping> • *faire un ~* boeren

rotatif BN (V rotative), roterend, draaiend, rotatie-

rotation ZN V **1** rotatie, (rond)draaiing • *la ~ de la terre autour de son axe* de omwenteling van de aarde om haar as • *la vitesse de ~* omloopsnelheid **2** (het) rouleren <van voorraad, personeel e.d.> • *la ~ du personnel* het personeelsverloop

rotatoire BN draaiend, draai-

roter INFORM. ONOV WW boeren, een boer laten

rôti **1** ZN M gebraden vlees • *un ~ de veau* kalfsrollade **2** WW volt. deelw. → **rôtir**

rotin ZN M rotan(stengel), pitriet • *des chaises en ~* rotanstoelen

rôtir **1** OV + ONOV WW braden • *un poulet rôti* gebraden kip • *faire ~ de la viande* vlees braden **2** WKD WW **(se ~)** (liggen te) bakken • FIG. *se (faire) ~ au soleil* liggen te bakken in de zon

rôtisserie ZN V grillrestaurant, rotisserie

rôtissoire ZN V grill(oven), braadspit

rotonde ZN V rond gebouw <met koepel>

rotondité ZN V **1** rondheid **2** MV gezetheid, ronding(en)

rotule ZN V **1** knieschijf • INFORM. *être sur les ~s* op je laatste benen lopen, bekaf zijn **2** kogelgewricht

roturier **1** BN (V roturière), burgerlijk <niet v. adel> **2** ZN M (V roturière), burger(man)

rouage ZN M **1** radertje **2** FIG. MV raderwerk • *les ~s d'une entreprise* het raderwerk van een bedrijf • *les ~s de l'administration* de ambtelijke molen(s)

roublard INFORM. **1** BN uitgeslapen, gewiekst **2** ZN M goochemerd, gladjanus

roublardise INFORM. ZN V gewiekstheid, slimmigheid

rouble ZN M roebel

roucoulade ZN M → **roucoulement**

roucoulement ZN M **1** gekoer **2** FIG. gekir

roucouler ONOV WW **1** koeren <van duif> **2** kirren <van geliefden>, tortelen

roue ZN V wiel, rad • *la ~ avant* voorwiel • *la ~ arrière* achterwiel • *une ~ de secours* reservewiel • *une roue de vélo* fietswiel • *un deux-roues* tweewieler • FIG. *la ~ de la fortune* het rad van avontuur • *faire la ~* een radslag maken, de staart als een waaier opzetten <van pauw>, pronken (als een pauw) • *pousser à la ~* meehelpen • *prendre un virage sur les chapeaux de ~* door de bocht scheuren <v. auto> • FIG. *être en ~ libre* de vrije hand hebben, vrij handelen • FIG. *être la cinquième ~ du carrosse* het vijfde wiel aan de wagen zijn

roué BN doortrapt, gewiekst

rouennais BN van / uit Rouen

rouer OV WW radbraken • *~ qn de coups* iemand afranselen

rouflaquettes INFORM. ZN V MV tochtlatten <bakkebaarden>

rouge **1** BN **1** rood • *~ foncé* donkerrood • *~ écarlate* scharlakenrood • *un poisson ~* goudvis • *être ~ de honte* rood zijn van schaamte • *devenir ~ comme une pivoine / une tomate / une écrevisse* een kop als een boei krijgen **2** rood <socialistisch, communistisch> • *les banlieues ~s* de linkse voorsteden **3** rood <gevaar> • *les feux ~s* <verkeer> het rode (stop)licht • *une journée classée ~* drukke / gevaarlijke dag <voor het verkeer> **2** BW • *se fâcher tout ~* rood aanlopen <van woede>, witheet worden • *voir ~* woest worden • FIG. *voter ~* rood stemmen <communistisch> **3**

ZN M **1** **rode kleur** • *le ~ bordeaux* bordeauxrood • *le ~ cerise* kersrood • *le ~ brique* steenrood • *un (bâton de) ~ à lèvres* lippenstift • *du fer chauffé au ~* roodgloeiend gemaakt ijzer **2** **rood** <gevaar> • *passer au ~* door rood (licht) rijden • *c'est au ~* het (stoplicht) is rood • *être dans le ~* (in het) rood staan, in de rode cijfers staan **3** **rode wijn** • *du gros ~* goedkope rode tafelwijn • *boire un petit ~* een glaasje rode wijn drinken

rougeâtre BN **roodachtig**

rougeaud BN **met een hoogrode kleur** <van gezicht>

rouge-gorge ZN M (MV rouges-gorges), **roodborstje**

rougeoiement LIT. ZN M **rood schijnsel**

rougeole ZN V **mazelen**

rougeoyant BN **roodachtig gloeiend** • *un soleil ~* zon die in een roodachtige schittering overgaat

rouget ZN M **poon, zeebarbeel**

rougeur ZN V **1** **blos** **2** MV **rode vlekken** <op de huid>

rougir ONOV WW **rood worden, rood aanlopen, een kleur krijgen, blozen** • *~ de honte* rood worden van schaamte • *~ de plaisir* blozen van genoegen • *~ jusqu'aux oreilles* blozen tot achter de oren

rouille **1** ZN V **roest** • *une tache de ~* roestvlek **2** BN ONVER. **roestkleurig**

rouillé BN **1** **verroest, roestig** <ook v. plant> **2** OOK FIG. **verstramd, versloft, vastgeroest**

rouiller **1** ONOV WW **(ver)roesten** **2** WKD WW **(se ~)** **1** **(ver)roesten** **2** FIG. **vastroesten, verstrammen** • *un esprit qui se rouille* geest die minder lenig wordt

roulade ZN V **1** SPORT **koprol** **2** CULIN **rollade**

roulant BN **rollend, rijdend, op wielen, rol-** • *un escalier ~* roltrap • *un trottoir ~ (dans le métro)* (voetgangers)transportband (bij de metro) • *se déplacer en fauteuil ~ / en chaise ~e* je in een rolstoel verplaatsen • *du personnel ~* rijdend personeel

roulé BN **(op)gerold, rol-** • *un 'r' ~* rollende r • *un pull à col ~* coltrui • INFORM. *une nana bien roulée* een lekker mokkel

rouleau ZN M (MV rouleaux), **rol** <papier enz.>, **roller** • *un ~ de papier hygiénique* closetrol • *un ~ à pâtisserie* deegroller • *un ~ de papier peint* rol behang(papier) • CULIN *un ~ du printemps* loempia • TECHN. *un ~ (compresseur)* wals <voor wegen> • INFORM., FIG. *être au bout du ~* aan het eind van je Latijn zijn, niet meer (verder) kunnen

roulé-boulé ZN M (MV roulés-boulés), **koprol** • *faire un ~* kopjeduikelen

roulement ZN M **1** **(het) rollen, (het) rijden** **2** **geroffel, gerommel** • *le ~ du tonnerre* het rollen van de donder • *le ~ du tambour* het tromgeroffel **3** **(het) rouleren, roulatie** • *par ~* in ploegendienst, bij toerbeurt • *le ~ du personnel* het personeelsverloop

rouler **1** OV WW **1** **(voort)rollen, laten rollen, (op) rollen** • *se ~ une cigarette* een sigaret draaien • *~ des hanches* heupwiegen • FIG. *~ sa bosse* rondtrekken **2** INFORM. **beetnemen, besodemieteren, oplichten, tillen, rollen** • *il nous a roulés* hij heeft ons beetgenomen / besodemieterd • *se faire ~ par un commerçant* door een winkelier opgelicht worden **2** ONOV WW **1** **rollen** • *la pièce de monnaie a roulé sous le canapé* het muntje is onder de bank gerold • *il a roulé dans l'escalier* hij is van de trap gerold • *je ne roule pas sur l'or* het geld groeit me niet op de rug **2** **rijden** • *~ à deux cents à l'heure* tweehonderd kilometer per uur rijden • *ça ne roule pas bien sur le périphérique* je kan niet lekker doorrijden op de ringweg • *l'avion roulait sur la piste d'atterrissage* het vliegtuig taxiede over de landingsbaan • INFORM. *ça roule!* het loopt gesmeerd!, alles kits! • FIG. *il a beaucoup roulé dans sa vie* hij heeft in zijn leven veel rondgezworven **3** **betrekking hebben (op), gaan (over)** • *la discussion a roulé sur la politique* de discussie ging over politiek **3** WKD WW **(se ~)** **(zich) (op)rollen** • *l'enfant s'est roulé par terre de rage* het kind rolde over de grond van boosheid • INFORM. *se ~ les pouces* duimendraaien

roulette ZN V **1** **rolletje, (zwenk)wieltje** • *les ~s d'une valise* de wieltjes van een koffer • *des patins à ~s* rolschaatsen • FIG. *ça marche comme sur des ~s* het loopt op rolletjes **2** INFORM. **(tandarts)boor** **3** **roulette** • *jouer à la ~* roulette spelen

rouleur SPORT ZN M (V rouleuse), **langeafstandsspecialist** <wielrenner>

roulis "-lie" ZN M **(het) rollen** <van vaartuig>, **slingering**

roulotte ZN V **woonwagen** • INFORM. *vol à la ~* diefstal uit auto's

roumain **1** BN **Roemeens** **2** ZN M **(het) Roemeens**

Roumain ZN M/V (V Roumaine), **Roemeen**

Roumanie ZN V **Roemenië**

round "raund, roend" SPORT ZN M **ronde** <bij boksen>

roupie ZN V **1** **roepia** **2** • INFORM. *ce n'est pas de la ~ de sansonnet* dat is geen kattenpis

roupiller INFORM. ONOV WW **dutten, maffen**

roupillon INFORM. ZN M **dutje, tukje** • *piquer un petit ~* een dutje doen, een uiltje knappen

rouquin INFORM. **1** BN **roodharig** **2** ZN M/V **roodharige, rooie**

rouscailler INFORM. ONOV WW **kankeren**

rouspétance INFORM. ZN V **gekanker, gesputter**

rouspéter INFORM. ONOV WW **kankeren, sputteren**

rouspéteur INFORM. ZN M (V rouspéteuse), **kankeraar, kniesoor**

roussâtre BN **rossig**

rousse ZN V → **roux**

rousseur ZN V **rossigheid** • *des taches de ~* sproeten

roussi ZN M **branderige lucht** • FIG. *ça sent le ~* dat loopt fout

roussir ONOV WW **schroeien** • CULIN *faire ~ des oignons* uien fruiten • CULIN *faire ~ de la viande* vlees aanbraden

routage ZN M (het) ter verzending sorteren <van poststukken>
routard INFORM. ZN M trekker, rugzaktoerist
route ZN V **1** OOK FIG. weg • *une ~ nationale* rijksweg • *une ~ départementale* provinciale weg • *une ~ côtière* kustweg • *la ~ de Lille* de weg / route naar Lille • *un accident de la ~* verkeersongeval • *faire de la ~* veel tussen de wielen zitten • *nous arriverons par la ~* we komen met de auto • *au bord de la ~* aan / langs de weg • FIG. *cette voiture tient bien la ~* deze auto heeft een goede wegligging • FIG. *ça ne tient pas la ~* dat snijdt geen hout, dat gaat niet op **2** route, koers, richting • *la ~ des Indes* de zeeroute naar Indië • *la ~ de la soie* de zijderoute • *le navire fait ~ vers la Martinique* het schip zet koers naar Martinique • *c'est à deux heures de ~* het is twee uur rijden • *sortir de la ~* van de weg raken • FIG. *être sur la bonne ~* op de goede weg zitten • FIG. *faire fausse ~* op de verkeerde weg zijn **3** loop, baan • *une feuille de ~* marsorder • *souhaiter bonne ~ à qn* iemand een goede reis wensen • *se mettre en ~* op weg gaan • *mettre une machine en ~* een machine op gang brengen / starten • *en (cours de) ~* onderweg
router OV WW **1** ter verzending sorteren <van poststukken> **2** routeren <van schepen e.d.>
routier 1 BN (V routière), weg(en)- • *une carte routière* wegenkaart • *un réseau ~* wegennet • *un restaurant ~* wegrestaurant <vooral voor vrachtwagenchauffeurs> • *les transports ~s* wegvervoer • *la sécurité routière* verkeersveiligheid **2** ZN M (V routière), vrachtwagenchauffeur, BELG. camioneur **3** ZN M **1** INFORM. wegrestaurant **2** routinier • *c'est un vieux ~ de la politique* het is een ouwe rot in de politiek
routine ZN V routine, gewoonte • *un contrôle de ~* routinecontrole • FIG. *être prisonnier de la ~* een slaaf van je gewoonten zijn
routinier BN (V routinière), routine-, routineus • *un esprit ~* gewoontemens
rouvrir 1 OV WW weer openen, heropenen • *~ un débat* een debat hervatten / weer op gang brengen • FIG. *~ une vieille blessure* een oude wond weer openrijten **2** WKD WW **(se ~)** weer opengaan • *une blessure qui se rouvre* wond die weer opengaat
roux 1 BN (V rousse), rossig, roodbruin • *des cheveux ~* rossig / rood haar **2** ZN M **1** rossige kleur **2** CULIN roux <boter-bloemsausje> **3** ZN M/V (V rousse), roodharige, rooie
royal BN (M MV royaux) **1** koninklijk, konings- • *le prince ~* kroonprins • *une ordonnance ~e* koninklijke beschikking • *le palais ~* koninklijk paleis **2** FIG. vorstelijk • *gagner un salaire ~* een vorstelijk salaris verdienen • *laisser un pourboire ~* een royale fooi achterlaten • *être d'une indifférence ~e* volmaakt onverschillig zijn
royalement BW **1** koninklijk **2** INFORM. volslagen • *il s'en fiche ~* het kan hem geen bal schelen
royalisme ZN M koningsgezindheid
royaliste 1 BN koningsgezind • *être plus ~ que le roi* roomser dan de paus zijn **2** ZN M/V koningsgezinde, royalist
royalties ZN V MV royalty's
royaume ZN M **1** koninkrijk • *le Royaume-Uni* het Verenigd Koninkrijk • *le Royaume des Pays-Bas* het Koninkrijk der Nederlanden **2** FIG. rijk • *le ~ des cieux* het koninkrijk der hemelen, het hemelse rijk
royauté ZN V **1** koningschap **2** monarchie
R.S.A. AFK Revenu de solidarité active M bijstand(suitkering) • *toucher le R.S.A* in de bijstand lopen
RSVP, r.s.v.p. AFK répondre s'il vous plaît s.v.p. antwoorden
RTT AFK réduction du temps de travail V atv, arbeidstijdverkorting, atv-dag • *prendre un lundi en RTT* een maandag als atv-dag opnemen
ruban ZN M lint, band • *un ~ adhésif* plakband • *un ~ encreur* inktlint <van een printer>
rubéole MED. ZN V rodehond
rubicond BN hoogrood <van gezicht>
rubis "-bie" ZN M robijn • *payer ~ sur l'ongle* contant (en tot de laatste cent) betalen
rubrique ZN V **1** rubriek <pers> • *une ~ sportive* sportrubriek • *la ~ des chiens écrasés* de rubriek met gemengde berichten • *tenir une ~ dans un magazine* redacteur zijn bij een tijdschrift **2** categorie • *classer ses dépenses sous diverses ~s* je uitgaven in verschillende categorieën onderbrengen
ruche ZN V **1** bijenkorf, bijenvolk **2** FIG. mierenhoop **3** ruche <plooistrookje>
rude BN **1** ruw, grof, ruig • *une peau ~* ruwe huid • *un hiver ~* strenge winter **2** FIG. zwaar, moeilijk, hard, hevig • *un visage ~* hard / onvriendelijk gezicht • *un ~ concurrent* geduchte tegenstander • *mettre qn à ~ épreuve* iemand zwaar op de proef stellen • *parler sur un ton ~* op strenge toon praten **3** INFORM. reuze-, kras
rudement BW **1** ruw, FIG. hard, zwaar • *on l'a traité ~* ze hebben hem ruw behandeld **2** INFORM. hartstikke • *il avait ~ faim* hij had een reuzehonger • *c'est ~ beau tout ça!* dat is allemaal hartstikke mooi! • *il fait ~ froid* het is gemeen koud
rudesse ZN V **1** ruwheid, grofheid • *répondre avec ~* ruw antwoorden **2** strengheid, hardheid • *la ~ du climat* de strengheid van het klimaat
rudimentaire BN rudimentair, elementair, oppervlakkig
rudiments ZN M MV grondbeginselen • *les ~ de la grammaire* de grondbeginselen van de grammatica
rudoiement FORM. ZN M ruwe bejegening
rudoyer FORM. OV WW ruw bejegenen, grof behandelen
rue ZN V straat • *une ~ piétonne* voetgangersstraat • BELGFR. *une rue cyclable* fietsstraat • *une ~ commerçante* winkelstraat • *une ~ à sens unique* straat met eenrichtingsverkeer • FIG. *être à la ~* op straat / op de keien staan • FIG. *descendre dans la ~* de straat op gaan (om te betogen) • FIG. *ça se trouve à tous les coins de ~* dat vind je overal • FIG. *ça ne court pas les rues* dat / die zie je niet elke dag • *dans la ~* op straat, buiten
ruée ZN V FIG. stormloop, run • *la ~ vers l'or* de jacht op het goud, de goldrush • *la ~ vers la sortie* de

stormloop naar de uitgang
ruelle ZN V **steegje**
ruer WKD WW **(se ~) zich storten (op), rennen (naar)** • *se ~ sur la nourriture* op het eten afvliegen • *se ~ vers la sortie d'un magasin* je naar de uitgang van een winkel haasten
rugby ZN M **rugby**
rugbyman ZN M (MV rugbymans, rugbymen), **rugbyspeler**
rugir ONOV WW **brullen, bulderen** <van wind, motor> • FIG. *~ de colère* schreeuwen van woede
rugissement ZN M **gebrul, gebulder** <van wind, motor>
rugosité ZN V **oneffenheid, ruwheid**
rugueux BN (V rugueuse), **oneffen, ruw**
ruine ZN V **1 verval, ineenstorting** • *être / tomber en ~* in puin liggen / vallen • *la maison tombe en ~* het huis stort in • FIG. *le pays va à sa ~* het land glijdt af naar de afgrond • *en ~* bouwvallig **2** vaak MV **bouwval, ruïne, puinhopen** • *des ~s romaines* ruïnes van een gebouw uit de Romeinse oudheid • *les ~s d'une ville après un bombardement* de ruïnes van een stad na een bombardement **3 ondergang, verderf,** FIG. **bankroet** • *courir à sa ~* je ondergang tegemoet gaan • *être au bord de la ~* bijna failliet zijn **4 wrak** <persoon>
ruiner 1 OV WW **ruïneren, te gronde richten** • *l'alcool a ruiné sa santé* de drank heeft zijn gezondheid verwoest • *~ les espoirs de qn* iemands hoop ondermijnen **2** WKD WW **(se ~) zich ruïneren** • *se ~ la santé* je gezondheid verwoesten • *se ~ au jeu* al je geld aan (gok)spelen uitgeven
ruineux BN (V ruineuse), **ruïneus, zeer duur** • *des vacances ruineuses* een erg dure vakantie
ruisseau ZN M (MV ruisseaux) **1 beek** • *les petits ~x font les grandes rivières* vele kleintjes maken één grote **2** FIG. **stroom** • *des ~x de larmes* een stortvloed van tranen • *des ~x de sang* stromen bloed • FIG. *tiré du ~* uit de goot opgeraapt
ruisselant BN **druipend, druipnat, (over) stromend** • *le front ~ de sueur* het voorhoofd druipend van het zweet
ruisseler ONOV WW **druipen,** OOK FIG. **(over) stromen** • *~ de sueur* druipen van het zweet
ruisselet LIT. ZN M **beekje**
ruissellement ZN M OOK FIG. **(het) (over) stromen, (het) druipen** • *le ~ de l'eau le long des murs* het sijpelen van het water langs de muren
rumba ZN V **rumba**
rumeur ZN V **1 gedruis, geroezemoes, rumoer** • *on entend la ~ de la ville* je hoort het rumoer van de stad **2 gerucht** • *la ~ publique* de geruchten die de ronde doen, de praatjes • *une ~ tenace / persistante* een hardnekkig gerucht • *apprendre une nouvelle par la ~* iets bij geruchte vernemen • *la ~ court qu'il va se marier* het gerucht gaat dat hij gaat trouwen
ruminant ZN M **herkauwer**
ruminer OV WW **1 herkauwen 2 piekeren over, niet uit het hoofd kunnen zetten** • *~ sa vengeance* op wraak zinnen
rumsteck ZN M → **romsteck**
rupestre BN **rots-** • *l'art ~* holenkunst • *des peintures ~s* rotstekeningen
rupin INFORM. BN **rijk, chic**
rupture ZN V **1 (het) breken** • MED. *la ~ d'un ligament* de breuk van een gewrichtsband • *la ~ d'une digue* de dijkdoorbraak **2** FIG. **breuk, (het) afbreken, (het) verbreken** • *la ~ des relations diplomatiques entre deux pays* het verbreken van de diplomatieke betrekkingen tussen twee landen • *une lettre de ~* afscheidsbrief <waarmee een relatie verbroken wordt> • *une scène de ~* scène waarbij een relatie verbroken wordt • *être en ~ de stock* door de voorraad heen zijn
rural BN (M MV ruraux), **landelijk, plattelands-** • *l'exode ~* de trek naar de stad • *une route ~e* landweg
rurbanisation ZN V **geleidelijke verstedelijking rond een stad**
ruse ZN V **list, sluwheid** • *obtenir qc par la ~* iets door middel van een list verkrijgen • *déjouer les ~s de qn* iemands slimmigheden verijdelen
rusé BN **listig, sluw** • *un ~* een slimme vent
ruser ONOV WW **een list gebruiken**
rush ZN M (MV rush(e)s), **rush, stormloop**
russe 1 BN **Russisch 2** ZN M **(het) Russisch**
Russe ZN M/V **Rus**
Russie ZN V **Rusland**
rustaud INFORM. **1** BN **boers, lomp 2** ZN M (V rustaude), **lomperd, boerenkinkel**
rusticité FORM. ZN V **landelijkheid, landelijke eenvoud, boersheid, rusticiteit**
rustique 1 BN **rustiek, landelijk, boers, boeren-** • *des meubles ~s* rustieke meubels • *apprécier la vie ~* het leven op het platteland / het buitenleven wel kunnen waarderen **2** ZN M **rustieke stijl**
rustre 1 BN **lomp, onbehouwen 2** ZN M **lomperd**
rut "ruut" ZN M **bronsttijd, bronst(igheid)** • *en ~* bronstig, loops
rutilant BN **fonkelend**
rutiler FORM. ONOV WW **fonkelen, glanzen** • *les chromes de sa moto rutilent* het chroom(werk) van zijn motor glimt
R.-V. AFK rendez-vous M **afspraak**
rythme ZN M **1** MUZ. **ritme** • *danser en ~* op het ritme dansen, het ritme volgen • *marquer le ~* het tempo aangeven • *au ~ de la musique* op de maat van de muziek **2 ritme, tempo** • *le ~ cardiaque* het hartritme • *le ~ biologique* het bioritme • *courir à un ~ d'enfer* keihard rennen • *le ~ des réunions s'accélère* de vergaderfrequentie wordt opgevoerd
rythmé BN **ritmisch**
rythmer OV WW **ritmeren, ritme brengen in**
rythmique 1 BN **ritmisch 2** ZN V **ritmiek, ritmische gymnastiek**

S

s 1 ZN M letter **s** 2 AFK seconde V **sec., seconde** 3 AFK sur **aan de** • ~ / *Seine* aan de Seine
s' 1 WKD VNW → **se** 2 WKG VNW → **se** 3 VOEGW → **si**²
S AFK Sud **Z., zuid(en)**
sa BEZ VNW V → **son**
SA AFK société anonyme V **nv, naamloze vennootschap**
sabbatique BN **sabbat(s)-** • *prendre une année ~* een sabbatical nemen, een tussenjaar nemen
sablage ZN M 1 **(het) zandstrooien** • *le ~ d'une rue verglacée* het met zand bestrooien van een beijzelde straat 2 **(het) zandstralen** • *le ~ d'une façade* het zandstralen van een gevel
sable 1 ZN M **zand** • *une plage de ~ fin* fijnzandstrand • *un château de ~* zandkasteel • *les ~s mouvants* drijfzand • FIG., INFORM. *être sur le ~* zonder werk / geld zitten 2 BN **zandkleurig**
sablé 1 BN **met zand bedekt** 2 ZN M **zandtaartje**
sabler OV WW 1 **met zand bestrooien** 2 TECHN. **zandstralen** 3 • ~ *le champagne* (er) champagne (op) drinken
sableux BN (V sableuse), **zandig, zanderig**
sablier ZN M **zandloper**
sablière ZN V **zandgroeve**
sablonneux BN (V sablonneuse), **zand(er)ig**
saborder 1 OV WW 1 **de grond in boren** 2 FIG. **opdoeken** • ~ *une entreprise* een bedrijf opdoeken 2 WKD WW **(se ~) zichzelf opdoeken** • *une organisation qui se saborde* organisatie die zichzelf opheft
sabot ZN M 1 **klomp** • *des ~s en bois* houten klompen • *une baignoire ~* zitbad • INFORM., FIG *je te vois venir avec tes gros ~s!* ik zie heus wel waar je heen wilt! • FIG. *avoir les deux pieds dans un même ~* twee linkerhanden hebben 2 **hoef** 3 TECHN. **schoen** • *le ~ (de Denver)* wielklem
sabotage ZN M 1 **sabotage** • *accident dû à un ~* ongeluk veroorzaakt door sabotage 2 **prutswerk**
saboter OV WW 1 **saboteren** • ~ *une ligne de chemin de fer* een spoorlijn saboteren • FIG. ~ *les négociations de paix* de vredesonderhandelingen saboteren 2 **afraffelen**
saboteur ZN M (V saboteuse), **saboteur**
sabre ZN M **sabel**
sabrer INFORM. OV WW 1 **rigoureus snoeien in** <tekst> 2 **laten afgaan** • *se faire ~ à un examen* zakken / sjezen voor een examen
sac ZN M 1 **tas, zak** • *un ~ à main* handtas(je) • *un ~ à dos* rugzak • *un ~ de couchage* slaapzak • *un ~ en plastique* plastic tas • *un ~ de pommes de terre* zak aardappelen • *un ~ de marin / de soldat* plunjezak • *un ~ de voyage* reistas • INFORM. *un ~ à puces* nest <bed> • INFORM. *un ~ à vin* dronkaard • FIG. ~ *d'embrouilles / de nœuds* warboel, warnet • FIG. *l'affaire est dans le ~* de zaak is beklonken / voor elkaar • FIG. *mettre tout dans le même ~* alles op één hoop gooien • FIG. *on l'a pris la main dans le ~* hij is op heterdaad betrapt • FIG. *vider son ~* je hart luchten, uitpakken, alles eruit gooien 2 **plundering** • *une mise à ~* plundering • *mettre une ville à ~* een stad plunderen
saccade ZN V **schok, ruk, stoot** • *par ~s* schoksgewijs, met horten en stoten
saccadé BN **hortend, stotend** • *un rythme ~* hortend en stotend ritme
saccage ZN M **plundering, verwoesting**
saccager OV WW **plunderen, verwoesten, overhoophalen** • *des vandales ont saccagé les cabines téléphoniques* vandalen hebben de telefooncellen vernield • *les arbres ont été saccagés par la tempête* de bomen zijn door de storm verwoest
saccharine "-aka-" ZN V **sacharine, zoetje**
sache WW présent subj. → **savoir**
sachet ZN M **zakje, sachet** • *un ~ de bonbons* zakje snoep • *un ~ de thé* theezakje / -builtje • *une soupe en ~* soep uit een zakje
sacoche ZN V **(schouder)tas, fietstas**
sac-poubelle ZN M (MV sacs-poubelles), **vuilniszak**
sacquer, saquer INFORM. OV WW 1 **de zak geven, laten afgaan** <voor examen> 2 • *je ne peux pas le ~* ik kan hem niet uitstaan
sacral BN (M MV sacraux), **sacraal, gewijd**
sacre ZN M **wijding** <in ambt>, **zalving, inhuldiging**
sacré 1 BN 1 OOK FIG. **heilig, gewijd, sacraal** • *la musique sacrée* gewijde muziek • *le Sacré-Cœur* de Sacré-Coeur <kerk in Parijs> • FIG. *avoir le feu ~* het heilige vuur hebben • INFORM. *son cognac après le dîner, c'est sacré!* zijn cognacje na het eten is (hem) heilig! • *rien n'est ~ pour lui* niets is hem heilig 2 INFORM. vóór zn **vervloekt, verrekt** • *c'est un ~ menteur* het is een liegbeest 2 ZN M **(het) heilige, (het) gewijde**
sacrement ZN M **sacrament** • *administrer les derniers ~s à qn* iemand de laatste sacramenten toedienen
sacrément INFORM. BW **verdomd (veel), verrekt(e)**
sacrer OV WW 1 **wijden (tot)** <ambt>, **zalven (tot), inhuldigen** 2 **(plechtig) uitroepen tot** • *on l'a sacrée meilleure actrice de l'année* zij is uitgeroepen tot beste actrice van het jaar
sacrifice ZN M 1 **offer** 2 **opoffering** • *ils ont fait des ~s pour que leurs enfants fassent des études* ze hebben zich opofferingen getroost om hun kinderen te laten studeren • *faire le ~ de sa vie pour qc* je leven offeren voor iets
sacrifier 1 OV WW 1 **offeren, opofferen** • *un peuple sacrifié* volk dat opgeofferd is • ~ *sa vie privée à sa carrière* je privéleven opofferen voor je carrière 2 **onder de prijs verkopen** • *des prix sacrifiés* weggeefprijzen 2 WKD WW **(se ~) zich opofferen** • *se ~ pour ses enfants* je opofferen voor je kinderen
sacrilège 1 ZN M **heiligschennis** 2 ZN M/V **heiligschenner** 3 BN **heiligschennend, godslasterlijk**

s

sacro-saint INFORM. BN (MV sacro-saints), FIG. heilig, onaantastbaar • *sa sacro-sainte voiture* zijn heilige auto

sadique 1 BN sadistisch 2 ZN M/V 1 sadist 2 lustmoordenaar

sadisme ZN M sadisme, wreedheid

sadomasochiste 1 BN sadomasochistisch 2 ZN M/V sadomasochist

safari ZN M safari

safari-photo ZN M (MV safaris-photos), fotosafari

safran 1 ZN M saffraan 2 BN onver. saffraangeel

saga ZN V OOK FIG. saga, sage

sagace BN scherpzinnig

sagacité ZN V scherpzinnigheid

sage 1 BN 1 wijs, verstandig • *il serait ~ que vous ne preniez pas la route ce soir* het zou verstandig zijn om vanavond niet de weg op te gaan, u kunt vanavond beter niet de weg opgaan 2 oppassend, deugdzaam, ingetogen, braaf • *vous serez ~s au restaurant, les enfants!* jullie moeten wel braaf / zoet zijn in het restaurant, kinderen! • *un enfant ~ comme une image* heel braaf kind 2 ZN M wijze • *le comité des ~s* commissie van wijze mannen

sage-femme ZN V (MV sages-femmes), verloskundige, vroedvrouw

sagement BW verstandig, braaf • *attendez-moi ~ ici!* wacht hier rustig op me!

sagesse ZN V 1 wijsheid, verstandigheid • *les dents de ~* de verstandskiezen • *il a eu la ~ de ne pas partir* hij is zo verstandig geweest om niet weg te gaan 2 braafheid • *un petit garçon d'une ~ remarquable* jongetje dat opvallend braaf is

Sagittaire ZN M Boogschutter <dierenriem>

sagouin INFORM. ZN M (V sagouine), viespeuk

saharien BN (V saharienne), Sahara-, Saharaans

saignant BN 1 CULIN weinig doorbakken • *un bifteck ~* weinig doorbakken / even aangebakken biefstuk 2 bloedend, bloederig • *une plaie encore ~e* nog bloedende wond

saignée ZN V 1 ANAT. plooi tussen boven- en onderarm 2 MED. aderlating

saignement ZN M bloeding • *un ~ du nez* bloedneus

saigner 1 ONOV WW bloeden • *~ du nez* een bloedneus hebben 2 WKD WW (se ~) • FIG. *se ~ aux quatre veines pour ses enfants* je veel opofferingen getroosten / kromliggen voor je kinderen 3 OV WW OOK FIG. laten (leeg)bloeden • FIG. *~ les contribuables* de belastingbetalers flink laten bloeden

saillant BN 1 vooruitspringend, uitstekend • *des pommettes ~es* (voor)uitstekende jukbeenderen 2 treffend, in het oog springend • *un détail ~* opvallend / frappant detail

saillie ZN V 1 (voor)uitsteeksel, uitspringing • *un toit en ~* overhangend dak 2 FORM. (leuke) inval, kwinkslag

saillir ONOV WW (voor)uitsteken, uitpuilen • *on voit ses veines ~* je ziet zijn gezwollen aderen

sain BN OOK FIG. gezond • *une alimentation ~e* gezonde voeding • *des finances ~es* gezonde financiën • *des lectures ~es* heilzame lectuur • *être ~ et sauf* ongedeerd / gezond en wel zijn, er heelhuids van afgekomen zijn

saint 1 ZN M (V sainte), heilige • *le ~ des ~s* het heilige der heiligen • FIG. *cette femme est une ~e* deze vrouw is een heilige • *ne (plus) savoir à quel ~ se vouer* geen raad (meer) weten, niet (meer) weten waar je het zoeken moet 2 BN OOK FIG. heilig, sint(-) • *la Sainte Vierge* de Heilige Maagd • *la (fête de) Saint-Nicolas* Sinterklaas, het sinterklaasfeest • *la semaine ~e* de Goede / Stille week • *les Lieux ~s / la Terre ~e* het Heilige Land • *le jeudi ~* Witte Donderdag • INFORM. *trimer toute la ~e journée* de godganse dag zwoegen

saint-bernard ZN M (MV saint-bernard(s)) 1 sint-bernard(shond) 2 FIG. behulpzaam iemand

sainte-nitouche ZN V (MV saintes-nitouches), schijnheilig iemand, heilig boontje

Saint-Esprit ZN M Heilige Geest

saint-frusquin INFORM. ZN M (MV id.), boel, (het hele) zootje

saint-glinglin INFORM. • *à la ~* met sint-juttemis

Saint-Père ZN M Heilige Vader

Saint-Siège ZN M Heilige Stoel

Saint-Sylvestre ZN V oudejaarsavond • *la nuit de la ~* oudejaarsavond • *le réveillon de la ~* feestmaal op oudejaarsavond

Saint-Valentin ZN V Valentijnsdag

sais WW présent → **savoir**

saisi WW volt. deelw. → **saisir**

saisie ZN V 1 beslag(legging) • *il y a eu une grosse ~ de drogue* er is een grote hoeveelheid drugs in beslag genomen • *procéder à la ~ d'un journal* beslag leggen op een krant 2 COMP. invoer <van gegevens>

saisir 1 OV WW 1 OOK FIG. (aan)grijpen, pakken, vatten • *~ qn par les épaules* iemand bij de schouders (beet)pakken • *~ la balle au vol* de bal uit de lucht plukken • *~ le pouvoir* de macht grijpen • *~ l'occasion* de gelegenheid aangrijpen • *~ sa chance* je kans grijpen • *le froid m'a saisi* ik ben door de kou bevangen • *la peur l'a saisi* hij is door angst overmand 2 FIG. begrijpen, (be)vatten, snappen, opvangen, horen, zien • *tu as saisi ce qu'elle a dit?* heb je begrepen wat ze gezegd heeft? 3 COMP. invoeren <van gegevens> 4 CULIN aanbraden • *~ une viande* het vlees aanbraden 5 JUR. in beslag nemen • *~ une cargaison de sacs contrefaits* een lading nagemaakte (merk)tassen in beslag nemen 2 WKD WW (se ~) de zich meester maken van • *il s'est saisi du couteau et nous a menacés* hij heeft het mes gegrepen en ons bedreigd

saisissant BN 1 aangrijpend, frappant • *un portrait ~ de ressemblance* portret met een treffende gelijkenis 2 doordringend <van kou>

saison ZN V 1 jaargetijde, seizoen • *la belle ~* de zomermaanden • *la mauvaise ~* de wintertijd • *la ~ des pluies* de regentijd • *les fruits de ~* het seizoensfruit • *la ~ des fraises* aardbeientijd • *un marchand des quatre-saisons* groenteverkoper • *il* *fait chaud pour la ~* het is warm voor de tijd van het jaar • *en cette ~* in dit jaargetijde **2** FIG. **seizoen, (geschikte) tijd** • *la haute ~* het hoogseizoen • *la basse ~* het voorseizoen, het laagseizoen • *la morte ~* de slappe / stille tijd, de komkommertijd • *la ~ théâtrale* het theaterseizoen • *la ~ des amours* de paartijd • *n'être plus de ~* afgedaan hebben • *hors ~* buiten het (hoog)seizoen • *hors de ~* niet te pas (komend), ontijdig

saisonnier BN (V saisonnière), **seizoen-** • *un (ouvrier) ~* seizoenarbeider

sait WW présent → **savoir**

salace LIT. BN **wellustig, wulps, geil**

salade 1 ZN V **1 sla, salade** • *une ~ verte* krop sla • *une ~ de laitue* (salade van) kropsla • *une ~ d'endives* witlofsalade • *une ~ niçoise* gemengde salade met olijven, ansjovis, tonijn, tomaten enz. • *une ~ de fruits* vruchtenslaatje, vruchtensalade • *des haricots verts en ~* als sla klaargemaakte sperziebonen **2** INFORM. **zootje 2** ZN V MV INFORM. **(mooie) praatjes, smoesjes, flauwekul** • *elle a raconté des ~s* ze kwam met smoesjes aan

saladier ZN M **slabak / -schaal**

salafiste 1 ZN M/V **salafist 2** BN **salafistisch**

salage ZN M **(het) zouten, (het) pekelen** • *le ~ des routes* het pekelen van (gladde) wegen

salaire ZN M OOK FIG. **loon, salaris** • *le ~ brut* brutoloon • *le ~ net* nettoloon • *un ~ mensuel* maandsalaris • *un ~ horaire* uurloon • *le ~ minimum interprofessionnel de croissance / le S.M.I.C.* het (wettelijk) minimumloon • *un bulletin de ~* loonstrookje • *un ~ d'appoint* bijverdienste • *un ~ de misère / de famine* hongerloon(tje) • *toucher son ~* je loon ontvangen

salaison ZN V **1 (het) (in)zouten 2** MV **ingezouten waar**

salamalecs INFORM. ZN M MV **overdreven complimenten, vleierij, strijkages** • *faire des ~ à qn* je uitsloven tegenover iemand

salamandre ZN V **salamander**

salami ZN M **salami**

salant BN • *des marais ~s* zoutpannen

salarial BN (M MV salariaux), **loon-** • *des revendications ~es* looneisen

salariat ZN M **1 loondienst 2 loontrekkers, werknemers**

salarié ZN M (V salariée), **werknemer, loontrekker**

salaud INFORM. ZN M **smeerlap, schoft**

sale BN **1** OOK FIG. **vuil, vies** • *du linge ~* vuile was • *faire un travail ~* vuil werk doen • FIG. *laver son linge ~ en famille* de vuile was niet buiten hangen **2** INFORM. **gemeen** <vóór zelfstandig naamwoord>, **vuil, rot-, klere-** • *une ~ affaire* smerig zaakje • *un ~ gosse* rotjoch • *quel ~ temps!* wat een rotweer! • *avoir une ~ gueule/tête* er belabberd uitzien, een rotkop hebben **3 illegaal, zwart** • *blanchir de l'argent ~* zwart geld witwassen

salé 1 BN **1** OOK FIG. **gezouten, pikant** • *de l'eau salée* zout water • *des biscuits salés* zoutjes **2** INFORM, FIG • *une addition salée* gepeperde rekening • *une plaisanterie salée* schuine mop **2** ZN M **1 zoute kost 2 pekelvlees** • *le petit ~* plakjes vers pekelvlees

salement BW **1 vies** • *manger ~* knoeien met het eten **2** INFORM. **verrekt(e) (veel)** • *il en est ~ embêté* hij zit er lelijk mee in

saler OV WW **1 (in)zouten, pekelen 2** INFORM. **peperen** <van rekening>, **afzetten** <van klant>

saleté ZN V **1 vuil(ig)heid, vuil, troep** • *vivre dans la ~* in de troep leven • *le chat a fait des saletés partout* de kat heeft alles ondergepoept • *dire des saletés* schunnige taal uitslaan **2 iets rottigs** • *faire une ~ à qn* iemand een rotstreek leveren • *c'est une petite saleté, cette fille* dat meisje is een kreng! **3** INFORM. MV **troep, rotzooi** • *il mange des saletés* hij eet rotzooi / troep • *arrête d'acheter des saletés!* koop toch niet meer van die troep!

salière ZN V **zoutvaatje**

saligaud INFORM. ZN M **smeerlap**

salin 1 BN **zout(achtig), zilt, zout- 2** ZN M **zoutpan**

salir 1 OV WW **vuil maken,** OOK FIG. **bezoedelen** • *~ le nom de qn* iemands naam bekladden **2** WKD WW **(se ~) zich vuilmaken, vuil worden** • *se ~ les doigts* je vingers vuilmaken • *un tissu qui se salit vite* stof die gauw vuil wordt • FIG. *se ~ dans une affaire* je handen vuilmaken in een zaak

salissant BN **1 besmettelijk** <van kleur> **2 vuil(makend)** <van werk>

salissure ZN V **vuil(igheid), vlek**

salivaire BN **speeksel-** • *les glandes ~s* speekselklieren

salive ZN V **speeksel** • HUMOR. *dépenser beaucoup de ~* veel praten

saliver ONOV WW **speeksel vormen,** OOK FIG. **kwijlen** • *cette bonne odeur nous fait ~* die lekkere geur doet ons het water in de mond lopen

salle ZN V **zaal, groot vertrek** • *une ~ à manger* eetkamer • *une ~ d'attente* wachtkamer • *une ~ de bains* badkamer • *une ~ d'eau* wasruimte, badcel • *une ~ d'audience* rechtszaal • *une ~ (de cinéma)* filmzaal, bioscoop • *une ~ de classe* klaslokaal • *la ~ des fêtes* de feestzaal, het gemeenschapscentrum • MED. *une ~ d'opération* operatiekamer • MED. *une ~ de réveil* verkoeverkamer, recovery • *la ~ des machines* machinekamer • *une ~ de jeux* speelzaal <in een casino>, speelhal • *faire du sport en ~* aan indoorsport doen • *être en ~ commune* op zaal liggen <in ziekenhuis> • FIG. *faire ~ comble* volle zalen trekken

salmonelle ZN V **salmonella**

salmonellose ZN V **salmonella-infectie**

salon ZN M **1 huiskamer, salon 2 salon, ontvangstruimte** • *un ~ de coiffure* kapsalon • *un ~ de bronzage* zonnestudio • *un ~ de thé* tearoom • *un ~ littéraire* literaire salon • *une conversation de ~* salongesprek, oppervlakkig gesprek **3 (jaar)beurs, tentoonstelling(sruimte)** • *le Salon des Arts ménagers* huishoudbeurs • *le Salon du Livre* boekenbeurs • *le Salon de l'Agriculture* landbouwbeurs • *le Salon du Tourisme* vakantiebeurs

salopard INFORM. ZN M **smeerlap, schoft**
salope INFORM. ZN V **slet, rotwijf** • *une belle ~, ta copine!* wat een trut is die vriendin van jou! • *toutes des ~s!* (het zijn) allemaal sletten!
saloper INFORM. OV WW **verpesten, een potje maken van** • *un travail salopé* prutswerk, knoeiwerk
saloperie INFORM. ZN V **1 vuiligheid, troep, rotzooi** • *il jette ses ~s partout* hij gooit overal zijn vuile troep zomaar weg • *ils ne vendent que de la ~ dans ce magasin* in deze winkel verkopen ze alleen maar waardeloze rommel **2 iets rottigs** • *faire une ~ à qn* iemand een rotstreek leveren
salopette ZN V **overall, tuinbroek, werkbroek**
salsa ZN V **salsa**
salsifis "-fie" ZN M **schorseneer**
saltimbanque ZN M/V **kunstenmaker, acrobaat**
salubre BN **gezond, heilzaam** • *l'air ~ de la montagne* de gezonde berglucht
salubrité ZN V **1 gezonde gesteldheid 2 heilzaamheid**
saluer 1 OV WW **(be)groeten** • *~ qn d'un signe de tête* iemand met een hoofdknik groeten • *~ qn par des sifflets* iemand met gefluit onthalen **2** WKD WW **(se ~) elkaar groeten**
salut 1 ZN M **1 groet** • *le ~ militaire* het saluut • *adresser un ~ de la main* je hand opsteken <om te groeten> • *rendre à qn son ~* iemand teruggroeten **2 heil, redding** • *l'Armée du Salut* het Leger des Heils • *l'opération est sa seule chance de ~* de operatie is zijn / haar enige reddingskans • FORM. *chercher son ~ dans la fuite* je heil zoeken in de vlucht **3** REL. **(zielen)heil, zaligheid 2** TUSSENW INFORM. **dag!, hallo!, tot kijk!,** IRON. **de groeten!** • *~ tout le monde!* hallo iedereen!
salutaire BN **heilzaam, gezond**
salutation ZN V **(overbeleefde) begroeting** • *mes / nos ~s distinguées* <in brief> met de meeste achting • *veuillez agréer, Madame, mes ~s les meilleures* <in brief> hoogachtend, met gevoelens van de meeste hoogachting • *recevez, Monsieur / Madame, mes ~s distinguées* <in brief> met de meeste achting
salve ZN V OOK FIG. **salvo** • *une ~ d'applaudissements* salvo van toejuichingen, daverend applaus
Sam ZN M **bob** <chauffeur die niet drinkt> • *ce soir, c'est lui ~* vanavond is hij de bob
Samaritain ZN M (V Samaritaine) • *le bon ~* de barmhartige Samaritaan
samba ZN V **samba**
samedi ZN M **zaterdag** • *le ~* 's zaterdags • *~ matin* zaterdagmorgen • *tous les ~s / chaque ~* iedere zaterdag • *le ~ saint* paaszaterdag, Stille Zaterdag
samouraï ZN M **samoerai**
samovar ZN M **samowar**
SAMU AFK service d'aide médicale d'urgence m **ambulancedienst** • *l'hélicoptère du SAMU* traumahelikopter • *le ~ social* opvangdienst voor daklozen
sanatorium "-torjòm" ZN M **sanatorium**
sanction ZN V **sanctie, strafmaatregel** • *une ~ pénale* strafsanctie • *des ~s économiques contre un pays* economische sancties tegen een land • *prendre une ~ contre qn* een strafmaatregel tegen iemand nemen
sanctionner OV WW **bestraffen** • *~ qn* iemand bestraffen • *~ une faute* een fout bestraffen
sanctuaire ZN M **1** OOK FIG. **heiligdom, heilige plaats 2** FIG. **wijkplaats, toevluchtsoord** • *un pays qui est un ~ pour les terroristes* land dat een toevluchtsoord is voor terroristen
sandale ZN V **sandaal**
sandalette ZN V **lichte sandaal**
sandwich ZN M (MV sandwich(e)s), **sandwich, belegd broodje** • *un ~ (au) fromage et jambon* sandwich met ham en kaas • FIG. *être pris en ~* klem zitten, klemgezet worden
sang ZN M **bloed** • *du ~ contaminé* besmet bloed • *la circulation du ~* bloedsomloop • *un bain de ~* bloedbad • *la couleur ~* bloedrood • *une prise de ~* bloedproef • *mordre qn jusqu'au ~* iemand tot bloedens toe bijten • *avoir la main en ~* een bebloede hand hebben • *être (tout) en ~* hevig bloeden • *baigner dans son ~ / dans une mare de ~* baden in het bloed • FIG. *avoir le ~ chaud* warmbloedig zijn • FIG. *avoir du ~ dans les veines* lef / pit hebben • FIG. *avoir du ~ sur les mains* bloed aan je handen hebben • FIG. *se faire du mauvais ~* je zorgen maken • FIG. *se faire un ~ d'encre* hevig bezorgd zijn • FIG. *mon ~ n'a fait qu'un tour* het bloed stolde me in de aderen • FIG. *faire couler le ~* bloed vergieten • FIG. *mettre une région à feu et à ~* een streek te vuur en te zwaard verwoesten • FORM. *son ~ se glace dans ses veines* het bloed stolt hem in de aderen • FIG. *il a la musique dans le ~* muziek zit hem in het bloed • *ah, mais bon ~, bien sûr, c'est lui le coupable!* ach natuurlijk, hij is de schuldige!
sang-froid ZN M (MV id.), **koelbloedigheid** • *garder son ~* het hoofd koel houden • *perdre son ~* je zelfbeheersing verliezen • *tuer de ~* in koelen bloede doden
sanglant BN **1 bloedig, bloederig 2** FIG. **bijtend, grievend**
sangle ZN V **riem, (steun)band**
sanglier ZN M **wild zwijn, ever**
sanglot ZN M **snik** • *éclater en ~s* in snikken / tranen uitbarsten
sangloter ONOV WW **snikken**
sangria ZN V **sangria**
sangsue ZN V **1 bloedzuiger 2** INFORM. **plakker** <persoon>, **klit**
sanguin BN **1 bloed-** • *le groupe ~* bloedgroep • *les vaisseaux ~s* bloedvaten • *une transfusion ~e* bloedtransfusie **2 vurig, driftig** • *un tempérament ~* vurig temperament
sanguinaire BN **bloeddorstig, bloedig, wreed**
sanguine ZN V **bloedsinaasappel**
sanguinolent BN **met bloed bespat, bloederig**
sanisette ZN V **openbare (betaal-)wc-cabine**
sanitaire 1 BN **gezondheids-, hygiënisch, sanitair** • *des installations ~s* sanitaire installaties, sanitair • *un cordon ~* cordon sanitaire,

afschermende maatregel • *un rapatriement* ~ terugkeer (naar huis) om gezondheidsredenen • *un train* ~ hospitaaltrein **2** ZN M meestal MV **(het) sanitair**

sans VZ **zonder** • *une veste* ~ *manches* mouwloos jasje • *une histoire* ~ *queue ni tête* verhaal zonder kop of staart • *de la bière* ~ *alcool* alcoholvrij bier • INFORM. *un jour* ~ een slechte dag, offday • *marcher* ~ *but* doelloos lopen • *il est parti* ~ *plus attendre* hij is meteen vertrokken • *partir* ~ *rien dire* vertrekken zonder iets te zeggen • ~ *le vouloir* zonder opzet • *pars vite,* ~ *quoi je pourrais me fâcher!* vertrek voor ik me kwaad maak! • ~ *exception* zonder uitzondering • *sans que* + subj. zonder dat • *sans que je le lui demande, il m'a raconté son histoire* zonder dat ik het hem vroeg, vertelde hij me zijn verhaal • *sans que j'y sois pour rien* buiten mijn toedoen

sans-abri ZN M/V (MV id.), **dakloze**

sans-cœur BN (MV id.), **harteloos, ongevoelig**

sans-emploi ZN M/V (MV id.), **werkloze**

sans-façon FORM. ZN M (MV id.), **ongedwongenheid, ongegeneerdheid**

sans-faute ZN M (MV id.), **foutloze prestatie,** SPORT **foutloos parcours**

sans-gêne **1** ZN M (MV id.), **ongegeneerdheid** **2** ZN M/V (MV id.), **ongegeneerd persoon**

sans-le-sou INFORM. ZN M/V (MV id.), **armoedzaaier**

sans-logis ZN M/V (MV id.), **dakloze**

sansonnet ZN M **spreeuw**

sans-papiers ZN M/V (MV id.), **illegaal** <buitenlander zonder verblijfsvergunning>

sans-plomb ZN M (MV id.), **loodvrije benzine**

sans que VOEGW + subj. **zonder dat** • ~ *je le lui demande, il m'a raconté son histoire* zonder dat ik het hem vroeg, vertelde hij me zijn verhaal • ~ *j'y sois pour rien* buiten mijn toedoen

sans-souci BN (MV id.), **zorgeloos**

santé ZN V **gezondheid** • *la* ~ *publique* de volksgezondheid • *la* ~ *mentale de qn* iemands geestelijke gezondheid • *une maison de* ~ verpleeginrichting • *être en bonne* ~ gezond zijn • *être en mauvaise* ~ een slechte gezondheid hebben • *avoir une* ~ *délicate* een zwakke gezondheid hebben • *jouir d'une bonne* ~ een goede gezondheid hebben • *il déborde de* ~ hij is in blakende welstand • *faire un bilan (de)* ~ een medische check-up uitvoeren • *le tabac nuit à la* ~ roken is slecht voor de gezondheid • FIG. *avoir une* ~ *de fer* een ijzeren gezondheid hebben • FIG. *respirer la* ~ blaken van gezondheid, kerngezond zijn • *boire à la* ~ *de qn* op iemands gezondheid drinken • *(à votre) santé!* op uw gezondheid! • *pour des raisons de* ~ om gezondheidsredenen

saoudien BN (V saoudienne), **Saoedisch**

Saoudite BN • *l'Arabie* ~ Saoedi-Arabië

saoul "soe" BN → **soûl**

saouler WW → **soûler**

saper **1** OV WW OOK FIG. **ondergraven, ondermijnen, uithollen** • ~ *le moral de qn* iemands moreel ondermijnen / ondergraven • *il est toujours bien sapé* hij ziet er altijd piekfijn uit **2** WKD WW **(se ~)** INFORM. **zich (aan)kleden, z'n kloffie aantrekken** • *il se sape toujours pour aller travailler* hij trekt altijd z'n nette kloffie aan om te gaan werken

sapes INFORM. ZN V MV **plunje, kloffie**

sapeur-pompier ZN M (MV sapeurs-pompiers), **brandweerman**

saphir ZN M **saffier**

sapin ZN M **1 spar** • *le* ~ *de Noël* kerstboom • INFORM. *ça sent le* ~ hij / zij zal het niet lang meer maken **2 vurenhout, sparrenhout**

sapinière ZN V **sparrenbos**

saquer OV WW → **sacquer**

sarabande ZN V **1 sarabande** <muziek, dans> **2 kabaal, herrie** • *faire la* ~ kabaal schoppen

sarbacane ZN V **blaaspijp, proppenschieter**

sarcasme ZN M **sarcasme**

sarcastique BN **sarcastisch**

Sardaigne ZN V **Sardinië**

sarde BN **Sardinisch**

sardine ZN V **1 sardien(tje)** • *être serrés comme des ~s* als haringen in een ton zitten **2** INFORM. **tentharing**

sardinier ZN M **sardinevisser, sardineboot**

sardonique BN **sardonisch, schamper**

sari ZN M **sari**

SARL AFK Société à responsabilité limitée V ≈ **bv**

sarment ZN M **houtachtige rank, wijnrank**

sarrasin ZN M **boekweit**

Sarre ZN V **1 Saarland** **2 Saar** <rivier>

sarriette ZN V **bonenkruid**

sas "sa(s)" ZN M **luchtsluis** <v. (ruimte)vaartuig e.d.> • *un* ~ *de sécurité (d'une banque)* beveiligingssluis (van een bank)

Satan ZN M **Satan**

satané INFORM. BN **verduiveld, verdomd** • *et cette satanée voiture qui n'avance pas!* die rotauto komt maar niet vooruit!

satanique BN **duivels, satanisch**

satelliser OV WW **1 in een baan om de aarde brengen** **2** FIG. **tot satelliet(staat) maken**

satellite **1** ZN M **satelliet** • *un ~-relais* communicatiesatelliet • *un* ~ *météo(rologique)* weersatelliet • *une photo* ~ satellietfoto • *réception par* ~ ontvangst via een satellietverbinding • *envoyer un* ~ *dans l'espace* een satelliet de ruimte in brengen **2** POL. **satelliet-** • *un pays* ~ *d'une grande puissance* satellietstaat van een grote mogendheid

satiété ZN V **(over)verzadiging** • *boire à* ~ tot verzadigens toe drinken, je dorst helemaal lessen • *répéter qc à* ~ iets tot vervelens toe herhalen

satin ZN M **satijn** • *de* ~ satijnen, fluweelzacht

satiné **1** BN **satijnachtig** <glanzend>, **gesatineerd** • *une peau satinée* satijnachtige huid **2** ZN M **satijnglans**

satire ZN V **satire, hekeldicht**

satirique BN **satirisch**

satisfaction ZN V **voldoening, bevrediging, tevredenheid, genoegdoening** • *un sentiment de* ~ voldaan gevoel • *obtenir* ~ genoegdoening

krijgen • *donner ~ à qn* iemand voldoening geven, iemand tevredenstellen • *à la ~ générale* tot ieders tevredenheid
satisfaire 1 OV WW onregelmatig **tevredenstellen, voldoen aan, bevredigen** • *~ ses besoins élémentaires* je elementaire behoeften bevredigen • *~ la curiosité de qn* iemands nieuwsgierigheid bevredigen • *~ ses passions* je hartstochten bevredigen **2** WKD WW **(se ~) zich tevredenstellen (de met)** • *se ~ de ce qu'on a* tevreden zijn met wat je hebt
satisfaisant "-fuz-" BN **bevredigend, voldoend**
satisfait BN **tevreden, voldaan** • *être ~ de soi-même* met jezelf ingenomen zijn
saturation ZN V **overbelasting** <van weg enz.> • *la ~ du réseau informatique* de overbelasting van het computernetwerk
saturé BN **overbelast** <van weg enz.> • *être ~ de qc* iets beu zijn, ergens schoon genoeg van hebben
saturer 1 ONOV WW INFORM. **het zat zijn 2** OV WW **verzadigen, overvoeren** • *le sol est saturé d'eau* de bodem is verzadigd met water • *la télévision nous sature de publicité* de televisie overvoert ons met reclame • *le marché est saturé* de markt is verzadigd
Saturne Saturnus <god, planeet>
saturnisme ZN M **loodvergiftiging**
satyre ZN M **1 sater 2 wellusteling, vieze man, voyeur**
sauce ZN V CULIN **saus** • *une ~ vinaigrette* vinaigrettesaus, slasaus • *une ~ au vin* wijnsaus • *une viande en ~* vlees met saus • INFORM., FIG. *allonger la ~* een eind wegkletsen
saucée INFORM. ZN V **stortbui**
saucer OV WW **1 sausen** • *~ son assiette* je bord schoonsoppen <met brood> **2** INFORM. • *se faire ~* (door)natregenen
saucière ZN V **sauskom, juskom**
saucisse ZN V **(braad)worst, saucijs**
saucisson ZN M **(dikke, gekruide) worst** • *~ sec* harde, droge snijworst
saucissonné INFORM. BN **(nauw) ingesnoerd, geperst** <in kleding>
saucissonner 1 ONOV WW INFORM. **uit het vuistje eten, picknicken 2** OV WW **in plakjes verdelen** • *~ un téléfilm avec de la pub* een tv-film met reclamespots onderbreken
sauf 1 VZ **behalve, uitgezonderd** • *~ avis contraire* behoudens tegenbericht • *~ erreur de ma part...* vergissingen (van mijn kant) voorbehouden..., tenzij ik me vergis... • *on ira se promener ~ s'il pleut* we gaan wandelen, tenzij het regent • *tous ~ un* allen op één na **2** BN (V sauve), **behouden, veilig** • *avoir la vie sauve* er heelhuids afkomen, het er levend van afbrengen • *être sain et ~* ongedeerd / gezond en wel zijn, er heelhuids van afgekomen zijn
sauf-conduit ZN M (MV sauf-conduits), **vrijgeleide(brief)**
sauge ZN V **salie**
saugrenu BN **ongerijmd, absurd**
saule ZN M **wilg** • *un ~ pleureur* treurwilg
saumâtre BN **1 brak, ziltig 2** FIG. **bitter, pijnlijk**
saumon 1 ZN M **zalm 2** BN onver. **zalmkleurig**
saumure ZN V **pekel**
sauna ZN M **sauna**
saupoudrer OV WW **bestrooien** • *~ de sucre* met suiker bestrooien / bepoederen
saur BN • *un hareng ~* bokking
saurai WW toek. tijd. → **savoir**
saut ZN M **1** OOK FIG. **sprong** • *le ~ périlleux / le ~ de la mort* salto mortale • *le ~ à l'élastique* bungeejumpen, elastiekspringen • *le triple ~* hink-stap-sprong • *le ~ en hauteur* het hoogspringen • *le ~ en longueur* het verspringen • *le ~ en parachute* het parachutespringen • *le ~ à la perche* het polsstokhoogspringen • *faire le grand ~* doodgaan • *faire un ~ à la boulangerie / chez le boulanger* even langsgaan bij de bakker • *au ~ du lit* bij het opstaan **2 val**
saute ZN V • *avoir des ~s d'humeur* stemmingswisselingen / buien hebben • *des ~s de température* temperatuurwisselingen
sauté 1 BN • *des pommes (de terre) sautées* gebakken aardappelen **2** ZN M **gebraden vlees** • *un ~ de veau* kalfsragout
saute-mouton ZN M (MV id.), **haasje-over** • *jouer à ~* bokspringen
sauter 1 ONOV WW **1 springen** • *~ à cloche-pied* hinkelen • *~ à la corde* touwtjespringen • *~ dans l'eau* in het water springen • *~ en parachute* parachutespringen • *~ au plafond (de joie)* een gat in de lucht springen (van blijdschap) • *~ du lit / au bas de son lit* uit bed springen • *il lui a sauté dessus* hij heeft haar besprongen, hij is boven op haar gesprongen • FIG. *ça saute aux yeux* dat springt in het oog • FIG. *~ du coq à l'âne* van de hak op de tak springen • FIG. *~ d'un sujet à l'autre* van de hak op de tak springen • FIG. *~ sur l'occasion* de gelegenheid aangrijpen • INFORM. *et que ça saute!* hup!, vooruit!, tempo! **2 exploderen, ontploffen, in de lucht vliegen** • *les plombs ont sauté* de stoppen zijn doorgeslagen • *ils voulaient faire ~ l'avion* ze wilden het vliegtuig laten ontploffen • *~ sur une mine* op een mijn lopen • INFORM. *faire ~ la banque* de bank laten springen • INFORM. *les deux directeurs ont sauté lors de la réorganisation* beide directeuren vlogen de laan uit tijdens de reorganisatie **3 geannuleerd worden, niet doorgaan** • *faire ~ un p.-v.* een bekeuring ongedaan maken • *mon rendez-vous avec le médecin a sauté à cause d'une urgence* mijn afspraak met de arts is niet doorgegaan wegens een spoedgeval **4** CULIN **braden** • *faire ~ de la viande* vlees braden **2** OV WW **1 springen over** • *~ un obstacle* over een hindernis springen • *~ un fossé* over een sloot springen **2 overslaan** • *~ une classe* een klas overslaan • *~ un repas* een maaltijd overslaan **3** INFORM. **neuken met, naaien**
sauterelle ZN V **sprinkhaan**
sauteur 1 ZN M (V sauteuse), **springer** • *un ~ en longueur* verspringer **2** BN (V sauteuse), **springend, spring-** • *des insectes ~s* springende insecten

sauteuse ZN V braadpan
sautillement ZN M gehuppel
sautiller ONOV WW huppelen, hippen • *s'éloigner en sautillant* weghuppelen
sautoir ZN M **1** halsketting • *porter ses clés en ~* je sleutels (gekruist) om de hals hebben hangen **2** SPORT springbaan
sauvage 1 BN **1** wild • *apprivoiser un chien ~* een wilde hond tam maken **2** woest, onbebouwd • *un paysage ~* woest landschap • *une côte ~* ruige kust • *à l'état ~* in het wild **3** (mensen)schuw, eenzelvig, op zichzelf (levend) • *des tribus ~s* primitieve stammen **4** wild, ongeorganiseerd • *une vente ~* illegale verkoop • *faire du camping ~* wildkamperen **2** ZN M/V **1** wilde(man) **2** eenzelvig / op zichzelf levend persoon, eenzaat
sauvagement BW bruut, wreed • *on l'a ~ agressé* hij is bruut overvallen
sauvageon ZN M (V sauvageonne), (ongerept) natuurkind
sauvagerie ZN V **1** bruutheid, barbarij • *la ~ d'une attaque ennemie* de bruutheid van een vijandelijke aanval **2** (mensen)schuwheid
sauve BN → **sauf**
sauvegarde ZN V **1** bescherming, waarborg(ing), bewaring <handhaving> • *la ~ de la démocratie* de bescherming van de democratie **2** COMP. back-up, reservekopie • *faire une ~ d'un document* een back-up maken van een document
sauvegarder OV WW **1** beschermen, waarborgen • *~ sa liberté* je vrijheid waarborgen **2** COMP. saven, wegschrijven
sauve-qui-peut ZN M (MV id.), wilde vlucht
sauver 1 OV WW redden • *on a pu ~ deux personnes de la noyade* men heeft twee mensen van de verdrinkingsdood kunnen redden • *ce médicament a sauvé beaucoup de gens* dit medicijn heeft veel mensen gered • *il faut ~ cette église* deze kerk moet gered worden • *sauve qui peut!* redde wie zich redden kan!, berg je! • FIG. *~ les apparences* de schijn ophouden • FIG. *~ la face* je gezicht redden • FIG. *l'usine a été sauvée de la faillite* de fabriek is voor faillissement behoed • INFORM., FIG. *~ les meubles* redden wat er nog te redden valt, de schade beperken **2** WKD WW **(se ~) 1** ervandoor gaan, aan de haal gaan, ontsnappen • *le voleur s'est sauvé, on n'a pas pu le rattraper* de dief is ontsnapt, ze hebben hem niet meer kunnen oppakken **2** INFORM. weggaan • *sauve-toi, tu vas être en retard!* maak dat je wegkomt, je komt te laat! **3** REL. zijn heil vinden
sauvetage ZN M redding, berging <van schip> • *un gilet de ~* zwemvest, reddingsvest • *un canot de ~* reddingsboot
sauveteur 1 BN reddings- • *un chien ~* reddingshond **2** ZN M redder, reddingswerker
sauvette ZN V • *à la ~* (verdacht) haastig, schielijk • *un vendeur à la ~* clandestiene straathandelaar
sauveur ZN M redder • *le Sauveur* de Heiland
savamment BW met kennis van zaken, als een kenner, kundig

sa

savane ZN V savanne
savant 1 BN **1** geleerd, kundig • *une explication ~e* geleerde verklaring • *un chien ~* hond die kunstjes kent • *elle est ~e en maths* ze is knap in wiskunde **2** moeilijk, ingewikkeld • *c'est trop ~ pour lui* dat is te ingewikkeld voor hem **2** ZN M (V savante), geleerde
savarin ZN M in rum gedrenkte tulband <gebak>
savate ZN V oude schoen / slof • *être en ~s* op je sloffen rondlopen
saveur ZN V **1** (lekkere) smaak • *un mets sans ~* smaakloos / flauw gerecht **2** FIG. kleur, pit(tigheid) • *la ~ de l'interdit* het aantrekkelijke van het verbodene
savoir 1 OV WW onregelmatig **1** weten, vernemen • *nous ne savons rien de lui* we weten niets van hem • *est-ce que je sais, moi? / je n'en sais strictement rien!* weet ik veel! • *va ~!* wie zal het zeggen? • *qui sait?* wie zal het zeggen? • *je sais* ik weet het • *il n'en sait rien* hij weet daar niets van • *je ne saurais vous le dire* ik kan het u niet zeggen • *vous n'êtes pas sans ~ que ...* u weet heel goed dat ... • *il ne veut rien ~* hij wil niet (naar rede) luisteren • *on ne sait jamais* je weet het maar nooit, je kunt nooit weten • *pas que je sache* niet dat ik weet • *il n'est pas spécialiste, que je sache* hij is geen specialist, voor zover ik weet • *je ne le savais pas si peureux* ik wist niet dat hij zo bangelijk was • *sachez que cela ne peut pas se faire* u moet weten dat dat niet kan gebeuren • *j'en sais quelque chose!* daar kan ik van meespreken! • *essayer d'en ~ plus sur qn* proberen meer over iemand te weten te komen • *en ~ long sur qn* meer weten van iemand • *on croit ~ qu'il va retourner dans sa famille* men denkt te weten dat hij naar zijn gezin zal terugkeren • *elle a un je ne sais quoi qui attire* ze heeft iets aantrekkelijks • *je suis payé pour le ~* ik kan het weten • *reste à ~ si elle viendra tout de même* de vraag is of zij toch zal komen • *à ~* te weten, namelijk **2** (iets) kennen • *il sait bien sa leçon* hij kent zijn les goed • *il sait l'arabe* hij kent Arabisch, hij beheerst het Arabisch • *~ c'est pouvoir* kennis is macht • *~ par cœur* van buiten kennen, uit je hoofd kennen **3** weten te, kunnen, geleerd hebben • *~ nager* kunnen zwemmen • *ne pas ~ jouer du piano* geen piano kunnen spelen • *il ne sait pas du tout s'y prendre* hij weet helemaal niet hoe hij het aan moet pakken • *il faut ~ s'adapter* je moet je weten aan te passen • *elle sait y faire* ze heeft geen twee linkerhanden • *~ écouter les autres* goed naar anderen kunnen luisteren **2** WKD WW **(se ~)** onregelmatig **1** bekend worden / zijn • *tout se sait dans ce village* in dit dorp weet iedereen alles • *tôt ou tard, cela se saura!* vroeg of laat zal dat bekend worden! **2** zich bewust zijn • *elle se sait condamnée* zij weet dat ze ongeneeslijk ziek is **3** ZN M kennis, wetenschap • *son ~ est limité* zijn kennis is beperkt
savoir-faire ZN M (MV id.), bekwaamheid, handigheid, knowhow • *montrer son ~* je kunsten vertonen, laten zien wat je kunt
savoir-vivre ZN M (MV id.), wellevendheid, goede manieren

savon ZN M **1 zeep** • *du ~ noir* groene / bruine zeep • *du ~ en paillettes* vlokkenzeep **2** INFORM. **uitbrander, standje** • *passer un ~ à qn* iemand een uitbrander geven
savonnage ZN M **(het) wassen met zeep**
savonner OV WW **inzepen, met zeep wassen**
savonnette ZN V **(stuk) toiletzeep, zeepje**
savonneux BN (V savonneuse), **zeepachtig** • *de l'eau savonneuse* zeepsop
savourer OV WW **langzaam genieten van, savoureren** • *~ sa revanche* van je wraak genieten, lekker wraak nemen
savoureux BN (V savoureuse) **1 smakelijk, heerlijk 2** FIG. **kostelijk**
savoyard BN **uit Savoye**
saxo INFORM. **1** ZN M saxophone **sax(ofoon) 2** ZN M/V saxophoniste **saxofonist** • *elle est ~* ze is saxofoniste
saxophone ZN M **saxofoon**
saxophoniste ZN M/V **saxofonist**
saynète ZN V **toneelstukje, sketch**
scabieux MED. BN (V scabieuse), **schurftig, schurft-**
scabreux BN (V scabreuse) **1 schunnig, gewaagd, 'schuin'** • *une histoire scabreuse* schunnig verhaal **2 hachelijk, riskant**
scalpel ZN M **scalpel, ontleedmes**
scan ZN M **scan**
scandale ZN M **1 schandaal** • *la presse à ~* de roddelpers • *un ~ financier* financieel schandaal • *un ~ écologique* milieuschandaal • *le ~ de la faim dans le monde* het schandaal van de honger in de wereld **2 ergernis, aanstoot** • *son attitude a fait ~* zijn gedrag heeft aanstoot gegeven • *ils se sont mariés au grand ~ de la famille* ze zijn tot grote schande van de familie getrouwd • *crier au ~* er schande van spreken **3 heibel** • *faire du ~ dans un magasin* stampij maken in een winkel
scandaleux BN (V scandaleuse), **schandelijk, schandalig, aanstootgevend** • *mener une vie scandaleuse* een schandelijk leven leiden • *pratiquer des prix ~* schandalige prijzen hanteren
scandaliser 1 OV WW **ergeren, aanstoot geven aan** • *être scandalisé par le renvoi des sans-papiers dans leur pays* geschokt zijn door het terugsturen van de illegalen naar hun land **2** WKD WW **(se ~) zich ergeren**
scander OV WW **scanderen, als leus roepen**
scandinave BN **Scandinavisch**
Scandinave ZN M/V **Scandinaviër**
Scandinavie ZN V **Scandinavië**
scanner[1] "-nèr" ZN M **scanner** • *passer une photo au ~* een foto scannen
scanner[2] "skanee" OV WW **scannen** • *un texte scanné* gescande tekst
scannériser OV WW **scannen**
scaphandre ZN M **duikerpak** • *le ~ des cosmonautes* het ruimtepak van de kosmonauten
scaphandrier ZN M **duiker** <met pak>
scarabée ZN M **mestkever, scarabee**
scarification MED. ZN V **insnijding, inkerving, krasje** <in de huid>
scarifier MED. OV WW **kerven, insnijden**
scarlatine ZN V **roodvonk**
scarole ZN V **andijvie**
sceau ZN M (MV sceaux), **zegel,** FIG. **stempel** • *le / la garde des Sceaux* de minister van Justitie • *sous le ~ du secret* onder (het zegel van) geheimhouding
scellé ZN M **gerechtelijk zegel** • *mettre sous scellés* verzegelen • *lever les scellés* het zegel verbreken • *le ~ de la porte a été brisé* het zegel van de deur is verbroken
sceller OV WW **1 inmetselen, vastmetselen, vastgieten** • *~ des barreaux aux fenêtres* tralies voor de ramen vastmetselen **2 (ver)zegelen,** FIG. **bezegelen, bekrachtigen** • *~ des conteneurs de toxiques nucléaires* containers met giftige nucleaire stoffen verzegelen • FIG., FORM. *~ une promesse* een belofte bezegelen
scénario ZN M OOK FIG. **scenario, draaiboek**
scénariste ZN M/V **scenarioschrijver**
scène ZN V **1 toneel** • *un metteur en ~* regisseur • *une mise en ~* mise-en-scène, enscenering, regie • *la ~ politique* het politieke toneel • *en scène!* en ... actie! • *entrer en ~* opkomen, (ten tonele) verschijnen • *mettre en ~* ten tonele voeren, regisseren • *porter un roman à la ~* een roman voor het toneel bewerken • FIG. *quitter la ~* van het toneel verdwijnen • FIG. *occuper le devant de la ~* op de voorgrond treden **2 scène** • *la première ~ de l'acte deux* de eerste scène van het tweede bedrijf • *une ~ d'amour* liefdesscène • *la ~ se passe à Paris* het stuk speelt in Parijs **3** FIG. **scène, ruzie** • *une ~ de ménage* echtelijke / huiselijke ruzie • *faire une ~ à qn* ruziemaken met iemand
scénique BN **toneel-** • *des indications scéniques* toneelaanwijzingen • *des jeux scéniques* (toneel) opvoeringen
scepticisme ZN M **scepticisme, scepsis, twijfel(zucht), ongeloof**
sceptique 1 BN **sceptisch, twijfelend 2** ZN M/V **twijfelaar, scepticus**
sceptre ZN M **scepter**
schéma ZN M **schema, plan** • *présenter qc sous forme de ~* iets schematisch voorstellen
schématique BN **schematisch**
schématisation ZN V **schematisering**
schématiser OV WW **schematiseren** • *pour ~, on peut dire que...* in grote lijnen kunnen we zeggen dat...
schématisme ZN M **schematisch karakter, simplisme**
schisme ZN M **schisma, scheuring, afscheiding**
schiste ZN M **schalie, leisteen** • *le gaz de ~* schaliegas
schizophrène "skie-" **1** BN **schizofreen 2** ZN M/V **schizofreen**
schizophrénie "skie-" ZN V **schizofrenie**
schlinguer INFORM. ONOV WW **stinken**
schnock ZN M → **chnoque**
schooner "skoe-, sjoe-" ZN M **schoener**
schtroumpf ZN M **smurf**

schuss "sjoes" ZN M **rechte afdaling** <skiën> • *descendre tout ~* recht afdalen
sciatique **1** BN **heup-** • *le nerf ~* heupzenuw **2** ZN V **ischias**
scie ZN V **zaag** • *en dents de ~* zaagvormig, gekarteld • *une ~ musicale* zingende zaag
sciemment "sja-" BW **willens en wetens, (wel) bewust**
science ZN V **1** **wetenschap** • *les ~s humaines* menswetenschappen, geesteswetenschappen • *les ~s sociales* sociale wetenschappen • *les ~s exactes* bètawetenschappen • *les ~s politiques / ~s po* politicologie • *les ~s de gestion* bedrijfskunde • *les ~s pures et appliquées* zuivere en toegepaste wetenschappen • *un homme de ~* wetenschapsman, man van de wetenschap • *le monde de la ~* de wetenschappers, de wetenschappelijke wereld **2** **kennis** • *étaler sa ~* met je kennis pronken • *avoir la science infuse* de wijsheid in pacht hebben
science-fiction ZN V **sciencefiction**
scientifique **1** BN **wetenschappelijk** • *la recherche ~* wetenschappelijk onderzoek • *un esprit ~* bèta(mens) **2** ZN M/V **wetenschapper**
scier OV WW **1** **(af)zagen, doorzagen** **2** INFORM. **versteld doen staan, paf doen staan** • *son culot me scie* ik sta paf van zijn lef
scierie ZN V **zagerij**
scieuse ZN V **zaagmachine**
scinder **1** OV WW **(op)splitsen** • *~ un parti* een partij opsplitsen **2** WKD WW **(se ~) zich opsplitsen** • *un parti qui a dû se ~* partij die zich heeft moeten opsplitsen • *se ~ en deux* in twee delen uiteenvallen
scintillant BN **fonkelend, schitterend** • *des yeux ~s* fonkelende ogen • *des bijoux ~s* flonkerende juwelen
scintillement ZN M **fonkeling, schittering** • *le ~ des étoiles* de fonkeling van de sterren
scintiller ONOV WW **fonkelen, flikkeren** • *un diamant qui scintille* flonkerende diamant
scission ZN V FIG. **scheuring, verdeeldheid** • *faire ~* zich afscheiden
scissionniste BN **splinter-, zich afscheidend** • *un groupe ~* splintergroepering
sciure ZN V **zaagsel** • *la ~ de bois* houtzaagsel
sclérose ZN V **1** MED. **sclerose** • *la ~ en plaques* multiple sclerose • *la ~ des artères / artérielle* aderverkalking **2** FIG. **verstarring, verkalking** • *la ~ d'un parti politique* de verstarring van een politieke partij
sclérosé BN **1** MED. **verhard, verkalkt** • *une artère sclérosée* verkalkte ader **2** FIG. **verstard** • *des institutions sclérosées* verstarde instituten
scléroser WKD WW **(se ~)** **1** MED. **verharden** <van weefsel> **2** FIG. **verstarren, afstompen**
scolaire BN **1** **school-, onderwijs-** • *l'année ~* het schooljaar • *un établissement ~* onderwijsinstelling • *des vacances ~s* schoolvakantie • *l'âge ~* de leerplichtige leeftijd • *un carnet / un rapport ~* rapportboekje, schoolrapport • *un manuel ~* schoolboek • *la rentrée ~* het begin van het nieuwe schooljaar • *l'échec ~* slechte schoolprestaties, het zittenblijven **2** MIN. **schools** • *il a un français très ~* zijn Frans is erg schools
scolarisation ZN V **scholing, opleiding** • *le taux de ~ d'un pays* het (percentage) schoolbezoek in een land
scolariser OV WW **scholen, opleiden, onderwijzen** • *des enfants en âge d'être scolarisés* kinderen die onder de schoolplicht vallen, leerplichtige kinderen • *~ les jeunes jusqu'à l'âge de seize ans* jongeren tot 16 jaar opleiden / onderwijzen • *~ une région rurale* onderwijsvoorzieningen treffen in een plattelandsstreek
scolarité ZN V **(het) schoolgaan, schoolbezoek, schoolonderwijs, schooltijd** • *les frais de ~* schoolgeld • *la ~ est obligatoire à partir de l'âge de six ans* de leerplicht geldt vanaf zes jaar • *elle a fait toute sa ~ dans le même établissement* ze heeft haar hele schoolopleiding in dezelfde instelling gevolgd
scolastique BN **1** **scholastiek** **2** MIN. **schools**
scoliose MED. ZN V **scoliose** <zijdelingse ruggengraatsvergroeiing>
scoop "skoep" ZN M **primeur, scoop** • *des journalistes à l'affût d'un ~* journalisten die op een primeur uit zijn
scooter "skoeteur, -èr" ZN M **scooter** • *un ~ des mers* waterscooter • *un ~ des neiges* sneeuwscooter
scootériste ZN M/V **scooterrijder**
scorbut "-buut" ZN M **scheurbuik**
score ZN M **score, stand, uitslag** • *le ~ est de deux à trois* het staat twee (tegen) drie, de stand is 2-3 • *ouvrir le ~* de score openen, het eerste doelpunt maken • *réaliser un ~ de quatre-vingts pour cent des voix* 80% van de stemmen behalen
scorpion ZN M **schorpioen**
Scorpion ZN M **Schorpioen** <dierenriem>
scotch ZN M **plakband**
scotcher OV WW **vastplakken** <met plakband> • FIG. *il est scotché devant la télé* hij zit aan de buis gekluisterd • FIG. *resté scotché à l'ordinateur* niet achter je computer weg te slaan zijn
scout "skoet" **1** BN **padvinders-** • *un camp ~* padvinderskamp **2** ZN M (V scoute), **scout, padvinder**
scoutisme ZN M **scouting, padvinderij**
scrabble ZN M **scrabble**
scrabbler ONOV WW **scrabbelen**
scribouillard INFORM., MIN. ZN M (V scribouillarde), **pennenlikker**
script ZN M **script** • *le ~ d'un film* filmscript
scripte ZN M/V **regieassistent, scriptgirl**
scrupule ZN M **scrupule, gewetensbezwaar, angstvalligheid** • *une femme sans ~s* gewetenloze vrouw • *faire qc avec ~* iets nauwgezet / heel secuur doen
scrupuleusement BW **scrupuleus, pijnlijk nauwgezet**
scrupuleux BN (V scrupuleuse), **scrupuleus, gewetensvol, angstvallig** • *être ~ en affaires* eerlijk zaken doen • *un comptable peu ~* weinig gewetensvolle boekhouder

scrutateur **1** BN (V scrutatrice) FORM. **(na) vorsend** • *un coup d'œil ~* een vorsende / onderzoekende blik **2** ZN M (V scrutatrice), **stemmenteller** • *les ~s d'un bureau de vote* de stemmentellers van een stembureau
scruter OV WW **navorsen, keurend bekijken, (trachten te) doorgronden** • *~ l'horizon* in de verte turen
scrutin POL. ZN M **stemming, (het) stemmen, verkiezing,** FIG. **stembus** • *un ~ majoritaire* verkiezing bij meerderheid van stemmen • *deux tours de ~* twee verkiezingsronden • *au premier tour de ~* bij de eerste stemming • *les résultats du ~* de verkiezingsuitslagen, de stembusuitslagen • *dépouiller le ~* de stemmen tellen
sculpter "skuultee" OV WW **beeldhouwen, houwen / snijden** <van beeld> • *~ le bois* houtsnijden
sculpteur "skuulteur" ZN M **beeldhouwer** • *une femme ~* beeldhouwster • *un ~ sur bois* houtsnijder
sculptural "skuultuural" BN (M MV sculpturaux) **1 beeldhouw- 2 als gebeeldhouwd, als een standbeeld (zo mooi)** • *un silhouette ~e* volmaakt figuur
sculpture "skuultuur" ZN V **beeldhouwkunst, het beeldhouwen, beeldhouwwerk** • *la ~ sur bois* houtsnijwerk
SDF AFK (individu) sans domicile fixe m **dakloze**
se, s' <voor klinker of stomme h> **1** PERS VNW • *la porte s'ouvre* de deur wordt geopend, de deur gaat open • *ça ne ~ dit pas* dat zegt men niet • *la bière ~ boit beaucoup en Belgique* bier wordt in België veel gedronken **2** WKD VNW **zich** • *elle ~ trompe* zij vergist zich • *~ laver les mains* je handen wassen • *elle ~ regarde dans la glace* ze kijkt in de spiegel **3** WKG VNW **elkaar** • *ils s'aiment d'amour* ze houden echt van elkaar • *s'entraider* elkaar helpen • *ils ~ sont battus* ze hebben met elkaar gevochten
séance ZN V **1 zitting** <bijeenkomst> • *la ~ de l'Assemblée nationale* de zitting van de (Franse) Tweede Kamer • *une ~ de travail* werkzitting, werkbijeenkomst • *présider une ~* een vergadering voorzitten • *lever la ~* de zitting opheffen **2 seance, voorstelling** • *il y a une ~ de cinéma à cinq heures* er is om vijf uur een filmvoorstelling **3** MED. **behandeling, sessie** • *une ~ chez le psychiatre* sessie bij de psychiater • *une ~ de massage* massagebehandeling
seau ZN M (MV seaux), **emmer** • *un ~ à glace* ijsemmer • *un ~ à champagne* champagnekoeler • *un ~ de peinture* emmer verf • *il pleut à ~x* het regent dat het giet
sec **1** BN (V sèche) **1 droog, (uit)gedroogd, sec** • *des fruits secs* gedroogd fruit • *des raisins secs* rozijnen • *des gâteaux secs* koekjes • *être au régime ~* geen alcohol meer (mogen) drinken • *avoir la gorge sèche* een droge keel hebben • *avoir la peau sèche* een schrale huid hebben **2** FIG. **kil / scherp** <van toon>, **kort(af), onbewogen** • *un bruit ~* kort, knappend geluid • *un style ~* dorre stijl • *un cœur ~* hart van steen • *une toux sèche* droge hoest • *une grande femme sèche* lange, magere vrouw • *répondre d'un ton ~* kortaf antwoorden • *frapper d'un coup ~* een harde klap / flinke mep geven aan **2** BW FIG. **hard, snel (en fel)** • *freiner ~* op de rem gaan staan • *en cinq ~* in een handomdraai **3** ZN M **1 (het) droge, droogte** • *rester au ~ sous un arbre* schuilen onder een boom om droog te blijven • *la rivière est à ~* de rivier is drooggevallen • *des denrées à tenir au ~* droog te bewaren eetwaar **2** • INFORM. *je n'ai plus de fric, je suis à ~* ik heb geen cent meer, ik ben platzak
sécable BN **snijdbaar, deelbaar**
SECAM AFK séquentiel à mémoire m **secam** <systeem voor kleurentelevisie>
sécant WISK. BN **snijdend**
sécateur ZN M **snoeischaar**
sécession ZN V **afscheiding**
sécessionniste BN **afscheidings-**
séchage ZN M **(het) drogen, droging** • *le temps de ~ du linge* de droogtijd van de was
sèche **1** BN → **sec** **2** ZN V INFORM. **sigaret**
sèche-cheveux ZN M (MV id.), **haardroger**
sèche-linge ZN M (MV id.), **droogautomaat**
sèche-main, sèche-mains ZN M (MV id.), **handdroger**
sèchement BW **koel, onvriendelijk** • *répondre ~* kortaf / bits antwoorden
sécher **1** ONOV WW **1 (uit)drogen, verdorren** • *mettre du linge à ~* was te drogen hangen • *la peinture a séché dans le pot* de verf is droog geworden in de pot **2** INFORM. **geen antwoord(en) weten** <bij examen> • *il a séché à l'examen oral* hij is dichtgeklapt bij het mondeling examen **2** OV WW **1 (uit)drogen, laten drogen** • *des fleurs séchées* droogbloemen • FIG. *~ les larmes de qn* iemands tranen drogen, iemand troosten **2** INFORM. **verzuimen** <van bijeenkomst> • *~ un cours* spijbelen **3** WKD WW **(se ~) zich (af)drogen** • *se ~ les mains* je handen (af)drogen • *se ~ devant un feu de cheminée* opdrogen bij een haardvuur
sécheresse ZN V **1 droogte, dorheid** • *une région touchée par la ~* streek die door de droogte getroffen is **2** FIG. **koelheid, ongevoeligheid, bitsheid** • *la ~ du style de qn* de dorre stijl van iemand • *répondre à qn avec ~* iemand kortaf / bits antwoorden
séchoir ZN M **droogplaats, droogrek, droger**
second "s(u)Go(n)" **1** BN **tweede** • *l'enseignement du ~ degré* voortgezet / middelbaar onderwijs • *un ~ souffle* opleving • *voyager en ~e classe* tweede klas reizen • *passer au ~ plan* naar de achtergrond verdwijnen • *nous avons ces informations de ~e main* we hebben deze informatie uit de tweede hand • *être dans un état ~* versuft zijn, je op een verlaagd bewustzijnsniveau bevinden **2** ZN M **1 tweede** • *habiter au ~* op de tweede verdieping wonen • *en ~* op de tweede plaats, (als) tweede **2 assistent, adjunct** • *un brillant ~* zeer goede assistent **3** SCHEEPV. **eerste stuurman / officier**
secondaire BN **1 ondergeschikt, bijkomstig, bijkomend, bij-** • *un personnage ~* personage dat een bijrol speelt • *les effets ~s d'un vaccin* de bijwerkingen van een vaccin **2 secundair** •

l'enseignement ~ voortgezet / middelbaar onderwijs • *le secteur ~* de secundaire / industriële sector

seconde ZN V **1** seconde <ook v. muziek> • *attends-moi ici une ~!* wacht hier even op me! • *en une ~, elle avait tout mangé* ze had alles meteen op(gegeten) **2** O&W **voorvoorlaatste klas v.h. voortgezet / middelbaar onderwijs 3 tweede klas** <in trein> • *voyager en ~* tweede klas reizen **4** auto **tweede versnelling** • *passer en ~* naar de tweede versnelling schakelen

secondement BW **ten tweede**

seconder OV WW **helpen, bijstaan** • *je suis très bien secondé dans mon travail* ik word erg goed geholpen bij mijn werk

secouer 1 OV WW **1 schudden, afschudden, uitschudden, door elkaar schudden / rammelen** • *~ une couverture* een deken uitschudden / uitkloppen • *~ la tête pour dire non* (van) nee schudden (met je hoofd) • *~ qn pour le réveiller* iemand wakker schudden • *~ qn comme un prunier* iemand flink door elkaar schudden, FIG. iemand flink de waarheid zeggen **2** FIG. **aangrijpen** • *un pays secoué par la crise* land dat flink geraakt wordt door de crisis • *la mort de son meilleur ami l'a secoué* hij was geschokt door de dood van zijn beste vriend **2** WKD WW **(se ~)** INFORM. **zich vermannen, er wat aan doen** • *il faut vous ~ et vous mettre au travail* doe er wat aan, ga aan het werk

secourable BN **behulpzaam, gedienstig**

secourir OV WW onregelmatig **helpen, te hulp komen, bijstaan**

secourisme ZN M **eerste hulp, EHBO**

secouriste ZN M/V **EHBO'er**

secours 1 ZN M (MV id.), **hulp, bijstand, steun** • *une roue de ~* reservewiel • *une sortie de ~* nooduitgang • *une porte de ~* nooduitgang, branddeur • *un poste de ~* (eerste)hulppost • *aller / venir au ~ de qn* iemand te hulp komen • *voler / courir au ~ de quelqu'un* iemand te hulp schieten • *prêter ~ à qn* iemand bijstand verlenen • *cet appareil ne m'est d'aucun ~* ik heb helemaal niets aan dit apparaat • *appeler / crier au ~* om / te hulp roepen • *au ~!* help! **2** ZN M MV **hulpgoederen, hulptroepen** • *les ~ aux sinistrés* de steun aan de slachtoffers van een ramp • *les ~ arriveront bientôt* de hulpgoederen zullen spoedig komen • *(ap)porter / donner les premiers ~* eerste hulp verlenen

secousse ZN V OOK FIG. **schok** • *une ~ sismique* aardschok

secret 1 BN (V secrète) **1 geheim, verborgen** • *un dossier ultra~* zeer geheim dossier • *une porte secrète* verborgen deur • *le code ~ d'une carte bancaire* de pincode van een bankpas • *un agent ~* geheim agent, spion • *les services ~s d'un pays* geheime (inlichtingen)dienst van een land • *garder une chose secrète* iets geheimhouden • *dans un lieu tenu ~* op een geheime plaats **2 gesloten** <van persoon>, **weinig loslatend 2** ZN M **geheim, geheimhouding** • *le secret bancaire* bankgeheim • *un ~ d'État* staatsgeheim • *le ~ médical* beroepsgeheim <van arts> • *les ~s d'alcôve* slaapkamergeheimen • *être dans le ~* (in het geheim) ingewijd zijn, op de hoogte zijn • *mettre un détenu au ~* een gevangene eenzaam opsluiten • *mettre qn dans le ~* iemand een geheim toevertrouwen • *garder le ~* het geheim bewaren • FIG. *tout le ~ est là!* dat is juist de kunst! • *dans le plus grand ~* in het diepste geheim • *en ~* in het geheim, heimelijk

secrétaire 1 ZN M/V **secretaris, griffier** <van parlement> • *un ~ d'État* staatssecretaris • *un ~ de mairie* gemeentesecretaris • *le ~ général des Nations Unies* de secretaris-generaal van de Verenigde Naties **2** ZN M **secretaire, schrijfmeubel**

secrétariat ZN M **secretariaat**

secrètement BW **heimelijk, in het geheim**

sécréter OV WW **afscheiden, uitscheiden,** OOK FIG. **van zich doen uitgaan**

sécréteur BN (V sécréteuse/sécrétrice), **afscheidings-, secretie-**

sécrétion ZN V **afscheiding, uitscheiding**

sectaire 1 BN **bekrompen, onverdraagzaam, sektarisch,** BELG. **sectair** • *un esprit ~* bekrompen geest **2** ZN M **bekrompen geest, fanaticus**

sectarisme ZN M **bekrompen onverdraagzaamheid, sektarisme**

secte ZN V **sekte**

secteur ZN M **1 sector** • *un ~ de pointe* speerpuntsector, hightechsector, bedrijfstak die voorop loopt • *le ~ du tourisme* de toeristische sector, de toeristensector • *le ~ privé* de particuliere sector, het bedrijfsleven • *le ~ public* de overheidssector **2 elektriciteitsnet** • *une panne de ~* stroomstoring

section ZN V **1 afdeling, sectie, baanvak** • *une ~ scientifique dans un lycée* bètarichting op een middelbare school • *une ~ d'autoroute a été fermée au trafic* één wegvak van de snelweg is voor het verkeer afgesloten **2 (het) (door)snijden, (door)snede, snijvlak** • *la ~ accidentelle du câble a provoqué l'accident* het ongeluk is veroorzaakt doordat de kabel per ongeluk doorgeknipt is

sectionnement ZN M **1 (het) in secties verdelen, opdeling 2 (het) doorsnijden** • *le ~ accidentel d'un câble* het per ongeluk doorknippen van een kabel

sectionner OV WW **1 in secties verdelen, opdelen** • *un département sectionné en circonscriptions* departement dat verdeeld is in kiesdistricten **2 doorsnijden** • *~ du fil barbelé* prikkeldraad doorknippen • *une main sectionnée par une machine* hand die door een machine is afgerukt

sectoriel BN (V sectorielle), **per sector, deel-**

sectoriser OV WW **in sectoren opdelen, opsplitsen**

Sécu INFORM. ZN V Sécurité (sociale) **(sociale) zekerheid, sociale voorzieningen**

séculaire BN **eeuwenoud, eeuw-** • *une tradition ~* eeuwenoude traditie

sécularisation ZN V **secularisatie, (het) werelds maken**

séculariser OV WW **seculariseren, aan de kerkelijke sfeer onttrekken** • *~ l'enseignement* het onderwijs deconfessionaliseren
séculier BN (V séculière), **wereldlijk, werelds**
secundo "s(u)Go(n)doo" BW **ten tweede**
sécuriser OV WW **1 een veilig gevoel geven, geruststellen** • *un discours sécurisant* vertrouwenwekkende / geruststellende toespraak **2 beveiligen** • *~ un site (sur Internet)* een (internet) site beveiligen • *ils ont sécurisé leur villa en plaçant des caméras* ze hebben hun villa beveiligd door camera's te plaatsen
sécurité ZN V **1 veiligheid, (financiële) zekerheid** • *la ~ matérielle* financiële zekerheid • *la ~ de l'emploi* arbeidszekerheid • *la ~ nationale* nationale veiligheid • *une marge de ~* veiligheidsmarge • *la ~ aérienne* veiligheid van het luchtverkeer • *la ~ routière* verkeersveiligheid, veilig verkeer • *une ceinture de ~* veiligheidsgordel • *une manette de ~* veiligheidshendel • *la Sécurité sociale* (stelsel van) sociale zekerheid, de sociale voorzieningen • *le déficit* / INFORM. *le trou de la Sécurité sociale* het financiële tekort in de sociale zekerheid • *assurer la ~ des personnes* de veiligheid van de mensen waarborgen • *prendre des mesures de ~* veiligheidsmaatregelen nemen • *avoir une impression de ~* een gevoel van veiligheid / geborgenheid hebben • *assurer la ~ du président* voor de veiligheid van de president zorgen • *pour des raisons de ~* om veiligheidsredenen • *en toute ~* veilig, in alle rust, gerust **2 veiligheid(sinrichting), beveiliging** • *une prison de haute ~* zwaarbewaakte gevangenis
sédatif **1** BN (V sédative), **sedatief, kalmerend** **2** ZN M **kalmerend middel**
sédentaire BN **aan een vaste plaats gebonden, (stil)zittend, huiselijk** • *un travail ~* zittend werk • *une vie ~* een zittend leven • *une population ~* bevolkingsgroep met een vaste woonplaats
sédentariser WKD WW **(se ~) zich blijvend vestigen**
sédiment ZN M **sediment, afzetting, bezinksel**
sédimentation ZN V **afzetting, bezinking, sedimentatie** • *la vitesse de ~ du sang* bloedbezinkingssnelheid
sédition LIT. ZN V **oproer, opstand**
séducteur **1** BN (V séductrice), **verleidend, verleidelijk** • *le pouvoir ~ de l'argent* de verleidingskracht van geld **2** ZN M (V séductrice), **verleider**
séduction ZN V **verleiding, verleidelijkheid** • *la ~ de la nouveauté* de verleidelijkheid van alles wat nieuw is
séduire OV WW onregelmatig **verleiden, verlokken, aantrekken, bekoren**
séduisant BN **verleidelijk, aantrekkelijk** • *une proposition très séduisante* erg aanlokkelijk voorstel
segment ZN M **segment** • *un ~ d'autoroute est coupé* een gedeelte van de autoweg is afgesloten
segmentation ZN V **segmentatie, onderverdeling**
segmenter OV WW **segmenteren, onderverdelen**
ségrégation ZN V **segregatie** • *la ~ raciale* de rassenscheiding • *la ~ sociale* onderscheid naar sociale status
ségrégationnisme ZN M **apartheidspolitiek**
ségrégationniste **1** BN **segregatie-, apartheids-** **2** ZN M/V **voorstander van apartheid**
seiche ZN V **inktvis**
seigle ZN M **rogge** • *du pain de ~* roggebrood
seigneur ZN M **heer** • REL. *le Seigneur* de Heer • *les ~s de la guerre* krijgsheren • *se comporter en grand ~* / *jouer les grands ~s* de grote mijnheer uithangen
sein ZN M **(vrouwen)borst** • *le cancer du ~* borstkanker • *donner le ~ à un enfant* een kind de borst geven • FIG. *au ~ de la famille* te midden van de familie, in de familiekring • *au ~ de* binnen (in)
séisme ZN M **aardschok, aardbeving** • *un ~ sous-marin* zeebeving • FIG. *un ~ culturel* cultuurschok • FIG. *un ~ politique* politieke aardverschuiving (binnen een partij)
seize **1** TELW **1 zestien 2 zestiende** • *Louis XVI (seize)* Lodewijk de Zestiende → **quatre** **2** ZN M/V **1 zestien** • *la / le ~* (nummer) zestien <bus, tram, kamer, tafel, tv-net> **2** O&W **acht** <schoolcijfer> → **quatre**
seizième **1** TELW **zestiende** → **quatrième** **2** ZN M **zestiende, zestiende deel**
séjour ZN M **1 verblijf(plaats)** • *une carte / un permis de ~* verblijfsvergunning • *faire un ~ à l'étranger* een reis naar het buitenland maken, een tijd in het buitenland doorbrengen **2 woonkamer, huiskamer** • *une salle de ~* woonkamer, huiskamer
séjourner ONOV WW **verblijven, logeren** • *~ à l'hôtel* in een hotel logeren • *~ chez qn* bij iemand logeren
sel ZN M **1 zout** • *du ~ marin* zeezout • *du gros ~* grof zout • *des sels de bain* badzout • *un régime sans ~* zoutloos dieet • *un plat qui manque de ~* gerecht dat een beetje flauw smaakt **2 geestigheid, pit** • *mettre son grain de ~* je ermee bemoeien, een duit in het zakje doen
sélect INFORM. BN **select, chic**
sélecteur ZN M **keuzetoets / -schakelaar, afstemknop** • *une télévision équipée d'un ~ de programmes* televisie met een kanaalkiezer
sélectif BN (V sélective), **selectief**
sélection ZN V **selectie, keus** • *des critères de ~* selectiecriteria • *la ~ naturelle* de natuurlijke selectie / teeltkeus
sélectionner OV WW **uitkiezen, selecteren**
sélectionneur ZN M **selecteur, lid van een selectiecomité** • *le ~ de l'équipe de France* de trainer / coach van het Franse elftal
sélénium "-njom" ZN M **selenium, seleen**
self INFORM. ZN M selfservice → **self-service**
selfie ZN M **selfie** • *faire un selfie* een selfie maken
self-service ZN M (MV self-services), **zelfbedieningszaak / -restaurant**
selle ZN V **1 zadel** • *une ~ de vélo* fietszadel • FIG. *être bien en ~* stevig in het zadel zitten • FIG. *se*

se

remettre en ~ er weer bovenop krabbelen **2** ook mv **stoelgang, ontlasting** • *aller à la ~* ontlasting / stoelgang hebben, je behoefte doen

seller ov ww **zadelen**

sellette zn v **stoeltje** • FIG. *être sur la ~* in het strafbankje zitten, aan de tand gevoeld worden, nagewezen worden

selon vz **1 volgens, naar** • *nous déciderons ~ le temps qu'il fera* ons besluit zal afhangen van de weersomstandigheden • *~ moi, la situation ne va pas s'améliorer* volgens mij zal de situatie er niet beter op worden • *~ toute apparence...* naar alle waarschijnlijkheid... **2 in verhouding tot / naar** • *il dépense ~ ses moyens* hij zet de tering naar de nering • *c'est ~!* dat hangt er van af!

semailles zn v mv **(het) zaaien**

semaine zn v **1 week** • *la ~ de trente-cinq heures* de vijfendertigurige werkweek • *cette ~, on aura une interrogation (écrite)* van de week krijgen we een overhoring • *la ~ sainte* de Goede / Stille Week • INFORM. *vivre à la petite ~* van de hand in de tand leven • *une politique à la petite ~* hapsnap beleid • *une maison louée à la ~* huis dat per week verhuurd wordt • *pendant la ~ / en ~* door de week • *dans une ~* over een week **2 weekloon, weekgeld** • *recevoir sa ~* je weekloon ontvangen

sémantique 1 bn **semantisch** • *un champ ~* semantisch veld • *une théorie ~* betekenisleer **2** zn v **semantiek, betekenisleer**

sémaphore zn m **seinpaal / -toren, semafoor**

semblable 1 bn **1 (ge)lijkend, (soort) gelijk, (vrijwel) eender** • *des objets ~s entre eux* voorwerpen die op elkaar lijken **2 dergelijk, zulk** • *je n'ai jamais rien entendu de ~!* ik heb nog nooit iets dergelijks gehoord! **2** zn m/v **naaste, medemens, gelijke**

semblant zn m • *ils font ~ de dormir* ze doen alsof ze slapen • *j'ai détecté un ~ de mépris dans sa voix* ik bespeurde een zweem van minachting / een zekere minachting in zijn stem

sembler 1 onov ww **schijnen, lijken** • *il semble malheureux* hij lijkt ongelukkig te zijn • *ça me semble raisonnable* het lijkt me verstandig • *les négociations ne semblent pas avancer* de onderhandelingen lijken niet op te schieten **2** onp ww **(toe)schijnen, voorkomen, lijken** • *il n'est plus malade, semble-t-il* naar het schijnt, is hij niet meer ziek • *il me semble que la situation n'est pas vraiment critique* het lijkt me / ik heb de indruk dat de situatie niet echt kritiek is

semelle zn v **zool** • *des ~s de cuir* leren zolen • *des ~s orthopédiques* steunzolen • *une ~ intérieure* binnenzool, inlegzool • FIG. *ne pas avancer d'une ~* geen steek opschieten • FIG. *ne pas reculer d'une ~* geen voetbreed wijken • FIG. *il ne le lâche pas d'une ~* hij wijkt geen duimbreed van hem

semence zn v **1 zaad(jes) 2 sperma**

semer ov ww **1 zaaien, bezaaien** • FIG. *~ ses vêtements dans toute la maison* je kleren overal in huis neergooien **2** FIG. **zaaien, rondstrooien, verspreiden** • *la bombe a semé la panique* de bom heeft paniek gezaaid • *une guerre qui sème la destruction et la mort* oorlog die dood en verderf zaait • *~ le malheur* onheil stichten **3** INFORM. **(iemand) van zich afschudden** • *on a semé la voiture qui nous suivait* we hebben de auto die ons volgde van ons afgeschud

semestre zn m **semester, halfjaar** • *par ~* halfjaarlijks, per halfjaar

semestriel bn (v semestrielle), **halfjaarlijks**

semeur zn m (v semeuse), **zaaier** • FIG. *un ~ de troubles* onruststoker

semi-automatique bn (mv semi-automatiques), **halfautomatisch**

semi-circulaire bn (mv semi-circulaires), **halfcirkelvormig**

semi-fini bn (mv semi-finis) • *un produit ~* halffabricaat

semi-liberté zn v **halfopen regime, verblijf in een halfopen inrichting**

sémillant bn **levendig (van aard), vief**

séminaire zn m **1 seminaar, seminar, werkgroep, studiedag(en)** • *participer à un ~* aan een seminar deelnemen • *être en ~* op studiedag / cursus zijn **2** REL. **seminarie**

séminariste zn m **seminarist**

semi-officiel bn (v semi-officielle, m mv semi-officiels), **officieus**

semi-public bn (v semi-publique, m mv semi-publics), **semioverheids-**

semi-remorque zn m (mv semi-remorques), **(vrachtwagen met) oplegger**

semis zn m **1 (het) zaaien 2 zaaibed, zaailand** • *des ~ de salade* met sla ingezaaide bedden

sémite 1 bn **Semitisch 2** zn m/v **Semiet**

sémitique bn **Semitisch**

semonce zn v **vermaning, berisping, standje**

semoule zn v **griesmeel**

sempiternel bn (v sempiternelle), **eeuwig(durend)**

sénat zn m **senaat** • *le Sénat* de Senaat <Eerste Kamer>

sénateur zn m (v sénatrice), **senator**

sénatorial bn (m mv sénatoriaux), **senaats-**

Sénégal zn m **Senegal**

sénégalais bn **Senegalees**

sénescence zn v **(het) oud(er) worden, ouderdomsverschijnselen**

sénile bn **ouderdoms-, seniel**

sénilité zn v **ouderdomszwakte, seniliteit**

senior, sénior "senjor" **1** bn **senior(en)-** • *des clubs ~s* seniorenclubs **2** zn m/v **senior**

sens "sa(n)s/(ww) sa(n)" **1** zn m **1 zin(tuig)** • *le plaisir des ~* zingenot, wellust • *il a un sixième ~ pour cela* hij heeft daar een zesde zintuig voor • *reprendre ses ~* weer bij zinnen komen, bijkomen **2 verstand** • *le ~ commun / le bon ~* gezond verstand, nuchterheid • *une remarque de bon ~* zinnige / verstandige opmerking • *une réflexion de bon ~* nuchtere opmerking • *cela tombe sous le ~* dat ligt voor de hand **3 gevoel** • *avoir le ~ de l'esthétique* esthetisch gevoel hebben, gevoel voor

se

het schone hebben • *avoir le ~ de l'humour* gevoel voor humor hebben • *avoir le ~ des affaires* zakelijk inzicht hebben • *avoir le ~ des réalités* realist zijn, werkelijkheidszin hebben • *il n'a aucun ~ de la mesure* hij heeft geen enkel maatgevoel / weet totaal geen maat te houden **4 mening, standpunt** • *à mon ~* mijns inziens • *abonder dans le ~ de qn* het roerend eens zijn met iemand **5 betekenis, zin** • *un raisonnement vide de ~* nietszeggende / betekenisloze redenering • *donner un ~ à sa vie* zin geven aan je leven • *avoir du ~* betekenis / zin hebben • *ça n'a pas de ~* dat is niet zinnig, dat slaat nergens op • *chercher le ~ d'un mot dans le dictionnaire* de betekenis van een woord in het woordenboek opzoeken • *une phrase à double ~* dubbelzinnige zin • *au ~ large* in de ruime zin van het woord • *au ~ strict* in de enge zin van het woord • *au ~ propre* in de eigenlijke / letterlijke betekenis • *au ~ figuré* in figuurlijke / overdrachtelijke betekenis • *dans ce ~ / en ce ~* in die zin • *dans / en un ~* in zeker opzicht **6 richting, kant** • *une rue à ~ unique* straat met eenrichtingsverkeer • *~ interdit* verboden in te rijden, verboden rijrichting • *la voiture venait en ~ inverse* de auto reed in tegenovergestelde richting • *la maison était ~ dessus dessous* het huis stond op zijn kop / lag ondersteboven • FIG. *ça va dans le bon ~* dat gaat de goede kant op • *dans tous les ~* alle kanten op, dwars door elkaar • *dans le ~ de la longueur* in de lengte(richting) • *dans le ~ de la marche* in de rijrichting <v.d. trein> • *dans le ~ des aiguilles d'une montre* met (de wijzers van) de klok mee **2** WW présent → **sentir**

sensation ZN V **1 gewaarwording, gevoel** • *une ~ de malaise* gevoel van onbehagen • *une ~ de douleur* pijnlijk gevoel • *une ~ agréable* aangename gewaarwording, prettig gevoel • *avoir la ~ d'être suivi* het gevoel hebben gevolgd te worden • *être amateur de ~s fortes* van spanning houden <in film, detective> **2 opschudding, sensatie** • *les journaux à ~* sensatiebladen • *faire ~* opzien baren, sensatie verwekken

sensationnel BN (V sensationnelle) **1 sensationeel, opzienbarend 2** INFORM. **gaaf, fantastisch**

sensé BN **redelijk, verstandig, zinnig**

sensibilisation ZN V **bewustmaking** • *une campagne de ~ aux problèmes des banlieues* bewustmakingscampagne voor de problemen in de voorsteden

sensibiliser OV WW **gevoelig / ontvankelijk maken (voor)** • *~ les jeunes aux effets de la drogue* de jeugd bewust maken van de gevolgen van drugs

sensibilité ZN V **1 gevoeligheid, fijngevoeligheid** • *avoir une ~ à fleur de peau* overgevoelig zijn • *faire appel à la ~ de qn* een beroep doen op iemands gevoeligheid, iemands gevoelige kant / gevoelens aanspreken • *manquer de ~* ongevoelig zijn **2 richting** <binnen partij>, **tendens, gezindheid**

sensible BN **1 gevoelig, fijngevoelig** • *un point ~* gevoelige plek, kwetsbaar punt • *du papier ~* lichtgevoelig papier, fotopapier • *un savon pour peaux ~s* zeep voor de gevoelige huid • *être ~ au froid* gevoelig zijn voor kou, het gauw koud hebben • *être ~ au charme de qn* gevoelig zijn voor iemands charme, gecharmeerd zijn van iemand **2 waarneembaar, merkbaar** • *une amélioration ~ dans des relations* een duidelijke verbetering van betrekkingen **3 delicaat, netelig, lastig** • *un quartier ~* probleemwijk • *un dossier ~* zaak die heel gevoelig ligt

sensiblement BW **1 merkbaar, aanmerkelijk, duidelijk 2 zo ongeveer, min of meer** • *ils sont ~ de la même taille* ze zijn ongeveer even groot

sensiblerie MIN. ZN V **overgevoeligheid, sentimentaliteit**

sensitif BN (V sensitive), **gevoels-, sensibel**

sensoriel BN (V sensorielle), **zintuiglijk**

sensualité ZN V **zinnelijkheid, sensualiteit**

sensuel BN (V sensuelle), **sensueel, zinnelijk, sexy** • *avoir une bouche ~le* een sensuele mond hebben

sentence JUR. ZN V **vonnis, uitspraak** • *prononcer une ~* een vonnis uitspreken

sentencieux BN (V sentencieuse), **plechtstatig, schoolmeesterachtig** • *un ton ~* belerende toon

senteur FORM. ZN V **reuk, geur**

senti BN • *bien ~* welgemeend, welgekozen

sentier ZN M **(voet)pad** • *un ~ pédestre* voetpad • *un ~ équestre* ruiterpad • *un ~ balisé* (door pijlen) gemarkeerd pad • *les ~s de grande randonnée* langeafstandswandelpaden • FIG. *s'écarter des ~s battus* de platgetreden paden verlaten, iets heel nieuws gaan doen

sentiment ZN M **1 gevoel, besef** • *j'ai le ~ que...* ik heb het gevoel dat... • *avoir un ~ de culpabilité* een schuldgevoel hebben • *avoir un ~ d'insécurité* een gevoel van onveiligheid hebben • *être animé de bons ~s* goede bedoelingen hebben **2 gevoelen, mening** • *avoir des ~s mêlés* gemengde gevoelens hebben • *cela part d'un bon ~* het is goed bedoeld • *c'est mon ~ sur cette question* dat is mijn mening hierover, dat vind ik van deze kwestie • *prendre qn par les ~s* op iemands gemoed werken • *avec mes meilleurs ~s* <in brief> hoogachtend

sentimental BN (M MV sentimentaux), **gevoels-, liefdes-, sentimenteel** • *il n'a pas de vie ~e* hij heeft geen liefdesleven • *c'est un ~* het is een gevoelsmens

sentimentalité ZN V **sentimentaliteit**

sentinelle ZN V **schildwacht**

sentir 1 OV WW onregelmatig **1 ruiken** • *~ une odeur de brûlé* een brandlucht ruiken • INFORM., FIG *je ne peux pas le ~* ik kan hem niet uitstaan **2 ruiken naar, smaken naar** • *ça sent le renfermé* het ruikt muf • *elle sent l'ail* ze stinkt naar knoflook **3 proeven** • *j'ai senti un goût de cannelle dans le gâteau* ik proefde dat er kaneel in het gebakje zat **4 voelen** • *~ le froid* de kou voelen • *je ne sens plus mes doigts* ik voel mijn vingers niet meer **5 aanvoelen, bemerken, bespeuren** • *elle nous a bien fait ~*

se

qu'elle n'approuvait pas ze maakte ons heel duidelijk dat ze het niet goedkeurde • *la peur se faisait ~ chez les enfants* de angst werd merkbaar bij de kinderen **2** ONOV WW **ruiken** • *~ bon* lekker ruiken • OOK FIG. *ça sent mauvais* dat stinkt, daar zit een luchtje aan • *~ mauvais de la bouche* uit je mond stinken **3** WKD WW **(se ~) zich voelen** • *se ~ mal à l'aise* je onbehaaglijk voelen • *se ~ mal* je onwel voelen, niet lekker zijn • *ne pas se ~ la force de marcher* zich niet sterk genoeg voelen om te lopen • *mal se ~ dans sa peau* slecht in je vel zitten • INFORM. *elle ne se sent plus!* ze is niet goed wijs!, het is haar naar het hoofd gestegen! • INFORM. *ces deux-là ne peuvent pas se ~!* die twee kunnen elkaar niet uitstaan!

sépale ZN M **kelkblad**

séparable BN **scheidbaar**

séparation ZN V **scheiding, afscheiding** • *une ~ à l'amiable* minnelijke scheiding, scheiding met wederzijds goedvinden • *la ~ de biens* huwelijkse voorwaarden • *la ~ de corps* scheiding van tafel en bed • *ce paravent sert de ~ entre deux pièces* dit kamerscherm dient als afscheiding tussen twee kamers

séparatisme ZN M **separatisme, streven naar afscheiding**

séparatiste **1** BN **separatistisch** • *le mouvement ~ breton* de Bretonse afscheidingsbeweging **2** ZN M/V **separatist**

séparément BW **gescheiden, afzonderlijk, apart**

séparer **1** OV WW **scheiden** • *on a dû ~ les deux enfants qui se disputaient* ze hebben de twee ruziemakende kinderen ui elkaar moeten halen **2** WKD WW **(se ~)** **1** **uit elkaar gaan, scheiden** • *il s'est séparé de sa femme* hij is gescheiden van zijn vrouw **2** **afstand doen (van)** • *se ~ de son chien* je hond wegdoen • *je ne peux pas me ~ de cette bague* ik kan geen afstand doen van die ring

sept "set" **1** TELW **zeven** • *un cinéma ouvert ~ jours sur ~* bioscoop die zeven dagen per week open is → **quatre** **2** ZN M/V **1** **zeven** • *la / le ~* (nummer) zeven <bus, tram, kamer, tafel, tv-net> **2** O&W **drieëneenhalf** <schoolcijfer> → **quatre**

septante TELW **zeventig** <in België, Zwitserland> → **quarante**

septembre ZN M **september** • *le mois de ~* (de maand) september • *en ~ / au mois de ~* in september

septennat ZN M **zevenjarige ambtsperiode**

septentrional FORM. BN (M MV septentrionaux), **noordelijk** • *l'Europe ~e* Noord-Europa

septicémie MED. ZN V **bloedvergiftiging**

septième **1** TELW **zevende** → **quatrième** **2** ZN M/V **zevende, zevende deel**

septièmement BW **ten zevende**

septique BN **septisch** • *une fosse ~* septic tank, beerput

septuagénaire **1** BN **zeventigjarig** **2** ZN M/V **zeventigjarige, zeventiger**

septuor ZN M **septet**

septuple **1** ZN M **zevenvoud** **2** BN **zevenvoudig**

septupler OV + ONOV WW **verzevenvoudigen**

sépulcre FORM. ZN M **graf**

sépulture ZN V **graf, begraafplaats**

séquelle ZN V vaak mv **nawerking, nasleep, (nadelig) gevolg** • *les séquelles d'un accident* de nasleep van een ongeval • *les séquelles de la crise* de naweeën van de crisis

séquence ZN V **1** **scène, sequentie** <van film> • *tourner une ~* een scène opnemen **2** **opeenvolging, reeks**

séquentiel BN (V séquentielle), **opeenvolgend**

séquestration "-k-" ZN V **opsluiting, inbewaringstelling** • *la ~ d'un directeur d'usine* de gijzeling van een fabrieksdirecteur

séquestre "-k-" JUR. ZN M **inbewaringneming, inbeslagneming** • *mettre qc sous ~* beslag leggen op iets

séquestrer "-k-" OV WW **opsluiten, in bewaring stellen** • *~ des marchandises volées* beslag leggen op gestolen goederen

séquoia "-k-" ZN M **sequoia, reuzenpijnboom**

sérac ZN M **gletsjerblok**

serai WW toek. tijd. → **être**

sérail ZN M **serail** <sultanspaleis> • FIG. *faire partie du ~* tot de intimi / incrowd behoren, bij de kliek horen

serbe **1** BN **Servisch** **2** ZN M **(het) Servisch**

Serbe ZN M/V **Serviër, Serf**

Serbie ZN V **Servië**

serbo-croate **1** BN (MV serbo-croates), **Servo-Kroatisch** **2** ZN M **(het) Servo-Kroatisch**

serein BN **1** **rustig, gerust, bezadigd, sereen** • FIG. *le climat politique actuel n'est pas ~* het huidige politieke klimaat is niet rustig **2** **helder en kalm** <van weer> • *un ciel ~* onbewolkte / heldere hemel

sérénade ZN V **serenade**

sérénité ZN V **kalmte, (gemoeds)rust, sereniteit** • *elle a accueilli la nouvelle avec beaucoup de ~* ze heeft het bericht heel kalm opgenomen

serf ZN M (V serve), **lijfeigene, horige**

sergent ZN M **sergeant** • *un ~-chef* sergeant eerste klas

série ZN V **reeks, rij, serie** • *une ~ de casseroles* set pannen, pannenset • *une ~ d'entretiens avec un philosophe* reeks gesprekken met een filosoof • *un tueur en ~* seriemoordenaar • *une ~ policière* detectiveserie • *une ~ noire* serie pechgevallen / rampen, aaneenschakeling van ongelukken • *un film de ~ B* B-film • *une fabrication en ~* seriefabricage, serieproductie • SPORT *une tête de ~* geplaatste speler / club • *c'est la loi des séries* een ongeluk komt zelden alleen • *hors-~* niet in serie gemaakt, (heel) speciaal, (heel) apart • *en ~* in serie, serie-

sérier OV WW **volgens reeksen indelen, classificeren**

sérieusement BW **1** **serieus, ernstig, in ernst** • *envisager ~ de faire qc* serieus overwegen iets te doen • *sérieusement!* zonder gekheid! • *s'y mettre ~* ernst ermee maken **2** **flink, duchtig**

sérieux **1** BN (V sérieuse) **1** **serieus, ernstig**

• *elle a de ~ problèmes de santé* ze heeft ernstige gezondheidsproblemen • *je suis on ne peut plus ~* het is mij bittere ernst • *maintenant ça devient ~* nu komt het eropaan, het wordt nu ernst **2 flink, beduidend** • *il faudra faire de ~ efforts si tu veux réussir* je zult flink je best moeten doen, wil je slagen **2** ZN M **ernst** • *le ~ de la situation* de ernst van de situatie • *garder son ~* ernstig blijven • *se prendre au ~* jezelf belangrijk vinden • *prendre des menaces au ~* bedreigingen serieus nemen

sérigraphie ZN V **zeefdruk**

seriner OV WW **aan het hoofd zeuren (over),** FIG. **inpompen**

seringue ZN V **(injectie)spuit**

serment ZN M **eed** • *un ~ d'ivrogne* loze belofte • *un ~ sur l'honneur* erewoord • *prêter ~* een eed afleggen • *prêter ~ sur la bible* een eed op de Bijbel afleggen • *témoigner sous ~ / sous la foi du ~* onder ede staan

sermon ZN M OOK FIG. **preek**

sermonner OV WW **vermanen, kapittelen, de les lezen**

sermonneur ZN M (V sermonneuse), **zedenpreker**

séropositif BN (V séropositive), **seropositief** • *être ~* seropositief zijn

serpent ZN M OOK FIG. **slang** • *un ~ venimeux* gifslang • *se faire mordre par un ~* door een slang gebeten worden

serpenter ONOV WW **kronkelen, (zich) slingeren** • *une route qui serpente dans la montagne* slingerweg in de bergen

serpentin ZN M **serpentine**

serpillière, serpillère ZN V **dweil**

serre ZN V **(broei)kas** • *des salades de ~* kassla • *l'effet de ~* broeikaseffect

serré 1 BN **1 dicht opeen, (ineen)gedrongen, opeengeklemd** • *en rangs serrés* in gesloten gelederen • *avoir le cœur ~* (diep)bedrukt zijn, bedroefd zijn • *avoir la gorge serrée* een dichtgesnoerde keel hebben, een prop in de keel hebben • FIG. *être serrés comme des sardines* als haringen in een ton zitten **2 nauw, krap, strak, met weinig marge,** FIG. **scherp** • *un budget ~* krap budget • *un emploi du temps ~* strak rooster, krap tijdschema • *une lutte serrée* gelijkopgaande / vinnige strijd **3 sterk** • *café ~* sterke koffie **2** BW • FIG. *jouer ~* op zeker spelen

serre-joint ZN M (MV serre-joints), **lijmtang**

serre-livres ZN M (MV id.), **boekensteun**

serrement ZN M **(het) drukken, (het) klemmen** • *un ~ de mains* handdruk • *un ~ de cœur* (diepe) bedruktheid, bedroefdheid

serrer 1 ONOV WW **voorsorteren** • *~ à droite* rechts voorsorteren **2** OV WW **1 strak trekken** • *~ un nœud* een knoop aantrekken • *~ un écrou* een moer aandraaien • FIG. *~ la vis à qn* iemand kort houden, iemand streng aanpakken **2 (opeen)klemmen, (opeen)drukken** • *~ qn dans ses bras* iemand omarmen • *il a serré le bébé contre lui* hij drukte de baby tegen zich aan • *ces chaussures me serrent* die schoenen knellen me, die schoenen zitten me te krap • *~ la main à qn* iemand de hand drukken • *~ les poings* de vuisten ballen • OOK FIG. *~ qn de près* iemand op de hielen zitten • OOK FIG. *~ les dents* de kiezen op elkaar klemmen • INFORM., FIG. *~ les fesses* 'm knijpen, in de rats zitten **3** WKD WW **(se ~) dicht op elkaar gaan zitten, opschikken, inschikken** • *serrez-vous!* aansluiten! • *se ~ l'un contre l'autre* dicht tegen elkaar aankruipen • *mon cœur se serre* mijn hart krimpt ineen • FIG. *se ~ la ceinture* de buikriem aanhalen

serres ZN V MV **klauwen** <van roofvogel>

serre-tête ZN M (MV serre-tête(s)), **haarband**

serrure ZN V **slot** • *une ~ à combinaison* combinatieslot • *regarder par le trou de la ~* door het sleutelgat kijken

serrurerie ZN V **slotenmakerij**

serrurier ZN M **slotenmaker**

sers, sert WW → **servir**

sertir OV WW **zetten** <van edelsteen>

sertissage ZN M **zetting** <van edelsteen>

sérum "-rom" ZN M **serum**

servage ZN M **lijfeigenschap, onderworpenheid**

servant BN **dienend** • *un chevalier servant* galante ridder

serve ZN V → **serf**

serveur 1 ZN M COMP. **server** • *un ~ vocal* voice server **2** ZN M (V serveuse), **kelner**

serviabilité ZN V **dienstvaardigheid, hulpvaardigheid**

serviable BN **dienstvaardig, hulpvaardig**

service ZN M **1 dienst** <instantie, afdeling> • *le ~ après-vente* (klanten)service, onderhoudsdienst • *les ~s sociaux* de sociale dienst(en) • *le ~ d'ordre* ordedienst • *les ~s secrets* de geheime dienst • *le service de dépannage* pechhulpdienst • *le service de nettoyage* reinigingsdienst • *un chef de ~* afdelingshoofd **2 dienst(uitoefening), werkzaamheden, bediening** • *~ compris* inclusief bediening • *~ 24 heures sur 24* 24 uursdienst • *~ minute* klaar terwijl u wacht • *la porte de ~* dienstingang • *le ~ minimum garanti* gegarandeerde minimale dienstverlening <bij staking> • *dix ans de bons et loyaux ~s* tien jaar trouwe dienst • *faire son ~ (militaire)* in (militaire) dienst zijn • INFORM. *ce type, il est ~-~* hij is een echte dienstklopper • *être au ~ de qn* bij iemand in dienst zijn • *être de ~* dienst hebben • *à votre ~* tot uw dienst **3 (bewezen) dienst, behulpzame daad** • *demander un ~ à qn* iemand om een gunst vragen • *rendre (un) ~ à qn* iemand een dienst bewijzen, iemand van dienst zijn • *cela me rend bien ~* daar heb ik veel nut / plezier van • *un ~ en vaut un autre* de ene dienst is de andere waard, voor wat hoort wat **4 (het) functioneren, werking** • OOK FIG. *hors ~ (H.S.)* uit de roulatie • *cette machine est hors ~* die machine is buiten bedrijf • *la mise en ~ d'un nouvel avion* de ingebruikneming van een nieuw vliegtuig • *mettre qc en ~* iets in werking stellen, iets in gebruik nemen • *mettre qc hors (de) ~* iets buiten werking stellen, iets buiten gebruik stellen **5 servies, bestek** • *un ~ de table* tafelgoed **6** SPORT

service, opslag
serviette ZN V **1 servet** • *une ~ de table* servet • *une ~ en papier* papieren servetje **2 handdoek** • *une ~ de toilette* handdoek • *une ~ hygiénique* maandverband **3 schooltas, aktetas**
servile BN **slaafs, onderdanig**
servilité ZN V **slaafsheid, onderdanigheid**
servir 1 ONOV WW **1 dienen, dienstdoen, van dienst zijn** • *à quoi sert ce bouton?* waarvoor dient deze knop? • *à quoi (est-ce que) ça sert?* waar is dat goed voor? • *ça sert à couper* dat dient ervoor om te snijden • *cela peut toujours ~* dat kan nog van pas komen, dat is nooit weg • *cela ne sert strictement à rien* het haalt niets uit, dat is nergens goed voor, dat heeft geen enkele zin **2 dienen (als), de functie vervullen (van)** • *cette pièce nous sert de chambre d'amis* dit vertrek gebruiken we als logeerkamer • *ça lui ~a d'exemple* dat zal hem / haar tot voorbeeld strekken • *ça te ~a de leçon!* laat dat een les voor je zijn! • *nous leur servons d'interprète* wij tolken voor hen / treden voor hen als tolk op **2** OV WW onregelmatig **1 dienen, bedienen** • *~ le repas* de maaltijd opdienen • *~ des boissons* dranken serveren • *~ le petit-déjeuner au lit à qn* iemand ontbijt op bed brengen • *madame est servie!* mevrouw, u kunt aan tafel! • IRON. *là, il est servi!* zo, nu heeft hij zijn zin! **2 helpen, diensten bewijzen aan** • *~ les intérêts de qn* in iemands belang handelen • *les circonstances ne l'ont pas vraiment servi* de omstandigheden hebben hem niet echt geholpen, hij heeft de omstandigheden niet echt mee gehad **3** SPORT **serveren 3** WKD WW **(se ~) 1 zich bedienen** • *sers-toi de ce plat!* neem nog wat van dit gerecht! **2 gebruikmaken (van)** • *tu peux te ~ de ma voiture, si tu veux!* je kunt van mijn auto gebruikmaken, als je wilt! • *je me sers beaucoup de ma carte de crédit* ik gebruik mijn creditcard veel
serviteur FORM. ZN M **dienaar** • *les ~s de l'État* staatsdienaren, hoge ambtenaren
servitude ZN V **1 onderworpenheid** • *maintenir un pays dans la ~ économique* een land in een staat van economische afhankelijkheid houden **2** FORM. vaak MV **knellende band, last**
ses BEZ VNW MV → **son**
sésame PLANTK. ZN M **sesam** • *des graines de ~* sesamzaden
session ZN V **1 zitting, zittingstijd, sessie** • POL. *la ~ extraordinaire de l'Assemblée nationale* de buitengewone vergadering van de (Franse) Tweede Kamer **2** O&W **examenperiode**
set ZN M **1** SPORT **set** • *une balle de ~* setpoint **2** • *un ~ de table* stel placemats
seuil ZN M **1 drempel** • *elle était debout sur le ~* ze stond op de drempel • *elle n'ose pas franchir le ~ de la maison* ze durft geen stap binnen te zetten (in het huis) • FIG. *au ~ de* op de drempel van **2** FIG. **grens** • *le ~ de pauvreté* de armoedegrens
seul 1 BN **alleen** • *une personne ~e* alleenstaande • *la ~e chose* het enige • *pas une ~e fois* geen enkele keer • *une ~e et même personne* een en dezelfde persoon • *elle est ~e au monde* ze is alleen op de wereld • *parler tout ~* in jezelf praten • *se sentir ~* je eenzaam voelen • *je voudrais vous parler ~ à ~* ik zou u graag onder vier ogen willen spreken **2** BW • *~ le résultat compte* alleen het resultaat telt • *ça va tout ~* dat gaat vanzelf • *le piquet tient tout ~* het paaltje houdt het / blijft staan • *elle l'a fait toute ~e* ze heeft het in haar eentje gedaan • *cela ne se fait pas tout ~* dat gaat niet vanzelf, daar komt heel wat bij kijken **3** ZN M/V **één (enkele), enige** • *c'est le ~ qui ait eu le courage de nous défendre* hij is de enige die de moed had ons te verdedigen • *il est le ~ à faire qc dans cette maison* hij doet als enige iets in dit huis
seulement BW **1 slechts, alleen maar** • *non ~ ... mais encore...* niet alleen ... maar ook... • *non ~ il est en retard, mais il ne s'excuse même pas!* hij is niet alleen te laat, maar hij verontschuldigt zich niet eens! • *si ~ c'était vrai* was het maar waar **2 (nu) pas, net** • *il est dix heures et tu te lèves ~?* het is tien uur en je staat nu pas op? **3 maar, echter** • *c'est une étudiante intelligente, ~ elle ne fait rien* het is een intelligente studente, alleen doet ze niets **4 (zelfs) maar** • *est-ce que tu sais ~ pourquoi tu es ici?* weet je eigenlijk wel waarom je hier bent?
sève PLANTK. ZN V **sap**
sévère BN **1 streng 2 ernstig, deerlijk,** FIG. **zwaar** • *une architecture ~* sobere architectuur • *une ~ défaite* zware nederlaag
sévérité ZN V **1 strengheid, zwaarte** • *la ~ d'une critique* de hardheid van een kritiek **2 soberheid**
sévices ZN M MV **mishandeling, gewelddaden** • *être victime de ~* slachtoffer zijn van geweldpleging
sévir ONOV WW **1 streng optreden** • *~ contre qn* streng tegen iemand optreden **2 heersen** <van plaag>, **woeden** • *la grippe sévit encore cet hiver* deze winter heerst de griep weer
sevrage ZN M **1 (het) spenen 2** FIG. **(het) doen afkicken, ontwenning**
sevrer OV WW **spenen** • *~ un enfant* een kind spenen / van de borst afwennen • FORM. *(être) sevré de tabac* van het roken af zijn
sexagénaire 1 BN **zestigjarig 2** ZN M/V **zestigjarige, zestiger**
sexe ZN M **1 sekse, geslacht** • *un enfant de ~ féminin* kind van het vrouwelijk geslacht • *le ~ faible* het zwakke geslacht • *le ~ fort* het sterke geslacht **2 seks** • *parler ~* over seks praten **3 geslachtsdelen**
sexisme ZN M **seksisme**
sexiste 1 BN **seksistisch 2** ZN M/V **seksist**
sexologue ZN M/V **seksuoloog**
sex-shop ZN M/V (MV **sex-shops**), **seksshop**
sex-symbol ZN M **sekssymbool**
sextage ZN M **sexting**
sexting ZN M **sexting**
sextuor ZN M **sextet**
sextuple 1 BN **zesvoudig 2** ZN M **zesvoud**
sexualité ZN V **seksualiteit**
sexué BN **geslachthebbend, geslachtelijk**
sexuel BN (V **sexuelle**), **seksueel, geslachtelijk, geslachts-** • *les organes ~s* geslachtsorganen • *avoir des rapports ~s avec qn* seksuele omgang

se

hebben met iemand, geslachtsverkeer hebben met iemand
sexuellement BW • *une maladie ~ transmissible (mst)* seksueel overdraagbare aandoening (soa), geslachtsziekte
sexy BN onver. **sexy**
seyant BN **goed staand** <van kleren>
S.F. INFORM. AFK sciencefiction v **SF**
shake ZN M **shake**
shampoing ZN M → **shampooing**
shampooiner OV WW **shampooën** • FIG. *~ la moquette* het tapijt shampooën / met shampoo reinigen
shampooineuse ZN V **1 kapster die het haar wast 2 tapijtreiniger**
shampooing ZN M **1 haarwassing** • *se faire un ~* je haar wassen (met shampoo) **2 shampoo** • *un ~ pour bébé* babyshampoo • FIG. *un ~ pour moquettes* tapijtreiniger
shampouiner OV WW → **shampooiner**
shampouineuse ZN V → **shampooineuse**
shérif ZN M **sheriff**
sherry ZN M **sherry**
shoot "sjoet" SPORT ZN M **schot**
shooter 1 ONOV WW SPORT **schieten 2** WKD WW **(se ~)** INFORM. **een shot nemen, spuiten** • *il se shoote à l'héroïne* hij spuit heroïne
shopping ZN M **(het) winkelen** • *faire du ~* winkelen
short ZN M **short(s), korte broek**
show ZN M **show**
showbiz INFORM. ZN M showbusiness **showbusiness**
si[1] **1** BW **1 jawel** <met nadruk>, **wel zeker** • *tu ne viens pas? si, j'arrive!* kom je niet? jawel! • *bien sûr que si!* toch wel!, nou en of! **2 zo** • *de ~ belles fleurs* zulke mooie bloemen • *ce n'est pas ~ facile que ça!* dat is helemaal niet zo makkelijk! **2** ZN M MUZ. **si, (de noot) b** • *~ bémol* bes
si[2], **s'** voor il(s) VOEGW **1 als, wanneer, indien** • *s'il pleut, je n'irai pas* als het regent, ga ik niet • *~ j'avais su, je te l'aurais dit* als ik het geweten had, zou ik het je gezegd hebben • *~ au moins je pouvais l'attraper!* kon ik hem maar te pakken krijgen! • *~ j'étais toi, je ne le ferais pas* als ik jou was, zou ik het niet doen • *~ nous allions dîner en ville!* als we nu eens uit gingen eten! • *il parle comme s'il savait tout* hij praat alsof hij alles weet • *c'est à peine / tout juste s'il m'a reconnu* hij heeft me nauwelijks herkend • *tu me dois de l'argent, ~ je ne me trompe* je bent me nog geld schuldig, als ik me niet vergis • *avec des ~, on mettrait Paris dans une bouteille* as is verbrande turf • *~ le cas se présente, ...* mocht het zo zijn, dan... • *~ possible* zo mogelijk **2 of** <bij indirecte vraag> • *je ne sais pas s'il est venu* ik weet niet of hij is gekomen • *tu penses s'il était content!* en óf hij tevreden was!
siamois BN **Siamees** • *des frères ~ / des sœurs ~es* Siamese tweeling(en)
Sibérie ZN V **Siberië**
sibérien BN (V sibérienne), **Siberisch** • *il fait un froid ~* het is Siberisch koud
sibyllin FORM. BN **raadselachtig**
Sicile ZN V **Sicilië**
sicilien BN (V sicilienne), **Siciliaans**
Sicilien ZN M (V Sicilienne), **Siciliaan**
sida AFK syndrome d'immuno-déficience acquise m **aids** • *la thérapie contre le ~* aidstherapie • *être atteint du ~* aids hebben
sidatique BN → **sidéen**
sidéen ZN M (V sidéenne), **aidspatiënt**
sidéral BN (M MV sidéraux), **sterren-** • *des distances sidérales* afstanden tussen de sterren, FIG. astronomische afstanden
sidérant BN **verbijsterend**
sidérer OV WW **verbijsteren** • *son histoire me sidère* ik ben verbijsterd over wat er met hem gebeurd is
sidérurgie ZN V **staalindustrie**
sidérurgique BN **ijzer- en staal-** • *une usine ~* staalfabriek • *un groupe ~* staalconcern
sidérurgiste ZN M/V **ijzer- en staalfabrikant, staalarbeider**
siècle ZN M **1 eeuw** • *au vingtième siècle* in de twintigste eeuw • *le Ve siècle avant J.-C.* de vijfde eeuw voor Christus **2 tijdperk** • *le grand ~* de tijd van Lodewijk XIV <zeventiende eeuw> • *le Siècle des Lumières* de eeuw van de verlichting • *les siècles futurs* de toekomst, het nageslacht • *être de son ~* met je tijd meegaan • *ce sont des idées d'un autre ~* dat zijn achterhaalde ideeën • INFORM. *ça fait des siècles que je ne l'ai (pas) vu* ik heb hem al in geen eeuw(en) gezien
siège ZN M **1 zetel, stoel, zitplaats, zitting** • *le ~ arrière* achterbank • *un ~ éjectable* schietstoel • *offrir un ~ à qn* iemand een stoel aanbieden **2** FIG. **zetel** • *le parti socialiste a perdu des sièges* de socialistische partij heeft zetels verloren **3 centrum, zetel** • *le ~ social d'une entreprise* het hoofdkantoor van een bedrijf • *avoir son ~ à Amsterdam* gevestigd zijn te Amsterdam **4 belegering, beleg** • *être en état de ~* in staat van beleg zijn • *lever le ~* het beleg opbreken, FIG. opbreken, weggaan
siège-auto ZN M (MV sièges-autos) TRANSP. **kinderzitje** <in auto>
siéger ONOV WW OOK FIG. **zetelen, zitting hebben** • *~ à l'O.N.U.* deelnemen aan de VN-zitting • *la Commission européenne siège à Bruxelles* de Europese Commissie zetelt in Brussel
sien BEZ VNW (V sienne), **(de / het) zijne, (de / het) hare, van hem / haar, zijn / haar** • *on n'est jamais trahi que par les ~s* van je familie moet je het hebben • *faire ~nes les idées de qn* iemands ideeën overnemen • *y mettre du ~* het zijne doen / bijdragen, een steentje bijdragen • INFORM., FIG. *faire des ~nes* dwaze streken uithalen • INFORM., FIG. *il fait encore des ~nes* hij is weer aan de gang
sieste ZN V **middagslaapje, siësta** • *faire la ~* een middagdutje doen
sifflant BN **fluitend**
sifflement ZN M **gefluit, gesis, gesuis**
siffler 1 ONOV WW **fluiten, sissen, suizen** • *avoir les oreilles qui sifflent* oorsuizingen hebben • FIG. *tes oreilles ont dû ~* je oren zullen wel getuit hebben **2** OV WW **1 fluiten** • *~ son chien* je hond (terug)fluiten

2 uitfluiten • *l'acteur s'est fait siffler* de acteur werd uitgefloten **3** INFORM. **achteroverslaan** • *il a sifflé toute une bouteille de whiskey* hij heeft een fles whiskey soldaat gemaakt
sifflet ZN M **1 fluitje** • *donner le coup de ~ de la fin du match* het fluitsignaal voor het einde van de wedstrijd geven, de wedstrijd affluiten • INFORM. *couper le ~ à qn* iemand de strot afsnijden, iemand de mond snoeren **2** vaak MV **gefluit, fluitconcert** • *l'acteur est sorti sous les ~s* de acteur verliet het toneel onder een fluitconcert
siffleur 1 BN (V siffleuse), **fluitend 2** ZN M (V siffleuse), **fluiter**
sifflotement ZN M **zacht gefluit**
siffloter OV WW **zachtjes fluiten** • *~ un air à la mode* zachtjes een bekend wijsje fluiten
sigle ZN M **letterwoord, beginletter(s)**
signal ZN M (MV signaux), **signaal, sein, teken** • *le ~ d'alarme* alarmsignaal, alarmsysteem • *un ~ de détresse* noodsignaal • *des signaux lumineux* lichtsignalen, lichtseinen • *des signaux sonores* geluidssignalen • *donner le ~ du départ* het vertreksein / startsein geven • OOK FIG. *tirer le ~ d'alarme* aan de noodrem trekken
signalement ZN M **signalement**
signaler 1 OV WW **signaleren, opmerkzaam maken op, aanduiden, vermelden** • *~ des erreurs dans un texte* (iemand) wijzen op fouten in een tekst • *rien à ~* niets te melden, alles in orde **2** WKD WW **(se ~) zich onderscheiden**
signalétique BN **signalements-, karakteristiek**
signalisation ZN V **((het) geven v.) seinen / signalen** • *des feux de ~* verkeerslichten • *des panneaux de ~* verkeersborden • *la ~ (routière)* verkeerstekens, bewegwijzering, BELG. signalisatie
signaliser OV WW **bewegwijzeren, bebakenen**
signataire ZN M/V **ondertekenaar**
signature ZN V **handtekening, ondertekening** • *une ~ illisible* onleesbare handtekening • COMP. *une ~ électronique* elektronische / digitale handtekening • *apposer sa ~ au bas d'un contrat* je handtekening onder een contract zetten
si
signe ZN M **1 teken** • *des ~s particuliers* bijzondere kenmerken • *les ~s du zodiaque* de tekens van de dierenriem • *des ~s avant-coureurs* voortekenen, voorbodes • FIG. *le ~ des temps* teken des tijds • *c'est bon ~* dat is een goed teken • *c'est mauvais ~* het is een veeg teken • *ne plus donner ~ de vie* geen teken van leven meer geven, taal noch teken geven • *en ~ de protestation* ten teken van protest, bij wijze van protest • *en ~ de deuil* als teken van rouw **2 wenk, gebaar, sein** • *un ~ de tête* hoofdknik, knikje • *un ~ de la main* handgebaar • *faire un ~ à qn* wenken naar iemand, naar iemand gebaren • *fais-moi ~ quand tu arrives* geef me een seintje als je er bent • *faire le ~ de croix* een kruis slaan • *il lui a fait ~ d'approcher* hij wenkte hem om dichterbij te komen **3** COMP., GRAMM. **teken** • *les ~s de ponctuation* leestekens
signer 1 OV WW **(onder)tekenen, signeren** • *~ un contrat* een contract tekenen **2** WKD WW **(se ~) een kruis slaan**
signet ZN M **bladwijzer,** COMP. **bookmark**
significatif BN (V significative), **veelbetekenend, kenmerkend** • *un geste ~* veelzeggend gebaar
signification ZN V **betekenis**
signifier OV WW **1 betekenen, beduiden** • *qu'est-ce que ça signifie?* wat betekent dat? **2 te kennen geven, meedelen** • *il nous a signifié qu'il ne voulait plus nous voir* hij heeft ons duidelijk gemaakt dat hij ons niet meer wil zien
silence ZN M **1 stilte, (stil)zwijgen** • *un ~ de mort* doodse / diepe stilte • *la loi du ~* zwijgplicht <in maffiose samenleving> • *~!* stil! • *observer une minute de ~* een ogenblik stilte in acht nemen • *il y avait un ~ de mort dans la salle* het was doodstil in de zaal • *sortir de son ~* het stilzwijgen verbreken • *passer qc sous ~* stilzwijgend voorbijgaan aan iets, iets verzwijgen, iets onder de pet houden • *garder le ~* je stil houden • *garder le ~ sur qc* het stilzwijgen bewaren over iets • *imposer le ~ à qn* iemand het zwijgen opleggen • *faire le ~ sur qc* iets doodzwijgen • FIG. *réduire qn au ~* iemand het zwijgen opleggen, iemand de mond snoeren **2** MUZ. **rust**
silencieusement BW **stil, in stilte**
silencieux 1 BN (V silencieuse), **stil, stilzwijgend, geruisloos** • *la majorité silencieuse* de zwijgende meerderheid • *rester ~* stil blijven, zwijgen **2** ZN M **knalpot, geluiddemper**
silex ZN M **vuursteen**
silhouette ZN V **silhouet, contouren** • *une ~ fantomatique* spookachtige gedaante
silicone ZN V **silicone**
sillage "siej-" ZN M OOK FIG. **kielzog, spoor** • *entraîner qn dans son ~* iemand (in je kielzog) meeslepen
sillon "siejo(n)" ZN M **1 vore 2 groef, rimpel**
sillonner "siej-" OV WW **doorkruisen** <van gebied, lucht>, FIG. **doorploegen** • *des avions sillonnent le ciel* vliegtuigen vliegen rond • *~ une région en voiture* met de auto in een gebied rondrijden
silo ZN M **silo**
simagrées ZN V MV **gemaaktheid, aanstelleritis, fratsen** • *faire des ~* je aanstellen, fratsen uithalen
simiesque BN **aapachtig, apen-**
similaire BN **gelijksoortig, soortgelijk**
similarité ZN V **gelijksoortigheid, gelijkenis**
simili ZN M **imitatie, namaak**
similicuir ZN M **kunstleer**
similitude ZN V **gelijkenis, overeenkomst, gelijkvormigheid**
simple 1 BN **1 eenvoudig, simpel, gewoon** • *des gens ~s* heel gewone mensen • *c'est ~ comme bonjour* het is doodeenvoudig • *c'est tout ~ à faire* dat is een koud kunstje • *une ~ lettre lui ferait plaisir* een simpele brief zou hem al plezier doen • *ce n'est pas si ~ que ça* zo eenvoudig is dat niet • IRON. *pourquoi faire ~ quand on peut faire compliqué!* waarom zou je het makkelijk doen als het ook moeilijk kan? **2 onnozel** • *être ~ d'esprit* eenvoudig van geest zijn, niet helemaal goed wijs zijn **3 enkel, niet samengesteld** • *l'oxygène est un corps ~* zuurstof

is een chemisch element • *un aller ~* enkele reis **4** • IRON. *être dans le plus ~ appareil* in adamskostuum zijn, naakt zijn **2** ZN M SPORT **enkelspel** • *jouer la finale du ~ messieurs* in de finale van het herenenkelspel spelen

simplement BW **1 eenvoudig(weg)** • *ils nous ont reçu très ~* ze hebben ons heel eenvoudig ontvangen • *tout ~* doodsimpel **2 enkel, zonder meer** • *je voulais ~ vous dire que...* ik wilde alleen maar zeggen dat...

simplet BN (V simplette), **simpeltjes, dommig, onnozel**

simplicité ZN V **eenvoud, eenvoudigheid** • *la ~ du fonctionnement d'une machine* de eenvoudige werking van een machine • *en toute ~* in alle eenvoud

simplificateur BN (V simplificatrice), **vereenvoudigend**

simplification ZN V **vereenvoudiging, simplificatie**

simplifier OV WW **vereenvoudigen, simplificeren** • *pour ~, on peut dire que la situation est mauvaise* om kort te gaan kunnen we zeggen dat de toestand niet best is

simpliste 1 BN **simplistisch** • *un raisonnement ~* eenzijdige redenering **2** ZN M/V **iemand die eenzijdig redeneert, simplist**

simulacre ZN M **schijnbeeld, nabootsing** • *un ~ de procès* schijnproces

simulateur TECHN. ZN M **simulator**

simulation ZN V **simulatie, (het) doen alsof**

simuler OV WW **voorwenden, fingeren, simuleren** • *~ un malaise* doen alsof je onwel bent • *une joie non simulée* ongeveinsde / oprechte blijheid

simultané BN **gelijktijdig** • *traduction simultanée* simultaanvertaling

simultanéité ZN V **gelijktijdigheid** • *la ~ de deux événements* samenloop van twee gebeurtenissen

simultanément BW **gelijktijdig**

sincère BN **oprecht, eerlijk, echt** • *des paroles sincères* welgemeende woorden • *un repentir ~* oprecht berouw • *être ~* het eerlijk menen

sincérité ZN V **oprechtheid** • *il a agi en toute ~* hij heeft het in alle eerlijkheid / openheid gedaan

sinécure ZN V **sinecure** • INFORM. *travailler avec ce patron, ce n'est pas une ~* bij die baas werken, dat valt niet mee

singe ZN M **1 aap** • *être malin comme un ~* zo glad als een aal zijn **2 na-aper** • *faire le ~* de pias uithangen

singer OV WW **na-apen**

singerie ZN V **1 aperij, malle fratsen, na-aperij** • *arrête ces ~s, tu veux!* hou eens op met die aanstellerij! **2 apenkooi**

single ZN M **single** <plaat>

singulariser WKD WW **(se ~) zich (van anderen) onderscheiden, opvallen** • *se ~ en refusant qc* opvallen door iets te weigeren

singularité ZN V **bijzonderheid, eigenaardigheid**

singulier 1 BN (V singulière), **zonderling, eigenaardig, bijzonder** • *il a une façon singulière de prononcer les 'r'* hij spreekt de 'r' eigenaardig uit **2** ZN M **enkelvoud** • *au ~* in het enkelvoud

singulièrement BW **(in het) bijzonder** • *cela complique ~ nos rapports* dat maakt onze betrekkingen wel erg moeilijk

sinistre 1 BN **1 sinister, somber, onheilspellend** • *ils habitent un quartier ~* ze wonen in een naargeestige wijk **2** FORM. **boosaardig, snood** • *un personnage à la mine ~* iemand met een onguur uiterlijk **2** ZN M **1 (natuur)ramp, onheil** • *le ~ a finalement été maîtrisé* ze zijn de brand eindelijk meester **2** JUR. **(verzekerde) schade** • *déclarer un ~ à son assurance* een schadegeval bij de verzekering melden

sinistré 1 BN **door een ramp getroffen, geteisterd** • *une zone sinistrée* rampgebied **2** ZN M (V sinistrée), **slachtoffer** <van ramp> • *l'aide aux sinistrés* slachtofferhulp

sinistrose INFORM. ZN V **doemdenken, zwartkijkerij**

sinon VOEGW **1 zo niet, anders** • *que faire, ~ attendre?* wat kan ik anders doen dan wachten? **2 behalve** • *je ne peux rien vous dire ~ qu'il ne viendra pas* ik kan u niets zeggen, behalve dat hij niet komt

sinueux BN (V sinueuse), **bochtig, kronkel-,** FIG. **slinks** • *des ruelles sinueuses* kronkelstraatjes • *un raisonnement ~* kronkelredenering

sinuosité ZN V **bocht, kronkeling**

sinusite ZN V **bijholteontsteking, sinusitis**

sionisme ZN M **zionisme**

sioniste 1 BN **zionistisch 2** ZN M/V **zionist**

siphon ZN M **1 sifon 2 hevel**

siphonné INFORM. BN **mesjogge** • *un type complètement ~* volkomen geschifte vent

sirène ZN V **1 sirene** <toestel> • *une ~ d'alarme* alarmsirene **2 sirene, meermin**

sirocco ZN M **sirocco**

sirop "-roo" ZN M **1 siroop, stroop** • *du ~ d'érable* ahornsiroop • *un ~ pour / contre la toux* hoestdrankje, hoestsiroop • *~ de pommes* appelstroop **2 limonadesiroop** • *~ de grenadine* (soort) rode limonade

siroter INFORM. OV WW **nippen van** • *~ son café* je koffie lurken

sirupeux BN (V sirupeuse) **1 stroopachtig 2 zoetelijk,** FIG. **klef**

sismique BN **seismisch, aardbevings-** • *des secousses ~s* aardschokken

sismographe ZN M **seismograaf**

sismologie ZN V **seismologie**

site ZN M **1 plaats** <met zekere bestemming>, **terrein, locatie, landschap** • *un ~ classé / protégé* beschermd (natuur)monument • *un ~ industriel* industrieterrein • *un ~ archéologique* archeologische vindplaats, opgravingsterrein **2 site** <internet> • *un ~ Web* website • *consulter un ~* een site bezoeken

sitôt BW **zodra** • *~ assis, il s'est mis à parler* zodra hij zat, begon hij te praten • *~ dit, ~ fait* zo gezegd,

si

zo gedaan • *je ne la reverrai pas de ~* ik zal haar voorlopig niet meer zien, ik zal haar niet zo gauw meer zien • *sitôt que* zodra

sitôt que VOEGW zodra

situation ZN V **1** toestand, situatie, staat • *la ~ de famille de qn* iemands gezinsomstandigheden • *la ~ économique d'un pays* de economische toestand van een land • *être dans une ~ précaire / de précarité* in een zorgelijke toestand verkeren • *il est l'homme de la ~* hij is de juiste man op het juiste moment • *il est ici en ~ irrégulière* hij is hier illegaal **2** betrekking, werkkring • *avoir une bonne ~* een goede baan hebben **3** ligging <van huis enz.>

situé BN gelegen • *être bien / mal ~* gunstig / ongunstig gelegen zijn

situer **1** OV WW situeren, FIG. plaatsen **2** WKD WW **(se ~)** **1** gelegen zijn, zich bevinden **2** zich afspelen • *ça se situe au début du dix-neuvième siècle* het speelt zich af aan het begin van de negentiende eeuw

six "sies; sie (voor medekl.), siez (voor klinker)" **1** TELW zes → **quatre** **2** ZN M/V **1** zes • *la / le ~* (nummer) zes <bus, tram, kamer, tafel, tv-net> **2** O&W drie <schoolcijfer> → **quatre**

sixième **1** TELW zesde → **quatrième** **2** ZN V zesde, zesde deel **3** ZN V O&W eerste klas van het middelbaar onderwijs • *en sixième* in de eerste klas

sixièmement BW ten zesde

sixte MUZ. ZN V sext

Skaï® ZN M skai • *un blouson en Skaï* kunstleren jack

skateboard, skate ZN M skateboard • *faire du ~* skateboarden

sketch ZN M (MV sketch(e)s), sketch

ski ZN M **1** ski • *en ~* op (de) ski's **2** (het) skiën • *une piste de ~* skipiste • *une station de ~* wintersportplaats • *du ~ de fond* het langlaufen • *le ~ alpin* het alpineskiën • *faire du ~ nautique* waterskiën • *faire du ski acrobatique* freestyleskiën • *faire du saut à ski* schansspringen • INFORM. *aller au ~* gaan skiën, naar de wintersport gaan

skiable BN ski-, geschikt om te skiën

skier ONOV WW skiën

skieur ZN M (V skieuse), skiër • *un skieur nautique* waterskiër • *une skieuse de fond* langlaufster

skinny BN skinny, nauwsluitend • *un jeans skinny* skinny spijkerbroek

skipper "skipeur" ZN M schipper <van een jacht>

slalom ZN M slalom • *le slalom géant* reuzenslalom

slalomer ONOV WW slalommen • *le cycliste slalome entre les voitures aux heures de pointe* de fietser zigzagt tijdens het spitsuur tussen de auto's door

slalomeur ZN M (V slalomeuse), slalomskiër

slave BN Slavisch

slaviste ZN M/V slavist

slim BN skinny, nauwsluitend • *un jeans slim* skinny spijkerbroek

slip ZN M slipje, onderbroek(je) • *un ~ de bain* zwembroek

slogan ZN M slogan, slagzin, leus • *des ~s publicitaires* reclameleuzen • *scander des ~s* slogans scanderen / schreeuwen, spreekkoren aanheffen

slovaque **1** BN Slowaaks **2** ZN M (het) Slowaaks

Slovaquie ZN V Slowakije

slovène **1** BN Sloveens **2** ZN M (het) Sloveens

slow ZN M • *danser un ~* slowen

smala, smalah INFORM. ZN V hele familie • *il se déplace toujours avec sa ~* hij heeft zijn hele aanhang altijd bij zich

smash "smatsj" ZN M (MV smash(e)s) <tennis> smash • *faire un ~* smashen

smasher ONOV WW smashen

S.M.I.C., smic AFK salaire minimum interprofessionnel de croissance m (wettelijk) minimumloon

smicard INFORM. ZN M (V smicarde), minimumloner <in Frankrijk>, minimumlijder

smoking ZN M smoking

SMS AFK short message service m sms(-bericht) • *envoyer un / des SMS* sms'en

snack-bar, snack ZN M (MV snack-bars), snackbar

S.N.C.F. AFK Société nationale des chemins de fer français V Franse Spoorwegen

sniffer, snifer INFORM. OV WW snuiven <van drugs>

sniper "snajpeur" ZN M sluipschutter

snob **1** BN onver. snobistisch **2** ZN M/V snob

snober OV WW FIG. neerkijken op, hooghartig afwijzen, negeren • *~ qn qui vient de province* uit de hoogte doen tegen iemand omdat hij uit de provincie komt

snobinard INFORM. BN nogal snobistisch

snobisme ZN M snobisme

snowboard ZN M snowboard

soap INFORM. ZN M soap

sobre BN **1** sober, karig • *un style / une maison ~* sobere stijl / eenvoudig huis **2** matig <met drinken, eten> • *être ~ au volant* niet drinken als je moet rijden

sobriété ZN V matigheid, soberheid • *la ~ d'une église* de eenvoud van een kerk

sobriquet ZN M bijnaam, spotnaam

sociabilité ZN V gezelligheid (in de omgang)

sociable BN gezellig (in de omgang), sociabel

social **1** BN (M MV sociaux) **1** sociaal, maatschappelijk • *un assistant ~* maatschappelijk werker • *la vie ~e* het maatschappelijk leven • *les sciences ~es* sociale wetenschappen • *les travailleurs sociaux* maatschappelijk werkers • *un plan ~ (d'accompagnement)* afvloeiingsplan • *obtenir un logement ~* een woningwetwoning krijgen, een goedkope huurflat krijgen • *avoir des avantages sociaux* secundaire arbeidsvoorwaarden genieten • *combattre les inégalités ~es* maatschappelijke ongelijkheid bestrijden **2** een firma betreffend • *le siège ~ d'une entreprise* hoofdkantoor van een bedrijf • *la raison ~e* firmanaam **2** ZN M (behartiging van) sociale kwesties

social-démocrate **1** BN sociaaldemocratisch **2** ZN M/V (MV sociaux-démocrates), sociaaldemocraat

socialisation ZN V socialisatie
socialiser OV WW socialiseren
socialisme ZN M socialisme
socialiste **1** BN socialistisch • *un régime ~* socialistisch bewind **2** ZN M/V socialist
sociétaire ZN M/V lid <van vereniging>, vennoot
sociétal BN (M MV sociétaux), maatschappelijk, maatschappij-
société ZN V **1** maatschappij, samenleving • *la ~ civile* burgermaatschappij • *la ~ d'abondance* welvaartsmaatschappij • *animaux qui vivent en ~* dieren die in groepen leven, sociale dieren **2** vereniging, genootschap • *la ~ protectrice des animaux (S.P.A.)* de Dierenbescherming • *la Société des Nations (SDN)* de Volkerenbond • *une ~ savante* geleerd genootschap **3** JUR., ECON. (handels) maatschappij, vennootschap, onderneming • *une ~ anonyme (S.A.)* naamloze vennootschap • *une ~ à responsabilité limitée (S.A.R.L.)* ≈ besloten vennootschap • *une ~ en nom collectif* vennootschap onder firma • *une ~ de transport* transportonderneming • *créer sa propre ~* zelf een bedrijf beginnen **4** gezelschap • *un jeu de ~* gezelschapsspel • *fréquenter la haute ~* in de betere kringen verkeren • *il est reçu dans la bonne ~* hij beweegt zich in goede kringen
socioculturel BN (V socioculturelle), sociaal-cultureel
socio-économique BN sociaaleconomisch
sociologie ZN V sociologie
sociologique BN sociologisch
sociologue ZN M/V socioloog
socioprofessionnel BN (V socioprofessionnelle) • *une catégorie ~le* sociale beroepsgroep
socle ZN M voetstuk, sokkel
socquette ZN V sokje
soda ZN M gazeuse, sodawater, mineraalwater met prik • *du ~ à l'orange* sinas
sodium "sodjom" ZN M natrium
sodomie ZN V sodomie, anale seks
sodomiser OV WW anale seks hebben met
sœur ZN V **1** zus • *une ~ ainée* oudere / oudste zus • *une ~ cadette* jongere / jongste zus • IRON. *trouver l'âme ~* een zielsverwant vinden • INFORM., IRON. *et ta sœur!* je zuster!, je grootje! **2** REL. zuster • *les sœurs de charité* zusters van liefde, non-verpleegsters • INFORM. *une bonne ~* non(netje)
sœurette INFORM. ZN V zusje
sofa ZN M sofa, (rust)bank
soi PERS VNW zich(zelf) • *la confiance en ~* zelfvertrouwen • *être bien chez ~* het thuis naar je zin hebben, je thuis voelen • *en ~, les choses vont bien* op zich gaat alles goed • *cela va de ~* dat spreekt vanzelf • *être hors de ~* buiten jezelf zijn (van woede) • *avoir ses papiers sur ~* je papieren bij je hebben
soi-disant BN onver. zogenaamd • *il était ~ malade* hij was zogenaamd ziek
soie ZN V **1** zijde • *la ~ sauvage* wilde zijde, natuurzijde • *une écharpe en / de ~* zijden sjaal • *du papier de ~* zijdepapier **2** borstel(haar) <van varken>
soient WW présent subj. → **être**
soierie ZN V **1** zijden stof **2** zijdehandel
soif ZN V **1** dorst • *avoir ~* dorst hebben • *donner ~* dorstig maken • OOK FIG. *mourir de ~* sterven / vergaan van de dorst **2** FIG. dorst (de naar) • *la ~ de vengeance* wraakzucht • *la ~ du pouvoir* honger naar macht • *avoir ~ d'indépendance* hunkeren naar onafhankelijkheid • *la ~ de l'or* dorst naar goud • *rester sur sa ~* nog dorst hebben, FIG. niet aan je trekken komen
soiffard INFORM. ZN M (V soiffarde), zuipschuit
soignant BN verzorgend
soigné BN goed verzorgd • *un travail très ~* keurig werk
soigner **1** OV WW **1** zorgen voor, verzorgen • *une personne soignée* verzorgd uitziend persoon **2** verplegen, behandelen • *soigne ta grippe!* doe wat aan je griep! • *il faut ~ ça!* je moet er wat aan laten doen! • *être soigné par le docteur Dubois* patiënt zijn van dokter Dubois **2** WKD WW (se ~) **1** zorg dragen voor zijn gezondheid • *soigne-toi!* denk aan je gezondheid! • *se ~ avec des médicaments* medicijnen gebruiken • INFORM. *l'ignorance, ça se soigne!* onwetendheid, daar kan je wat aan doen! **2** zich soigneren
soigneur SPORT ZN M verzorger, soigneur
soigneusement BW zorgvuldig, met zorg
soigneux BN (V soigneuse), zorgzaam, zorgvuldig, net(jes) <van persoon> • *elle n'est pas soigneuse avec ses affaires* ze is niet netjes op haar spullen
soin **1** ZN M zorg, zorgvuldigheid • *prendre ~ de qn* voor iemand zorgen • *prendre ~ des enfants* voor de kinderen zorgen • *elle fait tout avec ~* ze doet alles met zorg • *apporter beaucoup de ~ à sa toilette* veel zorg besteden aan je kleding **2** ZN M MV **1** verzorging • *les ~s du ménage* huishoudelijk werk • *les ~s du corps* lichaamsverzorging • *être aux petits ~s pour qn* vol attenties zijn voor iemand, iemand met zorg omringen **2** behandeling • *une feuille de ~s* ≈ ziektekostenformulier, doktersattest • *service des ~s intensifs* (afdeling) intensive care • *recevoir les premiers ~s* eerste hulp krijgen • *faute de ~s, son état empire* bij gebrek aan behandeling gaat zijn toestand achteruit
soir ZN M avond • *travailler du matin au ~* de godganse dag werken • *aller à la piscine tous les dimanches ~* elke zondagavond naar het zwembad gaan • *lundi ~* maandagavond • *à sept heures du ~* om zeven uur 's avonds • *ce ~* vanavond • *le ~* 's avonds • *à ce ~!* tot vanavond! • *un ~* op een avond
soirée ZN V **1** avond • *une ~ d'été accablante* een zwoele zomeravond • *passe une bonne soirée!* fijne / prettige avond! • *passez dans la soirée!* kom in de loop van de avond langs • *aller au théâtre en ~* 's avonds naar de schouwburg gaan • *en début de ~* in de vooravond **2** avondje, feestje, soiree • *une ~ conviviale / agréable* een gezellig avondje • *une ~ mondaine* een exclusief feestje • *une robe de ~*

avondjurk • *organiser une ~ chez soi* een avondje (bij je thuis) organiseren
sois WW geb. wijs/subj. → **être**
soit **1** BW **het zij zo** • *~, nous viendrons te chercher à l'aéroport!* nou goed dan, we halen je op het vliegveld op **2** VOEGW **1** **hetzij, of** • *~ tu viens, ~ tu montes te coucher* of je komt, of je gaat nu naar bed **2** **dat wil zeggen, te weten** **3** WISK. **stel, gegeven** • *~ un triangle isocèle* gegeven een gelijkbenige driehoek **3** WW présent subj. → **être**
soixantaine ZN V **1** **zestigtal** • *une ~ de blessés* zo'n zestig gewonden **2** **zestigjarige leeftijd** • *approcher de la ~* tegen de zestig lopen
soixante **1** TELW **zestig** • *~ et un* eenenzestig • *~ et onze* eenenzeventig → **quarante** **2** ZN M/V **zestig** • *la / le ~* (nummer) zestig <bus, snelweg, kamer, tafel, tv-net>
soixante-dix **1** TELW **zeventig** → **quarante** **2** ZN M/V **zeventig** • *la / le ~* (nummer) zeventig <bus, snelweg, kamer, tafel, tv-net>
soixante-dixième **1** TELW **zeventigste** → **quatrième** **2** ZN M **zeventigste, zeventigste deel**
soixante-huitard INFORM. ZN M **(linksige) zestigerjarenfiguur** <product van 1968> • *un ~ attardé* overjarige revolutionair / alternatieveling
soixantième **1** TELW **zestigste** → **quatrième** **2** ZN M **zestigste, zestigste deel**
soja ZN M **soja** • *des germes de ~* taugé
sol ZN M **1** **bodem, grond** • *un ~ argileux* kleigrond • *le droit du ~* recht op staatsburgerschap in het geboorteland **2** **vloer** • *un matelas posé à même le ~* matras dat op de grond ligt • *nettoyer le ~ de la salle de bain* de badkamervloer schoonmaken • *faire des exercices au ~* grondoefeningen houden **3** MUZ. **sol, g**
solaire **1** BN **zonne-** • *l'énergie ~* zonne-energie • *le système ~* zonnestelsel • *une crème ~* zonnebrandcrème • *les rayons ~s* zonnestralen • *installer un capteur ~ sur le toit (d'une maison)* een zonnepaneel op het dak bevestigen **2** ZN M **zonne-energie** • *développer le ~* het gebruik van zonne-energie ontwikkelen
solarium ZN M **solarium, zonnebank**
soldat ZN M **soldaat, militair** • *un simple ~* gewoon soldaat • INFORM. *jouer au petit ~* soldaatje spelen
solde **1** ZN M **1** vaak mv **uitverkoop, restantopruiming** • *des chaussures en ~* schoenen in de uitverkoop, afgeprijsde schoenen • *les ~s d'hiver* winteruitverkoop • INFORM. *faire les ~s* winkelen tijdens de uitverkoop **2** **saldo** • *le ~ débiteur* debetsaldo, nadelig saldo **2** ZN V **soldij** • MIN. *être à la ~ de qn* ingehuurd zijn door iemand, betaald worden door iemand
solder **1** OV WW **1** **uitverkopen, opruimen** • *~ les vêtements d'hiver* de winterkleding in de uitverkoop doen **2** **salderen** <van rekening>, **afsluiten** • *~ un compte bancaire* een bankrekening sluiten **2** WKD WW **(se ~) par uitlopen op** • *tous ses essais se sont soldés par des échecs* al zijn pogingen zijn op niets uitgelopen • *se ~ par un excédent* een voordelig saldo aanwijzen
sole ZN V **tong** <vis>
soleil ZN M **zon** • *un ~ pâle* waterig zonnetje • *le coucher du ~* zonsondergang • *un bain de ~* zonnebad, het zonnen • *une éclipse du ~* zonsverduistering • *des lunettes de ~* zonnebril • *il fait ~ / il y a du ~* de zon schijnt, het is zonnig • *attraper un coup de ~* een zonnesteek oplopen • *se protéger du ~* je tegen de zon / het zonlicht beschermen • FIG. *se faire une place au ~* een plaatsje onder de zon zoeken • FIG. *elle est notre rayon de ~* zij is het zonnetje in huis • *il n'y a rien de nouveau sous le ~* er is niets nieuws onder de zon • *au ~* in de zonneschijn, in de zon
solennel "-anel" BN (V solennelle), **plechtig, (plecht)statig** • *la communion ~le* plechtige communie
solennellement "-anel-" BW **plechtig** • *promettre ~ de faire qc* plechtig beloven iets te doen
solennité "-anie-" ZN V **plechtigheid**
solfège ZN M **solfège, zangoefening op noten**
solidaire BN **1** **solidair** • *se sentir ~ de qn* je solidair met iemand voelen **2** **(onderling) verbonden** • *des mécanismes ~s l'un de l'autre* met elkaar in verbinding staande mechanismen
solidariser WKD WW **(se ~) zich solidair verklaren (avec** met**)**
solidarité ZN V **1** **solidariteit** • *faire appel à la ~ de tout le pays* een beroep doen op de solidariteit van het hele land • *ils ont ramassé de l'argent par ~ avec les grévistes* ze hebben geld bijeengebracht uit solidariteit met de stakers **2** **verbondenheid** • *la ~ professionnelle* saamhorigheid binnen een beroepsgroep
solide **1** BN **1** **stevig, solide, sterk, hecht, degelijk** • *une ~ amitié* hechte vriendschap • *un ~ gaillard* stevige bink • *des liens ~s les unissent* er zijn hechte banden tussen hen • *n'être pas très ~ sur ses jambes* niet zo stevig op je benen staan • *ces arguments ne sont pas très ~s* die argumenten zijn niet erg sterk **2** **vast** <niet vloeibaar> • *ne pas pouvoir avaler de nourriture ~* geen vast voedsel tot je kunnen nemen **2** ZN M **vast lichaam** • INFORM. *leur relation, c'est du ~* hun relatie zit gebeiteld
solidification ZN V **(het) vast worden, stolling**
solidifier **1** OV WW **doen stollen** **2** WKD WW **(se ~) vast worden, stollen** • *la cire est en train de se ~* de was is hard aan het worden
solidité ZN V **1** **stevigheid, hechtheid** • *vérifier la ~ d'une construction* de stevigheid van een constructie controleren **2** **duurzaamheid, degelijkheid**
soliloque ZN M **(het) in zichzelf praten, alleenspraak**
soliloquer ONOV WW **in zichzelf praten**
soliste ZN M/V **solist**
solitaire **1** BN **1** **solitair (levend), eenzaam, eenzelvig** • *un navigateur ~* solozeiler • *une vie ~* teruggetrokken leven, kluizenaarsbestaan **2** **verlaten** • *un lieu ~* afgelegen plek **2** ZN

SO

M/V solitair wezen, eenling, kluizenaar • *la traversée de l'Atlantique en ~* solo-oversteek van de Atlantische Oceaan **3** ZN M **1** solitair <diamant> **2** solitair <spel>

solitude ZN V eenzaamheid, verlatenheid • *se réfugier dans la ~* je terugtrekken in de eenzaamheid • *troubler la ~ de qn* iemands rust verstoren

solive ZN V draagbalk, plafondbalk, bint

sollicitation ZN V (dringend) verzoek

solliciter OV WW **1** formeel verzoeken, een beroep doen op • *~ une faveur de qn* iemand om een gunst vragen • *il est très sollicité depuis sa nomination* sinds zijn benoeming is hij een veelgevraagd man **2** aansporen, (op)wekken • *la publicité nous sollicite sans arrêt* de reclame brengt ons voortdurend in verleiding

solliciteur ZN M (V solliciteuse), verzoeker

sollicitude ZN V zorg(zaamheid), (liefderijke) aandacht

solo MUZ., DANS ZN M solo • *un ~ de piano* pianosolo • *un spectacle ~* onemanshow • *jouer en ~* soleren

solstice ZN M zonnewende <langste of kortste dag>

soluble BN oplosbaar, oplos- • *du café ~* oploskoffie • *être ~ dans l'eau* oplosbaar zijn in water • *un problème facilement ~* makkelijk oplosbaar probleem

solution ZN V oplossing • *une ~ miracle* wondermiddel • *trouver une ~* er iets op verzinnen • *apporter une ~ à un problème* een oplossing voor een probleem aandragen, uitkomst bieden • GESCH. *la ~ finale* de Endlösung • MED. *une ~ de continuité* onderbreking • *il opte toujours pour la ~ de facilité* hij kiest altijd de weg van de minste weerstand

solutionner INFORM. OV WW oplossen <van vraagstuk, probleem>

solvabilité ZN V solvabiliteit

solvable BN solvabel

solvant ZN M oplosmiddel

somatique PSYCH. BN somatisch, lichamelijk

sombre **1** BN **1** donker, OOK FIG. duister • *porter des vêtements ~s* donkere kleren dragen **2** somber, triest, akelig • *un avenir ~* duistere / sombere toekomst **2** BW donker • *il fait ~* het is donker

sombrer ONOV WW **1** SCHEEPV. vergaan **2** FIG. wegzinken, vervallen • *~ dans le désespoir* tot wanhoop vervallen • *~ dans la folie* waanzinnig worden

sommaire **1** BN **1** beknopt, summier, sober(tjes) • *le compte rendu ~ d'une réunion* beknopt verslag van een vergadering **2** snel (en oppervlakkig), direct (gedaan) • *une exécution ~* parate / standrechtelijke executie **2** ZN M inhoudsopgave, korte inhoud

sommation ZN V sommatie • *les ~s d'usage* de gebruikelijke aanmaningen • *ils ont tiré sans ~* ze schoten zonder voorafgaande waarschuwing

somme **1** ZN V totaal, som • *elle fournit une ~ de travail importante* zij verzet heel wat werk • *mettre une grosse ~ de côté* een flink bedrag opzijleggen • *une jolie / coquette petite ~* een aardig bedrag • *en ~ / ~ toute* alles bij elkaar genomen, al met al, kortom **2** ZN M slaap(je) • *faire un petit ~* een dutje doen

sommeil ZN M slaap • *avoir ~* slaap hebben • *tomber de ~* omvallen van de slaap • *avoir le ~ profond* vast slapen • *succombé au ~* door slaap overmand • FIG. *mettre un projet en ~* een plan voorlopig laten rusten, een plan in de ijskast zetten

sommeiller ONOV WW **1** dutten, OOK FIG. sluimeren **2** snoozen

sommelier ZN M (V sommelière), wijnkelner, sommelier

sommer OV WW sommeren, aanmanen, bevelen • *on l'a sommé de dire tout ce qu'il sait* ze zeiden dat hij alles moest zeggen wat hij weet

sommes WW présent → **être**

sommet ZN M OOK FIG. top, toppunt • *le ~ d'un arbre / d'une montagne* kruin van een boom / top van een berg • *une conférence au ~* top(conferentie) • FIG. *être au ~ de sa gloire* op het toppunt van je roem zijn

sommier ZN M bedbodem • *un ~ à ressorts / à lattes* springbox / lattenbodem

sommité ZN V kopstuk

somnambule ZN M/V slaapwandelaar

somnambulisme ZN M (het) slaapwandelen

somnifère ZN M slaapmiddel

somnolence ZN V **1** slaperigheid, soezerigheid **2** FIG. traagheid, sloomheid

somnolent BN **1** slaperig, soezerig **2** sloom, FIG. sluimerend • *une petite ville ~e* slaperig stadje

somnoler ONOV WW dommelen, soezen • FIG. *une ville qui somnole* slaperige stad

somptuaire BN overmatig, overbodig, luxe-

somptueux BN (V somptueuse), weelderig, prachtig • *une maison somptueuse* luxueus huis • *un repas ~* overdadige maaltijd

somptuosité ZN V pracht, weelde, luxe • *la ~ d'une soirée* pracht en praal van een feest

son **1** BEZ VNW (V sa, MV ses), zijn, haar • *~ livre* zijn / haar boek • *chacun ~ tour* ieder op zijn beurt **2** ZN M **1** klank, toon, geluid • *des sons aigus / graves* hoge / lage tonen • *monter / baisser le ~* het geluid harder / zachter zetten • *un ~ de cloche* klokgelui • *la vitesse du ~* de snelheid van het geluid • *une prise de ~* geluidsopname • *un ingénieur du son / un preneur de ~* geluidstechnicus • *un spectacle ~ et lumière* klank- en lichtspel • *c'est un tout autre ~ de cloche* dat is een heel ander geluid <mening> **2** zemelen

sonar ZN M sonar

sonate ZN V sonate

sonatine ZN V sonatine

sondage ZN M **1** peiling, sondering, proefboring **2** enquête, peiling, steekproef • *un ~ d'opinion* opinieonderzoek • *faire un ~* een peiling doen

sonde ZN V **1** MED. sonde, katheter • *une ~ urinaire* blaaskatheter **2** (proef-, grond)boor **3** (diepte) peiling **4** sonde • *une ~ spatiale* ruimtesonde

sonder OV WW **1** OOK FIG. peilen, sonderen • *~ les grands fonds* diepzeeonderzoek doen **2** polsen

sondeur ZN M (V sondeuse), (opinie)peiler

songe FORM. ZN M droom • *~s et mensonges* dromen zijn bedrog

SO

songer ONOV WW **denken** • *~ à se marier* erover denken te gaan trouwen • *vous n'y songez pas!* dat meent u toch niet!
songeur BN (V songeuse), **mijmerend, peinzend**
sonique BN **geluids-, sonisch**
sonnant BN **klinkend, slaand** <van uurwerk> • *à minuit ~* klokslag middernacht
sonné BN **1 na klokslag** • *il est midi ~* het is al over twaalven ('s middags) • *il a cinquante ans bien sonnés* hij is ruim over de vijftig, hij is een goede vijftiger **2** INFORM. **gek, getikt 3** INFORM. **neergeslagen** <van bokser>, **groggy, versuft**
sonner 1 ONOV WW **1 luiden, (weer)klinken, rinkelen, slaan** <van uurwerk> • *les cloches sonnent* de klokken luiden • *trois heures sonnent* de klok slaat drie uur • *le réveil sonne* de wekker loopt af • *le téléphone n'en finit pas de ~* de telefoon blijft maar rinkelen • FIG. *une phrase qui sonne bien* een zin die goed klinkt • FIG. *~ creux* hol klinken **2 (aan)bellen** • *~ chez qn* (bij iemand) aanbellen • *on sonne* de bel gaat, er wordt gebeld **2** OV WW **1 luiden** • INFORM. *se faire ~ les cloches* een uitbrander krijgen **2 bellen** • *~ l'alarme* alarm slaan • INFORM. *on (ne) t'a pas sonné!* er is niet naar je mening gevraagd!
sonnerie ZN V **(klok)gelui, gerinkel, beltoon, geschal** <van hoorn, trompet> • *la ~ du téléphone* het rinkelen / de beltoon van de telefoon
sonnet ZN M **sonnet**
sonnette ZN V **bel(letje)** • *la ~ d'un vélo* fietsbel • *la ~ d'une porte* deurbel • *appuyer sur la ~* op de bel drukken • FIG. *tirer la ~ d'alarme* aan de (alarm) bel trekken
sonneur ZN M **klokkenluider**
sono INFORM. ZN V sonorisation → **sonorisation**
sonore BN **1 klankrijk, (weer)klinkend, luid, sonoor** • *un baiser ~* klapzoen **2 geluids-** • *une bande ~* geluidsband • *un signal ~* geluidssignaal • *des effets ~s* geluidseffecten **3 gehorig** • *une pièce ~* gehorige kamer
sonorisation ZN V **1** A-V **(het) voorzien van geluid 2 geluidsinstallatie**
sonoriser OV WW A-V **van geluid voorzien**
sonorité ZN V **1 klankrijkheid, klank 2 akoestiek** <van ruimte>, **gehorigheid**
sonotone ZN M **gehooraparaat**
sont WW présent → **être**
sophistication ZN V **verfijndheid, raffinement, (technische) geavanceerdheid**
sophistiqué BN **1 verfijnd, geraffineerd** • *un esprit ~* verfijnde geest **2 technisch verfijnd, complex** • *un matériel très ~* (technisch) heel geavanceerd materiaal, hoogwaardig materiaal
soporifique 1 BN OOK FIG. **slaapverwekkend 2** ZN M **slaapmiddel**
soprano 1 ZN M (MV soprani), **sopraan(stem) 2** ZN M/V (MV soprani), **sopraan(zanger)**
sorbet ZN M **sorbet**
sorbetière ZN V **ijsmachine**
sorcellerie ZN V **hekserij, toverij**
sorcier 1 ZN M (V sorcière), **tovenaar, heks** • INFORM. *il ne faut pas être ~ pour savoir qu'il va perdre* een kind kan zien dat hij gaat verliezen • *je ne suis pas ~!* ik kan niet heksen! **2** BN (V sorcière) • INFORM. *ce n'est pas (bien) ~* daar is geen kunst aan, zo moeilijk is dat niet
sordide BN **1 vuil, vies, armzalig** • *une maison ~* vies huis **2 schandelijk, smerig, weerzinwekkend** • *un crime ~* lage misdaad
sornettes ZN V MV **kletspraatje(s)** • *raconter des ~* kletspraat verkopen
sort ZN M **1 lot** • *améliorer le ~ des pauvres* het lot van de armen verbeteren • *abandonner qn à son ~* iemand aan zijn lot overlaten • *on s'inquiète du ~ des sans-abri* het lot van de daklozen baart zorgen • *tirer au ~* loten • *le ~ est jeté* de teerling is geworpen, de beslissing is gevallen • INFORM. *faire un ~ à une bouteille de champagne* een fles champagne soldaat maken **2 betovering, beheksing** • *jeter un ~ à qn* iemand beheksen
sortable INFORM. BN **waarmee je voor de dag kan komen, toonbaar** • *cet enfant n'est pas ~* dat kind heeft geen manieren
sortant BN **aftredend, vertrekkend** • *la députée ~e ne se représentera pas* het aftredende / zittende Kamerlid stelt zich niet opnieuw verkiesbaar
sorte ZN V **1 soort** • *c'est une ~ de charlatan* het is een soort oplichter • *toutes ~s de gens étaient présents* er waren allerlei mensen • *rien de la ~* niets van dien aard, niets dergelijks **2 wijze, manier** • *je n'aime pas qu'on me traite de la ~* ik word niet graag zo behandeld • *on a fait en ~ que les enfants ne soient pas là* we hebben ervoor gezorgd dat de kinderen er niet zijn • *fais en ~ d'arriver à l'heure* zorg ervoor dat je op tijd bent • *en quelque ~* als het ware, in zekere zin
sortie ZN V **1 uitgang, uitrit, afrit** • *une ~ de secours* nooduitgang • *une porte de ~* (deur als) uitgang, FIG. uitweg • *la ~ de l'autoroute* afrit van de autoweg **2 (het) verlaten, (het) uitkomen** • *la ~ des bureaux* het uitgaan van de kantoren • *la ~ de prison* ontslag uit de gevangenis • *la ~ d'un livre / d'un film* het uitkomen van een boek / film • *aller chercher les enfants à la ~ de l'école* de kinderen bij het uitgaan van de school afhalen • *faire une ~ de route* van de weg afraken • *à la ~ de* bij het verlaten van, na afloop van **3 (het) uitgaan, uitstapje** • *une ~ en famille* gezinsuitje • *ce soir, nous sommes de ~* vanavond gaan we uit **4 uitvoer, uitgave** • *des ~s d'argent* uitgaven • *des ~s de devises* deviezenuitvoer **5** COMP. **output, uitvoer** • *faire une ~ papier* een printeruitdraai maken **6** SPORT • *la ~ du ballon* het uitgaan van de bal
sortilège ZN M **toverij, tovermiddel**
sortir 1 ONOV WW onregelmatig **1 naar buiten gaan / komen, uitkomen, weggaan, vertrekken** • *~ en courant* naar buiten rennen • *~ de chez soi* van huis gaan • *~ du lit* je bed uitkomen, opstaan • *~ de table* van tafel opstaan • *sortez d'ici!* eruit!, verdwijn! • *il faut faire ~ tout le monde* iedereen moet eruit • SPORT, INFORM. *se faire ~ au premier match* bij de eerste wedstrijd al uitgeschakeld worden • *d'où il sort? / d'où sort-il?* waar komt hij vandaan?, wat is

dat voor snuiter? • ~ *de la route* van de weg raken • ~ *se promener* uit wandelen gaan • *son nouveau livre vient de* ~ zijn nieuwe boek is zojuist verschenen • *la rivière est sortie de son lit* de rivier is buiten zijn oevers getreden • ~ *de l'ordinaire* ongewoon zijn, (heel) apart zijn • *elle sort d'une maladie* ze is pas hersteld • *Paul sort d'une grande école de design* Paul heeft een hogere designopleiding gevolgd • *j'avais rendez-vous avec lui, cela m'est sorti de la tête / de l'esprit!* ik had met hem afgesproken, maar dat is me ontschoten • FIG. ~ *de ses gonds* uit je vel springen • INFORM., FIG. *on n'est pas sorti de l'auberge!* we zijn nog niet uit de problemen, maak je borst maar nat! **2 (voor je genoegen) uitgaan** • ~ *en boîte / en disco* naar de disco gaan, gaan dansen • ~ *avec une fille* verkering hebben met een meisje • *ils sortent depuis longtemps ensemble* ze hebben allang verkering **2** OV WW onregelmatig **1 naar buiten brengen, voor de dag komen met, uitlaten** • ~ *la poubelle* de vuilnisbak buiten zetten • ~ *son chien* je hond uitlaten • ~ *son vélo de la remise* je fiets uit de stalling halen • ~ *les enfants le dimanche* zondags met de kinderen uitgaan • INFORM. *il ne sort que des conneries!* hij kraamt alleen maar flauwekul uit! • INF. *d'où sors-tu cet argent?* hoe kom je aan dat geld? **2 uitbrengen** <van nieuw product> • *on sort un nouveau film de Woody Allen* er komt een nieuwe film van Woody Allen uit **3 uit de nood helpen** • *on va le* ~ *d'affaire* we helpen hem wel uit de brand **3** WKD WW **(se ~)** onregelmatig **~ de zich redden uit** • *il ne s'en ~a pas* hij zal er niet uitkomen, hij zal het niet redden • *ils se sont très bien sortis de leurs problèmes* ze zijn heel goed uit hun problemen gekomen **4** ZN M FORM. • *au* ~ *de l'enfance...* aan het eind van de kinderjaren...

S.O.S. ZN M **SOS** • *S.O.S. médecins* medische alarmdienst, dokterstelefoon • *S.O.S. dépannage* hulpdienst voor pech onderweg • *S.O.S. racisme* antiracistische organisatie • OOK FIG. *lancer un SOS* een SOS-bericht uitzenden

sosie ZN M **dubbelganger**

sot 1 BN (V sotte), **dwaas, gek 2** ZN M (V sotte), **dwaas, zot, gek**

sottise ZN V **dwaasheid, domheid** • *j'ai eu la* ~ *de lui parler de Paul* ik ben zo dom geweest om met haar over Paul te praten

sottisier ZN M **verzameling domheden, blunderboek**

sou ZN M **stuiver, geld** • *une machine à sous* gokautomaat • *un bibelot de quatre sous* waardeloos prulletje • *être près de ses sous* op de centen zijn, zuinig zijn • *n'avoir pas un* ~ */ être sans le* ~ geen rooie cent hebben • *perdre jusqu'au dernier* ~ */ jusqu'à son dernier* ~ tot de laatste cent kwijtraken • *ça rapporte des sous* dat brengt geld in het laatje • *n'avoir pas pour un* ~ *de talent* geen greintje talent hebben • INFORM. *c'est une affaire de gros sous* het is een kwestie van geld • *être propre comme un* ~ *neuf* kraakhelder zijn

soubassement ZN M OOK FIG. **onderbouw, voetstuk**

soubresaut ZN M **onverwachte sprong**

souche ZN V **1 (boom)stronk, wortelstok** • FIG. *dormir comme une* ~ slapen als een roos **2** FIG. **stam, oorsprong** • *être Français de* ~ een geboren Fransman zijn • *de vieille* ~ uit een oude familie **3 scheurstrookje, souche**

souci ZN M **1 zorg, bezorgdheid** • *avoir des ~s financiers* geldzorgen hebben • *se faire du* ~ *pour qn* je ongerust / zorgen maken om iemand • *c'est bien le dernier / le cadet de mes ~s* dat zal mij een zorg zijn • *être sans ~s* onbezorgd zijn • INFORM. *y a pas de ~!* geen probleem! **2 goudsbloem**

soucier WKD WW **(se ~) de zich bekommeren om, zich bezorgd maken over** • *ne vous souciez de rien!* maakt u zich geen zorgen! • INFORM. *je me soucie de lui comme de ma première chemise* ik heb maling aan hem, hij interesseert me geen moer

soucieux BN (V soucieuse), **bezorgd, ongerust** • *être* ~ *de bien faire* eropuit zijn om goed te doen, het graag goed willen doen

soucoupe ZN V **schotel(tje)** • *une* ~ *volante* vliegende schotel

soudage ZN M **laswerk, soldering**

soudain 1 BW **plotseling** • *l'enfant s'est* ~ *mis à courir* het kind begon opeens te hollen **2** BN **plotseling** • *une ~e averse* plotselinge stortbui • *une mort ~e* onverwachte dood

soudainement BW **plotseling**

soudaineté ZN V **(het) plotselinge, onverwachtheid**

Soudan ZN M **Soedan** • *le Soudan du Sud* Zuid-Soedan

soudanais 1 ZN M **(het) Soedanees 2** BN **Soedanees**

Soudanais ZN M (V Soudanaise), **Soedanees**

soudard FORM. ZN M **ruwe vechtjas, houwdegen**

soude ZN V **soda, natron**

souder 1 OV WW **1 solderen, lassen 2 hecht samenvoegen** • *une équipe bien soudée* hecht team **2** WKD WW **(se ~) samengroeien**

soudeur ZN M (V soudeuse), **lasser, soldeerder**

soudeuse ZN V **lasapparaat**

soudoyer MIN. OV WW **omkopen, inhuren** • ~ *un témoin* een getuige omkopen

soudure ZN V **1 soldeersel, soldeerwerk, laswerk 2 hechte verbinding,** FIG. **overbrugging** • *faire la* ~ een periode overbruggen

souffert WW volt. deelw. → **souffrir**

soufflant BN INFORM. **adembenemend**

souffle ZN M **1 adem(haling)** • *être à bout de* ~ buiten adem zijn • *reprendre son* ~ weer op adem komen • *avoir le* ~ *court* kortademig zijn • *manquer de* ~ ademnood hebben • FIG. *trouver un second* ~ weer opleven • FIG. *un récit à vous couper le* ~ een adembenemend verhaal • FIG. *retenir son* ~ je adem inhouden • *jusqu'à son dernier* ~ tot zijn laatste ademtocht **2 inspiratie, bezieling** • *ce film manque de* ~ die film is niet erg geïnspireerd **3 windje, zuchtje** • *un* ~ *de vent* zuchtje wind **4** MED. • *un* ~ *au cœur* hartruis

soufflé 1 BN **1 opgeblazen, opgezwollen 2**

INFORM. **sprakeloos, paf** 2 ZN M CULIN **soufflé**
souffler 1 ONOV WW 1 **blazen** • ~ *sur ses doigts pour les réchauffer* in je handen blazen om ze warm te maken • *l'agent nous a demandé de ~ dans le ballon* de agent vroeg ons in het pijpje te blazen 2 **uitblazen, hijgen, snuiven** • *donnez-moi un moment pour ~* laat me even uitblazen 3 **waaien** • *le vent souffle* de wind waait • *il souffle un vent de révolte parmi les jeunes* er heerst een opstandige stemming onder de jongeren 2 OV WW 1 **blazen, aan- / op- / uit- / wegblazen** • ~ *ses bougies d'anniversaire* je verjaardagskaarsen uitblazen • ~ *le verre* glasblazen 2 **influisteren, souffleren, voorzeggen** • *elle ne souffle mot* ze zegt geen woord, ze is muisstil • ~ *qc à l'oreille de qn* iemand iets influisteren 3 INFORM. **voor de neus wegkapen** • *elle lui a soufflé son petit ami* ze heeft haar vriendje van haar afgepikt 4 INFORM. **paf doen staan** • *la nouvelle de son mariage nous a soufflés* we stonden versteld van het nieuws van zijn / haar huwelijk
soufflerie ZN V **blaaswerk, blaasbalg(en)**
soufflet ZN M 1 FORM. **klap in het gezicht** • FIG. *recevoir un ~* beledigd zijn 2 **balg, harmonica** <van trein>
souffleter FORM. OV WW **een klap in het gezicht geven**
souffleur ZN M (V souffleuse) TON. **souffleur** • *le trou du ~* souffleurshokje
souffrance ZN V **leed, lijden, pijn** • *abréger les ~s d'un animal* een dier uit zijn lijden verlossen
souffrant BN **ziek** • *il reste au lit, il est ~* hij is (een beetje) ziek en blijft in bed
souffre-douleur ZN M (MV souffre-douleur(s)), **mikpunt, zondebok, pispaaltje**
souffreteux BN (V souffreteuse), **ziekelijk, sukkelend**
souffrir 1 ONOV WW **lijden, pijn hebben, kwijnen** • ~ *du dos* rugklachten hebben • *elle souffre de l'estomac / du foie* ze heeft een maag- / leveraandoening • ~ *de malnutrition* aan ondervoeding lijden • *les petits commerces souffrent de la proximité du supermarché* de kleine winkeliers hebben te lijden van de nabijheid van de supermarkt 2 OV WW onregelmatig 1 **dulden, lijden** • ~ *le martyre* hevig lijden, door een hel gaan 2 **uitstaan, verdragen** • *je ne peux pas le ~* ik kan hem niet uitstaan • *il ne peut pas ~ que je refuse de sortir* hij kan het niet hebben dat ik niet uit wil gaan
soufre ZN M **zwavel**
souhait ZN M **wens** • *les ~s de bonne année* nieuwjaarswensen • *réaliser un ~* een wens vervullen • *à tes ~s!* gezondheid! <bij niezen>
souhaitable BN **wenselijk**
souhaiter OV WW **(toe)wensen** • ~ *la bonne année à qn* iemand gelukkig Nieuwjaar wensen • ~ *un joyeux anniversaire à qn* iemand gelukwensen met zijn verjaardag • ~ *la bienvenue à qn* iemand welkom heten • *il souhaite que vous veniez le voir* hij wil graag dat u hem komt opzoeken

SO

souiller OV WW **bevuilen**, OOK FIG. **bezoedelen**
souillon ZN V **slons, smeerpoets**
souillure FORM. ZN V **bezoedeling, smet** • *un tapis couvert de ~s* een kleed vol vlekken
souk ZN M 1 **soek** <overdekte markt> 2 INFORM. **zootje, troep** • *c'est le ~ dans cette chambre!* het is een troep in die kamer!
soûl 1 BN INFORM. **dronken, zat** 2 ZN M • *manger tout son ~* naar hartenlust eten
soulagement ZN M **verzachting, verlichting, opluchting** • *pousser un soupir de ~* een zucht van verlichting slaken • *ce médicament lui procure un ~* dat geneesmiddel geeft hem verlichting
soulager 1 OV WW **verzachten, verlichten, ontlasten, opluchten** • *amène-moi les enfants, cela te ~a* breng de kinderen bij mij, dat geeft je wat adem • *une crème qui soulage la douleur* zalf die de pijn verzacht • IRON. *le pickpocket l'a soulagé de mille euros* de zakkenroller heeft hem 1000 euro afhandig gemaakt 2 WKD WW **(se ~)** 1 **zich ontdoen (de van)** 2 **zijn hart luchten** • *se ~ en parlant* je hart luchten door te praten, je hart uitstorten 3 INFORM. **zijn behoeften doen**
soûlant BN **stomvervelend**
soûler 1 OV WW 1 INFORM. **dronken maken, zat voeren** 2 FIG. **bedwelmen, (hoorn)dol maken, vervelen** • *elle me soûle* ze kletst me de oren van m'n kop 2 WKD WW **(se ~)** INFORM. **zich bezatten** • *se ~ à la vodka* je bezatten aan wodka • *se ~ la gueule* zich bezatten
soûlerie INFORM. ZN V **zuiperij, zuippartij**
soulèvement ZN M **opstand, oproer** • *un ~ de la population contre l'envahisseur* opstand van de bevolking tegen de bezetter
soulever 1 OV WW 1 **(enigszins) optillen, opbeuren, omhoog doen gaan** • ~ *un enfant* een kind optillen • ~ *les rideaux* de gordijnen opendoen • ~ *la tête* het hoofd oprichten • FIG. *ce spectacle me soulève le cœur* ik word niet goed van dat schouwspel 2 **in beroering brengen, oproerig maken** • ~ *le peuple contre l'occupant* het volk tot opstand tegen de bezetter aanzetten 3 **opwekken** <van (heftige) gevoelens> • ~ *l'enthousiasme de la foule* de menigte tot enthousiasme brengen • ~ *des objections* bezwaren opwerpen • FIG. ~ *une question* een kwestie aan de orde stellen 2 WKD WW **(se ~)** OOK FIG. **zich verheffen** • *la population se soulève contre l'armée* de bevolking komt in verzet tegen het leger
soulier ZN M **schoen** • INFORM. *être dans ses petits ~s* in de knel zitten, niet op je gemak zijn
souligner OV WW OOK FIG. **onderstrepen** • *je tiens à ~ l'importance de ce discours* ik wil het belang van die toespraak benadrukken
soûlographie INFORM. ZN V **dronkenschap, zuiperij**
soumettre 1 OV WW onregelmatig 1 OOK FIG. **onderwerpen** • *des revenus soumis à l'impôt* belastbare inkomsten • ~ *un pays* een land onderwerpen 2 **voorleggen** <van plan, kwestie> • *le projet qu'on nous a soumis est intéressant* het aan ons

voorgelegde plan is interessant • *~ à l'approbation* ter goedkeuring voorleggen **2** WKD WW **(se ~) zich onderwerpen** • *se ~ à un contrôle* je aan een controle onderwerpen, een controle ondergaan • *se ~ aux volontés de qn* je schikken naar iemands wil

soumis BN **onderworpen, onderdanig, volgzaam** • *un peuple ~* onderworpen volk • *être ~ à l'impôt* belastingplichtig zijn • *~ à des règles* aan regels gebonden

soumission ZN V **onderwerping (à aan), onderworpenheid, onderdanigheid** • *la ~ des rebelles* de overgave van de opstandelingen

soupape ZN V **klep, ventiel** • *une ~ de sûreté / de sécurité* veiligheidsklep, FIG. uitlaatklep

soupçon ZN M **1 achterdocht, verdenking** • *une personnalité au-dessus de tout ~* iemand die boven alle verdenking verheven is • *avoir des soupçons* argwaan koesteren • *éveiller les soupçons d'un mari* argwaan wekken bij een echtgenoot **2 vermoeden** • *j'ai des soupçons sur l'origine de cette rumeur* ik heb zo'n idee waar dat gerucht vandaan komt **3 beetje, schijn(tje)** • *ajouter un ~ de lait dans son café* een wolkje melk in je koffie doen • *se mettre un ~ de rouge sur les lèvres* je lippen een klein beetje rood aanzetten

soupçonner OV WW **1 verdenken (de van)** • *~ qn d'avoir commis un crime* iemand van een misdaad verdenken • *être soupçonné de fraude* verdacht worden van fraude **2 vermoeden** • *~ qc* ergens iets achter zoeken

soupçonneux BN (V soupçonneuse), **achterdochtig, wantrouwend**

soupe ZN V **(stevige) soep** • *une ~ de / aux légumes* groentesoep • *soupe de plastique* plasticsoep <oceaanvervuiling> • *la soupe populaire* gaarkeuken • *une cuillère à ~* eetlepel • INFORM. *un gros plein de ~* dikzak • INFORM. *il est un peu ~ au lait* hij is nogal opvliegend, hij is gauw aangebrand • INFORM. *être trempé comme une ~* drijfnat zijn

soupente ZN V **vliering, kamertje onder een trap**

souper 1 ZN M BELGFR., CAN., ZWIT. **avondeten,** FR. **souper** <laat in de avond> **2** ONOV WW **souperen** • FR. *aller ~ après un spectacle* souperen na een voorstelling • BELGFR., CAN., ZWIT. *vous restez ~?* blijven jullie eten?

soupeser OV WW **1 op de hand wegen 2** FIG. **(tegen elkaar) afwegen** • *~ le pour et le contre* het voor en tegen afwegen

soupière ZN V **soepterrine**

soupir ZN M **1 zucht** • *pousser un ~ de soulagement* een zucht van verlichting slaken • *rendre le dernier ~* de laatste adem uitblazen • *jusqu'au dernier ~* tot de laatste ademtocht **2** MUZ. **kwartrust** • *un quart de ~* zestiende rust

soupirail ZN M (MV soupiraux), **keldergat / -raam**

soupirant IRON. ZN M **minnaar, aanbidder**

soupirer ONOV WW **zuchten** • *~ de plaisir / de contentement* een zucht van plezier / tevredenheid slaken

souple BN OOK FIG. **soepel, lenig, buigzaam, meegaand** • *être ~ comme un chat* lenig als een kat zijn • *elle a des horaires assez ~s* ze heeft vrij soepele werktijden

souplesse ZN V **1** OOK FIG. **soepelheid, lenigheid, buigzaamheid, souplesse 2 coulance**

sourate ZN V **soera** <Korantekst>

source ZN V **1 bron** • *de l'eau de ~* bronwater • *une ~ thermale* warmwaterbron • *le fleuve prend sa ~ dans la montagne* de rivier ontspringt in de bergen • FIG. *ça coule de ~* dat gaat van een leien dakje, dat spreekt vanzelf **2** NATK. **bron** • *une ~ lumineuse* lichtbron • *une ~ d'énergie* energiebron **3** TAALK. • *une langue ~* brontaal **4** FIG. **bron** • *ne pas révéler ses ~s* je bronnen niet bekendmaken • *remonter à la ~* teruggaan naar de bron • *une information de ~ sûre* inlichting uit betrouwbare bron • *un impôt retenu à la ~* bronbelasting

sourcier ZN M (V sourcière), **wichelroedeloper**

sourcil "-sie" ZN M **wenkbrauw** • *froncer les ~s* je wenkbrauwen fronsen

sourcilier BN (V sourcilière), **wenkbrauw-** • *l'arcade sourcilière* wenkbrauwboog

sourciller ONOV WW **de wenkbrauwen fronsen** • *sans ~* zonder een spier te vertrekken, met een uitgestreken gezicht • *il n'a pas sourcillé* hij vertrok geen spier

sourcilleux FORM. BN (V sourcilleuse), **overdreven precies, pietluttig**

sourd 1 BN **1** OOK FIG. **doof** • *il est ~ de naissance* hij is doof geboren • *être ~ d'une oreille* doof aan één oor zijn • INFORM. *être ~ comme un pot* stokdoof zijn, zo doof als een kwartel zijn • FIG. *un détail qui n'est pas tombé dans l'oreille d'un ~* detail dat niet tegen dovemansoren is gezegd • FIG. *faire la ~e oreille* Oost-Indisch doof zijn **2 dof** • *un bruit ~* dof geluid • *une douleur ~e* zeurende pijn • *une voix ~e* matte stem **2** ZN M (V sourde), **dove** • *un dialogue de ~s* het langs elkaar heen praten • *crier comme un ~* moord en brand schreeuwen • *frapper comme un ~* erop los slaan

sourdement BW **dof, stil(letjes)**

sourdine ZN V **demper, sordino** • *mettre la radio en ~* de radio zachtjes zetten • *mettre une ~ à des revendications* de eisen temperen

sourd-muet 1 BN (V sourde-muette, M MV sourds-muets), **doofstom 2** ZN M (V sourde-muette), **doofstomme** • *langage de ~* gebarentaal

souriant BN **glimlachend, vriendelijk** • *un avenir souriant* zonnige toekomst

souriceau ZN M (MV souriceaux), **muisje**

souricière ZN V **1 muizenval 2 val(strik)** <van politie>

sourire 1 ONOV WW onregelmatig **1 glimlachen** • *il ne sourit jamais* hij lacht nooit • *~ de plaisir* vrolijk (glim)lachen **2** OOK FIG. **toelachen** • *~ à un enfant* glimlachen naar een kind • *la chance nous a souri* het geluk lachte ons toe **2** ZN M **glimlach** • *un ~ forcé* gemaakt / gedwongen lachje • *elle a toujours le ~* ze is altijd opgewekt • *garder le ~* monter blijven, je niet laten kennen • *être tout ~* breed glimlachen,

SO

breeduit lachen
souris ZN V **1** **muis** • *jouer au chat et à la ~* kat en muis spelen **2** COMP. **muis** • *cliquer sur le côté droit de la ~* op de rechtermuisknop klikken
sournois **1** BN **gluiperig, geniepig, achterbaks** **2** ZN M (V sournoise), **gluiperd**
sournoiserie ZN V **achterbakse streek, geniepigheid**
sous VZ **1** **onder** • *nager ~ l'eau* onder water zwemmen • *on était ~ la pluie* we zaten in de regen • *~ le pont* onder de brug (door) • *mettre une carte ~ enveloppe* een kaart in een envelop stoppen • *mettre des documents ~ clef* documenten achter slot en grendel doen • FIG. *je n'ai pas de stylo ~ la main* ik heb geen pen bij de hand **2** **onder bevel van, onder invloed van** • *être ~ les ordres de qn* ondergeschikt zijn aan iemand • *parler ~ la torture* onder foltering spreken • *il ne se déplace que ~ escorte* overal waar hij komt, is hij onder geleide • *~ prétexte que...* onder het voorwendsel dat... **3** **op de genoemde wijze** • *publier un livre ~ un pseudonyme* een boek onder pseudoniem publiceren • *~ ce rapport* in dat opzicht **4** **binnen** <een tijdsbestek> • *~ peu* binnenkort
sous-alimentation ZN V **ondervoeding**
sous-alimenté BN **ondervoed**
sous-bois ZN M **onderhout, kreupelhout**
sous-chef ZN M (MV sous-chefs), **plaatsvervangend hoofd, adjunct, onderchef**
sous-commission ZN V (MV sous-commissions), **subcommissie**
souscription ZN V **intekening, inschrijving** <op lening>
souscrire OV WW • *~ un abonnement à un journal* een abonnement op een krant nemen
sous-cutané BN **onderhuids**
sous-développé BN **onderontwikkeld**
sous-directeur ZN M (MV sous-directeurs, V sous-directrice), **onderdirecteur**
sous-effectif ZN M (MV sous-effectifs), **onderbezetting**
sous-ensemble ZN M (MV sous-ensembles), **deelverzameling**
sous-entendre OV WW **laten doorschemeren, stilzwijgend bedoelen**
sous-entendu ZN M (MV sous-entendus), **toespeling, aanduiding in bedekte termen** • *un discours plein de sous-entendus* toespraak vol bedekte toespelingen
sous-équipé BN **gebrekkig toegerust**
sous-estimer OV WW **onderschatten** • *~ les compétences de qn* iemands capaciteiten onderschatten
sous-évaluer OV WW **te laag schatten, onderwaarderen**
sous-exposer OV WW **onderbelichten**
sous-fifre INFORM. ZN M (MV sous-fifres), **ondergeschikte, onderknuppel**
sous-jacent BN **onderliggend,** FIG. **verborgen, latent**
sous-lieutenant ZN M (MV sous-lieutenants), **tweede luitenant**
sous-locataire ZN M/V (MV sous-locataires), **onderhuurder**
sous-location ZN V (MV sous-locations) **1** **onderhuur** **2** **onderverhuring**
sous-louer OV WW **1** **onderhuren** **2** **onderverhuren**
sous-marin **1** BN **onderzees** • *la plongée sous-marine* diepzeeduiken • *la pêche sous-marine* diepzeevisserij **2** ZN M (MV sous-marins), **onderzeeër** • *un ~ de poche* vestzakonderzeeër
sous-marque ZN V (MV sous-marques), **B-merk**
sous-officier ZN M (MV sous-officiers), **onderofficier**
sous-payer OV WW **onderbetalen**
sous-préfecture ZN V (MV sous-préfectures), **onderprefectuur**
sous-préfet ZN M (MV sous-préfets), **onderprefect**
sous-produit ZN M (MV sous-produits), **bijproduct**
sous-pull ZN M (MV sous-pulls), **pulli**
soussigné BN **ondergetekende** • *je soussigné, Paul Dupuis, déclare que...* ondergetekende, Paul Dupuis, verklaart dat...
sous-sol ZN M (MV sous-sols) **1** **ondergrond** • *les richesses du ~* bodemrijkdommen **2** **souterrain** • *le parking est au deuxième ~* de parkeergarage is op verdieping min 2
sous-titre ZN M (MV sous-titres), **ondertitel**
sous-titrer OV WW **ondertitelen**
soustraction WISK. ZN V **aftrekking** • *faire une ~* aftrekken
soustraire **1** OV WW onregelmatig **1** WISK. **aftrekken** **2** **ontvreemden** • *un dossier a été soustrait d'un tiroir* er is een map uit een la ontvreemd **2** WKD WW **(se ~) zich onttrekken** • *se ~ à ses obligations* je aan je verplichtingen onttrekken
sous-traitance ZN V **onderaanneming, toelevering**
sous-traitant ZN M (MV sous-traitants), **onderaannemer, toeleverancier**
sous-traiter OV WW **onderaanbesteden, onderaannemen**
sous-vêtements ZN M MV **ondergoed**
soute ZN V **(laad)ruim** <van schip, vliegtuig> • *une ~ à bagages* bagageruim
soutenable BN **1** **te (ver)dragen, draaglijk** **2** **houdbaar** <van bewering>, **verdedigbaar**
soutenance ZN V **verdediging** <van proefschrift> • *assister à une ~ de thèse (de doctorat)* een promotie bijwonen
soutènement ZN M • *un mur de ~* steunmuur
souteneur ZN M **souteneur, pooier**
soutenir **1** OV WW onregelmatig **1** OOK FIG. **(onder) steunen** • *~ une famille* een gezin onderhouden • *~ qn* FIG. achter iemand staan • *~ un candidat (à une élection)* een kandidaat (bij een verkiezing) steunen • *il faut ~ l'économie* de economie moet versterkt worden **2** **staande houden** <van mening,

stelling>, **verdedigen, beweren** • *elle soutient que tu ne t'occupes pas de tes enfants* ze beweert dat jij niet goed voor je kinderen zorgt • *~ qc mordicus* iets stokstijf volhouden • *~ sa thèse* je proefschrift verdedigen, promoveren **3 gaande houden, volhouden, ophouden** <van stand, reputatie e.d.>, **doorstaan** • *~ la comparaison avec qn* de vergelijking met iemand kunnen doorstaan • *~ le regard de qn* zich door iemands blik niet van de wijs laten brengen **2** WKD WW **(se ~) 1 zich staande houden 2 elkaar helpen**

soutenu BN **1 verheven** <van stijl>, **gedragen** • *une langue ~e* verheven / formele taal **2 aanhoudend, niet-verslappend** • *avec une attention ~e* met gespannen aandacht

souterrain 1 BN **1 ondergronds** • *des essais nucléaires ~s* ondergrondse kernproeven **2 slinks 2** ZN M **onderaards(e) gang / gewelf, tunnel** • *creuser un ~* een gang / tunnel graven

soutien ZN M **1 steun** • *un ~ de famille* kostwinner **2 hulp** • *le ~ scolaire* huiswerkbegeleiding • *apporter son ~ à une cause* een zaak steunen

soutien-gorge ZN M (MV soutiens-gorge(s)), **beha, bovenstukje** < van bikini>

soutirer OV WW **ontfutselen, aftroggelen** • FIG. *~ de l'argent à qn* iemand geld aftroggelen • *~ des informations* informatie loskrijgen

souvenance FORM. ZN V **herinnering**

souvenir 1 WKD WW **(se ~)** onregelmatig **~ de zich herinneren** • *se ~ de qc / de qn* zich iets / iemand herinneren • *tu t'en souviens? / t'en souviens-tu?* weet je nog? • *souviens-toi de ce que tu m'as promis!* vergeet niet wat je me beloofd hebt! • *je m'en souviens très bien* dat weet ik nog heel goed • <dreigend> *tu t'en souviendras!* dat zal je heugen! **2** ZN M **1 herinnering, aandenken** • *des ~s d'enfance* jeugdherinneringen • *évoquer des ~s* herinneringen ophalen • *évoquer le ~ de qn* aan iemand terugdenken • *je garde un bon ~ de lui* ik herinner me hem goed • *cela lui a rappelé pas mal de ~s* dat heeft heel wat bij hem losgemaakt • *de cela, je n'en ai qu'un vague ~* ik herinner het me vaag, er zweeft me iets van voor de geest • *je n'en ai aucun ~* ik kan me er niets van herinneren **2 souvenir** • *une boutique de ~s* souvenirwinkel

souvent BW **vaak, dikwijls** • *le plus ~* meestal • *assez ~* vrij vaak

souverain 1 BN **1 hoogst, opperst, soeverein** • *un État ~* soevereine staat • *le ~ pontife* de paus **2 afdoend** • *un remède ~* onfeilbaar / probaat middel **2** ZN M (V souveraine), **soeverein, vorst, heerser**

souverainement BW **uiterst, in de hoogste mate**

souveraineté ZN V **soevereiniteit, opperste gezag**

soviétique BN **sovjet-**

soyeux BN (V soyeuse), **zijdeachtig** • *elle a des cheveux ~* ze heeft zijdeachtig haar

soyez, soyons WW geb. wijs, présent subj. → **être**

S.P.A. AFK société protectrice des animaux V **Dierenbescherming**

spacieux BN (V spacieuse), **ruim, uitgestrekt**

spaghetti ZN M vaak MV **spaghetti**

spam WWW ZN M **spam**

sparadrap ZN M **(hecht)pleister**

spartiate BN FIG. **spartaans** • *recevoir une éducation ~* een spartaanse opvoeding krijgen

spasme ZN M **kramp, spasme**

spasmodique BN **krampachtig** • *un rire ~* lachstuip

spatial BN (M MV spatiaux), **ruimte-, ruimtelijk** • *une navette ~e* ruimteveer • *la recherche ~e* ruimteonderzoek

spatule ZN V **1 spatel 2 punt** <v. ski>

spécial BN (M MV spéciaux), **bijzonder, speciaal** • *notre envoyé ~ à New York* onze speciale verslaggever in New York • *une édition spéciale* speciale editie • *des effets spéciaux (au cinéma)* speciale (film)effecten • *il faut avoir des connaissances spéciales pour faire ce travail* voor dat werk moet je vakkennis bezitten • *ils ont des goûts spéciaux dans cette famille* ze hebben een aparte smaak in die familie

spécialement BW **(in het) bijzonder** • *est-tu fatigué? pas ~* ben je moe? niet echt

spécialisation ZN V **specialisatie**

spécialiser 1 OV WW **specialiseren** • *un ouvrier spécialisé* ongeschoold arbeider • *la presse spécialisée* de vakbladen • *des chercheurs spécialisés* onderzoeksspecialisten **2** WKD WW **(se ~) zich specialiseren** • *se ~ en linguistique* je specialiseren in taalkunde

spécialiste ZN M/V **specialist** • *un ~ en psycholinguistique* specialist in de psycholinguïstiek

spécialité ZN V **1 specialiteit** • *c'est la ~ de cette région* dat is de specialiteit van deze streek • *arriver en retard est sa ~* te laat komen, daar heeft hij een handje van **2 specialisme** • *il n'y a pas de débouchés dans sa ~* zijn specialisme biedt geen toekomstperspectief

spécieux FORM. BN (V spécieuse), **schijn-, bedrieglijk**

spécification ZN V **specificatie**

spécificité ZN V **specificiteit, eigen aard**

spécifier OV WW **specificeren** • *spécifiez bien que vous demandez une bourse* geef duidelijk aan dat u een beurs aanvraagt

spécifique BN **specifiek, kenmerkend, soortelijk**

spécimen "-mèn" ZN M **(typisch) exemplaar, proeve, voorbeeld, specimen** • *on a fourni des spécimens de manuels aux professeurs* de leerkrachten hebben presentexemplaren van de leerboeken gekregen

spectacle ZN M **1 aanblik, schouwspel** • *le ~ de la nature* het schouwspel van de natuur • *c'est un triste ~ de voir leur maison détruite* hun verwoeste huis biedt een trieste aanblik • *se donner en ~* je aanstellen, de aandacht (willen) trekken, te kijk lopen (met iets) **2 (toneel-, film-)voorstelling, opvoering** • *un film à grand ~* spektakelfilm • *un ~ de marionnettes* poppenkast(voorstelling) • *un ~*

vivant levende beelden **3** amusement(sbedrijf) • *une salle de ~(s)* theater(zaal) • *l'industrie du ~* amusementsindustrie, showbusiness
spectaculaire BN spectaculair, opzienbarend
spectateur ZN M (V spectatrice), toeschouwer
spectral BN (M MV spectraux) **1** spectraal, spectrum- **2** FORM. spookachtig • *une pâleur ~e* lijkbleke kleur
spectre ZN M **1** OOK FIG. spook, spookbeeld • FIG. *le ~ du communisme* het spookbeeld van het communisme **2** spectrum • *le ~ solaire* zonnespectrum
spéculateur ZN M (V spéculatrice), speculant
spéculatif BN (V spéculative), speculatief
spéculation ZN V **1** bespiegeling, beschouwing **2** speculatie • *spéculations immobilières* speculatie in onroerend goed • *la ~ l'a rendu riche* hij is rijk geworden van speculatie
spéculer ONOV WW **1** bespiegelingen houden, gissingen doen (**sur** over) • *~ sur les raisons de son divorce* naar de oorzaken van zijn scheiding zoeken **2** speculeren • *~ en Bourse* speculeren op de beurs
spéculos, **spéculoos** ZN M speculaas(je)
speech ZN M (MV speech(e)s), speech, toespraak
speedé INFORM. BN druk en opgewonden, opgefokt
spéléologie ZN V speleologie
spéléologique BN speleologisch
spéléologue ZN M/V speleoloog
spermatozoïde ZN M zaadcel
sperme ZN M sperma, zaad • *la banque de ~* spermabank
spermicide **1** BN zaaddodend **2** ZN M zaaddodend middel
sphère ZN V **1** bol **2** FIG. kring, (werkings)sfeer • *une ~ d'influence* invloedssfeer • *les hautes sphères de la politique* hogere politieke kringen
sphérique BN bolvormig, sferisch, bol-
sphincter "-tèr" ZN M sluitspier • *le ~ de l'anus* anale sluitspier
sphinx "sfe(n)ks" ZN M sfinx
spinal ANAT. BN (M MV spinaux), v.d. ruggengraat
spirale ZN V spiraal • *un escalier en ~* wenteltrap • *des ~s de fumée* kringelende rook • FIG. *la ~ des prix* prijsspiraal • *en ~* spiraalvormig, spiraalsgewijs
spirite **1** BN spiritistisch **2** ZN M/V spiritist
spiritisme ZN M spiritisme
spiritualiser OV WW vergeestelijken
spiritualité ZN V spiritualiteit, onstoffelijkheid
spirituel BN (V spirituelle) **1** geestig **2** spiritueel, onstoffelijk, geestelijk • *des valeurs ~les* geestelijke waarden • *le pouvoir ~ de l'Église* kerkelijk gezag
spiritueux ZN M MV alcoholische dranken, sterkedrank, spiritualiën • *un commerce de vins et de ~* slijterij
spleen "splien" LIT. ZN M zwaarmoedigheid, weltschmerz
splendeur ZN V glans, luister, pracht • *dans toute sa ~* in volle glorie • IRON., INFORM. *un con dans toute sa ~* een enorme klootzak
splendide BN schitterend, prachtig
spoliateur FORM. ZN M (V spoliatrice), berover, afzetter, plunderaar
spoliation FORM. ZN V beroving, plundering • *la ~ des actionnaires* het beroven van de aandeelhouders
spolier FORM. OV WW beroven, plunderen • *~ qn de tous ses biens* iemand zijn hele bezit afhandig maken
spongieux BN (V spongieuse), sponsachtig
sponsor ZN M sponsor
sponsorisation ZN V sponsoring
sponsoriser OV WW sponsoren • *se faire ~ par une grande marque sportive* door een groot sportmerk gesponsord worden
spontané BN spontaan, vanzelf • *une candidature spontanée (à un poste)* open sollicitatie
spontanéité ZN V spontaniteit • *la ~ des enfants* de onbevangenheid van kinderen
spontanément BW spontaan, vanzelf, uit eigen beweging
sporadique BN sporadisch
sport **1** ZN M sport • *le ~ professionnel* beroepssport • *les ~s en salle* zaalsport • *les ~s en plein air* buitensporten • *les ~ d'été* zomersport • *les ~s d'hiver* wintersport • *les ~s nautiques* watersport • *les ~s de combat* vechtsport • *un ~ cérébral* denksport • *faire du ~* aan sport doen • *pratiquer un ~* een sport beoefenen • INFORM. *à la prochaine réunion, il va y avoir du ~!* op de volgende vergadering wordt het gedonder! • INFORM. *mettre ses chaussettes à ce bébé, c'est du ~!* die baby sokjes aandoen, dat valt niet mee! **2** BN sport- • *des vêtements ~* sportkleding
sportif **1** BN (V sportive) **1** sport-, sportief • *un club ~* sportclub • *un journal / un magazine ~* sportblad • *une compétition sportive* sportwedstrijd **2** fair, sportief • *une attitude pas très sportive* een weinig sportieve houding **2** ZN M (V sportive), sportbeoefenaar, sporter • *une sportive professionnelle* beroepsspeelster, profsportster • *un ~ de haut niveau* topsporter
sportive ZN V sportvrouw
sportivité ZN V sportiviteit
spot "spot" ZN M **1** spotlicht, schijnwerper • *tous les ~s étaient braqués sur lui* alle schijnwerpers waren op hem gericht **2** (reclame)spot • *les ~s publicitaires* reclamespots **3** plek, hotspot, wifi-hotspot • *un spot de surf* een hotspot voor surfliefhebbers
sprat "sprat" ZN M sprot <vis>
spray "sprè" ZN M spray • *un ~ nasal* neusspray
sprint "sprient" ZN M sprint
sprinter ONOV WW sprinten
sprinteur ZN M (V sprinteuse), sprinter
squale ZN M haai
squame ZN V huidschilfer, schub
squameux BN (V squameuse), schilferig, schubbig

sp

square "skwaar" ZN M plantsoen, plein (met beplanting)

squash "skwasj" ZN M squash • *jouer au ~* squashen

squat "skwat" ZN M **1** (het) kraken <van pand> **2** kraakpand • *habiter dans un ~* in een kraakpand wonen

squattage ZN M (het) kraken <van pand>

squatter OV WW kraken <v. pand> • *~ chez quelqu'un* de deur bij iemand platlopen • FIG. *~ un site Internet* een website bezet houden

squattériser OV WW → **squatter**

squatteur ZN M (V squatteuse), kraker <van pand>

squelette ZN M OOK FIG. geraamte, skelet • FIG. *elle a l'air d'un ~ ambulant* ze ziet eruit als een wandelend geraamte

squelettique BN **1** skeletachtig, skelet- **2** FIG. mager(tjes), uiterst bondig

S.R.A.S. AFK syndrome respiratoire aigu sévère m SARS

St AFK saint m St., Sint <mannelijke heilige>

stabilisation ZN V stabilisatie • *la ~ d'une maladie* stabilisering van een ziekte

stabiliser OV WW stabiliseren, vaster maken • *~ les prix* de prijzen stabiliseren

stabilité ZN V stabiliteit, vastheid

stable BN vast, blijvend, duurzaam, stabiel • *des prix ~s* vaste prijzen • *la situation n'est pas ~ au Moyen-Orient* de situatie in het Midden-Oosten is onstabiel

stade ZN M **1** stadion • *un ~ olympique* olympisch stadion **2** stadium • *les différents ~s d'une maladie* de verschillende ziektefasen • PSYCH. *le ~ oral (de l'enfant)* de orale fase (van een kind)

staff ZN M staf <leiding>

stage ZN M **1** stage • *un stage découverte* snuffelstage • *un ~ d'essai* proeftijd • *faire / suivre un ~* stage lopen • *faire un ~ hospitalier* coschappen lopen **2** (vormings)cursus • *un ~ de formation* vormingscursus • *un ~ de perfectionnement* bijscholingscursus

stagiaire ZN M/V stagiair, iemand in de proeftijd

stagnant BN stagnerend • *des eaux ~es* stilstaand water

stagnation ZN V stagnatie, stilstand • *la ~ de l'exportation* stagnerende export

stagner ONOV WW stagneren, stilstaan • FIG. *une économie qui stagne* stagnerende economie • FIG. *les affaires stagnent* de zaken lopen niet

stalactite ZN V stalactiet • *une ~ de glace* ijspegel

stalagmite ZN V stalagmiet

stalinien BN (V stalinienne), stalinistisch

stalle ZN V **1** box <voor paard, auto> **2** koorstoel <in kerk>

stand ZN M stand <op tentoonstelling>, kraam • *un ~ de tir* schietbaan, schiettent • *un ~ de ravitaillement* pits <langs racebaan>

standard **1** ZN M **1** telefooncentrale <van bedrijf enz.> • *ne quittez pas, je vous repasse le ~ !* een ogenblikje, ik geef u terug aan de centrale • *il y a tant d'appels que le ~ est bloqué* de centrale is overbelast door de vele telefoontjes **2** standaard **2** BN **1** standaard-, model- • *un modèle ~* standaardmodel • *le français / le néerlandais ~* Standaardfrans / -nederlands **2** stereotiep

standardisation ZN V standaardisering

standardiser OV WW standaardiseren

standardiste ZN M/V telefonist

standing ZN M status, standing • *un appartement de grand ~* luxeappartement

staphylocoque MED. ZN M stafylokok

star ZN V ster <beroemdheid> • *les ~s du petit écran* tv-sterren • *les ~s du cyclisme* wielerkampioenen

stariser INFORM. OV WW tot (film)ster maken

starlette ZN V filmsterretje

starter "startèr" ZN M **1** SPORT starter **2** TECHN. choke

starting-block ZN M (MV starting-blocks), startblok

start-up ZN V (MV id.), start-up, beginnende onderneming

station ZN V **1** halteplaats, standplaats • *une ~ de taxis* taxistandplaats • *une ~ d'autobus / de cars* busstation • *descendez à la troisième ~ de métro* bij het derde metrostation uitstappen **2** TECHN. station, post, inrichting • *une ~ d'essence* benzinestation • *une ~ spatiale* ruimtestation **3** ontspanningsoord, kuuroord • *une ~ balnéaire* badplaats <aan kust> • *une ~ thermale* badplaats <kuuroord> • *une ~ de sports d'hiver* wintersportplaats **4** stand <van lichaam>, (het) stilstaan • *la ~ debout* het staan

stationnaire BN (stil)staand, bestendig, stationair • *l'état du blessé est ~* de toestand van de gewonde is stationair

stationnement ZN M **1** (het) parkeren • *une place de ~* parkeerplaats • *~ autorisé / interdit* parkeren toegestaan / verboden • *des voitures en ~* geparkeerde auto's • *un ~ payant* betaald parkeren • *le ~ en double file* het dubbel parkeren • *le ~ gênant / illégal* het fout parkeren • *un ticket de ~* parkeerbonnetje **2** MIL. stationering • *les troupes sont en ~ en Afghanistan* de troepen zijn in Afghanistan gestationeerd

stationner ONOV WW parkeren, stilstaan • *~ sur un passage piétons* op een voetgangersoversteekplaats (geparkeerd) staan • *~ en double file* dubbel parkeren • *défense de ~* verboden te parkeren, parkeerverbod

station-service ZN V (MV stations-service(s)), tankstation, servicestation

statique BN statisch • *une économie ~* statische / niet-dynamische economie

statisme ZN M statische toestand

statisticien ZN M (V statisticienne), statisticus

statistique **1** ZN V statistiek **2** BN statistisch • *une enquête ~* statistisch onderzoek

statuaire **1** BN beeldhouw- • *l'art ~ du XIXe siècle* 19e-eeuwse beeldhouwkunst **2** ZN M/V beeldhouwer **3** ZN V beeldhouwkunst

statue ZN V OOK FIG. (stand)beeld • *une ~ de marbre*

/ *de bronze* marmeren / bronzen standbeeld • *une ~ équestre* ruiterstandbeeld • *être immobile comme une ~* stokstijf staan

statuer ONOV WW **~ sur** uitspraak doen over

statuette ZN V beeldje

statu quo ZN M status-quo

stature ZN V **1** (lichaams)gestalte • *une femme de haute ~* vrouw van groot postuur **2** FIG. formaat <van persoon> • *il n'a pas la ~ d'un président de la République* hij heeft niet het formaat van staatshoofd

statut 1 ZN M statuut, status • *le ~ des enseignants du secondaire* de rechtspositie van docenten in het voortgezet onderwijs • *le ~ de la femme a changé au vingtième siècle* de positie van de vrouw is in de twintigste eeuw veranderd **2** ZN M MV statuten • *changer les ~s d'un club sportif* de statuten van een sportclub wijzigen

statutaire BN volgens de statuten, statutair

Ste AFK sainte V St., Sint <vrouwelijke heilige>

steak "steek" ZN M biefstuk • *commander un ~ frites* biefstuk met friet bestellen

stèle ZN V stèle, gedenksteen • *une ~ funéraire* grafsteen

stentor "sta(n)-" ZN M stentor • *une voix de ~* stentorstem

stéphanois BN van / uit Saint-Étienne

steppe ZN V steppe

stère ZN M stère <kubieke meter>

stéréo 1 ZN V stéréophonie stereo • *écouter de la musique en ~* muziek in stereo beluisteren **2** BN onver. stéréophonique stereo- • *une chaîne ~* stereo-installatie

stéréophonie ZN V stereofonie

stéréophonique BN stereofonisch, stereo-

stéréotype ZN M stereotype

stéréotypé BN stereotiep, clichématig, afgezaagd • *répondre en phrases stéréotypées* clichéantwoorden geven

stérile BN **1** onvruchtbaar, steriel, FIG. vruchteloos • *une terre ~* onvruchtbare aarde • *ce couple est ~* dat echtpaar kan geen kinderen krijgen • *une polémique ~* vruchteloze polemiek **2** steriel, kiemvrij • *on l'a mis en milieu ~* hij is in een steriele omgeving geplaatst

stérilet ZN M spiraaltje <anticonceptiemiddel>

stérilisateur ZN M sterilisator • *un ~ de biberons* zuigflessterilisator

stérilisation ZN V sterilisatie • *la ~ d'une femme* de sterilisatie van een vrouw • *la ~ d'une chambre (d'hôpital)* het steriliseren van een (ziekenhuis) kamer

stériliser OV WW steriliseren • *du lait stérilisé* gesteriliseerde melk • *faire ~ son chat* je kat laten steriliseren • FIG. *la télévision stérilise les esprits* televisie is geestdodend

stérilité ZN V OOK FIG. steriliteit, onvruchtbaarheid

sterling ZN M sterling • *une livre ~* pond sterling

sterne ZN V stern

sternum "-nom" ZN M borstbeen

stéroïde ZN M steroïde • *des stéroïdes anabolisants* anabole steroïden

stéthoscope ZN M stethoscoop

steward "stiewart" ZN M steward

stick ZN M (schoonheids)stift, stick • *un ~ de colle* lijmstift • *des ~s de poisson* vissticks

stigmate ZN M stigma, merkteken, litteken, OOK FIG. brandmerk

stigmatisation ZN V stigmatisering

stigmatiser OV WW stigmatiseren, sterk afkeuren • *~ l'homophobie* homofobie aan de kaak stellen

stimulant 1 BN stimulerend, uitdagend, OOK FIG. prikkelend • *des médicaments ~s* stimulerende middelen, doping **2** ZN M **1** pepmiddel, stimulerend middel • *prendre des ~s* doping gebruiken **2** stimulans • *la concurrence est un bon ~* concurrentie werkt stimulerend

stimulateur 1 BN (V stimulatrice), stimulerend **2** ZN M • *un ~ cardiaque* pacemaker

stimulation ZN V stimulatie, opwekking, prikkeling

stimuler OV WW aansporen, prikkelen, stimuleren • *le président essaie de ~ la recherche* de president wil het onderzoek bevorderen

stimulus "-luus" ZN M (MV stimulus / stimuli), prikkel, stimulus

stipulation ZN V beding, bepaling

stipuler OV WW bedingen, bepalen • *le contrat stipule que..* in het contract staat dat... • *la loi stipule que...* de wet zegt dat...

stock ZN M voorraad • *être en rupture de ~* door de voorraad heen zijn • *en ~* voorradig • *avoir en ~* in / op voorraad hebben • *jusqu'à l'épuisement des ~s* zolang de voorraad strekt

stockage ZN M (het) opslaan, opslag • *la capacité de ~ d'un ordinateur* geheugencapaciteit van een computer

stocker OV WW opslaan <van goederen, gegevens>, hamsteren • *~ des provisions pour la semaine* levensmiddelen inslaan voor de hele week

stockfisch ZN M (MV id.), stokvis

stoïcien 1 BN (V stoïcienne), stoïcijns, onverstoorbaar **2** ZN M (V stoïcienne) OOK FIG. stoïcijn

stoïcisme ZN M OOK FIG. stoïcisme, onverstoorbaarheid

stoïque 1 BN stoïcijns, onverstoorbaar **2** ZN M/V OOK FIG. stoïcijn

stomacal BN (M MV stomacaux), maag- • *des douleurs ~es* maagpijn

stomatologue ZN M/V specialist voor mondziekten

stop 1 ZN M **1** stopbord **2** remlicht **3** INFORM. (het) liften • *faire du ~* liften, autostop doen • *faire Paris-Marseille en ~* liftend van Parijs naar Marseille gaan **2** TUSSENW stop!, halt! • *~ au gaspillage!* stop de verspilling!

stop-over ZN M (MV id.) LUCHTV. tussenstop

stopper 1 OV WW stoppen, doen stilstaan **2** ONOV WW stoppen, stilhouden • *~ au feu rouge*

stoppen voor het rode licht
stoppeur ZN M (V stoppeuse) **1** INFORM. lifter **2** VOETB. (voor)stopper
store ZN M rolluik, rolgordijn, zonnescherm • *baisser un ~* een rolluik neerlaten
strabique BN scheel(ziend)
strabisme ZN M (het) scheelzien, scheelheid
strangulation ZN V wurging • *une mort par ~* dood door verwurging, wurgmoord
strapontin ZN M **1** klapstoeltje **2** FIG. tweederangs positie
Strasbourg Straatsburg
strass ZN M stras, FIG. glitter
stratagème ZN M (krijgs)list
strate ZN V (aard)laag
stratège ZN M strateeg
stratégie ZN V strategie
stratégique BN strategisch • *occuper une position ~* een strategische positie innemen
stratification ZN V gelaagdheid
stratifié **1** BN gelaagd **2** ZN M laminaat
stratifier OV WW laagsgewijs leggen
stratosphère ZN V stratosfeer
stratus "-tuus" ZN M stratus <wolkendek>
stream ZN M stream
streaming BN • *en streaming* streaming • *écouter la radio en streaming* streaming radio luisteren
streptocoque ZN M streptokok
stress ZN M stress
stressant BN stress veroorzakend, stresserend
stresser **1** OV WW stress veroorzaken bij • *il me stresse* ik krijg de zenuwen van hem **2** ONOV WW INFORM. stressen
stretch ZN M stretch • *un blue-jeans ~* stretchspijkerbroek
strict "striekt" BN strikt, stipt, nauwkeurig, streng • *elle porte un tailleur ~* ze draagt een stemmig mantelpakje • *soyez ~ avec cet enfant* wees streng tegen dat kind • *le ~ minimum* het strikt noodzakelijke • *n'emportez que le ~ nécessaire!* neem alleen het hoogstnodige mee • *un mariage célébré dans la plus ~e intimité* in besloten kring voltrokken huwelijk
strictement BW strikt, volstrekt • *je ne sais ~ rien* ik weet helemaal niets • *être habillé ~* stemmig gekleed zijn • *entrée ~ interdite* streng verboden toegang
strident BN schril, schel
strie ZN V **1** streep, kras, groef **2** (huid)striem
string ZN M string <minislipje>
strip-tease, **striptease** ZN M (MV strip-teases, stripteases), striptease • *faire un / du ~* strippen
strip-teaseur, **stripteaseur** ZN M (V strip-teaseuse, stripteaseuse), stripteasedanser, stripper
strophe ZN V strofe, couplet
structural BN (M MV structuraux), structureel, structuur-
structuralisme ZN M structuralisme
structuration ZN V structurering
structure ZN V (op)bouw, structuur • *la ~ cellulaire / d'une cellule* celstructuur • FIG. *la ~ d'un poème* opbouw van een gedicht • *des ~s d'accueil* (toeristische enz.) infrastructuur
structurel BN (V structurelle), structureel, structuur-
structurer OV WW structureren, opbouwen
studette ZN V eenkamerflat(je)
studieux BN (V studieuse) **1** leergierig, ijverig, studieus **2** studie- • *passer des vacances studieuses* studeren in de vakantie
studio ZN M **1** eenkamerappartement • *vivre dans un / en ~* in een eenkamerflat wonen **2** studio, atelier • *un ~ de peintre* schildersatelier • *un ~ de télévision / de radio* televisie- / radiostudio • *enregistrer un CD en ~* een cd in de studio opnemen
stupéfaction ZN V stomme verbazing • *à ma grande ~* tot mijn verbijstering
stupéfait BN stomverbaasd, verbluft
stupéfiant **1** BN verbazingwekkend, verbluffend **2** ZN M verdovend middel, narcoticum
stupéfier OV WW stom verbazen, verbluffen • *cette nouvelle me stupéfie* ik sta versteld van dat nieuwtje
stupeur ZN V verbijstering, verdoving • *être frappé de ~ par la mort de qn* met stomheid geslagen zijn door iemands dood
stupide BN dom, stompzinnig • *une guerre ~* onzinnige oorlog
stupidité ZN V stompzinnigheid, domheid, domme daad • *arrêtez vos ~s!* hou op met dat stomme gedoe!
style ZN M **1** stijl, wijze, manier van doen • *un ~ populaire / soutenu* gemeenzame / verheven stijl • *un ~ ampoulé* gezwollen stijl • *un ~ télégraphique* telegramstijl • *des meubles de ~* stijlmeubelen • *le ~ gothique* gotische bouwstijl, gotiek • *un ~ de vie* levensstijl, lifestyle • *cela donne un certain ~ à l'affaire* dat geeft de zaak extra cachet • *ce danseur manque de ~* die danser heeft geen stijl • *avec ~* in / met stijl • *dans le ~ de...* in de trant van... **2** TAALK. • *le ~ direct / indirect* directe / indirecte rede
stylé BN goed afgericht <van persoon>, bedreven, stijlvol
stylisation ZN V (het) stileren
styliser OV WW stileren
styliste ZN M/V **1** stilist **2** designer, vormgever
stylistique **1** BN stilistisch, stijl- **2** ZN V stilistiek, stijlleer
stylo ZN M pen, vulpen(houder) • *un ~ à bille* ballpoint • *un ~ à plume* vulpen • *un stylo (pointeur) laser* laserpen
stylo-feutre ZN M (MV stylos-feutres), viltpen, viltstift
stylomine ZN M vulpotlood
su **1** ZN M • *au vu et au ~ de tout le monde* openlijk **2** WW volt. deelw. → **savoir**
suant BN **1** bezweet **2** INFORM. (stom)vervelend
suave BN mild, lieflijk, zoet, heerlijk • *une voix ~* lieflijke stem
suavité ZN V mildheid, lieflijkheid, zoetheid

subalterne 1 ZN M ondergeschikte 2 ZN M/V ondergeschikt, subaltern
subconscient 1 BN onderbewust 2 ZN M onderbewustzijn
subdiviser OV WW onderverdelen • ~ *en chapitres* in hoofdstukken onderverdelen
subdivision ZN V onderverdeling, onderafdeling
subir OV WW ondergaan, lijden, verduren • ~ *un interrogatoire* een verhoor ondergaan, ondervraagd / overhoord worden • ~ *une opération* een operatie ondergaan • FIG. *on a subi ses enfants pendant toutes les vacances* we kregen de hele vakantie zijn / haar kinderen op ons dak
subit "-bie" BN plotseling • *une mort ~e* onverwachte dood
subitement BW plotseling
subito INFORM. BW subiet, opeens • ~ *presto* meteen, pardoes
subjectif BN (V subjective), subjectief
subjectivité ZN V subjectiviteit
subjonctif 1 ZN M aanvoegende wijs, conjunctief 2 BN (V subjonctive), aanvoegend
subjuguer OV WW fascineren, in zijn ban houden • *il sait ~ son auditoire* hij weet zijn gehoor te boeien / mee te slepen
sublimation ZN V sublimatie
sublime 1 BN verheven, hoogstaand, groots, subliem • *elle a été ~ dans le rôle de Carmen* ze was groots in de rol van Carmen 2 ZN M (het) verhevene, (het) edele
sublimer FORM. OV WW sublimeren
submerger OV WW 1 onderdompelen, overstromen • *les champs ont été submergés* de akkers staan onder water 2 overstelpen • *être submergé de travail* bedolven zijn onder het werk, omkomen in het werk • *le standard est submergé de coups de téléphone* de centrale wordt overstelpt met telefoontjes
submersible 1 BN overstroombaar, onderwater- 2 ZN M duikboot
submersion ZN V onderdompeling, overstroming, (het) onder water zetten / raken • *une mort par ~* verdrinkingsdood
subodorer OV WW vermoeden, bespeuren
subordination ZN V 1 ondergeschiktheid • *la ~ de l'économie à la morale* ondergeschiktheid van de economie aan de moraal 2 TAALK. onderschikking • *une conjonction de ~* onderschikkend voegwoord
subordonné 1 BN ondergeschikt • TAALK. *une proposition subordonnée* bijzin 2 ZN M (V subordonnée), ondergeschikte
subordonner OV WW ondergeschikt maken, laten afhangen (van) • *l'impôt est subordonné au salaire* de belasting is afhankelijk van het salaris
subornation ZN V omkoping, beïnvloeding • *la ~ de témoins* omkoping / beïnvloeding van getuigen
suborner OV WW omkopen, beïnvloeden <van getuige>
subreptice FORM. BN slinks (verkregen), bedrieglijk, heimelijk
subséquent FORM. BN (erop)volgend
subside ZN M meestal mv subsidie, toelage • *accorder des ~s aux sinistrés* een toelage verlenen aan de slachtoffers van de ramp
subsidiaire BN aanvullend, ondersteunend, bijkomend, subsidiair • *une question ~* doorslaggevende extra vraag
subsistance ZN V (levens)onderhoud, bestaan
subsister ONOV WW voortbestaan, nog bestaan, over zijn • *plus rien ne subsiste de la grandeur de cette ville* er is niets over van de grootsheid van die stad • *pour ~, il est obligé de travailler le soir* om in zijn levensonderhoud te voorzien moet hij 's avonds werken
subsonique BN subsonisch <langzamer dan het geluid>
substance ZN V 1 substantie, materie, stof • *des ~s nocives / toxiques* schadelijke / giftige stoffen 2 hoofdzaak • *voici, en ~, ce qu'elle a dit* dat is min of meer wat ze heeft gezegd • *en ~* in hoofdzaak, kort gezegd
substantiel BN (V substantielle) 1 degelijk, voedzaam • *prendre un petit-déjeuner ~* een stevig ontbijt gebruiken 2 substantieel, wezenlijk, aanmerkelijk • *une augmentation de salaire ~le* flinke salarisverhoging
substantif ZN M zelfstandig naamwoord
substituer 1 OV WW in de plaats stellen • ~ *une copie à l'original* het origineel vervangen door een kopie • ~ *A à B* A vervangen door B 2 WKD WW (se ~) à in de plaats treden van, vervangen • *se ~ à qn* iemand vervangen
substitut ZN M 1 substituut(-officier) • *le ~ du procureur* substituut-officier van justitie 2 vervangingsmiddel, substituut
substitutif BN (V substitutive), vervangend, vervangings-
substitution ZN V (plaats)vervanging, substitutie
substrat ZN M (het) onderliggende, onderlaag, substraat
subterfuge ZN M uitvlucht, smoes, slimmigheidje
subtil BN subtiel, fijn(zinnig) • *un parfum ~* subtiele / lichte geur
subtiliser OV WW wegkapen, achteroverdrukken, ontfutselen • ~ *un document à qn* iemand een document ontfutselen
subtilité ZN V subtiliteit, fijn(zinnig)heid • *connaître les subtilités d'une langue* de fijne nuances van een taal kennen
subtropical BN (M MV subtropicaux), subtropisch, van de keerkring
suburbain BN dicht bij de stad gelegen, voorstedelijk • *des communes ~es* voorsteden
subvenir ONOV WW ~ à voorzien in, bijdragen in, subsidiëren • *elle doit ~ aux besoins de ses parents* ze moet in de behoeften van haar ouders voorzien
subvention ZN V subsidie • *verser une ~ à un étudiant* een student een toelage verstrekken

su

subventionner OV WW subsidiëren
subversif BN (V subversive), subversief, (gezags)ondermijnend • *des écrits ~s* opruiende geschriften
subversion ZN V omverwerping, (gezags) ondermijning
suc ZN M **1** sap **2** FIG. kern, essentie
succédané "-ks-" ZN M surrogaat, vervangmiddel
succéder **1** ONOV WW **~ à** volgen op, opvolgen • *elle va ~ à son père à la tête de l'usine* ze gaat haar vader opvolgen als fabrieksdirecteur **2** WKD WW **(se ~)** elkaar opvolgen, op elkaar volgen • *les visites se sont succédées toute la journée* de hele dag was het een komen en gaan van bezoekers
succès ZN M goede afloop, succes • *un ~ d'estime* waardering door een klein kennerspubliek • *une pièce à ~* successtuk • *la pièce a eu un ~ fou / monstre* het stuk was een doorslaand succes • *remporter un gros ~* veel succes boeken • *passer un examen avec ~* met goed gevolg examen doen
successeur ZN M **1** opvolger **2** erfopvolger, erfgenaam
successif BN (V successive), opeenvolgend, successief
succession ZN V **1** opeenvolging, reeks • *une ~ de maladresses* aaneenschakeling van onhandigheden • *une ~ de malheurs* reeks tegenslagen **2** opvolging, erfopvolging, erfenis • *des droits de ~* successierechten, erfbelasting • *prendre la ~ de qn* iemand opvolgen • *être candidat à sa propre ~* zich herkiesbaar stellen
successivement BW achtereenvolgens, successievelijk
succinct "-kse(n)" BN beknopt, niet-uitgebreid • *un compte rendu ~* beknopt verslag • HUMOR. *un repas ~* sober / karig maal
succion "suusjo(n), suuksjo(n)" ZN V (het) (in) zuigen, uit- / opzuiging • *des bruits de ~* zuiggeluiden
succomber ONOV WW bezwijken • *il a succombé à ses blessures* hij is aan zijn verwondingen bezweken • FIG. *~ au charme de qn* vallen voor iemands charme • *~ à la tentation* voor de verleiding bezwijken • *succombé au sommeil* door slaap overmand
succulent BN smakelijk, OOK FIG. sappig • FIG. *il nous a fait un récit ~ de ses aventures* hij heeft ons een sappig verhaal verteld over zijn avonturen
succursale ZN V bijkantoor, filiaal • *un magasin à ~s multiples* winkelketen • *la ~ d'une banque* bankfiliaal
sucer OV WW **1** zuigen (op / aan), opzuigen, uitzuigen • *il suce encore son pouce* hij zuigt nog op zijn duim • *~ un bonbon* op een snoepje zuigen • *~ une glace* likken aan een ijsje **2** INFORM. afzuigen, pijpen
sucette ZN V **1** lolly **2** fopspeen
suceur BN (V suceuse), zuig-
suçon INFORM. ZN M zuigplek <op de huid>, zuigzoen, liefdesbeet
suçoter OV WW sabbelen op
sucre ZN M suiker • *le ~ de canne* rietsuiker • *le ~ candi* kandijsuiker • *le ~ glace* poedersuiker • *du ~ en morceaux* suikerklontjes • *un régime sans ~* suikervrij dieet • INFORM. *casser du ~ sur le dos de quelqu'un* kwaadspreken van iemand • *être tout ~ tout miel avec qn* poeslief / zoetsappig doen tegen iemand
sucré **1** BN **1** zoet, gesuikerd • *un yaourt ~* yoghurt met suiker **2** FIG. suikerzoet, zoetsappig • *une voix sucrée* zoetsappige stem **2** ZN M • *je n'aime pas le ~* ik hou niet van zoet
sucrer **1** OV WW **1** suikeren, zoeten • *~ son café* suiker in je koffie doen **2** INFORM. annuleren, schrappen **2** WKD WW **(se ~)** INFORM. zijn zakken vullen, zich ruim bedelen
sucrerie **1** ZN V MV zoetigheid, suikergoed • *il mange trop de ~s* hij eet te veel zoetigheid **2** ZN V suikerfabriek, suikerraffinaderij
sucrette ZN V zoetje, zoetstof
sucrier ZN M **1** suikerpot **2** suikerfabrikant
sud "suud" **1** ZN M zuiden • *l'Afrique du Sud* Zuid-Afrika • *une pièce exposée au ~* kamer op het zuiden • *habiter dans le ~ / au ~ du pays* in het zuiden van het land wonen • *descendre dans le ~ de la France* naar Zuid-Frankrijk rijden • *le vent vient du ~* de wind is zuid, het is zuidenwind **2** BN zuidelijk, zuid(en)- • *le pôle Sud* Zuidpool • *la banlieue ~* de zuidelijke voorsteden
sud-africain BN (MV sud-africains), Zuid-Afrikaans
sud-américain BN (M MV sud-américains), Zuid-Amerikaans
sud-est **1** ZN M zuidoosten • *ils habitent dans le ~ du pays* ze wonen in het zuidoosten van het land **2** BN onver. zuidoostelijk
sudoku ZN M sudoku
sudoripare BN zweetafscheidend • *les glandes ~s* zweetklieren
sud-ouest **1** ZN M zuidwesten • *le vent vient du ~* het is zuidwestenwind **2** BN onver. zuidwestelijk
Sud-Soudan ZN M Zuid-Soedan
suède ZN M suède
Suède ZN V Zweden
suédois **1** ZN M (het) Zweeds **2** BN Zweeds
Suédois ZN M (V Suédoise), Zweed
suée INFORM. ZN V (het) hevig zweten
suer **1** ONOV WW zweten • *~ à grosses gouttes* zweten als een rund • INFORM., FIG. *il me fait ~ avec ses questions* hij werkt op m'n zenuwen met die vragen van hem **2** OV WW (uit)zweten • FIG. *~ sang et eau pour trouver une solution* etter en bloed zweten om een oplossing te vinden
sueur ZN V zweet • *être en ~* bezweet zijn • *être trempé de ~* baden in het zweet • *j'en ai eu des ~s froides* het koude zweet brak me uit • *j'ai eu des ~s froides quand j'ai vu le petit en haut de l'échelle* ik kreeg de rillingen toen ik het kind boven op de ladder zag
suffire **1** ONOV WW onregelmatig voldoende zijn, volstaan • *~ à ses besoins* in je behoeften voorzien • *un kilo de pommes me suffit* aan een kilo appels heb ik genoeg • *cela me suffit pour le moment* daar heb ik

voorlopig wel genoeg aan • *un seul suffira* één is wel genoeg • *ça suffit (comme ça)!* nou is het genoeg!, nu is het mooi geweest! **2** ONP WW • *il suffit qu'elle te voie pour se mettre en colère* ze hoeft je maar te zien of ze wordt boos • *il suffit d'appuyer sur le bouton* je hoeft alleen maar op de knop te drukken **3** WKD WW **(se ~) in zijn behoeften voorzien** • *se ~ à soi-même* aan jezelf genoeg hebben, jezelf wel redden

suffisamment BW **voldoende, genoeg**

suffisance ZN V **verwaandheid, inbeelding** • *être plein de ~* heel zelfgenoegzaam zijn, heel wat verbeelding hebben

suffisant BN **1 voldoende** • *ce n'est même pas ~ pour se payer un bon dîner* het is niet eens genoeg om er goed van uit eten te gaan **2 verwaand, zelfgenoegzaam** • *prendre un ton ~* een verwaande toon aanslaan

suffixe TAALK. ZN M **achtervoegsel**

suffocant BN **verstikkend** • *il fait une chaleur ~e* het is smoorheet

suffocation ZN V **ademnood, verstikking**

suffoquer 1 OV WW **1 verstikken, benauwen 2 paf doen staan** • *la nouvelle nous a suffoqués* we stonden versteld van dat nieuws **2** ONOV WW OOK FIG. **(bijna) stikken** • *~ de rage* stikken van woede

suffrage ZN M **(uitgebrachte) stem, stemming** • *le ~ universel* algemeen kiesrecht • *il a obtenu la majorité des ~s* hij heeft de meerderheid van stemmen gehaald • *remporter tous les ~s* algemene bijval oogsten / vinden

suffragette GESCH. ZN V **suffragette** <voorvechtster van vrouwenkiesrecht>

suggérer "-Gz-" OV WW **suggereren, opperen, doen denken aan**

suggestif BN (V suggestive), **suggestief** • *un décolleté très ~* een heel prikkelend decolleté

suggestion ZN V **suggestie, ingeving**

suicidaire BN **1 zelfmoord-, tot zelfmoord geneigd, suïcidaal** • *avoir des tendances ~s* zelfmoordneigingen hebben **2 tot mislukken gedoemd** • *un projet ~* tot mislukken gedoemd plan

suicide ZN M **zelfmoord** • *faire une tentative de ~* een zelfmoordpoging doen • *ne vous présentez pas aux élections, c'est un ~!* stelt u zich geen kandidaat, dat wordt een fiasco! • *un avion-~* zelfmoordvliegtuig, kamikazevliegtuig • *un attentat-~* zelfmoordaanslag

suicidé ZN M (V suicidée), **zelfmoordenaar**

suicider WKD WW **(se ~) zelfmoord plegen** • *se ~ par balle* zich een kogel door het hoofd jagen

suie ZN V **roet**

suif ZN M **vet, smeer, talg**

suintement ZN M **doorsijpeling** • *le ~ des murs* het uitslaan van de muren

suinter ONOV WW **doorsijpelen** • *une plaie qui suinte* etterende wond • *un mur qui suinte* muur die uitslaat / doorzweet

suis WW présent → **être, suivre**

suisse BN **Zwitsers** • *les Alpes ~s* de Zwitserse Alpen

Suisse 1 ZN M (V Suisse / Suissesse), **Zwitser 2** ZN V **Zwitserland**

suit WW présent → **suivre**

suite ZN V **1 vervolg** • *la ~ des événements* de loop van de gebeurtenissen • *elle a pris la ~ de son père au magasin* ze heeft haar vader in de winkel opgevolgd • *il a eu trois jobs à la ~* hij heeft drie baantjes achter elkaar gehad • *nous ne pouvons donner ~ à votre demande* wij kunnen geen gevolg geven aan uw verzoek, wij kunnen niet ingaan op uw verzoek • *le vote fait ~ à la discussion* na de discussie wordt er gestemd • *une affaire classée sans ~* afgedane / geseponeerde zaak • *~ à l'annonce parue dans le Figaro...* naar aanleiding van de advertentie in Le Figaro... • *~ à votre lettre...* in antwoord op uw schrijven... • *et ainsi de ~* enzovoorts • *la ~ au prochain numéro* wordt vervolgd • *~ et fin* vervolg en slot **2 gevolg, stoet** • *le président et sa ~ sont arrivés aux États-Unis* de president is met zijn gevolg in de Verenigde Staten aangekomen **3 logische opeenvolging, samenhang** • *un esprit de ~* consequente houding • *tenir des propos sans ~* onsamenhangend praten • *avoir de la ~ dans les idées* logisch (kunnen) denken, consequent blijven **4 rij, reeks** • *son appartement est formé d'une ~ de chambres* zijn appartement bestaat uit een reeks kamers • *sa vie est une ~ d'échecs* zijn leven is een opeenvolging van mislukkingen • *deux fois de ~* twee keer achter elkaar **5** vaak mv **nasleep, consequenties, gevolg** • *les ~s d'un accident* de nasleep van een ongeluk • *l'affaire est restée sans ~* die kwestie heeft geen consequenties gehad, die kwestie is afgedaan • *à la ~ de ces incidents, le bâtiment a été fermé* na / ten gevolge van die gebeurtenissen is het gebouw gesloten • *par ~ d'un accident...* ten gevolge van een ongeluk... **6** • *j'arrive tout de ~ / de ~* ik kom meteen, ik kom zo • *par la ~, nous pensons nous installer à la campagne* later / naderhand willen we op het platteland gaan wonen **7** MUZ. **suite 8 suite** <ruimte in hotel>

suiv. AFK suivant **volgend(e)**

suivant 1 BN **volgend** • *le jour ~* de dag erna **2** ZN M • *au ~, s'il vous plaît!* de volgende, a.u.b.!, wie volgt? **3** VZ **volgens, naar** • *~ les cas* van geval tot geval • *suivant que + subj.* naargelang, naarmate • *suivant qu'elle parte le matin ou le soir...* al naar gelang ze 's morgens of 's middags vertrekt...

suivant que VOEGW + subj. **naargelang, naarmate** • *suivant qu'elle parte le matin ou le soir...* al naar gelang ze 's morgens of 's middags vertrekt...

suiveur ZN M **volger,** FIG. **meeloper, navolger** • *les ~s du Tour de France* de volgauto's in de Tour de France

suivi 1 BN **1 samenhangend, logisch, consistent 2 regelmatig, doorlopend** • *une correspondance ~e entre deux personnes* geregelde briefwisseling tussen twee personen **2** ZN M FIG. **(het) blijven volgen, verdere afhandeling, nazorg, follow-up** • *le ~ médical d'un patient* de nazorg van een patiënt **3** WW

volt. deelw. → **suivre**
suivre 1 OV WW onregelmatig OOK FIG. **volgen, volgen op** • *~ qn à la trace* iemand op de voet volgen • *~ une route* een weg volgen • *~ une voiture de trop près* te dicht achter een auto rijden • *il est toujours suivi de ses gardes du corps* hij wordt altijd begeleid door zijn lijfwachten • *découpez en suivant le pointillé* langs de stippellijn afknippen • OOK FIG. *je n'arrive plus à ~* ik kan het niet meer volgen • FIG. *~ la mode* de mode volgen • FIG. *~ des cours* lessen volgen • FIG. *il suit avec intérêt les cours de la Bourse* hij volgt met belangstelling de beurskoersen **2** ONOV WW OOK FIG. **volgen** • *faire ~ le courrier* de post doorsturen • *dans les années qui suivent* in latere jaren • *à ~* wordt vervolgd • *comme suit* als volgt **3** WKD WW **(se ~) 1 (op) elkaar volgen** • *se ~ à la queue leu leu* achter elkaar lopen, in ganzenmars lopen **2 een logisch verband vormen**
sujet 1 ZN M **1 onderwerp** • *le ~ d'un film / d'un tableau* het thema van een film / een schilderij • *ça pourrait faire un bon ~ d'article* daar zit kopij in • *c'est hors ~* dat doet niets ter zake • *une composition hors ~* proefwerk dat er helemaal naast zit • *c'est à quel ~?* waarover gaat het / belt u? • *je vous appelle au ~ de notre rendez-vous* ik bel u over onze afspraak • *à ce ~* daarover, daaromtrent, in dezen **2 reden, oorzaak, aanleiding** • *je ne connais pas le ~ de leur querelle* ik weet niet waarover ze ruzie hebben • *ils se disputent sans ~* ze ruziën over niets **3** TAALK. **onderwerp** • *le ~ de la phrase* het onderwerp van de zin **4 persoon** • *un mauvais ~* deugniet • *un ~ brillant* knappe leerling **5 proefpersoon** • *les ~s d'expérience* de proefpersonen **2** ZN M (V sujette), **onderdaan 3** BN (V sujette), **onderhevig (aan), blootgesteld (aan), lijdend (aan), geneigd (tot)** • *elle est ~te au rhume des foins* ze heeft last van hooikoorts • *être ~ à des évanouissements* last hebben van flauwtes
sujétion ZN V **1 afhankelijkheid, onderworpenheid 2 ongemak, hinder, gebondenheid**
sulfate ZN M **sulfaat**
sulfureux BN (V sulfureuse) **1 zwavelig, zwavel- 2** FIG. **hels, heftig** • *des écrits ~* venijnige geschriften
sulfurique BN **zwavel-** • *de l'acide ~* zwavelzuur
sultan ZN M **sultan**
sultanat ZN M **sultanaat**
sultane ZN V **sultane**
summum ZN M **summum, toppunt** • *atteindre le ~ de la bêtise* het toppunt van domheid bereiken
sumo SPORT ZN M **1 sumo 2 sumoworstelaar**
sunnite BN **soennitisch**
super 1 BN onver. INFORM. **fantastisch, geweldig** • *un type / une fille ~* een geweldige vent / meid • *ils se sont acheté une ~ bagnole* ze hebben een fantastische auto gekocht • *(c'est) ~!* (dat is) te gek! **2** BW **super-, fantastisch** • *une maison ~ chère* een hartstikke duur huis • *elle danse ~ bien* ze danst fantastisch **3** ZN M supercarburant **super(benzine)** • *faire le plein de ~* de tank volgooien met super
superaliment ZN M vaak mv **superfood**
superbe 1 BN **prachtig, schitterend, groots, geweldig** • *un temps ~ pour faire du ski* prachtig skiweer • *il a une mine ~* hij ziet er geweldig goed uit **2** ZN V FORM. **hoogmoed, arrogantie**
superchampion ZN M **groot(s) kampioen**
supercherie ZN V **bedrog, zwendel**
supercoupe VOETB. ZN V **supercup**
supérette ZN V **kleine supermarkt**
superficie ZN V **1 oppervlakte 2** FORM. **oppervlakkigheid**
superficiel BN (V superficielle) OOK FIG. **oppervlakkig, oppervlakte-** • *elle est blessée, mais c'est ~* ze is maar licht gewond • *il reste un peu ~ dans ses jugements* hij is wat oppervlakkig in zijn oordelen
superfin BN **zeer fijn**
superflu 1 BN **overtollig, overbodig 2** ZN M **(het) overtollige, overvloed** • *le nécessaire et le ~* het noodzakelijke en het overtollige
supergrand INFORM. ZN M **supermacht**
supérieur 1 BN (V supérieure) **1 hoogst, boven-** • *la lèvre supérieure* bovenlip • *les étages supérieurs* bovenste verdiepingen • *le cours ~ d'un fleuve* bovenloop van een rivier **2** FIG. **hoger** • *l'enseignement ~* hoger onderwijs • *les cadres supérieurs* hogere leidinggevenden, management • *les classes supérieures* hogere (sociale) klassen • *un officier ~* hoofdofficier • *ils étaient supérieurs en nombre* ze waren in de meerderheid • *arrondir une somme à l'euro ~* een bedrag op een euro naar boven afronden • *son taux de cholestérol est ~ à la normale* zijn cholesterolgehalte is bovennormaal • *il est d'une intelligence supérieure à la moyenne* hij heeft een bovengemiddelde intelligentie **3 beter, uitstekend, voortreffelijk** • *un produit ~* uitstekend product **4 hooghartig, arrogant** • *il prend encore son air supérieur!* wat doet hij weer hooghartig! **2** ZN M (V supérieure) **1 meerdere** • *il ne s'entend pas avec son ~ hiérarchique* hij kan niet met zijn meerdere overweg **2 kloosteroverste** • *la (mère) supérieure* moeder-overste
supérieurement BW **buitengewoon**
supériorité ZN V **1 superioriteit, meerderheid, overwicht** • *la ~ du nombre / numérique* numerieke meerderheid, numeriek overwicht **2 arrogantie** • *avoir un complexe de ~* een meerderwaardigheidscomplex hebben
superlatif TAALK. **1** ZN M **overtreffende trap, superlatief** • *parler en ~s* in superlatieven spreken **2** BN (V superlative), **overtreffend** • *'super' est un préfixe ~* 'super' is een overtreffend voorvoegsel
superman ZN M (MV supermen/supermans), **held, stoere bink**
supermarché ZN M **supermarkt**
superpétrolier ZN M **supertanker, mammoettanker**
superposable BN **stapelbaar, stapel-**
superposer 1 OV WW **op / over elkaar plaatsen,** OOK FIG. **opstapelen** • *des lits superposés* stapelbed **2** WKD WW **(se ~) zich opstapelen, elkaar**

su

overlappen
superposition ZN V opeenstapeling
superproduction ZN V grote productie <film, theater>
superpuissance ZN V supermacht, grote mogendheid
supersonique BN supersonisch
superstar ZN V superster
superstitieux BN (V superstitieuse), bijgelovig
superstition ZN V bijgeloof
superstructure ZN V OOK FIG. bovenbouw
superviser OV WW superviseren, toezicht hebben over
superviseur ZN M supervisor, toeziend leider
supervision ZN V supervisie, toezicht
suppl. AFK supplément supplement
supplanter OV WW FIG. verdringen, het winnen van, vervangen • *le CD a supplanté le disque* de cd heeft de plaat verdrongen
suppléance ZN V plaatsvervanging, waarneming
suppléant **1** BN plaatsvervangend, waarnemend **2** ZN M (V suppléante), plaatsvervanger
suppléer **1** OV WW vervangen, aanvullen **2** ONOV WW **~ à** vergoeden, goedmaken, compenseren • *~ à un défaut par autre chose* een fout compenseren door iets anders
supplément ZN M **1** supplement, aanvulling, bijvoegsel • *le ~ littéraire dans le 'Monde'* de literaire bijlage van 'Le Monde' • *demander un ~ d'information* aanvullende informatie vragen • *prendre un ~ de vitamines* een vitaminesupplement nemen **2** ECON. toeslag, meerprijs • *payer un ~ dans le train* een toeslag in de trein betalen
supplémentaire BN aanvullend, supplementair, extra • *faire des heures supplémentaires* overuren maken • *on a mis des trains supplémentaires aux heures de pointe* in het spitsuur zijn er extra treinen ingezet
supplétif BN (V supplétive), aanvullend
supplication ZN V smeekbede
supplice ZN M lijfstraf, OOK FIG. marteling, kwelling • FIG. *il est au ~* hij zit op hete kolen, dat is een marteling voor hem
supplicier OV WW OOK FIG. martelen, kwellen, terechtstellen
supplier OV WW smeken • *il l'a suppliée de partir* hij smeekte haar om weg te gaan • *je t'en supplie!* toe nou!, alsjeblieft! • *un regard suppliant* een smekende blik
support ZN M **1** steun, stut **2** (informatie) drager, beeld- / geluidsdrager, medium • *un ~ publicitaire* reclamemedium / -middel
supportable BN draaglijk, te verdragen, toelaatbaar • *une chaleur peu ~* (bijna) ondraaglijke hitte
supporter[1] "suportèr" ZN M supporter • *les ~s de Feyenoord* het Feyenoordlegioen
supporter[2] "suportee" **1** OV WW **1** (onder)steunen **2** FIG. dragen, (kunnen) verdragen, uitstaan • *~ une épreuve* een beproeving doorstaan • *elle supporte mal la critique* ze kan slecht tegen kritiek • *mal ~ la chaleur* niet goed tegen de warmte kunnen • *elle ne peut plus le ~* ze kan hem niet meer uitstaan **2** WKD WW **(se ~)** elkaar verdragen • *ils ne peuvent pas se ~* ze kunnen elkaar niet uitstaan
supporteur ZN M (V supportrice) → **supporter**[1]
supposé BN verondersteld, vermoedelijk, vermeend • *l'auteur ~ du livre* de vermoedelijke auteur van het boek
supposer OV WW **1** veronderstellen, vermoeden • *supposez qu'elle ne vienne pas, que ferez-vous alors?* stel dat ze niet komt, wat doet u dan? • *à les voir ensemble, on peut ~ qu'ils ont une relation* als je ze zo samen ziet mag je aannemen dat ze een relatie hebben • *à ~ / en supposant qu'il vienne...* aangenomen / stel dat hij komt... **2** vooronderstellen, impliceren, inhouden • *cela suppose chez lui un grand courage* dat duidt erop dat hij erg moedig is
supposition ZN V veronderstelling
suppositoire ZN M zetpil
suppression ZN V opheffing, afschaffing, (het) doen verdwijnen, weglating • *on craint une ~ d'emplois dans les mois à venir* men vreest dat er de komende maanden banen geschrapt worden • *la ~ de la ponctuation rend ce texte impossible à lire* het weglaten van de leestekens maakt die tekst onleesbaar
supprimer **1** OV WW **1** opheffen, afschaffen, doen verdwijnen • *~ des emplois* banen schrappen • *~ quelques paragraphes d'un texte* een paar alinea's uit een tekst schrappen • *on lui a supprimé son permis de conduire* ze hebben zijn rijbewijs ingetrokken • *le train de 8h.03 a été supprimé* de trein van 8.03 uur is uitgevallen **2** uit de weg ruimen • *~ le témoin principal* de voornaamste getuige uit de weg ruimen **2** WKD WW **(se ~)** zelfmoord plegen
suppurer ONOV WW etteren
supputation FORM. ZN V raming, schatting
supputer FORM. OV WW ramen, schatten, berekenen • *~ ses chances de gagner* je winstkansen inschatten
supranational BN (M MV supranationaux), supranationaal
supraterrestre BN bovenaards
suprématie "-sie" ZN V oppermacht, overmacht, suprematie
suprême **1** BN **1** hoogst, opperst • *l'Etre ~* het Opperwezen • *le bonheur ~* het opperste geluk • *les honneurs suprêmes* de hoogste eer • *au ~ degré* in de hoogste mate, uiterst **2** laatst, uiterst • *le moment / l'heure ~* het uur van de dood, het uur van de waarheid • *la volonté ~* de laatste wil • *faire un ~ effort* een uiterste / laatste poging doen **2** ZN M CULIN fijne filet in romige saus
sur **1** VZ **1** (boven) op <van ruimte en richting> • *être assis ~ le toit* op het dak zitten • *habiter ~ le port* aan de haven wonen • *j'ai toujours ma carte d'identité ~ moi* ik heb altijd mijn identiteitsbewijs bij me • *chercher une rue ~ une carte* een straat op een kaart

zoeken • *la plage s'étend ~ cinquante mètres* het strand strekt zich uit over vijftig meter • *la voiture a foncé ~ la foule* de auto is op de mensen ingereden • FIG. *aller ~ la cinquantaine* tegen de vijftig lopen • FIG., INFORM. *être ~ un boulot* met een klus bezig zijn • *~ mer et ~ terre* te land en ter zee • *~ le Rhin* aan de Rijn **2 op, van de** <één element uit een reeks, verhouding> • *mon bureau fait deux mètres ~ cinq* mijn bureau is twee bij vijf meter • *un jour ~ deux, il rend visite à ses parents* om de dag gaat hij bij zijn ouders langs • *neuf fois ~ dix* negen op de tien keer **3** FIG. **over, op, wat betreft** • *les impôts ~ le revenu ont baissé* de inkomstenbelasting is omlaaggegaan • *sa thèse porte ~ la bactériologie* zijn proefschrift gaat over bacteriologie • *~ ce point, nous ne serons jamais d'accord* daarover zullen we het nooit eens worden • *~ simple présentation de votre passeport, vous obtiendrez ce papier* u krijgt dit papier op vertoon van uw paspoort **4 op, onmiddellijk na** <van tijd> • *il est mort ~ le coup* hij was op slag dood • *~ ce, il s'est enfui* en toen is hij gevlucht • *~ le coup de midi* klokslag twaalf • *~ les dix heures* tegen tienen • *~ l'heure* meteen **5 op** <wijze van doen> • *juger qn ~ les apparences* iemand op zijn uiterlijk beoordelen • *se faire faire un costume ~ mesure* een pak op maat laten maken **2** BN **zuur, rins** • *des pommes sures* zure appels

sûr BN **1 zeker** • *elle viendra, bien sûr!* natuurlijk komt ze! • *bien ~ qu'elle viendra!* natuurlijk komt ze! • *bien ~ que non* natuurlijk niet • *être ~ de soi* zeker van zichzelf zijn, zelfverzekerd zijn • *c'est ~ et certain* dat is vast en zeker, zeker weten! • *j'en suis sûr!* ik ben er zeker van!, ik weet het zeker! • *je suis ~ de ce que je dis, j'en suis sûr!* ik ben zeker van wat ik zeg, ik weet het zeker! • *rien n'est moins ~* dat is lang niet zeker • *à coup ~* ongetwijfeld, vast en zeker **2 betrouwbaar, veilig** • *un ami ~* betrouwbare vriend • *le quartier n'est pas ~ la nuit* 's avonds is het niet veilig in die wijk • *ses informations ne sont pas sûres* zijn informatie is niet betrouwbaar • *mettre un objet en lieu ~* iets veilig / op een veilige plaats opbergen • *un chirurgien qui a la main sûre* een chirurg met een vaste hand

surabondance ZN V **overvloed, overmaat**

surabondant BN **heel overvloedig, overmatig**

surabonder ONOV WW **heel overvloedig voorkomen** • *un pays qui surabonde de céréales* een land met graan in overvloed

suractivité ZN V **overactiviteit, hyperactiviteit**

suraigu BN (V suraiguë), **heel fel / schel, schril**

surajouter 1 OV WW **(als)nog toevoegen 2** WKD WW **(se ~) er nog bij komen** • *ses problèmes d'argent se surajoutent à ses soucis de santé* zijn geldzorgen komen nog bij zijn gezondheidsproblemen

suralimentation ZN V **overvoeding**

suralimenter OV WW **overvoeden**

suranné BN **verouderd, ouderwets**

surarmement ZN M **overbewapening**

surate ZN V → **sourate**

surbooké "-boe-" BN **overboekt, te vol geboekt** • *un vol ~* overboekte vlucht • INFORM. *je suis ~* ik heb te veel te doen

surbooking "-boe-" ZN M **overboeking** <te veel reserveringen>

surcapacité ZN V **overcapaciteit**

surcharge ZN V **1 overbelasting** • *avoir une ~ de bagages* overgewicht aan bagage hebben • MED. *une ~ pondérale* overgewicht **2** FIG. **overmaat, overbelasting** • *une ~ de travail* overmaat aan werk, te veel werk • *une ~ de dépenses* extra uitgaven

surcharger OV WW OOK FIG. **overladen, overbelasten** • *les trains étaient surchargés ce matin* de treinen waren vanmorgen overvol • *être surchargé d'impôts* veel / extra belasting moeten betalen

surchauffe ZN V **oververhitting**

surchauffer OV WW OOK FIG. **oververhitten**

surclasser OV WW **overklassen**

surconsommation ZN V **overconsumptie**

surcoût ZN M **extra kosten, meerkosten**

surcroît ZN M **toename, vermeerdering** • *avoir un ~ de travail* extra werk hebben • *de / par ~* bovendien

surdimensionné BN **oversized, buitensporig (groot), bovenmaats**

surdité ZN V **doofheid**

surdosage ZN M **overdosering**

surdose ZN V **overdosis**

surdoué BN **hoogbegaafd**

sureau ZN M (MV sureaux), **vlier**

sureffectif ZN M **personeelsoverschot, overbezetting**

surélévation ZN V **verhoging**

surélever OV WW **verhogen** • *~ une maison d'un étage* een verdieping op een huis (bij)bouwen

sûrement BW **zeker, stellig** • *il ne répond pas au téléphone, il est ~ en vacances* hij neemt de telefoon niet op, hij zal wel op vakantie zijn • *on va ~ le condamner* hij zal zeker veroordeeld worden • *~ pas* allicht niet • *sûrement!* gegarandeerd!

surenchère ZN V **hoger bod,** OOK FIG. **opbod** • *la ~ électorale* het wedijveren in verkiezingsbeloften • *une ~ de violences* escalatie van geweld(daden)

surenchérir ONOV WW **hoger bieden, nog duurder worden**

surenchérisseur ZN M (V surenchérisseuse), **iemand die hoger biedt**

surendetté BN **met te hoge schulden, diep in de schulden**

surendettement ZN M **te grote schuldenlast**

surentraîner OV WW **overtrainen**

suréquipement ZN M **te veel voorzieningen**

surestimation ZN V **overschatting, te hoge schatting**

surestimer OV WW **overschatten, te hoog schatten, overwaarderen** • *~ les capacités de qn* iemands capaciteiten te hoog aanslaan

sûreté ZN V **1 veiligheid** • *une chaîne de ~* veiligheidsketting • *un verrou de ~* veiligheidsgrendel • *une épingle de ~* veiligheidsspeld • *les agents de la ~*

veiligheidsagenten, rechercheurs • *atteintes à la ~ de l'État* inbreuken op de staatsveiligheid • *faire vérifier la ~ de ses freins* de veiligheid van je remmen laten controleren • *mettre qc en ~ dans un coffre* iets veilig in een kluis opbergen • *pour plus de sûreté...* voor alle zekerheid... **2** zekerheid, betrouwbaarheid • *la ~ des routes* de veiligheid op de weg • *la ~ du geste du chirurgien* de vaste hand van de chirurg

surévaluer OV WW te hoog schatten

surexcitation ZN V overprikkeling, grote opwinding

surexcité BN erg opgewonden

surexciter OV WW overprikkelen, erg opwinden

surexposer OV WW overbelichten

surexposition ZN V overbelichting

surf "seurf" ZN M **1** (het) surfen • *faire du ~* surfen **2** surfplank

surface ZN V **1** oppervlak(te), vlak • *une grande ~* supermarkt, grootwinkelbedrijf • *son appartement a une ~ de quatre-vingt-dix mètres carrés* zijn appartement heeft een oppervlakte van 90 vierkante meter • SPORT *la ~ de réparation* strafschopgebied • FIG. *faire ~* boven water komen • FIG. *refaire ~* weer opduiken **2** FIG. buitenkant • *en ~, c'est une personne agréable* ogenschijnlijk is het een aangenaam mens

surfait BN FIG. overschat • *une réputation ~e* niet geheel verdiende reputatie

surfer "seur-" ONOV WW surfen • COMP. *~ sur le net / sur Internet* surfen op internet

surfeur "seur-" ZN M (V surfeuse), surfer

surfin BN heel fijn

surgelé BN diepvries- • *des légumes surgelés* diepvriesgroente • *des surgelés* diepvriesproducten

surgeler OV WW diepvriezen, invriezen

surgénérateur ZN M snellekweekreactor

surgeon ZN M (wortel)scheut

surgir ONOV WW opkomen, opeens opduiken • *tout à coup, un individu a surgi et a tiré* opeens dook er iemand op, die schoot • *des difficultés surgissent* er rijzen plotseling moeilijkheden

su

surhausser OV WW ophogen • *~ une maison d'un étage* een verdieping op een huis (bij)bouwen

surhomme ZN M übermensch, genie

surhumain BN bovenmenselijk

surimposer OV WW te hoog belasten, extra belasten

surimposition ZN V te hoge belasting, extra belasting

surimpression ZN V afdruk (v. beelden) over elkaar heen, dubbele opname

Surinam, Suriname "-nam" ZN M Suriname

surinamien BN (V surinamienne), Surinaams

sur-le-champ BW dadelijk, meteen

surlendemain ZN M de tweede dag daarna • *le ~ de mon arrivée...* twee dagen na mijn aankomst...

surligner OV WW markeren <met markeerstift>

surligneur ZN M markeerstift

surmenage ZN M (het) te hard werken, overwerktheid, FIG. overbelasting • *le ~ scolaire* overbelasting van scholieren

surmené BN overwerkt, overspannen

surmener WKD WW **(se ~)** zich overwerken

sur-mesure ZN M maatwerk

surmontable BN overkomelijk

surmonter OV WW **1** geplaatst zijn op / boven • *un bâtiment surmonté d'une coupole* gebouw met een koepel erop **2** te boven komen, FIG. overwinnen • *~ sa peur* je angst overwinnen

surnager ONOV WW (boven)drijven

surnaturel 1 BN (V surnaturelle), bovennatuurlijk, bovennormaal • *des pouvoirs ~s* bovennatuurlijke krachten **2** ZN M (het) bovennatuurlijke

surnom ZN M bijnaam

surnombre ZN M • *être en ~* te veel zijn, overtallig zijn

surnommer OV WW een bijnaam geven

suroît ZN M zuidwester <wind>

surpasser 1 OV WW overtreffen, te boven gaan • *~ tous ses adversaires* al je tegenstanders de baas zijn **2** WKD WW **(se ~)** zichzelf overtreffen

surpeuplé BN overbevolkt • *les prisons sont surpeuplées* de gevangenissen zijn overvol • FIG. *au moment des vacances, la maison est surpeuplée* in de vakantie is het huis stampvol

surpeuplement ZN M overbevolking

surplace ZN M • SPORT *faire du ~* surplace maken • FIG. *les négociations font du ~* de onderhandelingen zitten vast

surplomb ZN M overhang • *en ~* overhangend

surplomber OV WW hangen over • *l'immeuble surplombe la mer* het gebouw springt vooruit boven zee

surplus "-pluu" ZN M (MV id.) **1** overschot • *le ~ de vêtements sera revendu pendant les soldes* kledingoverschotten gaan in de uitverkoop **2** • *de ~* overigens, bovendien

surpoids ZN M overgewicht

surpopulation ZN V overbevolking • *la ~ carcérale* overvolle gevangenissen

surprenant BN verrassend, opmerkelijk, vreemd • *c'est une nouvelle ~e* dat is een opmerkelijk bericht

surprendre OV WW onregelmatig **1** verrassen, betrappen, FIG. overvallen, overrompelen • *je l'ai surprise en train de fouiller dans mes affaires* ik heb haar betrapt toen ze in mijn spullen snuffelde • *ils m'ont surpris au saut du lit* ze zijn in alle vroegte bij me binnengevallen • *~ un secret* (toevallig) achter een geheim komen • *se laisser ~ par l'orage* door het onweer overvallen worden **2** verrassen, verwonderen • *être surpris par une nouvelle* opkijken van een nieuwtje • *il a été surpris d'apprendre que j'étais en ville* hij was verbaasd toen hij hoorde dat ik in de stad was • *son succès m'a agréablement surpris* zijn succes heeft me aangenaam verrast

surpris WW volt. deelw. → **surprendre**

surprise ZN V verrassing, verwondering • *une grève-~* onaangekondigde staking, prikactie • *il* *a démissionné à la grande ~ de tous* tot ieders grote verbazing heeft hij zijn functie neergelegd • *attaquer qn par ~* iemand onverwachts aanvallen, iemand overrompelen • *je t'ai apporté une ~* ik heb een verrassing voor je meegebracht • *pour une ~, c'est une ~* is me dat een verrassing! • *créer la ~* voor een verrassing zorgen

surproduction ZN V overproductie

surréalisme ZN M surrealisme

surréaliste 1 BN **1** surrealistisch **2** raar, bizar • *une histoire complètement ~* een krankzinnig verhaal **2** ZN M/V surrealist

sursaut ZN M **1** (het) opspringen, (het) opschrikken, schok <van schrik enz.> • *se réveiller en ~* wakker schrikken • *en ~* plotseling **2** opwelling, FIG. uitbarsting • *avoir un ~ de colère* in woede uitbarsten

sursauter ONOV WW opspringen, opschrikken • *un cri qui fait ~* een kreet waar je van opschrikt

sursis "-sie" ZN M uitstel <van betaling, straf e.d.>, opschorting, respijt • *obtenir un ~ (pour un paiement)* uitstel / surseance van betaling krijgen • JUR. *condamner qn à six mois de prison dont trois avec ~* iemand veroordelen tot zes maanden gevangenisstraf waarvan drie voorwaardelijk • OOK FIG. *c'est un homme en ~* hij is ten dode opgeschreven

sursitaire ZN M/V iemand die uitstel (van executie / dienst) geniet

surtaxe ZN V (heffings)toeslag • *payer une ~ pour affranchissement insuffisant* strafport betalen wegens onvoldoende frankering

surtaxer OV WW een extra belasting leggen op

surtitrage ZN M boventiteling

surtitrer OV WW boventitelen

surtout BW vooral • *je viens avec toi? ~ pas!* of ik met je meega? mij niet gezien!

surveillance ZN V toezicht, bewaking, surveillance • *la ~ vidéo d'une banque* videobewaking van een bank • *le malade est sous ~ médicale* de zieke staat onder medisch toezicht • *un quartier sensible qui est sous haute ~* een probleemwijk waar intensief wordt gesurveilleerd • *être sous stricte ~* onder strenge controle staan • *confier la ~ des travaux à une entreprise* het toezicht op de werkzaamheden aan een bedrijf toevertrouwen

surveillant ZN M (V surveillante), surveillant, toezichthouder

surveiller 1 OV WW toezicht houden op, bewaken, in de gaten houden • *~ les enfants* op de kinderen letten • *on la surveille de près* ze wordt scherp in het oog gehouden • *être étroitement surveillé* onder strenge bewaking zijn • *~ son poids* op je gewicht letten • *il vous faut ~ votre langage!* let een beetje op jullie taalgebruik! • JUR. *une mise en liberté surveillée* vrijlating met ondertoezichtstelling <meldingsplicht> • *être en résidence surveillée* huisarrest hebben **2** WKD WW **(se ~)** zich in acht nemen

survenir ONOV WW onregelmatig onverwachts komen / plaatsvinden

survêtement ZN M trainingspak, BELG. training

survie ZN V (het) overleven • *un kit de ~* overlevingspakket • *ses chances de ~ sont nulles* hij zal het zeker niet overleven • FIG. *l'usine ne doit sa ~ qu'aux subsides de l'État* de fabriek kan alleen dankzij staatssubsidie voortbestaan

survivance ZN V overblijfsel, relict • *des rites qui ne sont que des ~s du passé* riten die niet meer dan resten van het verleden zijn

survivant 1 BN overlevend, overgebleven **2** ZN M (V survivante), overlevende, langstlevende • *les ~s du tsunami* de overlevenden van de tsunami

survivre ONOV WW onregelmatig voortbestaan, overleven • *il a survécu à ses enfants* hij heeft zijn kinderen overleefd • *ne pas ~ à un incendie* een brand niet overleven • *ils ont survécu jusqu'à l'arrivée des secours* ze wisten in leven te blijven tot er hulp kwam

survol ZN M **1** (het) overvliegen **2** FIG. (het) vluchtig doornemen

survoler OV WW **1** vliegen boven **2** vluchtig doornemen • *~ une question* een vraagstuk oppervlakkig behandelen

survolté BN FIG. verhit, heel opgewonden, hectisch • *une salle survoltée* dolenthousiaste zaal

susceptibilité ZN V gevoeligheid, lichtgeraaktheid, vatbaarheid • *ménager la ~ de qn* iemands gevoeligheden ontzien, iemand met zijden handschoenen aanpakken

susceptible BN **1** lichtgeraakt • *il est très ~* hij is gauw op zijn tenen getrapt **2** vatbaar (voor), ontvankelijk (voor) • *l'équipe est ~ de remporter le match* het team zou de wedstrijd kunnen winnen

susciter OV WW (op)wekken, doen ontstaan • *une nouvelle qui suscite une grande curiosité* een bericht dat veel belangstelling wekt • *ses projets ont suscité beaucoup d'enthousiasme* er is veel animo voor zijn plannen • *~ des émotions* emoties losmaken

suspect "suuspè(kt)" **1** BN verdacht • *recevoir un colis ~* een verdacht pakje krijgen **2** ZN M (V suspecte), verdachte • *dans cette affaire, il est le ~ numéro un* in die zaak is hij de hoofdverdachte

suspecter OV WW verdenken • *il est suspecté de meurtre* hij wordt verdacht van moord

suspendre OV WW **1** ophangen • *~ un tableau* een schilderij ophangen **2** uitstellen • *~ sa décision* je beslissing opschorten • *l'émission a été suspendue* de uitzending is uitgesteld **3** schorsen • *~ un magistrat* een magistraat / gezagdrager schorsen • *~ qn de ses fonctions* iemand tijdelijk van zijn functie ontheffen

suspendu BN **1** hangend, zwevend <van plafond> • *un pont ~* hangbrug • *des jardins ~s* hangende tuinen • FIG. *une voiture bien ~e* auto met goede vering • FIG. *être ~ aux lèvres de qn* aan iemands lippen hangen **2** geschorst • *la juge a été ~e* de rechter is geschorst

suspens "-pa(n)" • *une affaire restée en ~* een onafgedane / (nog) onbesliste zaak • *la question reste en ~* dat blijft in het midden • *laisser une question en ~* een vraag open laten

su

suspense "-pens" ZN M (angstige) spanning • *un film / un roman à ~* thriller • *le ~ a duré jusqu'à la dernière minute du match* tot de laatste minuut van de wedstrijd was het spannend
suspension ZN V **1** hanglamp **2** uitstel, opschorting • *la ~ des opérations militaires* tijdelijke wapenstilstand • *la ~ de la grève a été votée* bij stemming is besloten tot opschorting van de staking **3** schorsing • *la ~ d'un magistrat* schorsing van een magistraat / gezagdrager **4** TECHN. ophanging **5** DRUKK. • *des points de ~* (gedachte) puntjes, puntje puntje puntje
suspicieux FORM. BN (V suspicieuse), argwanend, achterdochtig
suspicion ZN V argwaan, achterdocht, verdenking • *avoir de la ~ à l'égard de qn* iemand van iets verdenken
susurrer OV WW ruisen, gonzen, fluisteren • *~ qc à l'oreille de qn* iemand iets influisteren
sût WW geb. wijs, subj. → **savoir**
suture ZN V MED. hechting • *faire des points de ~* hechtingen aanbrengen
suturer MED. OV WW hechten
svastika ZN M swastika, hakenkruis
svelte BN slank, rank
sveltesse FORM. ZN V slankheid, rankheid
s.v.p. AFK s'il vous plaît a.u.b., alstublieft
swastika ZN M → **svastika**
sweat-shirt "swiet-" ZN M (MV sweat-shirts), sweater
swing ZN M swing
swinguer ONOV WW swingen
sycomore ZN M esdoorn
syllabe ZN V lettergreep • *ne pas prononcer une ~* geen woord zeggen
syllabique BN lettergreep-
syllogisme ZN M syllogisme, sluitrede
sylvestre FORM. BN in de bossen groeiend, bos-
symbiose ZN V symbiose
symbole ZN M symbool, zinnebeeld • *un ~ chimique* chemisch symbool • *la colombe est le ~ de la paix* de duif is het symbool van de vrede
symbolique **1** BN symbolisch **2** ZN V symboliek
symbolisation ZN V symbolisering, symbolisatie
symboliser OV WW symboliseren, verzinnebeelden
symbolisme ZN M **1** KUNST symbolisme **2** symboliek
symboliste **1** BN symbolistisch **2** ZN M/V symbolist
symétrie ZN V symmetrie
symétrique BN symmetrisch
sympa INFORM. BN sympathique sympathiek, aardig, prettig
sympathie ZN V **1** sympathie, genegenheid **2** medegevoel • *recevoir des messages de ~* gelukwensen / betuigingen van deelneming ontvangen • *témoigner sa ~ à l'occasion d'un décès* je deelneming betuigen bij een sterfgeval
sympathique BN sympathiek, aardig, prettig
sympathisant ZN M (V sympathisante), sympathisant, gelijkgezinde
sympathiser ONOV WW sympathiseren, sympathie voelen (met) • *ils ont tout de suite sympathisé* ze konden het meteen met elkaar vinden
symphonie ZN V symfonie
symphonique BN symfonisch, symfonie-
symposium "-zjom" ZN M symposium
symptomatique BN symptomatisch (**de** voor) • *cet amaigrissement est ~ de stress* die vermagering is symptomatisch voor stress
symptôme ZN M symptoom
synagogue ZN V synagoge
synchrone "-kr-" BN synchroon, gelijktijdig
synchronie ZN V synchronie, gelijktijdigheid
synchronique BN synchronisch, synchronistisch
synchronisation ZN V synchronisatie
synchroniser OV WW synchroniseren • *des feux synchronisés* groene golf <verkeer>
syncope MED., MUZ. ZN V syncope • *tomber en ~* flauwvallen
syncopé BN gesyncopeerd • *un rythme ~* syncopisch ritme
syndic ZN M beheerder <v. flatgebouw namens mede-eigenaren>, bewindvoerder
syndical BN (M MV syndicaux), vakbonds-, (vak)verenigings- • *la chambre ~e* (plaatselijke) vakvereniging <van werkgevers> • *le mouvement ~* vakbeweging • *les centrales ~es* vakcentrales
syndicalisme ZN M vakbeweging, syndicalisme
syndicaliste **1** BN vakbewegings-, syndicalistisch **2** ZN M/V voorstander / actief lid v.d. vakbeweging
syndicat ZN M **1** vakbond, vakvereniging **2** syndicaat • *le ~ d'initiative* VVV-kantoor
syndiqué **1** BN bij een vakbond aangesloten • *un ouvrier ~* georganiseerde arbeider **2** ZN M lid van een vakbond
syndiquer WKD WW (**se ~**) een vakvereniging vormen, zich bij een vakbond aansluiten
syndrome ZN M syndroom • *le ~ d'immunodéficience acquise (sida)* aids
synergie ZN V synergie
synode ZN M synode
synonyme **1** ZN M synoniem **2** BN synoniem (**de** met)
synonymie ZN V synonymie, gelijke betekenis
synopsis ZN M synopsis, beknopt overzicht
synoptique BN synoptisch, overzichts- • *un tableau ~* overzichtstabel
synovie MED. ZN V gewrichtssmeer
syntaxe ZN V syntaxis, zinsbouw
syntaxique BN syntactisch
synthèse ZN V synthese • *des hormones de ~* synthetische hormonen • COMP. *des images de ~* met de computer vervaardigde beelden, computeranimatie • *avoir l'esprit de ~* in samenhangen kunnen denken, overzicht hebben
synthétique BN synthetisch

su

synthétiser OV WW samenvatten
synthétiseur MUZ. ZN M synthesizer
syphilis "-lies" ZN V syfilis
syphilitique **1** BN syfilitisch **2** ZN M/V syfilislijder
Syrie ZN V Syrië
syrien BN (V syrienne), Syrisch
Syrien ZN M (V Syrienne), Syriër
systématique BN **1** stelselmatig **2** systematisch
systématisation ZN V systematisering
systématiser OV WW systematiseren
système ZN M **1** systeem, stelsel • *le ~ électoral* kiesstelsel • *le ~ de parenté* verwantschapssysteem • *le ~ nerveux* zenuwstelsel • *le ~ de retraite* pensioenstelsel • INFORM. *ça me tape sur le ~* dat werkt op m'n zenuwen **2** middel, werkwijze • *un ~ d'alarme* alarmsysteem • *un ~ vidéo de surveillance* videobewakingssysteem • *un ~ de navigation GPS* gps-navigatiesysteem • INFORM. *le ~ D / débrouille(-toi)* het jezelf weten te redden, slimmigheidje <om je eruit te redden> • INFORM. *je connais le ~* ik weet hoe je dat moet regelen

T

t ZN M letter **t** • *en forme de T* T-vormig • *des tables (disposées) en T* tafels (gerangschikt) in T-vorm
t' PERS VNW → **te, tu**
ta BEZ VNW V → **ton**
T.A.A.F. AFK Terres australes et antarctiques françaises V MV Franse overzeese gebiedsdelen in het zuidpoolgebied
tabac ZN M **1** tabak • *du ~ blond / brun* lichte / zware tabak • *du ~ à rouler* shag • *du ~ à priser* snuiftabak • *une blague à ~* tabakszak • *un bureau / un débit de ~* tabakswinkel, verkooppunt voor rookwaren **2** INFORM. pak slaag • *passer à ~* afranselen **3** INFORM. groot succes • *la pièce a fait un ~* het stuk had veel succes / was een kassucces
tabagie ZN V rookhol <vertrek vol rook>
tabagisme ZN M (het) roken, rookverslaving
tabasser INFORM. OV WW aftuigen, afrossen • *se faire ~ par qn* door iemand in elkaar geslagen worden
table ZN V **1** tafel, eettafel • *une ~ en bois* houten tafel • *une ~ pliante* (op)klaptafel • *une ~ de nuit / chevet* nachtkastje • *une ~ de jardin* tuintafel • *une ~ à langer* commode • *une ~ à repasser* strijkplank • *une ~ d'opération* operatietafel • *une ~ d'hôte* (het) mee-eten als betalend gast • *les plaisirs de la ~* de tafelgeneugten • *un vin de ~* tafelwijn • FIG. *une ~ ronde* rondetafelconferentie, kringdiscussie • FIG. *des dessous de ~* geld onder de tafel, smeergeld, steekpenningen • *mettre / dresser la ~* de tafel dekken • *être à ~* aan tafel zitten • *sortir de ~ / se lever de ~* van tafel gaan • *débarrasser la ~* de tafel afruimen • LETT. *se mettre à ~ / passer à ~* aan tafel gaan • FIG. *se mettre à ~* doorslaan <bekennen> **2** plaat, blad, tafel • *une ~ de cuisson* kookplaat • *une ~ de mixage* mengpaneel • *une table d'écoute* afluisterapparatuur **3** tabel, lijst • *une ~ des matières* inhoudsopgave • *la ~ de cinq* de tafel van vijf • *une ~ de multiplication* tafel v. vermenigvuldiging • *les Tables de la Loi* de tafelen der Wet • FIG. *faire ~ rase de son passé* met een schone lei beginnen
tableau ZN M (MV tableaux) **1** schilderij • *un ~ de maître* schilderij van de meester • *une galerie de ~x* schilderijenverzameling **2** tafereel, scène, beeld • *des ~x vivants* levende beelden • *l'écrivain a peint un ~ poignant de cette époque* de schrijver heeft een aangrijpend beeld geschetst van deze periode • FIG. *brosser un ~ de la situation* een beeld schetsen van de situatie, een overzicht geven van de situatie **3** tabel, lijst • *le ~ des conjugaisons des verbes irréguliers* een lijst van de vervoegingen van de onregelmatige werkwoorden **4** bord, paneel • *un ~ d'affichage* mededelingenbord • *un ~ blanc interactif / T.B.I.* digitaal schoolbord, smartboard • *les ~x d'arrivées et de départs (dans une gare)* de borden met de aankomst- en vertrektijden (in een station) • *un ~ de bord* dashboard,

instrumentenbord • O&W *aller au* ~ voor het bord komen • FIG. *il gagne sur tous les* ~*x* hij wint op alle fronten
tablée ZN V tafelgezelschap <groep mensen aan eettafel>
tabler ONOV WW ~ **sur** rekenen op <iets>, vertrouwen op
tablette ZN V **1** plankje • *une* ~ *de lavabo* plaat boven een wastafel • *une* ~ *de radiateur* bovenblad van een radiator **2** tablet, plak • *une* ~ *de chocolat* plak chocola • *un médicament en* ~ geneesmiddel in tabletvorm **3** COMP. tablet(computer) • *tablette hybride* laplet
tableur COMP. ZN M spreadsheet, rekenblad
tablier ZN M schort • *un* ~ *de cuisine* keukenschort • FIG. *rendre son* ~ de dienst opzeggen, ontslag nemen
tabloïd, **tabloïde** ZN M tabloid <krant op halfformaat>, sensatieblad
tabou 1 ZN M taboe • *lever un* ~ een taboe doorbreken **2** BN taboe(-) • *des sujets* ~*s* taboeonderwerpen
taboulé CUL. ZN M tabouleh
tabouret ZN M krukje, voetenbankje
tac "tak" ZN M tik <van degen> • *répondre du* ~ *au* ~ iemand lik op stuk geven
tache ZN V vlek, FIG. smet • *des* ~*s de rousseur* sproeten • *des* ~*s de vieillesse* ouderdomsvlekken • *un vêtement couvert de* ~*s* een kledingstuk vol vlekken • FIG. *faire* ~ niet passen, hinderlijk afsteken
tâche ZN V taak • *les tâches quotidiennes* de dagelijkse taken / bezigheden • *il ne me facilite pas la* ~ hij maakt het me niet gemakkelijk • *remplir une* ~ een taak vervullen • *ne pas être à la hauteur de sa* ~ niet tegen je taak opgewassen zijn
tacher 1 OV WW (be)vlekken, bezoedelen • ~ *son pantalon avec du café* koffievlekken maken op je broek • *un pantalon taché* broek met vlekken **2** WKD WW **(se ~)** vlekken krijgen • *se* ~ *les mains* vlekkerige handen krijgen
tâcher ONOV WW trachten (te), proberen (te) • *tâchez d'arriver à l'heure demain!* probeer morgen op tijd te komen! • *tâchez qu'il ne s'aperçoive pas de votre absence!* zorg ervoor dat hij niet merkt dat u er niet bent!
tâcheron ZN M **1** MIN. werkezel, sloof **2** dagwerker
tacheter OV WW (be)vlekken, bespikkelen
tacite BN stilzwijgend
taciturne BN zwijgzaam
tacot INFORM. ZN M rammelkast <oude gammele auto>
tact "takt" ZN M **1** tact, fijngevoeligheid **2** tastzin, gevoel • *manquer de* ~ tact missen, tactloos zijn
tacticien ZN M (V tacticienne), tacticus
tactile BN voel-, tast-, tactiel • COMP. *un écran* ~ aanraakscherm, touchscreen
tactique 1 BN tactisch **2** ZN V tactiek
taf INFORM. ZN M werk
taffe INFORM. ZN V trekje <aan sigaret>
tag "tag met harde g" ZN M **1** tag <graffitilogo> **2** comp tag
tagine ZN M → **tajine**
tagliatelle ZN V meestal mv tagliatelle
taguer OV WW graffiti aanbrengen op • ~ *un mur* graffiti op een muur aanbrengen
tagueur ZN M (V tagueuse), graffitispuiter
taie ZN V (kussen)sloop • *une* ~ *d'oreiller* kussensloop
taillader WKD WW **(se ~)** zich snijden • *se* ~ *la main en découpant la viande* in je hand snijden bij het snijden van het vlees
taille ZN V **1** grootte, omvang, maat <van kledingstuk>, (lichaams)lengte, postuur • *il est de petite* ~ hij is klein van stuk • *avoir la* ~ *mannequin* een modellenfiguur hebben, een standaardmaat hebben • *quelle* ~ *faites-vous?* welke maat heeft u? • *Ils sont de la même* ~ ze zijn even groot • *la veste est juste à ma* ~ het jasje is net mijn maat • *il a fait une faute de* ~ hij heeft een aanzienlijk grote fout gemaakt • *il n'est pas de* ~ *à battre son concurrent* hij is niet in staat zijn concurrent te verslaan, hij kan zijn tegenstander niet aan • *c'est un adversaire à sa* ~ het is een gelijkwaardig tegenstander **2** taille • *le tour de* ~ taille(wijdte /-omvang) • *elle a une* ~ *de guêpe* zij heeft een wespentaille • *avoir la* ~ *fine* slank zijn **3** snoei(ing), (in)snijding, (het) behouwen, (het) slijpen <van diamant>, (het) graveren • *la* ~ *des rosiers* het snoeien van de rozenstruiken • *la* ~ *d'un diamant* het slijpen van een diamant
taillé BN FIG. gebouwd • *un crayon* ~ *en pointe* een potlood met een punt • *être* ~ *pour qc* geknipt zijn voor iets
taille-crayon ZN M (MV taille-crayons), puntenslijper
tailler 1 OV WW (uit)snijden, snoeien, behouwen, slijpen, (bij)knippen • ~ *une veste dans un tissu* een jasje uit een lap stof knippen • ~ *un diamant* een diamant slijpen • ~ *une haie* een heg snoeien • FIG. ~ *en pièces* in mootjes hakken • INFORM. ~ *une veste à qn* kwaadspreken over iemand **2** WKD WW **(se ~) 1** gaan strijken met, behalen • *se* ~ *un beau succès* een mooi succes behalen **2** INFORM. 'm smeren, afnokken
tailleur ZN M **1** kleermaker • *se faire faire un costume chez un* ~ een pak laten maken bij een kleermaker • *être assis en* ~ in kleermakerszit zitten **2** mantelpak **3** slijper, houwer, snijder, snoeier • *un* ~ *de pierre* steenhouwer
tailleur-pantalon ZN M (MV tailleurs-pantalons), broekpak
taillis ZN M kreupelhout
taire 1 WKD WW **(se ~)** zwijgen • *taisez-vous!* houd jullie mond! **2** OV WW onregelmatig verzwijgen • *c'est une personne dont je tairai le nom* dat is iemand van wie ik de naam niet zal zeggen
tajine ZN M **1** tajine <kegelvormige aarden stoofpot> **2** CULIN (lams)stoofschotel in zo'n pot
talc ZN M talkpoeder

ta

talent ZN M talent • *un acteur de ~* talentvol acteur • *avoir du ~ pour la sculpture* talent hebben voor beeldhouwkunst
talentueux BN (V talentueuse), **begaafd, talentvol**
talion ZN M • *la loi du ~* oog om oog, tand om tand
talisman ZN M **talisman**
talkie-walkie ZN M (MV talkies-walkies), **walkietalkie**
talmud ZN M **Talmoed**
taloche INFORM. ZN V **mep, oorvijg** • *recevoir une ~* een draai om de oren krijgen
talon ZN M **1 hiel** • *le ~ d'Achille* achilleshiel • FIG. *marcher sur les ~s de qn* iemand op de hielen zitten • FIG. *tourner les ~s* je hielen lichten **2 hak** • *des chaussures à ~s hauts / plats* schoenen met hoge / lage hakken • *des ~s aiguilles* naaldhakken
talonner OV WW **op de hielen zitten,** OOK FIG. **achtervolgen** • *il est talonné par un autre coureur* hij wordt op de hielen gezeten door een andere hardloper • FIG. *la faim le talonne* hij wordt door honger achtervolgd
talquer OV WW **met talk bepoederen**
talus "-luu" ZN M **talud, glooiing, steile berm**
tambouille INFORM. ZN V **prakje** <maaltijd>
tambour ZN M **1 trommel, tamboer** • *le roulement du ~* tromgeroffel • OOK FIG. *battre le ~* de trom roeren • FIG. *partir sans ~ ni trompette* met stille trom vertrekken • FIG. *mener une affaire ~ battant* iets voortvarend afhandelen **2 trommelslager 3 tochtportaal** • *une porte à ~* draaideur, tochtdeur **4** TECHN. **trommel** <v. wasmachine>
tambourin ZN M **tamboerijn, hoge, smalle trom**
tambouriner ONOV WW **trommelen** • *~ sur la porte pour se faire ouvrir* op de deur trommelen tot wordt opengedaan
tamis "-mie" ZN M **zeef** • *passer de la farine au ~* meel zeven
Tamise ZN V **Theems**
tamiser OV WW **1 ziften, zeven 2 filteren / dempen** <van licht> • *une lumière tamisée* gedempt licht
tampon ZN M **1 stempel** • *le ~ de la poste* poststempel • *apposer un ~ sur un passeport* een stempel zetten op een paspoort **2 tampon prop, poetssponsje, dot** <watten, katoen> • *un ~ hygiénique / périodique* tampon **3 buffer** • *un État ~* bufferstaat • *faire ~* als buffer fungeren, de klap opvangen
tamponner **1** OV WW **1 stempelen** • *faire ~ son passeport* je paspoort laten stempelen **2 deppen** <met een dot> • *~ le visage d'un malade* het gezicht van een zieke deppen **3 botsen tegen** <voertuig> • *il a tamponné un cycliste* hij heeft een fietser aangereden **2** WKD WW **(se ~) 1 (zich) deppen** • *se ~ les yeux avec son mouchoir* je ogen deppen met een zakdoekje **2 elkaar rammen, op elkaar botsen** • *les deux trains se sont tamponnés* de twee treinen zijn tegen elkaar gebotst
tamponneur BN (V tamponneuse), **bots-** • *les autos tamponneuses* botsauto's

tam-tam ZN M (MV tam-tams) OOK FIG. **tamtam** • *faire du ~ autour de la mort d'une princesse* veel ophef maken over de dood van een prinses
tancer FORM. OV WW **berispen, een uitbrander geven aan**
tandem ZN M OOK FIG. **tandem** • *ils forment un bon ~ de travail* zij vormen een mooi werkduo
tandis que "-die(s)" VOEGW **terwijl** • *tandis qu'elle était en train de téléphoner, on lui a volé son sac* haar tas werd gestolen terwijl ze aan het bellen was
tangent WISK. BN **1 rakend** • *un plan ~* raakvlak **2 op het nippertje** • *elle est sélectionnée, mais c'est ~* zij is geselecteerd, maar het is wel kielekiele
tangente ZN V **raaklijn, tangens** • FIG., INFORM. *prendre la ~* ertussenuit knijpen
tangible BN OOK FIG. **tastbaar, voelbaar**
tango ZN M **tango**
tanguer ONOV WW **stampen** <v. schip>, **schommelen** <van voertuig>
tanière ZN V OOK FIG. **(dieren)hol**
tanin ZN M **tannine, looistof**
tank ZN M **1 tank** <gevechtswagen> **2** INFORM. **bak** <grote, lelijke auto>
tanker "-keur" ZN M **(olie)tanker**
tannage ZN M **(het) looien**
tannant INFORM. BN **(stom)vervelend**
tanner OV WW **1 bruinen** <van huid>, **tanen** • *avoir la peau tannée* een gebruinde huid hebben **2** INFORM. **erg vervelen, op de zenuwen werken** • *ils me tannent pour que je parte en vacances* ze zitten me aan mijn kop te zeuren dat ik op vakantie moet **3** TECHN. **looien**
tannerie ZN V **leerlooierij**
tanneur ZN M (V tanneuse), **leerlooier**
tannin ZN M → **tanin**
tant BW **1 zoveel** <hoeveelheid, intensiteit>, **zo(zeer)** • *~ de gens* zo veel mensen • *il est venu ~ de fois* hij is zo vaak geweest • *on le paye ~ au mot* hij krijgt zoveel per woord betaald • *elle souffre ~ qu'elle ne parle plus* ze lijdt zo dat ze niet meer praat • *on l'aime ~!* we houden zo veel van hem! • *il a fait ~ et si bien qu'elle accepte de déménager* hij heeft het zo geregeld dat ze akkoord gaat om te verhuizen **2 zo** <vergelijking>, **zoveel, zolang** • *~ mieux pour elle* des te beter voor haar, gelukkig maar voor haar • *~ pis pour lui* jammer dan voor hem, pech gehad voor hem • *~ bien que mal* zo goed en zo kwaad als het gaat / ging • *~ qu'on a la santé...* zolang we gezond zijn..., als we maar gezond zijn! • *~ qu'à faire, viens avec nous* als je het dan toch moet doen, ga dan met ons mee, dan kun je net zo goed met ons meegaan • *je ne le connais qu'en ~ que médecin* ik ken hem alleen als arts • *en ~ que représentant de la maison ...* als vertegenwoordiger van de firma... • *en ~ que tel* als zodanig
Tantale ZN M • *le supplice de ~* tantaluskwelling
tante ZN V **1 tante 2** INFORM. **nicht** <homo>
tantine JEUGDT. ZN V **tantetje**
tantinet INFORM. ZN M **tikkeltje, ietsje** • *il est un ~ peureux!* hij is een beetje angstig!, hij is ietwat angstig!

tantôt BW **1** vanmiddag • *à tantôt!* tot vanmiddag! **2** dadelijk, zo-even • *~ il dit oui, ~ il dit non* nu eens zegt hij ja, dan weer nee • *c'est ~ ci, ~ ça* het is nu eens zus, dan weer zo

Tanzanie ZN V Tanzania

taon "ta(n)" ZN M brems, horzel, steekvlieg

tapage ZN M kabaal, lawaai, OOK FIG. drukte • *on a fait beaucoup de ~ autour de ce film* er is een hoop ophef gemaakt over deze film • *déposer une plainte pour ~ nocturne* een klacht indienen wegens nachtelijk burengerucht

tapageur BN (V tapageuse) **1** luidruchtig, rumoerig • *avoir des voisins ~s* luidruchtige buren hebben **2** opzichtig, FIG. schreeuwerig • *faire une pub tapageuse pour un livre* schreeuwerige reclame maken voor een boek • *s'habiller de couleurs tapageuses* opzichtige kleuren dragen

tapant BN klokslag • *arriver à six heures ~es* klokslag zes uur aankomen

tapas CUL. ZN V MV tapas

tape ZN V tik, klap(je)

tapé INFORM. BN getikt • *ils sont un peu tapés dans cette famille* zij zijn een beetje getikt binnen deze familie

tape-à-l'œil **1** BN onver. opzichtig • *des vêtements ~* opzichtige kleren **2** ZN M (MV id.), opzichtigheid • *son discours n'est que du ~* zijn toespraak is een en al effectbejag

tapecul INFORM. ZN M hotsende wagen, rammelkast

tape-cul INFORM. ZN M (MV tape-culs) → **tapecul**

tapée INFORM. ZN V groot aantal, (hele) hoop • *une ~ d'enfants* een rits kinderen

tapenade CUL. ZN V tapenade

taper **1** OV WW **1** slaan, klappen geven, kloppen, tikken • *~ qn dans le dos* iemand op de schouder kloppen • *~ le mur avec ses poings* met je vuisten tegen de muur slaan • *~ une lettre à l'ordinateur* een brief typen op de computer **2** INFORM. geld te leen vragen • *~ qn de cent euros* iemand 100 euro aftroggelen / afbietsen **2** ONOV WW **1** kloppen, slaan • *~ dans le ballon* de bal een trap geven • *~ à la fenêtre* op het raam kloppen, tegen het raam tikken • *~ des mains / dans ses mains* in je handen klappen • *~ sur un clou* op een spijker slaan • *l'enfant tape du pied* het kind stampt met zijn voeten • *~ dessus / dans le tas* erop los slaan • INFORM. *il lui tape dessus sans arrêt* hij slaat hem non-stop, FIG. hij geeft continu op hem af • *~ dans la caisse* een greep in de kas doen **2** FIG. toeslaan, hard aankomen, steken <v. zon> • INFORM. *le soleil tape fort! / ça tape!* het is snikheet!, die (zon) brandt! • INFORM. *~ dans l'œil* meteen opvallen, meteen bevallen • INFORM. *ce type lui a tapé dans l'œil* die kerel viel hem meteen op **3** WKD WW **(se ~)** **1** slaan • *se ~ sur les cuisses* op je dijen slaan (van plezier) **2** INFORM. doen, te doen krijgen <een karwei> • *je me tape toujours la corvée de vaisselle* ik moet altijd opdraaien voor het afwassen • *se ~ tout le boulot* voor al het werk opdraaien **3** INFORM. naar binnen slaan <eten, drank> • *se ~ une bonne bouteille* een goede fles naar binnen slaan **4** INFORM. • *se ~ un mec* een kerel neuken • *je m'en tape!* daar heb ik schijt aan!

tapette ZN V **1** mattenklopper, vliegenmepper **2** MIN. nicht <homo>, mietje

tapeur INFORM. ZN M (V tapeuse), bietser

tapin INFORM. ZN M tippelaarster • *faire le ~* tippelen

tapinois • *en ~* stilletjes, heimelijk

tapir **1** WKD WW **(se ~)** wegkruipen, zich verbergen • *un chien tapi sous la table* een onder de tafel weggedoken hond • *se ~ chez soi (pour travailler / écrire)* je thuis opsluiten (om te werken / schrijven) **2** ZN M tapir

tapis "-pie" ZN M OOK FIG. tapijt, vloerkleed, mat • *un ~ persan* Perzisch tapijt • *un ~ de bain* badmat • *un ~ roulant* lopende band, transportband • *un ~ de sol* grondzeil • *un ~ volant* vliegend tapijt • FIG. *un marchand de ~* opdringerige verkoper • *secouer un ~* een kleed (uit)kloppen • FIG. *dérouler le ~ rouge pour qn* de rode loper uitleggen voor iemand • SPORT *aller au ~* tegen de grond gaan • SPORT *envoyer qn au ~* iemand neerslaan, iemand vloeren • FIG. *un sujet qu'on met sans arrêt sur le ~* een onderwerp dat almaar ter sprake wordt gebracht

tapis-brosse ZN M (MV tapis-brosses), deurmat, ruige mat

tapisser OV WW behangen, bedekken • *~ une chambre à coucher* een slaapkamer behangen

tapisserie ZN V **1** tapijtwerk, wandtapijt • *faire ~* muurbloempje zijn **2** borduurwerk

tapissier ZN M (V tapissière), tapijtwever, stoffeerder

tapoter **1** OV WW zacht tikken • *~ une vitre* zachtjes op een raam tikken **2** ONOV WW pingelen • *~ sur un piano* op een piano pingelen

taquet ZN M wig, klamp, pin(netje)

taquin **1** BN plaagziek, plagerig **2** ZN M (V taquine), plaaggeest

taquiner OV WW plagen

taquinerie ZN V plaagzucht, plagerij

tarabiscoté BN OOK FIG. opgesmukt • *un style ~* gekunstelde stijl

tarabuster INFORM. OV WW hinderen, vervelen, dwarszitten • *il m'a tarabusté jusqu'à ce que je lui achète un vélo* hij heeft me net zo lang aan m'n kop gezeurd totdat ik een fiets voor hem kocht

taratata INFORM. TUSSENW ach kom!, hou op!, flauwekul!

tarauder FORM. OV WW knagen aan • *un souvenir qui le taraude* een herinnering die aan hem knaagt

tard **1** BW laat • *jusque ~ dans la nuit* tot diep in de nacht • *il est ~ / il se fait ~* het wordt (al) laat • *arriver plus ~ que prévu* later aankomen dan voorzien • *remettre à plus ~* uitstellen • *on verra ça plus ~* dat is van later zorg • *nous arrivons samedi au plus ~* we komen op zijn laatst / uiterlijk zaterdag aan • *mieux vaut ~ que jamais* beter laat dan nooit **2** ZN M late leeftijd, laat tijdstip • *se marier sur le ~* (pas) op latere leeftijd trouwen

tarder **1** ONOV WW op zich laten wachten, lang uitblijven, er lang over doen (**à** om) • *il ne ~a* *pas à arriver* hij zal gauw komen, hij komt zo • *il tarde à venir* het duurt lang voor hij komt, hij blijft lang weg • *arriver sans ~* (zo) meteen aankomen **2** ONP WW • *il me tarde de venir* ik verlang ernaar om te komen • *il me tarde que tu viennes* ik verlang ernaar dat je komt

tardif BN (V tardive), **laat, te laat, verlaat** • *des fraises tardives* late aardbeien • *à une heure tardive* op de late avond

tardivement BW **laat**

tare ZN V **1** PSYCH. **erfelijke afwijking 2 gebrek, fout**

taré BN **1** MED. **erfelijk belast 2** INFORM. **idioot** • *c'est une bande de tarés qui sème la peur dans le quartier* dat zijn een stel idioten die angst zaaien in de wijk

tarentule ZN V **tarantula**

targette ZN V **schuif, grendel, knip** • *ferme la porte à la ~!* doe de deur op de knip!

targuer FORM. WKD WW **(se ~) prat gaan (op), pochen (op), zich erop laten voorstaan dat** • *se ~ de tout savoir* je erop laten voorstaan dat je alles weet

tarif ZN M **tarief, prijs(lijst)** • *un ~ horaire* uurtarief • *le ~ postal* posttarief • *voyager à ~ réduit* reizen tegen gereduceerd tarief • *faire qc à un ~ préférentiel* iets doen tegen een voorkeurtarief • *payer plein ~* het volle tarief betalen, het volle pond betalen • *afficher les ~s (dans un café)* de prijslijst ophangen (in een café)

tarifaire BN **volgens het tarief, tarief-**

tarifer OV WW **tariferen, het tarief vaststellen van**

tarification ZN V **tarifering, tariefbepaling**

tarir 1 OV WW **doen opdrogen,** FIG. **uitputten** • *la sécheresse a tari le cours d'eau* door de droogte is de waterloop droog komen te staan • *le puits est tari* de put is drooggevallen **2** ONOV WW **uitdrogen, opdrogen** • FIG. *des pleurs qui ne tarissent pas* tranen die niet te stelpen zijn • FIG. *ne pas ~ sur un sujet* niet uitgepraat raken over een onderwerp • FIG. *ne pas ~ d'éloges sur qn* vol lof zijn over iemand, iemand met lof overladen **3** WKD WW **(se ~)** FORM. **uitgeput raken, ophouden, opdrogen** • *la source s'est tarie* de bron is opgedroogd • *son imagination s'est tarie* zijn verbeeldingskracht is uitgeput

tarissement ZN M **opdroging,** FIG. **uitputting**

tarot ZN M **tarot** • *les ~s* de tarotkaarten

tartare BN **Tartaars** • *une sauce ~* tartaarsaus • *un steak ~ / un ~* tartaartje

tarte 1 ZN V **1 taart, gebak** • *une ~ aux pommes* appeltaart • *une ~ Tatin / à la Tatin* omgekeerde appeltaart • *une ~ salée* hartige taart • *~ à la crème* LETT. slagroomtaart, FIG. loze kreet, dooddoener • INFORM. *c'est pas de la ~* dat is geen peulenschil **2** INFORM. **klap, mep 2** BN INFORM. **stom, lelijk, flut-** • *une réponse un peu ~* een beetje een flutantwoord

tartelette ZN V **taartje**

tartempion ZN M MIN. **oelewapper**

tartignolle INFORM. BN **stom, flut-, truttig**

tartine ZN V **1 boterham** • *une ~ de confiture* boterham met jam • *des ~s grillées* geroosterde sneetjes brood **2** INFORM. **langdradig betoog / verhaal**

tartiner OV WW **besmeren** <van brood> • *du pâte à tartiner* smeerbaar broodbeleg • *du fromage à ~* smeerkaas

tartre ZN M **1 tandsteen 2 wijnsteen, ketelsteen**

tartufe ZN M → **tartuffe**

tartuffe ZN M **huichelaar**

tas "tà" ZN M **hoop, stapel** • *un ~ d'affaires* een hoop spullen • *un ~ d'ordures* afvalhoop • *il sait (tout) un ~ de choses* hij weet een hoop • INFORM. *il a des ~ d'amis* hij heeft een hele hoop vrienden • INFORM. *il a tout un ~ de problèmes* hij heeft een heleboel problemen • *ça s'apprend sur le ~* dat leer je in de praktijk • *le soldat a tiré dans le ~* de soldaat schoot in het wilde weg

tasse ZN V **kopje** • *boire une ~ de café* een kopje koffie drinken • *une ~ et une soucoupe* kop-en-schotel • INFORM. *ce n'est pas ma ~ de thé* dat is niets voor mij • INFORM. *boire la ~* water binnenkrijgen <bij het zwemmen>, kopje-onder gaan

tassé BN **1 vol 2** INFORM. **sterk** <van drank> • *un café bien ~* flink sterke koffie • FIG. *il a la cinquantaine bien tassée* hij is dik in de vijftig, hij is een goeie vijftig jaar oud

tassement ZN M **verzakking,** OOK FIG. **inzakking** • *le ~ du sol* grondverzakking

tasser 1 OV WW **opeenpakken, op elkaar persen, aandrukken** • *~ des affaires dans un sac* spullen in een tas proppen • *on a dû ~ les quatre enfants sur le siège arrière (de la voiture)* we moesten de vier kinderen op de achterbank (van de auto) proppen **2** WKD WW **(se ~) 1 verzakken, in elkaar zakken, inklinken, (in)krimpen** • *se ~ avec l'âge* krimpen naarmate je ouder wordt **2** INFORM. **zich volproppen, dicht op elkaar kruipen**

tata JEUGDT. ZN V **tante**

tâter 1 OV WW **1 bevoelen, betasten** • *~ le pouls* de pols voelen **2 aftasten, polsen** • FIG. *~ le terrain* het terrein verkennen **2** WKD WW **(se ~) aarzelen, erover nadenken** • *Paris ou New York, je ne sais pas encore, je me tâte* Parijs of New York, ik moet er nog even over nadenken

tatillon BN (V tatillonne), **pietluttig** • *un esprit ~* pietluttig karakter, pietlut

Tatin ZN V • *une tarte ~* omgekeerde appeltaart

tâtonnement ZN M OOK FIG. **(het) (aarzelend) tasten, voorzichtige poging**

tâtonner ONOV WW OOK FIG. **(aarzelend) tasten, rondtasten** • *~ dans le noir pour trouver qc* in het donker tasten om iets te vinden

tâtons • FIG. *à ~* op het gevoel • *avancer à ~* op de tast lopen • *chercher l'interrupteur à ~* tasten naar de lichtschakelaar

tatou ZN M **gordeldier**

tatouage ZN M **tatoeëring**

tatouer OV WW **tatoeëren**

taudis "-die" ZN M **krot**

taulard INFORM. ZN M **bajesklant**

taule INFORM. ZN V **bajes, bak** • *aller en ~* de bak in draaien • *envoyer qn en ~* iemand in de nor stoppen

ta

• *faire de la ~* in de nor zitten
taulier INFORM. ZN M (V taulière), **(slechte) hospes, (hotel)baas**
taupe ZN V OOK FIG. **mol, mollenvel** • *être myope comme une ~* stekeblind zijn
taureau ZN M (MV taureaux), **stier** • *être fort comme un ~* zo sterk als een beer zijn
Taureau ZN M **Stier** <dierenriem>
taurillon ZN M **jonge stier, stierkalf**
tauromachie ZN V **(het) stierenvechten, stierengevecht**
tautologie ZN V **tautologie**
taux ZN M **1 percentage, graad, gehalte, peil, (-)cijfer** • *le ~ d'intérêt* rentevoet • *le ~ de natalité* geboortecijfer • *le ~ de glucose* (bloed)suikerspiegel • *le ~ d'alcool dans le sang* alcoholpercentage in het bloed • *le ~ de chômage est de dix pour cent* het werkloosheidscijfer is tien procent • *le ~ d'occupation des chambres d'hôtel* de bezettingsgraad van de hotels **2 koers, tarief** • *le ~ des cotisations sociales* de hoogte van de sociale premies
taxation ZN V **bepaling v.d. kosten / lasten, belasting(heffing)**
taxe ZN V **1 belasting, heffing** • *la ~ sur la valeur ajoutée / la T.V.A.* belasting op de toegevoegde waarde / btw • *toutes ~s comprises / T.T.C.* inclusief btw, all-in • *hors ~(s)* belastingvrij, BELG. taksvrij • *un prix hors ~(s)* prijs exclusief belasting • *la ~ d'aéroport* luchthavenbelasting • *la ~ routière* wegenbelasting, BELG. verkeersbelasting • *une ~ portuaire / de port* havenbelasting • *la ~ carbone* CO_2-heffing, koolstofbelasting, CO_2-taks • *la ~ de séjour* verblijfsbelasting <in toeristenoord> • *la ~ foncière / d'habitation* onroerendezaakbelasting, ≈ ozb • *la ~ professionnelle* (gemeentelijke) bedrijfsbelasting **2 officieel vastgestelde prijs, tarief**
taxer OV WW **officieel vaststellen** <van prijs>, **belasten** • *des objets taxés* artikelen die belast zijn
taxi ZN M **1 taxi** • *une station de ~s* taxistandplaats • *un ~ en maraude* snorder • *héler un ~ dans la rue* een taxi aanroepen op straat • *prendre un ~* een taxi nemen **2** INFORM. **taxichauffeur**
taximètre ZN M **taximeter**
taxinomie ZN V **taxonomie, biologische classificatie**
Tchad ZN M **Tsjaad**
tchador ZN M **chador** <islamitisch gewaad>
tchatche INFORM. ZN V • *avoir de la ~* een vlotte babbel hebben • *c'est de la ~!* allemaal klets!
tchatcher INFORM. ONOV WW **kwebbelen, kletsen**
tchécoslovaque BN **Tsjecho-Slowaaks**
Tchécoslovaquie ZN V **Tsjecho-Slowakije**
tchèque 1 BN **Tsjechisch** • *la République ~* Tsjechië **2** ZN M **(het) Tsjechisch**
Tchèque ZN M/V **Tsjech**
Tchéquie ZN V **Tsjechië**
tchin-tchin TUSSENW **proost!**
T.D. AFK travaux dirigés M MV **werkcollege**
TDAH AFK trouble déficitaire de l'attention avec hyperactivité M **ADHD**
te, t' <voor klinker of stomme h> PERS VNW **je, (aan) jou** • *elle t'a embrassé?* heeft ze je gekust? • *il ~ déteste* hij haat je • *je ~ le donne* ik geef het jou • *qui t'a donné ça?* wie heeft je dit gegeven? • *allez, tu ~ dépêches un peu!* hup, schiet eens wat op! • *tu ~ tais maintenant!* nu houd je je mond!
technicien "tek-" ZN M (V technicienne), **technicus, vakman**
technicité "tek-" ZN V **technisch karakter**
technique "tek-" **1** BN **technisch** • *un terme ~* vakterm • *un collège ~* technische school • *un incident ~* technische storing **2** ZN V **techniek** • *les ~s de pointe* hoogwaardige technieken • *un musicien qui a une bonne ~* musicus met een goede techniek
technocrate "tek-" MIN. ZN M/V **technocraat**
technocratique BN **technocratisch**
technologie "tek-" ZN V **technologie** • *les ~s de pointe* geavanceerde / hoogwaardige technologieën, hightech technologie
technologique "tek-" BN **technologisch**
technologue "tek-" ZN M/V **technoloog**
teck ZN M **teak(hout)**
teckel ZN M **teckel**
tectonique 1 BN **tektonisch 2** ZN V **tektoniek**
teenager "tieneedzjeur" ZN M/V **teenager**
tee-shirt, teeshirt "tiesjeurt" ZN M (MV tee-shirts, teeshirts), **T-shirt**
teigne ZN V **1 hoofdzeer 2** INFORM. **rotmens** • *être (mauvais comme) une ~* een kreng zijn
teigneux BN (V teigneuse) **1 zeerhoofdig 2** INFORM. **zo vals als een kat, chagrijnig**
teindre 1 OV WW onregelmatig **verven, kleuren 2** WKD WW **(se ~)** • *se ~ (les cheveux)* je haar verven
teint 1 ZN M **t(e)int, gelaatskleur** • *avoir le ~ frais* een frisse kleur hebben • *avoir le ~ pâle* bleek zien • *un ~ clair / mat* een lichte teint • *un ~ basané / foncé* een donkere teint • *du fond de ~* foundation <van make-up> **2** BN **geverfd** • *des cheveux ~s* geverfd haar
teinte ZN V **1 tint, kleur 2 glimp, zweem** • *avoir une ~ d'ironie dans la voix* een ironische ondertoon hebben
teinter OV WW OOK FIG. **tinten, kleuren** • FIG. *une voix teintée d'ironie* stem met een ironische ondertoon, stem met een zweem van ironie
teinture ZN V **1 kleurstof, kleur(tje) 2 (het) verven**
teinturerie ZN V **stomerij**
teinturier ZN M (V teinturière), **houder van een stomerij**
tek ZN M → **teck**
tel 1 BN (V telle) **1 zulk, zo(danig), dergelijk** • *prendre une telle décision lui a coûté!* zo'n beslissing nemen viel hem zwaar! • *~ père, ~ fils* zo vader, zo zoon • *rien de ~ qu'un digestif pour finir le repas* er gaat niets boven een likeurtje om de maaltijd mee af te sluiten • *à partir de l'étude de ~ et ~ document...* op basis van de bestudering van een of ander document... • *je ne sais si c'était ~ ou ~ jour* ik weet niet of het die of die dag was, ik weet niet welke dag het was • *laisse tout ~ quel, je rangerai plus tard* laat alles zoals het is, ik ruim later wel op • *ce sont*

ta

nos invités et nous les traitons comme tels dat zijn onze gasten en zo worden ze ook door ons behandeld **2 zo, (zo)als** • *j'ai eu une telle peur* ik was zó bang **2** ZN M (V telle), **een zekere** • *j'ai retrouvé Madame Une telle* ik heb ene mevrouw huppeldepup gevonden

tél. AFK téléphone m **tel., telefoonnummer**

télé INFORM. ZN V télévision **tv, televisie** • *une émission (de) ~* tv-uitzending • *allumer / éteindre la ~* de tv aan- / uitzetten • *regarder la ~* televisie kijken • *ne reste pas scotché devant la télé!* blijf niet aan de buis gekluisterd! • *passer à la ~* op de televisie komen

téléachat ZN M **(het) telewinkelen**

téléaffichage ZN M • *un tableau de ~* elektronisch mededelingenbord

téléboutique ZN V **belwinkel**

télécabine ZN V **kabelbaan, kabelbaangondel, stoeltjeslift**

télécarte ZN V **telefoonkaart**

téléchargement ZN M **(het) downloaden, download** • *téléchargement en amont* upload

télécharger OV WW **downloaden**

télécom INFORM. ZN V télécommunication(s) **telecommunicatie** • *un réseau ~* telecomnetwerk

télécommande ZN V **afstandsbediening**

télécommander OV WW **1 op een afstand besturen** • *un avion télécommandé* op afstand bestuurd vliegtuig **2** FIG. **het brein zijn achter** • *une action télécommandée de l'étranger* een vanuit het buitenland geleide actie

télécommunication ZN V **telecommunicatie**

téléconférence ZN V **teleconferentie**

télécopie ZN V **fax**

télécopier OV WW **faxen**

télécopieur ZN M **faxapparaat**

télédiffuser OV WW **via televisie uitzenden** • *une émission télédiffusée* televisie-uitzending

télédistribution ZN V **kabeltelevisie**

téléenseignement ZN M **afstandsonderwijs**

téléférique ZN M **kabelbaan**

téléfilm ZN M **tv-film**

télégramme ZN M **telegram**

télégraphique BN **telegrafisch** • *écrire un texte en style ~* een tekst in telegramstijl schrijven

téléguidage ZN M **afstandsbesturing**

téléguider OV WW **1 op afstand besturen** • *un engin téléguidé* geleid projectiel **2** FIG. **het brein zijn achter**

téléinformatique ZN V **datacommunicatie**

télémarketing ZN M **telemarketing, telefonische klantenwerving**

télémessage ZN M **sms**

téléobjectif ZN M **telelens**

télépaiement ZN M **(het) elektronisch betalen**

télépathie ZN V **telepathie**

télépathique BN **telepathisch**

télépéage ZN M **elektronische tolbetaling**

téléphérique ZN M → **téléférique**

téléphone ZN M **telefoon** • *le ~ sans fil* draadloze telefoon • *un (téléphone) portable* mobiele telefoon, mobieltje • *le ~ intelligent* smartphone • *le ~ rouge* hotline • INFORM. *le ~ arabe* geruchtenmachine, tamtam • *un numéro de ~* telefoonnummer • *donner un coup de ~* bellen, een belletje geven • *appeler qn au ~* iemand opbellen • *le ~ sonne* de telefoon gaat • *décrocher le ~* de telefoon opnemen • *allez, réponds au téléphone!* neem de telefoon aan! • *raccrocher le ~* de telefoon ophangen / neerleggen • *comme convenu par téléphone...* zoals telefonisch afgesproken...

téléphoner OV + ONOV WW **telefoneren** • *téléphone-moi demain!* bel me morgen! • *~ une nouvelle à qn* telefonisch een bericht doorgeven aan iemand

téléphonie ZN V **telefonie**

téléphonique BN **telefonisch, telefoon-** • *une conversation ~* telefoongesprek • *une cabine ~* telefooncel

téléphoniste ZN M/V **telefonist**

télé-réalité ZN V **reality-tv**

télescopage ZN M **kop-staartbotsing** • *le ~ de plusieurs voitures sur l'autoroute* kettingbotsing tussen meerdere auto's op de snelweg

télescope ZN M **telescoop**

télescoper 1 OV WW **botsen op, inrijden op 2** WKD WW **(se ~) 1 op elkaar botsen** • *des trains qui se télescopent* treinen die op elkaar botsen **2** FIG. **in elkaar schuiven** • *des images qui se télescopent* beelden die in elkaar schuiven

télescopique BN **telescopisch**

télésiège ZN M **stoeltjeslift**

téléski ZN M **skilift**

téléspectateur ZN M (V téléspectatrice), **televisiekijker**

télésurveillance ZN V **camerabewaking**

télétexte ZN M **teletekst**

téléthon ZN M **(marathon-)tv-uitzending om geld in te zamelen**

télétravail ZN M **(het) telewerken, telewerk**

télétravailleur ZN M **telewerker**

télévente ZN V **telefonische verkoop, telemarketing**

télévisé BN • *le journal ~* tv-journaal

téléviseur ZN M **televisietoestel**

télévision ZN V **televisie** • *la ~ numérique terrestre; TNT* digitale televisie • *une ~ par câble* kabeltelevisie • *une ~ par satellite* satelliettelevisie • *la ~ publique* de publieke omroepen • *la ~ privée* de commerciële omroepen • *des chaînes de ~* televisiezenders • *un animateur de ~* televisiepresentator • *ce soir, on nous passe un film à la ~* vanavond krijgen we een film op televisie te zien

télévisuel BN (V télévisuelle), **televisie-**

télex ZN M **telex**

tellement BW **zo(zeer)** • INFORM. *ils ont ~ de soucis!* ze hebben zo'n zorgen! • *je n'ai pas ~ envie d'aller au cinéma* ik heb niet zo'n zin om naar de bioscoop te gaan • *il est ~ absorbé qu'il ne m'entend pas* hij is zo druk dat hij me niet hoort • INFORM. *t'es fatigué? pas ~* ben je moe? niet zo

tellurique BN aard- • *une secousse ~* aardschok
téloche INFORM. ZN V tv
téméraire **1** BN overmoedig, vermetel, lichtvaardig, roekeloos • *une tentative ~* overmoedige poging **2** ZN M/V waaghals
témérité ZN V overmoedigheid, vermetelheid, roekeloosheid
témoignage ZN M getuigenis, blijk, bewijs • *un ~ d'amour* liefdesbetuiging • *un faux ~* valse getuigenis • *un ~ accablant* belastende verklaring • *un ~ à décharge* ontlastende verklaring • *recevoir de nombreux témoignages de sympathie* veel sympathiebetuigingen krijgen, veel uitingen van medeleven ontvangen • *recueillir des témoignages* getuigenverklaringen verzamelen • *en ~ de ma reconnaissance* als blijk van mijn erkentelijkheid
témoigner **1** OV WW getuigen, betuigen, betonen, blijk geven van • *~ son amitié à qn* iemand je vriendschap betuigen **2** ONOV WW getuigen (van) • *~ en faveur de qn* voor iemand getuigen • *ce livre témoigne d'une grande maîtrise de la langue française* dit boek getuigt van een grote beheersing van de Franse taal
témoin **1** ZN M **1** getuige • *un ~ oculaire* ooggetuige • *un ~ à charge* getuige à charge • *un ~ à décharge* getuige à decharge • *un ~ capital / principal* kroongetuige • *prendre qn à ~* iemand tot getuige nemen **2** bewijs, teken • *les derniers témoins d'une civilisation* de laatste tekenen van een beschaving **3** SPORT estafettestokje • *le passage du ~* het doorgeven van het stokje **2** BN controle- • *des lampes témoins* controlelampjes • *un appartement / une maison ~* modelwoning
tempe ZN V slaap <aan het hoofd>
tempérament ZN M temperament, (lichaams)gestel, aard • *un ~ froid* koel temperament, kil karakter • *être d'un ~ belliqueux / coléreux* ruzieachtig / driftig van aard zijn • INFORM. *avoir du ~* temperament hebben
tempérance ZN V gematigdheid, matigheid, soberheid
température ZN V temperatuur • *une ~ élevée* hoge temperatuur • *la température ressentie* gevoelstemperatuur • *avoir / faire de la ~* verhoging hebben • *la ~ est en baisse / en hausse* de temperatuur daalt / stijgt • *prendre la ~ de qn* iemands temperatuur opnemen • FIG. *prendre la ~ d'une réunion* de stemming van een vergadering peilen
tempéré BN gematigd • *un climat ~* gematigd klimaat
tempérer OV WW matigen, temperen • *~ l'enthousiasme de qn* iemands enthousiasme temperen
tempête ZN V OOK FIG. storm • *une ~ de neige* sneeuwstorm • *une ~ de sable* zandstorm • *la ~ souffle* het stormt • FIG. *une ~ de critiques* een storm van kritiek • FIG. *la nouvelle loi a déchaîné la ~* de nieuwe wet heeft een storm doen losbarsten
tempêter ONOV WW uitvaren, tekeergaan • *~ contre les grévistes* tegen de stakers tekeergaan
tempétueux BN (V tempétueuse) OOK FIG. stormachtig, onstuimig
temple ZN M tempel, gebedshuis • *un ~ protestant* protestantse kerk
templier GESCH. ZN M tempelier
tempo MUZ. ZN M (MV tempi), tempo
temporaire BN tijdelijk • *un poste ~* tijdelijke baan
temporal BN (M MV temporaux), van de slapen
temporel BN (V temporelle) **1** TAALK. temporeel, van tijd • *une (proposition) subordonnée ~le* bijzin van tijd **2** wereldlijk, aards • *les biens ~s* aardse goederen
temporisateur BN (V temporisatrice), afwachtend, tijd winnend • *une politique temporisatrice* afwachtende politiek
temporisation ZN V afwachtende houding, uitstel, tijdwinning
temporiser ONOV WW tijd (proberen te) winnen, afwachten, temporiseren
temps ZN M **1** tijd, duur • *le ~ d'antenne* zendtijd • *autres ~, autres mœurs* andere tijden, andere zeden • *travailler à mi-~* parttime werken • *travailler à plein ~* fulltime werken • *avoir du ~ (de) libre* vrije tijd hebben • *se concerter, ça prend du ~* overleggen kost tijd • *combien de ~ mets-tu pour aller au lycée?* hoelang doe je erover om naar school te gaan? • *combien de ~ cela prendra-t-il?* hoe lang duurt het? • *ça fait combien de ~ que tu n'es pas venu?* hoe lang is het geleden dat je gekomen bent? • *je n'ai le ~ de rien faire* ik heb nergens tijd voor • *avoir tout son ~* alle tijd hebben • *arriver à ~* op tijd komen, bijtijds komen • *avec le ~, le vin s'améliore* wijn rijpt met de jaren • *il est grand ~ de partir* het is de hoogste tijd om te vertrekken • *il serait ~ que tu te décides à le faire* het wordt tijd dat je ertoe besluit het te doen • *le ~ de me changer et j'arrive* even omkleden en ik kom • *il y a beau ~ que je ne le vois plus* ik zie hem al een tijdje niet meer • *faire des mots croisés pour passer le ~* uit tijdverdrijf kruiswoordpuzzels oplossen • *prendre son ~* alle tijd nemen • *j'ai mis beaucoup de ~ à comprendre* het duurde een tijd voor ik het begreep • *il y a un ~ pour tout / chaque chose en son ~* alles op z'n tijd • *il y a quelque ~...* een tijdje geleden... • *il y a (encore) peu de ~...* tot voor kort... • FIG. *être de son ~ / vivre avec son ~* met je tijd meegaan, bij de tijd zijn • FIG. *ce manteau a fait son ~* deze jas heeft zijn tijd gehad • *un bon bout de ~* een hele tijd • *de ~ en ~ / de ~ à autre* van tijd tot tijd, nu en dan • *dans un premier ~* eerst, in eerste instantie • *(dans) les premiers ~* aanvankelijk • *tout le ~* de hele tijd, aldoor • *en même ~* tegelijk(ertijd) • *ces derniers ~* de laatste tijd • *dans le ~* indertijd • *au bout d'un certain ~* na enige tijd • *peu de ~ après* kort daarna • *en tout ~* te allen tijde, altijd al • *entre~* intussen **2** tempo, (tijd)maat • *une mesure à trois ~* driekwartsmaat • *un moteur à quatre ~* viertaktmotor • SPORT *le ~ mort* time-out, spelonderbreking **3** tijd <tijdperk, periode> • *les ~ modernes* de moderne tijd • *le bon vieux ~* de goede oude tijd • *en ~ de paix* in vredestijd • *en ~ de guerre* in oorlogstijd • *depuis ce ~-là* sindsdien • *de mon ~* in mijn tijd, toen ik jong(er) was **4** FIG. tijd • *passer le ~* de tijd

te

doorbrengen / verdrijven • *tuer le ~* de tijd doden • *perdre du ~* tijd verliezen • *tu perds ton ~ à des bêtises!* je verdoet je tijd met stommiteiten! • *comme le ~ passe!* waar blijft de tijd! • *le ~ passe vite* de tijd vliegt • *le ~ presse* de tijd dringt, het is kort dag • *prendre du bon ~* het ervan nemen • *en ~ opportun / utile* te gelegener tijd • *par les ~ qui courent...* in de huidige situatie... **5** TAALK. **tijd** • *les ~ du passé* de verleden tijden **6 weer** • *un ~ pluvieux* regenachtig weer • *un ~ hivernal* winterweer, winters weer • *un ~ estival* zomerweer, zomers weer • *quel vilain / sale ~* wat een rotweer! • *le ~ est à l'orage* er is onweer op komst • *il fait beau ~ / le ~ est beau* het is mooi weer • *quel ~ fera-t-il demain?* wat voor weer wordt het morgen? • INFORM. *il fait un ~ à ne pas mettre le nez dehors* het is geen weer om naar buiten te gaan • INFORM. *il fait un ~ de chien* het is hondenweer • *par tous les ~* weer of geen weer

tenable BN **houdbaar, (vol) te houden**

tenace BN OOK FIG. **hardnekkig, koppig, vasthoudend, taai** • *un parfum ~* hardnekkige geur

ténacité ZN V OOK FIG. **hardnekkigheid, vasthoudendheid, taaiheid**

tenaille ZN V meestal mv **(nijp)tang** • FIG. *être pris en ~(s)* in de tang genomen zijn

tenailler OV WW **kwellen, folteren** • *la soif le tenaille* hij wordt gekweld door dorst • FIG. *être tenaillé par un soupçon* gekweld worden door een verdenking

tenancier ZN M (V tenancière), **houder** <v. bordeel enz.>, **exploitant**

tenant **1** ZN M (V tenante), **voorstander, voorvechter** • SPORT *le ~ du titre* titelhouder **2** BN • *séance ~e* staande de vergadering, op staande voet

tendance **1** ZN V **1 neiging** • *avoir ~ à tout décider* de neiging hebben om over alles te beslissen **2 tendens, trend,** FIG. **stroming, richting** • *les ~s de la mode* de modetrends **3** ECON. **tendens** <richting> • *la ~ est à la hausse* er is sprake van een stijgende tendens • *l'indicateur de ~* de beursindex **2** BN **trendy** • *une disco ~* een trendy disco

tendancieux BN (V tendancieuse), **tendentieus** • *une version tendancieuse des événements* een gekleurde versie van de gebeurtenissen

tendeur ZN M **spanner, spandraad, snelbinder**

tendinite ZN V **peesontsteking**

tendon ZN M **pees** • *le ~ d'Achille* de achillespees

tendre **1** BN **zacht, week, mals, teder, gevoelig, zacht(zinnig)** • *une viande bien ~* lekker mals vlees • *un mot ~* kooswoordje • *l'âge ~* de jonge jaren • *la critique n'était pas ~* de kritiek was niet mals • *se montrer ~ avec qn* lief zijn voor iemand • *ne pas être ~ avec qn* iemand hard aanpakken **2** OV WW **1 spannen, (uit)strekken, rekken** • *~ l'oreille* de oren spitsen • *~ les bras vers qn* je armen uitstrekken naar iemand • *~ la main à qn* een helpende hand toesteken, bedelen **2** FIG. **spannen** • *~ un piège* een val zetten • *~ la perche à qn* iemand de reddende hand bieden **3** ONOV WW **neigen (tot), gericht zijn (op), strekken (tot)** • *une loi qui tend vers plus d'égalité entre les sexes* wet die gericht is op meer gelijkheid tussen man en vrouw **4** WKD WW **(se ~) gespannen worden** <v. betrekkingen> • *les relations se tendent entre les deux pays* de verhoudingen tussen de twee landen worden gespannen

tendresse ZN V **tederheid, genegenheid** • *éprouver de la ~ pour qn* genegenheid voelen voor iemand

tendreté ZN V **malsheid, zachtheid**

tendu **1** BN **1 gestrekt, gespannen 2** FIG. **gespannen** • *une ambiance ~e* een geladen sfeer • *avoir des rapports ~s avec qn* op gespannen voet staan met iemand **2** WW volt. deelw. → **tendre**

ténèbres LIT. ZN V MV **duisternis** • *être plongé dans les ~* in duisternis gedompeld zijn

ténébreux BN (V ténébreuse) **1** OOK FIG. **duister** • *une affaire ténébreuse* duistere zaak **2 somber, droefgeestig**

teneur ZN V **1 gehalte** • *la ~ en alcool d'un whiskey* het alcoholgehalte van een whiskey **2 inhoud** <van tekst>, **bewoordingen**

ténia ZN M **lintworm**

tenir **1** OV WW onregelmatig **1 houden, vasthouden, tegenhouden** • *~ un enfant par la main* een kind bij de hand houden • *~ la porte à qn* de deur openhouden voor iemand • *~ le volant* het stuur vasthouden • *~ son chien en laisse* je hond aan de lijn houden • *ce prof sait ~ sa classe* deze docent kan goed orde houden • *~ le choc* de klap opvangen • *tu penses que tu vas ~ le coup?* denk je dat je het zal volhouden?, zal je het uithouden, denk je? • *~ la caisse* de kas beheren / houden • FIG. *~ tête à qn* zich verzetten tegen iemand, het hoofd bieden aan iemand • FIG. *il ne sait pas ~ sa langue* hij kan zijn mond niet houden **2 hebben, bezitten** • *~ une boutique de lingerie* een lingeriezaak hebben • *~ des preuves de la culpabilité de qn* bewijzen hebben voor iemands schuld • *je tiens cela de mon frère* dat heb ik van mijn broer (gehoord / gekregen) **3 innemen** <van plaats>, **beslaan** • *une voiture qui tient bien la route* auto met een goede wegligging • FIG. *un projet qui tient bien la route* goed uitvoerbaar plan **4 vervullen** <van functie, rol>, **nakomen** <van belofte, verplichting> • *~ son rôle* je rol vervullen • *~ sa promesse* je belofte nakomen • *~ sa parole* je woord houden • *ne pas ~ parole* je niet aan je woord houden • *~ son pari* je houden aan de weddenschap **5 beschouwen (als)** • *~ un fait pour certain* een feit als vaststaand beschouwen • *je le tiens pour un génie* ik beschouw hem als een genie **2** ONOV WW **1 (het) houden, standhouden** • *elle ne tient plus sur ses jambes (de fatigue)* ze kan niet meer op haar benen staan (van vermoeidheid) • *la planche ne tient pas bien* de plank houdt niet goed • *tiens bon!* hou vol! • *~ bon / ferme* standhouden, pal staan • *il vaut mieux ~ que courir* wat je hebt, dat heb je, hebben is hebben en krijgen is de kunst • FIG. *son histoire ne tient pas debout* zijn verhaal klopt niet, zijn verhaal lijkt erg onwaarschijnlijk **2 (blijven) vastzitten, (blijven) gelden** • *la neige ne tiendra* *pas* de sneeuw zal niet blijven liggen • *notre rendez-vous, ça tient toujours?* gaat onze afspraak nog door? **3 (erin) passen, (erin) kunnen** • *~ à quatre dans une voiture* met z'n vieren in een auto passen • *son compte-rendu tenait sur une page* zijn verslag kon op een bladzijde • *ce que j'ai à vous dire tient en deux phrases* ik kan u in twee zinnen vertellen wat ik te zeggen heb **4 gehecht zijn (aan)** • *il tient beaucoup à elle* hij is erg aan haar gehecht • *~ à son indépendance* gehecht zijn aan je onafhankelijkheid • *~ à la vie* gehecht zijn aan het leven • *nous tenons à ce que tu viennes* we staan erop dat je komt **5 afhangen (van)** • *si cela ne tenait qu'à moi, j'aurais déménagé depuis longtemps* als het aan mij had gelegen, dan was ik al lang verhuisd • *qu'à cela ne tienne!* laat dat geen bezwaar zijn!, dat hindert niet! **6 lijken (op)** • *il tient de sa grand-mère* hij lijkt op zijn grootmoeder • *quel caractère, il a de qui le ~!* dat karakter, dat heeft hij van geen vreemde! • *cela tient du miracle* dat grenst aan het wonderbaarlijke, dat mag een wonder heten **7** • *tiens, tiens!* kijk (aan)!, zo zo! • *tiens, prends ce paquet !* hier, neem dat pakje! • *tiens, prends ton livre!* hier heb je je boek! • *tiens, les voisins ont déménagé!* kijk, de buren zijn verhuisd! **3** WKD WW **(se ~) 1 zich (vast)houden** • *tenez-vous bien à la rampe* houdt u zich goed vast aan de leuning • *ils se tiennent par la main* ze houden elkaar bij de hand vast, ze houden elkaars hand vast **2 (blijven) staan / zitten, blijven** • *se ~ droit* rechtop blijven staan / zitten • *ils se tiennent agenouillés devant l'autel* ze zitten geknield voor het altaar • *se ~ près de la porte* vlak bij de deur zitten / staan **3 zich gedragen, blijven** • *il se tient prêt (à agir)* hij staat paraat • *se ~ au courant de tout* je op de hoogte houden van alles • *se ~ mal en société* je niet weten te gedragen in gezelschap **4 gehouden worden** • *la conférence se tiendra à Rome cette année* de conferentie zal dit jaar in Rome gehouden worden **5 samenhangend zijn** • *toutes ces mesures se tiennent* al die maatregelen hangen met elkaar samen • *son raisonnement se tient* zijn redenering klopt / is steekhoudend **6 zich beschouwen (als)** • *il ne se tient pas pour battu* hij geeft zich niet gewonnen

tennis "-nies" **1** ZN M **1 tennis** • *jouer au ~* tennissen • *une partie de ~* partijtje tennis **2 tennisbaan / -complex 2** ZN V MV **gymschoenen**

tennisman ZN M (MV tennismans/tennismen), **tennisser**

ténor ZN M **1 tenor** <stem; zanger> **2 kopstuk** • *les ténors du barreau* de beroemde advocaten

tension ZN V **1 spanning, inspanning** • *la ~ raciale* de spanningen tussen verschillende rassen • *la ~ monte entre les deux communautés* de spanning tussen de twee gemeenschappen neemt toe **2 bloeddruk** • *la ~ (artérielle)* bloeddruk • *avoir de la ~* hoge bloeddruk hebben

tentaculaire BN FIG. **wijdvertakt, uitdijend** • *une ville ~* uitdijende stad

tentacule ZN M **tentakel, vangarm, voelhoorn**

tentant BN **aanlokkelijk, verleidelijk**

tentateur 1 BN (V tentatrice), **verleidend 2** ZN M (V tentatrice), **verleider**

tentation ZN V **verleiding**

tentative ZN V **poging** • *une ~ de suicide* zelfmoordpoging • *une ~ de viol* poging tot verkrachting • *faire une ~ auprès de qn* proberen iets van iemand gedaan te krijgen

tente ZN V **tent** • *une ~ de cirque* circustent • *une ~ à oxygène* zuurstoftent • *une ~-tunnel / ~ en tunnel* tunneltent • *plier / monter une ~* een tent afbreken / opzetten • *dormir sous la ~* in een tent slapen

tenter OV WW **1 proberen, beproeven** • *~ sa chance* een kans wagen, je geluk beproeven • *il tente de battre le record* hij probeert het record te verbeteren • *~ le coup* het erop wagen, erop gokken • *je suis tenté de refuser* ik ben geneigd om te weigeren **2 verlokken, verleiden, aanlokken, aantrekken** • *la perspective de travailler avec lui ne me tente pas* het vooruitzicht om met hem te werken trekt mij niet • *se laisser ~ par qc* je door iets laten verleiden

tenture ZN V **behangsel, wandbekleding**

tenu 1 BN **verzorgd, onderhouden** • *une chambre bien ~e* goed onderhouden kamer, keurige kamer **2** WW volt. deelw. → **tenir**

ténu BN **(rag)fijn, dun**

tenue ZN V **1 (het) houden, (het) bijhouden, verzorging, onderhoud** • *la bonne ~ des comptes* de goede boekhouding **2 houding, manieren, gedrag** • *manquer de ~* geen manieren hebben • *un peu de ~, s'il vous plaît!* gedraag je! **3 tenue, kleding** • *~ de soirée exigée* avondkleding verplicht • *une ~ de travail* werkkleding • *la ~ de combat* gevechtstenue • *être en petite ~ / en ~ légère* schaars gekleed zijn, gekleed zijn in nachtkleding / onderkleding **4 houding, ligging** • *cette voiture a une bonne ~ de route* deze auto heeft een goede wegligging

ter BW **1 driemaal 2 derde** <na bis>

térébenthine ZN V • *l'essence de ~* terpentijn

tergiversation ZN V vaak mv **draaikonterij, gedraai**

tergiverser ONOV WW **uitvluchten zoeken, tijd (proberen te) winnen,** FIG. **draaien**

terme ZN M **1 termijn** • *une vente à court ~* verkoop op korte termijn • *à moyen ~* op middellange termijn • *à long ~* op lange termijn • *à ~* op termijn, termijn- **2 einde** • *un enfant né avant ~* te vroeg geboren kind • *accoucher à ~* rond de uitgerekende datum bevallen • *le contrat touche à son ~* het contract loopt op zijn eind • *ils ont mis un ~ à leur relation* ze hebben een eind gemaakt aan hun relatie • *mener un projet à ~* een project ten einde brengen **3 term** • *un ~ technique* vakterm • *chercher le juste ~* het juiste woord zoeken • *respecter les ~s d'un contrat* je houden aan de bewoordingen van een contract • *être en bons / mauvais ~s avec qn* op goede / slechte voet staan met iemand • *en d'autres ~s* met andere woorden

terminaison ZN V TAALK. **uitgang** <van woord>

terminal 1 BN (M MV terminaux), **eind-, terminaal** • *une classe ~e* eindexamenklas • *le* *patient est en phase ~e* de patiënt is terminaal **2** ZN M (MV terminaux) **1 terminal, eindstation 2** COMP. **terminal**

terminer 1 OV WW **beëindigen, besluiten, afmaken** • *~ un livre* een boek afmaken • *~ une conversation* een gesprek afronden • *le travail est terminé* het werk is af • *~ la soirée dans un bar* tot slot van de avond in een bar belanden **2** ONOV WW • *pour ~* tot slot **3** WKD WW **(se ~) eindigen, aflopen** • *le verbe se termine par 'er' à l'infinitif* de infinitief van het werkwoord eindigt op -er • *le mot se termine par une voyelle* het woord eindigt op een klinker • FIG. *une histoire qui se termine en queue de poisson* verhaal dat als een nachtkaars uitgaat • *la fête s'est terminée au petit matin* het feest was pas bij het krieken van de dag afgelopen

terminologie ZN V **terminologie**

terminus "-nuus" ZN M **eindpunt** • *une gare ~ / le ~* eindstation

termite ZN M **termiet**

termitière ZN V **termietenheuvel**

ternaire BN **driedelig, drietallig**

terne BN OOK FIG. **mat, dof, flets** • *des yeux ~s* fletse ogen • *une voix ~* toonloze stem • *une couleur ~* doffe kleur

ternir 1 OV WW **1 dof maken 2** FIG. **bezoedelen** • *~ la réputation de qn* iemands reputatie aantasten **2** WKD WW **(se ~) dof worden,** FIG. **verbleken** • *l'argenterie se ternit à la lumière* zilverwerk wordt dof bij zonlicht

ternissure ZN V **dofheid, matheid**

terrain ZN M **1 terrein, gebied, grond, veld** • *un ~ à bâtir* bouwterrein • *un ~ non fertile* niet-vruchtbare grond • *un ~ vague* braakliggend / onbebouwd stuk grond • *un ~ de jeu* speelplaats, BELG. speelplein • *un ~ en friche* braakliggend terrein • *un ~ de camping* kampeerterrein • *un véhicule tout ~* terreinwagen • *un vélo tout-~ / un V.T.T.* mountainbike **2** FIG. **veld, gebied** • *un ~ d'entente* basis voor overeenstemming, gespreksbasis • *les gens de ~* de mensen in het veld, de veldwerkers • *un homme de ~* veldwerker, man van de praktijk • *sur le ~* in het veld • *gagner du ~* terrein / veld winnen, terreinwinst boeken • *perdre du ~* terrein verliezen, achteropraken • *occuper le ~* nadrukkelijk aanwezig zijn • *tâter le ~* het terrein verkennen • *être en ~ glissant* je op glad ijs bevinden • *connaître le ~* op bekend terrein zijn

terrasse ZN V **terras** • *une ~ de café* caféterras • *louer un studio avec ~* een eenkamerappartement met terras huren • *des vignes en ~(s)* terrasvormige wijngaarden

terrassement ZN M **grondwerk**

terrasser OV WW **1 op de grond werpen, vloeren** • *il l'a terrassé d'un coup de poing* hij heeft hem met een vuistslag gevloerd **2 terneerslaan,** FIG. **verpletteren, verbijsteren** • *être terrassé par l'annonce d'un décès* diep geschokt zijn door het bericht van een sterfgeval

terrassier ZN M **grondwerker**

terre ZN V **1 aarde, land, grond, akker** • *des ~s incultes* onontgonnen grond, braakliggende grond • *la culture de pleine ~* teelt in de volle grond • *un chemin de ~* onverharde weg • *une pomme de ~* aardappel • *un ver de ~* pier, regenworm • *le retour à la ~* de terugkeer naar het platteland • *cultiver la ~* de grond bebouwen • FIG. *la politique de la ~ brûlée* tactiek v.d. verschroeide aarde **2 grond, landgoed** • *un lopin de ~* lapje grond • *se retirer sur ses ~s* zich terugtrekken op zijn landgoed • *vendre ses ~s* zijn grond verkopen **3 gebied** • *la ~ natale* geboortestreek • *les ~s australes* de zuidelijke poolstreken • *la Terre promise* het Beloofde Land • *la Terre sainte* het Heilige land **4 aarde, vaste grond** • *la ~ ferme* vaste grond, wal • *un tremblement de ~* aardbeving • *une armée de ~* landleger • *tomber par ~ / à ~* op de grond vallen • SCHEEPV. *toucher ~* landen, aanleggen • LUCHTV. *se poser à ~* landen • FIG. *des considérations très ~ à ~* heel prozaïsche overwegingen, heel alledaagse beschouwingen • FIG. *avoir les pieds sur ~* met beide benen op de grond staan • FIG. *revenir sur ~* weer tot de werkelijkheid terugkeren, uit de droom ontwaken • FIG. *elle aurait voulu rentrer sous ~* ze had wel door de grond willen zinken • *à ~* op de grond • *sur ~, sur mer et dans l'air* te land, ter zee en in de lucht • *par voie de ~* over land • *sous ~* onder de grond **5 aarde, wereld** • *la Terre* de (planeet) aarde • FIG. *remuer ciel et ~ pour obtenir qc* hemel en aarde bewegen om iets voor elkaar te krijgen **6 klei** • *la ~ cuite* terra cotta **7** ELEK. **aarde** • *une prise de ~* aardleiding

terreau ZN M **teelaarde, potgrond**

terre-neuve ZN M (MV id.), **newfoundlander** <hond>

Terre-Neuve ZN V **Newfoundland**

terre-plein ZN M (MV terre-pleins), **ophoging** • *un ~ central* middenberm

terrer WKD WW **(se ~) (in de grond) wegkruipen, zich ingraven** • *se ~ chez soi* je afzonderen van de buitenwereld

terrestre BN **aard-, land-,** FIG. **aards** • *l'écorce ~* aardkorst • *les transports ~s* vervoer over de weg • *la vie ~* het aardse leven

terreur ZN V **hevige angst, schrik** • *vivre dans la ~* in hevige angst leven • *semer la ~ dans un quartier* angst zaaien in een wijk • *faire régner la ~* een schrikbewind voeren

terreux BN (V terreuse) **1 aardachtig, gronderig 2 aardkleurig, grauw** • *un visage ~* grauw gezicht

terrible BN **1 verschrikkelijk** • *un ~ accident est arrivé* er is een verschrikkelijk ongeluk gebeurd • *j'ai encore un travail ~ à faire* ik heb nog een enorme klus te doen **2** INFORM. **geweldig, prima, vet** • *ce film n'est pas ~* die film is niet best • *~!* (dat is) te gek!, vet!

terrien 1 BN (V terrienne), **plattelands, land-** • *un propriétaire ~* grondbezitter **2** ZN M (V terrienne), **aardbewoner**

terrier ZN M **1 hol** <van dier> **2 terriër**

terrifiant BN **schrikwekkend, ontstellend**

terrifier OV WW **schrik aanjagen, ontstellen**

te

terrine ZN V terrine
territoire ZN M (grond)gebied, territorium • *un ~ occupé* bezet gebied • *l'aménagement du ~* ruimtelijke ordening • *marquer son ~* <voor dieren> zijn territorium afbakenen
territorial BN (M MV territoriaux), territoriaal • *les eaux ~es* de territoriale wateren
terroir ZN M (landbouw)grond, bodem, streek <van herkomst>, plattelandsgebied • *les produits du ~* streekproducten
terroriser OV WW terroriseren • *les souris la terrorisent* de muizen jagen haar de stuipen op het lijf • *~ un quartier* een buurt onveilig maken
terrorisme ZN M terrorisme, terreur, schrikbewind • *un acte de ~* terreurdaad
terroriste **1** BN terroristisch • *des revendications ~s* eisen van terroristen • *un attentat ~* terroristische aanslag **2** ZN M/V terrorist
tertiaire **1** BN tertiair **2** ZN M **1** tertiair **2** tertiaire sector
tertio BW ten derde
tertre ZN M heuveltje, terp
tes BEZ VNW MV → **ton**
tesson ZN M scherf • *des ~s de poterie* scherven aardewerk
test ZN M test, toets • *un ~ de séropositivité* aidstest • *faire un ~ de grossesse* een zwangerschapstest doen • *un ~ d'orientation professionnelle* beroepskeuzetest • *un ~ psychologique* psychologische test • *faire passer un ~ à qn* iemand een test afnemen • *subir un ~* een test ondergaan • *faire un ~ d'aptitude* een proeve van bekwaamheid afleggen
testament ZN M **1** testament • *faire son ~* je testament maken • *léguer qc par ~* iets bij testament vermaken • *mettre qn sur son ~* iemand in je testament zetten **2** REL. • *l'Ancien / le Nouveau Testament* het Oude / Nieuwe Testament
testamentaire BN testamentair
testateur ZN M (V testatrice), erflater
tester OV WW testen • *~ des élèves* leerlingen testen • *~ une nouvelle marque de dentifrice* een nieuw merk tandpasta uitproberen
testeur ZN M tester, testapparaat
testicule ZN M testikel, teelbal
testimonial BN (M MV testimoniaux), getuigen-
testostérone ZN V testosteron
tétaniser OV WW FIG. verlammen, verstijfd doen staan • *être tétanisé par la peur* verlamd zijn van angst
tétanos "-nos" ZN M tetanus • *se faire vacciner contre le ~* je laten inenten tegen tetanus
têtard ZN M dikkop, kikkervisje
tête ZN V **1** hoofd, kop • *une ~ de mort* doodskop • *une ~ de Turc* kop-van-jut • *marcher ~ nue* blootshoofds lopen • *il marchait la ~ basse / haute* hij liep met gebogen / opgeheven hoofd • *avoir un chapeau sur la ~* een hoed dragen • *il lui a jeté sa chaussure à la ~* hij gooide zijn schoen naar haar hoofd • *faire un signe de ~* knikken, ja knikken, nee schudden • *hocher la ~* het hoofd schudden • *gagner d'une courte ~* met een neuslengte winnen • INFORM. *piquer une ~ (dans la piscine)* duiken (in het zwembad) • INFORM. *il a une ~ à claques* hij heeft een rotkop • *le vin me monte à la ~* de wijn stijgt me naar het hoofd • *cela m'est complètement sorti de la ~* het is mij door het hoofd gegaan • *j'ai la ~ qui tourne* ik voel me licht in het hoofd, het duizelt me • FIG. *tenir ~ à qn* het hoofd bieden aan iemand • INFORM., FIG. *j'en ai par-dessus la ~* ik heb er meer dan genoeg van, het hangt me de keel uit, ik baal ervan • INFORM., FIG. *avoir du travail par-dessus la ~* in het werk verzuipen • *plonger la ~ la première* LETT. vooroverduiken, FIG. je halsoverkop storten (in) • FIG. *tourner la ~ à qn* iemand het hoofd op hol brengen • OOK FIG. *foncer ~ baissée* stug doorgaan, er helemaal voor gaan • FIG. *se payer la ~ de quelqu'un* iemand voor de gek houden, iemand voor aap zetten • *en ~ à ~* onder vier ogen **2** gezicht • *avoir une bonne ~* er betrouwbaar uitzien • *avoir une ~ sympathique* er aardig / leuk uitzien • *faire une ~ d'enterrement* somber kijken, er verdrietig uitzien • *il fait une drôle de ~* hij kijkt vreemd, hij ziet er vreemd uit • *faire la ~* mokken • *faire une ~ de six pieds de long* een lang gezicht trekken • INFORM. *la ~ qu'il faisait!* hij trok me een gezicht! • INFORM. *il en fait une tête!* hij kijkt lelijk op zijn neus! **3** leven • *risquer sa ~* je leven wagen • *sauver sa ~* het er levend vanaf brengen, je hachje redden • FIG. *j'en donnerai ma ~ à couper* ik durf er mijn hoofd onder te verwedden, mijn kop eraf! **4** FIG. **hoofd** <verstand, hersens> • *une ~ sans cervelle* leeghoofd, warhoofd • *calculer de ~* hoofdrekenen, uit het hoofd berekenen • *avoir la ~ froide* het hoofd koel houden, koelbloedig zijn • *il n'a rien dans la ~* hij is een leeghoofd • *il a la ~ ailleurs* hij is er met zijn gedachten / hoofd niet bij • *se mettre qc en ~ / dans la ~* je iets in het hoofd halen /zetten • *je ne sais (plus) où donner de la ~* mijn hoofd loopt om, ik weet het niet meer • *ils se sont mariés sur un coup de ~* zij zijn in een opwelling met elkaar getrouwd • *il n'a pas toute sa ~* hij is niet bij zijn volle verstand • *perdre la ~* de kluts kwijtraken • *il a une idée derrière la ~* hij heeft iets in zijn achterhoofd, hij heeft geheime bedoelingen • *n'en faire qu'à sa ~* je eigen zin doen, je eigen wil doordrijven, eigengereid zijn • *avoir la ~ dure* hardleers zijn • *une idée qui me passe par la ~* een idee dat zomaar bij mij opkomt • FIG. *je me suis cassée la ~ sur ce problème* ik heb me het hoofd gebroken over dat probleem • INFORM. *il me casse la ~ avec ses histoires* ik word gek van zijn verhalen • INFORM. *il lui a fourré une idée dans la ~* hij heeft hem iets ingeprent, hij heeft hem iets in het hoofd gestampt • INFORM. *avoir la grosse ~* kapsones hebben, het hoog in de bol hebben • INFORM. *ça va pas la tête / ta tête?* ben je niet goed bij je hoofd? **5** hoofd, stuk, persoon • *cent têtes de bétail* honderd stuks vee • *c'est une forte ~* het is een stijfkop • INFORM. *ça fait quarante euros par ~ (de pipe)* dat kost veertig euro per persoon • FIG. *faire sa mauvaise ~* een driftkop zijn, een lastpak zijn • FIG. *avoir ses têtes* zo z'n voorkeuren voor bepaalde personen hebben • FIG. *il y a des têtes qui vont tomber* er gaan

te

koppen rollen **6 hoofd, leider** • *une ~ d'affiche* hoofdrolspeler • *une ~ de liste* lijstaanvoerder • *une ~ de ligne* kopstation • *une ~ de train* voorste gedeelte van de trein • *un wagon de ~* voorste wagon • *un groupe de ~* kopgroep • *prendre la ~ de l'usine* de leiding nemen over de fabriek • *être en ~* op kop liggen • SPORT *l'équipe reste en ~ de classement* het team blijft leider in het klassement • *à la ~ de / en ~ de* aan het hoofd van • *à la ~ du peloton* aan de kop van het peloton • *ça (ne) va pas la tête?* ben jij wel helemaal lekker? • *ça va pas la tête?* ben je nu helemaal? • *ça va pas la tête?* laat je nakijken • *ça va pas (la tête)?* ben je gek?

tête-à-queue ZN M (MV id.), **halve draai, slip om z'n as** • *la voiture a fait un ~* de auto slipte om z'n as

tête-à-tête ZN M (MV id.), **gesprek onder vier ogen, tête-à-tête**

tête-bêche BW **kop aan staart**

tête-de-loup ZN V (MV têtes-de-loup), **ragebol**

tête-de-nègre BN onver. **donkerbruin**

tétée ZN V **voeding** <van zuigeling>, **(het) zuigen**

téter OV + ONOV WW **zuigen (op)** • *~ (sa mère)* de borst krijgen

tétine ZN V **speen** <van zuigfles>, **fopspeen**

téton INFORM. ZN M **tiet**

tétraplégique BN **aan alle ledematen verlamd**

têtu BN **koppig** • *être ~ comme une mule* zo koppig als een ezel zijn

teuf ZN V STRAATT. fête **feest**

texte ZN M **tekst** • *un cahier de ~s* schoolagenda, huiswerkschrift • *lire Goethe dans le ~* Goethe in het origineel lezen • COMP. *le traitement de ~* het tekstverwerken

textile 1 ZN M **textiel** • *un ~ synthétique* synthetische stof **2** BN **textiel-** • *l'industrie ~* textielindustrie

texto 1 ZN M **sms'je 2** BW INFORM. **woord voor woord, letterlijk**

textoter OV + ONOV WW **sms'en**

textuel BN (V textuelle) **1 letterlijk, woordelijk 2 tekstueel, tekst-**

textuellement BW **woord voor woord, letterlijk**

texture ZN V **textuur, (weefsel)structuur**

T.G.V. AFK train à grande vitesse m **TGV**

thaï 1 BN **Thais 2** ZN M **(het) Thais**

thalassothérapie ZN V **thalassotherapie** <behandeling met zeewater> • *faire une ~* een thalossotherapie ondergaan

thé ZN M **thee** • *un sachet de ~* theezakje • *une boule à ~* thee-ei • *un ~ au citron* citroenthee • *un ~ à la menthe* muntthee • *un salon de ~* theesalon, tearoom • *(arbre à) ~* theestruik • *du ~ fort / léger* sterke / slappe thee • *prendre le ~* thee drinken • *inviter qn à prendre le ~* iemand op de thee vragen • *se faire du ~* thee zetten • FIG. *ce n'est pas ma tasse de ~* dat is niets voor mij

théâtral BN (M MV théâtraux), **toneelmatig, toneel-, theatraal** • *une représentation théâtrale* toneelvoorstelling • *prendre un ton ~* een theatrale toon aanslaan

théâtre ZN M **1 toneel** • *une pièce de ~* toneelstuk • *une troupe de ~* toneelgezelschap • *le ~ de Molière* het toneelwerk van Molière • FIG. *un coup de ~* onverwachte wending • FIG. *le ~ d'opérations (militaires)* het strijdtoneel • *faire du ~* toneelspeler zijn, FIG. zich aanstellen **2 theater, schouwburg** • *un ~ de marionnettes* marionettentheater

théier ZN M **theestruik**

théière ZN V **theepot**

thématique 1 BN **thematisch 2** ZN V **thematiek**

thème ZN M **1 thema** • *le ~ de son discours...* het onderwerp van zijn toespraak.. **2 vertaling** <vanuit het Frans b.v.> • FIG. *un fort en ~* bolleboos

théologie ZN V **theologie, godgeleerdheid**

théologien ZN M (V théologienne), **theoloog**

théologique BN **theologisch**

théorème ZN M **(bewezen) stelling**

théoricien ZN M (V théoricienne), **theoreticus**

théorie ZN V **theorie** • *les théories politiques* politieke theorieën • *en ~* in theorie, theoretisch gezien • *l'examen de ~ du code de la route* het theoretisch rijexamen

théorique BN **theoretisch**

théoriser 1 OV WW **theoretisch funderen 2** ONOV WW MIN. **theoretiseren** • *~ sur tout* overal een theorie over hebben

thérapeute ZN M/V **therapeut**

thérapeutique 1 BN **therapeutisch** • *l'acharnement ~* het eindeloos doorbehandelen <om het leven te rekken> **2** ZN V **therapie**

thérapie ZN V **therapie** • *une ~ de groupe* groepstherapie • *faire une ~ comportementale* een gedragstherapie volgen • *une ~ manuelle* manuele therapie

thermal BN (M MV thermaux), **thermaal, kuur-** • *une cure ~e* badkuur • *une station ~e* badplaats met warme bronnen, kuuroord

thermes ZN M MV **thermale baden, thermen**

thermique BN **thermisch, warmte-** • *une centrale ~* thermische centrale

thermodynamique 1 BN **thermodynamisch 2** ZN V **thermodynamica**

thermoélectricité ZN V **thermo-elektrische energie**

thermogène BN **warmtegevend, thermogeen**

thermomètre ZN M **thermometer** • *le ~ monte* het kwik stijgt

thermorésistant BN **hittebestendig**

thermos ZN M/V **thermosfles / -kan**

thermostat ZN M **thermostaat**

thésauriser OV WW **oppotten** <van geld>, **sparen**

thèse ZN V **1 stelling, these** • *un roman à ~* tendensroman • *les policiers ne croient pas à la ~ de l'accident* de politie gelooft niet dat hier sprake is van een ongeluk **2 proefschrift, dissertatie** • *un directeur de ~* promotor • *soutenir / défendre sa ~* promoveren, je proefschrift verdedigen

thon ZN M **tonijn** • *la pêche au ~* tonijnvangst • *le ~ au naturel* naturel tonijn • *du ~ en boîte* tonijn in blik

thora ZN V **Thora**

thoracique BN borst(kas)- • *la cage* ~ borstkas

thorax ZN M **1** borst(kas) **2** borststuk <van insect>

thriller "srieleur" ZN M thriller

thrombose ZN V trombose

thune INFORM. ZN V poen, centen

thym "te(n)" ZN M tijm • *un brin de* ~ takje tijm

thyroïde 1 BN schildvormig • *la glande* ~ schildklier **2** ZN V schildklier

tiare ZN V tiara

tibétain BN Tibetaans

tibia ZN M scheenbeen

tic ZN M tic, zenuwtrekking • *avoir un* ~ een tic hebben

ticket "-kè" ZN M **1** kaartje • *un* ~ *de métro* metrokaartje • *un* ~ *de bus* buskaartje • *un carnet de* ~*s de métro* bundeltje metrokaartjes • *un* ~*(-)restaurant* maaltijdbon • *un* ~ *modérateur* eigen risico / bijdrage <bij sociale verzekering> **2** bon • *un* ~ *de caisse* kassabon

tic-tac ZN M (MV id.), tiktak • *faire* ~ tik(tak)ken

tiédasse BN (vies) lauw

tiède BN OOK FIG. lauw • *des applaudissements tièdes* zwak applaus • *un vent* ~ zoele wind

tièdement BW FIG. lauw(tjes), niet van harte

tiédeur ZN V OOK FIG. lauwheid, zoelheid

tiédir OV WW lauw maken

tiédissement ZN M (het) lauw worden, afkoeling

tien BEZ VNW (V tienne), (de / het) jouwe • *mes parents ne viennent pas, les* ~*s seront là* mijn ouders komen niet, die van jou zullen er wel zijn • *cet ordinateur est le* ~ deze computer is de jouwe • INFORM. *à la* ~*ne!* op je gezondheid! • *il faut y mettre du* ~ je moet het jouwe doen / bijdragen

tiendrai WW toek. tijd. → **tenir**

tienne 1 WW présent subj. → **tenir 2** BEZ VNW → **tien**

tiens 1 WW présent, geb. wijs → **tenir 2** BEZ VNW → **tien**

tierce 1 ZN V **1** MUZ. terts **2** <kaartspel> driekaart **2** BN derde • *une* ~ *personne* derde (persoon) → **tiers**

tiercé ZN M weddenschap op de eerste drie paarden, trio, toto • *jouer au* ~ met de paardentoto meedoen

tiers 1 BN (V tierce), derde • *une tierce personne* derde (persoon) **2** ZN M **1** derde (deel) • *les deux* ~ twee derde • *le* ~ *provisionnel* vooruitbetaling van een derde <belasting> **2** derde (persoon), buitenstaander

tiers-monde ZN M derde wereld

tifs INFORM. ZN M MV haar(dos)

T.I.G. AFK travail d'intérêt général m taakstraf

tige ZN V stengel, steel, (dunne) stam

tignasse INFORM. ZN V ragebol <haardos>

tigre ZN M (V tigresse), tijger • *être jaloux comme un* ~ stikjaloers zijn

tigré BN getijgerd

tilde ZN M tilde

tilleul "tiejeul" ZN M **1** linde **2** lindebloesem(thee) • *une infusion de* ~ lindebloesemthee

tilt ZN M tilt <flipperkast> • *faire* ~ op tilt slaan • INFORM. *ça a fait* ~ dat had een schokeffect, dat deed een bel rinkelen

timbale ZN V **1** beker, kroes • INFORM. *décrocher la* ~ de prijs winnen, een klapper maken **2** CULIN timbaal <bekervormige bakvorm> **3** MUZ. pauk

timbre ZN M **1** zegel • *un* ~*-poste* een postzegel • *un carnet de* ~*s* velletje postzegels **2** stempel • *un* ~ *fiscal* belastingzegel **3** medicijnpleister • *un* ~ *hormonal* hormoonpleister **4** bel(letje), schel **5** klankkleur, timbre

timbré BN **1** gestempeld, gezegeld, gefrankeerd • *une enveloppe timbrée* gefrankeerde envelop **2** klankrijk <van stem> • *une voix timbrée* klankrijke stem **3** INFORM. getikt, niet wijs

timbre-poste ZN M (MV timbres-poste), postzegel

timbrer OV WW **1** zegelen, frankeren **2** (af) stempelen

timide BN verlegen, bedeesd, schuchter • *une petite voix* ~ bedeesde stem

timidité ZN V verlegenheid, bedeesdheid, schroom

timonier ZN M roerganger

timoré BN angstvallig, bangelijk

tintamarre ZN M rumoer, herrie

tintement ZN M (klok)gelui, geklingel

tinter ONOV WW luiden, klinken, klingelen • *les verres tintent* de glazen klingelen • *les oreilles tintent* de oren suizen

tintin INFORM. ZN M noppes, louw loene • *faire* ~ ernaar kunnen fluiten

tintouin INFORM. ZN M **1** herrie, drukte • *la voisine a fait un de ces* ~*s!* de buurvrouw maakte me een hoop herrie! **2** kopzorg(en), last, gedoe • *les enfants me causent beaucoup de* ~ de kinderen bezorgen mij een hoop gedoe

TIP AFK titre interbancaire de paiement m acceptgirokaart

tique ZN V teek • *une piqûre de* ~ tekenbeet

tiquer ONOV WW raar / geërgerd opkijken • *il a tiqué quand il a vu le prix* hij keek niet blij toen hij de prijs zag

tir ZN M **1** (het) schieten, (het) afvuren, schot • *le* ~ *à l'arc* het boogschieten • *le* ~ *à la carabine* het buksschieten • VOETB. *un* ~ *au but* penalty • *un angle de* ~ schootshoek • *on a entendu des tirs de mitrailleuse* we hoorden mitrailleurschoten • *rectifier le* ~ het anders (gaan) aanpakken, het weer goedmaken **2** schietbaan • *un champ de* ~ schietbaan • *un stand de* ~ schiettent

T.I.R. AFK transit international routier m TIR, internationale doorvoer over de weg

tirade ZN V tirade, omhaal van woorden

tirage ZN M **1** (het) afdrukken <van boek enz.>, oplage • *un magazine à gros* ~ tijdschrift met grote oplage • *le* ~ *d'un livre à vingt mille exemplaires* een (boek)oplage van twintigduizend exemplaren • *le* ~ *de photos sur papier* het afdrukken van foto's op papier **2** trekking <van loterij> • *un* ~ *au sort* loting • *il a été admis en médecine par* ~ *au sort* hij is

ingeloot voor medicijnen • *le ~ du loto* de trekking van de lotto **3 trek** <van schoorsteen>
tiraillement ZN M vaak MV **(krampachtige) trekking,** FIG. **geharrewar, (innerlijk) conflict** • *avoir un ~ à l'œil* een bibberoog hebben • *il y a des ~s dans le groupe socialiste* er zijn conflicten binnen de socialistische fractie
tirailler OV WW OOK FIG. **(telkens) trekken aan, heen en weer slingeren** • *gênée, elle tiraillait sur son pull* in verlegenheid gebracht zat ze aan haar trui te plukken • *ils sont tiraillés entre les deux attitudes* ze worden heen en weer geslingerd tussen die twee houdingen
tire ZN V **1** STRAATT. **kar** <auto>, **brik 2** • *vol à la ~* zakkenrollerij
tire-au-flanc INFORM. ZN M (MV id.), **lijntrekker, luiwammes**
tire-bouchon, tirebouchon ZN M (MV tire-bouchons, tirebouchons), **kurkentrekker** • *en ~* spiraalvormig, gekruld
tire-d'aile • *à ~* klapwiekend, vliegensvlug
tire-fesses INFORM. ZN M (MV id.), **sleeplift** <skilift>
tire-lait ZN M (MV tire-lait(s)), **borstkolf, borstpomp**
tire-larigot INFORM. • *dépenser son argent à ~* je geld in grote hoeveelheden uitgeven, met geld smijten
tirelire ZN V **spaarpot**
tirer 1 OV WW **1 trekken, trekken aan, strak trekken, dichttrekken** • *des cheveux bien tirés* strak achterovergekamd haar • *il m'a tiré les cheveux* hij heeft aan mijn haren getrokken • *tire la porte en sortant!* trek de deur dicht als je naar buiten gaat! • *~ les rideaux* de gordijnen dichttrekken • *~ une caravane derrière sa voiture* een caravan achter je auto trekken • FIG. *~ la sonnette d'alarme* aan de (alarm)bel trekken • FIG. *~ la couverture à soi* je het leeuwendeel toe-eigenen, op eigen voordeel uit zijn • FIG. *avoir les traits tirés* er afgetobd / vermoeid uitzien • FIG. *être tiré à quatre épingles* onberispelijk gekleed zijn, eruitzien om door een ringetje te halen **2 (op)halen, optrekken** • *~ de l'eau d'un puits* water ophalen uit een put • *~ de la bière* bier tappen • *~ la langue* je tong uitsteken • *~ qn de son lit* iemand uit zijn bed halen **3 afdrukken** <van boek enz.> • *le livre a été tiré à quelques milliers d'exemplaires* het boek heeft een oplage van een paar duizend exemplaren **4 tekenen** • *~ un trait* een lijn trekken **5 (af)schieten, afvuren, schieten op** • *~ un feu d'artifice* vuurwerk afschieten • *~ un coup de feu sur qn* een schot op iemand lossen **6** FIG. **(eruit) halen, uittrekken** • *~ un mauvais numéro* pech hebben • *de lui, il n'y a rien à ~!* bij hem valt niets te halen! **7 krijgen, afleiden** • *~ les conséquences de qc* de consequenties trekken uit iets • *~ profit d'une situation* voordeel halen uit een situatie, van een situatie profiteren • *~ parti de qc* voordeel trekken van iets, profiteren van iets • *~ satisfaction de qc* voldoening vinden in iets • *~ vengeance* je wreken • *~ son origine de* afkomstig zijn van **8** INFORM. **uitzitten** <van tijd>, **doorkomen, ondergaan** • *il a encore un an (de prison) à ~* hij moet nog een jaar (in de gevangenis) zitten **2** ONOV WW **1 trekken** • *le chien tire sur sa laisse* de hond trekt aan zijn lijn • *la cheminée tire mal* de kachel trekt slecht • *~ sur sa pipe* aan je pijp trekken • FIG. *être tiré d'affaire* uit de brand zijn **2 vuren, schieten** • *~ sur qn* op iemand schieten • *les soldats tiraient dans tous les sens* de soldaten schoten alle kanten op • *~ à blanc* met losse flodders schieten • *il m'a tiré dessus!* hij heeft op me geschoten! • FIG. *il m'a tiré dans le dos* hij heeft me in de rug aangevallen **3 ~ sur zwemen naar** • *un violet qui tire sur le rouge* paars dat naar rood zweemt **3** WKD WW **(se ~) 1** INFORM. **'m smeren** • *il s'est tiré, vite fait!* hij is 'm gauw gesmeerd! • *elle s'est tirée en douce* ze is er stilletjes vandoor gegaan • INFORM. *il s'est tiré avec la caisse* hij is er met de kas vandoor **2 zich redden (uit)** • *se ~ d'affaire* je uit een moeilijke situatie redden • *il ne s'en tire qu'avec un an de prison* hij komt er met (maar) een jaar gevangenisstraf van af
tiret ZN M **koppelteken, liggend streepje**
tirette ZN V **1 schuif, schuifblad 2** BELGFR. **ritssluiting**
tireur ZN M (V tireuse), **schutter** • *un ~ d'élite* scherpschutter
tiroir ZN M **lade**
tiroir-caisse ZN M (MV tiroirs-caisses), **geldlade**
tisane ZN V **kruidenthee**
tisonnier ZN M **pook**
tissage ZN M **(het) weven, weverij**
tisser OV WW **1 weven,** OOK FIG. **doorweven (de met)** • *l'araignée tisse sa toile* de spin spint zijn web **2 beramen**
tisserand ZN M (V tisserande), **wever**
tissu ZN M **1 stof, weefsel** • *un ~ uni* effen stof • *un ~ d'ameublement* meubelstof **2** FIG. **samenweefsel, samenstel, structuur** • *son histoire est un ~ de mensonges* zijn verhaal is een samenweefsel van leugens **3** BIOL. **weefsel** • *le ~ osseux* botweefsel
tissu-éponge ZN M (MV tissus-éponges), **badstof**
titan ZN M **titan, reus** • *un travail de ~* titanenwerk
titane ZN M **titanium**
titanesque BN **reusachtig, titanisch**
titi INFORM. ZN M **(Parijse) straatjongen**
titiller OV WW **kietelen, prikkelen**
titrage ZN M **(het voorzien van) titels, ondertiteling**
titre ZN M **1 titel** <film, boek, lied> • *un ~ de film* filmtitel • *faire les gros ~s* de krantenkoppen halen, voorpaginanieuws zijn **2 titel** <graad> • *un ~ universitaire* universitaire graad • *le champion du monde en ~* de regerend wereldkampioen • *remporter un ~* een titel behalen **3 (bewijsstuk van een) recht, rechtstitel, aanspraak** • FORM. *un ~ de transport* vervoerbewijs, kaartje • *un ~ de propriété* eigendomsbewijs **4** • *à ~ de* bij wijze van • *à ~ privé* als particulier, privé • *à ~ personnel* op persoonlijke titel, persoonlijk • *à ~ de prêt* te leen • *à ~ préventif* uit voorzorg • *à ~ exceptionnel* bij

(wijze van) uitzondering • *à ~ expérimental / d'essai* bij wijze van proef • *à ~ indicatif* ter indicatie • *à ~ posthume* postuum • *à juste ~* met recht, terecht

titré BN met een (adellijke) titel

titrer OV WW **1** als (kranten)kop voeren, koppen • *tous les journaux ont titré hier: 'L'horreur après le séisme en Haïti'* alle kranten hadden gisteren als krantenkop: 'De afschuwelijke situatie na de aardbeving op Haïti' **2** een titel geven aan • *un champion de tennis très titré* tenniskampioen met veel titels op zijn naam

tituber ONOV WW waggelen, wankelen • *marcher en titubant* waggelend lopen, lopen te waggelen

titulaire **1** ZN M/V bekleder <van een functie>, vast lid, vaste kracht, houder <van recht, officieel papier e.d.> • *les ~s d'un permis de conduire* rijbewijshouders **2** BN vast aangesteld

titularisation ZN V vaste aanstelling

titulariser OV WW vast benoemen

T.M.S. AFK trouble musculo-squelettique m ≈ RSI

T.N.T. AFK télévision numérique terrestre v digitale televisie

To AFK téraoctet m TB, terabyte

toast "toost" ZN M **1** toast, geroosterd brood **2** toost, heildronk • *porter un ~ à qn* een toost uitbrengen op iemand

toboggan ZN M glijbaan, tobogan <slee> • *faire du ~* van de glijbaan glijden, bobsleeën

toc **1** ZN M INFORM. namaak, kitsch • *un bijou en ~* nepjuweel • *son collier, c'est du ~ / ça fait toc!* haar ketting ziet er kitscherig uit! **2** BN onver. **1** INFORM. kitscherig, prullerig **2** INFORM. getikt, niet wijs • *il est un peu ~ toc!* hij is een beetje getikt! **3** TUSSENW klop <op deur> • *toc! toc!* klop! klop! • INFORM., FIG. *et toc! elle a été bien attrapée!* die zit! ze is er mooi in gevlogen!

tocade INFORM. ZN V → **toquade**

tocard, toquard INFORM. BN smakeloos, lelijk

tocsin ZN M alarmklok, brandklok, noodklok • *sonner le ~* de alarmklok luiden

tofu ZN M tofoe, tahoe

toge ZN V toga

Togo ZN M Togo

togolais BN Togolees

tohu-bohu INFORM. ZN M lawaaiige drukte, rumoer, warboel

toi PERS VNW jou, je, jij <met nadruk> • *cette maison est à toi?* is dit huis van jou? • *c'est à ~ de le faire* het is jóuw taak • *entre ~ et elle, ça ne va pas du tout!* tussen jou en haar gaat het helemaal niet! • *c'est à ~ que je parle* ik heb het tegen jou • *je suis plus grande que ~* ik ben groter dan jij • *allez, dépêche-toi un peu!* hup, schiet eens wat op! • *toi, tu ne vas pas bien aujourd'hui!* het gaat vandaag niet goed met jou! • *toi, je ne veux plus te voir ici* jóú wil ik hier niet meer zien • *pour ~* voor jou

toile ZN V **1** OOK FIG. web • *une ~ d'araignée* spinnenweb • COMP. *la Toile* het web • *surfer sur la Toile* surfen op internet **2** OOK FIG. linnen, weefsel • *de la ~ de coton* katoenen weefsel • *une ~ cirée* wasdoek • *une ~ de tente* tentzeil **3** schildersdoek, schilderij • *restaurer une ~* een schilderij restaureren • *en ~ de fond* als achterdoek <van toneel>, FIG. als achtergrond

toilettage ZN M (het) toiletteren <van dieren>, (het) trimmen <v. hond>

toilette **1** ZN V **1** toilet, (het) opknappen, reiniging, verzorging • *les produits de ~* toiletartikelen • *un gant de ~* washandje • *une serviette de ~* handdoek • *une trousse de ~* toilettas **2** (het) wassen • *faire sa ~* je wassen, je opfrissen • *faire un brin de ~* je snel wassen, je even opfrissen • *faire la ~ de bébé* de baby verschonen **3** kleding • *porter une ~ élégante* elegante kleren dragen • *changer de ~* je omkleden **2** ZN V MV wc, toilet • *aller aux ~s* naar de wc gaan, naar het toilet gaan

toiletter OV WW **1** toiletteren <van dieren>, trimmen <van hond> **2** INFORM., FIG opknappen

toise ZN V meetlat <voor lichaamslengte>

toiser OV WW keurend /minachtend bekijken, (geringschattend) monsteren • *~ qn des pieds à la tête* iemand van top tot teen opnemen

toison ZN V vacht

toit ZN M dak • *un ~ d'ardoise* leien dak • *un ~ de tuiles* pannendak • *un ~ plat / en terrasse* plat dak • *ils vivent sous le même ~* ze leven onder één dak, ze wonen in hetzelfde huis • *une voiture à ~ ouvrant* auto met schuifdak • *trouver un ~ pour la nuit* onderdak vinden voor de nacht • *crier une nouvelle sur tous les ~s* een nieuwtje van de daken schreeuwen, een nieuwtje rondbazuinen

toiture ZN V dak(bedekking)

tôlard INFORM. ZN M → **taulard**

tôle ZN V plaatijzer • *de la ~ ondulée* golfplaat

tolérable BN **1** draaglijk **2** toelaatbaar

tolérance ZN V verdraagzaamheid, tolerantie • *la ~ à un traitement* de tolerantie voor een behandeling • *la ~ au stress* stressbestendigheid • *les tolérances orthographiques* geaccepteerde spellingswijzen • MED. *le seuil de ~* tolerantiedrempel

tolérant BN verdraagzaam, tolerant

tolérer OV WW **1** dulden, verdragen • *~ un médicament* een geneesmiddel verdragen **2** toelaten, tolereren • *stationnement toléré le dimanche* parkeren toegestaan op zondag • *~ qc de qn / de la part de qn* iets tolereren van iemand

tôlerie ZN V plaatijzerfabriek / -handel

tollé ZN M (algemeen) protest, afkeurend geroep, misbaar • *la proposition a été accueillie par un ~ général* het voorstel is met algemeen protest ontvangen, het voorstel wekte een storm van protest op

T.O.M. AFK territoires d'outre-mer m mv overzeese gebiedsdelen <vgl. DOM-TOM>

tomate ZN V tomaat • *des ~s cerises* kerstomaten • *du concentré de ~s* tomatenpuree • *de la sauce ~* tomatensaus • *elle était rouge comme une ~* ze had een kleur als een boei

tombal BN graf- • *une pierre ~e* grafsteen

tombant BN vallend, afhangend • *des paupières ~es* afhangende oogleden • *à la nuit ~e* bij het vallen

v.d. nacht
tombe ZN V **1 graf** • FIG. *creuser sa ~* je eigen graf graven • FIG. *creuser sa ~ avec les dents* ongezond (veel) eten • *emporter un secret dans sa ~* een geheim in het graf meenemen • *être muet comme une ~* zwijgen als het graf • FIG. *avoir un pied dans la ~* met één been in het graf staan • FIG. *se retourner dans sa ~* zich in zijn graf omdraaien **2 grafsteen, tombe**
tombeau ZN M (MV tombeaux), **graftombe, graf** • FIG. *rouler à ~ ouvert* met levensgevaarlijke snelheid rijden, scheuren
tombée ZN V **(het) vallen** • *à la ~ du jour / de la nuit* bij het vallen v.d. avond
tomber 1 ONOV WW **1 vallen, neervallen** • *~ par terre / à terre* op de grond vallen • *il est tombé raide mort* hij viel morsdood neer • *~ dans l'eau* in het water vallen • *faire ~ qn* iemand om(ver)gooien • *la foudre est tombée sur la maison* de bliksem is in het huis geslagen • *elle a les cheveux qui tombent* ze heeft uitvallend haar • *la neige tombe* er valt sneeuw • *le jour / la nuit tombe* de avond valt • *le vent est tombé* de wind is gaan liggen • *le gouvernement va ~* de regering gaat vallen • *un palais qui tombe en ruines* paleis dat op instorten staat, paleis in verval • *~ de sommeil* omvallen van de slaap • *~ (à plat)* volledig mislukken, floppen • FIG. *~ comme une masse* als een blok neervallen • FIG. *un projet qui tombe à l'eau* plan dat in het water valt • FIG. *des têtes vont ~* er gaan koppen rollen • FIG. *~ du lit / de son lit* vroeg uit de veren zijn • FIG. *~ dans les pommes* in zwijm vallen, flauwvallen • FIG. *il a laissé ~ sa copine* hij heeft zijn vriendin laten vallen / gedumpt • INFORM. *allez, laisse ~!* ach, laat maar!, kap ermee! **2** FIG. **vallen, zakken, dalen** • *les cours de la Bourse sont tombés* de beurskoersen zijn gedaald • *les bras m'en tombent!* nou breekt m'n klomp! **3 (in een toestand) raken, (opeens) worden** • *~ (bien) bas* diep zinken • *~ en panne* pech krijgen • *~ dans la misère* in armoede raken, tot armoede vervallen • *~ amoureux* verliefd worden • *~ malade* ziek worden • *~ enceinte* zwanger raken • *~ en désuétude* in onbruik raken • *~ dans l'oubli* in vergetelheid raken • *~ dans le piège / dans le panneau* in de val lopen **4 vallen op, plaatsvinden** • *la fête tombe le 3 mai* die feestdag valt op 3 mei • *ça tombe bien* dat treft goed, dat komt goed uit • *ça tombe mal* dat treft slecht • *être bien tombé* het treffen, geluk hebben • *tiens, tu tombes à pic, je devais te téléphoner!* hé, je komt als geroepen, ik wilde je net bellen! • *cette offense tombe sous le coup de la loi* dit vergrijp is strafbaar **5 stuiten op, overrompelen** • *je suis par hasard tombée sur elle en sortant du cinéma* ik stuitte toevallig op haar toen ik uit de bioscoop kwam **2** OV WW INFORM. **uittrekken** • *~ la veste* je jasje uittrekken
tombereau ZN M (MV tombereaux), **kiepwagen, stortkar**
tombeur INFORM. ZN M • *~ (de femmes)* vrouwenverleider, versierder • *c'est le ~ des tennismen américains* dat is de overwinnaar van de Amerikaanse tennissers
tombola ZN V **tombola**
tome ZN M **(boek)deel**
tomette ZN V **terracottategeltje**
tom-pouce INFORM. ZN M (MV id.), **dwerg, kleinduimpje**
ton 1 ZN M **toon** • *le bon ~* goede manieren • *des tons chauds* warme tinten • *il est de bon ~ de venir dans ce café* men hoort in dit café te komen • *si tu le prends sur ce ton...* als je zo'n toon aanslaat..., als je het zo (hoog) opneemt... • FIG. *il nous l'a dit sur tous les tons* hij zei het ons in alle toonaarden • FIG. *changer de ~* een andere toon aanslaan • FIG. *donner le ~* de toon aangeven • FIG. *le ~ monte* de gemoederen raken verhit • FIG. *baisser le ~* een toontje lager zingen • FIG. *hausser le ~* de stem verheffen **2** BEZ VNW (V ta, MV tes), **jouw, je** • *c'est ~ frère qui arrive* daar komt jouw broer aan • *c'est ~ affaire, pas la mienne!* dat is jouw zaak, niet de mijne! • *tu pars avec ta cousine?* ga je weg met je nichtje? • *tes affaires, tu les emportes?* neem je je spullen mee?
tonal BN (M MV tonals/tonaux), **tonaal, toon-**
tonalité ZN V **1 tonaliteit, klank(gehalte), toon(aard) 2 kiestoon** <van telefoon>
tondeuse ZN V **scheermachine, grasmachine, tondeuse** • *une ~ à gazon* grasmaaier
tondre OV WW **1 scheren** <van dieren>, **kort knippen** <van haren, heg> • *~ le gazon* het gras maaien **2** FIG. **(kaal)plukken, afzetten**
tondu 1 BN **kaalgeschoren, kortgeknipt 2** WW volt. deelw. → **tondre**
tongs ZN V MV **teenslippers**
tonic ZN M **tonic**
tonicité ZN V **stimulerende werking, tonus**
tonifiant BN **opwekkend**
tonifier OV WW **(ver)sterken, stimuleren** • *une crème qui tonifie la peau* crème die de huid veerkrachtig maakt, vitaliserende crème
tonique 1 BN **1** TAALK. **be(klem)toond** • *l'accent ~* klemtoon **2** MED. **versterkend 2** ZN M **versterkend middel, tonicum**
tonitruant BN **donderend, bulderend, daverend** • *une voix ~e* bulderende stem
tonitruer ONOV WW **donderen, bulderen, daveren**
tonnage ZN M **tonnage, laadvermogen**
tonnant BN **donderend**
tonne ZN V **ton** <1000 kilo> • INFORM. *j'ai des ~s de travail* ik heb massa's werk • INFORM. *en faire des ~s* flink overdrijven
tonneau ZN M (MV tonneaux) **1 ton, vat** • *un ~ de vin* ton wijn **2 (het) over de kop slaan** • *faire un ~* over de kop slaan <van auto>, een rolvlucht maken <van vliegtuig>
tonnelet ZN M **vaatje, tonnetje**
tonnelle ZN V **prieel**
tonner 1 ONOV WW **1 donderen** • *le canon tonne* het kanon buldert **2 uitvaren (tegen)** • *~ contre les patrons* uitvaren tegen de bazen, foeteren op de bazen **2** ONP WW **donderen** • *il pleut, il tonne* het regent, het dondert

tonnerre ZN M **1** donder • *un coup de ~* donderslag • *le grondement du ~* het gerommel van de donder • *un ~ d'applaudissements* donderend applaus **2** INFORM. geweldig iets • *un livre du ~* geweldig boek, prachtboek

tonsille ZN V (keel)amandel

tonsure ZN V tonsuur, geschoren / kale kruin

tonte ZN V (het) scheren <v. schapen>, (het) kortknippen, (het) maaien <van gras>

tonton JEUGDT. ZN M oom(pje)

tonus "-nuus" ZN M energie, fut • *manquer de ~* geen fut hebben

top **1** ZN M **1** (tijd)sein, pieptoon, elektrische impuls • *donner le ~ de départ* het vertreksein geven **2** INFORM. hoogste niveau, (het) beste **3** bovenstukje <kledingstuk>, topje **2** BN onver. **1** INFORM. prima, gaaf **2** top- • *un ~ modèle* topmodel • *~ secret* topgeheim • INFORM. *être au ~ niveau* op topniveau zitten

topaze ZN V topaas

toper ONOV WW handjeklappen, toestemmen • *tope (là)!* akkoord!, hand erop!, top!

topinambour ZN M aardpeer

topo INFORM. ZN M praatje, verhaal • *elle nous a fait un petit ~ sur son sujet favori* ze heeft voor ons een praatje gehouden over haar favoriete onderwerp • *tu vois un peu le ~!* snap je wat ik bedoel?

topographie ZN V topografie

topographique BN topografisch

topoguide ZN M wandelkaart

toquade INFORM. ZN V gril, bevlieging, plotseling enthousiasme

toquard INFORM. BN → **tocard**

toque ZN V baret, muts • *une ~ blanche de cuisinier* koksmuts • *une ~ de fourrure* bontmuts

toqué INFORM. BN getikt, gek

toquer INFORM. WKD WW **(se ~)** verkikkerd raken (op), vallen (op) • *se ~ de qn* verkikkerd raken op iemand

torah ZN V → **thora**

torche ZN V **1** toorts, fakkel • *être transformé en ~ vivante* levend verbranden **2** staaflamp • *une ~ électrique* elektrische zaklantaarn

torcher INFORM. OV WW **1** afvegen **2** FIG. afraffelen

torchon ZN M **1** vaatdoek, BELG. keukenhanddoek **2** BELGFR. dweil **3** INFORM. vod <knoeiwerk> • FIG. *un coup de ~* heibel, stevige woordenwisseling • FIG. *le ~ brûle* er is ruzie in de tent, het is hommeles • FIG. *ce journal est un vrai ~* dit is echt een flutkrant • *il ne faut pas mélanger les ~s et les serviettes* je moet niet alles op één hoop gooien

tordant INFORM. BN om je wild te lachen

tordre **1** OV WW (ver)wringen, (ver)draaien, (om)buigen • FIG. *~ le cou à qn* iemand zijn nek omdraaien **2** WKD WW **(se ~)** zich wringen, zich draaien • *se ~ la cheville / le pied* je enkel verstuiken • *se ~ de douleur* krimpen / kromliggen van de pijn • *c'est à se ~ de rire* dat is om je dood te lachen • *se ~ les mains* de handen wringen

tordu **1** BN **1** OOK FIG. verwrongen, krom • *un clou ~* kromme spijker **2** INFORM. geschift, onwijs, maf • *elle a l'esprit ~* ze is geschift **2** WW volt. deelw. → **tordre**

torgnole INFORM. ZN V optater, muilpeer • *recevoir une ~* een lel krijgen

tornade ZN V tornado

torpeur ZN V versuffing, apathie

torpide LIT. BN versuft

torpillage ZN M (het) torpederen, torpedering

torpille ZN V torpedo

torpiller OV WW OOK FIG. torpederen • FIG. *~ un projet* een plan doen mislukken

torpilleur ZN M torpedoboot

torréfaction ZN V (het) branden <van koffie, tabak>

torréfier OV WW branden <van koffie, tabak>

torrent ZN M **1** bergstroom **2** OOK FIG. stortvloed • *un ~ de larmes* stroom van tranen • *il pleut à ~s* het stortregent

torrentiel BN (V torrentielle), (als) van een stortvloed • *une pluie ~le* stortbui

torride BN (ver)zengend, OOK FIG. heet • *une chaleur ~* verzengende hitte • FIG. *une passion ~* brandende hartstocht

tors "tor" BN gedraaid, verdraaid • *des jambes ~es* kromme benen

torsade ZN V (gedraaide) franje • *une ~ de cheveux* haarwrong • *un pull à ~s* kabeltrui

torsadé BN (ineen)gedraaid • *un pull ~* kabeltrui

torse ZN M romp, tors, torso • *être ~ nu* een ontbloot bovenlijf hebben

torsion ZN V (ineen)draaiing, verdraaiing, (ver)wringing, torsie

tort "tor" ZN M **1** ongelijk • *vous avez ~ de refuser qu'on vous aide* u doet er verkeerd aan hulp te weigeren • *tu as eu ~ de t'en aller* je had niet moeten weggaan • *être dans son ~* schuld hebben, fout zijn • *je lui donne ~* ik geef hem ongelijk • *c'est lui qui est en ~* de fout ligt bij hem • *parler à ~ et à travers* in het wilde weg praten, maar een eind weg kletsen • *à ~ ou à raison* terecht of ten onrechte **2** OOK MV (berokkend) kwaad, onrecht, nadeel, verkeerde handelwijze, fout, schuld • *avoir tous les ~s* alle ongelijk van de wereld hebben, helemaal fout zijn • *réparer ses ~s* het aangedane onrecht weer goedmaken • *avouer ses ~s* je fout erkennen • *faire du ~ à qn* iemand onheus behandelen, iemand benadelen

torticolis "-lie" ZN M stijve nek

tortillard INFORM. ZN M boemeltreintje

tortillement ZN M OOK FIG. gedraai

tortiller **1** OV WW ineendraaien • *~ son mouchoir* je zakdoek verfrommelen **2** ONOV WW (heen en weer) draaien • *~ des hanches / des fesses* heupwiegen, met de billen draaien • INFORM. *il n'y a pas à ~* daar valt niet onderuit te komen **3** WKD WW **(se ~)** heen en weer draaien, wiebelen, kronkelen, FIG. zich in bochten wringen • *se ~ sur sa chaise (d'impatience)* op je stoel wiebelen (van ongeduld), op het puntje van je stoel zitten

tortionnaire ZN M/V **folteraar**

tortue ZN V **schildpad** • *marcher d'un pas de ~* met een slakkengang lopen • *avancer comme une ~* met een slakkengangetje vooruitkomen

tortueux BN (V tortueuse) **1 bochtig, kronkelig** • *un chemin ~* kronkelweg **2** FIG. **slinks**

torture ZN V **foltering** • *des aveux obtenus sous la ~* door foltering afgedwongen bekentenis • FIG. *un examen oral est une ~ pour elle* een mondeling examen is een kwelling voor haar

torturer 1 OV WW **1 folteren, pijnigen, kwellen 2** FIG. **verdraaien, verwringen** • *un esprit torturé* verwrongen geest **2** WKD WW **(se ~)** • *se ~ la cervelle* je hersens afpijnigen, je suf piekeren

torve BN • *un regard ~* dreigende blik

tôt BW **vroeg** • *se coucher ~* vroeg naar bed gaan • *il fallait m'en parler plus ~* dat had je me eerder moeten zeggen • *le plus ~ sera le mieux* hoe eerder hoe liever / beter • *ce n'est pas trop tôt!* het werd tijd! • *il ne reviendra pas de si ~* hij zal voorlopig niet terugkomen • *elle arrivera demain au plus ~* ze komt op z'n vroegst morgen • *rapportez-moi ce livre au plus ~ / le plus ~ possible* breng me dat boek zo gauw mogelijk terug • *~ ou tard elle nous reviendra* vroeg of laat komt ze wel bij ons terug • *le monde appartient à ceux qui se lèvent ~* de morgenstond heeft goud in de mond

total 1 BN (M MV totaux), **totaal, geheel** • *la somme ~e* totaalbedrag • *c'est l'obscurité ~e* het is aardedonker **2** ZN M (MV totaux), **totaal(bedrag), geheel** • *faire le ~* (alles) optellen • *au ~* in totaal, alles bij elkaar

totale ZN V • INFORM. *c'est la ~!* ook dat nog!

totalisation ZN V **optelling, totalisatie**

totaliser OV WW **1 optellen 2 een totaal / score bereiken van, in totaal hebben**

totalitaire BN **totalitair**

totalitarisme ZN M **totalitarisme**

totalité ZN V **geheel, totaliteit** • *la ville a été en ~ submergée par les eaux* de stad is helemaal onder water komen te staan • *la ~ des lettres de candidature sera examinée* alle sollicitatiebrieven zullen bekeken worden • *dans sa ~* in zijn totaliteit

totem ZN M **totem**

toubib INFORM. ZN M **dokter**

toucan ZN M **toekan**

touchant 1 BN **ontroerend, treffend, aandoenlijk 2** VZ FORM. **omtrent, aangaande**

touche ZN V **1 toets** <van instrument, computer> • *les ~s d'un piano* pianotoetsen • *un téléphone à ~s* toetstelefoon • COMP. *la ~ Contrôle / Entrée / Alt* control- / enter- / alttoets • COMP. *la ~ retour-arrière* backspacetoets • *appuyer sur une ~* een toets indrukken **2** SPORT **treffer** <bij schermen>, **beet** <bij vissen> **3** SPORT **zijlijn, inworp** • *la ligne de ~* zijlijn • *un juge de ~* grensrechter • *la remise en ~* inworp • *il y a ~* de bal is uit • FIG. *rester sur la ~* uit de boot vallen, uitgerangeerd zijn **4 penseelstreek,** FIG. **(persoonlijk) tintje** • *la dernière ~ / la ~ finale du créateur* de finishing touch van de maker **5** INFORM. **trekje** • *avoir une drôle de ~* er raar uitzien

touche-à-tout INFORM. ZN M (MV id.) **1 kind dat overal aan zit 2 iemand die van alles aanpakt, scharrelaar**

toucher 1 OV WW **1 (aan)raken,** OOK FIG. **treffen, betreffen** • *~ le point sensible* het tere punt aanroeren • *cela me touche de près* dat gaat mij rechtstreeks aan • *cela ne me touche pas* dat raakt me niet • *il a été mortellement touché* hij werd dodelijk getroffen • *je touche du bois!* even afkloppen! **2 bereiken** • *à quelle adresse pourra-t-on vous ~?* op welk adres bent u te bereiken? • *le feu a touché toutes les maisons d'alentour* het vuur is naar alle omliggende huizen overgeslagen • *le bateau a touché le port* de boot is in de haven aangekomen **3 (uit)betaald krijgen, innen, opstrijken** • *~ une allocation* een uitkering krijgen / trekken • *il touche trois mille euros par mois* hij verdient 3000 euro per maand **4** FIG. • *je lui en ~ai deux mots* ik zal het met hem / haar opnemen, ik zal hem / haar erover aanspreken **2** ONOV WW **(iets) raken, grenzen (aan)** • *ne touchez à rien!* nergens aan zitten! • *~ au but* je doel bijna bereikt hebben • *~ à sa fin* op z'n eind lopen • *nous touchons là à une question importante* hier roeren we een belangrijke kwestie aan • *~ à son argent* je geld aanspreken • *sans avoir l'air d'y ~* alsof er niets gebeurd is / was, heel schijnheilig, doodgemoedereerd • *touché!* die zit!, raak! • *ne pas ~!*; INFORM. *pas touche!* niet aankomen!, afblijven! • INFORM. *touche pas à mon pote!* kom niet aan mijn maat! <antiracistische leus> **3** WKD WW **(se ~) elkaar (aan)raken** • *les deux maisons se touchent* de twee huizen staan naast elkaar **4** ZN M **1 (het) aanraken, tastzin** • *être froid au ~* koud aanvoelen • *être doux au ~* zacht aanvoelen **2** MUZ. **aanslag 3** MED. **toucher, (het) toucheren**

touffe ZN V **dot, bosje, pluk(je), toef** • *une ~ de cheveux* pluk / bos haar • *une ~ d'herbe* bosje gras

touffu BN **dicht(begroeid)**

touiller INFORM. OV WW **(om)roeren, husselen**

toujours BW **1 altijd, steeds, nog steeds** • *un ami de ~* oude vriend • *ils se connaissent depuis ~* ze kennen elkaar al sinds tijden • *il l'aime ~* hij houdt nog steeds van haar • *ils sont partis pour ~* ze zijn voorgoed vertrokken • *~ est-il que...* zoveel is zeker dat..., dat neemt niet weg dat... • INFORM. *tu peux ~ courir, ça n'arrivera pas!* vergeet het maar, dat gebeurt niet! • INFORM. *cause ~ (mon lapin)!* klets maar raak! • INFORM. *c'est ~ ça de gagné!* dat is alvast meegenomen! **2 toch, tenminste** • *tu peux ~ essayer* je kunt het allicht proberen

toundra ZN V **toendra**

toupet ZN M **1 kuif 2** INFORM. **lef, brutaliteit** • *avoir du ~* lef hebben, durven • *elle a encore eu le ~ de demander de l'argent* ze was nog eens zo brutaal om geld te vragen

toupie ZN V **1 tol** • *jouer à la ~* tollen **2** INFORM. • *vieille ~!* ouwe taart, takkewijf

tour 1 ZN M **1 ronddraaiing, omloop, toer, omtrek, omvang, wijdte** • *le ~ du cou* halswijdte, halskraagje / -bontje • *mesurer son ~ de poitrine* je borstomvang meten • *fermer une porte à double ~* een deur op het (nacht)slot doen • *faire le ~ de qc* om iets heen gaan, in iets rondgaan • FIG. *faire le ~ de la question* de kwestie van alle kanten bekijken • FIG. *faire un ~ de table* een rondvraag houden • *à ~ de bras* uit alle macht • *en un ~ de main* in een handomdraai **2** (rond)reis, uitstapje, wandeling, toertje, ommetje • *le Tour de France* de ronde van Frankrijk • *un ~ de chant* optreden van een (liedjes)zanger • *faire un ~ en voiture / à pied* een ritje maken met de auto / een ommetje maken • *faire le ~ du monde* een reis om de wereld maken • *faire un petit ~* een eindje gaan lopen, een ommetje maken **3** beurt • *à qui le ~?* wie is aan de beurt? • *c'est (à) mon ~* ik ben aan de beurt • *attendre son ~* je beurt afwachten • *donner / céder son ~ à qn* iemand voor laten gaan • *être élu au premier ~ de scrutin* in de eerste verkiezingsronde gekozen worden • *jouer chacun à son ~* ieder op zijn beurt spelen • *à ~ de rôle / ~ à ~* om beurten **4** kunstje, toer • *un ~ d'adresse* handige toer, foefje • *un ~ de force* krachttoer, geweldige prestatie • *le ~ est joué!* klaar is Kees! • *jouer un ~ à qn* iemand een poets bakken, iemand een streek leveren • *avoir plus d'un ~ dans son sac* niet voor één gat te vangen zijn **5** draaibank, draaischijf <van pottenbakker> **2** ZN V **1** toren, torenflat • *la Tour Eiffel* de Eiffeltoren • *la ~ de Babel* de toren van Babel • *une ~ de contrôle* verkeerstoren **2** toren <in schaakspel>

tourbe ZN V turf • *une motte de ~* een turf

tourbière ZN V veenderij, veen

tourbillon ZN M wervelwind, werveling, draaikolk, FIG. maalstroom • *un ~ de sable* zandhoos, zandstorm • *le ~ de la vie* de maalstroom van het leven

tourbillonnant BN wervelend

tourbillonnement ZN M werveling, dwarreling

tourbillonner ONOV WW wervelen, kolken, dwarrelen • *le couple tourbillonnait sur la piste de danse* het stel zwierde over de dansvloer

tourelle ZN V **1** torentje **2** MIL. geschutkoepel

tourisme ZN M toerisme • *une agence de ~* reisbureau • *le ~ vert* ecotoerisme • *le ~ sexuel* sekstoerisme • *une voiture de ~* personenauto • *faire du ~* een pleziertochtje maken, (als toerist) iets komen bezichtigen

tourista INFORM. ZN V reizigersdiarree

touriste ZN M/V toerist • *la classe ~* toeristenklasse

touristique BN toeristisch, toeristen- • *des sites ~s* toeristische plaatsen / bezienswaardigheden • *un guide ~* reisgids • *un menu ~* toeristenmenu

tourment FORM. ZN M kwelling, pijn, smart

tourmente ZN V **1** FORM. storm **2** FIG. hevige onrust, woelingen • *la ~ politique* politieke onlusten

tourmenté BN **1** gekweld **2** onrustig, grillig (van vorm), woest • *une époque tourmentée* roerig tijdperk • *un style ~* gewrongen stijl

tourmenter FORM. **1** OV WW kwellen, pijnigen, tergen • *être tourmenté par la jalousie / l'envie* door afgunst verteerd worden, groen zien van nijd **2** WKD WW (se ~) zich zorgen maken, tobben • *elle se tourmente pour tout* ze maakt zich overal zorgen over

tournage ZN M (het) draaien, het filmen, (het) opnemen <v. film> • *le ~ a eu lieu en studio* de film is in de studio opgenomen

Tournai Doornik

tournailler INFORM. ONOV WW doelloos / rusteloos rondlopen, ijsberen

tournant **1** ZN M **1** bocht, draai, hoek <van straat> • *un ~ en épingle à cheveux* haarspeldbocht • *il a mal pris le ~* hij heeft de bocht verkeerd genomen **2** FIG. keerpunt, wending • *être à un ~ de sa vie* op een keerpunt van je leven staan • INFORM. *je l'attends / l'aurai au ~* die krijg ik nog wel (te pakken) • *au ~ du siècle* rond de eeuwwisseling • *marquer un ~* een mijlpaal vormen **2** BN draaiend, draai- • *une grève ~e* estafettestaking • *un feu / un phare ~* zwaailicht

tourné BN **1** • *une lettre bien tournée* fraai gestelde brief • *un esprit mal ~* verdorven geest **2** zuur <van melk, saus, drank>

tournebouler INFORM. OV WW (iemand) van streek maken

tournebroche ZN M draaispit

tourne-disque ZN M (MV tourne-disques), platenspeler, pick-up

tournedos ZN M tournedos

tournée ZN V **1** rondreis, rondgang, ronde, tournee • *la ~ du facteur* de ronde van de postbode • *faire la ~ des bars* een kroegentocht maken, (gaan) stappen • *être en ~* op tournee zijn <van zanger e.d.> **2** INFORM. rondje <in café> • *la ~ du patron* het rondje van de zaak • *payer une ~* een rondje geven • *c'est ma tournée!* dit rondje is van mij!

tournemain • *en un ~* in een handomdraai

tourner **1** OV WW **1** draaien, omdraaien, wenden • *~ le coin de la rue* de hoek omgaan • *~ et re~ une idée dans sa tête* eindeloos je gedachten over iets laten gaan, iets wikken en wegen • *~ la salade* de sla mengen • *~ les pages d'un livre* de bladzijden van een boek omslaan • FIG. *~ la page* de bladzijde omslaan • FIG. *avoir l'esprit mal tourné* een verdorven geest hebben, een dirty mind hebben • FIG. *cette fille lui a complètement tourné la tête* dat meisje heeft hem helemaal het hoofd op hol gebracht **2** draaien, opnemen <van film> • *~ un documentaire sur les animaux* een documentaire over dieren maken **3** bewerken, veranderen (in) • *un poème bien tourné* fraai verwoord gedicht • *~ qc en plaisanterie* ergens een grapje van maken • *~ qn en ridicule* iemand belachelijk maken, iemand te kijk zetten **4** ontwijken • *~ la loi* de wet ontduiken **2** ONOV WW **1** OOK FIG. draaien • *~ sur soi-même* ronddraaien, om je as draaien • *au prochain feu rouge, tournez à droite* bij het eerste stoplicht rechts afslaan • *~ dans une rue* een straat inslaan • *le vent a tourné* de wind is gedraaid • *l'heure tourne* de tijd gaat voorbij • *elle a la tête qui tourne* ze is duizelig • *ses bénéfices tournent autour d'un million d'euros* zijn winst bedraagt zo'n miljoen euro • FIG. *~ autour du pot*; *~ autour de la question* eromheen draaien • FIG. *la conversation tourne toujours autour des mêmes sujets* de gesprekken gaan altijd over hetzelfde • INFORM., FIG. *~ de l'œil* flauwvallen **2 functioneren** • *ne laisse pas ton moteur ~!* laat je motor niet lopen! • *toute l'économie tourne au ralenti* de hele economie stagneert • *c'est elle qui fait ~ la maison* zij houdt het huishouden draaiende • *faire ~ la boutique* de zaak draaiend houden • INFORM. *ça ne tourne pas rond!* daar klopt iets niet! **3** FIG. **een wending nemen, veranderen** • *~ mal* een slechte wending nemen, verkeerd (af)lopen • *il a mal tourné* hij is op het slechte pad geraakt • *le cambriolage a tourné au carnage* de inbraak is op een bloedbad uitgelopen • *la chance a tourné* de kansen zijn gekeerd • *une histoire qui tourne au drame* een geschiedenis die op een drama uitloopt • *le temps tourne à l'orage* er is onweer op til • *~ en rond* in een kringetje ronddraaien, met je ziel onder de arm lopen **4 in een film spelen** • *il a tourné dans de nombreux films* hij heeft in heel wat films gespeeld **5 draaien** <van film> • *~ en extérieur* op locatie filmen **6 zuur worden** <van melk, saus, drank> **3** WKD WW **(se ~) zich omdraaien, zich wenden (tot)** • *se ~ vers le public* zich tot het publiek richten • *se ~ et se re~ dans son lit* in bed liggen woelen • FIG. *se ~ les pouces* duimendraaien

tournesol ZN M **zonnebloem** • *de l'huile de ~* zonnebloemolie

tourneur TECHN. ZN M (V tourneuse), **draaier**

tournevis "-vies" ZN M **schroevendraaier**

tournicoter INFORM. ONOV WW → **tournailler**

tourniquet ZN M **1 draaihek, draaischijf, draaiende standaard 2 ronddraaiende tuinsproeier**

tournis "-nie" ZN M INFORM. **duizeling** • *avoir le ~* duizelig zijn

tournoi ZN M **toernooi** • *le Tournoi des Cinq Nations* Vijflandentoernooi <rugby> • *remporter un ~* een toernooi winnen

tournoiement ZN M **draaiing**

tournoyer ONOV WW **(telkens) draaien, dwarrelen** • *~ sur la glace* over het ijs zwieren

tournure ZN V **1** FIG. **wending, keer, (ver) loop** • *une ~ d'esprit* denkwijze, instelling • *son histoire prend une ~ inattendue* zijn verhaal neemt een onverwachte wending • *prendre une autre ~* een andere loop nemen, anders (ver)lopen, een wending nemen • *prendre une ~ favorable* een gunstige wending nemen, FIG. de goede kant op gaan **2 (zins)wending, uitdrukking** • *une ~ familière* informele uitdrukking • *une belle ~ de phrase* fraaie zinswending

tour-opérateur ZN M (MV tour-opérateurs), **touroperator**

tourte ZN V **groente- / vleestaart, hartige taart, pastei**

tourteau ZN M (MV tourteaux) **1 noordzeekrab 2 veekoek**

tourtereau 1 ZN M (MV tourtereaux), **tortelduifje 2** ZN M MV INFORM. **tortelduifjes** • *les jeunes ~x* het verliefde paartje

tourterelle ZN V **tortelduif**

tourtière ZN V **pasteipan, taartvorm**

tous, M MV → **tout**

Toussaint ZN V **Allerheiligen** • *à la ~* met Allerheiligen

tousser ONOV WW **hoesten, (even) kuchen** <ook van motor>

toussoter ONOV WW **kuchen**

tout 1 BN (V toute, M MV tous, V MV toutes), **(ge)heel, elk, ieder, al(le)** • *petit-déjeuner à ~e heure* ontbijt op elk moment (van de dag) • *la ~e première fois* de allereerste keer • *tous ceux qui...* allen die... • *il faudrait que vous lisiez ~ Balzac* u zou alles van Balzac moeten lezen • *~ le monde est là* iedereen is er • *ils passent ~e la journée avec nous* ze blijven de hele dag bij ons • *ce sont des roses de ~e beauté* het zijn heel mooie rozen • *ils ont dépensé ~ l'argent qu'on leur a donné* ze hebben al het geld dat ze gekregen hebben uitgegeven • *ils sont arrivés tous les trois* ze zijn alle drie aangekomen • *elle vient tous les deux ans* ze komt om de twee jaar • *travailler ~ un mois* een volle maand werken • *en tous sens* in alle richtingen • *tous les jours* elke dag, dagelijks • *à ~e vitesse* in volle vaart • *pour ~e excuse...* als enige verontschuldiging... • *~es proportions gardées...* naar verhouding... **2** ONB VNW (V toute, M MV tous, V MV toutes), **alles, allen, iedereen** • *est-ce ~? / c'est ~?* is dat alles? • *c'est ~!* meer niet! • *un point c'est ~* daarmee is alles gezegd • *voilà ~!* dat is alles! • *connu de tous* alom bekend • *nous tous* wij allemaal • *tous sont partis / ils sont tous partis* zij zijn allemaal vertrokken • *tous ont approuvé la motion* ze steunden allemaal de motie • *ce sont tous des imbéciles* het zijn allemaal idioten • *le voyage ~ compris nous revient à cinq cents euros* de reis kost ons 500 euro all-in • *il a ~ pour lui* hij heeft alles mee <zondagskind> • *il a ~ d'un artiste* hij is een echte artiest • *c'est au-dessous de ~* dat is beneden alle peil • *c'est simple comme ~* het is heel erg eenvoudig • *ils avaient en ~ et pour ~ un petit sac à dos* ze hadden niet meer dan een rugzakje bij zich • *ça vous fait en ~ vingt euros et vingt centimes* dat kost u in totaal twintig euro twintig • *tirez sur ~ ce qui bouge!* schiet op alles wat beweegt! • *arrêtez de vous plaindre une fois pour ~es!* hou nou eens en voor altijd op met dat geklaag • *pour ~ dire* kort en goed • *après ~ / à ~ prendre* alles welbeschouwd, al met al, eigenlijk • *par-dessus ~* bovenal • *avant ~ / par-dessus ~* vóór alles **3** BW **(ge)heel, erg, zeer** • *une voiture ~e neuve* gloednieuwe auto • *elle était ~e honteuse* ze schaamde zich diep • *ils sont ~ étonnés* ze zijn stomverbaasd • *j'habite ~ près d'ici* ik woon hier vlakbij • *j'arrive ~ de suite* ik kom zo • *on revient ~ de suite* we zijn zo terug • *~ à coup, elle a disparu* ze was opeens verdwenen • *je reviens ~ à l'heure* ik kom straks terug • *je prendrai le ~ dernier train* ik neem de allerlaatste trein • *elle conduisait ~ en téléphonant* ze telefoneerde al rijdend • *~ à fait* helemaal, absoluut • *~ en haut* helemaal bovenin

• ~ *de même* toch, niettemin • ~ *au plus* hoogstens • ~ *comme* net (zo)als **4** ZN M **1 geheel** • *cela forme un* ~ dat vormt één geheel • *vendez le* ~*!* verkoop het hele zaakje! • *elle a changé sa vie du* ~ *au* ~ ze heeft haar leven volledig veranderd • *risquer / tenter le* ~ *pour le* ~ alles op het spel zetten • *jouer le* ~ *pour le* ~ alles op één kaart zetten • *pas du* ~ helemaal niet • *plus du* ~ helemaal niet meer • *rien du* ~ helemaal niets **2 (het) belangrijkste, (het) voornaamste** • *le* ~ *est de bien employer son temps* een goede tijdsplanning is het belangrijkste • *le* ~ *c'est de s'y mettre* alle begin is moeilijk

tout-à-l'égout ZN M (MV id.), **rechtstreekse lozing op het riool, riolering**

toute ZN V → **tout**

toutefois BW **echter, niettemin, (dan) toch** • *il est content, mais il a* ~ *fait remarquer que les affaires ne vont pas bien* hij is tevreden, maar hij heeft er wel op gewezen dat de zaken niet goed gaan

toute-puissance ZN V **almacht** • *la* ~ *des banques* de almacht van de banken

toutes ZN V MV → **tout**

tout-fou INFORM. BN (M MV tout-fous), **door het dolle heen, lekker gek**

toutou INFORM. ZN M **hond(je), wafwaf**

tout-petit ZN M (MV tout-petits), **peuter**

tout-puissant BN (M MV tout-puissants), **almachtig** • *les nations toutes-puissantes* de almachtige staten • *le Tout-Puissant* de Almachtige

tout-terrain **1** ZN M (MV tout-terrains) **1 terreinwagen, terreinfiets 2 (het) crossen, (het) mountainbiken** **2** BN (M MV tout-terrains), **terrein-, cross-** • *un véhicule* ~ terreinwagen • *un vélo* ~ *(V.T.T.)* mountainbike

tout-va • *à* ~ ongebreideld, in het wilde weg

tout-venant ZN M (MV id.), **van alles (door elkaar)**

toux "toe" ZN V **hoest** • *un accès / une quinte de* ~ hoestbui • *une* ~ *sèche* droge hoest

toxicité ZN V **giftigheid**

toxicologie ZN V **toxicologie, vergiftenleer**

toxicologique BN **toxicologisch**

toxicologue ZN M/V **toxicoloog**

toxicomane **1** BN **verslaafd** <aan drugs> **2** ZN M/V **drugsverslaafde**

toxicomanie ZN V **(drugs)verslaving**

toxine ZN V **toxine, gifstof**

toxique **1** BN **(ver)giftig** • *un gaz* ~ gifgas • *des produits* ~*s* giftige producten **2** ZN M **vergif**

T.P. INFORM. AFK **1** travaux pratiques m mv **practicum** **2** travaux publics m mv **openbare werken**

trac ZN M **plankenkoorts, (de) zenuwen** <vóór optreden / examen>

traçabilité ZN V **traceerbaarheid** <herkomst product>

tracas "-kà" ZN M vaak mv **(kop)zorgen, toestanden** • *les petits* ~ *de la vie quotienne* de dagelijkse beslommeringen • *son éducation me donne du* ~ zijn opvoeding is een hele zorg voor me

tracasser **1** OV WW **kwellen, verontrusten, last bezorgen** • *sa santé nous tracasse* zijn gezondheid baart ons zorgen **2** WKD WW **(se ~) zich zorgen maken** • *elle se tracasse pour un rien* ze maakt zich druk om niets

tracasserie ZN V **geplaag, pesterij(tje), vervelend gedoe** • *les petites* ~*s administratives sont insupportables* je wordt gek van die bureaucratische rompslomp

tracassier BN (V tracassière), **plagerig, lastig (doend), pietluttig**

trace ZN V **spoor, (nagelaten) teken** • *des* ~*s de pas sur la neige* voetsporen in de sneeuw • *des* ~*s de coups* afdrukken van klappen • *laisser des* ~*s* sporen achterlaten • *disparaître sans laisser de* ~*s* spoorloos verdwijnen • FIG. *elle suit les* ~*s de sa mère* zij gaat haar moeder achterna • *être sur la* ~ *de qn* iemand op het spoor zijn

tracé ZN M **1 plan, ontwerp, schets** • *le* ~ *d'une nouvelle autoroute* het tracé van een nieuwe autoweg **2 lijn, loop** • *le* ~ *découpé de la côte bretonne* de grillige kustlijn van Bretagne

tracer OV WW **1 trekken** <van lijn>, **schetsen** <van beeld> • ~ *un cube sur une feuille de papier* een kubus op een vel papier tekenen **2 traceren** <van weg>, OOK FIG. **uitstippelen** • ~ *une ligne de chemin de fer* een spoorlijn uitstippelen

trachée "-sjee" ZN V **1 luchtpijp 2 trachee, houtvat**

trachéite "-kee-" ZN V **luchtpijpontsteking**

tract "trakt" ZN M **vlugschrift, pamflet**

tractations ZN V MV **(geheime) onderhandelingen, gekonkel**

tracter **1** OV WW **slepen, (voort)trekken** **2** ONOV WW INFORM. **folderen**

tracteur ZN M **tractor**

traction ZN V **(het) trekken, voortbeweging, (t) rekkracht, tractie**

tradition ZN V **overlevering, traditie** • *une* ~ *orale* mondelinge overlevering • *chez nous, il est de* ~ *de nous réunir deux fois par an* het is bij ons traditie om tweemaal per jaar bijeen te komen • *nous faisons cela par* ~ dat doen we traditiegetrouw

traditionalisme ZN M **traditionalisme**

traditionnel BN (V traditionnelle), **overgeleverd, traditioneel** • *c'est un plat* ~ *le dimanche* dat is een klassiek zondagsmaal

traducteur ZN M (V traductrice) **1 vertaler** • *un* ~ *assermenté* beëdigd vertaler **2** COMP. **vertaalprogramma**

traducteur-interprète ZN M (MV traducteurs-interprètes), **tolk-vertaler**

traduction ZN V **1 vertaling** • *la* ~ *simultanée* simultaanvertaling • *la* ~ *automatique* automatische vertaling • *une* ~ *littérale / mot à mot* letterlijke vertaling • *faire une* ~ *vers le français / en français* iets in het Frans vertalen **2** FIG. **weergave**

traduire **1** OV WW onregelmatig **1 vertalen (de uit; en in)** • ~ *un texte du néerlandais en français / vers le français* een tekst van het Nederlands in het Frans vertalen • *une pièce de théâtre traduite du russe* uit het Russisch vertaald toneelstuk **2 weergeven, uitdrukken 3 dagvaarden** • ~ *qn* *en justice* iemand voor het gerecht dagen, iemand dagvaarden **2** WKD WW **(se ~) vertaald (kunnen) worden, de vorm aannemen (van)** • *une expression qui ne se traduit pas facilement* moeilijk vertaalbare uitdrukking • *l'hostilité au gouvernement s'est traduite par des manifestations* de onvrede over de regering uitte zich in betogingen

traduisible BN **vertaalbaar**

trafic ZN M **1 verkeer** • *le ~ aérien* vliegverkeer • *le ~ routier* wegverkeer • *le ~ de marchandises* goederenvervoer **2 (onwettige / louche) handel, gesjacher** • *le ~ d'armes* verboden wapenhandel • *le ~ de stupéfiants / de drogue* drugshandel, BELG. trafiek • *le ~ d'influence* omkoping, het aannemen van steekpenningen

traficoter INFORM. ONOV WW **sjacheren**

trafiquant ZN M (V trafiquante), **zwarthandelaar** • *un ~ de drogue* drugsdealer / -handelaar • *les ~s d'armes* wapenhandelaars

trafiquer 1 OV WW **1** INFORM. **(oneerlijk) knoeien met, vervalsen** • *~ le kilométrage d'une voiture* knoeien met de kilometerstand van een auto **2** INFORM. **uitspoken, uitvoeren** • *qu'est-ce que tu trafiques toute la journée dans ta chambre?* wat voer je de hele dag in je kamer uit? **2** ONOV WW **zwart handelen**

tragédie ZN V OOK FIG. **tragedie, treurspel** • *depuis que Paul a été pris en otage, ses parents vivent une ~* sinds de gijzeling van Paul gaan zijn ouders door een hel

tragédien ZN M (V tragédienne), **treurspelspeler**

tragicomédie ZN V **tragikomedie**

tragicomique BN **tragikomisch**

tragique 1 BN **1** OOK FIG. **tragisch** • *avoir une fin ~* tragisch aflopen **2 treurspel-** • *un auteur ~* treurspelschrijver, tragicus **2** ZN M **(het) tragische, tragiek** • *prendre tout au ~* alles dramatiseren

trahir 1 OV WW **1 verraden, verloochenen** • *~ une cause* een zaak verraden **2 in de steek laten, ontrouw zijn aan** • *~ sa patrie* het vaderland ontrouw zijn • *~ la confiance de qn* iemands vertrouwen beschamen • *ses nerfs l'ont trahi* zijn zenuwen begaven het **2** WKD WW **(se ~) zich verraden, zich laten kennen**

trahison ZN V **verraad, ontrouw** • *crime de haute ~* hoogverraad

train ZN M **1 trein** • *un ~ de voyageurs* passagierstrein • *un ~ à grande vitesse / un T.G.V* hogesnelheidstrein, TGV • *un ~ autos-couchettes* autoslaaptrein • *un ~ rapide* sneltrein • *un ~ omnibus* stoptrein, boemel • *le ~ pour Utrecht; le ~ (à destination) d'Utrecht* de trein naar Utrecht • *le ~ (venant) de Londres* de trein uit Londen • *prendre le ~* met de trein gaan • *voyager en ~ / par le ~* per trein reizen • *elle a eu son ~ de justesse* ze heeft net haar trein gehaald • *manquer / INFORM. rater le ~* de trein missen • FIG. *prendre le ~ en marche* alsnog meedoen, aanhaken • FIG. *avoir un ~ de retard* achterlopen (op de feiten) **2 gang, vaart, tempo** • *le ~ de vie* levenswijze, levensstandaard • SPORT, FIG. *la mise en ~* warming-up • *mettre en ~ une réforme* een hervorming in gang zetten • *il est arrivé à fond de ~* hij kwam in volle vaart aanzetten • *aller bon ~* vaart hebben, vlot gaan • *au ~ où vont les choses...* zoals het nu gaat..., als het zo doorgaat... • *être en ~ de...* aan de gang zijn met ..., bezig zijn te ... • *il était en ~ de siffler* hij was aan het fluiten, hij liep te fluiten • *être en ~ de lire* aan het lezen zijn • FIG. *mener grand ~* op grote voet leven • *à un ~ d'enfer* met een bloedgang **3 achterdeel** <van viervoetige dieren> • INFORM. *botter le ~ à qn* iemand een schop voor z'n achterste geven • INFORM. *manie-toi le ~, on est en retard!* maak eens wat voort, we zijn laat!

traînailler INFORM. ONOV WW **traag / sloom zijn, rondhangen, treuzelen** • *~ dans la maison* in huis rondhangen • *aller ~ en ville* wat gaan hangen in de stad

traînant BN **1 (over de grond) slepend 2** FIG. **langgerekt, lijzig** <van stem> • *parler d'une voix traînante* lijzig praten

traînard ZN M (V traînarde) **1 achterblijver 2 treuzelaar**

traînasser INFORM. ONOV WW → **traînailler**

traîne ZN V **1 (het) slepen** • *à la ~* op sleep, achterblijvend, achteraan (sukkelend), rondslingerend • *rester à la ~* achterblijven **2 sleep** <van (trouw)jurk>

traîneau ZN M (MV traîneaux), **slee, slede**

traînée ZN V **1 sliert, (achtergelaten) streep / spoor** • *la nouvelle s'est répandue comme une ~ de poudre* het nieuwtje heeft zich als een lopend vuurtje verspreid • *des traînées de brume* flarden mist **2** INFORM. **slet**

traîner 1 OV WW **1 (voort)slepen, (mee)zeulen** • *~ qn par le bras* iemand aan zijn arm meeslepen • *~ les pieds* sloffen, schuifelen, FIG. schoorvoetend handelen, iets met tegenzin doen • FIG. *~ qn devant les tribunaux* iemand voor de rechter slepen • FIG. *il nous a traînés aux sports d'hiver* hij heeft ons meegesleept naar de wintersport • FIG. *~ qn dans la boue* iemand door het slijk halen **2 sukkelen met** <ziekte, tegenspoed> • *elle a traîné un rhume pendant tout l'hiver* ze kwam de hele winter niet van haar verkoudheid af **3 slepende houden, treuzelen met, traineren 2** ONOV WW **1 (over de grond) slepen, rondslingeren** • *les verres sales traînent partout chez lui* er slingeren overal vuile glazen bij hem rond • *laisser ses vêtements ~ partout* je kleren overal laten slingeren **2 slepende / onafgedaan blijven, lang duren, zich voortslepen** • *une voix qui traîne* lijzige stem • *ils ont fait ~ la réunion jusqu'à dix heures du soir* ze hebben de vergadering tot tien uur 's avonds gerekt • *une affaire qui n'a pas traîné* zaak die snel afgehandeld is • *faire ~ les choses en longueur* de dingen op de lange baan schuiven **3 rondhangen, rondslingeren** • *~ au café* in de kroeg rondhangen • *ne traîne pas après tes cours!* blijf niet hangen / treuzelen na school! • *~ dans les rues* op straat (rond)hangen **3** WKD WW **(se ~)** OOK FIG. **zich voortslepen, sukkelen, sjokken, kruipen** • *il s'est traîné jusque chez lui* hij heeft zich naar huis gesleept • *se ~ aux pieds de qn* iemand op je knieën smeken • FIG. *un film qui se traîne en longueur* een film waar maar geen eind aan komt

training ZN M trainingspak

train-train, traintrain ZN M (MV id.), routine, sleur, (gewone) gangetje • *la conversation va son ~* het gesprek kabbelt rustig verder

traire OV WW onregelmatig melken

trait ZN M **1** lijn, streep, (pennen)streek • *un ~ d'union* DRUKK. verbindingsstreepje, FIG. tussenschakel / -persoon • *rayer une phrase d'un ~* een zin doorhalen • *dessiner à grands ~s* in grote lijnen schetsen • *tracer / tirer un ~* een lijn trekken • FIG. *elle a tiré un ~ sur son passé* ze heeft een streep onder haar verleden gezet **2** gelaatstrekken, karaktertrek • *des ~s* (gelaats)trekken • *les ~s de caractère de qn* iemands karaktertrekken • *elle a les ~s tirés* ze ziet er afgetobd / vermoeid uit **3** teken, blijk • *un ~ d'esprit* rake opmerking • *il a eu un ~ de génie* hij had een geniale / lumineuze inval • *les ~s saillants de l'œuvre de cet écrivain* de markante trekjes van het werk van deze schrijver • *des mesures qui ont ~ à la défense du consommateur* maatregelen die betrekking hebben op consumentenbescherming **4** teug • *il a bu son verre d'un seul ~* hij dronk zijn glas in één teug leeg • *boire à longs ~s* met grote slokken drinken **5** lichtflits • *un ~ de lumière* lichtstraal

traitable BN handelbaar, meegaand

traitant BN behandelend, verzorgend • *un médecin ~* behandelend geneesheer

traite ZN V **1** traject • *faire le trajet Paris-Lyon d'une seule ~* de reis Parijs-Lyon in één ruk afleggen • FIG. *boire d'une ~* in één teug leegdrinken **2** termijn(aflossing) • *payer par ~s* in termijnen betalen **3** slavenhandel • *la ~ des Noirs* slavenhandel • *la ~ des blanches* handel in blanke slavinnen **4** (het) melken

traité ZN M **1** verdrag • *un ~ de paix* vredesverdrag **2** verhandeling, handboek

traitement ZN M **1** behandeling • *un ~ au laser* laserbehandeling • MED. *un ~ de choc* shocktherapie • *faire subir de mauvais ~s à qn* iemand mishandelingen laten ondergaan **2** bezoldiging, loon • *un ~ mensuel / annuel* maand- / jaarsalaris **3** verwerking • *le ~ des eaux usées* afvalwaterzuivering • *le ~ des déchets nucléaires* behandeling van kernafval • COMP. *~ de texte(s)* tekstverwerking

traiter **1** OV WW **1** behandelen • *~ qn en ami* iemand als vriend behandelen • *~ qn d'égal à égal* iemand als gelijke behandelen **2** MED. behandelen • *il le traite pour un cancer* hij behandelt hem voor kanker • *se faire ~ par un psychiatre* je onder behandeling stellen van een psychiater, bij een psychiater lopen **3** uitmaken (voor), bestempelen (als) • *~ qn de voleur* iemand voor dief uitmaken **4** bewerken, verwerken • *~ des données informatiques* data verwerken • *des fruits traités* bespoten fruit • *du bois non traité* onbehandeld hout **5** onderhandelen over • *il a bien traité la vente de son logement* hij heeft de verkoop van zijn woning goed uitonderhandeld **6** bespreken, behandelen • *cette question sera traitée à la prochaine assemblée* die kwestie zal op de volgende vergadering ter sprake komen **2** ONOV WW **~ de** handelen over, gaan over • *~ d'un sujet grave* over een ernstig onderwerp gaan

traiteur ZN M traiteur, (uitzend)kok

traître **1** ZN M (V traîtresse), verrader • *un ~ à son pays* landverrader • *attaquer qn en ~* iemand verraderlijk aanvallen **2** BN (V traîtresse), verraderlijk • FIG. *il n'a pas dit un ~ mot de toute la soirée* hij heeft de hele avond geen stom woord gezegd

traîtreusement BW verraderlijk

traîtrise ZN V verraad, verraderlijkheid

trajectoire ZN V baan <van projectiel, hemellichaam>

trajet ZN M traject, (af te leggen) weg, afstand, reis • *il fait tous les jours une heure de ~ en métro* het is voor hem elke dag een uur rijden met de metro

tralala INFORM. ZN M poeha, poespas • *et tout le ~* met alle toeters en bellen

tram INFORM. ZN M tramway tram • *monter dans le ~* in de tram stappen • *descendre du ~* uit de tram stappen • *prendre le ~* met de tram gaan

trame ZN V **1** inslag <van weefsel> • *usé jusqu'à la ~* tot op de draad versleten **2** FIG. patroon, structuur, stramien • *la ~ d'une intrigue* verhaallijn

tramer WKD WW **(se ~)** • *il se trame qc* er wordt iets bekokstoofd

tramontane ZN V noordenwind, bergwind

trampoline ZN M trampoline

tramway ZN M tram

tranchant **1** BN **1** snijdend, scherp **2** beslist <van optreden>, bits • *un ton ~* besliste / scherpe toon **2** ZN M scherp <v. mes>, scherpe kant • FIG. *une arme à double ~* tweesnijdend zwaard

tranche ZN V **1** plak, snee, schijf, stuk • *une ~ de pain* snee brood • *une ~ de gâteau* stuk taart • *une ~ d'orange* schijfje sinaasappel • *une ~ de viande / de fromage* plak vlees / kaas • INFORM, FIG *s'en payer une ~* lol hebben, het ervan nemen **2** FIG. reeks cijfers, elk van een aantal delen, tranche • *une ~ d'âge* leeftijdscategorie • *une ~ horaire* periode <van een werkrooster> • *une ~ de vie* greep uit het leven **3** dunne rand • *un livre doré sur ~s* verguld op snee

tranché BN duidelijk (afgebakend), geprononceerd • *des avis bien tranchés* uitgesproken meningen

tranchée ZN V geul, sleuf • *la guerre des tranchées* loopgravenoorlog

trancher **1** OV WW **1** (door)snijden, in plakken snijden • *du pain tranché* gesneden brood • *~ le cou d'un poulet* een kip de keel doorsnijden **2** oplossen, beslissen, uit de weg ruimen <van moeilijkheid> • *il faut ~ la question au plus vite* de knoop moet zo gauw mogelijk worden doorgehakt **2** ONOV WW **1** beslissen, de knoop doorhakken • *le juge a tranché* de rechter heeft uitspraak gedaan • FIG.

~ dans le vif het mes erin zetten **2** contrasteren (met) <van kleur>, afsteken (tegen)
trancheuse ZN V snijmachine
tranchoir ZN M **1** hakmes **2** snijplank, vleesplank
tranquille "-kiel" BN rustig, gerust, kalm, bedaard • *une rue ~* stille straat • *laissez-le ~!* laat hem met rust!
tranquillisant **1** ZN M tranquillizer, kalmerend middel **2** BN geruststellend, MED. kalmerend
tranquilliser OV WW geruststellen, kalmeren
tranquillité ZN V rust, gerustheid, kalmte, stilte • *en toute ~* in alle rust
transaction ZN V transactie, (handels) overeenkomst, schikking
transalpin BN trans-Alpijns <Italiaans>
transat "-zat" **1** ZN M ligstoel, dekstoel **2** ZN V transatlantique • *une ~ en solitaire* trans-Atlantische solorace
transatlantique **1** ZN M **1** oceaanschip **2** ligstoel, dekstoel **2** BN trans-Atlantisch
transbahuter INFORM. OV WW (ergens heen) sjouwen / zeulen
transbordement ZN M overlading <van vracht>, overslag
transborder OV WW overladen <van vracht>, doen overstappen <van passagiers>
transcendance ZN V transcendentie
transcendant BN transcendent, superieur, verheven
transcender **1** OV WW transcenderen, FORM. uitstijgen boven **2** WKD WW **(se ~)** boven zichzelf uitstijgen
transcontinental BN (M MV transcontinentaux), transcontinentaal
transcription ZN V (het) overschrijven, afschrift, kopie
transcrire OV WW onregelmatig overschrijven
transe ZN V **1** vaak mv grote angst **2** trance • *entrer / être en ~* in trance raken, buiten jezelf raken
transept "-sept" ZN M transept, dwarsschip
transférable BN overdraagbaar
transférer OV WW overbrengen, overdragen • *~ un prisonnier* een gevangene overbrengen • *~ de l'argent dans un compte d'épargne* geld naar een spaarrekening overboeken
transfert ZN M **1** overbrenging, transfer • *le ~ d'un footballeur vers une autre équipe* de transfer van een voetballer naar een andere club • *un ~ de technologie* technologieoverdracht • COMM. *une touche de ~* doorverbindtoets • COMM. *faire un ~ d'appels* doorschakelen **2** PSYCH. overdracht, projectie • *faire un ~* een overdracht tot stand brengen
transfigurer OV WW (van gedaante) veranderen, omvormen, verfraaien
transformable ZN M vervormbaar
transformateur **1** ZN M transformator **2** BN (V transformatrice), vervormend, verwerkend
transformation ZN V (gedaante)verandering, omvorming, omzetting, transformatie • *une industrie de ~* veredelingsindustrie
transformer **1** OV WW veranderen **(en** in), omzetten, omvormen, transformeren • *~ un appartement* een appartement ombouwen • *~ une pièce en salle de bain* van een kamer een badkamer maken **2** WKD WW **(se ~)** (zich) veranderen
transfuge ZN M/V overloper
transfuser OV WW (bloed) overbrengen • INFORM. *~ un patient* een patiënt bloed geven
transfusion ZN V (bloed)transfusie
transgénique BN transgeen, gen- • *une plante ~* genetisch gemodificeerd gewas, gengewas
transgresser OV WW overtreden
transgression ZN V overtreding • *la ~ d'une loi* wetsovertreding
transi BN verkleumd, verstijfd • *être ~ de froid* stijf van de kou zijn, door de kou bevangen zijn • *un amoureux ~* stille aanbidder
transiger ONOV WW een schikking treffen, schipperen (met) • *~ avec sa conscience* het op een akkoordje gooien met je geweten, het niet zo nauw nemen
transistor ZN M transistor, transistorradio
transit "-ziet" ZN M **1** doorvoer, doorreis, transit(o) • *un camp de ~* doorgangskamp • *des passagers / voyageurs en ~* doorgaande reizigers **2** MED. • *la marche facilite le ~ intestinal* lopen bevordert het voedseltransport / de darmwerking
transitaire ZN M (internationale) expediteur
transiter **1** OV WW doorvoeren <van waren> **2** ONOV WW • *~ par un pays* via een land reizen / doorgevoerd worden
transitif TAALK. BN (V transitive), overgankelijk, transitief
transition ZN V overgang • *une période de ~* overgangsperiode • *sans ~* abrupt (op iets anders overgaand)
transitoire BN voorbijgaand, voorlopig, overgangs- • *un gouvernement ~* overgangsregering
translucide BN doorschijnend
translucidité ZN V doorschijnendheid
transmettre **1** OV WW onregelmatig overbrengen, overdragen, doorgeven, COMM. uitzenden • *~ un ordre à qn* een bevel aan iemand doorgeven • *~ une maladie* een ziekte overbrengen **2** WKD WW **(se ~)** overgebracht worden • *une maladie qui se transmet héréditairement* ziekte die erfelijk wordt overgedragen
transmigration ZN V transmigratie, zielsverhuizing
transmissibilité ZN V overdraagbaarheid, erfelijkheid
transmissible BN overdraagbaar, overerfelijk
transmission ZN V **1** overbrenging, overdracht • *la ~ d'un bien à qn* overdracht van bezit aan iemand • *la ~ du sida par transfusion sanguine* besmetting met aids door bloedtransfusie **2** TECHN. transmissie, overbrenging **3** MEDIA uitzending
transmutation ZN V omzetting, (gedaante) verandering

transmuter OV WW → **transmuer**
transparaître ONOV WW onregelmatig OOK FIG. doorschemeren
transparence ZN V OOK FIG. doorzichtigheid • *la ~ fiscale* openbaarheid van belastingen • *un manque de ~ dans la comptabilité d'une entreprise* ondoorzichtigheid van de boekhouding van een bedrijf
transparent BN OOK FIG. doorzichtig, transparant
transpercer OV WW doorboren, dringen door • FIG. *un froid qui transperce* bijtende kou
transpiration ZN V (het) zweten, zweet, transpiratie • *être en ~* zweten
transpirer ONOV WW **1** zweten, transpireren • *~ des pieds* zweetvoeten hebben **2** FIG. uitlekken
transplantation ZN V transplantatie, overplanting, verplanting • *une ~ du cœur* harttransplantatie • FIG. *les ~s de populations* volksverhuizingen
transplanter OV WW overplanten, verplanten, transplanteren
transport ZN M **1** vervoer, transport • *les ~s publics / en commun* het openbaar vervoer • *les ~s routiers* wegvervoer • *un moyen de ~* vervoermiddel • *le ~ urbain* openbaar stadsvervoer • *les frais de ~* transportkosten **2** FORM. opwelling (de van), geestdrift, vervoering • *des ~s de joie* uitbarstingen van vreugde
transportable BN vervoerbaar • *le blessé n'est pas ~* de gewonde kan niet vervoerd worden
transporter **1** OV WW **1** vervoeren, transporteren, overbrengen • *~ des animaux par camion* dieren per vrachtauto vervoeren **2** in vervoering brengen, FIG. meeslepen • *il était transporté de joie* hij was buiten zichzelf van vreugde **2** WKD WW **(se ~)** zich begeven, zich verplaatsen
transporteur ZN M **1** transporteur, expediteur • *un ~ routier* wegvervoerder **2** transport(lucht)vaartuig
transposable BN verplaatsbaar, omzetbaar • *un roman ~ à l'écran* roman die geschikt is voor verfilming
transposer OV WW **1** verplaatsen, omzetten **2** transponeren
transposition ZN V verplaatsing, omzetting, transpositie
transsaharien BN (V transsaharienne), (dwars) door de Sahara
transsexualité ZN V transseksualiteit
transsexuel **1** BN (V transsexuelle), transseksueel, transgender **2** ZN M (V transsexuelle), transseksueel, transgender
transsibérien **1** ZN M trans-Siberische spoorweg **2** BN (V transsibérienne), trans-Siberisch
transvasement ZN M (het) overgieten, overheveling
transvaser OV WW overgieten, overhevelen • *~ du vin dans une carafe* wijn in een karaf overschenken
transversal BN (M MV transversaux), dwars(-), transversaal • *une barre ~e* dwarslat, doellat • *une ligne ~e* dwarslijn
trapèze ZN M **1** trapezium **2** trapeze • *faire du ~* trapezeoefeningen doen
trapéziste ZN M/V trapezewerker
trappe ZN V valluik, luik(gat) • FIG. *passer à la ~* afgedaan hebben, in het vergeetboek raken
trapu BN gedrongen <van persoon>, log <van gebouw>
traquenard ZN M val, OOK FIG. valstrik • *tomber dans un ~* in de val lopen
traquer OV WW een drijfjacht houden op, OOK FIG. opjagen, (achter)volgen • *la police l'a traqué pendant des jours* de politie heeft dagenlang achter hem aan gezeten
trash INFORM. BN laagstaand, kwaadaardig
traumatique PSYCH. BN traumatisch
traumatisant PSYCH. BN traumatisch
traumatiser PSYCH. OV WW traumatiseren • *être traumatisé par un accident* een trauma aan een ongeluk hebben overgehouden
traumatisme ZN M trauma
travail ZN M (MV travaux) **1** werk, arbeid • *le ~ manuel* handarbeid • *le ~ non qualifié* ongeschoolde arbeid • *le ~ intellectuel* hoofdarbeid, denkwerk • *un ~ à temps complet / à mi-temps* voltijdbaan / halve baan • *le ~ supplémentaire* overwerk • *le ~ intérimaire* tijdelijk (uitzend)werk • *le ~ au noir* zwartwerk • *le ~ d'équipe* teamwork • *le ~ occasionnel / intermittent* los werk • *la fête du ~* Dag van de Arbeid • *le marché du ~* arbeidsmarkt • *c'est du beau ~!* knap werk!, IRON. fraaie bedoening! • *et maintenant, au ~!* en nu aan het werk! • *aller au ~* aan / naar het werk gaan • *être sans ~* werkloos zijn • *se mettre au ~* aan het werk gaan • *se tuer au ~* je doodwerken **2** MV werkzaamheden, werken • *les travaux ménagers* huishoudelijk werk • *les travaux publics* openbare werken • *les travaux forcés* dwangarbeid • *les travaux d'intérêt général (TIG)* taakstraf • *'attention travaux'* 'werk in uitvoering' • O&W *les travaux dirigés (TD)* werkcollege • *des travaux écrits* schriftelijk werk • FIG. *les travaux d'approche* voorbereidende manoeuvres, (slinkse) toenaderingspogingen **3** werking, proces • *le ~ du bois* het werken van hout **4** barensnood • *la salle de ~* verloskamer
travaillé BN doorwrocht, (met zorg) bewerkt
travailler **1** ONOV WW **1** werken (à aan) • *~ dur / comme une bête* hard werken / zwoegen als een paard • *~ à un projet* aan een project werken • *~ en usine* in de fabriek werken • *~ à son compte* voor eigen rekening werken, eigen baas zijn • *mal ~ en classe* slecht meedoen in de klas **2** werking vertonen, werken <van hout e.d.>, gisten • *le vin travaille* de wijn gist **2** OV WW **1** OOK FIG. bewerken • *~ la terre* het land bewerken **2** werken aan, oefenen • *~ le piano* piano-oefeningen doen • *~ un rôle* een rol instuderen • *~ son style* je stijl bijschaven **3** kwellen <van gedachten>, FIG. achtervolgen • *la*

jalousie la travaille ze wordt verteerd door jaloezie • INFORM., FIG. *ça me travaille!* dat laat me niet los!

travailleur 1 BN (V travailleuse), werkzaam, ijverig 2 ZN M (V travailleuse), werker, arbeider • *un ~ immigré* gastarbeider • *un ~ saisonnier* seizoenarbeider • *un ~ intermittent* tijdelijke werkkracht

travailliste 1 BN • *le parti ~* Labourpartij 2 ZN M/V lid van de Labourpartij

travaux ZN M MV → **travail**

travée ZN V rij (banken, stoelen)

travelo INFORM. ZN M travestiet

travers ZN M 1 gebrekje <van persoon>, zwakte 2 dwarste • *avaler de ~* je verslikken (in) • *se mettre en ~ de la route* dwars op de weg gaan staan • *les poissons peuvent passer à / au ~ du filet* de vissen kunnen door de mazen van het net glippen • *parler à tort et à ~* in het wilde weg praten, een eind weg kletsen • *à ~ / au ~ de* (dwars) door, door ... heen • *à ~ le monde* over de hele wereld • *de ~* scheef, schuin, verkeerd • *répondre de ~* verkeerd antwoorden • *en ~* (over)dwars • *en ~ de* haaks op • FIG. *ça me reste en ~ de la gorge* ik kan dat niet verkroppen

traverse ZN V dwarsbalk, dwarsligger • *un chemin de ~* kortere weg (binnendoor)

traversée ZN V overtocht, doortocht • *une ~ du désert* tocht door de woestijn, FIG., POL. periode van anonimiteit <van afgebrand politicus>

traverser OV WW 1 oversteken, gaan over, doorreizen • *~ la rue* de weg oversteken • *~ la région en vélo / à pied* een fietstocht / voetreis door de streek maken • *~ un pont* een brug over gaan 2 doorsnijden, doorklieven, doordringen • *l'eau a traversé mon imperméable* het water is door mijn regenjas heen gegaan • *une idée qui me traverse l'esprit* een gedachte die bij me opkomt • *une balle qui traverse le bras* kogel die de arm doorboort 3 doormaken <van moeilijke tijd> • *~ une crise* een crisis doormaken

traversier BN (V traversière) • *une flûte traversière* dwarsfluit

traversin ZN M rolkussen <langwerpig hoofdkussen>

travesti ZN M travestiet

travestir 1 OV WW FIG. verdraaien • *~ la pensée de qn* iemands ideeën verkeerd overbrengen 2 WKD WW (se ~) zich verkleden, zich vermommen

travestissement ZN M 1 FIG. verdraaiing 2 verkleding, vermomming

traviole INFORM. • *de ~* scheef • *il a tout compris de ~* hij heeft er niks van gesnapt, hij sloeg de plank finaal mis

trébuchant BN OOK FIG. struikelend • *une démarche trébuchante* wankelende pas

trébucher ONOV WW OOK FIG. struikelen • *~ sur un mot* over een woord struikelen

trèfle ZN M klaver <ook bij kaartspel> • *un ~ à quatre feuilles* klavertjevier • *jouer ~* klaveren spelen

tréfonds LIT. ZN M (het) diepste • *jusqu'au ~ de son âme* tot in het diepst van zijn ziel

treillage ZN M traliewerk, latwerk

treille ZN V opklimmende wijnrank, prieel van wijnranken

treillis ZN M 1 traliewerk, latwerk, draadwerk, rasterwerk, vakwerk <van draagstaven> 2 dril <grof linnen>

treize 1 TELW dertien • *~ à la douzaine* dertien in een dozijn → **quatre** 2 ZN M/V 1 dertien • *la / le ~* (nummer) dertien <bus, tram, kamer, tafel, tv-net> 2 O&W zeseneenhalf <schoolcijfer> → **quatre**

treizième 1 TELW dertiende → **quatrième** 2 ZN M dertiende, dertiende deel

trekking ZN M trektocht <van wandelaar in onherbergzaam (berg)gebied>

tréma ZN M trema, deelteken

tremblant BN bevend, beverig, wankel • *une voix ~e* beverige stem • *être ~ de peur* trillen van angst

tremble ZN M • *un (peuplier) ~* ratelpopulier

tremblé BN beverig <van schrift, toon> • *une écriture tremblée* beverig handschrift

tremblement ZN M beving, trilling • *un ~ de terre* aardbeving • INFORM. *et tout le ~* en de hele santenkraam • *être pris de ~s* (koude) rillingen hebben

trembler ONOV WW 1 beven, sidderen, trillen • *la terre a tremblé* de aarde beefde • *~ de fièvre / de froid* rillen van de koorts / van de kou 2 bang zijn, bezorgd zijn • *elle tremble devant lui* ze is doodsbang voor hem • *je tremble qu'il apprenne la vérité* ik ben doodsbang dat hij achter de waarheid komt

tremblotant BN trillend, beverig • *une lumière ~e* flakkerend licht

tremblote INFORM. ZN V • *avoir la ~* de bibberatie hebben

trembloter ONOV WW bibberen, licht beven

trémolo ZN M triltoon, triller, trilling <van stem>, tremolo

trémousser WKD WW (se ~) druk bewegen, wippen, wiebelen, heupwiegen • *se ~ sur sa chaise* op je stoel zitten te wippen

trempage ZN M (het) weken

trempe ZN V 1 (het) harden <van staal>, harding 2 FIG. kaliber • *être de la même ~* van hetzelfde slag / kaliber zijn, uit hetzelfde hout gesneden zijn • *qn de sa ~* iemand van zijn formaat 3 INFORM. pak slaag • *flanquer une bonne ~ à qn* iemand een flinke aframmeling geven

trempé BN 1 doornat • *être ~ jusqu'aux os* drijfnat zijn • *être ~ de sueur* baden in het zweet 2 gehard, FIG. gestaald • *de l'acier ~* gehard staal

tremper 1 ONOV WW 1 weken • *faire ~ du linge* wasgoed laten inweken • *mettre à ~* in de week leggen / zetten 2 FIG. (als medeplichtige) verwikkeld zijn (in) • *elle a trempé dans une sale affaire* ze was bij een vuil zaakje betrokken 2 OV WW 1 indompelen, dopen (**dans** in), weken, bevochtigen • *~ son croissant dans son café* je croissant in de koffie dopen • *se faire ~* nat worden 2 harden <van staal>, FIG. stalen 3 WKD WW (se ~) 1 doornat worden 2 even het water

tr

ingaan • *se ~ dans la mer* even in zee gaan baden
trempette INFORM. ZN V • *faire ~* even het water ingaan, pootjebaden
tremplin ZN M OOK FIG. springplank, springschans
trentaine ZN V **1** dertigtal • *une ~ de pages* zo'n dertig bladzijden • *il avait une ~ d'années* hij was voor in de dertig **2** dertigjarige leeftijd • *avoir la ~* in de dertig zijn
trente **1** TELW dertig • *trente et un* eenendertig → **quarante** **2** ZN M/V dertig • *la / le ~* (nummer) dertig <bus, snelweg, kamer, tafel, tv-net> • INFORM. *se mettre sur son ~* je op je paasbest / zondags kleden
trentenaire BN dertigjarig
trente-six **1** TELW **1** zesendertig **2** INFORM. een heleboel, tig • *~ fois* (wel) honderd keer, tig keer • *tous les ~ du mois* bijna nooit • *voir les ~ chandelles* sterretjes zien → **quatre** **2** ZN M/V zesendertig • *la / le ~* (nummer) zeseendertig <bus, snelweg, kamer, tafel, tv-net>
trentième **1** TELW dertigste → **quatrième** **2** ZN M dertigste, dertigste deel
trépidant BN trillend • FIG. *une vie trépidante* hectisch leven
trépidation ZN V trilling, beving, vibratie
trépider ONOV WW trillen, beven, schudden
trépied ZN M drievoet, driepoot
trépignement ZN M getrappel, gestamp(voet)
trépigner ONOV WW trappelen, stampvoeten • *~ de joie* staan te springen van blijdschap
très BW zeer, heel, erg • *avoir ~ faim* heel hongerig zijn • *il est ~ vexé* hij is zwaar beledigd • *un monsieur ~ comme il faut* een heel nette meneer • *elle fait déjà ~ jeune fille* ze ziet er al echt als een jonge meid uit • *vous êtes satisfait? très!* bent u tevreden? nou en of!
trésor ZN M **1** OOK FIG. schat • *l'île au ~* schateiland • *un ~ de guerre* krijgskas, reservefonds • FIG. *mon petit trésor!* m'n schatje! • FIG. *déployer des trésors de patience* een onuitputtelijk geduld aan de dag leggen **2** schatkamer • *le Trésor (public)* de schatkist, de staatskas
trésorerie ZN V (dienst voor het) beheer v.d. geldmiddelen, schatkist, FIG. kas • IRON. *avoir des petits ennuis de ~* slecht bij kas zitten
trésorier ZN M (V trésorière), penningmeester, thesaurier
tressage ZN M (het) vlechten
tressaillement ZN M (t)rilling <van emotie>, schok, schrik
tressaillir ONOV WW onregelmatig (t)rillen <van emotie>, sidderen, opschrikken • *~ de joie* opspringen van blijdschap • *~ au moindre bruit* opveren bij het minste geluid
tressauter ONOV WW opspringen <van schrik e.d.>, heen en weer geschud worden, hobbelen • *une voiture qui tressaute sur un chemin de campagne* auto die over een landweg hobbelt
tresse ZN V (haar)vlecht, tres
tresser OV WW vlechten
tréteau ZN M (MV tréteaux), schraag • *une table à tréteaux* tafel op schragen
treuil ZN M windas, lier
trêve ZN V wapenstilstand, bestand, pauze, rust • *s'accorder une ~* je even wat rust gunnen • *~ de plaisanteries!* genoeg gedold!, alle gekheid op een stokje!
Trèves ZN V Trier
tri ZN M (het) sorteren, (het) uitzoeken, selectie • *le ~ postal* het sorteren van de post • *le ~ sélectif des déchets ménagers* gescheiden inzameling van huisvuil • *faire le ~* (iets) sorteren • *pensez au tri!* denk eraan, afval scheiden!
triage ZN M (het) sorteren, (het) uitzoeken, selectie • *une gare de ~* rangeerterrein
triangle ZN M **1** driehoek • *un ~ de signalisation* gevarendriehoek **2** MUZ. triangel
triangulaire BN driehoekig, driehoeks-
triathlon ZN M triatlon, driekamp
tribal BN (M MV tribaux), stam(men)-, tribaal
tribord ZN M stuurboord
tribu ZN V stam, volksstam • IRON. *la ~ se déplace* het hele stel trekt eropuit • IRON. *avec toute sa ~* met zijn hele aanhang / familie
tribulation ZN V MV beproeving, tegenspoed
tribun ZN M tribuun
tribunal ZN M (MV tribunaux) **1** rechtbank • *le ~ de commerce* handelsrechtbank • *le ~ d'instance* ≈ kantongerecht • *le ~ de grande instance* ≈ arrondissementsrechtbank • *le ~ correctionnel* strafrechter, ≈ strafkamer • *le ~ de police* ≈ politierechter • *le ~ pour crimes de guerre* oorlogstribunaal • *aller devant les tribunaux* naar de rechter stappen, er een zaak van maken • *comparaître devant un ~* voor de rechter verschijnen • *saisir le ~ d'une affaire* een zaak aanhangig maken bij de rechtbank **2** gerechtsgebouw • *se rendre au ~* naar de rechtbank gaan
tribune ZN V **1** vaak mv tribune • *les ~s sportives* het publiek <in een stadion> **2** spreekgestoelte • *monter à la ~* het spreekgestoelte beklimmen **3** FIG. forum <van meningsuiting>
tribut "-buu" ZN M (opgelegde) heffing, tribuut, schatting, FIG. tol
tributaire BN afhankelijk (van), aangewezen (op) • *être ~ des pays exportateurs de pétrole* afhankelijk zijn van de olie-exporterende landen
tricentenaire **1** BN driehonderdjarig **2** ZN M driehonderdjarig jubileum
triceps ZN M triceps, driehoofdige spier
triche INFORM. ZN V vals spel
tricher ONOV WW OOK FIG. vals spelen, bedrog plegen, sjoemelen, knoeien (**sur** met) • *~ sur son âge* een valse leeftijd opgeven
tricherie ZN V gesjoemel, vals spel
tricheur ZN M (V tricheuse), bedrieger, valsspeler, sjoemelaar
tricolore BN driekleurig, blauw-wit-rood <v.d. Franse vlag> • *le drapeau ~* de nationale driekleur • *les feux ~s* verkeerslichten • *les ~s* de Fransen <nationale sportploeg>
tricot ZN M **1** (het) breien, breiwerk • *faire du ~*

breien **2 gebreid goed, tricot, trui(tje)** • *en ~* gebreid
tricoter OV + ONOV WW **breien** • *~ un pull à la main* een trui met de hand breien
tricoteuse ZN V **breimachine**
trictrac ZN M **triktrak**
tricycle ZN M **driewieler**
tridimensionnel BN (V tridimensionnelle), **driedimensionaal**
triennal BN (M MV triennaux) **1 driejarig 2 driejaarlijks**
trier OV WW **sorteren, uitzoeken, selecteren** • *~ sur le volet* zorgvuldig uitkiezen
trieur ZN M (V trieuse), **sorteerder**
trieuse ZN V **sorteermachine**
trifouiller INFORM. ONOV WW **snuffelen, rommelen** • *~ dans les affaires de qn* in iemands spullen snuffelen
trilingue BN **drietalig**
trille MUZ. ZN M **triller**
trilogie ZN V **trilogie, drietal**
trimaran ZN M **trimaran**
trimbaler, trimballer INFORM. **1** OV WW **meezeulen** • *qu'est-ce qu'il trimbale!* wat een stuk onbenul! **2** WKD WW **(se ~) rondsjouwen** • *il se trimbale partout avec ses enfants* hij sjouwt overal rond met zijn kinderen
trimer INFORM. ONOV WW **zwoegen, sappelen**
trimestre ZN M **kwartaal, trimester**
trimestriel BN (V trimestrielle), **driemaandelijks**
trimoteur ZN M **driemotorig vliegtuig**
tringle ZN V **roede, stang**
trinité ZN V **drie-eenheid**
trinquer ONOV WW **1 klinken, toosten** • *~ avec qn* het glas heffen met iemand • *~ à la santé de qn* op iemands gezondheid drinken / proosten **2** INFORM. **het moeten ontgelden, de dupe zijn, de klos zijn** • *c'est lui qui trinque* hij zit in de hoek waar de klappen vallen
trio ZN M **trio** • *un ~ à cordes* strijktrio
triomphal BN (M MV triomphaux), **in triomf, triomf-, zege-, triomfaal** • *un accueil ~* geestdriftige ontvangst • *faire une entrée ~e* in triomf binnenkomen
triomphalisme ZN M **triomfalisme**
triomphant BN **zegevierend, triomfantelijk**
triomphateur **1** BN (V triomphatrice), **zegevierend** **2** ZN M (V triomphatrice), **overwinnaar, triomfator**
triomphe ZN M **triomf, zege(praal), overwinning** • *des cris de ~* triomfkreten • *un air de ~* triomfantelijk gezicht • *faire un ~ à qn* iemand geestdriftig onthalen • FIG. *porter qn en ~* iemand op handen dragen
triompher ONOV WW **zegevieren, (over)winnen, triomferen** • *~ de ses difficultés* je moeilijkheden te boven komen • *~ de ses angoisses* je angst overwinnen
trip INFORM. ZN M **trip** <bij drugs> • *faire un ~* trippen
triparti, tripartite BN **driedelig, driezijdig, driepartijen-, tripartiet** • *un accord ~* trilaterale overeenkomst, akkoord tussen drie partijen
tripartition ZN V **driedeling**
tripatouillage INFORM. ZN M **gepruts, (oneerlijke) knoeierij** • *un ~ électoral* geknoei bij de verkiezingen
tripatouiller INFORM. OV WW **1 knoeien met** <cijfers>, **knoeien in** <tekst> **2** INFORM. **frunniken aan**
tripatouilleur INFORM. ZN M (V tripatouilleuse), **knoeier**
tripe ZN V **1** meestal mv **ingewanden** <van slachtvee> **2** CULIN **pens 3** INFORM. meestal mv **(iemands) binnenste** • *avoir la ~ républicaine* uit republikeins hout gesneden zijn • *jouer avec ses ~s* zich helemaal (in zijn rol) inleven <van acteur> • *un film qui vous prend aux ~s* een film die je flink aangrijpt
tripette INFORM. ZN V • *ça ne vaut pas ~* dat is niks waard, dat is knudde
triple **1** BN **drievoudig, driedubbel** • *un ~ saut* hink-stap-sprong • *avoir un ~ menton* een dubbele onderkin hebben **2** ZN M **drievoud**
triplé ZN M **trio (van drie winnende paarden)** <paardentoto>
triplement **1** ZN M **verdrievoudiging 2** BW **drievoudig**
tripler OV + ONOV WW **verdrievoudigen** • *le prix des maisons a triplé* de huizenprijzen zijn verdrievoudigd
triplés ZN M MV (V MV triplées), **drieling**
triporteur ZN M **bakfiets**
tripot MIN. ZN M **speelhol**
tripotage ZN M **1 gescharrel, gerotzooi, knoeierij** • *des ~s électoraux* geknoei bij de verkiezingen **2 gefriemel**
tripotée INFORM. ZN V **1 pak slaag** • *flanquer une ~ à qn* iemand een pak rammel geven **2 heleboel, hoop** • *il a une ~ d'enfants* hij heeft een hele sleep kinderen
tripoter INFORM. **1** OV WW **frunniken aan, zitten aan, (wat) spelen met, bevingeren** • *~ des fruits* aan fruit zitten te friemelen • *~ qn* aan iemand zitten, iemand betasten **2** ONOV WW **rommelen, rotzooien, scharrelen, zwendelen 3** WKD WW **(se ~)** • *se ~ le nez* aan je neus peuteren
triptyque ZN M **drieluik, triptiek**
trique ZN V **knuppel**
trisomie MED. ZN V **downsyndroom**
trisomique MED. **1** BN **mongoloïde 2** ZN M/V **iemand met het downsyndroom, mongool(tje)**
triste BN **triest, droevig, treurig** • *une ~ nouvelle* droevig bericht • *être ~* verdrietig zijn • *il est dans un ~ état* hij is er treurig aan toe • INFORM. *c'était pas ~!* het was een fraaie boel!, het was niet mis!
tristement BW **1 triest 2 helaas** • *~ célèbre* berucht
tristesse ZN V **droefheid, treurigheid** • *une ~ maladive* ziekelijke neerslachtigheid • *avec ~* met droefheid
tristounet INFORM. BN (V tristounette), **triestig,**

tr

sombertjes, depri

trithérapie MED. ZN V combinatietherapie <met drie aidsremmers>

trituration ZN V (het) fijnwrijven, (het) kneden

triturer OV WW fijnwrijven, vermalen, kneden • INFORM. *se ~ la cervelle* je hersens pijnigen

triumvirat ZN M FIG. driemanschap

trivial BN (M MV triviaux), banaal, platvloers, triviaal • *des plaisanteries ~es* vulgaire grappen

trivialité ZN V vulgariteit, platvloersheid, trivialiteit

troc "trok" ZN M ruil, ruilhandel • *l'économie de ~* ruilhandel

troglodyte ZN M/V holbewoner

trogne INFORM. ZN V tronie, dronkenmansgezicht • *il a une sale ~* hij heeft een ongure kop

trognon ZN M stronk <van groente>, klokhuis • INFORM. *il s'est fait avoir jusqu'au ~* hij is er finaal ingetrapt

troïka ZN V OOK FIG. trojka

trois **1** TELW drie → **quatre** **2** ZN M/V **1** drie • *la / le ~* (nummer) drie <bus, tram, kamer, tafel, tv-net> **2** O&W anderhalf <schoolcijfer> → **quatre**

trois-étoiles BN driesterren- • *un restaurant ~* driesterrenrestaurant

trois-huit ZN M • *faire les ~* in drieploegendienst werken

troisième **1** TELW derde → **quatrième** **2** ZN M derde, derde deel **3** ZN V **1** O&W vierde klas v.h. middelbaar onderwijs • *il est en ~* hij zit in de vierde klas **2** TECHN. derde versnelling

troisièmement BW ten derde

trois-mâts SCHEEPV. ZN M (MV id.), driemaster

trois-quarts ZN M (MV id.) **1** driekwartjas • *un manteau ~* driekwartjas **2** driekwart(speler) <rugby> • *un ~ centre* center

trois-quatre ZN M (MV id.), driekwartsmaat

trolley ZN M trolley, serveerwagen

trombe ZN V windhoos, waterhoos • *des ~s d'eau* wolkbreuk • *sous des ~s d'eau* in de stromende regen • *un démarrage en ~* bliksemstart • *sortir de la maison en ~* het huis uit komen stormen

trombone ZN M **1** paperclip **2** trombone, trombonist • *elle est ~ dans un orchestre* ze speelt trombone in een orkest

trompe ZN V **1** hoorn, jachthoorn • *une ~ de brume* misthoorn **2** slurf, zuigsnuit <van insect> • *une ~ d'éléphant* olifantenslurf **3** ANAT. buis • *la ~ d'Eustache* buis van Eustachius • MED. *la ligature des ~s* het afbinden van de eileiders

trompe-l'œil ZN M (MV id.), trompe-l'oeil, (schildering met) gezichtsbedrog • *un décor en ~* bedrieglijk echt decor

tromper **1** OV WW **1** bedriegen, misleiden, te slim af zijn, teleurstellen <van verwachtingen> • *~ sa femme / son mari* je vrouw / je man bedriegen **2** tijdelijk stillen / afwenden • *~ sa faim* je eerste honger stillen • *~ son ennui* de verveling verdrijven • *~ la vigilance de qn* iemands waakzaamheid doen verslappen, aan iemands waakzaamheid ontsnappen **2** WKD WW **(se ~)** zich vergissen • *se ~ de numéro* het verkeerde nummer draaien / intoetsen • *se ~ de route* de verkeerde weg inslaan, verdwalen • *se ~ de 10 euros* je 10 euro verrekenen • *elle lui ressemble à s'y ~* ze lijkt bedrieglijk veel op haar • *si je ne me trompe* als ik het goed heb

tromperie ZN V bedrog, misleiding

trompeter OV WW FORM. rondbazuinen • *~ une nouvelle* een nieuwtje rondbazuinen

trompette ZN V **1** MUZ. trompet • *jouer de la ~* trompet spelen **2** • *avoir le nez en ~* een wipneus hebben

trompettiste ZN M/V trompettist

trompeur BN (V trompeuse), bedrieglijk, misleidend • *des paroles trompeuses* misleidende woorden

tronc ZN M stam, boomstam • *un ~ de baobab* de stam van een baobab

tronche INFORM. ZN V gezicht, smoel • *avoir une sale ~* een rotkop hebben, er beroerd uitzien

tronçon ZN M **1** afgesneden (rond) stuk • *couper du bois en tronçons* hout in blokken hakken **2** deel <van traject> • *un ~ d'autoroute* weggedeelte • *un ~ de voie ferrée* baanvak

tronçonner OV WW in stukken zagen, in moten snijden

tronçonneuse ZN V kettingzaag, motorzaag

trône ZN M troon • *les prétendants au ~* de troonpretendenten • *monter sur le ~* de troon bestijgen

trôner ONOV WW tronen • FIG. *une sculpture trônait sur la cheminée* op de schoorsteenmantel prijkte een beeldje

tronquer OV WW (be)snoeien, verminken <van tekst> • *une citation tronquée* verminkt citaat

trop "troo" BW **1** te, te veel, al te, erg • *vous êtes ~ aimable* dat is heel vriendelijk van u • *je ne sais pas ~* ik weet het niet precies • *c'en est ~!* dat is te erg, nu is het mooi geweest • *en faire ~* overdrijven • *c'est ~ beau pour être vrai* het is te mooi om waar te zijn • *~ c'est ~* dat is (al te) bar, dat is te veel van het goede • INFORM. *boire un coup de ~* een glaasje te veel drinken **2** INFORM. hartstikke (goed), te gek • *il est ~, ce type!* hij is helemaal te gek! • *j'ai ~ faim* ik rammel van de honger

trope ZN M figuurlijke uitdrukking

trophée ZN V trofee, zegeteken

tropical BN (M MV tropicaux), tropisch, tropen- • *une forêt ~e* tropisch regenwoud • *une chaleur ~e* tropische hitte

tropique **1** ZN M **1** keerkring • *~ du Cancer / du Capricorne* Kreefts- / Steenbokskeerkring **2** MV tropen • *la maladie des ~s* gele koorts • *sous les ~s* in de tropen **2** BN tropisch

trop-plein ZN M (MV trop-pleins), (het) overtollige, teveel • *avoir un ~ d'énergie* overlopen van energie

troquer OV WW (ver)ruilen **(contre** tegen)

troquet INFORM. ZN M kroegje

trot ZN M draf • *une course de ~ (attelé)* (hard) draverij • INFORM. *allez, en voiture et au ~!* vooruit, de

auto in, en vlug een beetje!
trotte INFORM. ZN V **eind (lopen), (flinke) tippel** • *ça fait une ~ jusque chez elle* het is een hele tippel naar haar huis
trotter ONOV WW OOK FIG. **draven, trippelen** • *cette idée lui trotte dans la tête* dat idee speelt / spookt hem door het hoofd
trotteur ZN M **1 wandelschoen, stapper 2 loopstoeltje** <voor baby>
trotteuse ZN V **secondewijzer**
trottinement ZN M **getrippel**
trottiner ONOV WW **trippelen, dribbelen**
trottinette ZN V **autoped, step**
trottoir ZN M **trottoir, stoep** • *un ~ roulant* transportband • INFORM. *faire le ~* tippelen
trou ZN M **1 gat, opening, kuil** • *un ~ d'aération* luchtgat • *le ~ de la serrure* sleutelgat • INFORM. *les ~s de nez* neusgaten • CULIN *le ~ normand* glaasje drank tussen twee gerechten • STERRENK. *un ~ noir* zwart gat • LUCHTV. *un ~ d'air* luchtzak • INFORM. *faire son ~* (ergens) je draai vinden / iets bereiken • *boire comme un ~* stevig drinken, zuipen **2** FIG. **gat, leemte** • INFORM. *le ~ de la Sécu* het financiële tekort in de sociale zekerheid • *avoir un ~ de mémoire* iets (even) vergeten zijn, een black-out hebben **3** INFORM. **gehucht, gat** • *habiter dans un ~ (perdu)* in een (afgelegen) gat wonen • *il n'est jamais sorti de son ~* hij is nooit uit zijn dorp weggeweest, hij heeft nooit zijn vleugels uitgeslagen **4** INFORM. **bajes** • *mettre qn au ~* iemand achter de tralies zetten
troubadour ZN M **troubadour**
troublant BN **1 verwarrend, (onaangenaam) treffend, storend** <van detail> **2 (erotisch) opwindend**
trouble **1** BN OOK FIG. **troebel, duister** • *un personnage ~* een louche type • FIG. *pêcher en eau ~* in troebel water vissen **2** BW • *voir ~* wazig zien **3** ZN M **1 verwarring, beroering, onrust** • *semer le ~* onrust / onenigheid zaaien • *des ~s ont éclaté* er zijn rellen uitgebroken **2 (ver)storing, stoornis** • *les ~s de la vue* gezichtsstoornissen • PSYCH. *les ~s obsessionnels compulsifs* dwangneurose • *souffrir de ~s respiratoires* ademhalingsklachten hebben
trouble-fête ZN M/V (MV trouble-fête(s)), **spelbreker** • *jouer les ~* een domper zetten op de feestvreugde, spelbreker zijn
troubler **1** OV WW **1 troebel maken,** OOK FIG. **vertroebelen, verstoren** • *~ l'ordre public* de openbare orde verstoren • *~ la fête* de vreugde verstoren • *nous vivons une période troublée* we beleven angstige tijden **2 in de war brengen, (onaangenaam) treffen, storen** • *le chagrin lui a troublé l'esprit* hij is helemaal van streek van verdriet • *il y a un détail qui m'a troublé* er is een detail dat me stoorde **3 ontroeren** • *cette femme le trouble* die vrouw ontroert hem **2** WKD WW **(se ~) troebel worden, in de war raken** <van persoon> • *se ~ devant les examinateurs* de kluts kwijtraken tegenover de examinatoren
trouée ZN V **wijde doorgang, opening** <in bos, heg, wolken> • *une ~ de ciel bleu dans un paysage gris* een stuk blauwe lucht in een grauw landschap
trouer OV WW **een gat maken in, doorboren, doorprikken** • *des chaussettes trouées* sokken met gaten • *un corps troué de balles* een met kogels doorzeefd lijk
trouillard INFORM. **1** BN **bang, schijterig** **2** ZN M (V trouillarde), **bangerd, schijterd**
trouille INFORM. ZN V **(grote) angst** • *avoir la ~* in de rats zitten • *il m'a fait une de ces ~s!* hij heeft me toch de stuipen op het lijf gejaagd!
trouillomètre INFORM. ZN M • *avoir le ~ à zéro* in de rats zitten
troupe ZN V **1 troep, groep, zwerm, drom** • *une ~ d'enfants* zwerm kinderen **2** TON., MIL. **troep, groep** • *une ~ de théâtre / théâtrale* theatergezelschap • *une ~ de ballet* balletgezelschap • *des hommes de ~* manschappen
troupeau ZN M (MV troupeaux), **kudde** • *un ~ de moutons* kudde schapen • FIG. *un ~ d'enfants* zwerm kinderen
trousse ZN V **1 (reis)etui, tas** <met benodigdheden>, **foedraal** • *une ~ de toilette* toilettas • *une ~ de pharmacie* verbanddoos(je), EHBO-etui **2** MV • *la police est à ses ~* de politie zit hem op de hielen • *être aux ~ de quelqu'un* iemand op de hielen zitten • *avoir quelqu'un à ses ~* iemands hete adem in de nek voelen
trousseau ZN M (MV trousseaux), **(sleutel)bos**
trousser FORM. OV WW **vlot (en goed) uitvoeren** • *un compliment bien troussé* leuk (ingekleed) compliment
trouvaille ZN V **vondst**
trouver **1** OV WW **1 vinden, aantreffen** • *un enfant trouvé* vondeling • *les objets trouvés* gevonden voorwerpen • *une formule bien trouvée* gelukkige / originele formulering • *~ un job* een baan vinden • *~ une place pour se garer* een parkeerplaats vinden • *aller ~ quelqu'un* iemand opzoeken • *~ à s'occuper* een bezigheid (weten te) vinden • *~ à redire à tout* overal wat op aan te merken hebben **2 vinden, menen** • *~ bon* goedkeuren, goed vinden • *je trouve que c'est une excellente idée* ik vind het een uitstekend idee • *je ne lui trouve pas bonne mine* ik vind hem er slecht uitzien • *qu'est-ce qu'elle lui trouve, à ce garçon?* wat ziet ze in die jongen? • *~ qn gentil / idiot* iemand aardig / stom vinden **2** WKD WW **(se ~) 1 zich bevinden, zijn, gevonden worden** • *le livre se trouve sur l'étagère* het boek ligt / staat op de plank • *il se ~a toujours des gens pour dire du mal de lui* er zijn altijd wel mensen die kwaad van hem spreken • FIG. *se ~ coincé* klem zitten • FIG. *se ~ dans une impasse* in een impasse zitten **2 zich voelen / vinden** • *se ~ mal* onwel worden, flauwvallen **3 blijken (dat)** • *il se trouve que Paul est arrivé au bon moment* Paul blijkt op het juiste moment te zijn gekomen, toevallig kwam Paul op het juiste moment • *il se trouve que c'est ma meilleure amie* ze is toevallig wel mijn beste vriendin
truand ZN M (V truande), **gangster, boef, onderwereldfiguur, zware jongen**
truander INFORM. OV WW **bedonderen, bestelen,**

tr

oplichten • *se faire ~ par qn* door iemand opgelicht worden

trublion ZN M onrustzaaier

truc INFORM. ZN M **1** ding(es) • *c'est quoi ce ~?* wat is dat (voor iets)? • *ce n'est pas mon ~* dat is niks voor mij • *il y a un ~ pas clair dans son histoire!* er is iets niet helemaal duidelijk aan zijn verhaal, er zit een luchtje aan zijn verhaal • *c'est Truc qui est venu, tu sais, le cousin de la voisine!* Dinges is gekomen, de neef van de buurvrouw, weet je wel? • *la musique, c'est son ~* muziek, daar is hij dol op • *la cuisine, c'est pas vraiment mon ~* koken is niet echt mijn ding • *faire son ~* je ding doen **2** handigheid(je), foefje, truc

trucage ZN M trucage • *un ~ de photos* fototrucage, trucfoto('s)

truchement FORM. ZN M vertolker, spreekbuis • *obtenir qc par le ~ d'une amie* iets via een vriendin krijgen

trucider INFORM. OV WW van kant maken, vermoorden

truculence ZN V FIG. kleurrijkheid, smeuïgheid • *la ~ de dialogues d'un film* de pittige filmdialogen

truculent BN FIG. kleurrijk, sappig / smeuïg <van taal>

truffe ZN V **1** truffel • *des ~s en / de chocolat* chocoladetruffels **2** hondensnuit

truffer OV WW trufferen, FIG. volstoppen (met) • FIG. *une pièce truffée de micros* een kamer vol (verborgen) microfoons • FIG. *une dictée truffée de fautes* dictee dat wemelt van de fouten

truie ZN V zeug

truisme ZN M waarheid als een koe

truite ZN V forel • *une ~ saumonée* zalmforel

truquage ZN M → **trucage**

truquer OV WW (met trucs) vervalsen, trukeren • *une comptabilité truquée* boekhouding waarmee geknoeid is • *~ des élections* met verkiezingen knoeien

trust "trust" ECON. ZN M trust, concern

truster OV WW OOK FIG. monopoliseren

tsar ZN M → **czar**

tsarine ZN V tsarina

tsé-tsé, tsétsé ZN V (MV tsé-tsé, MV tséstsés) • *la mouche ~* tseetseevlieg

T-shirt ZN M → **tee-shirt**

tsigane BN zigeuner- • *la musique ~* zigeunermuziek

Tsigane ZN M/V zigeuner

tsunami ZN M tsunami

t.s.v.p. AFK tournez s'il vous plaît z.o.z., zie ommezijde

TTC AFK toutes taxes comprises belasting inbegrepen, incl. (btw)

tu **1** PERS VNW jij, je • *~ me reconnais? / est-ce que ~ me reconnais?* herken je me? • *et toi, qu'en penses-tu?* en wat denk jíj er nu van? • *dire ~ à qn* iemand tutoyeren • *où vas-tu?* INFORM. *où ~ vas?* waar ga je heen? • INFORM. *t'as peur?* ben je bang? **2** WW volt. deelw. → **taire**

tuant INFORM. BN doodvermoeiend, stomvervelend, moordend

tuba ZN M **1** MUZ. tuba **2** snorkel

tube ZN M **1** buis, pijp • *un ~ de néon* neonbuis, tl-buis • *le ~ digestif* darmkanaal • INFORM., FIG. *mettre la musique à plein(s) ~(s)* de muziek loeihard zetten • INFORM., FIG. *rouler à pleins ~s* keihard rijden **2** tube • *un ~ de dentifrice* tube tandpasta • *un ~ de peinture* tube verf • *un ~ d'aspirine* buisje aspirine **3** INFORM. (top)hit • *de cette chanson, il en a fait un ~* met dit nummer heeft hij een hit gescoord

tubercule ZN M (wortel)knol

tuberculeux **1** BN (V tuberculeuse), tuberculeus **2** ZN M (V tuberculeuse), tbc-patiënt

tuberculose ZN V tuberculose

tuer **1** OV WW **1** doden, doen sterven, slachten • *une crise cardiaque l'a tué* hij is aan een hartaanval overleden • *~ qn sur la route* iemand op de weg doodrijden • *il a été tué de cinq coups de couteau* ze hebben hem met vijf messteken vermoord • *se faire ~* omkomen, sneuvelen **2** FIG. kapotmaken • *ce bruit me tue* ik word gek van dat lawaai • *~ le temps en buvant* de tijd doden met drinken • *les grandes surfaces tuent les petits commerçants* de supermarkten zijn funest voor de kleine middenstanders **2** WKD WW **(se ~)** **1** omkomen, zich afbeulen • *se ~ en moto* omkomen bij een motorongeluk, dodelijk verongelukken met de motor • *se ~ en voiture* je doodrijden • FIG. *se ~ au travail* je doodwerken • FIG. *je me tue à te dire qu'il ne vient pas* ik heb je wel duizend keer gezegd dat hij niet komt **2** zelfmoord plegen • *se ~ d'une balle dans la tête* jezelf een kogel door het hoofd jagen

tuerie ZN V **1** slachting, bloedbad **2** INFORM. • *c'est une tuerie!* dat is het einde!, dat is gaaf!

tue-tête • *chanter à ~* luidkeels zingen • *crier à ~* een keel opzetten

tueur **1** ZN M/V (V tueuse), doder, moordenaar, killer • *un ~ à gages* huurmoordenaar • *un ~ en série* seriemoordenaar • *un ~ d'éléphants* olifantenjager **2** ZN M (V tueuse), slachter

tuf ZN M tuf(steen)

tuile ZN V **1** dakpan, tegel • *un toit en / de ~s* pannendak **2** krul <gebakje> **3** INFORM. tegenvaller, strop • *encore une ~, les impôts augmentent!* alweer pech, de belastingen gaan omhoog!

Tuileries ZN V MV Tuilerieën • *le jardin des ~* (paleis)tuin in het midden van Parijs

tulipe ZN V tulp • *un bouquet de ~s* bosje tulpen

tulipier ZN M tulpenboom

tulle ZN M tule

tuméfaction MED. ZN V (op)zwelling

tuméfié BN OOK FIG. gezwollen • *un visage ~ par des coups* gezwollen gezicht van de klappen

tumeur ZN V gezwel, tumor • *une ~ bénigne / maligne* goedaardig / kwaadaardig gezwel • *une ~ au sein* borstgezwel • *avoir une ~ au cerveau* een hersentumor hebben

tumoral BN (M MV tumoraux), tumor-

tumulte ZN M opschudding, lawaai, rumoer, tumult • *le ~ de la rue* het straatrumoer • *faire cesser*

le ~ een einde maken aan de onrust
tumultueux BN (V tumultueuse), **rumoerig, druk, onstuimig** • *une réunion tumultueuse* roerige vergadering • *les eaux tumultueuses d'une cascade* het woelige water van een waterval
tune ZN V → **thune**
tuner "-neur, -nèr" ZN M **tuner**
tungstène ZN M **wolfraam**
tunique ZN V **tunica, tuniek**
Tunisie ZN V **Tunesië**
tunisien BN (V tunisienne), **Tunesisch**
Tunisien ZN M (V Tunisienne), **Tunesiër**
tunnel ZN M **tunnel** • *le ~ sous la Manche* Kanaaltunnel • *passer sous un ~* door een tunnel rijden • FIG. *voir le bout du ~* het ergste achter de rug hebben
turban ZN M **tulband** <hoofddeksel>
turbin INFORM. ZN M **werk, baan(tje)**
turbine ZN V **turbine**
turbiner INFORM. ONOV WW **zwoegen**
turbo ZN M **turbo** • INFORM. *mettre le ~* tempo maken
turboréacteur ZN M **(turbine)straalmotor**
turbot ZN M **tarbot**
turbotrain ZN M **turbotrein**
turbulence ZN V **1** **woeligheid, roerigheid, drukte** **2** AARDK. **turbulentie** • *traverser une zone de ~ (atmosphérique)* door een zone van (lucht) turbulentie heen gaan
turbulent BN **woelig, roerig, druk** • *des enfants ~s* drukke kinderen
turc **1** BN (V turque), **Turks** • *le bain ~* Turks bad **2** ZN M **(het) Turks**
Turc ZN M (V Turque), **Turk** • *fort comme un ~* zo sterk als een beer • FIG. *être une tête de ~* de kop-van-jut zijn, als pispaal dienen
turf "tuurf, teurf" ZN M **1** **paardenrensport** **2** **paardenrenbaan**
turfiste ZN M/V **wedder bij paardenrennen**
turlupiner INFORM. OV WW **kwellen, dwarszitten**
turne INFORM. ZN V **krot, hok**
turpitude FORM. ZN V **laagheid, gemeenheid, schandelijk gedrag**
turque BN V → **turc**
Turque ZN V → **Turc**
Turquie ZN V **Turkije**
turquoise **1** BN **turquoise** • *du bleu ~* turkooisblauw, blauwgroen **2** ZN V **turkoois, turquoise**
tutelle ZN V **voogdij** • *la ~ du père et de la mère* voogdijschap van de vader en moeder • *placer sous ~* onder curatele stellen, onder voogdij plaatsen • *être sous la ~ de qn* onder iemands toezicht / hoede staan • *se libérer de la ~ de qn* je losmaken van iemands betutteling
tuteur ZN M (V tutrice), **voogd, tutor** • *un ~ testamentaire* testamentair voogd
tutoyer OV WW **tutoyeren, jijen en jouen, met jij en jou aanspreken**
tuyau ZN M (MV tuyaux) **1** **buis, pijp, koker, slang** • *un ~ en caoutchouc* rubberslang • *un ~ de cheminée* schoorsteenpijp • *un ~ d'arrosage* tuinslang • *un ~ d'échappement* uitlaatpijp • INFORM. *une réforme serait dans les ~x* er zit een hervorming in de pijplijn **2** INFORM. **tip** <inlichting> • *donner un bon ~ à qn* iemand een goede tip geven
tuyauter INFORM. OV WW **tippen** <inlichten>, **een tip geven**
tuyauterie ZN V **1** **buizen(stelsel)** **2** INFORM. **bloedvatenstelsel**
TV AFK télévision V **tv** • *la ~ en noir et blanc* zwart-wit-tv
TVA AFK taxe sur la valeur ajoutée V **btw**
tweed "twied" ZN M **tweed** • *une veste de / en ~* een tweed jasje
tweet "twiet" ZN M **tweet**
tweeter "twietee" OV + ONOV WW **twitteren**
twitt "twiet" ZN M **tweet**
twitter "twietee" OV + ONOV WW **twitteren**
tympan ZN M **1** ANAT. **trommelvlies** **2** ARCH. **timpaan**
type ZN M **1** **type, soort, model** • *une machine d'un certain ~* een bepaald type machine • FIG. *un matériau du troisième ~* gloednieuw (ontwikkeld) materiaal **2** **typisch voorbeeld, toonbeeld, prototype** • *avoir le ~ latin / nordique* een Latijns / noords type zijn • *le ~ de la beauté grecque* toonbeeld van het Griekse schoonheidstype, echte klassieke schoonheid • *Paul est le ~ même du vieux garçon* Paul is het toonbeeld van de verstokte vrijgezel • *un exemple-~* schoolvoorbeeld • *un écart-~* standaardafwijking • *un cas-~* typisch geval, schoolvoorbeeld **3** INFORM. **kerel, vent, snuiter** • *quel pauvre ~!* wat een zielenpoot • *c'est un ~ très sympa!* het is een heel aardige vent • *un drôle de ~* *un ~ bizarre* een rare snuiter
typé BN • *très ~* met uitgesproken trekken <van een type, volk>
typer OV WW **typeren, uitbeelden** <van type>
typhoïde BN • *la fièvre ~ / la ~* (buik)tyfus
typhon ZN M **tyfoon**
typhus "-fuus" ZN M **vlektyfus**
typique BN **typisch, kenmerkend** • *des idées qui sont ~s de notre époque* ideeën die typerend zijn voor onze tijd
typographe ZN M/V **typograaf**
typographie ZN V **typografie**
typographique BN **typografisch**
typologie ZN V **typologie, classificatie**
tyran ZN M **tiran**
tyrannie ZN V **tirannie, dwingelandij** • *la ~ de la mode* de dictatuur van de mode
tyrannique BN **tiranniek**
tyranniser OV WW **tiranniseren**
tyrolien BN (V tyrolienne), **Tirools**
tzigane BN → **tsigane**
Tzigane ZN M/V → **Tsigane**

U

u ZN M letter u
ubiquité "-kw-" ZN V alomtegenwoordigheid • *je n'ai pas le don d'ubiquité* ik kan niet overal tegelijk zijn
UE AFK Union Européenne v EU, Europese Unie
U.H.T. AFK ultra-haute température UHT • *du lait UHT* (lang houdbare) (ultra)gesteriliseerde melk
Ukraine ZN V Oekraïne
ukrainien **1** BN (v ukrainienne), Oekraïens **2** ZN M (het) Oekraïens
Ukrainien ZN M (v Ukrainienne), Oekraïner
ulcère ZN M zweer • *un ~ de l'estomac / à l'estomac* maagzweer
ulcéré BN gekwetst, verbitterd • *être ~ par qc* gegriefd zijn door iets
ultérieur BN aan de andere zijde, erna komend, later • *reporter un rendez-vous à une date ultérieure* een afspraak naar een latere datum verschuiven
ultérieurement BW later, erna
ultimatum "-tom" ZN M ultimatum • *l'expiration de l'~ est à midi* het ultimatum loopt om twaalf uur ('s middags) af • *lancer un ~* een ultimatum stellen
ultime BN (aller)laatst, ultiem • *un ~ effort* een uiterste poging
ultra ZN M/V (rechtse) extremist • *les ~s des partis de droite et de gauche se sont affrontés* de radicalen van de rechtse en linkse partijen stonden tegenover elkaar
ultraléger BN (v ultralégère), lichtgewicht-
ultramoderne BN hypermodern
ultrasecret BN (v ultrasecrète), hoogst geheim, top secret
ultrasensible BN uiterst gevoelig
ultraviolet BN (v ultraviolette), ultraviolet
ululement ZN M gehuil, gekrijs <van nachtvogels>
ululer ONOV WW huilen, krijsen <van nachtvogels>
un **1** TELW (v une), één • *ils sont arrivés ~ par ~* ze zijn één voor één gekomen • *pas une fois, je ne l'ai entendu se plaindre* ik heb hem niet één keer horen klagen • *c'était moins ~e qu'elle ait un accident* het scheelde maar weinig of ze had een ongeluk gehad • *la vérité est une* er is maar één waarheid • *faire la une (du journal)* de voorpagina halen • *ne faire ni une ni deux* je geen tweemaal bedenken → **quatre** **2** ZN M/V **1** één • *le ~ / la ~e* (nummer) één <bus, tram, kamer, tafel, tv-net> **2** O&W een <schoolcijfer> → **quatre** **3** LIDW m (v une), een • *~ homme / une femme* een man / een vrouw • *manger une pomme* een appel eten • INFORM. *j'ai une de ces faims!* ik heb me toch een honger! • INFORM. *c'est d'un ennuyeux!* dat is me toch saai! **4** ONB VNW (v une) • *c'est l'une des raisons pour laquelle il ne vient pas* dat is een van de redenen waarom hij niet komt • *ni l'un ni l'autre ne sera présent* geen van beiden zullen ze erbij zijn • *l'un lisait, l'autre écoutait de la musique* de een las, de ander luisterde naar muziek • *ils se battent tout le temps l'un contre l'autre* ze vechten altijd met elkaar • *il y en a ~ qui ne pourra pas venir* één kan er niet komen • *les uns disent oui, les autres non* sommigen zeggen ja, anderen nee • *l'un d'eux / l'un d'entre eux ne viendra pas* een van hen komt niet

u

unanime BN unaniem, eenstemmig • *ils étaient ~s à approuver le texte* ze gingen allemaal akkoord met de tekst
unanimité ZN V eenstemmigheid, unanimiteit • *faire l'unanimité* algemene bijval / instemming vinden • *il a été élu à l'unanimité* hij is met algemene stemmen gekozen
Unetelle • *madame ~* mevrouw Dinges, mevrouw die en die → **Untel**
uni BN **1** verenigd, eensgezind, close • *une famille unie* hechte familie • *l'Organisation des Nations unies* Verenigde Naties **2** effen, vlak, glad, gelijkmatig • *des couleurs unies* effen kleuren
unicellulaire BN eencellig
unicité ZN V (het) uniek-zijn, uniciteit
unicolore BN eenkleurig
unième TELW • *le vingt et ~ siècle* de eenentwintigste eeuw → **quatrième**
unificateur BN (v unificatrice), eenmakend, verenigend • *un principe ~* eenheidscheppend principe
unification ZN V vereniging, eenwording
unifier **1** OV WW **1** verenigen, één maken • *~ un pays* een land tot een eenheid maken **2** eenvormig maken • *~ les taxes européennes* de Europese belastingen uniformeren **2** WKD WW **(s'~)** één worden • *les divers partis de gauche cherchent à s'~* de diverse linkse partijen willen zich aaneensluiten
uniforme **1** BN uniform, eenvormig, gelijk(matig), eenparig <van beweging> **2** ZN M uniform, dienst- / beroepskleding • *un ~ de marin* matrozenpak • *être en ~* in uniform zijn
uniformément BW uniform, op dezelfde manier, gelijkmatig
uniformisation ZN V uniformering
uniformiser OV WW eenvormig maken, uniformeren • *~ les cultures occidentales* de westerse culturen eenvormig maken
uniformité ZN V eenvormigheid, eenparigheid, uniformiteit • *l'uniformité des programmes de lycées* de gelijkvormigheid van de middelbareschoolprogramma's
unilatéral BN (M MV unilatéraux), eenzijdig, aan / van één kant, unilateraal • *le désarmement ~* eenzijdige ontwapening • *stationnement ~* parkeren aan één zijde toegestaan
unilingue BN eentalig
union ZN V **1** verbinding, verbintenis • *vivre en une ~ libre* ongetrouwd samenwonen • *une ~ étroite* nauwe band **2** unie, vereniging, eenheid, eendracht • *l'~ syndicale* vakcentrale • *l'Union européenne* Europese Unie • <spreekwoord> *l'~ fait la force* eendracht maakt macht
unique BN **1** enig • *une rue à sens ~* straat met eenrichtingsverkeer • *une voie ~* enkelspoor • *un salaire ~* één inkomen • *il est enfant ~* hij is enig kind • *il a donné un ~ concert* hij heeft één

enkel concert gegeven • *une seringue à usage ~* injectiespuit voor eenmalig gebruik **2 eenheids-** • *la monnaie ~* eenheidsmunt, gemeenschappelijke munt **3** INFORM. **uniek** • *cet auteur est ~ dans son genre* die auteur is enig in zijn soort

uniquement BW **alleen (maar), uitsluitend**

unir 1 OV WW **verenigen, verbinden** • *~ plusieurs régions pour en faire un pays* een aantal gebieden samenvoegen tot één land • *seul un autocar unit les deux villages* een bus is de enige verbinding tussen die twee dorpen • *le maire a uni le couple* de burgemeester heeft het stel in de echt verbonden **2** WKD WW **(s'~) zich verenigen, samengaan, zich verbinden** • *s'~ contre un ennemi commun* één front vormen tegen een gemeenschappelijke vijand • *s'~ pour le meilleur et pour le pire* zich verenigen (en elkaar bijstaan) in voor- en tegenspoed

unisexe BN **uniseks**

unisson ZN M **1** MUZ. **eenstemmigheid 2** FIG. **overeenstemming** • *à l'~* eenstemmig

unitaire BN **1 unitair, op eenheid gericht 2 per eenheid, eenheids-**

unité ZN V **1 eenheid, overeenstemming** • *un roman qui manque d'unité interne* roman die innerlijke samenhang mist • *préserver la stabilité et l'unité d'un pays* de stabiliteit en eenheid van een land bewaren **2 teleenheid, stuk** • *acheter un ticket de métro à l'unité* een enkel metrokaartje kopen • *acheter qc à cent euros l'unité* iets kopen voor 100 euro per stuk • <universiteit> *une ~ de valeur* studiepunt **3 (zelfstandig) onderdeel, afdeling, unit** • *une ~ de réanimation (d'un hôpital)* reanimatieafdeling (van een ziekenhuis) • O&W *une ~ de formation et de recherche (UFR)* ≈ (universitaire) vakgroep • MIL. *rejoindre son ~* je bij je eenheid voegen

univers ZN M **1 heelal, universum** • *les lois de l'~* de wetten van het heelal **2** FIG. **wereld** • *l'~ du rêve* de droomwereld • *sa cuisine est son ~* haar keuken is haar domein

universaliser 1 OV WW **1 algemeen maken 2 generaliseren 2** WKD WW **(s'~) algemeen worden**

universalité ZN V **algemeenheid, alomvattendheid, algemene verbreiding, universaliteit**

universel BN (V universelle) **1 algemeen, alomvattend, universeel** • *un remède ~* wondermiddel • *le suffrage ~* algemeen kiesrecht • *un légataire ~* universeel erfgenaam **2 wereldwijd, wereld-** • *une exposition ~le* wereldtentoonstelling

universellement BW **algemeen, overal** • *qn d'~ connu* iemand die algemeen bekend is

universitaire 1 BN **universiteits-, universitair** • *une cité ~* complex van studentenflats, campus • *un grade ~* academische graad • *suivre une formation ~* een universitaire opleiding volgen • *le restaurant ~*, INFORM. *le restau U* de mensa **2** ZN M **lid van de wetenschappelijke staf, docent aan de universiteit**

université ZN V **universiteit** • *l'université ouverte* open universiteit • *l'université d'été* zomerstudiedagen <van een politieke partij>

univoque BN **eenduidig, een-op-een** <van relatie>

Untel ZN M (V Unetelle) • *monsieur ~* meneer Dinges, meneer die en die

uranium "-njom" ZN M **uranium**

urbain BN **stedelijk, stads-** • *les populations ~es* stadsbevolking • *le chauffage ~* stadsverwarming

urbanisation ZN V **verstedelijking, urbanisatie** • *un plan d'~* stadsuitbreidingsplan • *l'~ de la campagne* de verstedelijking van het platteland

urbaniser OV WW **verstedelijken, urbaniseren** • *zone à ~ en priorité (Z.U.P.)* ≈ nieuwbouwwijk

urbanisme ZN M **stedenbouwkunde**

urbaniste 1 ZN M/V **planoloog, stedenbouwkundige 2** BN **stedenbouwkundig**

urètre ZN M **urinebuis**

urgence ZN V **urgentie, dringende noodzaak** • *la bande d'arrêt d'~* vluchtstrook <op de snelweg> • *le service des ~s / les ~s* (afdeling) spoedeisende hulp <van ziekenhuis> • *appeler qn d'~* iemand met spoed laten komen • *on l'a convoqué d'~ / de toute ~* hij is in allerijl opgeroepen • *l'état d'~ a été déclaré après les pluies* na de hevige regenval is de noodtoestand afgekondigd • *venez vite, il y a ~* kom snel, het is dringend • *en cas d'~* bij spoedgevallen, in geval van nood

urgent BN **dringend, urgent** • *un cas ~* een spoedgeval • *c'est ~* er is haast bij • *je dois partir, c'est ~* ik moet nu meteen gaan • *il est ~ que vous veniez* u moet onmiddellijk komen

urgentiste ZN M/V **spoedarts, arts voor spoedeisende hulp, EHBO-arts**

urger INFORM. ONOV WW **dringend zijn** • *il faut que tu viennes, ça urge!* je moet komen, er is haast bij!

urinaire BN **urine-** • *une infection ~* urinewegontsteking

urinal ZN M (MV urinaux), **urinaal, urineerfles**

urine ZN V **urine**

uriner ONOV WW **urineren**

urinoir ZN M **urinoir**

urne ZN V **1 stembus** • *aller / se rendre aux ~s* naar de stembus gaan, (gaan) stemmen **2 urn**

urologue ZN M/V **uroloog**

U.R.S.S. GESCH. AFK Union des républiques socialistes soviétiques V **USSR, Unie van Socialistische Sovjetrepublieken**

urticaire MED. ZN V **netelroos**

us "uus" ZN M MV **gebruiken** • *les ~ et coutumes* de zeden en gewoonten

usage ZN M **1 (het) gebruiken, gebruik, functie / werking** <van apparaat> • *l'~ immodéré d'alcool* onmatig alcoholgebruik • *une crème à ~ externe* zalf voor uitwendig gebruik • *un appareil hors d'~* toestel dat buiten gebruik is, afgedankt / kapot toestel • *matériaux à ~ professionnel* materiaal voor beroepsmatig gebruik • *l'~ d'Internet se répand de plus en plus* er wordt steeds meer van internet gebruikgemaakt • *perdre l'~ d'une main* één hand niet meer kunnen gebruiken • *faire ~ de la force pour obtenir qc* geweld gebruiken om iets te verkrijgen • *faire (un) bon ~ de son argent* je geld goed besteden • *ces chaussures m'ont fait de l'~* die schoenen zijn lang meegegaan • *à ~ multiple* voor allerlei doeleinden • *à l'~ des enfants* ten behoeve van kinderen • *à ~ personnel* voor eigen gebruik **2 gebruik, gewoonte** • *une habitude passée dans l'~* ingeburgerde gewoonte • *entrer dans l'~* in zwang komen, in gebruik komen • *il est d'~ d'apporter des fleurs* het is de gewoonte om bloemen mee te nemen • *d'~* gebruikelijk **3 taalgebruik** • *le bon ~ du français* het algemeen beschaafd Frans

usagé BN **gebruikt, (af)gedragen, oud (en onbruikbaar),** FIG. **versleten** • *des chaussures usagées* afgedragen schoenen • *des huiles usagées* afgewerkte olie • *des piles usagées* lege batterijen • *jeter son ordinateur ~* je aftandse computer wegdoen

usager ZN M (V usagère), **gebruiker** • *les ~s du train* treinreizigers

usant BN **uitputtend, slopend**

usé BN **1 versleten, oud en onbruikbaar** • *un manteau ~ jusqu'à la trame* een tot op de draad versleten jas • *des eaux usées* afvalwater **2 afgeleefd, (dood)op** • *une femme usée par la vie* een afgeleefde vrouw **3** FIG. **afgezaagd** • *des plaisanteries usées* afgezaagde grappen

user 1 OV WW **1 verbruiken** • *cet appareil use trop d'électricité* dat apparaat verbruikt te veel elektriciteit **2** FIG. **ondermijnen, verzwakken, uitputten** • *~ sa santé à travailler* met je werk je gezondheid ondermijnen • *toutes ces grossesses l'ont usée* door al die zwangerschappen is ze verzwakt **2** ONOV WW **~ de gebruikmaken (van), gebruiken, aanwenden, bezigen** • *~ de son influence* je invloed aanwenden • *~ et ab~ de qc* iets gebruiken en misbruiken **3** WKD WW **(s'~) (ver)slijten, verminderen, verzwakken, zich uitputten** • *s'~ les yeux à lire dans l'obscurité* zijn ogen bederven door in het donker te lezen • *ces vêtements s'usent trop vite* die kleren slijten te snel • *s'~ la santé au travail* met je werk zijn gezondheid ondermijnen

usine ZN V **(grote) fabriek** • *une ~ d'armement* wapenfabriek • *une ~ agroalimentaire* levensmiddelenfabriek • *une ~ à gaz* gasfabriek, FIG. warrig gewrocht, rommelig geheel • *travailler dans une ~ / en ~* in een fabriek werken

usiner OV WW **(machinaal) bewerken, fabriceren**

us

usité BN **gebruikelijk, (veel) gebezigd** <van woorden> • *une expression très usitée en français* veel gebruikte uitdrukking in het Frans

ustensile ZN M **(huishoudelijk) artikel, stuk gereedschap** • *des ~s de cuisine* keukengerei

usuel BN (V usuelle), **gebruikelijk** • *'sécheresse' est le nom ~ qui désigne 'la siccité'* 'sécheresse' (droogte) is het gewone woord voor 'siccité' • *la langue ~le* omgangstaal

usufruit JUR. ZN M **vruchtgebruik**

usure ZN V **1** OOK FIG. **slijtage** • *l'~ des pneus (d'une voiture)* het slijten van de (auto)banden • FIG. *une guerre d'~* uitputtingsoorlog, slijtageslag • INFORM. *je l'aurai à l'~* ik krijg hem wel murw, ik krijg hem wel zo ver **2 woeker(rente)**

usurpateur ZN M (V usurpatrice), **overweldiger, iemand die onrechtmatig iets in bezit neemt, usurpator**

usurpation ZN V **overweldiging, onrechtmatige inbezitneming, usurpatie** • *l'~ de pouvoir* machtsoverschrijding, het buiten je boekje gaan • *l'~ d'identité* het aannemen van een valse identiteit

usurper OV WW **zich onrechtmatig toe-eigenen** • *~ un pouvoir* buiten je bevoegdheid gaan • *~ un titre* jezelf een titel aanmeten, ten onrechte een titel voeren

ut "uut" MUZ. ZN M **c, do**

utérin BN **1 baarmoeder- 2 van moederskant** • *des frères utérins* halfbroers van moederskant

utérus "-ruus" ZN M **baarmoeder** • *le cancer du col de l'utérus* baarmoederhalskanker

utile 1 BN **nuttig, bruikbaar, dienstig** • *il serait ~ de consulter les horaires* het is raadzaam de dienstregeling te raadplegen • *ça me sera bien ~* dat kan ik wel gebruiken • *je vous écrirai en temps ~* ik zal u te zijner tijd schrijven • *elle sait se rendre ~* ze weet zich nuttig te maken **2** BW • *voter ~* een nuttige stem uitbrengen <op een verkiesbare kandidaat> **3** ZN M • *joindre l'~ à l'agréable* het nuttige met het aangename verenigen

utilisable BN **bruikbaar**

utilisateur ZN M (V utilisatrice), **gebruiker**

utilisation ZN V **gebruik(making)** • *l'~ abusive de médicaments* het te veel medicijnen gebruiken • *la notice d'~ d'une machine* gebruiksaanwijzing van een machine

utiliser OV WW **gebruiken, aanwenden** • *savoir ~ un ordinateur* met een computer kunnen omgaan

utilitaire BN **nuts-, gebruiks-, utilitair** • COMP. *un logiciel ~* hulpprogramma

utilité ZN V **nut** • *ce programme d'ordinateur m'a été d'une grande ~* dat computerprogramma is mij van veel nut geweest

utopie ZN V **utopie**

utopique BN **utopisch**

utopiste 1 BN **utopistisch 2** ZN M/V **utopist**

U.V. 1 AFK O&W unité de valeur V ≈ **studiepunt 2** AFK (rayons) ultraviolets M MV **uv(-straling)**

V

v ZN M letter v • *double ~* w • *un décolleté en V* V-hals • *à la vitesse grand V* vliegensvlug
va 1 WW présent, geb. wijs → **aller** 2 TUSSENW goed dan!, ga je gang! • *tout ira bien, va!* het komt heus wel goed, hoor! • INFORM. *hé, ~ donc, imbécile!* kom nou, ben je nou helemaal!
vacancier ZN M (V vacancière), vakantieganger
vacant BN onbezet, onbeheerd, leegstaand, vacant • *un poste ~* vacature • *la chaire d'histoire est ~e* de leerstoel geschiedenis is vacant
vacarme ZN M herrie, lawaai
vacataire ZN M/V tijdelijke werknemer
vacation ZN V tijdelijke werkzaamheid • *elle a obtenu une ~ de recherche pour l'année qui vient* ze heeft voor volgend jaar een tijdelijke onderzoeksfunctie gekregen
vaccin ZN M vaccin • *le ~ de la grippe / contre la grippe* griepvaccin • *faire un ~ à qn* iemand inenten
vaccination ZN V inenting, vaccinatie
vacciner OV WW inenten, vaccineren, FIG. immuun maken • *~ qn contre la polio(myélite)* iemand tegen polio inenten
vache 1 ZN V koe • *une ~ laitière* melkkoe • FIG. *une ~ à lait* melkkoe • OOK FIG. *une ~ sacrée* heilige koe • *la maladie de la ~ folle* gekkekoeienziekte • *les années de ~s grasses* de vette jaren • INFORM. *manger / bouffer de la ~ enragée* gebrek lijden • *parler français comme une ~ espagnole* gebroken Frans praten • INFORM. *la ~!* potverdorie! • INFORM. *c'est une vraie peau de ~!* het is een echte smeerlap! 2 BN INFORM. gemeen, schofterig • *elle a été ~ avec lui* ze heeft rottig tegen hem gedaan
vachement INFORM. BW geweldig, hartstikke • *un type ~ ennuyeux* een stierlijk vervelende vent
vacher ZN M (V vachère), koeherder
vacherie INFORM. ZN V rotstreek, rotopmerking, rottigheid
vacherin CUL. ZN M 1 schuimtaart (met slagroom) 2 soort kaas
vacillant BN 1 wankelend • *une démarche ~e* onvaste gang 2 flakkerend • *une flamme ~e* flakkerende vlam 3 FIG. onvast, onzeker, weifelachtig
vacillement ZN M 1 geflakker • *le ~ d'une flamme* het flakkeren van een vlam 2 weifeling, besluiteloosheid
vaciller ONOV WW 1 wankelen, waggelen • *~ sur ses jambes* op zijn benen staan te wankelen 2 flikkeren • *la flamme d'une bougie qui vacille* flakkerende kaarsvlam 3 FIG. onvast worden • *une mémoire vacillante* geheugen dat je in de steek laat
vacuité FORM. ZN V leegheid • *la ~ d'un discours / des propos de qn* de holheid van iemands woorden
vadrouille INFORM. ZN V tochtje, uitstapje • *être / partir en ~* op stap zijn / gaan, de hort op zijn / gaan
vadrouiller INFORM. ONOV WW op stap zijn, rondslenteren, rondzwalken
VAE AFK vélo (à assistance) électrique e-bike, elektrische fiets
va-et-vient ZN M (MV id.), (het) (druk) komen en gaan • *il y a du ~ dans cette avenue* er rijden voortdurend auto's af en aan in die laan
vagabond 1 ZN M (V vagabonde), zwerver, landloper, vagebond 2 BN 1 zwervend, zwerf- • *mener une vie de ~* een zwervend bestaan leiden 2 onbestendig, onrustig
vagabondage ZN M OOK FIG. (het) ronddwalen, landloperij
vagabonder ONOV WW rondzwerven, OOK FIG. rondwalen, landlopen • *laisser son imagination ~* je verbeelding de vrije loop laten
vagin ZN M vagina
vaginal BN (M MV vaginaux), vaginaal • *un frottis ~* uitstrijkje
vagissement ZN M gehuil <van baby>
vague 1 ZN V 1 golf • *une ~ de cinq mètres de haut* een vijf meter hoge golf • *surfer sur la ~* op de golf surfen • FIG. *une ~ de chaleur* hittegolf • FIG. *une ~ de froid* koudegolf • FIG. *une réforme qui va faire des ~s* een hervorming die voor veel ophef zal zorgen 2 golf, stortvloed • *une ~ de réfugiés* stroom vluchtelingen • *une ~ d'attentats* golf van aanslagen 3 FIG. stroming • *la nouvelle ~* nieuwe stroming, jongste trend 2 BN 1 vaag, onbestemd, wazig • *avoir de ~s douleurs au ventre* wat buikpijn hebben • *c'est une ~ connaissance* het is een vage kennis 2 • *un terrain ~* braakliggend / onbebouwd stuk grond 3 ZN M (het) vage, (het) ongewisse, (het) onduidelijke • *regarder dans le ~* wezenloos voor je uit kijken, de blik op oneindig hebben • *avoir du ~ à l'âme* weemoedig zijn, sombertjes zijn
vaguelette ZN V golfje
vaguement BW vaag, vagelijk, enigszins • *on m'a ~ expliqué l'affaire* ze hebben me de zaak zo'n beetje uitgelegd
vaillamment BW dapper
vaillance ZN V dapperheid
vaillant BN 1 gezond en wel • *il n'est pas bien ~ ces jours-ci* hij is momenteel wat zwakjes 2 dapper • FORM. *n'avoir pas un sou ~* geen rooie cent hebben
vaille WW présent subj. → **valoir**
vain BN 1 nutteloos • *de ~es paroles* holle woorden • *un ~ espoir* ijdele hoop • *son sacrifice a été ~* zijn offer was vergeefs • *on l'a cherché en ~* ze hebben hem tevergeefs gezocht 2 ijdel <verwaand>
vaincre OV WW onregelmatig OOK FIG. overwinnen, de baas worden • *l'équipe de France a été vaincue* het Franse elftal is verslagen • *il est vaincu d'avance* hij heeft bij voorbaat verloren, hij is kansloos
vaincu 1 ZN M verliezer, overwonnene 2 BN overwonnen • *s'avouer ~* je gewonnen geven 3 WW volt. deelw. → **vaincre**
vainement BW tevergeefs, zonder succes
vainqueur 1 ZN M overwinnaar, FIG. bedwinger • *le match était dur, mais il en est sorti ~* het was een lastige wedstrijd, maar hij is als winnaar uit de bus gekomen 2 BN zegevierend • *un air ~*

triomfantelijke houding
vais WW *présent* → **aller**
vaisseau ZN M (MV vaisseaux) **1** (groot) schip, vaartuig • *un ~ spatial* ruimteschip • *le ~ fantôme* het spookschip, de Vliegende Hollander **2** BIOL. vat • *les ~x sanguins* bloedvaten **3** ARCH. schip <van kerk>
vaisselle ZN V vaatwerk, vaat, afwas • *de la ~ en grès / en porcelaine* aardewerken / porseleinen vaatwerk • *une machine à laver la ~ / un lave-~* afwasmachine • *faire la ~* de afwas doen, afwassen
val LIT. ZN M (MV vals/vaux), dal • *être toujours par monts et par vaux* altijd onderweg zijn
valable BN **1** geldig, geldend • *un ticket ~ trois mois* kaartje dat drie maanden geldig blijft • *son passeport n'est plus ~* zijn paspoort is verlopen **2** aanvaardbaar, geschikt, deugdelijk • *un interlocuteur ~* een aanvaardbare gesprekspartner
Valais ZN M Wallis
valdinguer INFORM. ONOV WW vallen, kukelen • *il a envoyé mes livres ~* hij heeft mijn boeken weggesmeten
Valence Valencia <in Spanje>, Valence <in Frankrijk>
valet ZN M **1** knecht, bediende • *un ~ de chambre* kamerdienaar • *un ~ de nuit* dressboy, klerenstandaard • FIG. *les ~s du pouvoir* de lakeien van de macht **2** boer <kaartspel>
valeur ZN V **1** waarde • *un tableau de ~* waardevol schilderij • *les ~s mobilières* effecten • *une ~ sûre* vaste waarde, betrouwbare kracht • *perdre de sa ~* in waarde achteruitgaan • *prendre de la ~* in waarde stijgen • *la ~-or* goudwaarde • *la taxe à la ~ ajoutée (la TVA)* belasting over de toegevoegde waarde (btw) • *un objet sans ~* waardeloos voorwerp **2** klasse, verdienste, kwaliteit(en) • *une employée de grande ~* zeer verdienstelijk werkneemster • *accorder / attacher de la ~ à une idée* waarde hechten aan een idee • *estimer qc à sa juste ~* iets naar waarde schatten • *une couleur qui met en ~ le teint d'une personne* kleur die iemands tint goed doet uitkomen • *savoir se mettre en ~* jezelf goed kunnen verkopen **3** maat, gehalte • *la ~ nutritive / calorique d'un aliment* voedingswaarde / calorische waarde van een voedingsmiddel
valeureux LIT. BN (V valeureuse), dapper
validation ZN V geldigverklaring, bekrachtiging, bevestiging <van elektronische opdracht>
valide BN **1** gezond (en wel), krachtig • *les personnes ~s ont marché, les autres ont pris le bus* de gezonde mensen zijn gaan lopen, de anderen hebben de bus genomen **2** geldig • *un permis de conduire ~* geldig rijbewijs
valider OV WW geldig verklaren, bevestigen <van elektronische opdracht>, valideren • *composter son billet de train pour le~* je treinkaartje laten afstempelen
validité ZN V geldigheid, deugdelijkheid • *la ~ d'un passeport* de geldigheid van een paspoort
valise ZN V (hand)koffer • *une valise à roulettes; une valise trolley* rolkoffer • *faire ses ~s / sa ~* je koffer(s) pakken
vallée ZN V dal, vallei • *la ~ du Rhône* het Rhônedal • FIG. *la ~ des larmes* tranendal
vallon ZN M klein dal
vallonné BN heuvelachtig • *un terrain ~* golvend terrein
valoir 1 ONOV WW *onregelmatig* **1** waard zijn, kosten • *ça vaut combien, ce truc?* wat kost dat ding? • *ça ne vaut pas cher / ça ne vaut rien* dat is niks waard • *ça n'en vaut la peine!* dat is de moeite waard! • INFORM. *ça vaut le coup!* dat is echt de moeite! • FIG. *cet acteur ne vaut rien* die acteur is waardeloos • *ça ne me dit rien qui vaille* dat zegt me hoegenaamd niets **2** opwegen tegen, gelijkstaan met • *rien ne vaut un bon verre de vin!* er gaat niets boven een goed glas wijn! **3** gelden • *cela vaut pour tout le monde* dat geldt voor iedereen • *faire ~ ses droits* je rechten doen gelden • *il sait bien se faire ~* hij kan zichzelf goed verkopen **2** OV WW **1** waard zijn • *ça vaut cinq points* dat is vijf punten waard • FIG. *une petite ville qui vaut le déplacement* een stadje dat wel een omweg waard is • *ça ne vaut pas un clou* dat is geen snars waard **2** tot gevolg hebben • *son insolence lui vaut le renvoi* vanwege zijn brutaliteit wordt hij ontslagen **3** ONP WW • *il vaudrait mieux que tu t'en ailles* je kunt maar beter weggaan • *vaut mieux se taire dans ces cas-là!* in zo'n geval kan je maar beter je mond houden! • *mieux vaut tard que jamais* beter laat dan nooit **4** WKD WW **(se ~)** even goed / slecht zijn, tegen elkaar opwegen • *ces deux théories se valent* die twee theorieën zijn evenveel waard • INFORM. *ça se vaut* dat komt op hetzelfde neer
valorisant BN goed voor iemands eigenwaarde, statusverhogend • *une profession ~e* beroep dat status geeft
valorisation ZN V opwaardering, herwaardering
valoriser OV WW opwaarderen, herwaarderen, in (eigen)waarde / aanzien doen stijgen • *~ un élève* een leerling meer eigenwaarde geven
valse ZN V **1** wals <dans> • *danser la ~* walsen **2** INFORM. • *la ~ des gouvernements* het telkens wisselen van regering
valser ONOV WW **1** walsen <dansen> **2** INFORM. telkens wisselen • *envoyer qn ~* iemand afpoeieren • *elle a envoyé les assiettes ~* ze heeft de borden weggesmeten
valseur ZN M (V valseuse), walser <danser>
valve ZN V TECHN. klep, ventiel
valvule ANAT. ZN V klep
vamp ZN V vamp, mannenverleidster
vampire ZN M OOK FIG. vampier
van ZN M transportwagen, bestelauto
vandale ZN M vandaal
vandaliser INFORM. OV WW (moedwillig) vernielen • *~ des abribus* bushokjes vernielen
vandalisme ZN M vandalisme • *des actes de ~ contre un commissariat* het moedwillig vernielen van een politiebureau

vanille ZN V vanille • *de la glace à la ~* vanille-ijs

vanillé BN vanille-, met vanille(smaak)

vanité ZN V **1** ijdelheid, verwaandheid • *elle tire ~ de sa beauté* ze laat zich voorstaan op haar schoonheid **2** FORM. nietigheid • *elle a reconnu la ~ de ses efforts* ze erkende dat haar pogingen vergeefs waren

vaniteux BN (V vaniteuse), ijdel, verwaand, ingebeeld

vanne ZN V **1** afsluitschuif / -klep • *une ~ d'écluse* sluisdeur **2** INFORM. steek onder water, sneer • *faire une ~* een rotopmerking maken • *balancer / envoyer / lancer une ~ à qn* iemand een sneer geven

vanné INFORM. BN doodop • *être ~* hondsmoe zijn

vanneau ZN M (MV vanneaux), kieviet

vantard **1** BN opschepperig, pocherig **2** ZN M (V vantarde), opschepper, pocher

vantardise ZN V opschepperij, pocherij, bluf

vanter **1** OV WW roemen, (aan)prijzen • *~ sa marchandise* je waren aanprijzen • *~ l'efficacité de qn* hoog opgeven van iemands efficiëntie **2** WKD WW (se ~) zich beroemen, opscheppen • *se ~ de finir un travail avant tout le monde* trots zeggen als eerste met een werk klaar te zijn • *sans (vouloir) me ~...* al zeg ik het zelf...

vapes INFORM. ZN V MV • *être dans les ~* versuft zijn

vapeur ZN V damp, stoom • *la ~ d'eau* waterdamp • *repassage à la ~* het stoomstrijken • *cuire du riz à la ~* rijst gaarstomen • *un bateau à ~* stoomboot • *une locomotive lancée à toute ~* een locomotief die op volle kracht rijdt • FIG. *renverser la ~* het over een andere boeg gooien

vaporeux BN (V vaporeuse) **1** licht en luchtig <van stof>, ijl • *une robe vaporeuse* luchtig jurkje **2** wazig, nevelig, heiig

vaporisateur ZN M verstuiver, spraybus

vaporisation ZN V verdamping, verstuiving

vaporiser **1** OV WW **1** doen verdampen **2** verstuiven, sprayen **2** WKD WW (se ~) vervliegen, verdampen

vapoter ONOV WW een elektronische sigaret roken, dampen

vaquer ONOV WW zich bezighouden (met) <taak, werk> • *~ à ses occupations* je bezigheden verrichten

varappe ZN V (het) rotsklimmen • *faire de la ~* kletteren

varech "-ek" ZN M zeewier, kelp

vareuse ZN V ≈ jekker, jasje

variabilité ZN V veranderlijkheid

variable **1** BN veranderlijk, variabel • *avoir des horaires ~s* flexibele / variabele werktijden hebben • *le temps reste ~* het weer blijft veranderlijk **2** ZN V variabele

variante ZN V variant

variateur ZN M (schuif)regelaar, dimmer <van licht>

variation ZN V verandering, (af)wisseling, variatie • *les ~s d'humeur* stemmingswisselingen

varice ZN V spatader

varicelle ZN V waterpokken

varié BN (af)wisselend, bont, gevarieerd

varier **1** OV WW variëren, (af)wisselen • *~ son alimentation* gevarieerd eten **2** ONOV WW variëren, veranderen • *les deux témoignages varient en tous points* de twee getuigenverklaringen zijn totaal verschillend

variété ZN V **1** verscheidenheid **2** variëteit, soort • *les variétés de pommes* appelsoorten **3** TON. • *un spectacle de variétés* variétévoorstelling • *une vedette de ~* beroemd variétéartiest

variole ZN V pokken • *la vaccination contre la ~* pokkenprik

variqueux BN (V variqueuse), spatader-

Varsovie Warschau

vas WW présent → **aller**

vasculaire ANAT. BN vaat- • *le système ~* vaatstelsel

vase **1** ZN M **1** vaas • *un ~ de fleurs* vaas met bloemen **2** pot, vat • *le principe des ~s communicants* principe van de communicerende vaten • *c'est la goutte qui a fait déborder le ~* dat is de druppel die de emmer deed overlopen • *en ~ clos* afgezonderd <v.d. buitenwereld> **2** ZN V slijk, slib

vaseline ZN V vaseline

vaseux BN (V vaseuse) **1** modderig **2** INFORM. troebel, vaag, wollig • *des explications vaseuses* wollige uitleg(gingen) **3** INFORM. suf, duf, (zich) niet lekker (voelend), gammel

vasistas "vaziestas" ZN M (klap)raampje <in deur, dakvenster>

vasoconstricteur BN (V vasoconstrictrice), vaatvernauwend

vasodilatateur BN (V vasodilatatrice), vaatverwijdend

vasouillard INFORM. BN klungelig

vasouiller INFORM. ONOV WW schutteren, klungelen, modderen

vasque ZN V **1** bekken <van fontein> **2** platte schaal, sierschaal

vassal ZN M (MV vassaux), OOK FIG. vazal, leenman

vaste BN uitgestrekt, omvangrijk, groot • *une ~ opération policière dans les quartiers chauds* grootschalige politieactie in de rosse buurten • INFORM. *c'est une ~ rigolade* dat is grote flauwekul

Vatican ZN M Vaticaan

vaudeville ZN M OOK FIG. klucht

vaudevillesque BN kluchtig

vaudou ZN M voodoo

vaudra WW toek. tijd. → **valoir**

vau-l'eau • *aller à ~* stroomafwaarts gaan, FIG. mislukken, in duigen vallen

vaurien **1** ZN M (V vaurienne), boef(je), deugniet **2** ZN M klein type zeilboot

vaut WW présent → **valoir**

vautour ZN M **1** gier **2** FIG. aasgier

vautrer WKD WW (se ~) zich (plompverloren) uitstrekken, onderuitzakken • *se ~ dans / sur son fauteuil* je in je luie stoel nestelen

vaux ZN M MV → **val**

va-vite • *faire un travail à la ~* een werk in de gauwigheid doen, iets afraffelen, met de pet gooien naar iets

veau ZN M (MV veaux) **1 kalf** • FIG. *le ~ d'or* het gouden kalf • IRON. *il pleurait comme un ~* hij huilde tranen met tuiten **2** CULIN **kalfsvlees** • *la blanquette de ~* kalfsvleesgerecht **3 kalfsleer**

vecteur ZN M **vector, overbrenger**

vécu 1 BN **waar (beleefd), uit het leven gegrepen 2** ZN M **(het) doorleefde, levenservaring(en) 3** WW volt. deelw. → **vivre**

vedettariat ZN M **(het) ster-zijn** <van beroemdheden>, **sterrendom**

vedette ZN V **1 kopstuk, ster, vedette** • *les ~s du sport / de la chanson* voetbal- / zangidolen • *un invité ~* voornaamste gast • *passer en ~ américaine* in het voorprogramma optreden • FIG. *mettre en ~* op de voorgrond plaatsen **2 snelle motorboot, patrouilleboot**

végétal 1 ZN M (MV végétaux), **plant 2** BN (M MV végétaux), **plantaardig, plant(en)-** • *le règne ~* het plantenrijk • *une huile végétale* plantaardige olie

végétalien BN (V végétalienne), **veganistisch**

végétalisme ZN M **veganisme**

végétarien 1 BN (V végétarienne), **vegetarisch 2** ZN M (V végétarienne), **vegetariër**

végétarisme ZN M **vegetarisme**

végétatif BN (V végétative), **vegetatief, vegeterend**

végétation 1 ZN V **vegetatie, plantengroei 2** ZN V MV ANAT. • *les végétations (adénoïdes)* woekering v.d. keelamandelen

végéter ONOV WW **een plantenleven leiden, vegeteren, kwijnen**

véhémence ZN V **hevigheid, heftigheid** • *nier qc avec ~* iets heftig ontkennen

véhément BN **hevig, heftig**

véhiculaire BN • *une langue ~* voertaal

véhicule ZN M **1 voertuig** • *un ~ utilitaire* bedrijfsauto • *un ~ de tourisme* personenauto • *un ~ tout-terrain* terreinwagen **2** FIG. **overbrengingsmiddel, medium, vehikel** • *le langage est le ~ de la pensée* taal is het voertuig van de gedachten

véhiculer OV WW **1 vervoeren 2 doorgeven, overbrengen, uitdragen** • *une pièce de théâtre qui véhicule des idées subversives* toneelstuk dat subversieve gedachten uitdraagt

veille ZN V **1 vorige dag,** FIG. **vooravond** • *la ~ de Noël* kerstavond • *la ~ du Nouvel An* oudejaarsavond • *la ~ de mon anniversaire* de dag vóór mijn verjaardag • *la ~ au soir* de avond ervoor • INFORM. *ce n'est pas demain la ~* zo ver is het nog lang niet, dat duurt nog wel even • *à la ~ de la guerre* aan de vooravond v.d. oorlog, vlak voor de oorlog **2 (het) waken** <wakker blijven>, **waak** • COMP. *le mode ~* stand-by, sluimerstand

veillée ZN V **1 avond(je), samenzijn 's avonds** • FIG. *une ~ d'armes* vooravond van een gewichtige dag **2 (het) waken, wake** <bij zieke, dode> • *une ~ funèbre* dodenwake

veiller 1 ONOV WW **1 waken** <wakker blijven> • *elle a veillé jusqu'à trois heures du matin* ze is tot drie uur 's nachts opgebleven **2 waken** <waakzaam zijn> • *~ au chevet d'un enfant* bij een (ziek) kind waken **3 ~ à zorg dragen voor, zorgen voor** • *je ~ai à ce que tout se passe bien* ik zal ervoor zorgen dat alles goed verloopt **2** OV WW **waken bij** <dode>

veilleur ZN M **waker** • *un ~ de nuit* nachtwaker, nachtportier

veilleuse 1 ZN V **1 nachtlampje, nachtlichtje 2 waakvlam** • FIG. *mettre qc en ~* iets op een laag pitje zetten • INFORM. *mets-la en ~!* niet zo'n praatjes!, even dimmen! **2** ZN V MV **stadslicht, parkeerlicht**

veinard INFORM. **1** BN **mazzel hebbend, boffend 2** ZN M **bofkont, mazzelaar**

veine ZN V **1 ader** • *s'ouvrir les ~s* je polsen doorsnijden • FIG. *se saigner aux quatre ~s pour qn* je veel opofferingen getroosten voor iemand, kromliggen voor iemand **2** INFORM. **geluk, bof** • *pas de ~!* pech gehad! • IRON. *c'est bien ma veine!* dat heb ík weer!, daar ben ik mooi klaar mee! • *avoir une ~ de cocu* ontzettend mazzelen

veiné BN **geaderd, gevlamd** <van hout>

veineux BN (V veineuse), **aderlijk, ader-** • *le système ~* aderstelsel

veinule ZN V **adertje**

Velcro® ZN M **klittenband**

vêler ONOV WW **kalven**

vélin ZN M **velijn, kalfsperkament**

véliplanchiste ZN M/V **surfer, plankzeiler**

velléitaire BN **willoos, weifelachtig**

velléité ZN V **(aarzelende) neiging, aanvechting**

vélo ZN M **fiets** • *un ~ tout-terrain* terreinfiets, mountainbike • *un ~ de course* racefiets • *un ~ (à assistance) électrique* e-bike, elektrische fiets • *une ~ à moteur* rijwiel met hulpmotor, snorfiets • *un ~ d'appartement* hometrainer • *à ~* / INFORM. *en ~* op de fiets • *faire du ~* fietsen • *faire du vélo électrique* e-biken

vélocité ZN V **snelheid, rapheid**

vélocross ZN M **crossfiets**

vélodrome ZN M **wielerbaan**

vélomoteur ZN M **(snelle) bromfiets**

vélo-taxi ZN M (MV vélos-taxis), **fietstaxi**

velours ZN M **fluweel** • *un pantalon en ~ côtelé* ribfluwelen broek • FIG. *faire patte de ~* poeslief doen

velouté 1 BN **fluwelig, fluweelzacht 2** ZN M **1 zachtheid,** FIG. **fluweel** • *le ~ d'une peau* fluweelachtigheid van een huid **2** CULIN **crèmesoep** • *un ~ d'asperges* lichtgebonden aspergesoep

velu BN **behaard, harig, ruig**

venaison ZN V **wildbraad**

vénal BN (M MV vénaux), **te koop, (om) koopbaar, veil**

vénalité ZN V **omkoopbaarheid**

venant ZN M • *à tout ~* aan de eerste de beste, aan Jan en alleman

vendable BN **verkoopbaar**

vendange ZN V vaak mv **wijnoogst** • *faire les ~s* de wijnoogst binnenhalen • *pendant les ~s* in de wijntijd

vendanger OV + ONOV WW **de wijnoogst binnenhalen, druiven plukken**
vendangeur ZN M (V vendangeuse), **druivenplukker**
vendetta ZN V **vendetta, bloedwraak**
vendeur 1 ZN M (V vendeuse), **verkoper** • *un ~ ambulant* venter, marskramer **2** BN (V vendeuse), **verkopend, goed voor de verkoop** • *un argument ~* verkoopargument • *un slogan ~* wervende slogan
vendre 1 OV WW **verkopen** • *à ~* te koop • *la maison est à ~* het huis staat te koop • *~ qc à qn* iets aan iemand verkopen • *~ quelque chose 50 euros* iets voor 50 euro verkopen • *~ qc aux enchères* iets bij opbod verkopen, iets veilen • FIG. *~ la peau de l'ours avant de l'avoir tué* de huid verkopen voor je de beer geschoten hebt **2** WKD WW **(se ~) 1 verkocht worden, afzet vinden** • *ça se vend à la pièce / à la douzaine* dat wordt per stuk / per dozijn verkocht • *ces articles se vendent mal en ce moment* die artikelen verkopen momenteel slecht • *le livre se vend bien* het boek loopt goed • FIG. *ça se vend comme des petits pains* dat gaat als warme broodjes over de toonbank **2 zich verkopen, zich laten omkopen** • *se ~ à l'ennemi* zich aan de vijand verkopen
vendredi ZN M **vrijdag** • *le ~* vrijdags • *tous les ~s / chaque ~* iedere vrijdag • *le ~ matin* vrijdagmorgen • *le ~ treize* vrijdag de dertiende • *le ~ saint* Goede Vrijdag
vendu 1 WW volt. deelw. → **vendre 2** BN **verkocht 3** ZN M **corrupt persoon, verrader, schoft**
vénéneux BN (V vénéneuse), **giftig** <van plant e.d.>
vénérable BN **eerwaardig**
vénération ZN V **verering, eerbied** • *parler de qn avec ~* met ontzag over iemand spreken
vénérer OV WW **vereren**
vénérien BN (V vénérienne), **venerisch** • *une maladie vénérienne* geslachtsziekte
Venezuela ZN M **Venezuela**
vénézuélien BN (V vénézuélienne), **Venezolaans**
vengeance ZN V **wraak, wraakzucht** • *un esprit de ~* wraakgevoelens • *crier ~* om wraak schreeuwen
venger 1 OV WW **wreken 2** WKD WW **(se ~) zich wreken** • *se ~ de qn / qc* je wreken op iemand / voor iets • *se ~ de toutes les humiliations* wraak nemen voor alle vernederingen
vengeur 1 BN (V vengeresse), **wrekend, wraak- 2** ZN M (V vengeresse), **wreker**
véniel BN (V vénielle), **vergeeflijk** • *un péché ~* dagelijkse zonde
venimeux BN (V venimeuse) **1 giftig** <vooral van dieren> **2** FIG. **venijnig** • *des propos ~* hatelijke woorden
venin ZN M **1 gif** <vooral van dieren> **2** FIG. **venijn**
venir 1 ONOV WW onregelmatig **1 komen** • *nous sommes venus à pied* we zijn komen lopen • *~ en taxi* met de taxi komen • *aller et ~* heen en weer lopen, komen en gaan • *on doit faire ~ le médecin* we moeten de dokter laten komen • *je viens chercher Paul* ik kom Paul ophalen • *viens voir ici!* kom eens kijken! • *il est venu s'installer à ma table* hij kwam bij mij aan tafel zitten • *les larmes me viennent aux yeux* de tranen schieten me in de ogen • FIG. *je te vois ~ (avec tes gros sabots)* ik heb je (allang) door, ik weet waar je heen wilt • FIG. *laisser / voir ~* (rustig) afwachten • *les élections à ~* de aanstaande verkiezingen • *dans les jours à ~* de komende dagen **2 komen (van / uit), afkomstig zijn** • *il vient du Maroc* hij komt uit Marokko • *ce train vient de Lille* die trein komt uit Lille • *il vient de chez sa sœur* hij komt bij zijn zuster vandaan • *le château lui vient de ses parents* het kasteel heeft hij van zijn ouders geërfd • *cela vient de son ignorance de la grammaire* dat komt doordat hij de grammatica niet beheerst • *d'où vient que vous parlez le chinois?* hoe komt het dat u Chinees spreekt? • *ça vient de ce que j'ai longtemps habité en Chine* dat komt doordat ik lang in China heb gewoond **3** FIG. **opkomen** • *l'idée lui est venue de créer sa propre marque de chocolat* hij kwam op de gedachte zijn eigen chocolademerk te gaan fabriceren **4 ertoe komen** • *venons-en maintenant au thème principal* laten we nu op het hoofdthema overgaan • FIG. *où veux-tu en ~?* waar wil je eigenlijk naartoe? • *ils en sont venus aux mains* ze zijn slaags geraakt **2** HWW **1 ~ de** + inf. **zojuist...** • *~ de faire qc* zojuist iets gedaan hebben • *il vient de mourir* hij is zojuist / kort geleden gestorven • *vient de paraître* zojuist verschenen **2 ~ à** + inf. **komen te** • *si cela venait à se faire* als dat mocht gebeuren
Venise **Venetië**
vénitien BN (V vénitienne), **Venetiaans**
vent ZN M **1 wind** • *un ~ glacial* ijskoude wind • *un ~ violent* harde wind • *le ~ du nord* noordenwind • *une rafale de ~* windstoot, rukwind • *un coup de ~* windstoot • *~ arrière* wind in de rug, wind mee • *des instruments à ~* blaasinstrumenten • *il fait/ il y a du ~* het is winderig, het waait • *quel bon ~ vous amène?* wat brengt u hier(heen)? • *avoir le ~ en poupe* voor de wind varen, FIG. de wind in de zeilen hebben • FIG. *entrer en coup de ~* binnenstuiven, komen binnenstormen • FIG. *avoir ~ d'une affaire* lucht van iets krijgen • FIG. *le ~ tourne* het tij keert • FIG. *le ~ a tourné* de zaken liggen nu anders, de bordjes zijn verhangen • FIG. *c'est du ~!* dat is gebakken lucht, dat is loos gepraat • FIG. *observer d'où vient le ~* kijken hoe de wind waait, de kat uit de boom kijken • IRON. *bon ~!* opgeruimd staat netjes! • FIG. *contre ~s et marées* tegen de verdrukking in **2 wind** <scheet> **3** FIG. • *être dans le ~* in zijn, in de mode zijn
vente ZN V **verkoop, verkoping** • *une ~ en ligne* onlineverkoop • *la ~ par correspondance / la V.P.C.* postorderverkoop • *une ~ publique / aux enchères* openbare verkoping, veiling • *une ~ de charité* fancy fair • *une ~ à crédit* verkoop op krediet • *une salle des ~s* veilingzaal / -gebouw • *mettre qc en ~ libre* iets vrij / zonder recept verkrijgbaar stellen • *mettre en ~* te koop aanbieden, in de handel brengen • *toucher un pourcentage sur les ~s* op provisiebasis

verkopen
venter ONP WW waaien • *qu'il pleuve ou qu'il vente* weer of geen weer
venteux BN (V venteuse), winderig
ventilateur ZN M ventilator
ventilation ZN V ventilatie
ventiler OV WW ventileren
ventouse ZN V zuignap • *un crochet à ~* (haakje met) zuignap
ventral BN (M MV ventraux), buik-
ventre ZN M buik • *avoir le ~ creux* een lege maag hebben • *avoir un gros ~* een dikke buik hebben • *prendre du ~* een buikje krijgen • *se remplir le ~* je buikje rond eten • *se mettre à plat ~ / sur le ~* plat op je buik gaan liggen • FIG. *il a les yeux plus gros que le ~* zijn ogen zijn groter dan zijn maag • FIG. *il n'a rien dans le ~* hij is een slappeling
ventricule ZN M ventrikel, hartkamer, hersenholte
ventriloque ZN M/V buikspreker
ventripotent INFORM. BN dikbuikig
ventru BN (dik)buikig
venu **1** BN gekomen • *le moment ~* te zijner tijd • *être bien~* welkom zijn **2** ZN M (V venue) • *un nouveau ~ / une nouvelle ~e* pas aangekomene, nieuwkomer • *le premier ~ / la première ~e* de eerste de beste **3** WW volt. deelw. → **venir**
venue ZN V komst • *la ~ d'un enfant* de komst van een kind • *les allées et ~s de qn* het komen en gaan van iemand, iemands gangen
vépéciste ZN M/V postorderbedrijf
vêpres ZN V MV vesper(s)
ver ZN M worm, made • *un ~ luisant* glimworm • *un ~ à soie* zijderups • *le ~ solitaire* lintworm • *un ~ de terre* regenworm, pier • *du bois rongé par des vers* door de wormen aangevreten hout • *se tortiller comme un ~* kronkelen als een worm • FIG. *être nu comme un ~* spiernaakt zijn • INFORM., FIG. *tirer les vers du nez à qn* iemand uithoren
véracité ZN V waarachtigheid • *la ~ d'un témoignage* waarheidsgetrouwheid van een getuigenverklaring
véranda ZN V veranda
verbal BN (M MV verbaux) **1** mondeling, verbaal • *la violence ~e* verbaal geweld • *un accord ~* mondelinge overeenkomst **2** TAALK. werkwoordelijk • *une locution ~e* werkwoordelijke uitdrukking • *un adjectif ~* bijvoeglijk gebruikt tegenwoordig deelwoord
verbalisation ZN V **1** verbalisering, bekeuring **2** PSYCH. (het) onder woorden brengen
verbaliser OV WW **1** onder woorden brengen **2** proces-verbaal opmaken • *~ un automobiliste pour excès de vitesse* een automobilist bekeuren wegens te snel rijden
verbe ZN M **1** werkwoord • *un ~ irrégulier* onregelmatig / sterk werkwoord • *un ~ régulier* regelmatig / zwak werkwoord • *conjuguer un ~* een werkwoord vervoegen **2** FORM. woord(en) • *le Verbe* het Woord <van God> • FIG. *avoir le ~ haut* op hoge toon spreken
verbeux BN (V verbeuse), breedsprakig
verbiage ZN M woordenvloed, omhaal van woorden, prietpraat
verbosité ZN V breedsprakigheid
verdâtre BN groenachtig
verdeur ZN V **1** groenheid **2** onrijpheid, wrangheid <van wijn> **3** FIG. frisheid, krasheid <van persoon> **4** ruwheid <van taal>, ongezoutenheid • *la ~ d'une histoire* de grofheid van een verhaal
verdict "-diekt" ZN M uitspraak, vonnis, verdict • *le ~ d'acquittement* vrijspraak • FIG. *le ~ des électeurs* de uitspraak van de kiezers • *rendre un ~* een oordeel vellen
verdir ONOV WW groen worden • *~ de peur* verbleken van angst
verdoyant BN (welig) groen
verdoyer LIT. ONOV WW groenen, groen worden
verdure ZN V **1** groen <gebladerte, gras> • *un théâtre de ~* openluchttheater **2** bladgroente • *manger beaucoup de ~* veel groene groente eten
véreux BN (V véreuse) **1** wormstekig **2** FIG. verdacht, louche, oneerlijk • *un avocat ~* malafide advocaat
verge ANAT. ZN V roede, penis
verger ZN M boomgaard
vergetures ZN V MV lijnen in de huid, (zwangerschaps)striemen
verglacé BN beijzeld
verglas "-glà" ZN M ijzel • *attention aux plaques de ~!* pas op voor ijzelplekken! • *il y a du ~* het ijzelt
vergogne ZN V • *sans ~* schaamteloos
véridique BN waar(achtig), waarheidsgetrouw
vérifiable BN te controleren, verifieerbaar
vérificateur ZN M (V vérificatrice), controleur • COMP. *un ~ orthographique / d'orthographe* spellingchecker
vérification ZN V verificatie, controle • *la ~ de la comptabilité d'une entreprise* controle van de boeken van een bedrijf, accountantsonderzoek • *après ~ / ~ faite* na onderzoek, bij nader onderzoek
vérifier OV WW **1** verifiëren, nazien, checken • *~ le sens d'un mot dans le dictionnaire* de betekenis van een woord in het woordenboek nazien • *~ les comptes* de boeken controleren • *tu veux bien ~ ça?* wil je dat even nagaan? **2** bevestigen, waar doen blijken, bewaarheiden
véritable BN werkelijk, waar, echt • *la ~ raison de son départ...* de eigenlijke reden van zijn vertrek...
vérité ZN V waarheid, werkelijkheid • *la minute de ~* het uur van de waarheid • *un document-vérité* onthullend document • *cacher la ~* de waarheid achterhouden • *découvrir la ~* de waarheid achterhalen • *dire la ~* de waarheid spreken • *à la vérité, je ne l'aime pas beaucoup* eerlijk gezegd mag ik hem niet zo • FIG. *dire ses quatre vérités à qn* iemand ongezouten de waarheid zeggen • *en ~* inderdaad, waarlijk, in feite
verjus ZN M zuur druivensap
verlan ZN M straattaal waarbij lettergrepen worden omgedraaid <bijv. ripa = Paris>

vermeil 1 BN (v vermeille), **hoogrood** 2 ZN M **verguld zilver**
vermicelle ZN M **vermicelli**
vermiforme BN **wormvormig**
vermifuge ZN M **middel tegen wormen**
vermillon ZN M **vermiljoen**
vermine ZN V **1 ongedierte 2** FIG. **gespuis**
vermisseau ZN M (MV vermisseaux), **wormpje**
vermoulu BN **vermolmd**
vermoulure ZN V **molm(plek)** <in hout>
vermouth ZN M **vermout**
vernaculaire BN **inheems** • *une langue* ~ streektaal, landstaal
vernir 1 OV WW **1 vernissen, lakken** • *du cuir verni* lakleer • *des chaussures vernies* lakschoenen **2** INFORM. • *être verni* mazzel hebben • *on ne peut pas dire qu'il soit verni!* het zit hem niet mee! 2 WKD WW **(se ~)** • *se ~ les ongles* je nagels lakken
vernis "-nie" ZN M OOK FIG. **vernis, lak** • *du ~ à ongles* nagellak • *le ~ d'un tableau* vernis van een schilderij • *un ~ de savoir-vivre* een vernisje van beschaving
vernissage ZN M **1 vernissage** <officiële opening van tentoonstelling> **2 (het) glazuren, (het) vernissen**
vernisser OV WW **glazuren** <van aardewerk>
vérole INFORM. ZN V **syfilis, sief**
verrai WW toek. tijd. → **voir**
verre 1 ZN M **1 glas** <stof> • *du ~ dépoli / opaque* matglas • *un souffleur de ~* glasblazer • FIG. *une maison de ~* glazen huis • *mettre sous ~* achter glas plaatsen **2 (drink)glas** • *un ~ à pied* voetglas • *un ~ à vin* wijnglas • *un ~ de vin* glas wijn • INFORM. *un ~ de rouge* glaasje rode wijn • *un ~ jetable* wegwerpbeker • *un ~ gradué* maatglas • *boire dans un ~* uit een glas drinken • *se verser un ~* een glaasje voor jezelf inschenken • *boire / prendre un ~* een glaasje drinken, er eentje nemen • INFORM. *avoir un ~ de trop dans le nez* te diep in het glaasje gekeken hebben 2 ZN M MV **bril** • *des verres de contact* contactlenzen • *des lunettes à verres teintés* bril met getinte glazen • *porter des verres* een bril dragen
verrerie ZN V **glaswerk**
verrier ZN M **glaswerker**
verrière ZN V **glazen wand / kap** • *la ~ d'une gare* glazen overkapping van een station
verroterie ZN V **snuisterijen v. glas**
verrou ZN M **grendel** • *un ~ de sûreté* veiligheidsknip • *fermer au ~* (ver)grendelen • *mettre qn sous les ~s* iemand achter de tralies zetten
verrouillage ZN M **afgrendeling** • *le ~ automatique des portières* automatische deurvergrendeling
verrouiller OV WW **(ver)grendelen, afgrendelen, op de knip doen, achter slot en grendel zetten** • *~ les portières (de voiture)* de portieren vergrendelen • *~ un quartier* een wijk afgrendelen • COMP. *~ l'accès à un fichier* een bestand vergrendelen
verrue ZN V **wrat**
vers 1 VZ **1 naar, in de richting van** • *se diriger ~ le sud* naar het zuiden gaan • *ils sont allés l'un ~ l'autre* ze zijn elkaar tegemoet gegaan **2 tegen, omstreeks** <tijd> • *on se retrouve ~ midi pour déjeuner* we zien elkaar rond het middaguur voor de lunch • *~ quelle heure viens-tu prendre les enfants?* hoe laat kom je ongeveer de kinderen halen? • *~ la fin du mois nous partons en Italie* tegen het eind van de maand gaan we naar Italië 2 ZN M **vers** • *un ~ de douze syllabes* twaalflettergrepig vers • *un recueil de ~* dichtbundel • *composer / faire des ~* poëzie maken • *mettre en ~* op rijm zetten
versant ZN M **(berg)helling**
versatile BN **wispelturig, grillig**
versatilité ZN V **wispelturigheid**
verse • *il pleut à ~* het stortregent
versé FORM. BN **bedreven, volleerd, (goed) thuis (in)** • *être ~ dans les arts* goed ingevoerd in de kunst zijn
Verseau ZN M **Waterman** <dierenriem>
versement ZN M **storting** <van geld>, **overmaking** • *le ~ d'une pension* overmaking van een uitkering
verser 1 OV WW **1 gieten, storten, (in)schenken** • *~ des larmes* tranen storten **2 storten** <v. geld>, **overmaken** • *il lui verse une pension alimentaire* hij betaalt haar alimentatie • *~ de l'argent sur un compte* geld op een rekening storten **3 (bij)voegen** • *~ une pièce à un dossier* een stuk aan een dossier toevoegen 2 ONOV WW **kantelen** <van voertuig>, **omslaan** • *la moto a versé sur le côté de la route* de motor is van de weg af gevlogen
verset ZN M REL. **vers**
verseur BN (v verseuse), **schenk-** • *un bouchon ~* schenkkurk
versification ZN V **verskunst, versbouw**
version ZN V **1 versie, lezing** • *un film en ~ originale /* INFORM. *en V.O.* niet-nagesynchroniseerde film • *on a présenté une nouvelle ~ de la légende de Tristan et Iseult* ze zijn met een nieuwe versie van de legende van Tristan en Isolde gekomen • FIG. *la victime a donné une nouvelle ~ des faits* het slachtoffer gaf een nieuwe versie van de feiten **2 vertaling** <in moedertaal> • *faire une ~* een vertaaloefening maken
verso ZN M **keerzijde** <van bladzijde> • *voir au ~* zie ommezijde • *une feuille écrite recto ~* aan weerszijden beschreven blad • *mettez votre adresse au ~* schrijf uw adres op de achterkant
versus "-suus" VZ **versus, tegen(over)** • *singulier ~ / vs pluriel* enkelvoud tegenover / tgov. meervoud
vert 1 BN **1 groen** • *des légumes ~s* bladgroenten • *des espaces ~s* groenvoorzieningen, groenstroken • *le billet ~* Amerikaans dollarbiljet • FIG. *avoir la main ~e* groene vingers hebben **2** FIG. **groen, onrijp, (jong en) wrang** <van wijn> • *du bois ~* groenhout • *une plaisanterie ~e* schuine mop • INFORM. *il lui en fait voir des ~es et des pas mûres* hij heeft hem heel wat narigheid bezorgd **3** FIG. **vers, fris, kras** <van persoon> • *un sénior encore ~* een krasse oudere **4 groen, milieuvriendelijk** • *le tarif ~* dalurentarief <van elektriciteit> • *un numéro ~* gratis telefoonnummer • *le tourisme ~* ecotoerisme

• *les députés ~s* de afgevaardigden / Kamerleden van de Groenen **5 plattelands-** • *partir en classe ~e* op schoolkamp op het platteland gaan **2** ZN M **(het) groen** • POL. *les Verts* de Groenen • *le ~ bouteille* glasgroen • *le ~ caca d'oie* groengeel • *attendre que le feu passe au ~* wachten tot het licht op groen springt • *se mettre au ~* naar buiten gaan, uitrusten op het platteland

vert-de-gris ZN M (MV id.), **kopergroen**

vertébral BN (M MV vertébraux), **wervel-** • *la colonne vertébrale* wervelkolom

vertébré BN **gewerveld** • *les vertébrés* de gewervelde dieren

vertèbre ZN V **wervel**

vertement BW FIG. **ongezouten, duchtig, scherp** • *tancer qn ~* iemand een flinke uitbrander geven

vertical BN (M MV verticaux), **loodrecht, verticaal**

verticale ZN V **verticaal, loodlijn** • *à la ~* loodrecht (omhoog)

verticalité ZN V **loodrechte stand**

vertige ZN M **1 duizeling** • *avoir des ~s* duizelig zijn • *j'ai le ~* ik ben wat draaierig • FIG. *cette soudaine célébrité lui donne le ~* die plotselinge roem brengt hem in een roes • FIG. *des salaires à vous donner le ~* salarissen waar je van duizelt, duizelingwekkende salarissen **2 hoogtevrees** • *avoir le ~* hoogtevrees hebben

vertigineux BN (V vertigineuse), **duizelingwekkend** • *la chute vertigineuse du prix des maisons* de duizelingwekkende val van de huizenprijzen

vertu ZN V **1 deugd, deugdzaamheid 2 kracht, werking** • *les ~s calmantes de l'arnica* de kalmerende werking van arnica • *en ~ de la loi* krachtens de wet

vertueux BN (V vertueuse), **deugdzaam** • *mener une vie vertueuse* een eerzaam leven leiden

verve ZN V FIG. **gloed, verve, brio** • *il est très en ~ ce soir* hij is vanavond erg op dreef

verveine ZN V **verbena**

vésicule ZN V **1** ANAT. **blaasje** • *la ~ biliaire* galblaas **2** MED. **blaartje**

vespasienne ZN V **straaturinoir**

vespéral LIT. BN (M MV vespéraux), **avondlijk**

vessie ZN V **blaas, urineblaas** • INFORM. *il voudrait me faire prendre des ~s pour des lanternes* hij wil me knollen voor citroenen verkopen

veste ZN V **kort jasje** • *mettre / enlever sa ~* je jasje aan- / uittrekken • INFORM. *retourner sa ~* (zomaar) van mening / gedrag veranderen, als een blad aan de boom omdraaien

ve

vestiaire ZN M **1** SPORT **kleedkamer 2 garderobe**

vestibule ZN M **voorportaal, vestibule**

vestige ZN M **overblijfsel, spoor, rest** • *les ~s d'une ville* de resten van een stad

vestimentaire BN **kleding-, kleren-** • *une tenue ~* kleding • *le code ~* kledingvoorschrift, dresscode

veston ZN M **colbert(jasje)**

vêtement ZN M **kledingstuk** vaak mv • *des vêtements de / pour bébé* babykleertjes • *des vêtements de femme* dameskleding • *des vêtements d'occasion* tweedehands kleding • *des vêtements de travail* werkkleding • *changer de vêtements* zich verkleden

vétéran ZN M **veteraan, oudgediende**

vétérinaire 1 ZN M/V **dierenarts, veearts 2** BN **veterinair, diergeneeskundig** • *une clinique ~* veterinaire kliniek

vététiste ZN M/V **mountainbiker**

vétille ZN V **kleinigheid, iets pietluttigs**

vêtir LIT. **1** OV WW onregelmatig **(aan)kleden** • *être vêtu légèrement* luchtig / schaars gekleed zijn **2** WKD WW **(se ~) zich (aan)kleden** • *se ~ de noir* zwarte kleren aantrekken, in het zwart gekleed gaan

veto ZN M (MV id.), **veto** • *un droit de ~* vetorecht • *mettre / opposer son ~ à un projet* zijn veto over een plan uitspreken

vétuste BN **oud en vervallen, gammel, aftands** <van voorwerp> • *une bâtisse ~* vervallen / bouwvallig bouwsel

vétusté ZN V FORM. **vervallen staat, bouwvalligheid**

veuf 1 ZN M **weduwnaar 2** BN (V veuve), **verstoken (van)**

veuille WW geb. wijs → **vouloir**

veule BN **krachteloos, slap, lamlendig**

veulent WW présent → **vouloir**

veulerie FORM. ZN V **futloosheid, slapheid, lamlendigheid**

veut WW présent → **vouloir**

veuvage ZN M **weduwstaat, weduwnaarschap** • *depuis son ~, elle sort tous les soirs* sinds ze weduwe is gaat ze elke avond uit

veuve ZN V **weduwe** • *une ~ de guerre* oorlogsweduwe • FIG. *défendre la ~ et l'orphelin* voor de verdrukten opkomen

veux WW présent → **vouloir**

vexant BN **grievend, kwetsend** • *des paroles ~es* beledigende woorden

vexation ZN V **(het) grieven, (het) kwetsen, belediging** • *subir des ~s de la part de qn* door iemand gekwetst worden

vexatoire BN **kwellend, drukkend, tergend** • *employer des méthodes ~s* ergerlijke methoden gebruiken

vexé BN **gegriefd, gepikeerd, geërgerd**

vexer 1 OV WW **grieven, kwetsen** • *on l'a vexé en lui disant qu'il ne pourrait pas venir* hij was boos toen hem gezegd werd dat hij niet mocht komen • *des remarques vexantes* grievende opmerkingen **2** WKD WW **(se ~) zich gegriefd voelen, zich ergeren** • *se ~ très facilement* erg lichtgeraakt zijn • *se ~ pour un rien* boos worden om niets, gauw aangebrand zijn

V.F. AFK version française V **Frans gesproken versie** <van film> • *un film en V.F.* een in het Frans nagesynchroniseerde film

via VZ **via**

viabiliser OV WW **bouwrijp maken**

viabilité ZN V **1 begaanbaarheid** • *la ~ d'une route* de begaanbaarheid van een weg **2** OOK FIG. **levensvatbaarheid** • *la ~ d'un projet* de uitvoerbaarheid van een project

viable BN OOK FIG. levensvatbaar • *une route ~* begaanbare weg • *un modèle économique peu ~* een weinig levensvatbaar economisch model
viaduc ZN M viaduct
viager **1** ZN M lijfrente • *acheter une maison en ~* een huis op lijfrente kopen **2** BN (V viagère) • *une rente viagère* lijfrente
viande ZN V vlees • *de la ~ rouge* rood vlees • *de la ~ de mouton / de porc* schapen- / varkensvlees
vibrant BN **1** trillend, vibrerend **2** FIG. vol emotie, gloedvol • *rendre un ~ hommage à qn* iemand gloedvol hulde brengen
vibraphone ZN M vibrafoon
vibrateur ZN M vibrator
vibration ZN V trilling, vibratie • *les ~s des vitres au passage du train* het trillen van de ruiten als de trein langsrijdt • *des ~s sonores* geluidstrillingen
vibratoire BN trillend, trillings-
vibrer ONOV WW trillen, vibreren
vibreur ZN M zoemer <van mobiele telefoon>
vibromasseur ZN M vibrator <voor (sensuele) massage>
vicaire ZN M kapelaan
vice ZN M **1** FORM. ondeugd • FIG. *il n'a qu'un ~, il travaille trop!* hij heeft maar één slechte eigenschap, hij werkt te hard **2** gebrek, fout • *un ~ de fabrication* fabrieksfout • JUR. *un ~ de forme* vormfout • *un ~ caché* verborgen gebrek
vice-amiral ZN M (MV vice-amiraux), viceadmiraal
vice-chancelier ZN M (V vice-chancelière, MV vice-chanceliers), vicekanselier
vice-consul ZN M (MV vice-consuls), viceconsul
vicelard INFORM. **1** BN slim, sluw, snood **2** ZN M viezerik
vice-président ZN M (MV vice-présidents), ondervoorzitter, vicepresident
vice-roi ZN M (MV vice-rois), onderkoning
vice versa "vies(u)versa" BW vice versa
vichy ZN M katoenen ruitjesgoed
vicié BN bedorven, vervuild <van lucht>
vicieux BN (V vicieuse) **1** verdorven, pervers • *un vieux ~* een ouwe viezerik • *jeter des regards ~ à qn* iemand wulpse blikken toewerpen **2** slecht, gemeen **3** gebrekkig, incorrect, fout • *c'est un cercle ~* dat is een vicieuze cirkel
vicinal BN (M MV vicinaux), buurt- • *un chemin ~* tertiaire weg, lokale weg
vicissitudes ZN V MV wisselvalligheden, wederwaardigheden, lotgevallen
victime ZN V slachtoffer • *les ~s de guerre* oorlogsslachtoffers • *les principales ~s de la crise sont les contribuables* de voornaamste dupe van de crisis is de belastingbetaler • *être ~ d'un hold-up* slachtoffer zijn van een overval • FIG. *être ~ d'un malaise* opeens niet goed worden, flauwvallen • *jouer les ~s* het slachtoffer uithangen, de vermoorde onschuld spelen
victoire ZN V overwinning • *la ~ électorale de la droite* de rechtse verkiezingszege • *crier / chanter ~* victorie kraaien • *remporter la ~* de overwinning behalen • *c'est la ~ des Espagnols sur les Français* de Spanjaarden hebben van de Fransen gewonnen
victorien BN (V victorienne), victoriaans
victorieux BN (V victorieuse), zegevierend
victuailles ZN V MV proviand, levensmiddelen
vidange ZN V **1** (het) legen <van reservoir>, ruiming, lozing • *faire la ~ d'une voiture* de olie van een auto verversen **2** afvoer(gat) • *la ~ de la baignoire* de afvoer van het bad
vidanger OV WW legen <van reservoir>, verversen <van olie>
vidangeur ZN M putjesschepper
vide **1** BN **1** leeg • *un ventre ~* lege maag • *se retrouver les mains ~s* met lege handen staan **2** FIG. leeg • *mener une existence ~* een hol bestaan leiden • *une phrase ~ de sens* betekenisloze zin, nietszeggende zin **2** ZN M leegte, vacuüm, luchtledig • *un emballage sous ~* vacuümverpakking • *tourner à ~* stationair draaien <van motor> • *sauter dans le ~* in de diepte springen • *regarder dans le ~* voor je uit staren • *parler dans le ~* in het luchtledige praten, geen gehoor vinden • *sa disparition nous a laissé un grand ~* zijn overlijden heeft een grote leegte bij ons achtergelaten • FIG. *avoir un passage à ~* een dip hebben • FIG. *faire le ~ autour de soi* jezelf isoleren • *faire le ~ dans sa tête* alles van je afzetten • *l'autocar est reparti à ~* de bus is leeg teruggereden • *à ~* leeg, in de leegte, vacuüm-
vidé BN **1** leeg **2** INFORM. (dood)op
vide-grenier, **vide-greniers** ZN M (MV vide-greniers), rommelmarkt <van particulieren>
vidéo **1** ZN V video **2** BN video- • *un jeu ~* videospelletje, game
vidéoclip ZN M videoclip
vidéoconférence ZN V videoconferentie
vidéoprojecteur ZN M beamer
vide-ordures ZN M (MV id.), stortkoker <voor huisvuil>
vidéosurveillance ZN V videobewaking
vide-poche, **vide-poches** ZN M (MV vide-poches), rommelbakje, opbergvakje, handschoenenkastje <in auto>
vide-pomme ZN M (MV vide-pommes), appelboor
vider **1** OV WW **1** legen, (ont)ruimen, leegmaken, uitgieten <van inhoud> • *~ son verre d'un trait* je glas in één teug leegdrinken • *la police a fait ~ le centre commercial* de politie heeft het winkelcentrum laten ontruimen • *~ un poisson / une volaille* een vis / gevogelte schoonmaken • *~ ses poches* je zakken leegmaken • *les deux cambrioleurs ont vidé la maison* de twee inbrekers hebben het huis leeggehaald • FIG. *~ son cœur* je hart luchten **2** afdoen, beslechten • *~ un différend devant un tribunal* iets uitvechten voor de rechtbank **3** INFORM. (er)uitsmijten • *la moitié des employés s'est fait ~* de helft van de werknemers is de laan uitgestuurd • *il s'est fait ~ de l'école, il est insupportable* hij is van school getrapt, hij is onuitstaanbaar **4** INFORM. vermoeien, uitputten **2** WKD WW (se ~) leeg-

/ wegstromen, leeglopen • *se ~ de son sang* doodbloeden • *les rues se vident après six heures du soir* na zes uur 's avonds wordt het stil in de straten
videur ZN M uitsmijter <in nachtclub e.d.>
vie ZN V **1** leven, bestaan • *la ~ animale / végétale* dieren- / plantenleven • *une question de ~ ou de mort* kwestie van leven of dood • *la prison à ~* levenslang(e gevangenisstraf) • *un président nommé à ~* voor het leven benoemde president • *rester en ~* in leven blijven • *risquer sa ~ pour qn* je leven voor iemand wagen • *attenter à la ~ de quelqu'un* iemand naar het leven staan • *être entre la ~ et la mort* tussen leven en dood zweven • *perdre la ~ dans un accident* omkomen bij een ongeluk, dodelijk verongelukken • FORM. *passer de ~ à trépas* het tijdelijke met het eeuwige verwisselen • *tant qu'il y a de la ~, il y a de l'espoir* zolang er leven is, is er hoop • *à la ~, à la mort* voor altijd • *jamais de la vie!* nooit van mijn leven! **2** levenswijze • *le train de ~* levenswijze • *la ~ active* het werkzame leven, het arbeidsproces <werkende bevolking> • *c'est la vie!* zo is het leven!, zo gaat het in het leven! • *c'est sa ~* het is zijn lust en zijn leven • *gagner sa ~* de kost verdienen, in je levensonderhoud voorzien • *qu'est-ce qu'il fait dans la vie?* wat doet hij voor de kost? • *faire / vivre sa ~* je (eigen) leven leiden • *refaire sa ~* een nieuw leven beginnen • *prendre la ~ du bon côté* van het leven profiteren • *mener une ~ de patachon* als een fuifnummer leven, er maar op los leven, de beest uithangen
vieil BN → **vieux**
vieillard ZN M grijsaard • *les ~s* oude mensen, bejaarden
vieille ZN V → **vieux**
vieillerie ZN V oud(erwets) ding • *se débarrasser de ses ~s* je oude rommel wegdoen
vieillesse ZN V ouderdom, hoge leeftijd • *une assurance ~* ouderdomsverzekering • *mourir de ~* sterven van ouderdom
vieillir **1** OV WW oud(er) maken • *cette robe te vieillit* met die jurk lijk je ouder • *vous me vieillissez de deux ans* u schat me twee jaar te oud **2** ONOV WW **1** oud(er) worden • *ce fromage doit encore ~* die kaas moet nog rijpen • *ce vin s'améliore en vieillissant* die wijn wordt met de jaren beter, dat is een bewaarwijn • *en vieillissant...* met het klimmen van de jaren... **2** vergrijzen, verouderen • *elle vieillit mal* ze verzuurt met de jaren **3** uit de mode raken • *des idées qui vieillissent mal* ideeën die achterhaald raken • *une expression vieillie* in onbruik geraakte uitdrukking **3** WKD WW **(se ~)** je ouder voordoen dan je bent • *elle tient absolument à se ~* ze wil per se ouder lijken dan ze is
vieillissement ZN M veroudering, vergrijzing • *lutter contre le ~* vechten tegen het ouder worden
vieillot BN (V vieillotte), ouderwets
vielle MUZ. ZN V draailier
viendra WW toek. tijd. → **venir**
vienne WW présent subj. → **venir**
Vienne **1** Wenen **2** Vienne <in Frankrijk>
viennois BN Weens
viennoiserie ZN V zoete broodjes
viens WW présent → **venir**
vient WW présent → **venir**
vierge **1** ZN V maagd **2** BN **1** OOK FIG. maagdelijk, ongerept • *rester ~* maagd blijven **2** onbewerkt, onbeschreven <van papier>, koudgeperst <van olie> • *la forêt ~* oerwoud • *la laine ~* scheerwol • *un casier judiciaire ~* blanco strafblad
Vierge ZN V **1** Maagd <dierenriem> **2** REL. • *la Sainte ~ / la ~* de Maagd (Maria), de Heilige Maagd
Vietnam ZN M Vietnam
vietnamien **1** BN (V vietnamienne), Vietnamees **2** ZN M (het) Vietnamees
Vietnamien ZN M (V Vietnamienne), Vietnamees
vieux **1** BN, **vieil** <voor klinker of stomme h> (V vieille), oud • *un vieil ami* een oude vriend • *un vieil homme* oude man • *les ~ jours* de oude dag • *rester ~ garçon* een verstokte vrijgezel blijven • *se faire ~* verouderen, een dagje ouder worden • *il est ~ comme Mathusalem* hij is zo oud als Methusalem **2** BW • *vivre ~* oud worden, lang leven • *s'habiller ~* je ouwelijk kleden **3** ZN M (V vieille), oude, oudje • INFORM. *le ~* de ouwe • INFORM. *mes ~* m'n ouwelui • INFORM. *mon ~* ouwe jongen, m'n beste • *un petit ~* oud baasje • INFORM. *un ~ de la vieille* oudgediende • INFORM. *prendre un coup de ~* opeens oud worden, erg verouderen
vif **1** BN (V vive) **1** levendig, vlug, helder • *une intelligence vive* scherp verstand • *elle a l'œil ~* ze heeft een heldere blik • *à vive allure* in volle vaart **2** hevig, intens • *une couleur vive* heldere / sprekende kleur • *un froid ~* felle kou • *un tempérament ~* pittig temperament • *les forces vives du pays* de vitale krachten van het land, het werkende deel van de bevolking • *de vive voix* mondeling **3** levend • *deux personnes ont été brûlées vives* twee mensen zijn levend verbrand **2** ZN M **1** levend vlees • *une plaie à ~* open wond • FIG. *avoir les nerfs à ~* heel gespannen / prikkelbaar zijn • *une scène saisie sur le ~* naar het leven getekende scène • *être piqué / touché au ~* gepikeerd zijn, in je kuif gepikt zijn **2** kern, hoofdzaak • *entrer dans le ~ du sujet* tot de kern v.d. zaak komen • FIG. *couper / trancher dans le ~* het mes erin zetten
vigilance ZN V waakzaamheid, oplettendheid • *les départs de ce week-end seront placés en ~ orange* dit weekend zal er op de wegen extra streng worden gecontroleerd
vigilant BN waakzaam, oplettend
vigile ZN M/V (particuliere) bewaker, beveiligingsbeambte
Vigipirate BN • *le plan ~* antiterroristisch veiligheidsplan
vigne ZN V **1** wijnstok, wingerd • *la ~ vierge* wilde wingerd • *un cep / un pied de ~* wijnstok **2** wijngaard
vigneron ZN M (V vigneronne), wijnbouwer
vignette ZN V vignet, (beeld)merkje
vignoble ZN M **1** wijngaard **2** wijn(bouw)streek • *le ~ champenois* de wijnstreek van Champagne

vigoureux BN (V vigoureuse), **sterk, krachtig, flink**
vigueur ZN V **1 kracht, krachtigheid 2 kracht, werking** • *une loi qui entre en ~* wet die in werking treedt • *une loi en ~ à partir du premier janvier prochain* wet die met ingang van 1 januari aanstaande van kracht is
V.I.H. AFK virus de l'immunodéficience humaine m **hiv**
viking **1** ZN M **Viking** **2** BN **Viking-**
vil FORM. BN **laag, gemeen, snood**
vilain BN **1 stout** • *quel ~ / quelle ~e!* wat een deugniet! **2** OOK FIG. **lelijk, gemeen** • *il a attrapé une ~e grippe* hij heeft een lelijke griep opgelopen • INFORM. *il va y avoir du ~!* daar komt gedonder van!
vilebrequin ZN M **omslagboor**
vilipender LIT. OV WW **door het slijk halen, verguizen**
villa ZN V **villa**
village ZN M **dorp** • *un ~ de toile* tentenkamp
villageois ZN M (V villageoise), **dorpeling**
ville ZN V **1 stad** • *la ~ de Paris* (de stad) Parijs • *la ~ sainte* de heilige stad • *la ~ haute / la ~ basse* bovenstad / benedenstad • *la vieille ~* oude (binnen) stad • *une ~ frontalière* grensstad • *une ~ d'eaux* badplaats, kuuroord • *une ~ résidentielle* woonstad • *aller en ~* de stad in gaan • *dîner en ~* buitenshuis eten • *faire ses courses en ~* je boodschappen in de stad doen • *à la ~, ces deux acteurs sont mariés* in het echte leven zijn die twee acteurs getrouwd **2 inwoners van de stad** • *toute la ~ en parle* de hele stad praat erover **3 gemeente** • *le gaz de ~* stadsgas • *la ~ a décidé de restaurer le vieux centre* het gemeentebestuur heeft besloten het oude centrum te herstellen
ville-dortoir ZN V (MV villes-dortoirs), **slaapstad**
villégiature ZN V **vakantie(verblijf)** <buiten de stad>
vin ZN M **wijn** • *un ~ de pays* landwijn • *un ~ de table / ordinaire* tafelwijn • *le vin du patron* huiswijn • *un ~ nouveau / primeur* jonge wijn, primeur • *un ~ d'appellation d'origine contrôlée / A.O.C.* wijn met gecontroleerde herkomstaanduiding • *un ~ frappé / chambré* gekoelde / gechambreerde wijn • *un ~ d'honneur* erewijn <aangeboden drankje> • *cuver son ~* je roes uitslapen • *être pris de ~* beschonken zijn • *avoir le ~ gai / triste* een vrolijke / sombere dronk hebben
vinaigre ZN M **azijn** • *du ~ balsamique* balsamicoazijn • *des cornichons au ~* augurken in het zuur • INFORM. *ça tourne au ~* dat loopt fout • INFORM. *faire ~* je haasten, opschieten
vinaigrer OV WW **met azijn bereiden**
vinaigrette ZN V **olie- en azijnsaus, vinaigrette**
vinasse INFORM. ZN V **goedkoop wijntje**
vindicatif BN (V vindicative), **wraakzuchtig**
vindicte LIT. ZN V • *la ~ publique / populaire* strafgericht, (het) publiekelijk aan de kaak stellen, openbare beschuldiging
vineux BN (V vineuse), **wijnachtig, wijn-** • *il a l'haleine vineuse* zijn adem ruikt naar wijn, hij heeft een wijnkegel
vingt "ve(n); ve(n)t <voor klinker of stomme h>" **1** TELW **twintig** • *~ et un* eenentwintig • *le journal de ~ heures* het achtuurjournaal • *il est ~ heures trente* het is halfnegen ('s avonds) → **quatre, quarante** **2** ZN M/V **1 twintig** • *la / le ~* (nummer) twintig <bus, snelweg, kamer, tafel, tv-net> **2** O&W **tien** <schoolcijfer> → **quatre**
vingtaine ZN V **twintigtal** • *une ~ de livres* zo'n twintig boeken • *elle doit avoir une ~ d'années* ze zal een jaar of twintig zijn
vingt-deux **1** TELW **tweeëntwintig** → **quatre, quarante** **2** ZN M/V **tweeëntwintig** • *la / le ~* (nummer) tweeëntwintig <bus, tram, kamer, tafel, tv-net>
vingtième **1** TELW **twintigste** → **quatrième** **2** ZN M **twintigste, twintigste deel**
vingt-quatre **1** TELW **vierentwintig** • *le magasin est ouvert ~ heures sur ~* de winkel is dag en nacht open → **quatre** **2** ZN M/V **vierentwintig** • *la / le ~* (nummer) vierentwintig <bus, tram, kamer, tafel, tv-net>
vinicole BN **wijn(bouw)-** • *la production ~* wijnproductie
vinification ZN V **wijnbereiding**
vinyle ZN M **vinyl**
viol ZN M **1 verkrachting** • *être accusé de ~* beschuldigd worden van verkrachting **2** FIG. **schending**
violacé BN **paarsachtig** • *une peau violacée par le froid* paars aangelopen huid van de kou
violateur ZN M (V violatrice), **overtreder, schender**
violation ZN V **overtreding, schending** • *une ~ de domicile* huisvredebreuk • *une ~ de territoire / de frontière* schending van grondgebied, grensschending
violâtre BN **paarsachtig**
viole ZN V **viola** • *une ~ de gambe* viola da gamba
violemment BW **heftig, hevig, met geweld** • *la voiture s'est ~ écrasée contre le mur* de auto reed zich te pletter tegen de muur
violence ZN V **1 geweld** • *la ~ gratuite* zinloos geweld • *la ~ conjugale* echtelijk / huiselijk geweld • *il y a eu des actes de ~ sur la voie publique* er was sprake van openbare geweldpleging • *l'escalade de la ~* geweldsescalatie • *la reconduite des sans-papiers à la frontière s'est passée sans ~* de illegalen zijn zonder geweld het land uitgezet • *user de ~ pour obtenir qc* geweld plegen om iets te krijgen, iets met geweld verkrijgen **2 gewelddadigheid** • *subir des ~s (de la part de qn)* (door iemand) geweld worden aangedaan • *se faire ~* jezelf geweld aandoen • *se faire une douce ~* je graag / met zachte dwang laten overhalen **3 heftigheid, hevigheid** • *un séisme d'une ~ extrême* een uiterst krachtige aardbeving • *la ~ d'une passion* de kracht van een hartstocht
violent BN **1 gewelddadig** • *une mort ~e* gewelddadige dood **2 heftig, hevig, erg** • *une mer ~e* woeste zee • *faire un effort ~* een verwoede poging doen

violenter OV WW verkrachten

violer OV WW **1** verkrachten • *se faire ~ par qn* door iemand verkracht worden **2** FIG. schenden, overtreden • *un domicile violé* huisvredebreuk • *la frontière a été violée* de grens is geschonden

violet BN (V violette), violet, paars

violette PLANTK. ZN V viooltje

violeur ZN M (V violeuse), verkrachter

violon ZN M **1** viool • *un cours de ~* vioolles • *un ~ d'Ingres* hobby, liefhebberij • FIG. *accorder ses ~s* alle neuzen één kant op krijgen **2** vioolspeler • *elle est premier ~* ze is eerste violiste **3** INFORM. nor, arrestantenhok • *il a passé la nuit au ~* hij heeft de nacht in de bak doorgebracht

violoncelle ZN M cello

violoncelliste ZN M/V cellist

violoneux INFORM. ZN M speelman, fiedelaar

violoniste ZN M/V violist

V.I.P. INFORM. AFK very important person M vip

vipère ZN V adder • FIG. *avoir une langue de ~* een lastertong zijn, kwaadspreken

virage ZN M **1** bocht, draai • *un ~ en épingle à cheveux* haarspeldbocht • *la route fait un ~ à gauche* de weg maakt een bocht naar links • *prendre un ~ serré* een scherpe bocht nemen • *couper le ~* de bocht afsnijden • *manquer un ~* uit de bocht vliegen • *négocier un ~* met hoge snelheid een bocht nemen **2** FIG. zwenking, ommezwaai • *un socialiste qui fait un ~ à droite* socialist die een ommezwaai naar rechts maakt

virago MIN. ZN V manwijf

viral BN (M MV viraux) **1** virus-, viraal • *une hépatite ~e* virushepatitis **2** WWW viral

virée INFORM. ZN V uitstapje, tochtje, rondje

virement ZN M (bank)overschrijving, overboeking • *faire un ~ postal / bancaire* een giro- / bankoverschrijving doen

virer **1** OV WW **1** overschrijven, overboeken, gireren • *~ de l'argent sur un compte* geld naar een rekening overmaken • *la somme a été virée sur son compte d'épargne* het bedrag is op zijn spaarrekening gestort **2** INFORM. ontslaan, wegdoen • *on a viré la table de jardin* we hebben de tuintafel weggedaan • *deux employés se sont fait ~* twee werknemers zijn de laan uitgestuurd **2** ONOV WW **1** draaien, zwenken • *~ de bord* LETT. overstag gaan, FIG. door de bocht gaan **2** van kleur veranderen • *~ au rouge* rood worden **3** FIG. omslaan, worden • *le député socialiste a viré à droite* het socialistische parlementslid heeft een ommezwaai naar rechts gemaakt

virevolte ZN V OOK FIG. ommezwaai

virevolter ONOV WW snel zwenken

virginal BN (M MV virginaux), maagdelijk

virginité ZN V maagdelijkheid, ongereptheid

virgule ZN V komma

viril BN mannelijk, manhaftig, viriel • *une attitude ~e* manhaftige houding

viriliser OV WW mannelijk(er) maken

virilité ZN V mannelijkheid, viriliteit

virtualité ZN V (theoretische) mogelijkheid, latent vermogen

virtuel BN (V virtuelle), virtueel • *des images ~les* virtuele beelden • *un monde ~* virtuele wereld

virtuellement BW zo goed als, vrijwel

virtuose ZN M/V virtuoos • FIG. *un ~ de la finance* groot financieel specialist

virtuosité ZN V virtuositeit

virulence ZN V kwaadaardigheid, venijnigheid • *des propos d'une extrême ~* uiterst kwaadaardige woorden

virulent BN **1** kwaadaardig, venijnig **2** MED. virulent, ziekteverwekkend

virus "-ruus" ZN M **1** OOK FIG. virus • *le ~ du sida* aidsvirus • *le virus Zika* zikavirus **2** COMP. computervirus

vis "(zn) vies" **1** ZN V schroef • *serrer / desserrer une ~* een schroef vastdraaien/ losdraaien • FIG. *serrer la ~ à qn* iemand streng aanpakken, iemand kort houden **2** WW → **vivre, voir**

visa ZN M visum, 'gezien'-stempel • *un ~ d'entrée* inreisvisum

visage ZN M **1** gezicht, gelaat • *un ~ joufflu* bol(wangig) gezicht • *les soins du ~* gezichtsverzorging • *parler à ~ découvert* met open vizier spreken • *sans ~* anoniem, onbekend **2** gezicht <persoon> • *mettre un nom sur un ~* iemands naam (weer) weten • *c'est un ~ connu* dat is een bekend gezicht / een bekende

visagiste ZN M/V visagist, schoonheidsspecialist

vis-à-vis **1** VZ **1** **~ de** tegenover • *s'asseoir ~ de qn* tegenover iemand gaan zitten **2** **~ de** ten opzichte van • *une mesure injuste ~ de qn* maatregel die onrechtvaardig ten aanzien van iemand is **2** BW tegenover elkaar **3** ZN M (MV id.), vis-à-vis <wie of wat ertegenover zit / staat> • *un logement sans ~* woning met vrij uitzicht

viscéral BN (M MV viscéraux) FIG. diepgeworteld, hartgrondig <van afkeer e.d.> • *avoir une haine viscérale pour qn* iemand diep haten

viscères ZN M MV ingewanden

viscose ZN V viscose

viscosité ZN V viscositeit, kleverigheid

visées ZN V MV plan(nen), bedoeling • *avoir des ~ ambitieuses* ambitieuze plannen hebben

viser **1** ONOV WW **1** mikken, richten • *il faut bien ~ avant de tirer!* je moet goed richten voor je schiet **2** FIG. streven (naar) • *~ trop haut* te hoog grijpen • *c'est une mesure qui vise à protéger le travailleur* het is een maatregel om de arbeiders te beschermen **2** OV WW **1** mikken op <doelwit> • *il a visé le cœur et a tiré* hij richtte (het wapen) op het hart en schoot **2** gericht zijn op, op het oog hebben • *elle vise le poste de directeur* zij ambieert de functie van directeur, zij wil directeur worden • *se sentir visé par des remarques désobligeantes* je door kwetsende opmerkingen aangesproken voelen **3** INFORM. kijken naar • *vise un peu les fringues!* kijk eens naar die kleren! **4** voor gezien tekenen / stempelen, paraferen • *faire ~ un passeport* een visum in je paspoort laten zetten

viseur ZN M A-V zoeker

visibilité ZN V **1 zicht** • *ralentissez si la ~ est de moins de 50 mètres* vaart minderen als het zicht minder dan 50 meter is • *un atterrissage sans ~* blindlanding **2 zichtbaarheid**
visible BN **1 zichtbaar** • *ce n'est pas ~ à l'œil nu* het is met het blote oog niet zichtbaar **2 duidelijk** • *faire des progrès ~s* duidelijk vooruitgang boeken **3** INFORM. **te spreken** <voor bezoekers>
visiblement BW **zichtbaar, duidelijk, zienderogen**
visière ZN V **1 vizier** <van helm> **2 klep** <van pet>, **zonneklep, oogscherm**
vision ZN V **1 (het) zien, gezicht, gezichtsvermogen** • *les troubles de la ~* gezichtsstoornissen • *un champ de ~* gezichtsveld **2** FIG. **visie, zienswijze** • *avoir une ~ optimiste du monde* een optimistische kijk op de wereld hebben **3 (waan)voorstelling, hersenschim, droombeeld, visioen** • INFORM. *il a des ~s* hij ziet ze vliegen
visionnaire ZN M/V **ziener, visionair**
visionner OV WW **bekijken** <van filmbeelden>
visionneuse ZN V **viewer**
Visitation ZN V **Visitatie** <r.-k.>
visite ZN V **1 visite, bezoek** • *le droit de ~* bezoekrecht <voor gescheiden ouders> • *être en ~ chez qn* bij iemand op bezoek zijn • *rendre ~ à qn* iemand bezoeken • *en ~* op bezoek **2 (het) bezoeken, bezichtiging** • *une ~ guidée du musée du Louvre* rondleiding in het Louvre **3** MED. **onderzoek** • *une ~ à domicile* huisbezoek, visite <van dokter> • *passer une ~ médicale* een medisch onderzoek ondergaan • *faire des ~s à domicile* op huisbezoek gaan, visites maken <van dokter>
visiter OV WW **1 bezoeken** <als belangstellende> • *~ un prisonnier* een gevangene bezoeken **2 bezichtigen** • *faire ~ des appartements* appartementen laten bezichtigen
visiteur ZN M (V visiteuse) **1 bezoeker** • *~s du salon du tourisme* bezoekers van de vakantiebeurs **2 bezoeker** <als beroep>, **controleur** • *un ~ médical* artsenbezoeker
vison ZN M **nerts**
visqueux BN (V visqueuse), **viskeus, kleverig, stroperig,** OOK FIG. **slijmerig**
visser OV WW **1 (aan)schroeven, vastschroeven** **2** INFORM., FIG. **vastnagelen** • *rester vissé devant sa télévision* aan de tv gekluisterd zijn
visualisation ZN V **visualisatie, (het) zichtbaar maken**
visualiser OV WW **visualiseren, zichtbaar maken,** COMP. **op een beeldscherm tonen**
visuel BN (V visuelle), **visueel, gezichts-** • *l'acuité ~le* gezichtsscherpte • *avoir une mémoire ~le* een visueel geheugen hebben
vital BN (M MV vitaux) **1 levens-** • *les organes vitaux* levensorganen, vitale organen • *la carte ~e* chipkaart met iemands medische gegevens, digitale zorgpas **2 vitaal, van levensbelang** • *les besoins vitaux de l'individu* de eerste levensbehoeften • *un espace ~* leefruimte • *le minimum ~* het bestaansminimum
vitalité ZN V **levenskracht, vitaliteit**
vitamine ZN V **vitamine** • *une carence en ~ D* gebrek aan vitamine D • *un aliment riche en ~s* vitaminerijk voedingsmiddel
vitaminé BN **verrijkt met vitaminen**
vite BW **vlug, snel** • *faire ~* voortmaken, haast maken • *allez ~, dépêche-toi!* vooruit, schiet nou op! • *tu roules trop ~!* je rijdt te snel! • *elle sera ~ sur pied* ze is er zo weer bovenop • *j'arrive au plus ~ / le plus ~ possible* ik kom zo gauw mogelijk • *ça sera ~ fait / fini* het is zo gebeurd • *c'est du ~ fait!* dat is broddelwerk! • *tu vas un peu ~ en besogne!* je loopt wat hard van stapel, dat is wat kort door de bocht • INFORM. *~ fait, bien fait* gauw en goed, kort en goed, vlot • INFORM. *allez et plus ~ que ça!* en gauw een beetje!
vitesse ZN V **1 snelheid, vlugheid** • *un excès de ~* snelheidsoverschrijding, (het) te hard rijden • SPORT *une course de ~* snelheidswedstrijd, korteafstandswedstrijd • FIG. *le courrier à deux ~s* twee soorten post <gewoon en spoedbestelling> • *un train à grande ~ / un T.G.V.* hogesnelheidstrein, tgv • *rouler à une ~ de cent cinquante (kilomètres) à l'heure* 150 kilometer per uur rijden • *prendre de la ~* vaart krijgen • *l'avion est en train de perdre de la ~* de snelheid van het vliegtuig valt terug • FIG. *il m'a pris de ~* hij was me te vlug af • *en ~!* (en) vlug een beetje! • *à toute ~* in volle vaart, op volle snelheid, in allerijl **2 versnelling** <van auto> • *la première ~* de eerste versnelling • *changer de ~ / passer les ~s* schakelen • *passer en troisième ~* naar de derde versnelling schakelen • FIG. *passer à la ~ supérieure* het tempo opvoeren • FIG. *elle s'est sauvée en ~ vitesse* ze is er razendsnel vandoor gegaan
viticole BN **wijn(bouw)-**
viticulteur ZN M (V viticultrice), **wijnbouwer**
viticulture ZN V **wijnbouw**
vitrage ZN M **(de) ruiten** <van gebouw>, **beglazing** • *double vitrage; verre double vitrage* dubbelglas
vitrail ZN M (MV vitraux), **glas in lood, glas-in-loodraam**
vitre ZN V **glasruit, raam(pje)** <van voertuig> • *les ~s avant / arrière d'une voiture* de voor- en achterruit van een auto • *baisse la ~!* doe het raampje omlaag! • *faire / nettoyer les ~s* de ramen zemen
vitré BN **met / van glas, glasachtig** • *une porte vitrée* glazen deur • *une baie vitrée* schuifpui
vitreux BN (V vitreuse), **glasachtig, glazig** • *un regard ~* glazige blik
vitrier ZN M **glazenmaker, beglazer**
vitrification ZN V **(het) coaten** <van parket> • *la ~ d'un parquet* het coaten van een parketvloer
vitrifier OV WW **coaten** <van parket>
vitrine ZN V **1 etalage** • *faire du lèche-~* etalages bekijken, winkelen **2 vitrine, glazen uitstalkast**
vitriol ZN M **vitriool** • *une critique au ~* bijtende kritiek
vitrocéramique ZN V **glaskeramiek** • *cuisiner sur des plaques vitrocéramiques* keramisch koken
vitupérations ZN V MV FORM. **heftige verwijten**

vitupérer LIT. ONOV WW **uitvaren, tekeergaan (tegen)** • *~ contre la hausse des impôts* foeteren op de belastingverhoging
vivable BN **leefbaar** • *une situation qui n'est plus ~* onhoudbare situatie
vivace BN **1** PLANTK. • *des plantes ~s* overblijvende / vaste planten **2** FIG. **taai, hardnekkig** • *un préjugé ~* ingeworteld vooroordeel
vivacité ZN V **1 levendigheid, beweeglijkheid** • *la ~ d'esprit* snelheid van begrip **2 hevigheid, felheid**
vivant 1 BN **1 levend** • *on l'a sortie ~e des décombres* ze is levend onder het puin vandaan gehaald **2 levendig, druk** • *un enfant très ~* heel druk kind **3 levend** <in gebruik> • *un institut de langues ~es* instituut voor levende talen **2** ZN M **levende** • *un bon ~* levensgenieter, bon vivant • *du ~ de son mari* bij het leven van haar echtgenoot
vivats "-và" ZN M MV **toejuichingen, juichkreten**
vive 1 BN → **vif 2** WW subj. présent → **vivre**
vivement 1 BW **1 levendig, snel 2 hevig, heftig, ten zeerste** • *regretter ~ ce qu'on a dit* erg spijt hebben van wat je gezegd hebt **2** TUSSENW • *~ l'été / ~ que l'été arrive!* was het maar vast zomer!
vivier ZN M **1 visvijver 2** FIG. **kweekvijver** • *un ~ de talents* kweekschool voor talent • *un ~ de savoir-faire* denktank
vivifiant BN **opwekkend, bezielend** • *l'air de la mer est ~* de zeelucht is verkwikkend
vivifier OV WW **leven(skracht) geven, opwekken, sterken, bezielen**
vivipare BN **levendbarend**
vivisection ZN V **vivisectie**
vivoter INFORM. ONOV WW **een kwijnend bestaan leiden, doorsukkelen**
vivre 1 ONOV WW onregelmatig **1 leven, (voort) bestaan** • *la joie de ~* levensvreugde, levenslust • *~ vieux* lang leven, oud worden • *~ bien* een gelukkig leven leiden • *il fait bon ~ ici* het is hier goed leven • *~ chichement / pauvrement* een karig bestaan leiden, het krap hebben • *~ de ses rentes* rentenieren • *faire ~ sa famille* je gezin onderhouden • *se laisser ~* er maar wat op los leven • *savoir ~* weten te leven, je gemakkelijk bewegen • *être facile à ~* gemakkelijk in de omgang zijn • *qui vivra verra* de tijd zal het leren, we zullen wel zien, wie dan leeft, die dan zorgt • *~ au jour le jour* van de hand in de tand leven • FIG. *depuis qu'elle est partie, je ne vis plus* sinds ze weg is heb ik geen leven meer • *vive le roi!* leve de koning! **2 wonen** • *elle vit à l'étranger* ze woont in het buitenland • *elle vit avec qn depuis peu* ze woont sinds kort met iemand samen **2** OV WW **doorleven, beleven, leiden** <van leven> • *~ sa vie* je (eigen) leven leiden • *il vit mal son divorce* hij kan zijn scheiding moeilijk verwerken • *~ un grand amour* een grote idylle beleven
vivres ZN M MV **levensmiddelen, proviand** • *emporter des ~ pour la journée* voor de hele dag te eten meenemen • FIG. *couper les ~ à qn* de geldkraan bij iemand dichtdraaien, iemands toelage intrekken

vi

vivrier BN (V vivrière) • *des cultures vivrières* voedingsgewassen
vlan TUSSENW **klets!, pats!**
vlog ZN M **vlog**
vloguer WW **vloggen**
vlogueur ZN M (V vlogueuse), **vlogger**
V.O. AFK version originale V **niet-nagesynchroniseerde versie** <van film>
vocable TAALK. ZN M **woord**
vocabulaire ZN M **woordenlijst, woordenschat, vocabulaire** • *le ~ de l'informatique* computerterminologie
vocal BN (M MV vocaux), **stem-, vocaal** • ANAT. *les cordes ~es* stembanden • COMM. *une boîte ~e* voicemail
vocalique TAALK. BN **klinker-**
vocalise ZN V **zangoefening**
vocaliser OV + ONOV WW **vocaliseren, toonladders zingen**
vocation ZN V **1 roeping** • *le théâtre est sa ~* het toneel is zijn roeping, hij is geboren voor het toneel • *rater sa ~* je roeping mislopen **2** FIG. **bestemming** <voor een taak> • *une région à ~ touristique* streek met toeristische mogelijkheden
vocifération ZN V **geschreeuw, getier, gescheld**
vociférer OV WW **(uit)brullen, (uit)schreeuwen** • *~ des injures* verwensingen uitbraken, schelden
vodka ZN V **wodka**
vœu ZN M (MV vœux) **1 wens** • *une carte de vœux* wenskaart • *mes meilleurs vœux! / tous mes vœux!* mijn beste wensen! • *présenter ses vœux pour la nouvelle année* een nieuwjaarswens uitspreken, een gelukkig Nieuwjaar wensen **2 gelofte** • *faire ~ de chasteté* een gelofte van kuisheid afleggen
vogue ZN V **mode, populariteit** • *une mode qui est en ~* mode die in zwang is, heersende mode
voguer FORM. ONOV WW **varen**
voici VZ **1 ziehier, hier is, hier zijn** • *la ~, elle arrive!* daar is ze, ze komt er aan! • *~ le livre dont je vous parlais* hier is het boek waar ik u van sprak • *~ votre café* alstublieft, hier is uw koffie • *~, tenez!* hier (heb je het)! • *le ~ qui vient* daar komt hij • *me ~!* hier ben ik! • *nous ~ arrivés* we zijn er **2 alstublieft** <hier is het> • *~!* alstublieft! **3** FORM. **al (sinds)** • *~ deux ans qu'il nous a quittés* hij is nu (al) twee jaar geleden gestorven
voie ZN V **1 weg** • *suivre la bonne ~* de goede weg volgen • FIG. *mettre qn sur la ~ / sur la bonne ~* iemand op weg helpen • FIG. *être sur la bonne ~* op de goede weg zijn • FIG. *chercher sa ~* je weg zoeken **2 (rij)baan,** BELG. **rijvak** • *une route à trois ~s* driebaansweg • *une ~ à sens unique* weg met eenrichtingsverkeer • *une ~ réservée aux vélos* fietsstrook • *une ~ privée* eigen weg • *une ~ express* snelweg • *une ~ d'accès* toegangsweg, oprit • *stationnement interdit sur la ~ publique* verboden te parkeren op de openbare weg • *une ~ sans issue* doodlopende weg • FIG. *une ~ de garage* zijspoor **3 spoorlijn, spoor(baan), weg, route** • *une ~ ferrée* spoorweg • *une ~ maritime / aérienne* zeeweg / luchtweg • *une ~ navigable* waterweg •

par ~ maritime / aérienne over zee / door de lucht (vervoerd) • *par ~ de terre* over land • *par ~ postale* per post **4** FIG. **weg, middel** • *une espèce en ~ de disparition* met uitsterven bedreigde soort • *agir par des ~s détournées* slinks te werk gaan • *être en ~ de guérison* aan de beterende hand zijn • *préparer la ~* de weg bereiden • *ouvrir la ~ aux négociations* de weg bereiden voor onderhandelingen • *ouvrir la ~ à quelqu'un* de weg effenen voor iemand, ruim baan maken voor iemand • *par la ~ hiérarchique* langs hiërarchische weg • *par la ~ diplomatique* langs diplomatieke kanalen • *la ~ est libre* de kust is veilig • *par ~ de conséquence* dientengevolge, als gevolg daarvan **5** ANAT. **weg** • *les ~s respiratoires* ademhalings- / luchtwegen • *prendre un médicament par ~ orale / rectale* een geneesmiddel oraal / rectaal innemen

voilà VZ **1 ziedaar, daar is, daar zijn** • *tiens, le voilà!* ha, daar is hij! • *le ~ qui arrive!* daar komt hij! • *~ le livre dont je vous ai parlé* dat is het boek waar ik u van sprak • *tiens, ~ qu'on sonne!* hé, daar wordt gebeld! • OOK FIG. *nous y ~ enfin!* daar hebben we het dan!, eindelijk zijn we er! • *il ne m'invite jamais, ~ pourquoi je ne l'invite pas non plus!* hij nodigt me nooit uit, vandaar dat ik hem ook niet uitnodig • *~ tout* dat is alles • *voilà, ça va comme ça!* zo, nu is het genoeg! • *en ~ assez!* zo is het wel genoeg! • *en ~ un imbécile!* is me dat een stommeling! • *~ ce que c'est que de ne pas écouter!* dat komt er nou van wanneer je niet luistert • *~ ce qu'il en est* zo liggen de kaarten • INFORM. *il a de l'argent en veux-tu en voilà!* hij zwemt in het geld • INFORM. *nous ~ bien!* daar zitten we mooi mee! • INFORM. *seulement ~* maar ja, maar het vervelende is dat... **2 al (sinds)** • *~ deux ans qu'il est parti* hij is nu (al) twee jaar geleden gestorven • *ils se sont séparés ~ plus d'un an* ze zijn al meer dan een jaar uit elkaar

voilage ZN M **vitrage**

voile 1 ZN M **1 sluier** • *un ~ de mariée* bruidssluier • *le ~ islamique / intégral* islamitische sluier, gezichtsbedekkende sluier • *un ~ de deuil* rouwsluier **2 gaasweefsel, voile** • *du ~ de coton* katoenen voile **3 verhullende doek, voorhang,** FIG. **dekmantel** • *un ~ de brume cache les arbres* de bomen gaan schuil achter een nevelsluier • FIG. *soulever un coin du ~* een tipje van de sluier oplichten **2** ZN V **1 zeil** <van schip> • *un bateau à ~s* zeilboot • *hisser les ~s* de zeilen hijsen • *le vol à ~* het zweefvliegen • INFORM., FIG. *mettre les ~s* weggaan • OOK FIG. *mettre toutes ~s dehors* alle zeilen bijzetten • INFORM. *être à ~ et à vapeur* bi(seksueel) zijn **2 (het) zeilen, zeilsport** • *faire de la ~* zeilen • *faire de la planche à ~* windsurfen • *faire ~ vers le Maroc* koers zetten naar Marokko

voilé BN **1 gesluierd** • *une femme voilée* gesluierde vrouw **2 versluierd, verhuld, wazig** • *un regard ~ de larmes* door tranen omfloerste blik • *s'exprimer en termes voilés* je in bedekte termen uitdrukken **3 kromgetrokken, verbogen** <van wiel>

voiler 1 OV WW **sluieren, versluieren, verhullen** • FORM. *~ la vérité* de waarheid verhullen **2** WKD WW **(se ~) 1** OOK FIG. **zich sluieren** • *elle se voile tout le visage* ze draagt een gezichtsbedekkende sluier • FIG. *se ~ la face (de honte)* niet willen zien (van schaamte), wegkijken **2 wazig / omfloerst worden**

voilette ZN V **voile, hoedensluier**

voilier ZN M **1 zeilschip, (grote) zeilboot 2 zeilmaker**

voilure ZN V **1 (de) zeilen** <van schip>**, zeilwerk 2 (de) vleugels** <van vliegtuig>

voir 1 OV WW **1 zien, bezien, inzien** • *~ la note page 10* zie de noot op pag. 10 • *il faut ~ ce document de plus près* dat document moet nader bekeken worden • *j'ai vu qc d'intéressant dans le journal* ik heb iets interessants in de krant gelezen • *je vois mal comment tu peux demander une augmentation* ik zie niet in hoe je loonsverhoging kan vragen • *ses parents lui interdisent de le ~* hij mag van zijn ouders niet met hem omgaan • *j'ai déjà vu plusieurs maisons, mais aucune ne me plaît* ik heb al een aantal huizen bekeken, maar geen enkel bevalt me • *moins je te vois, mieux je me porte* ik zie je liever gaan dan komen • *tu vas ~ ce que tu vas ~* je zult eens wat zien!, wacht maar (eens)! • FIG. *~ tout en noir* het somber inzien • FIG. *je l'ai assez vu!* ik kan hem niet meer zien! • FIG. *je le vois venir celui-là!* ik heb hem (allang) door!, ik weet waar hij heen wil! • INFORM. *va te faire ~ (ailleurs)!* loop heen!, ga toch weg! • INFORM. *on aura tout vu!* dat slaat alles! **2 bezoeken** • *aller ~ le médecin* naar de dokter gaan • *tu devrais (aller) ~ le dentiste* je moet (eens) naar de tandarts **3 zich verbeelden, inbeelden** • *je m'y vois!* ik zie me al! • *je te vois bien en papa* ik kan me je goed als vader voorstellen **2** ONOV WW **1 zien** • *voyons, voyons!* kom kom! • *elle voit grand* ze denkt in het groot, ze ziet het groot • *on verra bien!* we zullen wel zien! • *il faut ~!* dat moet ik nog zien! • *ça n'a rien à ~ avec ce que tu dis* dat heeft niets te maken met wat je zegt • *je n'ai rien à ~ avec cette histoire* ik heb daar niets mee te maken, ik sta daar helemaal buiten • FIG. *elle lui en fait ~ (de toutes les couleurs)!* hij beleeft wat met haar! **2 begrijpen** • *je ne vois pas bien ce que tu veux dire* ik begrijp niet goed wat je wilt zeggen • *ah, mais oui, je vois!* o ja, ik snap het! **3 toezien, opletten** • *vois à ce qu'il ne manque de rien!* zorg dat het hem aan niets ontbreekt **3** WKD WW **(se ~) 1 met elkaar omgaan** • *nous nous voyons souvent* we zien elkaar vaak • *ils ne peuvent pas se ~* ze kunnen elkaar niet uitstaan **2 zich(zelf) zien** • *se ~ dans une glace* in de spiegel kijken • *se ~ obligé de refuser* je gedwongen zien / voelen te weigeren • FIG. *je ne me vois pas lui proposer une chose pareille* ik zal hem heus niet zoiets voorstellen **3 te zien zijn, gebeuren** • *cela se voit régulièrement* dat zie je vaak

voire BW **(ja) zelfs** • *il m'a fait attendre des jours, ~ des mois* hij heeft me dagen, ja maanden laten wachten

voirie ZN V **1 (onderhoud van) openbare wegen** • *faire des travaux de ~* wegonderhoud verrichten **2 (gemeentelijke) wegendienst,**

gemeentereiniging • *le service de ~* reinigingsdienst, vuilophaaldienst
voisin 1 ZN M (V voisine), **buurman, buurvrouw** • *un ~ de table* tafelbuur • *nos ~s de palier ont déménagé* onze buren op dezelfde etage zijn verhuisd **2** BN **1 naburig, buur-, (aan)grenzend (de aan)** • *les maisons ~es* de huizen ernaast **2** FIG. **verwant** • *des livres qui abordent des thèmes ~s* boeken met verwante thema's
voisinage ZN M **1 (de) buren** • *tout le ~ a assisté au mariage* alle buren waren bij de bruiloft • *des relations de bon ~* goede relatie met de buren, goede nabuurschap **2 nabuurschap 3 buurt, nabijheid** • *les magasins du ~* de winkels in de buurt • *le ~ de la montagne* de nabijheid / omgeving van de bergen
voisiner ONOV WW **~ avec zich bevinden naast**
voiturage ZN M **vervoer per wagen**
voiture ZN V **1 auto** • *une ~ de course* raceauto • *~ de fonction* bedrijfsauto, BELG. firmawagen • *une ~ de sport* sportwagen • *une ~ de tourisme* personenauto • *une ~ de location* huurauto • *une ~ en stationnement* geparkeerde auto • *conduire une ~* een auto besturen, autorijden • *garer sa ~ dans un parking* je auto in een parkeergarage / op een parkeerterrein zetten • *faire de la ~* autorijden **2 rijtuig, wagen, wagon** • *une ~ d'enfant* kinderwagen • *une ~ de tête / de queue* hoofd- / eindwagon
voiture-balai SPORT ZN V (MV voitures-balais), **bezemwagen**
voiturer OV WW **per wagen vervoeren** • IRON. *se faire ~* met iemand meerijden
voiturette ZN V **wagentje, autootje**
voix ZN V **1 stem** • *une ~ aiguë / perçante* schelle stem • *une ~ off* voice-over, commentaarstem • *des éclats de ~* luid geschreeuw • *élever la ~* je stem verheffen • *baisser la ~* je stem dempen • *parler à ~ basse* zachtjes spreken, met gedempte stem spreken • *être / rester sans ~* sprakeloos zijn • *la ~ cassée par l'émotion, il a repris...* met overslaande stem van emotie hernam hij... • *à haute ~* hardop, met luide stem • *de vive ~* mondeling • *d'une ~ douce* op zachte toon **2** MUZ. **(zang)stem** • *une ~ de tête* kopstem • *une ~ de soprane* sopraanstem • *chanter à deux ~* tweestemmig zingen • *chanter à pleine ~* uit volle borst zingen • *avoir de la ~* een goede (zang)stem hebben **3 stem, mening** • *la ~ du peuple* de stem des volks • *une ~ consultative* adviserende stem • *écouter la ~ de la raison* naar rede luisteren • *obtenir la majorité des ~* de meerderheid van stemmen halen • *mettre aux ~* in stemming brengen <van voorstel> • *gagner des ~* stemmen winnen • *avoir ~ au chapitre* een stem in het kapittel hebben, mogen meespreken **4** TAALK. • *la ~ active / passive* de bedrijvende / lijdende vorm
vol ZN M **1 (het) vliegen, vlucht** • *un ~ charter* chartervlucht • *un ~ régulier* lijnvlucht • *un ~ domestique* binnenlandse vlucht • *un ~ de nuit* nachtvlucht • *un ~ plané* glijvlucht • *un ~ sec* campingvlucht • *le ~ des hirondelles* de vlucht van zwaluwen • *le ~ pour Amsterdam est annulé* de vlucht naar Amsterdam is vervallen • FIG. *un politicien de haut ~* eersterangs politicus • *saisir une occasion au ~* een gelegenheid aangrijpen • *attraper une balle au ~* een bal uit de lucht plukken • *prendre son ~* opvliegen, opstijgen • *en plein ~* tijdens de vlucht • *à ~ d'oiseau* hemelsbreed, in rechte lijn, in vogelperspectief **2 diefstal** • *un ~ à main armée* gewapende (roof)overval • *un ~ à la tire / à l'arraché* zakkenrollerij • *un ~ par effraction* diefstal met braak • *un ~ de bijoux* juwelenroof • *commettre un ~* diefstal plegen • *dix euros le kilo de fraises, mais c'est du vol!* tien euro voor een kilo aardbeien, wat een afzetterij!
volage BN **wispelturig, veranderlijk** • *un mari ~* ontrouwe echtgenoot
volaille ZN V **gevogelte, eetbare vogel(s)** • *un marchand de ~s* poelier
volant 1 ZN M **1 stuur** • *les as du ~* prima coureurs • *donner un brusque coup de ~* een ruk aan het stuur geven • *prendre le ~* achter het stuur gaan zitten • *être au ~* achter het stuur zitten • *se tuer au ~* dodelijk verongelukken <van automobilist> **2** SPORT **pluimbal, shuttle 3 volant, strook** • *une robe à ~s* volantjurk **2** BN **1 vliegend** • *une soucoupe ~e* vliegende schotel • *un trapèze ~* vliegende trapeze • *le personnel ~* vliegend personeel **2 los, mobiel** • *une feuille ~e* los blaadje
volatil BN **vluchtig** • FIG. *un électorat ~* zwevende kiezers
volatile ZN M **stuk pluimvee**
volatiliser WKD WW **(se ~) 1 vervliegen, vervluchtigen 2 in het niets oplossen, spoorloos verdwijnen** • *dès que quelqu'un arrive, il se volatilise* zodra er iemand aankomt is hij verdwenen • *ses bagages se sont volatilisés* zijn bagage is spoorloos
volatilité ZN V **vluchtigheid**
vol-au-vent ZN M (MV id.), **pastei in bladerdeeg**
volcan ZN M OOK FIG. **vulkaan** • *un ~ éteint / en activité* uitgedoofde / werkzame vulkaan • FIG. *être sur un ~* op een vulkaan leven
volcanique BN **vulkanisch** • *une éruption ~* vulkaanuitbarsting
volée ZN V **1 zwerm, troep, vlucht** <zwerm vogels> • *une ~ d'enfants* zwerm kinderen **2 salvo, (volle) laag** • *une ~ de flèches* regen van pijlen • *des cloches qui sonnent à toute ~* klokken die uit alle macht luiden **3** INFORM. **pak slaag** • *une ~ de coups* pak rammel • *flanquer une ~ à qn* iemand een pak slaag geven **4 (het) vliegen** • FIG. *prendre sa ~* de vleugels uitslaan **5** SPORT **volley**
voler 1 OV WW **1 (be)stelen** • *~ qc à qn* iets van iemand stelen, iemand van iets beroven • *se faire ~ son portefeuille* van je portefeuille bestolen worden • INFORM. *il ne l'a pas volé* hij heeft het verdiend, hij heeft er wel voor gewerkt **2 oplichten, afzetten** • *~ un client* een klant oplichten **2** ONOV WW OOK FIG. **vliegen** • *la vitrine a volé en éclats* de etalage is in stukken gevlogen • FIG. *~ au secours de qn* iemand te hulp snellen • INFORM., FIG *la conversation volait bien bas pendant le dîner* het peil van de gesprekken tijdens het eten was bedenkelijk

vo

volet ZN M **1 luik** <voor raam>, **blind** • *fermer les ~s* de luiken dichtdoen • FIG. *trier sur le ~* zorgvuldig uitkiezen **2 onderdeel** <van formulier, verhaal enz.> • *il faut remplir les deux ~s de ce formulaire* je moet de twee delen van dat formulier invullen

voleter ONOV WW **fladderen**

voleur 1 ZN M (V voleuse), **dief, oplichter, afzetter** • *un ~ à la tire* zakkenroller, tasjesdief • *une voleuse d'enfants* kidnapster • *au ~!* houd de dief! • FIG. *elle s'est enfuie comme une voleuse* ze is er (stiekem) tussenuit geknepen **2** BN (V voleuse), **diefachtig**

volière ZN V **volière**

volley-ball, volleyball, volley "-lee" ZN M **volleybal**

volleyeur ZN M (V volleyeuse), **volleybalspeler**

volontaire 1 BN **1 welbewust, opzettelijk** • *un incendie ~* brandstichting **2 vrijwillig 3 wilskrachtig, eigenzinnig 2** ZN M/V **vrijwilliger, volontair**

volontairement BW **1 vrijwillig 2 opzettelijk** • *il a ~ mis le feu à la maison* hij heeft het huis opzettelijk in brand gestoken

volontariat ZN M **(het) vrijwilliger-zijn, vrijwilligerswerk**

volontarisme ZN M **voortvarendheid, daadkracht**

volonté ZN V **wil (de tot, om), wilskracht, wilsuiting** • *faire acte de bonne ~* je goede wil tonen • *la mauvaise ~* kwaadwilligheid, onwil • *les dernières volontés d'un mourant* de uiterste wilsbeschikking van een stervende • *elle a une ~ de fer* ze heeft een ijzeren wil • *manquer de ~* gebrek aan wilskracht hebben • INFORM. *faire ses quatre volontés* je eigen zin doen • *pain / vin à ~* brood / wijn zoveel men wil

volontiers BW **1 graag** • *encore un peu de vin? ~!* nog wat wijn? graag! **2 licht, gemakkelijk**

volt ZN M **volt**

voltage ZN M **voltage**

volte-face ZN V (MV id.), **halve draai, rechtsomkeert,** FIG. **ommezwaai** • *la ~ de l'électorat* de ommezwaai bij de kiezers • *faire ~* je omdraaien, plotseling v. mening veranderen

voltige ZN V **voltige, (het) voltigeren, kunstsprong** <van acrobaat> • *un numéro de ~* trapezenummer • FIG. *c'est de la haute ~ intellectuelle* dat is een intellectueel hoogstandje

voltiger ONOV WW OOK FIG. **(rond)fladderen**

voltigeur ZN M **luchtacrobaat**

volubile BN **rad v. tong, welbespraakt**

volubilité ZN V **radheid v. tong, welbespraaktheid**

volume ZN M **1 volume, inhoud, omvang** • COMP. *le ~ d'un fichier* bestandsgrootte • FIG. *le ~ des ventes* de verkoopcijfers **2 volume, sterkte 3 boekdeel, band** • *un dictionnaire en deux ~s* tweedelig woordenboek

volumineux BN (V volumineuse), **omvangrijk, volumineus** • *un colis ~* omvangrijk pakket • *il reçoit chaque jour un courrier ~* hij krijgt elke dag een stapel post • *un rapport ~* lijvig rapport

volupté ZN V **wellust, (groot) genot** • *faire qc avec ~* heerlijk iets doen, van iets genieten

voluptueux BN (V voluptueuse), **wellustig, weelderig** • *une danse voluptueuse* sensuele dans

volute ZN V **krul, spiraal** • *une ~ de fumée* rookkringel

vomi ZN M **braaksel**

vomir 1 ONOV WW **1 braken** • *ça me donne envie de ~* daar moet ik van braken **2 walgen** • *une attitude à ~* walgelijke houding **2** OV WW **braken, uitbraken** • *~ son repas* je eten uitbraken • FIG. *~ des injures* beledigingen uitbraken, (iemand) uitschelden

vomissement ZN M **1 (het) braken 2 braaksel**

vomissure ZN V **braaksel**

vomitif 1 ZN M **braakmiddel 2** BN (V vomitive), **braakwekkend**

vont WW présent → **aller**

vorace BN **vraatzuchtig, gulzig** • *un bébé ~* gulzige baby

voracité ZN V **vraatzucht, gulzigheid** • *lire avec ~* boeken verslinden

vos BEZ VNW mv → **votre**

Vosges "voozj" ZN V MV **Vogezen**

vosgien BN (V vosgienne), **uit de Vogezen**

votant ZN M (V votante), **stemmer, stemgerechtigde**

vote ZN M **stem** <keuze>, **(het) stemmen** <kiezen>, **stemming** • *le droit de ~* stemrecht • *un bureau de ~* stembureau • *un ~ à main levée* stemming met handopsteken • *le ~ d'une loi* de aanneming van een wetsvoorstel • *un ~ de confiance* vertrouwensvotum • *compter les ~s* de stemmen tellen • *procéder au ~* tot stemming overgaan

voter 1 OV WW **bij stemming aannemen** • *~ des crédits* kredieten toewijzen • *la grève a été votée à la majorité* bij meerderheid van stemmen is tot staking besloten **2** ONOV WW **stemmen** • *~ blanc* blanco stemmen • *~ pour* (er)voor stemmen • *~ socialiste / à droite* op de socialisten stemmen / rechts stemmen • *~ contre la peine de mort* tegen de doodstraf stemmen

votre BEZ VNW (MV vos), **uw, jullie** • *donnez-moi vos coordonnées* geef me uw adres, telefoonnummer (enz.) • *à ~ avis, pourrais-je encore m'inscrire?* denkt u dat ik me nog kan inschrijven?

vôtre BEZ VNW **(de / het) uwe** • *les vôtres* de uwen • *je suis des vôtres* ik sta aan uw kant, ik doe met u mee • *il faut y mettre du ~* u moet het uwe bijdragen, u moet zelf ook meewerken • *à la (bonne) vôtre!* op uw gezondheid!

voudrai WW toek. tijd. → **vouloir**

vouer 1 OV WW **1 plechtig beloven** • *~ une haine éternelle à qn* iemand voor eeuwig haten **2 (toe) wijden, opdragen** • *un projet voué à l'échec* een tot mislukken gedoemd plan • *~ tout son temps au sport* al je tijd aan sport besteden **2** WKD WW **(se ~) zich wijden (aan)** • INFORM. *il ne sait plus à quel saint se ~!* hij weet zich geen raad meer

vouloir 1 OV WW **willen, (toe)wensen, (ver) eisen** • *elle veut le quitter* ze wil hem verlaten •

vo

je ne veux pas de ton argent ik wil je geld niet • *il veut des résultats et vite* hij wil resultaten zien, en snel • *voudrais-tu me l'apporter?* zou je het willen meenemen? • *veuillez me suivre* gelieve mij te volgen • *on voudrait bien que vous veniez nous voir* we willen graag dat u ons komt opzoeken • *qu'est-ce que tu veux dire par là?* wat wil je daarmee zeggen?, wat bedoel je daarmee? • *que veux-tu que j'y fasse?* wat kan ik eraan doen? • *enfin, que voulez-vous?* maar ja, wat wil je? • *vous l'aurez voulu!* jullie hebben het (zelf) gewild! • *que tu le veuilles ou non, tu resteras ici* of je wilt of niet, je blijft hier • INFORM. *des jouets, il en a en veux-tu en voilà!* speelgoed, daar heeft hij bergen van! • *sans le ~* ongewild, onbedoeld **2** ONOV WW **willen** • *je veux bien* graag!, mij best! • *je n'en veux plus* ik wil / lust niet meer • *elle en veut à son argent* zij is op zijn geld uit • *elle en veut pour son argent* zij wil waar voor haar geld • *elle lui en veut à mort* ze neemt het hem vreselijk kwalijk **3** WKD WW **(se ~) 1** • *je m'en veux de n'avoir pas répondu à sa lettre* ik neem het mezelf kwalijk dat ik zijn brief niet beantwoord heb **2 zich ... voordoen, willen zijn** • *il se veut malin* hij wil voor slim doorgaan **4** ZN M FORM. **wil** • *dépendre du bon ~ de qn* van iemands goede wil afhankelijk zijn

voulu BN **1 gewild, vereist** • *en temps ~* te zijner tijd **2 opzettelijk**

vous PERS VNW **u, jullie,** FORM. **gij** • *on ~ écrira* we schrijven u nog • *~ ~ parlerez demain, pas maintenant!* jullie spreken elkaar morgen, nu niet! • *~ ~ êtes trompés* u hebt zich vergist • *~-même ne savez pas ce que ~ voulez* u weet zelf niet wat u wilt • *hé, ~ autres là-bas! revenez!* hé, jullie daar, kom eens terug! • *c'est une pluie qui ~ trempe jusqu'aux os* van die regen word je drijfnat • *toi et lui, ~ ferez la vaisselle* jij en hij, jullie doen de afwas • *de ~ à moi* onder ons gezegd • *~ autres, Français...* jullie Fransen... • *cette maison est à ~?* is dat jullie huis?

voûte ZN V **gewelf, koepel**

voûté BN **gebogen** • *avoir le dos ~* een kromme rug hebben

voûter WKD WW **(se ~) een kromme rug krijgen** • *se ~ avec l'âge* een kromme rug krijgen van de ouderdom

vouvoyer OV WW **met u aanspreken, vousvoyeren**

voyage ZN M **reis, tocht, rit,** OOK FIG. **trip** • *bon ~!* goede reis! • *un ~ d'agrément* plezierreis • *un ~ d'affaires* zakenreis • *un ~ organisé* georganiseerde gezelschapsreis • *un long ~* een verre reis • *un ~ de noces* huwelijksreis • *un ~ en train / en avion* treinreis / vliegreis • *les gens du ~* rondtrekkend volk, zigeuners • *souhaiter bon ~ à qn* iemand een goede reis wensen • *faire un ~* een reis maken • *partir en ~* op reis gaan

voyager ONOV WW **reizen** • *~ à pied / en avion* een voetreis maken / per vliegtuig reizen • *~ pour affaires* voor zaken reizen

voyageur 1 ZN M (V voyageuse), **reiziger** • *les ~s pour Londres* reizigers naar Londen • *une salle d'attente pour ~s de première classe* wachtruimte voor reizigers eerste klas • *un ~ clandestin* blinde passagier, verstekeling **2** BN (V voyageuse) • *un pigeon ~* postduif

voyagiste ZN M/V **reisorganisator, touroperator**

voyant 1 ZN M **waarschuwingslamp(je)** • *le ~ d'essence est rouge* het benzinelampje is rood **2** ZN M (V voyante) **1 ziende** <niet-blinde> **2 helderziende 3** BN **opzichtig, opvallend** • *des couleurs ~es* opzichtige kleuren

voyelle TAALK. ZN V **klinker** • *une ~ nasale* neusklinker

voyeur ZN M (V voyeuse), **gluurder, voyeur**

voyeurisme ZN M **voyeurisme**

voyou ZN M **schooier, deugniet** • *une bande de petits ~s* stel kwajongens

vrac ZN M • *du thé en ~ ou en sachet?* losse thee of verpakt? • *mettre des affaires en ~ dans un sac* spullen door elkaar in een zak stoppen • *en ~* in bulk, als stortgoed, door elkaar, op een hoop

vrai 1 BN **1 waar** • INFORM. *c'est pas ~!* je meent het niet!, nee toch! • *ce n'est que trop ~* het is maar al te waar • *~ ou faux?* waar of niet?, zeg nou zelf! **2 echt** • *un ~ diamant* echte diamant • *c'est une ~e ou une fausse blonde?* is ze echt blond of geblondeerd? • *elle n'a pas pu acheter un ~ Picasso!* ze heeft toch niet een echte Picasso gekocht! • *ce type est un ~ salaud!* die vent is een echte rotzak! **2** BW • *à ~ dire / à dire ~* eigenlijk, in feite, eerlijk gezegd **3** ZN M **(het) ware, waarheid** • *reconnaître le ~ du faux* waar van onwaar (kunnen) onderscheiden • *être dans le ~* het bij het rechte eind hebben • *il y a du ~ dans ce qu'il dit* daar zit wat (waars) in

vraiment BW **1 werkelijk, waarlijk** • *elle est ~ folle* ze is echt gek • *il n'est pas ~ intelligent* hij is niet bepaald / bijster slim **2 echt** • *~?* o ja? • *~!* eerlijk waar!

vraisemblable BN **waarschijnlijk**

vraisemblance ZN V **waarschijnlijkheid**

vrille ZN V **fretboor**

vrombir ONOV WW **gonzen, zoemen, ronken**

vrombissement ZN M **gegons, gezoem, geronk**

vroum TUSSENW **vroem!, brom!**

V.T.T. AFK vélo tout-terrain M **ATB, mountainbike**

vu 1 WW volt. deelw. → **voir 2** BN **gezien** • *elle est bien ~ par son chef* ze wordt erg gewaardeerd door haar chef • INFORM. *c'est tout vu!* uitgemaakte zaak!, zeker weten! • *ni ~ ni connu* daar kraait geen haan naar • *c'est bien vu?* goed begrepen?! **3** ZN M • *au ~ et au su de tout le monde* openlijk, in het openbaar • *du déjà-vu* ouwe koek, niets nieuws, déjà vu **4** VZ **gezien, gelet op** • *~ ses résultats, je n'espère plus rien* gezien zijn resultaten hoop ik nergens meer op

vue ZN V **1 (het) zien, gezicht(svermogen), zicht** • *avoir une ~ perçante* scherpe ogen hebben • *avoir une bonne / mauvaise ~* goed / slecht zien • *souffrir de troubles de la ~* aan gezichtsstoornis(sen) lijden • *il a perdu la ~* hij heeft het gezichtsvermogen verloren, hij kan niet meer zien **2 (het) bezien, blik, aanblik** • *connaître qn de ~* iemand van gezicht kennen • *je l'ai perdu de ~ au cours des années* ik heb hem in de loop van de tijd uit het oog verloren • *elle maigrit à ~ d'œil* ze vermagert zienderogen • FIG. *en mettre plein la ~ à qn* iemand de ogen uitsteken • OOK FIG. *être en ~* erg in tel zijn • *à première ~* op het eerste gezicht • *à la ~ de tous* in het openbaar • *à la ~ de* bij het zien van, ten aanschouwen van • INFORM. *à ~ de nez* zo te zien, ruw geschat **3 uitzicht (sur op), doorzicht, zicht** • *une ~ dégagée* vrij uitzicht • *une ~ aérienne de la ville* luchtfoto van de stad • *une prise de vues* (film)opname • *une maison avec ~ sur la mer* huis met uitzicht op de zee • *boucher la ~ à qn* iemands uitzicht belemmeren • *à perte de ~* zover het oog reikt, OOK FIG. eindeloos • *hors de ~* uit het (ge)zicht **4** meestal MV **inzicht(en), bedoeling(en), plan(nen)** • *une ~ d'ensemble* (totaal)overzicht • *un échange de vues* gedachtewisseling • *un point de ~* gezichtspunt, zienswijze • *avoir des vues sur qn* een oogje hebben op iemand, iemand op het oog hebben • *avoir un job en ~* een baan in het vooruitzicht hebben • *au point de ~ de* uit het oogpunt van, wat ... betreft • *de ce point de ~* zo bezien, in dat opzicht • *d'un point de ~ légal* wettelijk gezien • *en ~ de* met het oog op, om te

vulgaire BN **1 vulgair, ordinair, plat** • *ils ont des manières ~s dans cette famille* ze hebben onbeschaafde manieren in die familie **2 gewoon, alledaags** • *ce n'est qu'un ~ problème qu'il faut vite résoudre* dat is een alledaags probleem dat gauw opgelost moet worden • *elle n'est qu'une ~ professeure* ze is maar een doodgewone lerares

vulgarisation ZN V **populairwetenschappelijke behandeling** • *un ouvrage de ~* populairwetenschappelijk werk

vulgariser OV WW **populariseren**

vulgarité ZN V **vulgariteit, platheid** • *la ~ des manières de qn* iemands onbeschaafde manieren

vulnérabilité ZN V **kwetsbaarheid**

vulnérable BN **kwetsbaar**

Vve AFK veuve V **wed., weduwe**

W

w "doebluvee" ZN M letter **w**

wagon ZN M **wagon** • *un ~ de voyageurs* passagierswagon • *un ~ à bestiaux* veewagen • *un ~ frigorifique* koelwagen • *un ~-citerne* tankwagen

wagon-lit ZN M (MV wagons-lits), **slaapwagen**

wagon-restaurant ZN M (MV wagons-restaurants), **restauratiewagen**

wakeboard, wakeboardeur ZN M **wakeboarder**

wakeboarder ZN M **wakeboard** • *faire du wakeboard* wakeboarden

wallingant ZN M **wallingant, Waalsgezinde** • *les ~s et les flamingants* de wallinganten en flaminganten

wallon 1 BN (V wallonne), **Waals 2** ZN M **(het) Waals** • *parler le ~* Waals spreken

Wallon ZN M (V Wallonne), **Waal, iemand uit Wallonië**

Wallonie ZN V **Wallonië**

warnings ZN M MV **waarschuwingsknipperlicht** • *mettre ses ~* je knipperlicht aanzetten

water-polo ZN M **waterpolo**

watt ZN M **watt**

W.-C. "(doeblu)veesee" AFK water-closet(s) M MV **WC** • *aller aux W.-C.* naar de wc gaan

Web COMP. ZN M **web** • *une page ~* webpagina • *surfer sur le ~* op het internet surfen

webcam COMP. ZN V web camera **webcam**

weblog COMP. ZN M **weblog**

webmaster COMP. ZN M/V **webmaster**

webmestre COMP. ZN M/V **webmaster**

week-end ZN M (MV week-ends), **weekeinde** • *partir en ~* een weekendje weggaan

WhatsApp ZN M **app** <bericht> • *envoyer un WhatsApp* een app sturen, iets appen • *envoyer des WhatsApp* appen

whisky ZN M (MV whiskys, whiskies), **whisky**

white-spirit "wajtspieriet" ZN M **wasbenzine**

wifi ZN M wireless fidelity **wifi**

wok ZN M **wok** • *cuisiner au wok* wokken

X

x "ieks" ZN M **1** letter **x** • *X comme Xavier* de x van Xantippe **2 niet bij name genoemd persoon** • *madame X* mevrouw X • *déposer plainte contre X* bij de politie aangifte doen tegen een onbekende **3** WISK. **onbekende grootheid, x** • *l'axe des ~ et des y* de x- en y-as **4** • *les rayons X* röntgenstralen **5** • *un film classé X* pornofilm
X **1** ZN M (MV id.) romeins cijfer 10 **X** **2** AFK extra **grote maat, X**
xénophobe **1** BN **xenofoob** **2** ZN M/V **xenofoob, vreemdelingenhater**
xénophobie ZN V **xenofobie, vreemdelingenhaat**
xylophone ZN M **xylofoon**

Y

y **1** ZN M **1** letter **y** **2** WISK. **onbekende grootheid, y** **2** PERS VNW **eraan, ertoe** • *cet argent, vous n'y toucherez pas!* dat geld, daar mag u niet aankomen! • *à Paris? j'y vais demain!* naar Parijs? daar ga ik morgen naartoe! • *réfléchissez-y!* denk daarover na! **3** BW **er, erin, erheen** • *il ~ a trop d'enfants dans cette classe* er zitten te veel kinderen in deze klas • *cinquante euros, ~ compris la taxe* vijftig euro, inclusief belasting • *allez! vas-y!* hup! ga maar! • *voilà, nous ~ sommes!* zo, we zijn er! • INFORM. *~ a plus de lait?* is er geen melk meer? • *il ~ en a dix* er zijn er tien • *il ~ avait peu de gens* er waren weinig mensen • *qu'y a-t-il?; qu'est-ce qu'il ~ a?* wat is er? • *il ~ a qc qui ne va pas?* is er iets? • *ça ~ est, terminé!* klaar is Kees!
yacht "jot" ZN M **jacht** <boot>
yachting ZN M **zeilsport**
yack ZN M **jak, Tibetaanse buffel**
yak ZN M → **yack**
yaourt "ja-oert" ZN M **yoghurt** • *yaourt brassé* roeryoghurt • *un ~ aux fruits* een vruchtenyoghurtje
Yémen ZN M **Jemen**
yéménite BN **Jemenitisch**
yen "jen" ZN M **yen**
yeux "jeu" ZN M MV → **œil**
yiddish **1** BN **Jiddisch** **2** ZN M **(het) Jiddisch**
yoga ZN M **yoga**
yogourt ZN M **yoghurt**
yole ZN V **jol**
youpi TUSSENW **joepie!**
youpin MIN. ZN M **Jood**
youyou ZN M **lichte (roei)boot, sloep**
yo-yo, yoyo ZN M (MV id.) OOK FIG. **jojo** • *un régime yoyo* jojodieet
Ypres **Ieper**
yuppie ZN M/V **yuppie**

Z

z ZN M letter z

Z.A.C. AFK zone d'aménagement concerté V nieuwbouwzone, groeikern, ≈ Vinex-locatie

Zambie ZN V Zambia

zapper **1** ONOV WW zappen • FIG. ~ *d'un jeu à l'autre* van spel veranderen **2** OV WW INFORM. zich onttrekken aan • *ça fait deux réunions qu'il zappe* hij heeft nu al twee vergaderingen niet bijgewoond

zappette INFORM. ZN V afstandsbediening <van tv>

zapping ZN M (het) zappen

zébré BN gestreept <als een zebra>

zèbre ZN M zebra • INFORM. *quel drôle de zèbre!* wat een rare snuiter!

zébu (als een zebra) ZN M zeboe

zélandais BN Zeeuws

Zélande ZN V Zeeland

zélé BN ijverig, vlijtig

zèle ZN M ijver, vlijt, geloofsijver • *la grève du ~* stiptheidsactie • *un excès de ~* blinde ijver, overijverigheid, dienstklopperij • INFORM. *faire du ~* overijverig zijn, dienst kloppen, je uitsloven

zen INFORM. BN relaxed • *rester ~* kalm blijven

zénith ZN M zenit, OOK FIG. toppunt

Z.E.P. AFK **1** O&W Zone d'Éducation Prioritaire V OMSCHR. achterstandsgebied met bijzondere onderwijsvoorzieningen **2** Zone d'Environnement Protégé V beschermd natuurgebied

zeppelin ZN M zeppelin

zéro **1** TELW nul • *il fait trois degrés au-dessous de ~* het is drie graden onder nul • *faire ~ faute à sa dictée* nul fouten maken in je dictee • *gagner par trois buts à ~* winnen met 3-0 • *ça m'a coûté ~ centime* dat heeft mij geen cent gekost → **quatre** **2** ZN M **1** nul <cijfer, nulpunt> • *le ~ absolu* absoluut nulpunt • *il faut d'abord faire / taper le ~* je moet eerst een nul draaien / intoetsen • *repartir à ~* van voren af aan beginnen, met een schone lei beginnen • *avoir le moral à ~* in de put zitten, een dip hebben **2** nul <persoon>

zeste ZN M **1** (stukje) schil <v. sinaasappel / citroen> **2** beetje, vleugje • FIG. *avec un ~ d'humour* met een zweem van humor

zézayer ONOV WW slissen, lispelen

Z.I. AFK zone industrielle V industriepark / -terrein

zieuter INFORM. OV WW bekijken

zig INFORM. ZN M vent, kerel

zigoto INFORM. ZN M vent, kerel • *faire le ~* de slimmerik uithangen

zigouiller INFORM. OV WW doodsteken

zigue ZN M → **zig**

zigzag ZN M zigzag(lijn) • *une route en ~* slingerweg

zigzaguer ONOV WW zigzaggen • *l'ivrogne avançait en zigzaguant* de dronkaard zwalkte over straat

zinc "ze(n)G" ZN M **1** zink **2** INFORM. bar <in kroeg>, kroegje, café • *boire un verre au ~* iets drinken aan de bar

zinzin INFORM. **1** ZN M ding **2** BN gek, niet wijs

zippé BN met een rits

Zip® ZN M rits(sluiting)

zizanie ZN V onenigheid • *semer la ~* tweedracht zaaien

zizi JEUGDT. ZN M piemeltje, plassertje

zodiaque ZN M dierenriem, zodiak • *les signes du ~* de sterrenbeelden

zombie, zombi ZN M OOK FIG. zombie

zona MED. ZN M gordelroos

zonage ZN M zonering <van stad b.v.>, indeling in zones

zonard INFORM. ZN M randgroepjongere, zelfkantfiguur

zone ZN V **1** zone, streek • AARDK. *une ~ tempérée* gematigde luchtstreek • *une ~ résidentielle* woonwijk • *une ~ frontière* grensstreek • *une ~ industrielle / une Z.I.* industriepark / -terrein • *une ~ verte* groenstrook, BELG. groene zone • *une ~ sinistrée* rampgebied • *une ~ d'influence* invloedssfeer • *la ~ euro* de eurozone • *zone de confort* comfortzone • GESCH. *la ~ libre / la ~ occupée* bevrijd gebied / bezet gebied <in Frankrijk tijdens Tweede Wereldoorlog> • FIG. *un écrivain de seconde ~* tweederangs schrijver **2** armzalige buitenwijken / voorsteden <vooral van Parijs> • *habiter la ~* in de arme buitenwijken wonen

zoner INFORM. ONOV WW rondhangen

zoning ZN M BELGFR. industriegebied

zoo "zo(o)" ZN M dierentuin

zoologie ZN V dierkunde, zoölogie

zoologique BN zoölogisch • *un jardin ~* een dierentuin

zoologiste ZN M/V dierkundige, zoöloog

zoom "zoem" ZN M **1** zoomlens **2** (het) zoomen

zoomer ONOV WW (in)zoomen (op)

zozo INFORM. ZN M naïeveling, sul, (rare) snuiter

zozoter INFORM. ONOV WW lispelen, slissen

Z.U.P. AFK zone à urbaniser par priorité V ≈ nieuwbouwwijk

zut "zuut" INFORM. TUSSENW verrek!, stik!

zyeuter INFORM. OV WW → **zieuter**

Vervoeging van Franse werkwoorden

De vervoegingen van de werkwoorden *avoir* en *être* en die van de regelmatige werkwoorden (op *-er*, *-ir*, *-re* en *-(ev)oir*)zijn in hun geheel gegeven.
Van de meest voorkomende onregelmatige werkwoorden zijn alleen de *infinitif*, het *participe présent*, het *participe passé* en de onregelmatige vormen gegeven.

Van de *infinitif* (onbepaalde wijs) vormt men:
- de *futur* (onvoltooid tegenwoordige toekomende tijd) met de uitgangen: *-ai, -as, -a, -ons, -ez, -ont;*
- de *futur du passé*, ook wel *conditionnel présent* genoemd, (onvoltooid verleden toekomende tijd) met de uitgangen: *-ais, -ais, -ait, -ions, -iez, -aient*. Bij de werkwoorden op *-(ev)oir* valt hierbij de *oi* weg en bij de werkwoorden op *-re* de slot *-e*.

Van het *participe présent* (tegenwoordigdeelwoord) vormt men:
- het meervoud van de *présent* (onvoltooid tegenwoordige tijd) door *-ant* te veranderen in: *-ons, -ez, -ent*. Bij de werkwoorden op *-(ev)oir* eindigt de 3e persoon meervoud op *-oient;*
- de *imparfait* (onvoltooid verleden tijd) door *-ant* te veranderen in: *-ais, -ais, -ait, -ions, -iez, -aient*.
- de *présent du subjonctif* (onvoltooid tegenwoordige tijd van de aanvoegende wijs) door *-ant* te veranderen in: *-e, -es, -e, -ions, -iez, -ent*.

Van het *participe passé* (verleden deelwoord) vormt men:
- de *passé composé* (voltooid tegenwoordige tijd) en de *plusque parfait* (voltooid verleden tijd).

Van de *présent* (tegenwoordige tijd) vormt men:
- de *impératif* (gebiedende wijs)door *je*, *nous* en *vous* wegte laten.

Gebruikte afkortingen:

ns	nous
vs	vous
part.	participe
prés.	présent

Van de werkwoorden worden steeds de volgende tijden gegeven:

Infinitif	Part. prés.	Part. passé	Impératif
Présent	Imparfait	Passé simple	Passé composé Plus-que-parfait
Futur	Futur du passé	Subjonctif présent	

1.1 avoir

	hebben	hebbend	gehad	heb!
	avoir	ayant	eu	aie!
				ayons!
				ayez!
	ik heb	ik had	ik had/heb gehad	ik heb gehad
j'	ai	avais	eus	j'aieu
tu	as	avais	eus	
il	a	avait	eut	
ns	avons	avions	eûmes	
vs	avez	aviez	eûtes	ik had gehad
ils	ont	avaient	eurent	j'avais eu
	ik zal hebben	ik zou hebben	dat ik heb/had	
j'	aurai	aurais	que j'aie	
tu	auras	aurais	que tu aies	
il	aura	aurait	qu'il ait	
ns	aurons	aurions	que ns ayons	
vs	aurez	auriez	que vs ayez	
ils	auront	auraient	qu'ils aient	

1.2 être

	zijn	zijnd	geweest	wees!
	être	étant	été	sois!
				soyons!
				soyez!
	ik ben	ik was	ik was/ben gew.	ik ben geweest
je/j'	suis	étais	fus	j'ai été
tu	es	étais	fus	
il	est	était	fut	
ns	sommes	étions	fûmes	
vs	êtes	étiez	fûtes	ik was geweest
ils	sont	étaient	furent	j'avais été
	ik zal zijn	ik zou zijn	dat ik ben/was	
je	serai	serais	que je sois	
tu	seras	serais	que tu sois	
il	sera	serait	qu'il soit	
ns	serons	serions	que ns soyons	
vs	serez	seriez	que vs soyez	
ils	seront	seraient	qu'ils soient	

1.3 Werkwoorden op -*er*

	chanter	chantant	chanté	chante! chantons! chantez!
je	chante	chantais	chantai	j'aichanté
tu	chantes	chantais	chantas	
il	chante	chantait	chanta	
ns	chantons	chantions	chantâmes	
vs	chantez	chantiez	chantâtes	
ils	chantent	chantaient	chantèrent	j'avais chanté
je	chanterai	chanterais	que je chante	
tu	chanteras	chanterais	que tu chantes	
il	chantera	chanterait	qu'il chante	
ns	chanterons	chanterions	que ns chantions	
vs	chanterez	chanteriez	que vs chantiez	
ils	chanteront	chanteraient	qu'ils chantent	

1.3.1 Werkwoorden op -*cer*: *c* gevolgd door een *a* of *o* verandert in een *ç*

	placer	plaçant	placé	place! plaçons! placez!
je	place	plaçais	plaçai	j'aiplacé
ns	plaçons	placions	plaçâmes	
ils	placent	plaçaient	placèrent	j'avaisplacé

1.3.2 Werkwoorden op -*ger*: gevolgd door een *a* of een *o* wordt de *g* gevolgd door een stomme *e*

	manger	mangeant	mangé	mange! mangeons! mangez!
je	mange	mangeais	mangeai	j'ai mangé
ns	mangeons	mangions	mangeâmes	
ils	mangent	mangeaient	mangèrent	j'avais mangé

1.3.3 Werkwoorden op -*oyer* of -*uyer*: voor een stomme *e* wordt de y een i

	nettoyer	nettoyant	nettoyé	nettoie! nettoyons! nettoyez!
je	nettoie	nettoyais	nettoyai	j'ai nettoyé
ns	nettoyons	nettoyions	nettoyâmes	
ils	nettoient	nettoyaient	nettoyèrent	j'avais nettoyé
je	nettoierai	nettoierais	que je nettoie	
ns	nettoierons	nettoierions	que ns nettoyions	
ils	nettoieront	nettoieraient	qu'ils nettoient	

1.3.4 Werkwoorden op -*ayer*: voor een stomme *e* wordt de *y* een *i* of blijft *y*

	payer	payant	payé	paie! payons! payez!
je	paie/paye	payais	payai	j'ai payé
ns	payons	payions	payâmes	
ils	paient	payaient	payèrent	j'avais payé
je	paierai	paierais	que je paie	
ns	paierons	paierions	que ns payions	
ils	paieront	paieraient	qu'ils paient	

1.3.5 Onregelmatige werkwoorden op -*er*

	acheter	achetant	acheté	achète! achetons! achetez!
j'	achète	achetais	achetai	j'ai acheté
ns	achetons	achetions	achetâmes	
ils	achètent	achetaient	achetèrent	j'avais acheté
j'	achèterai	achèterais	que j'achète	
ns	achèterons	achèterions	que ns achetions	
ils	achèteront	achèteraient	qu'ils achètent	

	aller	allant	allé	va! allons! allez!
je/j'	vais	allais	allai	je suis allé(e)
ns	allons	allions	allâmes	
ils	vont	allaient	allèrent	j'étais allé(e)
j'	irai	irais	que j'aille	
ns	irons	irions	que n sallions	
ils	iront	iraient	qu'ils aillent	

	appeler	appelant	appelé	appelle! appelons! appelez!
j'	appelle	appelais	appelai	j'ai appelé
ns	appelons	appelions	appelâmes	
ils	appellent	appelaient	appelèrent	j'avais appelé
j'	appellerai	appellerais	que j'appelle	
ns	appellerons	appellerions	que ns appelions	
ils	appelleront	appelleraient	qu'ils appellent	

	envoyer	envoyant	envoyé	envoie! envoyons! envoyez!
j'	envoie	envoyais	envoyai	j'ai envoyé
ns	envoyons	envoyions	envoyâmes	
ils	envoient	envoyaient	envoyèrent	j'avais envoyé
j'	enverrai	enverrais	que j'envoie	
ns	enverrons	enverrions	que ns envoyions	
ils	enverront	enverraient	qu'ils envoient	

	jeter	jetant	jeté	jette! jetons! jetez!
je	jette	jetais	jetai	j'ai jeté
ns	jetons	jetions	jetâmes	
ils	jettent	jetaient	jetèrent	j'avais jeté
je	jetterai	jetterais	que je jette	
ns	jetterons	jetterions	que ns jetions	
ils	jetteront	jetteraient	qu'ils jettent	

	peler	pelant	pelé	pèle!
				pelons!
				pelez!
je	pèle	pelais	pelai	j'ai pelé
ns	pelons	pelions	pelâmes	
ils	pèlent	pelaient	pelèrent	j'avais pelé
je	pèlerai	pèlerais	que je pèle	
ns	pèlerons	pèlerions	que ns pelions	
ils	pèleront	pèleraient	qu'ils pèlent	

	révéler	révélant	révélé	révèle!
				révélons!
				révélez!
je	révèle	révélais	révélai	j'ai révélé
ns	révélons	révélions	révélâmes	
ils	révèlent	révélaient	révélèrent	j'avais révélé
je	révèlerai	révèlerais	que je révèle	
ns	révèlerons	révèlerions	que ns révélions	
ils	révèleront	révèleraient	qu'ils révèlent	

	semer	semant	semé	sème!
				semons!
				semez!
je	sème	semais	semai	j'ai semé
ns	semons	semions	semâmes	
ils	sèment	semaient	semèrent	j'avais semé
je	sèmerai	sèmerais	que je sème	
ns	sèmerons	sèmerions	que ns semions	
ils	sèmeront	sèmeraient	qu'ils sèment	

1.4 Werkwoorden op *-ir*

1.4.1 Met regelmatige vervoeging

	finir	finissant	fini	finis! finissons! finissez!
je	finis	finissais	finis	j'ai fini
tu	finis	finissais	finis	
il	finit	finissait	finit	
ns	finissons	finissions	finîmes	
vs	finissez	finissiez	finîtes	
ils	finissent	finissaient	finirent	j'avais fini
je	finirai	finirais	que je finisse	
tu	finiras	finirais	que tu finisses	
il	finira	finirait	qu'il finisse	
ns	finirons	finirions	que ns finissions	
vs	finirez	finiriez	que vs finissiez	
ils	finiront	finiraient	qu'ils finissent	

1.4.2 Werkwoorden van de groep *couvrir*, *découvrir*, *offrir*, *ouvrir*, *souffrir*

	couvrir	couvrant	couvert	couvre! couvrons! couvrez!
je	couvre	couvrais	couvris	j'ai couvert
ns	couvrons	couvrions	couvrîmes	
ils	couvrent	couvraient	couvrirent	j'avais couvert
je	couvrirai	couvrirais	que je couvre	
tu	couvriras	couvrirais	que tu couvres	
il	couvrira	couvrirait	qu'il couvre	
ns	couvrirons	couvririons	que ns couvrions	
vs	couvrirez	couvririez	que vs couvriez	
ils	couvriront	couvriraient	qu'ils couvrent	

1.4.3 Onregelmatige werkwoorden

	acquérir	acquérant	acquis	acquiers! acquérons! acquérez!
je/j'	acquiers	acquérais	acquis	j'ai acquis
ns	acquérons	acquérions	acquîmes	
ils	acquièrent	acquéraient	acquirent	j'avais acquis
je/j'	acquerrai	acquerrais	que j'acquière	
ns	acquerrons	acquerrions	que ns acquérions	
ils	acquerront	acquerraient	qu'ils acquièrent	

	bouillir	bouillant	bouilli	-
il	bout	bouillait	bouillit	il a bouilli
ils	bouillent	bouillaient	bouillirent	il avait bouilli
	-	-	-	

	courir	courant	couru	cours! courons! courez!
je	cours	courais	courus	j'ai couru
ns	courons	courions	courûmes	
ils	courent	couraient	coururent	j'avais couru
je	courrai	courrais	que je coure	
ns	courrons	courrions	que ns courions	
ils	courront	courraient	qu'ils courent	

	cueillir	cueillant	cueilli	cueille! cueillons! cueillez!
je	cueille	cueillais	cueillis	j'ai cueilli
ns	cueillons	cueillions	cueillîmes	
ils	cueillent	cueillaient	cueillirent	j'avais cueilli
je	cueillerai	cueillerais	que je cueille	
ns	cueillerons	cueillerions	que ns cueillions	
ils	cueilleront	cueilleraient	qu'ils cueillent	

	dormir	dormant	dormi	dors! dormons! dormez!
je	dors	dormais	dormis	j'ai dormi
ns	dormons	dormions	dormîmes	
ils	dorment	dormaient	dormirent	j'avais dormi
je	dormirai	dormirais	que je dorme	
ns	dormirons	dormirions	que ns dormions	
ils	dormiront	dormiraient	qu'ils dorment	

	fuir	fuyant	fui	fuis! fuyons! fuyez!
je	fuis	fuyais	fuis	j'ai fui
ns	fuyons	fuyions	fuîmes	
ils	fuient	fuyaient	fuirent	j'avais fui
je	fuirai	fuirais	que je fuie	
ns	fuirons	fuirions	que nsfuyions	
ils	fuiront	fuiraient	qu'ils fuient	

	haïr	haïssant	haï	-
je	hais	haïssais	haïs	j'ai haï
ns	haïssons	haïssions	haïmes	
ils	haïssent	haïssaient	haïrent	j'avais haï
je	haïrais	haïrais	que je haïsse	
ns	haïrons	haïrions	que ns haïssions	
ils	haïront	haïraient	qu'ils haïssent	

	mourir	mourant	mort	-
je	meurs	mourais	mourus	je suis mort(e)
ns	mourons	mourions	mourûmes	
ils	meurent	mouraient	moururent	j'étais mort(e)
je	mourrai	mourrais	que je meure	
ns	mourrons	mourrions	que ns mourions	
ils	mourront	mourraient	qu'ils meurent	

	tenir	tenant	tenu	tiens! tenons! tenez!
je	tiens	tenais	tins	j'ai tenu
ns	tenons	tenions	tînmes	
ils	tiennent	tenaient	tinrent	j'avais tenu
je	tiendrai	tiendrais	que je tienne	
ns	tiendrons	tiendrions	que ns tenions	
ils	tiendront	tiendraient	qu'ils tiennent	

	vêtir	vêtant	vêtu	-
je	vêts	vêtais	vêtis	j'ai vêtu
ns	vêtons	vêtions	vêtîmes	
ils	vêtent	vêtaient	vêtirent	j'avais vêtu
je	vêtirai	vêtirais	que je vête	
ns	vêtirons	vêtirions	que ns vêtions	
ils	vêtiront	vêtiraient	qu'ils vêtent	

1.5 Werkwoorden op *-re*

1.5.1 Met regelmatige vervoegingen

	rendre	rendant	rendu	rends! rendons! rendez!
je	rends	rendais	rendis	j'ai rendu
tu	rends	rendais	rendis	
il	rend	rendait	rendit	
ns	rendons	rendions	rendîmes	
vs	rendez	rendiez	rendîtes	
ils	rendent	rendaient	rendirent	j'avais rendu
je	rendrai	rendrais	que je rende	
tu	rendras	rendrais	que tu rendes	
il	rendra	rendrait	qu'il rende	
ns	rendrons	rendrions	que ns rendions	
vs	rendrez	rendriez	que vs rendiez	
ils	rendront	rendraient	qu'ils rendent	

1.5.2 Met onregelmatige vervoegingen

	battre	battant	battu	bat! battons! battez!
je	bats	battais	battis	j'ai battu
ns	battons	battions	battîmes	
ils	battent	battaient	battirent	j'avais battu
je	battrai	battrais	que je batte	
ns	battrons	battrions	que ns battions	
ils	battront	battraient	qu'ils battent	

	boire	buvant	bu	bois! buvons! buvez!
je	bois	buvais	bus	j'ai bu
ns	buvons	buvions	bûmes	
ils	boivent	buvaient	burent	j'avais bu
je	boirai	boirais	que je boive	
ns	boirons	boirions	que ns buvions	
ils	boiront	boiraient	qu'ils boivent	

	conclure	concluant	conclu concluons!	conclus!
		concluez!		
je	conclus	concluais	conclus	j'ai conclu
ns	concluons	concluions	conclûmes	
ils	concluent	concluaient	conclurent	j'avais conclu
je	conclurai	conclurais	que je conclue	
ns	conclurons	conclurions	que ns concluions	
ils	concluront	concluraient	qu'ils concluent	

	conduire	conduisant	conduit	conduis! conduisons! conduisez!
je	conduis	conduisais	conduisis	j'ai conduit
ns	conduisons	conduisions	conduisîmes	
ils	conduisent	conduisaient	conduisirent	j'avais conduit
je	conduirai	conduirais	que je conduise	
ns	conduirons	conduirions	que ns conduisions	
ils	conduiront	conduiraient	qu'ils conduisent	

	coudre	cousant	cousu	couds! cousons! cousez!
je	couds	cousais	cousis	j'ai cousu
ns	cousons	cousions	cousîmes	
ils	cousent	cousaient	cousirent	j'avais cousu
je	coudrai	coudrais	que je couse	
ns	coudrons	coudrions	que ns cousions	
ils	coudront	coudraient	qu'ils cousent	

	craindre	craignant	craint	crains! craignons! craignez!
je	crains	craignais	craignis	j'ai craint
ns	craignons	craignions	craignîmes	
ils	craignent	craignaient	craignirent	j'avais craint
je	craindrai	craindrais	que je craigne	
ns	craindrons	craindrions	que ns craignions	
ils	craindront	craindraient	qu'ils craignent	

	croire	croyant	cru	crois! croyons! croyez!
je	crois	croyais	crus	j'ai cru
ns	croyons	croyions	crûmes	
ils	croient	croyaient	crurent	j'avais cru
je	croirai	croirais	que je croie	
ns	croirons	croirions	que ns croyions	
ils	croiront	croiraient	qu'ils croient	

	dire	disant	dit	dis! disons! dites!
je	dis	disais	dis	j'ai dit
ns	disons	disions	dîmes	
ils	disent	disaient	dirent	j'avais dit
je	dirai	dirais	que je dise	
ns	dirons	dirions	que ns disions	
ils	diront	diraient	qu'ils disent	

	écrire	écrivant	écrit	écris! écrivons! écrivez!
j'	écris	écrivais	écrivis	j'ai écrit
ns	écrivons	écrivions	écrivîmes	
ils	écrivent	écrivaient	écrivirent	j'avais écrit
j'	écrirai	écrirais	que j'écrive	
ns	écrirons	écririons	que ns écrivions	
ils	écriront	écriraient	qu'ils écrivent	

	faire	faisant	fait	faisons! faites! fais!
je	fais	faisais	fis	j'ai fait
ns	faisons	faisions	fîmes	
vs	faites	faisiez	fîtes	
ils	font	faisaient	firent	j'avais fait
je	ferai	ferais	que je fasse	
ns	ferons	ferions	que ns fassions	
ils	feront	feraient	qu'ils fassent	

	lire	lisant	lu	lisons! lisez! lis!
je	lis	lisais	lus	j'ail u
ns	lisons	lisions	lûmes	
ils	lisent	lisaient	lurent	j'avais lu
je	lirai	lirais	que je lise	
ns	lirons	lirions	que ns lisions	
ils	liront	liraient	qu'ils lisent	

	mettre	mettant	mis	mettons! mettez! mets!
je	mets	mettais	mis	j'ai mis
ns	mettons	mettions	mîmes	
ils	mettent	mettaient	mirent	j'avais mis
je	mettrai	mettrais	que je mette	
ns	mettrons	mettrions	que ns mettions	
ils	mettront	mettraient	qu'ils mettent	

	naître	naissant	né	–
je	nais	naissais	naquis	je suis né(e)
ns	naissons	naissions	naquîmes	
ils	naissent	naissaient	naquirent	j'étais né(e)
je	naîtrai	naîtrais	que je naisse	
ns	naîtrons	naîtrions	que ns naissions	
ils	naîtront	naîtraient	qu'ils naissent	

	nuire	nuisant	nui	–
je	nuis	nuisais	nuisis	j'ai nui
ns	nuisons	nuisions	nuisîmes	
ils	nuisent	nuisaient	nuisirent	j'avais nui
	–	–	–	

	paraître	paraissant	paru	–
je	parais	paraissais	parus	j'ai paru
il	paraît	paraissait	parut	
ns	paraissons	paraissions	parûmes	
ils	paraissent	paraissaient	parurent	j'avais paru
je	paraîtrai	paraîtrais	que je paraisse	
ns	paraîtrons	paraîtrions	que ns paraissions	

	plaire	plaisant	plu	–
je	plais	plaisais	plus	j'ai plu
il	plaît	plaisait	plut	
ns	plaisons	plaisions	plûmes	
ils	plaisent	plaisaient	plurent	j'avais plu
je	plairai	plairais	que je plaise	
ns	plairons	plairions	que ns plaisions	
ils	plairont	plairaient	qu'ils plaisent	

	prendre	prenant	pris	prenons!
			prenez!	
			prends!	
je	prends	prenais	pris	j'ai pris
ns	prenons	prenions	prîmes	
ils	prennent	prenaient	prirent	j'avais pris
je	prendrai	prendrais	que je prenne	
ns	prendrons	prendrions	que ns prenions	
ils	prendront	prendraient	qu'ils prennent	

	résoudre	résolvant	résolu	résous! résolvons! résolvez!
je	résous	résolvais	résolus	j'ai résolu
tu	résous	résolvais	résolus	
il	résout	résolvait	résolut	
ns	résolvons	résolvions	résolûmes	
vs	résolvez	résolviez	résolûtes	
ils	résolvent	résolvaient	résolurent	j'avais résolu
je	résoudrai	résoudrais	que je résolve	
ns	résoudrons	résoudrions	que ns résolvions	
ils	résoudront	résoudraient	qu'ils résolvent	

	rire	riant	ri	ris! rions! riez!
je	ris	riais	ris	j'ai ri
ns	rions	riions	rîmes	
ils	rient	riaient	rirent	j'avais ri
je	rirai	rirais	que je rie	
ns	rirons	ririons	que ns riions	
ils	riront	riraient	qu'ils rient	

	suffire	suffisant	suffi	–
je	suffis	suffisais	suffis	j'ai suffi
ns	suffisons	suffisions	suffîmes	
ils	suffisent	suffisaient	suffirent	j'avais suffi
je	suffirai	suffirais	que je suffise	
ns	suffirons	suffirions	que ns suffisions	
ils	suffiront	suffiraient	qu'ils suffisent	

	suivre	suivant	suivi	suis! suivons! suivez!
je	suis	suivais	suivis	j'ai suivi
ns	suivons	suivions	suivîmes	
ils	suivent	suivaient	suivirent	j'avais suivi
je	suivrai	suivrais	que je suive	
ns	suivrons	suivrions	que ns suivions	
ils	suivront	suivraient	qu'ils suivent	

	vaincre	vainquant	vaincu	-
je	vaincs	vainquais	vainquis	j'ai vaincu
il	vainc	vainquait	vainquit	
ns	vainquons	vainquions	vainquîmes	
ils	vainquent	vainquaient	vainquirent	j'avais vaincu
je	vaincrai	vaincrais	que je vainque	
ns	vaincrons	vaincrions	que ns vainquions	
ils	vaincront	vaincraient	qu'ils vainquent	

	vivre	vivant	vécu	-
je	vis	vivais	vécus	j'ai vécu
ns	vivons	vivions	vécûmes	
ils	vivent	vivaient	vécurent	j'avais vécu
je	vivrai	vivrais	que je vive	
ns	vivrons	vivrions	que ns vivions	
ils	vivront	vivraient	qu'ils vivent	

1.6 Werkwoorden op -*(ev)oir*

1.6.1 Met regelmatige vervoegingen

	recevoir	recevant	reçu	reçois! recevons! recevez!
je	reçois	recevais	reçus	j'ai reçu
tu	reçois	recevais	reçus	
il	reçoit	recevait	reçut	
ns	recevons	recevions	reçûmes	
vs	recevez	receviez	reçûtes	
ils	reçoivent	recevaient	reçurent	j'avais reçu
je	recevrai	recevrais	que je reçoive	
tu	recevras	recevrais	que tu reçoives	
il	recevra	recevrait	qu'il reçoive	
ns	recevrons	rencevrions	que ns recevions	
vs	recevrez	recevriez	que vs receviez	
ils	recevront	recevraient	qu'ils reçoivent	

1.6.2 Met onregelmatige vervoegingen

	falloir	-	fallu	
il	faut	fallait	fallut	ila fallu il avait fallu
il	faudra	faudrait	qu'il faille	
	pleuvoir	pleuvant	plu	-
il	pleut	pleuvait	plut	ila plu il avait plu
il	pleuvra	-	qu'il pleuve	
	pouvoir	pouvant	pu	-
je	peux	pouvais	pus	j'ai pu
ns	pouvons	pouvions	pûmes	
ils	peuvent	pouvaient	purent	j'avais pu
je	pourrai	pourrais	que je puisse	
ns	pourrons	pourrions	que ns puissions	
ils	pourront	pourraient	qu'ils puissent	
	prévoir	prévoyant	prévu prévoyons!	prévois!
		prévoyez!		
je	prévois	prévoyais	prévis	j'ai prévu
ns	prévoyons	prévoyions	prévîmes	
ils	prévoient	prévoyaient	prévirent	j'avais prévu
je	prévoirai	prévoirais	que je prévoie	
ns	prévoirons	prévoirions	que ns prévoyions	
ils	prévoiront	prévoiraient	qu'ils prévoient	
	savoir	savant	su	sache! sachons! sachez!
je	sais	savais	sus	j'ai su
ns	savons	savions	sûmes	
ils	savent	savaient	surent	j'avais su
je	saurai	saurais	que je sache	
ns	saurons	saurions	que ns sachions	
ils	sauront	sauraient	qu'ils sachent	

	s'asseoir	s'asseyant	assis	assieds-toi! asseyons-ns! asseyez-vs!
je	m'assois	m'assoyais	m'assis	je me suis assis(e)
je	m'assieds	m'asseyais		
ns	ns asseyons	ns asseyions	ns assîmes	
ils	s'assoient	s'assoyaient		
ils	s'asseyent	s'asseyaient	s'assirent	je m'étais assis(e)
je	m'assoirai	m'assoirais	que je m'assoie	
je	m'assiérai	m'assiérais	que je m'asseye	
ns	ns assoirons	ns assoirions	que ns ns assoyions	
ns	ns assiérons	ns assiérions	que ns ns asseyions	
ils	s'assoiront	s'assoiraient	qu'ils s'assoient	
ils	s'assiéront	s'assiéraient	qu'ils s'asseyent	

	valoir	valant	valu	-
il	vaut	valait	valut	il a valu
ils	valent	valaient	valurent	il avait valu
il	vaudra	vaudrait	qu'il vaille	
ns	vaudrons	vaudrions	que ns valions	
ils	vaudront	vaudraient	qu'ils vaillent	

	voir	voyant	vu	vois! voyons! voyez!
je	vois	voyais	vis	j'ai vu
ns	voyons	voyions	vîmes	
ils	voient	voyaient	virent	j'avais vu
je	verrai	verrais	que je voie	
ns	verrons	verrions	que ns voyions	
ils	verront	verraient	qu'ils voient	

	vouloir	voulant	voulu	veuillez!
je	veux	voulais	voulus	j'ai voulu
il	veut	voulait	voulut	
ns	voulons	voulions	voulûmes	
ils	veulent	voulaient	voulurent	j'avais voulu
je	voudrai	voudrais	que je veuille	
ns	voudrons	voudrions	que ns voulions	
ils	voudront	voudraient	qu'ils veuillent	